Flor/Kammel/Zibuschka

•

InvFG 2011 und AIFMG – Materialienband

InvFG 2011 und AIFMG – Materialienband

bearbeitet von

Mag. Barbara FLOR

Dr. Armin J. KAMMEL, LL.M. (London), MBA (CLU)

Mag. Thomas ZIBUSCHKA

unter Mitarbeit von

Donika META

3. Auflage 2016

VÖIG

Linde

Bibliografische Information der Deutschen Nationalbibliothek

Die Deutsche Nationalbibliothek verzeichnet diese Publikation in der Deutschen Nationalbibliografie; detaillierte bibliografische Daten sind im Internet über http://dnb.d-nb.de abrufbar.

ISBN 978-3-7073-3628-3

1210 Wien, Scheydgasse 24, Tel.: 01/24 630
www.lindeverlag.at

Druck: Hans Jentzsch u Co. Ges.m.b.H.
1210 Wien, Scheydgasse 31

Vorwort

Das vorliegende und nun in seiner dritten Auflage wiederum aktualisierte Werk „*InvFG 2011 und AIFMG – Materialienband*" intendiert, eine praktische Richtschnur für das zunehmend komplexer werdende österreichischen Investmentfondsrecht, das sich mittlerweile aus drei Säulen, nämlich dem Investmentfondsgesetzes (InvFG) 2011, dem Immobilieninvestmentfondsgesetz (ImmoInvFG) sowie dem AIFMG zusammensetzt, zu bieten.

Wie in den Vorauflagen handelt es sich beim vorliegenden Werk um einen klassischen Materialienband, dem eine kurze Einführung, die sich schwerpunktmäßig mit der Entwicklung des Investmentfondswesens in Österreich, seinen europäischen Grundlagen und konzeptionellen Aspekten von InvFG 2011, ImmoInvFG und AIFMG auseinandersetzt, vorangestellt ist.

Der Materialienband strukturiert sich wie folgt: Der Gegenüberstellung des Gesetzestexts mit den Erläuternden Bemerkungen zum InvFG 2011 folgen korrespondierende Verordnungen der FMA. Daran reiht sich die Gegenüberstellung des Gesetzestextes mit den Erläuternden Bemerkungen zum ImmoInvFG und dem AIFMG.

Abgerundet wird der Materialienband mit der OGAW-RL (RL 2009/65/EG) sowie ihren Durchführungsrechtsakten als auch der AIFM-RL (RL 2011/61/EU) mit ihren Durchführungsrechtsakten.

Wir hoffen, dass wir auch mit der dritten Auflage des Werks „*InvFG 2011 und AIFMG – Materialienband*" einen hilfreichen und treuen „Begleiter" geschaffen haben, der im praktischen Umgang mit dem österreichischen Investmentfondsrecht wertvolle Dienste erweist.

Dezember 2016

Mag. Barbara FLOR[1]
Dr. Armin J. KAMMEL, LL.M. (London), MBA (CLU)[2]
Mag. Thomas ZIBUSCHKA[3]

---

1 *Mag. Barbara Flor* ist Juristin bei der Vereinigung Österreichischer Investmentgesellschaften (VÖIG) in Wien. Email: barbara.flor@voeig.at

2 *Dr. Armin J. Kammel, LL.M. (London), MBA (CLU)* ist Head of Legal & International Affairs bei der Vereinigung Österreichischer Investmentgesellschaften (VÖIG) in Wien und Ehrenprofessor an der Donau-Universität Krems. Email: armin.kammel@voeig.at

3 *Mag. Thomas Zibuschka* ist Betriebswirt und Steuerexperte bei der Vereinigung Österreichischer Investmentgesellschaften (VÖIG) in Wien. Email: thomas.zibuschka@voeig.at

Inhalt

I. EINFÜHRUNG

Ausgewählte Literatur:

Bollenberger/Kellner (Hrsg./2016), InvFG-Kommentar, Linde Verlag, *Brauneis/Mestel* (2015), Finanzinstrumente – Funktionsweisen, Einsatzmöglichkeiten, Bewertungsgrundlagen, Bank Verlag; *Buchberger/Kammel*, (2007), Das Zusammenspiel von UCITS und MiFID aus Sicht der Kapitalanlagegesellschaft, ÖBA 1/2007, 35; *Dornseifer/Jesch/Klebeck/Tollmann* (Hrsg./2013), AIFM-Richtlinie – Richtlinie 2011/61/EU über die Verwalter alternativer Investmentfonds mit Bezügen zum KAGB-E, Kommentar, C.H.Beck; *EFAMA* (2015), EFAMA Fact Book 2015 – Trends in European Investment Funds, Brussels; *Forstinger* (2013), „EuSEF's" (Europäischer Fonds für Soziales Unternehmertum) – Förderung sozialer Innovation durch ein neues Fondslabel in der EU?, ÖBA 7/2013, 498; *Forstinger* (2002), Die neue OGAW-Richtlinie für Investmentfonds (UCITS III), ÖBA 12/2002, 987; *Gerstner/Leitner* (2015), Retailvertrieb unter dem „AIFM-G neu". ÖBA 5/2015, 339; *Gerstner/Leitner* (2013), Geschlossene Immobilienfonds und kollektive Immobilien-Investments im Fokus des AIFMG, ÖBA 8/2013, 556; *Iro* (2010), Tätigkeitsbereich und Aufklärungspflichten einer Depotbank, ÖBA 5/2013. 343; *Kammel* (2010), AIFMD, AIFMG – leider mehr als (nur) ein „European Mess", ÖBA 4/2016, 271; *Kammel* (2013), Alternative Investmentfonds Manager Gesetz (AIFMG) & Co. – eine erste Bestandsaufnahme, ÖBA 7/2013, 483; *Kammel/Rautner* (2013), Exchange-Traded Funds (ETFs) – eine notwendige definitorische Spurensuche, ecolex 2013, 283; *Kammel* (2012), Ein Code of Conduct für die Investmentfondsindustrie oder das geänderte Verhältnis von Selbstregulierung zu staatlicher Regulierung, ÖBA 11/2012, 746; *Kammel* (2012), Das Investmentfondsrecht im Umbruch: UCITS, AIFM und andere Herausforderungen in: Raschauer, B. (Hrsg./2012), Aktuelles Bankenaufsichtsrecht, Bank Verlag; *Kammel/Jergitsch/Palla* (2012), Praxishandbuch Depotrecht, Finanzverlag; *Kammel/Schredl* (2011), Das InvFG 2011 – Richtungsweisende Gesetzgebung oder verpasste Chance?, ÖBA 8/2011, 556; *Kammel* (2011), Einführung in das Bank- und Kapitalmarktrecht, Linde Verlag; *Kammel* (2011), Alternative Investment Fund Manager Richtlinie – „Another European Mess"?, ÖBA 1/2011, 18; *Kammel* (2009), Selbstregulierung – ein wichtiges Dogma in der Investmentfondsindustrie?, ÖBA 3/2009, 207; *Kammel/Zibuschka* (Hrsg./2006), Perspektiven des österreichischen Investmentfondswesens, Bank Verlag; *Knauder* (2013), Der Trennungsgrundsatz im österreichischen Investmentfondsrecht im Wandel der Zeit, ZFR 2013/61, 103; *Kreisl/Rauschauer* (2009), Der erlaubte Geschäftsbereich einer KAG für Immobilien im Lichte des europäischen Kapitalmarktrechts, wbl 2009, 313; *Leixner* (2011), InvFG 2011 – Kurzkommentar, Verlag Österreich; *Macher/Buchberger/Kalss/Oppitz*, (Hrsg./2013), Investmentfondsgesetz – Kommentar², Bank Verlag; *Macher* (2011), Praxishandbuch Investmentfonds, Bank Verlag; *Majcen* (2013), „ELTIF" – Europäischer langfristiger Investmentfonds – Ein spezieller geschlossener AIF für Kleinanleger?, ÖBA 12/2013, 851; *Majcen* (2013), „EuVECA" (Europäischer Risikokapitalfonds) – Ein neues EU-Gütesiegel für Venture-Capital-Fonds, ÖBA 10/2013, 705; *Oppitz* (2014), Wohin mit den geschlossenen Fonds? – Ein Veranlagungsinstrument zwischen BWG, WAG, AIFMG und Gewerbeordnung, ÖBA 1/2014, 48; *Oppitz* (2007), Investmentgeschäft in: Apathy/Iro/Koziol (Hrsg./2007), Österreichisches Bankvertragsrecht, Band VI: Kapitalmarkt, 2. Auflage, Springer Verlag; *Weiss/Kammel* (Hrsg./2015), The Changing Landscape of Global Financial Governance and the Role of Soft Law, Brill Publishing.

1. Die Anfänge des Investmentfondswesens in Österreich

Die Anfänge des Investmentfondswesens in Österreich reichen etliche Jahrzehnte, genauer gesagt bis ins Jahre 1963[1] zurück, denn damals wurde in Österreich als europaweit viertem Land ein Investmentfondsrecht gesetzlich verankert.

Bemerkenswert ist jedoch, dass schon am 4.12.1956, also sieben Jahre zuvor, mit dem „*Selecta*" der Österreichischen Investment Gesellschaft m.b.H. (ÖIG), die ihrerseits als erste Verwaltungsgesellschaft am 19.9.1956 gegründet wurde, der erste „Investment-Vermögensfonds" aufgelegt wurde. Somit war das Investmentfondswesen von 1956–1963 ungeregelt. Dies ist an sich nicht besonders problematisch, da durch das Bestehen eines einzigen Investmentfonds die österreichische Investmentfondsindustrie damals noch keine besondere Bedeutung hatte.

Der „*Selecta*" war ein europäischer Aktienfonds, dem 1960 mit dem „*Securta*" ein Aktienfonds mit Amerika-Schwerpunkt und 1961 mit „*Segesta*" und „*Multivalor*" zwei gemischte Fonds folgten.

2. Die Entwicklung des Investmentfondswesens in Österreich

Nach Gründung der ersten KAG[2] im Jahr 1956 dauerte es neun Jahre bis zur Gründung der zweiten, wobei generell das Anfangswachstum moderat war. Nach zehn Jahren betrug das gesamte österreichische Fondsvolumen umgerechnet rund EUR 42 Mio.[3] Erst die Auflage der ersten Rentenfonds führte zu einer Verdoppelung des Fondsvolumens auf rund EUR 100 Mio.

In den Jahren 1969 bis 1982 kam es zu einem starken Anstieg des Volumens, der zwischenzeitlich durch die Ölkrise 1974/75 abgeschwächt wurde. Obwohl das Volumen zunahm, hatte die österreichische Fondsindustrie lange mit wenigen Fonds das Auskommen. So gab es etwa auch noch 1982 gerade einmal zwölf Fonds und zwei KAGs.

Zwischen 1982 und 1991 kam es zu einem deutlichen Aufschwung der österreichischen Investmentfondslandschaft, bedingt durch die so genannten Abfertigungsrückstellungsfonds sowie Großanlegerfonds: Innerhalb von vier Jahren verfünffachte sich die Zahl der KAGs und die Anzahl der Investmentfonds stieg von 12 auf 41 an. Zudem verfünffachte sich das Fondsvolumen in diesem Zeitraum auf umgerechnet EUR 2,6 Mrd.

Diese Entwicklung hielt weiter an, begünstigt durch steuerfreie Kursgewinne im Fondsvermögen. Durch den rasanten Volumenszuwachs wurde die Besteuerung von Investmentfonds den neuen Gegebenheiten angepasst, wobei die Gründung von Pensionskassen im Jahr 1990 ein neues Betätigungsfeld für die Fondsindustrie eröffnete und deren weiteres Wachstum begünstigte.

Dieser Aufschwung setzte sich auch in den 90er Jahren fort und wurde nur durch die Rezession 2001/2002 abgeschwächt. Korrespondierend zu den steigenden Volumina wurde während der 1990er Jahre eine signifikante Anzahl neuer Produkte auf den Markt gebracht, zwischen 1996 und 2001 hat sie sich mehr als verdreifacht.

---

[1] BGBl 1963/192 RV 171 BlgNR 10. GP.

[2] Der Begriff Kapitalanlagegesellschaft („KAG") wurde seit dem InvFG 2011 durch jenen der Verwaltungsgesellschaft („VWG") ersetzt.

[3] Im Jahre 1965 wurde mit der Sparinvest Kapitalanlagegesellschaft m.b.H. die zweite österreichische Investmentgesellschaft gegründet, deren erster Fonds, der „*Sparinvest*", ein gemischter Fonds, 1965 aufgelegt wurde.

Insbesondere 2005 stellte ein Rekordjahr dar, das auch den weiteren moderaten Anstieg bis 2007 stimulierte. Die Fondsanzahl lag bis dahin bereits bei über 2000 und die Zahl der KAGs pendelte sich auf 24 ein.

Ab 2007 war auch für die österreichische Investmentfondsbranche der Zenit vorläufig überschritten. Die globale Finanzkrise wirkte sich ab 2008 bedingt durch internationale Skandale wie die *Lehman*-Pleite und den *Madoff*-Betrug, sowie durch nationale Bankenskandale und Bankenrettungspakete auf die Investmentfondsbranche aus, sodass die verwalteten Fondsvolumina spürbar zurückgingen, während die Zahl der Investmentfonds nur geringfügig sank. Die globale Finanzkrise löste auch eine massive Regulierungsflut im Bereich des Investmentfondswesens aus, die ausgehend von Entscheidungen auf internationaler Ebene schrittweise ins nationale Recht transformiert wurde. Gerade die Europäische Kommission war in den letzten Jahren sehr aktiv, sodass die regulatorischen Anforderungen an die Investmentfondsbranche neben dem turbulenten Marktumfeld inklusive der aktuellen Niedrigzinsen die größten Herausforderungen darstellen.[4]

Eine Erholung der Volumina setzte 2009 und 2010 ein, wobei es 2011 wieder zu einem empfindlichen Rückgang kam. Dies ging mit einem spürbaren Rückgang der Zahl der Investmentfonds einher. Von 2012 bis Mitte 2013 stabilisierte sich das Gesamtfondsvolumen knapp unter dem Wert von 2010, wobei sich die Zahl der Investmentfonds auf vergleichbares Niveau einpendelte. Seit 2014 steigen die Volumina wieder an, wobei diese in 9/2016 fast das Niveau des Rekordjahres 2006 erreichten. Dieser Anstieg geht jedoch mit einer kontinuierlichen Verringerung der Zahl der Investmentfonds einher, was auch die zunehmende Produktkonsolidierung unterstreicht. Interessant ist, dass seit 1991 die Zahl der österreichischen Verwaltungsgesellschaften (VWG) – trotz Veränderungen in der Eigentümerstruktur in Einzelfällen – sehr konstant geblieben ist., Die skizzierten Entwicklungen sollen in der Folge durch Darstellungen der Gesamtfondsvolumina von 1991 bis 09/2016 sowie der Anzahl von Investmentfonds im gleichen Zeitraum veranschaulicht werden:

Assets under Management – Investmentfondsindustrie

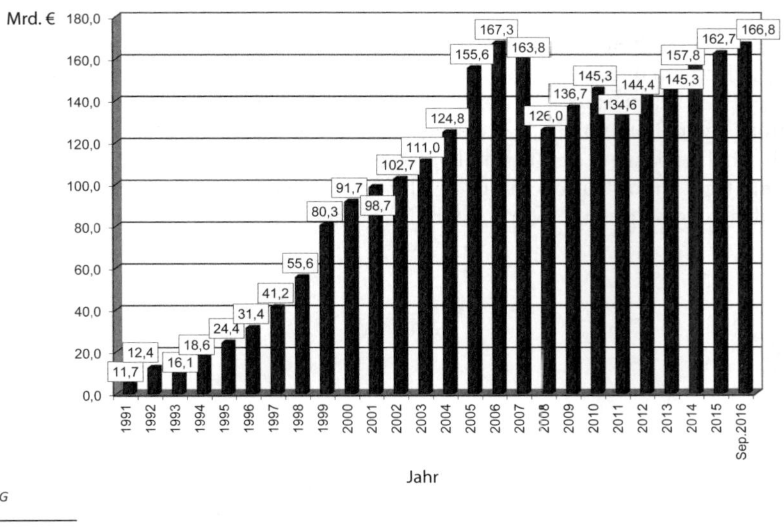

Quelle: VÖIG

[4] Siehe zudem zum Selbstregulativ der österreichischen Investmentfondsbranche *Kammel*, ÖBA 11/12, 746 ff.

Anzahl der verwalteten Investmentfonds

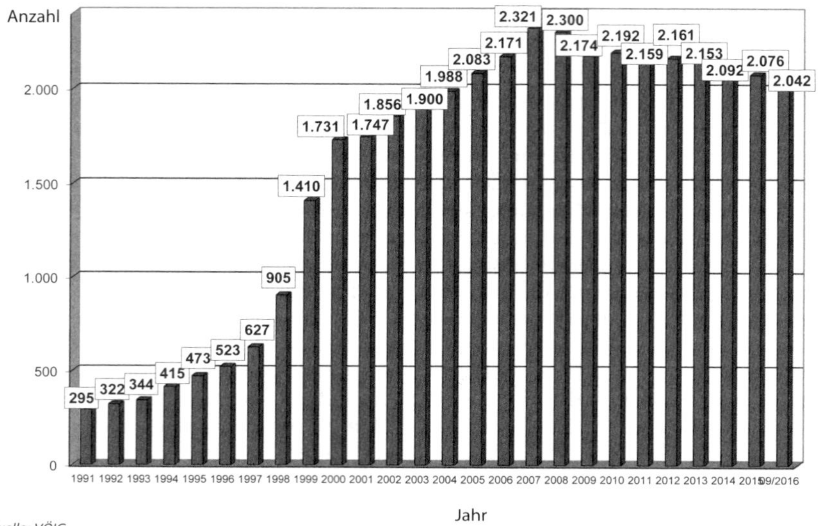

Quelle: VÖIG

Anders verhält es sich bei der österreichischen Immobilieninvestmentfondsbranche, die nach der Einführung des Immobilieninvestmentfondsgesetzes (ImmoInvFG) eine stete Aufwärtsentwicklung verzeichnen konnte. So stieg das verwaltete Volumen der österreichischen Immobilienfondsindustrie im Zeitraum von 2003–2007 von 0,02 auf 1,83 Mrd. EUR, worauf im Jahr 2008 eine leichte Reduktion auf 1,71 Mrd. EUR folgte. Beachtlich ist, dass seit 2009 das verwaltete Volumen von 1,94 Mrd. EUR auf 6,45 Mrd. EUR angestiegen ist. Hinsichtlich der Zahl der offenen Immobilieninvestmentfonds kamen von ursprünglich einem in 2003, in den Jahren 2004 vier, im Jahr 2007 ein und im Jahr 2008 ein weiterer Fonds dazu, sodass zwischen 2008 und 2012 konstant 7 offene Immobilieninvestmentfonds gem. ImmoInvFG in Österreich zugelassen waren. Mittlerweile hat sich die Zahl auf 10 erhöht, sodass in der Immobilienfondsindustrie hinsichtlich der Zahl der Fonds ein gegenläufiger Trend zu jenem auf der Investmentfondsseite abzeichnet. Die Zahl der Kapitalanlagegesellschaften für Immobilien beträgt seit 2008 konstant fünf:

Assets under Management-Immobilieninvestmentfondsindustrie

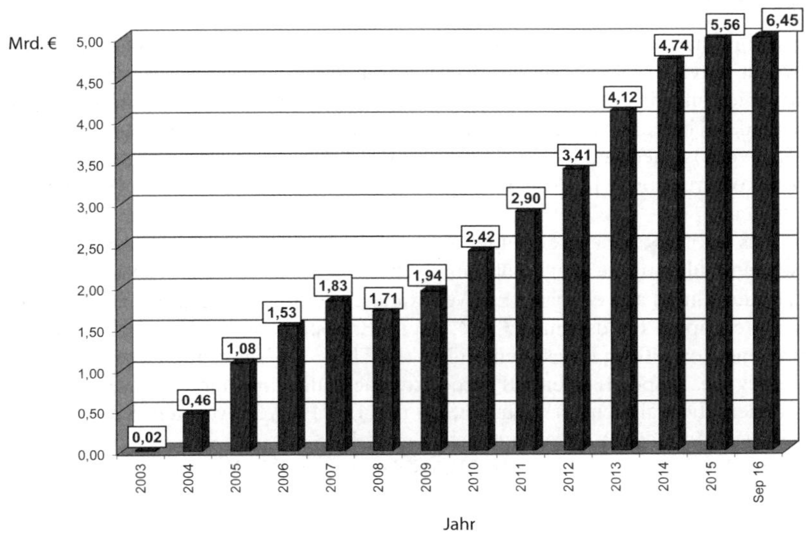

Quelle: VÖIG

Anzahl der verwalteten Immobilien-Investmentfonds

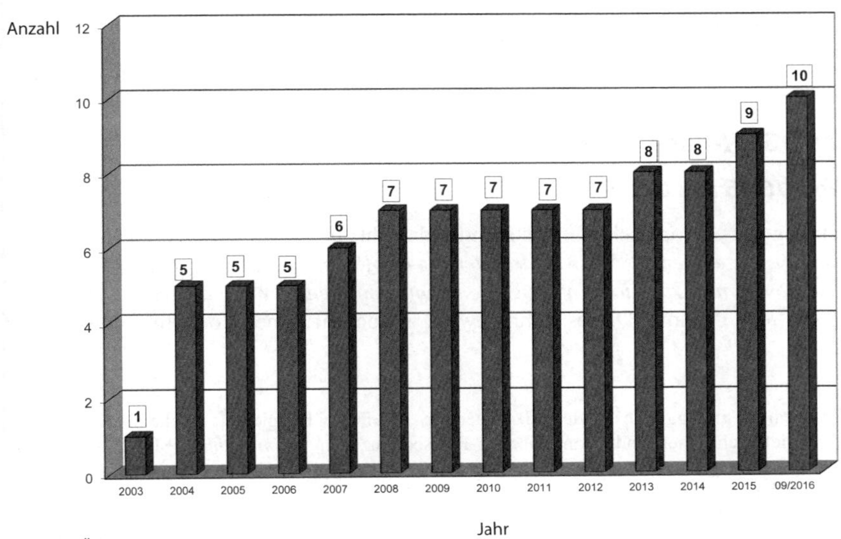

Quelle: VÖIG

3. Europarechtliche Grundlagen

3.1. Allgemeines

Bis zur globalen Finanzkrise (*Global Financial Crisis* / GFC)[5] war das europäische Investmentfondsrecht durch das so genannte OGAW-Rahmenwerk[6] determiniert, das seit 1985 offene Wertpapierfonds in der EU reguliert. Bedingt durch die Finanzkrise wurde zunächst als politische, dann jedoch als umfassend regulatorische Antwort das so genannte AIFM-Rahmenwerk[7] verabschiedet, das mit 21. Juli 2011 in Kraft getreten ist und grundsätzlich all jene Fondskonstruktionen im Anwendungsbereich hat, die nicht dem OGAW-Rahmenwerk unterliegen.

Obwohl das AIFM-Rahmenwerk einen sehr weitreichenden Anwendungsbereich hat, ist eine gewisse regulatorische Fragmentierung dahingehend festzustellen, dass spezifische AIF-Typen mittels direkt anwendbarer EU-Verordnungen europaweit harmonisiert wurden, nämlich Venture Capital Fonds (EuVECA)[8], Social Entrepreneurship Fonds (EuSEF)[9] sowie die European Long-Term Investment Funds (ELTIF)[10]. Diesbezüglich ist festzuhalten, dass sich keines dieser spezifischen AIF-Produkte nachhaltig im Markt etabliert hat, weshalb insbesondere die Rahmenwerke für EuSEF und EuVECA 2016 einem Review unterzogen worden sind, der deren Attraktivität steigern soll.

Vor diesem Hintergrund ergibt sich auf Basis der europarechtlichen Rahmenbedingungen folgendes Bild des europäischen Investmentfondsrechts:

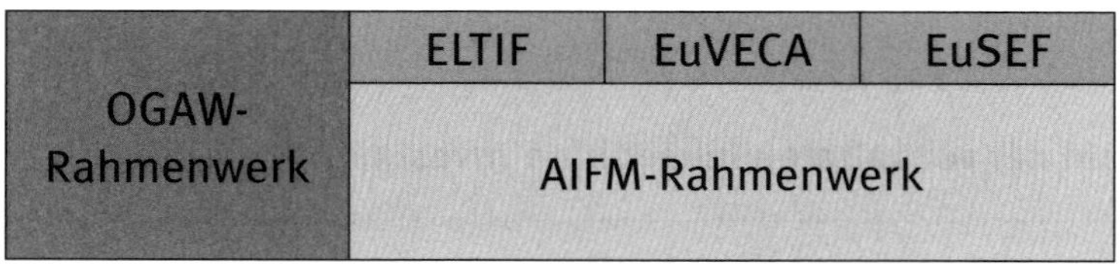

Diese vielschichtigen Rahmenbedingungen sollen in der Folge kurz dargestellt werden:

3.2. Das OGAW-Rahmenwerk

3.2.1. Von UCITS I zu UCITS III

Die Grundlage des europäischen Investmentfondsrechts ist die *Richtlinie 85/611/EWG des Rates vom 20. Dezember 1985 zur Koordinierung der Rechts- und Verwaltungsvorschriften betreffend bestimmte Organismen für gemeinsame Anlagen in Wertpapieren („OGAW“)*, kurz *OGAW-RL*[11] genannt. Dieses Rahmenwerk wurde seit seiner Konstituierung laufend

---

[5] Hinsichtlich der umfangreich existierenden Literatur zur GFC sei beispielhaft auf die interdisziplinäre Analyse der rechtlichen und ökonomischen Konsequenzen in *Weiss/Kammel* (Hrsg./2015), The Changing Landscape of Global Financial Governance and the Role of Soft Law, verwiesen.

[6] Dies detailliert analysierend *Kammel*, ÖBA 8/09, 565ff.

[7] Siehe dazu weiterführend *Kammel*, ÖBA 1/11, 18ff.

[8] Diese wurden durch die VO (EU) No. 345/2013 in ein neues Rahmenwerk aufgenommen.

[9] Diese wurden durch die VO (EU) No. 346/2013 erstmals in Europa reguliert.

[10] Siehe dazu das in VO (EU) No. 760/2015 erlassene Rahmenwerk.

[11] ABl L 375 vom 31. Dezember 1985. Hinsichtlich aktueller Trends und Statistiken zum europäischen Investmentfondsmarkt siehe EFAMA (2015), Efama Fact Book.

adaptiert, wobei es 2002 seine erste signifikante Überarbeitung durch die Umsetzung der *Richtlinie 2001/108 vom 21. Jänner 2002 zur Änderung der Richtlinie 85/611 des Rates zur Koordinierung der Rechts- und Verwaltungsvorschriften betreffend bestimmte Organismen für gemeinsame Anlagen in Wertpapieren hinsichtlich der Anlagen der OGAW*[12] *(„Produktrichtlinie")* sowie der *Richtlinie 2001/107 vom 21. Jänner 2002 zur Änderung der Richtlinie 85/611 des Rates zur Koordinierung der Rechts- und Verwaltungsvorschriften betreffend bestimmte Organismen für gemeinsame Anlagen in Wertpapieren zwecks Festlegung von Bestimmungen für Verwaltungsgesellschaften und vereinfachte Prospekte*[13] *(„Verwaltungsrichtlinie")*, die gemeinsam als UCITS[14] III bezeichnet werden[15], erfuhr.

Die Produktrichtlinie erweiterte das Anlagespektrum zusehends, da damit auch Geldmarktinstrumente, Bankeinlagen, Finanzderivate – kurzum standardisierte Options- und Terminkontrakte für OGAW herangezogen werden können und zudem Investments in andere Investmentfonds in Form von so genannten Dachfonds gestattet sind. Zur Sicherstellung des hohen Anlegerschutzniveaus in den Mitgliedstaaten („*MS*") wurden quantitative Anlagegrenzen sowie umfassendere Publizitätsvorschriften erlassen.

Die Verwaltungsrichtlinie regelt den Marktzugang und den Tätigkeitsbereich der VWG, wie etwa die Verpflichtung, dass die Hauptverwaltung sowie der satzungsmäßige Sitz einer VWG in ein und demselben MS sein müssen. Zudem wurden die Anforderungen hinsichtlich der laufenden Eigenkapitalausstattung dahingehend verschärft, dass VWG ein Mindestkapital von EUR 125.000,– aufweisen müssen.[16] Auch das Erfordernis, dass eine VWG von mindestens zwei Personen geführt werden muss, die ausreichende Erfahrung im Investmentgeschäft vorweisen können, sowie die Möglichkeit der Ausübung zusätzlicher Nebendienstleistungen[17] wurden neu eingeführt.

3.2.2. Entwicklungsschritt UCITS IV

Mit UCITS III wurde der so genannte „Europäische Pass"[18], der bedingt, dass die Zulassung einer VWG in einem MS auch die Durchführung ihrer Aktivitäten in anderen MS ermöglicht, zum „*key asset*" des OGAW-Rahmenwerks. Die Ausführung der Aktivitäten ist entweder mittels Zweigniederlassung oder im Rahmen der allgemeinen Dienstleistungsfreiheit

---

12 ABl L 41 vom 13. Februar 2002, 41ff.

13 ABl L 41 vom 13. Februar 2002, 20ff.

14 UCITS steht für „*undertakings for Collective Investment in Transferable Securities*", das englischsprachige Pendant zu OGAW. Zur generellen Funktionsweise siehe auch *Brauneis/Mestel* (2015), Finanzmarktinstrumente, 93ff.

15 Vgl. dazu zutreffend *Forstinger*, ÖBA 12/02, 987ff. Das zwischenzeitlich angedachte UCITS II wurde nie realisiert.

16 Zu beachten ist, dass die geforderte Gesamtsumme des Anfangskapitals und der zusätzlichen Eigenmittel EUR 10 Mio. nicht überschreiten darf. Jedenfalls dürfen die Eigenmittel einer VWG nicht unter einen Betrag absinken, der einem Viertel der für das vorhergehende Jahr aufgewendeten allgemeinen Kosten entspricht.

17 Die demonstrative Aufzählung von Aufgaben einer VWG in Anhang II der OGAW-RL enthält als Tätigkeiten etwa die Anlageverwaltung; administrative Tätigkeiten, wie beispielsweise Bearbeitung von Kundenfragen oder die Bewertung der Preisfestsetzung oder den Vertrieb. Die OGAW-RL normiert die zusätzlichen Dienstleistungen einer VWG, nämlich die individuelle Verwaltung einzelner Portfolios sowie zulässige Nebendienstleistungen wie die Anlageberatung oder die Verwahrung und Verwaltung von Investmentfondsanteilen.

18 Siehe dazu weiterführend *Forstinger*, ÖBA 12/2002, 987ff.

des Vertrags zur Gründung der Europäischen Gemeinschaft möglich, sodass man gerade im Investmentfondsbereich von einem weitgehend erschlossenen Binnenmarkt sprechen kann.

Obwohl dieser „Europäische Pass" zweifellos zum Herzstück des OGAW-Rahmenwerks wurde, schritt – trotz intensiver Bemühungen, etwa des *Single European Act*[19] – die weitere Integration des Binnenmarkts nur schleppend voran, sodass der *Financial Services Action Plan („FSAP")*[20] der notwendigen Integration höchste Priorität zuordnete.

Nachhaltige Auswirkungen auf die europäische Fondsindustrie hatte der *Heinemann Report*[21], in dem die Vorteile einer Integration des europäischen Sektors für Finanzdienstleistungen im Hinblick auf das Wachstum der europäischen Fondsindustrie herausgearbeitet wurden. Der Mehrwert des *Heinemann Reports* liegt in seiner umfassenden Bestandsanalyse, aber auch im Aufgreifen spezifischer Themen, die beitragen sollen, die Integration der europäischen Fondsindustrie voranzutreiben.

Neben dem aufgezeigten Sekundärrecht erließ die Kommission am 19. März 2007 *die Richtlinie 2007/16/EG zur Durchführung der Richtlinie 85/611/EWG des Rates zur Koordinierung der Rechts- und Verwaltungsvorschriften betreffend bestimmte Organismen für gemeinsame Anlagen in Wertpapieren im Hinblick auf die Erläuterung gewisser Definitionen*[22], umgangssprachlich auch als Richtlinie zu „*Eligible Assets*" bekannt. Mit dieser RL entschied sich die Kommission für eine liberale Auslegung wesentlicher Begriffe der OGAW-RL, die für die Veranlagung wichtig sind, etwa Wertpapiere, Geldmarktinstrumente, eingebettete Derivate oder Indexfonds. Weiters sind noch zwei Empfehlungen der Kommission zu nennen, die das bestehende europäische Regelungswerk für Investmentfonds abrunden, nämlich die Empfehlung zum Einsatz von Derivaten, welche vor allem auf die Grundprinzipien der Risikobegrenzung und -messung abstellt, sowie die Empfehlung zu anderen Angaben im Vereinfachten Prospekt, die versucht, eine einheitliche Interpretation der prospektrelevanten Bestimmungen zu erreichen.[23]

Vor dem Hintergrund der Analyse des *Heinemann Reports* wandte sich die europäische Fondsindustrie an die Kommission, die in ihrem *Grünbuch über den Ausbau des Europäischen Rahmens für Investmentfonds*[24] in weiten Teilen auf die Themen des *Heinemann Reports* referenzierte. Neben Ineffizienzen des bestehenden Rechtsrahmens betont das Grünbuch, dass trotz der Tatsache, dass sich die Zahl der OGAWs aufgrund des „Europäischen Passes" für OGAW-Produkte mehr als verdoppelt hat und keine Finanzskandale mit OGAW-Beteiligung vorgefallen sind, das Potenzial der Branche nicht voll ausgeschöpft wird.

Nachdem zwei Expertengruppen bestellt wurden, die sich mit den Rahmenbedingungen für Investmentfonds[25] beschäftigten, goss die Kommission ihre daraus gewonnenen Er-

---

19 Siehe weiterführend http://europa.eu.int/scadplus/treaties/singleact_en.htm.

20 Für weiterführende, sehr detaillierte Informationen zum FSAP, siehe http://europa.eu.int/comm/internal_market/finances/actionplan/index_en.htm.

21 Siehe: http://www.investmentuk.org/news/research/2004/topic/european/Heinemannpaper.pdf.

22 ABl. L 79 vom 20. März 2007, 11ff.

23 Siehe dazu weiterführend *Mörtl/Bilzer*, Auswirkungen von UCITS III auf die Regulierung von Investmentfonds in *Kammel/Zibuschka* (Hrsg./2006), Perspektiven des österreichischen Investmentfondswesens, 112ff.

24 KOM (2005) 314.

25 Siehe für Private Equity http://ec.europa.eu/internal_market/investment/docs/other_docs/reports/equity_en.pdf bzw. Hedge Fonds http://ec.europa.eu/internal_market/investment/docs/other_docs/reports/hedgefunds_en.pdf

kenntnisse in das „*Weißbuch für den Ausbau des Binnenmarktrahmens für Investmentfonds*"[26]. Das Weißbuch bietet erste konkrete Ansätze, wie Mängel des bestehenden Rahmenwerks abgefedert werden könnten:[27]

- *Beseitigung der administrativen Hindernisse für den grenzüberschreitenden Vertrieb (Notifizierungen)*
- *Erleichterung grenzüberschreitender Fondsfusionen*
- *„Pooling" von Vermögenswerten (Master-Feeder-Strukturen)*
- *„EU-Pass" für Verwaltungsgesellschaften (Management Company Passport)*
- *Ausbau der aufsichtlichen Zusammenarbeit*

Nach einer weiteren öffentlichen Konsultation zum *Weißbuch* veröffentlichte die Kommission im März 2007 einen so genannten „*exposure draft*", in dem die ersten legislativen Änderungsvorschläge dargelegt wurden.[28]

Obwohl diese Änderungsvorschläge weit gediehen waren, wurde UCITS IV Gegenstand politischer Kontroversen, die sich sowohl auf MS-Ebene aufgrund von Wettbewerbsaspekten entzündeten, als auch auf institutioneller Ebene zwischen Kommission und (französischer) Ratspräsidentschaft. Auslöser war der *Management Company Passport*, mit dem die Möglichkeit geschaffen werden sollte, OGAW in einem MS aus einem anderen MS zu managen. Durch diese Kontroversen drohte UCITS IV zu scheitern. Dies konnte dadurch verhindert werden, dass man sich darauf verständigte, das *Committee of European Securities Regulators („CESR")*[29] zu beauftragen, einen Vorschlag für die praktische Handhabung des *Management Company Passports* auszuarbeiten, der dann in den legislativen Maßnahmen der Kommission reflektiert sein sollte. Ende Oktober 2008 veröffentlichte CESR den gewünschten Vorschlag, auf den sich die beteiligten Parteien einigen konnten, sodass der europäische Gesetzgebungsprozess nicht weiter verzögert wurde.

Das Europäische Parlament verabschiedete UCITS IV am 13.1.2009 und nach Zustimmung des Rates war UCITS IV mit 1.7.2011 in die Rechtsordnungen der einzelnen MS umzusetzen.

3.2.3. Zentrale Aspekte von UCITS IV

3.2.3.1. Konzeptionelles

Mit UCITS IV eröffnete sich eine neue grenzüberschreitende Dimension für das europäische Investmentfondsrecht. Materiell stellt UCITS IV hinsichtlich der Ausgestaltungsform der Investmentfonds weiterhin auf OGAW in Vertragsform, Satzungsform oder in der Form eines Trusts ab. Diesbezüglich ist die Angleichung der Wettbewerbsbedingungen für OGAW auf Gemeinschaftsebene ebenso von fundamentaler Bedeutung wie die Sicherstellung des wirksameren und einheitlicheren Schutzes der Anteilinhaber.[30] Im Rahmen der schon erlaubten Verwaltung von Investmentfonds, der Portfolioverwaltung sowie der Nebendienstleistungen sollen, wie im Weißbuch skizziert, die in den MS gebräuchlichsten

---

26 Siehe KOM(2006) 686.

27 Siehe im Detail KOM(2006) 686, 6ff sowie *Kammel*, ÖBA 8/09, 567f oder *Macher* in *Macher et al*, InvFG-Komm 2008, Vor § 1, Rz 19ff.

28 Siehe dazu http://ec.europa.eu/internal_market/investment/ucits_directive_de.htm.

29 CESR ist die Vorläuferorganisation der heutigen European Securities and Markets Authority (ESMA) mit Sitz in Paris. Siehe dazu www.esma.europa.eu/.

30 Vgl. Erwägungsgrund 3 OGAW-RL.

Verschmelzungsverfahren, ein Pooling von Vermögenswerten in so genannten Master-Fonds, ein vereinfachter Marktzugang, eine Angleichung der Behördenbefugnisse sowie damit verbunden eine einheitlichere Ausgestaltung der Zulassungsverfahren realisiert werden.

Auf regulatorischer Ebene manifestiert UCITS IV die Verpflichtung für Aufsichtsbehörden miteinander zu kooperieren und zusammenzuarbeiten sowie Entscheidungen anderer zuständiger Behörden zu berücksichtigen bzw. sich auf diese zu verlassen.

Zu beachten ist – und dies ist wohl hinsichtlich der Generierung der vollen Skaleneffekte ein Hindernis – dass UCITS IV keine Auswirkungen auf nationale steuerliche Regelungen sowie Maßnahmen hat.

3.2.3.2. Die Säulen von UCITS IV

3.2.3.2.1. Zulassung des OGAW und Aufnahme der Tätigkeit der VWG

Die Zulassung eines OGAW zur Ausführung seiner Geschäftstätigkeit ist von den zuständigen Behörden des Herkunftsmitgliedsstaats vorzunehmen und gilt für sämtliche MS.[31] Der VWG ist innerhalb von zwei Monaten nach Einreichung des vollständigen Antrags mitzuteilen, ob eine Genehmigung erteilt wurde[32], um ihre Tätigkeit aufnehmen zu können. Materiell präzisiert die OGAW-RL, dass die VWG nur OGAW sowie Organismen für gemeinsame Anlagen („*OGA*") verwalten darf.[33] Unabhängig davon bleibt es den MS jedoch unbenommen, Verwaltungsgesellschaften zusätzlich noch die Zulassung für die individuelle Verwaltung einzelner Portfolios sowie von Nebendienstleistungen, wie etwa Anlageberatung und der Verwahrung und technischen Verwaltung von OGAW zu erteilen.[34]

Diese Zulassung ist zudem an durch UCITS III eingeführte Kapitalanforderungen geknüpft, die vorsehen, dass die VWG grundsätzlich mit einem Anfangskapital von mindestens € 125.000,– ausgestattet sein muss, wobei im Fall des Übersteigens des Werts von € 250 Mio. ihrer Portfolios zusätzliche Eigenmittel in Höhe von 0,02% des diesen Wert übersteigenden Betrags vorliegen müssen und die geforderte Gesamtsumme des Anfangskapitals und der zusätzlichen Eigenmittel € 10 Mio. nicht überschreiten darf.[35]

---

[31] Siehe Art. 5 Abs. 1 OGAW-RL. Diese Zustimmung der zuständigen Behörden des Herkunftsmitgliedstaats bedarf des Antrags der VWG.

[32] Siehe Art. 5 Abs. 4 OGAW-RL.

[33] Vgl. Art. 6 Abs. 2 OGAW-RL. Diesbezüglich ist auch auf Anhang II der OGAW-RL zu referenzieren, der jene Aufgaben präzisiert, die in die gemeinsame Portfolioverwaltung einbezogen sind, nämlich Anlageverwaltung, administrative Tätigkeiten sowie Vertrieb.

[34] Siehe Art. 6 Abs. 3 OGAW-RL. Hinsichtlich dieser Dienstleistungen finden die Vorschriften der RL 2004/39/EG Anwendung. Siehe dazu und insbesondere zum ursprünglichen Verständnis des Verhältnisses des OGAW-Rahmenwerks zum MiFID-Rahmenwerk *Buchberger/Kammel*, ÖBA 1/07, 35ff. Zu beachten ist, dass gerade mit UCITS IV die „MiFIDisierung" ihren Einzug im europäischen Investmentfondsrecht hielt, sodass seither keine diesbezügliche EU-Rechtsgrundlage in irgendeiner Form darauf abstellt.

[35] Vgl. Art. 7 Abs. 1 OGAW-RL. Aufgrund der spezifischen Situation von VWG als Spezialkreditinstitut nach BWG sind die nationalen Eigenkapitalerfordernisse im Vergleich zur OGAW-RL höher. Vgl. § 3 Abs. 4 BWG.

Wird der VWG die Zulassung erteilt, kann diese ihre Tätigkeit sofort aufnehmen.[36] Die VWG hat jedoch die im Zuge der Zulassung geforderten Kriterien fortwährend zu erfüllen[37] und die in ihrem Herkunftsmitgliedstaat erlassenen Aufsichtsregeln für die Tätigkeit der Verwaltung von OGAW einzuhalten[38].

Neben den allgemeinen regulatorischen Anforderungen hat eine VWG die im jeweiligen MS erlassenen Wohlverhaltensregeln einzuhalten.[39]

3.2.3.2.2. Dienst- und Niederlassungsfreiheit sowie Management Company Passport

Die dem europäischen Binnenmarkt inhärenten Grundfreiheiten reflektierend, kann eine in ihrem Herkunftsmitgliedstaat zugelassene VWG entweder durch Errichtung einer Zweigniederlassung oder im Rahmen des freien Dienstleistungsverkehrs ihre Tätigkeiten auch in anderen MS ausüben, wobei zudem auch der grenzüberschreitende Vertrieb von OGAW grundsätzlich gestattet ist.[40] Durch UCITS IV kommt der so genannte *Management Company Passport* hinzu. Dadurch können OGAW in einem anderen MS unter bestimmten Voraussetzungen[41] eine (nicht im jeweiligen Home-MS des OGAW ansässige) VWG benennen und von dieser verwaltet werden, wobei damit Registrierungsanforderungen verbunden sind.

Möchte eine VWG in einem anderen MS eine Zweigniederlassung errichten, um ihre zugelassene Tätigkeit auszuüben, hat sie die in der OGAW-RL geforderten Voraussetzungen zu erfüllen und die zuständigen Behörden des Home-MS darüber zu unterrichten[42], die in der Folge innerhalb von zwei Monaten die entsprechenden Unterlagen an die zuständige Behörde des Host-MS zu übermitteln haben.[43] Im Fall der gewünschten Ausübung der Dienstleistung einer gemeinsamen Portfolioverwaltung sind die Unterlagen mit einer diesbezüglichen Bescheinigung zu versehen und gegebenenfalls zu aktualisieren.[44] Konsequenterweise haben die zuständigen Behörden des Host-MS die Tätigkeiten der Zweigniederlassung zu überwachen.[45]

Möchte eine VWG im Rahmen des freien Dienstleistungsverkehrs ihre zugelassenen Tätigkeiten in einem anderen MS ausüben, haben die zuständigen Behörden des Home-MS

36 Siehe Art. 7 Abs. 4 OGAW-RL. Hinsichtlich möglicher Entzugsarten dieser Zulassung, siehe Art. 7 Abs. 5 OGAW-RL.

37 Vgl. Art. 10 Abs. 1 OGAW-RL. Siehe weiterführend dazu etwa *Hahold-Bilzer* in Macher et al, InvFG-Komm², Vor §§ 139-142 Rz 1ff.

38 Siehe dazu im Detail Art 12 OGAW-RL, der vor allem auf die ordnungsgemäße Verwaltung und Buchhaltung, Kontroll- und Sicherheitsvorkehrungen in Bezug auf die elektronische Datenverarbeitung, interne Kontrollverfahren oder die Vermeidung von Interessenkonflikten abstellt.

39 Vgl. dazu Art. 14 OGAW-RL.

40 Vgl. dazu Art 16 Abs. 1 OGAW-RL. Die Errichtung einer solchen Zweigniederlassung oder die Erbringung solcher Dienstleistungen darf nicht von einer Zulassung, einem Dotationskapital oder sonstigen Voraussetzungen gleicher Wirkung iSd Art. 16 Abs. 2 OGAW-RL abhängig gemacht werden.

41 Siehe dazu Art 16 Abs. 3 OGAW-RL, der wiederum auf die Anforderungen gem. Art 17-20 OGAW-RL abstellt.

42 Siehe Art. 17 Abs. 1 OGAW-RL. Die dazu notwendigen Unterlagen spezifiziert Art. 17 Abs. 2 OGAW-RL.

43 Vgl. Art. 17 Abs. 3 OGAW-RL, wobei die zuständigen Behörden des Herkunftsmitgliedstaats eine Weiterleitung der Unterlagen ablehnen können.

44 Vgl. dazu Art. 17 Abs. 9 OGAW-RL.

45 Siehe Art. 17 Abs. 5 iVm Art. 17 Abs. 6 und 7 OGAW-RL.

innerhalb eines Monats insbesondere den Geschäftsplan mit Angabe der geplanten Tätigkeit und Dienstleistungen an die Behörden des Host-MS zu übermitteln.[46] Im Fall der gewünschten Ausübung der Dienstleistung einer gemeinsamen Portfolioverwaltung sind die Unterlagen mit einer diesbezüglichen Bescheinigung zu versehen und gegebenenfalls zu aktualisieren.[47]

3.2.3.2.3. Grenzüberschreitende Fondsfusionen

Durch die Überarbeitung des OGAW-Rahmenwerks wurde die Möglichkeit geschaffen, grenzüberschreitende Fondsfusionen durchzuführen, wobei hinsichtlich der Ausgestaltung drei Varianten durch die RL ermöglicht werden[48]:

a) Ein oder mehrere OGAW oder deren Anlagezweige – so genannte „aufgehende OGAW" übertragen bei ihrer Auflösung ohne Abwicklung sämtliche Vermögenswerte und Verbindlichkeiten auf einen anderen bestehenden OGAW oder einen Anlagezweig dieses OGAW, der dann zum „aufnehmenden OGAW" wird. Die Anteilinhaber der „aufgehenden OGAW" erhalten Anteile am „aufnehmenden OGAW" sowie gegebenenfalls eine Barzahlung in Höhe von maximal 10% des Nettobestandwerts dieser Anteile. Dies hat zur Konsequenz, dass grundsätzlich alle Vermögenswerte und Verbindlichkeiten des aufgehenden OGAW auf den aufnehmenden OGAW übertragen werden, die Anteilinhaber des aufgehenden OGAW zu Anteilinhabern des aufnehmenden OGAW werden, wobei sie darüber hinaus ggf. einen Anspruch auf eine Barzahlung in Höhe von 10% des Nettobestandwerts ihrer Anteile im aufgehenden OGAW haben, der mit Inkrafttreten der Verschmelzung erlischt.[49]
b) Zwei oder mehrere OGAW oder deren Anlagezweige – als so genannte „aufgehende OGAW" übertragen bei ihrer Auflösung ohne Abwicklung sämtliche Vermögenswerte und Verbindlichkeiten auf einen von ihnen gebildeten OGAW oder einen Anlagezweig dieses OGAW, der dann zum „aufnehmenden OGAW" wird. Die Anteilinhaber der „aufgehenden OGAW" erhalten Anteile am „aufnehmenden OGAW" sowie gegebenenfalls eine Barzahlung in Höhe von maximal 10% des Nettobestandwerts dieser Anteile. Dies bedeutet, dass grundsätzlich alle Vermögenswerte und Verbindlichkeiten des aufgehenden OGAW auf den neu gegründeten aufnehmenden OGAW übertragen werden, die Anteilinhaber des aufgehenden OGAW zu Anteilinhabern des neu gegründeten aufnehmenden OGAW werden, wobei sie darüber hinaus ggf. einen Anspruch auf eine Barzahlung in Höhe von 10% des Nettobestandwerts ihrer Anteile im aufgehenden OGAW haben, der mit Inkrafttreten der Verschmelzung erlischt.[50]
c) Ein oder mehrere OGAW oder deren Anlagezweige – übertragen – bis zur Tilgung ihrer Verbindlichkeiten – ihr Nettovermögen auf einen anderen Anlagezweig desselben OGAW, auf einen von ihnen gebildeten OGAW oder auf einen anderen bestehenden OGAW oder einen Anlagezweig dieses OGAW als „aufnehmenden OGAW". Dies hat zur Konsequenz, dass grundsätzlich die Nettovermögenswerte des aufgehenden OGAW auf den aufnehmenden OGAW übertragen werden, die Anteilinhaber des aufgehenden

[46] Vgl. Art. 18 Abs. 1 und 2 OGAW-RL.
[47] Siehe Art. 18 Abs. 2 iVm Abs. 4 OGAW-RL
[48] Vgl. Art 37 OGAW-RL sowie präzisierend *Kammel*, ÖBA 2009, 570 sowie *Macher* (2011), Praxishandbuch Investmentfonds, 362ff.
[49] Siehe dazu Art. 48 Abs. 1 OGAW-RL.
[50] Siehe diesbezüglich Art. 48 Abs. 2 OGAW-RL.

OGAW zu Anteilinhabern des aufnehmenden OGAW werden, und der aufgehende OGAW so lange weiterbesteht, bis alle Verbindlichkeiten getilgt sind.[51]

Diese drei Ausgestaltungsarten einer Fondsfusion sind sowohl für grenzüberschreitende[52] als auch inländische[53] Fondsverschmelzungen anzuwenden.[54] Jegliche Verschmelzung bedarf der vorherigen Genehmigung der zuständigen Behörden des Herkunftsmitgliedstaats des aufgehenden OGAW[55], wobei der aufgehende OGAW diesen zuständigen Behörden seines Herkunftsmitgliedstaats im Rahmen des Antrags auf Verschmelzung die notwendigen Informationen übermittelt[56] sowie Kopien hiervon an die zuständigen Behörden des Herkunftsmitgliedstaats des aufgehenden OGAW[57]. Den zuständigen Behörden obliegt in der Folge die Prüfung, ob die erhaltenen Informationen für die Anteilinhaber angemessen sind, wobei spätestens nach 20 Arbeitstagen dem aufgehenden OGAW mitzuteilen ist, ob die avisierte Verschmelzung genehmigt wird.[58]

Aus technischer Sicht determiniert die OGAW-RL, dass im Fall nationaler Vorschriften betreffend die Zustimmung der Anteilinhaber zu Verschmelzungen zwischen OGAW, ein Quorum von höchstens 75% der tatsächlich abgegebenen Stimmen der bei der Hauptversammlung anwesenden oder vertretenen Anteilinhaber erforderlich ist, wobei grenzüberschreitende Verschmelzungen keinen strengeren Quoren unterliegen dürfen als inländische.[59]

Zudem steht es den Anteilinhabern sowohl des aufgehenden als auch des aufnehmenden OGAW zu, ohne weitere Kosten die Rücknahme oder Auszahlung ihrer Anteile sowie ggf. deren Umwandlung in Anteile eines anderen OGAW mit ähnlicher Anlagepolitik zu verlangen, wobei dieses Recht auf den Zeitraum ab Unterrichtung des Anteilinhabers über die geplante Verschmelzung bis fünf Werktage vor der Berechnung des Austauschverhältnisses der Anteile befristet ist.[60]

---

51 Siehe dazu Art. 48 Abs. 3 OGAW-RL.

52 Hinsichtlich des Verständnisses der OGAW-RL zum Begriff „grenzüberschreitende Verschmelzung", siehe Art. 38 Abs. 2 OGAW-RL. Bei grenzüberschreitenden Verschmelzungen sind hinsichtlich des Verschmelzungsverfahrens die Rechtsvorschriften des Herkunftsmitgliedstaats des aufgehenden OGAW iSd. Art. 38 Abs. 2 letzter Satz OGAW-RL anzuwenden.

53 Zum Begriff „einheimische Verschmelzung" siehe Art. 38 Abs. 3 OGAW-RL.

54 Vgl. Art. 38 Abs. 1 OGAW-RL. Siehe weiterführend zu konzeptionellen Aspekten der Verschmelzung etwa *Kalss* in Macher et al, InvFG-Komm², § 114 Rz 1ff sowie die grenzüberschreitenden Aspekte analysierend, schon *Kammel*, Cross-Border Fund Merger – eine neue Dimension für die europäische Investmentfondsindustrie in *Kammel/Zibuschka* (Hrsg./2006), Perspektiven des österreichischen Investmentfondswesens, 55ff

55 Siehe Art. 39 Abs. 1 OGAW-RL.

56 Diese sind gem. Art. 39 Abs. 2 OGAW-RL a) der vom aufgehenden und vom aufnehmenden OGAW gebilligte gemeinsame Verschmelzungsplan, b) eine aktuelle Fassung des Prospekts sowie die wesentlichen Informationen für Anleger des aufnehmenden OGAW, sprich KIID, c) eine von allen Verwahrstellen des aufgehenden und aufnehmenden OGAW abgegebene Erklärung, die die Konformität des jeweiligen OGAW mit der OGAW-RL und den Vertragsbestimmungen bestätigt sowie d) jene Informationen, die der aufgehende OGAW und der aufnehmende OGAW ihren jeweiligen Anteilinhabern zu der geplanten Verschmelzung zu übermitteln gedenken. Siehe dazu im Detail Art. 40–43 OGAW-RL.

57 Vgl. Art. 39 Abs. 3 OGAW-RL.

58 Siehe Art. 39 Abs. 3 iVm Abs. 5 OGAW-RL.

59 Vgl. Art. 44 OGAW-RL.

60 Siehe dazu Art. 45 Abs. 1 OGAW-RL.

3.2.3.2.4. Master-Feeder-Konstruktionen

Weiters wurde die bekannte Praxis von so genannten Master-Feeder-Konstruktionen in das OGAW-Rahmenwerk aufgenommen, die eine Ausprägung des so genannten Pooling von Vermögenswerten sind. Ein Feeder-OGAW investiert dabei mindestens 85% seines Vermögens in Anteile oder Anlagezweige eines anderen OGAW, eines Master-OGAW, der mindestens einen Feeder-OGAW unter seinen Anteilinhabern hat, selbst kein solcher Feeder-OGAW ist und keine Anteile an einem Feeder-OGAW hält.[61]

Ein Feeder-OGAW kann bis zu 15% seines Vermögens in flüssigen Mitteln[62], derivativen Finanzinstrumenten[63] zu Hedging-Zwecken sowie im Fall einer Investmentgesellschaft in beweglichen und unbeweglichen Vermögen halten, was für deren unmittelbare Tätigkeitsausübung unerlässlich ist.[64]

Um ein funktionierendes Zusammenspiel zwischen Master-OGAW und Feeder-OGAW sicherzustellen, hat ersterer dem Feeder-OGAW alle Unterlagen und Informationen zur Verfügung zu stellen, die dieser benötigt, um den Anforderungen der OGAW-RL zu entsprechen, wozu er mit dem Master-OGAW eine umfassende Vereinbarung abzuschließen hat.[65] An diese Vereinbarung gekoppelt ist eine etwaige Überschreitung des Investitionslimits von 85% durch den Feeder-OGAW.[66] Weiters haben Master-OGAW und Feeder-OGAW ihre Zeitpläne für die Berechnung und Veröffentlichung ihrer Net Asset Values („*NAV*") abzustimmen, um Arbitrage-Möglichkeiten zwischen den Fonds auszuschließen.[67] Korrespondierend dazu ist im Fall der zeitweiligen Aussetzung der Rücknahme, Auszahlung oder Zeichnung der Anteile des Master-OGAW jeder der Feeder-OGAW berechtigt, auch die Rücknahme, Auszahlung oder Zeichnung seiner Anteile für den gleichen Zeitraum wie der Master-OGAW auszusetzen.[68] Das enge Verhältnis zwischen Master-OGAW und Feeder-OGAW veranschaulicht auch Art. 60 Abs. 4 OGAW-RL, der verlangt, dass im Fall der Liquidation des Master-OGAW auch der Feeder-OGAW zu liquidieren ist, es sei denn, es gibt eine Genehmigung der zuständigen Behörden des Herkunftsmitgliedstaats des Feeder-OGAW, die Investition von mindestens 85% des Vermögens in Anteile eines anderen Master-OGAW zu tätigen oder den Feeder-OGAW in einen OGAW ohne Feeder-OGAW-Status umzuwandeln. Analog dazu wird im Fall einer Verschmelzung eines Master-OGAW mit einem anderen OGAW bzw. einer Spaltung in zwei oder mehr OGAW der Feeder-OGAW liquidiert, es sei denn, die zuständigen Behörden des Herkunftsmitgliedstaats des Feeder-OGAW erteilen eine Genehmigung, dass entweder nach der Verschmelzung bzw. Spaltung des Master-OGAW der Feeder-OGAW weiterhin Feeder-OGAW des Master-OGAW oder eines anderen OGAW bleibt oder mindestens 85% des Vermögens des Feeder-OGAW in Anteile eines nicht aus der Verschmelzung bzw. Spaltung hervorgegan-

---

61 Siehe Art. 58 Abs. 1 OGAW-RL. Weiterführend zur Funktionsweise siehe etwa *Jethan* in Macher et al., InvFG-Komm², Vor § 93 Rz 1ff.

62 Vgl. Art. 50 Abs. 3 OGAW-RL.

63 Vgl. Art. 50 Abs. 1 lit. g sowie Art. 51 Abs. 2 und 3 OGAW-RL.

64 Vgl. Art. 58 Abs. 2 OGAW-RL.

65 Siehe Art. 60 Abs. 1 OGAW-RL. Werden sowohl Master-OGAW als auch Feeder-OGAW von der gleichen VWG verwaltet, kann die Vereinbarung gem. Art. 60 Abs. 1 letzter Absatz OGAW-RL durch interne Regelungen für Geschäftstätigkeiten ersetzt werden.

66 Vgl. Art. 60 Abs. 1 letzter Absatz OGAW-RL.

67 Vgl. Art. 60 Abs. 2 OGAW-RL.

68 Siehe Art. 60 Abs. 3 OGAW-RL.

genen Master-OGAW anlegt oder aufgrund einer Änderung der Vertragsbedingungen eine Umwandlung in einen OGAW ohne Feeder-OGAW-Status vornimmt.[69]

Um sicherzustellen, dass es zu einem gesicherten Informationsaustausch zwischen Master-OGAW und Feeder-OGAW mit unterschiedlichen Verwahrstellen kommt, ist eine Vereinbarung über den Informationsaustausch abzuschließen.[70]

Ähnlich wie im Fall unterschiedlicher Verwahrstellen regelt die OGAW-RL auch den Fall unterschiedlicher Rechnungsprüfer, weshalb diese eine ähnliche Vereinbarung zum Informationsaustausch abzuschließen haben.[71]

Neben dem Informationsaustausch postuliert UCITS IV eine umfassende Informationspolitik gegenüber den Anteilinhabern, die in derartige Master-Feeder-Konstruktionen investiert sind. In diesem Sinn hat etwa der Prospekt[72] des Feeder-OGAW – zusätzlich zu den in Anhang I Schema A vorgesehenen Informationen – weitere Detailinformationen[73] zu enthalten. Der Jahresbericht des Feeder-OGAW enthält zu den Angaben nach Anhang I Schema B noch eine Erklärung zu den aggregierten Gebühren von Feeder- und Master-OGAW[74], in den relevanten Marketing-Unterlagen des Feeder-OGAW hat sich der Hinweis zu finden, dass dieser permanent zu 85% in Anteile des Master-OGAW investiert ist[75] und Kopien des Prospekts sowie des Jahres- und Halbjahresberichts werden vom Feeder-OGAW den Anlegern auf Verlangen kostenlos zur Verfügung gestellt.[76]

3.2.3.2.5. Kundeninformationsdokument („KID")

Seit Einführung des Vereinfachten Prospekts durch UCITS III gelangte man zur Erkenntnis, dass dieser zwar von seiner Intention her sinnvoll, jedoch hinsichtlich der praktischen Ausgestaltung und seiner rechtlichen Grundlage unzureichend ist. Das Versäumnis im Zusammenhang mit dem Vereinfachten Prospekt (*Simplified Prospectus*) ist vor allem rechtlicher Natur, da die Bestimmungen nur Empfehlungscharakter hatten, weshalb es auf nationaler Ebene zu Auswüchsen hinsichtlich des Umfangs und Inhalts kam.

Vor diesem Hintergrund wurde im Rahmen von UCITS IV mit dem KID ein Nachfolgemodell zum Vereinfachten Prospekt geschaffen. So hält Art. 78 Abs. 1 OGAW-RL fest, dass für jeden Investmentfonds ein derartiges KID vorliegen muss, die sinnvolle An-

---

69 Vgl. Art. 60 Abs. 5 OGAW-RL.

70 Vgl. dazu Art. 61 OGAW-RL.

71 Siehe Art. 62 OGAW-RL.

72 Zu den Prospektbestimmungen allgemein siehe Art. 68-75 OGAW-RL.

73 Diese zusätzlichen Detailinformationen gem. Art. 63 Abs. 1 OGAW-RL sind a) eine Erklärung über das permanente Mindestinvestment von 85% des Vermögens des Feeder-OGAW in Anteile des Master-OGAW, b) die Angabe über die Identität/Abweichung von Investitionsziel, Anlagestrategie und Risikoprofil sowie Ergebnisse von Feeder-OGAW im Vergleich zum Master-OGAW, c) eine Kurzbeschreibung des Master-OGAW, d) eine Zusammenfassung der abgeschlossenen Vereinbarung zwischen Feeder-OGAW und Master-OGAW hinsichtlich des Informationsaustausches gem. Art. 60 Abs. 1 OGAW-RL, e) Angaben über weitere Informationsmöglichkeiten zum Master-OGAW, f) eine Beschreibung sämtlicher Vergütungen und Kosten, die aufgrund der Investition in den Master-OGAW anfallen, sowie die aggregierten Gebühren von Feeder-OGAW und Master-OGAW und g) die Beschreibung der steuerlichen Auswirkungen der Investition in den Master-OGAW für den Feeder-OGAW. Hinsichtlich zusätzlicher Informationen zu schon bestehenden Master-Feeder-Konstruktionen siehe Art. 64 OGAW-RL.

74 Vgl. Art. 63 Abs. 2 OGAW-RL.

75 Vgl. Art. 63 Abs. 4 OGAW-RL.

76 Siehe Art. 63 Abs. 5 OGAW-RL.

gaben zu den wesentlichen Merkmalen des betreffenden OGAW zu enthalten hat, so dass der Anleger in die Lage versetzt wird, Art und Risiken des angebotenen Anlageprodukts zu verstehen und auf dieser Grundlage eine fundierte Investitionsentscheidung zu treffen.[77]

Der Inhalt des KID besteht aus a) Informationen zur Identität des OGAW, b) einer kurzen Beschreibung der Investitionsziele und Anlagestrategie, c) der Darstellung der bisherigen Ergebnisse des OGAW oder von Performance-Szenarien, d) Kosten und Gebühren sowie e) dem Risiko-/Ertragschancenprofil der Anlage einschließlich angemessener Hinweise auf die mit der Investition in den betreffenden OGAW verbundenen Risiken sowie entsprechenden Warnhinweisen.[78] Dabei wird Wert darauf gelegt, dass diese Elemente vom Anleger verstanden werden können.[79] In diesem Sinn muss das KID kurz und in einer allgemein verständlichen Sprache verfasst sein, wobei das KID europaweit in einem einheitlichen Format erstellt wird, um so eine gewisse Vergleichbarkeit, insbesondere für Kleinanleger, zu gewährleisten.[80]

Das KID ist als vorvertragliche Information zu qualifizieren, die redlich, eindeutig und nicht irreführend auszugestalten ist und zudem mit den einschlägigen Bestimmungen des allenfalls zuzustellenden Prospekts übereinstimmen muss. Das KID muss rechtzeitig vor der Zeichnung der Anteile des OGAW dem Anleger kostenlos zur Verfügung gestellt werden.[81]

Die OGAW-RL sieht zudem vor, dass das KID den zuständigen Behörden des Herkunftsmitgliedstaats des OGAW jeweils am aktuellen Stand zur Verfügung zu stellen ist.[82]

3.2.3.2.6. Verstärkte Zusammenarbeit der Aufsichtsbehörden

Aufgrund der grenzüberschreitenden Dimension von UCITS IV ist es notwendig, dass auch die betroffenen Aufsichtsbehörden entsprechend kooperieren. Diesbezüglich setzt das überarbeitete OGAW-Rahmenwerk neue Maßstäbe, indem die Zulassung von OGAW sowie deren Beaufsichtigung durch die jeweils zuständigen Behörden umfassend geregelt werden.[83]

Die MS haben die zuständigen Behörden zu benennen, wobei für die Aufsicht über den OGAW grundsätzlich die Behörden des Herkunftsmitgliedstaats zuständig sind.[84] Um diesen Anforderungen gerecht zu werden, sind die zuständigen Behörden mit den dazu notwendigen Überwachungs- und Ermittlungsbefugnissen auszustatten.[85] Zudem sieht die OGAW-RL effiziente und wirksame Beschwerde- und Schlichtungsverfahren insbesondere hinsichtlich einer außergerichtlichen Streitbeilegung in Verbraucherrechtssachen vor.[86]

Die Funktionsweise von UCITS IV determiniert sich vor allem durch die Verpflichtung zur Zusammenarbeit der zuständigen Behörden, wobei diesbezüglich administrative Maß-

---

77 Vgl. Art. 78 Abs. 2 OGAW-RL. Weiterführend dazu siehe *Pálffy* in Macher et al, InvFG-Komm², § 134 Rz 1ff.
78 Siehe Art. 78 Abs. 3 OGAW-RL.
79 Vgl. Art. 78 Abs. 3 letzter Absatz OGAW-RL.
80 Siehe dazu Art. 78 Abs. 5 OGAW-RL.
81 Vgl. Art. 80 Abs. 2 iVm Abs. 3 OGAW-RL.
82 Vgl. Art. 82 Abs. 1 und 2 OGAW-RL.
83 Weiterführend dazu *Leiner/Nimmerrichter* in Macher et al, InvFG-Komm² Vor §§ 143-162 Rz 1ff.
84 Vgl. Art. 97 Abs. 1 und 3 OGAW-RL.
85 Siehe dazu im Detail Art. 98 OGAW-RL.
86 Siehe Art. 100 OGAW-RL.

nahmen zur Erleichterung der Zusammenarbeit zu setzen sind.[87] Der unverzügliche Informationsaustausch sowie die gegenseitige Unterrichtung über einen Verstoß eines Unternehmens im Hoheitsgebiet anderer zuständiger Behörden, das Ersuchen um Überprüfung vor Ort oder im Rahmen einer Ermittlung im Hoheitsgebiet eines anderen MS sowie die umfassende gegenseitige Information über getroffene Entscheidungen betonen diese Kooperationsverpflichtung.[88]

Zu beachten ist dabei der signifikante Befugniszuwachs der Behörden. Um die Rechtssicherheit für die Marktteilnehmer zu wahren, ist insbesondere für negative Entscheidungen der jeweils zuständigen Behörde eine schriftliche Begründung notwendig.[89]

3.2.4. Entwicklungsschritt UCITS V

3.2.4.1. Fokus Depotbank und Vergütungspolitik

Bedingt durch die Ereignisse während der Finanzkrise, vor allem den Zusammenbruch von *Lehmann Brothers* und den Betrugsskandal um *Bernie Madoff* wurde parallel zu den Verhandlungen über UCITS IV begonnen, die Rolle und Funktion der Depotbank im OGAW-Rahmenwerk konkreter auszugestalten. Diese als UCITS V bekannt gewordene Novellierung des OGAW-Rahmenwerks mündete in der *Richtlinie 2014/91/EU des Europäischen Parlaments und des Rates vom 23. Juli 2014 zur Änderung der Richtlinie 2009/65/EG zur Koordinierung der Rechts- und Verwaltungsvorschriften betreffend bestimmte Organismen für gemeinsame Anlagen in Wertpapieren (OGAW) im Hinblick auf die Aufgaben der Verwahrstelle, die Vergütungspolitik und Sanktionen*.[90] Wie der RL-Name schon indiziert, konzentriert sich dieser Entwicklungsschritt von UCITS V auf die Themen Aufgaben und Haftung der Depotbank im OGAW-Rahmenwerk, die Anforderungen an die Vergütungspolitik von VWG sowie die europäische Harmonisierung der Sanktionsmechanismen.

Von den genannten UCITS V-Themen sind insbesondere die Anpassungen im Bereich der Aufgaben und Haftung der Depotbank zentral, da dadurch – eigentlich seit UCITS I – erstmals wieder in das institutionelle Gefüge zwischen VWG und Depotbank eingegriffen wurde.[91] Materiell wurde diesbezüglich das Haftungsregime der Depotbank jenem der Verwahrstelle im AIFM-Rahmenwerk angeglichen. Dies hat die praktische Konsequenz, dass die Haftung der Depotbank im OGAW-Rahmenwerk nun klar determiniert ist, wobei de facto keine Haftungsbefreiung mehr möglich ist.[92] Weiters ist zu beachten, dass der mit UCITS V vorgenommene Eingriff ins Institutionengefüge – gerade aus österreichischer Sicht – auch dazu führt, dass grundsätzlich mehr Aufgaben der VWG – im Sinne einer europäischen Vereinheitlichung – zugeordnet werden, die etwa hierzulande traditionelle Depotbankaufgaben waren. Dies wird etwa durch die ersatzlose Streichung des bisherigen

[87] Vgl. Art. 101 Abs. 1 OGAW-RL.

[88] Vgl. dazu umfassend Art. 101 iVm Art. 109 OGAW-RL.

[89] Vgl. Art. 107 Abs. 1 OGAW-RL.

[90] ABl L 257/186 vom 28. August 2014.

[91] Weiterführend zu den Aufgaben der Depotbank vor UCITS V, siehe *Iro*, ÖBA 5/13, 343ff. Das traditionelle institutionelle Verständnis hinsichtlich der Depotbank im so genannten Dreieck des Investmentfondsrechts wird sehr gut von *Oppitz* (2007), Investmentgeschäft, 279ff skizziert.

[92] Die einzig verbliebene Möglichkeit einer solchen Haftungsbefreiung sind die Fälle höherer Gewalt. Siehe weiterführend zu den neuen Anforderungen betreffend die Aufgaben und Haftung der Depotbank *Kammel* in Bollenberger/Kellner (Hrsg), InvFG-Kommentar (2016) § 39 Rz 1ff.

„Austriacums" § 5 Abs. 5 InvFG 2011 idF BGBl. I Nr. 77/2011[93] betont. Vor diesem Hintergrund determiniert UCITS V als Aufgaben der Depotbank die ordnungsgemäße Überwachung der Cashflows des OGAW sowie die korrekte Verbuchung aller Gelder, die Verwahrung des OGAW-Vermögens, die Verpflichtung der regelmäßigen und umfassenden Aufstellung sämtlicher OGAW-Vermögenswerte, das grundsätzliche Verbot der Wiederverwendung der verwahrten Vermögenswerte auf die Rechnung der Depotbank oder eines Dritten sowie erweiterte Informationspflichten. Damit einher geht auch die schon erwähnte Verschärfung der Haftung der Depotbank, die nur durch die Fälle „höherer Gewalt" ausgeschlossen werden kann und grundsätzlich besagt, dass die Depotbank für jegliche Verluste am verwahrten OGAW-Vermögen unverzüglich entweder Finanzinstrumente gleicher Art zurückzugeben oder den äquivalenten Wert des Finanzinstruments zu erstatten hat.

Mit UCITS V kam es auch zur Einführung von Regelungen zur Vergütungspolitik für VWG[94], die grundsätzlich jenen des AIFM-Rahmenwerks nachempfunden sind. Diese nun auch im Bereich der Vergütungsregeln weitestgehend vorliegende Konsistenz zwischen dem OGAW- und dem AIFM-Rahmenwerk hat auch den aus praktischer Sicht positiven Nebeneffekt, dass die bisherige Anwendung der an sich nur für Kreditinstitute geltenden CRD III-Vergütungsregeln nach dem BWG nicht mehr für VWG zur Anwendung kommen.

Schließlich soll die Harmonisierung der Sanktionsmechanismen eine europaweite Vereinheitlichung der Sanktionsregime herbeiführen, wobei auch Unternehmensstrafen eingeführt wurden. Angesichts der vorherrschenden Strafbewehrung de facto aller Bestimmungen des InvFG 2011[95] sowie des AIFMG[96], kommt es in diesem Bereich aus praktischer Sicht zu keinen gravierenden Auswirkungen.

Wie diese Ausführungen zeigen, setzt UCITS V die jüngste Tradition der Novellierungen des OGAW-Rahmenwerks dahingehend fort, dass es sich um eine rein technische Weiterentwicklung handelt, da am Produkt OGAW regulatorisch keine Eingriffe vorgenommen wurden.

3.2.4.2. Angedachter Entwicklungsschritt UCITS VI

Nachdem die Weiterentwicklungen des OGAW-Rahmenwerks durch UCITS IV und UCITS V weitgehend als technische Anpassungen verstanden werden, wurde 2012 von der Europäischen Kommission ein Konsultationspapier[97] betreffend Produktregelungen, Liquiditätsmanagement, Verwahrung, Geldmarktfonds sowie langfristige Investments veröffentlicht, welches vielerorts als Startschuss zu einem „UCITS VI" gesehen wird, wobei insbesondere deren produktspezifischer Charakter ins Auge sticht. Ausgelöst wurde die Konsultation von der politisch motivierten Diskussion zum Thema Schattenbanken[98], wobei auch ein inhaltlicher Konnex zu den ESMA *„Guidelines on ETFs and other UCITS issues"*[99] besteht.

---

93 Siehe dazu *Kammel/Schredl*, ÖBA 8/11, 561.

94 Vgl. §§ 17a-17c InvFG 2011.

95 So schon *Kammel/Schredl*, ÖBA 8/11, 569.

96 Vgl. *Kammel*, ÖBA 7/13, 490.

97 Siehe dazu http://ec.europa.eu/internal_market/consultations/docs/2012/ucits/ucits_consultation_en.pdf.

98 Siehe zum Thema Schattenbanken insbesondere http://ec.europa.eu/internal_market/finances/shadow-banking/index_en.htm.

99 Siehe dazu http://www.esma.europa.eu/system/files/2012-474.pdf sowie *Kammel/Rautner*, ecolex 2013, 283ff.

Inhaltlich werden zunächst Optionen aufgezeigt, die sich auf die Stärkung des Anlegervertrauens in Geldmarktfonds auswirken können, wobei insbesondere das Liquiditätsmanagement eine zentrale Rolle einnehmen soll, um so positive Auswirkungen auf die Systemrelevanz von Geldmarktfonds[100] zu generieren. Diesem Abschnitt folgen umfangreiche Ausführungen zu effizienten Portfoliomanagementtechniken, wobei vor allem auf Wertpapierleih- und Repogeschäfte, aber auch auf das Sicherheitenmanagement abgestellt wird. Die Europäische Kommission erhofft sich dadurch ein verbessertes Verständnis dieser Techniken. Zudem ist intendiert, neue Regeln für das Liquiditätsmanagement einzuführen, da im Zuge der Finanzkrise einige OGAWs mit Liquiditätsengpässen zu kämpfen hatten und deshalb gezwungen waren, die Anteilsrücknahme auszusetzen. Diesbezüglich werden Möglichkeiten des Aufschubs von Rücknahmen sowie die Zulässigkeit sogenannter „Side-Pockets" als auch Zusatzerfordernisse für die Liquiditätssicherung von ETFs auf Sekundärmärkten evaluiert. Interessant ist die (Wieder-)Aufnahme des Themas der Depotbankfreizügigkeit, wonach in gewisser Analogie zum Management Company Passport auch Depotbanken in den Genuss eines derartigen Passportings kommen sollen. Eine etwaige Depotbankfreizügigkeit wurde schon im Grünbuch[101] zu UCITS IV angesprochen, jedoch später im Rahmen der weiteren Konsultation verworfen.

Materiell neu im Kontext der UCITS VI-Konsultation sind Überlegungen zu langfristigen Investments, die von Bedeutung für zukünftiges Wachstum und Wertschöpfung sein könnten. Dabei wird unter anderem auf Infrastrukturprojekte abgestellt, in die nicht-professionelle Anleger investieren könnten. Die Europäische Kommission hat nach Konsultationen zu einem Grünbuch Thema einen konkreten Verordnungsentwurf vorgelegt.[102]

Schließlich sollen im Rahmen von UCITS VI auch jene Mängel ausgebessert werden, die seit der Implementierung von UCITS IV offenkundig geworden sind, vor allem in den Bereichen grenzüberschreitende Fondsverschmelzungen, Notifizierungsverfahren oder Master-Feeder-Strukturen, deren praktische Umsetzung oft an unklaren rechtlichen Aspekten scheitert. Zudem soll eine verbesserte Konsistenz zwischen OGAW- und AIFM-Rahmenwerk hergestellt werden.

Die bisherige praktische Relevanz dieser Konsultation konzentriert sich auf die nach wie vor diskutierten Verschärfungen im Bereich der Geldmarktfonds (MMF)[103] sowie die Etablierung des ELTIF-Rahmenwerks[104], da beide ihren Ursprung im Konsultationspapier haben.

---

100 In diesem Zusammenhang wird angedacht, detaillierte und harmonisierte Regulierungen von Geldmarktfonds in der EU vorzunehmen, wobei Liquiditätsrisiken, Investmentkriterien und das Rating von Geldmarktfonds und deren Vermögensgegenständen präzisiert werden sollen.

101 Siehe dazu KOM (2005) 314, 8.

102 Siehe dazu unten Punkt 1.3.6.

103 Weiterführend zu den langwierigen politischen Diskussionen auf europäischer Ebene hinsichtlich der Verschärfungen für MMF siehe https://www.esma.europa.eu/sites/default/files/library/2016-297_follow-up_mmf.pdf.

104 Siehe VO (EU) 760/2015, die seit 9.12.2015 direkt anwendbar ist.

4. Das AIFM-Rahmenwerk

4.1. Grundsätzliches

Als direkte regulatorische Antwort auf die Finanzkrise wurde, politisch initiiert durch den G-20-Gipfel in London,[105] Anfang April 2009 eine weitgehende Regulierung von Fondskonstruktionen, insbesondere jenen, die keiner Regulierung unterlagen und potentiell systemische Risiken generieren können, beschlossen. Die Europäische Kommission nahm dies zum Anlass, grundsätzlich all jene Fondskonstruktionen zu regulieren, die nicht dem OGAW-Rahmenwerk unterliegen und veröffentlichte dazu, bloß 28 Tage nach dem G-20-Gipfel, einen Entwurf[106] für das künftige AIFM-Rahmenwerk. Wie allein schon die zeitliche Komponente indiziert, war dieser Entwurf in keiner Weise ausgegoren, sodass er einerseits heftig kritisiert wurde[107], es andererseits zudem rund eineinhalb Jahre und somit dreier Ratspräsidentschaften und mehr als 1600 Abänderungsanträgen bedurfte, bis im Oktober 2010 der finale Durchbruch geschafft wurde. Dieser resultierte jedoch in einem komplexen Kompromiss, der eine Reihe von Überprüfungsprozessen sowie die vollständige Implementierung des AIFM-Rahmenwerks erst mit siebenjähriger Verspätung, also erst 2018, vorsieht.[108]

4.2. Anwendungsbereich

Einer der beiden offensichtlichsten Gründe für den komplexen Kompromiss ist der Anwendungsbereich der AIFM-RL, denn die einzige unumstrittene Klarheit ist die Regelung, dass all jene Fondskonstruktionen im Anwendungsbereich sind, die nicht unter die OGAW-RL fallen. Zudem ist klar, dass es sich bei der AIFM-RL um eine Verwalterrichtlinie handelt, die nur vereinzelt produktspezifische Aspekte regelt. Die AIFM-RL ist somit wohl eine Hybridkonstruktion[109] im Sinne einer Verwalterrichtlinie, durchbrochen durch Produktspezifika, was deren Verständnis zusätzlich erschwert.

Hinzukommt, dass das AIFM-Rahmenwerk keinen Unterschied dahingehend macht, ob es sich beim AIFM um einen externen Manager oder ein internes Management handelt, da die zentrale Tätigkeit die Verwaltung von Investment-Portfolios ist. Dies bedeutet, dass grundsätzlich all jene Unternehmungen als AIFM zu qualifizieren sind, die AIF auf regelmäßiger Basis verwalten[110], unabhängig davon, ob es sich um offene oder geschlossene Alternative Investment Fonds (AIF) handelt, welche Rechtsform sie haben oder ob sie börsennotiert sind. Auch die bestehenden Restriktionen betreffend Kapital und Anzahl der Investoren sind überschaubar.[111]

Strukturiert man diesen breiten Anwendungsbereich der AIFM-RL, ergeben sich drei Hauptanwendungsfälle:

- EU-AIFM, die entweder einen oder mehrere EU-AIF oder Nicht-EU-AIF verwalten;

[105] Siehe dazu das Communiquè auf www.londonsummit.gov.uk/en/summit-aims/summit-communique/.

[106] Siehe zum Erstentwurf im Detail: http://ec.europa.eu/internal_market/investment/docs/alternative_investments/fund_managers_proposal_de.pdf.

[107] Siehe dazu weiterführend etwa *Kammel*, ÖBA 1/11, 18ff sowie *Kammel* (2011), Bank- und Kapitalmarktrecht, 168ff.

[108] Hinsichtlich der formellen Aspekte der AIFM-RL siehe ausführlich *Kammel*, ÖBA 1/11, 19f.

[109] Zu dieser Analyse in Bezug auf die Rahmenrichtlinie auf Level 1, siehe schon *Kammel*, ÖBA 1/11, 20.

[110] Siehe dazu Art. 4 Abs. 1 lit. c AIFM-RL (L1).

[111] Vgl. Recital 5, 1. Absatz AIFM-RL (L1).

- Nicht-EU-AIFM, die EU-AIF verwalten, unabhängig davon, ob diese im Hoheitsgebiet der EU vertrieben werden; sowie
- Nicht-EU-AIFM, die entweder EU- oder Nicht-EU-AIF in der EU vertreiben.

Da diese Hauptanwendungsfälle insbesondere auch Auswirkungen auf Drittstaaten haben, erklärt dies auch teilweise den vorhin genannten komplexen Kompromiss und Überprüfungsprozess bis hin zur vollständigen Implementierung 2018. Die bescheidenen Ausnahmen vom Rahmenwerk umfassen etwa holding companies, Institutionen, die unter die IORP-RL fallen, supranationale Institutionen, Zentralbanken, nationale, regionale und lokale Regierungen oder Institutionen, die Fonds zum Zweck der Sozialversicherung oder für Pensionssysteme verwalten, Mitarbeiterbeteiligungsprogramme und Mitarbeitervorsorgesysteme sowie spezielle Verbriefungszweckgesellschaften. Zudem sind jene AIFM ausgenommen, die einen oder mehrere AIF verwalten, deren einzige Investoren der AIFM oder Mutter- oder Tochterunternehmen des AIFM sowie andere Tochterunternehmen dieser Mutterunternehmen sind, wobei keiner dieser Investoren selbst ein AIF sein darf.[112]

Das AIFM-Rahmenwerk sieht quantitative Mindestschwellen vor, wobei zu beachten ist, dass alle unter diese Schwellenwerte fallenden „kleinen" AIFM Erleichterungen beim Zulassungsverfahren im Sinne einer einfacheren Registrierungspflicht genießen, jedoch freiwillig ein „opt-in"[113] ins AIFM-Rahmenwerk wählen können.

4.3. Zulassungsverfahren

Wie das OGAW-Rahmenwerk legt auch das AIFM-Rahmenwerk einen Schwerpunkt auf die Zulassung des AIFM. Grundsätzlich bedarf es zur Verwaltung eines AIF einer vollen bzw. eingeschränkten Zulassung, wobei zu beachten ist, dass nur die Tätigkeiten des Annex I[114] der AIFM-RL sowie die Verwaltung von OGAW iSd OGAW-RL als zulässig erachtet werden. Wesentlich ist, dass es sich bei der zentralen Tätigkeit um die Verwaltung von Investment-Portfolios handelt, wobei jedoch auch Investitionsberatung, Verwahrung und Administration sowie die Annahme und Durchführung von Orders zulässig ist.[115] Diesbezüglich lässt sich ganz allgemein festhalten, dass das Zulassungsverfahren jenem des OGAW-Rahmenwerks nachempfunden ist.[116]

4.4. Organisatorische Aspekte

Ähnlich wie das OGAW-Rahmenwerk beinhaltet auch die AIFM-RL etliche organisatorische Aspekte, die weitestgehend OGAW- oder MiFID-Standards entsprechen. Art. 18 AIFM-RL (L1) etwa determiniert allgemeine Prinzipien, die vor allem eine adäquate Ressourcenausstattung des AIFM für die Verwaltung von AIF vorsehen, sowie umfangreiche Bewertungsvorschriften. Zudem wird verlangt, dass für jeden verwalteten AIF eine Depotbank bestellt wird.

---

112 Siehe Art. 3 Abs. 1 iVm Recital 12 AIFM-RL (L1).

113 Vgl. Art. 3 Abs. 4 iVm Recital 13 AIFM-RL (L1).

114 Annex I nennt mit dem Portfolio- sowie dem Risikomanagement jene Tätigkeiten, die ein AIFM zumindest bei der Verwaltung ausführt, wobei zusätzliche Verwaltungs- und Vertriebstätigkeiten aufgelistet werden.

115 Vgl. Art. 6 Abs. 4 AIFM-RL (L1).

116 Siehe weiterführend etwa *Kammel*, ÖBA 7/13, 486f, *Kammel*, ÖBA 1/11, 18ff sowie *Kammel/Schredl* (2013), Investmentfondsgesetz und AIFM-Rahmenwerk, A 1-10ff.

Auch hinsichtlich der geübten Praxis der Delegation von Tätigkeiten stellt das AIFM-Rahmenwerk strenge Anforderungen, da diese der zuständigen Behörde des Herkunfts-MS anzuzeigen ist, wenn gem. Art. 19 Abs. 4 AIFM-RL (L1) folgende Voraussetzungen dafür vorliegen: a) der AIFM muss die Delegation mit objektiven Gründen rechtfertigen können, b) der Dritte muss ausreichend Ressourcen für die übertragenen Tätigkeiten zur Verfügung stellen und diese Tätigkeiten effizient durchführen, wobei ausreichende Reputation und Erfahrung vorliegen müssen, c) im Fall der Delegation des Portfolio- oder Risikomanagements muss der Dritte über eine entsprechende Zulassung bzw. Registrierung verfügen bzw. von der zuständigen Behörde eine derartige Zulassung vorgenommen werden, d) im Fall der Delegation des Portfolio- oder Risikomanagements an einen Dritten in einem Drittstaat muss zusätzlich zum Vorliegen einer entsprechenden Zulassung bzw. Registrierung auch die Zusammenarbeit zwischen den zuständigen Behörden des Herkunfts-MS und des Drittstaates sichergestellt sein, e) die Delegation darf die Effizienz der Beaufsichtigung des AIFM oder gar die Interessen der Investoren nicht beeinträchtigen und f) der AIFM muss darlegen, dass der Dritte geeignet ist, die Tätigkeiten mit entsprechender Sorgfalt durchzuführen und er selbst dessen Tätigkeiten effektiv überwachen kann.

4.5. Retailklausel

Ein Spezifikum des AIFM-Rahmenwerks ist, dass es – im Gegensatz zum Retailrahmenwerk OGAW – primär auf institutionelle Investoren abstellt. Da aber typischerweise zukünftige AIF derzeit schon an Retailinvestoren vertrieben werden, wie etwa andere Sondervermögen gem. § 166 InvFG 2011, sieht das Rahmenwerk in Art 41 Abs. 1 AIFM-RL (L1) eine Öffnungsklausel für den Vertrieb von AIF an das Retail-Publikum vor. Diese Klausel ermöglicht es den einzelnen EU-MS, den Vertrieb von AIF zu gestatten und dabei strengere Anforderungen an den AIFM oder den AIF im Vergleich zum Vertrieb an professionelle Investoren zu stellen.

4.6. Nationale Umsetzung des AIFM-Rahmenwerks

Österreich hat das AIFM-Rahmenwerk weitestgehend im vorgesehenen Zeitrahmen[117] umgesetzt, wobei legistisch eine dreigliedrige Umsetzung gewählt wurde, indem einerseits die beiden bestehenden Gesetze InvFG 2011 (auch aufgrund des 2011 getätigten Vorgriffs im 3. Teil des InvFG 2011) sowie ImmoInvFG gewissermaßen „AIFM-kompatibel" gemacht wurden und andererseits mit dem neuen Alternativen Investmentfonds Manager Gesetz (AIFMG)[118] ein Auffangbecken für die restlichen AIF geschaffen wurde.

Konsequenterweise ergeben sich durch diese Umsetzungsvariante drei Kategorien von AIF, die nicht nur durch die unterschiedlichen gesetzlichen Verankerungen zu unterscheiden sind, sondern auch verschiedenartige Produktanforderungen aufweisen.[119] Dies lässt sich dadurch untermauern, dass jene AIF, die im InvFG 2011 geregelt sind, so genannte

[117] Die europäischen Vorgaben sahen den 22.7.2013 als Umsetzungsstichtag vor, Österreich schaffte es mit einer Woche Verspätung, was im Vergleich zu anderen MS wie etwa Polen und Rumänien sehr schnell ist, da diese etwa das AIFM-Rahmenwerk im Kontext der nationalen Umsetzung von UCITS V implementieren.

[118] Siehe BGBl. I Nr. 135/2013.

[119] Weiterführend dazu *Kammel*, ÖBA 7/13, 484f.

„InvFG-AIF", also Spezialfonds[120], Andere Sondervermögen[121], Pensionsinvestmentfonds[122] sowie die im ImmoInvFG geregelten „Immo-AIF", also offene Immobilienfonds klare und umfassende Produktanforderungen zu erfüllen haben, was gewissermaßen als bewusstes „Goldplating" des nationalen Gesetzgebers verstanden werden kann, während die im AIFMG geregelten „Sonstigen AIF", also etwa Hedgefonds, Private Equity-Fonds, Managed Futures, Infrastrukturfonds oder geschlossene Immobilienfonds – im Sinne der AIFM-RL – keine spezifischen Produktvorgaben einzuhalten haben.[123]

Die vorgenommene dreigliedrige Umsetzung bedingt eine komplexe, bedauerlicherweise auch teils widersprüchliche Verweistechnik, insbesondere zwischen InvFG 2011 und AIFMG, wo es signifikante materielle Normenkonkurrenzen gibt, sodass die diesbezüglich vorgenommene Verweissystematik als verfassungsrechtlich bedenklich einzustufen ist.[124] Dementsprechend wäre eine legistische Korrektur dringend angeraten.

5. Das Rahmenwerk für Venture Capital Fonds

Nachdem das AIFM-Rahmenwerk trotz seines weitreichenden Anwendungsbereiches nicht allumfassend ist, wurde mit der Verordnung zur Europäischen Fonds für Risikokapital[125] ein eigenes Rahmenwerk für Venture Capital Fonds etabliert.

Dieses Rahmenwerk stellt insbesondere auf jene Fonds ab, die zumindest 70% des von den Investoren bereitgestellten Kapitals dazu verwenden, junge und innovative Unternehmen finanziell zu unterstützen. Ist dies der Fall, ist es diesen Fonds gestattet, das Label „EuVECA" zu verwenden.[126]

6. Das Rahmenwerk für Social Entrepreneurship Fonds

Neben dem EuVECA-Rahmenwerk etablierte die Europäische Kommission noch ein eigenständiges Rahmenwerk für Social Entrepreneurship Fonds (EuSEF), die insbesondere in soziale Unternehmen investieren. Dazu wurden ebenso mittels einer Verordnung[127] einheitliche Anforderungen für dieses Rahmenwerk geschaffen, wobei wiederum zumindest 70% des von den Investoren bereitgestellten Kapitals in derartige soziale Unternehmen investiert werden müssen, um so dem Konzept des „engaged investor" zu entsprechen. Zudem sieht das Rahmenwerk einheitliche Transparenzregelungen vor.[128] Problematisch ist, dass das EuSEF-Rahmenwerk keinerlei steuerliche Anreize für derartige Investments bietet.

---

120 Vgl. §§ 163-165 InvFG 2011.

121 Vgl. §§ 166-167 InvFG 2011.

122 Vgl. §§ 168-174 InvFG 2011.

123 Weiterführend zu einzelnen dieser „Sonstigen AIF" siehe *Gerstner/Leitner*, ÖBA 5/2015, 339, *Gerstner/Leitner*, ÖBA 8/2013 oder *Oppitz*, ÖBA 1/2014, 48.

124 Dies skizzierend schon *Kammel*, ÖBA 7/13, 485 sowie im Detail begründend *Kammel*, ÖBA 4/16, 271ff.

125 Siehe dazu http://eur-lex.europa.eu/LexUriServ/LexUriServ.do?uri=OJ:L:2013:115:0001:0017:DE:PDF.

126 Weiterführend dazu etwa *Majcen*, ÖBA 10/13, 705ff.

127 Siehe dazu http://eur-lex.europa.eu/LexUriServ/LexUriServ.do?uri=OJ:L:2013:115:0018:0038:DE:PDF.

128 Weiterführend dazu etwa *Forstinger*, ÖBA 7/13, 498ff.

7. Das Rahmenwerk für Europäische langfristige Investmentfonds

Aus dem Konsultationspapier zu einem möglichen UCITS VI verselbständigte sich das Rahmenwerk für European Long-Term Investment Funds (ELTIF), mit dem insbesondere Infrastrukturinvestments durch Private verstärkt werden sollen. Grundsätzlich stehen derartige ELTIF allen Anlegerkategorien offen, wobei regulatorisch insbesondere den Anforderungen des AIFM-Rahmenwerks entsprochen werden muss, sodass neben einem angemessenen Anlegerschutzniveau auch sichergestellt wird, dass es zu einer sicheren Vermögensverwahrung durch eine Verwahrstelle, einer entsprechenden Streuung der Vermögenswerte sowie einem limitierten Einsatz von Derivaten kommt.[129] Wie auch bei EuSEF, sind sowohl produktspezifische, als auch steuerliche Aspekte dafür verantwortlich, dass dieses Produkt vom Markt noch nicht sehr positiv aufgenommen wurde.

8. Packaged Retail Investment and Insurance-based Products (PRIIPS)-Rahmenwerk

Neben den spezifischen Fondsregulierungen, die mittlerweile neben dem traditionellen OGAW-Rahmenwerk auch die genannten AIFM-, EuVECA-, EuSEF- und ELTIF-Rahmenwerke umfassen, hat sich – seit Industriebemühungen im Jahr 2008 – ein Rahmenwerk herausgebildet, dass die Transparenzunterschiede zwischen verpackten Retail-Investmentprodukten minimieren soll. Das dafür geschaffene *Packaged Retail Investment and Insurance-based Products* (PRIIPs)-Rahmenwerk[130] versucht die teils sehr unterschiedlichen Produktaspekte zu inkorporieren und vergleichbare Transparenzstandards zwischen Fonds-, Versicherungs- und strukturierten Produkten zu schaffen, weshalb es eine sehr ausgeprägte Wettbewerbskomponente aufweist. Diese Wettbewerbskomponente, gepaart mit teils inkompatiblen Produktaspekten führten dazu, dass trotz des avisierten Inkrafttretens am 31.12.2016 derzeit noch keine methodologisch korrekten und somit praktisch anwendbaren Durchführungsmaßnahmen vorliegen, da die im ersten Halbjahr 2016 von der Kommission vorgelegten Regulatory Technical Standards (RTS) vom Europäischen Parlament mit überwältigender Mehrheit abgelehnt wurden und der Rat zudem schriftlich die Kommission um eine Verschiebung des Inkrafttretens um ein Jahr ersucht hat.[131]

Diese – im europäischen Finanzmarktrecht einzigartige – Vorgehensweise führt dazu, dass es derzeit keine Rechtssicherheit zu PRIIPs gibt. Die sowohl für die Industrie als auch die Anleger unzumutbare Situation könnte einerseits zu einem Überdenken des EU-Legislativprozesses führen, da mit derartigen Vorgangsweisen der an sich pragmatische Zugang des *Lamfalussy*-Verfahrens konterkariert wird, andererseits bewirken, dass PRIIPs vielleicht doch im Idealszenario zeitlich mit MiFID II/MiFID am 3.1.2018 zur Anwendung kommt.

---

129 Weiterführend dazu etwa *Majcen*, ÖBA 12/13, 851ff.

130 Das PRIIPS-Rahmenwerk ist in die VO (EU) Nr. 1286/2014 des Europäischen Parlaments und des Rates vom 26. November 2014 über Basisinformationsblätter für verpackte Anlageprodukte für Kleinanleger und Versicherungsprodukte (PRIIP) gegossen, die mit 29.12.2014 in Kraft trat.

131 Siehe dazu etwa www.efama.org/Pages/EFAMA-welcomes-European-Parliament-Motion-for-a-Resolution-on-PRIIPs-rejecting-the-draft-RTS.aspx.

9. Steuerliche Aspekte des Investmentfondsrechts

9.1. Inhaltliche Aspekte

Die steuerlichen Bestimmungen zu Investmentfonds waren schon immer integraler Bestandteil des InvFG. Nachdem sich der österreichische Gesetzgeber im Herbst 2010 innerhalb kurzer Zeit auf eine gänzliche Neubesteuerung der Einkünfte aus Kapitalvermögen verständigt hat und zudem aufgefordert war, die Umsetzung der UCITS IV-Richtlinie in nationales Recht bis 30. Juni 2011 vorzunehmen, ist es mit dem InvFG 2011 auch zu wesentlichen Neuerungen im Bereich der Besteuerung in- und ausländischer Investmentfonds gekommen.

Zusätzlich hat der VfGH in Reaktion auf eine Klagseinbringung österreichischer Banken Ende Jänner 2011 unmittelbar nach Abhaltung der mündlichen Verhandlung die grundsätzliche Verfassungskonformität der neuen Kapitalertragsbesteuerung von Wertpapieren am 16.6.2011 bestätigt.[132] Der VfGH hat dabei ausgeführt, dass er zwar die Abzugsverpflichtung der Banken per 1.10.2011 aufgrund der zu knappen Umsetzungsfrist für die Banken als verfassungswidrig erachtet, er hat allerdings die grundsätzliche Konzeption einer Kursgewinnbesteuerung für verfassungskonform befunden (etwa Effizienzgebot oder die Kostentragung durch Banken). Bezüglich der übrigen inhaltlichen Vorbringen (etwa hinsichtlich Kapitalmaßnahmen oder Liquidität) hat sich der VfGH nicht gesondert geäußert. Diese Themen waren nach Auffassung des VfGH nicht zu behandeln, da es an einem unmittelbaren Eingriff in die Rechtssphäre der Banken gemangelt habe.

Nachdem das BMF bereits vor Veröffentlichung des VfGH-Erkenntnis eine Verschiebung des Inkrafttretens der Abzugsverpflichtung der Banken im Entwurf eines Abgabenänderungsgesetzes 2011 vom 1.10.2011 auf den 1.4.2012 angekündigt hat, konnten die steuerlichen Änderungen im Rahmen der InvFG-Novelle 2011 weitgehend aufrecht bleiben.

Durch die neue Besteuerung der Einkünfte aus Kapitalvermögen wird das bestehende österreichische Kapitalertragssteuersystem auf sämtliche realisierte Kursgewinne aus depotfähigen Wertpapieren (inkl. Fondsanteilen) ausgeweitet. Banken haben künftig neben Zinsen und Dividenden aus Wertpapieren auch auf Kursgewinne aus Wertpapieren Kapitalertragsteuer einzubehalten. Nachdem die Besteuerung der Investmentfonds grundsätzlich auch dem Transparenzprinzip verpflichtet ist (die vom Fonds vereinnahmten Erträge wie Zinsen, Dividenden und Kursgewinne werden beim Anteilinhaber in die jährliche steuerliche Bemessungsgrundlage miteinbezogen, unabhängig davon, ob der Fonds auch eine Ausschüttung der Fondserträge tätigt), werden die Kapitalerträge künftig auf zwei Ebenen besteuert. Einerseits werden die jährlich vom Fonds erzielten Erträge einer Kapitalertragsteuer unterworfen (Fondsebene), andererseits haben die Banken künftig auch Kursgewinne aus einer allfälligen Veräußerung der Fondsanteilscheine (Anteilscheinebene) mit Kapitalertragsteuer abzurechnen (die einjährige Spekulationsfrist gilt nur mehr für Fondsanteilscheine, die vor dem 1.1.2011 erworben wurden). Eine Doppelbesteuerung der Kapitalerträge aus Investmentfonds wird dadurch vermieden, dass die VWGs die bereits jährlich steuerlich vom Anleger erfassten Erträge im Wege der OeKB an die Banken melden, welche diese Erträge den individuell in den Banksystemen erfassten Anschaffungskosten der Fondsanteile ihrer Kunden hinzubuchen. Durch die Zubuchung der bereits versteuerten

132 Siehe dazu VfGH G 18/11-14.

ausschüttungsgleichen Erträge wird der Kursgewinn aus der Veräußerung der Fondsanteilscheine reduziert, eine effektive Doppelbesteuerung somit vermieden.

Durch die Implementierung des AIFM-Rahmenwerks in Österreich ist der aufsichtsrechtliche Fondsbegriff durch das umgesetzte EU-Recht ausgeweitet worden, denn die AIFM-Richtlinie spricht in diesem Zusammenhang von AIF, und als solche gelten grundsätzlich alle in- und ausländischen Organismen, die Kapital von einer Anzahl von Anlegern einsammeln und nicht der UCITS-Richtlinie unterliegen (z.B. Hedgefonds, Immobilienfonds und Private Equity Fonds). Die Betrachtung ist unabhängig davon, welche Rechtsform der Organismus wählt.

Vor diesem Hintergrund hat der österreichische Steuergesetzgeber die künftige Besteuerung von OGAW und AIFs wie folgt umgesetzt:

Die Besteuerung von OGAW und AIF nach dem Transparenzprinzip (inkl. Fiktion der ausschüttungsgleichen Erträge) soll fortgeführt und ausgeweitet werden. Nur für jene AIFs, die in der Rechtsform einer Kapitalgesellschaft organisiert sind, soll das bestehende Körperschaftsteuersystem dann weiter aufrecht bleiben, wenn der Organismus einer österreichischen Körperschaftsteuer oder einer vergleichbaren ausländischen Körperschaftsteuer unterliegt, die Körperschaftsteuer des ausländischen AIF nicht mehr als 10% vom österreichischen KÖSt-Satz abweicht (kein Niedrigsteuerland) und der ausländische Organismus nicht einer persönlichen oder sachlichen Befreiung unterliegt. Die Besteuerungsprinzipien von offenen Immobilienfonds (§ 40 ImmoInvFG), d.h. die Besteuerung von Bewirtschaftungsgewinnen, Liquiditätsgewinnen und Aufwertungsgewinnen, werden grundsätzlich auf alle Immobilienveranlagungen, die unter das AIFMG fallen, ausgeweitet. Die Betrachtung ist grundsätzlich wiederum rechtsformunabhängig, mit Ausnahme von Immobilienveranlagungen in der Rechtsform einer Kapitalgesellschaft, für die das bestehende Körperschaftsteuersystem dann weiter aufrecht bleibt, wenn der Organismus einer österreichischen Körperschaftsteuer oder einer vergleichbaren ausländischen Körperschaftsteuer unterliegt, die Körperschaftsteuer des ausländischen AIF nicht mehr als 10% vom österreichischen KÖSt-Satz abweicht (kein Niedrigsteuerland) und der ausländische Organismus nicht einer persönlichen oder sachlichen Befreiung unterliegt.

Die steuerlichen Regelungen betreffend die Anpassungen an die AIFM-Richtlinie sind für Fondsgeschäftsjahre, die nach dem 21.7.2013 beginnen, anzuwenden. Die Regelungen zur neuen Verlustverrechnung können bereits für Fonds-GJ, die 2013 beginnen, angewendet werden.

Durch das SteuerreformG (BGBl I 2015/118) ist die Kapitalertragsteuer bei Investmentfonds und Immobilienfonds einheitlich von 25% auf 27,5% erhöht worden (§ 27a Abs. 1 letzter Satz EStG). Die Erhöhung betrifft steuerliche Zuflüsse ab 1.1. 2016 und umfasst Ausschüttungen, ausschüttungsgleiche Erträge sowie Realisierungen (Verkauf von Fondsanteilen).

Als steuerlicher Zufluss gilt der Ausschüttungszeitpunkt sowie bei thesaurierenden Fonds der ausschüttungsgleichen Ertrag. Dies ist:

1. der Zeitpunkt der KESt-Auszahlung (§ 58 Abs. 2 InvFG 2011), ansonsten
2. der Zeitpunkt der Veröffentlichung der Meldung der Steuerdaten durch die OeKB, ansonsten
3. der 31.12. bei Nichtmeldefonds.

9.2. Technische Aspekte

Nach dreijähriger Vorbereitungszeit hat das Bundesministerium für Finanzen (BMF) einen Verordnungstext verabschiedet (FondsmeldeVO 2015), der ein völlig neues Konzept der

Meldung und Verarbeitung steuerlicher Daten von in- und ausländischen Fonds vorsieht. Die Neukonzeption beinhaltet keine gravierenden materiellen steuerlichen Änderungen, vielmehr wird die technische Komponente der Meldungen neu geregelt.

9.2.1. Neues Meldekonzept

Nach dem bisherigen Meldesystem hat der steuerliche Vertreter selbst die für die Investoren steuerrelevanten Daten (Ausschüttungen, ausschüttungsgleiche Erträge, etc.) ermittelt. Die wichtigste Größe ist dabei die Kapitalertragsteuer, die auf Basis der Meldungen an die OeKB (zentrale Meldestelle für Investmentfondsdaten in Österreich) von den österreichischen Banksystemen auf Kunden-Depotebene verarbeitet und (für den Kunden) an das BMF abgeführt worden ist.

Nach dem neuen Meldesystem erfolgt die Ermittlung der für die Investoren steuerrelevanten Daten und insbesondere die Ermittlung der Kapitalertragsteuer künftig durch die OeKB selbst anhand der einheitlich vom BMF genehmigten Berechnungsvorgaben. Die Rolle des steuerlichen Vertreters wird im Wesentlichen auf die Übermittlung der Rohdaten des Fonds (Dividenden, Zinsen, Kursgewinne, Aufwendungen, etc) an die OeKB eingeschränkt. Die KESt-Haftung des steuerlichen Vertreters wird ebenfalls eingeschränkt.

9.2.2. Ziel des neuen Meldesystems

Neben der einheitlichen Ermittlung der steuerrelevanten Daten in- und ausländischer Fonds durch die OeKB wird seitens der OeKB auch eine steuerliche Behandlung für die wichtigsten Anlegergruppen in Österreich generiert. Diese Daten werden auf der OeKB Homepage veröffentlicht. Das neue Meldesystem kommt für Investmentfonds (InvFG 2011), AIF (AIFMG) und Immobilienfonds (ImmoInvFG) zur Anwendung. Die publizierten Steuerdaten können durchaus erheblich ausfallen, gilt doch in Österreich das steuerliche Transparenzprinzip, wodurch die Steuerangaben auf jedes Land heruntergebrochen werden, aus denen die Fondserträge stammen. Doppelbesteuerungsabkommen werden in diesem Zusammenhang ebenfalls berücksichtigt.

9.2.3. Meldungen

Das Meldeprozedere bleibt grundsätzlich unverändert. Datenmeldungen sind hinsichtlich von Ausschüttungen und hinsichtlich ausschüttungsgleicher Erträge (1x pro Jahr) erforderlich. Die Ausschüttungsmeldung hat spätestens am letzten Handelstag vor dem Ausschüttungstag zu erfolgen, die Jahresmeldung ist grundsätzlich spätestens sieben Monate nach Ende des Geschäftsjahres des Fonds vorzunehmen. Erfolgen keine Meldungen, kommt eine pauschale Besteuerung zur Anwendung, die unabhängig vom Fondsertrag ist.

Die Daten sind so wie bisher durch den steuerlichen Vertreter mit „csv" Meldefile zu melden.

Das neue Fondsmeldesystem ist mit 6.6.2016 in Kraft getreten.

II. MATERIALIEN – NATIONALE EBENE

10. InvFG 2011 und seine Erläuternden Bemerkungen

Bundesgesetz über Investmentfonds (Investmentfondsgesetz 2011 – InvFG 2011)

BGBl. I Nr. 77/2011 idF

1 BGBl. I Nr. 112/2011	**2** BGBl. I Nr. 35/2012	**3** BGBl. I Nr. 83/2012
4 BGBl. I Nr. 70/2013	**5** BGBl. I Nr. 135/2013	**6** BGBl. I Nr. 156/2013
7 BGBl. I Nr. 184/2013	**8** BGBl. I Nr. 59/2014	**9** BGBl. I Nr. 70/2014
10 BGBl. I Nr. 34/2015	**11** BGBl. I Nr. 68/2015	**12** BGBl. I Nr. 115/2015
13 BGBl. I Nr. 117/2015	**14** BGBl. I Nr. 73/2016	**15** BGBl. I Nr. 76/2016

Inhaltsverzeichnis

3. Abschnitt
Niederlassungsfreiheit und freier Dienstleistungsverkehr

2. Hauptstück
Depotbank

3. Hauptstück
OGAW

1. Abschnitt
Sondervermögen

§ 46. Anteilscheine
§ 47. Teilfonds
§ 48. Rechnungsjahr der Kapitalanlagefonds
§ 49. Rechnungslegung

2. Abschnitt
Bewilligung des OGAW und allgemeine Bestimmungen

§ 50. Bewilligung des OGAW
§ 51. Anteilinhaberregister
§ 52. Verfügungsrecht über das Vermögen des OGAW
§ 53. Fondsbestimmungen
§ 54. Haftungsverhältnisse
§ 55. Ausgabe, Rücknahme und Auszahlung von Anteilen
§ 56. Aussetzung der Rücknahme oder Auszahlung
§ 57. Errechnung des Anteilswertes; Ausgabepreis
§ 58. Gewinnverwendung und Ausschüttungen
§ 59. Vergütung
§ 60. Beendigung der Verwaltung durch die Verwaltungsgesellschaft
§ 61. Wechsel der Verwaltungsgesellschaft oder der Depotbank
§ 62. Verwaltung durch die Depotbank oder eine andere Verwaltungsgesellschaft
§ 63. Abwicklung eines OGAW
§ 64. Umwandlung in einen Spezialfonds
§ 65. Abspaltung

3. Abschnitt
Veranlagungsbestimmungen

§ 66. Allgemeine Grundsätze, Risikostreuung
§ 67. Liquide Finanzanlagen
§ 68. Verbot der Veranlagung in Edelmetalle
§ 69. Wertpapiere
§ 70. Geldmarktinstrumente
§ 71. Anteile an OGAW und OGA
§ 72. Sichteinlagen und kündbare Einlagen
§ 73. Derivate
§ 74. Quantitative Beschränkungen zur Vermeidung einer Emittentenkonzentration
§ 75. Quantitative Anlagebeschränkungen für Indexfonds
§ 76. Quantitative Beschränkungen für die Anlage in von öffentlichen Stellen begebene oder garantierte Emissionen
§ 77. Quantitative Beschränkungen für die Anlage in OGAW oder OGA
§ 78. Quantitative Beschränkungen zur Vermeidung der Einflussnahme auf Emittenten
§ 79. Ausnahmen und Abweichen von den Veranlagungsgrenzen

§ 80. Verbot der Kreditaufnahme und der Kreditgewährung
§ 81. Dingliche Verfügungen über Vermögenswerte
§ 82. Leerverkäufe
§ 83. Pensionsgeschäfte
§ 84. Wertpapierleihe

4. Abschnitt
Risikomanagement des OGAW

§ 85. Risikomanagementverfahren
§ 86. Risikomanagement-Grundsätze
§ 87. Risikomessung und Risikomanagement
§ 88. Liquiditätsrisikomanagement
§ 89. Berechnung des Gesamtrisikos
§ 90. Commitment-Ansatz
§ 91. Kontrahentenrisiko und Emittentenkonzentration
§ 92. Verfahren zur Bewertung der OTC-Derivate

5. Abschnitt
Master-Feeder-Strukturen

§ 93. Feeder-OGAW
§ 94. Master-OGAW
§ 95. Bewilligung der Master-Feeder-Struktur durch die FMA
§ 96. Vereinbarung zwischen Feeder-OGAW und Master-OGAW
§ 97. Wahl des auf die Vereinbarung anzuwendenden Rechtes
§ 98. Interne Regelungen zwischen Master-OGAW und Feeder-OGAW
§ 99. Abstimmung der Zeitpläne
§ 100. Aussetzung der Rücknahme, Auszahlung oder Zeichnung
§ 101. Abwicklung eines Master-OGAW
§ 102. Antrag auf Bewilligung der Abwicklung
§ 103. Bewilligung der Abwicklung
§ 104. Verschmelzung oder Spaltung eines Master-OGAW
§ 105. Antrag auf Bewilligung der Verschmelzung oder Spaltung
§ 106. Bewilligung der Verschmelzung oder Spaltung
§ 107. Verwahrstellen von Master-OGAW und Feeder-OGAW
§ 108. Inhalt der Vereinbarung zwischen den Verwahrstellen von Master-OGAW und Feeder-OGAW
§ 109. Abschlussprüfer
§ 110. Inhalt der Vereinbarung zwischen den Abschlussprüfern von Master-OGAW und Feeder-OGAW
§ 111. Umwandlung bestehender OGAW in Feeder-OGAW und Änderung des Master-OGAW
§ 112. Überwachung des Master-OGAW durch die Verwaltungsgesellschaft des Feeder-OGAW
§ 113. Pflichten des Master-OGAW und der FMA

6. Abschnitt
Verschmelzungen

§ 114. Grundsätze
§ 115. Bewilligung der Verschmelzung eines in Österreich bewilligten übertragenden OGAW
§ 116. Prüfung der Anteilinhaberinformationen bei Verschmelzung eines in Österreich bewilligten übernehmenden OGAW
§ 117. Verschmelzungsplan
§ 118. Prüfung des Verschmelzungsplans durch die Verwahrstellen
§ 119. Bestätigung der Abschlussprüfer
§ 120. Information der Anteilinhaber
§ 121. Inhalt der Informationen für die Anteilinhaber
§ 122. Neue Anteilinhaber
§ 123. Rück- und Umtauschrecht der Anteilinhaber
§ 124. Kosten
§ 125. Wirksamwerden
§ 126. Auswirkungen der Verschmelzung
§ 127. Erleichterungen für Fondszusammenlegungen ohne grenzübergreifenden Bezug

4. Hauptstück
Information der Anleger, Werbung und Vertrieb

1. Abschnitt
Werbung und Angebot von Anteilen

§ 128. Werbung für OGAW-Anteile
§ 129. Angebot von Anteilen
§ 130. Schutz von Bezeichnungen

2. Abschnitt
Prospekt und Informationen für die Anleger

§ 131. OGAW-Prospekt
§ 132. Individuelle und punktuelle Informationspflichten
§ 133. Art und Weise der Informationsbereitstellung

3. Abschnitt
Wesentliche Informationen für den Anleger – Kundeninformationsdokument

§ 134. Kundeninformationsdokument – KID
§ 135. Inhalt des KID

4. Abschnitt
Veröffentlichungen und Informationsmodalitäten

§ 136. Veröffentlichungen
§ 137. Information an die FMA

§ 138. Zeitpunkt und Art der Bereitstellung von Prospekt, KID und Rechenschaftsberichten für die Anleger

5. Abschnitt
Vertrieb von OGAW-Anteilen in anderen Mitgliedstaaten als dem Zulassungsstaat des OGAW

§ 139. Vertrieb von Anteilen eines im Inland bewilligten OGAW in anderen Mitgliedstaaten
§ 140. Vertrieb von Anteilen in einem anderen Mitgliedstaat bewilligten OGAW im Inland
§ 141. Vorkehrungen zum Schutz der Anteilinhaber des in einem anderen Mitgliedstaat bewilligten OGAW
§ 142. Informationspflichten des in einem anderen Mitgliedstaat bewilligten OGAW

5. Hauptstück
Aufsicht und Europäische und Internationale Zusammenarbeit

1. Abschnitt
Aufsichtsbestimmungen

§ 143. Aufsicht
§ 144. Kosten
§ 145. Datenschutz
§ 146. Berufsgeheimnis
§ 147. Untersuchungen und Prüfungen
§ 148. Aufsichtsmaßnahmen
§ 149. Zusammenarbeit mit Gerichten und Sicherheitsbehörden
§ 150. Veröffentlichungen
§ 151. Anzeigepflichten an die FMA
§ 152. Meldepflichten
§ 153. Form der Kommunikation mit der FMA – elektronische Übermittlung
§ 154. Berichtspflicht von Abschlussprüfern
§ 155. Informationen der FMA über relevante Rechtsvorschriften
§ 156. Informationen der FMA über Maßnahmen im Zusammenhang mit Master-Feeder-Fonds

2. Abschnitt
Europäische und Internationale Zusammenarbeit

§ 157. Kontaktstelle und Informationsaustausch
§ 158. Zusammenarbeit bei Ermittlungen und bei der Überprüfung vor Ort
§ 159. Ablehnung der Zusammenarbeit
§ 160. Behördenkonsultation und Meldungen an die Europäische Kommission, ESMA und ESRB
§ 161. Zusammenarbeit zur Überwachung einer Verwaltungsgesellschaft im Rahmen des § 38
§ 162. Sicherungsmaßnahmen
§ 162a.

3. Teil
AIF

1. Hauptstück
Inländische AIF, Spezialfonds, Andere Sondervermögen, Pensionsinvestmentfonds

1. Abschnitt
Spezialfonds

2. Abschnitt
Andere Sondervermögen

3. Abschnitt
Pensionsinvestmentfonds

2. Hauptstück
Vorschriften über den Vertrieb von Anteilen an ausländischen Nicht-OGAW im Inland

4. Teil
Steuern

5. Teil
Strafbestimmungen, Übergangs- und Schlussbestimmungen

1. Hauptstück
Strafbestimmungen

EB zum Inhaltsverzeichnis (Art. 3 BGBl. I Nr. 70/2014):

Das Inhaltsverzeichnis soll an die mit einer früheren Novelle des Investmentfondsgesetzes 2011 (BGBl. I Nr. 135/2013) vorgenommenen Änderungen angepasst werden.

1. Teil
Allgemeine Bestimmungen

EB zum 1. Teil (Art. 2 BGBl. I Nr. 77/2011):

Im 1. Teil wird der Anwendungsbereich festgelegt, Begriffe für das gesamte Bundesgesetz definiert und Ausnahmen normiert.

Anwendungsbereich

§ 1. Dieses Bundesgesetz legt Bedingungen fest, zu denen OGAW (§ 2) in Österreich aufgelegt, verwaltet und vertrieben werden dürfen. Weiters wird festgelegt, zu welchen Bedingungen Andere Sondervermögen, Pensionsinvestmentfonds und Spezialfonds in Österreich unter Bedachtnahme auf § 48 Abs. 3 und 4 Alternative Investmentfonds Manager-Gesetz – AIFMG, BGBl. I Nr. 135/2013, aufgelegt, verwaltet und vertrieben werden dürfen.

EB zu § 1 (Art. 2 BGBl. I Nr. 77/2011):

Setzt Art. 1 Abs. 1 der Richtlinie 2009/65/EG um und legt den sachlichen und örtlichen Geltungsbereich grundsätzlich fest. Dieses Bundesgesetz regelt zum einen die Bedingungen für die Auflage („Errichtung“) eines gemäß der Richtlinie 2009/65/EG harmonisierten Investmentfonds sowie für dessen Verwaltung und Vertrieb. Dazu gehört auch die Regelung der Anforderungen an die Verwaltungsgesellschaft und an die Depotbank. Daneben werden auch – in einem eigenen Teil (Teil 3 dieses Bundesgesetzes) – die Bedingungen für die Zulassung, Verwaltung und den Vertrieb von so genannten nicht EU-rechtlich harmonisierten

Fonds (Nicht-OGAW) geregelt, wobei die Bestimmungen des InvFG 1993 (§§ 1 Abs. 2, 20a InvFG 1993) übernommen wurden. Weiters werden die Bedingungen für den Vertrieb nicht harmonisierter Fonds aus anderen Mitgliedstaaten oder aus Drittstaaten unter Übernahme der entsprechenden Bestimmungen aus dem InvFG 1993 (§§ 24 bis 32 InvFG 1993) festgelegt.

EB zu § 1 (Art. 5 BGBl. I Nr. 135/2013):

Die Adaptierung dieser Bestimmung ist notwendig, da nun die Bedingungen für die Zulassung zum Vertrieb von inländischen AIF, sowie AIF aus anderen Mitgliedstaaten oder aus Drittstaaten in Österreich durch das AIFMG geregelt werden.

Organismen zur gemeinsamen Veranlagung in Wertpapieren (OGAW)

§ 2. (1) Ein Organismus zur gemeinsamen Veranlagung in Wertpapieren (OGAW)

1. dient dem ausschließlichen Zweck der Veranlagung der beim Publikum beschafften Gelder für gemeinsame Rechnung nach dem Grundsatz der Risikostreuung in die in § 67 genannten liquiden Finanzanlagen und
2. seine Anteile werden auf Verlangen der Anteilinhaber unmittelbar oder mittelbar zu Lasten des Vermögens des OGAW zurückgenommen und ausgezahlt; diesen Rücknahmen und Auszahlungen gleichgestellt sind Handlungen, mit denen sichergestellt werden soll, dass der Kurs der Anteile des OGAW nicht erheblich von deren Nettoinventarwert abweicht; und
3. er ist gemäß § 50 bewilligt oder gemäß Art. 5 der Richtlinie 2009/65/EG in seinem Herkunftmitgliedstaat bewilligt.

(2) Ein OGAW kann in Österreich nur als Sondervermögen gemäß § 46, das in gleiche, in Wertpapieren verkörperte Anteile zerfällt und im Miteigentum der Anteilinhaber steht, errichtet werden. Sofern in diesem Bundesgesetz Pflichten des OGAW festgelegt werden, bezieht sich eine daraus folgende Handlungspflicht auf die diesen OGAW verwaltende Verwaltungsgesellschaft.

(3) Ein OGAW kann sich aus verschiedenen Teilfonds zusammensetzen; für die Zwecke des 2. Teiles 3. Hauptstück 3. Abschnitt gilt jeder Teilfonds eines OGAW als eigener OGAW. Für die Zwecke des 2. Teiles 3. Hauptstück 6. Abschnitt und 4. Hauptstück schließt ein OGAW die dazugehörigen Teilfonds ein. Für jeden Teilfonds ist ein eigenes KID zu erstellen.

EB zu § 2 (Art. 2 BGBl. I Nr. 77/2011):

*Setzt Art. 1 Abs. 2 und Abs. 3 erster Unterabsatz der Richtlinie 2009/65/EG um. Der OGAW ist der zentrale Regelungsgegenstand dieses Bundesgesetzes; daher wird er grundsätzlich vor den übrigen Begriffen in einer eigenen Bestimmung definiert. Die Definition folgt den Vorgaben der Richtlinie. Der Begriff des Kapitalanlagefonds wurde aus dem InvFG 1993 als Überbegriff für OGAW in Form von Sondervermögen und die im 3. Teil dieses Bundesgesetzes geregelten nicht harmonisierten Investmentfonds in Form von Sondervermögen übernommen. Um Missverständnisse auszuschließen, wurde von einer Verwendung im Rahmen der Regelung über EU-rechtlich harmonisierte Investmentfonds und von der Richtlinie 2009/65/EG als gleichwertig einzustufende Rechtskonstrukte (Investmentgesellschaft) abgesehen, da Begriff und Definition des Kapitalanlagefonds im Sinne des InvFG 1993 über die Richtlinie 2009/65/EG (sowie über die Vorgänger-Richtlinie 85/611/EWG) hinausgeht (*Kammel *in* Macher et al, *InvFG-Komm 2008, § 1 Rz 8) und im übrigen im Hinblick auf die nicht EU-rechtlich harmonisierten Fonds keinen Auffang-*

tatbestand darstellte, sondern lediglich ein Sammelbegriff für sämtliche im InvFG 1993 vertypte Fondsarten (Andere Sondervermögen, Spezialfonds, Indexfonds, Pensionsinvestmentfonds) bildete.

Für bestehende Kapitalanlagefonds, die die Kriterien der EG-Richtlinie 2009/65/EG erfüllen, hat die Aufgabe des Begriffes Kapitalanlagefonds in diesem Zusammenhang keine Konsequenzen, da es zur Subsumierung unter den Begriff Investmentfonds/OGAW auf die Erfüllung der inhaltlichen Kriterien ankommt. Im Übrigen wurden die Begriffe bereits bisher zum Teil synonym verwendet (siehe auch Kammel *in* Macher et al, *InvFG-Komm 2008, § 1 Rz 29).*

Damit der Leser des Gesetzes rascher den Konnex zur EU-Rechtsgrundlage herstellen kann und um eine effiziente Regelung von für Investmentfonds und Investmentgesellschaften gleichen Tatbeständen zu ermöglichen, wurde die EU-rechtliche Kurzbezeichnung „OGAW" aus der Richtlinie 2009/65/EG übernommen. Bezugnahmen im Gesetzestext auf OGAW sind als solche auf den Investmentfonds zu verstehen. Soweit in diesem Bundesgesetz Pflichten des OGAW normiert werden, sind diese im Falle eines OGAW in der Rechtsform eines Sondervermögens von der Verwaltungsgesellschaft wahrzunehmen und beziehen sich auf diese, da dieser OGAW keine eigene Rechtspersönlichkeit besitzt und nicht selbst handeln kann (so auch Erwägungsgrund 6 der Richtlinie 2009/65/EG). Handelt es sich um einen OGAW aus einem anderen Mitgliedstaat, richtet sich die Handlungsfähigkeit nach dem Recht dieses Mitgliedstaates.

EB zu § 2 Abs. 1 (Art. 2 BGBl. I Nr. 77/2011):

In die Definition wurden, dem Vorbild der Richtlinie folgend, sämtliche zentralen Elemente der Richtliniendefinition, die sich im InvFG 1993 zum Teil in der Definition des Kapitalanlagefonds und zum Teil an anderer Stelle fanden, inkorporiert.

Die signifikanten Merkmale des OGAW sind

- *die Beschaffung der Gelder beim Publikum,*
- *der ausschließliche Zweck der Verwendung dieser Gelder zur Veranlagung*
- *auf gemeinsame Rechnung der Anteilsinhaber des Fonds*
- *in eigens in diesem Bundesgesetz spezifizierte liquide Finanzanlagen*
- *nach den Grundsätzen der Risikostreuung (die in den Bestimmungen über die Veranlagung näher qualitativ und quantitativ ausformuliert sind).*

Weiters ist wesentliches Kriterium für den OGAW, dass die Anteile auf Verlangen der Anteilsinhaber zu Lasten des Fondsvermögens zurückgenommen werden müssen (so genanntes Recht auf Rückgabe und Auszahlung). Diese Möglichkeit der (grundsätzlich) jederzeitigen Rücknahme der Anteile durch die Verwaltungsgesellschaft zu Lasten des Fondsvermögens beziehungsweise Gesellschaftsvermögens korrespondiert mit der Ausgabe der Anteilschein in unbegrenzter Anzahl und charakterisiert den offenen Fonds (so auch Macher *in* Macher et al, *InvFG-Komm 2008, Vor § 1 Rz 32).* E contrario *sind geschlossene Fonds, bei denen die Verwaltungsgesellschaft eine von vornherein bestimmte Anzahl von Anteilsscheinen ausgibt und die ausgegebenen Anteilsscheine nicht zurücknimmt, nicht als OGAW zu qualifizieren (so auch Erwägungsgrund 5 der Richtlinie 2009/65/EG); ebenso wenig sind Aktiengesellschaften, die von vornherein eine bestimmte Anzahl an Aktien ausgeben und die ausgegebenen Aktien nicht jederzeit zurücknehmen, OGAW (siehe dazu auch § 4).*

Zu den einzelnen Elementen der OGAW-Definition ist weiters zu bemerken, dass es hinsichtlich der Beschaffung der Gelder vom Publikum innerhalb des EWR (Art. 1 Abs. 2 Buch-

stabe a in Verbindung mit Art. 3 Buchstabe b der Richtlinie 2009/65/EG) im Bereich der Master-Feeder-Fonds (siehe 2. Teil 3. Hauptstück 5. Abschnitt) gewisse Abweichungen gibt.

Der Grundsatz der Risikostreuung ist ganz zentral und in den Veranlagungsbestimmungen (§§ 66 bis 84) gesondert spezifiziert. Jede Abweichung davon steht der Qualifikation als OGAW entgegen; dies ist in Art. 3 Buchstabe d der Richtlinie 2009/65/EG ausdrücklich festgelegt, bedarf im Sinne einer konsequenten Auslegung von § 2 aber keiner eigenen Umsetzung, sondern folgt daraus e contrario.

Da OGAW aus anderen Mitgliedstaaten auch in Österreich vertrieben werden können oder mit in Österreich bewilligten OGAW verschmolzen werden oder Master-Feeder-Konstruktionen eingehen können und sodann zumindest teilweise den Bestimmungen dieses Bundesgesetzes unterliegen, werden auch solche in anderen Mitgliedstaaten zugelassene OGAW von der Definition umfasst.

EB zu § 2 Abs. 2 (Art. 2 BGBl. I Nr. 77/2011):

Setzt Art. 1 Abs. 3 der Richtlinie 2009/65/EG um. Die Richtlinie stellt bezüglich der Rechtsform des OGAW verschiedene Modelle („Vertragliche Form", „Unit Trust" und „Satzungsform") gleichwertig nebeneinander und überlässt den Mitgliedstaaten die Regelung des OGAW in der mit dem jeweiligen Zivilrecht und Gesellschaftsrecht kompatiblen und gebräuchlichen Form.

Die rechtliche Konstruktion der Investmentfonds als Sondervermögen ohne eigene Rechtspersönlichkeit, das im Miteigentum der Anteilsinhaber steht, folgt der im InvFG 1993 vorgefundenen Situation. Charakteristisch ist, dass
- *der Fonds keine eigene Rechtspersönlichkeit hat,*
- *sondern rechtlich ein Sondervermögen darstellt, das im Miteigentum der Anteilsinhaber steht (so genannter vertraglicher Investmentfonds),*
- *und in gleiche, in Wertpapieren verkörperte Anteile zerfällt.*

EB zu § 2 Abs. 3 (Art. 2 BGBl. I Nr. 77/2011):

Setzt Art. 1 Abs. 2 letzter Unterabsatz, Art. 37 und Art. 49 sowie Art. 91 Abs. 4 der Richtlinie 2009/65/EG um.

Begriffsbestimmungen

§ 3. (1) Auf den Inhalt der in diesem Bundesgesetz verwendeten Begriffe sind, soweit in diesem Bundesgesetz nicht eigene Begriffsbestimmungen festgelegt sind, die Begriffsbestimmungen des Bankwesengesetzes – BWG (BGBl. Nr. 532/1993), des Kapitalmarktgesetzes – KMG (BGBl. Nr. 625/1991) sowie der Verordnung (EU) Nr. 583/2010, der Verordnung (EU) Nr. 584/2010 und der Verordnung (EU) Nr. 575/2013 anzuwenden.

(2) Im Sinne dieses Bundesgesetzes sind:

1. Verwaltungsgesellschaft (Kapitalanlagegesellschaft): jede Gesellschaft gemäß § 5 oder Art. 6 der Richtlinie 2009/65/EG, deren reguläre Geschäftstätigkeit in der Verwaltung von OGAW gemäß § 2 und gegebenenfalls von Alternativen Investmentfonds (AIF) gemäß dem 3. Teil dieses Bundesgesetzes besteht;
2. reguläre Geschäftstätigkeit einer Verwaltungsgesellschaft: Aufgaben der kollektiven Portfolioverwaltung, die die Anlageverwaltung und gegebenenfalls auch administrative Tätigkeiten gemäß § 5 Abs. 2 Z 1 lit. b und den Vertrieb umfassen;
3. kollektive Portfolioverwaltung: die Verwaltung von Portfolios auf gemeinsame Rechnung der Anteilinhaber im Rahmen der Fondsbestimmungen gemäß § 53;

4. Anteilinhaber: jede natürliche oder juristische Person, die einen oder mehrere Anteilscheine an einem OGAW gemäß § 2 Abs. 2 oder an einem AIF im Sinne von Z 31 hält;
5. Verwahrstelle: eine Einrichtung, die mit der Durchführung der in § 40 genannten Aufgaben betraut ist und, sofern sie ihren Sitz in Österreich hat, als Depotbank den §§ 41 bis 45 dieses Bundesgesetzes oder den in Kapitel IV und Kapitel V Abschnitt 3 der Richtlinie 2009/65/EG festgelegten Bestimmungen unterliegt;
6. Herkunftmitgliedstaat der Verwaltungsgesellschaft: der Mitgliedstaat, in dem die Verwaltungsgesellschaft ihren Sitz hat;
7. Aufnahmemitgliedstaat der Verwaltungsgesellschaft: ein Mitgliedstaat, der nicht der Herkunftmitgliedstaat ist und in dessen Hoheitsgebiet eine Verwaltungsgesellschaft eine Zweigniederlassung hat oder Dienstleistungen erbringt;
8. Herkunftmitgliedstaat des OGAW: der Mitgliedstaat, in dem der OGAW gemäß Artikel 5 der Richtlinie 2009/65/EG bewilligt ist;
9. Aufnahmemitgliedstaat eines OGAW: der Mitgliedstaat, der nicht der Herkunftmitgliedstaat des OGAW ist und in dem die Anteile des OGAW vertrieben werden;
10. Zweigstelle: eine Geschäftsstelle, die einen rechtlich unselbständigen Teil einer Verwaltungsgesellschaft bildet und Dienstleistungen erbringt, für die der Verwaltungsgesellschaft eine Zulassung erteilt wurde, wobei mehrere Geschäftstellen in ein und demselben Aufnahmemitgliedstaat als eine einzige Zweigstelle gelten;
11. zuständige Behörden: die von den Mitgliedstaaten gemäß Artikel 97 der Richtlinie 2009/65/EG bezeichneten Behörden;
12. dauerhafter Datenträger: jedes Medium, das es einem Anleger gestattet, an ihn persönlich gerichtete Informationen derart zu speichern, dass der Anleger sie in der Folge für eine für die Zwecke der Informationen angemessene Dauer einsehen kann, und das die unveränderte Wiedergabe der gespeicherten Informationen ermöglicht;
13. Wertpapiere
    a) Aktien und andere, Aktien gleichwertige Wertpapiere („Aktien"),
    b) Schuldverschreibungen und sonstige verbriefte Schuldtitel („Schuldtitel"),
    c) alle anderen marktfähigen Wertpapiere, die zum Erwerb von Wertpapieren im Sinne dieses Bundesgesetzes durch Zeichnung oder Austausch berechtigen,

    nach Maßgabe von § 69 mit Ausnahme der in § 73 genannten Techniken und Instrumente;
14. Geldmarktinstrumente: Instrumente, die üblicherweise auf dem Geldmarkt gehandelt werden, liquide sind und deren Wert jederzeit genau bestimmt werden kann nach Maßgabe von § 70;
15. Verschmelzungen: Transaktionen, bei denen
    a) ein oder mehrere OGAW oder Teilfonds davon (die „übertragenden OGAW") bei ihrer Auflösung ohne Abwicklung sämtliche Vermögenswerte und Verbindlichkeiten auf einen anderen bestehenden OGAW oder einen Teilfonds dieses OGAW (den „übernehmenden OGAW") übertragen und ihre Anteilinhaber dafür Anteile des übernehmenden OGAW sowie gegebenenfalls eine Barzahlung in Höhe von maximal 10 vH des Nettobestandswerts dieser Anteile erhalten (Bruttoverschmelzung durch Aufnahme);
    b) zwei oder mehrere OGAW oder Teilfonds davon (die „übertragenden OGAW") bei ihrer Auflösung ohne Abwicklung sämtliche Vermögenswerte und Verbindlichkeiten auf einen von ihnen gebildeten OGAW oder einen Teilfonds dieses OGAW (den „übernehmenden OGAW") übertragen und ihre Anteilinhaber dafür Anteile des übernehmenden OGAW sowie gegebenenfalls eine Barzahlung in Höhe von maxi-

mal 10 vH des Nettobestandswerts dieser Anteile erhalten (Bruttoverschmelzung durch Neubildung);

c) ein oder mehrere OGAW oder Teilfonds davon (die „übertragenden OGAW") die weiter bestehen, bis die Verbindlichkeiten getilgt sind, ihr Nettovermögen auf einen anderen Teilfonds desselben OGAW, auf einen von ihnen gebildeten OGAW oder auf einen anderen bestehenden OGAW oder einen Teilfonds dieses OGAW (den „übernehmenden OGAW") übertragen (Nettoverschmelzung);

16. grenzüberschreitende Verschmelzung: eine Verschmelzung von OGAW,
    a) von denen mindestens zwei in unterschiedlichen Mitgliedstaaten bewilligt sind oder
    b) die in demselben Mitgliedstaat bewilligt sind, zu einem neu gegründeten und in einem anderen Mitgliedstaat bewilligten OGAW;
17. inländische Verschmelzung: eine Verschmelzung von OGAW, die im gleichen Mitgliedstaat bewilligt sind, wenn mindestens einer der betroffenen OGAW gemäß § 139 notifiziert worden ist;
18. Anteilscheine: Wertpapiere, die Miteigentumsanteile an den Vermögenswerten des Kapitalanlagefonds und die Rechte der Anteilinhaber gegenüber der Verwaltungsgesellschaft sowie der Depotbank verkörpern sowie als Finanzinstrumente gemäß § 1 Z 6 lit. c Wertpapieraufsichtsgesetz 2007 – WAG 2007 (BGBl. I Nr. 60/2007) zu qualifizieren sind;
19. Kapitalanlagefonds: OGAW in der Form eines Sondervermögens gemäß § 2 Abs. 2 und Alternative Investmentfonds (AIF) gemäß § 3 Abs. 2 Z 31;
20. Kunde: jede natürliche oder juristische Person oder jedes andere Unternehmen einschließlich eines OGAW oder AIF, für die oder das eine Verwaltungsgesellschaft eine Dienstleistung der kollektiven Portfolioverwaltung oder Dienstleistungen gemäß § 5 Abs. 2 Z 3 oder 4 erbringt;
21. Relevante Person: in Bezug auf eine Verwaltungsgesellschaft
    a) ein Gesellschafter oder eine vergleichbare Person oder ein Mitglied der Geschäftsleitung der Verwaltungsgesellschaft,
    b) ein Angestellter der Verwaltungsgesellschaft sowie jede andere natürliche Person, deren Dienste der Verwaltungsgesellschaft zur Verfügung gestellt und von dieser kontrolliert werden und die an der von der Verwaltungsgesellschaft erbrachten kollektiven Portfolioverwaltung beteiligt ist, oder
    c) eine natürliche Person, die im Rahmen einer Vereinbarung zur Übertragung von Aufgaben an Dritte unmittelbar an der Erbringung von Dienstleistungen für die Verwaltungsgesellschaft beteiligt ist, welche der Verwaltungsgesellschaft die kollektive Portfolioverwaltung ermöglichen;
22. Geschäftsleitung: die Personen, die die Geschäfte einer Verwaltungsgesellschaft gemäß § 6 Abs. 2 Z 10 tatsächlich führen;
23. Aufsichtsfunktion: relevante Person, Stelle oder Stellen, die für die Beaufsichtigung der Geschäftsleitung und für die Bewertung und regelmäßige Überprüfung der Angemessenheit und Wirksamkeit des Risikomanagement-Prozesses und der Grundsätze, Vorkehrungen und Verfahren, die zur Erfüllung der in diesem Bundesgesetz festgelegten Pflichten eingeführt wurden, zuständig ist oder sind;
24. Kontrahentenrisiko: das Verlustrisiko für den OGAW, das aus der Tatsache resultiert, dass die Gegenpartei eines Geschäfts vor der Schlussabrechnung des mit dem Geschäft verbundenen Cashflows ihren Verpflichtungen möglicherweise nicht nachkommen kann;

25. Liquiditätsrisiko: das Risiko, dass eine Position im OGAW-Portfolio nicht innerhalb hinreichend kurzer Zeit mit begrenzten Kosten veräußert, liquidiert oder geschlossen werden kann und dass dies die Fähigkeit des OGAW, der Rücknahme- und Auszahlungsverpflichtung gemäß § 55 Abs. 2 jederzeit nachzukommen, beeinträchtigt;
26. Marktrisiko: das Verlustrisiko für den OGAW, das aus Schwankungen beim Marktwert von Positionen im OGAW-Portfolio resultiert, die auf Veränderungen bei Marktvariablen, wie Zinssätzen, Wechselkursen, Aktien- und Rohstoffpreisen, oder bei der Bonität eines Emittenten zurückzuführen sind;
27. operationelles Risiko: das Verlustrisiko für den OGAW, das aus unzureichenden internen Prozessen sowie aus menschlichem oder Systemversagen bei der Verwaltungsgesellschaft oder aus externen Ereignissen resultiert und Rechts- und Dokumentationsrisiken sowie Risiken, die aus den für den OGAW betriebenen Handels-, Abrechnungs- und Bewertungsverfahren resultieren, einschließt;
28. Neugewichtung des Portfolios: eine signifikante Änderung der Zusammensetzung des Portfolios eines OGAW;
29. synthetische Risiko- und Ertragsindikatoren: synthetische Indikatoren im Sinne von Artikel 8 der Verordnung (EU) Nr. 583/2010;
30. Investmentfonds: OGAW unabhängig von ihrer Rechtsform und AIF gemäß Z 31;
31. Alternative Investmentfonds (AIF): Organismen für gemeinsame Anlagen, die gemäß dem 3. Teil 1. Hauptstück als Sondervermögen gebildet werden und bewilligt sind, in gleiche, in Wertpapieren verkörperte Anteile zerfallen und im Miteigentum der Anteilinhaber stehen;
32. Indexfonds: ein OGAW, dessen Fondsbestimmungen ausdrücklich vorsehen, als Ziel seiner Anlagestrategie einen bestimmten, von der Finanzmarktaufsichtsbehörde (FMA) anerkannten Aktien- oder Schuldtitelindex nachzubilden;
33. Kundeninformationsdokument (KID): Dokument mit wesentlichen Anlegerinformationen gemäß Art. 3 der Verordnung (EU) Nr. 583/2010;
34. Finanzinstrument: ein Finanzinstrument gemäß § 1 Z 6 WAG 2007.

EB zu § 3 (Art. 2 BGBl. I Nr. 77/2011):

Setzt Art. 2 der Richtlinie 2009/65/EG, Art. 3 der Richtlinie 2010/43/EU und Art. 2 der Richtlinie 2010/44/EU um und legt die für dieses Bundesgesetz zentralen Begriffsdefinitionen fest.

EB zu § 3 Abs. 1 (Art. 2 BGBl. I Nr. 77/2011):

Diese Bestimmung übernimmt zum einen den Regelungsinhalt des § 1a Abs. 1 InvFG 1993 und normiert, dass für sämtliche nicht eigens definierte Begriffe grundsätzlich das BWG maßgeblich ist. Zum anderen wird auch der Bezug zu den anderen relevanten Finanzmarktgesetzen hergestellt – im Rahmen des Prospektrechtes und des öffentlichen Angebotes gelten subsidiär die Begriffe und Auslegungen des KMG, insbesondere auch der dort allerdings nicht näher definierte Begriff des Publikums, im Rahmen des Vertriebes von Anteilen an Investmentfonds und Alternativen Investmentfonds gelten subsidiär die Bestimmungen des WAG 2007.

EB zu § 3 Abs. 2 (Art. 2 BGBl. I Nr. 77/2011):

In diesem Absatz werden die einzelnen Begriffe grundsätzlich definiert.

EB zu § 3 Abs. 2 Z 1 (Art. 2 BGBl. I Nr. 77/2011)::

Setzt Art. 2 Abs. 1 Buchstabe b in Verbindung mit Abs. 2 der Richtlinie 2009/65/EG um. Die Definition der Verwaltungsgesellschaft wurde im Vergleich zu § 1a Abs. 2 Z 1 InvFG

1993 inhaltlich nicht geändert, und bezieht sich sowohl auf Verwaltungsgesellschaften, die in Österreich zur Verwaltung von OGAW oder Alternativen Investmentfonds zugelassen sind, als auch auf solche die in Mitgliedstaaten zur Verwaltung von OGAW oder Alternativen Investmentfonds zugelassen sind oder zur Verwaltung von Alternativen Investmentfonds in Drittstaaten. Die Verwaltungsgesellschaft definiert sich über ihre Tätigkeit, wobei diese in Z 2 näher umschrieben ist. Eine Verwaltungsgesellschaft darf auch nicht EU-rechtlich harmonisierte Investmentfonds, die im 3. Teil dieses Bundesgesetzes geregelt sind, verwalten, sofern dies von ihrer Konzession umfasst ist; auf diese Fallkonstellation bezieht sich das Wort „gegebenenfalls".

EB zu § 3 Abs. 2 Z 2 (Art. 2 BGBl. I Nr. 77/2011):

Setzt Art. 2 Abs. 2 der Richtlinie 2009/65/EG um. Die reguläre Tätigkeit einer Verwaltungsgesellschaft besteht in der gemeinsamen Portfolioverwaltung, wobei diese sowohl die Anlageverwaltung im engeren Sinn als auch administrative Aspekte wie Rechnungslegung, Bewertung, Ausgabe und Rücknahme von Anteilen, Führung von Aufzeichnungen, Kommunikation mit und Information der Kunden sowie den Vertrieb der eigenen Fondsanteile umfasst, wobei auch schon die Erbringung einzelner Elemente davon ausreichend ist, dass von einer regulären Tätigkeit als Verwaltungsgesellschaft ausgegangen werden kann. So muss eine Verwaltungsgesellschaft nicht notwendigerweise die Fondsanteile, der von ihr verwalteten Fonds selbst vertreiben, ebenso ist eine Auslagerung einzelner anderer Tätigkeiten denkbar und zulässig. Kernaufgabe muss aber die gemeinsame Portfolioverwaltung sein. Der Begriff der gemeinsamen Portfolioverwaltung wird in Z 3 definiert.

EB zu § 3 Abs. 2 Z 3 (Art. 2 BGBl. I Nr. 77/2011):

*Die „***gemeinsame** *Portfolioverwaltung" ist gemäß Art. 2 Abs. 1 Buchstabe b in Verbindung mit Anhang II der Richtlinie 2009/65/EG Kern der Tätigkeit einer Verwaltungsgesellschaft und dieser vorbehalten. Die (individuelle) Portfolioverwaltung, bei der Portfolios auf Einzelkundenbasis aufgrund einer Vollmacht des Kunden verwaltet werden (§ 1 Z 2 lit. d WAG 2007), kann demgegenüber auch von Kreditinstituten (§ 1 Abs. 3 BWG), von Wertpapierfirmen (§ 3 Abs. 2 Z 2 WAG 2007) und auch von Verwaltungsgesellschaften (Art. 6 Abs. 3 Buchstabe a der Richtlinie 2009/65/EG – siehe auch § 5 Abs. 2 Z 3) neben anderen Tätigkeiten erbracht werden. Im Unterschied zur „individuellen Portfolioverwaltung", auch oftmals bloß als „Portfolioverwaltung" bezeichnet, wird bei der gemeinsamen Portfolioverwaltung nicht bloß das Vermögen eines einzelnen Kunden auf individueller Basis, sondern einer Gruppe von Personen auf gemeinsame Rechnung verwaltet und dabei die Kundengelder auch nicht aufgrund einer individuell vereinbarten Vollmacht, sondern aufgrund einer vorab festgelegten Satzung oder Fondsbestimmungen veranlagt. Um Unklarheiten im Hinblick auf die Portfolioverwaltung zu vermeiden, wird daher die gemeinsame Portfolioverwaltung eigens definiert.*

EB zu § 3 Abs. 2 Z 4 (Art. 2 BGBl. I Nr. 77/2011):

Setzt Art. 1 Abs. 3 Buchstabe b der Richtlinie 2009/65/EG und Art. 3 Nummer 2 der Richtlinie 2010/43/EU um. Bezugnahmen in diesem Bundesgesetz auf Anteilinhaber von OGAW beziehen sich auf Inhaber von Anteilen an OGAW, die in der vertraglichen Form errichtet wurden, sofern es sich um in Österreich bewilligte OGAW handelt, als auch auf Inhaber von Anteilen an OGAW in einer anderen Rechtsform, sofern es sich um in einem anderen Mitgliedstaat bewilligte OGAW handelt.

EB zu § 3 Abs. 2 Z 5 (Art. 2 BGBl. I Nr. 77/2011):

Setzt Art. 2 Abs. 1 Buchstabe a der Richtlinie 2009/65/EG um. Die Verwahrstelle „verwahrt" das Vermögen des Investmentfonds und hat Kraft Gesetzes eine gewisse Überwachungsfunktion gegenüber der Verwaltungsgesellschaft. Während als Verwahrstelle in Österreich nur eine Depotbank (siehe dazu § 41) in Frage kommt, kann die Funktion der Verwahrstelle in anderen Mitgliedstaaten auch eine andere Einrichtung übernehmen, solange sie die Bedingungen der Art. 22 bis 26 oder 32 bis 36 der Richtlinie 2009/65/EG erfüllt. Die Verwahrstelle muss aber ihren Sitz jedenfalls im selben Mitgliedstaat wie der OGAW (Herkunftmitgliedstaat des OGAW – siehe Z 8) haben. Eine Verwaltungsgesellschaft mit Sitz in Österreich kann durchaus einen in einem anderen Mitgliedstaat aufgelegten OGAW verwalten. Die Anforderungen an die Eigenschaften der Verwahrstelle richten sich dann nach dem Herkunftsmitgliedstaat des OGAW und subsidiär nach denen der Richtlinie. Der Begriff der Verwahrstelle ist daher an manchen Stellen unter Bedachtnahme auf dergleichen Sachverhalte sinnvoll als weiterer Überbegriff, der sowohl die Depotbank als auch Verwahrstellen in anderen Mitgliedstaaten umfasst. Ebenso ist in diesem Zusammenhang der Verweis auf die einschlägigen Richtlinienbestimmungen geeigneter als auf die Gesetzesbestimmungen.

EB zu § 3 Abs. 2 Z 6 (Art. 2 BGBl. I Nr. 77/2011):

Setzt Art. 2 Abs. 1 Buchstabe c der Richtlinie 2009/65/EG um. Um Auslegungsschwierigkeiten zu vermeiden, wird diese Definition aus der Richtlinie übernommen. Der „sinngemäße" Pauschalverweis auf § 2 Z 6 lit. a BWG (Definition des Herkunftmitgliedstaates für Kreditinstitute) erscheint aufgrund der eigenständigen Regelung in der Richtlinie 2009/65/EG unzweckmäßig. Selbst angesichts der Tatsache, dass Verwaltungsgesellschaften in Österreich einer Konzession als Kreditinstitut, eingeschränkt auf die Geschäftstätigkeiten nach diesem Bundesgesetz bedürfen, ist ein Verweis auf das BWG (gemäß Abs. 1) nicht ausreichend, zum einen weil das InvFG 2011 grundsätzlich die speziellere Norm ist und zum anderen, weil der Begriff Herkunftsmitgliedstaat der Verwaltungsgesellschaft auch für Verwaltungsgesellschaften in anderen Mitgliedstaaten (siehe beispielsweise die Bestimmungen über die Dienst- und Niederlassungsfreiheit) relevant ist.

EB zu § 3 Abs. 2 Z 7 (Art. 2 BGBl. I Nr. 77/2011):

Setzt Art. 2 Abs. 1 Buchstabe d der Richtlinie 2009/65/EG um.

EB zu § 3 Abs. 2 Z 8 (Art. 2 BGBl. I Nr. 77/2011):

Setzt Art. 2 Abs. 1 Buchstabe e der Richtlinie 2009/65/EG um. Anders als bei der Verwaltungsgesellschaft wird beim OGAW nicht auf den Sitz, sondern auf den Staat der Bewilligung abgestellt. Damit wird einerseits der Tatsache Rechnung getragen, dass „vertragliche" Investmentfonds (siehe dazu die Erläuterungen zu § 2 Abs. 1 am Ende) grundsätzlich keine Rechtspersönlichkeit und daher auch keinen Sitz haben. Nichts desto Trotz kommt es nach den einschlägigen Bestimmungen (§ 50 beziehungsweise Art. 5 der Richtlinie 2009/65/EG) auf den Mitgliedstaat an, in dem der Fonds „domiziliert" – also aufgelegt und von der zuständigen Aufsichtsbehörde bewilligt - ist. Auf den Sitz der Verwaltungsgesellschaft eines OGAW wird im Gegensatz zu Art. 1a Abs. 5 der Richtlinie 85/611/EG in der Fassung der Richtlinie 2008/18/EG und zu § 1a Abs. 2 Z 4 lit. a InvFG 1993 nicht mehr abgestellt, da die Verwaltungsgesellschaft auch einen OGAW, der in einem anderen Mitgliedstaat „ansässig" und bewilligt ist, verwalten darf.

EB zu § 3 Abs. 2 Z 9 (Art. 2 BGBl. I Nr. 77/2011):

Setzt Art. 2 Abs. 1 Buchstabe f der Richtlinie 2009/65/EG um.

EB zu § 3 Abs. 2 Z 10 (Art. 2 BGBl. I Nr. 77/2011):

Setzt Art. 2 Abs. 1 Buchstabe g und Abs. 3 der Richtlinie 2009/65/EG um.

EB zu § 3 Abs. 2 Z 11 (Art. 2 BGBl. I Nr. 77/2011):

Setzt Art. 2 Abs. 1 Buchstabe h der Richtlinie 2009/65/EG um.

EB zu § 3 Abs. 2 Z 12 (Art. 2 BGBl. I Nr. 77/2011):

Setzt Art. 2 Abs. 1 Buchstabe m der Richtlinie 2009/65/EG um. Die Definition entspricht grundsätzlich der des Art. 2 Nummer 2 der Richtlinie 2006/73/EG und § 1 Z 28 WAG 2007, wobei allerdings dem Regelungszweck dieses Bundesgesetzes entsprechend, nicht auf den Kunden, sondern auf den Anleger abgestellt wird. Von einem bloßen Verweis auf das WAG 2007 wird daher abgesehen, insbesondere auch unter Bedachtnahme auf den Fall, dass sich die Richtlinienvorgaben für dieses Bundesgesetz einerseits und das WAG 2007 andererseits in Zukunft einmal inhaltlich ändern könnten.

EB zu § 3 Abs. 2 Z 13 (Art. 2 BGBl. I Nr. 77/2011):

Setzt Art. 2 Abs. 1 Buchstabe n in Verbindung mit Abs. 7 der Richtlinie 2009/65/EG um und entspricht § 1a Abs. 2 Z 7 InvFG 1993.

EB zu § 3 Abs. 2 Z 14 (Art. 2 BGBl. I Nr. 77/2011):

Setzt Art. 2 Abs. 1 Buchstabe o der Richtlinie 2009/65/EG um und entspricht § 1a Abs. 2 Z 6 InvFG 1993.

EB zu § 3 Abs. 2 Z 15 (Art. 2 BGBl. I Nr. 77/2011):

Setzt Art. 2 Abs. 1 Buchstabe p der Richtlinie 2009/65/EG um. Die Richtlinie definiert drei verschiedene Formen der Verschmelzung unabhängig von der Rechtsform der zu fusionierenden OGAW, aber abhängig von der Art der Zusammenführung der Vermögen. Diese Verfahren werden in dieser Bestimmung umschrieben. Daneben ist für rein innerstaatliche Verschmelzungen auch das Verfahren gemäß § 127 zulässig.

EB zu § 3 Abs. 2 Z 15 lit. a (Art. 2 BGBl. I Nr. 77/2011):

Setzt Art. 2 Abs. 1 Buchstabe p Nummer i der Richtlinie 2009/65/EG um. Die Bruttoverschmelzung durch Aufnahme sieht vor, dass sowohl Aktiva als auch Verbindlichkeiten des übertragenden OGAW auf einen bestehenden übernehmenden OGAW übertragen werden. Diese Form der Fondsverschmelzung kannte bereits das InvFG 1993 (§ 3 Abs. 2 – „übertragende Übernahme").

EB zu § 3 Abs. 2 Z 15 lit. b (Art. 2 BGBl. I Nr. 77/2011):

Setzt Art. 2 Abs. 1 Buchstabe p Nummer ii der Richtlinie 2009/65/EG um. Die Bruttoverschmelzung durch Neubildung sieht vor, dass sowohl Aktiva als auch Verbindlichkeiten von zwei oder mehreren übertragenden OGAW auf einen neu gebildeten übernehmenden OGAW übertragen werden. Dies entspricht der „Neubildung" gemäß § 3 Abs. 2 InvFG 1993.

EB zu § 3 Abs. 2 Z 15 lit. c (Art. 2 BGBl. I Nr. 77/2011):

Setzt Art. 2 Abs. 1 Buchstabe p Nummer iii der Richtlinie 2009/65/EG um. Im Rahmen einer Nettoverschmelzung werden nur die Aktiva von zwei oder mehreren OGAW auf einen bestehenden oder neu zu bildenden OGAW übertragen, nicht aber die Verbindlichkeiten. Unter Verbindlichkeiten sind alle bestehenden Verbindlichkeiten zu verstehen, insbesondere Steuern und Gehälter.

EB zu § 3 Abs. 2 Z 16 (Art. 2 BGBl. I Nr. 77/2011):

Setzt Art. 2 Abs. 1 Buchstabe q der Richtlinie 2009/65/EG um.

EB zu § 3 Abs. 2 Z 17 (Art. 2 BGBl. I Nr. 77/2011):

Setzt Art. 2 Abs. 1 Buchstabe r der Richtlinie 2009/65/EG um.

EB zu § 3 Abs. 2 Z 18 (Art. 2 BGBl. I Nr. 77/2011):

Der Begriff der Anteilscheine wird in Entsprechung von § 5 Abs. 1 InvFG 1993 zunächst grundsätzlich definiert und auch zu anderen Rechtsakten und Begriffen wie insbesondere den Finanzinstrumenten nach dem WAG 2007 in Bezug gesetzt (so auch Erwägungsgrund 7 der Richtlinie 2009/65/EG).

EB zu § 3 Abs. 2 Z 19 (Art. 2 BGBl. I Nr. 77/2011):

Der Begriff Kapitalanlagefonds wird aus dem InvFG 1993 als Überbegriff für sämtliche, in der Rechtsform eines Sondervermögens errichtete OGAW sowie sämtliche in diesem Bundesgesetz geregelte Investmentfonds (einschließlich der AIF gemäß Z 31 lit. c) übernommen. Ein OGAW kann daher, muss aber nicht ein Kapitalanlagefonds sein. Umgekehrt sind die im 3. Teil dieses Bundesgesetzes geregelten alternativen Investmentfonds, da sie in der Rechtsform eines Sondervermögens aufgelegt sind, auch Kapitalanlagefonds.

EB zu § 3 Abs. 2 Z 20 (Art. 2 BGBl. I Nr. 77/2011):

Setzt Art. 3 Nummer 1 der Richtlinie 2010/43/EU um.

EB zu § 3 Abs. 2 Z 21 (Art. 2 BGBl. I Nr. 77/2011):

Setzt Art. 3 Nummer 3 der Richtlinie 2010/43/EU um. Ähnlich wie im WAG 2007 werden relevante Personen definiert, die im Zusammenhang mit Interessenkollisionen zu beachten sind. Da die Aufgaben einer Verwaltungsgesellschaft sich zwar mit der einer Wertpapierfirma überschneiden, aber nicht decken, wurde weder in der Richtlinie 2010/43/EU noch in dieser Gesetzesbestimmung auf die Richtlinie 2006/73/EG oder das WAG 2007 verwiesen. Der Regelungszweck ist zwar der gleiche wie im WAG 2007, der Personenkreis aber nicht deckungsgleich.

EB zu § 3 Abs. 2 Z 22 (Art. 2 BGBl. I Nr. 77/2011):

Setzt Art. 3 Nummer 4, 5 und den Schlussteil des Art. 3 der Richtlinie 2010/43/EU um. Die Geschäftsleitung einer Verwaltungsgesellschaft mit Sitz in Österreich ist bei einer AG der Vorstand. Von diesem Begriff ist auch der in der Richtlinie definierte Begriff des „Leitungs- oder Verwaltungsorgans" erfasst, sodass eine gesonderte Anführung nicht erforderlich ist. Das Leitungsorgan umfasst bei österreichischen Aktiengesellschaften nur den Vorstand, nicht auch den Aufsichtsrat, in Rechtsordnungen, nach deren Gesellschaftsrecht keine duale Struktur für Aufsicht und Geschäftsführung vorgesehen ist, sind allerdings sämtliche Mitglieder des „Verwaltungsrates" erfasst, gleichgültig ob diese mit der täglichen Geschäftsführung betraut sind oder nicht.

EB zu § 3 Abs. 2 Z 23 (Art. 2 BGBl. I Nr. 77/2011):

Setzt Art. 3 Nummer 6 der Richtlinie 2010/43/EU um. Die Aufsichtsfunktion wird bei einer Verwaltungsgesellschaft mit Sitz in Österreich regelmäßig vom Aufsichtsrat und dessen Unterausschüssen ausgeübt.

EB zu § 3 Abs. 2 Z 24 (Art. 2 BGBl. I Nr. 77/2011):

Setzt Art. 3 Nummer 7 der Richtlinie 2010/43/EU um. Das Verlustrisiko des OGAW, dass die Gegenpartei möglicherweise nicht dem Geschäft nachkommen kann, ist spezifisch für das Geschäft der gemeinsamen Portfolioverwaltung definiert. Zwar gibt es gemäß An-

hang V Punkt 3 der Richtlinie 2006/48/EG ein Gegenparteirisiko, das den Kreditausfall bei Kreditnehmern von Kreditinstituten zum Gegenstand hat (siehe auch § 216 der Solvabilitätsverordnung, BGBl. II Nr. 253/2007), jedoch werden in diesem Bundesgesetz – siehe insbesondere auch § 91 – die für OGAW spezifischen Verfahren diesbezüglich festgelegt.

EB zu § 3 Abs. 2 Z 25 (Art. 2 BGBl. I Nr. 77/2011):

Setzt Art. 3 Nummer 8 der Richtlinie 2010/43/EU um. Das Liquiditätsrisiko im Hinblick auf OGAW ist von ähnlichen Regelungen in anderen Bundesgesetzen (§ 25 BWG, § 6 Immobilienfonds-Prospektinhalt-Verordnung, BGBl. II Nr. 314/2008) zu unterscheiden – zu den für OGAW spezifischen Verfahren für das Liquiditätsrisikomanagement siehe §§ 88.

EB zu § 3 Abs. 2 Z 26 (Art. 2 BGBl. I Nr. 77/2011):

Setzt Art. 3 Nummer 9 der Richtlinie 2010/43/EU um. Das Marktrisiko ist für OGAW spezifisch definiert und von ähnlichen Regelungen in anderen Bundesgesetzen (§ 2 Z 57e BWG, § 6 Immobilienfonds-Prospektinhalt-Verordnung) zu unterscheiden – zu den für OGAW spezifischen Verfahren siehe §§ 86 folgende.

EB zu § 3 Abs. 2 Z 27 (Art. 2 BGBl. I Nr. 77/2011):

Setzt Art. 3 Nummer 10 der Richtlinie 2010/43/EU um. Das operationelle Risiko ist für OGAW spezifisch definiert und von ähnlichen Regelungen in anderen Bundesgesetzen (§ 2 Z 57d, § 22i BWG) zu unterscheiden.

EB zu § 3 Abs. 2 Z 28 (Art. 2 BGBl. I Nr. 77/2011):

Setzt Art. 2 Abs. 1 der Richtlinie 2010/44/EU um. Der Begriff der „Neugewichtung" wird in Anlehnung an den im englischen Richtlinientext verwendeten Begriff „rebalancing" verwendet. Die deutschsprachige Fassung der Richtlinie verwendet stattdessen den Begriff der Neuordnung, der in dem Zusammenhang aber zu wenig aussagekräftig ist.

EB zu § 3 Abs. 2 Z 29 (Art. 2 BGBl. I Nr. 77/2011):

Setzt Art. 2 Abs. 2 der Richtlinie 2010/44/EU um.

EB zu § 3 Abs. 2 Z 30 (Art. 2 BGBl. I Nr. 77/2011):

Während der Begriff OGAW richtlinienkonforme Sondervermögen und Investmentgesellschaften umfasst und der Begriff des Kapitalanlagefonds als Sondervermögen aufgelegte OGAW und gemäß dem 3. Teil dieses Bundesgesetzes geregelte Investmentfonds umschreibt, umfasst der Begriff Investmentfonds sowohl OGAW unabhängig von deren Rechtsform, „Investmentfonds", die nach dem 3. Teil dieses Bundesgesetzes aufgelegt werden, und auch „Investmentfonds" zur gemeinsamen Vermögensveranlagung aus anderen Mitgliedstaaten oder aus Drittstaaten.

EB zu § 3 Abs. 2 Z 31 (Art. 2 BGBl. I Nr. 77/2011):

Der Begriff der Alternativen Investmentfonds (AIF) wird als Sammelbegriff für alle nicht EU-rechtlich harmonisierten Investmentfonds, die in Österreich vertrieben werden dürfen, eingeführt. Unter diesen Begriff fallen zum einen sämtliche in Österreich derzeit regulierte Investmentfonds einschließlich der Immobilien-Investmentfonds sowie die aus anderen Mitgliedstaaten oder Drittstaaten zum Vertrieb in Österreich zugelassenen Investmentfonds. Im Unterschied zum künftigen Anwendungsbereich der Richtlinie für Alternative Investmentfondsmanager umfasst der Begriff der Alternativen Investmentfonds derzeit keine in Österreich aufgelegten Fonds des geschlossenen Typs.

EB zu § 3 Abs. 2 Z 32 (Art. 2 BGBl. I Nr. 77/2011):

Die Definition von Indexfonds entspricht inhaltlich der des § 20b InvFG 1993.

EB zu § 3 Abs. 2 Z 33 (Art. 2 BGBl. I Nr. 77/2011):

Der englische Begriff für das Kundeninformationsdokument lautet „Key Investor Information Document" – „KID". In der deutschen Übersetzung der Richtlinie 2009/65/EG und der Verordnung (EU) 583/2010 wird dies mit „Wesentliche Anlegerinformationen" oder „Dokument mit wesentlichen Anlegerinformationen" übersetzt. Da aber „KID" die EU-weit verbreitete schlagwortartige Abkürzung sein wird, wird für die Zwecke dieses Bundesgesetzes eine mit dieser Abkürzung und dem Regelungszweck konvergierende Definition eingeführt.

EB zu § 3 Abs. 1 (Art. 11 BGBl. I Nr. 184/2013):

Redaktionelle Anpassung.

EB zu § 3 Abs. 2 Z 33 (Art. 2 BGBl. I Nr. 115/2015):

Die Begriffsbestimmungen werden um den Begriff der Finanzinstrumente ergänzt. Art. 2 Abs. 1 Buchstabe f der Richtlinie 2009/65/EG wird hierbei durch einen Verweis auf § 1 Abs. 6 WAG 2007 umgesetzt.

Ausnahmen

§ **4.** Dürfen die Anteile gemäß den Fondsbestimmungen oder der Satzung nur an das Publikum in Drittstaaten vertrieben werden, oder die Anteile nicht an das Publikum in Österreich oder in anderen Mitgliedstaaten vertrieben werden, so findet der 2. Teil dieses Bundesgesetzes keine Anwendung.

EB zu § 4 (Art. 2 BGBl. I Nr. 77/2011):

Setzt Art. 3 der Richtlinie 2009/65/EG um. Bestimmte Organismen zur gemeinsamen Vermögensveranlagung sind entweder nicht als OGAW zu qualifizieren und profitieren daher nicht von der Möglichkeit des „EU-Passes", also des erleichterten Vertriebes in anderen Mitgliedstaaten oder sie unterliegen überhaupt nicht den Bestimmungen dieses Bundesgesetzes. Die Bestimmung dient der leichteren Abgrenzung. Konstrukte, die die Definition des § 2 nicht erfüllen, fallen nicht unter dieses Bundesgesetz.

2.Teil
Verwaltung und Beaufsichtigung von OGAW

EB zum 2. Teil („OGAW") (Art. 2 BGBl. I Nr. 77/2011):

In diesem Teil werden sämtliche „OGAW-spezifischen" Bestimmungen geregelt, die die Richtlinie 2009/65/EG und die Richtlinien 2010/43/EU und 2010/44/EU vorsehen. Einzig die Übergangs- und Schlussbestimmungen sowie die Sanktionen und die Bestimmung über den Bezeichnungsschutz finden sich im 5. Teil, der sich auch auf die Investmentfonds, die im 3. Teil geregelt sind, bezieht.

1. Hauptstück
Verwaltungsgesellschaften

EB zum 1. Hauptstück (Art. 2 BGBl. I Nr. 77/2011):

In diesem Hauptstück werden die Zulassung, die Niederlassungs- und Dienstleistungsfreiheit von Verwaltungsgesellschaften und die laufenden Aufsichtsanforderungen an Verwaltungsgesellschaften geregelt.

1. Abschnitt
Bedingungen für die Aufnahme der Tätigkeit

EB zum 1. Abschnitt (Art. 2 BGBl. I Nr. 77/2011):
Im ersten Abschnitt werden die Konzessionsanforderungen und das Konzessionsverfahren geregelt. Die Systematik orientiert sich zum einen an der Richtlinie 2009/65/EG und zum anderen an anderen Gesetzen der österreichischen Finanzmarktregulierung wie dem BWG, WAG 2007 oder dem ZaDiG.

Erfordernis und Umfang der Konzession

§ 5. (1) Die Erbringung der Tätigkeiten einer Verwaltungsgesellschaft mit Sitz im Inland bedarf der Konzession gemäß § 1 Abs. 1 Z 13 BWG in Verbindung mit § 6 Abs. 2 dieses Bundesgesetzes durch die FMA. Eine Verwaltungsgesellschaft darf außer den in Abs. 2 genannten Tätigkeiten und Geschäften, die zur Anlage des eigenen Vermögens erforderlich sind, sowie den Tätigkeiten, die in unmittelbarem Zusammenhang mit dem Konzessionserfordernis stehen, keine anderen Tätigkeiten ausüben.

(2) Eine Verwaltungsgesellschaft darf folgende Tätigkeiten ausüben:

1. Die Verwaltung von OGAW im Rahmen der kollektiven Portfolioverwaltung, die folgende Tätigkeiten einschließt:
   a) Anlageverwaltung;
   b) Administrative Tätigkeiten,
      aa) gesetzlich vorgeschriebene und im Rahmen der Fondsverwaltung vorgeschriebene Rechnungslegungsdienstleistungen,
      bb) Kundenanfragen,
      cc) Bewertung und Preisfestsetzung (einschließlich Steuererklärungen),
      dd) Überwachung der Einhaltung der Rechtsvorschriften,
      ee) Führung des Anteilinhaberregisters,
      ff) Gewinnausschüttung,
      gg) Ausgabe und Rücknahme von Anteilen,
      hh) Kontraktabrechnungen (einschließlich Versand der Zertifikate),
      ii) Führung von Aufzeichnungen;
   c) Vertrieb;
2. zusätzlich zur Verwaltung von OGAW gemäß Z 1 die Verwaltung von AIF gemäß AIFMG sofern der Verwaltungsgesellschaft diesbezüglich eine Konzession nach AIFMG erteilt wurde;
3. zusätzlich zur Verwaltung von OGAW gemäß Z 1 die individuelle Verwaltung von Portfolios – einschließlich der Portfolios von Pensionsfonds – mit einem Ermessensspielraum im Rahmen des Mandats der Anleger, sofern die betreffenden Portfolios eines oder mehrere der im Anhang I Abschnitt C der Richtlinie 2004/39/EG genannten Instrumente enthalten (§ 3 Abs. 2 Z 2 WAG 2007);
4. folgende Nebentätigkeiten:
   a) Anlageberatung in Bezug auf eines oder mehrere der im Anhang I Abschnitt C der Richtlinie 2004/39/EG genannten Instrumente;
   b) Verwahrung und technische Verwaltung in Bezug auf die Anteile von OGA.

(3) Die ausschließliche Erbringung von Dienstleistungen gemäß Abs. 2 Z 3 und 4 oder die Erbringung von Nebendienstleistungen gemäß Abs. 2 Z 4, ohne Berechtigung zur Erbringung von Dienstleistungen gemäß Abs. 2 Z 3 ist im Rahmen der Konzession als Ver-

waltungsgesellschaft nicht zulässig. § 1 Abs. 3 BWG gilt für Verwaltungsgesellschaften nicht.

(4) Die unter Abs. 2 Z 3 und 4 angeführten Dienstleistungen beziehen sich nicht auf Dienstleistungen, die von einer Gegenpartei dem Staat, der Zentralbank eines Mitgliedstaates oder anderen nationalen Einrichtungen mit ähnlichen Aufgaben im Rahmen der Geld-, Wechselkurs-, Staatsschuld- oder Reservepolitik des betreffenden Mitgliedstaates erbracht werden.

(5) *(Anm.: aufgehoben durch BGBl. I Nr. 115/2015)*

EB zu § 5 (Art. 2 BGBl. I Nr. 77/2011):

Setzt Art. 6 der Richtlinie 2009/65/EG um und entspricht inhaltlich § 2 Abs. 1 und 2 InvFG 1993. Die Bestimmung stellt klar, das die Erbringung von Tätigkeiten einer Verwaltungsgesellschaft wie die gemeinsame Verwaltung von Portfolios im Inland einer Konzession der FMA bedarf. Durch die Konzessionierung und daraus resultierende laufende Beaufsichtigung durch die FMA soll der Anlegerschutz und die Solvabilität der Verwaltungsgesellschaft sichergestellt werden und somit zur Stabilität des Finanzsystems beitragen (so auch Erwägungsgrund 8 der Richtlinie 2009/65/EG). Neben dieser Kerntätigkeit ist auch die Erbringung bestimmter „verwandter“ Tätigkeiten wie die Verwaltung von AIF oder die individuelle Portfolioverwaltung und die Anlageberatung sowie damit verbundene Nebentätigkeiten zulässig. Erbringt ein Unternehmen nur die letztgenannten Tätigkeiten, so muss es um eine Konzession nach dem BWG oder dem WAG 20007 (§ 3 Wertpapierfirma) ansuchen. Die Anforderungen, die eine Verwaltungsgesellschaft zur Erlangung einer Konzession im jeweiligen Umfang erfüllen muss, werden in den §§ 6 und 7 geregelt.

EB zu § 5 Abs. 1 (Art. 2 BGBl. I Nr. 77/2011):

Setzt Art. 6 Abs. 1 und 2 Art. 7 Abs. 4 der Richtlinie 2009/65/EG um. Zur Erbringung der Tätigkeiten einer Verwaltungsgesellschaft im Inland ist eine Konzession der FMA erforderlich. Umgekehrt folgt daraus, dass die Verwaltungsgesellschaft unmittelbar nach Konzessionserteilung ihre Tätigkeit aufnehmen kann.

EB zu § 5 Abs. 2 (Art. 2 BGBl. I Nr. 77/2011):

Setzt Art. 6 Abs. 2 und 3 der Richtlinie 2009/65/EG um.

EB zu § 5 Abs. 2 Z 1 (Art. 2 BGBl. I Nr. 77/2011):

Setzt Art. 6 Abs. 2 erster Satz und Unterabs. 2 in Verbindung mit Anhang II der Richtlinie 2009/65/EG um. Die gemeinsame Portfolioverwaltung von OGAW ist die Kerntätigkeit einer Verwaltungsgesellschaft. Sie umfasst sämtliche der in lit. a und b aufgezählten Tätigkeiten. Inwieweit diese Tätigkeiten ausgelagert werden können, wird in § 28 geregelt.

EB zu § 5 Abs. 2 Z 1 lit. c (Art. 2 BGBl. I Nr. 77/2011):

Vom Begriff des „Vertriebes“ erfasst ist sowohl der Vertrieb von Anteilen, die nach den Vorschriften des InvFG 2011 ausgegeben werden als auch von Anteilen, die zum öffentlichen Vertrieb im Inland zugelassen sind. Auf den Vertrieb von Anteilen, die nicht von der Verwaltungsgesellschaft selbst verwaltet werden oder keine OGAW im Sinne der Richtlinie 2009/65/EG sind, sind weiters die §§ 36, 38 bis 59 sowie 61 bis 66 WAG 2007 anzuwenden.

EB zu § 5 Abs. 2 Z 2 (Art. 2 BGBl. I Nr. 77/2011):

Setzt Art. 6 Abs. 2 2. Satz der Richtlinie 2009/65/EG um. Die Verwaltungsgesellschaft ist weiters zur gemeinsamen Portfolioverwaltung von nicht im Rahmen der Richtlinie 2009/65/EG harmonisierten Investmentfonds berechtigt, sofern die Verwaltungsgesellschaft hinsichtlich der Verwaltung dieser Investmentfonds der Aufsicht der FMA unterliegt. Zu solchen Fonds zählen insbesondere die im 3. Teil dieses Bundesgesetzes geregelten Fonds. Die Vorschriften über Interessenkonflikte sind dabei besonders zu beachten (so auch Erwägungsgrund 13 der Richtlinie 2009/65/EG). Die Verwaltungsgesellschaft ist nicht zur Verwaltung von Immobilienfonds nach dem Immobilien-Investmentfondsgesetz berechtigt; dieses sieht als lex specialis *eigene Anforderungen für eine Verwaltungsgesellschaft vor (§ 2 Immobilien-Investmentfondsgesetz).*

EB zu § 5 Abs. 2 Z 3 (Art. 2 BGBl. I Nr. 77/2011):

Setzt Art. 6 Abs. 3 Buchstabe a der Richtlinie 2009/65/EG um. Die Verwaltungsgesellschaft ist weiters zur individuellen Portfolioverwaltung im Sinne von Anhang I Abschnitt A Nummer 4 der Richtlinie 2004/39/EG beziehungsweise im Sinne von § 3 Abs. 2 Z 2 WAG 2007 berechtigt, wobei die individuelle Portfolioverwaltung durch die Verwaltungsgesellschaft insofern präziser gefasst ist, als jene nach der MiFID (Richtlinie 2004/39/EG) oder dem WAG 2007, als die Verwaltungsgesellschaft ausdrücklich auch zur Verwaltung von Pensionsfonds berechtigt ist. Die Vorschriften über Interessenkonflikte sind dabei besonders zu beachten (so auch Erwägungsgrund 13 der Richtlinie 2009/65/EG).

EB zu § 5 Abs. 2 Z 4 (Art. 2 BGBl. I Nr. 77/2011):

Setzt Art. 6 Abs. 3 Buchstabe b der Richtlinie 2009/65/EG um. Im Rahmen der individuellen Portfolioverwaltung ist die Verwaltungsgesellschaft auch zur Anlageberatung und zur Verwahrung und technischen Verwaltung von OGAW-Anteilen berechtigt.

EB zu § 5 Abs. 3 (Art. 2 BGBl. I Nr. 77/2011):

Setzt Art. 6 Abs. 3 Schlussteil der Richtlinie 2009/65/EG um.

EB zu § 5 Abs. 4 (Art. 2 BGBl. I Nr. 77/2011):

Setzt Art. 6 Abs. 4 der Richtlinie 2009/65/EG hinsichtlich des Verweises auf Art. 2 Abs. 2 der Richtlinie 2004/39/EG um und entspricht inhaltlich § 2 Abs. 2 Schlussteil InvFG 1993.

EB zu § 5 Abs. 5 (Art. 2 BGBl. I Nr. 77/2011):

Die Aufgaben der Ausgabe und Rücknahme der Anteilscheine, der Bewertung und der Gewinnausschüttung wurden gemäß § 23 InvFG 1993 von der Depotbank wahrgenommen. Aufgrund der Einführung des Passes für die Verwaltungsgesellschaft, wonach österreichische Verwaltungsgesellschaften OGAW in anderen Mitgliedstaaten verwalten können und Verwaltungsgesellschaften aus anderen Mitgliedstaaten österreichische OGAW verwalten können, ist jedoch eine nicht mit der Richtlinie übereinstimmende Aufgabenverteilung zwischen Depotbank und Verwaltungsgesellschaft nicht sinnvoll, da dadurch Lücken in der Beaufsichtigung und Doppelgleisigkeiten entstehen können. Um aber einen unnötigen Umstellungsaufwand für Verwaltungsgesellschaften zu vermeiden, die ausschließlich in Österreich tätig sind, das heißt ausschließlich von der FMA bewilligte OGAW – und gegebenenfalls AIF – verwalten, wird eine Möglichkeit zur Weiterführung des bisherigen Systems vorgesehen. Die Haftung der Depotbank gemäß § 43 bleibt von einer solchen Beauftragung unberührt. Die Übertragung der Aufgaben ist nicht als Auslagerung im Sinne von § 28 zu verstehen, sondern es bietet das Gesetz vielmehr die Möglichkeit, die Kompetenzaufteilung vorab durch Regelung im Prospekt anders – nämlich der bisherigen Rechtslage entsprechend – festzulegen.

EB zu § 5 Abs. 2 Z 2 (Art. 5 BGBl. I Nr. 135/2013):

Die Verwaltung von AIF wird nun im AIFMG normiert, weshalb diese Bestimmung abzuändern ist.

EB zu § 5 Abs. 5 (Art. 5 BGBl. I Nr. 135/2013):

Diese Klarstellung ist notwendig, da sich die Delegation von Aufgaben an die Depotbank im Sinne des InvFG 2011, aufgrund der korrespondierenden Bestimmungen im AIFMG, nur mehr auf die von der Verwaltungsgesellschaft verwalteten OGAW beziehen kann.

EB zu § 5 Abs. 2 Z 4 lit. b (Art. 3 BGBl. I Nr. 70/2014):

Berichtigung eines Verweises in Konformität mit der Richtlinie 2009/65/EG.

EB zu § 5 Abs. 5 (Art. 2 BGBl. I Nr. 115/2015):

Mit der Streichung der Bestimmung wird das Verhältnis der Aufgabenallokation zwischen Verwaltungsgesellschaft und Depotbank geklärt. Es wird klargestellt, dass sämtliche Aufgaben gemäß § 5 Abs. 2 der Verwaltungsgesellschaft zugewiesen sind. Im Falle einer Delegation einer dieser Aufgaben zur effizienteren Geschäftsführung auf Dritte ist auf § 28 InvFG 2011 Bedacht zu nehmen und es entsteht dadurch eine Kontrollpflicht der delegierten Aufgaben seitens der Verwaltungsgesellschaft. Eine Übertragung der Aufgaben an die Depotbank nach der bisherigen Bestimmung des § 5 Abs. 5 soll somit nicht mehr zulässig sein. Der Entfall dieser Bestimmung steht im Einklang mit den der Depotbank gemäß § 42 zugewiesenen Aufgaben.

Konzessionsantrag und Konzessionserteilung

§ 6. (1) Der Antragsteller hat dem Antrag auf Erteilung einer Konzession die in § 4 Abs. 3 Z 1, 2, 4, 5 und 6 BWG genannten Angaben und Unterlagen anzuschließen sowie einen Geschäftsplan, aus dem der organisatorische Aufbau der Verwaltungsgesellschaft, die geplanten Strategien und Verfahren zur Überwachung, Steuerung und Begrenzung der in § 86 Abs. 3 beschriebenen Risken und die Verfahren und Pläne gemäß §§ 86 bis 89 hervorgehen.

(2) Die Konzession ist zu erteilen, wenn:

1. Das Unternehmen als Verwaltungsgesellschaft in der Rechtsform einer Aktiengesellschaft oder Gesellschaft mit beschränkter Haftung betrieben wird;
2. die Aktien der Aktiengesellschaft auf Namen lauten und gemäß der Satzung oder des Gesellschaftsvertrages die Übertragung von Aktien oder Geschäftsanteilen der Zustimmung des Aufsichtsrates der Gesellschaft bedarf;
3. bei Verwaltungsgesellschaften in der Rechtsform der Gesellschaft mit beschränkter Haftung gemäß dem Gesellschaftsvertrag ein Aufsichtsrat zu bestellen ist;
4. bei Verwaltungsgesellschaften in der Rechtsform der Gesellschaft mit beschränkter Haftung das Aufgeld einer besonderen Rücklage zuzuweisen ist, die nur zum Ausgleich von Wertminderungen und zur Deckung von sonstigen Verlusten verwendet werden darf;
5. das Anfangskapital 2,5 Millionen Euro beträgt und den Geschäftsleitern unbeschränkt und ohne Belastung im Inland zur freien Verfügung steht; wenn der Wert des Fondsvermögens der Verwaltungsgesellschaft 250 Millionen Euro überschreitet, muss diese über zusätzliches hartes Kernkapital (Teil 2 Titel I Kapitel 2 der Verordnung (EU) Nr. 575/2013 verfügen. Diese zusätzlichen Eigenmittel müssen wenigstens 0,02 vH des Betrags, um den der Wert der Portfolios der Verwaltungsgesellschaft 250 Millionen Euro übersteigt, betragen. Soweit die auf diese Weise errechneten zusätzlichen Eigenmittel einen Betrag von 2.375.000 Euro nicht übersteigen, muss jedoch kein zusätzliches Kapital zugeführt werden. Maximal müssen 7,5 Millionen Euro an zusätzlichen Eigenmitteln gehalten werden. Für die Zwecke dieser Bestimmung gelten als

Portfolios von der Verwaltungsgesellschaft verwaltete OGAW und AIF im Sinne von § 5 Abs. 2 Z 2 einschließlich Investmentfonds, mit deren Verwaltung sie Dritte beauftragt hat, nicht jedoch Investmentfonds, die sie selbst im Auftrag Dritter verwaltet; die §§ 57 Abs. 5, 39a und 103 Z 9 lit. b BWG sowie Teil 3, 5 und 8 der Verordnung (EU) Nr. 575/2013 sind auf Kreditinstitute mit einer Konzession gemäß § 1 Abs. 1 Z 13 BWG nicht anwendbar;
6. mindestens die Hälfte des eingezahlten Grundkapitals oder Stammkapitals mündelsicher angelegt ist;
7. die Verwaltungsgesellschaft auf unbestimmte Zeit errichtet ist;
8. die Anforderungen der Art. 21 und 24 der Delegierten Verordnung (EU) 2016/438 eingehalten werden;
9. *(Anm.: aufgehoben durch BGBl. I Nr. 117/2015)*
10. sämtliche Geschäftsleiter aufgrund ihrer Vorbildung fachlich geeignet sind und Leitungserfahrung sowie die für den Betrieb einer Verwaltungsgesellschaft erforderliche Erfahrung haben, und mindestens zwei Geschäftsleiter auch in Bezug auf den Typ des von der Verwaltungsgesellschaft verwalteten OGAW über ausreichende praktische und theoretische Erfahrung verfügen;
11. angemessene und wirksame Risikomanagement-Grundsätze, Vorkehrungen, Prozesse und Verfahren gemäß § 86 Abs. 3 vorgesehen sind;
12. im Falle der Erbringung von Tätigkeiten gemäß § 5 Abs. 2 Z 3 oder Z 3 und 4 weiters
    a) das Anfangskapital mindestens in der Höhe des gemäß § 9 Abs. 5 Z 1 WAG 2007 zu ermittelnden Betrages den Geschäftsleitern unbeschränkt und zur freien Verfügung im Inland zur Verfügung steht;
    b) die Geschäftsleiter zusätzlich zu den Voraussetzungen der Z 10 die Voraussetzungen gemäß § 3 Abs. 5 Z 3 WAG 2007 erfüllen;
    c) die Bedingungen des § 3 Abs. 5 Z 4 WAG 2007 eingehalten werden;
13. sowie die Voraussetzungen des § 5 Abs. 1 Z 2 bis 4a, 6, 7 und 9 bis 14 BWG erfüllt sind.

(3) Die FMA hat dem Antragsteller binnen sechs Monaten nach Eingang des Antrages oder, wenn dieser unvollständig ist, binnen sechs Monaten nach Übermittlung aller für den Bescheid erforderlichen Angaben entweder die Konzession zu erteilen oder die Ablehnung des Antrages mittels Bescheid schriftlich mitzuteilen. Die Konzession ist bei sonstiger Nichtigkeit schriftlich zu erteilen; sie kann mit entsprechenden Bedingungen und Auflagen versehen werden, wobei auch festzulegen ist, inwieweit die Verwaltungsgesellschaft zur Erbringung von Dienstleistungen gemäß § 5 Abs. 2 Z 2 bis 4 berechtigt ist und gegebenenfalls auf welche Arten von OGAW sich ihre Bewilligung zur kollektiven Portfolioverwaltung erstreckt.

(4) Die §§ 5 Abs. 2 Satz 1 und 3 BWG und § 160 Abs. 1 dieses Bundesgesetzes sind auf das Verfahren zur Erteilung der Konzession anzuwenden.

EB zu § 6 (Art. 2 BGBl. I Nr. 77/2011):

Setzt Art. 7 und 8 der Richtlinie 2009/65/EG um und übernimmt die Inhalte des § 2 Abs. 3 bis 9 InvFG 1993. Die Konzession der Verwaltungsgesellschaft ist grundsätzlich eine Spezialbankkonzession; daher wird auch bereits in § 5 Abs. 1 auf § 1 Abs. 1 Z 13 BWG verwiesen. Die Konzessionsvoraussetzungen und das Verfahren orientieren sich daher grundsätzlich am BWG. Da jedoch zum einen aus der Richtlinie 2009/65/EG folgend und zum anderen aus der Eigenart dieser Spezialbank sich ergebend diverse von den einschlägigen §§ 4 und 5 BWG abweichende Voraussetzungen gelten und überdies das Zusammenspiel der Bestimmungen aus dem WAG 2007 zu beachten ist, sofern die Verwaltungsgesell-

schaft auch die Dienste der individuellen Portfolioverwaltung und Anlageberatung erbringt, werden in Abs. 2 zunächst sämtliche der Verwaltungsgesellschaft eigentümlichen Konzessionsvoraussetzungen aufgelistet und am Ende dieser Liste auf die verbleibenden „generellen" Voraussetzungen für Kreditinstitute gemäß BWG verwiesen. Damit soll eine bessere Übersichtlichkeit für die Rechtsanwender erzielt werden. Dasselbe gilt für die dem Konzessionsantrag beizuschließenden Unterlagen und Informationen, die in Abs. 1 geregelt sind. In Abs. 3 werden schließlich die verfahrensrechtlichen Schritte des Konzessionsverfahrens näher beschrieben.

EB zu § 6 Abs. 1 (Art. 2 BGBl. I Nr. 77/2011):

Setzt Art. 7 Abs. 1 Buchstabe b, c und Abs. 2 Schlussteil sowie Art. 8 Abs. 1 der Richtlinie 2009/65/EG um.

EB zu § 6 Abs. 2 (Art. 2 BGBl. I Nr. 77/2011):

Setzt Art. 7 Abs. 1 und 2 und Art. 8 Abs. 1 der Richtlinie 2009/65/EG um und übernimmt überdies die Inhalte des § 2 Abs. 3 bis 9 InvFG 1993.

EB zu § 6 Abs. 2 Z 1 (Art. 2 BGBl. I Nr. 77/2011):

Übernimmt die Inhalte des § 2 Abs. 3 InvFG 1993.

EB zu § 6 Abs. 2 Z 2 (Art. 2 BGBl. I Nr. 77/2011):

Übernimmt die Inhalte des § 2 Abs. 4 InvFG 1993.

EB zu § 6 Abs. 2 Z 3 (Art. 2 BGBl. I Nr. 77/2011):

Übernimmt die Inhalte des § 2 Abs. 5 InvFG 1993.

EB zu § 6 Abs. 2 Z 4 (Art. 2 BGBl. I Nr. 77/2011):

Übernimmt die Inhalte des § 2 Abs. 6 InvFG 1993.

EB zu § 6 Abs. 2 Z 5 (Art. 2 BGBl. I Nr. 77/2011):

Setzt Art. 7 Abs. 1 Buchstabe a der Richtlinie 2009/65/EG um und übernimmt die Inhalte des § 3 Abs. 4 BWG. Um sicherzustellen, dass eine Verwaltungsgesellschaft in der Lage ist, die sich aus ihrer Tätigkeit ergebenden Verpflichtungen zu erfüllen und somit ihre Stabilität zu gewährleisten, sind ein Anfangskapital und zusätzliche Eigenmittel erforderlich (so auch Erwägungsgrund 9 der Richtlinie 2009/65/EG).

EB zu § 6 Abs. 2 Z 6 (Art. 2 BGBl. I Nr. 77/2011):

Übernimmt die Inhalte des § 2 Abs. 7 InvFG 1993.

EB zu § 6 Abs. 2 Z 7 (Art. 2 BGBl. I Nr. 77/2011):

Übernimmt die Inhalte des § 2 Abs. 8 InvFG 1993.

EB zu § 6 Abs. 2 Z 8 (Art. 2 BGBl. I Nr. 77/2011):

Setzt Art. 25 der Richtlinie 2009/65/EG um und übernimmt die Inhalte des § 2 Abs. 9 erster Satz InvFG 1993.

EB zu § 6 Abs. 2 Z 9 (Art. 2 BGBl. I Nr. 77/2011):

Setzt Art. 25 der Richtlinie 2009/65/EG um und übernimmt die Inhalte des § 2 Abs. 9 zweiter Satz InvFG 1993.

EB zu § 6 Abs. 2 Z 10 (Art. 2 BGBl. I Nr. 77/2011):

Setzt Art. 7 Abs. 1 Buchstabe b der Richtlinie 2009/65/EG um. Die fachliche Eignung der Geschäftsleiter muss sich sowohl auf die Leitungsaufgaben als auch auf das fachliche Verständnis erstrecken. Ihrer Verantwortung im Hinblick auf Risikomanagement, Compliance oder Vermeidung von Interessenkonflikten können sie nur bei ausreichendem

Sachverstand im Hinblick auf die Portfolioveranlagungsverwaltung und die dabei zu beachtenden Grundsätze und Risken und auch eingesetzten Instrumente und Veranlagungsgegenstände nachkommen. Die fachliche Eignung kann angenommen werden, wenn eine zumindest dreijährige leitende Tätigkeit bei einem Unternehmen vergleichbarer Größe und Geschäftsart nachgewiesen werden kann. Das Vieraugenprinzip soll eine angemessene interne Kontrolle gewährleisten (so auch Erwägungsgrund 10 der Richtlinie 2009/65/EG) und entspricht im Übrigen bereits der Rechtslage nach dem InvFG 1993.

EB zu § 6 Abs. 2 Z 11 (Art. 2 BGBl. I Nr. 77/2011):

Setzt Art. 39 Abs. 3 der Richtlinie 2010/43/EU um. Auch die Einrichtung geeigneter Risikomanagementverfahren und -prozesse für die Investmentfondsverwaltung ist eine Konzessionsanforderung.

EB zu § 6 Abs. 2 Z 12 (Art. 2 BGBl. I Nr. 77/2011):

Setzt Art. 6 Abs. 4 der Richtlinie 2009/65/EG im Hinblick auf den Verweis auf Art. 12 und 13 der Richtlinie 2004/39/EG um.

EB zu § 6 Abs. 2 Z 13 (Art. 2 BGBl. I Nr. 77/2011):

Setzt Art. 7 Abs. 1 Buchstabe d und Abs. 2 sowie Art. 8 Abs. 1 der Richtlinie 2009/65/EG um. Ein wichtiges Kriterium ist auch, dass Sitz und Hauptverwaltung der Verwaltungsgesellschaft in demselben Mitgliedstaat, nämlich dem der Konzessionserteilung liegen. Damit soll die Kontrolle durch den Herkunftmitgliedstaat sichergestellt werden. Die Konzessionserteilung hat daher zu unterbleiben, wenn aus Gegebenheiten wie dem Inhalt des Geschäftsplans, der geographischen Streuung und den tatsächlich ausgeübten Tätigkeiten hervorgeht, dass sich eine Verwaltungsgesellschaft nur für die Konzession in Österreich entschieden hat, um strengeren Vorschriften eines anderen Mitgliedstaates zu entgehen, in dessen Hoheitsgebiet sie den Großteil ihrer Tätigkeiten auszuüben gedenkt (in diesem Sinne auch Erwägungsgründe 18 und 73 der Richtlinie 2009/65/EG).

Im Fall einer Beaufsichtigung der Verwaltungsgesellschaft auf konsolidierter Basis muss für die FMA bereits bei Konzessionserteilung feststellbar sein, welche Behörden für die Aufsicht der Verwaltungsgesellschaft auf konsolidierter Basis zuständig sind (Erwägungsgrund 72 der Richtlinie 2009/65/EG).

EB zu § 6 Abs. 3 (Art. 2 BGBl. I Nr. 77/2011):

Setzt Art. 6 Abs. 1 und Art. 7 Abs. 3 der Richtlinie 2009/65/EG um. Die Erwähnung des Erfordernisses eines begründeten Bescheides kann unterbleiben, da bereits in § 58 Abs. 2 AVG allgemein das Erfordernis der Begründung ablehnender Bescheide normiert ist. Die Konzession kann auch mit Auflagen und Bedingungen versehen werden. Ausgehend von den fachlichen Kenntnissen der Geschäftsleiter und den organisatorischen Vorkehrungen (insbesondere betreffend das Risikomanagement) sollte im Konzessionsbescheid auch angegeben werden, auf welche Arten von OGAW (beispielsweise Indexfonds, Geldmarktfonds etc.) und gegebenenfalls AIF sich die Bewilligung der Verwaltungsgesellschaft erstreckt. Dabei ist auf die objektiven Fähigkeiten und nicht bloß auf den aktuellen Antrag abzustellen.

EB zu § 6 Abs. 2 Z 5 (Art. 11 BGBl. I Nr. 184/2013):

Redaktionelle Anpassung.

EB zu § 6 Abs. 2 Z 5 (Art. 3 BGBl. I Nr. 70/2014):

Berichtigung eines Verweises.

EB zu § 6 Abs. 2 Z 12 lit. a (Art. 3 BGBl. I Nr. 70/2014):

Berichtigung eines Verweises auf eine durch BGBl. I Nr. 184/2013 geänderte Bestimmung im WAG 2007.

EB zu § 6 Abs. 2 Z 8 (Art. 3 BGBl. I Nr. 73/2016):

Die Unvereinbarkeitsbestimmungen betreffend die Geschäftsleiter und Mitglieder des Aufsichtsrates der Verwaltungsgesellschaft einerseits und der Depotbank andererseits sind nunmehr in der Delegierten Verordnung (EU) 2016/438 geregelt und können daher im InvFG 2011 entfallen. Aus Transparenzgründen soll bei der Aufzählung der Konzessionsvoraussetzungen auf die direkt anwendbaren Tatbestände der Delegierten Verordnung verwiesen werden.

EB zu § 6 Abs. 2 Z 9 (Art. 3 BGBl. I Nr. 73/2016):

Die Unvereinbarkeitsbestimmungen betreffend die Geschäftsleiter und Mitglieder des Aufsichtsrates der Verwaltungsgesellschaft einerseits und der Depotbank andererseits sind nunmehr in der Delegierten Verordnung (EU) 2016/438 geregelt und können daher im InvFG 2011 entfallen. Aus Transparenzgründen soll bei der Aufzählung der Konzessionsvoraussetzungen auf die direkt anwendbaren Tatbestände der Delegierten Verordnung verwiesen werden.

Rücknahme und Erlöschen der Konzession

§ 7. (1) Zusätzlich zu den in § 6 BWG erwähnten Gründen hat die FMA die Konzession zurückzunehmen, wenn

1. die für die Erteilung der Konzession erforderlichen Voraussetzungen nicht mehr vorliegen (§ 148 Abs. 7 dieses Bundesgesetzes in Verbindung mit § 70 Abs. 4 Z 3 BWG);
2. die Bestimmungen über die Eigenmittel (§ 8) nicht eingehalten werden;
3. Aufgaben in einer Weise oder einem Umfang an Dritte übertragen werden, dass die Verwaltungsgesellschaft zu einer Briefkastenfirma wird (§ 28 Abs. 2); oder
4. die Verwaltungsgesellschaft sonst in schwerwiegender Weise oder wiederholt gegen dieses Bundesgesetz oder gegen aufgrund der Richtlinie 2009/65/EG erlassene Verordnungen verstoßen hat, wobei auch diesfalls das Verfahren gemäß § 70 Abs. 4 BWG zur Anwendung zu kommen hat.

(2) Im Hinblick auf das Erlöschen der Konzession finden die §§ 7 und 7a BWG Anwendung.

(3) Eine Verwaltungsgesellschaft kann ihre Auflösung nicht beschließen, bevor ihr Recht zur Verwaltung aller OGAW gemäß § 60 geendet hat.

EB zu § 7 (Art. 2 BGBl. I Nr. 77/2011):

Setzt Art. 7 Abs. 5 der Richtlinie 2009/65/EG um. Da Verwaltungsgesellschaften Sonderkreditinstitute sind, gelten für sie grundsätzlich die Bestimmungen des BWG betreffend Konzessionsrücknahme und Erlöschen der Konzession. Dies wird zur Verdeutlichung auch ausdrücklich vorgesehen. Darüber hinaus sind in der Richtlinie 2009/65/EG bestimmte für die Verwaltungsgesellschaften spezifische Gründe für den Konzessionsentzug vorgesehen, die hier angeführt werden.

EB zu § 7 Abs. 1 Z 1 (Art. 2 BGBl. I Nr. 77/2011):

Setzt Art. 7 Abs. 5 Buchstabe c und Art. 10 Abs. 1 der Richtlinie 2009/65/EG um. Die Verwaltungsgesellschaft muss die Konzessionsanforderungen auch während des laufenden

Betriebes ständig einhalten. Eine Verletzung derselben zieht den Konzessionsentzug nach sich.

EB zu § 7 Abs. 3 (Art. 2 BGBl. I Nr. 77/2011):

Entspricht § 2 Abs. 8 InvFG 1993.

2. Abschnitt
Bedingungen für die Ausübung der Tätigkeit

EB zum 2. Abschnitt (Art. 2 BGBl. I Nr. 77/2011):

Im zweiten Abschnitt werden die laufenden Aufsichtsanforderungen, die zusätzlich zu den Konzessionsanforderungen von der Verwaltungsgesellschaft zu erfüllen sind, geregelt. Darunter fallen sowohl laufende Eigenmittelanforderungen als auch Organisationsanforderungen und Wohlverhaltensregeln.

Die detaillierten Regelungen geben die Durchführungsrichtlinie der Europäischen Kommission (Richtlinie 2010/43/EU) wieder. Der Inhalt ist an jene der Richtlinie 2006/73/EG teilweise angelehnt, daher wurde soweit möglich auch eine Anlehnung an den Text des WAG 2007 vorgenommen. Von einem bloßen Verweis auf die entsprechenden Bestimmungen wurde jedoch abgesehen, weil erstens eine solche Verweistechnik auf EU-Ebene auch nicht gewählt wurde, zweitens im Falle einer Novelle der zugrunde liegenden EU-Richtlinien dies möglicherweise zu einem Auseinanderlaufen der Texte und damit zu einem vermehrten neuerlichen innerstaatlichen legistischen Anpassungsbedarf (WAG 2007 und InvG 2010 anstatt nur eines von beiden) führen würde, und drittens die Richtlinientexte zwar ähnlich, aber nicht ident sind, sondern zum Teil weniger oder mehr oder andere Kriterien im Einzelfall genannt sind und ein kompletter Verweis ohnehin kaum möglich wäre.

Eigenmittel

§ 8. (1) Die Eigenmittel der Verwaltungsgesellschaft dürfen zu keiner Zeit unter den in § 6 Abs. 2 Z 5 genannten Betrag sinken; andernfalls hat die FMA gemäß § 70 Abs. 4 BWG vorzugehen.

(2) Unabhängig vom Eigenmittelerfordernis gemäß Abs. 1 dürfen die Eigenmittel der Verwaltungsgesellschaft zu keiner Zeit unter den gemäß § 9 Abs. 5 Z 1 WAG 2007 zu ermittelnden Betrag absinken.

EB zu § 8 (Art. 2 BGBl. I Nr. 77/2011):

Setzt Art. 6, 7 und 10 der Richtlinie 2009/65/EG um. Die laufenden Eigenmittelanforderungen werden hier festgelegt.

EB zu § 8 Abs. 1 (Art. 2 BGBl. I Nr. 77/2011):

Setzt Art. 10 Abs. 1 zweiter Unterabs. und Art. 7 Abs. 1 Buchstabe a Nummer iii der Richtlinie 2009/65/EG um.

EB zu § 8 Abs. 2 (Art. 2 BGBl. I Nr. 77/2011):

Setzt Art. 7 Abs. 5 Buchstabe d in Verbindung mit Art. 6 Abs. 4 der Richtlinie 2009/65/EG um.

EB zu § 8 Abs. 2 (Art. 11 BGBl. I Nr. 184/2013):

Redaktionelle Anpassung.

Staatskommissäre

§ 9. Der Bundesminister für Finanzen hat bei jeder Verwaltungsgesellschaft einen Staatskommissär und dessen Stellvertreter für eine Funktionsperiode von längstens fünf Jahren zu bestellen; die Wiederbestellung ist zulässig. Die Staatskommissäre und deren Stellvertreter handeln als Organe der FMA und sind in dieser Funktion ausschließlich deren Weisungen unterworfen. § 76 Abs. 2 bis 9 BWG ist anzuwenden.

EB zu § 9 (Art. 2 BGBl. I Nr. 77/2011):
Die Bestimmung entspricht inhaltlich § 2 Abs. 10 InvFG 1993 und führt das Regime der Staatskommissäre für Verwaltungsgesellschaften unabhängig von der Bilanzsumme weiter.

Allgemeine organisatorische Anforderungen

§ 10. (1) Eine Verwaltungsgesellschaft hat

1. Entscheidungsprozesse und eine Organisationsstruktur, durch die Berichtspflichten klar festgelegt und dokumentiert und die Funktionen und Aufgaben klar zugewiesen und dokumentiert sind, einzurichten und laufend anzuwenden und aufrecht zu erhalten;
2. dafür zu sorgen, dass alle relevanten Personen die Verfahren, die für eine ordnungsgemäße Erfüllung ihrer Aufgaben einzuhalten sind, kennen;
3. angemessene interne Kontrollmechanismen, die die Einhaltung von Beschlüssen und Verfahren auf allen Ebenen der Verwaltungsgesellschaft sicherstellen, einzurichten und laufend aufrecht zu erhalten;
4. auf allen maßgeblichen Ebenen eine reibungslos funktionierende interne Berichterstattung und Weitergabe von Informationen sowie einen reibungslosen Informationsfluss mit allen beteiligten Dritten einzurichten und laufend sicherzustellen;
5. angemessene und systematische Aufzeichnungen über ihre Geschäftstätigkeit und interne Organisation zu führen;
6. dafür zu sorgen, dass die Aufgaben von Mitarbeitern erfüllt werden, die über die notwendigen Fähigkeiten, Kenntnisse und Erfahrungen verfügen;
7. für die Ressourcen und Fachkenntnisse zu sorgen, die für eine wirksame Überwachung der von Dritten im Rahmen einer Vereinbarung mit der Verwaltungsgesellschaft ausgeführten Tätigkeit erforderlich sind, was insbesondere für das Management der mit der Vereinbarung verbundenen Risiken gilt;
8. dafür zu sorgen, dass die ordentliche, redliche und professionelle Erfüllung der betreffenden Aufgaben auch dann gewährleistet ist, wenn relevante Personen mit mehreren Aufgaben betraut sind.

Dabei ist der Art, dem Umfang und der Komplexität der Geschäftstätigkeit der Verwaltungsgesellschaft sowie der Art und dem Spektrum der erbrachten Dienstleistungen und Tätigkeiten Rechnung zu tragen.

(2) Die Verwaltungsgesellschaft hat weiters angemessene Systeme und Verfahren zum Schutz der Sicherheit, Integrität und Vertraulichkeit von Daten einzurichten und laufend anzuwenden und dabei der Art dieser Daten Rechnung zu tragen. Die datenschutzrechtlich relevanten Bestimmungen (§14 DSG 2000-Datensicherheitsmaßnahmen) sind einzuhalten.

(3) Die Verwaltungsgesellschaft hat angemessene Vorkehrungen zu treffen, um die Kontinuität und Regelmäßigkeit der Geschäftstätigkeit zu gewährleisten. Zu diesem Zweck hat sie geeignete und angemessene Systeme, Ressourcen und Verfahren einzurichten und sonstige angemessene Vorkehrungen zu treffen, die bei einer Unterbrechung ihrer Systeme und Verfahren gewährleisten, dass wesentliche Daten und Funktionen erhalten bleiben und

Dienstleistungen und Tätigkeiten fortgeführt werden können. Sollte dies nicht möglich sein, müssen diese Daten und Funktionen rechtzeitig wieder hergestellt werden können, damit die Dienstleistungen und Tätigkeiten rechtzeitig wieder aufgenommen werden können.

(4) Die Angemessenheit und Wirksamkeit der nach Abs. 1 bis 3 geschaffenen Systeme, internen Kontrollmechanismen und Vorkehrungen sind zu überwachen, regelmäßig zu bewerten und die zur Behebung etwaiger Mängel erforderlichen Maßnahmen sind zu ergreifen.

(5) Verwaltungsgesellschaften, die auch zur Erbringungen von Dienstleistungen gemäß § 5 Abs. 2 Z 3 oder 4 berechtigt sind, haben weiters hinsichtlich dieser Tätigkeiten die Bestimmungen gemäß §§ 16 bis 26 und 29 bis 51, 52 Abs. 2 bis 4, 54 Abs. 1 und 94 bis 96 WAG 2007 einzuhalten. Verwaltungsgesellschaften, die auch Anteile vertreiben, die nicht von ihnen selbst verwaltet werden, haben weiters hinsichtlich dieser Tätigkeit die §§ 36, 38 bis 59 sowie 61 bis 66 WAG 2007 einzuhalten.

(6) Verwaltungsgesellschaften haben die §§ 2, 20 bis 21, 28 bis 28b, 29 bis 30, 35 bis 39, 40 bis 41, 43 Abs. 1, 2 und 3, 44 bis 68, 70a, 74 bis 76, 81 bis 91, 99g Abs. 1 und 103q BWG sowie Teil 1, 2 und 4 der Verordnung (EU) Nr. 575/2013 und den 3. Teil des Einlagensicherungs- und Anlegerentschädigungsgesetzes (ESAEG), BGBl. I Nr. 117/2015 einzuhalten. Die §§ 39 Abs. 3 und Abs. 4, 57 Abs. 5 und 74 Abs. 1 in Verbindung mit 74 Abs. 6 Z 3 lit. a BWG finden keine Anwendung.

(7) *(Anm.: aufgehoben durch BGBl. I Nr. 59/2014)*

EB zu § 10 (Art. 2 BGBl. I Nr. 77/2011):

Setzt Art. 12 Abs. 1 lit. a der Richtlinie 2009/65/EG in Verbindung mit Art. 4 und 5 der Richtlinie 2010/43/EU um. Diese Bestimmung legt die allgemeinen organisatorischen Anforderungen grundsätzlich fest. Dabei wird auch ausdrücklich klarstellend festgehalten, welche Bestimmungen des BWG auf Verwaltungsgesellschaften Anwendung finden.

EB zu § 10 Abs. 1 (Art. 2 BGBl. I Nr. 77/2011):

Setzt Art. 4 Abs. 1 und Art. 5 Abs. 4 der Richtlinie 2010/43/EU um.

EB zu § 10 Abs. 1 Z 1 (Art. 2 BGBl. I Nr. 77/2011):

Setzt Art. 4 Abs. 1 Buchstabe a der Richtlinie 2010/43/EU um.

EB zu § 10 Abs. 1 Z 2 (Art. 2 BGBl. I Nr. 77/2011):

Setzt Art. 4 Abs. 1 Buchstabe b der Richtlinie 2010/43/EU um.

EB zu § 10 Abs. 1 Z 3 (Art. 2 BGBl. I Nr. 77/2011):

Setzt Art. 4 Abs. 1 Buchstabe c der Richtlinie 2010/43/EU um.

EB zu § 10 Abs. 1 Z 4 (Art. 2 BGBl. I Nr. 77/2011):

Setzt Art. 4 Abs. 1 Buchstabe d der Richtlinie 2010/43/EU um.

EB zu § 10 Abs. 1 Z 5 (Art. 2 BGBl. I Nr. 77/2011):

Setzt Art. 4 Abs. 1 Buchstabe e der Richtlinie 2010/43/EU um.

EB zu § 10 Abs. 1 Z 6 (Art. 2 BGBl. I Nr. 77/2011):

Setzt Art. 5 Abs. 1 der Richtlinie 2010/43/EU um. Verwaltungsgesellschaften haben ferner die zur Erfüllung ihrer Pflichten notwendigen Ressourcen zu halten, insbesondere um Mitarbeiter mit den erforderlichen Kompetenzen, Kenntnissen und Erfahrungen beschäftigen zu können (so auch Erwägungsgrund 7 der Richtlinie 2010/43/EU).

EB zu § 10 Abs. 1 Z 7 (Art. 2 BGBl. I Nr. 77/2011):
Setzt Art. 5 Abs. 2 der Richtlinie 2010/43/EU um.

EB zu § 10 Abs. 1 Z 8 (Art. 2 BGBl. I Nr. 77/2011):
Setzt Art. 5 Abs. 3 der Richtlinie 2010/43/EU um.

EB zu § 10 Abs. 2 (Art. 2 BGBl. I Nr. 77/2011):
Setzt Art. 4 Abs. 2 der Richtlinie 2010/43/EU um. Verwaltungsgesellschaften haben ausreichende Systeme zur Datensicherung und Gewährleistung der Geschäftsfortführung im Krisenfall zu schaffen, die es ihnen ermöglichen, auch in Fällen, in denen ihre Tätigkeiten von Dritten ausgeführt werden, ihren Pflichten nachzukommen (so auch Erwägungsgrund 6 der Richtlinie 2010/43/EU).

EB zu § 10 Abs. 3 (Art. 2 BGBl. I Nr. 77/2011):
Setzt Art. 4 Abs. 3 der Richtlinie 2010/43/EU um.

EB zu § 10 Abs. 4 (Art. 2 BGBl. I Nr. 77/2011):
Setzt Art. 4 Abs. 5 der Richtlinie 2010/43/EU um.

EB zu § 10 Abs. 5 (Art. 2 BGBl. I Nr. 77/2011):
Setzt Art. 6 Abs. 4 der Richtlinie 2009/65/EG im Hinblick auf den Verweis auf die Art. 13 und 19 der Richtlinie 2004/39/EG um. Die Verwaltung von individuellen Anlageportfolios ist an sich eine Wertpapierdienstleistung im Sinne des WAG 2007 (§ 1 Z 2 lit. d WAG 2007). Zur Gewährleistung eines einheitlichen Rechtsrahmens unterliegen daher Verwaltungsgesellschaften diesbezüglich auch den entsprechenden Ausübungsvorschriften des WAG 2007 (in diesem Sinne auch Erwägungsgrund 14 der Richtlinie 2009/65/EG).

EB zu § 10 Abs. 6 (Art. 2 BGBl. I Nr. 77/2011):
Grundsätzlich sind Verwaltungsgesellschaften mit Sitz in Österreich nach wie vor Kreditinstitute im Sinne des BWG. Einige Bestimmungen gelten aber nicht für sie aufgrund ihrer eingeschränkten Geschäftstätigkeit. Andere Bestimmungen werden durch die nunmehr durch die Richtlinie 2009/65/EG und die zu dieser Richtlinie ergangenen Durchführungsrichtlinien 2010/43/EU und 2010/44/EU, die in diesem Bundesgesetz umgesetzt werden, verdrängt. Dies gilt insbesondere auch für die Bestimmungen zur Aufsicht. Um Unklarheiten betreffend anwendbare Bestimmungen zu vermeiden, wird auf die nach wie vor anwendbaren Bestimmungen des BWG an dieser Stelle ausdrücklich verwiesen. Zudem wird hiemit Art. 11 der Richtlinie 2009/65/EG umgesetzt. Hinsichtlich der Bestimmungen für die Einbindung der FMA beim Beteiligungserwerb wird, da es sich bei den Verwaltungsgesellschaften um Sonderkreditinstitute handelt, auf die einschlägigen Bestimmungen des BWG verwiesen. Die Richtlinie sieht zwar einen Verweis auf die gleich lautenden Bestimmungen der Richtlinie 2004/39/EG (MiFID) vor, da in sämtlichen übrigen Mitgliedstaaten Verwaltungsgesellschaften nicht mehr Kreditinstitutseigenschaft haben, eine solche ist jedoch nach der Richtlinie zulässig und die Bestimmungen über den Beteiligungserwerb sind in der Richtlinie 2006/48/EG, die dem BWG zugrunde liegt und in der Richtlinie 2004/39/EG, die dem WAG 2007 zugrunde liegt, inhaltlich gleich. Auch die §§ 20 bis 20b BWG und die §§ 11 bis 11b WAG 2007 korrespondieren.

EB zu § 10 Abs. 6 und 7 (Art. 11 BGBl. I Nr. 184/2013):
Redaktionelle Anpassung.

EB zu § 10 Abs. 6 (Art. 6 BGBl. I Nr. 59/2014):
Durch die Anpassung dieser Bestimmung und die gleichzeitige Streichung des § 3 Abs. 2 Z 4 Bankwesengesetz (BWG) wird der zwischen diesen Bestimmungen bestehende

Normwiderspruch beseitigt und die Anwendung des BWG sowie der Verordnung (EU) Nr. 575/2013 auf Verwaltungsgesellschaften klargestellt. Zudem wird die Anwendung der §§ 25, 39 Abs. 3 und Abs. 4 sowie 57 Abs. 5 BWG auf Verwaltungsgesellschaften ausgeschlossen. Zu beachten ist in diesem Zusammenhang die neu gefasste Bestimmung des § 200 Abs. 9.

EB zu § 10 Abs. 7 (Art. 6 BGBl. I Nr. 59/2014):

§ 10 Abs. 7 entfällt, da § 10 Abs. 6 nicht, wie im Bundesgesetz BGBl. I Nr. 184/2013 vorgesehen, mit 31. Dezember 2014 außer Kraft tritt. Zu beachten ist in diesem Zusammenhang die neu gefasste Bestimmung des § 200 Abs. 9.

EB zu § 10 Abs. 6 erster Satz (Art. 6 BGBl. I Nr. 68/2015):

Um zu gewährleiten, dass der mit der geplanten Novelle neu eingeführte § 43 Abs. 1a BWG, dem zufolge Kreditinstitute für die Zwecke des § 43 Abs. 1 BWG ungeachtet ihrer Rechtsform als Unternehmen von öffentlichem Interesse gemäß § 189a Z 1 UGB gelten, bei der Erstellung eines Jahresabschlusses durch Verwaltungsgesellschaften nicht entsprechend anwendbar ist, soll der Verweis auf die anwendbaren Bestimmungen des BWG angepasst werden.

Gleichzeitig soll klargestellt werden, dass § 103q BWG auch für Verwaltungsgesellschaften anwendbar ist.

EB zu § 10 Abs. 6 (Art. 2 BGBl. I Nr. 115/2015):

Der Entfall der Anwendbarkeit des § 39b BWG ergibt sich aus der Normierung spezieller Vergütungsbestimmungen für Verwaltungsgesellschaften gemäß §§ 17a bis 17c.

Mit der Anwendbarkeit des § 99g Abs. 1 BWG wird Art. 99a der Richtlinie 2009/65/EG umgesetzt.

EB zu § 10 Abs. 6 (Art. 6 BGBl. I Nr. 117/2015):

Hiermit werden jene Verweise, die bisher auf das BWG verwiesen haben, an die durch das ESAEG neu geschaffene Struktur angepasst.

Anlegerbeschwerden

§ 11. (1) Die Verwaltungsgesellschaft hat wirksame und transparente Verfahren für die angemessene und prompte Bearbeitung von Anlegerbeschwerden zu schaffen, anzuwenden und aufrechtzuerhalten. Jede Beschwerde und alle zu deren Beilegung getroffenen Maßnahmen müssen aufgezeichnet und aufbewahrt werden.

(2) Die Anleger müssen kostenlos Beschwerde einlegen können. Informationen über die in Abs. 1 genannten Verfahren sind den Anlegern kostenlos zur Verfügung zu stellen.

(3) Falls der von der Verwaltungsgesellschaft verwaltete OGAW in einem anderen Mitgliedstaat bewilligt wurde, hat die Verwaltungsgesellschaft Maßnahmen gemäß § 141 Abs. 1 zu ergreifen und geeignete Verfahren und Vorkehrungen vorzusehen, um einen ordnungsgemäßen Umgang mit Anlegerbeschwerden zu gewährleisten, und um sicherzustellen, dass es für Anleger keine Einschränkungen in Bezug auf die Wahrnehmung ihrer Rechte gibt. Diese Maßnahmen müssen es den Anlegern ermöglichen, Beschwerden in der Amtssprache oder einer der Amtssprachen des Herkunftmitgliedstaates und gegebenenfalls des Aufnahmemitgliedstaates des OGAW einzureichen.

(4) Die Verwaltungsgesellschaft hat ferner geeignete Verfahren und Vorkehrungen vorzusehen, um Informationen auf Antrag der Anleger, sonst interessierter Personen oder Stel-

len oder der zuständigen Behörden des Herkunftmitgliedstaats des OGAW, insbesondere auch Informationen im Sinne von § 38 Abs. 1 für zuständige Behörden, bereitzustellen.

(5) Die FMA kann unter Bedachtnahme auf die Leitlinien und Empfehlungen der Europäischen Wertpapier- und Marktaufsichtsbehörde – ESMA (Verordnung (EU) Nr. 1095/2010) mittels Verordnung festlegen, welche Kriterien wirksame und transparente Verfahren gemäß Abs. 1 im Hinblick auf die Beschwerdemanagementfunktion der Verwaltungsgesellschaft und die interne Weiterverfolgung der Beschwerdebearbeitung jedenfalls zu erfüllen haben.

EB zu § 11 (Art. 2 BGBl. I Nr. 77/2011):

Setzt Art. 6 der Richtlinie 2010/43/EU um. Verwaltet eine Verwaltungsgesellschaft einen OGAW, der in einem anderen Mitgliedstaat zugelassen ist, so hat die Verwaltungsgesellschaft geeignete Verfahren und Vorkehrungen zu beschließen und einzurichten, um mit Anlegerbeschwerden umzugehen, wie etwa durch geeignete Bestimmungen im Rahmen der Vertriebsmodalitäten oder durch die Bereitstellung einer Anschrift im Herkunftsmitgliedstaat des OGAW, wobei eine Anschrift der Verwaltungsgesellschaft selbst im Aufnahmemitgliedstaat nicht erforderlich ist. Die Verwaltungsgesellschaft hat ferner geeignete Verfahren und Vereinbarungen vorzusehen, um Informationen auf Antrag der Öffentlichkeit oder der zuständigen Behörden des Herkunftsmitgliedstaats des OGAW bereitzustellen, wie etwa durch Benennung einer Kontaktperson unter ihren Mitarbeitern, die für die Behandlung von Anträgen auf Bereitstellung von Informationen zuständig ist. Eine Pflicht zur Errichtung einer Zweigstelle im Herkunftmitgliedstaat des OGAW entsteht dadurch nicht (in diesem Sinne auch Erwägungsgrund 19 der Richtlinie 2009/65/EG). Nach Auffassung der Kommission und der überwiegenden Meinung der Mitgliedstaaten fällt die Regelung und Beaufsichtigung diesbezüglich in die ausschließliche Zuständigkeit des Herkunftmitgliedstaates der Verwaltungsgesellschaft – daher erfolgt die Regelung an dieser Stelle.

EB zu § 11 Abs. 1 (Art. 2 BGBl. I Nr. 77/2011):

Setzt Art. 6 Abs. 1 und 2 Richtlinie 2010/43/EU um.

EB zu § 11 Abs. 2 (Art. 2 BGBl. I Nr. 77/2011):

Setzt Art. 6 Abs. 3 Richtlinie 2010/43/EU um.

EB zu § 11 Abs. 3 (Art. 2 BGBl. I Nr. 77/2011):

Setzt Art. 15 erster Unterabs. der Richtlinie 2009/65/EG um. Der Wortlaut des Art. 15 der Richtlinie 2009/65/EG sieht vor, dass die Anteilinhaber die Beschwerden in der Amtssprache „ihres Mitgliedstaates" einreichen können. Diese Bestimmung ist allerdings fragwürdig, da nicht klar ist, ob es sich hiebei um den Mitgliedstaat handelt, in dem die Anleger ihren gewöhnlichen Aufenthalt haben oder dessen Staatsbürgerschaft sie haben. Zudem ist die Bestimmung unverhältnismäßig und überschießend im Hinblick auf ihre Reichweite. Streng genommen würde das nämlich bedeuten, dass Anlegerbeschwerden zu jedem OGAW in allen 23 Sprachen der Mitgliedstaaten der EU eingebracht werden können. Dies würde vor allem kleinere, nur lokal vertriebene OGAW vor den Ruin bringen. Dies war auch vom Richtliniengesetzgeber vernünftigerweise nicht gemeint. Vielmehr wollte er mit dieser „unpräzise" formulierten Bestimmung sicherstellen, dass im Fall des Vertriebes von OGAW in anderen Mitgliedstaaten oder für den Fall, dass eine Verwaltungsgesellschaft einen OGAW in einem anderen Mitgliedstaat verwaltet und dort auch vertreibt, die Anteilinhaber in der Amtssprache des Mitgliedstaates, in dem der OGAW vertrieben wird, eine Beschwerde einreichen können. Die Umsetzung dieser Bestimmung folgt daher dem Regelungszweck und nicht dem Wortlaut. Dieser Ansatz deckt sich mit dem der überwiegenden Mehrheit der Mitgliedstaaten, wiewohl die EK derzeit noch von einer wörtlichen Auslegung ausgeht.

EB zu § 11 Abs. 4 (Art. 2 BGBl. I Nr. 77/2011):

Setzt Art. 15 zweiter Unterabs. und Art. 21 Abs. 2 dritter Unterabs. der Richtlinie 2009/65/EG um. Der Richtlinienwortlaut sieht vor, Informationen auf Antrag der „Öffentlichkeit" oder der Behörden bereitzustellen. Diese Formulierung ist missverständlich. Der englische Richtlinientext spricht von „on request of the public", was auch im Sinne von „auf Anfrage des Publikums", da es sich um einen Publikumsfonds handelt, verstanden werden kann. Tatsächlich handelt es sich dabei in der Regel um die Anteilinhaber oder potentielle Anleger. Um der weiten Formulierung ausreichend Rechnung zu tragen, wird aber darüber hinaus jeder interessierten Person das Recht eingeräumt, einen Antrag zu stellen; dies schließt auch Anträge von Behörden oder Gerichten oder sonstiger öffentlicher Einrichtungen ein.

EB zu § 11 Abs. 5 (Art. 2 BGBl. I Nr. 115/2015):

Der Gemeinsame Ausschuss der Europäischen Aufsichtsbehörden hat Leitlinien zur Beschwerdeabwicklung für den Wertpapierhandel (ESMA) und das Bankwesen (EBA) – JC/2014/43 vorgelegt, die ESMA gemäß Art. 16 der Verordnung (EU) Nr. 1095/2010 unter Beachtung der Vorgaben für gemeinsame Maßnahmen der Europäischen Aufsichtsbehörden gemäß Art. 56 der Verordnung (EU) Nr. 1095/2010 herausgegeben hat. Gegenstand dieser Leitlinien sind auch Beschwerden im Zusammenhang mit der Erbringung einer Dienstleistung der gemeinsamen Portfolioverwaltung im Rahmen der OGAW-Richtlinie. Mit den Leitlinien werden unter anderem die Erwartungen der Aufsicht an wirksame und transparente Verfahren für die angemessene und prompte Bearbeitung von Anlegerbeschwerden gemäß § 11 Abs. 1 konkretisiert. Mit der Verordnungsermächtigung soll der FMA die Möglichkeit gegeben werden, hinreichend bestimmt und verbindlich die in Gestalt der genannten Leitlinien gefassten europäischen Gepflogenheiten gegenüber den Adressaten zur Anwendung zu bringen.

Zugleich soll die Ermächtigung offen für die Weiterentwicklung der diesbezüglichen europäischen Gepflogenheiten sein.

Elektronische Aufzeichnungen

§ 12. (1) Die Verwaltungsgesellschaft hat angemessene Vorkehrungen für geeignete elektronische Systeme zu treffen, um eine zeitnahe und ordnungsgemäße Aufzeichnung jedes Portfoliogeschäfts und jedes Zeichnungs- oder Rücknahmeauftrags und damit die Einhaltung der §§ 19, 20 und 31 bis 33 zu ermöglichen.

(2) Die Verwaltungsgesellschaft hat bei der elektronischen Datenverarbeitung für ein hohes Maß an Sicherheit und für die Integrität und vertrauliche Behandlung der aufgezeichneten Daten zu sorgen. Die datenschutzrechtlich relevanten Bestimmungen (§14 DSG 2000-Datensicherheitsmaßnahmen) sind einzuhalten.

(3) *(Anm.: aufgehoben durch BGBl. I Nr. 115/2015)*

EB zu § 12 (Art. 2 BGBl. I Nr. 77/2011):

Setzt Art. 7 der Richtlinie 2010/43/EU um. Im Hinblick auf sichere Datenverarbeitungsverfahren und die Dokumentationspflicht für alle OGAW-Transaktionen hat die Verwaltungsgesellschaft über Vorkehrungen zu verfügen, die eine zeitnahe und ordnungsgemäße

Aufzeichnung aller für OGAW ausgeführten Transaktionen ermöglichen (so auch Erwägungsgrund 8 der Richtlinie 2010/43/EU).

EB zu § 12 Abs. 1 (Art. 2 BGBl. I Nr. 77/2011):
Setzt Art. 7 Abs. 1 der Richtlinie 2010/43/EU um.

EB zu § 12 Abs. 2 (Art. 2 BGBl. I Nr. 77/2011):
Setzt Art. 7 Abs. 2 der Richtlinie 2010/43/EU um.

EB zu § 12 Abs. 3 (Art. 2 BGBl. I Nr. 115/2015):
Der Entfall der Bestimmung korrespondiert mit dem Entfall von § 5 Abs. 5.

Rechnungslegung der Verwaltungsgesellschaft

§ 13. (1) Die Verwaltungsgesellschaft hat zum Schutz der Anteilinhaber Rechnungslegungsgrundsätze und –methoden festzulegen, umzusetzen und laufend aufrechtzuerhalten, die es ihr ermöglichen, der FMA auf Verlangen rechtzeitig Abschlüsse vorzulegen, die ein den tatsächlichen Verhältnissen entsprechendes Bild ihrer Vermögens- und Finanzlage vermitteln und mit allen geltenden Rechnungslegungsstandards und –vorschriften in Einklang stehen. Die Angemessenheit und Wirksamkeit dieser Grundsätze und Methoden und Vorkehrungen sind von der Verwaltungsgesellschaft zu überwachen, regelmäßig zu bewerten und die zur Behebung etwaiger Mängel erforderlichen Maßnahmen sind zu ergreifen.

(2) Im Bezug auf die Rechnungslegung des OGAW hat die Verwaltungsgesellschaft

1. Rechnungslegungsgrundsätze und –methoden festzulegen, anzuwenden und aufrecht zu erhalten, die den Rechnungslegungsvorschriften des Herkunftmitgliedstaates des jeweiligen von ihr verwalteten OGAW entsprechen, um
   a) eine präzise Berechnung des Nettoinventarwerts jedes einzelnen OGAW anhand der Rechnungslegung zu gewährleisten und
   b) sicherzustellen, dass Zeichnungs- und Rücknahmeaufträge zu diesem Nettoinventarwert ordnungsgemäß ausgeführt werden können;
2. angemessene Verfahren zu schaffen, um eine ordnungsgemäße und präzise Bewertung der Vermögenswerte und Verbindlichkeiten des OGAW in Einklang mit § 57 zu gewährleisten.

Dabei ist die Rechnungslegung des OGAW so auszugestalten, dass alle Vermögenswerte und Verbindlichkeiten des OGAW jederzeit direkt ermittelt werden können. Hat ein OGAW mehrere Teilfonds, so sind für jeden dieser Teilfonds getrennte Konten zu führen. Im Hinblick auf von der FMA bewilligte OGAW ist dabei § 49 zu berücksichtigen.

(3) *(Anm.: aufgehoben durch BGBl. I Nr. 115/2015)*

(4) Mit dem Jahresabschluss der Verwaltungsgesellschaft sind auch die von der Verwaltungsgesellschaft für die Anteilinhaber verwalteten OGAW und die Höhe ihres Fondsvermögens zu veröffentlichen.

EB zu § 13 (Art. 2 BGBl. I Nr. 77/2011):
Setzt Art. 4 Abs. 4 und Art. 8 der Richtlinie 2010/43/EU um. Die Rechnungslegung ist einer der zentralen Bereiche der OGAW-Verwaltung. Die Verwaltungsgesellschaft hat zum einen eine Rechnungslegung zu führen, die ihre eigenen Angelegenheiten von denen der einzelnen verwalteten Fonds trennt, um die Rechte der Anteilsinhaber hinreichend zu wahren. Zum andern hat die Verwaltungsgesellschaft eine Rechnungslegung für jeden einzelnen OGAW zu führen, wobei dabei auf die Rechnungslegungsgrundsätze des Herkunftmitgliedstaates des jeweiligen OGAW Bedacht zu nehmen ist. Es müssen alle Vermögenswerte und

Verbindlichkeiten eines OGAW oder seiner Teilfonds direkt ermittelt werden können und getrennte Konten geführt werden. Bestehen darüber hinaus verschiedene, beispielsweise von der Höhe der Verwaltungsgebühren abhängige Anteilsklassen, so sollte der Nettoinventarwert der einzelnen Klassen direkt aus dem Rechnungswesen gezogen werden können (so auch Erwägungsgrund 9 der Richtlinie 2010/43/EU).

EB zu § 13 Abs. 1 (Art. 2 BGBl. I Nr. 77/2011):
Setzt Art. 4 Abs. 4 und 5 und Art. 8 Abs. 1 der Richtlinie 2010/43/EU um.

EB zu § 13 Abs. 2 (Art. 2 BGBl. I Nr. 77/2011):
Setzt Art. 8 Abs. 1 zweiter und dritter Unterabs. und Abs. 2 und 3 der Richtlinie 2010/43/EU um.

EB zu § 13 Abs. 2 Z 1 (Art. 2 BGBl. I Nr. 77/2011):
Setzt Art. 8 Abs. 2 der Richtlinie 2010/43/EU um.

EB zu § 13 Abs. 2 Z 2 (Art. 2 BGBl. I Nr. 77/2011):
Setzt Art. 8 Abs. 3 der Richtlinie 2010/43/EU um.

EB zu § 13 Abs. 3 (Art. 2 BGBl. I Nr. 77/2011):
Klarstellung der Verantwortlichkeit bei Beauftragung der Depotbank.

EB zu § 13 Abs. 4 (Art. 2 BGBl. I Nr. 77/2011):
Entspricht § 12 Abs. 7 InvFG 1993.

EB zu § 13 Abs. 3 (Art. 2 BGBl. I Nr. 115/2015):
Der Entfall der Bestimmung korrespondiert mit dem Entfall von § 5 Abs. 5.

Kontrolle durch Geschäftsleitung und Aufsichtsrat

§ 14. (1) Die Geschäftsleitung und der Aufsichtsrat sind dafür verantwortlich, dass die Verwaltungsgesellschaft ihren Pflichten aus diesem Bundesgesetz sowie anderen einschlägigen Bundesgesetzen und aufgrund dieser Bundesgesetze erlassenen Verordnungen und den aufgrund der Richtlinie 2009/65/EG erlassenen EU-Verordnungen nachkommt. Die interne Aufgabenverteilung der Verwaltungsgesellschaft ist daher entsprechend auszugestalten.

(2) Die Geschäftsleitung

1. ist insbesondere dafür verantwortlich, dass die allgemeine Anlagepolitik, wie sie im Prospekt und in den Fondsbestimmungen oder in der Satzung einer Investmentgesellschaft gemäß Art. 1 Abs. 3 der Richtlinie 2009/65/EG festgelegt ist, bei jedem verwalteten OGAW umgesetzt wird;
2. hat für jeden verwalteten OGAW die Genehmigung der Anlagestrategien zu überwachen;
3. ist insbesondere dafür verantwortlich, dass die Verwaltungsgesellschaft über eine dauerhafte und wirksame Compliance-Funktion (§ 15) verfügt, selbst wenn diese Funktion einem Dritten gemäß § 28 übertragen wurde;
4. hat dafür zu sorgen und sich regelmäßig zu vergewissern, dass die allgemeine Anlagepolitik, die Anlagestrategien und die Risikolimits jedes verwalteten OGAW ordnungsgemäß und wirkungsvoll umgesetzt und eingehalten werden, auch wenn die Risikomanagement-Funktion (§ 17) einem Dritten gemäß § 28 übertragen wurde;

5. hat die Angemessenheit der internen Verfahren, nach denen für jeden verwa,lteten OGAW die Anlageentscheidungen getroffen werden, festzustellen und regelmäßig zu überprüfen, um zu gewährleisten, dass solche Entscheidungen mit den genehmigten Anlagestrategien in Einklang stehen;
6. hat die in § 86 Abs. 1 und 2 genannten Grundsätze für das Risikomanagement sowie die zur Umsetzung dieser Grundsätze genutzten Vorkehrungen, Verfahren und Methoden zu billigen und regelmäßig zu überprüfen, was auch die Risikolimits für jeden verwalteten OGAW betrifft;
7. hat die Wirksamkeit der Grundsätze, Vorkehrungen und Verfahren, die zur Erfüllung der Pflichten eingeführt wurden, die in diesem Bundesgesetz sowie anderer einschlägiger Bundesgesetze und aufgrund dieser Bundesgesetze erlassenen Verordnungen und den aufgrund der Richtlinie 2009/65/EG erlassenen EU-Verordnungen festgelegt sind, zu bewerten und regelmäßig zu überprüfen;
8. hat angemessene Maßnahmen zu ergreifen, um etwaige Mängel zu beseitigen.

(3) Die Pflichten gemäß Abs. 2 Z 7 und 8 unterliegen der zusätzlichen nachprüfenden Kontrolle des Aufsichtsrates.

(4) Der Geschäftsleitung sind im Zusammenhang mit ihren Pflichten nach Abs. 1 und 2 auch Berichte zu erstatten, und zwar:
1. Regelmäßige Berichte über die Umsetzung der in Abs. 2 Z 2 bis 5 genannten Anlagestrategien und internen Verfahren für Anlageentscheidungen; und
2. regelmäßig, mindestens aber einmal jährlich, schriftliche Berichte zu Fragen der Rechtsbefolgung, der Innenrevision (§ 16) und des Risikomanagements (§ 17), in denen insbesondere angegeben wird, ob zur Beseitigung etwaiger Mängel geeignete Abhilfemaßnahmen getroffen wurden.

(5) Die in Abs. 4 Z 2 genannten Berichte sind auch dem Aufsichtsrat regelmäßig zu übermitteln. Die FMA kann mittels Verordnung festlegen, in welchem Umfang, in welchem Zeitrahmen und in welcher Form die Berichte gemäß Abs. 4 an die Geschäftsleitung und den Aufsichtsrat zu übermitteln sind. Sie hat dabei auf die europäischen Gepflogenheiten in diesem Bereich Bedacht zu nehmen.

EB zu § 14 (Art. 2 BGBl. I Nr. 77/2011):

Setzt Art. 9 der Richtlinie 2010/43/EU um. Eine klare Aufgabenverteilung zwischen Geschäftsleitung und Aufsichtsfunktion ist für die Umsetzung der angemessenen internen Kontrollverfahren von zentraler Bedeutung. Für die Umsetzung der allgemeinen Anlagepolitik, die in der Verordnung (EU) 583/2010 der Kommission zur Durchführung der Richtlinie 2009/65/EG dargelegt ist, ist die Geschäftsleitung zuständig (so auch Erwägungsgrund 10 der Richtlinie 2010/43/EU). Auch für die Anlagestrategien, die allgemeine Hinweise auf die strategische Anlagenstrukturierung des OGAW liefern, und die für eine angemessene und wirksame Umsetzung der Anlagepolitik erforderlichen Anlagetechniken ist weiterhin die Geschäftsleitung zuständig. Die klare Aufgabenverteilung soll auch angemessene Kontrollen sicherstellen, die gewährleisten, dass das OGAW-Vermögen gemäß den Fondsbestimmungen des OGAW und den geltenden gesetzlichen Bestimmungen angelegt wird, und die Risikolimits der einzelnen OGAW eingehalten werden (so auch Erwägungsgrund 10 der Richtlinie 2010/43/EU).

EB zu § 14 Abs. 1 (Art. 2 BGBl. I Nr. 77/2011):

Setzt Art. 9 Abs. 1 der Richtlinie 2010/43/EU um. Für Vorstand und Aufsichtsrat sind zunächst die in diesem Bundesgesetz normierten Pflichten maßgeblich; daneben gelten allerdings subsidiär die einschlägigen Bestimmungen des BWG (insbesondere die §§ 28,

28a, 39 bis 41 BWG) sowie des Gesellschaftsrechtes (siehe insbesondere §§ 70 bis 101 AktG). Soweit aufgrund der Richtlinie 2009/65/EG oder aufgrund von Durchführungsrichtlinien zu dieser Richtlinie Verordnungen erlassen werden, die die Pflichten von Vorstand und Aufsichtsrat regeln, sind diese ebenso maßgeblich und einzuhalten. Die Bestimmung über die Interne Revision in § 42 BWG wird von der spezielleren Norm des § 16 dieses Bundesgesetzes verdrängt (siehe auch die Erläuterungen zu § 16).

EB zu § 14 Abs. 2 (Art. 2 BGBl. I Nr. 77/2011):

Setzt Art. 9 Abs. 2 und 3 der Richtlinie 2010/43/EU um. Die Richtlinie 2009/65/EG verpflichtet Verwaltungsgesellschaften zu soliden administrativen Verfahren. Zur Erfüllung dieser Anforderung haben Verwaltungsgesellschaften eine gut dokumentierte Organisationsstruktur mit klarer Aufgabenverteilung zu schaffen, bei der ein reibungsloser Informationsfluss zwischen allen Beteiligten gewährleistet ist (so auch Erwägungsgrund 6 der Richtlinie 2010/43/EU).

EB zu § 14 Abs. 2 Z 1 (Art. 2 BGBl. I Nr. 77/2011):

Setzt Art. 9 Abs. 2 Buchstabe a der Richtlinie 2010/43/EU um.

EB zu § 14 Abs. 2 Z 2 (Art. 2 BGBl. I Nr. 77/2011):

Setzt Art. 9 Abs. 2 Buchstabe b der Richtlinie 2010/43/EU um. Während die Anlagepolitik im Prospekt beziehungsweise in den Fondsbestimmungen festzulegen ist, werden die Anlagestrategien, die eine bestimmte Anlagepolitik verwirklichen sollen, üblicherweise von den konkreten Personen, die das Portfoliomanagement tatsächlich ausführen, festgelegt. Auch die Genehmigung dieser Anlagestrategien muss nicht notwendigerweise durch die Geschäftsleiter erfolgen, wohl aber von ihnen überwacht werden.

EB zu § 14 Abs. 2 Z 3 (Art. 2 BGBl. I Nr. 77/2011):

Setzt Art. 9 Abs. 2 Buchstabe c der Richtlinie 2010/43/EU um.

EB zu § 14 Abs. 2 Z 4 (Art. 2 BGBl. I Nr. 77/2011):

Setzt Art. 9 Abs. 2 Buchstabe d der Richtlinie 2010/43/EU um.

EB zu § 14 Abs. 2 Z 5 (Art. 2 BGBl. I Nr. 77/2011):

Setzt Art. 9 Abs. 2 Buchstabe e der Richtlinie 2010/43/EU um.

EB zu § 14 Abs. 2 Z 6 (Art. 2 BGBl. I Nr. 77/2011):

Setzt Art. 9 Abs. 2 Buchstabe f der Richtlinie 2010/43/EU um.

EB zu § 14 Abs. 2 Z 7 (Art. 2 BGBl. I Nr. 77/2011):

Setzt Art. 9 Abs. 3 Buchstabe a der Richtlinie 2010/43/EU um.

EB zu § 14 Abs. 2 Z 8 (Art. 2 BGBl. I Nr. 77/2011):

Setzt Art. 9 Abs. 3 Buchstabe b der Richtlinie 2010/43/EU um.

EB zu § 14 Abs. 3 (Art. 2 BGBl. I Nr. 77/2011):

Setzt Art. 9 Abs. 3 der Richtlinie 2010/43/EU um.

EB zu § 14 Abs. 4 (Art. 2 BGBl. I Nr. 77/2011):

Setzt Art. 9 Abs. 4 und 5 der Richtlinie 2010/43/EU um. Der Geschäftsleitung sind regelmäßig Berichte zu erstatten. Hinsichtlich der Regelmäßigkeit ist von einem derzeit üblichen Zeitrahmen auszugehen, dies entspricht beispielsweise bei der Innenrevision einer quartalsweisen Berichterstattung (so auch § 42 Abs. 3 BWG). In Fällen, in denen bislang keine regelmäßige Berichterstattung erfolgt ist, hat nun mindestens einmal jährlich eine solche zu erfolgen.

EB zu § 14 Abs. 4 Z 1 (Art. 2 BGBl. I Nr. 77/2011):
Setzt Art. 9 Abs. 5 der Richtlinie 2010/43/EU um.

EB zu § 14 Abs. 4 Z 2 (Art. 2 BGBl. I Nr. 77/2011):
Setzt Art. 9 Abs. 4 der Richtlinie 2010/43/EU um.

EB zu § 14 Abs. 5 (Art. 2 BGBl. I Nr. 77/2011):
Setzt Art. 9 Abs. 6 der Richtlinie 2010/43/EU um. In den CESR-Guidelines CESR-10/788 wird die Sicherstellung einer adäquaten Information von Geschäftsleitung und Aufsichtsrat als maßgeblich für eine funktionierende Aufsicht genannt. Mit weiteren Giudelines der neu gegründeten ESMA ist in naher Zukunft zu rechnen.

EB zu § 14 Abs. 3 (Art. 2 BGBl. I Nr. 115/2015):
Berichtigung eines Verweises.

Compliance

§ 15. (1) Die Verwaltungsgesellschaft hat

1. angemessene Grundsätze und Verfahren festzulegen, anzuwenden und aufrecht zu erhalten, die darauf ausgelegt sind, jedes Risiko der Nichteinhaltung der in diesem Bundesgesetz und den aufgrund der Richtlinie 2009/65/EG erlassenen EU-Verordnungen festgelegten Pflichten durch die Verwaltungsgesellschaft sowie die damit verbundenen Risiken aufzudecken, und
2. angemessene Maßnahmen und Verfahren zu schaffen, damit das Risiko gemäß Z 1 auf ein Minimum begrenzt wird und die FMA ihre Befugnisse wirksam ausüben kann.

Dabei ist der Art, dem Umfang und der Komplexität der Geschäfte sowie der Art und dem Spektrum der im Zuge dieser Geschäfte erbrachten Dienstleistungen und Tätigkeiten Rechnung zu tragen.

(2) Die Verwaltungsgesellschaft hat eine wirksame und unabhängige Compliance-Funktion dauerhaft einzurichten, die folgende Aufgaben hat:

1. Überwachung und regelmäßige Bewertung der Angemessenheit und Wirksamkeit der gemäß Abs. 1 festgelegten Maßnahmen, Grundsätze und Verfahren, sowie der Maßnahmen, die zur Beseitigung etwaiger Mängel unternommen wurden;
2. Beratung und Unterstützung der für Dienstleistungen und Tätigkeiten zuständigen relevanten Personen im Hinblick auf die Erfüllung der Pflichten für Verwaltungsgesellschaften, die in diesem Bundesgesetz und in aufgrund dieses Bundesgesetzes erlassenen Verordnungen sowie in aufgrund der Richtlinie 2009/65/EG erlassenen EU-Verordnungen festgelegt sind.

(3) Damit die Compliance-Funktion ihre Aufgaben ordnungsgemäß und unabhängig wahrnehmen kann, stellt die Verwaltungsgesellschaft sicher, dass

1. die Compliance-Funktion über die notwendigen Befugnisse, Ressourcen und Fachkenntnisse verfügt und zu allen für sie relevanten Informationen Zugang hat;
2. ein Compliance-Beauftragter benannt wird, der für die Compliance-Funktion und die Erstellung der Berichte verantwortlich ist, die der Geschäftsleitung regelmäßig, mindestens aber einmal jährlich, zu Fragen der Rechtsbefolgung vorgelegt werden und in denen insbesondere angegeben wird, ob die zur Beseitigung etwaiger Mängel erforderlichen Abhilfemaßnahmen getroffen wurden;

3. relevante Personen, die in diese Funktion eingebunden sind, nicht in die von ihnen überwachten Dienstleistungen oder Tätigkeiten eingebunden sind;
4. das Verfahren, nach dem die Bezüge der in die Compliance-Funktion eingebundenen relevanten Personen bestimmt wird, weder deren Objektivität beeinträchtigt noch dies wahrscheinlich erscheinen lässt.

(4) Die in Abs. 3 Z 3 und 4 genannten Anforderungen müssen nicht erfüllt werden, wenn die Verwaltungsgesellschaft nachweist, dass diese aufgrund der Art, des Umfangs und der Komplexität ihrer Geschäfte sowie der Art und des Spektrums ihrer Dienstleistungen und Tätigkeiten unverhältnismäßig sind und dass die Compliance-Funktion dennoch ihre Aufgabe erfüllt.

EB zu § 15 (Art. 2 BGBl. I Nr. 77/2011):

Setzt Art. 10 der Richtlinie 2010/43/EU um. Die Compliance-Funktion soll gewährleisten, dass Verwaltungsgesellschaften über einen angemessenen Kontrollmechanismus verfügen. Die Compliance-Funktion sollte so ausgelegt sein, dass jedes Risiko, dass die Verwaltungsgesellschaft ihren Pflichten aus diesem Bundesgesetz oder aufgrund der Richtlinie 2009/65/EG erlassener EU-Verordnungen nicht nachkommt, von ihr aufgedeckt werden kann (so auch Erwägungsgrund 11 der Richtlinie 2010/43/EU). Die Compliance-Funktion hat primär die Interessen der Anleger und des Kapitalmarktes im Auge zu behalten und sollte auch von der Innenrevision getrennt sein (so auch Kapfer/Resch *in* Gruber/Raschauer, *WAG 2007 § 18 Rz 66).*

EB zu § 15 Abs. 1 (Art. 2 BGBl. I Nr. 77/2011):

Setzt Art. 10 Abs. 1 der Richtlinie 2010/43/EU um.

EB zu § 15 Abs. 1 Z 1 (Art. 2 BGBl. I Nr. 77/2011):

Setzt Art. 10 Abs. 1 erster Satzteil der Richtlinie 2010/43/EU um.

EB zu § 15 Abs. 1 Z 2 (Art. 2 BGBl. I Nr. 77/2011):

Setzt Art. 10 Abs. 1 zweiter Satzteil der Richtlinie 2010/43/EU um.

EB zu § 15 Abs. 2 (Art. 2 BGBl. I Nr. 77/2011):

Setzt Art. 10 Abs. 2 der Richtlinie 2010/43/EU um.

EB zu § 15 Abs. 2 Z 1 (Art. 2 BGBl. I Nr. 77/2011):

Setzt Art. 10 Abs. 2 Buchstabe a der Richtlinie 2010/43/EU um.

EB zu § 15 Abs. 2 Z 2 (Art. 2 BGBl. I Nr. 77/2011):

Setzt Art. 10 Abs. 2 Buchstabe b der Richtlinie 2010/43/EU um.

EB zu § 15 Abs. 3 (Art. 2 BGBl. I Nr. 77/2011):

Setzt Art. 10 Abs. 3 der Richtlinie 2010/43/EU um.

EB zu § 15 Abs. 3 Z 1 (Art. 2 BGBl. I Nr. 77/2011):

Setzt Art. 10 Abs. 3 Buchstabe a der Richtlinie 2010/43/EU um.

EB zu § 15 Abs. 3 Z 2 (Art. 2 BGBl. I Nr. 77/2011):

Setzt Art. 10 Abs. 3 Buchstabe b der Richtlinie 2010/43/EU um.

EB zu § 15 Abs. 3 Z 3 (Art. 2 BGBl. I Nr. 77/2011):

Setzt Art. 10 Abs. 3 Buchstabe c der Richtlinie 2010/43/EU um.

EB zu § 15 Abs. 3 Z 4 (Art. 2 BGBl. I Nr. 77/2011):

Setzt Art. 10 Abs. 3 Buchstabe d der Richtlinie 2010/43/EU um.

EB zu § 15 Abs. 4 (Art. 2 BGBl. I Nr. 77/2011):

Setzt Art. 10 Abs. 3 letzter Unterabs. der Richtlinie 2010/43/EU um. Die Unabhängigkeit und Funktionsfähigkeit der Compliance-Funktion ist jedenfalls sicherzustellen, dies muss allerdings bei kleinen Unternehmen nicht notwendigerweise eine Funktionstrennung verlangen Denkbar wäre eine regelmäßige und angemessene externe Kontrolle der Compliance-Funktion, und zwar über die übliche Kontrolle durch Abschlussprüfer hinausgehend (siehe dazu die Ausführungen von CESR zu der äquivalenten Bestimmung in der Richtlinie 2006/73/EG – und Kapfer/Resch *in* Gruber/Raschauer, *WAG 2007 § 18 Rz 64). Auf künftige ESMA-Guidelines und technische Standards der EK dazu ist ebenfalls Bedacht zu nehmen.*

Interne Revision (Innenrevision)

§ 16. (1) Die Verwaltungsgesellschaft hat dauerhaft eine Innenrevisionsfunktion einzurichten, die unmittelbar den Geschäftsleitern untersteht und ausschließlich der laufenden und umfassenden Prüfung der Gesetzmäßigkeit, Ordnungsmäßigkeit und Zweckmäßigkeit des gesamten Unternehmens dient und – soweit dies angesichts der Art, des Umfangs und der Komplexität ihrer Geschäfte sowie der Art und des Spektrums der im Zuge dieser Geschäfte erbrachten kollektiven Portfolioverwaltungsdienste angemessen und verhältnismäßig ist – von den übrigen Funktionen und Tätigkeiten der Verwaltungsgesellschaft getrennt und unabhängig ist. Mit den Aufgaben der internen Revision dürfen Personen, bei denen Ausschließungsgründe vorliegen, nicht betraut werden.

(2) Als Ausschließungsgründe sind Umstände anzusehen, die die ordnungsgemäße Wahrnehmung der Aufgaben der internen Revision nicht wahrscheinlich erscheinen lassen. Ausschließungsgründe liegen insbesondere vor, wenn

1. den betroffenen Personen die erforderliche Sachkenntnis und Erfahrung im Investmentfondswesen fehlt und
2. die objektive Wahrnehmung der Funktion beeinträchtigt sein kann, insbesondere wenn die betroffenen Personen gleichzeitig zum Bankprüfer bei derselben Verwaltungsgesellschaft bestellt sind oder auf diese Personen durch ihre Tätigkeit in der internen Revision einer der in § 62 Z 6, 12 und 13 BWG genannten Ausschließungsgründe als Bankprüfer der Verwaltungsgesellschaft zutreffen würde.

(3) Die Innenrevisionsfunktion hat folgende Aufgaben:

1. Erstellung, Umsetzung und Aufrechterhaltung eines Revisionsprogramms mit dem Ziel, die Angemessenheit und Wirksamkeit der Systeme, internen Kontrollmechanismen und Vorkehrungen der Verwaltungsgesellschaft zu prüfen und zu bewerten;
2. Ausgabe von Empfehlungen auf der Grundlage der Ergebnisse der gemäß Z 1 ausgeführten Arbeiten;
3. Überprüfung der Einhaltung der unter Z 2 genannten Empfehlungen;
4. Erstellung von Berichten zu Fragen der Innenrevision gemäß § 14 Abs. 4 Z 2.

(4) Die Innenrevision betreffende Verfügungen müssen von mindestens zwei Geschäftsleitern gemeinsam getroffen werden. Die Innenrevision hat auch zu prüfen:

1. Die inhaltliche Richtigkeit und Vollständigkeit der Anzeigen und Meldungen an die FMA und an die Oesterreichische Nationalbank;
2. die Einhaltung der §§ 40, 40a, 40b, 40c, 40d und 41 BWG;
3. die Zweckmäßigkeit und Anwendung der Verfahren gemäß § 39 Abs. 2 BWG.

(5) Die Innenrevision hat einen jährlichen Revisionsplan aufzustellen und die Prüfungen danach durchzuführen. Sie hat weiters anlassbezogen ungeplante Prüfungen vorzunehmen.

EB zu § 16 (Art. 2 BGBl. I Nr. 77/2011):
Setzt Art. 11 der Richtlinie 2010/43/EU um. Die Innenrevisionsfunktion soll gewährleisten, dass Verwaltungsgesellschaften über einen angemessenen Kontrollmechanismus verfügen und dient primär den Interessen der Verwaltungsgesellschaft. Die Innenrevisionsfunktion soll darauf abzielen, die diversen Kontrollverfahren und administrativen Regelungen, die die Verwaltungsgesellschaft geschaffen hat, zu überprüfen und zu bewerten (so auch Erwägungsgrund 11 der Richtlinie 2010/43/EU).

EB zu § 16 Abs. 1 (Art. 2 BGBl. I Nr. 77/2011):
Setzt Art. 11 Abs. 1 der Richtlinie 2010/43/EU um. Grundsätzlich ist eine unabhängige Innenrevisionsfunktion einzurichten, das heißt, dass diese Personen keine anderen Funktionen in der Verwaltungsgesellschaft wahrnehmen dürfen. Selbst wenn dies aufgrund der Art, des Umfangs und der Komplexität der Geschäfte nicht verhältnismäßig wäre, sind dennoch jedenfalls bestimmte Mindeststandards einer Unvereinbarkeit einzuhalten. Diese sind mit den Ausschließungsgründen normiert, die unabhängig von der Größe des Unternehmens einzuhalten sind. Von einer eigenen Organisationseinheit für die Innenrevision kann wegen Unverhältnismäßigkeit insbesondere dann abgesehen werden, wenn die Bilanzsumme der Verwaltungsgesellschaft 150 Millionen Euro nicht übersteigt oder deren Mitarbeiterstand im Jahresdurchschnitt 30 vollbeschäftigte Mitarbeiter nicht übersteigt oder deren Bilanzsumme eine Milliarde Euro nicht übersteigt und die einem Zentralinstitut angeschlossen sind oder einer Kreditinstitutsgruppe angehören, wenn im Rahmen des Sektorverbundes oder der Gruppe eine eigene Organisationseinheit für die interne Revision besteht, die unter jederzeitiger Beachtung von § 42 Abs. 2 BWG ausgestattet und organisiert ist.

EB zu § 16 Abs. 2 (Art. 2 BGBl. I Nr. 77/2011):
Es werden die Ausschlussgründe konkret – in Anlehnung an § 42 BWG – normiert.

EB zu § 16 Abs. 3 (Art. 2 BGBl. I Nr. 77/2011):
Setzt Art. 11 Abs. 2 der Richtlinie 2010/43/EU um.

EB zu § 16 Abs. 3 Z 1 (Art. 2 BGBl. I Nr. 77/2011):
Setzt Art. 11 Abs. 2 Buchstabe a der Richtlinie 2010/43/EU um.

EB zu § 16 Abs. 3 Z 2 (Art. 2 BGBl. I Nr. 77/2011):
Setzt Art. 11 Abs. 2 Buchstabe b der Richtlinie 2010/43/EU um.

EB zu § 16 Abs. 3 Z 3 (Art. 2 BGBl. I Nr. 77/2011):
Setzt Art. 11 Abs. 2 Buchstabe c der Richtlinie 2010/43/EU um.

EB zu § 16 Abs. 3 Z 4 (Art. 2 BGBl. I Nr. 77/2011):
Setzt Art. 11 Abs. 2 Buchstabe d der Richtlinie 2010/43/EU um.

Risikomanagement

§ 17. (1) Die Verwaltungsgesellschaft hat eine ständige Risikomanagement-Funktion dauerhaft einzurichten, die – soweit dies angesichts der Art, des Umfangs und der Komplexität der Geschäfte und der von der Verwaltungsgesellschaft verwalteten OGAW angemessen und verhältnismäßig ist – von den operativen Abteilungen hierarchisch und funktionell unabhängig ist.

(2) Die Verwaltungsgesellschaft muss nachweisen können, dass angemessene Maßnahmen zum Schutz vor Interessenkonflikten getroffen wurden, um ein unabhängiges Risikomanagement zu ermöglichen, und dass ihr Risikomanagement-Prozess den Anforderungen der Bestimmungen des 4. Abschnittes des 3. Hauptstückes entspricht.

(3) Die ständige Risikomanagement-Funktion hat die Aufgabe:

1. Die Risikomanagement-Grundsätze und -Verfahren umzusetzen;
2. für die Einhaltung der OGAW-Risikolimits zu sorgen, worunter auch die gesetzlichen Limits für das Gesamt- und das Kontrahentenrisiko gemäß den §§ 89, 90 und 91 fallen;
3. die Geschäftsleitung bei der Ermittlung des Risikoprofils der einzelnen verwalteten OGAW zu beraten;
4. der Geschäftsleitung und dem Aufsichtsrat regelmäßig zu folgenden Themen Bericht zu erstatten:
   a) Kohärenz zwischen dem aktuellen Risikostand bei jedem verwalteten OGAW und dem für diesen vereinbarten Risikoprofil;
   b) Einhaltung der jeweiligen Risikolimits durch die einzelnen verwalteten OGAW;
   c) Angemessenheit und Wirksamkeit des Risikomanagement-Prozesses, wobei insbesondere angegeben wird, ob bei eventuellen Mängeln angemessene Abhilfemaßnahmen eingeleitet wurden;
5. der Geschäftsleitung regelmäßig über den aktuellen Risikostand bei jedem verwalteten OGAW und jede tatsächliche oder vorhersehbare Überschreitung der für den jeweiligen OGAW geltenden Limits Bericht zu erstatten, um zu gewährleisten, dass umgehend angemessene Maßnahmen eingeleitet werden können;
6. die in § 92 dargelegten Vorkehrungen und Verfahren für die Bewertung von OTC-Derivaten zu überprüfen und gegebenenfalls zu verstärken.

(4) Die ständige Risikomanagement-Funktion hat über die notwendige Autorität und über Zugang zu allen relevanten Informationen zu verfügen, die zur Erfüllung der in Abs. 3 genannten Aufgaben erforderlich sind.

EB zu § 17 (Art. 2 BGBl. I Nr. 77/2011):

Setzt Art. 12 der Richtlinie 2010/43/EU um. In Fällen, in denen eine separate Risikomanagement-Funktion nicht angemessen oder verhältnismäßig ist, muss die Verwaltungsgesellschaft dennoch nachweisen können, dass spezielle Maßnahmen zum Schutz vor Interessenkonflikten getroffen wurden, die ein unabhängiges Risikomanagement ermöglichen (so auch Erwägungsgrund 12 der Richtlinie 2010/43/EU).

EB zu § 17 Abs. 1 (Art. 2 BGBl. I Nr. 77/2011):

Setzt Art. 12 Abs. 1 und Abs. 2 der Richtlinie 2010/43/EU um.

EB zu § 17 Abs. 2 (Art. 2 BGBl. I Nr. 77/2011):

Setzt Art. 12 Abs. 2 dritter Unterabs. der Richtlinie 2010/43/EU um.

EB zu § 17 Abs. 3 (Art. 2 BGBl. I Nr. 77/2011):

Setzt Art. 12 Abs. 3 der Richtlinie 2010/43/EU um.

EB zu § 17 Abs. 3 Z 1 (Art. 2 BGBl. I Nr. 77/2011):

Setzt Art. 12 Abs. 3 Buchstabe a der Richtlinie 2010/43/EU um.

EB zu § 17 Abs. 3 Z 2 (Art. 2 BGBl. I Nr. 77/2011):

Setzt Art. 12 Abs. 3 Buchstabe b der Richtlinie 2010/43/EU um.

EB zu § 17 Abs. 3 Z 3 (Art. 2 BGBl. I Nr. 77/2011):
Setzt Art. 12 Abs. 3 Buchstabe c der Richtlinie 2010/43/EU um.

EB zu § 17 Abs. 3 Z 4 (Art. 2 BGBl. I Nr. 77/2011):
Setzt Art. 12 Abs. 3 Buchstabe d der Richtlinie 2010/43/EU um.

EB zu § 17 Abs. 3 Z 4 lit. a (Art. 2 BGBl. I Nr. 77/2011):
Setzt Art. 12 Abs. 3 Buchstabe d Nummer i der Richtlinie 2010/43/EU um.

EB zu § 17 Abs. 3 Z 4 lit. b (Art. 2 BGBl. I Nr. 77/2011):
Setzt Art. 12 Abs. 3 Buchstabe d Nummer ii der Richtlinie 2010/43/EU um.

EB zu § 17 Abs. 3 Z 4 lit. c (Art. 2 BGBl. I Nr. 77/2011):
Setzt Art. 12 Abs. 3 Buchstabe d Nummer iii der Richtlinie 2010/43/EU um.

EB zu § 17 Abs. 3 Z 5 (Art. 2 BGBl. I Nr. 77/2011):
Setzt Art. 12 Abs. 3 Buchstabe e der Richtlinie 2010/43/EU um.

EB zu § 17 Abs. 3 Z 6 (Art. 2 BGBl. I Nr. 77/2011):
Setzt Art. 12 Abs. 3 Buchstabe f der Richtlinie 2010/43/EU um.

EB zu § 17 Abs. 4 (Art. 2 BGBl. I Nr. 77/2011):
Setzt Art. 12 Abs. 4 der Richtlinie 2010/43/EU um.

EB zu § 17 Abs. 3 Z 6 (Art. 2 BGBl. I Nr. 115/2015):
Der Streichung korrespondiert mit dem Entfall von § 5 Abs. 5.

Vergütungspolitik und -praxis

§ 17a. (1) Die Verwaltungsgesellschaft hat für Kategorien von Mitarbeitern, einschließlich der Geschäftsleiter, Risikoträger, Mitarbeitern mit Kontrollfunktionen und Mitarbeiter, die sich aufgrund ihrer Gesamtvergütung in derselben Einkommensstufe befinden wie die Geschäftsleiter und Risikoträger, deren Tätigkeiten einen wesentlichen Einfluss auf die Risikoprofile der Verwaltungsgesellschaften oder der von ihnen verwalteten OGAW haben, eine Vergütungspolitik und –praxis festzulegen. Die Vergütungspolitik und –praxis muss mit einem soliden und wirksamen Risikomanagement vereinbar und diesem förderlich sein und darf weder zur Übernahme von Risiken ermutigen, die mit den Risikoprofilen oder Fondsbestimmungen der von ihnen verwalteten OGAW nicht vereinbar sind, noch die Verwaltungsgesellschaft daran hindern, pflichtgemäß im besten Interesse des OGAW zu handeln.

(2) Die Vergütungspolitik und -praxis hat feste und variable Bestandteile der Gehälter und freiwillige Altersversorgungsleistungen zu umfassen.

EB zu § 17a (Art. 2 BGBl. I Nr. 115/2015):
Mit Abs. 1 und 2 wird Art. 14a Abs. 1 bis 3 der Richtlinie 2009/65/EG umgesetzt.

Verwaltungsgesellschaften haben grundsätzlich jene Kategorien von Mitarbeitern festzulegen, auf welche die festgelegte Vergütungspolitik und –praxis angewandt werden soll. Im Rahmen der Festlegung der Remunerationsausgestaltung ist auf das Verhältnis von festen und variablen Bestandteilen der Gehälter sowie freiwillige Altersversorgungsleistungen Bedacht zu nehmen. Die Verwaltungsgesellschaft hat jedenfalls sicherzustellen, dass die angewandte Vergütungspolitik und –praxis mit dem Risikomanagement vereinbar ist, die Pflicht zum Handeln im besten Interesse des OGAW und dessen Anleger nicht behindert sowie keine Anreize zur Übernahme solcher Risiken schafft, welche nicht mit einer ordentlichen Geschäftsführung, der allgemeinen Sorgfaltspflichten und den Risikoprofilen oder Vertragsbedingungen der verwalteten OGAW vereinbar sind. Alle arbeitsrechtlichen und kollektivvertraglichen Bestimmungen sind bei der Festlegung der Vergütungspolitik und -praxis ebenfalls zu beachten.

Vergütungsausschuss

§ 17b. (1) In Verwaltungsgesellschaften, welche anhand ihrer Größe, der Größe der von ihnen verwalteten OGAW, ihrer internen Organisation und der Art, dem Umfang und der Komplexität ihrer Geschäfte von erheblicher Bedeutung sind, ist vom Aufsichtsrat ein Vergütungsausschuss einzurichten. Der Vergütungsausschuss muss so eingerichtet sein, dass er kompetent und unabhängig über die Vergütungspolitik und –praxis sowie über die für das Risikomanagement geschaffenen Anreize urteilen kann. Zu den Aufgaben des Vergütungsausschusses gehört die Vorbereitung von Beschlüssen zum Thema Vergütung, einschließlich solcher, die sich auf Risiko und Risikomanagement der Verwaltungsgesellschaft oder der betreffenden OGAW auswirken und vom Aufsichtsrat zu fassen sind sowie die Überprüfung der Vergütung höherer Führungskräfte in den Bereichen Risikomanagement und Compliance.

(2) Die Zusammensetzung des Vergütungsausschusses hat eine unabhängige und integre Beurteilung der Festlegung und Anwendung der Vergütungspolitik und -praxis zu ermöglichen. Der Vergütungsausschuss besteht aus mindestens drei Mitgliedern des Aufsichtsrates, wobei zumindest eine Person über Fachkenntnis und praktische Erfahrung im Bereich der Vergütungspolitik zu verfügen hat (Vergütungsexperte). Für den Fall, dass gemäß § 110 Arbeitsverfassungsgesetz (ArbVG), BGBl. Nr. 22/1974, ein oder mehrere Arbeitnehmervertreter im Aufsichtsrat der Verwaltungsgesellschaft mitzuwirken haben, so hat dem Vergütungsausschuss zumindest ein Mitglied aus dem Kreis der Arbeitnehmervertreter anzugehören.

(3) Der Vergütungsausschuss hat zumindest eine Sitzung im Jahr abzuhalten.

EB zu § 17b (Art. 2 BGBl. I Nr. 115/2015):

Nach Art. 14b Abs. 4 der Richtlinie 2009/65/EG ist für Verwaltungsgesellschaften, die hinsichtlich ihrer Größe oder der Größe der von ihnen verwalteten OGAW, ihrer internen Organisation und der Art, des Umfangs und der Komplexität ihrer Geschäfte von erheblicher Bedeutung sind, ein Vergütungsausschuss einzurichten.

Grundsätze der Vergütungspolitik

§ 17c. (1) Bei der Festlegung und Anwendung der in § 17a Abs. 1 und 2 genannten Vergütungspolitik hat die Verwaltungsgesellschaft folgende Grundsätze in einer Art und einem Ausmaß anzuwenden, die ihrer Größe, ihrer internen Organisation und der Art, dem Umfang und der Komplexität ihrer Geschäfte angemessen sind:

1. Die Vergütungspolitik ist mit einem soliden und wirksamen Risikomanagement vereinbar und diesem förderlich und ermutigt zu keiner Übernahme von Risiken, die mit den Risikoprofilen, Fondsbestimmungen oder Satzungen der von der Verwaltungsgesellschaft verwalteten OGAW nicht vereinbar sind;
2. die Vergütungspolitik steht im Einklang mit Geschäftsstrategie, Zielen, Werten und Interessen der Verwaltungsgesellschaft und der von ihr verwalteten OGAW und der

Anteilinhaber solcher OGAW und umfasst Maßnahmen zur Vermeidung von Interessenkonflikten;

3. die Vergütungspolitik wird vom Aufsichtsrat der Verwaltungsgesellschaft beschlossen; dieser legt die allgemeinen Grundsätze der Vergütungspolitik fest, überprüft sie mindestens einmal jährlich und ist für ihre Umsetzung und für die Überwachung in diesem Bereich verantwortlich;
4. mindestens einmal jährlich wird im Rahmen einer zentralen und unabhängigen internen Überprüfung festgestellt, ob die Vergütungspolitik gemäß den vom Aufsichtsrat festgelegten Vergütungsvorschriften und –verfahren umgesetzt wurde;
5. Mitarbeiter mit Kontrollfunktionen werden je nach Erreichung der mit ihren Aufgaben verbundenen Ziele entlohnt, und zwar unabhängig von der Perfomance der von ihnen kontrollierten Geschäftsbereiche;
6. bei erfolgsabhängiger Vergütung basiert die Gesamtvergütung auf einer Bewertung sowohl der Leistung des betreffenden Mitarbeiters und seiner Abteilung oder des betreffenden OGAW sowie deren Risiken als auch des Gesamtergebnisses der Verwaltungsgesellschaft, und es werden bei der Bewertung der individuellen Leistung finanzielle und nicht finanzielle Kriterien berücksichtigt;
7. die Leistungsbewertung erfolgt in einem mehrjährigen Rahmen, der der Haltedauer, die den Anteilinhabern des von der Verwaltungsgesellschaft verwalteten OGAW empfohlen wurde, angemessen ist, um zu gewährleisten, dass die Bewertung auf die längerfristige Leistung des OGAW und seiner Anlagerisiken abstellt und die tatsächliche Auszahlung erfolgsabhängiger Vergütungskomponenten über denselben Zeitraum verteilt ist;
8. eine garantierte variable Vergütung wird nur ausnahmsweise bei der Einstellung neuer Mitarbeiter gezahlt und ist auf das erste Jahr ihrer Beschäftigung beschränkt;
9. die festen und variablen Bestandteile der Gesamtvergütung stehen in einem angemessenen Verhältnis zueinander, wobei der Anteil des festen Bestandteils an der Gesamtvergütung hoch genug ist, um in Bezug auf die variablen Vergütungskomponenten völlige Flexibilität zu bieten, einschließlich der Möglichkeit, auf die Zahlung einer variablen Komponente zu verzichten;
9. Zahlungen im Zusammenhang mit der vorzeitigen Beendigung eines Vertrags spiegeln den Erfolg im Laufe der Zeit wider und sind so gestaltet, dass sie Versagen nicht belohnen;
10. die Erfolgsmessung, anhand deren variable Vergütungskomponenten oder Pools von variablen Vergütungskomponenten berechnet werden, schließt einen umfassenden Berichtigungsmechanismus für alle Arten laufender und künftiger Risiken ein;
11. je nach rechtlicher Struktur des OGAW und seinen Fondsbestimmungen muss ein erheblicher Anteil, mindestens jedoch 50 vH der variablen Vergütungskomponente aus Anteilen des betreffenden OGAW, gleichwertigen Beteiligungen oder mit Anteilen verknüpften Instrumenten oder gleichwertigen unbaren Instrumenten mit Anreizen bestehen, die gleichermaßen wirksam sind wie jedwedes der in dieser Bestimmung genannten Instrumente; der Mindestwert von 50 vH kommt nicht zur Anwendung, wenn weniger als 50 vH des von der Verwaltungsgesellschaft verwalteten Gesamtportfolios auf OGAW entfallen;
12. für die unter Z 11 genannten Instrumente gilt eine geeignete Zurückstellungspolitik, die darauf abstellt, die Anreize an den Interessen der Verwaltungsgesellschaft und der von ihr verwalteten OGAW sowie den Interessen der Anteilinhaber auszurichten;
13. ein wesentlicher Anteil, mindestens jedoch 40 vH der variablen Vergütungskomponente wird über einen Zeitraum zurückgestellt, der angesichts der Haltedauer, die den

Anteilinhabern des betreffenden OGAW empfohlen wurde, angemessen und korrekt auf die Art der Risiken dieses OGAW ausgerichtet ist;

14. der Zeitraum gemäß Z 13 beträgt mindestens drei Jahre; die im Rahmen von Regelungen zur Rückstellung der Vergütungszahlung zu zahlende Vergütung wird nicht rascher als auf anteiliger Grundlage erworben; macht die variable Komponente einen besonders hohen Betrag aus, so wird die Auszahlung von mindestens 60 vH des Betrags zurückgestellt;
15. die variable Vergütung, einschließlich des zurückgestellten Anteils, wird nur dann ausgezahlt oder verdient, wenn sie angesichts der Finanzlage der Verwaltungsgesellschaft insgesamt tragbar und aufgrund der Leistung der betreffenden Geschäftsabteilung, des OGAW und der betreffenden Person gerechtfertigt ist;
16. ein schwaches oder negatives finanzielles Ergebnis der Verwaltungsgesellschaft oder des betreffenden OGAW führt generell zu einer erheblichen Absenkung der gesamten variablen Vergütung, wobei sowohl laufende Kompensationen als auch Verringerungen bei Auszahlungen von zuvor erwirtschafteten Beträgen, auch durch Malus- oder Rückforderungsvereinbarungen, berücksichtigt werden;
17. die Altersversorgungsregelungen stehen mit Geschäftsstrategie, Zielen, Werten und langfristigen Interessen der Verwaltungsgesellschaft und des von ihr verwalteten OGAW in Einklang;
18. verlässt der Mitarbeiter die Verwaltungsgesellschaft vor Eintritt in den Ruhestand, so werden freiwillige Altersversorgungsleistungen von der Verwaltungsgesellschaft fünf Jahre lang in Form der unter Z 11 genannten Instrumente zurückbehalten. Tritt ein Mitarbeiter in den Ruhestand, werden die freiwilligen Altersversorgungsleistungen dem Mitarbeiter nach einer Wartezeit von fünf Jahren in Form der unter Z 11 genannten Instrumente ausgezahlt;
19. die Mitarbeiter müssen sich verpflichten, keine persönlichen Hedging-Strategien oder vergütungs- und haftungsbezogenen Versicherungen einzusetzen, um die in ihren Vergütungsregelungen verankerten risikoorientierten Effekte zu unterlaufen;
20. die variable Vergütung wird nicht in Form von Instrumenten oder Verfahren gezahlt, die eine Umgehung der Anforderungen dieses Bundesgesetzes erleichtern.

(2) Die in Abs. 1 festgelegten Grundsätze gelten für jede Art von Leistung, die von der Verwaltungsgesellschaft gewährt wird, für jeden direkt von dem OGAW selbst gezahlten Betrag, einschließlich Anlageerfolgsprämien (performance fees), und für jede Übertragung von Anteilen des OGAW zugunsten von Mitarbeiterkategorien, einschließlich Geschäftsleitung, Risikoträgern, Mitarbeitern mit Kontrollfunktionen und aller Mitarbeiter, die sich aufgrund ihrer Gesamtvergütung in derselben Einkommensstufe befinden wie Geschäftsleitung und Risikoträger, deren Tätigkeiten einen wesentlichen Einfluss auf ihr Risikoprofil oder das Risikoprofil der von ihnen verwalteten OGAW haben.

(3) Die FMA kann mittels Verordnung unter Bedachtnahme auf die europäischen Gepflogenheiten nähere Kriterien im Hinblick auf die Mitarbeiterkategorien gemäß § 17a Abs. 1, auf welche die Vergütungspolitik und -praxis jedenfalls anzuwenden ist, die Kriterien zur Prüfung der erheblichen Bedeutung einer Verwaltungsgesellschaft sowie die in § 17c Abs. 1 genannten Grundsätze der Vergütungspolitik festlegen.

EB zu § 17c (Art. 2 BGBl. I Nr. 115/2015):

Abs. 1 und 2 setzen Art. 14b Abs. 1 und 3 der Richtlinie 2009/65/EG um. Unter den in Abs. 1 Z 18 genannten freiwilligen Altersversorgungsleistungen wird es sich nicht um Leistungen aus einer kollektiven betrieblichen Altersvorsorgezusage (insbesondere einer Pen-

sionskassenleistung oder Leistung aus einer betrieblichen Kollektivversicherung) handeln. Mit der Verordnungsermächtigung in Abs. 3 soll der FMA in Anlehnung an § 11 Abs. 3 AIFMG die Möglichkeit gegeben werden, hinreichend bestimmt und verbindlich die europäischen Gepflogenheiten – wie beispielsweise die von ESMA zu fassenden Leitlinien – in Bezug auf die Mitarbeiterkategorien gemäß § 17a Abs. 1, auf welche die Vergütungspolitik und -praxis jedenfalls anzuwenden ist, die Kriterien zur Prüfung der erheblichen Bedeutung einer Verwaltungsgesellschaft sowie die in § 17c Abs. 1 genannten Grundsätze der Vergütungspolitik zu normieren.

Persönliche Geschäfte

§ 18. (1) Die Verwaltungsgesellschaft hat angemessene Vorkehrungen festzulegen, umzusetzen und aufrechtzuerhalten, die relevante Personen, deren Tätigkeiten zu einem Interessenkonflikt Anlass geben könnten, oder die aufgrund von Tätigkeiten, die sie für die Verwaltungsgesellschaft ausüben, Zugang zu Insider-Informationen im Sinne von Art. 7 Abs. 1 bis 4 der Verordnung (EU) Nr. 596/2014 über Marktmissbrauch (Marktmissbrauchsverordnung) und zur Aufhebung der Richtlinie 2003/6/EG und der Richtlinien 2003/124/EG, 2003/125/EG und 2004/72/EG, ABl. Nr. L 173 vom 12.06.2014 S. 1 oder zu anderen vertraulichen Informationen über OGAW oder über die mit oder für OGAW getätigten Geschäfte haben, daran hindern sollen,

1. ein persönliches Geschäft (§ 23 WAG 2007) zu tätigen, bei dem zumindest eine der folgenden Voraussetzungen erfüllt ist:
   a) Die Person darf das persönliche Geschäft nicht tätigen, das gegen ein Verbot gemäß Art. 8, 10 oder 12 oder dem Kapitel 3 der Verordnung (EU) Nr. 596/2014 verstößt;
   b) es ist mit dem Missbrauch oder der vorschriftswidrigen Weitergabe vertraulicher Informationen verbunden;
   c) es kollidiert mit einer Pflicht der Verwaltungsgesellschaft aus diesem Bundesgesetz, dem WAG 2007 oder einer gemäß der Richtlinie 2009/65/EG oder der Richtlinie 2004/39/EG erlassenen Verordnung oder wird voraussichtlich damit kollidieren;
2. außerhalb ihres regulären Beschäftigungsverhältnisses oder Dienstleistungsvertrags einer anderen Person ein Geschäft mit Finanzinstrumenten zu empfehlen, das – würde es sich um ein persönliches Geschäft (§ 23 WAG 2007) der relevanten Person handeln – unter Z 1 oder unter § 37 Abs. 2 Z 1 oder 2 WAG 2007 fiele oder einen anderweitigen Missbrauch von Informationen über laufende Aufträge darstellen würde, oder diese Person zu einem solchen Geschäft zu veranlassen;
3. außerhalb ihres regulären Beschäftigungsverhältnisses oder Dienstleistungsvertrags und unbeschadet des § 48b Abs. 1 Z 2 BörseG Informationen oder Meinungen an eine andere Person weiterzugeben, wenn der relevanten Person klar ist oder nach vernünftigem Ermessen klar sein sollte, dass diese Weitergabe die andere Person dazu veranlassen wird oder veranlassen dürfte,
   a) ein Geschäft mit Finanzinstrumenten einzugehen, das – würde es sich um ein persönliches Geschäft (§ 23 WAG 2007) der relevanten Person handeln – unter Z 1 oder unter § 37 Abs. 2 Z 1 oder 2 WAG 2007 fiele oder einen anderweitigen Missbrauch von Informationen über laufende Aufträge darstellen würde;
   b) einer anderen Person zu einem solchen Geschäft zu raten oder zu verhelfen.

(2) Die in Abs. 1 vorgeschriebenen Vorkehrungen müssen insbesondere Folgendes gewährleisten:

1. Jede unter Abs. 1 fallende relevante Person hat die Beschränkungen für persönliche Geschäfte (§ 23 WAG 2007) und die Maßnahmen, die die Verwaltungsgesellschaft im Hinblick auf persönliche Geschäfte und Informationsweitergabe gemäß Abs. 1 getroffen hat, zu kennen.
2. Die Verwaltungsgesellschaft ist unverzüglich über jedes persönliche Geschäft (§ 23 WAG 2007) einer relevanten Person zu unterrichten, und zwar entweder durch Meldung des Geschäfts oder durch andere Verfahren, die der Verwaltungsgesellschaft die Feststellung solcher Geschäfte ermöglichen.
3. Ein bei der Verwaltungsgesellschaft gemeldetes oder von dieser festgestelltes persönliches Geschäft (§ 23 WAG 2007) sowie jede Erlaubnis und jedes Verbot im Zusammenhang mit einem solchen Geschäft ist festzuhalten.

(3) Werden bestimmte Tätigkeiten von Dritten (§ 28) ausgeführt, so hat die Verwaltungsgesellschaft für die Zwecke von Abs. 2 Z 2 sicherzustellen, dass das Unternehmen, das die Tätigkeit ausführt, persönliche Geschäfte (§ 23 WAG 2007) aller relevanten Personen festhält und der Verwaltungsgesellschaft diese Informationen auf Verlangen unverzüglich vorlegt.

(4) Von Abs. 1 und 2 ausgenommen sind:

1. Persönliche Geschäfte, die im Rahmen eines Vertrags über die Portfolioverwaltung mit Ermessensspielraum getätigt werden, sofern vor Geschäftsabschluss keine diesbezüglichen Kontakte zwischen dem Portfolioverwalter und der relevanten Person oder der Person, für deren Rechnung das Geschäft getätigt wird, stattfinden;
2. persönliche Geschäfte mit OGAW oder mit Anteilen an Organismen für gemeinsame Anlagen, die nach der Rechtsvorschrift eines Mitgliedstaats, die für deren Anlagen ein gleich hohes Maß an Risikostreuung vorschreibt, der Aufsicht unterliegen, wenn die relevante Person oder jede andere Person, für deren Rechnung die Geschäfte getätigt werden, nicht an der Verwaltung dieses Organismus beteiligt ist.

EB zu § 18 (Art. 2 BGBl. I Nr. 77/2011):

Setzt Art. 13 der Richtlinie 2010/43/EU um. Relevante Personen sollen an persönlichen Geschäften gehindert werden, die durch einen Missbrauch von Informationen ermöglicht werden, die sie im Rahmen ihrer beruflichen Tätigkeit erlangt haben (so auch Erwägungsgrund 13 der Richtlinie 2010/43/EU). Diese Bestimmung steht mit den Bestimmungen des Verbotes von Insidergeschäften gemäß §§ 48a ff BörseG in Verbindung, soll aber auch Geschäfte, die dem Drittvergleich nicht standhalten und somit zum Nachteil der Verwaltungsgesellschaft oder des von ihr verwalteten OGAW-Vermögens wären, hintanhalten. Aufgrund des persönlichen Anwendungsbereiches der relevanten Personen geht sie über die Bestimmung des § 17 InvFG 1993 hinaus. Zum anderen ist das Verbot des Erwerbes von Wertpapieren des OGAW oder Verkaufes von Wertpapieren an den OGAW durch relevante Personen aber weniger absolut als jenes gemäß § 17 InvFG 1993, da ein Kontrahierungsverbot nur unter bestimmten Umständen (Ausnutzung einer Insiderposition, missbräuchliche Ausnutzung einer Information, Kollision mit einer gesetzlichen Vorschrift) normiert ist. Eine Kollision mit einer gesetzlichen Vorschrift wird, abgesehen von den Insidertatbeständen immer dann anzunehmen sein, wenn das Geschäft dem Drittvergleich nicht standhält, weil damit § 29 – die Pflicht im besten Interesse des OGAW und der Anteilinhaber zu handeln – verletzt würde. Im Hinblick auf Geschäfte des Aufsichtsrates, der von dieser Bestimmung nicht erfasst ist, ist allerdings zu bedenken, dass für diesen sehr wohl auch die § 28 BWG, §§ 48a ff BörseG gelten.

EB zu § 18 Abs. 1 (Art. 2 BGBl. I Nr. 77/2011):
Setzt Art. 13 Abs. 1 der Richtlinie 2010/43/EU um.

EB zu § 18 Abs. 1 Z 1 (Art. 2 BGBl. I Nr. 77/2011):
Setzt Art. 13 Abs. 1 Buchstabe a der Richtlinie 2010/43/EU um.

EB zu § 18 Abs. 1 Z 1 lit. a (Art. 2 BGBl. I Nr. 77/2011):
Setzt Art. 13 Abs. 1 Buchstabe a Nummer i der Richtlinie 2010/43/EU um.

EB zu § 18 Abs. 1 Z 1 lit. b (Art. 2 BGBl. I Nr. 77/2011):
Setzt Art. 13 Abs. 1 Buchstabe a Nummer ii der Richtlinie 2010/43/EU um.

EB zu § 18 Abs. 1 Z 1 lit. c (Art. 2 BGBl. I Nr. 77/2011):
Setzt Art. 13 Abs. 1 Buchstabe a Nummer iii der Richtlinie 2010/43/EU um.

EB zu § 18 Abs. 1 Z 2 (Art. 2 BGBl. I Nr. 77/2011):
Setzt Art. 13 Abs. 1 Buchstabe b der Richtlinie 2010/43/EU um.

EB zu § 18 Abs. 1 Z 3 (Art. 2 BGBl. I Nr. 77/2011):
Setzt Art. 13 Abs. 1 Buchstabe c der Richtlinie 2010/43/EU um.

EB zu § 18 Abs. 1 Z 3 lit. a (Art. 2 BGBl. I Nr. 77/2011):
Setzt Art. 13 Abs. 1 Buchstabe c Nummer i der Richtlinie 2010/43/EU um.

EB zu § 18 Abs. 1 Z 3 lit. b (Art. 2 BGBl. I Nr. 77/2011):
Setzt Art. 13 Abs. 1 Buchstabe c Nummer ii der Richtlinie 2010/43/EU um.

EB zu § 18 Abs. 2 (Art. 2 BGBl. I Nr. 77/2011):
Setzt Art. 13 Abs. 2 der Richtlinie 2010/43/EU um.

EB zu § 18 Abs. 2 Z 1 (Art. 2 BGBl. I Nr. 77/2011):
Setzt Art. 13 Abs. 2 Buchstabe a der Richtlinie 2010/43/EU um.

EB zu § 18 Abs. 2 Z 2 (Art. 2 BGBl. I Nr. 77/2011):
Setzt Art. 13 Abs. 2 Buchstabe b der Richtlinie 2010/43/EU um.

EB zu § 18 Abs. 2 Z 3 (Art. 2 BGBl. I Nr. 77/2011):
Setzt Art. 13 Abs. 2 Buchstabe c der Richtlinie 2010/43/EU um.

EB zu § 18 Abs. 3 (Art. 2 BGBl. I Nr. 77/2011):
Setzt Art. 13 Abs. 2 zweiter Unterabs. der Richtlinie 2010/43/EU um.

EB zu § 18 Abs. 4 (Art. 2 BGBl. I Nr. 77/2011):
Setzt Art. 13 Abs. 3 der Richtlinie 2010/43/EU um.

EB zu § 18 Abs. 4 Z 1 (Art. 2 BGBl. I Nr. 77/2011):
Setzt Art. 13 Abs. 3 Buchstabe a der Richtlinie 2010/43/EU um.

EB zu § 18 Abs. 4 Z 2 (Art. 2 BGBl. I Nr. 77/2011):
Setzt Art. 13 Abs. 3 Buchstabe b der Richtlinie 2010/43/EU um. Der deutsche Text der Richtlinie spricht von Geschäftsleitung des OGAW, im englischen Text ist nur von „management“ die Rede. Dem Regelungszweck entsprechend ist daher der Begriff der Geschäftsleitung in Art. 13 Abs. 3 lit. 3 der Richtlinie 2010/43/EU der Verwaltung eines OGAW gleichzuhalten, gleichgültig ob in der Form eines Sondervermögens oder einer Investmentgesellschaft. Eine Ausnahme von den Bestimmungen der Abs. 1 und 2 kommt nur in den

Fällen in Betracht, wo eine Verwaltungsgesellschaft mehrere OGAW verwaltet und die relevante Person mit der Verwaltung eines bestimmten OGAW nichts zu tun hat.

EB zu § 18 (Art. 3 BGBl. I Nr. 76/2016):

Redaktionelle Verweisanpassungen.

Aufzeichnung von Portfoliogeschäften

§ 19. (1) Die Verwaltungsgesellschaft hat sicherzustellen, dass jedes Portfoliogeschäft im Zusammenhang mit OGAW unverzüglich so aufgezeichnet wird, dass der Auftrag und das ausgeführte Geschäft im Einzelnen rekonstruiert werden können.

(2) Die in Abs. 1 genannte Aufzeichnung hat zu enthalten:

1. Den Namen oder die sonstige Bezeichnung des OGAW und der Person, die für Rechnung des OGAW handelt;
2. die zur Feststellung des betreffenden Instruments notwendigen Einzelheiten;
3. die Menge;
4. die Art des Auftrags oder des Geschäfts;
5. den Preis;
6. bei Aufträgen das Datum und die genaue Uhrzeit der Auftragsübermittlung und den Namen oder die sonstige Bezeichnung der Person, an die der Auftrag übermittelt wurde, oder bei Geschäften das Datum und die genaue Uhrzeit der Geschäftsentscheidung und -ausführung;
7. den Namen der Person, die den Auftrag übermittelt oder das Geschäft ausführt;
8. gegebenenfalls die Gründe für den Widerruf eines Auftrags;
9. bei ausgeführten Geschäften die Gegenpartei und den Ausführungsplatz.

(3) Unter einem Ausführungsplatz gemäß Abs. 2 Z 9 ist ein geregelter Markt im Sinne von § 1 Abs. 2 BörseG, ein multilaterales Handelssystem im Sinne von § 1 Z 9 WAG 2007, ein systematischer Internalisierer im Sinne von § 1 Z 10 WAG 2007 oder ein Market Maker (§ 56 Abs. 1 BörseG), ein sonstiger Liquiditätsgeber oder eine Einrichtung, die in einem Drittland eine ähnliche Funktion erfüllt, zu verstehen.

EB zu § 19 (Art. 2 BGBl. I Nr. 77/2011):

Setzt Art. 14 der Richtlinie 2010/43/EU um. Für jedes Portfoliogeschäft im Zusammenhang mit OGAW müssen Ursprung, Gegenparteien, Art, Abschlusszeitpunkt und -ort rekonstruiert werden können. Zu diesem Zweck werden Anforderungen an die Aufzeichnung von Portfoliogeschäften und Zeichnungs- und Rücknahmeaufträgen festgelegt (so auch Erwägungsgrund 14 der Richtlinie 2010/43/EU).

EB zu § 19 Abs. 1 (Art. 2 BGBl. I Nr. 77/2011):

Setzt Art. 14 Abs. 1 der Richtlinie 2010/43/EU um.

EB zu § 19 Abs. 2 (Art. 2 BGBl. I Nr. 77/2011):

Setzt Art. 14 Abs. 2 der Richtlinie 2010/43/EU um.

EB zu § 19 Abs. 3 (Art. 2 BGBl. I Nr. 77/2011):

Setzt Art. 14 Abs. 3 der Richtlinie 2010/43/EU um. Der Begriff des geregelten Marktes entspricht dem in der Richtlinie 2004/39/EG und im WAG 2007 verwendeten Begriff.

Aufzeichnung von Zeichnungs- und Rücknahmeaufträgen

§ 20. (1) Die Verwaltungsgesellschaft hat angemessene Vorkehrungen zu treffen, um zu gewährleisten, dass die eingegangenen OGAW-Zeichnungs- und -Rücknahmeaufträge unmittelbar nach ihrem Eingang zentral erfasst und aufgezeichnet werden.

(2) Folgende Angaben sind aufzuzeichnen:

1. Name des betreffenden OGAW;
2. Person, die den Auftrag erteilt oder übermittelt;
3. Person, die den Auftrag erhält;
4. Datum und Uhrzeit des Auftrags;
5. Zahlungsbedingungen und -mittel;
6. Art des Auftrags;
7. Datum der Auftragsausführung;
8. Zahl der gezeichneten oder zurückgenommenen Anteile;
9. Zeichnungs- oder Rücknahmepreis für jeden Anteil;
10. Gesamtzeichnungs- oder –rücknahmewert der Anteile;
11. Bruttowert des Auftrags einschließlich Zeichnungsgebühren oder Nettobetrag nach Abzug von Rücknahmegebühren.

(3) *(Anm.: aufgehoben durch BGBl. I Nr. 115/2015)*

EB zu § 20 (Art. 2 BGBl. I Nr. 77/2011):

Setzt Art. 15 der Richtlinie 2010/43/EU um. Die ordnungsgemäße Erfassung der Zeichnungs- und Rücknahmeaufträge ist eine zentrale Pflicht im Verhältnis zum Anteilinhaber.

EB zu § 20 Abs. 1 (Art. 2 BGBl. I Nr. 77/2011):

Setzt Art. 15 Abs. 1 der Richtlinie 2010/43/EU um.

EB zu § 20 Abs. 2 (Art. 2 BGBl. I Nr. 77/2011):

Setzt Art. 15 Abs. 2 der Richtlinie 2010/43/EU um. Die ordnungsgemäße Erfassung der Zeichnungs- und Rücknahmeaufträge ist eine zentrale Pflicht im Verhältnis zum Anteilinhaber. Die Pflicht zur „unmittelbaren" Aufzeichnung nach dem Eingang der Zeichnungs- und Rücknahmeaufträge bezieht sich dabei auf jene Angaben, die zum Zeitpunkt des Auftragseingangs tatsächlich und unwiderruflich feststehen bzw. festgestellt werden können. Bei allen anderen Angaben ist als Zeitpunkt der unmittelbaren Aufzeichnungspflicht auf das Vorliegen dieser Angaben abzustellen (insb. die Stückanzahl gemäß Abs. 2 Z 8 im Fall von Gegenwertaufträgen und die Angaben gemäß Abs. 2 Z 9 bis 11 bei allen Aufträgen).

EB zu § 20 Abs. 3 (Art. 2 BGBl. I Nr. 115/2015):

Der Entfall der Bestimmung korrespondiert mit dem Entfall von § 5 Abs. 5.

Aufbewahrungspflichten

§ 21. (1) Die Verwaltungsgesellschaft hat die in den §§ 19 und 20 genannten Aufzeichnungen für einen Zeitraum von mindestens fünf Jahren aufzubewahren.

(2) Bei Vorliegen von außergewöhnlichen Umständen kann die FMA verlangen, dass die Verwaltungsgesellschaft alle oder einige dieser Aufzeichnungen für einen längeren, von der Art des Instruments oder Portfoliogeschäfts abhängigen Zeitraum aufbewahrt, wenn dies notwendig ist, um der FMA die Wahrnehmung ihrer Aufsichtsfunktion gemäß diesem Bundesgesetz oder gemäß der Richtlinie 2009/65/EG erlassenen EU-Verordnungen zu ermöglichen.

(3) Die FMA kann in dem Bescheid, mit dem über die Rücknahme der Konzession abgesprochen wird, anordnen, dass die Aufzeichnungen bis zum Ablauf eines höchstens fünfjährigen Zeitraumes aufzubewahren sind.

(4) Überträgt die Verwaltungsgesellschaft gemäß §§ 61 oder 62 Abs. 2 die Aufgaben, die sie im Zusammenhang mit dem OGAW hat, auf eine andere Verwaltungsgesellschaft, so kann die FMA Vorkehrungen im Hinblick darauf verlangen, dass dieser Gesellschaft die Aufzeichnungen für die vorangegangenen fünf Jahre zur Verfügung gestellt werden.

(5) Die Aufzeichnungen sind auf einem Datenträger aufzubewahren, auf dem sie so gespeichert werden können, dass die FMA auch in Zukunft auf sie zugreifen kann und die folgenden Voraussetzungen erfüllt sind:

1. Die FMA muss ohne weiteres auf die Aufzeichnungen zugreifen und jede maßgebliche Stufe der Bearbeitung jedes einzelnen Portfoliogeschäfts rekonstruieren können;
2. jede Korrektur oder sonstige Änderung sowie der Inhalt der Aufzeichnungen vor einer solchen Korrektur oder sonstigen Änderung müssen leicht feststellbar sein;
3. die Aufzeichnungen dürfen nicht anderweitig manipulierbar oder zu verändern sein.

(6) *(Anm.: aufgehoben durch BGBl. I Nr. 115/2015)*

EB zu § 21 (Art. 2 BGBl. I Nr. 77/2011):

Setzt Art. 16 der Richtlinie 2010/43/EU um. Korrespondierend zu den Aufzeichnungspflichten steht die Pflicht zur Aufbewahrung der Unterlagen im Interesse der Kunden, aber auch der Aufsicht und der Gläubiger. Die Aufbewahrung der Unterlagen ist ein zentrales Element ordentlicher Geschäftsgebarung und „corporate governance".

EB zu § 21 Abs. 1 (Art. 2 BGBl. I Nr. 77/2011):

Setzt Art. 16 Abs. 1 erster Unterabs. der Richtlinie 2010/43/EU um.

EB zu § 21 Abs. 2 (Art. 2 BGBl. I Nr. 77/2011):

Setzt Art. 16 Abs. 1 zweiter Unterabs. der Richtlinie 2010/43/EU um.

EB zu § 21 Abs. 3 (Art. 2 BGBl. I Nr. 77/2011):

Setzt Art. 16 Abs. 2 erster Unterabs. der Richtlinie 2010/43/EU um.

EB zu § 21 Abs. 4 (Art. 2 BGBl. I Nr. 77/2011):

Setzt Art. 16 Abs. 2 zweiter Unterabs. der Richtlinie 2010/43/EU um.

EB zu § 21 Abs. 5 (Art. 2 BGBl. I Nr. 77/2011):

Setzt Art. 16 Abs. 3 der Richtlinie 2010/43/EU um. Grundsätzlich sind die Aufzeichnungen fünf Jahre, auch für die Zwecke der FMA aufzubewahren. Die Art der Archivierung (Aufbewahrung oder Speicherung) hat aber so zu erfolgen, dass die FMA – falls dies aus besonderen Gründen erforderlich ist – auch darüber hinaus auf die Daten zugreifen kann, das heißt, diese auch dann noch abrufbar oder einsehbar sind. Dies kann beispielsweise in einem laufenden Verfahren der Fall sein, wenn inmitten dieses Verfahrens die Fünfjahresfrist abläuft.

EB zu § 21 Abs. 6 (Art. 2 BGBl. I Nr. 115/2015):

Der Entfall der Bestimmung korrespondiert mit dem Entfall von § 5 Abs. 5.

Kriterien für die Feststellung von Interessenkonflikten

§ 22. (1) Die Verwaltungsgesellschaft hat die Arten von Interessenkonflikten, die bei der Dienstleistungserbringung und der Ausführung von Tätigkeiten auftreten und den Interessen eines OGAW abträglich sein können, zu ermitteln und dabei zu berücksichtigen:

1. ihre eigenen Interessen, einschließlich solcher, die aus der Zugehörigkeit der Verwaltungsgesellschaft zu einer Gruppe oder aus der Erbringung von Dienstleistungen und Tätigkeiten resultieren, die Interessen der Kunden und die Verpflichtung der Verwaltungsgesellschaft gegenüber dem OGAW;
2. die Interessen von zwei oder mehreren verwalteten OGAW.

(2) Weiters hat die Verwaltungsgesellschaft bei der Ermittlung von Interessenkonflikten zumindest zu berücksichtigen, ob auf die Verwaltungsgesellschaft, eine relevante Person oder eine Person, die direkt oder indirekt durch Kontrolle mit der Verwaltungsgesellschaft verbunden ist, aufgrund der Tatsache, dass sie in der kollektiven Portfolioverwaltung oder einem anderen Bereich tätig ist, einer der folgenden Sachverhalte zutrifft:

1. Es besteht die Gefahr, dass die Verwaltungsgesellschaft oder die betreffende Person zulasten des OGAW einen finanziellen Vorteil erzielen oder einen finanziellen Verlust vermeiden wird;
2. die Verwaltungsgesellschaft oder die betreffende Person hat am Ergebnis einer für den OGAW oder einen anderen Kunden erbrachten Dienstleistung oder eines für den OGAW oder einen anderen Kunden getätigten Geschäfts ein Interesse, das sich nicht mit dem Interesse des OGAW an diesem Ergebnis deckt;
3. für die Verwaltungsgesellschaft oder die betreffende Person gibt es einen finanziellen oder sonstigen Anreiz, die Interessen eines anderen Kunden oder einer anderen Kundengruppe über die Interessen des OGAW zu stellen;
4. die Verwaltungsgesellschaft oder die betreffende Person führt für den OGAW und für einen oder mehrere andere Kunden, bei denen es sich nicht um OGAW handelt, die gleichen Tätigkeiten aus;
5. die Verwaltungsgesellschaft oder die betreffende Person erhält aktuell oder künftig von einer anderen Person als dem OGAW in Bezug auf Leistungen der kollektiven Portfolioverwaltung, die für den OGAW erbracht werden, zusätzlich zu der hierfür üblichen Provision oder Gebühr einen Anreiz in Form von Geld, Gütern oder Dienstleistungen.

EB zu § 22 (Art. 2 BGBl. I Nr. 77/2011):

Setzt Art. 17 der Richtlinie 2010/43/EU um. Es werden Kriterien für die Feststellung von Interessenkonflikten festgelegt. Die Identifizierung möglicher Situationen ist ein erster Schritt zur Vermeidung derselben. Bei der Beurteilung, ob ein Interessenkonflikt vorliegt, sind sämtliche Tätigkeiten und Dienstleistungen, die die Verwaltungsgesellschaft erbringt, einzubeziehen, nicht nur die kollektive Portfolioverwaltung.

EB zu § 22 Abs. 1 (Art. 2 BGBl. I Nr. 77/2011):

Setzt Art. 17 Abs. 2 der Richtlinie 2010/43/EU um.

EB zu § 22 Abs. 1 Z 1 (Art. 2 BGBl. I Nr. 77/2011):

Setzt Art. 17 Abs. 2 Buchstabe a der Richtlinie 2010/43/EU um.

EB zu § 22 Abs. 1 Z 2 (Art. 2 BGBl. I Nr. 77/2011):

Setzt Art. 17 Abs. 2 Buchstabe b der Richtlinie 2010/43/EU um.

EB zu § 22 Abs. 2 (Art. 2 BGBl. I Nr. 77/2011):

Setzt Art. 17 Abs. 1 der Richtlinie 2010/43/EU um.

EB zu § 22 Abs. 2 Z 1 (Art. 2 BGBl. I Nr. 77/2011):

Setzt Art. 17 Abs. 1 Buchstabe a der Richtlinie 2010/43/EU um.

EB zu § 22 Abs. 2 Z 2 (Art. 2 BGBl. I Nr. 77/2011):
Setzt Art. 17 Abs. 1 Buchstabe b der Richtlinie 2010/43/EU um.

EB zu § 22 Abs. 2 Z 3 (Art. 2 BGBl. I Nr. 77/2011):
Setzt Art. 17 Abs. 1 Buchstabe c der Richtlinie 2010/43/EU um.

EB zu § 22 Abs. 2 Z 4 (Art. 2 BGBl. I Nr. 77/2011):
Setzt Art. 17 Abs. 1 Buchstabe d der Richtlinie 2010/43/EU um.

EB zu § 22 Abs. 2 Z 5 (Art. 2 BGBl. I Nr. 77/2011):
Setzt Art. 17 Abs. 1 Buchstabe e der Richtlinie 2010/43/EU um.

Grundsätze für den Umgang mit Interessenkonflikten

§ **23.** (1) Die Verwaltungsgesellschaft hat wirksame Grundsätze für den Umgang mit Interessenkonflikten festzulegen, einzuhalten und aufrechtzuerhalten. Diese Grundsätze sind schriftlich festzulegen und müssen der Größe und Organisation der Verwaltungsgesellschaft sowie der Art, dem Umfang und der Komplexität ihrer Geschäfte angemessen sein.

(2) Gehört die Verwaltungsgesellschaft einer Gruppe an, müssen diese Grundsätze darüber hinaus allen Umständen Rechnung tragen, die der Gesellschaft bekannt sind oder sein sollten und die aufgrund der Struktur und der Geschäftstätigkeiten anderer Gruppenmitglieder zu einem Interessenkonflikt Anlass geben könnten.

(3) In den gemäß Abs. 1 und 2 festgelegten Grundsätzen für den Umgang mit Interessenkonflikten ist festzulegen:

1. Im Hinblick auf die Leistungen der kollektiven Portfolioverwaltung, die von oder für die Verwaltungsgesellschaft erbracht werden, unter welchen Umständen ein Interessenkonflikt, der den Interessen des OGAW oder eines oder mehrerer anderer Kunden erheblich schaden könnte, vorliegt oder entstehen könnte;
2. welche Verfahren für den Umgang mit diesen Konflikten einzuhalten und welche Maßnahmen zu treffen sind.

EB zu § 23 (Art. 2 BGBl. I Nr. 77/2011):
Setzt Art. 18 der Richtlinie 2010/43/EU um. Verwaltungsgesellschaften müssen über angemessene Verfahren verfügen, um bei unvermeidlichen Interessenkonflikten eine faire Behandlung der OGAW zu gewährleisten. Verwaltungsgesellschaften haben sicherzustellen, dass in einem solchen Fall die Geschäftsleitung oder eine andere zuständige interne Stelle unverzüglich informiert wird, damit sie alle zur Gewährleistung einer fairen Behandlung des OGAW und seiner Anteilinhaber notwendigen Entscheidungen treffen kann (so auch Erwägungsgrund 15 der Richtlinie 2010/43/EU).

EB zu § 23 Abs. 1 (Art. 2 BGBl. I Nr. 77/2011):
Setzt Art. 18 Abs. 1 erster Unterabs. der Richtlinie 2010/43/EU um.

EB zu § 23 Abs. 2 (Art. 2 BGBl. I Nr. 77/2011):
Setzt Art. 18 Abs. 1 zweiter Unterabs. der Richtlinie 2010/43/EU um.

EB zu § 23 Abs. 3 (Art. 2 BGBl. I Nr. 77/2011):
Setzt Art. 18 Abs. 2 der Richtlinie 2010/43/EU um.

EB zu § 23 Abs. 3 Z 1 (Art. 2 BGBl. I Nr. 77/2011):
Setzt Art. 18 Abs. 2 Buchstabe a der Richtlinie 2010/43/EU um.

EB zu § 23 Abs. 3 Z 2 (Art. 2 BGBl. I Nr. 77/2011):
Setzt Art. 18 Abs. 2 Buchstabe b der Richtlinie 2010/43/EU um.

Unabhängigkeit beim Konfliktmanagement

§ 24. (1) Die in § 23 Abs. 3 Z 2 genannten Verfahren und Maßnahmen sind so zu gestalten, dass relevante Personen, die verschiedene Tätigkeiten ausführen, die einen Interessenkonflikt nach sich ziehen, diese Tätigkeiten mit einem Grad an Unabhängigkeit ausführen, der der Größe und dem Betätigungsfeld der Verwaltungsgesellschaft und der Gruppe, der sie angehört, sowie der Erheblichkeit des Risikos, dass die Interessen von Kunden geschädigt werden, angemessen ist. Weiters haben diese Verfahren und Maßnahmen – soweit dies zur Gewährleistung des geforderten Grades an Unabhängigkeit der Verwaltungsgesellschaft notwendig und angemessen ist – Folgendes zu beinhalten:

1. Wirksame Verfahren, die den Austausch von Informationen zwischen relevanten Personen, die in der kollektiven Portfolioverwaltung tätig sind und deren Tätigkeiten einen Interessenkonflikt nach sich ziehen könnten, verhindern oder kontrollieren, wenn dieser Informationsaustausch den Interessen eines oder mehrerer Kunden schaden könnte;
2. die gesonderte Beaufsichtigung relevanter Personen, zu deren Hauptaufgaben die kollektive Portfolioverwaltung für Kunden oder die Erbringung von Dienstleistungen für Kunden oder Anleger gehört, deren Interessen möglicherweise kollidieren oder die in anderer Weise unterschiedliche, möglicherweise kollidierende Interessen vertreten, was auch die Interessen der Verwaltungsgesellschaft einschließt;
3. die Beseitigung jeder direkten Verbindung zwischen der Vergütung relevanter Personen, die sich hauptsächlich mit einer Tätigkeit beschäftigen, und der Vergütung oder den Einnahmen anderer relevanter Personen, die sich hauptsächlich mit einer anderen Tätigkeit beschäftigen, wenn bei diesen Tätigkeiten ein Interessenkonflikt entstehen könnte;
4. Maßnahmen, die jeden ungebührlichen Einfluss auf die Art und Weise, in der eine relevante Person die kollektive Portfolioverwaltung ausführt, verhindern oder einschränken;
5. Maßnahmen, die die gleichzeitige oder anschließende Beteiligung einer relevanten Person an einer anderen kollektiven Portfolioverwaltung verhindern oder kontrollieren, wenn eine solche Beteiligung einem einwandfreien Konfliktmanagement im Wege stehen könnte.

(2) Sollten eine oder mehrere dieser Maßnahmen und Verfahren gemäß Abs. 1 in der Praxis nicht das erforderliche Maß an Unabhängigkeit gewährleisten, so haben die Verwaltungsgesellschaften für die genannten Zwecke erforderliche und angemessene alternative oder zusätzliche Maßnahmen und Verfahren festzulegen.

EB zu § 24 (Art. 2 BGBl. I Nr. 77/2011):
Setzt Art. 19 der Richtlinie 2010/43/EU um. Es sind Grundsätze zum Umgang mit Interessenkonflikten festzulegen.

EB zu § 24 Abs. 1 (Art. 2 BGBl. I Nr. 77/2011):
Setzt Art. 19 Abs. 1 und Abs. 2 erster Unterabs. der Richtlinie 2010/43/EU um.

EB zu § 24 Abs. 1 Z 1 (Art. 2 BGBl. I Nr. 77/2011):
Setzt Art. 19 Abs. 2 Buchstabe a der Richtlinie 2010/43/EU um.

EB zu § 24 Abs. 1 Z 2 (Art. 2 BGBl. I Nr. 77/2011):
Setzt Art. 19 Abs. 2 Buchstabe b der Richtlinie 2010/43/EU um.

EB zu § 24 Abs. 1 Z 3 (Art. 2 BGBl. I Nr. 77/2011):
Setzt Art. 19 Abs. 2 Buchstabe c der Richtlinie 2010/43/EU um.

EB zu § 24 Abs. 1 Z 4 (Art. 2 BGBl. I Nr. 77/2011):
Setzt Art. 19 Abs. 2 Buchstabe d der Richtlinie 2010/43/EU um.

EB zu § 24 Abs. 1 Z 5 (Art. 2 BGBl. I Nr. 77/2011):
Setzt Art. 19 Abs. 2 Buchstabe e der Richtlinie 2010/43/EU um.

EB zu § 24 Abs. 2 (Art. 2 BGBl. I Nr. 77/2011):
Setzt Art. 19 Abs. 2 zweiter Unterabs. der Richtlinie 2010/43/EU um.

Umgang mit Tätigkeiten, die einen potenziell nachteiligen Interessenkonflikt nach sich ziehen

§ **25.** (1) Die Verwaltungsgesellschaft hat Aufzeichnungen darüber zu führen, bei welchen Arten der von ihnen oder für sie erbrachten kollektiven Portfolioverwaltung ein Interessenkonflikt aufgetreten ist oder bei laufender Portfolioverwaltung noch auftreten könnte, bei dem das Risiko, dass die Interessen eines oder mehrerer OGAW oder anderer Kunden Schaden nehmen, erheblich ist, und diese Aufzeichnungen regelmäßig zu aktualisieren.

(2) In Fällen, in denen die organisatorischen oder administrativen Vorkehrungen der Verwaltungsgesellschaft zum Umgang mit Interessenkonflikten nicht ausreichen, um nach vernünftigem Ermessen zu gewährleisten, dass das Risiko einer Schädigung der Interessen des OGAW oder seiner Anteilinhaber ausgeschlossen werden kann, ist die Geschäftsleitung oder eine andere zuständige interne Stelle der Verwaltungsgesellschaft umgehend zu informieren, damit sie die notwendigen Entscheidungen treffen kann, um zu gewährleisten, dass die Verwaltungsgesellschaft stets im besten Interesse des OGAW und seiner Anteilinhaber handelt. Die Verwaltungsgesellschaft hat die Anleger gemäß § 132 Abs. 2 zu informieren.

EB zu § 25 (Art. 2 BGBl. I Nr. 77/2011):
Setzt Art. 20 der Richtlinie 2010/43/EU um. Von der Pflicht zur Unterrichtung der Geschäftsleitung oder einer anderen zuständigen internen Stelle der Verwaltungsgesellschaft, damit diese die notwendigen Entscheidungen treffen kann, unberührt bleibt die Pflicht der Verwaltungsgesellschaften und OGAW, beispielsweise in ihren regelmäßigen Berichten Situationen anzuzeigen, in denen die organisatorischen oder administrativen Vorkehrungen für Interessenkonflikte nicht ausgereicht haben, um nach vernünftigem Ermessen zu gewährleisten, dass dem Risiko einer Schädigung von Kundeninteressen vorgebeugt ist. Die Entscheidung der Verwaltungsgesellschaft ist in diesen Berichten unter Berücksichtigung der internen Grundsätze und Verfahren, die zur Ermittlung, Vorbeugung und Regelung von Interessenkonflikten beschlossen wurden, zu erläutern und zu begründen, selbst wenn die Entscheidung darin besteht, nichts zu unternehmen (so auch Erwägungsgrund 17 der Richtlinie 2010/43/EU).

EB zu § 25 Abs. 1 (Art. 2 BGBl. I Nr. 77/2011):
Setzt Art. 20 Abs. 1 der Richtlinie 2010/43/EU um.

EB zu § 25 Abs. 2 (Art. 2 BGBl. I Nr. 77/2011):

Setzt Art. 20 Abs. 2 und 3 der Richtlinie 2010/43/EU um. Anders als bei Art. 22 Abs. 4 der Richtlinie 2006/73/EG und ihr folgend § 35 Abs. 5 WAG 2007, geht aus dem Wortlaut des Art. 20 Abs. 3 der Richtlinie 2010/43/EU nicht hervor, in welcher zeitlichen Abfolge oder Zeitrahmen die Information der Anleger zu erfolgen hat. Aus dem Gesamtzusammenhang der Regelung wird aber deutlich, dass eine Information jedenfalls so rasch wie möglich zu erfolgen hat. Die Verwaltungsgesellschaft genügt ihrer Informationspflicht gegenüber den Anlegern, wenn sie dieser in den periodischen Berichten nachkommt.

Strategien für die Ausübung von Stimmrechten bei Veranlagungen

§ 26. (1) Die Verwaltungsgesellschaft hat wirksame und angemessene Strategien im Hinblick darauf auszuarbeiten, wann und wie die mit den Instrumenten in den verwalteten Portfolios verbundenen Stimmrechte ausgeübt werden sollen, damit dies ausschließlich zum Nutzen des betreffenden OGAW ist.

(2) Die in Abs. 1 genannten Strategien haben Maßnahmen und Verfahren zu enthalten, die

1. eine Verfolgung der maßgeblichen gesellschaftsrechtlichen Vorgänge ermöglichen;
2. sicherstellen, dass die Ausübung von Stimmrechten mit den Anlagezielen und der Anlagepolitik des jeweiligen OGAW in Einklang steht;
3. Interessenkonflikte, die aus der Ausübung von Stimmrechten resultieren, verhindern oder regeln.

EB zu § 26 (Art. 2 BGBl. I Nr. 77/2011):

Setzt Art. 21 der Richtlinie 2010/43/EU um. Die Verwaltungsgesellschaften sind verpflichtet, für die Ausübung der Stimmrechte, die mit den Finanzinstrumenten im Portfolio der von ihnen verwalteten OGAW verbunden sind, eine wirksame und angemessene Strategie festzulegen, anzuwenden und aufrechtzuerhalten, um so zu gewährleisten, dass diese Rechte zum ausschließlichen Nutzen der OGAW ausgeübt werden. Informationen über diese Strategie und ihre Anwendung sollen für die Anleger, beispielsweise über eine Website frei verfügbar sein. Je nach Fall und Anlagestrategie des OGAW könnte auch die Entscheidung, Stimmrechte nicht auszuüben, unter bestimmten Umständen so gesehen werden, dass dies ausschließlich dem OGAW nutzt. Die Möglichkeit, dass eine Investmentgesellschaft selbst abstimmt, wird dadurch allerdings nicht ausgeschlossen (so auch Erwägungsgrund 16 der Richtlinie 2010/43/EU). Der Begriff des „corporate event“ wurde in dem Zusammenhang mit „gesellschaftsrechtliche Vorgänge“ übersetzt.

EB zu § 26 Abs. 1 (Art. 2 BGBl. I Nr. 77/2011):

Setzt Art. 21 Abs. 1 der Richtlinie 2010/43/EU um.

EB zu § 26 Abs. 2 (Art. 2 BGBl. I Nr. 77/2011):

Setzt Art. 21 Abs. 2 der Richtlinie 2010/43/EU um.

Anlegerschutz bei individueller Portfolioverwaltung

§ 27. Eine Verwaltungsgesellschaft, deren Konzession sich auch auf die Portfolioverwaltung mit Ermessensspielraum gemäß § 5 Abs. 2 Z 3 erstreckt,

1. darf das Vermögen des Anlegers weder ganz noch teilweise in Anteilen der von ihr verwalteten OGAW anlegen, es sei denn, der Kunde hat zuvor eine allgemeine Zustimmung gegeben; und
2. unterliegt in Bezug auf die Dienstleistungen gemäß § 5 Abs. 2 Z 3 den Vorschriften gemäß § 45 Abs. 1 ESAEG.

EB zu § 27 (Art. 2 BGBl. I Nr. 77/2011):
Setzt Art. 12 Abs. 2 der Richtlinie 2009/65/EG um und entspricht inhaltlich § 2 Abs. 13 InvFG 1993. Sofern die Verwaltungsgesellschaft individuelle Portfolioverwaltung durchführt, muss sie Mitglied einer Anlegerentschädigungseinrichtung sein.

EB zu § 27 Z 2 (Art. 6 BGBl. I Nr. 117/2015):
Hiermit werden jene Verweise, die bisher auf das BWG verwiesen haben, an die durch das ESAEG neu geschaffene Struktur angepasst.

Übertragung von Aufgaben der Verwaltungsgesellschaft an Dritte

§ 28. (1) Die Verwaltungsgesellschaft ist berechtigt, eine oder mehrere ihrer Aufgaben gemäß § 5 Abs. 2 zum Zwecke einer effizienteren Geschäftsführung an Dritte zu übertragen. Der Dritte handelt hiebei für Rechnung der Anteilinhaber. Folgende Voraussetzungen müssen dabei erfüllt sein:
1. Die Verwaltungsgesellschaft muss der FMA unverzüglich gemäß § 151 die Übertragung anzeigen; die FMA hat diese Informationen unverzüglich den zuständigen Behörden des Herkunftmitgliedstaats des OGAW gemäß § 161 zu übermitteln;
2. der Auftrag darf die Wirksamkeit der Beaufsichtigung der Verwaltungsgesellschaft in keiner Weise beeinträchtigen; insbesondere darf er weder die Verwaltungsgesellschaft daran hindern, im Interesse ihrer Anleger zu handeln, noch darf er verhindern, dass der OGAW im Interesse der Anleger verwaltet wird;
3. wenn die Übertragung die kollektive Portfolioverwaltung betrifft, so darf der Auftrag nur Unternehmen erteilt werden, die für die Zwecke der Vermögensverwaltung konzessioniert oder eingetragen sind und einer Aufsicht unterliegen; die Übertragung muss mit den von der Verwaltungsgesellschaft regelmäßig festgelegten Vorgaben für die Verteilung der Anlagen in Einklang stehen;
4. wenn der Auftrag die kollektive Portfolioverwaltung betrifft und einem Drittlandsunternehmen erteilt wird, so muss weiters die Zusammenarbeit zwischen der FMA und den betroffenen Aufsichtsbehörden sichergestellt sein;
5. der Verwahrstelle oder anderen Unternehmen, deren Interessen mit denen der Verwaltungsgesellschaft oder der Anteilinhaber kollidieren können, darf kein Auftrag für die Hauptdienstleistung der kollektiven Portfolioverwaltung (§ 5 Abs. 2 Z 1 lit. a) erteilt werden;
6. es muss sichergestellt sein, dass die Verwaltungsgesellschaft die Tätigkeiten des Unternehmens, dem der Auftrag erteilt wurde, jederzeit wirksam überwachen kann;
7. es muss sichergestellt sein, dass die Verwaltungsgesellschaft den Unternehmen, denen Aufgaben übertragen wurden, jederzeit weitere Anweisungen erteilen kann und der Auftrag jederzeit mit sofortiger Wirkung entzogen werden kann, wenn dies im Interesse der Anleger ist;
8. unter Berücksichtigung der Art der zu übertragenden Aufgaben muss das Unternehmen, dem diese Aufgaben übertragen werden, über die entsprechende Qualifikation verfügen und in der Lage sein, die betreffenden Aufgaben wahrzunehmen;

9. in den OGAW-Prospekten (§ 131) sind die übertragenen Aufgaben aufzulisten;
10. werden Tätigkeiten im Bereich des Risikomanagements an Dritte übertragen, ist überdies § 30 Abs. 3 einzuhalten.

(2) Die Pflichten der Verwaltungsgesellschaft sowie die Pflichten der Depotbank gemäß diesem Bundesgesetz werden durch eine solche Übertragung nicht berührt. Die Verwaltungsgesellschaft haftet zwingend für das Verhalten des Dritten wie für ihr eigenes Verhalten. Die Verwaltungsgesellschaft darf ihre Aufgaben nicht in einem Umfang übertragen, der sie zu einer Briefkastenfirma werden lässt; von einem Briefkastenunternehmen ist dann auszugehen, wenn die Verwaltungsgesellschaft ihre Geschäftstätigkeit weitgehend auf Dritte überträgt. Die datenschutzrechtlich relevanten Bestimmungen (§§ 10 ff DSG 2000) sind einzuhalten.

EB zu § 28 (Art. 2 BGBl. I Nr. 77/2011):

Setzt Art. 13 der Richtlinie 2009/65/EG um und entspricht inhaltlich § 3 Abs. 3 InvFG 1993. Die Übertragung eines Teils der Tätigkeiten einer Verwaltungsgesellschaft an Dritte ist grundsätzlich zulässig. Bei der Entscheidung, ob ein Dritter, dem bestimmte Aufgaben übertragen werden sollen, für die Art der auszuführenden Tätigkeiten als qualifiziert und befähigt angesehen werden kann, sollte die Verwaltungsgesellschaft mit der gebotenen Sorgfalt verfahren. Der Dritte sollte deshalb in Bezug auf die auszuführende Tätigkeit alle Anforderungen an Organisation und Vermeidung von Interessenkonflikten erfüllen. Daraus folgt auch, dass die Verwaltungsgesellschaft sich zu vergewissern hat, dass der Dritte die notwendigen Maßnahmen zur Einhaltung dieser Anforderungen getroffen hat, und dass die Verwaltungsgesellschaft die Einhaltung dieser Anforderungen durch den Dritten wirksam zu überwachen hat. Ist der Beauftragte dafür verantwortlich, dasws die für die delegierten Tätigkeiten geltenden Bestimmungen eingehalten werden, so sind für die Überwachung der delegierten Tätigkeiten gleichwertige organisatorische Anforderungen vorzusehen. Es gelten auch die gleichen Bestimmungen zur Vermeidung von Interessenkonflikten. Wenn die Verwaltungsgesellschaft die Qualifikation und Fähigkeit mit der gebotenen Sorgfalt prüft, so sollte sie dabei berücksichtigen können, dass der Dritte, dem Aufgaben übertragen werden, nach Möglichkeit dem WAG 2007 oder der Richtlinie 2004/39/EG unterliegt (so auch Erwägungsgrund 4 der Richtlinie 2010/43/EU). Die Möglichkeit zur Übertragung bestimmter Aufgaben an Dritte soll grundsätzlich eine effiziente Geschäftstätigkeit ermöglichen. Die FMA als zuständige Behörde des Herkunftmitgliedstaates hat sicherzustellen, dass die Verwaltungsgesellschaft, der sie eine Konzession erteilt hat, nicht die Gesamtheit ihrer Aufgaben auf einen oder mehrere Dritte überträgt, um so zu einer „Briefkastengesellschaft" zu werden, und dass diese Aufträge eine wirksame Beaufsichtigung der Verwaltungsgesellschaft nicht behindern. Die Tatsache, dass die Verwaltungsgesellschaft ihre Aufgaben übertragen hat, darf auf keinen Fall die Haftung dieser Gesellschaft und der Verwahrstelle gegenüber den Anteilinhabern und den zuständigen Behörden beeinträchtigen (so auch Erwägungsgrund 16 der Richtlinie 2009/65/EG).

EB zu § 28 Abs. 1 (Art. 2 BGBl. I Nr. 77/2011):

Setzt Art. 13 Abs. 1 der Richtlinie 2009/65/EG um und entspricht inhaltlich § 3 Abs. 3 (Einleitungsteil) InvFG 1993.

EB zu § 28 Abs. 1 Z 1 (Art. 2 BGBl. I Nr. 77/2011):

Setzt Art. 13 Abs. 1 Buchstabe a der Richtlinie 2009/65/EG um und entspricht inhaltlich § 3 Abs. 3 Z 1 InvFG 1993.

EB zu § 28 Abs. 1 Z 2 (Art. 2 BGBl. I Nr. 77/2011):

Setzt Art. 13 Abs. 1 Buchstabe b der Richtlinie 2009/65/EG um und entspricht inhaltlich § 3 Abs. 3 Z 2 InvFG 1993.

EB zu § 28 Abs. 1 Z 3 (Art. 2 BGBl. I Nr. 77/2011):

Setzt Art. 13 Abs. 1 Buchstabe c der Richtlinie 2009/65/EG um und entspricht inhaltlich § 3 Abs. 3 Z 3 InvFG 1993. Die Übertragung an eine andere Verwaltungsgesellschaft in Österreich oder in einem Mitgliedstaat oder auch an eine Wertpapierfirma oder ein Kreditinstitut, die oder das zur individuellen Portfolioverwaltung berechtigt ist, ist daher zulässig. Inwieweit die Übertragung an eine Verwaltungsgesellschaft mit Sitz in einem Drittstaat zulässig ist, ist nach Maßgabe der europäischen Gepflogenheiten und gegebenenfalls dazu erlassener ESMA-Guidelines zu beurteilen. Eine solche Übertragung löst keine Notifizierungspflichten gemäß §§ 36 ff aus.

EB zu § 28 Abs. 1 Z 4 (Art. 2 BGBl. I Nr. 77/2011):

Setzt Art. 13 Abs. 1 Buchstabe d der Richtlinie 2009/65/EG um und entspricht inhaltlich § 3 Abs. 3 Z 4 InvFG 1993. Das Erfordernis der bestehenden Kooperation der Drittstaatsbehörde mit der FMA tritt zu dem Erfordernis einer entsprechenden Konzession gemäß Z 3 hinzu.

EB zu § 28 Abs. 1 Z 5 (Art. 2 BGBl. I Nr. 77/2011):

Setzt Art. 13 Abs. 1 Buchstabe e der Richtlinie 2009/65/EG um und entspricht inhaltlich § 3 Abs. 3 Z 5 InvFG 1993. In dieser Bestimmung manifestiert sich das Trennungsprinzip zwischen Verwaltungsgesellschaft und Verwahrstelle. Auf die europäischen Gepflogenheiten in diesem Bereich im Sinne einer wirksamen Corporate Governance und Kontrolle ist bei der Anwendung dieser Bestimmung Bedacht zu nehmen.

EB zu § 28 Abs. 1 Z 6 (Art. 2 BGBl. I Nr. 77/2011):

Setzt Art. 13 Abs. 1 Buchstabe f der Richtlinie 2009/65/EG um und entspricht inhaltlich § 3 Abs. 3 Z 6 InvFG 1993.

EB zu § 28 Abs. 1 Z 7 (Art. 2 BGBl. I Nr. 77/2011):

Setzt Art. 13 Abs. 1 Buchstabe g der Richtlinie 2009/65/EG um und entspricht inhaltlich § 3 Abs. 3 Z 7 InvFG 1993.

EB zu § 28 Abs. 1 Z 8 (Art. 2 BGBl. I Nr. 77/2011):

Setzt Art. 13 Abs. 1 Buchstabe h der Richtlinie 2009/65/EG um und entspricht inhaltlich § 3 Abs. 3 Z 9 InvFG 1993.

EB zu § 28 Abs. 1 Z 9 (Art. 2 BGBl. I Nr. 77/2011):

Setzt Art. 13 Abs. 1 Buchstabe i der Richtlinie 2009/65/EG um und entspricht inhaltlich § 3 Abs. 3 Z 10 InvFG 1993.

EB zu § 28 Abs. 1 Z 10 (Art. 2 BGBl. I Nr. 77/2011):

Die inhaltlichen Anforderungen an Auslagerungen im Bereich Risikomanagement sind grundsätzlich im Zusammenhang mit den Sorgfaltspflichten der Verwaltungsgesellschaft geregelt. Zur besseren Übersichtlichkeit wird hier aber auf diese Bestimmungen verwiesen, um dem Gesetzesanwender einen Gesamtüberblick über die bei einer Übertragung von Aufgaben an Dritte zu beachtenden Bestimmungen zu geben.

EB zu § 28 Abs. 2 (Art. 2 BGBl. I Nr. 77/2011):

Setzt Art. 13 Abs. 2 der Richtlinie 2009/65/EG um und entspricht inhaltlich § 3 Abs. 3 Z 8 und 11 InvFG 1993. Die Verwaltungsgesellschaft haftet für den Dritten wie für einen

Erfüllungsgehilfen (§ 1313a ABGB). Werden Anleger geschädigt, so können diese Schadenersatz aus dem Vertragsverhältnis zur Verwaltungsgesellschaft begehren; die Verwaltungsgesellschaft kann sich wiederum bei dem Dritten regressieren.

Pflicht, im besten Interesse der OGAW und ihrer Anteilinhaber zu handeln

§ 29. (1) Die Verwaltungsgesellschaft hat Anteilinhaber von verwalteten OGAW gleich zu behandeln und die Interessen einer bestimmten Gruppe von Anteilinhabern nicht über die Interessen einer anderen Gruppe von Anteilinhabern zu stellen.

(2) Die Verwaltungsgesellschaft hat angemessene Grundsätze und Verfahren zur Verhinderung von unzulässigen Praktiken sowie von Praktiken anzuwenden, von denen üblicherweise eine Beeinträchtigung der Finanzmarktstabilität oder -integrität zu erwarten wäre.

(3) Im Rahmen ihrer Pflicht, im besten Interesse der Anteilinhaber zu handeln, hat die Verwaltungsgesellschaft sicherzustellen, dass für die von ihnen verwalteten OGAW faire, korrekte und transparente Kalkulationsmodelle und Bewertungssysteme verwendet werden und zu verhindern, dass den OGAW und ihren Anteilinhabern unverhältnismäßig hohe Kosten in Rechnung gestellt werden. Die Verwaltungsgesellschaft hat sicherzustellen, dass die OGAW-Portfolios präzise bewertet werden. Verwaltet die Verwaltungsgesellschaft in Österreich aufgelegte OGAW, so sind die §§ 57 bis 59 einzuhalten. Die Verwaltungsgesellschaft hat sich um die Vermeidung von Interessenkonflikten zu bemühen und dafür zu sorgen, dass bei unvermeidbaren Interessenkonflikten die von ihr verwalteten Fonds nach Recht und Billigkeit behandelt werden.

(4) Die Verwaltungsgesellschaft ist für die Annahme und Umsetzung sämtlicher Vereinbarungen und organisatorischer Entscheidungen verantwortlich, die erforderlich sind, um den Bedingungen in Bezug auf die Gründung und die Arbeitsweise des OGAW und den in den Fondsbestimmungen oder in der Satzung enthaltenen Verpflichtungen sowie den im Prospekt enthaltenen Verpflichtungen nachzukommen.

(5) Die Verwaltungsgesellschaft hat bei der Wahrnehmung ihrer Aufgaben ehrlich, redlich, professionell, unabhängig und ausschließlich im Interesse des OGAW und seiner Anteilinhaber zu handeln.

EB zu § 29 (Art. 2 BGBl. I Nr. 77/2011):

Setzt Art. 22 der Richtlinie 2010/43/EU um. Hier wird die grundsätzliche Pflicht der Verwaltungsgesellschaft normiert, im besten Interesse der Anteilinhaber zu handeln.

EB zu § 29 Abs. 1 (Art. 2 BGBl. I Nr. 77/2011):

Setzt Art. 22 Abs. 1 der Richtlinie 2010/43/EU um.

EB zu § 29 Abs. 2 (Art. 2 BGBl. I Nr. 77/2011):

Setzt Art. 22 Abs. 2 der Richtlinie 2010/43/EU um. Der Wortlaut der Richtlinie spricht grundsätzlich von „unzulässigen“ Praktiken, „von denen üblicherweise eine Beeinträchtigung der Finanzmarktstabilität und -integrität zu erwarten wäre. Es ist aber davon auszugehen, dass es sich hiebei um einen Pleonasmus handelt. Es kann dem Richtliniengesetzgeber nicht zugesonnen werden, dass nur solche Praktiken zu verhindern sind, die die Finanzmarktstabilität beeinträchtigen, vielmehr sind alle unzulässigen Praktiken zu verhindern. Unzulässige Praktiken sind insbesondere „Market Timing“, „Late Trading“, unangemessene Gebühren und Praktiken wie die übermäßige Verursachung von Geschäftsfällen („excessive trading“) – (so auch Erwägungsgrund 18 der Richtlinie 2010/43/EU).

Implizit sind aber auch alle Praktiken, die zwar vom Gesetzgeber oder von der Rechtsprechung noch nicht eigens als unzulässig identifiziert sind, aber die Finanzmarktstabilität oder Finanzmarktintegrität beeinträchtigen könnten, unzulässig.

EB zu § 29 Abs. 3 (Art. 2 BGBl. I Nr. 77/2011):
Setzt Art. 22 Abs. 3 und 4 der Richtlinie 2010/43/EU um.

EB zu § 29 Abs. 4 (Art. 2 BGBl. I Nr. 77/2011):
Setzt Art. 19 Abs. 6 der Richtlinie 2009/65/EG um. Die Verwaltungsgesellschaft ist für die ordnungsgemäße Handhabung und Verwaltung des OGAW zuständig und verantwortlich, gleichgültig ob es sich dabei um einen OGAW handelt, der in Österreich aufgelegt ist oder einen OGAW, der in einem anderen Mitgliedstaat errichtet und zugelassen ist. Die entsprechende Beaufsichtigung obliegt der Herkunftsmitgliedstaatsbehörde der Verwaltungsgesellschaft, also der FMA.

EB zu § 29 Abs. 5 (Art. 2 BGBl. I Nr. 77/2011):
Setzt Art. 25 Abs. 2 der Richtlinie 2009/65/EG um.

EB zu § 29 Abs. 3 (Art. 2 BGBl. I Nr. 115/2015):
Die Änderung korrespondiert mit dem Entfall von § 5 Abs. 5.

EB zu § 29 Abs. 5 (Art. 2 BGBl. I Nr. 115/2015):
Setzt teilweise Art. 25 Abs. 2 der Richtlinie 2009/65/EG um.

Sorgfaltspflichten

§ **30.** (1) Die Verwaltungsgesellschaft hat im besten Interesse der OGAW und der Marktintegrität bei der Auswahl und laufenden Überwachung der Anlagen besondere Sorgfalt walten zu lassen. Dabei hat die Verwaltungsgesellschaft auch sicherzustellen, dass sie über ausreichendes Wissen und ausreichendes Verständnis über die Anlagen, in die die OGAW investiert werden, verfügt. Die Verwaltungsgesellschaft hat schriftliche Grundsätze und Verfahren zur Einhaltung der Sorgfaltspflichten festzulegen und wirksame Vorkehrungen zu treffen, um zu gewährleisten, dass Anlageentscheidungen, die für die OGAW getroffen werden, mit deren Zielen, Anlagestrategie und Risikolimits übereinstimmen.

(2) Bei der Umsetzung ihrer Risikomanagement-Grundsätze (§ 86) und soweit dies unter Berücksichtigung der Art einer geplanten Anlage angemessen ist, in Bezug auf den Beitrag, den die Anlage zur Zusammensetzung des OGAW-Portfolios, zu dessen Liquidität und zu dessen Risiko- und Ertragsprofil leistet, hat die Verwaltungsgesellschaft vor Tätigung der Anlage Prognosen abzugeben und Analysen anzustellen. Diese Analysen dürfen sich quantitativ wie qualitativ nur auf verlässliche und aktuelle Daten stützen.

(3) Wenn die Verwaltungsgesellschaft mit Dritten Vereinbarungen (§ 28) über die Ausführung von Tätigkeiten im Bereich des Risikomanagements schließt, solche Vereinbarungen verwaltet oder beendet, hat sie dabei die gebotene Sachkenntnis, Sorgfalt und Gewissenhaftigkeit anzuwenden. Vor dem Abschluss solcher Vereinbarungen hat sich die Verwaltungsgesellschaft zu vergewissern, dass der Dritte über die erforderlichen Fähigkeiten und Kapazitäten verfügt, um die betreffenden Tätigkeiten zuverlässig, professionell und wirksam auszuführen. Die Verwaltungsgesellschaft hat auch Methoden für die laufende Bewertung der Leistungen des Dritten festzulegen.

(4) Die Verwaltungsgesellschaft hat alle für die Ausübung ihrer Tätigkeit geltenden Vorschriften im besten Interesse ihrer Anleger und der Integrität des Marktes einzuhalten.

Sie hat dabei dem Anleger auch alle Informationen zur Verfügung zu stellen, damit dieser seinen steuerrechtlichen Offenlegungs- und Nachweispflichten nachkommen kann.

(5) Die Verwaltungsgesellschaft hat geeignete und dokumentierte Verfahren und Vorkehrungen vorzusehen, die für den Fall, dass die Depotbank die Erfüllung ihrer Aufgaben nicht mehr gewährleisten kann, einen raschen Wechsel der Depotbank ermöglichen.

EB zu § 30 (Art. 2 BGBl. I Nr. 77/2011):

Setzt Art. 23 der Richtlinie 2010/43/EU um. Diese Bestimmung präzisiert die Sorgfaltspflichten der Verwaltungsgesellschaft näher und ist im Zusammenhalt mit den Organisationsbestimmungen zu lesen.

EB zu § 30 Abs. 1 (Art. 2 BGBl. I Nr. 77/2011):

Setzt Art. 23 Abs. 1, 2 und 3 der Richtlinie 2010/43/EU um.

EB zu § 30 Abs. 2 (Art. 2 BGBl. I Nr. 77/2011):

Setzt Art. 23 Abs. 4 erster Unterabs. der Richtlinie 2010/43/EU um.

EB zu § 30 Abs. 3 (Art. 2 BGBl. I Nr. 77/2011):

Setzt Art. 23 Abs. 4 zweiter Unterabs. der Richtlinie 2010/43/EU um.

EB zu § 30 Abs. 4 (Art. 2 BGBl. I Nr. 77/2011):

Setzt Art. 14 Abs. 1 Buchstabe e der Richtlinie 2009/65/EG um.

EB zu § 30 Abs. 5 (Art. 5 BGBl. I Nr. 135/2013):

Gerät eine Depotbank in derartige wirtschaftliche Schwierigkeiten, die eine Nichterfüllung ihrer Funktion befürchten lassen, so zeitigt dies massive Folgen für die jeweiligen betroffenen Investmentfonds und impliziert Nachteile für die Anteilinhaber, wie insbesondere durch längerfristige Suspendierungen, sowie einen wirtschaftlichen Schaden für den österreichischen Finanzstandort. Die Suche nach einer neuen Depotbank sowie der rechtliche, wirtschaftliche und technische Übergang der Fondsvermögen auf eine andere Depotbank ist ein umfangreiches, zeitintensives Unterfangen. Aus diesen Erwägungen heraus hat die Verwaltungsgesellschaft für ein solches Szenario bereits im Vorfeld Verfahren und Vorkehrungen zu treffen (z.B. mittels der Erstellung eines Notfallkonzeptes), um einen reibungslosen und raschen Wechsel der Depotbank – unter Beachtung der Bewilligungspflicht der FMA – vornehmen zu können.

Bearbeitung von Zeichnungs- und Rücknahmeaufträgen und Mitteilungspflichten

§ 31. (1) Die Verwaltungsgesellschaft hat einem Anteilinhaber, dessen Zeichnungs- oder Rücknahmeauftrag sie ausgeführt hat, diese Ausführung schnellstmöglich, spätestens jedoch am ersten Geschäftstag nach Auftragsausführung oder – sofern die Verwaltungsgesellschaft die Bestätigung von einem Dritten erhält – spätestens am ersten Geschäftstag nach Eingang der Bestätigung des Dritten auf einem dauerhaften Datenträger gemäß § 133 zu bestätigen. Besteht bereits eine Verpflichtung einer anderen Person, dem Anteilinhaber diese Informationen unverzüglich zuzusenden, so kann die Bestätigungsmitteilung der Verwaltungsgesellschaft unterbleiben.

(2) Die Mitteilung nach Abs. 1 hat, sofern anwendbar, folgende Angaben zu enthalten:

1. Name der Verwaltungsgesellschaft;
2. Name oder sonstige Bezeichnung des Anteilinhabers;
3. Datum und Uhrzeit des Auftragseingangs sowie Zahlungsweise;
4. Datum der Ausführung;

5. Name des OGAW;
6. Art des Auftrags (Zeichnung oder Rücknahme);
7. Zahl der betroffenen Anteile;
8. Stückwert, zu dem die Anteile gezeichnet oder zurückgenommen wurden;
9. Referenz-Wertstellungsdatum;
10. Bruttoauftragswert einschließlich Zeichnungsgebühren oder Nettobetrag nach Rücknahmegebühren;
11. Summe der in Rechnung gestellten Provisionen und Auslagen sowie auf Wunsch des Anlegers Aufschlüsselung nach Einzelposten.

(3) Bei regelmäßiger Auftragsausführung für einen Anteilinhaber hat die Verwaltungsgesellschaft die in Abs. 2 genannten Informationen dem Anteilinhaber entweder gemäß Abs. 1 oder mindestens alle sechs Monate über die diesen Zeitraum betreffenden Geschäfte zu übermitteln.

(4) Die Verwaltungsgesellschaft hat dem Anteilinhaber auf Wunsch Informationen über den Status seines Auftrags gemäß § 133 zu übermitteln.

(5) *(Anm.: aufgehoben durch BGBl. I Nr. 115/2015)*

EB zu § 31 (Art. 2 BGBl. I Nr. 77/2011):

Setzt Art. 24 der Richtlinie 2010/43/EU um. Die Bearbeitung der Zeichnungs- und Rücknahmeaufträge und entsprechende Mitteilungen an den Anteilinhaber stellt eine Wohlverhaltensregel dar und dient dem Schutz des Anlegers.

EB zu § 31 Abs. 1 (Art. 2 BGBl. I Nr. 77/2011):

Setzt Art. 24 Abs. 1 der Richtlinie 2010/43/EU um. Sofern die Informationen gemäß Abs. 2 bereits von einer anderen Person als der Verwaltungsgesellschaft an den Anteilinhaber zu übermitteln sind, kann die Bestätigungsmitteilung der Verwaltungsgesellschaft über die Durchführung des Zeichnungs- und Rücknahmeauftrages unterbleiben. Die Informationspflicht des Dritten muss nicht identisch sein, aber die in Abs. 2 angeführten Inhalte umfassen.

EB zu § 31 Abs. 2 (Art. 2 BGBl. I Nr. 77/2011):

Setzt Art. 24 Abs. 2 der Richtlinie 2010/43/EU um.

EB zu § 31 Abs. 3 (Art. 2 BGBl. I Nr. 77/2011):

Setzt Art. 24 Abs. 3 der Richtlinie 2010/43/EU um.

EB zu § 31 Abs. 4 (Art. 2 BGBl. I Nr. 77/2011):

Setzt Art. 24 Abs. 3 der Richtlinie 2010/43/EU um.

EB zu § 31 Abs. 5 (Art. 2 BGBl. I Nr. 115/2015):

Der Entfall der Bestimmung korrespondiert mit dem Entfall von § 5 Abs. 5.

Bestmögliche Ausführung von Handelsentscheidungen für die verwalteten OGAW

§ 32. (1) Die Verwaltungsgesellschaft hat im besten Interesse der von ihr verwalteten OGAW zu handeln, wenn sie
1. für diese bei der Verwaltung ihrer Portfolios Handelsentscheidungen ausführt oder
2. bei der Verwaltung ihrer Portfolios Handelsaufträge für die verwalteten OGAW zur Ausführung an andere Einrichtungen weiterleitet,

und hat dabei alle angemessenen Maßnahmen zu ergreifen, um das bestmögliche Ergebnis für den OGAW zu erzielen, wobei sie als Faktoren den Kurs, die Kosten, die Geschwindigkeit und Wahrscheinlichkeit der Ausführung und Abrechnung, den Umfang und die Art des Auftrags sowie alle sonstigen, für die Auftragsausführung relevanten Aspekte zu berücksichtigen hat.

(2) Die relative Bedeutung dieser Faktoren gemäß Abs. 1 ist anhand folgender Kriterien zu bestimmen:

1. Ziele, Anlagepolitik und spezifische Risiken des OGAW, wie im Prospekt oder gegebenenfalls in den Fondsbestimmungen oder der Satzung des OGAW dargelegt;
2. Merkmale des Auftrags;
3. Merkmale der Finanzinstrumente, die Gegenstand des betreffenden Auftrags sind;
4. Merkmale der Ausführungsplätze (§ 19 Abs. 3), an die der Auftrag weitergeleitet werden kann.

(3) Die Verwaltungsgesellschaft hat wirksame Vorkehrungen für die Einhaltung der in Abs. 1 niedergelegten Verpflichtung zu treffen und umzusetzen und insbesondere Grundsätze festzulegen und umzusetzen, die ihr bei OGAW-Aufträgen die Erzielung des bestmöglichen Ergebnisses gemäß Abs. 1 gestatten. In diesen Grundsätzen sind für die Zwecke des Abs. 1 Z 2 für jede Instrumentengattung die Einrichtungen zu nennen, bei denen Aufträge platziert werden dürfen. Die Verwaltungsgesellschaft darf nur dann Ausführungsvereinbarungen gemäß Abs. 1 Z 2 eingehen, wenn diese mit den in dieser Bestimmung festgelegten Verpflichtungen vereinbar sind.

(4) Verwaltet die Verwaltungsgesellschaft einen OGAW in der Rechtsform einer Investmentgesellschaft, so hat sie zu den Grundsätzen für die Auftragsausführung die vorherige Zustimmung der Investmentgesellschaft einzuholen.

(5) Die Verwaltungsgesellschaft hat die Wirksamkeit ihrer Vorkehrungen und der gemäß Abs. 3 festgelegten Grundsätze für die Auftragsausführung, und im Fall des Abs. 1 Z 2 insbesondere die Qualität der Ausführung durch die in diesen Grundsätzen genannten Einrichtungen, regelmäßig zu überwachen, um etwaige Mängel aufzudecken und bei Bedarf zu beheben. Außerdem hat die Verwaltungsgesellschaft ihre Grundsätze für die Auftragsausführung alljährlich einer Überprüfung zu unterziehen. Eine Überprüfung hat überdies immer dann stattzufinden, wenn eine wesentliche Veränderung eintritt, die die Fähigkeit der Verwaltungsgesellschaft beeinträchtigt, für die verwalteten OGAW auch weiterhin das bestmögliche Ergebnis zu erzielen.

(6) Die Verwaltungsgesellschaft muss nachweisen können, dass sie im Fall des Abs. 1 Z 1 Aufträge für OGAW gemäß ihren Grundsätzen für die Auftragsausführung ausgeführt hat und im Fall des Abs. 1 Z 2 die Aufträge für OGAW gemäß den nach Abs. 3 festgelegten Grundsätzen platziert hat.

EB zu § 32 (Art. 2 BGBl. I Nr. 77/2011):

Setzt Art. 25 und 26 der Richtlinie 2010/43/EU um. Im Unterschied zu § 31 geht es in dieser Bestimmung um Handelsaufträge im Rahmen des Portfoliomanagement, also der Anlagen, die für den OGAW gehalten und erworben werden. Die Richtlinie 2009/65/EG verpflichtet Verwaltungsgesellschaften, im besten Interesse der von ihnen verwalteten OGAW und der Integrität des Marktes zu handeln. Bestimmte Praktiken, wie „Market Timing“ und „Late Trading“, können den Anteilinhabern schaden und die Funktionsmechanismen des Marktes untergraben. Aus diesem Grund sollten Verwaltungsgesellschaften über angemessene Verfahren zur Verhinderung unzulässiger Praktiken verfügen. Darüber hinaus sollten Verwaltungsgesellschaften unter Berücksichtigung der Anlageziele und -politik des OGAW angemessene Verfahren zum Schutz gegen unangemessene Gebühren und Praktiken, wie die übermäßige Verursachung von Ge-

schäftsvorfällen („excessive trading“) schaffen (so auch Erwägungsgrund 18 der Richtlinie 2010/43/EU).

EB zu § 32 Abs. 1 (Art. 2 BGBl. I Nr. 77/2011):

Setzt Art. 25 Abs. 1 und 2 und Art. 26 Abs. 1 und Abs. 2 erster Unterabs. der Richtlinie 2010/43/EU um. Verwaltungsgesellschaften haben auch dann im besten Interesse der OGAW handeln, wenn sie Handelsaufträge im Namen der von ihnen verwalteten OGAW direkt ausführen oder an Dritte weiterleiten. Wenn Verwaltungsgesellschaften Aufträge im Namen des OGAW ausführen, sollten sie unter Berücksichtigung des Kurses, der Kosten, der Geschwindigkeit, der Wahrscheinlichkeit der Ausführung und Abwicklung, des Umfangs und der Art des Auftrags sowie aller sonstigen, für die Auftragsausführung relevanten Aspekte alle angemessenen Maßnahmen ergreifen, um das bestmögliche Ergebnis für ihre Kunden zu erzielen (so auch Erwägungsgrund 19 der Richtlinie 2010/43/EU). Dies sind auch die Kriterien, die bei der Entscheidung, ob die Verwaltungsgesellschaft einen Handelsauftrag selbst ausführt oder an Dritte weiterleitet, heranzuziehen sind.

EB zu § 32 Abs. 2 (Art. 2 BGBl. I Nr. 77/2011):

Setzt Art. 25 Abs. 2 Buchstabe a bis d und Art. 26 Abs. 2 erster Unterabs. der Richtlinie 2010/43/EU um. Die Verwaltungsgesellschaft ist bei der Platzierung der Order für das OGAW-Portfolio wie jeder andere Anlagemanager zu sehen.

EB zu § 32 Abs. 3 (Art. 2 BGBl. I Nr. 77/2011):

Setzt Art. 25 Abs. 3 erster Unterabs. und Art. 26 Abs. 2 zweiter Unterabs. der Richtlinie 2010/43/EU um. Hinsichtlich der verschiedenen Gattungen von (Finanz-)Instrumenten ist auf die §§ 67 folgende dieses Bundesgesetzes und auf § 1 Z 4 bis 6 WAG 2007 Bedacht zu nehmen.

EB zu § 32 Abs. 4 (Art. 2 BGBl. I Nr. 77/2011):

Setzt Art. 25 Abs. 3 zweiter Unterabs. erster Satz der Richtlinie 2010/43/EU um.

EB zu § 32 Abs. 5 (Art. 2 BGBl. I Nr. 77/2011):

Setzt Art. 25 Abs. 4 und Art. 26 Abs. 3 der Richtlinie 2010/43/EU um.

EB zu § 32 Abs. 6 (Art. 2 BGBl. I Nr. 77/2011):

Setzt Art. 25 Abs. 5 und Art. 26 Abs. 4 der Richtlinie 2010/43/EU um. Die FMA kann bei der Verwaltungsgesellschaft sowie bei der inländischen Zweigstelle einer Verwaltungsgesellschaft aus einem anderen Mitgliedstaat den Nachweis der gesetzeskonformen Auftragsausführung und Platzierung verlangen.

Allgemeine Grundsätze für die Bearbeitung von Aufträgen im Rahmen der kollektiven Portfolioverwaltung

§ 33. (1) Die Verwaltungsgesellschaft hat Verfahren und Vorkehrungen festzulegen und umzusetzen, die eine umgehende, redliche und zügige Ausführung der für OGAW getätigten Portfoliogeschäfte gewährleisten und folgende Voraussetzungen erfüllen:

1. Sie gewährleisten, dass für OGAW ausgeführte Aufträge umgehend und korrekt aufgezeichnet und dem jeweiligen OGAW zugewiesen werden;
2. ansonsten vergleichbare OGAW-Aufträge werden der Reihe nach umgehend ausgeführt, es sei denn, die Merkmale des Auftrags oder die herrschenden Marktbedingungen machen dies unmöglich oder die Interessen des OGAW verlangen etwas anderes.

(2) Die Verwaltungsgesellschaft hat zu gewährleisten, dass die Finanzinstrumente oder Gelder, die zur Abwicklung der ausgeführten Aufträge eingegangen sind, umgehend und korrekt auf dem Konto des betreffenden OGAW verbucht werden.

(3) Die Verwaltungsgesellschaft darf Informationen im Zusammenhang mit laufenden OGAW-Aufträgen nicht missbrauchen und hat alle angemessenen Maßnahmen zu treffen, um den Missbrauch derartiger Informationen durch ihre relevanten Personen zu verhindern.

EB zu § 33 (Art. 2 BGBl. I Nr. 77/2011):

Setzt Art. 27 der Richtlinie 2010/43/EU um. Um zu gewährleisten, dass Verwaltungsgesellschaften ihre Tätigkeit mit der gebotenen Sachkenntnis, Sorgfalt und Gewissenhaftigkeit im besten Interesse der von ihnen verwalteten OGAW ausüben, müssen Vorschriften für die Auftragsbearbeitung festgelegt werden (so auch Erwägungsgrund 20 der Richtlinie 2010/43/EU). Diese Grundsätze gelten auch, wenn die Verwaltungsgesellschaft die Order zur Ausführung bei Dritten platziert.

EB zu § 33 Abs. 1 (Art. 2 BGBl. I Nr. 77/2011):

Setzt Art. 27 Abs. 1 erster und zweiter Unterabs. der Richtlinie 2010/43/EU um.

EB zu § 33 Abs. 2 (Art. 2 BGBl. I Nr. 77/2011):

Setzt Art. 27 Abs. 1 dritter Unterabs. der Richtlinie 2010/43/EU um. Für jeden verwalteten OGAW ist ein separates Konto zu führen. Hat ein OGAW mehrere Teilfonds, so ist für jeden Teilfonds ein eigenes Konto zu führen. Diese Auffassung vertraten auch die Europäische Kommission und die überwiegende Mehrheit der Mitgliedstaaten im Umsetzungsworkshop.

EB zu § 33 Abs. 3 (Art. 2 BGBl. I Nr. 77/2011):

Setzt Art. 27 Abs. 2 der Richtlinie 2010/43/EU um.

EB zu § 33 Abs. 2 (Art. 2 BGBl. I Nr. 115/2015):

In Bezug auf die Überwachungsaufgaben der Verwaltungsgesellschaft soll klargestellt werden, dass auch zu überprüfen ist, ob erteilte Aufträge im Rahmen der kollektiven Portfolioverwaltung anhand der festgesetzten Verfahren und Vorkehrungen durchgeführt wurden.

Zusammenlegung und Zuweisung von Handelsaufträgen

§ 34. (1) Die Verwaltungsgesellschaft darf einen OGAW-Auftrag nicht zusammen mit dem Auftrag eines anderen OGAW oder sonstigen Kunden oder zusammen mit einem Auftrag für eigene Rechnung ausführen, außer unter den folgenden Bedingungen:

1. Es muss unwahrscheinlich sein, dass die Zusammenlegung der Aufträge für einen OGAW oder Kunden, dessen Auftrag mit anderen zusammengelegt wird, insgesamt von Nachteil ist;
2. es müssen Grundsätze für die Auftragszuweisung festgelegt und umgesetzt werden, die die faire Zuweisung zusammengelegter Aufträge präzise genug regeln, auch im Hinblick darauf, wie Auftragsvolumen und -preis die Zuweisungen bestimmen und wie bei Teilausführungen zu verfahren ist.

(2) Legt die Verwaltungsgesellschaft einen OGAW-Auftrag mit einem oder mehreren anderen OGAW- oder Kundenaufträgen zusammen und führt sie den zusammengelegten Auftrag teilweise aus, so hat sie die zugehörigen Geschäfte gemäß ihren Grundsätzen für die Auftragszuweisung zuzuweisen.

(3) Hat die Verwaltungsgesellschaft Geschäfte für eigene Rechnung mit einem oder mehreren Aufträgen von OGAW oder sonstigen Kunden zusammengelegt, so darf sie bei der Zuweisung der zugehörigen Geschäfte nicht in einer für den OGAW oder sonstigen Kunden nachteiligen Weise verfahren.

(4) Sofern die Verwaltungsgesellschaft einen OGAW- oder sonstigen Kundenauftrag mit einem Geschäft für eigene Rechnung zusammenlegt und den zusammengelegten Auftrag teilweise ausführt, hat sie bei der Zuweisung der zugehörigen Geschäfte dem OGAW oder sonstigen Kunden gegenüber ihren Eigengeschäften Vorrang einzuräumen. Kann die Verwaltungsgesellschaft gegenüber dem OGAW oder ihrem sonstigen Kunden jedoch schlüssig darlegen, dass sie den Auftrag ohne die Zusammenlegung nicht zu derart günstigen Bedingungen oder überhaupt nicht hätte ausführen können, kann sie das Geschäft für eigene Rechnung in Einklang mit ihren gemäß Abs. 1 Z 2 festgelegten Grundsätzen anteilsmäßig zuweisen.

EB zu § 34 (Art. 2 BGBl. I Nr. 77/2011):
Setzt Art. 28 der Richtlinie 2010/43/EU um. Es werden Bedingungen festgelegt, zu denen eine Zusammenlegung von Aufträgen zulässig ist. Diese Grundsätze gelten auch, wenn die Verwaltungsgesellschaft die Order zur Ausführung bei Dritten platziert.

EB zu § 34 Abs. 1 (Art. 2 BGBl. I Nr. 77/2011):
Setzt Art. 28 Abs. 1 der Richtlinie 2010/43/EU um. Die Ausführung von Aufträgen ist im Kontext von § 32 zu verstehen.

EB zu § 34 Abs. 1 Z 1 (Art. 2 BGBl. I Nr. 77/2011):
Setzt Art. 28 Abs. 1 Z 1 der Richtlinie 2010/43/EU um.

EB zu § 34 Abs. 1 Z 2 (Art. 2 BGBl. I Nr. 77/2011):
Setzt Art. 28 Abs. 1 Z 2 der Richtlinie 2010/43/EU um.

EB zu § 34 Abs. 2 (Art. 2 BGBl. I Nr. 77/2011):
Setzt Art. 28 Abs. 2 der Richtlinie 2010/43/EU um.

EB zu § 34 Abs. 3 (Art. 2 BGBl. I Nr. 77/2011):
Setzt Art. 28 Abs. 3 der Richtlinie 2010/43/EU um.

EB zu § 34 Abs. 4 (Art. 2 BGBl. I Nr. 77/2011):
Setzt Art. 28 Abs. 4 der Richtlinie 2010/43/EU um.

Gewährung und Annahme von Vorteilen zum Nachteil des OGAW

§ 35. (1) Die Verwaltungsgesellschaft handelt nicht ehrlich, redlich und professionell im besten Interesse des OGAW, wenn sie im Zusammenhang mit der Portfolioverwaltung für den OGAW eine Gebühr oder Provision zahlt oder erhält oder wenn sie eine nicht in Geldform angebotene Zuwendung gewährt oder annimmt.

(2) Unbeschadet von Abs. 1 ist die Annahme oder Gewährung von Vorteilen jedoch zulässig, wenn

1. es sich um eine Gebühr, eine Provision oder eine nicht in Geldform angebotene Zuwendung handelt, die dem OGAW oder einer in seinem Auftrag handelnden Person gezahlt oder vom OGAW oder einer in seinem Auftrag handelnden Person gewährt wird;
2. es sich um eine Gebühr, eine Provision oder eine nicht in Geldform angebotene Zuwendung handelt, die einem Dritten oder einer in seinem Auftrag handelnden Person gezahlt

oder von einer dieser Personen gewährt wird, sofern die folgenden Voraussetzungen erfüllt sind:

a) die Existenz, die Art und der Betrag der Gebühr, Provision oder Zuwendung oder – wenn der Betrag nicht feststellbar ist – die Art und Weise der Berechnung dieses Betrages müssen dem OGAW vor Erbringung der betreffenden Dienstleistung in umfassender, zutreffender und verständlicher Weise klar offengelegt werden;
b) die Zahlung der Gebühr oder der Provision oder die Gewährung der nicht in Geldform angebotenen Zuwendung muss den Zweck verfolgen, die Qualität der betreffenden Dienstleistung zu verbessern und darf die Verwaltungsgesellschaft nicht daran hindern, pflichtgemäß im besten Interesse des OGAW zu handeln;

3. es sich um Gebühren handelt, die die Erbringung der betreffenden Dienstleistung ermöglichen oder dafür notwendig sind – einschließlich Verwahrungsgebühren, Abwicklungs- und Handelsplatzgebühren, Verwaltungsabgaben oder gesetzliche Gebühren – und die wesensbedingt keine Konflikte mit der Verpflichtung der Verwaltungsgesellschaft hervorrufen können, im besten Interesse des OGAW ehrlich, redlich und professionell zu handeln.

(3) Die Verwaltungsgesellschaft darf für die Zwecke von Abs. 2 Z 2 lit. a, die wesentlichen Bestimmungen der Vereinbarungen über Gebühren, Provisionen und nicht in Geldform angebotene Zuwendungen in zusammengefasster Form offenlegen. Die Verwaltungsgesellschaft hat auf Wunsch des Anteilinhabers weitere Einzelheiten offenzulegen.

EB zu § 35 (Art. 2 BGBl. I Nr. 77/2011):

Setzt Art. 29 der Richtlinie 2010/43/EU um. Bestimmte Gebühren, Provisionen und nicht in Geldform angebotene Zuwendungen, die möglicherweise an eine oder von einer Verwaltungsgesellschaft gezahlt werden, sind nicht gestattet, da sie der Einhaltung des Grundsatzes, wonach die Verwaltungsgesellschaft bei Ausübung ihrer Tätigkeit recht, billig und professionell sowie im besten Interesse der OGAW handeln sollte, zuwiderlaufen könnten. Aus diesem Grund werden klare Regeln im Hinblick darauf festgelegt, in welchen Fällen die Zahlung von Gebühren, Provisionen und nicht in Geldform angebotenen Zuwendungen nicht als Verstoß gegen diese Grundsätze anzusehen ist (so auch Erwägungsgrund 21 der Richtlinie 2010/43/EU). Auch Zuwendungen an Intermediäre fallen unter diese Regelung.

EB zu § 35 Abs. 1 (Art. 2 BGBl. I Nr. 77/2011):

Setzt Art. 29 Abs. 1 (Einleitungsteil) der Richtlinie 2010/43/EU um.

EB zu § 35 Abs. 2 (Art. 2 BGBl. I Nr. 77/2011):

Setzt Art. 29 Abs. 1 Buchstabe a bis c der Richtlinie 2010/43/EU um.

EB zu § 35 Abs. 2 Z 1 (Art. 2 BGBl. I Nr. 77/2011):

Setzt Art. 29 Abs. 1 Buchstabe a der Richtlinie 2010/43/EU um.

EB zu § 35 Abs. 2 Z 2 (Art. 2 BGBl. I Nr. 77/2011):

Setzt Art. 29 Abs. 1 Buchstabe b der Richtlinie 2010/43/EU um.

EB zu § 35 Abs. 2 Z 2 lit. a (Art. 2 BGBl. I Nr. 77/2011):

Setzt Art. 29 Abs. 1 Buchstabe b Nummer i der Richtlinie 2010/43/EU um. Die Pflicht zur Offenlegung gegenüber dem OGAW impliziert auch eine Pflicht zur Offenlegung an den potentiellen Anleger (siehe dazu auch Anlage I betreffend den Prospektinhalt). Werden Gebühren mit Dritten nach dem erstmaligen öffentlichen Angebot der OGAW-Anteile ver-

einbart, so müssen diese, um wirksam zu sein, sich in dem im Prospekt angegebenen Rahmen bewegen.

EB zu § 35 Abs. 2 Z 2 lit. b (Art. 2 BGBl. I Nr. 77/2011):

Setzt Art. 29 Abs. 1 Buchstabe b Nummer ii der Richtlinie 2010/43/EU um.

EB zu § 35 Abs. 2 Z 3 (Art. 2 BGBl. I Nr. 77/2011):

Setzt Art. 29 Abs. 1 Buchstabe c der Richtlinie 2010/43/EU um.

EB zu § 35 Abs. 3 (Art. 2 BGBl. I Nr. 77/2011):

Setzt Art. 29 Abs. 2 der Richtlinie 2010/43/EU um.

3. Abschnitt
Niederlassungsfreiheit und freier Dienstleistungsverkehr

EB zum 3. Abschnitt (Dienstleistungs- und Niederlassungsfreiheit der Verwaltungsgesellschaft) (Art. 2 BGBl. I Nr. 77/2011):

In diesem Abschnitt werden die Bedingungen und Verfahren geregelt, die einzuhalten sind, wenn eine Verwaltungsgesellschaft einen OGAW in einem anderen Mitgliedstaat im Wege der Dienstleistungsfreiheit oder in Ausübung der Niederlassungsfreiheit verwalten will. Weiters werden die Bedingungen normiert, unter denen eine Verwaltungsgesellschaft mit Sitz in einem anderen Mitgliedstaat einen in Österreich aufgelegten und zugelassenen OGAW verwalten darf. Nach dem Grundsatz der Kontrolle durch den Herkunftsmitgliedstaat sind die in ihrem Herkunftsmitgliedstaat konzessionierten Verwaltungsgesellschaften befugt, die Dienstleistungen, für die sie eine Konzession erhalten haben, in der gesamten Union durch Gründung von Zweigstellen oder im Rahmen des freien Dienstleistungsverkehrs zu erbringen (so auch Erwägungsgrund 11 der Richtlinie 2009/65/EG).

Verwaltungsgesellschaften aus Mitgliedstaaten in Österreich

§ 36. (1) Die Tätigkeiten einer Verwaltungsgesellschaft gemäß § 5 Abs. 2 können von einer Verwaltungsgesellschaft gemäß Art. 6 der Richtlinie 2009/65/EG, die in einem anderen Mitgliedstaat konzessioniert ist, nach Maßgabe der Richtlinie 2009/65/EG in Österreich über eine Zweigstelle oder im Wege der Dienstleistungsfreiheit erbracht werden, soweit ihre Konzession sie dazu berechtigt. Beabsichtigt eine Verwaltungsgesellschaft die kollektive Portfolioverwaltung von in Österreich bewilligten OGAW, so hat sie, abgesehen von der Einhaltung der in dieser Bestimmung vorgesehenen Verfahren auch einen Antrag gemäß § 50 Abs. 3 bei der FMA zu stellen.

(2) Die Errichtung einer Zweigstelle in Österreich ist zulässig, wenn die zuständige Behörde des Herkunftmitgliedstaates der FMA alle Angaben gemäß § 37 Abs. 1 übermittelt hat und die FMA den Erhalt derselben gegenüber der Herkunftmitgliedstaatsbehörde bestätigt hat, spätestens jedoch zwei Monate nach Eingang der Angaben gemäß § 37 Abs. 1 bei der FMA. Innerhalb der Frist gemäß Satz 1 kann die FMA Vorbereitungen zur Beaufsichtigung der Einhaltung der unter ihre Zuständigkeit fallenden Bestimmungen, die von der Zweigstelle einzuhalten sind, treffen.

(3) Die Erbringung von Tätigkeiten im Rahmen der Dienstleistungsfreiheit in Österreich ist – abgesehen von Abs. 6 – zulässig, wenn die zuständige Behörde des Herkunftmitgliedstaates der Verwaltungsgesellschaft der FMA alle Angaben gemäß § 37 Abs. 5 und gegebenenfalls Abs. 6 übermittelt hat und die FMA den Erhalt derselben bestätigt hat,

spätestens jedoch einen Monat, nachdem die Behörde des Herkunftmitgliedstaates der Verwaltungsgesellschaft die Angaben erhalten hat. Im Falle der kollektiven Portfolioverwaltung von in Österreich bewilligten OGAW ist zudem die Bewilligung der FMA gemäß § 50 Abs. 4 abzuwarten. Im Falle des geplanten Vertriebes von OGAW-Anteilen ist § 140 einzuhalten.

(4) Verwaltungsgesellschaften, die Tätigkeiten in Österreich über eine Zweigstelle ausüben, haben die §§ 10 bis 35, die Bestimmungen des 4. Hauptstückes, die §§ 151 bis 153 dieses Bundesgesetzes sowie die §§ 40 bis 41 BWG einzuhalten. Verwaltungsgesellschaften, die Tätigkeiten der kollektiven Portfolioverwaltung in Österreich über eine Zweigstelle ausüben, haben weiters die Bestimmungen des 3. Hauptstückes sowie die in den Fondsbestimmungen und im Prospekt des OGAW enthaltenen Verpflichtungen einzuhalten. Verwaltungsgesellschaften, die Tätigkeiten der kollektiven Portfolioverwaltung in Österreich im Rahmen der Dienstleistungsfreiheit ausüben, haben die §§ 10 bis 28, die Bestimmungen des 3. und 4. Hauptstückes sowie die §§ 151 bis 153 dieses Bundesgesetzes sowie die §§ 40 bis 41 BWG und die in den Fondsbestimmungen und im Prospekt des OGAW enthaltenen Verpflichtungen einzuhalten.

(5) Die Verwaltungsgesellschaft hat der FMA jede Änderung der nach § 37 Abs. 1 übermittelten Angaben mindestens einen Monat vor deren Vornahme und jede Änderung der gemäß § 37 Abs. 5 übermittelten Angaben vor deren Vornahme schriftlich mitzuteilen, damit die FMA eine Entscheidung zu jeder Änderung betreffend Angaben gemäß § 36 Abs. 2 treffen kann.

(6) Falls die kollektive Portfolioverwaltung eines in Österreich bewilligten OGAW beabsichtigt wird, hat die Verwaltungsgesellschaft dies bei der FMA gemäß § 50 zu beantragen und folgende Unterlagen vorzulegen:

1. Den schriftlichen Vertrag mit der Verwahrstelle gemäß Artikel 22 Abs. 2 der Richtlinie 2009/65/EG und
2. Angaben über Übertragungsvereinbarungen bezüglich der Aufgaben des Portfoliomanagements und der Verwaltung gemäß § 5 Abs. 2 Z 1 lit. a und b.

Verwaltet die Verwaltungsgesellschaft bereits OGAW der gleichen Art in Österreich, so reicht der Hinweis auf die bereits vorgelegten Unterlagen aus.

(7) Die FMA kann, falls dies zur Gewährleistung der Einhaltung der in ihrer Verantwortung liegenden Vorschriften erforderlich ist, von den zuständigen Behörden des Herkunftmitgliedstaats der Verwaltungsgesellschaft Erläuterungen und Informationen über die Unterlagen nach Abs. 6 sowie auf der Grundlage der in § 37 Abs. 2 und 6 genannten Bescheinigung Auskünfte darüber anfordern, inwieweit die Art des OGAW, für den eine Bewilligung beantragt wird, vom Konzessionsumfang der Verwaltungsgesellschaft umfasst ist.

(8) Die FMA kann, nach Konsultation der zuständigen Behörden des Herkunftmitgliedstaats der Verwaltungsgesellschaft gemäß Abs. 7, den Antrag gemäß Abs. 6 innerhalb der Frist gemäß § 50 Abs. 5 abweisen, wenn:

1. Die Verwaltungsgesellschaft den Bestimmungen dieses Bundesgesetzes nach Maßgabe der Zuständigkeit der FMA gemäß § 143 Abs. 1 Z 2, 3 und 4 nicht entspricht,
2. die Verwaltungsgesellschaft von den zuständigen Behörden ihres Herkunftmitgliedstaats keine Zulassung zur Verwaltung der Art von OGAW erhalten hat, für die eine Zulassung beantragt wird, oder
3. die Verwaltungsgesellschaft die Unterlagen nach Abs. 6 nicht vorgelegt hat.

(9) Die Verwaltungsgesellschaft hat der FMA alle künftigen sachlichen Änderungen an den Unterlagen nach Abs. 6 mitzuteilen.

EB zu § 36 (Art. 2 BGBl. I Nr. 77/2011):

Setzt Art. 6 Abs. 1, 16 Abs. 1 erster Unterabs. und Abs. 2, 17 Abs. 4, 6 und 7, 8, 18 Abs. 2, 4, 19 Abs. 3 und 4 der Richtlinie 2009/65/EG um. In Bezug auf die gemeinsame Portfolioverwaltung (Verwaltung von Investmentfonds oder von Investmentgesellschaften) ist eine Verwaltungsgesellschaft aufgrund der ihr in ihrem Herkunftsmitgliedstaat erteilten Konzession in den Aufnahmemitgliedstaaten unbeschadet von § 153 berechtigt, folgende Tätigkeiten auszuüben: Vertrieb der Anteile an OGAW, die von dieser Gesellschaft in ihrem Herkunftsmitgliedstaat verwaltet werden, durch die Errichtung einer Zweigstelle; Vertrieb der Anteile an OGAW, die von anderen Verwaltungsgesellschaften verwaltet werden; Wahrnehmung aller anderen Funktionen und Aufgaben, die zur Tätigkeit der gemeinsamen Portfolioverwaltung gehören; Verwaltung der Sondervermögen oder von Investmentgesellschaften, die in anderen Mitgliedstaaten als dem Herkunftsmitgliedstaat der Gesellschaft gegründet wurden; Wahrnehmung der Aufgaben der gemeinsamen Portfolioverwaltung im Auftrag von in anderen Mitgliedstaaten als dem Herkunftsmitgliedstaat der Gesellschaft gegründeten Verwaltungsgesellschaften für diese (so auch Erwägungsgrund 12 der Richtlinie 2009/65/EG).

EB zu § 36 Abs. 1 (Art. 2 BGBl. I Nr. 77/2011):

Setzt Art. 6 Abs. 1 und 16 Abs. 1 erster Unterabs. der Richtlinie 2009/65/EG um.

EB zu § 36 Abs. 2 (Art. 2 BGBl. I Nr. 77/2011):

Setzt Art. 17 Abs. 6 und 7 der Richtlinie 2009/65/EG um.

EB zu § 36 Abs. 3 (Art. 2 BGBl. I Nr. 77/2011):

Setzt Art. 18 Abs. 2 vierter Unterabs. der Richtlinie 2009/65/EG um.

EB zu § 36 Abs. 4 (Art. 2 BGBl. I Nr. 77/2011):

Setzt Art. 17 Abs. 4 und 19 Abs. 3 und 4 der Richtlinie 2009/65/EG um. Gemäß dem Grundsatz der Kontrolle durch den Herkunftsmitgliedstaat unterliegt die Verwaltungsgesellschaft hinsichtlich der Organisation der Verwaltungsgesellschaft, einschließlich aller Verfahren und Ressourcen zur Wahrnehmung der administrativen Tätigkeiten den Rechtsvorschriften ihres Herkunftsmitgliedstaats und folglich auch dessen Beaufsichtigung (so auch Erwägungsgrund 18 der Richtlinie 2009/65/EG). Andererseits sind die Rechtsvorschriften des Herkunftmitgliedstaates des OGAW im Hinblick auf Gründung und den Fortbestand des OGAW zu beachten. Die FMA kann dazu unmittelbar Informationen von der Verwaltungsgesellschaft einholen (so auch Erwägungsgrund 21 der Richtlinie 2009/65/EG).

EB zu § 36 Abs. 5 (Art. 2 BGBl. I Nr. 77/2011):

Setzt Art. 17 Abs. 8 und Art. 18 Abs. 4 der Richtlinie 2009/65/EG um.

EB zu § 36 Abs. 6 (Art. 2 BGBl. I Nr. 77/2011):

Setzt Art. 20 Abs. 1 der Richtlinie 2009/65/EG um.

EB zu § 36 Abs. 7 (Art. 2 BGBl. I Nr. 77/2011):

Setzt Art. 20 Abs. 2 der Richtlinie 2009/65/EG um. Die Bestimmung verhält sich spiegelbildlich zu § 37 Abs. 2. Die FMA als Behörde des Aufnahmemitgliedstaates der Verwaltungsgesellschaft und Behörde des Herkunftmitgliedstaates des OGAW hat sicherzustellen, dass die Verwaltungsgesellschaft auch die Voraussetzungen im Hinblick auf das Risikomanagement und Know-How betreffend einen bestimmten OGAW-Typ erfüllt. Zu diesem

Zweck kann sie Informationen bei der Behörde des Herkunftmitgliedstaates der Verwaltungsgesellschaft einholen.

EB zu § 36 Abs. 8 (Art. 2 BGBl. I Nr. 77/2011):
Setzt Art. 20 Abs. 3 der Richtlinie 2009/65/EG um.

EB zu § 36 Abs. 9 (Art. 2 BGBl. I Nr. 77/2011):
Setzt Art. 20 Abs. 4 der Richtlinie 2009/65/EG um.

EB zu § 36 Abs. 6 Z 1 (Art. 2 BGBl. I Nr. 115/2015):
Setzt Art. 20 Abs. 1 lit. a der Richtlinie 2009/65/EG um.

Österreichische Verwaltungsgesellschaften in Mitgliedstaaten

§ 37. (1) Jede Verwaltungsgesellschaft gemäß § 5 Abs. 1, die eine Zweigstelle im Hoheitsgebiet eines anderen Mitgliedstaats errichten möchte, hat dies zuvor der FMA schriftlich anzuzeigen und dabei folgende Angaben zu übermitteln:
1. Den Mitgliedstaat, in dessen Hoheitsgebiet die Errichtung einer Zweigstelle geplant ist;
2. den Geschäftsplan, in dem die geplanten Tätigkeiten und Dienstleistungen gemäß § 5 Abs. 2 und die Organisationsstruktur der Zweigstelle angegeben sind und der eine Beschreibung des Risikomanagement-Verfahrens umfasst, das von der Verwaltungsgesellschaft eingerichtet wurde und der ferner eine Beschreibung der Verfahren und Vereinbarungen gemäß § 11 Abs. 3 und 4 sowie § 141 Abs. 1 zu beinhalten hat;
3. die Anschrift, unter der im Aufnahmemitgliedstaat der Verwaltungsgesellschaft Unterlagen angefordert werden können;
4. die Namen der Geschäftsleiter der Zweigstelle.

(2) Sofern die FMA in Anbetracht der beabsichtigten Tätigkeit keine begründeten Zweifel an der Angemessenheit der Verwaltungsstruktur oder der Angemessenheit der Finanzlage der betreffenden Verwaltungsgesellschaft hat, hat sie innerhalb von zwei Monaten nach Eingang sämtlicher Angaben gemäß Abs. 1 diese, sowie sofern die Verwaltungsgesellschaft die Tätigkeit der kollektiven Portfolioverwaltung gemäß § 5 Abs. 2 Z 1 lit. a ausüben möchte, eine Bescheinigung über die Konzession der Verwaltungsgesellschaft gemäß der Richtlinie 2009/65/EG sowie eine Beschreibung des Umfangs der Konzession und gegebenenfalls Einzelheiten in Bezug auf Beschränkungen der Arten von OGAW, für deren Verwaltung die Verwaltungsgesellschaft eine Zulassung erhalten hat, den zuständigen Behörden des Aufnahmemitgliedstaats der Verwaltungsgesellschaft zu übermitteln und dies der Verwaltungsgesellschaft mitzuteilen. Ferner hat die FMA Einzelheiten zu etwaigen Entschädigungssystemen zu übermitteln, die den Schutz der Anleger sicherstellen sollen.

(3) Die FMA hat die Errichtung der Zweigstelle binnen zwei Monaten nach Einlangen sämtlicher Angaben mittels schriftlichen Bescheides zu untersagen, wenn die Voraussetzungen des Abs. 1 nicht zweifelsfrei erfüllt sind.

(4) Nach Einlangen einer Mitteilung der zuständigen Behörde des Aufnahmemitgliedstaates oder bei deren Nichtäußerung spätestens zwei Monate nach Eingang der Unterlagen gemäß Abs. 1 bei der zuständigen Behörde des Aufnahmemitgliedstaates kann die Zweigstelle errichtet werden.

(5) Jede Verwaltungsgesellschaft gemäß § 5 Abs. 1, die Tätigkeiten gemäß § 5 Abs. 2 erstmals im Hoheitsgebiet eines anderen Mitgliedstaates im Wege des freien Dienstleistungsverkehrs ausüben möchte, hat dies der FMA vorher schriftlich anzuzeigen und folgende Angaben zu übermitteln:

1. den Mitgliedstaat, in dessen Hoheitsgebiet die Verwaltungsgesellschaft ihre Tätigkeit ausüben möchte, und
2. den Geschäftsplan, in dem die geplanten Tätigkeiten und Dienstleistungen gemäß § 5 Abs. 2 angegeben sind und der eine Beschreibung des Risikomanagement-Verfahrens zu umfassen hat, das von der Verwaltungsgesellschaft eingerichtet wurde, und der ferner eine Beschreibung der Verfahren und Vereinbarungen gemäß § 11 Abs. 3 und 4 zu beinhalten hat.

(6) Die FMA hat der zuständigen Behörde des Aufnahmemitgliedstaates der Verwaltungsgesellschaft die Informationen gemäß Abs. 5 sowie, sofern die Verwaltungsgesellschaft die Tätigkeit der kollektiven Portfolioverwaltung gemäß § 5 Abs. 2 Z 1 lit. a ausüben möchte, eine Bescheinigung über die Zulassung der Verwaltungsgesellschaft gemäß der Richtlinie 2009/65/EG sowie eine Beschreibung des Umfangs der Zulassung und gegebenenfalls Einzelheiten in Bezug auf Beschränkungen der Arten von OGAW, für deren Verwaltung die Verwaltungsgesellschaft eine Zulassung erhalten hat, innerhalb eines Monates nach deren Eingang bei der FMA zu übermitteln. Ferner hat die FMA Einzelheiten zu etwaigen Entschädigungssystemen zu übermitteln, die den Schutz der Anleger sicherstellen sollen. Vorbehaltlich einer für die kollektive Portfolioverwaltung erforderlichen Bewilligung der zuständigen Behörde des Herkunftmitgliedstaates des OGAW und § 139 kann die Verwaltungsgesellschaft ab Information der FMA über die Weiterleitung, spätestens aber ein Monat nach Eingang der Angaben gemäß Abs. 5 bei der FMA die Tätigkeit im Aufnahmemitgliedstaat aufnehmen.

(7) Der bloße Vertrieb von Anteilen des von der Verwaltungsgesellschaft verwalteten OGAW in einem anderen Mitgliedstaat, der nicht der Herkunftmitgliedstaat des OGAW ist, ohne eine Zweigstelle zu errichten und ohne weitere Tätigkeiten oder Dienste anzubieten, bedarf keiner Anzeige gemäß Abs. 1 oder 5; es findet lediglich das Verfahren gemäß § 139 Anwendung.

(8) Sofern die Verwaltungsgesellschaft die Verwaltung eines in einem anderen Mitgliedstaat bewilligten OGAW beabsichtigt, hat sie die Unterlagen gemäß § 36 Abs. 6 direkt bei der zuständigen Behörde des Herkunftmitgliedstaates des OGAW vorzulegen. Erhält die FMA in diesem Zusammenhang ein Auskunftsersuchen der zuständigen Behörde des Herkunftmitgliedstaates des OGAW im Sinne von § 36 Abs. 7, so hat die FMA ihre Stellungnahme binnen zehn Arbeitstagen nach Erhalt des ursprünglichen Auskunftsersuchens abzugeben.

(9) Die Verwaltungsgesellschaft hat der FMA und den zuständigen Behörden des Aufnahmemitgliedstaates jede Änderung der nach Abs. 1 übermittelten Angaben mindestens einen Monat vor deren Vornahme und jede Änderung der gemäß Abs. 5 übermittelten Angaben vor deren Vornahme schriftlich mitzuteilen, damit die FMA und die zuständigen Behörden des Aufnahmemitgliedstaates der Verwaltungsgesellschaft eine Entscheidung zu jeder Änderung betreffend Angaben gemäß Abs. 1 treffen können. Änderungen der gemäß Abs. 2 übermittelten Angaben sowie Änderungen des Umfangs der Zulassung der Verwaltungsgesellschaft sowie Einzelheiten in Bezug auf Beschränkungen der Arten von OGAW, für deren Verwaltung die Verwaltungsgesellschaft eine Zulassung erhalten hat, hat die FMA der zuständigen Behörde des Aufnahmemitgliedstaates, falls erforderlich unter Aktualisierung der in der Bescheinigung gemäß Abs. 2 enthaltenen Informationen, mitzuteilen.

EB zu § 37 (Art. 2 BGBl. I Nr. 77/2011):

Setzt Art. 17 Abs. 1, 2, 3, 7, 8 und 9 der Richtlinie 2009/65/EG um. Hier werden die Voraussetzungen für die Ausübung der Dienstleistungs- und Niederlassungsfreiheit durch österreichische Verwaltungsgesellschaften in anderen Mitgliedstaaten, insbesondere das so genannte Notifikationsverfahren, geregelt.

EB zu § 37 Abs. 1 (Art. 2 BGBl. I Nr. 77/2011):

Setzt Art. 17 Abs. 1 und 2 der Richtlinie 2009/65/EG um und entspricht inhaltlich hinsichtlich der Regelungen über die Errichtung einer Zweigstelle weitgehend § 32b Abs. 1 InvFG 1993. Es ist von der Verwaltungsgesellschaft dabei insbesondere auch darzulegen, wie Anlegerbeschwerden von Anlegern des Aufnahmemitgliedstaates entgegengenommen und sachgerecht behandelt werden und wie diese Anleger in den Genuss der Zahlungen und der Rücknahme der Anteile kommen und wie sie die Informationen nach dem 4. Hauptstück erhalten.

EB zu § 37 Abs. 2 (Art. 2 BGBl. I Nr. 77/2011):

Setzt Art. 17 Abs. 3 erster und dritter Unterabs. der Richtlinie 2009/65/EG um und entspricht inhaltlich hinsichtlich der Regelungen über die Errichtung einer Zweigstelle weitgehend § 32b Abs. 3 InvFG 1993. Die FMA hat in der Bescheinigung über die Konzession und somit richtlinienkonforme Zulassung der Verwaltungsgesellschaft auch anzugeben, ob es Einschränkungen im Hinblick auf bestimmte Fondstypen (beispielsweise Geldmarktfonds, Indexfonds etc.) gibt. Dabei ist insbesondere auf die fachliche Eignung der Geschäftsleiter und auf die Strukturen (Risikomanagement) der Verwaltungsgesellschaft Bedacht zu nehmen.

EB zu § 37 Abs. 3 (Art. 2 BGBl. I Nr. 77/2011):

Setzt Art. 17 Abs. 3 zweiter Unterabs. der Richtlinie 2009/65/EG um. Sind die Voraussetzungen gemäß Abs. 1 nicht erfüllt, so hat die FMA die Errichtung der Zweigstelle binnen zwei Monaten ab Einlangen sämtlicher Unterlagen zu untersagen. Der Bescheid ist schriftlich zu erteilen und zu begründen. Da sich das Erfordernis der Bescheidbegründung bereits aus dem AVG (§ 58 Abs. 2) ergibt, ist dieses – wiewohl in der Richtlinie erwähnt – nicht eigens anzuführen. In der Richtlinie ist weiters vorgesehen, dass die Verwaltungsgesellschaft im Falle der Untersagung oder im Falle des Nichthandelns der Behörde die Gerichte anrufen kann. Dies ist ebenfalls nicht eigens im Gesetz anzuführen, da sich die Zuständigkeit der Gerichtshöfe öffentlichen Rechts bei ablehnenden Bescheiden bereits aus § 22 AVG in Verbindung mit Art. 130 und 139 B-VG ergibt und im Falle des Nichthandelns aus § 73 AVG in Verbindung mit § 130 BVG ergibt.

EB zu § 37 Abs. 4 (Art. 2 BGBl. I Nr. 77/2011):

Setzt Art. 17 Abs. 7 der Richtlinie 2009/65/EG um.

EB zu § 37 Abs. 5 (Art. 2 BGBl. I Nr. 77/2011):

Setzt Art. 18 Abs. 1 der Richtlinie 2009/65/EG um. Zu den Verfahren betreffend die Sicherstellung der Rechte der Anteilinhaber im Herkunftmitgliedstaat siehe die Erläuterungen zu Abs. 1.

EB zu § 37 Abs. 6 (Art. 2 BGBl. I Nr. 77/2011):

Setzt Art. 18 Abs. 2 der Richtlinie 2009/65/EG um.

EB zu § 37 Abs. 7 (Art. 2 BGBl. I Nr. 77/2011):

Setzt Art. 16 Abs. 1 zweiter Unterabs. der Richtlinie 2009/65/EG um. Vertreibt eine Verwaltungsgesellschaft die Anteile ihrer OGAW in Aufnahmemitgliedstaaten, ohne eine Zweigstelle zu errichten, so finden auf sie lediglich die Bestimmungen für grenzüberschreitende Vermarktung Anwendung (so auch Erwägungsgrund 12 der Richtlinie 2009/65/EG).

EB zu § 37 Abs. 8 (Art. 2 BGBl. I Nr. 77/2011):

Setzt Art. 20 Abs. 2 der Richtlinie 2009/65/EG um. Beabsichtigt die Verwaltungsgesellschaft die gemeinsame Portfolioverwaltung in einem anderen Mitgliedstaat, so hat sie einerseits, wie in den vorstehenden Absätzen beschrieben, dies der FMA anzuzeigen. Gleichzeitig bedarf dies aber auch der Genehmigung der Herkunftsmitgliedstaatsbehörde des OGAW. Dazu muss sich die Verwaltungsgesellschaft direkt an diese Behörde wenden. Diese Behörde kann nun wiederum Informationen über die Verwaltungsgesellschaft und deren Kompatibilität mit dem zu verwaltenden OGAW bei der FMA einholen. Dieses Auskunftsersuchen ist von der FMA binnen 10 Arbeitstagen ab Erhalt zu beantworten. Im deutschen Text findet sich zwar die Wendung „ursprünglicher Antrag", was missverständlich sein könnte. In der englischen Fassung heißt es jedoch „initial request", womit klar ist, dass das Auskunftsersuchen gemeint ist.

EB zu § 37 Abs. 9 (Art. 2 BGBl. I Nr. 77/2011):

Setzt Art. 17 Abs. 8 und 9 sowie Art. 18 Abs. 4 der Richtlinie 2009/65/EG um.

EB zu § 37 Abs. 5 Z 2 (Art. 2 BGBl. I Nr. 115/2015):

Der Verweis auf § 141 Abs. 1 entspricht nicht den Vorgaben des Art. 18 Abs. 1 lit. b der Richtlinie 2009/65/EG und soll daher entfallen.

Aufsicht im Rahmen der Dienstleistungs- und Niederlassungsfreiheit

§ **38.** (1) Jede Verwaltungsgesellschaft gemäß § 36, die in Österreich über eine Zweigstelle tätig ist, hat die Einhaltung der Bestimmungen gemäß § 36 Abs. 4 durch Abschlussprüfer prüfen zu lassen. Über das Ergebnis der Prüfung ist ein Prüfungsbericht in deutscher Sprache zu erstellen und erforderlichenfalls zu erläutern. Die Zweigstelle der Verwaltungsgesellschaft hat diesen Prüfungsbericht der FMA innerhalb von sechs Monaten nach Abschluss des Geschäftsjahres zu übermitteln. Eine Verwaltungsgesellschaft im Sinne von § 36 hat sicherzustellen, dass die FMA die in diesem Absatz genannten Informationen unmittelbar von ihr erhält.

(2) Stellt die FMA fest, dass eine Verwaltungsgesellschaft, die gemäß § 36 in Österreich eine Zweigstelle hat oder Dienstleistungen erbringt, gegen eine der in § 143 Abs 1 Z 2 bis 5 genannten Bestimmungen verstößt, so hat die FMA die Verwaltungsgesellschaft aufzufordern, den Verstoß zu beenden, und die zuständigen Behörden des Herkunftmitgliedstaats der Verwaltungsgesellschaft entsprechend zu unterrichten.

(3) Lehnt eine Verwaltungsgesellschaft ab, der FMA die in die Zuständigkeit der FMA fallenden Informationen zukommen zu lassen oder unternimmt sie nicht die erforderlichen Schritte, um den Verstoß gemäß Abs. 2 zu beenden, so hat die FMA die zuständigen Behörden des Herkunftmitgliedstaats der Verwaltungsgesellschaft darüber zu informieren.

(4) Erhält die FMA von einer zuständigen Behörde eines anderen Mitgliedstaates eine Information im Sinne des Abs. 3, wonach eine Verwaltungsgesellschaft gemäß § 37 gegenüber dieser Behörde Informationen verweigert oder keine ausreichenden Schritte zur Beendigung eines Verstoßes im Sinne von Abs. 2 setzt, so hat die FMA unverzüglich alle geeigneten Maßnahmen zu treffen, um sicherzustellen, dass die Verwaltungsgesellschaft die vom Aufnahmemitgliedstaat der Verwaltungsgesellschaft gemäß Abs. 1 geforderten Informationen zur Verfügung stellt oder den Verstoß beendet. Die FMA hat Art und Inhalt dieser Maßnahmen den zuständigen Behörden des Aufnahmemitgliedstaats der Verwaltungsgesellschaft mitzuteilen. Jede Maßnahme gemäß diesem Absatz ist zu begründen und der Verwaltungsgesellschaft schriftlich mitzuteilen.

(5) Weigert sich eine Verwaltungsgesellschaft gemäß § 36 trotz der von den zuständigen Behörden des Herkunftmitgliedstaats der Verwaltungsgesellschaft getroffenen Maßnahmen oder infolge unzureichender oder fehlender Maßnahmen dieses Mitgliedstaats weiter, die von der FMA gemäß Abs. 1 geforderten Informationen bereitzustellen, oder verstößt sie weiter gegen die in Abs. 2 genannten Bestimmungen, so hat die FMA eine der folgenden Maßnahmen zu ergreifen:

1. Nach Unterrichtung der zuständigen Behörden des Herkunftmitgliedstaats der Verwaltungsgesellschaft geeignete Maßnahmen einschließlich der Maßnahmen gemäß den §§ 147 bis 150, um weitere Verstöße zu verhindern oder zu ahnden; soweit erforderlich, kann die FMA dieser Verwaltungsgesellschaft auch neue Geschäfte in Österreich untersagen. Handelt es sich bei der in Österreich erbrachten Dienstleistung der Verwaltungsgesellschaft gemäß § 36 um die Verwaltung eines OGAW, so kann die FMA verlangen, dass die Verwaltungsgesellschaft die Verwaltung dieses OGAW einstellt, und der Verwaltungsgesellschaft die Bewilligung gemäß § 50 Abs. 7 entziehen; oder
2. für den Fall, dass die zuständigen Behörden des Herkunftmitgliedstaats der Verwaltungsgesellschaft nach Dafürhalten der FMA nicht in angemessener Weise tätig geworden sind, kann die FMA die Europäische Wertpapier- und Marktaufsichtsbehörde – ESMA (Verordnung (EU) Nr. 1095/2010) über diesen Sachverhalt unterrichten, die ihrerseits im Rahmen ihrer Befugnisse gemäß Artikel 19 der Verordnung (EU) Nr. 1095/2010 tätig werden kann.

Jede Maßnahme gemäß diesem Absatz ist zu begründen und der Verwaltungsgesellschaft schriftlich mitzuteilen. Ist auf Grund von Z 1 oder 2 ein Bescheid der FMA erlassen worden, so ist die Rechtskraft dieses Bescheides gemäß § 21b Finanzmarktaufsichtsbehördengesetz – FMABG (BGBl. I Nr. 97/2001) eingeschränkt.

(6) Bei der Zustellung von amtlichen Schriftstücken der zuständigen Behörden des Aufnahmemitgliedstaates einer Verwaltungsgesellschaft gemäß § 37 kann der Empfänger die Annahme gemäß § 12 Abs. 2 Zustellgesetz – ZustG (BGBl. Nr. 200/1982) nur dann verweigern, wenn diese Schriftstücke nicht in der Amtssprache eines Mitgliedstaates abgefasst sind.

(7) In dringenden Fällen kann die FMA vor der Einleitung des in den Abs. 2, 3 oder 5 vorgesehenen Verfahrens die Sicherungsmaßnahmen ergreifen, die zum Schutz der Interessen der Anleger oder sonstiger Personen, für die Dienstleistungen erbracht werden, notwendig sind. Die Europäische Kommission, ESMA und die zuständigen Behörden der anderen betroffenen Mitgliedstaaten sind von solchen Maßnahmen von der FMA so früh wie möglich zu unterrichten. Die FMA hat auch geeignete Maßnahmen zur Wahrung der Interessen der Anleger zu treffen, wenn sie von der zuständigen Behörde des Herkunftmitgliedstaates der Verwaltungsgesellschaft informiert wird, dass diese die Entziehung der Konzession beabsichtigt. Diese Maßnahmen können Entscheidungen beinhalten, mit denen verhindert wird, dass die betreffende Verwaltungsgesellschaft neue Geschäfte in Österreich tätigt. Ist in diesem Zusammenhang ein Bescheid der FMA ergangen, so ist die Rechtskraft dieses Bescheides gemäß § 21b FMABG eingeschränkt.

(8) Die FMA hat die zuständigen Behörden des Herkunftmitgliedstaats des OGAW zu konsultieren, bevor sie der Verwaltungsgesellschaft gemäß § 37 die Konzession entzieht, damit die zuständigen Behörden des Herkunftmitgliedstaats des OGAW geeignete Maßnahmen zur Wahrung der Interessen der Anleger treffen können.

EB zu § 38 (Art. 2 BGBl. I Nr. 77/2011):

Setzt Art. 21 der Richtlinie 2009/65/EG um. Hier wird die Aufsicht im Rahmen der Dienstleistungs- und Niederlassungsfreiheit geregelt. Die Bestimmung ist im Zusammenhalt mit Teil 2, 5. Hauptstück, 2. Abschnitt zu lesen.

EB zu § 38 Abs. 1 (Art. 2 BGBl. I Nr. 77/2011):

Setzt Art. 21 Abs. 2 der Richtlinie 2009/65/EG um und entspricht inhaltlich § 32a Abs. 7 InvFG 1993. Die Richtlinie sieht die Möglichkeit vor, dass die Behörden des Aufnahmemitgliedstaates Angaben verlangen können, um die Einhaltung der maßgeblichen, in ihren Zuständigkeitsbereich fallenden Bestimmungen zu überwachen. Gleichzeitig legt die Richtlinie fest, dass diese Anforderungen nicht strenger sein dürfen als jene, die von in Österreich zugelassenen Verwaltungsgesellschaften gefordert werden. Da auch österreichische Verwaltungsgesellschaften die Einhaltung der einschlägigen Bestimmungen durch einen Abschlussprüfer prüfen und nachweisen müssen, erscheint diese Bestimmung sachgerecht und angemessen.

EB zu § 38 Abs. 2 (Art. 2 BGBl. I Nr. 77/2011):

Setzt Art. 21 Abs. 3 der Richtlinie 2009/65/EG um.

EB zu § 38 Abs. 3 (Art. 2 BGBl. I Nr. 77/2011):

Setzt Art. 21 Abs. 4 erster Satz der Richtlinie 2009/65/EG um.

EB zu § 38 Abs. 4 (Art. 2 BGBl. I Nr. 77/2011):

Setzt Art. 21 Abs. 4 zweiter und dritter Satz sowie Abs. 6 der Richtlinie 2009/65/EG um.

EB zu § 38 Abs. 5 (Art. 2 BGBl. I Nr. 77/2011):

Setzt Art. 21 Abs. 5 erster Satz und dritter Satz sowie Abs. 6 der Richtlinie 2009/65/EG in der Fassung der Omnibus-Richtlinie (Richtlinie 2010/78/EU) um. Der Herkunftsmitgliedstaat des OGAW muss über sämtliche erforderlichen Mittel verfügen, um gegen Verstöße jeder Art gegen die Regeln des OGAW vorzugehen. Deshalb kann die FMA als zuständige Behörde des Herkunftsmitgliedstaats des OGAW Präventivmaßnahmen und Sanktionen gegen die Verwaltungsgesellschaft ergreifen und als ultima ratio *von der Verwaltungsgesellschaft verlangen, die Verwaltung des OGAW einzustellen. In einem solchen Fall wird gemäß § 50 Abs. 6 die Depotbank von der FMA mit der Abwicklung gemäß § 63 beauftragt (so auch Erwägungsgrund 23 der Richtlinie 2009/65/EG).*

EB zu § 38 Abs. 6 (Art. 2 BGBl. I Nr. 77/2011):

Setzt Art. 21 Abs. 5 zweiter Satz und Art. 108 Abs. 6 der Richtlinie 2009/65/EG um. Die Richtlinie 2009/65/EG führt den umfassenden Pass für die Verwaltungsgesellschaft ein. Dies bedeutet, dass auch eine Verwaltungsgesellschaft mit Sitz in Österreich einen Investmentfonds, der nach beispielsweise französischem Recht in Frankreich aufgelegt und zugelassen ist, verwalten darf. Damit aber eine solche Tätigkeit, die der Effizienz und der Vervollkommnung des Binnenmarktes dient, auch wirksam beaufsichtigt werden kann, ist vorgesehen, dass die Mitgliedstaaten gewährleisten, dass die im Rahmen der Aufsicht erforderlichen Schriftstücke auch grenzüberschreitend zugestellt werden können. Grundsätzlich ist die Zustellung von amtlichen Schriftstücken im Zustellgesetz geregelt. Dies soll auch in diesem Fall Anwendung finden. Die Bestimmungen des § 12 Abs. 2 Zustellgesetz, wonach die Zustellung ausländischer Dokumente vom Adressanten verweigert werden kann, wenn keine beglaubigte Übersetzung vorliegt, würde aber bedeuten, dass sich eine Verwaltungsgesellschaft, die die Vorzüge des Binnenmarktes nützt und einen französischen Fonds verwaltet, sich im Ernstfall, wenn sie gegen französisches Recht verstößt, den rechtlichen

Konsequenzen entziehen kann. Dies wäre gegen die Intention der Richtlinie 2009/65/EG und auch gegen den Wortlaut des Art. 21 Abs. 5 der Richtlinie. Daher sollen die vorstehend genannten Bestimmungen des Zustellgesetzes nicht Anwendung finden, sofern das amtliche Schriftstück in der Amtssprache eines Mitgliedstaates abgefasst ist. Eine Übersetzung scheint auch schon deshalb entbehrlich, da einer Verwaltungsgesellschaft, die in einem anderen Mitgliedstaat eine Fondsverwaltung aufnimmt, auch zugemutet werden kann, dass sie die Amtssprache desjenigen Mitgliedstaates so weit beherrscht, dass sie an sie gerichtete amtliche Dokumente verstehen kann. Eine entsprechende Bestimmung findet sich im Übrigen bereits in § 19 BWG für den Bereich der Kreditinstitute.

EB zu § 38 Abs. 7 (Art. 2 BGBl. I Nr. 77/2011):

Setzt Art. 21 Abs. 7 und 8 der Richtlinie 2009/65/EG in der Fassung der Omnibus-Richtlinie (2010/78/EU) um. Um eine optimale Abstimmung unter den betroffenen Mitgliedstaaten zu ermöglichen, sind die anderen betroffenen Mitgliedstaaten beziehungsweise deren zuständige Behörden sowie die Europäische Kommission frühestmöglich zu informieren. Die Kommission kann nach Anhörung der betroffenen Mitgliedstaaten beschließen, dass die FMA die Maßnahmen zu ändern oder aufzuheben hat. Eine Umsetzung dieser Kompetenz der Kommission ist nicht eigens erforderlich. Sie folgt bereits aus der Richtlinie. Im Zuge der Realisierung der Europäischen Finanzmarktaufsicht werden solche Kompetenzen der Kommission vielfach der künftigen Europäischen Wertpapieraufsichtsbehörde (ESMA) zukommen und auch noch ausgebaut werden. Die Rechtsmittel der FMA gegen solche Beschlüsse der Kommission (oder von ESMA) richten sich nach dem Unionsrecht.

EB zu § 38 Abs. 8 (Art. 2 BGBl. I Nr. 77/2011):

Setzt Art. 21 Abs. 8 der Richtlinie 2009/65/EG um.

2. Hauptstück
Depotbank

Erfordernis der Depotbank

§ 39. (1) Die Verwahrung des Vermögens des OGAW ist einer Depotbank im Sinne von § 41 Abs. 1 zu übertragen.

(2) Die Anteilscheine sind vor ihrer Ausgabe der Depotbank in Verwahrung zu geben. Diese darf sie nur ausgeben, wenn ihr der Gegenwert gemäß § 55 Abs. 1 ohne jede Beschränkung zur Verfügung gestellt worden ist. Die Depotbank hat den empfangenen Gegenwert unverzüglich dem Fondsvermögen zuzuführen.

EB zu § 39 (Art. 2 BGBl. I Nr. 77/2011):

Setzt Art. 22 Abs. 1 der Richtlinie 2009/65/EG um und entspricht § 6 Abs. 6 InvFG 1993. Es wird festgelegt, dass das Vermögen eines OGAW von der Depotbank zu verwahren ist.

Aufgaben der Depotbank

§ 40. (1) Die Verwaltungsgesellschaft hat mit der Verwahrung der zu einem OGAW (§ 50) gehörigen Wertpapiere und mit der Führung der zum OGAW gehörigen Konten eine einzige Depotbank, die die Anforderungen des § 41 erfüllt, zu beauftragen.

(1a) Die Bestellung der Depotbank bedarf zu ihrer Wirksamkeit eines schriftlichen Vertrages. Dieser Vertrag hat unter anderem auch den Informationsaustausch zu regeln, der erforderlich ist, damit die Depotbank ihren Aufgaben gemäß der Richtlinie 2009/65/EG, der Delegierten Verordnung (EU) 2016/438, diesem Bundesgesetz sowie den gemäß diesem Bundesgesetz von der FMA erlassenen Verordnungen für jene OGAW, für welche sie bestellt wurde, nachkommen kann.

(2) Die Depotbank hat zu gewährleisten, dass

1. der Verkauf, die Ausgabe, die Rücknahme, die Auszahlung und die Aufhebung der Anteile, die für Rechnung des OGAW oder durch die Verwaltungsgesellschaft vorgenommen werden, gemäß den Bestimmungen dieses Bundesgesetzes und den Fondsbestimmungen im Interesse der Anteilinhaber erfolgt;
2. die Berechnung des Wertes der Anteile gemäß den Bestimmungen dieses Bundesgesetzes und den Fondsbestimmungen im Interesse der Anteilinhaber erfolgt;
3. ihr bei Geschäften, die sich auf das Vermögen des Investmentfonds beziehen, der Gegenwert unverzüglich übertragen wird;
4. die Erträge des Investmentfonds gemäß den Bestimmungen dieses Bundesgesetzes und den Fondsbestimmungen verwendet werden.

(3) Die Depotbank hat den Weisungen der Verwaltungsgesellschaft Folge zu leisten, außer diese Weisungen verstoßen gegen die Bestimmungen dieses Bundesgesetzes oder die Fondsbestimmungen.

(4) Die Depotbank ist berechtigt und verpflichtet, im eigenen Namen gemäß § 37 EO durch Klage Widerspruch zu erheben, wenn auf einen zu einem OGAW gehörigen Vermögenswert Exekution geführt wird, sofern es sich nicht um eine gemäß §§ 80 bis 84 begründete Forderung gegen den OGAW handelt.

EB zu § 40 (Art. 2 BGBl. I Nr. 77/2011):

Setzt Art. 22 Abs. 1 und 3 der Richtlinie 2009/65/EG um und entspricht inhaltlich § 23 Abs. 1 erster Satz und Abs. 2 Sätze eins bis drei InvFG 1993.

EB zu § 40 Abs. 1 (Art. 2 BGBl. I Nr. 77/2011):

Setzt Art. 22 Abs. 1 der Richtlinie 2009/65/EG um und entspricht inhaltlich § 23 Abs. 1 erster Satz InvFG 1993.

EB zu § 40 Abs. 2 (Art. 2 BGBl. I Nr. 77/2011):

Setzt Art. 22 Abs. 3 Buchstabe a, b, d und e der Richtlinie 2009/65/EG um und entspricht inhaltlich § 23 Abs. 2 Sätze eins bis drei InvFG 1993.

EB zu § 40 Abs. 3 (Art. 2 BGBl. I Nr. 77/2011):

Setzt Art. 22 Abs. 3 Buchstabe c der Richtlinie 2009/65/EG um.

EB zu § 40 Abs. 4 (Art. 2 BGBl. I Nr. 77/2011):

Die Bestimmung entspricht inhaltlich § 23 Abs. 3 InvFG 1993.

EB zu § 40 (Art. 2 BGBl. I Nr. 115/2015):

Setzt Art. 22 Abs. 1 und 2 der Richtlinie 2009/65/EG um. Es wird klargestellt, dass für jeden OGAW nur eine einzige Depotbank bestellt werden darf und hiefür ein schriftlicher Vertrag erforderlich ist, welcher jedenfalls einen hinreichenden Informationsaustausch zwischen Verwaltungsgesellschaft und Depotbank vorzusehen hat, damit die gesetzlichen Anforderungen erfüllt werden können.

EB zu § 40 Abs. 1a (Art. 3 BGBl. I Nr. 73/2016):

Es wird klargestellt, dass hinsichtlich des Vertrages zwischen Depotbank und Verwaltungsgesellschaft die Delegierte Verordnung (EU) 2016/438 zur Ergänzung der Richtlinie 2009/65/EG in Bezug auf die Pflichten der Verwahrstelle ebenfalls zu beachten ist.

Anforderungen an die Depotbank

§ 41. (1) Als Depotbank kann nur ein Kreditinstitut, das zum Betrieb des Depotgeschäftes (§ 1 Abs. 1 Z 5 BWG) berechtigt ist, oder eine gemäß § 9 Abs. 4 BWG errichtete inländische Zweigstelle eines EWR-Kreditinstitutes bestellt werden. Die Bestellung bedarf der Bewilligung der FMA. Sie darf nur erteilt werden, wenn anzunehmen ist, dass das Kreditinstitut die Erfüllung der Aufgaben der Depotbank gewährleistet. Die Bestellung der Depotbank ist zu veröffentlichen; die Veröffentlichung hat den Bewilligungsbescheid anzuführen.

(2) Im Rahmen des Verfahrens zur Bewilligung der Depotbank hat die FMA auch zu prüfen, ob die Geschäftsleiter der Depotbank eine ausreichende Erfahrung in Bezug auf den Typ des zu verwahrenden OGAW haben.

(3) Die Depotbank hat sicherzustellen, dass die FMA oder die zuständige Behörde des Herkunftmitgliedstaates des OGAW auf Verlangen alle Informationen erhält, die die Depotbank bei der Wahrnehmung ihrer Aufgaben erhalten hat und die die FMA zur Überwachung der Einhaltung der Bestimmungen dieses Bundesgesetzes, der EU-Verordnungen zur Durchführung der Richtlinie 2009/65/EG und der Delegierten Verordnung (EU) 2016/438 benötigt.

(4) *(Anm.: aufgehoben durch BGBl. I Nr. 115/2015)*

EB zu § 41 (Art. 2 BGBl. I Nr. 77/2011):

Setzt Art. 23 der Richtlinie 2009/65/EG um und entspricht inhaltlich § 23 Abs. 1 zweiter und dritter Satz InvFG 1993.

EB zu § 41 Abs. 1 (Art. 2 BGBl. I Nr. 77/2011):

Setzt Art. 23 Abs. 1 bis 3 der Richtlinie 2009/65/EG um und entspricht inhaltlich § 23 Abs. 1 zweiter bis fünfter Satz InvFG 1993.

EB zu § 41 Abs. 2 (Art. 2 BGBl. I Nr. 77/2011):

Setzt Art. 5 Abs. 4 dritter Unterabs. der Richtlinie 2009/65/EG um. Die FMA kommt diesem Prüfungsauftrag ausreichend nach, wenn sie die geforderte Erfahrung in Bezug auf den Typ der zu verwahrenden Fonds bei zwei Geschäftsleitern festgestellt hat.

EB zu § 41 Abs. 3 (Art. 2 BGBl. I Nr. 77/2011):

Setzt Art. 23 Abs. 4 der Richtlinie 2009/65/EG um.

EB zu § 41 Abs. 4 (Art. 2 BGBl. I Nr. 77/2011):

Setzt Art. 23 Abs. 5 der Richtlinie 2009/65/EG um. Der Verweis auf die Rechts- und Verwaltungsvorschriften im Herkunftmitgliedstaat des OGAW schließt auch Vorschriften des Abgabenrechtes ein.

EB zu § 41 Abs. 4 (Art. 2 BGBl. I Nr. 115/2015):

Der Entfall der Vereinbarung zwischen Verwaltungsgesellschaft und Verwahrstelle korrespondiert mit dem Entfall von Art. 23 Abs. 5 und 6 der Richtlinie 2009/65/EG.

EB zu § 41 Abs. 3 (Art. 3 BGBl. I Nr. 73/2016):

Es wird klargestellt, dass die FMA die zur Überwachung der Einhaltung der Delegierten Verordnung (EU) 2016/438 notwendigen Informationen durch die Depotbank erhält.

Pflichten der Depotbank

§ **42.** (1) Die Depotbank hat die Cashflows des OGAW ordnungsgemäß zu überwachen und insbesondere zu gewährleisten, dass sämtliche bei der Zeichnung von Anteilen eines OGAW von Anteilinhabern oder im Namen von Anteilinhabern geleistete Zahlungen entgegengenommen und dass sämtliche Gelder des OGAW auf Geldkonten verbucht wurden, die

1. auf den Namen des OGAW, auf den Namen der für den OGAW handelnden Verwaltungsgesellschaft oder auf den Namen der für den OGAW handelnden Depotbank eröffnet werden,
2. bei einer in § 31 Abs. 1 Z 1 bis 3 WAG 2007 genannten Stelle eröffnet werden und
3. gemäß den in § 29 WAG 2007 festgelegten Grundsätzen geführt werden.

Werden die Geldkonten auf den Namen der für den OGAW handelnden Verwahrstelle geführt, so werden auf solchen Konten weder Gelder der in Z 2 genannten Stelle noch Gelder der Depotbank selbst verbucht.

(2) Das Vermögen des OGAW wird der Depotbank wie folgt zur Verwahrung anvertraut:

1. Für Finanzinstrumente, die in Verwahrung genommen werden können, hat die Depotbank
   a) sämtliche Finanzinstrumente, die im Depot auf einem Konto für Finanzinstrumente verbucht werden können und sämtliche Finanzinstrumente, die der Verwahrstelle physisch übergeben werden können, zu verwahren und
   b) sicherzustellen, dass Finanzinstrumente, die im Depot auf einem Konto für Finanzinstrumente verbucht werden können, gemäß den in § 29 WAG 2007 festgelegten Grundsätzen in den Büchern der Verwahrstelle auf gesonderten Konten registriert werden, die auf den Namen des OGAW oder der für den OGAW handelnden Verwaltungsgesellschaft eröffnet wurden, so dass die Finanzinstrumente jederzeit eindeutig als gemäß geltendem Recht im Eigentum des OGAW befindliche Instrumente identifiziert werden können.
2. Für andere Vermögenswerte hat die Depotbank
   a) zu prüfen, ob der OGAW oder die für den OGAW handelnde Verwaltungsgesellschaft Eigentümer der betreffenden Vermögenswerte ist, indem sie auf der Grundlage der vom OGAW oder der Verwaltungsgesellschaft vorgelegten Informationen und Unterlagen und, soweit verfügbar, anhand externer Nachweise feststellt, ob der OGAW oder die für den OGAW handelnde Verwaltungsgesellschaft Eigentümer ist und
   b. Aufzeichnungen über jene Vermögenswerte, bei denen sie sich vergewissert hat, dass der OGAW oder die für den OGAW handelnde Verwaltungsgesellschaft Eigentümer ist, zu führen und ihre Aufzeichnungen auf dem neuesten Stand zu halten.

(3) Die Depotbank hat der Verwaltungsgesellschaft regelmäßig eine umfassende Aufstellung sämtlicher Vermögenswerte des OGAW zu übermitteln.

(4) Die von der Depotbank verwahrten Vermögenswerte dürfen von der Depotbank oder einem Dritten, dem die Verwahrfunktion übertragen wurde, nicht für eigene Rechnung

wiederverwendet werden. Als Wiederverwendung gilt jede Transaktion verwahrter Vermögenswerte, darunter Übertragung, Verpfändung, Verkauf und Leihe.

(5) Die von der Depotbank verwahrten Vermögenswerte dürfen nur wiederverwendet werden, sofern

1. die Wiederverwendung der Vermögenswerte für Rechnung des OGAW erfolgt,
2. die Depotbank den Weisungen der im Namen des OGAW handelnden Verwaltungsgesellschaft Folge leistet,
3. die Wiederverwendung dem OGAW zugute kommt sowie im Interesse der Anteilinhaber liegt und
4. die Transaktion durch liquide Sicherheiten hoher Qualität gedeckt ist, die der OGAW gemäß einer Vereinbarung über eine Vollrechtsübertragung erhalten hat;

der Verkehrswert der Sicherheiten muss jederzeit mindestens so hoch sein wie der Verkehrswert der wiederverwendeten Vermögenswerte zuzüglich eines Zuschlags.

EB zu § 42 (Art. 2 BGBl. I Nr. 77/2011):

Setzt Art. 30 bis 37 der Richtlinie 2010/43/EU um. Ist eine Verwaltungsgesellschaft grenzübergreifend tätig, bringt dies für das Verhältnis zwischen der Verwaltungsgesellschaft und der OGAW-Verwahrstelle neue Herausforderungen mit sich. Um die notwendige Rechtssicherheit zu gewährleisten, werden die wichtigsten Punkte der Vereinbarung zwischen einer OGAW-Verwahrstelle und einer Verwaltungsgesellschaft, die ihren Sitz nicht im OGAW-Herkunftsmitgliedstaat hat, festgelegt. Damit eine solche Vereinbarung ordnungsgemäß ihren Zweck erfüllen kann, müssen Kollisionsnormen vorgesehen werden, die insofern von den Artikeln 3 und 4 der Verordnung (EG) Nr. 593/2008 des Europäischen Parlaments und des Rates vom 17. Juni 2008 über das auf vertragliche Schuldverhältnisse anzuwendende Recht (Rom I) abweichen, als für die Vereinbarung das Recht des OGAW-Herkunftsmitgliedstaats gelten muss (so auch Erwägungsgrund 22 der Richtlinie 2010/43/EU).

EB zu § 42 Abs. 1 (Art. 2 BGBl. I Nr. 77/2011):

Setzt Art. 30 der Richtlinie 2010/43/EU um.

EB zu § 42 Abs. 2 (Art. 2 BGBl. I Nr. 77/2011):

Setzt Art. 31 der Richtlinie 2010/43/EU um.

EB zu § 42 Abs. 3 (Art. 2 BGBl. I Nr. 77/2011):

Setzt Art. 32 der Richtlinie 2010/43/EU um.

EB zu § 42 Abs. 4 (Art. 2 BGBl. I Nr. 77/2011):

Setzt Art. 33 der Richtlinie 2010/43/EU um.

EB zu § 42 Abs. 5 (Art. 2 BGBl. I Nr. 77/2011):

Setzt Art. 34 der Richtlinie 2010/43/EU um.

EB zu § 42 Abs. 6 (Art. 2 BGBl. I Nr. 77/2011):

Setzt Art. 35 der Richtlinie 2010/43/EU um.

EB zu § 42 Abs. 7 (Art. 2 BGBl. I Nr. 77/2011):

Setzt Art. 36 der Richtlinie 2010/43/EU um.

EB zu § 42 Abs. 8 (Art. 2 BGBl. I Nr. 77/2011):

Setzt Art. 37 der Richtlinie 2010/43/EU um.

EB zu § 42 (Art. 2 BGBl. I Nr. 115/2015):

Durch Entfall des Art. 23 Abs. 6 der Richtlinie 2009/65/EG wird nunmehr mit § 42 Art. 22 Abs. 4 bis 7 der Richtlinie 2009/65/EG umgesetzt.

Übertragung von Aufgaben der Depotbank an Dritte

§ 42a. (1) Die Depotbank darf die Aufgaben gemäß § 40 Abs. 2 und § 42 Abs. 1 nicht auf Dritte übertragen.

(2) Die Depotbank darf die Aufgaben gemäß § 42 Abs. 2 nur unter folgenden Bedingungen auf Dritte übertragen:

1. Die Aufgaben werden nicht in der Absicht übertragen, die Bestimmungen dieses Bundesgesetzes, der Richtlinie 2009/65/EG oder der Delegierten Verordnung (EU) 2016/438 zu umgehen,
2. die Depotbank muss in der Lage sein, die Übertragung mit einem objektiven Grund zu rechtfertigen,
3. die Depotbank geht bei der Auswahl und Bestellung eines Dritten, dem sie Teile ihrer Aufgaben übertragen möchte, mit der gebotenen Sachkenntnis, Sorgfalt und Gewissenhaftigkeit vor und
4. die Depotbank geht bei der regelmäßigen Überprüfung und laufenden Kontrolle von Dritten, denen sie Teile ihrer Aufgaben übertragen hat, und von Vereinbarungen des Dritten hinsichtlich der ihm übertragenen Aufgaben weiterhin mit der gebotenen Sachkenntnis, Sorgfalt und Gewissenhaftigkeit vor.

(3) Die Depotbank darf die Aufgaben gemäß § 42 Abs. 2 nur auf Dritte übertragen, die während des gesamten Zeitraums der Ausübung der auf sie übertragenen Aufgaben

1. über Organisationsstrukturen und Fachkenntnisse verfügen, die angesichts der Art und Komplexität der ihr anvertrauten Vermögenswerte des OGAW oder der für den OGAW handelnden Verwaltungsgesellschaft angemessen und geeignet sind;
2. hinsichtlich der in § 42 Abs. 2 Z 1 und 2 genannten Depotbankfunktionen
   a) einer wirksamen aufsichtlichen Regulierung, einschließlich Mindestkapitalanforderungen, und einer Aufsicht im betreffenden Rechtskreis unterliegen und
   b) einer regelmäßigen externen Buchprüfung unterliegen, durch die gewährleistet wird, dass sich die Finanzinstrumente in ihrem Besitz befinden;
3. die Vermögenswerte der Kunden der Depotbank von ihren eigenen Vermögenswerten und von den Vermögenswerten der Depotbank in einer Weise trennen, die gewährleistet, dass diese jederzeit eindeutig als Eigentum von Kunden einer bestimmten Depotbank identifiziert werden können;
4. alle notwendigen Schritte unternehmen, um zu gewährleisten, dass im Falle der Insolvenz des Dritten die vom Dritten verwahrten Vermögenswerte des OGAW nicht an die Gläubiger des Dritten ausgeschüttet oder zu deren Gunsten verwendet werden können, und
5. § 40 Abs. 1a, § 42 Abs. 2 und 4 und § 44 einhalten.

(4) Soferne die Rechtsvorschriften eines Drittlandes vorschreiben, dass bestimmte Finanzinstrumente von einer in diesem Drittland ansässigen Einrichtung verwahrt werden müssen und keine in Betracht kommende Einrichtung die Anforderungen des Abs. 3 Z 2 lit. a erfüllt, darf die Depotbank die Aufgaben gemäß § 42 Abs. 2 nur insoweit übertragen, als dies die Rechtsvorschriften des Drittlandes vorschreiben, solange es keine in diesem Drittland ansässige Einrichtung gibt, die die Anforderungen dieses Bundesgesetzes erfüllt und folgende Bedingungen erfüllt werden:

1. Die Anteilinhaber des betreffenden OGAW werden vor Tätigung ihrer Anlage ordnungsgemäß über die Notwendigkeit einer solchen Übertragung aufgrund zwingender Rechtsvorschriften des Drittlandes, über die Umstände, die die Übertragung rechtfertigen, und über die Risiken, die mit einer solchen Übertragung verbunden sind, unterrichtet und
2. die im Namen des OGAW handelnde Verwaltungsgesellschaft hat die Depotbank angewiesen, die Verwahrung dieser Finanzinstrumente auf eine solche im Drittland ansässige Einrichtung zu übertragen.

(5) Der von der Depotbank mit Aufgaben gemäß § 42 Abs. 2 beauftrage Dritte kann diese Aufgaben seinerseits unter den gleichen Bedingungen weiter übertragen. § 43 ist auf alle Beteiligten anzuwenden.

(6) Die Erbringung von Dienstleistungen im Sinne der Richtlinie 98/26/EG durch für die Zwecke der Richtlinie 98/26/EG benannte Wertpapierliefer- und -abrechnungssysteme oder die Erbringung vergleichbarer Dienstleistungen durch Wertpapierliefer- und -abrechnungssysteme eines Drittlands wird für die Zwecke der Abs. 1 bis 5 nicht als Übertragung der Verwahrfunktionen betrachtet.

EB zu § 42a (Art. 2 BGBl. I Nr. 115/2015):
Setzt Art. 22a der Richtlinie 2009/65/EG um.

EB zu § 42a Abs. 2 Z 1 (Art. 3 BGBl. I Nr. 73/2016):
Es wird klargestellt, dass hinsichtlich des Übertragung von Aufgaben der Depotbank an Dritte die Delegierte Verordnung (EU) 2016/438 beachten ist.

Haftung der Depotbank

§ 43. (1) Die Depotbank haftet gegenüber der Verwaltungsgesellschaft und den Anteilinhabern für den Verlust durch die Depotbank oder einen Dritten, dem die Verwahrung von gemäß § 42 Abs. 2 Z 1 und 2 verwahrten Finanzinstrumenten übertragen wurde. Die Depotbank hat bei Verlust eines verwahrten Finanzinstruments dem OGAW oder der für den OGAW handelnden Verwaltungsgesellschaft unverzüglich ein Finanzinstrument gleicher Art zurückzugeben oder einen entsprechenden Betrag zu erstatten. Die Depotbank haftet nicht, wenn sie nachweisen kann, dass der Verlust auf äußere Ereignisse, die nach vernünftigem Ermessen nicht kontrolliert werden können und deren Konsequenzen trotz aller angemessenen Anstrengungen nicht hätten vermieden werden können, zurückzuführen ist.

(2) Die Haftung der Depotbank gilt auch für sämtliche Verluste, die infolge einer fahrlässigen oder vorsätzlichen Nichterfüllung von Verpflichtungen gemäß diesem Bundesgesetz oder der Richtlinie 2009/65/EG durch die Depotbank resultieren.

(3) Die Haftung der Depotbank gemäß Abs. 1 oder 2 wird nicht dadurch berührt, dass sie sämtliche oder einen Teil der Vermögensgegenstände, deren Verwahrung sie übernommen hat, einem Dritten überträgt.

(4) Die Haftung der Depotbank gemäß Abs. 1 oder 2 kann bei sonstiger Nichtigkeit nicht vertraglich ausgeschlossen oder begrenzt werden.

(5) Anteilinhaber des OGAW können die Haftung der Depotbank unmittelbar oder mittelbar über die Verwaltungsgesellschaft oder die Investmentgesellschaft geltend machen, vorausgesetzt, dass dies weder zur Verdopplung von Regressansprüchen noch zur Ungleichbehandlung der Anteilinhaber führt.

EB zu § 43 (Art. 2 BGBl. I Nr. 77/2011):
Setzt Art. 24 und Art. 22 Abs. 2 der Richtlinie 2009/65/EG um und entspricht inhaltlich § 23 Abs. 4 und § 3 Abs. 3 Z 8 InvFG 1993.

EB zu § 43 Abs. 1 (Art. 2 BGBl. I Nr. 77/2011):
Setzt Art. 24 der Richtlinie 2009/65/EG um und entspricht inhaltlich § 23 Abs. 4 und § 3 Abs. 3 Z 8 InvFG 1993.

EB zu § 43 Abs. 2 (Art. 2 BGBl. I Nr. 77/2011):
Setzt Art. 22 Abs. 2 der Richtlinie 2009/65/EG um und entspricht inhaltlich § 3 Abs. 3 Z 8 InvFG 1993.

EB zu § 43 (Art. 2 BGBl. I Nr. 115/2015):
Setzt Art. 24 der Richtlinie 2009/65/EG um.

Unabhängigkeit der Depotbank

§ 44. (1) Die Aufgaben der Verwaltungsgesellschaft und der Depotbank oder Verwahrstelle dürfen nicht von ein und derselben Gesellschaft wahrgenommen werden. § 6 Abs. 2 Z 8 und 9 findet auch auf die Depotbank Anwendung.

(2) Die Depotbank hat bei der Wahrnehmung ihrer Aufgaben ehrlich, redlich, professionell, unabhängig und ausschließlich im Interesse der Anteilinhaber zu handeln.

(3) Die Depotbank darf in Bezug auf den OGAW oder die für den OGAW handelnde Verwaltungsgesellschaft keine Aufgaben wahrnehmen, die Interessenkonflikte zwischen dem OGAW, den Anteilinhabern des OGAW, der Verwaltungsgesellschaft und ihr selbst schaffen könnten, außer wenn eine funktionale und hierarchische Trennung der Ausführung ihrer Aufgaben als Depotbank von ihren potenziell dazu in Konflikt stehenden Aufgaben gegeben ist und die potenziellen Interessenkonflikte ordnungsgemäß ermittelt, gesteuert, beobachtet und den Anteilinhabern des OGAW gegenüber offengelegt werden.

EB zu § 44 (Art. 2 BGBl. I Nr. 77/2011):
Setzt Art. 25 der Richtlinie 2009/65/EG um.

EB zu § 44 Abs. 1 (Art. 2 BGBl. I Nr. 77/2011):
Setzt Art. 25 Abs. 1 der Richtlinie 2009/65/EG um.

EB zu § 44 Abs. 2 (Art. 2 BGBl. I Nr. 77/2011):
Setzt Art. 25 Abs. 2 der Richtlinie 2009/65/EG um.

EB zu § 44 (Art. 2 BGBl. I Nr. 115/2015):
Setzt teilweise Art. 25 Abs. 2 der Richtlinie 2009/65/EG um.

Informationspflichten der Depotbank

§ 44a. (1) Die Depotbank stellt der FMA auf Anfrage alle Informationen zur Verfügung, die sie in Ausübung ihrer Pflichten erhalten hat.

(2) Ist die FMA nicht zugleich zuständige Behörde des OGAW oder der Verwaltungsgesellschaft, hat die FMA die von der Depotbank erhaltenen Informationen unverzüglich der zuständigen Behörde des OGAW und der Verwaltungsgesellschaft zu übermitteln.

EB zu § 44a (Art. 2 BGBl. I Nr. 115/2015):
Setzt Art. 26a der Richtlinie 2009/65/EG um.

Vergütung der Depotbank und der Verwaltungsgesellschaft

§ 45. Die der Verwaltungsgesellschaft nach den Fondsbestimmungen für die Verwaltung zustehende Vergütung und der Ersatz für die mit der Verwaltung zusammenhängenden Aufwendungen sind von der Depotbank zu Lasten der für den Fonds geführten Konten zu bezahlen. Die Depotbank darf die ihr für die Verwahrung der Wertpapiere des Fonds und für die Kontenführung zustehende Vergütung dem Fonds anlasten. Bei diesen Maßnahmen darf die Depotbank nur auf Grund eines Auftrages der Verwaltungsgesellschaft handeln.

EB zu § 45 (Art. 2 BGBl. I Nr. 77/2011):

Entspricht § 23 Abs. 2 Satz vier bis sechs InvFG 1993.

3. Hauptstück
OGAW

1. Abschnitt
Sondervermögen

EB zum 1. Abschnitt (Sondervermögen) (Art. 2 BGBl. I Nr. 77/2011):

In diesem Abschnitt werden die für OGAW in der Form eines Sondervermögens eigentümlichen Bestimmungen wie Anteilscheine oder die Inhalte des Rechenschaftsberichtes geregelt.

Anteilscheine

§ 46. (1) Ein OGAW in der Form eines Sondervermögens gemäß § 2 Abs. 2 hat keine eigene Rechtspersönlichkeit; es zerfällt in gleiche, in Wertpapieren verkörperte Anteile (Anteilscheine). Die Anteilscheine sind Finanzinstrumente (§ 1 Z 6 lit. c WAG 2007); sie verkörpern die Miteigentumsanteile an den Vermögenswerten des OGAW und die Rechte der Anteilinhaber gegenüber der Verwaltungsgesellschaft sowie der Depotbank. Die Anteilscheine können auf den Inhaber oder auf Namen lauten. Anteilscheine, die auf Inhaber lauten, sind depotmäßig in Verwahrung zu geben, die Ausfolgung an die Anteilinhaber ist nicht zulässig. Für Anteilscheine, die auf Namen lauten, gelten die §§ 61 Abs. 2 bis 5, 62 und 63 Aktiengesetz – AktG (BGBl. Nr. 98/1965) sinngemäß.

(2) Die Anteilscheine sind von der Verwaltungsgesellschaft sowie einem Geschäftsleiter oder einem dazu beauftragten Angestellten der Depotbank zu unterzeichnen. § 13 AktG ist sinngemäß anzuwenden. Die Anteilscheine können über einen oder mehrere Anteile oder Bruchteile davon ausgestellt werden.

(3) Anteilscheine an Sondervermögen sind zur Anlage von Mündelgeld geeignet, sofern aufgrund der Fondsbestimmungen

1. das Fondsvermögen ausschließlich in Wertpapieren gemäß § 217 ABGB veranlagt werden darf;
2. Bankguthaben neben den Erträgnissen 10 vH des Fondsvermögens nicht überschreiten dürfen;
3. Geschäfte mit derivativen Produkten im Sinne des § 73 ausschließlich zur Absicherung des Fondsvermögens durchgeführt werden dürfen.

Wertpapierleihgeschäfte gemäß § 84 sind zulässig. Solche Anteilscheine sind auch für die Anlage im Deckungsstock einer inländischen Bank für Spareinlagen gemäß § 216 ABGB geeignet.

(4) Nach Maßgabe der Fondsbestimmungen (§ 53 Abs. 3 Z 7 und 14) können für ein Sondervermögen mehrere Gattungen von Anteilscheinen ausgegeben werden, insbesondere im Hinblick auf die Ertragsverwendung, den Ausgabeaufschlag, den Rücknahmeabschlag, die Währung des Anteilswertes, die Verwaltungsvergütung oder eine Kombination der genannten Kriterien. Die Kosten bei Einführung neuer Anteilsgattungen für bestehende Sondervermögen müssen zu Lasten der Anteilspreise der neuen Anteilsgattungen in Rechnung gestellt werden. Der Wert des Anteils ist für jede Anteilsgattung gesondert zu errechnen.

(5) Ein Angebot von Anteilscheinen darf im Inland nur unter Einhaltung von § 50 und der Bestimmungen des 4. Hauptstückes erfolgen.

EB zu § 46 (Art. 2 BGBl. I Nr. 77/2011):

Die Richtlinie 2009/65/EG sieht – ebenso wie ihre Vorgängerrichtlinie – eine nähere gesetzlicheAusgestaltung der Anteilscheine nicht vor, sondern überlässt dies vielmehr den Mitgliedstaaten. Die Bestimmung entspricht inhaltlich grundsätzlich § 5 InvFG 1993.

*Die Anteilsscheine sind als eigener Wertpapiertypus zu verstehen. Dies ergibt sich EU-rechtlich bereits aus Art. 50 Abs. 1 der Richtlinie 2009/65/EG und Anhang I Abschnitt C der Richtlinie 2004/39/EG und im österreichischen Recht aus den Materialien zum InvFG 1963. Die österreichische Lehre (*Oppitz *in* Macher et al, *InvFG-Komm 2008, § 5 Rz 6 mit weiteren Verweisen) erklärt den Anteilsschein als Urkunde, die sowohl die schuldrechtliche als auch die sachenrechtliche Rechtsposition verkörpert.*

EB zu § 46 Abs. 1 (Art. 2 BGBl. I Nr. 77/2011):

Die Anteilsinhaber sind Miteigentümer, deren Rechte allerdings insofern beschränkt sind, als sie die Miteigentumsgemeinschaft nicht im Sinne von § 830 ABGB aufheben können (§ 55 Abs. 2 letzter Satz).Der einzelne Anteilsinhaber hat lediglich ein Recht auf Rückzahlung seines Anteils gemäß § 55. In schuldrechtlicher Hinsicht hat der Anteilsinhaber Rechte gegenüber der Verwaltungsgesellschaft und gegenüber der Depotbank. Die Anteilscheine sind auch als Finanzinstrumente im Sinne der Richtlinie 2004/39/EG (so Erwägungsgrund 7 der Richtlinie 2009/65/EG) zu verstehen, was sich auch aus § 1 Z 6 lit. c WAG 2007, der die Richtlinie 2004/39/EG diesbezüglich umsetzt, ergibt. Zur leichteren Auffindbarkeit wurde ein entsprechender Verweis aufgenommen.

EB zu § 46 Abs. 2 (Art. 2 BGBl. I Nr. 77/2011):

Die Anteilscheine sind von der Verwaltungsgesellschaft und von einem Vertreter der Depotbank in sinngemäßer Anwendung von § 13 AktG zu unterzeichnen. Die Begebung von Anteilscheinen kann daher nur von der Verwaltungsgesellschaft gemeinsam mit der Depotbank vorgenommen werden. Die Anteilscheine lauten nicht auf ein bestimmtes Nominale, sondern sind reine Quotenpapiere (Erläuternde Bemerkungen zur RV 1130 BlgNR XVIII. GP, 159).

EB zu § 46 Abs. 3 (Art. 2 BGBl. I Nr. 77/2011):

In dieser Bestimmung wird festgelegt, unter welchen Voraussetzungen Anteilscheine zur Anlage von Mündelgeld geeignet sind. Zum Deckungsstock vergleiche § 66 BWG.

EB zu § 46 Abs. 4 (Art. 2 BGBl. I Nr. 77/2011):

Die Bestimmung knüpft an § 53 Abs. 3 Z 7 und 14 an und sieht die Möglichkeit der Ausgabe von mehreren Anteilsgattungen und der gesonderten Berechnung je Anteilsgattung vor. Eine Thesaurierung des Jahresertrages ist zulässig, nicht aber eine Teilthesaurierung.

EB zu § 46 Abs. 5 (Art. 2 BGBl. I Nr. 77/2011):

Stellt klar, dass ein Angebot von OGAW-Anteilscheinen im Inland der Bewilligung durch die FMA und der Veröffentlichung eines Prospektes bedarf. Die Bewilligung der

FMA ist nur dann nicht erforderlich, wenn der OGAW bereits von einer anderen zuständigen Behörde in einem anderen Mitgliedstaat bewilligt worden ist; dies ergibt sich insbesondere aus dem 4. Hauptstück Abschnitt 5. Die Auflage und Ausgabe von Anteilen aufgrund des § 46 stellt jedoch eine erstmalige Ausgabe von Anteilen in Österreich dar und bedarf daher der Bewilligung der FMA.

EB zu § 46 Abs. 3 (Art. 5 BGBl. I Nr. 135/2013):
Es erfolgt eine Verweisanpassung auf §§ 216 und 217 ABGB.

EB zu § 46 Abs. 1 (Art. 2 BGBl. I Nr. 115/2015):
Der im FATCA-Abkommen beziehungsweise in der EU-Amtshilferichtlinie (2014/107/EU) verwendete Begriff „Finanzinstitut" umfasst dort auch in Österreich aufgelegte Investmentfonds. Da dieses Abkommen beziehungsweise der EU-Amtshilferichtlinie die Ausgabe eines nicht depotverwahrten Bestandes von Fondsanteilen nicht vorsieht, soll die Ausfolgung von auf Inhaber lautenden Anteilscheinen an den Inhaber nicht mehr zulässig sein. Für bereits ausgegebene Fondsanteile soll in § 195 Abs. 9 eine Übergangsregelung vorgesehen werden.

Teilfonds

§ **47.** (1) Unter Berücksichtigung der Festlegung in der Verordnung der FMA gemäß Abs. 3 können mehrere Sondervermögen, die sich hinsichtlich der Anlagepolitik oder eines anderen Ausstattungsmerkmals unterscheiden (Teilfonds), zusammengefasst werden (Umbrella-Konstruktion). Die Kosten für die Auflegung neuer Teilfonds müssen zulasten der Anteilspreise der neuen Teilfonds in Rechnung gestellt werden. Die Fondsbestimmungen eines Teilfonds und deren Änderung sind durch die FMA gemäß § 53 Abs. 2 zu bewilligen. Für alle Teilfonds eines Sondervermögens ist die gleiche Depotbank zu benennen. Überdies haben alle Teilfonds eines Sondervermögens dasselbe Rechnungsjahr aufzuweisen.

(2) Die jeweiligen Teilfonds einer Umbrella-Konstruktion sind von den übrigen Teilfonds der Umbrella-Konstruktion vermögensrechtlich und haftungsrechtlich getrennt. Im Verhältnis der Anleger untereinander wird jeder Teilfonds als eigenständiges Sondervermögen behandelt. Die Rechte von Anlegern und Gläubigern im Hinblick auf einen Teilfonds, insbesondere dessen Auflegung, Verwaltung, Übertragung und Auflösung, beschränken sich auf die Vermögensgegenstände dieses Teilfonds. Für die auf den einzelnen Teilfonds entfallenden Verbindlichkeiten haftet nur der betreffende Teilfonds.

(3) Die FMA kann durch Verordnung nähere Bestimmungen zur buchhalterischen Darstellung, Rechnungslegung und Ermittlung des Wertes jedes Teilfonds festlegen.

EB zu § 47 (Art. 2 BGBl. I Nr. 77/2011):
Umbrella-Fonds sind gemäß der Richtlinie 2009/65/EG zulässig und bereits in mehreren Mitgliedstaaten, so auch in Deutschland, gesetzlich geregelt.

Rechnungsjahr der Kapitalanlagefonds

§ **48.** Das Rechnungsjahr des Sondervermögens ist das Kalenderjahr, falls die Fondsbestimmungen nichts anderes anordnen.

EB zu § 48 (Art. 2 BGBl. I Nr. 77/2011):
Entspricht § 11 InvFG 1993.

Rechenschafts- und Halbjahresberichte

§ 49. (1) Die Verwaltungsgesellschaft hat für jedes Rechnungsjahr über jedes Sondervermögen einen Rechenschaftsbericht, sowie für die ersten sechs Monate eines jeden Rechnungsjahres über jedes Sondervermögen einen Halbjahresbericht zu erstellen.

(2) Der Rechenschaftsbericht hat eine Ertragsrechnung, eine Vermögensaufstellung sowie die Fondsbestimmungen zu enthalten, über die Veränderungen des Vermögensbestandes zu berichten und die Zahl der Anteile zu Beginn des Berichtszeitraumes und an dessen Ende anzugeben. Weiters hat der Rechenschaftsbericht einen Bericht über die Tätigkeiten des abgelaufenen Rechnungsjahres und alle sonstigen in Anlage I Schema B vorgesehenen Angaben sowie alle wesentlichen Informationen, die es den Anlegern ermöglichen, sich in voller Sachkenntnis ein Urteil über die Entwicklung der Tätigkeiten und der Ergebnisse des Sondervermögens zu bilden, zu enthalten. Im Rechenschaftsbericht ist weiters anzugeben, wie hoch die Anteile der Verwaltungsgebühren maximal sind, die der OGAW einerseits und die OGAW oder anderen Organismen für gemeinsame Anlagen, in die der OGAW investiert hat, andererseits zu tragen haben. Die Vermögenswerte des Sondervermögens sind mit den Werten gemäß § 57 Abs. 1 anzusetzen. Der Rechenschaftsbericht des Feeder-OGAW hat zusätzlich zu den in Anlage I Schema B vorgesehenen Informationen eine Erklärung zu den aggregierten Gebühren von Feeder-OGAW und Master-OGAW zu enthalten. Der Rechenschaftsbericht des Feeder-OGAW hat Informationen darüber zu enthalten, wo der Rechenschaftsbericht des Master-OGAW verfügbar ist.

(3) Der Halbjahresbericht hat mindestens die in den Abschnitten 1 bis 4 Anlage I Schemas B vorgesehenen Angaben zu enthalten; die Zahlenangaben haben, wenn der OGAW Zwischenausschüttungen vorgenommen hat oder dies vorgeschlagen wurde, das Ergebnis nach Steuern für das betreffende Halbjahr sowie die erfolgte oder vorgesehene Zwischenausschüttung auszuweisen. Die Vermögenswerte des Sondervermögens sind mit den Werten gemäß § 57 Abs. 1 anzusetzen. Der Halbjahresbericht des Feeder-OGAW hat Informationen darüber zu enthalten, wo der Halbjahresbericht des Master-OGAW verfügbar ist.

(4) Betreibt eine Verwaltungsgesellschaft für Rechnung eines Sondervermögens Pensionsgeschäfte (§ 83) oder Wertpapierleihgeschäfte (§ 84), so sind diese im Halbjahres- und Rechenschaftsbericht jeweils gesondert auszuweisen und zu erläutern.

(5) Der Rechenschaftsbericht ist von einem Wirtschaftsprüfer oder einer Wirtschaftsprüfungsgesellschaft, der oder die auch der Bankprüfer der Verwaltungsgesellschaft sein kann, zu prüfen; für diese Prüfung gelten die §§ 268 bis 276 Unternehmensgesetzbuch – UGB (dRGBl. 1897, S. 219) sinngemäß. Die Prüfung hat sich auch auf die Beachtung dieses Bundesgesetzes und der Fondsbestimmungen zu erstrecken. Der Bestätigungsvermerk des Abschlussprüfers und gegebenenfalls Einschränkungen desselben sind in jedem Rechenschaftsbericht vollständig wiederzugeben.

(6) Der geprüfte Rechenschaftsbericht und der Halbjahresbericht sind dem Aufsichtsrat der Verwaltungsgesellschaft vorzulegen.

(7) Der geprüfte Rechenschaftsbericht und der Halbjahresbericht sind in der Verwaltungsgesellschaft und in der Depotbank zur Einsicht aufzulegen. Im Übrigen sind die §§ 136 bis 138 zu beachten.

EB zu § 49 (Art. 2 BGBl. I Nr. 77/2011):

Entspricht § 12 InvFG 1993 und setzt Art. 69 Abs. 3 und 4 der Richtlinie 2009/65/EG um. Der Rechenschaftsbericht hat eine gegliederte Rechnung über Erträge und Aufwendungen des Geschäftsjahres (Ertragsrechnung), eine Bilanz oder Vermögensübersicht (Vermögensaufstellung) und die Fondsbestimmungen zu enthalten, einen Bericht über die Tätig-

keiten des abgelaufenen Rechnungsjahres und alle sonstigen in der Anlage B vorgesehenen Angaben sowie alle wesentlichen Informationen, die es den Anlegern ermöglichen, sich in voller Sachkenntnis ein Urteil über die Entwicklung der Tätigkeiten und der Ergebnisse des Sondervermögens zu bilden, über die Veränderungen des Vermögensbestandes zu berichten und die Zahl der Anteile zu Beginn des Berichtszeitraumes und an dessen Ende anzugeben. Zins- und Devisenswapgeschäfte sind wie alle anderen Derivate im Rechenschaftsbericht anzuführen. Eine spezielle Regelung ist daher nicht erforderlich.

2. Abschnitt
Bewilligung des OGAW und allgemeine Bestimmungen

EB zum 2. Abschnitt (Bewilligung des OGAW und allgemeine Bestimmungen) (Art. 2 BGBl. I Nr. 77/2011):

In diesem Abschnitt werden jene Bestimmungen betreffend den OGAW festgelegt, die unabhängig davon gelten, ob dieser als Sondervermögen konstruiert ist. Derzeit kann ein OGAW in Österreich nur als Sondervermögen bewilligt werden. Zukünftigen Entwicklungen soll durch diese Gesetzesstruktur aber Raum gegeben werden.

Bewilligung des OGAW

§ 50. (1) Die Ausgabe von Anteilscheinen eines OGAW in Österreich bedarf der Bewilligung der FMA.

(2) Die FMA hat im Rahmen der Bewilligung eines OGAW gemäß Abs. 4 folgende Bewilligungen zu erteilen:

1. Auflage des OGAW gemäß den Fondsbestimmungen (§ 53);
2. Verwaltung des OGAW durch die antragstellende Verwaltungsgesellschaft;
3. Bestellung der Depotbank (§ 41).

(3) Die Verwaltungsgesellschaft, die den OGAW in Österreich auflegen und verwalten möchte, hat bei der FMA einen Antrag auf Erteilung der Bewilligung des OGAW zu stellen und diesem Antrag folgende Angaben und Unterlagen anzuschließen:

1. Die Fondsbestimmungen (§ 53);
2. Firma und Sitz der Verwaltungsgesellschaft sowie den Nachweis, dass die Verwaltungsgesellschaft
   a) zur Verwaltung eines OGAW im Sinne der gemäß Z 1 vorgelegten Fondsbestimmungen berechtigt ist und
   b) für den Fall, dass die Verwaltungsgesellschaft nicht über eine Konzession gemäß § 6 Abs. 2 verfügt, den Nachweis, dass sie die Voraussetzungen des § 36 erfüllt, mittels Vorlage einer Bescheinigung der Herkunftmitgliedstaatsbehörde;
3. Firma und Sitz der Depotbank (§ 41) sowie die Namen der Geschäftsleiter der Depotbank und den Nachweis, dass die Anforderungen gemäß § 41 erfüllt sind.

(4) Die Bewilligung des OGAW ist zu erteilen, wenn

1. die Fondsbestimmungen diesem Bundesgesetz entsprechen und sofern diese gemäß § 76 ein Abweichen von den Anlagegrenzen des § 74 vorsehen, die Fondsbestimmungen gemäß § 76 Abs. 3 geprüft wurden und § 76 Abs. 1 Z 2 entsprechen;
2. die Depotbank die Voraussetzungen der §§ 40 bis 45 erfüllt und deren Geschäftsleiter ausreichende Erfahrung auch in Bezug auf den Typ des zu verwahrenden OGAW haben;
3. der Vertrieb der Anteile des OGAW in Österreich nicht auf Grund der Fondsbestimmungen verwehrt ist; sowie
4. die antragstellende Verwaltungsgesellschaft entweder

a) über eine Konzession gemäß § 6 Abs. 2 verfügt und zur Verwaltung des beantragten OGAW berechtigt ist oder,
b) sofern sie ihren Sitz in einem anderen Mitgliedstaat hat, die Anforderungen des Abs. 3 Z 2 lit. b erfüllt sind.

(5) Die FMA hat der Verwaltungsgesellschaft binnen zwei Monaten nach Eingang des Antrages oder, wenn dieser unvollständig ist, binnen zwei Monaten nach Übermittlung aller für den Bescheid erforderlichen Angaben entweder die Bewilligung des OGAW schriftlich zu erteilen oder die Ablehnung des Antrages mittels Bescheides schriftlich mitzuteilen. Die Bewilligung kann mit Bedingungen, Befristungen und Auflagen versehen werden.

(6) Die Bewilligung erlischt, wenn die Verwaltungsgesellschaft von ihr nicht innerhalb eines Jahres seit ihrer Erteilung Gebrauch macht oder sie davor ausdrücklich auf die Bewilligung verzichtet.

(7) Die FMA hat die Bewilligung zurückzunehmen, wenn
1. die Verwaltungsgesellschaft die Bewilligung aufgrund falscher Erklärungen oder auf sonstige rechtswidrige Weise erhalten hat;
2. die Voraussetzungen nach Abs. 4 nicht mehr vorliegen;
3. die Verwaltungsgesellschaft nachhaltig gegen die Bestimmungen dieses Bundesgesetzes verstößt.

Im Fall der Rücknahme der Bewilligung gemäß Z 1, 2 oder 3 hat die Depotbank gemäß § 63 die Abwicklung durchzuführen.

EB zu § 50 (Art. 2 BGBl. I Nr. 77/2011):
Setzt Art. 5 der Richtlinie 2009/65/EG um.

EB zu § 50 Abs. 1 (Art. 2 BGBl. I Nr. 77/2011):
Setzt Art. 5 Abs. 1 der Richtlinie 2009/65/EG um.

EB zu § 50 Abs. 2 (Art. 2 BGBl. I Nr. 77/2011):
Die FMA hat im Rahmen der Bewilligung des OGAW insgesamt drei Tatbestände zu prüfen und zu bewilligen; nämlich die Gesetzmäßigkeit der Fondsbestimmungen, der Verwaltungsgesellschaft und der Depotbank. Wenn alle drei Tatbestände gesetzeskonform sind, so ist der OGAW zu bewilligen. Dies wird üblicherweise in einem einzigen Bescheid erfolgen.

EB zu § 50 Abs. 3 (Art. 2 BGBl. I Nr. 77/2011):
Setzt Art. 5 Abs. 2 und 3 der Richtlinie 2009/65/EG um. Die Auflage eines Investmentfonds (OGAW) bedarf der vorherigen Genehmigung durch die FMA. Von der Auflage ist der Vertrieb zu unterscheiden. Die Voraussetzung für den Vertrieb und das Anbieten der Anteile eines OGAW an die Öffentlichkeit sind im 4. Hauptstück geregelt. Gemeinsam mit der Genehmigung des OGAW sind auch die Genehmigung der Fondsbestimmungen und die Wahl der Depotbank von der Verwaltungsgesellschaft, die den OGAW auflegen und verwalten wird, zu beantragen. Die Fondsbestimmungen sind jedenfalls dem Antrag beizuschließen. Hinsichtlich der Unterlagen betreffend die Verwaltungsgesellschaft kommt es darauf an, ob diese über eine Konzession gemäß § 6 verfügt oder noch nicht (weil eine solche gleichzeitig mit der Bewilligung des OGAW erlangt werden soll) oder ob es sich um eine Verwaltungsgesellschaft aus einem anderen Mitgliedstaat handelt. Eine Verwaltungsgesellschaft mit Sitz im Inland bedarf einer Konzession gemäß § 6. Verfügt sie bereits über eine solche, so ist diese der FMA grundsätzlich nicht eigens vorzuweisen, da die FMA bereits über die entsprechenden Informationen verfügt; es kann aber gegebenenfalls ein Nachweis über die Befähigung eines Geschäftsleiters betreffend einen bestimmten Fondstyp

(§ 6 Abs. 2 Z 10) erforderlich sein – gegebenenfalls ist auch die Bestellung eines solchen Geschäftsleiters unter einem nachzuweisen. Hinsichtlich einer Verwaltungsgesellschaft aus einem anderen Mitgliedstaat hat diese die entsprechenden Bescheinigungen ihrer Herkunftsmitgliedstaatsbehörde vorzulegen. Auch im Hinblick auf die Depotbank hat die FMA das Vorliegen der Voraussetzungen des § 41 zu prüfen – auch in diesem Zusammenhang kommt es insbesondere auf die Fähigkeiten der Geschäftsleiter im Hinblick auf den speziellen Fondstyp an.

EB zu § 50 Abs. 4 (Art. 2 BGBl. I Nr. 77/2011):

Setzt Art. 5 Abs. 2, 3, 4 und 5 der Richtlinie 2009/65/EG um. Die FMA darf den OGAW nur genehmigen, wenn sie die Fondsbestimmungen geprüft und für in Ordnung befunden hat, die Wahl der Depotbank die Voraussetzungen der §§ 40 bis 45 erfüllt, und die Verwaltungsgesellschaft entweder über eine Konzession nach diesem Bundesgesetz verfügt oder gemäß Art. 6 der Richtlinie 2009/65/EG in einem Mitgliedstaat der EU oder einem Vertragsstaat des EWR als Verwaltungsgesellschaft für OGAW zugelassen ist. Die Verwaltungsgesellschaft, die den Antrag gemäß Abs. 2 auf Genehmigung des OGAW stellt und den OGAW verwalten wird, muss ihren Sitz nicht in Österreich haben, aber in einem Mitgliedstaat des EWR als Verwaltungsgesellschaft für OGAW zugelassen sein.

EB zu § 50 Abs. 4 Z 3 (Art. 2 BGBl. I Nr. 77/2011):

Setzt Art. 5 Abs. 5 der Richtlinie 2009/65/EG um. Um Aufsichtsarbitrage zu vermeiden (so Erwägungsgrund 24 der Richtlinie 2009/65/EG), muss der Vertrieb der Anteile eines OGAW in seinem Herkunftmitgliedstaat rechtlich zulässig sein. Ansonsten ist die Bewilligung abzulehnen. Der Vertrieb der Anteile kann dem OGAW beispielsweise dann rechtlich verwehrt sein, wenn dies in den Fondsbestimmungen so festgelegt ist.

EB zu § 50 Abs. 4 Z 4 lit. b (Art. 2 BGBl. I Nr. 77/2011):

Setzt Art. 5 Abs. 3 in Verbindung mit Art. 16 Abs. 3 der Richtlinie 2009/65/EG um. Die Verwaltung eines OGAW durch eine Verwaltungsgesellschaft aus einem anderen Mitgliedstaat ist zulässig; es muss allerdings aus der Bescheinigung der zuständigen Behörde des Herkunftsmitgliedstaates der Verwaltungsgesellschaft klar hervorgehen, dass die Verwaltungsgesellschaft zur Verwaltung dieser Art von OGAW wie der des beantragten OGAW berechtigt ist (so auch Erwägungsgrund 20 der Richtlinie 2009/65/EG). Eine umfassende Berechtigung erfüllt ebenfalls dieses Erfordernis.

EB zu § 50 Abs. 5 (Art. 2 BGBl. I Nr. 77/2011):

Setzt Art. 5 Abs. 4 2. Unterabs. der Richtlinie 2009/65/EG um. Die ausdrückliche Erwähnung, dass der ablehnende Bescheid einer Begründung bedarf, kann unterbleiben, da dies bereits aus § 58 Abs. 2 AVG folgt. Die Bewilligung kann unter Bedingungen, Befristungen oder Auflagen erteilt werden. Dies wird vor allem im Zusammenhang mit einer Bewilligung eines OGAW im Rahmen einer Verschmelzung zur Neugründung zweckmäßig sein.

EB zu § 50 Abs. 6 (Art. 2 BGBl. I Nr. 77/2011):

Grundsätzlich kann die Verwaltungsgesellschaft auf die Bewilligung verzichten.

EB zu § 50 Abs. 7 (Art. 2 BGBl. I Nr. 77/2011):

Um Rechtsunsicherheiten zu vermeiden und auch um klare Aufsichtsmaßnahmen setzen zu können, kann die FMA auch die Bewilligung zurücknehmen. In diesem Fall ist der OGAW abzuwickeln.

Anteilinhaberregister

§ **51.** (1) Für Anteilscheine, die auf Namen lauten, ist am Sitz des OGAW ein Anteilinhaberregister zu führen. Für jeden Anteilinhaber sind folgende Angaben im Anteilinhaberregister aufzunehmen:

1. Name (Firma) und für die Zustellung maßgebliche Anschrift und gegebenenfalls elektronische Anschrift des Anteilinhabers, bei natürlichen Personen das Geburtsdatum, bei juristischen Personen gegebenenfalls das Register und die Nummer unter der die juristische Person im Herkunftstaat geführt wird;
2. Stückzahl oder Nummer des Anteils;
3. eine auf den Anteilinhaber lautende Kontoverbindung bei einem Kreditinstitut gemäß § 10a Abs. 1 AktG, auf das sämtliche Zahlungen zu erfolgen haben;
4. wenn der Anteilinhaber die Anteile für Rechnung einer anderen Person hält, die Angaben nach Z 1 und 2 auch in Bezug auf diese Person, sofern der Anteilinhaber kein Kreditinstitut im Sinne des § 10a Abs. 1 AktG ist.

(2) Die Bestimmungen der §§ 61 Abs. 2 bis 5, 62 und 63 AktG finden sinngemäß Anwendung.

EB zu § 51 (Art. 2 BGBl. I Nr. 77/2011):

Entsprechend den Entwicklungen im AktG und den Vorgaben der Richtlinie 2010/44/EU sollte künftig ein Anteilinhaberregister am Sitz des OGAW eingerichtet werden. Das Register kann gemäß § 5 entweder von der Verwaltungsgesellschaft geführt werden, oder an die Depotbank delegiert werden. Letzteres wird vor allem dann in Frage kommen, wenn die Verwaltungsgesellschaft ihren Sitz in einem anderen Mitgliedstaat hat.

Verfügungsrecht über das Vermögen des OGAW

§ **52.** Nur die Verwaltungsgesellschaft ist berechtigt, über die Vermögenswerte eines von ihr verwalteten OGAW zu verfügen und die Rechte an den Vermögenswerten auszuüben; sie handelt dabei im eigenen Namen auf Rechnung der Anteilinhaber. Sie hat die Interessen der Anteilinhaber zu wahren, die Sorgfalt eines ordentlichen Geschäftsleiters im Sinne von § 84 Abs. 1 AktG anzuwenden und die Bestimmungen dieses Bundesgesetzes und der auf der Grundlage dieses Bundesgesetzes erlassenen Verordnungen sowie die Fondsbestimmungen einzuhalten.

EB zu § 52 (Art. 2 BGBl. I Nr. 77/2011):

Stellt klar, dass gemäß diesem Bundesgesetz nur ein fremdverwalteter OGAW vorgesehen ist. Die Bestimmung entspricht inhaltlich weitgehend § 3 Abs. 1 InvFG 1993.

Fondsbestimmungen

§ **53.** (1) Die Fondsbestimmungen sind von der Verwaltungsgesellschaft aufzustellen und regeln das Rechtsverhältnis der Anteilinhaber zur Verwaltungsgesellschaft und zur Depotbank. Nach Zustimmung des Aufsichtsrates der Verwaltungsgesellschaft sind sie der Depotbank zur Zustimmung vorzulegen.

(2) Die Fondsbestimmungen bedürfen der Bewilligung der FMA. Diese Bewilligung ist zu erteilen, wenn die Fondsbestimmungen diesem Bundesgesetz entsprechen.

(3) Die Fondsbestimmungen haben außer den sonst in diesem Bundesgesetz vorgeschriebenen Angaben Bestimmungen darüber hinaus zu enthalten:

1. Ob die Anteilscheine auf Inhaber oder auf Namen lauten;
2. nach welchen Grundsätzen die Wertpapiere, Geldmarktinstrumente und liquiden Finanzanlagen ausgewählt werden, die für den Fonds erworben werden;
3. welcher Anteil des Fondsvermögens höchstens in Bankguthaben gehalten werden darf;
4. ob und bejahendenfalls in welcher Höhe ein Mindestanteil des Fondsvermögens in Bankguthaben zu halten ist;
5. welche Vergütung die Verwaltungsgesellschaft für die Verwaltung des Fonds erhält und welche Aufwendungen ihr zu ersetzen sind (§ 59);
6. ob und bejahendenfalls in welcher Höhe bei der Ausgabe der Anteilscheine dem errechneten Anteilswert ein Aufschlag zur Deckung der Ausgabekosten der Verwaltungsgesellschaft zugerechnet werden darf (§§ 57 Abs. 2 und 59);
7. inwieweit der Jahresertrag an die Anteilinhaber auszuschütten ist. Hiebei kann auch bestimmt werden, dass für einen OGAW mehrere Gattungen von Anteilscheinen ausgegeben werden, nämlich Anteilscheine, die Anspruch auf jährliche Ausschüttungen des Jahresertrages an die Anteilinhaber verbriefen (Ausschüttungsanteilscheine) und Anteilscheine, die keinen Anspruch auf Ausschüttungen des Jahresertrages an die Anteilinhaber verbriefen (thesaurierende Anteilscheine) (§ 58) oder sonstige Unterscheidungen im Sinne von § 46 Abs. 4;
8. zu welchen Zeitpunkten der Wert der Anteile zu ermitteln ist (§ 57 Abs. 1);
9. ob und bejahendenfalls in welcher Höhe bei der Rücknahme von Anteilscheinen vom Rücknahmepreis eine Vergütung für die Verwaltungsgesellschaft abgezogen werden darf (§ 55 Abs. 2 und § 59);
10. welche Vergütung (§ 59) die Depotbank bei Abwicklung des OGAW erhält;
11. in welcher Weise das Fondsvermögen, sofern es nur für eine begrenzte Dauer gebildet wird, abgewickelt und an die Anteilinhaber verteilt wird;
12. Firma und Sitz der Verwaltungsgesellschaft;
13. Firma und Sitz der Depotbank;
14. ob und bejahendenfalls, welche Gattungen von Anteilscheinen (§ 46 Abs. 4) ausgegeben werden.

(4) Die Verwaltungsgesellschaft darf die Fondsbestimmungen mit Zustimmung ihres Aufsichtsrates und mit Zustimmung der Depotbank ändern; die Änderung bedarf der Bewilligung der FMA. Diese Bewilligung ist zu erteilen, wenn die Änderung der Fondsbestimmungen den berechtigten Interessen der Anteilinhaber nicht widerspricht. Die Änderung ist gemäß § 136 Abs. 4 zu veröffentlichen. Sie tritt mit dem in der Veröffentlichung angegebenen Tag, frühestens jedoch drei Monate nach der Veröffentlichung, in Kraft. Die Veröffentlichung kann unterbleiben, wenn die Änderung der Fondsbestimmungen sämtlichen Anteilinhabern gemäß § 133 mitgeteilt wird; in diesem Fall gelten die Interessen der Anteilinhaber als ausreichend gewahrt und tritt die Änderung mit dem in der Mitteilung angegebenen Tag, frühestens jedoch 30 Tage nach Mitteilung an die Anteilinhaber in Kraft.

EB zu § 53 (Art. 2 BGBl. I Nr. 77/2011):

Setzt Art. 5 Abs. 6 der Richtlinie 2009/65/EG um und entspricht inhaltlich § 22 Abs. 1 bis 3 InvFG 1993. Die Richtlinie sieht an verschiedenen Stellen vor, dass gewisse Aspekte in den Fondsbestimmungen (oder im Prospekt) angegeben werden müssen. Zur besseren Übersichtlichkeit und dem Vorbild des InvFG 1993 folgend werden an dieser Stelle der Inhalt und das Zustandekommen der Fondsbestimmungen zentral geregelt.

EB zu § 53 Abs. 4 (Art. 4 BGBl. I Nr. 83/2012):

Bei Anträgen auf Änderungen der Fondsbestimmungen sind grundsätzlich nicht nur deren Gesetzmäßigkeit, sondern auch die berechtigten Interessen der Anteilinhaber zu beachten. Diese Interessen sind als ausreichend gewahrt anzusehen, wenn eine Informationsbereitstellung gemäß § 133 erfolgt, welche durch die Richtlinie 2010/44/EU für bestimmte Sachverhalte eingeführt wurde und die eine unmittelbare Information der Anteilinhaber vorsieht.

Haftungsverhältnisse

§ 54. (1) Zur Sicherstellung oder zur Hereinbringung von Forderungen gegen Anteilinhaber kann auf deren Anteilscheine, jedoch nicht auf die Vermögenswerte des OGAW Exekution geführt werden.

(2) Zur Sicherstellung oder zur Hereinbringung von Forderungen aus Verbindlichkeiten, die die Verwaltungsgesellschaft für einen OGAW nach den Bestimmungen dieses Bundesgesetzes wirksam begründet hat, kann nur auf die Vermögenswerte des OGAW Exekution geführt werden.

EB zu § 54 (Art. 2 BGBl. I Nr. 77/2011):

Entspricht § 9 InvFG 1993.

Ausgabe, Rücknahme und Auszahlung von Anteilen

§ 55. (1) Die Ausgabe von Anteilen des OGAW ist nur zulässig, wenn der Gegenwert des Nettoausgabepreises unverzüglich dem Fondsvermögen zufließt. Die Einbringung von Wertpapieren, Geldmarktinstrumenten und anderen in § 67 Abs. 1 genannten liquiden Finanzanlagen ist nur zulässig, sofern diese über einen Börsekurs verfügen, wobei die Einbringung solcher Wertpapiere, Geldmarktinstrumente und anderer in § 67 Abs. 1 genannter liquider Finanzanlagen mit ihrem Börsekurs am Tage der Ausgabe der Anteilscheine den Fondsbestimmungen entsprechend zu erfolgen hat.

(2) Auf Verlangen eines Anteilinhabers ist diesem gegen Rückgabe des Anteilscheines, der Erträgnisscheine und des Neuerungsscheines sein Anteil am OGAW auszuzahlen. Die Voraussetzungen der Auszahlung sind in den Fondsbestimmungen (§ 53) zu regeln. Das Miteigentum der Anteilinhaber an den Vermögenswerten des OGAW kann nur gemäß § 63 aufgehoben werden.

EB zu § 55 (Art. 2 BGBl. I Nr. 77/2011):

Setzt Art. 84 Abs. 1 und Art. 87 der Richtlinie 2009/65/EG um.

EB zu § 55 Abs. 1 (Art. 2 BGBl. I Nr. 77/2011):

Setzt Art. 87 der Richtlinie 2009/65/EG um und entspricht inhaltlich § 6 Abs. 5 und § 23 Abs. 2 InvFG 1993. Der Richtlinientext verwendet die Wendung „innerhalb der üblichen Fristen". Da der Gegenwert bislang unverzüglich zu Verfügung zu stellen war (siehe § 23 Abs. 2 InvFG 1993), wurde dieser Begriff im Sinne einer möglichst klaren Formulierung übernommen.

EB zu § 55 Abs. 2 (Art. 2 BGBl. I Nr. 77/2011):

Setzt Art. 84 Abs. 1 der Richtlinie 2009/65/EG um und entspricht inhaltlich § 10 Abs. 1 und 2 Satz 1 und 2 InvFG 1993. Im Hinblick auf OGAW in Form eines Sondervermögens ist der Ausschluss der Teilungsklage gemäß § 830 ABGB erforderlich.

Aussetzung der Rücknahme oder Auszahlung

§ 56. (1) Die Auszahlung des Rückgabepreises eines von der FMA gemäß § 50 bewilligten OGAW kann unter gleichzeitiger Anzeige an die FMA vorübergehend unterbleiben und vom Verkauf von Vermögenswerten des OGAW sowie vom Eingang des Verwertungserlöses abhängig gemacht werden, wenn außergewöhnliche Umstände vorliegen, die dies unter Berücksichtigung berechtigter Interessen der Anteilinhaber erforderlich erscheinen lassen.

(2) Die Verwaltungsgesellschaft hat die Anleger durch öffentliche Bekanntmachung gemäß § 136 Abs. 4 über das Unterbleiben der Rücknahme der Anteilscheine und die Wiederaufnahme der Rücknahme der Anteilscheine zu unterrichten und gleichzeitig der FMA diese Tatsache gemäß § 151 mitzuteilen. Werden die Anteilscheine in einem anderen Mitgliedstaat vertrieben, so hat die Verwaltungsgesellschaft diese Information unverzüglich dessen zuständigen Stellen bekannt zu geben.

EB zu § 56 (Art. 2 BGBl. I Nr. 77/2011):

EB zu § 56 Abs. 1 (Art. 2 BGBl. I Nr. 77/2011):

Setzt Art. 84 Abs. 2 der Richtlinie 2009/65/EG um und entspricht inhaltlich § 10 Abs. 2 Satz 3 InvFG 1993.

EB zu § 56 Abs. 2 (Art. 2 BGBl. I Nr. 77/2011):

Setzt Art. 84 Abs. 3 der Richtlinie 2009/65/EG um und entspricht inhaltlich § 10 Abs. 3 InvFG 1993.

Errechnung des Anteilswertes; Ausgabepreis

§ 57. (1) Der Wert eines Anteiles ergibt sich aus der Teilung des Gesamtwertes des OGAW einschließlich der Erträgnisse durch die Zahl der Anteile. Der Gesamtwert des OGAW ist nach den Fondsbestimmungen aufgrund der jeweiligen Kurswerte der zu ihm gehörenden Wertpapiere, Geldmarktinstrumente und Bezugsrechte zuzüglich des Wertes der zum OGAW gehörenden liquiden Finanzanlagen gemäß § 67 Abs. 1, Geldbeträge, Guthaben, Forderungen und sonstigen Rechte, abzüglich Verbindlichkeiten von der Verwaltungsgesellschaft zu ermitteln. Ist für ein Wertpapier kein oder kein aktueller Börsenkurs verfügbar, so ist der Verkehrswert, der bei sorgfältiger Einschätzung unter Berücksichtigung der Gesamtumstände angemessen ist, heranzuziehen.

(2) Der Ausgabepreis eines Anteiles hat seinem errechneten Wert zu entsprechen. Dem errechneten Wert kann zur Deckung der Ausgabekosten der Verwaltungsgesellschaft ein in den Fondsbestimmungen (§ 53) festgesetzter Aufschlag zugerechnet werden.

(3) Die Verwaltungsgesellschaft hat den Ausgabe- und den Rücknahmepreis der Anteile jedes Mal dann zu veröffentlichen, wenn eine Ausgabe oder eine Rücknahme der Anteile stattfindet, mindestens aber zweimal im Monat.

EB zu § 57 (Art. 2 BGBl. I Nr. 77/2011):

Setzt Art. 85 der Richtlinie 2009/65/EG um und entspricht inhaltlich § 7 InvFG 1993.

EB zu § 57 Abs. 1 und 3 (Art. 2 BGBl. I Nr. 115/2015):

Der Streichungen korrespondieren mit dem Entfall von § 5 Abs. 5.

Gewinnverwendung und Ausschüttungen

§ 58. (1) Die Fondsbestimmungen haben Regelungen über die Art der Ausschüttungen des OGAW an die Anteilinhaber zu enthalten. Das Fondsvermögen darf jedoch durch Ausschüttungen in keinem Fall 1 150 000 Euro unterschreiten.

(2) Innerhalb von vier Monaten nach Ende des Geschäftsjahres ist, sofern keine Ausschüttung erfolgt, jedenfalls ein Betrag in der Höhe der auf die ausschüttungsgleichen Erträge gemäß § 186 Abs. 2 Z 1 erster Satz entfallenden Kapitalertragsteuer zuzüglich des gemäß § 124b Z 186 des Einkommensteuergesetzes 1988 freiwillig geleisteten Betrages auszuzahlen. Zu den Einkünften gehören auch Beträge, die neu hinzukommende Anteilinhaber für den zum Ausgabetag ausgewiesenen Ertrag aus Zinsen, Dividenden und Substanz leisten (Ertragsausgleich auf Zins-, Dividenden- und Substanzerträge). Die Auszahlung kann für OGAW oder bestimmte Gattungen von Anteilscheinen eines Sondervermögens unterbleiben, wenn durch die den OGAW verwaltende Verwaltungsgesellschaft in eindeutiger Form nachgewiesen wird, dass die ausgeschütteten und ausschüttungsgleichen Erträge sämtlicher Inhaber der ausgegebenen Anteilscheine entweder nicht der inländischen Einkommen- oder Körperschaftsteuer unterliegen oder die Voraussetzungen für eine Befreiung gemäß § 94 des Einkommensteuergesetzes 1988 vorliegen. Als solcher Nachweis gilt das kumulierte Vorliegen von Erklärungen sowohl der Depotbank als auch der Verwaltungsgesellschaft, dass ihnen kein Verkauf an andere Personen bekannt ist, sowie von Fondsbestimmungen, die den ausschließlichen Vertrieb bestimmter Gattungen im Ausland vorsehen. Eine Auszahlung der Kapitalertragsteuer kann zudem unterbleiben, wenn bei gemäß § 98 Abs. 1 Z 5 lit. b des Einkommensteuergesetzes 1988 beschränkt steuerpflichtigen Anteilinhabern der Kapitalertragsteuerabzug durch Belastung des Verrechnungskontos des Anteilinhabers möglich ist.

EB zu § 58 (Art. 2 BGBl. I Nr. 77/2011):

Setzt Art. 86 der Richtlinie 2009/65/EG um und entspricht inhaltlich § 13 InvFG 1993. Der Vertrieb im Inland darf nicht für alle Gattungen verboten sein, da sonst eine wesentliche Voraussetzung für die Bewilligung (§ 50 Abs. 4 Z 3) nicht erfüllt wäre. Außerdem wird klargestellt, dass der KESt-Auszahlungsbetrag den in § 186 Abs. 2 Z 1 erster Satz in Verbindung mit § 200 Abs. 2 Z 2 vorgesehenen Prozentsätzen entspricht.

EB zu § 58 Abs. 2 (Art. 2 BGBl. I Nr. 77/2011):

Der Ertragsausgleich wird auch auf Substanzerträge ausgeweitet.

EB zu § 58 Abs. 2 (Art. 2 BGBl. I Nr. 115/2015):

Durch diese Änderung soll sichergestellt werden, dass bei Vollthesaurierungsfonds im Sinne von § 58 Abs. 2 dritter Satz InvFG 2011 eine Auszahlung der Kapitalertragsteuer auch dann nicht zu erfolgen hat, wenn die Kapitalertragsteuer für beschränkt Steuerpflichtige gemäß § 1 Abs. 3 iVm § 98 Abs. 1 Z 5 lit. b EStG 1988 durch Belastung des Verrechnungskontos des Anteilinhabers abgezogen wird. Dadurch soll verhindert werden, dass all jene Vollthesaurierungsfonds, an denen zumindest eine nach § 1 Abs. 3 iVm § 98 Abs. 1 Z 5 lit. b EStG 1988 beschränkt steuerpflichtige natürliche Person beteiligt ist, zur Ausschüttung der Kapitalertragsteuer an alle Anteilinhaber verpflichtet wären.

Das Inkrafttreten ist auf das Inkrafttreten der beschränkten Steuerpflicht gemäß § 1 Abs. 3 iVm § 98 Abs. 1 Z 5 lit. b EStG 1988 abgestimmt.

Vergütung

§ 59. Die Vergütung und der Kostenersatz, die die Verwaltungsgesellschaft aus dem Fondsvermögen entnehmen darf, sowie die Art der Berechnung sind in den Fondsbestimmungen zu regeln. Findet sich dort keine Regelung, so steht der Verwaltungsgesellschaft kein Anspruch auf Kostenersatz oder Vergütung aus dem Fondsvermögen zu.

EB zu § 59 (Art. 2 BGBl. I Nr. 77/2011):

Setzt Art. 90 der Richtlinie 2009/65/EG um und entspricht inhaltlich § 22 Abs. 3 Z 5 und 9 InvFG 1993.

Beendigung der Verwaltung durch die Verwaltungsgesellschaft

§ 60. (1) Die Verwaltungsgesellschaft kann die Verwaltung eines OGAW nach Einholung der Bewilligung der FMA unter Einhaltung einer Kündigungsfrist von mindestens sechs Monaten durch öffentliche Bekanntmachung (§ 136 Abs. 4) kündigen. Die Bewilligung ist dann zu erteilen, wenn die Interessen der Anteilinhaber ausreichend gewahrt sind. Die Veröffentlichung kann unterbleiben, wenn die Kündigung sämtlichen Anteilinhabern gemäß § 133 nachweislich mitgeteilt wird. In diesem Fall gelten die Interessen der Anteilinhaber als ausreichend gewahrt und tritt die Kündigung mit dem in der Mitteilung angegebenen Tag, frühestens jedoch 30 Tage nach Mitteilung an die Anteilinhaber, in Kraft.

(2) Die Verwaltungsgesellschaft kann die Verwaltung unter gleichzeitiger Anzeige an die FMA ohne Einhaltung einer Kündigungsfrist ab dem Tag der öffentlichen Bekanntmachung kündigen, wenn das Fondsvermögen 1 150 000 Euro unterschreitet. Eine Kündigung wegen Unterschreitung des Fondsvermögens ist während laufender Kündigung der Verwaltung des Fondsvermögens gemäß Abs. 1 nicht zulässig.

(3) Das Recht der Verwaltungsgesellschaft zur Verwaltung eines OGAW erlischt mit dem Wegfall der Konzession für das Investmentgeschäft (§ 1 Abs. 1 Z 13 BWG in Verbindung mit § 6 Abs. 2 dieses Bundesgesetzes) oder der Zulassung gemäß Art. 6 der Richtlinie 2009/65/EG oder mit dem Beschluss ihrer Auflösung oder mit dem Entzug der Berechtigung gemäß § 50 Abs. 7.

EB zu § 60 (Art. 2 BGBl. I Nr. 77/2011):

Die Bestimmung regelt das Verfahren zum Wechsel der Verwaltungsgesellschaft und zur Beendigung der Verwaltung durch die Verwaltungsgesellschaft und entspricht inhaltlich § 14 Abs. 1 bis 3 InvFG 1993.

EB zu § 60 (Art. 5 BGBl. I Nr. 135/2013):

Die Änderung des Abs. 1 resultiert aus einer Anpassung an die Bestimmung des § 53 Abs. 4 InvFG 2011.

EB zu § 60 Abs. 2 (Art. 2 BGBl. I Nr. 115/2015):

Stellt klar, dass im Falle einer Unterschreitung des Fondsvermögens unter den gesetzlich vorgesehen Betrag ab diesem Zeitpunkt die Kündigung seitens der Verwaltungsgesellschaft zulässig ist, aber nicht zwingend taggleich zu erfolgen hat.

Wechsel der Verwaltungsgesellschaft oder der Depotbank

§ 61. (1) Die Verwaltungsgesellschaft kann die Verwaltung eines OGAW ohne Kündigung nach § 60 Abs. 1 auf eine andere Verwaltungsgesellschaft übertragen, wenn folgende Voraussetzungen vorliegen:

1. Bewilligung der FMA,
2. Zustimmung des Aufsichtsrates der Verwaltungsgesellschaft und der Depotbank und
3. Zustimmung der Geschäftsleiter und des Aufsichtsrates der Verwaltungsgesellschaft, auf die die Verwaltung übertragen werden soll.

Dem Anteilinhaber dürfen durch diese Vorgangsweise keine Kosten und keine Nachteile entstehen. Die Übertragung der Verwaltung ist gemäß § 136 Abs. 4 zu veröffentlichen. Sie tritt mit dem in der Veröffentlichung angegebenen Tag, frühestens jedoch drei Monate nach der Veröffentlichung, in Kraft. Die Veröffentlichung kann unterbleiben, wenn die Übertragung der Verwaltung an eine andere Verwaltungsgesellschaft sämtlichen Anteilinhabern gemäß § 133, mindestens jedoch 30 Tage vor der Übertragung der Verwaltung mitgeteilt wird.

(2) Der Wechsel der Depotbank bedarf ebenfalls der Bewilligung der FMA und tritt, soweit keine darüber hinausgehenden Änderungen der Fondsbestimmungen beantragt wurden, mit dem in der Veröffentlichung angegebenen Tag in Kraft. Bei diesem Wechsel ist auf den Schutz der Anteilinhaber Bedacht zu nehmen. Wurde bei einer Depotbank ein Regierungskommissär gemäß § 70 Abs. 2 Z 2 BWG oder eine Aufsichtsperson gemäß § 84 BWG bestellt und erfolgt ein Wechsel der Depotbank, so ist die gemäß § 53 Abs. 4 erforderliche Zustimmung der Depotbank zur Änderung von Fondsbestimmungen lediglich von der neu zu bestellenden Depotbank zu erteilen.

EB zu § 61 (Art. 2 BGBl. I Nr. 77/2011):

Die Bestimmung regelt die interimistische Verwaltung des OGAW durch die Depotbank und entspricht inhaltlich § 15 InvFG 1993.

EB zu § 61 Abs. 2 (Art. 4 BGBl. I Nr. 83/2012):

In diesem Fall soll von der sonst für Änderungen der Fondsbestimmungen vorgesehenen Frist von 3 Monaten bzw. 30 Tagen im Falle der Mitteilung gemäß § 133 abgesehen werden. Die Interessen der Anleger werden durch einen raschen Wechsel der Depotbank nicht gefährdet, sondern insbesondere im Krisenfall sogar geschützt. Der Entfall der Zustimmungspflicht der übergebenden Depotbank soll den Regierungskommissär oder die Aufsichtsperson nach BWG von der Pflicht einer Interessensabwägung befreien und gleichzeitig das Verfahren beschleunigen.

Verwaltung durch die Depotbank oder eine andere Verwaltungsgesellschaft

§ 62. (1) Endet das Recht der Verwaltungsgesellschaft, einen OGAW zu verwalten, so geht die Verwaltung nach Maßgabe der Fondsbestimmungen auf die Depotbank über.

(2) Die Depotbank kann im Fall der Kündigung gemäß § 60 Abs. 1 mit Bewilligung der FMA die Verwaltung des OGAW binnen sechs Monaten nach Beendigung der Verwaltung durch die Verwaltungsgesellschaft einer anderen Verwaltungsgesellschaft übertragen. Diese Bewilligung ist zu erteilen, wenn die berechtigten Interessen der Anteilinhaber ausreichend gewahrt sind. Die Betrauung der anderen Verwaltungsgesellschaft ist von dieser gemäß § 136 Abs. 4 zu veröffentlichen.

EB zu § 62 (Art. 2 BGBl. I Nr. 77/2011):

EB zu § 62 Abs. 1 (Art. 2 BGBl. I Nr. 77/2011):

Setzt Art. 5 Abs. 6 der Richtlinie 2009/65/EG um und entspricht inhaltlich § 14 Abs. 5 InvFG 1993.

EB zu § 62 Abs. 2 (Art. 2 BGBl. I Nr. 77/2011):

Setzt Art. 5 Abs. 6 der Richtlinie 2009/65/EG um und entspricht inhaltlich § 15 Abs. 2 InvFG 1993.

Abwicklung eines OGAW

§ 63. (1) Überträgt die Depotbank nicht gemäß § 62 Abs. 2 die Verwaltung an eine andere Verwaltungsgesellschaft, so hat sie den OGAW abzuwickeln. Der Beginn der Abwicklung ist gemäß § 136 Abs. 4 zu veröffentlichen und der Meldestelle (§ 12 KMG) anzuzeigen. Vom Tage dieser Bekanntmachung an ist die Auszahlung von Anteilen unzulässig.

(2) Wertpapiere sind so rasch, als dies bei Wahrung der Interessen der Anteilinhaber möglich ist, in Geld umzusetzen. Die Verteilung des Vermögens auf die Anteilinhaber ist erst nach Erfüllung der Verbindlichkeiten des OGAW sowie der nach den Fondsbestimmungen zulässigen Zahlungen an die Verwaltungsgesellschaft und die Depotbank vorzunehmen. Während der Abwicklung gilt § 49 für die Depotbank sinngemäß.

(3) Unter Berücksichtigung von Abs. 2 können auch Vorauszahlungen auf die Ausschüttung der bereits in Geld umgesetzten Wertpapiere vorgenommen werden.

(4) Abs. 1 ist nicht anzuwenden, wenn ein auf bestimmte Laufzeit errichteter OGAW (§ 53 Abs. 3 Z 11) ausläuft; sofern sich ein OGAW durch vollständige Rückgabe aller Anteile (ohne Kündigung) auflöst, ist dies von der Verwaltungsgesellschaft der FMA unverzüglich gemäß § 151 mitzuteilen.

EB zu § 63 (Art. 2 BGBl. I Nr. 77/2011):

Die Bestimmung regelt die Abwicklung eines OGAW und entspricht inhaltlich § 16 InvFG 1993.

EB zu § 63 Abs. 2 (Art. 2 BGBl. I Nr. 77/2011):

Die Rechnungslegungs- und Veröffentlichungsbestimmungen kommen auch für die Abwicklungsphase zur Anwendung.

EB zu § 63 Abs. 3 (Art. 2 BGBl. I Nr. 77/2011):

Die in diesem Absatz vorgesehene Möglichkeit der Ausschüttung von Vorauszahlungen auf die Vermögensverteilung bei endgültiger Abwicklung des OGAW stellt eine Teilabwicklung des OGAW dar. Um die steuerfreie Auszahlung von Vorauszahlungen, solange sie in den steuerlichen Anschaffungskosten des Anteils Deckung finden, sowie die entsprechende Anpassung der Anschaffungskosten ermöglichen zu können (siehe auch die Erläuterungen zu § 186 Abs. 3), ist der Beginn der Abwicklung auch der Meldestelle anzuzeigen.

EB zu § 63 Abs. 4 (Art. 2 BGBl. I Nr. 77/2011):

Die Bestimmung regelt eine Ausnahme von der Abwicklung, nämlich die Umwandlung in einen Spezialfonds unter Zustimmung aller Anteilinhaber und entspricht § 22 Abs. 4 InvFG 1993.

Umwandlung in einen Spezialfonds

§ 64. Die Umwandlung eines OGAW, dessen Fondsbestimmungen gemäß § 50 bewilligt worden sind, in einen Spezialfonds (§ 163) ist unter gleichzeitiger Antragstellung gemäß § 29 AIFMG an die FMA nur zulässig, wenn alle Anteilinhaber nachweislich zustimmen, der OGAW nicht gemäß § 139 zum Vertrieb in einem anderen Mitgliedstaat notifiziert ist und die Voraussetzungen des § 163 hinsichtlich der Mindestinvestitionssumme vorliegen, der OGAW nicht in einem anderen Mitgliedstaat vertrieben wird und sämtliche Anteilinhaber vorher von der Verwaltungsgesellschaft über sämtliche Rechtsfolgen, die sich für die Anteilinhaber aus der Umwandlung ergeben, aufgeklärt wurden. Die Anteilinhaber sind gemäß § 133 zu informieren. Bei Vorliegen bereits angezeigter Übertragungen gemäß § 28 hat die Verwaltungsgesellschaft der FMA unverzüglich mitzuteilen, ob jene Übertragungen weiterhin aufrecht sind. Im Falle einer gleichzeitigen Übertragung der Verwaltung auf eine andere Verwaltungsgesellschaft hat diese jene Mitteilung vorzunehmen.

EB zu § 64 (Art. 2 BGBl. I Nr. 77/2011):

Setzt Art. 1 Abs. 5 der Richtlinie 2009/65/EG um. Die Richtlinie normiert ein Verbot der Umwandlung eines OGAW in einen Nicht-OGAW zu Zwecken des Anlegerschutzes. Gemäß § 22 Abs. 4 InvFG 1993 ist jedoch eine solche Umwandlung in einen Spezialfonds bei Zustimmung aller Anteilinhaber zulässig. Diese Möglichkeit der Umwandlung soll beibehalten werden, wobei auf die Interessen der Anleger ausreichend Bedacht genommen wird. Zur Beseitigung von Rechtsunsicherheiten und zwecks Stärkung der Information der FMA werden nunmehr ausdrücklich Meldeverpflichtungen für die Verwaltungsgesellschaft aufgenommen.

Abspaltung

§ 65. (1) Verwaltungsgesellschaften können unvorhersehbar illiquide gewordene Teile des Fondsvermögens eines von ihnen verwalteten OGAW mit Zustimmung des Aufsichtsrats, mit Zustimmung der Depotbank und nach Einholung der Bewilligung der FMA auf einen neu zu bildenden OGAW abspalten. Dieser OGAW ist von der Depotbank nach Maßgabe des § 63 abzuwickeln, wobei der Abspaltungsstichtag zu veröffentlichen ist und die Anteilinhaber im selben Verhältnis am abzuspaltenden OGAW beteiligt sind. In der Veröffentlichung sind der von der Abspaltung betroffene OGAW, der abgespaltene OGAW, die Verwaltungsgesellschaft, die Depotbank, der Bewilligungsbescheid der FMA und Angaben über die Beteiligung am neu zu bildenden OGAW anzuführen. Die Abspaltung ist von der Verwaltungsgesellschaft zu beantragen. Die FMA hat der Verwaltungsgesellschaft binnen vier Wochen nach Eingang des Antrages oder, wenn dieser unvollständig ist, binnen vier Wochen nach Übermittlung aller für die Bewilligung erforderlichen Angaben entweder die Abspaltung mittels schriftlichen Bescheides zu bewilligen oder die Ablehnung des Antrages mittels Bescheides mitzuteilen. Die Bewilligung kann mit Bedingungen, Befristungen und Auflagen versehen werden. Dem Anteilinhaber dürfen infolge der Abspaltung keine Kosten entstehen. Der FMA und der Meldestelle (§ 12 KMG) ist die erfolgte Abspaltung unverzüglich anzuzeigen. Der Meldestelle ist darüber hinaus das Verhältnis der Rückkaufswerte der Anteile am abspaltenden OGAW zum abgespaltenen OGAW bekanntzugeben.

(2) Der Abspaltungsantrag hat jedenfalls nachstehende Angaben zu enthalten:

1. Beschreibung und Umfang der von der Abspaltung betroffenen Vermögensgegenstände;
2. Grund der Illiquidität jener Vermögensgegenstände;
3. Bestätigung der Illiquidität jener Vermögensgegenstände durch einen Wirtschaftsprüfer;
4. ob und bejahendenfalls in welchen anderen Staaten der OGAW vertrieben wird.

(3) Der abgespaltene OGAW hat den Zusatz „in Abwicklung" zu führen und ist kein OGAW gemäß Art. 1 Abs. 2 der Richtlinie 2009/65/EG. Der FMA ist von der Depotbank quartalsweise über den abgespaltenen OGAW Bericht zu erstatten.

EB zu § 65 (Art. 2 BGBl. I Nr. 77/2011):

Durch die verhältniswahrende Abspaltung würde der Anteilinhaber nach dem Abspaltungsvorgang über einen liquiden und über einen illiquiden Fondsanteil verfügen. Den liquiden Fondsanteil könnte der Anteilinhaber normal rücklösen, der illiquide Fondsanteil würde unverzüglich der Liquidation zugeführt werden.

Für die Abwicklung des abgespaltenen OGAW findet sinngemäß § 63 Anwendung. Die Anteilinhaber werden durch Veröffentlichung über die Bedingungen der Abspaltung informiert. Die Abspaltung bedarf einer Bewilligung durch die FMA. Die Beurteilung der Illiquidität von Vermögensgegenständen eines Fonds erfolgt unter Einbindung der Abschlusssprüfer.

Die Bildung eines abgespaltenen OGAW darf nicht bei temporären Bewertungsproblemen oder bei Vorliegen kurzfristiger Illiquidität einzelner Vermögensgegenstände des Fondsvermögens vorgenommen werden.

Bei der Abspaltung illiquider Teile eines OGAW auf einen neu zu bildenden OGAW werden die Anteilinhaber im selben Verhältnis am abgespaltenen OGAW beteiligt. Da der abgespaltene OGAW ehest möglich abzuwickeln ist, was zu einer endgültigen Versteuerung der mit dem Anteil verbundenen stillen Reserven führt, wird der Abspaltungsvorgang nicht als steuerpflichtige Realisierung behandelt. Um eine dementsprechende Behandlung zu ermöglichen sowie sonstige damit verbundene steuerliche Folgen eintreten lassen zu können (Anpassung der Anschaffungskosten – vergleiche § 186), soll der Meldestelle das Verhältnis der Rückkaufswerte gemeldet werden.

3. Abschnitt
Veranlagungsbestimmungen

EB zum 3. Abschnitt (Veranlagungsbestimmungen) (Art. 2 BGBl. I Nr. 77/2011):

In diesem Abschnitt werden sämtliche Veranlagungsbestimmungen für OGAW geregelt.

Allgemeine Grundsätze, Risikostreuung

§ 66. (1) Die Wertpapiere, Geldmarktinstrumente und die anderen in § 67 genannten liquiden Finanzanlagen eines OGAW sind nach dem Grundsatz der Risikostreuung unter Beachtung der §§ 66 bis 84 auszuwählen und es dürfen die berechtigten Interessen der Anteilinhaber nicht verletzt werden.

(2) Unter Einhaltung des Grundsatzes der Risikostreuung können die Höchstsätze der §§ 74 bis 77 während der ersten sechs Monate ab Beginn der erstmaligen Ausgabe von Anteilen eines OGAW um 100 vH überschritten werden.

EB zu § 66 Abs. 1 (Art. 2 BGBl. I Nr. 77/2011):

Setzt Art. 1 Abs. 2 Buchstabe a der Richtlinie 2009/65/EG um und entspricht inhaltlich § 20 Abs. 1 und 2 InvFG 1993. Es wird zunächst allgemein der Grundsatz der Risikostreuung festgelegt, der sodann in den einzelnen nachfolgenden Bestimmungen näher quantitativ konkretisiert ist. Zweck dieses Grundsatzes ist die Reduktion des Veranlagungsrisikos (so auch Macher *in* Macher et al, *InvFG-Komm 2008, § 20 Rz 2).*

Unter Einhaltung dieses Grundsatzes ist auch die Auswahl von Anlagewerten für ein Portfolio mittels Nachbildung eines Index eine zulässige Technik der Vermögensverwaltung (so auch Erwägungsgrund 5 der Richtlinie 2009/65/EG). Besondere Regelungen für quantitative Veranlagungsgrenzen von Indexfonds sind in § 75 normiert.

EB zu § 66 Abs. 2 (Art. 2 BGBl. I Nr. 77/2011):

Setzt Art. 57 Abs. 1 2. Unterabsatz der Richtlinie 2009/65/EG um und entspricht inhaltlich § 20 Abs. 4 InvFG 1993.

Liquide Finanzanlagen

§ 67. (1) Für das Vermögen eines OGAW dürfen ausschließlich
1. Wertpapiere im Sinne von § 3 Abs. 2 Z 13 in Verbindung mit § 69,
2. Geldmarktinstrumente im Sinne von § 3 Abs. 2 Z 14 in Verbindung mit § 70,
3. Anteile an OGAW im Sinne von § 50 oder Art. 5 der Richtlinie 2009/65/EG in Verbindung mit § 71 und Anteile an anderen Organismen des offenen Typs zur gemeinsamen Veranlagung in liquiden Finanzanlagen nach den Grundsätzen der Risikostreuung (OGA),
4. Sichteinlagen oder kündbare Einlagen im Sinne von § 72,
5. abgeleitete Finanzinstrumente (Derivate) einschließlich gleichwertiger bar abgerechneter Finanzinstrumente im Sinne von § 73

erworben werden.

(2) Die in Abs. 1 Z 1, 2 und 5 genannten Wertpapiere, Geldmarktinstrumente und Derivate vorbehaltlich § 73 dürfen nur erworben werden, wenn sie
1. an einem geregelten Markt gemäß § 1 Abs. 2 BörseG notiert oder gehandelt werden, oder
2. an einem anderen geregelten Markt eines EWR-Mitgliedstaats, der anerkannt, für das Publikum offen und dessen Funktionsweise ordnungsgemäß ist, gehandelt werden, oder
3. an einer Wertpapierbörse eines Drittlandes (§ 2 Z 8 BWG) amtlich notiert oder an einem anderen geregelten Markt eines Drittlandes, der anerkannt, für das Publikum offen und dessen Funktionsweise ordnungsgemäß ist, gehandelt werden, sofern die Wahl dieser Börse oder dieses Marktes in den Fondsbestimmungen ausdrücklich vorgesehen ist.

(3) Abweichend von Abs. 2 genügt bei Wertpapieren aus Neuemissionen, wenn
1. die Emissionsbedingungen die Verpflichtung enthalten, dass die Zulassung zur amtlichen Notierung an einer Wertpapierbörse oder an einem anderen geregelten Markt, der anerkannt, für das Publikum offen und dessen Funktionsweise ordnungsgemäß ist, beantragt wird, und sofern die Wahl dieser Börse oder dieses Marktes in den Fondsbestimmungen vorgesehen ist, und
2. die unter Z 1 genannte Zulassung spätestens vor Ablauf eines Jahres nach der Emission erlangt wird.

(4) Höchstens 10 vH des Fondsvermögens dürfen in anderen als den in den Abs. 2 und 3 und §§ 69 und 70 genannten Wertpapieren und Geldmarktinstrumenten veranlagt werden.

EB zu § 67 (Art. 2 BGBl. I Nr. 77/2011):

Setzt Art. 50 Abs. 1 und Abs. 2 Schlussteil der Richtlinie 2009/65/EG um und gibt einen grundsätzlichen Überblick, in welche verschiedenen Arten von liquiden Finanzanlagen das Vermögen eines OGAW veranlagt werden darf. Neben den hier aufgezählten Anlagen darf ein OGAW grundsätzlich gemäß Art. 50 Abs. 2 Schlussteil flüssige Mittel halten; diese fallen allerdings unter das Halten von Barwerten zum Erwerb von liquiden Anlagen. Neben dem Fall, dass ein OGAW gemäß seinen Fondsbestimmungen oder seiner Satzung in Bankeinlagen investiert, ist allen OGAW erlaubt, zusätzliche flüssige Mittel wie Sichteinlagen zu halten. Das Halten derartiger zusätzlicher flüssiger Mittel kann unter anderem gerechtfertigt sein zur Deckung laufender oder außergewöhnlicher Zahlungen, im Fall von Ver-

käufen, bis die Gelder wieder in Wertpapieren, Geldmarktinstrumenten und/oder anderen von diesem Bundesgesetz vorgesehenen Finanzanlagen angelegt werden können, oder für einen absolut notwendigen Zeitraum, wenn aufgrund ungünstiger Marktbedingungen die Anlage in Wertpapieren, Geldmarktinstrumenten und anderen Finanzanlagen ausgesetzt worden ist (so auch Erwägungsgrund 41 der Richtlinie 2009/65/EG). Eine Umsetzung ist nicht eigens erforderlich.

EB zu § 67 Abs. 1 (Art. 2 BGBl. I Nr. 77/2011):

Setzt Art. 50 Abs. 1 der Richtlinie 2009/65/EG um. Zur besseren Übersichtlichkeit werden zunächst die grundsätzlichen Arten von liquiden Finanzanlagen aufgezählt. Die daneben stehenden Paragraphen- und Absatzangaben verweisen auf die zu der jeweiligen Anlagenkategorie gehörigen Detailbestimmungen. Zu beachten sind dabei sowohl die qualitativen Konkretisierungen als auch die quantitativen Anlagegrenzen.

EB zu § 67 Abs. 2 (Art. 2 BGBl. I Nr. 77/2011):

Setzt Art. 50 Abs. 1 Buchstabe a, b und c in Verbindung mit Buchstabe g (Einleitungsteil) sowie Art. 39 Abs. 6 der Richtlinie 2009/65/EG um. In Präzisierung des Grundsatzes der „liquiden Finanzanlagen" ist die Veranlagung in Wertpapiere, Geldmarktinstrumente und Derivate grundsätzlich nur zulässig, wenn diese an einem geregelten Markt oder einer Börse gehandelt werden, der oder die bestimmte Anforderungen erfüllen muss. Der Begriff „geregelter Markt" entspricht dem der Richtlinie 2004/39/EG (MiFID) (so auch Erwägungsgrund 37 der Richtlinie 2009/65/EG) und somit grundsätzlich dem des § 1 Abs. 2 BörseG. Die Wahl der Börse oder des Geregelten Marktes wird von der FMA implizit im Rahmen der Bewilligung der Fondsbestimmungen geprüft und damit implizit bewilligt.

EB zu § 67 Abs. 3 (Art. 2 BGBl. I Nr. 77/2011):

Setzt Art. 50 Abs. 1 Buchstabe d der Richtlinie 2009/65/EG um. Für Neuemissionen von Wertpapieren ist eine tatsächliche Notierung an einer Börse oder einem geregelten Markt nicht erforderlich; es genügt die Verpflichtung zur Beantragung einer solchen. Die Wahl der Börse oder des Geregelten Marktes wird von der FMA implizit im Rahmen der Bewilligung der Fondsbestimmungen geprüft und damit implizit bewilligt.

EB zu § 67 Abs. 4 (Art. 2 BGBl. I Nr. 77/2011):

Setzt Art. 50 Abs. 2 Buchstabe a der Richtlinie 2009/65/EG um und entspricht inhaltlich § 20 Abs. 3 Z 3 InvFG 1993.

Verbot der Veranlagung in Edelmetalle

§ 68. Edelmetalle oder Zertifikate in Edelmetalle dürfen nicht für das Vermögen eines OGAW erworben werden.

EB zu § 68 (Art. 2 BGBl. I Nr. 77/2011):

Setzt Art. 50 Abs. 2 Buchstabe b um und entspricht im wesentlichen § 20 Abs. 3 Z 4 InvFG 1993. Es dürfen für einen OGAW weder Edelmetalle selbst noch Zertifikate auf Edelmetalle erworben werden. Die Klarstellung im Hinblick auf die Edelmetalle fand sich bereits in der Vorgängerrichtlinie 85/611/EWG. „Zertifikat" bedeutet in diesem Zusammenhang nicht Wertpapier, sondern Hinterlegungsschein. Verboten ist daher der Erwerb von Zertifikaten, die ein dingliches Recht (einschließlich eines Herausgabeanspruchs) an hinterlegten Edelmetallen repräsentieren, nicht aber der Erwerb von Partizipationsanleihen auf Edelmetalle, wenn dem Erwerber kein Herausgaberecht bezüglich der Edelmetalle, sondern lediglich ein entsprechender Zahlungsanspruch zusteht (siehe auch Macher *in* Macher et al, *InvFG-Komm 2008, § 20 Rz 117).*

Wertpapiere

§ 69. (1) Für die Qualifikation als Wertpapier (§ 3 Abs. 2 Z 13) müssen folgende Kriterien vorliegen:

1. Der potenzielle Verlust, der dem OGAW durch das Halten solcher Instrumente entstehen kann, kann den dafür gezahlten Betrag nicht übersteigen;
2. ihre Liquidität beeinträchtigt nicht die Fähigkeit des OGAW zur Auszahlung des Rückgabepreises gemäß § 55 Abs. 2, wobei das Vorliegen dieser Voraussetzung bei Wertpapieren, die an einem geregelten Markt im Sinne von § 67 Abs. 2 oder 3 notieren oder gehandelt werden, angenommen wird, es sei denn, der Verwaltungsgesellschaft liegen Informationen vor, die zu einer anderen Feststellung führen würden;
3. eine verlässliche Bewertung der Instrumente ist in folgender Form verfügbar:
   a) bei Wertpapieren, die an einem geregelten Markt im Sinne von § 67 Abs. 2 oder 3 notieren oder gehandelt werden, in Form von exakten, verlässlichen und gängigen Preisen, die entweder Marktpreise sind oder von einem emittentenunabhängigen Bewertungssystem gestellt werden;
   b) bei sonstigen Wertpapieren, auf die in § 67 Abs. 4 Bezug genommen wird, in Form einer in regelmäßigen Abständen durchgeführten Bewertung, die aus Informationen des Wertpapieremittenten oder aus einer kompetenten Finanzanalyse abgeleitet wird;
4. angemessene Informationen über diese Finanzinstrumente müssen in folgender Form verfügbar sein:
   a) bei Wertpapieren, die im Sinne von § 67 Abs. 2 oder 3 an einem geregelten Markt notieren oder gehandelt werden, in Form von regelmäßigen, exakten und umfassenden Informationen des Marktes über das Wertpapier oder gegebenenfalls das zugehörige Portfolio;
   b) bei anderen Wertpapieren, auf die in § 67 Abs. 4 Bezug genommen wird, in Form einer regelmäßigen und exakten Information der Verwaltungsgesellschaft über das Wertpapier oder gegebenenfalls das zugehörige Portfolio;
5. sie sind handelbar, wobei das Vorliegen dieser Voraussetzung bei Wertpapieren die an einem geregelten Markt im Sinne von § 67 Abs. 2 oder 3 notieren oder gehandelt werden, angenommen wird, es sei denn, der Verwaltungsgesellschaft liegen Informationen vor, die zu einer anderen Feststellung führen würden;
6. ihr Erwerb steht im Einklang mit den Anlagezielen oder der Anlagestrategie oder beidem des Kapitalanlagefonds;
7. ihre Risiken werden durch das Risikomanagement des OGAW in angemessener Weise erfasst;

(2) Wertpapiere gemäß § 3 Abs. 2 Z 13 schließen Folgendes ein:

1. Anteile an geschlossenen Fonds in Form einer Investmentgesellschaft oder eines Investmentfonds, die folgende Kriterien erfüllen:
   a) Sie erfüllen die Kriterien in Abs. 1;
   b) die für Kapitalgesellschaften geltenden Unternehmenskontrollmechanismen sind für die geschlossenen Fonds anwendbar;

c) wird die Fondsverwaltung von einem anderen Rechtsträger im Auftrag des geschlossenen Fonds wahrgenommen, so unterliegt dieser Rechtsträger rechtsverbindlichen Vorschriften für den Anlegerschutz;
2. Anteile an geschlossenen Fonds in Vertragsform, die folgende Kriterien erfüllen:
   a) Sie erfüllen die Kriterien in Abs. 1;
   b) Unternehmenskontrollmechanismen, die jenen im Sinne von Z 1 lit. b gleichkommen, sind auf den geschlossenen Fonds anwendbar;
   c) sie werden von einem Rechtsträger verwaltet, der rechtsverbindlichen Vorschriften für den Anlegerschutz unterliegt;
3. Finanzinstrumente, die folgende Kriterien erfüllen:
   a) Sie erfüllen die Kriterien in Abs. 1;
   b) sie sind durch andere Vermögenswerte besichert oder an die Entwicklung anderer Vermögenswerte gekoppelt, wobei diese Vermögenswerte von den in § 67 Abs. 1 genannten abweichen können.

EB zu § 69 (Art. 2 BGBl. I Nr. 77/2011):

Setzt Art. 2 Abs. 1 Buchstabe n der Richtlinie 2009/65/EG in Verbindung mit Art. 2 der Richtlinie 2007/16/EG um und entspricht inhaltlich § 1a Abs. 3 und 4 InvFG 1993. Die in diesem Bundesgesetz enthaltene Definition der Wertpapiere gilt nur für dieses Bundesgesetz und berührt nicht die verschiedenen Definitionen, die in anderen Bundesgesetzen für andere Zwecke, beispielsweise Steuerrecht, verwendet werden. Von Gesellschaften ausgegebene Aktien oder Aktien gleichzustellende Wertpapiere, bei denen das Eigentum in der Praxis nur dadurch übertragen werden kann, dass sie von der ausgebenden Gesellschaft zurückgekauft werden, fallen folglich nicht unter diese Definition (so auch Erwägungsgrund 35 der Richtlinie 2009/65/EG).

EB zu § 69 Abs. 1 (Art. 2 BGBl. I Nr. 77/2011):

Setzt Art. 2 Abs. 1 der Richtlinie 2007/16 EG um und entspricht inhaltlich § 1a Abs. 3 InvFG 1993.

EB zu § 69 Abs. 2 (Art. 2 BGBl. I Nr. 77/2011):

Setzt Art. 2 Abs. 2 der Richtlinie 2007/16 EG um und entspricht inhaltlich § 1a Abs. 4 InvFG 1993.

Geldmarktinstrumente

§ 70. (1) Als Geldmarktinstrument (§ 3 Abs. 2 Z 14) gilt ein Finanzinstrument, das üblicherweise auf dem Geldmarkt gehandelt wird, wenn zumindest eines der folgenden Kriterien erfüllt ist:
1. Das Finanzinstrument hat bei der Emission eine Laufzeit von bis zu 397 Tagen;
2. es hat eine Restlaufzeit von bis zu 397 Tagen;
3. seine Rendite wird regelmäßig, mindestens aber alle 397 Tage entsprechend der Geldmarktsituation angepasst;
4. sein Risikoprofil, einschließlich Kredit- und Zinsrisiko, entspricht dem Risikoprofil von Finanzinstrumenten, die eine Laufzeit gemäß Z 1 oder Z 2 aufweisen oder einer Renditeanpassung gemäß Z 3 unterliegen.

(2) Ein Finanzinstrument ist liquide gemäß § 3 Abs. 2 Z 14, wenn es, unter Berücksichtigung der Pflicht zur Auszahlung oder Rücknahme der Anteilscheine gemäß § 55 Abs. 2, innerhalb hinreichend kurzer Zeit mit begrenzten Kosten veräußerbar ist. Der Wert eines

Finanzinstrumentes ist dann gemäß § 3 Abs. 2 Z 14 genau bestimmbar, wenn es exakte und verlässliche Bewertungssysteme gibt, die

1. dem OGAW die Ermittlung eines Nettobestandswertes ermöglichen, der dem Wert entspricht, zu dem das im Portfolio gehaltene Finanzinstrument in einem Geschäft zwischen sachverständigen, vertragswilligen und unabhängigen Geschäftspartnern ausgetauscht werden könnte und
2. entweder auf Marktdaten oder Bewertungsmodellen einschließlich Systemen, die auf den fortgeführten Anschaffungskosten beruhen, basieren.

(3) Das Vorliegen der Liquidität (Abs. 2) und der jederzeit genauen Bestimmbarkeit des Wertes (Abs. 2 Z 1 und 2) wird bei Geldmarktinstrumenten, die an einem geregelten Markt im Sinne von § 67 Abs. 2 oder 3 notiert oder gehandelt werden, angenommen, es sei denn, der Verwaltungsgesellschaft liegen Informationen vor, die zu einer anderen Feststellung führen würden.

(4) Abweichend von § 67 Abs. 2 darf auch in Geldmarktinstrumente veranlagt werden, die nicht auf einem geregelten Markt gehandelt werden, frei übertragbar sind, unter die Definition des § 3 Abs. 2 Z 14 fallen und über die angemessene Informationen vorliegen, einschließlich solcher Informationen, die eine angemessene Bewertung der mit der Anlage in solche Instrumente verbundenen Kreditrisiken ermöglichen, sofern die Emission oder der Emittent dieser Instrumente bereits Vorschriften über den Einlagen- und den Anlegerschutz unterliegt, vorausgesetzt, sie werden,

1. von einer zentralstaatlichen, regionalen oder lokalen Körperschaft oder der Zentralbank eines Mitgliedstaates, der Europäischen Zentralbank, der Europäischen Union oder der Europäischen Investitionsbank, einem Drittstaat oder, sofern dieser ein Bundesstaat ist, einem Gliedstaat der Föderation, oder von einer internationalen Einrichtung öffentlich-rechtlichen Charakters, der mindestens ein Mitgliedstaat angehört, begeben oder garantiert oder
2. von Unternehmen begeben, deren Wertpapiere auf den unter § 67 Abs. 2 bezeichneten geregelten Märkten gehandelt werden, oder
3. von einem Institut begeben oder garantiert, das gemäß den im Unionsrecht festgelegten Kriterien einer Aufsicht unterstellt ist, oder von einem Institut begeben oder garantiert, das Aufsichtsbestimmungen, die nach Auffassung der FMA mindestens so streng sind wie die des Unionsrechts, unterliegt und diese einhält, oder
4. von anderen Emittenten begeben, die einer Kategorie angehören, die von der FMA zugelassen wurde, sofern für Anlagen in diesen Instrumenten Vorschriften für den Anlegerschutz gelten, die denen der in § 67 Abs. 1 bis 3 genannten gleichwertig sind und sofern es sich bei dem Emittenten entweder um ein Unternehmen mit einem Eigenkapital von mindestens 10 000 000 Euro, das seinen Jahresabschluss nach den Vorschriften der Richtlinie 2013/34/EU erstellt und veröffentlicht, oder um einen Rechtsträger, der innerhalb einer eine oder mehrere börsennotierte Gesellschaften umfassenden Unternehmensgruppe für die Finanzierung dieser Gruppe zuständig ist, oder um einen Rechtsträger handelt, der in Unternehmens-, Gesellschafts- oder Vertragsform die wertpapiermäßige Unterlegung von Verbindlichkeiten durch Nutzung einer von einem Kreditinstitut eingeräumten Kreditlinie finanzieren soll; die Kreditlinie hat durch ein Finanzinstitut gesichert zu sein, das selbst die in Z 3 genannten Kriterien erfüllt.

(5) Die FMA kann durch Verordnung

1. in Bezug auf „angemessene Informationen" gemäß Abs. 4 in Entsprechung von Art. 5 der Richtlinie 2007/16/EG festlegen, welche Informationen angemessen sind, wobei

Informationen über Instrumente, Emittenten, Emissionsprogramme sowie damit verbundene Kreditrisiken vorliegen müssen;

2. die Kriterien, die zur Beurteilung der Gleichwertigkeit von Aufsichtsbestimmungen gemäß Abs. 4 Z 3 heranzuziehen sind, in Entsprechung von Art. 6 der Richtlinie 2007/16/EG festlegen;
3. die Kriterien, betreffend die Definition, Bezeichnung, Veröffentlichungspflichten, Anlegerinformation und Anlagebeschränkungen von Geldmarktfonds und Geldmarktfonds mit kurzer Laufzeitstruktur unter Bedachtnahme auf die europäischen Gepflogenheiten in diesem Bereich festlegen.

EB zu § 70 (Art. 2 BGBl. I Nr. 77/2011):

Setzt Art. 50 Abs. 1 Buchstabe h der Richtlinie 2009/65/EG und Art. 3 bis 7 der Richtlinie 2007/16/EG um. Die im Jahr 2007 erlassene „eligible assets"-Richtlinie, die als Durchführungsrichtlinie durch die Kommission erlassen wurde und bestimmte Definitionen und Veranlagungsbestimmungen präzisiert, bleibt vorerst weiter anwendbar und gültig. Die bereits mit BGBl. I Nr. 2008/69 in das InvFG 1993 integrierten Bestimmungen werden übernommen. Geldmarktinstrumente umfassen übertragbare Instrumente, die üblicherweise eher auf dem Geldmarkt als auf geregelten Märkten gehandelt werden, wie Schatzwechsel, Kommunalobligationen, Einlagenzertifikate, Commercial Papers, Medium-Term-Notes und Bankakzepte (so auch Erwägungsgrund 36 der Richtlinie 2009/65/EG).

EB zu § 70 Abs. 1 (Art. 2 BGBl. I Nr. 77/2011):

Setzt Art. 3 der Richtlinie 2007/16/EG um und entspricht inhaltlich § 1a Abs. 5 InvFG 1993.

EB zu § 70 Abs. 2 (Art. 2 BGBl. I Nr. 77/2011):

Setzt Art. 4 der Richtlinie 2007/16/EG um und entspricht inhaltlich § 1a Abs. 6 InvFG 1993.

EB zu § 70 Abs. 3 (Art. 2 BGBl. I Nr. 77/2011):

Setzt Art. 4 der Richtlinie 2007/16/EG um und entspricht inhaltlich § 1a Abs. 7 InvFG 1993.

EB zu § 70 Abs. 4 (Art. 2 BGBl. I Nr. 77/2011):

Setzt Art. 50 Abs. 1 Buchstabe h der Richtlinie 2009/65/EG in Verbindung mit Art. 5 Abs. 1 und Art. 7 der Richtlinie 2007/16/EG um und entspricht inhaltlich § 20 Abs. 3 Z 9 InvFG 1993.

EB zu § 70 Abs. 5 (Art. 2 BGBl. I Nr. 77/2011):

Setzt Art. 5 Abs. 2 bis 4 und Art. 6 der Richtlinie 2007/16/EG um und entspricht inhaltlich § 20 Abs. 9 InvFG 1993. Zu Geldmarktfonds sind am 19. Mai 2010 CESR-Guidelines (CESR/10-049) ergangen, die mit dem Umsetzungsdatum der Richtlinie 2009/65/EG, nämlich am 1. Juli 2011 in Kraft treten. Diese Guidelines und allfällige neuere Guidelines von ESMA diesbezüglich sollen in der FMA-Verordnung berücksichtigt werden. Die Verordnungsermächtigung soll für die Rechtsunterworfenen mehr Rechtssicherheit herstellen, als wenn die FMA die Anwendung der CESR-Guidelines bloß in ihrer Aufsichtspraxis berücksichtigen würde. Die Notwendigkeit der Befolgung der CESR- beziehungsweise ESMA-Guidelines folgt bereits aus Art. 16 Abs. 3 der Verordnung (EU) 1095/2010.

EB zu § 70 Abs. 4 Z 4 (Art. 6 BGBl. I Nr. 68/2015):
Verweisanpassungen.

EB zu § 70 Abs. 4 Z 4 (Art. 2 BGBl. I Nr. 115/2015):
Anpassung des Verweises an die Neufassung der Richtlinie 2013/34/EU über den Jahresabschluss, den konsolidierten Abschluss und damit verbundene Berichte von Unternehmen bestimmter Rechtsformen.

Anteile an OGAW und OGA

§ 71. (1) Anteile von nach der Richtlinie 2009/65/EG bewilligten OGAW dürfen für das Fondsvermögen erworben werden, wenn der OGAW, dessen Anteile erworben werden sollen, nach seinen Vertragsbedingungen oder seiner Satzung insgesamt höchstens 10 vH seines Sondervermögens in Anteilen anderer OGAW oder OGA anlegen darf. Ein OGA ist ein AIF im Sinne des AIFMG, welcher die Voraussetzungen des Abs. 2 erfüllt.

(2) Anteile an OGA dürfen unabhängig davon, ob sie in einem Mitgliedstaat niedergelassen sind, für das Fondsvermögen erworben werden, sofern

1. sie nach Rechtsvorschriften bewilligt wurden, die sie einer Aufsicht unterstellen, welche nach Auffassung der FMA derjenigen nach dem Unionsrecht gleichwertig ist, und ausreichende Gewähr für die Zusammenarbeit zwischen den Behörden besteht,
2. das Schutzniveau der Anteilinhaber der OGA dem Schutzniveau der Anteilinhaber eines OGAW gleichwertig ist und insbesondere die Vorschriften für die getrennte Verwahrung des Sondervermögens, die Kreditaufnahme, die Kreditgewährung und Leerverkäufe von Wertpapieren und Geldmarktinstrumenten den Anforderungen der Richtlinie 2009/65/EG gleichwertig sind,
3. die Geschäftstätigkeit der OGA Gegenstand von Halbjahres- und Jahresberichten ist, die es erlauben, sich ein Urteil über das Vermögen und die Verbindlichkeiten, die Erträge und die Transaktionen im Berichtszeitraum zu bilden, und
4. der OGA, dessen Anteile erworben werden sollen, die Kriterien des Abs. 1 erfüllt.

(3) Die FMA kann mit Verordnung Kriterien, die von der Verwaltungsgesellschaft zur Beurteilung der Gleichwertigkeit des Schutzniveaus der Anteilinhaber heranzuziehen sind, festlegen. Sie müssen Vergleichbarkeit hinsichtlich Verwahrung des Sondervermögens, der Kreditaufnahme, Kreditgewährung, Leerverkäufe, Unternehmenskontrollmechanismen und Aufsicht gewährleisten und dabei den europäischen Gepflogenheiten und internationalen Standards entsprechen.

EB zu § 71 (Art. 2 BGBl. I Nr. 77/2011):
Setzt Art. 50 Abs. 1 Buchstabe e der Richtlinie 2009/65/EG um und entspricht inhaltlich § 20 Abs. 3 Z 8c InvFG 1993. Ein OGAW sollte sein Vermögen in Anteilen von OGAW und anderen Organismen für gemeinsame Anlagen des offenen Typs anlegen können, die ebenfalls nach dem Grundsatz der Risikostreuung in die in dieser Richtlinie genannten liquiden Finanzanlagen investieren. OGAW oder andere Organismen für gemeinsame Anlagen, in die ein OGAW investiert, müssen einer wirksamen Aufsicht unterliegen (so auch Erwägungsgrund 38 der Richtlinie 2009/65/EG). Mit der Verordnungsermächtigung soll im Bereich der Beurteilung der Gleichwertigkeit von OGA für die Zwecke der Veranlagung in solche Rechtssicherheit für die Rechtsunterworfenen gewährleistet werden. Die FMA orientiert sich dabei an den vom Europäischen Ausschuss für Wertpapieraufsichtsbehörden entwickelten Standards (CESR 07/07-044), die regelmäßig angepasst werden. Damit soll

höchstmögliche Rechtssicherheit in technischen Detailfragen und dabei rasches Eingehen auf europäische Entwicklungen sichergestellt werden.

EB zu § 71 Abs. 1 (Art. 5 BGBl. I Nr. 135/2013):

Es wird klargestellt, dass ein OGA ein AIF ist, der dem AIFMG unterliegt und zusätzlich die Voraussetzungen des Abs. 2 erfüllen muss.

Sichteinlagen und kündbare Einlagen

§ 72. Es dürfen Sichteinlagen oder kündbare Einlagen mit einer Laufzeit von höchstens 12 Monaten bei Kreditinstituten, sofern das betreffende Kreditinstitut seinen Sitz in einem Mitgliedstaat hat oder – falls der Sitz des Kreditinstituts sich in einem Drittland befindet – es Aufsichtsbestimmungen unterliegt, die nach Auffassung der FMA denjenigen des Unionsrechts gleichwertig sind, für das Vermögen des OGAW erworben werden.

EB zu § 72 (Art. 2 BGBl. I Nr. 77/2011):

Setzt Art. 50 Abs. 1 Buchstabe f der Richtlinie 2009/65/EG um. Um den Marktentwicklungen Rechnung zu tragen und in Anbetracht der Vollendung der Wirtschafts- und Währungsunion darf ein OGAW auch in Bankeinlagen investieren. Um eine angemessene Liquidität der Anlagen in Bankeinlagen zu gewährleisten, muss es sich dabei um Sichteinlagen oder kündbare Einlagen handeln. Werden die Einlagen bei einem Kreditinstitut mit Sitz in einem Drittland getätigt, so hat dieses Kreditinstitut Aufsichtsbestimmungen unterliegen, die denen des Unionsrechts gleichwertig sind (so auch Erwägungsgrund 40 der Richtlinie 2009/65/EG).

Derivate

§ 73. (1) Für das Fondsvermögen dürfen abgeleitete Finanzinstrumente (Derivate), einschließlich gleichwertiger bar abgerechneter Instrumente, die an einem der in § 67 Abs. 2 genannten geregelten Märkten gehandelt werden, oder abgeleitete Finanzinstrumente, die nicht an einer Börse oder einem geregelten Markt gehandelt werden (OTC-Derivate), eingesetzt werden, sofern:

1. es sich bei den Basiswerten um Instrumente im Sinne des § 67 Abs. 1 Z 1 bis 4 oder um Finanzindizes, Zinssätze, Wechselkurse oder Währungen handelt, in welche der OGAW gemäß den in seinen Fondsbestimmungen genannten Anlagezielen investieren darf, wobei die FMA durch Verordnung Kriterien für die Finanzindizes festlegen kann und dabei unter Berücksichtigung von Art. 9 der Richtlinie 2007/16/EG auf die hinreichende Diversifizierung, die Bezugsgrundlage für den Markt und die Veröffentlichung des Index Bedacht zu nehmen ist,
2. die Gegenparteien bei Geschäften mit OTC-Derivaten einer Aufsicht unterliegende Institute der Kategorien sind, die von der FMA durch Verordnung zugelassen wurden,
3. die OTC-Derivate einer zuverlässigen und überprüfbaren Bewertung auf Tagesbasis unterliegen und jederzeit auf Initiative der Verwaltungsgesellschaft zum angemessenen Zeitwert veräußert, liquidiert oder durch ein Gegengeschäft glattgestellt werden können, wobei
   a) unter dem angemessenen Zeitwert der Betrag zu verstehen ist, zu dem ein Vermögenswert in einem Geschäft zwischen sachverständigen, vertragswilligen und unabhängigen Geschäftspartnern ausgetauscht oder eine Verbindlichkeit beglichen werden könnte, und

b) eine zuverlässige und überprüfbare Bewertung sich nicht ausschließlich auf Marktnotierungen des Kontrahenten zu stützen hat; Grundlage der Bewertung hat zum einen entweder ein verlässlicher aktueller Marktwert des Instruments zu sein oder, falls dieser nicht verfügbar ist, ein Preismodell, das auf einer anerkannten adäquaten Methodik beruht; zum anderen hat die Bewertung entweder durch einen geeigneten vom Kontrahenten des OTC-Derivates unabhängigen Dritten in ausreichender Häufigkeit und in einer durch die Verwaltungsgesellschaft nachprüfbaren Weise oder von einer von der Vermögensverwaltung unabhängigen und entsprechend ausgerüsteten Stelle innerhalb der Verwaltungsgesellschaft überprüft zu werden und

4. sie nicht zur Lieferung oder Übertragung anderer als den in § 67 Abs. 1 genannten Vermögenswerten führen.

(2) Abs. 1 gilt auch für Instrumente, die die Übertragung des Kreditrisikos eines Vermögenswertes im Sinne von Abs. 1 Z 1 unabhängig von den sonstigen Risiken, die mit diesem Vermögenswert verbunden sind, ermöglichen.

(3) Der Einsatz von Warenderivaten ist unzulässig. Derivate auf Indizes, die keine Finanzindizes sind, dürfen nicht erworben werden. Indizes, die sich aus Derivaten auf Waren oder Sachanlagen zusammensetzen, sind Finanzindizes.

(4) Die Ermittlung des Verkehrswertes von OTC-Derivaten hat gemäß § 92 zu erfolgen.

(5) Das mit den Derivaten verbundene Gesamtrisiko darf den Gesamtnettowert des Fondsvermögens nicht überschreiten. Bei der Berechnung des Risikos werden der Marktwert der Basiswerte, das Ausfallrisiko, künftige Marktfluktuationen und die Liquidationsfrist der Positionen berücksichtigt. Ein OGAW darf als Teil seiner Anlagestrategie innerhalb der in § 74 Abs. 1, 4, 5, 6 und 7 und § 76 festgelegten Grenzen Anlagen in Derivaten tätigen, sofern das Gesamtrisiko der Basiswerte die Anlagegrenzen des § 74 und § 76 nicht überschreitet.

(6) Anlagen eines OGAW in indexbasierten Derivaten werden bei den Anlagegrenzen der §§ 74 und 76 nicht berücksichtigt. Ist ein Derivat in ein Wertpapier oder ein Geldmarktinstrument eingebettet, so muss es hinsichtlich der Einhaltung der Vorschriften der Abs. 1 bis 5 berücksichtigt werden.

EB zu § 73 (Art. 2 BGBl. I Nr. 77/2011):

Setzt Art. 50 Abs. 1 Buchstabe g der Richtlinie 2009/65/EG in Verbindung mit Art. 8, 9 und 10 der Richtlinie 2007/16/EG und Art. 51 Abs. 3 der Richtlinie 2009/65/EG um und entspricht inhaltlich § 21 InvFG 1993. Einem OGAW ist es ausdrücklich gestattet, im Rahmen seiner allgemeinen Anlagepolitik oder zu Sicherungszwecken in abgeleitete Finanzinstrumente („Derivate") zu investieren, wenn damit ein in seinem Prospekt genanntes Finanzziel oder Risikoprofil verwirklicht werden soll. Um den Anlegerschutz zu gewährleisten, ist es erforderlich, das mit Derivaten verbundene maximale Risiko zu begrenzen, damit es den Gesamtnettowert des Anlageportfolios des OGAW nicht überschreitet. Um die durchgehende Beachtung der Risiken und Engagements im Zusammenhang mit Derivategeschäften sicherzustellen und die Einhaltung der Anlagegrenzen zu überprüfen, sind diese Risiken und Engagements kontinuierlich zu bewerten und zu überwachen (so auch Erwägungsgrund 43 der Richtlinie 2009/65/EG). Schließlich hat ein OGAW zur Gewährleistung des Anlegerschutzes durch öffentliche Information seine Strategien, Techniken und Anlagegrenzen in Bezug auf Derivategeschäfte zu beschreiben (siehe auch Verordnung (EU) 583/2010).

Im Hinblick auf abgeleitete Finanzinstrumente, die nicht an einer Börse gehandelt werden („OTC-Derivate"), werden ebenfalls Anforderungen in Bezug auf die Eignung der

Gegenparteien und der Instrumente, die Liquidität und die laufende Bewertung der Position vorgeschrieben. Mit diesen Vorschriften soll ein angemessenes Anlegerschutzniveau gewährleistet werden, das dem Niveau nahe kommt, das Anlegern beim Erwerb von auf geregelten Märkten gehandelten Derivaten geboten wird (so auch Erwägungsgrund 45 der Richtlinie 2009/65/EG).

Derivate-Geschäfte sollten niemals dazu verwendet werden, die Grundsätze und Bestimmungen dieses Bundesgesetzes zu umgehen. Für OTC-Derivate sollten zusätzliche Risikostreuungsvorschriften für Engagements gegenüber einer einzigen Gegenpartei oder Gruppe von Gegenparteien Anwendung finden (so auch Erwägungsgrund 46 der Richtlinie 2009/65/EG).

EB zu § 73 Abs. 5 (Art. 2 BGBl. I Nr. 77/2011):

Zur Berechnung der Modalitäten der Risikoberechnung sind CESR-Guidelines (CESR/10-788) ergangen. Diese sind zu berücksichtigen in der Verordnung. Es ist davon auszugehen, dass ESMA bald neue Guidelines dazu erlassen wird, die ebenfalls zu berücksichtigen sind. Von einer Nennung der Nummer der Guidelines im Gesetzestext wird daher abgesehen.

Quantitative Beschränkungen zur Vermeidung einer Emittentenkonzentration

§ 74. (1) Wertpapiere oder Geldmarktinstrumente desselben Emittenten dürfen nur bis zu 10 vH des Fondsvermögens erworben werden, wobei der Gesamtwert der Wertpapiere und Geldmarktinstrumente von Emittenten, in deren Wertpapieren und/oder Geldmarktinstrumenten mehr als 5 vH des Fondsvermögens angelegt sind, 40 vH des Fondsvermögens nicht übersteigen dürfen. Diese Begrenzung findet keine Anwendung auf Sichteinlagen, kündbare Einlagen und auf Geschäfte mit OTC-Derivaten, die mit Kreditinstituten oder mit Finanzinstituten gemäß Art. 4 Abs. 1 Nummer 26 der Verordnung (EU) Nr. 575/2013 getätigt werden, die einer Aufsicht unterliegen. Optionsscheine sind dem Aussteller des Wertpapiers zuzurechnen, auf das die Option ausgeübt werden kann. Wertpapiere und Geldmarktinstrumente im Sinne von Abs. 4 und 5 sind bei der Anlagegrenze von 40 vH nicht zu berücksichtigen. Weites dürfen nur bis zu 20 vH des Fondsvermögens in Sichteinlagen und kündbare Einlagen bei ein und demselben Kreditinstitut angelegt werden.

(2) Das Ausfallrisiko bei Geschäften eines OGAW mit OTC-Derivaten darf folgende Sätze nicht überschreiten:
1. wenn die Gegenpartei ein Kreditinstitut im Sinne des § 72 ist, 10 vH des Fondsvermögens,
2. ansonsten 5 vH des Fondsvermögens.

(3) Ungeachtet der Einzelobergrenzen gemäß Abs. 1 und 2 dürfen nachstehende liquide Finanzanlagen für das Fondsvermögen nicht in Kombination erworben werden, wenn dies zu einer Anlage von mehr als 20 vH des Fondsvermögens bei ein und desselben Unternehmens führen würde, und zwar:
1. von diesem Unternehmen begebene Wertpapiere oder Geldmarktinstrumente,
2. Sichteinlagen und kündbare Einlagen bei diesem Unternehmen oder
3. von diesem Unternehmen erworbene OTC-Derivate.

(4) Abweichend von Abs. 1 dürfen Schuldverschreibungen, die von einem Kreditinstitut ausgegeben werden, das seinen Sitz in einem EWR-Mitgliedstaat hat und auf Grund gesetzlicher Vorschriften zum Schutz der Inhaber dieser Schuldverschreibungen einer besonderen öffentlichen Aufsicht unterliegt, bis zu 25 vH des Fondsvermögens erworben

werden. Die Erlöse aus der Emission dieser Schuldverschreibungen sind in Vermögenswerten anzulegen, die während der gesamten Laufzeit der Schuldverschreibungen die sich daraus ergebenden Verbindlichkeiten ausreichend decken und vorrangig für die beim Ausfall des Emittenten fällig werdende Rückzahlung des Kapitals und der Zinsen bestimmt sind. Übersteigt die Veranlagung in solchen Schuldverschreibungen desselben Emittenten 5 vH des Fondsvermögens, so darf der Gesamtwert solcher Anlagen 80 vH des Fondsvermögens nicht übersteigen.

(5) Abweichend von Abs. 1 dürfen Wertpapiere oder Geldmarktinstrumente, die von einem Mitgliedstaat oder dessen Gebietskörperschaften, von einem Drittstaat oder von internationalen Organisationen öffentlich-rechtlichen Charakters, denen ein oder mehrere EWR-Mitgliedstaaten angehören, begeben oder garantiert werden, bis zu 35 vH des Fondsvermögens erworben werden.

(6) Die in Abs. 1 bis 5 genannten Grenzen dürfen nicht kumuliert werden. Insgesamt dürfen die in Wertpapieren, Geldmarktinstrumenten oder Derivaten desselben Emittenten oder in Sichteinlagen und kündbare Einlagen bei diesem Emittenten getätigten Anlagen 35 vH des Fondsvermögens nicht übersteigen.

(7) Gesellschaften, die im Hinblick auf die Erstellung des konsolidierten Abschlusses im Sinne der Richtlinie 2013/34/EU oder nach anerkannten internationalen Rechnungslegungsvorschriften derselben Unternehmensgruppe angehören, werden bei der Berechnung der in den Abs. 1 bis 6 vorgesehenen Anlagegrenzen als ein einziger Emittent angesehen. Wertpapiere und Geldmarktinstrumente ein und derselben Unternehmensgruppe dürfen bis zu 20 vH des Fondsvermögens erworben werden.

EB zu § 74 (Art. 2 BGBl. I Nr. 77/2011):

Aus aufsichtsrechtlichen Gründen hat ein OGAW eine übermäßige Konzentration seiner mit einem Ausfallrisiko behafteten Anlagen oder Einlagen bei ein und demselben Emittenten oder Institut oder bei derselben Unternehmensgruppe angehörenden Emittenten oder Instituten zu vermeiden (so auch Erwägungsgrund 42 der Richtlinie 2009/65/EG). Der freie Vertrieb von Anteilen eines OGAW, dem es gestattet ist, bis zu 100 vH seines Sondervermögens in Wertpapieren anzulegen, die von ein und demselben Emittenten (Staat, Gebietskörperschaft usw.) ausgegeben werden, sollte nicht unmittelbar oder mittelbar zur Folge haben, dass das Funktionieren des Kapitalmarktes oder die Finanzierung eines Mitgliedstaats gestört wird (so auch Erwägungsgrund 34 der Richtlinie 2099/65/EG).

EB zu § 74 Abs. 1 (Art. 2 BGBl. I Nr. 77/2011):

Setzt Art. 52 Abs. 1 1. Unterabs. in Verbindung mit Abs. 2 1. Unterabs. und Abs. 5 1. Unterabs. der Richtlinie 2009/65/EG um und entspricht inhaltlich § 20 Abs. 3 Z 5 InvFG 1993.

EB zu § 74 Abs. 2 (Art. 2 BGBl. I Nr. 77/2011):

Setzt Art. 52 Abs. 1 2. Unterabs. der Richtlinie 2009/65/EG um und entspricht inhaltlich § 21 Abs. 4 InvFG 1993.

EB zu § 74 Abs. 3 (Art. 2 BGBl. I Nr. 77/2011):

Setzt Art. 52 Abs. 2 2. Unterabs. der Richtlinie 2009/65/EG um und entspricht inhaltlich § 20 Abs. 3 Z 8, 8d zweiter Satz InvFG 1993.

EB zu § 74 Abs. 4 (Art. 2 BGBl. I Nr. 77/2011):

Setzt Art. 52 Abs. 4 der Richtlinie 2009/65/EG um und entspricht inhaltlich § 20 Abs. 3 Z 7 InvFG 1993.

EB zu § 74 Abs. 5 (Art. 2 BGBl. I Nr. 77/2011):
Setzt Art. 52 Abs. 3 der Richtlinie 2009/65/EG um und entspricht inhaltlich § 20 Abs. 3 Z 6 InvFG 1993.

EB zu § 74 Abs. 6 (Art. 2 BGBl. I Nr. 77/2011):
Setzt Art. 52 Abs. 5 2. Unterabs. der Richtlinie 2009/65/EG um und entspricht inhaltlich § 20 Abs. 3 Z 8 InvFG 1993.

EB zu § 74 Abs. 7 (Art. 2 BGBl. I Nr. 77/2011):
Setzt Art. 52 Abs. 5 3. und 4. Unterabs. der Richtlinie 2009/65/EG um entspricht inhaltlich § 20 Abs. 3 Z 8a und Abs. 3a InvFG 1993.

EB zu § 74 Abs. 1 (Art. 11 BGBl. I Nr. 184/2013):
Redaktionelle Anpassung.

EB zu § 74 Abs. 7 (Art. 6 BGBl. I Nr. 68/2015):
Verweisanpassungen.

Quantitative Anlagebeschränkungen für Indexfonds

§ 75. (1) Abweichend von § 74, jedoch unbeschadet der in § 78 festgelegten Anlagegrenzen, darf für einen OGAW, wenn die Fondsbestimmungen ausdrücklich als Ziel seiner Anlagestrategie vorsehen, einen bestimmten, von der FMA anerkannten Aktien- oder Schuldtitelindex nachzubilden, bis zu 20 vH des Fondsvermögens in Aktien oder Schuldtiteln desselben Emittenten anlegt werden (Indexfonds). Unter der Indexnachbildung ist die Nachbildung des Basiswertes eines Index zu verstehen, wobei dazu auch Derivate eingesetzt werden können.

(2) Der Index ist anzuerkennen, wenn insbesondere

1. die Zusammensetzung des Index den Risikodiversifizierungsvorschriften der Abs. 1 und 3 entspricht,
2. der Index eine adäquate Bezugsgrundlage für den Markt darstellt, auf den er sich bezieht, wobei der Indexanbieter eine anerkannte Methodik anzuwenden hat, die nicht zum Ausschluss eines größeren Emittenten vom Markt, auf den sich der Index bezieht, führt und
3. der Index in geeigneter Weise veröffentlicht wird. Der Index gilt als in geeigneter Weise veröffentlicht, wenn er öffentlich zugänglich ist und der Indexanbieter von der den Indexfonds verwaltenden Verwaltungsgesellschaft unabhängig ist, wobei dies nicht ausschließt, dass der Indexanbieter und die den Indexfonds verwaltende Verwaltungsgesellschaft zum selben Konzern gehören, sofern wirksame Regelungen für die Handhabung von Interessenkonflikten vorgesehen sind.

(3) Der Indexfonds darf bis zu 35 vH des Fondsvermögens in Aktien oder Schuldtiteln nur eines einzigen Emittenten anlegen, wenn dies auf Grund außergewöhnlicher Marktbedingungen gerechtfertigt ist, und zwar insbesondere auf geregelten Märkten, auf denen bestimmte Wertpapiere oder Geldmarktinstrumente stark dominieren. Eine Anlage bis zu dieser Obergrenze ist nur bei einem einzigen Emittenten möglich. Die Höchstgrenze von 40 vH gemäß § 74 Abs. 1 ist auf Indexfonds nicht anwendbar.

EB zu § 75 (Art. 2 BGBl. I Nr. 77/2011):
Setzt Art. 53 der Richtlinie 2009/65/EG in Verbindung mit Art. 12 der Richtlinie 2007/16/EG um und entspricht inhaltlich § 20b InvFG 1993. Einige Portfolioverwaltungs-

methoden für Organismen für gemeinsame Anlagen, die hauptsächlich in Aktien oder Schuldtitel investieren, basieren auf der Nachbildung von Aktien- oder Schuldtitelindizes. Ein OGAW darf allgemein bekannte und anerkannte Aktien- oder Schuldtitelindizes nachbilden. Daher werden für die zu diesem Zweck in Aktien oder Schuldtitel investierende OGAW flexiblere Risikostreuungsregeln eingeführt (so auch Erwägungsgrund 47 der Richtlinie 2009/65/EG).

EB zu § 75 Abs. 1 (Art. 2 BGBl. I Nr. 77/2011):

Setzt Art. 53 Abs. 1 1. Unterabs. der Richtlinie 2009/65/EG und Art. 12 Abs. 1 der Richtlinie 2007/16/EG um und entspricht inhaltlich § 20b Abs. 1 InvFG 1993.

EB zu § 75 Abs. 2 (Art. 2 BGBl. I Nr. 77/2011):

Setzt Art. 53 Abs. 1 2. Unterabs. der Richtlinie 2009/65/EG und Art. 12 Abs. 2 bis 4 der Richtlinie 2007/16/EG um und entspricht inhaltlich § 20b Abs. 2 InvFG 1993.

EB zu § 75 Abs. 3 (Art. 2 BGBl. I Nr. 77/2011):

Setzt Art. 53 Abs. 2 der Richtlinie 2009/65/EG um und entspricht inhaltlich § 20b Abs. 3 InvFG 1993.

Quantitative Beschränkungen für die Anlage in von öffentlichen Stellen begebene oder garantierte Emissionen

§ 76. (1) Abweichend von § 74 kann unter Beachtung des Grundsatzes der Risikostreuung bis zu 100 vH des Fondsvermögens in Wertpapieren und Geldmarktinstrumenten verschiedener Emissionen, die von einem Mitgliedstaat, einer oder mehrerer Gebietskörperschaften eines Mitgliedstaates, einem Drittstaat oder internationalen Organisationen öffentlich-rechtlichen Charakters, der ein oder mehrere Mitgliedstaaten angehören, begeben oder garantiert werden, angelegt werden, wenn

1. es sich dabei um Wertpapiere und Geldmarktinstrumente im Sinne von § 74 Abs. 5 handelt,
2. die Anteilinhaber dieses OGAW den gleichen Schutz genießen wie die Anteilinhaber von OGAW, die die Anlagegrenzen des § 74 einhalten und
3. diese Wertpapiere im Rahmen von mindestens sechs verschiedenen Emissionen begeben worden sind, wobei die Wertpapiere aus einer einzigen Emission 30 vH des Gesamtbetrags des Fondsvermögens nicht überschreiten dürfen.

(2) In den Fondsbestimmungen sind die Mitgliedstaaten, Gebietskörperschaften, Drittstaaten oder internationalen Organisationen öffentlich-rechtlichen Charakters ausdrücklich zu erwähnen, von denen die Wertpapiere, in denen mehr als 35 vH des Fondsvermögens anzulegen beabsichtigt wird, begeben oder garantiert werden.

(3) Die FMA hat die Voraussetzungen des Abs. 1 Z 2 im Rahmen der Bewilligung der Fondsbestimmungen zu prüfen.

EB zu § 76 (Art. 2 BGBl. I Nr. 77/2011):

Setzt Art. 54 der Richtlinie 2009/65/EG um. Die ursprüngliche Fassung der Richtlinie 85/611/EWG sah eine Abweichung von der Beschränkung des Prozentsatzes vor, bis zu dem ein OGAW sein Sondervermögen in Wertpapieren ein und desselben Emittenten anlegen darf, die im Fall der von einem Mitgliedstaat begebenen oder garantierten Schuldverschreibungen galt. Diese Abweichung gestattete es in diesem Rahmen den OGAW, bis zu 33 vH ihres Sondervermögens in derartigen Schuldverschreibungen anzulegen. Eine vergleichbare, aber weniger weitreichende Abweichung ist bei privaten Schuldverschrei-

bungen gerechtfertigt, die zwar nicht staatlich garantiert sind, aber infolge der für sie geltenden speziellen Vorschriften eine besondere Sicherheit für den Anleger bieten. Folglich ist es angezeigt, die Abweichung für alle privaten Schuldverschreibungen vorzusehen, die gemeinsam festgelegte Merkmale erfüllen (so auch Erwägungsgrund 49 der Richtlinie 2009/65/EG).

EB zu § 76 Abs. 1 (Art. 2 BGBl. I Nr. 77/2011):

Setzt Art. 54 Abs. 1 der Richtlinie 2009/65/EG um und entspricht inhaltlich § 20 Abs. 5 InvFG 1993.

EB zu § 76 Abs. 2 (Art. 2 BGBl. I Nr. 77/2011):

Setzt Art. 54 Abs. 2 1. Unterabs. der Richtlinie 2009/65/EG um.

EB zu § 76 Abs. 3 (Art. 2 BGBl. I Nr. 77/2011):

Setzt Art. 54 Abs. 1 und 2 jeweils 2. Unterabs. der Richtlinie 2009/65/EG um.

Quantitative Beschränkungen für die Anlage in OGAW oder OGA

§ 77. (1) Anteile an anderen OGAW oder an OGA dürfen für das Fondsvermögen erworben werden, sofern höchstens 20 vH des Fondsvermögens in Anteilen ein und desselben OGAW oder OGA angelegt werden.

(2) Anteile an OGA dürfen insgesamt 30 vH des Fondsvermögens des OGAW nicht übersteigen.

(3) Beim Erwerb von Anteilen an OGAs oder anderen OGAWs müssen die Anlagewerte des betreffenden OGAW oder OGA in Bezug auf die Obergrenzen des § 74 nicht berücksichtigt werden.

(4) Beim Erwerb von Anteilen anderer OGAW oder OGA, die unmittelbar oder mittelbar von derselben Verwaltungsgesellschaft oder von einer Gesellschaft verwaltet werden, mit der die Verwaltungsgesellschaft durch eine gemeinsame Verwaltung oder Kontrolle oder durch eine wesentliche direkte oder indirekte Beteiligung verbunden ist, darf die Verwaltungsgesellschaft oder die andere Gesellschaft für die Zeichnung oder den Rückkauf von Anteilen dieser anderen OGAW oder OGA durch den OGAW keine Gebühren verrechnen.

EB zu § 77 (Art. 2 BGBl. I Nr. 77/2011):

Setzt Art. 55 der Richtlinie 2009/65/EG um. Diese Bestimmung ermöglicht die Auflage von Dachfonds. Bis zu 100 vH des Fondsvermögens dürfen in die Anteile anderer OGAW investiert werden. Wegen der weitreichenden Möglichkeiten eines OGAW, in Anteile anderer OGAW und anderer Organismen für gemeinsame Anlagen zu investieren, müssen bestimmte Vorschriften für quantitative Anlagegrenzen, die Veröffentlichung von Informationen und zur Verhütung des Kaskade-Phänomens festgelegt werden, damit durch derartige Anlagetätigkeiten der Anlegerschutz nicht verringert wird (so auch Erwägungsgrund 39 der Richtlinie 2009/65/EG).

EB zu § 77 Abs. 1 (Art. 2 BGBl. I Nr. 77/2011):

Setzt Art. 55 Abs. 1 der Richtlinie 2009/65/EG um und entspricht inhaltlich § 20 Abs. 3 Z 8b InvFG 1993.

EB zu § 77 Abs. 2 (Art. 2 BGBl. I Nr. 77/2011):

Setzt Art. 55 Abs. 2 1. Unterabs. der Richtlinie 2009/65/EG um und entspricht inhaltlich § 20 Abs. 3 Z 8c lit. c letzter Satz InvFG 1993.

EB zu § 77 Abs. 3 (Art. 2 BGBl. I Nr. 77/2011):

Setzt Art. 55 Abs. 2 2. Unterabs. der Richtlinie 2009/65/EG um und entspricht inhaltlich § 20 Abs. 3 Z 8e InvFG 1993. Auf den Durchblick hinsichtlich der Veranlagungsgrenzen auf die „Basis"-OGAW wird verzichtet, da diese „qualifizierten" (Sub-)Fonds ohnehin diese oder vergleichbare Veranlagungsgrenzen zu berücksichtigen haben.

EB zu § 77 Abs. 4 (Art. 2 BGBl. I Nr. 77/2011):

Setzt Art. 55 Abs. 3 1. Unterabs. der Richtlinie 2009/65/EG um und entspricht inhaltlich § 20 Abs. 3 Z 8f InvFG 1993.

Quantitative Beschränkungen zur Vermeidung der Einflussnahme auf Emittenten

§ 78. (1) Eine Verwaltungsgesellschaft, darf für keine der von ihr verwalteten OGAW Aktien, mit denen ein Stimmrecht verbunden ist, erwerben, die es ihr ermöglichen, einen nennenswerten Einfluss im Sinne von Abs. 2 Z 1 auf die Geschäftsführung eines Emittenten auszuüben. Hat ein anderer Mitgliedstaat eine niedrigere Grenze für den Erwerb von Aktien mit Stimmrechten desselben Emittenten festgelegt, so ist diese Grenze maßgebend, wenn eine Verwaltungsgesellschaft für die von ihr verwalteten OGAW solche Aktien eines Emittenten mit Sitz in diesem Staat erwirbt.

(2) Für das Fondsvermögen eines OGAW dürfen von ein und demselben Emittenten liquide Finanzanlagen nur in folgendem Ausmaß erworben werden:

1. Aktien bis zu 7,5 vH des Grundkapitals der emittierenden Aktiengesellschaft, wenn die Aktien mit der Ausübung eines Stimmrechtes verbunden sind;
2. Aktien bis zu 10 vH des Grundkapitals der emittierenden Aktiengesellschaft, wenn es sich um stimmrechtslose Aktien handelt;
3. Schuldverschreibungen bis zu 10 vH des Gesamtemissionsvolumens ein und desselben Emittenten;
4. Geldmarktinstrumente bis zu 10 vH ein und desselben Emittenten;
5. nur bis höchstens 25 vH Anteile ein und desselben OGAW oder OGA.

(3) Die Anlagegrenzen gemäß Abs. 2 Z 3, 4 und 5 müssen zum Zeitpunkt des Erwerbs nicht eingehalten werden, wenn sich der Bruttobetrag der Schuldtitel oder der Geldmarktinstrumente oder der Nettobetrag der ausgegebenen Anteile zum Zeitpunkt des Erwerbs nicht berechnen lässt.

(4) Die in Abs. 2 vorgesehenen Anlagegrenzen müssen nicht eingehalten werden, wenn es sich dabei um

1. Wertpapiere und Geldmarktinstrumente handelt, die von einem Mitgliedstaat oder dessen öffentlichen Gebietskörperschaften begeben oder garantiert werden;
2. von einem Drittstaat begebene oder garantierte Wertpapiere und Geldmarktinstrumente handelt;
3. Wertpapiere und Geldmarktinstrumente handelt, die von internationalen Organismen öffentlich-rechtlichen Charakters begeben werden, denen ein oder mehrere Mitgliedstaaten angehören;
4. Aktien handelt, die ein OGAW an dem Kapital einer Gesellschaft eines Drittstaates besitzt, die ihr Vermögen im Wesentlichen in Wertpapieren von Emittenten anlegt, die in diesem Staat ansässig sind, wenn eine derartige Beteiligung für den OGAW aufgrund der Rechtsvorschriften dieses Staates die einzige Möglichkeit darstellt, Anlagen in Wertpapieren von Emittenten dieses Staates zu tätigen. Diese Ausnahmeregelung gilt jedoch nur unter der Voraussetzung, dass die Gesellschaft des Drittstaates in ihrer An-

lagepolitik die in den §§ 74 und 77 sowie in Abs. 1, 2 und 3 dieser Bestimmung festgesetzten Grenzen nicht überschreitet. § 66 Abs. 2 und § 79 gelten bei Überschreiten der Grenzen sinngemäß.

EB zu § 78 (Art. 2 BGBl. I Nr. 77/2011):

Setzt Art. 56 der Richtlinie 2009/65/EG um und entspricht inhaltlich § 20 Abs. 3 Z 10 bis 10b InvFG 1993. Abgesehen von der Vermeidung der Risikokonzentration bei einem Emittenten (siehe § 74 insbesondere Abs. 2 und 4) soll die Verwaltungsgesellschaft auch nicht über die von ihr verwalteten Fondsvermögen auf einen Emittenten einen nennenswerten Einfluss ausüben können (siehe auch Heidinger/Paul, *Kommentar zum Investmentfondsgesetz (2005) § 20 Rn 23). Dies würde dem Konzept der Portfolioverwaltung widersprechen.*

EB zu § 78 Abs. 1 (Art. 2 BGBl. I Nr. 77/2011):

Setzt Art. 56 Abs. 1 der Richtlinie 2009/65/EG um.

EB zu § 78 Abs. 2 (Art. 2 BGBl. I Nr. 77/2011):

Setzt Art. 56 Abs. 1 und 2 Buchstabe a, b, c und d der Richtlinie 2009/65/EG um und entspricht inhaltlich § 20 Abs. 3 Z 10 InvFG 1993. Im Falle der Z 5 ist ungeachtet von § 2 Abs. 3 bei einer Veranlagung in Teilfonds im Hinblick auf die Anlagegrenzen auf den „Umbrella-Fonds" abzustellen. Dies entspricht dem Zweck der Regelung und der überwiegenden Meinung der Mitgliedstaaten im Umsetzungsworkshop zur Richtlinie 2009/65/EG. Die Europäische Kommission vertritt bislang eine gegenteilige Auslegung.

EB zu § 78 Abs. 3 (Art. 2 BGBl. I Nr. 77/2011):

Setzt Art. 56 Abs. 2 2. Unterabs. der Richtlinie 2009/65/EG um und entspricht inhaltlich § 20 Abs. 3 Z 10a InvFG 1993.

EB zu § 78 Abs. 4 (Art. 2 BGBl. I Nr. 77/2011):

Setzt Art. 56 Abs. 3 der Richtlinie 2009/65/EG um und entspricht inhaltlich § 20 Abs 3 Z 10b InvFG 1993.

Ausnahmen und Abweichen von den Veranlagungsgrenzen

§ 79. (1) Die in den §§ 66 bis 78 festgelegten Anlagegrenzen müssen bei der Ausübung von Bezugsrechten, die an Wertpapiere oder Geldmarktinstrumente geknüpft sind, die Teil des Fondsvermögens sind, nicht eingehalten werden.

(2) Werden die in den §§ 66 bis 78 festgelegten Grenzen unbeabsichtigt oder infolge der Ausübung der Bezugsrechte überschritten, so ist bei den Verkäufen aus dem Fondsvermögen vorrangig die Normalisierung dieser Lage unter Berücksichtigung der Interessen der Anteilinhaber anzustreben.

(3) Die Rechtswirksamkeit des Erwerbes von Wertpapieren, Geldmarktinstrumenten und anderen liquiden Finanzanlagen im Sinne von § 67 Abs. 1 wird durch einen Verstoß gegen die in den §§ 66 bis 78 festgelegten Anlagegrenzen nicht berührt.

(4) Zwei Wochen vor dem Laufzeitende eines auf bestimmte Laufzeit errichteten OGAW und eine Woche vor und nach einem Verschmelzungsstichtag müssen die in den §§ 74 bis 77 genannten Höchstsätze unter Wahrung der Interessen der Anteilinhaber nicht eingehalten werden. Selbiges gilt bei Abwicklung eines OGAW gemäß § 63, bei OGAW in Abwicklung gemäß § 65 und bei Vorliegen unwiderruflicher Aufträge für die vollständige Rücklösung aller Anteile gemäß § 63 Abs. 4.

EB zu § 79 (Art. 2 BGBl. I Nr. 77/2011):
Setzt Art. 57 Abs. 1 1. Unterabs. und Abs. 2 der Richtlinie 2009/65/EG um.

EB zu § 79 Abs. 3 (Art. 2 BGBl. I Nr. 77/2011):
Entspricht § 20 Abs. 6 InvFG 1993 und soll Rechtssicherheit garantieren. Schäden für das Fondsvermögen oder die Anleger können über schadenersatzrechtliche Ansprüche ausgeglichen werden.

EB zu § 79 Abs.4 (Art. 2 BGBl. I Nr. 77/2011):
In diesen Fällen steht nicht länger die Veranlagung des Fondsvermögens im Vordergrund, sondern dessen – möglichst rache – Rücklösung in Barmittel, bzw. Übertragung auf einen anderen OGAW.

Verbot der Kreditaufnahme und der Kreditgewährung

§ **80.** (1) Die Verwaltungsgesellschaft oder die Depotbank darf auf Rechnung des Fondsvermögens keinen Kredit aufnehmen, außer die Fondsbestimmungen sehen dies vor und es handelt sich um Kredite, die vorübergehend aufgenommen werden und sich auf nicht mehr als 10 vH des Wertes des Fondsvermögens belaufen.

(2) Der Erwerb von Fremdwährungen im Rahmen eines „Back-to-Back"-Darlehens ist zulässig.

(3) Die Verwaltungsgesellschaft oder die Depotbank darf auf Rechnung des Fondsvermögens weder Kredite gewähren noch Verpflichtungen aus einem Bürgschafts- oder Garantievertrag eingehen; die §§ 67, 68, 70 bis 74 bleiben davon unberührt.

(4) Das Verbot gemäß Abs. 3 steht jedoch dem Erwerb von noch nicht voll eingezahlten Wertpapieren, Geldmarktinstrumenten oder anderen in den §§ 71 oder 73 genannten, noch nicht voll eingezahlten Finanzinstrumenten nicht entgegen.

EB zu § 80 (Art. 2 BGBl. I Nr. 77/2011):
Setzt Art. 83 und 88 der Richtlinie 2009/65/EG um und entspricht inhaltlich § 4 Abs. 1 bis 3 InvFG 1993.

Dingliche Verfügungen über Vermögenswerte

§ **81.** Vermögenswerte eines OGAW dürfen, ausgenommen in den in diesem Bundesgesetz ausdrücklich vorgesehenen Fällen, nicht verpfändet oder sonst belastet, zur Sicherung übereignet oder zur Sicherung abgetreten werden. Eine dieser Vorschrift widersprechende Verfügung ist gegenüber den Anteilinhabern unwirksam. Diese Bestimmung kommt nicht zur Anwendung, soweit für einen OGAW derivative Geschäfte nach § 73 abgeschlossen werden.

EB zu § 81 (Art. 2 BGBl. I Nr. 77/2011):
Setzt Art. 83 der Richtlinie 2009/65/EG in Verbindung mit Art. 88 der Richtlinie 2007/16/EG um und entspricht inhaltlich § 4 Abs. 2 InvFG 1993. Die Bestimmung ergänzt § 80 und § 82.

Leerverkäufe

§ **82.** Weder die Verwaltungsgesellschaft noch die Depotbank darf für Rechnung des Fondsvermögens Wertpapiere, Geldmarktinstrumente oder andere in § 67 Abs. 1 genannte liquide Finanzanlagen verkaufen, die im Zeitpunkt des Geschäftsabschlusses nicht zum Fondsvermögen gehören. § 73 bleibt davon unberührt.

EB zu § 82 (Art. 2 BGBl. I Nr. 77/2011):

Setzt Art. 89 der Richtlinie 2009/65/EG um und entspricht inhaltlich § 4 Abs. 4 InvFG 1993.

Pensionsgeschäfte

§ 83. Die Verwaltungsgesellschaft ist, sofern dies die Fondsbestimmungen ausdrücklich vorsehen, berechtigt, auf Rechnung des OGAW, innerhalb der Veranlagungsgrenzen dieses Bundesgesetzes Vermögensgegenstände mit der Verpflichtung des Verkäufers, diese Vermögensgegenstände zu einem im vorhinein bestimmten Zeitpunkt zu einem im voraus bestimmten Preis zurückzunehmen, für das Fondsvermögen zu kaufen (Pensionsgeschäfte). Die FMA kann mittels Verordnung unter Bedachtnahme auf die europäischen Gepflogenheiten und auf Art. 11 der Richtlinie 2007/16/EG nähere Kriterien im Hinblick auf die Definition, Veröffentlichungspflichten, Anlegerinformationen und Anlagebeschränkungen von Pensionsgeschäften festlegen.

EB zu § 83 (Art. 2 BGBl. I Nr. 77/2011):

Setzt Art. 51 Abs. 2 der Richtlinie 2009/65/EG in Verbindung mit Art. 11 der Richtlinie 2007/16/EG um und entspricht inhaltlich § 4 Abs. 5 InvFG 1993. Im Rahmen der hier festgelegten Grenzen und Bedingungen dürfen Techniken und Instrumente eingesetzt werden, die Wertpapiere und Geldmarktinstrumente zum Gegenstand haben, sofern die Verwendung dieser Techniken und Instrumente im Hinblick auf eine effiziente Portfolioverwaltung geschieht. Im Hinblick auf Art. 50 und 51 der Richtlinie 2009/65/EG in der Fassung der Omnibus-Richtlinie (Richtlinie 2010/78/EU), ist es sachgerecht eine Verordnungsermächtigung der FMA vorzusehen, da nähere Präzisierungen von Art. 11 der Richtlinie 2007/16/EG oder eine Änderung derselben in Hinkunft mittels verbindlicher technischer Standards (Art. 10 bis 15 der Verordnung (EU) 1095/2010) oder mittels ESMA-Guidelines erlassen werden können.

Wertpapierleihe

§ 84. Die Verwaltungsgesellschaft ist, sofern dies die Fondsbestimmungen ausdrücklich vorsehen, innerhalb der Veranlagungsgrenzen dieses Bundesgesetzes berechtigt, Wertpapiere bis zu 30 vH des Fondsvermögens im Rahmen eines anerkannten Wertpapierleihsystems an Dritte befristet unter der Bedingung zu übereignen, dass der Dritte verpflichtet ist, die übereigneten Wertpapiere nach Ablauf einer im vorhinein bestimmten Leihdauer wieder zurückzuübereignen. Das Wertpapierleihsystem muss so beschaffen sein, dass die Rechte der Anteilinhaber ausreichend gesichert sind (Wertpapierleihe). Im Rahmen dieser Berechtigung darf die Verwaltungsgesellschaft für Rechnung eines OGAW eine Ermächtigung gemäß § 8 Depotgesetz erteilen. Die FMA kann mittels Verordnung unter Bedachtnahme auf die europäischen Gepflogenheiten und auf Art. 11 der Richtlinie 2007/16/EG nähere Kriterien im Hinblick auf die Definition, Bezeichnung, Veröffentlichungspflichten, Anlegerinformationen, Mündelsicherheit und Anlagebeschränkungen von Wertpapierleihgeschäften und -systemen festlegen.

EB zu § 84 (Art. 2 BGBl. I Nr. 77/2011):

Setzt Art. 51 Abs. 2 der Richtlinie 2009/65/EG in Verbindung mit Art. 11 der Richtlinie 2007/16/EG um und entspricht inhaltlich § 4 Abs. 8 InvFG 1993. Im Rahmen der hier festgelegten Grenzen und Bedingungen dürfen Techniken und Instrumente eingesetzt werden, die Wertpapiere und Geldmarktinstrumente zum Gegenstand haben, sofern die Verwendung dieser Techniken und Instrumente im Hinblick auf eine effiziente Portfolioverwaltung geschieht. Im Hinblick auf Art. 50 und 51 der Richtlinie 2009/65/EG in der Fassung der Omnibus-Richtlinie, ist es sachgerecht eine Verordnungsermächtigung der FMA vorzusehen, da nähere Präzisierungen von Art. 11 der Richtlinie 2007/16/EG oder eine Änderung derselben in Hinkunft mittels verbindlicher technischer Standards (Art. 10 bis 15 der Verordnung (EU) 1095/2010) oder mittels ESMA-Guidelines erlassen werden können.

4. Abschnitt
Risikomanagement des OGAW

EB zum 4. Abschnitt (Risikomanagement des OGAW) (Art. 2 BGBl. I Nr. 77/2011):

Setzt Art. 51 Abs. 1 der Richtlinie 2009/65/EG in Verbindung mit Art. 38 bis 45 der Richtlinie 2010/43/EU um und regelt das Risikomanagement. Ein funktionierendes Risikomanagement soll gewährleisten, dass die Verwaltungsgesellschaft die in der Richtlinie 2009/65/EG und im 3. Abschnitt dieses Bundesgesetzes gesetzten Anlagegrenzen, wie das Gesamtrisiko- und das Kontrahentenrisikolimit, einhält. Es werden deshalb Kriterien für die Berechnung des Gesamt- und des Kontrahentenrisikos festgelegt (so auch Erwägungsgrund 26 der Richtlinie 2010/43/EU).

Risikomanagementverfahren

§ 85. (1) Die Verwaltungsgesellschaft hat in Bezug auf den OGAW ein Risikomanagementverfahren zu verwenden, das es ihr ermöglicht, das mit den Anlagepositionen verbundene Risiko sowie ihren jeweiligen Anteil am Gesamtrisikoprofil des Vermögens des OGAW jederzeit zu überwachen und zu messen. Insbesondere stützen sie sich bei der Bewertung der Bonität der Vermögenswerte des OGAW nicht ausschließlich und automatisch auf Ratings, die von Ratingagenturen im Sinne von Art. 3 Abs. 1 lit. b der Verordnung (EG) Nr. 1060/2009 über Ratingagenturen, ABl. Nr. L 302 vom 17.11.2009 S. 1, abgegeben worden sind Sie hat Informationsasymmetrien zwischen der Verwaltungsgesellschaft und dem Kontrahenten, die dadurch entstehen, dass der Kontrahent auf nicht öffentliche Informationen über die Unternehmen, auf die Kreditderivate Bezug nehmen, zugreifen kann, durch die internen Kontrollmechanismen in angemessener Weise gemäß diesem Abschnitt zu erfassen.

(2) Zur Sicherstellung einer präzisen und unabhängigen Bewertung des jeweiligen Wertes von OTC-Derivaten hat sie das in § 92 festgelegte Verfahren anzuwenden.

(3) Unter Berücksichtigung der Art, des Umfangs und der Komplexität der Tätigkeit der OGAW überwacht die FMA die Angemessenheit der Verfahren der Verwaltungs- und Investmentgesellschaft für die Bonitätsbewertung, bewertet die Verwendung von Bezugnahmen auf die in Abs. 1 genannten Ratings in der Anlagepolitik der OGAW und regt, falls angezeigt, die Milderung der Auswirkungen solcher Bezugnahmen an, um dem ausschließlichen und automatischen Rückgriff auf derartige Ratings entgegenzuwirken.

EB zu § 85 (Art. 2 BGBl. I Nr. 77/2011):

Setzt Art. 51 Abs. 1 der Richtlinie 2009/65/EG um.

EB zu § 85 Abs. 1 (Art. 3 BGBl. I Nr. 70/2014):

Damit wird der durch die Richtlinie 2013/14/EU geänderte Art. 51 der Richtlinie 2009/65/EG umgesetzt.

Zur Verbesserung der Qualität der für OGAW erworbenen Vermögenswerte sowie zum Schutz der Anleger soll von den Verwaltungs- und Investmentgesellschaften verlangt werden, dass sie sich bei der Bewertung der mit der Veranlagung verbundenen Risken nicht ausschließlich und automatisch auf Ratings von Ratingagenturen stützen und sie als einzigen Parameter verwenden.

EB zu § 85 Abs. 3 (Art. 3 BGBl. I Nr. 70/2014):

Damit wird der durch die Richtlinie 2013/14/EU geänderte Art. 51 der Richtlinie 2009/65/EG umgesetzt.

Zur Verbesserung der Qualität der für OGAW erworbenen Vermögenswerte sowie zum Schutz der Anleger soll von den Verwaltungs- und Investmentgesellschaften verlangt werden, dass sie sich bei der Bewertung der mit der Veranlagung verbundenen Risken nicht ausschließlich und automatisch auf Ratings von Ratingagenturen stützen und sie als einzigen Parameter verwenden.

Risikomanagement-Grundsätze

§ 86. (1) Die Verwaltungsgesellschaft hat der Art, dem Umfang und der Komplexität ihrer Geschäfte und der von ihr verwalteten OGAW angemessene und dokumentierte Risikomanagement-Grundsätze festzulegen, umzusetzen und aufrechtzuerhalten, in denen

1. die Risken genannt werden, denen die von ihr verwalteten OGAW ausgesetzt sind oder sein könnten;
2. Methoden, Mittel und Vorkehrungen zur Erfüllung der in den §§ 87 bis 89 festgelegten Pflichten festgelegt werden;
3. die Zuständigkeitsverteilung innerhalb der Verwaltungsgesellschaft in Bezug auf das Risikomanagement festgelegt wird;
4. Modalitäten, Inhalt und Häufigkeit der in § 17 vorgesehenen Berichterstattung der Risiko-Managementfunktion an die Geschäftsleitung sowie gegebenenfalls an den Aufsichtsrat festgelegt werden.

(2) Die Risikomanagement-Grundsätze gemäß Abs. 1 haben die Verfahren zu umfassen, die notwendig sind, damit die Verwaltungsgesellschaft bei jedem von ihr verwalteten OGAW dessen Markt-, Liquiditäts- und Kontrahentenrisiko sowie alle sonstigen Risiken, einschließlich operationeller Risiken, bewerten kann, die für die einzelnen von ihr verwalteten OGAW wesentlich sein könnten.

(3) Die Verwaltungsgesellschaft hat zu bewerten, zu überwachen und periodisch zu überprüfen:

1. Die Angemessenheit und Wirksamkeit und Einhaltung der Risikomanagement-Grundsätze und der Vorkehrungen, Prozesse und Verfahren gemäß §§ 87 bis 89; sowie
2. die Angemessenheit und Wirksamkeit der Maßnahmen zur Behebung etwaiger Schwächen in der Leistungsfähigkeit des Risikomanagementprozesses.

EB zu § 86 (Art. 2 BGBl. I Nr. 77/2011):

Setzt Art. 51 Abs. 1 der Richtlinie 2009/65/EG in Verbindung mit Art. 38 und 39 der Richtlinie 2010/43/EU um. Die Kriterien für die Bewertung der Angemessenheit des Risiko-

management-Prozesses einer Verwaltungsgesellschaft müssen im Rahmen von angemessenen und dokumentierten Grundsätzen festgelegt werden, die von der Verwaltungsgesellschaft einzuhalten sind. Anhand dieser Grundsätze hat die Verwaltungsgesellschaft zu bewerten, mit welchen Risiken die Positionen der von ihnen verwalteten Portfolios verbunden sind und in welchem Umfang diese Einzelrisiken zum Gesamtrisikoprofil des Portfolios beitragen. Die Angemessenheit der Risikomanagement-Grundsätze bezieht sich auf die Art, den Umfang und die Komplexität der Geschäfte der Verwaltungsgesellschaft und der von ihr verwalteten OGAW (So auch Erwägungsgrund 23 der Richtlinie 2010/43/EU).

EB zu § 86 Abs. 1 (Art. 2 BGBl. I Nr. 77/2011):
Setzt Art. 38 Abs. 1 1. und 3. Unterabs. und Abs. 2 und 3 der Richtlinie 2010/43/EU um.

EB zu § 86 Abs. 2 (Art. 2 BGBl. I Nr. 77/2011):
Setzt Art. 38 Abs. 1 2. Unterabs. der Richtlinie 2010/43/EU um.

EB zu § 86 Abs. 3 (Art. 2 BGBl. I Nr. 77/2011):
Setzt Art. 39 Abs. 1 der Richtlinie 2010/43/EU um. Die regelmäßige Bewertung, Überwachung und Überprüfung der Grundsätze für das Risikomanagement durch die Verwaltungsgesellschaft stellt ebenfalls ein Kriterium für die Bewertung der Angemessenheit des Risikomanagement-Prozesses dar. Dazu zählt auch die Prüfung der Wirksamkeit der Maßnahmen, die zur Behebung etwaiger Mängel in der Funktionsweise des Risikomanagement-Prozesses getroffen wurden (so auch Erwägungsgrund 24 der Richtlinie 2010/43/EU).

Risikomessung und Risikomanagement

§ **87.** (1) Die Verwaltungsgesellschaft hat der Art, dem Umfang und der Komplexität ihrer Geschäfte und der von ihr verwalteten OGAW angemessene und wirksame sowie dem OGAW-Risikoprofil entsprechende Vorkehrungen, Prozesse und Verfahren einzuführen, um

1. die Risken, denen die von ihr verwalteten OGAW ausgesetzt sind oder sein könnten, jederzeit messen und managen zu können; sowie
2. die Einhaltung der Obergrenzen für das Gesamtrisiko und das Kontrahentenrisiko gemäß den §§ 89 und 91 sicherzustellen.

(2) Die Verwaltungsgesellschaft hat im Sinne von Abs. 1 für jeden von ihr verwalteten OGAW folgende Maßnahmen zu ergreifen:

1. Einführung der notwendigen Risikomanagement-Vorkehrungen, -Prozesse und -Verfahren, um sicherzustellen, dass
   a) die Risiken übernommener Positionen und deren Beitrag zum Gesamtrisikoprofil auf der Grundlage solider und verlässlicher Daten genau gemessen werden und
   b) die Risikomanagement-Vorkehrungen, -Prozesse und –Verfahren adäquat dokumentiert werden;
2. gegebenenfalls Durchführung periodischer Rückvergleiche („Back-Testing“) zur Überprüfung der Stichhaltigkeit der Risikomessvorkehrungen, zu denen modellbasierte Prognosen und Schätzungen gehören;
3. gegebenenfalls Durchführung periodischer Stresstests und Szenarioanalysen zur Erfassung der Risiken aus potenziellen Veränderungen der Marktbedingungen, die sich nachteilig auf den OGAW auswirken könnten;
4. Festlegung, Umsetzung und Aufrechterhaltung eines dokumentierten Systems interner Limits für die Maßnahmen, mit denen die einschlägigen Risiken für jeden OGAW ge-

managt und kontrolliert werden, wobei allen in § 86 Abs. 1 und 2 genannten Risiken, die für den OGAW wesentlich sein könnten, Rechnung getragen und die Übereinstimmung mit dem Risikoprofil des OGAW sichergestellt wird;
5. Gewährleistung, dass der jeweilige Risikostand bei jedem OGAW mit dem in Z 4 dargelegten Risikolimit-System in Einklang steht;
6. Festlegung, Umsetzung und Aufrechterhaltung angemessener Verfahren, die im Falle von tatsächlichen oder zu erwartenden Verstößen gegen das Risikolimit-System des OGAW zu zeitnahen Abhilfemaßnahmen im besten Interesse der Anteilinhaber führen.

(3) Die FMA kann unter Bedachtnahme auf die europäischen Gepflogenheiten in diesem Bereich mittels Verordnung festlegen,
1. unter welchen Bedingungen periodische Rückvergleiche gemäß Abs. 2 Z 2 sowie periodische Stresstests und Szenarioanalysen gemäß Abs. 2 Z 3 durchzuführen sind;
2. welche Voraussetzungen erfüllt sein müssen, damit der Einklang des jeweiligen Risikostandes jedes OGAW mit dem Risikosystem gemäß Abs. 2 Z 5 gewährleistet ist;
3. welche Kriterien ein angemessener Risikomanagementprozess für Liquiditätsrisiken zu erfüllen hat (§ 88);
4. die konkrete Ausgestaltung der Risikomanagement-Grundsätze (§ 86) und der Risikomessung und des Risikomanagements (§ 87 Abs. 1 und Abs. 2);
5. die Definition von Gesamtrisiko (§ 89) und dessen quantitative und qualitative Ausgestaltung im Risikomanagement;
6. die Berechnung des Gesamtrisikos bei Verwendung des Commitment-Ansatzes und dessen quantitative und qualitative Ausgestaltung im Risikomanagement (§ 90);
7. die Berechnung des Gesamtrisikos bei Verwendung des Value-at-Risk-Ansatzes und dessen quantitative und qualitative Ausgestaltung im Risikomanagement (§ 89);
8. die Berechnung des Gegenpartei- oder Kontrahenten-Risikos unter Berücksichtigung von Sicherheiten und dessen quantitative und qualitative Ausgestaltung im Risikomanagement (§ 90);
9. die Regeln für die Deckung von Derivattransaktionen und deren quantitative und qualitative Ausgestaltung im Risikomanagement;
10. die erlaubten fortgeschrittenen Messansätze (§ 89);
11. die Berücksichtigung von Netting- und Hedging-Vereinbarungen beim Commitment-Ansatz (§ 90);
12. die Verfahren zur Sicherstellung einer angemessenen, präzisen und unabhängigen Bewertung von OTC-Derivaten zum Verkehrswert (§ 92);
13. welche Vorkehrungen und Verfahren festzulegen, umzusetzen und aufrechtzuerhalten sind, die eine geeignete, transparente und faire Bewertung der OGAW-Risiken aus OTC-Derivaten sicherstellen und diese adäquat dokumentieren (§ 92);
14. welche Sicherheiten und deren Höhe bei der Behandlung von Kontrahenten- und Emittentenrisiken zulässig sind und die Berechnung des Risikos aus OTC-Derivatgeschäften (§ 91).

EB zu § 87 (Art. 2 BGBl. I Nr. 77/2011):

Setzt Art. 40 Abs. 1 und 2 der Richtlinie 2010/43/EU um. Ein wesentliches Kriterium für die Bewertung der Angemessenheit des Risikomanagement-Prozesses besteht darin, ob die Verwaltungsgesellschaft verhältnismäßige und wirksame Risikomessverfahren anwendet, um die Risiken, denen die von ihnen verwalteten OGAW ausgesetzt sind oder sein könnten, jederzeit messen zu können. Diese Anforderungen beruhen auf gemeinsamen Praktiken, auf die sich die zuständigen Behörden der Mitgliedstaaten verständigt haben. Sie umfassen sowohl quantitative Messgrößen (für quantifizierbare Risiken) als auch qualitative Methoden. Die zur Berechnung der quantitativen Messgrößen verwendeten elektronischen Datenverarbeitungssysteme und -instrumente sollten miteinander oder mit Front-Office- und Rechnungslegungsanwendungen verknüpft werden. Risikomessverfahren sollten in Zeiten erhöhter Marktturbulenz eine angemessene Risikomessung ermöglichen und überarbeitet werden, wenn dies im Interesse der Anteilinhaber notwendig ist. Sie sollten auch eine angemessene Bewertung der Konzentration der maßgeblichen Risiken auf Portfolio-Ebene und deren Wechselwirkungen untereinander ermöglichen (so auch Erwägungsgrund 25 der Richtlinie 2010/43/EU).

EB zu § 87 Abs. 1 (Art. 2 BGBl. I Nr. 77/2011):
Setzt Art. 40 Abs. 1 der Richtlinie 2010/43/EU um.

EB zu § 87 Abs. 2 (Art. 2 BGBl. I Nr. 77/2011):
Setzt Art. 40 Abs. 2 der Richtlinie 2010/43/EU um.

EB zu § 87 Abs. 3 (Art. 2 BGBl. I Nr. 77/2011):
Zur Risikomessung sind am 28. Juli 2010 CESR-Guidelines (CESR/10-788) ergangen, die mit dem Umsetzungsdatum der Richtlinie 2009/65/EG, nämlich am 1. Juli 2011 in Kraft treten. Diese Guidelines und allfällige neuere Guidelines von ESMA diesbezüglich sollen in der FMA-Verordnung berücksichtigt werden. Die Notwendigkeit der Befolgung der CESR- beziehungsweise ESMA-Guidelines folgt bereits aus Art. 16 Abs. 3 der Verordnung 1095/2010. Laut Guideline CESR/10-788 (Box 1 Punkt 2) sollten nur solche fortgeschrittenen Messansätze zugelassen werden, die von CESR (künftig ESMA) beschlossen werden. Derzeit gibt es nur Beschlüsse zum Commitment-Ansatz und zum Value-at-Risk-Modell. Die Verordnungsermächtigung soll für die Rechtsunterworfenen mehr Rechtssicherheit herstellen, als wenn die FMA die Anwendung der CESR-Guidelines bloß in ihrer Aufsichtspraxis berücksichtigen würde. In diesem Sinne werden die Kriterien auch in den einzelnen Ziffern genau angegeben. Die Notwendigkeit der Befolgung der CESR- beziehungsweise ESMA-Guidelines folgt bereits aus Art. 16 Abs. 3 der Verordnung (EU) 1095/2010. Die Verordnungsermächtigung erfolgt im Sinne einer effizienten Legistik mittel „Kann-Bestimmung", da aufgrund der Richtlinie 2009/65/EG in der Fassung der Omnibusrichtlinie auch mit der „Konvertierung" der CESR- beziehungsweise ESMA-Guidelines in technische Regulierungsstandards gemäß Art. 10 bis 15 der Verordnung (EU) 1095/2010 gerechnet werden muss. Diese technischen Regulierungsstandards sind direkt anwendbar und rechtlich verbindlich. Für eine innerstaatliche Rechtssetzung bliebe dann kein Raum mehr. Daher würde eine Verpflichtung der FMA zur Erlassung einer Verordnung in letzterem Fall ins Leere gehen.

Liquiditätsrisikomanagement

§ 88. (1) Die Verwaltungsgesellschaft hat einen angemessenen Risikomanagementprozess für Liquiditätsrisiken anzuwenden, um zu gewährleisten, dass jeder von ihr verwaltete OGAW jederzeit zur Rücknahme und Auszahlung der Anteile gemäß § 55 Abs. 2 imstande ist. Zur Bewertung des Liquiditätsrisikos des OGAW unter außergewöhnlichen Umständen hat die Verwaltungsgesellschaft Stresstests durchzuführen.

(2) Die Verwaltungsgesellschaft hat sicherzustellen, dass das Liquiditätsprofil der OGAW-Anlagen bei jedem von ihr verwalteten OGAW den in den Fondsbestimmungen und im Prospekt niedergelegten Rücknahmegrundsätzen entspricht.

EB zu § 88 (Art. 2 BGBl. I Nr. 77/2011):
Setzt Art. 40 Abs. 3 und 4 der Richtlinie 2010/43/EU um.

EB zu § 88 Abs. 1 (Art. 2 BGBl. I Nr. 77/2011):
Setzt Art. 40 Abs. 3 der Richtlinie 2010/43/EU um.

EB zu § 88 Abs. 2 (Art. 2 BGBl. I Nr. 77/2011):
Setzt Art. 40 Abs. 4 der Richtlinie 2010/43/EU um.

Berechnung des Gesamtrisikos

§ 89. (1) Die Verwaltungsgesellschaft hat das Gesamtrisiko eines verwalteten OGAW im Sinne von § 73 Abs. 5 und 6 mindestens einmal täglich als eine der folgenden Größen zu berechnen:

1. zusätzliches Risiko und zusätzlicher Leverage, die der verwaltete OGAW durch die Nutzung derivativer Finanzinstrumente einschließlich eingebetteter Derivate im Sinne von § 73 Abs. 6 erzeugt und die den Gesamtbetrag des OGAW-Nettoinventarwerts nicht übersteigen dürfen;
2. Marktrisiko des OGAW-Portfolios.

(2) Das Gesamtrisiko ist, je nach Zweckdienlichkeit, nach dem Commitment-Ansatz, dem Value-at-Risk-Modell oder einem fortgeschrittenen Messansatz zu ermitteln. „Value at Risk" bezeichnet in diesem Zusammenhang den bei einem gegebenen Konfidenzniveau über einen bestimmten Zeitraum maximal zu erwartenden Verlust. Die zur Messung des Gesamtrisikos gewählte Methode muss der vom OGAW gewählten Anlagestrategie sowie der Art und Komplexität der genutzten derivativen Finanzinstrumente und dem Anteil derivativer Finanzinstrumente am OGAW-Portfolio angemessen sein. Geschäfte gemäß § 83 und gemäß § 84 sind bei der Berechnung des Gesamtrisikos ebenfalls zu berücksichtigen.

EB zu § 89 (Art. 2 BGBl. I Nr. 77/2011):
Setzt Art. 41 der Richtlinie 2010/43/EU um. Ein funktionierendes Risikomanagement soll gewährleisten, dass die Verwaltungsgesellschaft die Anlagegrenzen, wie das Gesamtrisikolimit, einhält. Zu diesem Zweck werden Kriterien für die Berechnung des Gesamtrisikos festgelegt (Erwägungsgrund 26 der Richtlinie 2010/43/EU).

Bei der Festlegung dieser Kriterien wird klargestellt, wie das Gesamtrisiko berechnet werden kann, nämlich mit Hilfe des Commitment-Ansatzes, des Value-at-risk-Modells oder eines fortgeschrittenen Messansatzes. Auch die Hauptelemente der Methode, nach der die Verwaltungsgesellschaft das Kontrahentenrisiko berechnen soll, werden festgelegt. Bei der Anwendung dieser Regeln soll den Bedingungen, unter denen diese Methoden angewandt werden, Rechnung getragen werden, so unter anderem den von den zuständigen Behörden im Ausschuss der Europäischen Wertpapierregulierungsbehörden ausgearbeiteten Grundsätzen, die auf die Finanzsicherheiten angewandt werden, um das Kontrahentenrisiko des OGAW zu verringern, sowie für die Verwendung von Hedging- und Nettingvereinbarungen (so Erwägungsgrund 27 der Richtlinie 2010/43/EU).

EB zu § 89 Abs. 1 (Art. 2 BGBl. I Nr. 77/2011):
Setzt Art. 41 Abs. 1 und 2 der Richtlinie 2010/43/EU um.

EB zu § 89 Abs. 2 (Art. 2 BGBl. I Nr. 77/2011):
Setzt Art. 41 Abs. 3 und 4 der Richtlinie 2010/43/EU um.

Commitment-Ansatz

§ 90. (1) Wird das Gesamtrisiko nach dem Commitment-Ansatz berechnet, so hat die Verwaltungsgesellschaft

1. diesen Ansatz auf sämtliche Positionen in derivativen Finanzinstrumenten einschließlich eingebetteter Derivate im Sinne von § 73 Abs. 6 anzuwenden, und zwar unabhängig davon, ob sie im Zuge der allgemeinen Anlagepolitik des OGAW, zum Zwecke der Risikominderung oder zum Zwecke der effizienten Portfolioverwaltung im Sinne von §§ 83 und 84 genutzt werden;
2. jede Position in derivativen Finanzinstrumenten in den Marktwert einer gleichwertigen Position im Basiswert des betreffenden Derivats umzurechnen (Standard-Commitment-Ansatz).

(2) Die Verwaltungsgesellschaft darf bei der Berechnung des Gesamtrisikos Netting- und Hedging-Vereinbarungen berücksichtigen, sofern diese offenkundige und wesentliche Risiken nicht außer Acht lassen und eindeutig zu einer Verringerung des Risikos führen.

(3) Erzeugt die Nutzung derivativer Finanzinstrumente für den OGAW kein zusätzliches Risiko, so muss die zugrunde liegende Risikoposition nicht in die Commitment-Berechnung einbezogen werden.

(4) Vorübergehende Kreditvereinbarungen gemäß § 80 Abs. 1 müssen bei Anwendung des Commitment-Ansatzes zur Berechnung des Gesamtrisikos nicht berücksichtigt werden.

EB zu § 90 (Art. 2 BGBl. I Nr. 77/2011):

Setzt Art. 42 der Richtlinie 2010/43/EU um. Mittels Kriterien wird grundsätzlich klargestellt, wie das Gesamtrisiko berechnet werden kann, nämlich unter anderem mit Hilfe des Commitment-Ansatzes, des Value-at-risk-Modells oder eines fortgeschrittenen Messansatzes. Auch die Hauptelemente der Methode, nach der die Verwaltungsgesellschaft das Kontrahentenrisiko berechnen soll, werden festgelegt. Bei der Anwendung dieser Regeln sollte den Bedingungen, unter denen diese Methoden angewandt werden, Rechnung getragen werden, so auch den CESR beziehungsweise ESMA ausgearbeiteten Grundsätzen, die auf die Finanzsicherheiten angewandt werden, um das Kontrahentenrisiko des OGAW zu verringern, sowie für die Verwendung von Hedging- und Nettingvereinbarungen (so auch Erwägungsgrund 27 der Richtlinie 2010/43/EU).

EB zu § 90 Abs. 1 (Art. 2 BGBl. I Nr. 77/2011):

Setzt Art. 42 Abs. 1 und 2 der Richtlinie 2010/43/EU um.

EB zu § 90 Abs. 2 (Art. 2 BGBl. I Nr. 77/2011):

Setzt Art. 42 Abs. 3 der Richtlinie 2010/43/EU um. Zur Risikomessung sind am 28. Juli 2010 CESR-Guidelines (CESR/10-788) ergangen, die mit dem Umsetzungsdatum der Richtlinie 2009/65/EG, nämlich am 1. Juli 2011 in Kraft treten. Diese Guidelines und allfällige neuere Guidelines von ESMA diesbezüglich sollen in der FMA-Verordnung berücksichtigt werden. Die Verordnungsermächtigung soll für die Rechtsunterworfenen mehr Rechtssicherheit herstellen, als wenn die FMA die Anwendung der CESR-Guidelines bloß in ihrer Aufsichtspraxis berücksichtigen würde. Die Notwendigkeit der Befolgung der CESR- beziehungsweise ESMA-Guidelines folgt bereits aus Art. 16 Abs. 3 der Verordnung (EU) 1095/2010.

EB zu § 90 Abs. 3 (Art. 2 BGBl. I Nr. 77/2011):

Setzt Art. 42 Abs. 4 der Richtlinie 2010/43/EU um. Es wird klargestellt, dass in die Berechnung des Commitment-Ansatzes nur Derivate einzufließen haben, die ein zusätz-

liches Exposure über 100 vH des Nettoinventarwertes erzeugen, das heißt nicht als reiner Wertpapierersatz dienen (Exposure zu einer Aktie über ein Derivat und nicht als Kassakauf wegen unter Umständen geringerer Transaktionsgebühren).

EB zu § 90 Abs. 4 (Art. 2 BGBl. I Nr. 77/2011):

Setzt Art. 42 Abs. 5 der Richtlinie 2010/43/EU um.

Kontrahentenrisiko und Emittentenkonzentration

§ 91. (1) Für das Kontrahentenrisiko aus nicht börsegehandelten derivativen Finanzinstrumenten (OTC-Derivaten) gelten die in § 74 festgelegten Obergrenzen. Dabei hat die Verwaltungsgesellschaft für die Berechnung des Kontrahentenrisikos eines OGAW im Einklang mit den in § 74 Abs. 1 und 2 festgelegten Obergrenzen den positiven Verkehrswert des OTC-Derivatkontrakts mit der betreffenden Gegenpartei zugrunde zu legen.

(2) Die Verwaltungsgesellschaft kann die Derivatpositionen eines OGAW mit ein und derselben Gegenpartei miteinander verrechnen (Netting), wenn sie die Möglichkeit hat, Nettingvereinbarungen mit der betreffenden Gegenpartei für den OGAW rechtlich durchzusetzen. Das Netting ist nur bei den OTC-Derivaten mit einer Gegenpartei, nicht bei anderen Positionen des OGAW gegenüber dieser Gegenpartei zulässig.

(3) Die Verwaltungsgesellschaft kann das Kontrahentenrisiko eines OGAW aus einem OTC-Derivat durch die Entgegennahme von Sicherheiten mindern. Die entgegengenommene Sicherheit muss hinreichend liquide sein, damit sie rasch zu einem Preis veräußert werden kann, der nahe an der vor dem Verkauf festgestellten Bewertung liegt. Die Verwaltungsgesellschaft hat Sicherheiten bei der Berechnung des Ausfallrisikos im Sinne von § 74 Abs. 1 und 2 zu berücksichtigen, wenn die Verwaltungsgesellschaft einer OTC-Gegenpartei für den OGAW eine Sicherheit stellt. Die gestellte Sicherheit darf nur dann auf Nettobasis berücksichtigt werden, wenn die Verwaltungsgesellschaft die Möglichkeit hat, Nettingvereinbarungen mit der betreffenden Gegenpartei für den OGAW rechtlich durchzusetzen.

(4) Die Verwaltungsgesellschaft hat die in § 74 für die Emittentenkonzentration festgelegten Obergrenzen auf Basis des zugrunde liegenden Risikos zu berechnen, das nach dem Commitment-Ansatz durch die Nutzung derivativer Finanzinstrumente entsteht. Hinsichtlich des Risikos aus Geschäften mit OTC-Derivaten gemäß § 74 Abs. 2 hat die Verwaltungsgesellschaft etwaige Kontrahentenrisiken aus OTC-Derivaten in die Berechnung einzubeziehen.

EB zu § 91 (Art. 2 BGBl. I Nr. 77/2011):

Setzt Art. 43 der Richtlinie 2010/43/EU um. Ein funktionierendes Risikomanagement soll gewährleisten, dass die Verwaltungsgesellschaft die Anlagegrenzen, wie das Kontrahentenrisikolimit, einhalten. Deshalb werden Kriterien für die Berechnung des Kontrahentenrisikos festgelegt (Erwägungsgrund 26 der Richtlinie 2010/43/EU).

EB zu § 91 Abs. 1 (Art. 2 BGBl. I Nr. 77/2011):

Setzt Art. 43 Abs. 1 und 2 1. Unterabs. der Richtlinie 2010/43/EU um.

EB zu § 91 Abs. 2 (Art. 2 BGBl. I Nr. 77/2011):

Setzt Art. 43 Abs. 2 2. Unterabs. der Richtlinie 2010/43/EU um.

EB zu § 91 Abs. 3 (Art. 2 BGBl. I Nr. 77/2011):

Setzt Art. 43 Abs. 3 und 4 der Richtlinie 2010/43/EU um.

EB zu § 91 Abs. 4 (Art. 2 BGBl. I Nr. 77/2011):
Setzt Art. 43 Abs. 5 und 6 der Richtlinie 2010/43/EU um.

Verfahren zur Bewertung der OTC-Derivate

§ 92. (1) Verwaltungsgesellschaften haben sich zu vergewissern, dass den Risiken von OGAW aus OTC-Derivaten ein Verkehrswert zugewiesen wird, der sich nicht nur auf die Marktnotierungen der Kontrahenten der OTC-Geschäfte stützt und die in § 73 Abs. 1 Z 3 lit. b niedergelegten Kriterien erfüllt. Zu diesem Zweck hat die Verwaltungsgesellschaft Vorkehrungen und Verfahren festzulegen, umzusetzen und aufrechtzuerhalten, die eine geeignete, transparente und faire Bewertung der OGAW-Risiken aus OTC-Derivaten sicherstellen und diese adäquat zu dokumentieren.

(2) Die Verwaltungsgesellschaft hat sicherzustellen, dass der Verkehrswert von OTC-Derivaten angemessen, präzise und unabhängig bewertet wird. Die Bewertungsvorkehrungen und –verfahren müssen geeignet und der Art und Komplexität der betreffenden OTC-Derivate angemessen sein. Schließen die Vorkehrungen und Verfahren für die Bewertung von OTC-Derivaten die Durchführung bestimmter Aufgaben durch Dritte ein, so muss die Verwaltungsgesellschaft die in § 10 Abs. 1 Z 7 und § 30 Abs. 3 niedergelegten Anforderungen erfüllen.

EB zu § 92 (Art. 2 BGBl. I Nr. 77/2011):
Setzt Art. 44 der Richtlinie 2010/43/EU um. Verwaltungsgesellschaften müssen ein Verfahren verwenden, das eine präzise und unabhängige Bewertung des Werts von OTC-Derivaten erlaubt. Der vorbildlichen Praxis halber sollten Verwaltungsgesellschaften diese Anforderungen auf Instrumente anwenden, die OGAW den gleichen Bewertungsrisiken aussetzen wie OTC-Derivate, das heißt Risiken, die mit der fehlenden Liquidität eines Produkts und/oder der Komplexität der Auszahlungsstruktur zusammenhängen. Dementsprechend sollten Verwaltungsgesellschaften Vorkehrungen treffen und Verfahren festlegen, die mit den Anforderungen in Einklang stehen, die in dieser Bestimmung für die Bewertung weniger liquider oder komplexer Wertpapiere und Geldmarktinstrumente festgelegt sind, bei denen modellgestützte Bewertungsverfahren angewandt werden müssen (so auch Erwägungsgrund 28 der Richtlinie 2010/43/EU).

EB zu § 92 Abs. 1 (Art. 2 BGBl. I Nr. 77/2011):
Setzt Art. 44 Abs. 1 und 2 1. Unterabs. der Richtlinie 2010/43/EU um.

EB zu § 92 Abs. 2 (Art. 2 BGBl. I Nr. 77/2011):
Setzt Art. 44 Abs. 2 2. bis 4 Unterabs. der Richtlinie 2010/43/EU um.

5. Abschnitt
Master-Feeder-Strukturen

EB zum 5. Abschnitt (Master-Feeder-Strukturen) (Art. 2 BGBl. I Nr. 77/2011):
Mehrere Mitgliedstaaten haben bereits Bestimmungen erlassen, die nicht koordinierten Organismen für gemeinsame Anlagen ein Pooling ihres Vermögens in einem so genannten Master-Fonds ermöglichen. OGAW können diese Strukturen nur dann nutzen, wenn Feeder-OGAW, die ein Pooling ihres Vermögens in einem Master-OGAW wünschen, vom Verbot befreit werden, mehr als 10 vH oder 20 vH ihres Sondervermögens in einen einzigen Organismus für gemeinsame Anlagen anzulegen. Diese Befreiung ist gerechtfertigt, da Feeder-

OGAW ihr gesamtes Vermögen oder zumindest einen Großteil davon in das diversifizierte Portfolio des Master-OGAW investieren, der seinerseits den Diversifizierungsbestimmungen für OGAW unterliegt (so auch Erwägungsgrund 50 der Richtlinie 2009/65/EG). Im Interesse eines wirksam funktionierenden Binnenmarkts und eines einheitlichen Anlegerschutzes in der gesamten Union erlaubt nunmehr die Richtlinie 2009/65/EG sowohl Master-Feeder-Strukturen, bei denen Master- und Feeder-Fonds im gleichen Mitgliedstaat niedergelassen sind, als auch Strukturen, bei denen sie in verschiedenen Mitgliedstaaten niedergelassen sind. Um dem Anleger ein besseres Verständnis der Master-Feeder-Strukturen zu ermöglichen und – insbesondere in grenzüberschreitenden Fällen – die Überwachung durch die Regulierungsstellen zu vereinfachen, darf ein Feeder-OGAW nicht in mehr als einen Master-OGAW investieren können. Um unionsweit den gleichen Grad an Anlegerschutz zu gewährleisten, muss der Master-Fonds selbst ein zugelassener OGAW sein. Zur Vermeidung eines unnötigen Verwaltungsaufwands finden die Bestimmungen über die Anzeige grenzüberschreitender Vermarktung keine Anwendung, wenn ein Master-OGAW in einem anderen Mitgliedstaat als dem Mitgliedstaat seiner Niederlassung kein öffentliches Kapital aufnimmt, sondern in diesem anderen Mitgliedstaat lediglich über einen oder mehrere Feeder-OGAW verfügt (so auch Erwägungsgrund 51 der Richtlinie 2009/65/EG).

Feeder-OGAW

§ 93. (1) Ein Feeder-OGAW ist ein OGAW oder ein Teilfonds eines OGAW, der abweichend von § 2 Abs. 1 Z 1, §§ 67, 68, 70, 71, 74, 76, 77, und 78 Abs. 3 mindestens 85 vH seines Vermögens in Anteile eines anderen OGAW oder eines Teilfonds eines anderen OGAW („Master-OGAW") anlegt.

(2) Ein Feeder-OGAW kann bis zu 15 vH seines Vermögens in einem oder mehreren der folgenden Vermögenswerte halten:
1. gemäß § 67 Abs. 1 Z 4 gehaltene Sichteinlagen und kündbare Einlagen;
2. derivative Finanzinstrumente gemäß § 73, die ausschließlich für Absicherungszwecke verwendet werden dürfen;
3. wenn es sich beim Feeder-OGAW um eine Investmentgesellschaft handelt, bewegliches und unbewegliches Vermögen, das für die unmittelbare Ausübung seiner Tätigkeit unerlässlich ist.

(3) Für die Zwecke der Einhaltung von § 73 Abs. 5 und 6 hat der Feeder-OGAW sein Gesamtrisiko im Zusammenhang mit derivativen Finanzinstrumenten anhand einer Kombination seines eigenen unmittelbaren Risikos nach Abs. 2 Z 2 zu berechnen:
1. entweder mit dem tatsächlichen Risiko des Master-OGAW gegenüber derivativen Finanzinstrumenten im Verhältnis zur Anlage des Feeder-OGAW in den Master-OGAW oder
2. mit dem potenziellen Gesamthöchstrisiko des Master-OGAW in Bezug auf derivative Finanzinstrumente gemäß den Fondsbestimmungen oder der Satzung des Master-OGAW im Verhältnis zur Anlage des Feeder-OGAW in den Master-OGAW.

EB zu § 93 (Art. 2 BGBl. I Nr. 77/2011):

Setzt Art. 58 Abs. 1 und 2 der Richtlinie 2009/65/EG um. Um die erforderliche Flexibilität zu gewährleisten und gleichzeitig im besten Interessen der Anleger zu handeln, soll ein Feeder-OGAW, der Vermögenswerte durch Übertragung von Sacheinlagen erhalten hat, vorbehaltlich der Zustimmung des Master-OGAW die Möglichkeit haben, einen Teil oder die Gesamtheit dieser Vermögenswerte auf seinen Master-OGAW zu übertragen, oder Vermö-

genswerte in Barwerte umzuwandeln und diese im Master-OGAW anzulegen (so auch Erwägungsgrund 11 der Richtlinie 2010/44/EU – siehe auch die Erläuterungen zu § 96 Abs. 4).

EB zu § 93 Abs. 1 (Art. 2 BGBl. I Nr. 77/2011):
Setzt Art. 58 Abs. 1 der Richtlinie 2009/65/EG um.

EB zu § 93 Abs. 2 (Art. 2 BGBl. I Nr. 77/2011):
Setzt Art. 58 Abs. 2 erster Unterabs. der Richtlinie 2009/65/EG um. Derivative Finanzinstrumente gemäß § 73 dürfen ausschließlich zum Absichern des Währungsrisikos verwendet werden. Diese Auslegung wird auch von CESR/ESMA und den anderen Mitgliedstaaten sowie der Kommission geteilt. Jede andere Auslegung würde dem Regelungszweck der Risikostreuung zuwiderlaufen, und das Master-Feeder-Konzept des Asset-Pooling verändern.

EB zu § 93 Abs. 3 (Art. 2 BGBl. I Nr. 77/2011):
Setzt Art. 58 Abs. 2 zweiter Unterabs. der Richtlinie 2009/65/EG um.

EB zu § 93 Abs. 2 Z 1 (Art. 2 BGBl. I Nr. 115/2015):
Berichtigung eines Verweisfehlers.

Master-OGAW

§ 94. (1) Ein Master-OGAW ist ein OGAW oder ein Teilfonds eines OGAW, der
1. mindestens einen Feeder-OGAW unter seinen Anteilinhabern hat,
2. nicht selbst ein Feeder-OGAW ist und
3. keine Anteile eines Feeder-OGAW hält.

(2) Für einen Master-OGAW gelten folgende Abweichungen:
1. Hat ein Master-OGAW mindestens zwei Feeder-OGAW als Anteilinhaber, gilt das Erfordernis der Beschaffung des Kapitals beim Publikum der Mitgliedstaaten (§ 2 Abs. 1 Z 1 in Verbindung mit § 4) nicht und der Master-OGAW hat die Möglichkeit, sich Kapital bei anderen Anlegern zu beschaffen;
2. nimmt ein Master-OGAW in einem anderen Mitgliedstaat als dem, in dem er niedergelassen ist, und in dem er lediglich über einen oder mehrere Feeder-OGAW verfügt, kein beim Publikum beschafftes Kapital auf, so kommen die Bestimmungen des 5. Abschnittes des 4. Hauptstückes und von § 143 Abs. 1 Z 2 nicht zur Anwendung.

EB zu § 94 (Art. 2 BGBl. I Nr. 77/2011):
Setzt Art. 58 Abs. 3 und 4 der Richtlinie 2009/65/EG um.

EB zu § 94 Abs. 1 (Art. 2 BGBl. I Nr. 77/2011):
Setzt Art. 58 Abs. 3 der Richtlinie 2009/65/EG um.

EB zu § 94 Abs. 2 (Art. 2 BGBl. I Nr. 77/2011):
Setzt Art. 58 Abs. 4 der Richtlinie 2009/65/EG um.

Bewilligung der Master-Feeder-Struktur durch die FMA

§ 95. (1) Anlagen eines in Österreich bewilligten Feeder-OGAW in einen bestimmten Master-OGAW, die die Grenze gemäß § 77 Abs. 1 für Anlagen in andere OGAW überschreiten, bedürfen der vorherigen Bewilligung durch die FMA und einer rechtswirksamen Vereinbarung im Sinne von § 96.

(2) Die FMA hat dem Feeder-OGAW innerhalb von 15 Arbeitstagen nach Vorlage eines vollständigen Antrags die Anlage des Feeder-OGAW in den Master-OGAW mittels schrift-

lichen Bescheides zu bewilligen oder die Ablehnung des Antrages mittels Bescheides mitzuteilen. Weist die FMA den Antragsteller auf im Antrag fehlende Unterlagen oder Informationen hin, so findet § 13 Abs. 3 letzter Satz AVG keine Anwendung. Wird die Anlage in den Master-OGAW innerhalb der Frist gemäß Satz 1 von der FMA nicht schriftlich untersagt, so gilt sie als bewilligt. Auf Antrag des Feeder-OGAW hat die FMA jedoch auch im Falle einer Nichtuntersagung einen schriftlichen Bescheid auszustellen.

(3) Die FMA hat die Bewilligung zu erteilen, wenn der Feeder-OGAW, seine Verwahrstelle und sein Abschlussprüfer sowie der Master-OGAW alle in diesem Abschnitt dargelegten Anforderungen erfüllen. Der Feeder-OGAW hat der FMA zu diesem Zweck folgende Dokumente zu übermitteln:

1. Die Fondsbestimmungen oder Satzungen von Feeder-OGAW und Master-OGAW,
2. den Prospekt und das in § 134 genannte Kundeninformationsdokument für den Anleger von Feeder-OGAW und Master-OGAW,
3. die Vereinbarung gemäß § 96 zwischen Feeder-OGAW und Master-OGAW oder die entsprechenden internen Regelungen gemäß § 98,
4. im Falle einer Umwandlung eines bestehenden OGAW, die in § 111 Abs. 1 genannten Informationen für die Anteilinhaber,
5. wenn Master-OGAW und Feeder-OGAW verschiedene Verwahrstellen haben, die Vereinbarung gemäß § 107 Abs. 1 zwischen den Verwahrstellen, und
6. wenn Master-OGAW und Feeder-OGAW verschiedene Abschlussprüfer haben, die Vereinbarung gemäß § 109 Abs. 1 zwischen den Abschlussprüfern.

(4) Ist der Master-OGAW in einem anderen Mitgliedstaat bewilligt, so hat der Feeder-OGAW außerdem eine Bestätigung der zuständigen Behörden des Herkunftmitgliedstaates des Master-OGAW beizubringen, dass der Master-OGAW ein OGAW oder ein Teilfonds eines OGAW ist, der die Bestimmungen gemäß Artikel 58 Absatz 3 Buchstaben b und c der Richtlinie 2009/65/EG erfüllt. Der Feeder-OGAW hat die Unterlagen in deutscher oder englischer Sprache oder in einer von der FMA gemäß Verordnung (§ 7b Abs. 1 KMG) anerkannten anderen Sprache vorzulegen.

(5) Zur Vorlage bei den zuständigen Behörden des Herkunftmitgliedstaates eines Feeder-OGAW hat die FMA auf dessen Antrag bei beabsichtigter Veranlagung in einen von der FMA bewilligten OGAW als Master-OGAW und zum Nachweis der Voraussetzungen eine Bescheinigung auszustellen, dass es sich bei diesem um einen OGAW handelt, dieser selbst nicht ebenfalls ein Feeder-OGAW ist und keine Anteile an einem Feeder-OGAW hält. Zum Nachweis, dass keine Anteile an einem Feeder-OGAW gehalten werden, hat die Depotbank eine Bestätigung auszustellen, die bei Antragstellung nicht älter als zwei Wochen ist.

EB zu § 95 (Art. 2 BGBl. I Nr. 77/2011):

Setzt Art. 59 der Richtlinie 2009/65/EG um. Zum Schutz der Anleger des Feeder-OGAW ist dessen Anlage in den Master-OGAW von einer vorherigen Genehmigung durch die FMA als zuständige Behörde des Herkunftsmitgliedstaats des Feeder-OGAW abhängig. Einer Genehmigungspflicht unterliegt nur die Anfangsanlage in den Master-OGAW, mit der der Feeder-OGAW die für Anlagen in einen anderen OGAW geltende Obergrenze überschreitet. Zur Erleichterung des effektiven Funktionierens des Binnenmarkts und zur Gewährleistung eines einheitlichen Anlegerschutzes in der Union müssen die zu erfüllenden Bedingungen und die für die Genehmigung der Anlage des Feeder-OGAW in den Master-OGAW beizubringenden Unterlagen und Informationen vollständig sein (so auch Erwägungsgrund 52 der Richtlinie 2009/65/EG).

EB zu § 95 Abs. 1 (Art. 2 BGBl. I Nr. 77/2011):

Setzt Art. 59 Abs. 1 und 60 Abs. 1 zweiter Unterabs. der Richtlinie 2009/65/EG um.

EB zu § 95 Abs. 2 (Art. 2 BGBl. I Nr. 77/2011):

Setzt Art. 59 Abs. 2 der Richtlinie 2009/65/EG um. Grundsätzlich hat die FMA innerhalb von 15 Arbeitstagen ab Vorliegen des vollständigen Antrags über die Zulässigkeit des Master-Feeder-OGAW zu entscheiden. Aufgrund der kurzen Frist ist ein Abweichen von der Regel des § 13 Abs. 3 letzter Satz AVG gerechtfertigt, da ansonsten die FMA im Zweifel bei nicht vollständigen Unterlagen immer ablehnen müsste, um nicht in Fristverzug durch nachträglich vollständige Unterlagen zu kommen. Ein Verschweigen – aus welchen Gründen auch immer – soll daher nicht zum Nachteil des Antragstellers gereichen. Der Master-Feeder-OGAW gilt sodann als bewilligt. Der Antragsteller kann jedoch auch auf einen positiven schriftlichen Bescheid bestehen. Dafür gelten allerdings wieder die allgemeinen Fristen des AVG (6 Monate ab Einlangen des Antrages, wobei die Befreiung von § 13 Abs. 3 letzter Satz in diesem Fall nicht zur Anwendung kommt).

EB zu § 95 Abs. 3 (Art. 2 BGBl. I Nr. 77/2011):

Setzt Art. 59 Abs. 3 erster Unterabs. der Richtlinie 2009/65/EG um.

EB zu § 95 Abs. 4 (Art. 2 BGBl. I Nr. 77/2011):

Setzt Art. 59 Abs. 3 zweiter Unterabs. der Richtlinie 2009/65/EG um.

Vereinbarung zwischen Feeder-OGAW und Master-OGAW

§ 96. (1) Der Feeder-OGAW hat mit dem Master-OGAW eine Vereinbarung abzuschließen, in der sich der Master-OGAW verpflichtet, dem Feeder-OGAW alle Unterlagen und Informationen zur Verfügung zu stellen, die der Feeder-OGAW benötigt, um die Anforderungen nach diesem Bundesgesetz zu erfüllen. Die Vereinbarung hat zumindest die in Abs. 2 bis 7 genannten Angaben zu enthalten.

(2) Die Vereinbarung gemäß Abs. 1 hat in Bezug auf den Zugang zu Informationen folgende Angaben zu enthalten:

1. Wie und wann der Master-OGAW dem Feeder-OGAW Kopien seiner Fondsbestimmungen oder Satzung, des Prospekts und der wesentlichen Informationen für den Anleger zu übermitteln hat;
2. wie und wann der Master-OGAW den Feeder-OGAW über die Übertragung von Aufgaben des Investment- und Risikomanagements an Dritte gemäß § 28 zu unterrichten hat;
3. wie und wann der Master-OGAW dem Feeder-OGAW – sofern relevant – interne Betriebsdokumente wie die Beschreibung des Risikomanagement-Verfahrens und die Compliance-Berichte zu übermitteln hat;
4. welche Angaben zu Verstößen des Master-OGAW gegen Rechtsvorschriften, Fondsbestimmungen oder Satzung und die Vereinbarung zwischen Master-OGAW und Feeder-OGAW der Master-OGAW dem Feeder-OGAW zu melden hat, einschließlich Angaben zu Modalitäten und Zeitpunkt dieser Meldung;
5. falls der Feeder-OGAW zu Sicherungszwecken in derivative Finanzinstrumente investiert, wie und wann der Master-OGAW dem Feeder-OGAW Informationen über seine tatsächliche Risikoexponierung gegenüber derivativen Finanzinstrumenten zu übermitteln hat, damit der Feeder-OGAW sein eigenes Gesamtrisiko gemäß § 93 Abs. 3 Z 1 ermitteln kann;

6. eine Erklärung, der zufolge der Master-OGAW den Feeder-OGAW über jegliche weitere Vereinbarungen über den Informationsaustausch mit Dritten unterrichtet, und gegebenenfalls wie und wann der Master-OGAW dem Feeder-OGAW diese Vereinbarungen über den Informationsaustausch übermittelt.

(3) Die Vereinbarung gemäß Abs. 1 hat in Bezug auf die Anlage- und Rücknahmebasis des Feeder-OGAW folgende Angaben zu enthalten:

1. Die Angabe, in welche Anteilsgattungen des Master-OGAW der Feeder-OGAW investieren kann;
2. Kosten und Aufwendungen, die vom Feeder-OGAW zu tragen sind, sowie Nachlässe oder Rückvergütungen von Gebühren oder Aufwendungen des Master-OGAW;
3. sofern zutreffend, die Modalitäten für jegliche anfängliche oder spätere Übertragung von Sacheinlagen vom Feeder-OGAW auf den Master-OGAW.

(4) Die Vereinbarung gemäß Abs. 1 hat in Bezug auf Standardhandelsvereinbarungen folgende Angaben zu enthalten:

1. Abstimmung der Häufigkeit und des Zeitplans für die Berechnung des Nettoinventarwerts und die Veröffentlichung der Anteilspreise;
2. Abstimmung der Weiterleitung von Aufträgen durch den Feeder-OGAW, gegebenenfalls einschließlich einer Beschreibung der Rolle der für die Weiterleitung zuständigen Personen oder Dritter;
3. sofern relevant, die erforderlichen Vereinbarungen zur Berücksichtigung der Tatsache, dass einer oder beide OGAW auf einem Sekundärmarkt notiert sind oder gehandelt werden;
4. sofern erforderlich, weitere angemessene Maßnahmen, die nötig sind, um die Abstimmung der Zeitpläne (§ 99) zu gewährleisten;
5. falls die Anteile von Feeder-OGAW und Master-OGAW auf unterschiedliche Währungen lauten, die Grundlage für die Umrechnung von Aufträgen;
6. Abwicklungszyklen und Zahlungsmodalitäten für Kauf und Zeichnung sowie Rücknahme oder Auszahlung von Anteilen des Master-OGAW, bei entsprechenden Vereinbarungen zwischen den Parteien, einschließlich der Modalitäten für die Erledigung von Auszahlungsaufträgen im Wege der Übertragung von Sacheinlagen vom Master-OGAW auf den Feeder-OGAW, insbesondere in den Fällen der Abwicklung (§ 101) und der Verschmelzung oder Spaltung (§ 104);
7. Verfahren zur Gewährleistung einer angemessenen Bearbeitung von Anfragen und Beschwerden der Anteilinhaber;
8. wenn Fondsbestimmungen oder Satzung und Prospekt des Master-OGAW diesem bestimmte Rechte oder Befugnisse in Bezug auf die Anteilinhaber gewähren und der Master-OGAW beschließt, in Bezug auf den Feeder-OGAW alle oder bestimmte Rechte und Befugnisse nur in beschränktem Maße oder gar nicht wahrzunehmen, eine Beschreibung der einschlägigen Modalitäten.

(5) Die Vereinbarung gemäß Abs. 1 hat in Bezug auf Ereignisse mit Auswirkung auf Handelsvereinbarungen folgende Angaben zu enthalten:

1. Modalitäten und Zeitplan für die Mitteilung der befristeten Aussetzung und Wiederaufnahme von Rücknahme, Auszahlung, Kauf oder Zeichnung von Anteilen eines jeden OGAW durch den betreffenden OGAW;
2. Vorkehrungen für Meldung und Korrektur von Fehlern bei der Preisfestsetzung im Master-OGAW.

(6) Die Vereinbarung gemäß Abs. 1 hat in Bezug auf Standardvereinbarungen für den Prüfbericht folgende Angaben zu enthalten:

1. Haben Feeder- und Master-OGAW die gleichen Rechnungsjahre, Abstimmung der Erstellung der regelmäßigen Berichte;
2. haben Feeder- und Master-OGAW unterschiedliche Rechnungsjahre, Vorkehrungen für die Übermittlung aller erforderlichen Informationen durch den Master-OGAW an den Feeder-OGAW, damit dieser seine regelmäßigen Berichte rechtzeitig erstellen kann, und um sicherzustellen, dass der Abschlussprüfer des Master-OGAW in der Lage ist, zum Abschlusstermin des Feeder-OGAW einen Ad-hoc-Bericht gemäß § 109 Abs. 2 zu erstellen.

(7) Die Vereinbarung gemäß Abs. 1 hat in Bezug auf Änderungen bestehender Vereinbarungen folgende Angaben zu enthalten:

1. Modalitäten und Zeitplan für die Mitteilung vorgeschlagener und bereits wirksamer Änderungen der Fondsbestimmungen oder der Satzung, des Prospekts und des Kundeninformationsdokuments durch den Master-OGAW, wenn diese Informationen von den in den Vertragsbedingungen, der Satzung oder im Prospekt des Master-OGAW festgelegten Standardvereinbarungen für die Unterrichtung der Anteilinhaber abweichen;
2. Modalitäten und Zeitplan für die Mitteilung einer geplanten oder vorgeschlagenen Liquidation, Verschmelzung oder Spaltung durch den Master-OGAW;
3. Modalitäten und Zeitplan für die Mitteilung eines OGAW, dass die Bedingungen für einen Feeder-OGAW beziehungsweise Master-OGAW nicht mehr erfüllt sind oder nicht mehr erfüllt sein werden;
4. Modalitäten und Zeitplan für die Mitteilung der Absicht eines OGAW, seine Verwaltungsgesellschaft, seine Verwahrstelle, seinen Wirtschaftsprüfer oder jegliche Dritte, die mit Aufgaben des Investment- oder Risikomanagements betraut sind, zu ersetzen;
5. Modalitäten und Zeitplan für die Mitteilung anderer Änderungen von bestehenden Vereinbarungen durch den Master-OGAW.

(8) Soweit die Vereinbarungen zwischen Master-OGAW und Feeder-OGAW den Fondsbestimmungen des Master-OGAW, die dem Prospekt des Master-OGAW beigefügt sind, entsprechen, reicht ein Querverweis in der Vereinbarung gemäß Abs. 1 auf die relevanten Teile des Prospektes des Master-OGAW.

EB zu § 96 (Art. 2 BGBl. I Nr. 77/2011):

Setzt Art. 60 Abs. 1 erster Unterabs. der Richtlinie 2009/65/EG und Art. 8 der Richtlinie 2010/44/EU um. Da ein Feeder-OGAW im besten Interesse seiner Anteilinhaber handeln und vom Master-OGAW alle Angaben und Unterlagen erhalten können sollte, die er zur Erfüllung seiner Verpflichtungen benötigt, haben Feeder- und Master-OGAW eine verbindliche und durchsetzbare Vereinbarung abzuschließen. Werden sowohl Feeder-OGAW als auch Master-OGAW von derselben Verwaltungsgesellschaft verwaltet, so reicht es aus, dass der Master-OGAW interne Regelungen für Geschäftstätigkeiten festlegt. Eine Vereinbarung über den Informationsaustausch jeweils zwischen den Verwahrstellen oder den Abschlussprüfern von Feeder-OGAW und Master-OGAW soll den Austausch von Informationen und Unterlagen gewährleisten, die die Verwahrstelle oder der Abschlussprüfer des Feeder-OGAW benötigt, um ihre/seine Verpflichtungen zu erfüllen (so auch Erwägungsgrund 53 der Richtlinie 2009/65/EG). In der Vereinbarung zwischen Master-OGAW und Feeder-OGAW sollte den spezifischen Bedürfnissen des Feeder-OGAW, der mindestens 85 vH seiner Vermögenswerte in den Master-OGAW anlegt und gleichzeitig weiterhin sämtlichen Verpflichtungen als OGAW unterliegt, Rechnung getragen werden. In der Vereinbarung ist deshalb festzulegen, dass der Master-OGAW dem Feeder-OGAW rechtzeitig sämtliche erforderlichen Informationen liefert, damit dieser seinen eigenen Verpflichtungen nachkommen kann. Ferner sind in der Vereinbarung die sonstigen Rechte und Pflichten beider Parteien festzulegen (so auch Erwägungsgrund 6 der Richtlinie 2010/44/EU). Die Vereinbarung zwischen Master-OGAW und Feeder-OGAW muss nicht mehr als die gesetzlich ausdrücklich vorgesehenen Regelungen beinhalten, sie kann jedoch, wenn Master-OGAW und Feeder-OGAW dies wünschen, weitere Elemente umfassen (so auch Erwägungsgrund 7 der Richtlinie 2010/44/EU).

EB zu § 96 Abs. 1 (Art. 2 BGBl. I Nr. 77/2011):

Setzt Art. 60 Abs. 1 erster Unterabs. der Richtlinie 2009/65/EG um.

EB zu § 96 Abs. 2 (Art. 2 BGBl. I Nr. 77/2011):

Setzt Art. 8 der Richtlinie 2010/44/EU um und enthält Anforderungen für Angaben betreffend den Zugang zu Informationen. Die Übermittlung interner Betriebsdokumente hat naturgemäß nur dann zu erfolgen, sofern diese vorhanden und für das Verhältnis zwischen Master-OGAW und Feeder-OGAW relevant sind.

EB zu § 96 Abs. 3 (Art. 2 BGBl. I Nr. 77/2011):

Setzt Art. 9 der Richtlinie 2010/44/EU um und enthält Anforderungen für Angaben betreffend die Anlage- und Veräußerungsbasis des Feeder-OGAW.

EB zu § 96 Abs. 4 (Art. 2 BGBl. I Nr. 77/2011):

Setzt Art. 10 der Richtlinie 2010/44/EU um und enthält Anforderungen für Angaben betreffend Standardvereinbarungen. Die Vereinbarung zwischen Master-OGAW und Feeder-OGAW hat angemessene Verfahren für die Bearbeitung von Anfragen und Beschwerden der Anteilinhaber vorzusehen, um Korrespondenz erledigen zu können, die statt an den Feeder-OGAW irrtümlich an den Master-OGAW gerichtet wurde oder umgekehrt (so auch Erwägungsgrund 9 der Richtlinie 2010/44/EU). Um Transaktionskosten zu sparen und negative steuerliche Auswirkungen zu vermeiden, können Master-OGAW und Feeder-OGAW sich auf die Übertragung von Sacheinlagen einigen, sofern dies nicht mit den Fondsbestimmungen oder der Satzung von Master-OGAW oder Feeder-OGAW unvereinbar ist. Die Möglichkeit zur Übertragung von Sacheinlagen auf den Master-OGAW sollte insbesondere Feeder-OGAW, die bereits als OGAW – einschließlich als Feeder-OGAW eines anderen Master-OGAW – tätig sind, helfen, Transaktionskosten zu vermeiden, die sich aus dem Verkauf von Vermögenswerten ergeben, in die sowohl Feeder-OGAW als auch Master-OGAW investiert haben. Der Feeder-OGAW soll ferner die Möglichkeit haben, auf Wunsch Sacheinlagen vom Master-OGAW zu erhalten, um Transaktionskosten verringern. Die Übertragung von Sacheinlagen auf den Feeder-OGAW soll nicht nur bei Liquidationen, Verschmelzungen oder Spaltungen des Master-OGAW, sondern auch unter anderen Umständen möglich sein (so auch Erwägungsgrund 10 der Richtlinie 2010/44/EU).

EB zu § 96 Abs. 5 (Art. 2 BGBl. I Nr. 77/2011):

Setzt Art. 11 der Richtlinie 2010/44/EU um und enthält Anforderungen für Angaben betreffend Ereignisse mit Auswirkungen auf Handelsvereinbarungen.

EB zu § 96 Abs. 6 (Art. 2 BGBl. I Nr. 77/2011):

Setzt Art. 12 der Richtlinie 2010/44/EU um und enthält Anforderungen für Angaben betreffend Standardvereinbarungen für den Prüfbericht.

EB zu § 96 Abs. 7 (Art. 2 BGBl. I Nr. 77/2011):

Setzt Art. 13 der Richtlinie 2010/44/EU um und enthält Anforderungen für Angaben betreffend Änderungen von Dauervereinbarungen.

EB zu § 96 Abs. 8 (Art. 2 BGBl. I Nr. 77/2011):

Im Sinne von Kosteneffizienz und Verringerung des Verwaltungsaufwandes ist eine Replizierung der Fondsbestimmungen in der Vereinbarung zwischen Master-OGAW und Feeder-OGAW nicht erforderlich, soweit es sich um idente Inhalte handelt (so auch Erwägungsgrund 8 der Richtlinie 2010/44/EU).

Wahl des auf die Vereinbarung anzuwendenden Rechtes

§ 97. (1) Sind Feeder-OGAW und Master-OGAW in Österreich bewilligt, so ist auf die Vereinbarung österreichisches Recht anzuwenden; die Wahl eines anderen Rechtes oder eines Gerichtsstandes außerhalb Österreichs ist unwirksam.

(2) Ist entweder der Feeder-OGAW oder der Master-OGAW in einem anderen Mitgliedstaat bewilligt, so kann entweder

1. die Anwendbarkeit österreichischen Rechts oder
2. die Anwendbarkeit des Rechts des anderen Mitgliedstaates, in dem der Master-OGAW oder der Feeder-OGAW gebilligt sind,

vereinbart werden. Im Fall der Z 1 ist die Wahl eines Gerichtsstandes außerhalb Österreichs unwirksam. Im Fall der Z 2 kann ausschließlich die Zuständigkeit der Gerichte des anderen Mitgliedstaates vereinbart werden.

EB zu § 97 (Art. 2 BGBl. I Nr. 77/2011):

Setzt Art. 14 der Richtlinie 2010/44/EU um und legt fest, dass eine Rechtswahl oder Wahl des Gerichtsstandes bei Master-Feeder-Konstruktionen innerhalb des selben Mitgliedstaates unzulässig sind und bei grenzübergreifenden Master-Feeder-Konstruktionen nur zwischen dem Recht der Herkunftsstaaten der beiden OGAW gewählt werden kann. Die Wahl des anzuwendenden Rechts bedingt in diesem Fall den Gerichtsstand insofern, als dieser in derselben Jurisdiktion liegen muss. Die Bestimmung ist eine lex specialis *zu in anderen Bundesgesetzen oder EU-Verordnungen enthaltenen Kollisionsnormen und geht diesen daher vor. Aufgrund der besonderen Merkmale der Master-Feeder-Struktur müssen in der Vereinbarung zwischen Master-OGAW und Feeder-OGAW Kollisionsnormen vorgesehen werden, die von den Artikeln 3 und 4 der Verordnung (EG) Nr. 593/2008 über das auf vertragliche Schuldverhältnisse anzuwendende Recht (Rom I) dahingehend abweichen, dass auf die Vereinbarung entweder das Recht des Mitgliedstaats, in dem der Feeder-OGAW niedergelassen ist, oder das Recht des Mitgliedstaats des Master-OGAW anwendbar ist. Die Parteien sollten die Möglichkeit haben, Vor- und Nachteile dieser Entscheidung abzuwägen und dabei zu berücksichtigen, ob der Master-OGAW mehrere Feeder-OGAW hat und ob diese Feeder-OGAW im gleichen oder in mehreren Mitgliedstaaten niedergelassen sind (so auch Erwägungsgrund 12 der Richtlinie 2010/44/EU).*

Interne Regelungen zwischen Master-OGAW und Feeder-OGAW

§ 98. (1) Werden Master-OGAW und Feeder-OGAW von der gleichen Verwaltungsgesellschaft verwaltet, kann die Vereinbarung (§ 96) durch interne Regelungen ersetzt werden, durch die sicherzustellen ist, dass die Bestimmungen gemäß § 96 eingehalten werden.

(2) Die internen Regelungen gemäß Abs. 1 haben folgende Bestimmungen zu enthalten:

1. Angemessene Maßnahmen zur Hintanhaltung von Interessenkonflikten, die zwischen Feeder-OGAW und Master-OGAW oder zwischen Feeder-OGAW und anderen Anteil-

inhabern des Master-OGAW entstehen können, sofern die Maßnahmen, die die Verwaltungsgesellschaft ergreift, um den Anforderungen der §§ 22 bis 26 zu genügen, nicht ausreichen;

2. in Bezug auf die Anlage- und Rücknahmebasis des Feeder-OGAW die Regelungen gemäß § 96 Abs. 3;
3. in Bezug auf Standardhandelsvereinbarungen die Regelungen gemäß § 96 Abs. 4 Z 1 bis 6 und Z 8;
4. in Bezug auf Ereignisse mit Auswirkungen auf Handelsvereinbarungen die Regelungen gemäß § 96 Abs. 5;
5. in Bezug auf den Prüfbericht die Regelungen gemäß § 96 Abs. 6.

EB zu § 98 (Art. 2 BGBl. I Nr. 77/2011):
Setzt Art. 60 Abs. 1 dritter Unterabs. der Richtlinie 2009/65/EG sowie Art. 15 bis 19 der Richtlinie 2010/44/EU um.

EB zu § 98 Abs. 1 (Art. 2 BGBl. I Nr. 77/2011):
Setzt Art. 60 Abs. 1 dritter Unterabs. der Richtlinie 2009/65/EG um.

EB zu § 98 Abs. 2 Z 1 (Art. 2 BGBl. I Nr. 77/2011):
Setzt Art. 15 der Richtlinie 2010/44/EU um.

EB zu § 98 Abs. 2 Z 2 (Art. 2 BGBl. I Nr. 77/2011):
Setzt Art. 16 der Richtlinie 2010/44/EU um.

EB zu § 98 Abs. 2 Z 3 (Art. 2 BGBl. I Nr. 77/2011):
Setzt Art. 17 der Richtlinie 2010/44/EU um.

EB zu § 98 Abs. 2 Z 4 (Art. 2 BGBl. I Nr. 77/2011):
Setzt Art. 18 der Richtlinie 2010/44/EU um.

EB zu § 98 Abs. 2 Z 5 (Art. 2 BGBl. I Nr. 77/2011):
Setzt Art. 19 der Richtlinie 2010/44/EU um.

Abstimmung der Zeitpläne

§ 99. Master-OGAW und Feeder-OGAW haben angemessene Maßnahmen zur Abstimmung ihrer Zeitpläne für die Berechnung und Veröffentlichung des Nettovermögenswertes zu treffen, um eine zeitliche Abstimmung der Marktentscheidungen („Market Timing") mit ihren Anteilen und damit verbundene Arbitragemöglichkeiten zu verhindern.

EB zu § 99 (Art. 2 BGBl. I Nr. 77/2011):
Setzt Art. 60 Abs. 2 der Richtlinie 2009/65/EG um. „Market Timing" bezeichnet die kurzfristige, systematische Spekulation mit Investmentfonds durch Ausnutzung kleiner Kursdifferenzen, die zwischen Schlusskursen der Fonds an den verschiedenen Börsenplätzen bestehen können. Dabei wird eine Korrelation der Fondspreise mit Basis-Indizes vorausgesetzt. Dies kann vor allem auch bei Master-Feeder-Strukturen das Kursniveau des gesamten Fonds belasten und soll daher verhindert werden. Zeitzonenarbitrage ist eine Form des Market Timing und daher nicht zulässig.

Aussetzung der Rücknahme, Auszahlung oder Zeichnung

§ 100. (1) Wenn ein Master-OGAW unbeschadet der §§ 55 Abs. 2 und 56 auf eigene Initiative, oder sofern der Master-OGAW in einem anderen Mitgliedstaat bewilligt ist, auf

Ersuchen der zuständigen Behörde seines Herkunftmitgliedstaates, die Rücknahme, Auszahlung oder Zeichnung seiner Anteile zeitweilig aussetzt, so ist jeder seiner Feeder-OGAW dazu berechtigt, die Rücknahme, Auszahlung oder Zeichnung seiner Anteile ungeachtet der in § 56 Abs. 1 formulierten Bedingungen während des gleichen Zeitraums wie der Master-OGAW auszusetzen.

(2) Haben die Anteilinhaber des Feeder-OGAW gemäß diesem Bundesgesetz das Recht, im Falle einer Abwicklung, Verschmelzung oder Spaltung des Master-OGAW eine Auszahlung zu verlangen, so darf die Ausübung dieses Rechtes nicht durch den Feeder-OGAW mittels einer befristeten Aussetzung der Rücknahme oder Auszahlung untergraben werden, es sei denn es liegen außergewöhnliche Umstände vor, die dies zur Wahrung der Interessen der Anteilinhaber erfordern.

EB zu § 100 (Art. 2 BGBl. I Nr. 77/2011):
Setzt Art. 60 Abs. 3 und 4 der Richtlinie 2009/65/EG um.

EB zu § 100 Abs. 1 (Art. 2 BGBl. I Nr. 77/2011):
Setzt Art. 60 Abs. 3 der Richtlinie 2009/65/EG um.

EB zu § 100 Abs. 2 (Art. 2 BGBl. I Nr. 77/2011):
Stellt klar, dass der Feeder-OGAW die Rechte der Anteilinhaber nicht willkürlich hintertreiben oder blockieren darf (so auch Erwägungsgrund 13 der Richtlinie 2010/44/EU).

Abwicklung eines Master-OGAW

§ 101. (1) Wird ein Master-OGAW abgewickelt, so ist auch der Feeder-OGAW abzuwickeln, es sei denn, die FMA bewilligt:
1. Die Anlage von mindestens 85 vH des Vermögens des Feeder-OGAW in Anteile eines anderen Master-OGAW oder
2. die Änderung der Fondsbestimmungen oder der Satzung, um dem Feeder-OGAW die Umwandlung in einen OGAW, der kein Feeder-OGAW ist, zu ermöglichen.

(2) Unbeschadet der §§ 60 bis 63 hat die Abwicklung eines Master-OGAW frühestens drei Monate nach dem Zeitpunkt zu erfolgen, an dem all seine Anteilinhaber und die FMA als zuständige Behörde des Feeder-OGAW oder sofern der Feeder-OGAW in einem anderen Mitgliedstaat bewilligt ist, die zuständigen Behörden des Herkunftmitgliedstaats des Feeder-OGAW über die verbindliche Entscheidung zur Abwicklung informiert worden sind.

EB zu § 101 (Art. 2 BGBl. I Nr. 77/2011):
Setzt Art. 60 Abs. 4 der Richtlinie 2009/65/EG um.

Antrag auf Bewilligung der Abwicklung

§ 102. (1) Der Feeder-OGAW hat spätestens zwei Monate nach Mitteilung der verbindlichen Entscheidung zur Abwicklung durch den Master-OGAW der FMA folgende Unterlagen zu übermitteln:
1. Wenn der Feeder-OGAW beabsichtigt, gemäß § 101 Abs. 1 Z 1 mindestens 85 vH seiner Vermögenswerte in Anteile eines anderen Master-OGAW anzulegen:
   a) Den Antrag auf Bewilligung dieser Anlage;
   b) den Antrag auf Bewilligung der vorgeschlagenen Änderungen seiner Fondsbestimmungen;

   c) die Änderungen des Prospekts und des Kundeninformationsdokuments gemäß den § 137 Abs. 1 Z 1 und 2;
   d) die anderen gemäß § 95 Abs. 3 erforderlichen Dokumente;
2. wenn der Feeder-OGAW gemäß § 101 Abs. 1 Z 2 eine Umwandlung in einen OGAW, der kein Feeder-OGAW ist, beabsichtigt, die Unterlagen und Informationen gemäß Z 1 lit. b und c;
3. wenn der Feeder-OGAW eine Abwicklung plant, die Mitteilung dieser Absicht.

(2) Wenn der Master-OGAW den Feeder-OGAW mehr als fünf Monate vor dem Beginn der Abwicklung über seine verbindliche Entscheidung zur Abwicklung informiert hat, hat der Feeder-OGAW abweichend von Abs. 1 der FMA seinen Antrag oder seine Mitteilung gemäß Abs. 1 Z 1, 2 oder 3 spätestens drei Monate vor Beginn der Abwicklung zu übermitteln.

(3) Der Feeder-OGAW hat seine Anteilinhaber unverzüglich über die beabsichtigte Abwicklung zu unterrichten.

EB zu § 102 (Art. 2 BGBl. I Nr. 77/2011):
Setzt Art. 20 der Richtlinie 2010/44/EU um.

EB zu § 102 Abs. 1 (Art. 2 BGBl. I Nr. 77/2011):
Setzt Art. 20 Abs. 1 der Richtlinie 2010/44/EU um.

EB zu § 102 Abs. 2 (Art. 2 BGBl. I Nr. 77/2011):
Setzt Art. 20 Abs. 2 der Richtlinie 2010/44/EU um.

EB zu § 102 Abs. 3 (Art. 2 BGBl. I Nr. 77/2011):
Setzt Art. 20 Abs. 3 der Richtlinie 2010/44/EU um.

Bewilligung der Abwicklung

§ 103. (1) Die FMA hat den Antrag des Feeder-OGAW auf Bewilligung der Abwicklung innerhalb von 15 Arbeitstagen nach Vorlage der vollständigen, in § 102 Abs. 1 Z 1 oder 2 genannten Unterlagen mittels schriftlichen Bescheides zu bewilligen oder die Ablehnung des Antrages mittels Bescheides schriftlich mitzuteilen. Weist die FMA den Antragsteller auf im Antrag fehlende Unterlagen oder Informationen hin, so findet § 13 Abs. 3 letzter Satz AVG keine Anwendung.

(2) Nach Erhalt der Bewilligung durch die FMA gemäß Abs. 1 hat der Feeder-OGAW den Master-OGAW darüber zu unterrichten.

(3) Sobald die FMA die erforderlichen Bewilligungen gemäß § 102 Abs. 1 Z 1 erteilt hat, hat der Feeder-OGAW alle erforderlichen Maßnahmen zu ergreifen, um die Anforderungen von § 111 ohne unnötigen Aufschub zu erfüllen.

(4) Wird der Abwicklungserlös des Master-OGAW vor dem Datum ausgezahlt, zu dem der Feeder-OGAW damit beginnt, entweder gemäß § 102 Abs. 1 Z 1 in andere Master-OGAW zu investieren oder in Einklang mit seinen neuen Anlagezielen und seiner neuen Anlagepolitik gemäß § 102 Abs. 1 Z 2 Anlagen zu tätigen, so hat die FMA ihre Bewilligung nur unter folgenden Bedingungen zu erteilen:
1. der Feeder-OGAW erhält
   a) den Liquidationserlös in bar oder
   b) einen Teil des Erlöses oder den gesamten Erlös in Form einer Übertragung von Sacheinlagen, sofern dies dem Wunsch des Feeder-OGAW entspricht und in der Vereinbarung zwischen Feeder-OGAW und Master-OGAW oder den internen Re-

gelungen gemäß § 98 und der verbindlichen Entscheidung zur Liquidation vorgesehen ist;
2. sämtliche gemäß diesem Absatz gehaltenen oder erhaltenen Barmittel können vor dem Datum, zu dem der Feeder-OGAW beginnt, Anlagen in einen anderen Master-OGAW oder in Einklang mit seinen neuen Anlagezielen und seiner neuer Anlagepolitik zu tätigen, ausschließlich zum Zweck eines effizienten Liquiditätsmanagements neu angelegt werden.

(5) Kommt Abs. 4 Z 1 lit. b zur Anwendung, so kann der Feeder-OGAW jeden Teil der als Sacheinlagen übertragenen Vermögenswerte jederzeit in Barwerte umwandeln.

EB zu § 103 (Art. 2 BGBl. I Nr. 77/2011):
Setzt Art. 21 der Richtlinie 2010/44/EU um.

EB zu § 103 Abs. 1 (Art. 2 BGBl. I Nr. 77/2011):
Setzt Art. 21 Abs. 1 der Richtlinie 2010/44/EU um.

EB zu § 103 Abs. 2 (Art. 2 BGBl. I Nr. 77/2011):
Setzt Art. 21 Abs. 2 der Richtlinie 2010/44/EU um.

EB zu § 103 Abs. 3 (Art. 2 BGBl. I Nr. 77/2011):
Setzt Art. 21 Abs. 3 der Richtlinie 2010/44/EU um.

EB zu § 103 Abs. 4 (Art. 2 BGBl. I Nr. 77/2011):
Setzt Art. 21 Abs. 4 der Richtlinie 2010/44/EU um.

EB zu § 103 Abs. 5 (Art. 2 BGBl. I Nr. 77/2011):
Setzt Art. 21 Abs. 5 der Richtlinie 2010/44/EU um.

Verschmelzung oder Spaltung eines Master-OGAW

§ 104. (1) Bei der Verschmelzung eines Master-OGAW mit einem anderen OGAW oder der Spaltung in zwei oder mehr OGAW ist der Feeder-OGAW abzuwickeln, es sei denn, die FMA bewilligt, dass der Feeder-OGAW
1. Feeder-OGAW des Master-OGAW oder eines anderen OGAW bleibt, der aus der Verschmelzung oder Spaltung des Master-OGAW hervorgeht,
2. mindestens 85 vH seines Vermögens in Anteile eines anderen Master-OGAW anlegt, der nicht aus der Verschmelzung oder Spaltung hervorgegangen ist, oder
3. seine Fondsbestimmungen im Sinne einer Umwandlung in einen OGAW ändert, der kein Feeder-OGAW ist.

(2) Eine Verschmelzung oder Spaltung eines Master-OGAW kann nur wirksam werden, wenn der Master-OGAW all seinen Anteilinhabern und der FMA oder, falls der Feeder-OGAW in einem anderen Mitgliedstaat gebilligt ist, den zuständigen Behörden der Herkunftmitgliedstaaten seines Feeder-OGAW, bis 60 Tage vor dem vorgeschlagenen Datum des Wirksamwerdens die in § 120 Abs. 1 und § 121 genannten Informationen oder mit diesen vergleichbare Informationen bereitgestellt hat.

(3) Der Feeder-OGAW hat vom Master-OGAW die Möglichkeit zu erhalten, vor Wirksamwerden der Verschmelzung oder Spaltung des Master-OGAW alle Anteile am Master-OGAW zurückzugeben oder ausbezahlt zu bekommen, es sei denn, die FMA oder, falls der Feeder-OGAW in einem anderen Mitgliedstaat gebilligt ist, die zuständigen Behörden des Herkunftmitgliedstaats des Feeder-OGAW, haben die in Abs. 1 Z 1 vorgesehene Bewilligung erteilt.

EB zu § 104 (Art. 2 BGBl. I Nr. 77/2011):
Setzt Art. 60 Abs. 5 der Richtlinie 2009/65/EG um.

EB zu § 104 Abs. 1 (Art. 2 BGBl. I Nr. 77/2011):
Setzt Art. 60 Abs. 5 erster Unterabs. der Richtlinie 2009/65/EG um.

EB zu § 104 Abs. 2 (Art. 2 BGBl. I Nr. 77/2011):
Setzt Art. 60 Abs. 5 zweiter Unterabs. der Richtlinie 2009/65/EG um.

EB zu § 104 Abs. 3 (Art. 2 BGBl. I Nr. 77/2011):
Setzt Art. 60 Abs. 5 dritter Unterabs. der Richtlinie 2009/65/EG um.

Antrag auf Bewilligung der Verschmelzung oder Spaltung

§ 105. (1) Der Feeder-OGAW hat der FMA innerhalb eines Monats nach dem Datum, zu dem der Feeder-OGAW gemäß § 104 Abs. 2 über die geplante Verschmelzung oder Spaltung unterrichtet wurde, folgende Unterlagen vorzulegen:

1. wenn der Feeder-OGAW beabsichtigt, Feeder-OGAW des gleichen Master-OGAW zu bleiben:
   a) den entsprechenden Bewilligungsantrag;
   b) sofern relevant, den Antrag auf Bewilligung der vorgeschlagenen Änderungen seiner Fondsbestimmungen oder Satzung;
   c) sofern relevant, die Änderungen des Prospekts und des Kundeninformationsdokuments gemäß § 137 Abs. 1 Z 1 und 2;
2. wenn der Feeder-OGAW beabsichtigt, Feeder-OGAW eines anderen, aus der vorgeschlagenen Verschmelzung oder Spaltung des Master-OGAW hervorgegangenen Master-OGAW zu werden oder mindestens 85 vH seines Vermögens in Anteile eines anderen, nicht aus der vorgeschlagenen Verschmelzung oder Spaltung hervorgegangenen Master-OGAW anzulegen:
   a) den Antrag auf Bewilligung dieser Anlage;
   b) den Antrag auf Bewilligung der vorgeschlagenen Änderungen seiner Fondsbestimmungen oder Satzung;
   c) die Änderungen des Prospekts und des Kundeninformationsdokuments gemäß § 137 Abs. 1 Z 1 und 2;
   d) die anderen gemäß § 95 Abs. 3 erforderlichen Dokumente;
3. wenn der Feeder-OGAW gemäß § 101 Abs. 1 Z 2 eine Umwandlung in einen OGAW, der kein Feeder-OGAW ist, beabsichtigt:
   a) den Antrag auf Bewilligung der vorgeschlagenen Änderungen seiner Fondsbestimmungen oder Satzung;
   b) die Änderungen des Prospekts und des Kundeninformationsdokuments gemäß § 137 Abs. 1 Z 1 und 2;
4. wenn der Feeder-OGAW eine Liquidation plant, die Mitteilung dieser Absicht.

(2) Im Zusammenhang mit Abs. 1 Z 1 und 2 bezieht sich:

1. der Ausdruck „bleibt Feeder-OGAW des gleichen Master-OGAW“ auf Fälle, in denen
   a) der Master-OGAW übernehmender OGAW einer vorgeschlagenen Verschmelzung ist;
   b) der Master-OGAW ohne wesentliche Veränderungen einer der aus der vorgeschlagenen Spaltung hervorgehenden OGAW bleibt;

2. der Ausdruck „wird Feeder-OGAW eines anderen, aus der vorgeschlagenen Verschmelzung oder Spaltung des Master-OGAW hervorgegangenen Master-OGAW" auf Fälle, in denen
   a) der Master-OGAW übertragender OGAW ist und der Feeder-OGAW infolge der Verschmelzung Anteilinhaber des übernehmenden OGAW wird;
   b) der Feeder-OGAW Anteilinhaber eines aus einer Spaltung hervorgegangenen OGAW wird, der sich wesentlich vom Master-OGAW unterscheidet.

(3) Wenn der Master-OGAW dem Feeder-OGAW die in § 120 Abs. 1 und § 121 genannten oder vergleichbare Informationen mehr als vier Monate vor dem vorgeschlagenen Datum des Wirksamwerdens der Verschmelzung oder Spaltung übermittelt, so hat der Feeder-OGAW der FMA abweichend von Abs. 1 seinen Antrag oder seine Mitteilung gemäß Abs. 1 spätestens drei Monate vor dem vorgeschlagenen Datum des Wirksamwerdens der Verschmelzung oder Spaltung des Master-OGAW zu unterbreiten.

(4) Der Feeder-OGAW hat seine Anteilinhaber und den Master-OGAW unverzüglich über die beabsichtigte Abwicklung zu unterrichten.

EB zu § 105 (Art. 2 BGBl. I Nr. 77/2011):
Setzt Art. 22 der Richtlinie 2010/44/EU um.

EB zu § 105 Abs. 1 (Art. 2 BGBl. I Nr. 77/2011):
Setzt Art. 22 Abs. 1 der Richtlinie 2010/44/EU um.

EB zu § 105 Abs. 2 (Art. 2 BGBl. I Nr. 77/2011):
Setzt Art. 22 Abs. 2 der Richtlinie 2010/44/EU um.

EB zu § 105 Abs. 3 (Art. 2 BGBl. I Nr. 77/2011):
Setzt Art. 22 Abs. 3 der Richtlinie 2010/44/EU um.

EB zu § 105 Abs. 4 (Art. 2 BGBl. I Nr. 77/2011):
Setzt Art. 22 Abs. 4 der Richtlinie 2010/44/EU um.

Bewilligung der Verschmelzung oder Spaltung

§ **106.** (1) Die FMA hat den Antrag des Feeder-OGAW auf Verschmelzung oder Spaltung innerhalb von 15 Arbeitstagen nach Vorlage der vollständigen, in § 105 Abs. 1 Z 1 bis 3 genannten Unterlagen mittels schriftlichen Bescheides zu bewilligen oder die Ablehnung des Antrages mittels Bescheides schriftlich mitzuteilen. Weist die FMA den Antragsteller auf im Antrag fehlende Unterlagen oder Informationen hin, so findet § 13 Abs. 3 letzter Satz AVG keine Anwendung.

(2) Sobald der Feeder-OGAW den Bescheid über die Bewilligung der Verschmelzung oder Spaltung durch die FMA gemäß Abs. 1 erhalten hat, hat er den Master-OGAW darüber zu informieren.

(3) Nachdem der Feeder-OGAW darüber informiert wurde, dass die FMA die erforderlichen Bewilligungen gemäß § 105 Abs. 1 Z 2 erteilt hat, hat er alle erforderlichen Maßnahmen zu ergreifen, um die Anforderungen von § 111 unverzüglich zu erfüllen.

(4) In den in § 105 Abs. 1 Z 2 und 3 beschriebenen Fällen hat der Feeder-OGAW das Recht, gemäß § 104 Abs. 3 und § 123 die Rücknahme und Auszahlung seiner Anteile am Master-OGAW zu verlangen, sofern die FMA bis zu dem Arbeitstag, der dem letzten Tag, an dem der Feeder-OGAW vor Wirksamwerden der Verschmelzung oder Spaltung eine Rücknahme oder Auszahlung seiner Anteile im Master-OGAW verlangen kann, vorausgeht,

die gemäß § 105 Abs. 1 erforderlichen Bewilligungen nicht erteilt hat. Der Feeder-OGAW hat dieses Recht auch zur Wahrung der Rechte seiner Anteilinhaber auf Rücknahme oder Auszahlung ihrer Anteile im Feeder-OGAW gemäß § 111 Abs. 1 Z 4 auszuüben. Dabei hat der Feeder-OGAW vor Wahrnehmung seiner Rechte auf Rücknahme und Auszahlung seiner Anteile im Master-OGAW mögliche Alternativen zu prüfen, die dazu beitragen können, Transaktionskosten oder andere negative Auswirkungen auf seine Anteilinhaber zu vermeiden oder zu verringern.

(5) Verlangt der Feeder-OGAW die Rücknahme oder Auszahlung seiner Anteile im Master-OGAW, so hat er zu erhalten:

1. entweder den Erlös aus der Rücknahme oder Auszahlung in bar oder
2. einen Teil oder den gesamten Erlös aus der Rücknahme oder Auszahlung in Form einer Übertragung von Sacheinlagen, sofern dies dem Wunsch des Feeder-OGAW entspricht und in der Vereinbarung zwischen Feeder-OGAW und Master-OGAW vorgesehen ist.

Im Fall der Z 2 kann der Feeder-OGAW jeden Teil der übertragenen Vermögenswerte jederzeit in Barwerte umwandeln.

(6) Die FMA hat die Bewilligung unter der Bedingung zu erteilen, dass sämtliche gehaltene oder gemäß Abs. 5 erhaltene Barmittel vor dem Datum, zu dem der Feeder-OGAW beginnt, Anlagen in den neuen Master-OGAW oder in Einklang mit seinen neuen Investitionszielen und seiner neuer Investitionspolitik zu tätigen, ausschließlich zum Zweck eines effizienten Liquiditätsmanagements neu angelegt werden können.

EB zu § 106 (Art. 2 BGBl. I Nr. 77/2011):

Setzt Art. 23 der Richtlinie 2010/44/EU um.

EB zu § 106 Abs. 1 (Art. 2 BGBl. I Nr. 77/2011):

Setzt Art. 23 Abs. 1 der Richtlinie 2010/44/EU um. Arbeitstage gemäß dieser Bestimmung sind die Tage von Montag bis Freitag, sofern sie nicht auf einen gesetzlichen Feiertag fallen.

EB zu § 106 Abs. 2 (Art. 2 BGBl. I Nr. 77/2011):

Setzt Art. 23 Abs. 2 der Richtlinie 2010/44/EU um.

EB zu § 106 Abs. 3 (Art. 2 BGBl. I Nr. 77/2011):

Setzt Art. 23 Abs. 3 der Richtlinie 2010/44/EU um.

EB zu § 106 Abs. 4 (Art. 2 BGBl. I Nr. 77/2011):

Setzt Art. 23 Abs. 4 der Richtlinie 2010/44/EU um. Da eine Verschmelzung oder Spaltung des Master-OGAW innerhalb von 60 Tagen wirksam werden kann, besteht die Gefahr, dass die Frist für Beantragung und Erhalt der Bewilligung der neuen Anlagepläne durch den Feeder-OGAW und die Gewährung des Rechts an die Anteilinhaber des Feeder-OGAW, innerhalb von 30 Tagen die Rücknahme oder Auszahlung ihrer Anteile zu verlangen, sich unter außergewöhnlichen Umständen als zu kurz erweist, als dass der Feeder-OGAW mit Sicherheit sagen könnte, wie viele seiner Anteilinhaber eine Auszahlung verlangen werden. Unter solchen Umständen ist der Feeder-OGAW grundsätzlich dazu verpflichtet, vom Master-OGAW eine Auszahlung all seiner Vermögenswerte zu verlangen. Um unnötige Transaktionskosten zu vermeiden, soll der Feeder-OGAW jedoch über alternative Möglichkeiten verfügen, um unter verringerten Transaktionskosten und unter Vermeidung anderer negativer Auswirkungen sicherzustellen, dass seine Anteilinhaber das Recht, eine Auszahlung zu verlangen, wahrnehmen können. Der Feeder-OGAW hat insbesondere so rasch wie möglich die Bewilligung zu beantragen. Zudem sollte der Feeder-OGAW nicht dazu ver-

pflichtet sein, die Auszahlung zu verlangen, wenn seine Anteilinhaber entscheiden, diese Möglichkeit nicht wahrzunehmen. Verlangt der Feeder-OGAW vom Master-OGAW eine Auszahlung, so ist abzuwägen, ob eine Auszahlung in Form von Sacheinlagen die Transaktionskosten verringern und andere negative Auswirkungen vermeiden könnte (so auch Erwägungsgrund 14 der Richtlinie 2010/44/EU).

EB zu § 106 Abs. 5 (Art. 2 BGBl. I Nr. 77/2011):

Setzt Art. 23 Abs. 5 der Richtlinie 2010/44/EU um. Verlangt ein Feeder-OGAW anlässlich einer Verschmelzung oder Spaltung „seines" Master-OGAW (§§ 104 folgende) anstatt der Rückzahlung oder Auszahlung seiner Anteile am Master-OGAW die Übertragung von Sacheinlagen (zum Beispiel Wertpapiere), so handelt es sich aus steuerlicher Sicht um einen Realisierungsvorgang, da Investmentfondsanteile gegen sonstige Wirtschaftsgüter (zum Beispiel Wertpapiere) getauscht werden. Die damit verbundene Aufdeckung stiller Reserven führt zu einem entsprechenden Ertrag und wirkt sich in weiterer Folge auf die Höhe der ausschüttungsgleichen Erträge aus.

EB zu § 106 Abs. 6 (Art. 2 BGBl. I Nr. 77/2011):

Setzt Art. 23 Abs. 6 der Richtlinie 2010/44/EU um.

Verwahrstellen von Master-OGAW und Feeder-OGAW

§ 107. (1) Wenn Master-OGAW und Feeder-OGAW unterschiedliche Verwahrstellen haben, so haben diese Verwahrstellen eine Vereinbarung über den Informationsaustausch abzuschließen, um sicherzustellen, dass beide Verwahrstellen ihre Pflichten erfüllen.

(2) Der Feeder-OGAW darf die Anlagen in Anteile des Master-OGAW erst tätigen, wenn eine solche Vereinbarung wirksam geworden ist.

(3) Bei der Einhaltung der Vorschriften dieses Abschnittes darf weder die Verwahrstelle des Master-OGAW noch die des Feeder-OGAW gesetzliche oder vertragliche Bestimmungen zur Wahrung des Datenschutzes oder betreffend die Einschränkung der Offenlegung von Informationen verletzen. Die Einhaltung der betreffenden Vorschriften löst weder für eine Verwahrstelle noch für eine für diese handelnde Person eine Haftung aus.

(4) Die Verwaltungsgesellschaft des Feeder-OGAW hat der Verwahrstelle des Feeder-OGAW alle Informationen über den Master-OGAW mitzuteilen, die für die Erfüllung der Pflichten der Verwahrstelle des Feeder-OGAW erforderlich sind.

(5) Die Verwahrstelle des Master-OGAW hat die FMA und gegebenenfalls die zuständige Behörde in einem anderen Mitgliedstaat, den Feeder-OGAW oder – sofern zutreffend – die Verwaltungsgesellschaft und die Verwahrstelle des Feeder-OGAW unmittelbar über alle Unregelmäßigkeiten zu unterrichten, die sie in Ausübung ihrer Pflichten in Bezug auf den Master-OGAW feststellt, die möglicherweise eine negative Auswirkung auf den Feeder-OGAW haben können. Dabei handelt es sich insbesondere um folgende Vorkommnisse:

1. Fehler bei der Berechnung des Nettoinventarwertes des Master-OGAW;
2. Fehler bei Transaktionen oder bei der Abwicklung von Kauf und Zeichnung oder von Aufträgen zur Rücknahme oder Auszahlung von Anteilen im Master-OGAW durch den Feeder-OGAW;
3. Fehler bei der Zahlung oder Kapitalisierung von Erträgen aus dem Master-OGAW oder bei der Berechnung der damit zusammenhängenden Quellensteuer;

4. Verstöße gegen die in den Fondsbestimmungen oder der Satzung, im Prospekt oder in den wesentlichen Informationen für den Anleger beschriebenen Anlageziele, -politik oder -strategie des Master-OGAW;
5. Verstöße gegen in diesem Bundesgesetz, in den Vertragsbedingungen oder in der Satzung, im Prospekt oder im Kundeninformationsdokument festgelegte Höchstgrenzen für Anlagen und Kreditaufnahme.

EB zu § 107 (Art. 2 BGBl. I Nr. 77/2011):

Setzt Art. 61 der Richtlinie 2009/65/EG um. Die Erfüllung der Informationspflichten hat unter Berücksichtigung der bestehenden Beschränkungen der Offenlegung von Informationen und der datenschutzrechtlichen Bestimmungen zu erfolgen (so auch Erwägungsgrund 53 der Richtlinie 2009/65/EG). Dies bedeutet, dass entsprechende Vorkehrungen zum Schutz der Vertraulichkeit und Sicherheit von Daten zu treffen sind. Die Einhaltung all dieser Bestimmungen führt keine Haftung oder Schadenersatzpflichten nach sich.

EB zu § 107 Abs. 1 (Art. 2 BGBl. I Nr. 77/2011):

Setzt Art. 61 Abs. 1 erster Unterabs. der Richtlinie 2009/65/EG um.

EB zu § 107 Abs. 2 (Art. 2 BGBl. I Nr. 77/2011):

Setzt Art. 61 Abs. 1 zweiter Unterabs. der Richtlinie 2009/65/EG um.

EB zu § 107 Abs. 3 (Art. 2 BGBl. I Nr. 77/2011):

Setzt Art. 61 Abs. 1 dritter Unterabs. der Richtlinie 2009/65/EG um.

EB zu § 107 Abs. 4 (Art. 2 BGBl. I Nr. 77/2011):

Setzt Art. 61 Abs. 1 vierter Unterabs. der Richtlinie 2009/65/EG um.

EB zu § 107 Abs. 5 (Art. 2 BGBl. I Nr. 77/2011):

Setzt Art. 61 Abs. 2 der Richtlinie 2009/65/EG und Art. 26 der Richtlinie 2010/44/EU um. Die Mitteilung von Unregelmäßigkeiten, die die Verwahrstelle des Master-OGAW in Ausübung ihrer Aufgaben feststellt, dient dem Schutz des Feeder-OGAW. Deshalb ist eine solche Mitteilung nicht verpflichtend, wenn die betreffenden Unregelmäßigkeiten keine negativen Auswirkungen auf den Feeder-OGAW haben. Wenn Unregelmäßigkeiten in Bezug auf den Master-OGAW negative Auswirkungen auf den Feeder-OGAW haben, ist letzterer auch darüber zu informieren, ob und wie die Unregelmäßigkeiten behoben wurden. Die Verwahrstelle des Master-OGAW hat deshalb die Verwahrstelle des Feeder-OGAW darüber zu informieren, wie der Master-OGAW die Unregelmäßigkeit behoben hat oder wie er sie zu beheben gedenkt. Ist die Verwahrstelle des Feeder-OGAW nicht davon überzeugt, dass die Lösung im Interesse der Anteilinhaber des Feeder-OGAW liegt, hat sie dem Feeder-OGAW ihren Standpunkt unverzüglich mitzuteilen (so auch Erwägungsgrund 16 der Richtlinie 2010/44/EU).

Inhalt der Vereinbarung zwischen den Verwahrstellen von Master-OGAW und Feeder-OGAW

§ 108. (1) Die in § 107 Abs. 1 genannte Vereinbarung über den Informationsaustausch zwischen der Verwahrstelle des Master-OGAW und der Verwahrstelle des Feeder-OGAW hat Folgendes zu enthalten:

1. Beschreibung der Unterlagen und Kategorien von Informationen, die die beiden Verwahrstellen routinemäßig austauschen, und die Angabe, ob diese Informationen oder

Unterlagen von einer Verwahrstelle an die andere übermittelt oder auf Anfrage zur Verfügung gestellt werden;
2. Modalitäten und Zeitplanung, einschließlich der Angabe aller Fristen, für die Übermittlung von Informationen durch die Verwahrstelle des Master-OGAW an die Verwahrstelle des Feeder-OGAW;
3. Koordinierung der Beteiligung beider Verwahrstellen unter angemessener Berücksichtigung ihrer in diesem Bundesgesetz sowie im BWG und im Depotgesetz (BGBl. Nr. 424/1969) vorgesehenen Pflichten hinsichtlich operationeller Fragen, einschließlich
   a) des Verfahrens zur Berechnung des Nettoinventarwerts jedes OGAW und aller angemessenen Maßnahmen zum Schutz vor „Market Timing" gemäß § 99;
   b) der Bearbeitung von Aufträgen des Feeder-OGAW für Kauf, Zeichnung, Rücknahme oder Auszahlung von Anteilen im Master-OGAW und der Abwicklung dieser Transaktionen unter Berücksichtigung von Vereinbarungen zur Übertragung von Sacheinlagen;
4. Koordinierung der Verfahren zur Erstellung der Jahresabschlüsse;
5. Angabe, welche Verstöße des Master-OGAW gegen Rechtsvorschriften und die Fondsbestimmungen oder die Satzung von der Verwahrstelle des Master-OGAW der Verwahrstelle des Feeder-OGAW mitgeteilt werden, sowie Modalitäten und Zeitpunkt für die Bereitstellung dieser Informationen;
6. Verfahren für die Bearbeitung von Ad-hoc-Ersuchen um Unterstützung zwischen Verwahrstellen;
7. Beschreibung von Eventualereignissen, über die sich die Verwahrstellen auf Ad-hoc-Basis gegenseitig unterrichten sollten, sowie Modalitäten und Zeitpunkt hierfür.

(2) Haben Feeder-OGAW und Master-OGAW eine Vereinbarung gemäß § 96 Abs. 1 geschlossen, so ist auf diese Vereinbarung über den Informationsaustausch zwischen den Verwahrstellen des Master-OGAW und des Feeder-OGAW das Recht des Mitgliedstaats anzuwenden, das gemäß § 97 für diese Vereinbarung gilt; beide Verwahrstellen haben die ausschließliche Zuständigkeit der Gerichte des betreffenden Mitgliedstaats, dessen Recht anzuwenden ist, anzuerkennen.

(3) Wurde die Vereinbarung zwischen Feeder-OGAW und Master-OGAW gemäß § 96 Abs. 1 durch interne Regelungen gemäß § 98 ersetzt, so kann in der Vereinbarung über den Informationsaustausch zwischen den Verwahrstellen des Master-OGAW und des Feeder-OGAW rechtswirksam nur entweder das Recht des Mitgliedstaats, in dem der Feeder-OGAW gebilligt ist, oder – sofern abweichend – das Recht des Mitgliedstaats, in dem der Master-OGAW gebilligt ist, vereinbart werden; beide Verwahrstellen haben die ausschließliche Zuständigkeit der Gerichte des Mitgliedstaats anzuerkennen, dessen Recht auf die Vereinbarung über den Informationsaustausch anzuwenden ist.

EB zu § 108 (Art. 2 BGBl. I Nr. 77/2011):

Setzt Art. 24 und 25 der Richtlinie 2010/44/EU um.

EB zu § 108 Abs. 1 (Art. 2 BGBl. I Nr. 77/2011):

Setzt Art. 24 der Richtlinie 2010/44/EU um.

EB zu § 108 Abs. 2 (Art. 2 BGBl. I Nr. 77/2011):

Setzt Art. 25 Abs. 1 der Richtlinie 2010/44/EU um. Die Vereinbarung über den Informationsaustausch zwischen den Verwahrstellen des Master-OGAW und des Feeder-OGAW soll es der Verwahrstelle des Feeder-OGAW ermöglichen, alle relevanten Informationen und Dokumente zu erhalten, die sie benötigt, um ihre Verpflichtungen zu erfüllen. Angesichts der besonderen Merkmale dieser Vereinbarung sind die gleichen, von den Artikeln 3 und 4 der Rom I-Verordnung abweichenden Kollisionsnormen vorzusehen wie für die Vereinbarung zwischen Master-OGAW und Feeder-OGAW. Die Vereinbarung über den Informationsaustausch sollte jedoch weder die Verwahrstelle des Master-OGAW noch die des Feeder-OGAW zur Erfüllung von Aufgaben verpflichten, die im innerstaatlichen Recht ihres Herkunftsmitgliedstaats verboten oder nicht vorgesehen sind (so auch Erwägungsgrund 15 der Richtlinie 2010/44/EU).

EB zu § 108 Abs. 3 (Art. 2 BGBl. I Nr. 77/2011):
Setzt Art. 25 Abs. 3 der Richtlinie 2010/44/EU um.

Abschlussprüfer

§ 109. (1) Wenn Master-OGAW und Feeder-OGAW unterschiedliche Abschlussprüfer haben, so haben diese Abschlussprüfer eine Vereinbarung über den Informationsaustausch abzuschließen, die die festgelegten Regelungen zur Erfüllung der Vorgaben gemäß Abs. 2 einschließt, um sicherzustellen, dass beide Abschlussprüfer ihre Pflichten erfüllen. Der Feeder-OGAW darf Anlagen in Anteile des Master-OGAW erst tätigen, wenn eine solche Vereinbarung wirksam geworden ist.

(2) Der Abschlussprüfer des Feeder-OGAW hat in seinem Prüfbericht den Prüfbericht des Master-OGAW zu berücksichtigen. Haben der Feeder-OGAW und der Master-OGAW unterschiedliche Rechnungsjahre, so hat der Abschlussprüfer des Master-OGAW einen Ad-hoc-Bericht zu dem Abschlusstermin des Feeder-OGAW zu erstellen. Der Abschlussprüfer des Feeder-OGAW hat in seinem Bericht insbesondere jegliche im Prüfbericht des Master-OGAW festgestellten Unregelmäßigkeiten sowie deren Auswirkungen auf den Feeder-OGAW zu nennen.

(3) Bei der Befolgung der Vorschriften dieses Abschnittes darf weder der Abschlussprüfer des Master-OGAW noch der des Feeder-OGAW eine gesetzliche oder vertragliche Bestimmung zur Wahrung des Datenschutzes oder betreffend die Einschränkung der Offenlegung von Informationen verletzen. Die Einhaltung der betreffenden Vorschriften darf weder für einen Abschlussprüfer noch für eine für diesen handelnde Person eine Haftung nach sich ziehen.

EB zu § 109 (Art. 2 BGBl. I Nr. 77/2011):
Setzt Art. 62 der Richtlinie 2009/65/EG um.

EB zu § 109 Abs. 1 (Art. 2 BGBl. I Nr. 77/2011):
Setzt Art. 62 Abs. 1 der Richtlinie 2009/65/EG um.

EB zu § 109 Abs. 2 (Art. 2 BGBl. I Nr. 77/2011):
Setzt Art. 62 Abs. 2 der Richtlinie 2009/65/EG um.

EB zu § 109 Abs. 3 (Art. 2 BGBl. I Nr. 77/2011):
Setzt Art. 62 Abs. 3 der Richtlinie 2009/65/EG um.

Inhalt der Vereinbarung zwischen den Abschlussprüfern von Master-OGAW und Feeder-OGAW

§ 110. (1) Die in § 109 Abs. 1 genannte Vereinbarung über den Informationsaustausch zwischen den Abschlussprüfern von Master-OGAW und Feeder-OGAW hat Folgendes zu enthalten:

1. Beschreibung der Unterlagen und Kategorien von Informationen, die die beiden Abschlussprüfer routinemäßig austauschen;
2. Angabe, ob die unter Z 1 genannten Informationen oder Unterlagen von einem Abschlussprüfer an den anderen übermittelt oder auf Anfrage zur Verfügung gestellt werden;
3. Modalitäten und Zeitplanung, einschließlich Angabe aller Fristen, für die Übermittlung von Informationen durch den Abschlussprüfer des Master-OGAW an den Abschlussprüfer des Feeder-OGAW;
4. Koordinierung der Rolle der Abschlussprüfer in den Verfahren zur Erstellung der Jahresabschlüsse der OGAW;
5. Angabe der Unregelmäßigkeiten, die im Prüfbericht des Abschlussprüfers des Master-OGAW für die Zwecke von § 109 Abs. 2 zu nennen sind;
6. Modalitäten und Zeitplan für die Bearbeitung von Ad-hoc-Ersuchen um Unterstützung zwischen Abschlussprüfern, einschließlich Ersuchen um weitere Informationen über Unregelmäßigkeiten, die im Prüfbericht des Abschlussprüfers des Master-OGAW genannt werden.

(2) Die in Abs. 1 genannte Vereinbarung hat Bestimmungen für die Erstellung der in § 109 Abs. 2 und § 49 Abs. 5 genannten Berichte zu enthalten sowie Modalitäten und Zeitplan für die Übermittlung des Prüfberichts für den Master-OGAW und von dessen Entwürfen an den Abschlussprüfer des Feeder-OGAW.

(3) Haben Feeder-OGAW und Master-OGAW unterschiedliche Abschlussstichtage, so werden in der unter Abs. 1 genannten Vereinbarung Modalitäten und Zeitplan für die Erstellung des in § 109 Abs. 2 geforderten Ad-hoc-Berichts des Abschlussprüfers des Master-OGAW sowie für dessen Übermittlung, einschließlich Entwürfen, an den Abschlussprüfer des Feeder-OGAW geregelt.

(4) Haben Feeder-OGAW und Master-OGAW eine Vereinbarung gemäß § 96 Abs. 1 geschlossen, so ist auf die Vereinbarung über den Informationsaustausch zwischen den Abschlussprüfern des Master-OGAW und des Feeder-OGAW das Recht des Mitgliedstaats, das gemäß § 97 für diese Vereinbarung gilt, anzuwenden; beide Abschlussprüfer haben die ausschließliche Zuständigkeit der Gerichte des betreffenden Mitgliedstaats anzuerkennen.

(5) Wurde die Vereinbarung zwischen Feeder-OGAW und Master-OGAW gemäß § 96 Abs. 1 durch interne Regelungen gemäß § 98 ersetzt, so kann in der Vereinbarung über den Informationsaustausch zwischen den Abschlussprüfern des Master-OGAW und des Feeder-OGAW rechtswirksam nur entweder das Recht des Mitgliedstaats, in dem der Feeder-OGAW gebilligt ist, oder – sofern abweichend – das Recht des Mitgliedstaats, in dem der Master-OGAW gebilligt ist, vereinbart werden; beide Abschlussprüfer haben die ausschließliche Zuständigkeit der Gerichte des Mitgliedstaats anzuerkennen, dessen Recht auf die Vereinbarung über den Informationsaustausch anzuwenden ist.

EB zu § 110 (Art. 2 BGBl. I Nr. 77/2011):
Setzt Art. 27 und 28 der Richtlinie 2010/44/EU um.

EB zu § 110 Abs. 1 (Art. 2 BGBl. I Nr. 77/2011):
Setzt Art. 27 Abs. 1 der Richtlinie 2010/44/EU um.

EB zu § 110 Abs. 2 (Art. 2 BGBl. I Nr. 77/2011):
Setzt Art. 27 Abs. 2 der Richtlinie 2010/44/EU um.

EB zu § 110 Abs. 3 (Art. 2 BGBl. I Nr. 77/2011):
Setzt Art. 27 Abs. 3 der Richtlinie 2010/44/EU um.

EB zu § 110 Abs. 4 (Art. 2 BGBl. I Nr. 77/2011):

Setzt Art. 28 Abs. 1 der Richtlinie 2010/44/EU um. Die Vereinbarung über den Informationsaustausch zwischen den Abschlussprüfern des Master-OGAW und des Feeder-OGAW soll es dem Wirtschaftsprüfer des Feeder-OGAW ermöglichen, alle relevanten Informationen und Dokumente zu erhalten, die er benötigt, um seine Verpflichtungen zu erfüllen. Angesichts der besonderen Merkmale dieser Vereinbarung hat sie die gleichen von den Artikeln 3 und 4 der Rom I-Verordnung abweichenden Kollisionsnormen vorsehen wie die Vereinbarung zwischen Master-OGAW und Feeder-OGAW (so auch Erwägungsgrund 17 der Richtlinie 2010/44/EU).

EB zu § 110 Abs. 5 (Art. 2 BGBl. I Nr. 77/2011):

Setzt Art. 28 Abs. 2 der Richtlinie 2010/44/EU um.

Umwandlung bestehender OGAW in Feeder-OGAW und Änderung des Master-OGAW

§ 111. (1) Bei Umwandlung eines bereits bestehenden OGAW in einen Feeder-OGAW sowie bei Änderung des Master-OGAW hat der Feeder-OGAW seinen Anteilinhabern folgende Informationen kostenlos zur Verfügung zu stellen:

1. eine Erklärung, der zufolge die FMA die Anlage des Feeder-OGAW in Anteile dieses Master-OGAW bewilligt hat,
2. das in § 134 Abs. 1 genannte Kundeninformationsdokument betreffend Feeder-OGAW und Master-OGAW,
3. das Datum der ersten Anlage des Feeder-OGAW in den Master-OGAW, oder, wenn er bereits in den Master angelegt hat, das Datum zu dem seine Anlagen die Anlagegrenzen gemäß § 77 Abs. 1 übersteigen werden, und
4. eine Erklärung, der zufolge die Anteilinhaber das Recht haben, innerhalb von 30 Tagen die abgesehen von den vom OGAW zur Abdeckung der Veräußerungskosten erhobenen Gebühren die kostenlose Rücknahme oder Auszahlung ihrer Anteile zu verlangen; dieses Recht wird ab dem Zeitpunkt wirksam, an dem der Feeder-OGAW die in diesem Absatz genannten Informationen zur Verfügung gestellt hat.

Diese Informationen müssen spätestens 30 Tage vor dem in Z 3 genannten Datum zur Verfügung gestellt werden.

(2) Wurde der Feeder-OGAW gemäß § 139 notifiziert, so sind die in Abs. 1 genannten Informationen in der oder einer Amtssprache des Aufnahmemitgliedstaats des Feeder-OGAW oder in einer von dessen zuständigen Behörden gebilligten Sprache den Anlegern zur Verfügung zu stellen. Der Feeder-OGAW ist verantwortlich für die Erstellung der Übersetzung. Die Übersetzung hat den Inhalt des Originals zuverlässig wiederzugeben.

(3) Der Feeder-OGAW darf vor Ablauf der in Abs. 1 Z 4 genannten 30-Tagefrist keine Anlagen in Anteile des betreffenden Master-OGAW tätigen, die die Anlagegrenze gemäß § 77 Abs. 1 übersteigen.

(4) Auf das Zur Verfügung Stellen der in Abs. 1 genannten Informationen durch den Feeder-OGAW ist das in § 133 beschriebene Verfahren anzuwenden.

EB zu § 111 (Art. 2 BGBl. I Nr. 77/2011):

Setzt Art. 64 der Richtlinie 2009/65/EG und Art. 29 der Richtlinie 2010/44/EU um. Die Umwandlung bereits bestehender OGAW in einen Feeder-OGAW ist zulässig. Im Sinne eines ausreichenden Schutzes für die Anteilinhaber, da eine Umwandlung eine grundlegende Änderung der Anlagestrategie darstellt, ist der betreffende OGAW dazu verpflichtet, seinen

Anteilinhabern ausreichende Informationen bereitzustellen, damit sie entscheiden können, ob sie ihre Anlage aufrechterhalten wollen (so auch Erwägungsgrund 56 der Richtlinie 2009/65/EG).

EB zu § 111 Abs. 1 (Art. 2 BGBl. I Nr. 77/2011):
Setzt Art. 64 Abs. 1 der Richtlinie 2009/65/EG um.

EB zu § 111 Abs. 2 (Art. 2 BGBl. I Nr. 77/2011):
Setzt Art. 64 Abs. 2 der Richtlinie 2009/65/EG um.

EB zu § 111 Abs. 3 (Art. 2 BGBl. I Nr. 77/2011):
Setzt Art. 64 Abs. 3 der Richtlinie 2009/65/EG um.

EB zu § 111 Abs. 4 (Art. 2 BGBl. I Nr. 77/2011):
Setzt Art. 29 der Richtlinie 2010/44/EU um.

Überwachung des Master-OGAW durch die Verwaltungsgesellschaft des Feeder-OGAW

§ **112.** (1) Die Verwaltungsgesellschaft des Feeder-OGAW hat die Tätigkeiten des Master-OGAW wirksam zu überwachen. Zur Erfüllung dieser Verpflichtung kann sich der Feeder-OGAW auf Informationen und Unterlagen des Master-OGAW oder, sofern zutreffend, seiner Verwaltungsgesellschaft, seiner Verwahrstelle oder seines Abschlussprüfers stützen, es sei denn, es liegen Gründe vor, an der Richtigkeit dieser Informationen und Unterlagen zu zweifeln.

(2) Erhält die Verwaltungsgesellschaft des Feeder-OGAW oder eine Person, die im Namen des Feeder-OGAW oder dessen Verwaltungsgesellschaft handelt, im Zusammenhang mit einer Anlage in Anteile des Master-OGAW eine Vertriebsgebühr, eine Vertriebsprovision oder sonstigen geldwerten Vorteil, so werden diese in das Vermögen des Feeder-OGAW eingezahlt.

EB zu § 112 (Art. 2 BGBl. I Nr. 77/2011):
Setzt Art. 65 der Richtlinie 2009/65/EG um.

EB zu § 112 Abs. 1 (Art. 2 BGBl. I Nr. 77/2011):
Setzt Art. 65 Abs. 1 der Richtlinie 2009/65/EG um.

EB zu § 112 Abs. 2 (Art. 2 BGBl. I Nr. 77/2011):
Setzt Art. 65 Abs. 2 der Richtlinie 2009/65/EG um.

Pflichten des Master-OGAW und der FMA

§ **113.** (1) Der in Österreich bewilligte Master-OGAW hat der FMA unmittelbar die Identität jedes Feeder-OGAW, der Anlagen in seine Anteile tätigt, anzuzeigen. Sind Master-OGAW und Feeder-OGAW in unterschiedlichen Mitgliedstaaten niedergelassen, so hat die FMA betreffend einen in Österreich bewilligten Master-OGAW die zuständigen Behörden des Herkunftmitgliedstaats des Feeder-OGAW unmittelbar über solche Anlagen zu unterrichten.

(2) Der Master-OGAW darf für die Anlage des Feeder-OGAW in seine Anteile oder deren Veräußerung keine Zeichnungs- oder Rückkaufgebühren einheben.

(3) Der Master-OGAW hat zu gewährleisten, dass sämtliche Informationen, die gemäß diesem Bundesgesetz, anderen Bundesgesetzen oder Rechtsvorschriften der Europäischen Union, den Fondsbestimmungen oder der Satzung erforderlich sind, dem Feeder-OGAW oder, sofern zutreffend, seiner Verwaltungsgesellschaft, den zuständigen Behörden, der Verwahrstelle und dem Abschlussprüfer des Feeder-OGAW rechtzeitig zur Verfügung gestellt werden.

EB zu § 113 (Art. 2 BGBl. I Nr. 77/2011):
Setzt Art. 66 der Richtlinie 2009/65/EG um.

EB zu § 113 Abs. 1 (Art. 2 BGBl. I Nr. 77/2011):
Setzt Art. 66 Abs. 1 der Richtlinie 2009/65/EG um.

EB zu § 113 Abs. 2 (Art. 2 BGBl. I Nr. 77/2011):
Setzt Art. 66 Abs. 2 der Richtlinie 2009/65/EG um. Um Anteilinhaber vor ungerechtfertigten zusätzlichen Kosten zu schützen, ist es dem Master-OGAW untersagt, vom Feeder-OGAW Zeichnungs- oder Rückkaufgebühren zu erheben. Der Master-OGAW ist allerdings berechtigt, Zeichnungs- oder Rückkaufgebühren von anderen Anlegern im Master-OGAW zu erheben (so auch Erwägungsgrund 55 der Richtlinie 2009/65/EG).

EB zu § 113 Abs. 3 (Art. 2 BGBl. I Nr. 77/2011):
Setzt Art. 66 Abs. 3 der Richtlinie 2009/65/EG um.

6. Abschnitt
Verschmelzungen

Grundsätze

§ 114. (1) Verschmelzungen von OGAW sind unter Anwendung eines der Verschmelzungsverfahren gemäß § 3 Abs. 2 Z 15 zulässig. Dies gilt sowohl für grenzüberschreitende Verschmelzungen als auch für inländische Verschmelzungen. Grenzüberschreitende Verfahren sind unabhängig von der Rechtsform der OGAW zulässig. Im Falle einer Verschmelzung durch Neubildung findet weiters § 50 Anwendung. Auf inländische Verschmelzungen sind die §§ 115 bis 126 anzuwenden.

(2) Für grenzüberschreitende Verschmelzungen, bei denen der übertragende OGAW in Österreich gemäß § 50 bewilligt ist, gelten die §§ 115 und 117 bis 126. Ist der übertragende OGAW in einem anderen Mitgliedstaat bewilligt, so finden die Rechtsvorschriften des Herkunftmitgliedstaates des übertragenden OGAW Anwendung. Eine Rechtsformänderung des in Österreich bewilligten übernehmenden OGAW ist im Rahmen der Verschmelzung nicht zulässig.

(3) Jede Verschmelzung eines in Österreich bewilligten OGAW bedarf der vorherigen Zustimmung des Aufsichtsrates der den OGAW verwaltenden Verwaltungsgesellschaft sowie der Zustimmung der Depotbank jedes OGAW.

EB zu § 114 (Art. 2 BGBl. I Nr. 77/2011):
Setzt Art. 38 der Richtlinie 2009/65/EG um. Für grenzüberschreitende Verschmelzungen gibt es nunmehr einen harmonisierten Rechtsrahmen, der die Konsolidierung zwischen OGAW erleichtern soll. Solche Verschmelzungen sind zwischen allen Arten von OGAW, gleich ob diese in Vertragsform, in Satzungsform oder in Form eines Trust erreichtet sind, zulässig. Dabei müssen die Mitgliedstaaten keine neuen Rechtsformen einführen (so auch Erwägungsgrund 27 der Richtlinie 2009/65/EG). Die in § 3 Abs. 2 Z 15 normierten Ver-

fahren für die Verschmelzung sind sowohl für grenzüberschreitende als auch für inländische Verschmelzungen anwendbar.

EB zu § 114 Abs. 1 (Art. 2 BGBl. I Nr. 77/2011):

Setzt Art. 38 Abs. 1 und Abs. 2 2. Unterabsatz der Richtlinie 2009/65/EG um. Im Fall einer Verschmelzung durch Neubildung ist von den Antragstellern darauf Bedacht zu nehmen, dass der neugebildete OGAW von der FMA gemäß § 50 zu bewilligen ist und der FMA hiefür eine Frist von zwei Monaten zur Verfügung steht. Ein entsprechender Antrag sollte daher zeitgerecht bei der FMA (oder bei der zuständigen Behörde jenes Mitgliedstaates, in welchem der neugebildete OGAW bewilligt werden soll) vom Antragsteller eingebracht werden.

EB zu § 114 Abs. 2 (Art. 2 BGBl. I Nr. 77/2011):

Setzt Art. 38 Abs. 2 1. Unterabsatz der Richtlinie 2009/65/EG um.

EB zu § 114 Abs. 3 (Art. 2 BGBl. I Nr. 77/2011):

Setzt Art. 44 der Richtlinie 2009/65/EG um und entspricht inhaltlich § 3 Abs. 2 erster Satz InvFG 1993. Statt der Zustimmung des Beschluss fassenden Gremiums des OGAW im Rahmen der Verschmelzung ist die Zustimmung des Aufsichtsrates der den OGAW verwaltenden Verwaltungsgesellschaft erforderlich. Diese Voraussetzung findet sich bereits im InvFG 1993. Weiters ist die Zustimmung der Depotbank erforderlich – dies ergibt sich implizit auch aus Art. 41 der Richtlinie 2009/65/EG.

Bewilligung der Verschmelzung eines in Österreich bewilligten übertragenden OGAW

§ 115. (1) Die Verschmelzung eines in Österreich gemäß § 50 bewilligten übertragenden OGAW bedarf zu ihrer Rechtswirksamkeit der vorherigen Bewilligung durch die FMA. Der übertragende OGAW hat dabei der FMA alle nachstehenden Angaben zu übermitteln:

1. den vom übertragenden OGAW und vom übernehmenden OGAW gebilligten gemeinsamen Verschmelzungsplan,
2. eine aktuelle Fassung des Prospekts und des in § 134 Abs. 1 genannten Kundeninformationsdokuments für den Anleger des übernehmenden OGAW, falls dieser in einem anderen Mitgliedstaat niedergelassen ist,
3. eine von allen Verwahrstellen des übertragenden und des übernehmenden OGAW abgegebene Erklärung, mit der gemäß § 118 bestätigt wird, dass sie die Übereinstimmung der Angaben nach § 117 Abs. 1 Z 1, 6 und 7 mit den Anforderungen dieses Bundesgesetzes, der Richtlinie 2009/65/EG soweit es sich um eine grenzüberschreitende Verschmelzung handelt, und den Fondsbestimmungen oder der Satzung ihres jeweiligen OGAW überprüft haben, und
4. die Informationen, die der übertragende und der übernehmende OGAW ihren jeweiligen Anteilinhabern zu der geplanten Verschmelzung zu übermitteln beabsichtigen.

(2) Die Informationen gemäß Abs. 1 sind der FMA in deutscher oder im Falle einer grenzüberschreitenden Verschmelzung in deutscher Sprache und in der Amtssprache oder einer der Amtssprachen des Herkunftmitgliedstaates des übernehmenden OGAW oder in englischer oder in einer von der FMA gemäß Verordnung (§ 7b Abs. 1 KMG) anerkannten anderen Sprache zu übermitteln.

(3) Ist die FMA der Auffassung, dass der Antrag gemäß Abs. 1 nicht vollständig ist, so hat sie spätestens 10 Arbeitstage nach Eingang der Informationen gemäß Abs. 2 zusätzliche

Informationen anzufordern. § 13 Abs. 3 letzter Satz AVG findet dabei keine Anwendung. Nach Vorliegen des vollständigen Antrages hat die FMA im Falle einer grenzüberschreitenden Verschmelzung unverzüglich die Kopien der Informationen gemäß Abs. 1 den zuständigen Behörden des Herkunftmitgliedstaates des übernehmenden OGAW zur Prüfung zu übermitteln. Erhält die FMA von den zuständigen Behörden des Herkunftmitgliedstaates des übernehmenden OGAW innerhalb von 15 Arbeitstagen ab Übermittlung der Kopien der Informationen gemäß Abs. 1 einen Hinweis auf Bedenken bezüglich der Informationen für die Anleger des übernehmenden OGAW, so ist das Verfahren im Sinne des § 38 letzter Satz AVG auszusetzen.

(4) Die FMA hat zur Prüfung der Angemessenheit der Informationen für die Anteilinhaber die potenziellen Auswirkungen der geplanten Verschmelzung auf die Anteilinhaber des übertragenden OGAW abzuwägen. Sie kann den übertragenden OGAW schriftlich auffordern, dass die Informationen für die Anteilinhaber des übertragenden OGAW klarer gestaltet werden. Diese Aufforderung hemmt den Fortlauf der Beurteilungsfrist gemäß Abs. 6 bis zum Eingang der geänderten Informationen für die Anleger bei der FMA.

(5) Die Bewilligung der Verschmelzung ist zu erteilen, wenn folgende Voraussetzungen erfüllt sind:

1. Die geplante Verschmelzung erfüllt sämtliche Auflagen dieser Bestimmung sowie der §§ 116 bis 119;
2. der übernehmende OGAW ist gemäß Artikel 93 der Richtlinie 2009/65/EG für die Vermarktung seiner Anteile in sämtlichen Mitgliedstaaten notifiziert, in denen der übertragende OGAW entweder bewilligt oder gemäß Artikel 93 der Richtlinie 2009/65/EG für die Vermarktung seiner Anteile notifiziert ist, und
3. die FMA und im Falle einer grenzüberschreitenden Verschmelzung die zuständigen Behörden des Herkunftmitgliedstaates des übernehmenden OGAW befinden die Informationen, die den Anteilinhabern übermittelt werden sollen, für zufrieden stellend oder es ist kein Hinweis auf Bedenken von Seiten der zuständigen Behörden im Herkunftmitgliedstaat des übernehmenden OGAW im Sinne von § 116 Abs. 2 eingegangen.

(6) Die FMA hat dem übertragenden OGAW nach Maßgabe von Abs. 3, 4 und 5 oder im Falle einer inländischen Verschmelzung nach Maßgabe von Abs. 4 und 5 und § 116 Abs. 2 innerhalb von 20 Arbeitstagen nach Vorlage des vollständigen Antrages gemäß Abs. 1 schriftlich mittels Bescheides die Verschmelzung zu bewilligen oder die Ablehnung des Antrages mittels Bescheides schriftlich mitzuteilen. Gleichzeitig sind im Falle einer grenzüberschreitenden Verschmelzung auch die zuständigen Behörden des Herkunftmitgliedstaates des übernehmenden OGAW von der FMA über die Entscheidung zu informieren.

EB zu § 115 (Art. 2 BGBl. I Nr. 77/2011):

Setzt Art. 39 der Richtlinie 2009/65/EG um. Die Aufsichtsbehörde des übertragenden OGAW leitet und koordiniert auf behördlicher Ebene das Genehmigungsverfahren, um sicherzustellen, dass die Interessen der Anteilinhaber, die faktisch den OGAW wechseln, gebührend geschützt werden. Die Aufsichtsbehörde des übernehmenden OGAW, sofern es sich dabei um unterschiedliche Mitgliedstaaten und somit unterschiedliche Behörden handelt, ist jedoch von der Aufsichtsbehörde des übertragenden OGAW entsprechend einzubinden. Dies dient vor allem auch der Wahrung der Interessen der Anleger. Gehen bei einer Verschmelzung mehrere OGAW mit Sitz in unterschiedlichen Mitgliedstaaten auf, so müssen die zuständigen Behörden jedes einzelnen übertragenden OGAW die Verschmelzung in enger Zusammenarbeit, die auch einen geeigneten Informationsaustausch umfasst, genehmigen (so auch Erwägungsgrund 29 der Richtlinie 2009/65/EG).

EB zu § 115 Abs. 1 (Art. 2 BGBl. I Nr. 77/2011):

Setzt Art. 39 Abs. 1 und Abs. 2 1. Unterabsatz der Richtlinie 2009/65/EG um. Der übertragende OGAW hat sämtliche Unterlagen an die FMA zu übermitteln.

EB zu § 115 Abs. 2 (Art. 2 BGBl. I Nr. 77/2011):

Setzt Art. 39 Abs. 1 2. Unterabsatz der Richtlinie 2009/65/EG um. Grundsätzlich sind die Informationen und Unterlagen gemäß Abs. 1 in deutscher Sprache und im Fall einer grenzüberschreitenden Verschmelzung in der oder den Amtssprache(n) des Herkunftsmitgliedstaates des übernehmenden OGAW zu übermitteln. Stattdessen besteht auch die Möglichkeit die Unterlagen in englisch oder in einer anderen von der FMA gebilligten Sprache zu übermitteln. Dies wird insbesondere dann sinnvoll sein, wenn möglicherweise an der Verschmelzung mehrere OGAW aus mehreren verschiedensprachigen Mitgliedstaaten beteiligt sind.

EB zu § 115 Abs. 3 (Art. 2 BGBl. I Nr. 77/2011):

Setzt Art. 39 Abs. 3 erster Unterabs. erster Satz und Abs. 5 erster Unterabs. der Richtlinie 2009/65/EG um. Die vollständige Übermittlung der Unterlagen gemäß Abs. 1 in den in Abs. 2 näher bezeichneten Sprachen löst den Fristlauf für die Beurteilungsfrist aus. Da die Beurteilungsfrist, abweichend von § 73 Abs. 1 AVG, gemäß Abs. 6 sehr knapp bemessen ist (grundsätzlich 20 Arbeitstage – das sind rund vier Wochen), ist eine Rückwirkung auf das Datum der Einbringung des ursprünglichen (unvollständigen) Antrages, wie grundsätzlich in § 13 Abs. 3 AVG vorgesehen, nicht gerechtfertigt und auch nicht sinnvoll und würde auch zu der Informationspflicht der FMA von 10 Tagen bezüglich der Vollständigkeit der Unterlagen im Widerspruch stehen. Diese ist aber durch die Richtlinie vorgegeben. Nach Vorliegen des vollständigen Antrages hat die FMA im Falle einer grenzüberschreitenden Verschmelzung Kopien der Unterlagen und Informationen an die zuständige Behörde des übernehmenden OGAW zu übermitteln. Letztere hat innerhalb von 15 Tagen die Informationen für die Anleger des übernehmenden OGAW zu prüfen und kann gegebenenfalls eine Verbesserung vom übernehmenden OGAW verlangen. Diesfalls hat sie die FMA innerhalb dieser 15-Tagesfrist darüber zu informieren. Dies führt zu einer Aussetzung des Beurteilungsverfahrens durch die FMA gemäß § 38 letzter Satz AVG und hemmt somit die Entscheidungsfrist der FMA gemäß Abs. 6, da es sich um eine Vorfrage handelt, die von dieser zuständigen Behörde zu klären ist. Diese zuständige Behörde hat wiederum aufgrund von Art. 39 Abs. 3 das Recht, dem übertragenden OGAW eine Verbesserung der Information aufzutragen, wobei dafür gemäß der Richtlinie keine Frist vorgesehen ist. Die zuständige Behörde hat innerhalb von weiteren 20 Arbeitstagen nach Erhalt der verbesserten Information für die Anleger die FMA zu informieren, ob sie noch weitere Bedenken hat oder nicht. Erst mit Erhalt dieser Information läuft die Beurteilungsfrist der FMA gemäß Abs. 6 weiter. Im Falle einer inländischen Verschmelzung führt eine Aufforderung zur Verbesserung an den übernehmenden OGAW auch zu einer Fristenhemmung. Zum genauen Ablauf siehe die Erläuterungen zu Abs. 6 und § 116.

EB zu § 115 Abs. 4 (Art. 2 BGBl. I Nr. 77/2011):

Setzt Art. 39 Abs. 3 erster Unterabs. 2. Satz und zweiter Unterabs. der Richtlinie 2009/65/EG um. Die FMA hat die Informationen für die Anleger des übertragenden OGAW zu prüfen. Sie kann dem übertragenden OGAW eine Verbesserung der Informationen auftragen. Sinnvollerweise ist hiebei – im Interesse des übertragenden OGAW eine Hemmung der Beurteilungsfrist vorzusehen, ansonsten müsste die FMA bei Nichtvorliegen innerhalb von 20 Tagen ab Eingang des Antrages oder bei zu kurzfristiger Vorlage einer verbesserten Anlegerinformation im Zweifel den Antrag abweisen. Dies wäre aber für alle Beteiligten ein unökonomisches Vorgehen. Im Interesse einer Verfahrensökonomie wird daher eine Hemmung der Beurteilungsfrist vorgesehen.

EB zu § 115 Abs. 5 (Art. 2 BGBl. I Nr. 77/2011):

Setzt Art. 39 Abs. 4 der Richtlinie 2009/65/EG um. Die Verschmelzung ist zu bewilligen, wenn sämtliche Voraussetzungen insbesondere ein vollständiger Verschmelzungsplan, die Prüfung und Bestätigung der Ordnungsmäßigkeit der Verschmelzung durch die Verwahrstellen und die Abschlussprüfer, die Notifizierung des OGAW in allen Mitgliedstaaten, in denen der übertragende OGAW vertrieben wird und der übernehmende OGAW vertrieben wird oder werden soll, sowie die Informationen für die Anteilinhaber des übernehmenden und des übertragenden OGAW, von der FMA für in Übereinstimmung mit den Bestimmungen und Zielsetzungen des Bundesgesetzes befunden worden sind. Für den Fall, dass für den übernehmenden OGAW eine Behörde in einem anderen Mitgliedstaat zuständig ist, hat diese die Angemessenheit der Informationen für die Anleger dieses OGAW zu prüfen und die FMA entsprechend zu informieren. Im Rahmen dieser Prüfung ist auch darauf Bedacht zu nehmen, ob im Fall einer Verschmelzung durch Neubildung der Zeitpunkt der Bewilligung des neu gebildeten OGAW mit dem des Wirksamwerdens der Verschmelzung konveniert. Dies sollte aus dem Verschmelzungsplan hervorgehen.

EB zu § 115 Abs. 6 (Art. 2 BGBl. I Nr. 77/2011):

Setzt Art. 39 Abs. 5 zweiter Unterabs. der Richtlinie 2009/65/EG um. Die FMA hat über den Verschmelzungsantrag binnen einer Frist von 20 Arbeitstagen ab Eingang des vollständigen Antrages abzusprechen. Verbesserungsaufträge der FMA gemäß Abs. 4 oder § 116 Abs. 2 betreffend die Informationen der Anleger hemmen den Fortlauf dieser Frist ebenso wie ein Hinweis auf einen solchen Auftrag durch die zuständige Behörde des übernehmenden OGAW in einem anderen Mitgliedstaat.

Prüfung der Anteilinhaberinformationen bei Verschmelzung eines in Österreich bewilligten übernehmenden OGAW

§ 116. (1) Im Rahmen der Verschmelzung eines in Österreich bewilligten übernehmenden OGAW hat die FMA, im Falle einer grenzüberschreitenden Verschmelzung auf Basis der von der zuständigen Behörde des Herkunftmitgliedstaates des übertragenden OGAW übermittelten Informationen, die potenziellen Auswirkungen der geplanten Verschmelzung auf die Anteilinhaber des übernehmenden OGAW abzuwägen, um die Angemessenheit der Informationen für die Anteilinhaber zu prüfen.

(2) Hat die FMA Bedenken betreffend die Angemessenheit der Informationen für die Anleger des übernehmenden OGAW, so hat sie spätestens 15 Arbeitstage nach Erhalt der vollständigen Informationen, oder im Fall einer grenzüberschreitenden Verschmelzung spätestens 15 Arbeitstage nach Erhalt der Kopien der vollständigen Informationen gemäß Abs. 1 den übernehmenden OGAW schriftlich aufzufordern, die Informationen für seine Anteilinhaber zu ändern. Diese Aufforderung hemmt bei einer inländischen Verschmelzung den Fortlauf der Beurteilungsfrist gemäß § 115 Abs. 6 bis zum Eingang der geänderten Informationen für die Anleger bei der FMA.

(3) Im Falle einer grenzüberschreitenden Verschmelzung hat die FMA den zuständigen Behörden des Herkunftmitgliedstaates des übertragenden OGAW einen Hinweis auf ihre

Bedenken innerhalb der Frist nach Abs. 2 Satz 1 zu übermitteln und nachdem ihr die geänderten Informationen für die Anteilinhaber des übernehmenden OGAW vorgelegt worden sind, den zuständigen Behörden des Herkunftmitgliedstaates des übertragenden OGAW innerhalb von 20 Arbeitstagen mitzuteilen, ob diese geänderten Informationen zufriedenstellend sind.

EB zu § 116 (Art. 2 BGBl. I Nr. 77/2011):

Da auch die Interessen der Anteilinhaber des übernehmenden OGAW angemessen gewahrt bleiben müssen, sind sie von der FMA als der zuständigen Behörde des Herkunftsmitgliedstaats des übernehmenden OGAW zu berücksichtigen (so auch Erwägungsgrund 29 der Richtlinie 2009/65/EG).

EB zu § 116 Abs. 1 (Art. 2 BGBl. I Nr. 77/2011):

Setzt Art. 39 Abs. 3 erster Unterabs. 2. Satz der Richtlinie 2009/65/EG um. Die FMA hat die Angemessenheit der Anlegerinformationen zur Verschmelzung eines übernehmenden OGAW, der von ihr bewilligt ist, zu prüfen.

EB zu § 116 Abs. 2 (Art. 2 BGBl. I Nr. 77/2011):

Setzt Art. 39 Abs. 3 dritter Unterabs. 1. Satz der Richtlinie 2009/65/EG um. Hat die FMA hinsichtlich der Angemessenheit der Informationen für die Anleger des übernehmenden OGAW Bedenken, so kann sie den OGAW spätestens 15 Arbeitstage nach Erhalt der Unterlagen zur Verbesserung auffordern. Im Fall einer inländischen Verschmelzung wird dadurch die Beurteilungsfrist gemäß § 115 Abs. 6 gehemmt. Sobald die verbesserten Informationen bei der FMA einlangen, läuft diese Frist weiter.

EB zu § 116 Abs. 3 (Art. 2 BGBl. I Nr. 77/2011):

Setzt Art. 39 Abs. 3 dritter Unterabs. 2. Satz der Richtlinie 2009/65/EG um. Im Fall einer grenzüberschreitenden Verschmelzung hat die FMA gleichzeitig mit der Aufforderung an den übernehmenden OGAW zur Verbesserung die zuständige Behörde des übertragenden OGAW unter Wahrung der 15-Arbeitstagefrist auf ihre Bedenken hinzuweisen. Spätestens 20 Arbeitstage nach Einlangen der verbesserten Informationen hat sie die zuständige Behörde des übertragenden OGAW zu informieren, ob sie die Information nunmehr für zufriedenstellend erachtet oder weiterhin Bedenken hat.

Verschmelzungsplan

§ 117. (1) Der übertragende OGAW und der übernehmende OGAW haben einen gemeinsamen Verschmelzungsplan zu erstellen, der folgende Angaben zu enthalten hat:

1. Art der Verschmelzung und beteiligte OGAW,
2. Hintergrund und Beweggründe für die geplante Verschmelzung,
3. erwartete Auswirkungen der geplanten Verschmelzung auf die Anteilinhaber sowohl des übertragenden als auch des übernehmenden OGAW,
4. die beschlossenen Kriterien für die Bewertung des Vermögens und gegebenenfalls der Verbindlichkeiten zu dem Zeitpunkt der Berechnung des Umtauschverhältnisses gemäß § 125 Abs. 1 oder 2,
5. Methode zur Berechnung des Umtauschverhältnisses,
6. geplanter effektiver Verschmelzungstermin,
7. die für die Übertragung von Vermögenswerten und den Umtausch von Anteilen geltenden Bestimmungen und

8. im Falle einer Verschmelzung nach § 3 Abs. 2 Z 15 lit. b und gegebenenfalls § 3 Abs. 2 Z 15 lit. c die Fondsbestimmungen oder die Satzung des neu gegründeten übernehmenden OGAW.

(2) Die FMA kann nicht verlangen, dass weitere Informationen in den Verschmelzungsplan aufgenommen werden. Wohl aber können der übertragende und der übernehmende OGAW die Aufnahme weiterer Punkte in den Verschmelzungsplan beschließen.

EB zu § 117 (Art. 2 BGBl. I Nr. 77/2011):

Setzt Art. 40 der Richtlinie 2009/65/EG um.

EB zu § 117 Abs. 1 (Art. 2 BGBl. I Nr. 77/2011):

Setzt Art. 40 Abs. 1 erster Unterabs. der Richtlinie 2009/65/EG um.

EB zu § 117 Abs. 1 Z 5 (Art. 2 BGBl. I Nr. 77/2011):

Die Berechnung des Umtauschverhältnisses obliegt den Abschlussprüfern.

EB zu § 117 Abs. 1 Z 6 (Art. 2 BGBl. I Nr. 77/2011):

Im Rahmen der Festlegung des Datums des Wirksamwerdens der Verschmelzung sollte auch der Zeitpunkt für die Festlegung des einschlägigen Nettovermögensbestandes für Barzahlungen geregelt werden. Üblicherweise wird dabei der Tag vor dem Verschmelzungsstichtag oder derselbe Tag gewählt.

EB zu § 117 Abs. 1 Z 7 (Art. 2 BGBl. I Nr. 77/2011):

Falls die Bedingungen für die Übertragung von Vermögenswerten und für den Umtausch von Anteilen von den Geschäftsleitern frei vereinbart werden können, so sind die entsprechenden Verträge, die diese Bedingungen festlegen, vorzulegen.

EB zu § 117 Abs. 1 Z 8 (Art. 2 BGBl. I Nr. 77/2011):

Im Falle einer Neugründung hat die Bewilligung der FMA sowohl der Verschmelzung als auch der Neugründung erforderlichenfalls unter Auflagen, Bedingungen und Befristungen zu erfolgen.

EB zu § 117 Abs. 2 (Art. 2 BGBl. I Nr. 77/2011):

Setzt Art. 40 Abs. 1 zweiter Unterabs. und Abs. 2 der Richtlinie 2009/65/EG um.

Prüfung des Verschmelzungsplans durch die Verwahrstellen

§ 118. Die Verwahrstellen des übertragenden und des übernehmenden OGAW haben die Übereinstimmung der Angaben nach § 117 Abs. 1 Z 1, 6 und 7 mit den Anforderungen dieses Bundesgesetzes und den Fondsbestimmungen ihres jeweiligen OGAW zu prüfen und deren Ordnungsmäßigkeit zu bestätigen.

EB zu § 118 (Art. 2 BGBl. I Nr. 77/2011):

Setzt Art. 41 der Richtlinie 2009/65/EG um. Bei Verschmelzungen soll auch eine Kontrolle durch Dritte sichergestellt werden. Die Verwahrstellen eines jeden an der Verschmelzung beteiligten OGAW haben die Übereinstimmung des gemeinsamen Verschmelzungsplans mit den einschlägigen Bestimmungen dieser Richtlinie und den Vertragsbedingungen des OGAW zu überprüfen und zu bestätigen (englisch: „verify“) (so auch Erwägungsgrund 31 der Richtlinie 2009/65/EG).

Bestätigung der Abschlussprüfer

§ **119.** (1) Im Rahmen der Verschmelzung eines in Österreich gemäß § 50 bewilligten übertragenden OGAW hat ein unabhängiger Abschlussprüfer folgendes zu bestätigen:

1. die beschlossenen Kriterien für die Bewertung des Vermögens und gegebenenfalls der Verbindlichkeiten zu dem Zeitpunkt der Berechnung des Umtauschverhältnisses gemäß § 125 Abs. 1 oder 2;
2. sofern zutreffend, die Barzahlung je Anteil und
3. die Methode zur Berechnung des Umtauschverhältnisses und das tatsächliche Umtauschverhältnis zu dem Zeitpunkt für die Berechnung dieses Umtauschverhältnisses gemäß § 125 Abs. 1 oder 2.

(2) Die gesetzlichen Abschlussprüfer (§ 49 Abs. 5) des übertragenden oder des übernehmenden OGAW gelten für die Zwecke des Abs. 1 als unabhängige Abschlussprüfer.

(3) Den Anteilinhabern des übertragenden und des übernehmenden OGAW sowie der FMA ist auf Verlangen kostenlos eine Kopie des Berichts des unabhängigen Abschlussprüfers zur Verfügung zu stellen.

EB zu § 119 (Art. 2 BGBl. I Nr. 77/2011):
Setzt Art. 42 der Richtlinie 2009/65/EG um. Ein unabhängiger Wirtschaftsprüfer hat im Auftrag aller an der Verschmelzung beteiligten OGAW einen Bericht zu erstellen, in dem die im gemeinsamen Verschmelzungsplan dargelegten Methoden zur Bewertung des Vermögens und der Verbindlichkeiten dieser OGAW und die Methode zur Berechnung des Umtauschverhältnisses sowie das Umtauschverhältnis zum betreffenden Zeitpunkt und gegebenenfalls die Barzahlung je Anteil bestätigt werden. Um die mit grenzüberschreitenden Verschmelzungen verbundenen Kosten in Grenzen zu halten, kann ein einziger Bericht für alle beteiligten OGAW erstellt werden; dieser Bericht darf durch den gesetzlichen Abschlussprüfer des übertragenden oder des übernehmenden OGAW erstellt werden (so auch Erwägungsgrund 31 der Richtlinie 2009/65/EG).

EB zu § 119 Abs. 1 (Art. 2 BGBl. I Nr. 77/2011):
Setzt Art. 42 Abs. 1 der Richtlinie 2009/65/EG um.

EB zu § 119 Abs. 2 (Art. 2 BGBl. I Nr. 77/2011):
Setzt Art. 42 Abs. 2 der Richtlinie 2009/65/EG um.

EB zu § 119 Abs. 3 (Art. 2 BGBl. I Nr. 77/2011):
Setzt Art. 42 Abs. 3 der Richtlinie 2009/65/EG um. Aus Gründen des Anlegerschutzes haben die Anteilinhaber ein Recht, auf Anfrage und kostenlos eine Kopie des Berichts zu erhalten (so auch Erwägungsgrund 31 der Richtlinie 2009/65/EG).

Information der Anteilinhaber

§ **120.** (1) Der übertragende und der übernehmende OGAW haben jeweils ihren Anteilinhabern geeignete und präzise Informationen über die geplante Verschmelzung zu übermitteln, damit sich diese ein fundiertes Urteil über die Auswirkungen der vorgeschlagenen Verschmelzung auf ihre Anlage bilden können und ihre Rechte gemäß § 123 ausüben können. Die Informationen sind kurz zu halten und in allgemein verständlicher Sprache abzufassen.

(2) Wird eine grenzüberschreitende Verschmelzung vorgeschlagen, so haben der übertragende OGAW und der übernehmende OGAW in leicht verständlicher Sprache sämtliche

Begriffe und Verfahren in Bezug auf den anderen OGAW zu erläutern, die sich von den im eigenen Mitgliedstaat üblichen Begriffen und Verfahren unterscheiden.

(3) Die Informationen für die Anteilinhaber des übertragenden OGAW sind auf Anleger abzustimmen, die von den Merkmalen des übernehmenden OGAW und der Art seiner Tätigkeiten keine Kenntnis haben. Die Anteilinhaber sind dabei auf das Kundeninformationsdokument des übernehmenden OGAW zu verweisen und aufzufordern, dieses zu lesen.

(4) Bei den Informationen für die Anteilinhaber des übernehmenden OGAW liegt der Schwerpunkt auf dem Vorgang der Verschmelzung und den potenziellen Auswirkungen auf den übernehmenden OGAW.

(5) Wurde der übertragende oder der übernehmende OGAW gemäß § 139 notifiziert, so sind die Informationen in der bzw. in einer Amtssprache des Aufnahmemitgliedstaates des jeweiligen OGAW oder in einer von dessen zuständigen Behörden gebilligten Sprache den Anteilinhabern zur Verfügung zu stellen. Der OGAW, der die Informationen zu übermitteln hat, ist für die Erstellung der Übersetzung verantwortlich. Diese Übersetzung hat den Inhalt des Originals zuverlässig wiederzugeben.

(6) Die Informationen gemäß Abs. 1 sind den jeweiligen Anteilinhabern gemäß § 133 mindestens 30 Tage vor der letzten Frist für einen Antrag auf Rücknahme oder Auszahlung oder gegebenenfalls Umwandlung ohne Zusatzkosten gemäß § 123, aber erst nach Zustimmung

1. der FMA, sofern der übertragende OGAW in Österreich bewilligt ist, oder
2. der zuständigen Behörde des Herkunftmitgliedstaates, sofern der übertragende OGAW in einem anderen Mitgliedstaat bewilligt ist,

zu übermitteln.

EB zu § 120 (Art. 2 BGBl. I Nr. 77/2011):

Setzt Art. 43 Abs. 1 der Richtlinie 2009/65/EG und Art. 3 der Richtlinie 2010/44/EU um. Besonders wichtig ist, dass die Anteilinhaber angemessen über die geplante Verschmelzung informiert werden und dass ihre Rechte hinreichend geschützt werden. Wenngleich die Interessen der Anteilinhaber des übertragenden OGAW von der Verschmelzung am stärksten betroffen sind, sind auch die Interessen der Anteilinhaber des übernehmenden OGAW zu wahren (so auch Erwägungsgrund 32 der Richtlinie 2009/65/EG). Die Informationen, die den Anteilinhabern im Falle einer Verschmelzung zu übermitteln sind, haben den Bedürfnissen der Anteilinhaber des übertragenden und des übernehmenden OGAW Rechnung zu tragen und ihnen ein fundiertes Urteil zu ermöglichen (so auch Erwägungsgrund 1 der Richtlinie 2010/44/EU). Bei der Bereitstellung der Informationen, die den Anteilinhabern des übernehmenden OGAW zu übermitteln sind, ist davon auszugehen, dass diese Anteilinhaber mit den Merkmalen des übernehmenden OGAW, mit den Rechten, die sie in Bezug auf den OGAW genießen, und mit der Art seiner Geschäfte bereits weitgehend vertraut sind. Der Schwerpunkt sollte deshalb auf dem Prozess der Verschmelzung und deren möglichen Auswirkungen auf den übernehmenden OGAW liegen (so auch Erwägungsgrund 4 der Richtlinie 2010/44/EU).

EB zu § 120 Abs. 1 (Art. 2 BGBl. I Nr. 77/2011):

Setzt Art. 43 Abs. 1 der Richtlinie 2009/65/EG und Art. 3 Abs. 1 erster Unterabs. der Richtlinie 2010/44/EU um.

EB zu § 120 Abs. 2 (Art. 2 BGBl. I Nr. 77/2011):

Setzt Art. 3 Abs. 1 zweiter Unterabs. der Richtlinie 2010/44/EU um.

EB zu § 120 Abs. 3 (Art. 2 BGBl. I Nr. 77/2011):
Setzt Art. 3 Abs. 2 der Richtlinie 2010/44/EU um.

EB zu § 120 Abs. 4 (Art. 2 BGBl. I Nr. 77/2011):
Setzt Art. 3 Abs. 3 der Richtlinie 2010/44/EU um.

EB zu § 120 Abs. 5 (Art. 2 BGBl. I Nr. 77/2011):
Setzt Art. 43 Abs. 4 der Richtlinie 2009/65/EG um.

EB zu § 120 Abs. 6 (Art. 2 BGBl. I Nr. 77/2011):
Setzt Art. 43 Abs. 2 der Richtlinie 2009/65/EG um.

Inhalt der Informationen für die Anteilinhaber

§ 121. (1) Die Informationen gemäß § 120 haben zumindest folgende Angaben zu enthalten:
1. Hintergrund und Beweggründe für die geplante Verschmelzung;
2. potenzielle Auswirkungen der geplanten Verschmelzung auf die Anteilinhaber, einschließlich aber nicht ausschließlich wesentlicher Unterschiede in Bezug auf Anlagepolitik und -strategie, Kosten, erwartetes Ergebnis, periodische Berichte, etwaige Verwässerung der Performance und gegebenenfalls eine eindeutige Warnung an die Anleger, dass ihre steuerliche Behandlung im Zuge der Verschmelzung Änderungen unterworfen sein kann;
3. spezifische Rechte der Anteilinhaber in Bezug auf die geplante Verschmelzung, einschließlich aber nicht ausschließlich des Rechts auf zusätzliche Informationen, des Rechts, auf Anfrage eine Kopie des Berichts des unabhängigen Abschlussprüfers oder der Verwahrstelle zu erhalten, des Rechts, gemäß § 123 die kostenlose Rücknahme oder Auszahlung oder gegebenenfalls Umwandlung ihrer Anteile zu verlangen, und der Frist für die Wahrnehmung dieses Rechts, wobei folgende Angaben beinhaltet sein müssen:
   a) Angaben zum Umgang mit den angefallenen Erträgen des betreffenden OGAW,
   b) einen Hinweis darauf, wie der in § 119 Abs. 3 genannte Bericht des unabhängigen Abschlussprüfers erhalten werden kann,
4. maßgebliche Verfahrensaspekte, insbesondere Einzelheiten jeder geplanten Aussetzung des Anteilhandels mit dem Ziel, eine effiziente Durchführung der Verschmelzung zu ermöglichen, und Angabe des Zeitpunktes des Wirksamwerdens der Verschmelzung gemäß § 125 (geplanter effektiver Verschmelzungstermin);
5. Kopie des in § 134 Abs. 1 genannten Kundeninformationsdokuments des übernehmenden OGAW.

(2) Die Informationen gemäß § 120 für die Anteilinhaber des übertragenden OGAW haben weiters zu enthalten:
1. Einzelheiten zu Unterschieden hinsichtlich der Rechte von Anteilinhabern des übertragenden OGAW vor und nach Wirksamwerden der vorgeschlagenen Verschmelzung;
2. wenn die Kundeninformationsdokumente des übertragenden OGAW und des übernehmenden OGAW synthetische Risiko- und Ertragsindikatoren in unterschiedlichen Kategorien aufweisen oder in der begleitenden erläuternden Beschreibung unterschiedliche wesentliche Risiken beschrieben werden, einen Vergleich dieser Unterschiede;
3. einen Vergleich sämtlicher Kosten, Gebühren und Aufwendungen beider OGAW auf der Grundlage der in den jeweiligen Kundeninformationsdokumenten genannten Beträge;

4. wenn der übertragende OGAW eine performanceabhängige Gebühr erhebt, eine Erläuterung der Erhebung dieser Gebühr bis Wirksamwerden der Verschmelzung;
5. wenn der übernehmende OGAW eine performanceabhängige Gebühr erhebt, eine Erläuterung der Erhebung dieser Gebühr unter Gewährleistung einer fairen Behandlung der Anteilinhaber, die vorher Anteile des übertragenden OGAW hielten;
6. wenn dem übertragenden oder übernehmenden OGAW oder deren Anteilinhabern gemäß § 124 Kosten im Zusammenhang mit der Vorbereitung und Durchführung der Verschmelzung angelastet werden dürfen, die Einzelheiten der Allokation dieser Kosten;
7. eine Erklärung, ob die Verwaltungsgesellschaft des übertragenden OGAW beabsichtigt, vor Wirksamwerden der Verschmelzung eine Neugewichtung des Portfolios vorzunehmen;
8. sofern im Verschmelzungsplan eine Barzahlung gemäß § 3 Abs. 2 Z 15 lit. a oder b vorgesehen ist, Angaben zur vorgeschlagenen Zahlung, einschließlich Angaben zu Zeitpunkt und Modalitäten der Barzahlung an die Anteilinhaber des übertragenden OGAW;
9. Angabe des Zeitraums, während dessen die Anteilinhaber im übertragenden OGAW noch Aufträge für die Zeichnung und Auszahlung von Anteilen erteilen können;
10. Angabe des Zeitraums, während dessen Anteilinhaber, die ihre gemäß § 123 gewährten Rechte nicht innerhalb der einschlägigen Frist wahrnehmen, ihre Rechte als Anteilinhaber des übernehmenden OGAW wahrnehmen können.

(3) Die Informationen gemäß § 120 für die Anteilinhaber des übernehmenden OGAW haben weiters eine Erklärung zu enthalten, in der mitgeteilt wird, ob die Verwaltungsgesellschaft des übernehmenden OGAW davon ausgeht, dass die Verschmelzung wesentliche Auswirkungen auf das Portfolio des übernehmenden OGAW hat, und ob sie beabsichtigt, vor oder nach Wirksamwerden der Verschmelzung eine Neugewichtung des Portfolios vorzunehmen.

(4) Wird den Informationsunterlagen eine Zusammenfassung der wichtigsten Punkte der vorgeschlagenen Verschmelzung vorangestellt, muss darin auf die Abschnitte der Informationsunterlagen verwiesen werden, die weitere Informationen enthalten.

EB zu § 121 (Art. 2 BGBl. I Nr. 77/2011):

Setzt Art. 43 Abs. 3 der Richtlinie 2009/65/EG und Art. 4 der Richtlinie 2010/44/EU um. Der übertragende und der übernehmende OGAW sind nicht dazu verpflichtet, in das betreffende Informationsdokument andere als die gesetzlich ausdrücklich genannten Informationen aufzunehmen. Es steht dem übertragenden oder dem übernehmenden OGAW jedoch frei, weitere Informationen hinzuzufügen, die im Rahmen der vorgeschlagenen Verschmelzung relevant sind (so auch Erwägungsgrund 2 der Richtlinie 2010/44/EU).

EB zu § 121 Abs. 1 (Art. 2 BGBl. I Nr. 77/2011):

Setzt Art. 43 Abs. 3 der Richtlinie 2009/65/EG um.

EB zu § 121 Abs. 1 Z 1 (Art. 2 BGBl. I Nr. 77/2011):

Setzt Art. 43 Abs. 3 Buchstabe a der Richtlinie 2009/65/EG um.

EB zu § 121 Abs. 1 Z 2 (Art. 2 BGBl. I Nr. 77/2011):

Setzt Art. 43 Abs. 3 Buchstabe b der Richtlinie 2009/65/EG um. Der englische Text verwendet die Wendung „dilution in performance", was in der deutschen Fassung der Richtlinie mit „Verwässerung der Leistung" wiedergegeben wurde. Tatsächlich geht es dabei um eine Abschwächung beziehungsweise ein Nachlassen der Performance im Zuge der Verschmelzung. Der Begriff „Performance" ist im Investmentfondsbereich durchaus üblich und gebräuchlich (siehe zum Beispiel § 5 der Prospektinhalts-Verordnung BGBl. II Nr. 237/2005).

EB zu § 121 Abs. 1 Z 3 (Art. 2 BGBl. I Nr. 77/2011):

Setzt Art. 43 Abs. 3 Buchstabe c der Richtlinie 2009/65/EG und Art. 4 Abs. 3 der Richtlinie 2010/44/EU um.

EB zu § 121 Abs. 1 Z 4 (Art. 2 BGBl. I Nr. 77/2011):

Setzt Art. 43 Abs. 3 Buchstabe d der Richtlinie 2009/65/EG und Art. 4 Abs. 5 Buchstabe b und c der Richtlinie 2010/44/EU um.

EB zu § 121 Abs. 1 Z 5 (Art. 2 BGBl. I Nr. 77/2011):

Setzt Art. 43 Abs. 3 Buchstabe e der Richtlinie 2009/65/EG um.

EB zu § 121 Abs. 2 (Art. 2 BGBl. I Nr. 77/2011):

Setzt Art. 4 Abs. 1 der Richtlinie 2010/44/EU um.

EB zu § 121 Abs. 2 Z 1 (Art. 2 BGBl. I Nr. 77/2011):

Setzt Art. 4 Abs. 1 Buchstabe a der Richtlinie 2010/44/EU um.

EB zu § 121 Abs. 2 Z 2 (Art. 2 BGBl. I Nr. 77/2011):

Setzt Art. 4 Abs. 1 Buchstabe b der Richtlinie 2010/44/EU um.

EB zu § 121 Abs. 2 Z 3 (Art. 2 BGBl. I Nr. 77/2011):

Setzt Art. 4 Abs. 1 Buchstabe c der Richtlinie 2010/44/EU um.

EB zu § 121 Abs. 2 Z 4 (Art. 2 BGBl. I Nr. 77/2011):

Setzt Art. 4 Abs. 1 Buchstabe d der Richtlinie 2010/44/EU um. Die in der deutschen Fassung der Richtlinie verwendete Wendung „an die Wertentwicklung gebundene Gebühr" wird durch die Wendung „performanceabhängige Gebühr" ersetzt, da die Performance der gebräuchlichere Begriff im Zusammenhang mit Investmentfonds ist.

EB zu § 121 Abs. 2 Z 5 (Art. 2 BGBl. I Nr. 77/2011):

Setzt Art. 4 Abs. 1 Buchstabe e der Richtlinie 2010/44/EU um. Die in der deutschen Fassung der Richtlinie verwendete Wendung „an die Wertentwicklung gebundene Gebühr" wird durch die Wendung „performanceabhängige Gebühr" ersetzt, da die Performance der gebräuchlichere Begriff im Zusammenhang mit Investmentfonds ist.

EB zu § 121 Abs. 2 Z 6 (Art. 2 BGBl. I Nr. 77/2011):

Setzt Art. 4 Abs. 1 Buchstabe f der Richtlinie 2010/44/EU um.

EB zu § 121 Abs. 2 Z 7 (Art. 2 BGBl. I Nr. 77/2011):

Setzt Art. 4 Abs. 1 Buchstabe g der Richtlinie 2010/44/EU um.

EB zu § 121 Abs. 2 Z 8 (Art. 2 BGBl. I Nr. 77/2011):

Setzt Art. 4 Abs. 4 der Richtlinie 2010/44/EU um.

EB zu § 121 Abs. 2 Z 9 (Art. 2 BGBl. I Nr. 77/2011):

Setzt Art. 4 Abs. 7 Buchstabe a der Richtlinie 2010/44/EU um.

EB zu § 121 Abs. 2 Z 10 (Art. 2 BGBl. I Nr. 77/2011):

Setzt Art. 4 Abs. 7 Buchstabe b der Richtlinie 2010/44/EU um.

EB zu § 121 Abs. 3 (Art. 2 BGBl. I Nr. 77/2011):

Setzt Art. 4 Abs. 1 der Richtlinie 2010/44/EU um.

EB zu § 121 Abs. 4 (Art. 2 BGBl. I Nr. 77/2011):

Setzt Art. 4 Abs. 8 der Richtlinie 2010/44/EU um. Wird das Informationsdokument durch eine Zusammenfassung ergänzt, so ist das Informationsdokument dennoch kurz zu halten und in allgemein verständlicher Sprache abzufassen (so auch Erwägungsgrund 3 der Richtlinie 2010/44/EU).

Neue Anteilinhaber

§ 122. Zwischen dem Datum der Übermittlung der Informationen gemäß § 120 an die Anteilinhaber und dem Datum des Wirksamwerdens der Verschmelzung sind die Informationsunterlagen gemäß § 120 und das aktuelle Kundeninformationsdokument für die Anleger des übernehmenden OGAW jeder Person zu übermitteln, die entweder im übertragenden oder im übernehmenden OGAW Anteile kauft oder zeichnet oder Kopien der Fondsbestimmungen oder der Satzung, des Prospekts oder des Kundeninformationsdokuments eines der beiden OGAW anfordert.

EB zu § 122 (Art. 2 BGBl. I Nr. 77/2011):

Setzt Art. 6 der Richtlinie 2010/44/EU um.

Rück- und Umtauschrecht der Anteilinhaber

§ 123. Die Anteilinhaber sowohl des übertragenden als auch des übernehmenden OGAW sind berechtigt, ohne weitere Kosten als jene, die gemäß § 59 in Verbindung mit § 53 zur Deckung der Rücknahmekosten einbehalten werden,

1. die Auszahlung oder die Rücknahme ihrer Anteile oder,
2. soweit möglich, deren Umtausch in Anteile eines anderen OGAW mit ähnlicher Anlagepolitik, der von derselben Verwaltungsgesellschaft oder einer anderen Gesellschaft verwaltet wird, mit der die Verwaltungsgesellschaft durch eine gemeinsame Verwaltung oder Kontrolle oder durch eine wesentliche direkte oder indirekte Beteiligung verbunden ist,

zu verlangen. Dieses Recht wird ab dem Zeitpunkt wirksam, zu dem die Anteilinhaber des übertragenden OGAW und die Anteilinhaber des übernehmenden OGAW nach § 120 über die geplante Verschmelzung unterrichtet werden, und erlischt fünf Arbeitstage vor dem Zeitpunkt für die Berechnung des Umtauschverhältnisses gemäß § 125 Abs. 1 oder 2.

EB zu § 123 (Art. 2 BGBl. I Nr. 77/2011):

Setzt Art. 45 Abs. 1 der Richtlinie 2009/65/EG um. Die Anteilinhaber sowohl des übertragenden als auch des übernehmenden OGAW haben das Recht, die Rücknahme oder die Auszahlung ihrer Anteile zu verlangen oder sie, soweit möglich, in Anteile eines anderen OGAW mit ähnlicher Anlagepolitik, der von derselben Verwaltungsgesellschaft oder von einer mit ihr verbundenen anderen Gesellschaft verwaltet wird, umzuwandeln (so auch Erwägungsgrund 30 der Richtlinie 2009/65/EG). Bei der Wahrnehmung des Rechts der Anteilinhaber auf Rückgabe oder Umwandlung der Anteile dürfen für die Anteilinhaber keine zusätzlichen Kosten anfallen; es darf lediglich den Gebühren unterliegen, die von den jeweiligen OGAW zur Deckung der Kosten für die Auflösung der Anlagen in allen Situationen, wie in den Prospekten der übertragenden und der übernehmenden OGAW aufgeführt, einbehalten werden (so auch Erwägungsgrund 30 der Richtlinie 2009/65/EG). Das Wahlrecht des Art. 45 Abs. 2 der Richtlinie 2009/65/EG wird nicht ausgeübt.

Verlangen Anteilinhaber anlässlich einer Verschmelzung des OGAW, dessen Anteile sie halten, den Umtausch dieser Anteile in Anteile eines anderen OGAW (Z 2), so stellt dieser Tausch aus steuerlicher Sicht einen Realisierungsvorgang dar, womit es zu einer Besteuerung gemäß § 186 Abs. 3 kommt. Die Anschaffungskosten der neu erhaltenen Anteile entsprechen daher dem Rückkaufswert im Zeitpunkt des Tausches.

Kosten

§ 124. Etwaige Rechts-, Beratungs- oder Verwaltungskosten, die mit der Vorbereitung und Durchführung der Verschmelzung verbunden sind, dürfen weder dem übertragenden OGAW, dem übernehmenden OGAW noch ihren Anteilinhabern angelastet werden.

EB zu § 124 (Art. 2 BGBl. I Nr. 77/2011):
Setzt Art. 46 der Richtlinie 2009/65/EG um. Der Begriff „Kosten" umfasst alle mit der Verschmelzung im Zusammenhang stehenden Kosten. Diese Kosten sind von der Verwaltungsgesellschaft zu tragen, und nicht von den Anlegern (so auch die Meinung der Europäischen Kommission im Rahmen des Umsetzungsworkshops zur Richtlinie 2009/65/EG).

Wirksamwerden

§ 125. (1) Eine inländische Verschmelzung ist mit dem im Verschmelzungsplan gemäß § 117 Abs. 1 Z 6 angeführten Datum wirksam. Für die Berechnung des Verhältnisses für den Umtausch von Anteilen des übertragenden OGAW in Anteile des übernehmenden OGAW und, sofern zutreffend, für die Festlegung des einschlägigen Nettovermögensbestandes für Barzahlungen ist der im Verschmelzungsplan angegebene Zeitpunkt maßgeblich.

(2) Für grenzüberschreitende Verschmelzungen, bei denen der übernehmende OGAW in Österreich bewilligt ist, gelten die Fristen gemäß Abs. 1, wobei die allenfalls erforderliche Bewilligung durch die Anteilinhaber des übertragenden OGAW jedenfalls abzuwarten ist. Bei grenzüberschreitenden Verschmelzungen, bei denen der übernehmende OGAW in einem anderen Mitgliedstaat bewilligt ist, richten sich die Fristen gemäß Abs. 1 nach dem Recht des Herkunftsstaates des übernehmenden OGAW.

(3) Das Wirksamwerden der Verschmelzung ist gemäß § 136 Abs. 4 Z 1, 3 oder 4 zu veröffentlichen und der FMA sowie, im Falle einer grenzüberschreitenden Verschmelzung der zuständigen Behörde des Herkunftmitgliedstaates des übertragenden oder übernehmenden OGAW mitzuteilen.

(4) Eine Verschmelzung, die gemäß Abs. 1 oder 2 wirksam geworden ist, kann nicht mehr für nichtig erklärt werden.

EB zu § 125 (Art. 2 BGBl. I Nr. 77/2011):
Setzt Art. 47 der Richtlinie 2009/65/EG um.

EB zu § 125 Abs. 1 (Art. 2 BGBl. I Nr. 77/2011):
Setzt Art. 47 Abs. 1 erster Unterabs. der Richtlinie 2009/65/EG um. Der Zeitpunkt des Wirksamwerdens der Verschmelzung ist im Verschmelzungsplan festzulegen, den die FMA ob seiner Gesetzeskonformität einschließlich der Wahrung der Interessen der Anleger zu prüfen hat. Die Übertragung der Vermögenswerte sollte daher zu einem Stichtag erfolgen und auch zu diesem Stichtag die Werte des übertragenden und des übernehmenden OGAW

berechnet werden, das Umtauschverhältnis festgelegt sein und sämtliche Vermögensgegenstände übernommen worden sein.

EB zu § 125 Abs. 2 (Art. 2 BGBl. I Nr. 77/2011):
Setzt Art. 47 Abs. 1 zweiter Unterabs. der Richtlinie 2009/65/EG um.

EB zu § 125 Abs. 3 (Art. 2 BGBl. I Nr. 77/2011):
Setzt Art. 47 Abs. 2 der Richtlinie 2009/65/EG um.

EB zu § 125 Abs. 4 (Art. 2 BGBl. I Nr. 77/2011):
Setzt Art. 47 Abs. 3 der Richtlinie 2009/65/EG um.

EB zu § 125 Abs. 3 (Art. 2 BGBl. I Nr. 115/2015):
Berichtigung eines Verweisfehlers.

Auswirkungen der Verschmelzung

§ 126. (1) Eine gemäß § 3 Abs. 2 Z 15 lit. a (Bruttoverschmelzung durch Aufnahme) durchgeführte Verschmelzung hat folgende Auswirkungen:
1. Alle Vermögenswerte und Verbindlichkeiten des übertragenden OGAW werden auf den übernehmenden OGAW oder, sofern zutreffend, auf die Verwahrstelle des übernehmenden OGAW übertragen;
2. die Anteilinhaber des übertragenden OGAW werden Anteilinhaber des übernehmenden OGAW, und sie haben gegebenenfalls Anspruch auf eine Barzahlung in Höhe von höchstens 10 vH des Nettovermögensbestandes ihrer Anteile an dem übertragenden OGAW, und
3. die Bewilligung des übertragenden OGAW erlischt mit Inkrafttreten der Verschmelzung.

(2) Eine gemäß § 3 Abs. 2 Z 15 lit. b (Bruttoverschmelzung durch Neubildung) durchgeführte Verschmelzung hat folgende Auswirkungen:
1. Alle Vermögenswerte und Verbindlichkeiten des übertragenden OGAW werden auf den neu gegründeten übernehmenden OGAW übertragen;
2. die Anteilinhaber des übertragenden OGAW werden Anteilinhaber des neu gebildeten übernehmenden OGAW, und sie haben gegebenenfalls Anspruch auf eine Barzahlung in Höhe von höchstens 10 vH des Nettovermögensbestandes ihrer Anteile an dem übertragenden OGAW, und
3. die Bewilligung des übertragenden OGAW erlischt mit Inkrafttreten der Verschmelzung.

(3) Eine gemäß § 3 Abs. 2 Z 15 lit. c (Nettoverschmelzung) durchgeführte Verschmelzung hat folgende Auswirkungen:
1. Die Nettovermögenswerte des übertragenden OGAW werden auf den übernehmenden OGAW übertragen;
2. die Anteilinhaber des übertragenden OGAW werden Anteilinhaber des übernehmenden OGAW, und
3. die Bewilligung des übertragenden OGAW erlischt erst, wenn alle Verbindlichkeiten getilgt sind.

(4) Die Verwaltungsgesellschaft des übernehmenden OGAW hat der Verwahrstelle des übernehmenden OGAW zu bestätigen, dass die Übertragung der Vermögenswerte und im Falle des Abs. 1 oder 2 der Verbindlichkeiten abgeschlossen ist.

(5) Die Bestimmungen über die Kontrolle von Unternehmenszusammenschlüssen nach dem Kartellgesetz 2005 – KartG 2005 (BGBl. I Nr. 61/2005) sowie gemäß der Verordnung (EG) Nr. 139/2004 über die Kontrolle von Unternehmenszusammenschlüssen („EG-Fusionskontrollverordnung") bleiben unberührt.

EB zu § 126 (Art. 2 BGBl. I Nr. 77/2011):
Setzt Art. 48 der Richtlinie 2009/65/EG um.

EB zu § 126 Abs. 1 (Art. 2 BGBl. I Nr. 77/2011):
Setzt Art. 48 Abs. 1 der Richtlinie 2009/65/EG um.

EB zu § 126 Abs. 2 (Art. 2 BGBl. I Nr. 77/2011):
Setzt Art. 48 Abs. 2 der Richtlinie 2009/65/EG um.

EB zu § 126 Abs. 3 (Art. 2 BGBl. I Nr. 77/2011):
Setzt Art. 48 Abs. 3 der Richtlinie 2009/65/EG um.

EB zu § 126 Abs. 4 (Art. 2 BGBl. I Nr. 77/2011):
Setzt Art. 48 Abs. 4 der Richtlinie 2009/65/EG um.

EB zu § 126 Abs. 5 (Art. 2 BGBl. I Nr. 77/2011):
Die in diesem Bundesgesetz enthaltenen Bestimmungen über Verschmelzungen lassen die Anwendung von Rechtsvorschriften über die Kontrolle von Unternehmenszusammenschlüssen, insbesondere der Verordnung (EG) Nr. 139/2004 des Rates vom 20. Januar 2004 über die Kontrolle von Unternehmenszusammenschlüssen („EG-Fusionskontrollverordnung"), unberührt (so auch Erwägungsgrund 33 der Richtlinie 2009/65/EG).

Erleichterungen für Fondszusammenlegungen ohne grenzübergreifenden Bezug

§ **127.** (1) Die Verschmelzung (Zusammenlegung) von in Österreich bewilligten OGAW, die nicht gemäß § 139 in einem anderen Mitgliedstaat zum Vertrieb notifiziert sind, richtet sich nach den §§ 114 Abs. 3, 119 sowie 122 bis 126. Die §§ 120 und 125 sowie § 3 Abs. 2 Z 15 lit. c sind nicht anzuwenden. Die FMA darf die Bewilligung nur erteilen, wenn die Interessen aller Anleger hinreichend gewahrt sind.

(2) Die Verwaltungsgesellschaft des übernehmenden bzw. neu zu bildenden OGAW kann das aus der Vereinigung entstandene Fondsvermögen ab dem Zusammenlegungsstichtag als OGAW aufgrund dieses Bundesgesetzes verwalten, sofern der Zusammenlegungsstichtag unter Einhaltung einer mindestens dreimonatigen Ankündigungsfrist veröffentlicht wird. In der Veröffentlichung sind die von der Zusammenlegung betroffenen OGAW, der Bewilligungsbescheid der FMA, Angaben über den Anteilumtausch, Angaben über die den zusammengelegten oder den neu gebildeten OGAW verwaltende Verwaltungsgesellschaft, ein allfälliger Depotbankwechsel (§ 61) und die ab dem Zusammenlegungsstichtag geltenden Fondsbestimmungen (§ 53) anzuführen. Bruchteilsanteile sind bar abzugelten. Die Zusammenlegung eines OGAW mit einem AIF ist nicht zulässig.

(3) Die Verwaltungsgesellschaft kann die Verwaltung eines OGAW mit Bewilligung der FMA ohne Kündigung nach § 60 Abs. 1 durch Übertragung der zum Fondsvermögen gehörenden Vermögenswerte in einen anderen, von der gleichen oder einer anderen Verwaltungsgesellschaft verwalteten OGAW oder durch Zusammenlegung im Wege der Neubildung beenden. Die Bestimmungen des Abs. 1 sind anzuwenden. Dem Anteilinhaber dürfen durch diese Vorgangsweise keine Kosten entstehen. Sie tritt mit dem in der Veröffentlichung angegebenen Tag, frühestens jedoch drei Monate nach der Veröffentlichung, in Kraft.

EB zu § 127 (Art. 2 BGBl. I Nr. 77/2011):

Entspricht im wesentlichen § 3 Abs. 2 und § 14 Abs. 4 InvFG 1993. Die Regelung des Verschmelzungsverfahrens im Rahmen der Richtlinie 2009/65/EG bezieht sich auf Verschmelzungen mit grenzübergreifendem Bezug, also einerseits Verschmelzungen von OGAW, die in verschiedenen Mitgliedstaaten aufgelegt und bewilligt sind und solche inländische Fondsverschmelzungen, bei denen zwar beide OGAW in Österreich bewilligt sind, aber zumindest einer der zu verschmelzenden OGAW auch in einem anderen Mitgliedstaat zum Vertrieb notifiziert ist. Daneben sind auch nicht in der Richtlinie vorgesehene Verschmelzungsverfahren für Verschmelzungen rein innerstaatlicher OGAW, die auch nicht zum Vertrieb in einem anderen Mitgliedstaat notifiziert sind, zulässig (so auch Erwägungsgrund 28 der Richtlinie 2009/65/EG). In diesem Sinne wird an dieser Stelle das in § 3 Abs. 2 und § 14 Abs. 4 InvFG 1993 geregelte Fondszusammenlegungsverfahren übernommen und mittels relevanter Verweise in das Gesamtgefüge des neuen Verschmelzungsregimes eingefügt. Der wesentliche Unterschied zum Verfahren gemäß § 114 Abs. 1 oder 2 besteht in der Veröffentlichung der Anteilinhaberinformationen anstatt der Mitteilung; zudem ist die Anteilinhaberinformation vergleichsweise gestrafft. Das Verfahren der Genehmigung durch die FMA bestand bereits bisher und wird der Klarheit halber auf die nun detaillierter geregelten Verfahrensbestimmungen verwiesen.

4. Hauptstück
Information der Anleger, Werbung und Vertrieb

EB zum 4. Hauptstück (Information der Anleger, Werbung und Vertrieb) (Art. 2 BGBl. I Nr. 77/2011):

In diesem Hauptstück werden sämtliche Spezialvorschriften für den Vertrieb von OGAW geregelt. Zum einen ist für das (öffentliche) Angebot von Anteilen an OGAW die vorherige Bewilligung des OGAW durch die FMA ebenso wie die Bewilligung der Fondsbestimmungen erforderlich. Für diese Fondsbestimmungen finden sich eigene Vorschriften in diesem Bundesgesetz ebenso wie für den Prospekt, der abweichend vom KMG in diesem Bundesgesetz gesondert geregelt ist. Daneben sind die Informationspflichten im Rahmen des Vertriebs von OGAW-Anteilen durch die Verwaltungsgesellschaften geregelt; auf den Vertrieb durch Dritte finden grundsätzlich die Vorschriften des WAG 2007 Anwendung. Auf die in § 138 Abs. 2 enthaltenen Pflichten der Intermediäre zur Bereitstellung des KID (ein entsprechender Verweis wird in § 40 Abs. 5 WAG 2007 aufgenommen) wird an dieser Stelle hingewiesen. Im Übrigen sind im Rahmen des Direktvertriebes von OGAW-Anteilen durch Verwaltungsgesellschaften vor allem die §§ 20, 21, 23 und 31 maßgeblich. Besondere Regelungen einschließlich eines Notifikationserfordernisses finden sich auch für den grenzüberschreitenden Vertrieb.

1. Abschnitt
Werbung und Angebot von Anteilen

EB zum 1. Abschnitt (Werbung und Angebot von Anteilen) (Art. 2 BGBl. I Nr. 77/2011):

In diesem Abschnitt werden Sondervorschriften für die Werbung mit OGAW-Anteilen festgelegt. Neben der Notwendigkeit des Hinweises auf den Prospekt und dessen Verfügbarkeit sind auch besondere inhaltliche Anforderungen normiert. Zum einen muss im Zusammenhang mit einem Hinweis auf die Wertentwicklung des Fonds dargelegt werden, dass die vergangene Wertentwicklung keine verlässlichen Rückschlüsse für die Zukunft zulässt. Zum anderen sind inhaltliche Anforderungen im Hinblick auf Redlichkeit, Eindeutigkeit und eindeutige Erkennbarkeit der Marketing-/Werbeanzeige vorgesehen.

Werbung für OGAW-Anteile

§ **128.** (1) Die Werbung für Anteile an OGAW darf nur unter gleichzeitigem Hinweis auf den gemäß § 136 Abs. 4 veröffentlichten Prospekt (§ 131) und das gemäß § 138 zur Verfügung zu stellende Kundeninformationsdokument (§ 134) erfolgen und hat anzugeben, auf welche Weise und in welcher Sprache dieser Prospekt sowie das Kundeninformationsdokument für den Anleger oder potenziellen Anleger erhältlich und zugänglich sind.

(2) Werbung an die Anleger muss

1. eindeutig als solche erkennbar,
2. redlich,
3. eindeutig und
4. nicht irreführend

sein. Insbesondere darf eine Werbung, die eine Aufforderung zum Erwerb von Anteilen eines OGAW und spezifische Informationen über einen OGAW enthält, keine Aussagen treffen, die im Widerspruch zu Informationen des Prospekts und des in § 134 Abs. 1 genannten Kundeninformationsdokuments stehen oder die Bedeutung dieser Informationen herabstufen.

(3) Die Werbung für Anteile an OGAW, in der auf die vergangene Wertentwicklung des Fonds Bezug genommen wird, hat einen Hinweis zu enthalten, aus welchem hervorgeht, dass die Wertentwicklung der Vergangenheit keine verlässlichen Rückschlüsse auf die zukünftige Entwicklung eines Fonds zulässt.

(4) Ein Feeder-OGAW hat in jede Werbung den Hinweis aufzunehmen, dass er dauerhaft mindestens 85 vH seines Vermögens in Anteile eines bestimmten Master-OGAW anlegt.

(5) Weiters ist in der Werbung an hervorgehobener Stelle auf folgende Tatsachen hinzuweisen:

1. die Anlagestrategie des OGAW, falls der OGAW hauptsächlich in den in § 67 Abs. 1 Z 3 bis 5 definierten Kategorien von Anlageinstrumenten, die keine Wertpapiere oder Geldmarktinstrumente sind, investiert oder einen Aktien- oder Schuldtitelindex nachbildet;
2. eine erhöhte Volatilität, falls das Nettovermögen eines OGAW aufgrund der Zusammensetzung seines Portfolios oder der verwendeten Portfoliomanagementtechniken eine erhöhte Volatilität aufweist;
3. die Bewilligung der Fondsbestimmungen durch die FMA im Falle eines OGAW im Sinne des § 76.

(6) Ein OGAW im Sinne des § 76 hat weiters die Mitgliedstaaten, Gebietskörperschaften oder internationalen Einrichtungen öffentlich-rechtlichen Charakters, in deren Wertpapieren der OGAW mehr als 35 vH seines Sondervermögens anzulegen beabsichtigt oder angelegt hat, anzugeben.

EB zu § 128 (Art. 2 BGBl. I Nr. 77/2011):

Setzt Art. 77 der Richtlinie 2009/65/EG um und entspricht inhaltlich weitgehend § 43 InvFG 1993. Die Bestimmung legt besondere Anforderungen für die Werbung im Zusammenhang mit OGAW-Anteilen fest. Sie verdrängt insoweit § 4 KMG. Im Rahmen des Vertriebes von OGAW-Anteilen durch Dritte ist zusätzlich § 41 WAG 2007 anzuwenden. Der Begriff der Werbung oder des Marketing ist synonym zu verstehen und im einschlägigen

EU-Finanzmarktrecht nicht eigens definiert. Lediglich in der wettbewerbsrechtlichen kodifizierten Werberichtlinie (Richtlinie 2006/114/EG über irreführende und vergleichende Werbung, ABl. Nr. L 376 vom 27.12.2006, S. 21) findet sich eine Definition, nicht aber im die vorgenannte Richtlinie umsetzenden UWG. Die Werberichtlinie definiert „Werbung" als jede Äußerung bei der Ausübung eines Handels, Gewerbes, Handwerks oder freien Berufs mit dem Ziel, den Absatz von Waren oder die Erbringung von Dienstleistungen, einschließlich unbeweglicher Sachen, Rechte und Verpflichtungen, zu fördern. Diese Definition findet sich so im Wesentlichen auch bereits in der einschlägigen Literatur (siehe Heidinger/Paul, *Kommentar zum Investmentfondsgesetz (2005), § 43 Rz 4 und* Kreisl *in* Macher et al, *InvFG-Komm 2008, § 43 Rz 14) Der Begriff der Werbung ist also sehr weit zu verstehen. Die Verbreitung der Werbung kann über verschiedenste Medien erfolgen – siehe dazu die beispielhafte Aufzählung in Art. 34 der Prospekt-Verordnung (EG) 809/2004. Der Begriff der Werbung schließt den Begriff der Marketing-Mitteilung grundsätzlich ein und umgekehrt.*

EB zu § 128 Abs. 1 (Art. 2 BGBl. I Nr. 77/2011):

Setzt Art. 77 der Richtlinie 2009/65/EG um. Die Werbung darf nur unter gleichzeitigem Hinweis auf den veröffentlichten Prospekt erfolgen. Dies setzt grundsätzlich voraus, dass der OGAW bereits von der FMA bewilligt worden ist. Die Richtlinie 2009/65/EG fordert, dass der Prospekt „existiert". Davor ist eine Werbung absolut unzulässig. Außerdem muss in der Werbung ein Hinweis enthalten sein, wo, in welcher Sprache und auf welche Weise der Prospekt und das Kundeninformationsdokument (KID) erhältlich sind. Zu den Anforderungen an die Sprache des Prospektes und des KID siehe § 138 Abs. 7.

EB zu § 128 Abs. 2 (Art. 2 BGBl. I Nr. 77/2011):

Art. 77 der Richtlinie 2009/65/EG sieht – ähnlich wie die MiFID (Richtlinie 2004/39/EG) und die Prospekt-Richtlinie (Richtlinie 2003/71/EG) mehrere inhaltliche Anforderungen an die Werbung vor. So ist all diesen Bestimmungen gemeinsam, dass die Werbung nicht irreführend sein darf. Während aber die Prospekt-Richtlinie in Art. 15 Abs. 3 und ihr folgend das KMG das Verbot der „unrichtigen" (englisch: „inaccurate") Werbung normiert, enthält Art. 19 Abs. 2 MiFID und ihr folgend § 41 Abs. 2 WAG 2007 das Gebot der „redlichen und eindeutigen" („fair and clear") Werbung. Der EU-Gesetzgeber ist sich der graduellen Unterschiede durchaus bewusst. Für die Zukunft wird derzeit eine mögliche Harmonisierung der verschiedenen Normen in diesem Bereich (Prospekt-Richtlinie, MiFID, OGAWRichtlinie und Versicherungsvermittlerrichtlinie) überlegt (Projekt betreffend „Packaged Retail Investor Products – PRIPS"). Während „unrichtig" mit „objektiv falsch und unwahr" gleichzusetzen ist, stellt der Begriff der Redlichkeit oder „Fairness" ein subjektives Kriterium dar und stellt an den Werbenden oder Informierenden eine materielle Anforderung der Gutgläubigkeit (siehe auch die reichhaltige Judikatur und interpretative Ausformung des Begriffes der Redlichkeit im allgemeinen Zivilrecht (§§ 326, 367 ABGB). De lege lata *ist eine richtliniengetreue und daher eigenständige Regelung in diesem Bundesgesetz unter Heranziehung des Wortlautes der Richtlinie 2009/65/EG geboten. Dies gilt auch für die im Vergleich zu Art. 15 Prospekt-Richtlinie und § 4 Abs. 3 KMG fehlende Differenzierung zwischen bereits veröffentlichten und nicht veröffentlichten Prospekten. Aufgrund des Genehmigungserfordernisses des OGAW durch die FMA – im Unterschied zu Produkten, für die ein Prospekt nach dem KMG zu veröffentlichen ist, – erscheint es auch sachgerecht, dass eine Werbung für einen solchen OGAW erst nach Bewilligung durch die FMA – und folglich nach Veröffentlichung des Prospektes – erfolgt (in diesem Sinne auch* Heidinger/Paul, *Kommentar zum Investmentfondsgesetz (2005), § 43 Rz 6 für die*

Rechtslage nach dem InvFG 1993). Dies ist auch im Sinne einer Überprüfbarkeit der Irreführung erforderlich.

Eine Werbung betreffend einen OGAW darf auch nicht im Widerspruch zum Prospekt oder zum Kundeninformationsdokument stehen und muss als solche klar erkennbar sein. Marketing-Anzeigen sind klar von den obligatorischen Informationen in Form des Prospektes, des Kundeninformationsdokumentes sowie der Jahres- und Halbjahresberichte zu unterscheiden (so auch Erwägungsgrund 58 der Richtlinie 2009/65/EG).

EB zu § 128 Abs. 3 (Art. 2 BGBl. I Nr. 77/2011):

Setzt Art. 77 der Richtlinie 2009/65/EG um und entspricht § 43 Abs. 2 InvFG 1993. Die Bestimmung beinhaltet ein besonderes kapitalmarktrechtliches Irreführungsverbot. Dadurch soll der Anleger vor irreführenden Performanceangaben geschützt werden (siehe auch bereits EBRV 917 BlgNR XX. GP (zu § 43), 16). Unter einer Bezugnahme auf die vergangene Wertentwicklung sind neben prozentualen, absoluten und relativen Wertangaben auch wörtliche Umschreibungen zu verstehen. Diese Bestimmung richtet sich sowohl an in Österreich bewilligte OGAW als auch an OGAW, die in einem anderen Mitgliedstaat bewilligt aber in Österreich gemäß § 140 vertrieben werden.

EB zu § 128 Abs. 4 (Art. 2 BGBl. I Nr. 77/2011):

Setzt Art. 63 Abs. 4 der Richtlinie 2009/65/EG um. Um ein hohes Schutzniveau für die Interessen der Anleger des Feeder-OGAW zu gewährleisten, haben der Prospekt, das Kundeninformationsdokument sowie alle Marketing-Anzeigen den besonderen Merkmalen von Master-Feeder-Strukturen Rechnung zu tragen. Die Anlage eines Feeder-OGAW in einen Master-OGAW sollte nicht seine Fähigkeit beeinträchtigen, auf Antrag der Anteilinhaber Anteile zurückzunehmen oder auszuzahlen oder ganz im Interesse seiner Anteilinhaber zu handeln (so auch Erwägungsgrund 54 der Richtlinie 2009/65/EG).

EB zu § 128 Abs. 5 (Art. 2 BGBl. I Nr. 77/2011):

Setzt Art. 70 Abs. 2 der Richtlinie 2009/65/EG um.

EB zu § 128 Abs. 6 (Art. 2 BGBl. I Nr. 77/2011):

Setzt Art. 54 Abs. 3 der Richtlinie 2009/65/EG um.

Angebot von Anteilen

§ 129. (1) Ein Angebot von Anteilen an OGAW darf – abgesehen von den Bestimmungen des 5. Abschnittes – im Inland nur erfolgen, wenn der OGAW gemäß § 50 von der FMA bewilligt wurde, spätestens einen Arbeitstag vor dem Angebot das KID gemäß § 138 verfügbar ist und der Prospekt gemäß § 136 Abs. 4 veröffentlicht wurde.

(2) Sowohl der von der Verwaltungsgesellschaft unterfertigte Prospekt samt Fondsbestimmungen sowie dessen Änderungen (§ 131 Abs. 6) als auch das KID in aktueller Fassung und etwaige Übersetzungen sind der Meldestelle so rechtzeitig zu übermitteln, dass sie ihr spätestens am Tag der Veröffentlichung des Prospektes vorliegen. Die FMA kann nach Anhörung der Meldestelle mittels Verordnung unter Bedachtnahme auf die europäischen Gepflogenheiten in diesem Bereich die näheren Erfordernisse einer elektronischen Hinterlegung dieser Unterlagen festlegen und mittels Verordnung auch die Übermittlung ausschließlich in elektronischer Form vorschreiben. § 12 Abs. 1, 2 und 3 Z 1 und 2 KMG gilt mit der Maßgabe, dass die Verwahrungsfrist für die Meldestelle vom Abwicklungszeitpunkt des OGAW zu berechnen ist und dass die Unterrichtungspflicht gemäß § 12 Abs. 3

Z 2 KMG nur bei besonderem Anlass auf Verlangen des Bundesministers für Finanzen, der FMA oder der Oesterreichischen Nationalbank besteht.

(3) Sofern in Vereinbarungen zum Nachteil des Verbrauchers im Sinne des § 1 Abs. 1 Z 2 und Abs. 3 KSchG von den Bestimmungen dieses Bundesgesetzes abgewichen wird, sind diese unwirksam.

EB zu § 129 (Art. 2 BGBl. I Nr. 77/2011):

Regelt die konkreten Voraussetzungen für das Angebot von OGAW-Anteilen, wobei zusätzlich zur Bewilligung des OGAW durch die FMA noch bestimmte Verfahren betreffend die Prospektveröffentlichung und -hinterlegung einzuhalten sind.

EB zu § 129 Abs. 1 (Art. 2 BGBl. I Nr. 77/2011):

Entspricht § 6 Abs. 1 Sätze 1 und 2 InvFG 1993. Von dieser Bestimmung ist der Regelungsinhalt von § 138 zu unterscheiden. Hier wird geregelt, unter welchen Bedingungen das öffentliche Angebot von OGAW-Anteilen erfolgen darf. § 138 regelt, welche Informationen und Unterlagen dem einzelnen Anleger vor dessen Erwerb seiner OGAW-Anteile zur Verfügung zu stellen sind. Die Anforderungen gelten grundsätzlich nur für ein öffentliches Angebot im EWR (siehe auch § 4).

EB zu § 129 Abs. 2 (Art. 2 BGBl. I Nr. 77/2011):

Entspricht § 6 Abs. 3 InvFG 1993. Während im Rahmen des Notifikationsverfahrens (§§ 139 bis 142) ausdrücklich in der Richtlinie 2009/65/EG und in der Verordnung (EU) Nr. 584/2010 festgelegt ist, dass die Informationen elektronisch zu übermitteln sind und in Zukunft auch ESMA-Guidelines zur elektronischen Übermittlung zu erwarten sind, gibt es im Bereich der Hinterlegung des Prospektes noch keine solchen konkreten Regelungen auf EU-Ebene. Es ist aber nicht auszuschließen, dass in Zukunft solche Guidelines von ESMA auch für diesen Bereich beschlossen werden, auf die die FMA in ihrer Verordnung Bedacht nehmen sollte. Bislang ist die Art der Hinterlegung beziehungsweise Übermittlung der Unterlagen an die Behörde oder an die von dieser benannten Stelle noch nicht EU-rechtlich determiniert. Im Interesse der Rechtssicherheit und einer effizienten Handhabung für alle Beteiligten ist daher eine nähere Determinierung mittels Verordnung, insbesondere auch im Hinblick auf die Art der Nachtragshinterlegung (beispielsweise konsolidierte Fassungen) zweckmäßig.

EB zu § 129 Abs. 3 (Art. 2 BGBl. I Nr. 77/2011):

Setzt Art. 99 der Richtlinie 2009/65/EG um und entspricht vergleichbaren Bestimmungen in anderen Finanzmarktaufsichtsgesetzen.

Schutz von Bezeichnungen

§ 130. (1) Die Bezeichnungen „Kapitalanlagegesellschaft", „Kapitalanlagefonds", „Investmentfondsgesellschaft", „Investmentfonds", „Miteigentumsfonds", „Wertpapierfonds", „Aktienfonds", „Obligationenfonds", „Investmentanteilscheine", „Investmentzertifikate", „Pensionsinvestmentfonds", „Spezialfonds", „Indexfonds", „Anleihefonds", „Rentenfonds", „Dachfonds", „thesaurierende Kapitalanlagefonds", „Geldmarktfonds", „Geldmarktfonds mit kurzer Laufzeitstruktur", „OGAW-ETF", „UCITS ETF", „ETF", „Exchange-Traded Fund" oder gleichbedeutende Bezeichnungen oder Abkürzungen von solchen Bezeichnungen dürfen nur für Kapitalanlagefonds und deren Anteilscheine verwendet sowie nur in die Firma von Verwaltungsgesellschaften aufgenommen werden. Die Bezeichnung „OGAW" darf nur für OGAW und deren Anteile verwendet werden. Der

Zusatz „mündelsicher" oder gleichbedeutende Bezeichnungen oder Abkürzungen dürfen in der Bezeichnung von Kapitalanlagefonds und deren Anteilscheinen nur für OGAW gemäß § 46 Abs. 3 verwendet werden.

(2) Verwaltungsgesellschaften aus einem EWR-Mitgliedstaat dürfen für die Ausübung ihrer Tätigkeit im Rahmen des 2. Teiles 1. Hauptstück 3. Abschnitt dieselben allgemeinen Bezeichnungen führen, die sie in ihrem Sitzstaat führen. Sie müssen jedoch solchen Bezeichnungen geeignete klarstellende Zusätze beifügen, wenn die Gefahr der Irreführung besteht.

EB zu § 130 (Art. 2 BGBl. I Nr. 77/2011):

Entspricht § 19 InvFG 1993.

EB zu § 130 (Art. 5 BGBl. I Nr. 135/2013):

Durch die Änderung dieser Bestimmung wird klargestellt, dass die Begriffe OGAW-ETF, UCITS ETF, ETF bzw. Exchange-Traded Fund, wie von den Leitlinien ESMA/2012/832DE vorgegeben, vom Bezeichnungsschutz erfasst werden.

2. Abschnitt
Prospekt und Informationen für die Anleger

EB zum 2. Abschnitt (Prospekt und Informationen für die Anleger) (Art. 2 BGBl. I Nr. 77/2011):

Dieser Abschnitt regelt die inhaltlichen Anforderungen an Prospekt und individuelle und punktuelle Informationspflichten.

OGAW-Prospekt

§ 131. (1) Der Prospekt hat die Angaben zu enthalten, die erforderlich sind, damit sich die Anleger über die ihnen vorgeschlagene Anlage und vor allem über die damit verbundenen Risiken ein fundiertes Urteil bilden können.

(2) Der Prospekt muss – unabhängig von der Art der Instrumente, in die investiert wird, – eine eindeutige und leicht verständliche Erläuterung des Risikoprofils des Fonds enthalten.

(3) Der Prospekt muss mindestens die Angaben enthalten, die in Schema A von Anlage I vorgesehen sind, soweit diese Angaben nicht bereits in den Fondsbestimmungen des OGAW enthalten sind, die dem Prospekt gemäß Abs. 5 als Anhang beizufügen sind.

(4) Der Prospekt hat insbesondere folgende Angaben zu enthalten:

1. in welche Kategorien von Vermögensgegenständen der OGAW investieren darf;
2. ob der OGAW Geschäfte mit Derivaten tätigen darf;
3. falls der OGAW in Geschäfte mit Derivaten investieren darf (Z 2), so ist an hervorgehobener Stelle zu erläutern, ob diese Geschäfte zur Absicherung von Anlagepositionen oder als Teil der Anlagestrategie getätigt werden dürfen und wie sich die Verwendung von Derivaten möglicherweise auf das Risikoprofil auswirkt;
4. einen Hinweis auf die Anlagestrategie an hervorgehobener Stelle, wenn ein OGAW sein Sondervermögen hauptsächlich in den in § 67 Abs. 1 Z 3 bis 5 definierten Kategorien von Anlageinstrumenten, die keine Wertpapiere oder Geldmarktinstrumente sind, investiert oder wenn ein OGAW einen Aktien- oder Schuldtitelindex gemäß § 75 nachbildet;

5. gegebenenfalls einen Hinweis an hervorgehobener Stelle auf eine unter Umständen erhöhte Volatilität des Nettovermögensbestandes eines OGAW aufgrund der Zusammensetzung seines Portfolios oder der verwendeten Portfoliomanagementtechniken;
6. im Fall eines OGAW im Sinne des § 76 ein Hinweis an hervorgehobener Stelle auf die Bewilligung der Fondsbestimmungen durch die FMA und eine Angabe der Mitgliedstaaten, Gebietskörperschaften, Drittstaaten oder internationalen Einrichtungen öffentlich-rechtlichen Charakters, in deren Wertpapieren der OGAW mehr als 35 vH seines Sondervermögens anzulegen beabsichtigt oder angelegt hat;
7. falls ein wesentlicher Teil des Vermögens eines OGAW in Anteilen anderer OGAW oder sonstiger Organismen für gemeinsame Anlagen angelegt wird, Angaben über die maximale Höhe der Verwaltungsgebühren, die von dem betreffenden OGAW selbst sowie von den anderen OGAW oder sonstigen Organismen für gemeinsame Anlagen, in die zu investieren beabsichtigt ist, zu tragen sind;
8. eine Auflistung der gemäß § 28 übertragenen Aufgaben;
9. Berechnungsmethode des Gesamtrisikos;
10. gegebenenfalls die erwartete Höhe des Hebels beim Einsatz von Derivaten und die Möglichkeit von höheren Werten;
11. gegebenenfalls Informationen über das verwendete Referenzvermögen;
12. Angaben zur Vergütungspolitik, wobei entweder die Angaben gemäß lit. a oder die Angaben gemäß lit. b aufzunehmen sind:
    a) Die Einzelheiten der aktuellen Vergütungspolitik, darunter eine Beschreibung darüber, wie die Vergütung und die sonstigen Zuwendungen berechnet werden, und die Identität der für die Zuteilung der Vergütung und sonstigen Zuwendungen zuständigen Personen, einschließlich der Zusammensetzung des Vergütungsausschusses, falls es einen solchen Ausschuss gibt, oder
    b) eine Zusammenfassung der Vergütungspolitik und eine Erklärung darüber, dass die Einzelheiten der aktuellen Vergütungspolitik, darunter eine Beschreibung, wie die Vergütung und die sonstigen Zuwendungen berechnet werden, und die Identität der für die Zuteilung der Vergütung und sonstigen Zuwendungen zuständigen Personen, einschließlich der Zusammensetzung des Vergütungsausschusses, falls es einen solchen Ausschuss gibt, über eine Website zugänglich sind, einschließlich der Angabe dieser Website, und dass auf Anfrage kostenlos eine Papierversion zur Verfügung gestellt wird.

(5) Die von der FMA bewilligten Fondsbestimmungen sind Bestandteil des Prospekts und diesem beizufügen. Die Beifügung kann unterbleiben, wenn der Anleger davon unterrichtet wird, dass er sie auf Verlangen erhalten oder auf Anfrage erfahren kann, an welcher Stelle er sie in jedem Mitgliedstaat, in dem die Anteile vertrieben werden, einsehen kann. Davon bleibt die Hinterlegung der Fondsbestimmungen gemäß § 129 Abs. 2 unberührt.

(6) Änderungen von Angaben nach Abs. 1 bis 4, die geeignet sind, die Beurteilung der Anteile an OGAW zu beeinflussen, müssen als Nachtrag in den Prospekt aufgenommen werden und sind unverzüglich zu veröffentlichen.

(7) Im Falle eines Angebotes von Anteilscheinen ohne eine vorhergehende Veröffentlichung des Prospektes ist § 5 Abs. 1 und 3 bis 6 KMG sinngemäß anzuwenden. Im Falle der Veröffentlichung von Änderungen gemäß Abs. 6 findet § 6 Abs. 2 KMG sinngemäß Anwendung.

(8) Der Prospekt des Feeder-OGAW hat zusätzlich zu den in Anlage I Schema A vorgesehenen Informationen und den Angaben gemäß Abs. 1 bis 4 Folgendes zu enthalten:

1. eine Erklärung, der zufolge der Feeder-OGAW ein Feeder-Fonds eines bestimmten

Master-OGAW ist und als solcher dauerhaft mindestens 85 vH seines Vermögens in Anteile dieses Master-OGAW anlegt,
2. Angabe des Anlageziels und der Anlagestrategie, einschließlich des Risikoprofils, sowie ob die Wertentwicklung von Feeder-OGAW und Master-OGAW identisch sind oder in welchem Ausmaß und aus welchen Gründen sie sich unterscheiden, einschließlich einer Beschreibung zu den gemäß § 93 Abs. 2 getätigten Anlagen,
3. eine kurze Beschreibung des Master-OGAW, seiner Struktur, seines Anlageziels und seiner Anlagestrategie, einschließlich des Risikoprofils, und Angaben dazu, wie der aktualisierte Prospekt des Master-OGAW erhältlich ist,
4. eine Zusammenfassung der zwischen Feeder-OGAW und Master-OGAW geschlossenen Vereinbarung gemäß § 96 Abs. 1 oder der entsprechenden internen Regelungen gemäß § 98,
5. Angabe der Möglichkeiten zur Einholung weiterer Informationen über den Master-OGAW und die gemäß § 96 Abs. 1 geschlossene Vereinbarung zwischen Feeder-OGAW und Master-OGAW durch die Anteilinhaber,
6. Beschreibung sämtlicher Vergütungen und Kosten, die aufgrund der Anlage in Anteile des Master-OGAW durch den Feeder-OGAW zu zahlen sind, sowie der aggregierten Gebühren von Feeder-OGAW und Master-OGAW, und
7. Beschreibung der steuerlichen Auswirkungen der Anlage in den Master-OGAW für den Feeder-OGAW.

EB zu § 131 (Art. 2 BGBl. I Nr. 77/2011):
Setzt Art. 69 Abs. 1 und 2 und Art. 70 Abs. 1 bis 3 der Richtlinie 2009/65/EG um.

EB zu § 131 Abs. 1 (Art. 2 BGBl. I Nr. 77/2011):
Setzt Art. 69 Abs. 1 erster Unterabs. der Richtlinie 2009/65/EG um und entspricht inhaltlich § 6 Abs. 1 erster Satz letzter Satzteil und dritter Satz InvFG 1993.

EB zu § 131 Abs. 2 (Art. 2 BGBl. I Nr. 77/2011):
Setzt Art. 69 Abs. 1 zweiter Unterabs. der Richtlinie 2009/65/EG um.

EB zu § 131 Abs. 3 (Art. 2 BGBl. I Nr. 77/2011):
Setzt Art. 69 Abs. 2 der Richtlinie 2009/65/EG um und entspricht inhaltlich § 6 Abs. 1 zweiter Satz InvFG 1993.

EB zu § 131 Abs. 4 (Art. 2 BGBl. I Nr. 77/2011):
Setzt Art. 70 Abs. 1 bis 3 der Richtlinie 2009/65/EG um.

EB zu § 131 Abs. 4 Z 1 (Art. 2 BGBl. I Nr. 77/2011):
Setzt Art. 70 Abs. 1 der Richtlinie 2009/65/EG um und entspricht inhaltlich § 21a Abs. 1 InvFG 1993.

EB zu § 131 Abs. 4 Z 2 (Art. 2 BGBl. I Nr. 77/2011):
Setzt Art. 70 Abs. 1 der Richtlinie 2009/65/EG um.

EB zu § 131 Abs. 4 Z 3 (Art. 2 BGBl. I Nr. 77/2011):
Setzt Art. 70 Abs. 1 der Richtlinie 2009/65/EG um und entspricht inhaltlich § 21a Abs. 1 InvFG 1993.

EB zu § 131 Abs. 4 Z 4 (Art. 2 BGBl. I Nr. 77/2011):
Setzt Art. 70 Abs. 2 der Richtlinie 2009/65/EG um und entspricht inhaltlich § 21a Abs. 2 InvFG 1993.

EB zu § 131 Abs. 4 Z 5 (Art. 2 BGBl. I Nr. 77/2011):

Setzt Art. 70 Abs. 3 der Richtlinie 2009/65/EG um und entspricht inhaltlich § 21a Abs. 3 InvFG 1993. Im Einzelnen sind dabei insbesondere auch die CESR-Guidelines (CESR/10-788) zu „disclosure" zu berücksichtigen. Diese Guidelines und allfällige neuere Guidelines von ESMA diesbezüglich sollen in der FMA-Verordnung berücksichtigt werden. Die Verordnungsermächtigung soll für die Rechtsunterworfenen mehr Rechtssicherheit herstellen, als wenn die FMA die Anwendung der CESR-Guidelines bloß in ihrer Aufsichtspraxis berücksichtigen würde. Die Notwendigkeit der Befolgung der CESR- beziehungsweise ESMA-Guidelines folgt bereits aus Art. 16 Abs. 3 der Verordnung (EU) Nr. 1095/2010.

EB zu § 131 Abs. 4 Z 6 (Art. 2 BGBl. I Nr. 77/2011):

Setzt Art. 54 Abs. 3 der Richtlinie 2009/65/EG um.

EB zu § 131 Abs. 4 Z 7 (Art. 2 BGBl. I Nr. 77/2011):

Setzt Art. 55 Abs. 3 2. Unterabs. der Richtlinie 2009/65/EG um.

EB zu § 131 Abs. 4 Z 8 (Art. 2 BGBl. I Nr. 77/2011):

Setzt Art. 13 Abs. 1 Buchstabe i der Richtlinie 2009765/EG um.

EB zu § 131 Abs. 4 Z 9 bis 11 (Art. 2 BGBl. I Nr. 77/2011):

Setzt Art. 70 der Richtlinie 2009/65/EG um und präzisiert Abs. 2 im Hinblick auf jene Angaben, die jedenfalls zum Risiko zu machen sind; dies entspricht auch Box 24 der CESR-Guidelines CESR/10-788.

EB zu § 131 Abs. 5 (Art. 2 BGBl. I Nr. 77/2011):

Setzt Art. 71 der Richtlinie 2009/65/EG um.

EB zu § 131 Abs. 6 (Art. 2 BGBl. I Nr. 77/2011):

Setzt Art. 72 der Richtlinie 2009/65/EG um und entspricht inhaltlich § 6 Abs. 2 InvFG 1993. Der Prospekt ist im Hinblick auf seine wesentlichen Inhalte immer auf dem neuesten Stand zu halten. Wesentliche Änderungen der in den Abs. 1 bis 4 genannten Tatsachen müssen in einem Nachtrag zum Prospekt genannt werden und sind unverzüglich zu veröffentlichen. Der Begriff des Nachtrages zum Prospekt stammt aus dem Prospektrecht und soll eine terminologische Konsistenz sicherstellen. In welcher Art dieser Nachtrag zu erfolgen hat, nämlich ob eine konsolidierte neue Fassung des Prospektes zu erstellen ist oder bloß Austauschseiten hinzugefügt werden, bleibt der Verwaltungsgesellschaft überlassen (vergleiche dazu auch Russ *in* Zib/Russ/Lorenz, *KMG (2008) § 6 Rz 16).*

EB zu § 131 Abs. 7 (Art. 2 BGBl. I Nr. 77/2011):

Entspricht inhaltlich § 6 Abs. 1 drittletzter Satz InvFG 1993 und soll die Anleger auch bei gesetzwidrigem Vorgehen der Verwaltungsgesellschaft ausreichend schützen.

EB zu § 131 Abs. 8 (Art. 2 BGBl. I Nr. 77/2011):

Setzt Art. 63 Abs. 1 der Richtlinie 2009/65/EG um und sieht zusätzliche Anforderungen an den Prospekt eines Feeder-OGAW vor. Um ein hohes Schutzniveau für die Interessen der Anleger des Feeder-OGAW zu gewährleisten, haben der Prospekt, das Kundeninformationsdokument sowie alle Marketing-Anzeigen den besonderen Merkmalen von Master-Feeder-Strukturen Rechnung tragen. Die Anlage eines Feeder-OGAW in einen Master-OGAW sollte nicht seine Fähigkeit beeinträchtigen, auf Antrag der Anteilinhaber Anteile zurückzunehmen oder auszuzahlen oder ganz im Interesse seiner Anteilinhaber zu handeln (so auch Erwägungsgrund 54 der Richtlinie 2009/65/EG).

EB zu § 131 Abs. 4 Z 12 (Art. 2 BGBl. I Nr. 115/2015):

Setzt den in Art. 69 Abs. 1 der Richtlinie 2009/65/EG angefügten Unterabsatz um.

Individuelle und punktuelle Informationspflichten

§ 132. (1) Auf Verlangen eines Anlegers hat die Verwaltungsgesellschaft ferner zusätzlich über die Anlagegrenzen des Risikomanagements des OGAW, die Risikomanagementmethoden und die jüngsten Entwicklungen bei den Risiken und Renditen der wichtigsten Kategorien von Anlageinstrumenten gemäß § 133 zu informieren.

(2) Die Verwaltungsgesellschaft hat die Anleger auf einem geeigneten dauerhaften Datenträger gemäß § 133 über die Gegebenheiten gemäß § 25 Abs. 2 (potenziell nachteilige Interessenkonflikte) unter Angabe der Gründe zu informieren.

(3) Den Anlegern ist eine Kurzbeschreibung der in § 26 Abs. 1 genannten Strategien für die Ausübung von Stimmrechten bei Veranlagungen kostenlos zur Verfügung zu stellen; die Information kann auch im Rahmen des Prospektes (§ 131) erfolgen. Nähere Angaben zu den aufgrund dieser Strategien getroffenen Maßnahmen sind den Anteilinhabern auf Verlangen kostenlos gemäß § 133 zur Verfügung zu stellen.

(4) Die Verwaltungsgesellschaft hat den Anteilinhabern angemessene Informationen über die gemäß § 32 festgelegten Grundsätze zur bestmöglichen Ausführung von Handelsentscheidungen und wesentliche Änderungen daran im Rahmen des Prospektes oder gemäß § 133 zur Verfügung zu stellen.

EB zu § 132 (Art. 2 BGBl. I Nr. 77/2011):

Diverse mit verschiedenen Bestimmungen dieses Bundesgesetzes in Zusammenhang stehende individuelle Informationspflichten werden an dieser Stelle gebündelt. Die Art der Informationsbereitstellung soll dabei konsistent sein; dies entspricht auch dem CESR-Advice und dem Verständnis der Europäischen Kommission und der überwiegenden Mehrheit der Mitgliedstaaten im Umsetzungsworkshop zur Richtlinie 2009/65/EG.

EB zu § 132 Abs. 1 (Art. 2 BGBl. I Nr. 77/2011):

Setzt Art. 70 Abs. 4 der Richtlinie 2009/65/EG um und entspricht inhaltlich § 21a Abs. 4 InvFG 1993.

EB zu § 132 Abs. 2 (Art. 2 BGBl. I Nr. 77/2011):

Setzt Art. 20 Abs. 2 und 3 der Richtlinie 2010/43/EU um.

EB zu § 132 Abs. 3 (Art. 2 BGBl. I Nr. 77/2011):

Setzt Art. 21 Abs. 3 der Richtlinie 2010/43/EU um. Die Richtlinie normiert hier eine unmittelbare Pflicht der Verwaltungsgesellschaft gegenüber den Anlegern im Hinblick auf die Anlagestrategie und die zu diesem Zweck verfolgte Stimmrechtsausübung. Diese Pflicht wird von der in Art. 7 Abs. 1 der Verordnung (EU) Nr. 583/2010 über die Wesentlichen Anlegerinformationen („Kundeninformationsdokument“ – KID) teilweise überlagert, die allerdings auf Basis der Artikel 75, 78 und 81 der Richtlinie 2009/65/EG erlassen wurde. Allerdings wird aufgrund des weitgehend determinierten Inhalts des KID für eine ausführliche Darstellung der Anlagestrategie nicht genug Raum sein. Erfolgt die Information darüber im Prospekt, so ist dies ausreichend.

EB zu § 132 Abs. 4 (Art. 2 BGBl. I Nr. 77/2011):

Setzt Art. 25 Abs. 3 zweiter Unterabs. zweiter Satz und Art. 26 Abs. 2 zweiter Unterabs. letzter Satz der Richtlinie 2010/43/EU um.

Art und Weise der Informationsbereitstellung

§ 133. (1) Sind die Anteilinhaber gemäß diesem Bundesgesetz über bestimmte Tatsachen oder Vorgänge zu informieren, so sind diese Informationen, sofern in diesem Bundesgesetz nicht ausdrücklich anderes vorgesehen ist, den Anteilinhabern auf Papier oder einem anderen dauerhaften Datenträger zur Verfügung zu stellen, wobei im Falle eines anderen dauerhaften Datenträgers als Papier folgende Bedingungen erfüllt sein müssen:

1. Die Bereitstellung der Informationen muss den Rahmenbedingungen angemessen sein, unter denen die Geschäftstätigkeiten zwischen Anteilinhaber und dem OGAW oder, sofern relevant, der jeweiligen Verwaltungsgesellschaft ausgeführt werden oder werden sollen; und
2. der Anteilinhaber, dem die Informationen zur Verfügung zu stellen sind, hat sich bei der Wahl zwischen Informationen auf Papier oder einem anderen dauerhaften Datenträger ausdrücklich für Letzteres entschieden.

(2) Für die Zwecke des Abs. 1 ist die Bereitstellung von Informationen auf elektronischem Wege im Hinblick auf die Rahmenbedingungen, unter denen die Geschäftstätigkeiten zwischen OGAW oder deren Verwaltungsgesellschaften und dem Anteilinhaber ausgeführt werden oder werden sollen, als angemessen zu betrachten, wenn der Anteilinhaber nachweislich über einen regelmäßigen Zugang zum Internet verfügt. Dies gilt als nachgewiesen, wenn der Anteilinhaber für die Ausführung dieser Geschäfte eine E-Mail-Adresse angegeben hat. Andernfalls sind die Informationen dem Anteilinhaber an eine von ihm bei Erwerb der Anteile bekannt gegebene Adresse zuzustellen.

(3) Soweit Anteilscheine nicht von der Verwaltungsgesellschaft verwahrt werden oder diese die Übermittlung von Informationen selbst nicht vornehmen kann, hat sie den depotführenden Stellen der Anteilinhaber die Informationen in angemessener Weise für eine Übermittlung an die Anteilinhaber bereitzustellen. Die depotführenden Stellen haben die Informationen unverzüglich nach der Bereitstellung den Anteilinhabern zu übermitteln.

EB zu § 133 (Art. 2 BGBl. I Nr. 77/2011):

Die Richtlinie 2010/44/EU sieht für die Zwecke der Information der Anleger im Zusammenhang mit der Verschmelzung und mit der Umwandlung von OGAW in Master-Feeder-OGAW vor, dass die Anleger auf eine bestimmte Art und Weise zu informieren sind. Um Informationsweisen, soweit möglich, zu vereinheitlichen, wird die Art der Bereitstellung von individuellen und punktuellen Informationen, abgesehen von den Fällen des Erwerbes von Anteilen, an dieser Stelle zentral geregelt. Die Informationen gemäß § 111 und § 120 sollen es den Anteilinhabern ermöglichen, sich ein fundiertes Urteil darüber zu bilden, ob sie im Falle, dass ein OGAW entweder an einer Verschmelzung beteiligt ist, in einen Feeder-OGAW umgewandelt wird oder den Master-OGAW verändert, ihre Anlage aufrechterhalten wollen oder eine Auszahlung verlangen. Die Anteilinhaber sollen über solche größeren Veränderungen beim OGAW unterrichtet werden und in der Lage sein, die Informationen zu lesen. Aus diesem Grund sind die Informationen auf Papier oder einem anderen dauerhaften Datenträger zum Beispiel per elektronischer Post (E-Mail) persönlich an die Anteilinhaber zu übermitteln. Die Nutzung elektronischer Medien sollte es den OGAW ermöglichen, die Informationen kostengünstig zu liefern. Die OGAW werden dabei nicht dazu verpflichtet, ihre Anteilinhaber direkt zu informieren. Die Informationen können vielmehr auch durch Weitergabe an die Verwahrstelle oder Depotbank oder an Intermediäre bereitgestellt werden, sofern sichergestellt ist, dass alle Anteilinhaber die Informationen rechtzeitig erhalten (so auch Erwägungsgrund 5 der Richtlinie 2010/44/EU).

EB zu § 133 Abs. 1 (Art. 2 BGBl. I Nr. 77/2011):
Setzt Art. 7 Abs. 1 und 2 der Richtlinie 2010/44/EU um.

EB zu § 133 Abs. 2 (Art. 2 BGBl. I Nr. 77/2011):
Setzt Art. 7 Abs. 3 der Richtlinie 2010/44/EU um.

3. Abschnitt
Wesentliche Informationen für den Anleger – Kundeninformationsdokument

EB zum 3. Abschnitt (Wesentliche Informationen für den Anleger – Kundeninformationsdokument) (Art. 2 BGBl. I Nr. 77/2011):
Dieser Abschnitt regelt die Anforderungen an das Kundeninformationsdokument.

Kundeninformationsdokument – KID

§ 134. (1) Die Verwaltungsgesellschaft hat für jeden OGAW, den sie verwaltet, ein kurzes Dokument mit wesentlichen Informationen für den Anleger zu erstellen. Dieses Dokument wird in der Verordnung (EU) Nr. 583/2010 als „Wesentliche Anlegerinformation" und in diesem Bundesgesetz als „Kundeninformationsdokument" oder kurz „KID" bezeichnet. Der Ausdruck „Wesentliche Anlegerinformation" ist im KID klar und in deutscher Sprache zu erwähnen.

(2) Das Kundeninformationsdokument ist eine vorvertragliche Information. Es muss redlich, eindeutig und nicht irreführend sein und mit den einschlägigen Teilen des Prospekts übereinstimmen. Die zentralen Elemente (§ 135 Abs. 2) des KID müssen stets auf dem neuesten Stand (§ 131 Abs. 6) sein.

(3) Aufgrund des KID, einschließlich der Übersetzung, alleine kann der Anleger noch keine zivilrechtliche Haftung ableiten, es sei denn, die Informationen sind irreführend, unrichtig oder nicht mit den einschlägigen Teilen des Prospekts vereinbar. Das KID muss eine eindeutige diesbezügliche Warnung enthalten.

(4) Das KID ist kurz zu halten und in allgemein verständlicher Sprache abzufassen. Es ist in einem einheitlichen Format zu erstellen, um Vergleiche zu ermöglichen, und in einer Weise zu präsentieren, die für Kleinanleger im Sinne von § 1 Z 14 WAG 2007 aller Voraussicht nach verständlich ist. Dabei sind die Vorgaben der Verordnung (EU) Nr. 583/2010 einzuhalten. Die FMA kann mittels Verordnung unter Berücksichtigung der europäischen Gepflogenheiten in diesem Bereich nähere Angaben zu Art. 8 und Art. 10 Abs. 2 Buchstabe b sowie Annex I der Verordnung (EU) Nr. 583/2010 insbesondere im Hinblick auf die Übergangsbestimmungen, die Beschreibung eines synthetischen Indikators, auf die Risikokategorien, die Wertentwicklungen des OGAW sowie die laufenden Kosten festlegen.

(5) Das KID ist in allen Mitgliedstaaten, in denen der Vertrieb der OGAW-Anteile gemäß § 139 notifiziert wurde, abgesehen von der Übersetzung, ohne Änderungen oder Ergänzungen zu verwenden.

EB zu § 134 (Art. 2 BGBl. I Nr. 77/2011):
Setzt Art. 78 Abs. 1, 5 und 6 und Art. 79 Abs. 1 und 2 der Richtlinie 2009/65/EG um. Die wesentlichen Informationen für den Anleger – im folgenden Kundeninformations-

dokument – sollten ausschließlich Angaben enthalten, die für die Anlageentscheidungen wesentlich sind (so auch Erwägungsgrund 59 der Richtlinie 2009/65/EG).

EB zu § 134 Abs. 1 (Art. 2 BGBl. I Nr. 77/2011):
Setzt Art. 78 Abs. 1 der Richtlinie 2009/65/EG um.

EB zu § 134 Abs. 2 (Art. 2 BGBl. I Nr. 77/2011):
Setzt Art. 79 Abs. 1 und Art. 82 Abs. 2 der Richtlinie 2009/65/EG um. Die wesentlichen Inhalte des KID sind in § 135 Abs. 2 genannt und müssen stets aktuell sein. Detaillierte Vorgaben, wann abgesehen von Ad-Hoc-Ereignissen das KID zu überprüfen und gegebenenfalls zu ändern ist, sind in Art. 22 bis 24 der Verordnung (EU) Nr. 583/2010 vorgesehen.

EB zu § 134 Abs. 3 (Art. 2 BGBl. I Nr. 77/2011):
Setzt Art. 79 Abs. 2 der Richtlinie 2009/65/EG um. CESR hat bereits entsprechende Guidelines betreffend die Methodologie für die Berechnung des synthetischen Risiko- und Ertragsindikators (CESR/10-673) und betreffend die Methodologie für die Berechnung der laufenden Kosten (CESR/10-674) erlassen.

EB zu § 134 Abs. 4 (Art. 2 BGBl. I Nr. 77/2011):
Setzt Art. 78 Abs. 5 der Richtlinie 2009/65/EG um. Die Richtlinie verwendet den Begriff „Kleinanleger", allerdings ohne in zu definieren (englisch: „retail investor"). Es ist aber jedenfalls das Gegenstück zum „professionellen Anleger" gemäß der Prospektrichtlinie 2003/71/EG und der MiFID 2004/39/EG gemeint; daher ist ein Verweis auf die Definition des „Privatkunden" im WAG 2007 sachgerecht. Das Kundeninformationsdokument soll die wesentlichen Informationen für den Anleger in einem kurzen Format darstellen. Ein einziges Dokument beschränkten Umfangs, in dem die Informationen in einer bestimmten Abfolge dargestellt werden, ist optimal geeignet, um die für Kleinanleger wichtige Klarheit und Einfachheit zu gewährleisten, und soll nützliche, für die Anlageentscheidung relevante Vergleiche zulassen, insbesondere der Kosten und des Risikoprofils (so auch Erwägungsgrund 59 der Richtlinie 2009/65/EG). Im Interesse der Rechtssicherheit wird weiters eine Verordnungsermächtigung zur Umsetzung der zu Art. 8 und 10 der Verordnung (EU) Nr. 583/2010 ergangenen CESR-Guidelines (CESR/10-1318, CESR/10-1396, CESR/10-1399, CESR/10-673 und CESR/10-764) vorgesehen.

EB zu § 134 Abs. 5 (Art. 2 BGBl. I Nr. 77/2011):
Setzt Art. 78 Abs. 6 der Richtlinie 2009/65/EG um.

Inhalt des KID

§ 135. (1) Das KID hat geeignete Angaben zu den wesentlichen Merkmalen des betreffenden OGAW zu enthalten und soll die Anleger in die Lage versetzen, Art und Risiken des angebotenen Anlageprodukts zu verstehen und auf dieser Grundlage eine fundierte Anlageentscheidung zu treffen.

(2) Das KID hat Angaben zu folgenden wesentlichen Elementen des betreffenden OGAW zu enthalten:

1. Identität des OGAW und der zuständigen Behörde des OGAW,
2. eine kurze Beschreibung der Anlageziele und der Anlagestrategie,
3. Darstellung der bisherigen Wertentwicklung oder gegebenenfalls Performance-Szenarien,
4. Kosten und Gebühren, und

5. Risiko-/Renditeprofil der Anlage, einschließlich angemessener Hinweise auf die mit der Anlage in den betreffenden OGAW verbundenen Risiken und entsprechender Warnhinweise.

Diese wesentlichen Elemente muss der Anleger verstehen können, ohne dass hierfür zusätzliche Dokumente herangezogen werden müssen.

(3) Das KID muss eindeutige Angaben darüber enthalten, wo und wie zusätzliche Informationen über die vorgeschlagene Anlage eingeholt werden können, einschließlich der Angabe, wo und wie der Prospekt und die Rechenschaftsberichte und Halbjahresberichte jederzeit auf Anfrage kostenlos erhältlich sind und in welcher Sprache diese Informationen verfügbar sind.

(3a) Das KID muss auch eine Erklärung darüber enthalten, dass die Einzelheiten der aktuellen Vergütungspolitik, darunter eine Beschreibung, wie die Vergütung und die sonstigen Zuwendungen berechnet werden, und die Identität der für die Zuteilung der Vergütung und sonstigen Zuwendungen zuständigen Personen, einschließlich der Zusammensetzung des Vergütungsausschusses, falls es einen solchen Ausschuss gibt, über eine Website zugänglich sind, einschließlich der Angabe dieser Website, und dass auf Anfrage kostenlos eine Papierversion zur Verfügung gestellt wird.

(4) Hinsichtlich der genauen Ausgestaltung des KID im Sinne der Abs. 1 bis 3 ist die Verordnung (EU) Nr. 583/2010 maßgeblich.

EB zu § 135 (Art. 2 BGBl. I Nr. 77/2011):

Setzt Art. 78 Abs. 2 bis 4 der Richtlinie 2009/65/EG um. Die wesentlichen Informationen für den Anleger sollten in einem kurzen Format dargestellt werden. Ein einziges Dokument beschränkten Umfangs, in dem die Informationen in einer bestimmten Abfolge dargestellt werden, ist optimal geeignet, um die für Kleinanleger wichtige Klarheit und Einfachheit zu gewährleisten, und dürfte nützliche, für die Anlageentscheidung relevante Vergleiche zulassen, insbesondere der Kosten und des Risikoprofils (so auch Erwägungsgrund 59 der Richtlinie 2009/65/EG). Um ein hohes Schutzniveau für die Interessen der Anleger des Feeder-OGAW zu gewährleisten, haben der Prospekt, das Kundeninformationsdokument sowie alle Marketing-Anzeigen den besonderen Merkmalen von Master-Feeder-Strukturen Rechnung tragen. Die Anlage eines Feeder-OGAW in einen Master-OGAW sollte nicht seine Fähigkeit beeinträchtigen, auf Antrag der Anteilinhaber Anteile zurückzunehmen oder auszuzahlen oder ganz im Interesse seiner Anteilinhaber zu handeln (so auch Erwägungsgrund 54 der Richtlinie 2009/65/EG).

EB zu § 135 Abs. 1 (Art. 2 BGBl. I Nr. 77/2011):

Setzt Art. 78 Abs. 2 der Richtlinie 2009/65/EG um.

EB zu § 135 Abs. 2 (Art. 2 BGBl. I Nr. 77/2011):

Setzt Art. 78 Abs. 3 der Richtlinie 2009/65/EG um.

EB zu § 135 Abs. 3 (Art. 2 BGBl. I Nr. 77/2011):

Setzt Art. 78 Abs. 4 der Richtlinie 2009/65/EG um.

EB zu § 135 Abs. 4 (Art. 2 BGBl. I Nr. 77/2011):

Setzt Art. 78 Abs. 7 der Richtlinie 2009/65/EG um.

EB zu § 135 Abs. 2 Z 1 (Art. 2 BGBl. I Nr. 115/2015):

Setzt Art. 78 Abs. 3 Buchstabe a der Richtlinie 2009/65/EG um.

EB zu § 135 Abs. 3a (Art. 2 BGBl. I Nr. 115/2015):

Setzt den in Art. 78 Abs. 4 der Richtlinie 2009/65/EG angefügten Unterabsatz um.

4. Abschnitt
Veröffentlichungen und Informationsmodalitäten

EB zum 4. Abschnitt (Veröffentlichungen und Informationsmodalitäten) (Art. 2 BGBl. I Nr. 77/2011):

Dieser Abschnitt regelt die Pflichten zur Veröffentlichung, Information an die FMA und an die Anleger.

Veröffentlichungen

§ 136. (1) Die Verwaltungsgesellschaft hat für jeden der von ihr verwalteten OGAW folgende Unterlagen zu veröffentlichen:

1. einen Prospekt,
2. einen Rechenschaftsbericht je Rechnungsjahr und
3. einen Halbjahresbericht, der sich auf die ersten sechs Monate des Rechnungsjahres erstreckt.

(2) Der Rechenschaftsbericht und der Halbjahresbericht sind innerhalb folgender Fristen, gerechnet ab dem Ende des jeweiligen Berichtszeitraums zu veröffentlichen:

1. für den Rechenschaftsbericht vier Monate und
2. für den Halbjahresbericht zwei Monate.

Die Rechenschaftsberichte und Halbjahresberichte müssen der Öffentlichkeit an den in der wesentlichen Anlegerinformation und im Prospekt genannten Stellen oder in anderer, von der FMA durch Verordnung genehmigter Form zugänglich sein.

(3) Weiters hat der OGAW den Ausgabe-, Verkaufs-, Rücknahme- oder Auszahlungspreis seiner Anteile jedes Mal dann in geeigneter Weise, wenn eine Ausgabe, ein Verkauf, eine Rücknahme oder Auszahlung seiner Anteile stattfindet, zu veröffentlichen, mindestens aber zweimal im Monat. Die FMA kann einem OGAW jedoch gestatten, diese Veröffentlichung nur einmal monatlich vorzunehmen, sofern sich dies nicht nachteilig auf die Interessen der Anteilinhaber auswirkt.

(4) Durch dieses Bundesgesetz angeordnete Veröffentlichungen können erfolgen:

1. im Amtsblatt zur Wiener Zeitung oder sonst in wenigstens einer Zeitung mit Verbreitung im gesamten Bundesgebiet oder
2. durch Zur-Verfügung-Stellen an das Publikum in gedruckter Form kostenlos beim Sitz der Verwaltungsgesellschaft oder, im Falle des Vertriebs von Anteilen von in einem anderen Mitgliedstaat bewilligten OGAW im Inland, beim Sitz des Kreditinstituts gemäß § 141 Abs. 1 oder
3. in elektronischer Form auf der Internet-Seite der Verwaltungsgesellschaft und gegebenenfalls auf der Internet-Seite der die Anteile platzierenden oder verkaufenden Finanzintermediäre einschließlich der Zahlstellen oder
4. in elektronischer Form auf der Internet-Seite einer von der FMA dazu gegen angemessene Vergütung beauftragten Einrichtung, wenn die FMA entschieden hat, diese Dienstleistung anzubieten.

(5) Im Fall von Veröffentlichungen in elektronischer Form gemäß Abs. 4 Z 3 und 4 mit Ausnahme der nach Abs. 3 zu veröffentlichenden Angaben (Ausgabe- und Rücknahme-

preis) muss dem Anleger von der Verwaltungsgesellschaft, vom Anbieter, von der die Zulassung zum Handel beantragenden Person oder von den Finanzintermediären, die die Anteile platzieren oder verkaufen, auf Verlangen eine Papierversion kostenlos zur Verfügung gestellt werden. Im Fall einer Veröffentlichung in Papierform gemäß Abs. 4 Z 2 hat die Verwaltungsgesellschaft auf Verlangen des Anlegers eine elektronische Version gemäß § 133 zu übermitteln.

EB zu § 136 (Art. 2 BGBl. I Nr. 77/2011):
Setzt Art. 68 und Art. 76 der Richtlinie 2009/65/EG um.

EB zu § 136 Abs. 1 (Art. 2 BGBl. I Nr. 77/2011):
Setzt Art. 68 Abs. 1 der Richtlinie 2009/65/EG um.

EB zu § 136 Abs. 2 (Art. 2 BGBl. I Nr. 77/2011):
Setzt Art. 68 Abs. 2 der Richtlinie 2009/65/EG um und entspricht inhaltlich § 12 Abs. 1 InvFG 1993.

EB zu § 136 Abs. 3 (Art. 2 BGBl. I Nr. 77/2011):
Setzt Art. 76 der Richtlinie 2009/65/EG um und entspricht inhaltlich § 7 Abs. 3 InvFG 1993.

EB zu § 136 Abs. 4 (Art. 2 BGBl. I Nr. 77/2011):
Entspricht inhaltlich § 18 InvFG 1993.

EB zu § 136 Abs. 4 Z 2 (Art. 2 BGBl. I Nr. 115/2015):
Stellt klar, dass im Falle eines grenzüberschreitenden Vertriebs eines in einem anderen Mitgliedstaat zugelassenen OGAW in Österreich inländische Anleger die notwendigen Informationen seitens der benannten Zahlstelle gemäß § 141 erhalten können. Dies dient dem Anlegerschutz, da es unsachgemäß erscheint, Informationen eines nicht im Inland zugelassenen OGAW am Sitz einer in einem anderen Mitgliedstaat zugelassenen Verwaltungsgesellschaft beziehen zu müssen.

Information an die FMA

§ 137. (1) Ein in Österreich bewilligter OGAW hat der FMA
1. das KID und alle Änderungen desselben,
2. den Prospekt des OGAW und dessen Änderungen und
3. die Rechenschaftsberichte und Halbjahresberichte sowie den Prüfbericht des OGAW

zu übermitteln. Die in Z 1 und 2 genannten Unterlagen sind der FMA im Wege der Meldestelle (§ 12 KMG) gemäß § 129 Abs. 2 zu übermitteln. Auf Ersuchen der zuständigen Behörden des Herkunftmitgliedstaates der Verwaltungsgesellschaft hat der OGAW die Unterlagen gemäß Z 1 bis 3 auch diesen Behörden zu Verfügung zu stellen.

(2) Zusätzlich zu den in Abs. 1 genannten Unterlagen hat der in Österreich bewilligte Feeder-OGAW der FMA den Prospekt, das in § 134 genannte KID einschließlich jeder einschlägigen Änderung sowie die Rechenschaftsberichte und Halbjahresberichte des Master-OGAW innerhalb der Fristen des Abs. 3 in deutscher oder englischer Sprache oder in einer von der FMA gemäß § 7b Abs. 1 KMG durch Verordnung anerkannten Sprache im Sinne von Abs. 1 zu übermitteln.

(3) Der geprüfte Rechenschaftsbericht und der Prüfbericht über den Rechenschaftsbericht sind von der Verwaltungsgesellschaft längstens innerhalb von vier Monaten nach

Abschluss des Rechnungsjahres des OGAW der FMA vorzulegen. Der Halbjahresbericht ist der FMA innerhalb von zwei Monaten nach Ende des Berichtszeitraumes vorzulegen.

EB zu § 137 (Art. 2 BGBl. I Nr. 77/2011):

Setzt Art. 63 Abs. 3, 74 und Art. 82 der Richtlinie 2009/65/EG um. Prospekt, KID und Rechenschaftsberichte sowie Halbjahresberichte sind der FMA zu übermitteln, wobei Prospekt und KID durch Hinterlegung bei der Meldestelle zu übermitteln sind. Prospekt und KID müssen der Meldestelle spätestens am Tag der Veröffentlichung des Prospektes (§ 129 Abs. 2) vorliegen. Eine Veröffentlichung des Prospektes ist erforderlich vor dem erstmaligen Angebot sowie unverzüglich im Falle wesentlicher Änderungen gemäß § 131 Abs. 6; das KID muss stets aktuell sein und die jeweils aktuelle Fassung der FMA vorliegen. Die Rechenschaftsberichte und Halbjahresberichte sind innerhalb von vier beziehungsweise zwei Monaten nach Ende des Berichtszeitraumes vorzulegen.

EB zu § 137 Abs. 1 (Art. 2 BGBl. I Nr. 77/2011):

Setzt 74 und Art. 82 der Richtlinie 2009/65/EG um.

EB zu § 137 Abs. 2 (Art. 2 BGBl. I Nr. 77/2011):

Setzt Art. 63 Abs. 3 der Richtlinie 2009/65/EG um. Die in Abs. 2 verlangten Unterlagen des Master-OGAWs (Prospekt, KID, Änderungen, Berichte) sind gemäß § 129 im Wege der Meldestelle an die FMA zu übermitteln. Bei den Berichten des Master-OGAWs genügt jedoch eine Übermittlung innerhalb der Fristen gemäß Abs. 3.

Zeitpunkt und Art der Bereitstellung von Prospekt, KID und Rechenschaftsberichten für die Anleger

§ 138. (1) Die Verwaltungsgesellschaft hat für jeden OGAW, den sie verwaltet und den sie direkt oder über eine andere natürliche oder juristische Person, die in ihrem Namen und unter ihrer vollen und unbedingten Haftung handelt, verkauft, den Anlegern rechtzeitig vor der angebotenen Zeichnung der Anteile des OGAW

1. das KID für diesen OGAW in deutscher Sprache und
2. auf Anfrage auch
   a) den Prospekt,
   b) die Fondsbestimmungen, sofern diese nicht bereits im Prospekt enthalten sind, und
   c) den zuletzt veröffentlichten Jahres- und Halbjahresbericht sowie
   d) im Falle eines Master-Feeder-OGAW die Vereinbarung zwischen Master-OGAW und Feeder-OGAW gemäß § 96

kostenlos in Papierform oder auf einem anderen dauerhaften Datenträger (Verordnung (EU) Nr. 583/2010) zur Verfügung zu stellen.

(2) Sofern die Verwaltungsgesellschaft den OGAW weder direkt noch über eine andere natürliche oder juristische Person, die in ihrem eigenen Namen und unter ihrer vollen und unbedingten Haftung gegenüber Anlegern handelt, verkauft, hat sie den Produktgestaltern sowie Intermediären, die Anlegern Anlagen in solche OGAW oder in Produkte, die Anlagerisiken solcher OGAW einschließen, vermitteln, verkaufen oder sie dazu beraten, das KID auf deren Antrag bereitzustellen. Die Intermediäre, die Anlegern potenzielle Anlagen in OGAW verkaufen oder sie dazu beraten, haben ihren Kunden bzw. potenziellen Kunden das KID – und auf Anfrage der Anleger auch die Fondsbestimmungen – kostenlos in Papierform oder auf einem anderen dauerhaften Datenträger (Verordnung (EU) Nr. 583/2010) zur Verfügung stellen.

(3) Zusätzlich zu Abs. 1 und 2 hat die Verwaltungsgesellschaft über eine Website
1. das Kundeninformationsdokument stets in aktueller Fassung sowie
2. den Prospekt stets in aktueller Fassung

zur Verfügung zu stellen.

(4) Die Rechenschaftsberichte und die Halbjahresberichte sind dem Anleger in der im Prospekt und im KID beschriebenen Form zur Verfügung zu stellen.

(5) Unbeschadet der Pflichten gemäß Abs. 2 bis 4 ist den Anteilinhabern auf Anfrage und kostenlos eine Papierfassung des Kundeninformationsdokuments in aktueller Fassung, des Prospektes, der Rechenschaftsberichte und Halbjahresberichts, und im Falle eines Master-Feeder-OGAW weiters des Prospektes sowie des Rechenschaftsberichtes und Halbjahresberichts des Master-OGAW durch den Feeder-OGAW, zur Verfügung zu stellen.

(6) Weiters ist im Falle einer Verschmelzung den Anteilinhabern des übertragenden OGAW eine aktuelle Fassung des Kundeninformationsdokuments des übernehmenden OGAW gemäß § 133 zu dem in § 120 Abs. 6 angegebenen Zeitpunkt zur Verfügung zu stellen. Werden aufgrund der vorgeschlagenen Verschmelzung Änderungen am Kundeninformationsdokument für die Anleger des übernehmenden OGAW vorgenommen, so ist das geänderte Kundeninformationsdokument den Anteilinhabern des übernehmenden OGAW gemäß § 133 zu dem in § 120 Abs. 6 angegebenen Zeitpunkt zu übermitteln.

(7) Ein in Österreich bewilligter OGAW hat den Anlegern in Österreich sämtliche Unterlagen und Informationen gemäß diesem Hauptstück jedenfalls in deutscher Sprache zur Verfügung zu stellen. Im Hinblick auf einen in einem anderen Mitgliedstaat bewilligten OGAW gilt § 142.

EB zu § 138 (Art. 2 BGBl. I Nr. 77/2011):

Setzt Art. 75 und 80 der Richtlinie 2009/65/EG um.

EB zu § 138 Abs. 1 (Art. 2 BGBl. I Nr. 77/2011):

Setzt Art. 80 Abs. 1 und 3 sowie Art. 60 Abs. 1 zweiter Unterabs. zweiter Satz und Art. 75 Abs. 1 der Richtlinie 2009/65/EG um. Im Rahmen des Direktvertriebes durch die Verwaltungsgesellschaft hat diese den Anlegern das KID kostenlos zur Verfügung zu stellen. Das Kundeninformationsdokument ist den Anlegern kostenlos und rechtzeitig vor der Zeichnung des OGAW als eigenständiges Dokument zur Verfügung zu stellen, damit sie eine fundierte Anlageentscheidung treffen können. Dieses Kundeninformationsdokument hat ausschließlich Angaben zu enthalten, die für solche Entscheidungen wesentlich sind. Das Kundeninformationsdokument ist hinsichtlich seines Aufbaus und Inhaltes für den Anleger EU-rechtlich vollständig harmonisiert, um einen angemessenen Anlegerschutz und eine gute Vergleichbarkeit zu gewährleisten (so auch Erwägungsgrund 59 der Richtlinie 2009/65/EG).

EB zu § 138 Abs. 2 (Art. 2 BGBl. I Nr. 77/2011):

Setzt Art. 80 Abs. 2 und 3 der Richtlinie 2009/65/EG um. Werden die OGAW-Anteile nur über Intermediäre (gemäß WAG 2007) vertrieben, so hat die Verwaltungsgesellschaft diesen Intermediären und den Produktgestaltern das KID zur Verfügung zu stellen. Die Intermediäre haben wiederum das KID den Kunden kostenlos zur Verfügung zu stellen (so auch Erwägungsgrund 61 der Richtlinie 2009/65/EG).

EB zu § 138 Abs. 3 (Art. 2 BGBl. I Nr. 77/2011):

Setzt Art. 75 Abs. 2 und Art. 81 Abs. 1 der Richtlinie 2009/65/EG um. Im Sinne einer redlichen und vollständigen Kundenbetreuung ist es erforderlich, dem Kunden auf sein Verlangen auch die in Abs. 3 genannten Unterlagen zu übermitteln.

EB zu § 138 Abs. 4 (Art. 2 BGBl. I Nr. 77/2011):

Setzt Art. 75 Abs. 3 der Richtlinie 2009/65/EG um.

EB zu § 138 Abs. 5 (Art. 2 BGBl. I Nr. 77/2011):

Setzt Art. 63 Abs. 5 und Art. 75 Abs. 3 der Richtlinie 2009/65/EG um.

EB zu § 138 Abs. 6 (Art. 2 BGBl. I Nr. 77/2011):

Setzt Art. 5 der Richtlinie 2010/44/EU um.

EB zu § 138 Abs. 7 (Art. 2 BGBl. I Nr. 77/2011):

Es ist sachgerecht, dass betreffend einen in Österreich von der FMA bewilligten OGAW alle Unterlagen, die für den Anleger bestimmt sind, diesem auch in deutscher Sprache zur Verfügung gestellt werden, insbesondere da es sich hiebei um ein so genanntes „Retail-produkt" handelt. Dies steht auch mit der Richtlinie 2009/65/EG im Einklang, die eine Mindestharmonisierungsrichtlinie ist und insbesondere im Bereich der Vorschriften für Offenlegung und Prospekt weitergehende Regelungen zulässt (so auch Erwägungsgrund 15 der Richtlinie 2009/65/EG).

5. Abschnitt
Vertrieb von OGAW-Anteilen in anderen Mitgliedstaaten als dem Zulassungsstaat des OGAW

EB zum 5. Abschnitt (Vertrieb von OGAW-Anteilen in anderen Mitgliedstaaten als dem Zulassungsstaat des OGAW) (Art. 2 BGBl. I Nr. 77/2011):

In diesem Abschnitt wird das Verfahren betreffend den Vertrieb von in Österreich bewilligten OGAW-Anteilen in anderen Mitgliedstaaten und den Vertrieb von in anderen Mitgliedstaaten bewilligten OGAW-Anteilen in Österreich geregelt.

Vertrieb von Anteilen eines im Inland bewilligten OGAW in anderen Mitgliedstaaten

§ 139. (1) Wenn ein OGAW beabsichtigt, seine Anteile in einem anderen Mitgliedstaat zu vertreiben, so hat er der FMA im Voraus ein Anzeigeschreiben gemäß Art. 1 der Verordnung (EU) Nr. 584/2010 zu übermitteln, das folgende Angaben und Unterlagen zu umfassen hat:

1. Angaben zu den Modalitäten der Vermarktung der OGAW-Anteile im Aufnahmemitgliedstaat;
2. gegebenenfalls Angaben zu den Anteilsgattungen und Teilfonds;
3. sofern der OGAW von der Verwaltungsgesellschaft, die ihn verwaltet, vertrieben wird (§ 37 – Dienstleistungs- und Niederlassungsfreiheit), einen Hinweis darauf;
4. eine aktuelle Fassung
   a) der Fondsbestimmungen,
   b) des Prospektes sowie
   c) gegebenenfalls des letzten Rechenschaftsberichtes und des anschließenden Halbjahresberichtes

   in der gemäß § 142 Abs. 1 Z 4 angefertigten Übersetzung in die Amtssprache oder in eine der Amtssprachen des Aufnahmemitgliedstaates des OGAW oder in eine von den zuständigen Behörden des Aufnahmemitgliedstaates akzeptierte Sprache oder in eine in der Finanzwelt gebräuchlichen Sprache und

5. das in § 134 genannte Kundeninformationsdokument in der gemäß § 142 Abs. 1 Z 4 angefertigten Übersetzung in die Amtssprache oder in eine der Amtssprachen des Aufnahmemitgliedstaates des OGAW oder in eine von den zuständigen Behörden des Aufnahmemitgliedstaates akzeptierte Sprache.

(2) Die FMA hat nach Prüfung der Vollständigkeit der gemäß Abs. 1 übermittelten Angaben und Unterlagen den zuständigen Behörden des Mitgliedstaats, in dem der OGAW seine Anteile vertreiben möchte, spätestens zehn Arbeitstage nach Eingang des Anzeigeschreibens und der vollständigen in Abs. 1 geforderten Unterlagen die vollständigen in Abs. 1 genannten Unterlagen zu übermitteln und eine Bescheinigung gemäß Art. 2 der Verordnung (EU) Nr. 584/2010 beizufügen, dass der OGAW die in der Richtlinie 2009/65/EG festgelegten Bedingungen erfüllt. § 13 Abs. 3 letzter Satz AVG findet dabei keine Anwendung.

(3) Die FMA hat den OGAW unmittelbar nach dem Versand der Unterlagen darüber zu benachrichtigen. Der OGAW kann seine Anteile ab dem Datum dieser Benachrichtigung im Aufnahmemitgliedstaat auf den Markt bringen.

(4) Das in Abs. 1 genannte Anzeigeschreiben ist vom Anzeigenden und die in Abs. 2 genannte Bescheinigung ist von der FMA in einer in der internationalen Finanzwelt gebräuchlichen Sprache oder in deutscher Sprache, sofern es sich dabei auch um die Amtssprache des Aufnahmemitgliedstaates handelt, abzufassen.

(5) Die elektronische Übermittlung und Hinterlegung der in Abs. 1 und 2 genannten Unterlagen ist zulässig und die FMA hat zu diesem Zweck eine e-mail-Adresse gemäß Art. 3 der Verordnung (EU) Nr. 584/2010 bekannt zu geben, an die die Unterlagen und Informationen sowie die Änderungen der Unterlagen und Informationen gemäß Abs. 1, entweder mittels Beschreibung der Änderung oder unter Beifügung einer neuen Fassung in einem allgemein üblichen elektronischen Format, geschickt werden können.

(6) Die Verwaltungsgesellschaft eines in Österreich bewilligten OGAW hat dafür zu sorgen, dass sämtliche Informationen und Unterlagen gemäß Abs. 1 Z 4 und 5 samt allfälliger Übersetzungen auf einer Internet-Seite, die in dem gemäß Abs. 1 zu übermittelnden Anzeigeschreiben anzugeben ist, für die FMA sowie für die zuständige Behörde des Aufnahmemitgliedstaates elektronisch zugänglich sind, stets auf dem neuesten Stand sind und die zuständige Behörde des Aufnahmemitgliedstaates über jede Änderung an den in Abs. 1 genannten Unterlagen und deren elektronische Verfügbarkeit informiert ist. Jede auf dieser Website zur Verfügung gestellte Unterlage ist dort in einem allgemein üblichen elektronischen Format bereitzustellen.

(7) Die FMA kann unter Berücksichtigung der Vorgaben von ESMA mittels Verordnung für die Zwecke des Abs. 5 und 6 geeignete elektronische Datenverarbeitungs- und Zentralspeichersysteme vorsehen.

EB zu § 139 (Art. 2 BGBl. I Nr. 77/2011):

Setzt Art. 93 Abs. 1 bis 5 der Richtlinie 2009/65/EG um.

EB zu § 139 Abs. 1 (Art. 2 BGBl. I Nr. 77/2011):

Setzt Art. 93 Abs. 1 und 2 der Richtlinie 2009/65/EG um. Die wesentlichen Inhalte des Anzeigeschreibens werden hier entsprechend der Richtlinie aufgelistet. Die genaue Gestaltung und Form des Anzeigeschreibens hat sich an den Vorgaben von Art. 1 in Verbindung mit Anhang I der Verordnung (EU) 584/2010 zu orientieren.

EB zu § 139 Abs. 2 (Art. 2 BGBl. I Nr. 77/2011):

Setzt Art. 93 Abs. 3 erster und zweiter Unterabs. der Richtlinie 2009/65/EG um. Die Richtlinie schreibt die Ausstellung einer Bescheinigung über die Richtlinienkonformität des

OGAW vor. Für den genauen Inhalt und die Form dieser Bescheinigung ist Art. 2 und Anhang II der Verordnung (EU) Nr. 584/2010 maßgeblich.

EB zu § 139 Abs. 3 (Art. 2 BGBl. I Nr. 77/2011):
Setzt Art. 93 Abs. 3 dritter Unterabs. der Richtlinie 2009/65/EG um.

EB zu § 139 Abs. 4 (Art. 2 BGBl. I Nr. 77/2011):
Setzt Art. 93 Abs. 4 der Richtlinie 2009/65/EG um.

EB zu § 139 Abs. 5 (Art. 2 BGBl. I Nr. 77/2011):
Setzt Art. 93 Abs. 4 der Richtlinie 2009/65/EG und Art. 32 der Richtlinie 2010/44/EU um.

EB zu § 139 Abs. 6 (Art. 2 BGBl. I Nr. 77/2011):
Setzt Art. 93 Abs. 7 der Richtlinie 2009/65/EG und Art. 31 der Richtlinie 2010/44/EU um.

EB zu § 139 Abs. 7 (Art. 2 BGBl. I Nr. 77/2011):
Setzt Art. 33 der Richtlinie 2010/44/EU um. ESMA arbeitet derzeit an Guidelines betreffend elektronische Datenverarbeitungs- und Zentralspeichersysteme.

Vertrieb von Anteilen von in einem anderen Mitgliedstaat bewilligten OGAW im Inland

§ 140. (1) Die Anteile eines von einem anderen Mitgliedstaat bewilligten OGAW dürfen in Österreich vertrieben werden, sobald der FMA die vollständigen Unterlagen und Informationen gemäß § 139 Abs. 1 und die Bescheinigung gemäß § 139 Abs. 2 von der zuständigen Behörde des Herkunftmitgliedstaates des OGAW übermittelt wurden.

(2) Die OGAW können für die Ausübung ihrer Tätigkeit denselben Verweis auf ihre Rechtsform, beispielsweise „Investmentgesellschaft" oder „Investmentfonds", wie in ihrem Herkunftmitgliedstaat verwenden (§ 130).

(3) Für die Bearbeitung der Anzeige gemäß Abs. 1 ist an die FMA eine Gebühr von 1 100 Euro zu entrichten. Diese Gebühr erhöht sich bei Fonds, die mehrere Teilfonds enthalten (Umbrella-Fonds), ab dem zweiten Teilfonds für jeden Fonds um 220 Euro. Für die Überwachung der Einhaltung der nach diesem Abschnitt bestehenden Pflichten ist weiters zu Beginn eines jeden Kalenderjahres, spätestens bis zum 15. Jänner dieses Jahres für jeden zum Stichtag 1. Jänner dieses Jahres zugelassenen Fonds eine jährliche Gebühr von 600 Euro an die FMA zu entrichten; diese Gebühr erhöht sich bei Fonds, die mehrere Teilfonds enthalten (Umbrella-Fonds), ab dem zweiten Teilfonds für jeden Teilfonds um 200 Euro. Gebührenbeiträge, die nicht spätestens am Fälligkeitstag entrichtet wurden, sind vollstreckbar. Die FMA hat einen als Exekutionstitel geltenden Rückstandsausweis auszufertigen. Dieser hat Namen und Anschrift des Gebührenpflichtigen, den Betrag der Schuld und den Vermerk zu enthalten, dass die Schuld vollstreckbar geworden ist. Die nicht fristgerechte Entrichtung der Gebühr ist ein Vertriebsuntersagungsgrund gemäß § 162 Abs. 3.

EB zu § 140 (Art. 2 BGBl. I Nr. 77/2011):
Setzt Art. 91 der Richtlinie 2009/65/EG um.

EB zu § 140 Abs. 1 (Art. 2 BGBl. I Nr. 77/2011):
Setzt Art. 91 Abs. 1 und 2 der Richtlinie 2009/65/EG um.

EB zu § 140 Abs. 2 (Art. 2 BGBl. I Nr. 77/2011):
Setzt Art. 96 der Richtlinie 2009/65/EG um.

EB zu Art. 140 Abs. 3 (Art. 2 BGBl. I Nr. 77/2011):
Entspricht § 36 Abs. 3 InvFG 1993. Die Verrechnung von Meldegebühren ist grundsätzlich zulässig; sie müssen allerdings bekannt gegeben werden (so auch Erwägungsgrund 67 der Richtlinie 2009/65/EG). Die FMA hat daher diese Gebühren auch gemäß § 155 Abs. 2 Z 6 auf ihrer Website zu veröffentlichen.

EB zu § 140 Abs. 3 (Art. 3 BGBl. I Nr. 70/2014):
Es soll klargestellt werden, dass die jährliche Gebühr für zum 1. Jänner zugelassene Fonds zu entrichten ist.

EB zu § 140 Abs. 3 (Art. 2 BGBl. I Nr. 115/2015):
Berichtigung eines Verweisfehlers.

Vorkehrungen zum Schutz der Anteilinhaber des in einem anderen Mitgliedstaat bewilligten OGAW

§ 141. (1) Die in einem anderen Mitgliedstaat bewilligten OGAW haben unter Einhaltung der §§ 55 bis 57 sowie der §§ 128, 132, 133, 136 und 138 die Maßnahmen zu treffen, die erforderlich sind, um sicherzustellen, dass die Anteilinhaber in Österreich in den Genuss der Zahlungen, des Rückkaufs und der Rücknahme der Anteile kommen und die vom OGAW zu liefernden Informationen erhalten. Hierzu hat der OGAW mindestens ein Kreditinstitut, das die Voraussetzungen des § 41 Abs. 1 erster Satz erfüllt, zu benennen.

(2) Der in einem anderen Mitgliedstaat bewilligte OGAW hat sämtliche Informationen und Unterlagen gemäß § 139 Abs. 1 Z 4 und 5 samt allfälliger Übersetzungen auf einer Internet-Seite für die FMA elektronisch zugänglich zu machen, stets auf dem neuesten Stand zu halten und die FMA über jede Änderung in diesen Unterlagen und deren elektronische Verfügbarkeit zu informieren.

(3) Im Falle einer Änderung der Informationen über die im Anzeigeschreiben gemäß § 139 Abs. 1 Z 1 mitgeteilten Modalitäten der Vermarktung oder einer Änderung der vertriebenen Anteilsgattungen hat der gemäß § 140 in einem anderen Mitgliedstaat gebilligte OGAW der FMA vor Umsetzung der Änderung diese schriftlich mitzuteilen.

(4) Der in einem anderen Mitgliedstaat bewilligte OGAW hat die Absicht, den öffentlichen Vertrieb von Anteilen einzustellen, der FMA anzuzeigen und unter Hinweis auf die Rechtsfolgen zu veröffentlichen. Die Verpflichtungen aus dem öffentlichen Vertrieb, die sich aus diesem Bundesgesetz ergeben, enden frühestens drei Monate nach der erfolgten Vertriebseinstellung. Die FMA kann im Interesse der Anteilinhaber eine Verlängerung dieses Zeitraums sowie eine diesbezügliche Veröffentlichung anordnen. § 142 findet weiter Anwendung.

EB zu § 141 (Art. 2 BGBl. I Nr. 77/2011):
Setzt Art. 92 und Art. 93 Abs. 7 und 8 der Richtlinie 2009/65/EG um.

EB zu § 141 Abs. 1 (Art. 2 BGBl. I Nr. 77/2011):
Setzt Art. 92 der Richtlinie 2009/65/EG um.

EB zu § 141 Abs. 2 (Art. 2 BGBl. I Nr. 77/2011):
Setzt Art. 93 Abs. 7 der Richtlinie 2009/65/EG um. Um ein gemeinsames Konzept für die Art und Weise zu finden, wie die in § 139 Abs. 1 genannten Unterlagen für die zustän-

digen Behörden des Aufnahmemitgliedstaats des OGAW elektronisch zugänglich gemacht werden, muss jeder OGAW beziehungsweise seine Verwaltungsgesellschaft dazu verpflichtet werden, eine Website zu benennen, auf der die betreffenden Unterlagen in einem allgemein üblichen elektronischen Format zur Verfügung gestellt werden (so auch Erwägungsgrund 19 der Richtlinie 2010/44/EU).

EB zu § 141 Abs. 3 (Art. 2 BGBl. I Nr. 77/2011):
Setzt Art. 93 Abs. 8 der Richtlinie 2009/65/EG um.

EB zu § 141 Abs. 4 (Art. 2 BGBl. I Nr. 77/2011):
Entspricht § 36 InvFG 1993 und soll eine geordnete Einstellung des Vertriebes sicherstellen. Dieser Bereich ist nicht von der Richtlinie erfasst und kann daher von den Mitgliedstaaten eigenständig geregelt werden.

EB zu § 141 Abs. 3 (Art. 2 BGBl. I Nr. 115/2015):
Die Anwendung der Bestimmung auf Teilfonds gemäß § 139 Abs. 1 Z 2 entspricht nicht Art. 93 Abs. 8 der Richtlinie 2009/65/EU und soll daher entfallen.

Informationspflichten des in einem anderen Mitgliedstaat bewilligten OGAW

§ 142. (1) Ein in einem anderen Mitgliedstaat bewilligter OGAW, der seine Anteile in Österreich vertreibt, hat den Anlegern in Österreich alle Informationen und Unterlagen sowie deren Änderungen zur Verfügung zu stellen, die er gemäß Kapitel IX der Richtlinie 2009/65/EG den Anlegern in seinem Herkunftmitgliedstaat zur Verfügung stellen muss, und zwar:

1. Unbeschadet der Bestimmungen von Kapitel IX der Richtlinie 2009/65/EG sind diese Informationen und Unterlagen sowie deren Änderungen den Anlegern in Einklang mit den §§ 128, 132, 133, 136 und 138 zur Verfügung zu stellen;
2. das in § 134 genannte Kundeninformationsdokument sowie dessen Änderungen sind in die deutsche Sprache zu übersetzen;
3. andere Informationen oder Unterlagen als das in § 134 genannte Kundeninformationsdokument sowie dessen Änderungen sind nach Wahl des OGAW in die deutsche Sprache oder in die englische Sprache oder in eine gemäß § 7b Abs. 1 KMG in der Finanzwelt gebräuchliche Sprache zu übersetzen; und
4. Übersetzungen von Informationen und Unterlagen gemäß Z 2 und 3 sind unter der Verantwortung des OGAW zu erstellen und müssen den Inhalt der ursprünglichen Informationen getreu wiedergeben.

(2) Die Häufigkeit der Veröffentlichung der Ausgabe-, Verkaufs- oder Rücknahmepreise für die OGAW-Anteile richtet sich nach den Rechts- und Verwaltungsvorschriften des Herkunftmitgliedstaats des OGAW.

EB zu § 142 (Art. 2 BGBl. I Nr. 77/2011):
Setzt Art. 94 der Richtlinie 2009/65/EG um.

EB zu § 142 Abs. 1 (Art. 2 BGBl. I Nr. 77/2011):
Setzt Art. 94 Abs. 1 und 2 der Richtlinie 2009/65/EG um.

EB zu § 142 Abs. 1 Z 1 (Art. 2 BGBl. I Nr. 77/2011):
Setzt Art. 94 Abs. 1 Buchstabe a der Richtlinie 2009/65/EG um.

EB zu § 142 Abs. 1 Z 2 (Art. 2 BGBl. I Nr. 77/2011):
Setzt Art. 94 Abs. 1 Buchstabe b der Richtlinie 2009/65/EG um.

EB zu § 142 Abs. 1 Z 3 (Art. 2 BGBl. I Nr. 77/2011):
Setzt Art. 94 Abs. 1 Buchstabe c der Richtlinie 2009/65/EG um.

EB zu § 142 Abs. 1 Z 4 (Art. 2 BGBl. I Nr. 77/2011):
Setzt Art. 94 Abs. 1 Buchstabe d der Richtlinie 2009/65/EG um.

EB zu § 142 Abs. 2 (Art. 2 BGBl. I Nr. 77/2011):
Setzt Art. 94 Abs. 3 der Richtlinie 2009/65/EG um.

5. Hauptstück
Aufsicht und Europäische und Internationale Zusammenarbeit

1. Abschnitt
Aufsicht

EB zum 1. Abschnitt (Aufsicht) (Art. 2 BGBl. I Nr. 77/2011):
In diesem Abschnitt werden die Aufsichtsbefugnisse festgelegt. Da sich der Text der Richtlinien eng an den Text der Richtlinie 2004/39/EG (MiFID) anlehnt, wurden auch, soweit sinnvoll oder erforderlich, die Regelungen des WAG 2007 übernommen, um auch bei der Umsetzung einen Gleichklang herzustellen.

§ **143.** (1) Die FMA hat
1. die Einhaltung der §§ 5 bis 35 durch Verwaltungsgesellschaften mit Sitz im Inland sowie deren Zweigstellen gemäß § 37;
2. die Einhaltung der Bestimmungen des 3. und 4. Hauptstückes sowie die in den Fondsbestimmungen und im Prospekt des OGAW enthaltenen Verpflichtungen und der auf Grundlage der Richtlinie 2009/65/EG erlassenen Verordnungen (EU) Nr. 583/2010, (EU) Nr. 584/2010 und (EU) 2016/438 im Hinblick auf den im Inland bewilligten OGAW durch die Verwaltungsgesellschaft gemäß § 5 Abs. 1 und durch Verwaltungsgesellschaften aus Mitgliedstaaten, die in Ausübung der Dienstleistungsfreiheit oder über eine Zweigstelle Tätigkeiten der kollektiven Portfolioverwaltung im Inland erbringen;
3. die Einhaltung der §§ 10 bis 28 durch Verwaltungsgesellschaften gemäß § 36, die in Ausübung der Dienstleistungsfreiheit Tätigkeiten der kollektiven Portfolioverwaltung im Inland erbringen;
4. die Einhaltung der §§ 10 bis 35 durch Zweigstellen von Verwaltungsgesellschaften aus anderen Mitgliedstaaten gemäß § 36; und
5. die Einhaltung der §§ 141 und 142 und der dort genannten Bestimmungen durch OGAW gemäß § 140 und durch deren Verwaltungsgesellschaften;

zu überwachen und dabei auf das volkswirtschaftliche Interesse an einem funktionsfähigen Finanzmarkt und die Finanzmarktstabilität Bedacht zu nehmen.

(2) § 12 KMG betreffend die Aufgaben der Meldestelle gilt auch für den Anwendungsbereich dieses Bundesgesetzes.

(3) Die FMA und die Oesterreichische Nationalbank arbeiten zur wirksamen Erfüllung ihrer jeweiligen Aufgaben nach Maßgabe des BWG und dieses Bundesgesetzes zusammen.

(4) Bei der Zusammenarbeit mit anderen Behörden ist § 72 BWG anzuwenden.

EB zu § 143 Abs. 1 (Art. 2 BGBl. I Nr. 77/2011):

Setzt Art. 10 Abs. 2, 18 Abs. 3, 17 Abs. 5, 19 Abs. 5 und 7 und Art. 97 Abs. 1 und 2 der Richtlinie 2009/65/EG um. Die Aufsicht über Verwaltungsgesellschaften mit Sitz in Österreich (§ 5 Abs. 1) obliegt grundsätzlich der FMA, unabhängig davon, ob die Verwaltungsgesellschaft ihre Tätigkeit in Österreich oder in Ausübung der Dienstleistungsfreiheit oder der Niederlassungsfreiheit über eine Zweigstelle in einem anderen Mitgliedstaat erbringt. Hinsichtlich der §§ 10, 11 Abs. 1 und 2 sowie 12 bis 35 unterliegt die Verwaltungsgesellschaft gemäß § 5 Abs. 1 der Aufsicht der FMA, wenn sie ihre Tätigkeiten in Österreich oder im Rahmen der Dienstleistungsfreiheit in einem Mitgliedstaat erbringt. Erbringt sie die Tätigkeiten über einen Zweigstelle in einem anderen Mitgliedstaat, so gelten für sie diesbezüglich grundsätzlich primär die in Umsetzung von Art. 14 der Richtlinie 2009/65/EG erlassenen Bestimmungen des Aufnahmemitgliedstaates und sie unterliegt diesbezüglich der Aufsicht der zuständigen Behörde des Aufnahmemitgliedstaates. Diese Zuständigkeitsaufteilung ergibt sich implizit aus den in den §§ 36 und 37 sowie 143 jeweils genannten – und nicht genannten – Bestimmungen.

EB zu § 143 Abs. 1 Z 1 (Art. 2 BGBl. I Nr. 77/2011):

Setzt Art. 10 Abs. 2 und 18 Abs. 3 Art. 108 Abs. 3 der Richtlinie 2009/65/EG um. Gemäß dem Grundsatz der Kontrolle durch den Herkunftsmitgliedstaat ist die FMA als zuständige Behörde des Herkunftsmitgliedstaats der Verwaltungsgesellschaft für die Beaufsichtigung der Organisation der Verwaltungsgesellschaft, einschließlich aller Verfahren und Ressourcen zur Wahrnehmung der administrativen Tätigkeiten zuständig (so auch Erwägungsgrund 18 der Richtlinie 2009/65/EG).

EB zu § 143 Abs. 1 Z 2 (Art. 2 BGBl. I Nr. 77/2011):

Setzt Art. 19 Abs. 5, Art. 97 Abs. 3 und Art. 108 Abs. 1 und 3 der Richtlinie 2009/65/EG um.

EB zu § 143 Abs. 1 Z 3 (Art. 2 BGBl. I Nr. 77/2011):

Setzt Art. 19 Abs. 7 der Richtlinie 2009/65/EG um.

EB zu § 143 Abs. 1 Z 4 (Art. 2 BGBl. I Nr. 77/2011):

Setzt Art. 17 Abs. 5 der Richtlinie 2009/65/EG um.

EB zu § 143 Abs. 2 (Art. 2 BGBl. I Nr. 77/2011):

Setzt Art. 97 Abs. 1 und 2 der Richtlinie 2009/65/EG um. Die FMA hat der Meldestelle, die derzeit bei der OeKB eingerichtet ist, die Verwahrung des Prospektes sowie der sonstigen in § 137 genannten Dokumente übertragen. Dies folgt aus dem Verweis auf § 12 KMG.

Kosten

§ **144.** (1) Die Kosten der FMA aus dem Rechnungskreis Wertpapieraufsicht (§ 19 Abs. 1 Z 3 und Abs. 4 FMABG) sind von gemäß § 5 Abs. 1 konzessionierten Verwaltungsgesellschaften sowie gemäß von gemäß § 36 Abs. 2 errichteten Zweigstellen zu tragen. Die FMA hat zu diesem Zweck einen zusätzlichen gemeinsamen Subrechnungskreis für Verwaltungsgesellschaften, Kapitalanlagegesellschaften für Immobilien (ImmoInvFG), BV-Kassen (BMSVG) und AIFM (AIFMG) zu bilden.

(2) Die auf Kostenpflichtige gemäß Abs. 1 entfallenden Beträge sind von der FMA mit Bescheid vorzuschreiben; die Festsetzung von Pauschalbeträgen ist zulässig. Die FMA hat

nähere Regelungen über diese Kostenaufteilung und ihre Vorschreibung mit Verordnung festzusetzen. Hierbei sind insbesondere zu regeln:
1. Die Bemessungsgrundlagen der einzelnen Arten von Kostenvorschreibungen;
2. die Termine für die Kostenbescheide und die Fristen für die Zahlungen der Kostenpflichtigen.

Die Verwaltungsgesellschaften haben der FMA alle erforderlichen Auskünfte über die Grundlagen der Kostenbemessung zu erteilen.

EB zu § 144 (Art. 2 BGBl. I Nr. 77/2011):
Kostenbestimmung.

EB zu § 144 (Art. 5 BGBl. I Nr. 135/2013):
Die Zuordnung der Verwaltungsgesellschaften zum Rechnungskreis 3 soll mit 1. Jänner 2014 wirksam werden und bedingt eine geänderte Kostenbestimmung, die § 90 WAG 2007 nachgebildet wurde.

Datenschutz

§ 145. (1) Die FMA und die Oesterreichische Nationalbank sind zur konventionellen und automatisierten Ermittlung und Verarbeitung von Daten im Sinne des DSG 2000 ermächtigt, soweit dies in ihrem Aufgabenbereich nach diesem Bundesgesetz liegt; dieser umfasst:
1. Konzessionen von Verwaltungsgesellschaften und Depotbanken und die für die Erteilung maßgeblichen Umstände;
2. Leitung, verwaltungsmäßige und buchhalterische Organisation sowie interne Kontrolle (Risikomanagement) und Revision von Verwaltungsgesellschaften, OGAW, AIF und Depotbanken;
3. Zweigstellen und die Ausübung des freien Dienstleistungsverkehrs;
4. Eigenkapital;
5. Qualifizierte Beteiligungen an Verwaltungsgesellschaften;
6. Jahresabschluss und Rechnungslegung;
7. aufsichtsbehördliche Maßnahmen gemäß §§ 147 bis 150 und Rechtsmittelverfahren gegen solche Maßnahmen;
8. Verwaltungsstrafen gemäß §§ 190 bis 192;
9. Ermittlungen gemäß §§ 147 bis 149 und 157, 158, 161 und 162 dieses Bundesgesetzes, § 48b oder § 86 Abs. 6 BörseG, § 70 BWG, § 91 WAG 2007, § 8a Abs. 2 KMG und § 22b FMABG;
10. Informationen, die von zuständigen Behörden im Rahmen des Informationsaustausches gemäß Abs. 2 dieser Bestimmung, den §§ 157, 158, 160 bis 162 dieses Bundesgesetzes oder gemäß §§ 47a und 86 Abs. 8 und 9 Börsegesetz 1989 oder Art. 26 und 26 der Verordnung (EU) Nr. 596/2014 oder im Wege des § 21 FMABG erlangt wurden;
11. die Zuordnung von Kosten für die Investmentfondsaufsicht;
12. Bewilligung von OGAW und AIF und die für die Erteilung maßgeblichen Umstände;
13. Beachtung der Bestimmungen des 2. Abschnittes des 1. Hauptstückes;
14. Veranlagungen in OGAW und AIF;
15. Vergütungsdaten gemäß § 39b und § 39c BWG.

(2) Die Übermittlung von Daten gemäß Abs. 1 ist zulässig:
1. durch die Oesterreichische Nationalbank an die FMA und
2. durch die FMA im Rahmen der Amtshilfe sowie

3. durch die FMA an
   a) die Oesterreichische Nationalbank,
   b) zuständige Behörden oder Zentralbanken von Mitgliedstaaten,
   c) ESMA,
   d) den Europäischen Ausschuss für Systemrisiken – ESRB (Verordnung (EU) Nr. 1092/2010) sowie die Europäische Zentralbank,

   soweit dies für die Erfüllung von Aufgaben, die den Aufgaben der FMA und der Oesterreichischen Nationalbank nach diesem Bundesgesetz, dem Börsegesetz 1989, dem BWG, dem WAG 2007, dem KMG, der Verordnung (EU) Nr. 583/2010 oder der Verordnung (EU) Nr. 584/2010 der Kommission entsprechen oder dies für die Wahrnehmung von anderen gesetzlichen Aufgaben im Rahmen der Aufsicht über den Finanzmarkt einer ersuchenden zuständigen Behörde erforderlich ist,
   und
   e) an Clearingstellen einschließlich der Oesterreichischen Kontrollbank AG, soweit dies für die Erfüllung ihrer Aufgaben zur Sicherung des Funktionierens dieser Stellen im Fall von möglichen Verstößen der Marktteilnehmer, erforderlich ist, oder für andere gesetzliche Aufgaben im Rahmen der Aufsicht über den Finanzmarkt der ersuchenden Behörde erforderlich ist, und soweit ein begründetes Ersuchen vorliegt

   und soweit die übermittelten Daten bei diesen Behörden oder Stellen dem Berufsgeheimnis gemäß Art. 102 der Richtlinie 2009/65/EG unterliegen.

Die FMA kann bei der Übermittlung der Informationen darauf hinweisen und im Fall der Übermittlung an Clearingstellen einschließlich der Oesterreichischen Kontrollbank AG hat die FMA darauf hinzuweisen, dass diese nur mit ihrer ausdrücklichen Zustimmung veröffentlicht werden dürfen.

(3) Die Übermittlung von Daten gemäß Abs. 1 durch die FMA ist innerhalb desselben Rahmens, zu denselben Zwecken und mit denselben Beschränkungen wie an zuständige Behörden von Mitgliedstaaten gemäß Abs. 2 auch an Behörden von Drittländern, die den Aufgaben der FMA oder der Oesterreichischen Nationalbank entsprechende Aufgaben wahrzunehmen haben, nur zulässig, soweit die übermittelten Daten bei diesen Behörden einem dem Berufsgeheimnis in Art. 102 der Richtlinie 2009/65/EG entsprechenden Berufsgeheimnis unterliegen und die Übermittlung im Einklang mit Kapitel IV der Richtlinie 95/46/EG zum Schutz natürlicher Personen bei der Verarbeitung personenbezogener Daten und zum freien Datenverkehr, ABl. Nr. L 281 vom 23.11.1995, S. 31, steht.

(4) Die FMA kann für die Zwecke der Zusammenarbeit und des Informationsaustausches gemäß Abs. 2 und 3, soweit dies für die Erfüllung von Aufgaben, die den Aufgaben der FMA nach diesem Bundesgesetz, dem Börsegesetz 1989, dem BWG, dem WAG 2007, dem KMG, der Verordnung (EU) Nr. 583/2010, der Verordnung (EU) Nr. 584/2010 oder der Verordnung (EU) Nr. 575/2013 entsprechen, erforderlich ist oder dies für die Wahrnehmung von anderen gesetzlichen Aufgaben im Rahmen der Aufsicht über den Finanzmarkt einer ersuchenden für Wertpapieraufsicht zuständigen Behörde erforderlich ist und die ersuchende Behörde einem gleichartigen Ersuchen auf Zusammenarbeit und Informationsaustausch ebenso entsprechen würde, von ihren Befugnissen auch ausschließlich für Zwecke einer solchen Zusammenarbeit Gebrauch machen, auch wenn die Verhaltensweise, die Gegenstand der Ermittlung ist, keinen Verstoß gegen eine in Österreich geltende Vorschrift darstellt. Von allen ihren Befugnissen nach Abs. 1 Z 9 kann die FMA für die Zwecke einer solchen Zusammenarbeit auch gegenüber natürlichen und juristischen Personen Gebrauch machen, die nicht oder in ihrem Herkunftsland zur Erbringung von Dienstleistungen der Vermögensverwaltung im Sinne der Richtlinie 2009/65/EG zugelassen sind.

(5) Erhält die FMA im Rahmen des Informationsaustausches gemäß Abs. 2 oder 3 Informationen mit dem Hinweis, dass diese nur mit der ausdrücklichen Zustimmung der übermittelnden Behörde veröffentlicht werden dürfen, oder stammen die gemäß Abs. 3 erhaltenen Informationen aus einem anderem Mitgliedstaat, so darf die darin enthaltene Information nur für die Zwecke, für die die Zustimmung erteilt wurde, übermittelt werden; der Austausch der Information im Rahmen eines gerichtlichen Strafverfahrens, eines Insolvenzverfahrens oder Geschäftsaufsichtsverfahrens des OGAW oder der Verwaltungsgesellschaft oder der Depotbank bleibt jedoch zulässig.

EB zu § 145 (Art. 2 BGBl. I Nr. 77/2011):
Setzt Art. 101 Abs. 1 und Art. 102 bis 104 der Richtlinie 2009/65/EG um. Zur Wahrnehmung ihrer Aufgaben ist die Verarbeitung und Weiterleitung von Daten durch die FMA erforderlich, wobei allerdings die Vorgaben des DSG 2000 einzuhalten sind. Dies entspricht auch Erwägungsgrund 77 der Richtlinie 2009/65/EG, wonach die Weitergabe von Daten von strengen Anforderungen abhängig gemacht werden kann.

EB zu § 145 Abs. 1 (Art. 2 BGBl. I Nr. 77/2011):
Setzt Art. 102 Abs. 3 der Richtlinie 2009/65/EG um.

EB zu § 145 Abs. 2 (Art. 2 BGBl. I Nr. 77/2011):
Setzt Art. 101 Abs. 1, Art. 102 Abs. 2, Art. 104 Abs. 1 und 2 und Art. 109 Abs. 1 der Richtlinie 2009/65/EG um. Der Austausch von Informationen mit Behörden und Zentralbanken aus anderen Mitgliedstaaten sowie der Europäischen Wertpapieraufsichtsbehörde (ESMA) und dem Europäischen Ausschuss für Systemrisiken (ESRB) ist unter Einhaltung der Bestimmungen über das Berufsgeheimnis, das in der Richtlinie in Art. 102 insbesondere in Abs. 1 und im österreichischen Recht insbesondere in § 14 FMABG spezifiziert ist, zulässig und auch erforderlich um eine wirksame Beaufsichtigung in einem integrierten Binnenmarkt für Dienstleistungen der Vermögensverwaltung sicherzustellen.

EB zu § 145 Abs. 3 (Art. 2 BGBl. I Nr. 77/2011):
Setzt Art. 101 Abs. 1 und Art. 102 Abs. 3 der Richtlinie 2009/65/EG um.

EB zu § 145 Abs. 4 (Art. 2 BGBl. I Nr. 77/2011):
Setzt Art. 101 Abs. 1 der Richtlinie 2009/65/EG um und entspricht § 91 Abs. 7 WAG 2007. Es stellt sich in dem Zusammenhang für OGAW und Verwaltungsgesellschaften dieselbe Problematik wie für Wertpapierfirmen.

EB zu § 145 Abs. 5 (Art. 2 BGBl. I Nr. 77/2011):
Setzt Art. 102 Abs. 1 und 2 und Abs. 3 letzter Unterabs. der Richtlinie 2009/65/EG im Hinblick auf Informationen um, die die FMA von anderen Behörden oder Gerichten und von Behörden aus anderen Mitgliedstaaten oder Drittstaaten erhält.

EB zu § 145 Abs. 4 (Art. 11 BGBl. I Nr. 184/2013):
Redaktionelle Anpassung.

EB zu § 145 Abs. 1 Z 9 bis 10 (Art. 3 BGBl. I Nr. 76/2016):
Redaktionelle Verweisanpassungen.

Berufsgeheimnis

§ **146.** Von der FMA oder der Oesterreichischen Nationalbank beauftragte Sachverständige unterliegen der Verschwiegenheitspflicht gemäß § 14 Abs. 2 FMABG.

EB zu § 146 (Art. 2 BGBl. I Nr. 77/2011):

Setzt Art. 101 Abs. 1 und Art. 102 Abs. 1 der Richtlinie 2009/65/EG um. Durch den Verweis auf die Zentralbestimmung im FMABG ist sichergestellt, dass das Berufsgeheimnis in derselben Form gilt, wie im Hinblick auf die Beaufsichtigung von Kreditinstituten, Wertpapierfirmen und Versicherungsunternehmen (so auch Erwägungsgrund 79 der Richtlinie 2009/65/EG).

Untersuchungen und Prüfungen

§ 147. (1) Die FMA hat alle Untersuchungen durchzuführen und jene Maßnahmen zu ergreifen, die zur Wahrnehmung der ihr, unter Bedachtnahme auf § 3 Abs. 8 BWG nach diesem Bundesgesetz gemäß § 143 Abs. 1 zukommenden Aufgaben erforderlich sind.

(2) In Ausübung der Zuständigkeiten gemäß Abs. 1, dem BWG und dem WAG 2007 ist die FMA unbeschadet der ihr auf Grund anderer bundesgesetzlicher Bestimmungen zustehenden Befugnisse jederzeit ermächtigt,

1. in die Bücher, Schriftstücke und Datenträger der Unternehmen gemäß § 143 Abs. 1 Einsicht zu nehmen und Kopien von ihnen zu erhalten; auf den Umfang der Auskunfts-, Vorlage- und Einschaurechte der FMA und die Verpflichtung zur Verfügbarkeit von Unterlagen im Inland ist § 60 Abs. 3 BWG anzuwenden;
2. von Verwaltungsgesellschaften und Depotbanken und deren Organen sowie von allen Stellen, an die Dienstleistungen ausgelagert wurden, Auskünfte zu verlangen und gemäß den Verwaltungsverfahrensgesetzen Personen vorzuladen und zu befragen;
3. durch Abschlussprüfer oder sonstige Sachverständige alle erforderlichen Prüfungen durchführen zu lassen, wobei die in § 62 BWG genannten Ausschließungsgründe anzuwenden sind; die Erteilung von Auskünften durch die FMA an die von ihr beauftragten Prüfer ist zulässig, soweit dies zur Erfüllung des Prüfungsauftrages zweckdienlich ist;
4. durch eigene Prüfer, Abschlussprüfer oder sonstige Sachverständige vor Ort Prüfungen durchzuführen;
5. zur Prüfung von Zweigstellen und Repräsentanzen in Mitgliedstaaten auch die Behörden des Aufnahmemitgliedstaates um die Vornahme der Prüfung zu ersuchen, wenn dies gegenüber einer Prüfung gemäß Z 4 das Verfahren vereinfacht oder beschleunigt oder wenn dies im Interesse der Zweckmäßigkeit, Einfachheit, Raschheit oder Kostenersparnis gelegen ist; unter diesen Voraussetzungen können eigene Mitarbeiter der FMA an einer solchen Prüfung teilnehmen;
6. von den Abschlussprüfern Auskünfte einzuholen.

(3) Bei einer Prüfung gemäß Abs. 2 Z 3 oder 5 sind die Prüfungsorgane mit einem schriftlichen Prüfungsauftrag zu versehen und haben sich vor Beginn der Prüfung unaufgefordert auszuweisen sowie den Prüfungsauftrag vorzuweisen. Im Übrigen ist § 71 BWG anzuwenden.

EB zu § 147 (Art. 2 BGBl. I Nr. 77/2011):

Setzt Art. 98 der Richtlinie 2009/65/EG um. Die Richtlinie legt einen einheitlichen Mindestkatalog an Behördenbefugnissen fest (so auch Erwägungsgrund 69 der Richtlinie 2009/654/EG), der hiemit, allerdings der Systematik anderer Finanzmarktaufsichtsgesetzen (insbesondere dem WAG 2007 und dem ZaDiG) folgend, festgelegt wird. Ein bloßer Verweis auf das BWG wäre daher im Hinblick auf die Aufsichtsbestimmungen nicht geeignet, da die Befugnisse der Richtlinie 2009/65/EG doch im Detail anders ausgestaltet sind als jene, die dem BWG zugrunde liegen.

EB zu § 147 Abs. 1 (Art. 2 BGBl. I Nr. 77/2011):
Setzt Art. 98 Abs. 1 der Richtlinie 2009/65/EG um.

EB zu § 147 Abs. 2 (Art. 2 BGBl. I Nr. 77/2011):
Setzt Art. 98 Abs. 2 der Richtlinie 2009/65/EG um.

EB zu § 147 Abs. 2 Z 1 (Art. 2 BGBl. I Nr. 77/2011):
Setzt Art. 98 Abs. 2 Buchstabe a der Richtlinie 2009/65/EG um.

EB zu § 147 Abs. 2 Z 2 (Art. 2 BGBl. I Nr. 77/2011):
Setzt Art. 98 Abs. 2 Buchstabe b und h der Richtlinie 2009/65/EG um.

EB zu § 147 Abs. 2 Z 3 (Art. 2 BGBl. I Nr. 77/2011):
Setzt Art. 98 Abs. 2 Buchstabe m der Richtlinie 2009/65/EG um.

EB zu § 147 Abs. 2 Z 4 (Art. 2 BGBl. I Nr. 77/2011):
Setzt Art. 98 Abs. 1 Buchstabe a, b und c in Verbindung mit Abs. 2 Buchstabe c der Richtlinie 2009/65/EG um.

EB zu § 147 Abs. 2 Z 5 (Art. 2 BGBl. I Nr. 77/2011):
Setzt Art. 101 Abs. 4 (Einleitungsteil) und Abs. 5 der Richtlinie 2009/65/EG um.

EB zu § 147 Abs. 2 Z 6 (Art. 2 BGBl. I Nr. 77/2011):
Setzt Art. 98 Abs. 2 Buchstabe b der Richtlinie 2009/65/EG um.

EB zu § 147 Abs. 3 (Art. 2 BGBl. I Nr. 77/2011):
Setzt Art. 98 Abs. 1 der Richtlinie 2009/65/EG um und stellt klar, wie bei einem Prüfungsauftrag prozedural vorzugehen ist. Die Prüfung der Verwaltungsgesellschaften, Depotbanken von Investmentfonds und OGAW obliegt der FMA selbst. Die Bestimmung orientiert sich insbesondere an § 3 Abs. 8 BWG.

Aufsichtsmaßnahmen

§ 148. (1) Zur Abwendung einer Gefahr für die finanziellen Belange der Anteilinhaber eines OGAW gemäß § 50 oder der Kunden einer Verwaltungsgesellschaft gemäß § 5 Abs. 1 im Zusammenhang mit deren Tätigkeit kann die FMA befristete Maßnahmen durch Bescheid anordnen, die spätestens 18 Monate nach Wirksamkeitsbeginn außer Kraft treten. Die FMA kann durch Bescheid insbesondere

1. Kapital- und Gewinnentnahmen einer Verwaltungsgesellschaft ganz oder teilweise untersagen;
2. im Interesse der Anteilinhaber oder der Öffentlichkeit die Aussetzung der Ausgabe, Rücknahme oder Auszahlung von Anteilen verlangen;
3. eine fachkundige Aufsichtsperson (Regierungskommissär) bestellen, die dem Berufsstand der Rechtsanwälte oder der Wirtschaftsprüfer angehört; die Aufsichtsperson, der alle Rechte gemäß § 147 Abs. 2 zustehen, hat
   a) der Verwaltungsgesellschaft alle Geschäfte zu untersagen, die geeignet sind, die obige Gefahr zu vergrößern, oder

b) im Falle, dass der Verwaltungsgesellschaft die Fortführung der Geschäfte ganz oder teilweise untersagt wurde, einzelne Geschäfte zu erlauben, die die im Einleitungsteil dieser Bestimmung beschriebene Gefahr nicht vergrößern;

4. Geschäftsleitern der Verwaltungsgesellschaft unter gleichzeitiger Verständigung des zur Bestellung der Geschäftsleiter zuständigen Organs die Führung des Unternehmens ganz oder teilweise untersagen; das zuständige Organ hat binnen eines Monats die entsprechende Anzahl von Geschäftsleitern neu zu bestellen; die Bestellung bedarf zu ihrer Rechtswirksamkeit der Zustimmung der FMA, die zu versagen ist, wenn die neu bestellten Geschäftsleiter nicht geeignet scheinen, eine Abwendung der obigen Gefahr herbeiführen zu können;
5. die Fortführung des Geschäftsbetriebes ganz oder teilweise untersagen.

(2) Die FMA kann auf Antrag der gemäß Abs. 1 Z 3 oder Abs. 3 bestellten Aufsichtsperson (Regierungskommissär) einen Stellvertreter bestellen, wenn und so lange dies aus wichtigen Gründen, insbesondere wegen vorübergehender Verhinderung der Aufsichtsperson, erforderlich ist. Für die Bestellung des Stellvertreters sowie für dessen Rechte und Pflichten finden die für die Aufsichtsperson geltenden Bestimmungen Anwendung. Die Aufsichtsperson (Regierungskommissär) kann sich mit Bewilligung der FMA zur Erfüllung ihrer Aufgaben fachlich geeigneter Personen bedienen, soweit dies nach Umfang und Schwierigkeit der Aufgaben erforderlich ist. Die Genehmigung der FMA hat diese Personen namentlich zu benennen und ist auch der Verwaltungsgesellschaft zuzustellen. Diese Personen handeln auf Weisung und im Namen der Aufsichtsperson (Regierungskommissär) oder ihres Stellvertreters. Es findet § 70 Abs. 2b und 3 sowie Abs. 6 BWG Anwendung.

(3) Alle von der FMA gemäß Abs. 1 und 2 angeordneten Maßnahmen ruhen für die Dauer eines Geschäftsaufsichtsverfahrens.

(4) Bescheide, mit denen Geschäftsleitern die Führung einer Verwaltungsgesellschaft gemäß § 5 Abs. 1 ganz oder teilweise untersagt wird (Abs. 1 Z 4), sind, wie auch eine allfällige Aufhebung dieser Maßnahme, von der FMA dem Firmenbuchgericht zur Eintragung in das Firmenbuch zu übermitteln.

(5) Liegt eine Konzessionsvoraussetzung gemäß § 6 Abs. 1 nach Erteilung der Konzession nicht mehr vor oder verletzt eine Verwaltungsgesellschaft gemäß § 5 Abs. 1 Bestimmungen gemäß § 143 Abs. 1 dieses Bundesgesetzes oder des BWG oder einer auf Grund dieses Bundesgesetzes oder des BWG erlassenen Verordnung oder eines Bescheides oder eine Bestimmung der Verordnung (EU) Nr. 583/2010, der Verordnung (EU) Nr. 584/2010 oder der Verordnung (EU) Nr. 575/2013 oder einer aufgrund dieser Verordnungen erlassenen Bescheide, so hat die FMA die in § 70 Abs. 4 Z 1 bis 3 BWG genannten Maßnahmen in Bezug auf diese Verwaltungsgesellschaft zu ergreifen und gegebenenfalls die Konzession gemäß § 5 Abs. 1 oder die Bewilligung gemäß § 50 zu entziehen. Verletzt die Depotbank Bestimmungen dieses Bundesgesetzes oder einer aufgrund dieses Bundesgesetzes erlassenen Verordnung oder eines Bescheides, so sind die §§ 70 Abs. 3 und 96 BWG mit der Maßgabe anzuwenden, dass an die Stelle des Konzessionsentzuges gemäß § 70 Abs. 4 Z 3 BWG die Rücknahme der Bewilligung gemäß § 50 tritt.

EB zu § 148 (Art. 2 BGBl. I Nr. 77/2011):

Setzt Art. 98 Abs. 2 Buchstaben d bis l der Richtlinie 2009/65/EG um.

EB zu § 148 Abs. 1 (Art. 2 BGBl. I Nr. 77/2011):

Setzt Art. 98 Abs. 2 Buchstaben d bis f und j und l der Richtlinie 2009/65/EG um.

EB zu § 148 Abs. 1 Z 1 (Art. 2 BGBl. I Nr. 77/2011):

Die Untersagung der Ausschüttung von Gewinnen oder Kapital kann in bestimmten Ausnahmefällen ein notwendiges Aufsichtsinstrument darstellen, um die Interessen aller Anleger zu schützen und korrespondiert mit der gleichartigen Bestimmung in § 70 Abs. 2 Z 1 BWG.

EB zu § 148 Abs. 1 Z 2 (Art. 2 BGBl. I Nr. 77/2011):

Setzt Art. 98 Abs. 2 Buchstabe j der Richtlinie 2009/65/EG um.

EB zu § 148 Abs. 1 Z 3 (Art. 2 BGBl. I Nr. 77/2011):

Setzt Art. 98 Abs. 2 Buchstabe i der Richtlinie 2009/65/EG um.

EB zu § 148 Abs. 1 Z 4 (Art. 2 BGBl. I Nr. 77/2011):

Setzt Art. 98 Abs. 2 Buchstabe g der Richtlinie 2009/65/EG um.

EB zu § 148 Abs. 1 Z 5 (Art. 2 BGBl. I Nr. 77/2011):

Setzt Art. 98 Abs. 2 Buchstabe g und k der Richtlinie 2009/65/EG um.

EB zu § 148 Abs. 2 (Art. 2 BGBl. I Nr. 77/2011):

Setzt Art. 98 Abs. 2 Buchstabe g und i der Richtlinie 2009/65/EG um.

EB zu § 148 Abs. 3 (Art. 2 BGBl. I Nr. 77/2011):

Setzt Art. 98 Abs. 2 Buchstabe g und i der Richtlinie 2009/65/EG um.

EB zu § 148 Abs. 4 (Art. 2 BGBl. I Nr. 77/2011):

Setzt Art. 98 Abs. 2 Buchstabe g und i der Richtlinie 2009/65/EG um.

EB zu § 148 Abs. 5 (Art. 2 BGBl. I Nr. 77/2011):

Setzt Art. 98 Abs. 2 Buchstabe e, i und k der Richtlinie 2009/65/EG um.

EB zu § 148 Abs. 5 erster Satz (Art. 11 BGBl. I Nr. 184/2013):

Redaktionelle Anpassung.

Zusammenarbeit mit Gerichten und Sicherheitsbehörden

§ 149. (1) Zur Abwendung einer Gefahr für die finanziellen Belange der Anteilinhaber eines OGAW gemäß § 50 oder der Kunden einer Verwaltungsgesellschaft gemäß § 5 Abs. 1 im Zusammenhang mit deren Tätigkeit oder zur Wahrnehmung ihrer sonstigen Aufgaben nach diesem Bundesgesetz kann die FMA

1. bereits existierende Aufzeichnungen von Telefongesprächen und Datenübermittlungen anfordern;
2. bei der zuständigen Staatsanwaltschaft beantragen, dass diese bei Gericht einen Antrag auf Sicherstellung gemäß §§ 109 Z 1 und 110 Abs. 1 Z 3 oder Beschlagnahme gemäß §§ 109 Z 2 und 115 Abs. 1 Z 3 Strafprozessordnung 1975 – StPO (BGBl. Nr. 631/1975) stellt.

(2) Ergibt sich für die FMA bei der Wahrnehmung ihrer Aufgaben der Verdacht, dass eine Transaktion der Geldwäscherei oder der Terrorismusfinanzierung dient, so hat sie die Geldwäschemeldestelle (§ 4 Abs. 2 des Bundeskriminalamt-Gesetzes, BGBl. I Nr. 22/2002) hievon unverzüglich in Kenntnis zu setzen. § 41 Abs. 6 BWG ist anzuwenden.

EB zu § 149 (Art. 2 BGBl. I Nr. 77/2011):

EB zu § 149 Abs. 1 (Art. 2 BGBl. I Nr. 77/2011):

Setzt Art. 98 Abs. 1 Buchstabe d und Abs. 2 Buchstaben d, f und l der Richtlinie 2009/65/EG um.

EB zu § 149 Abs. 1 Z 1 (Art. 2 BGBl. I Nr. 77/2011):

Setzt Art. 98 Abs. 2 Buchstabe d der Richtlinie 2009/65/EG um.

EB zu § 149 Abs. 1 Z 2 (Art. 2 BGBl. I Nr. 77/2011):

Setzt Art. 98 Abs. 2 Buchstabe f der Richtlinie 2009/65/EG um.

EB zu § 149 Abs. 2 (Art. 2 BGBl. I Nr. 77/2011):

Entspricht gleich lautenden Bestimmungen im WAG 2007, ZaDiG, E-Geldgesetz 2010 und im BWG.

Veröffentlichungen

§ 150. (1) Soferne es sich nicht um Maßnahmen mit Ermittlungscharakter handelt, hat die FMA rechtskräftig angeordnete Maßnahmen nach § 148 Abs. 1, 2 und 5 mitsamt der Identität der betroffenen Personen und den Informationen zu Art und Charakter des zu Grunde liegenden Verstoßes umgehend im Internet bekannt zu machen, nachdem die betreffende Person über die Entscheidung, mit der die Maßnahme verhängt wurde, unterrichtet wurde. Die Veröffentlichung ist auch um jede gerichtliche dem Grunde nach bestätigende Entscheidung zu ergänzen.

(2) Rechtskräftig verhängte Geldstrafen wegen Verstößen gemäß § 190 und § 190a sind von der FMA mitsamt der Identität der sanktionierten Person und den Informationen zu Art und Charakter des zu Grunde liegenden Verstoßes umgehend im Internet bekannt zu machen, nachdem die betreffende Person über die Entscheidung, mit der die Sanktion verhängt wurde, unterrichtet wurde. Die Veröffentlichung ist auch um jede gerichtliche dem Grunde nach bestätigende Entscheidung zu ergänzen.

(3) Ist die FMA nach einer fallbezogenen Bewertung der Verhältnismäßigkeit der Bekanntmachung der betreffenden Angaben zu der Ansicht gelangt, dass die Bekanntmachung der Identität der juristischen Personen oder der personenbezogenen Daten der natürlichen Personen unverhältnismäßig wäre, oder würde die Bekanntmachung die Stabilität der Finanzmärkte oder laufende Ermittlungen gefährden, so kann die FMA

1. die Entscheidung, mit der die Sanktion oder Maßnahme verhängt wird, erst dann bekanntmachen, wenn die Gründe für ihre Nichtbekanntmachung weggefallen sind; oder
2. die Entscheidung, mit der die Sanktion oder Maßnahme verhängt wird, im Einklang mit dem nationalen Recht in anonymisierter Form bekanntmachen, wenn diese anonymisierte Bekanntmachung einen wirksamen Schutz der personenbezogenen Daten gewährleistet; oder
3. davon absehen, die Entscheidung, mit der die Sanktion oder Maßnahme verhängt wird, bekanntzumachen, wenn die Möglichkeiten nach Z 1 oder 2 ihrer Ansicht nach nicht ausreichen, um zu gewährleisten, dass
   a) die Stabilität der Finanzmärkte nicht gefährdet wird oder
   b) bei Maßnahmen, die als geringfügig angesehen werden, bei einer Bekanntmachung solcher Entscheidungen die Verhältnismäßigkeit gewahrt ist.

Wird entschieden, eine Sanktion oder eine Maßnahme in anonymisierter Form bekanntzumachen, kann die Bekanntmachung der einschlägigen Angaben um einen angemessenen

Zeitraum aufgeschoben werden, wenn davon auszugehen ist, dass die Gründe für eine anonymisierte Bekanntmachung im Laufe dieses Zeitraums wegfallen werden.

(4) Die FMA kann durch Kundmachung im Internet, Abdruck im „Amtsblatt zur Wiener Zeitung" oder in einer Zeitung mit Verbreitung im gesamten Bundesgebiet die Öffentlichkeit informieren, dass eine namentlich genannte natürliche oder juristische Person (Person) zur Ausgabe von OGAW-Anteilen (§ 50 Abs. 1), zur Verwaltung von Investmentfonds (§ 1 Abs. 1 Z 13 BWG in Verbindung mit § 5 Abs. 2 Z 1 und 2 dieses Bundesgesetzes) oder zur Anlageberatung oder Verwahrung (§ 5 Abs. 2 Z 4) nicht berechtigt ist, sofern diese Person dazu Anlass gegeben hat und eine Information der Öffentlichkeit nach Art und Schwere des Verstoßes erforderlich ist, die Stabilität der Finanzmärkte nicht ernstlich gefährdet ist, nicht nachteilig für die Interessen der Anleger ist und im Hinblick auf mögliche Nachteile des Betroffenen verhältnismäßig ist. Diese Veröffentlichungsmaßnahmen können auch kumulativ getroffen werden. Diese Person muss in der Veröffentlichung eindeutig identifizierbar sein; zu diesem Zweck können, soweit der FMA bekannt, auch Geschäftsanschrift oder Wohnanschrift und Firmenbuchnummer, Internetadresse, Telefonnummer und Telefaxnummer angegeben werden. (5) Der von einer Veröffentlichung Betroffene kann eine Überprüfung der Rechtmäßigkeit der Veröffentlichung gemäß Abs. 1, 2, 3 oder 4 in einem bescheidmäßig zu erledigenden Verfahren bei der FMA beantragen. Die FMA hat in diesem Falle die Einleitung eines solchen Verfahrens in gleicher Weise bekannt zu machen. Wird im Rahmen der Überprüfung die Rechtswidrigkeit der Veröffentlichung festgestellt, so hat die FMA die Veröffentlichung richtig zu stellen oder auf Antrag des Betroffenen entweder zu widerrufen oder aus dem Internetauftritt zu entfernen. Wird einem Rechtsmittel gegen eine Maßnahme oder Sanktion, die gemäß Abs. 1, 2, 3 oder 4 bekannt gemacht worden ist, in einem Verfahren vor den Gerichtshöfen öffentlichen Rechts aufschiebende Wirkung zuerkannt, so hat die FMA dies in gleicher Weise bekannt zu machen. Die Veröffentlichung ist richtig zu stellen oder auf Antrag des Betroffenen entweder zu widerrufen oder aus dem Internetauftritt zu entfernen, wenn die Maßnahme oder Sanktion aufgehoben wird.

(6) Ist eine Veröffentlichung gemäß Abs. 1, 2 oder 3 nicht aufgrund einer Entscheidung gemäß Abs. 5 zu widerrufen oder aus dem Internetauftritt zu entfernen, so ist sie für mindestens fünf Jahre aufrecht zu erhalten. Dabei ist die Veröffentlichung personenbezogener Daten jedoch nur so lange aufrecht zu erhalten, so lange nicht eines der Kriterien gemäß Abs. 3 erster Satz erfüllt werden würde.

EB zu § 150 (Art. 2 BGBl. I Nr. 77/2011):

Setzt Art. 99 Abs. 3 der Richtlinie 2009/65/EG um. Die Richtlinie sieht, wie auch andere EU-Richtlinien im Finanzmarktbereich, als wirksame Aufsichtsmaßnahme auch die Information der Öffentlichkeit mittels Veröffentlichung einer Sanktion oder Aufsichtsmaßname vor. Dies hat vor allem präventiven Charakter. Die Bestimmung orientiert sich an den Vorgaben und Bedingungen der Richtlinie und ist in ihrer konkreten Ausgestaltung den §§ 64 Abs. 8ff ZaDiG und § 92 Abs. 11 und § 94 Abs. 4 WAG 2007 nachgebildet.

EB zu § 150 Abs. 1 (Art. 2 BGBl. I Nr. 77/2011):

Setzt Art. 99 Abs. 3 der Richtlinie 2009/65/EG um und regelt die Befugnisse der FMA, bestimmte Maßnahmen auch zu veröffentlichen. Es geht dabei konkret um Maßnahmen, die für die Kunden und potentiellen Kunden von großem Interesse sind. Eine Veröffentlichung ist nur dann zulässig, wenn „nach Art und Schwere des Verstoßes eine Information der Öffentlichkeit erforderlich und im Hinblick auf die möglichen Nachteile des Betroffenen verhältnismäßig" ist. Die Richtlinie gibt die Kriterien der Verhältnismäßigkeit genau vor.

Es kann nach Lage des Falles erforderlich sein, die konkreten Informationen ohne Zeitverlust, daher auch ohne vorherige Anhörung des Betroffenen, zu veröffentlichen (so auch VfGH in Erk. G 164/08-12 vom 12. März 2009). Um dem Rechtsschutzbedürfnis des Betroffenen aber dennoch in geeigneter Weise Rechnung zu tragen, ist in Abs. 3 eine Überprüfungsmöglichkeit vorgesehen.

EB zu § 150 Abs. 2 (Art. 2 BGBl. I Nr. 77/2011):

Setzt Art. 99 Abs. 3 der Richtlinie 2009/65/EG um und regelt die Befugnisse der FMA, die Öffentlichkeit umgehend auf Personen, deren Handlungen auf einen unerlaubten Betrieb oder den Versuch eines solchen hindeuten, hinzuweisen. Es kann sich dabei sowohl um juristische Personen handeln, als auch um natürliche, die unter einer Phantasiebezeichnung in Erscheinung treten können. Auch in diesem Fall muss die Veröffentlichung erforderlich und verhältnismäßig sein. Es kann nach Lage des Falles erforderlich sein, die konkreten Informationen ohne Zeitverlust, daher auch ohne vorherige Anhörung des Betroffenen, zu veröffentlichen (so auch VfGH in Erk. G 164/08-12 vom 12. März 2009). Um dem Rechtsschutzbedürfnis des Betroffenen aber dennoch in geeigneter Weise Rechnung zu tragen, ist in Abs. 3 eine Überprüfungsmöglichkeit vorgesehen. Um den Zweck der Veröffentlichung (Information über konzessionslos tätige Unternehmen) nicht zu verfehlen, ist das Unternehmen so präzise wie möglich zu bezeichnen. Insbesondere auch im Hinblick auf mögliche unerbetene Marketinghandlungen per Telefon oder Telefax ist auch die Telefonnummer und Faxnummer, soweit bekannt, anzugeben.

EB zu § 150 Abs. 3 (Art. 2 BGBl. I Nr. 77/2011):

Setzt Art. 99 Abs. 3 der Richtlinie 2009/65/EG um. Im Sinne des Erkenntnisses des VfGH G 164/08-12 vom 12. März 2009 wird dem Betroffenen die Möglichkeit einer Überprüfung der Veröffentlichung in einem nachträglichen bescheidmäßig zu erledigenden Verfahren eingeräumt ebenso wie ein allenfalls daraus resultierender Widerruf. Im Sinne optimaler Transparenz ist daher auch die Anhängigmachung einer Überprüfung zu veröffentlichen. Wird die Rechtswidrigkeit der Veröffentlichung festgestellt, entweder im Rahmen der Überprüfung oder bei Aufhebung der zugrunde liegenden Maßnahme oder Sanktion durch den UVS oder im Rahmen eines höchstgerichtlichen Verfahrens, so ist die Veröffentlichung richtig zu stellen oder zu widerrufen. Auf Wunsch kann auch die Möglichkeit gewährt werden, den Eintrag im Internet ohne Widerruf vollständig zu löschen. Wurde einer Beschwerde gegen einen Bescheid, der eine Maßnahme oder Sanktion zum Gegenstand hat, im Rahmen einer Beschwerde aufschiebende Wirkung zuerkannt, so ist auch dies bekannt zu machen.

EB zu § 150 Abs. 1 vierter Satz (Art. 11 BGBl. I Nr. 184/2013):

Redaktionelle Anpassung.

EB zu § 150 (Art. 2 BGBl. I Nr. 115/2015):

Setzt Art. 99b der Richtlinie 2009/65/EG um. Die Bestimmung orientiert sich an § 99c BWG, berücksichtigt aber insbesondere das in der Richtlinie festgesetzte Erfordernis, sämtliche Verwaltungssanktionen oder Verwaltungsmaßnahmen hinsichtlich der Verhältnismäßigkeit einer Veröffentlichung zu überprüfen und gegebenenfalls zu veröffentlichen. Die Veröffentlichungsmöglichkeit des bisherigen § 150 Abs. 2 wird unverändert in Abs. 4 übernommen.

Anzeigepflichten an die FMA

§ 151. Die Verwaltungsgesellschaft hat der FMA unverzüglich jede für die Konzessionserteilung maßgebliche Änderung schriftlich mitzuteilen – wobei im Fall einer Beschlussfassung das Eintreten der Wirksamkeit des Beschlussgegenstandes nicht abzuwarten ist – und zwar:

1. Jede Satzungsänderung und den Beschluss auf Auflösung;
2. jede Änderung der Voraussetzungen gemäß § 5 Abs. 1 Z 6, 7, 10 und 13 BWG bei bestehenden Geschäftsleitern;
3. jede Änderung in der Person der Geschäftsleiter sowie die Einhaltung von § 5 Abs. 1 Z 6, 7 und 9 bis 13 BWG und § 6 Abs. 2 Z 8, 9, 10 und 12 lit. b dieses Bundesgesetzes;

3a. jede Änderung in der Person eines Aufsichtsratsmitgliedes unter Angabe der Erfüllung der Voraussetzungen nach § 28a Abs. 5 BWG sowie jede Änderung der Voraussetzungen gemäß § 28a Abs. 3 und 5 BWG bei bestehenden Mitgliedern des Aufsichtsrates;

4. die beabsichtigte Eröffnung sowie die Verlegung, Schließung oder vorübergehende Einstellung des Geschäftsbetriebes der Hauptniederlassung;
5. Umstände, die für einen ordentlichen Geschäftsleiter erkennen lassen, dass die Erfüllbarkeit der Verpflichtungen gefährdet ist;
6. den Eintritt der Zahlungsunfähigkeit oder der Überschuldung;
7. jede beabsichtigte Erweiterung des Geschäftsgegenstandes;
8. jede Herabsetzung des eingezahlten Kapitals (§ 6 Abs. 2 Z 5);
9. den oder die Verantwortlichen für die interne Revision sowie Änderungen in deren Person;
10. das Absinken der anrechenbaren Eigenmittel unter die in § 8 genannten Beträge;
11. jede mehr als einen Monat andauernde Nichteinhaltung von Maßstäben gemäß § 25 BWG und von Art. 89 bis 91 und Teil 2, 4 und 6 der Verordnung (EU) Nr. 575/2013 sowie auf deren Grundlage erlassener Verordnungen oder Bescheide;

11a. jede mehr als einen Monat andauernde Nichteinhaltung von Maßstäben gemäß Art. 89 bis 91 und Teil 2, 4 und 6 der Verordnung (EU) Nr. 575/2013 sowie auf deren Grundlage erlassener Verordnungen oder Bescheide;

12. jede Bestellung eines Abschlussprüfers sowie Änderungen in der Person desselben;
13. jede Übertragung gemäß § 28 sowie jede Beendigung der Übertragung;
14. alle wesentlichen Änderungen am Risikomanagementprozess gemäß § 85 bis 92;
15. jede Aussetzung der Rücknahme oder Auszahlung gemäß § 56 sowie die Wiederaufnahme;
16. den Beginn der Abwicklung gemäß § 63 Abs. 1;
17. die Kündigung der Verwaltung des OGAW gemäß § 60 Abs. 2;
18. die Auflösung ohne Kündigung gemäß § 63 Abs. 4;
19. die Umwandlung gemäß § 64.

EB zu § 151 (Art. 2 BGBl. I Nr. 77/2011):

Setzt Art. 7 Abs. 1 Buchstabe b und Art. 5 Abs. 4 dritter Unterabs. der Richtlinie 2009/65/EG um. In der Richtlinie 2009/65/EG und auch in den Durchführungsrichtlinien 2010/43/EU und 2010/44/EU sind an verschiedenen Stellen Anzeigepflichten der Verwaltungsgesellschaft an die zuständige Aufsichtsbehörde vorgesehen. Zur besseren Übersichtlichkeit für den Rechtsanwender, insbesondere für die betroffenen Verwaltungsgesellschaften, und dem Vorbild anderer Finanzmarktaufsichtsgesetze, wie insbesondere dem BWG und dem ZaDiG, folgend, werden an dieser Stelle gebündelt diverse Anzeigepflichten an zentraler Stelle aufgezählt.

EB zu § 151 Z 14 (Art. 2 BGBl. I Nr. 77/2011):
Setzt Art. 39 Abs. 2 der Richtlinie 2010/43/EU um.

EB zu § 151 Z 3a, 11 und 11a (Art. 11 BGBl. I Nr. 184/2013):
Redaktionelle Anpassung.

EB zu § 151 Z 3a (Art. 2 BGBl. I Nr. 115/2015):
Mit der Anpassung dieser Bestimmung an § 73 Abs. 1 Z 8 BWG haben Verwaltungsgesellschaften die Wiederwahl eines Aufsichtsratsmitglieds der FMA nicht mehr anzuzeigen.

Regelmäßige Meldepflichten

§ 152. Die Verwaltungsgesellschaft hat der FMA im Einvernehmen mit der Depotbank quartalsweise Berichte mit Informationen zu übermitteln, die ein den tatsächlichen Verhältnissen entsprechendes Bild der für jeden verwalteten OGAW genutzten Derivate, der zugrunde liegenden Risiken, der Anlagegrenzen und der Methoden vermitteln, die zur Schätzung der mit den Derivatgeschäften verbundenen Risiken angewandt werden. Die FMA kann mit Verordnung die Art der Übermittlung regeln, wobei insbesondere die Verwendung elektronischer Meldesysteme oder Datenträger sowie EDV-Formate vorgeschrieben werden können.

EB zu § 152 (Art. 2 BGBl. I Nr. 77/2011):
Setzt Art. 45 Abs. 1 der Richtlinie 2010/43/EU um. Die Richtlinie 2009/65/EG verpflichtet eine Verwaltungsgesellschaft, den jeweils zuständigen Behörden mitzuteilen, in welche Arten von Derivaten ein OGAW investiert wurde, welche Risiken mit den jeweiligen Basiswerten verbunden sind, welche Anlagegrenzen gelten und welche Methoden zur Messung der mit den Derivategeschäften verbundenen Risiken gewählt wurden. Wie eine Verwaltungsgesellschaft inhaltlich und verfahrenstechnisch vorzugehen hat, um dieser Verpflichtung nachzukommen, wird hier genau ausgeführt (Erwägungsgrund 29 der Richtlinie 2010/43/EU).

Form der Kommunikation mit der FMA – elektronische Übermittlung

§ 153. (1) Die FMA kann nach Anhörung der Oesterreichischen Nationalbank durch Verordnung vorschreiben, dass die Anzeigen und Übermittlungen gemäß §§ 151 und 152 dieses Bundesgesetzes und § 20 Abs. 3, 28a Abs. 4, § 44 Abs. 1 erster Satz und Abs. 4 und § 70a Abs. 5 BWG sowie § 2 Abs. 2 der Mündelsicherheitsverordnung, BGBl. Nr. 650/1993, in der Fassung der Verordnung BGBl. II Nr. 219/2003 ausschließlich in elektronischer Form zu erfolgen haben sowie bestimmten Gliederungen, technischen Mindestanforderungen und Übermittlungsmodalitäten zu entsprechen haben. Die FMA hat sich dabei an den Grundsätzen der Wirtschaftlichkeit und Zweckmäßigkeit zu orientieren und dafür zu sorgen, dass die jederzeitige elektronische Verfügbarkeit der Daten für die FMA und die Oesterreichische Nationalbank gewährleistet bleibt und Aufsichtsinteressen nicht beeinträchtigt werden. Weiters kann die FMA in dieser Verordnung Abschlussprüfern für Bescheinigungen, Übermittlungen, Berichte und Meldungen gemäß § 154 eine fakultative Teilnahme an dem elektronischen System der Übermittlung gemäß dem ersten Satz ermöglichen. Die FMA hat geeignete Vorkehrungen dafür zu treffen, dass sich die Meldepflichtigen oder gegebenenfalls ihre Einbringungsverantwortlichen während eines angemessenen

Zeitraums im System über die Richtigkeit und Vollständigkeit der von ihnen oder ihren Einbringungsverantwortlichen erstatteten Meldedaten vergewissern können.

(2) Die Kommunikation zwischen der FMA und den zuständigen Behörden in anderen Mitgliedstaaten im Zusammenhang mit dem Vertrieb von OGAW-Anteilen gemäß den §§ 139 bis 142 richtet sich nach Art. 3 bis 5 der Verordnung (EU) Nr. 584/2010.

EB zu § 153 (Art. 2 BGBl. I Nr. 77/2011):
Entspricht § 22 Abs. 5 InvFG 1993.

Berichtspflicht von Abschlussprüfern

§ **154.** (1) Stellt ein Abschlussprüfer, der den Jahresabschluss einer Verwaltungsgesellschaft (§ 5 Abs. 1) oder den Rechenschaftsbericht eines OGAW (§ 49) prüft oder bei dieser oder diesem eine sonstige gesetzlich vorgeschriebene Tätigkeit ausübt, Tatsachen fest, die eine Berichtspflicht gemäß § 273 Abs. 2 und 3 UGB begründen, so hat er unverzüglich, spätestens gleichzeitig, den gemäß § 273 Abs. 3 UGB zu erstattenden Bericht auch der FMA und der Oesterreichischen Nationalbank zu übermitteln.

(2) Der Abschlussprüfer hat, auch wenn keine Berichtspflicht gemäß § 273 Abs. 2 und 3 UGB besteht, der FMA und der Oesterreichischen Nationalbank sowie den Geschäftsleitern und dem nach Gesetz oder Satzung zuständigen Aufsichtsorgan unverzüglich schriftlich mit Erläuterungen zu berichten, wenn er bei seiner Prüfungstätigkeit Tatsachen feststellt, die

1. einen erheblichen Verstoß gegen die in § 143 Abs. 1 genannten Bestimmungen oder gegen auf Grund dieses Bundesgesetzes erlassene Verordnungen oder Bescheide der FMA erkennen lassen; oder
2. die Erfüllbarkeit der Verpflichtungen der Verwaltungsgesellschaft oder des OGAW für gefährdet erkennen lassen; oder
3. die Behinderung der Tätigkeit des OGAW oder der Verwaltungsgesellschaft oder eines Unternehmens, an das Tätigkeiten gemäß § 28 übertragen wurden, erkennen lassen; oder
4. wesentliche Bilanzposten oder außerbilanzielle Positionen der Verwaltungsgesellschaft als nicht werthaltig festgestellt werden; oder
5. begründete Zweifel an der Richtigkeit der Unterlagen oder an der Vollständigkeitserklärung der Geschäftsleiter vorliegen; oder
6. zu einer Ablehnung des Bestätigungsvermerks oder der Äußerung von Vorbehalten führen.

Stellt der Abschlussprüfer sonstige Mängel, nicht besorgniserregende Veränderungen der Risikolage oder der wirtschaftlichen Situation oder nur geringfügige Verletzungen von Vorschriften fest, und sind die Mängel und Verletzungen von Vorschriften kurzfristig behebbar, so muss der Abschlussprüfer der FMA und der Oesterreichischen Nationalbank erst dann berichten, wenn die Verwaltungsgesellschaft nicht binnen einer angemessenen Frist, längstens jedoch binnen drei Monaten, die festgestellten Mängel behoben und dies dem Abschlussprüfer nachgewiesen hat. Zu berichten ist auch dann, wenn die Geschäftsleiter eine vom Abschlussprüfer geforderte Auskunft innerhalb einer angemessenen Frist nicht ordnungsgemäß erteilen. In Fällen, in denen eine Wirtschaftsprüfungsgesellschaft als Abschlussprüfer bestellt wird, trifft die Berichtspflicht auch die nach § 88 Abs. 7 Wirtschaftstreuhandberufsgesetz – WTBG (BGBl. I Nr. 58/1999) namhaft gemachten natürlichen Personen.

(3) Der Abschlussprüfer ist auch zur Meldung derartiger Sachverhalte verpflichtet, von denen er in Ausübung einer der vorgenannten Tätigkeiten in einem Unternehmen Kenntnis erlangt, das ein verbundenes Unternehmen (§ 189a Z 8 UGB) zu der in § 5 Abs. 1 genannten Verwaltungsgesellschaft ist, für das er diese Tätigkeit ausübt.

(4) Der Abschlussprüfer ist bei der Wahrnehmung seiner Aufgaben auch außerhalb von Prüfungsaufträgen des Aufsichtsorgans zur Verständigung des Aufsichtsratsvorsitzenden verpflichtet, wenn eine Berichterstattung an die Geschäftsleiter wegen der Art und Umstände der festgestellten Ordnungswidrigkeiten den Zweck der Beseitigung der Mängel nicht erreichen würde und diese schwerwiegend sind.

(5) Erstattet der Abschlussprüfer in gutem Glauben einen Bericht nach Abs. 1 bis 4, so gilt dies nicht als Verletzung einer vertraglich oder gesetzlich geregelten Einschränkung der Offenlegungspflicht und zieht für ihn keine Haftung nach sich.

EB zu § 154 (Art. 2 BGBl. I Nr. 77/2011):
Setzt Art. 106 der Richtlinie 2009/65/EG um.

EB zu § 154 Abs. 1 (Art. 2 BGBl. I Nr. 77/2011):
Setzt Art. 106 Abs. 1 der Richtlinie 2009/65/EG um.

EB zu § 154 Abs. 2 (Art. 2 BGBl. I Nr. 77/2011):
Setzt Art. 106 Abs. 1 Buchstabe a bis c der Richtlinie 2009/65/EG um.

EB zu § 154 Abs. 3 (Art. 2 BGBl. I Nr. 77/2011):
Setzt Art. 106 Abs. 1 letzter Unterabs. der Richtlinie 2009/65/EG um.

EB zu § 154 Abs. 4 (Art. 2 BGBl. I Nr. 77/2011):
Setzt Art. 106 Abs. 1 der Richtlinie 2009/65/EG um.

EB zu § 154 Abs. 5 (Art. 2 BGBl. I Nr. 77/2011):
Setzt Art. 106 Abs. 2 der Richtlinie 2009/65/EG um.

EB zu § 154 Abs. 3 (Art. 6 BGBl. I Nr. 68/2015):
Verweisanpassungen.

Informationen der FMA über relevante Rechtsvorschriften

§ 155. (1) Die FMA hat auf ihrer Internet-Seite über sämtliche Gesetze und Verordnungen sowie die Mindeststandards und Rundschreiben der FMA, die sich auf die Gründung und die Geschäftstätigkeit eines OGAW beziehen, zu informieren.

(2) Weiters hat die FMA auf ihrer Internet-Seite über sämtliche Gesetze und Verordnungen, die nicht bereits in Umsetzung oder Vollzug der Verordnungen (EU) Nr. 583/2010 und (EU) Nr. 584/2010 erlassen worden sind und die für die Modalitäten der Vermarktung von Anteilen von in anderen Mitgliedstaaten bewilligten OGAW in Österreich spezifisch relevant sind, zu informieren. Diese Informationen sind in Form einer erläuternden Beschreibung oder einer Kombination aus erläuternder Beschreibung und Verweisen oder Verknüpfungen zu den Quellendokumenten aufzubereiten. Dabei ist insbesondere über Folgendes zu informieren:

1. die Bedeutung des Begriffs „Vermarktung von OGAW-Anteilen" gemäß dem geltenden Recht;
2. die Anforderungen an Inhalt, Format und Präsentation von Werbung, einschließlich aller obligatorischen Warnungen und Beschränkungen hinsichtlich der Verwendung bestimmter Wörter oder Sätze;
3. unbeschadet der Abschnitte 1 bis 4 des 4. Hauptstückes Einzelheiten aller zusätzlichen Informationen, die den Anlegern bereitgestellt werden müssen;
4. Einzelheiten zu allen Befreiungen von Bestimmungen und Anforderungen an Vermarktungsvereinbarungen, die für bestimmte OGAW, bestimmte Anteilsgattungen oder Teilfonds von OGAW oder bestimmte Anlegerkategorien gelten;
5. Anforderungen an die Berichterstattung oder Übermittlung von Informationen an die FMA und das Verfahren für die Übermittlung aktualisierter Fassungen der erforderlichen Unterlagen;
6. Anforderungen hinsichtlich Gebühren oder anderer Summen, die entweder bei Beginn der Vermarktung oder danach in regelmäßigen Abständen an die FMA oder eine andere Einrichtung des öffentlichen Rechts zu zahlen sind;
7. Anforderungen in Bezug auf die Möglichkeiten, die den Anteilinhabern gemäß § 141 Abs. 1 zur Verfügung stehen müssen;
8. Bedingungen für die Einstellung der Vermarktung von OGAW-Anteilen in Österreich durch einen OGAW, der in einem anderen Mitgliedstaat bewilligt ist;
9. detaillierte Angaben zum Inhalt der Informationen, die in Österreich in Teil B des in Artikel 1 der Verordnung (EG) Nr. 584/2010 genannten Anzeigeschreibens aufgenommen werden müssen;
10. die zu den Zwecken von § 139 Abs. 5 mitgeteilte E-Mail-Adresse.

(3) Die Informationen gemäß Abs. 1 und 2 sind in deutscher und englischer Sprache vollständig, eindeutig und unmissverständlich bereit zu stellen und stets am neuesten Stand zu halten.

EB zu § 155 (Art. 2 BGBl. I Nr. 77/2011):

EB zu § 155 Abs. 1 (Art. 2 BGBl. I Nr. 77/2011):

Setzt Art. 5 Abs. 7 der Richtlinie 2009/65/EG um.

EB zu § 155 Abs. 2 (Art. 2 BGBl. I Nr. 77/2011):

Setzt Art. 91 Abs. 3 der Richtlinie 2009/65/EG und Art. 30 Abs. 1 und 2 der Richtlinie 2010/44/EU um. Hinsichtlich des Umfangs der Informationen, die elektronisch zugänglich zu machen sind, wird im Interesse der Rechtssicherheit festgelegt, welche Kategorien von Informationen aufzunehmen sind (so auch Erwägungsgrund 18 der Richtlinie 2010/44/EU).

EB zu § 155 Abs. 2 Z 1 (Art. 2 BGBl. I Nr. 77/2011):

Setzt Art. 30 Abs. 1 Buchstabe a der Richtlinie 2010/44/EU um.

EB zu § 155 Abs. 2 Z 2 (Art. 2 BGBl. I Nr. 77/2011):

Setzt Art. 30 Abs. 1 Buchstabe b der Richtlinie 2010/44/EU um.

EB zu § 155 Abs. 2 Z 3 (Art. 2 BGBl. I Nr. 77/2011):

Setzt Art. 30 Abs. 1 Buchstabe c der Richtlinie 2010/44/EU um.

EB zu § 155 Abs. 2 Z 4 (Art. 2 BGBl. I Nr. 77/2011):

Setzt Art. 30 Abs. 1 Buchstabe d der Richtlinie 2010/44/EU um.

EB zu § 155 Abs. 2 Z 5 (Art. 2 BGBl. I Nr. 77/2011):
Setzt Art. 30 Abs. 1 Buchstabe e der Richtlinie 2010/44/EU um.

EB zu § 155 Abs. 2 Z 6 (Art. 2 BGBl. I Nr. 77/2011):
Setzt Art. 30 Abs. 1 Buchstabe f der Richtlinie 2010/44/EU um.

EB zu § 155 Abs. 2 Z 7 (Art. 2 BGBl. I Nr. 77/2011):
Setzt Art. 30 Abs. 1 Buchstabe g der Richtlinie 2010/44/EU um.

EB zu § 155 Abs. 2 Z 8 (Art. 2 BGBl. I Nr. 77/2011):
Setzt Art. 30 Abs. 1 Buchstabe h der Richtlinie 2010/44/EU um. Dabei sind insbesondere die §§ 141 und 142 zu berücksichtigen.

EB zu § 155 Abs. 2 Z 9 (Art. 2 BGBl. I Nr. 77/2011):
Setzt Art. 30 Abs. 1 Buchstabe i der Richtlinie 2010/44/EU um.

EB zu § 155 Abs. 2 Z 10 (Art. 2 BGBl. I Nr. 77/2011):
Setzt Art. 30 Abs. 1 Buchstabe j der Richtlinie 2010/44/EU um.

EB zu § 155 Abs. 3 (Art. 2 BGBl. I Nr. 77/2011):
Setzt Art. 5 Abs. 7 und Art. 91 Abs. 3 der Richtlinie 2009/65/EG um.

Informationen der FMA über Maßnahmen im Zusammenhang mit Master-Feeder-Fonds

§ 156. Sind Master-OGAW und/oder Feeder-OGAW in Österreich bewilligt, so hat die FMA den Feeder-OGAW unmittelbar über jede Entscheidung, Maßnahme, Feststellung von Zuwiderhandlungen gegen die Bestimmungen des 3. Hauptstückes 5. Abschnitt sowie alle gemäß § 154 Abs. 1 und 4 mitgeteilten Informationen, die den Master-OGAW oder seine Verwaltungsgesellschaft, seine Verwahrstelle oder seinen Abschlussprüfer betreffen, zu unterrichten und gegebenenfalls eine entsprechende Information der weiteren Anteilinhaber des Master-OGAW sicherzustellen.

EB zu § 156 (Art. 2 BGBl. I Nr. 77/2011):
Setzt Art. 67 Abs. 1 der Richtlinie 2009/65/EG um. Wird die FMA als zuständige Behörde des Herkunftsmitgliedstaats des Master-OGAW über Unregelmäßigkeiten im Zusammenhang mit dem Master-OGAW informiert oder stellt sie fest, dass der Master-OGAW gegen die Bestimmungen dieses Bundesgesetzes verstößt, so kann sie gegebenenfalls geeignete Maßnahmen ergreifen, mit denen sichergestellt wird, dass die Anteilinhaber des Master-OGAW entsprechend informiert werden (so auch Erwägungsgrund 57 der Richtlinie 2009/65/EG).

2. Abschnitt
Europäische und Internationale Zusammenarbeit

EB zum 2. Abschnitt (Europäische und internationale Zusammenarbeit) (Art. 2 BGBl. I Nr. 77/2011):
In diesem Abschnitt wird die Zusammenarbeit mit den Aufsichtsbehörden in anderen Mitgliedstaaten und in Drittstaaten sowie mit den Europäischen Aufsichtsbehörden, insbesondere der Europäischen Wertpapieraufsichtsbehörde (ESMA) mit dem Europäischen Ausschuss für systemische Risken (ESRB) geregelt.

Kontaktstelle und Informationsaustausch

§ 157. (1) Die FMA ist zuständige Behörde gemäß Art. 97 der Richtlinie 2009/65/EG. Die FMA kann jederzeit Auskünfte über Tätigkeiten österreichischer Verwaltungsgesellschaften und OGAW in anderen Mitgliedstaaten und in Drittstaaten sowie über die Lage von Verwaltungsgesellschaften aus anderen Mitgliedstaaten oder Drittstaaten, deren Tätigkeit sich auf das österreichische Finanzmarktwesen auswirken kann, einholen, wenn dies im volkswirtschaftlichen Interesse an einem funktionsfähigen Finanzmarktwesen oder im Interesse des Gläubigerschutzes erforderlich ist.

(2) Die FMA kann mit

1. zuständigen Behörden anderer Mitgliedstaaten,
2. der Europäischen Zentralbank sowie den Zentralbanken anderer Mitgliedstaaten in ihrer Eigenschaft als Währungs- und Aufsichtsbehörden und
3. anderen Behörden, die in anderen Mitgliedstaaten für die Aufsicht über Zahlungs- und Abwicklungssysteme, Clearingstellen, den Schutz natürlicher Personen bei der Verarbeitung personenbezogener Daten oder zur Bekämpfung der Geldwäsche und der Terrorismusfinanzierung zuständig sind, sowie
4. ESMA

zusammenarbeiten, wenn dies zur Wahrnehmung von in den Richtlinien 2009/65/EG, 2010/43/EU oder 2010/44/EU, oder in den Verordnungen (EU) Nr. 583/2010 oder (EU) Nr. 584/2010 oder (EU) Nr. 1095/2010 festgelegten Aufgaben oder im Wege der Amts- und Rechtshilfe erforderlich ist und soweit die an diese Behörden übermittelten Informationen bei diesen dem Berufsgeheimnis gemäß Art. 102 der Richtlinie 2009/65/EG unterliegen; in diesem Zusammenhang kann die FMA insbesondere auch Ersuchen auf Befragung von Personen an die zuständige Behörde in einem anderen Mitgliedstaat richten.

(3) Die FMA kann für die Zwecke der Zusammenarbeit und zur Weiterleitung von Daten nach diesem Hauptstück von ihren Befugnissen Gebrauch machen, auch wenn die Verhaltensweise, die Gegenstand der Ermittlung ist, keinen Verstoß gegen eine in Österreich geltende Vorschrift darstellt; die FMA hat von den vorgenannten Befugnissen Gebrauch zu machen, um den Behörden des Aufnahmemitgliedstaates einer Verwaltungsgesellschaft gemäß § 37 die Erhebung der in Art. 21 Abs. 2 der Richtlinie 2009/65/EG genannten Angaben zu ermöglichen und um die zuständigen Behörden des Herkunftmitgliedstaates einer Verwaltungsgesellschaft gemäß § 36 über alle gemäß § 38 Abs. 5 ergriffenen Maßnahmen zu unterrichten, die Maßnahmen oder Sanktionen gegen die Verwaltungsgesellschaft oder eine Beschränkung ihrer Tätigkeiten beinhalten. Von ihren Befugnissen nach § 147 Abs. 2 Z 1 und 2 kann die FMA für die Zwecke der Zusammenarbeit auch gegenüber juristischen Personen Gebrauch machen, die in ihrem Herkunftmitgliedstaat zur Erbringung von Dienstleistungen der Vermögensverwaltung als Verwaltungsgesellschaft im Sinne von Art. 6 Abs. 1 der Richtlinie 2009/65/EG konzessioniert sind.

(4) Die FMA hat anderen zuständigen Behörden die für die Wahrnehmung ihrer Aufgaben erforderlichen Informationen gemäß Art. 97 der Richtlinie 2009/65/EG zu übermitteln, sofern sich diese Aufgaben aus diesem Bundesgesetz oder aus der Richtlinie 2009/65/EG ergeben, insbesondere bei Zuwiderhandlungen oder mutmaßlichen Zuwiderhandlungen einer Zweigstelle oder einer Geschäftseinheit, zu der Tätigkeiten ausgelagert werden. Die FMA hat dabei auf Verlangen alle zweckdienlichen Informationen und von sich aus alle wesentlichen Informationen zu übermitteln. Die FMA kann sich, wenn sie Informationen mit anderen zuständigen Behörden austauscht, bei der Übermittlung vorbehalten, dass diese Informationen nur mit ihrer ausdrücklichen Zustimmung veröffentlicht werden dürfen.

In diesem Fall dürfen sie nur für die Zwecke, für die die Zustimmung erteilt wurde, ausgetauscht werden.

(5) Die FMA sowie andere Stellen oder natürliche oder juristische Personen, die vertrauliche Informationen nach Abs. 2, gemäß § 145 Abs. 5 oder aus einem Drittland erhalten, dürfen diese in Wahrnehmung ihrer Aufgaben insbesondere nur für folgende Zwecke verwenden:

1. zur Prüfung, ob die Zulassungsbedingungen für OGAW oder Verwaltungsgesellschaften oder Unternehmen, die an ihrer Geschäftstätigkeit mitwirken, erfüllt sind, und zur leichteren Überwachung der Bedingungen für die Ausübung der Tätigkeit, der verwaltungsmäßigen und buchhalterischen Organisation und der internen Kontrollmechanismen;
2. zur Verhängung von Sanktionen;
3. im Rahmen eines Verwaltungsverfahrens betreffend die Bekämpfung von Entscheidungen der zuständigen Behörden;
4. im Rahmen eines von einem Gericht oder durch eine Staatsanwaltschaft geführten Verfahren.

(6) Die FMA kann folgenden Einrichtungen und Behörden zur Erfüllung ihrer Aufgaben vertrauliche Informationen übermitteln:

1. den Zentralbanken, dem Europäischen System der Zentralbanken und der Europäischen Zentralbank in ihrer Eigenschaft als Währungsbehörden; sowie
2. gegebenenfalls anderen staatlichen Behörden, die mit der Überwachung oder mit der gesetzlichen Kontrolle der Rechnungslegung von Kreditinstituten, Wertpapierfirmen, Versicherungsunternehmen oder anderen Finanzinstituten oder der Finanzmärkte betraut sind; oder
3. Organen, die mit der Liquidation oder dem Konkurs von OGAW befasst werden; oder
4. ESMA,
5. der Europäischen Bankenaufsichtsbehörde – EBA (Verordnung (EU) Nr. 1093/2010 vom 24. November 2010 zur Errichtung einer Europäischen Aufsichtsbehörde (Europäische Bankenaufsichtsbehörde), zur Änderung des Beschlusses Nr. 716/2009/EG und zur Aufhebung des Beschlusses 2009/78/EG der Kommission – ABl. Nr. L 331 vom 15.12.2010, S. 12),
6. der Europäischen Versicherungsaufsichtsbehörde – EIOPA (Verordnung (EU) Nr. 1094/2010 vom 24. November 2010 zur Errichtung einer Europäischen Aufsichtsbehörde (Europäische Aufsichtsbehörde für das Versicherungswesen und die betriebliche Altersversorgung), zur Änderung des Beschlusses Nr. 716/2009/EG und zur Aufhebung des Beschlusses 2009/79/EG der Kommission – ABl. Nr. L 331 vom 15.12.2010, S. 48); oder
7. dem ESRB.

Das Amtsgeheimnis, die Abs. 2 bis 4 sowie § 145 Abs. 3 und 5 stehen dieser Weiterleitung von Informationen oder einer Weiterleitung durch die Behörden oder Stellen gemäß Z 1 bis 7 an die zuständigen Behörden oder an die mit der Verwaltung von Anlegerentschädigungssystemen betrauten Stellen, die diese Informationen zur Erfüllung ihrer Aufgaben gemäß der Richtlinie 2009/65/EG benötigen, nicht entgegen, sofern diese Behörden oder Stellen dem Berufsgeheimnis im Sinne von Art. 102 der Richtlinie 2009/65/EG unterliegen.

(7) Die FMA hat jede Entscheidung über die Entziehung der Bewilligung gemäß § 50 und jede andere gegen einen OGAW getroffene schwerwiegende Maßnahme gemäß § 148 oder jede ihm auferlegte Maßnahme zur Aussetzung der Ausgabe, des Rückkaufs oder der Rücknahme seiner Anteile den zuständigen Behörden der Aufnahmemitgliedstaaten des

OGAW und, wenn die Verwaltungsgesellschaft eines OGAW in einem anderen Mitgliedstaat niedergelassen ist, den zuständigen Behörden des Herkunftmitgliedstaates der Verwaltungsgesellschaft unverzüglich mitzuteilen.

EB zu § 157 (Art. 2 BGBl. I Nr. 77/2011):
Setzt Art. 101 Abs. 1 und 3 und Art. 109 Abs. 1 der Richtlinie 2009/65/EG um.

EB zu § 157 Abs. 1 (Art. 2 BGBl. I Nr. 77/2011):
Setzt Art. 101 Abs. 1 der Richtlinie 2009/65/EG um.

EB zu § 157 Abs. 2 (Art. 2 BGBl. I Nr. 77/2011):
Setzt Art. 101 Abs. 1 letzter Unterabs., Abs. 2 und 3 Art. 109 Abs. 1 letzter Unterabs. und Abs. 2 der Richtlinie 2009/65/EG um. Im Rahmen des Passes der Verwaltungsgesellschaft ist ein intensiver Informationsaustausch im Interesse einer möglichst konsistenten und lückenlosen Beaufsichtigung sowohl im Herkunftsmitgliedstaat als auch im Aufnahmemitgliedstaat der Verwaltungsgesellschaft notwendig. Art. 21 Abs. 2 der Richtlinie, auf den in dieser Bestimmung verwiesen wird, hat all jene Normen zum Gegenstand, die der Zuständigkeit des Aufnahmemitgliedstaates unterliegen, seien sie richtliniendeterminiert oder im Rahmen des Umsetzungsspielraumes (Mindestharmonisierung). Im Rahmen der Amtshilfe kann auch um Befragung von Personen ersucht werden. Die FMA als ersuchte Behörde kann dabei von ihren Befugnissen gemäß § 147 Gebrauch machen. Form und Inhalt des Ersuchens ist in Art. 10 der Verordnung (EU) Nr. 584/2010 geregelt.

EB zu § 157 Abs. 3 (Art. 2 BGBl. I Nr. 77/2011):
Setzt Art. 101 Abs. 1 der Richtlinie 2009/65/EG um.

EB zu § 157 Abs. 4 (Art. 2 BGBl. I Nr. 77/2011):
Setzt Art. 102 Abs. 3 und 4 der Richtlinie 2009/65/EG um.

EB zu § 157 Abs. 5 (Art. 2 BGBl. I Nr. 77/2011):
Setzt Art. 102 Abs. 5 der Richtlinie 2009/65/EG um.

EB zu § 157 Abs. 6 (Art. 2 BGBl. I Nr. 77/2011):
Setzt Art. 108 Abs. 2 der Richtlinie 2009/65/EG um.

Zusammenarbeit bei Ermittlungen und bei der Überprüfung vor Ort

§ 158. (1) Die FMA kann die zuständige Behörde eines anderen Mitgliedstaates um Zusammenarbeit bei einer Überprüfung vor Ort oder einer Ermittlung ersuchen. Erhält die FMA ein Ersuchen um eine Ermittlung oder eine Überprüfung vor Ort, so hat sie im Rahmen ihrer Befugnisse tätig zu werden, indem sie

1. die Überprüfungen oder Ermittlungen selbst vornimmt oder
2. der ersuchenden Behörde die Durchführung der Überprüfung oder Ermittlung gestattet, wobei auch in diesem Fall Mitarbeiter der FMA die Mitarbeiter der ersuchenden Behörde begleiten können oder
3. Abschlussprüfern oder Sachverständigen im behördlichen Auftrag die Durchführung der Überprüfung oder Ermittlung gestattet.

(2) Wenn eine Verwaltungsgesellschaft gemäß § 36 ihre Tätigkeit in Österreich über eine Zweigstelle ausübt, so ist den zuständigen Behörden des Herkunftmitgliedstaates der Verwaltungsgesellschaft nach Unterrichtung der FMA zu gestatten, die in § 161 genannten Informationen selbst zu prüfen oder von zu diesem Zweck von dieser Behörde benannten

Intermediären vor Ort prüfen zu lassen. Die Rechte der FMA zur Vorortprüfung der Zweigstelle aufgrund der ihr durch dieses Bundesgesetz obliegenden Aufgaben werden dadurch nicht berührt.

(3) Hat die FMA begründeten Anlass zu der Vermutung, dass Unternehmen, die nicht ihrer Aufsicht unterliegen, im Hoheitsgebiet eines anderen Mitgliedstaates gegen die Bestimmungen der Richtlinie 2009/65/EG verstoßen oder verstoßen haben, so hat sie dies der zuständigen Behörde des anderen Mitgliedstaates so genau wie möglich mitzuteilen. Sie hat ihrerseits geeignete Maßnahmen zu ergreifen, wenn sie eine solche Mitteilung von einer anderen zuständigen Behörde erhalten hat, und hat diese Behörde über den Ausgang dieser Maßnahmen und soweit wie möglich über wesentliche zwischenzeitlich eingetretene Entwicklungen zu unterrichten. Die Befugnisse der FMA als zuständige Behörde werden durch diesen Absatz nicht berührt.

EB zu § 158 (Art. 2 BGBl. I Nr. 77/2011):

Setzt Art. 101 Abs. 1, Art. 109 Abs. 1 der Richtlinie 2009/65/EG um. Form und Inhalt des Ersuchens um Amtshilfe betreffend eine Vor-Ort-Prüfung sowie die Art der Übermittlung des Ersuchens ist in Art. 6 der Verordnung (EU) Nr. 584/2010 geregelt.

EB zu § 158 Abs. 1 (Art. 2 BGBl. I Nr. 77/2011):

Setzt Art. 101 Abs. 1 und Abs. 4 und 5 letzter Unterabs. der Richtlinie 2009/65/EG um. Die Art der Durchführung der Vor-Ort-Prüfung im Rahmen eines Amtshilfeersuchens ist in den Art. 7 bis 9 der Verordnung (EU) 584/2010 geregelt.

EB zu § 158 Abs. 2 (Art. 2 BGBl. I Nr. 77/2011):

Setzt Art. 110 der Richtlinie 2009/65/EG um.

EB zu § 158 Abs. 3 (Art. 2 BGBl. I Nr. 77/2011):

Setzt Art. 101 Abs. 3 und Art. 108 Abs. 4 der Richtlinie 2009/65/EG um.

Ablehnung der Zusammenarbeit

§ 159. (1) Die FMA kann ein Ersuchen auf Zusammenarbeit bei der Durchführung einer Ermittlung oder einer Überprüfung vor Ort oder auf Austausch von Informationen gemäß § 157 oder 158 nur ablehnen, wenn

1. die Überprüfung vor Ort, Ermittlung oder der Austausch der Information die Souveränität, die Sicherheit oder die öffentliche Ordnung Österreichs beeinträchtigen könnte;
2. aufgrund derselben Handlungen und gegen dieselben Personen bereits ein Verfahren vor einem Gericht in Österreich anhängig ist;
3. in Österreich gegen die betreffenden Personen aufgrund derselben Handlungen bereits ein rechtskräftiges Urteil ergangen ist.

(2) Im Falle einer Ablehnung hat die FMA diese Ablehnung gemäß Abs. 1 der ersuchenden zuständigen Behörde mitzuteilen und ihr möglichst genaue Informationen zu übermitteln.

(3) Die FMA kann ESMA über Situationen informieren, in denen ein Ersuchen der FMA

1. um Informationsaustausch gemäß den §§ 157 oder 158 zurückgewiesen wurde oder innerhalb einer angemessenen Frist zu keiner Reaktion geführt hat;
2. um eine Überprüfung vor Ort oder eine Ermittlung gemäß § 158 zurückgewiesen wurde oder innerhalb einer angemessenen Frist zu keiner Reaktion geführt hat oder

3. um die Zulassung von Mitarbeitern der FMA zur Begleitung der Mitarbeiter der zuständigen Behörde des anderen Mitgliedstaats zurückgewiesen wurde oder innerhalb einer angemessenen Frist zu keiner Reaktion geführt hat.

(4) Hat die FMA ein Ersuchen gemäß Abs. 1 abgelehnt und ist in diesem Zusammenhang ein Bescheid der FMA an die Verwaltungsgesellschaft oder an den OGAW ergangen, so ist die Rechtskraft dieses Bescheides gemäß § 21b FMABG eingeschränkt.

EB zu § 159 (Art. 2 BGBl. I Nr. 77/2011):

EB zu § 159 Abs. 1 (Art. 2 BGBl. I Nr. 77/2011):
Setzt Art. 101 Abs. 6 der Richtlinie 2009/65/EG um.

EB zu § 159 Abs. 2 (Art. 2 BGBl. I Nr. 77/2011):
Setzt Art. 101 Abs. 7 der Richtlinie 2009/65/EG um.

EB zu § 159 Abs. 3 (Art. 2 BGBl. I Nr. 77/2011):
Setzt Art. 101 Abs. 8 erster Unterabs. der Richtlinie 2009/65/EG um.

EB zu § 159 Abs. 4 (Art. 2 BGBl. I Nr. 77/2011):
Setzt Art. 101 Abs. 8 zweiter Unterabs. der Richtlinie 2009/65/EG um.

Behördenkonsultation und Meldungen an die Europäische Kommission, ESMA und ESRB

§ 160. (1) Die FMA hat die zuständigen Behörden des anderen betroffenen Mitgliedstaates zu konsultieren, bevor einer Verwaltungsgesellschaft die Konzession erteilt wird, die

1. Tochterunternehmen einer anderen Verwaltungsgesellschaft, einer Wertpapierfirma, eines Kreditinstituts oder einer Versicherungsgesellschaft ist, die oder das in einem anderen Mitgliedstaat zugelassen ist, oder
2. Tochterunternehmen des Mutterunternehmens einer anderen Verwaltungsgesellschaft, einer Wertpapierfirma, eines Kreditinstituts oder einer Versicherungsgesellschaft ist, die oder das in einem anderen Mitgliedstaat zugelassenen ist, oder
3. von denselben natürlichen oder juristischen Personen kontrolliert wird wie eine andere Verwaltungsgesellschaft, eine Wertpapierfirma, ein Kreditinstitut oder eine Versicherungsgesellschaft, die oder das in einem anderen Mitgliedstaat zugelassen ist.

(2) Die FMA hat die Behörden im Sinne des Abs. 1 insbesondere zu konsultieren, wenn sie die Eignung der Aktionäre oder Gesellschafter sowie die Zuverlässigkeit und die Erfahrung der Personen, die die Geschäfte eines anderen Unternehmens derselben Gruppe tatsächlich leiten, überprüft. Sie hat diesen Behörden auf Anfrage alle Informationen hinsichtlich der Eignung der Aktionäre oder Gesellschafter sowie der Zuverlässigkeit und der Erfahrung der Personen, die die Geschäfte tatsächlich leiten sowie sämtliche Informationen, die geeignet sind die Beaufsichtigung der Verwaltungsgesellschaften zu erleichtern, zu übermitteln, sofern diese für die anderen zuständigen Behörden bei der Erteilung der Zulassung und der laufenden Überprüfung der Einhaltung der Bedingungen für die Ausübung der Tätigkeit erforderlich sind.

(3) Sind Master-OGAW und Feeder-OGAW in unterschiedlichen Mitgliedstaaten niedergelassen, so hat die FMA betreffend in Österreich bewilligte Master-OGAW die zuständigen Behörden des Herkunftmitgliedstaats des Feeder-OGAW unmittelbar über jede Entscheidung, Maßnahme, Feststellung von Zuwiderhandlungen gegen die Bestimmungen des

3. Hauptstückes 5. Abschnitt sowie alle gemäß § 154 Abs. 1 und 4 mitgeteilten Informationen, die den Master-OGAW oder seine Verwaltungsgesellschaft, seine Verwahrstelle oder seinen Abschlussprüfer betreffen, zu unterrichten und gegebenenfalls eine entsprechende Information der weiteren Anteilinhaber des Master-OGAW sicherzustellen.

(4) Die FMA hat der Kommission und ESMA:

1. alle allgemeinen Schwierigkeiten mitzuteilen, auf die OGAW beim Vertrieb ihrer Anteile in Drittstaaten stoßen und der FMA zur Kenntnis gebracht wurden;
2. ein Verzeichnis der in § 74 Abs. 4 genannten Kategorien von Schuldverschreibungen und der Kategorien von Emittenten zu übermitteln, die nach § 74 Abs. 4 befugt sind, Schuldverschreibungen auszugeben, die den in § 74 festgelegten Kriterien entsprechen. Diesen Verzeichnissen ist ein Vermerk beizufügen, in dem der Status der gebotenen Garantien erläutert wird;
3. die Anzahl und die Art der Fälle mitzuteilen, in denen sie eine Zulassung gemäß § 37 Abs. 3 oder einen Antrag gemäß § 36 Abs. 8 abgelehnt hat; sowie
4. die nach § 38 Abs. 5 getroffenen Maßnahmen mitzuteilen.

(5) Die FMA hat ESMA mitzuteilen:

1. Jede gemäß § 6 Abs. 3 erteilte Konzession sowie jede Konzessionsrücknahme gemäß § 7;
2. alle bei ihr gemäß § 152 eingehenden Informationen über alle von ihr beaufsichtigten Verwaltungsgesellschaften und OGAW im Einklang mit Art. 35 der Verordnung (EU) Nr. 1095/2010 zum Zweck der Überwachung von Systemrisken auf Unionsebene.

Die Informationen gemäß Z 2 sind auch dem ESRB im Einklang mit Art. 15 der Verordnung (EU) Nr. 1092/2010 zum Zweck der Überwachung von Systemrisken auf Unionsebene zu übermitteln.

EB zu § 160 Abs. 1 (Art. 2 BGBl. I Nr. 77/2011):

Setzt Art. 8 Abs. 3 der Richtlinie 2009/65/EG um.

EB zu § 160 Abs. 2 (Art. 2 BGBl. I Nr. 77/2011):

Setzt Art. 109 Abs. 1 der Richtlinie 2009/65/EG um.

EB zu § 160 Abs. 3 (Art. 2 BGBl. I Nr. 77/2011):

Setzt Art. 67 Abs. 2 der Richtlinie 2009/65/EG um. Wird die FMA als zuständige Behörde des Herkunftsmitgliedstaats des Master-OGAW über Unregelmäßigkeiten im Zusammenhang mit dem Master-OGAW informiert oder stellt sie fest, dass der Master-OGAW gegen die Bestimmungen dieses Bundesgesetzes verstößt, so kann sie gegebenenfalls geeignete Maßnahmen ergreifen, mit denen sichergestellt wird, dass die Anteilinhaber des Master-OGAW entsprechend informiert werden (so auch Erwägungsgrund 57 der Richtlinie 2009/65/EG). Die FMA trifft daher primär die Pflicht zur Information der zuständigen Behörde des Feeder-OGAW; sollte es noch andere Anteilinhaber als den Feeder-OGAW geben, so hat die FMA im Interesse der Gleichbehandlung entsprechende Maßnahmen zu setzen.

EB zu § 160 Abs. 4 (Art. 2 BGBl. I Nr. 77/2011):

EB zu § 160 Abs. 4 Z 1 (Art. 2 BGBl. I Nr. 77/2011):

Setzt Art. 9 Abs. 2 der Richtlinie 2009/65/EG in der Fassung der Richtlinie 2010/78/EU um.

EB zu § 160 Abs. 4 Z 2 (Art. 2 BGBl. I Nr. 77/2011):

Setzt Art. 52 Abs. 4 letzter Unterabs. der Richtlinie 2009/65/EG in der Fassung der Richtlinie 2010/78/EU um.

EB zu § 160 Abs. 4 Z 3 und 4 (Art. 2 BGBl. I Nr. 77/2011):

Setzt Art. 21 Abs. 9 der Richtlinie 2009/65/EG um.

EB zu § 160 Abs. 5 (Art. 2 BGBl. I Nr. 77/2011):

EB zu § 160 Abs. 5 Z 1 (Art. 2 BGBl. I Nr. 77/2011):

Setzt Art. 6 Abs. 1 der Richtlinie 2009/65/EG in der Fassung der Richtlinie 2010/78/EU um.

EB zu § 160 Abs. 5 Z 2 und Schlussteil (Art. 2 BGBl. I Nr. 77/2011):

Setzt Art. 51 Abs. 1 letzter Unterabs. der Richtlinie 2009/65/EG in der Fassung der Richtlinie 2010/78/EU um.

Zusammenarbeit zur Überwachung einer Verwaltungsgesellschaft im Rahmen des § 38

§ 161. (1) Die FMA hat auf Anfrage den Behörden des Aufnahmemitgliedstaates einer Verwaltungsgesellschaft gemäß § 37 sämtliche für die Erhebung der in Art. 21 Abs. 2 der Richtlinie 2009/65/EG genannten Angaben relevanten Informationen zu übermitteln und die zuständigen Behörden des Herkunftsstaates einer Verwaltungsgesellschaft gemäß § 36 über alle gemäß § 38 Abs. 5 ergriffene Maßnahmen zu unterrichten, die Maßnahmen oder Sanktionen gegen die Verwaltungsgesellschaft oder eine Beschränkung ihrer Tätigkeiten beinhalten.

(2) Die FMA hat der zuständigen Behörde des Herkunftmitgliedstaates eines OGAW, der von einer Verwaltungsgesellschaft gemäß § 5 Abs. 1 verwaltet wird, unverzüglich allfällige auf der Ebene der Verwaltungsgesellschaft festgestellte Probleme, die die Fähigkeit der Verwaltungsgesellschaft ihre Aufgaben in Bezug auf den OGAW richtig zu erfüllen, erheblich beeinträchtigen könnten, und alle Verstöße der Verwaltungsgesellschaft gegen das 1. Hauptstück mitzuteilen.

(3) Die FMA hat den zuständigen Behörden des Herkunftmitgliedstaates einer Verwaltungsgesellschaft gemäß § 36, die einen von der FMA gemäß § 50 bewilligten OGAW verwaltet, unverzüglich allfällige auf der Ebene des OGAW festgestellte Probleme mitzuteilen, die die Fähigkeit der Verwaltungsgesellschaft, ihre Aufgaben sachgerecht wahrzunehmen oder die Anforderungen dieses Bundesgesetzes einzuhalten, die in die Zuständigkeit der FMA als zuständige Behörde des Herkunftmitgliedstaates des OGAW fallen, beeinflussen könnten, mitzuteilen.

EB zu § 161 (Art. 2 BGBl. I Nr. 77/2011):

Setzt Art. 101 Abs. 1 und Art. 109 der Richtlinie 2009/65/EG um. Zusätzlich zu den allgemeinen Pflichten hinsichtlich Informationsaustausch und Zusammenarbeit bei der Überwachung sind im Zusammenhang mit dem „Pass der Verwaltungsgesellschaft" noch weitere, intensivere Pflichten zur Zusammenarbeit vorgesehen. Dies wird hiemit umgesetzt. (siehe auch dazu § 9 Abs. 2 und Art. 11 bis 13 der Verordnung (EU) Nr. 584/2010).

EB zu § 161 Abs. 1 (Art. 2 BGBl. I Nr. 77/2011):

Setzt Art. 109 Abs. 1 und 2 der Richtlinie 2009/65/EG um.

EB zu § 161 Abs. 2 (Art. 2 BGBl. I Nr. 77/2011):
Setzt Art. 109 Abs. 3 der Richtlinie 2009/65/EG um.

EB zu § 161 Abs. 3 (Art. 2 BGBl. I Nr. 77/2011):
Setzt Art. 109 Abs. 4 der Richtlinie 2009/65/EG um.

Sicherungsmaßnahmen

§ 162. (1) Hat die FMA als zuständige Behörde des Aufnahmemitgliedstaates klare und nachweisliche Gründe zu der Annahme, dass ein OGAW, dessen Anteile in Österreich gemäß § 140 vertrieben werden, gegen die Verpflichtungen verstößt, die ihm aus diesem Bundesgesetz oder den Verordnungen (EU) Nr. 583/2010 oder (EU) Nr. 584/2010 erwachsen, die der FMA als zuständiger Behörde des Aufnahmemitgliedstaates keine Zuständigkeit übertragen, so hat sie ihre Erkenntnisse der zuständigen Behörde des Herkunftmitgliedstaates des OGAW mitzuteilen.

(2) Wenn die Maßnahmen der zuständigen Behörden des Herkunftmitgliedstaates des OGAW oder der Verwaltungsgesellschaft nicht greifen oder sich als unzulänglich erweisen, oder die zuständigen Behörden des Herkunftmitgliedstaates des OGAW oder der Verwaltungsgesellschaft nicht innerhalb einer angemessenen, drei Monate nicht überschreitenden Frist handeln, und der OGAW oder die Verwaltungsgesellschaft für den OGAW deshalb weiterhin auf eine Weise tätig ist, die den Interessen der Anleger in Österreich eindeutig zuwiderläuft, so kann die FMA folgende Maßnahmen ergreifen:
1. nach Unterrichtung der zuständigen Behörden des Herkunftmitgliedstaates des OGAW oder der Verwaltungsgesellschaft alle Maßnahmen ergreifen, die zum Schutz der Anleger erforderlich sind, einschließlich der möglichen Untersagung des weiteren Vertriebes der Anteile des betreffenden OGAW in Österreich, wobei die Kommission und ESMA unverzüglich über jede ergriffene Maßnahme zu unterrichten sind;
2. die Angelegenheit ESMA zur Kenntnis bringen, die im Rahmen ihrer Befugnisse gemäß Art. 19 der Verordnung (EU) Nr. 1095/2010 tätig werden kann.

(3) Die FMA hat zur Sicherung der Interessen der Anleger gemäß Abs. 2 den weiteren Vertrieb der OGAW-Anteile zu untersagen, wenn
1. die Anzeige nach § 140 nicht erstattet worden ist,
2. beim Vertrieb erheblich gegen sonstige Vorschriften inländischen Rechts verstoßen worden ist,
3. die Zulassung durch die zuständigen Stellen des Mitgliedstaates, in dem die Verwaltungsgesellschaft ihren Sitz hat, entzogen worden ist,
4. die Vertriebsvoraussetzungen nach § 141 nicht mehr erfüllt sind oder
5. den Pflichten des § 142 nicht entsprochen wird.

(4) Die Untersagung des Vertriebes ist den zuständigen Stellen des EWR-Mitgliedstaates, in dem die Verwaltungsgesellschaft ihren Sitz hat, mitzuteilen und im Amtsblatt zur Wiener Zeitung zu veröffentlichen. Die Verpflichtungen aus dem öffentlichen Vertrieb, die sich aus diesem Bundesgesetz ergeben, enden frühestens drei Monate nach der Veröffentlichung der beabsichtigten Untersagung des Vertriebes. Im Interesse der Anteilinhaber kann die FMA eine Verlängerung dieses Zeitraumes sowie eine diesbezügliche Veröffentlichung anordnen.

EB zu § 162 (Art. 2 BGBl. I Nr. 77/2011):
Setzt Art. 101 Abs. 1 und Art. 109 Abs. 1 der Richtlinie 2009/65/EG um.

EB zu § 162 Abs. 1 (Art. 2 BGBl. I Nr. 77/2011):
Setzt Art. 108 Abs. 4 der Richtlinie 2009/65/EG um.

EB zu § 162 Abs. 2 (Art. 2 BGBl. I Nr. 77/2011):
Setzt Art. 108 Abs. 5 der Richtlinie 2009/65/EG in der Fassung der Richtlinie 2010/78/EU um. Im Fall der Befassung von ESMA im Rahmen von Art. 19 der Verordnung (EU) Nr. 1095/2010 kommt § 21b FMABG zum Tragen. Bescheide der FMA unterliegen einer eingeschränkten Rechtskraft.

EB zu § 162 Abs. 3 (Art. 2 BGBl. I Nr. 77/2011):
Entspricht § 37 Abs. 3 InvFG 1993 und präzisiert die Pflichten der FMA für den Fall des Abs. 2 näher.

§ **162a.** Die Bestimmungen der §§ 163 bis 174 finden nach Maßgabe des AIFMG Anwendung.

EB zu § 162a (Art. 5 BGBl. I Nr. 135/2013):
Diese Bestimmung enthält einen Generalverweis auf das AIFMG. Um etwaige Widersprüche zu vermeiden, wird aus Gründen der Rechtsicherheit klargestellt, dass die Bestimmungen der §§ 163 bis 174 nach Maßgabe des AIFMG Anwendung finden. Grundsätzlich ist stets jene Bestimmung maßgeblich, welche detaillierter, genauer, dem Anlegerschutz dienlicher oder strenger ist.

3. Teil
AIF

EB zum 3. Teil (AIF) (Art. 2 BGBl. I Nr. 77/2011):
Dieser Teil übernimmt jene Bestimmungen des InvFG 1993, die sich auf Investmentfonds beziehen, die nicht EU-rechtlich harmonisiert sind und regelt, welche Bestimmungen des 2. Teiles auf diese Investmentfonds anwendbar sind.

1. Hauptstück
Inländische AIF: Spezialfonds, Andere Sondervermögen, Pensionsinvestmentfonds

EB zum 1. Hauptstück (Inländische AIF) (Art. 2 BGBl. I Nr. 77/2011):
In diesem Hauptstück werden von der FMA bewilligte in Österreich aufgelegte Investmentfonds, die nicht die Voraussetzungen des 2. Teiles erfüllen, geregelt. Es handelt sich dabei um Spezialfonds, Andere Sondervermögen und Pensionsinvestmentfonds.

1. Abschnitt
Spezialfonds

EB zum 1. Abschnitt (Spezialfonds) (Art. 2 BGBl. I Nr. 77/2011):
Hier werden die für Spezialfonds geltenden Bestimmungen festgelegt.

§ **163.** (1) Ein Spezialfonds ist ein aus liquiden Finanzanlagen im Sinne von § 67 Abs. 1 bestehendes Sondervermögen, das in gleiche, in Wertpapieren verkörperte Anteile zerfällt, im Miteigentum der Anteilinhaber steht und nach den Bestimmungen dieses Bundesgesetzes gebildet wird und dessen Anteilscheine auf Grund der Fondsbestimmungen jeweils von nicht mehr als zehn Anteilinhabern, die der Verwaltungsgesellschaft bekannt sein müssen, gehalten werden.

(2) Im Falle des Erwerbes von Anteilscheinen durch eine natürliche Person beträgt die Mindestinvestitionssumme 250 000 Euro. Als ein solcher Anteilinhaber gilt auch eine Gruppe von Anteilinhabern, sofern sämtliche Rechte dieser Anteilinhaber im Verhältnis zur Verwaltungsgesellschaft einheitlich durch einen gemeinsamen Vertreter ausgeübt werden. Die Mindestinvestitionssumme muss von jeder natürlichen Person in einer Gruppe von Anteilinhabern erreicht werden. Die Fondsbestimmungen haben eine Regelung darüber zu enthalten, dass eine Übertragung der Anteilscheine von den Anteilinhabern nur mit Zustimmung der Verwaltungsgesellschaft erfolgen darf. Spezialfonds sind keine OGAWs gemäß Art. 1 Abs. 2 der Richtlinie 2009/65/EG. Bei Spezialfonds genügen die Verwaltungsgesellschaften den Veröffentlichungspflichten nach diesem Bundesgesetz dadurch, dass sie alle Anteilinhaber jeweils nachweislich schriftlich oder auf eine andere mit den jeweiligen Anteilinhabern ausgehandelte Art informieren.

EB zu § 163 (Art. 2 BGBl. I Nr. 77/2011):

Entspricht § 1 Abs. 2 InvFG 1993. Hinsichtlich der natürlichen Personen wird klargestellt, dass diese jeweils die Mindestinvestitionssumme erfüllen müssen.

Anwendbare Bestimmungen

§ 164. (1) Ein Spezialfonds darf nur von einer Verwaltungsgesellschaft gemäß § 5 Abs. 1 verwaltet werden. Die Bestimmungen des 2. Teiles 1. Hauptstück 1. und 2. Abschnitt sind dabei anzuwenden, wobei § 28 Abs. 1 Z 1 bis 8 und Z 10 sowie Abs. 2 mit der Maßgabe anzuwenden ist, dass von der Anwendung des Abs. 1 Z 3 und 5 abgesehen werden kann, sofern dazu ein schriftlicher Auftrag der Anleger vorliegt.

(2) Die Bestimmungen über die Depotbank gemäß §§ 39 bis 45 finden mit der Maßgabe Anwendung, dass die FMA die Auswahl der Depotbank für Spezialfonds auf Antrag der Verwaltungsgesellschaft allgemein bewilligen kann.

(3) Die Bestimmungen der

1. §§ 46 Abs. 1 bis 4, 47 bis 48, 52, 53 Abs. 1 und 3, 54, 55, 63 und 85 bis 92 finden Anwendung;
2. §§ 49, 136 und 137 finden mit der Maßgabe Anwendung, dass die Fondsbestimmungen im Rechenschaftsbericht entfallen können, die Auflage des Rechenschaftsberichtes und des Halbjahresberichtes in der Depotbank entfallen kann und an die Stelle der Veröffentlichung die Übersendung des geprüften Rechenschaftsberichtes und des Halbjahresberichtes an alle Anteilinhaber treten kann und Halbjahresberichte und der Prüfbericht über den Rechenschaftsbericht der FMA nur auf Aufforderung zu übermitteln ist;
3. § 53 Abs. 4 findet mit der Maßgabe Anwendung, dass die Bewilligung der FMA nicht erforderlich ist und die Veröffentlichung unterbleiben kann;
4. § 56 findet mit der Maßgabe Anwendung, dass die Anzeige an die FMA gemäß § 56 Abs. 1 unterbleiben kann;
5. § 57 findet mit der Maßgabe Anwendung, dass die Pflicht gemäß § 57 Abs. 3 zur Veröffentlichung des Ausgabe- und Rücknahmepreises mindestens zweimal monatlich entfällt;
6. §§ 58 bis 60 sowie 61 und 62 finden mit der Maßgabe Anwendung, dass die Übertragung der Verwaltung auf eine andere Verwaltungsgesellschaft nicht der Bewilligung der FMA, sondern der unverzüglichen Anzeige an die FMA bedarf;

7. § 65 findet mit der Maßgabe Anwendung, dass im Fall eines Vertriebes von Spezialfonds im Ausland die jeweils zuständige Aufsichtsbehörde sowie die Anteilinhaber über die erfolgte Abspaltung zu informieren sind.
8. Spezialfonds können auch in der Form von „Anderen Sondervermögen" aufgelegt werden. §§ 166, 167 Abs. 2 Z 1, Abs. 3 bis 5 sowie Abs. 7 und 8 sind anwendbar."

(4) Die Bestimmungen der §§ 66 bis 83 finden mit der Maßgabe Anwendung, dass die in den §§ 66 Abs. 2, 67 Abs. 4, 71 Abs. 1, 74 Abs. 1, 3 bis 7, 76 Abs. 1 und 2, 77 Abs. 1 und 2, 78 Abs. 2 festgelegten Anlagegrenzen um 100 vH überschritten werden können, wenn dies die Fondsbestimmungen ausdrücklich vorsehen und § 84 mit der Maßgabe, dass die Grenze von 30 vH für Spezialfonds nicht anwendbar ist, wenn der Anteilinhaber ein Kreditinstitut im Sinne des § 1 Abs. 1 BWG ist oder die Anteilinhaber Kreditinstitute im Sinne des § 1 Abs. 1 BWG sind und der Entleiher die verliehenen Wertpapiere als Sicherheiten im Rahmen von Refinanzierungsgeschäften mit der Europäischen Zentralbank, mit einer Zentralbank eines Mitgliedstaates des EWR, der Schweizerischen Nationalbank oder mit der US Federal Reserve, welche er für den Anteilinhaber abschließt, einsetzt und alle Anteilinhaber ausdrücklich zustimmen. In Bezug auf solche Wertpapierleihgeschäfte findet § 42 Abs. 5 mit der Maßgabe Anwendung, dass der Verkehrswert der im Rahmen eines Wertpapierleihgeschäfts gemäß § 84 übertragenen Sicherheiten auch niedriger sein kann als der Verkehrswert der wiederverwendeten Vermögenswerte.

(5) Die Bestimmungen über Master-Feeder-Strukturen (§§ 93 bis 113) finden mit der Maßgabe Anwendung, dass anstelle des Wortteiles „OGAW" der Wortteil „Spezialfonds" tritt und die Pflicht zur Bewilligung der FMA in den §§ 95, 101 bis 106 entfällt; stattdessen haben die Anteilinhaber zuvor nachweislich zuzustimmen und muss die Verwaltungsgesellschaft dies der FMA unverzüglich vor Wirksamwerden der Änderung anzeigen. Die Zustimmung der Anteilinhaber ist für die Wirksamkeit der Maßnahmen erforderlich.

(6) Die Bestimmungen der §§ 114 bis 127 sind mit der Maßgabe anzuwenden, dass grenzüberschreitende Verschmelzungen nicht zulässig sind und die Verschmelzung eines Spezialfonds mit einem anderen Kapitalanlagefonds, der kein Spezialfonds ist, nicht zulässig ist. Weiters entfällt für Spezialfonds das Erfordernis der Bewilligung durch die FMA; stattdessen sind die Anteilinhaber nachweislich zu informieren. Die Information der Anteilinhaber ist für die Wirksamkeit der Verschmelzung erforderlich.

(7) Die Bestimmungen der §§ 128, 132, 133, 137 und 138 sind mit der Maßgabe anzuwenden, dass die Bestimmungen betreffend Prospekt und KID keine Anwendung finden.

(8) Spezialfonds sind von der FMA gemäß den §§ 143 bis 154 zu beaufsichtigen.

EB zu § 164 (Art. 2 BGBl. I Nr. 77/2011):

Es wird mittels Verweis festgelegt, inwieweit die Bestimmungen des 2. Teiles dieses Bundesgesetzes auf Spezialfonds anzuwenden sind. Im Bereich der Verschmelzung und der Master-Feeder-Strukturen wurden die Bewilligungserfordernisse durch bloße Anzeigepflichten an die FMA ersetzt, sofern die Anteilinhaber nachweislich über die geplanten Vorgänge informiert wurden und diesen gegebenenfalls zugestimmt haben.

EB zu § 164 Abs. 4 (Art. 2 BGBl. I Nr. 77/2011):

Aufgrund der Verfügungsbeschränkung der § 84 besteht aus berechtigten Anlegerschutzgründen eine Wertpapierleihegrenze von 30 vH des Fondsvermögens. Bislang kam diese Grenze auch bei Spezialfonds, die sich im wirtschaftlichen Eigentum von Banken befinden, zur Anwendung. Dies hatte zur Folge, dass Banken 70 vH der Wertpapiere dieser Spezialfonds nicht als Sicherheit für EZB Refinanzierungsgeschäfte verwenden konnten und diese Fonds daher zunehmend aufgelöst wurden. Für Wertpapierleihegeschäfte von

Spezialfonds, die sich im wirtschaftlichen Eigentum von Banken befinden, entfallen nun im Sinne der Gleichstellung der Fondsanlage mit der Direktanlage die Beschränkungen bei der Wertpapierleihe zur Gänze, wenn die Wertpapiere durch den Entleiher als Sicherheit im Rahmen eines Refinanzierungsgeschäftes mit einer Zentralbank (europäische Zentralbanken, Zentralbank der Schweiz und FED) verwendet werden und alle Anteilscheininhaber ausdrücklich zustimmen.

Anzeigepflicht

§ 165. Die Verwaltungsgesellschaft hat der FMA und der Oesterreichischen Nationalbank unverzüglich jeweils nach dem 30. Juni und 31. Dezember in der Form einer Sammelaufstellung die im abgelaufenen Halbjahr aufgelegten und geschlossenen Spezialfonds (§ 163) anzuzeigen. In der Aufstellung sind außer der Bezeichnung der Sondervermögen, der Fondstyp, die Zahl der Anleger, die Depotbank sowie das Geschäftsjahr anzugeben. Tritt bei einem bereits angezeigten Sondervermögen eine Änderung dieser Angaben ein, so ist dies der FMA und der Oesterreichischen Nationalbank innerhalb von zwei Monaten nach Wirksamwerden der Änderung anzuzeigen. Auflagen und Verschmelzungen von Spezialfonds sind überdies der FMA unverzüglich anzuzeigen. Die FMA kann nach Anhörung der Oesterreichischen Nationalbank durch Verordnung vorschreiben, dass die Anzeigen gemäß dem ersten und dritten Satz ausschließlich in elektronischer Form zu erfolgen sowie bestimmten Gliederungen, technischen Mindestanforderungen und Übermittlungsmodalitäten zu entsprechen haben. Die FMA hat sich dabei an den Grundsätzen der Wirtschaftlichkeit und Zweckmäßigkeit zu orientieren und dafür zu sorgen, dass die jederzeitige elektronische Verfügbarkeit der Daten für die FMA und die Oesterreichische Nationalbank gewährleistet bleibt und Aufsichtsinteressen nicht beeinträchtigt werden. Die FMA hat geeignete Vorkehrungen dafür zu treffen, dass sich die Meldepflichtigen oder gegebenenfalls ihre Einbringungsverantwortlichen während eines angemessenen Zeitraums im System über die Richtigkeit und Vollständigkeit der von ihnen oder ihren Einbringungsverantwortlichen erstatteten Meldedaten vergewissern können.

EB zu § 165 (Art. 2 BGBl. I Nr. 77/2011):
Entspricht § 22 Abs. 5 InvFG 1993.

2. Abschnitt
Anderes Sondervermögen

EB zum 2. Abschnitt (Anderes Sondervermögen) (Art. 2 BGBl. I Nr. 77/2011):
Es werden die Bestimmungen des InvFG 1993 zu den Anderen Sondervermögen inhaltlich übernommen, die Verweise entsprechend angepasst und auf die neue Rechtslage im Bereich OGAW adaptiert.

§ 166. (1) „Anderes Sondervermögen" im Sinne dieses Bundesgesetzes ist ein Sondervermögen, das in gleiche, in Wertpapieren verkörperte Anteile zerfällt, im Miteigentum der Anteilinhaber steht und nach den Bestimmungen dieses Bundesgesetzes gebildet wird und das neben den Veranlagungsgegenständen des § 67 Abs. 1 nach den Fondsbestimmungen bis zu 100 vH des Fondsvermögens erwerben darf:

1. Anteile an ein und demselben OGAW oder OGA gemäß § 71 in Verbindung mit § 77 Abs. 1, unabhängig davon, ob der OGAW nach seinen Fondsbestimmungen oder seiner

Satzung insgesamt höchstens 10 vH des Fondsvermögens in Anteilen anderer OGAW anlegen darf, jeweils bis zu 50 vH des Fondsvermögens;
2. Anteile an ein und demselben inländischen Spezialfonds im Sinne dieses Bundesgesetzes bis zu 50 vH des Fondsvermögens, sofern das erwerbende Andere Sondervermögen selbst ein Spezialfonds ist und alle Anteilinhaber des zu erwerbenden Spezialfonds vor dem Erwerb ihre diesbezügliche Zustimmung erteilen;
3. Anteile an Organismen für gemeinsame Anlagen, die nach dem Gesetz, der Satzung oder der tatsächlichen Übung nach den Grundsätzen der Risikostreuung veranlagt sind und die nicht den Anforderungen des § 71 in Verbindung mit § 77 Abs. 1 entsprechen, jeweils bis zu 10 vH des Fondsvermögens; solche Organismen für gemeinsame Anlagen dürfen auch in Anlagen investieren, die nur beschränkt marktgängig sind, hohen Kursschwankungen unterliegen, begrenzte Risikostreuung aufweisen oder deren Bewertung erschwert ist, wobei eine Nachzahlungspflicht für den Anleger nicht vorgesehen sein darf;
4. Anteile an ein und demselben Immobilienfonds gemäß § 1 Immobilien-Investmentfondsgesetz – ImmoInvFG (BGBl. I Nr. 80/2003) und Anteile an ein und demselben offenen Immobilienfonds, der von einem EU-AIFM verwaltet wird bis 10 vH des Fondsvermögens. Insgesamt dürfen Anteile an Immobilienfonds gemäß § 1 ImmoInvFG und Anteile an offenen Immobilienfonds, die von einem EU-AIFM verwaltet werden, 20 vH des Fondsvermögens nicht überschreiten. Der Erwerb von Anteilen an Immobilienspezialfonds gemäß § 1 Abs. 3 ImmoInvFG und Anteilen an Immobilienspezialfonds, die von einem EU-AIFM verwaltet werden, ist zulässig, sofern das erwerbende Andere Sondervermögen selbst ein Spezialfonds ist und alle Anteilinhaber des zu erwerbenden Immobilienspezialfonds vor dem Erwerb ihre diesbezügliche Zustimmung erteilen;
5. § 78 Abs. 2 Z 5 ist nicht anwendbar;
6. Anteile an ein und demselben Anderen Sondervermögen gemäß dieser Bestimmung jeweils bis zu 10 vH des Fondsvermögens. Diese Anlagegrenze kann auf 50 vH des Fondsvermögens angehoben werden, sofern dieses Andere Sondervermögen nach seinen Fondsbestimmungen insgesamt höchstens 10 vH des Fondsvermögens in Anteile an Organismen für gemeinsame Anlagen gemäß Z 3 anlegen darf.

„Andere Sondervermögen" sind keine OGAWs gemäß Art. 1 Abs. 2 der Richtlinie 2009/65/EG.

(2) Die in den §§ 66 bis 84 festgelegten Anlagegrenzen finden auf die unter Abs. 1 Z 1 bis 4 und 6 genannten Veranlagungen keine Anwendung.

EB zu § 166 (Art. 2 BGBl. I Nr. 77/2011):

Entspricht inhaltlich § 20a InvFG 1993. § 166 Abs. 1 erfaßt in Z 1 auch OGAs im Sinne des § 20a Abs. 1 Z 1 InvFG 1993.

Anwendbare Bestimmungen

§ 167. (1) Die Bestimmungen des 2. Teiles dieses Bundesgesetzes mit Ausnahme der §§ 36 bis 38 und 131 finden auf Andere Sondervermögen Anwendung, soweit in § 166 und in den Abs. 2 bis 8 dieser Bestimmung nicht ausdrücklich anderes angeordnet ist. Die §§ 50 bis 65 finden mit der Maßgabe Anwendung, dass im Fall eines Vertriebes eines Anderen Sondervermögens im Ausland die jeweils zuständige Aufsichtsbehörde sowie die Anteilinhaber über die erfolgte Abspaltung zu informieren sind.

(2) Andere Sondervermögen können in den Fondsbestimmungen vorsehen, dass

1. die Anteilsausgabe sowie abweichend von § 55 Abs. 2 die Anteilsrückgabe nur zu bestimmten Terminen, jedoch mindestens einmal in jedem Kalendervierteljahr erfolgen kann;
2. die Verwaltungsgesellschaft oder Depotbank abweichend von § 57 Abs. 3 den Ausgabe- und Rücknahmepreis mindestens einmal im Monat veröffentlicht. Die Veröffentlichung hat jedenfalls auch bei jeder Ausgabe und Rücknahme der Anteile zu erfolgen.

(3) Die Verwaltungsgesellschaft darf für Rechnung eines „Anderen Sondervermögens", das mehrheitlich in Anlagen gemäß § 166 Abs. 1 Z 3 veranlagt, kurzfristige Kredite bis zur Höhe von 20 vH des Fondsvermögens aufnehmen, wenn die Fondsbestimmungen dies vorsehen. Die FMA kann nach sorgfältiger Prüfung des Einzelfalls die Aufnahme höherer Kredite gestatten oder deren Herabsetzung anordnen.

(4) Die für „Andere Sondervermögen" geltenden Veranlagungs- und Emittentengrenzen sind in den Fondsbestimmungen festzulegen. Der Grundsatz der Risikostreuung gilt auch dann als gewahrt, wenn die für die „Anderen Sondervermögen" zu erwerbenden Kapitalanlagefonds in nicht unerheblichem Umfang Anteile an einem oder mehreren anderen Kapitalanlagefonds beinhalten und diese anderen Kapitalanlagefonds unmittelbar oder mittelbar nach dem Grundsatz der Risikostreuung veranlagen.

(5) *(Anm.: aufgehoben durch BGBl. I Nr. 115/2015)*

(6) Das Kundeninformationsdokument gemäß § 134 hat einen besonderen Hinweis auf besondere Bewertungs- und Rückzahlungsmodalitäten gemäß Abs. 2 zu enthalten. Bei Anderen Sondervermögen, die zu mehr als 10 vH in Veranlagungen gemäß § 166 Abs. 1 Z 3 anlegen, hat das Kundeninformationsdokument diesbezüglich einen Warnhinweis zu beinhalten. Der Warnhinweis bedarf der Bewilligung der FMA. In der Werbung für Anteilscheine von Anderen Sondervermögen muss der Warnhinweis stets in der von der FMA bewilligten Form eingesetzt werden.

(7) Der Erwerb von Anteilen an einem ausländischen Kapitalanlagefonds oder einer Investmentgesellschaft des offenen Typs oder an einem offenen Immobilienfonds, der von EU-AIFM verwaltet wird, durch ein Anderes Sondervermögen begründet für sich allein kein öffentliches Anbot im Inland (§ 129 Abs. 1, § 140 und § 175 Abs. 1).

(8) Die Bestimmungen der §§ 128, 132, 133, 137 und 138 sind für andere Sondervermögen mit der Maßgabe anzuwenden, dass die Bestimmungen betreffend den Prospekt keine Anwendung finden.

(9) „Andere Sondervermögen" sind von der FMA gemäß den §§ 143 bis 154 zu beaufsichtigen.

EB zu § 167 (Art. 2 BGBl. I Nr. 77/2011):

Es wird mittels Verweis festgelegt, inwieweit die Bestimmungen des 2. Teiles dieses Bundesgesetzes auf Andere Sondervermögen anzuwenden sind. Besonderheiten der Anderen Sondervermögen im Vergleich zu den allgemeinen Regelungen für Kapitalanlagefonds nach dem InvFG 1993 werden hiebei übernommen.

EB zu § 167 Abs. 5 (Art. 2 BGBl. I Nr. 115/2015):

Da andere Sondervermögen jedenfalls AIF sind, ist die Qualifikation der Geschäftsleiter bereits nach den Bestimmungen des AIFMG zu prüfen. Die Bestimmung im InvFG 2011 ist daher nicht mehr erforderlich und sollte entfallen.

3. Abschnitt
Pensionsinvestmentfonds

EB zum 3. Abschnitt (Pensionsinvestmentfonds) (Art. 2 BGBl. I Nr. 77/2011):
Es werden die besonderen Vorschriften über Pensionsinvestmentfonds des Ia. Abschnittes des InvFG 1993 (§§ 23a bis 23g InvFG 1993) übernommen und die Verweise entsprechend adaptiert.

Anwendbare Vorschriften

§ **168.** Ein Pensionsinvestmentfonds ist ein aus liquiden Finanzanlagen im Sinne von § 67 Abs. 1 bestehendes Sondervermögen, das in gleiche, in Wertpapieren verkörperte Anteile zerfällt, im Miteigentum der Anteilinhaber steht und nach den Bestimmungen dieses Bundesgesetzes gebildet wird, der gemäß den Fondsbestimmungen die Bezeichnung Pensionsinvestmentfonds führt. Für Pensionsinvestmentfonds gelten die Bestimmungen des 2. Teiles mit Ausnahme des § 131 dieses Bundesgesetzes sinngemäß, soweit sich aus den nachfolgenden Vorschriften dieses Abschnittes nichts anderes ergibt. Ein Pensionsinvestmentfonds ist kein OGAW gemäß Art. 1 Abs. 2 der Richtlinie 2009/65/EG, der sämtliche Bestimmungen dieser Richtlinie erfüllt. Pensionsinvestmentfonds sind von der FMA gemäß den §§ 143 bis 154 zu beaufsichtigen.

EB zu § 168 (Art. 2 BGBl. I Nr. 77/2011):
Entspricht inhaltlich § 23a InvFG 1993.

§ **168a.** Die Bestimmungen der §§ 128, 132, 133, 137 und 138 sind für Pensionsinvestmentfonds mit der Maßgabe anzuwenden, dass die Bestimmungen betreffend den Prospekt keine Anwendung finden.

Voraussetzungen für den Erwerb

§ **169.** Die Anteilscheine von Pensionsinvestmentfonds sind durch Sammelurkunden darzustellen (§ 24 Depotgesetz).

EB zu § 169 (Art. 2 BGBl. I Nr. 77/2011):
Entspricht inhaltlich § 23b InvFG 1993.

Gewinnverwendung

§ **170.** Ausschüttungen eines Pensionsinvestmentfonds sind unzulässig.

EB zu § 170 (Art. 2 BGBl. I Nr. 77/2011):
Entspricht inhaltlich § 23c InvFG 1993.

Veranlagungsvorschriften

§ **171.** Für einen Pensionsinvestmentfonds dürfen Wertpapiere nur unter folgenden Voraussetzungen und Beschränkungen erworben werden:
1. Bis zu 50 vH des Fondsvermögens dürfen Wertpapiere von Ausstellern, die ihren Sitz außerhalb des EWR haben, erworben werden.
2. Mindestens 5 vH des Fondsvermögens müssen in Aktien, Wertpapieren über Partizipationskapital im Sinne des § 23 Abs. 4 BWG in der Fassung vor dem Bundesgesetz

BGBl. I Nr. 184/2013, Instrumente ohne Stimmrecht im Sinne des § 26a BWG oder nachrangigen Verbindlichkeiten im Sinne des § 170 Abs. 1 Z 2 des Versicherungsaufsichtsgesetzes 2016, BGBl. I Nr. 34/2015, Genussscheinen und Gewinnschuldverschreibungen angelegt werden.

3. Mindestens 30 vH des Fondsvermögens müssen in Teilschuldverschreibungen, Kassenobligationen, Wandelschuldverschreibungen, Pfandbriefen, Kommunalschuldverschreibungen und Bundesschatzscheinen angelegt werden.
4. Bis zu 10 vH des Fondsvermögens dürfen Anteile an Immobilienfonds gemäß § 1 Abs. 1 ImmoInvFG und Anteile an Immobilienfonds, die von einer Kapitalanlagegesellschaft mit Sitz im EWR verwaltet werden, erworben werden.
5. Optionsscheine dürfen nicht erworben werden.

EB zu § 171 (Art. 2 BGBl. I Nr. 77/2011):
Entspricht inhaltlich § 23d InvFG 1993.

EB zu § 171 Z 2 (Art. 2 BGBl. I Nr. 156/2013):
§ 171 InvFG 2011 regelt die generelle Veranlagung von Pensionsinvestmentfonds. Kapitalanlagegesellschaften haben mit der nunmehrigen Änderung die Möglichkeit, Pensionsinvestmentfonds mit einer niedrigeren Aktienquote als derzeit aufzulegen. Davon zu unterscheiden ist jedoch die Gewährung einer Prämie im Sinne des § 108g EStG 1988: Die Prämie ist nur dann zu gewähren, wenn die Veranlagungsvorschriften gemäß § 108h Abs. 1 Z 2 EStG 1988 erfüllt sind. Diese setzen aber gegebenenfalls eine höhere Mindestveranlagung in Aktien voraus.

EB zu § 171 Z 2 (Art. 22 BGBl. I Nr. 34/2015):
Die Veranlagungsvorschriften für Pensionsinvestmentfonds sollen erstens an die geänderte Rechtslage im BWG angepasst werden. § 23 BWG wurde mit dem Bundesgesetz BGBl. I Nr. 184/2013 mit Wirkung vom 31. Dezember 2013 aufgehoben. Es soll aber weiterhin zulässig sein, die nach diesem Regime erworbenen Wertpapiere über Partizipationskapital im Pensionsinvestmentfonds zu halten. Zusätzlich sollen auch die nunmehr im § 26a BWG geregelten Instrumente ohne Stimmrecht von Pensionsinvestmentfonds erworben werden dürfen. Da die Änderungen im Hinblick auf die Neufassung des VAG 2016 erst mit 1. Jänner 2016 in Kraft treten wird mit einer Übergangsbestimmung in § 195 Abs. 8 sichergestellt, dass jene Bestimmungen, die die geänderte Rechtslage im BWG betreffen, bereits mit dem auf die Kundmachung folgenden Tag anwendbar sind. Zweitens sollen die Veranlagungsvorschriften für Pensionsinvestmentfonds dem Umstand Rechnung tragen, dass das VAG 2016 die Begebung von Partizipationskapital nicht mehr vorsieht.

Derivative Produkte

§ 172. Für einen Pensionsinvestmentfonds ist der Erwerb derivativer Produkte gemäß § 73 nur zur Absicherung von Vermögensgegenständen des Fondsvermögens zulässig.

EB zu § 172 (Art. 2 BGBl. I Nr. 77/2011):
Entspricht inhaltlich § 23e InvFG 1993.

Kundeninformationsdokument

§ 173. Im Kundeninformationsdokument von Pensionsinvestmentfonds ist darauf hinzuweisen, dass der Pensionsinvestmentfonds für Zwecke der Altersvorsorge dient und deshalb eine langfristige Anlagepolitik verfolgt.

EB zu § 173 (Art. 2 BGBl. I Nr. 77/2011):
Entspricht inhaltlich § 23f InvFG 1993.

Fondsbestimmungen und Auszahlungsplan

§ 174. (1) In den Fondsbestimmungen ist vorzusehen, dass die Ausgabe von Anteilen nur zulässig ist
- an unbeschränkt Steuerpflichtige im Sinne des § 1 Abs. 2 des Einkommensteuergesetzes 1988, die zuvor einen unwiderruflichen Auszahlungsplan für die auszugebenden Anteile mit dem depotführenden Kreditinstitut abgeschlossen haben sowie
- an Versicherungsunternehmen für die Veranlagung des Deckungsstockes einer Pensionszusatzversicherung sowie
- an Pensionskassen im Rahmen der Veranlagung des einer Veranlagungs- und Risikogemeinschaft zugeordneten Vermögens und
- an Betriebliche Vorsorgekassen im Rahmen der Veranlagung des einer Veranlagungsgemeinschaft zugeordneten Vermögens.

(2) Der Auszahlungsplan hat vorzusehen, dass eine Auszahlung von Anteilen des Pensionsinvestmentfonds nur unter folgenden Voraussetzungen erfolgen kann:
1. Wenn beim Anteilinhaber die Voraussetzungen für Leistungen gemäß § 108b Abs. 1 Z 2 des Einkommensteuergesetzes 1988 eingetreten sind und
2. der Anteilinhaber das depotführende Kreditinstitut beauftragt, den Gegenwert der zum Zeitpunkt der Erfüllung der Voraussetzungen gemäß Z 1 vorhandenen Anteile, oder die Anteile selbst, an ein Versicherungsunternehmen seiner Wahl als Einmalprämie für eine vom Anteilinhaber nachweislich abgeschlossene Pensionszusatzversicherung (§ 108b des Einkommensteuergesetzes 1988) zu überweisen.

EB zu § 174 (Art. 2 BGBl. I Nr. 77/2011):
Entspricht inhaltlich § 23g InvFG 1993.

2. Hauptstück
Vorschriften über den Vertrieb von Anteilen an ausländischen AIF im Inland

EB zum 2. Hauptstück (Vertrieb von Anteilen an ausländischen Nicht-OGAWs im Inland) (Art. 2 BGBl. I Nr. 77/2011):

Es werden die Vorschriften des II. Abschnittes des InvFG 1993 für den Vertrieb von Anteilen ausländischer Kapitalanlagefonds übernommen und die Verweise entsprechend adaptiert.

§§ 175–185. *(aufgehoben durch BGBl. I Nr. 135/2013)*

EB zum Entfall der §§ 175 bis 185 (Art. 5 BGBl. I Nr. 135/2013):

Ausländische Kapitalanlagefondsanteile gemäß § 175 alte Fassung dürfen hinkünftig nicht mehr an Privatkundenvertrieben werden. Die bestehenden Anteile dürfen aber weiter behalten werden. Die Verwaltungsgesellschaften sind aber verpflichtet, die Marktfolgeverpflichtungen weiter zu beachten. Soweit es sich aber um ausländische Spezialfonds, Andere Sondervermögen oder PIF gemäß § 163 f., § 166 f. oder § 186 f. handelt, können diese – unter der Voraussetzung, dass sie auch in ihrem Herkunftsmitgliedstaat an Privatkunden vertrieben werden können, auch in Österreich an Privatkunden vertrieben werden. Aller-

dings müssen diesfalls – wie auch für österreichische Spezialfonds, Andere Sondervermögen und PIF – die Bestimmungen des 3. Hauptstücks eingehalten werden.

4. Teil
Steuern

EB zum 4. Teil (Steuern) (Art. 2 BGBl. I Nr. 77/2011):

In diesem Teil werden die steuerlichen Bestimmungen für Investmentfonds geregelt, wobei inhaltlich die §§ 40 bis 42 InvFG 1993 in der Fassung des Budgetbegleitgesetzes 2011 übernommen werden.

Steuern vom Einkommen, vom Ertrag und vom Vermögen

§ 186. (1) Die ausgeschütteten Erträge aus Einkünften im Sinne des § 27 des Einkommensteuergesetzes 1988 abzüglich der damit in Zusammenhang stehenden Aufwendungen eines

1. Kapitalanlagefonds oder eines
2. AIF im Sinne des AIFMG, dessen Herkunftsmitgliedstaat Österreich ist, ausgenommen AIF in Immobilien im Sinne des AIFMG,

sind beim Anteilinhaber steuerpflichtige Einnahmen. Ergibt sich aus den Einkünften im Sinne des § 27 des Einkommensteuergesetzes 1988 nach Abzug der damit in Zusammenhang stehenden Aufwendungen ein Verlust, ist dieser mit Einkünften im Sinne des § 27 des Einkommensteuergesetzes 1988 in den Folgejahren zu verrechnen, wobei die Verrechnung vorrangig mit Einkünften des Fonds im Sinne des § 27 Abs. 3 und 4 des Einkommensteuergesetzes 1988 zu erfolgen hat. Werden anteilige Einkünfte aus der Überlassung von Kapital gemäß § 27 Abs. 2 Z 2 des Einkommensteuergesetzes 1988 in der Rechnungslegung des Fonds abgegrenzt, gelten diese bereits als Einkünfte im Sinne des § 27 Abs. 2 des Einkommensteuergesetzes 1988.

(2)

1. a) Erfolgt keine tatsächliche Ausschüttung im Sinne des Abs. 1 oder werden nicht sämtliche Erträge im Sinne des Abs. 1 ausgeschüttet, gelten die nicht ausgeschütteten Erträge aus der Überlassung von Kapital im Sinne des § 27 Abs. 2 des Einkommensteuergesetzes 1988 sowie 60 vH des positiven Saldos aus Einkünften im Sinne des § 27 Abs. 3 und 4 Einkommensteuergesetz 1988 abzüglich der damit in Zusammenhang stehenden Aufwendungen eines Kapitalanlagefonds an die Anteilinhaber in dem aus dem Anteilrecht sich ergebenden Ausmaß nach Maßgabe der lit. b als ausgeschüttet (ausschüttungsgleiche Erträge). Bei in einem Betriebsvermögen gehaltenen Anteilscheinen gilt der gesamte positive Saldo aus Einkünften im Sinne des § 27 Abs. 3 und 4 des Einkommensteuergesetzes 1988 abzüglich der damit im Zusammenhang stehenden Aufwendungen als ausgeschüttet. Werden die als ausgeschüttet geltenden Erträge später tatsächlich ausgeschüttet, sind sie steuerfrei.
   b) Die ausschüttungsgleichen Erträge gelten beim Anteilinhaber unabhängig von der Art der Einkünfteermittlung zu folgenden Zeitpunkten als steuerpflichtige Einnahmen:
   aa) bei Auszahlung der Kapitalertragsteuer (§ 58 Abs. 2) am Auszahlungstag;

bb) ansonsten zum Zeitpunkt der Veröffentlichung der für die ertragsteuerliche Behandlung relevanten Daten durch die Meldestelle auf Grund einer fristgerechten Meldung;

cc) in allen anderen Fällen zu dem in Z 3 genannten Zeitpunkt.

2. a) Die aufgegliederte Zusammensetzung der Ausschüttung im Sinne des Abs. 1 und der ausschüttungsgleichen Erträge im Sinne der Z 1 und die zur Ermittlung der Höhe der Kapitalertragsteuer sowie der Anpassungen der Anschaffungskosten gemäß Abs. 3 erforderlichen steuerrelevanten Daten sind an die Meldestelle gemäß § 12 KMG durch einen steuerlichen Vertreter zu übermitteln. Die Meldestelle hat anhand dieser Daten entsprechend den gesetzlichen Bestimmungen die steuerliche Behandlung zu ermitteln und die so ermittelten steuerlichen Werte in geeigneter Form zu veröffentlichen. § 12 Abs. 1 letzter Satz KMG ist auf diese Tätigkeit der Meldestelle analog anzuwenden.

b) Als steuerlicher Vertreter kann nur ein inländischer Wirtschaftstreuhänder oder eine Person bestellt werden, die vergleichbare fachliche Qualifikationen nachweist. Lehnt die Meldestelle einen steuerlichen Vertreter wegen Zweifel an der Vergleichbarkeit der Qualifikation ab, entscheidet der Bundesminister für Finanzen.

c) Der Bundesminister für Finanzen wird ermächtigt,

aa) die Frist für die Übermittlung an die Meldestelle, unter Berücksichtigung der für Jahresberichte maßgeblichen Fristen,

bb) die Voraussetzungen für die Übermittlung an die Meldestelle,

cc) den Inhalt und die Struktur der übermittelten Daten,

dd) die Ermittlung der steuerlichen Werte auf Grundlage der übermittelten Daten durch die Meldestelle entsprechend den gesetzlichen Bestimmungen,

ee) allfällige Korrekturen der übermittelten Daten sowie

ff) die Art und Weise der Veröffentlichung der ermittelten steuerlichen Werte durch die Meldestelle

durch Verordnung näher zu regeln.

d) Für die von der Meldestelle oder von anderen Personen im Auftrag der Meldestelle in Wahrnehmung ihrer Tätigkeiten gemäß § 186 Abs. 2 Z 2 lit. a und b wem immer schuldhaft zugefügten Schäden haftet der Bund nach den Bestimmungen des Amtshaftungsgesetzes, BGBl. Nr. 20/1949. Die Meldestelle sowie deren Organe und Bedienstete haften dem Geschädigten nicht. Hat der Bund dem Geschädigten den Schaden ersetzt, kann er von der Meldestelle Rückersatz begehren, wenn dieser Schaden vorsätzlich oder grob fahrlässig herbeigeführt wurde.

3. Erfolgt keine Meldung gemäß Z 2 betreffend der Ausschüttung, ist die Ausschüttung zur Gänze steuerpflichtig. Erfolgt keine Meldung gemäß Z 2 betreffend der ausschüttungsgleichen Erträge im Sinne der Z 1, sind diese in Höhe von 90 vH des Unterschiedsbetrages zwischen dem ersten und letzten im Kalenderjahr festgesetzten Rücknahmepreis, mindestens jedoch in Höhe von 10 vH des am Ende des Kalenderjahres festgesetzten Rücknahmepreises zu schätzen. Die auf diese Weise ermittelten ausschüttungsgleichen Erträge gelten jeweils als zum 31. Dezember eines jeden Jahres zugeflossen. Der Anteilinhaber kann die Höhe der ausschüttungsgleichen Erträge oder die Steuerfreiheit der tatsächlichen Ausschüttung unter Beilage der dafür notwendigen Unterlagen nachweisen.

4. Wurde Kapitalertragsteuer abgezogen, ist der Nachweis gemäß Z 3 gegenüber dem Abzugsverpflichteten zu erbringen. Dieser hat, wenn noch keine Realisierung im Sinne des Abs. 3 erfolgt ist, die Kapitalertragsteuer zu erstatten oder nachzubelasten und die

Anschaffungskosten gemäß Abs. 3 zu korrigieren. Wurde bereits eine Bescheinigung gemäß § 96 Abs. 4 Z 2 des Einkommensteuergesetzes 1988 ausgestellt, darf eine Erstattung der Kapitalertragsteuer und entsprechende Korrektur der Anschaffungskosten nur erfolgen, wenn der Anteilsinhaber den Abzugsverpflichteten beauftragt, dem zuständigen Finanzamt eine berichtigte Bescheinigung zu übermitteln.

(3) Die realisierte Wertsteigerung bei Veräußerung des Anteilscheines oder des Anteils an einem AIF unterliegt der Besteuerung gemäß § 27 Abs. 3 des Einkommensteuergesetzes 1988. Ausschüttungsgleiche Erträge erhöhen, steuerfreie Ausschüttungen im Sinne des Abs. 2 Z 1 letzter Satz und Ausschüttungen, die keine Einkünfte im Sinne des Einkommensteuergesetzes 1988 sind, vermindern beim Anteilinhaber die Anschaffungskosten (§ 27a Abs. 3 Z 2 des Einkommensteuergesetzes 1988) des Anteilscheines oder des Anteils an einem AIF. Bei einer Abspaltung im Sinne des § 65 sind die steuerlich maßgebenden Anschaffungskosten der Anteile am abspaltenden Kapitalanlagefonds in dem Ausmaß zu vermindern und im gleichen Ausmaß als Anschaffungskosten der Anteile des abgespaltenen Kapitalanlagefonds anzusetzen, in dem sich die Werte, die in einer Anteilswertberechnung im Sinne des § 57 Abs. 1 eingehen, durch die Abspaltung verschieben. Die Gewährung neuer Anteile aufgrund einer Abspaltung gilt nicht als Tausch. Die Auszahlung des Anteilscheines gemäß § 55 Abs. 2 und die Abwicklung gemäß § 63 gelten als Veräußerung.

(4) Bei Verschmelzungen gemäß §§ 114 bis 127 gilt:

1. Die Anschaffungskosten sämtlicher Vermögenswerte des übertragenden Fonds sind vom übernehmenden Fonds fortzuführen, wenn es zu keiner endgültigen Verschiebung stiller Reserven kommt. Ansonsten gelten sämtliche Vermögenswerte des übertragenden Fonds am Verschmelzungsstichtag als zum gemeinen Wert veräußert (Liquidationsfiktion).
2. Die bis zum Verschmelzungsstichtag auf Grund der Z 1 entstandenen sowie sämtliche anderen ausschüttungsgleichen Erträge (Abs. 2) des übertragenden Fonds gelten am Verschmelzungsstichtag als zugeflossen und Verlustvorträge im Sinne des Abs. 1 des übertragenden Fonds gehen unter. Die Anschaffungskosten sind gemäß Abs. 3 zweiter Satz zu erhöhen und es ist ein Betrag gemäß § 58 Abs. 2 erster Satz auszuzahlen.
3. Der Umtausch von Anteilen auf Grund einer Verschmelzung gilt nicht als Realisierung im Sinne des Abs. 3 und die gemäß Z 2 erhöhten Anschaffungskosten der Anteile des übertragenden Fonds sind als Anschaffungskosten der Anteile des übernehmenden Fonds fortzuführen.
4. Barauszahlungen (§ 126 Abs. 1 Z 2 und § 126 Abs. 2 Z 2) gelten beim Anteilsinhaber als realisierte Wertsteigerungen gemäß Abs. 3 erster Satz.

(5) Für Erträge, die keine Einkünfte gemäß § 27 des Einkommensteuergesetzes 1988 sind, gilt Folgendes:

1. Auf Erträge, die Bewirtschaftungs- und Aufwertungsgewinnen im Sinne des § 14 Abs. 2 Z 1 und 2 des Immobilieninvestmentfondsgesetzes entsprechen, ist § 40 des Immobilieninvestmentfondsgesetzes sinngemäß anzuwenden.
2. a) Die ausgeschütteten Erträge aus anderen Einkünften im Sinne des Einkommensteuergesetzes 1988 sind beim Anteilinhaber unabhängig von der Art der Einkünfteermittlung im Zeitpunkt des Zuflusses steuerpflichtige Einkünfte. Erfolgt keine tatsächliche Ausschüttung oder werden nicht sämtliche Erträge ausgeschüttet, gelten die nicht ausgeschütteten Erträge als in jenem Zeitpunkt ausgeschüttet, der auch für die ausschüttungsgleichen Erträge gemäß Abs. 2 Z 1 lit. b maßgeblich ist.
   b) Die Ermittlung der anderen Einkünfte erfolgt nach den jeweiligen Bestimmungen des Einkommensteuergesetzes 1988, mit der Maßgabe, dass mit den Erträgen im

Zusammenhang stehende Aufwendungen in Abzug gebracht werden können. Bei nicht in einem Betriebsvermögen gehaltenen Anteilscheinen gelten Erträge aus der Veräußerung von Wirtschaftsgütern, ausgenommen Wirtschaftsgüter im Sinne der §§ 27 und 30 des Einkommensteuergesetzes 1988, in einem Ausmaß von 30% als Einkünfte aus Spekulationsgeschäften gemäß § 31 des Einkommensteuergesetzes 1988. Dies gilt nicht, wenn die Anteilscheine oder Anteile von nicht mehr als 50 Anteilinhabern gehalten werden; diesfalls ist das Vorliegen von Spekulationsgeschäften gemäß § 31 des Einkommensteuergesetzes 1988 auf Ebene des einzelnen Anteilinhabers zu ermitteln.

c) Sind die gemäß lit. b ermittelten Erträge positiv und betragen diese in Summe höchstens 10% der Einkünfte, die Einkünfte im Sinne des § 27 des Einkommensteuergesetzes 1988 darstellen, gelten die gemäß lit. b ermittelten Erträge als Einkünfte gemäß § 27 Abs. 2 des Einkommensteuergesetzes 1988.

3. Erträge, die keine Einkünfte gemäß § 27 des Einkommensteuergesetzes 1988 darstellen, sind in der Meldung gemäß Abs. 2 Z 2 aufzunehmen.

(6) Erfolgt eine Ausschüttung, gelten für steuerliche Zwecke als ausgeschüttet:

1. zunächst die laufenden und die in den Vorjahren erzielten Einkünfte im Sinne des § 27 des Einkommensteuergesetzes 1988,
2. danach die laufenden und die in den Vorjahren erzielten anderen Einkünfte im Sinne des Einkommensteuergesetzes 1988 und
3. zuletzt Beträge, die keine Einkünfte im Sinne des Einkommensteuergesetzes 1988 darstellen.

(7) AIF im Sinne des AIFMG, auf die die Abs. 1 bis 6 Anwendung finden, gelten für Zwecke der Körperschaftsteuer nicht als Körperschaften im Sinne des § 1 des Körperschaftsteuergesetzes 1988.

Zu § 186 Abs. 1 (Art. 2 BGBl. I Nr. 77/2011):

Die Bestimmung entspricht weitgehend dem § 40 Abs. 1 InvFG 1993 idF BBG 2011. Zusätzlich eingefügt wurde eine Bestimmung über die Reihenfolge der vorzunehmenden Ausschüttungen. Danach soll für steuerliche Zwecke eine vorrangige Ausschüttung der laufenden und den in den Vorjahren erzielten Einkünfte iSd § 27 EStG angenommen werden. Eine Ausschüttung aus der Substanz soll erst nachrangig möglich sein.

Zu § 186 Abs. 2 Z 1 (Art. 2 BGBl. I Nr. 77/2011):

Klargestellt wird zusätzlich, dass nicht ausgeschüttete Substanzgewinne nicht den steuerfreien Teil der nicht ausgeschütteten Einkünfte iSd § 27 Abs. 3 und 4 EStG mindern.

EB zu § 186 Abs. 2 Z 2 (Art. 2 BGBl. I Nr. 77/2011):

Die Meldestelle tritt bei der Ausführung der gesetzlich vorgesehenen Tätigkeiten als Dienstleister der Kapitalanlagegesellschaften beziehungsweise der depotführenden Banken auf. Es werden daher nur Ansprüche gegenüber den Kapitalanlagegesellschaften und den depotführenden Banken begründet. Die vorgesehene Beauftragung der Meldestelle stellt daher kein Schutzgesetz dar. Aufgrund unrichtiger Veröffentlichungen können von dritter Seite keine Schadenersatzansprüche gegen die Meldestelle geltend gemacht werden; geschädigte Anleger können sich lediglich an die Kapitalanlagegesellschaften beziehungsweise die steuerlichen Vertreter sowie an den depotführenden Banken schadlos halten.

EB zu § 186 Abs. 2 Z 3 (Art. 2 BGBl. I Nr. 77/2011):

Die Regelung entspricht weitgehend dem § 40 Abs. 2 Z 3 InvFG 1993 idF BBG 2011.

Klargestellt wird, dass unterlassene Meldungen im Zusammenhang mit einer tatsächlichen Ausschüttung gem. Z 2 nur eine gänzliche Steuerpflicht der Ausschüttung bewirken.

Zu einem Verlust des Meldestatus kommt es nur, wenn keine Meldungen im Zusammenhang mit ausschüttungsgleichen Erträge erstattet werden. Weiters wird klargestellt, dass bei der Pauschalbesteuerung der Rücknahmepreis des laufenden Kalenderjahres herangezogen wird. Weiters wird der Zufluss der ausschüttungsgleichen Erträge mit Ablauf des 31.12. eines jeden Jahres fingiert.

EB zu § 186 Abs. 3 (Art. 2 BGBl. I Nr. 77/2011):

Bei der Abspaltung illiquider Teile eines OGAW auf einen neu zu bildenden OGAW werden die Anteilinhaber im selben Verhältnis am abgespaltenen OGAW beteiligt. Der Erhalt der neuen Anteile stellt einen steuerneutralen Vorgang dar. Die Anschaffungskosten der Anteile am abspaltenden OGAW sind dabei zu vermindern und die Anschaffungskosten der Anteile des abgespaltenen OGAW in der Höhe dieser Verminderung festzulegen. Das Verhältnis wird durch das der Meldestelle gemäß § 65 bekanntzugebende Verhältnis der Rückkaufswerte bestimmt.

Befindet sich ein Investmentfonds in Abwicklung – eine Maßnahme, die gemäß § 63 der Meldestelle anzuziegen ist, – kommt ebenso die Besteuerung gemäß Abs. 3 zum Tragen. Vorauszahlungen reduzieren daher die Anschaffungskosten und sind solange steuerfrei, bis diese den Wert Null erreicht haben. Ab diesem Zeitpunkt sind die Vorauszahlungen (beziehungsweise Teile davon) voll steuerpflichtig.

EB zu § 186 Abs. 4 (Art. 2 BGBl. I Nr. 77/2011):

Die steuerliche Behandlung der Fondsverschmelzung soll in Anlehnung an die bisherige Verwaltungspraxis (vergleiche InvFR 2008 Rz 220) ausdrücklich im Gesetz geregelt werden.

Wie schon bisher soll die Fondsverschmelzung keine direkten Auswirkungen auf Anteilsinhaberebene entfalten. Der verschmelzungsbedingte Umtausch der Anteilscheine stellt somit keine steuerpflichtige Realisierung dar.

Bei der Fondsveschmelzung sollen die Anschaffungskosten der Vermögenswerte des übertragenden Fonds vom übernehmenden Fonds fortgeführt werden, wenn es zu keiner endgültigen Verschiebung stiller Reserven kommt. Eine solche endgültige Verschiebung liegt dann nicht vor, wenn die Verschiebung im Realisationsfall (Veräußerung des Anteilscheines) wieder ausgeglichen wird. Bei der Verschmelzung inländischer Fonds kann grundsätzlich davon ausgegangen werden, dass keine solche Verschiebung gegeben ist. Im Fall einer endgültigen Verschiebung wird eine fiktive Liquidation des Fondsvermögens vorgeschrieben.

Weiters wird wie schon bisher in der Verwaltungspraxis ausdrücklich festgehalten, dass Verlustvorträge des übertragenden Fonds zum Verschmelzungsstichtag untergehen und die bis zum Verschmelzungsstichtag entstandenen ausschüttungsgleichen Erträge als zugeflossen gelten und KESt einzubehalten ist.

Erhalten Anteilsinhaber des übertragenden Fonds Anteile am übernehmenden Fonds handelt es sich um keine Neuanschaffung. Die Anteile am übernehmenden Fonds gelten daher nicht automatisch als nach dem 31. Dezember 2010 angeschafft.

EB zu § 186, § 188 und § 200 Abs. 8 (Art. 5 BGBl. I Nr. 135/2013):

Die Erlassung des AIFMG soll zum Anlass genommen werden, die steuerliche Behandlung von Investmentfonds an die geänderten regulatorischen Rahmenbedingungen anzupassen und die Besteuerung ausländischer Investmentfonds den Vorgaben des Unionsrechts entsprechend neu zu regeln.

Die investmentfondsspezifische transparente Besteuerungssystematik soll zunächst bei inländischen Kapitalanlagefonds – das sind OGAW und AIF, unabhängig von der Rechts-

form, deren Herkunftsmitgliedstaat Österreich ist, zur Anwendung kommen. AIF in Immobilien sind davon allerdings ausgenommen; die steuerliche Behandlung dieser Strukturen soll gesondert im ImmoInvFG geregelt werden.

Weiters soll in § 186 Abs. 1 zweiter Satz die steuerliche Behandlung von Aufwendungen des Fonds geregelt werden: Die Aufwendungen des Fonds, die mit Einkünften aus Kapitalvermögen in Zusammenhang stehen, sollen von diesen abgezogen werden können. Entsteht so ein Verlust, kann dieser in eines der folgenden Fondsgeschäftsjahre vorgetragen werden, wobei vorrangig eine Verrechnung mit Einkünften aus realisierten Wertsteigerungen von Kapitalvermögen und Einkünften aus Derivaten zu erfolgen hat.

Überdies soll klargestellt werden, dass eine im Rechnungswesen des Fonds vorgenommene Zinsabgrenzung auch für steuerliche Zwecke maßgeblich ist. Beide Regelungen sollen bereits in Geschäftsjahren anwendbar sein, die nach dem 31.12.2012 beginnen.

Die Änderung des ersten Satzes des § 186 Abs. 3 soll die für Kapitalanlagefonds geltende Besteuerung auf zwei Ebenen folgerichtig auch auf AIF ausdehnen: Die Besteuerung auf Fondsebene soll um die Besteuerung auf Anteilsebene ergänzt werden; eine Verminderung der Anschaffungskosten am Anteil darf nur erfolgen, wenn überhaupt keine Einkünfte im Sinne des EStG 1988 vorliegen (also bei Substanzauszahlungen). Die bisher schon vorgesehene Verminderung der Anschaffungskosten, wenn die bereits als ausgeschüttet geltenden Erträge später tatsächlich ausgeschüttet werden, gilt ebenso auch für AIF.

Aufgrund der Ausdehnung der Fondsbesteuerung auf AIF sind auch diesem Bereich künftig andere Einkünfte als solche aus Kapitalvermögen denkbar. § 186 Abs. 5 soll die steuerliche Behandlung von solchen Erträgen regeln, die keine Einkünfte aus Kapitalvermögen sind, und betrifft somit vorrangig AIFs. Dabei sollen folgende Grundsätze gelten:

Es findet keine generelle „Transformation" der Einkünfte in Einkünfte aus Kapitalvermögen statt.

Befinden sich in einem Fondsvermögen allerdings Immobilienrichtet sich die Besteuerung und die Berechnung der Erträge aus der Immobilienbewirtschaftung nach den Vorschriften des Immobilien-Investmentfondsgesetzes.

Auch Erträge eines Fonds, die weder den Einkünften aus Kapitalvermögen noch den Einkünften aus der Bewirtschaftung einer Immobilie zuzurechnen sind, sind beim Anleger steuerpflichtig in der jeweiligen Einkunftsart. Werden sie nicht ohnedies ausgeschüttet, sollen sie – aus Praktikabilitätsgründen – gleichzeitig mit des ausschüttungsgleichen Erträgen des Fonds als ausgeschüttet gelten. Im Gegensatz zu den ausschüttungsgleichen Erträgen des Fonds im Sinne des § 186 Abs. 2, ist für diese Einkünfte aber keine Anpassung der Anschaffungskosten vorzunehmen, zumal ihre korrekte Besteuerung mangels KESt-Abzuges praktisch nicht sichergestellt werden kann.

§ 186 Abs. 6 regelt die zeitliche Reihenfolge der ausgeschütteten Erträge und entspricht im Wesentlichen dem § 186 Abs. 1 letzter Satz InvFG 2011 in der geltenden Fassung. Jeder Kapitalanlagefonds oder AIF hat zuerst Erträge auszuschütten, die Einkünfte aus Kapitalvermögen darstellen; danach Erträge, die andere Einkünfte als Einkünfte aus Kapitalvermögen darstellen und zuletzt nicht steuerbare Beträge, wie insbesondere Substanzauszahlungen.

Gemäß § 186 Abs. 7 sollen juristische Personen, die aufsichtsrechtlich als AIF anzusehen sind, ihre Körperschaftsteuersubjektivität verlieren, wenn sie tatsächlich nach den Bestimmungen der §§ 186 und 188 besteuert werden.

Auch die Besteuerung ausländischer Kapitalanlagefonds soll angepasst werden. Abweichend von der bisherigen Rechtslage soll bei der Definition des ausländischen Kapitalanlagefonds zunächst formal angeknüpft werden. Daher sollen OGAW und AIF, ausge-

nommen AIF in Immobilien, unabhängig von der Rechtsform generell als ausländische Kapitalanlagefonds eingestuft werden.

Darüber hinaus soll für ausländische Strukturen, die keine AIF oder OGAW sind, eine materiellwirtschaftliche Anknüpfung zur Verhinderung von Gestaltungsmodellen in Niedrigsteuerländern greifen. Jeder einem ausländischen Recht unterstehende Organismus, dessen Vermögen nach dem Gesetz, der Satzung oder tatsächlichen Übung nach den Grundsätzen der Risikostreuung angelegt ist, soll unabhängig von der Rechtsform als ausländischer Kapitalanlagefonds eingestuft werden, wenn er aufgrund seiner steuerlichen Behandlung im Ausland bestimmte „Niedrigbesteuerungskriterien" erfüllt. Diese Kriterien entsprechen weitgehend jenen, die in der Bestimmung des § 10 Abs. 5 KStG 1988 als für den Methodenwechsel bei der Besteuerung von Gewinnanteilen aus Portfoliobeteiligungen ausschlaggebend definiert werden. Eine Niedrigbesteuerung liegt demnach dann vor, wenn:

- *der Organismus im Ausland tatsächlich direkt oder indirekt keiner der österreichischen Körperschaftsteuer vergleichbaren Steuer unterliegt, oder*
- *die Gewinne des Organismus im Ausland einer der österreichischen Körperschaftsteuer vergleichbaren Steuer unterliegen, deren anzuwendender Steuersatz um mehr als 10 Prozentpunkte niedriger als die österreichische Körperschaftsteuer gemäß § 22 Abs. 1 KStG 1988 ist, oder*
- *der Organismus im Ausland Gegenstand einer umfassenden persönlichen oder sachlichen Befreiung ist.*

Aufgrund der Ausgestaltung der Kriterien werden diese nur dann relevant, wenn dem Organismus nach dem Recht seines Ansässigkeitsstaates Steuerrechtssubjektivität zukommt. Bei Organismen, die als transparent eingestuft und damit nicht direkt besteuert werden, entfällt somit die Kriterienprüfung und sie werden automatisch immer dann als ausländischer Kapitalanlagefonds eingestuft, wenn ihr Vermögen nach den Grundsätzen der Risikostreuung angelegt ist. Einem ausländischen Recht unterstehende Organismen, die als Veranlagungsgemeinschaften in Immobilien im Sinne des § 42 ImmoInvFG eingestuft werden, sind von diesen Bestimmungen ausgenommen; die steuerliche Behandlung dieser Strukturen soll gesondert im ImmoInvFG geregelt werden.

Das geänderte Besteuerungskonzept soll parallel zur Umsetzung der AIFMD-RL in Kraft treten. Aus Gründen der Praktikabilität und des Vertrauensschutzes soll es allerdings erstmals für Geschäftsjahre von Kapitalanlagefonds gelten, die nach dem 21. Juli 2013 beginnen. Im Hinblick auf die in § 195 Abs. 7 verankerte Übergangsregelung für AIFM, die vor dem 21. Juli 2013 AIF in Österreich gemäß 3. Teil 2. Hauptstück vertreiben dürfen, ist zu beachten, dass die Besteuerung dieser Anteile für Geschäftsjahre, die nach dem 21. Juli 2013 beginnen, nicht mehr nach § 186, sondern nach § 188 erfolgt; die geänderte Einstufung hat aber keine materiell-rechtlichen Konsequenzen.

EB zu § 186 (Art. 3 BGBl. I Nr. 70/2014):

Der Anleger hat – insbesondere bei pauschal besteuerten Nichtmeldefonds – die Möglichkeit, direkt beim Abzugsverpflichteten die tatsächlichen ausschüttungsgleichen Erträge nachzuweisen und damit eine Rückerstattung der Kapitalertragsteuer zu erwirken („Selbstnachweis"). Hat der Abzugsverpflichtete allerdings bereits eine Verlustausgleichsbescheinigung im Sinne des § 96 Abs. 4 Z 2 des EStG 1988 ausgestellt und hat der Anleger diese seinem Finanzamt zum Zwecke des Verlustausgleichs vorgelegt, besteht das Risiko, dass es zu einer mehrfachen Rückerstattung oder Anrechnung derselben Kapitalertragsteuer kommt. Um dieses Risiko zu vermeiden, soll künftig die Verarbeitung des Selbstnachweises und die damit verbundene Rückerstattung der Kapitalertragsteuer nur dann vorgenommen werden, wenn sichergestellt ist, dass das zuständige Finanzamt Kenntnis von der geänderten Situation, also insbesondere der niedrigeren abgezogenen Kapitalertragsteuer, hat. Dazu ist es erforderlich, dass der Anleger den Abzugsverpflichteten beauftragt, die geänderte Verlustausgleichsbescheinigung seinem zuständigen Finanzamt vorzulegen. Dies entspricht konzeptionell den Regelungen bei Depotübertragungen und Wegzug (§ 27 Abs. 6 Z 1 und 2 EStG 1988), wo die Mitteilung an das zuständige Finanzamt eine effiziente steuerliche Erfassung sicherstellt. Eine entsprechende gesetzliche Regelung soll in § 186 Abs. 2 Z 4 vorgesehen werden für sämtliche ab 1. Jänner 2015 vorgelegten Selbstnachweise gelten.

EB zu § 186 Abs. 2 Z 1 (Art. 2 BGBl. I Nr. 115/2015):

Im Sinne einer praxisfreundlichen Lösung soll künftig ein rechtliches Auseinanderfallen zwischen dem Meldezeitpunkt und der zeitlichen Realisation der Einkünfte vermieden werden. Aus diesem Grund soll künftig gesetzlich für alle Anleger – unabhängig von der Art der Ermittlung der Einkünfte – ein einheitlicher Realisierungszeitpunkt festgelegt werden:

- *Bei tatsächlichen Ausschüttungen soll die steuerliche Erfassung künftig generell im Zeitpunkt des Zuflusses der Ausschüttung erfolgen (§ 186 Abs. 2 Z 1 lit. a).*
- *Bei ausschüttungsgleichen Erträgen ist zu differenzieren (§ 186 Abs. 2 Z 1 lit. b):*
- *Findet eine Auszahlung der Kapitalertragsteuer im Sinne des § 58 Abs. 2 statt, soll der Zufluss der Auszahlung der steuerliche relevante Realisierungszeitpunkt sein.*
- *Findet keine Auszahlung der Kapitalertragsteuer statt und liegt ein Meldefonds vor, soll der Realisierungszeitpunkt mit dem Zeitpunkt der Veröffentlichung der steuerrelevanten Daten durch die Meldestelle gleichgeschalten werden; die bislang vorgesehene Viermonatsfrist erübrigt sich aufgrund des Zusammenspieles mit § 186 Abs. 2 Z 2 lit. c 1. Teilstrich und der darauf basierenden Verordnung, die entsprechende Fristen vorsehen soll.*
- *Bei Nichtmeldefonds wird der Realisierungszeitpunkt – wie bisher – zum Jahresultimo angenommen.*

Daraus ergibt sich eine neue Gliederung von § 186 Abs. 2 Z 1.

Die in § 186 Abs. 2 Z 1 lit. b vorgesehenen Realisierungszeitpunkte sollen auch maßgeblich sein, wenn der Fonds (AIF) andere Einkünfte als Einkünfte aus Kapitalvermögen erwirtschaftet. Dabei richtet sich der Realisierungszeitpunkt auch dann nach der Meldung bzw. Veröffentlichung der steuerrelevanten Daten, wenn die anderen Einkünfte nicht wie vorgesehen gemeldet werden.

Die Änderungen sollen erstmals auf Fondsgeschäftsjahre angewendet werden, die nach dem 30. September 2015 enden.

EB zu § 186 Abs. 2 Z 2 (Art. 2 BGBl. I Nr. 115/2015):

Die die Einführung der neuen Fonds-Melde-Verordnung 2015 begleitenden Gesetzesänderungen sollen zum Anlass genommen werden, § 186 Abs. 2 Z 2 InvFG 2011 neu und übersichtlich zu gliedern: Lit. a soll die inhaltlich präzisierten Regelungen für die Übermittlung der steuerrelevanten Daten durch den steuerlichen Vertreter und die darauf basierende Ermittlung und Veröffentlichung der Besteuerungsgrundlagen durch die Meldestelle enthalten. In lit. b sollen die inhaltlich unveränderten Voraussetzungen für einen steuerlichen Vertreter enthalten sein. In lit. c soll eine übersichtliche, präzise Verordnungsermächtigung und damit die gesetzliche Basis für die neue Fonds-Melde-Verordnung 2015 verankert werden. Dadurch soll auch der Prozess und Ablauf der Meldung und Veröffentlichung klarer nachvollziehbar werden. Insbesondere soll die Festlegung der Meldefristen in der Fonds-Melde-Verordnung 2015 erfolgen, wobei diese auf die für OGAW und AIF bestehenden Verpflichtungen zur Erstellung bzw. Veröffentlichung des Jahres- bzw. Rechenschaftsberichts aufbauen sollen (§ 136 Abs. 2 InvFG 2011; § 20 Abs. 1 AIFMG), wobei bei der Bemessung der Frist auch auf die Aufbereitung der steuerlichen Daten Rücksicht zu nehmen sein wird.

In der lit. d soll nach dem Vorbild anderer Gesetze ein haftungsrechtlicher Rahmen für die Meldestelle vorgeben werden. Nach dieser Regelung soll ausschließlich der Bund für durch die Meldestelle schuldhaft zugefügte Schäden nach den Bestimmungen des Amtshaftungsgesetzes zur Haftung herangezogen werden können. Zudem sind Regelungen zu einer Regressmöglichkeit des Bundes an der Meldestelle enthalten.

EB zu § 186 Abs. 5 Z 2 lit. a zweiter Satz (Art. 2 BGBl. I Nr. 115/2015):

Im Sinne einer praxisfreundlichen Lösung soll künftig ein rechtliches Auseinanderfallen zwischen dem Meldezeitpunkt und der zeitlichen Realisation der Einkünfte vermieden werden. Aus diesem Grund soll künftig gesetzlich für alle Anleger – unabhängig von der Art der Ermittlung der Einkünfte – ein einheitlicher Realisierungszeitpunkt festgelegt werden:

- *Bei tatsächlichen Ausschüttungen soll die steuerliche Erfassung künftig generell im Zeitpunkt des Zuflusses der Ausschüttung erfolgen (§ 186 Abs. 2 Z 1 lit. a).*
- *Bei ausschüttungsgleichen Erträgen ist zu differenzieren (§ 186 Abs. 2 Z 1 lit. b):*
- *Findet eine Auszahlung der Kapitalertragsteuer im Sinne des § 58 Abs. 2 statt, soll der Zufluss der Auszahlung der steuerliche relevante Realisierungszeitpunkt sein.*
- *Findet keine Auszahlung der Kapitalertragsteuer statt und liegt ein Meldefonds vor, soll der Realisierungszeitpunkt mit dem Zeitpunkt der Veröffentlichung der steuerrelevanten Daten durch die Meldestelle gleichgeschalten werden; die bislang vorgesehene Viermonatsfrist erübrigt sich aufgrund des Zusammenspieles mit § 186 Abs. 2 Z 2 lit. c 1. Teilstrich und der darauf basierenden Verordnung, die entsprechende Fristen vorsehen soll.*
- *Bei Nichtmeldefonds wird der Realisierungszeitpunkt – wie bisher – zum Jahresultimo angenommen.*

Daraus ergibt sich eine neue Gliederung von § 186 Abs. 2 Z 1.

Die in § 186 Abs. 2 Z 1 lit. b vorgesehenen Realisierungszeitpunkte sollen auch maßgeblich sein, wenn der Fonds (AIF) andere Einkünfte als Einkünfte aus Kapitalvermögen erwirtschaftet. Dabei richtet sich der Realisierungszeitpunkt auch dann nach der Meldung bzw. Veröffentlichung der steuerrelevanten Daten, wenn die anderen Einkünfte nicht wie vorgesehen gemeldet werden.

Die Änderungen sollen erstmals auf Fondsgeschäftsjahre angewendet werden, die nach dem 30. September 2015 enden.

EB zu § 186 Abs. 5 Z 2 und Z 3 (Art. 2 BGBl. I Nr. 115/2015):

Da Alternative Investmentfonds (AIF), die seit der Einführung des AIFMG auch der Besteuerung nach § 186 InvFG 2011 unterliegen, neben Einkünften aus Kapitalvermögen im Sinne des § 27 EStG 1988 auch andere Einkünfte erzielen können, soll deren steuerliche Behandlung in § 186 Abs. 5 InvFG 2011 näher geregelt werden. Es soll klargestellt werden, dass diese Einkünfte grundsätzlich nicht in Einkünfte aus Kapitalvermögen transformiert werden, sondern auf Anteilsinhaberebene als Einkünfte der jeweiligen Einkunftsart des § 2 Abs. 3 EStG 1988 unter Beachtung der jeweiligen Verlustausgleichsbestimmungen zu erfassen sind. Weiters soll in der neuen Z 3 klargestellt werden, dass diese Einkünfte auch in der Meldung gemäß Abs. 2 Z 2 aufzunehmen sind.

Im Sinne der Praktikabilität sollen zwei Vereinfachungsregelungen vorgesehen werden:

- *Um bei Bagatellfällen großen Aufwand zu vermeiden, soll, wenn die anderen Einkünfte positiv sind und nicht mehr als 10% der Einkünfte aus Kapitalvermögen im Sinne des § 27 EStG 1988 betragen, dennoch eine Transformation in Einkünfte aus Kapitalvermögen gemäß § 27 Abs. 2 EStG 1988 stattfinden. Im Fall von negativen Einkünften aus Kapitalvermögen kann die 10%-Grenze nicht unterschritten werden, weshalb es zu keiner Transformation kommen soll.*
- *Zudem soll eine gesetzliche Regelung betreffend Einkünfte aus Spekulationsgeschäften im Sinne des § 31 EStG 1988 vorgesehen werden: Um zu vermeiden, dass das Vorliegen von Spekulationseinkünften in sämtlichen Fällen bei jedem Anteilinhaber gesondert geprüft werden muss, soll fingiert werden, dass 30% der Veräußerungsgewinne, die der Fonds erzielt, als Spekulationseinkünfte gelten, wenn die Anteile im Privatvermögen gehalten werden. Im Gegensatz zur Rechtslage vor dem InvFG 2011 soll aber keine Transformation in Einkünfte aus Kapitalvermögen erfolgen. Um ein gezieltes Ausnutzen dieser Bestimmung durch Spezialfonds sowie AIF, die von weniger als 50 Anteilinhabern gehalten werden, zu vermeiden, sollen diese von der gesetzlichen Fiktion ausgenommen werden. Weiters soll klargestellt werden, dass in solchen Fällen das Vorliegen von Spekulationseinkünften bzw. das Erfüllen der Spekulationsfrist auf Ebene jedes einzelnen Anteilinhabers gesondert zu ermitteln ist. Diese Bestimmungen sollen – wie auch die Investmentfondsbesteuerung für AIF – erstmals für Fondsgeschäftsjahre gelten, die nach dem 21. Juli 2013 beginnen.*
  Im Zuge dieser Änderungen § 186 Abs. 5 Z 2 InvFG 2011 neu gegliedert werden.

Pensionsinvestmentfonds

§ 187. Für Anteile an Pensionsinvestmentfonds im Sinne des 3. Teiles 1. Hauptstück 3. Abschnitt, welche die Voraussetzungen des § 108h Abs. 1 Z 2 bis 5 des Einkommensteuergesetzes 1988 erfüllen, gilt Folgendes:

1. Ausschüttungsgleiche Erträge sind von der Einkommensteuer und Kapitalertragsteuer befreit.
2. Nachweislich einbehaltene inländische Kapitalertragsteuer von Gewinnausschüttungen (Dividenden), die dem Pensionsinvestmentfonds zugehen, können auf Antrag der Verwaltungsgesellschaft erstattet werden. Die Fondsbestimmungen haben zu regeln, bis wann ein entsprechender Antrag zu stellen ist.
3. Der Umtausch von Anteilen in andere Anteile an Pensionsinvestmentfonds im Sinne des 3. Teiles 1. Hauptstück 3. Abschnitt, welche die Voraussetzungen des § 108h Abs. 1 Z 2 bis 5 des Einkommensteuergesetzes 1988 erfüllen, oder zur Erfüllung des Auszahlungsplanes ist in Bezug auf die Realisierung gemäß § 27 Abs. 3 des Einkommensteuergesetzes 1988 wie eine unentgeltliche Übertragung zu behandeln.

Anwendung auf ausländische Kapitalanlagefonds

§ 188. (1) Die Bestimmungen des § 186 sind auch auf ausländische Kapitalanlagefonds anzuwenden. Als solche gelten:

1. OGAW, deren Herkunftsmitgliedstaat nicht Österreich ist;
2. AIF im Sinne des AIFMG, deren Herkunftsstaat nicht Österreich ist, ausgenommen AIF in Immobilien im Sinne des AIFMG;
3. jeder einem ausländischen Recht unterstehende Organismus, unabhängig von seiner Rechtsform, dessen Vermögen nach dem Gesetz, der Satzung oder tatsächlichen Übung

nach den Grundsätzen der Risikostreuung angelegt ist, wenn er nicht unter Z 1 oder 2 fällt und eine der folgenden Voraussetzungen erfüllt:

a) Der Organismus unterliegt im Ausland tatsächlich direkt oder indirekt keiner der österreichischen Körperschaftsteuer vergleichbaren Steuer.
b) Die Gewinne des Organismus unterliegen im Ausland einer der österreichischen Körperschaftsteuer vergleichbaren Steuer, deren anzuwendender Steuersatz um mehr als 10 Prozentpunkte niedriger als die österreichische Körperschaftsteuer gemäß § 22 Abs. 1 KStG 1988 ist.
c) Der Organismus ist im Ausland Gegenstand einer umfassenden persönlichen oder sachlichen Befreiung.

(2) Abs. 1 gilt nicht für Veranlagungsgemeinschaften in Immobilien im Sinne des § 42 des Immobilien-Investmentfondsgesetzes.

EB zu § 186, § 188 und § 200 Abs. 8 (Art. 5 BGBl. I Nr. 135/2013):

Die Erlassung des AIFMG soll zum Anlass genommen werden, die steuerliche Behandlung von Investmentfonds an die geänderten regulatorischen Rahmenbedingungen anzupassen und die Besteuerung ausländischer Investmentfonds den Vorgaben des Unionsrechts entsprechend neu zu regeln.

Die investmentfondsspezifische transparente Besteuerungssystematik soll zunächst bei inländischen Kapitalanlagefonds – das sind OGAW und AIF, unabhängig von der Rechtsform, deren Herkunftsmitgliedstaat Österreich ist, zur Anwendung kommen. AIF in Immobilien sind davon allerdings ausgenommen; die steuerliche Behandlung dieser Strukturen soll gesondert im ImmoInvFG geregelt werden.

Weiters soll in § 186 Abs. 1 zweiter Satz die steuerliche Behandlung von Aufwendungen des Fonds geregelt werden: Die Aufwendungen des Fonds, die mit Einkünften aus Kapitalvermögen in Zusammenhang stehen, sollen von diesen abgezogen werden können. Entsteht so ein Verlust, kann dieser in eines der folgenden Fondsgeschäftsjahre vorgetragen werden, wobei vorrangig eine Verrechnung mit Einkünften aus realisierten Wertsteigerungen von Kapitalvermögen und Einkünften aus Derivaten zu erfolgen hat.

Überdies soll klargestellt werden, dass eine im Rechnungswesen des Fonds vorgenommene Zinsabgrenzung auch für steuerliche Zwecke maßgeblich ist. Beide Regelungen sollen bereits in Geschäftsjahren anwendbar sein, die nach dem 31.12.2012 beginnen.

Die Änderung des ersten Satzes des § 186 Abs. 3 soll die für Kapitalanlagefonds geltende Besteuerung auf zwei Ebenen folgerichtig auch auf AIF ausdehnen: Die Besteuerung auf Fondsebene soll um die Besteuerung auf Anteilsebene ergänzt werden; eine Verminderung der Anschaffungskosten am Anteil darf nur erfolgen, wenn überhaupt keine Einkünfte im Sinne des EStG 1988 vorliegen (also bei Substanzauszahlungen). Die bisher schon vorgesehene Verminderung der Anschaffungskosten, wenn die bereits als ausgeschüttet geltenden Erträge später tatsächlich ausgeschüttet werden, gilt ebenso auch für AIF.

Aufgrund der Ausdehnung der Fondsbesteuerung auf AIF sind auch diesem Bereich künftig andere Einkünfte als solche aus Kapitalvermögen denkbar. § 186 Abs. 5 soll die steuerliche Behandlung von solchen Erträgen regeln, die keine Einkünfte aus Kapitalvermögen sind, und betrifft somit vorrangig AIFs. Dabei sollen folgende Grundsätze gelten:

Es findet keine generelle „Transformation" der Einkünfte in Einkünfte aus Kapitalvermögen statt.

Befinden sich in einem Fondsvermögen allerdings Immobilienrichtet sich die Besteuerung und die Berechnung der Erträge aus der Immobilienbewirtschaftung nach den Vorschriften des Immobilien-Investmentfondsgesetzes.

Auch Erträge eines Fonds, die weder den Einkünften aus Kapitalvermögen noch den Einkünften aus der Bewirtschaftung einer Immobilie zuzurechnen sind, sind beim Anleger steuerpflichtig in der jeweiligen Einkunftsart. Werden sie nicht ohnedies ausgeschüttet, sollen sie – aus Praktikabilitätsgründen – gleichzeitig mit des ausschüttungsgleichen Erträgen des Fonds als ausgeschüttet gelten. Im Gegensatz zu den ausschüttungsgleichen Erträgen des Fonds im Sinne des § 186 Abs. 2, ist für diese Einkünfte aber keine Anpassung der Anschaffungskosten vorzunehmen, zumal ihre korrekte Besteuerung mangels KESt-Abzuges praktisch nicht sichergestellt werden kann.

§ 186 Abs. 6 regelt die zeitliche Reihenfolge der ausgeschütteten Erträge und entspricht im Wesentlichen dem § 186 Abs. 1 letzter Satz InvFG 2011 in der geltenden Fassung. Jeder Kapitalanlagefonds oder AIF hat zuerst Erträge auszuschütten, die Einkünfte aus Kapitalvermögen darstellen; danach Erträge, die andere Einkünfte als Einkünfte aus Kapitalvermögen darstellen und zuletzt nicht steuerbare Beträge, wie insbesondere Substanzauszahlungen.

Gemäß § 186 Abs. 7 sollen juristische Personen, die aufsichtsrechtlich als AIF anzusehen sind, ihre Körperschaftsteuersubjektivität verlieren, wenn sie tatsächlich nach den Bestimmungen der §§ 186 und 188 besteuert werden.

Auch die Besteuerung ausländischer Kapitalanlagefonds soll angepasst werden. Abweichend von der bisherigen Rechtslage soll bei der Definition des ausländischen Kapitalanlagefonds zunächst formal angeknüpft werden. Daher sollen OGAW und AIF, ausgenommen AIF in Immobilien, unabhängig von der Rechtsform generell als ausländische Kapitalanlagefonds eingestuft werden.

Darüber hinaus soll für ausländische Strukturen, die keine AIF oder OGAW sind, eine materiellwirtschaftliche Anknüpfung zur Verhinderung von Gestaltungsmodellen in Niedrigsteuerländern greifen. Jeder einem ausländischen Recht unterstehende Organismus, dessen Vermögen nach dem Gesetz, der Satzung oder tatsächlichen Übung nach den Grundsätzen der Risikostreuung angelegt ist, soll unabhängig von der Rechtsform als ausländischer Kapitalanlagefonds eingestuft werden, wenn er aufgrund seiner steuerlichen Behandlung im Ausland bestimmte „Niedrigbesteuerungskriterien" erfüllt. Diese Kriterien entsprechen weitgehend jenen, die in der Bestimmung des § 10 Abs. 5 KStG 1988 als für den Methodenwechsel bei der Besteuerung von Gewinnanteilen aus Portfoliobeteiligungen ausschlaggebend definiert werden. Eine Niedrigbesteuerung liegt demnach dann vor, wenn:

- *der Organismus im Ausland tatsächlich direkt oder indirekt keiner der österreichischen Körperschaftsteuer vergleichbaren Steuer unterliegt, oder*
- *die Gewinne des Organismus im Ausland einer der österreichischen Körperschaftsteuer vergleichbaren Steuer unterliegen, deren anzuwendender Steuersatz um mehr als 10 Prozentpunkte niedriger als die österreichische Körperschaftsteuer gemäß § 22 Abs. 1 KStG 1988 ist, oder*
- *der Organismus im Ausland Gegenstand einer umfassenden persönlichen oder sachlichen Befreiung ist.*

Aufgrund der Ausgestaltung der Kriterien werden diese nur dann relevant, wenn dem Organismus nach dem Recht seines Ansässigkeitsstaates Steuerrechtssubjektivität zukommt. Bei Organismen, die als transparent eingestuft und damit nicht direkt besteuert werden, entfällt somit die Kriterienprüfung und sie werden automatisch immer dann als ausländischer Kapitalanlagefonds eingestuft, wenn ihr Vermögen nach den Grundsätzen der Risikostreuung angelegt ist. Einem ausländischen Recht unterstehende Organismen, die als Veranlagungsgemeinschaften in Immobilien im Sinne des § 42 ImmoInvFG eingestuft wer-

den, sind von diesen Bestimmungen ausgenommen; die steuerliche Behandlung dieser Strukturen soll gesondert im ImmoInvFG geregelt werden.

Das geänderte Besteuerungskonzept soll parallel zur Umsetzung der AIFMD-RL in Kraft treten. Aus Gründen der Praktikabilität und des Vertrauensschutzes soll es allerdings erstmals für Geschäftsjahre von Kapitalanlagefonds gelten, die nach dem 21. Juli 2013 beginnen. Im Hinblick auf die in § 195 Abs.7 verankerte Übergangsregelung für AIFM, die vor dem 21. Juli 2013 AIF in Österreich gemäß 3. Teil 2. Hauptstück vertreiben dürfen, ist zu beachten, dass die Besteuerung dieser Anteile für Geschäftsjahre, die nach dem 21. Juli 2013 beginnen, nicht mehr nach § 186, sondern nach § 188 erfolgt; die geänderte Einstufung hat aber keine materiell-rechtlichen Konsequenzen.

EB zu § 188 Abs. 1 Z 2 (Art. 3 BGBl. I Nr. 70/2014):

Es soll klargestellt werden, dass auch Nicht-EU-AIF als ausländische Kapitalanlagefonds gelten.

5. Teil
Strafbestimmungen, Übergangs- und Schlussbestimmungen

Zum 5. Teil (Strafbestimmungen, Übergangs- und Schlussbestimmungen) (Art. 2 BGBl. I Nr. 77/2011):

In diesem Teil werden die Strafbestimmungen und die Übergangs- und Schlussbestimmungen geregelt.

1. Hauptstück
Strafbestimmungen

Gerichtliche Strafen

§ 189. (1) Wer im Zusammenhang mit einem öffentlichen Angebot von ausländischen Investmentfondsanteilen solche Anteile im Inland anbietet, obwohl

1. *(Anm.: aufgehoben durch BGBl. I Nr. 135/2013)*
2. *(Anm.: aufgehoben durch BGBl. I Nr. 135/2013)*
3. die FMA die Aufnahme des Vertriebes untersagt hat, oder
4. die FMA den weiteren Vertrieb untersagt hat, oder

wer im Zusammenhang mit einem öffentlichen Angebot von inländischen Investmentfondsanteilen solche Anteile im Inland anbietet, obwohl der in Österreich aufgelegte Fonds nicht gemäß § 50 oder § 95 von der FMA bewilligt worden ist,

ist, sofern die Tat nicht nach anderen Bestimmungen mit strengerer Strafe bedroht ist, vom Gericht mit Freiheitsstrafe bis zu zwei Jahren oder mit Geldstrafe bis zu 360 Tagessätzen zu bestrafen.

(2) Ebenso ist zu bestrafen, wer in einem veröffentlichten Prospekt oder in einem Kundeninformationsdokument eines in- oder ausländischen Investmentfonds oder in einer einen solchen Prospekt ändernden oder ergänzenden Angabe oder in einem Rechenschafts- oder Halbjahresbericht eines in- oder ausländischen Investmentfonds oder im Rahmen der Information gemäß § 120 über erhebliche Umstände unrichtige vorteilhafte Angaben macht oder nachteilige Tatsachen verschweigt.

(3) Nach Abs. 1 ist nicht zu bestrafen, wer freiwillig, bevor die für den Erwerb erforderliche Leistung erbracht worden ist, den Erwerb der Fondsanteile verhindert. Der Täter

ist auch dann nicht zu bestrafen, wenn die Leistung ohne sein Zutun nicht erbracht wird, er sich jedoch in Unkenntnis dessen freiwillig und ernsthaft bemüht, sie zu verhindern.

(4) Die Strafbarkeit nach Abs. 2 wird unter den Voraussetzungen des § 167 StGB durch tätige Reue aufgehoben, sofern sich die Schadensgutmachung auf die gesamte für den Erwerb erforderliche Leistung einschließlich der damit verbundenen Nebenkosten bezieht.

(5) *(Anm.: aufgehoben durch BGBl. I Nr. 115/2015)*

EB zu § 189 bis 192 (Art. 2 BGBl. I Nr. 77/2011):

Setzt Art. 99 der Richtlinie 2009/65/EG um.

EB zu § 189 Abs. 5 (Art. 2 BGBl. I Nr. 115/2015):

Die Informationsverpflichtung gegenüber der FMA wird für alle gerichtliche Straftatbestände in § 193 Abs. 3a normiert und kann daher hier entfallen.

Verwaltungsstrafen

§ 190. (1) Wer

1. in einem veröffentlichten Prospekt oder in einem Kundeninformationsdokument eines Investmentfonds oder in einer einen solchen Prospekt ändernden oder ergänzenden Angabe oder in einem Rechenschafts- oder Halbjahresbericht eines Investmentfonds oder im Rahmen der Information gemäß § 120 über erhebliche Umstände unrichtige vorteilhafte Angaben macht oder die Angabe nachteiliger Tatsachen unterlässt;
2. sonst gegen die Vorschrift des § 129 verstößt;
3. entgegen § 128 ohne einen veröffentlichten Prospekt oder ein verfügbares KID für einen OGAW wirbt,
4. in der Werbung für einen OGAW die in § 128 genannte Inhalte unterlässt;
5. sonst gegen die §§ 132, 133, 136, 138, 139, 140, 141 oder 142 dieses Bundesgesetzes oder gegen die Art. 3 bis 5 oder 7 bis 36 oder 38 der Verordnung (EU) Nr. 583/2010 oder gegen Art. 1 der Verordnung (EU) Nr. 584/2010 verstößt; 6. ohne hiezu berechtigt zu sein, die Bezeichnungen „Kapitalanlagegesellschaft", „Kapitalanlagefonds", „Investmentfondsgesellschaft", „Investmentfonds", „Miteigentumsfonds", „Wertpapierfonds", „Aktienfonds", „Obligationenfonds", „Investmentanteilscheine", „Investmentzertifikate", „Pensionsinvestmentfonds", „Spezialfonds", „Indexfonds", „Anleihefonds", „Rentenfonds", „Dachfonds", „thesaurierende Kapitalanlagefonds", „Geldmarktfonds", „Geldmarktfonds mit kurzer Laufzeitstruktur", „OGAW-ETF", „UCITS-ETF", „ETF", „Exchange-Traded-Fund", den Zusatz „mündelsicher" oder gleichbedeutende Bezeichnungen oder Abkürzungen von solchen Bezeichnungen entgegen § 130 führt,

begeht eine Verwaltungsübertretung und ist hiefür von der FMA mit einer Geldstrafe bis zu 60 000 Euro zu bestrafen.

(2) Wer als Verantwortlicher (§ 9 VStG) einer Kapitalanlagegesellschaft oder einer Verwaltungsgesellschaft,

1. die Anzeigepflichten gemäß §§ 37, 113 Abs. 1, 125 Abs. 3, 137 oder 151 verletzt;
2. die Meldepflichten gemäß §§ 152 oder 153 verletzt;
3. die Pflichten gemäß §§ 10 bis 35, 39 Abs. 1, 42 oder 45 dieses Bundesgesetzes, Art. 3 Abs. 4, Art. 9, Art. 10 Abs. 2, Art. 11, Art. 14 Abs. 1 oder Art. 21 bis 24 der Delegierten Verordnung (EU) 2016/438 verletzt;
4. die §§ 46 Abs. 2 und 3, 47 Abs. 1 und 2, 49, 52, 53 Abs. 4, 57, 59, 60 Abs. 1 oder 2, 61, 63 oder 65 verletzt;

5. die Rücknahme oder Auszahlung von Anteilen gemäß § 55 ohne Vorliegen außergewöhnlicher Gründe im Sinne des § 56 Abs. 1 aussetzt oder die Pflicht zur Information der Anleger oder der Behörden in anderen Mitgliedstaaten gemäß § 56 Abs. 2 verletzt;
6. die Veranlagungsbestimmungen der §§ 66 bis 84 oder die Bestimmungen über das Risikomanagement der §§ 85 bis 92 verletzt;
7. die Bestimmungen der §§ 120 bis 124 oder 127 Abs. 2 oder 3 verletzt;
8. die Bestimmungen der § 163 Abs. 2, § 164 Abs. 1 oder 3 Z 1 bis 8, Abs. 4 bis 6 oder § 165 verletzt;
9. die Bestimmungen der § 166, § 167 Abs. 1, 3, 5 oder 6 verletzt;
10. die Bestimmungen der §§ 168 bis 174 verletzt;
11. im Rahmen der Erbringung der Dienstleistungen gemäß § 5 Abs. 2 Z 3 und 4 die §§ 17 bis 26 und 29 bis 57 sowie 58 Abs. 4, 60 Abs. 3 oder 4 oder §§ 73 oder 74 WAG 2007 verletzt;
12. gegen die von der FMA bewilligten Fondsbestimmungen verstößt;
13. gegen eine gemäß diesem Bundesgesetz von der FMA erlassene Verordnung verstößt;
14. gegen Art. 13 der Verordnung (EU) 2015/2365 über die Transparenz von Wertpapierfinanzierungsgeschäften und der Weiterverwendung sowie zur Änderung der Verordnung (EU) Nr. 648/2012, ABl. Nr. L 337 vom 23.12.2015 S. 1, verstößt;
15. gegen Art. 14 der Verordnung (EU) 2015/2365 verstößt,

begeht eine Verwaltungsübertretung und ist hiefür von der FMA mit einer Geldstrafe bis zu 60 000 Euro zu bestrafen.

(2a) Wer als Verantwortlicher (§ 9 VStG) einer Kapitalanlagegesellschaft oder einer Verwaltungsgesellschaft die Konzessionserteilung nach § 5 Abs. 1 durch unrichtige Angaben oder durch täuschende Handlungen herbeigeführt oder anderweitig erschlichen hat, begeht eine Verwaltungsübertretung und ist hiefür von der FMA mit einer Geldstrafe bis zu fünf Millionen Euro oder bis zu dem Zweifachen des aus dem Verstoß gezogenen Nutzens, soweit sich dieser beziffern lässt, zu bestrafen.

(3) Wer als Verantwortlicher (§ 9 VStG) einer Verwaltungsgesellschaft aus einem anderen Mitgliedstaat gemäß § 36

1. im Rahmen der Tätigkeit der kollektiven Portfolioverwaltung die §§ 10 bis 28 oder 36 Abs. 1 bis 6 und 9 verletzt;
2. im Rahmen der kollektiven Portfolioverwaltung die §§ 46 Abs. 2 und 3, 47 Abs. 1 und 2, 49, 52, 53 Abs. 4, 57, 59, 60, 61, 63 Abs. 1 bis 3 oder 65 verletzt;
3. die Rücknahme oder Auszahlung von Anteilen gemäß § 55 ohne Vorliegen außergewöhnlicher Gründe im Sinne des § 56 Abs. 1 aussetzt oder die Pflicht zur Information der Anleger oder der Behörden in anderen Mitgliedstaaten gemäß § 56 Abs. 2 verletzt;
4. im Rahmen der Tätigkeit der kollektiven Portfolioverwaltung die Veranlagungsbestimmungen der §§ 66 bis 92 verletzt;
5. im Rahmen der Tätigkeit der kollektiven Portfolioverwaltung gegen die §§ 96 bis 106, 107 Abs. 2, 111, 112, 113 Abs. 2 und 3 verstößt;
6. im Rahmen der Erbringung der Dienstleistungen gemäß § 5 Abs. 2 Z 3 und 4 die §§ 17 bis 26 und 29 bis 57 sowie 58 Abs. 4, 60 Abs. 3 oder 4 oder §§ 73 oder 74 WAG 2007 verletzt, begeht eine Verwaltungsübertretung und ist hiefür von der FMA mit einer Geldstrafe bis zu 60 000 Euro zu bestrafen.

(4) Wer als Verantwortlicher (§ 9 VStG) einer Zweigstelle einer Verwaltungsgesellschaft aus einem anderen Mitgliedstaat gemäß § 36

1. im Rahmen der Tätigkeit der kollektiven Portfolioverwaltung die §§ 10 bis 35 oder 36 Abs. 1 bis 6 und 9 verletzt;

2. die §§ 46 Abs. 2 und 3, 47 Abs. 1 und 2, 49, 52, 53 Abs. 4, 57, 59, 60, 61, 63 Abs. 1 bis 3 oder 65 verletzt;
3. die Rücknahme oder Auszahlung von Anteilen gemäß § 55 ohne Vorliegen außergewöhnlicher Gründe im Sinne des § 56 Abs. 1 aussetzt oder die Pflicht zur Information der Anleger oder der Behörden in anderen Mitgliedstaaten gemäß § 56 Abs. 2 verletzt;
4. im Rahmen der Tätigkeit der kollektiven Portfolioverwaltung die Veranlagungsbestimmungen der §§ 66 bis 92 verletzt;
5. im Rahmen der Tätigkeit der kollektiven Portfolioverwaltung gegen die §§ 96 bis 106, 107 Abs. 2, 111, 112, 113 Abs. 2 und 3 verstößt;
6. im Rahmen der Erbringung der Dienstleistungen gemäß § 5 Abs. 2 Z 3 und 4 die §§ 17 bis 26 und 29 bis 57 sowie 58 Abs. 4, 60 Abs. 3 oder 4 oder §§ 73 oder 74 WAG 2007 verletzt,

begeht eine Verwaltungsübertretung und ist hiefür von der FMA mit einer Geldstrafe bis zu 60 000 Euro zu bestrafen.

(5) Wer als Verantwortlicher (§ 9 VStG) einer Depotbank
1. gegen die §§ 39 Abs. 2, 40 Abs. 2 bis 4, 41 Abs. 3, 42, 42a, 44 oder 45 dieses Bundesgesetzes, Art. 3 bis 8, Art. 10, Art. 12 bis 17 oder Art. 21 bis 24 der Delegierten Verordnung (EU) 2016/438 verstößt,
2. gegen § 107 Abs. 1, 3, 4 oder 5 oder § 108 verstößt, oder
3. wider besseres Wissen die Ordnungsmäßigkeit gemäß § 118 bestätigt,

begeht eine Verwaltungsübertretung und ist hiefür von der FMA mit einer Geldstrafe bis zu 60 000 Euro zu bestrafen.

(6) Wer als Abschlussprüfer eines OGAW,
1. gegen die §§ 109 oder 110 verstößt; oder
2. wider besseres Wissen eine Bestätigung gemäß § 119 Abs. 1 vornimmt,

begeht eine Verwaltungsübertretung und ist hiefür von der FMA mit einer Geldstrafe bis zu 60 000 Euro zu bestrafen.

(7) Bei Verletzung einer Verpflichtung gemäß § 151 Z 1 hinsichtlich Satzungsänderungen, Z 4, Z 7, Z 9 und Z 13 hinsichtlich der Beendigung der Übertragung hat die FMA von der Einleitung und Durchführung eines Verwaltungsstrafverfahrens abzusehen, wenn die nicht ordnungsgemäß erstattete Anzeige nachgeholt wurde, bevor die FMA Kenntnis von dieser Übertretung erlangt hat.

EB zu § 189 bis 192 (Art. 2 BGBl. I Nr. 77/2011):

Setzt Art. 99 der Richtlinie 2009/65/EG um.

EB zu § 190 (Art. 5 BGBl. I Nr. 135/2013):

Die Strafbestimmungen werden an die materiellen Änderungen angepasst.

EB zu § 190 Abs. 7 (Art. 11 BGBl. I Nr. 184/2013):

Derzeit besteht im von der FMA zu vollziehenden Verwaltungsstrafrecht nicht die Möglichkeit auf der Tatbestandsebene zu berücksichtigen, dass Anzeigen von anlassbezogenen Sachverhalten, die nicht rechtzeitig erfolgt sind, durch das beaufsichtigte Unternehmen „nachgeholt" werden. Durch Abs. 6 soll daher nun die Möglichkeit einer Nachtragsmeldung mit strafbefreiender Wirkung für die verspätete Anzeige von anlassbezogenen Sachverhalten „untergeordneter Wichtigkeit" geschaffen werden. Dies auch deshalb, da es auch im Interesse der Aufsicht liegt, Anreize für einen möglichst raschen Nachtrag von solchen Sachverhalten zu setzen.

Berücksichtigt wurden bei dieser neuen Regelung Tatbestände, bei denen es sich um Anzeigepflichten eher formaler Natur handelt, ohne dass dabei bereits per se gegen wirtschaftlich berechtigte Interessen Dritter verstoßen wird bzw. ohne dass eine Verletzung der Sorgfaltspflicht oder einer Ordnungsnorm vorliegt.

EB zu § 190 Abs. 1 Z 5 (Art. 2 BGBl. I Nr. 115/2015):

Setzt Art. 99a Buchstabe s) der Richtlinie 2009/65/EG um, die übrigen in Art. 99a der Richtlinie 2009/65/EG angeführten Tatbestände sind bereits durch § 190 InvFG 2011 oder die §§ 98 und 99 BWG abgedeckt.

EB zu § 190 Abs. 2 Z 7 (Art. 2 BGBl. I Nr. 115/2015):

Setzt Art. 99a Buchstabe s) der Richtlinie 2009/65/EG um, die übrigen in Art. 99a der Richtlinie 2009/65/EG angeführten Tatbestände sind bereits durch § 190 InvFG 2011 oder die §§ 98 und 99 BWG abgedeckt.

EB zu § 190 Abs. 2a (Art. 2 BGBl. I Nr. 115/2015):

Setzt Art. 99 Abs. 6 Buchstabe f) in Verbindung mit Art. 99a Buchstabe f) um. Die Strafhöhe ist gemeinschaftsrechtlich zwingend der Höhe nach vorgegeben und die Formulierung orientiert sich an § 98 Abs. 1 BWG und § 152 Abs. 1 BaSAG.

EB zu § 190 Abs. 5 Z 1 (Art. 2 BGBl. I Nr. 115/2015):

Der Katalog wird um die Tatbestände gemäß Art. 99a Buchstabe o) erweitert.

EB zu § 190 Abs. 5 Z 2 (Art. 2 BGBl. I Nr. 115/2015):

Der Entfall der Bestimmung korrespondiert mit dem Entfall von § 5 Abs. 5.

EB zu § 190 Abs. 7 (Art. 2 BGBl. I Nr. 115/2015):

Dies stellt eine Anpassung an das BWG dar.

EB zu § 190 (Art. 2 BGBl. I Nr. 115/2015):

Gemäß § 22 Abs. 1 des Verwaltungsstrafgesetzes 1991 in der Fassung des Verwaltunsgerichtsbarkeits-Ausführungsgesetz 2013 ist eine Tat als Verwaltungsübertretung nur dann strafbar, wenn sie nicht den Tatbestand einer in die Zuständigkeit der Gerichte fallenden strafbaren Handlung bildet. Es ist daher nicht mehr erforderlich, auf eine primäre gerichtliche Strafbarbeit Bezug zu nehmen.

EB zu § 190 Abs. 2 Z 3 (Art. 3 BGBl. I Nr. 73/2016):

Die Strafbestimmungen sollen um die für die Verwaltungsgesellschaft relevanten Sachverhalte aus der Delegierten Verordnung (EU) 2016/438, mit denen die bereits unter Strafandrohung stehenden Bestimmungen des InvFG 2011 präzisiert werden, ergänzt werden.

EB zu § 190 Abs. 2 Z 13 bis 15 (Art. 3 BGBl. I Nr. 73/2016):

Gemäß Art. 28 der Verordnung (EU) 2015/2365 finden bei Verstößen gegen die Art. 13 und 14 der Verordnung die in der Richtlinie 2009/65/EG zur Koordinierung der Rechts- und Verwaltungsvorschriften betreffend bestimmte Organismen für gemeinsame Anlagen in Wertpapieren (OGAW), ABl. Nr. L 302 vom 17.11.2009 S. 32, zuletzt geändert durch die Richtlinie 2014/91/EU, ABl. Nr. L 257 vom 28.08.2014 S. 186, in der Fassung der Berichtigung ABl. Nr. L 269 vom 13.10.2010 S. 27 festgelegten Sanktionen und Maßnahmen Anwendung. Es sollen daher die Strafbestimmungen des § 190 InvFG 2011 um Verstöße gegen die genannten Artikel der Verordnung erweitert werden. Das jeweilige Inkrafttreten ist in Art. 33 Abs. 2 Buchstabe b) und c) der Verordnung (EU) 2015/2365 festgelegt.

EB zu § 190 Abs. 5 Z 1 (Art. 3 BGBl. I Nr. 73/2016):

Die Strafbestimmungen sollen um die für die Depotbank relevanten Sachverhalte aus der Delegierten Verordnung (EU) 2016/438, mit denen die bereits unter Strafandrohung stehenden Bestimmungen des InvFG 2011 präzisiert werden, ergänzt werden.

Strafbestimmungen betreffend juristische Personen

§ 190a. (1) Die FMA kann Geldstrafen gegen juristische Personen verhängen, wenn Personen, die entweder allein oder als Teil eines Organs der juristischen Person gehandelt haben und eine Führungsposition innerhalb der juristischen Person aufgrund

1. der Befugnis zur Vertretung der juristischen Person,
2. der Befugnis, Entscheidungen im Namen der juristischen Person zu treffen, oder
3. einer Kontrollbefugnis innerhalb der juristischen Person

innehaben, gegen die in § 190 Abs. 1, 2, 2a, 3, 4, jedoch jeweils nicht im Hinblick auf § 14, und § 190 Abs. 5 angeführten Verpflichtungen verstoßen haben.

(2) Juristische Personen können wegen Verstößen gegen die in § 190 Abs. 1, 2, 2a, 3, 4, jedoch jeweils nicht im Hinblick auf § 14, und § 190 Abs. 5 angeführten Pflichten auch verantwortlich gemacht werden, wenn mangelnde Überwachung oder Kontrolle durch eine in Abs. 1 genannte Person die Begehung dieser Verstöße durch eine für die juristische Person tätige Person ermöglicht hat.

(3) Die Geldstrafe gemäß Abs. 1 und 2 beträgt bis zu 5 vH des jährlichen Gesamtnettoumsatzes, bei einem Verstoß gemäß § 190 Abs. 2a jedoch bis zu 10 vH des jährlichen Gesamtnettoumsatzes oder bis zu dem Zweifachen des aus dem Verstoß gezogenen Nutzens, soweit sich dieser beziffern lässt.

(4) Der jährliche Gesamtnettoumsatz ist bei Verwaltungsgesellschaften der Gesamtbetrag aller in Z 1 bis 7 der Anlage 2 zu § 43 BWG angeführten Erträge abzüglich der dort angeführten Aufwendungen; handelt es sich bei dem Unternehmen um eine Tochtergesellschaft, ist auf den jährlichen Gesamtnettoumsatz abzustellen, der im vorangegangenen Geschäftsjahr im konsolidierten Abschluss der Muttergesellschaft an der Spitze der Gruppe ausgewiesen ist. Bei sonstigen juristischen Personen ist der jährliche Gesamtumsatz maßgeblich. Soweit die FMA die Grundlagen für den Gesamtumsatz nicht ermitteln oder berechnen kann, hat sie diese zu schätzen. Dabei sind alle Umstände zu berücksichtigen, die für die Schätzung von Bedeutung sind.

(5) Die FMA kann von der Bestrafung eines Verantwortlichen gemäß § 9 VStG absehen, wenn für denselben Verstoß bereits eine Verwaltungsstrafe gegen die juristische Person verhängt wird und keine besonderen Umstände vorliegen, die einem Absehen von der Bestrafung entgegenstehen.

EB zu § 190a (Art. 2 BGBl. I Nr. 115/2015):

Setzt Art. 99 Abs. 6 Buchstabe e bis g der Richtlinie 2009/65/EG um und ist § 99d BWG nachgebildet. Es wird hiermit die Strafbarkeit der juristischen Person bei Verstößen gegen verwaltungsstrafrechtlich sanktionierbare Bestimmungen des InvFG 2011 normiert. Die Strafhöhe ist gemeinschaftsrechtlich zwingend der Höhe nach vorgegeben und die Formulierung orientiert sich an § 99d BWG und § 153 BaSAG. Als Strafrahmen wird hiefür ein prozentueller Anteil des Gesamtnettoumsatzes festgesetzt. Abs. 4 regelt die Berechnung dieses Gesamtnettoumsatzes.

Wirksame Ahndung von Gesetzesverstößen

§ 190b. Die FMA hat bei der Festsetzung der Art der Sanktion oder Maßnahme wegen Verstößen gegen die Bestimmungen dieses Bundesgesetzes oder gegen auf Grund dieses Bundesgesetzes erlassene Verordnungen oder Bescheide sowie bei der Bemessung der Höhe einer Geldstrafe, soweit angemessen, insbesondere folgende Umstände zu berücksichtigen:

1. Die Schwere und Dauer des Verstoßes;
2. den Grad der Verantwortung der verantwortlichen natürlichen oder juristischen Person;
3. die Finanzkraft der verantwortlichen natürlichen oder juristischen Person, wie sie sich beispielweise aus dem Gesamtumsatz der verantwortlichen juristischen Person oder den Jahreseinkünften der verantwortlichen natürlichen Person ablesen lässt;
4. die Höhe der von der verantwortlichen natürlichen oder juristischen Person erzielten Gewinne oder verhinderten Verluste, sofern diese sich beziffern lassen;
5. den Schaden, der Dritten durch den Verstoß zugefügt wurde, sofern sich dieser beziffern lässt;
6. den Schaden, der dem Funktionieren der Märkte oder der Wirtschaft allgemein zugefügt wurde, sofern sich dieser beziffern lässt;
7. die Bereitschaft der verantwortlichen natürlichen oder juristischen Person zu Zusammenarbeit mit der zuständigen Behörde;
8. frühere Verstöße der verantwortlichen natürlichen oder juristischen Person sowie
9. nach dem Verstoß getroffene Maßnahmen der für den Verstoß verantwortlichen natürlichen oder juristischen Person zur Verhinderung einer Wiederholung dieses Verstoßes.

Die Bestimmungen des VStG bleiben durch diesen Paragrafen unberührt.

EB zu § 190b (Art. 2 BGBl. I Nr. 115/2015):

Setzt Art. 99c Abs. 1 der Richtlinie 2009/65/EG um und ist § 99e BWG nachgebildet.

Verwendung von eingenommenen Geldstrafen

§ 190c. Die von der FMA gemäß § 190 Abs. 2a und § 190a verhängten Geldstrafen fließen dem Bund zu.

EB zu § 190c (Art. 2 BGBl. I Nr. 115/2015):

Abweichend von § 15 VStG sollen jene Geldstrafen dem Bund zufließen, die von der FMA auf Grund eines neuen Straftatbestandes verhängt werden.

Meldungen an ESMA

§ 190d. (1) Die FMA hat jährlich eine Zusammenfassung aller Sanktionen wegen Verstößen gemäß § 190 und § 190a und aller angeordneten Maßnahmen gemäß § 148 Abs. 1, 2 und 5 an ESMA zu melden.

(2) Die FMA hat jede gemäß § 150 veröffentlichte verwaltungsrechtliche Sanktion und Maßnahme an ESMA zu melden. Die FMA hat ebenso jede verwaltungsrechtliche Sanktion, die zwar verhängt, gemäß § 150 Abs. 3 Z 3 jedoch nicht bekanntgegeben wurde, sowie alle Rechtsmittel im Zusammenhang mit diesen Sanktionen und die Ergebnisse der Rechtsmittelverfahren an ESMA zu melden.

EB zu § 190d (Art. 2 BGBl. I Nr. 115/2015):

Setzt Art. 99e der Richtlinie 2009/65/EG um und ist § 99f BWG nachgebildet.

Zusammenarbeit mit zuständigen Behörden in anderen Mitgliedstaaten

§ 190e. (1) Bei der Ausübung ihrer Sanktionsbefugnisse gemäß § 190 und § 190a hat die FMA mit den zuständigen Behörden in anderen Mitgliedstaaten eng zusammenzuarbeiten, um sicherzustellen, dass die Aufsichts- und Ermittlungsbefugnisse gemäß § 148 sowie die verwaltungsrechtlichen Sanktionen wirksam angeordnet oder verhängt werden können. Ferner koordiniert die FMA ihre Maßnahmen, um Doppelarbeit und Überschneidungen in Fällen zu vermeiden, in denen die FMA ihre Aufsichts- und Ermittlungsbefugnisse grenzübergreifend wahrnimmt und in diesem Rahmen verwaltungsrechtliche Sanktionen und Maßnahmen verhängt.

(2) Die FMA darf ein Auskunftsersuchen oder ein Ersuchen auf Zusammenarbeit bei einer Ermittlung einer zuständigen Behörde in einem anderen Mitgliedstaat nur dann verweigern, wenn

1. die Weitergabe einschlägiger Informationen die nationale Sicherheit beeinträchtigen könnte, insbesondere die Bekämpfung von Terrorismus und anderen schwerwiegenden Straftaten;
2. dadurch wahrscheinlich ihre eigenen Ermittlungen, Durchsetzungsmaßnahmen oder strafrechtliche Ermittlungen beeinträchtigt werden;
3. aufgrund derselben Tat und gegen dieselben Personen bereits ein Verfahren vor einem nationalen Gericht anhängig ist oder
4. wenn gegen diese Personen aufgrund derselben Tat bereits ein rechtskräftiges Urteil ergangen ist.

EB zu § 190e (Art. 2 BGBl. I Nr. 115/2015):

Abs. 1 setzt Art. 99c Abs. 2 der Richtlinie 2009/65/EG um.
Abs. 2 setzt Art. 99 Abs. 4 der Richtlinie 2009/65/EG um.

Verstöße gegen das BWG

§ 191. Die §§ 96, 97, 98 Abs. 1, Abs. 1a, Abs. 2 Z 4a, 5, 8, 10 und 11 im Hinblick auf § 44 BWG, § 98 Abs. 3 Z 10, § 98 Abs. 5a Z 1 bis 3 und 6 sowie § 99 Abs. 1 Z 3 bis 8, 10 und 15 und Abs. 2 sowie die §§ 99a, 99b, 99c, 99d, 100 und 101 BWG sind auf Verwaltungsgesellschaften anzuwenden.

EB zu § 189 bis 192 (Art. 2 BGBl. I Nr. 77/2011):

Setzt Art. 99 der Richtlinie 2009/65/EG um.

EB zu § 191(Art. 11 BGBl. I Nr. 184/2013):

Redaktionelle Anpassung aufgrund der teilweisen Neustrukturierung der Strafbestimmungen im BWG.

EB zu § 191 (Art. 2 BGBl. I Nr. 115/2015):

Der Katalog der Verstöße gegen das BWG wird angepasst.

Zwangsstrafe

§ 192. Verletzt eine Depotbank Bestimmungen dieses Bundesgesetzes oder einer auf Grund dieses Bundesgesetzes erlassenen Verordnung oder eines Bescheides, so sind die §§ 70 Abs. 4 und 96 BWG mit der Maßgabe anzuwenden, dass an die Stelle des Konzessionsentzuges gemäß § 70 Abs. 4 Z 3 BWG die Rücknahme der Bewilligung gemäß § 50 Abs. 2 Z 3 tritt.

EB zu § 189 bis 192 (Art. 2 BGBl. I Nr. 77/2011):
Setzt Art. 99 der Richtlinie 2009/65/EG um.

Verfahren und Schlichtungsstelle

§ 193. (1) Für die Verhängung von Verwaltungsstrafen gemäß §§ 190 bis 191 sowie von Zwangsstrafen gemäß § 192 ist in erster Instanz die FMA zuständig.

(2) Bei Verwaltungsübertretungen gemäß den §§ 190 bis 191 gilt anstelle der Verjährungsfrist des § 31 Abs. 1 VStG eine Verjährungsfrist von 18 Monaten.

(3) Bei der Ermittlung in Verwaltungsstrafverfahren gemäß §§ 190 bis 191 kommen der FMA alle Kompetenzen gemäß den §§ 147 bis 150 zu.

(3a) Ist ein gerichtliches Strafverfahren wegen einer Tat nach den §§ 189 bis 191 anders als durch Rücktritt von der Verfolgung (Diversion) oder durch rechtskräftigen Schuldspruch beendet worden, so ist dies der FMA mitzuteilen. Die Mitteilung obliegt im Fall der Einstellung des Ermittlungsverfahrens der Staatsanwaltschaft, in allen anderen Fällen dem Gericht.

(3b) Die Zeit von der Erstattung der Strafanzeige wegen einer Tat nach den §§ 189 bis 191 bis zum Einlangen der Mitteilung gemäß Abs. 3a bei der Behörde ist in die Verjährungsfrist gemäß § 31 Abs. 1 und 2 VStG nicht einzurechnen.

(4) Die FMA hat Kunden von Verwaltungsgesellschaften oder OGAW, die eine Beschwerde gegen einen Verstoß einer Verwaltungsgesellschaft oder eines OGAW gegen die §§ 10 bis 35 oder gegen eine Bestimmung des 3. oder 4. Hauptstückes zur Anzeige bringen, auf die Möglichkeit einer Beschwerde bei der außergerichtlichen FIN-NET Schlichtungsstelle (§ 3 Z 9 ZaDiG) unter Angabe von deren Sitz und Adresse zu verweisen.

EB zu § 193 Abs. 4 (Art. 2 BGBl. I Nr. 77/2011):
Setzt Art. 100 der Richtlinie 2009/65/EG um.

EB zu § 193 Abs. 2 (Art. 6 BGBl. I Nr. 70/2013):
Die Verlängerung der Verjährungsfrist in § 31 Abs. 2 VStG (in der Fassung des BGBl. I Nr. 33/2013) auf ein Jahr bedingt den Entfall des Verweises auf die bisherige Verjährungsfrist von sechs Monaten.

EB zu § 193 Abs. 3a und 3b (Art. 2 BGBl. I Nr. 115/2015):
Eine Meldepflicht der Staatsanwaltschaft oder des Gerichts im Falle der Einstellung oder eines Freispruchs eines nach dem InvFG 2011 subsidiär zu bestrafenden Tatbestands erleichtert den Vollzug durch die FMA insbesondere hinsichtlich der Einhaltung der Verfolgungsverjährungsfrist sowie der effektiven Vollziehbarkeit der gesetzlichen Vorschriften. Eine vergleichbare Bestimmung sieht § 48m BörseG vor.

Zivilrechtliche Auswirkungen unerlaubter Tätigkeit

§ 194. Wer Investmentfondsanteile ohne die erforderliche Berechtigung ausgibt oder vertreibt, hat auf alle mit diesen Geschäften verbundenen Vergütungen, Kosten und Entgelte keinen Anspruch. Die Rechtsunwirksamkeit der mit diesen Geschäften verbundenen Vereinbarungen zieht nicht die Rechtsunwirksamkeit des ganzen Geschäfts nach sich. Entgegenstehende Vereinbarungen sowie mit diesen Geschäften verbundene Bürgschaften und Garantien sind rechtsunwirksam.

2. Hauptstück
Übergangs- und Schlussbestimmungen

Übergangsbestimmungen

§ 195. (1) Die Aktiengesellschaften und Gesellschaften mit beschränkter Haftung, die bei Inkrafttreten dieses Bundesgesetzes mit Bewilligung der FMA das Investmentgeschäft (§ 1 Abs. 1 Z 13 BWG) betreiben, sind Verwaltungsgesellschaften im Sinne dieses Bundesgesetzes und bedürfen keiner erneuten Bewilligung zum Geschäftsbetrieb.

(2) Für den Vertrieb von Anteilen ausländischer Kapitalanlagefonds im Sinne des § 3 Abs. 2 Z 31 lit. c und von EWR-Kapitalanlagefonds, die zum Zeitpunkt des Inkrafttretens dieses Bundesgesetzes zulässigerweise im Inland öffentlich angeboten wurden, ist eine Anzeige nach § 140 oder § 176 nicht erforderlich. Ausländische Kapitalanlagefonds im Sinne des § 3 Abs. 2 Z 31 lit. c haben allerdings die Verpflichtungserklärung gemäß § 181 Abs. 2 Z 5 lit. e und f bis 31. Dezember 2011 der FMA vorzulegen; widrigenfalls hat die FMA gemäß § 182 Abs. 2 vorzugehen.

(3) Wertpapierfirmen im Sinne von § 3 Abs. 2 Z 1 WAG 2007 und Wertpapierdienstleistungsunternehmen gemäß § 4 WAG 2007 können um eine Konzession gemäß § 5 ansuchen, um OGAW zu verwalten und selbst als Verwaltungsgesellschaften aufzutreten, wenn sie gleichzeitig ihre Konzession nach dem WAG 2007 für den Fall der Erteilung einer Konzession als Verwaltungsgesellschaft zurücklegen.

(4) Verwaltungsgesellschaften, die bereits vor dem 1. Juli 2011 in ihrem Herkunftmitgliedstaat gemäß der Richtlinie 85/611/EWG eine Zulassung für die Verwaltung von OGAW in Form eines Investmentfonds oder einer Investmentgesellschaft erhalten haben, gelten im Sinne dieser Bestimmung als konzessioniert, wenn die Rechtsvorschriften des Herkunftmitgliedstaates vorsehen, dass die Gesellschaften zur Aufnahme dieser Tätigkeit Bedingungen genügen müssen, die den in den Artikeln 7 und 8 der Richtlinie 2009/65/EG genannten gleichwertig sind. Sofern solche Verwaltungsgesellschaften unter Einhaltung des § 32a InvFG 1993 bereits Tätigkeiten in Österreich erbringen oder gemäß § 36 InvFG 1993 OGAW-Anteile in Österreich vertreiben, ist eine Erneuerung der Bescheinigung gemäß § 36 dieses Bundesgesetzes nicht erforderlich. Beabsichtigen solche Verwaltungsgesellschaften die kollektive Portfolioverwaltung eines in Österreich aufgelegten OGAW, so sind die §§ 36 und 50 dieses Bundesgesetzes sowie die Bestimmungen des 4. Hauptstückes einzuhalten. Der Vertrieb neuer Anteilsgattungen oder Teilfonds ist jedoch gemäß § 141 Abs. 3 mitzuteilen.

(5) Kapitalanlagefonds im Sinne des InvFG 1993, die bereits vor dem 1. September 2011 von der FMA bewilligt worden sind, sind je nach Bewilligungsbescheid OGAW oder AIF im Sinne dieses Bundesgesetzes und bedürfen keiner neuerlichen Bewilligung. Sie haben die Bestimmungen der §§ 134 und 135 spätestens ab dem 1. Juli 2012 einzuhalten; bis dahin können sie weiterhin anstelle des KID einen vereinfachten Prospekt gemäß Anlage E Schema E InvFG 1993 zur Verfügung stellen.

(6) Verwaltungsgesellschaften, die vor dem 22. Juli 2013 Tätigkeiten gemäß dem 3. Teil dieses Bundesgesetzes ausüben, haben alle erforderlichen Maßnahmen zu setzen, um den aufgrund des AIFMG erlassenen Vorschriften nachzukommen und haben binnen eines Jahres nach Ablauf dieses Datums einen Antrag auf Bewilligung als AIFM zu stellen, wid-

rigenfalls die Berechtigung zur Verwaltung von AIF gemäß dem 3. Teil dieses Bundesgesetzes entfällt.

(7) Für AIFM welche vor dem 22. Juli 2013 Anteile an AIF in Österreich gemäß 3. Teil 2. Hauptstück öffentlich vertreiben dürfen, sind §§ 175 bis 180, § 181 Abs. 3 und 4 und §§ 182 bis 185 in der Fassung des Bundesgesetzes BGBl. I Nr. 70/2013 bis 31. Dezember 2014 weiterhin anzuwenden.

(8) Die Veranlagungsvorschriften des § 171 Z 2 in der Fassung des Bundesgesetzes BGBl. I Nr. 34/2015 sind hinsichtlich der Wertpapiere über Partizipationskapital im Sinne des § 23 Abs. 4 BWG in der Fassung vor dem Bundesgesetz BGBl. I Nr. 184/2013 und Instrumente ohne Stimmrecht im Sinne des § 26a BWG bereits ab dem der Kundmachung des Bundesgesetzes BGBl. I Nr. 34/2015 folgenden Tag anzuwenden.

(9) Nach Inkrafttreten des Bundesgesetzes BGBl. I Nr. 115/2015 gelten folgende Übergangsbestimmungen:

1. Soferne Anteilscheine, die auf Inhaber lauten, aufgrund bisher geltender Bestimmungen an den Anteilinhaber ausgefolgt wurden, können solche Anteilscheine auf Verlangen des Anteilinhabers abweichend von § 46 Abs. 1 bis spätestens zum 31. Dezember 2016 im Wege seines zum Depotgeschäft berechtigten und gemäß dem FATCA-Abkommen (BGBl. III Nr. 16/2015) oder einer auf FATCA beruhenden ausländischen Rechtsgrundlage registrierten Kreditinstituts rückgelöst oder bei diesem in Verwahrung gegeben werden.
2. Anteilscheine, die auf Inhaber lauten und nicht bis 31. Dezember 2016 samt allen Nebenurkunden depotmäßig in Verwahrung gegeben werden, werden mit Ablauf des 31. Dezember 2016 kraftlos und erlöschen. Ab dem 1. Jänner 2017 können die Rechte in Bezug auf solche Anteile nur mehr durch die von der Verwaltungsgesellschaft für den Fonds bestellten inländischen Depotbank als Treuhänderin der jeweiligen Anteilinhaber geltend gemacht werden. Die von der Depotbank als Treuhänderin gehaltenen Anteile sind in Sammelurkunden zu verbriefen, die bei einer inländischen Wertpapiersammelbank hinterlegt werden.
3. Nach dem 31. Dezember 2016 kann sich der Inhaber eines gemäß Z 2 erloschenen auf Inhaber lautenden Anteilscheins durch Vorlage desselben gegenüber seinem zum Depotgeschäft berechtigten und gemäß dem FATCA-Abkommen oder einer auf FATCA beruhenden ausländischen Rechtsgrundlage registrierten Kreditinstitut als Treugeber in Bezug auf die Fondsanteile, die von der von der Verwaltungsgesellschaft für den Fonds bestellten Depotbank gemäß Z 2 gehalten werden, ausweisen. Der Treugeber hat dabei weiters die Identifikationsnachweise für Kunden nach den Bestimmungen des BWG zu erbringen sowie den in Anhang I des FATCA-Abkommen und den im Gemeinsamer Meldestandard-Gesetz – GMSG (BGBl. I Nr. 116/2015) genannten Identifizierungsnachweisen und sonstigen Verfahrensanordnungen nachzukommen. Der Treugeber, der seine Berechtigung nachgewiesen hat, kann im Wege seines zum Depotgeschäft berechtigten und gemäß dem FATCA-Abkommen oder einer auf FATCA beruhenden ausländischen Rechtsgrundlage registrierten Kreditinstituts von der von der Verwaltungsgesellschaft für den Fonds bestellten Depotbank die Herausgabe der nach Z 2 für ihn gehaltenen Anteile, durch Einlieferung auf ein Wertpapierdepot oder die Rücklösung der Anteile, verlangen. Die Herausgabe von im Rahmen des Treuhandverhältnisses von der von der Verwaltungsgesellschaft für den Fonds bestellten Depotbank erlangter Geldzahlungen inklusive eines allfälligen Rücknahmeerlöses kann nur durch Überweisung auf ein Geldkonto, hinsichtlich dessen der Treugeber Kontoinhaber oder Mitkontoinhaber ist, verlangt werden. Die von der Verwaltungsgesellschaft für

den Fonds bestellte Depotbank kann schuldbefreiend an den Inhaber des auf Inhaber lautenden Anteilscheins im Wege seines zum Depotgeschäft berechtigten und gemäß dem FATCA-Abkommen oder einer auf FATCA beruhenden ausländischen Rechtsgrundlage registrierten Kreditinstituts leisten. Im Rahmen des Treuhandverhältnisses erlangte Geldzahlungen sind von der von der Verwaltungsgesellschaft für den Fonds bestellten Depotbank nicht zu verzinsen. 4. Die Herausgabeansprüche gemäß Z 3 verjähren mit Ablauf des 31. Dezember 2032.

EB zu § 195 Abs. 4 (Art. 2 BGBl. I Nr. 77/2011):

Setzt Art. 114 der Richtlinie 2009/65/EG um. Die Anzeigepflicht neuer Teilfonds oder Anteilsgattungen entspricht der Auslegung der Europäischen Kommission im Umsetzungsworkshop zu Richtlinie 2009/65/EG.

EB zu § 195 Abs. 5 (Art. 2 BGBl. I Nr. 77/2011):

Setzt Art. 118 Abs. 2 der Richtlinie 2009/65/EG um.

EB zu § 195 Abs. 6 und 7 (Art. 5 BGBl. I Nr. 135/2013):

Verwaltungsgesellschaften, die AIF gemäß dem 3. Teil verwalten und vertreiben, müssen zusätzlich zur Konzession für das Investmentfondsgeschäft auch über eine Konzession als AIFM verfügen. Um diese Konzession zu erlangen, ist eine Übergangsfrist vorgesehen.

Ausländische AIF, die vor dem 22. Juli 2013 in Österreich zum Vertrieb zugelassen wurden, dürfen bis 31. Dezember 2014 weiter vertrieben werden. Eine Anzeige auf Vertriebszulassung gemäß § 181 Abs. 1 und 2 ist jedoch ab dem 22. Juli 2013 nicht mehr zulässig.

EB zu § 195 Abs. 7 (Art. 22 BGBl. I Nr. 34/2015):

Die Veranlagungsvorschriften für Pensionsinvestmentfonds sollen erstens an die geänderte Rechtslage im BWG angepasst werden. § 23 BWG wurde mit dem Bundesgesetz BGBl. I Nr. 184/2013 mit Wirkung vom 31. Dezember 2013 aufgehoben. Es soll aber weiterhin zulässig sein, die nach diesem Regime erworbenen Wertpapiere über Partizipationskapital im Pensionsinvestmentfonds zu halten. Zusätzlich sollen auch die nunmehr im § 26a BWG geregelten Instrumente ohne Stimmrecht von Pensionsinvestmentfonds erworben werden dürfen. Da die Änderungen im Hinblick auf die Neufassung des VAG 2016 erst mit 1. Jänner 2016 in Kraft treten wird mit einer Übergangsbestimmung in § 195 Abs. 8 sichergestellt, dass jene Bestimmungen, die die geänderte Rechtslage im BWG betreffen, bereits mit dem auf die Kundmachung folgenden Tag anwendbar sind. Zweitens sollen die Veranlagungsvorschriften für Pensionsinvestmentfonds dem Umstand Rechnung tragen, dass das VAG 2016 die Begebung von Partizipationskapital nicht mehr vorsieht.

EB zu § 195 Abs. 9 (Art. 2 BGBl. I Nr. 115/2015):

Für die Umwandlung von auf Inhaber lautenden Anteilscheinen, die sich effektiv im Eigentum von Anteilinhabern befinden und nicht depotmäßig verwahrt werden, soll eine Übergangsfrist bis 31. Dezember 2016 vorgesehen werden. Danach erlöschen diese Anteilscheine und die Rechte werden von der von der Verwaltungsgesellschaft bestellten inländischen Depotbank als Treuhänderin wahrgenommen. Gegen entsprechenden Nachweis und Identifizierung ist auch bis 15 Jahre danach noch eine Herausgabe der Anteilscheine zulässig. Zur Durchführung der Rücklösung, der Depotverwahrung oder der Einlieferung kann es aus abwicklungstechnischen Gründen erforderlich sein, dass der die auf Inhaber lautenden Anteilscheine vorlegende Kunde bei seinem zum Depotgeschäft berechtigten Kreditinstitut ein Wertpapierdepot zu eröffnen hat.

Verweise und Verordnungen

§ 196. (1) Soweit in diesem Bundesgesetz auf andere Bundesgesetze verwiesen wird, sind diese in ihrer jeweils geltenden Fassung anzuwenden, außer es ist ausdrücklich anderes angeordnet.

(2) Wenn in diesem Bundesgesetz auf folgende Rechtsakte der Europäischen Union verwiesen wird, sind diese, sofern nichts Anderes angeordnet ist, jeweils in der folgenden Fassung anzuwenden:

1. Richtlinie 2009/65/EG zur Koordinierung der Rechts- und Verwaltungsvorschriften betreffend bestimmte Organismen für gemeinsame Anlagen in Wertpapieren (OGAW), ABl. Nr. L 302 vom 17.11.2009 S. 32, in der Fassung der Richtlinie 2014/91/EU zur Änderung der Richtlinie 2009/65/EG zur Koordinierung der Rechts- und Verwaltungsvorschriften betreffend bestimmte Organismen für gemeinsame Anlagen in Wertpapieren (OGAW) im Hinblick auf die Aufgaben der Verwahrstelle, die Vergütungspolitik und Sanktionen, ABl. Nr. L 257 vom 28.08.2014 S. 186, wobei Verweise in Gesetzen oder Verordnungen auf die Richtlinie 85/611/EWG als Verweise auf die Richtlinie 2009/65/EG gelten;
2. Richtlinie 2013/36/EU über den Zugang zur Tätigkeit von Kreditinstituten und die Beaufsichtigung von Kreditinstituten und Wertpapierfirmen und zur Änderung der Richtlinie 2002/87/EG über die zusätzliche Beaufsichtigung der Kreditinstitute, Versicherungsunternehmen und Wertpapierfirmen eines Finanzkonglomerats, ABl. Nr. L 176 vom 27.06.2013, S. 338;
3. Richtlinie 2010/43/EU zur Durchführung der Richtlinie 2009/65/EG im Hinblick auf organisatorische Anforderungen, Interessenkonflikte, Wohlverhalten, Risikomanagement und den Inhalt der Vereinbarung zwischen Verwahrstelle und Verwaltungsgesellschaft (ABl. Nr. L 176 vom 10.7.2010, S. 42);
4. Richtlinie 2010/44/EU zur Durchführung der Richtlinie 2009/65/EG in Bezug auf Bestimmungen über Fondsverschmelzungen, Master-Feeder-Strukturen und das Anzeigeverfahren (ABl. Nr. L 176 vom 10.7.2010, S. 28);
5. Verordnung (EU) Nr. 583/2010 zur Durchführung der Richtlinie 2009/65/EG im Hinblick auf die wesentlichen Informationen für den Anleger und die Bedingungen, die einzuhalten sind, wenn die wesentlichen Informationen für den Anleger oder der Prospekt auf einem anderen dauerhaften Datenträger als Papier oder auf einer Website zur Verfügung gestellt werden (ABl. Nr. L 176 vom 10.7.2010, S. 1);
6. Verordnung (EU) Nr. 584/2010 zur Durchführung der Richtlinie 2009/65/EG im Hinblick auf Form und Inhalt des Standardmodells für das Anzeigeschreiben und die OGAW-Bescheinigung, die Nutzung elektronischer Kommunikationsmittel durch die zuständigen Behörden für die Anzeige und die Verfahren für Überprüfungen vor Ort und Ermittlungen sowie für den Informationsaustausch zwischen den zuständigen Behörden (ABl. Nr. L 176 vom 10.7.2010, S. 16);
7. Richtlinie 2004/39/EG über Märkte für Finanzinstrumente, zur Änderung der Richtlinien 85/611/EWG und 93/6/EWG und der Richtlinie 2000/12/EG und zur Aufhebung der Richtlinie 93/22/EWG (ABL Nr. L 145 vom 30.4.2004, S. 1) in der Fassung der Richtlinie 2010/78/EU zur Änderung der Richtlinien 98/26/EG, 2002/87/EG, 2003/6/EG, 2003/41/EG, 2003/71/EG, 2004/39/EG, 2004/109/EG, 2005/60/EG, 2006/48/EG, 2006/49/EG und 2009/65/EG im Hinblick auf die Befugnisse der Europäischen Aufsichtsbehörde (Europäische Bankenaufsichtsbehörde), der Europäischen Aufsichtsbehörde (Europäische Aufsichtsbehörde für das Versicherungswesen und die betriebliche

Altersversorgung) und der Europäischen Aufsichtsbehörde (Europäische Wertpapier- und Marktaufsichtsbehörde) – ABl. Nr. L 331 vom 15.12.2010, S. 120);

8. Richtlinie 2003/6/EG über Insider-Geschäfte und Marktmanipulation (Marktmissbrauch) (ABl. Nr. L 96 vom 12.4.2003, S. 16) in der Fassung der Richtlinie 2010/78/EU zur Änderung der Richtlinien 98/26/EG, 2002/87/EG, 2003/6/EG, 2003/41/EG, 2003/71/EG, 2004/39/EG, 2004/109/EG, 2005/60/EG, 2006/48/EG, 2006/49/EG und 2009/65/EG im Hinblick auf die Befugnisse der Europäischen Aufsichtsbehörde (Europäische Bankenaufsichtsbehörde), der Europäischen Aufsichtsbehörde (Europäische Aufsichtsbehörde für das Versicherungswesen und die betriebliche Altersversorgung) und der Europäischen Aufsichtsbehörde (Europäische Wertpapier- und Marktaufsichtsbehörde) – ABl. Nr. L 331 vom 15.12.2010, S. 120);
9. Verordnung (EU) Nr. 1287/2006 zur Durchführung der Richtlinie 2004/39/EG betreffend Aufzeichnungspflichten für Wertpapierfirmen, die Meldung von Geschäften, die Markttransparenz, die Zulassung von Finanzinstrumenten zum Handel und bestimmte Begriffe im Sinne dieser Richtlinie (ABl. Nr. L 241 vom 2.9.2006, S. 1);
10. Verordnung (EU) Nr. 1095/2010 zur Errichtung einer Europäischen Aufsichtsbehörde (Europäische Wertpapier- und Marktaufsichtsbehörde), zur Änderung des Beschlusses Nr. 716/2009/EG und zur Aufhebung des Beschlusses 2009/77/EG, ABl. Nr. L 331 vom 15.12.2010 S. 84, in der Fassung der Richtlinie 2014/51/EU, ABl. Nr. L 153 vom 22.05.2014 S. 1;
11. Verordnung (EU) Nr. 1092/2010 vom 24. November 2010 über die Finanzaufsicht der Europäischen Union auf Makroebene und zur Errichtung eines Europäischen Ausschusses für Systemrisiken (ABl. Nr. L 331 vom 15.12.2010, S. 1);
12. Richtlinie 2005/60 vom 26. Oktober 2005 zur Verhinderung der Nutzung des Finanzsystems zum Zwecke der Geldwäsche und der Terrorismusfinanzierung, ABl. Nr. L 309 vom 25.11.2005, S. 15, in der Fassung der Richtlinie 2010/78/EU zur Änderung der Richtlinien 98/26/EG, 2002/87/EG, 2003/6/EG, 2003/41/EG, 2003/71/EG, 2004/39/EG, 2004/109/EG, 2005/60/EG, 2006/48/EG, 2006/49/EG und 2009/65/EG im Hinblick auf die Befugnisse der Europäischen Aufsichtsbehörde (Europäische Bankenaufsichtsbehörde), der Europäischen Aufsichtsbehörde (Europäische Aufsichtsbehörde für das Versicherungswesen und die betriebliche Altersversorgung) und der Europäischen Aufsichtsbehörde (Europäische Wertpapier- und Marktaufsichtsbehörde) – ABl. Nr. L 331 vom 15.12.2010, S. 120);
13. Richtlinie 95/46 vom 24. Oktober 1995 zum Schutz natürlicher Personen bei der Verarbeitung personenbezogener Daten und zum freien Datenverkehr, ABl. Nr. L 281 vom 23.11. 1995, S. 31, in der Fassung der Verordnung (EG) Nr. 1882/2003 vom 29. September 2003 (ABl. Nr. L 284 vom 31.10.2003, S. 1);
14. Richtlinie 2013/34/EU über den Jahresabschluss, den konsolidierten Abschluss und damit verbundene Berichte von Unternehmen bestimmter Rechtsformen und zur Änderung der Richtlinie 2006/43/EG und zur Aufhebung der Richtlinien 78/660/EWG und 83/349/EWG, ABl. Nr. L 182 vom 29.06.2013 S. 19, in der Fassung der Richtlinie 2014/95/EU, ABl. Nr. L 330 vom 15.11.2014 S. 1;
15. Verordnung (EG) Nr. 1781/2006 vom 15. November 2006 über die Übermittlung von Angaben zum Auftraggeber bei Geldtransfers (ABl. Nr. L 345 vom 08.12. 2006, S. 1);
16. Richtlinie 2007/16/EG vom 19. März 2007 zur Durchführung der Richtlinie 85/611/EWG des Rates zur Koordinierung der Rechts- und Verwaltungsvorschriften betreffend bestimmte Organismen für gemeinsame Anlagen in Wertpapieren (OGAW) im Hinblick auf die Erläuterung gewisser Definitionen (ABl. Nr. L 79 vom 20.3.2007, S. 11);

17. Verordnung (EU) Nr. 575/2013 über Aufsichtsanforderungen an Kreditinstitute und Wertpapierfirmen und zur Änderung der Verordnung (EU) Nr. 648/2012, ABl. Nr. L 176 vom 27.6.2013 S. 1;
18. Richtlinie 98/26/EG über die Wirksamkeit von Abrechnungen in Zahlungs- sowie Wertpapierliefer- und -abrechnungssystemen, ABl. Nr. L 166 vom 11.06.1998 S. 45;
19. Richtlinie 2013/34/EU über den Jahresabschluss, den konsolidierten Abschluss und damit verbundene Berichte von Unternehmen bestimmter Rechtsformen und zur Änderung der Richtlinie 2006/43/EG und zur Aufhebung der Richtlinien 78/660/EWG und 83/349/EWG, ABl. Nr. L 182 vom 29.06.2013 S. 19, in der Fassung der Richtlinie 2014/95/EU, ABl. Nr. L 330 vom 15.11.2014 S. 1;
20. Delegierte Verordnung (EU) 2016/438 zur Ergänzung der Richtlinie 2009/65/EG in Bezug auf die Pflichten der Verwahrstellen, ABl. Nr. L 78 vom 24.3.2016 S. 11.

(3) Verordnungen auf Grund dieses Bundesgesetzes in seiner jeweiligen Fassung dürfen bereits von dem Tag an erlassen werden, der der Kundmachung des durchzuführenden Bundesgesetzes folgt; sie dürfen jedoch nicht vor den durchzuführenden Gesetzesbestimmungen in Kraft treten.

(4) Soweit in anderen Bundesgesetzen auf Bestimmungen des InvFG 1993 verwiesen wird, treten an deren Stelle die entsprechenden Bestimmungen dieses Bundesgesetzes.

EB zu § 196 Abs. 2 Z 1 (Art. 2 BGBl. I Nr. 77/2011):
Setzt Art. 116 Abs. 1 letzter Unterabs. vorletzter Satz der Richtlinie 2009/65/EG um.

EB zu § 196 Abs. 2 Z 2 (Art. 11 BGBl. I Nr. 184/2013):
Redaktionelle Anpassung, da die Richtlinie 2006/48/EG durch die Richtlinie 2013/xx/EU ersetzt wurde.

EB zu § 196 Abs. 2 Z 16 und 17 (Art. 11 BGBl. I Nr. 184/2013):
Redaktionelle Anpassung, da sich im Gesetzestext künftig auch Verweise auf die Verordnung (EU) Nr. xxx/2013 finden.

EB zu § 196 Abs. 2 Z 1 (Art. 3 BGBl. I Nr. 70/2014):
Berichtigung des Verweises auf die aktuelle Fassung der Richtlinie 2009/65/EG.

EB zu § 196 Abs. 2 Z 14 (Art. 6 BGBl. I Nr. 68/2015):
Verweisanpassungen.

EB zu § 196 Abs. 2 Z 10 (Art. 2 BGBl. I Nr. 115/2015):
Anpassung der Verweise an die aktuellen Fassungen der jeweiligen Richtlinie.

EB zu § 196 Abs. 2 Z 18 und 19 (Art. 2 BGBl. I Nr. 115/2015):
Anpassung der Verweise an die aktuellen Fassungen der jeweiligen Richtlinie.

Sprachliche Gleichbehandlung

§ 197. Soweit in diesem Bundesgesetz personenbezogene Bezeichnungen nur in männlicher Form angeführt sind, beziehen sie sich auf Frauen und Männer in gleicher Weise. Bei der Anwendung auf bestimmte Personen ist die jeweils geschlechtsspezifische Form zu verwenden.

Außer-Kraft-Treten

§ 198. (1) Das Investmentfondsgesetz – InvFG 1993 (BGBl. Nr. 532/1993) in der Fassung des Bundesgesetzes BGBl. I Nr. 111/2010 wird mit Ablauf des 31. August 2011 aufgehoben; die §§ 6 Abs. 1, 20a Abs. 7, 21a Abs. 1, 2 und 3, 23f und 35 sowie Anlage E Schema E jeweils betreffend den vereinfachten Prospekt sind auf OGAW und AIF, die vor dem 1. September 2011 bewilligt wurden und solange für diese der FMA noch kein KID übermittelt wurde, bis zum Ablauf des 30. Juni 2012 anzuwenden. Die §§ 3 Abs. 2 und 14 Abs. 4 sind auf Zusammenlegungen von Kapitalanlagefonds anzuwenden, hinsichtlich derer bis zum Ablauf des 31. August 2011 bei der FMA ein vollständiger Antrag auf Bewilligung eingereicht wurde. § 44 InvFG 1993 ist auf Taten, die vor dem 1. September 2011 gesetzt wurden, uneingeschränkt weiter anzuwenden.

(2) Folgende Bestimmungen des Investmentfondsgesetzes 1993 in der Fassung vor dem Bundesgesetz BGBl. I Nr. 111/2010 bleiben in Geltung:

1. Die § 13 4. Satz, § 40 Abs. 1 und 2 sowie§ 42 Abs. 1 und 3 sind unbeschadet den Bestimmungen des § 200 Abs. 2 erster Satz für Geschäftsjahre des Fonds, die im Kalenderjahr 2012 beginnen, weiter anzuwenden. Nicht verbrauchte Verlustvorträge können in späteren Geschäftsjahren mit Einkünften des Kapitalanlagefonds gemäß § 27 Abs. 3 und 4 des Einkommensteuergesetzes 1988 verrechnet werden, wobei bei nicht im Betriebsvermögen gehaltenen Anteilscheinen 25 vH der Verlustvorträge verrechnet werden können. Für Zwecke der Kapitalertragsteuer ist einheitlich von diesem Prozentsatz auszugehen; die Aufgliederung der Zusammensetzung der ausschüttungsgleichen Erträge gemäß § 186 Abs. 2 Z 2 für Geschäftsjahre, die im Kalenderjahr 2013 beginnen, hat den Gesamtbetrag der nicht verbrauchten Verlustvorträge auszuweisen. § 42 Abs. 2 und 4 sind bis zum 31. März 2012 anzuwenden.
2. Das in § 40 Abs. 1 zweiter Satz genannte Ausmaß von einem Fünftel erhöht sich für
   a) Geschäftsjahre des Fonds, die nach dem 30. Juni 2011 beginnen, auf einen Prozentsatz von 30 vH;
   b) Geschäftsjahre des Fonds, die im Kalenderjahr 2012 beginnen, auf einen Prozentsatz von 40 vH;
3. Die in § 40 Abs. 2 Z 2 vorgesehene Verpflichtung zur Meldung der Kapitalertragsteuer auf täglicher Basis entfällt ab dem 1. April 2012. Ab diesem Zeitpunkt gilt stattdessen, ungeachtet der Z 1, bereits § 186 Abs. 2 Z 2 bis 4 in der Fassung des Investmentfondsgesetzes 2011, BGBl. I Nr. 77/2011.
4. Abweichend von § 40 Abs. 2 Z 2 kann der Nachweis der ausschüttungsgleichen Erträge ab dem 1. Jänner 2012 ausschließlich durch einen steuerlichen Vertreter erbracht werden. Als steuerlicher Vertreter kann nur ein inländischer Wirtschaftstreuhänder oder eine Person bestellt werden, die vergleichbare fachliche Qualifikationen nachweist.

EB zu § 198 (Art. 2 BGBl. I Nr. 77/2011):

Das Außerkrafttreten der steuerlichen Bestimmungen des InvFG 1993 einschließlich der Übergangsbestimmungen entspricht inhaltlich der im Budgetbegleitgesetz 2011 normierten Vorgangsweise nach Modifikation durch das Abgabenänderungsgesetz 2011. Hinsichtlich der Meldung der steuerlich relevanten Fondsdaten erfolgt eine Klarstellung insoweit, als diese ab 1. April 2012 ausschließlich an die Meldestelle (OeKB) zu erfolgen hat. Damit wird ab diesem Zeitpunkt für den Anleger eine zentrale Anlaufstelle hinsichtlich des Erhalts der notwendigen Informationen vorhanden sein. Klargestellt wird weiters, dass die täglichen KESt-Meldungen ab dem 1. April 2012 entfallen und ab diesem Zeitpunkt für alle Investmentfonds die verpflichtende Erbringung der Jahresmeldung gemäß § 186 Abs. 2 Z 2 bis 4 in Kraft tritt.

EB zu § 198 Abs. 2 Z 4 (Art. 6 BGBl. I Nr. 112/2011):

Mit dem Urteil vom 29. September 2011, C-387/10, Kommission/Österreich, hat der EuGH ausgesprochen, dass es gegen den freien Dienstleistungsverkehr verstößt, wenn nur inländische Kreditinstitute oder inländische Wirtschaftstreuhänder als – für die Meldung der ausschüttungsgleichen Erträge zuständige – steuerliche Vertreter eines Investmentfonds fungieren können.

Die entsprechende Bestimmung des § 40 Abs. 2 Z 2 InvFG 1993 ist zwar mit dem InvFG 2011 bereits unionsrechtskonform ausgestaltet worden (§ 186 Abs. 2 Z 2 InvFG 2011). Aufgrund des gestaffelten Inkrafttretens der neuen Rechtslage würde allerdings die nicht unionsrechtskonforme Fassung bis längstens 2013 in Geltung bleiben.

Mit der nunmehrigen Änderung soll daher – dem Urteil des EuGH Rechnung tragend – vorgesehen werden, dass bereits ab dem 1. Jänner 2012 als steuerlicher Vertreter nicht wie bisher nur inländische Wirtschaftstreuhänder oder inländische Kreditinstitute, sondern ausschließlich inländische Wirtschaftstreuhänder oder Personen mit vergleichbaren fachlichen Qualifikationen bestellt werden können. Indem ausschließlich die genannten Personengruppen als steuerlicher Vertreter zulässig sind, wird zudem die ebenfalls gemeinschaftsrechtswidrige Erleichterung für inländische Kreditinstitute in Bezug auf von ihnen verwaltete inländische Investmentfonds – diese konnten den Nachweis ohne steuerlichen Vertreter selbst erstatten – beseitigt. Die Änderung entspricht daher inhaltlich gänzlich der mit dem InvFG 2011 geänderten Rechtslage.

EB zu § 198 Abs. 2 Z 1 (Art. 5 BGBl. I Nr. 135/2013):

Für Verluste eines Fonds, die vor dem Inkrafttreten des InvFG 2011 entstanden sind, soll aus verwaltungsökonomischen Gründen eine einfache, pauschale Verwertungsmöglichkeit in der Zukunft geschaffen werden. Im Hinblick auf die Steuerhängigkeit von Spekulationsgewinnen im Regime des InvFG 1993 bzw. gemäß der Übergangsvorschrift des § 198 Abs. 2 Z 2 scheint ein einheitlicher Prozentsatz von 25% als sachgerecht. Aus Vereinfachungsgründen sollen Fonds diesen Ansatz einheitlich der Verlustverrechnung zu Grunde legen können; um für betriebliche Anleger eine Grundlage für eine weitergehende Verrechnung im Rahmen der Veranlagung zu schaffen, soll einmalig der volle Umfang der vortragsfähigen Verluste im Rahmen der Meldung des ersten Geschäftsjahres ausgewiesen werden, das 2013 beginnt. Davon unabhängig sollen diese Verluste – der Rechtslage im Jahr ihrer Entstehung entsprechend – auch künftig nur mit Einkünften aus Substanz und Derivaten verrechenbar sein. Damit soll sichergestellt werden, dass alte Verlustvorträge auf Fondsebene nicht für private und betriebliche Anleger getrennt evident gehalten und verrechnet werden müssen.

Vollzugsklausel

§ 199. Mit der Vollziehung dieses Bundesgesetzes ist hinsichtlich

1. § 189 der Bundesminister für Justiz,
2. hinsichtlich der §§ 10 bis 35, 50 bis 65, 128 bis 138 und 194 der Bundesminister für Finanzen im Einvernehmen mit dem Bundesminister für Justiz und
3. hinsichtlich aller übrigen Bestimmungen der Bundesminister für Finanzen betraut.

Inkrafttreten

§ 200. (1) Dieses Bundesgesetz tritt mit 1. September 2011 in Kraft.

(2) Die §§ 186 und 188 treten mit 1. April 2012 in Kraft. Davon abweichend gilt:

1. § 186 Abs. 3 gilt erstmals für Veräußerungen nach dem 31. März 2012, von nach dem 31. Dezember 2010 angeschafften Anteilscheinen. Für solche Anteilscheine ist eine Berichtigung der Anschaffungskosten gemäß § 186 Abs. 3, für Ausschüttungen und ausschüttungsgleiche Erträge vorzunehmen, die nach dem 31. Dezember 2010 zufließen bzw. als zugeflossen gelten. § 40 Abs. 3 des Investmentfondsgesetzes 1993 in der Fassung vor dem Bundesgesetz BGBl. I Nr. 111/2010 ist bis 31. März 2012 anzuwenden.
2. Abweichend von § 186 Abs. 2 Z 1 tritt bei nicht in einem Betriebsvermögen gehaltenen Anteilen an Stelle des Prozentsatzes von 60 vH für Geschäftsjahre des Fonds, die im Kalenderjahr 2013 beginnen, ein Prozentsatz von 50 vH.

(3) Die §§ 157 bis 161 gelten rückwirkend ab 1. Juli 2011. Für Verwaltungsgesellschaften gemäß Art. 6 der Richtlinie 2009/65/EG, welche in einem anderen Mitgliedstaat konzessioniert sind und über eine Zweigstelle, im Wege der Dienstleistungsfreiheit oder kollektiven Portfolioverwaltung in Österreich tätig werden, gelten rückwirkend ab 1. Juli 2011 die im Folgenden genannten Bestimmungen samt den in ihnen verwiesenen Normen: §§ 10 bis 36; § 38; §§ 46 bis 142; § 143 Abs. 1 Z 2, 3, 4 und 5; § 145; § 147; § 151; § 152; § 153 Abs. 2; § 162 Abs. 1 und 2; § 195 Abs. 2.

(4) § 190 Abs. 1 bis 6 in der Fassung des 2. Stabilitätsgesetzes 2012, BGBl. I Nr. 35/2012, tritt mit 1. Mai 2012 in Kraft.

(5) § 53 Abs. 4 und § 61 Abs. 2 in der Fassung des Bundesgesetzes BGBl. I Nr. 83/2012 treten mit 1. Juli 2012 in Kraft.

(6) § 193 Abs. 2 in der Fassung des Bundesgesetzes BGBl. I Nr. 70/2013 tritt mit 1. Jänner 2014 in Kraft.

(7) § 1, § 2 Abs. 3, § 3Abs. 2 Z 19, 30 und Z 31, § 5 Abs. 2 Z 2, § 5 Abs. 5, § 6 Abs. 3, § 130, § 134 Abs. 1, § 162a, und § 195 Abs. 6 und 7 in der Fassung des Bundesgesetzes BGBl. I Nr. 135/2013 treten mit 22. Juli 2013 in Kraft. § 27, § 30 Abs. 5, § 46 Abs. 3, § 60 Abs. 1, § 64, § 71 Abs. 1, § 166 Abs. 1 Z 4, § 167 Abs. 1 und 6 bis 9, § 168, § 173 samt Überschrift, § 190 Abs. 1 Z 2 und 6, Abs. 2 Z 11 bis 13, Abs. 3 Z 2, Abs. 4 Z 2 in der Fassung des Bundesgesetzes BGBl. I Nr. 135/2013 treten mit dem der Kundmachung folgenden Tag in Kraft. § 144 samt Überschrift in der Fassung des Bundesgesetzes BGBl. I Nr. 135/2013 tritt mit 1. Jänner 2014 in Kraft. § 175 bis § 185 samt Überschriften und § 189 Abs. 1 Z 1 und 2 treten mit Ablauf des 21. Juli 2013 außer Kraft.

(8) §§ 186 und 188 in der Fassung BGBl. I Nr. 135/2013 gelten erstmals für Geschäftsjahre von Kapitalanlagefonds, die nach dem 21. Juli 2013 beginnen. § 186 Abs. 1 zweiter und dritter Satz in der Fassung BGBl. I Nr. 135/2013 dürfen bereits in Geschäftsjahren angewendet werden, die nach dem 31. Dezember 2012 beginnen. AIF des geschlossenen Typs, die nach dem 22. Juli 2013 keine zusätzlichen Anlagen tätigen (§ 67 Abs. 5 AIFMG) und keine neuen Anteile begeben, stellen für Zwecke der §§ 186 Abs. 1 Z 2 und 188 Abs. 1 Z 2 keine AIF dar. Dies gilt nur, wenn nicht bereits im letzten Geschäftsjahr, das vor dem 22. Juli 2013 beginnt, § 186 oder § 188 in der Fassung vor dem BGBl. I Nr. 135/2013 auf den Organismus anzuwenden war. § 124b Z 185 lit. c des Einkommensteuergesetzes 1988 und § 6b des Körperschaftsteuergesetzes 1988 gehen der Anwendung der §§ 186 und 188 vor.

(9) § 3 Abs. 1, § 6 Abs. 2 Z 5, § 8 Abs. 2, § 10 Abs. 6, § 74 Abs. 1, § 145 Abs. 4, § 148 Abs. 5, § 150 Abs. 1, § 151 Z 3a und 11, § 190 Abs. 7, § 191 samt Überschrift und § 196

Abs. 2 Z 2 und 17 in der Fassung des Bundesgesetzes BGBl. I Nr. 184/2013 treten mit 1. Jänner 2014 in Kraft. § 151 Z 11a in der Fassung des Bundesgesetzes BGBl. I Nr. 184/2013 tritt mit 1. Jänner 2015 in Kraft. § 151 Z 11 in der Fassung des Bundesgesetzes BGBl. I Nr. 184/2013 tritt mit Ablauf des 31. Dezember 2014 außer Kraft.

(10) § 85 Abs. 1 und 3 und § 196 Abs. 2 Z 1 in der Fassung des Bundesgesetzes BGBl. I Nr. 70/2014 treten mit 21. Dezember 2014 in Kraft.

(11) § 186 Abs. 2 Z 4 in der Fassung des BGBl. I Nr. 70/2014 tritt mit 1. Jänner 2015 in Kraft.

(12) § 171 Z 2 in der Fassung des Bundesgesetzes BGBl. I Nr. 34/2015 tritt mit 1. Jänner 2016 in Kraft.

(13) § 10 Abs. 6, § 70 Abs. 4 Z 4, § 74 Abs. 7, § 154 Abs. 3 und § 196 Abs. 2 Z 14 in der Fassung des Bundesgesetzes BGBl. I Nr. 68/2015 treten mit 20. Juli 2015 in Kraft. Bei Unterlagen der Rechnungslegung für Geschäftsjahre, die vor dem 1. Jänner 2016 begonnen haben, ist § 10 Abs. 6 in der Fassung des Bundesgesetzes BGBl. I Nr. 68/2015 mit der Maßgabe anzuwenden, dass die Bestimmungen des BWG gemäß den Vorgaben des § 107 Abs. 87 BWG anzuwenden sind.

(14) § 186 Abs. 5 Z 2 und 3 in der Fassung des Bundesgesetzes BGBl. I Nr. 115/2015 gilt erstmals für Geschäftsjahre von den §§ 186 oder 188 unterliegenden Gebilden, die nach dem 21. Juli 2013 beginnen.

(15) § 58 Abs. 2 in der Fassung des Bundesgesetzes BGBl. I Nr. 115/2015 tritt mit 1. Jänner 2015 in Kraft.

(16) § 14 Abs. 3, § 46 Abs. 1, § 60 Abs. 2, § 70 Abs. 4 Z 4, § 93 Abs. 2 Z 1, § 125 Abs. 3, § 136 Abs. 4 Z 2, § 140 Abs. 3, § 141 Abs. 3, § 151 Z 3a, § 195 Abs. 9 und § 196 Abs. 2 Z 10 und 17 bis 19 in der Fassung des Bundesgesetzes BGBl. I Nr. 115/2015 treten mit 1. September 2015 in Kraft. § 167 Abs. 5 tritt mit Ablauf des 31. August 2015 außer Kraft.

(17) § 186 Abs. 2 Z 1 und 2 in der Fassung des Bundesgesetzes BGBl. I Nr. 115/2015 gilt für Geschäftsjahre von den §§ 186 oder 188 unterliegenden Gebilden, die nach dem 30. September 2015 enden.

(18) Das Inhaltsverzeichnis hinsichtlich der §§ 17a bis 17c, 42, 42a, 44a und 190a bis 190e samt Überschriften, § 3 Abs. 2 Z 33 und 34, § 10 Abs. 6, § 11 Abs. 5, § 17 Abs. 3 Z 6, §§ 17a bis 17c samt Überschriften, § 29 Abs. 3 und 5, § 33 Abs. 2, § 36 Abs. 6 Z 1, § 37 Abs. 5 Z 2, § 40 Abs. 1 und 1a, §§ 42 und 42a samt Überschriften, § 43, § 44 Abs. 2 und 3, § 44a samt Überschrift, § 57 Abs. 1 und 3, § 131 Abs. 4 Z 11 und 12, § 135 Abs. 2 Z 1 und Abs. 3a, § 150, § 164 Abs. 4, § 190, §§ 190a bis 190e samt Überschriften, § 191, § 193 Abs. 3a und 3b, § 196 Abs. 2 Z 1, Anlage I Schema A I. Investmentfonds Z 2, Anlage I Schema A II. Verwaltungsgesellschaft Z 2, Anlage I Schema A III. Investmentgesellschaft Z 2 und Anlage I Schema B Z 9 in der Fassung des Bundesgesetzes BGBl. I Nr. 115/2015 treten mit 18. März 2016 in Kraft. § 5 Abs. 5, § 12 Abs. 3, § 13 Abs. 3, § 20 Abs. 3, § 21 Abs. 6, § 31 Abs. 5, § 41 Abs. 4 und § 189 Abs. 5 treten mit Ablauf des 17. März 2016 außer Kraft.

(19) § 6 Abs. 2 Z 8, § 40 Abs. 1a, § 41 Abs. 3, § 42a Abs. 2 Z 1, § 143 Abs. 1 Z 2, § 190 Abs. 2 Z 3, § 190 Abs. 5 Z 1 und § 196 Abs. 2 Z 19 und 20 in der Fassung des Bundesgesetzes BGBl. I Nr. 73/2016 treten mit 13. Oktober 2016 in Kraft. § 6 Abs. 2 Z 9 tritt mit Ablauf des 12. Oktober 2016 außer Kraft.

(20) § 190 Abs. 2 Z 13 und 14 in der Fassung des Bundesgesetzes BGBl. I Nr. 73/2016 tritt mit 13. Jänner 2017 in Kraft. § 190 Abs. 2 Z 15 in der Fassung des Bundesgesetzes BGBl. I Nr. 73/2016 tritt mit 13. Juli 2017 in Kraft.

EB zu § 200 Abs. 1 (Art. 2 BGBl. I Nr. 77/2011):

Setzt Art. 118 Abs. 2 der Richtlinie 2009/65/EG sowie Art. 46 der Richtlinie 2010/43/EU und Art. 34 Abs. 1 der Richtlinie 2010/44/EU um.

EB zu § 200 Abs. 2 (Art. 2 BGBl. I Nr. 77/2011):

Das Inkrafttreten der steuerlichen Bestimmungen des InvFG 2011 entspricht inhaltlich ebenso der im Budgetbegleitgesetz 2011 normierten Vorgangsweise. In formaler Hinsicht treten damit jedoch die durch das Budgetbegleitgesetz 2011 geänderten Bestimmungen der §§ 40 und 42 InvFG 1993 nicht in Kraft, sondern werden sofort durch die inhaltsgleichen Bestimmungen der § 186 und 188 ersetzt. Es wird zwar formal festgelegt, dass die Anschaffungskosten von Fondsanteilen rückwirkend bis 1. Jänner 2011 festzuhalten und zu berichtigen sind. Es handelt sich dabei jedoch um keine materielle Rückwirkung, da eine solche Vorgangsweise bereits durch § 40 Abs. 3 in Verbindung mit § 49 Abs. 24 Z 1 InvFG 1993 vorgesehen ist.

EB zu § 200 Abs. 3 (Art. 2 BGBl. I Nr. 77/2011):

Die in §§ 157 bis 161 normierte Europäische und Internationale Zusammenarbeit soll für jede Art des grenzüberschreitenden Rechtsverkehrs bereits mit Ablauf der Umsetzungsfrist am 1. Juli 2011 gelten. Mit Ablauf der Umsetzungsfrist der RL 2009/65/EG am 1. Juli 2011 ist damit zu rechnen, dass Verwaltungsgesellschaften aus anderen MS die mit ihr eingeräumten Rechte auf Niederlassung, freien Dienstleistungsverkehr oder kollektiver Portfolioverwaltung in Österreich geltend machen. Ein rückwirkendes Inkrafttreten der Bestimmungen für diese Normadressaten, insbesondere der §§ 36 und 38 des Entwurfs, ist daher sinnvoll. Die in diesen beiden Normen verwiesenen Bestimmungen sollten ebenfalls rückwirkend gelten.

EB zu § 186, § 188 und § 200 Abs. 8 (Art. 5 BGBl. I Nr. 135/2013):

Die Erlassung des AIFMG soll zum Anlass genommen werden, die steuerliche Behandlung von Investmentfonds an die geänderten regulatorischen Rahmenbedingungen anzupassen und die Besteuerung ausländischer Investmentfonds den Vorgaben des Unionsrechts entsprechend neu zu regeln.

Die investmentfondsspezifische transparente Besteuerungssystematik soll zunächst bei inländischen Kapitalanlagefonds – das sind OGAW und AIF, unabhängig von der Rechtsform, deren Herkunftsmitgliedstaat Österreich ist, zur Anwendung kommen. AIF in Immobilien sind davon allerdings ausgenommen; die steuerliche Behandlung dieser Strukturen soll gesondert im ImmoInvFG geregelt werden.

Weiters soll in § 186 Abs. 1 zweiter Satz die steuerliche Behandlung von Aufwendungen des Fonds geregelt werden: Die Aufwendungen des Fonds, die mit Einkünften aus Kapitalvermögen in Zusammenhang stehen, sollen von diesen abgezogen werden können. Entsteht so ein Verlust, kann dieser in eines der folgenden Fondsgeschäftsjahre vorgetragen werden, wobei vorrangig eine Verrechnung mit Einkünften aus realisierten Wertsteigerungen von Kapitalvermögen und Einkünften aus Derivaten zu erfolgen hat.

Überdies soll klargestellt werden, dass eine im Rechnungswesen des Fonds vorgenommene Zinsabgrenzung auch für steuerliche Zwecke maßgeblich ist. Beide Regelungen sollen bereits in Geschäftsjahren anwendbar sein, die nach dem 31.12.2012 beginnen.

Die Änderung des ersten Satzes des § 186 Abs. 3 soll die für Kapitalanlagefonds geltende Besteuerung auf zwei Ebenen folgerichtig auch auf AIF ausdehnen: Die Besteuerung auf Fondsebene soll um die Besteuerung auf Anteilsebene ergänzt werden; eine Verminderung der Anschaffungskosten am Anteil darf nur erfolgen, wenn überhaupt keine Einkünf-

te im Sinne des EStG 1988 vorliegen (also bei Substanzauszahlungen). Die bisher schon vorgesehene Verminderung der Anschaffungskosten, wenn die bereits als ausgeschüttet geltenden Erträge später tatsächlich ausgeschüttet werden, gilt ebenso auch für AIF.

Aufgrund der Ausdehnung der Fondsbesteuerung auf AIF sind auch diesem Bereich künftig andere Einkünfte als solche aus Kapitalvermögen denkbar. § 186 Abs. 5 soll die steuerliche Behandlung von solchen Erträgen regeln, die keine Einkünfte aus Kapitalvermögen sind, und betrifft somit vorrangig AIFs. Dabei sollen folgende Grundsätze gelten:

Es findet keine generelle „Transformation" der Einkünfte in Einkünfte aus Kapitalvermögen statt.

Befinden sich in einem Fondsvermögen allerdings Immobilienrichtet sich die Besteuerung und die Berechnung der Erträge aus der Immobilienbewirtschaftung nach den Vorschriften des Immobilien-Investmentfondsgesetzes.

Auch Erträge eines Fonds, die weder den Einkünften aus Kapitalvermögen noch den Einkünften aus der Bewirtschaftung einer Immobilie zuzurechnen sind, sind beim Anleger steuerpflichtig in der jeweiligen Einkunftsart. Werden sie nicht ohnedies ausgeschüttet, sollen sie – aus Praktikabilitätsgründen – gleichzeitig mit des ausschüttungsgleichen Erträgen des Fonds als ausgeschüttet gelten. Im Gegensatz zu den ausschüttungsgleichen Erträgen des Fonds im Sinne des § 186 Abs. 2, ist für diese Einkünfte aber keine Anpassung der Anschaffungskosten vorzunehmen, zumal ihre korrekte Besteuerung mangels KESt-Abzuges praktisch nicht sichergestellt werden kann.

§ 186 Abs. 6 regelt die zeitliche Reihenfolge der ausgeschütteten Erträge und entspricht im Wesentlichen dem § 186 Abs. 1 letzter Satz InvFG 2011 in der geltenden Fassung. Jeder Kapitalanlagefonds oder AIF hat zuerst Erträge auszuschütten, die Einkünfte aus Kapitalvermögen darstellen; danach Erträge, die andere Einkünfte als Einkünfte aus Kapitalvermögen darstellen und zuletzt nicht steuerbare Beträge, wie insbesondere Substanzauszahlungen.

Gemäß § 186 Abs. 7 sollen juristische Personen, die aufsichtsrechtlich als AIF anzusehen sind, ihre Körperschaftsteuersubjektivität verlieren, wenn sie tatsächlich nach den Bestimmungen der §§ 186 und 188 besteuert werden.

Auch die Besteuerung ausländischer Kapitalanlagefonds soll angepasst werden. Abweichend von der bisherigen Rechtslage soll bei der Definition des ausländischen Kapitalanlagefonds zunächst formal angeknüpft werden. Daher sollen OGAW und AIF, ausgenommen AIF in Immobilien, unabhängig von der Rechtsform generell als ausländische Kapitalanlagefonds eingestuft werden.

Darüber hinaus soll für ausländische Strukturen, die keine AIF oder OGAW sind, eine materiellwirtschaftliche Anknüpfung zur Verhinderung von Gestaltungsmodellen in Niedrigsteuerländern greifen. Jeder einem ausländischen Recht unterstehende Organismus, dessen Vermögen nach dem Gesetz, der Satzung oder tatsächlichen Übung nach den Grundsätzen der Risikostreuung angelegt ist, soll unabhängig von der Rechtsform als ausländischer Kapitalanlagefonds eingestuft werden, wenn er aufgrund seiner steuerlichen Behandlung im Ausland bestimmte „Niedrigbesteuerungskriterien" erfüllt. Diese Kriterien entsprechen weitgehend jenen, die in der Bestimmung des § 10 Abs. 5 KStG 1988 als für den Methodenwechsel bei der Besteuerung von Gewinnanteilen aus Portfoliobeteiligungen ausschlaggebend definiert werden. Eine Niedrigbesteuerung liegt demnach dann vor, wenn:

- *der Organismus im Ausland tatsächlich direkt oder indirekt keiner der österreichischen Körperschaftsteuer vergleichbaren Steuer unterliegt, oder*

- *die Gewinne des Organismus im Ausland einer der österreichischen Körperschaftsteuer vergleichbaren Steuer unterliegen, deren anzuwendender Steuersatz um mehr als 10 Prozentpunkte niedriger als die österreichische Körperschaftsteuer gemäß § 22 Abs. 1 KStG 1988 ist, oder*
- *der Organismus im Ausland Gegenstand einer umfassenden persönlichen oder sachlichen Befreiung ist.*

Aufgrund der Ausgestaltung der Kriterien werden diese nur dann relevant, wenn dem Organismus nach dem Recht seines Ansässigkeitsstaates Steuerrechtssubjektivität zukommt. Bei Organismen, die als transparent eingestuft und damit nicht direkt besteuert werden, entfällt somit die Kriterienprüfung und sie werden automatisch immer dann als ausländischer Kapitalanlagefonds eingestuft, wenn ihr Vermögen nach den Grundsätzen der Risikostreuung angelegt ist. Einem ausländischen Recht unterstehende Organismen, die als Veranlagungsgemeinschaften in Immobilien im Sinne des § 42 ImmoInvFG eingestuft werden, sind von diesen Bestimmungen ausgenommen; die steuerliche Behandlung dieser Strukturen soll gesondert im ImmoInvFG geregelt werden.

Das geänderte Besteuerungskonzept soll parallel zur Umsetzung der AIFMD-RL in Kraft treten. Aus Gründen der Praktikabilität und des Vertrauensschutzes soll es allerdings erstmals für Geschäftsjahre von Kapitalanlagefonds gelten, die nach dem 21. Juli 2013 beginnen. Im Hinblick auf die in § 195 Abs.7 verankerte Übergangsregelung für AIFM, die vor dem 21. Juli 2013 AIF in Österreich gemäß 3. Teil 2. Hauptstück vertreiben dürfen, ist zu beachten, dass die Besteuerung dieser Anteile für Geschäftsjahre, die nach dem 21. Juli 2013 beginnen, nicht mehr nach § 186, sondern nach § 188 erfolgt; die geänderte Einstufung hat aber keine materiell-rechtlichen Konsequenzen.

EB zu § 200 Abs. 9 (Art. 11 BGBl. I Nr. 184/2013):

Bestimmung für das In- und Außerkrafttreten.

EB zu § 200 Abs. 9 (Art. 6 BGBl. I Nr. 59/2014):

Durch die Überarbeitung des zweiten und dritten Satzes wird normiert, dass § 10 Abs. 6 nicht mit 31. Dezember 2014 außer Kraft tritt und § 10 Abs. 7 in der Fassung des BGBl. I Nr. 184/2013 nicht mit 1. Jänner 2015 in Kraft tritt, wie dies ursprünglich durch das Bundesgesetz BGBl. I Nr. 184/2013 vorgesehen war. Da der Verweis auf § 25 BWG in § 10 Abs. 6 bereits durch die gegenständliche Änderung beseitigt wird, wird § 10 Abs. 7 damit obsolet und hat (noch vor Inkrafttreten) zu entfallen.

EB zu § 200 Abs. 8 (Art. 3 BGBl. I Nr. 70/2014):

Es soll eine Übergangsvorschrift für Produkte vorgesehen werden, bei denen weder neue Anteile vertrieben werden, noch zusätzliche Investments getätigt werden. Im Sinne der Rechtssicherheit und – beständigkeit sowie vor dem Hintergrund einer Verwaltungsvereinfachung soll vorgesehen werden, dass die – ohnedies nur steuerlich relevante – Umqualifikation in einen AIF und die damit zwingend verbundene Besteuerung als Fonds unterbleiben kann, wenn folgende Voraussetzungen kumulativ erfüllt sind:

- *Der Tatbestand der regulatorischen Übergangsbestimmung des § 67 Abs. 5 AIFMG ist erfüllt, es handelt sich somit um einen AIF geschlossenen Typs handelt, der keine zusätzlichen Anlagen mehr tätigt. In solchen Fällen besteht eine Ausnahme aus den regulatorischen Bestimmungen des AIFMG, weshalb Frage der Einstufung als AIF nur für steuerliche Zwecke notwendig wäre.*
- *Seit dem Inkrafttreten des AIFMG wurden bzw. werden keine neuen Anteile mehr begeben. Diese Voraussetzung soll verhindern, dass AIF des geschlossenen Typs, die noch*

weiter aktiv vertrieben werden, von der Übergangsbestimmung profitieren. Der reine Sekundärmarkthandel ist dabei unschädlich.

- *Der Organismus nicht bereits aufgrund der Fondsbesteuerungsregelungen vor den Änderungen im Zuge des AIFMG als Fonds zu besteuern war.*

Technisch soll die Ausnahme so formuliert werden, dass die betroffenen Organismen für Zwecke der in § 186 Abs. 1 Z 2 und 2 sowie § 188 Abs. 1 Z 2 vorgesehenen regulatorischen Anknüpfung keine AIF darstellen. Daraus ergibt sich, dass der in § 188 Abs. 1 Z 3 vorgesehene Auffangtatbestand für niedrigbesteuerte, risikogestreute Organismen sehr wohl anwendbar bleibt.

Überdies soll klargestellt werden, dass die spezielleren Vorschriften des § 124b Z 185 EStG 1988 (betreffend Anleihen und Zertifikate, für die KESt-Gutschriften erteilt wurden) und des § 6b KStG 1988 (Sonderregelungen für Mittelstandsfinanzierungsgesellschaften) grundsätzlich dem Fondsbesteuerungsregime vorgehen.

EB zu § 200 Abs. 11 (Art. 3 BGBl. I Nr. 70/2014):

Der Anleger hat – insbesondere bei pauschal besteuerten Nichtmeldefonds – die Möglichkeit, direkt beim Abzugsverpflichteten die tatsächlichen ausschüttungsgleichen Erträge nachzuweisen und damit eine Rückerstattung der Kapitalertragsteuer zu erwirken („Selbstnachweis"). Hat der Abzugsverpflichtete allerdings bereits eine Verlustausgleichsbescheinigung im Sinne des § 96 Abs. 4 Z 2 des EStG 1988 ausgestellt und hat der Anleger diese seinem Finanzamt zum Zwecke des Verlustausgleichs vorgelegt, besteht das Risiko, dass es zu einer mehrfachen Rückerstattung oder Anrechnung derselben Kapitalertragsteuer kommt. Um dieses Risiko zu vermeiden, soll künftig die Verarbeitung des Selbstnachweises und die damit verbundene Rückerstattung der Kapitalertragsteuer nur dann vorgenommen werden, wenn sichergestellt ist, dass das zuständige Finanzamt Kenntnis von der geänderten Situation, also insbesondere der niedrigeren abgezogenen Kapitalertragsteuer, hat. Dazu ist es erforderlich, dass der Anleger den Abzugsverpflichteten beauftragt, die geänderte Verlustausgleichsbescheinigung seinem zuständigen Finanzamt vorzulegen. Dies entspricht konzeptionell den Regelungen bei Depotübertragungen und Wegzug (§ 27 Abs. 6 Z 1 und 2 EStG 1988), wo die Mitteilung an das zuständige Finanzamt eine effiziente steuerliche Erfassung sicherstellt. Eine entsprechende gesetzliche Regelung soll in § 186 Abs. 2 Z 4 vorgesehen werden für sämtliche ab 1. Jänner 2015 vorgelegten Selbstnachweise gelten.

EB zu § 200 Abs. 13 (Art. 6 BGBl. I Nr. 68/2015):

Inkrafttretensbestimmung. Konsistent mit der Regelung des § 906 Abs. 28 UGB wird durch einen Verweis auf § 107 Abs. 87 BWG festgelegt, dass die im Rahmen des vorliegenden Bundesgesetzes ebenfalls geänderten Bestimmungen des BWG, die aufgrund von Verweisen in § 10 Abs. 6 auch auf Verwaltungsgesellschaften anzuwenden sind, erstmalig auf Unterlagen der Rechnungslegung für Geschäftsjahre anzuwenden sind, die nach dem 31. Dezember 2015 beginnen. Im Zusammenhang mit Unterlagen der Rechnungslegung für Geschäftsjahre, die vor dem 1. Jänner 2016 begonnen haben, ist sohin bei Verweisen auf das BWG das BWG in seiner bisherigen Fassung sowie bei Verweisen im BWG auf das UGB das UGB in der Fassung vor dem Bundesgesetz BGBl. I Nr. 22/2015 anzuwenden (siehe § 107 Abs. 87 BWG).

EB zu Art. 2 (BGBl. I Nr. 115/2015)

Verweise auf die Richtlinie 2009/65/EG beziehen sich immer auf die Richtlinie 2009/65/EG in der Fassung der Richtlinie 2014/91/EU.

EB zu § 200 Abs. 14 (Art. 2 BGBl. I Nr. 115/2015):

Da Alternative Investmentfonds (AIF), die seit der Einführung des AIFMG auch der Besteuerung nach § 186 InvFG 2011 unterliegen, neben Einkünften aus Kapitalvermögen im Sinne des § 27 EStG 1988 auch andere Einkünfte erzielen können, soll deren steuerliche Behandlung in § 186 Abs. 5 InvFG 2011 näher geregelt werden. Es soll klargestellt werden, dass diese Einkünfte grundsätzlich nicht in Einkünfte aus Kapitalvermögen transformiert werden, sondern auf Anteilsinhaberebene als Einkünfte der jeweiligen Einkunftsart des § 2 Abs. 3 EStG 1988 unter Beachtung der jeweiligen Verlustausgleichsbestimmungen zu erfassen sind. Weiters soll in der neuen Z 3 klargestellt werden, dass diese Einkünfte auch in der Meldung gemäß Abs. 2 Z 2 aufzunehmen sind.

Im Sinne der Praktikabilität sollen zwei Vereinfachungsregelungen vorgesehen werden:

- *Um bei Bagatellfällen großen Aufwand zu vermeiden, soll, wenn die anderen Einkünfte positiv sind und nicht mehr als 10% der Einkünfte aus Kapitalvermögen im Sinne des § 27 EStG 1988 betragen, dennoch eine Transformation in Einkünfte aus Kapitalvermögen gemäß § 27 Abs. 2 EStG 1988 stattfinden. Im Fall von negativen Einkünften aus Kapitalvermögen kann die 10%-Grenze nicht unterschritten werden, weshalb es zu keiner Transformation kommen soll.*
- *Zudem soll eine gesetzliche Regelung betreffend Einkünfte aus Spekulationsgeschäften im Sinne des § 31 EStG 1988 vorgesehen werden: Um zu vermeiden, dass das Vorliegen von Spekulationseinkünften in sämtlichen Fällen bei jedem Anteilinhaber gesondert geprüft werden muss, soll fingiert werden, dass 30% der Veräußerungsgewinne, die der Fonds erzielt, als Spekulationseinkünfte gelten, wenn die Anteile im Privatvermögen gehalten werden. Im Gegensatz zur Rechtslage vor dem InvFG 2011 soll aber keine Transformation in Einkünfte aus Kapitalvermögen erfolgen. Um ein gezieltes Ausnutzen dieser Bestimmung durch Spezialfonds sowie AIF, die von weniger als 50 Anteilinhabern gehalten werden, zu vermeiden, sollen diese von der gesetzlichen Fiktion ausgenommen werden. Weiters soll klargestellt werden, dass in solchen Fällen das Vorliegen von Spekulationseinkünften bzw. das Erfüllen der Spekulationsfrist auf Ebene jedes einzelnen Anteilinhabers gesondert zu ermitteln ist. Diese Bestimmungen sollen – wie auch die Investmentfondsbesteuerung für AIF – erstmals für Fondsgeschäftsjahre gelten, die nach dem 21. Juli 2013 beginnen.*

Im Zuge dieser Änderungen § 186 Abs. 5 Z 2 InvFG 2011 neu gegliedert werden.

EB zu § 200 Abs. 17 (Art. 2 BGBl. I Nr. 115/2015):

Im Sinne einer praxisfreundlichen Lösung soll künftig ein rechtliches Auseinanderfallen zwischen dem Meldezeitpunkt und der zeitlichen Realisation der Einkünfte vermieden werden. Aus diesem Grund soll künftig gesetzlich für alle Anleger – unabhängig von der Art der Ermittlung der Einkünfte – ein einheitlicher Realisierungszeitpunkt festgelegt werden:

- *Bei tatsächlichen Ausschüttungen soll die steuerliche Erfassung künftig generell im Zeitpunkt des Zuflusses der Ausschüttung erfolgen (§ 186 Abs. 2 Z 1 lit. a).*
- *Bei ausschüttungsgleichen Erträgen ist zu differenzieren (§ 186 Abs. 2 Z 1 lit. b):*
- *Findet eine Auszahlung der Kapitalertragsteuer im Sinne des § 58 Abs. 2 statt, soll der Zufluss der Auszahlung der steuerliche relevante Realisierungszeitpunkt sein.*
- *Findet keine Auszahlung der Kapitalertragsteuer statt und liegt ein Meldefonds vor, soll der Realisierungszeitpunkt mit dem Zeitpunkt der Veröffentlichung der steuerrelevanten Daten durch die Meldestelle gleichgeschalten werden; die bislang vorgesehene Viermonatsfrist erübrigt sich aufgrund des Zusammenspieles mit § 186 Abs. 2 Z 2 lit. c*

1. Teilstrich und der darauf basierenden Verordnung, die entsprechende Fristen vorsehen soll.

- *Bei Nichtmeldefonds wird der Realisierungszeitpunkt – wie bisher – zum Jahresultimo angenommen.*

Daraus ergibt sich eine neue Gliederung von § 186 Abs. 2 Z 1.

Die in § 186 Abs. 2 Z 1 lit. b vorgesehenen Realisierungszeitpunkte sollen auch maßgeblich sein, wenn der Fonds (AIF) andere Einkünfte als Einkünfte aus Kapitalvermögen erwirtschaftet. Dabei richtet sich der Realisierungszeitpunkt auch dann nach der Meldung bzw. Veröffentlichung der steuerrelevanten Daten, wenn die anderen Einkünfte nicht wie vorgesehen gemeldet werden.

Die Änderungen sollen erstmals auf Fondsgeschäftsjahre angewendet werden, die nach dem 30. September 2015 enden.

Anlage I zu Art. 2 InvFG 2011

SCHEMA A

I. Investmentfonds

1. Informationen über den Investmentfonds
   1.1. Bezeichnung
   1.2. Zeitpunkt der Gründung des Investmentfonds. Angabe der Dauer, falls diese begrenzt ist
   1.3. –
   1.4. Angabe der Stelle, bei der die Fondsbestimmungen sowie die periodischen Berichte erhältlich sind
   1.5. Kurzangaben über die auf den Investmentfonds anwendbaren Steuervorschriften, wenn sie für den Anteilinhaber von Bedeutung sind. Angabe, ob auf die von den Anteilinhabern vom Investmentfonds bezogenen Einkünfte und Kapitalerträge Quellenabzüge erhoben werden
   1.6. Stichtag für den Jahresabschluss und Häufigkeit der Ausschüttung
   1.7. Name der Personen, die mit der Abschlussprüfung gemäß § 49 Abs. 5 beauftragt sind
   1.8. –
   1.9. –
   1.10. Angabe der Art und der Hauptmerkmale der Anteile, insbesondere:
   - Art des Rechts (dingliches, Forderungs- oder anderes Recht), das der Anteil repräsentiert
   - Original-Urkunden oder Zertifikate über diese Urkunden, Eintragung in einem Register oder auf einem Konto
   - Merkmale der Anteile: Namens- oder Inhaberpapiere, gegebenenfalls Angabe der Stückelung
   - Beschreibung des Stimmrechts der Anteilinhaber, falls dieses besteht
   - Voraussetzungen, unter denen die Auflösung des Investmentfonds beschlossen werden kann, und Einzelheiten der Auflösung, insbesondere in Bezug auf die Rechte der Anteilinhaber

   1.11. Gegebenenfalls Angabe der Börsen oder Märkte, an denen die Anteile notiert oder gehandelt werden
   1.12. Modalitäten und Bedingungen für die Ausgabe und/oder den Verkauf der Anteile

1.13. Modalitäten und Bedingungen der Rücknahme oder Auszahlung der Anteile und Voraussetzungen, unter denen diese ausgesetzt werden kann
1.14. Beschreibung der Regeln für die Ermittlung und Verwendung der Erträge
1.15. Beschreibung der Anlageziele des Investmentfonds, einschließlich der finanziellen Ziele (z. B. Kapital- oder Ertragssteigerung), der Anlagepolitik (z. B. Spezialisierung auf geografische Gebiete oder Wirtschaftsbereiche), etwaiger Beschränkungen bei dieser Anlagepolitik sowie der Angabe etwaiger Techniken und Instrumente oder Befugnisse zur Kreditaufnahme, von denen bei der Verwaltung des Investmentfonds Gebrauch gemacht werden kann
1.16. Regeln für die Vermögensbewertung
1.17. Ermittlung der Verkaufs- oder Ausgabe- und der Auszahlungs- oder Rücknahmepreise der Anteile, insbesondere:
- Methode und Häufigkeit der Berechnung dieser Preise
- Angaben der mit dem Verkauf, der Ausgabe, der Rücknahme oder Auszahlung der Anteile verbundenen Kosten
- Angabe von Art, Ort und Häufigkeit der Veröffentlichung dieser Preise

1.18. Angaben über die Methode, die Höhe und die Berechnung der zu Lasten des Investmentfonds gehenden Vergütungen für die Verwaltungsgesellschaft, die Verwahrstelle oder Dritte und der Unkostenerstattungen an die Verwaltungsgesellschaft, die Verwahrstelle oder Dritte durch den Investmentfonds

2. Angaben über die Verwahrstelle:
2.1. Bezeichnung oder Firma, Rechtsform, Gesellschaftssitz und Ort der Hauptverwaltung, wenn dieser nicht mit dem Gesellschaftssitz zusammenfällt,
2.2. Haupttätigkeit.

3. Angaben über die externen Beratungsfirmen oder Anlageberater, wenn ihre Dienste auf Vertragsbasis in Anspruch genommen und die Vergütungen hierfür dem Vermögen des OGAW entnommen werden:
3.1. Name der Firma oder des Beraters,
3.2. Einzelheiten des Vertrags mit der Verwaltungsgesellschaft oder der Investmentaktiengesellschaft, die für die Anteilinhaber von Interesse sind; ausgenommen sind Einzelheiten betreffend die Vergütungen,
3.3. andere Tätigkeiten von Bedeutung.

4. Angaben über die Maßnahmen, die getroffen worden sind, um die Zahlungen an die Anteilinhaber, den Rückkauf oder die Rücknahme der Anteile sowie die Verbreitung der Informationen über den OGAW vorzunehmen. Diese Angaben sind auf jeden Fall hinsichtlich des Mitgliedstaats zu machen, in dem der OGAW bewilligt ist. Falls ferner die Anteile in einem anderen Mitgliedstaat vertrieben werden, sind die oben bezeichneten Angaben hinsichtlich dieses Mitgliedstaats zu machen und in den dort verbreiteten Prospekt aufzunehmen.

5. Weitere Anlageinformationen:
5.1. Gegebenenfalls bisherige Ergebnisse des OGAW – diese Angaben können entweder im Prospekt enthalten oder diesem beigefügt sein,
5.2. Profil des typischen Anlegers, für den der OGAW konzipiert ist.

6. Wirtschaftliche Informationen:
6.1. Etwaige Kosten oder Gebühren mit Ausnahme der unter Nummer 1.17 genannten Kosten, aufgeschlüsselt nach denjenigen, die vom Anteilinhaber zu entrichten sind, und denjenigen, die aus dem Sondervermögen des OGAW zu zahlen sind.

II. Verwaltungsgesellschaft

1. Informationen über die Verwaltungsgesellschaft mit einem Hinweis darauf, ob die Verwaltungsgesellschaft in einem anderen Mitgliedstaat niedergelassen ist als im Herkunftmitgliedstaat des OGAW
   - 1.1. Bezeichnung oder Firma, Rechtsform, Gesellschaftssitz und Ort der Hauptverwaltung, wenn dieser nicht mit dem Gesellschaftssitz zusammenfällt
   - 1.2. Zeitpunkt der Gründung der Gesellschaft. Angabe der Dauer, falls diese begrenzt ist
   - 1.3. Falls die Gesellschaft weitere Investmentfonds verwaltet, Angabe dieser weiteren Investmentfonds
   - 1.4. –
   - 1.5. –
   - 1.6. –
   - 1.7. –
   - 1.8. Name und Funktion der Mitglieder der Verwaltungs-, Leitungs- und Aufsichtsorgane. Angabe der Hauptfunktionen, die diese Personen außerhalb der Gesellschaft ausüben, wenn sie für diese von Bedeutung sind
   - 1.9. Kapital: Höhe des gezeichneten Kapitals mit Angabe des eingezahlten Kapitals
   - 1.10. –
   - 1.11. –
   - 1.12. –
   - 1.13. –
   - 1.14. –
   - 1.15. –
   - 1.16. –
   - 1.17. –
   - 1.18. –
2. Angaben über die Verwahrstelle:
   - 2.1. Identität der Verwahrstelle des OGAW und Beschreibung ihrer Pflichten sowie der Interessenkonflikte, die entstehen können;
   - 2.2. Beschreibung sämtlicher von der Verwahrstelle übertragener Verwahrungsfunktionen, Liste der Beauftragten und Unterbeauftragten und Angabe sämtlicher Interessenkonflikte, die sich aus der Aufgabenübertragung ergeben können;
   - 2.3. Erklärung, dass den Anlegern auf Antrag Informationen auf dem neuesten Stand hinsichtlich der Z 2.1. und 2.2. übermittelt werden.
3. Angaben über die externen Beratungsfirmen oder Anlageberater, wenn ihre Dienste auf Vertragsbasis in Anspruch genommen und die Vergütungen hierfür dem Vermögen des OGAW entnommen werden:
   - 3.1. Name der Firma oder des Beraters,
   - 3.2. Einzelheiten des Vertrags mit der Verwaltungsgesellschaft oder der Investmentaktiengesellschaft, die für die Anteilinhaber von Interesse sind; ausgenommen sind Einzelheiten betreffend die Vergütungen,
   - 3.3. andere Tätigkeiten von Bedeutung.
4. Angaben über die Maßnahmen, die getroffen worden sind, um die Zahlungen an die Anteilinhaber, den Rückkauf oder die Rücknahme der Anteile sowie die Verbreitung der Informationen über den OGAW vorzunehmen. Diese Angaben sind auf jeden Fall hinsichtlich des Mitgliedstaats zu machen, in dem der OGAW bewilligt ist. Falls ferner

die Anteile in einem anderen Mitgliedstaat vertrieben werden, sind die oben bezeichneten Angaben hinsichtlich dieses Mitgliedstaats zu machen und in den dort verbreiteten Prospekt aufzunehmen.

5. Weitere Anlageinformationen:
   5.1. Gegebenenfalls bisherige Ergebnisse des OGAW – diese Angaben können entweder im Prospekt enthalten oder diesem beigefügt sein,
   5.2. Profil des typischen Anlegers, für den der OGAW konzipiert ist.
6. Wirtschaftliche Informationen:
   6.1. Etwaige Kosten oder Gebühren mit Ausnahme der unter Nummer 1.17 genannten Kosten, aufgeschlüsselt nach denjenigen, die vom Anteilinhaber zu entrichten sind, und denjenigen, die aus dem Sondervermögen des OGAW zu zahlen sind.

III. Investmentgesellschaft

1. Informationen über die Investmentgesellschaft
   1.1. Bezeichnung oder Firma, Rechtsform, Gesellschaftssitz und Ort der Hauptverwaltung, wenn dieser nicht mit dem Gesellschaftssitz zusammenfällt
   1.2. Zeitpunkt der Gründung der Gesellschaft. Angabe der Dauer, falls diese begrenzt ist
   1.3. Im Falle von Investmentgesellschaften mit unterschiedlichen Teilfonds, Angabe dieser Teilfonds
   1.4. Angabe der Stelle, bei der die Satzung sowie die periodischen Berichte erhältlich sind
   1.5. Kurzangaben über die auf die Gesellschaft anwendbaren Steuervorschriften, wenn sie für den Anteilinhaber von Bedeutung sind. Angabe, ob auf die von den Anteilinhabern von der Gesellschaft bezogenen Einkünfte und Kapitalerträge Quellenabzüge erhoben werden
   1.6. Stichtag für den Jahresabschluss und Häufigkeit der Dividendenausschüttung
   1.7. Name der Personen, die mit der Abschlussprüfung gemäß § 49 Abs. 5 beauftragt sind
   1.8. Name und Funktion der Mitglieder der Verwaltungs-, Leitungs- und Aufsichtsorgane. Angabe der Hauptfunktionen, die diese Personen außerhalb der Gesellschaft ausüben, wenn sie für diese von Bedeutung sind
   1.9. Kapital
   1.10. Angabe der Art und der Hauptmerkmale der Anteile, insbesondere:
      - Original-Urkunden oder Zertifikate über diese Urkunden, Eintragung in einem Register oder auf einem Konto
      - Merkmale der Anteile: Namens- oder Inhaberpapiere, gegebenenfalls Angabe der Stückelung
      - Beschreibung des Stimmrechts der Anteilinhaber
      - Voraussetzungen, unter denen die Auflösung der Investmentaktiengesellschaft beschlossen werden kann, und Einzelheiten der Auflösung, insbesondere in Bezug auf die Rechte der Anteilinhaber
   1.11. Gegebenenfalls Angabe der Börsen oder Märkte, an denen die Anteile notiert oder gehandelt werden
   1.12. Modalitäten und Bedingungen für die Ausgabe und/oder den Verkauf der Anteile
   1.13. Modalitäten und Bedingungen der Rücknahme oder Auszahlung der Anteile und Voraussetzungen, unter denen diese ausgesetzt werden kann. Im Falle von Invest-

mentgesellschaften mit unterschiedlichen Teilfonds, Angabe der Art und Weise, wie ein Anteilinhaber von einem Teilfonds in den anderen wechseln kann, und welche Kosten damit verbunden sind

1.14. Beschreibung der Regeln für die Ermittlung und Verwendung der Erträge

1.15. Beschreibung der Anlageziele der Gesellschaft, einschließlich der finanziellen Ziele (zum Beispiel Kapital- oder Ertragssteigerung), der Anlagepolitik (zum Beispiel Spezialisierung auf geografische Gebiete oder Wirtschaftsbereiche), etwaiger Beschränkungen bei dieser Anlagepolitik sowie der Angabe etwaiger Techniken und Instrumente oder Befugnisse zur Kreditaufnahme, von denen bei der Verwaltung der Gesellschaft Gebrauch gemacht werden kann

1.16. Regeln für die Vermögensbewertung

1.17. Ermittlung der Verkaufs- oder Ausgabe- und der Auszahlungs- oder Rücknahmepreise der Anteile, insbesondere:
- Methode und Häufigkeit der Berechnung dieser Preise
- Angaben der mit dem Verkauf, der Ausgabe, der Rücknahme oder Auszahlung der Anteile verbundenen Kosten
- Angabe von Art, Ort und Häufigkeit der Veröffentlichung dieser Preise

1.18. Angaben über die Methode, die Höhe und die Berechnung der Vergütungen, die von der Gesellschaft zu zahlen sind an ihre Geschäftsleiter und Mitglieder der Verwaltungs-, Leitungs- und Aufsichtsorgane, an die Verwahrstelle oder an Dritte, und der Unkostenerstattungen an die Geschäftsleiter der Gesellschaft, an die Verwahrstelle oder an Dritte durch die Gesellschaft

2. Angaben über die Verwahrstelle:

2.1. Identität der Verwahrstelle des OGAW und Beschreibung ihrer Pflichten sowie der Interessenkonflikte, die entstehen können;

2.2. Beschreibung sämtlicher von der Verwahrstelle übertragener Verwahrungsfunktionen, Liste der Beauftragten und Unterbeauftragten und Angabe sämtlicher Interessenkonflikte, die sich aus der Aufgabenübertragung ergeben können;

2.3. Erklärung, dass den Anlegern auf Antrag Informationen auf dem neuesten Stand hinsichtlich der Z 2.1. und 2.2. übermittelt werden.

3. Angaben über die externen Beratungsfirmen oder Anlageberater, wenn ihre Dienste auf Vertragsbasis in Anspruch genommen und die Vergütungen hierfür dem Vermögen des OGAW entnommen werden:

3.1. Name der Firma oder des Beraters,

3.2. Einzelheiten des Vertrags mit der Verwaltungsgesellschaft oder der Investmentaktiengesellschaft, die für die Anteilinhaber von Interesse sind; ausgenommen sind Einzelheiten betreffend die Vergütungen,

3.3. andere Tätigkeiten von Bedeutung.

4. Angaben über die Maßnahmen, die getroffen worden sind, um die Zahlungen an die Anteilinhaber, den Rückkauf oder die Rücknahme der Anteile sowie die Verbreitung der Informationen über den OGAW vorzunehmen. Diese Angaben sind auf jeden Fall hinsichtlich des Mitgliedstaats zu machen, in dem der OGAW bewilligt ist. Falls ferner die Anteile in einem anderen Mitgliedstaat vertrieben werden, sind die oben bezeichneten Angaben hinsichtlich dieses Mitgliedstaats zu machen und in den dort verbreiteten Prospekt aufzunehmen.

5. Weitere Anlageinformationen:

5.1. Gegebenenfalls bisherige Ergebnisse des OGAW – diese Angaben können entweder im Prospekt enthalten oder diesem beigefügt sein,

5.2. Profil des typischen Anlegers, für den der OGAW konzipiert ist.

6. Wirtschaftliche Informationen:

6.1. Etwaige Kosten oder Gebühren mit Ausnahme der unter Nummer 1.17 genannten Kosten, aufgeschlüsselt nach denjenigen, die vom Anteilinhaber zu entrichten sind, und denjenigen, die aus dem Sondervermögen des OGAW zu zahlen sind.

EB zum Schema A (Art. 2 BGBl. I Nr. 77/2011):
Setzt Anhang I der Richtlinie 2009/65/EG um.

EB zu Anlage I Schema A (Art. 2 BGBl. I Nr. 115/2015):
Setzt die Änderungen im Anhang 1 Nummer 2 der Richtlinie 2009/65/EG um.

SCHEMA B
Informationen, die in den periodischen Berichten enthalten sein müssen

1. Vermögensstand:
   – Wertpapiere,
   – Bankguthaben,
   – sonstige Vermögen,
   – Vermögen insgesamt,
   – Verbindlichkeiten,
   – Nettobestandswert.
2. Anzahl der umlaufenden Anteile
3. Nettobestandswert je Anteil
4. Wertpapierbestand, wobei zu unterscheiden ist zwischen
   a) Wertpapieren, die zur amtlichen Notierung an einer Wertpapierbörse zugelassen sind;
   b) Wertpapieren, die auf einem anderen geregelten Markt gehandelt werden;
   c) in § 67 Abs. 3 bezeichneten neu emittierten Wertpapieren;
   d) den sonstigen in § 67 Abs. 4 bezeichneten Wertpapieren,

   wobei eine Gliederung nach den geeignetsten Kriterien unter Berücksichtigung der Anlagepolitik des OGAW (zum Beispiel nach wirtschaftlichen oder geografischen Kriterien, nach Devisen und so weiter) nach prozentualen Anteilen am Reinvermögen vorzunehmen ist; für jedes vorstehend bezeichnete Wertpapier Angabe seines Anteils am Gesamtvermögen des OGAW.

   Angabe der Veränderungen in der Zusammensetzung des Wertpapierbestandes während des Berichtszeitraums.
5. Angaben über die Entwicklung des Vermögens des OGAW während des Berichtszeitraums, die Folgendes umfassen:
   – Erträge aus Anlagen;
   – sonstige Erträge;
   – Aufwendungen für die Verwaltung;
   – Aufwendungen für die Verwahrstelle;
   – sonstige Aufwendungen und Gebühren;
   – Nettoertrag;
   – Ausschüttungen und wiederangelegte Erträge;
   – Erhöhung oder Verminderung der Kapitalrechnung;
   – Mehr- oder Minderwert der Anlagen;
   – etwaige sonstige Änderungen, welche das Vermögen und die Verbindlichkeiten des OGAW berühren;

- Transaktionskosten (Kosten, die dem OGAW bei Geschäften mit seinem Portfolio entstehen).

6. Vergleichende Übersicht über die letzten drei Geschäftsjahre, wobei zum Ende jeden Geschäftsjahres Folgendes anzugeben ist:
   - gesamter Nettobestandswert;
   - Nettobestandswert je Anteil.
7. Angabe des Betrags der bestehenden Verbindlichkeiten aus vom OGAW im Berichtszeitraum getätigten Geschäften im Sinne von §§ 73, 83 und 84, wobei nach Kategorien zu differenzieren ist.
8. Berechnungsmethode des Gesamtrisikos:
   8.1. Verwendete Berechnungsmethode des Gesamtrisikos
   8.2. Falls anwendbar, Informationen über das verwendete Referenzvermögen
   8.3. Falls anwendbar, die niedrigste, die höchste und die durchschnittliche Höhe des Value-at-Risk im vergangenen Jahr
   8.4. Falls anwendbar, das verwendete Modell und die Inputs, die für die Berechnung des Value-at-Risk verwendet wurden (Kalkulationsmodell, Konfidenzintervall, Halteperiode, Länge der Datenhistorie)
   8.5. Bei Verwendung des Value-at-Risk, Höhe des Leverage während der vergangenen Periode, berechnet aus der Summe der Nominalwerte der Derivate
9. Angaben zur Vergütungspolitik:
   9.1. die Gesamtsumme der im abgelaufenen Geschäftsjahr gezahlten Vergütungen, aufgegliedert nach den von der Verwaltungsgesellschaft an ihre Mitarbeiter gezahlten festen und variablen Vergütungen, der Zahl der Begünstigten und gegebenenfalls allen direkt von dem OGAW selbst gezahlten Beträgen, einschließlich Anlageerfolgsprämien (Performance Fees);
   9.2. die Gesamtsumme der gezahlten Vergütungen, aufgegliedert nach den in § 17a Abs. 1 genannten Kategorien von Mitarbeitern oder anderen Beschäftigten;
   9.3. eine Beschreibung darüber, wie die Vergütung und die sonstigen Zuwendungen berechnet wurden;
   9.4. das Ergebnis der in § 17c Abs. 1 Z 3 und 4 genannten Überprüfungen, einschließlich aller aufgetretenen Unregelmäßigkeiten;
   9.5. wesentliche Änderungen an der angenommenen Vergütungspolitik.

EB zu Schema B Punkt 8 (Art. 2 BGBl. I Nr. 77/2011):
Setzt CESR-Guideline CESR/10-788 (Box 25) um.

EB zu Anlage I Schema B Z 9 (Art. 2 BGBl. I Nr. 115/2015):
Setzt den in Art. 69 Abs. 3 der Richtlinie 2009/65/EG angefügten Unterabsatz um.

Artikel 1

(Anm.: Zu den §§ 1 bis 198 und Anlage 1, BGBl. I Nr. 77/2011)

Dieses Bundesgesetz dient der Umsetzung der Richtlinie 2009/65/EG zur Koordinierung der Rechts- und Verwaltungsvorschriften betreffend bestimmte Organismen für gemeinsame Anlagen in Wertpapieren (OGAW) (ABl. Nr. L 302 vom 17.11.2009, S. 32) sowie der Richtlinie 2010/43/EU zur Durchführung der Richtlinie 2009/65/EG im Hinblick auf organisatorische Anforderungen, Interessenkonflikte, Wohlverhalten, Risikomanagement und den Inhalt der Vereinbarung zwischen Verwahrstelle und Verwaltungsgesellschaft (ABl. L 176 vom 10.07.2010, S. 42) und der Richtlinie 2010/42/EU zur Durchführung der

Richtlinie 2009/65/EG in Bezug auf Bestimmungen über Fondsverschmelzungen, Master-Feeder-Strukturen und das Anzeigeverfahren (ABl. L 176 vom 10.07.2010, S. 28) sowie der Richtlinie 2010/78/EU zur Änderung der Richtlinien 98/26/EG, 2002/87/EG, 2003/6/EG, 2003/41/EG, 2003/71/EG, 2004/39/EG, 2004/39/EG, 2004/109/EG, 2005/60/EG, 2006/48/EG, 2006/49/EG und 2009/65/EG im Hinblick auf die Befugnisse der Europäischen Aufsichtsbehörde (Europäische Bankenaufsichtsbehörde), der Europäischen Aufsichtsbehörde (Europäische Aufsichtsbehörde für das Versicherungswesen und die betriebliche Altersversorgung) und der Europäischen Aufsichtsbehörde (Europäische Wertpapier- und Marktaufsichtsbehörde) – ABl. Nr. L 331 vom 15.12.2010, S. 120). Im Rahmen der Neufassung des Investmentfondsgesetzes (Artikel 2) wird auch die bereits mit BGBl. I Nr. 69/2008 umgesetzte Richtlinie 2007/16/EG berücksichtigt.

Artikel 1
Umsetzungshinweis

(Anm.: Zu den §§ 1, 2, 3, 5, 6, 27, 30, 46, 60, 64, 71, 130, 134, 144, 162a, 166, 167, 168, 168a, 173, 186, 188, 190, 195 und 198, BGBl. I Nr. 77/2011)

Mit diesem Bundesgesetz werden

1. die Richtlinie 2011/61/EU über die Verwalter alternativer Investmentfonds und zur Änderung der Richtlinien 2003/41/EG und 2009/65/EG und der Verordnungen (EG) Nr. 1060/2009 und (EU) Nr. 1095/2010 ABl. Nr. L 174 vom 01.07.2011 S. 1, in der Fassung der Berichtigung ABl. Nr. L 155 vom 27.04.2012 S. 35 umgesetzt sowie
2. die Voraussetzungen für das Wirksamwerden der
   a) Verordnung (EU) Nr. 345/2013 über Europäische Risikokapitalfonds, ABl. Nr. L 115 vom 25.04.2013, S 1 und
   b) Verordnung (EU) Nr. 346/2013 über Europäische Fonds für soziales Unternehmertum, ABl. Nr. L 115 vom 25.04,2013, S 18 und

geschaffen.

Artikel 1
Umsetzungshinweis

(Anm.: Zu BGBl. I Nr. 70/2014)

Mit diesem Bundesgesetz wird die Richtlinie 2013/14/EU zur Änderung der Richtlinie 2003/41/EG über die Tätigkeiten und die Beaufsichtigung von Einrichtungen der betrieblichen Altersvorsorge, der Richtlinie 2009/65/EG zur Koordinierung der Rechts- und Verwaltungsvorschriften betreffend bestimmte Organismen für gemeinsame Anlagen in Wertpapieren (OGAW) und der Richtlinie 2011/61/EU über die Verwalter alternativer Investmentfonds im Hinblick auf übermäßigen Rückgriff auf Ratings, ABl. Nr. L 145 vom 31.05.2013 S. 1, umgesetzt.

Artikel 1
Umsetzung von Richtlinien der Europäischen Union

(Anm.: Zu BGBl. I Nr. 34/2015)

Dieses Bundesgesetz dient der Umsetzung der Richtlinie 2009/138/EG betreffend die Aufnahme und Ausübung der Versicherungs- und der Rückversicherungstätigkeit (Solvabilität II) (Neufassung), (ABl. Nr. L 335 vom 17.12.2009 S. 1), zuletzt geändert durch die Richtlinie 2014/51/EU ABl. Nr. L 153 vom 22.05.2014 S. 1.

Artikel 1
Umsetzungshinweis

(Anm.: Zu BGBl. I Nr. 115/2015)

Mit diesem Bundesgesetz wird die Richtlinie 2014/91/EU zur Änderung der Richtlinie 2009/65/EG zur Koordinierung der Rechts- und Verwaltungsvorschriften betreffend bestimmte Organismen für gemeinsame Anlagen in Wertpapieren (OGAW) im Hinblick auf die Aufgaben der Verwahrstelle, die Vergütungspolitik und Sanktionen, ABl. Nr. L 257 vom 28.08.2014 S. 186, umgesetzt.

Artikel 1
Umsetzungshinweis

(Anm.: Zu BGBl. I Nr. 117/2015)

Mit diesem Bundesgesetz werden

1. die Richtlinie 2014/49/EU über Einlagensicherungssysteme, ABl. Nr. L 173 vom 12.06.2014 S. 149, zuletzt berichtigt durch ABl. Nr. L 309 vom 30.10.2014 S. 37, und
2. die Richtlinie 97/9/EG über Systeme für die Entschädigung der Anleger, ABl. Nr. L 84 vom 26.03.1997 S. 22

umgesetzt.

11. Verordnungen zum InvFG 2011

11.1. Derivate

11.1.1. Verordnung der Finanzmarktaufsichtsbehörde (FMA) über die Risikoberechnung und Meldung von Derivaten (4. Derivate-Risikoberechnungs- und Meldeverordnung – 4. DeRiMV)

BGBl. II Nr. 266/2011 idgF

https://www.ris.bka.gv.at/GeltendeFassung.wxe?Abfrage=Bundesnormen&Gesetzesnummer=20007420

11.2. Verordnung der Finanzmarktaufsichtsbehörde (FMA) über das Kundeninformationsdokument (KID-V)

BGBl. II Nr. 265/2011 idgF

https://www.ris.bka.gv.at/GeltendeFassung.wxe?Abfrage=Bundesnormen&Gesetzesnummer=20007418

11.3. Verordnung der Finanzmarktaufsichtsbehörde (FMA) zur Festlegung der näheren Erfordernisse einer elektronischen Übermittlung und Hinterlegung der Prospekte und Kundeninformationsdokumente (Übermittlungs- und Hinterlegungsverordnung – ÜHV)

BGBl. II Nr. 263/2011 idgF

https://www.ris.bka.gv.at/GeltendeFassung.wxe?Abfrage=Bundesnormen&Gesetzesnummer=20007416

11.4. Sonstiges

11.4.1. Verordnung der Finanzmarktaufsichtsbehörde (FMA) über die elektronische Einbringung (FMA-Incoming-Plattformverordnung – FMA-IPV)

BGBl. II Nr. 184/2010 idgF

https://www.ris.bka.gv.at/GeltendeFassung.wxe?Abfrage=Bundesnormen&Gesetzesnummer=20006808

11.4.2. Verordnung der Finanzmarktaufsichtsbehörde (FMA) über Standards für Verfahren und Maßnahmen zur Bewältigung von Interessenkonflikten und über Informationen für Kunden bei der Erbringung von Wertpapierdienstleistungen (Interessenkonflikte- und Informationen für Kunden-Verordnung – IIKV)

BGBl. II Nr. 216/2007 idgF

https://www.ris.bka.gv.at/GeltendeFassung.wxe?Abfrage=Bundesnormen&Gesetzesnummer=20005436

11.4.3. Verordnung des Bundesministers für Finanzen über die Meldung der steuerrelevanten Daten für Investmentfonds, Immobilienfonds und AIF (Fonds-Melde-Verordnung 2015 – FMV 2015)

BGBl. II Nr. 167/2015 idgF

https://www.ris.bka.gv.at/GeltendeFassung.wxe?Abfrage=Bundesnormen&Gesetzesnummer=20009222

11.4.4. Verordnung der Finanzmarktaufsichtsbehörde (FMA) zu Wertpapierleih- und Pensionsgeschäften durch Verwaltungsgesellschaften (Wertpapierleih- und Pensionsgeschäfteverordnung – WPV)

BGBl. II Nr. 101/2013 idgF

https://www.ris.bka.gv.at/GeltendeFassung.wxe?Abfrage=Bundesnormen&Gesetzesnummer=20008377

11.4.5. Verordnung der Finanzmarktaufsichtsbehörde (FMA) zur Festlegung der Kriterien betreffend die Definition, Bezeichnung, Veröffentlichungspflichten, Anlegerinformation und Anlagebeschränkungen von Geldmarktfonds und Geldmarktfonds mit kurzer Laufzeitstruktur (Geldmarktfondsverordnung – GMF-V)

BGBl. II Nr. 262/2011 idgF

https://www.ris.bka.gv.at/Dokumente/BgblAuth/BGBLA_2011_II_262/BGBLA_2011_II_262.pdf

11.4.6. Verordnung der Finanzmarktaufsichtsbehörde (FMA) zur buchhalterischen Darstellung, Rechnungslegung und Ermittlung des Wertes von Teilfonds bei Umbrella-Konstruktionen (Teilfondsverordnung – TFV)

BGBl. II Nr. 264/2011 idgF

https://www.ris.bka.gv.at/GeltendeFassung.wxe?Abfrage=Bundesnormen&Gesetzesnummer=20007417

12. ImmoInvFG und seine Erläuternden Bemerkungen

BGBl. I Nr. 80/2003 idF

1 BGBl. I Nr. 37/2005	**2** BGBl. I Nr. 48/2006	**3** BGBl. I Nr. 134/2006
4 BGBl. I Nr. 69/2008	**5** BGBl. I Nr. 152/2009	**6** BGBl. I Nr. 111/2010
7 BGBl. I Nr. 77/2011	**8** BGBl. I Nr. 112/2011	**9** BGBl. I Nr. 35/2012
10 BGBl. I Nr. 83/2012	**11** BGBl. I Nr. 70/2013	**12** BGBl. I Nr. 135/2013
13 BGBl. I Nr. 184/2013	**14** BGBl. I Nr. 70/2014	**15** BGBl. I Nr. 115/2015

Bundesgesetz über Immobilienfonds (Immobilien-Investmentfondsgesetz – ImmoInvFG)

Immobilienfonds

§ 1. (1) Ein Immobilienfonds ist ein überwiegend aus Vermögenswerten im Sinne des § 21 bestehendes Sondervermögen, das in gleiche, in Wertpapieren verkörperte Anteile zerfällt.

(1a) Die §§ 2 bis 39 gelten für Sondervermögen gemäß Abs. 1, deren Anteile für den Vertrieb an Privatkunden gemäß § 2 Abs. 1 Z 36 Alternative Investmentfonds Manager-Gesetz – AIFMG, BGBl. I Nr. 135/2013, bestimmt sind.

(1b) Die §§ 40 bis 42 gelten für Sondervermögen gemäß Abs. 1, für AIF in Immobilien im Sinne des AIFMG sowie für jede einem ausländischen Recht unterstehende Veranlagungsgemeinschaft in Immobilien, die nach Gesetz, Satzung oder tatsächlicher Übung nach den Grundsätzen der Risikostreuung errichtet ist.

(2) Das Fondsvermögen eines Immobilienfonds steht im Eigentum der Kapitalanlagegesellschaft für Immobilien, die dieses treuhändig für die Anteilinhaber hält und verwaltet.

(3) Ein Immobilienspezialfonds ist ein Sondervermögen gemäß Abs. 1, dessen Anteilscheine auf Grund der Fondsbestimmungen jeweils von nicht mehr als zehn Anteilinhabern, die der Kapitalanlagegesellschaft für Immobilien bekannt sein müssen und die keine natürliche Personen sind, gehalten werden. Als ein solcher Anteilinhaber gilt auch eine Gruppe von solchen Anteilinhabern, sofern sämtliche Rechte dieser Anteilinhaber im Verhältnis zur Kapitalanlagegesellschaft für Immobilien einheitlich durch einen gemeinsamen Vertreter ausgeübt werden. Die Fondsbestimmungen haben eine Regelung darüber zu enthalten, dass eine Übertragung der Anteilscheine von den Anteilinhabern nur mit Zustimmung der Kapitalanlagegesellschaft für Immobilien erfolgen darf. Das Erfordernis der zumindest zweimaligen Wertermittlung im Monat (§ 8 Abs. 4) kann in den Fondsbestimmungen des Immobilienspezialfonds abweichend von den Bestimmungen dieses Bundesgesetzes festgelegt werden. Bei Immobilienspezialfonds können die Kapitalanlagegesellschaften für Immobilien den Veröffentlichungspflichten nach diesem Bundesgesetz dadurch genügen, dass sie alle Anteilinhaber jeweils nachweislich schriftlich oder auf eine andere mit den jeweiligen Anteilinhabern vereinbarte Art informieren. Bei Immobilienspezialfonds ist eine Mitteilung der Kapitalanlagegesellschaft für Immobilien, die Rücknahme der Anteilscheine auszusetzen, nur den Anteilinhabern in geeigneter Weise mitzuteilen; diese sind auch über die Wiederaufnahme der Rücknahme zu unterrichten. Eine diesbezügliche Anzeige an die Finanzmarktaufsichtsbehörde kann bei Immobilienspezialfonds unterbleiben.

EB zu § 1 (Art. 1 BGBl. I Nr. 80/2003):

Im Rahmen des ImmoInvFG können nur Fonds aufgelegt werden, die bloß aus Immobilien und den entsprechenden liquiden Mitteln bestehen, also nicht auch gemischte Immobilien-Wertpapier-Fonds. Die Kapitalanlagegesellschaft für Immobilien hält das gesamte

Fondsvermögen als Treuhandeigentum im eigenen Namen, jedoch auf Rechnung der Anteilinhaber.

Auch diejenigen einzelnen Anteilinhaber, die der Gruppe angehören, deren Rechte an einem Immobilienspezialfonds durch einen gemeinsamen Vertreter ausgeübt werden, dürfen nur „nicht natürliche" Personen sein.

EB zu § 1 Abs. 3 (Art. 1 BGBl. I Nr. 134/2006):

Bei Spezialfonds ist die direkte Information der Anteilinhaber zweckmäßiger und kostengünstiger als die Veröffentlichung. Damit ist diesbezüglich auch der Gleichklang zum Investmentfondsgesetz hergestellt (§ 1 Abs. 2 InvFG).

EB zu § 1 Abs. 1 (Art. 6 BGBl. I Nr. 135/2013):

Die Immobilienfonds, die gemäß dem Immobilien-Investmentfondsgesetz errichtet sind, sind AIF im Sinne des AIFMG und sind zum Vertrieb an Privatkunden geeignet. Freilich können auch andere als Privatkunden solche Anteile erwerben. Auch Spezialfonds, die entsprechend diesem Gesetz errichtet sind, können an Privatkunden vertrieben werden, sofern die gesetzlichen Bedingungen erfüllt werden.

Zu § 1 Abs. 1a und 1b: Hiermit wird der Anwendungsbereich festgelegt. Dieses Bundesgesetz gilt, mit Ausnahme der §§ 40 bis 42, ausschließlich für den Vertrieb von Immobilienfonds an Privatkunden gemäß § 2 Abs. 1 Z 36 AIFMG. Für alle anderen gilt das AIFMG.

Kapitalanlagegesellschaft für Immobilien

§ 2. (1) Ein AIFM (§ 2 Abs. 1 Z 2 AIFMG), der zur Verwaltung von Immobilienfonds berechtigt ist (§ 1 Abs. 1 Z 13a BWG), ist eine Kapitalanlagegesellschaft für Immobilien und unterliegt den Vorschriften dieses Bundesgesetzes.

(2) Kapitalanlagegesellschaften für Immobilien dürfen außer den Geschäften, die zur Anlage des eigenen Vermögens erforderlich sind, nur das Immobilienfondsgeschäft und Geschäfte, die mit dem Immobilienfondsgeschäft im Zusammenhang stehen und Geschäfte zu denen sie laut AIFMG berechtigt sind, betreiben. Sie können mehrere Immobilienfonds mit verschiedenen Bezeichnungen verwalten.

(3) Das Immobilienfondsgeschäft darf nur von Aktiengesellschaften oder Gesellschaften mit beschränkter Haftung betrieben werden.

(4) Die Aktien einer Kapitalanlagegesellschaft für Immobilien müssen auf Namen lauten. Die Übertragung von Aktien oder Geschäftsanteilen einer Kapitalanlagegesellschaft für Immobilien bedarf der Zustimmung des Aufsichtsrates der Gesellschaft.

(5) Bei Kapitalanlagegesellschaften für Immobilien in der Rechtsform einer Gesellschaft m.b.H. ist ein Aufsichtsrat zu bestellen.

(6) Bei einer Kapitalanlagegesellschaft für Immobilien in der Rechtsform einer Gesellschaft m.b.H. ist das Aufgeld einer besonderen Rücklage zuzuweisen, die nur zum Ausgleich von Wertverminderungen und zur Deckung von sonstigen Verlusten verwendet werden darf.

(7) Mindestens die Hälfte des eingezahlten Grundkapitals (Stammkapitals) muss mündelsicher angelegt werden.

(8) Die Kapitalanlagegesellschaft für Immobilien ist auf unbestimmte Zeit zu errichten. Eine Kapitalanlagegesellschaft für Immobilien kann ihre Auflösung nicht beschließen, bevor ihr Recht zur Verwaltung aller Immobilienfonds gemäß § 15 geendet hat.

(9) Mitglied des Aufsichtsrates der Kapitalanlagegesellschaft für Immobilien darf weder ein Geschäftsleiter noch ein Mitglied des Aufsichtsrates der Depotbank (§ 35) sein. Geschäftsleiter oder Prokurist der Kapitalanlagegesellschaft für Immobilien darf weder ein Geschäftsleiter noch ein Mitglied des Aufsichtsrates noch ein Prokurist der Depotbank sein.

(10) Der Bundesminister für Finanzen hat bei jeder Kapitalanlagegesellschaft für Immobilien einen/eine StaatskommissärIn und dessen/deren StellvertreterIn für eine Funktionsperiode von längstens fünf Jahren zu bestellen; die Wiederbestellung ist zulässig. Die StaatskommissärInnen und deren StellvertreterInnen handeln als Organe der Finanzmarktaufsichtsbehörde und sind in dieser Funktion ausschließlich deren Weisungen unterworfen. § 76 Abs. 2 bis 9 BWG ist anzuwenden.

(11) Die statistischen Berichtspflichten, welche die Europäische Zentralbank gemäß Artikel 2 der Verordnung (EG) Nr. 2533/98 des Rates vom 23. November 1998 über die Erfassung statistischer Daten durch die Europäische Zentralbank den Kapitalanlagegesellschaften für Immobilien auferlegen kann, bleiben durch dieses Bundesgesetz unberührt.

(12) Die Kosten der FMA aus dem Rechnungskreis Wertpapieraufsicht (§ 19 Abs. 1 Z 3 und Abs. 4 FMABG) sind von Kapitalanlagegesellschaften für Immobilien gemäß Abs. 1 zu tragen. Die FMA hat zu diesem Zweck neben den in § 90 Abs. 1 des Wertpapieraufsichtsgesetzes 2007 (WAG 2007), BGBl. I Nr. 60/2007, vorgesehenen Subrechnungskreisen im Rechnungskreis Wertpapieraufsicht einen zusätzlichen gemeinsamen Subrechnungskreis für Kapitalanlagegesellschaften für Immobilien, Verwaltungsgesellschaften (InvFG 2011), BV-Kassen (BMSVG) und AIFM (AIFMG) zu bilden.

(13) Die auf Kostenpflichtige gemäß Abs. 12 entfallenden Beträge sind von der FMA mit Bescheid vorzuschreiben; die Festsetzung von Pauschalbeträgen ist zulässig. Die FMA hat nähere Regelungen über diese Kostenaufteilung und ihre Vorschreibung mit Verordnung festzusetzen. Hierbei sind insbesondere zu regeln:

1. Die Bemessungsgrundlagen der einzelnen Arten von Kostenvorschreibungen;
2. die Termine für die Kostenbescheide und die Fristen für die Zahlungen der Kostenpflichtigen.

Die Kapitalanlagegesellschaften für Immobilien haben der FMA alle erforderlichen Auskünfte über die Grundlagen der Kostenbemessung zu erteilen.

EB zu § 2 (Art. 1 BGBl. I Nr. 80/2003):

Kapitalanlagegesellschaften für Immobilien sind Kreditinstitute gemäß § 1 Abs. 1 BWG und unterliegen daher den Bestimmungen des BWG und der Aufsicht der Finanzmarktaufsichtsbehörde. Als Sonderkreditinstitute sind sie ähnlich den Kapitalanlagegesellschaften nach dem InvFG von einzelnen Bestimmungen auch ausgenommen (sh. § 3 BWG). Die Systematik des § 1 Abs. 1 BWG bedingt die Schaffung einer eigenen Ziffer 13a für das „Immobilienfondsgeschäft".

EB zu § 2 Abs. 1 (Art. 6 BGBl. I Nr. 135/2013):

Kapitalanlagegesellschaften für Immobilien müssen zusätzlich zur Konzession für das Immobilienfondsgeschäft auch über eine Konzession als AIFM verfügen. Um diese Konzession zu erlangen, ist eine Übergangsfrist vorgesehen.

EB zu § 2 Abs. 2 (Art. 6 BGBl. I Nr. 135/2013):

Es können konzessionierte AIFM neben ihrer Tätigkeit auf Grund ihrer Konzession gemäß AIFM-Gesetz auch Immobilienfonds gemäß ImmoInvFG verwalten und vertreiben, sofern sie auch über eine Konzession für das Immobilienfondsgeschäft gemäß Immobilien-Investmentfondsgesetz verfügen.

EB zu § 2 Abs. 12 und 13 (Art. 6 BGBl. I Nr. 135/2013):

Die Zuordnung der Verwaltungsgesellschaften zum Rechnungskreis 3 soll mit 1. Jänner 2014 wirksam werden und bedingt eine eigene Kostenbestimmung, die § 90 WAG 2007 nachgebildet wurde.

Verfügungsrecht der Kapitalanlagegesellschaft

§ 3. (1) Nur die Kapitalanlagegesellschaft für Immobilien ist berechtigt, über die Vermögenswerte zu verfügen, die zu einem von ihr verwalteten Immobilienfonds gehören, und die Rechte aus diesen Vermögenswerten auszuüben; sie handelt hiebei im eigenen Namen für Rechnung der Anteilinhaber. Sie hat hiebei die Interessen der Anteilinhaber zu wahren, die Sorgfalt eines ordentlichen und gewissenhaften Geschäftsleiters im Sinne des § 84 Abs. 1 AktG anzuwenden und die Bestimmungen dieses Bundesgesetzes sowie die Fondsbestimmungen einzuhalten.

(2) Die Kapitalanlagegesellschaften für Immobilien können Fondsvermögen von ihnen verwalteter Immobilienfonds mit Zustimmung des Aufsichtsrats und mit Zustimmung der Depotbank und nach Einholung der Bewilligung der Finanzmarktaufsichtsbehörde, im Wege einer übertragenden Übernahme oder einer Neubildung, zusammenlegen und das aus der Vereinigung entstandene Fondsvermögen ab dem Zusammenlegungsstichtag als Immobilienfonds auf Grund dieses Bundesgesetzes verwalten, soferne der Zusammenlegungsstichtag unter Einhaltung einer mindestens dreimonatigen Ankündigungsfrist veröffentlicht wird. In der Veröffentlichung sind die von der Zusammenlegung betroffenen Immobilienfonds, der Bewilligungsbescheid der Finanzmarktaufsichtsbehörde, Angaben über den Anteilumtausch, Angaben über die den zusammengelegten oder den neugebildeten Immobilienfonds verwaltende Kapitalanlagegesellschaft für Immobilien, ein allfälliger Depotbankwechsel und die ab dem Zusammenlegungsstichtag geltenden Fondsbestimmungen anzuführen. Bruchteilsanteile sind bar abzugelten. Die Bewilligung ist von der Finanzmarktaufsichtsbehörde zu erteilen, wenn die Interessen aller Anteilinhaber ausreichend gewahrt sind. Die Zusammenlegung eines Immobilienspezialfonds mit einem anderen Immobilienfonds, der kein Immobilienspezialfonds ist, ist nicht zulässig. Die Zusammenlegung eines Immobilienspezialfonds mit einem anderen Immobilienspezialfonds bedarf keiner Bewilligung der FMA.

(3) Die Kapitalanlagegesellschaft für Immobilien ist berechtigt, eine oder mehrere der in § 2 Abs. 2 angeführten Aufgaben zum Zwecke einer effizienteren Geschäftsführung an Dritte zu übertragen. Der Dritte handelt hierbei für Rechnung der Anteilinhaber. Folgende Voraussetzungen müssen erfüllt sein:

1. die Übertragung sowie jede Beendigung der Übertragung ist unverzüglich der FMA anzuzeigen;
2. die Übertragung darf die Wirksamkeit der Beaufsichtigung der Kapitalanlagegesellschaft für Immobilien in keiner Weise beeinträchtigen. Insbesondere darf die Übertragung weder die Kapitalanlagegesellschaft für Immobilien daran hindern, im Interesse der Anteilinhaber zu handeln, noch darf sie verhindern, dass die Verwaltung der Immobilienfonds im Interesse der Anteilinhaber erfolgt;

3. der Depotbank oder anderen Unternehmen, deren Interessen mit denen der Kapitalanlagegesellschaft für Immobilien oder der Anteilinhaber kollidieren können, darf keine Übertragung für die Hauptdienstleistung der Immobilienverwaltung erteilt werden;
4. es muss sichergestellt sein, dass die Kapitalanlagegesellschaft für Immobilien die Unternehmen, denen Aufgaben übertragen wurden, jederzeit wirksam überwachen kann;
5. es muss sichergestellt sein, dass die Kapitalanlagegesellschaft für Immobilien den Unternehmen, denen Aufgaben übertragen wurden, jederzeit weitere Anweisungen erteilen kann und der Auftrag mit sofortiger Wirkung entzogen werden kann, sofern dies im Interesse der Anteilinhaber ist;
6. unter Berücksichtigung der Art der zu übertragenden Aufgaben muss das Unternehmen, dem diese Aufgaben übertragen werden, über die entsprechende Qualifikation verfügen und in der Lage sein, die betreffenden Aufgaben wahrzunehmen;
7. in den Fondsprospekten sind die übertragenen Aufgaben aufzulisten;
8. durch den Umfang der Übertragung darf die Kapitalanlagegesellschaft für Immobilien nicht zu einem Briefkastenunternehmen werden; von einem Briefkastenunternehmen ist dann auszugehen, wenn die Kapitalanlagegesellschaft ihre Geschäftstätigkeit weitgehend auf Dritte überträgt;
9. die Pflichten der Kapitalanlagegesellschaft für Immobilien gemäß Abs. 1 zweiter Satz sowie die Pflichten der Depotbank gemäß diesem Bundesgesetz werden durch eine solche Übertragung nicht berührt. Die Kapitalanlagegesellschaft für Immobilien haftet zwingend für Handlungen des Dritten wie für eigenes Handeln.

Soferne die Delegation nicht den Erwerb, die Veräußerung oder die Belastung von Vermögensgegenstände gemäß § 21 oder die Veranlagung in Vermögensgegenständen gemäß § 32 oder § 33 erfasst, kann Z 1 entfallen. Im Falle von Immobilienspezialfonds ist Z 7 nicht anwendbar. Von Z 3 kann bei Immobilienspezialfonds abgesehen werden, sofern dazu ein schriftlicher Auftrag der Anleger vorliegt.

EB zu § 3 (Art. 1 BGBl. I Nr. 80/2003):

§ 3 regelt in Verbindung mit den folgenden Paragraphen die Verfügungsbefugnis über die im Fonds befindlichen Vermögenswerte. § 3 ist weitgehend dem § 3 InvFG nachgebildet.

EB zu § 3 Abs. 3 (Art. 1 BGBl. I Nr. 134/2006):

Angleichung an § 3 Abs. 3 InvFG.

EB zu § 3 Abs. 2 (Art. 5 BGBl. I Nr. 77/2011):

Die schon bisher im Bereich der Spezialfonds geübte Verwaltungspraxis, wonach die Zusammenlegung eines Spezialfonds mit einem anderen Spezialfonds keiner Bewilligung der FMA, sondern lediglich einer Anzeige an die FMA (§ 34 Abs. 5) bedarf, wird gesetzlich nunmehr auch für Immobilienspezialfonds verdeutlicht.

Verfügungsbeschränkungen

§ **4.** (1) Die Kapitalanlagegesellschaft für Immobilien darf unbeschadet des § 24 für Rechnung eines Immobilienfonds weder Gelddarlehen gewähren noch Verpflichtungen aus einem Bürgschafts- oder einem Garantievertrag eingehen.

(2) Vermögenswerte eines Immobilienfonds dürfen, ausgenommen in den in diesem Bundesgesetz ausdrücklich vorgesehenen Fällen, wie insbesondere § 5, nicht verpfändet

oder sonst belastet, zur Sicherung übereignet oder zur Sicherung abgetreten werden. Eine dieser Vorschrift widersprechende Verfügung ist gegenüber den Anteilinhabern unwirksam.

(3) Die Kapitalanlagegesellschaft für Immobilien darf für Rechnung eines Immobilienfonds kurzfristige Kredite bis zur Höhe von 20 vH, bei Immobilienspezialfonds bis zur Höhe von 40 vH, des Fondsvermögens aufnehmen, wenn die Fondsbestimmungen dies vorsehen. Im Rahmen des § 11 Abs. 2 aufgenommene Kredite sind auf diesen Hundertsatz nicht anzuwenden.

(3a) Die Kapitalanlagegesellschaft für Immobilien ist, sofern dies die Fondsbestimmungen ausdrücklich vorsehen, berechtigt, im Rahmen des § 32 auf Rechnung des Immobilienfonds, innerhalb der Veranlagungsgrenzen, Vermögensgegenstände gemäß § 32 mit der Verpflichtung des Verkäufers, diese Vermögensgegenstände zu einem im vorhinein bestimmten Zeitpunkt zu einem im voraus bestimmten Preis zurückzunehmen, für das Fondsvermögen zu kaufen (Pensionsgeschäfte).

(3b) Die Kapitalanlagegesellschaft für Immobilien ist, sofern dies die Fondsbestimmungen ausdrücklich vorsehen, berechtigt, Wertpapiere gemäß § 32 bis zu 30 vH des Fondsvermögens im Rahmen eines anerkannten Wertpapierleihsystems an Dritte befristet unter der Bedingung zu übereignen, dass der Dritte verpflichtet ist, die übereigneten Wertpapiere nach Ablauf einer im vorhinein bestimmten Leihdauer wieder zurück zu übereignen. Das Wertpapierleihsystem muss so beschaffen sein, dass die Rechte der Anteilinhaber ausreichend gesichert sind (Wertpapierleihe). Im Rahmen dieser Berechtigung darf die Kapitalanlagegesellschaft für Immobilien für Rechnung eines Immobilienfonds eine Ermächtigung gemäß § 8 Depotgesetz erteilen.

(4) Die Kapitalanlagegesellschaft für Immobilien darf nur mit Zustimmung der Depotbank Liegenschaften, Baurechte, Superädifikate oder Anteile an Grundstücksgesellschaften erwerben, veräußern oder belasten, die zu einem von ihr verwalteten Immobilienfonds gehören oder gehören sollen. Eine Verfügung ohne Zustimmung der Depotbank ist unwirksam. Die Vorschriften zugunsten derjenigen, welche Rechte von einem Nichtberechtigten herleiten, finden entsprechende Anwendung. Die Depotbank muss einer Verfügung zustimmen, die mit den Vorschriften dieses Bundesgesetzes und den Fondsbestimmungen vereinbar ist. Stimmt die Depotbank zu, obwohl dies nicht der Fall ist, berührt dies die Wirksamkeit der Verfügung nicht.

(5) Die im Fondsvermögen eines Immobilienfonds befindlichen Geldbeträge/Wertpapiere sind auf einem oder mehreren ausschließlich für Rechnung des Immobilienfonds eingerichteten Konten/Depots zu verbuchen. Die Konten/Depots sind von der Depotbank zu führen.

(6) Aus den gemäß Abs. 5 geführten Konten führt die Depotbank auf Weisung der Kapitalanlagegesellschaft für Immobilien die Bezahlung des Kaufpreises beim Erwerb von Gegenständen für den Immobilienfonds, die Zahlung des Rücknahmepreises bei der Rücknahme von Anteilen und die Ausschüttung der Gewinnanteile an die Anteilinhaber sowie die Begleichung sonstiger durch die Verwaltung des Immobilienfonds bedingter Verpflichtungen durch. Aus den gemäß Abs. 5 geführten Depots stellt die Depotbank der Kapitalanlagegesellschaft für Immobilien auf deren Weisung Wertpapiere zur Beschaffung von Barmitteln oder zu sonstigen im Rahmen einer ordnungsgemäßen Wirtschaftsführung liegenden Zwecken zur Verfügung.

EB zu § 4 (Art. 1 BGBl. I Nr. 80/2003):

§ 4 regelt in Verbindung mit § 3 und den folgenden Paragraphen die Verfügungsbefugnis über die im Fonds befindlichen Vermögenswerte. § 4 ist teilweise § 4 InvFG nachgebildet.

EB zu § 4 Abs. 2 (Art. 1 BGBl. I Nr. 134/2006):

Mit dieser Bestimmung werden die Verfügungsbeschränkungen bei Immobilienfonds an die bewährte Regelung des § 4 Abs. 2 InvFG 1993 idF Novelle 2003 angepasst.

EB zu § 4 Abs. 3a (Art. 1 BGBl. I Nr. 134/2006):

§ 4 Abs. 3a bedingt – analog zum InvFG – auch eine besondere Ausweispflicht (§ 13 Abs. 2a).

EB zu § 4 Abs. 3b (Art. 1 BGBl. I Nr. 134/2006):

Durch § 4 Abs. 3b soll dem Immobilienfonds – analog zu den Kapitalanlagefonds – die Möglichkeit gegeben werden, insbesondere in der Aufbauphase, zusätzliche Erträge zu erlangen. Dies bedingt – in Anlehnung an das InvFG 1993 idF Novelle 2003 – auch eine besondere Ausweispflicht (§ 13 Abs. 2a).

Veräußerung und Belastung von Vermögenswerten

§ 5. (1) Die Veräußerung von Vermögenswerten gemäß § 21 ist unbeschadet des § 11 nur zulässig, wenn dies in den Fondsbestimmungen vorgesehen ist und die Gegenleistung den gemäß § 29 ermittelten Wert nicht oder nur unwesentlich unterschreitet.

(2) Die Kreditaufnahme und die Belastung von Vermögenswerten gemäß § 21 sowie die Abtretung und Belastung von Forderungen aus Rechtsverhältnissen, die sich auf Vermögensgegenstände gemäß § 21 beziehen, ist unbeschadet des § 11 zulässig, wenn dies in den Fondsbestimmungen vorgesehen und im Rahmen einer ordnungsmäßigen Wirtschaftsführung geboten ist und wenn die Depotbank der Kreditaufnahme und der Belastung zustimmt, weil sie die Bedingungen, unter denen die Kreditaufnahme und die Belastung erfolgen sollen, für marktüblich erachtet. Diese Kreditaufnahme und diese Belastung dürfen insgesamt 50 vH des Verkehrswertes der Vermögenswerte gemäß § 21 nicht überschreiten. Im Rahmen des § 4 Abs. 3 aufgenommene Kredite sind bei der Berechnung gemäß diesem Absatz anzurechnen und mindern die Zulässigkeit der Kreditaufnahme und die Belastbarkeit entsprechend.

(3) Die Wirksamkeit einer Verfügung wird durch einen Verstoß gegen die Vorschriften der Abs. 1 und 2 nicht berührt.

EB zu § 5 (Art. 1 BGBl. I Nr. 80/2003):

§ 5 regelt in Verbindung mit § 3 und den folgenden Paragraphen die Verfügungsbefugnis über die im Fonds befindlichen Vermögenswerte.

EB zu § 5 (Art. 1 BGBl. I Nr. 134/2006):

Derzeit ist die Rechtslage hinsichtlich sonstiger bei Finanzierungen üblicher Sicherungsinstrumente – wie Abtretung der Mieten, Abtretung von Versicherungsansprüchen und ähnlichem – nicht eindeutig. Diese Sicherungsinstrumente sind normalerweise aber Voraussetzung für eine Finanzierung zu marktüblichen Bedingungen. Daher soll diese Bestimmung entsprechend adaptiert werden, damit auch diverse Forderungen (zB Mietzahlungen) zweifelsfrei zur Sicherstellung von Krediten herangezogen werden können, sofern dem nicht gesetzliche Beschränkungen, wie beispielsweise § 42 Abs. 2 MRG entgegenstehen.

Die Höchstgrenzen für die Kreditaufnahmen für Publikumsfonds werden einheitlich auf dem bislang für Spezialfonds vorgesehenen Niveau festgesetzt.

Anteilscheine

§ 6. (1) Die Anteilscheine sind Wertpapiere; sie verkörpern die Rechte der Anteilinhaber gegenüber der Kapitalanlagegesellschaft für Immobilien sowie der Depotbank, die sich aus der Anlage und aus der Verwaltung des vom Anteilinhaber bei der Kapitalanlagegesellschaft für Immobilien veranlagten Geldes und den Bestimmungen dieses Bundesgesetzes und den Fondsbestimmungen ergeben. Sie verbriefen eine schuldrechtliche Teilhabe an den Vermögenswerten des im Treuhandeigentum der Kapitalanlagegesellschaft für Immobilien stehenden Immobilienfonds. Die Anteilscheine können auf den Inhaber oder auf Namen lauten. Lauten sie auf Namen, so gelten für sie die §§ 61 bis 63 AktG sinngemäß.

(2) Die Anteilscheine sind von der Kapitalanlagegesellschaft für Immobilien zu unterzeichnen. § 13 AktG ist sinngemäß anzuwenden. Die Anteilscheine haben die handschriftliche Unterfertigung eines Geschäftsleiters oder eines dazu beauftragten Angestellten der Depotbank zu tragen.

(3) Die Anteilscheine können über einen oder mehrere Anteile oder Bruchteile ausgestellt werden.

(4) Jedem interessierten Anleger ist vor Erwerb der Anteilscheine die kostenlose Aushändigung der Fondsbestimmungen ausdrücklich anzubieten. Auf Verlangen des Anteilinhabers sind diesem die Fondsbestimmungen jederzeit kostenlos auszufolgen.

(5) Die Anteilscheine können durch Sammelurkunden (§ 24 Depotgesetz) vertreten werden. Bestimmungen dieses Bundesgesetzes, die auf die körperliche Ausgabe von Anteilscheinen Bezug nehmen, sind hierauf sinngemäß anzuwenden.

(6) Nach Maßgabe der Fondsbestimmungen (§ 34 Abs. 2 Z 8) können für einen Immobilienfonds mehrere Gattungen von Anteilscheinen ausgegeben werden, insbesondere im Hinblick auf die Ertragsverwendung, den Ausgabeaufschlag, Rücknahmeabschlag, eine Mindestanlagesumme, die Währung des Anteilswertes, die Verwaltungsvergütung oder eine Kombination der genannten Kriterien. Für Gattungen von Anteilscheinen, die eine Mindestanlagesumme von mindestens 750.000 Euro vorsehen, kann vorgesehen werden, dass die Rücknahme von Anteilen mit in den Fondsbestimmungen festgelegten Rückgabefristen, die sechs Monate nicht überschreiten dürfen, erfolgt. Die Kosten bei Einführung neuer Anteilscheingattungen für bestehende Sondervermögen müssen zu Lasten der Anteilspreise der neuen Anteilsgattungen in Rechnung gestellt werden. Der Wert des Anteils ist für jede Anteilsgattung gesondert zu errechnen.

(7) Anteilscheine an Immobilienfonds sind zur Anlage von Mündelgeld geeignet, sofern diese auf Grund der Fondsbestimmungen direkt oder über Beteiligungen an Grundstücks-Gesellschaften im Sinne des § 23 ausschließlich in Liegenschaften veranlagen dürfen, deren Erwerb zur Anlegung von Mündelgeld geeignet ist. Bankguthaben dürfen neben den Erträgnissen 10 vH des Fondsvermögens nicht überschreiten. Geschäfte mit derivativen Produkten im Sinne des § 33 dürfen ausschließlich zur Absicherung des Fondsvermögens durchgeführt werden. Wertpapierleihgeschäfte gemäß § 4 Abs. 3b sind zulässig.

EB zu § 6 (Art. 1 BGBl. I Nr. 80/2003):

§ 6 ist teilweise § 5 InvFG nachgebildet. Die Anteilscheine verbriefen allerdings im Gegensatz zu § 5 InvFG nicht Miteigentumsanteile, sondern eine schuldrechtliche Teilhabe an den Vermögenswerten des im Treuhandeigentum der Kapitalanlagegesellschaft für Immobilien stehenden Immobilienfonds. Geschäfte mit derivativen Produkten im Sinne des § 33 dürfen für mündelsichere Fonds, ebenso wie für sonstige Immobilienfonds auch, ausschließlich zur Absicherung des Fondsvermögens durchgeführt werden.

EB zu § 6 Abs. 3 (Art. 1 BGBl. I Nr. 134/2006):

Diese Änderung trägt dem Marktbedürfnis Rechnung. Die Möglichkeit Bruchteilsanteile auszugeben, erleichtert insbesondere die Verwaltung von Sparplänen und die Wiederveranlagung von Ausschüttungen. Diese Regelung entspricht § 5 Abs. 3 InvFG.

EB zu § 6 Abs. 7 (Art. 1 BGBl. I Nr. 134/2006):

Abs. 7 berücksichtigt die Erweiterung der möglichen Veranlagung in Grundstücks-Gesellschaften als Alternative zum Direktinvestment (siehe § 23 Abs. 3 und 6). Dies soll auch für einen mündelsicheren Immobilienfonds möglich sein. Weiters wird die Bestimmung des ImmoInvFG an das InvFG 1993 idF Novelle 2003 angepasst (Derivate nur zur Absicherung, Wertpapierleihe). Der letzte Satz des § 6 Abs. 7 entfiel im Hinblick auf die in § 230a letzter Satz ABGB enthaltene Verweisung auf § 230b ABGB (in concreto dessen Z 5) – zur Vermeidung einer Doppelregelung.

EB zu § 6 Abs. 6 (Art. 5 BGBl. I Nr. 77/2011):

Zum Schutz von Kleinanlegern in offenen Immobilienfonds sollen zusätzliche Anteilsgattungen ermöglicht werden, die nur bestimmten Kunden (Großanleger) durch die Kapitalanlagegesellschaft für Immobilien angeboten werden, und für die zum Beispiel bestimmte Kündigungsfristen hinsichtlich der Rücknahme von Fondsanteilen in den Fondsbestimmungen vereinbart werden. Durch die dann geltenden Kündigungsfristen erfolgt in diesen Anteilsgattungen eine Rückgabe von Anteilscheinen erst mit Ablauf der vereinbarten Frist und zu dem dann gültigen Rechenwert (z.B. t+3 Monate). Die „normalen" Anteilsgattungen (aufgelegt für das breite Publikum) sind von dieser speziellen Kündigungsvereinbarung nicht tangiert. Hier werden die Anteilscheinrückgaben auf täglicher Basis vorgenommen. Damit wird ein Interessenausgleich aller Anteilinhaber erreicht, der den Kleinanlegern eine tägliche Rücknahme ihrer Anteile sichert und sie unabhängig von Veranlagungsstrategien großvolumiger Anleger macht.

Der erste, dritte und vierte Satz des § 6 Abs. 6 ist § 5 Abs. 7 InvFG 1993 nachgebildet (Möglichkeit der Auflage von Anteilsgattungen). Der zweite Satz des § 6 Abs. 6 bringt zum Ausdruck, dass die Kapitalanlagegesellschaft für Immobilien für Anteilsgattungen, die eine Mindestanlagesumme von einer Million Euro vorsehen, Kündigungsfristen hinsichtlich der Rücknahme der Fondsanteile in den Fondsbestimmungen aufnehmen kann.

Durch den Verweis in § 34 Abs. 2 Z 8 auf § 6 Abs. 6 wird die Möglichkeit zur Schaffung weiterer Anteilsgattungen entsprechend berücksichtigt.

Ausgabe der Anteilscheine

§ 7. (1) Ein Angebot von Anteilscheinen darf im Inland nur erfolgen, wenn spätestens einen Werktag davor sowohl ein vereinfachter als auch ein vollständiger Prospekt veröffentlicht wurde; beide Prospekte haben alle Angaben zu enthalten, die erforderlich sind, damit sich die Anleger über die ihnen angebotene Anlage und über die damit verbundenen Risiken ein fundiertes Urteil bilden können. Der vollständige Prospekt hat mindestens die in der **Anlage A** Schema A vorgesehenen Angaben (soweit diese nicht bereits in den Fondsbestimmungen des Immobilienfonds enthalten sind) sowie die von der Finanzmarktaufsichtsbehörde bewilligten Fondsbestimmungen zu enthalten. Weiters haben der vereinfachte und der vollständige Prospekt einen allgemeinen Hinweis auf den Charakter der Veranlagung sowie auf die damit verbundenen Risiken zu enthalten. Die Finanzmarktaufsichtsbehörde kann im Interesse einer zuverlässigen Aufklärung der Anleger durch Verordnung Mindestinhalte für diesen Hinweis festlegen. Die FMA kann die in **Anlage C** Schema C genannten Angaben durch Verordnung näher konkretisieren und durch andere Angaben mit gleichem Informationszweck ergänzen. Der vereinfachte Prospekt hat in zusammengefasster Form die wichtigsten Informationen zu enthalten, wie sie in der Anlage C Schema C vorgesehen sind. Dieser ist so zu gliedern und abzufassen, dass er für den Durchschnittsanleger leicht verständlich ist. Der vereinfachte Prospekt kann dem vollständigen Prospekt als herausnehmbarer Teil beigefügt werden. Sowohl der vollständige als auch der vereinfachte Prospekt können entweder als schriftliches Dokument erstellt oder auf einem von der Finanzmarktaufsichtsbehörde durch Verordnung gebilligten dauerhaften Datenträger mit gleichwertiger Rechtsstellung gespeichert werden. Auf Verlangen ist dem Anleger aber jedenfalls kostenlos eine Papierversion zur Verfügung zu stellen. Im Falle eines Angebotes von Anteilscheinen ohne eine vorhergehende Veröffentlichung der Prospekte ist § 5 Abs. 1 und 3 bis 6 KMG sinngemäß anzuwenden.

(2) Wesentliche Änderungen der Verhältnisse im Sinne des Abs. 1, die geeignet sind, die Beurteilung der Anteilscheine zu beeinflussen, sind unverzüglich zu veröffentlichen.

(3) Sowohl der von der Kapitalanlagegesellschaft für Immobilien unterfertigte vereinfachte als auch der vollständige Prospekt sowie deren Änderungen sind der Meldestelle so rechtzeitig zu übersenden, dass sie ihr spätestens am Tag der Veröffentlichung vorliegen. § 12 KMG gilt sinngemäß.

(4) Der vereinfachte Prospekt in der jeweils geltenden Fassung ist dem Anleger vor Vertragsabschluss kostenlos anzubieten. Darüber hinaus sind dem interessierten Anleger der vollständige Prospekt in der jeweils geltenden Fassung, der letzte vorhandene Rechenschaftsbericht sowie der auf ihn folgende Halbjahresbericht, sofern er veröffentlicht wurde, vor Vertragsabschluss kostenlos zur Verfügung zu stellen. Die Jahres- und Halbjahresberichte müssen der Öffentlichkeit an den im vereinfachten und im vollständigen Prospekt genannten Stellen oder in anderer von der Finanzmarktaufsichtsbehörde durch Verordnung genehmigter Form zugänglich sein.

(5) Die Anteilscheine dürfen nur gegen volle Leistung des Ausgabepreises ausgegeben werden. Die Einbringung von Vermögenswerten gemäß § 21 ist nicht zulässig. Die Einbringung von Wertpapieren ist nur zulässig, sofern diese über einen Börsekurs verfügen, wobei die Einbringung solcher Wertpapiere mit ihrem Börsekurs am Tage der Ausgabe der Anteilscheine den Fondsbestimmungen entsprechend zu erfolgen hat.

(6) Die Anteilscheine sind vor ihrer Ausgabe der Depotbank in Verwahrung zu geben. Diese darf sie nur ausgeben, wenn ihr der Gegenwert gemäß Abs. 5 ohne jede Beschränkung zur Verfügung gestellt worden ist. Die Depotbank hat den empfangenen Gegenwert unverzüglich dem Fondsvermögen zuzuführen.

(7) Abs. 1 bis 5 sind nicht auf Immobilienspezialfonds anzuwenden.

EB zu § 7 (Art. 1 BGBl. I Nr. 80/2003):

In Ermangelung von Börsekursen für Immobilien ist die Einbringung von Vermögenswerten problematisch. Aus Anlegerschutzüberlegungen erscheint daher die generelle Untersagung der Einbringung von Vermögenswerten in einen Immobilienfonds als geboten. Ansonsten ist die Bestimmung § 6 InvFG nachgebildet.

EB zu § 7 Abs. 1 (Art. 1 BGBl. I Nr. 134/2006):

Verpflichtet auch die Immobilienfonds auch zur Erstellung eines „vereinfachten Verkaufsprospekts" wie bei den Kapitalanlagefonds.

EB zu § 7 Abs. 3 und 4 (Art. 1 BGBl. I Nr. 134/2006):

Korrespondiert mit § 7 Abs. 1.

EB zu § 7 Abs. 5 (Art. 1 BGBl. I Nr. 134/2006):

Damit wird das Einbringungsverbot von Vermögenswerten auf Immobilien eingeschränkt.

EB zu § 7 Abs. 1 (Art. 3 BGBl. I Nr. 69/2008):

Die Bestimmung soll der FMA eine VO-Ermächtigung zur Konkretisierung einräumen. Eine solche Ermächtigung findet sich bereits in der Parallelbestimmung in § 6 Abs. 1 InvFG.

Errechnung des Anteilswertes; Ausgabepreis

§ 8. (1) Der Wert eines Anteils ergibt sich aus der Teilung des Gesamtwertes des Immobilienfonds einschließlich der Erträgnisse durch die Zahl der Anteile. Der Gesamtwert des Immobilienfonds ist nach den Fondsbestimmungen auf Grund der nicht länger als ein Jahr zurückliegenden Bewertung gemäß § 29 und der jeweiligen (Kurs-)Werte der zum Fonds gehörenden Wertpapiere, Geldbeträge, Guthaben, Forderungen und sonstigen Rechte, abzüglich der Verbindlichkeiten, von der Depotbank zu ermitteln.

(2) Die Kapitalanlagegesellschaft für Immobilien ist verpflichtet, eine aktuelle Bewertung gemäß § 29 der Depotbank zur Verfügung zu stellen, falls anzunehmen ist, dass der Wert der Vermögenswerte gemäß § 21 von der zuletzt erstellten Bewertung um mehr als 10 vH abweicht. Bei Vermögenswerten gemäß § 21, die über eine Grundstücks-Gesellschaft (§§ 23 ff) gehalten werden, verringert sich der Prozentsatz auf 5 vH. Ab diesem Zeitpunkt ist die aktualisierte Bewertung der Berechnung der Depotbank zu Grunde zu legen.

(3) Der Ausgabepreis eines Anteils hat seinem errechneten Wert zu entsprechen. Dem errechneten Wert kann zur Deckung der Ausgabekosten der Kapitalanlagegesellschaft für Immobilien ein in den Fondsbestimmungen festgesetzter Aufschlag zugerechnet werden.

(4) Die Depotbank hat den Ausgabe- und den Rücknahmepreis der Anteile jedes Mal dann zu veröffentlichen, wenn eine Ausgabe oder eine Rücknahme der Anteile stattfindet, mindestens aber zweimal im Monat.

EB zu § 8 (Art. 1 BGBl. I Nr. 80/2003):

§ 8 wurde unter Berücksichtigung der Besonderheiten von Immobilien dem § 7 InvFG nachgebildet. Abs. 2 verpflichtet zu einer Neubewertung der Immobilien, wenn Entwicklungen erkennbar sind, die eine positive oder negative Wertveränderung nahe legen. Als solche Entwicklungen sind sowohl Ereignisse anzusehen, die eine einzelne Immobilie betreffen als auch Ereignisse, die auf mehrere oder alle im Fonds befindlichen Vermögenswerte Einfluss haben.

EB zu § 8 Abs. 2 (Art. 1 BGBl. I Nr. 134/2006):

Mit dieser Regelung wird konsumentenschutzpolitischen Bedenken Rechnung getragen werden. Die Kapitalanlagegesellschaft für Immobilien hat für Vermögenswerte gemäß § 21, die über eine Grundstücks-Gesellschaft gehalten werden, bereits dann der Depotbank eine neue Bewertung zur Verfügung zu stellen, wenn anzunehmen ist, das sich der Verkehrswert eines Vermögenswertes gemäß § 21 um mehr als 5 vH verändert hat. Bei direkt vom Immobilienfonds gehaltenen Vermögenswerten hat die Kapitalanlagegesellschaft für Immobilien der Depotbank ein neues Bewertungsgutachten zur Verfügung zustellen, wenn anzunehmen ist, dass sich der Verkehrswert des Vermögenswertes gemäß § 21 um mehr als 10 vH verändert hat. Das Neubewertungserfordernis ergibt sich bei einer Veränderung des Wertes des einzelnen Vermögensgegenstandes.

EB zu § 8 Abs. 4 (Art. 1 BGBl. I Nr. 134/2006):

Die derzeit geltende Bestimmung verpflichtet die Kapitalanlagegesellschaft für Immobilien den Ausgabe- und Rücknahmepreis zu veröffentlichen. Allerdings ist gemäß § 8 Abs. 1 die Depotbank verpflichtet, den NAV (bzw. Ausgabe- und Rücknahmepreis) zu ermitteln. Im Sinne der Praktikabilität (jahrelange Praxis) und einer vergleichbaren Bestimmung in § 7 Abs. 3 InvFG ist es sinnvoll, auch im ImmoInvFG die Pflicht der Preisveröffentlichung nicht der Kapitalanlagegesellschaft für Immobilien, sondern der Depotbank zu übertragen.

Eintragungen im Grundbuch

§ 9. (1) Die Kapitalanlagegesellschaft für Immobilien hat dafür zu sorgen, dass die Zugehörigkeit von inländischen Liegenschaften und Baurechten für einen Immobilienfonds und die Verfügungsbeschränkung nach § 4 Abs. 4 im Grundbuch angemerkt und bei Superädifikaten in die Urkundensammlung eingereiht wird. Die Depotbank hat die Einhaltung dieser Vorschrift zu überwachen. In der Folge können Eintragungen/Einreihungen im Grundbuch, die der Zustimmung der Depotbank bedürfen, nur auf Grund einer Zustimmungserklärung der Depotbank vorgenommen werden. Die Depotbank ist von allen die Liegenschaft, das Baurecht oder das Superädifikat betreffenden Eintragungen/Einreihungen, soweit sie der Zustimmung der Depotbank bedürfen, vom Grundbuchsgericht zu verständigen.

(2) Ausländische Immobilien dürfen nur mit Zustimmung der Depotbank erworben werden. Ist bei ausländischen Vermögenswerten gemäß § 21 die Eintragung der Verfügungsbeschränkung (§ 4 Abs. 4) in ein Grundbuch oder ein vergleichbares Register rechtlich nicht vorgesehen, so ist die Wirksamkeit der Verfügungsbeschränkung in anderer geeigneter Form sicherzustellen.

(3) Die Bestimmungen der Abs. 1 und 2 sind auf Immobilienspezialfonds nicht anzuwenden.

EB zu § 9 (Art. 1 BGBl. I Nr. 80/2003):

Die gemäß § 35 zu bestellende Depotbank überwacht die Eintragung der Verfügungsbeschränkung nach § 4 Abs. 4 in das Grundbuch bzw. in das Aktienbuch. Auch diese Vorschrift dient primär dem Anlegerschutz. Dem Erwerb ausländischer Immobilien darf die Depotbank bei Publikumsfonds nur zustimmen, wenn die Wirksamkeit der Verfügungsbeschränkung im Belegenheitsland der Immobilie bzw. im Emissionsland der Aktie in einer der österreichischen Rechtsordnung vergleichbaren Form möglich ist. In Zweifelsfällen obliegt es der Depotbank, ein Rechtsgutachten einzuholen, welches diese Sicherheit für sie vertretbar darstellt.

EB zu § 9 Abs. 2 (Art. 1 BGBl. I Nr. 134/2006):

Die bisherige Formulierung des § 9 Abs. 2 bestimmt, dass eine ausländische Immobilie nur dann erworben werden kann, wenn die Sicherstellung in einer dem Abs. 1 (inländische Immobile – österreichisches Grundbuch) adäquaten Form sichergestellt werden konnte. Das österreichische Grundbuchsrecht zählt auf Grund des strengen Publizitätsgrundsatzes und der damit verbundenen dinglichen Wirkung des Grundbuchstandes gegenüber Dritten zu den „strengsten" im europäischen Vergleich. Auf Grund der unterschiedlichen rechtlichen Ausgestaltungen der verschiedenen Grundbuchsrechte in den einzelnen Mitgliedstaaten bzw. Drittstaaten, kann das Grundbuchsrecht in vielen Ländern nicht als „adäquat" iSv „gleichwertig" angesehen werden. Mit der neuen Bestimmung wird einerseits die größt-

mögliche Sicherstellung der Verfügungsbeschränkung zu Gunsten der Depotbank je nach anwendbarer Jurisdiktion erhalten (Anlegerschutz) und andererseits die Veranlagung in ausländische Immobilien erleichtert.

Haftungsverhältnisse

§ 10. (1) Zur Sicherstellung oder zur Hereinbringung von Forderungen gegen Anteilinhaber kann auf deren Anteilscheine, jedoch nicht auf die Vermögenswerte des Immobilienfonds, Exekution geführt werden.

(2) Zur Sicherstellung oder zur Hereinbringung von Forderungen aus Verbindlichkeiten, die die Kapitalanlagegesellschaft für Immobilien für einen Immobilienfonds nach den Bestimmungen dieses Bundesgesetzes wirksam begründet hat, kann nur auf die Vermögenswerte des Immobilienfonds Exekution geführt werden.

EB zu § 10 (Art. 1 BGBl. I Nr. 80/2003):
§ 10 entspricht § 9 InvFG.

Auszahlung der Anteile

§ 11. (1) Auf Verlangen eines Anteilinhabers ist diesem gegen Rückgabe des Anteilscheines, der Erträgnisscheine und des Erneuerungsscheines sein Anteil aus dem Immobilienfonds auszuzahlen. Die Voraussetzungen der Auszahlungen sind in den Fondsbestimmungen zu regeln. Die Auszahlung des Rückgabepreises kann unter gleichzeitiger Anzeige an die Finanzmarktaufsichtsbehörde vorübergehend unterbleiben und vom Verkauf von Vermögenswerten des Immobilienfonds sowie vom Eingang des Verwertungserlöses abhängig gemacht werden, wenn außergewöhnliche Umstände vorliegen, die dies unter Berücksichtigung berechtigter Interessen der Anteilinhaber erforderlich erscheinen lassen. Die Anzeige an die Finanzmarktaufsichtsbehörde kann bei Immobilienspezialfonds unterbleiben.

(2) Außergewöhnliche Umstände im Sinne des Abs. 1 liegen insbesondere dann vor, wenn die Bankguthaben und der Erlös gehaltener Wertpapiere zur Zahlung des Rücknahmepreises und zur Sicherstellung einer ordnungsgemäßen laufenden Bewirtschaftung nicht ausreichen oder nicht sogleich zur Verfügung stehen. Reichen nach Ablauf einer in den Fondsbestimmungen festgelegten Frist, die ein Jahr nicht übersteigen darf, die Mittel nicht aus, so sind Vermögenswerte des Immobilienfonds zu veräußern. Bis zur Veräußerung dieser Vermögenswerte zu angemessenen Bedingungen, längstens jedoch ein Jahr nach Vorlage des Anteilscheines zur Rücknahme, kann die Kapitalanlagegesellschaft für Immobilien die Rücknahme verweigern. Die Jahresfrist kann durch die Fondsbestimmungen auf zwei Jahre verlängert werden. Nach Ablauf dieser Frist darf die Kapitalanlagegesellschaft für Immobilien Vermögenswerte des Immobilienfonds beleihen, wenn das erforderlich ist, um Mittel zur Rücknahme der Anteilscheine zu beschaffen. Sie ist verpflichtet, diese Belastungen durch Veräußerung von Vermögenswerten des Immobilienfonds oder in sonstiger Weise abzulösen, sobald dies zu angemessenen Bedingungen möglich ist. Belastungen und ihre Ablösung sind der Finanzmarktaufsichtsbehörde unverzüglich anzuzeigen.

(3) Der Prospekt gemäß § 7 hat einen besonderen Hinweis auf die Rückzahlungsmodalitäten gemäß dieser Bestimmung zu enthalten.

(4) Die Kapitalanlagegesellschaft für Immobilien hat die Anleger durch öffentliche Bekanntmachung über das Unterbleiben der Rücknahme der Anteilscheine und die Wie-

deraufnahme der Rücknahme der Anteilscheine zu unterrichten. Der FMA ist die Wiederaufnahme der Rücknahme der Anteilscheine unverzüglich anzuzeigen.

EB zu § 11 (Art. 1 BGBl. I Nr. 80/2003):

Die Bestimmungen des § 11 stellen eine der wesentlichen Verbesserungen der vermögensmäßigen Situation der Anleger im Verhältnis zu bestehenden Immobilien-Aktiengesellschaften bei enger Marktlage dar. Der Wert der Fondsanteile wird nicht an der Börse bestimmt, sondern richtet sich nach dem gemäß den §§ 8 und 29 von der Depotbank ermittelten Wert des Anteiles. Auf der Basis dieses ermittelten Wertes können die Anteilinhaber ihre Anteile grundsätzlich jederzeit an die Kapitalanlagegesellschaft für Immobilien zurückgeben und die Auszahlung ihres Anteiles verlangen. Die Auszahlung kann zwar vorübergehend unterbleiben und vom Verkauf von Vermögenswerten sowie vom Eingang des Verwertungserlöses abhängig gemacht werden, wenn außergewöhnliche Umstände vorliegen, die dies im Interesse der übrigen Anteilinhaber erforderlich erscheinen lassen. Durch eine entsprechende gesetzliche Liquiditätshaltungsverpflichtung soll aber sichergestellt werden, dass keine Notwendigkeit entsteht, von dieser Möglichkeit Gebrauch machen zu müssen.

EB zu § 11 (Art. 5 BGBl. I Nr. 77/2011):

Aufnahme einer § 56 Abs. 2 InvFG 2011 vergleichbaren Bestimmung.

Rechnungsjahr der Immobilienfonds

§ 12. Das Rechnungsjahr der Immobilienfonds ist das Kalenderjahr, falls die Fondsbestimmungen nichts anderes anordnen.

EB zu § 12 (Art. 1 BGBl. I Nr. 80/2003):

§ 12 entspricht § 11 InvFG.

Rechnungslegung und Veröffentlichung

§ 13. (1) Die Kapitalanlagegesellschaft für Immobilien hat für jedes Rechnungsjahr über jeden Immobilienfonds einen Rechenschaftsbericht sowie für die ersten sechs Monate eines jeden Rechnungsjahres einen Halbjahresbericht zu erstellen.

(2) Der Rechenschaftsbericht hat eine Ertragsrechnung, eine Vermögensaufstellung sowie die Fondsbestimmungen zu enthalten, über die Veränderungen des Vermögensbestandes zu berichten und die Zahl der Anteile zu Beginn des Berichtszeitraumes und an dessen Ende anzugeben. Weiters hat der Rechenschaftsbericht einen Bericht über die Tätigkeiten des abgelaufenen Rechnungsjahres und alle sonstigen in der **Anlage B** vorgesehenen Angaben sowie alle wesentlichen Informationen, die es den Anlegern ermöglichen, sich in voller Sachkenntnis ein Urteil über die Entwicklung der Tätigkeiten und der Ergebnisse des Immobilienfonds zu bilden, zu enthalten. Der Halbjahresbericht hat mindestens die in den Ziffern 1 bis 3 und 5 bis 7 der Anlage B vorgesehenen Angaben zu enthalten; die Zahlenangaben haben, wenn der Immobilienfonds Zwischenausschüttungen vorgenommen hat oder dies vorgeschlagen wurde, das Ergebnis nach Steuern für das betreffende Halbjahr sowie die erfolgte oder vorgesehene Zwischenausschüttung auszuweisen. Die Halbjahresdaten sind mit Vorschaudaten bis Ende des Rechnungsjahres zu ergänzen. Die Vermögenswerte des Immobilienfonds sind mit den Werten gemäß § 29 anzusetzen. Der Rechenschaftsbericht ist innerhalb von vier Monaten, der Halbjahresbericht ist innerhalb von zwei Monaten nach dem Ende des Berichtszeitraumes zu veröffentlichen.

(2a) Betreibt eine Kapitalanlagegesellschaft für Immobilien für Rechnung eines Immobilienfonds Pensionsgeschäfte (§ 4 Abs. 3a) oder Wertpapierleihegeschäfte (§ 4 Abs. 3b), so sind diese im Halbjahres- und Rechenschaftsbericht jeweils gesondert auszuweisen und zu erläutern.

(3) Der Rechenschaftsbericht ist vom Bankprüfer der Kapitalanlagegesellschaft für Immobilien zu prüfen; für diese Prüfung gelten die §§ 268 bis 276 UGB sinngemäß. Die Prüfung hat sich auch auf die Beachtung dieses Bundesgesetzes und der Fondsbestimmungen zu erstrecken. Der geprüfte Rechenschaftsbericht ist von der Kapitalanlagegesellschaft längstens innerhalb von vier Monaten nach Abschluss des Rechnungsjahres der Finanzmarktaufsichtsbehörde vorzulegen. Der Halbjahresbericht ist der Finanzmarktaufsichtsbehörde innerhalb von zwei Monaten nach Ende des Berichtszeitraumes vorzulegen.

(4) Der geprüfte Rechenschaftsbericht und der Halbjahresbericht sind dem Aufsichtsrat der Kapitalanlagegesellschaft für Immobilien unverzüglich vorzulegen.

(5) Der geprüfte Rechenschaftsbericht und der Halbjahresbericht sind in der Kapitalanlagegesellschaft für Immobilien und in der Depotbank zur Einsicht aufzulegen und den Anteilinhabern auf Verlangen kostenlos zur Verfügung zu stellen.

(6) Mit dem Jahresabschluss der Kapitalanlagegesellschaft für Immobilien sind auch die von der Kapitalanlagegesellschaft für Immobilien für die Anteilinhaber verwalteten Immobilienfonds und die Höhe ihres Fondsvermögens zu veröffentlichen.

(7) Bei Immobilienspezialfonds können im Rechenschaftsbericht die Fondsbestimmungen entfallen. Bei Immobilienspezialfonds kann die Auflage des Rechenschaftsberichts und Halbjahresberichts in der Depotbank entfallen, der Prüfbericht über den Rechenschaftsbericht ist den Inhabern von Immobilienspezialfonds jedenfalls zu übermitteln. Halbjahresberichte von Immobilienspezialfonds und der Prüfbericht über den Rechenschaftsbericht sind der Finanzmarktaufsichtsbehörde nur auf Anforderung einzureichen.

EB zu § 13 (Art. 1 BGBl. I Nr. 80/2003):

Der Halbjahresbericht soll mit Vorschaudaten bis Ende des Rechnungsjahres ergänzt werden, um eine Verzerrung der Halbjahresdaten für den Anleger verständlich zu machen. So werden z.B. Betriebskostenaufwendungen meistens antizipativ aufgewendet, während die Betriebskostenersätze über das Rechnungsjahr per Akontozahlungen aufgeteilt werden. Ansonsten entspricht § 13 dem § 12 InvFG.

EB zu § 13 Abs. 2a (Art. 1 BGBl. I Nr. 134/2006):

Korrespondiert mit § 4 Abs. 3a und 3b.

EB zu § 13 Abs. 5 (Art. 1 BGBl. I Nr. 134/2006):

Entspricht der Regelung in § 12 Abs. 6 InvFG.

EB zu § 13 Abs. 7 (Art. 1 BGBl. I Nr. 134/2006):

Die Auflage der Berichte von Spezialfonds in der Depotbank ist nicht zweckmäßig und kann daher entfallen.

EB zu § 13 Abs. 3, § 14 Abs. 3 und § 23 Abs. 2 (Art. 3 BGBl. I Nr. 69/2008):

Der Verweis auf das HGB wird bezüglich der Bezeichnung des Gesetzes durch die nunmehr gültige Bezeichnung UGB ersetzt.

Gewinn und Gewinnverwendung

§ 14. (1) Der Jahresgewinn eines Immobilienfonds ist an die Anteilinhaber in dem Ausmaß auszuschütten, in dem es die Fondsbestimmungen vorsehen. Insoweit keine Ausschüttung erfolgt, ist vom nicht ausgeschütteten Jahresgewinn ein Betrag in Höhe der gemäß § 40 darauf entfallenden Kapitalertragsteuer einschließlich des gemäß § 124b Z 186 des Einkommensteuergesetzes 1988 freiwillig geleisteten Betrages auszuzahlen. Zum Ertrag gehören auch Beträge, die neu hinzukommende Anteilinhaber für den zum Ausgabetag ausgewiesenen Ertrag gemäß Abs. 2 Z 1 und 3 leisten (Ertragsausgleich). Die Auszahlung kann für Immobilienfonds oder bestimmte Gattungen von Anteilscheinen eines Immobilienfonds unterbleiben, wenn durch die den Fonds verwaltende Kapitalanlagegesellschaft für Immobilien in eindeutiger Form nachgewiesen wird, dass die ausgeschütteten und ausschüttungsgleichen Erträge sämtlicher Inhaber der ausgegebenen Anteilscheine entweder nicht der inländischen Einkommen- oder Körperschaftsteuer unterliegen oder die Voraussetzungen für eine Befreiung gemäß § 94 des Einkommensteuergesetzes 1988 vorliegen. Als solcher Nachweis gilt das kumulierte Vorliegen von Erklärungen sowohl der Depotbank als auch der Kapitalanlagegesellschaft für Immobilien, dass ihnen kein Verkauf an solche Personen bekannt ist, sowie von Fondsbestimmungen, die den ausschließlichen Vertrieb bestimmter Gattungen im Ausland vorsehen.

(2) Der Jahresgewinn eines Immobilienfonds setzt sich aus den

1. Bewirtschaftungsgewinnen
2. Aufwertungsgewinnen und
3. Wertpapier- und Liquiditätsgewinnen

zusammen. Als Gewinn gelten auch Ausschüttungen von inländischen Grundstücks-Gesellschaften (§§ 23 ff), soweit diese nicht auf Veräußerungsgewinne von Immobilienveräußerungen zurückzuführen sind. Gewinne von ausländischen Grundstücks-Gesellschaften (§§ 23 ff) sind unmittelbar dem Immobilienfonds zuzurechen. Ein Ausgleich von Verlusten ist zunächst vorrangig innerhalb der einzelnen Gewinnarten durchzuführen. Danach ist ein Ausgleich zwischen den einzelnen Gewinnen gemäß Z 1 bis 3 vorzunehmen. Ein Vortrag von Verlusten ist in jedem Falle unzulässig.

(3) Die Bewirtschaftungsgewinne errechnen sich aus den erhaltenen Erträgen für die entgeltliche Überlassung der jeweiligen Immobilien (Vermögen gemäß § 21) zuzüglich sonstiger Erträge aus der laufenden Bewirtschaftung, soweit diese nicht den Gewinnen gemäß Abs. 2 Z 2 und 3 zuzurechnen sind, abzüglich damit im Zusammenhang stehender Aufwendungen. Die Geltendmachung einer Abschreibung gemäß § 204 UGB für Wertminderung von Gebäuden ist unzulässig. Für Kosten, die durch Hintanhaltung oder Beseitigung von baulichen Schäden aus Abnutzung, Alterung und Witterungseinflüssen entstehen, ist eine Rücklage in Höhe von einem Zehntel bis zu einem Fünftel der Nettomieteinnahmen als Aufwand abzuziehen (Instandhaltungsrücklage). Eine Durchführung derartiger Maßnahmen ist kein gewinnmindernder Aufwand.

(4) Aufwertungsgewinne sind 80% der Bewertungsdifferenzen auf der Grundlage korrekter Bewertungen gemäß § 29 abzüglich damit im Zusammenhang stehender Aufwendungen. Aufwendungen sind um 20% zu kürzen und dürfen nur insoweit abgezogen werden als keine Berücksichtigung bei Bewirtschaftungsgewinnen oder bei Wertpapier- und Liquiditätsgewinnen zu erfolgen hat. Dies gilt auch für Beteiligungen an Grundstücks-Gesellschaften (§§ 23 ff), deren Gewinne gemäß Abs. 2 nicht direkt dem Immobilienfonds zuzurechnen sind, soweit die Wertschwankungen auf Bewertungsdifferenzen im Sinne der vorangehenden Sätze zurückzuführen sind.

(5) Wertpapier- und Liquiditätsgewinne sind Gewinne aus Zinsen von Vermögen gemäß den §§ 32 und 33.

EB zu § 14 (Art. 1 BGBl. I Nr. 80/2003):

Die Regelung über Gewinn und Gewinnverwendung ist in seiner Grundkonzeption dem § 13 InvFG 1993 nachgebildet. Es ist zunächst vorgesehen, dass ein Immobilienfonds seine Gewinne auszuschütten hat. Dies jedoch nur insofern als die Fondsbestimmungen nichts Gegenteiliges vorsehen. Die Fondsbestimmungen können somit auch eine Thesaurierung des gesamten Gewinnes oder eines Teiles davon vorsehen. Jedenfalls ist jedoch – ebenso wie bei Wertpapierfonds – eine Auszahlung der Kapitalertragsteuer für thesaurierte Gewinne vorgesehen.

Der Gewinn eines Immobilienfonds selbst besteht aus drei Komponenten, zwischen denen ein Ausgleich zulässig ist. Hintergrund dafür ist der im allgemeinen Teil angeführte Gedanke der steuerlichen Gleichstellung mit Direktanlegern sowie die Verhinderung des Missbrauchs des Immobilienfonds als Steuersparmodell. In § 40 ist darüber hinaus für steuerliche Zwecke ein vorrangiger Verlustausgleich zwischen Verlusten des selben Landes vorgesehen (per country limitation). Näheres siehe Erläuterungen zu § 40. Da das Immobilienfondsgeschäft gemäß Art. II Z 1 dieses Gesetzes als Bankgeschäft definiert wird, gilt § 43 BWG, der für die Gewinnermittlung die Anwendung handelsrechtlicher Vorschriften vorsieht. Dies gilt solange als das Immobilien-Investmentfondsgesetz keine Sondervorschriften enthält.

*Zunächst ist der Gewinn aus der üblichen Immobilienbewirtschaftung (Vermietung) zu ermitteln. Dieser Bewirtschaftungsgewinn im Sinne Abs. 2 Z 1 sowie Abs. 3 errechnet sich aus dem Jahresertrag abzüglich der gemäß den Fondsbestimmungen verrechenbaren laufenden Aufwendungen, wie beispielsweise bei der Vermietung üblichen Kosten, laufender (kleinerer) Instandhaltungsaufwand im Sinne des § 28 EStG oder anteilige Kosten gemäß § 34 Abs. 2. Z 6 und 11 dieses Gesetzes. Hinsichtlich größeren Aufwendungen ist jedoch eine Sonderbestimmung vorgesehen. Eine Abschreibung ist zunächst nicht zulässig. Allerdings darf eine gewinnmindernde Rücklage für künftigen Instandhaltungsaufwand gebildet werden. Der Begriff der Instandhaltung ist im Immobilien-Investmentfondsgesetz eigenständig definiert und lehnt sich an betriebswirtschaftliche Größen an, die in der Bewertungswissenschaft auch Eingang bei der Ermittlung des Ertragswertes gefunden haben (*Kranewitter, *Liegenschaftsbewertung, 90f). Nach derzeitigem Stand der Technik fallen darunter Aufwendungen, welche zur Gänze den in § 28 EStG definierten Instandsetzungsaufwand umfasst; teilweise sind jedoch auch Aufwendungen betroffen, die Herstellungsaufwand sind, teilweise fallen jedoch größere Instandhaltungsaufwendungen im Sinne des § 28 EStG (z.B. Großreparaturen) unter die Rücklage. Beispielsweise deckt die Rücklage folgende Aufwendungen ab*

- *größere Reparaturen, die nicht regelmäßig jährlich erwachsen,*
- *Anfärbeln oder Ausbessern der Fassade*
- *größere Dachreparatur*
- *Ausbessern des Verputzes,*
- *Erneuerung von Gebäudeteilen infolge höherer Gewalt (zB bei Sturm- und Hagelschäden).*
- *Austausch von Fenstern und Türen,*
- *Austausch von Dach oder Dachstuhl,*
- *Austausch von Stiegen,*
- *Austausch von Zwischenwänden und Zwischendecken,*
- *Austausch von Unterböden (Estrich statt Holzboden usw),*
- *Austausch von Aufzugsanlagen,*

- *Austausch von Heizungsanlagen sowie Feuerungseinrichtungen (zB Umstellung einer Zentralheizungsanlage von festen Brennstoffen auf Gas),*
- *Austausch von Elektro-, Gas-, Wasser- und Heizungsinstallationen,*
- *Austausch von Sanitärinstallationen (auch mit Erneuerung der Bodenbeläge und Fliesen),*
- *Umfangreiche Erneuerung des Außenverputzes beispielsweise mit Erneuerung der Wärmedämmung,*
- *Trockenlegung der Mauern.*

Die Nichtberücksichtigung einer Abschreibung basiert auf den Erfahrungen, dass für den Wert eines Gebäudes primär der jeweilige Zustand maßgeblich ist. Diesem Zustand wird durch laufende Investitionen Rechnung getragen, womit der Wert des Gebäudes üblicherweise faktisch erhalten bleibt. Für diese Aufwendungen werden laufende Rücklagen gebildet, die sich zwischen 0,5% und 2% des Bauzeitwertes belaufen (vgl. Kranewitter, *Liegenschaftsbewertung 90). Das Immobilieninvestmentfondsgesetz knüpft hinsichtlich der Höhe der Rücklagen allerdings nicht an den Bauzeitwert, sondern an die Mieteinnahmen an. Es sieht eine Größenordnung in Höhe von 20% der Nettomieteinnahmen vor, was bei üblicherweise von Immobilienfonds anzustrebenden Renditen rückgerechnet etwa einer Größenordnung zwischen 1,5% und 2% des Bauzeitwertes entspricht.*

Die Verwendung der Rücklage ergibt sich in der Folge aus den Vorschriften dieses Gesetzes von selbst. Da eine Zurechnung dieser Rücklage zum Gewinn nicht zulässig ist, darf auch eine Ausschüttung an die Anteilsinhaber nicht vorgenommen werden. Somit ergibt sich zwangsweise eine Zuordnung zum liquiden Vermögen, für welches gemäß §§ 32 und 33 Höchstveranlagungsgrenzen vorgesehen sind. Der Gesetzestext steht einer gebäudeübergreifende Verrechnung nicht entgegen, was dem bei einem Fonds gebotenen Grundsatz der Risikostreuung entspricht. Ausgeschlossen ist jedoch explizit eine gesonderte Minderung des Gewinnes bei tatsächlicher Durchführung solcher Aufwendungen. Reichen die vorhandenen Rücklagen nicht aus, hat eine Verwendung von tatsächlich vorhandenem liquidem Kapital oder eine Fremdkapitalaufnahme im Rahmen der Bandbreiten dieses Gesetze zu erfolgen.

§ 14 Abs. 3 hat weiters einerseits keinen Einfluss auf Regelungen nach dem Mietrechtsgesetz, andererseits wirken die Bildungs- und Verwendungspflichten von Rücklagen nach dem Mietrechtsgesetz nicht auf die Gewinnermittlungsvorschriften dieses Gesetzes.

Wertveränderungen, die dennoch eintreten, werden teilweise in der Komponente „Aufwertungsgewinne/-verluste" erfasst. Da vorhandene Rücklagen auch nicht übertragbar sind, haben sie auch keine Auswirkung auf den Wert der Immobilie.

Bei den Aufwertungsgewinnen (Abs. 2 Z 2 und Abs. 4) werden 80% Wertveränderungen erfasst, die sich durch die jeweiligen Neubewertungen gemäß § 29 ergeben. Die sachliche Rechtfertigung liegt darin, weil durch den permanenten Ein- und Ausstieg von Anteilinhabern es auf Ebene des Anteilinhabers laufend zur Aufdeckung von stillen Reserven kommt.

<u>Beispiel:</u>

Ein (modellhaft gedachter) Fonds mit zwei Anteilinhabern besitzt eine Immobilie im Wert von 6 Mio. Beiden Anteilinhabern wird somit die Immobilie je zur Hälfte mit je 3 Mio. zugerechnet. Nach einem Jahr steigt der Wert der Immobilie auf 7,5 Mio. Beiden Anteilinhabern wird somit die Immobilie je zur Hälfte mit je 3,75 Mio. zugerechnet. Nunmehr steigt ein dritter Anteilinhaber in den Fonds ein. Sämtliche Anteilinhaber sind nun zu einem Drittel Miteigentümer. Die Altanteilinhaber haben dabei je einen Teil (im Beispielsfall ein Sechstel) an den Neueinsteiger veräußert und dabei stille Reserven aufgedeckt.

Bei Personengesellschaften wäre in einem solchen Fall eine Ergänzungsbilanz zu erstellen. Würde man Derartiges bei Immobilien – Investmentfonds vorsehen, hätte dies einen unverhältnismäßigen Aufwand in der Fondsbuchhaltung zur Folge. An Stelle dessen werden daher Bewertungsdifferenzen pauschal im Ausmaß von 80% dem Gewinn zugerechnet, der letztlich auch Steuernbemessungsgrundlage ist. Die Wahl des Ausmaßes von 80% erscheint angesichts der Tatsache einer 10-jährigen Spekulationsfrist bei Immobilien in der Direktveranlagung und der Unterwerfung unter den Steuersatz der Endbesteuerung von 25% als angemessen. Da jedoch der § 14 eine handelsrechtliche Bestimmung ist, gilt dieser allerdings als Sondernorm zu § 201 HGB auch für die Gewinnermittlung des Anteilsinhabers nach Handelsrecht. Dadurch kommt es – auch im Grenzfall, in dem keine Anteilsveränderungen vorliegen – auch zur erfolgsmäßigen Erfassung nicht realisierter Wertveränderungen. Die sachliche Rechtfertigung für den genannten Grenzfall liegt in der Gleichbehandlung mit Fonds die eine Ausschüttung der Aufwertungsgewinne vorsehen. Siehe dazu auch die Erläuterungen zu § 41.

Als dritte Gewinnkomponente finden sich, wie bei Wertpapierfonds, die Gewinne aus den Erträgen sowie den realisierten Wertveränderungen aus der Veranlagung von liquiden Mitteln (Abs. 2 Z 3 und Abs. 5).

EB zu § 14 Abs. 1 (Art. 1 BGBl. I Nr. 134/2006):

Die Bestimmung entspricht § 13 InvFG. Sie schafft die Möglichkeit, auf die KESt-Auszahlung zu verzichten, wenn für alle Anteilinhaber entweder eine Befreiung vom KESt-Abzug vorliegt oder ein Kapitalertragssteuerabzug deswegen unterbleiben kann, weil entweder eine Befreiung vom Kapitalertragsteuerabzug besteht oder auf Grund innerstaatlicher Regelungen lediglich ein Besteuerungsrecht für Erträge aus inländischen Immobilien verbleibt. Die Erhebung dieser Steuer für Erträge aus inländischen Immobilien wird – soweit diese Steuer der Höhe nach auch tatsächlich von praktischer Auswirkung ist – durch § 99 Abs. 1 Z 6 EStG gesichert. Für den Fall der Befreiung vom Kapitalertragsteuerabzug bleibt die Steuerpflicht einer allenfalls im Veranlagungsweg zu erhebende Steuer (zB Zwischensteuer bei Stiftungen) unberührt.

EB zu § 14 Abs. 3 (Art. 1 BGBl. I Nr. 134/2006):

Die Bildung der Instandhaltungsrücklage ist mit einer Ausschüttungssperre verknüpft. Um die Ausschüttungsfähigkeit des Immobilienfonds flexibler zu gestalten, soll es der KAG möglich sein, die Höhe der Instandhaltungsrücklage dem Einzelfall anzupassen, wobei die derzeit vorgesehenen 20% der Nettomieteinnahmen nicht überschritten werden dürfen („in Höhe von einem Zehntel bis zu einem Fünftel der Nettomieteinnahmen“).

EB zu § 13 Abs. 3, § 14 Abs. 3 und § 23 Abs. 2 (Art. 3 BGBl. I Nr. 69/2008):

Der Verweis auf das HGB wird bezüglich der Bezeichnung des Gesetzes durch die nunmehr gültige Bezeichnung UGB ersetzt.

EB zu § 14 Abs. 1 (Art. 74 BGBl. I Nr. 111/2010):

Die Zitierung der einkommensteuerlichen Regelung für Altemissionen wird in § 14 Abs. 1 ImmoInvFG angepasst.

Beendigung der Verwaltung durch die Kapitalanlagegesellschaft

§ 15. (1) Die Kapitalanlagegesellschaft für Immobilien kann die Verwaltung eines Immobilienfonds nach Einholung der Bewilligung der Finanzmarktaufsichtsbehörde unter Einhaltung einer Kündigungsfrist von mindestens sechs Monaten durch öffentliche Bekanntmachung (§ 19) kündigen. Die Bewilligung ist dann zu erteilen, wenn die Interessen der Anleger ausreichend gewahrt sind.

(2) Die Kapitalanlagegesellschaft für Immobilien kann die Verwaltung unter gleichzeitiger Anzeige an die Finanzmarktaufsichtsbehörde ohne Einhaltung einer Kündigungsfrist mit dem Tag der öffentlichen Bekanntmachung kündigen, wenn das Fondsvermögen 30 Millionen Euro unterschreitet. Eine Kündigung wegen Unterschreitung des Fondsvermögens ist während einer Kündigung der Verwaltung des Fondsvermögens gemäß Abs. 1 nicht zulässig.

(3) Das Recht der Kapitalanlagegesellschaft für Immobilien zur Verwaltung eines Immobilienfonds erlischt mit dem Wegfall der Konzession für das Immobilienfondsgeschäft oder mit dem Beschluss ihrer Auflösung.

(4) Die Kapitalanlagegesellschaft für Immobilien kann die Verwaltung eines Immobilienfonds mit Bewilligung der Finanzmarktaufsichtsbehörde ohne Kündigung nach Abs. 1 durch Übertragung der zum Fondsvermögen gehörenden Vermögenswerte in einen anderen, von der gleichen oder einer anderen Kapitalanlagegesellschaft für Immobilien verwalteten Immobilienfonds oder durch Zusammenlegung im Wege der Neubildung beenden. Die Bestimmungen des § 3 Abs. 2 sind anzuwenden. Dem Anteilinhaber dürfen durch diese Vorgangsweise keine Kosten entstehen.

(5) Die Kapitalanlagegesellschaft für Immobilien kann die Verwaltung eines Immobilienfonds mit Bewilligung der Finanzmarktaufsichtsbehörde ohne Kündigung nach Abs. 1 auf eine andere Kapitalanlagegesellschaft für Immobilien übertragen. Die Bestimmungen des § 3 Abs. 2 sind sinngemäß anzuwenden. Dem Anteilinhaber dürfen durch diese Vorgangsweise keine Kosten entstehen.

EB zu § 15 (Art. 1 BGBl. I Nr. 80/2003):

§ 15 entspricht § 14 InvFG.

EB zu § 15 Abs. 2 (Art. 1 BGBl. I Nr. 134/2006):

Ein Fondsvolumen von 300 000 Euro ist nach Expertenansicht und Markterfahrung um ein Vielfaches zu gering, um eine Immobilienfonds wirtschaftlich vertretbar (entsprechend der „treuhändigen" Verpflichtung) im Interesse der Anteilinhaber zu verwalten. Es wird daher der Kapitalanlagegesellschaft für Immobilien die Möglichkeit eingeräumt, einen Immobilenfonds, der das Volumen von 30 Millionen Euro unterschreitet, ohne Einhaltung einer Kündigungsfrist aufzulösen, weil es den Prinzipien einer treuhändigen Verwaltung widerspricht (= zu Lasten der verbleibenden Anteilinhaber), einen Immobilienfonds mit so geringem Fondsvolumen weiterzuführen.

EB zu § 15 Abs. 2 (Art. 3 BGBl. I Nr. 69/2008):

Um Missbräuche zu verhindern, wird klargestellt, dass von den Kündigungsmöglichkeiten gemäß Abs. 1 und Abs. 2 nicht kumulativ Gebrauch gemacht werden kann.

Verwaltung durch die Depotbank oder eine andere Kapitalanlagegesellschaft für Immobilien

§ 16. (1) Endet das Recht der Kapitalanlagegesellschaft für Immobilien, einen Immobilienfonds zu verwalten, so geht die Verwaltung nach Maßgabe der Fondsbestimmungen auf die Depotbank über.

(2) Die Depotbank kann im Fall der Kündigung gemäß § 15 Abs. 1 mit Bewilligung der Finanzmarktaufsichtsbehörde die Verwaltung des Immobilienfonds binnen sechs Monaten nach Beendigung der Verwaltung durch die Kapitalanlagegesellschaft für Immobilien einer anderen Kapitalanlagegesellschaft für Immobilien übertragen. Diese Bewilligung ist zu erteilen, wenn die berechtigten Interessen der Anteilinhaber ausreichend gewahrt

sind. Die Betrauung der anderen Kapitalanlagegesellschaft für Immobilien ist von dieser zu veröffentlichen. Die Übertragung eines Immobilienspezialfonds auf eine andere Kapitalanlagegesellschaft für Immobilien bedarf keiner Bewilligung der Finanzmarktaufsichtsbehörde.

EB zu § 16 (Art. 1 BGBl. I Nr. 80/2003):
§ 16 entspricht § 15 InvFG.

Abwicklung eines Immobilienfonds

§ 17. (1) Überträgt die Depotbank nicht gemäß § 16 Abs. 2 die Verwaltung an eine andere Kapitalanlagegesellschaft für Immobilien, so hat sie den Immobilienfonds abzuwickeln. Der Beginn der Abwicklung ist zu veröffentlichen. Vom Tage dieser Bekanntmachung an ist die Auszahlung von Anteilen unzulässig.

(2) Die im Immobilienfonds enthaltenen Vermögenswerte sind so rasch, als dies bei Wahrung der Interessen der Anteilinhaber möglich ist, in Geld umzusetzen. Die Verteilung des Vermögens auf die Anteilinhaber ist erst nach Erfüllung der Verbindlichkeiten des Immobilienfonds sowie der nach den Fondsbestimmungen zulässigen Zahlungen an die Kapitalanlagegesellschaft für Immobilien und die Depotbank vorzunehmen.

EB zu § 17 (Art. 1 BGBl. I Nr. 80/2003):
§ 17 entspricht § 16 InvFG.

Erwerbsverbot für Organe der Kapitalanlagegesellschaft für Immobilien und der Depotbank

§ 18. Geschäftsleiter oder Mitglieder des Aufsichtsrates einer Kapitalanlagegesellschaft für Immobilien dürfen weder Vermögenswerte aus den Beständen von Immobilienfonds erwerben, die von dieser Kapitalanlagegesellschaft für Immobilien verwaltet werden, noch Vermögenswerte an einen solchen Fonds verkaufen. Dies gilt nicht für Anteilscheine eines von der Kapitalanlagegesellschaft für Immobilien verwalteten Fonds. Gleiches gilt für die Depotbank sowie deren Geschäftsleiter oder Mitglieder des Aufsichtsrates sowie für gemäß § 29 bestellte Sachverständige, soweit diese den zum Erwerb oder zur Veräußerung anstehenden Vermögenswert gemäß § 29 Abs. 2 bewertet haben.

EB zu § 18 (Art. 1 BGBl. I Nr. 80/2003):
§ 18 wurde § 17 nachgebildet und in seiner Anwendung auf die Organe der Depotbank – wegen deren Einbindung in die Bewertung der Vermögenswerte durch die Mitwirkung bei der Sachverständigenbestellung – ausgedehnt.

Veröffentlichungen

§ 19. (1) Für durch dieses Bundesgesetz oder die Fondsbestimmungen angeordnete Veröffentlichungen gilt § 10 Abs. 3 KMG. Ebenso gilt für Veröffentlichungen nach diesem Bundesgesetz § 10 Abs. 4 und Abs. 8 KMG, mit Ausnahme der nach § 8 dieses Bundesgesetzes zu veröffentlichenden Angaben. Für nach § 6 Abs. 2 dieses Bundesgesetzes zu veröffentlichende Angaben kann die Mitteilung gemäß § 10 Abs. 4 KMG auch lediglich gemäß § 10 Abs. 3 Z 3 KMG erfolgen.

(2) Sind die Anteilinhaber gemäß diesem Bundesgesetz über bestimmte Tatsachen oder Vorgänge zu informieren, so sind diese Informationen, sofern in diesem Bundesgesetz nicht ausdrücklich anderes vorgesehen ist, den Anteilinhabern auf Papier oder einem anderen dauerhaften Datenträger zur Verfügung zu stellen, wobei im Falle eines anderen dauerhaften Datenträgers als Papier folgende Bedingungen erfüllt sein müssen:

1. Die Bereitstellung der Informationen muss den Rahmenbedingungen angemessen sein, unter denen die Geschäftstätigkeiten zwischen Anteilinhaber und dem Immobilien fonds oder, sofern relevant, der jeweiligen Kapitalanlagegesellschaft für Immobilien ausgeführt werden oder werden sollen; und
2. der Anteilinhaber, dem die Informationen zur Verfügung zu stellen sind, hat sich bei der Wahl zwischen Informationen auf Papier oder einem anderen dauerhaften Datenträger ausdrücklich für Letzteres entschieden.

(3) Für die Zwecke des Abs. 2 ist die Bereitstellung von Informationen auf elektronischem Wege im Hinblick auf die Rahmenbedingungen, unter denen die Geschäftstätigkeiten zwischen Immobilienfonds oder der Kapitalanlagegesellschaft für Immobilien und dem Anteilinhaber ausgeführt werden oder werden sollen, als angemessen zu betrachten, wenn der Anteilinhaber nachweislich über einen regelmäßigen Zugang zum Internet verfügt. Dies gilt als nachgewiesen, wenn der Anteilinhaber für die Ausführung dieser Geschäfte eine E-Mail-Adresse angegeben hat. Andernfalls sind die Informationen dem Anteilinhaber an eine von ihm bei Erwerb der Anteile bekannt gegebene Adresse zuzustellen.

(4) Soweit Anteilscheine nicht von der Kapitalanlagegesellschaft für Immoblien verwahrt werden oder diese die Übermittlung von Informationen selbst nicht vornehmen kann, hat sie den depotführenden Stellen der Anteilinhaber die Informationen in angemessener Weise für eine Übermittlung an die Anteilinhaber bereitzustellen. Die depotführenden Stellen haben die Informationen unverzüglich nach der Bereitstellung den Anteilinhabern zu übermitteln.

EB zu § 19 (Art. 1 BGBl. I Nr. 80/2003):

§ 19 entspricht § 18 InvFG.

EB zu § 19 (Art. 3 BGBl. I Nr. 69/2008):

Die Bestimmungen über die Veröffentlichung werden klargestellt. Eine Mitteilung nach § 10 Abs. 4 KMG ist immer dann erforderlich, wenn nicht bereits der gesamte Prospekt gemäß § 10 Abs. 3 Z 1 KMG in einer entsprechenden Tageszeitung veröffentlicht wurde. Im Gegensatz zu den Regelungen für Prospekte nach dem KMG, für die die Mitteilung nach § 10 Abs. 4 KMG gemäß Artikel 31 ProspektVO stets durch Veröffentlichung in einer Tageszeitung zu erfolgen hat, ist diese Form der Mitteilung bei Prospekten nach dem InvFG nur für die erstmalige Veröffentlichung zwingend. Im Falle von Änderungen der Prospekte kann die Mitteilung auch ausschließlich nach § 10 Abs. 3 Z 3 KMG veröffentlicht werden und im Falle der Veröffentlichung der Fondswerte (§ 8) kann die Hinweisbekanntmachung gemäß § 10 Abs. 4 KMG überhaupt unterbleiben. Die Art und Weise der Veröffentlichung der Anteilspreise ist im vereinfachten Prospekt ohnehin anzugeben.

EB zu § 19 Abs. 2 bis 4 (Art. 5 BGBl. I Nr. 115/2015):

Die direkte Information der Anteilinhaber soll analog zu § 53 Abs. 4 und § 133 InvFG 2011 auch im Immobilien-Investmentfondsgesetz zulässig sein und bewirkt eine Gleichstellung zwischen Kapitalanlagegesellschaft für Immobilien und Verwaltungsgesellschaft betreffend die direkte Anlegerinformation.

Schutz von Bezeichnungen

§ 20. Die Bezeichnungen „Immobilien-Kapitalanlagefonds", „Kapitalanlagefonds für Immobilien", „Immobilienfonds", „Immobilieninvestmentfonds", „Immobilieninvestmentanteilschein" oder gleichbedeutende Bezeichnungen oder Abkürzungen von solchen Bezeichnungen dürfen nur für Immobilienfonds und deren Anteilscheine verwendet sowie nur in die Firma von Kapitalanlagegesellschaften für Immobilien aufgenommen werden. Der Zusatz „mündelsicher" oder gleichbedeutende Bezeichnungen oder Abkürzungen in Verbindung mit Immobilienfonds dürfen nur für Immobilienfonds gemäß § 6 Abs. 7 verwendet werden.

EB zu § 20 (Art. 1 BGBl. I Nr. 80/2003):

Die Bestimmungen des § 19 InvFG werden durch immobilienspezifische Bezeichnungen erweitert.

Veranlagungsvorschriften

§ 21. (1) Nach Maßgabe der Fondsbestimmungen dürfen für einen Immobilienfonds nachstehende in einem Mitgliedstaat der Europäischen Union oder in einem Vertragsstaat des Abkommens über den Europäischen Wirtschaftsraum belegene Vermögenswerte erworben werden, wobei der Grundsatz der Risikostreuung zu beachten ist:

1. bebaute Grundstücke;
2. Grundstücke im Zustand der Bebauung, wenn nach den Umständen mit einem Abschluss der Bebauung in angemessener Zeit zu rechnen ist und die Aufwendungen für die Grundstücke zusammen mit dem Wert der bereits in dem Immobilienfonds befindlichen Grundstücke im Zustand der Bebauung gemäß dieser Ziffer insgesamt 40 vH des Wertes des Immobilienfonds nicht überschreiten;
3. unbebaute Grundstücke, die für eine alsbaldige eigene Bebauung bestimmt und geeignet sind, wenn zur Zeit des Erwerbs ihr Wert zusammen mit dem Wert der bereits in dem Immobilienfonds befindlichen unbebauten Grundstücke insgesamt 30 vH des Wertes des Immobilienfonds nicht übersteigt;
4. Baurechte, Superädifikate im Sinne von § 435 ABGB, Miteigentum sowie Wohnungseigentum, je unter den Voraussetzungen der Z 1 bis 3.

(2) Wenn die Fondsbestimmungen dies vorsehen und die Gegenstände einen dauernden Ertrag erwarten lassen, dürfen für einen Immobilienfonds auch erworben werden

1. andere in Mitgliedstaaten der Europäischen Union oder in Vertragsstaaten des Abkommens über den Europäischen Wirtschaftsraum belegene Grundstücke, Baurechte sowie Rechte in der Form des Wohnungseigentums, Miteigentums und Baurechts und
2. außerhalb der Mitgliedstaaten der Europäischen Union oder außerhalb der Vertragsstaaten des Abkommens über den Europäischen Wirtschaftsraum belegene Grundstücke der in Abs. 1 Z 1 bis 3 bezeichneten Art. Die Grundstücke und Rechte nach Z 1 dürfen nur erworben werden, wenn zur Zeit des Erwerbs ihr Wert zusammen mit dem Wert der bereits in dem Immobilienfonds befindlichen Grundstücke und Rechte in der Art der Z 1 10 vH des Wertes des Immobilienfonds nicht überschreitet. Die Grundstücke nach Z 2 dürfen nur erworben werden, wenn zur Zeit des Erwerbs ihr Wert zusammen mit dem Wert der bereits in dem Immobilienfonds befindlichen Grundstücke in der Art der Z 2 20 vH des Wertes des Immobilienfonds nicht überschreitet. Bei den Grundstücken nach Z 2 gelten ferner die Begrenzungen nach Abs. 1 Z 2 und 3 mit der Maßgabe, dass an die Stelle des Wertes des Immobilienfonds der Wert der Grundstücke nach Z 2 tritt.

(3) Ein Vermögensgegenstand gemäß Abs. 1 und 2 darf nur erworben werden, wenn er zuvor von wenigstens zwei Sachverständigen (§ 29 Abs. 1 und 2) unabhängig von einander bewertet worden ist und die aus dem Immobilienfonds zu erbringende Gegenleistung den ermittelten Wert nicht oder nur unwesentlich übersteigt.

(4) Die Grundsätze für die Auswahl der Vermögenswerte gemäß Abs. 1 und 2 und die Veranlagungsgrenzen sind in den Fondsbestimmungen zu regeln.

(5) Für einen Immobilienfonds dürfen auch Gegenstände erworben werden, die zur Bewirtschaftung der Vermögenswerte des Fonds erforderlich sind.

(6) (Anm.: aufgehoben durch BGBl. I Nr. 134/2006)

(7) Die Nichtbeachtung der vorstehenden Vorschriften berührt die Wirksamkeit des Rechtsgeschäftes nicht.

EB zu §§ 21 und 22 (Art. 1 BGBl. I Nr. 80/2003):

Die §§ 21 und 22 bilden die Grundlage für die in den Fondsbestimmungen genau festzulegende Anlagepolitik eines bestimmten Fonds. Die Fondsbestimmungen und damit die Veranlagungsrichtlinien werden von der Finanzmarktaufsichtsbehörde auf Gesetzeskonformität geprüft und bei positivem Prüfergebnis bewilligt. Die Veranlagungsvorschriften orientieren sich an den Veranlagungsbestimmungen in §§ 27a ff KAGG für die Veranlagung in deutschen Immobilienfonds, die Streuungsregeln in § 22 wurden den Streuungsregeln in §§ 28 und 29 KAGG nachgebildet. Unter einem Gegenstand, der zur Bewirtschaftung eines Vermögenswertes erforderlich ist, wäre etwa eine Baumaschine oder ein Betriebsfahrzeug zu verstehen.

EB zu § 21 Abs. 6 (Art. 1 BGBl. I Nr. 134/2006):

Durch den Wegfall dieser Bestimmung soll es dem Immobilienfonds – aber nur im Rahmen der Liquiditätsbestimmungen des § 32 – ermöglicht werden, auch Wertpapiere zu erwerben, die an einer Börse in einem Mitgliedstaat der EU oder in einem Vertragsstaat des Abkommens über den Europäischen Wirtschaftsraum zum amtlichen Handel zugelassen sind, oder festverzinsliche Wertpapiere, soweit diese 5 vH des Fondsvermögens nicht überschreiten.

Mindeststreuung

§ 22. (1) Ein Immobilienfonds muss aus mindestens zehn Vermögenswerten gemäß § 21 Abs. 1 und 2 bestehen.

(2) Keiner der Vermögenswerte gemäß § 21 Abs. 1 und 2 darf zur Zeit seines Erwerbs den Wert von 20 vH des Wertes des Immobilienfonds übersteigen.

(3) Als Vermögenswert im Sinne des Abs. 1 ist auch eine aus mehreren Grundstücken bestehende wirtschaftliche Einheit anzusehen.

(4) Die Begrenzungen von Abs. 1 und 2, § 4 Abs. 3b, § 21, § 23 Abs. 5 Z 3 und Abs. 6 und § 32 Abs. 1 Z 1 bis 4 sind für den Immobilienfonds erst dann verpflichtend, wenn seit dem Zeitpunkt seiner Bildung eine Frist von vier Jahren verstrichen ist. Eine Zusammenlegung nach § 3 Abs. 2 gilt nicht als Bildung.

(5) Ein Immobilienspezialfonds muss abweichend zu Abs. 1 aus mindestens fünf Vermögenswerten gemäß § 21 Abs. 1 und 2 bestehen und es darf abweichend zu Abs. 2 keiner der Vermögenswerte gemäß § 21 Abs. 1 und 2 zur Zeit seines Erwerbs den Wert von 40 vH des Wertes des Immobilienspezialfonds übersteigen. Abs. 3 und 4 sind anzuwenden.

EB zu §§ 21 und 22 (Art. 1 BGBl. I Nr. 80/2003):

Die §§ 21 und 22 bilden die Grundlage für die in den Fondsbestimmungen genau festzulegende Anlagepolitik eines bestimmten Fonds. Die Fondsbestimmungen und damit die Veranlagungsrichtlinien werden von der Finanzmarktaufsichtsbehörde auf Gesetzeskonformität geprüft und bei positivem Prüfergebnis bewilligt. Die Veranlagungsvorschriften orientieren sich an den Veranlagungsbestimmungen in §§ 27a ff KAGG für die Veranlagung in deutschen Immobilienfonds, die Streuungsregeln in § 22 wurden den Streuungsregeln in §§ 28 und 29 KAGG nachgebildet. Unter einem Gegenstand, der zur Bewirtschaftung eines Vermögenswertes erforderlich ist, wäre etwa eine Baumaschine oder ein Betriebsfahrzeug zu verstehen.

EB zu § 22 Abs. 4 (Art. 1 BGBl. I Nr. 134/2006):

Die „erweiterten Veranlagungsgrenzen" bei Neuauflage eines Immobilienfonds sollen auch auf das Wertpapierleihegeschäft ausgedehnt werden. Weiters soll der gesamte § 21 unter dieses Privileg fallen, nicht nur wie bisher der Abs. 1 Z 3 (unbebaute Grundstücke, die für eine alsbaldige eigene Bebauung bestimmt und geeignet sind).

EB zu § 22 Abs. 5 (Art. 1 BGBl. I Nr. 134/2006):

Erlaubt bei Spezialfonds flexiblere Veranlagungsregeln als bei Publikumsfonds.

EB zu § 22 Abs. 4 (Art. 3 BGBl. I Nr. 69/2008):

Im Sinne einer Konsistenz der Ausnahme von den Veranlagungsgrenzen in der Anlaufphase zum Zwecke der Vermögensbildung in den ersten vier Jahren sollen auch indirekt gehaltene Vermögenswerte von der Ausnahme erfasst sein.

Grundstücks-Gesellschaften

§ 23. (1) Die Kapitalanlagegesellschaft für Immobilien darf für Rechnung des Immobilienfonds Beteiligungen an Grundstücks-Gesellschaften nach Maßgabe der Abs. 2 bis 6 nur erwerben und halten, wenn die Fondsbestimmungen dies vorsehen, die Beteiligung einen dauernden Ertrag erwarten lässt und durch Vereinbarung zwischen der Kapitalanlagegesellschaft für Immobilien und der Grundstücks-Gesellschaft die Befugnisse der Depotbank gemäß § 4 Abs. 4 in geeigneter Form sichergestellt sind.

Grundstücks-Gesellschaften sind Gesellschaften,

1. deren Unternehmensgegenstand im Gesellschaftsvertrag oder in der Satzung auf Tätigkeiten beschränkt ist, welche die Kapitalanlagegesellschaft für Immobilien für den Immobilienfonds ausüben darf, und
2. die nach dem Gesellschaftsvertrag oder der Satzung nur Vermögensgegenstände im Sinne des § 21 erwerben dürfen, die nach den Fondsbestimmungen unmittelbar für den Immobilienfonds erworben werden dürfen.

(2) Vor dem Erwerb der Beteiligung an einer Grundstücks-Gesellschaft ist ihr Wert durch einen Abschlussprüfer im Sinne der §§ 268ff UGB zu ermitteln. Dabei ist von dem letzten mit dem Bestätigungsvermerk eines Abschlussprüfers versehenen Jahresabschluss der Grundstücks-Gesellschaft oder, wenn dieser mehr als drei Monate vor dem Bewertungsstichtag liegt, von den Vermögenswerten und Verbindlichkeiten der Grundstücks-Gesellschaft auszugehen, die in einer vom Abschlussprüfer geprüften aktuellen Vermögensaufstellung nachgewiesen sind. Für die Bewertung gilt § 25 Abs. 2.

(3) Die Kapitalanlagegesellschaft für Immobilien darf für Rechnung des Immobilienfonds eine Beteiligung an einer Grundstücks-Gesellschaft nur erwerben und halten, wenn

sie bei der Grundstücks-Gesellschaft die für eine Änderung des Gesellschaftsvertrages oder der Satzung erforderliche Stimmenmehrheit hat und durch die Rechtsform der Grundstücks-Gesellschaft die Außenhaftung mit der Einlage beschränkt ist. Abweichend davon darf die Kapitalanlagegesellschaft für Immobilien im Rahmen der Veranlagungsgrenze des Abs. 6 zweiter Satz für Rechnung des Immobilienfonds Beteiligungen an einer Grundstücks-Gesellschaft auch dann erwerben und halten, wenn sie nicht die für eine Änderung der Satzung erforderliche Stimmen- und Kapitalmehrheit hat (Minderheitsbeteiligung).

(4) Die Einlagen der Gesellschafter einer Grundstücks-Gesellschaft, an der die Kapitalanlagegesellschaft für Immobilien für Rechnung des Immobilienfonds beteiligt ist, müssen voll eingezahlt sein.

(5) Der Gesellschaftsvertrag oder die Satzung der Grundstücks-Gesellschaft muss sicherstellen, dass

1. von der Grundstücks-Gesellschaft nicht mehr als drei Vermögenswerte im Sinne des § 21 gehalten werden dürfen,
2. (Anm.: aufgehoben durch BGBl. I Nr. 134/2006)
3. die Grundstücks-Gesellschaft einen Vermögenswert nur erwerben darf, wenn sein Wert zusammen mit dem Wert der bereits von der Grundstücks-Gesellschaft gehaltenen Vermögenswerte 20 vH des Wertes des Immobilienfonds, für dessen Rechnung eine Beteiligung an der Grundstücks-Gesellschaft gehalten wird, nicht übersteigt.

Eine aus mehreren Grundstücken bestehende wirtschaftliche Einheit ist als ein Vermögenswert anzusehen. Entsprechen der Gesellschaftsvertrag oder die Satzung der Grundstücks-Gesellschaft nicht diesen Bestimmungen, darf die Kapitalanlagegesellschaft für Immobilien die Beteiligung an der Grundstücks-Gesellschaft nur erwerben, wenn eine entsprechende Änderung des Gesellschaftsvertrags oder der Satzung unverzüglich nach dem Erwerb der Beteiligung sichergestellt ist.

(6) Der Wert aller Beteiligungen (inklusive allfälliger Darlehensforderungen) an Grundstücks-Gesellschaften, an denen die Kapitalanlagegesellschaft für Immobilien für Rechnung des Immobilienfonds beteiligt ist, darf 49 vH des Wertes des Immobilienfonds nicht übersteigen. Unbeschadet der Anlagegrenze nach dem ersten Satz darf der Wert der Vermögensgegenstände gemäß § 21, die zum Vermögen von Grundstücks-Gesellschaften gehören, an denen die Kapitalanlagegesellschaft für Immobilien für Rechnung des Immobilienfonds nicht mit einer Kapitalmehrheit beteiligt ist, 20 vH des Wertes des Immobilienfonds nicht überschreiten.

(7) Wenn nach Erwerb einer Beteiligung an einer Grundstücks-Gesellschaft die Voraussetzungen für den Erwerb und das Halten der Beteiligung nicht mehr erfüllt sind, hat die Kapitalanlagegesellschaft für Immobilien deren Veräußerung unter Wahrung der Interessen der Anleger zu betreiben.

(8) Soferne der Unternehmensgegenstand der Grundstücks-Gesellschaft erst in den letzten drei Jahren vor dem Erwerb für den Immobilienfonds auf den Umfang von Abs. 1 Z 1 beschränkt worden ist, ist der Erwerb für den Immobilienfonds nur zulässig, soferne entweder die Veräußerer der Grundstücks-Gesellschaft oder die Kapitalanlagegesellschaft für Immobilien zu Gunsten des Immobilienfonds, für den der Erwerb erfolgt, die Haftung für Verbindlichkeiten der Grundstücks-Gesellschaft übernehmen, soferne diese Verbindlichkeiten nicht den Geschäftsgegenstand gemäß Abs. 1 Z 1 betreffen und soweit sie nicht bei der Bewertung der Grundstücks-Gesellschaft zum Zeitpunkt des Erwerbes bekannt waren, übernehmen.

EB zu §§ 23 bis 28 (Art. 1 BGBl. I Nr. 80/2003):

Zwar dürfen keine Dachfonds gebildet werden, allerdings soll auch in Staaten, in denen auf Grund der dort geltenden nationalen Rechtslage ein direkter Immobilienerwerb durch den Investmentfonds nicht möglich ist, grundsätzlich in Immobilien investiert werden können. Der Immobilienerwerb via Grundstück-Gesellschaften, wie in den §§ 23 bis 28 geregelt, wurde der Rechtslage im deutschen KAGG (§§ 27a ff) nachgebildet.

EB zu § 23 Abs. 1 (Art. 1 BGBl. I Nr. 134/2006):

Die Einschränkung des Erwerbs von Anteilen an einer Grundstücks-Gesellschaft auf Länder, in denen auf Grund der dort geltenden nationalen Rechtslage ein direkter Immobilienerwerb durch einen österreichischen Immobilienfonds nicht möglich ist, ist ein gravierender Wettbewerbsnachteil gegenüber den ausländischen am Markt befindlichen Immobilienfonds. Unter anderem wurden in den „neuen" EU-Mitgliedstaaten (EU-Osterweiterung) kurzfristig die gesetzlichen Bestimmungen in der Form abgeändert, dass der Direkterwerb grundsätzlich möglich ist, aber auf Grund von steuerlichen Begleitregelungen (10%ige Grunderwerbssteuer) wirtschaftlich als nicht sinnvoll angesehen werden muss.

Durch den Entfall des Verweises auf Abs. 1 des § 21 soll klargestellt werden, dass die Kapitalanlagegesellschaft für Immobilien auch außerhalb der EU- bzw. EWR-Staaten belegene Liegenschaften (mittelbar über eine Grundstücks-Gesellschaft) bis zu 20 vH des Fondsvermögens erwerben kann; die Veranlagungsgrenzen des § 21 Abs. 2 sind anzuwenden.

EB zu § 23 Abs. 3 (Art. 1 BGBl. I Nr. 134/2006):

Durch die vorgeschlagene Änderung des § 23 Abs. 3 und 5 soll die bisherige Regelung, die sehr speziell auf die österreichische Rechtsordnung und die in Österreich bestehenden Gesellschaftsformen (insb. Kapitalgesellschaften – GmbH und AG) zugeschnitten ist, erweitert werden. Durch diese „Erweiterung" sollen auch die in anderen Ländern zulässigen Gesellschaftsformen für die Grundstücks-Gesellschaft zugänglich gemacht werden.

Da im Ausland teilweise zwingendes nationales Recht dem Mehrheitserwerb an einer (Grundstücks-) Gesellschaft durch Ausländer (zB österreichischer Immobilienfonds) entgegensteht, bzw. im Allgemeinen nach den bisherigen Erfahrungen der Kapitalanlagegesellschaften für Immobilien das starre Mehrheitserfordernis sich wiederholt als nicht praxistauglich bzw. als eklatanter Wettbewerbsnachteil erwiesen hat, sollen in einem gewissen Rahmen (§ 23 Abs. 6: bis zu 20%) Minderheitsbeteiligungen zulässig sein.

EB zu § 23 Abs. 4 (Art. 1 BGBl. I Nr. 134/2006):

Steht im Zusammenhang mit dem Entfall des zwingenden Mehrheitserfordernisses bei Grundstücks-Gesellschaften in § 23 Abs. 3.

EB zu § 23 Abs. 5 (Art. 1 BGBl. I Nr. 134/2006):

Im Sinne eines europäischen „level playing fields" hat die Einschränkung, dass der Sitzstaat der Grundstücks-Gesellschaft identisch mit dem Belegungsstaat der Immobilien sein muss, zu entfallen.

EB zu § 23 Abs. 6 (Art. 1 BGBl. I Nr. 134/2006):

Die Anhebung der maximalen Beteiligungen (von derzeit 40 vH auf 49 vH) eines Immobilienfonds an Grundstücks-Gesellschaften setzt ein Markterfordernis um.

Die Minderheitsbeteiligungen werden allerdings mit 20 vH des Fondsvermögens begrenzt.

EB zu § 23 Abs. 7 (Art. 1 BGBl. I Nr. 134/2006):

Dient der Klarstellung, dass in derartigen Fällen die Kapitalanlagegesellschaft für Immobilien nicht verpflichtet ist, die Beteiligung „von heute auf morgen“ *zu veräußern, sondern die Veräußerung der Anteile an der Grundstücks-Gesellschaft unter Wahrung der Interessen der Anleger vorgenommen werden.*

EB zu § 13 Abs. 3, § 14 Abs. 3 und § 23 Abs. 2 (Art. 3 BGBl. I Nr. 69/2008):

Der Verweis auf das HGB wird bezüglich der Bezeichnung des Gesetzes durch die nunmehr gültige Bezeichnung UGB ersetzt.

§ **24.** (1) Die Kapitalanlagegesellschaft für Immobilien darf einer Grundstücks-Gesellschaft für Rechnung des Immobilienfonds ein Darlehen nur gewähren, wenn sie an der Grundstücks-Gesellschaft für Rechnung des Immobilienfonds beteiligt ist, die Darlehensbedingungen marktgerecht sind, das Darlehen ausreichend besichert ist und bei einer Veräußerung der Beteiligung die Rückzahlung des Darlehens innerhalb von sechs Monaten nach der Veräußerung vereinbart ist. Die Kapitalanlagegesellschaft für Immobilien hat sicherzustellen, dass die Summe der für Rechnung des Immobilienfonds einer Grundstücks-Gesellschaft insgesamt gewährten Darlehen 50 vH des Wertes der von der Grundstücks-Gesellschaft gehaltenen Grundstücke nicht übersteigt. Die Kapitalanlagegesellschaft für Immobilien hat sicherzustellen, dass die Summe der für Rechnung des Immobilienfonds den Grundstücks-Gesellschaften insgesamt gewährten Darlehen 25 vH des Wertes des Immobilienfonds nicht übersteigt.

(2) Einer Darlehensgewährung nach Abs. 1 steht gleich, wenn ein Dritter im Auftrag der Kapitalanlagegesellschaft für Immobilien der Grundstücks-Gesellschaft ein Darlehen im eigenen Namen für Rechnung des Immobilienfonds gewährt.

EB zu §§ 23 bis 28 (Art. 1 BGBl. I Nr. 80/2003):

Zwar dürfen keine Dachfonds gebildet werden, allerdings soll auch in Staaten, in denen auf Grund der dort geltenden nationalen Rechtslage ein direkter Immobilienerwerb durch den Investmentfonds nicht möglich ist, grundsätzlich in Immobilien investiert werden können. Der Immobilienerwerb via Grundstück-Gesellschaften, wie in den §§ 23 bis 28 geregelt, wurde der Rechtslage im deutschen KAGG (§§ 27a ff) nachgebildet.

EB zu § 24 Abs. 1 (Art. 1 BGBl. I Nr. 134/2006):

Angleichung der Wertgrenzen für Darlehen an Grundstücksgesellschaften an deutsche Regelung (§ 69 Abs. 1 des deutschen InvFG).

§ **25.** (1) Die Kapitalanlagegesellschaft für Immobilien muss die Grundstücks-Gesellschaft, an der sie für Rechnung des Immobilienfonds beteiligt ist, vertraglich verpflichten, monatlich Vermögensaufstellungen bei der Kapitalanlagegesellschaft für Immobilien und der Depotbank einzureichen und diese einmal jährlich an Hand des von einem Abschlussprüfer mit einem Bestätigungsvermerk versehenen Jahresabschlusses der Grundstücks-Gesellschaft vom Bankprüfer der Kapitalanlagegesellschaft für Immobilien prüfen zu lassen. Die Vermögensaufstellungen sind bei den Bewertungen zur laufenden Preisermittlung zu Grunde zu legen.

(2) Die im Jahresabschluss oder der Vermögensaufstellung der Grundstücks-Gesellschaft ausgewiesenen Grundstücke sind mit dem Wert anzusetzen, der von mindestens zwei Sachverständigen gemäß § 29 Abs. 1 festgestellt wurde. § 29 Abs. 2 zweiter Satz ist anzuwenden. Die Sachverständigen haben die Grundstücke vor Erwerb der Beteiligung an der Grundstücks-Gesellschaft und danach mindestens einmal jährlich zu bewerten sowie neu

zu erwerbende Grundstücke vor ihrem Erwerb. Die sonstigen Vermögensgegenstände der Grundstücks-Gesellschaft sind ebenso wie die sonstigen Vermögensgegenstände des Immobilienfonds zu bewerten. Die aufgenommenen Kredite und sonstigen Verbindlichkeiten sind von diesen Werten abzuziehen.

(3) Der sich ergebende Wert der Grundstücks-Gesellschaft ist entsprechend der Höhe der Beteiligung unter Berücksichtigung sonstiger wertbeeinflussender Faktoren in den Immobilienfonds einzustellen.

EB zu §§ 23 bis 28 (Art. 1 BGBl. I Nr. 80/2003):

Zwar dürfen keine Dachfonds gebildet werden, allerdings soll auch in Staaten, in denen auf Grund der dort geltenden nationalen Rechtslage ein direkter Immobilienerwerb durch den Investmentfonds nicht möglich ist, grundsätzlich in Immobilien investiert werden können. Der Immobilienerwerb via Grundstück-Gesellschaften, wie in den §§ 23 bis 28 geregelt, wurde der Rechtslage im deutschen KAGG (§§ 27a ff) nachgebildet.

§ 26. Die Kapitalanlagegesellschaft für Immobilien hat mit der Grundstücks-Gesellschaft zu vereinbaren, dass die der Kapitalanlagegesellschaft für Immobilien für Rechnung des Immobilienfonds zustehenden Zahlungen, der Liquidationserlös und sonstige der Kapitalanlagegesellschaft für Immobilien für Rechnung des Immobilienfonds zustehende Beträge unverzüglich auf ein Konto des Immobilienfonds bei der Depotbank einzuzahlen sind. Die Depotbank hat zu überwachen, dass diese Vereinbarung getroffen wird.

EB zu §§ 23 bis 28 (Art. 1 BGBl. I Nr. 80/2003):

Zwar dürfen keine Dachfonds gebildet werden, allerdings soll auch in Staaten, in denen auf Grund der dort geltenden nationalen Rechtslage ein direkter Immobilienerwerb durch den Investmentfonds nicht möglich ist, grundsätzlich in Immobilien investiert werden können. Der Immobilienerwerb via Grundstück-Gesellschaften, wie in den §§ 23 bis 28 geregelt, wurde der Rechtslage im deutschen KAGG (§§ 27a ff) nachgebildet.

§ 27. Die Wirksamkeit eines Rechtsgeschäfts wird durch einen Verstoß gegen die Vorschriften der §§ 23 bis 26 nicht berührt.

EB zu §§ 23 bis 28 (Art. 1 BGBl. I Nr. 80/2003):

Zwar dürfen keine Dachfonds gebildet werden, allerdings soll auch in Staaten, in denen auf Grund der dort geltenden nationalen Rechtslage ein direkter Immobilienerwerb durch den Investmentfonds nicht möglich ist, grundsätzlich in Immobilien investiert werden können. Der Immobilienerwerb via Grundstück-Gesellschaften, wie in den §§ 23 bis 28 geregelt, wurde der Rechtslage im deutschen KAGG (§§ 27a ff) nachgebildet.

§ 28. (1) Die Depotbank hat den Bestand der Beteiligungen an Grundstücks-Gesellschaften laufend zu überwachen. Sie hat ferner zu überwachen, dass beim Erwerb einer Beteiligung die Vorschriften des § 23 beachtet werden.

(2) Verfügungen über Beteiligungen an Grundstücks-Gesellschaften oder zum Vermögen dieser Gesellschaften gehörende Gegenstände im Sinne des § 21 sowie Änderungen des Gesellschaftsvertrags oder der Satzung bedürfen der Zustimmung der Depotbank. Durch Vereinbarung zwischen Kapitalanlagegesellschaft für Immobilien und Grundstücks-Gesellschaft sind die Befugnisse der Depotbank nach Satz 1 sicherzustellen. Die Depotbank muss einer Verfügung oder Änderung nach Satz 1 zustimmen, wenn dies mit den Vorschriften dieses Gesetzes und den Fondsbestimmungen vereinbar ist und die Interessen der Anteilinhaber gewahrt werden. Stimmt die Depotbank zu, obwohl die Voraussetzungen nicht vorliegen, so berührt dies die Wirksamkeit der Verfügung oder Änderung nicht.

EB zu §§ 23 bis 28 (Art. I BGBl. I Nr. 80/2003):

Zwar dürfen keine Dachfonds gebildet werden, allerdings soll auch in Staaten, in denen auf Grund der dort geltenden nationalen Rechtslage ein direkter Immobilienerwerb durch den Investmentfonds nicht möglich ist, grundsätzlich in Immobilien investiert werden können. Der Immobilienerwerb via Grundstück-Gesellschaften, wie in den §§ 23 bis 28 geregelt, wurde der Rechtslage im deutschen KAGG (§§ 27a ff) nachgebildet.

Bewertung der Vermögenswerte

§ 29. (1) Die Kapitalanlagegesellschaft für Immobilien hat in den Fondsbestimmungen die Bewertung der Vermögenswerte gemäß § 21 zu regeln. Für die Bewertung sind von der Kapitalanlagegesellschaft für Immobilien mindestens zwei von ihr und der Depotbank unabhängige, fachlich geeignete Sachverständige für das Fachgebiet der Immobilienschätzung und -bewertung beizuziehen. Die Bestellung der Sachverständigen erfolgt durch die Geschäftsleitung der Kapitalanlagegesellschaft für Immobilien im Einvernehmen mit der Depotbank und mit Zustimmung des Aufsichtsrates der Kapitalanlagegesellschaft für Immobilien. Für die unabhängigen Sachverständigen gelten die Ausschließungsgründe des § 62 BWG, mit Ausnahme von § 62 Z 6a BWG, sinngemäß. Für Fehlverhalten der Sachverständigen haften neben den Sachverständigen auch die Kapitalanlagegesellschaft für Immobilien und die Depotbank zur ungeteilten Hand und zwar wie für einen Erfüllungsgehilfen gemäß § 1313a ABGB.

(2) Die Bewertung der Vermögenswerte gemäß § 21 hat nach den allgemein anerkannten Bewertungsgrundsätzen und mindestens einmal jährlich zu erfolgen, jedenfalls aber bei Erwerb, Veräußerung oder Belastung derartiger Vermögenswerte, bei Anordnung einer Bewertung durch die Depotbank aus besonderem Anlass sowie in sonstigen, in den Fondsbestimmungen vorgesehenen Fällen. Den jeweiligen Berechnungen für die Wertermittlung des Immobilienfonds und seiner Anteile ist der arithmetische Mittelwert der zum gleichen Stichtag erfolgten Bewertungen der zwei oder mehreren Sachverständigen gemäß Abs. 1 zu Grunde zu legen.

(3) Bei einer Beteiligung nach § 23 hat die Kapitalanlagegesellschaft für Immobilien in den Vermögensaufstellungen (Rechenschaftsberichten/Halbjahresberichten) die Angaben für die einzelnen Grundstücke und sonstigen Vermögensgegenstände der Grundstücks-Gesellschaft aufzuführen, als ob es sich um eine Direktveranlagung des Fonds handeln würde, und besonders zu kennzeichnen. Zusätzlich sind anzugeben:

1. Firma, Rechtsform und Sitz der Grundstücks-Gesellschaft,
2. das Gesellschaftskapital,
3. die Höhe der Beteiligung und der Zeitpunkt ihres Erwerbs durch die Kapitalanlagegesellschaft für Immobilien und
4. Zahl und Beträge der durch die Kapitalanlagegesellschaft für Immobilien oder Dritte nach § 24 gewährten Darlehen.

(4) Der Bankprüfer der Kapitalanlagegesellschaft für Immobilien hat bei der Gründung und in der Folge jeweils bei der Prüfung des Rechenschaftsberichtes Stellung zu nehmen, ob die Sachverständigen seines Erachtens gemäß Abs. 1 ordnungsgemäß bestellt worden sind und die übrigen Voraussetzungen der Abs. 1 bis 3 vorliegen. Wenn nach der Wahrnehmung des Bankprüfers diese Voraussetzungen fehlen oder wegfallen, so hat er hierüber der Depotbank und der Finanzmarktaufsichtsbehörde unverzüglich zu berichten. Die Finanzmarktaufsichtsbehörde trifft keine Haftung für die Auswahl und die Eignung der Sachverständigen.

EB zu § 29 (Art. 1 BGBl. I Nr. 80/2003):

In Ermangelung von Börsekursen für Immobilien regelt § 29 die Bewertung der Immobilien durch Sachverständige. Über die Person der (mindestens zwei pro Bewertungsfall) Sachverständigen hat die Geschäftsleitung der Kapitalanlagegesellschaft für Immobilien mit der gemäß § 35 bestellten Depotbank das Einvernehmen herzustellen. Die Ausschließungsgründe des § 62 BWG sind jedenfalls zu beachten. Der geschätzte Wert soll dem tatsächlichen Veräußerungswert so nahe als möglich kommen. Hiefür stellt in der Regel das Liegenschaftsbewertungsgesetz eine brauchbare Grundlage dar. Nach derzeitigem Stand ist der Umstand, dass es sich bei Immobilienobjekten um Ertragsobjekte handelt, bereits ausreichende Begründung für die Anwendung des Ertragswertes (vgl. VwGH 20.7.1999, 98/13/1019 unter Berufung auf Doralt, 3. Auflage, Tz 109 zu § 6 EStG 1988). Dies entbindet jedoch den Sachverständigen nicht von der Überprüfungspflicht, ob im konkreten Fall ausnahmsweise nicht ein anderes Bewertungsverfahren zu einem Ergebnis führt, welches dem möglichem Verkaufspreis näher kommt. Eine solche Verwendung anderer Bewertungsmethoden ist jedoch entsprechend zu begründen. Die Bewertungswissenschaft ist ein dynamischer Prozess und unterliegt daher einer laufenden Fortentwicklung. Die Sachverständigen haben ihre Bewertungen unabhängig voneinander durchzuführen.

Risikomischung

§ 30. Die Fondsbestimmungen müssen die Mindestanzahl der für den Immobilienfonds zu erwerbenden Vermögenswerte gemäß § 21 sowie den höchstmöglichen Wert eines einzelnen derartigen Vermögenswertes im Verhältnis zum gesamten Fondsvermögen festsetzen.

EB zu §§ 30 und 31 (Art. 1 BGBl. I Nr. 80/2003):

Die §§ 30 und 31 enthalten wesentliche in den Fondsbestimmungen anzuführende Grundsätze der Veranlagungspolitik für den Fonds. Die Mindestanzahl der Immobilien für den Fonds muss gleich hoch bzw. höher als die Mindestanzahl gemäß § 22, also mit mindestens 10 Stück festgesetzt werden. Der Höchstwert der einzelnen Immobilie im Verhältnis zum Fondsvermögen darf nicht höher als der Höchstwert gemäß § 22, also mit maximal 20 % festgesetzt werden.

Anlaufzeit

§ 31. Die Fondsbestimmungen müssen den Zeitraum bestimmen, der für die Erreichung der Mindestanzahl gemäß § 30 zur Verfügung steht.

EB zu §§ 30 und 31 (Art. 1 BGBl. I Nr. 80/2003):

Die §§ 30 und 31 enthalten wesentliche in den Fondsbestimmungen anzuführende Grundsätze der Veranlagungspolitik für den Fonds. Die Mindestanzahl der Immobilien für den Fonds muss gleich hoch bzw. höher als die Mindestanzahl gemäß § 22, also mit mindestens 10 Stück festgesetzt werden. Der Höchstwert der einzelnen Immobilie im Verhältnis zum Fondsvermögen darf nicht höher als der Höchstwert gemäß § 22, also mit maximal 20 % festgesetzt werden.

Liquiditätsvorschriften

§ 32. (1) Die Kapitalanlagegesellschaft für Immobilien kann für einen Immobilienfonds folgende Vermögenswerte bis zu 49 vH des Fondsvermögens halten bzw. erwerben:

1. Bankguthaben;
2. Geldmarktinstrumente;
3. Anteile an OGAW gemäß § 2 Investmentfondsgesetz 2011 – InvFG 2011, BGBl. I Nr. 77/2011 oder an Spezialfonds gemäß § 163 InvFG 2011, die nach den Fondsbestimmungen ausschließlich direkt oder indirekt in Vermögensgegenstände nach den Z 1, 2 und 4 anlegen dürfen;
4. Teilschuldverschreibungen, Kassenobligationen, Wandelschuldverschreibungen, Pfandbriefe, Kommunalschuldverschreibungen und Bundesschatzscheine mit einer jeweiligen Restlaufzeit von längstens drei Jahren;
5. Wertpapiere, die an einer Börse in einem Mitgliedstaat der Europäischen Union oder in einem Vertragsstaat des Abkommens über den Europäischen Wirtschaftsraum zum amtlichen Markt zugelassen sind, soweit diese Wertpapiere insgesamt einen Betrag von 5 vH des Fondsvermögens nicht überschreiten.

Die Kapitalanlagegesellschaft für Immobilien hat vom Fondsvermögen eines Immobilienfonds einen Betrag, der mindestens 10 vH des Fondsvermögens (ohne Erträgnisse), bei Immobilienspezialfonds aber mindestens 5 vH des Fondsvermögens (ohne Erträgnisse) entspricht, in Vermögenswerten gemäß Z 1 bis 4 zu unterhalten.

(1a) Abs. 1 letzter Satz wird auch entsprochen, wenn die Kapitalanlagegesellschaft für Immobilien für den Immobilienfonds eine schriftliche Vereinbarung mit einem Kreditinstitut oder einem Versicherungsunternehmen, je mit Sitz in einem Mitgliedstaat der Europäischen Union oder in einem Vertragsstaat des Abkommens über den Europäischen Wirtschaftsraum, geschlossen hat, die den Vertragspartner verpflichtet, bei Aufforderung durch die Kapitalanlagegesellschaft für Immobilien Anteile des Immobilienfonds im Gegenwert bis zur in den Fondsbestimmungen festgelegten Mindestliquidität zu erwerben, um dem Immobilienfonds die notwendige Liquidität zur Verfügung zustellen.

(2) Nach Maßgabe der Fondsbestimmungen dürfen neben den Erträgnissen Bankguthaben, bis zu einer Höhe von 20 vH des Fondsvermögens bei derselben Kreditinstitutsgruppe (§ 30 BWG) gehalten werden. Bei Veranlagungen gemäß Abs. 1 Z 2, 4 und 5 gilt § 72 in Verbindung mit § 74 Abs. 1 und 3 InvFG 2011 sinngemäß. Bei Veranlagungen gemäß Abs. 1 Z 3 gilt § 71 in Verbindung mit § 77 Abs. 1 und 2 InvFG 2011 sinngemäß.

(3) Anteile an geldmarktnahen Kapitalanlagefonds sind Bankguthaben in Anwendung der Abs. 1 und 2 gleichzuhalten.

(4) Die Rechtswirksamkeit des Erwerbes von Wertpapieren sowie der Veranlagung in Bankguthaben wird durch einen Verstoß gegen die Abs. 1 bis 3 nicht berührt.

EB zu § 32 (Art. 1 BGBl. I Nr. 80/2003):

Die geringere Fungibilität von Immobilien bedingt die Notwendigkeit der Haltung von liquiden Mitteln in Höhe von mindestens 10 % des Fondsvermögens.

EB zu § 32 Abs. 1 bis 2 (Art. 1 BGBl. I Nr. 134/2006):

Durch die Neuregelung in Abs. 1 wird es dem Immobilienfonds ermöglicht, die vorhandene Liquidität effizienter zu veranlagen.

Weiters ist klargestellt, dass Wertpapiere gemäß § 32 Abs. 1 Z 5 in die Grenze der Mindestliquidität von 5 vH nicht eingerechnet werden können.

In Abs. 1a wird es dem Immobilienfonds ermöglicht, nur jene Liquidität zu halten, die für die ordnungsgemäße Bewirtschaftung der vom Immobilienfonds gehaltenen Vermögenswerte notwendig ist. Durch die in Abs. 1a genannte Vereinbarung kann einerseits der Investitionsgrad des Immobilienfonds erhöht werden – dies führt zu einer Steigerung der Performance – andererseits wird den Anlegerschutzgedanken dadurch entsprochen, dass durch eine vertragliche Vereinbarung mit einem Unternehmen (Kreditinstitut oder Versicherung) kurzfristig dem Immobilienfonds die entsprechende Liquidität zur Verfügung gestellt werden kann.

Mit Abs. 2 Satz 1 wird die bisherige Streuungsregelung richtig gestellt. Satz 2 bestimmt, dass im Rahmen der Liquiditätsveranlagung mittels Wertpapiere die Streuungsregelungen des InvFG zur Anwendung kommen sollen.

EB zu § 32 Abs. 1 Z 3 und Abs. 2 (Art. 5 BGBl. I Nr. 77/2011):

Anpassung von Verweisen an das InvFG 2011.

Derivative Produkte

§ 33. (1) Für einen Immobilienfonds dürfen zur Absicherung der Vermögensgegenstände und zur Fixierung von Forderungen aus der Bewirtschaftung der Vermögenswerte gemäß § 21, die in den folgenden 24 Monaten fällig werden, abgeleitete Finanzinstrumente (Derivate), einschließlich gleichwertiger bar abgerechneter Instrumente, die an einem geregelten Markt gemäß Art. 4 Abs. 1 Nummer 92 der Verordnung (EU) Nr. 575/2013 notiert oder gehandelt werden, oder an einem anderen anerkannten, geregelten, für das Publikum offenen und ordnungsgemäß funktionierenden Wertpapiermarkt eines Mitgliedstaates der Europäischen Union oder eines Vertragsstaates des Abkommens über den Europäischen Wirtschaftsraum gehandelt werden oder an einer Wertpapierbörse eines Drittlandes (§ 2 Z 8 BWG) amtlich notiert oder an einem anerkannten, geregelten, für das Publikum offenen und ordnungsgemäß funktionierenden Wertpapiermarkt eines Drittlandes gehandelt werden, sofern die Wahl dieser Börse oder dieses Marktes in den Fondsbestimmungen ausdrücklich vorgesehen ist, oder abgeleitete Finanzinstrumente, die nicht an einer Börse oder einem geregelten Markt gehandelt werden (OTC-Derivate), wie etwa Zinsswaps und Devisenswaps, eingesetzt werden, sofern:

1. es sich bei den Basiswerten um Wertpapiere, Geldmarktinstrumente, Vermögensgegenstände gemäß § 21 Abs. 1 und 2 sowie Beteiligungen gemäß § 23 oder um Finanzindizes, Zinssätze, Wechselkurse oder Währungen handelt, in welche der Immobilienfonds gemäß den in seinen Fondsbestimmungen genannten Anlagezielen investieren darf,
2. die Gegenparteien bei Geschäften mit OTC-Derivaten einer Aufsicht unterliegende Institute der Kategorien sind, die von der Finanzmarktaufsichtsbehörde durch Verordnung zugelassen wurden, und
3. die OTC-Derivate einer zuverlässigen und überprüfbaren Bewertung auf Tagesbasis unterliegen und jederzeit auf Initiative der Kapitalanlagegesellschaft für Immobilien zum angemessenen Zeitwert veräußert, liquidiert oder durch ein Gegengeschäft glattgestellt werden können.

(2) Die Kapitalanlagegesellschaft für Immobilien hat ein Verfahren zu verwenden, das eine präzise und unabhängige Bewertung des jeweiligen Wertes der OTC-Derivate erlaubt.

(3) Das Ausfallrisiko bei Geschäften eines Immobilienfonds mit OTC-Derivaten darf folgende Sätze nicht überschreiten:

1. wenn die Gegenpartei ein Kreditinstitut im Sinne des § 72 InvFG 2011 ist, 10 vH des Fondsvermögens,
2. ansonsten 5 vH des Fondsvermögens.

EB zu § 33 (Art. 1 BGBl. I Nr. 80/2003):

Derivative Produkte dürfen anders als bei Investmentfonds nicht für Spekulationszwecke, sondern ausschließlich zur Absicherung verwendet werden.

EB zu § 33 (Art. 1 BGBl. I Nr. 134/2006):

Das ImmoInvFG hat in der Stammfassung in seinem § 33 die Bestimmungen des InvFG alte Fassung weitgehend übernommen, ohne die mittlerweiligen Änderungen im InvFG zu übernehmen. Die derzeitige Bestimmung schafft ein enges Korsett, das einerseits bei der Finanzierung von Liegenschaftskäufen zu wenig Spielraum zulässt (wie zB die Verwendung von Zinsswaps), andererseits bei Devisenkurssicherungsgeschäften Einschränkungen vornimmt (Absicherung ausschließlich über FX-Swaps, aber nicht über OTC-Devisenoptionen möglich), die eine sichere Investition außerhalb des Euro-Raumes wirtschaftlich nicht sinnvoll erscheinen lässt. Das Investmentfondsgesetz dagegen sieht mehr Flexibilität für Kapitalanlagegesellschaften vor, wie zB Zins- und Devisenswaps in § 4 und OTC-Derivate in § 21, je InvFG. Diese Flexibilität wird nunmehr auch für eine Kapitalanlagegesellschaft für Immobilien einerseits bei der Finanzierung von Immobilien und andererseits zur Absicherung von Währungsrisiken möglich sein. Eine Anpassung des ImmoInvFG an das aktuelle InvFG, und spezielle Modifikationen für die Immobilien-Situation (zB Absicherung von zukünftigen Mietzinszahlungen – bis zu 24 Monate) werden der Kapitalanlagegesellschaft für Immobilien kosteneffiziente und sichere Immobilientransaktionen ermöglichen.

EB zu § 33 Abs. 1 (Art. 10 BGBl. I Nr. 184/2013):

Redaktionelle Anpassung.

Fondsbestimmungen

§ 34. (1) Die Geschäftsleitung der Kapitalanlagegesellschaft für Immobilien hat Fondsbestimmungen aufzustellen, die das Rechtsverhältnis der Anteilinhaber zur Kapitalanlagegesellschaft für Immobilien sowie zur Depotbank regeln. Nach Zustimmung des Aufsichtsrates der Kapitalanlagegesellschaft für Immobilien sind sie der Depotbank zur Zustimmung vorzulegen. Die Fondsbestimmungen bedürfen der Bewilligung der Finanzmarktaufsichtsbehörde, sofern es sich nicht um einen Immobilienspezialfonds (§ 1 Abs. 3) handelt. Diese Bewilligung ist zu erteilen, wenn die Fondsbestimmungen den berechtigten Interessen der Anteilinhaber nicht widersprechen.

(2) Die Fondsbestimmungen haben außer den sonst in diesem Bundesgesetz vorgeschriebenen Angaben Bestimmungen darüber zu enthalten:

1. ob die Anteilscheine auf Inhaber oder auf Namen lauten;
2. nach welchen Grundsätzen die Immobilien ausgewählt werden, die für den Fonds erworben werden;
3. welcher Anteil des Fondsvermögens höchstens in Bankguthaben bzw. in Forderungswertpapieren gehalten werden darf;
4. in welcher Höhe ein Mindestanteil des Fondsvermögens in Bankguthaben bzw. in Forderungswertpapieren zu halten ist;
   Erträge des Immobilienfonds dürfen insoweit nicht ausgeschüttet werden, als sie für künftige Instandsetzungen von Gegenständen des Fondsvermögens erforderlich sind;
5. die Grundsätze für Vorschaurechnungen für die Entwicklung und Erhaltung des Fondsvermögens;
6. welche Vergütung die Kapitalanlagegesellschaft für Immobilien für die Verwaltung des Fonds erhält und welche Aufwendungen ihr zu ersetzen sind;
7. ob und bejahendenfalls in welcher Höhe bei der Ausgabe der Anteilscheine dem errechneten Anteilswert ein Aufschlag zur Deckung der Ausgabekosten der Kapitalanlagegesellschaft für Immobilien zugerechnet werden darf;

8. inwieweit der Jahresertrag an die Anteilinhaber auszuschütten ist. Hierbei kann auch bestimmt werden, dass für einen Immobilienfonds mehrere Gattungen von Anteilscheinen gemäß § 6 Abs. 6 ausgegeben werden;
9. zu welchen Zeitpunkten der Wert der Anteile zu ermitteln ist;
10. ob und bejahendenfalls in welcher Höhe bei der Rücknahme von Anteilscheinen vom Rücknahmepreis eine Vergütung für die Kapitalanlagegesellschaft für Immobilien abgezogen werden darf;
11. welche Vergütung die Depotbank bei Abwicklung des Immobilienfonds erhält.

(3) Die Kapitalanlagegesellschaft für Immobilien darf die Fondsbestimmungen mit Zustimmung ihres Aufsichtsrates und mit Zustimmung der Depotbank ändern; die Änderung bedarf der Bewilligung der Finanzmarktaufsichtsbehörde, sofern es sich nicht um einen Immobilienspezialfonds (§ 1 Abs. 3) handelt. Diese Bewilligung ist zu erteilen, wenn die Änderung der Fondsbestimmungen den berechtigten Interessen der Anteilinhaber nicht widerspricht. Die Änderung ist zu veröffentlichen. Sie tritt mit dem in der Veröffentlichung angegebenen Tag, frühestens jedoch drei Monate nach der Veröffentlichung, in Kraft. Die Veröffentlichung kann unterbleiben, wenn die Änderung der Fondsbestimmungen sämtlichen Anteilinhabern gemäß § 19 mitgeteilt wird; in diesem Fall gelten die Interessen der Anteilinhaber als ausreichend gewahrt und tritt die Änderung mit dem in der Mitteilung angegebenen Tag, frühestens jedoch 30 Tage nach Mitteilung an die Anteilinhaber in Kraft.

(4) Immobilienfonds im Sinne des § 1 Abs. 1 dürfen, wenn die Fondsbestimmungen nach Abs. 1 bewilligt wurden, nur mit Zustimmung aller Anteilinhaber in Immobilienspezialfonds (§ 1 Abs. 3) umgewandelt werden.

(5) Die Kapitalanlagegesellschaft für Immobilien hat der Finanzmarktaufsichtsbehörde und der Oesterreichischen Nationalbank unverzüglich jeweils nach dem 30. Juni und 31. Dezember in der Form einer Sammelaufstellung die im abgelaufenen Halbjahr aufgelegten und geschlossenen Immobilienspezialfonds (§ 1 Abs. 3) anzuzeigen. In der Aufstellung sind außer der Bezeichnung der Immobilienspezialfonds, die Zahl der Anleger, die Depotbank sowie das Geschäftsjahr anzugeben. Tritt bei einem bereits angezeigten Immobilienspezialfonds eine Änderung dieser Angaben ein, so ist dies der Finanzmarktaufsichtsbehörde und der Oesterreichischen Nationalbank innerhalb von zwei Monaten nach Wirksamwerden der Änderung anzuzeigen. Auflagen und Verschmelzungen von Spezialfonds sind überdies der FMA und der Oesterreichischen Nationalbank unverzüglich anzuzeigen. Die FMA kann nach Anhörung der Oesterreichischen Nationalbank durch Verordnung vorschreiben, dass die Anzeigen gemäß dem ersten und dritten Satz ausschließlich in elektronischer Form zu erfolgen sowie bestimmten Gliederungen, technischen Mindestanforderungen und Übermittlungsmodalitäten zu entsprechen haben. Die FMA hat sich dabei an den Grundsätzen der Wirtschaftlichkeit und Zweckmäßigkeit zu orientieren und dafür zu sorgen, dass die jederzeitige elektronische Verfügbarkeit der Daten für die FMA und die Oesterreichische Nationalbank gewährleistet bleibt und Aufsichtsinteressen nicht beeinträchtigt werden. Die FMA hat geeignete Vorkehrungen dafür zu treffen, dass sich die Meldepflichtigen oder gegebenenfalls ihre Einbringungsverantwortlichen während eines angemessenen Zeitraums im System über die Richtigkeit und Vollständigkeit der von ihnen oder ihren Einbringungsverantwortlichen erstatteten Meldedaten vergewissern können.

EB zu § 34 (Art. 1 BGBl. I Nr. 80/2003):

§ 34 ist § 22 InvFG nachgebildet.

EB zu § 34 Abs. 3 (Art. 1 BGBl. I Nr. 134/2006):

Berücksichtigt die allgemeine Regel in § 1 Abs. 3.

EB zu § 34 Abs. 5 (Art. 4 BGBl. I Nr. 152/2009):

Es wird nach dem Muster von § 73a BWG eine Verordnungsermächtigung für die rein elektronische Übermittlung von Daten über Immobilienspezialfonds an die Aufsicht geschaffen.

EB zu § 34 Abs. 2 Z 8 (Art. 5 BGBl. I Nr. 77/2011):

Durch den Verweis in § 34 Abs. 2 Z 8 auf § 6 Abs. 6 wird die Möglichkeit zur Schaffung weiterer Anteilsgattungen entsprechend berücksichtigt.

EB zu § 34 Abs. 5 (Art. 5 BGBl. I Nr. 77/2011):

Angleichung an die Regelungen im InvFG 2011.

EB zu § 34 Abs. 3 (Art. 5 BGBl. I Nr. 115/2015):

Die direkte Information der Anteilinhaber soll analog zu § 53 Abs. 4 und § 133 InvFG 2011 auch im Immobilien-Investmentfondsgesetz zulässig sein und bewirkt eine Gleichstellung zwischen Kapitalanlagegesellschaft für Immobilien und Verwaltungsgesellschaft betreffend die direkte Anlegerinformation.

Depotbank

§ 35. (1) Die Geschäftsleitung der Kapitalanlagegesellschaft für Immobilien hat mit Zustimmung des Aufsichtsrates eine Depotbank zu bestellen. Als Depotbank kann nur ein Kreditinstitut, das zum Betrieb des Depotgeschäftes (§ 1 Abs. 1 Z 5 BWG) berechtigt ist, oder eine gemäß § 9 Abs. 4 BWG errichtete inländische Zweigstelle eines CRR-Kreditinstitutes gemäß § 1a Abs. 1 Z 1 BWG bestellt werden. Die Bestellung und der Wechsel der Depotbank bedarf der Bewilligung der Finanzmarktaufsichtsbehörde. Sie darf nur erteilt werden, wenn anzunehmen ist, dass das Kreditinstitut die Erfüllung der Aufgaben einer Depotbank gewährleistet. Die Bestellung und der Wechsel der Depotbank ist zu veröffentlichen, die Veröffentlichung hat den Bewilligungsbescheid anzuführen. Auf Antrag der Kapitalanlagegesellschaft für Immobilien kann die Auswahl der Depotbank für Immobilienspezialfonds von der Finanzmarktaufsichtsbehörde allgemein bewilligt werden.

(1a) Wurde bei einer Depotbank ein Regierungskommissär gemäß § 70 Abs. 2 Z 2 BWG oder eine Aufsichtsperson gemäß § 84 BWG bestellt und erfolgt ein Wechsel der Depotbank, so ist die gemäß § 34 Abs. 3 erforderliche Zustimmung der Depotbank zu dieser Änderung der Fondsbestimmungen lediglich von der neu zu bestellenden Depotbank zu erteilen und tritt der Wechsel der Depotbank, nicht aber allfällige darüber hinausgehende Änderungen der Fondsbestimmungen, mit dem in der Veröffentlichung angegebenen Tag und zwar unabhängig von dem in § 34 Abs. 3 genannten Aufschub in Kraft.

(2) Die Depotbank hat die Ausgabe und Rücknahme der Anteilscheine sowie die Verwahrung der zu einem Immobilienfonds gehörigen Wertpapiere durchzuführen und die zum Immobilienfonds gehörigen Konten zu führen. Der Depotbank ist bei allen für einen Immobilienfonds abgeschlossenen Geschäften unverzüglich der Gegenwert für die von ihr geführten Depots und Konten des Fonds zur Verfügung zu stellen. Dies gilt insbesondere für die Ausgabe der Anteilscheine und deren Rücknahme. Die Depotbank zahlt die Gewinnanteile für die Anteilinhaber aus. Die Depotbank hat den Bestand an Vermögenswerten gemäß § 21 sowie den Bestand der zum Fondsvermögen gehörenden Geldbeträge, Wertpapiere und sonstigen Vermögenswerte laufend zu überwachen. Sie ist befugt, jederzeit die Bücher und Schriften der Kapitalanlagegesellschaft für Immobilien einzusehen, soweit sich diese auf Vermögensgegenstände der Immobilienfonds beziehen. Streitigkeiten zwischen

der Depotbank und der Kapitalanlagegesellschaft für Immobilien nach diesem Bundesgesetz, soweit es sich nicht um bürgerliche Rechtsstreitigkeiten handelt, die dem Prozessgericht zugewiesen sind, entscheidet das Gericht im Außerstreitverfahren.

(3) Die der Kapitalanlagegesellschaft für Immobilien nach den Fondsbestimmungen für die Verwaltung zustehende Vergütung und der Ersatz für die mit der Verwaltung zusammenhängenden Aufwendungen sind von der Depotbank zu Lasten der für den Fonds geführten Konten zu bezahlen. Die Depotbank darf die ihr für ihre Tätigkeit zustehende Vergütung dem Fonds anlasten. Bei diesen Maßnahmen kann die Depotbank nur auf Grund eines Auftrages der Kapitalanlagegesellschaft für Immobilien handeln.

(4) Die Depotbank ist berechtigt und verpflichtet, im eigenen Namen gemäß § 37 EO durch Klage Widerspruch zu erheben, wenn auf einen zu einem Immobilienfonds gehörigen Vermögensgegenstand Exekution geführt wird, sofern es sich nicht um eine gemäß diesem Bundesgesetz rechtmäßig begründete Forderung gegen den Immobilienfonds handelt.

(5) Die Depotbank hat bei der Wahrnehmung ihrer Aufgaben die Bestimmungen dieses Bundesgesetzes und die Fondsbestimmungen und die Interessen der Anteilinhaber zu beachten. Die Depotbank haftet gegenüber der Kapitalanlagegesellschaft für Immobilien und den Anteilinhabern für jede Schädigung, die durch ihre schuldhafte Pflichtverletzung verursacht worden ist.

EB zu § 35 (Art. 1 BGBl. I Nr. 80/2003):

Die Überwachung des Bestandes der Vermögenswerte und überhaupt die Kontrolle der Geschäftsgebarung der Kapitalanlagegesellschaft für Immobilien bezüglich der Immobilienfonds obliegt der Depotbank.

Wesentliche Aufgaben der Depotbank sind:

Die Kapitalanlagegesellschaft für Immobilien darf nur mit Zustimmung der Depotbank über die Vermögenswerte verfügen, die zu einem von ihr verwalteten Immobilienfonds gehören, ansonsten die Verfügung gegenüber den Anteilinhabern unwirksam ist, d.h. ausschließlich das Vermögen der Kapitalanlagegesellschaft, nicht jedoch jenes der Anteilinhaber berührt (§ 4 Abs. 4); die Wertermittlung nach § 8, die Überwachung und Sicherung der Einhaltung der im § 4 geregelten Verfügungsbeschränkungen; Mitwirkung bei der Bestellung der unabhängigen Sachverständigen; erforderlichenfalls Anordnung einer Bewertung gemäß § 29 Abs. 2; Prüfung der Bedingungen, unter denen eine Belastung gemäß § 5 Abs. 2 erfolgen soll und bei positivem Prüfungsergebnis Zustimmung zu der Belastung; Prüfung der von der Geschäftsleitung der Kapitalanlagegesellschaft für Immobilien aufgestellten Fondsbestimmungen und bei positivem Prüfungsergebnis Zustimmung (§ 34 Abs. 1).

EB zu § 35 Abs. 1a (Art. 3 BGBl. I Nr. 83/2012):

In diesem Fall soll von der sonst für Änderungen der Fondsbestimmungen vorgesehenen Frist von 3 Monaten abgesehen werden. Die Interessen der Anleger werden durch einen raschen Wechsel der Depotbank nicht gefährdet, sondern insbesondere im Krisenfall sogar geschützt. Der Entfall der Zustimmungspflicht der übergebenden Depotbank soll den Regierungskommissär oder die Aufsichtsperson nach BWG von der Pflicht einer Interessensabwägung befreien und gleichzeitig das Verfahren beschleunigen.

EB zu § 35 Abs. 1 (Art. 10 BGBl. I Nr. 184/2013):

Redaktionelle Anpassung.

Einschränkung der Werbung für Anteilscheine

§ 36. (1) Die Werbung für Anteilscheine darf nur unter gleichzeitigem Hinweis auf den veröffentlichten Prospekt, auf dessen allfällige Änderungen sowie auf das Veröffentlichungsorgan, das Erscheinungsdatum, das Datum der Mitteilung gemäß § 10 Abs. 4 KMG sowie auf allfällige Abholstellen erfolgen. Weiters ist hinsichtlich Inhalt und Gestaltung von Werbeanzeigen § 4 Abs. 2 bis 4 KMG anzuwenden.

(2) Die Werbung für Anteile an Immobilienfonds, in denen auf die vergangene Wertentwicklung des Fonds Bezug genommen wird, hat einen Hinweis zu enthalten, aus welchem hervorgeht, dass die Wertentwicklung der Vergangenheit keine verlässlichen Rückschlüsse auf die zukünftige Entwicklung eines Fonds zulässt.

EB zu § 36 (Art. 1 BGBl. I Nr. 80/2003):

§ 36 wurde § 43 InvFG nachgebildet.

EB zu § 36 Abs. 1 (Art. 1 BGBl. I Nr. 134/2006):

Die Werbemitteilungen sind an das neugefasste Veröffentlichungsregime in § 10 KMG anzupassen.

EB zu § 36 Abs. 1 (Art. 3 BGBl. I Nr. 69/2008):

Der Verweis auf das KMG soll klargestellt werden.

Strafbestimmungen

§ 37. (1) Wer in einem veröffentlichten Prospekt eines Immobilienfonds oder in einer einen solchen Prospekt ändernden oder ergänzenden Angabe oder in einem Rechenschafts- oder Halbjahresbericht eines Immobilienfonds über erhebliche Umstände unrichtige vorteilhafte Angaben macht oder nachteilige Tatsachen verschweigt, ist, sofern die Tat nicht nach anderen Bestimmungen mit strengerer Strafe bedroht ist, vom Gericht mit Freiheitsstrafe bis zu einem Jahr oder mit Geldstrafe bis zu 360 Tagessätzen zu bestrafen.

(2) Nach Abs. 1 ist nicht zu bestrafen, wer freiwillig, bevor die für den Erwerb erforderliche Leistung erbracht worden ist, den Erwerb der Fondsanteile verhindert. Der Täter ist auch dann nicht zu bestrafen, wenn die Leistung ohne sein Zutun nicht erbracht wird, er sich jedoch in Unkenntnis dessen freiwillig und ernsthaft bemüht, sie zu verhindern.

(3) Die Strafbarkeit nach Abs. 1 wird unter den Voraussetzungen des § 167 StGB durch tätige Reue aufgehoben, sofern sich die Schadensgutmachung auf die gesamte für den Erwerb erforderliche Leistung einschließlich der damit verbundenen Nebenkosten bezieht.

EB zu § 37 bis 39 (Art. 1 BGBl. I Nr. 80/2003):

§§ 37 bis 39 wurden §§ 44 bis 46 InvFG nachgebildet.

§ 38. (1) Sofern die Tat nicht den Tatbestand einer in die Zuständigkeit der Gerichte fallenden strafbaren Handlung bildet, begeht eine Verwaltungsübertretung und ist hiefür von der Finanzmarktaufsichtsbehörde mit einer Geldstrafe bis zu 60 000 Euro zu bestrafen, wer entgegen der Bestimmung des § 36 wirbt. Ebenso ist zu bestrafen, wer als Verantwortlicher (§ 9 VStG) einer Kapitalanlagegesellschaft für Immobilien die Anzeigepflicht gemäß § 3 Abs. 3 Z 1, die Hinterlegungsverpflichtung gemäß § 7 Abs. 3, die Anzeigepflichten gemäß § 11 Abs. 1 oder 4 oder § 15 Abs. 2, die Vorlagefrist gemäß § 13 Abs. 3 oder die Melde- oder Anzeigepflichten gemäß § 34 Abs. 5 verletzt.

(2) Sofern die Tat nicht den Tatbestand einer in die Zuständigkeit der Gerichte fallenden strafbaren Handlung bildet, begeht eine Verwaltungsübertretung und ist hiefür von der

Finanzmarktaufsichtsbehörde mit einer Geldstrafe bis zu 60 000 Euro zu bestrafen, wer, ohne hiezu berechtigt zu sein, die Bezeichnungen „Immobilien-Kapitalanlagefonds", „Kapitalanlagefonds für Immobilien", „Immobilienfonds", „Immobilieninvestmentfonds", „Immobilieninvestmentanteilschein" oder gleichbedeutende Bezeichnungen oder Abkürzungen von solchen Bezeichnungen oder die Bezeichnung „mündelsicher" oder gleichbedeutende Bezeichnungen oder Abkürzungen entgegen § 20 führt.

(3) Bei Verwaltungsübertretungen nach dieser Bestimmung gilt anstelle der Verjährungsfrist des § 31 Abs. 1 VStG eine Verjährungsfrist von 18 Monaten.

EB zu § 37 bis 39 (Art. 1 BGBl. I Nr. 80/2003):

§§ 37 bis 39 wurden §§ 44 bis 46 InvFG nachgebildet.

EB zu § 38 Abs. 1 und 2 (Art 4 BGBl. I Nr. 48/2006):

Die Höchstgrenzen für Verwaltungsstrafen werden auf ein zeitgemäßes Ausmaß angehoben.

EB zu § 38 Abs. 1 (Art. 3 BGBl. I Nr. 69/2008):

Die Verletzung der Anzeigepflicht soll mit Verwaltungsstrafe bedroht werden.

EB zu § 38 Abs. 1 und 3 (Art. 5 BGBl. I Nr. 77/2011):

Angleichung an die Regelungen im InvFG 2011.

EB zu § 38 Abs. 3 (Art. 7 BGBl. I Nr. 70/2013):

Die Verlängerung der Verjährungsfrist in § 31 Abs. 2 VStG (in der Fassung des BGBl. I Nr. 33/2013) auf ein Jahr bedingt den Entfall des Verweises auf die bisherige Verjährungsfrist von sechs Monaten.

Zwangsstrafe

§ 39. Verletzt eine Depotbank Bestimmungen dieses Bundesgesetzes oder einer auf Grund dieses Bundesgesetzes erlassenen Verordnung oder eines Bescheides, so sind die §§ 70 Abs. 4 und 96 BWG mit der Maßgabe anzuwenden, dass an die Stelle des Konzessionsentzuges gemäß § 70 Abs. 4 Z 3 BWG, die Rücknahme der Bewilligung gemäß § 35 tritt.

EB zu § 37 bis 39 (Art. 1 BGBl. I Nr. 80/2003):

§§ 37 bis 39 wurden §§ 44 bis 46 InvFG nachgebildet.

Steuern

§ 40.

(1) 1. Nach Maßgabe der Z 2 gelten

a) Gewinne gemäß § 14 und

b) entsprechend dem § 14 ermittelte Gewinne von AIF in Immobilien im Sinne des AIFMG, einschließlich Immobilienspezialfonds im Sinne des § 1 Abs. 3, deren Herkunftsmitgliedstaat Österreich ist, und die nicht unter § 7 Abs. 3 des Körperschaftsteuergesetzes 1988 fallen,

an die Anteilinhaber in dem aus dem Anteilrecht sich ergebenden Ausmaß als ausgeschüttet (ausschüttungsgleiche Erträge). § 186 Abs. 1 letzter Satz und Abs. 5 des Investmentfondsgesetzes 2011 gelten sinngemäß. Die ausschüttungsgleichen Erträge sind steuerpflichtige Einnahmen und gelten bei nicht in einem Betriebsvermögen gehaltenen Anteilen als Einkünfte aus Kapitalvermögen. Nicht zu den steuerpflichtigen Einnahmen gehören Gewinne ausländischer Immobilien, wenn auf Grund eines Doppelbesteuerungsabkommens oder einer Maßnahme gemäß § 48 der Bundesabgabenordnung die Einkünfte dieser Immobilien von der Besteuerung ausgenommen sind. Ansonsten hat sowohl beim Ausgleich von Verlusten innerhalb als auch zwischen den einzelnen Gewinnarten gemäß § 14 Abs. 2 Z 1 bis 3 zunächst vorrangig der Gewinn mit Verlusten aus Immobilien desselben Staates und danach ein Ausgleich mit Immobilien eines anderen Staates zu erfolgen, sofern es sich nicht um Verluste aus Immobilien handelt, die in einem Staat gelegen sind, von denen die Einkünfte dieser Immobilie auf Grund eines Doppelbesteuerungsabkommens oder einer Maßnahme gemäß § 48 der Bundesabgabenordnung ausgenommen sind. Ein Ausgleich von Verlusten ausländischer Immobilien mit Gewinnen aus inländischen Immobilien oder mit Gewinnen aus Vermögen gemäß den §§ 32 und 33 ist jedenfalls unzulässig. Tatsächliche Ausschüttungen und die Auszahlung der Kapitalertragsteuer (§ 14 zweiter Satz) führen nicht zu Einkünften.

2. Die ausschüttungsgleichen Erträge gelten beim Anteilinhaber unabhängig von der Art der Einkünfteermittlung zu folgenden Zeitpunkten als steuerpflichtige Einnahmen:
   a) bei Auszahlung der Kapitalertragsteuer (§ 14 zweiter Satz) am Auszahlungstag;
   b) ansonsten zum Zeitpunkt der Veröffentlichung der für die ertragsteuerliche Behandlung relevanten Daten durch die Meldestelle auf Grund einer fristgerechten Meldung;
   c) in allen anderen Fällen zu dem in Abs. 2 Z 2 genannten Zeitpunkt.

(2) 1. a) Die aufgegliederte Zusammensetzung der ausschüttungsgleichen Erträge im Sinne des Abs. 1 und die zur Ermittlung der Höhe der Kapitalertragsteuer sowie der Anpassungen der Anschaffungskosten gemäß Abs. 3 erforderlichen steuerrelevanten Daten sind an die Meldestelle gemäß § 12 KMG durch einen steuerlichen Vertreter zu übermitteln. Die Meldestelle hat anhand dieser Daten entsprechend den gesetzlichen Bestimmungen die steuerliche Behandlung zu ermitteln und die so ermittelten steuerlichen Werte in geeigneter Form zu veröffentlichen. § 12 Abs. 1 letzter Satz KMG ist auf diese Tätigkeit der Meldestelle analog anzuwenden.

b) Als steuerlicher Vertreter kann nur ein inländischer Wirtschaftstreuhänder oder eine Person bestellt werden, die vergleichbare fachliche Qualifikationen nachweist. Lehnt die Meldestelle einen steuerlichen Vertreter wegen Zweifel an der Vergleichbarkeit der Qualifikation ab, entscheidet der Bundesminister für Finanzen.

c) Der Bundesminister für Finanzen wird ermächtigt,
   aa) die Frist für die Übermittlung an die Meldestelle, unter Berücksichtigung der für Jahresberichte maßgeblichen Fristen,
   bb) die Voraussetzungen für die Übermittlung an die Meldestelle,
   cc) den Inhalt und die Struktur der übermittelten Daten,
   dd) die Ermittlung der steuerlichen Werte auf Grundlage der übermittelten Daten durch die Meldestelle entsprechend den gesetzlichen Bestimmungen,
   ee) allfällige Korrekturen der übermittelten Daten sowie
   ff) die Art und Weise der Veröffentlichung der ermittelten steuerlichen Werte durch die Meldestelle

   durch Verordnung näher zu regeln.

d) Für die von der Meldestelle oder von anderen Personen im Auftrag der Meldestelle in Wahrnehmung ihrer Tätigkeiten gemäß § 40 Abs. 2 Z 1 wem immer schuldhaft zugefügten Schäden haftet der Bund nach den Bestimmungen des Amtshaftungsgesetzes, BGBl. Nr. 20/1949. Die Meldestelle sowie deren Organe und Bedienstete haften dem Geschädigten nicht. Hat der Bund dem Geschädigten den Schaden ersetzt, kann er von der Meldestelle Rückersatz begehren, wenn dieser Schaden vorsätzlich oder grob fahrlässig herbeigeführt wurde.

2. Erfolgen keine Meldungen gemäß Z 1 ist die Ausschüttung zur Gänze steuerpflichtig. Die ausschüttungsgleichen Erträge im Sinne des Abs. 1 sind in Höhe von 90% des Unterschiedsbetrages zwischen dem ersten und letzten im vorangegangenen Kalenderjahr festgesetzten Rücknahmepreis, mindestens jedoch in Höhe von 10% des am Ende des vorangegangenen Kalenderjahres festgesetzten Rücknahmepreises zu schätzen. Der Anteilinhaber kann die Höhe der ausschüttungsgleichen Erträge oder die Steuerfreiheit der tatsächlichen Ausschüttung unter Beilage der dafür notwendigen Unterlagen nachweisen.
3. Wurde Kapitalertragsteuer abgezogen, ist der Nachweis gemäß Z 2 gegenüber dem Abzugsverpflichteten zu erbringen. Dieser hat, wenn noch keine Realisierung im Sinne des Abs. 3 erfolgt ist, die Kapitalertragsteuer zu erstatten oder nachzubelasten und die Anschaffungskosten gemäß Abs. 3 zu korrigieren.

(3) Die realisierte Wertsteigerung bei Veräußerung des Anteilscheines oder des Anteils an einem AIF in Immobilien unterliegt der Besteuerung gemäß § 27 Abs. 3 des Einkommensteuergesetzes 1988. Ausschüttungsgleiche Erträge erhöhen, steuerfreie Ausschüttungen und die Auszahlung der Kapitalertragsteuer (§ 14 zweiter Satz) vermindern beim Anteilinhaber die Anschaffungskosten des Anteilscheines oder des Anteils an einem AIF in Immobilien im Sinne des § 27a Abs. 3 Z 2 des Einkommensteuergesetzes 1988. Als Veräußerung gilt auch die Auszahlung von Anteilscheinen gemäß § 11 Abs. 1. Der Umtausch von Anteilen an einem Kapitalanlagefonds auf Grund der Zusammenlegung von Fondsvermögen gemäß § 3 Abs. 2 oder eines Anteilserwerbs gemäß § 15 Abs. 4 gilt nicht als Realisierung und die bisherigen Anschaffungskosten sind fortzuführen.

(4) Werden Anteilscheine oder Anteile an einem AIF in Immobilien nicht in tatsächlicher und rechtlicher Hinsicht an einen unbestimmten Personenkreis angeboten, und erfolgt eine Veranlagung, sind die Ausschüttungen oder als ausgeschüttet geltende Gewinne gemäß 14 Abs. 4 um ein Viertel zu erhöhen.

(5) Bei der erstmaligen Anwendung der Abs. 1 bis 4 auf bereits bestehende Organismen sind der Ermittlung der dem § 14 Abs. 4 entsprechenden Aufwertungsgewinne die steuerlichen Anschaffungskosten der Immobilien zu Grunde zu legen, wobei § 30 Abs. 3 zweiter und dritter Satz des Einkommensteuergesetzes 1988 sinngemäß anzuwenden sind. Die bis zur erstmaligen Anwendung der Abs. 1 bis 4 entstandenen Aufwertungsgewinne können gleichmäßig auf das Jahr der erstmaligen Anwendung und die vier nächsten Geschäftsjahre verteilt werden.

EB zu § 40 (Art. 1 BGBl. I Nr. 80/2003):

Die steuerliche Behandlung weicht in ihren Grundsätzen nicht von der steuerlichen Behandlung eines Wertpapierfonds ab. Es wird zunächst von der zivilrechtlichen Grundkonstruktion des Immobilienfonds ausgegangen. Gemäß § 1 Abs. 2 ist für Immobilienvermögen Treuhandeigentum der Kapitalanlagegesellschaft für die jeweiligen Anteilinhaber vorgesehen. Gemäß § 24 Abs. 1 lit. b der Bundesabgabenordnung wird Treuhandeigentum dem Treugeber, somit den jeweiligen Anteilinhabern zugerechnet. Da die Bewirtschaftungsart eines Immobilienfonds einer gewerblichen Tätigkeit gleichzuhalten ist, ergibt sich eine steuerliche Behandlung ähnlich einer Mitunternehmerschaft. Steuerpflichtig sind jedoch bei Fonds Gewinne, welche nach den Vorschriften des § 14 ermittelt worden sind. Dieser abweichende Gewinnbegriff ist gleichzeitig ein Ausgleich für den günstigeren Endbesteuerungssatz.

Andererseits soll auch eine Gleichstellung mit anderen Wertpapierveranlagungen erreicht werden. Dies geschieht durch die Einbeziehung in die Endbesteuerung. Zu diesem Zweck werden die jeweiligen Einkünfte vorläufig beim Fonds aufgespeichert. Die steuerliche Zurechnung (§ 19 EStG 1988) erfolgt erst bei Ausschüttung. Soweit eine tatsächliche Ausschüttung unterbleibt, wird für steuerliche Zwecke in Form der ausschüttungsgleichen Erträge eine Ausschüttung gesetzlich fingiert. Die fingierten Ausschüttungszeitpunkte sowie der jeweils zu erbringende Nachweis ist den bei Wertpapierfonds geltenden Regelungen nachgebildet. Bei Immobilienfonds ist jedoch zur Unterwerfung unter das Regime der Kapitalertrags- und Endbesteuerung zusätzlich eine gesetzliche Fiktion der jeweiligen Erträge als Kapitaleinkünfte erforderlich. Die ausschüttungsgleichen Erträge sind somit alle nicht ausgeschütteten Gewinne gemäß § 14.

Durch die primäre Anknüpfung des Gesetzestextes an die Ausschüttung ist auch der Vorrang der Gewinnermittlung durch den Fonds hinsichtlich der Einkunftsermittlung beim jeweiligen Anteilsinhaber hergestellt. Dies deshalb, weil nach den Vorschriften dieses Gesetzes nur Gewinne des Fonds, welche nach den Vorschriften des § 14 ermittelt wurden, ausgeschüttet werden dürfen. Das Gesetz sieht weiters vor, dass Gewinne, welche zwar ausgeschüttet werden könnten, jedoch im konkreten Fall ganz oder teilweise thesauriert werden sollen, als ausgeschüttet zu gelten haben (ausschüttungsgleiche Erträge) und normiert so eine gesetzliche Ausschüttungsfiktion für steuerliche Zwecke. Dies bedeutet aber ebenfalls, dass es sich um die selben Gewinne handeln muss. Durch diesen Vorrang der Fondbuchhaltung bei der Gewinnermittlung kommt es auch dazu, dass ein Anteilsinhaber, der seine Einkünfte üblicherweise nach anderen Grundsätzen errechnet, seine Einkünfte aus Immobilienfonds nach diesen Sondervorschriften zu ermitteln hat. Weiters lässt sich ableiten, dass – wie bei Wertpapierinvestmentfonds – ausschüttungsgleiche Erträge eines Fonds in der Handelsbilanz das kaufmännische Vorsichtsprinzip durchbrechen und eine erfolgswirksame Erfassung als geboten erscheinen lassen. Gemäß § 201 Abs. 2 letzter Satz HGB ist nämlich ein Abweichen vom Vorsichtsprinzip möglich, wenn besondere Umstände vorliegen. Diese würden im Falle eines nicht ausschüttenden Fonds jedenfalls gegeben sein. Einerseits sind die Bestimmungen des Immobilieninvestmentfondsgesetzes auch Sonderhandelsrecht, welches für sämtliche dem Handelsrecht Normunterworfenen durchschlägt. Anderseits wäre bei Nichterfassung eine Ungleichbehandlung gegenüber ausschüttenden Fonds gegeben. Aus diesen Erwägungen wäre in verfassungskonformer Auslegung daher auch ein Zwang zur ertragsmäßigen Erfassung in der Handelsbilanz abzuleiten.

Wie bei nach dem Investmentfondsgesetz 1993 errichteten Wertpapierinvestmentfonds erscheint dieser Vorrang der Fondsbuchhaltung zur Gewinnermittlung gerechtfertigt, um der Fondsbuchhaltung wegen einer dann vorzunehmenden Steuerberechnung für jeden einzelnen Anteilsinhaber keinen unverhältnismäßigen Aufwand aufzuerlegen.

*Festzuhalten ist allerdings, dass das Ergebnis der vom Fonds durchgeführten Gewinnermittlung für die Abgabenbehörden nicht absolut bindend ist. Es unterliegt der Überprüfung durch die Abgabenbehörde und kann jederzeit korrigiert werden. Diese Korrekturmöglichkeit gilt auch hinsichtlich der für die Aufwertungsgewinne (§ 14 Abs. 2 Z 2) maßgebliche Immobilienbewertung, was durch den Wortlaut des § 14 Abs. 4 („...*auf der Grundlage korrekter Bewertungen ....“*) zusätzlich klar gestellt ist. Für den Fall einer nicht mehr möglichen Einbringung der jeweiligen Steuer erscheint die Anwendung der Haftungsbestimmung des § 9 BAO in der derzeit gültigen Fassung nicht möglich. Dies deswegen,* *weil § 9 BAO auf Vertreter im Sinne der §§ 80ff BAO verweist, in welcher weder die Kapitalanlagegesellschaft noch der steuerliche Vertreter als Vertreter des Anteilinhabers in seiner Eigenschaft als Abgabepflichtiger vorgesehen ist. Allerdings kann dem Bund durch unrichtige Gewinnermittlung oder unrichtige Bewertung ein Schaden dann entstehen, wenn Abgabenansprüche nicht mehr geltend gemacht oder durchgesetzt werden können. In einem solchen Fall steht ihm, wie jeder anderen geschädigten Person auch der Weg einer gerichtlichen Geltendmachung von Schadenersatzansprüchen offen (OGH 20. 11. 1996, 7 Ob 513/96).*

Diese erwähnte Fiktion als Kapitaleinkünfte verdrängt weder das in § 27 Abs. 1 EStG 1988 normierte Subsidiaritätsprinzip, noch hindert sie die Anwendung von Doppelbesteuerungsrecht. Gemäß Art. 6 des OECD-Musterabkommens ist das Besteuerungsrecht für Einkünfte aus unbeweglichem Vermögen dem Lagestaat zugeteilt. Die Subsumierung unter den Begriff der „Einkünfte aus unbeweglichem Vermögen" erfolgt dabei unabhängig von einer innerstaatlichen Qualifikation dieser Einkünfte als Kapitaleinkünfte im Wohnsitzstaat. Bei Grundstücksgesellschaften werden hingegen Einkünfte vorliegen, die unter den Dividendenartikel fallen, welcher üblicherweise eine Aufteilung des Besteuerungsrechtes zwischen Quellen- und Wohnsitzstaat vorsieht.

Hinsichtlich der Vermeidung einer Doppelbesteuerung ist zunächst eine Anrechnung ausländischer Ertragsteuern auf die inländische Kapitalertragsteuer vorgesehen (siehe Änderung des § 95 Abs. 1 EStG 1988 in Art. IX). Ist trotz dieser Anrechnung auf die Kapitalertragsteuer die Steuer noch immer höher als bei Anwendung eines konkreten Doppelbesteuerungsabkommens, steht es dem Anteilinhaber frei, einen Antrag gemäß § 97 Abs. 4 EStG 1988 zu stellen. Die Regelung des letzten Satzes in Abs. 1 stellt jedoch klar, dass bei derartigen Veranlagungen die Vorschriften des Immobilien-Investmentfondsgesetzes weiterhin anzuwenden sind. Dies bezieht sich zunächst sowohl auf die Zuordnung zu den Einkünften aus Kapitalvermögen bei Privatanlegern, als auch auf die zwingende Art der Ermittlung der Einkünfte nach den Vorschriften des § 14.

Zuletzt normiert Abs. 4 die Erhöhung der Aufwertungsgewinne um 25% (somit einer Versteuerung von 100% der Aufwertungsgewinne gemäß § 14 Abs. 2 Z 2) für den Fall, dass die Anteilscheine nicht öffentlich angeboten werden. Dies ist eine Konsequenz des Wegfalls der Steuerabgeltung, welche in solchen Fällen – auch bei anderen Wertpapieren – ebenfalls nicht vorgesehen ist.

EB zu § 40 Abs. 2 Z 2 (Art. 1 BGBl. I Nr. 134/2006):

Durch die Neuregelung soll die für ausländische Wertpapierinvestmentfonds bereits bestehende Möglichkeit der Einmeldung der KESt-relevanten Daten, und des damit verbundenen Entfalls der Sicherungssteuer auch auf Immobilienfonds erstreckt werden. Ebenso soll es für Immobilienfonds möglich sein, die ausschüttungsgleichen Erträge durch einen „Selbstnachweis" nachzuweisen.

EB zu § 40 Abs. 1 bis 3 und § 44 Abs. 6 (Art. 74 BGBl. I Nr. 111/2010):

Bei Anteilen an in- und ausländischen Immobilien-Investmentfonds wird – zur Vereinfachung der Besteuerung – nur mehr auf die ausschüttungsgleichen Erträge abgestellt. Diese fingieren eine Vollausschüttung der auf Ebene des Immobilien-Investmentfonds erzielten Erträge, das sind die in § 14 Abs. 2 bis 5 normierten Gewinne sui generis. Die tatsächliche Ausschüttung ist steuerfrei.

Um die ausschüttungsgleichen Erträge bei der Veräußerung des Anteilscheines nicht nochmals zu besteuern, erhöhen diese die Anschaffungskosten der Fondsanteile. Dies gilt unabhängig davon, ob die ausschüttungsgleichen Erträge steuerpflichtig sind, oder gemäß

DBA steuerfrei sind, weil die Befreiungsmethode anzuwenden ist. Umgekehrt vermindern die tatsächlichen Ausschüttungen die Anschaffungskosten. Der sich daraus ergebende berichtigte Wert ist im Fall der Veräußerung oder Rücklösung des Fondsanteiles für die Berechnung des steuerpflichtigen Veräußerungsgewinnes nach § 27 Abs. 3 iVm § 27a Abs. 3 Z 2 EStG 1988 maßgebend.

Im neuen Abs. 1 wird bei der laufenden Besteuerung von Immobilien-Investmentfonds nunmehr zentral auf die ausschüttungsgleichen Erträge abgestellt, die wie bisher mit Auszahlungen der Kapitalertragsteuer bzw. 4 Monate nach Ende des Fondswirtschaftsjahres als ausgeschüttet gelten. Der restliche Teil des Abs. 1, insbesondere die DBA-Befreiung ausländischer Immobilienerträge, aber auch der Verlustabzug, sowie die steuerliche Verlustverrechnung in einem eigenen Kreis für Immobilienerträge, für die lediglich eine Anrechnung vorgesehen ist, entspricht dem derzeit geltendem Recht. Der Absatz wird diesbezüglich lediglich sprachlich neu gefasst.

Aufgrund der umfassenden Ertragsteuerpflicht der ausschüttungsgleichen Erträge aus Immobilien-Investmentfonds, die eine Vollausschüttung der vom Fonds erzielten Erträge fingieren, ist die tatsächliche Ausschüttung steuerfrei.

Der Abs. 2 betrifft die KESt-Meldung durch Immobilien-Investmentfonds, die analog zum Wertpapapierfonds geregelt wird.

Ebenso wie bei Wertpapierfonds sind nach § 40 Abs. 2 ImmoInvFG die ausschüttungsgleichen Erträge durch eine zentrale Meldestelle zu veröffentlichen. Das Meldeverfahren sowie ein allfälliger pauschaler KESt-Abzug und Selbstnachweis entsprechen nunmehr den Regeln des Investmentfondsgesetzes.

In Abs. 3 ist die Erfassung der realisierten Wertsteigerung des Anteilscheins selbst normiert. Die Sicherstellung der Einmalbesteuerung von Immobilien-Investmentfondsanteilen erfolgt wie bei den Wertpapierfonds: Die steuerbaren ausschüttungsgleichen Erträge, dh einschließlich der nach DBA oder § 48 BAO steuerfreien Bewirtschaftungs- und Aufwertungsgewinne, erhöhen die Anschaffungskosten iSd § 27a Abs. 3 Z 2 EStG 1988, die tatsächliche Ausschüttung vermindert diese. Der sich daraus ergebende Wert ist – im Fall der Veräußerung oder Rücklösung des Fondsanteiles – für die Berechnung des steuerpflichtigen Veräußerungsgewinnes nach § 27 Abs. 3 iVm § 27a Abs. 3 Z 2 EStG 1988 maßgebend.

Ebenso wie bei Wertpapierfonds gibt es keine unterjährigen ausschüttungsgleichen Erträge mehr; diese werden im Rahmen der Veräußerung des Fondanteils besteuert.

EB zu § 40 Abs. 1, § 42 und § 44 Abs. 12 (Art. 6 BGBl. I Nr. 135/2013):

Ebenso wie im Anwendungsbereich des InvFG 2011 für Kapitalanlagefonds, soll auch für Immobilienfonds die Erlassung des AIFMG zum Anlass genommen werden, die steuerliche Behandlung an die geänderten regulatorischen Rahmenbedingungen anzupassen. Überdies soll die Besteuerung ausländischer Veranlagungsgemeinschaften in Immobilien ebenso wie die Besteuerung ausländischer Kapitalanlagefonds an die Vorgaben des Unionsrechts angepasst werden.

Die immobilienfondsspezifische Besteuerungssystematik soll zunächst wie bisher bei inländischen Immobilienfonds gemäß § 1 ImmoInvFG zur Anwendung kommen. Nach der – aufgrund der Vorgaben des AIFMG geänderten – Definition des Immobilienfonds fallen darunter nur überwiegend aus Vermögenswerten im Sinne des § 21 ImmoInvFG bestehende Sondervermögen, die in gleiche, in Wertpapieren verkörperte Anteile zerfallen und deren Anteile für den Vertrieb an Privatkunden bestimmt sind. Darüber hinaus sollen die steuerlichen Bestimmungen des § 40 auch für sämtliche AIF in Immobilien gelten, deren Herkunftsmitgliedstaat Österreich ist und die nicht nach unternehmensrechtlichen Vorschriften zur Rechnungslegung verpflichtet sind (insbesondere AG oder GmbH). Das soll unabhängig davon gelten, ob der Vertrieb auf bestimmte Personengruppen eingeschränkt ist. Somit bleiben auch bereits bestehende Immobilien-Spezialfonds vom Besteuerungskonzept umfasst.

Die steuerlichen Bestimmungen sollen ebenso wie bisher auch für ausländische Immobilienfonds gelten, wobei der Umfang der darunter fallenden Strukturen angepasst werden soll. Zunächst sollen alle AIF in Immobilien, deren Herkunftsmitgliedstaat nicht Österreich ist, als ausländische Immobilienfonds eingestuft werden. Sind diese AIF mit einer inländischen unter § 7 Abs. 3 KStG 1988 fallenden Körperschaft vergleichbar, soll grundsätzlich die Steuerrechtssubjektivität anerkannt werden, womit die Gleichbehandlung inländischer und ausländischer Immobilienfonds sichergestellt ist. Wie auch bei Kapitalanlagefonds im Sinne des InvFG 2011 soll allerdings eine Umqualifizierung der ausländischen Körperschaft stattfinden, wenn bestimmte „Niedrigbesteuerungskriterien" erfüllt sind.

Als ausländische Immobilienfonds sollen weiters unabhängig von der Rechtsform – daher auch AIF in Immobilien, deren Herkunftsmitgliedstaat nicht Österreich ist und die mit einer inländischen unter § 7 Abs. 3 KStG 1988 fallenden Körperschaft vergleichbar sind – alle einem ausländischen Recht unterstehenden Veranlagungsgemeinschaften in Immobilien, deren Vermögen nach dem Gesetz, der Satzung oder tatsächlichen Übung nach den Grundsätzen der Risikostreuung angelegt ist, eingestuft werden, wenn sie aufgrund ihrer steuerlichen Behandlung im Ausland bestimmte „Niedrigbesteuerungskriterien" erfüllen. Diese Kriterien entsprechen – ebenso wie jene im neuen § 188 InvFG 2011 – weitgehend jenen, die in der Bestimmung des § 10 Abs. 5 KStG 1988 als für den Methodenwechsel bei der Besteuerung von Gewinnanteilen aus Portfoliobeteiligungen ausschlaggebend definiert werden. Eine Niedrigbesteuerung liegt demnach dann vor, wenn:

- *die Veranlagungsgemeinschaft im Ausland tatsächlich direkt oder indirekt keiner der österreichischen Körperschaftsteuer vergleichbaren Steuer unterliegt, oder*
- *die Gewinne die Veranlagungsgemeinschaft im Ausland einer der österreichischen Körperschaftsteuer vergleichbaren Steuer unterliegen, deren anzuwendender Steuersatz um mehr als 10 Prozentpunkte niedriger als die österreichische Körperschaftsteuer gemäß § 22 Abs. 1 KStG 1988 ist, oder*
- *die Veranlagungsgemeinschaft im Ausland Gegenstand einer umfassenden persönlichen oder sachlichen Befreiung ist.*

Daraus ergeben sich zwei Anwendungsfälle der Z 2:

- *Bei einem AIF in Immobilien in Rechtsform einer ausländischen Körperschaft, die inländischen Kapitalgesellschaften vergleichbar ist, entfällt die Prüfung des Kriteriums der Risikostreuung; trifft ein Niedrigbesteuerungskriterium zu, sind die Fondsbesteuerungsregelungen auf den AIF anzuwenden.*
- *Bei einer Veranlagungsgemeinschaft, die kein AIF in Immobilien ist und auch im Ansässigkeitsstaat keine Steuerrechtssubjektivität genießt, reduziert sich die Prüfung auf das Kriterium der Risikostreuung, weil die Niedrigbesteuerungskriterien nur bei Steuerrechtssubjektivität relevant ist.*

AIF in Immobilien, die nicht mit inländischen Kapitalgesellschaften vergleichbar sind, fallen dagegen stets in die Z 1.

Das geänderte Besteuerungskonzept soll erstmalig für Geschäftsjahre von Immobilienfonds und AIF in Immobilien gelten, die nach dem 21. Juli 2013 beginnen.

EB zu § 40 Abs. 5 (Art. 5 BGBl. I Nr. 70/2014):

Es soll sichergestellt werden, dass sich Härten, die sich aus der Umqualifikation eines bestehenden Organismus, insbesondere einer Personengesellschaft, aufgrund der beson-

deren Gewinnermittlungsvorschriften von Immobilien-Investmentfonds ergeben, durch eine Übergangsvorschrift abgefedert werden: Da die Umqualifikation in einen Immobilien-Investmentfonds auf Ebene des Organismus nicht zwingend zu einer Realisierung der stillen Reserven des Immobilienvermögens führt, müssen grundsätzlich die – im Sinne des § 30 Abs. 3 EStG 1988 – fortgeschriebenen Anschaffungskosten die Grundlage für die Besteuerung als Immobilien-Investmentfonds bilden. Daraus würde sich bei der erstmaligen Anwendung der Gewinnermittlungsvorschrift betreffend Aufwertungsgewinne (§ 14 Abs. 4) eine Aufdeckung auch jener stiller Reserven ergeben, die seit Bestehen des Organismus vor seiner Umqualifikation entstanden sind.

Um unbillige Härten zu vermeiden, sollen die daraus entstehenden Gewinne auf fünf Jahre verteilt werden können.

EB zu § 40 Abs. 1 (Art. 5 BGBl. I Nr. 115/2015):

Um eine Umgehung der Bestimmung des Investmentfondesgesetzes durch Gebilde, die der Besteuerung nach § 40 ImmoInvFG unterliegen, zu vermeiden, soll eine sinngemäße Anwendung von § 186 Abs. 5 InvFG 2011 erfolgen. Erzielt daher ein der Besteuerung gemäß § 40 ImmoInvFG unterliegendes Gebilde andere Einkünfte im Sinne des § 186 Abs. 5 Z 2 InvFG 2011 erfolgt keine Transformation in Einkünfte aus Kapitalvermögen. Zudem sollen auch die Vorschriften zur Ermittlung der anderen Einkünfte gemäß § 186 Abs. 5 Z 2 lit. b InvFG 2011 angewendet werden (siehe dazu die Erläuterungen zu § 186 Abs. 2 Z 2 InvFG 2011). Diese Bestimmung soll – wie auch die Investmentfondsbesteuerung für AIF – erstmals für Fondsgeschäftsjahre gelten, die nach dem 21. Juli 2013 beginnen.

Wie im Investmentfondsgesetz, soll auch im Immobilien-Investmentfondsgesetz der Zufluss bzw. Realisierungszeitpunkt harmonisiert werden. Siehe dazu die Erläuterungen zu § 186 Abs. 1, Abs. 2 Z 1, Abs. 5 Z 2 lit. a zweiter Satz InvFG 2011.

EB zu § 40 Abs. 2 Z 1 (Art. 5 BGBl. I Nr. 115/2015):

Die Bestimmung des § 40 Abs. 2 Z 1 ist der Bestimmung des § 186 Abs. 2 Z 2 InvFG 2011 nachgebildet.

Siehe dazu die Erläuterungen zu § 186 Abs. 2 Z 2 InvFG 2011.

§ 41. (1) Für die Bewertung von Anteilscheinen oder Anteilen an einem AIF in Immobilien finden die Bestimmungen der §§ 15 bis 85 des Bewertungsgesetzes 1955 keine Anwendung.

(2) Durch Ausgabe, Rücknahme oder Übertragung von Anteilen an einem Immobilienfonds oder an einem AIF in Immobilien, sofern diese keine Rechtspersönlichkeit haben, verwirklichte Erwerbsvorgänge nach § 1 des Grunderwerbsteuergesetzes 1987 sind von der Grunderwerbsteuer befreit.

(3) Werden durch Übertragung oder Zusammenlegung nach § 3 Abs. 2 oder § 15 Abs. 4 Erwerbsvorgänge nach § 1 des Grunderwerbsteuergesetzes 1987 verwirklicht, so ist die Grunderwerbsteuer gemäß § 4 Abs. 1 zweiter Satz in Verbindung mit § 7 Abs. 1 Z 2 lit. c des Grunderwerbsteuergesetzes 1987 zu berechnen.

(4) Werden durch die Einbringung von Vermögensgegenständen im Sinne des § 21 von mit eigenem Rechnungskreis eingerichtetem Sondervermögen von Aktiengesellschaften, für welche Genussrechte im Sinne des § 174 Aktiengesetz begeben sind, sowie von Aktiengesellschaften, deren nahezu ausschließlicher Zweck die Verwaltung von Immobilienvermögen ist, gegen Erwerb von Anteilscheinen in einen Immobilienfonds, Erwerbsvorgänge nach § 1 des Grunderwerbsteuergesetze 1987 verwirklicht, so ist die Grunderwerbsteuer gemäß § 4 Abs. 1 zweiter Satz in Verbindung mit § 7 Abs. 1 Z 2 lit. c des

Grunderwerbsteuergesetzes 1987 zu berechnen. Dies gilt nur dann, wenn das Sondervermögen und die Aktiengesellschaft zum 1. September 2003 bestanden hat, und die Anteilscheine an den Immobilienfonds im Zuge einer unmittelbar daran anschließenden Liquidation des Sondervermögens oder der Aktiengesellschaft an die Genussrechts- oder Aktieninhaber durchgereicht werden.

EB zu § 41 (Art. 1 BGBl. I Nr. 80/2003):

Diese Bestimmung bezieht sich vorwiegend auf die Verkehrsteuern.

Zunächst soll hinsichtlich der Bewertung für Zwecke der Erbschaftssteuer klargestellt werden, dass ausschließlich der gemeine Wert des Anteilscheines und nicht ein auf die Einheitswerte durchgerechneter Erbschaftssteuerwert maßgeblich ist.

Weiters soll gewährleistet sein, dass trotz des steuerlichen Miteigentums die Grunderwerbsteuer nur bei Erwerb oder Veräußerung durch den Immobilienfonds und nicht bei Erwerb oder Veräußerung eines Anteils am Fonds anfällt.

Bei Übertragungen und Fondszusammenlegungen ist wie im Umgründungsteuerrecht eine Bemessungsgrundlage für die Grunderwerbsteuer in Höhe des zweifachen geltenden Einheitswertes vorgesehen.

Zuletzt ist auch eine Übergangsbestimmung für derzeit bestehende Immobilienaktiengesellschaften sowie Genussrechte auf Immobiliensondervermögen vorgesehen. Diese derzeitigen Konstruktionen können nach Inkrafttreten dieses Bundesgesetzes in Immobilienfonds im Sinne dieses Gesetzes umgewandelt werden. Die dabei anfallende Grunderwerbsteuer wird ebenso vom zweifachen Einheitswert berechnet.

§ 42. Die Bestimmungen des § 40 sind auch auf ausländische Immobilienfonds anzuwenden. Als solche gelten:

1. AIF in Immobilien im Sinne des AIFMG, deren Herkunftsstaat nicht Österreich ist, ausgenommen Körperschaften, die mit einer inländischen unter § 7 Abs. 3 des Körperschaftsteuergesetzes fallenden Körperschaft vergleichbar sind.
2. Jede einem ausländischen Recht unterstehende Veranlagungsgemeinschaft in Immobilien, unabhängig von ihrer Rechtsform, deren Vermögen nach dem Gesetz, der Satzung oder tatsächlichen Übung nach den Grundsätzen der Risikostreuung angelegt ist, wenn sie nicht unter Z 1 fällt und eine der folgenden Voraussetzungen erfüllt:
   a) Die Veranlagungsgemeinschaft unterliegt im Ausland tatsächlich direkt oder indirekt keiner der österreichischen Körperschaftsteuer vergleichbaren Steuer.
   b) Die Gewinne der Veranlagungsgemeinschaft unterliegen im Ausland einer der österreichischen Körperschaftsteuer vergleichbaren Steuer, deren anzuwendender Steuersatz um mehr als 10 Prozentpunkte niedriger als die österreichische Körperschaftsteuer gemäß § 22 Abs. 1 KStG 1988 ist.
   c) Die Veranlagungsgemeinschaft ist im Ausland Gegenstand einer umfassenden persönlichen oder sachlichen Befreiung.

Bei AIF in Immobilien im Sinne des AIFMG gilt das Vermögen stets als nach den Grundsätzen der Risikostreuung angelegt.

EB zu § 42 (Art. 1 BGBl. I Nr. 80/2003):

Die Bestimmung definiert zunächst den Immobilienfonds für Zwecke der Steuererhebung. Rechtssystematisch liegt eine Spezialnorm zu § 40 vor. Damit wird eine steuerliche Gleichbehandlung und somit gleiche Wettbewerbsbedingungen gegenüber inländischen Immobilienfonds im Sinne dieses Gesetzes erreicht.

EB zu § 42 und § 44 Abs. 6 (Art. 74 BGBl. I Nr. 111/2010):

Aufgrund des unterschiedlichen Normzweckes von § 14 Kapitalmarktgesetz und § 42 ImmoInvFG ist der förmliche Verweis auf § 14 Kapitalmarktgesetz nicht zweckmäßig und soll daher entfallen. Dadurch soll es aber zu keiner inhaltlichen Änderung des Begriffes des ausländischen Immobilienfonds kommen.

EB zu § 40 Abs. 1, § 42 und § 44 Abs. 12 (Art. 6 BGBl. I Nr. 135/2013):

Ebenso wie im Anwendungsbereich des InvFG 2011 für Kapitalanlagefonds, soll auch für Immobilienfonds die Erlassung des AIFMG zum Anlass genommen werden, die steuerliche Behandlung an die geänderten regulatorischen Rahmenbedingungen anzupassen. Überdies soll die Besteuerung ausländischer Veranlagungsgemeinschaften in Immobilien ebenso wie die Besteuerung ausländischer Kapitalanlagefonds an die Vorgaben des Unionsrechts angepasst werden.

Die immobilienfondsspezifische Besteuerungssystematik soll zunächst wie bisher bei inländischen Immobilienfonds gemäß § 1 ImmoInvFG zur Anwendung kommen. Nach der – aufgrund der Vorgaben des AIFMG geänderten – Definition des Immobilienfonds fallen darunter nur überwiegend aus Vermögenswerten im Sinne des § 21 ImmoInvFG bestehende Sondervermögen, die in gleiche, in Wertpapieren verkörperte Anteile zerfallen und deren Anteile für den Vertrieb an Privatkunden bestimmt sind. Darüber hinaus sollen die steuerlichen Bestimmungen des § 40 auch für sämtliche AIF in Immobilien gelten, deren Herkunftsmitgliedstaat Österreich ist und die nicht nach unternehmensrechtlichen Vorschriften zur Rechnungslegung verpflichtet sind (insbesondere AG oder GmbH). Das soll unabhängig davon gelten, ob der Vertrieb auf bestimmte Personengruppen eingeschränkt ist. Somit bleiben auch bereits bestehende Immobilien-Spezialfonds vom Besteuerungskonzept umfasst.

Die steuerlichen Bestimmungen sollen ebenso wie bisher auch für ausländische Immobilienfonds gelten, wobei der Umfang der darunter fallenden Strukturen angepasst werden soll. Zunächst sollen alle AIF in Immobilien, deren Herkunftsmitgliedstaat nicht Österreich ist, als ausländische Immobilienfonds eingestuft werden. Sind diese AIF mit einer inländischen unter § 7 Abs. 3 KStG 1988 fallenden Körperschaft vergleichbar, soll grundsätzlich die Steuerrechtssubjektivität anerkannt werden, womit die Gleichbehandlung inländischer und ausländischer Immobilienfonds sichergestellt ist. Wie auch bei Kapitalanlagefonds im Sinne des InvFG 2011 soll allerdings eine Umqualifizierung der ausländischen Körperschaft stattfinden, wenn bestimmte „Niedrigbesteuerungskriterien" erfüllt sind.

Als ausländische Immobilienfonds sollen weiters unabhängig von der Rechtsform – daher auch AIF in Immobilien, deren Herkunftsmitgliedstaat nicht Österreich ist und die mit einer inländischen unter § 7 Abs. 3 KStG 1988 fallenden Körperschaft vergleichbar sind – alle einem ausländischen Recht unterstehenden Veranlagungsgemeinschaften in Immobilien, deren Vermögen nach dem Gesetz, der Satzung oder tatsächlichen Übung nach den Grundsätzen der Risikostreuung angelegt ist, eingestuft werden, wenn sie aufgrund ihrer steuerlichen Behandlung im Ausland bestimmte „Niedrigbesteuerungskriterien" erfüllen. Diese Kriterien entsprechen – ebenso wie jene im neuen § 188 InvFG 2011 – weitgehend jenen, die in der Bestimmung des § 10 Abs. 5 KStG 1988 als für den Methodenwechsel bei der Besteuerung von Gewinnanteilen aus Portfoliobeteiligungen ausschlaggebend definiert werden. Eine Niedrigbesteuerung liegt demnach dann vor, wenn:

- *die Veranlagungsgemeinschaft im Ausland tatsächlich direkt oder indirekt keiner der österreichischen Körperschaftsteuer vergleichbaren Steuer unterliegt, oder*

- *die Gewinne die Veranlagungsgemeinschaft im Ausland einer der österreichischen Körperschaftsteuer vergleichbaren Steuer unterliegen, deren anzuwendender Steuersatz um mehr als 10 Prozentpunkte niedriger als die österreichische Körperschaftsteuer gemäß § 22 Abs. 1 KStG 1988 ist, oder*
- *die Veranlagungsgemeinschaft im Ausland Gegenstand einer umfassenden persönlichen oder sachlichen Befreiung ist.*

Daraus ergeben sich zwei Anwendungsfälle der Z 2:

- *Bei einem AIF in Immobilien in Rechtsform einer ausländischen Körperschaft, die inländischen Kapitalgesellschaften vergleichbar ist, entfällt die Prüfung des Kriteriums der Risikostreuung; trifft ein Niedrigbesteuerungskriterium zu, sind die Fondsbesteuerungsregelungen auf den AIF anzuwenden.*
- *Bei einer Veranlagungsgemeinschaft, die kein AIF in Immobilien ist und auch im Ansässigkeitsstaat keine Steuerrechtssubjektivität genießt, reduziert sich die Prüfung auf das Kriterium der Risikostreuung, weil die Niedrigbesteuerungskriterien nur bei Steuerrechtssubjektivität relevant ist.*

AIF in Immobilien, die nicht mit inländischen Kapitalgesellschaften vergleichbar sind, fallen dagegen stets in die Z 1.

Das geänderte Besteuerungskonzept soll erstmalig für Geschäftsjahre von Immobilienfonds und AIF in Immobilien gelten, die nach dem 21. Juli 2013 beginnen.

EB zu § 42 Z 1 (Art. 4 BGBl. I Nr. 70/2014):

Es soll klargestellt werden, dass auch Nicht-EU-AIF in Immobilien als ausländische Immobilienfonds gelten.

Vollzugsklausel

§ 43. Mit der Vollziehung dieses Bundesgesetzes ist hinsichtlich des § 37 der Bundesminister für Justiz betraut, hinsichtlich aller übrigen Bestimmungen der Bundesminister für Finanzen.

Übergangsvorschriften

§ 43a. Kapitalanlagegesellschaften für Immobilien, die vor dem 22. Juli 2013 Tätigkeiten nach diesem Bundesgesetz ausüben, haben alle erforderlichen Maßnahmen zu setzen, um den aufgrund des AIFM-Gesetzes erlassenen Vorschriften nachzukommen und haben binnen eines Jahres nach Ablauf dieses Datums einen Antrag auf Konzession als AIFM zu stellen. Ansonsten entfällt die Berechtigung zur Verwaltung der Immobilienfonds.

In-Kraft-Treten

§ 44. (1) Dieses Bundesgesetz tritt mit 1. September 2003 in Kraft.

(2) § 1 Abs. 3, § 13 Abs. 3 und § 29 Abs. 4 in der Fassung des Bundesgesetzes BGBl. I Nr. 37/2005 treten mit 1. Juli 2005 in Kraft.

(3) § 15 Abs. 2 in der Fassung des Bundesgesetzes BGBl. I Nr. 134/2006 tritt mit 1. Juli 2007 in Kraft. Die **Anlage C** in der Fassung des Bundesgesetzes BGBl. I Nr. 134/2006 tritt mit 1. Jänner 2007 in Kraft.

(4) § 7 Abs. 1, § 13 Abs. 3, § 14 Abs. 3, § 15 Abs. 2, § 19, § 22 Abs. 4, § 23 Abs. 3 (Anm.: richtig: § 23 Abs. 2), § 36 Abs. 1, § 38 Abs. 1 in der Fassung des Bundesgesetzes BGBl. I Nr. 69/2008 treten mit dem der Kundmachung folgenden Tag in Kraft.

(5) § 34 Abs. 5 in der Fassung des Bundesgesetzes BGBl. I Nr. 152/2009 tritt mit 1. Jänner 2010 in Kraft. Die Anzeigen gemäß § 34 Abs. 5 in der Fassung des Bundesgesetzes BGBl. I Nr. 152/2009 können bis zum 30. Juni 2010 auch gemäß Immobilien-Investmentfondsgesetz in der Fassung des Bundesgesetzes BGBl. I Nr. 69/2008 rechtsgültig erfüllt werden.

(6) § 40 und § 42 in der Fassung des Budgetbegleitgesetzes 2011, BGBl. I Nr. 111/2010, treten mit 1. April 2012 in Kraft. Davon abweichend gilt § 40 Abs. 3 in der Fassung des Budgetbegleitgesetzes 2011, BGBl. I Nr. 111/2010, erstmals für nach dem 31. Dezember 2010 angeschaffte Anteilscheine; für bis zum 31. Dezember 2010 angeschaffte Anteilscheine gilt weiterhin § 40 Abs. 3 in der Fassung vor dem Budgetbegleitgesetz 2011, BGBl. I Nr. 111/2010. § 42 Abs. 2 in der Fassung vor dem Budgetbegleitgesetz 2011, BGBl. I Nr. 111/2010, ist letztmalig bei der Veranlagung 2012 insoweit anzuwenden, als Ausschüttungen oder ausschüttungsgleiche Erträge vor dem 1. April 2012 zufließen oder als zugeflossen gelten. Abweichend von § 40 Abs. 2 Z 2 in der Fassung vor dem Budgetbegleitgesetz 2011, BGBl. I Nr. 111/2010, kann der Nachweis der ausschüttungsgleichen Erträge ab dem 1. Jänner 2012 ausschließlich durch einen steuerlichen Vertreter erbracht werden. Als steuerlicher Vertreter kann nur ein inländischer Wirtschaftstreuhänder oder eine Person bestellt werden, die vergleichbare fachliche Qualifikationen nachweist.

(7) § 3 Abs. 2 und 3 Z 1, § 6 Abs. 6, § 11 Abs. 4, § 32 Abs. 1 Z 3 und Abs. 2, § 33 Abs. 3 Z 1, § 34 Abs. 2 Z 8 und Abs. 5 und § 38 Abs. 1 und 3 in der Fassung des Bundesgesetzes BGBl. I Nr. 77/2010 treten mit 1. September 2011 in Kraft.

(8) § 38 Abs. 1 und 2 in der Fassung des 2. Stabilitätsgesetzes 2012, BGBl. I Nr. 35/2012, tritt mit 1. Mai 2012 in Kraft.

(9) § 35 Abs. 1a in der Fassung des Bundesgesetzes BGBl. I Nr. 83/2012 tritt mit 1. Juli 2012 in Kraft.

(10) § 38 Abs. 3 in der Fassung des Bundesgesetzes BGBl. I Nr. 70/2013 tritt mit 1. Jänner 2014 in Kraft.

(11) § 1 Abs. 1, 1a und 1b, § 2 Abs. 1 und 2 und § 43a mit Überschrift in der Fassung des Bundesgesetzes BGBl. I Nr. 135/2013 treten mit 22. Juli 2013 in Kraft. § 2 Abs. 12 und 13 in der Fassung des Bundesgesetzes BGBl. I Nr. 135/2013 tritt mit 1. Jänner 2014 in Kraft.

(12) § 40 bis § 42 jeweils in der Fassung des Bundesgesetzes BGBl. I Nr. 135/2013 gelten erstmals für Geschäftsjahre von Immobilienfonds und AIF in Immobilien im Sinne des AIFMG, die nach dem 21. Juli 2013 beginnen. AIF des geschlossenen Typs, die nach dem 22. Juli 2013 keine zusätzlichen Anlagen tätigen (§ 67 Abs. 5 AIFMG) und keine neuen Anteile begeben, stellen für Zwecke der §§ 40 Abs. 1 Z 2 und 42 Z 1 keine AIF in Immobilien dar. Dies gilt nur, wenn nicht bereits im letzten Geschäftsjahr, das vor dem 22. Juli 2013 beginnt, § 40 oder § 42 in der Fassung vor dem BGBl. I Nr. 135/2013 auf den Organismus anzuwenden war. § 124b Z 185 lit. c des Einkommensteuergesetzes 1988 und § 6b des Körperschaftsteuergesetzes 1988 gehen der Anwendung der §§ 40 und 42 vor.

(13) § 33 Abs. 1 und § 35 Abs. 1 in der Fassung des Bundesgesetzes BGBl. I Nr. 184/2013 treten mit 1. Jänner 2014 in Kraft.

(14) § 40 Abs. 1 in der Fassung des Bundesgesetzes BGBl. I Nr. 115/2015 gilt für Geschäftsjahre von den §§ 186 oder 188 InvFG 2011 unterliegenden Gebilden, die nach dem 30. September 2015 enden. Abweichend davon gilt § 40 Abs. 1 zweiter Satz in der Fassung

des Bundesgesetzes BGBl. I Nr. 115/2015 erstmals für Geschäftsjahre von Immobilienfonds, die nach dem 21. Juli 2013 beginnen.

(15) § 41 in der Fassung des Bundesgesetzes BGBl. I Nr. 115/2015 ist erstmals auf Erwerbsvorgänge nach dem 31. Dezember 2015 anzuwenden.

EB zu § 44 Abs. 4 (Art. 3 BGBl. I Nr. 69/2008):

In-Kraft-Tretensbestimmung; aus Gründen der Konsistenz ident mit der In-Kraft-Tretensbestimmung der Änderungen zum InvFG.

EB zu § 44 Abs. 5 (Art. 4 BGBl. I Nr. 152/2009):

In-Kraft-Tretens- und Übergangsbestimmung nach dem Vorbild der korrespondierenden BWG-Bestimmungen.

EB zu § 40 Abs. 1 bis 3 und § 44 Abs. 6 (Art. 74 BGBl. I Nr. 111/2010):

Bei Anteilen an in- und ausländischen Immobilien-Investmentfonds wird – zur Vereinfachung der Besteuerung – nur mehr auf die ausschüttungsgleichen Erträge abgestellt. Diese fingieren eine Vollausschüttung der auf Ebene des Immobilien-Investmentfonds erzielten Erträge, das sind die in § 14 Abs. 2 bis 5 normierten Gewinne sui generis. Die tatsächliche Ausschüttung ist steuerfrei.

Um die ausschüttungsgleichen Erträge bei der Veräußerung des Anteilscheines nicht nochmals zu besteuern, erhöhen diese die Anschaffungskosten der Fondsanteile. Dies gilt unabhängig davon, ob die ausschüttungsgleichen Erträge steuerpflichtig sind, oder gemäß DBA steuerfrei sind, weil die Befreiungsmethode anzuwenden ist. Umgekehrt vermindern die tatsächlichen Ausschüttungen die Anschaffungskosten. Der sich daraus ergebende berichtigte Wert ist im Fall der Veräußerung oder Rücklösung des Fondsanteiles für die Berechnung des steuerpflichtigen Veräußerungsgewinnes nach § 27 Abs. 3 iVm § 27a Abs. 3 Z 2 EStG 1988 maßgebend.

Im neuen Abs. 1 wird bei der laufenden Besteuerung von Immobilien-Investmentfonds nunmehr zentral auf die ausschüttungsgleichen Erträge abgestellt, die wie bisher mit Auszahlungen der Kapitalertragsteuer bzw. 4 Monate nach Ende des Fondswirtschaftsjahres als ausgeschüttet gelten. Der restliche Teil des Abs. 1, insbesondere die DBA-Befreiung ausländischer Immobilienerträge, aber auch der Verlustabzug, sowie die steuerliche Verlustverrechnung in einem eigenen Kreis für Immobilienerträge, für die lediglich eine Anrechnung vorgesehen ist, entspricht dem derzeit geltendem Recht. Der Absatz wird diesbezüglich lediglich sprachlich neu gefasst.

Aufgrund der umfassenden Ertragsteuerpflicht der ausschüttungsgleichen Erträge aus Immobilien-Investmentfonds, die eine Vollausschüttung der vom Fonds erzielten Erträge fingieren, ist die tatsächliche Ausschüttung steuerfrei.

Der Abs. 2 betrifft die KESt-Meldung durch Immobilien-Investmentfonds, die analog zum Wertpapapierfonds geregelt wird.

Ebenso wie bei Wertpapierfonds sind nach § 40 Abs. 2 ImmoInvFG die ausschüttungsgleichen Erträge durch eine zentrale Meldestelle zu veröffentlichen. Das Meldeverfahren sowie ein allfälliger pauschaler KESt-Abzug und Selbstnachweis entsprechen nunmehr den Regeln des Investmentfondsgesetzes.

In Abs. 3 ist die Erfassung der realisierten Wertsteigerung des Anteilscheins selbst normiert. Die Sicherstellung der Einmalbesteuerung von Immobilien-Investmentfondsanteilen erfolgt wie bei den Wertpapierfonds: Die steuerbaren ausschüttungsgleichen Erträge, dh einschließlich der nach DBA oder § 48 BAO steuerfreien Bewirtschaftungs- und Aufwertungsgewinne, erhöhen die Anschaffungskosten iSd § 27a Abs. 3 Z 2 EStG 1988, die tatsächliche Ausschüttung vermindert diese. Der sich daraus ergebende Wert ist – im Fall der Veräußerung oder Rücklösung des Fondsanteiles – für die Berechnung des steuerpflichtigen Veräußerungsgewinnes nach § 27 Abs. 3 iVm § 27a Abs. 3 Z 2 EStG 1988 maßgebend.

Ebenso wie bei Wertpapierfonds gibt es keine unterjährigen ausschüttungsgleichen Erträge mehr; diese werden im Rahmen der Veräußerung des Fondanteils besteuert.

EB zu § 42 und § 44 Abs. 6 (Art. 74 BGBl. I Nr. 111/2010):

Aufgrund des unterschiedlichen Normzweckes von § 14 Kapitalmarktgesetz und § 42 ImmoInvFG ist der förmliche Verweis auf § 14 Kapitalmarktgesetz nicht zweckmäßig und soll daher entfallen. Dadurch soll es aber zu keiner inhaltlichen Änderung des Begriffes des ausländischen Immobilienfonds kommen.

EB zu § 44 Abs. 6 (Art. 74 BGBl. I Nr. 111/2010):

Die Umstellung der generellen Steueranknüpfung an die ausschüttungsgleichen Erträge erfolgt zeitgleich mit der Einführung der KESt-Erweiterung.

Auf Ebene des Anteilinhabers wird der Fondsanteil – ebenso wie Aktien oder Anleihen – nach § 27 Abs. 3 EStG 1988 generell steuerhängig, wenn die Anteile nach dem 31.12.2010 angeschafft worden sind. Für vor dem 1.10.2011 erworbene Anteile ist gemäß § 124b Z 185 lit. a dritter Teilstrich EStG 1988 eine vom gemeinen Wert zum 1.10.2011 abgeleitete Bewertung möglich.

EB zu § 44 Abs. 6 (Art. 7 BGBl. I Nr. 112/2011):

Mit dem Urteil vom 29. September 2011, C-387/10, Kommission/Österreich, hat der EuGH ausgesprochen, dass es gegen den freien Dienstleistungsverkehr verstößt, wenn nur inländische Kreditinstitute oder inländische Wirtschaftstreuhänder als – für die Meldung der ausschüttungsgleichen Erträge zuständige – steuerliche Vertreter eines Immobilienfonds fungieren können.

Die entsprechende Bestimmung des § 40 Abs. 2 Z 2 ImmoInvFG ist zwar mit dem InvFG 2011 bereits unionsrechtskonform ausgestaltet worden (§ 40 Abs. 2 Z 1 ImmoInvFG idF BBG 2011). Aufgrund des gestaffelten Inkrafttretens der neuen Rechtslage bliebe allerdings die nicht unionsrechtskonforme Fassung bis zum 1. April 2012 in Geltung.

Mit der nunmehrigen Änderung soll daher – dem Urteil des EuGH Rechnung tragend – vorgesehen werden, dass bereits ab dem 1. Jänner 2012 als steuerlicher Vertreter nicht wie bisher nur inländische Wirtschaftstreuhänder oder inländische Kreditinstitute, sondern ausschließlich inländische Wirtschaftstreuhänder oder Personen mit vergleichbaren fachlichen Qualifikationen bestellt werden können. Indem ausschließlich die genannten Personengruppen als steuerlicher Vertreter zulässig sind, wird zudem die ebenfalls gemeinschaftsrechtswidrige Erleichterung für inländische Kreditinstitute in Bezug auf von ihnen verwaltete inländische Immobilienfonds – diese konnten den Nachweis ohne steuerlichen Vertreter selbst erstatten – beseitigt. Die Änderung entspricht daher inhaltlich gänzlich der mit dem InvFG 2011 geänderten Rechtslage.

EB zu § 40 Abs. 1, § 42 und § 44 Abs. 12 (Art. 6 BGBl. I Nr. 135/2013):

Ebenso wie im Anwendungsbereich des InvFG 2011 für Kapitalanlagefonds, soll auch für Immobilienfonds die Erlassung des AIFMG zum Anlass genommen werden, die steuerliche Behandlung an die geänderten regulatorischen Rahmenbedingungen anzupassen. Überdies soll die Besteuerung ausländischer Veranlagungsgemeinschaften in Immobilien ebenso wie die Besteuerung ausländischer Kapitalanlagefonds an die Vorgaben des Unionsrechts angepasst werden.

Die immobilienfondsspezifische Besteuerungssystematik soll zunächst wie bisher bei inländischen Immobilienfonds gemäß § 1 ImmoInvFG zur Anwendung kommen. Nach der – aufgrund der Vorgaben des AIFMG geänderten – Definition des Immobilienfonds fallen darunter nur überwiegend aus Vermögenswerten im Sinne des § 21 ImmoInvFG bestehende Sondervermögen, die in gleiche, in Wertpapieren verkörperte Anteile zerfallen und deren Anteile für den Vertrieb an Privatkunden bestimmt sind. Darüber hinaus sollen die steuerlichen Bestimmungen des § 40 auch für sämtliche AIF in Immobilien gelten, deren Herkunftsmitgliedstaat Österreich ist und die nicht nach unternehmensrechtlichen Vorschriften zur Rechnungslegung verpflichtet sind (insbesondere AG oder GmbH). Das soll unabhängig davon gelten, ob der Vertrieb auf bestimmte Personengruppen eingeschränkt ist. Somit bleiben auch bereits bestehende Immobilien-Spezialfonds vom Besteuerungskonzept umfasst.

Die steuerlichen Bestimmungen sollen ebenso wie bisher auch für ausländische Immobilienfonds gelten, wobei der Umfang der darunter fallenden Strukturen angepasst werden soll. Zunächst sollen alle AIF in Immobilien, deren Herkunftsmitgliedstaat nicht Österreich ist, als ausländische Immobilienfonds eingestuft werden. Sind diese AIF mit einer inländischen unter § 7 Abs. 3 KStG 1988 fallenden Körperschaft vergleichbar, soll grundsätzlich die Steuerrechtssubjektivität anerkannt werden, womit die Gleichbehandlung inländischer und ausländischer Immobilienfonds sichergestellt ist. Wie auch bei Kapitalanlagefonds im Sinne des InvFG 2011 soll allerdings eine Umqualifizierung der ausländischen Körperschaft stattfinden, wenn bestimmte „Niedrigbesteuerungskriterien" erfüllt sind.

Als ausländische Immobilienfonds sollen weiters unabhängig von der Rechtsform – daher auch AIF in Immobilien, deren Herkunftsmitgliedstaat nicht Österreich ist und die mit einer inländischen unter § 7 Abs. 3 KStG 1988 fallenden Körperschaft vergleichbar sind – alle einem ausländischen Recht unterstehenden Veranlagungsgemeinschaften in Immobilien, deren Vermögen nach dem Gesetz, der Satzung oder tatsächlichen Übung nach den Grundsätzen der Risikostreuung angelegt ist, eingestuft werden, wenn sie aufgrund ihrer steuerlichen Behandlung im Ausland bestimmte „Niedrigbesteuerungskriterien" erfüllen. Diese Kriterien entsprechen – ebenso wie jene im neuen § 188 InvFG 2011 – weitgehend jenen, die in der Bestimmung des § 10 Abs. 5 KStG 1988 als für den Methodenwechsel bei der Besteuerung von Gewinnanteilen aus Portfoliobeteiligungen ausschlaggebend definiert werden. Eine Niedrigbesteuerung liegt demnach dann vor, wenn:

- *die Veranlagungsgemeinschaft im Ausland tatsächlich direkt oder indirekt keiner der österreichischen Körperschaftsteuer vergleichbaren Steuer unterliegt, oder*
- *die Gewinne die Veranlagungsgemeinschaft im Ausland einer der österreichischen Körperschaftsteuer vergleichbaren Steuer unterliegen, deren anzuwendender Steuersatz um mehr als 10 Prozentpunkte niedriger als die österreichische Körperschaftsteuer gemäß § 22 Abs. 1 KStG 1988 ist, oder*
- *die Veranlagungsgemeinschaft im Ausland Gegenstand einer umfassenden persönlichen oder sachlichen Befreiung ist.*

Daraus ergeben sich zwei Anwendungsfälle der Z 2:

- *Bei einem AIF in Immobilien in Rechtsform einer ausländischen Körperschaft, die inländischen Kapitalgesellschaften vergleichbar ist, entfällt die Prüfung des Kriteriums der Risikostreuung; trifft ein Niedrigbesteuerungskriterium zu, sind die Fondsbesteuerungsregelungen auf den AIF anzuwenden.*
- *Bei einer Veranlagungsgemeinschaft, die kein AIF in Immobilien ist und auch im Ansässigkeitsstaat keine Steuerrechtssubjektivität genießt, reduziert sich die Prüfung auf*

das Kriterium der Risikostreuung, weil die Niedrigbesteuerungskriterien nur bei Steuerrechtssubjektivität relevant ist.

AIF in Immobilien, die nicht mit inländischen Kapitalgesellschaften vergleichbar sind, fallen dagegen stets in die Z 1.

Das geänderte Besteuerungskonzept soll erstmalig für Geschäftsjahre von Immobilienfonds und AIF in Immobilien gelten, die nach dem 21. Juli 2013 beginnen.

EB zu § 44 Abs. 13 (Art. 10 BGBl. I Nr. 184/2013):

Bestimmung für das Inkrafttreten.

EB zu § 44 Abs. 14 (Art. 5 BGBl. I Nr. 115/2015):

Um eine Umgehung der Bestimmung des Investmentfondesgesetzes durch Gebilde, die der Besteuerung nach § 40 ImmoInvFG unterliegen, zu vermeiden, soll eine sinngemäße Anwendung von § 186 Abs. 5 InvFG 2011 erfolgen. Erzielt daher ein der Besteuerung gemäß § 40 ImmoInvFG unterliegendes Gebilde andere Einkünfte im Sinne des § 186 Abs. 5 Z 2 InvFG 2011 erfolgt keine Transformation in Einkünfte aus Kapitalvermögen. Zudem sollen auch die Vorschriften zur Ermittlung der anderen Einkünfte gemäß § 186 Abs. 5 Z 2 lit. b InvFG 2011 angewendet werden (siehe dazu die Erläuterungen zu § 186 Abs. 2 Z 2 InvFG 2011). Diese Bestimmung soll – wie auch die Investmentfondsbesteuerung für AIF – erstmals für Fondsgeschäftsjahre gelten, die nach dem 21. Juli 2013 beginnen.

Wie im Investmentfondsgesetz, soll auch im Immobilien-Investmentfondsgesetz der Zufluss bzw. Realisierungszeitpunkt harmonisiert werden. Siehe dazu die Erläuterungen zu § 186 Abs. 1, Abs. 2 Z 1, Abs. 5 Z 2 lit. a zweiter Satz InvFG 2011.

Anlage A

Schema A
Schema für den Prospekt über die Kapitalanlagegesellschaft für Immobilien und den Immobilienfonds

Abschnitt I

Angaben über die Kapitalanlagegesellschaft für Immobilien

1. Firma und Sitz; Rechtsform; Gründungszeitpunkt; Ort der Hauptverwaltung, wenn dieser nicht mit dem Gesellschaftssitz zusammenfällt; Angabe des Registers und der Registereintragung; geltende Rechtsordnung
2. Angabe sämtlicher von der Gesellschaft verwalteter Immobilienfonds
3. Name und Funktion der Mitglieder der Geschäftsleitung und des Aufsichtsrates
4. Höhe des Grund(Stamm)kapitals der Gesellschaft; nicht eingezahlte Beträge des gezeichneten Kapitals
5. Geschäftsjahr
6. Angabe der Aktionäre (Gesellschafter), die auf die Gesellschaft unmittelbar oder mittelbar einen beherrschenden Einfluss ausüben oder ausüben können.

Abschnitt II

Angaben über den Immobilienfonds

1. Bezeichnung des Fonds
2. Zeitpunkt der Gründung des Fonds

3. Angabe der Stelle, bei der die Fondsbestimmungen sowie die nach dem ImmoInvFG vorgesehenen Berichte erhältlich sind
4. Die steuerliche Behandlung des Anteilscheines
5. Stichtag für den Rechnungsabschluss und Angabe der Häufigkeit und Form der Ausschüttung
6. Name des Bankprüfers
7. Voraussetzungen, unter denen die Verwaltung des Fonds gekündigt werden kann; Kündigungsfrist
8. Angabe der Art und der Hauptmerkmale der Anteile, insbesondere:
   - Originalurkunden oder Zertifikate über diese Urkunden, Eintragung in einem Register oder auf einem Konto
   - Merkmale der Anteile: Namens- oder Inhaberpapiere, gegebenenfalls Angabe der Stückelung
   - Rechte der Anteilinhaber, insbesondere bei Kündigung
   - Je Immobilie: Anschaffungskosten, vermietbare Flächen, Errichtungsjahr, Summe der Kosten der durchgeführten Instandsetzungs-, Instandhaltungs-, Erhaltungs- und Verbesserungsarbeiten, Summe der Kosten geplanter Instandsetzungs-, Instandhaltungs-, Erhaltungs- und Verbesserungsarbeiten, Art der Betriebskostenverrechnung
   - Bücherliche Belastung und sonstige Belastungen, soweit sie für die Wertermittlung von wesentlicher Bedeutung sind, je Immobilie
   - Darstellung des Kaufpreises der angebotenen Veranlagung samt aller Nebenkosten
   - Art und Umfang der grundbücherlichen Sicherung der Veranlagung
   - Projektierte Rentabilität und Berechnungsmethode der Rentabilität
9. Angabe der Börsen oder Märkte, an denen die Anteile amtlich notiert oder gehandelt werden
10. Modalitäten und Bedingungen für die Ausgabe und den Verkauf der Anteile
11. Modalitäten und Bedingungen der Rücknahme oder Auszahlung der Anteile und Voraussetzungen, unter denen diese ausgesetzt werden kann
12. Beschreibung der Regeln für die Ermittlung und Verwendung der Erträge und Beschreibung der Ansprüche der Anteilinhaber auf Erträge
13. Beschreibung der Anlageziele des Immobilienfonds, einschließlich der finanziellen Ziele (zum Beispiel Kapital- oder Ertragssteigerung), der Anlagepolitik (zum Beispiel Immobilienspezialisierung auf geographische Gebiete oder Wirtschaftsbereiche), etwaiger Beschränkungen bei dieser Anlagepolitik sowie der Angabe der Befugnisse der Kreditaufnahme, von denen bei der Verwaltung des Immobilienfonds Gebrauch gemacht werden kann
14. Bewertungsgrundsätze
15. Ermittlung der Verkaufs- oder Ausgabe- und der Auszahlungs- oder Rücknahmepreise der Anteile, insbesondere:
    - Methode und Häufigkeit der Berechnung dieser Preise
    - Angaben der mit dem Verkauf, der Ausgabe, der Rücknahme oder Auszahlung der Anteile verbundenen Kosten
    - Angaben von Art, Ort und Häufigkeit der Veröffentlichung dieser Preise
16. Angaben über die Methode, die Höhe und die Berechnung der zu Lasten des Immobilienfonds gehenden Vergütungen für die Kapitalanlagegesellschaft für Immobilien, die Depotbank oder Dritte und der Unkostenerstattungen an die Kapitalanlagegesellschaft für Immobilien, die Depotbank oder Dritte durch den Immobilienfonds

17. sofern Dienste externer Beratungsfirmen oder Anlageberater in Anspruch genommen werden und die Vergütungen hiefür zu Lasten des Immobilienfonds gehen, Angaben über:
    - den Namen der Firma oder des Beraters
    - Einzelheiten des Vertrages mit der Verwaltungsgesellschaft oder der Investmentgesellschaft, die für die Anteilinhaber von Interesse sind
    - andere Tätigkeiten von Bedeutung

Abschnitt III
Angaben über die Depotbank

1. Firma, Rechtsform; Sitz und Ort der Hauptverwaltung, wenn dieser nicht mit dem Gesellschaftssitz zusammenfällt
2. Angaben über den Vertrag der Depotbank mit der Kapitalanlagegesellschaft für Immobilien
3. Haupttätigkeit der Depotbank

Anlage B

Schema B
Schema für die Informationen über den Immobilienfonds, die in den periodischen Berichten enthalten sein müssen

1. Vermögensstand
    - Wertpapiere
    - Immobilien und immobiliengleiche Rechte
        a) Lage und regionale Verteilung
        b) Größe
        c) Errichtungsjahr
        d) Anschaffungsjahr
        e) Anschaffungskosten, getrennt nach Kaufpreis und Nebenkosten, oder Herstellungskosten
        f) Vermietbare Flächen
        g) Art der Betriebskostenverrechnung
        h) Summe der Kosten durchgeführter Instandsetzungen, Instandhaltungen, Erhaltungsarbeiten, Verbesserungsarbeiten und Erweiterungen
        i) Summe der Kosten geplanter Instandsetzungen, Instandhaltungen, Erhaltungsarbeiten, Verbesserungsarbeiten und Erweiterungen
        j) Kosten der Verwaltung, soweit sie nicht unter Betriebskosten verrechnet wurden
        k) Baubehördliche Auflagen, sofern für die Wertermittlung von Bedeutung
        l) Bücherliche Belastungen und sonstige Belastungen, soweit sie für die Wertermittlung von wesentlicher Bedeutung sind
        m) Feuerversicherung, deren Versicherungssumme und Deckungsgrad
        n) gewählte Bewertungsansätze
    - Bankguthaben
    - Sonstiges Vermögen
    - Vermögen insgesamt
    - Verbindlichkeiten
    - Nettobestandswert

2. Anzahl der umlaufenden Anteile
3. Nettobestandswert je Anteil
4. Wertpapierbestand, wobei zu unterscheiden ist zwischen
   a) Wertpapieren, die zur amtlichen Notierung an einer Wertpapierbörse zugelassen sind
   b) Wertpapieren, die auf einem anderen geregelten Markt gehandelt werden samt folgenden zusätzlichen Angaben:
      - es ist je eine Gliederung nach geeigneten Kriterien für den Immobilienfonds (zum Beispiel nach wirtschaftlichen oder geographischen Kriterien, nach Devisen usw.) nach prozentuellen Anteilen am Reinvermögen vorzunehmen; für jeden vorstehend bezeichneten Vermögensgegenstand ist ein Anteil am Gesamtvermögen des Fonds sowie die Emissionswährung, die Nominalverzinsung (soweit vorhanden), der Wertpapierkurs und der Währungskurs anzugeben
      - Angaben der Veränderungen in der Zusammensetzung des Vermögensbestandes während des Berichtszeitraumes
5. Angaben über die Entwicklung des Vermögens des Immobilienfonds während des Berichtszeitraumes, die Folgendes umfassen:
   - Erträge aus Anlagen
   - sonstige Erträge
   - Aufwendungen für die Verwaltung
   - Aufwendungen für die Depotbank
   - sonstige Aufwendungen und Steuern/Gebühren
   - Nettoertrag
   - Ausschüttungen und wiederangelegte Erträge
   - Erhöhung oder Verminderung der Kapitalrechnung
   - Mehr- oder Minderwert der Anlagen
   - etwaige sonstige Änderungen, welche das Vermögen und die Verbindlichkeiten des Immobilienfonds berühren
6. Vergleichende Übersicht über die letzten fünf Rechnungsjahre, wobei zum Ende jedes Rechnungsjahres Folgendes anzugeben ist:
   - Fondsvermögen
   - Errechneter Wert je Anteil (Rechenwert)
   - Wertentwicklung in Prozent
   - bisher ausgewiesene Erträge
7. Angabe des Betrages der bestehenden Verbindlichkeiten aus von der Kapitalanlagegesellschaft für Immobilien für den Immobilienfonds im Berichtszeitraum getätigten Geschäften, wobei nach Kategorien zu differenzieren ist
8. Ausschüttung je Anteil
9. Steuerliche Behandlung des Anteilscheines unter der Annahme, dass der Anteilinhaber den Anteil während des gesamten Geschäftsjahres des Fonds besessen hat.

Anlage C

Schema C
Schema für den vereinfachten Prospekt

1. Kurzdarstellung des Immobilienfonds
   - Datum seiner Gründung

- die verwaltende Kapitalanlagegesellschaft für Immobilien – (gegebenenfalls) Angaben über externe Beraterfirmen – (gegebenenfalls) Angaben über Unternehmen, an die delegiert wurde
- Depotbank
- Abschlussprüfer
- den Immobilienfonds anbietende Finanzgruppe (zB ein Kreditinstitut)

2. Anlageinformationen
   - Kurzdefinition des Anlageziels/der Anlageziele des Immobilienfonds (zB Immobilienspezialisierung nach geografischen Kriterien und/oder Immobilienarten)
   - Anlagestrategie des Immobilienfonds und kurze Beurteilung des Risikoprofils des Immobilienfonds
   - bisherige Wertentwicklungen des Immobilienfonds und ein Warnhinweis, dass die bisherige Wertentwicklung kein Indiz für die zukünftige Wertentwicklung ist – derartige Informationen können in den Prospekt eingefügt oder angehängt werden
   - Profil des typischen Anlegers, für den der Immobilienfonds konzipiert ist
3. Wirtschaftliche Informationen
   - Geltende Steuervorschriften
   - Ein- und Ausstiegsprovisionen
   - etwaige sonstige Provisionen und Gebühren, wobei danach zu unterscheiden ist, welche vom Anteilinhaber zu entrichten sind, und welche aus dem Sondervermögen des Immobilienfonds zu zahlen sind
4. Den Handel betreffende Informationen
   - Art und Weise des Erwerbs der Anteile
   - Art und Weise der Veräußerung der Anteile
   - Häufigkeit und Ort sowie Art und Weise der Veröffentlichung bzw. Zurverfügungstellung der Anteilspreise
5. Zusätzliche Informationen
   - Hinweis darauf, dass auf Anfrage der vollständige Prospekt sowie die Jahres- und Halbjahresberichte kostenlos vor und nach Vertragsschluss angefordert werden können
   - zuständige Aufsichtsbehörde
   - Angabe einer Kontaktstelle (Person/Abteilung; Zeiten usw.), bei der gegebenenfalls weitere Auskünfte eingeholt werden können,
   - Veröffentlichungsdatum des Verkaufsprospekts

EB zu Anlage C (Art. 1 BGBl. I Nr. 134/2006):
Steht im Zusammenhang mit der Änderung des § 7.

Artikel 1

(Anm.: Zu den §§ 7, 15, 19, 22, 36 und 38, BGBl. I Nr. 80/2003)

Dieses Bundesgesetz dient der Umsetzung der Richtlinie 2007/16/EG der Europäischen Kommission zur Durchführung der Richtlinie 85/611/EG des Rates (ABl. Nr. L 375 vom 31.12.1985, S. 3) zur Koordinierung der Rechts- und Verwaltungsvorschriften betreffend bestimmte Organismen für gemeinsame Anlagen in Wertpapieren (OGAW) in der Fassung der Richtlinie 2005/1/EG des Europäischen Parlaments und des Rates (ABl. Nr. L 79 vom 24.03.2005, S. 9) im Hinblick auf die Erläuterung gewisser Definitionen (ABl. Nr. L 79 vom 20.03.2007, S. 11).

Artikel 1

(Anm.: Zu §§ 3, 6, 11, 32, 33, 34 und 38, BGBl. I Nr. 80/2003)

Dieses Bundesgesetz dient der Umsetzung der Richtlinie 2009/65/EG zur Koordinierung der Rechts- und Verwaltungsvorschriften betreffend bestimmte Organismen für gemeinsame Anlagen in Wertpapieren (OGAW) (ABl. Nr. L 302 vom 17.11.2009, S. 32) sowie der Richtlinie 2010/43/EU zur Durchführung der Richtlinie 2009/65/EG im Hinblick auf organisatorische Anforderungen, Interessenkonflikte, Wohlverhalten, Risikomanagement und den Inhalt der Vereinbarung zwischen Verwahrstelle und Verwaltungsgesellschaft (ABl. L 176 vom 10.07.2010, S. 42) und der Richtlinie 2010/42/EU zur Durchführung der Richtlinie 2009/65/EG in Bezug auf Bestimmungen über Fondsverschmelzungen, Master-Feeder-Strukturen und das Anzeigeverfahren (ABl. L 176 vom 10.07.2010, S. 28) sowie der Richtlinie 2010/78/EU zur Änderung der Richtlinien 98/26/EG, 2002/87/EG, 2003/6/EG, 2003/41/EG, 2003/71/EG, 2004/39/EG, 2004/39/EG, 2004/109/EG, 2005/60/EG, 2006/48/EG, 2006/49/EG und 2009/65/EG im Hinblick auf die Befugnisse der Europäischen Aufsichtsbehörde (Europäische Bankenaufsichtsbehörde), der Europäischen Aufsichtsbehörde (Europäische Aufsichtsbehörde für das Versicherungswesen und die betriebliche Altersversorgung) und der Europäischen Aufsichtsbehörde (Europäische Wertpapier- und Marktaufsichtsbehörde) – ABl. Nr. L 331 vom 15.12.2010, S. 120). Im Rahmen der Neufassung des Investmentfondsgesetzes (Artikel 2) wird auch die bereits mit BGBl. I Nr. 69/2008 umgesetzte Richtlinie 2007/16/EG berücksichtigt.

Artikel 1
Umsetzungshinweis

(Anm.: Zu den §§ 1, 2, 40, 41, 42 und 43a, BGBl. I Nr. 80/2003)

Mit diesem Bundesgesetz werden

1. die Richtlinie 2011/61/EU über die Verwalter alternativer Investmentfonds und zur Änderung der Richtlinien 2003/41/EG und 2009/65/EG und der Verordnungen (EG) Nr. 1060/2009 und (EU) Nr. 1095/2010 ABl. Nr. L 174 vom 01.07.2011 S. 1, in der Fassung der Berichtigung ABl. Nr. L 155 vom 27.04.2012 S. 35 umgesetzt sowie
2. die Voraussetzungen für das Wirksamwerden der
   a) Verordnung (EU) Nr. 345/2013 über Europäische Risikokapitalfonds, ABl. Nr. L 115 vom 25.04.2013, S 1 und
   b) Verordnung (EU) Nr. 346/2013 über Europäische Fonds für soziales Unternehmertum, ABl. Nr. L 115 vom 25.04,2013, S 18 und

geschaffen.

13. Verordnungen zum ImmoInvFG

13.1. Verordnung der Finanzmarktaufsichtsbehörde (FMA) zur Festlegung der Kategorien von Gegenparteien bei Geschäften mit OTC-Derivaten bei Immobilienfonds (Immobilienfonds-OTC-Derivate-Gegenpartei-Verordnung)

BGBl. II Nr. 311/2007 idgF

https://www.ris.bka.gv.at/GeltendeFassung.wxe?Abfrage=
Bundesnormen&Gesetzesnummer=20005529

13.2. Verordnung der Finanzmarktaufsichtsbehörde über die Angaben, die im vereinfachten Prospekt eines Immobilienfonds enthalten sein müssen (Immobilienfonds-Prospektinhalt-Verordnung)

BGBl. II Nr. 314/2008 idgF

https://www.ris.bka.gv.at/GeltendeFassung.wxe?Abfrage=
Bundesnormen&Gesetzesnummer=20005970

13.3. Verordnung der Finanzmarktaufsichtsbehörde zur Durchführung des Immobilien-Investmentfondsgesetzes betreffend den Risikohinweis (Risikohinweisverordnung)

BGBl. II Nr. 596/2003

https://www.ris.bka.gv.at/GeltendeFassung.wxe?Abfrage=
Bundesnormen&Gesetzesnummer=20003100

14. AIFMG und seine Erläuternden Bemerkungen

BGBl. I Nr. 135/2013 idF

1 BGBl. I Nr. 70/2014 **2** BGBl. I Nr. 98/2014 **3** BGBl. I Nr. 68/2015
4 BGBl. I Nr. 117/2015 **5** BGBl. I Nr. 150/2015 **6** BGBl. I Nr. 73/2016

Bundesgesetz, mit dem das Alternative Investmentfonds Manager-Gesetz – AIFMG erlassen wird

Inhaltsverzeichnis

8.Teil
Vertrieb an Privatkunden

9.Teil
Zuständige Behörden

1. Abschnitt
Benennung, Befugnisse und Rechtsbehelfe

2. Abschnitt
Zusammenarbeit der verschiedenen zuständigen Behörden

10. Teil
Übergangs- und Schlussbestimmungen

EB (Art. 8 BGBl. I Nr. 98/2014):

Verwalter alternativer Investmentfonds (AIFM) dürfen bestimmte Wertpapierdienstleistungen zusätzlich zu der kollektiven Verwaltung alternativer Investmentfonds (AIF) erbringen, einschließlich Dienstleistungen zur Verwaltung von Portfolios, Anlageberatung, die Verwahrung und die technische Verwaltung in Bezug auf die Anteile von Organismen für gemeinsame Anlagen sowie Annahme und Übermittlung von Aufträgen, die Finanzinstrumente zum Gegenstand haben. Da die für die Erbringung dieser Dienstleistungen geltenden Anforderungen innerhalb der Union harmonisiert sind, sollten AIFM, die von den zuständigen Behörden ihres Herkunftsmitgliedstaats die Zulassung erhalten haben, diese Dienstleistungen zu erbringen, nicht einer zusätzliche Zulassung in den Aufnahmemitgliedstaaten oder einer Maßnahme gleicher Wirkung unterliegen.

Mit diesen Bestimmungen wird Art. 92 der Richtlinie 2014/65/EU, mit dem die Richtlinie 2011/61/EU geändert wird, umgesetzt.

1. Teil
Geltungsbereich

§ 1. (1) Vorbehaltlich Abs. 3 bis 5 gilt dieses Bundesgesetz für

1. EU-AIFM, die einen oder mehrere AIF verwalten, unabhängig davon, ob es sich bei solchen AIF um EU-AIF oder Nicht-EU-AIF handelt,
2. Nicht-EU-AIFM, die einen oder mehrere EU-AIF verwalten, und
3. Nicht-EU-AIFM, die einen oder mehrere AIF in der Europäischen Union vertreiben, unabhängig davon, ob es sich bei solchen AIF um EU-AIF oder Nicht-EU-AIF handelt.

(2) Für die Zwecke des Abs. 1 ist es ohne Bedeutung,

1. ob es sich bei dem AIF um einen offenen oder geschlossenen Typ handelt,
2. ob der AIF in der Vertragsform, der Form des Trust, der Satzungsform oder irgendeiner anderen Rechtsform errichtet ist,
3. welche Rechtsstruktur der AIFM hat.

(3) Dieses Bundesgesetz gilt nicht für

1. Holdinggesellschaften,
2. Einrichtungen der betrieblichen Altersversorgung, die unter die Richtlinie 2003/41/EG fallen, gegebenenfalls einschließlich der in Art. 2 Abs. 1 der genannten Richtlinie aufgeführten zugelassenen Stellen, die für die Verwaltung solcher Einrichtungen verantwortlich und in ihrem Namen tätig sind, oder der nach Art. 19 Abs. 1 der genannten Richtlinie bestellten Vermögensverwalter, sofern sie nicht AIF verwalten,
3. supranationale Institutionen, wie die Europäische Zentralbank, die Europäische Investitionsbank, den Europäischen Investitionsfonds, die Europäischen Entwicklungsfinanzierungsinstitute und bilateralen Entwicklungsbanken, die Weltbank, den Internationalen Währungsfonds und sonstige supranationale Einrichtungen und ähnliche internationale Organisationen, falls solche Einrichtungen oder Organisationen AIF verwalten, und sofern diese AIF im öffentlichen Interesse handeln,
4. nationale Zentralbanken,
5. staatliche Stellen und Gebietskörperschaften oder andere Einrichtungen, die Fonds zur Unterstützung von Sozialversicherungs- und Pensionssystemen verwalten,
6. Arbeitnehmerbeteiligungssysteme oder Arbeitnehmersparpläne und
7. Verbriefungszweckgesellschaften.

(4) Dieses Bundesgesetz gilt nicht für AIFM, welche einen oder mehrere AIF verwalten, deren einzige Anleger der AIFM oder die Muttergesellschaften oder die Tochtergesellschaften des AIFM oder andere Tochtergesellschaften jener Muttergesellschaften sind, sofern keiner dieser Anleger selbst ein AIF ist.

(5) Unbeschadet der Anwendung der §§ 24 bis 28, 56 und 60 gilt dieses Bundesgesetz nicht für AIFM, die entweder direkt oder indirekt über eine Gesellschaft, mit der der AIFM über eine gemeinsame Geschäftsführung, ein gemeinsames Kontrollverhältnis oder durch eine wesentliche direkte oder indirekte Beteiligung verbunden ist, die Portfolios von AIF verwalten, deren verwaltete Vermögenswerte – einschließlich der durch Einsatz einer Hebelfinanzierung erworbenen Vermögenswerte – insgesamt nicht über einen Schwellenwert von 100 Mio. EUR hinausgehen, oder deren verwaltete Vermögenswerte insgesamt nicht über einen Schwellenwert von 500 Mio. EUR hinausgehen, wenn die Portfolios dieser AIF aus AIF bestehen, die keine Hebelfinanzierung verwenden und die für einen Zeitraum von fünf Jahren nach der Tätigung der ersten Anlage in jeden dieser AIF keine Rücknahmerechte ausüben dürfen. Allerdings hat ein solcher AIFM

1. sich bei der FMA registrieren zu lassen;

2. sich und die von ihm verwalteten AIF zum Zeitpunkt ihrer Registrierung gegenüber der FMA auszuweisen;
3. der FMA zum Zeitpunkt ihrer Registrierung Informationen zu den Anlagestrategien der von ihm verwalteten AIF vorzulegen;
4. der FMA jährlich und zusätzlich auf Verlangen die wichtigsten Instrumente, mit denen er handelt, und über die größten Risiken und Konzentration der von ihm verwalteten AIF unterrichten, um der FMA eine effektive Überwachung der Systemrisiken zu ermöglichen;
5. der FMA jede Auflage eines AIF und jeden Beginn der Abwicklung eines AIF unverzüglich anzuzeigen;
6. zu erklären, Anteile des AIF nicht an Privatkunden im Sinne des § 48 zu vertreiben und
7. der FMA unverzüglich mitzuteilen, wenn er die in diesem Abs. genannten Voraussetzungen nicht mehr einhalten kann.

Übersteigen die Vermögenswerte der Portfolios der verwalteten AIF eines gemäß dieses Abs. registrierten AIFM zu einem späteren Zeitpunkt eine der genannten Schwellen, hat der AIFM die gemäß diesem Bundesgesetz erforderliche Konzession gemäß § 4 binnen 30 Kalendertagen zu beantragen. Unbeschadet der Schwellenwerte kann ein AIFM beschließen, eine Konzession gemäß § 4 zu beantragen. Diesfalls findet mit Erteilung der Konzession dieses Bundesgesetz in seiner Gesamtheit Anwendung. Sind von einem AIFM verwaltete AIF für den Vertrieb an Privatkunden bestimmt, ist unter Vorbehalt der Erteilung der Konzession gemäß § 4 dieses Bundesgesetz jedenfalls in seiner Gesamtheit anzuwenden.

EB zu § 1:

Hiedurch wird der Geltungsbereich gemäß Art. 2 der Richtlinie 2011/61/EU festgelegt. Art. 2 Abs. 4 der Richtlinie 2011/61/EU richtet sich bloß an den Gesetzgeber und benötigt daher keine eigene Umsetzungsbestimmung. In § 1 Abs. 4 und 5 werden auch die Ausnahmen gemäß Art. 3 der Richtlinie 2011/61/EU umgesetzt. Die jüngsten Schwierigkeiten auf den Finanzmärkten haben gezeigt, dass viele Anlagestrategien der AIFM für Anleger, andere Marktteilnehmer und Märkte mit einigen oder mehreren bedeutenden Risiken verbunden sein können. Zur Erreichung umfassender gemeinsamer Aufsichtsregelungen muss ein Rahmen geschaffen werden, mit dem diesen Risiken unter Berücksichtigung der Verschiedenartigkeit der Anlagestrategien und -techniken seitens der AIFM entgegengewirkt werden kann. Diese Regelung soll daher für AIFM gelten, die das gesamte Spektrum der nicht unter die Richtlinie 2009/65/EG des Europäischen Parlaments und des Rates vom 13. Juli 2009 zur Koordinierung der Rechts- und Verwaltungsvorschriften betreffend bestimmte Organismen für gemeinsame Anlagen in Wertpapieren (OGAW) fallenden Fonds verwalten, wobei es keine Rolle spielt, in welcher rechtlichen oder vertraglichen Form AIFM mit dieser Aufgabe betraut sind. Eine Konzession im Rahmen dieses Bundesgesetzes berechtigt AIFM daher nicht, OGAW im Sinne der Richtlinie 2009/65/EG zu verwalten.

Wertpapierfirmen, die gemäß der Richtlinie 2004/39/EG des Europäischen Parlaments und des Rates vom 21. April 2004 über Märkte für Finanzinstrumente konzessioniert sind und Kreditinstitute, die gemäß der Richtlinie 2006/48/EG des Europäischen Parlaments und des Rates vom 14. Juni 2006 über die Aufnahme und Ausübung der Tätigkeit der Kreditinstitute konzessioniert sind, sind nicht dazu verpflichtet, sich für die Erbringung von Wertpapierdienstleistungen, wie etwa die individuelle Portfolioverwaltung für AIF, eine Konzessionierung im Rahmen der Richtlinie 2011/61/EU oder § 5 zu beantragen. Für Wertpapierfirmen und Kreditinstitute ist eine zusätzliche Konzessionierung nach AIFMG nicht zulässig. Wertpapierfirmen sollen allerdings Anteile eines AIF nur dann direkt oder indirekt Anlegern in der Union anbieten oder solche Anteile bei diesen platzieren können, soweit die Anteile gemäß der Richtlinie vertrieben werden dürfen. Wertpapierfirmen mit Sitz in einem Drittland, die Wertpapierdienstleistungen für AIF anbieten, fallen daher auch in den Anwendungsbereich dieses Bundesgesetzes. Die Erbringung von Wertpapierdienstleistungen durch diese Unternehmen in Bezug auf AIF sollte nie darauf hinauslaufen, dass dieses Bundesgesetz de facto umgangen wird, indem der AIFM in ein Briefkastenunternehmen umgewandelt wird, wobei es keine Rolle spielt, ob der AIFM seinen Sitz in der Union oder in einem Drittland hat. Unter § 1 Abs. 3 Z 5 fallen als staatliche Stellen und Gebietskörperschaften oder andere Einrichtungen, die Fonds zur Unterstützung von Sozialversicherungs- und Pensionssystemen verwalten, unter anderem die Betrieblichen Vorsorgekassen iSd § 1 Abs. 1 Z 21 BWG, wodurch diese von diesem Bundesgesetz ausgenommen sind. Zu § 1 Abs. 2 ist anzumerken, dass es für den Anwendungsbereich des AIFMG unbeachtlich ist, ob der AIF börsenotiert ist. Bezüglich § 1 Abs. 5 Z 2, insbesondere zum Inhalt, zum Format und zu den Modalitäten der Übermittlung der anzugebenden Informationen an die FMA, hat der AIFM auch die delegierte Verordnung (EU) Nr. 231/2013 zur Ergänzung der Richtlinie 2011/61/EU einzuhalten.

Durch Abs. 5 ist klargestellt, dass etwa auch kleine geschlossene Immobilienfonds jedenfalls unter den Anwendungsbereich des AIFM-Gesetzes fallen.

Begriffsbestimmungen

§ 2. (1) Im Sinne dieses Bundesgesetzes gelten folgende Begriffsbestimmungen:

1. „AIF“ ist jeder Organismus für gemeinsame Anlagen einschließlich seiner Teilfonds, der
   a) von einer Anzahl von Anlegern Kapital einsammelt, um es gemäß einer festgelegten Anlagestrategie zum Nutzen dieser Anleger zu investieren, ohne dass das eingesammelte Kapital unmittelbar der operativen Tätigkeit dient, und
   b) keine Genehmigung gemäß Art. 5 der Richtlinie 2009/65/EG benötigt.
2. „AIFM“ ist jede juristische Person, deren reguläre Geschäftstätigkeit darin besteht, einen oder mehrere AIF zu verwalten.
3. „Zweigniederlassung“ in Bezug auf einen AIFM ist eine Betriebsstelle, die einen rechtlich unselbstständigen Teil eines AIFM bildet und die die Dienstleistungen erbringt, für die dem AIFM eine Zulassung erteilt wurde; alle Betriebsstellen eines AIFM mit satzungsmäßigem Sitz in einem anderen Mitgliedstaat oder einem Drittland, die sich in ein und demselben Mitgliedstaat befinden, gelten als eine einzige Zweigniederlassung.
4. „Carried interest“ ist ein Anteil an den Gewinnen des AIF, den ein AIFM als Vergütung für die Verwaltung des AIF erhält, hiervon sind sämtliche Anteile an den Gewinnen des AIF ausgeschlossen, die der AIFM als Rendite für Anlagen des AIFM in den AIF bezieht.
5. „Enge Verbindungen“ ist eine Situation, in der zwei oder mehrere natürliche oder juristische Personen verbunden sind durch
   a) Beteiligung, dh. das direkte Halten oder das Halten im Wege der Kontrolle von mindestens 20 vH der Stimmrechte oder des Kapitals an einem Unternehmen;
   b) Kontrolle, dh. das Verhältnis zwischen einem Mutterunternehmen und einem Tochterunternehmen gemäß Art. 22 Abs. 1 und 2 der Richtlinie 2013/34/EU oder ein ähnliches Verhältnis zwischen einer natürlichen oder juristischen Person und einem Unternehmen; für die Zwecke dieser Bestimmung wird ein Tochterunternehmen

eines Tochterunternehmens auch als Tochterunternehmen des Mutterunternehmens angesehen.

Eine Situation, in der zwei oder mehr natürliche oder juristische Personen durch ein Kontrollverhältnis mit ein und derselben Person dauerhaft verbunden sind, gilt auch als „enge Verbindung“ zwischen diesen Personen.

6. „Zuständige Behörden“ sind die nationalen Behörden der Mitgliedstaaten, die aufgrund von Rechts- oder Verwaltungsvorschriften zur Beaufsichtigung von AIFM befugt sind.
7. „Zuständige Behörden“ in Bezug auf eine Verwahrstelle sind
   a) die zuständigen Behörden im Sinne des Art. 4 Abs. 1 Nr. 40 der Verordnung (EU) Nr. 575/2013, wenn die Verwahrstelle ein nach jener Richtlinie zugelassenes Kreditinstitut ist;
   b) die zuständigen Behörden im Sinne des Art. 4 Abs. 1 Nr. 22 der Richtlinie 2004/39/EG, wenn die Verwahrstelle eine nach jener Richtlinie zugelassene Wertpapierfirma ist;
   c) die nationalen Behörden des Herkunftsmitgliedstaats der Verwahrstelle, die aufgrund von Rechts- oder Verwaltungsvorschriften zur Beaufsichtigung von Kategorien von Einrichtungen im Sinne von Art. 21 Abs. 3 Unterabsatz 1 lit. c der Richtlinie 2011/61/EU befugt sind, wenn die Verwahrstelle zu einer in jener Vorschrift genannten Kategorie von Einrichtungen gehört;
   d) die nationalen Behörden des Mitgliedstaats, in dem ein Unternehmen im Sinne von Art. 21 Abs. 3 Unterabsatz 3 der Richtlinie 2011/61/EU seinen satzungsmäßigen Sitz hat, wenn die Verwahrstelle ein in jener Vorschrift genanntes Unternehmen ist, und die aufgrund von Rechts- oder Verwaltungsvorschriften zur Beaufsichtigung eines solchen Unternehmens befugt sind, oder die amtliche Stelle, die für die Registrierung oder Beaufsichtigung eines solchen Unternehmens gemäß den für dieses geltenden berufsständischen Regeln zuständig ist;
   e) die betreffenden nationalen Behörden des Drittlands, in dem die Verwahrstelle ihren satzungsmäßigen Sitz hat, wenn die Verwahrstelle gemäß Art. 21 Abs. 5 lit. b der Richtlinie 2011/61/EU als Verwahrstelle für einen Nicht-EU-AIF benannt wird und nicht unter die Ziffern i bis iv dieser Richtlinie fällt.
8. „Zuständige Behörden des EU-AIF“ sind die nationalen Behörden eines Mitgliedstaats, die aufgrund von Rechts- oder Verwaltungsvorschriften zur Beaufsichtigung von AIF befugt sind.
9. „Kontrolle“ ist die Kontrolle im Sinne des Art. 22 Abs. 1 und 2 der Richtlinie 2013/34/EU.
10. „Mit Sitz in“ bezeichnet
    a) bei AIFM: „mit satzungsmäßigem Sitz in“;
    b) bei AIF: „bewilligt oder registriert in“; oder, falls der AIF nicht bewilligt oder registriert ist: „mit satzungsmäßigem Sitz in“;
    c) bei Verwahrstellen: „mit satzungsmäßigem Sitz oder Zweigniederlassung in“;
    d) bei gesetzlichen Vertretern, die juristische Personen sind: „mit satzungsmäßigem Sitz oder Zweigniederlassung in“;
    e) bei gesetzlichen Vertretern, die natürliche Personen sind: „mit Wohnsitz in“.
11. „EU-AIF“ bezeichnet
    a) einen AIF, der nach einschlägigem nationalen Recht in einem Mitgliedstaat zugelassen oder registriert ist, oder

b) einen AIF, der nicht in einem Mitgliedstaat zugelassen oder registriert ist, dessen satzungsmäßiger Sitz und/oder Hauptverwaltung sich jedoch in einem Mitgliedstaat befindet.

12. „EU-AIFM" bezeichnet einen AIFM mit satzungsmäßigem Sitz in einem Mitgliedstaat.
13. „Feeder-AIF" bezeichnet einen AIF, der
    a) mindestens 85 vH seiner Vermögenswerte in Anteilen eines anderen AIF („Master-AIF") anlegt, oder
    b) mindestens 85 vH seiner Vermögenswerte in mehr als einem Master-AIF anlegt, wenn diese Master-AIF identische Anlagestrategien verfolgen, oder
    c) anderweitig ein Engagement von mindestens 85 vH seiner Vermögenswerte in solch einem Master-AIF hat.
14. „Finanzinstrument" ist eines der in Anhang I Abschnitt C der Richtlinie 2004/39/EG genannten Instrumente.
15. „Holdinggesellschaft" ist eine Gesellschaft, die an einem oder mehreren anderen Unternehmen eine Beteiligung hält, deren Geschäftsgegenstand darin besteht, durch ihre Tochterunternehmen oder verbundenen Unternehmen oder Beteiligungen eine Geschäftsstrategie oder -strategien zur Förderung deren langfristigen Werts zu verfolgen, und bei der es sich um eine Gesellschaft handelt, die entweder
    a) auf eigene Rechnung tätig ist und deren Anteile zum Handel auf einem geregelten Markt in der Union zugelassen sind, oder
    b) die ausweislich ihres Jahresberichts oder anderer amtlicher Unterlagen nicht mit dem Hauptzweck gegründet wurde, ihren Anlegern durch Veräußerung ihrer Tochterunternehmen oder verbundenen Unternehmen eine Rendite zu verschaffen.
16. „Herkunftsmitgliedstaat des AIF" ist:
    a) der Mitgliedstaat, in dem der AIF nach den geltenden nationalen Rechtsvorschriften zugelassen oder registriert ist, oder im Falle mehrfacher Bewilligungen oder Registrierungen der Mitgliedstaat, in dem der AIF zum ersten Mal bewilligt oder registriert wurde, oder
    b) wenn der AIF in keinem Mitgliedstaat bewilligt oder registriert ist, der Mitgliedstaat, in dem der AIF seinen Sitz und/oder seine Hauptverwaltung hat;
17. „Herkunftsmitgliedstaat des AIFM" ist der Mitgliedstaat, in dem der AIFM seinen satzungsmäßigen Sitz hat; im Falle von Nicht-EU-AIFM ist bei allen Bezugnahmen der Richtlinie 2011/61/EU auf den „Herkunftsmitgliedstaat des AIFM" immer der „Referenzmitgliedstaat" gemeint, wie im 7. Teil vorgesehen.
18. „Aufnahmemitgliedstaat des AIFM" ist:
    a) ein Mitgliedstaat außer dem Herkunftsmitgliedstaat, in dem ein EU-AIFM EU-AIF verwaltet;
    b) ein Mitgliedstaat außer dem Herkunftsmitgliedstaat, in dem ein EU-AIFM Anteile eines EU-AIF vertreibt;
    c) ein Mitgliedstaat außer dem Herkunftsmitgliedstaat, in dem ein EU-AIFM Anteile eines Nicht-EU-AIF vertreibt;
    d) ein Mitgliedstaat außer dem Referenzmitgliedstaat, in dem ein Nicht-EU-AIFM Anteile eines EU-AIF verwaltet;
    e) ein Mitgliedstaat außer dem Referenzmitgliedstaat, in dem ein Nicht-EU-AIFM Anteile eines EU-AIF vertreibt;
    f) ein Mitgliedstaat außer dem Referenzmitgliedstaat, in dem ein Nicht-EU-AIFM Anteile eines Nicht-EU-AIF vertreibt, oder

g) ein Mitgliedstaat, der nicht der Herkunftsmitgliedstaat ist und in dem ein EU-AIFM die Dienstleistungen gemäß § 4 Abs. 4 erbringt.

19. „Anfangskapital" bezeichnet Mittel im Sinne von Art. 12 der Richtlinie 2013/36/EU.
20. „Emittent" ist jeder Emittent im Sinne von Art. 2 Abs. 1 lit. d der Richtlinie 2004/109/EG, der seinen satzungsmäßigen Sitz in der Union hat, und dessen Wertpapiere im Sinne von Art. 4 Abs. 1 Nr. 14 der Richtlinie 2004/39/EG zum Handel auf einem geregelten Markt zugelassen sind.
21. „Gesetzlicher Vertreter" ist jede natürliche Person mit Wohnsitz in der Union oder jede juristische Person mit Sitz in der Union, die von einem Nicht-EU-AIFM ausdrücklich dazu ernannt worden ist, im Namen dieses Nicht-EU-AIFM gegenüber Behörden, Kunden, Einrichtungen und Gegenparteien des Nicht-EU-AIFM in der Union hinsichtlich der Verpflichtungen des Nicht-EU-AIFM nach der Richtlinie 2011/61/EU zu handeln.
22. „Hebelfinanzierung" ist jede Methode, mit der ein AIFM das Risiko eines von ihm verwalteten AIF durch Kreditaufnahme, Wertpapierleihe, in Derivate eingebettete Hebelfinanzierung oder auf andere Weise erhöht.
23. „Verwaltung von AIF" bedeutet, dass mindestens die in Anlage 1 Z 1 lit. a oder b genannten Anlageverwaltungsfunktionen für einen oder mehrere AIF erbracht werden.
24. „Vertrieb" ist das direkte oder indirekte, auf Initiative des AIFM oder in dessen Auftrag erfolgende Anbieten oder Platzieren von Anteilen an einem vom AIFM verwalteten AIF an Anleger oder bei Anlegern mit Wohnsitz oder Sitz in der Union.
25. „Master-AIF" ist jeder AIF, in den ein anderer AIF investiert oder Risiken an ihm gemäß Z 13 übernommen hat.
26. „Referenzmitgliedstaat" ist der gemäß Art. 37 Abs. 4 der Richtlinie 2011/61/EU festgelegte Mitgliedstaat.
27. „Nicht-EU-AIF" ist ein AIF, der kein EU-AIF ist.
28. „Nicht-EU-AIFM" ist ein AIFM, der kein EU-AIFM ist.
29. „Nicht börsennotiertes Unternehmen" ist ein Unternehmen, das seinen satzungsmäßigen Sitz in der Union hat und dessen Anteile im Sinne von Art. 4 Abs. 1 Nr. 14 der Richtlinie 2004/39/EG nicht zum Handel auf einem regulierten Markt zugelassen sind.
30. „Eigenmittel" sind Eigenmittel gemäß Art. 4 Abs. 1 Nr. 118 Art. 72 der Verordnung (EU) Nr. 575/2013.
31. „Mutterunternehmen" ist ein Mutterunternehmen im Sinne des Art. 22 Abs. 1 bis 5 der Richtlinie 2013/34/EU.
32. „Primebroker" ist ein Kreditinstitut, eine regulierte Wertpapierfirma oder eine andere Einheit, die einer Regulierungsaufsicht und ständigen Überwachung unterliegt und professionellen Anlegern Dienstleistungen anbietet, in erster Linie, um als Gegenpartei Geschäfte mit Finanzinstrumenten zu finanzieren oder durchzuführen, und die möglicherweise auch andere Dienstleistungen wie Clearing und Abwicklung von Geschäften, Verwahrungsdienstleistungen, Wertpapierleihe und individuell angepasste Technologien und Einrichtungen zur betrieblichen Unterstützung anbietet.
33. „Professioneller Anleger" ist jeder Anleger, der im Sinne von Anhang II der Richtlinie 2004/39/EG als ein professioneller Kunde angesehen wird oder auf Antrag als ein professioneller Kunde behandelt werden kann.
34. „Qualifizierte Beteiligung" ist das direkte oder indirekte Halten von mindestens 10 vH des Kapitals oder der Stimmrechte eines AIFM nach den Art. 9 und 10 der Richtlinie 2004/109/EG, unter Berücksichtigung der Bedingungen für das Zusammenrechnen der Beteiligungen nach Art. 12 Absätze 4 und 5 der genannten Richtlinie oder die Möglich-

keit zur Ausübung eines maßgeblichen Einflusses auf die Geschäftsführung des AIFM, an dem diese Beteiligung gehalten wird.

35. „Arbeitnehmervertreter“ sind Vertreter der Arbeitnehmer im Sinne von Art. 2 lit. e der Richtlinie 2002/14/EG.
36. „Privatkunde“ ist ein Anleger gemäß § 1 Z 14 Wertpapieraufsichtsgesetz 2007 – WAG 2007 (BGBl. I Nr. 60/2007).
37. „Tochterunternehmen“ ist ein Tochterunternehmen gemäß der Definition in Art. 22 Abs. 1 bis 5 der Richtlinie 2013/34/EU.
38. „Aufsichtsbehörden“ in Bezug auf Nicht-EU-AIF sind die nationalen Behörden eines Drittlands, die aufgrund von Rechts- oder Verwaltungsvorschriften zur Beaufsichtigung von AIF befugt sind.
39. „Aufsichtsbehörden“ in Bezug auf Nicht-EU-AIFM sind die nationalen Behörden eines Drittlands, die aufgrund von Rechts- oder Verwaltungsvorschriften zur Beaufsichtigung von AIFM befugt sind.
40. „Verbriefungszweckgesellschaften“ sind Gesellschaften, deren einziger Zweck darin besteht, eine oder mehrere Verbriefungen im Sinne von Art. 1 Abs. 2 der Verordnung (EG) Nr. 24/2009, die Verbriefungsgeschäfte betreiben, und weitere zur Erfüllung dieses Zwecks geeignete Tätigkeiten durchzuführen.
41. „OGAW“ sind Organismen für gemeinsame Anlagen in Wertpapieren gemäß § 2 Abs. 1 Z 3 Investmentfondsgesetz 2011 – InvFG 2011 (BGBl. I Nr. 77/2011).
42. „Qualifizierter Privatkunde“ ist ein Anleger,
    a) der in einem vom Vertrag über die Investitionsverpflichtung getrennten Dokument bestätigt, dass er sich der Risiken im Zusammenhang mit der beabsichtigten Investition bewusst ist und über unbelastete Bankguthaben und Finanzinstrumente gemäß § 1 Z 6 WAG 2007 im Wert von mehr als 500 000 Euro verfügt;
    b) bei dem die AIF-Verwaltungsgesellschaft oder sofern der Vertrieb nicht direkt erfolgt, die den Vertrieb durchführende natürliche oder juristische Person seinen Sachverstand, Erfahrungen und Kenntnisse bewertet hat;
    c) bei dem die AIF-Verwaltungsgesellschaft oder sofern der Vertrieb nicht direkt erfolgt, die den Vertrieb durchführende natürliche oder juristische Person davon hinreichend überzeugt ist, dass der Anleger in der Lage ist, seine Anlageentscheidungen selbst zu treffen und die mit der Investition einhergehenden Risiken zu verstehen und dass eine solche Verpflichtung für den Anleger angemessen ist;
    d) der sich verpflichtet, mindestens 100 000 Euro in einen AIF zu investieren;
    e) der die Investition zum Zwecke der Diversifizierung und Risikostreuung seiner bestehenden Vermögensveranlagung vornehmen wird und der AIF-Verwaltungsgesellschaft oder sofern der Vertrieb nicht direkt erfolgt, der den Vertrieb durchführende natürliche oder juristische Person nachweist, dass zum Zeitpunkt der Investition in einen AIF diese nicht mehr als 20 vH seines aus Finanzinstrumenten gemäß § 1 Z 6 WAG 2007 bestehenden Vermögens beträgt.

(2) Für die Zwecke von Abs. 1 Z 30 finden die Art. 13 bis 16 der Richtlinie 2006/49/EG entsprechend Anwendung.

(3) Die FMA kann mittels Verordnung unter Bedachtnahme auf die europäischen Gepflogenheiten verschiedene Arten von AIF sowie deren Kriterien festlegen.

(4) Soweit in diesem Bundesgesetz nicht eigene Begriffsbestimmungen festgelegt sind, sind die Begriffsbestimmungen des Bankwesengesetzes – BWG (BGBl. Nr. 532/1993) und des Kapitalmarktgesetzes – KMG (BGBl. Nr. 625/1991) anzuwenden.

EB zu § 2 Abs. 1:

Hiedurch werden die Definitionen gemäß Art. 4 der Richtlinie 2011/61/EU umgesetzt.

Da europarechtlich keine generellen Leitlinien vorgegeben werden, wann es sich bei einem verwalteten Vermögen um einen AIF handelt, kann dies nur im Einzelfall beurteilt werden. Wenn es im rechtlichen Interesse einer Partei gelegen ist, besteht nach den allgemeinen Grundsätzen des Verwaltungsverfahrens die Möglichkeit, einen Feststellungsbescheid zu erwirken. Die Begründung für ein rechtliches Interesse könnte darin bestehen, dass ansonsten das Risiko der Verletzung strafbewehrter Vorschriften besteht. Sofern das Feststellungsbegehren dahin geht, nicht als AIFM eingestuft zu werden, wird es der Partei obliegen, die entsprechenden Gründe darzutun und zu belegen.

EB zu § 2 Abs. 3:

Der FMA ist in Abs. 3 eine Verordnungsermächtigung zur näheren Bestimmung der auf Grundlage von Leitlinien von ESMA und EK definierten Typen von AIF eingeräumt.

EB zu § 2 Abs. 4:

Diese Bestimmung normiert, dass für sämtliche nicht eigens definierte Begriffe grundsätzlich das BWG und das KMG maßgeblich sind.

EB zu § 2 Abs. 1 Z 7 lit. a (Art. 4 BGBl. I Nr. 70/2014):

Berichtigung von Verweisen bzw. sprachliche Klarstellungen.

EB zu § 2 Abs. 1 Z 19 (Art. 4 BGBl. I Nr. 70/2014):

Berichtigung von Verweisen bzw. sprachliche Klarstellungen.

EB zu § 2 Abs. 1 Z 30 (Art. 4 BGBl. I Nr. 70/2014)

Berichtigung von Verweisen bzw. sprachliche Klarstellungen.

EB zu § 2 Abs. 1 Z 42 (Art. 4 BGBl. I Nr. 70/2014):

Mit der Definition eines qualifizierten Privatkunden soll ähnlich dem im deutschen Investmentfondsrecht vorgesehenen semiprofessionellen Anleger unter bestimmten Voraussetzungen der Vertrieb von AIF an vermögende Privatkunden zulässig sein. Analog zum Privatkunden soll der Zugang zu AIF auch für qualifizierte Privatkunden erst nach entsprechender Information sowie Abgabe einer Erklärung betreffend die Risken dieser Veranlagungen möglich sein. Qualifizierte Privatkunden sollen auch Erfahrungen bei der Veranlagung in Aktien und vergleichbaren Finanzinstrumenten nachweisen müssen. Vorgeschrieben soll neben einem für die Veranlagung mindestens frei zu Verfügung stehenden Vermögens auch eine Mindestinvestitionssumme sowie eine Diversifizierung des Vermögens sein.

EB zu Z 1 bis 4 (§ 2 Abs. 1) (Art. 1 BGBl. I Nr. 68/2015):

Die Verweise auf die Siebente Richtlinie sollen gemäß der Entsprechungstabelle in Anhang VII der Bilanz-Richtlinie ersetzt werden.

Bestimmung des AIFM

§ **3.** Ein AIF darf nur durch einen einzigen AIFM verwaltet werden, der auch für die Einhaltung der Bestimmungen dieses Bundesgesetzes verantwortlich ist. Der AIFM ist entweder

1. ein externer Verwalter, der die vom AIF oder im Namen des AIF bestellte juristische Person ist und aufgrund dieser Bestellung oder kraft Gesetzes für die Verwaltung des AIF verantwortlich ist (externer AIFM), oder
2. der AIF selbst, wenn die Rechtsform des AIF eine interne Verwaltung zulässt und das Leitungsgremium des AIF entscheidet, keinen externen AIFM zu bestellen; in diesem Fall wird der AIF als AIFM zugelassen.

EB zu § 3:

Hiedurch wird Art. 5 der Richtlinie 2011/61/EU umgesetzt. § 3 bestimmt, dass ein AIF nur durch einen einzigen AIFM verwaltet werden darf. Die möglichen Varianten der Verwalter berücksichtigen die auf dem Markt bestehenden Varianten von Fonds.

2. Teil
Konzessionierung von AIFM

Bedingungen für die Aufnahme der Tätigkeit als AIFM

§ 4. (1) Die Verwaltung von AIF setzt die Konzession als AIFM durch die FMA voraus. Die gemäß diesem Bundesgesetz konzessionierten AIFM müssen die Konzessionsvoraussetzungen jederzeit einhalten.

(2) Ein externer AIFM darf vorbehaltlich Abs. 4 keine anderen Tätigkeiten ausüben als die in **Anlage 1** genannten Tätigkeiten und die zusätzliche Verwaltung von OGAW vorbehaltlich einer Konzession zum Investmentfondsgeschäft gemäß § 1 Abs. 1 Z 13 BWG in Verbindung mit § 6 Abs. 2 InvFG 2011.

(3) Ein intern verwalteter AIF darf keine andere Tätigkeit ausüben als die interne Verwaltung dieses AIF gemäß Anlage 1.

(4) Die FMA kann einem externen AIFM zusätzlich die Konzession zur Erbringung der folgenden Dienstleistungen erteilen:
1. Individuelle Verwaltung einzelner Portfolios, einschließlich solcher, die von Pensionsfonds und Einrichtungen der betrieblichen Altersversorgung gehalten werden, gemäß Art. 19 Abs. 1 der Richtlinie 2003/41/EG und im Einklang mit von den Anlegern erteilten Einzelmandaten mit Ermessenspielraum,
2. als Nebendienstleistungen:
   a) Anlageberatung,
   b) Verwahrung und technische Verwaltung im Zusammenhang mit Anteilen an Organismen für gemeinsame Anlagen,
   c) Annahme und Übermittlung von Aufträgen, die Finanzinstrumente zum Gegenstand haben.

(5) AIFM dürfen nicht konzessioniert werden, um
1. ausschließlich die in Abs. 4 genannten Dienstleistungen zu erbringen,
2. die unter Abs. 4 Z 2 genannten Nebendienstleistungen zu erbringen, ohne auch für die Erbringung der Dienstleistungen gemäß Abs. 4 Z 1 zugelassen zu sein,
3. ausschließlich die in Anlage 1 Z 2 genannten Tätigkeiten zu erbringen, oder
4. die in Anlage 1 Z 1 lit. a genannten Dienstleistungen zu erbringen, ohne auch die in Anlage 1 Z 1 lit. b genannten zu erbringen; dasselbe gilt im umgekehrten Fall.

(6) Für die Erteilung und Rücknahme einer Konzession gemäß Abs. 4 gelten § 3 Abs. 5 Z 3 und 4, Abs. 8 und 9, §§ 5, 9 und 75 bis 78 WAG 2007 sinngemäß. AIFM, die auch zur Erbringung von Dienstleistungen gemäß Abs. 4 berechtigt sind, haben weiters hinsichtlich dieser Tätigkeiten die Bestimmungen gemäß §§ 16 bis 26 und 29 bis 51, 52 Abs. 2 bis 4,

54 Abs. 1 und 94 bis 96 WAG 2007 einzuhalten. Eine OGAW Verwaltungsgesellschaft, deren Konzession sich auch auf Abs. 4 erstreckt, unterliegt in Bezug auf jene Dienstleistungen den Vorschriften gemäß § 45 Abs. 1 des Einlagensicherungs- und Anlegerentschädigungsgesetzes (ESAEG), BGBl. I Nr. 117/2015.

(7) Die AIFM haben der FMA die erforderlichen Angaben vorzulegen, damit sie die Einhaltung der in diesem Bundesgesetz genannten Voraussetzungen zu jeder Zeit überwachen kann.

(8) Wertpapierfirmen gemäß § 1 Z 1 WAG 2007 und Kreditinstitute gemäß § 1 Abs. 1 und § 9 Abs. 1 BWG sind im Rahmen ihrer Berechtigung für die Erbringung von Wertpapierdienstleistungen gemäß Anhang I der Richtlinie 2004/39/EG nicht dazu verpflichtet, eine Konzession nach diesem Bundesgesetz zu erhalten. Wertpapierfirmen und Kreditinstitute sind entsprechend dem jeweiligen Konzessionsumfang ihrer Bankgeschäfte oder Wertpapierdienstleistungen berechtigt, Anteile an AIF direkt oder indirekt Anlegern in der Union anzubieten oder bei ihnen zu platzieren, soweit diese Anteile gemäß diesem Bundesgesetz vertrieben werden dürfen.

EB zu § 4:

Hiedurch wird Art. 6 der Richtlinie 2011/61/EU umgesetzt. Der 2. Teil des AIFM-Gesetzes enthält die Konzessionsbestimmungen. Die Verwaltung oder der Vertrieb von AIF ohne entsprechende Konzession ist verwaltungsstrafbewehrt (§ 60).

EB zu § 4 Abs. 6 (Art. 4 BGBl. I Nr. 70/2014):

Durch den Verweis auf § 3 Abs. 5 Z 3 WAG 2007 soll klargestellt werden, dass Geschäftsleiter eines AIFM, der eine Zusatzkonzession nach § 4 Abs. 4 erhält, gleichwertigen Anforderungen unterliegen wie die Geschäftsleiter im Bereich des WAG 2007. Der Verweis auf § 3 Abs. 6 WAG 2007 kann entfallen, da gemäß § 7 Abs. 5 die Eigenmittelanforderungen des § 9 Abs. 5 Z 1 WAG 2007 ohnehin einzuhalten sind.

EB zu § 4 Abs. 6 (Art. 7 BGBl. I Nr. 117/2015):

Hiermit werden jene Verweise, die bisher auf das BWG verwiesen haben, an die durch das ESAEG neu geschaffene Struktur angepasst.

EB zu § 4 Abs. 6 (Art. 3 BGBl. I Nr. 150/2015):

Berichtigung eines Verweisfehlers.

Konzessionsantrag

§ 5. (1) Ein AIFM, für den Österreich der Herkunftsmitgliedstaat ist, hat eine Konzession als AIFM gemäß diesem Bundesgesetz durch die FMA zu beantragen.

(2) Der Antragsteller hat dem Antrag auf Erteilung einer Konzession folgende Angaben und Unterlagen anzuschließen:

1. Auskünfte über die Personen, die die Geschäfte des AIFM tatsächlich führen, sowie Informationen über einen eventuellen kontrollierenden Einfluss dieser Personen in Unternehmen in anderen Mitgliedstaaten, die unter die in § 6 Abs. 3 angeführten Kategorien fallen;
2. Auskünfte über die Identität aller Anteilseigner oder Mitglieder des AIFM, die eine qualifizierte Beteiligung an ihm halten, unabhängig davon, ob diese Beteiligung direkt oder indirekt ist oder es sich um natürliche oder juristische Personen handelt, sowie die Höhe dieser Beteiligungen, sowie Informationen über eventuelle Beteiligungen dieser

Personen an Unternehmen in anderen Mitgliedstaaten, die unter die in § 6 Abs. 3 angeführten Kategorien fallen;
3. einen Geschäftsplan, der neben der Organisationsstruktur des AIFM auch Angaben darüber enthält, wie der AIFM seinen Pflichten nach dem 2. bis 4. Teil und gegebenenfalls dem 5. bis 8. Teil dieses Bundesgesetzes nachkommen will, sowie die Anlagestrategien der AIF zu deren Verwaltung der AIFM die Konzession beantragt hat;
4. Angaben über die Vergütungspolitik und -praxis gemäß § 11;
5. Angaben über Vereinbarungen, die zur Übertragung und Weiterübertragung von Funktionen im Sinne von § 18 an Dritte getroffen wurden.

(3) Zu den AIF, die der Antragsteller als AIFM zu verwalten beabsichtigt, sind beizulegen:

1. Angaben zu den Anlagestrategien, einschließlich der Arten der Zielfonds, falls es sich bei dem AIF um einen Dachfonds handelt, und der Grundsätze, die der AIFM im Zusammenhang mit dem Einsatz einer Hebelfinanzierung anwendet sowie der Risikoprofile und sonstiger Eigenschaften der AIF, die er verwaltet oder zu verwalten beabsichtigt, einschließlich Angaben zu den Mitgliedstaaten oder Drittländern, in denen sich der Sitz solcher AIF befindet oder voraussichtlich befinden wird;
2. Angaben zum Sitz des Master-AIF, falls es sich bei dem AIF um einen Feeder-AIF handelt;
3. die Vertragsbedingungen oder Satzungen aller AIF, die der AIFM verwaltet oder zu verwalten beabsichtigt;
4. Angaben zu den Vereinbarungen zur Bestellung der Verwahrstelle gemäß § 19 für jeden AIF, den der AIFM verwaltet oder zu verwalten beabsichtigt;
5. alle in § 21 Abs. 1 genannten weiteren Informationen für jeden AIF, den der AIFM verwaltet oder zu verwalten beabsichtigt.

(4) Beantragt eine Verwaltungsgesellschaft, die gemäß § 1 Abs. 1 Z 13 BWG in Verbindung mit § 6 Abs. 2 InvFG 2011 konzessioniert ist (im Folgenden „OGAW-Verwaltungsgesellschaft"), oder eine Kapitalanlagegesellschaft für Immobilien, die gemäß § 1 Abs. 1 Z 13a BWG konzessioniert ist, eine Konzession als AIFM nach diesem Bundesgesetz, so sind jene Angaben und Unterlagen nicht vorzulegen, die sie bereits bei der Beantragung der Konzession nach § 1 Abs. 1 Z 13 BWG in Verbindung mit § 6 Abs. 2 InvFG 2011 oder § 1 Abs. 1 Z 13a BWG vorgelegt hat, sofern diese Angaben oder Unterlagen nach wie vor auf dem neuesten Stand sind.

(5) Die FMA hat ESMA vierteljährlich über die nach diesem Teil erteilten Konzession und Rücknahmen von Konzessionen zu unterrichten.

EB zu § 5:

Hiedurch wird Art. 7 der Richtlinie 2011/61/EU umgesetzt. Unter Auskünfte iSd § 5 Abs. 2 Z 1 über Personen, die die Geschäfte des AIFM tatsächlich führen, sind Dokumente wie etwa ein Strafregisterauszug, ein aktueller Lebenslauf oder Nachweise über Zusatzqualifikationen sowie fachspezifische Ausbildungsmaßnahmen zu verstehen. Unter Personen, die die Geschäfte des AIFM tatsächlich führen, sind jedenfalls die Geschäftsleiter, aber auch andere Personen, welche die Geschäfte faktisch führen, wie etwa Prokuristen oder Handlungsbevollmächtige, zu verstehen.

Konzessionsvoraussetzungen

§ 6. (1) Die Konzession ist zu erteilen, wenn:

1. der Nachweis erbracht wurde, dass der AIFM zur Einhaltung der in diesem Bundesgesetz festgelegten Bedingungen in der Lage ist;
2. der AIFM über ausreichendes Anfangskapital und Eigenmittel gemäß § 7 verfügt;
3. die Personen, die die Geschäfte der AIFM tatsächlich führen, ausreichend zuverlässig sind und auch in Bezug auf die Anlagestrategien der vom AIFM verwalteten AIF über ausreichende Erfahrung verfügen; die Namen dieser Personen sowie aller ihrer Nachfolger sind der FMA vom AIFM unverzüglich mitzuteilen; über die Geschäftsführung des AIFM haben mindestens zwei Personen zu bestimmen, die die genannten Bedingungen erfüllen;
4. die Anteilseigner oder Mitglieder des AIFM, die eine qualifizierte Beteiligung an ihm halten, über die entsprechende Eignung verfügen, wobei der Notwendigkeit, die solide und umsichtige Verwaltung des AIFM zu gewährleisten, Rechnung zu tragen ist, und
5. der Sitz und die Hauptverwaltung des AIFM im Inland liegen.

(2) Die Konzession gilt in allen Mitgliedstaaten.

(3) Die FMA hat die zuständigen Behörden der anderen betroffenen Mitgliedstaaten zu konsultieren, bevor einem AIFM eine Konzession erteilt wird, der

1. eine Tochtergesellschaft eines anderen AIFM, einer OGAW-Verwaltungsgesellschaft, einer Wertpapierfirma, eines Kreditinstituts oder einer Versicherungsgesellschaft, der, die oder das in einem anderen Mitgliedstaat zugelassen ist,
2. ein Tochterunternehmen des Mutterunternehmens eines anderen AIFM, einer OGAW-Verwaltungsgesellschaft, einer Wertpapierfirma, eines Kreditinstituts oder einer Versicherungsgesellschaft, der, die oder das in einem anderen Mitgliedstaat zugelassen ist, oder
3. eine Gesellschaft, die von denselben natürlichen oder juristischen Personen kontrolliert wird wie die, die einen anderen AIFM, eine OGAW-Verwaltungsgesellschaft, eine Wertpapierfirma, ein Kreditinstitut oder eine Versicherungsgesellschaft, der, die oder das in einem anderen Mitgliedstaat zugelassen ist,

kontrolliert.

(4) Die FMA hat die Konzession jedenfalls zu verweigern, wenn die wirksame Wahrnehmung ihrer Aufsichtsfunktionen durch einen der folgenden Umstände verhindert wird:

1. Durch eine enge Verbindung zwischen dem AIFM und anderen natürlichen oder juristischen Personen;
2. durch die Rechts- und Verwaltungsvorschriften eines Drittlands, denen natürliche oder juristische Personen unterliegen, mit denen der AIFM eng verbunden ist;
3. durch Schwierigkeiten bei der Durchsetzung dieser Rechts- und Verwaltungsvorschriften.

(5) Die FMA hat dem Antragsteller binnen drei Monaten nach Eingang des Antrages oder, wenn dieser unvollständig ist, binnen drei Monaten nach Übermittlung aller für den Bescheid erforderlichen Angaben entweder die Konzession zu erteilen oder die Ablehnung des Antrages mittels Bescheids schriftlich mitzuteilen. Die FMA kann diesen Zeitraum um bis zu drei zusätzliche Monate verlängern, wenn sie dies aufgrund der besonderen Umstände des Einzelfalls und nach einer entsprechenden Benachrichtigung des AIFM für notwendig erachtet. § 13 Abs. 3 letzter Satz AVG findet keine Anwendung. Für die Zwecke dieses Absatzes gilt ein Antrag als vollständig, wenn der AIFM mindestens die in § 5 Abs. 2 Z 1 bis 4 und § 5 Abs. 3 Z 1 und 2 genannten Angaben vorgelegt hat. AIFM können mit der Verwaltung von AIF mit den gemäß § 5 Abs. 3 Z 1 in dem Antrag beschriebenen Anlagestrategien im Inland beginnen, sobald die Konzession erteilt ist, frühestens jedoch einen Monat nachdem sie etwaige fehlende, in § 5 Abs. 2 Z 5 und § 5 Abs. 3 Z 3 bis 5 genannte

Angaben, nachgereicht haben. Die Konzession ist bei sonstiger Nichtigkeit schriftlich zu erteilen. Die Konzession kann insbesondere im Hinblick auf die Anlagestrategien der AIF, welche der AIFM zulässigerweise verwalten darf, mit Bedingungen, Befristungen und Auflagen versehen werden.

EB zu § 6:

Hiedurch wird Art. 8 der Richtlinie 2011/61/EU umgesetzt. § 6 enthält die Konzessionsvoraussetzungen. Eine Beschreibung der geplanten Strategien ist dem Konzessionsantrag beizulegen.

Anfangskapital und Eigenmittel

§ 7. (1) Ein AIFM, der ein intern verwalteter AIF ist, hat über ein Anfangskapital von mindestens 300 000 Euro zu verfügen.

(2) Ein AIFM, der zum externen Verwalter von AIF bestellt wird, hat über ein Anfangskapital von mindestens 125 000 Euro zu verfügen.

(3) Übersteigt der Wert der von dem AIFM verwalteten AIF-Portfolios 250 Mio. Euro, hat der AIFM zusätzliche Eigenmittel einzubringen; diese zusätzlichen Eigenmittel haben 0,02 vH des Betrags zu entsprechen, um den der Wert der Portfolios des AIFM 250 Mio. Euro übersteigt; die erforderliche Gesamtsumme aus Anfangskapital und zusätzlichem Betrag übersteigt jedoch nicht 10 Mio. Euro.

(4) Für die Zwecke des Abs. 3 gelten die vom AIFM verwalteten AIF, einschließlich AIF, für die der AIFM gemäß § 18 Funktionen an Dritte übertragen hat, jedoch mit Ausnahme von AIF-Portfolios, die der AIFM im Auftrag Dritter verwaltet, als die Portfolios des AIFM.

(5) Ungeachtet des Abs. 3 haben AIFM stets über Eigenmittel in Höhe von mindestens dem in § 9 Abs. 5 Z 1 WAG 2007 genannten Betrag zu verfügen.

(6) Um die potenziellen Berufshaftungsrisiken aus den Geschäftstätigkeiten, denen die AIFM nach diesem Bundesgesetz und der Richtlinie 2011/61/EU nachgehen können, abzudecken, haben sowohl intern verwaltete AIF als auch externe AIFM über

1. zusätzliche Eigenmittel, um potenzielle Haftungsrisiken aus beruflicher Fahrlässigkeit angemessen abzudecken, oder
2. eine Berufshaftpflichtversicherung für die sich aus beruflicher Fahrlässigkeit ergebende Haftung, die den abgedeckten Risiken entspricht,

zu verfügen.

(7) Eigenmittel, einschließlich der zusätzlichen Eigenmittel gemäß Abs. 6 Z 1, dürfen nur in liquide Vermögenswerte oder Vermögenswerte investiert werden, die kurzfristig unmittelbar in Bargeld umgewandelt werden können und keine spekulativen Positionen enthalten. Ein AIFM, der zugleich auch OGAW-Verwaltungsgesellschaft ist, hat dies nur in Bezug auf die zusätzlichen Eigenmittel gemäß Abs. 6 Z 1 einzuhalten.

(8) Mit Ausnahme der Abs. 6 und 7 und mit Ausnahme von gemäß Art. 9 der Richtlinie 2011/61/EU erlassenen delegierten Rechtsakten gilt diese Bestimmung nicht für AIFM, die zugleich auch OGAW-Verwaltungsgesellschaften sind.

EB zu § 7:

Hiedurch wird Art. 9 der Richtlinie 2011/61/EU umgesetzt. § 7 Abs. 5 verweist auf § 9 Abs. 2 WAG 2007. Demnach hat das Eigenkapital von Wertpapierfirmen zumindest 25 vH der fixen Gemeinkosten des letzten festgestellten Jahresabschlusses zu betragen. Für Wertpapierfirmen die ihre Geschäftstätigkeit seit weniger als einem Jahr ausüben, sind die im

Unternehmensplan vorgesehenen fixen Gemeinkosten heranzuziehen. Diese Werte gelten sohin auch für AIFM.

Vom Wahlrecht in Art. 9 Abs. 6 der Richtlinie 2011/61/EU wurde kein Gebrauch gemacht.

EB zu § 7 Abs. 5 (Art. 4 BGBl. I Nr. 70/2014):

Berichtigung eines Verweises auf eine durch BGBl. I Nr. 184/2013 geänderte Bestimmung im WAG 2007.

Änderungen des Umfangs der Konzession

§ **8.** (1) Ein AIFM hat der FMA alle wesentlichen Änderungen der Voraussetzungen für die Konzessionserteilung vor deren Anwendung anzuzeigen. Dies gilt insbesondere für wesentliche Änderungen der gemäß § 5 und § 6 Abs. 1 vorgelegten Angaben.

(2) Beschließt die FMA Beschränkungen vorzuschreiben oder diese Änderungen abzulehnen, so hat sie davon den AIFM innerhalb eines Monats nach Erhalt der Mitteilung durch Erlassen eines Bescheides in Kenntnis zu setzen. § 13 Abs. 3 letzter Satz AVG findet keine Anwendung. Die FMA kann diesen Zeitraum um bis zu einen Monat verlängern, wenn sie dies aufgrund der besonderen Umstände des Einzelfalls und nach einer entsprechenden Benachrichtigung des AIFM für notwendig erachtet. Werden die Änderungen innerhalb des vorgesehenen Beurteilungszeitraums nicht von der FMA abgelehnt, so dürfen sie vorgenommen werden.

EB zu § 8:

Hiedurch wird Art. 10 der Richtlinie 2011/61/EU umgesetzt.

Rücknahme und Erlöschen der Konzession

§ **9.** (1) Zusätzlich zu den in § 6 Abs. 2 BWG erwähnten Gründen hat die FMA die Konzession zurückzunehmen, wenn:

1. der AIFM von der Konzession nicht binnen zwölf Monaten Gebrauch macht, ausdrücklich auf sie verzichtet oder die in diesem Bundesgesetz genannten Tätigkeiten in den vorangegangenen sechs Monaten nicht ausgeübt hat;
2. die für die Erteilung der Konzession erforderlichen Voraussetzungen nicht mehr vorliegen;
3. der AIFM die Richtlinie 2006/49/EG nicht mehr erfüllt, wenn seine Konzession sich auch auf die Dienstleistung der Portfolioverwaltung mit Ermessensspielraum gemäß § 4 Abs. 4 Z 1 erstreckt;
4. vom AIFM in schwerwiegender Weise oder systematisch gegen die nach diesem Bundesgesetz erlassenen Bestimmungen oder gegen die Bestimmungen der Richtlinie 2011/61/EU oder gegen die auf Grund dieser Richtlinie erlassenen delegierten Rechtsakte verstoßen wurde.

(2) Im Hinblick auf das Erlöschen der Konzession findet § 7 BWG Anwendung.

(3) Wird die Konzession des AIFM von der FMA entzogen, so geht das Recht zur Verwaltung des AIF auf die Verwahrstelle über. Mit dem Übergang des Rechts zur Verwaltung des AIF auf die Verwahrstelle ist die Auszahlung von Anteilen unzulässig. Die Verwahrstelle hat den AIF unverzüglich abzuwickeln und das Vermögen an die Anleger zu verteilen. Die für den AIF gehaltenen Vermögenswerte sind so rasch, als dies bei Wahrung der Interessen der Anteilinhaber möglich ist, in Geld umzusetzen. Die Verteilung des Vermögens

auf die Anteilinhaber ist erst nach Erfüllung der Verbindlichkeiten des AIF sowie der nach den Fondsbestimmungen zulässigen Zahlungen an den AIFM und die Verwahrstelle vorzunehmen. Während der Abwicklung gilt § 22 Abs. 1 bis 4 für die Verwahrstelle sinngemäß. Mit Bewilligung der FMA kann die Verwahrstelle von der Abwicklung des AIF und der Verteilung des Vermögens absehen und binnen eines Monats nach dem Übergang des Rechts zur Verwaltung des AIF auf die Verwahrstelle einem anderen AIFM die Verwaltung des AIF nach Maßgabe der Anlagebedingungen übertragen. Die FMA kann die Bewilligung mit entsprechenden Bedingungen und Auflagen versehen.

EB zu § 9:

Hiedurch wird Art. 11 der Richtlinie 2011/61/EU umgesetzt. Art. 11 lit. d der Richtlinie 2011/61/EU war im Hinblick auf § 4 Abs. 4 Z 1 und das darin ausgeübte Wahlrecht (Art. 6 Abs. 4 der Richtlinie 2011/61/EU) umzusetzen. Im Hinblick auf das Erlöschen der Konzession wird gemäß Abs. 2 § 7 BWG für anwendbar erklärt.

3. Teil
Bedingungen für die Ausübung der Tätigkeit des AIFM

1. Abschnitt
Allgemeine Anforderungen

Allgemeine Grundsätze

§ 10. (1) Ein AIFM hat stets:

1. seiner Tätigkeit ehrlich und redlich, mit der gebotenen Sachkenntnis, Sorgfalt und Gewissenhaftigkeit nachzugehen;
2. im besten Interesse der von ihm verwalteten AIF oder der Anleger dieser AIF und der Integrität des Marktes zu handeln;
3. über die für eine ordnungsgemäße Ausübung ihrer Geschäftstätigkeit erforderlichen Mittel und Verfahren zu verfügen und diese wirksam einzusetzen;
4. alle angemessenen Maßnahmen zur Vermeidung von Interessenkonflikten und, wo diese nicht vermieden werden können, zur Ermittlung, Beilegung, Beobachtung und gegebenenfalls Offenlegung dieser Interessenkonflikte zu treffen, um zu vermeiden, dass sich diese nachteilig auf die Interessen der AIF und ihrer Anleger auswirken, und um sicherzustellen, dass den von ihm verwalteten AIF eine faire Behandlung zukommt;
5. alle auf die Ausübung ihrer Geschäftstätigkeit anwendbaren regulatorischen Anforderungen zu erfüllen, um das beste Interesse der von ihm verwalteten AIF oder der Anleger dieser AIF und die Integrität des Marktes zu fördern;
6. alle Anleger der AIF fair zu behandeln.

Der AIFM hat Anleger der von ihm verwalteten AIF gleich zu behandeln und die Interessen einer bestimmten Gruppe von Anlegern nicht über die Interessen einer anderen Gruppe von Anlegern zu stellen, es sei denn, eine solche Vorzugsbehandlung ist in den Vertragsbedingungen oder in der Satzung des entsprechenden AIF vorgesehen.

(2) Ein AIFM, dessen Konzession sich auch auf die individuelle Portfolioverwaltung mit Ermessensspielraum gemäß § 4 Abs. 4 Z 1 erstreckt, darf das Portfolio des Kunden weder ganz noch teilweise in Anteilen der von ihm verwalteten AIF anlegen, es sei denn, er hat zuvor eine allgemeine Zustimmung des Kunden erhalten und unterliegt in Bezug auf die Dienstleistungen gemäß § 4 Abs. 4 den Vorschriften der §§ 75 bis 78 WAG 2007. Hält

der AIFM zusätzlich eine Konzession gemäß § 1 Abs. 1 Z 13 BWG in Verbindung mit § 6 Abs. 2 InvFG 2011, so ist stattdessen § 45 Abs. 1 ESAEG beachtlich.

(3) Die §§ 40, 40a, 40b und 41 BWG sind auf AIFM anzuwenden. § 40 Abs. 2 und 2a Z 1 BWG ist auch auf jene Personen anzuwenden, die Anteilsscheine oder Anteile vom AIFM erwerben.

EB zu § 10:

Hiedurch wird Art. 12 der Richtlinie 2011/61/EU umgesetzt. Abs. 2 war im Hinblick auf § 4 Abs. 4 Z 1 und das darin ausgeübte Wahlrecht (Art. 6 Abs. 4 der Richtlinie 2011/61/EU) umzusetzen. Zu § 10 Abs. 1 Z 2 ist auf die Grundsätze der korrespondierenden Bestimmungen des § 38 WAG 2007 bzw. auf die Bestimmungen der §§ 29 f. und 32 InvFG 2011 zu verweisen.

EB zu § 10 Abs. 3:

Die Bestimmungen der Richtlinie 2005/60/EG (3. Geldwäscherichtlinie) sind für die Verwaltung und den Vertrieb von AIF beachtlich. Durch Abs. 3 wird klargestellt, dass AIFM die Bestimmungen zur Bekämpfung von Geldwäscherei und Terrorismusfinanzierung gemäß §§ 40 bis 41 BWG einzuhalten haben.

EB zu § 10 Abs. 2 (Art. 7 BGBl. I Nr. 117/2015):

Hiermit werden jene Verweise, die bisher auf das BWG verwiesen haben, an die durch das ESAEG neu geschaffene Struktur angepasst.

Vergütung

§ 11. (1) Ein AIFM hat für alle Kategorien von Mitarbeitern einschließlich der Geschäftsleiter und Personen welche die Geschäfte tatsächlich führen, Risikoträger, Mitarbeiter mit Kontrollfunktionen und aller Mitarbeiter, die eine Gesamtvergütung erhalten, aufgrund derer sie sich in derselben Einkommensstufe befinden wie die Führungskräfte und Risikoträger, deren berufliche Tätigkeit sich wesentlich auf das Risikoprofil des AIFM oder auf die Risikoprofile der von ihm verwalteten AIF auswirkt, eine Vergütungspolitik und -praxis festzulegen, die mit einem soliden und wirksamen Risikomanagement vereinbar und diesem förderlich ist und nicht zur Übernahme von Risiken ermutigt, die nicht mit dem Risikoprofil, den Vertragsbedingungen oder der Satzung der von ihm verwalteten AIF vereinbar sind.

(2) Ein AIFM hat die Vergütungspolitik und -praxis gemäß **Anlage 2** festzulegen.

(3) Die FMA kann mittels Verordnung unter Bedachtnahme auf die europäischen Gepflogenheiten die Grundsätze für eine Vergütungspolitik festlegen.

EB zu § 11:

Hiedurch wird Art. 13 der Richtlinie 2011/61/EU umgesetzt.

EB zu § 11 Abs. 3:

Der FMA wird in Abs. 3 unter Bedachtnahme auf die europäischen Gepflogenheiten eine Verordnungsermächtigung zur Festlegung von Grundsätzen für eine Vergütungspolitik und -praxis eingeräumt.

Interessenkonflikte

§ 12. (1) Ein AIFM hat alle angemessenen Maßnahmen zu treffen, um Interessenkonflikte zu ermitteln, die im Zusammenhang mit der Verwaltung von AIF zwischen

1. dem AIFM sowie seinen Geschäftsleitern, Mitarbeitern oder jeder anderen Person, die über ein Kontrollverhältnis direkt oder indirekt mit dem AIFM verbunden ist, und dem von ihm verwalteten AIF oder den Anlegern dieses AIF,
2. dem AIF oder den Anlegern dieses AIF und einem anderen AIF oder den Anlegern jenes AIF,
3. dem AIF oder den Anlegern dieses AIF und einem anderen Kunden des AIFM,
4. dem AIF oder den Anlegern dieses AIF und einem von dem AIFM verwalteten OGAW oder den Anlegern dieses OGAW oder
5. zwei Kunden des AIFM

auftreten. Der AIFM hat wirksame organisatorische und administrative Vorkehrungen zur Ergreifung aller angemessen Maßnahmen zur Ermittlung, Vorbeugung, Beilegung und Beobachtung von Interessenkonflikten zu treffen und beizubehalten, um zu verhindern, dass diese den Interessen der AIF und ihrer Anleger schaden. Innerhalb seiner eigenen Prozessabläufe hat der AIFM Aufgaben und Verantwortungsbereiche zu trennen, die als miteinander unvereinbar angesehen werden könnten oder potenziell systematische Interessenkonflikte hervorrufen könnten. Der AIFM hat zu prüfen, ob die Bedingungen der Ausübung seiner Tätigkeit wesentliche andere Interessenkonflikte nach sich ziehen könnten und hat diese den Anlegern der AIF gegenüber offen zu legen.

(2) Reichen die von dem AIFM zur Ermittlung, Vorbeugung, Beilegung und Beobachtung von Interessenkonflikten getroffenen organisatorischen Vorkehrungen nicht aus, um nach vernünftigem Ermessen zu gewährleisten, dass das Risiko einer Beeinträchtigung von Anlegerinteressen vermieden wird, so hat der AIFM die Anleger – bevor er in ihrem Auftrag Geschäfte tätigt – unmissverständlich über die allgemeine Art oder die Quellen der Interessenkonflikte in Kenntnis zu setzen und angemessene Strategien und Verfahren zu entwickeln.

(3) Wenn der AIFM für einen AIF die Dienste eines Primebroker in Anspruch nimmt, muss er die Bedingungen in einem schriftlichen Vertrag vereinbaren. Insbesondere muss die Möglichkeit einer Übertragung und Wiederverwendung von Vermögenswerten des AIF in diesem Vertrag vereinbart werden und den Vertragsbedingungen oder der Satzung des AIF entsprechen. In dem Vertrag muss festgelegt werden, dass die Verwahrstelle von dem Vertrag in Kenntnis gesetzt wird. Bei der Auswahl und Benennung der Primebroker, mit denen ein Vertrag geschlossen wird, hat der AIFM mit der gebotenen Sachkenntnis, Sorgfalt und Gewissenhaftigkeit vorzugehen.

EB zu § 12:

Hiedurch wird Art. 14 der Richtlinie 2011/61/EU umgesetzt. Um die Arten von Interessenskonflikten gemäß Abs. 1 zu präzisieren. bzw. um zu bestimmen welche angemessenen Schritte ein AIFM in Bezug auf Strukturen und organisatorische und administrative Verfahren setzen muss, um Interessenkonflikte zu identifizieren, zu verhindern, zu überwachen und offenzulegen, wurde die delegierte Verordnung (EU) Nr. 231/2013 zur Ergänzung der Richtlinie 2011/61/EU erlassen. Somit hat ein AIFM auch diese einzuhalten.

Zu dieser Norm ist auf die Grundsätze der korrespondierenden Bestimmungen der §§ 34 f. WAG 2007 bzw. auf die Bestimmungen der §§ 23 ff. InvFG 2011 zu verweisen.

Risikomanagement

§ 13. (1) Ein AIFM hat die Funktionen des Risikomanagements funktional und hierarchisch von den operativen Abteilungen zu trennen. Die FMA hat dies in Übereinstimmung mit dem Verhältnismäßigkeitsprinzip zu überwachen. Der AIFM muss jedenfalls in der Lage sein, der FMA auf Verlangen nachzuweisen, dass besondere Schutzvorkehrungen gegen Interessenkonflikte verwendet werden um eine unabhängige Ausübung von Risikomanagementmaßnahmen zu ermöglichen und dass das Risikomanagement den Anforderungen dieser Bestimmung genügt und durchgehend Anwendung findet.

(2) Damit alle Risiken, die für die einzelnen AIF-Anlagestrategien wesentlich sind und denen jeder AIF unterliegt oder unterliegen kann, hinreichend festgestellt, bewertet, gesteuert und überwacht werden, hat der AIFM angemessene Risikomanagement-Systeme einzusetzen. Insbesondere stützen AIFM sich bei der Bewertung der Bonität der Vermögenswerte des AIF nicht ausschließlich und automatisch auf Ratings, die von Ratingagenturen im Sinne von Art. 3 Abs. 1 lit. b der Verordnung (EG) Nr. 1060/2009 über Ratingagenturen, ABl. Nr. L 302 vom 17.11.2009 S. 1, abgegeben worden sind. Der AIFM hat die Risikomanagement-Systeme in angemessenen zeitlichen Abständen zu überprüfen, mindestens jedoch einmal jährlich, und sie erforderlichenfalls anzupassen.

(3) Ein AIFM hat zumindest folgende Verpflichtungen:

1. Er hat eine der Anlagestrategie, den Zielen und dem Risikoprofil des AIF angemessene, dokumentierte und regelmäßig aktualisierte Sorgfaltsprüfung (Due Diligence Process) durchzuführen, wenn er für Rechnung des AIF Anlagen tätigt;
2. er hat zu gewährleisten, dass die mit den einzelnen Anlagepositionen des AIF verbundenen Risiken samt ihrer Auswirkungen auf das Gesamtportfolio des AIF laufend – unter anderem auch durch die Nutzung angemessener Stresstests – ordnungsgemäß bewertet, eingeschätzt, gesteuert und überwacht werden können;
3. er hat weiters zu gewährleisten, dass die Risikoprofile der AIF der Größe, der Portfoliostruktur und den Anlagestrategien und -zielen, wie sie in den Vertragsbedingungen oder der Satzung, dem Prospekt und den Emissionsunterlagen des AIF festgelegt sind, entsprechen.

(3a) Unter Berücksichtigung der Art, des Umfangs und der Komplexität der Tätigkeit der AIF überwacht die FMA die Angemessenheit der Verfahren der AIFM für die Bonitätsbewertung, bewertet die Verwendung von Bezugnahmen auf die in Abs. 2 genannten Ratings in der Anlagepolitik der AIF und regt, falls angezeigt, die Milderung der Auswirkungen solcher Bezugnahmen an, um dem ausschließlichen und automatischen Rückgriff auf derartige Ratings entgegenzuwirken.

(4) Ein AIFM hat ein Höchstmaß an Hebelfinanzierung festzulegen, das er für jeden der von ihm verwalteten AIF einsetzen kann, ebenso wie den Umfang des Rechts der Wiederverwendung von Sicherheiten oder sonstigen Garantien, die im Rahmen der Vereinbarung über die Hebelfinanzierung gewährt werden, wobei er Folgendes zu berücksichtigen hat:

1. Die Art des AIF,
2. die Anlagestrategie des AIF,
3. die Herkunft der Hebelfinanzierung des AIF,
4. jede andere Verbindung oder relevante Beziehung zu anderen Finanzdienstleistungsinstituten, die potenziell ein Systemrisiko darstellen,
5. die Notwendigkeit, das Risiko gegenüber jeder einzelnen Gegenpartei zu begrenzen,
6. das Ausmaß, bis zu dem die Hebelfinanzierung besichert ist,
7. das Verhältnis von Aktiva und Passiva,
8. Umfang, Wesen und Ausmaß der Geschäftstätigkeiten des AIFM auf den betreffenden Märkten.

(5) Die FMA kann mittels Verordnung unter Bedachtnahme auf die europäischen Gepflogenheiten nähere Kriterien im Hinblick auf Techniken für ein effizientes Portfoliomanagement festlegen.

EB zu § 13:

Hiedurch wird Art. 15 der Richtlinie 2011/61/EU umgesetzt. Zu verweisen ist auf die delegierte Verordnung (EU) Nr. 231/2013 zur Ergänzung der Richtlinie 2011/61/EU, die folgende Punkte näher determiniert:

- *Die Risikomanagementsysteme die ein AIFM bei der Verwaltung eines AIF einzusetzen hat,*
- *die angemessene Häufigkeit der Kontrolle des Risikomanagements,*
- *die funktionale und hierarchische Trennung des Risikomanagements von den operativen Abteilungen, einschließlich des Portfoliomanagements,*
- *spezifische Schutzmaßnahmen gegen Interessenkonflikte im Sinne von Abs. 2 des Abs. 1 und*
- *die Anforderungen nach Absatz 3 der Richtlinie 2011/61/EU.*

Die AIFM haben aufgrund der unmittelbaren Anwendbarkeit auch diese Verordnung einzuhalten. Die Maßnahmen betreffend Risikomanagement sind an die EU-Richtlinie 2009/65/EG angelehnt, umgesetzt im InvFG 2011 und den dazu ergangenen Verordnungen. Um die Unabhängigkeit des Risikomanagements zu gewährleisten, werden verpflichtende Maßnahmen zur funktionellen Trennung vom Portfoliomanagement vorgeschrieben.

EB zu § 13 Abs. 5:

Der FMA ist in Abs. 5 eine Verordnungsermächtigung zur Festlegung der Kriterien im Hinblick auf Techniken für ein effizientes Portfoliomanagement eingeräumt.

EB zu § 13 Abs. 2 und 3a (Art. 4 BGBl. I Nr. 70/2014):

Damit wird der durch die Richtlinie 2013/14/EU geänderte Art. 15 der Richtlinie 2011/61/EU umgesetzt.

Zur Verbesserung der Qualität der AIF sowie zum Schutz der Anleger soll von den AIFM verlangt werden, dass sie sich bei der Bewertung der mit der Veranlagung verbundenen Risken nicht ausschließlich und automatisch auf Ratings von Ratingagenturen stützen und sie als einzigen Parameter verwenden.

Liquiditätsmanagement

§ 14. (1) Ein AIFM hat für jeden von ihm verwalteten AIF, bei dem es sich nicht um einen AIF des geschlossenen Types ohne Hebelfinanzierung handelt, über ein angemessenes Liquiditätsmanagementsystem zu verfügen und Verfahren festzulegen, die es ihm ermöglichen, die Liquiditätsrisiken des AIF zu überwachen und zu gewährleisten, dass sich das Liquiditätsprofil der Anlagen des AIF mit seinen zugrunde liegenden Verbindlichkeiten deckt. Der AIFM hat regelmäßig Stresstests durchzuführen, unter Zugrundelegung von sowohl normalen als auch außergewöhnlichen Liquiditätsbedingungen, mit denen er die Liquiditätsrisiken der AIF bewerten und entsprechend überwachen kann.

(2) Ein AIFM hat zu gewährleisten, dass die Anlagestrategie, das Liquiditätsprofil und die Rücknahmegrundsätze eines jeden von ihm verwalteten AIF miteinander konsistent sind.

EB zu § 14:

Hiedurch wird Art. 16 der Richtlinie 2011/61/EU umgesetzt. In Bezug auf das Liquiditätsmanagementsystem und -verfahren und auf den Gleichklang der Anlagestrategie, des

Liquiditäts-Profils und der Rücknahmegrundsätze nach § 14 Abs. 2 haben die AIFM die delegierte Verordnung (EU) Nr. 231/2013 zur Ergänzung der Richtlinie 2011/61/EU einzuhalten.

Anlagen in Verbriefungspositionen

§ 15. Um sektorübergreifende Kohärenz zu gewährleisten und Divergenzen zwischen den Interessen von Firmen, die Kredite in handelbare Wertpapiere umwandeln, und Originatoren im Sinne von Art. 4 Abs. 1 Nr. 13 der Verordnung (EU) Nr. 575/2013, und den Interessen von AIFM, die für Rechnung von AIF in diese Wertpapiere oder andere Finanzinstrumente investieren, zu beseitigen, hat der AIFM diesbezügliche delegierte Rechtsakte einzuhalten.

EB zu § 15:

Hiedurch wird Art. 17 der RL umgesetzt, wobei explizit auf die delegierte Verordnung (EU) Nr. 231/2013 zur Ergänzung der Richtlinie 2011/61/EU verwiesen wird, welche von den AIFM einzuhalten ist.

EB zu § 15 (Art. 4 BGBl. I Nr. 70/2014):

Berichtigung von Verweisen bzw. sprachliche Klarstellungen.

2. Abschnitt
Organisatorische Anforderungen

Allgemeine Grundsätze

§ 16. (1) Ein AIFM hat für die ordnungsgemäße Verwaltung der AIF jederzeit angemessene und geeignete personelle und technische Ressourcen einzusetzen.

(2) Ein AIFM hat unter Berücksichtigung der Art der von dem AIFM verwalteten AIF über eine ordnungsgemäße Verwaltung und Buchhaltung, Kontroll- und Sicherheitsvorkehrungen in Bezug auf die elektronische Datenverarbeitung sowie angemessene interne Kontrollverfahren, zu denen insbesondere Regeln für persönliche Geschäfte seiner Mitarbeiter und für das Halten oder Verwalten von Veranlagungen zum Zwecke der Anlage auf dem eigenen Konto gehören, zu verfügen, durch die zumindest gewährleistet wird, dass jedes die AIF betreffende Geschäft nach Herkunft, Vertragsparteien, Art, Abschlusszeitpunkt und -ort rekonstruiert werden kann und dass die Vermögenswerte der vom AIFM verwalteten AIF gemäß den Vertragsbedingungen oder Satzungen der AIF und gemäß den geltenden rechtlichen Bestimmungen angelegt werden.

EB zu § 16:

Hiedurch wird Art. 18 der Richtlinie 2011/61/EU umgesetzt.

Bewertung

§ 17. (1) Ein AIFM hat sicher zu stellen, dass für jeden von ihm verwalteten AIF geeignete und kohärente Verfahren festgelegt werden, so dass eine ordnungsgemäße und unabhängige Bewertung der Vermögenswerte des AIF gemäß dieser Bestimmung und den Vertragsbedingungen oder der Satzung der AIF vorgenommen werden kann.

(2) Die für die Bewertung der Vermögenswerte und die Berechnung des Nettoinventarwerts je Anteil eines AIF geltenden Vorschriften sind, sofern der AIF in Österreich seinen Sitz hat, in den Vertragsbedingungen oder der Satzung des AIF zu regeln.

(3) Ein AIFM hat auch sicher zu stellen, dass die Berechnung und Offenlegung des Nettoinventarwertes je Anteil des AIF gegenüber den Anlegern gemäß dieser Bestimmung und den Vertragsbedingungen oder der Satzung des AIF erfolgt. Durch die angewendeten Bewertungsverfahren hat sichergestellt zu werden, dass die Bewertung der Vermögenswerte und die Berechnung des Nettoinventarwerts je Anteil mindestens einmal jährlich erfolgt. Handelt es sich um einen offenen AIF, sind solche Bewertungen und Berechnungen in einem zeitlichen Abstand durchzuführen, der den von dem AIF gehaltenen Vermögenswerten und seiner Ausgabe- und Rücknahmehäufigkeit angemessen ist. Handelt es sich um einen geschlossenen AIF, sind solche Bewertungen und Berechnungen auch durchzuführen, wenn das Kapital des entsprechenden AIF erhöht oder herabgesetzt wird. Die Anleger haben über die Bewertungen und Berechnungen entsprechend den diesbezüglichen Vertragsbedingungen oder der Satzung des AIF informiert zu werden.

(4) Ein AIFM hat zu gewährleisten, dass die Bewertung von einer der folgenden Stellen durchgeführt wird:

1. einem externen Bewerter, der eine natürliche oder juristische Person unabhängig vom AIF, dem AIFM und anderen Personen mit engen Verbindungen zum AIF oder zum AIFM ist, oder
2. dem AIFM selbst, vorausgesetzt die Bewertungsaufgabe ist von der Portfolioverwaltung funktional unabhängig, und die Vergütungspolitik und andere Maßnahmen stellen sicher, dass Interessenkonflikte gemindert und ein unzulässiger Einfluss auf die Mitarbeiter verhindert werden.

Die für einen AIF bestellte Verwahrstelle darf nicht als externer Bewerter dieses AIF bestellt werden, außer wenn eine funktionale und hierarchische Trennung der Ausführung ihrer Verwahrfunktionen von ihren Aufgaben als externer Bewerter vorliegt und die potenziellen Interessenkonflikte ordnungsgemäß ermittelt, gesteuert, beobachtet und den Anlegern des AIF gegenüber offengelegt werden.

(5) Wird ein externer Bewerter für die Bewertung herangezogen, so hat der AIFM nachzuweisen, dass:

1. der externe Bewerter einer gesetzlich anerkannten verpflichtenden berufsmäßigen Registrierung oder Rechts- und Verwaltungsvorschriften oder berufsständischen Regeln unterliegt;
2. der externe Bewerter ausreichende berufliche Garantien vorweisen kann, um wirksam die entsprechende Bewertungsfunktion gemäß den Abs. 1, 2 und 3 ausüben zu können, und
3. die Bestellung des externen Bewerters den Anforderungen von § 18 und den gemäß Art. 20 Abs. 7 der Richtlinie 2011/61/EU erlassenen delegierten Rechtsakten entspricht.

(6) Der bestellte externe Bewerter darf die Bewertungsfunktion nicht an einen Dritten delegieren.

(7) Ein AIFM hat die Bestellung eines externen Bewerters der FMA unverzüglich anzuzeigen; diese kann für den Fall, dass die Voraussetzungen nach Abs. 5 nicht erfüllt sind, die Bestellung eines anderen externen Bewerters verlangen.

(8) Die Bewertung hat unabhängig und mit der gebotenen Sachkenntnis, Sorgfalt und Gewissenhaftigkeit zu erfolgen.

(9) Wird die Bewertung nicht von einem externen Bewerter vorgenommen, so kann die FMA verlangen, dass die Bewertungsverfahren und Bewertungen des AIFM von einem externen Bewerter oder gegebenenfalls durch einen Wirtschaftsprüfer überprüft werden.

(10) Ein AIFM ist für die ordnungsgemäße Bewertung der Vermögenswerte der AIF, für die Berechnung und die Bekanntgabe dieses Nettoinventarwerts verantwortlich. Die Haftung des AIFM gegenüber dem AIF und seinen Anlegern darf deshalb nicht durch die Tatsache berührt werden, dass der AIFM einen externen Bewerter bestellt hat. Ungeachtet dessen und unabhängig von anderslautenden vertraglichen Regelungen haftet der externe Bewerter gegenüber dem AIFM für jegliche Verluste des AIFM, die sich auf fahrlässige oder vorsätzliche Nichterfüllung der Aufgaben durch ihn zurückführen lassen.

EB zu § 17:

Hiedurch wird Art. 19 der Richtlinie 2011/61/EU umgesetzt. Durch die delegierte Verordnung (EU) Nr. 231/2013 zur Ergänzung der Richtlinie 2011/61/EU werden die Kriterien für die Verfahren für die ordnungsgemäße Bewertung der Vermögenswerte und die Berechnung des Nettoinventarwerts pro Anteil festgelegt. Weiters regeln diese die beruflichen Garantien, die der externe Bewerter bieten muss, um die Bewertungsfunktion wirksam wahrnehmen zu können und die Bewertungshäufigkeit durch offene AIF, die den von ihnen gehaltenen Vermögenswerten und ihren Ausgabe- und Rücknahmegrundsätzen angemessen ist.

3. Abschnitt
Übertragung von Funktionen des AIFM

Übertragung

§ 18. (1) Der AIFM ist berechtigt, eine oder mehrere seiner Aufgaben an Dritte zu übertragen. Folgende Voraussetzungen müssen dabei erfüllt sein:

1. Der AIFM hat der FMA unverzüglich ab Beschlussfassung die Übertragung schriftlich anzuzeigen, jedenfalls aber bevor die Vereinbarung zur Übertragung in Kraft tritt;
2. der AIFM muss in der Lage sein, seine gesamte Struktur zur Übertragung von Aufgaben mit objektiven Gründen zu rechtfertigen;
3. der Beauftragte muss über ausreichende Ressourcen für die Ausführung der jeweiligen Aufgaben verfügen und die Personen, die die Geschäfte des Dritten tatsächlich führen, müssen gut beleumundet sein und über ausreichende Erfahrung verfügen;
4. bezieht sich die Übertragung auf das Portfoliomanagement oder das Risikomanagement, so darf sie nur an Unternehmen erfolgen, die für die Zwecke der Vermögensverwaltung bewilligt sind und einer Aufsicht unterliegen, oder, wenn diese Bedingung nicht eingehalten werden kann, nur nach vorheriger Genehmigung durch die FMA;
5. bezieht sich die Übertragung auf das Portfoliomanagement oder das Risikomanagement und erfolgt sie an ein Unternehmen aus einem Drittland, so muss ergänzend zu den Anforderungen nach Z 4 die Zusammenarbeit zwischen der FMA und der für das Unternehmen zuständigen Aufsichtsbehörde sichergestellt sein;
6. die Übertragung darf die Wirksamkeit der Beaufsichtigung des AIFM nicht beeinträchtigen; insbesondere darf sie weder den AIFM daran hindern, im Interesse seiner Anleger zu handeln, noch verhindern, dass der AIF im Interesse der Anleger verwaltet wird;
7. der AIFM muss nachweisen können, dass der betreffende Beauftragte über die erforderliche Qualifikation verfügt und in der Lage ist, die betreffenden Funktionen wahrzunehmen, dass er sorgfältig ausgewählt wurde und dass der AIFM in der Lage ist, jederzeit die übertragenen Aufgaben wirksam zu überwachen, jederzeit weitere Anwei-

sungen an den Beauftragten zu erteilen und die Übertragung mit sofortiger Wirkung zurückzunehmen, wenn dies im Interesse der Anleger ist.

Der AIFM hat jederzeit die von Beauftragten erbrachten Dienstleistungen zu überprüfen.

(2) Eine Übertragung darf hinsichtlich des Portfoliomanagements oder des Risikomanagements nicht an die folgenden Einrichtungen erfolgen:

1. die Verwahrstelle oder einen Beauftragten der Verwahrstelle, oder
2. ein anderes Unternehmen, dessen Interessen mit denen des AIFM oder der Anleger des AIF im Konflikt stehen könnten, außer wenn ein solches Unternehmen eine funktionale und hierarchische Trennung der Ausführung seiner Aufgaben bei der Portfolio-Verwaltung oder dem Risikomanagement von seinen anderen potenziell dazu im Interessenkonflikt stehenden Aufgaben vorgenommen hat und die potenziellen Interessenkonflikte ordnungsgemäß ermittelt, gesteuert, beobachtet und den Anlegern des AIF gegenüber offengelegt werden.

(3) Die Pflichten des AIFM gegenüber dem AIF und seinen Anlegern gemäß diesem Bundesgesetz werden durch eine solche Übertragung oder durch eine weitere Unterbeauftragung nicht berührt. Der AIFM haftet jedenfalls für das Verhalten des Dritten wie für sein eigenes Verhalten. Der AIFM darf seine Aufgaben nicht in einem Umfang übertragen, der ihn zu einer Briefkastenfirma werden lässt. Die datenschutzrechtlich relevanten Bestimmungen (§§ 10 ff DSG 2000) sind einzuhalten.

(4) Dritte dürfen jede der ihnen übertragenen Funktionen weiterübertragen, sofern die folgenden Bedingungen eingehalten werden:

1. der AIFM hat vorher der Unterbeauftragung zugestimmt;
2. der AIFM hat der FMA diesbezüglich Anzeige erstattet, bevor die Vereinbarung über die Unterbeauftragung in Kraft tritt;
3. die in Abs. 1 und 2 festgelegten Bedingungen sind ebenfalls bei einer Unterbeauftragung jederzeit erfüllt;
4. der vom AIFM Beauftragte hat jederzeit die von Unterbeauftragten erbrachten Dienstleistungen zu überprüfen.

(5) Wenn der Unterbeauftragte an ihn übertragene Funktionen weiterüberträgt, ist Abs. 4 anzuwenden und einzuhalten.

EB zu § 18:

Hiedurch wird Art. 20 der Richtlinie 2011/61/EU umgesetzt. Durch die delegierte Verordnung (EU) Nr. 231/2013 zur Ergänzung der Richtlinie 2011/61/EU werden die Bedingungen zur Erfüllung der Anforderungen nach dem § 18 Abs. 1, 2, und 4 festgelegt. Zusätzlich regelt die delegierte Verordnung (EU) Nr. 231/2013 zur Ergänzung der Richtlinie 2011/61/EU die Umstände, unter denen angenommen wird, dass der AIFM im Sinne von Art. 20 Abs. 3 der Richtlinie 2011/61/EU seine Funktionen in einem Umfang übertragen hat, der ihn zu einer Briefkastenfirma werden lässt und er somit nicht länger als Verwalter des AIF angesehen werden kann.

Unter dem in § 18 Abs. 2 Z 1 verwendeten Begriff „Beauftragter der Verwahrstelle“ (Sub-Verwahrer, wie zum Beispiel Lagerstellen) ist jenes Unternehmen zu verstehen, an welches die Verwahrstelle ihre Aufgaben oder Teile davon delegiert hat.

4. Abschnitt

Verwahrstelle

§ 19. (1) Für jeden von ihm verwalteten AIF hat der AIFM sicherzustellen, dass im Einklang mit dieser Bestimmung eine einzige Verwahrstelle bestellt wird.

(2) Die Bestellung der Verwahrstelle hat in einem Vertrag schriftlich vereinbart zu werden. Der Vertrag hat unter anderem den Informationsaustausch zu regeln, der für erforderlich erachtet wird, damit die Verwahrstelle gemäß diesem Bundesgesetz und gemäß den anderen einschlägigen Rechts- und Verwaltungsvorschriften ihren Aufgaben für den AIF, für den sie als Verwahrstelle bestellt wurde, nachkommen kann.

(3) Die Verwahrstelle hat entweder:

1. ein Kreditinstitut mit Sitz in der Union, das gemäß der Richtlinie 2013/36/EU zugelassen ist oder
2. eine Wertpapierfirma mit satzungsmäßigem Sitz in der Union, für die die Eigenkapitalanforderungen gemäß Art. 92 der Verordnung (EU) Nr. 575/2013 gelten, einschließlich der Kapitalanforderungen für operationelle Risiken, und die gemäß der Richtlinie 2004/39/EG zugelassen ist, und die auch die Nebendienstleistungen wie Verwahrung und Verwaltung von Finanzinstrumenten für Rechnung von Kunden gemäß Anhang I Abschnitt B Nr. 1 der Richtlinie 2004/39/EG erbringt; solche Wertpapierfirmen müssen in jedem Fall über Eigenmittel verfügen, die den in Art. 28 Abs. 2 der Richtlinie 2013/36/EU genannten Betrag des Anfangskapitals nicht unterschreiten; oder
3. eine andere Kategorie von Einrichtungen, die einer Beaufsichtigung und ständigen Überwachung unterliegen und die am 21. Juli 2011 unter eine der von den Mitgliedstaaten gemäß Art. 23 Abs. 3 der Richtlinie 2009/65/EG festgelegten Kategorien von Einrichtungen fallen, aus denen eine Verwahrstellen gewählt werden kann,

zu sein. Nur bei Nicht-EU-AIF und unbeschadet des Abs. 5 Z 2 kann die Verwahrstelle auch ein Kreditinstitut oder ein ähnlich wie die in Z 1 und 2 genannten Unternehmen geartetes Unternehmen sein, sofern die Bedingungen des Abs. 6 Z 2 eingehalten sind.

(4) Zur Vermeidung von Interessenkonflikten zwischen der Verwahrstelle, dem AIFM und/oder dem AIF und/oder seinen Anlegern

1. darf ein AIFM nicht die Aufgabe einer Verwahrstelle wahrnehmen;
2. darf ein Primebroker, der als Geschäftspartner eines AIF auftritt, nicht die Aufgaben einer Verwahrstelle dieses AIF wahrnehmen, außer wenn eine funktionale und hierarchische Trennung der Ausführung seiner Verwahrfunktionen von seinen Aufgaben als Primebroker vorliegt und die potenziellen Interessenkonflikte ordnungsgemäß ermittelt, gesteuert, beobachtet und den Anlegern des AIF offengelegt werden. Es ist gemäß Abs. 11 zulässig, dass die Verwahrstelle einem solchen Primebroker ihre Verwahraufgaben überträgt, wenn die entsprechenden Bedingungen eingehalten sind.

(5) Die Verwahrstelle hat ihren Sitz an einem der folgenden Orte zu haben:

1. Bei EU-AIF im Herkunftsmitgliedstaat des AIF;
2. bei Nicht-EU-AIF in dem Drittland, in dem sich der Sitz des AIF befindet, oder in dem Herkunftsmitgliedstaat des AIFM, der den AIF verwaltet, oder in dem Referenzmitgliedstaat des AIFM, der den AIF verwaltet.

(6) Unbeschadet der Anforderungen von Abs. 3 unterliegt die Bestellung einer Verwahrstelle mit Sitz in einem Drittland den folgenden Bedingungen:

1. die zuständigen Behörden des Mitgliedstaats, in dem die Anteile des Nicht-EU-AIF vertrieben werden sollen, und, falls es sich um unterschiedliche Behörden handelt, die Behörden des Herkunftsmitgliedstaats des AIFM, haben Vereinbarungen über die Zusammenarbeit und den Informationsaustausch mit den zuständigen Behörden der Verwahrstelle unterzeichnet;
2. die Verwahrstelle unterliegt einer wirksamen aufsichtlichen Regulierung, einschließlich Mindesteigenkapitalanforderungen, und Aufsicht, die den Rechtsvorschriften der Union entsprechen und die wirksam durchgesetzt werden;

3. das Drittland, in dem die Verwahrstelle ihren Sitz hat, ist kein Land oder Gebiet, in dem gemäß § 40b Abs. 1 letzter Satz BWG jedenfalls ein erhöhtes Risiko der Geldwäscherei oder Terrorismusfinanzierung besteht;
4. die Mitgliedstaaten, in denen die Anteile des Nicht-EU-AIF vertrieben werden sollen, und, soweit verschieden, der Herkunftsmitgliedstaat des AIFM, haben mit dem Drittland, in dem die Verwahrstelle ihren Sitz hat, eine Vereinbarung unterzeichnet, die den Standards des Art. 26 des OECD-Musterabkommens zur Vermeidung der Doppelbesteuerung von Einkommen und Vermögen vollständig entspricht und einen wirksamen Informationsaustausch in Steuerangelegenheiten, einschließlich multilateraler Steuerabkommen, gewährleistet;
5. die Verwahrstelle haftet vertraglich gegenüber dem AIF oder gegenüber den Anlegern des AIF, in Übereinstimmung mit den Abs. 12 und 13, und erklärt sich ausdrücklich zur Einhaltung von Abs. 11 bereit.

Ist die FMA nicht mit der Bewertung der Anwendung von Z 1 bis 4 durch die zuständigen Behörden des Herkunftsmitgliedstaats des AIFM einverstanden, so kann sie die Angelegenheit ESMA zur Kenntnis bringen und zwar im Hinblick auf die ihr gemäß Art. 19 der Verordnung (EU) Nr. 1095/2010 übertragenen Befugnisse.

(7) Die Verwahrstelle hat sicherzustellen, dass die Cashflows der AIF ordnungsgemäß überwacht werden und hat insbesondere zu gewährleisten, dass sämtliche Zahlungen von Anlegern oder im Namen von Anlegern bei der Zeichnung von Anteilen eines AIF geleistet wurden und dass die gesamten Geldmittel des AIF auf einem Geldkonto verbucht wurden, das für Rechnung des AIF, im Namen des AIFM, der für Rechnung des AIF tätig ist, oder im Namen der Verwahrstelle, die für Rechnung des AIF tätig ist, bei einer Stelle gemäß Art. 18 Abs. 1 lit. a, b und c der Richtlinie 2006/73/EG oder bei einer Stelle der gleichen Art in dem entsprechenden Markt, in dem Geldkonten verlangt werden, eröffnet wurde, solange eine solche Stelle einer wirksamen aufsichtlichen Regulierung und Aufsicht unterliegt, die den Rechtsvorschriften der Union entsprechen und in Übereinstimmung mit den Grundsätzen des Art. 16 der Richtlinie 2006/73/EG wirksam durchgesetzt werden. Falls Geldkonten im Namen der Verwahrstelle, die für Rechnung des AIF handelt, eröffnet werden, werden keine Geldmittel der in diesem Abs. genannten Stelle und keine Geldmittel der Verwahrstelle selbst auf solchen Konten verbucht.

(8) Die Vermögenswerte des AIF oder des für Rechnung des AIF handelnden AIFM, haben der Verwahrstelle folgendermaßen zur Aufbewahrung anvertraut zu werden:

1. für Finanzinstrumente, die in Verwahrung genommen werden können, gilt:
   a) die Verwahrstelle verwahrt sämtliche Finanzinstrumente, die im Depot auf einem Konto für Finanzinstrumente verbucht werden können, und sämtliche Finanzinstrumente, die der Verwahrstelle physisch übergeben werden können;
   b) zu diesem Zweck stellt die Verwahrstelle sicher, dass all jene Finanzinstrumente, die im Depot auf einem Konto für Finanzinstrumente verbucht werden können, gemäß den in Art. 16 der Richtlinie 2006/73/EG festgelegten Grundsätzen in den Büchern der Verwahrstelle auf gesonderten Konten registriert werden, die im Namen des AIF oder des für ihn tätigen AIFM eröffnet wurden, so dass die Finanzinstrumente jederzeit gemäß geltendem Recht eindeutig als im Eigentum des AIF befindliche Instrumente identifiziert werden können;
2. für sonstige Vermögenswerte gilt:
   a) die Verwahrstelle prüft das Eigentum des AIF oder des für Rechnung des AIF tätigen AIFM an solchen Vermögenswerten und führt Aufzeichnungen derjenigen Ver-

mögenswerte, bei denen sie sich vergewissert hat, dass der AIF oder der für Rechnung des AIF tätige AIFM an diesen Vermögenswerten das Eigentum hat;

b) die Beurteilung, ob der AIF oder der für Rechnung des AIF tätige AIFM Eigentümer ist, beruht auf Informationen oder Unterlagen, die vom AIF oder vom AIFM vorgelegt werden und, soweit verfügbar, auf externen Nachweisen;

c) die Verwahrstelle hält ihre Aufzeichnungen auf dem neuesten Stand.

(9) Ergänzend zu den in Abs. 7 und 8 genannten Aufgaben hat die Verwahrstelle sicherzustellen, dass

1. der Verkauf, die Ausgabe, die Rücknahme, die Auszahlung und die Aufhebung von Anteilen des AIF gemäß den geltenden nationalen Rechtsvorschriften und den Vertragsbedingungen oder der Satzung des AIF erfolgen;
2. die Berechnung des Wertes der Anteile des AIF nach den geltenden nationalen Rechtsvorschriften, den Vertragsbedingungen oder der Satzung des AIF, gemäß § 17 dieses Bundesgesetzes oder des in Art. 19 der Richtlinie 2011/61/EU festgelegten Verfahrens erfolgt;
3. die Weisungen des AIFM ausgeführt werden, es sei denn, diese verstoßen gegen geltende nationale Rechtsvorschriften oder die Vertragsbedingungen oder die Satzung des AIF;
4. bei Transaktionen mit Vermögenswerten des AIF der Gegenwert innerhalb der üblichen Fristen an den AIF überwiesen wird;
5. die Erträge des AIF gemäß den geltenden nationalen Rechtsvorschriften und den Vertragsbedingungen oder der Satzung des AIF verwendet werden.

(10) Der AIFM und die Verwahrstelle haben im Rahmen ihrer jeweiligen Aufgaben ehrlich, redlich, professionell, unabhängig und im Interesse des AIF und seiner Anleger zu handeln. Eine Verwahrstelle darf keine Aufgaben in Bezug auf den AIF oder den für Rechnung des AIF tätigen AIFM wahrnehmen, die Interessenkonflikte zwischen dem AIF, den Anlegern des AIF, dem AIFM und ihr selbst schaffen könnten, außer wenn eine funktionale und hierarchische Trennung der Ausführung ihrer Aufgaben als Verwahrstelle von ihren potenziell dazu in Konflikt stehenden Aufgaben vorgenommen wurde und die potenziellen Interessenkonflikte ordnungsgemäß ermittelt, gesteuert, beobachtet und den Anlegern des AIF gegenüber offengelegt werden. Die in Abs. 8 genannten Vermögenswerte dürfen nicht ohne vorherige Zustimmung des AIF oder des für Rechnung des AIF tätigen AIFM von der Verwahrstelle wiederverwendet werden.

(11) Die Verwahrstelle darf ihre in dieser Bestimmung festgeschriebenen Funktionen nicht auf Dritte übertragen, hiervon ausgenommen sind die in Abs. 8 genannten Aufgaben. Die Verwahrstelle kann die in Abs. 8 genannten Funktionen unter den folgenden Bedingungen auf Dritte übertragen:

1. die Aufgaben werden nicht in der Absicht übertragen, die Vorschriften dieses Bundesgesetzes zu umgehen;
2. die Verwahrstelle kann belegen, dass es einen objektiven Grund für die Übertragung gibt;
3. die Verwahrstelle ist bei der Auswahl und Bestellung eines Dritten, dem sie Teile ihrer Aufgaben übertragen möchte, mit der gebotenen Sachkenntnis, Sorgfalt und Gewissenhaftigkeit vorgegangen und geht weiterhin bei der laufenden Kontrolle und regelmäßigen Überprüfung von Dritten, denen sie Teile ihrer Aufgaben übertragen hat, und von Vereinbarungen des Dritten hinsichtlich der ihm übertragenen Aufgaben mit der gebotenen Sachkenntnis, Sorgfalt und Gewissenhaftigkeit vor, und

4. die Verwahrstelle gewährleistet, dass der Dritte jederzeit bei der Ausführung der ihm übertragenen Aufgaben die folgenden Bedingungen einhält:
   a) Der Dritte verfügt über eine Organisationsstruktur und die Fachkenntnisse, die für die Art und die Komplexität der Vermögenswerte des AIF oder des für dessen Rechnung handelnden AIFM, die ihm anvertraut wurden, angemessen und geeignet sind;
   b) bezogen auf die Verwahraufgaben gemäß Abs. 8 Z 1 unterliegt der Dritte einer wirksamen aufsichtlichen Regulierung, einschließlich Mindesteigenkapitalanforderungen, und Aufsicht in der betreffenden rechtlichen Zuständigkeit und der Dritte unterliegt ferner einer regelmäßigen externen Wirtschaftsprüfung, durch die gewährleistet wird, dass sich die Finanzinstrumente in seinem Besitz befinden;
   c) der Dritte trennt die Vermögenswerte der Kunden der Verwahrstelle von seinen eigenen Vermögenswerten und von den Vermögenswerten der Verwahrstelle in einer solchen Weise, dass sie zu jeder Zeit eindeutig als Eigentum von Kunden einer bestimmten Verwahrstelle identifiziert werden können;
   d) der Dritte darf die Vermögenswerte nicht ohne vorherige Zustimmung des AIF oder des für Rechnung des AIF tätigen AIFM und eine vorherige Mitteilung an die Verwahrstelle verwenden und
   e) der Dritte hält sich an die allgemeinen Verpflichtungen und Verbote gemäß den Abs. 8 und 10.

Unbeschadet der Z 4 lit. b, wenn laut den Rechtsvorschriften eines Drittlands vorgeschrieben ist, dass bestimmte Finanzinstrumente von einer ortsansässigen Einrichtung verwahrt werden müssen und es keine ortsansässigen Einrichtungen gibt, die den Anforderungen für eine Beauftragung gemäß Z 4 lit. b genügen, darf die Verwahrstelle ihre Funktionen an eine solche ortsansässige Einrichtung nur insoweit übertragen, wie es von dem Recht des Drittlandes gefordert wird und nur solange es keine ortsansässigen Einrichtungen gibt, die die Anforderungen für eine Beauftragung erfüllen, vorbehaltlich der folgenden Anforderungen:

aa) Die Anleger des jeweiligen AIF müssen vor Tätigung ihrer Anlage ordnungsgemäß unterrichtet werden, dass eine solche Beauftragung aufgrund rechtlicher Zwänge im Recht des Drittlandes erforderlich ist, und sie müssen über die Umstände unterrichtet werden, die die Übertragung rechtfertigen; und

bb) der AIF oder der für Rechnung des AIF tätige AIFM müssen die Verwahrstelle anweisen, die Verwahrung dieser Finanzinstrumente an eine solche ortsansässige Einrichtung zu übertragen.

Der Dritte kann seinerseits diese Funktionen unter den gleichen Bedingungen weiter übertragen. In diesem Fall gilt Abs. 13 entsprechend für die jeweils Beteiligten. Die Erbringung von Dienstleistungen gemäß der Richtlinie 98/26/EG durch Wertpapierliefer- und Abrechnungssysteme, wie es für die Zwecke jener Richtlinie vorgesehen ist, oder die Erbringung ähnlicher Dienstleistungen durch Wertpapierliefer- und Abrechnungssysteme von Drittländern wird für Zwecke dieses Absatzes nicht als Beauftragung mit Verwahrfunktionen betrachtet.

(12) Die Verwahrstelle haftet gegenüber dem AIF oder gegenüber den Anlegern des AIF für das Abhandenkommen durch die Verwahrstelle oder durch einen Dritten, dem die Verwahrung von Finanzinstrumenten, die gemäß Abs. 8 Z 1 verwahrt wurden, übertragen wurde. Im Falle eines solchen Abhandenkommens eines verwahrten Finanzinstruments hat die Verwahrstelle dem AIF oder dem für Rechnung des AIF handelnden AIFM unverzüglich ein Finanzinstrument gleicher Art zurückzugeben oder einen entsprechenden Betrag zu erstatten. Die Verwahrstelle haftet nicht, wenn sie nachweisen kann, dass das Abhandenkommen auf höhere Gewalt zurückzuführen ist, deren Konsequenzen trotz aller angemes-

senen Gegenmaßnahmen unabwendbar waren. Die Verwahrstelle haftet auch gegenüber dem AIF oder den Anlegern des AIF für sämtliche sonstigen Verluste, die diese infolge einer von der Verwahrstelle fahrlässig oder vorsätzlich verursachten Nichterfüllung ihrer Verpflichtungen aus diesem Bundesgesetz erleiden.

(13) Die Haftung der Verwahrstelle bleibt von einer etwaigen Übertragung gemäß Abs. 11 unberührt. Unbeschadet dessen kann sich die Verwahrstelle bei Verlust von Finanzinstrumenten, die von einem Dritten gemäß Abs. 11 verwahrt wurden, von der Haftung befreien, wenn sie nachweisen kann, dass:

1. alle Bedingungen für die Übertragung ihrer Verwahraufgaben gemäß Abs. 11 Z 1 bis Z 4 eingehalten sind;
2. ein schriftlicher Vertrag zwischen der Verwahrstelle und dem Dritten die Haftung der Verwahrstelle ausdrücklich auf diesen Dritten überträgt und es dem AIF oder dem für Rechnung des AIF tätigen AIFM ermöglicht, seinen Anspruch wegen des Abhandenkommens von Finanzinstrumenten gegenüber dem Dritten geltend zu machen, oder die Verwahrstelle solch einen Anspruch für sie geltend machen darf, und
3. ein schriftlicher Vertrag zwischen der Verwahrstelle und dem AIF oder dem für Rechnung des AIF handelnden AIFM ausdrücklich eine Befreiung der Verwahrstelle von der Haftung gestattet und einen objektiven Grund für die vertragliche Vereinbarung einer solchen Befreiung angibt.

(14) Wenn ferner laut den Rechtsvorschriften eines Drittlands vorgeschrieben ist, dass bestimmte Finanzinstrumente von einer ortsansässigen Einrichtung verwahrt werden müssen und es keine ortsansässigen Einrichtungen gibt, die den Anforderungen für eine Beauftragung gemäß Abs. 11 Z 4 lit. b genügen, kann die Verwahrstelle sich von der Haftung befreien, sofern die folgenden Bedingungen eingehalten sind:

1. die Vertragsbedingungen oder die Satzung des betreffenden AIF erlauben ausdrücklich eine solche Befreiung unter den in diesem Abs. genannten Voraussetzungen;
2. die Anleger der entsprechenden AIF wurden vor Tätigung ihrer Anlage ordnungsgemäß über diese Haftungsbefreiung und die Umstände, die diese Haftungsbefreiung rechtfertigen, unterrichtet;
3. der AIF oder der für Rechnung des AIF tätige AIFM haben die Verwahrstelle angewiesen, die Verwahrung dieser Finanzinstrumente an eine ortsansässige Einrichtung zu übertragen;
4. es gibt einen schriftlichen Vertrag zwischen der Verwahrstelle und dem AIF oder dem für Rechnung des AIF tätigen AIFM, in dem solch eine Haftungsbefreiung ausdrücklich gestattet ist; und
5. es gibt einen schriftlichen Vertrag zwischen der Verwahrstelle und dem Dritten, in dem die Haftung der Verwahrstelle ausdrücklich auf den Dritten übertragen wird und es dem AIF oder dem für Rechnung des AIF tätigen AIFM ermöglicht, seinen Anspruch wegen des Abhandenkommens von Finanzinstrumenten gegenüber dem Dritten geltend zu machen, oder die Verwahrstelle solch einen Anspruch für sie geltend machen darf.

(15) Haftungsansprüche der Anleger eines AIF können in Abhängigkeit von der Art der Rechtsbeziehungen zwischen der Verwahrstelle, dem AIFM und den Anlegern unmittelbar oder mittelbar durch den AIFM geltend gemacht werden.

(16) Die Verwahrstelle hat der FMA als zuständiger Behörde auf Anfrage alle Informationen zur Verfügung zu stellen, die sie im Rahmen der Erfüllung ihrer Aufgaben erhalten hat und die die FMA als zuständige Behörde des AIF oder des AIFM benötigen könnte. Unterscheiden sich die zuständigen Behörden des AIF oder des AIFM von denen der Verwahrstelle,

hat die FMA als zuständige Behörde der Verwahrstelle den zuständigen Behörden des AIF und des AIFM die erhaltenen Informationen unverzüglich zur Verfügung zu stellen.

(17) Der AIFM hat geeignete und dokumentierte Verfahren und Vorkehrungen vorzusehen, die für den Fall, dass die Verwahrstelle die Erfüllung ihrer Aufgaben nicht mehr gewährleisten kann, einen raschen Wechsel der Verwahrstelle ermöglichen.

(18) Abweichend von Abs. 3 kann die Verwahrstelle von AIF gemäß 5. Teil 2. Abschnitt auch ein Treuhänder sein, der die Aufgaben einer Verwahrstelle im Rahmen seiner beruflichen oder geschäftlichen Tätigkeit wahrnimmt, sofern

1. bei den AIF innerhalb von 5 Jahren nach Tätigung der ersten Anlagen keine Rücknahmerechte ausgeübt werden können, und
2. die AIF im Einklang mit ihrer Hauptanlagestrategie in der Regel in Emittenten oder nicht börsennotierten Unternehmen investieren, um nach §§ 24 ff möglicherweise die Kontrolle über solche Unternehmen zu erlangen.

(19) Der gemäß Abs. 18 bestellte Treuhänder hat in Bezug auf seine berufliche oder geschäftliche Tätigkeit einer gesetzlich anerkannten obligatorischen Registrierung zu unterliegen oder Rechts- und Verwaltungsvorschriften oder berufsständischen Regeln zu unterliegen, die ausreichend finanzielle und berufliche Garantien bieten können, um es ihm zu ermöglichen, die relevanten Aufgaben einer Verwahrstelle wirksam auszuführen und die mit dieser Funktion einhergehenden Verpflichtungen zu erfüllen. Die ausreichende finanzielle und berufliche Garantie ist laufend zu gewährleisten. Der Treuhänder hat Änderungen hinsichtlich seiner finanziellen oder beruflichen Garantien der FMA unverzüglich anzuzeigen. Sofern der Treuhänder zum Zwecke der finanziellen Garantie eine Versicherung abschließt, so ist das Versicherungsunternehmen im Versicherungsvertrag verpflichtet, der FMA den Beginn und die Beendigung oder Kündigung des Versicherungsvertrags sowie Umstände, die den vorgeschriebenen Versicherungsschutz beeinträchtigen, unverzüglich anzuzeigen.

(20) Der AIFM hat den Treuhänder gemäß Abs. 18 des FMA vor Bestellung bekanntzugeben. Hat die FMA gegen die Bestellung Bedenken, so kann sie verlangen, dass binnen einer angemessenen Frist ein anderer Treuhänder benannt wird. Unterlässt dies der AIFM oder hat die FMA auch gegen die Bestellung der neu vorgeschlagenen Treuhänders Bedenken, so hat der AIFM für den AIF eine Verwahrstelle gemäß Abs. 3 zu beauftragen.

EB zu § 19:

Hiedurch wird Art. 21 der Richtlinie 2011/61/EU umgesetzt. Um eine aufsichtsrechtliche Regulierung, einschließlich der Mindestkapitalanforderungen näher zu determinieren, ergingen zu § 19 Abs. 6 Z 2 die delegierte Verordnung (EU) Nr. 231/2013 zur Ergänzung der Richtlinie 2011/61/EU, welche sowohl vom AIFM als auch von der Verwahrstelle einzuhalten sind.

Gerät eine Verwahrstelle in derartige wirtschaftliche Schwierigkeiten, die eine Nichterfüllung ihrer Funktion befürchten lassen, so zeitigt dies massive Folgen für die jeweiligen Betroffenen. Die Suche nach einer neuen Verwahrstelle sowie der rechtliche, wirtschaftliche und technische Übergang des Vermögens des AIF auf eine andere Verwahrstelle ist ein umfangreiches und zeitintensives Unterfangen. Aus diesen Erwägungen heraus hat ein AIFM für ein solches Szenario bereits im Vorfeld Verfahren und Vorkehrungen zu treffen (z.B. mittels der Erstellung eines Notfallkonzeptes), um einen reibungslosen und raschen Wechsel der Verwahrstelle vornehmen zu können.

§ 19 Abs. 6 Z 3 bezieht sich auf die Liste der nicht kooperativen Länder und Gebiete, die von der Arbeitsgruppe „Finanzielle Maßnahmen gegen Geldwäsche und Terrorismusfinanzierung" aufgestellt wurde.

Die Abs. 18 bis 20 normieren in Umsetzung des Wahlrechts gemäß Art. 21 Abs. 3 der Richtlinie 2011/61/EU, dass alternativ zu den Einrichtungen, die als Verwahrstellen von AIF gemäß § 19 Abs. 3 tätig werden dürfen, für AIF gemäß 5. Teil 2. Abschnitt (Private Equity Fonds)

EB zu § 19 Abs. 3 Z 1 (Art. 4 BGBl. I Nr. 70/2014):
Berichtigung von Verweisen bzw. sprachliche Klarstellungen.

EB zu § 19 Abs. 3 Z 2 (Art. 4 BGBl. I Nr. 70/2014):
Berichtigung von Verweisen bzw. sprachliche Klarstellungen.

EB zu § 19 Abs. 7 (Art. 4 BGBl. I Nr. 70/2014):
Berichtigung von Verweisen bzw. sprachliche Klarstellungen.

EB zu § 19 Abs. 19 (Art. 4 BGBl. I Nr. 70/2014):
Berichtigung von Verweisen bzw. sprachliche Klarstellungen.

EB zu § 19 Abs. 20 (Art. 4 BGBl. I Nr. 70/2014):
Berichtigung von Verweisen bzw. sprachliche Klarstellungen.

4. Teil
Transparenzanforderungen

Jahresbericht

§ 20. (1) Ein AIFM hat für jeden vom ihm verwalteten EU-AIF und für jeden von ihm in der Union vertriebenen AIF für jedes Geschäftsjahr spätestens sechs Monate nach Ende des Geschäftsjahrs einen Jahresbericht zu erstellen. Dieser Jahresbericht ist den Anlegern auf Verlangen zu übermitteln. Der Jahresbericht hat innerhalb der genannten Frist der FMA als zuständiger Behörde des Herkunftsmitgliedstaats des AIFM und gegebenenfalls der FMA als zuständiger Behörde des Herkunftsmitgliedstaats des AIF vom AIFM bereitgestellt zu werden. Ist der AIF nach der Richtlinie 2004/109/EG verpflichtet, Jahresfinanzberichte zu veröffentlichen, so sind den Anlegern auf Antrag lediglich die Angaben nach Abs. 2 zusätzlich vorzulegen. Die Übermittlung kann gesondert oder in Form einer Ergänzung zum Jahresfinanzbericht erfolgen. Im letzteren Fall ist der Jahresfinanzbericht spätestens vier Monate nach Ende des Geschäftsjahrs zu veröffentlichen.

(2) Der Jahresbericht muss mindestens Folgendes enthalten:

1. eine Bilanz oder eine Vermögensübersicht;
2. eine Aufstellung der Erträge und Aufwendungen des Geschäftsjahres;
3. einen Bericht über die Tätigkeiten im abgelaufenen Geschäftsjahr;
4. jede wesentliche Änderung der in § 21 aufgeführten Informationen während des Geschäftsjahrs, auf das sich der Bericht bezieht;
5. die Gesamtsumme der im abgelaufenen Geschäftsjahr gezahlten Vergütungen, gegliedert in feste und variable vom AIFM an seine Mitarbeiter gezahlte Vergütungen, die Zahl der Begünstigten und gegebenenfalls die vom AIF gezahlten Carried Interests;
6. die Gesamtsumme der gezahlten Vergütungen, aufgegliedert nach Führungskräften und Mitarbeitern des AIFM, deren Tätigkeit sich wesentlich auf das Risikoprofil des AIF auswirkt.

(3) Die im Jahresbericht enthaltenen Zahlenangaben haben gemäß den Rechnungslegungsstandards des Herkunftsmitgliedstaats des AIF oder gemäß den Rechnungslegungsstandards des Drittlandes, in dem der AIF seinen Sitz hat, und gemäß den in den Vertragsbedingungen oder der Satzung des AIF festgelegten Rechnungslegungsvorschriften erstellt zu werden. Die im Jahresbericht enthaltenen Zahlenangaben werden von einer oder mehreren Personen geprüft, die gemäß der Richtlinie 2006/43/EG gesetzlich zur Abschlussprüfung zugelassen sind. Der Bericht des Abschlussprüfers einschließlich etwaiger Vorbehalte ist in jedem Jahresbericht vollständig wiederzugeben.

EB zu § 20:

Hiedurch wird Art. 22 der Richtlinie 2011/61/EU umgesetzt. Von der Option in Art. 22 Abs. 3 zweiter Unterabsatz der Richtlinie 2011/61/EU wurde aus Anlegerschutzgründen kein Gebrauch gemacht.

Informationspflichten gegenüber Anlegern

§ 21. (1) AIFM haben Anlegern der AIF, bevor diese eine Anlage in einen AIF tätigen, für jeden von ihnen verwalteten EU-AIF sowie für jeden von ihnen in der Union vertriebenen AIF folgende Informationen gemäß den Vertragsbedingungen oder der Satzung des AIF, sowie alle wesentlichen Änderungen dieser Informationen zur Verfügung zu stellen:

1. eine Beschreibung der Anlagestrategie und der Ziele des AIF, Angaben über den Sitz eines eventuellen Master-AIF und über den Sitz der Zielfonds, wenn es sich bei dem AIF um einen Dachfonds handelt, eine Beschreibung der Art der Vermögenswerte, in die der AIF investieren darf, der Techniken, die er einsetzen darf und aller damit verbundenen Risiken, etwaiger Anlagebeschränkungen, der Umstände, unter denen der AIF eine Hebelfinanzierung einsetzen kann, Art und Herkunft der zulässigen Hebelfinanzierung und damit verbundener Risiken, sonstiger Beschränkungen für den Einsatz einer Hebelfinanzierung und Vereinbarungen über Sicherheiten und über die Wiederverwendung von Vermögenswerten, sowie des maximalen Umfangs der Hebelfinanzierung, den der AIFM für Rechnung des AIF einsetzen darf;
2. eine Beschreibung der Verfahren, nach denen der AIF seine Anlagestrategie oder seine Anlagepolitik oder beides ändern kann;
3. eine Beschreibung der wichtigsten rechtlichen Auswirkungen der für die Tätigung der Veranlagung eingegangenen Vertragsbeziehung, einschließlich Informationen über die zuständigen Gerichte, das anwendbare Recht und das Vorhandensein oder Nichtvorhandensein von Rechtsinstrumenten, die die Anerkennung und Vollstreckung von Urteilen in dem Gebiet vorsehen, in dem der AIF seinen Sitz hat;
4. die Identität des AIFM, der Verwahrstelle des AIF, des Abschlussprüfers oder sonstiger Dienstleistungsanbieter sowie eine Erläuterung ihrer Pflichten und der Rechte der Anleger;
5. eine Beschreibung, in welcher Weise der AIFM den Anforderungen des § 7 Abs. 6 gerecht wird;
6. eine Beschreibung sämtlicher vom AIFM übertragener Verwaltungsfunktionen gemäß Anlage 1 sowie sämtlicher von der Verwahrstelle übertragener Verwahrungsfunktionen, Bezeichnung des Beauftragten sowie sämtlicher Interessenkonflikte, die sich aus der Aufgabenübertragung ergeben könnten;

7. eine Beschreibung des Bewertungsverfahrens des AIF und der Kalkulationsmethoden für die Bewertung von Vermögenswerten, einschließlich der Verfahren für die Bewertung schwer zu bewertender Vermögenswerte gemäß § 17;
8. eine Beschreibung des Liquiditätsrisikomanagements des AIF, einschließlich der Rücknahmerechte unter normalen und außergewöhnlichen Umständen, und der bestehenden Rücknahmevereinbarungen mit den Anlegern;
9. eine Beschreibung sämtlicher Entgelte, Gebühren und sonstiger Kosten unter Angabe der jeweiligen Höchstbeträge, die von den Anlegern mittel- oder unmittelbar getragen werden;
10. eine Beschreibung der Art und Weise, wie der AIFM eine faire Behandlung der Anleger gewährleistet, sowie, wann immer ein Anleger eine Vorzugsbehandlung oder einen Anspruch auf eine solche Behandlung erhält, eine Erläuterung dieser Behandlung, der Art der Anleger, die eine solche Vorzugsbehandlung erhalten, sowie gegebenenfalls der rechtlichen oder wirtschaftlichen Verbindungen zwischen diesen Anlegern und dem AIF oder dem AIFM;
11. den letzten Jahresbericht nach § 20;
12. die Verfahren und Bedingungen für die Ausgabe und den Verkauf von Anteilen;
13. den jüngsten Nettoinventarwert des AIF oder den jüngsten Marktpreis der Anteile des AIF nach § 17;
14. sofern verfügbar, die bisherige Wertentwicklung des AIF;
15. die Identität des Primebrokers und eine Beschreibung jeder wesentlichen Vereinbarung zwischen dem AIF und seinen Primebrokern und der Art und Weise, in der diesbezügliche Interessenkonflikte beigelegt werden, sowie die Bestimmung im Vertrag mit der Verwahrstelle über die Möglichkeit einer Übertragung und einer Wiederverwendung von Vermögenswerten des AIF und Angaben über jede eventuell bestehende Haftungsübertragung auf den Primebroker;
16. eine Beschreibung, in welcher Weise und zu welchem Zeitpunkt die gemäß den Abs. 4 und 5 erforderlichen Informationen offengelegt werden.

(2) Der AIFM hat die Anleger, bevor diese ihre Anlage in den AIF tätigen, über eventuelle Vereinbarungen, die die Verwahrstelle getroffen hat um sich vertraglich von der Haftung gemäß § 19 Abs. 13 freizustellen, zu unterrichten. Der AIFM hat die Anleger ebenfalls unverzüglich über alle Änderungen, die sich in Bezug auf die Haftung der Verwahrstelle ergeben, zu informieren.

(3) Ist der AIF gemäß der Richtlinie 2003/71/EG oder gemäß sonstigen nationalen Rechtsvorschriften verpflichtet, einen Prospekt zu veröffentlichen, sind in Ergänzung zu den im Prospekt enthaltenen Angaben lediglich die Angaben gemäß den Abs. 1 und 2 gesondert oder als ergänzende Angaben im Prospekt offenzulegen. Die gemäß §§ 8 oder 8a KMG vorgesehene Prospektprüfung oder Prospektbilligung erstreckt sich nicht auf diese ergänzenden Angaben. Bei gesonderter Erstellung dieser Angaben, kann das Dokument gemeinsam mit dem Prospekt bei der Meldestelle gemäß § 12 KMG hinterlegt werden.

(4) Für jeden von ihnen verwalteten EU-AIF sowie für jeden von ihnen in der Union vertriebenen AIF haben die AIFM die Anleger regelmäßig, zumindest jährlich, über Folgendes zu unterrichten:
1. den prozentualen Anteil an den Vermögenswerten des AIF, die schwer zu liquidieren sind und für die deshalb besondere Regelungen gelten;
2. jegliche neuen Regelungen zur Steuerung der Liquidität des AIF;
3. das aktuelle Risikoprofil des AIF und die vom AIFM zur Steuerung dieser Risiken eingesetzten Risikomanagement-Systeme.

(5) AIFM, die EU-AIF, die eine Hebelfinanzierung verwenden, verwalten oder die AIF, die eine Hebelfinanzierung verwenden, in der Union vertreiben, haben für jeden dieser AIF regelmäßig, zumindest jährlich entsprechend den diesbezüglichen Vertragsbedingungen oder der Satzung des AIF Folgendes offen zu legen:
1. alle Änderungen zum maximalen Umfang, in dem der AIFM für Rechnung des AIF eine Hebelfinanzierung einsetzen kann, sowie etwaige Rechte zur Wiederverwendung von Sicherheiten oder sonstige Garantien, die im Rahmen der Hebelfinanzierung gewährt wurden;
2. die Gesamthöhe der Hebelfinanzierung des betreffenden AIF.

EB zu § 21:

Hiedurch wird Art. 23 der Richtlinie 2011/61/EU umgesetzt. Die in Abs. 1 Z 4 angeführten sonstigen Dienstleistungsanbieter sind jene, an die Aufgaben des AIFM gemäß § 18 übertragen wurden. Es ist weiters zulässig, die in Z 13 geforderte Angabe des jüngsten Nettoinventarwerts durch Verweis auf die Homepage des AIFM zu gewährleisten. Weiters wird durch Abs. 3 klargestellt, dass sich die Prospektprüfung oder Prospektbilligung gemäß § 8 oder § 8a KMG nicht auf die ergänzenden Angaben des § 21 erstreckt. Prospektpflichtige AIFs sowie interessierte Anleger steht die gleiche Hinterlegungs- bzw Zugangsweise im Hinblick auf ergänzende Prospektangaben zur Verfügung, ungeachtet dessen, ob diese Angaben im Prospekt selbst oder in einem gesonderten Dokument offengelegt werden.

EB zu § 21 Abs. 1 Z 5 (Art. 4 BGBl. I Nr. 70/2014):

Berichtigung von Verweisen bzw. sprachliche Klarstellungen.

Informationspflichten gegenüber den zuständigen Behörden

§ 22. (1) Der AIFM hat die FMA regelmäßig über die wichtigsten Märkte und Instrumente, auf oder mit denen er für Rechnung des von ihm verwalteten AIF handelt, zu unterrichten. Er hat Informationen zu den wichtigsten Instrumenten, mit denen er handelt, zu den Märkten, in denen er Mitglied ist oder am Handel aktiv teilnimmt, sowie zu den größten Risiken und Konzentrationen jedes von ihm verwalteten AIF vorzulegen.

(2) Der AIFM hat der FMA für jeden von ihm verwalteten EU-AIF und für jeden von ihm in der Union vertriebenen AIF Folgendes vorzulegen:
1. den prozentualen Anteil an den Vermögenswerten des AIF, die schwer zu liquidieren sind und für die deshalb besondere Regelungen gelten;
2. jegliche neuen Regelungen zur Steuerung der Liquidität des AIF;
3. das gegenwärtige Risikoprofil des AIF und die vom AIFM zur Steuerung des Marktrisikos, des Liquiditätsrisikos, des Risikos des Ausfalls der Gegenpartei sowie sonstiger Risiken, einschließlich des operativen Risikos, eingesetzten Risikosteuerungssysteme;
4. Angaben zu den wichtigsten Kategorien von Vermögenswerten, in die der AIF investiert hat und
5. die Ergebnisse der nach § 13 Abs. 3 Z 2 und § 14 Abs. 1 durchgeführten Stresstests.

(3) Der AIFM hat der FMA auf Verlangen die folgenden Unterlagen vorzulegen:
1. einen Jahresbericht über jeden vom AIFM verwalteten EU-AIF und über jeden von ihm in der Union vertriebenen AIF für jedes Geschäftsjahr gemäß § 20 Abs. 1;
2. zum Ende jedes Quartals eine detaillierte Aufstellung sämtlicher vom AIFM verwalteten AIF.

(4) Ein AIFM, der AIF verwaltet, die in beträchtlichem Umfang Hebelfinanzierungen einsetzen, hat der FMA Angaben zum Gesamtumfang der eingesetzten Hebelfinanzierung

für jeden der von ihm verwalteten AIF, eine Aufschlüsselung nach Hebelfinanzierung, die durch Kreditaufnahme oder Wertpapierleihe begründet wurde, und solcher, die in Derivate eingebettet ist, sowie Angaben zu dem Umfang, in dem die Vermögenswerte der AIF im Rahmen einer Hebelfinanzierung wiederverwendet wurden, zu übermitteln. Diese Angaben haben für jeden der vom AIFM verwalteten AIF Angaben zur Identität der fünf größten Kreditgeber oder Wertpapierverleiher sowie zur jeweiligen Höhe der aus diesen Quellen für jeden der genannten AIF erhaltenen Hebelfinanzierung zu umfassen. Für Nicht-EU-AIFM sind die Berichtspflichten gemäß diesem Abs. auf die von ihnen verwalteten EU-AIF und die von ihnen in der Union vertriebenen Nicht-EU-AIF beschränkt.

(5) Sofern dies für die wirksame Überwachung von Systemrisiken erforderlich ist, kann die FMA als zuständige Behörde des Herkunftsmitgliedstaats regelmäßig oder anlassbezogen ergänzende Informationen zu den in diesen Bestimmungen festgelegten Informationen anfordern. Die FMA hat ESMA über den zusätzlichen Informationsbedarf zu informieren. Bei Vorliegen außergewöhnlicher Umstände und soweit zur Sicherung der Stabilität und Integrität des Finanzsystems oder zur Förderung eines langfristigen nachhaltigen Wachstums erforderlich, hat die FMA, zusätzlichen Berichtsersuchen von ESMA zu entsprechen.

(6) AIFM haben einen Jahresabschluss gemäß der Gliederung der Anlage 2 zu § 43 BWG so rechtzeitig zu erstellen, dass die Frist des Abs. 7 eingehalten werden kann. Anlage 2 zu § 43 BWG, Teil 2 (Gliederung der Gewinn- und Verlustrechnung) ist mit der Maßgabe anzuwenden, dass unter der Position „III. Betriebsaufwendungen" zusätzlich die Position „darunter: fixe Gemeinkosten" auszuweisen ist. Die §§ 43 Abs. 1, 2 und 3, 45 bis 59a, 64 und 65 Abs. 1 und 2 BWG sind anzuwenden. Die Vorschriften gemäß § 275 UGB über die Verantwortlichkeit des Abschlussprüfers sind anzuwenden.

(7) Der gemäß Abs. 6 erstellte und gemäß Abs. 8 geprüfte Jahresabschluss des AIFM ist längstens innerhalb von sechs Monaten nach Abschluss des Geschäftsjahres der FMA vorzulegen. Die Geschäftsleiter haben für die Gesetzmäßigkeit der Jahresabschlüsse zu sorgen. Die FMA kann die Vorlage der Daten der Jahresabschlüsse auch mittels elektronischer Übermittlung oder elektronischer Datenträger in standardisierter Form verlangen.

(8) Die Jahresabschlüsse sind von Abschlussprüfern, bei Genossenschaften von den Prüfungsorganen gesetzlich zuständiger Prüfungseinrichtungen zu prüfen. Der Abschlussprüfer hat die Gesetzmäßigkeit des Jahresabschlusses zu prüfen. Die Prüfung hat weiters zu umfassen:

1. Die sachliche Richtigkeit der Bewertung einschließlich der Vornahme gebotener Abschreibungen, Wertberichtigungen und Rückstellungen sowie
2. die Beachtung der Bestimmungen dieses Bundesgesetzes.

(9) Die FMA kann mittels Verordnung unter Bedachtnahme auf die europäischen Gepflogenheiten nähere Kriterien im Hinblick auf die Informationspflichten gemäß dieser Bestimmung sowie gemäß § 1 Abs. 5 Z 4 sowie die Art der Übermittlung festlegen, wobei insbesondere die Verwendung elektronischer Meldesysteme oder Datenträger sowie EDV-Formate vorgeschrieben werden können.

EB zu § 22:

Hiedurch wird Art. 24 der Richtlinie 2011/61/EU umgesetzt. Durch die delegierte Verordnung (EU) Nr. 231/2013 zur Ergänzung der Richtlinie 2011/61/EU wurde näher determiniert, welche Informationen iSd § 22 Abs. 1 bis 5 ein AIFM zu jedem von ihm verwalteten AIF vorzulegen hat, um eine gleichartige EU-weite Auslegung sicherzustellen. Eine materielle Prüfpflicht für die FMA wird hierdurch nicht normiert.

EB zu § 22 Abs. 9:

Der FMA ist in Abs. 9 eine Verordnungsermächtigung zur Festlegung näherer Kriterien im Hinblick auf die Informationspflichten der konzessionierten und registrierten AIFM sowie die Art der Übermittlung eingeräumt.

EB zu § 22 Abs. 6 dritter Satz (Art. 1 BGBl. I Nr. 68/2015):

Um zu gewährleisten, dass der mit der geplanten Novelle neu eingeführte § 43 Abs. 1a BWG, dem zufolge Kreditinstitute für die Zwecke des § 43 Abs. 1 BWG ungeachtet ihrer Rechtsform als Unternehmen von öffentlichem Interesse gemäß § 189a Z 1 UGB gelten, bei der Erstellung eines Jahresabschlusses durch AIFM nicht entsprechend anwendbar ist, soll der Verweis auf die anwendbaren Bestimmungen des BWG angepasst werden.

5. Teil
AIFM, die bestimmte Arten von AIF verwalten

1. Abschnitt
AIFM, die AIF mit Hebelfinanzierung verwalten

Nutzung der Informationen durch die zuständigen Behörden, aufsichtsbehördliche Zusammenarbeit und Beschränkungen der Hebelfinanzierung

§ 23. (1) Die FMA als zuständige Behörde des Herkunftsmitgliedstaats des AIFM hat die gemäß § 22 zu erhebenden Informationen der Oesterreichischen Nationalbank (OeNB) weiterzuleiten. Die OeNB hat auf Basis dieser Informationen zu analysieren, inwieweit die Nutzung von Hebelfinanzierung zur Entstehung von Systemrisiken im Finanzsystem, des Risikos von Marktstörungen in einzelnen oder mehreren Marktsegmenten oder zu Risiken für das langfristige Wirtschaftswachstum beiträgt. Die OeNB hat der FMA ihre Analyse unverzüglich weiterzuleiten, wenn darin derartige Risiken festgestellt werden.

(2) Die FMA hat sämtliche Informationen zu den ihrer Aufsicht unterliegenden AIFM, die gemäß § 22 erhoben wurden, sowie die gemäß § 5 erhobenen Informationen den zuständigen Behörden anderer betroffener Mitgliedstaaten, ESMA und dem ESRB nach den in § 61 und Art. 50 der Richtlinie 2011/61/EU zur Zusammenarbeit bei der Aufsicht vorgesehenen Verfahren zur Verfügung zu stellen. Ferner hat sie unverzüglich nach diesen Verfahren sowie bilateral die zuständigen Behörden der direkt betroffenen anderen Mitgliedstaaten zu informieren, falls sich aus den Analysen der OeNB auf Basis der Informationen gemäß § 22 ergibt, dass von einem ihrer Aufsicht unterliegenden AIFM oder einem von diesem AIFM verwalteten AIF ein erhebliches Gegenparteirisiko für ein Kreditinstitut oder sonstige systemrelevante Institute in anderen Mitgliedstaaten ausgehen könnte.

(3) Der AIFM hat der FMA darzulegen, dass die von ihm angesetzte Begrenzung des Umfangs einer Hebelfinanzierung bei jedem von ihm verwalteten AIF angemessen ist und dass er diese Begrenzung stets einhält. Die OeNB hat auf Basis der Informationen gemäß § 22 das Risiko zur Entstehung von Systemrisiken im Finanzsystem oder von Marktstörungen in einzelnen oder mehreren Marktsegmenten zu bewerten, die aus der Nutzung einer Hebelfinanzierung durch einen AIFM bei einem von ihm verwalteten AIF erwachsen könnten. Die OeNB hat der FMA ihre Analyse unverzüglich weiterzuleiten, wenn darin derartige Risiken festgestellt werden. Wenn dies zur Gewährleistung der Stabilität und Integrität des Finanzsystems als nötig erachtet wird, hat die FMA nach Verständigung von ESMA, des ESRB und der zuständigen Behörden des entsprechenden AIF den Umfang der Hebelfinanzierung zu beschränken, die ein AIFM einsetzen darf, oder hat sonstige Be-

schränkungen der AIF-Verwaltung bezüglich der von ihm verwalteten AIF zu verhängen, so dass das Ausmaß begrenzt wird, in dem die Nutzung einer Hebelfinanzierung zur Entstehung von Systemrisiken im Finanzsystem oder des Risikos von Marktstörungen in einzelnen oder mehreren Marktsegmenten beiträgt. Über die in § 61 und Art. 50 der Richtlinie 2011/61/EU festgelegten Verfahren hat die FMA als zuständige Behörde des Herkunftsmitgliedstaats des AIFM ESMA, den ESRB und die zuständigen Behörden des AIF ordnungsgemäß über die diesbezüglich eingeleiteten Schritte zu informieren.

(4) Die Verständigung gemäß Abs. 3 hat spätestens zehn Arbeitstage vor dem geplanten Wirksamwerden oder der Erneuerung der vorgeschlagenen Maßnahme zu erfolgen. Die Verständigung hat Einzelheiten der vorgeschlagenen Maßnahme zu enthalten, deren Gründe und den Zeitpunkt, zu dem sie wirksam werden soll. Unter besonderen Umständen kann die FMA als zuständige Behörde des Herkunftsmitgliedstaats des AIFM verfügen, dass die vorgeschlagene Maßnahme innerhalb des in Satz 1 genannten Zeitraums wirksam wird.

(5) Wenn die FMA als zuständige Behörde vorschlägt, Maßnahmen zu ergreifen, die im Widerspruch zu der Empfehlung von ESMA gemäß Art. 25 Abs. 6 oder 7 der Richtlinie 2011/61/EU stehen, setzt sie ESMA davon unter Angabe ihrer Gründe in Kenntnis.

(6) Für die in Abs. 1 bis 3 genannten Aufgaben der OeNB gilt § 79 Abs. 4 2. Satz BWG sinngemäß.

EB zu § 23:

Hiedurch wird Art. 25 der Richtlinie 2011/61/EU umgesetzt. Die delegierte Verordnung (EU) Nr. 231/2013 zur Ergänzung der Richtlinie 2011/61/EU beinhaltet Grundsätze unter welchen Umständen, die zuständige Behörde (FMA), unter anderem unter Berücksichtigung der unterschiedlichen Anlagestrategien der AIF, gemäß Abs. 3 vorzugehen hat.

2. Abschnitt
Pflichten von AIFM, die AIF verwalten, die die Kontrolle über nicht börsennotierte Unternehmen und Emittenten erlangen

Geltungsbereich

§ 24. (1) Dieser Abschnitt gilt für:

1. AIFM, die einen oder mehrere AIF verwalten, die entweder allein oder gemeinsam aufgrund einer Vereinbarung, die die Erlangung von Kontrolle zum Ziel hat, gemäß Abs. 5 die Kontrolle über ein nicht börsennotiertes Unternehmen erlangen;
2. AIFM, die mit einem oder mehreren anderen AIFM aufgrund einer Vereinbarung zusammenarbeiten, gemäß der die von diesen AIFM verwalteten AIF gemeinsam gemäß Abs. 5 die Kontrolle über ein nicht börsennotiertes Unternehmen erlangen.

(2) Dieser Abschnitt gilt nicht für den Fall, dass es sich bei den nicht börsennotierten Unternehmen

1. um kleine und mittlere Unternehmen im Sinne von Art. 2 Abs. 1 des Anhangs der Empfehlung der Kommission betreffend die Definition der Kleinstunternehmen sowie der kleinen und mittleren Unternehmen, ABl. Nr. L 124 vom 20.05.2003 S. 36 oder
2. um Zweckgesellschaften für den Erwerb, den Besitz oder die Verwaltung von Immobilien handelt.

(3) Unbeschadet der Abs. 1 und 2 gilt § 25 Abs. 1 auch für AIFM, die AIF verwalten, die eine Minderheitsbeteiligung an einem nicht börsennotierten Unternehmen erlangen.

(4) § 26 Abs. 1, 2 und 3 und § 28 gelten auch für AIFM, die AIF verwalten, die die Kontrolle in Bezug auf Emittenten erlangen. Für die Zwecke dieser Paragrafen gelten die Abs. 1 und 2 dieser Bestimmung entsprechend.

(5) Für die Zwecke dieses Abschnitts bedeutet Kontrolle im Falle nicht börsennotierter Unternehmen über 50 vH der Stimmrechte dieser Unternehmen. Bei der Berechnung des Anteils an den Stimmrechten, die von dem entsprechenden AIF gehalten werden, werden zusätzlich zu von dem betreffenden AIF direkt gehaltenen Stimmrechten auch die folgenden Stimmrechte berücksichtigt, wobei die Kontrolle gemäß dem ersten Satz dieses Absatzes festgestellt wird:

1. von Unternehmen, die von dem AIF kontrolliert werden, und
2. von natürlichen oder juristischen Personen, die in ihrem eigenen Namen, aber im Auftrag des AIF oder eines von dem AIF kontrollierten Unternehmens handeln.

Der Anteil der Stimmrechte wird ausgehend von der Gesamtzahl der mit Stimmrechten versehenen Anteile berechnet, auch wenn die Ausübung dieser Stimmrechte ausgesetzt ist. Unbeschadet des § 2 Abs. 1 Z 9 wird Kontrolle in Bezug auf Emittenten für die Zwecke des § 26 Abs. 1, 2 und 3 und des § 28 gemäß Art. 5 Abs. 3 der Richtlinie 2004/25/EG definiert.

(6) Dieser Abschnitt gilt vorbehaltlich der Bedingungen und Beschränkungen, die in Art. 6 der Richtlinie 2002/14/EG festgelegt sind.

(7) Dieser Abschnitt gilt unbeschadet jeglicher von den Mitgliedstaaten erlassener strengerer Vorschriften über den Erwerb von Beteiligungen an Emittenten und nicht börsennotierten Unternehmen in ihrem Hoheitsgebiet.

EB zu § 24:

Hiedurch wird Art. 26 der Richtlinie 2011/61/EU umgesetzt. Mit solchen AIF sind typischerweise Private Equity Fonds, Venture Capital Fonds oder ähnliche gemeint. Gemäß § 24 Abs. 2 Z 1 werden vom 2. Abschnitt kleine und mittlere Unternehmen (KMU) ausgenommen. Definiert werden diese KMU in der Empfehlung 2003/361/EG der Kommission vom 6. Mai 2003. KMU sind demnach wie folgt definiert: Die Größenklasse KMU setzt sich aus Unternehmen zusammen, die weniger als 250 Personen beschäftigen und die entweder einen Jahresumsatz von höchstens 50 Mio. EUR erzielen oder deren Jahresbilanzsumme sich auf höchstens 43 Mio. EUR beläuft.

Die Bestimmungen des MiFiG werden dadurch nicht berührt.

Mitteilung über den Erwerb bedeutender Beteiligungen und die Erlangung der Kontrolle über nicht börsennotierte Unternehmen

§ 25. (1) Beim Erwerb, Verkauf oder Halten von Anteilen an einem nicht börsennotierten Unternehmen durch einen AIF hat der AIFM, der diesen AIF verwaltet, der FMA von dem Anteil an den Stimmrechten des nicht börsennotierten Unternehmens, die von dem AIF gehalten werden, immer dann Anzeige zu erstatten, wenn dieser Anteil die Schwellenwerte von 10 vH, 20 vH, 30 vH, 50 vH und 75 vH erreicht, überschreitet oder unterschreitet.

(2) Wenn ein AIF allein oder gemeinsam die Kontrolle über ein nicht börsennotiertes Unternehmen gemäß § 24 Abs. 1 in Verbindung mit Abs. 5 erlangt, hat der AIFM, der den betreffenden AIF verwaltet, folgende Personen in Bezug auf den Kontrollerwerb durch den AIF zu informieren:

1. das nicht börsennotierte Unternehmen;

2. die Anteilseigner, deren Identität und Adresse dem AIFM vorliegen oder ihm von dem nicht börsennotierten Unternehmen oder über ein Register, zu dem der AIFM Zugang hat oder erhalten kann, zur Verfügung gestellt werden können, und
3. die FMA als zuständige Behörde des Herkunftsmitgliedstaats des AIFM.

(3) Die gemäß Abs. 2 erforderliche Mitteilung enthält die folgenden zusätzlichen Angaben:
1. die sich hinsichtlich der Stimmrechte ergebende Situation;
2. die Bedingungen, unter denen die Kontrolle erlangt wurde, einschließlich Nennung der einzelnen beteiligten Anteilseigner, der zur Stimmabgabe in ihrem Namen ermächtigten natürlichen oder juristischen Personen und gegebenenfalls der Beteiligungskette, über die die Stimmrechte tatsächlich gehalten werden;
3. das Datum, an dem die Kontrolle erlangt wurde.

(4) In seiner Mitteilung an das nicht börsennotierte Unternehmen hat der AIFM den Vorstand des Unternehmens zu ersuchen, die Arbeitnehmervertreter oder, falls es keine solchen Vertreter gibt, die Arbeitnehmer selbst ohne unnötige Verzögerung von der Erlangung der Kontrolle durch den von dem AIFM verwalteten AIF und von den Informationen gemäß Abs. 3 in Kenntnis zu setzen. Der AIFM hat sich zu bemühen, nach besten Kräften sicherzustellen, dass die Arbeitnehmervertreter oder, falls es keine solchen Vertreter gibt, die Arbeitnehmer selbst ordnungsgemäß vom Vorstand gemäß dieser Bestimmung informiert werden.

(5) Die Mitteilungen gemäß den Abs. 1, 2 und 3 sind spätestens zehn Arbeitstage nach dem Tag, an dem der AIF die entsprechende Schwelle erreicht, über- oder unterschritten hat oder die Kontrolle über das nicht börsennotierte Unternehmen erlangt hat, zu machen.

EB zu § 25:

Hiedurch wird Art. 27 der Richtlinie 2011/61/EU umgesetzt.

Offenlegungspflicht bei Erlangung der Kontrolle

§ 26. (1) Wenn ein AIF allein oder gemeinsam die Kontrolle über ein nicht börsennotiertes Unternehmen oder einen Emittenten gemäß § 24 Abs. 1 in Verbindung mit Abs. 5 erlangt, hat der AIFM, der den betreffenden AIF verwaltet, die Informationen gemäß Abs. 2 dieser Bestimmung
1. dem betreffenden Unternehmen;
2. den Anteilseignern des Unternehmens, deren Identität und Adresse dem AIFM vorliegen oder ihm von dem Unternehmen oder über ein Register, zu dem der AIFM Zugang hat oder erhalten kann, zur Verfügung gestellt werden können, und
3. der FMA als zuständige Behörde des Herkunftsmitgliedstaats des AIFM vorzulegen.

(2) Der AIFM hat die folgenden Informationen vorzulegen:
1. die Namen der AIFM, die entweder allein oder im Rahmen einer Vereinbarung mit anderen AIFM die AIF verwalten, die die Kontrolle erlangt haben;
2. die Grundsätze zur Vermeidung und Steuerung von Interessenkonflikten, insbesondere zwischen dem AIFM, dem AIF und dem Unternehmen, einschließlich Informationen zu den besonderen Sicherheitsmaßnahmen, die getroffen wurden, um sicherzustellen, dass Vereinbarungen zwischen dem AIFM und/oder den AIF und dem Unternehmen wie zwischen voneinander unabhängigen Geschäftspartnern geschlossen werden, und
3. die externe und interne Kommunikationspolitik in Bezug auf das Unternehmen, insbesondere gegenüber den Arbeitnehmern.

(3) In seiner Mitteilung an das Unternehmen gemäß Abs. 1 Z 1 hat der AIFM den Vorstand des Unternehmens zu ersuchen, die Arbeitnehmervertreter oder, falls es keine solchen Vertreter gibt, die Arbeitnehmer selbst ohne unnötige Verzögerung von den Informationen gemäß Abs. 1 in Kenntnis zu setzen. Der AIFM hat sich zu bemühen, nach besten Kräften sicherzustellen, dass die Arbeitnehmervertreter oder, falls es keine solchen Vertreter gibt, die Arbeitnehmer selbst ordnungsgemäß vom Vorstand gemäß diesem Absatz informiert werden.

(4) Wenn ein AIF allein oder gemeinsam die Kontrolle über ein nicht börsennotiertes Unternehmen gemäß § 24 Abs. 1 in Verbindung mit Abs. 5 erlangt, hat der AIFM, der den betreffenden AIF verwaltet, die Absichten des AIF hinsichtlich der zukünftigen Geschäftsentwicklung des nicht börsennotierten Unternehmens und die voraussichtlichen Auswirkungen auf die Beschäftigung, einschließlich wesentlicher Änderungen der Arbeitsbedingungen, gegenüber folgenden Personen offenzulegen oder sicherzustellen, dass der AIF diese Absichten diesen Personen gegenüber offenlegt:

1. dem nicht börsennotierten Unternehmen, und
2. den Anteilseignern des nicht börsennotierten Unternehmens, deren Identität und Adresse dem AIFM vorliegen oder ihm von dem nicht börsennotierten Unternehmen oder einem Register, zu dem der AIFM Zugang hat oder erhalten kann, zur Verfügung gestellt werden können.

Darüber hinaus hat der AIFM, der den betreffenden AIF verwaltet, den Vorstand des nicht börsennotierten Unternehmens zu ersuchen, die im ersten Satz dieses Absatzes festgelegten Informationen den Arbeitnehmervertretern oder, falls es keine solchen Vertreter gibt, den Arbeitnehmern des nicht börsennotierten Unternehmens selbst zur Verfügung zu stellen, und hat sich nach besten Kräften zu bemühen, dies sicherzustellen.

(5) Sobald ein AIF die Kontrolle über ein nicht börsennotiertes Unternehmen gemäß § 24 Abs. 1 in Verbindung mit Abs. 5 erlangt, hat der AIFM, der den betreffenden AIF verwaltet, der FMA als zuständiger Behörde seines Herkunftsmitgliedstaats und den Anlegern des AIF Angaben zur Finanzierung des Erwerbs vorzulegen.

EB zu § 26:

Hiedurch wird Art. 28 der Richtlinie 2011/61/EU umgesetzt. Von der Option in Art. 26 Abs. 1 zweiter Unterabsatz der Richtlinie 2011/61/EU wurde kein Gebrauch gemacht.

Besondere Bestimmungen hinsichtlich des Jahresberichts von AIF, die die Kontrolle über nicht börsennotierte Unternehmen ausüben

§ 27. (1) Wenn ein AIF allein oder gemeinsam die Kontrolle über ein nicht börsennotiertes Unternehmen gemäß § 24 Abs. 1 in Verbindung mit Abs. 5 erlangt, hat der AIFM, der den betreffenden AIF verwaltet, entweder

1. darum zu ersuchen und sich nach besten Kräften zu bemühen sicherzustellen, dass der Jahresbericht des nicht börsennotierten Unternehmens innerhalb der Frist, die in den einschlägigen nationalen Rechtsvorschriften für die Erstellung eines solchen Jahresberichts vorgesehen ist, gemäß Abs. 2 erstellt und vom Vorstand des Unternehmens allen Arbeitnehmervertretern oder, falls es keine solchen Vertreter gibt, den Arbeitnehmern selbst zur Verfügung gestellt wird, oder
2. für jeden betreffenden AIF in den gemäß § 20 vorgesehenen Jahresbericht zusätzlich die in Abs. 2 genannten Informationen über das betreffende nicht börsennotierte Unternehmen aufzunehmen.

(2) Die zusätzlichen Informationen, die gemäß Abs. 1 in den Jahresbericht des Unternehmens oder des AIF aufgenommen werden müssen, müssen zumindest einen Bericht über die Lage am Ende des von dem Jahresbericht abgedeckten Zeitraums enthalten, in dem der Geschäftsverlauf der Gesellschaft so dargestellt wird, dass ein möglichst getreues Bild der Vermögens-, Ertrags- und Finanzlage entsteht. Der Bericht soll außerdem Angaben zu Folgendem enthalten:

1. Ereignisse von besonderer Bedeutung, die nach Abschluss des Geschäftsjahres eingetreten sind,
2. die voraussichtliche Entwicklung des Unternehmens und
3. die in Art. 24 Abs. 2 der Richtlinie 2012/30/EU bezeichneten Angaben über den Erwerb eigener Aktien.

(3) Der AIFM, der den betreffenden AIF verwaltet, hat entweder

1. darum zu ersuchen und sich nach besten Kräften zu bemühen, sicherzustellen, dass der Vorstand des nicht börsennotierten Unternehmens die in Abs. 1 Z 2 genannten Informationen über das betreffende Unternehmen den Arbeitnehmervertretern des betreffenden Unternehmens oder, falls es keine solchen Vertreter gibt, den Arbeitnehmern selbst innerhalb der in § 20 Abs. 1 genannten Frist zur Verfügung stellt, oder
2. den Anlegern des AIF die Informationen gemäß Abs. 1 Z 1, soweit bereits verfügbar, innerhalb der in § 20 Abs. 1 genannten Frist und in jedem Fall spätestens bis zu dem Datum, zu dem der Jahresbericht des nicht börsennotierten Unternehmens gemäß den einschlägigen nationalen Rechtsvorschriften erstellt wird, zur Verfügung zu stellen.

EB zu § 27:
Hiedurch wird Art. 29 der Richtlinie 2011/61/EU umgesetzt.

EB zu § 27 Abs. 2 (Art. 4 BGBl. I Nr. 70/2014):
Berichtigung von Verweisen bzw. sprachliche Klarstellungen.

Zerschlagung von Unternehmen

§ 28. (1) Wenn ein AIF allein oder gemeinsam die Kontrolle über ein nicht börsennotiertes Unternehmen oder einen Emittenten gemäß § 24 Abs. 1 in Verbindung mit Abs. 5 erlangt, darf der AIFM, der den betreffenden AIF verwaltet, innerhalb eines Zeitraums von 24 Monaten nach dem Erlangen der Kontrolle über das Unternehmen durch den AIF

1. Vertrieb, Kapitalherabsetzungen, Rücknahme von Anteilen und/oder Ankauf eigener Anteile durch das Unternehmen gemäß Abs. 2 weder gestatten, noch ermöglichen, unterstützen oder anordnen;
2. sofern der AIFM befugt ist, in den Versammlungen der Leitungsgremien des Unternehmens im Namen des AIF abzustimmen, nicht für Vertrieb, Kapitalherabsetzungen, Rücknahme von Anteilen und/oder Ankauf eigener Anteile durch das Unternehmen gemäß Abs. 2 stimmen und
3. hat innerhalb des gleichen Zeitraumes sich in jedem Falle nach besten Kräften zu bemühen, Vertrieb, Kapitalherabsetzungen, Rücknahme von Anteilen und/oder Ankauf eigener Anteile durch das Unternehmen gemäß Abs. 2 zu verhindern.

(2) Die Auflagen, die den AIFM gemäß Abs. 1 auferlegt werden, erstrecken sich auf Folgendes:

1. Ausschüttungen an die Anteilseigner, die vorgenommen werden, wenn das im Jahresabschluss des Unternehmens ausgewiesene Nettoaktivvermögen bei Abschluss des letzten Geschäftsjahres den Betrag des gezeichneten Kapitals zuzüglich der Rücklagen,

deren Ausschüttung das Recht oder die Satzung nicht gestattet, unterschreitet oder durch eine solche Ausschüttung unterschreiten würde, wobei der Betrag des gezeichneten Kapitals um den Betrag des noch nicht eingeforderten Teils des gezeichneten Kapitals vermindert wird, falls Letzterer nicht auf der Aktivseite der Bilanz ausgewiesen ist;

2. Ausschüttungen an die Aktionäre, deren Betrag den Betrag des Ergebnisses des letzten abgeschlossenen Geschäftsjahres, zuzüglich des Gewinnvortrags und der Entnahmen aus hierfür verfügbaren Rücklagen, jedoch vermindert um die Verluste aus früheren Geschäftsjahren sowie um die Beträge, die nach Gesetz oder Satzung in Rücklagen eingestellt worden sind, überschreiten würde;
3. Ankäufe durch das Unternehmen, einschließlich Anteilen, die bereits früher vom Unternehmen erworben und von ihm gehalten wurden, und Anteilen, die von einer Person erworben werden, die in ihrem eigenen Namen, aber im Auftrag des Unternehmens handelt, in dem Umfang, in dem der Ankauf eigener Anteile gestattet ist, die zur Folge hätten, dass das Nettoaktivvermögen unter die in Z 1 genannte Schwelle gesenkt würde.

(3) Für die Zwecke des Abs. 2 gilt Folgendes:

1. der in Abs. 2 Z 1 und 2 verwendete Begriff „Ausschüttung" bezieht sich insbesondere auf die Zahlung von Dividenden und Zinsen im Zusammenhang mit Anteilen;
2. die Bestimmungen für Kapitalherabsetzungen erstrecken sich nicht auf Herabsetzungen des gezeichneten Kapitals, deren Zweck im Ausgleich von erlittenen Verlusten oder in der Aufnahme von Geldern in eine nicht ausschüttbare Rücklage besteht, unter der Voraussetzung, dass die Höhe einer solchen Rücklage nach dieser Maßnahme 10 vH des herabgesetzten gezeichneten Kapitals nicht überschreitet, und
3. die Einschränkung gemäß Abs. 2 Z 3 richtet sich nach Art. 22 Abs. 1 lit. b bis h der Richtlinie 2012/30/EU.

EB zu § 28:

Hiedurch wird Art. 30 der Richtlinie 2011/61/EU umgesetzt.

6. Teil
Recht der EU-AIFM auf Vertrieb und Verwaltung von EU-AIF

Vertrieb von Anteilen von EU-AIF in Österreich als Herkunftsmitgliedstaat des AIFM

§ 29. (1) Ein in Österreich konzessionierter AIFM kann Anteile von allen EU-AIF, die er verwaltet, an professionelle Anleger in Österreich als seinem Herkunftsmitgliedstaat vertreiben, sobald die in dieser Bestimmung festgelegten Bedingungen eingehalten sind. Handelt es sich bei dem EU-AIF um einen Feeder-AIF, so gilt das im ersten Satz dieses Absatzes genannte Vertriebsrecht nur dann, wenn der Master-AIF ebenfalls ein EU-AIF ist, der von einem in einem Mitgliedstaat zugelassenen EU-AIFM verwaltet wird.

(2) Der AIFM hat bei der FMA für jeden AIF, welchen er zu vertreiben beabsichtigt, einen Antrag auf Bewilligung einzureichen. Der Antrag auf Bewilligung hat die Dokumentation und die Angaben gemäß **Anlage 3** zu umfassen.

(3) Innerhalb von 20 Arbeitstagen nach Eingang des vollständigen Antrags nach Abs. 2 hat die FMA über die Zulässigkeit des Vertriebs des genannten AIF zu entscheiden. § 13 Abs. 3 letzter Satz AVG kommt hinsichtlich der Berechnung der Frist nicht zur Anwendung. Die FMA kann den Vertrieb des AIF untersagen, wenn die Verwaltung des AIF durch den AIFM oder der AIFM in sonstiger Weise gegen dieses Bundesgesetz, die Richtlinie

2011/61/EU oder auf Basis dieser Richtlinie erlassene delegierte Rechtsakte verstößt oder verstoßen wird. Im Falle einer positiven Entscheidung kann der AIFM ab dem Datum der diesbezüglichen Bewilligung mit dem Vertrieb des AIF beginnen.

(4) Im Falle, dass die FMA nicht zugleich zuständige Behörde des EU-AIF ist, teilt die FMA den zuständigen Behörden des EU-AIF mit, dass der AIFM den Vertrieb mit Anteilen des AIF in Österreich beginnen kann.

(5) Im Falle einer wesentlichen Änderung der nach Abs. 2 mitgeteilten Angaben hat der AIFM diese der FMA bei von ihm geplanten Änderungen mindestens einen Monat vor Durchführung der Änderung, oder, bei ungeplanten Änderungen, unverzüglich nach Eintreten der ungeplanten Änderung schriftlich anzuzeigen. Sollte die geplante Änderung dazu führen, dass die Verwaltung des EU-AIF durch den AIFM oder der AIFM im Allgemeinen nunmehr gegen dieses Bundesgesetz, gegen die Richtlinie 2011/61/EU oder auf Basis dieser Richtlinie erlassene delegierte Rechtsakte verstößt, hat die FMA dem AIFM unverzüglich, die Durchführung der Änderungen zu untersagen. Wird eine geplante Änderung ungeachtet dieses Abs. oder einer Untersagung durchgeführt oder führt eine durch einen ungeplanten Umstand ausgelöste Änderung dazu, dass die Verwaltung des EU-AIF durch den AIFM oder der AIFM im Allgemeinen nunmehr gegen dieses Bundesgesetz, die Richtlinie 2011/61/EU oder auf Basis dieser Richtlinie erlassene delegierte Rechtsakte verstoßen würde, so hat die FMA alle gebotenen Maßnahmen gemäß §§ 56 f zu ergreifen, einschließlich, falls erforderlich, der ausdrücklichen Untersagung des Vertriebs des EU-AIF im Inland.

(6) Unbeschadet des § 48 Abs. 1 dürfen die von den AIFM verwalteten und vertriebenen AIF nur an professionelle Anleger vertrieben werden.

EB zu § 29:

Hiedurch wird Art. 31 der Richtlinie 2011/61/EU umgesetzt. Die Inhalte von Art. 31 Abs. 6 der Richtlinie 2011/61/EU werden als § 29 Abs. 6 umgesetzt. Die Implementing Technical Standards xxx Level II der Europäischen Kommission regeln sowohl Form und Inhalt eines Standardantrages nach § 29 Abs. 2, als auch einer Mitteilung nach Abs. 4 um auf Unionsebene eine Harmonisierung zu erreichen. Bevor einer Verwaltungsgesellschaft eine Bewilligung nach diesem Bundesgesetz erteilt werden kann, bedarf diese einer Konzession als AIFM gemäß diesem Bundesgesetz. Somit müssen auch Verwaltungsgesellschaften die bereits vor Inkrafttreten dieses Bundesgesetzes AIF verwaltet haben, über eine Konzessionierung durch die FMA als AIFM verfügen, damit sie neue AIF auflegen können.

EB zu § 29 Abs. 1 (Art. 4 BGBl. I Nr. 70/2014):

Berichtigung von Verweisen bzw. sprachliche Klarstellungen.

Vertrieb von Anteilen von EU-AIF in anderen Mitgliedstaaten durch einen in Österreich konzessionierten AIFM

§ 30. (1) Ein in Österreich konzessionierter AIFM kann Anteile eines von ihm verwalteten EU-AIF an professionelle Anleger in anderen Mitgliedstaaten als in Österreich vertreiben, sobald die in dieser Bestimmung festgelegten Bedingungen eingehalten sind. Handelt es sich bei dem EU-AIF um einen Feeder-AIF, so gilt das Vertriebsrecht nur dann, wenn der Master-AIF ebenfalls ein EU-AIF ist und von einem in einem Mitgliedstaat zugelassenen EU-AIFM verwaltet wird.

(2) Wenn ein in Österreich konzessionierter AIFM beabsichtigt, die Anteile eines von ihm verwalteten EU-AIF in einem anderen Mitgliedstaat zu vertreiben, so hat er der FMA

im Voraus ein Anzeigeschreiben zu übermitteln, welches die Dokumentation und die Angaben gemäß **Anlage 4** umfasst.

(3) Die FMA hat nach Prüfung der Vollständigkeit der gemäß Abs. 2 übermittelten Anzeige und Unterlagen den zuständigen Behörden des Mitgliedstaats, in dem der EU-AIF vertrieben werden soll, diese spätestens 20 Arbeitstage nach dem Eingang des vollständigen Anzeigeschreibens und der Unterlagen zu übermitteln. § 13 Abs. 3 letzter Satz AVG kommt hinsichtlich der Berechnung der Frist nicht zur Anwendung. Die FMA hat nur dann die Anzeige zu übermitteln, wenn die Verwaltung des EU-AIF durch den AIFM diesem Bundesgesetz, der Richtlinie 2011/61/EU sowie den auf Basis dieser Richtlinie erlassenen delegierten Rechtsakten entspricht und weiterhin entsprechen wird und wenn der AIFM im Allgemeinen sich an dieses Bundesgesetz, die Richtlinie 2011/61/EU sowie auf Basis dieser Richtlinie erlassenen delegierten Rechtsakten hält. Die FMA hat eine Bescheinigung über die Konzession des betreffenden AIFM zur Verwaltung von AIF mit einer bestimmten Anlagestrategie beizufügen.

(4) Die FMA hat den AIFM unverzüglich über den Versand der Anzeigeunterlagen zu unterrichten. Der AIFM kann ab dem Datum dieser Mitteilung mit dem Vertrieb des EU-AIF im Aufnahmemitgliedstaat beginnen. Im Falle, dass die FMA nicht zugleich zuständige Behörde des EU-AIF ist, teilt die FMA zudem den für den EU-AIF zuständigen Behörden mit, dass der AIFM mit dem Vertrieb von Anteilen des EU-AIF im Aufnahmemitgliedstaat des AIFM beginnen kann.

(5) Das in Abs. 2 genannte Anzeigeschreiben des AIFM, die in Abs. 3 genannte Bescheinigung sowie die in Abs. 6 genannte Änderungsanzeige haben in deutscher oder englischer Sprache oder in einer von der FMA gemäß Verordnung (§ 7b Abs. 1 KMG) anerkannten anderen Sprache bereitgestellt zu werden. Die FMA hat die elektronische Übermittlung und Archivierung der genannten Unterlagen zu akzeptieren.

(6) Im Falle einer wesentlichen Änderung der nach Abs. 2 mitgeteilten Angaben hat der AIFM diese der FMA bei von ihm geplanten Änderungen mindestens einen Monat vor Durchführung der Änderung, oder, bei ungeplanten Änderungen, unverzüglich nach Eintreten der ungeplanten Änderung schriftlich mitzuteilen. Sollte die geplante Änderung dazu führen, dass die Verwaltung des EU-AIF durch den AIFM oder der AIFM im Allgemeinen nunmehr gegen dieses Bundesgesetz, gegen die Richtlinie 2011/61/EU oder auf Basis dieser Richtlinie erlassene delegierte Rechtsakte verstößt, hat die FMA dem AIFM unverzüglich die Durchführung der Änderungen zu untersagen. Wird eine geplante Änderung ungeachtet dieses Abs. oder einer Untersagung durchgeführt oder führt eine durch einen ungeplanten Umstand ausgelöste Änderung dazu, dass die Verwaltung des EU-AIF durch den AIFM oder der AIFM im Allgemeinen nunmehr gegen dieses Bundesgesetz, die Richtlinie 2011/61/EU oder auf Basis dieser Richtlinie erlassene delegierte Rechtsakte verstoßen würde, so hat die FMA alle gebotenen Maßnahmen gemäß §§ 56f zu ergreifen, einschließlich, falls erforderlich, der ausdrücklichen Untersagung des Vertriebs des EU-AIF. Sind die Änderungen zulässig, so hat die FMA unverzüglich die zuständigen Behörden des Aufnahmemitgliedstaats des AIFM über diese Änderungen zu unterrichten.

(7) Unbeschadet des § 48 Abs. 1 dürfen die von den AIFM verwalteten und vertriebenen AIF im Inland nur an professionelle Anleger vertrieben werden.

EB zu § 30:

Hiedurch wird Art. 32 der Richtlinie 2011/61/EU umgesetzt und der „EU-Pass" für AIF eingeführt. Die Inhalte von Art. 32 Abs. 9 der Richtlinie 2011/61/EU werden als § 30 Abs. 7 umgesetzt. Die Implementing Technical Standards xxx Level II der Europäischen

Kommission regeln sowohl Form und Inhalt eines Standard-Anzeigeschreibens nach § 30 Abs. 2, als auch die Form der Übermittlung nach Abs. 3, der Bescheinigung nach Abs. 3 und der Mitteilung nach Abs. 6. Art. 32 der Richtlinie 2011/61/EU wurde in § 30 und § 31 aufgeteilt, da durch die Bestimmung des § 30 der Vertrieb von EU-AIF durch einen in Österreich konzessionierten AIFM geregelt ist, während in § 31 der Vertrieb von EU-AIF aus anderen Mitgliedstaaten in Österreich durch einen in einem Mitgliedstaat zugelassenen AIFM normiert ist.

Vertrieb von Anteilen von EU-AIF aus anderen Mitgliedstaaten in Österreich durch einen in einem Mitgliedstaat zugelassenen AIFM

§ 31. (1) Ein in einem Mitgliedstaat zugelassener AIFM kann Anteile eines von ihm verwalteten EU-AIF an professionelle Anleger in Österreich vertreiben, sobald der AIFM von der zuständigen Behörde seines Herkunftsmitgliedstaats darüber unterrichtet wurde, dass die vollständigen Unterlagen und Informationen gemäß Anlage 4 und eine dem § 30 Abs. 3 letzter Satz entsprechende Bescheinigung an die FMA übermittelt wurden.

(2) Die gemäß Anlage 4 lit. h anzugebenden Vorkehrungen für den Vertrieb des EU-AIF und, sofern zutreffend, die Vorkehrungen, die getroffen wurden, um zu verhindern, dass Anteile des EU-AIF an Privatkunden vertrieben werden, auch falls der AIFM für die Erbringung von Wertpapierdienstleistungen für den AIF auf unabhängige Unternehmen zurückgreift, unterliegen den Anforderungen dieses Bundesgesetzes und der Aufsicht durch die FMA. Die FMA hat im Falle eines Verstoßes gegen dieses Bundesgesetz, die Richtlinie 2011/61/EU oder auf Basis dieser Richtlinie erlassene delegierte Rechtsakte alle gebotenen Maßnahmen gemäß §§ 56 f zu ergreifen, einschließlich, falls erforderlich, der ausdrücklichen Untersagung des Vertriebs des EU-AIF im Inland.

(3) Die durch die zuständigen Behörde des Herkunftsmitgliedstaats des AIFM übermittelte Anzeige samt Unterlagen sowie die in § 30 Abs. 3 genannte Bescheinigung haben in deutscher oder englischer Sprache oder in einer von der FMA gemäß Verordnung (§ 7b Abs. 1 KMG) anerkannten anderen Sprache bereitgestellt zu werden. Die FMA hat die elektronische Übermittlung und Archivierung der genannten Unterlagen zu akzeptieren.

(4) Für die Bearbeitung der übermittelten Unterlagen gemäß Abs. 1 ist an die FMA eine Gebühr von 1 100 Euro zu entrichten. Diese Gebühr erhöht sich bei EU-AIF, die mehrere Teilfonds enthalten (Umbrella-Fonds), ab dem zweiten Teilfonds für jeden Fonds um 220 Euro. Für die Überwachung der Einhaltung der nach diesem Abschnitt bestehenden Pflichten ist weiters zu Beginn eines jeden Kalenderjahres, spätestens bis zum 15. Jänner dieses Jahres für jeden zum Stichtag 1. Jänner dieses Jahres zugelassenen EU-AIF eine jährliche Gebühr von 600 Euro an die FMA zu entrichten; diese Gebühr erhöht sich bei EU-AIF, die mehrere Teilfonds enthalten (Umbrella-Fonds), ab dem zweiten Teilfonds für jeden Teilfonds um 200 Euro. Gebührenbeiträge, die nicht spätestens am Fälligkeitstag entrichtet wurden, sind vollstreckbar. Die FMA hat einen als Exekutionstitel geltenden Rückstandsausweis auszufertigen. Dieser hat Namen und Anschrift des Gebührenpflichtigen, den Betrag der Schuld und den Vermerk zu enthalten, dass die Schuld vollstreckbar geworden ist. Die nicht fristgerechte Entrichtung der Gebühr ist ein Vertriebsuntersagungsgrund gemäß § 50.

EB zu § 31:

Hiedurch wird Art. 32 der Richtlinie 2011/61/EU umgesetzt. Die Implementing Technical Standards xxx Level II der Europäischen Kommission regeln sowohl Form und Inhalt eines Standard-Anzeigeschreibens nach § 30 Abs. 2, als auch die Form der Übermittlung nach Abs. 3, der Bescheinigung im Sinne des § 30 Abs. 3 und der Mitteilung nach § 30 Abs. 6. Aus strukturellen Gründen wurde Art. 32 der Richtlinie 2011/61/EU in § 30 und § 31 aufgeteilt. In der Bestimmung des § 30 ist der Vertrieb von EUAIF durch einen in Österreich konzessionierten AIFM geregelt, während in § 31 der Vertrieb von EUAIF aus anderen Mitgliedstaaten in Österreich durch einen in einem Mitgliedstaat zugelassenen AIFM normiert ist.

EB zu § 31 Abs. 1 (Art. 4 BGBl. I Nr. 70/2014):
Es soll klargestellt werden, dass der FMA eine Bescheinigung der zuständigen Behörde des Herkunftsmitgliedstaates zu übermitteln ist.

EB zu § 31 Abs. 4 (Art. 4 BGBl. I Nr. 70/2014):
Es soll klargestellt werden, dass die jährliche Gebühr für zum 1. Jänner zugelassene EU-AIF zu entrichten ist.

Bedingungen für die Verwaltung von EU-AIF und die Erbringung von Dienstleistungen durch einen in Österreich konzessionierten AIFM

§ 32. (1) Ein in Österreich konzessionierter AIFM kann entweder direkt oder indirekt über eine Zweigniederlassung
1. EU-AIF mit Sitz in einem anderen Mitgliedstaat verwalten, sofern die Konzession den AIFM zu der Verwaltung dieser Art von AIF berechtigt, oder
2. in einem anderen Mitgliedstaat Dienstleistungen gemäß § 4 Abs. 4 erbringen, sofern die Konzession den AIFM dazu berechtigt.

(2) Ein AIFM, der erstmals beabsichtigt, Tätigkeiten oder Dienstleistungen gemäß Abs. 1 zu erbringen, hat der FMA dies anzuzeigen und folgende Angaben zu übermitteln:
1. den Mitgliedstaat, in dem er EU-AIF direkt oder über eine Zweigniederlassung zu verwalten oder Dienstleistungen gemäß § 4 Abs. 4 zu erbringen beabsichtigt,
2. einen Geschäftsplan, aus dem insbesondere hervorgeht, welche Dienstleistungen er zu erbringen oder welche EU-AIF er zu verwalten beabsichtigt.

(3) Beabsichtigt der AIFM die Errichtung einer Zweigniederlassung in diesem Mitgliedstaat, so sind zusätzlich zu den Angaben nach Abs. 2 folgende Informationen vorzulegen:
1. der organisatorische Aufbau der Zweigniederlassung;
2. die Anschrift, unter der im Herkunftsmitgliedstaat des EU-AIF Unterlagen angefordert werden können; und
3. die Namen und die Kontaktangaben der Geschäftsführer der Zweigniederlassung.

(4) Die FMA hat binnen eines Monats nach dem Eingang der vollständigen Anzeige nach Abs. 2 oder binnen zwei Monaten nach dem Eingang der vollständigen Unterlagen nach Abs. 3 die vollständigen Anzeigeunterlagen an die zuständigen Behörden des Aufnahmemitgliedstaats des AIFM zu übermitteln. § 13 Abs. 3 letzter Satz AVG kommt hinsichtlich der Berechnung der Frist nicht zur Anwendung. Die FMA hat nur dann die Anzeige zu übermitteln, wenn die Verwaltung des EU-AIF durch den AIFM diesem Bundesgesetz, der Richtlinie 2011/61/EU sowie den auf Basis dieser Richtlinie erlassenen delegierten Rechtsakten entspricht und weiterhin entsprechen wird und wenn der AIFM im Allgemeinen sich an dieses Bundesgesetz, die Richtlinie 2011/61/EU sowie die auf Basis dieser Richtlinie erlassenen delegierten Rechtsakten hält. Die FMA hat eine Bescheinigung über die Konzession des betreffenden AIFM zur Verwaltung von AIF mit einer bestimmten Anlagestrategie beizufügen.

(5) Die FMA hat den AIFM unverzüglich über den Versand der Unterlagen zu unterrichten. Der AIFM kann ab dem Datum dieser Mitteilung mit der Erbringung der Dienstleistungen im Aufnahmemitgliedstaat beginnen.

(6) Im Falle einer wesentlichen Änderung der nach Abs. 2 und gegebenenfalls nach Abs. 3 übermittelten Angaben hat der AIFM diese der FMA bei von ihm geplanten Änderungen mindestens einen Monat vor Durchführung der Änderung, oder, bei ungeplanten Änderungen, unverzüglich nach Eintreten der ungeplanten Änderung schriftlich mitzuteilen. Sollte die geplante Änderung dazu führen, dass die Verwaltung des EU-AIF durch den AIFM oder der AIFM im Allgemeinen nunmehr gegen dieses Bundesgesetz, gegen die Richtlinie 2011/61/EU oder auf Basis dieser Richtlinie erlassene delegierte Rechtsakte verstößt, hat die FMA dem AIFM unverzüglich die Durchführung der Änderungen zu untersagen. Wird eine geplante Änderung ungeachtet dieses Absatzes oder einer Untersagung durchgeführt oder führt eine durch einen ungeplanten Umstand ausgelöste Änderung dazu, dass die Verwaltung des EU-AIF durch den AIFM oder der AIFM im Allgemeinen nunmehr gegen dieses Bundesgesetz, die Richtlinie 2011/61/EU oder auf Basis dieser Richtlinie erlassene delegierte Rechtsakte verstoßen würde, so hat die FMA alle gebotenen Maßnahmen gemäß §§ 56 f zu ergreifen, einschließlich, falls erforderlich, der ausdrücklichen Untersagung des Vertriebs des EU-AIF im Inland Sind die Änderungen zulässig, so hat die FMA unverzüglich die zuständigen Behörden des Aufnahmemitgliedstaats des AIFM über diese Änderungen zu unterrichten.

(7) Das in Abs. 2 genannte Anzeigeschreiben des AIFM, gegebenenfalls die in Abs. 3 übermittelten Angaben sowie die in Abs. 6 genannte Änderungsanzeige haben in deutscher oder englischer Sprache oder in einer von der FMA gemäß Verordnung (§ 7b Abs. 1 KMG) anerkannten anderen Sprache bereitgestellt zu werden. Die FMA hat die elektronische Übermittlung und Archivierung der genannten Unterlagen zu akzeptieren.

EB zu § 32:

Hiedurch wird Art. 33 der Richtlinie 2011/61/EU umgesetzt und der Gesellschaftspass (Management Company Pass) für den AIFM eingeführt. Bezüglich der Abs. 2 und 3 sind die Regulatory Technical Standards xxx Level II der Europäischen Kommission zu berücksichtigen. Diese bestimmen den Inhalt der in den genannten Abs. geforderten Informationen näher. Weiters richten die Implementing Technical Standards xxx Level II der Europäischen Kommission Standardformulare, Mustertexte und Verfahren für die Übermittlung von Informationen in Übereinstimmung mit den Abs. 2 und 3 ein.

Aus strukturellen Gründen wurde Art. 33 der Richtlinie 2011/61/EU in § 32 und § 33 aufgeteilt. In der Bestimmung des § 32 ist die Verwaltung von EU-AIF durch einen in Österreich konzessionierten AIFM geregelt, während in § 33 die Verwaltung von EU-AIF durch AIFM mit Sitz in einem anderen Mitgliedstaat in Österreich normiert ist.

Bedingungen für die Verwaltung von EU-AIF und die Erbringung von Dienstleistungen in Österreich durch AIFM mit Sitz in einem anderen Mitgliedstaat

§ 33. (1) Ein in einem anderen Mitgliedstaat zugelassener EU-AIFM kann entweder direkt oder indirekt über eine Zweigniederlassung in Österreich

1. EU-AIF verwalten, sofern der EU-AIFM für die Verwaltung dieser Art von EU-AIF berechtigt ist, oder
2. Dienstleistungen gemäß Art. 6 Abs. 4 der Richtlinie 2011/61/EU erbringen, sofern dem AIFM dafür eine Zulassung erteilt wurde.

(2) Die Aufnahme von Tätigkeiten oder Dienstleistungen gemäß Abs. 1 in Österreich sowie die Errichtung einer Zweigstelle durch einen EU-AIFM ist zulässig, wenn die zuständige Behörde des Herkunftsmitgliedstaats des EU-AIFM der FMA alle Angaben gemäß § 32 Abs. 2, 3 und eine dem Abs. 4 letzter Satz entsprechende Bescheinigung übermittelt hat sowie dem EU-AIFM eine Bestätigung der Übermittlung durch die zuständige Behörde seines Herkunftsmitgliedstaats zuging. Die Angaben gemäß § 32 Abs. 2 und 3 haben in deutscher oder englischer Sprache oder in einer von der FMA gemäß Verordnung (§ 7b Abs. 1 KMG) anerkannten anderen Sprache bereitgestellt zu werden. Die FMA hat die elektronische Übermittlung und Archivierung der genannten Unterlagen zu akzeptieren.

(3) Falls die kollektive Portfolioverwaltung eines in Österreich bewilligten AIF beabsichtigt wird, hat der EU-AIFM dies bei der FMA gemäß § 29 zu beantragen. Verwaltet der EU-AIFM bereits AIF der gleichen Art in Österreich, so reicht der Hinweis auf die bereits vorgelegten Unterlagen aus. Der Vertrieb des EU-AIF an Privatkunden in Österreich ist ausschließlich dann zulässig, wenn die Bedingungen des § 48 eingehalten werden.

EB zu § 33:

Hiedurch wird Art. 33 der Richtlinie 2011/61/EU umgesetzt. Die Technical Standards xxx Level II der Europäischen Kommission sind zu berücksichtigen. Diese bestimmen den Inhalt der in den genannten Abs. geforderten Informationen näher. Weiters richten die Implementing Technical Standards xxx Level II der Europäischen Kommission Standardformulare, Mustertexte und Verfahren für die Übermittlung von Informationen in Übereinstimmung mit dem § 32 Abs. 2 und 3 ein.

Aus strukturellen Gründen wurde Art. 33 der Richtlinie 2011/61/EU in § 32 und § 33 aufgeteilt. In der Bestimmung des § 32 ist die Verwaltung von EU-AIF durch einen in Österreich konzessionierten AIFM geregelt, während in § 33 die Verwaltung von EU-AIF durch AIFM mit Sitz in einem anderen Mitgliedstaat in Österreich normiert ist.

EB zu § 33 Abs. 1 (Art. 4 BGBl. I Nr. 70/2014):

Die Einschränkung auf professionelle Anleger soll entfallen, da diese Voraussetzung in § 31 geregelt wird.

EB zu § 33 Abs. 2 (Art. 4 BGBl. I Nr. 70/2014):

Es soll klargestellt werden, dass der FMA eine Bescheinigung der zuständigen Behörde des Herkunftsmitgliedstaates zu übermitteln ist.

7. Teil
Spezifische Vorschriften in Bezug auf Drittländer

Bedingungen für EU-AIFM, die Nicht-EU-AIF verwalten, die in den Mitgliedstaaten nicht vertrieben werden

§ 34. Ein im Inland konzessionierter EU-AIFM darf Nicht-EU-AIF verwalten, die nicht in der Europäischen Union vertrieben werden, wenn

1. der AIFM alle in diesem Bundesgesetz oder in der Richtlinie 2011/61/EU für diese AIF festgelegten Anforderungen mit Ausnahme der Anforderungen in den §§ 19 und 20 oder den Art. 21 und 22 der Richtlinie 2011/61/EU erfüllt, und
2. geeignete Vereinbarungen über die Zusammenarbeit zwischen der FMA als zuständiger Behörde des Herkunftsmitgliedstaats des AIFM und den Aufsichtsbehörden des Drittlands bestehen, in dem der Nicht-EU-AIF seinen Sitz hat, damit zumindest ein effizienter Informationsaustausch gewährleistet ist, der es der FMA als zuständiger Behörde

des Herkunftsmitgliedstaats des AIFM ermöglicht, ihre Aufgaben gemäß diesem Bundesgesetz und der Richtlinie 2011/61/EU wahrzunehmen.

EB zu § 34:

Hiedurch wird Art. 34 der Richtlinie 2011/61/EU umgesetzt. Um einen gemeinsamen europäischen Rahmen bezüglich der in Z 2 genannten Vereinbarungen zu schaffen und um die Einrichtung derartigen Vereinbarungen zu erleichtern, hat die Europäischen Kommission delegierte Rechtsakte xxx Level II erlassen. Unter welchen Bedingungen eine solche Vereinbarung als geeignet anzusehen ist, wird in den Leitlinien xxx Level II geregelt.

Vertrieb von Anteilen eines Nicht-EU-AIF in Österreich durch einen in Österreich konzessionierten AIFM

§ 35. (1) Ein in Österreich konzessionierter AIFM kann Anteile eines von ihm verwalteten Nicht-EU-AIF an professionelle Anleger in Österreich vertreiben, sobald die in dieser Bestimmung festgelegten Bedingungen eingehalten sind.

(2) Wenn ein in Österreich konzessionierter AIFM beabsichtigt, Anteile eines von ihm verwalteten Nicht-EU-AIF in Österreich zu vertreiben, so hat er der FMA im Voraus für jeden Nicht-EU-AIF, den er zu vertreiben beabsichtigt, ein Anzeigeschreiben zu übermitteln, welches die Dokumentation und die Angaben gemäß Anlage 3 umfasst.

(3) Der AIFM muss alle in diesem Bundesgesetz, mit Ausnahme derer im 6. Teil, Kapitel VI der Richtlinie 2011/61/EU oder auf Basis dieser Richtlinie erlassenen delegierten Rechtsakten festgelegten Anforderungen erfüllen. Darüber hinaus müssen die folgenden Bedingungen eingehalten werden:

1. es müssen geeignete Vereinbarungen über die Zusammenarbeit zwischen der FMA und den Aufsichtsbehörden des Drittlands, in dem der Nicht-EU-AIF seinen Sitz hat, bestehen, damit unter Berücksichtigung von § 61 Abs. 3 ein effizienter Informationsaustausch gewährleistet ist, der es der FMA ermöglicht, ihre Aufgaben gemäß diesem Bundesgesetz wahrzunehmen;
2. das Drittland, in dem der Nicht-EU-AIF seinen Sitz hat, ist kein Land oder Gebiet, in dem gemäß § 40b Abs. 1 letzter Satz BWG jedenfalls ein erhöhtes Risiko der Geldwäscherei oder Terrorismusfinanzierung besteht;
3. das Drittland, in dem der Nicht-EU-AIF seinen Sitz hat, hat mit Österreich eine Vereinbarung unterzeichnet, die den Normen gemäß Art. 26 des OECD-Musterabkommens zur Vermeidung der Doppelbesteuerung von Einkommen und Vermögen vollständig entspricht und einen wirksamen Informationsaustausch in Steuerangelegenheiten, gegebenenfalls einschließlich multilateraler Abkommen über die Besteuerung, gewährleistet.

(4) Spätestens 20 Arbeitstage nach dem Eingang des vollständigen Anzeigeschreibens und der Unterlagen gemäß Abs. 2 hat die FMA nach Prüfung der Vollständigkeit der Anzeige und der Unterlagen dem AIFM mitzuteilen, ob er im Inland mit dem Vertrieb des im Anzeigeschreiben nach Abs. 2 genannten AIF beginnen kann. § 13 Abs. 3 letzter Satz AVG kommt hinsichtlich der Berechnung der Frist nicht zur Anwendung. Die FMA kann den Vertrieb des AIF nur untersagen, wenn die Verwaltung des AIF durch den AIFM oder der AIFM im Allgemeinen gegen dieses Bundesgesetz, die Richtlinie 2011/61/EU oder auf Basis dieser Richtlinie erlassene delegierte Rechtsakte verstößt. Im Falle einer positiven Entscheidung kann der AIFM ab dem Datum der diesbezüglichen Mitteilung der FMA mit dem Vertrieb des AIF beginnen.

(5) Das in Abs. 2 genannte Anzeigeschreiben des AIFM hat in deutscher oder englischer Sprache oder in einer von der FMA gemäß Verordnung (§ 7b Abs. 1 KMG) anerkannten anderen Sprache bereitgestellt zu werden. Die FMA hat die elektronische Übermittlung und Archivierung der genannten Unterlagen zu akzeptieren.

(6) Im Falle einer wesentlichen Änderung der nach Abs. 2 mitgeteilten Angaben hat der AIFM diese der FMA bei von ihm geplanten Änderungen mindestens einen Monat vor Durchführung der Änderung, oder, bei ungeplanten Änderungen, unverzüglich nach Eintreten der ungeplanten Änderung schriftlich mitzuteilen. Sollte die geplante Änderung dazu führen, dass die Verwaltung des Nicht-EU-AIF durch den AIFM oder der AIFM im Allgemeinen nunmehr gegen dieses Bundesgesetz, gegen die Richtlinie 2011/61/EU oder auf Basis dieser Richtlinie erlassene delegierte Rechtsakte verstößt, hat die FMA dem AIFM unverzüglich die Durchführung der Änderungen zu untersagen. Wird eine geplante Änderung ungeachtet dieses Absatzes oder einer Untersagung durchgeführt, fällt eine Voraussetzung des Abs. 3 nachträglich weg oder führt eine durch einen ungeplanten Umstand ausgelöste Änderung dazu, dass die Verwaltung des Nicht-EU-AIF durch den AIFM oder der AIFM im Allgemeinen nunmehr gegen dieses Bundesgesetz, die Richtlinie 2011/61/EU oder auf Basis dieser Richtlinie erlassene delegierte Rechtsakte verstoßen würde, so hat die FMA alle gebotenen Maßnahmen gemäß §§ 56 f zu ergreifen, einschließlich, falls erforderlich, der ausdrücklichen Untersagung des Vertriebs des Nicht-EU-AIF. Sind die Änderungen zulässig, so hat die FMA nach Maßgabe des Abs. 4 den AIFM davon zu unterrichten.

(7) Unbeschadet des § 48 Abs. 1 dürfen die von den AIFM verwalteten und vertriebenen Nicht-EU-AIF nur an professionelle Anleger vertrieben werden.

(8) Diese Bestimmung gilt gleichermaßen für EU-Feeder-AIF, die nicht die Anforderungen gemäß § 29 Abs. 1 zweiter Satz erfüllen.

EB zu § 35:

Hiedurch wird Art. 35 der Richtlinie 2011/61/EU umgesetzt. Die Kommission erlässt binnen drei Monaten nach Eingang der positiven Empfehlung und der Stellungnahme durch ESMA, die bis zum 22.7.2015 zu erfolgen hat, einen delegierten Rechtsakt, ab dem die Bestimmungen der Art. 35 sowie 37 bis 41 der Richtlinie 2011/61/EU umgesetzt werden. Die Bestimmung des § 35 tritt somit erst ab jenem Zeitpunkt in Kraft. Der Inhalt von Abs. 17 der Richtlinie 2011/61/EU wird als § 35 Abs. 7 umgesetzt.

Bezüglich der in Art. 35 Abs. 2 lit. a der Richtlinie 2011/61/EU genannten Vereinbarungen wird durch die delegierte Verordnung (EU) Nr. 231/2013 zur Ergänzung der Richtlinie 2011/61/EU ein einheitlicher Rahmen zur Erleichterung des Abschlusses derartiger Vereinbarungen mit Drittländern geschaffen werden. In Regulatory Technical Standards der Europäischen Kommission, wird der Mindestinhalt der in Art. 35 Abs. 2 lit. a der Richtlinie 2011/61/EU genannten Vereinbarungen über Zusammenarbeit festgelegt, wodurch gewährleistet werden soll, dass die zuständigen Behörden des Herkunftsmitgliedstaats und des Aufnahmemitgliedstaats genügend Informationen erhalten, um ihre Aufsichts- und Ermittlungsbefugnisse gemäß dieser Richtlinie wahrzunehmen.

Aus strukturellen Gründen wurde Art. 35 der Richtlinie 2011/61/EU in § 35, § 36 und § 37 aufgeteilt. In der Bestimmung des § 35 ist der Vertrieb von Anteilen eines Nicht-EU-AIF in Österreich durch einen in Österreich konzessionierten AIFM geregelt, in § 36 der Vertrieb von Anteilen eines Nicht-EU-AIF in anderen Mitgliedstaaten durch einen in Österreich konzessionierten AIFM und in § 37 der Vertrieb von Nicht-EU-AIF mittels Pass in Österreich durch einen EU-AIFM.

§ 35 Abs. 3 Z 3 bezieht sich auf die Liste der nicht kooperativen Länder und Gebiete, die von der Arbeitsgruppe „Finanzielle Maßnahmen gegen Geldwäsche und Terrorismusfinanzierung" aufgestellt wurde.

Vertrieb von Anteilen eines Nicht-EU-AIF in anderen Mitgliedstaaten durch einen in Österreich konzessionierten AIFM mit einem Pass

§ 36. (1) Ein in Österreich konzessionierter AIFM kann Anteile eines von ihm verwalteten und gemäß § 35 angezeigten Nicht-EU-AIF an professionelle Anleger in anderen Mitgliedstaaten vertreiben, sobald die in dieser Bestimmung festgelegten Bedingungen eingehalten sind.

(2) Der AIFM hat die Absicht, Anteile eines von ihm verwalteten und gemäß § 35 angezeigten Nicht-EU-AIF in einem anderen Mitgliedstaat zu vertreiben, der FMA im Voraus für jeden betreffenden Nicht-EU-AIF anzuzeigen. Das Anzeigeschreiben hat jedenfalls die Dokumentation und die Angaben gemäß Anlage 4 zu umfassen.

(3) Der AIFM muss alle in diesem Bundesgesetz, mit Ausnahme derer im 6. Teil, Kapitel VI der Richtlinie 2011/61/EU oder auf Basis dieser Richtlinie erlassenen delegierten Rechtsakten festgelegten Anforderungen erfüllen. Darüber hinaus müssen die folgenden Bedingungen eingehalten werden:

1. es müssen geeignete Vereinbarungen über die Zusammenarbeit zwischen der FMA und den Aufsichtsbehörden des Drittlands, in dem der Nicht-EU-AIF seinen Sitz hat, bestehen, damit unter Berücksichtigung von § 61 Abs. 3 ein effizienter Informationsaustausch gewährleistet ist, der es der FMA ermöglicht, ihre Aufgaben gemäß diesem Bundesgesetz wahrzunehmen;
2. das Drittland, in dem der Nicht-EU-AIF seinen Sitz hat, ist kein Land oder Gebiet, in dem gemäß § 40b Abs. 1 letzter Satz BWG jedenfalls ein erhöhtes Risiko der Geldwäscherei oder Terrorismusfinanzierung besteht;
3. das Drittland, in dem der Nicht-EU-AIF seinen Sitz hat, hat mit Österreich sowie mit jedem anderen Mitgliedstaat, in dem die Anteile des Nicht-EU-AIF vertrieben werden sollen, eine Vereinbarung unterzeichnet, die den Normen gemäß Art. 26 des OECD-Musterabkommens zur Vermeidung der Doppelbesteuerung von Einkommen und Vermögen vollständig entspricht und einen wirksamen Informationsaustausch in Steuerangelegenheiten, gegebenenfalls einschließlich multilateraler Abkommen über die Besteuerung, gewährleistet.

(4) Die FMA hat nach Prüfung der Vollständigkeit der gemäß Abs. 2 übermittelten Anzeige und Unterlagen diese den zuständigen Behörden des Mitgliedstaats, in dem der Nicht-EU-AIF vertrieben werden soll, spätestens 20 Arbeitstage nach dem Eingang des vollständigen Anzeigeschreibens und der Unterlagen zu übermitteln. § 13 Abs. 3 letzter Satz AVG kommt hinsichtlich der Berechnung der Frist nicht zur Anwendung. Die FMA hat nur dann die Anzeige zu übermitteln, wenn die Verwaltung des Nicht-EU-AIF durch den AIFM diesem Bundesgesetz, der Richtlinie 2011/61/EU sowie den auf Basis dieser Richtlinie erlassenen delegierten Rechtsakten entspricht und weiterhin entsprechen wird und wenn der AIFM im Allgemeinen sich an dieses Bundesgesetz, die Richtlinie 2011/61/EU sowie auf Basis dieser Richtlinie erlassenen delegierten Rechtsakten hält. Die FMA hat eine Bescheinigung über die Konzession des betreffenden AIFM zur Verwaltung von AIF mit einer bestimmten Anlagestrategie beizufügen.

(5) Das in Abs. 2 genannte Anzeigeschreiben des AIFM und die in Abs. 4 genannte Bescheinigung haben in deutscher oder englischer Sprache oder in einer von der FMA

gemäß Verordnung (§ 7b Abs. 1 KMG) anerkannten anderen Sprache bereitgestellt zu werden. Die FMA hat die elektronische Übermittlung und Archivierung der genannten Unterlagen zu akzeptieren.

(6) Die FMA hat den AIFM unverzüglich über den Versand der Anzeigeunterlagen zu unterrichten. Der AIFM kann ab dem Datum dieser Unterrichtung durch die FMA mit dem Vertrieb des AIF in den Aufnahmemitgliedstaaten des AIFM beginnen. Die FMA hat zudem ESMA mitzuteilen, dass der AIFM mit dem Vertrieb von Anteilen des AIF in den Aufnahmemitgliedstaaten des AIFM beginnen kann.

(7) Im Falle einer wesentlichen Änderung der nach Abs. 2 mitgeteilten Angaben hat der AIFM diese der FMA bei von ihm geplanten Änderungen mindestens einen Monat vor Durchführung der Änderung, oder, bei ungeplanten Änderungen, unverzüglich nach Eintreten der ungeplanten Änderung schriftlich mitzuteilen. Sollte die geplante Änderung dazu führen, dass die Verwaltung des Nicht-EU-AIF durch den AIFM oder der AIFM im Allgemeinen nunmehr gegen dieses Bundesgesetz, gegen die Richtlinie 2011/61/EU oder auf Basis dieser Richtlinie erlassene delegierte Rechtsakte verstößt, hat die FMA dem AIFM unverzüglich die Durchführung der Änderungen zu untersagen. Wird eine geplante Änderung ungeachtet dieses Abs. oder einer Untersagung durchgeführt, fällt eine Voraussetzung des Abs. 3 nachträglich weg oder führt eine durch einen ungeplanten Umstand ausgelöste Änderung dazu, dass die Verwaltung des Nicht-EU-AIF durch den AIFM oder der AIFM im Allgemeinen nunmehr gegen dieses Bundesgesetz, die Richtlinie 2011/61/EU oder auf Basis dieser Richtlinie erlassene delegierte Rechtsakte verstoßen würde, so hat die FMA alle gebotenen Maßnahmen gemäß §§ 56 f zu ergreifen, einschließlich, falls erforderlich, der ausdrücklichen Untersagung des Vertriebs des Nicht-EU-AIF. Sind die Änderungen zulässig, so hat die FMA nach Maßgabe des Abs. 4 unverzüglich ESMA zu unterrichten, soweit die Änderungen die Beendigung des Vertriebs von bestimmten AIF oder den Vertrieb von zusätzlichen AIF betreffen, und gegebenenfalls die zuständigen Behörden der Aufnahmemitgliedstaaten des AIFM.

(8) Lehnt eine zuständige Behörde einen Antrag auf Informationsaustausch gemäß den Bestimmungen der in Art. 35 Abs. 14 der Richtlinie 2011/61/EU erwähnten technischen Regulierungsstandards ab, hat die FMA als zuständige Behörde die Angelegenheit an ESMA verweisen, die im Rahmen der ihr durch Art. 19 der Verordnung (EU) Nr. 1095/2010 übertragenen Befugnisse tätig werden kann.

(9) Unbeschadet des § 48 Abs. 1 dürfen die von dem AIFM verwalteten und vertriebenen Nicht-EU-AIF nur an professionelle Anleger vertrieben werden.

(10) Diese Bestimmung gilt gleichermaßen für EU-Feeder-AIF, die nicht die Anforderungen gemäß § 29 Abs. 1 zweiter Satz erfüllen.

EB zu § 36:

Hiedurch wird Art. 35 der Richtlinie 2011/61/EU umgesetzt. Die Kommission erlässt binnen drei Monaten nach Eingang der positiven Empfehlung und der Stellungnahme durch ESMA, die bis zum 22.7.2015 zu erfolgen hat, einen delegierten Rechtsakt, ab dem die Bestimmungen der Art. 35 sowie 37 bis 41 der Richtlinie 2011/61/EU umgesetzt werden. Die Bestimmung des § 36 tritt somit erst ab jenem Zeitpunkt in Kraft. Die Inhalte von Abs. 15 und 17 der Richtlinie 2011/61/EU werden als § 36 Abs. 8 und 9 umgesetzt.

Bezüglich der in Art. 35 Abs. 2 lit. a der Richtlinie 2011/61/EU genannten Vereinbarungen wird durch die delegierte Verordnung (EU) Nr. 231/2013 zur Ergänzung der Richtlinie 2011/61/EU ein einheitlicher Rahmen zur Erleichterung des Abschlusses derartiger Vereinbarungen mit Drittländern geschaffen werden. In Regulatory Technical Standards xxx Level II der Europäischen Kommission, wird der Mindestinhalt der in Art. 35 Abs. 2 lit. a der Richtlinie 2011/61/EU genannten Vereinbarungen über Zusammenarbeit festgelegt, wodurch gewährleistet werden soll, dass die zuständigen Behörden des Herkunftsmitgliedstaats und des Aufnahmemitgliedstaats genügend Informationen erhalten, um ihre Aufsichts- und Ermittlungsbefugnisse gemäß dieser Richtlinie wahrzunehmen.

Aus strukturellen Gründen wurde Art. 35 der Richtlinie 2011/61/EU in § 35, § 36 und § 37 aufgeteilt. In der Bestimmung des § 35 ist der Vertrieb von Anteilen eines Nicht-EU-AIF in Österreich durch einen in Österreich konzessionierten AIFM geregelt, in § 36 der Vertrieb von Anteilen eines Nicht-EU-AIF in anderen Mitgliedstaaten durch einen in Österreich konzessionierten AIFM und in § 37 der Vertrieb von Nicht-EU-AIF mittels Pass in Österreich durch einen EU-AIFM.

§ 36 Abs. 3 Z 3 bezieht sich auf die Liste der nicht kooperativen Länder und Gebiete, die von der Arbeitsgruppe „Finanzielle Maßnahmen gegen Geldwäsche und Terrorismusfinanzierung" aufgestellt wurde.

Vertrieb von Nicht-EU-AIF mit einem Pass in Österreich durch einen EU-AIFM

§ 37. (1) Ein in einem Mitgliedstaat zugelassener EU-AIFM kann Anteile eines von ihm verwalteten Nicht-EU-AIF an professionelle Anleger in Österreich vertreiben, sobald der FMA die vollständigen Unterlagen und Informationen gemäß § 36 von der zuständigen Behörde des Herkunftsmitgliedstaats des EU-AIFM übermittelt wurden.

(2) Die gemäß Anlage 4 lit. h anzugebenden Vorkehrungen für den Vertrieb des Nicht-EU-AIF und, sofern zutreffend, die Vorkehrungen, die getroffen wurden, um zu verhindern, dass Anteile des Nicht-EU-AIF an Privatkunden vertrieben werden, auch falls der AIFM für die Erbringung von Wertpapierdienstleistungen für den AIF auf unabhängige Unternehmen zurückgreift, unterliegen den Anforderungen dieses Bundesgesetzes und der Aufsicht durch die FMA. Die FMA hat im Falle eines Verstoßes gegen dieses Bundesgesetz, die Richtlinie 2011/61/EU oder auf Basis dieser Richtlinie erlassene delegierte Rechtsakte alle gebotenen Maßnahmen gemäß §§ 56 f zu ergreifen, einschließlich, falls erforderlich, der ausdrücklichen Untersagung des Vertriebs des Nicht-EU-AIF im Inland.

(3) Die durch die zuständigen Behörde des Herkunftsmitgliedstaats des AIFM übermittelte Anzeige des AIFM samt Unterlagen sowie die in § 36 Abs. 4 genannte Bescheinigung haben in deutscher oder englischer Sprache oder in einer von der FMA gemäß Verordnung (§ 7b Abs. 1 KMG) anerkannten anderen Sprache bereitgestellt zu werden. Die FMA hat die elektronische Übermittlung und Archivierung der genannten Unterlagen zu akzeptieren.

(4) Für die Bearbeitung der Anzeige gemäß Abs. 1 ist an die FMA eine Gebühr von 1 100 Euro zu entrichten. Diese Gebühr erhöht sich bei Nicht-EU-AIF, die mehrere Teilfonds enthalten (Umbrella-Fonds), ab dem zweiten Teilfonds für jeden Fonds um 220 Euro. Für die Überwachung der Einhaltung der nach diesem Abschnitt bestehenden Pflichten ist weiters zu Beginn eines jeden Kalenderjahres, spätestens bis zum 15. Jänner dieses Jahres eine jährliche Gebühr von 600 Euro an die FMA zu entrichten; diese Gebühr erhöht sich bei Nicht-EU-AIF, die mehrere Teilfonds enthalten (Umbrella-Fonds), ab dem zweiten Teilfonds für jeden Teilfonds um 200 Euro. Gebührenbeiträge, die nicht spätestens am Fälligkeitstag entrichtet wurden, sind vollstreckbar. Die FMA hat einen als Exekutionstitel geltenden Rückstandsausweis auszufertigen. Dieser hat Namen und Anschrift des Gebührenpflichtigen, den Betrag der Schuld und den Vermerk zu enthalten, dass die Schuld vollstreckbar geworden ist. Die nicht fristgerechte Entrichtung der Gebühr ist ein Vertriebsuntersagungsgrund gemäß § 50.

(5) Ist die FMA mit der Beurteilung der zuständigen Behörde des Herkunftsmitgliedstaats des AIFM hinsichtlich der Erfüllung der Voraussetzungen nach § 36 Abs. 3 Z 1 und 2 nicht einverstanden, so kann die FMA dies ESMA zur Kenntnis bringen, die im Rahmen der ihr durch Art. 19 der Verordnung (EU) Nr. 1095/2010 übertragenen Befugnisse tätig werden kann. Bis zur Beendigung des Schlichtungsverfahrens durch ESMA ist der Vertrieb der Anteile des betreffenden Nicht-EU-AIF in Österreich nicht zulässig.

(6) Unbeschadet des § 48 Abs. 1 dürfen die von dem AIFM verwalteten und vertriebenen Nicht-EU-AIF nur an professionelle Anleger vertrieben werden.

(7) Diese Bestimmung gilt gleichermaßen für EU-Feeder-AIF, die nicht die Anforderungen gemäß § 29 Abs. 1 zweiter Satz erfüllen.

EB zu § 37:

Hiedurch wird Art. 35 der Richtlinie 2011/61/EU umgesetzt. Die Kommission erlässt binnen drei Monaten nach Eingang der positiven Empfehlung und der Stellungnahme durch ESMA, die bis zum 22.7.2015 zu erfolgen hat, einen delegierten Rechtsakt, ab dem die Bestimmungen der Art. 35 sowie 37 bis 41 der Richtlinie 2011/61/EU umgesetzt werden. Die Bestimmung des § 37 tritt somit erst ab jenem Zeitpunkt in Kraft. Der Inhalt von Abs. 17 der Richtlinie 2011/61/EU wird als § 37 Abs. 6 umgesetzt.

Bezüglich der in Art. 35 Abs. 2 lit. a der Richtlinie 2011/61/EU genannten Vereinbarungen wird durch die delegierte Verordnung (EU) Nr. 231/2013 zur Ergänzung der Richtlinie 2011/61/EU ein einheitlicher Rahmen zur Erleichterung des Abschlusses derartiger Vereinbarungen mit Drittländern geschaffen werden. In den Regulatory Technical Standards xxx Level II der Europäischen Kommission, wird der Mindestinhalt der in Art. 35 Abs. 2 lit. a der Richtlinie 2011/61/EU genannten Vereinbarungen über Zusammenarbeit festgelegt, wodurch gewährleistet werden soll, dass die zuständigen Behörden des Herkunftsmitgliedstaats und des Aufnahmemitgliedstaats genügend Informationen erhalten, um ihre Aufsichts- und Ermittlungsbefugnisse gemäß dieser Richtlinie wahrzunehmen.

Aus strukturellen Gründen wurde Art. 35 der Richtlinie 2011/61/EU in § 35, § 36 und § 37 aufgeteilt. In der Bestimmung des § 35 ist der Vertrieb von Anteilen eines Nicht-EU-AIF in Österreich durch einen in Österreich konzessionierten AIFM geregelt, in § 36 der Vertrieb von Anteilen eines Nicht-EU-AIF in anderen Mitgliedstaaten durch einen in Österreich konzessionierten AIFM und in § 37 der Vertrieb von Nicht-EU-AIF mittels Pass in Österreich durch einen EU-AIFM.

Bedingungen für den ohne Pass erfolgenden Vertrieb in Österreich von durch EU-AIFM verwalteten Nicht-EU-AIF

§ 38. (1) Unbeschadet § 35 darf ein EU-AIFM den ausschließlich im Inland erfolgenden Vertrieb von Anteilen an einem von ihm verwalteten Nicht-EU-AIF sowie von EU-Feeder-AIF, die nicht die Anforderungen gemäß § 29 Abs. 1 zweiter Satz erfüllen, an professionelle Anleger durchführen, sofern folgende Voraussetzungen eingehalten sind:

1. der EU-AIFM erfüllt mit Ausnahme von § 19 alle in diesem Bundesgesetz festgelegten Anforderungen. Der EU-AIFM benennt eine oder mehrere Stellen, welche die Aufgaben gemäß § 19 Abs. 7, 8 und 9 wahrnehmen, und teilt dies der FMA sowie den Aufsichtsbehörden des Drittlandes, in dem der Nicht-EU-AIF seinen Sitz hat, unverzüglich mit. Die Anforderungen des § 19 Abs. 7, 8 und 9 können nicht vom EU-AIFM selbst übernommen werden.

2. Es bestehen geeignete, der Überwachung von Systemrisiken dienende und im Einklang mit den internationalen Standards stehende Vereinbarungen über die Zusammenarbeit zwischen der FMA sowie den Aufsichtsbehörden des Drittlandes, in dem der Nicht-EU-AIF seinen Sitz hat, sodass ein effizienter Informationsaustausch gewährleistet ist, der es der FMA ermöglicht, ihre in diesem Bundesgesetz festgelegten Aufgaben zu erfüllen.
3. Das Drittland, in dem der Nicht-EU-AIF seinen Sitz hat, ist kein Land oder Gebiet, in dem gemäß § 40b Abs. 1 letzter Satz BWG jedenfalls ein erhöhtes Risiko der Geldwäscherei oder Terrorismusfinanzierung besteht.

(2) Beabsichtigt ein EU-AIFM, Anteile eines Nicht-EU-AIF in Österreich zu vertreiben, so hat er der FMA für jeden Nicht-EU-AIF ein Anzeigeschreiben zu übermitteln. Dieses Anzeigeschreiben umfasst die Dokumentation und die Angaben gemäß Anlage 3 sowie eine Bestätigung der zuständigen Behörde des Herkunftsstaates des Nicht-EU-AIF, dass dieser alle in diesem Bundesgesetz oder der Richtlinie 2011/61/EU sowie auf Basis dieser Richtlinie erlassenen delegierten Rechtsakten festgelegten Anforderungen mit Ausnahme derer im 6. Teil erfüllt. Weiters ist ein Nachweis über die Entrichtung der Gebühr gemäß Abs. 3 beizulegen.

(3) Für die Bearbeitung der Anzeige gemäß Abs. 2 ist an die FMA eine Gebühr von 2 200 Euro zu entrichten. Diese Gebühr erhöht sich bei Nicht-EU-AIF, die mehrere Teilfonds enthalten (Umbrella-Fonds), ab dem zweiten Teilfonds für jeden Fonds um 440 Euro. Für die Prüfung der nach Abs. 6 vorgeschriebenen Unterlagen ist weiters zu Beginn eines jeden Kalenderjahres, spätestens bis zum 15. Jänner dieses Jahres, eine jährliche Gebühr von 1 200 Euro an die FMA zu entrichten; diese Gebühr erhöht sich bei Fonds, die mehrere Teilfonds enthalten (Umbrella-Fonds), ab dem zweiten Teilfonds für jeden Teilfonds um 400 Euro. Gebührenbeiträge, die nicht spätestens am Fälligkeitstag entrichtet wurden, sind vollstreckbar. Die FMA hat einen als Exekutionstitel geltenden Rückstandsausweis auszufertigen. Dieser hat Namen und Anschrift des Gebührenpflichtigen, den Betrag der Schuld und den Vermerk zu enthalten, dass die Schuld vollstreckbar geworden ist. Die nicht fristgerechte Entrichtung der Gebühr ist ein Vertriebsuntersagungsgrund gemäß Abs. 8.

(4) Die FMA hat die Anzeige auf ihre formale Vollständigkeit zu prüfen, eine darüber hinausgehende inhaltliche Prüfung hat nicht zu erfolgen. Spätestens zwei Monate nach Eingang des vollständigen Anzeigeschreibens nach Abs. 2 hat die FMA dem EU-AIFM mitzuteilen, ob er im Inland mit dem Vertrieb des im Anzeigeschreiben nach Abs. 2 genannten Nicht-EU-AIF beginnen kann, wobei der Vertrieb mit dem Tag jener Mitteilung erfolgen darf. § 13 Abs. 3 letzter Satz AVG kommt hinsichtlich der Berechnung der Frist von zwei Monaten nicht zur Anwendung. Die FMA hat den Vertrieb des Nicht-EU-AIF zu untersagen, wenn die Verwaltung des Nicht-EU-AIF durch den EU-AIFM oder der EU-AIFM im Allgemeinen gegen dieses Bundesgesetz oder die Richtlinie 2011/61/EU oder auf Basis dieser Richtlinie erlassene delegierte Rechtsakte verstößt. Die Aufnahme des Vertriebes ist weiters zu untersagen, wenn der EU-AIFM oder der Nicht-EU-AIF eine Voraussetzung dieser Bestimmung nicht erfüllt oder die Anzeige nach Abs. 2 nicht ordnungsgemäß erstattet wurde.

(5) Das in Abs. 2 genannte Anzeigeschreiben des EU-AIFM sowie die Beilagen haben in deutscher Sprache oder in englischer Sprache oder in einer gemäß § 7b Abs. 1 KMG in der Finanzwelt gebräuchlichen Sprache bereitgestellt zu werden. Die FMA als zuständige Behörde hat die elektronische Übermittlung und Archivierung der in Abs. 2 genannten Unterlagen zu akzeptieren.

(6) Im Falle einer wesentlichen Änderung der nach Abs. 2 mitgeteilten Angaben hat der EU-AIFM diese der FMA bei von ihm geplanten Änderungen mindestens einen Monat vor Durchführung der Änderung, oder, bei ungeplanten Änderungen, unverzüglich nach Eintreten der ungeplanten Änderung schriftlich mitzuteilen. Sollte die geplante Änderung dazu führen, dass die Verwaltung des Nicht-EU-AIF durch den EU-AIFM oder der EU-AIFM im Allgemeinen nunmehr gegen dieses Bundesgesetz, gegen die Richtlinie 2011/61/EU oder auf Basis dieser Richtlinie erlassene delegierte Rechtsakte verstößt, hat die FMA dem EU-AIFM unverzüglich, die Durchführung der Änderung zu untersagen. Wird eine geplante Änderung ungeachtet dieses Absatzes oder einer Untersagung durchgeführt oder führt eine durch einen ungeplanten Umstand ausgelöste Änderung dazu, dass die Verwaltung des Nicht-EU-AIF durch den EU-AIFM oder der EU-AIFM im Allgemeinen nunmehr gegen dieses Bundesgesetz, die Richtlinie 2011/61/EU oder auf Basis dieser Richtlinie erlassene delegierte Rechtsakte verstoßen würde, so hat die FMA alle gebotenen Maßnahmen gemäß §§ 56 f zu ergreifen, einschließlich, falls erforderlich, der ausdrücklichen Untersagung des Vertriebs des Nicht-EU-AIF im Inland.

(7) Der EU-AIFM hat die Absicht, den Vertrieb von Anteilen des Nicht-EU-AIF in Österreich einzustellen, der FMA unverzüglich anzuzeigen.

(8) Die FMA hat den weiteren Vertrieb von Nicht-EU-AIF zu untersagen, wenn

1. die Anzeige nach Abs. 2 nicht erstattet worden ist,
2. eine Voraussetzung nach dieser Bestimmung weggefallen ist,
3. beim Vertrieb erheblich gegen gesetzliche Vorschriften verstoßen wurde,
5. ein durch rechtskräftiges Urteil oder gerichtlichen Vergleich gegenüber dem Nicht-EU-AIF oder EU-AIFM festgestellter Anspruch eines Anteilinhabers nicht erfüllt worden ist,
6. die in diesem Gesetz vorgesehenen Verpflichtungen nicht ordnungsgemäß erfüllt werden, oder
7. die Zulassung durch die zuständigen Stellen des Herkunftsstaates des Nicht-EU-AIF entzogen worden ist.

(9) Hat die FMA die Aufnahme des Vertriebs oder den weiteren Vertrieb des Nicht-EU-AIF untersagt, darf der EU-AIFM die Absicht, Anteile dieses Nicht-EU-AIF im Geltungsbereich dieses Bundesgesetzes zu vertreiben, frühestens dann gemäß Abs. 2 wieder anzeigen, wenn seit dem Tag der Untersagung ein Jahr verstrichen ist.

(10) Die FMA kann bei Umbrella-Konstruktionen auch den Vertrieb von Anteilen eines Nicht-EU-AIF, die im Geltungsbereich dieses Bundesgesetzes vertrieben werden dürfen, unter Beachtung des Abs. 8 untersagen, wenn weitere Anteile von Teilfonds derselben Umbrella-Konstruktion im Geltungsbereich dieses Bundesgesetzes vertrieben werden, die die Anzeige nach Abs. 2 nicht ordnungsgemäß erstattet haben.

(11) Diese Bestimmung gilt gleichermaßen für EU-Feeder-AIF, die nicht die Anforderungen gemäß § 29 Abs. 1 zweiter Satz erfüllen.

EB zu § 38:

Hiedurch wird Art. 36 der Richtlinie 2011/61/EU umgesetzt. Da die Bestimmungen der Art. 35 sowie 37 bis 41 der Richtlinie 2011/61/EU („Pass" für Nicht-EU-AIF, bzw. Nicht-EU-AIFM) gemäß Art. 67 Abs. 6 der Richtlinie 2011/61/EU erst nach einer Evaluierung durch ESMA, die bis zum 22.7. 2015 zu erfolgen hat, anzuwenden sind, sehen die Art. 36 und 42 der Richtlinie 2011/61/EU Bestimmungen für den Vertrieb von AIF mit Drittlandsbezug ohne Pass vor. Gemäß Art. 36 Abs. 2 Richtlinie 2011/61/EU dürfen die Mitgliedstaaten hinsichtlich Vertrieb von Anteilen von Nicht-EU-AIF an Anleger in ihrem Hoheitsgebiet die AIFM strengeren Regelungen unterwerfen. In Vorausschau auf die voraussichtlich ab 2015 geltenden Bestimmungen und um eine Gleichstellung inländischer AIF bzw. AIFM mit Nicht-EUAIF bzw. AIFM sicherzustellen, wird bereits hier die Einhaltung der Richtlinie 2011/61/EU so wie sie wohl ab 2015 gefordert sein wird, verlangt. So wird insbesondere ein Anzeigeverfahren eingeführt, das § 32 nachempfunden ist. Klargestellt wird, dass die FMA eine formale Prüfpflicht der Unterlagen trifft und keinesfalls eine Haftung für die materielle Richtigkeit und Vollständigkeit der Unterlagen besteht.

§ 38 Abs. 1 Z 3 bezieht sich auf die Liste der nicht kooperativen Länder und Gebiete, die von der Arbeitsgruppe „Finanzielle Maßnahmen gegen Geldwäsche und Terrorismusfinanzierung“ aufgestellt wurde.

EB zu § 38 (Art. 4 BGBl. I Nr. 70/2014):

Klarstellung, dass es sich um einen EU-AIFM handelt. Die zuständige Behörde eines Nicht-EU-AIF kann nicht in einem Mitgliedstaat ansässig sein. In Abs. 2 und 9 erfolgt jeweils eine sprachliche Klarstellung.

Zulassung von Nicht-EU-AIFM, für die Österreich Referenzmitgliedstaat ist

§ 39. (1) Ein Nicht-EU-AIFM, der beabsichtigt, AIF zu verwalten oder von ihm verwaltete AIF gemäß § 40 oder § 42 zu vertreiben, hat, sofern gemäß Abs. 3 Österreich der Referenzmitgliedstaat des Nicht-EU-AIFM ist, bei der FMA einen Antrag auf Bewilligung zu stellen. Die Bestimmungen des 2. Teils dieses Bundesgesetzes finden unter Berücksichtigung der Abs. 6 und 7 dieser Bestimmung Anwendung. Der Nicht-EU-AIFM ist verpflichtet, dieses Bundesgesetz, mit Ausnahme des Teils 6, die Richtlinie 2011/61/EU sowie die auf Basis dieser Richtlinie erlassenen delegierten Rechtsakte einzuhalten. Wenn und soweit die Einhaltung einer dieser Bestimmungen mit der Einhaltung der Rechtsvorschriften unvereinbar ist, denen der Nicht-EU-AIFM oder der in einem Mitgliedstaat vertriebene Nicht-EU-AIF unterliegt, besteht für den Nicht-EU-AIFM keine Verpflichtung, sich an diese Bestimmung zu halten. Hierzu hat er der FMA nachzuweisen, dass

1. es nicht möglich ist, die Einhaltung dieser Bestimmung mit der Einhaltung einer verpflichtenden Rechtsvorschrift, der der Nicht-EU-AIFM oder der in einem Mitgliedstaat vertriebene Nicht-EU-AIF unterliegt, zu verbinden;
2. die Rechtsvorschriften, denen der Nicht-EU-AIFM oder der Nicht-EU-AIF unterliegt, eine gleichwertige Bestimmung mit dem gleichen Regelungszweck und dem gleichen Schutzniveau für die Anleger des betreffenden Nicht-EU-AIF enthalten; und
3. der Nicht-EU-AIFM oder der Nicht-EU-AIF die in Z 2 genannte gleichwertige Bestimmung erfüllt.

(2) Ein Nicht-EU-AIFM, der beabsichtigt, AIF zu verwalten oder von ihm verwaltete AIF gemäß § 40 oder § 42 zu vertreiben, muss über einen gesetzlichen Vertreter mit Sitz in Österreich verfügen. Der gesetzliche Vertreter vertritt den Nicht-EU-AIFM gerichtlich und außergerichtlich, ist Zustellungsbevollmächtigter und Kontaktstelle für den Nicht-EU-AIFM in Österreich. Sämtliche Korrespondenz zwischen der FMA und dem Nicht-EU-AIFM sowie zwischen den Anlegern des betreffenden AIF und dem Nicht-EU-AIFM gemäß diesem Bundesgesetz erfolgt über diesen gesetzlichen Vertreter. Der gesetzliche Vertreter hat gemeinsam mit dem Nicht-EU-AIFM die Compliance-Funktion in Bezug auf die von dem Nicht-EU-AIFM gemäß dieser Richtlinie ausgeführten Verwaltungs- und Vertriebstätigkeiten wahrzunehmen. Diese Befugnisse können nicht beschränkt werden.

(3) Österreich ist Referenzmitgliedstaat eines Nicht-EU-AIFM, sofern der Nicht-EU-AIFM beabsichtigt,

1. einen einzigen EU-AIF oder mehrere EU-AIF mit Sitz in Österreich zu verwalten, und nicht beabsichtigt, gemäß § 40 oder § 42 einen AIF in einem anderen Mitgliedstaat zu vertreiben;
2. mehrere EU-AIF mit Sitz in verschiedenen Mitgliedstaaten zu verwalten, und nicht beabsichtigt, gemäß § 40 oder § 42 einen AIF in einem anderen Mitgliedstaat zu vertreiben, und entweder
   a) in Österreich die meisten der betreffenden AIF ihren Sitz haben, oder
   b) in Österreich die umfangreichsten Vermögenswerte verwaltet werden;
3. einen einzigen AIF zu vertreiben, Österreich Herkunftsmitgliedstaat des AIF ist und der AIF in keinem anderen Mitgliedstaat vertrieben wird;
4. einen einzigen AIF zu vertreiben, der AIF in einem anderen Mitgliedstaat zugelassen ist und ausschließlich in Österreich vertrieben wird;
5. einen einzigen Nicht-EU-AIF ausschließlich in Österreich zu vertreiben;
6. einen einzigen EU-AIF in verschiedenen Mitgliedstaaten zu vertreiben und Österreich Herkunftsmitgliedstaat des AIF oder einer der Mitgliedstaaten ist, in denen der AIFM einen leistungsfähigen Vertrieb aufzubauen beabsichtigt;
7. einen einzigen AIF, welcher nicht in einem Mitgliedstaat zugelassen ist, in verschiedenen Mitgliedstaaten zu vertreiben und Österreich einer der Mitgliedstaaten ist, in denen der AIFM einen leistungsfähigen Vertrieb aufzubauen beabsichtigt;
8. einen einzigen Nicht-EU-AIF in Österreich und zumindest einem anderen Mitgliedstaaten zu vertreiben und kein anderer Mitgliedstaat als Referenzmitgliedstaat benannt wurde;
9. mehrere EU-AIF in der Union zu vertreiben und Österreich Herkunftsmitgliedstaat sämtlicher EU-AIF ist oder in Österreich ein leistungsfähiger Vertrieb der meisten der betreffenden AIF aufgebaut werden soll;
10. mehrere EU-AIF, welche nicht alle denselben Herkunftsmitgliedstaat haben, in der Union zu vertreiben und in Österreich ein leistungsfähiger Vertrieb der meisten der betreffenden AIF aufgebaut werden soll;
11. mehrere EU- und Nicht-EU-AIF oder mehrere Nicht-EU-AIF in der Union zu vertreiben, und einen leistungsfähigen Vertrieb der meisten der betreffenden AIF in Österreich aufzubauen.

Kommen neben Österreich andere Mitgliedstaaten als Referenzmitgliedstaaten in Betracht, so hat der betreffende Nicht-EU-AIFM, der beabsichtigt, EU-AIF zu verwalten, ohne sie zu vertreiben, oder von ihm verwaltete AIF gemäß Art. 39 oder 40 der Richtlinie 2011/61/EU in der Union zu vertreiben, bei der FMA, aber auch den zuständigen Behörden aller als mögliche Referenzmitgliedstaaten in Betracht kommenden Mitgliedstaaten, zu beantragen, dass sich diese Behörden untereinander über die Festlegung seines Referenzmitgliedstaats einigen. Die FMA und die betreffenden anderen zuständigen Behörden haben innerhalb eines Monats nach Eingang eines solchen Antrags gemeinsam über den Referenzmitgliedstaat für den Nicht-EU-AIFM zu entscheiden. Wird die FMA als zuständige Behörde des Referenzmitgliedstaats festgelegt, hat sie den Nicht-EU-AIFM unverzüglich von dieser Festlegung in Kenntnis zu setzen. Wenn der Nicht-EU-AIFM nicht innerhalb von sieben Tagen nach Erlass der Entscheidung ordnungsgemäß über die Entscheidung der zuständigen Behörden informiert wird oder die betreffenden zuständigen Behörden innerhalb der Monatsfrist keine Entscheidung getroffen haben, kann der Nicht-EU-AIFM selbst seinen Referenzmitgliedstaat gemäß den in diesem Abs. aufgeführten Kriterien festlegen. Legt der

Nicht-EU-AIFM Österreich als seinen Referenzmitgliedstaat fest, so hat er gegenüber der FMA seine Vertriebsstrategie offenzulegen um zu belegen, dass er in Österreich einen leistungsfähigen Vertrieb aufzubauen gedenkt.

(4) Nach Eingang eines Antrags auf Bewilligung eines Nicht-EU-AIFM hat die FMA zu beurteilen, ob die Entscheidung des Nicht-EU-AIFM hinsichtlich seines Referenzmitgliedstaats die Kriterien gemäß Abs. 3 erfüllt. Wenn die FMA der Ansicht ist, dass dies nicht der Fall ist, hat sie den Antrag des Nicht-EU-AIFM auf Bewilligung abzulehnen. Wenn die FMA der Auffassung ist, dass die Kriterien gemäß Abs. 3 erfüllt sind, hat sie ESMA von diesem Umstand in Kenntnis zu setzen und zu ersuchen, eine Empfehlung zu ihrer Beurteilung auszusprechen. In ihrer Mitteilung an ESMA hat die FMA die Begründung des Nicht-EU-AIFM für seine Beurteilung hinsichtlich des Referenzmitgliedstaats und Informationen über die Vertriebsstrategie des Nicht-EU-AIFM vorzulegen. Die Frist nach § 6 Abs. 5 wird während der Beratungen von ESMA nach Art. 37 Abs. 5 der Richtlinie 2011/65/EG bis zur Übermittlung der Empfehlung durch ESMA unterbrochen. Wenn die FMA als zuständige Behörde entgegen der Empfehlung von ESMA beabsichtigt, die Bewilligung des Nicht-EU-AIFM zu erteilen, hat sie ESMA davon unter Angabe ihrer Gründe in Kenntnis zu setzen. Beabsichtigt der Nicht-EU-AIFM, Anteile von durch ihn verwalteten AIF in anderen Mitgliedstaaten als Österreich zu vertreiben, hat die FMA ebenfalls die zuständigen Behörden der betreffenden Mitgliedstaaten unter Angabe ihrer Gründe in Kenntnis zu setzen. Gegebenenfalls hat die FMA ebenfalls die zuständigen Behörden der Herkunftsmitgliedstaaten der von dem Nicht-EU-AIFM verwalteten AIF unter Angabe ihrer Gründe in Kenntnis zu setzen.

(5) Unbeschadet des Abs. 6 kann die Bewilligung durch die FMA erst dann erteilt werden, wenn die folgenden zusätzlichen Bedingungen eingehalten sind:

1. Österreich wird als Referenzmitgliedstaat von dem Nicht-EU-AIFM gemäß den Kriterien nach Abs. 3 benannt, durch die Offenlegung der Vertriebsstrategie bestätigt und das Verfahren gemäß Abs. 4 wurde von den betreffenden zuständigen Behörden durchgeführt;
2. der Nicht-EU-AIFM hat einen gesetzlichen Vertreter gemäß Abs. 2 benannt;
3. es bestehen geeignete Vereinbarungen über die Zusammenarbeit zwischen der FMA, den zuständigen Behörden der Herkunftsmitgliedstaaten der betreffenden EU-AIF und den Aufsichtsbehörden des Drittlands, in dem der Nicht-EU-AIFM seinen Sitz hat, damit zumindest ein effizienter Informationsaustausch gewährleistet ist, der es den zuständigen Behörden ermöglicht, ihre Aufgaben gemäß diesem Bundesgesetz und der Richtlinie 2011/61/EU wahrzunehmen;
4. das Drittland, in dem der Nicht-EU-AIFM seinen Sitz hat, ist kein Land oder Gebiet, in dem gemäß § 40b Abs. 1 letzter Satz BWG jedenfalls ein erhöhtes Risiko der Geldwäscherei oder Terrorismusfinanzierung besteht;
5. das Drittland, in dem der Nicht-EU-AIFM seinen Sitz hat, hat mit Österreich eine Vereinbarung unterzeichnet, die den Standards gemäß Art. 26 des OECD-Musterabkommens zur Vermeidung der Doppelbesteuerung von Einkommen und Vermögen vollständig entspricht und einen wirksamen Informationsaustausch in Steuerangelegenheiten, gegebenenfalls einschließlich multilateraler Abkommen über die Besteuerung, gewährleistet;
6. die auf Nicht-EU-AIFM anwendbaren Rechts- und Verwaltungsvorschriften eines Drittlands oder die Beschränkungen der Aufsichts- und Ermittlungsbefugnisse der Aufsichtsbehörden dieses Drittlands hindern die zuständigen Behörden nicht an der effektiven Wahrnehmung ihrer Aufsichtsfunktionen gemäß der Richtlinie 2011/61/EU.

(6) Die Bewilligung des Nicht-EU-AIFM durch die FMA wird gemäß dem 2. Teil dieses Bundesgesetzes vorbehaltlich folgender Kriterien erteilt:

1. die Angaben gemäß § 5 Abs. 2 werden durch Folgendes ergänzt:
   a) eine Begründung des Nicht-EU-AIFM für die von ihm vorgenommene Beurteilung bezüglich des Referenzmitgliedstaats gemäß den Kriterien nach Abs. 3 sowie Angaben zur Vertriebsstrategie;
   b) eine Liste der Bestimmungen dieses Bundesgesetzes, deren Einhaltung dem Nicht-EU-AIFM unmöglich ist, da ihre Einhaltung durch den Nicht-EU-AIFM gemäß Abs. 1 nicht mit der Einhaltung einer zwingenden Rechtsvorschrift, der der Nicht-EU-AIFM oder der in einem Mitgliedstaat vertriebene Nicht-EU-AIF unterliegt, vereinbar ist;
   c) schriftliche Belege auf der Grundlage der von ESMA ausgearbeiteten technischen Regulierungsstandards, dass die betreffenden Rechtsvorschriften des Drittlands eine Vorschrift enthalten, die den Vorschriften, die nicht eingehalten werden können, gleichwertig ist, denselben regulatorischen Zweck verfolgt und den Anlegern der betreffenden AIF dasselbe Maß an Schutz bietet, und dass der Nicht-EU-AIFM sich an diese gleichwertige Vorschrift hält; diese schriftlichen Belege werden durch ein Rechtsgutachten zum Bestehen der betreffenden inkompatiblen zwingenden Vorschrift im Recht des Drittlands untermauert, das auch eine Beschreibung des Regulierungszwecks und der Merkmale des Anlegerschutzes enthält, die mit der Vorschrift angestrebt werden, und
   d) Name und Sitz des gesetzlichen Vertreters des Nicht-EU-AIFM;
2. die Angaben gemäß § 5 Abs. 3 können auf die EU-AIF, die der Nicht-EU-AIFM zu verwalten beabsichtigt, und auf die von dem Nicht-EU-AIFM verwalteten AIF, die er mit einem Pass in der Union zu vertreiben beabsichtigt, beschränkt werden;
3. § 6 Abs. 1 Z 1 gilt unbeschadet des Abs. 1 dieser Bestimmung;
4. § 6 Abs. 1 Z 5 findet keine Anwendung;
5. § 6 Abs. 5 dritter und vierter Satz ist mit der folgenden Ergänzung zu lesen: „die in § 39 Abs. 6 Z 1 genannten Angaben".

(7) Ist die FMA der Auffassung, dass der Nicht-EU-AIFM gemäß Abs. 1 von der Einhaltung bestimmter Vorschriften der Richtlinie 2011/61/EU befreit werden kann, so hat sie ESMA hiervon unverzüglich in Kenntnis zu setzen. Sie hat diese Beurteilung mit den von dem Nicht-EU-AIFM gemäß Abs. 6 Z 1 lit. b und c vorgelegten Angaben zu untermauern. Die Frist nach § 6 Abs. 5 wird bis zur Übermittlung der Empfehlung durch ESMA gemäß diesem Abs. unterbrochen. Wenn die FMA entgegen der Empfehlung von ESMA vorschlägt, die Bewilligung zu erteilen, hat sie ESMA davon unter Angabe ihrer Gründe in Kenntnis zu setzen. Beabsichtigt der Nicht-EU-AIFM, Anteile von durch ihn verwalteten AIF in anderen Mitgliedstaaten als Österreich zu vertreiben, hat die FMA davon auch die zuständigen Behörden der betreffenden Mitgliedstaaten unter Angabe ihrer Gründe in Kenntnis zu setzen.

(8) Die FMA als zuständige Behörde des Referenzmitgliedstaats hat ESMA unverzüglich über das Ergebnis des Bewilligungsprozesses, über Änderungen bei der Bewilligung des Nicht-EU-AIFM und über einen Entzug der Bewilligung zu unterrichten. Die FMA hat weiters ESMA über die Anträge auf Bewilligung, die sie abgelehnt hat, zu unterrichten und dabei Angaben zu den Nicht-EU-AIFM, die eine Bewilligung beantragt haben, sowie die Gründe für die Ablehnung vorzulegen.

(9) Ändert der Nicht-EU-AIFM innerhalb von zwei Jahren nach seiner Bewilligung seine Vertriebsstrategie derart, dass dies im Falle eines Antrags auf Bewilligung die Fest-

legung des Referenzmitgliedstaats beeinflusst hätte, hat der Nicht-EU-AIFM die FMA von dieser Änderung vor ihrer Durchführung in Kenntnis zu setzen und seinen neuen Referenzmitgliedstaat gemäß den Kriterien nach Abs. 3 und unter Zugrundelegung seiner neuen Vertriebsstrategie anzugeben. Zugleich hat der Nicht-EU-AIFM Angaben zu seinem neuen gesetzlichen Vertreter, einschließlich dessen Name und Sitz in dem neuen Referenzmitgliedstaat, vorzulegen. Die FMA hat zu beurteilen, ob die Festlegung durch den Nicht-EU-AIFM gemäß diesem Abs. korrekt ist, und hat ESMA von dieser Beurteilung in Kenntnis zu setzen. In dieser Meldung sind die Begründung des Nicht-EU-AIFM für seine Beurteilung hinsichtlich des neuen Referenzmitgliedstaats sowie die Informationen über die neue Vertriebsstrategie des Nicht-EU-AIFM vorzulegen. Nachdem die FMA die Empfehlung der ESMA erhalten hat, hat sie den Nicht-EU-AIFM, dessen in Österreich benannten gesetzlichen Vertreter und ESMA von ihrer Entscheidung in Kenntnis zu setzen. Ist die FMA mit der von dem Nicht-EU-AIFM vorgenommenen Beurteilung einverstanden, so hat sie auch die zuständigen Behörden des neuen Referenzmitgliedstaats von der Änderung in Kenntnis zu setzen. Die FMA hat der zuständigen Behörde des neuen Referenzmitgliedstaats unverzüglich eine Abschrift der Bewilligungs- und Aufsichtsunterlagen des Nicht-EU-AIFM zu übermitteln. Ab dem Zeitpunkt der Übermittlung der Bewilligungs- und Aufsichtsunterlagen ist die zuständige Behörde des neuen Referenzmitgliedstaats für die Zulassung und Aufsicht des Nicht-EU-AIFM zuständig. Wenn die abschließende Beurteilung der FMA im Widerspruch zu der Empfehlung der ESMA steht, hat die FMA Folgendes zu beachten:

1. die FMA hat ESMA davon unter Angabe ihrer Gründe in Kenntnis zu setzen;
2. wenn der Nicht-EU-AIFM Anteile von durch ihn verwalteten AIF in anderen Mitgliedstaaten als Österreich als ursprünglichem Referenzmitgliedstaat vertreibt, hat die FMA davon auch die zuständigen Behörden dieser anderen Mitgliedstaaten unter Angabe ihrer Gründe in Kenntnis zu setzen. Gegebenenfalls hat die FMA davon auch die zuständigen Behörden der Herkunftsmitgliedstaaten der von dem Nicht-EU-AIFM verwalteten AIF unter Angabe ihrer Gründe in Kenntnis zu setzen.

(10) Erweist sich anhand des tatsächlichen Verlaufs der Geschäftsentwicklung des Nicht-EU-AIFM innerhalb von zwei Jahren nach seiner Bewilligung, dass der von dem Nicht-EU-AIFM zum Zeitpunkt seiner Bewilligung vorgelegte Vertriebsstrategie nicht gefolgt worden ist, der Nicht-EU-AIFM diesbezüglich falsche Angaben gemacht hat oder der Nicht-EU-AIFM sich bei der Änderung seiner Vertriebsstrategie nicht an Abs. 9 gehalten hat, so hat die FMA den Nicht-EU-AIFM aufzufordern, den Referenzmitgliedstaat gemäß seiner tatsächlichen Vertriebsstrategie anzugeben. Das Verfahren nach Abs. 9 ist entsprechend anzuwenden. Kommt der Nicht-EU-AIFM der Aufforderung der FMA nicht nach, so hat sie ihm die Bewilligung gemäß § 9 zu entziehen. Ändert der Nicht-EU-AIFM seine Vertriebsstrategie nach Ablauf der in Abs. 9 genannten Zeitspanne und will er seinen Referenzmitgliedstaat entsprechend seiner neuen Vertriebsstrategie ändern, so kann er bei der FMA einen Antrag auf Änderung seines Referenzmitgliedstaats stellen. Das Verfahren nach Abs. 9 ist entsprechend anzuwenden. Ist die FMA als zuständige Behörde eines Mitgliedstaats nicht mit der Beurteilung hinsichtlich der Festlegung des Referenzmitgliedstaats nach Abs. 9 oder nach dem vorliegenden Abs. einverstanden, so kann sie die Angelegenheit der ESMA zur Kenntnis bringen, die im Rahmen der ihr durch Art. 19 der Verordnung (EU) Nr. 1095/2010 übertragenen Befugnisse tätig werden kann.

(11) Alle zwischen dem Nicht-EU-AIFM oder dem AIF und Anlegern des jeweiligen AIF mit satzungsmäßigem Sitz oder Wohnsitz in einem Mitgliedstaat auftretenden Strei-

tigkeiten werden nach dem Recht eines Mitgliedstaats beigelegt und unterliegen dessen Gerichtsbarkeit.

(12) Lehnt eine zuständige Behörde einen Antrag auf Informationsaustausch gemäß den in Art. 37 Abs. 17 der Richtlinie 2011/61/EU erwähnten technischen Regulierungsstandards ab, kann die FMA als zuständige Behörde die Angelegenheit an ESMA verweisen, die im Rahmen der ihr durch Art. 19 der Verordnung (EU) Nr. 1095/2010 übertragenen Befugnisse tätig werden kann.

EB zu § 39:

Hiedurch wird Art. 37 der Richtlinie 2011/61/EU umgesetzt. Die Kommission erlässt binnen drei Monaten nach Eingang der positiven Empfehlung und der Stellungnahme durch ESMA, die bis zum 22.7.2015 zu erfolgen hat, einen delegierten Rechtsakt, ab dem die Bestimmungen der Art. 35 sowie 37 bis 41 der Richtlinie 2011/61/EU umgesetzt werden. Die Bestimmung des § 39 tritt somit erst ab jenem Zeitpunkt in Kraft. Die Inhalte von Art. 37 Abs. 19 der Richtlinie 2011/61/EU werden als § 39 Abs. 12 umgesetzt.

Gemäß Abs. 4 und Abs. 7 wird die Frist nach § 6 Abs. 5 während der Beratungen von ESMA nach Art. 37 Abs. 5 der Richtlinie 2011/65/EG bis zur Übermittlung der Empfehlung durch ESMA unterbrochen. ESMA spricht innerhalb eines Monats nach Eingang der Mitteilung gemäß Abs. 4 bzw. Abs. 7 eine Empfehlung zu der Beurteilung der FMA bezüglich des Referenzmitgliedstaats gemäß den in Abs. 3 genannten Kriterien aus.

§ 39 Abs. 5 Z 4 bezieht sich auf die Liste der nicht kooperativen Länder und Gebiete, die von der Arbeitsgruppe „Finanzielle Maßnahmen gegen Geldwäsche und Terrorismusfinanzierung“ aufgestellt wurde.

Bezüglich Abs. 9 ist ergänzend anzumerken, dass ESMA von Fall zu Fall beschließen kann, die von den zuständigen Behörden (FMA) angegebenen Gründe für das Nichtbefolgen der Empfehlung zu veröffentlichen. Die FMA würde in einem solchen Fall im Voraus über die Veröffentlichung informiert werden.

Das Verfahren zur Koordinierung des Informationsaustausches zwischen der zuständigen Behörde des Referenzmitgliedstaates und der zuständigen Behörde des Aufnahmemitgliedstaates des AIFM wird durch Regulatory Technical Standards der Europäischen Kommission näher geregelt werden. Inwiefern der AIFM den Anforderungen der Richtlinie 2011/61/EU entsprechen soll, unter Berücksichtigung, dass dieser in einem Drittland ansässig ist, insbesondere bezüglich der Zurverfügungstellung der Informationen gemäß den Art. 22 bis 24 der Richtlinie 2011/61/EU, wird ebenfalls in Regulatory Technical Standards der Europäischen Kommission geregelt. Diese werden weiters bestimmen, unter welchen Bedingungen das für einen Nicht-EU-AIFM oder einen Nicht-EU-AIF maßgebliche Recht, als eine gleichwertige Bestimmung, mit dem gleichen regulatorischen Zweck angesehen werden kann und dieses den Investoren das gleiche Maß an Schutz bietet.

In diesen Bestimmungen sind ferner eine allgemeine Koordinierungsfunktion der ESMA und die Möglichkeit verbindlicher Schlichtungsverfahren unter Vorsitz der ESMA zur Streitbeilegung zwischen zuständigen Behörden vorgesehen.

Bedingungen für den in der Union mit einem Pass erfolgenden Vertrieb von EU-AIF, die von Nicht-EU-AIFM verwaltet werden, für die Österreich Referenzmitgliedstaat ist

§ 40. (1) Ein gemäß § 39 ordnungsgemäß zugelassener Nicht-EU-AIFM kann Anteile eines EU-AIF, den er verwaltet, an professionelle Anleger in der Union mit einem Pass vertreiben, sobald die in dieser Bestimmung festgelegten Bedingungen eingehalten sind.

(2) Beabsichtigt der Nicht-EU-AIFM, für den Österreich Referenzmitgliedstaat gemäß § 39 ist, die Anteile eines EU-AIF in Österreich zu vertreiben, so hat er der FMA ein Anzeigeschreiben vorzulegen, das die Dokumentation und die Angaben gemäß Anlage 3 umfasst.

(3) Die FMA hat die Anzeige auf ihre formale Vollständigkeit zu prüfen, eine darüber hinausgehende inhaltliche Prüfung hat nicht zu erfolgen. Spätestens 20 Arbeitstage nach Eingang des vollständigen Anzeigeschreibens nach Abs. 2 hat die FMA dem Nicht-EU-AIFM mitzuteilen, ob er im Inland mit dem Vertrieb des im Anzeigeschreiben nach Abs. 2 genannten EU-AIF beginnen kann. § 13 Abs. 3 AVG kommt hinsichtlich der Berechnung der Frist nicht zur Anwendung. Im Falle einer positiven Entscheidung kann der Nicht-EU-AIFM ab dem Datum der diesbezüglichen Mitteilung der FMA mit dem Vertrieb des EU-AIF beginnen. Die Aufnahme des Vertriebes ist zu untersagen, wenn die Verwaltung des EU-AIF durch den Nicht-EU-AIFM oder der Nicht-EU-AIFM im Allgemeinen gegen dieses Bundesgesetz, die Richtlinie 2011/61/EU oder auf Basis dieser Richtlinie erlassene delegierte Rechtsakte verstößt oder die Anzeige nach Abs. 2 nicht ordnungsgemäß erstattet wurde. Die FMA hat ESMA und den für den EU-AIF zuständigen Behörden mitzuteilen, dass der Nicht-EU-AIFM in Österreich mit dem Vertrieb von Anteilen des EU-AIF beginnen kann.

(4) Beabsichtigt der AIFM, Anteile des EU-AIF über seinen Referenzmitgliedstaat hinaus auch in anderen Mitgliedstaaten zu vertreiben, so hat er der FMA für jeden EU-AIF, den er zu vertreiben beabsichtigt, ein Anzeigeschreiben vorzulegen, das die Dokumentation und die Angaben gemäß Anlage 4 umfasst.

(5) Die FMA hat die Anzeige auf ihre formale Vollständigkeit zu prüfen, eine darüber hinausgehende inhaltliche Prüfung hat nicht zu erfolgen. Spätestens 20 Arbeitstage nach Eingang des vollständigen Anzeigeschreibens nach Abs. 4 hat die FMA dieses an die zuständigen Behörden der Mitgliedstaaten weiterzuleiten, in denen die Anteile des EU-AIF vertrieben werden sollen. Die FMA hat eine Bescheinigung über die Zulassung des betreffenden Nicht-EU-AIFM zur Verwaltung von EU-AIF mit einer bestimmten Anlagestrategie beizufügen. Eine solche Weiterleitung findet nur dann statt, wenn die Verwaltung des EU-AIF durch den Nicht-EU-AIFM diesem Bundesgesetz, der Richtlinie 2011/61/EU sowie den auf Basis dieser Richtlinie erlassenen delegierten Rechtsakte entspricht und weiterhin entsprechen wird und sich der Nicht-EU-AIFM im Allgemeinen an diese Bestimmungen hält. § 13 Abs. 3 AVG kommt hinsichtlich der Berechnung der Frist nicht zur Anwendung.

(6) Die FMA hat den Nicht-EU-AIFM unverzüglich über die Weiterleitung der Anzeigeunterlagen zu unterrichten. Die FMA hat zudem ESMA und den für den EU-AIF zuständigen Behörden mitzuteilen, dass der Nicht-EU-AIFM in seinen Aufnahmemitgliedstaaten mit dem Vertrieb von Anteilen des EU-AIF beginnen kann.

(7) Die in Abs. 2 und 4 genannten Anzeigeschreiben des Nicht-EU-AIFM sowie die Beilagen haben in deutscher Sprache oder in englischer Sprache oder in einer gemäß § 7b Abs. 1 KMG in der Finanzwelt gebräuchlichen Sprache bereitgestellt zu werden. Die FMA hat die elektronische Übermittlung und Archivierung der Unterlagen zu akzeptieren.

(8) Für die Bearbeitung der Anzeige gemäß Abs. 2 ist an die FMA eine Gebühr von 2 200 Euro zu entrichten. Diese Gebühr erhöht sich bei EU-AIF, die mehrere Teilfonds enthalten (Umbrella-Fonds), ab dem zweiten Teilfonds für jeden Fonds um 440 Euro. Für die Bearbeitung der Anzeige gemäß Abs. 4 ist an die FMA eine Gebühr von 400 Euro zu entrichten. Für die Prüfung der nach den Abs. 2 vorgeschriebenen Unterlagen ist weiters zu Beginn eines jeden Kalenderjahres, spätestens bis zum 15. Jänner dieses Jahres, eine jährliche Gebühr von 1 200 Euro an die FMA zu entrichten; diese Gebühr erhöht sich bei

Fonds, die mehrere Teilfonds enthalten (Umbrella-Fonds), ab dem zweiten Teilfonds für jeden Teilfonds um 400 Euro. Gebührenbeiträge, die nicht spätestens am Fälligkeitstag entrichtet wurden, sind vollstreckbar. Die FMA hat einen als Exekutionstitel geltenden Rückstandsausweis auszufertigen. Dieser hat Namen und Anschrift des Gebührenpflichtigen, den Betrag der Schuld und den Vermerk zu enthalten, dass die Schuld vollstreckbar geworden ist. Die nicht fristgerechte Entrichtung der Gebühr ist ein Vertriebsuntersagungsgrund gemäß § 50.

(9) Im Falle einer wesentlichen Änderung der nach Abs. 2 oder Abs. 4 übermittelten Angaben hat der Nicht-EU-AIFM diese der FMA bei von ihm geplanten Änderungen mindestens einen Monat vor Durchführung der Änderung, oder, bei ungeplanten Änderungen, unverzüglich nach Eintreten der Änderung schriftlich mitzuteilen. Sollte die geplante Änderung dazu führen, dass die Verwaltung des EU-AIF durch den Nicht-EU-AIFM oder der Nicht-EU-AIFM im Allgemeinen nunmehr gegen dieses Bundesgesetz, die Richtlinie 2011/61/EU oder auf Basis dieser Richtlinie erlassene delegierte Rechtsakte verstößt, hat die FMA dem Nicht-EU-AIFM unverzüglich mitzuteilen, dass er die Änderung nicht durchführen darf. Wird eine geplante Änderung ungeachtet dieses Absatzes durchgeführt oder führt eine durch einen ungeplanten Umstand ausgelöste Änderung dazu, dass die Verwaltung des EU-AIF durch den Nicht-EU-AIFM oder der Nicht-EU-AIFM im Allgemeinen nunmehr gegen dieses Bundesgesetz, die Richtlinie 2011/61/EU oder auf Basis dieser Richtlinie erlassene delegierte Rechtsakte verstoßen würde, so hat die FMA alle gebotenen Maßnahmen gemäß §§ 56 f zu ergreifen, einschließlich, falls erforderlich, der ausdrücklichen Untersagung des Vertriebs des EU-AIF. Sind die Änderungen zulässig, weil sie sich nicht auf die Vereinbarkeit der Verwaltung des EU-AIF durch den Nicht-EU-AIFM mit diesem Bundesgesetz, der Richtlinie 2011/61/EU oder auf Basis dieser Richtlinie erlassene delegierte Rechtsakte oder auf die Einhaltung dieser Bestimmungen durch den Nicht-EU-AIFM im Allgemeinen auswirken, so hat die FMA unverzüglich ESMA, soweit die Änderungen die Beendigung des Vertriebs von bestimmten EU-AIF oder zusätzlichen vertriebenen EU-AIF betreffen, und gegebenenfalls die zuständigen Behörden der Aufnahmemitgliedstaaten von diesen Änderungen zu unterrichten.

(10) Unbeschadet des § 48 Abs. 1 dürfen die von dem Nicht-EU-AIFM verwalteten und vertriebenen EU-AIF nur an professionelle Anleger vertrieben werden.

EB zu § 40:

Hiedurch wird Art. 39 der Richtlinie 2011/61/EU umgesetzt. Die Kommission erlässt binnen drei Monaten nach Eingang der positiven Empfehlung und der Stellungnahme durch ESMA, die bis zum 22.7.2015 zu erfolgen hat, einen delegierten Rechtsakt, ab dem die Bestimmungen der Art. 35 sowie 37 bis 41 der Richtlinie 2011/61/EU umgesetzt werden. Die Bestimmung des § 40 tritt somit erst ab jenem Zeitpunkt in Kraft. Die Inhalte von Art. 39 Abs. 11 der Richtlinie 2011/61/EU werden als § 40 Abs. 10 umgesetzt. Durch Implementing Technical Standards der Europäischen Kommission werden die Form und der Inhalt der in den Abs. 2 und 4 genannten Anzeigeschreiben näher bestimmt werden. Weiters wird dadurch die genaue Ausgestaltung der Weiterleitung der Anzeigeunterlagen bzw. der Mitteilung an ESMA gemäß § 40 Abs. 6 geregelt werden. Bezüglich der geeigneten Vereinbarungen über die Zusammenarbeit zwischen den zuständigen Behörden des Referenzmitgliedstaats und der Aufsichtsbehörde des Drittlands werden Regulatory Technical Standards der Europäischen Kommission den Mindestinhalt dieser Kooperationsvereinbarungen festlegen, damit die zuständigen Behörden ausreichende Informationen erhalten, um in der Lage zu sein ihre Aufsichtspflichten zu erfüllen.

Aus strukturellen Gründen wurde Art. 39 der Richtlinie 2011/61/EU in § 40 und §41 aufgeteilt. In der Bestimmung des § 40 sind die Bedingungen für den in der Union mit einem Pass erfolgenden Vertrieb von EU-AIF, die von Nicht-EU-AIFM verwaltet werden, für die Österreich Referenzmitgliedstaat ist geregelt, in § 41 der Vertrieb von EU-AIF mit Pass in Österreich durch einen Nicht-EU-AIFM.

Vertrieb von EU-AIF mit Pass in Österreich durch einen Nicht-EU-AIFM

§ 41. (1) Ein Nicht-EU-AIFM, für welchen Österreich nicht Referenzmitgliedstaat ist, kann Anteile eines von ihm verwalteten EU-AIF an professionelle Anleger in Österreich vertreiben, sobald der Nicht-EU-AIFM von der zuständigen Behörde seines Referenzmitgliedstaats darüber unterrichtet wurde, dass die vollständigen Unterlagen und Informationen gemäß Art. 39 der Richtlinie 2011/65/EU und gemäß Anlage 4 von der zuständigen Behörde des Referenzmitgliedstaats des Nicht-EU-AIFM an die FMA übermittelt wurden.

(2) Die gemäß Anlage 4 lit. h anzugebenden Vorkehrungen für den Vertrieb des EU-AIF und, sofern zutreffend, die Vorkehrungen, die getroffen wurden, um zu verhindern, dass Anteile des EU-AIF an Privatkunden vertrieben werden, auch falls der Nicht-EU-AIFM für die Erbringung von Wertpapierdienstleistungen für den EU-AIF auf unabhängige Unternehmen zurückgreift, unterliegen den Anforderungen dieses Bundesgesetzes und der Aufsicht durch die FMA. Die FMA hat im Falle eines Verstoßes gegen dieses Bundesgesetz, die Richtlinie 2011/61/EU oder auf Basis dieser Richtlinie erlassene delegierte Rechtsakte alle gebotenen Maßnahmen gemäß §§ 56 f. zu ergreifen, einschließlich, falls erforderlich, der ausdrücklichen Untersagung des Vertriebs des Nicht-EU-AIF im Inland.

(3) Die durch die zuständige Behörde des Referenzmitgliedstaats des Nicht-EU-AIFM übermittelte Anzeige des Nicht-EU-AIFM samt Unterlagen sowie die Bescheinigung über die Zulassung des betreffenden Nicht-EU-AIFM zur Verwaltung von EU-AIF, gegebenenfalls mit einer bestimmten Anlagestrategie, haben in deutscher oder englischer Sprache oder in einer von der FMA gemäß Verordnung (§ 7b Abs. 1 KMG) anerkannten anderen Sprache bereitgestellt zu werden. Die FMA hat die elektronische Übermittlung und Archivierung der genannten Unterlagen zu akzeptieren.

(4) Für die Bearbeitung der übermittelten Unterlagen gemäß Abs. 1 ist an die FMA eine Gebühr von 1 100 Euro zu entrichten. Diese Gebühr erhöht sich bei EU-AIF, die mehrere Teilfonds enthalten (Umbrella-Fonds), ab dem zweiten Teilfonds für jeden Fonds um 220 Euro. Für die Überwachung der Einhaltung der nach diesem Abschnitt bestehenden Pflichten ist weiters zu Beginn eines jeden Kalenderjahres, spätestens bis zum 15. Jänner dieses Jahres eine jährliche Gebühr von 600 Euro an die FMA zu entrichten; diese Gebühr erhöht sich bei EU-AIF, die mehrere Teilfonds enthalten (Umbrella-Fonds), ab dem zweiten Teilfonds für jeden Teilfonds um 200 Euro. Gebührenbeiträge, die nicht spätestens am Fälligkeitstag entrichtet wurden, sind vollstreckbar. Die FMA hat einen als Exekutionstitel geltenden Rückstandsausweis auszufertigen. Dieser hat Namen und Anschrift des Gebührenpflichtigen, den Betrag der Schuld und den Vermerk zu enthalten, dass die Schuld vollstreckbar geworden ist. Die nicht fristgerechte Entrichtung der Gebühr ist ein Vertriebsuntersagungsgrund gemäß § 50.

(5) Unbeschadet des § 48 Abs. 1 dürfen die von dem Nicht-EU-AIFM verwalteten und vertriebenen EU-AIF nur an professionelle Anleger vertrieben werden.

EB zu § 41:

Hiedurch wird Art. 39 der Richtlinie 2011/61/EU umgesetzt. Die Kommission erlässt binnen drei Monaten nach Eingang der positiven Empfehlung und der Stellungnahme durch

ESMA, die bis zum 22.7.2015 zu erfolgen hat, einen delegierten Rechtsakt, ab dem die Bestimmungen der Art. 35 sowie 37 bis 41 der Richtlinie 2011/61/EU umgesetzt werden. Die Bestimmung des § 41 tritt somit erst ab jenem Zeitpunkt in Kraft.

Aus strukturellen Gründen wurde Art. 39 der Richtlinie 2011/61/EU in § 40 und §41 aufgeteilt. In der Bestimmung des § 40 sind die Bedingungen für den in der Union mit einem Pass erfolgenden Vertrieb von EU-AIF, die von Nicht-EU-AIFM verwaltet werden, für die Österreich Referenzmitgliedstaat ist geregelt, in § 41 der Vertrieb von EU-AIF mit Pass in Österreich durch einen Nicht-EU-AIFM.

Bedingungen für den in der Union mit einem Pass erfolgenden Vertrieb von Nicht-EU-AIF, die von einem Nicht-EU-AIFM verwaltet werden, für den Österreich Referenzmitgliedstaat ist

§ 42. (1) Ein gemäß § 39 ordnungsgemäß zugelassener Nicht-EU-AIFM kann Anteile eines Nicht-EU-AIF, den er verwaltet, an professionelle Anleger in der Union mit einem Pass vertreiben, sobald die in dieser Bestimmung festgelegten Bedingungen eingehalten sind.

(2) Zusätzlich zu den in diesem Bundesgesetz festgelegten Anforderungen an EU-AIFM müssen Nicht-EU-AIFM, für welche Österreich Referenzmitgliedstaat ist, folgende Bedingungen einhalten:

1. es bestehen geeignete Vereinbarungen über die Zusammenarbeit zwischen der FMA und der Aufsichtsbehörde des Drittlands, in dem der Nicht-EU-AIF seinen Sitz hat, damit zumindest ein effizienter Informationsaustausch gewährleistet ist, der der FMA ermöglicht, ihre Aufgaben gemäß diesem Bundesgesetz, der Richtlinie 2011/61/EU sowie auf Basis dieser Richtlinie erlassene delegierte Rechtsakte wahrzunehmen;
2. das Drittland, in dem der Nicht-EU-AIF seinen Sitz hat, ist kein Land oder Gebiet, in dem gemäß § 40b Abs. 1 letzter Satz BWG jedenfalls ein erhöhtes Risiko der Geldwäscherei oder Terrorismusfinanzierung besteht;
3. das Drittland, in dem der Nicht-EU-AIF seinen Sitz hat, hat mit Österreich sowie mit jedem anderen Mitgliedstaat, in dem die Anteile des Nicht-EU-AIF vertrieben werden sollen, eine Vereinbarung unterzeichnet, die den Standards des Art. 26 des OECD-Musterabkommens zur Vermeidung der Doppelbesteuerung von Einkommen und Vermögen vollständig entspricht und einen wirksamen Informationsaustausch in Steuerangelegenheiten, gegebenenfalls einschließlich multilateraler Abkommen über die Besteuerung, gewährleistet.

(3) Der Nicht-EU-AIFM hat der FMA eine Anzeige für jeden Nicht-EU-AIF, den er in Österreich zu vertreiben beabsichtigt, vorzulegen. Die Anzeige hat die Dokumentation und die Angaben gemäß Anlage 3 zu umfassen.

(4) Die FMA hat die Anzeige auf ihre formale Vollständigkeit zu prüfen, eine darüber hinausgehende inhaltliche Prüfung hat nicht zu erfolgen. Spätestens 20 Arbeitstage nach Eingang des vollständigen Anzeigeschreibens nach Abs. 3 hat die FMA dem Nicht-EU-AIFM mitzuteilen, ob er im Inland mit dem Vertrieb des im Anzeigeschreiben nach Abs. 3 genannten Nicht-EU-AIF beginnen kann. § 13 Abs. 3 AVG kommt hinsichtlich der Berechnung der Frist nicht zur Anwendung. Im Falle einer positiven Entscheidung kann der Nicht-EU-AIFM ab dem Datum der diesbezüglichen Mitteilung der FMA mit dem Vertrieb des Nicht-EU-AIF beginnen. Die Aufnahme des Vertriebes ist zu untersagen, wenn die Verwaltung des Nicht-EU-AIF durch den Nicht-EU-AIFM oder der Nicht-EU-AIFM im Allgemeinen gegen dieses Bundesgesetz, die Richtlinie 2011/61/EU oder auf Basis dieser Richt-

linie erlassene delegierte Rechtsakte verstößt oder die Anzeige nach Abs. 3 nicht ordnungsgemäß erstattet wurde. Die FMA hat ESMA mitzuteilen, dass der Nicht-EU-AIFM in Österreich mit dem Vertrieb von Anteilen des Nicht-EU-AIF beginnen kann.

(5) Beabsichtigt der Nicht-EU-AIFM, die Anteile eines Nicht-EU-AIF über Österreich als seinen Referenzmitgliedstaat hinaus auch in anderen Mitgliedstaaten zu vertreiben, so hat er der FMA für jeden Nicht-EU-AIF, den er zu vertreiben beabsichtigt, ein Anzeigeschreiben vorzulegen, das die Dokumentation und die Angaben gemäß Anlage 4 umfasst

(6) Die FMA hat die Anzeige auf ihre formale Vollständigkeit zu prüfen, eine darüber hinausgehende inhaltliche Prüfung hat nicht zu erfolgen. Spätestens 20 Arbeitstage nach Eingang des vollständigen Anzeigeschreibens nach Abs. 5 hat die FMA dieses an die zuständigen Behörden der Mitgliedstaaten weiterzuleiten, in denen die Anteile des Nicht-EU-AIF vertrieben werden sollen. Die FMA hat eine Bescheinigung über die Zulassung des betreffenden Nicht-EU-AIFM zur Verwaltung von Nicht-EU-AIF mit einer bestimmten Anlagestrategie beizufügen. Eine solche Weiterleitung findet nur dann statt, wenn die Verwaltung des Nicht-EU-AIF durch den Nicht-EU-AIFM diesem Bundesgesetz, der Richtlinie 2011/61/EU sowie den auf Basis dieser Richtlinie erlassenen delegierten Rechtsakten entspricht und weiterhin entsprechen wird und sich der Nicht-EU-AIFM im Allgemeinen an diese Bestimmungen hält. § 13 Abs. 3 AVG kommt hinsichtlich der Berechnung der Frist nicht zur Anwendung.

(7) Die FMA hat den Nicht-EU-AIFM unverzüglich über die Weiterleitung der Anzeigeunterlagen zu unterrichten. Die FMA hat zudem ESMA mitzuteilen, dass der Nicht-EU-AIFM in seinen Aufnahmemitgliedstaaten mit dem Vertrieb von Anteilen des Nicht-EU-AIF beginnen kann.

(8) Die in Abs. 3 und 5 genannten Anzeigeschreiben des Nicht-EU-AIFM sowie die Beilagen haben in deutscher Sprache oder in englischer Sprache oder in einer gemäß § 7b Abs. 1 KMG in der Finanzwelt gebräuchlichen Sprache bereitgestellt zu werden. Die FMA hat die elektronische Übermittlung und Archivierung der Unterlagen zu akzeptieren.

(9) Für die Bearbeitung der Anzeige gemäß Abs. 3 ist an die FMA eine Gebühr von 2 200 Euro zu entrichten. Diese Gebühr erhöht sich bei Nicht-EU-AIF, die mehrere Teilfonds enthalten (Umbrella-Fonds), ab dem zweiten Teilfonds für jeden Fonds um 440 Euro. Für die Bearbeitung der Anzeige gemäß Abs. 5 ist an die FMA eine Gebühr von 400 Euro zu entrichten. Für die Prüfung der nach den Abs. 3 vorgeschriebenen Unterlagen ist weiters zu Beginn eines jeden Kalenderjahres, spätestens bis zum 15. Jänner dieses Jahres, eine jährliche Gebühr von 1 200 Euro an die FMA zu entrichten; diese Gebühr erhöht sich bei Fonds, die mehrere Teilfonds enthalten (Umbrella-Fonds), ab dem zweiten Teilfonds für jeden Teilfonds um 400 Euro. Gebührenbeiträge, die nicht spätestens am Fälligkeitstag entrichtet wurden, sind vollstreckbar. Die FMA hat einen als Exekutionstitel geltenden Rückstandsausweis auszufertigen. Dieser hat Namen und Anschrift des Gebührenpflichtigen, den Betrag der Schuld und den Vermerk zu enthalten, dass die Schuld vollstreckbar geworden ist. Die nicht fristgerechte Entrichtung der Gebühr ist ein Vertriebsuntersagungsgrund gemäß § 50.

(10) Im Falle einer wesentlichen Änderung der nach Abs. 3 oder 5 übermittelten Angaben hat der Nicht-EU-AIFM diese der FMA bei von ihm geplanten Änderungen mindestens einen Monat vor Durchführung der Änderung, oder, bei ungeplanten Änderungen, unverzüglich nach Eintreten der Änderung schriftlich mitzuteilen. Sollte die geplante Änderung dazu führen, dass die Verwaltung des Nicht-EU-AIF durch den Nicht-EU-AIFM oder der Nicht-EU-AIFM im Allgemeinen nunmehr gegen dieses Bundesgesetz, die Richtlinie 2011/61/EU oder auf Basis dieser Richtlinie erlassenen delegierten Rechtsakten verstößt,

hat die FMA dem Nicht-EU-AIFM unverzüglich mitzuteilen, dass er die Änderung nicht durchführen darf. Wird eine geplante Änderung ungeachtet dieses Absatzes durchgeführt oder führt eine durch einen ungeplanten Umstand ausgelöste Änderung dazu, dass die Verwaltung des Nicht-EU-AIF durch den Nicht-EU-AIFM oder der Nicht-EU-AIFM im Allgemeinen nunmehr gegen dieses Bundesgesetz, die Richtlinie 2011/61/EU oder auf Basis dieser Richtlinie erlassenen delegierten Rechtsakten verstößt, so hat die FMA alle gebotenen Maßnahmen gemäß §§ 56 f zu ergreifen, einschließlich, falls erforderlich, der ausdrücklichen Untersagung des Vertriebs des Nicht-EU-AIF. Sind die Änderungen zulässig, weil sie sich nicht auf die Vereinbarkeit der Verwaltung des Nicht-EU-AIF durch den Nicht-EU-AIFM mit diesem Bundesgesetz, der Richtlinie 2011/61/EU oder auf Basis dieser Richtlinie erlassenen delegierten Rechtsakten oder auf die Einhaltung dieser Bestimmungen durch den Nicht-EU-AIFM im Allgemeinen auswirken, so hat die FMA unverzüglich ESMA, soweit die Änderungen die Beendigung des Vertriebs von bestimmten Nicht-EU-AIF oder zusätzlichen vertriebenen Nicht-EU-AIF betreffen, und gegebenenfalls die zuständigen Behörden der Aufnahmemitgliedstaaten von diesen Änderungen zu unterrichten.

(11) Unbeschadet des § 48 Abs. 1 dürfen die von dem Nicht-EU-AIFM verwalteten und vertriebenen Nicht-EU-AIF nur an professionelle Anleger vertrieben werden.

EB zu § 42:

Hiedurch wird Art. 40 der Richtlinie 2011/61/EU umgesetzt. Die Kommission erlässt binnen drei Monaten nach Eingang der positiven Empfehlung und der Stellungnahme durch ESMA, die bis zum 22.7.2015 zu erfolgen hat, einen delegierten Rechtsakt, ab dem die Bestimmungen der Art. 35 sowie 37 bis 41 der Richtlinie 2011/61/EU umgesetzt werden. Die Bestimmung des § 42 tritt somit erst ab jenem Zeitpunkt in Kraft. Der Inhalt von Art. 40 Abs. 17 der Richtlinie 2011/61/EU wird als § 37 Abs. 11 umgesetzt. Durch delegierte Rechtsakte der Europäischen Kommission wird ein gemeinsamer europäischer Rahmen geschaffen werden, um die Zusammenarbeit mit Drittländern im Sinne des Art. 40 Abs. 1 der Richtlinie 2011/61/EU zu erleichtern. Unter welchen Bedingungen eine solche Vereinbarung als geeignet anzusehen ist, wird in Leitlinien der Europäischen Kommission geregelt werden.

Aus strukturellen Gründen wurde Art. 40 der Richtlinie 2011/61/EU in § 42 und § 43 aufgeteilt. In der Bestimmung des § 42 sind die Bedingungen für den in der Union mit einem Pass erfolgenden Vertrieb von Nicht-EU-AIF, die von einem Nicht-EU-AIFM verwaltet werden, für den Österreich Referenzmitgliedstaat ist, geregelt, in § 43 ist der Vertrieb von Nicht-EU-AIF durch einen Nicht-EU-AIFM mit Pass in Österreich normiert.

§ 42 Abs. 2 bezieht sich auf die Liste der nicht kooperativen Länder und Gebiete, die von der Arbeitsgruppe „Finanzielle Maßnahmen gegen Geldwäsche und Terrorismusfinanzierung" aufgestellt wurde.

Vertrieb von Nicht-EU-AIF durch einen Nicht-EU-AIFM mit Pass in Österreich

§ 43. (1) Ein Nicht-EU-AIFM, für welchen Österreich nicht Referenzmitgliedstaat ist, kann Anteile eines von ihm verwalteten Nicht-EU-AIF an professionelle Anleger in Österreich vertreiben, sobald der Nicht-EU-AIFM von der zuständigen Behörde seines Referenzmitgliedstaats darüber unterrichtet wurde, dass die vollständigen Unterlagen und Informationen gemäß Art. 40 der Richtlinie 2011/65/EU und gemäß Anlage 4 von der zuständigen Behörde des Referenzmitgliedstaats des Nicht-EU-AIFM an die FMA übermittelt wurden.

(2) Die gemäß Anlage 4 lit. h anzugebenden Vorkehrungen für den Vertrieb des Nicht-EU-AIF und, sofern zutreffend, die Vorkehrungen, die getroffen wurden, um zu verhindern, dass Anteile des Nicht-EU-AIF an Privatkunden vertrieben werden, auch falls der Nicht-EU-AIFM für die Erbringung von Wertpapierdienstleistungen für den Nicht-EU-AIF auf unabhängige Unternehmen zurückgreift, unterliegen den Anforderungen dieses Bundesgesetzes und der Aufsicht durch die FMA. Die FMA hat im Falle eines Verstoßes gegen dieses Bundesgesetz, die Richtlinie 2011/61/EU oder auf Basis dieser Richtlinie erlassene delegierte Rechtsakte alle gebotenen Maßnahmen gemäß §§ 56 f zu ergreifen, einschließlich, falls erforderlich, der ausdrücklichen Untersagung des Vertriebs des Nicht-EU-AIF im Inland.

(3) Die durch die zuständigen Behörde des Referenzmitgliedstaats des Nicht-EU-AIFM übermittelte Anzeige des Nicht-EU-AIFM samt Unterlagen sowie die Bescheinigung über die Zulassung des betreffenden Nicht-EU-AIFM zur Verwaltung von Nicht-EU-AIF, gegebenenfalls mit einer bestimmten Anlagestrategie, haben in deutscher oder englischer Sprache oder in einer von der FMA gemäß Verordnung (§ 7b Abs. 1 KMG) anerkannten anderen Sprache bereitgestellt zu werden. Die FMA hat die elektronische Übermittlung und Archivierung der genannten Unterlagen zu akzeptieren.

(4) Für die Bearbeitung der übermittelten Unterlagen gemäß Abs. 1 ist an die FMA eine Gebühr von 1 100 Euro zu entrichten. Diese Gebühr erhöht sich bei Nicht-EU-AIF, die mehrere Teilfonds enthalten (Umbrella-Fonds), ab dem zweiten Teilfonds für jeden Fonds um 220 Euro. Für die Überwachung der Einhaltung der nach diesem Abschnitt bestehenden Pflichten ist weiters zu Beginn eines jeden Kalenderjahres, spätestens bis zum 15. Jänner dieses Jahres eine jährliche Gebühr von 600 Euro an die FMA zu entrichten; diese Gebühr erhöht sich bei Nicht-EU-AIF, die mehrere Teilfonds enthalten (Umbrella-Fonds), ab dem zweiten Teilfonds für jeden Teilfonds um 200 Euro. Gebührenbeiträge, die nicht spätestens am Fälligkeitstag entrichtet wurden, sind vollstreckbar. Die FMA hat einen als Exekutionstitel geltenden Rückstandsausweis auszufertigen. Dieser hat Namen und Anschrift des Gebührenpflichtigen, den Betrag der Schuld und den Vermerk zu enthalten, dass die Schuld vollstreckbar geworden ist. Die nicht fristgerechte Entrichtung der Gebühr ist ein Vertriebsuntersagungsgrund gemäß § 50.

(5) Unbeschadet des § 48 Abs. 1 dürfen die von dem Nicht-EU-AIFM verwalteten und vertriebenen Nicht-EU-AIF nur an professionelle Anleger vertrieben werden.

EB zu § 43:

Hiedurch wird Art. 40 der Richtlinie 2011/61/EU umgesetzt. Die Kommission erlässt binnen drei Monaten nach Eingang der positiven Empfehlung und der Stellungnahme durch ESMA, die bis zum 22.7.2015 zu erfolgen hat, einen delegierten Rechtsakt, ab dem die Bestimmungen der Art. 35 sowie 37 bis 41 der Richtlinie 2011/61/EU umgesetzt werden. Die Bestimmung des § 43 tritt somit erst ab jenem Zeitpunkt in Kraft.

Aus strukturellen Gründen wurde Art. 40 der Richtlinie 2011/61/EU in § 42 und § 43 aufgeteilt. In der Bestimmung des § 42 sind die Bedingungen für den in der Union mit einem Pass erfolgenden Vertrieb von Nicht-EU-AIF, die von einem Nicht-EU-AIFM verwaltet werden, für den Österreich Referenzmitgliedstaat ist, geregelt, in § 43 ist der Vertrieb von Nicht-EU-AIF durch einen Nicht-EU-AIFM mit Pass in Österreich normiert.

Bedingungen für die Verwaltung von EU-AIF aus anderen Mitgliedstaaten durch Nicht-EU-AIFM, für die Österreich Referenzmitgliedstaat ist

§ 44. (1) Ein gemäß § 39 ordnungsgemäß zugelassener Nicht-EU-AIFM kann EU-AIF mit Sitz in einem anderen Mitgliedstaat entweder direkt oder indirekt über eine Zweigstelle verwalten, sofern der Nicht-EU-AIFM für die Verwaltung dieser Art von EU-AIF zugelassen ist.

(2) Ein Nicht-EU-AIFM, der zum ersten Mal beabsichtigt, einen EU-AIF mit Sitz in einem anderen Mitgliedstaat zu verwalten, hat der FMA Folgendes anzuzeigen:
1. den Mitgliedstaat, in dem er den EU-AIF direkt oder über eine Zweigniederlassung zu verwalten beabsichtigt;
2. einen Geschäftsplan, aus dem insbesondere hervorgeht, welche Dienstleistungen er zu erbringen und welche EU-AIF er zu verwalten beabsichtigt.

(3) Beabsichtigt der Nicht-EU-AIFM die Errichtung einer Zweigstelle in einem anderen Mitgliedstaat, so muss er zusätzlich zu den Angaben nach Abs. 2 Folgendes angeben:
1. den organisatorischen Aufbau der Zweigstelle,
2. die Anschrift, unter der im Herkunftsmitgliedstaat des EU-AIF Unterlagen angefordert werden können,
3. die Namen und Kontaktangaben der Geschäftsführer der Zweigstelle.

(4) Die FMA hat die Anzeige gemäß Abs. 2 und gegebenenfalls jene gemäß Abs. 3 auf ihre formale Vollständigkeit zu prüfen, eine darüber hinausgehende inhaltliche Prüfung hat nicht zu erfolgen. Spätestens einen Monat nach Eingang des vollständigen Unterlagen nach Abs. 2 oder zwei Monate nach dem Eingang der vollständigen Unterlagen nach Abs. 3 hat die FMA diese an die zuständigen Behörden der Aufnahmemitgliedstaaten des Nicht-EU-AIFM zu übermitteln. Die FMA hat eine Bescheinigung über die Zulassung des betreffenden Nicht-EU-AIFM zur Verwaltung von EU-AIF mit einer bestimmten Anlagestrategie beizufügen. Eine solche Weiterleitung findet nur dann statt, wenn die Verwaltung des EU-AIF durch den Nicht-EU-AIFM diesem Bundesgesetz, der Richtlinie 2011/61/EU sowie den auf Basis dieser Richtlinie erlassenen delegierten Rechtsakten entspricht und weiterhin entsprechen wird und sich der Nicht-EU-AIFM im Allgemeinen an diese Bestimmungen hält. § 13 Abs. 3 AVG kommt hinsichtlich der Berechnung der Frist nicht zur Anwendung. Die FMA hat den Nicht-EU-AIFM unverzüglich über die Übermittlung zu unterrichten. Die FMA hat zudem ESMA mitzuteilen, dass der Nicht-EU-AIFM in den Aufnahmemitgliedstaaten des Nicht-EU-AIFM mit der Verwaltung des EU-AIF beginnen kann.

(5) Im Falle einer Änderung der nach Abs. 2 oder gegebenenfalls nach Abs. 3 übermittelten Anzeigen hat der Nicht-EU-AIFM diese der FMA bei von ihm geplanten Änderungen mindestens einen Monat vor Durchführung der Änderung, oder, bei ungeplanten Änderungen, unverzüglich nach Eintreten der Änderung schriftlich mitzuteilen. Sollte die geplante Änderung dazu führen, dass die Verwaltung des EU-AIF durch den Nicht-EU-AIFM oder der Nicht-EU-AIFM im Allgemeinen nunmehr gegen dieses Bundesgesetz, die Richtlinie 2011/61/EU oder auf Basis dieser Richtlinie erlassene delegierte Rechtsakte verstößt, hat die FMA dem Nicht-EU-AIFM unverzüglich mitzuteilen, dass er die Änderung nicht durchführen darf. Wird eine geplante Änderung ungeachtet dieses Abs. durchgeführt oder führt eine durch einen ungeplanten Umstand ausgelöste Änderung dazu, dass die Verwaltung des EU-AIF durch den Nicht-EU-AIFM oder der Nicht-EU-AIFM im Allgemeinen nunmehr gegen dieses Bundesgesetz, die Richtlinie 2011/61/EU oder auf Basis dieser Richtlinie erlassene delegierte Rechtsakte verstößt, so hat die FMA alle gebotenen Maßnahmen ge-

mäß §§ 56 f. zu ergreifen, einschließlich, falls erforderlich, ausdrücklich den Vertrieb des EU-AIF zu untersagen. Sind die Änderungen zulässig, weil sie sich nicht auf die Vereinbarkeit der Verwaltung des EU-AIF durch den Nicht-EU-AIFM mit diesem Bundesgesetz, der Richtlinie 2011/61/EU oder auf Basis dieser Richtlinie erlassene delegierte Rechtsakte oder auf die Einhaltung dieser Bestimmungen durch den Nicht-EU-AIFM im Allgemeinen auswirken, so hat die FMA unverzüglich die zuständigen Behörden der Aufnahmemitgliedstaaten des Nicht-EU-AIFM von diesen Änderungen zu unterrichten

EB zu § 44:

Hiedurch wird Art. 41 der Richtlinie 2011/61/EU umgesetzt. Die Kommission erlässt binnen drei Monaten nach Eingang der positiven Empfehlung und der Stellungnahme durch ESMA, die bis zum 22.7.2015 zu erfolgen hat, einen delegierten Rechtsakt, ab dem die Bestimmungen der Art. 35 sowie 37 bis 41 der Richtlinie 2011/61/EU umgesetzt werden. Die Bestimmung des § 44 tritt somit erst ab jenem Zeitpunkt in Kraft.

Aus strukturellen Gründen wurde Art. 41 der Richtlinie 2011/61/EU in § 44, § 45 und § 46 aufgeteilt. In der Bestimmung des § 44 sind die Bedingungen für die Verwaltung von EU-AIF aus anderen Mitgliedstaaten durch Nicht-EU-AIFM, für die Österreich Referenzmitgliedstaat ist, geregelt, in § 45 die Bedingungen für die Erbringung von Dienstleistungen eines Nicht-EU-AIFM in Österreich als Aufnahmemitgliedstaat und in § 46 die Zusammenarbeit der FMA als zuständige Behörde des Aufnahmemitgliedstaats mit ESMA und zuständigen Behörden anderer Mitgliedstaaten.

Bedingungen für die Erbringung von Dienstleistungen eines Nicht-EU-AIFM in Österreich als Aufnahmemitgliedstaat

§ 45. (1) Ein Nicht-EU-AIFM, für welchen Österreich nicht Referenzmitgliedstaat ist, kann EU-AIF entweder direkt oder indirekt über eine Zweigniederlassung in Österreich verwalten und an professionelle Anleger vertreiben, sofern der Nicht-EU-AIFM für die Verwaltung dieser Art von EU-AIF berechtigt ist.

(2) Die Aufnahme der Verwaltung des EU-AIF in Österreich sowie die Errichtung einer Zweigstelle in Österreich durch einen Nicht-EU-AIFM ist zulässig, wenn die zuständige Behörde des Referenzmitgliedstaats des Nicht-EU-AIFM der FMA alle Angaben gemäß § 44 Abs. 2 und 3 übermittelt hat sowie dem Nicht-EU-AIFM eine Bestätigung der Übermittlung durch die zuständige Behörde seines Referenzmitgliedstaats zuging. Die Angaben gemäß § 44 Abs. 2 und 3 haben in deutscher oder englischer Sprache oder in einer von der FMA gemäß Verordnung (§ 7b Abs. 1 KMG) anerkannten anderen Sprache bereitgestellt zu werden. Die FMA hat die elektronische Übermittlung und Archivierung der genannten Unterlagen zu akzeptieren. Der Vertrieb des EU-AIF an Privatkunden in Österreich ist ausschließlich dann zulässig, wenn die Bedingungen des § 48 eingehalten werden und der Typ des EU-AIF einem in Österreich gemäß diesem Bundesgesetz für den Vertrieb an Privatkunden zulässigen Typ eines AIF entspricht und die jeweiligen Anforderungen eingehalten werden.

(3) Falls die kollektive Portfolioverwaltung eines in Österreich bewilligten AIF beabsichtigt wird, hat der Nicht-EU-AIFM dies bei der FMA gemäß § 30 zu beantragen. Verwaltet der Nicht-EU-AIFM bereits AIF der gleichen Art in Österreich, so reicht der Hinweis auf die bereits vorgelegten Unterlagen aus.

(4) Die FMA als zuständige Behörde des Aufnahmemitgliedstaats des Nicht-EU-AIFM darf dem betreffenden Nicht-EU-AIFM in den von diesem Bundesgesetz, der Richtlinie

2011/61/EU oder auf Basis dieser Richtlinie erlassenen delegierten Rechtsakten erfassten Bereichen keine zusätzlichen Anforderungen auferlegen.

EB zu § 45:

Hiedurch wird Art. 41 der Richtlinie 2011/61/EU umgesetzt. Die Kommission erlässt binnen drei Monaten nach Eingang der positiven Empfehlung und der Stellungnahme durch ESMA, die bis zum 22.7.2015 zu erfolgen hat, einen delegierten Rechtsakt, ab dem die Bestimmungen der Art. 35 sowie 37 bis 41 der Richtlinie 2011/61/EU umgesetzt werden. Die Bestimmung des § 45 tritt somit erst ab jenem Zeitpunkt in Kraft.

Aus strukturellen Gründen wurde Art. 41 der Richtlinie 2011/61/EU in § 44, § 45 und § 46 aufgeteilt. In der Bestimmung des § 44 sind die Bedingungen für die Verwaltung von EU-AIF aus anderen Mitgliedstaaten durch Nicht-EU-AIFM, für die Österreich Referenzmitgliedstaat ist, geregelt, in § 45 die Bedingungen für die Erbringung von Dienstleistungen eines Nicht-EU-AIFM in Österreich als Aufnahmemitgliedstaat und in § 46 die Zusammenarbeit der FMA als zuständige Behörde des Aufnahmemitgliedstaats mit ESMA und zuständigen Behörden anderer Mitgliedstaaten.

EB zu § 45 Abs. 2 (Art. 4 BGBl. I Nr. 70/2014):

Sprachliche Richtigstellung.

Zusammenarbeit der FMA als zuständige Behörde des Aufnahmemitgliedstaats mit ESMA und zuständigen Behörden anderer Mitgliedstaaten

§ 46. (1) Wenn die FMA nicht mit der Entscheidung des Nicht-EU-AIFM gemäß § 39 oder Art. 37 der Richtlinie 2011/61/EU hinsichtlich seines Referenzmitgliedstaats einverstanden ist, kann sie die Angelegenheit ESMA zur Kenntnis bringen, die im Rahmen der ihr durch Art. 19 der Verordnung (EU) Nr. 1095/2010 übertragenen Befugnisse tätig werden kann.

(2) Wenn die FMA nicht mit der Bewertung der Anwendung der lit. a bis e und g des Art. 37 Abs. 7 der Richtlinie 2011/61/EU oder Erteilung einer Zulassung des Nicht-EU-AIFM durch die zuständigen Behörden eines anderen Referenzmitgliedstaats des AIFM einverstanden ist, kann sie die Angelegenheit ESMA zur Kenntnis bringen, die im Rahmen der ihr durch Art. 19 der Verordnung (EU) Nr. 1095/2010 übertragenen Befugnisse tätig werden kann.

(3) Wenn eine für einen EU-AIF zuständige Behörde die gemäß Art. 37 Abs. 7 lit. d der Richtlinie 2011/61/EU geforderten Vereinbarungen über Zusammenarbeit nicht innerhalb eines angemessenen Zeitraums abschließt, kann die FMA die Angelegenheit ESMA zur Kenntnis bringen, die im Rahmen der ihr durch Art. 19 der Verordnung (EU) Nr. 1095/2010 übertragenen Befugnisse tätig werden kann.

(4) Wenn die FMA als zuständige Behörde eines anderen Mitgliedstaats nicht mit der Entscheidung durch die zuständigen Behörden des Referenzmitgliedstaats des Nicht-EU-AIFM hinsichtlich der Befreiung des Nicht-EU-AIFM von der Einhaltung bestimmter Vorschriften der Richtlinie 2011/61/EU einverstanden ist, kann sie die Angelegenheit ESMA zur Kenntnis bringen, die im Rahmen der ihr durch Art. 19 der Verordnung (EU) Nr. 1095/2010 übertragenen Befugnisse tätig werden kann.

(5) Wenn die FMA als zuständige Behörde eines anderen Mitgliedstaats nicht mit der Bewertung der Anwendung von Art. 40 Abs. 2 Unterabs. 1 lit. a und b der Richtlinie 2011/61/EU hinsichtlich der zusätzlich einzuhaltenden Bedingungen für Nicht-EU-AIFM, welche mit einem Pass Nicht-EU-AIF verwalten wollen, durch die zuständigen Behörden

des Referenzmitgliedstaats des AIFM einverstanden ist, kann sie die Angelegenheit ESMA zur Kenntnis bringen, die im Rahmen der ihr durch Art. 19 der Verordnung (EU) Nr. 1095/2010 übertragenen Befugnisse tätig werden kann.

(6) Wenn eine zuständige Behörde einen Antrag auf Informationsaustausch gemäß den in Art. 40 Abs. 14 der Richtlinie 2011/61/EU erwähnten technischen Regulierungsstandards ablehnt, kann die FMA als zuständige Behörde die Angelegenheit ESMA zur Kenntnis bringen, die im Rahmen der ihr durch Art. 19 der Verordnung (EU) Nr. 1095/2010 übertragenen Befugnisse tätig werden kann.

EB zu § 46:

Hiedurch wird Art. 41 der Richtlinie 2011/61/EU umgesetzt. Die Kommission erlässt binnen drei Monaten nach Eingang der positiven Empfehlung und der Stellungnahme durch ESMA, die bis zum 22.7.2015 zu erfolgen hat, einen delegierten Rechtsakt, ab dem die Bestimmungen der Art. 35 sowie 37 bis 41 der Richtlinie 2011/61/EU umgesetzt werden. Die Bestimmung des § 46 tritt somit erst ab jenem Zeitpunkt in Kraft.

Aus strukturellen Gründen wurde Art. 41 der Richtlinie 2011/61/EU in § 44, § 45 und § 46 aufgeteilt. In der Bestimmung des § 44 sind die Bedingungen für die Verwaltung von EU-AIF aus anderen Mitgliedstaaten durch Nicht-EU-AIFM, für die Österreich Referenzmitgliedstaat ist, geregelt, in § 45 die Bedingungen für die Erbringung von Dienstleistungen eines Nicht-EU-AIFM in Österreich als Aufnahmemitgliedstaat und in § 46 die Zusammenarbeit der FMA als zuständige Behörde des Aufnahmemitgliedstaats mit ESMA und zuständigen Behörden anderer Mitgliedstaaten.

EB zu § 46 Abs. 3 (Art. 4 BGBl. I Nr. 70/2014):

Berichtigung eines Verweises auf die Richtlinie 2011/65/EU.

Bedingungen für den ohne Pass in Österreich erfolgenden Vertrieb von AIF, die von Nicht-EU-AIFM verwaltet werden

§ 47. (1) Unbeschadet der §§ 39, 40 und 42 kann ein Nicht-EU-AIFM Anteile der von ihm verwalteten AIF an professionelle Anleger ausschließlich im Inland vertreiben, sofern der Nicht-EU-AIFM mit Ausnahme des 6. Teils alle in diesem Bundesgesetz, der Richtlinie 2011/61/EU sowie den auf Basis der Richtlinie erlassenen delegierten Rechtsakten festgelegten Anforderungen erfüllt.

(2) Ein Nicht-EU-AIFM, der beabsichtigt, von ihm verwaltete AIF in Österreich zu vertreiben, muss über einen gesetzlichen Vertreter mit Sitz in Österreich verfügen. Der gesetzliche Vertreter vertritt den Nicht-EU-AIFM gerichtlich und außergerichtlich, ist Zustellungsbevollmächtigter und Kontaktstelle für den Nicht-EU-AIFM in Österreich. Sämtliche Korrespondenz zwischen der FMA und dem Nicht-EU-AIFM sowie zwischen den inländischen Anlegern des betreffenden AIF und dem Nicht-EU-AIFM gemäß diesem Bundesgesetz erfolgt über diesen gesetzlichen Vertreter. Der gesetzliche Vertreter hat gemeinsam mit dem Nicht-EU-AIFM die Compliance-Funktion in Bezug auf die von dem Nicht-EU-AIFM gemäß dieser Richtlinie ausgeführten Verwaltungs- und Vertriebstätigkeiten wahrzunehmen. Diese Befugnisse können nicht beschränkt werden.

(3) Beabsichtigt ein Nicht-EU-AIFM, Anteile von AIF in Österreich zu vertreiben, so hat er der FMA für jeden AIF, den er zu vertreiben beabsichtigt, ein Anzeigeschreiben zu übermitteln. Dieses Anzeigeschreiben umfasst die Dokumentation und die Angaben gemäß Anlage 3, sowie eine Bestätigung der zuständigen Behörden des Herkunftsstaates des Nicht-EU-AIFM sowie des AIF, dass der AIF sowie der Nicht-EU-AIFM mit Ausnahme

des 6. Teils alle in diesem Bundesgesetz, der Richtlinie 2011/61/EU und auf Basis der Richtlinie erlassenen delegierten Rechtsakten festgelegten Anforderungen erfüllen. Weiters sind der Anzeige beizufügen:

1. Die sinngemäßen Angaben gemäß § 5 Abs. 2 und 3;
2. Angaben zur Vertriebsstrategie;
3. der Name des gesetzlichen Vertreters des Nicht-EU-AIFM samt Angabe des Sitzes;
4. eine Bestätigung des gesetzlichen Vertreters des Nicht-EU-AIFM, dass er die ihn betreffenden Aufgaben zu erfüllen im Stande ist, den Nicht-EU-AIFM gerichtlich und außergerichtlich vertritt sowie als Kontaktstelle für die Anleger der betreffenden AIF fungiert und zumindest hinreichend ausgestattet ist, um die Compliance-Funktion gemäß diesem Bundesgesetz und der Richtlinie 2011/61/EU wahrnehmen zu können;
5. der Nachweis über die Entrichtung der Gebühr gemäß Abs. 6;
6. eine Erklärung des Nicht-EU-AIFM, dass er sich verpflichtet, für die gesamte Dauer des Vertriebs des AIF in Österreich die in diesem Bundesgesetz, der Richtlinie 2011/61/EU sowie den auf Basis der Richtlinie erlassenen delegierten Rechtsakten festgelegten Anforderungen einzuhalten.

(4) Das in Abs. 3 genannte Anzeigeschreiben des Nicht-EU-AIFM sowie die Beilagen haben in deutscher Sprache oder in englischer Sprache oder in einer gemäß § 7b Abs. 1 KMG in der Finanzwelt gebräuchlichen Sprache bereitgestellt zu werden. Die FMA als zuständige Behörde hat die elektronische Übermittlung und Archivierung der in Abs. 3 genannten Unterlagen zu akzeptieren.

(5) Die FMA hat die Anzeige auf ihre formale Vollständigkeit zu prüfen, eine darüber hinausgehende inhaltliche Prüfung hat nicht zu erfolgen. Spätestens 4 Kalendermonate nach Eingang des vollständigen Anzeigeschreibens nach Abs. 3 hat die FMA dem Nicht-EU-AIFM mitzuteilen, ob er im Inland mit dem Vertrieb des im Anzeigeschreiben nach Abs. 3 genannten AIF beginnen kann. § 13 Abs. 3 AVG kommt hinsichtlich der Berechnung der Frist nicht zur Anwendung. Im Falle einer positiven Entscheidung kann der Nicht-EU-AIFM ab dem Datum der diesbezüglichen Mitteilung der FMA mit dem Vertrieb des AIF beginnen. Die Aufnahme des Vertriebes ist zu untersagen, wenn der Nicht-EU-AIFM oder der AIF eine Voraussetzung dieser Bestimmung nicht erfüllt oder die Anzeige nach Abs. 3 nicht ordnungsgemäß erstattet. Die FMA hat die Zulassung zum Vertrieb des AIF dann zu erteilen, wenn die folgenden zusätzlichen Bedingungen eingehalten sind:

1. es bestehen geeignete, insbesondere der Überwachung der Systemrisiken dienende und im Einklang mit den internationalen Standards stehende Vereinbarungen über die Zusammenarbeit zwischen der FMA, den zuständigen Behörden des Herkunftsmitgliedstaats des betreffenden AIF und den Aufsichtsbehörden des Drittlands, in dem der Nicht-EU-AIFM seinen Sitz hat, damit ein effizienter Informationsaustausch gewährleistet ist, der den zuständigen Behörden ermöglicht, ihre Aufgaben gemäß diesem Bundesgesetz und der Richtlinie 2011/61/EU wahrzunehmen;
2. das Drittland, in dem der Nicht-EU-AIFM seinen Sitz hat, ist kein Land oder Gebiet, in dem gemäß § 40b Abs. 1 letzter Satz BWG jedenfalls ein erhöhtes Risiko der Geldwäscherei oder Terrorismusfinanzierung besteht;
3. das Drittland, in dem der Nicht-EU-AIFM seinen Sitz hat, hat mit Österreich eine Vereinbarung unterzeichnet, die den Standards gemäß Art. 26 des OECD-Musterabkommens zur Vermeidung der Doppelbesteuerung von Einkommen und Vermögen vollständig entspricht und einen wirksamen Informationsaustausch in Steuerangelegenheiten, gegebenenfalls einschließlich multilateraler Abkommen über die Besteuerung, gewährleistet;

4. die auf Nicht-EU-AIFM anwendbaren Rechts- und Verwaltungsvorschriften eines Drittlands oder die Beschränkungen der Aufsichts- und Ermittlungsbefugnisse der Aufsichtsbehörden dieses Drittlands hindern die zuständigen Behörden nicht an der effektiven Wahrnehmung ihrer Aufsichtsfunktionen gemäß dieser Richtlinie.

(6) Für die Bearbeitung der Anzeige gemäß Abs. 3 ist an die FMA eine Gebühr von 4 500 Euro zu entrichten. Diese Gebühr erhöht sich bei AIF, die mehrere Teilfonds enthalten (Umbrella-Fonds), ab dem zweiten Teilfonds für jeden Fonds um 1 000 Euro. Für die Prüfung der nach den Abs. 3 und 4 vorgeschriebenen Unterlagen ist weiters zu Beginn eines jeden Kalenderjahres, spätestens bis zum 15. Jänner dieses Jahres, eine jährliche Gebühr von 2 500 Euro an die FMA zu entrichten; diese Gebühr erhöht sich bei Fonds, die mehrere Teilfonds enthalten (Umbrella-Fonds), ab dem zweiten Teilfonds für jeden Teilfonds um 600 Euro. Gebührenbeiträge, die nicht spätestens am Fälligkeitstag entrichtet wurden, sind vollstreckbar. Die FMA hat einen als Exekutionstitel geltenden Rückstandsausweis auszufertigen. Dieser hat Namen und Anschrift des Gebührenpflichtigen, den Betrag der Schuld und den Vermerk zu enthalten, dass die Schuld vollstreckbar geworden ist. Die nicht fristgerechte Entrichtung der Gebühr ist ein Vertriebsuntersagungsgrund gemäß Abs. 9.

(7) Im Falle einer wesentlichen Änderung der nach Abs. 3 mitgeteilten Angaben hat der Nicht-EU-AIFM diese der FMA bei von ihm geplanten Änderungen mindestens einen Monat vor Durchführung der Änderung, oder, bei ungeplanten Änderungen, unverzüglich nach Eintreten der ungeplanten Änderung schriftlich mitzuteilen. Sollte die geplante Änderung dazu führen, dass die Verwaltung des AIF durch den Nicht-EU-AIFM oder der Nicht-EU-AIFM im Allgemeinen nunmehr gegen dieses Bundesgesetz, die Richtlinie 2011/61/EU oder auf Basis dieser Richtlinie erlassene delegierte Rechtsakte verstößt, hat die FMA dem Nicht-EU-AIFM unverzüglich mitzuteilen, dass er die Änderung nicht durchführen darf. Wird eine geplante Änderung ungeachtet dieses Abs. durchgeführt oder führt eine durch einen ungeplanten Umstand ausgelöste Änderung dazu, dass die Verwaltung des AIF durch den Nicht-EU-AIFM oder der Nicht-EU-AIFM im Allgemeinen nunmehr gegen dieses Bundesgesetz oder die Richtlinie 2011/61/EU oder auf Basis dieser Richtlinie erlassene delegierte Rechtsakte verstoßen würde, so hat die FMA alle gebotenen Maßnahmen gemäß §§ 56 f. zu ergreifen, einschließlich, falls erforderlich, der ausdrücklichen Untersagung des Vertriebs des AIF.

(8) Der Nicht-EU-AIFM hat die Absicht, den Vertrieb von Anteilen des AIF in Österreich einzustellen, der FMA unverzüglich anzuzeigen.

(9) Die FMA hat den weiteren Vertrieb von AIF zu untersagen, wenn

1. die Anzeige nach Abs. 3 nicht erstattet worden ist oder der Nicht-EU-AIFM gegen die Verpflichtungen gemäß der Erklärung nach Abs. 3 Z 6 verstößt;
2. eine Voraussetzung nach dieser Bestimmung weggefallen ist;
3. beim Vertrieb erheblich gegen gesetzliche Vorschriften verstoßen worden ist;
4. ein durch rechtskräftiges Urteil oder gerichtlichen Vergleich gegenüber dem AIF oder Nicht-EU-AIFM festgestellter Anspruch eines Anteilinhabers nicht erfüllt worden ist;
5. die in diesem Gesetz vorgesehenen Verpflichtungen nicht ordnungsgemäß erfüllt werden; oder
6. die Zulassung durch die zuständigen Stellen des Herkunftsstaates des Nicht-EU-AIFM oder AIF entzogen worden ist.

(10) Hat die FMA die Aufnahme des Vertriebs oder den weiteren Vertrieb des AIF untersagt, darf der Nicht-EU-AIFM die Absicht, Anteile dieses AIF im Geltungsbereich die-

ses Bundesgesetzes zu vertreiben, frühestens gemäß Abs. 3 wieder anzeigen, wenn seit dem Tag der Untersagung ein Jahr verstrichen ist.

(11) Die FMA kann bei Umbrella-Konstruktionen auch den Vertrieb von Anteilen eines AIF, die im Geltungsbereich dieses Bundesgesetzes vertrieben werden dürfen, unter Beachtung des Abs. 9 untersagen, wenn weitere Anteile von Teilfonds derselben Umbrella-Konstruktion im Geltungsbereich dieses Bundesgesetzes vertrieben werden, die das Anzeigeverfahren nach Abs. 3 nicht ordnungsgemäß durchlaufen haben.

EB zu § 47:

Hiedurch wird in Wahrnehmung der Option des Art. 42 der Richtlinie 2011/61/EU dieser Artikel umgesetzt. Diese Bestimmung soll AIFM aus Drittstaaten (Nicht-EU-AIFM) ermöglichen, sofern die genannten Voraussetzungen erfüllt werden, von ihnen verwaltete AIF an professionelle Anleger in Österreich vertreiben zu dürfen. Einer Verwaltungsgesellschaft, die vor Inkrafttreten dieses Bundesgesetzes AIF verwaltet und vertrieben hat, ist es ohne Konzession gemäß diesem Bundesgesetz als AIFM auch nicht erlaubt neue Subfonds zu den bereits bestehenden AIF aufzulegen. Da die Bestimmungen der Art. 35 sowie 37 bis 41 der Richtlinie 2011/61/EU („Pass" für Nicht-EU-AIF, bzw. Nicht-EU-AIFM) gemäß Art. 67 Abs.6 der Richtlinie 2011/61/EU erst nach einer Evaluierung durch ESMA, die bis zum 22.7.2015 zu erfolgen hat, anzuwenden sind, sehen die Art. 36 und 42 der Richtlinie 2011/61/EU Bestimmungen für den Vertrieb von AIF mit Drittlandsbezug ohne Pass vor. Gemäß Art. 42 Abs. 2 der Richtlinie 2011/61/EU dürfen die Mitgliedstaaten hinsichtlich des Vertriebs von Anteilen an Anleger in ihrem Hoheitsgebiet die Nicht-EU-AIFM strengeren Regelungen unterwerfen. In Vorausschau auf die voraussichtlich ab 2015 geltenden Bestimmungen, die in den §§ 34 bis 38 umgesetzt wurden, und um eine Gleichstellung inländischer AIF bzw. AIFM mit Nicht-EU-AIF bzw. AIFM sicherzustellen, wird bereits hier die Einhaltung der Richtlinie 2011/61/EU so wie sie wohl ab 2015 gefordert sein wird, verlangt. So wird insbesondere ein Anzeigeverfahren eingeführt, das den §§ 39 und 40 ff. nachempfunden ist. Klargestellt wird, dass die FMA eine formale Prüfpflicht der Unterlagen trifft und keinesfalls eine Haftung für die materielle Richtigkeit und Vollständigkeit der Unterlagen besteht.

§ 47 Abs. 5 Z 2 bezieht sich auf die Liste der nicht kooperativen Länder und Gebiete, die von der Arbeitsgruppe „Finanzielle Maßnahmen gegen Geldwäsche und Terrorismusfinanzierung" aufgestellt wurde.

EB zu § 47 Abs. 3 (Art. 4 BGBl. I Nr. 70/2014):

Richtigstellung der Bezugnahme auf den Herkunftsstaat bei einem Nicht-EU-AIFM sowie Klarstellung, dass sowohl die Richtlinie 2011/65/EU als auch die darauf basierenden delegierten Rechtsakte einzuhalten sind.

8.Teil
Vertrieb an Privatkunden

Vertrieb von österreichischen AIF durch AIFM an Privatkunden und qualifizierte Privatkunden

§ 48. (1) Ein AIFM kann in Österreich Anteile von folgenden gemäß § 29 bewilligten inländischen AIF an Privatkunden vertreiben:

1. Sofern er über eine Konzession gemäß § 1 Abs. 1 Z 13a BWG verfügt, Anteile an Immobilienfonds gemäß dem Immobilien-Investmentfondsgesetzes – ImmoInvFG (BGBl. I Nr. 80/2003),

2. sofern er über eine Konzession gemäß § 1 Abs. 1 Z 13 BWG in Verbindung mit § 6 Abs. 2 InvFG 2011 verfügt, AIF gemäß dem 3. Teil erstes Hauptstück des InvFG 2011,
3. sofern er über eine Konzession gemäß dem 2. Teil dieses Bundesgesetzes verfügt, AIF in Immobilien, die die Bedingungen der Abs. 5 und 6 erfüllen,
4. sofern er über eine Konzession gemäß dem 2. Teil dieses Bundesgesetzes verfügt, AIF, die die Bedingungen der Abs. 7 und 8 erfüllen (Managed Futures Funds),
5. sofern er über eine Konzession gemäß dem 2. Teil dieses Bundesgesetzes verfügt, AIF, die die Bedingungen der Abs. 8a und 8b erfüllen (Private-Equity-Dachfonds),
6. sofern er über eine Konzession gemäß dem 2. Teil dieses Bundesgesetzes verfügt, AIF, die die Bedingungen der Abs. 8c und 8d erfüllen (AIF in Unternehmensbeteiligungen).

(1a) Der Anleger bestätigt im Falle einer Investition gemäß Abs. 1 Z 4, 5 oder 6 schriftlich, in einem vom Vertrag über die Investitionsverpflichtung getrennten Dokument, dass er sich der Risiken im Zusammenhang mit der beabsichtigten Investition bewusst ist und die AIF-Verwaltungsgesellschaft oder sofern der Vertrieb nicht direkt erfolgt, die den Vertrieb durchführende natürliche oder juristische Person seinen Sachverstand, Erfahrungen und Kenntnisse bewertet hat. Die AIF-Verwaltungsgesellschaft oder sofern der Vertrieb nicht direkt erfolgt, die den Vertrieb durchführende natürliche oder juristische Person muss hinreichend davon überzeugt sein, dass der Anleger in der Lage ist, seine Anlageentscheidungen selbst zu treffen und die mit der Investition einhergehenden Risiken zu verstehen und dass eine solche Verpflichtung für den Anleger angemessen ist.

(2) Soweit die Anforderungen des ImmoInvFG für die Verwaltung und den Vertrieb von Immobilienfonds gemäß ImmoInvFG über dieses Bundesgesetz hinausgehen, sind jene Vorschriften maßgeblich.

(3) Soweit die Anforderungen des InvFG 2011 für die Verwaltung und den Vertrieb von AIF über dieses Bundesgesetz hinausgehen, sind für die Verwaltung und den Vertrieb von AIF gemäß dem 3. Teil erstes Hauptstück des InvFG 2011 jene Vorschriften maßgeblich.

(4) Soweit dieses Bundesgesetz über die Anforderungen des ImmoInvFG oder des InvFG 2011 für die Verwaltung und den Vertrieb von AIF an Privatkunden hinausgeht, sind für die Verwaltung und den Vertrieb von AIF oder Immobilienfonds die Vorschriften dieses Bundesgesetzes maßgeblich.

(5) Die FMA hat einen AIF in Immobilien gemäß Abs. 1 Z 3 zum Vertrieb an Privatkunden zu bewilligen, wenn:
1. gemäß der Anlagestrategie mit dem investierten Kapital direkt oder indirekt überwiegend Erträge aus der Überlassung oder Übertragung von Immobilien an Dritte erwirtschaftet werden sollen, wobei es unerheblich ist, ob die Rechtsform eines Wertpapiers oder einer Veranlagung gemäß § 1 Abs. 1 Z 3 KMG vorliegt;
2. die Mindeststreuungsbestimmungen des Immobilienbesitzes gemäß § 22 Abs. 1 bis 4 ImmoInvFG eingehalten werden;
3. der gemäß § 17 ermittelte Nettoinventarwert des AIF mindestens zweimal im Monat veröffentlicht wird, es sei denn, der AIF ist zum Handel an einem geregelten Markt zugelassen;
4. für den AIF eine Hebelfinanzierung eingesetzt wird, bei der das Engagement (Exposure), berechnet nach der Commitment-Methode, den Nettoinventarwert des AIF nicht um mehr als das Zweifache übersteigt;
5. sämtliche Vertriebsunterlagen an drucktechnisch hervorgehobener Stelle einen Hinweis auf das besondere mit dieser Veranlagung verbundene Risiko (Risikohinweis) enthalten;
6. ein Halbjahresbericht spätestens 2 Monate nach Ablauf des Halbjahres erstellt wird;
7. ein Kundeninformationsdokument in deutscher Sprache, das die wesentlichen Anleger-

informationen enthält und dem KID gemäß § 134 InvFG 2011 sowie der dazu erlassenen Verordnung gleichwertig ist, vorliegt. Alternativ zu einem KID kann ein Vereinfachter Prospekt, der dem Vereinfachten Prospekt gemäß § 7 ImmoInvFG entspricht, in deutscher Sprache vorliegen.

(6) Dem Antrag auf Bewilligung sind beizufügen:

1. Im Falle, dass der AIF in Immobilien einen Prospekt gemäß KMG zu erstellen hat, der gemäß § 8 oder § 8a KMG geprüfte bzw. gebilligte Prospekt. Die gemäß § 21 Abs. 3 erforderlichen ergänzenden Angaben gemäß § 21 Abs. 1 und 2 sind gesondert vorzulegen, wobei im Prospekt die bereits enthaltenen Angaben gemäß § 21 deutlich gekennzeichnet sein müssen. Die gemäß § 8 oder § 8a KMG vorgesehene Prospektprüfung bzw. -billigung erstreckt sich nicht auf diese ergänzenden Angaben;
2. im Falle, dass der AIF in Immobilien keinen Prospekt gemäß KMG zu erstellen hat, die Informationen gemäß § 21;
3. der letzte Jahresbericht gemäß § 20;
4. im Falle, dass es sich bei dem AIF in Immobilien um eine Veranlagungsgemeinschaft in Immobilien gemäß § 14 KMG handelt, der letzte Rechenschaftsbericht gemäß § 14 Z 4 KMG;
5. eine Bestätigung des AIFM, dass die Bedingungen des Abs. 5 eingehalten werden.

(7) Die FMA hat einen AIF (Managed-Futures-Fonds) zum Vertrieb an Privatkunden zu bewilligen, wenn

1. das Fondsvermögen so veranlagt wird, dass eine ausreichende Diversifikation und eine angemessene Risikostreuung gewährleistet werden. Neben dem Erwerb von börsengehandelten Terminkontrakten in Form von Futures darf das Fondsvermögen ausschließlich veranlagt werden in
   a) außerbörslichen Zins- und Währungstermingeschäften, sofern diese nicht zur Absicherung des Fondsvermögens abgeschlossen werden, in einem Ausmaß, sodass die Einschuss- und Nachschusszahlungen im Zusammenhang mit solchen außerbörslichen Zins- und Währungstermingeschäften 30 vH des Fondsvermögens nicht überschreiten dürfen;
   b) Geldmarktinstrumente gemäß § 70 InvFG 2011;
   c) unter Einhaltung der §§ 71 und 77 Abs. 1 InvFG 2011, Anteile an OGAW, welche gemäß § 50 InvFG 2011 oder gemäß Art. 5 der Richtlinie 2009/65/EG in ihrem Heimatstaat bewilligt wurden, in einem Ausmaß, welches 50 vH des Fondsvermögens nicht überschreiten darf;
2. keine anderen Warenkontrakte als Terminkontrakte auf Rohstoffe abgeschlossen werden dürfen und keine offene Position auf
   a) einen einzigen Terminkontrakt gehalten wird, für den die Einschuss- oder Nachschusszahlung 5 vH des Fondsvermögens übersteigt sowie
   b) Terminkontrakte auf ein und denselben Rohstoff oder auf ein und dieselbe Kategorie von Terminkontrakten auf Finanzinstrumente gehalten wird, für welche die Einschuss- oder Nachschusszahlung 20 vH des Fondsvermögens übersteigt;
3. bei Geschäften mit Warenderivaten die physische Lieferung der zugrundeliegenden Ware ausgeschlossen ist;
4. Einschuss- und Nachschusszahlungen im Zusammenhang mit börsengehandelten Terminkontrakten insgesamt 50 vH des Fondsvermögens nicht überschreiten; die Reserve liquider Vermögenswerte muss mindestens dem Betrag der insgesamt vorgenommenen Einschuss- und Nachschusszahlungen entsprechen und aus Geldmarktinstrumenten gemäß § 70 InvFG 2011 bestehen;

5. Einschuss- oder Nachschusszahlungen nicht durch Kredit- oder Darlehensaufnahmen finanziert werden;
6. der gemäß § 17 ermittelte Nettoinventarwert des Managed-Futures-Fonds jedes Mal dann veröffentlicht wird, wenn eine Ausgabe oder eine Rücknahme der Anteile des Managed-Futures-Fonds stattfindet, mindestens aber zweimal im Monat;
7. für den Managed-Futures-Fonds eine Hebelfinanzierung eingesetzt wird, bei der das maximale Risiko für den Managed-Futures-Fonds, berechnet unter Anwendung des § 87 InvFG 2011 mit dem absoluten Value-at-Risk-Ansatz, nicht höher als 35 vH des Nettoinventarwerts des Managed-Futures-Fonds ist. Bei der Berechnung des absoluten Value-at-Risk-Ansatzes sind folgende Parameter heranzuziehen:
   a) Konfidenzintervall von 99 vH;
   b) Haltedauer von einem Monat (20 Geschäftstage);
   c) effektiver Beobachtungszeitraum der Risikofaktoren von mindestens einem Jahr (250 Geschäftstage), außer wenn eine kürzere Beobachtungsperiode durch eine bedeutende Steigerung der Preisvolatilität durch extreme Marktbedingungen begründet ist;
   d) vierteljährliche Datenaktualisierung, oder häufiger, wenn die Marktpreise wesentlichen Veränderungen unterliegen;
   e) Berechnungen mindestens auf täglicher Basis;
8. ein von Z 7 lit. a abweichendes Konfidenzintervall und eine von Z 7 lit. b abweichende Haltedauer vom Managed-Futures-Fonds nur herangezogen werden kann, wenn das Konfidenzintervall 95 vH nicht unterschreitet und die Haltedauer einen Monat (20 Geschäftstage) nicht überschreitet; bei Anwendung dieser Berechnungsparameter ist eine Umrechnung der 35 vH-Grenze zur jeweiligen Haltedauer und zum jeweiligen Konfidenzintervall vorzunehmen; diese Umrechnung darf jedoch nur unter der Annahme einer Normalverteilung mit einer identen und unabhängigen Verteilung der Risikofaktoren sowie der Bezugnahme auf die Quantile der Normalverteilung und der mathematischen Wurzel-Zeit-Formel („Square root of time"-Regel) angewendet werden;
9. sämtliche Vertriebsunterlagen an drucktechnisch hervorgehobener Stelle einen Hinweis auf das besondere mit dieser Veranlagung verbundene Risiko (Risikohinweis) enthalten;
10. ein Halbjahresbericht spätestens 2 Monate nach Ablauf des Halbjahres erstellt wird;
11. ein Kundeninformationsdokument in deutscher Sprache, das die wesentlichen Anlegerinformationen enthält und dem KID gemäß § 134 InvFG 2011 sowie der dazu erlassenen Verordnung gleichwertig ist, vorliegt.

(8) Dem Antrag auf Bewilligung eines Managed-Futures-Fonds gemäß Abs. 7 sind beizufügen:

1. Im Falle, dass der Managed-Futures-Fonds einen Prospekt gemäß KMG zu erstellen hat, der gemäß § 8 oder § 8a KMG geprüfte bzw. gebilligte Prospekt. Die gemäß § 21 Abs. 3 erforderlichen ergänzenden Angaben gemäß § 21 Abs. 1 und 2 sind gesondert vorzulegen, wobei im Prospekt die bereits enthaltenen Angaben gemäß § 21 deutlich gekennzeichnet sein müssen. Die gemäß § 8 oder § 8a KMG vorgesehene Prospektprüfung und -billigung erstreckt sich nicht auf diese ergänzenden Angaben;
2. im Falle, dass der Managed-Futures-Fonds keinen Prospekt gemäß KMG zu erstellen hat, die Informationen gemäß § 21;
3. der letzte Jahresbericht gemäß § 20;
4. eine Bestätigung des AIFM, dass die Bedingungen des Abs. 7 eingehalten werden.

(8a) Die FMA hat einen AIF (Private-Equity-Dachfonds) zum Vertrieb an Privatkunden zu bewilligen, wenn

1. gemäß der Anlagestrategie der Private-Equity-Dachfonds überwiegend in andere AIF investiert, welche wiederum gemäß ihrer Anlagestrategie in nicht börsennotierte Unternehmen investieren. Die Veranlagung in einen einzelnen AIF darf 10 vH des Fondsvermögens des Private-Equity-Dachfonds nicht überschreiten. Zusätzlich zu dieser überwiegenden Veranlagung darf der Private-Equity-Dachfonds nur Geldmarktinstrumente gemäß § 70 InvFG 2011 erwerben. Kann der AIF, in welchen investiert wird, gemäß seiner Satzung oder seiner Veranlagungsbestimmungen neben der überwiegenden Veranlagung in nicht börsennotierte Unternehmen und in Geldmarktinstrumente auch andere Veranlagungen tätigen, so ist eine Veranlagung des Private-Equity-Dachfonds in einen solchen AIF auf jeweils 5 vH seines Fondsvermögens begrenzt. Insgesamt dürfen maximal 20 vH des Fondsvermögens eines Private-Equity-Dachfonds in solche AIF investiert werden;
2. der gemäß § 17 ermittelte Nettoinventarwert des Private-Equity-Dachfonds jedesmal dann veröffentlicht wird, wenn eine Ausgabe oder eine Rücknahme der Anteile des Private-Equity-Dachfonds stattfinde, mindestens aber einmal im Monat, es sei denn, der Private-Equity-Dachfonds ist zum Handel an einem geregelten Markt zugelassen;
3. für den Private-Equity-Dachfonds keine Hebelfinanzierung eingesetzt wird. Es darf ebenso in keine AIF investiert werden, welche Hebelfinanzierung einsetzen. Wenn die Satzung oder die Veranlagungsbestimmungen eines AIF, in welchen investiert wird, dies vorsehen, sind kurzfristige Kredite bis zur Höhe von 20 vH des Fondsvermögens des AIF auf dessen Rechnung zulässig;
4. sämtliche Vertriebsunterlagen an drucktechnisch hervorgehobener Stelle einen Hinweis auf das besondere mit dieser Veranlagung verbundene Risiko (Risikohinweis) und die eingeschränkte Liquidität enthalten;
5. ein Halbjahresbericht spätestens zwei Monate nach Ablauf des Halbjahres erstellt wird;
6. ein Kundeninformationsdokument in deutscher Sprache, das die wesentlichen Anlegerinformationen enthält und dem KID gemäß § 134 InvFG 2011 sowie der dazu erlassenen Verordnung gleichwertig ist, vorliegt;
7. die Investitionssumme je Privatkunde mindestens 100 000 Euro beträgt;
8. der Privatkunde der AIF-Verwaltungsgesellschaft oder, sofern der Vertrieb nicht direkt erfolgt, der den Vertrieb durchführenden natürlichen oder juristischen Person nachweisen kann, dass er seit mehr als vier Jahren Veranlagungen in Finanzinstrumente gemäß § 1 Z 4 lit. a WAG 2007 vorgenommen hat.

(8b) Dem Antrag auf Bewilligung eines Private-Equity-Dachfonds gemäß Abs. 8a sind beizufügen:

1. Im Falle, dass der Private-Equity-Dachfonds einen Prospekt gemäß KMG zu erstellen hat, der gemäß § 8 oder 8a KMG geprüfte bzw. gebilligte Prospekt. Die gemäß § 21 Abs. 3 erforderlichen ergänzenden Angaben gemäß § 21 Abs. 1 und 2 sind gesondert vorzulegen, wobei im Prospekt die bereits enthaltenen Angaben gemäß § 21 deutlich gekennzeichnet sein müssen. Die gemäß § 8 oder § 8a KMG vorgesehene Prospektprüfung und -billigung erstreckt sich nicht auf diese ergänzenden Angaben;
2. im Falle, dass der Private-Equity-Dachfonds keinen Prospekt gemäß KMG zu erstellen hat, die Informationen gemäß § 21;
3. der letzte Jahresbericht gemäß § 20;
4. eine Bestätigung des AIFM, dass die Bedingungen des Abs. 8a eingehalten werden.

(8c) Die FMA hat einen AIF in Unternehmensbeteiligungen zum Vertrieb an Privatkunden zu bewilligen, wenn

1. das Fondsvermögen so veranlagt wird, dass eine ausreichende Diversifikation und eine angemessene Risikostreuung gewährleistet werden. Neben dem Erwerb von Beteiligungen an nicht börsenotierten Unternehmen, großteils KMU, darf das Fondsvermögen ausschließlich in Bankguthaben und Geldmarktinstrumente gemäß § 70 InvFG 2011 veranlagt werden;
2. Beteiligungen an mindestens fünf Unternehmen eingegangen werden, die zum Zeitpunkt des Eingehens der Beteiligung nicht miteinander verbunden sind;
3. die Beteiligung an einem Unternehmen zum Zeitpunkt des Eingehens der Beteiligung nicht mehr als 50 vH des Fondsvermögens beträgt;
4. Beteiligungen an Unternehmen und Geldmarktinstrumente gemäß § 70 InvFG 2011, die einem Währungsrisiko unterliegen, 30 vH des Fondsvermögens nicht übersteigen;
5. für den AIF in Unternehmensbeteiligungen keine Hebelfinanzierung eingesetzt wird, keine Leerverkäufe stattfinden und eine Kreditaufnahme nicht zulässig ist;
6. Derivate nur zur Absicherung von im AIF in Unternehmensbeteiligungen gehaltenen Vermögensgegenständen gehalten werden dürfen;
7. der gemäß § 17 ermittelte Nettoinventarwert des AIF in Unternehmensbeteiligungen jedes Mal dann veröffentlicht wird, wenn eine Ausgabe oder eine Rücknahme der Anteile des AIF in Unternehmensbeteiligungen stattfindet, mindestens aber einmal im Monat;
8. sämtliche Vertriebsunterlagen an drucktechnisch hervorgehobener Stelle einen Hinweis auf das besondere mit dieser Veranlagung verbundene Risiko (Risikohinweis) und die eingeschränkte Liquidität enthalten;
9. ein Halbjahresbericht spätestens zwei Monate nach Ablauf des Halbjahres erstellt wird;
10. ein Kundeninformationsdokument in deutscher Sprache, das die wesentlichen Anlegerinformationen enthält und dem KID gemäß § 134 InvFG 2011 sowie der dazu erlassenen Verordnung gleichwertig ist, vorliegt;
11. die Investitionssumme je Privatkunde mindestens 100 000 Euro beträgt;
12. der Privatkunde der AIF-Verwaltungsgesellschaft oder, sofern der Vertrieb nicht direkt erfolgt, der den Vertrieb durchführenden natürlichen oder juristischen Person nachweisen kann, dass er seit mehr als vier Jahren Veranlagungen in Finanzinstrumente gemäß § 1 Z 4 lit. a WAG 2007 vorgenommen hat.

(8d) Dem Antrag auf Bewilligung eines AIF in Unternehmensbeteiligungen gemäß Abs. 8c sind beizufügen:

1. Im Falle, dass der AIF in Unternehmensbeteiligungen einen Prospekt gemäß KMG zu erstellen hat, der gemäß § 8 oder 8a KMG geprüfte bzw. gebilligte Prospekt. Die gemäß § 21 Abs. 3 erforderlichen ergänzenden Angaben gemäß § 21 Abs. 1 und 2 sind gesondert vorzulegen, wobei im Prospekt die bereits enthaltenen Angaben gemäß § 21 deutlich gekennzeichnet sein müssen. Die gemäß § 8 oder § 8a KMG vorgesehene Prospektprüfung und -billigung erstreckt sich nicht auf diese ergänzenden Angaben;
2. im Falle, dass der AIF in Unternehmensbeteiligungen keinen Prospekt gemäß KMG zu erstellen hat, die Informationen gemäß § 21;
3. der letzte Jahresbericht gemäß § 20;
4. eine Bestätigung des AIFM, dass die Bedingungen des Abs. 8c eingehalten werden.

(9) Sind Angaben und Unterlagen gegenüber der gemäß § 29 erstatteten Bewilligung unverändert, kann unter Verweis auf jene eine erneute Übermittlung unterbleiben.

(10) Beginn und Ende des Vertriebs sind der FMA unverzüglich anzuzeigen. Weiters hat der AIFM der FMA das vorübergehende Unterbleiben der Rücknahme der Anteilscheine, wobei außergewöhnliche Umstände vorliegen müssen, und die Wiederaufnahme der

Rücknahme der Anteilscheine unverzüglich anzuzeigen sowie die Anleger durch öffentliche Bekanntmachung über das Unterbleiben der Rücknahme der Anteilscheine und die Wiederaufnahme von deren Rücknahme zu unterrichten.

(11) Die FMA kann mittels Verordnung die Ausgestaltung der Risikohinweise gemäß Abs. 5 Z 5, Abs. 7 Z 9, Abs. 8a Z 4 und Abs. 8c Z 8 festlegen sowie weitere Hinweise vorschreiben.

(12) Ein AIFM kann in Österreich Anteile von gemäß § 29 bewilligten AIF an qualifizierte Privatkunden vertreiben, sofern er über eine Konzession gemäß dem 2. Teil dieses Bundesgesetzes verfügt und wenn für den AIF

1. keine Hebelfinanzierung oder
2. eine Hebelfinanzierung, die den Nettoinventarwert des AIF nicht um mehr als 30 vH übersteigt,

eingesetzt wird. § 52 findet keine Anwendung.

EB zu § 48:

Hiedurch werden in Wahrnehmung der Option des Art. 43 der Richtlinie 2011/61/EU bestimmte Typen von AIF für den Vertrieb an Privatkunden in Österreich zugelassen.

Gemäß Abs. 2 bis 4 sind hinausgehende Anforderungen nach dem InvFG oder ImmoInvFG einzuhalten, wenn Immobilienfonds an Privatkundenvertrieben werden. Für den Anbieter von AIF an Privatkundensind strengere Regelungen vorgesehen, um den Interessen der Privatkundenentgegenzukommen und damit den Anlegerschutz zu verstärken. So sind beispielsweise für die Bewertung der Vermögenswerte nach § 29 ImmoInvFG mindestens zwei Sachverständige, hingegen nach § 17 AIFMG lediglich ein Sachverständiger beizuziehen. Vgl. weiters etwa die Verpflichtung zur Veröffentlichung des Nettoinventarwerts eines Immobilienfonds mindestens zweimal im Monat nach § 8 Abs. 4 ImmoInvFG, die Vorschriften zur Mindeststreuung von Immobilienfonds nach § 22 ImmoInvFG oder die Liquiditätsvorschriften nach § 32 ImmoInvFG. Grundsätzlich ist stets jene Bestimmung maßgeblich, welche spezieller (detaillierter, genauer, dem Anlegerschutz dienlicher oder strenger) ist.

Gemäß Abs. 5 Z 4 ist der Einsatz einer Hebelfinanzierung auf maximal 2 zu begrenzen. Hiezu ist auf die delegierte Verordnung (EU) Nr. 231/2013 zur Ergänzung der Richtlinie 2011/61/EU bezüglich der Berechnungsmethoden der Hebelfinanzierung zu verweisen.

Durch Abs. 6 wird sichergestellt, dass die FMA überprüfen kann, ob alle Angaben gemäß § 21 vorliegen und der Prospekt vollständig ist.

Managed-Futures-Funds stellen grundsätzlich AIF im Sinne des AIFMG dar. Diese Instrumente konnten bis dato ohne jegliche Regulierung in Österreich vertrieben werden. Diese Fonds eignen sich als antizyklische Anlageform in einem ausgewogenen Anlageportfolio zur Beimischung. Sie weisen eine hohe Liquidität auf und werden über Clearingstellen abgewickelt. Mit Abs. 7 und 8 werden Managed-Futures-Funds unter Einhaltung bestimmter Voraussetzungen, die den in Luxemburg geltenden Vorschriften nachgebildet sind, ebenfalls zum Vertrieb an Privatkunden zugelassen. Mit den zusätzlichen Anforderungen im Privatkundengeschäft wird der Anlegerschutz gegenüber der derzeit geltenden Rechtslage jedenfalls wesentlich verbessert.

Zu Abs. 9 ist anzumerken, dass bei Gleichbleiben der Angaben und Unterlagen gegenüber der gemäß § 29 erstatteten Bewilligung eine neuerliche Übermittlung unterbleiben kann und durch die FMA nur eine Formalprüfung stattfindet.

Aus Anlegerschutzgründen enthält Abs. 11 eine Verordnungsermächtigung der FMA wodurch diese festlegen kann, wie die Warnhinweise gemäß Abs. 5 Z 5 und Abs. 7 Z 4 aus-

gestaltet sein müssen bzw. kann auch die Aufnahme weiterer Hinweise vorgeschrieben werden.

EB zu § 48 Abs. 1 (Art. 4 BGBl. I Nr. 70/2014):

Neben der Berichtigung von Verweisfehlern wird der für den Privatkundenvertrieb zulässige Produktkatalog um Private-Equity-Dachfonds und AIF in Unternehmensbeteiligungen erweitert. Weiters wird klargestellt, dass diese Bestimmung den Vertrieb von österreichischen AIF regelt.

EB zu § 48 Abs. 1a (Art. 4 BGBl. I Nr. 70/2014):

Der Vertrieb von AIF an Privatkunden soll erst nach intensiver Beratung des Privatkunden durch den AIFM oder jene natürliche oder juristische Person, die den AIF vertreibt, zulässig sein. Der Privatkunde soll dabei eine entsprechende Bestätigung unterfertigen und der Berater soll sich davon überzeugen, dass sich der Anleger vor Entscheidung zum Erwerb eines solchen Produktes der Risken, Verpflichtungen sowie der damit einhergehenden möglichen Folgen bewusst ist. Diese Anforderungen sollen erst für Neugeschäft, das ab 1. August 2014 abgeschlossen wird, anwendbar sein, da eine rückwirkende Anwendung auf bereits bestehende Veranlagungen in der Praxis kaum möglich wäre.

EB zu § 48 Abs. 6 und 8 (Art. 4 BGBl. I Nr. 70/2014):

Berichtigung von Verweisen bzw. sprachliche Klarstellungen.

EB zu § 48 Abs. 8a bis 8d (Art. 4 BGBl. I Nr. 70/2014):

Private-Equity-Dachfonds und AIF in Unternehmensbeteiligungen stellen grundsätzlich AIF im Sinne des AIFMG dar. Diese Instrumente konnten vor Erlassung des AIFMG ohne jegliche Regulierung in Österreich vertrieben werden. Mit Ablauf der Übergangsfrist im Juli 2014 würde der Vertrieb an Privatkunden nicht mehr zulässig sein. Mit Abs. 8a und 8b sollen Private-Equity-Dachfonds unter Einhaltung bestimmter Voraussetzungen ebenfalls zum Vertrieb an Privatkunden zugelassen werden. Mit Abs. 8c und 8d sollen bestimmte AIF in Unternehmensbeteiligungen ebenfalls zum Vertrieb an Privatkunden zugelassen werden, wobei ein Minimum an Streuungsbestimmungen vorgegeben werden soll und auch eine Belastung des verwalteten Vermögens durch Hebelfinanzierung oder Kreditaufnahme nicht zulässig sein soll. Mit den zusätzlichen Anforderungen im Privatkundengeschäft wird der Anlegerschutz gegenüber der früher geltenden Rechtslage jedenfalls wesentlich verbessert. Analog zu den sonst in § 48 vorgesehenen Risikohinweisen soll auch der Risikohinweis für Private-Equity-Dachfonds und AIF in Unternehmensbeteiligungen durch Verordnung der FMA determiniert werden können. Aus Gründen des Anlegerschutzes soll eine Mindestinvestitionssumme von 100 000 EUR vorgeschrieben werden und Privatkunden sollen auch Erfahrungen bei der Veranlagung in Aktien und vergleichbaren Finanzinstrumenten nachweisen müssen.

EB zu § 48 Abs. 12 (Art. 4 BGBl. I Nr. 70/2014):

Österreichische AIF sollen durch in Österreich konzessionierte AIFM an qualifizierte Privatkunden mit einer Einschränkung bei der Hebelfinanzierung vertrieben werden dürfen. Damit soll gegenüber professionellen Anlegern eine zusätzliche Risikobegrenzung vorgeschrieben werden.

Vertrieb von EU-AIF aus anderen Mitgliedstaaten und Nicht-EU-AIF durch österreichische AIFM oder von AIF durch EU-AIFM mit Sitz in einem anderen Mitgliedstaat oder durch Nicht-EU-AIFM an Privatkunden und qualifizierte Privatkunden

§ 49. (1) Inländische AIFM können EU-AIF aus anderen Mitgliedstaaten sowie gemäß der Richtlinie 2011/61/EU verwaltete Nicht-EU-AIF, EU-AIFM mit Sitz in einem anderen Mitgliedstaat sowie Nicht-EU-AIFM können von ihnen gemäß der Richtlinie 2011/61/EU verwaltete EU-AIF und Nicht-EU-AIF in Österreich an Privatkunden vertreiben, wenn:

1. der AIF in seinem Herkunftsstaat zum Vertrieb an Privatkunden zugelassen ist und
2. der AIF gemäß §§ 29, 31, 35, 38, 40, 42 oder 47 in Österreich zum Vertrieb an professionelle Anleger zugelassen ist und
3. der AIF materiell einem gemäß § 48 Abs. 1 in Österreich für den Vertrieb an Privatkunden zulässigen Fondstypen gleichwertig ist, und zwar
   a) Anteilen an Immobilienfonds gemäß Immobilien-Investmentfondsgesetz,
   b) AIF gemäß dem 3. Teil erstes Hauptstück InvFG 2011,
   c) AIF in Immobilien gemäß § 48 Abs. 1 Z 3,
   d) AIF gemäß § 48 Abs. 7, 8a und 8c oder
   e) der AIF ein AIF ist, der materiell einem OGAW der Richtlinie 2009/65/EU gleichwertig ist, jedoch von einem Nicht-EU-AIFM verwaltet wird.

(2) Beabsichtigt ein AIFM, Anteile solcher AIF in Österreich an Privatkunden zu vertreiben, so hat er der FMA für jeden AIF, den er zu vertreiben beabsichtigt, ein Anzeigeschreiben zu übermitteln. Sind Angaben und Unterlagen gegenüber der gemäß §§ 31, 38 oder 47 erstatteten Anzeige unverändert, kann unter Verweis auf jene Anzeige eine erneute Übermittlung unterbleiben.

(3) Der Anzeige sind beizufügen:

1. die Dokumentation und die Angaben gemäß Anlage 3;
2. eine Bestätigung der zuständigen Behörde des Herkunftsstaates des Nicht-EU-AIFM oder Nicht-EU-AIF, dass dieser alle in der Richtlinie 2011/61/EU, mit Ausnahme derer im 6. Kapitel, sowie auf Basis dieser Richtlinie erlassenen delegierten Rechtsakten festgelegten Anforderungen erfüllt, sowie, im Falle des Abs. 1 Z 3 lit. e, dass der AIF materiell einem OGAW gemäß der Richtlinie 2009/65/EU gleichwertig ist;
3. eine Bestätigung der zuständigen Behörde des Herkunftsstaates des AIF, dass der AIF im Herkunftsstaat zum Vertrieb für Privatkunden zugelassen ist;
4. ein Halbjahresbericht, der spätestens 2 Monate nach Ablauf des Halbjahres zu erstellen ist;
5. ein Kundeninformationsdokument in deutscher Sprache, das die wesentlichen Anlegerinformationen enthält, dem KID gemäß § 134 InvFG 2011 sowie der dazu erlassenen Verordnung gleichwertig ist. Alternativ zu einem KID kann ein Vereinfachter Prospekt, der dem Vereinfachten Prospekt gemäß § 7 ImmoInvFG entspricht, in deutscher Sprache beigefügt werden;
6. der Nachweis über die Entrichtung der Gebühr gemäß Abs. 6.

(4) In das KID beziehungsweise den Vereinfachten Prospekt gemäß Abs. 3 Z 5 sowie in jede Werbeunterlage des AIF oder des AIFM ist, so es sich nicht um einen in Österreich konzessionierten AIFM handelt, ein drucktechnisch hervorgehobener Warnhinweis aufzunehmen, dass weder der AIF noch der AIFM einer Aufsicht durch eine österreichische Behörde unterliegen, weder ein etwaiger Prospekt noch KID oder Vereinfachter Prospekt

von einer österreichischen Behörde geprüft wurden und keine österreichische Behörde die Haftung für Richtigkeit oder Vollständigkeit dieser Unterlagen trägt.

(5) Die FMA kann mittels Verordnung die Ausgestaltung der Warnhinweise gemäß Abs. 4 festlegen sowie weitere Hinweise vorschreiben.

(6) Für die Bearbeitung der Anzeige gemäß Abs. 3 ist an die FMA eine Gebühr von 1 100 Euro zu entrichten. Diese Gebühr erhöht sich bei AIF, die mehrere Teilfonds enthalten (Umbrella-Fonds), ab dem zweiten Teilfonds für jeden Fonds um 220 Euro. Für die Prüfung der nach Abs. 2 und 3 vorgeschriebenen Unterlagen ist weiters zu Beginn eines jeden Kalenderjahres, spätestens bis zum 15. Jänner dieses Jahres, eine jährliche Gebühr von 600 Euro an die FMA zu entrichten; diese Gebühr erhöht sich bei Fonds, die mehrere Teilfonds enthalten (Umbrella-Fonds), ab dem zweiten Teilfonds für jeden Teilfonds um 200 Euro. Gebührenbeiträge, die nicht spätestens am Fälligkeitstag entrichtet wurden, sind vollstreckbar. Die FMA hat einen als Exekutionstitel geltenden Rückstandsausweis auszufertigen. Dieser hat Namen und Anschrift des Gebührenpflichtigen, den Betrag der Schuld und den Vermerk zu enthalten, dass die Schuld vollstreckbar geworden ist. Die nicht fristgerechte Entrichtung der Gebühr ist ein Vertriebsuntersagungsgrund gemäß § 50.

(7) Die FMA hat die Anzeige auf ihre formale Vollständigkeit zu prüfen, eine darüber hinausgehende inhaltliche Prüfung hat nicht zu erfolgen. Spätestens 4 Monate nach Eingang des vollständigen Anzeigeschreibens nach Abs. 3 hat die FMA dem AIFM mitzuteilen, ob er im Inland mit dem Vertrieb des im Anzeigeschreiben genannten AIF an Privatkunden beginnen kann. Im Falle einer positiven Entscheidung kann der AIFM ab dem Datum der diesbezüglichen Mitteilung der FMA mit dem Vertrieb des AIF beginnen. § 13 Abs. 3 letzter Satz AVG findet keine Anwendung.

(8) Das in Abs. 2 genannte Anzeigeschreiben des AIFM sowie die Beilagen haben in deutscher Sprache oder in englischer Sprache oder in einer gemäß § 7b Abs. 1 KMG in der Finanzwelt gebräuchlichen Sprache bereitgestellt zu werden. Die FMA als zuständige Behörde hat die elektronische Übermittlung und Archivierung der in Abs. 2 und 3 genannten Unterlagen zu akzeptieren.

(9) Im Falle einer wesentlichen Änderung der nach Abs. 2 und 3 mitgeteilten Angaben hat der AIFM diese der FMA bei von ihm geplanten Änderungen mindestens einen Monat vor Durchführung der Änderung, oder, bei ungeplanten Änderungen, unverzüglich nach Eintreten der ungeplanten Änderung schriftlich mitzuteilen. Sollte die geplante Änderung dazu führen, dass die Verwaltung des AIF durch den AIFM oder der AIFM im Allgemeinen nunmehr gegen dieses Bundesgesetz oder gegen die Richtlinie 2011/61/EU verstößt, hat die FMA dem AIFM unverzüglich mitzuteilen, dass er die Änderung nicht durchführen darf. Wird eine geplante Änderung ungeachtet dieses Abs. durchgeführt oder führt eine durch einen ungeplanten Umstand ausgelöste Änderung dazu, dass die Verwaltung des AIF durch den AIFM oder der AIFM im Allgemeinen nunmehr gegen dieses Bundesgesetz oder die Richtlinie 2011/61/EU verstoßen würde, so hat die FMA alle gebotenen Maßnahmen gemäß §§ 56 f. zu ergreifen, einschließlich, falls erforderlich, der ausdrücklichen Untersagung des Vertriebs des AIF.

(10) Der AIFM hat der FMA das vorübergehende Unterbleiben der Rücknahme der Anteilscheine, wobei außergewöhnliche Umstände vorliegen müssen, und die Wiederaufnahme der Rücknahme der Anteilscheine unverzüglich anzuzeigen sowie die Anleger durch öffentliche Bekanntmachung über das Unterbleiben der Rücknahme der Anteilscheine und die Wiederaufnahme von deren Rücknahme zu unterrichten.

(11) Der AIFM hat die Absicht, den Vertrieb von Anteilen des AIF an Privatkunden in Österreich einzustellen, der FMA anzuzeigen.

(12) Inländische AIFM können EU-AIF aus anderen Mitgliedstaaten sowie gemäß der Richtlinie 2011/61/EU verwaltete Nicht-EU-AIF, EU-AIFM mit Sitz in einem anderen Mitgliedstaat sowie Nicht-EU-AIFM können von ihnen gemäß Richtlinie 2011/61/EU verwaltete EU-AIF und Nicht-EU-AIF in Österreich an qualifizierte Privatkunden vertreiben, wenn

1. der AIF gemäß §§ 29, 31, 35, 38, 40, 42 oder 47 in Österreich zum Vertrieb an professionelle Anleger zugelassen ist und
2. für den AIF
   a) keine Hebelfinanzierung oder
   b) eine Hebelfinanzierung, die den Nettoinventarwert des AIF nicht um mehr als 30 vH übersteigt,

   eingesetzt wird.

§ 52 findet keine Anwendung.

EB zu § 49:

Hiedurch werden in Wahrnehmung der Option des Art. 43 der Richtlinie 2011/61/EU bestimmte Typen von ausländischen AIF für den Vertrieb an Privatkunden in Österreich zugelassen. Die Mitgliedstaaten können den AIFM oder AIF Auflagen unterwerfen, die strenger sind als jene, die für AIF gelten, die in ihrem Hoheitsgebiet an professionelle Anleger vertrieben werden dürfen. Allerdings können die Mitgliedstaaten strengere oder zusätzliche Auflagen im Vergleich zu auf nationaler Ebene vertriebenen AIF nicht für EU-AIF vorsehen, die ihren Sitz in einem anderen Mitgliedstaat haben und grenzübergreifend vertrieben werden. Da gemäß § 48 nur bestimmte inländische AIF, und zwar offene Immobilienfonds gemäß Immobilien-InvFG, AIF gemäß dem 3. Teil 1. Hauptstück des InvFG 2011, sowie AIF in Immobilien in Österreich an Privatkundenvertrieben werden dürfen, sollen auch nur diesen gleichwertige AIF aus anderen Ländern (EU oder Nicht-EU) an Privatkunden vertrieben werden dürfen. Da im Inland auch OGAW gemäß InvFG 2011 an Privatkunden vertrieben werden dürfen, sollen auch AIF, die OGAW gleichwertig sind, jedoch von Nicht-EU-AIFM verwaltet werden und daher keinen Pass aufgrund der RL 2009/65/EU erhalten können, zum Vertrieb an Privatkunden zugelassen werden. Das Anzeigeverfahren ist jenem für inländische AIF nachempfunden. Die Bestellung eines inländischen gesetzlichen Vertreters gemäß § 47 Abs. 2 ist bei Nicht-EU-AIFM bereits unter § 47 notwendig und daher ebenfalls keine zusätzliche Auflage. Klargestellt wird, dass die FMA eine formale Prüfpflicht der Unterlagen trifft und keinesfalls eine Haftung für die materielle Richtigkeit und Vollständigkeit der Unterlagen besteht. Dies soll durch den ausdrücklichen Warnhinweis gemäß Abs. 3a auch den Anlegern bewusst gemacht werden.

Die in Abs. 1 Z 2 erwähnten Bestimmungen der §§ 31, 35, 40, 42 und 47 treten erst nach Erlass der delegierten Rechtsakte, die die Kommission, binnen drei Monaten nach Eingang der positiven Empfehlung und der Stellungnahme durch ESMA, die bis zum 22.7.2015 zu erfolgen hat, erlässt, in Kraft und kommen daher erst mit jenem Datum zur Anwendung.

Ergänzend ist anzumerken, dass es einer Verwaltungsgesellschaft die vor Inkrafttreten dieses Bundesgesetzes AIF verwaltet und vertrieben hat, ohne Konzession gemäß diesem Bundesgesetz als AIFM nicht erlaubt ist, neue Subfonds zu den bereits bestehenden AIF aufzulegen.

Der FMA wird in Abs. 5 unter Berücksichtigung der europäischen Gepflogenheiten eine Verordnungsermächtigung zur Ausgestaltung der Warnhinweise gemäß Abs. 4 bzw. zur Vorschreibung von weiteren Hinweisen eingeräumt.

EB zu § 49 (Art. 4 BGBl. I Nr. 70/2014):

Klarstellung, dass es sich um EU-AIF und Nicht-EU-AIF handeln muss. Weiters wird bei den Tatbeständen die Lücke geschlossen, wenn ein österreichischer AIFM einen EU-AIF vertreibt.

Mit Abs. 12 wird die europarechtlich vorgeschriebene Gleichstellung beim Vertrieb von nicht österreichischen AIF an qualifizierte Privatkunden vorgenommen.

EB zu § 49 Abs. 2 (Art. 3 BGBl. I Nr. 150/2015):

Berichtigung eines Verweisfehlers.

Vertriebsuntersagung

§ 50. (1) Die Aufnahme des Vertriebes ist zu untersagen, wenn der AIFM oder der AIF eine Voraussetzung nach § 48 oder § 49 nicht erfüllt oder der Antrag auf Bewilligung nach § 48 oder die Anzeige nach § 49 nicht ordnungsgemäß erstattet wurde.

(2) Die FMA hat den weiteren Vertrieb von AIF zu untersagen, wenn

1. der Antrag auf Bewilligung nach § 48 oder die Anzeige nach § 49 nicht erstattet worden ist;
2. eine Voraussetzung nach § 48 oder § 49 weggefallen ist;
3. beim Vertrieb erheblich gegen gesetzliche Vorschriften verstoßen worden ist;
4. ein durch rechtskräftiges Urteil oder gerichtlichen Vergleich gegenüber dem AIF oder AIFM festgestellter Anspruch eines Anteilinhabers nicht erfüllt worden ist;
5. die in diesem Gesetz vorgesehenen Verpflichtungen nicht ordnungsgemäß erfüllt werden, oder
6. die Zulassung durch die zuständigen Stellen des Herkunftsstaates des AIFM oder des AIF entzogen worden ist.

(3) Hat die FMA die Aufnahme des Vertriebs oder den weiteren Vertrieb des AIF untersagt, darf der AIFM die Absicht, Anteile dieses AIF im Geltungsbereich dieses Bundesgesetzes zu vertreiben, frühestens gemäß § 48 oder § 49 wieder anzeigen, wenn seit dem Tag der Untersagung ein Jahr verstrichen ist.

(4) Die FMA kann bei Umbrella-Konstruktionen auch den Vertrieb von Anteilen eines AIF, die im Geltungsbereich dieses Bundesgesetzes vertrieben werden dürfen, unter Beachtung des Abs. 2 untersagen, wenn weitere Anteile von Teilfonds derselben Umbrella-Konstruktion im Geltungsbereich dieses Bundesgesetzes vertrieben werden, die das Anzeigeverfahren nach § 49 nicht ordnungsgemäß durchlaufen haben.

EB zu § 50:

Hiedurch wird in Wahrnehmung der Option des Art. 43 der Richtlinie 2011/61/EU dieser Artikel umgesetzt. Diese Bestimmung lehnt sich an die Regelung des § 182 InvFG 2011 an, die bisher die Vertriebsuntersagung für in Österreich zum öffentlichen Vertrieb zugelassene ausländische AIF geregelt hat, weshalb die dortigen Grundsätze sinngemäß anzuwenden sind.

EB zu § 50 (Art. 4 BGBl. I Nr. 70/2014):

Die Vertriebsuntersagungsgründe sollen um den in § 48 normierten Vertrieb von österreichischen AIF durch AIFM an Privatkunden erweitert werden.

Werbung

§ 51. (1) Werbung mit dem Hinweis auf die Befugnisse der FMA nach diesem Gesetz ist untersagt.

(2) Die Werbung darf nur unter Anwendung des § 128 Abs. 1 bis 3 InvFG 2011 erfolgen.

(3) Verstößt der AIFM, ihr gesetzlicher Vertreter oder eine mit dem Vertrieb befasste Person gegen Abs. 1 oder 2 und werden die Verstöße trotz Verwarnung nicht eingestellt, so hat die FMA den weiteren Vertrieb von Anteilen zu untersagen.

EB zu § 51:

Hiedurch wird in Wahrnehmung der Option des Art. 43 der Richtlinie 2011/61/EU dieser Artikel umgesetzt. In dieser Bestimmung werden Sondervorschriften für die Werbung mit AIF-Anteilen festgelegt. Diese Bestimmung lehnt sich an die Regelung des § 183 InvFG 2011 an, die bisher die Werbung für in Österreich zum öffentlichen Vertrieb zugelassene ausländische AIF geregelt hat, weshalb die dortigen Grundsätze sinngemäß anzuwenden sind.

Kostenloses Zur-Verfügung-Stellen von Prospekten, Rechenschaftsbericht und Halbjahresbericht

§ 52. Einem potentiellen Erwerber vor Vertragsabschluss sowie jedem interessierten Anteilinhaber eines gemäß § 48 oder § 49 vertriebenen AIF sind die Angaben gemäß § 21 sowie allenfalls das zu erstellende KID oder der Vereinfachte Prospekt in der jeweils geltenden Fassung, der zuletzt veröffentlichte Rechenschaftsbericht und der anschließende Halbjahresbericht, sofern er veröffentlicht ist, kostenlos zur Verfügung zu stellen.

EB zu § 52:

Hiedurch wird in Wahrnehmung der Option des Art. 43 der Richtlinie 2011/61/EU dieser Artikel umgesetzt. Diese Bestimmung lehnt sich an die Regelung des § 184 InvFG 2011 an, die bisher die Zur-Verfügung-Stellung von Informationen für in Österreich zum öffentlichen Vertrieb zugelassene ausländische AIF geregelt hat, weshalb die dortigen Grundsätze sinngemäß anzuwenden sind.

Weiterverwendung von allgemeinen Bezeichnungen

§ 53. Der AIFM und der AIF dürfen dieselben allgemeinen Bezeichnungen verwenden, die sie in dem Staat, in dem sie ihren Sitz haben, berechtigterweise führen. Der AIFM muss jedoch solchen Bezeichnungen geeignete klarstellende Zusätze beifügen, wenn die Gefahr der Irreführung besteht.

EB zu § 53:

Hiedurch wird in Wahrnehmung der Option des Art. 43 der Richtlinie 2011/61/EU dieser Artikel umgesetzt. Diese Bestimmung lehnt sich an die Regelung des § 185 InvFG 2011 an, die bisher die Weiterverwendung von Bezeichnungen für in Österreich zum öffentlichen Vertrieb zugelassene ausländische AIF geregelt hat, weshalb die dortigen Grundsätze sinngemäß anzuwenden sind.

9.Teil
Zuständige Behörden

1. Abschnitt
Benennung, Befugnisse und Rechtsbehelfe

Benennung der zuständigen Behörde

§ 54. (1) Die FMA ist zuständig für die Wahrnehmung der Aufgaben aufgrund dieses Bundesgesetzes und der Richtlinie 2011/61/EU. Die FMA hat durch geeignete Methoden zu überwachen, dass AIFM ihren Verpflichtungen gemäß diesem Bundesgesetz und gemäß der Richtlinie 2011/61/EU, gegebenenfalls auf der Grundlage der von ESMA entwickelten Leitlinien, nachkommen.

(2) Die FMA ist die für Österreich zuständige Behörde gemäß

1. Art. 3 lit. m der Verordnung (EU) Nr. 345/2013 über Europäische Risikokapitalfonds und
2. Art. 3 lit. m der Verordnung (EU) Nr. 346/2013 über Europäische Fonds für soziales Unternehmertum und
3. Art. 2 Z 10 der Verordnung (EU) 2015/760 über europäische langfristige Investmentfonds und

unbeschadet der ihr in anderen Bundesgesetzen zugewiesenen Aufgaben mit der Registrierung von Verwaltern von Organismen für gemeinsame Anlagen gemäß diesen Verordnungen betraut. Die FMA hat die Einhaltung der Vorschriften dieser Verordnungen durch Verwalter eines qualifizierten Risikokapitalfonds, Verwalter eines qualifizierten Fonds für soziales Unternehmertum und Verwalter eines europäischen langfristigen Investmentfonds zu überwachen. Dazu stehen der FMA unbeschadet der Befugnisse, die ihr in diesen Verordnungen zugewiesen werden, insbesondere die Befugnisse gemäß § 56 Abs. 2 Z 1, 2, 3, 5, 8, 9 und 11 zu.

EB zu § 54:
Hiedurch wird Art. 44 der Richtlinie 2011/61/EU umgesetzt.

EB zu § 54 (Art. 4 BGBl. I Nr. 70/2014):
Berichtigung von Verweisen bzw. sprachliche Klarstellungen.

EB zu § 54 Abs. 2 (Art. 4 BGBl. I Nr. 70/2014):
Berichtigung eines Verweisfehlers.

EB zu § 54 Abs. 2 (Art. 3 BGBl. I Nr. 150/2015):
Die FMA ist die in Österreich zuständige Behörde für die Aufsicht über AIFM, die EU-AIF vertreiben.

Da nur ein EU-AIF eine Zulassung als ELTIF beantragen darf, ist die FMA auch die in Österreich zuständige Behörde für die Zulassung als ELTIF und die Beaufsichtigung der Verwalter von ELTIF.

Die Befugnisse gemäß § 56 Abs. 2 Z 3 sind gemäß Art. 19 lit. d der EuVECA-VO sowie Art. 20 lit. d der EuSEF-VO der FMA einzuräumen.

Aufgaben der zuständigen Behörden in den Mitgliedstaaten

§ 55. (1) Die Aufsicht über einen AIFM obliegt der FMA als der zuständigen Behörde des Herkunftsmitgliedstaats des AIFM, unabhängig davon, ob der AIFM AIF in einem anderen Mitgliedstaat verwaltet und/oder vertreibt; die Bestimmungen dieses Bundesgesetzes und der Richtlinie 2011/61/EU, die den zuständigen Behörden des Aufnahmemitgliedstaats des AIFM die Zuständigkeit für die Aufsicht übertragen, bleiben hiervon unberührt.

(2) Die Überwachung der Einhaltung der §§ 10 und 12 durch einen AIFM obliegt der FMA als zuständiger Behörde des Aufnahmemitgliedstaats des AIFM, wenn der AIFM AIF über eine Zweigniederlassung in Österreich verwaltet und/oder vertreibt.

(3) Die FMA als zuständig Behörde des Aufnahmemitgliedstaats des AIFM kann von einem AIFM, der in Österreich AIF verwaltet oder vertreibt – unabhängig davon, ob dies über eine Zweigniederlassung erfolgt –, die Vorlage von Informationen verlangen, die erforderlich sind, um zu beaufsichtigen, dass die maßgeblichen Bestimmungen, für die FMA verantwortlich ist, durch den AIFM eingehalten werden.

(4) Stellt die FMA als zuständige Behörde des Aufnahmemitgliedstaats des AIFM fest, dass ein AIFM, der in Österreich AIF verwaltet und/oder vertreibt – unabhängig davon, ob dies über eine Zweigniederlassung erfolgt –, gegen eine der Bestimmungen, hinsichtlich derer sie für die Überwachung der Einhaltung zuständig sind, verstößt, so fordert die FMA den betreffenden AIFM auf, den Verstoß zu beenden und unterrichtet die zuständigen Behörden des Herkunftsmitgliedstaats des AIFM entsprechend.

(5) Lehnt es der betreffende AIFM ab, der FMA als zuständiger Behörde seines Aufnahmemitgliedstaats die in deren Zuständigkeit fallenden Informationen zukommen zu lassen oder unternimmt er nicht die erforderlichen Schritte, um den Verstoß gemäß Abs. 4 zu beenden, so hat die FMA als zuständige Behörde seines Aufnahmemitgliedstaats die zuständigen Behörden seines Herkunftsmitgliedstaats hievon in Kenntnis zu setzen.

(6) Die FMA als zuständige Behörde des AIFM hat

1. unverzüglich alle geeigneten Maßnahmen zu treffen, um sicherzustellen, dass der betreffende AIFM die von den zuständigen Behörden seines Aufnahmemitgliedstaats gemäß Art. 45 Abs. 3 der Richtlinie 2011/61/EU geforderten Informationen vorlegt oder den Verstoß im Sinne des Abs. 4 der genannten Bestimmung beendet,
2. die betreffenden Aufsichtsbehörden in Drittländern unverzüglich um Erteilung der erforderlichen Informationen zu ersuchen.

Die Art der Maßnahmen gemäß Z 1 und Z 2 ist von der FMA den zuständigen Behörden des Aufnahmemitgliedstaats des AIFM mitzuteilen.

(7) Weigert sich der AIFM trotz der gemäß Abs. 5 von den zuständigen Behörden seines Herkunftsmitgliedstaats getroffenen Maßnahmen oder weil sich solche Maßnahmen als unzureichend erweisen oder in dem fraglichen Mitgliedstaat nicht verfügbar sind, weiterhin, die von der FMA als zuständiger Behörde seines Aufnahmemitgliedstaats im Sinne des Abs. 3 geforderten Informationen vorzulegen, oder verstößt er weiterhin gegen die in Abs. 4 genannten Rechts- und Verwaltungsvorschriften seines Aufnahmemitgliedstaats, so kann die FMA als zuständige Behörde des Aufnahmemitgliedstaats des AIFM nach Unterrichtung der zuständigen Behörden des Herkunftsmitgliedstaats des AIFM geeignete Maßnahmen einschließlich der Maßnahmen der §§ 56 und 60 ergreifen, um weitere Verstöße zu verhindern oder zu ahnden; soweit erforderlich, kann sie diesem AIFM auch neue Geschäfte in Österreich untersagen. Handelt es sich bei der in Österreich als Aufnahmemitgliedstaat des AIFM durchgeführten Aufgabe um die Verwaltung von AIF, so kann die FMA als zuständige Behörde des Aufnahmemitgliedstaats verlangen, dass der AIFM die Verwaltung dieser AIF einstellt.

(8) Hat die FMA als zuständige Behörde des Aufnahmemitgliedstaats eines AIFM klare und nachweisbare Gründe für die Annahme, dass der AIFM gegen die Verpflichtungen

verstößt, die ihm aus Vorschriften erwachsen, hinsichtlich derer sie nicht für die Überwachung der Einhaltung zuständig ist, so hat sie ihre Erkenntnisse den zuständigen Behörden des Herkunftsmitgliedstaats des AIFM mitzuteilen; als zuständige Behörde des Herkunftsmitgliedstaats wiederum hat sie geeignete Maßnahmen zu ergreifen und erforderlichenfalls von den entsprechenden Aufsichtsbehörden in Drittländern zusätzliche Informationen anzufordern.

(9) Verhält sich der AIFM trotz der von den zuständigen Behörden seines Herkunftsmitgliedstaats getroffenen Maßnahmen oder weil sich solche Maßnahmen als unzureichend erweisen oder der Herkunftsmitgliedstaat des AIFM nicht rechtzeitig handelt, weiterhin auf eine Art und Weise, die den Interessen der Anleger des betreffenden AIF, der Finanzstabilität oder der Integrität des Marktes im Aufnahmemitgliedstaat des AIFM eindeutig abträglich ist, so kann die FMA als zuständige Behörde des Aufnahmemitgliedstaats des AIFM nach Unterrichtung der zuständigen Behörden des Herkunftsmitgliedstaats des AIFM alle erforderlichen Maßnahmen ergreifen, um die Anleger des betreffenden AIF, die Finanzstabilität und die Integrität des Marktes im Aufnahmemitgliedstaat zu schützen; sie hat auch die Möglichkeit, dem betreffenden AIFM den weiteren Vertrieb von Anteilen des betreffenden AIF in Österreich als Aufnahmemitgliedstaat zu untersagen.

(10) Das Verfahren nach Abs. 8 und 9 kommt ferner zur Anwendung, wenn die FMA als zuständige Behörde des Aufnahmemitgliedstaats klare und belegbare Einwände gegen die Zulassung eines Nicht-EU-AIFM durch den Referenzmitgliedstaat hat.

(11) Besteht zwischen den betreffenden zuständigen Behörden keine Einigkeit in Bezug auf eine von einer zuständigen Behörde nach den Abs. 4 bis 10 getroffene Maßnahme, so kann die FMA die Angelegenheit ESMA zur Kenntnis bringen, die im Rahmen der ihr durch Art. 19 der Verordnung (EU) Nr. 1095/2010 übertragenen Befugnisse tätig werden kann.

EB zu § 55:

Hiedurch wird Art. 45 der Richtlinie 2011/61/EU umgesetzt. Die Befugnisse und Pflichten der FMA als zuständige Behörde mussten klargestellt werden und die Mechanismen, die zur Gewährleistung einer wirksamen grenzübergreifenden aufsichtsrechtlichen Zusammenarbeit benötigt werden, gestärkt werden. Unter bestimmten Umständen können die zuständigen Behörden der Aufnahmemitgliedstaaten eines AIFM unmittelbar tätig werden, um die Einhaltung von Bestimmungen, für die sie zuständig sind, zu überwachen. Im Hinblick auf andere Bestimmungen sollte es den zuständigen Behörden der Aufnahmemitgliedstaaten unter bestimmten Umständen gestattet sein, Maßnahmen der zuständigen Behörden des Herkunftsmitgliedstaats zu fordern und selbst tätig zu werden, wenn keine derartigen Maßnahmen ergriffen werden.

Befugnisse und Kosten der FMA

§ 56. (1) Die FMA hat unbeschadet der ihr in anderen Bundesgesetzen oder EU-Verordnungen zugewiesenen Aufgaben gegenüber AIF, gemäß § 4 Abs. 1 konzessionierte oder gemäß § 1 Abs. 5 Z 1 registrierte AIFM, EU-AIFM aus anderen Mitgliedstaaten im Rahmen des § 55, Nicht-EU-AIFM, Dritte im Rahmen des § 18 sowie Verwahrstellen gemäß § 19 die Einhaltung dieses Bundesgesetzes, sowie der auf Basis der Richtlinie 2011/61/EU erlassenen delegierten Rechtsakte zu überwachen und alle erforderlichen Maßnahmen zu treffen, um das ordnungsgemäße Funktionieren der Märkte in den Fällen zu gewährleisten, in denen die Tätigkeit eines oder mehrerer AIF am Markt für ein Finanzinstrument das ordnungsgemäße Funktionieren dieses Marktes gefährden könnte.

(2) Die FMA ist in ihrem Zuständigkeitsbereich gemäß Abs. 1 und § 54 Abs. 2 insbesondere befugt,

1. Unterlagen aller Art einzusehen und eine Kopie von ihnen zu erhalten,
2. von jeder mit den Tätigkeiten des AIFM, des Verwalters eines qualifizierten Risikokapitalfonds, des Verwalters eines qualifizierten Fonds für soziales Unternehmertum, des Verwalters eines europäischen langfristigen Investmentfonds oder des AIF in Verbindung stehenden Person Auskünfte zu verlangen und gegebenenfalls eine Person zum Zwecke der Informationserlangung vorzuladen und zu vernehmen,
3. angekündigte und unangekündigte Ermittlungen vor Ort durchzuführen,
4. bereits existierende Aufzeichnungen von Telefongesprächen und Datenübermittlungen zu verlangen,
5. vorzuschreiben, dass Praktiken, die gegen dieses Bundesgesetz, die Richtlinie 2011/61/EU, auf Basis dieser Richtlinie erlassene delegierte Rechtsakte, die Verordnung (EU) Nr. 345/2013, die Verordnung (EU) Nr. 346/2013 oder die Verordnung (EU) 2015/760 verstoßen, unterlassen werden,
6. bei der zuständigen Staatsanwaltschaft zu beantragen, dass diese bei Gericht einen Antrag auf Sicherstellung gemäß §§ 109 Z 1 und 110 Abs. 1 Z 3 oder Beschlagnahme gemäß §§ 109 Z 2 und 115 Abs. 1 Z 3 Strafprozessordnung 1975 – StPO (BGBl. Nr. 631/1975) stellt,
7. ein vorübergehendes Verbot der Ausübung der Berufstätigkeit zu verhängen,
8. von AIFM, Verwahrstellen, Abschlussprüfern, Verwaltern eines qualifizierten Risikokapitalfonds, Verwaltern eines qualifizierten Fonds für soziales Unternehmertum oder Verwaltern eines europäischen langfristigen Investmentfonds Auskünfte zu verlangen,
9. jegliche Art von Maßnahmen zu ergreifen, um sicherzustellen, dass AIFM, Verwahrstellen, Verwalter eines qualifizierten Risikokapitalfonds, Verwalter eines qualifizierten Fonds für soziales Unternehmertum oder Verwalter eines europäischen langfristigen Investmentfonds sich weiterhin an die auf sie anwendbaren Anforderungen dieses Bundesgesetzes, der auf Basis der Richtlinie 2011/61/EU erlassenen delegierten Rechtsakte, der Verordnung (EU) Nr. 345/2013, der Verordnung (EU) Nr. 346/2013 und der Verordnung (EU) 2015/760 halten,
10. im Interesse der Anteilinhaber oder der Öffentlichkeit die Aussetzung der Ausgabe, Rücknahme oder Auszahlung von Anteilen zu verlangen,
11. die weitere Tätigkeit eines AIFM, eines Verwalters eines qualifizierten Risikokapitalfonds, eines Verwalters eines qualifizierten Fonds für soziales Unternehmertum, eines Verwalters eines europäischen langfristigen Investmentfonds oder einer Verwahrstelle im Inland zu untersagen,
12. Überprüfungen oder Ermittlungen durch Wirtschaftsprüfer oder Sachverständige vornehmen zu lassen.

(3) Gelangt die FMA als zuständige Behörde des Referenzmitgliedstaats zu der Auffassung, dass ein zugelassener Nicht-EU-AIFM seinen Pflichten gemäß diesem Bundesgesetz, der Richtlinie 2011/61/EU oder auf Basis dieser Richtlinie erlassenen delegierten Rechtsakten nicht nachkommt, so setzt die FMA ESMA hiervon so bald wie möglich und unter vollständiger Angabe der Gründe in Kenntnis.

(4) Die FMA kann die Verwaltung von AIF durch natürliche oder juristische Personen ohne eine Konzession gemäß § 4 Abs. 1 oder eine Registrierung gemäß § 1 Abs. 5 Z 1 untersagen. Zu diesem Zweck sowie zur Verfolgung der in § 60 Abs. 1 Z 2 genannten Übertretungen durch diese Personen stehen der FMA die Befugnisse gemäß §§ 22b bis 22e Finanzmarktaufsichtsbehördengesetz – FMABG (BGBl. I Nr. 97/2001) zu.

(5) Die Kosten der FMA aus dem Rechnungskreis Wertpapieraufsicht (§ 19 Abs. 1 Z 3 und Abs. 4 FMABG) sind von gemäß § 4 Abs. 1 konzessionierten oder gemäß § 1 Abs. 5 Z 1 registrierten AIFM, von gemäß § 32 Abs. 3 errichteten Zweigstellen, von Nicht-EU-AIFM gemäß § 39 Abs. 3, von gemäß Art. 14 der Verordnung (EU) Nr. 345/2013 registrierten Verwaltern eines qualifizierten Risikokapitalfonds, von gemäß Art. 15 der Verordnung (EU) Nr. 346/2013 registrierten Verwaltern eines qualifizierten Fonds für soziales Unternehmertum sowie von Verwaltern eines gemäß Art. 5 der Verordnung (EU) 2015/760 zugelassenen europäischen langfristigen Investmentfonds zu tragen. Die FMA hat zu diesem Zweck einen zusätzlichen gemeinsamen Subrechnungskreis für AIFM, Verwalter eines qualifizierten Risikokapitalfonds, Verwalter eines qualifizierten Fonds für soziales Unternehmertum, Verwalter eines europäischen langfristigen Investmentfonds, Verwaltungsgesellschaften (InvFG 2011), Kapitalanlagegesellschaften für Immobilien (ImmoInvFG) und BV-Kassen (BMSVG) zu bilden.

(6) Die auf Kostenpflichtige gemäß Abs. 5 entfallenden Beträge sind von der FMA mit Bescheid vorzuschreiben; die Festsetzung von Pauschalbeträgen ist zulässig. Die FMA hat nähere Regelungen über diese Kostenaufteilung und ihre Vorschreibung mit Verordnung festzusetzen. Hierbei sind insbesondere zu regeln:

1. Die Bemessungsgrundlagen der einzelnen Arten von Kostenvorschreibungen;
2. die Termine für die Kostenbescheide und die Fristen für die Zahlungen der Kostenpflichtigen.

Die AIFM haben der FMA alle erforderlichen Auskünfte über die Grundlagen der Kostenbemessung zu erteilen.

EB zu § 56:

Hiedurch wird Art. 46 der Richtlinie 2011/61/EU umgesetzt.

EB zu § 56 Abs. 2 Z 1 (Art. 4 BGBl. I Nr. 70/2014):

Berichtigung von Verweisen bzw. sprachliche Klarstellungen.

EB zu § 56 Abs. 2 Z 2, 5, 8, 9 und 11 (Art. 3 BGBl. I Nr. 150/2015):

In Analogie zu den Befugnissen der FMA hinsichtlich der EuVECA-VO und der EuSEF-VO ist in den bezughabenden Bestimmungen jeweils die ELTIF-VO zu ergänzen.

EB zu § 56 Abs. 6 (Art. 3 BGBl. I Nr. 150/2015):

Die Kostenbestimmung ist um die Verwalter von ELTIF zu ergänzen.

Maßnahmen der FMA

§ 57. (1) Ist ein externer AIFM nicht in der Lage, die Einhaltung der Anforderungen dieses Bundesgesetzes sicherzustellen, hat er unverzüglich die zuständigen Behörden seines Herkunftsmitgliedstaats und, sofern anwendbar, die zuständigen Behörden des betreffenden EU-AIF, zu unterrichten. Die FMA hat die Herstellung des rechtmäßigen Zustandes unter Androhung einer Zwangsstrafe binnen jener Frist, welche im Hinblick auf die Umstände des Falles angemessen ist, aufzutragen.

(2) Falls die Anforderungen dieses Bundesgesetzes weiterhin nicht eingehalten werden, hat die FMA anzuordnen, dass der AIFM die Bestellung für die Verwaltung des betroffenen AIF zurücklegt, sofern es sich um einen EU-AIFM oder einen EU-AIF handelt. In diesem Fall darf der AIF nicht mehr in der Union vertrieben werden. Im Falle eins Nicht-EU-AIFM, der einen Nicht-EU-AIF verwaltet, darf der AIF nicht weiter in der Union vertrieben werden. Die FMA hat unverzüglich die zuständigen Behörden der Aufnahmemitgliedstaa-

ten des AIFM von der Anordnung in Kenntnis zu setzen. § 9 Abs. 3 ist sinngemäß anzuwenden.

EB zu § 57:

Hiedurch wird Art. 5 Abs. 2 und 3 der Richtlinie 2011/61/EU umgesetzt. Diese beiden Abs. passen strukturell besser in den 9. Teil, weshalb sie nicht in § 3 umgesetzt wurden.

Form der Kommunikation mit der FMA – elektronische Übermittlung

§ 58. Die FMA kann durch Verordnung vorschreiben, dass die Anzeigen und Übermittlungen gemäß § 1 Abs. 5 Z 4 und 5, § 8 Abs. 1, § 18 Abs. 1 Z 1, § 20 Abs. 1, § 22 Abs. 1 bis 5 und 7, § 25 Abs. 1, § 29 Abs. 2, § 30 Abs. 2 und 6, § 32 Abs. 2, 3 und 6, § 35 Abs. 2 und 6, § 36 Abs. 2 und 7, § 38 Abs. 2, 6 und 7, § 39 Abs. 1 und 9, § 40 Abs. 2, 4 und 9, § 42 Abs. 3, 5 und 10, § 44 Abs. 2, 3 und 5, § 47 Abs. 3, 7 und 8, § 48 Abs. 6, 8, 8b und 8d, § 49 Abs. 2, 3, 9 und 11 ausschließlich in elektronischer Form zu erfolgen haben sowie bestimmten Gliederungen, technischen Mindestanforderungen und Übermittlungsmodalitäten zu entsprechen haben. Die FMA hat sich dabei an den Grundsätzen der Wirtschaftlichkeit und Zweckmäßigkeit zu orientieren und dafür zu sorgen, dass die jederzeitige elektronische Verfügbarkeit der Daten für die FMA gewährleistet bleibt und Aufsichtsinteressen nicht beeinträchtigt werden. Die FMA hat geeignete Vorkehrungen dafür zu treffen, dass sich die Meldepflichtigen oder gegebenenfalls ihre Einbringungsverantwortlichen während eines angemessenen Zeitraums im System über die Richtigkeit und Vollständigkeit der von ihnen oder ihren Einbringungsverantwortlichen erstatteten Meldedaten vergewissern können.

EB zu § 58:

Es wird nach dem Muster von § 153 InvFG 2011, § 73a BWG und § 36a PKG eine Verordnungsermächtigung für die rein elektronische Übermittlung von Daten an die Aufsicht geschaffen.

EB zu § 58 (Art. 4 BGBl. I Nr. 70/2014):

Auch die für den Antrag auf Bewilligung von Managed-Futures-Fonds, Privat Equity-Dachfonds und AIF in Unternehmensbeteiligungen erforderlichen Unterlagen sollen elektronisch übermittelt werden.

EB zu § 58 (Art. 3 BGBl. I Nr. 150/2015):

Die Anzeige der Auflage und des Beginns der Abwicklung eines AIF durch einen registrierten AIFM soll über die Incoming-Plattform erfolgen.

Befugnisse und Zuständigkeiten von ESMA

§ 59. (1) Die FMA hat die Leitlinien von ESMA für die zuständigen Behörden der Mitgliedstaaten bezüglich der Wahrnehmung ihrer Zulassungsbefugnisse und ihrer Informationspflichten, die gemäß der Richtlinie 2011/61/EU festgelegt wurden, zu beachten und über Aufforderung durch ESMA die Einhaltung dieser Leitlinien nachzuweisen.

(2) Alle Personen, die bei der FMA oder bei einer sonstigen Person, an die ESMA Aufgaben übertragen hat, tätig sind oder tätig waren, einschließlich der von ESMA beauftragten Prüfer und Sachverständigen, sind zur Wahrung des Berufsgeheimnisses verpflichtet. Die unter das Berufsgeheimnis fallenden Informationen werden keiner anderen Person oder Behörde gegenüber offengelegt, es sei denn, die Offenlegung ist für ein Gerichtsverfahren erforderlich.

(3) Alle zwischen ESMA, den zuständigen Behörden, EBA, EIOPA und dem ESRB im Rahmen dieser Richtlinie ausgetauschten Informationen sind als vertraulich zu betrachten, es sei denn, ESMA oder die betreffende zuständige Behörde oder andere Behörde oder Stelle erklärt zum Zeitpunkt der Mitteilung, dass diese Informationen offengelegt werden können oder die Offenlegung ist für ein Gerichtsverfahren erforderlich.

(4) Die FMA als zuständige Behörde des Referenzmitgliedstaats des betreffenden Nicht-EU-AIFM kann ESMA auffordern, einen Beschluss gemäß Art. 47 Abs. 5 ff der Richtlinie 2011/61/EU zu überprüfen.

EB zu § 59:

Hiedurch wird Art. 47 der Richtlinie 2011/61/EU umgesetzt. Die Inhalte von Art. 47 Abs. 10 der Richtlinie 2011/61/EU werden als § 59 Abs. 4 umgesetzt.

Verwaltungsstrafen und Veröffentlichungen

§ 60. (1) Wer

1. gegen das Erfordernis einer Konzession gemäß § 4 Abs. 1 oder das Erfordernis einer Registrierung gemäß § 1 Abs. 5 Z 1 verstößt;
2. trotz Untersagung des Vertriebs durch die FMA gemäß § 29 Abs. 5, § 30 Abs. 6, § 31 Abs. 2, § 32 Abs. 6, § 35 Abs. 6, § 36 Abs. 7, § 38 Abs. 6, § 40 Abs. 8 und 9, § 41 Abs. 4, § 42 Abs. 9 und 10, § 43 Abs. 4, § 44 Abs. 5, § 47 Abs. 6 und 7, § 49 Abs. 9, § 50 oder § 56 Abs. 2 Z 5, 10 und 11 sowie Abs. 4 Anteile an AIF vertreibt oder
3. entgegen der Anordnung der FMA gemäß § 56 Abs. 4, die Verwaltung von AIF einzustellen, AIF weiter verwaltet,

begeht eine Verwaltungsübertretung und ist hiefür von der FMA mit einer Geldstrafe bis zu 100 000 Euro zu bestrafen.

(2) Wer

1. es unterlässt, die FMA gemäß § 1 Abs. 5 Z 4 zu unterrichten;
2. gegen die Bestimmung des § 1 Abs. 5 Z 5 verstößt;
3. entgegen § 3 neben einem anderen AIFM einen AIF verwaltet;
4. entgegen § 4 Abs. 2 oder 3 andere Tätigkeiten ausübt;
5. der FMA nicht unverzüglich gemäß § 6 Abs. 1 Z 3 die Namen der Nachfolger der Personen, die die Geschäfte der AIFM tatsächlich führen, anzeigt;
6. gegen die Vorschrift des § 7 Abs. 5 verstößt;
7. der FMA entgegen § 8 Abs. 1 nicht alle wesentlichen Änderungen der Voraussetzungen für die Konzessionserteilung vor deren Anwendung anzeigt;
8. gegen die Vorschriften des § 10 Abs. 2 und der §§ 11 bis 17 verstößt;
9. der FMA nicht unverzüglich die Übertragung von Aufgaben an Dritte gemäß § 18 Abs. 1 Z 1 anzeigt;
10. die Pflichten gemäß § 19 verletzt;
11. gegen die Bestimmungen der §§ 21 bis 23 verstößt;
12. gegen die Informationspflichten des § 25 verstößt;
13. gegen die Offenlegungspflicht des § 26 verstößt;
14. gegen die Bestimmungen der § 27 und § 28 Abs. 1 verstößt;
15. entgegen der § 29 Abs. 5, § 30 Abs. 6, § 32 Abs. 6, § 35 Abs. 6, § 36 Abs. 7, § 38 Abs. 6, § 40 Abs. 9, § 42 Abs. 10, § 44 Abs. 5, § 47 Abs. 7 oder § 49 Abs. 9 der FMA die wesentlichen Änderungen der Angaben nicht rechtzeitig mitteilt;
16. trotz Untersagung des Vertriebs gemäß § 51 Abs. 3 weiter Anteile vertreibt;

17. gegen die Bestimmungen der §§ 52 oder 53 verstößt;
18. entgegen § 57 Abs. 1 die Unterrichtung der FMA unterlässt;
19. entgegen § 57 Abs. 2 nicht die Bestellung für die Verwaltung des betroffenen AIF zurücklegt oder einen AIF weiter vertreibt;
20. gegen eine Bestimmung der auf Basis der Richtlinie 2011/61/EU erlassenen delegierten Rechtsakte verstößt;
20a. gegen Art. 13 der Verordnung (EU) 2015/2365 über die Transparenz von Wertpapierfinanzierungsgeschäften und der Weiterverwendung sowie zur Änderung der Verordnung (EU) Nr. 648/2012, ABl. Nr. L 337 vom 23.12.2015 S. 1, verstößt;
20b. gegen Art. 14 der Verordnung (EU) 2015/2365 verstößt oder
21. gegen eine gemäß diesem Bundesgesetz von der FMA erlassene Verordnung verstößt,

begeht eine Verwaltungsübertretung und ist hiefür von der FMA mit einer Geldstrafe bis zu 60 000 Euro zu bestrafen.

(3) Wer als Verantwortlicher (§ 9 VStG) eines AIFM gemäß § 10 Abs. 3 die Pflichten gemäß § 40, § 40a, § 40b, § 41 Abs. 1 bis 4 BWG verletzt, begeht eine Verwaltungsübertretung und ist von der FMA mit einer Geldstrafe bis zu 150 000 Euro zu bestrafen.

(4) Wer als Treuhänder gegenüber einem AIFM gemäß § 10 Abs. 3 seiner Offenlegungsverpflichtung gemäß § 40 Abs. 2 BWG nicht nachkommt, begeht eine Verwaltungsübertretung und ist von der FMA mit einer Freiheitsstrafe bis zu sechs Wochen oder mit einer Geldstrafe bis zu 60 000 Euro zu bestrafen.

(5) Sofern die Tat nicht den Tatbestand einer unter Abs. 1 fallenden Verwaltungsübertretung bildet, begeht eine Verwaltungsübertretung und ist hiefür von der FMA mit einer Geldstrafe bis zu 60 000 Euro zu bestrafen, wer gegen die Bestimmungen der Verordnung (EU) Nr. 345/2013, der Verordnung (EU) Nr. 346/2013 oder der Verordnung (EU) 2015/760 verstößt.

(6) Die FMA als zuständige Behörde kann jede Maßnahme oder Sanktion, die bei einem Verstoß gegen die nach diesem Bundesgesetz oder der Richtlinie 2011/61/EU erlassenen Vorschriften oder gegen die Verordnung (EU) Nr. 345/2013, die Verordnung (EU) Nr. 346/2013 oder die Verordnung (EU) 2015/760 verhängt wird, öffentlich bekannt machen, sofern eine solche Bekanntgabe die Stabilität der Finanzmärkte nicht ernstlich gefährdet, die Interessen der Anleger nicht beeinträchtigt oder den Beteiligten keinen unverhältnismäßig hohen Schaden zufügt.

(7) Der von der Veröffentlichung Betroffene kann eine Überprüfung der Rechtmäßigkeit der Veröffentlichung gemäß Abs. 6 in einem bescheidmäßig zu erledigenden Verfahren bei der FMA beantragen. Die FMA hat diesfalls die Einleitung eines solchen Verfahrens in gleicher Weise bekannt zu machen. Wird im Rahmen der Überprüfung die Rechtswidrigkeit der Veröffentlichung festgestellt, so hat die FMA die Veröffentlichung richtig zu stellen oder auf Antrag des Betroffenen entweder zu widerrufen oder aus dem Internetauftritt zu entfernen. Wird einer Beschwerde gegen einen Bescheid, der gemäß Abs. 6 bekannt gemacht worden ist, in einem Verfahren vor den Gerichtshöfen öffentlichen Rechts aufschiebende Wirkung zuerkannt, so hat die FMA dies in gleicher Weise bekannt zu machen. Die Veröffentlichung ist richtig zu stellen oder auf Antrag des Betroffenen entweder zu widerrufen oder aus dem Internetauftritt zu entfernen, wenn der Bescheid aufgehoben wird.

(8) Bei Verwaltungsübertretungen nach dieser Bestimmung gilt anstelle der Verjährungsfrist des § 31 Abs. 1 VStG eine Verjährungsfrist von 18 Monaten.

(9) Die von der FMA gemäß diesem Bundesgesetz verhängten Geldstrafen fließen dem Bund zu.

EB zu § 60:

Hiedurch wird Art. 48 der Richtlinie 2011/61/EU umgesetzt. In den Abs. 1 und 3 sind Verwaltungsstrafen in Höhe von bis zu 150 000 Euro, in den Abs. 2, 4 und 5 in Höhe von bis zu 60 000 Euro vorgesehen. Weiters sehen die Abs. 3 und 4 auch Freiheitsstrafen von bis zu sechs Wochen vor. Die Strafen sind für den Fall, dass gegen die Vorschriften dieses Bundesgesetzes verstoßen wird, wirksam, verhältnismäßig und abschreckend. Abs. 9 entspricht der Regelung in § 13 Abs. 2 RL-KG.

EB zu § 60 Abs. 1 bis 6 (Art. 3 BGBl. I Nr. 150/2015):

In den Abs. 1 bis 4 erfolgt eine redaktionelle Anpassung an die generelle Anordnung der Subsidiarität der verwaltungsbehördlichen Strafbarkeit gemäß § 22 Abs. 1 VStG.

In den Abs. 5 und 6 sind gemäß Art. 33 Abs. 2 der ELTIF-VO Befugnisse der FMA in Bezug auf Sanktionen vorzusehen. Weiters erfolgt in Abs. 5 eine redaktionelle Anpassung an die generelle Anordnung der Subsidiarität der verwaltungsbehördlichen Strafbarkeit gemäß § 22 Abs. 1 VStG.

EB (Art. 4 BGBl. I Nr. 73/2016)

Gemäß Art. 28 der Verordnung (EU) 2015/2365 finden bei Verstößen gegen die Art. 13 und 14 der Verordnung die in der Richtlinie 2011/61/EG über die Verwalter alternativer Investmentfonds und zur Änderung der Richtlinien 2003/41/EG und 2009/65/EG und der Verordnungen (EG) Nr. 1060/2009 und (EU) Nr. 1095/2010, ABl. Nr. L 174 vom 01.07.2011 S. 1, zuletzt geändert durch die Richtlinie 2014/65/EU, ABl. Nr. L 173 vom 12.06.2014 S. 349, in der Fassung der Berichtigung ABl. Nr. L 115 vom 27.04.2012 S. 35 festgelegten Sanktionen und Maßnahmen Anwendung. Es sollen daher die Strafbestimmungen des § 60 AIFMG um Verstöße gegen die genannten Artikel der Verordnung erweitert werden. Das jeweilige Inkrafttreten ist in Art. 33 Abs. 2 Buchstabe b) und c) der Verordnung (EU) 2015/2365 festgelegt.

2. Abschnitt
Zusammenarbeit der verschiedenen zuständigen Behörden

Verpflichtung zur Zusammenarbeit

§ 61. (1) Die FMA hat mit den zuständigen Behörden der anderen Mitgliedstaaten und mit ESMA und dem ESRB zusammenzuarbeiten, wann immer dies zur Wahrnehmung ihrer in diesem Bundesgesetz oder der Richtlinie 2011/61/EU festgelegten Aufgaben oder der ihr durch diese Richtlinie oder durch nationale Rechtsvorschriften übertragenen Befugnisse erforderlich ist.

(2) Die FMA als zuständige Behörde hat zum Zwecke der Zusammenarbeit von ihren Befugnissen Gebrauch zu machen, auch wenn die Verhaltensweise, die Gegenstand der Ermittlung ist, keinen Verstoß gegen eine in Österreich geltende Vorschrift darstellt.

(3) Die FMA als zuständige Behörde hat den zuständigen Behörden der anderen Mitgliedstaaten und ESMA unverzüglich die zur Wahrnehmung ihrer Aufgaben im Rahmen dieses Bundesgesetzes und der Richtlinie 2011/61/EU erforderlichen Informationen zu übermitteln. Die FMA als zuständige Behörde des Herkunftsmitgliedstaats hat zuständigen Behörden der Aufnahmemitgliedstaaten des betreffenden AIFM eine Abschrift der von ihr gemäß Art. 35, 37 oder 40 der Richtlinie 2011/61/EU geschlossenen Vereinbarungen über Zusammenarbeit zu übermitteln. Die FMA als zuständige Behörde des Herkunftsmitgliedstaats hat die Informationen, die sie gemäß den mit Aufsichtsbehörden von Drittländern

geschlossenen Vereinbarungen über Zusammenarbeit oder gegebenenfalls nach Maßgabe des Art. 45 Abs. 6 oder 7 der genannten Richtlinie von Aufsichtsbehörden von Drittländern in Bezug auf einen AIFM erhalten hat, gemäß den Verfahren in Bezug auf die anwendbaren technischen Regulierungsstandards gemäß Art. 35 Abs. 14, Art. 37 Abs. 17 oder Art. 40 Abs. 14 der genannten Richtlinie an die zuständigen Behörden des Aufnahmemitgliedstaats des betreffenden AIFM weiterzuleiten. Ist die FMA als zuständige Behörde eines Aufnahmemitgliedstaats der Auffassung, dass der Inhalt der gemäß Art. 35, 37 oder 40 der genannten Richtlinie vom Herkunftsmitgliedstaat des betreffenden AIFM geschlossenen Vereinbarung über die Zusammenarbeit nicht mit dem übereinstimmt, was nach den anwendbaren technischen Regulierungsstandards erforderlich ist, kann die FMA die Angelegenheit ESMA zur Kenntnis bringen, die im Rahmen der ihr durch Art. 19 der Verordnung (EU) Nr. 1095/2010 übertragenen Befugnisse tätig werden kann.

(4) Hat die FMA als zuständige Behörde eindeutige und nachweisbare Gründe zu der Vermutung, dass ein nicht ihrer Aufsicht unterliegender AIFM gegen die Richtlinie 2011/61/EU verstößt oder verstoßen hat, so hat sie dies ESMA und den zuständigen Behörden des Herkunfts- und Aufnahmemitgliedstaats des betreffenden AIFM so genau wie möglich mitzuteilen. Ist die FMA die Behörde, die eine solche Information empfängt, hat sie geeignete Maßnahmen zu ergreifen und ESMA und die zuständigen Behörden, von denen sie informiert wurde, über den Ausgang dieser Maßnahmen und so weit wie möglich über wesentliche zwischenzeitlich eingetretene Entwicklungen zu unterrichten. Die Befugnisse der FMA als der zuständigen Behörde, die die Information vorgelegt hat, werden durch diesen Abs. nicht berührt.

EB zu § 61:

Hiedurch wird Art. 50 der Richtlinie 2011/61/EU umgesetzt. § 61 bezieht sich teilweise auf Bestimmungen die erst nach der Evaluierung durch ESMA in Kraft treten. Sinngemäß kommen diese Verweise erst mit Inkrafttreten dieser Bestimmungen zur Geltung.

Übermittlung und Speicherung personenbezogener Daten

§ 62. (1) Bei der Übermittlung personenbezogener Daten zwischen zuständigen Behörden hat die FMA als zuständige Behörde die Richtlinie 95/46/EG anzuwenden.

(2) Die Daten dürfen für einen Zeitraum von höchstens fünf Jahren gespeichert werden.

EB zu § 62:

Hiedurch wird Art. 51 der Richtlinie 2011/61/EU umgesetzt.

Offenlegung von Informationen gegenüber Drittländern

§ 63. (1) Die FMA als zuständige Behörde eines Mitgliedstaats kann einer zuständigen Behörde eines Drittlandes Daten und Datenauswertungen einschließlich Kundendaten im Einzelfall übermitteln, soweit dies im Einklang mit Art. 25 oder Art. 26 der Richtlinie 95/46/EG steht und sie sich als zuständige Behörde des Mitgliedstaats vergewissert hat, dass die Übermittlung für die Zwecke dieses Bundesgesetzes oder der Richtlinie 2011/61/EU oder entsprechender Regelung im Drittland oder zur Wahrnehmung sonstiger gesetzlicher Aufgaben im Rahmen der Aufsicht über den Finanzmarkt im Drittland erforderlich ist. Zudem muss sichergestellt sein, dass die zuständige Behörde des Drittlandes die Daten nicht ohne ausdrückliche schriftliche Zustimmung der FMA als zuständiger Behörde des Mitgliedstaats an andere Drittländer weitergeben darf.

(2) Die FMA als zuständige Behörde eines Mitgliedstaats darf die von einer zuständigen Behörde eines anderen Mitgliedstaats erhaltenen Informationen nur dann gegenüber einer Aufsichtsbehörde eines Drittlands offenlegen, wenn sie die ausdrückliche Zustimmung der zuständigen Behörde erhalten hat, die die Informationen übermittelt hat, und, gegebenenfalls, wenn die Informationen lediglich zu dem Zweck offengelegt werden, für den die zuständige Behörde ihre Zustimmung gegeben hat.

EB zu § 63:

Hiedurch wird Art. 52 der Richtlinie 2011/61/EU umgesetzt. Daten und Datenauswertungen einschließlich Kundeninformationen umfassen jedenfalls alle Informationen, die für eine effiziente Beaufsichtigung im Sinne der §§ 34 Z 2, 35 Abs. 3 Z 1, 38 Abs. 1 Z 2, 39 Abs. 5 Z 3, 42 Abs. 2 Z 1 oder zur Beaufsichtigung der Einhaltung von Rechtsvorschriften in einem Drittland welche der Richtlinie 2011/61/EU gleichwertig sind, benötigt werden. Als Maßstab gilt hierbei, das von der FMA gemeinsam mit den anderen Europäischen Aufsichtsbehörden und der ESMA ausgearbeitete Verständnis zum Umfang und zur Notwendigkeit des Austausches von Informationen mit Drittländern im Rahmen der Beaufsichtigung gemäß der Richtlinie 2011/61/EU („Model MoU“). Da diese MoU und die sonstigen internationalen Gepflogenheiten in der Zusammenarbeit im Sinne der Reziprozität zwischen Aufsichtsbehörden keinen einseitigen Informationsaustausch vorsehen, sieht § 63 vor, dass die FMA Drittlandsbehörden mit allen Informationen unterstützen kann, die diese für ihre Aufsichtstätigkeit benötigen. Der Austausch von Informationen in diesem Rahmen erfolgt im öffentlichen Interesse. Als Zusicherung im Sinne des letzten Satzes des Abs. 1 gilt die schriftliche Zusage der zuständigen Behörde des Drittlandes, dass sie die Informationen nicht ohne ausdrückliche schriftliche Zustimmung der FMA an andere Drittländern weitergibt. Die FMA kann sich auf Aussagen, Analysen und Zusicherungen von Schwesterbehörden verlassen.

Austausch von Informationen in Bezug auf potenzielle Systemauswirkungen von AIFM-Geschäften

§ 64. (1) Die FMA als für die Zulassung und/oder Beaufsichtigung von AIFM zuständige Behörde hat den zuständigen Behörden anderer Mitgliedstaaten Informationen zu übermitteln, soweit dies für die Überwachung von und die Reaktion auf potenzielle Auswirkungen der Geschäfte einzelner oder aller AIFM auf die Stabilität systemrelevanter Finanzinstitute und das ordnungsgemäße Funktionieren der Märkte, auf denen AIFM tätig sind, wesentlich ist. ESMA und der ESRB haben von der FMA ebenfalls unterrichtet zu werden und leiten ihrerseits diese Informationen an die zuständigen Behörden der anderen Mitgliedstaaten weiter.

(2) Nach Maßgabe des Art. 35 der Verordnung (EU) Nr. 1095/2010 hat die FMA als für die AIFM zuständige Behörde ESMA und dem ESRB zusammengefasste Informationen über die Geschäfte von AIFM, für die sie verantwortlich ist, zu übermitteln.

EB zu § 64:

Hiedurch wird Art. 53 der Richtlinie 2011/61/EU umgesetzt.

Zusammenarbeit bei der Aufsicht

§ 65. (1) Die FMA als zuständige Behörde eines Mitgliedstaats kann bei der Ausübung der ihr durch dieses Bundesgesetz oder durch die Richtlinie 2011/61/EU übertragenen Befugnisse die zuständigen Behörden eines anderen Mitgliedstaats um Zusammenarbeit bei der Aufsicht oder einer Überprüfung vor Ort oder einer Ermittlung im Gebiet dieses anderen Mitgliedstaats ersuchen. Erhält die FMA als zuständige Behörde ein Ersuchen um eine Überprüfung vor Ort oder eine Ermittlung, so hat sie eine der folgenden Maßnahmen durchzuführen:

1. sie kann die Überprüfung oder Ermittlung selbst vornehmen,
2. sie kann der ersuchenden Behörde die Durchführung der Überprüfung oder Ermittlung gestatten,
3. sie kann Wirtschaftsprüfern oder Sachverständigen die Durchführung der Überprüfung oder Ermittlung gestatten.

(2) In dem Fall gemäß Abs. 1 Z 1 kann die zuständige Behörde des um Zusammenarbeit ersuchenden Mitgliedstaats beantragen, dass Mitglieder ihres Personals das Personal der FMA, das die Überprüfung oder Ermittlung durchführt, unterstützen. Die Überprüfung oder Ermittlung unterliegt jedoch der Gesamtkontrolle der FMA als zuständiger Behörde des Mitgliedstaats, in dessen Hoheitsgebiet sie stattfindet. In dem Fall gemäß Abs. 1 Z 2 kann die FMA als zuständige Behörde des Mitgliedstaats, in dessen Hoheitsgebiet die Überprüfung oder Ermittlung durchgeführt wird, beantragen, dass Mitglieder ihres Personals das Personal, das die Überprüfung oder Ermittlung durchführt, unterstützen.

(3) Die FMA als zuständige Behörde kann ein Ersuchen um einen Informationsaustausch oder um Zusammenarbeit bei einer Ermittlung oder einer Überprüfung vor Ort nur in folgenden Fällen ablehnen:

1. die Ermittlung, die Überprüfung vor Ort oder der Informationsaustausch könnte die Souveränität, Sicherheit oder öffentliche Ordnung Österreichs beeinträchtigen,
2. aufgrund derselben Handlungen und gegen dieselben Personen ist bereits ein Verfahren vor einem österreichischen Gericht anhängig,
3. in Österreich ist gegen dieselben Personen und aufgrund derselben Handlungen bereits ein rechtskräftiges Urteil ergangen.

Die FMA als zuständige Behörde hat die ersuchenden zuständigen Behörden über jede nach Abs. 3 getroffene Entscheidung unter Angabe der Gründe zu unterrichten.

(4) Die FMA kann auch mit zuständigen Behörden aus Drittländern im Rahmen der Abs. 1 bis 3 sowie der §§ 61 Abs. 1 und 2 und 64 Abs. 1 zusammenarbeiten. Dies auch für Aufgaben und Zwecke nach Rechtsvorschriften in einem Drittland die jenen nach diesem Bundesgesetz oder der Richtlinie 2011/61/EU gleichwertig sind.

EB zu § 65:

Hiedurch wird Art. 54 der Richtlinie 2011/61/EU umgesetzt. Abs. 4 stellt in Ergänzung zu § 63 sicher, dass die FMA entsprechend dem von ESMA im Rahmen von „Model MoU“ ausgearbeiteten europäischen Verständnis zum Umfang der erforderlichen Zusammenarbeit mit Drittländern im Rahmen der Beaufsichtigung gemäß der Richtlinie 2011/61/EU auch mit zuständigen Behörden aus Drittländern effizient und in ausreichendem Umfang zusammenarbeiten kann.

Streitbeilegung

§ 66. Bei Uneinigkeit zwischen den zuständigen Behörden der Mitgliedstaaten über eine Bewertung, Maßnahme oder Unterlassung einer der zuständigen Behörden in einem Bereich, in dem die Richtlinie 2011/61/EU eine Zusammenarbeit oder Koordinierung der zuständigen Behörden aus mehr als einem Mitgliedstaat vorschreibt, kann die FMA als zuständige Behörde die Angelegenheit an ESMA verweisen, die im Rahmen der ihr durch Art. 19 der Verordnung (EU) Nr. 1095/2010 übertragenen Befugnisse tätig werden kann.

EB zu § 66:

Hiedurch wird Art. 55 der Richtlinie 2011/61/EU umgesetzt.

10. Teil
Übergangs- und Schlussbestimmungen

Übergangsbestimmung

§ 67. (1) AIFM, die vor dem 22. Juli 2013 Tätigkeiten in Österreich nach diesem Bundesgesetz oder der Richtlinie 2011/61/EU ausüben, haben alle erforderlichen Maßnahmen zu setzen, um dem aufgrund dieses Bundesgesetzes erlassenen nationalen Recht nachzukommen und haben bis 22. Juli 2014 einen Antrag auf Konzession gemäß § 5 sowie für die von ihnen verwalteten und vertriebenen AIF einen Antrag auf Bewilligung gemäß § 29 zu stellen oder gegebenenfalls eine Anzeige nach §§ 30, 31, 32 oder 33 einzubringen.

(2) Unbeschadet der §§ 48 ff. ist in Bezug auf Sondervermögen, welche vor dem 22. Juli 2013 als Immobilienfonds gemäß ImmoInvFG oder als AIF gemäß dem 3. Teil erstes Hauptstück des InvFG 2011 errichtet sind, binnen eines Jahres nach Ablauf dieses Datums ein Antrag auf Bewilligung gemäß § 29 zu stellen oder eine Anzeige gemäß §§ 30 oder 32 einzubringen, andernfalls die Vertriebsberechtigung erlischt.

(3) EU-AIFM sowie Nicht-EU-AIFM, die vor dem 22. Juli 2013 AIF in Österreich vertreiben, haben alle erforderlichen Maßnahmen zu setzen, um dem aufgrund dieses Bundesgesetzes erlassenen nationalen Recht nachzukommen und haben bis 21. Juli 2014 einen Antrag auf Zulassung zu stellen, andernfalls die Vertriebsberechtigung des AIF erlischt. AIFM, welche vor dem 22. Juli 2013 Anteile an AIF in Österreich gemäß 3. Teil, 2. Hauptstück InvFG 2011 öffentlich vertreiben dürfen, haben zusätzlich die Anzeige gemäß § 49 auf Zulassung des Vertriebs an Privatkunden bis spätestens 31. Dezember 2014 einzureichen, andernfalls die Berechtigung zum Vertrieb an Privatkunden erlischt.

(3a) AIFM, welche vor dem 22. Juli 2014 Anteile an AIF gemäß § 48 Abs. 1 Z 4 bis 6 öffentlich vertreiben dürfen, haben dem Antrag gemäß § 48 Abs. 8, 8b oder 8d bis spätestens 31. Dezember 2014 einzureichen, anderenfalls die Berechtigung zum Vertrieb an Privatkunden erlischt.

(4) Die §§ 29, 30, 31, 33, 38 oder 47 gelten nicht für den Vertrieb von Anteilen an AIF, die Gegenstand eines laufenden öffentlichen Angebots mittels eines Prospekts sind, der gemäß KMG oder der Richtlinie 2003/71/EG vor dem 22. Juli 2013 erstellt und veröffentlicht wurde, solange dieser Prospekt Gültigkeit hat.

(5) Sofern AIFM vor dem 22. Juli 2013 AIF des geschlossenen Typs verwalten, die nach dem 22. Juli 2013 keine zusätzlichen Anlagen tätigen, können sie jedoch weiterhin solche AIF verwalten, ohne eine Zulassung gemäß diesem Bundesgesetz oder der Richtlinie 2011/61/EU zu haben.

(6) Sofern AIFM geschlossene AIF verwalten, deren Zeichnungsfrist für Anleger vor Inkrafttreten der Richtlinie 2011/61/EU ablief und die für einen Zeitraum aufgelegt wurden, der spätestens drei Jahre nach dem 22. Juli 2013 abläuft, können sie jedoch weiterhin solche AIF verwalten, ohne – mit Ausnahme von § 20 und gegebenenfalls der §§ 24 bis 28 – die Bestimmungen dieses Bundesgesetzes einhalten oder eine Konzession gemäß diesem Bundesgesetz oder der Richtlinie 2011/61/EU beantragen zu müssen.

(7) Bis 31. Dezember 2013 ist hinsichtlich der Zuordnung der Kosten der FMA § 69a BWG anzuwenden.

(8) Abweichend von § 19 Abs. 5 Z 1 darf der AIFM für von ihm verwaltete AIF bis 22. Juli 2017 eine Verwahrstelle gemäß § 19 Abs. 3 Z 1 bestellen, deren Sitz nicht im Herkunftsmitgliedstaat des AIF liegt. Solche AIF dürfen nicht gemäß §§ 48 und 49 an Privatkunden vertrieben werden.

EB zu § 67:

Hiedurch wird Art. 56 der Richtlinie 2011/61/EU umgesetzt. Ein AIFM der binnen der in § 67 Abs. 1 genannten Frist nicht im Sinne der genannten Bestimmung tätig wird, begeht eine Verwaltungsübertretung und kann daher von der FMA wegen unerlaubten Geschäftsbetriebes mit einer Verwaltungsstrafe belegt werden.

In Abs. 5 wurde bewusst der Begriff „Zulassung" verwendet. Da keine Größenkriterien angegeben sind, sind von dieser Ausnahmebestimmung sowohl AIFM betroffen, die sich wegen der Nicht-Überschreitung der Schwellenwerte nach § 1 Abs. 5 bloß registrieren müssten, als auch jene die einer Konzession nach den §§ 4 ff. bedürften.

Da die Zuordnung der AIFM zum Rechnungskreis 3 erst mit 1. Jänner 2014 wirksam wird, soll durch die Übergangsbestimmung in Abs. 7 festgelegt werden, dass AIFM für das Rumpfgeschäftsjahr 2013 dem Rechnungskreis 1 zuzurechnen sind.

EB zu § 67 Abs. 3a (Art. 4 BGBl. I Nr. 70/2014):

Um den AIFM die Möglichkeit zu geben, die bisher ohne Beschränkungen an Privatkunden vertriebenen AIF an die neuen Anforderungen für Private-Equity-Dachfonds und AIF in Unternehmensbeteiligungen anzupassen, soll analog zu § 67 Abs. 3 eine Übergangsfrist bis 31. Dezember 2014 gewährt werden.

§ 68. Nach Inkrafttreten dieses Bundesgesetzes und bis zur Vorlage der in Art. 67 Abs. 1 lit. a der Richtlinie 2011/61/EU erwähnten Stellungnahme von ESMA hat die FMA als zuständige Behörde ESMA zu diesem Zweck vierteljährlich Informationen über die AIFM zur Verfügung zu stellen, die ihrer Aufsicht unterliegende AIF gemäß der in dieser Richtlinie vorgesehenen Pass-Regelung oder gemäß der innerstaatlichen Regelungen verwalten und/oder vertreiben. Ferner hat sie ESMA die für eine Bewertung der in Art. 67 Abs. 2 der genannten Richtlinie genannten Punkte erforderlichen Informationen zur Verfügung zu stellen.

EB zu § 68:

Hiedurch wird Art. 67 Abs. 3 der Richtlinie 2011/61/EU umgesetzt.

§ 69. Nach dem Inkrafttreten des in Art. 67 Abs. 6 der Richtlinie 2011/61/EU erwähnten delegierten Rechtsakts und bis zur Vorlage der in Art. 68 Abs. 1 lit. a der genannten Richtlinie erwähnten ESMA-Stellungnahme hat die FMA als zuständige Behörde ESMA zu diesem Zweck vierteljährlich Informationen über die AIFM zur Verfügung zu stellen, die ihrer Aufsicht unterliegende AIF gemäß der in dieser Richtlinie vorgesehenen Passregelung oder der innerstaatlichen Regelungen verwalten und/oder vertreiben.

EB zu § 69:

Hiedurch wird Art. 68 Abs. 3 der Richtlinie 2011/61/EU umgesetzt

§ 70. Für Zwecke der Überprüfung gemäß Art. 69 Abs. 1 der Richtlinie 2011/61/EU hat die FMA der Kommission jährlich Informationen über AIFM zur Verfügung zu stellen, die ihrer Aufsicht unterliegende AIF entweder gemäß der in dieser Richtlinie vorgesehenen Passregelung oder gemäß den innerstaatlichen Regelungen verwalten und/oder vertreiben. Sie hat dabei den Zeitpunkt anzugeben, an dem die Passregelung in ihrem Hoheitsgebiet

umgesetzt oder gegebenenfalls angewendet wurde. Die Informationen haben Folgendes zu umfassen:
1. Angaben zum Sitz der betreffenden AIFM;
2. gegebenenfalls Angabe der EU-AIF, die von den betreffenden AIFM verwaltet und/oder vertrieben werden;
3. gegebenenfalls Angabe der Nicht-EU-AIF, die von EU-AIFM verwaltet, aber nicht in der Union vertrieben werden;
4. gegebenenfalls Angabe der in der Union vertriebenen Nicht-EU-AIF;
5. Angaben zu der anwendbaren Regelung, ob national oder auf Unionsebene, in deren Rahmen die betreffenden AIFM ihre Tätigkeiten ausüben, und
6. sonstige Informationen, die wichtig sind, um zu verstehen, wie die Verwaltung und der Vertrieb von AIF durch AIFM in der Union in der Praxis funktioniert.

EB zu § 70:
Hiedurch wird Art. 69 Abs. 2 der Richtlinie 2011/61/EU umgesetzt.

Verweise und Verordnungen

§ 71. (1) Soweit in diesem Bundesgesetz auf andere Bundesgesetze verwiesen wird, sind diese in ihrer jeweils geltenden Fassung anzuwenden, außer es ist ausdrücklich anderes angeordnet.

(2) Wenn in diesem Bundesgesetz auf folgende Rechtsakte der Europäischen Union verwiesen wird, sind diese, sofern nichts anderes angeordnet ist, jeweils in der folgenden Fassung anzuwenden:
1. Richtlinie 2011/61/EU über die Verwalter alternativer Investmentfonds und zur Änderung der Richtlinien 2003/41/EG und 2009/65/EG und der Verordnungen (EG) Nr. 1060/2009 und (EU) Nr. 1095/2010, ABl. Nr. L 174 vom 01.07.2011 S. 1, zuletzt geändert durch die Richtlinie 2013/14/EU zur Änderung der Richtlinien 2003/41/EG, 2009/65/EG und 2011/61/EU im Hinblick auf übermäßigen Rückgriff auf Ratings, ABl. Nr. L 145 vom 31.05.2013 S. 1;
2. Richtlinie 2003/41/EG über die Tätigkeiten und die Beaufsichtigung von Einrichtungen der betrieblichen Altersversorgung, ABl. Nr. L 235 vom 23.09.2003 S. 10, zuletzt geändert durch die Richtlinie 2013/14/EU zur Änderung der Richtlinien 2003/41/EG, 2009/65/EG und 2011/61/EU im Hinblick auf übermäßigen Rückgriff auf Ratings, ABl. Nr. L 145 vom 31.05.2013 S. 1;
3. Richtlinie 2009/65/EG zur Koordinierung der Rechts- und Verwaltungsvorschriften betreffend bestimmte Organismen für gemeinsame Anlagen in Wertpapieren (OGAW), ABl. Nr. L 302 vom 17.11.2009 S. 32, zuletzt geändert durch die Richtlinie 2013/14/EU zur Änderung der Richtlinien 2003/41/EG, 2009/65/EG und 2011/61/EU im Hinblick auf übermäßigen Rückgriff auf Ratings, ABl. Nr. L 145 vom 31.05.2013 S. 1;
4. Richtlinie 2013/34/EU über den Jahresabschluss, den konsolidierten Abschluss und damit verbundene Berichte von Unternehmen bestimmter Rechtsformen und zur Änderung der Richtlinie 2006/43/EG und zur Aufhebung der Richtlinien 78/660/EWG und 83/349/EWG, ABl. Nr. L 182 vom 29.06.2013 S. 19, in der Fassung der Richtlinie 2014/95/EU, ABl. Nr. L 330 vom 15.11.2014 S. 1;
5. Richtlinie 2013/36/EU über den Zugang zur Tätigkeit von Kreditinstituten und die Beaufsichtigung von Kreditinstituten und Wertpapierfirmen, zur Änderung der Richtlinie 2002/87/EG und zur Aufhebung der Richtlinien 2006/48/EG und 2006/49/EG,

ABl. Nr. L 176 vom 27.6. 2013 S. 338, in der Fassung ihrer Berichtigung, ABl. Nr. L 208 vom 2.8.2013 S. 73;

6. Richtlinie 2004/39/EG über Märkte für Finanzinstrumente, zur Änderung der Richtlinien 85/611/EWG und 93/6/EWG des Rates und der Richtlinie 2000/12/EG des Europäischen Parlaments und des Rates und zur Aufhebung der Richtlinie 93/22/EWG des Rates, ABl. Nr. L 145 vom 30.04.2004 S. 1, zuletzt geändert durch Richtlinie 2010/78/EU, ABl. Nr. L 331 vom 15.12.2010 S. 120;
7. Richtlinie 2004/109/EG zur Harmonisierung der Transparenzanforderungen in Bezug auf Information über Emittenten, deren Wertpapiere zum Handel auf einen geregelten Markt zugelassen sind, und zur Änderung der Richtlinie 2001/34/EG, ABl. Nr. L 390 vom 31.12.2004 S. 638, zuletzt geändert durch Richtlinie 2010/78/EU, ABl. Nr. L 331 vom 15.12.2010 S. 120;
8. Richtlinie 2002/14/EG zur Festlegung eines allgemeinen Rahmens für die Unterrichtung und Anhörung der Arbeitnehmer in der Europäischen Gemeinschaft – Gemeinsame Erklärung des Europäischen Parlaments, des Rates und der Kommission zur Vertretung der Arbeitnehmer, ABl. Nr. L 80 vom 23.03.2002 S. 29;
9. Verordnung (EG) Nr. 24/2009 über die Statistik über die Aktiva und Passiva von finanziellen Mantelkapitalgesellschaften, die Verbriefungsgeschäfte betreiben, ABl Nr. L 15 vom 20.01.2009 S. 1;
10. Verordnung (EU) Nr. 575/2013 über Aufsichtsanforderungen an Kreditinstitute und Wertpapierfirmen und zur Änderung der Verordnung (EU) Nr. 648/2012, ABl. Nr. L 176 vom 27.6.2013 S. 1, in der Fassung ihrer Berichtigung ABl. Nr. L 321 vom 30.11.2013 S. 6;
11. Verordnung (EU) Nr. 1095/2010 zur Errichtung einer Europäischen Aufsichtsbehörde (Europäische Wertpapier- und Marktaufsichtsbehörde), zur Änderung des Beschlusses Nr. 716/2009/EG und zur Aufhebung des Beschlusses 2009/77/EG, ABl. Nr. L 331 vom 15.12.2010 S. 84, in der Fassung der Richtlinie 2011/61/EU, ABl. Nr. L 174 vom 01.07.2011 S. 1;
12. Richtlinie 2006/73/EG zur Durchführung der Richtlinie 2004/39/EG in Bezug auf die organisatorischen Anforderungen an Wertpapierfirmen und die Bedingungen für die Ausübung ihrer Tätigkeit sowie in Bezug auf die Definition bestimmter Begriffe für die Zwecke der genannten Richtlinie, ABl. Nr. L 241 vom 02.09.2006 S. 26;
13. Richtlinie 98/26/EG über die Wirksamkeit von Abrechnungen in Zahlungs- sowie Wertpapierliefer- und –abrechnungssystemen, ABl. Nr. L 166 vom 11.06.1998 S. 45, zuletzt geändert durch Verordnung (EU) Nr. 648/2012, ABl. Nr. L 201 vom 27.07.2012 S. 1;
14. Richtlinie 2006/43/EG über Abschlussprüfungen von Jahresabschlüssen und konsolidierten Abschlüssen, zur Änderung der Richtlinien 78/660/EWG und 83/349/EWG des Rates und zur Aufhebung der Richtlinie 84/253/EWG des Rates, ABl. Nr. L 157 vom 09.06.2006 S. 87, zuletzt geändert durch Richtlinie 2008/30/EG, ABl. Nr. L 81 vom 20.03.2008 S. 53;
15. Richtlinie 2003/71/EG betreffend den Prospekt, der beim öffentlichen Angebot von Wertpapieren oder bei deren Zulassung zum Handel zu veröffentlichen ist, und zur Änderung der Richtlinie 2001/34/EG, ABl. Nr. L 345 vom 31.12.2003 S. 64, zuletzt geändert durch Richtlinie 2010/78/EU, ABl. Nr. L 331 vom 15.12.2010 S. 120;
16. Richtlinie 2004/25/EG betreffend Übernahmeangebote, ABl. Nr. L 142 vom 30.04.2004 S. 12;
17. Richtlinie 2012/30/EU zur Koordinierung der Schutzbestimmungen, die in den Mitgliedstaaten den Gesellschaften im Sinne des Artikels 54 Absatz 2 des Vertrages über

die Arbeitsweise der Europäischen Union im Interesse der Gesellschafter sowie Dritter für die Gründung der Aktiengesellschaft sowie für die Erhaltung und Änderung ihres Kapitals vorgeschrieben sind, um diese Bestimmungen gleichwertig zu gestalten, ABl. Nr. L 315 vom 14.11.2012 S. 74;

18. Verordnung (EU) Nr. 1094/2010 zur Errichtung einer Europäischen Aufsichtsbehörde (Europäische Aufsichtsbehörde für das Versicherungswesen und die betriebliche Altersversorgung), zur Änderung des Beschlusses Nr. 716/2009/EG und zur Aufhebung des Beschlusses 2009/79/EG der Kommission, ABl. Nr. L 331 vom 15.12.2010 S. 48;
19. Richtlinie 95/46/EG zum Schutz natürlicher Personen bei der Verarbeitung personenbezogener Daten und zum freien Datenverkehr, ABl. Nr. L 281 vom 23.11.1995 S. 31, in der Fassung der Verordnung (EG) Nr. 1882/2003, ABl. Nr. L 284 vom 31.10.2003 S. 1
20. Verordnung (EU) Nr. 345/2013 über Europäische Risikokapitalfonds, ABl. Nr. L 115 vom 25.04.2013, S 1;
21. Verordnung (EU) Nr. 346/2013 über Europäische Fonds für soziales Unternehmertum, ABl. Nr. L 115 vom 25.04,2013, S 18;
22. Verordnung (EU) 2015/760 über europäische langfristige Investmentfonds, ABl. Nr. L 123 vom 19.05.2015, S. 98.

(3) Verordnungen auf Grund dieses Bundesgesetzes in seiner jeweiligen Fassung dürfen bereits von dem Tag an erlassen werden, der der Kundmachung des durchzuführenden Bundesgesetzes folgt; sie dürfen jedoch nicht vor den durchzuführenden Gesetzesbestimmungen in Kraft treten.

EB zu § 71 Abs. 2 Z 1 bis 5 (Art. 4 BGBl. I Nr. 70/2014):
Berichtigung der Verweise auf die aktuelle Fassung der jeweiligen Richtlinien.

EB zu § 71 Abs. 2 Z 4 (Art. 1 BGBl. I Nr. 68/2015):
Verweisanpassung.

Sprachliche Gleichbehandlung

§ 72. Soweit in diesem Bundesgesetz personenbezogene Bezeichnungen nur in männlicher Form angeführt sind, beziehen sie sich auf Frauen und Männer in gleicher Weise. Bei der Anwendung auf bestimmte Personen ist die jeweils geschlechtsspezifische Form zu verwenden.

Vollziehung

§ 73. Mit der Vollziehung dieses Bundesgesetzes ist die Bundesministerin für Finanzen betraut.

Inkrafttreten

§ 74. (1) Dieses Bundesgesetz tritt mit Ausnahme der §§ 35 bis 37, §§ 39 bis 46, § 56 Abs. 5 und 6 und § 60 mit 22. Juli 2013 in Kraft. § 60 tritt mit dem der Kundmachung folgenden Tag in Kraft. §§ 35 bis 37 und §§ 39 bis 46 gelten gemäß dem von der Europäischen Kommission nach Artikel 67 Abs. 6 der Richtlinie 2011/61/EU erlassenen delegierten Rechtsakte und erst ab dem darin bestimmten Zeitpunkt.

(2) § 56 Abs. 5 und 6 tritt mit 1. Jänner 2014 in Kraft und ist auf Geschäftsjahre der FMA anzuwenden, die nach dem 31. Dezember 2013 beginnen.

(3) § 13 Abs. 2 und 3a und § 71 Abs. 2 Z 1 bis 3 in der Fassung des Bundesgesetzes BGBl. I Nr. 70/2014 treten mit 21. Dezember 2014 in Kraft. § 48 Abs. 1a in der Fassung des Bundesgesetzes BGBl. I Nr. 70/2014 ist auf Neugeschäft anzuwenden, das nach dem 1. August 2014 abgeschlossen wurde.

(4) Das Inhaltsverzeichnis zu §§ 32 und 33, § 2 Abs. 1 Z 18, die Überschriften vor §§ 32 und 33, § 32 Abs. 1 und 2 und § 33 Abs. 1 und 2 in der Fassung des Bundesgesetzes BGBl. I Nr. 98/2014 treten mit 3. Juli 2015 in Kraft.

(5) § 2 Abs. 1, § 22 Abs. 6 und § 71 Abs. 2 Z 4 in der Fassung des Bundesgesetzes BGBl. I Nr. 68/2015 treten mit 20. Juli 2015 in Kraft. Bei Unterlagen der Rechnungslegung für Geschäftsjahre, die vor dem 1. Jänner 2016 begonnen haben, ist § 22 Abs. 6 in der Fassung des Bundesgesetzes BGBl. I Nr. 68/2015 mit der Maßgabe anzuwenden, dass die Bestimmungen des BWG gemäß den Vorgaben des § 107 Abs. 87 BWG anzuwenden sind.

(6) § 60 Abs. 2 Z 20 und 20a in der Fassung des Bundesgesetzes BGBl. I Nr. 73/2016 tritt mit 13. Jänner 2017 in Kraft. § 60 Abs. 2 Z 20b in der Fassung des Bundesgesetzes BGBl. I Nr. 73/2016 tritt mit 13. Juli 2017 in Kraft.

EB zu § 74 Abs. 5 (Art. 1 BGBl. I Nr. 68/2015):

Inkrafttretensbestimmung. Konsistent mit der Regelung des § 906 Abs. 28 UGB wird durch einen Verweis auf § 107 Abs. 87 BWG festgelegt, dass die im Rahmen des vorliegenden Bundesgesetzes ebenfalls geänderten Bestimmungen des BWG, die aufgrund von Verweisen in § 22 Abs. 6 auch auf AIFM anzuwenden sind, erstmalig auf Unterlagen der Rechnungslegung für Geschäftsjahre anzuwenden sind, die nach dem 31. Dezember 2015 beginnen. Im Zusammenhang mit Unterlagen der Rechnungslegung für Geschäftsjahre, die vor dem 1. Jänner 2016 begonnen haben, ist sohin bei Verweisen auf das BWG das BWG in seiner bisherigen Fassung sowie bei Verweisen im BWG auf das UGB das UGB in der Fassung vor dem Bundesgesetz BGBl. I Nr. 22/2015 anzuwenden (siehe § 107 Abs. 87 BWG).

Anlage 1 zu § 4

1. Anlageverwaltungsfunktionen, die ein AIFM bei der Verwaltung eines AIF mindestens übernehmen muss:
   a) Portfolioverwaltung,
   b) Risikomanagement.
2. Andere Aufgaben, die ein AIFM im Rahmen der kollektiven Verwaltung eines AIF zusätzlich ausüben kann:
   a) administrative Tätigkeiten:
      i) rechtliche Dienstleistungen sowie Dienstleistungen der Fondsbuchhaltung und Rechnungslegung,
      ii) Kundenanfragen,
      iii) Bewertung und Preisfestsetzung, einschließlich Steuererklärungen,
      iv) Überwachung der Einhaltung der Rechtsvorschriften,
      v) Führung eines Anlegerregisters,
      vi) Gewinnausschüttung,
      vii) Ausgabe und Rücknahme von Anteilen,
      viii) Kontraktabrechnungen, einschließlich Versand der Zertifikate,

ix) Führung von Aufzeichnungen;

b) Vertrieb;

c) Tätigkeiten im Zusammenhang mit den Vermögenswerten des AIF, worunter Dienstleistungen, die zur Erfüllung der treuhänderischen Pflichten des AIFM erforderlich sind, das Facility Management, die Immobilienverwaltung, die Beratung von Unternehmen über die Kapitalstruktur, die industrielle Strategie und damit verbundene Fragen, Beratungs- und Dienstleistungen im Zusammenhang mit Fusionen und dem Erwerb von Unternehmen und weitere Dienstleistungen in Verbindung mit der Verwaltung der AIF und der Unternehmen und anderer Vermögenswerte, in die die AIF investiert haben, fallen.

Anlage 2 zu § 11

Vergütungspolitik

1. Bei der Festlegung und Anwendung der gesamten Vergütungspolitik einschließlich der Gehälter und freiwilligen Altersversorgungsleistungen für jene Mitarbeiterkategorien, einschließlich Geschäftsleitung, Risikoträger und Mitarbeiter mit Kontrollfunktionen und aller Mitarbeiter, die eine Gesamtvergütung erhalten, aufgrund derer sie sich in derselben Einkommensstufe befinden wie Mitglieder der Geschäftsleistung und Risikoträger, deren Tätigkeit sich wesentlich auf die Risikoprofile der AIFM oder von ihnen verwalteter AIF auswirkt, wenden AIFM die nachstehend genannten Grundsätze nach Maßgabe ihrer Größe, ihrer internen Organisation und der Art, dem Umfang und der Komplexität ihrer Geschäfte an:
   a) Die Vergütungspolitik ist mit einem soliden und wirksamen Risikomanagement vereinbar und diesem förderlich und ermutigt nicht zur Übernahme von Risiken, die unvereinbar sind mit den Risikoprofilen, Vertragsbedingungen oder Satzungen der von ihnen verwalteten AIF;
   b) die Vergütungspolitik steht mit Geschäftsstrategie, Zielen, Werten und Interessen des AIFM und der von ihm verwalteten AIF oder der Anleger solcher AIF in Einklang und umfasst auch Maßnahmen zur Vermeidung von Interessenkonflikten;
   c) das Leitungsorgan des AIFM legt in seiner Aufsichtsfunktion die allgemeinen Grundsätze der Vergütungspolitik fest, überprüft sie regelmäßig und ist für ihre Umsetzung verantwortlich;
   d) mindestens einmal jährlich wird im Rahmen einer zentralen und unabhängigen internen Überprüfung festgestellt, ob die Vergütungspolitik gemäß den vom Leitungsorgan in seiner Aufsichtsfunktion festgelegten Vergütungsvorschriften und -verfahren umgesetzt wurde;
   e) die Mitarbeiter, die Kontrollfunktionen innehaben, werden entsprechend der Erreichung der mit ihren Aufgaben verbundenen Ziele entlohnt, und zwar unabhängig von den Leistungen in den von ihnen kontrollierten Geschäftsbereichen;
   f) die Vergütung höherer Führungskräfte in den Bereichen Risikomanagement und Compliance-Aufgaben wird vom Vergütungsausschuss unmittelbar überprüft;
   g) bei erfolgsabhängiger Vergütung liegt der Vergütung insgesamt eine Bewertung sowohl der Leistung des betreffenden Mitarbeiters und seiner Abteilung oder des betreffenden AIF als auch des Gesamtergebnisses des AIFM zugrunde, und bei der Bewertung der individuellen Leistung werden finanzielle wie auch nicht finanzielle Kriterien berücksichtigt;

h) um zu gewährleisten, dass die Beurteilung auf die längerfristige Leistung abstellt und die tatsächliche Auszahlung erfolgsabhängiger Vergütungskomponenten über einen Zeitraum verteilt ist, der der Rücknahmepolitik der von ihm verwalteten AIF und ihren Anlagerisiken Rechnung trägt, sollte die Leistungsbeurteilung in einem mehrjährigen Rahmen erfolgen, der dem Lebenszyklus der vom AIFM verwalteten AIF entspricht;
i) eine garantierte variable Vergütung kann nur in Ausnahmefällen im Zusammenhang mit der Einstellung neuer Mitarbeiter gezahlt werden und ist auf das erste Jahr beschränkt;
j) bei der Gesamtvergütung stehen feste und variable Bestandteile in einem angemessenen Verhältnis und der Anteil der festen Komponente an der Gesamtvergütung ist genügend hoch, dass eine flexible Politik bezüglich der variablen Komponente uneingeschränkt möglich ist und auch ganz auf die Zahlung einer variablen Komponente verzichtet werden kann;
k) Zahlungen im Zusammenhang mit der vorzeitigen Beendigung eines Vertrags spiegeln die im Laufe der Zeit erzielten Ergebnisse wider und sind so gestaltet, dass sie Versagen nicht belohnen;
l) die Erfolgsmessung, anhand derer variable Vergütungskomponenten oder Pools von variablen Vergütungskomponenten berechnet werden, schließt einen umfassenden Berichtigungsmechanismus für alle einschlägigen Arten von laufenden und künftigen Risiken ein;
m) je nach der rechtlichen Struktur des AIF und seiner Vertragsbedingungen oder seiner Satzung muss ein erheblicher Anteil der variablen Vergütungskomponente, und in jedem Fall mindestens 50 vH, aus Anteilen des betreffenden AIF oder gleichwertigen Beteiligungen oder mit Anteilen verknüpften Instrumenten oder gleichwertigen unbaren Instrumenten bestehen; der Mindestwert von 50 vH kommt jedoch nicht zur Anwendung, wenn weniger als 50 vH des vom AIFM verwalteten Gesamtportfolios auf AIF entfallen. Für die Instrumente nach dieser lit. gilt eine geeignete Rückstellungspolitik, die darauf abstellt, die Anreize an den Interessen des AIFM und der von diesem verwalteten AIF sowie an den Interessen der Anleger der AIF auszurichten. Die Mitgliedstaaten oder die zuständigen nationalen Behörden können Einschränkungen betreffend die Arten und Formen dieser Instrumente beschließen oder, sofern dies angemessen ist, bestimmte Instrumente verbieten. Diese Bestimmung ist sowohl auf den Anteil der variablen Vergütungskomponente anzuwenden, die gemäß lit. n zurückgestellt wird, als auch auf den Anteil der nicht zurückgestellten variablen Vergütungskomponente;
n) ein wesentlicher Anteil der variablen Vergütungskomponente, und in jedem Fall mindestens 40 vH, wird über einen Zeitraum zurückgestellt, der angesichts des Lebenszyklus und der Rücknahmegrundsätze des betreffenden AIF angemessen ist und ordnungsgemäß auf die Art der Risiken dieses AIF ausgerichtet ist. Der Zeitraum nach dieser lit. sollte mindestens drei bis fünf Jahre betragen, es sei denn der Lebenszyklus des betreffenden AIF ist kürzer. Die im Rahmen von Regelungen zur Zurückstellung der Vergütungszahlung zu zahlende Vergütung wird nicht rascher als auf anteiliger Grundlage erworben. Macht die variable Komponente einen besonders hohen Betrag aus, so wird die Auszahlung von mindestens 60 vH des Betrags zurückgestellt;
o) die variable Vergütung, einschließlich des zurückgestellten Anteils, wird nur dann ausgezahlt oder erworben, wenn sie angesichts der Finanzlage des AIFM insgesamt

tragbar ist und nach der Leistung der betreffenden Geschäftsabteilung, des AIF und der betreffenden Person gerechtfertigt ist. Eine schwache oder negative finanzielle Leistung des AIFM oder der betreffenden AIF führt in der Regel zu einer erheblichen Schrumpfung der gesamten variablen Vergütung, wobei sowohl laufende Kompensationen als auch Verringerungen bei Auszahlungen von zuvor erwirtschafteten Beträgen, auch durch Malus- oder Rückforderungsvereinbarungen, berücksichtigt werden;

p) die Altersversorgungsregelungen stehen mit Geschäftsstrategie, Zielen, Werten und langfristigen Interessen des AIFM und der von diesem verwalteten AIF in Einklang. Verlässt der Mitarbeiter den AIFM vor Eintritt in den Ruhestand, sollten freiwillige Altersversorgungsleistungen vom AIFM fünf Jahre lang in Form der unter lit. m festgelegten Instrumente zurückbehalten werden. Tritt ein Mitarbeiter in den Ruhestand, sollten die freiwilligen Altersversorgungsleistungen dem Mitarbeiter in Form der unter lit. m festgelegten Instrumente nach einer Wartezeit von fünf Jahren ausgezahlt werden;

q) von den Mitarbeitern wird verlangt, dass sie sich verpflichten, auf keine persönlichen Hedging-Strategien oder vergütungs- und haftungsbezogene Versicherungen zurückzugreifen, um die in ihren Vergütungsregelungen verankerte Ausrichtung am Risikoverhalten zu unterlaufen;

r) die variable Vergütung wird nicht in Form von Instrumenten oder Verfahren gezahlt, die eine Umgehung der Anforderungen dieser Richtlinie erleichtern.

2. Die in Z 1 genannten Grundsätze gelten für alle Arten von Vergütungen, die von AIFM gezahlt werden, für jeden direkt von dem AIF selbst gezahlten Betrag, einschließlich carried interests, und für jede Übertragung von Anteilen des AIF, die zugunsten derjenigen Mitarbeiterkategorien, einschließlich der Geschäftsleitung, Risikokäufer, Mitarbeiter mit Kontrollfunktionen und aller Mitarbeiter, die eine Gesamtvergütung erhalten, aufgrund derer sie sich in derselben Einkommensstufe befinden wie Mitglieder der Geschäftsleistung und Risikokäufer, vorgenommen werden, deren berufliche Tätigkeit sich wesentlich auf ihr Risikoprofil oder auf die Risikoprofile der von ihnen verwalteten AIF auswirkt.

3. AIFM, die aufgrund ihrer Größe oder der Größe der von ihnen verwalteten AIF, ihrer internen Organisation und der Art, des Umfangs und der Komplexität ihrer Geschäfte von erheblicher Bedeutung sind, richten einen Vergütungsausschuss ein. Der Vergütungsausschuss ist auf eine Weise zu errichten, die es ihm ermöglicht, kompetent und unabhängig über die Vergütungsregelungen und -praxis sowie die für das Management der Risiken geschaffenen Anreize zu urteilen.
Der Vergütungsausschuss ist für die Ausarbeitung von Entscheidungen über die Vergütung zuständig, einschließlich derjenigen mit Auswirkungen auf das Risiko und das Risikomanagement des AIFM oder der betreffenden AIF; diese Entscheidungen sind vom Leitungsorgan in seiner Aufsichtsfunktion zu fassen. Den Vorsitz im Vergütungsausschuss führt ein Mitglied des Leitungsorgans, das in dem betreffenden AIFM keine Führungsaufgaben wahrnimmt. Die Mitglieder des Vergütungsausschusses sind Mitglieder des Leitungsorgans, die in dem betreffenden AIFM keine Führungsaufgaben wahrnehmen.

Anlage 3 zu § 29

Unterlagen und Angaben, die im Falle eines beabsichtigten Vertriebs im Herkunftsmitgliedstaat des AIFM beizubringen oder zu machen sind

a) Ein Anzeigeschreiben einschließlich eines Geschäftsplans, der Angaben zu den AIF, die der AIFM zu vertreiben beabsichtigt, sowie zu deren Sitz enthält;
b) die Vertragsbedingungen oder die Satzung des AIF;
c) Name der Verwahrstelle des AIF;
d) eine Beschreibung des AIF oder alle für die Anleger verfügbaren Informationen über den AIF;
e) Angaben zum Sitz des Master-AIF, falls es sich bei dem AIF um einen Feeder-AIF handelt;
f) alle in § 21 Abs. 1 genannten weiteren Informationen für jeden AIF, den der AIFM zu vertreiben beabsichtigt;
g) sofern zutreffend Angaben zu den Vorkehrungen, die getroffen wurden, um zu verhindern, dass Anteile des AIF an Privatkunden vertrieben werden, auch falls ein AIFM für die Erbringung von Wertpapierdienstleistungen für den AIF auf unabhängige Unternehmen zurückgreift.

Anlage 4 zu § 30

Unterlagen und Angaben, die im Falle eines beabsichtigten Vertriebs in anderen Mitgliedstaaten als dem Herkunftsmitgliedstaat des AIFM beizubringen oder zu machen sind

a) Ein Anzeigeschreiben einschließlich eines Geschäftsplans, der Angaben zu den AIF, die der AIFM zu vertreiben beabsichtigt, sowie zu deren Sitz enthält;
b) die Vertragsbedingungen oder die Satzung des AIF;
c) Name der Verwahrstelle des AIF;
d) eine Beschreibung des AIF oder alle für die Anleger verfügbaren Informationen über den AIF;
e) Angaben zum Sitz des Master-AIF, falls es sich bei dem AIF um einen Feeder-AIF handelt;
f) alle in § 21 Abs. 1 genannten weiteren Informationen für jeden AIF, den der AIFM zu vertreiben beabsichtigt;
g) die Angabe des Mitgliedstaats, in dem Anteile des AIF an professionelle Anleger vertrieben werden sollen;
h) Angaben zu den Vorkehrungen für den Vertrieb des AIF und, sofern zutreffend, Angaben zu den Vorkehrungen, die getroffen wurden, um zu verhindern, dass Anteile des AIF an Privatkunden vertrieben werden, auch falls ein AIFM für die Erbringung von Wertpapierdienstleistungen für den AIF auf unabhängige Unternehmen zurückgreift.

Artikel 1
Umsetzungshinweis

(Anm.: Zu den §§ 1 bis 74 und Anlagen 1 bis 4, BGBl. I Nr. 135/2013)

Mit diesem Bundesgesetz werden

1. die Richtlinie 2011/61/EU über die Verwalter alternativer Investmentfonds und zur Änderung der Richtlinien 2003/41/EG und 2009/65/EG und der Verordnungen (EG) Nr. 1060/2009 und (EU) Nr. 1095/2010 ABl. Nr. L 174 vom 01.07.2011 S. 1, in der Fassung der Berichtigung ABl. Nr. L 155 vom 27.04.2012 S. 35 umgesetzt sowie
2. die Voraussetzungen für das Wirksamwerden der
   a) Verordnung (EU) Nr. 345/2013 über Europäische Risikokapitalfonds, ABl. Nr. L 115 vom 25.04.2013, S 1 und
   b) Verordnung (EU) Nr. 346/2013 über Europäische Fonds für soziales Unternehmertum, ABl. Nr. L 115 vom 25.04,2013, S 18 und

geschaffen.

15. Verordnungen zum AIMVG

15.1. Verordnung der Finanzmarktaufsichtsbehörde (FMA) über die von Alternativen Investmentfonds Managern der FMA zu übermittelnden Meldungen (Alternative Investmentfonds Manager-Meldeverordnung – AIFM-MV)

BGBl. II Nr. 266/2015 idgF

https://www.ris.bka.gv.at/Dokument.wxe?Abfrage=BgblAuth&Dokumentnummer=BGBLA_2015_II_266

15.2. Verordnung der Finanzmarktaufsichtsbehörde (FMA) zur Ausgestaltung des Warnhinweises von Alternativen Investmentfonds (AIF-Warnhinweisverordnung)

BGBl. II Nr. 224/2013 idgF

https://www.ris.bka.gv.at/Dokument.wxe?Abfrage=BgblAuth&Dokumentnummer=BGBLA_2013_II_224

III. MATERIALIEN – EUROPÄISCHE EBENE

16. OGAW-Rahmenwerk

16.1. Richtlinie 2009/65/EG des Europäischen Parlaments und des Rates

vom 13. Juli 2009

zur Koordinierung der Rechts- und Verwaltungsvorschriften betreffend bestimmte Organismen für gemeinsame Anlagen in Wertpapieren (OGAW)

(Neufassung)

Text von Bedeutung für den EWR

DAS EUROPÄISCHE PARLAMENT UND DER RAT DER EUROPÄISCHEN UNION –

gestützt auf den Vertrag zur Gründung der Europäischen Gemeinschaft, insbesondere auf Artikel 47 Absatz 2,

auf Vorschlag der Kommission,

gemäß dem Verfahren des Artikels 251 des Vertrags ([1]),

in Erwägung nachstehender Gründe:

(1) Die Richtlinie 85/611/EWG des Rates vom 20. Dezember 1985 zur Koordinierung der Rechts- und Verwaltungsvorschriften betreffend bestimmte Organismen für gemeinsame Anlagen in Wertpapieren (OGAW) ([2]) wurde mehrfach und erheblich geändert ([3]). Aus Gründen der Klarheit empfiehlt es sich, im Rahmen der jetzt anstehenden Änderungen eine Neufassung dieser Richtlinie vorzunehmen.

(2) Die Richtlinie 85/611/EWG hat in hohem Maße zur Entwicklung und zum Erfolg der europäischen Investmentfondsbranche beigetragen. Jedoch ist trotz der seit ihrer Verabschiedung und insbesondere im Jahr 2001 eingeführten Verbesserungen kontinuierlich deutlich geworden, dass Änderungen am Rechtsrahmen für OGAW eingeführt werden müssen, um ihn an die Finanzmärkte des 21. Jahrhunderts anzupassen. Mit dem Grünbuch der Kommission vom 12. Juli 2005 über den Ausbau des Europäischen Rahmens für Investmentfonds wurde eine öffentliche Diskussion darüber angestoßen, wie die Richtlinie 85/611/EWG geändert werden sollte, um diesen neuen Herausforderungen gerecht zu werden. Dieser eingehende Konsultationsprozess führte zu der weithin geteilten Schlussfolgerung, dass erhebliche Änderungen an der genannten Richtlinie erforderlich sind.

(3) Die nationalen Rechtsvorschriften über die Organismen für gemeinsame Anlagen sollten koordiniert werden, um eine Angleichung der Wettbewerbsbedingungen zwischen diesen Organismen auf Gemeinschaftsebene zu erreichen und gleichzeitig einen wirksameren und einheitlicheren Schutz der Anteilinhaber sicherzustellen. Eine derartige Koordinierung erleichtert die Beseitigung der Beschränkungen des freien Verkehrs für Anteile von OGAW in der Gemeinschaft.

(4) Im Hinblick auf die vorstehend genannten Ziele ist es wünschenswert, für die in den Mitgliedstaaten niedergelassenen OGAW gemeinsame Mindestregelungen für die Zulas-

---

[1] Stellungnahme des Europäischen Parlaments vom 13. Januar 2009 (noch nicht im Amtsblatt veröffentlicht) und Beschluss des Rates vom 22. Juni 2009.

[2] ABl. L 375 vom 31.12.1985, S. 3.

[3] Siehe Anhang III Teil A.

sung, Aufsicht, Struktur, Geschäftstätigkeit sowie hinsichtlich der zu veröffentlichenden Informationen festzulegen.

(5) Die Koordinierung der Rechtsvorschriften der Mitgliedstaaten sollte auf OGAW des nicht geschlossenen Typs beschränkt werden, die ihre Anteile beim Publikum in der Gemeinschaft vertreiben. Die Anlagemöglichkeiten der OGAW sollten andere hinreichend liquide Finanzanlagen als Wertpapiere einschließen. Die Finanzinstrumente, die als Anlagevermögenswerte eines OGAW-Portfolios in Frage kommen, sollten in dieser Richtlinie genannt werden. Die Auswahl von Anlagewerten für ein Portfolio mittels der Nachbildung eines Index ist eine Managementtechnik.

(6) Muss ein OGAW nach Maßgabe einer Bestimmung dieser Richtlinie Maßnahmen ergreifen, so sollte sich diese Bestimmung auf die Verwaltungsgesellschaft beziehen, sofern der OGAW als Investmentfonds gegründet wurde und von einer Verwaltungsgesellschaft verwaltet wird und sofern der Investmentfonds über keine Rechtspersönlichkeit verfügt und somit nicht selbständig handeln kann.

(7) Anteile von OGAW werden im Sinne der Richtlinie 2004/39/EG des Europäischen Parlaments und des Rates vom 21. April 2004 über Märkte für Finanzinstrumente ([4]) als Finanzinstrumente betrachtet.

(8) Eine Zulassung der Verwaltungsgesellschaft in ihrem Herkunftsmitgliedstaat sollte den Anlegerschutz und die Solvabilität der Verwaltungsgesellschaften gewährleisten, um so zur Stabilität des Finanzsystems beizutragen. Mit dem in dieser Richtlinie verfolgten Ansatz soll die grundlegende Harmonisierung gewährleistet werden, die erforderlich und ausreichend ist, um die gegenseitige Anerkennung der Zulassung und der Aufsichtssysteme sicherzustellen, was wiederum die Erteilung einer einmaligen, in der gesamten Gemeinschaft gültigen Zulassung sowie die Anwendung des Grundsatzes der Kontrolle durch den Herkunftsmitgliedstaat ermöglichen soll.

(9) Um sicherzustellen, dass eine Verwaltungsgesellschaft in der Lage ist, die sich aus ihrer Tätigkeit ergebenden Verpflichtungen zu erfüllen und somit ihre Stabilität zu gewährleisten, sind ein Anfangskapital und zusätzliche Eigenmittel erforderlich. Um der Entwicklung insbesondere bei den Eigenkapitalanforderungen im Zusammenhang mit dem Geschäftsrisiko in der Gemeinschaft und auf anderen internationalen Foren Rechnung zu tragen, sollten diese Anforderungen, auch was den Einsatz von Garantien anbelangt, überprüft werden.

(10) Für den Anlegerschutz ist es erforderlich, die interne Kontrolle einer Verwaltungsgesellschaft zu gewährleisten, und zwar insbesondere durch ein Zwei-Personen-Verwaltungssystem sowie durch angemessene interne Kontrollverfahren.

(11) Nach dem Grundsatz der Kontrolle durch den Herkunftsmitgliedstaat sollten die in ihrem Herkunftsmitgliedstaat zugelassenen Verwaltungsgesellschaften befugt sein, die Dienstleistungen, für die sie eine Zulassung erhalten haben, in der gesamten Gemeinschaft durch Gründung von Zweigniederlassungen oder im Rahmen des freien Dienstleistungsverkehrs zu erbringen.

(12) In Bezug auf die gemeinsame Portfolioverwaltung (Verwaltung von Investmentfonds oder von Investmentgesellschaften) sollte eine Verwaltungsgesellschaft aufgrund der ihr in ihrem Herkunftsmitgliedstaat erteilten Zulassung in den Aufnahmemitgliedstaaten unbeschadet von Kapitel XI folgende Tätigkeiten ausüben dürfen: Vertrieb der Anteile an harmonisierten Investmentfonds, die von dieser Gesellschaft in ihrem Herkunftsmitglied-

---

[4] ABl. L 145 vom 30.4.2004, S. 1.

staat verwaltet werden, durch die Errichtung einer Zweigniederlassung; Vertrieb der Anteile an harmonisierten Investmentgesellschaften, die von ihr verwaltet werden, durch die Errichtung einer Zweigniederlassung; Vertrieb der Anteile an harmonisierten Investmentfonds oder der Anteile an harmonisierten Investmentgesellschaften, die von anderen Verwaltungsgesellschaften verwaltet werden; Wahrnehmung aller anderen Funktionen und Aufgaben, die zur Tätigkeit der gemeinsamen Portfolioverwaltung gehören; Verwaltung der Sondervermögen von Investmentgesellschaften, die in anderen Mitgliedstaaten als dem Herkunftsmitgliedstaat der Gesellschaft gegründet wurden; Wahrnehmung der Aufgaben der gemeinsamen Portfolioverwaltung im Auftrag von in anderen Mitgliedstaaten als dem Herkunftsmitgliedstaat der Gesellschaft gegründeten Verwaltungsgesellschaften für diese. Vertreibt eine Verwaltungsgesellschaft die Anteile ihrer harmonisierten Investmentfonds oder die Anteile ihrer harmonisierten Investmentgesellschaften in Aufnahmemitgliedstaaten, ohne eine Zweigniederlassung zu errichten, so sollte sie lediglich den Bestimmungen für grenzüberschreitende Vermarktung unterworfen werden.

(13) Im Hinblick auf den Tätigkeitsbereich der Verwaltungsgesellschaften und um den nationalen Rechtsvorschriften Rechnung zu tragen sowie diesen Gesellschaften die Erzielung erheblicher Skaleneffekte zu gestatten, ist es wünschenswert, ihnen auch zu gestatten, die Tätigkeit der Verwaltung von Anlageportfolios auf einer Einzelkundenbasis (individuelle Portfolioverwaltung) auszuüben, zu der auch die Verwaltung von Pensionsfonds sowie einige spezifische Nebendienstleistungen zählen, die an die Hauptgeschäftstätigkeit gebunden sind, ohne die Solidität dieser Gesellschaften zu berühren. Allerdings sollten spezifische Vorschriften zur Verhütung von Interessenkonflikten für den Fall festgelegt werden, dass die Verwaltungsgesellschaften zur Ausübung sowohl der gemeinsamen als auch der individuellen Portfolioverwaltung berechtigt sind.

(14) Die Verwaltung von individuellen Anlageportfolios ist eine Wertpapierdienstleistung, die von der Richtlinie 2004/39/EG abgedeckt ist. Um einen einheitlichen Rechtsrahmen in diesem Bereich zu gewährleisten, ist es wünschenswert, die Verwaltungsgesellschaften, deren Zulassung auch diese Tätigkeit abdeckt, den Bedingungen der genannten Richtlinie für die Ausübung der Tätigkeit zu unterwerfen.

(15) Ein Herkunftsmitgliedstaat sollte grundsätzlich auch strengere Vorschriften als die in dieser Richtlinie festgelegten erlassen können, insbesondere hinsichtlich der Zulassungsbedingungen, der Aufsichtsanforderungen und der Vorschriften für die Offenlegung und den Prospekt.

(16) Es ist wünschenswert, Vorschriften über die Voraussetzungen festzulegen, unter denen eine Verwaltungsgesellschaft auf der Grundlage eines Auftrags spezifische Aufgaben und Funktionen auf Dritte übertragen kann, um so ihre Geschäftstätigkeit effizienter zu machen. Um die ordnungsgemäße Funktionsweise des Grundsatzes der Kontrolle durch den Herkunftsmitgliedstaat sicherzustellen, sollten die Mitgliedstaaten, die eine derartige Übertragung der Aufgaben gestatten, gewährleisten, dass die Verwaltungsgesellschaft, der sie eine Zulassung erteilt haben, nicht die Gesamtheit ihrer Aufgaben auf einen oder mehrere Dritte überträgt, um so zu einer „Briefkastengesellschaft" zu werden, und dass diese Aufträge eine wirksame Beaufsichtigung der Verwaltungsgesellschaft nicht behindern. Die Tatsache, dass die Verwaltungsgesellschaft ihre Aufgaben übertragen hat, sollte auf keinen Fall die Haftung dieser Gesellschaft und der Verwahrstelle gegenüber den Anteilinhabern und den zuständigen Behörden beeinträchtigen.

(17) Zur Gewährleistung gleicher Wettbewerbsbedingungen und geeigneter langfristiger Kontrollmaßnahmen sollte die Kommission die Möglichkeiten zur Harmonisierung der Übertragungsvereinbarungen auf Gemeinschaftsebene prüfen können.

(18) Der Grundsatz der Kontrolle durch den Herkunftsmitgliedstaat schreibt vor, dass die zuständigen Behörden die Zulassung entziehen bzw. nicht erteilen, wenn aus Gegebenheiten wie dem Inhalt des Geschäftsplans, der geografischen Streuung bzw. den tatsächlich ausgeübten Tätigkeiten klar hervorgeht, dass sich eine Verwaltungsgesellschaft für das Rechtssystem eines Mitgliedstaats entschieden hat, um den strengeren Vorschriften eines anderen Mitgliedstaats zu entgehen, in dessen Hoheitsgebiet sie den Großteil ihrer Tätigkeiten auszuüben gedenkt bzw. tatsächlich ausübt. Für die Zwecke dieser Richtlinie sollte eine Verwaltungsgesellschaft in dem Mitgliedstaat zugelassen sein, in dem sie ihren Sitz hat. Gemäß dem Grundsatz der Kontrolle durch den Herkunftsmitgliedstaat sollten nur die zuständigen Behörden des Herkunftsmitgliedstaats der Verwaltungsgesellschaft als für die Beaufsichtigung der Organisation der Verwaltungsgesellschaft, einschließlich aller Verfahren und Ressourcen zur Wahrnehmung der administrativen Tätigkeiten gemäß Anhang II, die den Rechtsvorschriften des Herkunftsmitgliedstaats der Verwaltungsgesellschaft unterliegen sollten, zuständig angesehen werden.

(19) Wird ein OGAW von einer Verwaltungsgesellschaft verwaltet, die in einem Mitgliedstaat zugelassen ist, der nicht der Herkunftsmitgliedstaat des OGAW ist, so sollte diese Verwaltungsgesellschaft geeignete Verfahren und Vorkehrungen beschließen und einrichten, um mit Anlegerbeschwerden umzugehen, wie etwa durch geeignete Bestimmungen im Rahmen der Vertriebsmodalitäten oder durch die Bereitstellung einer Anschrift im Herkunftsmitgliedstaat des OGAW, ohne dass es erforderlich sein sollte, dass es sich hierbei um eine Anschrift der Verwaltungsgesellschaft selbst handelt. Die Verwaltungsgesellschaft sollte ferner geeignete Verfahren und Vereinbarungen vorsehen, um Informationen auf Antrag der Öffentlichkeit oder der zuständigen Behörden des Herkunftsmitgliedstaats des OGAW bereitzustellen, wie etwa durch Benennung einer Kontaktperson unter ihren Mitarbeitern, die für die Behandlung von Anträgen auf Bereitstellung von Informationen zuständig ist. Dagegen sollte eine solche Verwaltungsgesellschaft nicht durch die geltenden Rechtsvorschriften des Herkunftsmitgliedstaats des OGAW verpflichtet werden, zur Erfüllung ihrer Pflichten eine Niederlassung in diesem Mitgliedstaat zu unterhalten.

(20) Die zuständigen Behörden, die den OGAW zulassen, sollten die Bestimmungen des Investmentfonds oder die Satzung der Investmentgesellschaft, die Wahl der Verwahrstelle und die Fähigkeit der Verwaltungsgesellschaft, den OGAW zu verwalten, berücksichtigen. Ist die Verwaltungsgesellschaft in einem anderen Mitgliedstaat niedergelassen, so sollten sich die zuständigen Behörden auf eine von den zuständigen Behörden des Herkunftsmitgliedstaats der Verwaltungsgesellschaft ausgestellte Bescheinigung bezüglich der Art des OGAW, den die Verwaltungsgesellschaft zu verwalten befugt ist, verlassen können. Die Zulassung eines OGAW sollte weder von zusätzlichen Kapitalanforderungen auf der Ebene der Verwaltungsgesellschaft noch vom Sitz der Verwaltungsgesellschaft im Herkunftsmitgliedstaat des OGAW noch vom Ort der Tätigkeiten der Verwaltungsgesellschaft im Herkunftsmitgliedstaat des OGAW abhängig gemacht werden.

(21) Die zuständigen Behörden des Herkunftsmitgliedstaats des OGAW sollten für die Beaufsichtigung der Einhaltung der Rechtsvorschriften über die Gründung und den Fortbestand des OGAW zuständig sein, die den Rechtsvorschriften des Herkunftsmitgliedstaats des OGAW unterliegen sollten. Dazu sollten die zuständigen Behörden des Herkunftsmitgliedstaats des OGAW Informationen unmittelbar von der Verwaltungsgesellschaft einholen können. Insbesondere können die zuständigen Behörden des Aufnahmemitgliedstaats der Verwaltungsgesellschaft von dieser verlangen, Informationen über Geschäfte in Bezug auf Anlagen des OGAW vorzulegen, die in diesem Mitgliedstaat genehmigt wurden. Dies schließt auch Informationen ein, die in Büchern und anderen Aufzeichnungen dieser Ge-

schäfte sowie in den Berichten der Fonds enthalten sind. Zur Behebung von Verstößen gegen die geltenden Bestimmungen unter ihrer Zuständigkeit sollten die zuständigen Behörden des Aufnahmemitgliedstaats der Verwaltungsgesellschaft sich auf die Zusammenarbeit mit den zuständigen Behörden des Herkunftsmitgliedstaats der Verwaltungsgesellschaft verlassen und bei Bedarf unmittelbar Maßnahmen gegen die Verwaltungsgesellschaft ergreifen können.

(22) Der Herkunftsmitgliedstaat des OGAW sollte die Möglichkeit haben, Vorschriften für den Inhalt des Verzeichnisses der Anteilinhaber des OGAW zu erlassen. Die Organisation der Führung und der Verwahrort dieses Verzeichnisses sollten jedoch auch weiterhin zu den Organisationsbestimmungen der Verwaltungsgesellschaft gehören.

(23) Der Herkunftsmitgliedstaat des OGAW muss über sämtliche erforderlichen Mittel verfügen, um gegen Verstöße jeder Art gegen die Regeln des OGAW vorzugehen. Deshalb sollten die zuständigen Behörden des Herkunftsmitgliedstaats des OGAW Präventivmaßnahmen und Sanktionen gegen die Verwaltungsgesellschaft ergreifen können. Als ultima ratio sollten die zuständigen Behörden des Herkunftsmitgliedstaats des OGAW von der Verwaltungsgesellschaft verlangen können, die Verwaltung des OGAW einzustellen. Die Mitgliedstaaten sollten die erforderlichen Bestimmungen erlassen, um in einem solchen Fall eine ordnungsgemäße Verwaltung oder Liquidation des OGAW zu gewährleisten.

(24) Um einer „Aufsichtsarbitrage" vorzubeugen und das Vertrauen in die Wirksamkeit der Beaufsichtigung durch die zuständigen Behörden des Herkunftsmitgliedstaats zu verbessern, sollte die Zulassung verweigert werden, wenn ein OGAW gehindert ist, seine Anteile in seinem Herkunftsmitgliedstaat zu vertreiben. Nach seiner Zulassung sollte der OGAW frei darüber entscheiden können, in welchem Mitgliedstaat bzw. in welchen Mitgliedstaaten seine Anteile im Einklang mit dieser Richtlinie vertrieben werden sollen.

(25) Zur Wahrung der Interessen der Aktionäre und zur Gewährleistung gleicher Wettbewerbsbedingungen für harmonisierte Organismen für gemeinsame Anlagen müssen Investmentgesellschaften über ein Anfangskapital verfügen. Investmentgesellschaften, die eine Verwaltungsgesellschaft benannt haben, werden jedoch durch die zusätzlichen Eigenmittel der Verwaltungsgesellschaft abgedeckt sein.

(26) Gibt es einschlägige Wohlverhaltensregeln für die Geschäftstätigkeit und einschlägige Regeln für die Übertragung von Aufgaben an Dritte und ist diese Übertragung durch eine Verwaltungsgesellschaft nach dem Recht des Herkunftsmitgliedstaats gestattet, so sollten zugelassene Investmentgesellschaften diese Regeln entsprechend einhalten, sei es unmittelbar, wenn sie keine gemäß dieser Richtlinie zugelassene Verwaltungsgesellschaft benannt haben, oder mittelbar, wenn sie eine solche Verwaltungsgesellschaft benannt haben.

(27) Trotz der Notwendigkeit einer Konsolidierung zwischen OGAW stoßen Verschmelzungen von OGAW in der Gemeinschaft auf zahlreiche rechtliche und administrative Schwierigkeiten. Daher müssen, um das Funktionieren des Binnenmarkts zu verbessern, Gemeinschaftsvorschriften festgelegt werden, die Verschmelzungen zwischen OGAW (und deren Teilfonds) erleichtern. Wenngleich einige Mitgliedstaaten wahrscheinlich nur Fonds in Vertragsform zulassen werden, sollten grenzüberschreitende Verschmelzungen zwischen allen Arten von OGAW (in Vertragsform, in Satzungsform oder in Form des Trust) von jedem Mitgliedstaat zugelassen und anerkannt werden, ohne dass die Mitgliedstaaten neue Rechtsformen von OGAW in ihre nationalen Rechtsvorschriften einführen müssen.

(28) Diese Richtlinie betrifft die Verschmelzungsverfahren, die in den Mitgliedstaaten am gebräuchlichsten sind. Sie verpflichtet die Mitgliedstaaten nicht, alle in dieser Richtlinie aufgeführten Verfahren in ihr innerstaatliches Recht zu überführen, sie sollten jedoch Übertragungen von Vermögenswerten auf der Grundlage dieser Verschmelzungsverfahren an-

erkennen. Diese Richtlinie hindert einen OGAW nicht daran, auf allein nationaler Basis in Situationen, in denen keiner der von der Verschmelzung betroffenen OGAW die grenzüberschreitende Vermarktung seiner Anteile mitgeteilt hat, auch andere Verfahren zu nutzen. Diese Verschmelzungen unterliegen weiterhin den einschlägigen nationalen Rechtsvorschriften. Nationale Bestimmungen über die Beschlussfähigkeit sollten weder zwischen nationalen und grenzüberschreitenden Verschmelzungen diskriminieren noch strenger sein als die für Verschmelzungen von Kapitalgesellschaften vorgesehenen Bestimmungen.

(29) Um die Interessen der Anleger zu wahren, sollten die Mitgliedstaaten vorschreiben, dass geplante inländische oder grenzüberschreitende Verschmelzungen zwischen OGAW von ihren zuständigen Behörden genehmigt werden müssen. Bei grenzüberschreitenden Verschmelzungen sollten die zuständigen Behörden des übertragenden OGAW die Verschmelzung genehmigen, um sicherzustellen, dass die Interessen der Anteilinhaber, die faktisch den OGAW wechseln, gebührend geschützt werden. Gehen bei einer Verschmelzung mehrere OGAW mit Sitz in unterschiedlichen Mitgliedstaaten auf, so müssen die zuständigen Behörden jedes einzelnen übertragenden OGAW die Verschmelzung in enger Zusammenarbeit, die auch einen geeigneten Informationsaustausch umfasst, genehmigen. Da auch die Interessen der Anteilinhaber des übernehmenden OGAW angemessen gewahrt bleiben müssen, sollten sie von den zuständigen Behörden des Herkunftsmitgliedstaats des übernehmenden OGAW berücksichtigt werden.

(30) Die Anteilinhaber sowohl der übertragenden als auch der übernehmenden OGAW sollten außerdem die Rücknahme oder die Auszahlung ihrer Anteile verlangen können oder sie, soweit möglich, in Anteile eines anderen OGAW mit ähnlicher Anlagepolitik, der von derselben Verwaltungsgesellschaft oder von einer mit ihr verbundenen anderen Gesellschaft verwaltet wird, umwandeln können. Bei der Wahrnehmung dieses Rechts sollten keine zusätzlichen Kosten anfallen; es sollte lediglich den Gebühren unterliegen, die von den jeweiligen OGAW zur Deckung der Kosten für die Auflösung der Anlagen in allen Situationen, wie in den Prospekten der übertragenden und der übernehmenden OGAW aufgeführt, einbehalten werden.

(31) Bei Verschmelzungen sollte auch eine Kontrolle durch Dritte sichergestellt werden. Die Verwahrstellen eines jeden an der Verschmelzung beteiligten OGAW sollten die Übereinstimmung des gemeinsamen Verschmelzungsplans mit den einschlägigen Bestimmungen dieser Richtlinie und den Vertragsbedingungen des OGAW überprüfen. Entweder eine Verwahrstelle oder ein unabhängiger Wirtschaftsprüfer sollte im Auftrag aller an der Verschmelzung beteiligten OGAW einen Bericht erstellen, in dem die im gemeinsamen Verschmelzungsplan dargelegten Methoden zur Bewertung des Vermögens und der Verbindlichkeiten dieser OGAW und die Methode zur Berechnung des Umtauschverhältnisses sowie das Umtauschverhältnis zum betreffenden Zeitpunkt und gegebenenfalls die Barzahlung je Anteil bestätigt werden. Um die mit grenzüberschreitenden Verschmelzungen verbundenen Kosten in Grenzen zu halten, sollte es möglich sein, dass ein einziger Bericht für alle beteiligten OGAW erstellt wird, und sollte der gesetzliche Abschlussprüfer des übertragenden oder des übernehmenden OGAW die Möglichkeit hierzu erhalten. Aus Gründen des Anlegerschutzes sollten die Anteilinhaber auf Anfrage und kostenlos eine Kopie des Berichts erhalten können.

(32) Besonders wichtig ist, dass die Anteilinhaber angemessen über die geplante Verschmelzung informiert werden und dass ihre Rechte hinreichend geschützt werden. Wenngleich die Interessen der Anteilinhaber der übertragenden OGAW von der Verschmelzung am stärksten betroffen sind, sollten auch die Interessen der Anteilinhaber der übernehmenden OGAW gewahrt bleiben.

(33) Die in dieser Richtlinie enthaltenen Bestimmungen über Verschmelzungen lassen die Anwendung von Rechtsvorschriften über die Kontrolle von Unternehmenszusammenschlüssen, insbesondere der Verordnung (EG) Nr. 139/2004 des Rates vom 20. Januar 2004 über die Kontrolle von Unternehmenszusammenschlüssen („EG-Fusionskontrollverordnung“) ([5]), unberührt.

(34) Der freie Vertrieb von Anteilen eines OGAW, dem es gestattet ist, bis zu 100 % seines Sondervermögens in Wertpapieren anzulegen, die von ein und demselben Emittenten (Staat, Gebietskörperschaft usw.) ausgegeben werden, sollte nicht unmittelbar oder mittelbar zur Folge haben, dass das Funktionieren des Kapitalmarktes oder die Finanzierung eines Mitgliedstaats gestört wird.

(35) Die in dieser Richtlinie enthaltene Definition der Wertpapiere gilt nur für diese Richtlinie und berührt nicht die verschiedenen Definitionen, die in nationalen Vorschriften für andere Zwecke, z. B. Steuerzwecke, verwendet werden. Von Gesellschaften wie den „Building Societies“ oder den „Industrial und Provident Societies“ ausgegebene Aktien oder Aktien gleichzustellende Wertpapiere, bei denen das Eigentum in der Praxis nur dadurch übertragen werden kann, dass sie von der ausgebenden Gesellschaft zurückgekauft werden, fallen folglich nicht unter diese Definition.

(36) Geldmarktinstrumente umfassen übertragbare Instrumente, die üblicherweise eher auf dem Geldmarkt als auf geregelten Märkten gehandelt werden, wie Schatzwechsel, Kommunalobligationen, Einlagenzertifikate, Commercial Papers, Medium-Term-Notes und Bankakzepte.

(37) Der in dieser Richtlinie verwendete Begriff des geregelten Marktes entspricht dem in der Richtlinie 2004/39/EG verwendeten Begriff.

(38) Ein OGAW sollte sein Vermögen in Anteilen von OGAW und anderer Organismen für gemeinsame Anlagen des offenen Typs anlegen können, die ebenfalls nach dem Grundsatz der Risikostreuung in die in dieser Richtlinie genannten liquiden Finanzanlagen investieren. OGAW oder andere Organismen für gemeinsame Anlagen, in die ein OGAW investiert, müssen einer wirksamen Aufsicht unterliegen.

(39) Die Entwicklung von Anlagemöglichkeiten eines OGAW in OGAW und in andere Organismen für gemeinsame Anlagen sollte erleichtert werden. Deshalb muss unbedingt sichergestellt werden, dass durch derartige Anlagetätigkeiten der Anlegerschutz nicht verringert wird. Wegen der erweiterten Möglichkeiten eines OGAW, in Anteile anderer OGAW und Organismen für gemeinsame Anlagen zu investieren, müssen bestimmte Vorschriften für quantitative Anlagegrenzen, die Veröffentlichung von Informationen und zur Verhütung des Kaskade-Phänomens festgelegt werden.

(40) Um den Marktentwicklungen Rechnung zu tragen und in Anbetracht der Vollendung der Wirtschafts- und Währungsunion sollte ein OGAW auch in Bankeinlagen investieren können. Um eine angemessene Liquidität der Anlagen in Bankeinlagen zu gewährleisten, sollten dies Sichteinlagen oder kündbare Einlagen sein. Werden die Einlagen bei einem Kreditinstitut mit Sitz in einem Drittland getätigt, so sollte dieses Kreditinstitut Aufsichtsbestimmungen unterliegen, die denen des Gemeinschaftsrechts gleichwertig sind.

(41) Neben dem Fall, dass ein OGAW gemäß seinen Vertragsbedingungen oder seiner Satzung in Bankeinlagen investiert, sollte es möglich sein, allen OGAW zu gestatteten, zusätzliche flüssige Mittel wie Sichteinlagen halten zu dürfen. Das Halten derartiger zusätzlicher flüssiger Mittel kann unter anderem gerechtfertigt sein zur Deckung laufender

[5] ABl. L 24 vom 29.1.2004, S. 1.

oder außergewöhnlicher Zahlungen, im Fall von Verkäufen, bis die Gelder wieder in Wertpapieren, Geldmarktinstrumenten und/oder anderen von dieser Richtlinie vorgesehenen Finanzanlagen angelegt werden können, oder für einen absolut notwendigen Zeitraum, wenn aufgrund ungünstiger Marktbedingungen die Anlage in Wertpapieren, Geldmarktinstrumenten und anderen Finanzanlagen ausgesetzt werden ist.

(42) Aus aufsichtsrechtlichen Gründen sollte ein OGAW eine übermäßige Konzentration seiner mit einem Ausfallrisiko behafteten Anlagen oder Einlagen bei ein und demselben Emittenten bzw. Institut oder bei derselben Unternehmensgruppe angehörenden Emittenten bzw. Instituten vermeiden.

(43) Einem OGAW sollte es ausdrücklich gestattet sein, im Rahmen seiner allgemeinen Anlagepolitik oder zu Sicherungszwecken in abgeleitete Finanzinstrumente („Derivate") zu investieren, wenn damit ein in seinem Prospekt genanntes Finanzziel oder Risikoprofil verwirklicht werden soll. Um den Anlegerschutz zu gewährleisten, ist es erforderlich, das mit Derivaten verbundene maximale Risiko zu begrenzen, damit es den Gesamtnettowert des Anlageportfolios des OGAW nicht überschreitet. Um die durchgehende Beachtung der Risiken und Engagements im Zusammenhang mit Derivategeschäften sicherzustellen und die Einhaltung der Anlagegrenzen zu überprüfen, sollten diese Risiken und Engagements kontinuierlich bewertet und überwacht werden. Schließlich sollte ein OGAW zur Gewährleistung des Anlegerschutzes durch öffentliche Information seine Strategien, Techniken und Anlagegrenzen in Bezug auf Derivategeschäfte beschreiben.

(44) Maßnahmen bei möglichen abweichenden Interessen in Bezug auf Produkte, bei denen die Kreditrisiken durch Verbriefung übertragen werden, wie mit Blick auf die Richtlinie 2006/48/EG des Europäischen Parlaments und des Rates vom 14. Juni 2006 über die Aufnahme und Ausübung der Tätigkeit der Kreditinstitute ([6]) und die Richtlinie 2006/49/EG des Europäischen Parlaments und des Rates vom 14. Juni 2006 über die angemessene Eigenkapitalausstattung von Wertpapierfirmen und Kreditinstituten ([7]) vorgesehen, müssen mit allen einschlägigen Rechtsvorschriften im Finanzsektor einheitlich und kohärent sein. Um diese Einheitlichkeit und Kohärenz zu gewährleisten, wird die Kommission entsprechende Vorschläge für Rechtsvorschriften, einschließlich im Hinblick auf diese Richtlinie, vorlegen, nachdem die Folgen solcher Vorschläge gebührend abgeschätzt worden sind.

(45) Im Hinblick auf abgeleitete Finanzinstrumente, die nicht an einer Börse gehandelt werden („OTC-Derivate"), sind Anforderungen in Bezug auf die Eignung der Gegenparteien und der Instrumente, die Liquidität und die laufende Bewertung der Position vorzuschreiben. Mit diesen Vorschriften soll ein angemessenes Anlegerschutzniveau gewährleistet werden, das dem Niveau nahe kommt, das Anlegern beim Erwerb von auf geregelten Märkten gehandelten Derivaten geboten wird.

(46) Derivate-Geschäfte sollten niemals dazu verwendet werden, die Grundsätze und Bestimmungen dieser Richtlinie zu umgehen. Für OTC-Derivate sollten zusätzliche Risikostreuungsvorschriften für Engagements gegenüber einer einzigen Gegenpartei oder Gruppe von Gegenparteien Anwendung finden.

(47) Einige Portfolioverwaltungsmethoden für Organismen für gemeinsame Anlagen, die hauptsächlich in Aktien oder Schuldtitel investieren, basieren auf der Nachbildung von Aktien- oder Schuldtitelindizes. Ein OGAW sollte allgemein bekannte und anerkannte Aktien- oder Schuldtitelindizes nachbilden dürfen. Daher kann es erforderlich sein, für

[6] ABl. L 177 vom 30.6.2006, S. 1.

[7] ABl. L 177 vom 30.6.2006, S. 201.

die zu diesem Zweck in Aktien oder Schuldtitel investierende OGAW flexiblere Risikostreuungsregeln einzuführen.

(48) Organismen für gemeinsame Anlagen im Sinne dieser Richtlinie sollten für keinen anderen Zweck als für die gemeinsame Anlage des vom Publikum beschafften Kapitals gemäß den in dieser Richtlinie festgelegten Regeln genutzt werden. In den in dieser Richtlinie genannten Fällen sollte ein OGAW nur dann Tochtergesellschaften haben können, wenn dies erforderlich ist, um bestimmte, ebenfalls in dieser Richtlinie festgelegte Tätigkeiten im eigenen Namen auszuüben. Eine wirksame Beaufsichtigung der OGAW muss gewährleistet sein. Deshalb sollte die Gründung einer OGAW-Tochtergesellschaft in Drittländern nur in den in dieser Richtlinie genannten Fällen und zu den in dieser Richtlinie festgelegten Bedingungen gestattet werden. Die allgemeine Pflicht, allein im Interesse der Anteilinhaber zu handeln, und insbesondere das Ziel einer größeren Kostenwirksamkeit, rechtfertigen keine Maßnahmen eines OGAW, durch die die zuständigen Behörden an einer wirksamen Beaufsichtigung gehindert werden könnten.

(49) Die ursprüngliche Fassung der Richtlinie 85/611/EWG sah eine Abweichung von der Beschränkung des Prozentsatzes vor, bis zu dem ein OGAW sein Sondervermögen in Wertpapieren ein und desselben Emittenten anlegen darf, die im Fall der von einem Mitgliedstaat begebenen oder garantierten Schuldverschreibungen galt. Diese Abweichung gestattete es in diesem Rahmen den OGAW, bis zu 35 % ihres Sondervermögens in derartigen Schuldverschreibungen anzulegen. Eine vergleichbare, aber weniger weitreichende Abweichung ist bei privaten Schuldverschreibungen gerechtfertigt, die zwar nicht staatlich garantiert sind, aber infolge der für sie geltenden speziellen Vorschriften eine besondere Sicherheit für den Anleger bieten. Folglich ist es angezeigt, die Abweichung für alle privaten Schuldverschreibungen vorzusehen, die gemeinsam festgelegte Merkmale erfüllen; es ist Sache der Mitgliedstaaten, selbst das Verzeichnis der Schuldverschreibungen zu erstellen, für die sie gegebenenfalls eine Abweichung zulassen wollen.

(50) Mehrere Mitgliedstaaten haben Bestimmungen erlassen, die nicht koordinierten Organismen für gemeinsame Anlagen ein Pooling ihres Vermögens in einem so genannten Master-Fonds ermöglichen. OGAW können diese Strukturen nur dann nutzen, wenn Feeder-OGAW, die ein Pooling ihres Vermögens in einem Master-OGAW wünschen, vom Verbot befreit werden, mehr als 10 % bzw. 20 % ihres Sondervermögens in einen einzigen Organismus für gemeinsame Anlagen anzulegen. Diese Befreiung ist gerechtfertigt, da Feeder-OGAW ihr gesamtes Vermögen oder zumindest einen Großteil davon in das diversifizierte Portfolio des Master-OGAW investieren, der seinerseits den Diversifizierungsbestimmungen für OGAW unterliegt.

(51) Im Interesse eines wirksam funktionierenden Binnenmarkts und eines einheitlichen Anlegerschutzes in der gesamten Gemeinschaft sollten sowohl Master-Feeder-Strukturen erlaubt werden, bei denen Master- und Feeder-Fonds im gleichen Mitgliedstaat niedergelassen sind, als auch Strukturen, bei denen sie in verschiedenen Mitgliedstaaten niedergelassen sind. Um dem Anleger ein besseres Verständnis der Master-Feeder-Strukturen zu ermöglichen und – insbesondere in grenzüberschreitenden Fällen – die Überwachung durch die Regulierungsstellen zu vereinfachen, sollten Feeder-OGAW nicht in mehr als einen Master-OGAW investieren können. Da in der gesamten Gemeinschaft der gleiche Grad an Anlegerschutz zu gewährleisten ist, sollte der Master-Fonds selbst ein zugelassener OGAW sein. Zur Vermeidung eines unnötigen Verwaltungsaufwands sollten die Bestimmungen über die Anzeige grenzüberschreitender Vermarktung keine Anwendung finden, wenn ein Master-OGAW in einem anderen Mitgliedstaat als dem Mitgliedstaat seiner Niederlassung kein öffentliches Kapital aufnimmt, sondern in diesem anderen Mitgliedstaat lediglich über einen oder mehrere Feeder-OGAW verfügt.

(52) Zum Schutz der Anleger des Feeder-OGAW sollte dessen Anlage in den Master-OGAW von einer vorherigen Genehmigung durch die zuständigen Behörden des Herkunftsmitgliedstaats des Feeder-OGAW abhängig gemacht werden. Einer Genehmigungspflicht unterliegt nur die Anfangsanlage in den Master-OGAW, mit der der Feeder-OGAW die für Anlagen in einen anderen OGAW geltende Obergrenze überschreitet. Zur Erleichterung des effektiven Funktionierens des Binnenmarkts und zur Gewährleistung eines einheitlichen Anlegerschutzes in der Gemeinschaft sollten die zu erfüllenden Bedingungen und die für die Genehmigung der Anlage des Feeder-OGAW in den Master-OGAW beizubringenden Unterlagen und Informationen vollständig sein.

(53) Da ein Feeder-OGAW im besten Interesse seiner Anteilinhaber handeln und vom Master-OGAW alle Angaben und Unterlagen erhalten können sollte, die er zur Erfüllung seiner Verpflichtungen benötigt, sollten Feeder- und Master-OGAW eine verbindliche und durchsetzbare Vereinbarung abschließen. Werden sowohl Feeder-OGAW als auch Master-OGAW von derselben Verwaltungsgesellschaft verwaltet, so sollte es jedoch ausreichen, dass der Master-OGAW interne Regelungen für Geschäftstätigkeiten festlegt. Eine Vereinbarung über den Informationsaustausch jeweils zwischen den Verwahrstellen bzw. den Wirtschaftsprüfern von Feeder-OGAW und Master-OGAW sollte den Austausch von Informationen und Unterlagen gewährleisten, die die Verwahrstelle bzw. der Wirtschaftsprüfer des Feeder-OGAW benötigt, um ihre/seine Verpflichtungen zu erfüllen. Diese Richtlinie sollte gewährleisten, dass die Erfüllung dieser Anforderungen nicht zu einem Verstoß gegen bestehende Beschränkungen der Offenlegung von Informationen oder zu einem Verstoß gegen datenschutzrechtliche Bestimmungen führt.

(54) Um ein hohes Schutzniveau für die Interessen der Anleger des Feeder-OGAW zu gewährleisten, sollten der Prospekt, die wesentlichen Informationen für den Anleger sowie alle Marketing-Anzeigen den besonderen Merkmalen von Master-Feeder-Strukturen Rechnung tragen. Die Anlage eines Feeder-OGAW in einen Master-OGAW sollte nicht seine Fähigkeit beeinträchtigen, auf Antrag der Anteilinhaber Anteile zurückzunehmen oder auszuzahlen oder ganz im Interesse seiner Anteilinhaber zu handeln.

(55) Durch diese Richtlinie sollten Anteilinhaber vor ungerechtfertigten zusätzlichen Kosten geschützt werden, indem dem Master-OGAW untersagt ist, vom Feeder-OGAW Zeichnungs- oder Rückkaufgebühren zu erheben. Der Master-OGAW sollte allerdings berechtigt sein, Zeichnungs- oder Rückkaufgebühren von anderen Anlegern im Master-OGAW zu erheben.

(56) Die Möglichkeit der Umwandlung bereits bestehender OGAW in ein Feeder-OGAW sollte durch die einschlägigen Bestimmungen nicht ausgeschlossen werden. Gleichzeitig sollte ein ausreichender Schutz für die Anteilinhaber gewährleistet sein. Da eine Umwandlung eine grundlegende Änderung der Anlagestrategie ist, sollte der betreffende OGAW dazu verpflichtet werden, seinen Anteilinhabern ausreichende Informationen bereitzustellen, damit sie entscheiden können, ob sie ihre Anlage aufrechterhalten wollen. Die zuständigen Behörden sollten vom Feeder-OGAW keine über die in der vorliegenden Richtlinie genannten Informationen hinausgehenden zusätzlichen oder weiteren Informationen verlangen.

(57) Werden die zuständigen Behörden des Herkunftsmitgliedstaats des Master-OGAW über Unregelmäßigkeiten im Zusammenhang mit dem Master-OGAW informiert oder stellen sie fest, dass der Master-OGAW gegen die Bestimmungen dieser Richtlinie verstößt, so können sie gegebenenfalls geeignete Maßnahmen ergreifen, mit denen sichergestellt wird, dass die Anteilinhaber des Master-OGAW entsprechend informiert werden.

(58) Die Mitgliedstaaten sollten eindeutig zwischen Marketing-Anzeigen und den in dieser Richtlinie vorgeschriebenen obligatorischen Informationen für die Anleger unter-

scheiden. Zu den obligatorischen Angaben gehören die wesentlichen Informationen für den Anleger, der Prospekt sowie die Jahres- und Halbjahresberichte.

(59) Die wesentlichen Informationen für den Anleger sollten den Anlegern kostenlos und rechtzeitig vor der Zeichnung des OGAW als eigenständiges Dokument geliefert werden, damit sie eine fundierte Anlageentscheidung treffen können. Diese wesentlichen Informationen für den Anleger sollten ausschließlich Angaben enthalten, die für solche Entscheidungen wesentlich sind. Aus inhaltlicher Sicht sollten die wesentlichen Informationen für den Anleger vollständig harmonisiert werden, um einen angemessenen Anlegerschutz und eine gute Vergleichbarkeit zu gewährleisten. Die wesentlichen Informationen für den Anleger sollten in einem kurzen Format dargestellt werden. Ein einziges Dokument beschränkten Umfangs, in dem die Informationen in einer bestimmten Abfolge dargestellt werden, ist optimal geeignet, um die für Kleinanleger wichtige Klarheit und Einfachheit zu gewährleisten, und dürfte nützliche, für die Anlageentscheidung relevante Vergleiche zulassen, insbesondere der Kosten und des Risikoprofils.

(60) Die zuständigen Behörden der Mitgliedstaaten können der Öffentlichkeit in einem dafür vorgesehenen Bereich ihrer Website wesentliche Informationen für den Anleger aller im jeweiligen Mitgliedstaat zugelassenen OGAW zugänglich machen.

(61) Die wesentlichen Informationen für den Anleger sollten für alle OGAW erstellt werden. Je nach Vertriebsmethode (Direktverkauf oder Verkauf über einen Intermediär) sollten die Verwaltungsgesellschaften oder, sofern zutreffend, die Investmentgesellschaften den entsprechenden Stellen die wesentlichen Informationen für den Anleger zur Verfügung stellen. Die Intermediäre sollten ihren Kunden und ihren möglichen Kunden die wesentlichen Informationen für den Anleger zukommen lassen.

(62) Die OGAW sollten ihre Anteile in anderen Mitgliedstaaten vertreiben können, nach Durchführung eines Anzeigeverfahrens, das sich auf eine verbesserte Kommunikation zwischen den zuständigen Behörden der Mitgliedstaaten stützt. Nach Übermittlung der vollständigen Anzeigedatei durch die zuständigen Behörden des Herkunftsmitgliedstaats des OGAW sollte der Aufnahmemitgliedstaat des OGAW nicht die Möglichkeit haben, einem in einem anderen Mitgliedstaat niedergelassenen OGAW den Zugang zu seinem Markt zu verweigern oder die vom anderen Mitgliedstaat erteilte Zulassung anzufechten.

(63) OGAW sollten ihre Anteile vertreiben können unter der Bedingung, dass sie die erforderlichen Maßnahmen ergreifen, um zu gewährleisten, dass Einrichtungen für die Ausführung von Zahlungen an Anteilinhaber, die Rücknahme oder Auszahlung von Anteilen sowie für die Bereitstellung der Informationen, die die OGAW zur Verfügung stellen müssen, verfügbar sind.

(64) Um den grenzüberschreitenden Vertrieb von OGAW-Anteilen zu erleichtern, sollte die Übereinstimmung der Modalitäten der Vermarktung von OGAW-Anteilen mit den im Aufnahmemitgliedstaat des OGAW geltenden Rechts- und Verwaltungsvorschriften überprüft werden, sobald der OGAW seine Anteile in diesem Mitgliedstaat auf den Markt gebracht hat. Im Rahmen dieser Überprüfung könnte kontrolliert werden, inwieweit die Vermarktungsmodalitäten und insbesondere die Vertriebsmodalitäten angemessen sind und ob die Marketing-Anzeigen redlich, eindeutig und nicht irreführend sind. Mit dieser Richtlinie sollten die zuständigen Behörden des Aufnahmemitgliedstaats nicht davon abgehalten werden, die Marketing-Anzeigen, die keine wesentlichen Informationen für den Anleger, keinen Prospekt und keine Jahres- und Halbjahresberichte umfassen, nach innerstaatlichem Recht zu prüfen, bevor der OGAW sie verwenden kann, doch sollte diese Überprüfung nichtdiskriminierend erfolgen und nicht dazu führen, dass dem OGAW der Zugang zum Markt verwehrt wird.

(65) Aus Gründen der Verbesserung der Rechtssicherheit ist es notwendig zu gewährleisten, dass ein OGAW, der seine Anteile grenzüberschreitend vertreibt, einfachen Zugang hat – in elektronischer Form und in einer in der Finanzwelt gebräuchlichen Sprache – zu vollständigen Informationen über die Rechts- und Verwaltungsvorschriften seines Aufnahmemitgliedstaats, die sich spezifisch auf die Modalitäten der Vermarktung von OGAW-Anteilen beziehen. Haftungsfragen im Zusammenhang mit diesen Veröffentlichungen sollten den nationalen Rechtsvorschriften unterliegen.

(66) Um den Zugang eines OGAW zu den Märkten anderer Mitgliedstaaten zu erleichtern, sollte ein OGAW lediglich dazu verpflichtet sein, die wesentlichen Informationen für den Anleger in die Amtssprache oder eine der Amtssprachen seines Aufnahmemitgliedstaats oder in eine von dessen zuständigen Behörden akzeptierte Sprache übersetzen zu lassen. In den wesentlichen Informationen für den Anleger ist anzugeben, in welcher Sprache andere obligatorische Unterlagen und zusätzliche Informationen erhältlich sind. Übersetzungen sollten in der Verantwortlichkeit des OGAW angefertigt werden, der auch entscheiden sollte, ob eine einfache Übersetzung ausreicht oder eine beeidigte Übersetzung erforderlich ist.

(67) Zur Vereinfachung des Zugangs zu den Märkten der Mitgliedstaaten ist es wichtig, dass Meldegebühren bekannt gegeben werden.

(68) Die Mitgliedstaaten sollten die erforderlichen verwaltungs- und organisatorischen Maßnahmen ergreifen, um eine Zusammenarbeit zwischen den innerstaatlichen Behörden und den zuständigen Behörden anderer Mitgliedstaaten u. a. durch bilaterale oder multilaterale Vereinbarungen zwischen diesen Behörden zu ermöglichen, dies könnte auch eine freiwillige Übertragung von Aufgaben beinhalten.

(69) Die Befugnisse der zuständigen Behörden müssen stärker aneinander angeglichen werden, um in sämtlichen Mitgliedstaaten die gleiche Durchsetzung dieser Richtlinie zu erreichen. Ein gemeinsamer Mindestkatalog von Befugnissen, die mit den im Rahmen anderer Rechtsvorschriften der Gemeinschaft im Bereich der Finanzdienstleistungen auf die zuständigen Behörden übertragenen Befugnissen vereinbar sind, sollte eine wirksame Überwachung garantieren. Darüber hinaus sollten die Mitgliedstaaten Regeln für Sanktionen festlegen, die strafrechtliche und verwaltungsrechtliche Sanktionen beinhalten können, sowie verwaltungstechnische Maßnahmen vorsehen, die bei Verstößen gegen diese Richtlinie zu verhängen sind. Die Mitgliedstaaten sollten außerdem alle erforderlichen Maßnahmen ergreifen, um sicherzustellen, dass diese Sanktionen durchgesetzt werden.

(70) Es ist notwendig, die Bestimmungen über den Austausch von Informationen zwischen den zuständigen Behörden der Mitgliedstaaten und die Verpflichtung zu Amtshilfe und Zusammenarbeit zu verstärken.

(71) Zum Zweck der Erbringung von grenzüberschreitenden Dienstleistungen sollten die Zuständigkeiten der jeweiligen zuständigen Behörden klar zugewiesen werden, um Lücken oder Überschneidungen zu beseitigen; dies sollte im Einklang mit den Bestimmungen des anzuwendenden Rechts geschehen.

(72) Die Vorschriften dieser Richtlinie über die ordnungsgemäße Erfüllung der Beaufsichtigungsaufgabe durch die zuständigen Aufsichtsbehörden umfassen auch die Beaufsichtigung auf konsolidierter Basis, der ein OGAW oder ein Unternehmen, das an seiner Geschäftstätigkeit mitwirkt, unterliegt, wenn in den Gemeinschaftsbestimmungen eine solche Art der Beaufsichtigung vorgesehen ist. In diesem Fall muss für die Behörden, bei denen die Zulassung beantragt wird, feststellbar sein, welche Behörden für die Beaufsichtigung dieses OGAW oder Unternehmen, das an seiner Geschäftstätigkeit mitwirkt, auf konsolidierter Basis zuständig sind.

(73) Der Grundsatz der Kontrolle durch den Herkunftsmitgliedstaat macht es erforderlich, dass die zuständigen Behörden die Zulassung in den Fällen entziehen oder nicht erteilen, in denen aus Umständen wie dem Inhalt des Geschäftsplans, dem geographischen Tätigkeitsbereich oder der tatsächlich ausgeübten Tätigkeit unzweifelhaft hervorgeht, dass ein OGAW oder ein Unternehmen, das an seiner Geschäftstätigkeit mitwirkt, die Rechtsordnung eines Mitgliedstaats in der Absicht gewählt hat, sich den strengeren Anforderungen eines anderen Mitgliedstaats zu entziehen, in dem es den überwiegenden Teil seiner Tätigkeit auszuüben beabsichtigt oder ausübt.

(74) Bestimmte rechtswidrige Handlungen wie z. B. Betrugsdelikte oder Insiderdelikte könnten, selbst wenn sie andere Unternehmen als OGAW oder Unternehmen, die an ihrer Geschäftstätigkeit mitwirken, betreffen, die Stabilität des Finanzsystems und seine Integrität beeinträchtigen.

(75) Es empfiehlt sich, einen Informationsaustausch zwischen den zuständigen Behörden und den Behörden oder Einrichtungen zu gestatten, die aufgrund ihrer Funktion zur Stärkung des Finanzsystems beitragen. Um die Vertraulichkeit der übermittelten Informationen zu wahren, sollte der Adressatenkreis bei einem derartigen Austausch jedoch eng begrenzt bleiben.

(76) Es muss festgelegt werden, unter welchen Bedingungen dieser Informationsaustausch zulässig ist.

(77) Wenn vorgesehen ist, dass Informationen nur mit ausdrücklicher Zustimmung der zuständigen Behörden weitergegeben werden dürfen, können diese ihre Zustimmung gegebenenfalls von der Einhaltung strenger Bedingungen abhängig machen.

(78) Der Austausch von Informationen zwischen den zuständigen Behörden auf der einen Seite und den Zentralbanken, anderen Einrichtungen mit ähnlichen Aufgaben wie Zentralbanken in ihrer Eigenschaft als Währungsbehörden oder gegebenenfalls anderen mit der Überwachung der Zahlungssysteme betrauten Behörden auf der anderen Seite sollte ebenfalls zugelassen werden.

(79) Es ist angezeigt, in dieser Richtlinie für die Wahrung des Berufsgeheimnisses durch die Behörden, die mit der Zulassung und der Beaufsichtigung der OGAW betraut sind, sowie durch die Unternehmen, die an dieser Zulassung und Beaufsichtigung mitwirken, und für die Möglichkeiten des Informationsaustauschs jeweils dieselbe Regelung wie im Fall der für die Zulassung und Beaufsichtigung der Kreditinstitute, Wertpapierfirmen und Versicherungsunternehmen zuständigen Behörden festzulegen.

(80) Zur verstärkten Beaufsichtigung von OGAW oder Unternehmen, die an ihrer Geschäftstätigkeit mitwirken, und zum besseren Schutz der Kunden von OGAW oder Unternehmen, die an ihrer Geschäftstätigkeit mitwirken, sollte vorgeschrieben werden, dass Wirtschaftsprüfer die zuständigen Behörden unverzüglich zu unterrichten haben, wenn sie in den in dieser Richtlinie beschriebenen Fällen bei der Wahrnehmung ihrer Aufgaben Kenntnis von Tatsachen erhalten, die die finanzielle Lage eines OGAW oder eines Unternehmens, das an seiner Geschäftstätigkeit mitwirkt, oder dessen Geschäftsorganisation oder Rechnungswesen ernsthaft wahrscheinlich beeinträchtigen können.

(81) In Anbetracht des Ziels dieser Richtlinie ist es wünschenswert, dass die Mitgliedstaaten vorsehen, dass diese Verpflichtung auf jeden Fall besteht, wenn solche Tatsachen von einem Wirtschaftsprüfer bei der Wahrnehmung seiner Aufgaben bei einem Unternehmen festgestellt werden, das enge Verbindungen zu einem OGAW oder einem Unternehmen, das an seiner Geschäftstätigkeit mitwirkt, hat.

(82) Durch die Verpflichtung der Wirtschaftsprüfer, den zuständigen Behörden gegebenenfalls bestimmte Tatsachen bezüglich eines OGAW oder eines Unternehmens, das an

seiner Geschäftstätigkeit mitwirkt, zu melden, die sie bei der Wahrnehmung ihrer Aufgabe bei einem Rechtsträger, der weder OGAW noch ein Unternehmen ist, das an der Geschäftstätigkeit eines OGAW mitwirkt, festgestellt haben, ändert sich weder die Art ihrer Aufgabe bei diesem Rechtsträger noch die Art und Weise, in der sie diese Aufgabe bei diesem Rechtsträger wahrzunehmen haben.

(83) Diese Richtlinie hat keine Auswirkungen auf nationale steuerliche Regelungen sowie Maßnahmen, die von den Mitgliedstaaten gegebenenfalls eingeleitet wurden, um die Einhaltung dieser Regelungen auf ihrem Hoheitsgebiet zu gewährleisten.

(84) Die zur Durchführung dieser Richtlinie erforderlichen Maßnahmen sollten gemäß dem Beschluss 1999/468/EG des Rates vom 28. Juni 1999 zur Festlegung der Modalitäten für die Ausübung der der Kommission übertragenen Durchführungsbefugnisse ([8]) erlassen werden.

(85) Die Kommission sollte insbesondere die Befugnis erhalten, folgende Durchführungsmaßnahmen zu erlassen: In Bezug auf Verwaltungsgesellschaften sollte die Kommission die Befugnis erhalten, Maßnahmen zu erlassen, die die Einzelheiten im Zusammenhang mit organisatorischen Anforderungen, Risikomanagement, Interessenkonflikten und Wohlverhaltensregeln regeln. In Bezug auf Verwahrstellen sollte die Kommission die Befugnis erhalten, Maßnahmen zu erlassen, die die von den Verwahrstellen zu treffenden Maßnahmen zur Erfüllung ihrer Aufgaben im Hinblick auf einen OGAW, der von einer in einem anderen als seinem Herkunftsmitgliedstaat niedergelassenen Verwaltungsgesellschaft verwaltet wird, konkretisieren und die Einzelheiten der Vereinbarung zwischen der Verwahrstelle und der Verwaltungsgesellschaft regeln. Diese Durchführungsmaßnahmen sollten eine einheitliche Anwendung der Verpflichtungen von Verwaltungsgesellschaften und Verwahrstellen vereinfachen, jedoch keine Voraussetzung für die Wahrnehmung des Rechts von Verwaltungsgesellschaft sein, die Geschäftstätigkeiten, für die sie in ihrem Herkunftsmitgliedstaat eine Zulassung erhalten haben, in der gesamten Gemeinschaft mit Hilfe der Gründung von Zweigniederlassungen oder im Rahmen des freien Dienstleistungsverkehrs einschließlich der Verwaltung von OGAW in einem anderen Mitgliedstaat auszuüben.

(86) In Bezug auf Verschmelzungen sollte die Kommission die Befugnis erhalten, Maßnahmen zu erlassen, die Inhalt, Form und Art der Übermittlung der Informationen für die Anteilinhaber im Einzelnen regeln.

(87) In Bezug auf Master-Feeder-Strukturen sollte die Kommission die Befugnis erhalten, Maßnahmen zu erlassen, die den Inhalt der Vereinbarungen zwischen Master-OGAW und Feeder-OGAW oder die internen Regelungen für Geschäftstätigkeiten, den Inhalt der Vereinbarung über den Informationsaustausch zwischen ihren Verwahrstellen oder ihren Wirtschaftsprüfern, die Festlegung geeigneter Maßnahmen zur Abstimmung ihrer Zeitpläne für die Berechnung und Veröffentlichung des Nettovermögenswerts, um das so genannte Market Timing zu verhindern, die Auswirkungen der Verschmelzung des Master-Fonds auf die Zulassung des Feeder-Fonds, die Art der beim Master-Fonds festgestellten und an den Feeder-Fonds mitzuteilenden Unregelmäßigkeiten, das Format der Informationen, die den Anteilinhabern bei einer Umwandlung eines OGAW in einen Feeder-OGAW mitzuteilen sind, und den Weg für die Bereitstellung solcher Informationen, das Verfahren für die Evaluierung und Prüfung der Übertragung von Vermögenswerten von einem Feeder- auf einen Master-Fonds und die Rolle der Verwahrstelle des Feeder-Fonds in diesem Prozess regeln.

---

[8] ABl. L 184 vom 17.7.1999, S. 23.

(88) In Bezug auf die Offenlegung von Informationen sollte die Kommission die Befugnis erhalten, Maßnahmen zu erlassen, die die einzuhaltenden Bedingungen für die Veröffentlichung des Prospekts auf einem anderen dauerhaften Datenträger als Papier oder auf einer Website, die kein dauerhafter Datenträger ist, sowie den vollständigen und detaillierten Inhalt, die Form und Präsentation der wesentlichen Informationen für den Anleger unter Berücksichtigung der Eigenheiten und unterschiedlichen Bestandteile des betreffenden OGAW und die einzuhaltenden Bedingungen regeln, um die der wesentlichen Informationen für den Anleger auf einem anderen dauerhaften Datenträger als Papier oder auf einer Website, die kein dauerhafter Datenträger ist zur Verfügung zu stellen.

(89) In Bezug auf das Anzeigeverfahren sollte die Kommission die Befugnis erhalten, Maßnahmen zu erlassen, die den Umfang der von den zuständigen Behörden des Aufnahmemitgliedstaats zu veröffentlichenden Angaben über die auf lokaler Ebene geltenden Vorschriften sowie die technischen Einzelheiten für den Zugang der zuständigen Behörden des Aufnahmemitgliedstaats zu den gespeicherten und aktualisierten Unterlagen des OGAW regeln.

(90) Die Kommission sollte unter anderem die Befugnis erhalten, Definitionen zu erläutern, die Terminologie anzugleichen und Definitionen in Übereinstimmung mit nachfolgenden Rechtsakten zu den OGAW und zu angrenzenden Themenbereichen abzufassen.

(91) Da es sich bei den in den Erwägungsgründen 85 bis 90 genannten Maßnahmen um Maßnahmen von allgemeiner Tragweite handelt, die eine Änderung nicht wesentlicher Bestimmungen dieser Richtlinie durch Ergänzung um neue nicht wesentliche Bestimmungen bewirken, sind diese Maßnahmen nach dem Regelungsverfahren mit Kontrolle des Artikels 5a des Beschlusses 1999/468/EG zu erlassen.

(92) Da die Ziele dieser Richtlinie auf Ebene der Mitgliedstaaten nicht ausreichend verwirklicht werden können, soweit sie eine Regelung mit länderübergreifend anwendbaren einheitlichen Bestimmungen beinhalten, und daher wegen des Umfangs und der Wirkungen der Maßnahme besser auf Gemeinschaftsebene zu verwirklichen sind, kann die Gemeinschaft im Einklang mit dem in Artikel 5 des Vertrags niedergelegten Subsidiaritätsprinzip tätig werden. Entsprechend dem in demselben Artikel genannten Grundsatz der Verhältnismäßigkeit geht diese Richtlinie nicht über das zur Erreichung dieser Ziele erforderliche Maß hinaus.

(93) Die Verpflichtung zur Umsetzung dieser Richtlinie in innerstaatliches Recht sollte nur jene Bestimmungen betreffen, die im Vergleich zu den Richtlinien, die sie neu fasst, inhaltlich geändert wurden. Die Verpflichtung zur Umsetzung der inhaltlich unveränderten Bestimmungen ergibt sich aus den bisherigen Richtlinien.

(94) Diese Richtlinie sollte die Verpflichtungen der Mitgliedstaaten hinsichtlich der in Anhang III Teil B genannten Fristen für die Umsetzung der dort genannten Richtlinien in innerstaatliches Recht und für die Anwendung dieser Richtlinien unberührt lassen.

(95) Gemäß Nummer 34 der Interinstitutionellen Vereinbarung über bessere Rechtsetzung ([9]) sind die Mitgliedstaaten aufgefordert, für ihre eigenen Zwecke und im Interesse der Gemeinschaft eigene Tabellen aufzustellen, denen im Rahmen des Möglichen die Entsprechungen zwischen dieser Richtlinie und den Umsetzungsmaßnahmen zu entnehmen sind, und diese zu veröffentlichen –

HABEN FOLGENDE RICHTLINIE ERLASSEN:

---

[9] ABl. C 321 vom 31.12.2003, S. 1.

Inhalt

KAPITEL I
GEGENSTAND, ANWENDUNGSBEREICH UND DEFINITIONEN

Artikel 1

(1) Diese Richtlinie gilt für die im Gebiet der Mitgliedstaaten niedergelassenen Organismen für gemeinsame Anlagen in Wertpapieren (OGAW).

(2) Für die Zwecke dieser Richtlinie und vorbehaltlich des Artikels 3 bezeichnet der Ausdruck „OGAW“ Organismen,

a) deren ausschließlicher Zweck es ist, beim Publikum beschaffte Gelder für gemeinsame Rechnung nach dem Grundsatz der Risikostreuung in Wertpapieren und/oder anderen in Artikel 50 Absatz 1 genannten liquiden Finanzanlagen zu investieren, und
b) deren Anteile auf Verlangen der Anteilinhaber unmittelbar oder mittelbar zu Lasten des Vermögens dieser Organismen zurückgenommen oder ausgezahlt werden. Diesen Rücknahmen oder Auszahlungen gleichgestellt sind Handlungen, mit denen ein OGAW sicherstellen will, dass der Kurs seiner Anteile nicht erheblich von deren Nettoinventarwert abweicht.

Die Mitgliedstaaten können eine Zusammensetzung der OGAW aus verschiedenen Teilfonds genehmigen.

(3) Die Organismen im Sinne von Absatz 2 können die Vertragsform (von einer Verwaltungsgesellschaft verwaltete Investmentfonds), die Form des Trust („unit trust“) oder die Satzungsform (Investmentgesellschaft) haben.

Im Sinne dieser Richtlinie

a) gilt ein „unit trust“ als Investmentfonds,
b) gelten Aktien von OGAW als Anteile von OGAW.

(4) Investmentgesellschaften, deren Vermögen über Tochtergesellschaften hauptsächlich in anderen Vermögensgegenständen als Wertpapieren angelegt ist, unterliegen nicht dieser Richtlinie.

(5) Die Mitgliedstaaten untersagen den unter diese Richtlinie fallenden OGAW, sich in einen dieser Richtlinie nicht unterliegenden Organismus für gemeinsame Anlagen umzubilden.

(6) Unbeschadet der Vorschriften des Gemeinschaftsrechts auf dem Gebiet des Kapitalverkehrs sowie der Artikel 91 und 92 und Artikel 108 Absatz 1 Unterabsatz 2 darf ein

Mitgliedstaat weder die OGAW, die in einem anderen Mitgliedstaat niedergelassen sind, noch die von ihnen begebenen Anteile anderen Bestimmungen unterwerfen als den in der Richtlinie vorgesehenen, wenn diese OGAW ihre Anteile im Gebiet des genannten Mitgliedstaats vertreiben.

(7) Unbeschadet dieses Kapitels können die Mitgliedstaaten die in ihrem Gebiet niedergelassenen OGAW strengeren Vorschriften als den in dieser Richtlinie vorgesehenen sowie zusätzlichen Vorschriften unterwerfen, vorausgesetzt, dass diese Vorschriften allgemein gelten und nicht dieser Richtlinie widersprechen.

Artikel 2

(1) Für die Zwecke dieser Richtlinie bezeichnet der Ausdruck

a) „Verwahrstelle" eine Einrichtung, die mit der Durchführung der in den Artikeln 22 und 32 genannten Aufgaben betraut ist und den sonstigen in Kapitel IV und Kapitel V Abschnitt 3 festgelegten Bestimmungen unterliegt;
b) „Verwaltungsgesellschaft" eine Gesellschaft, deren reguläre Geschäftstätigkeit in der Verwaltung von in der Form eines Investmentfonds oder einer Investmentgesellschaft konstituierten OGAW besteht (gemeinsame Portfolioverwaltung von OGAW);
c) „Herkunftsmitgliedstaat der Verwaltungsgesellschaft" den Mitgliedstaat, in dem die Verwaltungsgesellschaft ihren Sitz hat;
d) „Aufnahmemitgliedstaat der Verwaltungsgesellschaft" einen Mitgliedstaat, der nicht der Herkunftsmitgliedstaat ist und in dessen Hoheitsgebiet eine Verwaltungsgesellschaft eine Zweigniederlassung hat oder Dienstleistungen erbringt;
e) „Herkunftsmitgliedstaat des OGAW" den Mitgliedstaat, in dem der OGAW gemäß Artikel 5 zugelassen ist;
f) „Aufnahmemitgliedstaat eines OGAW" den Mitgliedstaat, der nicht der Herkunftsmitgliedstaat des OGAW ist und in dem die Anteile des OGAW vertrieben werden;
g) „Zweigniederlassung" eine Niederlassung, die einen rechtlich unselbständigen Teil einer Verwaltungsgesellschaft bildet und Dienstleistungen erbringt, für die der Verwaltungsgesellschaft eine Zulassung erteilt wurde;
h) „zuständige Behörden" die von den Mitgliedstaaten gemäß Artikel 97 bezeichneten Behörden;
i) „enge Verbindungen" eine Situation, in der zwei oder mehr natürliche oder juristische Personen verbunden sind durch
   i) „Beteiligung", d. h. das direkte Halten oder das Halten im Wege der Kontrolle von mindestens 20 % der Stimmrechte oder des Kapitals an einem Unternehmen, oder
   ii) „Kontrolle", d. h. das Verhältnis zwischen einem „Mutterunternehmen" und einem „Tochterunternehmen" im Sinne der Artikel 1 und 2 der Siebten Richtlinie 83/349/EWG des Rates vom 13. Juni 1983 aufgrund von Artikel 54 Absatz 3 Buchstabe g des Vertrags über den konsolidierten Abschluss ([10]) und in allen Fällen des Artikels 1 Absätze 1 und 2 der Richtlinie 83/349/EWG oder ein ähnliches Verhältnis zwischen einer natürlichen oder juristischen Person und einem Unternehmen;
j) „qualifizierte Beteiligung" eine direkte oder indirekte Beteiligung an einer Verwaltungsgesellschaft, die mindestens 10 % des Kapitals oder der Stimmrechte entspricht oder

[10] ABl. L 193 vom 18.7.1983, S. 1.

die es ermöglicht, maßgeblichen Einfluss auf die Geschäftsführung der Verwaltungsgesellschaft, an der die Beteiligung gehalten wird, zu nehmen;

k) „Anfangskapital“ das in Artikel 57 Buchstaben a und b der Richtlinie 2006/48/EG genannte Kapital;

l) „Eigenmittel“ die in Titel V Kapitel 2 Abschnitt 1 der Richtlinie 2006/48/EG genannten Eigenmittel;

m) „dauerhafter Datenträger“ jedes Medium, das es einem Anleger gestattet, an ihn persönlich gerichtete Informationen derart zu speichern, dass der Anleger sie in der Folge für eine für die Zwecke der Informationen angemessene Dauer einsehen kann, und das die unveränderte Wiedergabe der gespeicherten Informationen ermöglicht;

n) „Wertpapiere“
   i) Aktien und andere, Aktien gleichwertige Wertpapiere („Aktien“),
   ii) Schuldverschreibungen und sonstige verbriefte Schuldtitel („Schuldtitel“),
   iii) alle anderen marktfähigen Wertpapiere, die zum Erwerb von Wertpapieren im Sinne dieser Richtlinie durch Zeichnung oder Austausch berechtigen;

o) „Geldmarktinstrumente“ Instrumente, die üblicherweise auf dem Geldmarkt gehandelt werden, liquide sind und deren Wert jederzeit genau bestimmt werden kann;

p) „Verschmelzungen“ Transaktionen, bei denen
   i) ein oder mehrere OGAW oder Teilfonds davon, die „übertragenden OGAW“, bei ihrer Auflösung ohne Abwicklung sämtliche Vermögenswerte und Verbindlichkeiten auf einen anderen bestehenden OGAW oder einen Teilfonds dieses OGAW, den „übernehmenden OGAW“, übertragen und ihre Anteilinhaber dafür Anteile des übernehmenden OGAW sowie gegebenenfalls eine Barzahlung in Höhe von maximal 10 % des Nettobestandswerts dieser Anteile erhalten;
   ii) zwei oder mehrere OGAW oder Teilfonds davon, die „übertragenden OGAW“, bei ihrer Auflösung ohne Abwicklung sämtliche Vermögenswerte und Verbindlichkeiten auf einen von ihnen gebildeten OGAW oder einen Teilfonds dieses OGAW, den „übernehmenden OGAW“, übertragen und ihre Anteilinhaber dafür Anteile des übernehmenden OGAW sowie gegebenenfalls eine Barzahlung in Höhe von maximal 10 % des Nettobestandswerts dieser Anteile erhalten;
   iii) ein oder mehrere OGAW oder Teilfonds davon, die „übertragenden OGAW“, die weiter bestehen, bis die Verbindlichkeiten getilgt sind, ihr Nettovermögen auf einen anderen Teilfonds desselben OGAW, auf einen von ihnen gebildeten OGAW oder auf einen anderen bestehenden OGAW oder einen Teilfonds dieses OGAW, den „übernehmenden OGAW“, übertragen;

q) „grenzüberschreitende Verschmelzung“ eine Verschmelzung von OGAW,
   i) von denen mindestens zwei in unterschiedlichen Mitgliedstaaten niedergelassen sind oder
   ii) die in demselben Mitgliedstaat niedergelassen sind, zu einem neu gegründeten und in einem anderen Mitgliedstaat niedergelassenen OGAW;

r) „inländische Verschmelzung“ eine Verschmelzung von OGAW, die im gleichen Mitgliedstaat niedergelassen sind, wenn mindestens einer der betroffenen OGAW gemäß Artikel 93 gemeldet wurde.

s) ‚Leitungsorgan‘ das Organ, das in einer Verwaltungsgesellschaft, einer Investmentgesellschaft oder einer Verwahrstelle die Letztentscheidungsbefugnis besitzt und die Aufsichts- und Führungsfunktion bzw. bei Trennung der beiden Funktionen die Führungsfunktion wahrnimmt. Hat die Verwaltungsgesellschaft, die Investmentgesellschaft oder die Verwahrstelle gemäß dem nationalen Recht mehrere verschiedene Organe mit bestimmten Funktionen eingerichtet, so gelten die in dieser Richtlinie festgelegten an das Leitungsorgan oder das Leitungsorgan in seiner Aufsichtsfunktion gerichteten Anforderungen auch oder stattdessen für diejenigen Mitglieder anderer Organe der Verwaltungsgesellschaft, der Investmentgesellschaft oder der Verwahrstelle, denen die maßgebenden nationalen Rechtsvorschriften die entsprechenden Befugnisse zuweisen.

t) ‚Finanzinstrument' ein Finanzinstrument gemäß Anhang I Abschnitt C der Richtlinie 2014/65/EU des Europäischen Parlaments und des Rates ([11]).

(2) Für die Zwecke des Absatzes 1 Buchstabe b schließt die reguläre Geschäftstätigkeit einer Verwaltungsgesellschaft die in Anhang II genannten Aufgaben ein.

(3) Hat eine Verwaltungsgesellschaft mit Hauptverwaltung in einem anderen Mitgliedstaat in ein und demselben Mitgliedstaat mehrere Niederlassungen errichtet, so werden diese für die Zwecke des Absatzes 1 Buchstabe g als eine einzige Zweigniederlassung betrachtet.

(4) Für die Zwecke des Absatzes 1 Buchstabe i Ziffer ii gilt Folgendes:

a) Ein Tochterunternehmen eines Tochterunternehmens wird ebenfalls als Tochterunternehmen des Mutterunternehmens angesehen, das an der Spitze dieser Unternehmen steht;

b) eine Situation, in der zwei oder mehr natürliche oder juristische Personen mit ein und derselben Person durch ein Kontrollverhältnis dauerhaft verbunden sind, gilt ebenfalls als enge Verbindung zwischen diesen Personen.

(5) Für die Zwecke des Absatzes 1 Buchstabe j werden die in Artikel 9 und 10 der Richtlinie 2004/109/EG des Europäischen Parlaments und des Rates vom 15. Dezember 2004 zur Harmonisierung der Transparenzanforderungen in Bezug auf Informationen über Emittenten, deren Wertpapiere zum Handel auf einem geregelten Markt zugelassen sind ([12]) genannten Stimmrechte berücksichtigt.

(6) Für die Zwecke des Absatzes 1 Buchstabe l gelten die Artikel 13 bis 16 der Richtlinie 2006/49/EG sinngemäß.

(7) Für die Zwecke des Absatzes 1 Buchstabe n schließen Wertpapiere die in Artikel 51 genannten Techniken und Instrumente aus.

Artikel 3

Diese Richtlinie gilt nicht für folgende Organismen:

a) Organismen für gemeinsame Anlagen des geschlossenen Typs,

b) Organismen für gemeinsame Anlagen, die sich Kapital beschaffen, ohne ihre Anteile beim Publikum in der Gemeinschaft oder einem Teil der Gemeinschaft zu vertreiben,

c) Organismen für gemeinsame Anlagen, deren Anteile aufgrund der Vertragsbedingungen des Investmentfonds oder der Satzung der Investmentgesellschaft nur an das Publikum von Drittländern verkauft werden dürfen,

d) durch die Rechtsvorschriften des Mitgliedstaats, in dem die Organismen für gemeinsame Anlagen niedergelassen sind, festgelegte Kategorien von Organismen für gemeinsame Anlagen, für welche die in Kapitel VII und in Artikel 83 vorgesehenen Regeln in Anbetracht ihrer Anlage- und Kreditpolitik ungeeignet sind.

---

11 Richtlinie 2014/65/EU des Europäischen Parlaments und des Rates vom 15. Mai 2014 über Märkte für Finanzinstrumente sowie zur Änderung der Richtlinien 2002/92/EG und 2011/61/EU (ABl. L 173 vom 12.6.2014, S. 349).

12 ABl. L 390 vom 31.12.2004, S. 38.

Artikel 4

Ein OGAW im Sinne dieser Richtlinie ist in seinem Herkunftsmitgliedstaat als niedergelassen anzusehen.

KAPITEL II
ZULASSUNG DES OGAW

Artikel 5

(1) Ein OGAW bedarf zur Ausübung seiner Geschäftstätigkeit der Zulassung gemäß dieser Richtlinie.

Diese Zulassung gilt für sämtliche Mitgliedstaaten.

(2) Die Zulassung eines Investmentfonds ist nur dann erteilt, wenn die zuständigen Behörden seines Herkunftsmitgliedstaats dem Antrag der Verwaltungsgesellschaft, den gemeinsamen Fonds zu verwalten, zustimmen sowie die Vertragsbedingungen genehmigen und der Wahl der Verwahrstelle zustimmen. Die Zulassung einer Investmentgesellschaft ist nur dann erteilt, wenn die zuständigen Behörden ihres Herkunftsmitgliedstaats einerseits deren Satzung genehmigen und andererseits der Wahl der Verwahrstelle und gegebenenfalls dem Antrag der für die Verwaltung dieser Investmentgesellschaft benannten Verwaltungsgesellschaft, zustimmen.

(3) Hat der OGAW seinen Sitz nicht im Herkunftsmitgliedstaat der Verwaltungsgesellschaft, so entscheiden die zuständigen Behörden des Herkunftsmitgliedstaats des OGAW über den Antrag der Verwaltungsgesellschaft, den OGAW zu verwalten, gemäß Artikel 20 vorbehaltlich der Bestimmungen nach Absatz 2. Für eine Zulassung ist es nicht erforderlich, dass der OGAW von einer Verwaltungsgesellschaft verwaltet wird, deren satzungsgemäßer Sitz sich im Herkunftsmitgliedstaat des OGAW befindet, oder dass die Verwaltungsgesellschaft im Herkunftsmitgliedstaat des OGAW Geschäftstätigkeiten ausübt oder überträgt.

(4) Die zuständigen Behörden des Herkunftsmitgliedstaats des OGAW erteilen einem OGAW die Zulassung nicht, wenn:

a) sie feststellen, dass die Investmentgesellschaft die Voraussetzungen gemäß Kapitel V nicht erfüllt, oder
b) die Verwaltungsgesellschaft in ihrem Herkunftsmitgliedstaat nicht als Verwaltungsgesellschaft für einen OGAW zugelassen ist.

Vorbehaltlich der Bestimmungen von Artikel 29 Absatz 2 ist die Verwaltungsgesellschaft oder gegebenenfalls die Investmentgesellschaft spätestens zwei Monate nach Einreichung des vollständigen Antrags darüber zu unterrichten, ob dem OGAW eine Zulassung erteilt wurde oder nicht.

Die zuständigen Behörden des Herkunftsmitgliedstaats des OGAW erteilen einem OGAW die Zulassung nicht, wenn die Geschäftsleiter der Verwahrstelle nicht ausreichend gut beleumdet sind und nicht über ausreichende Erfahrung auch in Bezug auf den Typ des zu verwaltenden OGAW verfügen. Zu diesem Zweck werden die Namen der Geschäftsleiter der Verwahrstelle sowie jeder Wechsel dieser Geschäftsleiter den zuständigen Behörden unverzüglich mitgeteilt.

„Geschäftsleiter" sind die Personen, die die Verwahrstelle aufgrund der gesetzlichen Vorschriften oder der Satzung vertreten oder die Ausrichtung der Tätigkeit der Verwahrstelle tatsächlich bestimmen.

(5) Die zuständigen Behörden des Herkunftsmitgliedstaats des OGAW erteilen die Zulassung nicht, wenn es dem OGAW aus rechtlichen Gründen (beispielsweise aufgrund einer Bestimmung seiner Vertragsbedingungen oder seiner Satzung) verwehrt ist, seine Anteile in seinem Herkunftsmitgliedstaat zu vertreiben.

(6) Jeder Wechsel der Verwaltungsgesellschaft oder der Verwahrstelle sowie jegliche Änderung von Vertragsbedingungen des Investmentfonds oder der Satzung der Investmentgesellschaft müssen von den zuständigen Behörden des Herkunftsmitgliedstaats des OGAW genehmigt werden.

(7) Die Mitgliedstaaten stellen sicher, dass vollständige Informationen über die Rechts- und Verwaltungsvorschriften zur Umsetzung dieser Richtlinie, die sich auf die Gründung und die Geschäftstätigkeit des OGAW beziehen, aus der Ferne und elektronisch leicht zugänglich sind. Die Mitgliedstaaten stellen sicher, dass diese Informationen mindestens in einer in der Finanzwelt gebräuchlichen Sprache bereitgestellt werden, eindeutig und unmissverständlich sind und dem neuestem Stand entsprechen.

(8) Um eine kohärente Harmonisierung dieses Artikels zu gewährleisten, kann die durch die Verordnung (EU) Nr. 1095/2010 des Europäischen Parlaments und des Rates ([13]) eingerichtete Europäische Aufsichtsbehörde (Europäische Wertpapier- und Marktaufsichtsbehörde) (im Folgenden ‚ESMA') Entwürfe technischer Regulierungsstandards entwickeln, um die den zuständigen Behörden in einem OGAW-Zulassungsantrag zu übermittelnden Informationen zu präzisieren.

Der Kommission wird die Befugnis übertragen, die in Unterabsatz 1 genannten technischen Regulierungsstandards nach dem in den Artikeln 10 bis 14 der Verordnung (EU) Nr. 1095/2010 festgelegten Verfahren zu erlassen.

KAPITEL III
VERPFLICHTUNGEN BETREFFEND DIE VERWALTUNGSGESELLSCHAFTEN

ABSCHNITT 1
Bedingungen für die Aufnahme der Tätigkeit

Artikel 6

(1) Für den Zugang zur Tätigkeit einer Verwaltungsgesellschaft ist die vorherige Zulassung durch die zuständigen Behörden des Herkunftsmitgliedstaates der Verwaltungsgesellschaft erforderlich. Die gemäß dieser Richtlinie erteilte Zulassung einer Verwaltungsgesellschaft ist in allen Mitgliedstaaten gültig.

Die ESMA wird über jede erteilte Zulassung unterrichtet; sie veröffentlicht und aktualisiert ein Verzeichnis der zugelassenen Verwaltungsgesellschaften auf ihrer Website.

(2) Eine Verwaltungsgesellschaft darf keine andere Tätigkeit als die der Verwaltung von gemäß dieser Richtlinie zugelassenen OGAW ausüben; ausgenommen hiervon ist die zusätzliche Verwaltung anderer Organismen für gemeinsame Anlagen, die nicht unter diese Richtlinie fallen und für die die Verwaltungsgesellschaft einer Aufsicht unterliegt, deren Anteile jedoch nicht in anderen Mitgliedstaaten gemäß dieser Richtlinie vertrieben werden können.

---

[13] ABl. L 331 vom 15.12.2010, S. 84.

Die Tätigkeit der Verwaltung von OGAW schließt für die Zwecke dieser Richtlinie die Aufgaben ein, die in Anhang II genannt sind.

(3) Abweichend von Absatz 2 können die Mitgliedstaaten einer Verwaltungsgesellschaft – zusätzlich zur Verwaltung von OGAW – die Zulassung für die Erbringung der folgenden Dienstleistungen erteilen:

a) individuelle Verwaltung einzelner Portfolios – einschließlich der Portfolios von Pensionsfonds – mit einem Ermessensspielraum im Rahmen eines Mandats der Anleger, sofern die betreffenden Portfolios eines oder mehrere der in Anhang I Abschnitt C der Richtlinie 2004/39/EG genannten Instrumente enthalten, und
b) als Nebendienstleistungen:
   i) Anlageberatung in Bezug auf eines oder mehrere der in Anhang I Abschnitt C der Richtlinie 2004/39/EG genannten Instrumente,
   ii) Verwahrung und technische Verwaltung in Bezug auf die Anteile von Organismen für gemeinsame Anlagen.

Auf keinen Fall darf es einer Verwaltungsgesellschaft im Rahmen dieser Richtlinie gestattet werden, ausschließlich die in diesem Absatz genannten Dienstleistungen zu erbringen oder Nebendienstleistungen zu erbringen, wenn ihr nicht gestattet wurde, die in Unterabsatz 1 Buchstabe a genannte Dienstleistung zu erbringen.

(4) Artikel 2 Absatz 2 und die Artikel 12, 13 und 19 der Richtlinie 2004/39/EG finden auf die Erbringung der in Absatz 3 genannten Dienstleistungen durch Verwaltungsgesellschaften Anwendung.

Artikel 7

(1) Unbeschadet sonstiger allgemein geltender Bedingungen des nationalen Rechts dürfen die zuständigen Behörden einer Verwaltungsgesellschaft eine Zulassung nur erteilen, wenn folgende Voraussetzungen erfüllt sind:

a) Die Verwaltungsgesellschaft ist mit einem Anfangskapital von mindestens 125000 EUR ausgestattet, wobei Folgendes berücksichtigt wird:
   i) Überschreitet der Wert der Portfolios der Verwaltungsgesellschaft 250000000 EUR, so muss die Verwaltungsgesellschaft über zusätzliche Eigenmittel verfügen, die 0,02 % des Betrags, um den der Wert der Portfolios der Verwaltungsgesellschaft 250000000 EUR übersteigt, entsprechen; die geforderte Gesamtsumme des Anfangskapitals und der zusätzlichen Eigenmittel darf jedoch 10000000 EUR nicht überschreiten;
   ii) für die Zwecke dieses Absatzes gelten die folgenden Portfolios als Portfolios der Verwaltungsgesellschaft:
      – von der Verwaltungsgesellschaft verwaltete Investmentfonds, einschließlich Portfolios, mit deren Verwaltung sie Dritte beauftragt hat, nicht jedoch Portfolios, die sie selbst im Auftrage Dritter verwaltet,
      – Investmentgesellschaften, die sie als ihre Verwaltungsgesellschaft benannt haben,
      – andere von der Verwaltungsgesellschaft verwaltete Organismen für gemeinsame Anlagen, einschließlich Portfolios, mit deren Verwaltung sie Dritte beauftragt hat, nicht jedoch Portfolios, die sie selbst im Auftrage Dritter verwaltet;
   iii) unabhängig von dieser Eigenmittelanforderung dürfen die Eigenmittel der Verwaltungsgesellschaft zu keiner Zeit unter den in Artikel 21 der Richtlinie 2006/49/EG genannten Betrag absinken;

b) die Personen, die die Geschäfte der Verwaltungsgesellschaft tatsächlich leiten, sind ausreichend gut beleumdet und verfügen auch in Bezug auf den Typ des von der Verwaltungsgesellschaft verwalteten OGAW über ausreichende Erfahrung; die Namen dieser Personen sowie jeder Wechsel dieser Personen sind den zuständigen Behörden unverzüglich mitzuteilen; über die Geschäftspolitik der Verwaltungsgesellschaft müssen mindestens zwei Personen, die die genannten Bedingungen erfüllen, bestimmen;
c) dem Antrag auf Zulassung wird ein Geschäftsplan beigefügt, aus dem zumindest der organisatorische Aufbau der Verwaltungsgesellschaft hervorgeht, und
d) die Hauptverwaltung und der Sitz der Verwaltungsgesellschaft befinden sich in ein und demselben Mitgliedstaat.

Für die Zwecke von Unterabsatz 1 Buchstabe a können die Mitgliedstaaten von bis zu 50 % der unter Buchstabe a Ziffer i genannten zusätzlichen Eigenmittelanforderung an eine Verwaltungsgesellschaft absehen, wenn diese über eine von einem Kreditinstitut oder einem Versicherungsunternehmen gestellte Garantie in derselben Höhe verfügt; das Kreditinstitut bzw. Versicherungsunternehmen muss seinen Sitz in einem Mitgliedstaat oder in einem Drittland haben, sofern es im letzten Fall Aufsichtsbestimmungen unterliegt, die nach Auffassung der zuständigen Behörden denen des Gemeinschaftsrechts gleichwertig sind.

(2) Bestehen zwischen der Verwaltungsgesellschaft und anderen natürlichen oder juristischen Personen enge Verbindungen, so erteilen die zuständigen Behörden die Zulassung außerdem nur dann, wenn diese engen Verbindungen sie nicht bei der ordnungsgemäßen Erfüllung ihrer Aufsichtsfunktionen behindern.

Die zuständigen Behörden erteilen ferner die Zulassung nicht, wenn sie bei der ordnungsgemäßen Erfüllung ihrer Aufsichtsfunktionen durch die Rechts- und Verwaltungsvorschriften eines Drittlandes, denen eine oder mehrere natürliche oder juristische Personen unterstehen, zu denen die Verwaltungsgesellschaft enge Verbindungen besitzt, oder durch Schwierigkeiten bei deren Anwendung behindert werden.

Die zuständigen Behörden schreiben vor, dass die Verwaltungsgesellschaft ihnen die Angaben übermittelt, die sie verlangen, um sich davon überzeugen zu können, dass die Bedingungen dieses Absatzes fortwährend eingehalten werden.

(3) Die zuständigen Behörden teilen dem Antragsteller binnen sechs Monaten nach Einreichung eines vollständigen Antrags mit, ob eine Zulassung erteilt wurde. Die Ablehnung eines Antrags ist zu begründen.

(4) Nach Erteilung der Zulassung kann die Verwaltungsgesellschaft ihre Tätigkeit sofort aufnehmen.

(5) Die zuständigen Behörden dürfen einer unter diese Richtlinie fallenden Verwaltungsgesellschaft die Zulassung nur entziehen, wenn die betreffende Verwaltungsgesellschaft
a) von der Zulassung nicht binnen zwölf Monaten Gebrauch macht, ausdrücklich auf sie verzichtet oder seit mehr als sechs Monaten die in dieser Richtlinie genannten Tätigkeiten nicht mehr ausübt, es sei denn, der betreffende Mitgliedstaat sieht in diesen Fällen das Erlöschen der Zulassung vor;
b) die Zulassung aufgrund falscher Erklärungen oder auf sonstige rechtswidrige Weise erhalten hat;
c) die Voraussetzungen, auf denen die Zulassung beruhte, nicht mehr erfüllt;
d) der Richtlinie 2006/49/EG nicht mehr genügt, sofern die Zulassung sich auch auf die Portfolioverwaltung mit Ermessensspielraum gemäß Artikel 6 Absatz 3 Buchstabe a der vorliegenden Richtlinie erstreckte;
e) in schwerwiegender Weise oder systematisch gegen die gemäß der vorliegenden Richtlinie erlassenen Bestimmungen verstoßen hat oder

f) ein in den nationalen Rechtsvorschriften vorgesehener Grund für den Entzug vorliegt.

(6) Um eine kohärente Harmonisierung dieses Artikels zu gewährleisten, kann die ESMA Entwürfe technischer Regulierungsstandards entwickeln, um Folgendes zu präzisieren:

a) die Angaben, die der zuständigen Behörde in dem Antrag auf Zulassung der Verwaltungsgesellschaft, einschließlich des Tätigkeitsprogramms, vorzulegen sind;
b) die für Verwaltungsgesellschaften nach Absatz 2 geltenden Anforderungen und die Angaben für die Anzeige nach Absatz 3;
c) gemäß Artikel 11 der vorliegenden Richtlinie die Anforderungen an Aktionäre und Gesellschafter mit qualifizierten Beteiligungen sowie die Umstände, die die zuständige Behörde hindern könnten, ihre Aufsichtsfunktion nach Artikel 8 Absatz 1 der vorliegenden Richtlinie sowie Artikel 10 Absätze 1 und 2 der Richtlinie 2004/39/EG ordnungsgemäß wahrzunehmen.

Der Kommission wird die Befugnis übertragen, die in Unterabsatz 3 genannten technischen Regulierungsstandards nach dem in den Artikeln 10 bis 14 der Verordnung (EU) Nr. 1095/2010 festgelegten Verfahren zu erlassen.

Um einheitliche Bedingungen für die Anwendung dieses Artikels zu gewährleisten, kann die ESMA Entwürfe technischer Durchführungsstandards entwickeln, um Standardformulare, Mustertexte und Verfahren für die Übermittlung oder Bereitstellung der unter Unterabsatz 1 Buchstaben a und b vorgesehenen Informationen festzulegen.

Der Kommission wird die Befugnis übertragen, die in Unterabsatz 4 genannten technischen Durchführungsstandards nach dem in Artikel 15 der Verordnung (EU) Nr. 1095/2010 festgelegten Verfahren zu erlassen.

Artikel 8

(1) Die zuständigen Behörden erteilen die Zulassung für die Aufnahme der Tätigkeit einer Verwaltungsgesellschaft nur, wenn ihnen die Identität und der Beteiligungsbetrag der direkten oder indirekten Aktionäre oder Gesellschafter, die als juristische oder natürliche Personen eine qualifizierte Beteiligung an der Verwaltungsgesellschaft halten, mitgeteilt wurden.

Die zuständigen Behörden erteilen die Zulassung nicht, wenn sie der Auffassung sind, dass die in Unterabsatz 1 genannten Aktionäre oder Gesellschafter den zur Gewährleistung einer soliden und umsichtigen Führung der Verwaltungsgesellschaft zu stellenden Ansprüchen nicht genügen.

(2) Die Mitgliedstaaten dürfen auf Zweigniederlassungen von Verwaltungsgesellschaften mit Sitz außerhalb der Gemeinschaft, die ihre Geschäftstätigkeit aufnehmen oder ausüben, keine Bestimmungen anwenden, die dazu führen, dass diese günstiger behandelt werden als Zweigniederlassungen von Verwaltungsgesellschaften mit Sitz in einem Mitgliedstaat.

(3) Vor der Erteilung der Zulassung an eine Verwaltungsgesellschaft sind die zuständigen Behörden des anderen betroffenen Mitgliedstaats zu hören, wenn diese Verwaltungsgesellschaft eine der folgenden Arten von Gesellschaften ist:

a) Tochterunternehmen einer anderen Verwaltungsgesellschaft, einer Wertpapierfirma, eines Kreditinstituts oder einer Versicherungsgesellschaft, die/das in einem anderen Mitgliedstaat zugelassen ist,

b) Tochterunternehmen des Mutterunternehmens einer anderen Verwaltungsgesellschaft, einer Wertpapierfirma, eines Kreditinstituts oder einer Versicherungsgesellschaft, die/das in einem anderen Mitgliedstaat zugelassen ist, oder
c) eine Gesellschaft, die von denselben natürlichen oder juristischen Personen kontrolliert wird wie eine andere Verwaltungsgesellschaft, eine Wertpapierfirma, ein Kreditinstitut oder eine Versicherungsgesellschaft, die/das in einem anderen Mitgliedstaat zugelassen ist.

ABSCHNITT 2

Beziehungen zu Drittländern

Artikel 9

(1) Die Beziehungen zu Drittländern sind durch die einschlägigen Bestimmungen des Artikels 15 der Richtlinie 2004/39/EG geregelt.

Für die Zwecke dieser Richtlinie sind die in Artikel 15 der Richtlinie 2004/39/EG genannten Ausdrücke „Wertpapierfirma" und „Wertpapierfirmen" als „Verwaltungsgesellschaft" bzw. „Verwaltungsgesellschaften" zu verstehen; der in Artikel 15 der Richtlinie 2004/39/EG genannte Ausdruck „Erbringung von Wertpapierdienstleistungen" ist als „Erbringung von Dienstleistungen" zu verstehen.

(2) Die Mitgliedstaaten teilen der ESMA und der Kommission alle allgemeinen Schwierigkeiten mit, auf die die OGAW beim Vertrieb ihrer Anteile in Drittländern stoßen.

Die Kommission untersucht diese Schwierigkeiten so schnell wie möglich, um eine angemessene Lösung zu finden. Sie wird bei der Wahrnehmung dieser Aufgabe von der ESMA unterstützt.

ABSCHNITT 3

Bedingungen für die Ausübung der Tätigkeit

Artikel 10

(1) Die zuständigen Behörden des Herkunftsmitgliedstaats der Verwaltungsgesellschaft verlangen von einer von ihnen zugelassenen Verwaltungsgesellschaft, dass sie die in Artikel 6 und Artikel 7 Absätze 1 und 2 genannten Bedingungen fortwährend erfüllt.

Die Eigenmittel einer Verwaltungsgesellschaft dürfen nicht unter die in Artikel 7 Absatz 1 Buchstabe a genannte Schwelle absinken. Tritt dieser Fall ein, können die zuständigen Behörden der Gesellschaft jedoch – sofern die Umstände dies rechtfertigen – eine Frist einräumen, innerhalb deren sie entweder die Situation korrigieren oder ihre Tätigkeit einstellen muss.

(2) Die Aufsicht über eine Verwaltungsgesellschaft obliegt den zuständigen Behörden des Herkunftsmitgliedstaats der Verwaltungsgesellschaft, unabhängig davon, ob die Verwaltungsgesellschaft in einem anderen Mitgliedstaat eine Zweigniederlassung errichtet oder Dienstleistungen erbringt; die Bestimmungen dieser Richtlinie, die eine Zuständigkeit der zuständigen Behörden des Aufnahmemitgliedstaats der Verwaltungsgesellschaft übertragen, bleiben hiervon unberührt.

Artikel 11

(1) Qualifizierte Beteiligungen an Verwaltungsgesellschaften unterliegen den Vorschriften der Artikel 10, 10a und 10b der Richtlinie 2004/39/EG.

(2) Für die Zwecke dieser Richtlinie sind die in Artikel 10 der Richtlinie 2004/39/EG genannten Ausdrücke „Wertpapierfirma" bzw. „Wertpapierfirmen" als „Verwaltungsgesellschaft" und „Verwaltungsgesellschaften" zu verstehen.

(3) Um eine kohärente Harmonisierung dieser Richtlinie sicherzustellen, kann die ESMA Entwürfe technischer Regulierungsstandards entwickeln, um unbeschadet des Artikels 10a Absatz 2 der Richtlinie 2004/39/EG eine erschöpfende Liste der Informationen festzulegen, die gemäß diesem Artikel unter Bezugnahme auf Artikel 10b Absatz 4 der genannten Richtlinie von interessierten Erwerbern in ihrer Anzeige vorzulegen sind.

Der Kommission wird die Befugnis übertragen, die in Unterabsatz 1 genannten technischen Regulierungsstandards gemäß dem in den Artikeln 10 bis 14 der Verordnung (EU) Nr. 1095/2010 festgelegten Verfahren zu erlassen.

Um einheitliche Bedingungen für die Anwendung dieses Artikels sicherzustellen, kann die ESMA Entwürfe technischer Durchführungsstandards entwickeln, um Standardformulare, Mustertexte und Verfahren für die Modalitäten des Konsultationsprozesses zwischen den jeweils zuständigen Behörden im Sinne dieses Artikels und unter Bezugnahme auf Artikel 10 Absatz 4 der Richtlinie 2004/39/EG festzulegen.

Der Kommission wird die Befugnis übertragen, die in Unterabsatz 3 genannten technischen Durchführungsstandards nach dem in Artikel 15 der Verordnung (EU) Nr. 1095/2010 festgelegten Verfahren zu erlassen.

Artikel 12

(1) Jeder Mitgliedstaat erlässt Aufsichtsregeln, die eine in diesem Mitgliedstaat zugelassene Verwaltungsgesellschaft in Bezug auf die Tätigkeit der Verwaltung von gemäß dieser Richtlinie zugelassenen OGAW fortwährend einzuhalten hat.

Insbesondere schreiben die zuständigen Behörden des Herkunftsmitgliedstaats der Verwaltungsgesellschaft – auch unter Berücksichtigung des Typs der von der Verwaltungsgesellschaft verwalteten OGAW – vor, dass jede dieser Verwaltungsgesellschaften

a) über eine ordnungsgemäße Verwaltung und Buchhaltung, Kontroll- und Sicherheitsvorkehrungen in Bezug auf die elektronische Datenverarbeitung sowie angemessene interne Kontrollverfahren, zu denen insbesondere Regeln für persönliche Geschäfte ihrer Angestellten und für das Halten oder Verwalten von Anlagen in Finanzinstrumenten zum Zwecke der Anlage auf eigene Rechnung gehören, verfügen muss, durch die zumindest gewährleistet wird, dass jedes den OGAW betreffende Geschäft nach Herkunft, Gegenpartei, Art, Abschlusszeitpunkt und -ort rekonstruiert werden kann und dass das Vermögen der von der Verwaltungsgesellschaft verwalteten OGAW gemäß den Vertragsbedingungen dieser Fonds bzw. den Satzungen dieser Investmentgesellschaften sowie den geltenden rechtlichen Bestimmungen angelegt wird;
b) so aufgebaut und organisiert ist, dass das Risiko von Interessenkonflikten zwischen der Gesellschaft und ihren Kunden, zwischen zwei Kunden der Gesellschaft, zwischen einem ihrer Kunden und einem OGAW oder zwischen zwei OGAW, die den Interessen der OGAW oder denen der Kunden schaden, möglichst gering ist.

(2) Eine Verwaltungsgesellschaft, deren Zulassung sich auch auf die Portfolioverwaltung mit Ermessensspielraum gemäß Artikel 6 Absatz 3 Buchstabe a erstreckt,

a) darf das Vermögen des Anlegers weder ganz noch teilweise in Anteilen der von ihr verwalteten Organismen für gemeinsame Anlagen anlegen, es sei denn, der Kunde hat zuvor eine allgemeine Zustimmung gegeben;
b) unterliegt in Bezug auf die Dienstleistungen gemäß Artikel 6 Absatz 3 den Vorschriften der Richtlinie 97/9/EG des Europäischen Parlaments und des Rates vom 3. März 1997 über Systeme für die Entschädigung der Anleger ([14]).

(3) Unbeschadet des Artikels 116 erlässt die Kommission mittels delegierter Rechtsakte nach Artikel 112a Maßnahmen, um die Verfahren und Regelungen gemäß Absatz 1 Unterabsatz 2 Buchstabe a und die Strukturen und organisatorischen Anforderungen zur Verringerung von Interessenkonflikten gemäß Absatz 1 Unterabsatz 2 Buchstabe b festzulegen.

(4) Um einheitliche Bedingungen für die Anwendung dieses Artikels zu gewährleisten, kann die ESMA Entwürfe technischer Durchführungsstandards entwickeln, um die Bedingungen für die Anwendung der delegierten Rechtsakte festzulegen, die die Kommission in Bezug auf die Verfahren, Modalitäten, Strukturen und organisatorischen Anforderungen gemäß Absatz 3 zu erlassen hat.

Der Kommission wird die Befugnis übertragen, die in Unterabsatz 1 genannten technischen Durchführungsstandards nach dem in Artikel 15 der Verordnung (EU) Nr. 1095/2010 festgelegten Verfahren zu erlassen.

Artikel 13

(1) Gestatten die Rechtsvorschriften der Herkunftsmitgliedstaaten der Verwaltungsgesellschaften den Verwaltungsgesellschaften, eine oder mehrere ihrer Aufgaben zum Zwecke einer effizienteren Geschäftsführung an Dritte zu übertragen, die diese Aufgaben für sie wahrnehmen, so müssen die folgenden Voraussetzungen allesamt erfüllt sein:
a) Die Verwaltungsgesellschaft muss die zuständigen Behörden ihres Herkunftsmitgliedstaats in geeigneter Form davon unterrichten; die zuständigen Behörden des Herkunftsmitgliedstaats der Verwaltungsgesellschaft müssen die Informationen unverzüglich den zuständigen Behörden des Herkunftsmitgliedstaats des OGAW übermitteln;
b) der Auftrag darf die Wirksamkeit der Beaufsichtigung der Verwaltungsgesellschaft in keiner Weise beeinträchtigen; insbesondere darf er weder die Verwaltungsgesellschaft daran hindern, im Interesse ihrer Anleger zu handeln, noch darf er verhindern, dass der OGAW im Interesse der Anleger verwaltet wird;
c) wenn die Übertragung die Anlageverwaltung betrifft, so darf der Auftrag nur Unternehmen erteilt werden, die für die Zwecke der Vermögensverwaltung zugelassen oder eingetragen sind und einer Aufsicht unterliegen; die Übertragung muss mit den von der Verwaltungsgesellschaft regelmäßig festgelegten Vorgaben für die Verteilung der Anlagen in Einklang stehen;
d) wenn der Auftrag die Anlageverwaltung betrifft und einem Drittlandsunternehmen erteilt wird, so muss die Zusammenarbeit zwischen den betroffenen Aufsichtsbehörden sichergestellt sein;
e) der Verwahrstelle oder anderen Unternehmen, deren Interessen mit denen der Verwaltungsgesellschaft oder der Anteilinhaber kollidieren können, darf kein Auftrag für die Hauptdienstleistung der Anlageverwaltung erteilt werden;

---

[14] ABl. L 84 vom 26.3.1997, S. 22.

f) es sind Maßnahmen zu ergreifen, die die Personen, die die Geschäfte der Verwaltungsgesellschaft führen, in die Lage versetzen, die Tätigkeiten des Unternehmens, dem der Auftrag erteilt wurde, jederzeit wirksam zu überwachen;
g) der Auftrag hindert die Personen, die die Geschäfte der Verwaltungsgesellschaft führen, nicht daran, dem Unternehmen, dem die Aufgaben übertragen wurden, jederzeit weitere Anweisungen zu erteilen oder den Auftrag mit sofortiger Wirkung zu entziehen, wenn dies im Interesse der Anleger ist;
h) unter Berücksichtigung der Art der zu übertragenden Aufgaben muss das Unternehmen, dem diese Aufgaben übertragen werden, über die entsprechende Qualifikation verfügen und in der Lage sein, die betreffenden Aufgaben wahrzunehmen, und
i) in den OGAW-Prospekten sind die Aufgaben aufzulisten, für deren Übertragung die Verwaltungsgesellschaft gemäß diesem Artikel eine Genehmigung erhalten hat.

(2) Die Haftung der Verwaltungsgesellschaft oder der Verwahrstelle wird nicht durch die Tatsache berührt, dass die Verwaltungsgesellschaft eigene Aufgaben auf Dritte übertragen hat. Die Verwaltungsgesellschaft darf ihre Aufgaben nicht in einem Umfang übertragen, der sie zu einer Briefkastenfirma werden lässt.

Artikel 14

(1) Jeder Mitgliedstaat erlässt Wohlverhaltensregeln, welche die in diesem Mitgliedstaat zugelassenen Verwaltungsgesellschaften fortwährend einzuhalten haben. Diese Regeln müssen zumindest die Beachtung der in diesem Absatz aufgeführten Grundsätze gewährleisten. Gemäß diesen Grundsätzen muss die Verwaltungsgesellschaft
a) bei der Ausübung ihrer Tätigkeit recht und billig im besten Interesse der von ihr verwalteten OGAW und der Integrität des Marktes handeln;
b) ihre Tätigkeit mit der gebotenen Sachkenntnis, Sorgfalt und Gewissenhaftigkeit im besten Interesse der von ihr verwalteten OGAW und der Integrität des Marktes ausüben;
c) über die für eine ordnungsgemäße Geschäftstätigkeit erforderlichen Mittel und Verfahren verfügen und diese wirksam einsetzen;
d) sich um die Vermeidung von Interessenkonflikten bemühen und, wenn sich diese nicht vermeiden lassen, dafür sorgen, dass die von ihr verwalteten OGAW nach Recht und Billigkeit behandelt werden, und
e) alle für die Ausübung ihrer Tätigkeit geltenden Vorschriften im besten Interesse ihrer Anleger und der Integrität des Marktes einhalten.

(2) Unbeschadet des Artikels 116 erlässt die Kommission mittels delegierter Rechtsakte nach Artikel 112a Maßnahmen, um sicherzustellen, dass die Verwaltungsgesellschaft den Pflichten gemäß Absatz 1 nachkommt, und insbesondere um
a) geeignete Kriterien für Handeln, das recht und billig ist, und für Handeln mit der gebotenen Sachkenntnis, Sorgfalt und Gewissenhaftigkeit im besten Interesse des OGAW festzulegen;
b) die notwendigen Prinzipien festzulegen, um zu gewährleisten, dass die Verwaltungsgesellschaften die für eine ordnungsgemäße Geschäftstätigkeit erforderlichen Mittel und Verfahren wirksam einsetzen, und
c) die Schritte festzulegen, die Verwaltungsgesellschaften vernünftigerweise unternehmen sollten, um Interessenskonflikte zu erkennen, ihnen vorzubeugen, mit ihnen umzugehen oder sie offen zu legen, sowie um geeignete Kriterien zur Festlegung der Arten von Interessenkonflikten, die den Interessen des OGAW schaden könnten, festzulegen.

(3) Um einheitliche Bedingungen für die Anwendung dieses Artikels zu gewährleisten, kann die ESMA Entwürfe technischer Durchführungsstandards entwickeln, um die delegierten Rechtsakte festzulegen, die die Kommission in Bezug auf die in Absatz 2 genannten Kriterien, Prinzipien und Schritte zu erlassen hat.

Der Kommission wird die Befugnis übertragen, die in Unterabsatz 1 genannten technischen Durchführungsstandards nach dem in Artikel 15 der Verordnung (EU) Nr. 1095/2010 festgelegten Verfahren zu erlassen.

Artikel 14a

(1) Die Mitgliedstaaten verlangen von den Verwaltungsgesellschaften die Festlegung und Anwendung einer Vergütungspolitik und -praxis, die mit einem soliden und wirksamen Risikomanagement vereinbar und diesem förderlich ist und weder zur Übernahme von Risiken ermutigt, die mit den Risikoprofilen, Vertragsbedingungen oder Satzungen der von ihnen verwalteten OGAW nicht vereinbar sind, noch die Verwaltungsgesellschaft daran hindert, pflichtgemäß im besten Interesse des OGAW zu handeln.

(2) Die Vergütungspolitik und -praxis umfasst feste und variable Bestandteile der Gehälter und freiwillige Altersversorgungsleistungen.

(3) Die Vergütungspolitik und -praxis gilt für die Kategorien von Mitarbeitern, einschließlich Geschäftsleitung, Risikoträger, Mitarbeitern mit Kontrollfunktionen und Mitarbeiter, die sich aufgrund ihrer Gesamtvergütung in derselben Einkommensstufe befinden wie die Geschäftsleitung und Risikoträger, deren Tätigkeiten einen wesentlichen Einfluss auf die Risikoprofile der Verwaltungsgesellschaften oder der von ihnen verwalteten OGAW haben.

(4) Die ESMA gibt gemäß Artikel 16 der Verordnung (EU) Nr. 1095/2010 Leitlinien für die zuständigen Behörden oder die Finanzmarktteilnehmer heraus, die die in Absatz 3 des vorliegenden Artikels genannten Personen und die Anwendung der in Artikel 14b genannten Grundsätze betreffen. Diese Leitlinien tragen den in der Empfehlung 2009/384/EG der Kommission ([15]) enthaltenen Grundsätzen für eine solide Vergütungspolitik, der Größe der Verwaltungsgesellschaft und der von ihr verwalteten OGAW, ihrer internen Organisation und der Art, dem Umfang und der Komplexität ihrer Geschäfte Rechnung. Die ESMA arbeitet bei der Erstellung der Leitlinien eng mit der Europäische Aufsichtsbehörde (Europäische Bankenaufsichtsbehörde) (EBA) zusammen, die mit der Verordnung (EU) Nr. 1093/2010 des Europäischen Parlaments und des Rates ([16]) errichtet wurde, um sicherzustellen, dass Kohärenz mit Anforderungen gegeben ist, die für andere Finanzdienstleistungsbranchen und insbesondere für Kreditinstitute und Wertpapierfirmen entwickelt werden.

Artikel 14b

(1) Bei der Festlegung und Anwendung der in Artikel 14a genannten Vergütungspolitik wenden die Verwaltungsgesellschaften die nachstehend genannten Grundsätze in einer Art

[15] Empfehlung 2009/384/EG der Kommission vom 30. April 2009 zur Vergütungspolitik im Finanzdienstleistungssektor (ABl. L 120 vom 15.5.2009, S. 22).

[16] Verordnung (EU) Nr. 1093/2010 des Europäischen Parlaments und des Rates vom 24. November 2010 zur Errichtung einer Europäischen Aufsichtsbehörde (Europäische Bankenaufsichtsbehörde), zur Änderung des Beschlusses Nr. 716/2009/EG und zur Aufhebung des Beschlusses 2009/78/EG der Kommission (ABl. L 331 vom 15.12.2010, S. 12).

und einem Ausmaß an, die ihrer Größe, ihrer internen Organisation und der Art, dem Umfang und der Komplexität ihrer Geschäfte angemessen sind:

a) Die Vergütungspolitik ist mit einem soliden und wirksamen Risikomanagement vereinbar und diesem förderlich und ermutigt zu keiner Übernahme von Risiken, die mit den Risikoprofilen, Vertragsbedingungen oder Satzungen der von der Verwaltungsgesellschaft verwalteten OGAW nicht vereinbar sind.
b) Die Vergütungspolitik steht im Einklang mit Geschäftsstrategie, Zielen, Werten und Interessen der Verwaltungsgesellschaft und der von ihr verwalteten OGAW und der Anleger solcher OGAW und umfasst Maßnahmen zur Vermeidung von Interessenkonflikten.
c) Die Vergütungspolitik wird vom Leitungsorgan der Verwaltungsgesellschaft in seiner Aufsichtsfunktion beschlossen; dieses Organ legt die allgemeinen Grundsätze der Vergütungspolitik fest, überprüft sie mindestens einmal jährlich und ist für ihre Umsetzung und für die Überwachung in diesem Bereich verantwortlich; die in diesem Buchstaben genannten Aufgaben werden nur von Mitgliedern des Leitungsorgans ausgeführt, die in der betreffenden Verwaltungsgesellschaft keine Geschäftsführungsfunktionen wahrnehmen und die über Sachkenntnisse in den Bereichen Risikomanagement und Vergütung verfügen.
d) Mindestens einmal jährlich wird im Rahmen einer zentralen und unabhängigen internen Überprüfung festgestellt, ob die Vergütungspolitik gemäß den vom Leitungsorgan in seiner Aufsichtsfunktion festgelegten Vergütungsvorschriften und -verfahren umgesetzt wird.
e) Mitarbeiter mit Kontrollfunktionen werden je nach Erreichung der mit ihren Aufgaben verbundenen Ziele entlohnt, und zwar unabhängig von der Leistung der von ihnen kontrollierten Geschäftsbereiche.
f) Die Vergütung höherer Führungskräfte in den Bereichen Risikomanagement und Compliance wird vom Vergütungsausschuss unmittelbar überprüft, sofern ein solcher Ausschuss besteht.
g) Bei erfolgsabhängiger Vergütung basiert die Gesamtvergütung auf einer Bewertung sowohl der Leistung des betreffenden Mitarbeiters und seiner Abteilung bzw. des betreffenden OGAW sowie deren Risiken als auch des Gesamtergebnisses der Verwaltungsgesellschaft, und werden bei der Bewertung der individuellen Leistung finanzielle und nicht finanzielle Kriterien berücksichtigt.
h) Die Leistungsbewertung erfolgt in einem mehrjährigen Rahmen, der der Haltedauer, die den Anlegern des von der Verwaltungsgesellschaft verwalteten OGAW empfohlen wurde, angemessen ist, um zu gewährleisten, dass die Bewertung auf die längerfristige Leistung des OGAW und seiner Anlagerisiken abstellt und die tatsächliche Auszahlung erfolgsabhängiger Vergütungskomponenten über denselben Zeitraum verteilt ist.
i) Eine garantierte variable Vergütung wird nur ausnahmsweise bei der Einstellung neuer Mitarbeiter gezahlt und ist auf das erste Jahr ihrer Beschäftigung beschränkt.
j) Die festen und variablen Bestandteile der Gesamtvergütung stehen in einem angemessenen Verhältnis zueinander, wobei der Anteil des festen Bestandteils an der Gesamtvergütung hoch genug ist, um in Bezug auf die variablen Vergütungskomponenten völlige Flexibilität zu bieten, einschließlich der Möglichkeit, auf die Zahlung einer variablen Komponente zu verzichten.
k) Zahlungen im Zusammenhang mit der vorzeitigen Beendigung eines Vertrags spiegeln den Erfolg im Laufe der Zeit wider und sind so gestaltet, dass sie Versagen nicht belohnen.

l) Die Erfolgsmessung, anhand deren variable Vergütungskomponenten oder Pools von variablen Vergütungskomponenten berechnet werden, schließt einen umfassenden Berichtigungsmechanismus für alle Arten laufender und künftiger Risiken ein.

m) Je nach rechtlicher Struktur des OGAW und seiner Satzung oder seinen Vertragsbedingungen muss ein erheblicher Anteil, mindestens jedoch 50 % der variablen Vergütungskomponente aus Anteilen des betreffenden OGAW, gleichwertigen Beteiligungen oder mit Anteilen verknüpften Instrumenten oder gleichwertigen unbaren Instrumenten mit Anreizen bestehen, die gleichermaßen wirksam sind wie jedwedes der in diesem Buchstaben genannten Instrumente; der Mindestwert von 50 % kommt nicht zur Anwendung, wenn weniger als 50 % des von der Verwaltungsgesellschaft verwalteten Gesamtportfolios auf OGAW entfallen.

Für die unter diesem Buchstaben genannten Instrumente gilt eine geeignete Zurückstellungspolitik, die darauf abstellt, die Anreize an den Interessen der Verwaltungsgesellschaft und der von ihr verwalteten OGAW sowie den Interessen der OGAW-Anleger auszurichten. Die Mitgliedstaaten oder ihre zuständigen Behörden können gegebenenfalls Einschränkungen hinsichtlich der Arten und Formen dieser Instrumente beschließen oder bestimmte Instrumente verbieten. Dieser Buchstabe gilt sowohl für den Anteil der variablen Vergütungskomponente, die gemäß Buchstabe n zurückgestellt wird, als auch für den Anteil der nicht zurückgestellten variablen Vergütungskomponente.

n) Ein wesentlicher Anteil, mindestens jedoch 40 % der variablen Vergütungskomponente wird über einen Zeitraum zurückgestellt, der angesichts der Haltedauer, die den Anlegern des betreffenden OGAW empfohlen wurde, angemessen und korrekt auf die Art der Risiken dieses OGAW ausgerichtet ist.

Der Zeitraum nach diesem Buchstaben beträgt mindestens drei Jahre; die im Rahmen von Regelungen zur Rückstellung der Vergütungszahlung zu zahlende Vergütung wird nicht rascher als auf anteiliger Grundlage erworben; macht die variable Komponente einen besonders hohen Betrag aus, so wird die Auszahlung von mindestens 60 % des Betrags zurückgestellt.

o) Die variable Vergütung, einschließlich des zurückgestellten Anteils, wird nur dann ausgezahlt oder verdient, wenn sie angesichts der Finanzlage der Verwaltungsgesellschaft insgesamt tragbar und aufgrund der Leistung der betreffenden Geschäftsabteilung, des OGAW und der betreffenden Person gerechtfertigt ist.

Ein schwaches oder negatives finanzielles Ergebnis der Verwaltungsgesellschaft oder des betreffenden OGAW führt generell zu einer erheblichen Absenkung der gesamten variablen Vergütung, wobei sowohl laufende Kompensationen als auch Verringerungen bei Auszahlungen von zuvor erwirtschafteten Beträgen, auch durch Malus- oder Rückforderungsvereinbarungen, berücksichtigt werden.

p) Die Altersversorgungsregelungen stehen mit Geschäftsstrategie, Zielen, Werten und langfristigen Interessen der Verwaltungsgesellschaft und des von ihr verwalteten OGAW in Einklang.

Verlässt der Mitarbeiter die Verwaltungsgesellschaft vor Eintritt in den Ruhestand, so werden freiwillige Altersversorgungsleistungen von der Verwaltungsgesellschaft fünf Jahre lang in Form der unter Buchstabe m genannten Instrumente zurückbehalten. Tritt ein Mitarbeiter in den Ruhestand, werden die freiwilligen Altersversorgungsleistungen dem Mitarbeiter nach einer Wartezeit von fünf Jahren in Form der unter Buchstabe m genannten Instrumente ausgezahlt.

q) Die Mitarbeiter müssen sich verpflichten, keine persönlichen Hedging-Strategien oder vergütungs- und haftungsbezogenen Versicherungen einzusetzen, um die in ihren Vergütungsregelungen verankerten risikoorientierten Effekte zu unterlaufen.
r) Die variable Vergütung wird nicht in Form von Instrumenten oder Verfahren gezahlt, die eine Umgehung der Anforderungen dieser Richtlinie erleichtern.

(2) Gemäß Artikel 35 der Verordnung (EU) Nr. 1095/2010 kann die ESMA von den zuständigen Behörden Auskünfte über die in Artikel 14a dieser Richtlinie genannte Vergütungspolitik und -praxis verlangen.

Die ESMA nimmt in ihre Leitlinien für die Vergütungspolitik in enger Zusammenarbeit mit der EBA Bestimmungen darüber auf, wie die verschiedenen sektoralen Vergütungsgrundsätze, die etwa in der Richtlinie 2011/61/EU des Europäischen Parlaments und des Rates ([17]) und in der Richtlinie 2013/36/EU des Europäischen Parlaments und des Rates ([18]) dargelegt sind, Anwendung finden sollen, wenn Mitarbeiter oder andere Kategorien des Personals Dienstleistungen erbringen, die verschiedenen sektoralen Vergütungsgrundsätzen unterliegen.

(3) Die in Absatz 1 festgelegten Grundsätze gelten für jede Art von Leistung, die von der Verwaltungsgesellschaft gewährt wird, für jeden direkt von dem OGAW selbst gezahlten Betrag, einschließlich Anlageerfolgsprämien (performance fees), und für jede Übertragung von Anteilen des OGAW zugunsten von Mitarbeiterkategorien, einschließlich Geschäftsleitung, Risikoträgern, Mitarbeitern mit Kontrollfunktionen und aller Mitarbeiter, die sich aufgrund ihrer Gesamtvergütung in derselben Einkommensstufe befinden wie Geschäftsleitung und Risikoträger, deren Tätigkeiten einen wesentlichen Einfluss auf ihr Risikoprofil oder das Risikoprofil der von ihnen verwalteten OGAW haben.

(4) Verwaltungsgesellschaften, die hinsichtlich ihrer Größe oder der Größe der von ihnen verwalteten OGAW, ihrer internen Organisation und der Art, des Umfangs und der Komplexität ihrer Geschäfte von erheblicher Bedeutung sind, richten einen Vergütungsausschuss ein. Der Vergütungsausschuss ist so einzurichten, dass er kompetent und unabhängig über die Vergütungspolitik und -praxis sowie die für das Risikomanagement geschaffenen Anreize urteilen kann.

Der Vergütungsausschuss, der im Einklang mit den Leitlinien der ESMA gemäß Artikel 14a Absatz 4 gegebenenfalls eingerichtet wird, ist für die Ausarbeitung von Entscheidungen über die Vergütung zuständig, einschließlich Entscheidungen mit Auswirkungen auf das Risiko und das Risikomanagement der Verwaltungsgesellschaft oder der betreffenden OGAW, die vom Leitungsorgan in seiner Aufsichtsfunktion zu fassen sind. Den Vorsitz im Vergütungsausschuss führt ein Mitglied des Leitungsorgans, das in der betreffenden Verwaltungsgesellschaft keine Geschäftsführungsfunktionen wahrnimmt. Die Mitglieder des Vergütungsausschusses sind Mitglieder des Leitungsorgans, die in der betreffenden Verwaltungsgesellschaft keine Geschäftsführungsfunktionen wahrnehmen.

Ist im nationalen Recht eine Arbeitnehmervertretung im Leitungsorgan vorgesehen, so umfasst der Vergütungsausschuss einen oder mehrere Vertreter der Arbeitnehmer. Bei der

[17] Richtlinie 2011/61/EU des Europäischen Parlaments und des Rates vom 8. Juni 2011 über die Verwalter alternativer Investmentfonds und zur Änderung der Richtlinien 2003/41/EG und 2009/65/EG und der Verordnungen (EG) Nr. 1060/2009 und (EU) Nr. 1095/2010 (ABl. L 174 vom 1.7.2011, S. 1).

[18] Richtlinie 2013/36/EU des Europäischen Parlaments und des Rates vom 26. Juni 2013 über den Zugang zur Tätigkeit von Kreditinstituten und die Beaufsichtigung von Kreditinstituten und Wertpapierfirmen, zur Änderung der Richtlinie 2002/87/EG und zur Aufhebung der Richtlinien 2006/48/EG und 2006/49/EG (ABl. L 176 vom 27.6.2013, S. 338).

Vorbereitung seiner Beschlüsse berücksichtigt der Vergütungsausschuss die langfristigen Interessen der Anleger und anderer Beteiligter und das öffentliche Interesse.

(18) Empfehlung 2009/384/EG der Kommission vom 30. April 2009 zur Vergütungspolitik im Finanzdienstleistungssektor (ABl. L 120 vom 15.5.2009, S. 22).

(19) Verordnung (EU) Nr. 1093/2010 des Europäischen Parlaments und des Rates vom 24. November 2010 zur Errichtung einer Europäischen Aufsichtsbehörde (Europäische Bankenaufsichtsbehörde), zur Änderung des Beschlusses Nr. 716/2009/EG und zur Aufhebung des Beschlusses 2009/78/EG der Kommission (ABl. L 331 vom 15.12.2010, S. 12).

(20) Richtlinie 2011/61/EU des Europäischen Parlaments und des Rates vom 8. Juni 2011 über die Verwalter alternativer Investmentfonds und zur Änderung der Richtlinien 2003/41/EG und 2009/65/EG und der Verordnungen (EG) Nr. 1060/2009 und (EU) Nr. 1095/2010 (ABl. L 174 vom 1.7.2011, S. 1).

(21) Richtlinie 2013/36/EU des Europäischen Parlaments und des Rates vom 26. Juni 2013 über den Zugang zur Tätigkeit von Kreditinstituten und die Beaufsichtigung von Kreditinstituten und Wertpapierfirmen, zur Änderung der Richtlinie 2002/87/EG und zur Aufhebung der Richtlinien 2006/48/EG und 2006/49/EG (ABl. L 176 vom 27.6.2013, S. 338).

Artikel 15

Die Verwaltungsgesellschaften oder gegebenenfalls Investmentgesellschaften ergreifen Maßnahmen gemäß Artikel 92 und sehen geeignete Verfahren und Vorkehrungen vor, um zu gewährleisten, dass sie ordnungsgemäß mit Anlegerbeschwerden umgehen und dass es für Anleger keine Einschränkungen in Bezug auf die Wahrnehmung ihrer Rechte gibt, falls die Verwaltungsgesellschaft in einem Mitgliedstaat zugelassen wurde, der nicht mit dem Herkunftsmitgliedstaat des OGAW identisch ist. Diese Maßnahmen müssen es den Anlegern ermöglichen, Beschwerden in der Amtssprache oder einer der Amtssprachen ihres Mitgliedstaats einzureichen.

Die Verwaltungsgesellschaften sehen ferner geeignete Verfahren und Vorkehrungen vor, um Informationen auf Antrag der Öffentlichkeit oder der zuständigen Behörden des Herkunftsmitgliedstaats des OGAW bereitzustellen.

ABSCHNITT 4

Niederlassungsfreiheit und freier Dienstleistungsverkehr

Artikel 16

(1) Die Mitgliedstaaten stellen sicher, dass eine Verwaltungsgesellschaft, die von ihrem Herkunftsmitgliedstaat zugelassen wurde, in ihren Hoheitsgebieten die Tätigkeiten, für die sie eine Zulassung erhalten hat, entweder durch Errichtung einer Zweigniederlassung oder im Rahmen des freien Dienstleistungsverkehrs ausüben kann.

Beabsichtigt eine solche Verwaltungsgesellschaft, die Anteile des von ihr gemäß Anhang II verwalteten OGAW in einem Mitgliedstaat zu vertreiben, der nicht mit dem Herkunftsmitgliedstaat des OGAW identisch ist, ohne eine Zweigniederlassung zu errichten und ohne weitere Tätigkeiten oder Dienste anzubieten, unterliegt dieser Vertrieb lediglich den Bestimmungen von Kapitel XI.

(2) Die Mitgliedstaaten dürfen die Errichtung einer Zweigniederlassung oder das Erbringen von Dienstleistungen weder von einer Zulassung noch von einem Dotationskapital noch von einer sonstigen Voraussetzung gleicher Wirkung abhängig machen.

(3) Nach Maßgabe dieses Artikels steht es einem OGAW frei, eine in einem Mitgliedstaat, der nicht mit dem Herkunftsmitgliedstaat des OGAW identisch ist, gemäß dieser Richtlinie zugelassene Verwaltungsgesellschaft zu benennen oder von einer solchen Verwaltungsgesellschaft verwaltet zu werden, sofern eine solche Verwaltungsgesellschaft folgenden Bestimmungen entspricht:

a) Artikel 17 oder Artikel 18 und
b) den Artikeln 19 und 20.

Artikel 17

(1) Eine Verwaltungsgesellschaft, die im Hoheitsgebiet eines anderen Mitgliedstaats eine Zweigniederlassung errichten möchte, um die Tätigkeit auszuüben, für die sie eine Zulassung erhalten hat, muss die Bedingungen der Artikel 6 und 7 erfüllen und den zuständigen Behörden des Herkunftsmitgliedstaats ihre Absicht anzeigen.

(2) Die Mitgliedstaaten schreiben vor, dass eine Verwaltungsgesellschaft, die eine Zweigniederlassung in einem anderen Mitgliedstaat errichten möchte, zusammen mit der Anzeige gemäß Absatz 1 folgende Angaben und Unterlagen vorzulegen hat:

a) Mitgliedstaat, in dessen Hoheitsgebiet die Verwaltungsgesellschaft eine Zweigniederlassung errichten möchte;
b) Geschäftsplan, in dem die geplanten Tätigkeiten und Dienstleistungen gemäß Artikel 6 Absätze 2 und 3 und die Organisationsstruktur der Zweigniederlassung angegeben sind und der eine Beschreibung des Risikomanagement-Verfahrens umfasst, das von der Verwaltungsgesellschaft erarbeitet wurde. Er beinhaltet ferner eine Beschreibung der Verfahren und Vereinbarungen gemäß Artikel 15 beinhalten;
c) Anschrift, unter der im Aufnahmemitgliedstaat der Verwaltungsgesellschaft Unterlagen angefordert werden können;
d) Namen der Geschäftsführer der Zweigniederlassung.

(3) Sofern die zuständigen Behörden des Herkunftsmitgliedstaats der Verwaltungsgesellschaft in Anbetracht der beabsichtigten Tätigkeit keine Gründe für Zweifel an der Angemessenheit der Verwaltungsstruktur oder der Angemessenheit der Finanzlage der betreffenden Verwaltungsgesellschaft haben, übermitteln sie innerhalb von zwei Monaten nach Eingang sämtlicher Angaben gemäß Absatz 2 diese den zuständigen Behörden des Aufnahmemitgliedstaats der Verwaltungsgesellschaft und teilen dies der betreffenden Verwaltungsgesellschaft mit. Ferner übermitteln sie Einzelheiten zu etwaigen Entschädigungssystemen, die den Schutz der Anleger sicherstellen sollen.

Lehnen die zuständigen Behörden des Herkunftsmitgliedstaats der Verwaltungsgesellschaft die Übermittlung der in Absatz 2 genannten Angaben an die zuständigen Behörden des Aufnahmemitgliedstaats der Verwaltungsgesellschaft ab, so nennen sie der betroffenen Verwaltungsgesellschaft innerhalb von zwei Monaten nach Eingang sämtlicher Angaben die Gründe dafür. Im Falle einer solchen Ablehnung oder der Nichtäußerung können die Gerichte des Herkunftsmitgliedstaats der Verwaltungsgesellschaft angerufen werden.

Möchte eine Verwaltungsgesellschaft die Aufgabe der gemeinsamem Portfolioverwaltung nach Anhang II ausüben, so fügen die zuständigen Behörden des Herkunftsmitgliedstaats der Verwaltungsgesellschaft den Unterlagen, die sie an die zuständigen Behörden des Aufnahmemitgliedstaats der Verwaltungsgesellschaft senden, eine Bescheinigung darüber bei, dass die Verwaltungsgesellschaft eine Zulassung gemäß dieser Richtlinie erhalten hat, sowie eine Beschreibung des Umfangs der Zulassung der Verwaltungsgesellschaft und Einzelheiten in Bezug auf Beschränkungen der Arten von OGAW, für deren Verwaltung die Verwaltungsgesellschaft eine Zulassung erhalten hat.

(4) Eine Verwaltungsgesellschaft, die im Aufnahmemitgliedstaat ihre Geschäftstätigkeit über eine Zweigniederlassung ausübt, hält die vom Aufnahmemitgliedstaat der Verwaltungsgesellschaft gemäß Artikel 14 festgelegten Bestimmungen ein.

(5) Die zuständigen Behörden des Aufnahmemitgliedstaats der Verwaltungsgesellschaft überwachen die Einhaltung der Bestimmungen nach Absatz 4.

(6) Bevor die Zweigniederlassung der Verwaltungsgesellschaft ihre Tätigkeit aufnimmt, verfügen die zuständigen Behörden des Aufnahmemitgliedstaats über einen Zeitraum von zwei Monaten nach Eingang der in Absatz 2 genannten Angaben zur Vorbereitung der Beaufsichtigung der Einhaltung der unter ihrer Zuständigkeit zu beachtenden Bestimmungen durch die Verwaltungsgesellschaft.

(7) Nach Eingang einer Mitteilung der zuständigen Behörden des Aufnahmemitgliedstaats der Verwaltungsgesellschaft oder – bei Nichtäußerung – nach Ablauf der in Absatz 6 genannten Frist kann die Zweigniederlassung errichtet werden und ihre Tätigkeit aufnehmen.

(8) Im Falle einer Änderung des Inhalts der gemäß Absatz 2 Buchstaben b, c oder d übermittelten Angaben teilt die Verwaltungsgesellschaft den zuständigen Behörden des Herkunftsmitgliedstaats der Verwaltungsgesellschaft und des Aufnahmemitgliedstaats der Verwaltungsgesellschaft die betreffende Änderung mindestens einen Monat vor deren Vornahme schriftlich mit, damit die zuständigen Behörden des Herkunftsmitgliedstaats der Verwaltungsgesellschaft gemäß Absatz 3 und die zuständigen Behörden des Aufnahmemitgliedstaats der Verwaltungsgesellschaft gemäß Absatz 6 zu dieser Änderung eine Entscheidung treffen können.

(9) Im Falle einer Änderung bei den gemäß Absatz 3 Unterabsatz 1 übermittelten Angaben teilen die zuständigen Behörden des Herkunftsmitgliedstaats der Verwaltungsgesellschaft dies den zuständigen Behörden des Aufnahmemitgliedstaats der Verwaltungsgesellschaft mit.

Die zuständigen Behörden des Herkunftsmitgliedstaats der Verwaltungsgesellschaft aktualisieren die in der Bescheinigung nach Absatz 3 Unterabsatz 3 enthaltenen Informationen und unterrichten die zuständigen Behörden des Aufnahmemitgliedstaats der Verwaltungsgesellschaft über jede Änderung des Umfangs der Zulassung der Verwaltungsgesellschaft oder der Einzelheiten in Bezug auf Beschränkungen der Arten von OGAW, für deren Verwaltung die Verwaltungsgesellschaft eine Zulassung erhalten hat.

(10) Um eine kohärente Harmonisierung dieses Artikels zu gewährleisten, kann die ESMA Entwürfe technischer Regulierungsstandards zur Präzisierung der Angaben entwickeln, die gemäß den Absätzen 1, 2, 3, 8 und 9 zu übermitteln sind.

Der Kommission wird die Befugnis übertragen, die in Unterabsatz 1 genannten technischen Regulierungsstandards gemäß dem in den Artikeln 10 bis 14 der Verordnung (EU) Nr. 1095/2010 festgelegten Verfahren zu erlassen.

Um einheitliche Bedingungen für die Anwendung dieses Artikels zu gewährleisten, kann die ESMA nach den Absätzen 3 und 9 Entwürfe technischer Durchführungsstandards entwickeln, um Standardformulare, Mustertexte und Verfahren für die Übermittlung von Angaben festzulegen.

Der Kommission wird die Befugnis übertragen, die in Unterabsatz 3 genannten technischen Durchführungsstandards nach dem in Artikel 15 der Verordnung (EU) Nr. 1095/2010 festgelegten Verfahren zu erlassen.

Artikel 18

(1) Jede Verwaltungsgesellschaft, die die Tätigkeiten, für die sie eine Zulassung erhalten hat, erstmals im Hoheitsgebiet eines anderen Mitgliedstaats im Wege des freien Dienstleistungsverkehrs ausüben möchte, übermittelt den zuständigen Behörden des Herkunftsmitgliedstaats der Verwaltungsgesellschaft die folgenden Angaben:

a) Mitgliedstaat, in dessen Hoheitsgebiet die Verwaltungsgesellschaft ihre Tätigkeit ausüben möchte, und

b) Geschäftsplan, in dem die geplanten Tätigkeiten und Dienstleistungen gemäß Artikel 6 Absätze 2 und 3 angegeben sind und der eine Beschreibung des Risikomanagement-Verfahrens umfasst, das von der Verwaltungsgesellschaft erarbeitet wurde. Er beinhaltet ferner eine Beschreibung der Verfahren und Vereinbarungen gemäß Artikel 15.

(2) Die zuständigen Behörden des Herkunftsmitgliedstaats der Verwaltungsgesellschaft bringen den zuständigen Behörden des Aufnahmemitgliedstaats der Verwaltungsgesellschaft die Informationen nach Absatz 1 innerhalb eines Monats nach deren Eingang zur Kenntnis.

Die zuständigen Behörden des Herkunftsmitgliedstaats der Verwaltungsgesellschaft übermitteln ferner Einzelheiten zu etwaigen Entschädigungssystemen, die den Schutz der Anleger sicherstellen sollen.

Möchte eine Verwaltungsgesellschaft die Aufgabe der gemeinsamen Portfolioverwaltung nach Anhang II ausüben, so fügen die zuständigen Behörden des Herkunftsmitgliedstaats der Verwaltungsgesellschaft den Unterlagen, die sie an die zuständigen Behörden des Aufnahmemitgliedstaats der Verwaltungsgesellschaft senden, eine Bescheinigung darüber bei, dass die Verwaltungsgesellschaft eine Zulassung gemäß dieser Richtlinie erhalten hat, eine Beschreibung des Umfangs der Zulassung der Verwaltungsgesellschaft und Einzelheiten in Bezug auf Beschränkungen der Arten von OGAW, für deren Verwaltung die Verwaltungsgesellschaft eine Zulassung erhalten hat.

Ungeachtet der der Artikel 20 und 93 kann die Verwaltungsgesellschaft daraufhin ihre Tätigkeit im Aufnahmemitgliedstaat der Verwaltungsgesellschaft aufnehmen.

(3) Die von einer Verwaltungsgesellschaft nach Maßgabe der Dienstleistungsfreiheit ausgeübte Geschäftstätigkeit richtet sich nach den vom Herkunftsmitgliedstaat der Verwaltungsgesellschaft gemäß Artikel 14 festgelegten Bestimmungen.

(4) Im Falle einer Änderung des Inhalts der nach Absatz 1 Buchstabe b übermittelten Angaben teilt die Verwaltungsgesellschaft den zuständigen Behörden des Herkunftsmitgliedstaats der Verwaltungsgesellschaft und des Aufnahmemitgliedstaats der Verwaltungsgesellschaft diese Änderung vor deren Vornahme schriftlich mit. Die zuständigen Behörden des Herkunftsmitgliedstaats der Verwaltungsgesellschaft aktualisieren die in der Bescheinigung nach Absatz 2 enthaltenen Informationen und unterrichten die zuständigen Behörden des Aufnahmemitgliedstaats der Verwaltungsgesellschaft über jede Änderung des Umfangs der Zulassung der Verwaltungsgesellschaft oder der Einzelheiten in Bezug auf Beschränkungen der Arten von OGAW, für deren Verwaltung die Verwaltungsgesellschaft eine Zulassung erhalten hat.

(5) Um eine kohärente Harmonisierung dieses Artikels zu gewährleisten, kann die ESMA Entwürfe technischer Regulierungsstandards zur Präzisierung der Angaben entwickeln, die gemäß den Absätzen 1, 2 und 4 zu übermitteln sind.

Der Kommission wird die Befugnis übertragen, die in Unterabsatz 1 genannten technischen Regulierungsstandards gemäß dem in den Artikeln 10 bis 14 der Verordnung (EU) Nr. 1095/2010 festgelegten Verfahren zu erlassen.

Um einheitliche Bedingungen für die Anwendung dieses Artikels zu gewährleisten, kann die ESMA gemäß den Absätzen 2 und 4 Entwürfe technischer Durchführungsstandards entwickeln, um Standardformulare, Mustertexte und Verfahren für die Übermittlung von Angaben festzulegen.

Der Kommission wird die Befugnis übertragen, die in Unterabsatz 3 genannten technischen Durchführungsstandards nach dem in Artikel 15 der Verordnung (EU) Nr. 1095/2010 festgelegten Verfahren zu erlassen.

Artikel 19

(1) Eine Verwaltungsgesellschaft, die nach Maßgabe der Dienstleistungsfreiheit oder durch die Gründung einer Zweigniederlassung grenzüberschreitend die Aufgabe der gemeinsamen Portfolioverwaltung ausübt, unterliegt den Bestimmungen ihres Herkunftsmitgliedstaats in Bezug auf ihre Organisation einschließlich der Übertragungsvereinbarungen, Risikomanagement-Verfahren, aufsichts- und überwachungsrechtlichen Bestimmungen, Verfahren nach Artikel 12 und der Offenlegungspflicht der Verwaltungsgesellschaft. Diese Regeln dürfen nicht strenger sein als die Regeln, die für Verwaltungsgesellschaften gelten, die ihre Tätigkeiten ausschließlich in ihrem Herkunftsmitgliedstaat ausüben.

(2) Die zuständigen Behörden des Herkunftsmitgliedstaats der Verwaltungsgesellschaft überwachen die Einhaltung der Bestimmungen nach Absatz 1.

(3) Eine Verwaltungsgesellschaft, die durch die Gründung einer Zweigniederlassung oder nach Maßgabe der Dienstleistungsfreiheit grenzüberschreitend die Aufgabe der gemeinsamen Portfolioverwaltung ausübt, unterliegt den Bestimmungen des Herkunftsmitgliedstaats des OGAW in Bezug auf die Gründung und die Geschäftstätigkeit des OGAW, insbesondere den Bestimmungen, die für folgende Aspekte gelten:

a) die Errichtung und Zulassung des OGAW;
b) die Ausgabe und Veräußerung von Anteilen und Aktien;
c) Anlagepolitik und Beschränkungen einschließlich der Berechnung des gesamten Kreditrisikos und der Verschuldung;
d) Beschränkungen in Bezug auf Kreditaufnahme, Kreditgewährung und Leerverkäufe;
e) die Bewertung der Vermögenswerte und die Rechnungsführung des OGAW;
f) die Berechnung des Ausgabepreises und/oder des Auszahlungspreises sowie für den Fall fehlerhafter Berechnungen des Nettobestandswerts und für entsprechende Entschädigungen der Anleger;
g) die Ausschüttung oder Wiederanlage der Erträge;
h) die Offenlegungs- und Berichtspflicht des OGAW einschließlich des Prospekts, der wesentlichen Informationen für die Anleger und der regelmäßigen Berichte;
i) die Modalitäten der Vermarktung;
j) die Beziehung zu den Anteilinhabern;
k) Verschmelzung und Umstrukturierung des OGAW;
l) die Auflösung und Liquidation des OGAW;
m) gegebenenfalls Inhalt des Verzeichnisses der Anteilinhaber;
n) die Gebühren für Zulassung und Aufsicht des OGAW und
o) Ausübung der Stimmrechte der Anteilinhaber und weiterer Rechte der Anteilinhaber im Zusammenhang mit den Buchstaben a bis m.

(4) Die Verwaltungsgesellschaft kommt den in den Vertragsbedingungen des Fonds oder in der Satzung enthaltenen Verpflichtungen und den im Prospekt enthaltenen Ver-

pflichtungen, die den geltenden Rechtsvorschriften nach den Absätzen 1 und 3 entsprechen müssen, nach.

(5) Die zuständigen Behörden des Herkunftsmitgliedstaats des OGAW sind für die Überwachung der Einhaltung der Bestimmungen der Absätze 3 und 4 zuständig.

(6) Die Verwaltungsgesellschaft entscheidet über und ist verantwortlich für die Annahme und Umsetzung sämtlicher Vereinbarungen und organisatorischer Entscheidungen, die erforderlich sind, um den Bedingungen in Bezug auf die Gründung und die Arbeitsweise des OGAW und den in den Vertragsbedingungen des Fonds oder in der Satzung enthaltenen Verpflichtungen sowie den im Prospekt enthaltenen Verpflichtungen nachzukommen.

(7) Die zuständigen Behörden des Herkunftsmitgliedstaats der Verwaltungsgesellschaft sind für die Überwachung der Angemessenheit der Modalitäten und der Organisation der Verwaltungsgesellschaft zuständig, damit die Verwaltungsgesellschaft in der Lage ist, den Verpflichtungen und Bestimmungen im Zusammenhang mit der Gründung und der Arbeitsweise aller von ihr verwalteten OGAW nachzukommen.

(8) Die Mitgliedstaaten stellen sicher, dass keine in einem Mitgliedstaat zugelassene Verwaltungsgesellschaft hinsichtlich des Gegenstands dieser Richtlinie zusätzlichen im Herkunftsmitgliedstaat des OGAW festgelegten Anforderungen unterliegt, außer in Fällen, auf die in dieser Richtlinie ausdrücklich Bezug genommen wird.

Artikel 20

(1) Unbeschadet von Artikel 5 legt eine Verwaltungsgesellschaft, die die Verwaltung eines in einem anderen Mitgliedstaat niedergelassenen OGAW beabsichtigt, den zuständigen Behörden des Herkunftsmitgliedstaats des OGAW folgende Unterlagen vor:

a) den schriftlichen Vertrag mit der Verwahrstelle gemäß Artikel 22 Absatz 2;
b) Angaben über Übertragungsvereinbarungen bezüglich der Aufgaben des Anlagenmanagement und der Verwaltung nach Anhang II.

Verwaltet die Verwaltungsgesellschaft bereits OGAW der gleichen Art im Herkunftsmitgliedstaat des OGAW, so reicht der Hinweis auf die bereits vorgelegten Unterlagen aus.

(2) Falls es erforderlich ist, um die Einhaltung der in ihrer Verantwortung liegenden Vorschriften zu gewährleisten, können die zuständigen Behörden des Herkunftsmitgliedstaats des OGAW von den zuständigen Behörden des Herkunftsmitgliedstaats der Verwaltungsgesellschaft Erläuterungen und Informationen über die Unterlagen nach Absatz 1 sowie auf der Grundlage der in den Artikeln 17 und 18 genannten Bescheinigung Auskünfte darüber anfordern, inwieweit die Art des OGAW, für den eine Zulassung beantragt wird, in den Geltungsbereich der Zulassung der Verwaltungsgesellschaft fällt. Sofern zutreffend geben die zuständigen Behörden des Herkunftsmitgliedstaats der Verwaltungsgesellschaft ihre Stellungnahme binnen 10 Arbeitstagen nach Erhalt des ursprünglichen Antrags ab.

(3) Die zuständigen Behörden des Herkunftsmitgliedstaats des OGAW können den Antrag der Verwaltungsgesellschaft ablehnen, wenn

a) die Verwaltungsgesellschaft den Bestimmungen nach Maßgabe der Zuständigkeit der Behörden gemäß Artikel 19 nicht entspricht,
b) die Verwaltungsgesellschaft von den zuständigen Behörden ihres Herkunftsmitgliedstaats keine Zulassung zur Verwaltung der Art von OGAW erhalten hat, für die eine Zulassung beantragt wird, oder

c) die Verwaltungsgesellschaft die Unterlagen nach Absatz 1 nicht eingereicht hat.
Vor Ablehnung eines Antrags konsultieren die zuständigen Behörden des Herkunftsmitgliedstaats des OGAW die zuständigen Behörden des Herkunftsmitgliedstaats der Verwaltungsgesellschaft.

(4) Alle nachfolgenden sachlichen Änderungen an den Unterlagen nach Absatz 1 werden den zuständigen Behörden des Herkunftsmitgliedstaats des OGAW von der Verwaltungsgesellschaft mitgeteilt.

(5) Um eine kohärente Harmonisierung dieses Artikels zu gewährleisten, kann die ESMA Entwürfe technischer Regulierungsstandards entwickeln, um die Angaben festzulegen, die den zuständigen Behörden in dem Antrag auf Verwaltung eines in einem anderen Mitgliedstaat niedergelassenen OGAW vorzulegen sind.

Die Kommission kann die in Unterabsatz 1 genannten technischen Regulierungsstandards gemäß dem in den Artikeln 10 bis 14 der Verordnung (EU) Nr. 1095/2010 festgelegten Verfahren erlassen.

Um einheitliche Bedingungen für die Anwendung dieses Artikels zu gewährleisten, kann die ESMA Entwürfe technischer Durchführungsstandards entwickeln, um Standardformulare, Mustertexte und Verfahren für einen solchen Informationsaustausch festzulegen.

Der Kommission wird die Befugnis übertragen, die in Unterabsatz 3 genannten technischen Durchführungsstandards nach dem in Artikel 15 der Verordnung (EU) Nr. 1095/2010 festgelegten Verfahren zu erlassen.

Artikel 21

(1) Der Aufnahmemitgliedstaat einer Verwaltungsgesellschaft kann für statistische Zwecke von allen Verwaltungsgesellschaften mit Zweigniederlassungen in seinem Hoheitsgebiet verlangen, den zuständigen Behörden des Aufnahmemitgliedstaats in regelmäßigen Abständen Bericht über ihre im Hoheitsgebiet des genannten Aufnahmemitgliedstaats ausgeübten Tätigkeiten zu erstatten.

(2) Der Aufnahmemitgliedstaat einer Verwaltungsgesellschaft kann von den Verwaltungsgesellschaften, die in seinem Hoheitsgebiet durch die Gründung einer Zweigniederlassung oder im Rahmen des freien Dienstleistungsverkehrs tätig sind, die Angaben verlangen, die erforderlich sind, um die Einhaltung der für diese Verwaltungsgesellschaften maßgebenden Bestimmungen, für die der Aufnahmemitgliedstaat der Verwaltungsgesellschaft zuständig ist, zu überwachen.

Diese Anforderungen dürfen nicht strenger sein als die Anforderungen, die diese Mitgliedstaaten den Verwaltungsgesellschaften auferlegen, die in dem jeweiligen Mitgliedstaat zugelassen wurden, um ihre Einhaltung derselben Normen zu überwachen.

Die Verwaltungsgesellschaften stellen sicher, dass die Verfahren und Vorkehrungen gemäß Artikel 15 gewährleisten, dass die zuständigen Behörden des Herkunftsmitgliedstaats des OGAW die in diesem Absatz genannten Informationen unmittelbar von der Verwaltungsgesellschaft erhalten.

(3) Stellen die zuständigen Behörden des Aufnahmemitgliedstaats fest, dass eine Verwaltungsgesellschaft, die eine Zweigniederlassung in seinem Hoheitsgebiet hat oder dort Dienstleistungen erbringt, gegen eine der Bestimmungen unter ihrer Zuständigkeit verstößt, so fordern die Behörden die betreffende Verwaltungsgesellschaft auf, den Verstoß zu beenden und unterrichten die zuständigen Behörden des Herkunftsmitgliedstaats der Verwaltungsgesellschaft entsprechend.

(4) Lehnt es die betreffende Verwaltungsgesellschaft ab, dem Aufnahmemitgliedstaat der Verwaltungsgesellschaft die in seine Zuständigkeit fallenden Informationen zukommen zu lassen oder unternimmt sie nicht die erforderlichen Schritte, um den Verstoß gemäß Absatz 3 zu beenden, so setzen die zuständigen Behörden des Aufnahmemitgliedstaats der Verwaltungsgesellschaft die zuständigen Behörden des Herkunftsmitgliedstaats der Verwaltungsgesellschaft davon in Kenntnis. Die zuständigen Behörden des Herkunftsmitgliedstaats der Verwaltungsgesellschaft treffen unverzüglich alle geeigneten Maßnahmen, um sicherzustellen, dass die betreffende Verwaltungsgesellschaft die vom Aufnahmemitgliedstaat der Verwaltungsgesellschaft gemäß Absatz 2 geforderten Informationen zur Verfügung stellt oder den Verstoß beendet. Die Art dieser Maßnahmen ist den zuständigen Behörden des Aufnahmemitgliedstaats der Verwaltungsgesellschaft mitzuteilen.

(5) Weigert sich die Verwaltungsgesellschaft trotz der von den zuständigen Behörden des Herkunftsmitgliedstaats der Verwaltungsgesellschaft getroffenen Maßnahmen oder infolge unzureichender oder fehlender Maßnahmen des betreffenden Mitgliedstaats weiter, die vom Aufnahmemitgliedstaat der Verwaltungsgesellschaft gemäß Absatz 2 geforderten Informationen bereitzustellen, oder verstößt sie weiter gegen die in diesem Absatz genannten Rechts- und Verwaltungsvorschriften des Aufnahmemitgliedstaats der Verwaltungsgesellschaft, so können die zuständigen Behörden des Aufnahmemitgliedstaats der Verwaltungsgesellschaft eine der folgenden Maßnahmen ergreifen:

a) Nach Unterrichtung der zuständigen Behörden des Herkunftsmitgliedstaats der Verwaltungsgesellschaft ergreifen sie geeignete Maßnahmen einschließlich der Maßnahmen der Artikel 98 und 99, um weitere Verstöße zu verhindern oder zu ahnden; soweit erforderlich, können sie dieser Verwaltungsgesellschaft auch neue Geschäfte in seinem Hoheitsgebiet untersagen. Die Mitgliedstaaten gewährleisten, dass die für diese Maßnahmen erforderlichen Schriftstücke in ihrem Hoheitsgebiet den Verwaltungsgesellschaften zugestellt werden können. Handelt es sich bei der im Aufnahmemitgliedstaat der Verwaltungsgesellschaft erbrachten Dienstleistung um die Verwaltung eines OGAW, so kann der Aufnahmemitgliedstaat der Verwaltungsgesellschaft verlangen, dass die Verwaltungsgesellschaft die Verwaltung dieses OGAW einstellt; oder

b) sie unterrichten für den Fall, dass die zuständigen Behörden des Herkunftsmitgliedstaats der Verwaltungsgesellschaft nach ihrem Dafürhalten nicht in angemessener Weise tätig geworden sind, die ESMA über diesen Sachverhalt, die im Rahmen der ihr durch Artikel 19 der Verordnung (EU) Nr. 1095/2010 übertragenen Befugnisse tätig werden kann.

(6) Jede Maßnahme gemäß den Absätzen 4 oder 5, die Maßnahmen oder Sanktionen beinhaltet, wird ordnungsgemäß begründet und der betreffenden Verwaltungsgesellschaft mitgeteilt. Gegen jede derartige Maßnahme kann in dem Mitgliedstaat, in dem sie ergriffen wurde, Klage erhoben werden.

(7) In dringenden Fällen können die zuständigen Behörden des Aufnahmemitgliedstaats der Verwaltungsgesellschaft vor der Einleitung des in den Absätzen 3, 4 oder 5 vorgesehenen Verfahrens die Sicherungsmaßnahmen ergreifen, die zum Schutz der Interessen der Anleger oder sonstiger Personen, für die Dienstleistungen erbracht werden, notwendig sind. Die Kommission, die ESMA und die zuständigen Behörden der anderen betroffenen Mitgliedstaaten werden von solchen Maßnahmen so früh wie möglich unterrichtet.

Die Kommission kann unbeschadet der Befugnisse der ESMA unter Artikel 17 der Verordnung (EU) Nr. 1095/2010 nach Anhörung der zuständigen Behörden der betroffenen Mitgliedstaaten beschließen, dass der betreffende Mitgliedstaat die Maßnahmen zu ändern oder aufzuheben hat.

(8) Die zuständigen Behörden des Herkunftsmitgliedstaats der Verwaltungsgesellschaft konsultieren die zuständigen Behörden des Herkunftsmitgliedstaats des OGAW, bevor sie der Verwaltungsgesellschaft die Zulassung entziehen. In solchen Fällen treffen die zuständigen Behörden des Herkunftsmitgliedstaats des OGAW geeignete Maßnahmen zur Wahrung der Interessen der Anleger. Diese Maßnahmen können Entscheidungen beinhalten, mit denen verhindert wird, dass die betreffende Verwaltungsgesellschaft neue Geschäfte im Hoheitsgebiet dieses Mitgliedstaats tätigt.

Alle zwei Jahre erstellt die Kommission einen Bericht über diese Fälle.

(9) Die Mitgliedstaaten teilen der ESMA und der Kommission die Anzahl und die Art der Fälle mit, in denen sie eine Zulassung gemäß Artikel 17 oder einen Antrag gemäß Artikel 20 ablehnen, sowie die nach Absatz 5 dieses Artikels getroffenen Maßnahmen.

Alle zwei Jahre erstellt die Kommission einen Bericht über diese Fälle.

KAPITEL IV
VERPFLICHTUNGEN BETREFFEND DIE VERWAHRSTELLE

Artikel 22

(1) Die Investmentgesellschaft und für jeden der von ihr verwalteten Investmentfonds eine Verwaltungsgesellschaft stellen sicher, dass eine einzige Verwahrstelle gemäß diesem Kapitel bestellt wird.

(2) Die Bestellung der Verwahrstelle wird in einem Vertrag schriftlich vereinbart.

Dieser Vertrag regelt unter anderem den Informationsaustausch, der für erforderlich erachtet wird, damit die Verwahrstelle gemäß dieser Richtlinie und gemäß den anderen einschlägigen Rechts- und Verwaltungsvorschriften ihren Aufgaben für den OGAW, für den sie als Verwahrstelle bestellt wurde, nachkommen kann.

(3) Die Verwahrstelle

a) stellt sicher, dass Verkauf, Ausgabe, Rücknahme, Auszahlung und Annullierung von Anteilen des OGAW gemäß dem anwendbaren nationalen Recht und den Vertragsbedingungen oder der Satzung erfolgen;
b) stellt sicher, dass die Berechnung des Wertes der Anteile des OGAW gemäß dem anwendbaren nationalen Recht und den Vertragsbedingungen oder der Satzung erfolgt;
c) leistet den Weisungen der Verwaltungsgesellschaft oder einer Investmentgesellschaft Folge, es sei denn, diese Weisungen verstoßen gegen das anwendbare nationale Recht oder die Vertragsbedingungen oder die Satzung;
d) stellt sicher, dass bei Transaktionen mit Vermögenswerten des OGAW der Gegenwert innerhalb der üblichen Fristen an den OGAW überwiesen wird;
e) stellt sicher, dass die Erträge des OGAW gemäß dem anwendbaren nationalen Recht und den Vertragsbedingungen oder der Satzung verwendet werden.

(4) Die Verwahrstelle stellt sicher, dass die Cashflows des OGAW ordnungsgemäß überwacht werden und gewährleistet insbesondere, dass sämtliche bei der Zeichnung von Anteilen eines OGAW von Anlegern oder im Namen von Anlegern geleistete Zahlungen eingegangen sind und dass sämtliche Gelder des OGAW auf Geldkonten verbucht wurden, die:

a) auf den Namen des OGAW, auf den Namen der für den OGAW handelnden Verwaltungsgesellschaft oder auf den Namen der für den OGAW handelnden Verwahrstelle eröffnet werden;

b) bei einer in Artikel 18 Absatz 1 Buchstaben a, b und c der Richtlinie 2006/73/EG der Kommission ([19]) genannten Stelle eröffnet werden und
c) gemäß den in Artikel 16 der Richtlinie 2006/73/EG festgelegten Grundsätzen geführt werden.

Werden die Geldkonten auf den Namen der für den OGAW handelnden Verwahrstelle eröffnet, so werden auf solchen Konten weder Gelder der in Unterabsatz 1 Buchstabe b genannten Stelle noch Gelder der Verwahrstelle selbst verbucht.

(5) Das Vermögen des OGAW wird der Verwahrstelle wie folgt zur Verwahrung anvertraut:

a) Für Finanzinstrumente, die in Verwahrung genommen werden können, gilt:
   i) Die Verwahrstelle verwahrt sämtliche Finanzinstrumente, die im Depot auf einem Konto für Finanzinstrumente verbucht werden können, und sämtliche Finanzinstrumente, die der Verwahrstelle physisch übergeben werden können;
   ii) die Verwahrstelle stellt sicher, dass Finanzinstrumente, die im Depot auf einem Konto für Finanzinstrumente verbucht werden können, gemäß den in Artikel 16 der Richtlinie 2006/73/EG festgelegten Grundsätzen in den Büchern der Verwahrstelle auf gesonderten Konten registriert werden, die auf den Namen des OGAW oder der für den OGAW handelnden Verwaltungsgesellschaft eröffnet wurden, so dass die Finanzinstrumente jederzeit eindeutig als gemäß geltendem Recht im Eigentum des OGAW befindliche Instrumente identifiziert werden können;
b) für andere Vermögenswerte gilt:
   i) die Verwahrstelle prüft, ob der OGAW oder die für den OGAW handelnde Verwaltungsgesellschaft Eigentümer der betreffenden Vermögenswerte ist, indem sie auf der Grundlage der vom OGAW oder der Verwaltungsgesellschaft vorgelegten Informationen oder Unterlagen und, soweit verfügbar, anhand externer Nachweise feststellt, ob der OGAW oder die für den OGAW handelnde Verwaltungsgesellschaft Eigentümer ist;
   ii) die Verwahrstelle führt Aufzeichnungen über die Vermögenswerte, bei denen sie sich vergewissert hat, dass der OGAW oder die für den OGAW handelnde Verwaltungsgesellschaft Eigentümer ist, und hält ihre Aufzeichnungen auf dem neuesten Stand.

(6) Die Verwahrstelle übermittelt der Verwaltungsgesellschaft oder der Investmentgesellschaft regelmäßig eine umfassende Aufstellung sämtlicher Vermögenswerte des OGAW.

(7) Die von der Verwahrstelle verwahrten Vermögenswerte werden von der Verwahrstelle oder einem Dritten, dem die Verwahrfunktion übertragen wurde, nicht für eigene Rechnung wiederverwendet. Als Wiederverwendung gilt jede Transaktion verwahrter Vermögenswerte, darunter Übertragung, Verpfändung, Verkauf und Leihe.

Die von der Verwahrstelle verwahrten Vermögenswerte dürfen nur wiederverwendet werden, sofern

a) die Wiederverwendung der Vermögenswerte für Rechnung des OGAW erfolgt,
b) die Verwahrstelle den Weisungen der im Namen des OGAW handelnden Verwaltungsgesellschaft Folge leistet,

[19] Richtlinie 2006/73/EG der Kommission vom 10. August 2006 zur Durchführung der Richtlinie 2004/39/EG des Europäischen Parlaments und des Rates in Bezug auf die organisatorischen Anforderungen an Wertpapierfirmen und die Bedingungen für die Ausübung ihrer Tätigkeit sowie in Bezug auf die Definition bestimmter Begriffe für die Zwecke der genannten Richtlinie (ABl. L 241 vom 2.9.2006, S. 26).

c) die Wiederverwendung dem OGAW zugute kommt sowie im Interesse der Anteilinhaber liegt und
d) die Transaktion durch liquide Sicherheiten hoher Qualität gedeckt ist, die der OGAW gemäß einer Vereinbarung über eine Vollrechtsübertragung erhalten hat.

Der Verkehrswert der Sicherheiten muss jederzeit mindestens so hoch sein wie der Verkehrswert der wiederverwendeten Vermögenswerte zuzüglich eines Zuschlags.

(8) Die Mitgliedstaaten stellen sicher, dass im Falle der Insolvenz der Verwahrstelle und/oder eines in der Union ansässigen Dritten, dem die Verwahrung von OGAW-Vermögenswerten übertragen wurde, die verwahrten Vermögenswerte des OGAW nicht an die Gläubiger dieser Verwahrstelle und/oder dieses Dritten ausgeschüttet oder zu deren Gunsten verwendet werden können.

Artikel 22a

(1) Die Verwahrstelle darf die in Artikel 22 Absätze 3 und 4 genannten Aufgaben nicht auf Dritte übertragen.

(2) Die Verwahrstelle darf die in Artikel 22 Absatz 5 genannten Aufgaben nur unter folgenden Bedingungen auf Dritte übertragen:
a) Die Aufgaben werden nicht in der Absicht übertragen, die Vorschriften der vorliegenden Richtlinie zu umgehen;
b) die Verwahrstelle kann belegen, dass es einen objektiven Grund für die Übertragung gibt;
c) die Verwahrstelle ist bei der Auswahl und Bestellung eines Dritten, dem sie Teile ihrer Aufgaben übertragen möchte, mit der gebotenen Sachkenntnis, Sorgfalt und Gewissenhaftigkeit vorgegangen und geht bei der regelmäßigen Überprüfung und laufenden Kontrolle von Dritten, denen sie Teile ihrer Aufgaben übertragen hat, und von Vereinbarungen des Dritten hinsichtlich der ihm übertragenen Aufgaben weiterhin mit der gebotenen Sachkenntnis, Sorgfalt und Gewissenhaftigkeit vor.

(3) Die Verwahrstelle darf die in Artikel 22 Absatz 5 genannten Aufgaben nur auf Dritte übertragen, die während des gesamten Zeitraums der Ausübung der auf sie übertragenen Aufgaben
a) über Organisationsstrukturen und Fachkenntnisse verfügen, die angesichts der Art und Komplexität der ihnen anvertrauten Vermögenswerte des OGAW oder der für den OGAW handelnden Verwaltungsgesellschaft angemessen und geeignet sind;
b) bezogen auf die in Artikel 22 Absatz 5 Buchstabe a genannten Verwahraufgaben:
   i) einer wirksamen aufsichtlichen Regulierung, einschließlich Mindestkapitalanforderungen, und einer Aufsicht im betreffenden Rechtskreis unterliegen;
   ii) einer regelmäßigen externen Buchprüfung unterliegen, durch die gewährleistet wird, dass sich die Finanzinstrumente in ihrem Besitz befinden;
c) die Vermögenswerte der Kunden der Verwahrstelle von ihren eigenen Vermögenswerten und von den Vermögenswerten der Verwahrstelle in einer Weise trennen, die gewährleistet, dass diese jederzeit eindeutig als Eigentum von Kunden einer bestimmten Verwahrstelle identifiziert werden können;
d) alle notwendigen Schritte unternehmen, um zu gewährleisten, dass im Falle der Insolvenz des Dritten die vom Dritten verwahrten Vermögenswerte des OGAW nicht an die Gläubiger des Dritten ausgeschüttet oder zu deren Gunsten verwendet werden können, und

e) sich an die allgemeinen Verpflichtungen und Verbote gemäß Artikel 22 Absätze 2, 5 und 7 und gemäß Artikel 25 halten.

Ungeachtet des Unterabsatzes 1 Buchstabe b Ziffer i darf die Verwahrstelle, wenn laut den Rechtsvorschriften eines Drittlands vorgeschrieben ist, dass bestimmte Finanzinstrumente von einer ortsansässigen Einrichtung verwahrt werden müssen, und keine ortsansässigen Einrichtungen den in jener Ziffer festgelegten Anforderungen an eine Übertragung genügen, ihre Aufgaben an eine solche ortsansässige Einrichtung nur insoweit übertragen, wie es im Recht des Drittlandes gefordert wird, und nur solange es keine ortsansässigen Einrichtungen gibt, die die Anforderungen an die Übertragung erfüllen, wobei folgende Bedingungen gelten:

a) Die Anleger des betreffenden OGAW werden vor Tätigung ihrer Anlage ordnungsgemäß über die Notwendigkeit einer solchen Übertragung aufgrund rechtlicher Zwänge im Recht des Drittlandes, über die Umstände, die die Übertragung rechtfertigen, und über die Risiken, die mit einer solchen Übertragung verbunden sind, unterrichtet;
b) die Investmentgesellschaft oder die im Namen des OGAW handelnde Verwaltungsgesellschaft haben die Verwahrstelle angewiesen, die Verwahrung dieser Finanzinstrumente auf eine solche ortsansässige Einrichtung zu übertragen.

Der Dritte kann diese Aufgaben seinerseits unter den gleichen Bedingungen weiter übertragen. In diesem Fall gilt Artikel 24 Absatz 2 sinngemäß für die Beteiligten.

(4) Für die Zwecke dieses Artikels werden die Erbringung von Dienstleistungen im Sinne der Richtlinie 98/26/EG des Europäischen Parlaments und des Rates ([20]) durch für die Zwecke der Richtlinie 98/26/EG benannte Wertpapierliefer- und -abrechnungssysteme oder die Erbringung vergleichbarer Dienstleistungen durch Wertpapierliefer- und -abrechnungssysteme eines Drittlands nicht als Übertragung der Verwahrfunktionen betrachtet.

Artikel 23

(1) Die Verwahrstelle hat entweder ihren satzungsgemäßen Sitz im Herkunftsmitgliedstaat des OGAW oder ist dort niedergelassen.

(2) Die Verwahrstelle ist

a) eine nationale Zentralbank,
b) ein gemäß der Richtlinie 2013/36/EU zugelassenes Kreditinstitut oder
c) eine andere von der zuständigen Behörde nach dem Recht des betreffenden Mitgliedstaats zur Durchführung von Verwahrtätigkeiten im Rahmen dieser Richtlinie zugelassene juristische Person, die Eigenmittelanforderungen unterliegt, welche die entsprechend dem gewählten Ansatz gemäß Artikel 315 oder Artikel 317 der Verordnung (EU) Nr. 575/2013 des Europäischen Parlaments und des Rates ([21]) errechneten Anforderungen nicht unterschreiten, und die über Eigenmittel verfügt, die den in Artikel 28 Absatz 2 der Richtlinie 2013/36/EU genannten Betrag des Anfangskapitals nicht unterschreiten.

---

[20] Richtlinie 98/26/EG des Europäischen Parlaments und des Rates vom 19. Mai 1998 über die Wirksamkeit von Abrechnungen in Zahlungs- sowie Wertpapierliefer- und -abrechnungssystemen (ABl. L 166 vom 11.6.1998, S. 45).

[21] Verordnung (EU) Nr. 575/2013 des Europäischen Parlaments und des Rates vom 26. Juni 2013 über Aufsicht sanforderungen an Kreditinstitute und Wertpapierfirmen und zur Änderung der Verordnung (EU) Nr. 648/2012 (ABl. L 176 vom 27.6.2013, S. 1).

Eine juristische Person gemäß Unterabsatz 1 Buchstabe c unterliegt einer aufsichtlichen Regulierung, wird laufend überwacht und erfüllt folgende Mindestanforderungen:

a) Sie verfügt über die notwendige Ausstattung, um Finanzinstrumente zu verwahren, die im Depot auf einem Konto für Finanzinstrumente verbucht werden können;
b) sie legt Strategien und Verfahren fest, die ausreichen, um sicherzustellen, dass die juristische Person, ihre Geschäftsleitung und ihre Beschäftigten den Verpflichtungen nach dieser Richtlinie nachkommen;
c) sie verfügt über eine ordnungsgemäße Verwaltung und Buchhaltung, interne Kontrollmechanismen, wirksame Verfahren zur Risikobewertung sowie wirksame Kontroll- und Sicherheitsmechanismen für Datenverarbeitungssysteme;
d) sie trifft wirksame organisatorische und administrative Vorkehrungen zur Ergreifung aller angemessen Maßnahmen zur Vorbeugung von Interessenkonflikten und behält diese bei;
e) sie sorgt dafür, dass Aufzeichnungen über alle ihre Dienstleistungen, Tätigkeiten und Geschäfte geführt werden, die ausreichen, um der zuständigen Behörde zu ermöglichen, ihrer Aufsichtspflicht nachzukommen und die in dieser Richtlinie vorgesehenen Durchsetzungsmaßnahmen zu ergreifen;
f) sie trifft angemessene Vorkehrungen, um die Kontinuität und Vorschriftsmäßigkeit ihrer Verwahrfunktionen zu gewährleisten. Zu diesem Zweck greift sie – auch im Hinblick auf die Durchführung ihrer Verwahrtätigkeiten – auf geeignete und verhältnismäßige Systeme, Ressourcen und Verfahren zurück;
g) sämtliche Mitglieder ihres Leitungsorgans und ihrer Geschäftsleitung müssen, zu jeder Zeit ausreichend gut beleumundet sein und ausreichende Kenntnisse, Fähigkeiten und Erfahrungen besitzen.
h) Ihr Leitungsorgan verfügt kollektiv über die zum Verständnis der Tätigkeiten der Verwahrstelle samt ihrer Hauptrisiken notwendigen Kenntnisse, Fähigkeiten und Erfahrungen.
i) Jedes Mitglied ihres Leitungsorgans und der Geschäftsleitung handelt aufrichtig und integer.

(3) Die Mitgliedstaaten bestimmen, welche dieser Kategorien von Einrichtungen gemäß Absatz 2 Unterabsatz 1 als Verwahrstelle tätig sein können.

(4) Wenn Investment- oder Verwaltungsgesellschaften, die für die von ihnen verwalteten OGAW handeln, vor dem 18. März 2016 eine Einrichtung, die die Anforderungen des Absatzes 2 nicht erfüllt, als Verwahrstelle bestellt haben, so bestellen sie bis zum 18. März 2018 eine Verwahrstelle, die diese Anforderungen erfüllt.

Artikel 24

(1) Die Mitgliedstaaten stellen sicher, dass die Verwahrstelle gegenüber dem OGAW und dessen Anteilinhabern für den Verlust durch die Verwahrstelle oder einen Dritten, dem die Verwahrung von gemäß Artikel 22 Absatz 5 Buchstabe a verwahrten Finanzinstrumenten übertragen wurde, haftet.

Die Mitgliedstaaten stellen sicher, dass bei Verlust eines verwahrten Finanzinstruments die Verwahrstelle dem OGAW oder der für den OGAW handelnden Verwaltungsgesellschaft unverzüglich ein Finanzinstrument gleicher Art zurückgibt oder einen entsprechenden Betrag erstattet. Die Verwahrstelle haftet nicht, wenn sie nachweisen kann, dass der Verlust auf äußere Ereignisse, die nach vernünftigem Ermessen nicht kontrolliert werden können und deren Konsequenzen trotz aller angemessenen Anstrengungen nicht hätten vermieden werden können, zurückzuführen ist.

Die Mitgliedstaaten stellen sicher, dass die Verwahrstelle gegenüber dem OGAW und den Anlegern des OGAW auch für sämtliche sonstige Verluste haftet, die diese infolge einer fahrlässigen oder vorsätzlichen Nichterfüllung der Verpflichtungen der Verwahrstelle aus dieser Richtlinie erleiden.

(2) Die Haftung der in Absatz 1 genannten Verwahrstelle bleibt von einer etwaigen Übertragung gemäß Artikel 22a unberührt.

(3) Die Haftung der in Absatz 1 genannten Verwahrstelle kann nicht im Wege einer Vereinbarung aufgehoben oder begrenzt werden.

(4) Eine Vereinbarung, die gegen Absatz 3 verstößt, ist nichtig.

(5) Anteilinhaber des OGAW können die Haftung der Verwahrstelle unmittelbar oder mittelbar über die Verwaltungsgesellschaft oder die Investmentgesellschaft geltend machen, vorausgesetzt, dass dies weder zur Verdopplung von Regressansprüchen noch zur Ungleichbehandlung der Anteilinhaber führt.

Artikel 25

(1) Die Aufgaben der Verwaltungsgesellschaft und der Verwahrstelle dürfen nicht von ein und derselben Gesellschaft wahrgenommen werden. Die Aufgaben der Investmentgesellschaft und der Verwahrstelle dürfen nicht von ein und derselben Gesellschaft wahrgenommen werden.

(2) Die Verwaltungsgesellschaft und die Verwahrstelle handeln bei der Wahrnehmung ihrer jeweiligen Aufgaben ehrlich, redlich, professionell, unabhängig und ausschließlich im Interesse des OGAW und seiner Anleger. Die Investmentgesellschaft und die Verwahrstelle handeln bei der Wahrnehmung ihrer jeweiligen Aufgaben ehrlich, redlich, professionell, unabhängig und ausschließlich im Interesse der Anleger des OGAW.

Eine Verwahrstelle nimmt in Bezug auf den OGAW oder die für den OGAW handelnde Verwaltungsgesellschaft keine Aufgaben wahr, die Interessenkonflikte zwischen dem OGAW, den Anlegern des OGAW, der Verwaltungsgesellschaft und ihr selbst schaffen könnten, außer wenn eine funktionale und hierarchische Trennung der Ausführung ihrer Aufgaben als Verwahrstelle von ihren potenziell dazu in Konflikt stehenden Aufgaben gegeben ist und die potenziellen Interessenkonflikte ordnungsgemäß ermittelt, gesteuert, beobachtet und den Anlegern des OGAW gegenüber offengelegt werden.

Artikel 26

(1) Die gesetzlichen Vorschriften oder die Vertragsbedingungen des Investmentfonds regeln die Voraussetzungen für einen Wechsel der Verwaltungsgesellschaft und der Verwahrstelle und sehen Regelungen vor, die den Schutz der Anteilinhaber bei einem solchen Wechsel gewährleisten.

(2) Die gesetzlichen Vorschriften oder die Satzung der Investmentgesellschaft regeln die Voraussetzungen für einen Wechsel der Verwaltungsgesellschaft und der Verwahrstelle und sehen Regelungen vor, die den Schutz der Anteilinhaber bei einem solchen Wechsel gewährleisten.

Artikel 26a

Die Verwahrstelle stellt den für sie zuständigen Behörden auf Anfrage alle Informationen zur Verfügung, die sie in Ausübung ihrer Pflichten erhalten hat und die die zuständigen Behörden oder die zuständigen Behörden des OGAW oder der Verwaltungsgesellschaft benötigen könnten.

Unterscheiden sich die zuständigen Behörden des OGAW oder der Verwaltungsgesellschaft von denen der Verwahrstelle, so übermitteln die zuständigen Behörden der Verwahrstelle die erhaltenen Informationen unverzüglich den zuständigen Behörden des OGAW und der Verwaltungsgesellschaft.

Artikel 26b

Die Kommission wird zum Erlass delegierter Rechtsakte gemäß Artikel 112a ermächtigt, um Folgendes festzulegen:

a) die Einzelheiten, die in den in Artikel 22 Absatz 2 genannten schriftlichen Vertrag aufzunehmen sind;

b) die Bedingungen für die Ausübung der Aufgaben einer Verwahrstelle gemäß Artikel 22 Absätze 3, 4 und 5, einschließlich:
   - i) der Art der Finanzinstrumente, die nach Artikel 22 Absatz 5 Buchstabe a unter die Verwahraufgaben der Verwahrstelle fallen sollen,
   - ii) der Bedingungen, unter denen die Verwahrstelle ihre Verwahraufgaben über bei einem Zentralverwahrer registrierte Finanzinstrumente ausüben kann,
   - iii) der Bedingungen, unter denen die Verwahrstelle in nominativer Form emittierte und beim Emittenten oder einer Registrierstelle registrierte Finanzinstrumente gemäß Artikel 22 Absatz 5 Buchstabe b zu verwahren hat;

c) die Sorgfaltspflichten von Verwahrstellen gemäß Artikel 22a Absatz 2 Buchstabe c;

d) die Sonderverwahrungspflicht gemäß Artikel 22a Absatz 3 Buchstabe c;

e) die Schritte, die Dritte gemäß Artikel 22a Absatz 3 Buchstabe d zu unternehmen haben;

f) die Bedingungen und Umstände, unter denen verwahrte Finanzinstrumente im Sinne von Artikel 24 als Verlust zu betrachten sind;

g) was unter äußeren Ereignissen, die nach vernünftigem Ermessen nicht kontrolliert werden können und deren Konsequenzen trotz aller angemessenen Anstrengungen nicht hätten vermieden werden können, im Sinne von Artikel 24 Absatz 1 zu verstehen ist;

h) die Bedingungen zur Erfüllung des in Artikel 25 Absatz 2 genannten Unabhängigkeitsgebots.

KAPITEL V
VERPFLICHTUNGEN BETREFFEND DIE INVESTMENTGESELLSCHAFTEN

ABSCHNITT 1
Bedingungen für die Aufnahme der Tätigkeit

Artikel 27

Für den Zugang zur Tätigkeit einer Investmentgesellschaft ist die vorherige Zulassung durch die zuständigen Behörden des Herkunftsmitgliedstaates der Investmentgesellschaft erforderlich.

Die Mitgliedstaaten bestimmen die Rechtsform, welche eine Investmentgesellschaft haben muss.

Der satzungsgemäße Sitz der Investmentgesellschaft muss sich im Herkunftsmitgliedstaat der Investmentgesellschaft befinden.

Artikel 28

Die Investmentgesellschaft darf keine anderen als die in Artikel 1 Absatz 2 genannten Tätigkeiten ausüben.

Artikel 29

(1) Unbeschadet sonstiger allgemein geltender Bedingungen des nationalen Rechts erteilen die zuständigen Behörden des Herkunftsmitgliedstaats der Investmentgesellschaft einer Investmentgesellschaft eine Zulassung nur, wenn diese eine Verwaltungsgesellschaft benannt hat oder wenn sie mit einem ausreichenden Anfangskapital von mindestens 300000 EUR ausgestattet ist.

Hat eine Investmentgesellschaft keine gemäß dieser Richtlinie zugelassene Verwaltungsgesellschaft benannt, gelten außerdem folgende Bedingungen:

a) Eine Zulassung wird nur erteilt, wenn dem Antrag auf Zulassung ein Geschäftsplan beigefügt wird, aus dem zumindest der organisatorische Aufbau der Investmentgesellschaft hervorgeht;
b) die Geschäftsleiter der Investmentgesellschaft müssen ausreichend gut beleumdet sein und auch in Bezug auf die Art der ausgeübten Geschäftstätigkeit der Investmentgesellschaft über ausreichende Erfahrung verfügen; zu diesem Zweck sind die Namen der Geschäftsleiter sowie jeder Wechsel dieser Geschäftsleiter den zuständigen Behörden unverzüglich mitzuteilen; über die Geschäftspolitik der Investmentgesellschaft müssen mindestens zwei Personen, die die genannten Bedingungen erfüllen, bestimmen; „Geschäftsleiter" sind die Personen, die die Investmentgesellschaft aufgrund der gesetzlichen Vorschriften oder der Satzung vertreten oder die Ausrichtung der Tätigkeit der Investmentgesellschaft tatsächlich bestimmen, und
c) die zuständigen Behörden erteilen die Zulassung nur dann, wenn etwaige enge Verbindungen, die zwischen der Investmentgesellschaft und anderen natürlichen oder juristischen Personen bestehen, sie nicht bei der ordnungsgemäßen Erfüllung ihrer Aufsichtsfunktionen behindern.

Die zuständigen Behörden des Herkunftsmitgliedstaats der Investmentgesellschaft erteilen ferner die Zulassung nicht, wenn sie bei der ordnungsgemäßen Erfüllung ihrer Aufsichtsfunktionen durch die Rechts- und Verwaltungsvorschriften eines Drittlandes, denen eine oder mehrere natürliche oder juristische Personen unterstehen, zu denen die Investmentgesellschaft enge Verbindungen besitzt, oder durch Schwierigkeiten bei deren Anwendung behindert werden.

Die zuständigen Behörden des Herkunftsmitgliedstaats der Investmentgesellschaft schreiben vor, dass die Investmentgesellschaft ihnen die benötigten Angaben übermittelt.

(2) Hat die Investmentgesellschaft keine Verwaltungsgesellschaft benannt, so ist der Investmentgesellschaft binnen sechs Monaten nach Einreichung eines vollständigen Antrags mitzuteilen, ob eine Zulassung erteilt wurde. Jede Ablehnung eines Antrags ist zu begründen.

(3) Nach Erteilung der Zulassung kann die Investmentgesellschaft ihre Tätigkeit sofort aufnehmen.

(4) Die zuständigen Behörden des Herkunftsmitgliedstaats der Investmentgesellschaft dürfen einer unter diese Richtlinie fallenden Investmentgesellschaft die Zulassung nur entziehen, wenn die betreffende Investmentgesellschaft

a) von der Zulassung nicht binnen zwölf Monaten Gebrauch macht, ausdrücklich auf sie verzichtet oder seit mehr als sechs Monaten die in dieser Richtlinie genannten Tätigkeiten nicht mehr ausübt, es sei denn, der betreffende Mitgliedstaat sieht in diesen Fällen das Erlöschen der Zulassung vor;
b) die Zulassung aufgrund falscher Erklärungen oder auf sonstige rechtswidrige Weise erhalten hat;
c) die Voraussetzungen, auf denen die Zulassung beruhte, nicht mehr erfüllt;
d) in schwerwiegender Weise oder systematisch gegen die gemäß dieser Richtlinie erlassenen Bestimmungen verstoßen hat oder
e) ein in den nationalen Rechtsvorschriften vorgesehener Grund für den Entzug vorliegt.

(5) Um eine kohärente Harmonisierung dieser Richtlinie zu gewährleisten, kann die ESMA Entwürfe technischer Regulierungsstandards entwickeln, um Folgendes zu präzisieren:

a) die Angaben, einschließlich des Tätigkeitsprogramms, die den zuständigen Behörden in dem Antrag auf Zulassung der Investmentgesellschaft vorzulegen sind,
b) die Umstände im Sinne von Absatz 1 Buchstabe c, die die zuständige Behörde bei der ordnungsgemäßen Erfüllung ihrer Aufsichtsfunktion behindern können.

Der Kommission wird die Befugnis übertragen, die in Unterabsatz 1 genannten technischen Regulierungsstandards gemäß dem in den Artikeln 10 bis 14 der Verordnung (EU) Nr. 1095/2010 festgelegten Verfahren zu erlassen.

(6) Um einheitliche Bedingungen für die Anwendung dieses Artikels zu gewährleisten, kann die ESMA Entwürfe technischer Durchführungsstandards entwickeln, um Standardformulare, Mustertexte und Verfahren für die Übermittlung von Angaben im Sinne von Absatz 5 Buchstabe a festzulegen.

Der Kommission wird die Befugnis übertragen, die in Unterabsatz 1 genannten technischen Durchführungsstandards gemäß Artikel 15 der Verordnung (EU) Nr. 1095/2010 zu erlassen.

ABSCHNITT 2
Bedingungen für die Ausübung der Tätigkeit

Artikel 30

Die Artikel 13 bis 14b gelten sinngemäß für Investmentgesellschaften, die keine gemäß dieser Richtlinie zugelassene Verwaltungsgesellschaft benannt haben.

Für die Zwecke der im Absatz 1 genannten Artikel ist der Ausdruck „Verwaltungsgesellschaft" als „Investmentgesellschaft" zu verstehen.

Eine Investmentgesellschaft verwaltet nur die Vermögensgegenstände ihres eigenen Portfolios; ihr darf in keinem Fall der Auftrag zur Verwaltung von Vermögensgegenständen Dritter erteilt werden.

Artikel 31

Der Herkunftsmitgliedstaat einer jeden Investmentgesellschaft erlässt Aufsichtsregeln, die eine Investmentgesellschaft, die keine gemäß dieser Richtlinie zugelassene Verwaltungsgesellschaft benannt hat, fortwährend einzuhalten hat.

Insbesondere schreiben die zuständigen Behörden des Herkunftsmitgliedstaats der Investmentgesellschaft – auch unter Berücksichtigung des Typs der Investmentgesellschaft – vor, dass die betreffende Investmentgesellschaft über eine ordnungsgemäße Verwaltung und Buchhaltung, Kontroll- und Sicherheitsvorkehrungen in Bezug auf die elektronische Datenverarbeitung sowie angemessene interne Kontrollverfahren, zu denen insbesondere Regeln für persönliche Geschäfte ihrer Angestellten und für das Halten oder Verwalten von Anlagen in Finanzinstrumenten zum Zwecke der Anlage ihres Anfangskapitals gehören, verfügen muss, durch die zumindest gewährleistet wird, dass jedes die Gesellschaft betreffende Geschäft nach Herkunft, Gegenpartei, Art, Abschlusszeitpunkt und -ort rekonstruiert werden kann und dass das Vermögen der Investmentgesellschaft gemäß ihrer Satzung und gemäß den geltenden rechtlichen Bestimmungen angelegt wird.

ABSCHNITT 3
(gestrichen)

Artikel 32–36 *(gestrichen)*

KAPITEL VI
VERSCHMELZUNGEN VON OGAW

ABSCHNITT 1
Grundsatz, Genehmigung und Zustimmung

Artikel 37

Für die Zwecke dieses Kapitels schließt ein OGAW die dazugehörigen Teilfonds ein.

Artikel 38

(1) Die Mitgliedstaaten gestatten unter den in diesem Kapitel festgelegten Voraussetzungen und unabhängig von der Form der OGAW im Sinne von Artikel 1 Absatz 3 grenzüberschreitende und inländische Verschmelzungen nach Artikel 2 Absatz 1 Buchstabe q und r gemäß einem oder mehreren Verschmelzungsverfahren nach Artikel 2 Absatz 1 Buchstabe p.

(2) Die für grenzüberschreitende Verschmelzungen angewandten Verschmelzungsverfahren nach Artikel 2 Absatz 1 Buchstabe q müssen nach den Rechtsvorschriften des Herkunftsmitgliedstaats des übertragenden OGAW zugelassen werden.

Die für inländische Verschmelzungen angewandten Verschmelzungsverfahren nach Artikel 2 Absatz 1 Buchstabe r müssen nach den Rechtsvorschriften des Mitgliedstaats, in dem die OGAW niedergelassen sind, vorgesehen sein.

Artikel 39

(1) Für Verschmelzungen ist die vorherige Genehmigung der zuständigen Behörden des Herkunftsmitgliedstaats des übertragenden OGAW erforderlich.

(2) Der übertragende OGAW übermittelt den zuständigen Behörden seines Herkunftsmitgliedstaats alle nachstehenden Angaben:

a) den vom übertragenden OGAW und vom übernehmenden OGAW gebilligten gemeinsamen Verschmelzungsplan,

b) eine aktuelle Fassung des Prospekts und der in Artikel 78 genannten wesentlichen Informationen für den Anleger des übernehmenden OGAW, falls dieser in einem anderen Mitgliedstaat niedergelassen ist,
c) eine von allen Verwahrstellen des übertragenden und des übernehmenden OGAW abgegebene Erklärung, mit der gemäß den Bestimmungen von Artikel 41 bestätigt wird, dass sie die Übereinstimmung der Angaben nach Artikel 40 Absatz 1 Buchstaben a, f und g mit den Anforderungen dieser Richtlinie und den Vertragsbedingungen oder der Satzung ihres jeweiligen OGAW überprüft haben, und
d) die Informationen, die der übertragende und der übernehmende OGAW ihren jeweiligen Anteilinhabern zu der geplanten Verschmelzung zu übermitteln gedenken.

Diese Informationen werden so bereitgestellt, dass die zuständigen Behörden des Herkunftsmitgliedstaats sowohl des übertragenden OGAW als auch des übernehmenden OGAW sie in der Amtssprache oder in einer der Amtssprachen des betreffenden Mitgliedstaats oder der betreffenden Mitgliedstaaten oder in einer von den genannten zuständigen Behörden gebilligten Sprache lesen können.

(3) Liegt der vollständige Antrag vor, übermitteln die zuständigen Behörden des Herkunftsmitgliedstaats des übertragenden OGAW umgehend Kopien der Informationen nach Absatz 2 an die zuständigen Behörden im Herkunftsmitgliedstaat des übernehmenden OGAW. Die zuständigen Behörden des Herkunftsmitgliedstaats des übertragenden und des übernehmenden OGAW wägen jeweils die potenziellen Auswirkungen der geplanten Verschmelzung auf die Anteilinhaber sowohl des übertragenden als auch des übernehmenden OGAW ab, um zu prüfen, inwieweit die Anteilinhaber angemessene Informationen erhalten.

Wenn es die zuständigen Behörden des Herkunftsmitgliedstaats des übertragenden OGAW für erforderlich halten, können sie schriftlich verlangen, dass die Informationen für die Anteilinhaber des übertragenden OGAW klarer gestaltet werden.

Halten die zuständigen Behörden des Herkunftsmitgliedstaats des übernehmenden OGAW es für erforderlich, so können sie spätestens 15 Arbeitstage nach Erhalt der Kopien mit den vollständigen Informationen gemäß Absatz 2 schriftlich verlangen, dass der übernehmende OGAW die seinen Anteilinhabern zu gebenden Informationen ändert.

In diesem Fall übermitteln die zuständigen Behörden des Herkunftsmitgliedstaats des übernehmenden OGAW den zuständigen Behörden des Herkunftsmitgliedstaats des übertragenden OGAW einen Hinweis auf ihre Unzufriedenheit. Sie teilen den zuständigen Behörden des Herkunftsmitgliedstaats des übertragenden OGAW innerhalb von 20 Arbeitstagen, nachdem ihnen die geänderten Informationen, die den Anteilinhabern des übernehmenden OGAW übermittelt werden, vorgelegt worden sind, mit, ob diese geänderten Informationen zufrieden stellend sind.

(4) Die zuständigen Behörden des Herkunftsmitgliedstaats des übertragenden OGAW genehmigen die geplante Verschmelzung, wenn folgende Voraussetzungen erfüllt sind:
a) Die geplante Verschmelzung erfüllt sämtliche Auflagen der Artikel 39 bis 42;
b) der übernehmende OGAW ist gemäß Artikel 93 für die Vermarktung seiner Anteile in sämtlichen Mitgliedstaaten gemeldet, in denen der übertragende OGAW entweder zugelassen oder gemäß Artikel 93 für die Vermarktung seiner Anteile angezeigt ist, und
c) die zuständigen Behörden im Herkunftsmitgliedstaat des übertragenden und des übernehmenden OGAW befinden die Informationen, die den Anteilinhabern übermittelt werden sollen, für zufrieden stellend oder kein Hinweis auf Unzufriedenheit von Seiten

der zuständigen Behörden im Herkunftsmitgliedstaat des übernehmenden OGAW ist nach Absatz 3 Unterabsatz 4 eingegangen.

(5) Vertreten die zuständigen Behörden des Herkunftsmitgliedstaats des übertragenden OGAW die Auffassung, dass der Antrag nicht vollständig ist, fordern sie spätestens zehn Arbeitstage nach Eingang der Informationen gemäß Absatz 2 zusätzliche Informationen an.

Die zuständigen Behörden des Herkunftsmitgliedstaats des übertragenden OGAW teilen dem übertragenden OGAW innerhalb von 20 Arbeitstagen nach Vorlage der vollständigen Angaben gemäß Absatz 2 mit, ob die Verschmelzung genehmigt wird.

Die zuständigen Behörden des Herkunftsmitgliedstaats des übertragenden OGAW unterrichten auch die zuständigen Behörden des Herkunftsmitgliedstaats des übernehmenden OGAW über ihre Entscheidung.

(6) Die Mitgliedstaaten können gemäß Artikel 57 Absatz 1 Unterabsatz 2 für den übernehmenden OGAW Abweichungen von den Artikeln 52 bis 55 vorsehen.

Artikel 40

(1) Die Mitgliedstaaten verlangen, dass der übertragende und der übernehmende OGAW einen gemeinsamen Verschmelzungsplan erstellen.

Der gemeinsame Verschmelzungsplan führt folgende Angaben an:

a) Art der Verschmelzung und beteiligte OGAW,
b) Hintergrund und Beweggründe für die geplante Verschmelzung,
c) erwartete Auswirkungen der geplanten Verschmelzung auf die Anteilinhaber sowohl des übertragenden als auch des übernehmenden OGAW,
d) die beschlossenen Kriterien für die Bewertung des Vermögens und gegebenenfalls der Verbindlichkeiten zu dem Zeitpunkt der Berechnung des Umtauschverhältnisses gemäß Artikel 47 Absatz 1,
e) Methode zur Berechnung des Umtauschverhältnisses,
f) geplanter effektiver Verschmelzungstermin,
g) die für die Übertragung von Vermögenswerten und den Umtausch von Anteilen geltenden Bestimmungen und
h) im Falle einer Verschmelzung nach Artikel 2 Absatz 1 Buchstabe p Ziffer ii und gegebenenfalls Artikel 2 Absatz 1 Buchstabe p Ziffer iii die Vertragsbedingungen oder die Satzung des neu gegründeten übernehmenden OGAW.

Die zuständigen Behörden können nicht verlangen, dass weitere Informationen in den gemeinsamen Verschmelzungsplan aufgenommen werden.

(2) Der übertragende OGAW und der übernehmende OGAW können beschließen, weitere Punkte in den Verschmelzungsplan aufzunehmen.

ABSCHNITT 2
Kontrolle durch Dritte, Information der Anteilinhaber und sonstige Rechte der Anteilinhaber

Artikel 41

Die Mitgliedstaaten verlangen, dass die Verwahrstellen des übertragenden und des übernehmenden OGAW die Übereinstimmung der Angaben nach Artikel 40 Absatz 1 Buchstaben a, f und g mit den Anforderungen dieser Richtlinie und den Vertragsbedingungen oder der Satzung ihres jeweiligen OGAW überprüfen.

Artikel 42

(1) Aufgrund der Rechtsvorschriften des Herkunftsmitgliedstaats des übertragenden OGAW wird entweder eine Verwahrstelle oder ein gemäß der Richtlinie 2006/43/EG des Europäischen Parlaments und des Rates vom 17. Mai 2006 über Abschlussprüfungen von Jahresabschlüssen und konsolidierten Abschlüssen ([22]) zugelassener unabhängiger Wirtschaftsprüfer mit der Bestätigung von Folgendem beauftragt:

a) die beschlossenen Kriterien für die Bewertung des Vermögens und gegebenenfalls der Verbindlichkeiten zu dem Zeitpunkt der Berechnung des Umtauschverhältnisses gemäß Artikel 47 Absatz 1;
b) sofern zutreffend, die Barzahlung je Anteil und
c) die Methode zur Berechnung des Umtauschverhältnisses und das tatsächliche Umtauschverhältnis zu dem Zeitpunkt für die Berechnung dieses Umtauschverhältnisses gemäß Artikel 47 Absatz 1.

(2) Die gesetzlichen Abschlussprüfer des übertragenden OGAW oder die gesetzlichen Abschlussprüfer des übernehmenden OGAW gelten für die Zwecke des Absatzes 1 als unabhängige Wirtschaftsprüfer.

(3) Den Anteilinhabern des übertragenden und des übernehmenden OGAW sowie ihren jeweiligen zuständigen Behörden wird auf Anfrage kostenlos eine Kopie des Berichts des unabhängigen Wirtschaftsprüfers oder, sofern zutreffend, der Verwahrstelle zur Verfügung gestellt.

Artikel 43

(1) Die Mitgliedstaaten verlangen, dass der übertragende und der übernehmende OGAW ihren jeweiligen Anteilinhabern geeignete und präzise Informationen über die geplante Verschmelzung übermitteln, damit diese sich ein fundiertes Urteil über die Auswirkungen des Vorhabens auf ihre Anlage bilden können.

(2) Die genannten Informationen werden den Anteilinhabern des übertragenden und des übernehmenden OGAW erst übermittelt, nachdem die zuständigen Behörden des Herkunftsmitgliedstaats des übertragenden OGAW die geplante Verschmelzung nach Artikel 39 genehmigt haben.

Sie werden mindestens 30 Tage vor der letzten Frist für einen Antrag auf Rücknahme oder Auszahlung oder gegebenenfalls Umwandlung ohne Zusatzkosten gemäß Artikel 45 Absatz 1 übermittelt.

(3) Die Informationen, die den Anteilinhabern des übertragenden und des übernehmenden OGAW zu übermitteln sind, umfassen geeignete und präzise Informationen über die geplante Verschmelzung, damit sie sich ein fundiertes Urteil über die Auswirkungen des Vorhabens auf ihre Anlage bilden und ihre Rechte nach den Artikeln 44 und 45 ausüben können.

Sie umfassen Folgendes:

a) Hintergrund und Beweggründe für die geplante Verschmelzung,

---

[22] ABl. L 157 vom 9.6.2006, S. 87.

b) potenzielle Auswirkungen der geplanten Verschmelzung auf die Anteilinhaber, einschließlich aber nicht ausschließlich wesentlicher Unterschiede in Bezug auf Anlagepolitik und -strategie, Kosten, erwartetes Ergebnis, periodische Berichte, etwaige Verwässerung der Leistung und gegebenenfalls eine eindeutige Warnung an die Anleger, dass ihre steuerliche Behandlung im Zuge der Verschmelzung Änderungen unterworfen sein kann,
c) spezifische Rechte der Anteilinhaber in Bezug auf die geplante Verschmelzung, einschließlich aber nicht ausschließlich des Rechts auf zusätzliche Informationen, des Rechts, auf Anfrage eine Kopie des Berichts des unabhängigen Wirtschaftsprüfers oder der Verwahrstelle zu erhalten, des Rechts, gemäß Artikel 45 Absatz 1 die kostenlose Rücknahme oder Auszahlung oder gegebenenfalls Umwandlung ihrer Anteile zu verlangen, und der Frist für die Wahrnehmung dieses Rechts,
d) maßgebliche Verfahrensaspekte und geplanter effektiver Verschmelzungstermin und
e) Kopie der in Artikel 78 genannten wesentlichen Informationen für den Anleger des übernehmenden OGAW.

(4) Wurde der übertragende oder der übernehmende OGAW gemäß Artikel 93 gemeldet, so werden die in Absatz 3 genannten Informationen in der bzw. einer Amtssprache des Aufnahmemitgliedstaats des jeweiligen OGAW oder in einer von dessen zuständigen Behörden gebilligten Sprache vorgelegt. Der OGAW, der die Informationen zu übermitteln hat, ist für die Erstellung der Übersetzung verantwortlich. Diese Übersetzung gibt den Inhalt des Originals zuverlässig wieder.

(5) Die Kommission kann mittels delegierter Rechtsakte nach Artikel 112a Maßnahmen erlassen, die Inhalt, Form und Art der Übermittlung der in den Absätzen 1 und 3 genannten Informationen im Einzelnen regeln.

(6) Um einheitliche Bedingungen für die Anwendung dieses Artikels zu gewährleisten, kann die ESMA Entwürfe technischer Durchführungsstandards entwickeln, um die Bedingungen für die Anwendung der delegierten Rechtsakte festzulegen, die die Kommission in Bezug auf den Inhalt, die Form und die Art, mittels deren die in den Absätzen 1 und 3 dieses Artikels genannten Informationen zu übermitteln sind, erlassen hat.

Der Kommission wird die Befugnis übertragen, die in Unterabsatz 1 genannten technischen Durchführungsstandards nach Artikel 15 der Verordnung (EU) Nr. 1095/2010 zu erlassen.

Artikel 44

Schreiben die nationalen Rechtsvorschriften der Mitgliedstaaten die Zustimmung der Anteilinhaber zu Verschmelzungen zwischen OGAW vor, so stellen die Mitgliedstaaten sicher, dass für diese Zustimmung höchstens 75 % der tatsächlich abgegebenen Stimmen der bei der Hauptversammlung der Anteilinhaber anwesenden oder vertretenen Anteilinhaber erforderlich sind.

Etwaige in nationalen Rechtsvorschriften vorgeschriebene Quoren bleiben von Absatz 1 unberührt. Die Mitgliedstaaten schreiben weder strengere Quoren bei grenzüberschreitenden Verschmelzungen als bei inländischen Verschmelzungen vor, noch schreiben sie strengere Quoren für Verschmelzungen von OGAW als für die Verschmelzung von Kapitalgesellschaften vor.

Artikel 45

(1) Die Rechtsvorschriften der Mitgliedstaaten sehen vor, dass die Anteilinhaber sowohl des übertragenden als auch des übernehmenden OGAW das Recht haben, ohne weitere Kosten als jene, die vom OGAW zur Deckung der Auflösungskosten einbehalten werden, den Wiederverkauf oder die Rücknahme ihrer Anteile oder, soweit möglich, deren Umtausch in Anteile eines anderen OGAW mit ähnlicher Anlagepolitik, der von derselben Verwaltungsgesellschaft oder einer anderen Gesellschaft verwaltet wird, mit der die Verwaltungsgesellschaft durch eine gemeinsame Verwaltung oder Kontrolle oder durch eine wesentliche direkte oder indirekte Beteiligung verbunden ist, zu verlangen. Dieses Recht wird ab dem Zeitpunkt wirksam, zu dem die Anteilinhaber des übertragenden OGAW und die Anteilinhaber des übernehmenden OGAW nach Artikel 43 über die geplante Verschmelzung unterrichtet werden, und erlischt fünf Werktage vor dem Zeitpunkt für die Berechnung des Umtauschverhältnisses gemäß Artikel 47 Absatz 1.

(2) Unbeschadet der Bestimmungen nach Absatz 1 können bei Verschmelzungen zwischen OGAW die Mitgliedstaaten den zuständigen Behörden abweichend von Artikel 84 Absatz 1 gestatten, dass sie die zeitweilige Aussetzung der Zeichnung, der Rücknahme oder der Auszahlung von Anteilen verlangen oder gestatten, wenn eine solche Aussetzung aus Gründen des Anteilinhaberschutzes gerechtfertigt ist.

ABSCHNITT 3
Kosten und Wirksamwerden

Artikel 46

Hat der OGAW eine Verwaltungsgesellschaft benannt, so stellen die Mitgliedstaaten sicher, dass etwaige Rechts-, Beratungs- oder Verwaltungskosten, die mit der Vorbereitung und Durchführung der Verschmelzung verbunden sind, weder dem übertragenden OGAW, dem übernehmenden OGAW noch ihren Anteilinhabern angelastet werden.

Artikel 47

(1) Bei inländischen Verschmelzungen sehen die Rechtsvorschriften der Mitgliedstaaten den Zeitpunkt vor, an dem die Verschmelzung wirksam wird, und den Zeitpunkt für die Berechnung des Verhältnisses für den Umtausch von Anteilen des übertragenden OGAW in Anteile des übernehmenden OGAW und, sofern zutreffend, für die Festlegung des einschlägigen Nettobestands für Barzahlungen.

Bei grenzüberschreitenden Verschmelzungen werden diese Fristen von den Rechtsvorschriften des Herkunftsmitgliedstaats des übernehmenden OGAW bestimmt. Die Mitgliedstaaten stellen gegebenenfalls sicher, dass diese Fristen nach Genehmigung der Verschmelzung durch die Anteilinhaber des übernehmenden OGAW oder des übertragenden OGAW liegen.

(2) Das Wirksamwerden der Verschmelzung wird mit allen geeigneten Mitteln auf die in den Rechtsvorschriften des Herkunftsmitgliedstaats des übernehmenden OGAW vorgesehene Art und Weise öffentlich bekannt gegeben und den zuständigen Behörden der Herkunftsmitgliedstaaten des übernehmenden und des übertragenden OGAW mitgeteilt.

(3) Eine Verschmelzung, die nach Absatz 1 wirksam geworden ist, kann nicht mehr für nichtig erklärt werden.

Artikel 48

(1) Eine nach Artikel 2 Absatz 1 Buchstabe p Ziffer i durchgeführte Verschmelzung hat folgende Auswirkungen:

a) Alle Vermögenswerte und Verbindlichkeiten des übertragenden OGAW werden auf den übernehmenden OGAW oder, sofern zutreffend, auf die Verwahrstelle des übernehmenden OGAW übertragen;
b) die Anteilinhaber des übertragenden OGAW werden Anteilinhaber des übernehmenden OGAW, und sie haben gegebenenfalls Anspruch auf eine Barzahlung in Höhe von höchstens 10 % des Nettobestandwerts ihrer Anteile in dem übertragenden OGAW, und
c) der übertragende OGAW erlischt mit Inkrafttreten der Verschmelzung.

(2) Eine nach Artikel 2 Absatz 1 Buchstabe p Ziffer ii durchgeführte Verschmelzung hat folgende Auswirkungen:

a) Alle Vermögenswerte und Verbindlichkeiten des übertragenden OGAW werden auf den neu gegründeten übernehmenden OGAW oder, sofern zutreffend, auf die Verwahrstelle des übernehmenden OGAW übertragen;
b) die Anteilinhaber des übertragenden OGAW werden Anteilinhaber des neu gegründeten übernehmenden OGAW, und sie haben gegebenenfalls Anspruch auf eine Barzahlung in Höhe von höchstens 10 % des Nettobestandwerts ihrer Anteile in dem übertragenden OGAW, und
c) der übertragende OGAW erlischt mit Inkrafttreten der Verschmelzung.

(3) Eine nach Artikel 2 Absatz 1 Buchstabe p Ziffer iii durchgeführte Verschmelzung hat folgende Auswirkungen:

a) Die Nettovermögenswerte des übertragenden OGAW werden auf den übernehmenden OGAW oder, sofern zutreffend, auf die Verwahrstelle des übernehmenden OGAW übertragen;
b) die Anteilinhaber des übertragenden OGAW werden Anteilinhaber des übernehmenden OGAW, und
c) der übertragende OGAW besteht weiter, bis alle Verbindlichkeiten getilgt sind.

(4) Die Mitgliedstaaten sehen die Einrichtung eines Verfahrens vor, mit dem die Verwaltungsgesellschaft des übernehmenden OGAW der Verwahrstelle des übernehmenden OGAW bestätigt, dass die Übertragung der Vermögenswerte und gegebenenfalls der Verbindlichkeiten abgeschlossen ist. Hat der übernehmende OGAW keine Verwaltungsgesellschaft benannt, gibt er diese Bestätigung der Verwahrstelle des übernehmenden OGAW.

KAPITEL VII
VERPFLICHTUNGEN BETREFFEND DIE ANLAGEPOLITIK DER OGAW

Artikel 49

Im Sinne dieses Kapitels wird bei jedem OGAW, der aus mehr als einem Teilfonds zusammengesetzt ist, jeder Teilfonds als eigener OGAW betrachtet.

Artikel 50

(1) Die Anlagen eines OGAW bestehen ausschließlich aus einer oder mehreren der folgenden Anlagearten:

a) Wertpapieren und Geldmarktinstrumenten, die an einem geregelten Markt im Sinne von Artikel 4 Absatz 1 Nummer 14 der Richtlinie 2004/39/EG notiert oder gehandelt werden,
b) Wertpapieren und Geldmarktinstrumenten, die an einem anderen geregelten Markt eines Mitgliedstaats, der anerkannt, für das Publikum offen und dessen Funktionsweise ordnungsgemäß ist, gehandelt werden,
c) Wertpapieren und Geldmarktinstrumenten, die an einer Wertpapierbörse eines Drittlandes amtlich notiert oder an einem anderen geregelten Markt eines Drittlandes, der anerkannt, für das Publikum offen und dessen Funktionsweise ordnungsgemäß ist, gehandelt werden, sofern die Wahl dieser Börse oder dieses Marktes von den zuständigen Behörden genehmigt worden oder in den gesetzlichen Vorschriften und/oder den Vertragsbedingungen des Investmentfonds oder in der Satzung der Investmentgesellschaft vorgesehen ist,
d) Wertpapieren aus Neuemissionen, sofern
   i) die Emissionsbedingungen die Verpflichtung enthalten, dass die Zulassung zur amtlichen Notierung an einer Wertpapierbörse oder an einem anderen geregelten Markt, der anerkannt, für das Publikum offen und dessen Funktionsweise ordnungsgemäß ist, beantragt wird, und sofern die Wahl dieser Börse oder dieses Marktes von den zuständigen Behörden genehmigt worden oder in den gesetzlichen Vorschriften und/oder den Vertragsbedingungen des Investmentfonds oder in der Satzung der Investmentgesellschaft vorgesehen ist, und
   ii) die unter Ziffer i genannte Zulassung spätestens vor Ablauf eines Jahres nach der Emission erlangt wird,
e) Anteilen von nach dieser Richtlinie zugelassenen OGAW oder anderer Organismen für gemeinsame Anlagen im Sinne von Artikel 1 Absatz 2 Buchstaben a und b, unabhängig davon, ob sie in einem Mitgliedstaat niedergelassen sind, sofern
   i) diese anderen Organismen für gemeinsame Anlagen nach Rechtsvorschriften zugelassen wurden, die sie einer Aufsicht unterstellen, welche nach Auffassung der zuständigen Behörden des Herkunftsmitgliedstaats des OGAW derjenigen nach dem Gemeinschaftsrecht gleichwertig ist, und ausreichende Gewähr für die Zusammenarbeit zwischen den Behörden besteht,
   ii) das Schutzniveau der Anteilseigner der anderen Organismen für gemeinsame Anlagen dem Schutzniveau der Anteilinhaber eines OGAW gleichwertig ist und insbesondere die Vorschriften für die getrennte Verwahrung des Sondervermögens, die Kreditaufnahme, die Kreditgewährung und Leerverkäufe von Wertpapieren und Geldmarktinstrumenten den Anforderungen dieser Richtlinie gleichwertig sind,
   iii) die Geschäftstätigkeit der anderen Organismen für gemeinsame Anlagen Gegenstand von Halbjahres- und Jahresberichten ist, die es erlauben, sich ein Urteil über das Vermögen und die Verbindlichkeiten, die Erträge und die Transaktionen im Berichtszeitraum zu bilden, und
   iv) der OGAW oder der andere Organismus für gemeinsame Anlagen, dessen Anteile erworben werden sollen, nach seinen Vertragsbedingungen bzw. seiner Satzung insgesamt höchstens 10 % seines Sondervermögens in Anteilen anderer OGAW oder Organismen für gemeinsame Anlagen anlegen darf,
f) Sichteinlagen oder kündbaren Einlagen mit einer Laufzeit von höchstens 12 Monaten bei Kreditinstituten, sofern das betreffende Kreditinstitut seinen Sitz in einem Mitgliedstaat hat oder – falls der Sitz des Kreditinstituts sich in einem Drittland befindet – es Aufsichtsbestimmungen unterliegt, die nach Auffassung der zuständigen Behörden des

Herkunftsmitgliedstaats des OGAW denjenigen des Gemeinschaftsrechts gleichwertig sind,

g) abgeleiteten Finanzinstrumenten („Derivaten"), einschließlich gleichwertiger bar abgerechneter Instrumente, die an einem der unter den Buchstaben a, b und c bezeichneten geregelten Märkte gehandelt werden, und/oder abgeleiteten Finanzinstrumenten, die nicht an einer Börse gehandelt werden („OTC-Derivaten"), sofern
   i) es sich bei den Basiswerten der Derivate um Instrumente im Sinne dieses Absatzes oder um Finanzindizes, Zinssätze, Wechselkurse oder Währungen handelt, in die der OGAW gemäß den in seinen Vertragsbedingungen oder seiner Satzung genannten Anlagezielen investieren darf,
   ii) die Gegenparteien bei Geschäften mit OTC-Derivaten einer Aufsicht unterliegende Institute der Kategorien sind, die von den zuständigen Behörden des Herkunftsmitgliedstaats des OGAW zugelassen wurden, und
   iii) die OTC-Derivate einer zuverlässigen und überprüfbaren Bewertung auf Tagesbasis unterliegen und jederzeit auf Initiative des OGAW zum angemessenen Zeitwert veräußert, liquidiert oder durch ein Gegengeschäft glattgestellt werden können,

h) Geldmarktinstrumenten, die nicht auf einem geregelten Markt gehandelt werden und die unter die Definition des Artikels 2 Absatz 1 Buchstabe o fallen, sofern die Emission oder der Emittent dieser Instrumente bereits Vorschriften über den Einlagen- und den Anlegerschutz unterliegt, vorausgesetzt, sie werden
   i) von einer zentralstaatlichen, regionalen oder lokalen Körperschaft oder der Zentralbank eines Mitgliedstaats, der Europäischen Zentralbank, der Gemeinschaft oder der Europäischen Investitionsbank, einem Drittstaat oder, sofern dieser ein Bundesstaat ist, einem Gliedstaat der Föderation oder von einer internationalen Einrichtung öffentlich-rechtlichen Charakters, der mindestens ein Mitgliedstaat angehört, begeben oder garantiert,
   ii) von einem Unternehmen begeben, dessen Wertpapiere auf den unter den Buchstaben a, b und c bezeichneten geregelten Märkten gehandelt werden,
   iii) von einem Institut, das gemäß den im Gemeinschaftsrecht festgelegten Kriterien einer Aufsicht unterstellt ist, oder einem Institut, das Aufsichtsbestimmungen, die nach Auffassung der zuständigen Behörden mindestens so streng sind wie die des Gemeinschaftsrechts, unterliegt und diese einhält, begeben oder garantiert, oder
   iv) von anderen Emittenten begeben, die einer Kategorie angehören, die von den zuständigen Behörden des Herkunftsmitgliedstaats des OGAW zugelassen wurde, sofern für Anlagen in diesen Instrumenten Vorschriften für den Anlegerschutz gelten, die denen der Ziffern i, ii oder iii gleichwertig sind, und sofern es sich bei dem Emittenten entweder um ein Unternehmen mit einem Eigenkapital von mindestens 10 Mio. EUR, das seinen Jahresabschluss nach den Vorschriften der Vierten Richtlinie 78/660/EWG des Rates vom 25. Juli 1978 aufgrund von Artikel 54 Absatz 3 Buchstabe g des Vertrags über den Jahresabschluss von Gesellschaften bestimmter Rechtsformen ([23]) erstellt und veröffentlicht, oder um einen Rechtsträger, der innerhalb einer eine oder mehrere börsennotierte Gesellschaften umfassenden Unternehmensgruppe für die Finanzierung dieser Gruppe zuständig ist, oder um einen Rechtsträger handelt, der die wertpapiermäßige Unterlegung von Verbindlichkeiten durch Nutzung einer von einer Bank eingeräumten Kreditlinie finanzieren soll.

---

[23] ABl. L 222 vom 14.8.1978, S. 11.

(2) Jedoch darf ein OGAW nicht

a) mehr als 10 % seines Sondervermögens in anderen als den in Absatz 1 genannten Wertpapieren und Geldmarktinstrumenten anlegen;
b) Edelmetalle oder Zertifikate über diese erwerben.

OGAW dürfen daneben flüssige Mittel halten.

(3) Eine Investmentgesellschaft darf bewegliches und unbewegliches Vermögen erwerben, das für die unmittelbare Ausübung ihrer Tätigkeit unerlässlich ist.

(4) Um eine kohärente Harmonisierung dieses Artikels zu gewährleisten, kann die ESMA Entwürfe technischer Regulierungsstandards entwickeln, um die Vorschriften über die Kategorien von Vermögenswerten zu präzisieren, in die OGAW im Einklang mit diesem Artikel und mit den von der Kommission in Bezug auf diese Bestimmungen erlassenen delegierten Rechtsakten investieren können.

Der Kommission wird die Befugnis übertragen, die in Unterabsatz 1 genannten technischen Regulierungsstandards den Artikeln 10 bis 14 der Verordnung (EU) Nr. 1095/2010 zu erlassen.

Artikel 50a

Um sektorübergreifende Kohärenz zu gewährleisten und Divergenzen zwischen den Interessen von Firmen, die Kredite in handelbare Wertpapiere und andere Finanzinstrumente ‚umverpacken' (Originatoren), und den Interessen von OGAW, die in diese Wertpapiere oder Finanzinstrumente investieren, zu beseitigen, erlässt die Kommission delegierte Rechtsakte nach Artikel 112 mit Bestimmungen zu Folgendem:

a) den Anforderungen, die ein Originator erfüllen muss, damit ein OGAW in Wertpapiere oder andere Finanzinstrumente dieses Typs, die nach dem 1. Januar 2011 emittiert werden, investieren darf, einschließlich der Anforderungen, die gewährleisten, dass der Originator einen materiellen Nettoanteil von mindestens 5 % behält,
b) den qualitativen Anforderungen, die OGAW, die in diese Wertpapiere oder andere Finanzinstrumente investieren, erfüllen müssen.

Artikel 51

(1) Eine Verwaltungs- oder Investmentgesellschaft verwendet ein Risikomanagement-Verfahren, das es ihr erlaubt, das mit den Anlagepositionen verbundene Risiko sowie ihren jeweiligen Anteil am Gesamtrisikoprofil des Anlageportfolios eines OGAW jederzeit zu überwachen und zu messen. Insbesondere stützt sie sich bei der Bewertung der Bonität der OGAW-Vermögenswerte nicht ausschließlich und automatisch auf Ratings, die von Ratingagenturen im Sinne von Artikel 3 Absatz 1 Buchstabe b der Verordnung (EG) Nr. 1060/2009 des Europäischen Parlaments und des Rates vom 16. September 2009 über Ratingagenturen ([24]) abgegeben worden sind.

Sie verwendet ferner ein Verfahren, das eine präzise und unabhängige Bewertung des Werts der OTC-Derivate erlaubt.

Sie teilt den zuständigen Behörden ihres Herkunftsmitgliedstaats regelmäßig die Arten der Derivate im Portfolio, die mit den jeweiligen Basiswerten verbundenen Risiken, die

[24] ABl. L 302 vom 17.11.2009, S. 1.

Anlagegrenzen und für jeden von ihr verwalteten OGAW die verwendeten Methoden zur Messung der mit den Derivategeschäften verbundenen Risiken mit.

Die zuständigen Behörden stellen sicher, dass alle nach Absatz 3 eingehenden Informationen über alle von ihnen beaufsichtigten Verwaltungsgesellschaften oder Investitionsgesellschaften der ESMA gemäß Artikel 35 der Verordnung (EU) Nr. 1095/2010 und dem durch die Verordnung (EU) Nr. 1092/2010 des Europäischen Parlaments und des Rates vom 24. November 2010 über die Finanzaufsicht der Europäischen Union auf Makroebene und zur Errichtung eines Europäischen Ausschusses für Systemrisiken ([25]) eingerichteten Europäischen Ausschuss für Systemrisiken (im Folgenden ‚ESRB') im Einklang mit Artikel 15 der letztgenannten Verordnung zum Zweck der Überwachung von Systemrisiken auf Unionsebene übermittelt werden.

(2) Die Mitgliedstaaten können dem OGAW gestatten, sich unter Einhaltung der von ihnen festgelegten Bedingungen und Grenzen der Techniken und Instrumente zu bedienen, die Wertpapiere und Geldmarktinstrumente zum Gegenstand haben, sofern die Verwendung dieser Techniken und Instrumente im Hinblick auf die effiziente Verwaltung der Portfolios geschieht.

Beziehen sich diese Transaktionen auf die Verwendung von Derivaten, so müssen die Bedingungen und Grenzen mit den Bestimmungen dieser Richtlinie im Einklang stehen.

Unter keinen Umständen darf ein OGAW bei diesen Transaktionen von den in seinen Vertragsbedingungen, seiner Satzung bzw. seinem Prospekt genannten Anlagezielen abweichen.

(3) Der OGAW stellt sicher, dass das mit Derivaten verbundene Gesamtrisiko den Gesamtnettowert seiner Portfolios nicht überschreitet.

Bei der Berechnung des Risikos werden der Marktwert der Basiswerte, das Ausfallrisiko, künftige Marktfluktuationen und die Liquidationsfrist der Positionen berücksichtigt. Dies gilt auch für die Unterabsätze 3 und 4.

Ein OGAW darf als Teil seiner Anlagestrategie innerhalb der in Artikel 52 Absatz 5 festgelegten Grenzen Anlagen in Derivaten tätigen, sofern das Gesamtrisiko der Basiswerte die Anlagegrenzen des Artikels 52 nicht überschreitet. Die Mitgliedstaaten können gestatten, dass Anlagen eines OGAW in indexbasierten Derivaten in Bezug auf die Obergrenzen des Artikels 52 nicht berücksichtigt werden müssen.

Wenn ein Derivat in ein Wertpapier oder ein Geldmarktinstrument eingebettet ist, wird das Derivat hinsichtlich der Einhaltung der Vorschriften dieses Artikels mit berücksichtigt.

(3a) Unter Berücksichtigung der Art, des Umfangs und der Komplexität der Tätigkeiten der OGAW überwachen die zuständigen Behörden die Angemessenheit der Verfahren der Verwaltungs- oder Investmentgesellschaften für die Bonitätsbewertung, bewerten die Verwendung von Bezugnahmen auf die in Absatz 1 Unterabsatz 1 genannten Ratings in der Anlagepolitik der OGAW und regen, falls angezeigt, die Milderung der Auswirkungen solcher Bezugnahmen an, um dem ausschließlichen und automatischen Rückgriff auf derartige Ratings entgegenzuwirken.

(4) Unbeschadet des Artikels 116 erlässt die Kommission mittels delegierter Rechtsakte nach Artikel 112a Maßnahmen, in denen Folgendes präzisiert wird:

a) Kriterien für die Prüfung der Angemessenheit des von der Verwaltungs-oder Investmentgesellschaft nach Absatz 1 Unterabsatz 1 angewandten Verfahrens zum Risikomanagement,

---

[25] ABl. L 331 vom 15.12.2010, S. 1.

b) detaillierte Bestimmungen in Bezug auf die sorgfältige und unabhängige Prüfung des Werts ungeregelter Derivate,
c) detaillierte Bestimmungen in Bezug auf den Inhalt und die Verfahren zur Übermittlung der Informationen gemäß Absatz 1 Unterabsatz 3 an die zuständigen Behörden des Herkunftsmitgliedstaats der Verwaltungsgesellschaft.

Die in Unterabsatz 1 Buchstabe a genannten Kriterien gewährleisten, dass die Verwaltungs- oder Investmentgesellschaft daran gehindert wird, sich bei der Bewertung der Bonität der OGAW-Vermögenswerte ausschließlich oder automatisch auf die in Absatz 1 Unterabsatz 1 genannten Ratings zu stützen.

(5) Um einheitliche Bedingungen für die Anwendung dieses Artikels zu gewährleisten, kann die ESMA Entwürfe technischer Durchführungsstandards entwickeln, um die Bedingungen für die Anwendung der delegierten Rechtsakte festzulegen, die die Kommission im Hinblick auf die Kriterien und Vorschriften in Absatz 4 erlässt.

Der Kommission wird die Befugnis übertragen, die in Unterabsatz 1 genannten technischen Durchführungsstandards gemäß Artikel 15 der Verordnung (EU) Nr. 1095/2010 zu erlassen.

Artikel 52

(1) Ein OGAW legt höchstens
a) 5 % seines Sondervermögens in Wertpapieren oder Geldmarktinstrumenten ein und desselben Emittenten und
b) 20 % seines Sondervermögens in Einlagen bei ein und demselben Emittenten an.

Das Ausfallrisiko bei Geschäften eines OGAW mit OTC-Derivaten darf jeweils folgende Sätze nicht überschreiten:
a) wenn die Gegenpartei ein Kreditinstitut im Sinne von Artikel 50 Absatz 1 Buchstabe f ist, 10 % des Sondervermögens, oder
b) ansonsten 5 % des Sondervermögens.

(2) Die Mitgliedstaaten können die in Absatz 1 Unterabsatz 1 genannte Anlagegrenze von 5 % auf höchstens 10 % anheben. Machen sie von dieser Möglichkeit Gebrauch, so darf jedoch der Gesamtwert der Wertpapiere und Geldmarktinstrumente der Emittenten, bei denen der OGAW jeweils mehr als 5 % seines Sondervermögens anlegt, 40 % des Wertes seines Sondervermögens nicht überschreiten. Diese Begrenzung findet keine Anwendung auf Einlagen oder auf Geschäfte mit OTC-Derivaten, die mit Finanzinstituten getätigt werden, welche einer Aufsicht unterliegen.

Ungeachtet der Einzelobergrenzen des Absatzes 1 darf ein OGAW Folgendes nicht kombinieren, wenn dies zu einer Anlage von mehr als 20 % seines Sondervermögens bei ein und derselben Einrichtung führen würde:
a) von dieser Einrichtung begebene Wertpapiere oder Geldmarktinstrumente,
b) Einlagen bei dieser Einrichtung oder
c) von dieser Einrichtung erworbene OTC-Derivate.

(3) Die Mitgliedstaaten können die in Absatz 1 Unterabsatz 1 genannte Obergrenze von 5 % auf höchstens 35 % anheben, wenn die Wertpapiere oder Geldmarktinstrumente von einem Mitgliedstaat oder seinen Gebietskörperschaften, von einem Drittstaat oder von einer internationalen Einrichtung öffentlich-rechtlichen Charakters, der mindestens ein Mitgliedstaat angehört, begeben oder garantiert werden.

(4) Die Mitgliedstaaten können für bestimmte Schuldverschreibungen die in Absatz 1 Unterabsatz 1 genannte Obergrenze von 5 % auf höchstens 25 % anheben, wenn die Schuld-

verschreibungen von einem Kreditinstitut mit Sitz in einem Mitgliedstaat begeben werden, das aufgrund gesetzlicher Vorschriften zum Schutz der Inhaber dieser Schuldverschreibungen einer besonderen öffentlichen Aufsicht unterliegt. Insbesondere werden die Erträge aus der Emission dieser Schuldverschreibungen gemäß den gesetzlichen Vorschriften in Vermögenswerten angelegt, die während der gesamten Laufzeit der Schuldverschreibungen die sich daraus ergebenden Verbindlichkeiten ausreichend decken und vorrangig für die beim Ausfall des Emittenten fällig werdende Rückzahlung des Kapitals und der Zinsen bestimmt sind.

Legt ein OGAW mehr als 5 % seines Sondervermögens in Schuldverschreibungen im Sinne des Unterabsatzes 1 an, die von ein und demselben Emittenten begeben werden, so überschreitet der Gesamtwert dieser Anlagen 80 % des Wertes des Sondervermögens des OGAW nicht.

Die Mitgliedstaaten übermitteln der ESMA und der Kommission ein Verzeichnis der in Unterabsatz 1 genannten Kategorien von Schuldverschreibungen und der Kategorien von Emittenten, die nach den gesetzlichen Vorschriften und den Aufsichtsvorschriften im Sinne des genannten Unterabsatzes befugt sind, Schuldverschreibungen auszugeben, die den in diesem Artikel festgelegten Kriterien entsprechen. Diesen Verzeichnissen ist ein Vermerk beizufügen, in dem der Status der gebotenen Garantien erläutert wird. Die Kommission und die ESMA übermitteln diese Informationen zusammen mit Anmerkungen, die sie für angebracht halten, unverzüglich den anderen Mitgliedstaaten und machen sie der Öffentlichkeit auf ihren Websites zugänglich. Die Angaben können Gegenstand eines Gedankenaustauschs im Rahmen des in Artikel 112 genannten Europäischen Wertpapierausschusses sein.

(5) Die in den Absätzen 3 und 4 genannten Wertpapiere und Geldmarktinstrumente werden bei der Anwendung der in Absatz 2 vorgesehenen Anlagegrenze von 40 % nicht berücksichtigt.

Die in den Absätzen 1 bis 4 genannten Grenzen dürfen nicht kumuliert werden; daher dürfen gemäß den Absätzen 1 bis 4 getätigte Anlagen in Wertpapieren oder Geldmarktinstrumenten ein und desselben Emittenten oder in Einlagen bei diesem Emittenten oder in Derivaten desselben 35 % des Sondervermögens der OGAW nicht übersteigen.

Gesellschaften, die im Hinblick auf die Erstellung des konsolidierten Abschlusses im Sinne der Richtlinie 83/349/EWG oder nach den anerkannten internationalen Rechnungslegungsvorschriften derselben Unternehmensgruppe angehören, werden bei der Berechnung der in diesem Artikel vorgesehenen Anlagegrenzen als ein einziger Emittent angesehen.

Die Mitgliedstaaten können gestatten, dass Anlagen in Wertpapieren und Geldmarktinstrumenten ein und derselben Unternehmensgruppe zusammen 20 % erreichen.

Artikel 53

(1) Unbeschadet der in Artikel 56 festgelegten Anlagegrenzen können die Mitgliedstaaten die in Artikel 52 genannten Obergrenzen für Anlagen in Aktien oder Schuldtiteln ein und desselben Emittenten auf höchstens 20 % anheben, wenn es gemäß den Vertragsbedingungen bzw. der Satzung des OGAW Ziel seiner Anlagestrategie ist, einen bestimmten, von den zuständigen Behörden anerkannten Aktien- oder Schuldtitelindex nachzubilden; Voraussetzung hierfür ist, dass

a) die Zusammensetzung des Index hinreichend diversifiziert ist,
b) der Index eine adäquate Bezugsgrundlage für den Markt darstellt, auf den er sich bezieht, und

c) der Index in angemessener Weise veröffentlicht wird.

(2) Die Mitgliedstaaten können die in Absatz 1 festgelegte Grenze auf höchstens 35 % anheben, sofern dies aufgrund außergewöhnlicher Marktbedingungen gerechtfertigt ist, und zwar insbesondere auf geregelten Märkten, auf denen bestimmte Wertpapiere oder Geldmarktinstrumente stark dominieren. Eine Anlage bis zu dieser Obergrenze ist nur bei einem einzigen Emittenten möglich.

Artikel 54

(1) Abweichend von Artikel 52 können die Mitgliedstaaten den OGAW gestatten, nach dem Grundsatz der Risikostreuung bis zu 100 % ihres Sondervermögens in Wertpapieren und Geldmarktinstrumenten verschiedener Emissionen anzulegen, die von einem Mitgliedstaat oder einer oder mehreren seiner Gebietskörperschaften, von einem Drittstaat oder einer internationalen Einrichtung öffentlich-rechtlichen Charakters, der ein oder mehrere Mitgliedstaaten angehören, begeben oder garantiert werden.

Die zuständigen Behörden des Herkunftsmitgliedstaats des OGAW erteilen diese Ausnahmegenehmigung nur dann, wenn sie der Auffassung sind, dass die Anteilinhaber des betreffenden OGAW den gleichen Schutz genießen wie die Anteilinhaber von OGAW, die die Grenzen von Artikel 52 einhalten.

Diese OGAW halten Wertpapiere, die im Rahmen von mindestens sechs verschiedenen Emissionen begeben worden sind, wobei die Wertpapiere aus einer einzigen Emission 30 % des Gesamtbetrags ihres Sondervermögens nicht überschreiten.

(2) Die in Absatz 1 genannten OGAW erwähnen in den Vertragsbedingungen des Investmentfonds oder in der Satzung der Investmentgesellschaft ausdrücklich die Mitgliedstaaten, Gebietskörperschaften oder internationalen Einrichtungen öffentlich-rechtlichen Charakters, von denen die Wertpapiere, in denen sie mehr als 35 % ihres Sondervermögens anzulegen beabsichtigen, begeben oder garantiert werden.

Diese Vertragsbedingungen oder die Satzung werden von den zuständigen Behörden genehmigt.

(3) Die in Absatz 1 genannten OGAW weisen in den Prospekten sowie in Marketing-Anzeigen deutlich auf diese Genehmigung hin und geben dabei die Mitgliedstaaten, Gebietskörperschaften oder internationalen Einrichtungen öffentlich-rechtlichen Charakters an, in deren Wertpapieren sie mehr als 35 % ihres Sondervermögens anzulegen beabsichtigen oder angelegt haben.

Artikel 55

(1) Ein OGAW darf Anteile von anderen OGAW oder anderen Organismen für gemeinsame Anlagen im Sinne des Artikels 50 Absatz 1 Buchstabe e erwerben, sofern er höchstens 10 % seines Sondervermögens in Anteilen ein und desselben OGAW bzw. sonstigen Organismus für gemeinsame Anlagen anlegt. Die Mitgliedstaaten können diese Grenze auf höchstens 20 % anheben.

(2) Anlagen in Anteilen von anderen Organismen für gemeinsame Anlagen als OGAW dürfen insgesamt 30 % des Sondervermögens des OGAW nicht übersteigen.

Die Mitgliedstaaten können, wenn ein OGAW Anteile eines anderen OGAW oder sonstigen Organismus für gemeinsame Anlagen erworben hat, vorsehen, dass die Anlagewerte des betreffenden OGAW oder anderen Organismus in Bezug auf die Obergrenzen des Artikels 52 nicht berücksichtigt werden müssen.

(3) Erwirbt ein OGAW Anteile anderer OGAW oder sonstiger Organismen für gemeinsame Anlagen, die unmittelbar oder mittelbar von derselben Verwaltungsgesellschaft oder von einer Gesellschaft verwaltet werden, mit der die Verwaltungsgesellschaft durch eine gemeinsame Verwaltung oder Kontrolle oder durch eine wesentliche direkte oder indirekte Beteiligung verbunden ist, so darf die Verwaltungsgesellschaft oder die andere Gesellschaft für die Zeichnung oder den Rückkauf von Anteilen dieser anderen OGAW oder Organismen für gemeinsame Anlagen durch den OGAW keine Gebühren berechnen.

Legt ein OGAW einen wesentlichen Teil seines Sondervermögens in Anteilen anderer OGAW oder sonstiger Organismen für gemeinsame Anlagen an, so muss sein Prospekt Angaben darüber enthalten, wie hoch die Verwaltungsgebühren maximal sind, die von dem betreffenden OGAW selbst wie auch von den anderen OGAW oder sonstigen Organismen für gemeinsame Anlagen, in die zu investieren er beabsichtigt, zu tragen sind. Der OGAW gibt in seinem Jahresbericht an, wie hoch der Anteil der Verwaltungsgebühren maximal ist, den der OGAW einerseits und die OGAW oder anderen Organismen für gemeinsame Anlagen, in die er investiert, andererseits zu tragen haben.

Artikel 56

(1) Eine Investmentgesellschaft oder eine Verwaltungsgesellschaft erwirbt für keine der von ihr verwalteten Investmentfonds, die unter den Anwendungsbereich dieser Richtlinie fallen, Aktien, die mit einem Stimmrecht verbunden sind, das es ihr ermöglicht, einen nennenswerten Einfluss auf die Geschäftsführung eines Emittenten auszuüben.

Bis zu einer späteren Koordinierung müssen die Mitgliedstaaten die Rechtsvorschriften der übrigen Mitgliedstaaten berücksichtigen, in denen der in Unterabsatz 1 genannte Grundsatz niedergelegt ist.

(2) Ein OGAW darf höchstens erwerben:

a) 10 % der stimmrechtslosen Aktien ein und desselben Emittenten,
b) 10 % der Schuldverschreibungen ein und desselben Emittenten,
c) 25 % der Anteile ein und desselben OGAW oder anderen Organismus für gemeinsame Anlagen im Sinne von Artikel 1 Absatz 2 Buchstaben a und b und
d) 10 % der Geldmarktinstrumente ein und desselben Emittenten.

Die unter den Buchstaben b, c und d vorgesehenen Anlagegrenzen brauchen beim Erwerb nicht eingehalten zu werden, wenn sich der Bruttobetrag der Schuldtitel oder der Geldmarktinstrumente oder der Nettobetrag der ausgegebenen Anteile zum Zeitpunkt des Erwerbs nicht berechnen lässt.

(3) Es bleibt den Mitgliedstaaten überlassen, die Absätze 1 und 2 nicht anzuwenden

a) auf Wertpapiere und Geldmarktinstrumente, die von einem Mitgliedstaat oder dessen öffentlichen Gebietskörperschaften begeben oder garantiert werden;
b) auf von einem Drittstaat begebene oder garantierte Wertpapiere und Geldmarktinstrumente;
c) auf Wertpapiere und Geldmarktinstrumente, die von einer internationalen Einrichtung öffentlich-rechtlichen Charakters begeben werden, denen ein oder mehrere Mitgliedstaaten angehören;
d) auf Aktien, die ein OGAW an dem Kapital einer Gesellschaft eines Drittlandes besitzt, die ihr Vermögen im Wesentlichen in Wertpapieren von Emittenten anlegt, die in diesem Land ansässig sind, wenn eine derartige Beteiligung für den OGAW aufgrund der Rechtsvorschriften dieses Landes die einzige Möglichkeit darstellt, Anlagen in Wertpapieren von Emittenten dieses Landes zu tätigen, und

e) auf von einer Investmentgesellschaft oder von mehreren Investmentgesellschaften gehaltene Anteile am Kapital von Tochtergesellschaften, die im Niederlassungsstaat der Tochtergesellschaft lediglich und ausschließlich für diese Investmentgesellschaft oder -gesellschaften bestimmte Verwaltungs-, Beratungs- oder Vertriebstätigkeiten im Hinblick auf den Rückkauf von Anteilen auf Wunsch der Anteilinhaber ausüben.

Die in Unterabsatz 1 Buchstabe d genannte Ausnahmeregelung gilt jedoch nur unter der Voraussetzung, dass die Gesellschaft des Drittlandes in ihrer Anlagepolitik die in den Artikeln 52 und 55 sowie den Absätzen 1 und 2 dieses Artikels festgelegten Grenzen nicht überschreitet. Bei Überschreitung der in den Artikeln 52 und 55 vorgesehenen Grenzen findet Artikel 57 entsprechend Anwendung;

Artikel 57

(1) Ein OGAW muss die in diesem Kapitel vorgesehenen Anlagegrenzen bei der Ausübung von Bezugsrechten, die an Wertpapiere oder Geldmarktinstrumente geknüpft sind, die Teil seines Sondervermögens sind, nicht einhalten.

Unbeschadet ihrer Verpflichtung, auf die Einhaltung des Grundsatzes der Risikostreuung zu achten, können die Mitgliedstaaten neu zugelassenen OGAW gestatten, während eines Zeitraums von sechs Monaten nach ihrer Zulassung von den Artikeln 52 bis 55 abzuweichen.

(2) Werden die in Absatz 1 genannten Grenzen von dem OGAW unbeabsichtigt oder infolge der Ausübung der Bezugsrechte überschritten, so strebt dieser bei seinen Verkäufen als vorrangiges Ziel die Normalisierung dieser Lage unter Berücksichtigung der Interessen der Anteilinhaber an.

KAPITEL VIII
MASTER-FEEDER-STRUKTUREN

ABSCHNITT 1
Geltungsbereich und Genehmigung

Artikel 58

(1) Ein Feeder-OGAW ist ein OGAW oder ein Teilfonds eines OGAW, der abweichend von Artikel 1 Absatz 2 Buchstabe a, Artikel 50, 52, 55 und Artikel 56 Absatz 2 Buchstabe c mindestens 85 % seines Vermögens in Anteile eines anderen OGAW oder eines Teilfonds eines anderen OGAW („Master-OGAW“) anlegt.

(2) Ein Feeder-OGAW kann bis zu 15 % seines Vermögens in einem oder mehreren der folgenden Vermögenswerte halten:

a) gemäß Artikel 50 Absatz 2 Unterabsatz 2 gehaltene flüssige Mittel;
b) derivative Finanzinstrumente gemäß Artikel 50 Absatz 1 Buchstabe g und Artikel 51 Absätze 2 und 3, die ausschließlich für Absicherungszwecke verwendet werden dürfen;
c) wenn es sich beim Feeder-OGAW um eine Investmentgesellschaft handelt, bewegliches und unbewegliches Vermögen, das für die unmittelbare Ausübung seiner Tätigkeit unerlässlich ist.

Für die Zwecke der Einhaltung von Artikel 51 Absatz 3 berechnet der Feeder-OGAW sein Gesamtrisiko im Zusammenhang mit derivativen Finanzinstrumenten anhand einer Kombination seines eigenen unmittelbaren Risikos nach Unterabsatz 1 Buchstabe b

a) entweder mit dem tatsächlichen Risiko des Master-OGAW gegenüber derivativen Finanzinstrumenten im Verhältnis zur Anlage des Feeder-OGAW in den Master-OGAW oder
b) mit dem potenziellen Gesamthöchstrisiko des Master-OGAW in Bezug auf derivative Finanzinstrumente gemäß den Fondsbestimmungen oder der Satzung des Master-Fonds im Verhältnis zur Anlage des Feeder-OGAW in den Master-OGAW.

(3) Ein Master-OGAW ist ein OGAW oder ein Teilfonds eines OGAW, der
a) mindestens einen Feeder-OGAW unter seinen Anteilinhabern hat,
b) nicht selbst ein Feeder-OGAW ist und
c) keine Anteile eines Feeder-OGAW hält.

(4) Für einen Master-OGAW gelten folgende Abweichungen:
a) hat ein Master-OGAW mindestens zwei Feeder-OGAW als Anteilinhaber, gelten Artikel 1 Absatz 2 Buchstabe a und Artikel 3 Buchstabe b nicht und der Master-OGAW hat die Möglichkeit, sich Kapital bei anderen Anlegern zu beschaffen;
b) nimmt ein Master-OGAW in einem anderen Mitgliedstaat als dem, in dem er niedergelassen ist, und in dem er lediglich über einen oder mehrere Feeder-OGAW verfügt, kein beim Publikum beschafftes Kapital auf, so kommen die Bestimmungen von Kapitel XI und Artikel 108 Absatz 1 Unterabsatz 2 nicht zur Anwendung.

Artikel 59

(1) Die Mitgliedstaaten stellen sicher, dass Anlagen eines Feeder-OGAW in einen bestimmten Master-OGAW, die die Grenze gemäß Artikel 55 Absatz 1 für Anlagen in andere OGAW überschreiten, im Voraus von den zuständigen Behörden des Herkunftsmitgliedstaats des Feeder-OGAW genehmigt werden.

(2) Ein Feeder-OGAW wird innerhalb von 15 Arbeitstagen nach Vorlage eines vollständigen Antrags darüber informiert, ob die zuständigen Behörden die Anlage des Feeder-OGAW in den Master-OGAW genehmigt haben oder nicht.

(3) Die zuständigen Behörden des Herkunftsmitgliedstaats des Feeder-OGAW erteilen die Genehmigung, wenn der Feeder-OGAW, seine Verwahrstelle und sein Wirtschaftsprüfer sowie der Master-OGAW alle in diesem Kapitel dargelegten Anforderungen erfüllen. Der Feeder-OGAW übermittelt den zuständigen Behörden seines Herkunftsmitgliedstaats zu diesem Zweck folgende Dokumente:
a) die Vertragsbedingungen oder Satzungen von Feeder-OGAW und Master-OGAW,
b) den Prospekt und die in Artikel 78 genannten wesentlichen Informationen für den Anleger von Feeder-OGAW und Master-OGAW,
c) die in Artikel 60 Absatz 1 genannte Vereinbarung zwischen Feeder-OGAW und Master-OGAW oder die entsprechenden internen Regelungen für Geschäftstätigkeiten,
d) sofern zutreffend, die in Artikel 64 Absatz 1 genannten Informationen für die Anteilinhaber,
e) wenn Master-OGAW und Feeder-OGAW verschiedene Verwahrstellen haben, die in Artikel 61 Absatz 1 genannte Vereinbarung zwischen den Verwahrstellen, und
f) wenn Master-OGAW und Feeder-OGAW verschiedene Wirtschaftsprüfer haben, die in Artikel 62 Absatz 1 genannte Vereinbarung zwischen den Wirtschaftsprüfern.

Ist der Feeder-OGAW in einem Mitgliedstaat niedergelassen, der nicht mit dem Herkunftsmitgliedstaat des Master-OGAW identisch ist, erbringt der Feeder-OGAW außerdem eine Bestätigung der zuständigen Behörden des Herkunftsmitgliedstaates des Master-OGAW, dass der Master-OGAW ein OGAW oder ein Teilfonds des OGAW ist, der die Bestimmungen gemäß Artikel 58 Absatz 3 Buchstaben b und c erfüllt. Der Feeder-OGAW legt die Unterlagen in der bzw. einer Amtssprache des Herkunftsmitgliedstaats des Feeder-OGAW oder in einer von dessen zuständigen Behörden gebilligten Sprache vor.

ABSCHNITT 2
Gemeinsame Bestimmungen für Feeder-OGAW und Master-OGAW

Artikel 60

(1) Die Mitgliedstaaten verlangen, dass der Master-OGAW dem Feeder-OGAW alle Unterlagen und Informationen zur Verfügung stellt, die der Feeder-OGAW benötigt, um die Anforderungen dieser Richtlinie zu erfüllen. Dazu schließt der Feeder-OGAW eine Vereinbarung mit dem Master-OGAW ab.

Der Feeder-OGAW tätigt Anlagen in Anteile des Master-OGAW, die die Grenze gemäß Artikel 55 Absatz 1 übersteigen, erst, wenn die in Unterabsatz 1 genannte Vereinbarung in Kraft getreten ist. Diese Vereinbarung wird auf Anfrage und ohne Gebühren allen Anteilinhabern zugänglich gemacht.

Werden Master- und Feeder-OGAW von der gleichen Verwaltungsgesellschaft verwaltet, kann die Vereinbarung durch interne Regelungen für Geschäftstätigkeiten ersetzt werden, durch die sichergestellt wird, dass die Bestimmungen dieses Absatzes eingehalten werden.

(2) Master-OGAW und Feeder-OGAW treffen angemessene Maßnahmen zur Abstimmung ihrer Zeitpläne für die Berechnung und Veröffentlichung des Nettovermögenswertes, um das so genannte Market Timing mit ihren Anteilen und Arbitrage-Möglichkeiten zu verhindern.

(3) Wenn ein Master-OGAW unbeschadet von Artikel 84 auf eigene Initiative oder auf Ersuchen der zuständigen Behörden die Rücknahme, Auszahlung oder Zeichnung seiner Anteile zeitweilig aussetzt, so ist jeder seiner Feeder-OGAW dazu berechtigt, die Rücknahme, Auszahlung oder Zeichnung seiner Anteile ungeachtet der in Artikel 84 Absatz 2 formulierten Bedingungen während des gleichen Zeitraums wie der Master-OGAW auszusetzen.

(4) Wird ein Master-OGAW liquidiert, so wird auch der Feeder-OGAW liquidiert, es sei denn, die zuständigen Behörden seines Herkunftsmitgliedstaats genehmigen:

a) die Anlage von mindestens 85 % des Vermögens des Feeder-OGAW in Anteile eines anderen Master-OGAW oder
b) die Änderung der Vertragsbedingungen oder der Satzung, um dem Feeder-OGAW die Umwandlung in einen OGAW, der kein Feeder-OGAW ist, zu ermöglichen.

Unbeschadet spezifischer nationaler Bestimmungen bezüglich verpflichtender Liquidationen erfolgt die Liquidierung eines Master-OGAW frühestens drei Monate nach dem Zeitpunkt, an dem er all seine Anteilinhaber und die zuständigen Behörden des Herkunftsmitgliedstaats des Feeder-OGAW über die verbindliche Entscheidung zur Liquidierung informiert hat.

(5) Bei der Verschmelzung eines Master-OGAW mit einem anderen OGAW oder der Spaltung in zwei oder mehr OGAW wird der Feeder-OGAW liquidiert, es sei denn, die zuständigen Behörden des Herkunftsmitgliedstaats des Feeder-OGAW genehmigen, dass der Feeder-OGAW

a) Feeder-OGAW des Master-OGAW oder eines anderen OGAW bleibt, der aus der Verschmelzung bzw. Spaltung des Master-OGAW hervorgeht,

b) mindestens 85 % seines Vermögens in Anteile eines anderen Master-OGAW anlegt, der nicht aus der Verschmelzung bzw. Spaltung hervorgegangen ist, oder
c) seine Vertragsbedingungen oder Satzung im Sinne einer Umwandlung in einen OGAW ändert, der kein Feeder-OGAW ist.

Eine Verschmelzung oder Spaltung eines Master-OGAW kann nur wirksam werden, wenn der Master-OGAW all seinen Anteilinhabern und den zuständigen Behörden der Herkunftsmitgliedstaaten seines Feeder-OGAW bis 60 Tage vor dem vorgeschlagenen Datum des Wirksamwerdens die in Artikel 43 genannten Informationen oder mit diesen vergleichbare Informationen bereitgestellt hat.

Der Feeder-OGAW erhält vom Master-OGAW die Möglichkeit, vor Wirksamwerden der Verschmelzung bzw. Spaltung des Master-OGAW alle Anteile am Master-OGAW zurückzunehmen oder auszuzahlen, es sei denn, die zuständigen Behörden des Herkunftsmitgliedstaats des Feeder-OGAW haben die in Unterabsatz 1 Buchstabe a vorgesehene Genehmigung erteilt.

(6) Die Kommission kann durch delegierte Rechtsakte nach Artikel 112a Maßnahmen erlassen, mit denen sie Folgendes festlegt:
a) den Inhalt der in Absatz 1 genannten Vereinbarung oder internen Regelungen für Geschäftstätigkeiten;
b) welche der in Absatz 2 genannten Maßnahmen als angemessen betrachtet werden und
c) die Verfahren für die gemäß den Absätzen 4 und 5 im Falle der Liquidation, Verschmelzung oder Spaltung eines Master-OGAW erforderlichen Genehmigungen.

(7) Um einheitliche Bedingungen für die Anwendung dieses Artikels zu gewährleisten, kann die ESMA Entwürfe technischer Durchführungsstandards entwickeln, um die Bedingungen für die Anwendung der delegierten Rechtsakte festzulegen, die die Kommission im Hinblick auf die Vereinbarung, Maßnahmen und Verfahren im Sinne von Absatz 6 zu erlassen hat.

Der Kommission wird die Befugnis übertragen, die in Unterabsatz 1 genannten technischen Durchführungsstandards gemäß Artikel 15 der Verordnung (EU) Nr. 1095/2010 zu erlassen.

ABSCHNITT 3
Verwahrstellen und Wirtschaftsprüfer

Artikel 61

(1) Wenn Master-OGAW und Feeder-OGAW unterschiedliche Verwahrstellen haben, so verlangen die Mitgliedstaaten von diesen Verwahrstellen den Abschluss einer Vereinbarung über den Informationsaustausch, um sicherzustellen, dass beide Verwahrstellen ihre Pflichten erfüllen.

Der Feeder-OGAW tätigt Anlagen in Anteile des Master-OGAW erst, wenn eine solche Vereinbarung wirksam geworden ist.

Bei der Befolgung der Vorschriften dieses Kapitels darf weder die Verwahrstelle des Master-OGAW noch die des Feeder-OGAW eine Bestimmung verletzen, die die Offenlegung von Informationen einschränkt oder den Datenschutz betrifft, wenn derartige Bestimmungen vertraglich oder durch Rechts- oder Verwaltungsvorschriften vorgesehen sind. Die Einhaltung der betreffenden Vorschriften darf für eine Verwahrstelle oder eine für diese handelnde Person keine Haftung nach sich ziehen.

Die Mitgliedstaaten verlangen, dass der Feeder-OGAW oder – sofern zutreffend – die Verwaltungsgesellschaft des Feeder-OGAW dafür zuständig ist, der Verwahrstelle des Feeder-OGAW alle Informationen über den Master-OGAW mitzuteilen, die für die Erfüllung der Pflichten der Verwahrstelle des Feeder-OGAW erforderlich sind.

(2) Die Verwahrstelle des Master-OGAW unterrichtet die zuständigen Behörden des Herkunftsmitgliedstaats des Master-OGAW, den Feeder-OGAW oder – sofern zutreffend – die Verwaltungsgesellschaft und die Verwahrstelle des Feeder-OGAW unmittelbar über alle Unregelmäßigkeiten, die sie in Bezug auf den Master-OGAW feststellt, die möglicherweise eine negative Auswirkung auf den Feeder-OGAW haben können.

(3) Die Kommission kann durch delegierte Rechtsakte nach Artikel 112a Maßnahmen erlassen, mit denen präzisiert wird,

a) welche Einzelheiten in die in Absatz 1 genannte Vereinbarung aufzunehmen sind,
b) bei welchen Arten der in Absatz 2 genannten Unregelmäßigkeiten von negativen Auswirkungen auf den Feeder-OGAW ausgegangen wird.

(4) Um einheitliche Bedingungen für die Anwendung dieses Artikels zu gewährleisten, kann die ESMA Entwürfe technischer Durchführungsstandards entwickeln, um die Bedingungen für die Anwendung der delegierten Rechtsakte festzulegen, die die Kommission im Hinblick auf die Vereinbarung, die Maßnahmen und die Arten von Unregelmäßigkeiten im Sinne von Absatz 3 erlässt.

Der Kommission wird die Befugnis übertragen, die in Unterabsatz 1 genannten technischen Durchführungsstandards gemäß Artikel 15 der Verordnung (EU) Nr. 1095/2010 zu erlassen.

Artikel 62

(1) Wenn Master-OGAW und Feeder-OGAW unterschiedliche Wirtschaftsprüfer haben, so verlangen die Mitgliedstaaten von diesen Wirtschaftsprüfern den Abschluss einer Vereinbarung über den Informationsaustausch, die die festgelegten Regelungen zur Erfüllung der Vorgaben gemäß Absatz 2 einschließt, um sicherzustellen, dass beide Wirtschaftsprüfer ihre Pflichten erfüllen.

Der Feeder-OGAW tätigt Anlagen in Anteile des Master-OGAW erst, wenn eine solche Vereinbarung wirksam geworden ist.

(2) Der Wirtschaftsprüfer des Feeder-OGAW berücksichtigt in seinem Prüfbericht den Prüfbericht des Master-OGAW. Haben der Feeder- und der Master-OGAW unterschiedliche Rechnungsjahre, so erstellt der Wirtschaftsprüfer des Master-OGAW einen Ad-hoc-Bericht zu dem Abschlusstermin des Feeder-OGAW.

Der Wirtschaftsprüfer des Feeder-OGAW nennt in seinem Bericht insbesondere jegliche im Prüfbericht des Master-OGAW festgestellten Unregelmäßigkeiten sowie deren Auswirkungen auf den Feeder-OGAW.

(3) Bei der Befolgung der Vorschriften dieses Kapitels darf weder der Wirtschaftsprüfer des Master-OGAW noch der des Feeder-OGAW eine Bestimmung verletzen, die die Offenlegung von Informationen einschränkt oder den Datenschutz betrifft, wenn diese Bestimmungen vertraglich oder durch Rechts- oder Verwaltungsvorschriften vorgesehen sind. Die Einhaltung der betreffenden Vorschriften darf für einen Wirtschaftsprüfer oder eine für diesen handelnde Person keine Haftung nach sich ziehen.

(4) Die Kommission kann durch delegierte Rechtsakte nach Artikel 112a Durchführungsmaßnahmen erlassen, mit denen der Inhalt der Vereinbarung nach Absatz 1 erster Unterabsatz festgelegt wird.

ABSCHNITT 4
Verpflichtende Informationen und Marketing-Mitteilungen des Feeder-OGAW

Artikel 63

(1) Die Mitgliedstaaten stellen sicher, dass der Prospekt des Feeder-OGAW zusätzlich zu den in Anhang I Schema A vorgesehenen Informationen Folgendes enthält:

a) eine Erklärung, der zufolge der Feeder-OGAW ein Feeder-Fonds eines bestimmten Master-OGAW ist und als solcher dauerhaft mindestens 85 % seines Vermögens in Anteile dieses Master-OGAW anlegt,

b) Angabe des Anlageziels und der Anlagestrategie, einschließlich des Risikoprofils, sowie ob die Wertentwicklung von Feeder-OGAW und Master-OGAW identisch sind bzw. in welchem Ausmaß und aus welchen Gründen sie sich unterscheiden, einschließlich einer Beschreibung zu der gemäß Artikel 58 Absatz 2 getätigten Anlage,

c) eine kurze Beschreibung des Master-OGAW, seiner Struktur, seines Anlageziels und seiner Anlagestrategie, einschließlich des Risikoprofils, und Angaben dazu, wie der aktualisierte Prospekt des Master-OGAW erhältlich ist,

d) eine Zusammenfassung der zwischen Feeder-OGAW und Master-OGAW geschlossenen Vereinbarung oder der entsprechenden internen Regelungen für Geschäftstätigkeiten gemäß Artikel 60 Absatz 1,

e) Angabe der Möglichkeiten zur Einholung weiterer Informationen über den Master-OGAW und die gemäß Artikel 60 Absatz 1 geschlossene Vereinbarung zwischen Feeder-OGAW und Master-OGAW durch die Anteilinhaber,

f) Beschreibung sämtlicher Vergütungen und Kosten, die aufgrund der Anlage in Anteile des Master-OGAW durch den Feeder-OGAW zu zahlen sind, sowie der aggregierten Gebühren von Feeder-OGAW und Master-OGAW, und

g) Beschreibung der steuerlichen Auswirkungen der Anlage in den Master-OGAW für den Feeder-OGAW.

(2) Der Jahresbericht des Feeder-OGAW enthält zusätzlich zu den in Anhang I Schema B vorgesehenen Informationen eine Erklärung zu den aggregierten Gebühren von Feeder-OGAW und Master-OGAW.

Die Jahres- und Halbjahresberichte des Feeder-OGAW enthalten Informationen darüber, wo der Jahres- bzw. Halbjahresbericht des Master-OGAW verfügbar ist.

(3) Zusätzlich zu den in den Artikeln 74 und 82 formulierten Anforderungen übermittelt der Feeder-OGAW den zuständigen Behörden seines Herkunftsmitgliedstaats den Prospekt, die in Artikel 78 genannten wesentlichen Informationen für den Anleger einschließlich jeder einschlägigen Änderung sowie die Jahres- und Halbjahresberichte des Master-OGAW.

(4) Ein Feeder-OGAW nimmt in jede relevante Marketing-Anzeige den Hinweis auf, dass er dauerhaft mindestens 85 % seines Vermögens in Anteile dieses Master-OGAW anlegt.

(5) Eine Papierfassung des Prospekt sowie des Jahres- und Halbjahresberichts des Master-OGAW werden vom Feeder-OGAW den Anlegern auf Verlangen kostenlos zur Verfügung gestellt.

ABSCHNITT 5
Umwandlung bestehender OGAW in Feeder-OGAW und Änderung des Master-OGAW

Artikel 64

(1) Die Mitgliedstaaten verlangen, dass ein Feeder-OGAW, der bereits als OGAW, einschließlich als Feeder-OGAW eines anderen Master-OGAW, tätig ist, sicher seinen Anteilinhabern folgende Informationen bereitstellt:

a) eine Erklärung, der zufolge die zuständigen Behörden des Herkunftsmitgliedstaats des Feeder-OGAW die Anlage des Feeder-OGAW in Anteile dieses Master-OGAW genehmigt haben,
b) die in Artikel 78 genannten wesentlichen Informationen für den Anleger betreffend Feeder-OGAW und Master-OGAW,
c) das Datum der ersten Anlage des Feeder-OGAW in den Master-OGAW, oder, wenn er bereits in den Master angelegt hat, das Datum zu dem seine Anlagen die Anlagegrenzen gemäß Artikel 55 Absatz 1 übersteigen werden, und
d) eine Erklärung, der zufolge die Anteilinhaber das Recht haben, innerhalb von 30 Tagen die abgesehen von den vom OGAW zur Abdeckung der Veräußerungskosten erhobenen Gebühren die kostenlose Rücknahme oder Auszahlung ihrer Anteile zu verlangen; dieses Recht wird ab dem Zeitpunkt wirksam, an dem der Feeder-OGAW die in diesem Absatz genannten Informationen bereitgestellt hat.

Diese Informationen müssen spätestens 30 Tage vor dem unter Unterabsatz 1 Buchstabe c genannten Datum zur Verfügung gestellt werden.

(2) Wurde der Feeder-OGAW gemäß Artikel 93 gemeldet, so werden die in Absatz 1 genannten Informationen in der bzw. einer Amtssprache des Aufnahmemitgliedstaats des Feeder-OGAW oder in einer von dessen zuständigen Behörden gebilligten Sprache vorgelegt. Der Feeder-OGAW ist verantwortlich für die Erstellung der Übersetzung. Die Übersetzung gibt den Inhalt des Originals zuverlässig wieder.

(3) Die Mitgliedstaaten stellen sicher, dass der Feeder-OGAW vor Ablauf der in Absatz 1 Unterabsatz 2 genannten 30-Tagefrist keine Anlagen in Anteile des betreffenden Master-OGAW tätigt, die die Anlagegrenze gemäß Artikel 55 Absatz 1 übersteigen.

(4) Die Kommission kann durch delegierte Rechtsakte nach Artikel 112a Maßnahmen erlassen, mit denen Folgendes festgelegt wird:

a) in welchem Format und auf welche Art und Weise die in Absatz 1 genannten Informationen bereitzustellen sind, und
b) welche Verfahren bei der Bewertung und Rechnungsprüfung von Sacheinlagen anzuwenden sind, wenn der Feeder-OGAW sein gesamtes Vermögen oder Teile davon im Austausch gegen Anteile des Master-OGAW an diesen überträgt, und welche Rolle die Verwahrstelle des Feeder-OGAW hierbei spielt.

(5) Um einheitliche Bedingungen für die Bereitstellung von Informationen zu gewährleisten, kann die ESMA Entwürfe technischer Durchführungsstandards entwickeln, um die Bedingungen für die Anwendung der delegierten Rechtsakte festzulegen, die die Kommission im Hinblick auf das Format und die Art und Weise der Bereitstellung von Informationen und das Verfahren im Sinne von Absatz 4 erlässt.

Der Kommission wird die Befugnis übertragen, die in Unterabsatz 1 genannten technischen Durchführungsstandards nach Artikel 15 der Verordnung (EU) Nr. 1095/2010 zu erlassen.

ABSCHNITT 6
Verpflichtungen und zuständige Behörden

Artikel 65

(1) Der Feeder-OGAW überwacht wirksam die Tätigkeiten des Master-OGAW. Zur Erfüllung dieser Verpflichtung kann sich der Feeder-OGAW auf Informationen und Unterlagen des Master-OGAW oder, sofern zutreffend, seiner Verwaltungsgesellschaft, seiner Verwahrstelle oder seines Wirtschaftsprüfers stützen, es sei denn, es liegen Gründe vor, an der Richtigkeit dieser Informationen und Unterlagen zu zweifeln.

(2) Erhält der Feeder-OGAW, seine Verwaltungsgesellschaft oder eine Person, die im Namen des Feeder-OGAW oder dessen Verwaltungsgesellschaft handelt, im Zusammenhang mit einer Anlage in Anteile des Master-OGAW eine Vertriebsgebühr, eine Vertriebsprovision oder sonstigen geldwerten Vorteil, so werden diese in das Vermögen des Feeder-OGAW eingezahlt.

Artikel 66

(1) Der Master-OGAW informiert die zuständigen Behörden seines Herkunftsmitgliedstaats unmittelbar über die Identität jedes Feeder-OGAW, der Anlagen in seine Anteile tätigt. Sind Master-OGAW und Feeder-OGAW in unterschiedlichen Mitgliedstaaten niedergelassen, so unterrichten die zuständigen Behörden des Herkunftsmitgliedstaats des Master-OGAW die zuständigen Behörden des Herkunftsmitgliedstaats des Feeder-OGAW unmittelbar über solche Anlagen.

(2) Der Master-OGAW erhebt für die Anlage des Feeder-OGAW in seine Anteile bzw. deren Veräußerung keine Zeichnungs- oder Rückkaufgebühren.

(3) Der Master-OGAW gewährleistet, dass sämtliche Informationen, die gemäß dieser Richtlinie, anderen Rechtsvorschriften der Gemeinschaft, dem geltenden nationalen Recht, den Vertragsbedingungen oder der Satzung erforderlich sind, dem Feeder-OGAW oder, sofern zutreffend, seiner Verwaltungsgesellschaft, den zuständigen Behörden, der Verwahrstelle und dem Wirtschaftsprüfer des Feeder-OGAW rechtzeitig, zur Verfügung gestellt werden.

Artikel 67

(1) Sind Master-OGAW und Feeder-OGAW im gleichen Mitgliedstaat niedergelassen, so unterrichten die zuständigen Behörden den Feeder-OGAW unmittelbar über jede Entscheidung, Maßnahme, Feststellung von Zuwiderhandlungen gegen die Bestimmungen dieses Kapitels sowie alle gemäß Artikel 106 Absatz 1 mitgeteilten Informationen, die den Master-OGAW oder, sofern zutreffend, seine Verwaltungsgesellschaft, seine Verwahrstelle oder seinen Wirtschaftsprüfer betreffen.

(2) Sind Master-OGAW und Feeder-OGAW in unterschiedlichen Mitgliedstaaten niedergelassen, so unterrichten die zuständigen Behörden des Herkunftsmitgliedstaats des Master-OGAW die zuständigen Behörden des Herkunftsmitgliedstaats des Feeder-OGAW unmittelbar über jede Entscheidung, Maßnahme, Feststellung von Zuwiderhandlungen gegen die Bestimmungen dieses Kapitels sowie alle gemäß Artikel 106 Absatz 1 mitgeteilten Informationen, die den Master-OGAW oder, sofern zutreffend, seine Verwaltungsgesellschaft, seine Verwahrstelle oder seinen Wirtschaftsprüfer betreffen. Die zuständigen Be-

hörden des Herkunftsmitgliedstaats des Feeder-OGAW unterrichten den Feeder-OGAW unmittelbar darüber.

KAPITEL IX
VERPFLICHTUNGEN BETREFFEND DIE INFORMATION DER ANLEGER

ABSCHNITT 1
Veröffentlichung des Prospekts und der periodischen Berichte

Artikel 68

(1) Die Verwaltungsgesellschaft – für jeden der von ihr verwalteten Investmentfonds – und die Investmentgesellschaft veröffentlichen folgende Unterlagen:

a) einen Prospekt,
b) einen Jahresbericht je Geschäftsjahr und
c) einen Halbjahresbericht, der sich auf die ersten sechs Monate des Geschäftsjahres erstreckt.

(2) Der Jahresbericht und der Halbjahresbericht werden innerhalb folgender Fristen, gerechnet ab dem Ende des jeweiligen Berichtszeitraums veröffentlicht:

a) für den Jahresbericht vier Monate oder
b) für den Halbjahresbericht zwei Monate.

Artikel 69

(1) Der Prospekt enthält die Angaben, die erforderlich sind, damit sich die Anleger über die ihnen vorgeschlagene Anlage und vor allem über die damit verbundenen Risiken ein fundiertes Urteil bilden können.

Der Prospekt muss – unabhängig von der Art der Instrumente, in die investiert wird, – eine eindeutige und leicht verständliche Erläuterung des Risikoprofils des Fonds enthalten.

Der Prospekt enthält entweder

a) die Einzelheiten der aktuellen Vergütungspolitik, darunter eine Beschreibung darüber, wie die Vergütung und die sonstigen Zuwendungen berechnet werden, und die Identität der für die Zuteilung der Vergütung und sonstigen Zuwendungen zuständigen Personen, einschließlich der Zusammensetzung des Vergütungsausschusses, falls es einen solchen Ausschuss gibt, oder
b) eine Zusammenfassung der Vergütungspolitik und eine Erklärung darüber, dass die Einzelheiten der aktuellen Vergütungspolitik, darunter eine Beschreibung, wie die Vergütung und die sonstigen Zuwendungen berechnet werden, und die Identität der für die Zuteilung der Vergütung und sonstigen Zuwendungen zuständigen Personen, einschließlich der Zusammensetzung des Vergütungsausschusses, falls es einen solchen Ausschuss gibt, über eine Website zugänglich sind, einschließlich der Angabe dieser Website, und dass auf Anfrage kostenlos eine Papierversion zur Verfügung gestellt wird.

(2) Der Prospekt muss mindestens die Angaben enthalten, die in Schema A von Anhang I vorgesehen sind, soweit diese Angaben nicht bereits in den Vertragsbedingungen des Investmentfonds oder in der Satzung der Investmentgesellschaft enthalten sind, die dem Prospekt gemäß Artikel 71 Absatz 1 als Anhang beizufügen sind.

(3) Der Jahresbericht enthält eine Bilanz oder eine Vermögensübersicht, eine gegliederte Rechnung über Erträge und Aufwendungen des Geschäftsjahres, einen Bericht über

die Tätigkeiten des abgelaufenen Geschäftsjahres und alle sonstigen in Schema B von Anhang I vorgesehenen Angaben, sowie alle wesentlichen Informationen, die es den Anlegern ermöglichen, sich in voller Sachkenntnis ein Urteil über die Entwicklung der Tätigkeit und der Ergebnisse des OGAW zu bilden.

(4) Der Halbjahresbericht enthält mindestens die in den Abschnitten I bis IV des Schemas B von Anhang I vorgesehenen Angaben. Die Zahlenangaben müssen – wenn ein OGAW Zwischenausschüttungen vorgenommen hat oder dies vorschlägt – das Ergebnis nach Steuern für das betreffende Halbjahr sowie die erfolgte oder vorgesehene Zwischenausschüttung ausweisen.

(5) Um eine kohärente Harmonisierung dieses Artikels zu gewährleisten, kann die ESMA Entwürfe technischer Regulierungsstandards entwickeln, um die Bestimmungen hinsichtlich des Inhalts des Prospekts, des Jahres- und des Halbjahresberichts im Sinne von Anhang I und des Formats dieser Unterlagen zu präzisieren.

Der Kommission wird die Befugnis übertragen, die in Unterabsatz 1 genannten technischen Regulierungsstandards gemäß den Artikeln 10 bis 14 der Verordnung (EU) Nr. 1095/2010 zu erlassen.

Artikel 70

(1) In dem Prospekt wird angegeben, in welche Kategorien von Anlageinstrumenten der OGAW investieren darf. Er gibt ferner an, ob der OGAW Geschäfte mit Derivaten tätigen darf; ist dies der Fall, so wird im Prospekt an hervorgehobener Stelle erläutert, ob diese Geschäfte zur Deckung von Anlagepositionen oder als Teil der Anlagestrategie getätigt werden dürfen und wie sich die Verwendung von Derivaten möglicherweise auf das Risikoprofil auswirkt.

(2) Wenn ein OGAW sein Sondervermögen hauptsächlich in den in Artikel 50 definierten Kategorien von Anlageinstrumenten, die keine Wertpapiere oder Geldmarktinstrumente sind, investiert oder wenn ein OGAW einen Aktien- oder Schuldtitelindex gemäß Artikel 53 nachbildet, so wird im Prospekt und gegebenenfalls in den Marketing-Anzeigen an hervorgehobener Stelle auf die Anlagestrategie des OGAW hingewiesen.

(3) Weist das Nettovermögen eines OGAW aufgrund der Zusammensetzung seines Portfolios oder der verwendeten Portfoliomanagementtechniken unter Umständen eine erhöhte Volatilität auf, so müssen der Prospekt und gegebenenfalls seine Marketing-Anzeigen an hervorgehobener Stelle auf dieses Merkmal des OGAW hinweisen.

Der Jahresbericht enthält ferner

a) die Gesamtsumme der im abgelaufenen Geschäftsjahr gezahlten Vergütungen, aufgegliedert nach den von der Verwaltungsgesellschaft und der Investmentgesellschaft an ihre Mitarbeiter gezahlten festen und variablen Vergütungen, der Zahl der Begünstigten und gegebenenfalls allen direkt von dem OGAW selbst gezahlten Beträgen, einschließlich Anlageerfolgsprämien (Performance Fees);
b) die Gesamtsumme der gezahlten Vergütungen, aufgegliedert nach den in Artikel 14a Absatz 3 genannten Kategorien von Mitarbeitern oder anderen Beschäftigten;
c) eine Beschreibung darüber, wie die Vergütung und die sonstigen Zuwendungen berechnet wurden;
d) das Ergebnis der in Artikel 14b Absatz 1 Buchstaben c und d genannten Überprüfungen, einschließlich aller aufgetretenen Unregelmäßigkeiten;
e) wesentliche Änderungen an der angenommenen Vergütungspolitik.

(4) Wenn ein Anleger dies wünscht, informiert die Verwaltungsgesellschaft ferner zusätzlich über die Anlagegrenzen des Risikomanagements des OGAW, die Risikomanagementmethoden und die jüngsten Entwicklungen bei den Risiken und Renditen der wichtigsten Kategorien von Anlageinstrumenten.

Artikel 71

(1) Die Vertragsbedingungen oder die Satzung der Investmentgesellschaft sind Bestandteil des Prospekts und diesem beizufügen.

(2) Die in Absatz 1 genannten Dokumente brauchen dem Prospekt jedoch nicht beigefügt zu werden, wenn der Anleger davon unterrichtet wird, dass er auf Verlangen diese Dokumente erhalten oder auf Anfrage erfahren kann, an welcher Stelle er sie in jedem Mitgliedstaat, in dem die Anteile vertrieben werden, einsehen kann.

Artikel 72

Die Angaben von wesentlicher Bedeutung im Prospekt werden auf dem neuesten Stand gehalten.

Artikel 73

Die in den Jahresberichten enthaltenen Zahlenangaben werden von einer oder mehreren Personen geprüft, die gemäß der Richtlinie 2006/43/EG gesetzlich zur Abschlussprüfung zugelassen sind. Deren Bestätigungsvermerk und gegebenenfalls Einschränkungen sind in jedem Jahresbericht vollständig wiederzugeben.

Artikel 74

OGAW übermitteln den zuständigen Behörden ihres Herkunftsmitgliedstaats ihren Prospekt und dessen Änderungen sowie ihre Jahres- und Halbjahresberichte. Auf Anfrage stellen die OGAW diese Unterlagen den zuständigen Behörden des Herkunftsmitgliedstaats der Verwaltungsgesellschaft zur Verfügung.

Artikel 75

(1) Der Prospekt sowie der zuletzt veröffentlichte Jahres- und Halbjahresbericht werden dem Anleger auf Verlangen kostenlos zur Verfügung gestellt.

(2) Der Prospekt kann auf einem dauerhaften Datenträger oder über eine Website zur Verfügung gestellt werden. Eine Papierfassung wird den Anlegern auf Verlangen kostenlos zur Verfügung gestellt.

(3) Die Jahres- und die Halbjahresberichte werden dem Anleger in der im Prospekt und in den in Artikel 78 genannten wesentlichen Informationen für den Anleger beschriebenen Form zur Verfügung gestellt. In jedem Fall wird den Anlegern eine Papierfassung des Jahres- und Halbjahresberichts auf Anfrage kostenlos zur Verfügung gestellt.

(4) Die Kommission kann mittels delegierter Rechtsakte nach Artikel 112a Maßnahmen erlassen, in denen festgelegt wird, welche besonderen Bedingungen erfüllt sein müssen, damit der Prospekt auf einem anderen dauerhaften Datenträger als Papier oder über Websites, die kein dauerhafter Datenträger sind, zur Verfügung gestellt wird.

ABSCHNITT 2
Veröffentlichung sonstiger Informationen

Artikel 76

Der OGAW veröffentlicht den Ausgabe-, Verkaufs-, Rücknahme- oder Auszahlungspreis seiner Anteile jedes Mal dann in geeigneter Weise, wenn eine Ausgabe, ein Verkauf, eine Rücknahme oder Auszahlung seiner Anteile stattfindet, mindestens aber zweimal im Monat.

Die zuständigen Behörden können einem OGAW jedoch gestatten, diese Veröffentlichung nur einmal monatlich vorzunehmen, sofern sich dies nicht nachteilig auf die Interessen der Anteilinhaber auswirkt.

Artikel 77

Marketing-Anzeigen an die Anleger müssen eindeutig als solche erkennbar sein. Sie müssen redlich, eindeutig und nicht irreführend sein. Insbesondere darf eine Marketing-Anzeige, die eine Aufforderung zum Erwerb von Anteilen eines OGAW und spezifische Informationen über ein OGAW enthält, keine Aussagen treffen, die im Widerspruch zu Informationen des Prospekts und den in Artikel 78 genannten wesentlichen Informationen für den Anleger stehen oder die Bedeutung dieser Informationen herabstufen. In der Anzeige ist darauf hinzuweisen, dass ein Prospekt existiert und dass die in Artikel 78 genannten wesentlichen Informationen für den Anleger verfügbar sind. Es ist anzugeben, wo und in welcher Sprache diese Informationen bzw. Unterlagen für den Anleger bzw. potenziellen Anleger erhältlich sind und welche Zugangsmöglichkeiten bestehen.

ABSCHNITT 3
Wesentliche Informationen für den Anleger

Artikel 78

(1) Die Mitgliedstaaten gewährleisten, dass die Investmentgesellschaft und für jeden Investmentfonds, den sie verwaltet, eine Verwaltungsgesellschaft ein kurzes Dokument mit wesentlichen Informationen für den Anleger erstellt. Dieses Dokument wird in der vorliegenden Richtlinie als „wesentliche Informationen für den Anleger“ bezeichnet. Der Ausdruck „wesentliche Informationen für den Anleger“ wird in diesem Dokument klar und deutlich in einer der in Artikel 94 Absatz 1 Buchstabe b genannten Sprachen erwähnt.

(2) Die wesentlichen Informationen für den Anleger enthalten sinnvolle Angaben zu den wesentlichen Merkmalen des betreffenden OGAW und sollen die Anleger in die Lage versetzen, Art und Risiken des angebotenen Anlageprodukts zu verstehen und auf dieser Grundlage eine fundierte Anlageentscheidung zu treffen.

(3) Die wesentlichen Informationen für den Anleger enthalten Angaben zu folgenden wesentlichen Elementen des betreffenden OGAW:

a) Identität des OGAW und der zuständigen Behörde des OGAW,
b) eine kurze Beschreibung der Anlageziele und der Anlagestrategie,
c) Darstellung der bisherigen Wertentwicklung oder gegebenenfalls Performance-Szenarien,
d) Kosten und Gebühren, und

e) Risiko-/Renditeprofil der Anlage, einschließlich angemessener Hinweise auf die mit der Anlage in den betreffenden OGAW verbundenen Risiken und entsprechenden Warnhinweisen.

Diese wesentlichen Elemente muss der Anleger verstehen können, ohne dass hierfür zusätzliche Dokumente herangezogen werden müssen.

(4) Die wesentlichen Informationen für den Anleger müssen eindeutige Angaben darüber enthalten, wo und wie zusätzliche Informationen über die vorgeschlagene Anlage eingeholt werden können, einschließlich der Angabe, wo und wie der Prospekt und die Jahres- und Halbjahresberichte jederzeit auf Anfrage kostenlos erhältlich sind und in welcher Sprache diese Informationen verfügbar sind.

Die wesentlichen Informationen für den Anleger umfassen auch eine Erklärung darüber, dass die Einzelheiten der aktuellen Vergütungspolitik, darunter eine Beschreibung, wie die Vergütung und die sonstigen Zuwendungen berechnet werden, und die Identität der für die Zuteilung der Vergütung und sonstigen Zuwendungen zuständigen Personen, einschließlich der Zusammensetzung des Vergütungsausschusses, falls es einen solchen Ausschuss gibt, über eine Website zugänglich sind, einschließlich der Angabe dieser Website, und dass auf Anfrage kostenlos eine Papierversion zur Verfügung gestellt wird.

(5) Die wesentlichen Informationen für den Anleger sind kurz zu halten und in allgemein verständlicher Sprache abzufassen. Sie werden in einem einheitlichen Format erstellt, um Vergleiche zu ermöglichen, und in einer Weise präsentiert, die für Kleinanleger aller Voraussicht nach verständlich ist.

(6) Die wesentlichen Informationen für den Anleger werden in allen Mitgliedstaaten, in denen der Vertrieb der OGAW-Anteile gemäß Artikel 93 angezeigt wurde, abgesehen von der Übersetzung, ohne Änderungen oder Ergänzungen verwendet.

(7) Die Kommission erlässt mittels delegierter Rechtsakte nach Artikel 112a Maßnahmen, in denen sie Folgendes festlegt:

a) den vollständigen und detaillierten Inhalt der in den Absätzen 2, 3 und 4 genannten wesentlichen Informationen für Anleger,
b) den vollständigen und detaillierten Inhalt von wesentlichen Informationen für Anleger in folgenden besonderen Fällen:
   i) bei OGAW mit unterschiedlichen Teilfonds die wesentlichen Informationen für Anleger, die einen spezifischen Teilfonds zeichnen, einschließlich der Angabe, wie von diesem Teilfonds in einen anderen gewechselt werden kann und welche Kosten damit verbunden sind;
   ii) bei OGAW mit unterschiedlichen Anteilsklassen die wesentlichen Informationen für Anleger, die eine spezifische Anteilsklasse zeichnen;
   iii) bei Dachfonds die wesentlichen Informationen für Anleger, die einen OGAW zeichnen, der Investitionen in einen anderen OGAW oder sonstige in Artikel 50 Absatz 1 Buchstabe e genannte Organismen für gemeinsame Anlagen tätigt;
   iv) bei Master-Feeder-Strukturen die wesentlichen Informationen für Anleger, die einen Feeder-OGAW zeichnen; und
   v) bei strukturierten OGAW mit Kapitalschutz und vergleichbaren OGAW die wesentlichen Informationen für Anleger, bezogen auf die besonderen Merkmale solcher OGAW; und
c) die Einzelvorschriften darüber, in welchem Format und in welcher Präsentation die in Absatz 5 genannten wesentlichen Informationen den Anlegern zur Verfügung zu stellen sind.

(8) Um einheitliche Bedingungen für die Anwendung dieses Artikels zu gewährleisten, kann die ESMA Entwürfe technischer Durchführungsstandards entwickeln, um die Bedingungen für die Anwendung der delegierten Rechtsakte festzulegen, die die Kommission nach Absatz 7 in Bezug auf die Angaben in Absatz 3 erlässt.

Der Kommission wird die Befugnis übertragen, die in Unterabsatz 1 genannten technischen Durchführungsstandards nach Artikel 15 der Verordnung (EU) Nr. 1095/2010 zu erlassen.

Artikel 79

(1) Die wesentlichen Informationen für den Anleger sind vorvertragliche Informationen. Sie müssen redlich, eindeutig und nicht irreführend sein. Sie müssen mit den einschlägigen Teilen des Prospekts übereinstimmen.

(2) Die Mitgliedstaaten stellen sicher, dass aufgrund der wesentlichen Informationen für den Anleger, einschließlich der Übersetzung, alleine noch keine Zivilhaftung entsteht, es sei denn, die Informationen sind irreführend, unrichtig oder nicht mit den einschlägigen Teilen des Prospekts vereinbar. Die wesentlichen Informationen für den Anleger müssen eine eindeutige diesbezügliche Warnung enthalten.

Artikel 80

(1) Die Mitgliedstaaten stellen sicher, dass die Investmentgesellschaft und für jeden Investmentfonds, den sie verwaltet, eine Verwaltungsgesellschaft, die den OGAW direkt oder über eine andere natürliche oder juristische Person, die in ihrem Namen und unter ihrer vollen und unbedingten Haftung handelt, verkauft, den Anlegern rechtzeitig vor der vorgeschlagenen Zeichnung der Anteile des OGAW die wesentlichen Informationen für den Anleger für diesen OGAW zur Verfügung stellt.

(2) Die Mitgliedstaaten stellen sicher, dass die Investmentgesellschaft für jeden Investmentfonds, den sie verwaltet, eine Verwaltungsgesellschaft, die den OGAW weder direkt noch über eine andere natürliche oder juristische Person, die in ihrem eigenen Namen und unter ihrer vollen und unbedingten Haftung Anlegern handelt, verkauft, den Produktgestaltern sowie Intermediären, die Anlegern Anlagen in solche OGAW oder in Produkte, die Anlagerisiken solcher OGAW einschließen, vermitteln, verkaufen oder sie dazu beraten, die wesentlichen Informationen für den Anleger auf deren Antrag bereitstellen. Die Mitgliedstaaten stellen sicher, dass die Intermediäre, die Anlegern potenzielle Anlagen in OGAW verkaufen oder sie dazu beraten, ihren Kunden beziehungsweise potenziellen Kunden die wesentlichen Informationen für den Anleger zur Verfügung stellen.

(3) Die wesentlichen Informationen für den Anleger werden den Anlegern kostenlos bereitgestellt.

Artikel 81

(1) Die Mitgliedstaaten erlauben es den Investmentgesellschaften und für jeden Investmentfonds, den sie verwalten, den Verwaltungsgesellschaften, die wesentlichen Informationen für den Anleger auf einem dauerhaften Datenträger oder über eine Website zur Verfügung zu stellen. Eine Papierfassung wird den Anlegern auf Anfrage kostenlos zur Verfügung gestellt.

Zusätzlich wird eine aktualisierte Fassung der wesentlichen Informationen für den Anleger auf einer Website der Investmentgesellschaft oder der Verwaltungsgesellschaft zugänglich gemacht.

(2) Die Kommission kann mittels delegierter Rechtsakte nach Artikel 112a Maßnahmen erlassen, in denen sie festlegt, welche Bedingungen in dem Fall erfüllt sein müssen, dass die wesentlichen Informationen für die Anleger auf einem anderen dauerhaften Datenträger als Papier oder über eine Website, die kein dauerhafter Datenträger ist, zur Verfügung gestellt werden.

Artikel 82

(1) Die OGAW übermitteln den zuständigen Behörden ihres Herkunftsmitgliedstaats die wesentlichen Informationen für den Anleger und alle einschlägigen Änderungen.

(2) Die zentralen Elemente der wesentlichen Informationen für den Anleger müssen stets auf dem neuesten Stand sein.

KAPITEL X
ALLGEMEINE VERPFLICHTUNGEN DES OGAW

Artikel 83

(1) Folgende Organismen dürfen keine Kredite aufnehmen:

a) Investmentgesellschaften;

b) Verwaltungsgesellschaften oder Verwahrstellen für Rechnung von Investmentfonds.

Ein OGAW darf jedoch Fremdwährung durch ein „Back-to-back"-Darlehen erwerben.

(2) Abweichend von Absatz 1 können die Mitgliedstaaten den OGAW die Aufnahme von Krediten genehmigen, sofern es sich um Kredite handelt,

a) die vorübergehend aufgenommen werden und die sich belaufen
   - im Falle von Investmentgesellschaften auf nicht mehr als 10 % ihres Vermögens,
   - im Falle eines Investmentfonds auf nicht mehr als 10 % des Wertes des Sondervermögens;

b) die den Erwerb von Immobilien ermöglichen sollen, die für die unmittelbare Ausübung ihrer Tätigkeit unerlässlich sind, und sich im Falle von Investmentgesellschaften auf nicht mehr als 10 % ihres Vermögens belaufen.

Falls ein OGAW genehmigte Kredite gemäß Buchstaben a und b aufnimmt, dürfen diese Kredite zusammen 15 % seines Vermögens nicht übersteigen.

(3) Um eine kohärente Harmonisierung dieses Artikels zu gewährleisten, kann die ESMA Entwürfe technischer Regulierungsstandards entwickeln, um die Anforderungen dieses Artikels bezüglich der Kreditaufnahme zu präzisieren.

Der Kommission wird die Befugnis übertragen, die in Unterabsatz 1 genannten technischen Regulierungsstandards gemäß den Artikeln 10 bis 14 der Verordnung (EU) Nr. 1095/2010 zu erlassen.

Artikel 84

(1) Ein OGAW tätigt auf Verlangen eines Anteilinhabers die Rücknahme oder Auszahlung seiner Anteile.

(2) Abweichend von Absatz 1

a) darf ein OGAW gemäß den anwendbaren nationalen Rechtsvorschriften seines Aufnahmemitgliedstaats, den Vertragsbedingungen oder in der Satzung der Investmentgesellschaft vorgesehenen Fällen die Rücknahme oder Auszahlung seiner Anteile vorläufig aussetzen;
b) können die Herkunftsmitgliedstaaten des OGAW den zuständigen Behörden gestatten, im Interesse der Anteilinhaber oder im öffentlichen Interesse die Aussetzung der Rücknahme oder Auszahlung der Anteile zu verlangen.

Eine vorläufige Aussetzung nach Unterabsatz 1 Buchstabe a darf nur für außergewöhnliche Fälle vorgesehen werden, wenn Umstände vorliegen, die diese Aussetzung erforderlich machen und wenn die Aussetzung unter Berücksichtigung der Interessen der Anteilinhaber gerechtfertigt ist.

(3) Im Falle einer vorläufigen Aussetzung gemäß Absatz 2 Buchstabe a gibt der OGAW seine Entscheidung unverzüglich den zuständigen Behörden seines Herkunftsmitgliedstaats und, falls er seine Anteile in anderen Mitgliedstaaten vertreibt, deren zuständigen Behörden bekannt.

(4) Um eine kohärente Harmonisierung dieses Artikels zu gewährleisten, kann die ESMA Entwürfe technischer Regulierungsstandards entwickeln, um die Bedingungen zu präzisieren, die die OGAW nach der Billigung der vorläufigen Aussetzung der Rücknahme oder Auszahlung der OGAW-Anteile im Sinne von Absatz 2 Buchstabe a erfüllen muss, sobald die Aussetzung beschlossen ist.

Der Kommission wird die Befugnis übertragen, die in Unterabsatz 1 genannten technischen Regulierungsstandards gemäß den Artikeln 10 bis 14 der Verordnung (EU) Nr. 1095/2010 zu erlassen.

Artikel 85

Die Regeln für die Bewertung des Sondervermögens sowie die Regeln zur Berechnung des Ausgabe- oder Verkaufspreises und des Rücknahme- oder Auszahlungspreises der Anteile eines OGAW werden in den anwendbaren nationalen Rechtsvorschriften oder in den Vertragsbedingungen oder in der Satzung der Investmentgesellschaft angegeben.

Artikel 86

Die Erträge eines OGAW werden gemäß den gesetzlichen Vorschriften sowie den Vertragsbedingungen oder der Satzung der Investmentgesellschaft ausgeschüttet oder wiederangelegt.

Artikel 87

Es werden keine Anteile eines OGAW ausgegeben, wenn nicht der Gegenwert des Nettoausgabepreises innerhalb der üblichen Fristen dem Vermögen des OGAW zufließt. Dies steht der Ausgabe von Gratis-Anteilen nicht entgegen.

Artikel 88

(1) Kredite gewähren oder für Dritte als Bürge einstehen dürfen unbeschadet der Anwendung der Artikel 50 und 51 weder
a) die Investmentgesellschaft noch
b) die Verwaltungsgesellschaft oder die Verwahrstelle für Rechnung von Investmentfonds.

(2) Absatz 1 steht dem Erwerb von noch nicht voll eingezahlten Wertpapieren, Geldmarktinstrumenten oder anderen in Artikel 50 Absatz 1 Buchstaben e, g und h genannten, noch nicht voll eingezahlten Finanzinstrumenten durch die in Absatz 1 genannten Organismen nicht entgegen.

Artikel 89

Leerverkäufe von Wertpapieren, Geldmarktinstrumenten oder anderen in Artikel 50 Absatz 1 Buchstaben e, g und h genannten Finanzinstrumenten dürfen

a) weder von Investmentgesellschaften

b) noch von für die Rechnung von Investmentfonds handelnden Verwaltungsgesellschaften oder Verwahrstellen getätigt werden.

Artikel 90

Die gesetzlichen Vorschriften des Herkunftsmitgliedstaats des OGAW oder die Vertragsbedingungen schreiben die Vergütungen und Kosten vor, welche die Verwaltungsgesellschaft aus dem Fonds entnehmen darf, sowie die Art der Berechnung dieser Vergütungen.

In den gesetzlichen Vorschriften oder in der Satzung der Investmentgesellschaft wird die Art der zu Lasten der Gesellschaft gehenden Kosten angegeben.

KAPITEL XI
SONDERVORSCHRIFTEN FÜR OGAW, DIE IHRE ANTEILE IN ANDEREN MITGLIEDSTAATEN ALS DEM MITGLIEDSTAAT VERTREIBEN, IN DEM SIE NIEDERGELASSEN SIND

Artikel 91

(1) Die Aufnahmemitgliedstaaten der OGAW stellen sicher, dass OGAW nach der Anzeige gemäß Artikel 93 ihre Anteile innerhalb ihres Hoheitsgebiets vertreiben können.

(2) Die Aufnahmemitgliedstaaten der OGAW unterwerfen die in Absatz 1 genannten OGAW auf dem von dieser Richtlinie geregelten Gebiet keinen zusätzlichen Anforderungen oder administrativen Verfahren.

(3) Die Mitgliedstaaten stellen sicher, dass vollständige Informationen über Rechts- und Verwaltungsvorschriften, die nicht in den von dieser Richtlinie geregelten Bereich fallen und die für die Modalitäten der Vermarktung von Anteilen von in anderen Mitgliedstaaten niedergelassenen OGAW auf ihrem Hoheitsgebiet spezifisch relevant sind, aus der Ferne und elektronisch leicht zugänglich sind. Die Mitgliedstaaten stellen sicher, dass diese Informationen in einer in der Finanzwelt gebräuchlichen Sprache bereitgestellt werden, eindeutig und unmissverständlich sind und dem neuestem Stand entsprechen.

(4) Für die Zwecke dieses Kapitels schließt ein OGAW die dazugehörigen Teilfonds ein.

Artikel 92

Die OGAW treffen unter Einhaltung der Rechts- und Verwaltungsvorschriften, die in dem Mitgliedstaat gelten, in dem ihre Anteile vertrieben werden, die Maßnahmen, die erforderlich sind, um sicherzustellen, dass die Anteilinhaber in diesem Mitgliedstaat in den Genuss der Zahlungen, des Rückkaufs und der Rücknahme der Anteile kommen und die vom OGAW zu liefernden Informationen erhalten.

Artikel 93

(1) Wenn ein OGAW beabsichtigt, seine Anteile in einem anderen Mitgliedstaat als in seinem Herkunftsmitgliedstaat zu vertreiben, so übermittelt er den zuständigen Behörden seines Herkunftsmitgliedstaats im Voraus ein Anzeigeschreiben.

Das Anzeigeschreiben umfasst Angaben zu den Modalitäten der Vermarktung der OGAW-Anteile im Aufnahmemitgliedstaat, sowie gegebenenfalls zu den Anteilsklassen. In Fällen gemäß Artikel 16 Absatz 1 enthält es einen Hinweis darauf, dass der OGAW von der Verwaltungsgesellschaft vertrieben wird, die den OGAW verwaltet.

(2) Der OGAW fügt dem in Absatz 1 genannten Anzeigeschreiben eine aktuelle Fassung folgender Unterlagen bei:

a) seine Vertragsbedingungen oder seine Satzung, seinen Prospekt sowie gegebenenfalls den letzten Jahresbericht und den anschließenden Halbjahresbericht in der gemäß Artikel 94 Absatz 1 Buchstaben c und d angefertigten Übersetzung und
b) die in Artikel 78 genannten wesentlichen Informationen für den Anleger in der gemäß Artikel 94 Absatz 1 Buchstaben b und d angefertigten Übersetzung.

(3) Die zuständigen Behörden des Herkunftsmitgliedstaats des OGAW prüfen, ob die vom OGAW gemäß den Absätzen 1 und 2 bereitgestellten Unterlagen vollständig sind.

Die zuständigen Behörden des Herkunftsmitgliedstaats des OGAW übermitteln den zuständigen Behörden des Mitgliedstaats, in dem der OGAW seine Anteile vertreiben möchte, spätestens zehn Arbeitstage nach Eingang des Anzeigeschreibens und der vollständigen in Absatz 2 geforderten Unterlagen die vollständigen in Absatz 1 und 2 genannten Unterlagen. Sie fügen den Unterlagen eine Bescheinigung bei, der zufolge der OGAW die in dieser Richtlinie festgelegten Bedingungen erfüllt.

Die zuständigen Behörden des Herkunftsmitgliedstaats des OGAW unterrichten den OGAW unmittelbar über den Versand der Unterlagen. Der OGAW kann seine Anteile ab dem Datum dieser Anzeige im Aufnahmemitgliedstaat auf den Markt bringen.

(4) Die Mitgliedstaaten stellen sicher, dass das in Absatz 1 genannte Anzeigeschreiben und die in Absatz 3 genannte Bescheinigung in einer in der internationalen Finanzwelt gebräuchlichen Sprache bereitgestellt werden, soweit der Herkunfts- und der Aufnahmemitgliedstaat des OGAW nicht vereinbaren, dass dieses Anzeigeschreiben und diese Bescheinigung in einer offiziellen Sprache beider Mitgliedstaaten bereitgestellt wird.

(5) Die Mitgliedstaaten stellen sicher, dass ihre zuständigen Behörden die elektronische Übermittlung und Archivierung der in Absatz 3 genannten Unterlagen akzeptieren.

(6) Die zuständigen Behörden des Mitgliedstaats, in dem der OGAW seine Anteile vertreiben möchte, verlangen im Rahmen des in diesem Artikel beschriebenen Anzeigeverfahrens keine zusätzlichen Unterlagen, Zertifikate oder Informationen, die nicht in diesem Artikel vorgesehen sind.

(7) Der Herkunftsmitgliedstaat des OGAW stellt sicher, dass die zuständigen Behörden des Aufnahmemitgliedstaats des OGAW auf elektronischem Wege Zugang zu den in Absatz 2 genannten Unterlagen sowie gegebenenfalls zu den einschlägigen Übersetzungen haben. Er stellt sicher, dass der OGAW diese Unterlagen und Übersetzungen auf dem neuesten Stand hält. Der OGAW informiert die zuständigen Behörden des Aufnahmemit-

gliedstaats des OGAW über jede Änderung an den in Absatz 2 genannten Unterlagen sowie darüber, wo diese Unterlagen in elektronischer Form verfügbar sind.

(8) Im Falle einer Änderung der Informationen über die im Anzeigeschreiben gemäß Absatz 1 mitgeteilten Modalitäten der Vermarktung oder einer Änderung der vertriebenen Anteilsklassen teilt der OGAW den zuständigen Behörden des Aufnahmemitgliedstaats vor Umsetzung der Änderung diese schriftlich mit.

Artikel 94

(1) Ein OGAW, der seine Anteile in einem Aufnahmemitgliedstaat vertreibt, liefert den Anlegern im Hoheitsgebiet dieses Mitgliedstaats alle Informationen und Unterlagen, die er gemäß Kapitel IX den Anlegern in seinem Herkunftsmitgliedstaat liefern muss.

Diese Informationen und Unterlagen werden den Anlegern gemäß folgenden Bestimmungen zur Verfügung gestellt:

a) Unbeschadet der Bestimmungen von Kapitel IX werden diese Informationen und/oder Unterlagen den Anlegern in Einklang mit den Rechts- und Verwaltungsvorschriften des Aufnahmemitgliedstaats des OGAW zur Verfügung gestellt;
b) die in Artikel 78 genannten wesentlichen Informationen für den Anleger werden in die oder in eine der Amtssprachen des Aufnahmemitgliedstaats des OGAW oder in eine von den zuständigen Behörden dieses Mitgliedstaats akzeptierte Sprache übersetzt;
c) andere Informationen oder Unterlagen als die in Artikel 78 genannten wesentlichen Informationen für den Anleger werden nach Wahl des OGAW in die Amtssprache oder in eine der Amtssprachen des Aufnahmemitgliedstaats des OGAW oder in eine von den zuständigen Behörden dieses Mitgliedstaats akzeptierte Sprache oder in eine in der Finanzwelt gebräuchliche Sprache übersetzt, und
d) Übersetzungen von Informationen und/oder Unterlagen gemäß den Buchstaben b und c werden unter der Verantwortung des OGAW erstellt und müssen den Inhalt der ursprünglichen Informationen getreu wiedergeben.

(2) Die in Absatz 1 beschriebenen Anforderungen gelten auch für jegliche Änderungen der genannten Informationen und Unterlagen.

(3) Die Häufigkeit der in Artikel 76 vorgesehenen Veröffentlichung der Ausgabe-, Verkaufs-, Wiederverkaufs- oder Rücknahmepreise für die OGAW-Anteile wird durch die Rechts- und Verwaltungsvorschriften des Herkunftsmitgliedstaats des OGAW geregelt.

Artikel 95

(1) Die Kommission kann mittels delegierter Rechtsakte nach Artikel 112a Maßnahmen erlassen, mit denen sie Folgendes festlegt:

a) den Umfang der in Artikel 91 Absatz 3 genannten Informationen,
b) die Erleichterung des Zugangs der zuständigen Behörden der Aufnahmemitgliedstaaten des OGAW gemäß Artikel 93 Absatz 7 zu den in Artikel 93 Absätze 1, 2 und 3 genannten Informationen oder Unterlagen.

(2) Um einheitliche Bedingungen für die Anwendung von Artikel 93 zu gewährleisten, kann die ESMA Entwürfe technischer Durchführungsstandards entwickeln, um Folgendes zu präzisieren:

a) Form und Inhalt eines Standardmodells des Anzeigeschreibens, das OGAW für die Anzeige gemäß Artikel 93 Absatz 1 verwenden, einschließlich Angaben, auf welche Dokumente sich die Übersetzungen beziehen,

b) Form und Inhalt eines Standardmodells für die Bescheinigung der zuständigen Behörden der Mitgliedstaaten gemäß Artikel 93 Absatz 3,
c) das Verfahren für den Austausch von Informationen und die Nutzung elektronischer Kommunikationsmittel durch die zuständigen Behörden für die Anzeige gemäß Artikel 93.

Der Kommission wird die Befugnis übertragen, die in Unterabsatz 1 genannten technischen Durchführungsstandards nach Artikel 15 der Verordnung (EU) Nr. 1095/2010 zu erlassen.

Artikel 96

Die OGAW können für die Ausübung ihrer Tätigkeit in einem Aufnahmemitgliedstaat des OGAW denselben Verweis auf ihre Rechtsform, beispielsweise „Investmentgesellschaft" oder „Investmentfonds", wie in ihrem Herkunftsmitgliedstaat verwenden.

KAPITEL XII VORSCHRIFTEN BETREFFEND DIE FÜR ZULASSUNG UND AUFSICHT ZUSTÄNDIGEN BEHÖRDEN

Artikel 97

(1) Die Mitgliedstaaten benennen die zuständigen Behörden, die für die Wahrnehmung der Aufgaben aufgrund dieser Richtlinie zuständig sind. Sie setzen die ESMA und die Kommission unter Angabe etwaiger Aufgabenteilungen davon in Kenntnis.

(2) Die zuständigen Behörden sind Behörden oder von Behörden bezeichnete Stellen.

(3) Für die Aufsicht über den OGAW sind die Behörden des Herkunftsmitgliedstaats des OGAW zuständig; diese Aufsicht erfolgt gegebenenfalls im Einklang mit den Bestimmungen von Artikel 19. Für die Überwachung der Einhaltung der nicht unter den Anwendungsbereich dieser Richtlinie fallenden Vorschriften und der in Artikel 92 und 94 beschriebenen Anforderungen sind jedoch die Behörden des Aufnahmemitgliedstaats des OGAW zuständig.

Artikel 98

(1) Die zuständigen Behörden sind mit allen für die Wahrnehmung ihrer Aufgaben notwendigen Überwachungs- und Ermittlungsbefugnissen auszustatten. Diese Befugnisse werden wie folgt ausgeübt:

a) direkt,
b) in Zusammenarbeit mit anderen Behörden,
c) unter der Verantwortung der zuständigen Behörden durch Delegation an Stellen, an die Aufgaben delegiert wurden, oder
d) durch Antrag bei den zuständigen Justizbehörden.

(2) Gemäß Absatz 1 haben die zuständigen Behörden zumindest die Befugnis,

a) Unterlagen aller Art einzusehen und Kopien davon zu erhalten,
b) von jeder Person Auskünfte zu verlangen und, falls notwendig, eine Person einzubestellen und zu befragen, um Informationen zu erhalten,
c) Ermittlungen vor Ort durchzuführen,
d) Folgendes anzufordern:

i) soweit gemäß nationalem Recht zulässig, bereits existierende Aufzeichnungen von Datenübermittlungen im Besitz einer Telekommunikationsgesellschaft, wenn der begründete Verdacht auf einen Verstoß besteht und diese Aufzeichnungen für eine Untersuchung von Verstößen gegen diese Richtlinie relevant sein könnten;

ii) bereits existierende Aufzeichnungen von Telefongesprächen, elektronischen Mitteilungen oder anderen Datenübermittlungen im Besitz von OGAW, Verwaltungsgesellschaften, Investmentgesellschaften, Verwahrstellen oder sonstigen Stellen gemäß dieser Richtlinie,

e) vorzuschreiben, dass Praktiken, die gegen die nach dieser Richtlinie erlassenen Vorschriften verstoßen, unterbunden werden,

f) das Einfrieren oder die Beschlagnahme von Vermögenswerten zu verlangen,

g) ein vorübergehendes Verbot der Ausübung der Berufstätigkeit zu verlangen,

h) von zugelassenen Investmentgesellschaften, Verwaltungsgesellschaften und Verwahrstellen die Erteilung von Auskünften zu verlangen,

i) jegliche Art von Maßnahme zu ergreifen, um sicherzustellen, dass Investmentgesellschaften, Verwaltungsgesellschaften oder Verwahrstellen weiterhin den Anforderungen dieser Richtlinie entsprechen,

j) im Interesse der Anteilinhaber oder der Öffentlichkeit die Aussetzung der Ausgabe, Rücknahme oder Auszahlung von Anteilen zu verlangen,

k) die einem OGAW, einer Verwaltungsgesellschaft oder einer Verwahrstelle erteilte Zulassung zu entziehen,

l) eine Sache zwecks strafrechtlicher Verfolgung an ein Gericht zu verweisen und

m) Überprüfungen oder Ermittlungen durch Wirtschaftsprüfer oder Sachverständige vornehmen zu lassen.

Artikel 99

(1) Unbeschadet der Aufsichtsbefugnisse der zuständigen Behörden nach Artikel 98 und des Rechts der Mitgliedstaaten, strafrechtliche Sanktionen vorzusehen und zu verhängen, legen die Mitgliedstaaten Vorschriften für verwaltungsrechtliche Sanktionen und andere Verwaltungsmaßnahmen fest, die Gesellschaften und Personen bei Verstößen gegen die nationalen Vorschriften zur Umsetzung dieser Richtlinie auferlegt werden, und ergreifen sämtliche Maßnahmen, die zur Durchführung dieser Sanktionen und Maßnahmen erforderlich sind.

Beschließen die Mitgliedstaaten, bei Verstößen, die dem nationalen Strafrecht unterliegen, keine Vorschriften für verwaltungsrechtliche Sanktionen festzulegen, so teilen sie der Kommission die einschlägigen strafrechtlichen Vorschriften mit.

Die verwaltungsrechtlichen Sanktionen und anderen Verwaltungsmaßnahmen müssen wirksam, verhältnismäßig und abschreckend sein.

Die Mitgliedstaaten übermitteln der Kommission und der ESMA bis zum 18. März 2016 die Gesetze, Verordnungen und Verwaltungsvorschriften, mit denen dieser Artikel umgesetzt wird, einschließlich der einschlägigen strafrechtlichen Vorschriften. Die Mitgliedstaaten melden der Kommission und der ESMA spätere Änderungen dieser Vorschriften unverzüglich.

(2) Mitgliedstaaten, die im Einklang mit Absatz 1 beschlossen haben, strafrechtliche Sanktionen für Verstöße gegen die dort genannten Vorschriften festzulegen, stellen durch geeignete Maßnahmen sicher, dass die zuständigen Behörden alle notwendigen Befugnisse haben, um mit den Justizbehörden innerhalb ihres Hoheitsgebiets in Kontakt zu treten um

bestimmte Informationen in Bezug auf strafrechtliche Ermittlungen oder Verfahren zu erhalten, die wegen mutmaßlicher Verstöße gegen diese Richtlinie eingeleitet wurden; sie stellen zur Erfüllung ihrer Verpflichtung, miteinander sowie mit der ESMA für die Zwecke dieser Richtlinie zusammenzuarbeiten, dieselben Informationen anderen zuständige Behörden und die ESMA zur Verfügung.

Die zuständigen Behörden können auch zur Erleichterung der Einziehung von Geldbußen mit den zuständigen Behörden anderer Mitgliedstaaten zusammenarbeiten.

(3) Im Rahmen der Gesamtüberprüfung der Funktionsweise dieser Richtlinie überprüft die Kommission spätestens drei Jahre nach dem 18. September 2017 die Anwendung der verwaltungsrechtlichen Sanktionen und der strafrechtlichen Sanktionen und insbesondere die Erforderlichkeit einer weitergehenden Vereinheitlichung der für Verstöße gegen die Anforderungen dieser Richtlinie vorgesehenen verwaltungsrechtlichen Sanktionen.

(4) Eine zuständige Behörde darf sich auf ein Auskunftsersuchen oder ein Ersuchen auf Zusammenarbeit bei einer Ermittlung nur unter den folgenden außergewöhnlichen Umständen weigern, tätig zu werden:

a) wenn die Weitergabe einschlägiger Informationen die Sicherheit des ersuchten Mitgliedstaats beeinträchtigen könnte, insbesondere die Bekämpfung von Terrorismus und anderen schwerwiegenden Straftaten,
b) wenn dem Ersuchen nachzukommen wahrscheinlich ihre eigenen Ermittlungen, Durchsetzungsmaßnahmen oder gegebenenfalls strafrechtliche Ermittlungen beeinträchtigt,
c) wenn aufgrund derselben Tat und gegen dieselben Personen bereits ein Verfahren vor einem Gericht des ersuchten Mitgliedstaats anhängig ist oder
d) wenn gegen diese Personen aufgrund derselben Tat bereits ein rechtskräftiges Urteil in dem ersuchten Mitgliedstaat ergangen ist.

(5) Gelten die Pflichten für OGAW, Verwaltungsgesellschaften, Investmentgesellschaften oder Verwahrstellen, stellen die Mitgliedstaaten sicher, dass bei einem Verstoß gegen die nationalen Vorschriften zur Umsetzung dieser Richtlinie gegen die Mitglieder des Leitungsorgans und andere natürliche Personen, die nach nationalem Recht für den Verstoß verantwortlich sind, gemäß dem nationalen Recht verwaltungsrechtliche Sanktionen oder andere verwaltungsrechtliche Maßnahmen verhängt werden können.

(6) Nach Maßgabe des nationalen Rechts stellen die Mitgliedstaaten sicher, dass die verwaltungsrechtlichen Sanktionen und anderen Verwaltungsmaßnahmen, die angewandt werden können, in allen in Absatz 1 genannten Fällen mindestens Folgendes umfassen:

a) die öffentliche Bekanntgabe der verantwortlichen Person und der Art des Verstoßes;
b) eine Anordnung, dass die verantwortliche Person die Verhaltensweise zu beenden hat und sie nicht erneut vornehmen darf;
c) im Falle eines OGAW oder einer Verwaltungsgesellschaft Aussetzung oder Entzug der Zulassung des OGAW oder der Verwaltungsgesellschaft;
d) ein vorübergehendes Verbot oder für wiederholte schwere Verstöße ein dauerhaftes Verbot für das verantwortliche Mitglied des Leitungsorgans der Verwaltungsgesellschaft oder der Investmentgesellschaft oder eine andere verantwortliche natürliche Person, in diesen Gesellschaften oder anderen Gesellschaften dieser Art Leitungsaufgaben wahrzunehmen;
e) im Falle juristischer Personen maximale Geldbußen von mindestens 5 000 000 EUR oder in den Mitgliedstaaten, deren Währung nicht der Euro ist, der entsprechende Wert in der Landeswährung am 17. September 2014 oder bis zu 10 % des jährlichen Gesamtumsatzes der juristischen Person entsprechend dem letzten verfügbaren durch das Leitungsorgan genehmigten Abschluss; handelt es sich bei der juristischen Person um eine

Muttergesellschaft oder die Tochtergesellschaft der Muttergesellschaft, die einen konsolidierten Abschluss gemäß der Richtlinie 2013/34/EU des Europäischen Parlaments und des Rates ([26]) aufzustellen hat, so ist der relevante Gesamtumsatz der jährliche Gesamtumsatz oder die entsprechende Einkunftsart gemäß dem einschlägigen Unionsrecht im Bereich der Rechnungslegung, der bzw. die im letzten verfügbaren konsolidierten Abschluss ausgewiesen ist, der vom Leitungsorgan der Muttergesellschaft an der Spitze gebilligt wurde;

f) im Falle einer natürlichen Person maximale Geldbußen von mindestens 5 000 000 EUR oder in den Mitgliedstaaten, deren Währung nicht der Euro ist, dem entsprechenden Wert in der Landeswährung am 17. September 2014,

g) als eine Alternative zu den Buchstaben e und f maximale Geldbußen in mindestens zweifacher Höhe des aus dem Verstoß gezogenen Nutzens, soweit sich dieser beziffern lässt, auch wenn dieser Betrag über die unter den Buchstaben e und f genannten Höchstbeträge hinausgeht.

(7) Die Mitgliedstaaten können die zuständigen Behörden dazu ermächtigen, nach Maßgabe des nationalen Rechts zusätzlich zu den in Absatz 5 genannten Sanktionen weitere Arten von Sanktionen zu verhängen oder Geldbußen zu verhängen, die die in Absatz 6 Buchstaben e, f und g genannten Beträge übersteigen.

Artikel 99a

Die Mitgliedstaaten sehen in ihren Rechts- oder Verwaltungsvorschriften zur Umsetzung dieser Richtlinie Sanktionen vor, insbesondere wenn

a) die Geschäftstätigkeiten eines OGAW unter Verstoß gegen Artikel 5 ohne entsprechende Zulassung ausgeübt werden;

b) die Tätigkeit einer Verwaltungsgesellschaft unter Verstoß gegen Artikel 6 ohne vorherige Zulassung ausgeübt wird;

c) die Tätigkeit einer Investmentgesellschaft unter Verstoß gegen Artikel 27 ohne vorherige Zulassung ausgeübt wird;

d) eine qualifizierte Beteiligung an einer Verwaltungsgesellschaft direkt oder indirekt erworben oder eine solche qualifizierte Beteiligung an einer Verwaltungsgesellschaft weiter aufgestockt wird mit der Folge, dass der Anteil an den Stimmrechten oder am Kapital 20 %, 30 % oder 50 % erreicht oder überschreitet oder die Verwaltungsgesellschaft zum Tochterunternehmen wird (im Folgenden ‚beabsichtigter Erwerb'), ohne unter Verstoß gegen Artikel 11 Absatz 1 eine schriftliche Anzeige an die zuständigen Behörden der Verwaltungsgesellschaft, an der eine qualifizierte Beteiligung erworben oder erhöht werden soll, zu richten;

e) eine qualifizierte Beteiligung an einer Verwaltungsgesellschaft direkt oder indirekt veräußert oder verringert wird mit der Folge, dass der Anteil an den Stimmrechten oder am Kapital unter 20 %, 30 % oder 50 % sinkt oder die Verwaltungsgesellschaft kein Tochterunternehmen mehr ist, ohne unter Verstoß gegen Artikel 11 Absatz 1 eine schriftliche Anzeige an die zuständigen Behörden zu richten;

---

[26] Richtlinie 2013/34/EU des Europäischen Parlaments und des Rates vom 26. Juni 2013 über den Jahresabschluss, den konsolidierten Abschluss und damit verbundene Berichte von Unternehmen bestimmter Rechtsformen und zur Änderung der Richtlinie 2006/43/EG des Europäischen Parlaments und des Rates und zur Aufhebung der Richtlinien 78/660/EWG und 83/349/EWG des Rates (ABl. L 182 vom 29.6.2013, S. 19).

f) eine Verwaltungsgesellschaft ihre Zulassung unter Verstoß gegen Artikel 7 Absatz 5 Buchstabe b aufgrund falscher Angaben oder auf sonstige rechtswidrige Weise erhalten hat;
g) eine Investmentgesellschaft ihre Zulassung unter Verstoß gegen Artikel 29 Absatz 4 Buchstabe b aufgrund falscher Angaben oder auf sonstige rechtswidrige Weise erhalten hat;
h) eine Verwaltungsgesellschaft, die Kenntnis von Beteiligungserwerben oder -veräußerungen bezüglich ihres Kapitals erhält, die zu einer Über- oder Unterschreitung der in Artikel 11 Absatz 1 der Richtlinie 2014/65/EU genannten Schwellenwerte führen, es unter Verstoß gegen Artikel 11 Absatz 1 der vorliegenden Richtlinie versäumt, die zuständigen Behörden über diesen Erwerb bzw. diese Veräußerung zu unterrichten;
i) eine Verwaltungsgesellschaft es unter Verstoß gegen Artikel 11 Absatz 1 versäumt, der zuständigen Behörde mindestens einmal jährlich die Namen der Anteilseigner und Gesellschafter, die qualifizierte Beteiligungen halten, sowie die jeweiligen Beteiligungsbeträge mitzuteilen;
j) eine Verwaltungsgesellschaft es versäumt, die gemäß den innerstaatlichen Vorschriften zur Umsetzung von Artikel 12 Absatz 1 Buchstabe a auferlegten Verfahren und Vorkehrungen zu erfüllen;
k) eine Verwaltungsgesellschaft es versäumt, die gemäß den innerstaatlichen Vorschriften zur Umsetzung von Artikel 12 Absatz 1 Buchstabe b geschaffenen strukturellen und organisatorischen Auflagen zu erfüllen;
l) eine Investmentgesellschaft es versäumt, die gemäß den innerstaatlichen Vorschriften zur Umsetzung von Artikel 31 auferlegten Verfahren und Vorkehrungen zu erfüllen;
m) eine Verwaltungsgesellschaft oder eine Investmentgesellschaft es versäumen, die gemäß den innerstaatlichen Vorschriften zur Umsetzung der Artikel 13 und 30 geschaffenen Anforderungen bezüglich der Übertragung ihrer Aufgaben an Dritte zu erfüllen;
n) eine Verwaltungsgesellschaft oder eine Investmentgesellschaft es versäumen, die gemäß den innerstaatlichen Vorschriften zur Umsetzung der Artikel 14 und 30 auferlegten Wohlverhaltensregeln zu erfüllen;
o) eine Verwahrstelle es versäumt, ihre Aufgaben gemäß den innerstaatlichen Vorschriften zur Umsetzung von Artikel 22 Absätze 3 bis 7 zu erfüllen;
p) eine Investmentgesellschaft oder für jeden von ihr verwalteten Investmentfonds eine Verwaltungsgesellschaft es wiederholt versäumt, ihren Pflichten bezüglich der Anlagestrategie des OGAW gemäß den innerstaatlichen Vorschriften zur Umsetzung von Kapitel VII nachzukommen;
q) eine Verwaltungsgesellschaft oder eine Investmentgesellschaft es versäumen, gemäß den innerstaatlichen Vorschriften zur Umsetzung von Artikel 51 Absatz 1 ein Risikomanagement-Verfahren oder ein Verfahren, das eine präzise und unabhängige Bewertung von OTC-Derivaten erlaubt, anzuwenden;
r) eine Investmentgesellschaft oder für jeden von ihr verwalteten Investmentfonds eine Verwaltungsgesellschaft es wiederholt versäumen, den in den innerstaatlichen Vorschriften zur Umsetzung der Artikel 68 bis 82 auferlegten Pflichten zur Unterrichtung der Anleger nachzukommen;
s) eine Verwaltungsgesellschaft oder eine Investmentgesellschaft, die Anteile eines von ihr verwalteten OGAW in einem anderen Mitgliedstaat als dem Herkunftsmitgliedstaat des OGAW vertreibt, es versäumt, die in Artikel 93 Absatz 1 enthaltene Anforderung der Übermittlung eines Anzeigeschreibens zu erfüllen.

Artikel 99b

(1) Die Mitgliedstaaten stellen sicher, dass die zuständigen Behörden alle unanfechtbaren Entscheidungen, mit denen sie wegen eines Verstoßes gegen die nationalen Vorschriften zur Umsetzung dieser Richtlinie eine Verwaltungssanktion oder -maßnahme verhängen, umgehend auf ihren offiziellen Websites veröffentlichen, nachdem die Person, gegen die die Sanktion oder Maßnahme verhängt wurde über diese Entscheidung unterrichtet wurde. Dabei werden mindestens Art und Charakter des Verstoßes und die Identität der verantwortlichen Personen bekanntgemacht. Diese Verpflichtung gilt nicht für Entscheidungen, mit denen Maßnahmen mit Ermittlungscharakter verhängt werden.

Ist jedoch die zuständige Behörde nach einer fallbezogenen Bewertung der Verhältnismäßigkeit der Bekanntmachung der betreffenden Daten zu der Ansicht gelangt, dass die Bekanntmachung der Identität der juristischen Personen oder der personenbezogenen Daten der natürlichen Personen unverhältnismäßig wäre, oder würde die Bekanntmachung die Stabilität der Finanzmärkte oder laufende Ermittlungen gefährden, so stellen die Mitgliedstaaten sicher, dass die zuständigen Behörden nach einer der folgenden Vorgehensweisen handeln:

a) die Entscheidung, mit der die Sanktion bzw. Maßnahme verhängt wird, wird erst dann bekanntgemacht, wenn die Gründe für ihre Nichtbekanntmachung weggefallen sind, oder
b) die Entscheidung, mit der die Sanktion bzw. Maßnahme verhängt wird, wird nach Maßgabe des nationalen Rechts in anonymisierter Form bekanntgemacht, wenn diese anonymisierte Bekanntmachung einen wirksamen Schutz der personenbezogenen Daten gewährleistet, oder
c) es wird davon abgesehen, die Entscheidung, mit der die Sanktion bzw. Maßnahme verhängt wird, bekanntzumachen, wenn die Möglichkeiten nach den Buchstaben a und b als nicht ausreichend angesehen werden, um zu gewährleisten, dass
    i) die Stabilität der Finanzmärkte nicht gefährdet wird,
    ii) bei Maßnahmen, die als geringfügig angesehen werden, bei einer Bekanntmachung solcher Entscheidungen die Verhältnismäßigkeit gewahrt ist.

Wird entschieden, eine Sanktion oder eine Maßnahme in anonymisierter Form bekanntzumachen, kann die Bekanntmachung der einschlägigen Angaben um einen angemessenen Zeitraum aufgeschoben werden, wenn vorhersehbar ist, dass die Gründe für eine anonymisierte Bekanntmachung im Laufe dieses Zeitraums wegfallen werden.

(2) Die zuständigen Behörden teilen der ESMA alle verwaltungsrechtlichen Sanktionen mit, die zwar verhängt, im Einklang mit Absatz 1 Unterabsatz 2 Buchstabe c jedoch nicht bekanntgemacht wurden, sowie alle Rechtsmittel im Zusammenhang mit diesen Sanktionen und die Ergebnisse der Rechtsmittelverfahren. Die Mitgliedstaaten stellen sicher, dass die zuständigen Behörden die Informationen und das endgültige Urteil im Zusammenhang mit verhängten strafrechtlichen Sanktionen erhalten und an die ESMA weiterleiten. Die ESMA unterhält ausschließlich für den Zweck des Informationsaustauschs zwischen den zuständigen Behörden eine zentrale Datenbank der ihr gemeldeten Sanktionen. Diese Datenbank ist nur den zuständigen Behörden zugänglich und wird anhand der von diesen übermittelten Informationen aktualisiert.

(3) Werden gegen die Entscheidung, eine Sanktion oder eine Maßnahme zu verhängen, bei den einschlägigen Justiz- oder sonstigen Behörden Rechtsmittel eingelegt, so machen die zuständigen Behörden auch diesen Sachverhalt und alle weiteren Informationen über das Ergebnis des Rechtsmittelverfahrens unverzüglich auf ihrer offiziellen Website bekannt.

Jede Entscheidung, mit der eine frühere Entscheidung über die Verhängung einer Sanktion bzw. einer Maßnahme für ungültig erklärt wird, wird ebenfalls bekanntgemacht.

(4) Die zuständigen Behörden stellen sicher, dass jede Bekanntmachung nach diesem Artikel ab dem Zeitpunkt ihrer Veröffentlichung mindestens fünf Jahre lang auf ihrer offiziellen Website zugänglich bleibt. Die in der Bekanntmachung enthaltenen personenbezogenen Daten werden nur so lange auf der offiziellen Website der zuständigen Behörde geführt, wie es nach den geltenden Datenschutzvorschriften erforderlich ist.

Artikel 99c

(1) Die Mitgliedstaaten stellen sicher, dass die zuständigen Behörden bei der Bestimmung der Art der verwaltungsrechtlichen Sanktionen oder -maßnahmen und der Höhe der verwaltungsrechtlichen Geldbußen sicherstellen, dass diese wirksam, verhältnismäßig und abschreckend sind, und alle maßgeblichen Umstände berücksichtigen, gegebenenfalls einschließlich

a) der Schwere und Dauer des Verstoßes,
b) des Grads an Verantwortung der für den Verstoß verantwortlichen Person,
c) der Finanzkraft der für den Verstoß verantwortlichen Person, wie sie sich beispielsweise aus ihrem Gesamtumsatz im Falle einer juristischen Person oder den Jahreseinkünften im Falle einer natürlichen Person ablesen lässt,
d) der Höhe der von der für den Verstoß verantwortlichen natürlichen oder juristischen Person erzielten Gewinne oder verhinderten Verluste, des Schadens für Dritte und, sofern zutreffend, des Schadens, der dem Funktionieren der Märkte oder der Wirtschaft allgemein zugefügt wurde, sofern diese sich beziffern lassen,
e) der Bereitschaft der für den Verstoß verantwortlichen Person zur Zusammenarbeit mit der zuständigen Behörde,
f) früherer Verstöße der für den Verstoß verantwortlichen Person,
g) Maßnahmen der für den Verstoß verantwortlichen Person nach dem Verstoß zur Verhinderung einer Wiederholung dieses Verstoßes.

(2) Bei der Ausübung ihrer Sanktionsbefugnisse gemäß Artikel 99 arbeiten die zuständigen Behörden eng zusammen, um sicherzustellen, dass die Aufsichts- und Ermittlungsbefugnisse sowie die verwaltungsrechtlichen Sanktionen zu den mit dieser Richtlinie angestrebten Ergebnissen führen. Ferner koordinieren sie ihre Maßnahmen, um Doppelarbeit und Überschneidungen in Fällen zu vermeiden, in denen sie gemäß Artikel 101 ihre Aufsichts- und Ermittlungsbefugnisse grenzübergreifend wahrnehmen und in diesem Rahmen verwaltungsrechtliche Sanktionen und -maßnahmen verhängen.

Artikel 99d

(1) Die Mitgliedstaaten schaffen wirksame und verlässliche Mechanismen, um zur Meldung von potenziellen oder tatsächlichen Verstößen gegen zur Umsetzung dieser Richtlinie erlassene innerstaatliche Vorschriften bei den zuständigen Behörden zu ermutigen, einschließlich sicherer Kommunikationskanäle für die Meldung solcher Verstöße.

(2) Die in Absatz 1 genannten Mechanismen umfassen zumindest Folgendes:

a) spezielle Verfahren für den Empfang der Meldungen über Verstöße und deren Weiterverfolgung,
b) einen angemessenen Schutz für Mitarbeiter von Investmentgesellschaften, Verwaltungsgesellschaften und Verwahrstellen, die innerhalb dieser Gesellschaften bzw. Stellen

begangene Verstöße melden, zumindest vor Vergeltungsmaßnahmen, Diskriminierung und anderen Arten von unfairer Behandlung,

c) den Schutz personenbezogener Daten im Einklang mit der Richtlinie 95/46/EG des Europäischen Parlaments und des Rates ([27]) sowohl für die Person, die die Verstöße anzeigt, als auch für die natürliche Person, von der behauptet wird, sie sei für den Verstoß verantwortlich,

d) klare Vorschriften, die gewährleisten, dass in Bezug auf die Person, die einen Verstoß meldet, in allen Fällen Vertraulichkeit garantiert wird, es sei denn, eine Weitergabe der Information ist im Kontext weiterer Ermittlungen oder nachfolgender Gerichtsverfahren gemäß den nationalen Rechtsvorschriften erforderlich.

(3) Die ESMA richtet einen oder mehrere sichere Kommunikationskanäle ein, über die Verstöße gegen die zur Umsetzung dieser Richtlinie erlassenen innerstaatlichen Vorschriften gemeldet werden können. Die ESMA stellt sicher, dass diese Kommunikationskanäle dem Absatz 2 Buchstaben a bis d genügen.

(4) Die Mitgliedstaaten stellen sicher, dass eine Meldung durch Mitarbeiter von Investmentgesellschaften, Verwaltungsgesellschaften und Verwahrstellen im Sinne der Absätze 1 und 3 nicht als Verstoß gegen etwaiger vertragliche oder durch Rechts- oder Verwaltungsvorschriften geregelte Einschränkungen der Offenlegung von Informationen gilt und keine Haftung der Person, die die Meldung gemacht hat, im Zusammenhang mit dieser Meldung zur Folge hat.

(5) Die Mitgliedstaaten verpflichten die Verwaltungsgesellschaften, Investmentgesellschaften und Verwahrstellen zu angemessenen Verfahren, über die ihre Mitarbeiter Verstöße intern über einen speziellen, unabhängigen und autonomen Kanal melden können.

Artikel 99e

(1) Die zuständigen Behörden übermitteln der ESMA jährlich eine Zusammenfassung von Informationen über alle gemäß Artikel 99 verhängten Sanktionen und Maßnahmen. Die ESMA veröffentlicht diese Informationen in einem Jahresbericht.

(2) Hat die zuständige Behörde verwaltungsrechtliche Sanktionen oder -maßnahmen öffentlich bekanntgegeben, so meldet sie diese verwaltungsrechtlichen Sanktionen oder -maßnahmen zugleich der ESMA. Betrifft eine veröffentliche Sanktion oder Maßnahme eine Verwaltungsgesellschaft oder eine Investmentgesellschaft, so macht die ESMA im gemäß Artikel 6 Absatz 1 erstellten Register der Verwaltungsgesellschaften einen Vermerk über die veröffentlichte Sanktion oder Maßnahme.

(3) Die ESMA arbeitet Entwürfe technischer Durchführungsstandards aus, in denen die Verfahren und Formulare für die in diesem Artikel vorgesehene Informationsübermittlung festgelegt werden.

Die ESMA übermittelt der Kommission diese Entwürfe technischer Durchführungsstandards bis zum 18. September 2015.

Der Kommission wird die Befugnis übertragen, die in Unterabsatz 1 genannten technischen Durchführungsstandards nach Artikel 15 der Verordnung (EU) Nr. 1095/2010 zu erlassen.

---

[27] Richtlinie 95/46/EG des Europäischen Parlaments und des Rates vom 24. Oktober 1995 zum Schutz natürlicher Personen bei der Verarbeitung personenbezogener Daten und zum freien Datenverkehr (ABl. L 281 vom 23.11.1995, S. 31).

Artikel 100

(1) Die Mitgliedstaaten stellen sicher, dass effiziente und wirksame Beschwerde- und Schlichtungsverfahren für die außergerichtliche Beilegung von Verbraucherrechtsstreitigkeiten im Zusammenhang mit den Tätigkeiten von OGAW vorhanden sind, wobei gegebenenfalls auf bestehende Einrichtungen zurückzugreifen ist.

(2) Die Mitgliedstaaten stellen sicher, dass die in Absatz 1 genannten Einrichtungen nicht durch Rechts- oder Verwaltungsvorschriften an einer wirksamen Zusammenarbeit bei der Beilegung grenzüberschreitender Streitfälle gehindert werden.

Artikel 101

(1) Die zuständigen Behörden der Mitgliedstaaten arbeiten zusammen, wann immer dies zur Wahrnehmung der in dieser Richtlinie festgelegten Aufgaben oder der ihnen durch diese Richtlinie oder durch nationale Rechtsvorschriften übertragenen Befugnisse erforderlich ist.

Die Mitgliedstaaten ergreifen die erforderlichen administrativen und organisatorischen Maßnahmen, um die Zusammenarbeit gemäß diesem Absatz zu erleichtern.

Die zuständigen Behörden machen für die Zwecke der Zusammenarbeit von ihren Befugnissen Gebrauch, auch wenn die Verhaltensweise, die Gegenstand der Ermittlung ist, keinen Verstoß gegen eine in ihrem Mitgliedstaat geltende Vorschrift darstellt.

(2) Die zuständigen Behörden der Mitgliedstaaten übermitteln einander unverzüglich die zur Wahrnehmung ihrer Aufgaben im Rahmen dieser Richtlinie erforderlichen Informationen.

(2a) Die zuständigen Behörden arbeiten gemäß der Verordnung (EU) Nr. 1095/2010 für die Zwecke dieser Richtlinie mit der ESMA zusammen.

Die zuständigen Behörden stellen der ESMA gemäß Artikel 35 der Verordnung (EU) Nr. 1095/2010 unverzüglich alle für die Ausführung ihrer Aufgaben erforderlichen Informationen zur Verfügung.

(3) Hat eine zuständige Behörde eines Mitgliedstaats begründeten Anlass zu der Vermutung, dass Rechtsträger, die nicht der Aufsicht dieser zuständigen Behörde unterliegen, im Hoheitsgebiet eines anderen Mitgliedstaats gegen die Bestimmungen dieser Richtlinie verstoßen oder verstoßen haben, so teilt sie dies den zuständigen Behörden des anderen Mitgliedstaats so genau wie möglich mit. Die Behörden, die diese Informationen empfangen, ergreifen geeignete Maßnahmen, unterrichten die zuständige Behörde, von der sie die Anzeige erhalten haben, über den Ausgang dieser Maßnahmen und soweit wie möglich über wesentliche zwischenzeitlich eingetretene Entwicklungen. Die Befugnisse der zuständigen Behörde, die die Information übermittelt hat, werden durch diesen Absatz nicht berührt.

(4) Die zuständigen Behörden eines Mitgliedstaats können bei der Ausübung der ihnen durch diese Richtlinie übertragenen Befugnisse die zuständigen Behörden eines anderen Mitgliedstaats um Zusammenarbeit bei Überwachungstätigkeiten oder einer Überprüfung vor Ort oder einer Ermittlung im Hoheitsgebiet dieses anderen Mitgliedstaats ersuchen. Erhält eine zuständige Behörde ein Ersuchen um eine Überprüfung vor Ort oder eine Ermittlung, so

a) nimmt sie die Überprüfung oder Ermittlung selbst vor,
b) gestattet sie der ersuchenden Behörde die Durchführung der Überprüfung oder Ermittlung oder

c) gestattet sie Wirtschaftsprüfern oder Sachverständigen die Durchführung der Überprüfung oder Ermittlung.

(5) Erfolgt die Überprüfung oder Ermittlung auf dem Hoheitsgebiet eines Mitgliedstaats durch die zuständige Behörde dieses Mitgliedstaats, so kann die zuständige Behörde des ersuchenden Mitgliedstaats beantragen, dass ihre eigenen Beamten die Beamten, die die Überprüfung oder Ermittlung durchführen, begleiten. Die Überprüfung oder Ermittlung unterliegt jedoch der Gesamtkontrolle des Mitgliedstaats, auf dessen Hoheitsgebiet sie stattfindet.

Erfolgt die Überprüfung oder Ermittlung auf dem Hoheitsgebiet eines Mitgliedstaats durch die zuständige Behörde eines anderen Mitgliedstaats, so kann die zuständige Behörde des Mitgliedstaats, auf dessen Hoheitsgebiet die Überprüfung oder Ermittlung stattfindet, verlangen, dass ihre eigenen Beamten die Beamten, die die Überprüfung oder Ermittlung durchführen, begleiten.

(6) Die zuständigen Behörden des Mitgliedstaats, in dem die Überprüfung oder Ermittlung erfolgt, können ein Ersuchen um einen Informationsaustausch gemäß Absatz 2 oder um Zusammenarbeit bei einer Ermittlung oder einer Überprüfung vor Ort gemäß Absatz 4 nur ablehnen, wenn

a) die Ermittlung, die Überprüfung vor Ort oder der Informationsaustausch die Souveränität, die Sicherheit oder die öffentliche Ordnung dieses Mitgliedstaats beeinträchtigen könnte,
b) gegen dieselben Personen und aufgrund derselben Handlungen bereits ein Verfahren vor einem Gericht dieses Mitgliedstaats anhängig ist,
c) gegen die betreffenden Personen aufgrund derselben Handlungen bereits ein rechtskräftiges Urteil in diesem Mitgliedstaat ergangen ist.

(7) Die zuständigen Behörden unterrichten die ersuchenden zuständigen Behörden über jede nach Absatz 6 getroffene Entscheidung. In dieser Benachrichtigung sind die Gründe für die Entscheidung anzugeben.

(8) Die zuständigen Behörden können die ESMA mit Fällen befassen, in denen ein Ersuchen

a) um Informationsaustausch gemäß Artikel 109 zurückgewiesen wurde oder innerhalb einer angemessenen Frist zu keiner Reaktion geführt hat;
b) um eine Überprüfung oder eine Ermittlung vor Ort gemäß Artikel 110 zurückgewiesen wurde oder innerhalb einer angemessenen Frist zu keiner Reaktion geführt hat oder
c) um die Zulassung von Beamten zur Begleitung der Beamten der zuständigen Behörde des anderen Mitgliedstaats zurückgewiesen wurde oder innerhalb einer angemessenen Frist zu keiner Reaktion geführt hat.

Unbeschadet des Artikels 258 des Vertrags über die Arbeitsweise der Europäischen Union (AEUV) kann die ESMA in diesen in Absatz 1 genannten Fällen gemäß den ihr nach Artikel 19 der Verordnung (EU) Nr. 1095/2010 übertragenen Befugnissen tätig werden, ohne dass hiervon die Möglichkeiten berührt werden, die in Absatz 6 dieses Artikels hinsichtlich der Ablehnung eines Ersuchens um Informationen oder um Ermittlung oder in Artikel 17 der genannten Verordnung hinsichtlich der Handlungsfähigkeit der ESMA in diesen Fällen vorgesehen sind.

(9) Um einheitliche Bedingungen für die Anwendung dieses Artikels zu gewährleisten, kann die ESMA Entwürfe technischer Durchführungsstandards entwickeln, um gemeinsame Verfahren für die Zusammenarbeit der zuständigen Behörden bei Überprüfungen vor Ort oder Ermittlungen nach den Absätzen 4 und 5 festzulegen.

Der Kommission wird die Befugnis übertragen, die in Unterabsatz 1 genannten technischen Durchführungsstandards gemäß Artikel 15 der Verordnung (EU) Nr. 1095/2010 zu erlassen.

Artikel 102

(1) Die Mitgliedstaaten schreiben vor, dass alle Personen, die für die zuständigen Behörden tätig sind oder waren, sowie die von den zuständigen Behörden beauftragten Wirtschaftsprüfer und Sachverständigen dem Berufsgeheimnis unterliegen. Diese Verpflichtung hat zum Inhalt, dass vertrauliche Informationen, die diese Personen in ihrer beruflichen Eigenschaft erhalten, an keine Person oder Behörde weitergegeben werden dürfen, es sei denn, in zusammengefasster oder allgemeiner Form, so dass die OGAW, die Verwaltungsgesellschaften und die Verwahrstellen („Unternehmen, die an der Tätigkeit von OGAW mitwirken“) nicht zu erkennen sind; sie gilt nicht für Fälle, die unter das Strafrecht fallen.

In Fällen, in denen für einen OGAW oder ein Unternehmen, das an seiner Geschäftstätigkeit mitwirkt, durch Gerichtsbeschluss das Konkursverfahren eröffnet oder die Zwangsabwicklung eingeleitet worden ist, können jedoch vertrauliche Informationen, die sich nicht auf Dritte beziehen, welche an Rettungsversuchen beteiligt sind, in zivilgerichtlichen oder handelsgerichtlichen Verfahren weitergegeben werden.

(2) Absatz 1 steht dem Informationsaustausch zwischen den zuständigen Behörden der Mitgliedstaaten gemäß dieser Richtlinie und anderen für OGAW oder Unternehmen, die an ihrer Geschäftstätigkeit mitwirken, geltenden Rechtsvorschriften der Union oder der Übermittlung dieser Informationen gemäß der Verordnung (EU) Nr. 1095/2010 an die ESMA oder den ESRB nicht entgegen. Diese Informationen fallen unter das Berufsgeheimnis gemäß Absatz 1.

Die zuständigen Behörden, die im Rahmen dieser Richtlinie Informationen mit anderen zuständigen Behörden austauschen, können bei der Übermittlung darauf hinweisen, dass diese nur mit ihrer ausdrücklichen Zustimmung veröffentlicht werden dürfen, in welchem Fall sie nur für die Zwecke, für die die Zustimmung erteilt wurde, ausgetauscht werden dürfen.

(3) Die Mitgliedstaaten können Kooperationsvereinbarungen über den Informationsaustausch mit den zuständigen Behörden von Drittländern oder mit Behörden oder Stellen von Drittländern im Sinne von Absatz 5 sowie Artikel 103 Absatz 1 nur treffen, sofern der Schutz der mitgeteilten Informationen durch das Berufsgeheimnis mindestens ebenso gewährleistet ist wie nach diesem Artikel. Dieser Informationsaustausch dient der Erfüllung der aufsichtsrechtlichen Aufgaben dieser Behörden oder Stellen.

Wenn die Informationen aus einem anderen Mitgliedstaat stammen, dürfen sie nur mit ausdrücklicher Zustimmung der zuständigen Behörden, die diese Informationen mitgeteilt haben, und gegebenenfalls nur für Zwecke weitergegeben werden, denen diese Behörden zugestimmt haben.

(4) Die zuständigen Behörden, die aufgrund der Absätze 1 und 2 vertrauliche Informationen erhalten, dürfen diese Informationen im Rahmen der Durchführung ihrer Aufgaben nur für folgende Zwecke verwenden:

a) zur Prüfung, ob die Zulassungsbedingungen für die OGAW oder die Unternehmen, die an ihrer Geschäftstätigkeit mitwirken, erfüllt werden, und zur leichteren Überwachung der Bedingungen der Tätigkeitsausübung, der verwaltungsmäßigen und buchhalterischen Organisation und der internen Kontrollmechanismen,
b) zur Verhängung von Sanktionen,

c) im Rahmen eines Verwaltungsverfahrens über die Anfechtung einer Entscheidung der zuständigen Behörden und
d) im Rahmen von Gerichtsverfahren aufgrund von Artikel 107 Absatz 2.

(5) Die Absätze 1 und 4 verhindern nicht den Informationsaustausch innerhalb eines Mitgliedstaats oder zwischen den Mitgliedstaaten, wenn dieser Austausch stattfindet zwischen der zuständigen Behörde und

a) im öffentlichen Auftrag mit der Überwachung von Kreditinstituten, Wertpapierfirmen, Versicherungsunternehmen oder anderen Finanzinstituten betrauten Stellen oder mit der Überwachung der Finanzmärkte betrauten Stellen,
b) Organen, die mit der Liquidation oder dem Konkurs von OGAW befasst werden, Unternehmen, die an ihrer Geschäftstätigkeit mitwirken, oder Organen, die mit ähnlichen Verfahren befasst werden, oder
c) mit der gesetzlichen Kontrolle der Rechnungslegung von Versicherungsunternehmen, Kreditinstituten, Wertpapierfirmen oder anderen Finanzinstituten betrauten Personen.
d) der ESMA, der mit der Verordnung (EU) Nr. 1093/2010 des Europäischen Parlaments und des Rates ([28]) eingerichteten Europäischen Aufsichtsbehörde (Europäische Bankenaufsichtsbehörde, der mit der Verordnung (EU) Nr. 1094/2010 des Europäischen Parlaments und des Rates ([29]) eingerichteten Europäischen Aufsichtsbehörde (Europäische Aufsichtsbehörde für das Versicherungswesen und die betriebliche Altersversorgung) und dem ESRB.

Die Absätze 1 und 4 stehen insbesondere nicht dem entgegen, dass die oben genannten zuständigen Behörden den ihnen übertragenen Beaufsichtigungsaufgaben nachkommen können, und dass an die mit der Verwaltung der Entschädigungssysteme betrauten Stellen Informationen übermittelt werden, die diese zur Erfüllung ihrer Aufgabe benötigen.

Der Informationsaustausch gemäß Unterabsatz 1 fällt unter das Berufsgeheimnis nach Absatz 1.

Artikel 103

(1) Ungeachtet Artikel 102 Absätze 1 bis 4 können die Mitgliedstaaten einen Informationsaustausch zulassen zwischen einer zuständigen Behörde und

a) Behörden, denen die Beaufsichtigung der Organe, die mit der Liquidation oder dem Konkurs von OGAW oder Unternehmen, die an ihrer Geschäftstätigkeit mitwirken oder ähnlichen Verfahren befasst werden, obliegt,
b) Behörden, denen die Beaufsichtigung der Personen, die mit der gesetzlichen Kontrolle der Rechnungslegung von Versicherungsunternehmen, Kreditinstituten, Wertpapierfirmen und sonstigen Finanzinstituten betraut sind, obliegt.

(2) Die Mitgliedstaaten, die von der Ausnahmeregelung nach Absatz 1 Gebrauch machen, verlangen, dass zumindest folgende Bedingungen erfüllt werden:

a) Die Informationen werden zur Erfüllung der Beaufsichtigungsaufgabe nach Absatz 1 verwendet;
b) die Informationen fallen unter das Berufsgeheimnis nach Artikel 102 Absatz 1, und
c) wenn die Informationen aus einem anderen Mitgliedstaat stammen, dürfen sie nur mit ausdrücklicher Zustimmung der zuständigen Behörden, die diese Informationen mit-

---

[28] ABl. L 331 vom 15.12.2010, S. 12.
[29] ABl. L 331 vom 15.12.2010, S. 48.

geteilt haben, und gegebenenfalls nur für Zwecke weitergegeben werden, denen diese Behörden zugestimmt haben.

(3) Die Mitgliedstaaten teilen der ESMA, der Kommission und den anderen Mitgliedstaaten mit, welche Behörden Informationen gemäß Absatz 1 erhalten dürfen.

(4) Ungeachtet Artikel 102 Absätze 1 bis 4 können die Mitgliedstaaten zur Stärkung der Stabilität des Finanzsystems und zur Wahrung seiner Integrität den Austausch von Informationen zwischen den zuständigen Behörden und den kraft Gesetzes für die Aufdeckung und Aufklärung von Verstößen gegen das Gesellschaftsrecht zuständigen Behörden oder Organen zulassen.

(5) Die Mitgliedstaaten, die von der Ausnahmeregelung nach Absatz 4 Gebrauch machen, verlangen, dass zumindest folgende Bedingungen erfüllt werden:

a) Die Informationen werden zur Erfüllung der Beaufsichtigungsaufgabe nach Absatz 4 verwendet;
b) die Informationen fallen unter das Berufsgeheimnis nach Artikel 102 Absatz 1, und
c) wenn die Informationen aus einem anderen Mitgliedstaat stammen, dürfen sie nur mit ausdrücklicher Zustimmung der zuständigen Behörden, die diese Informationen mitgeteilt haben, und gegebenenfalls nur für Zwecke weitergegeben werden, denen diese Behörden zugestimmt haben.

Die in Absatz 4 genannten Behörden oder Organe teilen den zuständigen Behörden, die die Information erteilt haben, für die Zwecke von Buchstabe c die Namen und die genaue Aufgabe der Personen mit, an die die betreffenden Informationen weitergegeben werden sollen.

(6) Wenn in einem Mitgliedstaat die in Absatz 4 genannten Behörden oder Organe bei der ihnen übertragenen Aufdeckung oder Aufklärung von Verstößen besonders befähigte und entsprechend beauftragte Personen hinzuziehen, die nicht dem öffentlichen Dienst angehören, so kann die in diesem Absatz vorgesehene Möglichkeit des Austauschs von Informationen unter den in Absatz 5 genannten Bedingungen auf die betreffenden Personen ausgedehnt werden.

(7) Die Mitgliedstaaten teilen der ESMA, der Kommission und den anderen Mitgliedstaaten mit, welche Behörden oder Stellen Informationen gemäß Absatz 4 erhalten dürfen.

Artikel 104

(1) Artikel 102 und 103 stehen weder dem entgegen, dass die zuständigen Behörden den Zentralbanken und anderen Einrichtungen mit ähnlichen Aufgaben in ihrer Eigenschaft als Währungsbehörden Informationen übermitteln, die diesen zur Erfüllung ihrer Aufgaben dienen, noch dass die letztgenannten Behörden oder Einrichtungen den zuständigen Behörden die Informationen mitteilen, die diese für die Zwecke von Artikel 102 Absatz 4 benötigen. Die in diesem Rahmen erhaltenen Informationen fallen unter das Berufsgeheimnis nach Artikel 102 Absatz 1.

(2) Die Artikel 102 und 103 stehen dem nicht entgegen, dass die zuständigen Behörden die Informationen gemäß Artikel 102 Absätze 1 bis 4 einer Clearingstelle oder einer ähnlichen nach nationalem Recht anerkannten Stelle übermitteln, um Clearing- oder Abwicklungsdienstleistungen auf einem der Märkte ihres Mitgliedstaats sicherzustellen, sofern diese Informationen ihrer Auffassung nach erforderlich sind, um das ordnungsgemäße Funktionieren dieser Stellen im Fall von Verstößen – oder auch nur möglichen Verstößen – der Marktteilnehmer sicherzustellen.

Die in diesem Rahmen erhaltenen Informationen fallen unter das Berufsgeheimnis nach Artikel 102 Absatz 1.

Die Mitgliedstaaten sorgen jedoch dafür, dass die gemäß Artikel 102 Absatz 2 erhaltenen Informationen in dem in Unterabsatz 1 genannten Fall nur mit der ausdrücklichen Zustimmung der zuständigen Behörden, die die Informationen übermittelt haben, weitergegeben werden dürfen.

(3) Ungeachtet der Bestimmungen von Artikel 102 Absätze 1 und 4 können die Mitgliedstaaten durch Gesetz die Weitergabe bestimmter Informationen an andere Dienststellen ihrer Zentralbehörden, die für die Rechtsvorschriften über die Beaufsichtigung der OGAW und der Unternehmen, die an ihrer Geschäftstätigkeit mitwirken, der Kreditinstitute, der Finanzinstitute, der Wertpapierfirmen und der Versicherungsunternehmen zuständig sind, sowie an die von diesen Dienststellen beauftragten Inspektoren gestatten.

Diese Informationen dürfen jedoch nur geliefert werden, wenn sich dies aus aufsichtsrechtlichen Gründen als erforderlich erweist.

Die Mitgliedstaaten schreiben jedoch vor, dass die Informationen, die sie aufgrund von Artikel 102 Absätze 2 und 5 erhalten, nicht Gegenstand der im vorliegenden Absatz genannten Weitergabe sein dürfen, es sei denn, das ausdrückliche Einverständnis der zuständigen Behörden, die die Informationen erteilt haben, liegt vor.

Artikel 104a

(1) Die Mitgliedstaaten wenden bei der Verarbeitung personenbezogener Daten im Rahmen dieser Richtlinie in den Mitgliedstaaten die Bestimmungen der Richtlinie 95/46/EG an.

(2) Die Verordnung (EG) Nr. 45/2001 des Europäischen Parlaments und des Rates ([30]) gilt für die Verarbeitung personenbezogener Daten im Rahmen dieser Richtlinie durch die ESMA.

Artikel 105

Um einheitliche Bedingungen für die Anwendung der Bestimmungen dieser Richtlinie über den Informationsaustausch zu gewährleisten, kann die ESMA Entwürfe technischer Durchführungsstandards entwickeln, um die Bedingungen für die Anwendung der Informationsaustauschverfahren zwischen den zuständigen Behörden sowie zwischen den zuständigen Behörden und der ESMA festzulegen.

Der Kommission wird die Befugnis übertragen, die in Unterabsatz 1 genannten technischen Durchführungsstandards gemäß Artikel 15 der Verordnung (EU) Nr. 1095/2010 zu erlassen.

Artikel 106

(1) Die Mitgliedstaaten sehen zumindest vor, dass jede gemäß der Richtlinie 2006/43/EG zugelassene Person, die bei einem OGAW oder einem Unternehmen, das an seiner Geschäftstätigkeit mitwirkt, die in Artikel 51 der Richtlinie 78/660/EWG, in Artikel 37 der Richtlinie 83/349/EWG bzw. in Artikel 73 der vorliegenden Richtlinie beschriebenen Aufgaben oder andere gesetzliche Aufgaben erfüllt, die Verpflichtung hat, den zuständigen

[30] Verordnung (EG) Nr. 45/2001 des Europäischen Parlaments und des Rates vom 18. Dezember 2000 zum Schutz natürlicher Personen bei der Verarbeitung personenbezogener Daten durch die Organe und Einrichtungen der Gemeinschaft und zum freien Datenverkehr (ABl. L 8 vom 12.1.2001, S. 1).

Behörden unverzüglich alle Tatsachen oder Entscheidungen zu melden, von denen sie bei der Wahrnehmung dieser Aufgaben Kenntnis erhalten hat und die folgende Auswirkungen haben können:

a) eine erhebliche Verletzung der Rechts- und Verwaltungsvorschriften, welche die Zulassungsbedingungen regeln oder im Besonderen für die Ausübung der Tätigkeit von OGAW oder Unternehmen, die an ihrer Geschäftstätigkeit mitwirken, gelten,
b) die Behinderung der Tätigkeit des OGAW oder des Unternehmens, das an seiner Geschäftstätigkeit mitwirkt, oder
c) die Ablehnung der Bestätigung ordnungsgemäßer Rechnungslegung oder die Äußerung von Vorbehalten.

Diese Person ist zur Meldung der Tatsachen und Entscheidungen verpflichtet, von denen sie im Rahmen einer Aufgabe im Sinne von Buchstabe a Kenntnis erhält, die sie bei einem Unternehmen mit sich aus einem Kontrollverhältnis ergebenden engen Verbindungen zu dem OGAW oder dem Unternehmen, das an seiner Geschäftstätigkeit mitwirkt, erfüllt, bei dem sie diese Aufgabe wahrnimmt.

(2) Machen die gemäß der Richtlinie 2006/43/EG zugelassenen Personen den zuständigen Behörden in gutem Glauben Mitteilung über die in Absatz 1 genannten Tatsachen oder Entscheidungen, so gilt dies nicht als Verletzung einer vertraglich oder durch Rechts- oder Verwaltungsvorschriften geregelten Bekanntmachungsbeschränkung und zieht für diese Personen keine Haftung nach sich.

Artikel 107

(1) Die zuständigen Behörden geben für jede Entscheidung, mit der die Genehmigung abgelehnt wird, oder für jede negative Entscheidung, die in Anwendung der gemäß dieser Richtlinie erlassenen allgemeinen Maßregeln getroffen worden ist, die Gründe schriftlich an und teilen diese dem Antragsteller mit.

(2) Die Mitgliedstaaten sehen vor, dass jede Entscheidung, die im Rahmen der nach dieser Richtlinie erlassenen Rechts- oder Verwaltungsvorschriften getroffen wird, ordnungsgemäß begründet wird und die Gerichte angerufen werden können; ein Recht auf Anrufung der Gerichte besteht auch, wenn nicht binnen sechs Monaten nach Eingang eines Antrags auf Zulassung, der alle erforderlichen Angaben enthält, entschieden wird.

(3) Die Mitgliedstaaten sehen vor, dass eine oder mehrere der folgenden nach nationalem Recht bestimmten Stellen im Interesse der Verbraucher und im Einklang mit den nationalen Rechtsvorschriften die Gerichte oder die zuständigen Verwaltungsinstanzen anrufen kann/können, um zu gewährleisten, dass die nationalen Vorschriften zur Durchführung dieser Richtlinie angewandt werden:

a) staatliche Stellen oder ihre Vertreter,
b) Verbraucherverbände, die ein berechtigtes Interesse am Schutz der Verbraucher haben,
c) Berufsverbände, die ein berechtigtes Interesse daran haben, ihre Mitglieder zu schützen.

Artikel 108

(1) Allein die Stellen des Herkunftsmitgliedstaats des OGAW sind befugt, diesem OGAW gegenüber bei Verletzung der Rechts- und Verwaltungsvorschriften sowie der in den Vertragsbedingungen oder in der Satzung der Investmentgesellschaft enthaltenen Bestimmungen Maßnahmen zu ergreifen.

Allerdings können die Behörden des Aufnahmemitgliedstaats des OGAW diesem OGAW gegenüber im Falle einer Verletzung der in diesem Mitgliedstaat geltenden Rechts-

und Verwaltungsvorschriften, die nicht unter den Anwendungsbereich der vorliegenden Richtlinie oder unter die in den Artikeln 92 und 94 festgelegten Anforderungen fallen, Maßnahmen ergreifen.

(2) Jede Entscheidung über die Entziehung der Zulassung und jede andere gegen einen OGAW getroffene schwerwiegende Maßnahme oder jede ihm auferlegte Maßnahme zur Aussetzung der Ausgabe, des Rückkaufs oder der Rücknahme seiner Anteile wird den zuständigen Behörden der Aufnahmemitgliedstaaten des OGAW und, wenn die Verwaltungsgesellschaft eines OGAW in einem anderen Mitgliedstaat niedergelassen ist, den zuständigen Behörden des Herkunftsmitgliedstaates der Verwaltungsgesellschaft durch die zuständigen Behörden des Herkunftsmitgliedstaats des OGAW unverzüglich mitgeteilt.

(3) Die zuständigen Behörden des Herkunftsmitgliedstaats der Verwaltungsgesellschaft und des Herkunftsmitgliedstaats des OGAW haben jeweils die Möglichkeit, Maßnahmen gegen die Verwaltungsgesellschaft einzuleiten, wenn diese die unter ihre jeweilige Zuständigkeit fallenden Bestimmungen verletzt.

(4) Haben die zuständigen Behörden des Aufnahmemitgliedstaats des OGAW klare und nachweisbare Gründe für die Annahme, dass ein OGAW, dessen Anteile auf dem Hoheitsgebiet dieses Mitgliedstaats vertrieben werden, gegen Verpflichtungen verstößt, die ihm aus Vorschriften erwachsen, die nach dieser Richtlinie erlassen werden und keine Befugnisse auf die zuständigen Behörden des Aufnahmemitgliedstaats des OGAW übertragen, so teilen sie ihre Erkenntnisse den zuständigen Behörden des Herkunftsmitgliedstaats des OGAW mit, der geeignete Maßnahmen ergreift.

(5) Wenn die Maßnahmen der zuständigen Behörden des Herkunftsmitgliedstaats des OGAW nicht greifen oder sich als unzulänglich erweisen oder wenn der Herkunftsmitgliedstaat des OGAW nicht innerhalb einer angemessenen Frist handelt und der OGAW deshalb weiterhin auf eine Weise tätig ist, die den Interessen der Anleger des Aufnahmemitgliedstaats des OGAW eindeutig zuwiderläuft, so können die zuständigen Behörden des Aufnahmemitgliedstaats des OGAW in der Konsequenz eine der folgenden Maßnahmen ergreifen:

a) Nach Unterrichtung der zuständigen Behörden des Herkunftsmitgliedstaats des OGAW ergreifen sie alle angemessenen Maßnahmen, die zum Schutz der Anleger erforderlich sind, einschließlich der möglichen Unterbindung des weiteren Vertriebs der Anteile des betreffenden OGAW auf dem Hoheitsgebiet des Aufnahmemitgliedstaates eines OGAW;
b) sie befassen erforderlichenfalls die ESMA mit der Angelegenheit, die im Rahmen der ihr nach Artikel 19 der Verordnung (EU) Nr. 1095/2010 übertragenen Befugnisse tätig werden kann.

Die Kommission und die ESMA werden unverzüglich von jeder gemäß Unterabsatz 1 Buchstabe a ergriffene Maßnahme unterrichtet.

(6) Die Mitgliedstaaten gewährleisten, dass es rechtlich möglich ist, auf ihrem Hoheitsgebiet alle Schriftstücke zuzustellen, die für die vom Aufnahmemitgliedstaat des OGAW gemäß den Absätzen 2 bis 5 ergriffenen Maßnahmen erforderlich sind.

Artikel 109

(1) Betreiben Verwaltungsgesellschaften im Rahmen des Dienstleistungsverkehrs oder durch Errichtung von Zweigniederlassungen ihre Geschäfte in einem oder mehreren Aufnahmemitgliedstaaten der Verwaltungsgesellschaft, so arbeiten die zuständigen Behörden aller betroffenen Mitgliedstaaten eng zusammen.

Sie stellen einander auf Anfrage alle Informationen bezüglich der Verwaltung und der Eigentumsverhältnisse dieser Verwaltungsgesellschaften zur Verfügung, die deren Beaufsichtigung erleichtern könnten, sowie sämtliche Informationen, die geeignet sind, die Überwachung dieser Gesellschaften zu erleichtern. Insbesondere arbeiten die Behörden des Herkunftsmitgliedstaats der Verwaltungsgesellschaft zusammen, um den Behörden des Aufnahmemitgliedstaats der Verwaltungsgesellschaft die Erhebung der in Artikel 21 Absatz 2 genannten Angaben zu ermöglichen.

(2) Soweit für die Ausübung der Aufsichtsbefugnisse des Herkunftsmitgliedstaats erforderlich, unterrichten die zuständigen Behörden des Aufnahmemitgliedstaats der Verwaltungsgesellschaft die zuständigen Behörden des Herkunftsmitgliedstaats der Verwaltungsgesellschaft über alle vom Aufnahmemitgliedstaat der Verwaltungsgesellschaft nach Artikel 21 Absatz 5 ergriffenen Maßnahmen, die Maßnahmen oder Sanktionen gegen eine Verwaltungsgesellschaft oder eine Beschränkung ihrer Tätigkeiten beinhalten.

(3) Die zuständigen Behörden des Herkunftsmitgliedstaats der Verwaltungsgesellschaft teilen der zuständigen Behörde des Herkunftsmitgliedstaat des OGAW unverzüglich etwaige auf der Ebene der Verwaltungsgesellschaft festgestellte Probleme, die die Fähigkeit der Verwaltungsgesellschaft erheblich beeinflussen können, ihre Aufgaben in Bezug auf den OGAW richtig zu erfüllen, und alle Verstöße gegen die Anforderungen gemäß Kapitel III mit.

(4) Die zuständigen Behörden des Herkunftsmitgliedstaats des OGAW teilen der zuständigen Behörde des Herkunftsmitgliedstaats der Verwaltungsgesellschaft unverzüglich etwaige auf der Ebene des OGAW festgestellte Probleme mit, die die Fähigkeit der Verwaltungsgesellschaft beeinflussen könnten, ihre Aufgaben sachgerecht wahrzunehmen oder die Anforderungen dieser Richtlinie, die in die Verantwortung des Herkunftsmitgliedstaats des OGAW fallen, einzuhalten.

Artikel 110

(1) Wenn eine in einem anderen Mitgliedstaat zugelassene Verwaltungsgesellschaft ihre Tätigkeit im Aufnahmemitgliedstaat über eine Zweigniederlassung ausübt, sorgt der Aufnahmemitgliedstaat der Verwaltungsgesellschaft dafür, dass die zuständigen Behörden ihres Herkunftsmitgliedstaats nach Unterrichtung der zuständigen Behörden des Aufnahmemitgliedstaats der Verwaltungsgesellschaft die in Artikel 109 genannten Informationen selbst oder durch zu diesem Zweck benannte Intermediäre vor Ort überprüfen können.

(2) Absatz 1 berührt nicht das Recht der zuständigen Behörden des Aufnahmemitgliedstaats der Verwaltungsgesellschaft, in Ausübung der ihnen aufgrund dieser Richtlinie obliegenden Aufgaben vor Ort Überprüfungen der im Hoheitsgebiet dieses Mitgliedstaats errichteten Zweigniederlassungen vorzunehmen.

KAPITEL XIII
DELEGIERTE RECHTSAKTE UND DURCHFÜHRUNGSBEFUGNISSE

Artikel 111

Die Kommission kann an dieser Richtlinie technische Änderungen in den nachstehend genannten Bereichen vornehmen:

a) Erläuterung der Definitionen, um die kohärente Harmonisierung und einheitliche Anwendung dieser Richtlinie in der gesamten Union zu gewährleisten, oder
b) Angleichung der Terminologie und Abfassung von Definitionen in Übereinstimmung mit späteren Rechtsakten zu den OGAW und zu angrenzenden Themenbereichen.

Die in Unterabsatz 1 genannten Maßnahmen werden mittels delegierter Rechtsakte nach Artikel 112a erlassen.

Artikel 112

Die Kommission wird von dem durch den Beschluss 2001/528/EG der Kommission ([31]) eingesetzten Europäischen Wertpapierausschuss unterstützt.

Artikel 112a

(1) Die Befugnis zum Erlass delegierter Rechtsakte wird der Kommission unter den in diesem Artikel festgelegten Bedingungen übertragen.

(2) Die Befugnis zum Erlass delegierter Rechtsakte gemäß den Artikeln 12, 14, 43, 60, 61, 62, 64, 75, 78, 81, 95 und 111 wird der Kommission für einen Zeitraum von vier Jahren ab dem 4. Januar 2011 übertragen.

Die Befugnis zum Erlass delegierter Rechtsakte gemäß Artikel 26b wird der Kommission für einen Zeitraum von vier Jahren ab dem 17. September 2014 übertragen.

Die Befugnis zum Erlass delegierter Rechtsakte gemäß Artikel 50a wird der Kommission für einen Zeitraum von vier Jahren ab dem 21. Juli 2011 übertragen.

Die Befugnis zum Erlass delegierter Rechtsakte gemäß Artikel 51 wird der Kommission für einen Zeitraum von vier Jahren ab dem 20. Juni 2013 übertragen.

Die Kommission erstellt spätestens sechs Monate vor Ablauf des Zeitraums von vier Jahren einen Bericht über die Befugnisübertragung. Die Befugnisübertragung verlängert sich stillschweigend um Zeiträume gleicher Länge, es sei denn, das Europäische Parlament oder der Rat widersprechen der Verlängerung spätestens drei Monate vor Ablauf des jeweiligen Zeitraums.

(3) Die Befugnisübertragung gemäß den Artikeln 12, 14, 26b, 43, 50a, 51, 60, 61, 62, 64, 75, 78, 81, 95 und 111 kann vom Europäischen Parlament oder vom Rat jederzeit widerrufen werden. Der Beschluss über den Widerruf beendet die Übertragung der in diesem Beschluss angegebenen Befugnis. Er wird am Tag nach seiner Veröffentlichung im Amtsblatt der Europäischen Union oder zu einem im Beschluss über den Widerruf angegebenen späteren Zeitpunkt wirksam. Die Gültigkeit von delegierten Rechtsakten, die bereits in Kraft sind, wird von dem Beschluss über den Widerruf nicht berührt.

(4) Sobald die Kommission einen delegierten Rechtsakt erlässt, übermittelt sie ihn gleichzeitig dem Europäischen Parlament und dem Rat.

(5) Ein delegierter Rechtsakt, der gemäß den Artikeln 12, 14, 26b, 43, 50a, 51, 60, 61, 62, 64, 75, 78, 81, 95 und 111 erlassen wurde, tritt nur in Kraft, wenn weder das Europäische Parlament noch der Rat innerhalb einer Frist von drei Monaten nach Übermittlung dieses Rechtsakts an das Europäische Parlament und den Rat Einwände erhoben haben oder wenn vor Ablauf dieser Frist das Europäische Parlament und der Rat beide der Kommission

[31] Beschluss 2001/528/EG der Kommission vom 6. Juni 2001 zur Einsetzung des Europäischen Wertpapierausschusses (ABl. L 191 vom 13.7.2001, S. 45).

mitgeteilt haben, dass sie keine Einwände erheben werden. Auf Initiative des Europäischen Parlaments oder des Rates wird diese Frist um drei Monate verlängert.

KAPITEL XIV
AUSNAHME-, ÜBERGANGS- UND SCHLUSSBESTIMMUNGEN

ABSCHNITT 1
Ausnahmebestimmungen

Artikel 113

(1) Für die ausschließliche Verwendung durch dänische OGAW werden die in Dänemark ausgegebenen „pantebreve" den Wertpapieren nach Artikel 50 Absatz 1 Buchstabe b gleichgestellt.

(2) Abweichend von Artikel 22 Absatz 1 und Artikel 32 Absatz 1 können die zuständigen Behörden die OGAW, die am 20. Dezember 1985 zwei oder mehrere Verwahrstellen gemäß den nationalen Rechtsvorschriften besaßen, ermächtigen, diese Mehrzahl von Verwahrstellen beizubehalten, wenn sie die Gewähr dafür haben, dass die in Artikel 22 Absatz 3 und Artikel 32 Absatz 3 genannten Aufgaben ordnungsgemäß erfüllt werden.

(3) Abweichend von Artikel 16 können die Mitgliedstaaten den Verwaltungsgesellschaften die Genehmigung erteilen, Inhaberzertifikate zu emittieren, die Namenspapiere anderer Gesellschaften vertreten.

Artikel 114

(1) Wertpapierfirmen im Sinne von Artikel 4 Absatz 1 Nummer 1 der Richtlinie 2004/39/EG, die lediglich zur Erbringung von in Abschnitt A Nummern 4 und 5 des Anhangs der genannten Richtlinie genannten Dienstleistungen zugelassen sind, können eine Zulassung im Rahmen dieser Richtlinie erhalten, um OGAW zu verwalten und selbst als Verwaltungsgesellschaften aufzutreten. In diesem Falle geben diese Wertpapierfirmen ihre Zulassung gemäß der Richtlinie 2004/39/EG zurück.

(2) Verwaltungsgesellschaften, die bereits vor dem 13. Februar 2004 in ihrem Herkunftsmitgliedstaat gemäß der Richtlinie 85/611/EWG eine Zulassung für die Verwaltung von OGAW in Form eines Investmentfonds oder einer Investmentgesellschaft erhalten haben, gelten im Sinne dieses Artikels als zugelassen, wenn die Rechtsvorschriften dieses Mitgliedstaats vorsehen, dass die Gesellschaften zur Aufnahme dieser Tätigkeit Bedingungen genügen müssen, die den in Artikel 7 und 8 genannten gleichwertig sind.

ABSCHNITT 2
Übergangs- und Schlussbestimmungen

Artikel 115

Die Kommission legt dem Europäischen Parlament und dem Rat bis zum 1. Juli 2013 einen Bericht über die Anwendung dieser Richtlinie vor.

Artikel 116

(1) Die Mitgliedstaaten erlassen und veröffentlichen bis spätestens zum 30. Juni 2011 die erforderlichen Rechts- und Verwaltungsvorschriften, um Artikel 1 Absatz 2 Unterabsatz

2, Artikel 1 Absatz 3 Buchstabe b, Artikel 2 Absatz 1 Buchstaben e, m, p, q und r, Artikel 2 Absatz 5, Artikel 4, Artikel 5 Absätze 1 bis 4, 6 und 7, Artikel 6 Absatz 1, Artikel 12 Absatz 1, Artikel 13 Absatz 1 Eingangsteil, Artikel 13 Absatz 1 Buchstaben a und i, Artikel 15, Artikel 16 Absatz 1, Artikel 16 Absatz 3, Artikel 17 Absatz 1, Artikel 17 Absatz 2 Buchstabe b, Artikel 17 Absatz 3 Unterabsätze 1 und 3, Artikel 17 Absätze 4 bis 7, Artikel 17 Absatz 9 Unterabsatz 2, Artikel 18 Absatz 1 Eingangsteil, Artikel 18 Absatz 1 Buchstabe b, Artikel 18 Absatz 2 Unterabsätze 3 und 4, Artikel 18 Absätze 3 und 4, Artikel 19 und 20, Artikel 21 Absätze 2 bis 6, 8 und 9, Artikel 22 Absatz 1, Artikel 22 Absatz 3 Buchstaben a, d und e, Artikel 23 Absätze 1, 2, 4 und 5, Artikel 27 Absatz 3, Artikel 29 Absatz 2, Artikel 33 Absätze 2, 4 und 5, Artikel 37 bis 42, Artikel 43 Absätze 1 bis 5, Artikel 44 bis 49, Artikel 50 Absatz 1 Eingangsteil, Artikel 50 Absatz 3, Artikel 51 Absatz 1 Unterabsatz 3, Artikel 54 Absatz 3, Artikel 56 Absatz 1, Artikel 56 Absatz 2 Unterabsatz 1 Eingangsteil, Artikel 58 und 59, Artikel 60 Absätze 1 bis 5, Artikel 61 Absätze 1 und 2, Artikel 62 Absätze 1, 2 und 3, Artikel 63, Artikel 64 Absätze 1, 2 und 3, Artikel 65, 66 und 67, Artikel 68 Absatz 1 Eingangsteil und Buchstabe a, Artikel 69 Absätze 1 und 2, Artikel 70 Absätze 2 und 3, Artikel 71, 72 und 74, Artikel 75 Absätze 1, 2 und 3, Artikel 77 bis 82, Artikel 83 Absatz 1 Buchstabe b, Artikel 83 Absatz 2 Buchstabe a zweiter Gedankenstrich, Artikel 86, Artikel 88 Absatz 1 Buchstabe b, Artikel 89 Buchstabe b, Artikel 90 bis 94, Artikel 96 bis 101, Artikel 101 Absätze 1 bis 8, Artikel 102 Absatz 2 Unterabsatz 2, Artikel 102 Absatz 5, Artikel 107 und 108, Artikel 109 Absätze 2, 3 und 4, Artikel 110 sowie Anhang I nachzukommen. Sie setzen die Kommission unverzüglich davon in Kenntnis.

Sie wenden diese Vorschriften ab dem 1. Juli 2011 an.

Wenn die Mitgliedstaaten diese Vorschriften erlassen, nehmen sie in diesen Vorschriften selbst oder durch einen Hinweis bei der amtlichen Veröffentlichung auf die vorliegende Richtlinie Bezug. In diese Vorschriften fügen sie die Erklärung ein, dass Verweisungen in den geltenden Rechts- und Verwaltungsvorschriften auf die Richtlinie 85/611/EWG als Verweisungen auf die vorliegende Richtlinie gelten. Die Mitgliedstaaten regeln die Einzelheiten dieser Bezugnahme und die Formulierung dieser Erklärung.

(2) Die Mitgliedstaaten teilen der Kommission den Wortlaut der wichtigsten innerstaatlichen Rechtsvorschriften mit, die sie auf dem unter diese Richtlinie fallenden Gebiet erlassen.

Artikel 117

Die Richtlinie 85/611/EWG, in der Fassung der in Anhang III Teil A aufgeführten Richtlinien, wird unbeschadet der Verpflichtungen der Mitgliedstaaten hinsichtlich der in Anhang III Teil B genannten Fristen für die Umsetzung der dort genannten Richtlinien in innerstaatliches Recht und für die Anwendung dieser Richtlinien mit Wirkung vom 1. Juli 2011 aufgehoben.

Verweisungen auf die aufgehobenen Richtlinien gelten als Verweisungen auf die vorliegende Richtlinie und sind nach Maßgabe der Entsprechungstabelle in Anhang IV zu lesen.

Verweisungen auf den vereinfachten Prospekt gelten als Verweisungen auf die in Artikel 78 genannten wesentlichen Informationen für den Anleger.

Artikel 118

(1) Diese Richtlinie tritt am zwanzigsten Tag nach ihrer Veröffentlichung im Amtsblatt der Europäischen Union in Kraft.

Artikel 1 Absatz 1, Artikel 1 Absatz 2 Unterabsatz 1, Artikel 1 Absatz 3 Buchstabe a, Artikel 1 Absätze 4 bis 7, Artikel 2 Absatz 1 Buchstaben a bis d, f bis l, n und o, Artikel 2 Absätze 2, 3 und 4, Artikel 2 Absätze 6 und 7, Artikel 3, Artikel 5 Absatz 5, Artikel 6 Absätze 2, 3 und 4, Artikel 7 bis 11, Artikel 12 Absatz 2, Artikel 13 Absatz 1 Buchstaben b bis h, Artikel 13 Absatz 2, Artikel 14 Absatz 1, Artikel 16 Absatz 2, Artikel 17 Absatz 2 Buchstaben a, c und d, Artikel 17 Absatz 3 Unterabsatz 2, Artikel 17 Absatz 8, Artikel 17 Absatz 9 Unterabsatz 1, Artikel 18 Absatz 1 mit Ausnahme des Eingangsteils und Buchstabe a, Artikel 18 Absatz 2 Unterabsätze 1 und 2, Artikel 21 Absätze 1 und 7, Artikel 22 Absatz 2, Artikel 22 Absatz 3 Buchstaben b und c, Artikel 23 Absatz 3, Artikel 24, Artikel 25 und 26, Artikel 27 Absätze 1 und 2, Artikel 28, Artikel 29 Absätze 1, 3 und 4, Artikel 30, 31 und 32, Artikel 33 Absätze 1 und 3, Artikel 34, 35 und 36, Artikel 50 Absatz 1 Buchstaben a bis h, Artikel 50 Absatz 2, Artikel 51 Absatz 1 Unterabsätze 1 und 2, Artikel 51 Absätze 2 und 3, Artikel 52 und 53, Artikel 54 Absätze 1 und 2, Artikel 55, Artikel 56 Absatz 2 Unterabsatz 1, Artikel 56 Absatz 2 Unterabsatz 2, Artikel 56 Absatz 3, Artikel 57, Artikel 68 Absatz 2, Artikel 69 Absätze 3 und 4, Artikel 70 Absätze 1 und 4, Artikel 73 und 76, Artikel 83 Absatz 1 mit Ausnahme von Buchstabe b, Artikel 83 Absatz 2 Buchstabe a mit Ausnahme des zweiten Gedankenstrichs, Artikel 84, 85 und 87, Artikel 88 Absatz 1 mit Ausnahme von Buchstabe b, Artikel 88 Absatz 2, Artikel 89 mit Ausnahme von Buchstabe b, Artikel 102 Absatz 1, Artikel 102 Absatz 2 Unterabsatz 1, Artikel 102 Absätze 3 und 4, Artikel 103 bis 106, Artikel 109 Absatz 1, Artikel 111, 112, 113 und 117 sowie die Anhänge II, III und IV gelten ab dem 1. Juli 2011.

(2) Die Mitgliedstaaten stellen sicher, dass OGAW den gemäß der Richtlinie 85/611/EWG erstellten vereinfachten Prospekt so bald wie möglich, spätestens jedoch 12 Monate nach der in Artikel 78 Absatz 7 genannten Frist für die Umsetzung sämtlicher Durchführungsmaßnahmen in nationales Recht, durch die gemäß Artikel 78 erstellten wesentlichen Informationen für den Anleger ersetzen. Während dieses Zeitraums akzeptieren die zuständigen Behörden des Aufnahmemitgliedstaats eines OGAW für auf dem Hoheitsgebiet der betreffenden Mitgliedstaaten vertriebene OGAW weiterhin den vereinfachten Prospekt.

Artikel 119

Diese Richtlinie ist an die Mitgliedstaaten gerichtet.

Geschehen zu Brüssel am 13. Juli 2009.

Im Namen des Europäischen Parlaments	Im Namen des Rates
Der Präsident	Der Präsident
H.-G. Pöttering	E. Erlandsson

ANHANG I

SCHEMA A

1. Informationen über den Investmentfonds	1. Informationen über die Verwaltungsgesellschaft mit einem Hinweis darauf, ob die Verwaltungsgesellschaft in einem anderen Mitgliedstaat niedergelassen ist als im Herkunftsmitgliedstaat des OGAW	1. Informationen über die Investmentgesellschaft
1.1. Bezeichnung	1.1. Bezeichnung oder Firma, Rechtsform, Gesellschaftssitz und Ort der Hauptverwaltung, wenn dieser nicht mit dem Gesellschaftssitz zusammenfällt	1.1. Bezeichnung oder Firma, Rechtsform, Gesellschaftssitz und Ort der Hauptverwaltung, wenn dieser nicht mit dem Gesellschaftssitz zusammenfällt
1.2. Zeitpunkt der Gründung des Investmentfonds. Angabe der Dauer, falls diese begrenzt ist	1.2. Zeitpunkt der Gründung der Gesellschaft. Angabe der Dauer, falls diese begrenzt ist	1.2. Zeitpunkt der Gründung der Gesellschaft. Angabe der Dauer, falls diese begrenzt ist
	1.3. Falls die Gesellschaft weitere Investmentfonds verwaltet, Angabe dieser weiteren Investmentfonds	1.3. Im Falle von Investmentgesellschaften mit unterschiedlichen Teilfonds, Angabe dieser Teilfonds
1.4. Angabe der Stelle, bei der die Vertragsbedingungen, wenn auf deren Beifügung verzichtet wird, sowie die periodischen Berichte erhältlich sind		1.4. Angabe der Stelle, bei der die Satzung, wenn auf deren Beifügung verzichtet wird, sowie die periodischen Berichte erhältlich sind
1.5. Kurzangaben über die auf den Investmentfonds anwendbaren Steuervorschriften, wenn sie für den Anteilinhaber von Bedeutung sind. Angabe, ob auf die von den Anteilinhabern vom Investmentfonds bezogenen Einkünfte und Kapitalerträge Quellenabzüge erhoben werden		1.5. Kurzangaben über die auf die Gesellschaft anwendbaren Steuervorschriften, wenn sie für den Anteilinhaber von Bedeutung sind. Angabe, ob auf die von den Anteilinhabern von der Gesellschaft bezogenen Einkünfte und Kapitalerträge Quellenabzüge erhoben werden
1.6. Stichtag für den Jahresabschluss und Häufigkeit der Ausschüttung		1.6. Stichtag für den Jahresabschluss und Häufigkeit der Dividendenausschüttung

1.7. Name der Personen, die mit der Prüfung der in Artikel 73 vorgesehenen Zahlenangaben beauftragt sind		1.7. Name der Personen, die mit der Prüfung der in Artikel 73 vorgesehenen Zahlenangaben beauftragt sind
	1.8. Name und Funktion der Mitglieder der Verwaltungs-, Leitungs- und Aufsichtsorgane. Angabe der Hauptfunktionen, die diese Personen außerhalb der Gesellschaft ausüben, wenn sie für diese von Bedeutung sind	1.8. Name und Funktion der Mitglieder der Verwaltungs-, Leitungs- und Aufsichtsorgane. Angabe der Hauptfunktionen, die diese Personen außerhalb der Gesellschaft ausüben, wenn sie für diese von Bedeutung sind
	1.9. Kapital: Höhe des gezeichneten Kapitals mit Angabe des eingezahlten Kapitals	1.9. Kapital
1.10. Angabe der Art und der Hauptmerkmale der Anteile, insbesondere: – Art des Rechts (dingliches, Forderungs- oder anderes Recht), das der Anteil repräsentiert – Original-Urkunden oder Zertifikate über diese Urkunden, Eintragung in einem Register oder auf einem Konto – Merkmale der Anteile: Namens- oder Inhaberpapiere, gegebenenfalls Angabe der Stückelung – Beschreibung des Stimmrechts der Anteilinhaber, falls dieses besteht – Voraussetzungen, unter denen die Auflösung des Investmentfonds beschlossen werden kann, und Einzelheiten der Auflösung, insbesondere in Bezug auf die Rechte der Anteilinhaber		1.10. Angabe der Art und der Hauptmerkmale der Anteile, insbesondere: – Original-Urkunden oder Zertifikate über diese Urkunden, Eintragung in einem Register oder auf einem Konto – Merkmale der Anteile: Namens- oder Inhaberpapiere, gegebenenfalls Angabe der Stückelung – Beschreibung des Stimmrechts der Anteilinhaber – Voraussetzungen, unter denen die Auflösung der Investmentgesellschaft beschlossen werden kann, und Einzelheiten der Auflösung, insbesondere in Bezug auf die Rechte der Anteilinhaber

1.11. Gegebenenfalls Angabe der Börsen oder Märkte, an denen die Anteile notiert oder gehandelt werden		1.11. Gegebenenfalls Angabe der Börsen oder Märkte, an denen die Anteile notiert oder gehandelt werden
1.12. Modalitäten und Bedingungen für die Ausgabe und/oder den Verkauf der Anteile		1.12. Modalitäten und Bedingungen für die Ausgabe und/oder den Verkauf der Anteile
1.13. Modalitäten und Bedingungen der Rücknahme oder Auszahlung der Anteile und Voraussetzungen, unter denen diese ausgesetzt werden kann		1.13. Modalitäten und Bedingungen der Rücknahme oder Auszahlung der Anteile und Voraussetzungen, unter denen diese ausgesetzt werden kann. Im Falle von Investmentgesellschaften mit unterschiedlichen Teilfonds, Angabe der Art und Weise, wie ein Anteilinhaber von einem Teilfonds in den anderen wechseln kann, und welche Kosten damit verbunden sind
1.14. Beschreibung der Regeln für die Ermittlung und Verwendung der Erträge		1.14. Beschreibung der Regeln für die Ermittlung und Verwendung der Erträge
1.15. Beschreibung der Anlageziele des Investmentfonds, einschließlich der finanziellen Ziele (z. B. Kapital- oder Ertragssteigerung), der Anlagepolitik (z. B. Spezialisierung auf geografische Gebiete oder Wirtschaftsbereiche), etwaiger Beschränkungen bei dieser Anlagepolitik sowie der Angabe etwaiger Techniken und Instrumente oder Befugnisse zur Kreditaufnahme, von denen bei der Verwaltung des Investmentfonds Gebrauch gemacht werden kann		1.15. Beschreibung der Anlageziele der Gesellschaft, einschließlich der finanziellen Ziele (z. B. Kapital- oder Ertragssteigerung), der Anlagepolitik (z. B. Spezialisierung auf geografische Gebiete oder Wirtschaftsbereiche), etwaiger Beschränkungen bei dieser Anlagepolitik sowie der Angabe etwaiger Techniken und Instrumente oder Befugnisse zur Kreditaufnahme, von denen bei der Verwaltung der Gesellschaft Gebrauch gemacht werden kann
1.16. Regeln für die Vermögensbewertung		1.16. Regeln für die Vermögensbewertung

1.17. Ermittlung der Verkaufs- oder Ausgabe- und der Auszahlungs- oder Rücknahmepreise der Anteile, insbesondere: – Methode und Häufigkeit der Berechnung dieser Preise – Angaben der mit dem Verkauf, der Ausgabe, der Rücknahme oder Auszahlung der Anteile verbundenen Kosten – Angabe von Art, Ort und Häufigkeit der Veröffentlichung dieser Preise		1.17. Ermittlung der Verkaufs- oder Ausgabe- und der Auszahlungs- oder Rücknahmepreise der Anteile, insbesondere: – Methode und Häufigkeit der Berechnung dieser Preise – Angaben der mit dem Verkauf, der Ausgabe, der Rücknahme oder Auszahlung der Anteile verbundenen Kosten – Angabe von Art, Ort und Häufigkeit der Veröffentlichung dieser Preise ([1])
1.18. Angaben über die Methode, die Höhe und die Berechnung der zu Lasten des Investmentfonds gehenden Vergütungen für die Verwaltungsgesellschaft, die Verwahrstelle oder Dritte und der Unkostenerstattungen an die Verwaltungsgesellschaft, die Verwahrstelle oder Dritte durch den Investmentfonds		1.18. Angaben über die Methode, die Höhe und die Berechnung der Vergütungen, die von der Gesellschaft zu zahlen sind an ihre Geschäftsleiter und Mitglieder der Verwaltungs-, Leitungs- und Aufsichtsorgane, an die Verwahrstelle oder an Dritte, und der Unkostenerstattungen an die Geschäftsleiter der Gesellschaft, an die Verwahrstelle oder an Dritte durch die Gesellschaft

([1]) Die in Artikel 32 Absatz 5 dieser Richtlinie bezeichneten Investmentgesellschaften geben außerdem an:
- Methode und Häufigkeit der Ermittlung des Nettoinventarwerts der Anteile;
- Art, Ort und Häufigkeit der Veröffentlichung dieses Wertes;
- Börse im Vertriebsland, deren Notierung den Preis der in diesem Lande außerbörslich getätigten Geschäfte bestimmt.

2. Angaben über die Verwahrstelle:
   2.1. Identität der Verwahrstelle des OGAW und Beschreibung ihrer Pflichten sowie der Interessenkonflikte, die entstehen können,
   2.2. Beschreibung sämtlicher von der Verwahrstelle übertragener Verwahrungsfunktionen, Liste der Beauftragten und Unterbeauftragten und Angabe sämtlicher Interessenkonflikte, die sich aus der Aufgabenübertragung ergeben können,
   2.3. Erklärung dass den Anlegern auf Antrag Informationen auf dem neuesten Stand hinsichtlich der Nummern 2.1 und 2.2 übermittelt werden.

3. Angaben über die externen Beratungsfirmen oder Anlageberater, wenn ihre Dienste auf Vertragsbasis in Anspruch genommen und die Vergütungen hierfür dem Vermögen des OGAW entnommen werden:
   3.1. Name der Firma oder des Beraters,
   3.2. Einzelheiten des Vertrags mit der Verwaltungsgesellschaft oder der Investmentgesellschaft, die für die Anteilinhaber von Interesse sind; ausgenommen sind Einzelheiten betreffend die Vergütungen,
   3.3. andere Tätigkeiten von Bedeutung.
4. Angaben über die Maßnahmen, die getroffen worden sind, um die Zahlungen an die Anteilinhaber, den Rückkauf oder die Rücknahme der Anteile sowie die Verbreitung der Informationen über den OGAW vorzunehmen. Diese Angaben sind auf jeden Fall hinsichtlich des Mitgliedstaats zu machen, in dem der OGAW niedergelassen ist. Falls ferner die Anteile in einem anderen Mitgliedstaat vertrieben werden, sind die oben bezeichneten Angaben hinsichtlich dieses Mitgliedstaats zu machen und in den dort verbreiteten Prospekt aufzunehmen.
5. Weitere Anlageinformationen:
   5.1. Gegebenenfalls bisherige Ergebnisse des OGAW – diese Angaben können entweder im Prospekt enthalten oder diesem beigefügt sein,
   5.2. Profil des typischen Anlegers, für den der OGAW konzipiert ist.
6. Wirtschaftliche Informationen:
   6.1. Etwaige Kosten oder Gebühren mit Ausnahme der unter Nummer 1.17 genannten Kosten, aufgeschlüsselt nach denjenigen, die vom Anteilinhaber zu entrichten sind, und denjenigen, die aus dem Sondervermögen des OGAW zu zahlen sind.

SCHEMA B

Informationen, die in den periodischen Berichten enthalten sein müssen

I. *Vermögensstand*
   – Wertpapiere,
   – Bankguthaben,
   – sonstige Vermögen,
   – Vermögen insgesamt,
   – Verbindlichkeiten,
   – Nettobestandswert.

II. *Anzahl der umlaufenden Anteile*

III. *Nettobestandswert je Anteil*

IV. *Wertpapierbestand, wobei zu unterscheiden ist zwischen*
   a) Wertpapieren, die zur amtlichen Notierung an einer Wertpapierbörse zugelassen sind;
   b) Wertpapieren, die auf einem anderen geregelten Markt gehandelt werden;
   c) in Artikel 50 Absatz 1 Buchstabe d bezeichneten neu emittierten Wertpapieren;
   d) den sonstigen in Artikel 50 Absatz 2 Buchstabe a bezeichneten Wertpapieren,

   wobei eine Gliederung nach den geeignetsten Kriterien unter Berücksichtigung der Anlagepolitik des OGAW (zum Beispiel nach wirtschaftlichen oder geografischen Kriterien, nach Devisen usw.) nach prozentualen Anteilen am Reinvermögen vorzunehmen ist; für jedes vorstehend bezeichnete Wertpapier Angabe seines Anteils am Gesamtvermögen des OGAW.

Angabe der Veränderungen in der Zusammensetzung des Wertpapierbestandes während des Berichtszeitraums.

V. *Angaben über die Entwicklung des Vermögens des OGAW während des Berichtszeitraums, die Folgendes umfassen:*
- Erträge aus Anlagen;
- sonstige Erträge;
- Aufwendungen für die Verwaltung;
- Aufwendungen für die Verwahrstelle;
- sonstige Aufwendungen und Gebühren;
- Nettoertrag;
- Ausschüttungen und wiederangelegte Erträge;
- Erhöhung oder Verminderung der Kapitalrechnung;
- Mehr- oder Minderwert der Anlagen;
- etwaige sonstige Änderungen, welche das Vermögen und die Verbindlichkeiten des OGAW berühren;
- Transaktionskosten (Kosten, die dem OGAW bei Geschäften mit seinem Portfolio entstehen).

VI. *Vergleichende Übersicht über die letzten drei Geschäftsjahre, wobei zum Ende jeden Geschäftsjahres Folgendes anzugeben ist:*
- gesamter Nettobestandswert;
- Nettobestandswert je Anteil.

VII. *Angabe des Betrags der bestehenden Verbindlichkeiten aus vom OGAW im Berichtszeitraum getätigten Geschäften im Sinne von Artikel 51, wobei nach Kategorien zu differenzieren ist.*

ANHANG II

Aufgaben, die in die gemeinsame Portfolioverwaltung einbezogen sind
- Anlageverwaltung.
- Administrative Tätigkeiten:
  a) gesetzlich vorgeschriebene und im Rahmen der Fondsverwaltung vorgeschriebene Rechnungslegungsdienstleistungen;
  b) Kundenanfragen;
  c) Bewertung und Preisfestsetzung (einschließlich Steuererklärungen);
  d) Überwachung der Einhaltung der Rechtsvorschriften;
  e) Führung des Anlegerregisters;
  f) Gewinnausschüttung;
  g) Ausgabe und Rücknahme von Anteilen;
  h) Kontraktabrechnungen (einschließlich Versand der Zertifikate);
  i) Führung von Aufzeichnungen.
- Vertrieb.

ANHANG III

TEIL A

Aufgehobene Richtlinie mit ihren nachfolgenden Änderungen (gemäß Artikel 117)

Richtlinie 85/611/EWG des Rates (ABl. L 375 vom 31.12.1985, S. 3)	
Richtlinie 88/220/EWG des Rates (ABl. L 100 vom 19.4.1988, S. 31)	
Richtlinie 95/26/EG des Europäischen Parlaments und des Rates (ABl. L 168 vom 18.7.1995, S. 7)	Nur Artikel 1 vierter Gedankenstrich, Artikel 4 Absatz 7 und Artikel 5 fünfter Gedankenstrich
Richtlinie 2000/64/EG des Europäischen Parlaments und des Rates (ABl. L 290 vom 17.11.2000, S. 27)	Nur Artikel 1
Richtlinie 2001/107/EG des Europäischen Parlaments und des Rates (ABl. L 41 vom 13.2.2002, S. 20)	
Richtlinie 2001/108/EG des Europäischen Parlaments und des Rates (ABl. L 41 vom 13.2.2002, S. 35)	
Richtlinie 2004/39/EG des Europäischen Parlaments und des Rates (ABl. L 145 vom 30.4.2004, S. 1)	Nur Artikel 66
Richtlinie 2005/1/EG des Europäischen Parlaments und des Rates (ABl. L 79 vom 24.3.2005, S. 9)	Nur Artikel 9
Richtlinie 2008/18/EG des Europäischen Parlaments und des Rates (ABl. L 76 vom 19.3.2008, S. 42)	

TEIL B

Fristen für die Umsetzung in innerstaatliches Recht und für die Anwendung (gemäß Artikel 117)

Richtlinie	Frist für die Umsetzung	Datum der Anwendung
85/611/EWG	1. Oktober 1989	–
88/220/EWG	1. Oktober 1989	–
95/26/EG	18. Juli 1996	–
2000/64/EG	17. November 2002	–
2001/107/EG	13. August 2003	13. Februar 2004
2001/108/EG	13. August 2003	13. Februar 2004
2004/39/EG	–	30. April 2006
2005/1/EG	13. Mai 2005	–

ANHANG IV

Entsprechungstabelle

Richtlinie 85/611/EWG	Vorliegende Richtlinie
Artikel 1 Absatz 1	Artikel 1 Absatz 1
Artikel 1 Absatz 2 Einleitungssatz	Artikel 1 Absatz 2 Einleitungssatz
Artikel 1 Absatz 2 erster und zweiter Gedankenstrich	Artikel 1 Absatz 2 Buchstaben a und b
–	Artikel 1 Absatz 2 Unterabsatz 2
Artikel 1 Absatz 3 Unterabsatz 1	Artikel 1 Absatz 3 Unterabsatz 1
Artikel 1 Absatz 3 Unterabsatz 2	Artikel 1 Absatz 3 Unterabsatz 2 Buchstabe a
–	Artikel 1 Absatz 3 Unterabsatz 2 Buchstabe b
Artikel 1 Absätze 4 bis 7	Artikel 1 Absätze 4 bis 7
Artikel 1 Absatz 8 Einleitungssatz	Artikel 2 Absatz 1 Buchstabe n Einleitungssatz
Artikel 1 Absatz 8 erster, zweiter und dritter Gedankenstrich	Artikel 2 Absatz 1 Buchstabe n, Ziffern i, ii und iii
Artikel 1 Absatz 8 letzter Satz	Artikel 2 Absatz 7
Artikel 1 Absatz 9	Artikel 2 Absatz 1 Buchstabe o
Artikel 1a Einleitungssatz	Artikel 2 Absatz 1 Einleitungssatz
Artikel 1a Nummer 1	Artikel 2 Absatz 1 Buchstabe a
Artikel 1a Nummer 2 erster Satzteil	Artikel 2 Absatz 1 Buchstabe b
Artikel 1a Nummer 2 zweiter Satzteil	Artikel 2 Absatz 2
Artikel 1a Nummern 3 bis 5	Artikel 2 Absatz 1 Buchstaben c bis e
Artikel 1a Nummer 6	Artikel 2 Absatz 1 Buchstabe f
Artikel 1a Nummer 7 erster Satzteil	Artikel 2 Absatz 1 Buchstabe g
Artikel 1a Nummer 7 zweiter Satzteil	Artikel 2 Absatz 3
Artikel 1a Nummern 8 bis 9	Artikel 2 Absatz 1 Buchstabe h bis i
Artikel 1a Nummer 10 Unterabsatz 1	Artikel 2 Absatz 1 Buchstabe j
Artikel 1a Nummer 10 Unterabsatz 2	Artikel 2 Absatz 5
Artikel 1a Nummer 11	–
Artikel 1a Nummern 12 und 13 Satz 1	Artikel 2 Absatz 1 Buchstabe i Ziffer ii
Artikel 1a Nummer 13 Satz 2	Artikel 2 Absatz 4 Buchstabe a
Artikel 1a Nummern 14 und 15, Satz 1	Artikel 2 Absatz 1 Buchstaben k und l
Artikel 1a Nummer 15, Satz 2	Artikel 2 Absatz 6
–	Artikel 2 Absatz 1 Buchstabe m

Richtlinie 85/611/EWG	Vorliegende Richtlinie
Artikel 2 Absatz 1 Einleitungssatz	Artikel 3, Einleitungssatz
Artikel 2 Absatz 1 erster bis vierter Gedankenstrich	Artikel 3 Buchstaben a, b, c und d
Artikel 2 Absatz 2	–
Artikel 3	Artikel 4
Artikel 4 Absätze 1 bis 2	Artikel 5 Absätze 1 bis 2
–	Artikel 5 Absatz 3
Artikel 4 Absatz 3 Unterabsatz 1	Artikel 5 Absatz 4 Unterabsatz 1 Buchstaben a und b
–	Artikel 5 Absatz 4 Unterabsatz 2
Artikel 4 Absatz 3 Unterabsatz 2	Artikel 5 Absatz 4 Unterabsatz 3
Artikel 4 Absatz 3 Unterabsatz 3	Artikel 5 Absatz 4 Unterabsatz 4
Artikel 4 Absatz 3a	Artikel 5 Absatz 5
Artikel 4 Absatz 4	Artikel 5 Absatz 6
–	Artikel 5 Absatz 7
Artikel 5 Absätze 1 und 2	Artikel 6 Absätze 1 und 2
Artikel 5 Absatz 3 Unterabsatz 1 Einleitungssatz	Artikel 6 Absatz 3 Unterabsatz 1 Einleitungssatz
Artikel 5 Absatz 3 Unterabsatz 1 Buchstabe a	Artikel 6 Absatz 3 Unterabsatz 1 Buchstabe a
Artikel 5 Absatz 3 Unterabsatz 1 Buchstabe b Einleitungssatz	Artikel 6 Absatz 3 Unterabsatz 1 Buchstabe b Einleitungssatz
Artikel 5 Absatz 3 Unterabsatz 1 Buchstabe b erster und zweiter Gedankenstrich	Artikel 6 Absatz 3 Unterabsatz 1 Buchstabe b Ziffern i und ii
Artikel 5 Absatz 3 Unterabsatz 2	Artikel 6 Absatz 3 Unterabsatz 2
Artikel 5 Absatz 4	Artikel 6 Absatz 4
Artikel 5a Absatz 1 Einleitungssatz	Artikel 7 Absatz 1 Einleitungssatz
Artikel 5a Absatz 1 Buchstabe a Einleitungssatz	Artikel 7 Absatz 1 Buchstabe a, Einleitungssatz
Artikel 5a Absatz 1 Buchstabe a erster Gedankenstrich	Artikel 7 Absatz 1 Buchstabe a Ziffer i
Artikel 5a Absatz 1 Buchstabe a zweiter Gedankenstrich Einleitungssatz	Artikel 7 Absatz 1 Buchstabe a Ziffer ii Einleitungssatz
Artikel 5a Absatz 1 Buchstabe a zweiter Gedankenstrich Ziffern i, ii und iii	Artikel 7 Absatz 1 Buchstabe a Ziffer ii erster, zweiter und dritter Gedankenstrich
Artikel 5a Absatz 1 Buchstabe a dritter und vierter Gedankenstrich	Artikel 7 Absatz 1 Buchstabe a Ziffer iii

Richtlinie 85/611/EWG	Vorliegende Richtlinie
Artikel 5a Absatz 1 Buchstabe a fünfter Gedankenstrich	–
Artikel 5a Absatz 1 Buchstaben b bis d	Artikel 7 Absatz 1 Buchstaben b bis d
Artikel 5a Absätze 2 bis 5	Artikel 7 Absätze 2 bis 5
Artikel 5b	Artikel 8
Artikel 5c	Artikel 9
Artikel 5d	Artikel 10
Artikel 5e	Artikel 11
Artikel 5f Absatz 1 Unterabsatz 1	Artikel 12 Absatz 1 Unterabsatz 1
Artikel 5f Absatz 1 Unterabsatz 2 Buchstabe a	Artikel 12 Absatz 1 Unterabsatz 2 Buchstabe a
Artikel 5f Absatz 1 Unterabsatz 2 Buchstabe b Satz 1	Artikel 12 Absatz 1 Unterabsatz 2 Buchstabe b
Artikel 5f Absatz 1 Unterabsatz 2 Buchstabe b letzter Satz	–
Artikel 5f Absatz 2 Einleitungssatz	Artikel 12 Absatz 2 Einleitungssatz
Artikel 5f Absatz 2 erster und zweiter Gedankenstrich	Artikel 12 Absatz 2 Buchstaben a und b
–	Artikel 12 Absatz 3
Artikel 5g	Artikel 13
Artikel 5h	Artikel 14 Absatz 1
–	Artikel 14 Absatz 2
–	Artikel 15
Artikel 6 Absatz 1	Artikel 16 Absatz 1 Unterabsatz 1
–	Artikel 16 Absatz 1 Unterabsatz 2
Artikel 6 Absatz 2	Artikel 16 Absatz 2
–	Artikel 16 Absatz 3
Artikel 6a Absatz 1	Artikel 17 Absatz 1
Artikel 6a Absatz 2	Artikel 17 Absatz 2
Artikel 6a Absatz 3	Artikel 17 Absatz 3 Unterabsätze 1 und 2
–	Artikel 17 Absatz 3 Unterabsatz 3
–	Artikel 17 Absätze 4 bis 5
Artikel 6a Absätze 4 bis 6	Artikel 17 Absätze 6 bis 8
Artikel 6a Absatz 7	Artikel 17 Absatz 9 Unterabsatz 1
–	Artikel 17 Absatz 9 Unterabsatz 2
Artikel 6b Absatz 1	Artikel 18 Absatz 1
Artikel 6b Absatz 2	Artikel 18 Absatz 2 Unterabsätze 1 und 2

Richtlinie 85/611/EWG	Vorliegende Richtlinie
–	Artikel 18 Absatz 2 Unterabsatz 3
Artikel 6b Absatz 3 Unterabsatz 1	Artikel 18 Absatz 2 Unterabsatz 4
Artikel 6b Absatz 3 Unterabsatz 2	–
–	Artikel 18 Absatz 3
Artikel 6b Absatz 4	Artikel 18 Absatz 4
Artikel 6b Absatz 5	–
–	Artikel 19 bis 20
Artikel 6c Absatz 1	Artikel 21 Absatz 1
Artikel 6c Absatz 2 Unterabsatz 1	–
Artikel 6c Absatz 2 Unterabsatz 2	Artikel 21 Absatz 2 Unterabsätze 1 und 2
–	Artikel 21 Absatz 2 Unterabsatz 3
Artikel 6c Absätze 3 bis 5	Artikel 21 Absätze 3 bis 5
Artikel 6c Absatz 6	–
Artikel 6c Absätze 7 bis 10	Artikel 21 Absätze 6 bis 9
Artikel 7	Artikel 22
Artikel 8	Artikel 23 Absätze 1 bis 3
–	Artikel 23 Absätze 4 bis 6
Artikel 9	Artikel 24
Artikel 10	Artikel 25
Artikel 11	Artikel 26
Artikel 12	Artikel 27 Unterabsätze 1 und 2
–	Artikel 27 Unterabsatz 3
Artikel 13	Artikel 28
Artikel 13a Absatz 1 Unterabsatz 1	Artikel 29 Absatz 1 Unterabsatz 1
Artikel 13a Absatz 1 Unterabsatz 2, Einleitungssatz	Artikel 29 Absatz 1 Unterabsatz 2, Einleitungssatz
Artikel 13a Absatz 1 Unterabsatz 2 erster, zweiter und dritter Gedankenstrich	Artikel 29 Absatz 1 Unterabsatz 2, Buchstaben a, b und c
Artikel 13a Absatz 1 Unterabsätze 3 und 4	Artikel 29 Absatz 1 Unterabsätze 3 und 4
Artikel 13a Absatz 2, 3 und 4	Artikel 29 Absatz 2, 3 und 4
Artikel 13b	Artikel 30
Artikel 13c	Artikel 31
Artikel 14	Artikel 32
Artikel 15	Artikel 33 Absätze 1 bis 3
–	Artikel 33 Absätze 4 bis 6
Artikel 16	Artikel 34

Richtlinie 85/611/EWG	Vorliegende Richtlinie
Artikel 17	Artikel 35
Artikel 18	Artikel 36
–	Artikel 37 bis 49
Artikel 19 Absatz 1 Einleitungssatz	Artikel 50 Absatz 1 Einleitungssatz
Artikel 19 Absatz 1 Buchstaben a bis c	Artikel 50 Absatz 1 Buchstaben a bis c
Artikel 19 Absatz 1 Buchstabe d, Einleitungsteil	Artikel 50 Absatz 1 Buchstabe d Einleitungsteil
Artikel 19 Absatz 1 Buchstabe d erster und zweiter Gedankenstrich	Artikel 50 Absatz 1 Buchstabe d Ziffern i und ii
Artikel 19 Absatz 1 Buchstabe e Einleitungssatz	Artikel 50 Absatz 1 Buchstabe e Einleitungssatz
Artikel 19 Absatz 1 Buchstabe e erster bis vierter Gedankenstrich	Artikel 50 Absatz 1 Buchstabe e Ziffern i, ii, iii und iv
Artikel 19 Absatz 1 Buchstabe f	Artikel 50 Absatz 1 Buchstabe f
Artikel 19 Absatz 1 Buchstabe g Einleitungssatz	Artikel 50 Absatz 1 Buchstabe g Einleitungssatz
Artikel 19 Absatz 1 Buchstabe g erster, zweiter und dritter Gedankenstrich	Artikel 50 Absatz 1 Buchstabe g Ziffern i, ii und iii
Artikel 19 Absatz 1 Buchstabe h Einleitungssatz	Artikel 50 Absatz 1 Buchstabe h Einleitungssatz
Artikel 19 Absatz 1 Buchstabe h erster, zweiter, dritter und vierter Gedankenstrich	Artikel 50 Absatz 1 Buchstabe h Ziffern i, ii, iii und iv
Artikel 19 Absatz 2 Einleitung	Artikel 50 Absatz 2 Einleitung
Artikel 19 Absatz 2 Buchstabe a	Artikel 50 Absatz 2 Buchstabe a
Artikel 19 Absatz 2 Buchstabe c	Artikel 50 Absatz 2 Buchstabe b
Artikel 19 Absatz 2 Buchstabe d	Artikel 50 Absatz 2 Unterabsatz 2
Artikel 19 Absatz 4	Artikel 50 Absatz 3
Artikel 21 Absätze 1 bis 3	Artikel 51 Absätze 1 bis 3
Artikel 21 Absatz 4	–
–	Artikel 51 Absatz 4
Artikel 22 Absatz 1 Unterabsatz 1	Artikel 52 Absatz 1 Unterabsatz 1
Artikel 22 Absatz 1 Unterabsatz 2 Einleitungssatz	Artikel 52 Absatz 1 Unterabsatz 2 Einleitungssatz
Artikel 22 Absatz 1 Unterabsatz 2 erster und zweiter Gedankenstrich	Artikel 52 Absatz 1 Unterabsatz 2 Buchstaben a und b
Artikel 22 Absatz 2 Unterabsatz 1	Artikel 52 Absatz 2 Unterabsatz 1
Artikel 22 Absatz 2 Unterabsatz 2 Einleitungssatz	Artikel 52 Absatz 2 Unterabsatz 2 Einleitungssatz

Richtlinie 85/611/EWG	Vorliegende Richtlinie
Artikel 22 Absatz 2 Unterabsatz 2 erster bis dritter Gedankenstrich	Artikel 52 Absatz 2 Unterabsatz 2, Buchstaben a, b und c
Artikel 22 Absätze 3 bis 5	Artikel 52 Absätze 3 bis 5
Artikel 22a Absatz 1 Einleitungssatz	Artikel 53 Absatz 1 Einleitungssatz
Artikel 22a Absatz 1 erster, zweiter und dritter Gedankenstrich	Artikel 53 Absatz 1 Buchstaben a, b und c
Artikel 22a Absatz 2	Artikel 53 Absatz 2
Artikel 23	Artikel 54
Artikel 24	Artikel 55
Artikel 24a	Artikel 70
Artikel 25 Absatz 1	Artikel 56 Absatz 1
Artikel 25 Absatz 2 Unterabsatz 1 Einleitungssatz	Artikel 56 Absatz 2 Unterabsatz 1 Einleitungssatz
Artikel 25 Absatz 2 Unterabsatz 1 erster bis vierter Gedankenstrich	Artikel 56 Absatz 2 Unterabsatz 1 Buchstaben a, b, c und d
Artikel 25 Absatz 2 Unterabsatz 2	Artikel 56 Absatz 2 Unterabsatz 2
Artikel 25 Absatz 3	Artikel 56 Absatz 3
Artikel 26	Artikel 57
–	Artikel 58 bis 67
Artikel 27 Absatz 1 Einleitungssatz	Artikel 68 Absatz 1 Einleitungssatz
Artikel 27 Absatz 1 erster Gedankenstrich	–
Artikel 27 Absatz 1 zweiter, dritter und vierter Gedankenstrich	Artikel 68 Absatz 1 Buchstaben a, b, c
Artikel 27 Absatz 2 Einleitungssatz	Artikel 68 Absatz 2 Einleitungssatz
Artikel 27 Absatz 2 erster und zweiter Gedankenstrich	Artikel 68 Absatz 2 Buchstaben a und b
Artikel 28 Absätze 1 und 2	Artikel 69 Absätze 1 und 2
Artikel 28 Absätze 3 und 4	–
Artikel 28 Absätze 5 und 6	Artikel 69 Absätze 3 und 4
Artikel 29	Artikel 71
Artikel 30	Artikel 72
Artikel 31	Artikel 73
Artikel 32	Artikel 74
Artikel 33 Absatz 1 Unterabsatz 1	–
Artikel 33 Absatz 1 Unterabsatz 2	Artikel 75 Absatz 1
Artikel 33 Absatz 2	Artikel 75 Absatz 1
Artikel 33 Absatz 3	Artikel 75 Absatz 3

Richtlinie 85/611/EWG	Vorliegende Richtlinie
–	Artikel 75 Absatz 4
Artikel 34	Artikel 76
Artikel 35	Artikel 77
–	Artikel 78 bis 82
Artikel 36 Absatz 1 Unterabsatz 1 Einleitung	Artikel 83 Absatz 1 Unterabsatz 1 Einleitung
Artikel 36 Absatz 1 Unterabsatz 1 erster und zweiter Gedankenstrich	Artikel 83 Absatz 1 Unterabsatz 1 Buchstaben a und b
Artikel 36 Absatz 1 Unterabsatz 1 Ende	Artikel 83 Absatz 1 Unterabsatz 1 Einleitung
Artikel 36 Absatz 1 Unterabsatz 2	Artikel 83 Absatz 1 Unterabsatz 2
Artikel 36 Absatz 2	Artikel 83 Absatz 2
Artikel 37	Artikel 84
Artikel 38	Artikel 85
Artikel 39	Artikel 86
Artikel 40	Artikel 87
Artikel 41 Absatz 1 Einleitungssatz	Artikel 88 Absatz 1 Einleitungssatz
Artikel 41 Absatz 1 erster und zweiter Gedankenstrich	Artikel 88 Absatz 1 Buchstaben a und b
Artikel 41 Absatz 1 letzter Satz	Artikel 88 Absatz 1 Einleitungssatz
Artikel 41 Absatz 2	Artikel 88 Absatz 2
Artikel 42, Einleitung	Artikel 89 Einleitungssatz
Artikel 42 erster und zweiter Gedankenstrich	Artikel 89 Buchstaben a und b
Artikel 42 letzter Satz	Artikel 89 Einleitungssatz
Artikel 43	Artikel 90
Artikel 44 Absätze 1 bis 3	–
–	Artikel 91 Absätze 1 bis 4
Artikel 45	Artikel 92
Artikel 46 Absatz 1 Einleitungssatz	Artikel 93 Absatz 1 Unterabsatz 1
–	Artikel 93 Absatz 1 Unterabsatz 2
Artikel 46 Absatz 1 erster Gedankenstrich	–
Artikel 46 Absatz 1 zweiter, dritter und vierter Gedankenstrich	Artikel 93 Absatz 2 Buchstabe a
Artikel 46 Absatz 1 fünfter Gedankenstrich	–
Artikel 46 Absatz 2	–
–	Artikel 93 Absatz 2 Buchstabe b

Richtlinie 85/611/EWG	Vorliegende Richtlinie
–	Artikel 93 Absätze 3 bis 8
Artikel 47	Artikel 94
–	Artikel 95
Artikel 48	Artikel 96
Artikel 49 Absätze 1 bis 3	Artikel 97 Absätze 1 bis 3
Artikel 49 Absatz 4	–
–	Artikel 98 bis 100
Artikel 50 Absatz 1	Artikel 101 Absatz 1
–	Artikel 101 Absätze 2 bis 9
Artikel 50 Absätze 2 bis 4	Artikel 102 Absätze 1 bis 3
Artikel 50 Absatz 5 Einleitungssatz	Artikel 102 Absatz 4 Einleitungssatz
Artikel 50 Absatz 5 erster, zweiter, dritter und vierter Gedankenstrich	Artikel 102 Absatz 4 Buchstaben a, b, c und d
Artikel 50 Absatz 6 Einleitungssatz und Buchstaben a und b	Artikel 102 Absatz 5 Unterabsatz 1 Einleitungssatz
Artikel 50 Absatz 6 Buchstabe b erster, zweiter und dritter Gedankenstrich	Artikel 102 Absatz 5 Unterabsatz 1 Buchstaben a, b und c
Artikel 50 Absatz 6 Buchstabe b letzter Satz	Artikel 102 Absatz 5 Unterabsätze 2 und 3
Artikel 50 Absatz 7 Unterabsatz 1 Einleitungssatz	Artikel 103 Absatz 1 Einleitungssatz
Artikel 50 Absatz 7 Unterabsatz 1 erster und zweiter Gedankenstrich	Artikel 103 Absatz 1 Buchstaben a und b
Artikel 50 Absatz 7 Unterabsatz 2 Einleitungssatz	Artikel 103 Absatz 2 Einleitungssatz
Artikel 50 Absatz 7 Unterabsatz 2 erster bis dritter Gedankenstrich	Artikel 103 Absatz 2 Buchstaben a, b und c
Artikel 50 Absatz 7 Unterabsatz 3	Artikel 103 Absatz 3
Artikel 50 Absatz 8 Unterabsatz 1	Artikel 103 Absatz 4
Artikel 50 Absatz 8 Unterabsatz 2 Einleitungssatz	Artikel 103 Absatz 5 Unterabsatz 1 Einleitungssatz
Artikel 50 Absatz 8 Unterabsatz 2 erster bis dritter Gedankenstrich	Artikel 103 Absatz 5 Unterabsatz 1 Buchstaben a, b und c
Artikel 50 Absatz 8 Unterabsatz 3	Artikel 103 Absatz 6
Artikel 50 Absatz 8 Unterabsatz 4	Artikel 103 Absatz 5 Unterabsatz 2
Artikel 50 Absatz 8 Unterabsatz 5	Artikel 103 Absatz 7
Artikel 50 Absatz 8 Unterabsatz 6	–
Artikel 50 Absätze 9 bis 11	Artikel 104 Absätze 1 bis 3

Richtlinie 85/611/EWG	Vorliegende Richtlinie
–	Artikel 105
Artikel 50a Absatz 1 Einleitungssatz	Artikel 106 Absatz 1 Unterabsatz 1 Einleitungssatz
Artikel 50a Absatz 1 Buchstabe a Einleitungssatz	Artikel 106 Absatz 1 Unterabsatz 1 Einleitungssatz
Artikel 50a Absatz 1 Buchstabe a erster, zweiter und dritter Gedankenstrich	Artikel 106 Absatz 1 Unterabsatz 1 Buchstaben a, b und c
Artikel 50a Absatz 1 Buchstabe b	Artikel 106 Absatz 1 Unterabsatz 2
Artikel 50a Absatz 2	Artikel 106 Absatz 2
Artikel 51 Absätze 1 und 2	Artikel 107 Absätze 1 und 2
–	Artikel 107 Absatz 3
Artikel 52 Absatz 1	Artikel 108 Absatz 1 Unterabsatz 1
Artikel 52 Absatz 2	Artikel 108 Absatz 1 Unterabsatz 2
Artikel 52 Absatz 3	Artikel 108 Absatz 2
–	Artikel 108 Absätze 3 bis 6
Artikel 52a	Artikel 109 Absätze 1 und 2
–	Artikel 109 Absätze 3 und 4
Artikel 52b Absatz 1	Artikel 110 Absatz 1
Artikel 52b Absatz 2	–
Artikel 52b Absatz 3	Artikel 110 Absatz 2
Artikel 53a	Artikel 111
Artikel 53b Absatz 1	Artikel 112 Absatz 1
Artikel 53b Absatz 2	Artikel 112 Absatz 2
–	Artikel 112 Absatz 3
Artikel 54	Artikel 113 Absatz 1
Artikel 55	Artikel 113 Absatz 2
Artikel 56 Absatz 1	Artikel 113 Absatz 3
Artikel 56 Absatz 2	–
Artikel 57	–
–	Artikel 114
Artikel 58	Artikel 116 Absatz 2
–	Artikel 115
–	Artikel 116 Absatz 1
–	Artikel 117 und 118
Artikel 59	Artikel 119
Anhang I Schema A und B	Anhang I Schema A und B

Richtlinie 85/611/EWG	Vorliegende Richtlinie
Anhang I Schema C	–
Anhang II	Anhang II
–	Anhang III
–	Anhang IV

16.2. DELEGIERTE VERORDNUNG (EU) 2016/438 DER KOMMISSION

vom 17. Dezember 2015

zur Ergänzung der Richtlinie 2009/65/EG des Europäischen Parlaments und des Rates in Bezug auf die Pflichten der Verwahrstellen

(Text von Bedeutung für den EWR)

DIE EUROPÄISCHE KOMMISSION –

gestützt auf den Vertrag über die Arbeitsweise der Europäischen Union,

gestützt auf die Richtlinie 2009/65/EG des Europäischen Parlaments und des Rates vom 13. Juli 2009 zur Koordinierung der Rechts- und Verwaltungsvorschriften betreffend bestimmte Organismen für gemeinsame Anlagen in Wertpapieren (OGAW) ([1]), insbesondere auf Artikel 26b,

in Erwägung nachstehender Gründe:

(1) Es muss sichergestellt werden, dass die Ziele der Richtlinie 2009/65/EG in den Mitgliedstaaten einheitlich erreicht werden, um die Integrität des Binnenmarkts zu verbessern und Rechtssicherheit für die Marktteilnehmer, einschließlich der Kleinanleger und institutionellen Anleger, zuständigen Behörden und anderen Interessenträger, zu gewährleisten. Die Form einer Verordnung bietet einen kohärenten Rahmen für alle Marktteilnehmer und ist die bestmögliche Garantie für gleiche Rahmenbedingungen, einheitliche Wettbewerbsbedingungen und einen angemessenen gemeinsamen Schutzstandard für die Anleger. Ferner gewährleistet dies die unmittelbare Anwendbarkeit der ausführlichen einheitlichen Vorschriften für den Betrieb von Organismen für gemeinsame Anlagen in Wertpapieren (OGAW) und Verwahrstellen, die aufgrund ihrer Art unmittelbar gelten und deshalb keine weitere Umsetzung auf nationaler Ebene erfordern. Durch die Verabschiedung einer Verordnung wird außerdem sichergestellt, dass alle relevanten Änderungen der Richtlinie 2009/65/EG, die durch die Richtlinie 2014/91/EU des Europäischen Parlaments und des Rates ([2]) eingeführt wurden, in allen Mitgliedstaaten ab demselben Datum geltend sind.

(2) In der Richtlinie 2009/65/EG werden umfangreiche Anforderungen an die Pflichten der Verwahrstellen, die Übertragungsvereinbarungen und die Haftungsregelung für verwahrte OGAW-Vermögenswerte festgelegt, um einen hohen Schutzstandard für die Anleger unter Berücksichtigung der Tatsache, dass ein OGAW ein Anlagemodell für Kleinanleger ist, zu gewährleisten. Die spezifischen Rechte und Pflichten der Verwahrstelle, der Verwaltungsgesellschaft und der Investmentgesellschaft sollten daher eindeutig definiert werden. Der schriftliche Vertrag sollte alle notwendigen Einzelheiten für die angemessene Verwahrung aller Vermögenswerte des OGAW durch die Verwahrstelle oder Dritte, denen die Verwahrungsfunktionen gemäß der Richtlinie 2009/65/EG übertragen wurden, enthalten, damit die Verwahrstelle ihre Aufsichts- und Kontrollfunktionen ordnungsgemäß erfüllen kann.

---

[1] ABl. L 302 vom 17.11.2009, S. 32.

[2] Richtlinie 2014/91/EU des Europäischen Parlaments und des Rates vom 23. Juli 2014 zur Änderung der Richtlinie 2009/65/EG zur Koordinierung der Rechts- und Verwaltungsvorschriften betreffend bestimmte Organismen für gemeinsame Anlagen in Wertpapieren (OGAW) im Hinblick auf die Aufgaben der Verwahrstelle, die Vergütungspolitik und Sanktionen (ABl. L 257 vom 28.8.2014, S. 186).

(3) Damit die Verwahrstelle die Verwahrung und das Insolvenzrisiko beurteilen und überwachen kann, sollten in den Vertrag ausreichende Details zu den Kategorien der Finanzinstrumente, in die der OGAW investieren kann, sowie die geografischen Regionen, in denen der OGAW Investitionen plant, aufgenommen werden. Der Vertrag sollte außerdem detaillierte Angaben zu einem Eskalationsverfahren enthalten, um die Umstände, die Mitteilungspflichten sowie die von einem Mitarbeiter der Verwahrstelle zu ergreifenden Maßnahmen auf sämtlichen Ebenen der Organisationsstruktur in Bezug auf festgestellte Diskrepanzen, einschließlich Mitteilung an die Verwaltungs- oder Investmentgesellschaft und/oder die zuständigen Behörden, wie in der Verordnung vorgesehen, festzulegen. Daher sollte die Verwahrstelle die Verwaltungs- oder Investmentgesellschaft auf erhebliche Risiken, die im Liefer- und Abrechnungssystem eines bestimmten Markts festgestellt werden, hinweisen. Im Hinblick auf die Kündigung des Vertrags sollte der Tatsache Rechnung getragen werden, dass dies das letzte Mittel der Verwahrstelle ist, wenn sie nicht davon überzeugt ist, dass die Vermögenswerte hinreichend geschützt sind. Ferner sollte das moralische Risiko verhindert werden, dass der OGAW Investitionsentscheidungen ungeachtet der Verwahrungsrisiken auf der Grundlage trifft, dass die Verwahrstelle haftbar wäre. Um einen hohen Schutzstandard für Anleger zu wahren, sollten die Anforderungen an die Festlegung der Einzelheiten für die Überwachung von Dritten im Hinblick auf die gesamte Verwahrungskette angewendet werden.

(4) Damit die Verwahrstelle ihre Pflichten erfüllen kann, müssen die in Artikel 22 Absatz 3 der Richtlinie 2009/65/EG vorgesehenen Aufgaben und insbesondere die von der Verwahrstelle durchzuführenden Kontrollen der zweiten Ebene klargestellt werden. Durch solche Aufgaben sollte nicht verhindert werden, dass die Verwahrstelle Ex-ante-Überprüfungen in Abstimmung mit dem OGAW durchführt, sofern dies als angemessen erachtet wird. Um sicherzustellen, dass die Verwahrstelle zur Erfüllung ihrer Pflichten in der Lage ist, sollte sie ein eigenes Eskalationsverfahren zur Handhabung von Situationen, in denen Diskrepanzen festgestellt wurden, einrichten. Im Rahmen des Verfahrens sollte gewährleistet sein, dass die zuständigen Behörden von wesentlichen Verstößen in Kenntnis gesetzt werden. Die Aufsichtspflichten der Verwahrstelle gegenüber Dritten gelten unbeschadet der Pflichten, die dem OGAW gemäß der Richtlinie 2009/65/EG obliegen.

(5) Die Verwahrstelle sollte prüfen, ob die Anzahl der begebenen Anteile mit den erhaltenen Zeichnungserlösen übereinstimmt. Zur Sicherstellung, dass die von den Anlegern bei Zeichnung geleisteten Zahlungen eingegangen sind, sollte die Verwahrstelle ferner gewährleisten, dass eine weitere Abstimmung zwischen den Zeichnungsaufträgen und den Zeichnungserlösen durchgeführt wird. Eine solche Abstimmung sollte auch im Hinblick auf Auszahlungsaufträge vorgenommen werden. Die Verwahrstelle sollte außerdem prüfen, ob die Anzahl der Anteile in den Konten des OGAW mit der Anzahl der ausstehenden Einheiten im Register des OGAW übereinstimmt. Die Verwahrstelle sollte ihr Verfahren unter Berücksichtigung der Zeichnungen und Auszahlungen entsprechend anpassen.

(6) Die Verwahrstelle sollte alle erforderlichen Maßnahmen ergreifen, um sicherzustellen, dass geeignete Bewertungsrichtlinien und -verfahren für die Vermögenswerte des OGAW wirksam umgesetzt werden, und zwar durch Stichprobenprüfungen oder den Vergleich der Konsistenz der zeitlichen Änderung der Nettovermögenswert-Berechnung mit derjenigen einer Bezugsgrundlage. Beim Einrichten ihres Verfahrens sollte die Verwahrstelle die Bewertungsmethoden, die von dem OGAW zur Bewertung der Vermögenswerte des OGAW herangezogen werden, genau kennen. Die Häufigkeit dieser Prüfungen sollte mit der Häufigkeit der Bewertung der Vermögenswerte des OGAW übereinstimmen.

(7) Gemäß ihrer Aufsichtspflicht im Rahmen der Richtlinie 2009/65/EG sollte die Verwahrstelle ein Verfahren einrichten, um die Einhaltung der geltenden Rechtsvorschriften und seiner Regeln und Satzung durch den OGAW auf Ex-post-Basis zu überprüfen. Dies sollte beispielsweise die Prüfung, ob die Anlagen des OGAW mit seinen Anlagestrategien, die in den Regeln und Emissionsprospekten des OGAW beschrieben werden, übereinstimmen, sowie die Gewährleistung beinhalten, dass der OGAW nicht gegen seine Anlagebeschränkungen verstößt. Die Verwahrstelle sollte die Transaktionen des OGAW überwachen und ungewöhnliche Transaktionen untersuchen. Wenn gegen die in den geltenden nationalen Rechtsvorschriften oder in den Regeln und der Satzung des OGAW festgelegten Grenzen oder Beschränkungen verstoßen wird, sollte die Verwahrstelle unverzüglich reagieren, um die Transaktion, die gegen diese Gesetze, Rechtsvorschriften oder Regeln verstößt, zu revidieren.

(8) Die Verwahrstelle sollte sicherstellen, dass die Erträge des OGAW im Einklang mit der Richtlinie 2009/65/EG genau berechnet werden. Hierzu muss die Verwahrstelle sicherstellen, dass die Berechnung und Ausschüttung der Erträge angemessen sind, und bei Feststellung eines Fehlers dafür sorgen, dass der OGAW geeignete Abhilfemaßnahmen ergreift. Sobald die Verwahrstelle dies sichergestellt hat, sollte sie die Ausschüttung der Erträge auf Vollständigkeit und Genauigkeit überprüfen.

(9) Damit die Verwahrstelle in allen Fällen einen klaren Einblick in die ein- und ausgehenden Cashflows des OGAW hat, sollte der OGAW sicherstellen, dass die Verwahrstelle unverzüglich exakte Informationen über sämtliche Cashflows, einschließlich der Cashflows von Dritten, bei denen ein Bargeldkonto des OGAW eröffnet wurde, erhält.

(10) Damit die Cashflows des OGAW korrekt überwacht werden können, sollte die Verwahrstelle sicherstellen, dass Verfahren für die angemessene Überwachung der Cashflows des OGAW eingerichtet sind und wirksam umgesetzt werden und dass diese Verfahren in periodischen Abständen überprüft werden. Insbesondere sollte die Verwahrstelle das Abstimmungsverfahren selbst prüfen, um sich davon zu überzeugen, dass das Verfahren für den OGAW geeignet ist und in angemessenen Abständen unter Berücksichtigung der Art, des Umfangs und der Komplexität des OGAW durchgeführt wird. In einem solchen Verfahren sollte beispielsweise jeder Cashflow, der in den Kontoauszügen aufgeführt ist, einzeln mit den in den Konten des OGAW erfassten Cashflows verglichen werden. Wenn die Abstimmungen wie bei den meisten OGAW täglich durchgeführt werden, sollte die Verwahrstelle ihre Abstimmung ebenfalls täglich vornehmen. Die Verwahrstelle sollte insbesondere die durch die Abstimmungsverfahren festgestellten Diskrepanzen und die ergriffenen Abhilfemaßnahmen überwachen, um den OGAW unverzüglich von Anomalien, die nicht beseitigt wurden, in Kenntnis zu setzen und eine vollständige Überprüfung der Abstimmungsverfahren durchzuführen. Eine solche Überprüfung sollte mindestens einmal jährlich erfolgen. Die Verwahrstelle sollte ferner bedeutende Cashflows und insbesondere Cashflows, die nicht mit den Transaktionen des OGAW im Einklang stehen, wie beispielsweise Änderungen der Positionen der Vermögenswerte des OGAW oder Zeichnungen und Auszahlungen, rechtzeitig identifizieren und die Übereinstimmung ihren eigenen Aufzeichnungen der Cash-Positionen mit denjenigen des OGAW überprüfen. Die Verwahrstelle sollte ihre Aufzeichnung gemäß Artikel 22 Absatz 5 Buchstabe b der Richtlinie 2009/65/EG auf dem neuesten Stand halten.

(11) Die Verwahrstelle muss sicherstellen, dass alle Zahlungen, die durch Anleger bei der Zeichnung von Anteilen an einem OGAW geleistet wurden, eingegangen sind und gemäß der Richtlinie 2009/65/EG auf einem oder mehreren Cash-Konten verbucht wurden. Der OGAW sollte daher sicherstellen, dass der Verwahrstelle die relevanten Informationen

zur Verfügung stehen, die sie für die ordnungsgemäße Überwachung der Zahlungseingänge von Anlegern benötigt. Der OGAW muss dafür sorgen, dass die Verwahrstelle diese Informationen unverzüglich erhält, wenn Dritte einen Auftrag zur Rücknahme oder Ausgabe von Anteilen eines OGAW erhalten. Die Informationen sollten daher am Ende des Geschäftstags von der Einrichtung, die für die Zeichnung und Auszahlung von Anteilen eines OGAW verantwortlich ist, an die Verwahrstelle übermittelt werden, um den Missbrauch der Zahlungen von Anlegern zu verhindern.

(12) Die Verwahrstelle sollte alle Finanzinstrumente des OGAW verwahren, die direkt oder indirekt im Namen der Verwahrstelle oder von Dritten, denen die Verwahrungsfunktionen übertragen wurden, insbesondere auf der Ebene der zentralen Verwahrstelle, registriert oder auf einem Konto gehalten werden könnten. Darüber hinaus sollte die Verwahrstelle jene Finanzinstrumente verwahren, die bei dem Emittenten selbst oder seinem Agenten nur direkt auf den Namen der Verwahrstelle oder von Dritten, denen die Verwahrungsfunktionen übertragen wurden, registriert sind. Finanzinstrumente, die gemäß dem geltenden nationalen Recht nur auf den Namen der Verwahrstelle bei dem Emittenten oder seinem Agenten registriert sind, sollten nicht verwahrt werden. Alle Finanzinstrumente, die der Verwahrstelle physisch übergeben werden könnten, sollten verwahrt werden. Sofern die Bedingungen, unter denen Finanzinstrumente zu verwahren sind, erfüllt sind, müssen Finanzinstrumente, die als Besicherung an Dritte oder von Dritten zugunsten des OGAW bereitgestellt werden, ebenfalls von der Verwahrstelle selbst oder Dritten, denen die Verwahrungsfunktionen übertragen wurden, verwahrt werden, solange sie dem OGAW gehören.

(13) Finanzinstrumente, die verwahrt werden, sollten jederzeit mit der gebotenen Sorgfalt behandelt und geschützt werden. Um zu gewährleisten, dass das Verwahrungsrisiko korrekt beurteilt wird, sollte die Verwahrstelle in Ausübung ihrer Sorgfaltspflicht insbesondere Kenntnis haben, welche Dritten die Verwahrungskette bilden, sicherstellen, dass die Sorgfalts- und Sonderverwahrungspflichten entlang der gesamten Verwahrungskette erfüllt werden, dafür sorgen, dass sie ein angemessenes Zugangsrecht zu den Geschäftsbüchern und Aufzeichnungen von Dritten, denen die Verwahrungsfunktionen übertragen wurden, besitzt, die Einhaltung dieser Anforderungen sicherstellen, all diese Pflichten dokumentieren und diese Dokumente dem OGAW zur Verfügung stellen und mitteilen.

(14) Die Verwahrstelle sollte jederzeit einen umfassenden Überblick über alle Vermögenswerte haben, bei denen es sich nicht um in Verwahrung zu nehmende Finanzinstrumente handelt. Diese Vermögenswerte würden der Pflicht zum Überprüfen des Eigentums und Führen von Aufzeichnungen gemäß der Richtlinie 2009/65/EG unterliegen. Beispiele für solche Vermögenswerte sind physische Vermögenswerte, die nicht als Finanzinstrumente gemäß der Richtlinie 2009/65/EG einzustufen sind oder der Verwahrstelle nicht physisch übergeben werden könnten, Finanzverträge wie beispielsweise bestimmte Derivate und Bareinlagen.

(15) Um ein hinreichendes Maß an Sicherheit zu gewährleisten, dass der OGAW tatsächlich der Eigentümer der Vermögenswerte ist, sollte die Verwahrstelle dafür sorgen, dass sie alle nach ihrem Ermessen notwendigen Informationen erhält, um sich vergewissern zu können, dass der OGAW das Eigentumsrecht an dem Vermögenswert hält. Diese Informationen könnten eine Kopie eines offiziellen Nachweises, dass der OGAW Eigentümer des Vermögenswerts ist, oder formale und zuverlässige Belege sein, die die Verwahrstelle als geeignet erachtet. Die Verwahrstelle sollte bei Bedarf zusätzliche Nachweise von dem OGAW oder gegebenenfalls von Dritten anfordern.

(16) Ferner sollte die Verwahrstelle Aufzeichnungen über die Vermögenswerte führen, bei denen sie sich vergewissert hat, dass sie im Eigentum des OGAW sind. Sie kann ein Verfahren einrichten, um Informationen von Dritten zu erhalten, darunter Verfahren, die sicherstellen, dass die Vermögenswerte nicht übertragen werden könnten, ohne dass die Verwahrstelle oder Dritte, denen die Verwahrungsfunktionen übertragen wurden, von solchen Transaktionen in Kenntnis gesetzt wurden.

(17) Bei der Übertragung der Verwahrungsfunktionen an Dritte gemäß Artikel 22a der Richtlinie 2009/65/EG muss die Verwahrstelle ein geeignetes dokumentiertes Verfahren umsetzen und anwenden, um zu gewährleisten, dass der Übertragungsempfänger die Anforderungen von Artikel 22a Absatz 3 der Richtlinie jederzeit erfüllt. Um einen ausreichenden Schutz der Vermögenswerte sicherzustellen, müssen bestimmte Grundsätze festgelegt werden, die in Bezug auf die Übertragung der Verwahrungsfunktionen angewendet werden sollten.

(18) Diese Grundsätze sind nicht als erschöpfend anzusehen, weder im Hinblick auf die Festlegung aller Einzelheiten der Ausübung der Sorgfaltspflicht durch die Verwahrstelle noch in Bezug auf die Festlegung aller Schritte, die eine Verwahrstelle hinsichtlich dieser Grundsätze selbst ergreifen sollte. Die Pflicht zur fortlaufenden Überwachung von Dritten, denen die Verwahrungsfunktionen übertragen werden sollen, sollte die Überprüfung umfassen, ob die Dritten alle übertragenen Funktionen erfüllen und die Übertragungsvereinbarung sowie sonstige gesetzliche Anforderungen wie z. B. die Unabhängigkeitserfordernisse und das Verbot der Wiederverwendung einhalten. Die Verwahrstelle sollte auch die während des Auswahl- und Bestellungsverfahrens beurteilten Elemente überprüfen und diese mit der Entwicklung des Markts vergleichen. Die Verwahrstelle sollte jederzeit in der Lage sein, die Risiken im Zusammenhang mit der Entscheidung, Vermögenswerte Dritten anzuvertrauen, angemessen zu beurteilen. Die Häufigkeit der Überprüfung sollte stets an die Marktbedingungen und damit verbundenen Risiken angepasst werden. Damit die Verwahrstelle auf eine mögliche Insolvenz Dritter wirksam reagieren kann, sollte sie eine Notfallplanung vornehmen, wozu gegebenenfalls auch die Auswahl alternativer Anbieter gehört. Obwohl solche Maßnahmen das Verwahrungsrisiko, mit der die Verwahrstelle konfrontiert ist, verringern können, ändert sich dadurch nicht die Pflicht zur Rückgabe der Finanzinstrumente oder zur Zahlung der entsprechenden Beträge im Verlustfall, was davon abhängt, ob die Anforderungen gemäß Artikel 24 der Richtlinie 2009/65/EG erfüllt sind oder nicht.

(19) Um sich zu vergewissern, dass die Vermögenswerte und die Rechte des OGAW gegenüber der Insolvenz Dritter abgesichert sind, muss die Verwahrstelle das Insolvenzrecht des Drittlands kennen, in denen solche Dritte ansässig sind, und die Durchsetzbarkeit ihrer vertraglichen Beziehung sicherstellen. Bevor die Verwahrungsfunktionen an Dritte, die außerhalb der Union ansässig sind, übertragen werden, muss die Verwahrstelle ein unabhängiges Rechtsgutachten über die Durchsetzbarkeit der vertraglichen Vereinbarung mit den Dritten nach dem geltenden Insolvenzrecht und der Rechtsprechung des Landes, in dem diese Dritte ansässig sind, einholen, um sicherzustellen, dass die vertragliche Vereinbarung auch im Falle der Insolvenz der Dritten durchsetzbar ist. Die Pflicht einer Verwahrstelle zur Beurteilung des Rechtsrahmens schließt auch die Einholung des unabhängigen Rechtsgutachtens zur Beurteilung des Insolvenzrechts und der Rechtsprechung des Drittlandes, in dem die Dritten ansässig sind, ein. Diese Gutachten können gegebenenfalls miteinander kombiniert oder für den betreffenden Rechtskreis von einschlägigen Branchenverbänden oder Anwaltskanzleien zugunsten mehrerer Verwahrstellen ausgestellt werden.

(20) Die vertragliche Vereinbarung mit den ausgewählten Dritten, denen die Verwahrungsfunktionen übertragen werden, sollte eine Klausel zur vorzeitigen Kündigung enthalten, da die Verwahrstelle in der Lage sein muss, eine solche Vertragsbeziehung zu kündigen, wenn das Recht oder die Rechtsprechung eines Drittlandes so geändert werden, dass der Schutz der Vermögenswerte des OGAW nicht mehr garantiert ist. In diesen Fällen muss die Verwahrstelle die Verwaltungs- oder Investmentgesellschaft hiervon in Kenntnis setzen. Die Verwaltungs- oder Investmentgesellschaft muss dies den zuständigen Behörden melden und alle erforderlichen Maßnahmen im besten Interesse des OGAW und seiner Anleger ergreifen. Durch die Meldung des erhöhten Verwahrungs- und Insolvenzrisikos für die Vermögenswerte eines OGAW in einem Drittland an die zuständigen Behörden sollte die Verwahrstelle oder die Verwaltungs- oder Investmentgesellschaft nicht von ihren Pflichten gemäß der Richtlinie 2009/65/EG enthoben werden.

(21) Bei der Übertragung der Verwahrungsfunktionen sollte die Verwahrstelle sicherstellen, dass die Anforderungen gemäß Artikel 22a Absatz 3 Buchstabe c der Richtlinie 2009/65/EG erfüllt sind und dass die Vermögenswerte der OGAW-Kunden der Verwahrstelle ordnungsgemäß sonderverwahrt werden. Im Rahmen dieser Pflicht sollte insbesondere sichergestellt werden, dass die Vermögenswerte des OGAW nicht aufgrund der Insolvenz der Dritten, denen die Verwahrungsfunktionen übertragen wurden, verloren gehen und dass die Vermögenswerte des OGAW von den Dritten nicht für eigene Rechnung wiederverwendet werden. Darüber hinaus sollte der Verwahrstelle erlaubt sein, zeitweilige Defizite bei den Vermögenswerten von Kunden zu verbieten, Puffer zu verwenden und Vereinbarungen zu treffen, um die Verrechnung eines Sollsaldos bei einem Kunden mit einem Habensaldo bei einem anderen Kunden zu verbieten. Obwohl solche Maßnahmen das Verwahrungsrisiko, mit der die Verwahrstelle bei der Übertragung der Verwahrungsfunktionen konfrontiert ist, verringern können, ändert sich dadurch nicht die Pflicht zur Rückgabe der Finanzinstrumente oder zur Zahlung der entsprechenden Beträge im Verlustfall, was von der Erfüllung der Anforderungen der Richtlinie 2009/65/EG abhängt.

(22) Vor und während der Übertragung der Verwahrungsfunktionen sollte die Verwahrstelle durch vorvertragliche und vertragliche Vereinbarungen sicherstellen, dass die Dritten Maßnahmen ergreifen und Vorkehrungen treffen, um zu gewährleisten, dass die Vermögenswerte des OGAW vor der Ausschüttung oder Realisierung zugunsten von Gläubigern der Dritten selbst gesichert sind. Gemäß der Richtlinie 2009/65/EG müssen alle Mitgliedstaaten ihr Insolvenzrecht mit dieser Anforderung in Einklang bringen. Daher muss die Verwahrstelle unabhängige Informationen über das geltende Insolvenzrecht und die Rechtsprechung eines Drittlands, in dem die Vermögenswerte des OGAW verwahrt werden müssen, einholen.

(23) Im Falle des Verlusts eines Finanzinstruments, das von der Verwahrstelle selbst oder Dritten, denen die Verwahrungsfunktionen übertragen wurden, verwahrt wurde, kommt die Haftung der Verwahrstelle gemäß Artikel 24 Absatz 1 Unterabsatz 2 der Richtlinie 2009/65/EG zum Tragen, sofern die Verwahrstelle nicht nachweisen kann, dass der Verlust auf ein äußeres Ereignis zurückzuführen ist, das nach vernünftigem Ermessen nicht kontrolliert werden konnte und dessen Konsequenzen trotz aller angemessenen Anstrengungen nicht hätten vermieden werden können. Ein solcher Verlust ist von einem Investitionsverlust für Anleger zu unterscheiden, der aus einer Wertminderung der Vermögenswerte infolge einer Investitionsentscheidung resultiert.

(24) Damit eine Verwahrstelle bei einem Verlust haftbar ist, muss dieser definitiv sein, und es darf keine Aussicht auf Rückerlangung des Finanzinstruments bestehen. Daher sollten Situationen, in denen ein Finanzinstrument nur zeitweilig nicht verfügbar oder ein-

gefroren ist, nicht als Verlust im Sinne von Artikel 24 der Richtlinie 2009/65/EG betrachtet werden. Hingegen gibt es drei Arten von Situationen, in denen der Verlust als definitiv zu betrachten ist: wenn das Finanzinstrument nicht mehr existiert oder niemals existiert hat, wenn das Finanzinstrument zwar existiert, aber der OGAW sein Eigentumsrecht daran definitiv verloren hat oder wenn der OGAW zwar das Eigentumsrecht besitzt, aber die Titel nicht mehr übertragen oder beschränkte Eigentumsrechte an dem Finanzinstrument auf permanenter Basis schaffen kann.

(25) Ein Finanzinstrument gilt beispielsweise als nicht mehr existent, wenn es nach einer nicht zu berichtigenden Fehlbuchung verschwunden ist oder wenn es niemals existiert hat, wenn das Eigentum der OGAW auf der Grundlage gefälschter Dokumente eingetragen wurde. Situationen, in denen der Verlust von Finanzinstrumenten durch betrügerisches Verhalten verursacht wurde, sind als Verlust anzusehen.

(26) Es kann kein Verlust festgestellt werden, wenn das Finanzinstrument in Situationen, in denen Anteile annulliert und durch die Ausgabe neuer Anteile bei einer Unternehmenssanierung ausgetauscht wurden, durch ein anderes Finanzinstrument ersetzt oder in ein anderes Finanzinstrument umgewandelt wurde. Der OGAW ist nicht als dauerhaft von seinem Eigentumsrecht an dem Finanzinstrument enthoben anzusehen, wenn er das Eigentum rechtmäßig an Dritte übertragen hat. Wenn daher zwischen dem juristischen und dem materiellen Eigentum an Vermögenswerten unterschieden wird, sollte sich die Begriffsbestimmung von „Verlust" auf den Verlust des materiellen Eigentumsrechts beziehen.

(27) Nur im Falle eines äußeren Ereignisses, das nach vernünftigem Ermessen nicht kontrolliert werden konnte und dessen Konsequenzen trotz aller angemessenen Anstrengungen nicht hätten vermieden werden können, kann die Verwahrstelle die Haftung gemäß Artikel 24 der Richtlinie 2009/65/EG verhindern. Um von der Haftung befreit zu werden, sollte die kumulierte Einhaltung dieser Bedingungen von der Verwahrstelle nachgewiesen werden, und es sollte ein zu diesem Zweck einzuhaltendes Verfahren festgelegt sein.

(28) Zunächst sollte bestimmt werden, ob es sich bei dem Ereignis, das zu dem Verlust führte, um ein äußeres Ereignis handelte. Die Haftung der Verwahrstelle sollte von der Übertragung der Verwahrungsfunktionen unberührt bleiben. Daher ist ein Ereignis als äußeres Ereignis anzusehen, wenn es nicht infolge einer Handlung oder Unterlassung der Verwahrstelle oder Dritten, denen die Verwahrung von in Verwahrung genommenen Finanzinstrumenten übertragen wurde, eingetreten ist. Anschließend sollte beurteilt werden, ob das Ereignis außerhalb der Kontrolle der Verwahrstelle liegt, indem überprüft wird, ob durch eine Handlung einer umsichtigen Verwahrstelle das Eintreten des Ereignisses hätte vermieden werden können. Im Rahmen dieses Verfahrens können sowohl Naturereignisse als auch behördliche Anordnungen als äußere Ereignisse außerhalb einer angemessenen Kontrolle betrachtet werden. Hingegen können ein Verlust, der durch die mangelnde Anwendung der Sonderverwahrungsvorschriften gemäß Artikel 21 Absatz 11 Buchstabe d Ziffer iii der Richtlinie 2009/65/EG entstanden ist, oder der Verlust von Vermögenswerten wegen der Unterbrechung der Tätigkeit Dritter im Zusammenhang mit ihrer Insolvenz nicht als äußere Ereignisse außerhalb einer angemessenen Kontrolle angesehen werden.

(29) Schließlich sollte die Verwahrstelle nachweisen, dass der Verlust trotz aller angemessenen Anstrengungen nicht hätte vermieden werden können. In diesem Zusammenhang sollte die Verwahrstelle die Verwaltungs- oder Investmentgesellschaft in Kenntnis setzen und angemessene Maßnahmen entsprechend den Umständen ergreifen. Beispielsweise sollte die Verwahrstelle in einer Situation, in der nach ihrem Ermessen die einzige angemessene Maßnahmen in der Veräußerung der Finanzinstrumente besteht, die Verwaltungs- oder Investmentgesellschaft unverzüglich informieren, die wiederum die Verwahrstelle schrift-

lich anweisen muss, ob die Finanzinstrumente weiterhin gehalten oder veräußert werden sollen. Eine an die Verwahrstelle ergehende Weisung, die Vermögenswerte weiterhin zu halten, sollte den Anlegern des OGAW unverzüglich mitgeteilt werden. Die Verwaltungs- oder Investmentgesellschaft sollte den Empfehlungen der Verwahrstelle Folge leisten. Wenn die Verwahrstelle je nach den Umständen weiterhin Bedenken hat, dass der Schutzstandard des Finanzinstruments trotz wiederholter Warnungen nicht ausreicht, sollte sie weitere mögliche Maßnahmen wie beispielsweise die Kündigung des Vertrags in Betracht ziehen, sofern dem OGAW eine ausreichende Frist im Einklang mit dem nationalen Recht gewährt wird, um eine andere Verwahrstelle zu finden.

(30) Bei Sicherheitsvorkehrungen zum Schutz der Anleger müssen mögliche Querverbindungen zwischen der Verwahrstelle und der Verwaltungs- oder Investmentgesellschaft, die beispielsweise aus gemeinsamer oder verbundener Verwaltung oder Kreuzbeteiligungen resultieren, in Betracht gezogen werden. Diese Querverbindungen, sofern und soweit nach nationalem Recht zulässig, könnten zu Interessenkonflikten führen, was sich als Betrugsrisiko (Unregelmäßigkeiten, die den zuständigen Behörden nicht gemeldet werden, um den guten Ruf zu wahren), Risiko des Rückgriffs auf Rechtsmittel (Verweigerung oder Vermeidung von rechtlichen Schritten gegen die Verwahrstelle), Verzerrung bei der Auswahl (Wahl der Verwahrstelle nicht aufgrund von Qualität und Preis), Insolvenzrisiko (geringere Standards bei der Sonderverwahrung von Vermögenswerten oder Beachtung der Insolvenz der Verwahrstelle) oder Risiko innerhalb einer Gruppe (gruppeninterne Investitionen) äußert.

(31) Die operative Unabhängigkeit der Verwaltungs- oder Investmentgesellschaft, einschließlich Situationen, in denen die Verwahrungsfunktionen übertragen wurden, bietet zusätzliche Sicherheit für die Gewährleistung des Anlegerschutzes ohne zusätzliche Kosten, indem die Verhaltensstandards der Einrichtungen, die derselben Unternehmensgruppe angehören oder anderweitig miteinander verbunden sind, angehoben werden. Bei den Erfordernissen der operativen Unabhängigkeit sollten wichtige Elemente wie die Identität oder die persönlichen Verbindungen von Führungskräften, Mitarbeitern oder Personen, die die Verwahrungsfunktionen gegenüber anderen Einrichtungen oder Unternehmen in der Unternehmensgruppe erfüllen, einschließlich Situationen, in denen diese Personen miteinander verbunden sind, beachtet werden.

(32) Zur Gewährleistung einer geeigneten Behandlung in dem Fall, dass die Verwaltungs- oder Investmentgesellschaft und die Verwahrstelle derselben Unternehmensgruppe angehören, sollten mindestens ein Drittel der Mitglieder oder zwei Personen in den für die Aufsichtsfunktionen zuständigen Organen oder in den Leitungsorganen, die auch für die Aufsichtsfunktionen zuständig sind, unabhängig sein, wobei die niedrigere Ebene maßgeblich ist.

(33) Im Hinblick auf die Unternehmensführung sollten die spezifischen Merkmale eines einstufigen Systems, bei dem ein Unternehmen von einem Unternehmensorgan, das sowohl die Verwaltungs- als auch die Aufsichtsfunktionen ausübt, geleitet wird, wie auch eines zweistufigen Systems, in dem Vorstand und Aufsichtsrat Seite an Seite agieren, in Betracht gezogen werden.

(34) Damit sich die zuständigen Behörden, der OGAW und die Verwahrstellen auf die neuen Bestimmungen in der vorliegenden Verordnung einstellen können, sodass diese Bestimmungen effizient und effektiv angewendet werden können, sollte das Datum der Anwendung dieser Verordnung auf ein Datum sechs Monate nach ihrem Inkrafttreten verschoben werden.

(35) Die in der vorliegenden Verordnung vorgesehenen Maßnahmen stehen im Einklang mit der Stellungnahme der Expertengruppe des Europäischen Wertpapierausschusses –

HAT FOLGENDE VERORDNUNG ERLASSEN:

KAPITEL 1
BEGRIFFSBESTIMMUNGEN UND DETAILS DES SCHRIFTLICHEN VERTRAGS

(Artikel 22 Absatz 2 der Richtlinie 2009/65/EG)

Artikel 1
Begriffsbestimmungen

Im Sinne der vorliegenden Verordnung bezeichnet der Begriff

a) „Verbindung" eine Situation, in der mindestens zwei natürliche oder juristische Personen entweder durch eine direkte oder indirekte Beteiligung an einem Unternehmen, die mindestens 10 % des Kapitals oder der Stimmrechte darstellt, oder durch eine Beteiligung, die es ermöglicht, einen erheblichen Einfluss auf die Geschäftsführung des Unternehmens, bei dem die Beteiligung besteht, auszuüben, miteinander verbunden sind;

b) „Gruppenverbindung" eine Situation, in der mindestens zwei Unternehmen oder Einrichtungen derselben Gruppe im Sinne von Artikel 2 Nummer 11 der Richtlinie 2013/34/EU des Europäischen Parlaments und des Rates ([3]) oder im Sinne der gemäß der Verordnung (EG) Nr. 1606/2002 des Europäischen Parlaments und des Rates ([4]) übernommenen internationalen Rechnungslegungsstandards angehören.

Artikel 2
Vertrag über die Bestellung einer Verwahrstelle

1. Der Vertrag zur Bestellung der Verwahrstelle gemäß Artikel 22 Absatz 2 der Richtlinie 2009/65/EG wird zwischen der Verwahrstelle einerseits und der Investment- oder Verwaltungsgesellschaft andererseits für jeden der Investmentfonds, die von der Verwaltungsgesellschaft verwaltet werden, abgeschlossen.

2. Der Vertrag beinhaltet mindestens die folgenden Elemente:

a) eine Beschreibung der Dienstleistungen, die von der Verwahrstelle zu erbringen sind, sowie der Verfahren, die von der Verwahrstelle für jeden der verschiedenen Vermögenswerte, in die der OGAW investieren kann und die der Verwahrstelle anvertraut werden, zu übernehmen sind;

b) eine Beschreibung der Art und Weise, wie die Verwahrungs- und Aufsichtsfunktionen in Abhängigkeit von den verschiedenen Vermögenswerten und den geografischen Regionen, in denen der OGAW zu investieren beabsichtigt, einschließlich in Bezug auf die Verwahrungspflichten, Länderlisten und Verfahren zum Hinzufügen oder Streichen von Ländern aus den Listen, durchzuführen sind. Dies steht im Einklang mit den Infor-

---

3 Richtlinie 2013/34/EU des Europäischen Parlaments und des Rates vom 26. Juni 2013 über den Jahresabschluss, den konsolidierten Abschluss und damit verbundene Berichte von Unternehmen bestimmter Rechtsformen und zur Änderung der Richtlinie 2006/43/EG des Europäischen Parlaments und des Rates und zur Aufhebung der Richtlinien 78/660/EWG und 83/349/EWG des Rates (ABl. L 182 vom 29.6.2013, S. 19).

4 Verordnung (EG) Nr. 1606/2002 des Europäischen Parlaments und des Rates vom 19. Juli 2002 betreffend die Anwendung internationaler Rechnungslegungsstandards (ABl. L 243 vom 11.9.2002, S. 1).

mationen, die in den Regeln, der Satzung und dem Emissionsprospekt des OGAW in Bezug auf die Vermögenswerte, in die der OGAW investieren kann, enthalten sind;

c) den Gültigkeitszeitraum und die Bedingungen für die Änderung und Kündigung des Vertrags, einschließlich der Situationen, die zur Kündigung des Vertrags führen könnten, sowie Einzelheiten in Bezug auf das Kündigungsverfahren und das Verfahren, im Rahmen dessen die Verwahrstelle alle relevanten Informationen an ihren Nachfolger übermittelt;

d) die Geheimhaltungspflichten, die gemäß den einschlägigen Rechtsvorschriften für die Parteien gelten. Diese Pflichten verhindern nicht den Zugang der zuständigen Behörden zu den relevanten Dokumenten und Informationen;

e) die Mittel und Verfahren, die von der Verwahrstelle eingesetzt werden, um der Verwaltungs- oder Investmentgesellschaft alle relevanten Informationen zu übermitteln, die diese zur Erfüllung ihrer Pflichten, einschließlich der Ausübung der an die Vermögenswerte geknüpften Rechte, benötigt, und ferner um der Verwaltungs- oder Investmentgesellschaft einen zeitnahen und exakten Überblick über die Konten des OGAW zu ermöglichen;

f) die Mittel und Verfahren, die von der Verwaltungs- oder Investmentgesellschaft zur Übermittlung aller relevanten Informationen eingesetzt werden und mit denen sie sicherstellt, dass die Verwahrstelle Zugang zu allen für die Erfüllung ihrer Pflichten erforderlichen Informationen hat. Hierin eingeschlossen sind die Verfahren, um zu gewährleisten, dass die Verwahrstelle Informationen von anderen Parteien, die von der Verwaltungs- oder Investmentgesellschaft bestellt wurden, erhält;

g) die zu beachtenden Verfahren, wenn eine Änderung der Regeln, der Satzung oder des Emissionsprospekts des OGAW in Betracht gezogen wird, unter detaillierter Beschreibung der Situationen, in denen die Verwahrstelle zu informieren ist oder die vorherige Genehmigung der Verwahrstelle erforderlich ist, um mit der Änderung fortfahren zu können;

h) alle erforderlichen Informationen, die zwischen der Investment- oder Verwaltungsgesellschaft oder Dritten, die im Namen des OGAW einerseits und der Verwahrstelle andererseits handeln, im Zusammenhang mit dem Verkauf, der Zeichnung, der Auszahlung, der Ausgabe, der Annullierung und der Rücknahme von Anteilen des OGAW ausgetauscht werden müssen;

i) alle erforderlichen Informationen, die zwischen der Investment- oder Verwaltungsgesellschaft oder Dritten, die im Namen des OGAW und der Verwahrstelle handeln, im Zusammenhang mit der Erfüllung der Pflichten der Verwahrstelle ausgetauscht werden müssen;

j) sofern die Vertragsparteien die Bestellung von Dritten für die Erfüllung eines Teils ihrer Pflichten bestellen, eine Verpflichtung zur regelmäßigen Bereitstellung der Angaben zu den bestellten Dritten sowie auf Anfrage von Informationen über die Kriterien, die bei der Auswahl solcher Dritten herangezogen wurden, sowie die geplanten Maßnahmen zur Überwachung der von den ausgewählten Dritten durchgeführten Tätigkeiten;

k) Informationen über die Aufgaben und Verantwortlichkeiten der Vertragsparteien in Bezug auf die Pflichten, um Geldwäsche und Terrorismusfinanzierung zu verhindern;

l) Informationen über alle Geldkonten, die auf den Namen der Investment- oder Verwaltungsgesellschaft, die im Namen des OGAW handelt, eröffnet wurden, sowie der Verfahren, um zu gewährleisten, dass die Verwahrstelle von der Eröffnung neuer Konten in Kenntnis gesetzt wird;

m) Einzelheiten über die Eskalationsverfahren der Verwahrstelle, einschließlich der Identifizierung der Personen, die von der Verwahrstelle innerhalb der Verwaltungs- oder Investmentgesellschaft zu kontaktieren sind, wenn sie ein solches Verfahren einleitet;
n) eine Verpflichtung vonseiten der Verwahrstelle anzuzeigen, dass die Sonderverwahrung von Vermögenswerten nicht mehr ausreicht, um die Absicherung gegenüber der Insolvenz von Dritten, denen die Verwahrungsfunktionen gemäß Artikel 22a der Richtlinie 2009/65/EG in einem bestimmten Rechtskreis übertragen wurden, zu gewährleisten;
o) die Verfahren zur Gewährleistung, dass die Verwahrstelle in Bezug auf ihre Pflichten die Möglichkeit hat, das Verhalten der Verwaltungs- oder Investmentgesellschaft zu überprüfen und die Qualität der erhaltenen Informationen, einschließlich durch Zugang zu den Büchern der Verwaltungs- oder Investmentgesellschaft und durch Vor-Ort-Besuche, zu bewerten;
p) die Verfahren, um sicherzustellen, dass die Verwaltungs- oder Investmentgesellschaft in der Lage ist, die Leistung der Verwahrstelle im Hinblick auf ihre Pflichten zu überprüfen.

Die Einzelheiten der unter den Buchstaben a bis p genannten Mittel und Verfahren werden in dem Vertrag zur Bestellung der Verwahrstelle und nachfolgenden Änderungen des Vertrags beschrieben.

3. Die Parteien können vereinbaren, die Informationen ganz oder teilweise auf elektronischem Weg auszutauschen, sofern eine ordnungsgemäße Aufzeichnung solcher Informationen sichergestellt ist.

4. Sofern nicht anders nach nationalem Recht vorgesehen, besteht keine Verpflichtung, für jeden Investmentfonds einen spezifischen schriftlichen Vertrag einzugehen.

Die Verwaltungsgesellschaft und die Verwahrstelle können einen einzigen Vertrag abschließen, in dem sämtliche Investmentfonds aufgeführt sind, die von jener Verwaltungsgesellschaft, für die der Vertrag gilt, verwaltet werden.

5. In dem Vertrag zur Bestellung der Verwahrstelle und sämtlichen nachfolgenden Vereinbarungen wird das für den Vertrag geltende Recht festgelegt.

KAPITEL 2
AUFGABEN DER VERWAHRSTELLE, SORGFALTSPFLICHTEN, SONDERVERWAHRUNGSPFLICHT UND INSOLVENZSICHERUNG

(Artikel 22 Absätze 3, 4 und 5 und Artikel 22a Absatz 2 Buchstaben c und d der Richtlinie 2009/65/EG)

Artikel 3
Aufsichtspflichten – allgemeine Anforderungen

1. Zum Zeitpunkt der Bestellung bewertet die Verwahrstelle die Risiken unter Berücksichtigung der Art, des Umfangs und der Komplexität der Anlagepolitik und -strategie des OGAW sowie der Organisation der Verwaltungs- oder Investmentgesellschaft. Auf der Grundlage dieser Beurteilung entwickelt die Verwahrstelle Aufsichtsverfahren, die für den OGAW und die Vermögenswerte, in die er investiert, angemessen sind und die sodann umgesetzt und angewendet werden. Diese Verfahren werden regelmäßig aktualisiert.

2. Bei der Erfüllung ihrer Aufsichtspflichten gemäß Artikel 22 Absatz 3 der Richtlinie 2009/65/EG führt eine Verwahrstelle Ex-post-Kontrollen und Überprüfungen der Prozesse und Verfahren, die der Verantwortung der Verwaltungs- oder Investmentgesellschaft oder eines bestellten Dritten unterstehen, durch. Die Verwahrstelle gewährleistet unter allen

Umständen, dass ein geeignetes Überprüfungs- und Abstimmungsverfahren existiert, das umgesetzt und angewendet und häufig überprüft wird. Die Verwaltungs- oder Investmentgesellschaft stellt sicher, dass alle Weisungen in Bezug auf die Vermögenswerte und Transaktionen des OGAW an die Verwahrstelle übermittelt werden, sodass die Verwahrstelle ihr eigenes Überprüfungs- und Abstimmungsverfahren durchführen kann.

3. Eine Verwahrstelle richtet ein eindeutiges und umfassendes Eskalationsverfahren für die Handhabung von Situationen ein, in denen potenzielle Diskrepanzen im Rahmen ihrer Aufsichtspflichten festgestellt werden, deren Einzelheiten den zuständigen Behörden der Verwaltungs- oder Investmentgesellschaft auf Anfrage zur Verfügung gestellt werden.

4. Die Verwaltungs- oder Investmentgesellschaft stellt der Verwahrstelle bei Aufnahme ihrer Pflichten und danach fortlaufend alle relevanten Informationen, die sie zur Erfüllung ihrer Pflichten gemäß Artikel 22 Absatz 3 der Richtlinie 2009/65/EG benötigt, einschließlich Informationen, die der Verwahrstelle von Dritten zur Verfügung zu stellen sind, bereit. Die Verwaltungs- oder Investmentgesellschaft stellt insbesondere sicher, dass die Verwahrstelle Zugang zu den Büchern hat und Vor-Ort-Besuche in den Räumlichkeiten der Verwaltungs- oder Investmentgesellschaft oder eines Dienstleisters, der von der Verwaltungs- oder Investmentgesellschaft bestellt wurde, durchführen kann oder Berichte und Erklärungen über anerkannte externe Zertifizierungen durch qualifizierte unabhängige Prüfer oder sonstige Experten überprüfen kann, um die Angemessenheit und Relevanz der eingerichteten Verfahren zu gewährleisten.

Artikel 4
Pflichten in Bezug auf Zeichnung und Auszahlungen

1. Eine Verwahrstelle erfüllt die Anforderungen gemäß Artikel 22 Absatz 3 Buchstabe a der Richtlinie 2009/65/EG, wenn sie gewährleistet, dass die Verwaltungs- oder Investmentgesellschaft ein angemessenes und konsistentes Verfahren eingerichtet hat und umsetzt und anwendet, um:

a) die Zeichnungsaufträge mit den Zeichnungserlösen und die Anzahl der ausgegebenen Anteile mit den vom OGAW erhaltenen Zeichnungserlösen abzustimmen;
b) die Auszahlungsaufträge mit den tatsächlichen Auszahlungen und die Anzahl der annullierten Anteile mit den vom OGAW geleisteten Auszahlungen abzustimmen;
c) regelmäßig zu überprüfen, ob das Abstimmungsverfahren angemessen ist.

Für die Zwecke der Buchstaben a, b und c prüft die Verwahrstelle insbesondere, ob zwischen der Gesamtzahl der Anteile in den Konten des OGAW und der Gesamtzahl der ausstehenden Anteile, die im Register des OGAW erscheinen, Konsistenz besteht.

2. Eine Verwahrstelle stellt regelmäßig durch Prüfung sicher, dass die Verfahren für den Verkauf, die Ausgabe, die Rücknahme, die Auszahlung und die Annullierung von Anteilen des OGAW mit dem geltenden nationalen Recht sowie mit den Regeln oder der Satzung des OGAW im Einklang stehen.

3. Die Häufigkeit der Prüfungen der Verwahrstelle sollte dem Fluss der Zeichnungen und Auszahlungen entsprechen.

Artikel 5
Pflichten in Bezug auf die Bewertung von Anteilen

1. Eine Verwahrstelle erfüllt die Anforderungen gemäß Artikel 22 Absatz 3 Buchstabe b der Richtlinie 2009/65/EG, wenn sie Verfahren einrichtet, um:

a) fortlaufend zu überprüfen, ob angemessene und konsistente Verfahren für die Bewertung der Vermögenswerte des OGAW im Einklang mit dem geltenden nationalen Recht gemäß Artikel 85 der Richtlinie 2009/65/EG und den Regeln oder der Satzung des OGAW eingerichtet sind und angewendet werden;
b) sicherzustellen, dass die Bewertungsrichtlinien und -verfahren effektiv umgesetzt und in regelmäßigen Abständen überprüft werden.

2. Die Verwahrstelle führt die in Absatz 1 genannten Überprüfungen mit derselben Häufigkeit durch wie in den Bewertungsrichtlinien des OGAW im Einklang mit den gemäß Artikel 85 der Richtlinie 2009/65/EG verabschiedeten nationalen Gesetzen, den Regeln oder Satzung des OGAW vorgesehen.

3. Wenn eine Verwahrstelle der Ansicht ist, dass der Wert der Anteile des OGAW nicht in Übereinstimmung mit den geltenden Rechtsvorschriften oder den Regeln oder der Satzung des OGAW berechnet wurde, setzt sie die Verwaltungs- oder Investmentgesellschaft hiervon in Kenntnis und sorgt dafür, dass Abhilfemaßnahmen im besten Interesse der Anleger des OGAW ergriffen werden.

Artikel 6
Pflichten in Bezug auf die Durchführung der Weisungen des OGAW

Eine Verwahrstelle erfüllt die Anforderungen gemäß Artikel 22 Absatz 3 Buchstabe c der Richtlinie 2009/65/EG, wenn sie mindestens folgende Verfahren einrichtet und umsetzt:
a) angemessene Verfahren, um zu überprüfen, ob die Weisungen der Verwaltungs- oder Investmentgesellschaft im Einklang mit den geltenden Gesetzen und Vorschriften und der Satzung des OGAW stehen;
b) ein Eskalationsverfahren für den Fall, dass der OGAW gegen eine der in Absatz 2 genannten Grenzen oder Beschränkungen verstoßen hat.

Für die Zwecke des Buchstaben a überwacht die Verwahrstelle insbesondere die Einhaltung der Anlagebeschränkungen und Verschuldungsgrenzen, denen der OGAW unterliegt, durch den OGAW. Das unter Buchstabe a genannte Verfahren ist unter Berücksichtigung der Art, des Umfangs und der Komplexität des OGAW angemessen.

Artikel 7
Pflichten in Bezug auf die fristgerechte Abrechnung der Transaktionen

1. Eine Verwahrstelle erfüllt die Anforderungen gemäß Artikel 22 Absatz 3 Buchstabe d der Richtlinie 2009/65/EG, wenn sie ein Verfahren einrichtet, um sämtliche Situationen zu erkennen, in denen der Gegenwert von Transaktionen im Zusammenhang mit Vermögenswerten des OGAW nicht innerhalb der üblichen Fristen an den OGAW überwiesen wurde, um dies der Verwaltungs- oder Investmentgesellschaft mitzuteilen und um, in Fällen, in denen die Situation nicht behoben wurde, die Rückgabe der Vermögenswerte von der Gegenpartei zu fordern, soweit möglich.

2. Wenn die Transaktionen auf einem regulierten Markt erfolgen, erfüllt die Verwahrstelle ihre Pflichten gemäß Absatz 1 unter Berücksichtigung der an diese Transaktionen geknüpften Bedingungen.

Artikel 8
Pflichten in Bezug auf die Berechnung und Ausschüttung der Erträge des OGAW

1. Eine Verwahrstelle erfüllt die Anforderungen gemäß Artikel 22 Absatz 3 Buchstabe e der Richtlinie 2009/65/EG, wenn sie:

a) sicherstellt, dass die Berechnung der Nettoerträge im Einklang mit den Regeln und der Satzung des OGAW sowie den geltenden nationalen Rechtsvorschriften bei jeder Ausschüttung der Erträge durchgeführt wird;
b) gewährleistet, dass angemessene Maßnahmen ergriffen werden, wenn die Prüfer des OGAW Vorbehalte gegenüber den Jahresabschlüssen geäußert haben. Die Verwaltungs- oder Investmentgesellschaft stellt der Verwahrstelle alle Informationen über die Vorbehalte gegenüber den Abschlüssen bereit;
c) die Dividendenzahlungen bei der Ausschüttung der Erträge auf Vollständigkeit und Genauigkeit prüft.

2. Wenn eine Verwahrstelle der Ansicht ist, dass die Erträge nicht in Übereinstimmung mit den geltenden Rechtsvorschriften oder den Regeln oder der Satzung des OGAW berechnet wurden, setzt sie die Verwaltungs- oder Investmentgesellschaft hiervon in Kenntnis und sorgt dafür, dass zeitnahe Abhilfemaßnahmen im besten Interesse der Anleger des OGAW ergriffen werden.

Artikel 9
Überwachung der Cashflows – allgemeine Anforderungen

1. Wenn ein Geldkonto bei einer in Artikel 22 Absatz 4 Buchstabe b der Richtlinie 2009/65/EG genannten Stelle im Namen der Investmentgesellschaft oder der für den OGAW handelnden Verwaltungsgesellschaft eröffnet wird, stellt die Verwaltungs- oder Investmentgesellschaft sicher, dass der Verwahrstelle bei der Aufnahme ihrer Pflichten sowie fortlaufend alle relevanten und erforderlichen Informationen bereitgestellt werden, damit diese einen klaren Überblick über alle Cashflows des OGAW hat und ihre Pflichten somit erfüllen kann.

2. Bei Bestellung der Verwahrstelle informiert die Verwaltungs- oder Investmentgesellschaft die Verwahrstelle über alle vorhandenen Geldkonten, die im Namen der Investmentgesellschaft oder der für den OGAW handelnden Verwaltungsgesellschaft eröffnet wurden.

3. Die Investment- oder Verwaltungsgesellschaft gewährleistet, dass der Verwahrstelle sämtliche Informationen im Hinblick auf die Eröffnung neuer Geldkonten durch die Investmentgesellschaft oder die für den OGAW handelnde Verwaltungsgesellschaft bereitgestellt werden.

Artikel 10
Überwachung der Cashflows des OGAW

1. Eine Verwahrstelle erfüllt die Anforderungen gemäß Artikel 22 Absatz 4 der Richtlinie 2009/65/EG, wenn sie eine effektive und ordnungsgemäße Überwachung der Cashflows des OGAW gewährleistet und insbesondere mindestens:

a) sicherstellt, dass sämtliche Gelder des OGAW auf Konten verbucht werden, die entweder bei einer Zentralbank oder einem gemäß der Richtlinie 2013/36/EU des Europäischen Parlaments und des Rates ([5]) zugelassenen Kreditinstitut oder einem in einem Drittland zugelassenen Kreditinstitut eröffnet wurden, wenn die Geldkonten für die Transaktionen des OGAW erforderlich sind, vorausgesetzt, dass die Aufsichts- und Regulierungsanforderungen, die in diesem Drittland auf Kreditinstitute Anwendung finden, nach Ansicht der zuständigen Behörden des Herkunftsmitgliedsstaats des OGAW mindestens den Anforderungen gleichkommen, die in der Union angewendet werden.

b) über wirksame und angemessene Verfahren zum Abgleich aller Cashflows verfügt und diesen Abgleich täglich oder bei geringer Häufigkeit der Bargeldbewegungen bei deren Eintreten vornimmt;
c) angemessene Verfahren umsetzt, um am Ende jedes Geschäftstags bedeutende Cashflows und insbesondere Cashflows, die nicht mit den Transaktionen des OGAW im Einklang stehen, zu identifizieren;
d) in regelmäßigen Abständen diese Verfahren auf Angemessenheit überprüft, einschließlich einer vollständigen Überprüfung des Abstimmungsprozesses mindestens einmal im Jahr, und sicherstellt, dass die im Namen der Investmentgesellschaft, der für den OGAW handelnden Verwaltungsgesellschaft oder der für den OGAW handelnden Verwahrstelle eröffneten Geldkonten in den Abstimmungsprozess einbezogen werden;
e) die Ergebnisse der Abstimmungen sowie die Maßnahmen, die infolge der durch die Abstimmungsverfahren identifizierten Diskrepanzen ergriffen werden, kontinuierlich überwacht und die Verwaltungs- oder Investmentgesellschaft informiert, wenn eine Diskrepanz nicht unverzüglich beseitigt wurde, und auch die zuständigen Behörden davon in Kenntnis setzt, wenn die Situation nicht beseitigt werden kann;
f) prüft, dass die eigenen Aufzeichnungen der Cash-Positionen mit denjenigen des OGAW übereinstimmen.

Zur Beurteilung der Gleichwertigkeit der Aufsichts- und Regulierungsanforderungen, die auf Kreditinstitute eines Drittlands gemäß Buchstabe a angewendet werden, berücksichtigen die zuständigen Behörden die Durchführungsrechtakte, die von der Kommission gemäß Artikel 107 Absatz 4 der Verordnung (EU) Nr. 575/2013 des Europäischen Parlaments und des Rates ([6]) verabschiedet wurden.

2. Die Verwaltungs- oder Investmentgesellschaft stellt sicher, dass alle Weisungen und Informationen in Bezug auf ein bei Dritten eröffnetes Geldkonto an die Verwahrstelle übermittelt werden, sodass die Verwahrstelle ihr eigenes Abstimmungsverfahren durchführen kann.

Artikel 11
Pflichten in Bezug auf Zahlungen bei Zeichnungen

Eine Verwaltungs- oder Investmentgesellschaft gewährleistet, dass der Verwahrstelle Informationen über Zahlungen, die durch oder für Anleger bei der Zeichnung von Anteilen

[5] Richtlinie 2013/36/EU des Europäischen Parlaments und des Rates vom 26. Juni 2013 über den Zugang zur Tätigkeit von Kreditinstituten und die Beaufsichtigung von Kreditinstituten und Wertpapierfirmen, zur Änderung der Richtlinie 2002/87/EG und zur Aufhebung der Richtlinien 2006/48/EG und 2006/49/EG (ABl. L 176 vom 27.6.2013, S. 338).

[6] Verordnung (EU) Nr. 575/2013 des Europäischen Parlaments und des Rates vom 26. Juni 2013 über Aufsichtsanforderungen an Kreditinstitute und Wertpapierfirmen und zur Änderung der Verordnung (EU) Nr. 648/2012 (ABl. L 176 vom 27.6.2013, S. 1).

eines OGAW geleistet werden, am Ende jedes Geschäftstags, an dem die Investmentgesellschaft oder die für den OGAW handelnde Verwaltungsgesellschaft oder eine für den OGAW handelnde Partei, wie beispielsweise eine Übertragungsstelle, solche Zahlungen oder einen Auftrag von dem Anleger erhält, übermittelt werden. Die Verwaltungs- oder Investmentgesellschaft stellt sicher, dass die Verwahrstelle alle sonstigen relevanten Informationen erhält, um sich vergewissern zu können, dass die Zahlungen auf Geldkonten verbucht wurden, die gemäß Artikel 22 Absatz 4 der Richtlinie 2009/65/EG auf den Namen der Investmentgesellschaft, auf den Namen der für den OGAW handelnden Verwaltungsgesellschaft oder auf den Namen der für den OGAW handelnden Verwahrstelle eröffnet wurden.

Artikel 12
Zu verwahrende Finanzinstrumente

1. Finanzinstrumente, die dem OGAW gehören und der Verwahrstelle nicht physisch übergeben werden können, unterliegen den Verwahrungspflichten der Verwahrstelle, wenn die folgenden Anforderungen vollumfänglich erfüllt sind:

a) Es handelt sich um Finanzinstrumente gemäß Artikel 50 Absatz 1 Buchstaben a bis e und h der Richtlinie 2009/65/EG oder Wertpapiere mit eingebetteten Derivaten gemäß Artikel 51 Absatz 3 Unterabsatz 4 der Richtlinie 2009/65/EG;

b) sie können direkt oder indirekt im Namen der Verwahrstelle registriert oder in einem Wertpapierkonto gehalten werden.

2. Finanzinstrumente, die nach dem geltenden nationalen Recht nur direkt auf den Namen des OGAW bei dem Emittenten selbst oder seinem Agenten, wie beispielsweise einer Registrier- oder einer Übertragungsstelle, registriert sind, werden nicht verwahrt.

3. Finanzinstrumente, die dem OGAW gehören und der Verwahrstelle physisch übergeben werden können, unterliegen in allen Fällen den Verwahrungspflichten der Verwahrstelle.

Artikel 13
Verwahrungspflichten in Bezug auf verwahrte Vermögenswerte

1. Eine Verwahrstelle erfüllt die Anforderungen gemäß Artikel 22 Absatz 5 Buchstabe a der Richtlinie 2009/65/EG in Bezug auf zu verwahrende Finanzinstrumente, wenn sie gewährleistet, dass:

a) die Finanzinstrumente gemäß Artikel 22 Absatz 5 Buchstabe a Ziffer ii der Richtlinie 2009/65/EG ordnungsgemäß registriert sind;

b) Aufzeichnungen und gesonderte Konten so geführt werden, dass deren Genauigkeit gewährleistet ist, und insbesondere die Übereinstimmung mit den für den OGAW gehaltenen Finanzinstrumenten und Geldern aufgezeichnet wird;

c) Abstimmungen zwischen den internen Konten und Aufzeichnungen der Verwahrstelle und denjenigen von Dritten, denen die Verwahrungsfunktionen gemäß Artikel 22a der Richtlinie 2009/65/EG übertragen wurden, auf regelmäßiger Basis durchgeführt werden;

d) Sorgfalt im Zusammenhang mit den verwahrten Finanzinstrumenten ausgeübt wird, um einen hohen Anlegerschutzstandard zu gewährleisten;

e) alle relevanten Verwahrungsrisiken entlang der Verwahrungskette bewertet und überwacht werden und die Verwaltungs- oder Investmentgesellschaft auf festgestellte erhebliche Risiken hingewiesen wird;

f) geeignete organisatorische Vorkehrungen eingeführt werden, um das Risiko eines Verlusts oder einer Minderung der Finanzinstrumente oder der Rechte im Zusammenhang mit diesen Finanzinstrumenten aufgrund von Betrug, mangelhafter Verwaltung, nicht angemessener Registrierung oder Fahrlässigkeit zu minimieren;
g) das Eigentumsrecht des OGAW oder das Eigentumsrecht der für den OGAW handelnden Verwaltungsgesellschaft bei den Vermögenswerten überprüft wird.

2. Wenn eine Verwahrstelle ihre Verwahrungsfunktionen in Bezug auf verwahrte Vermögenswerte an Dritte gemäß Artikel 22a der Richtlinie 2009/65/EG übertragen hat, unterliegt sie weiterhin den Anforderungen gemäß Absatz 1 Buchstaben b bis e dieses Artikels. Die Verwahrstelle sorgt ferner dafür, dass solche Dritten die Anforderungen gemäß Absatz 1 Buchstaben b bis g dieses Artikels erfüllen.

Artikel 14
Verwahrungspflichten in Bezug auf Eigentumsüberprüfung und Aufzeichnung

1. Die Verwaltungs- oder Investmentgesellschaft stellt der Verwahrstelle bei Aufnahme ihrer Pflichten und danach fortlaufend alle relevanten Informationen, die sie zur Erfüllung ihrer Pflichten gemäß Artikel 22 Absatz 5 Buchstabe b der Richtlinie 2009/65/EG benötigt, bereit und gewährleistet, dass der Verwahrstelle alle relevanten Informationen von Dritten zur Verfügung gestellt werden.

2. Eine Verwahrstelle erfüllt die Anforderungen gemäß Artikel 22 Absatz 5 Buchstabe b der Richtlinie 2009/65/EG, wenn sie mindestens:

a) unverzüglich Zugang zu allen relevanten Informationen, die sie zur Erfüllung ihrer Eigentumsüberprüfungs- und Aufzeichnungspflichten benötigt, einschließlich der relevanten Informationen, die der Verwahrstelle von Dritten zur Verfügung zu stellen sind, hat;
b) hinreichende und zuverlässige Informationen besitzt, damit sie sich hinsichtlich des Eigentumsrechts des OGAW an den Vermögenswerten vergewissern kann;
c) Aufzeichnungen über die Vermögenswerte führt, bei denen sie sich wie folgt vergewissert hat, dass sie im Eigentum des OGAW sind:
   i) Sie registriert in ihren Aufzeichnungen auf den Namen des OGAW diejenigen Vermögenswerte, einschließlich ihrer Nominalwerte, bei denen sie sich vergewissert hat, dass der OGAW Eigentümer ist;
   ii) sie ist jederzeit in der Lage, ein umfassendes und aktuelles Verzeichnis der Vermögenswerte des OGAW, einschließlich ihrer Nominalwerte, vorzulegen.

Für die Zwecke des Buchstaben c Ziffer ii dieses Absatzes gewährleistet die Verwahrstelle, dass ein Verfahren eingerichtet ist, damit registrierte Vermögenswerte nicht zugeordnet, übertragen, ausgetauscht oder übergeben werden können, ohne dass die Verwahrstelle oder Dritte, denen die Verwahrungsfunktionen gemäß Artikel 22a der Richtlinie 2009/65/EG übertragen wurden, von solchen Transaktionen Kenntnis erhält. Der Verwahrstelle wird von den betreffenden Dritten unverzüglich Zugang zu Nachweisen für solche Transaktionen und Positionen gewährt. Die Verwaltungs- oder Investmentgesellschaft stellt sicher, dass die betreffenden Dritten der Verwahrstelle unverzüglich bei jedem Verkauf oder Ankauf von Vermögenswerten oder einer Unternehmensmaßnahme, die zur Ausgabe von Finanzinstrumenten führt, und mindestens einmal jährlich Zertifikate oder sonstige Nachweise vorlegen.

3. Eine Verwahrstelle gewährleistet, dass die Verwaltungs- oder Investmentgesellschaft über geeignete Verfahren verfügt, um zu überprüfen, ob die von dem OGAW erworbenen

Vermögenswerte korrekt auf den Namen des OGAW registriert sind, und prüft die Übereinstimmung der Positionen in den Aufzeichnungen des OGAW mit den Vermögenswerten, bei denen sich die Verwahrstelle vergewissert hat, dass der OGAW Eigentümer ist. Die Verwaltungs- oder Investmentgesellschaft stellt sicher, dass alle Weisungen und relevanten Informationen in Bezug auf die Vermögenswerte des OGAW an die Verwahrstelle übermittelt werden, sodass die Verwahrstelle ihr eigenes Überprüfungs- und Abstimmungsverfahren durchführen kann.

4. Eine Verwahrstelle gewährleistet die Einrichtung und Umsetzung eines Eskalationsverfahrens für Situationen, in denen eine Diskrepanz festgestellt wird, worin die Benachrichtigung der Verwaltungs- oder Investmentgesellschaft und der zuständigen Behörden eingeschlossen ist, wenn die Situation nicht behoben werden kann.

Artikel 15
Sorgfalt

1. Eine Verwahrstelle erfüllt die Anforderungen gemäß Artikel 22a Absatz 2 Buchstabe c der Richtlinie 2009/65/EG, wenn sie ein angemessenes und dokumentiertes Sorgfaltsverfahren für die Auswahl und fortlaufende Überwachung von Dritten, denen die Verwahrungsfunktionen gemäß Artikel 22a dieser Richtlinie übertragen werden sollen oder übertragen wurden, umsetzt und anwendet. Dieses Verfahren wird regelmäßig, jedoch mindestens einmal jährlich überprüft.

2. Bei der Auswahl und Bestellung von Dritten, denen die Verwahrungsfunktionen gemäß Artikel 22a der Richtlinie 2009/65/EG übertragen werden sollen, geht eine Verwahrstelle mit der gebotenen Sachkenntnis, Sorgfalt und Gewissenhaftigkeit vor, um sicherzustellen, dass ein angemessener Schutzstandard gegeben ist, wenn diesen Dritten Finanzinstrumente anvertraut werden. Die Verwahrstelle muss mindestens:

a) den Rechtsrahmen, einschließlich des länderspezifischen Risikos, des Verwahrungsrisikos und der Durchsetzbarkeit des mit solchen Dritten abgeschlossenen Vertrags, bewerten. Diese Bewertung ermöglicht es der Verwahrstelle mindestens, die Auswirkungen einer potenziellen Insolvenz der Dritten auf die Vermögenswerte und Rechte des OGAW zu ermitteln;
b) sicherstellen, dass die Bewertung der Durchsetzbarkeit der vertraglichen Bestimmungen gemäß Buchstabe a, sofern die Dritten in einem Drittland ansässig sind, auf den rechtlichen Empfehlungen einer von der Verwahrstelle oder diesen Dritten unabhängigen natürlichen oder juristischen Person basiert;
c) bewerten, ob die Praktiken, Verfahren und internen Kontrollen der Dritten angemessen sind, sodass gewährleistet ist, dass die Vermögenswerte des OGAW einem hohen Sorgfalts- und Schutzstandard unterliegen;
d) bewerten, ob die Finanzkraft und der Ruf der Dritten mit den übertragenen Aufgaben im Einklang stehen. Diese Bewertung basiert auf den von den potenziellen Dritten bereitgestellten Informationen sowie sonstigen Daten und Informationen;
e) sicherstellen, dass die Dritten über die operativen und technologischen Fähigkeiten verfügen, um die übertragenen Verwahrungsfunktionen mit einem hohen Maß an Schutz und Sicherheit zu erfüllen.

3. Eine Verwahrstelle geht bei der periodischen Überprüfung und fortlaufenden Überwachung mit der gebotenen Sachkenntnis, Sorgfalt und Gewissenhaftigkeit vor, um sicherzustellen, dass die Dritten weiterhin die in Absatz 2 festgelegten Kriterien und die Bedingungen gemäß Artikel 22a Absatz 3 Buchstaben a bis e der Richtlinie 2009/65/EG erfüllen, und gewährleistet mindestens, dass:

a) die Leistung der Dritten und die Einhaltung der von der Verwahrstelle festgelegten Standards durch solche Dritte überwacht wird;
b) die Dritten ein hohes Maß an Sachkenntnis, Sorgfalt und Gewissenhaftigkeit bei der Erfüllung ihrer Verwahrungsaufgaben ausüben und insbesondere die Finanzinstrumente im Einklang mit den Anforderungen gemäß Artikel 16 dieser Verordnung sonderverwahren;
c) die Verwahrungsrisiken im Zusammenhang mit der Entscheidung, die Vermögenswerte Dritten anzuvertrauen, überprüft werden und der Verwaltungs- oder Investmentgesellschaft Änderungen bei diesen Risiken unverzüglich mitgeteilt werden. Diese Bewertung basiert auf den von den Dritten bereitgestellten Informationen sowie sonstigen Daten und Informationen. Während Marktturbulenzen oder im Falle der Identifizierung eines Risikos werden die Häufigkeit und der Umfang der Überprüfung ausgedehnt;
d) die Einhaltung des Verbots gemäß Artikel 22 Absatz 7 der Richtlinie 2009/65/EG überwacht wird;
e) die Einhaltung des Verbots gemäß Artikel 25 der Richtlinie 2009/65/EG sowie der Anforderungen gemäß Artikel 21 bis 24 der vorliegenden Verordnung überwacht wird.

4. Die Absätze 1, 2 und 3 gelten analog, wenn die Dritten, denen die Verwahrungsfunktionen gemäß Artikel 22a der Richtlinie 2009/65/EG übertragen wurden, entschieden haben, ihre Verwahrungsfunktionen ganz oder teilweise anderen Dritten gemäß Artikel 22a Absatz 3 Unterabsatz 3 der Richtlinie 2009/65/EG weiter zu übertragen.

5. Eine Verwahrstelle entwickelt Notfallpläne für jeden Markt, in dem sie Dritte, denen die Verwahrungsfunktionen gemäß Artikel 22a der Richtlinie 2009/65/EG übertragen werden, bestellt. Ein Notfallplan sollte Angaben zu einem alternativen Anbieter enthalten, sofern vorhanden.

6. Eine Verwahrstelle ergreift Maßnahmen, einschließlich Vertragskündigung, im besten Interesse des OGAW und seiner Anleger, wenn die Dritten, denen die Verwahrungsfunktionen gemäß Artikel 22a der Richtlinie 2009/65/EG übertragen wurden, die Anforderungen der vorliegenden Verordnung nicht mehr erfüllen.

7. Wenn die Verwahrstelle ihre Verwahrungsfunktionen gemäß Artikel 22a der Richtlinie 2009/65/EG Dritten überträgt, stellt sie sicher, dass die Vereinbarung mit solchen Dritten unter Berücksichtigung des Erfordernisses, im besten Interesse des OGAW und seiner Anleger zu handeln, eine Klausel zur vorzeitigen Kündigung enthält, wenn im geltenden Recht und in der Rechtsprechung die Sonderverwahrung der Vermögenswerte des OGAW im Falle der Insolvenz solcher Dritten nicht mehr anerkannt wird oder die im Recht und in der Rechtsprechung festgelegten Bedingungen nicht mehr erfüllt sind.

8. Wenn die Sonderverwahrung der Vermögenswerte des OGAW im Falle der Insolvenz der Dritten, denen die Verwahrungsfunktionen gemäß Artikel 22a der Richtlinie 2009/65/EG übertragen wurden, nicht mehr im geltenden Insolvenzrecht und in der Rechtsprechung anerkannt wird oder darin nicht mehr sichergestellt wird, dass die Vermögenswerte der OGAW-Kunden der Verwahrstelle nicht Teil des Vermögens der Dritten im Falle der Insolvenz sind und nicht für die Ausschüttung oder Realisierung zugunsten von Gläubigern solcher Dritten, denen die Verwahrungsfunktionen gemäß Artikel 22a der Richtlinie 2009/65/EG übertragen wurden, zur Verfügung stehen, setzt die Verwahrstelle die Verwaltungs- oder Investmentgesellschaft unverzüglich hiervon in Kenntnis.

9. Bei Erhalt der Informationen gemäß Absatz 8 teilt die Verwaltungs- oder Investmentgesellschaft solche Informationen unverzüglich der zuständigen Behörde mit und zieht alle angemessenen Maßnahmen in Bezug auf die betroffenen Vermögenswerte des OGAW, einschließlich des Erfordernisses, im besten Interesse des OGAW und seiner Anleger zu handeln, in Betracht.

Artikel 16
Sonderverwahrungspflicht

1. Wenn die Verwahrungsfunktionen ganz oder teilweise an Dritte übertragen wurden, stellt eine Verwahrstelle sicher, dass die Dritten, denen die Verwahrungsfunktionen gemäß Artikel 22a der Richtlinie 2009/65/EG übertragen wurden, im Einklang mit der in Artikel 22a Absatz 3 der Richtlinie 2009/65/EG festgelegten Sonderverwahrungspflicht handelt, indem sie sich vergewissert, dass die Dritten:

a) alle erforderlichen Aufzeichnungen und Konten führen, damit die Verwahrstelle jederzeit und unverzüglich die Vermögenswerte der OGAW-Kunden der Verwahrstelle von ihren eigenen Vermögenswerten, von der Verwahrstelle auf eigene Rechnung gehaltenen Vermögenswerten und von für Nicht-OGAW-Kunden der Verwahrstelle gehaltenen Vermögenswerten unterscheiden kann.
b) Aufzeichnungen und Konten so führen, dass ihre Genauigkeit und insbesondere ihre Übereinstimmung mit den für die Kunden der Verwahrstelle verwahrten Vermögenswerten gewährleistet ist;
c) Abstimmungen zwischen den internen Konten und Aufzeichnungen der Verwahrstelle und denjenigen von Dritten, denen die Verwahrungsfunktionen gemäß Artikel 22a Absatz 3 der Richtlinie 2009/65/EG weiter übertragen wurden, auf regelmäßiger Basis durchführen;
d) geeignete organisatorische Vorkehrungen einführen, um das Risiko eines Verlusts oder einer Minderung der Finanzinstrumente oder der Rechte im Zusammenhang mit diesen Finanzinstrumenten aufgrund von Missbrauch der Finanzinstrumente, Betrug, mangelhafter Verwaltung, nicht angemessener Aufzeichnung oder Fahrlässigkeit zu minimieren;
e) die Gelder des OGAW auf Konten bei einer Zentralbank eines Drittlands oder einem in einem Drittland zugelassenen Kreditinstitut verbuchen, vorausgesetzt, dass die Aufsichts- und Regulierungsanforderungen, die in diesem Drittland auf Kreditinstitute Anwendung finden, nach Ansicht der zuständigen Behörden des Herkunftsmitgliedsstaats des OGAW mindestens den in der Union angewendeten Anforderungen gleichkommen, wie in Artikel 22 Absatz 4 Buchstabe c der Richtlinie 2009/65/EG festgelegt.

2. Absatz 1 gilt analog, wenn die Dritten, denen die Verwahrungsfunktionen gemäß Artikel 22a der Richtlinie 2009/65/EG übertragen wurden, entschieden haben, ihre Verwahrungsfunktionen ganz oder teilweise anderen Dritten gemäß Artikel 22a Absatz 3 Unterabsatz 3 der Richtlinie 2009/65/EG weiter zu übertragen.

Artikel 17
Insolvenzschutz der OGAW-Vermögenswerte bei der Übertragung der Verwahrungsfunktionen

1. Eine Verwahrstelle stellt sicher, dass in einem Drittland ansässige Dritte, denen die Verwahrungsfunktionen gemäß Artikel 22a der Richtlinie 2009/65/EG übertragen werden sollen oder wurden, alle erforderlichen Maßnahmen ergreifen, um zu gewährleisten, dass im Falle der Insolvenz der Dritten die von solchen Dritten verwahrten Vermögenswerte eines OGAW nicht für die Ausschüttung oder Realisierung zugunsten von Gläubigern solcher Dritten verfügbar sind.

2. Eine Verwahrstelle stellt sicher, dass die Dritten:

a) rechtliche Empfehlungen von einer unabhängigen natürlichen oder juristischen Person einholen, in denen bestätigt wird, dass nach geltendem Insolvenzrecht die Sonderverwahrung der Vermögenswerte der OGAW-Kunden der Verwahrstelle getrennt von ihren eigenen Vermögenswerten, von der Verwahrstelle auf eigene Rechnung gehaltenen Vermögenswerten und von für Nicht-OGAW-Kunden der Verwahrstelle gehaltenen Vermögenswerten gemäß Artikel 16 der vorliegenden Verordnung anerkannt wird und dass die Vermögenswerte der OGAW-Kunden der Verwahrstelle nicht Teil des Vermögens der Dritten im Falle der Insolvenz sind und nicht für die Ausschüttung oder Realisierung zugunsten von Gläubigern der Dritten, denen die Verwahrungsfunktionen gemäß Artikel 22a der Richtlinie 2009/65/EG übertragen wurden, verfügbar sind;
b) sicherstellen, dass nach den Bedingungen, die im geltenden Insolvenzrecht und in der Rechtsprechung dieses Drittlands festgelegt sind, anerkannt wird, dass die Vermögenswerte der OGAW-Kunden der Verwahrstelle sonderverwahrt werden und nicht für die Ausschüttung oder Realisierung zugunsten von Gläubigern, wie unter Buchstabe a dargelegt, verfügbar sind, und dass solche Bedingungen bei Abschluss der Übertragungsvereinbarung sowie während der gesamten Dauer der Übertragung fortlaufend erfüllt werden;
c) die Verwahrstelle unverzüglich davon in Kenntnis setzen, wenn die unter Buchstabe b genannten Bedingungen nicht mehr erfüllt sind;
d) exakte und aktuelle Aufzeichnungen und Konten für die Vermögenswerte des OGAW führen, auf deren Grundlage die Verwahrstelle jederzeit die exakte Art, den Ort und den Eigentumsstatus dieser Vermögenswerte bestimmen kann;
e) der Verwahrstelle auf regelmäßiger Basis und bei Eintreten einer Änderung einen Auszug bereitstellen, in denen die Vermögenswerte der OGAW-Kunden der Verwahrstelle aufgeschlüsselt sind;
f) die Verwahrstelle von Änderungen des geltenden Insolvenzrechts und seiner wirksamen Anwendung in Kenntnis setzen.

3. Wenn die Verwahrstelle ihre Verwahrungsfunktionen gemäß Artikel 22a der Richtlinie 2009/65/EG in der Union ansässigen Dritten übertragen hat, stellen solche Dritte der Verwahrstelle auf regelmäßiger Basis und bei Eintreten einer Änderung einen Auszug bereit, in dem die Vermögenswerte der OGAW-Kunden der Verwahrstelle aufgeschlüsselt sind.

4. Die Verwahrstelle stellt sicher, dass die Pflichten gemäß den Absätzen 1 und 2 analog gelten, wenn die Dritten, denen die Verwahrungsfunktionen gemäß Artikel 22a der Richtlinie 2009/65/EG übertragen wurden, entschieden haben, ihre Verwahrungsfunktionen ganz oder teilweise anderen Dritten gemäß Artikel 22a Absatz 3 Unterabsatz 3 der Richtlinie 2009/65/EG weiter zu übertragen.

KAPITEL 3
VERLUST VON FINANZINSTRUMENTEN UND HAFTUNGSENTLASTUNG

(Artikel 24 Absatz 1 der Richtlinie 2009/65/EG)

Artikel 18
Verlust eines verwahrten Finanzinstruments

1. Der Verlust eines verwahrten Finanzinstruments im Sinne von Artikel 24 Absatz 1 Unterabsatz 2 der Richtlinie 2009/65/EG gilt als gegeben, wenn in Bezug auf ein Finanzinstrument, das von der Verwahrstelle oder Dritten, denen die Verwahrungsfunktionen ge-

mäß Artikel 22a der Richtlinie 2009/65/EG übertragen wurden, verwahrt wird, eine der folgenden Bedingungen erfüllt ist:

a) Es wird nachgewiesen, dass ein angegebenes Eigentumsrecht des OGAW nicht gültig ist, da es entweder erloschen ist oder niemals existiert hat;
b) der UCITS wurde von seinem Eigentumsrecht an dem Finanzinstrument enthoben;
c) der OGAW ist definitiv nicht in der Lage, das Finanzinstrument direkt oder indirekt zu veräußern.

2. Nachdem der Verlust eines Finanzinstruments von der Verwaltungs- oder Investmentgesellschaft festgestellt wurde, folgt ein dokumentierter Prozess, der für die zuständigen Behörden jederzeit einsehbar ist. Nach Feststellung eines Verlusts erhalten die Anleger unverzüglich eine Benachrichtigung auf einem dauerhaften Datenträger.

3. Ein verwahrtes Finanzinstrument gilt nicht als verloren im Sinne von Artikel 24 Absatz 1 Unterabsatz 2 der Richtlinie 2009/65/EG, wenn ein OGAW von seinem Eigentumsrecht in Bezug auf ein bestimmtes Instrument enthoben wurde, solange dieses Instrument durch ein oder mehrere andere Finanzinstrumente ersetzt oder in solche Finanzinstrumente umgewandelt wird.

4. Im Falle der Insolvenz der Dritten, denen die Verwahrung von Finanzinstrumenten gemäß Artikel 22a der Richtlinie 2009/65/EG übertragen wurde, wird der Verlust eines verwahrten Finanzinstruments von der Verwaltungs- oder Investmentgesellschaft festgestellt, sobald eine der in Absatz 1 aufgeführten Bedingungen mit Sicherheit erfüllt ist.

Spätestens am Ende der Insolvenzverfahren besteht Sicherheit hinsichtlich der Feststellung, ob eine der in Absatz 1 aufgeführten Bedingungen erfüllt ist. Die Verwaltungs- oder Investmentgesellschaft und die Verwahrstelle bestimmen im Rahmen einer engmaschigen Überwachung der Insolvenzverfahren, ob alle oder einige der Finanzinstrumente, die Dritten, denen die Verwahrungsfunktionen gemäß Artikel 22a der Richtlinie 2009/65/EG übertragen wurden, anvertraut wurden, tatsächlich verloren sind.

5. Der Verlust eines verwahrten Finanzinstruments wird ungeachtet dessen festgestellt, ob die in Absatz 1 aufgeführten Bedingungen auf Betrug, Fahrlässigkeit oder sonstiges vorsätzliches oder nicht vorsätzliches Verhalten zurückzuführen sind.

Artikel 19
Haftungsentlastung

1. Die Haftung einer Verwahrstelle gemäß Artikel 24 Absatz 1 Unterabsatz 2 der Richtlinie 2009/65/EG kommt nicht zum Tragen, wenn die Verwahrstelle nachweisen kann, dass die folgenden Bedingungen insgesamt erfüllt sind:

a) Das Ereignis, das zu dem Verlust geführt hat, ist nicht das Ergebnis einer Handlung oder Unterlassung der Verwahrstelle oder von Dritten, denen die Verwahrung von verwahrten Finanzinstrumenten gemäß Artikel 22 Absatz 5 Buchstabe a der Richtlinie 2009/65/EG übertragen wurde;
b) die Verwahrstelle konnte das Eintreten des Ereignisses, das zu dem Verlust geführt hat, trotz Anwendung sämtlicher Vorsichtsmaßnahmen, die einer umsichtigen Verwahrstelle nach gängiger Branchenpraxis obliegen, nach vernünftigem Ermessen nicht verhindern;
c) die Verwahrstelle konnte den Verlust trotz gebührender und umfassender Sorgfalt nicht verhindern, was dokumentiert wird durch:
   i) Einrichtung, Umsetzung, Anwendung und Erhaltung von Strukturen und Verfahren sowie Gewährleistung von Fachkenntnissen, die angesichts der Art und Komplexität der Vermögenswerte des OGAW angemessen und geeignet sind, um äußere

Ereignisse, die zum Verlust eines verwahrten Finanzinstruments führen können, rechtzeitig zu erkennen und fortlaufend zu überwachen;

ii) Bewertung auf fortlaufender Basis, ob eines der unter Ziffer i genannten Ereignisse ein erhebliches Risiko des Verlusts eines verwahrten Finanzinstruments darstellt;

iii) Meldung der festgestellten erheblichen Risiken an die Verwaltungs- oder Investmentgesellschaft und gegebenenfalls Ergreifen angemessener Maßnahmen, um den Verlust der verwahrten Finanzinstrumente zu verhindern oder zu beschränken, wenn tatsächliche oder potenzielle äußere Ereignisse, die als ein erhebliches Risiko hinsichtlich des Verlusts eines verwahrten Finanzinstruments angesehen werden, identifiziert wurden.

2. Die in Absatz 1 Buchstaben a und b genannten Bedingungen gelten als erfüllt im Falle von:

a) Naturereignissen, die sich der Kontrolle oder dem Einfluss des Menschen entziehen;
b) neuen Gesetzen, Verordnungen oder Beschlüssen, die durch die Regierung oder Einrichtungen der Regierung einschließlich der Gerichte angenommen werden und sich auf die verwahrten Finanzinstrumente auswirken;
c) Krieg, Unruhen oder anderen bedeutenden Umwälzungen.

3. Die in Absatz 1 Buchstaben a und b genannten Bedingungen gelten nicht als erfüllt im Falle von Buchungsfehlern, operativem Versagen, Betrug, Nichteinhalten der Trennungspflicht seitens der Verwahrstelle oder eines Dritten, dem die Verwahrung gemäß Artikel 22 Absatz 5 Buchstabe a der Richtlinie 2009/65/EG übertragen wurde.

KAPITEL 4
UNABHÄNGIGKEITSERFORDERNISSE UND SCHLUSSBESTIMMUNGEN

(Artikel 25 der Richtlinie 2009/65/EG)

Artikel 20
Leitungsorgan

Im Sinne dieses Kapitels bezieht sich „Leitungsorgan der Verwaltungsgesellschaft" auf das Leitungsorgan der Verwaltungsgesellschaft ebenso wie auf das Leitungsorgan der Investmentgesellschaft.

Artikel 21
Gemeinsame Verwaltung

Die Verwaltungs- oder Investmentgesellschaft und die Verwahrstelle erfüllen jederzeit die folgenden Anforderungen:

a) Eine Person darf nicht gleichzeitig dem Leitungsorgan der Verwaltungsgesellschaft und dem Leitungsorgan der Verwahrstelle angehören;
b) eine Person darf nicht gleichzeitig dem Leitungsorgan der Verwaltungsgesellschaft angehören und Mitarbeiter der Verwahrstelle sein;
c) eine Person darf nicht gleichzeitig dem Leitungsorgan der Verwahrstelle angehören und Mitarbeiter der Verwaltungs- oder Investmentgesellschaft sein;
d) wenn das Leitungsorgan der Verwaltungsgesellschaft nicht für die Aufsichtsfunktionen innerhalb der Gesellschaft zuständig ist, besteht höchstens ein Drittel ihres für die Aufsichtsfunktionen zuständigen Organs aus Mitgliedern, die gleichzeitig Mitglieder des

Leitungsorgans oder des für die Aufsichtsfunktionen zuständigen Organs oder Mitarbeiter der Verwahrstelle sind;

e) wenn das Leitungsorgan der Verwahrstelle nicht für die Aufsichtsfunktionen innerhalb der Verwahrstelle zuständig ist, besteht höchstens ein Drittel ihres für die Aufsichtsfunktionen zuständigen Organs aus Mitgliedern, die gleichzeitig Mitglieder des Leitungsorgans der Verwaltungsgesellschaft oder des für die Aufsichtsfunktionen zuständigen Organs der Verwaltungs- oder Investmentgesellschaft oder Mitarbeiter der Verwaltungs- oder Investmentgesellschaft sind.

Artikel 22
Bestellung der Verwahrstelle und Übertragung der Verwahrung

1. Die Verwaltungs- oder Investmentgesellschaft implementiert einen Entscheidungsfindungsprozess für die Auswahl und Bestellung der Verwahrstelle, der auf objektiven, vorab festgelegten Kriterien basiert und die alleinigen Interessen des OGAW und seiner Anleger erfüllt.

2. Wenn die Verwaltungs- oder Investmentgesellschaft eine Verwahrstelle, zu der eine Verbindung oder Gruppenverbindung besteht, bestellt, hält sie folgende Nachweise vor:

a) eine Bewertung, in der die Vorzüge der Bestellung einer Verwahrstelle mit Verbindung oder Gruppenverbindung mit den Vorzügen der Bestellung einer Verwahrstelle ohne eine solche Verbindung oder Gruppenverbindung mit der Verwaltungs- oder Investmentgesellschaft verglichen werden, wobei mindestens die Kosten, das Fachwissen, die finanzielle Leistungsfähigkeit und die Qualität der von allen bewerteten Verwahrstellen bereitgestellten Dienstleistungen berücksichtigt werden;

b) einen Bericht auf der Grundlage der unter Buchstabe a genannten Bewertung, in dem beschrieben wird, inwiefern die Bestellung die objektiven, vorab festgelegten Kriterien gemäß Absatz 1 erfüllt und im alleinigen Interesse des OGAW und seiner Anleger liegt.

3. Die Verwaltungs- oder Investmentgesellschaft zeigt gegenüber der zuständigen Behörde des Herkunftsmitgliedsstaats des OGAW, dass sie mit der Bestellung der Verwahrstelle zufrieden ist und dass die Bestellung im alleinigen Interesse des OGAW und seiner Anleger liegt. Die Verwaltungs- oder Investmentgesellschaft stellt die in Absatz 1 genannten Nachweise der zuständigen Behörde des Herkunftsmitgliedsstaats des OGAW zur Verfügung.

4. Die Verwaltungs- oder Investmentgesellschaft begründet auf Anfrage die Auswahl der Verwahrstelle gegenüber den Anlegern des OGAW.

5. Die Verwahrstelle implementiert einen Entscheidungsfindungsprozess für die Auswahl von Dritten, denen Sie die Verwahrungsfunktionen gemäß Artikel 22a der Richtlinie 2009/65/EG übertragen kann, wobei eine solche Übertragung auf objektiven, vorab festgelegten Kriterien basiert und im alleinigen Interesse des OGAW und seiner Anleger liegt.

Artikel 23
Interessenkonflikte

Wenn eine Verbindung oder Gruppenverbindung zwischen ihnen besteht, implementieren die Verwaltungs- oder Investmentgesellschaft und die Verwahrstelle Richtlinien und Verfahren, um sicherzustellen, dass sie

a) alle aus dieser Verbindung resultierenden Interessenkonflikte erkennen;

b) alle angemessenen Maßnahmen zur Vermeidung solcher Interessenkonflikte ergreifen.

Wenn ein im ersten Unterabsatz beschriebener Interessenkonflikt nicht vermieden werden kann, wird ein solcher Interessenkonflikt durch die Verwaltungs- oder Investmentgesellschaft und die Verwahrstelle geregelt, überwacht und offengelegt, um nachteilige Auswirkungen auf die Interessen des OGAW und seiner Anleger zu verhindern.

Artikel 24
Unabhängigkeit der Leitungsorgane und Aufsichtsfunktionen

1. Wenn eine Gruppenverbindung zwischen ihnen besteht, stellen die Verwaltungs- oder Investmentgesellschaft und die Verwahrstelle sicher, dass:

a) in Fällen, in denen das Leitungsorgan der Verwaltungsgesellschaft und das Leitungsorgan der Verwahrstelle auch für die Aufsichtsfunktionen innerhalb der jeweiligen Gesellschaften zuständig sind, mindestens ein Drittel der Mitglieder oder zwei Personen in dem Leitungsorgan der Verwaltungsgesellschaft und dem Leitungsorgan der Verwahrstelle unabhängig sind, wobei die niedrigere Zahl maßgeblich ist;

b) in Fällen, in denen das Leitungsorgan der Verwaltungsgesellschaft und das Leitungsorgan der Verwahrstelle nicht für die Aufsichtsfunktionen innerhalb der jeweiligen Gesellschaften zuständig sind, mindestens ein Drittel der Mitglieder oder zwei Personen in dem für die Aufsichtsfunktionen zuständigen Leitungsorgan innerhalb der Verwaltungsgesellschaft und innerhalb der Verwahrstelle unabhängig sind, wobei die niedrigere Zahl maßgeblich ist.

2. Im Sinne des ersten Absatzes gelten Mitglieder des Leitungsorgans der Verwaltungsgesellschaft, Mitglieder des Leitungsorgans der Verwahrstelle oder Mitglieder des für die Aufsichtsfunktionen zuständigen Leitungsorgans der obigen Gesellschaften als unabhängig, solange sie weder Mitglied des Leitungsorgans oder des für die Aufsichtsfunktionen zuständigen Leitungsorgans noch Mitarbeiter eines der Unternehmen, zwischen denen eine Gruppenverbindung existiert, sind und in keiner geschäftlichen, familiären oder sonstigen Beziehung zur Verwaltungs- oder Investmentgesellschaft, zur Verwahrstelle oder zu einem anderen Unternehmen innerhalb der Gruppe stehen, was zu einem Interessenkonflikt führen und ihr Urteil beeinflussen könnte.

Artikel 25
Inkrafttreten und Anwendung

Diese Verordnung tritt am zwanzigsten Tag nach ihrer Veröffentlichung im *Amtsblatt der Europäischen Union* in Kraft.

Sie gilt ab dem 13. Oktober 2016.

Diese Verordnung ist in allen ihren Teilen verbindlich und gilt unmittelbar in jedem Mitgliedstaat.

Brüssel, den 17. Dezember 2015
Für die Kommission
Der Präsident
Jean-Claude JUNCKER

16.3. Durchführungsrechtsakte zur OGAW-RL

Verordnung (EU) Nr. 583/2010 der Kommission

vom 1. Juli 2010

zur Durchführung der Richtlinie 2009/65/EG des Europäischen Parlaments und des Rates im Hinblick auf die wesentlichen Informationen für den Anleger und die Bedingungen, die einzuhalten sind, wenn die wesentlichen Informationen für den Anleger oder der Prospekt auf einem anderen dauerhaften Datenträger als Papier oder auf einer Website zur Verfügung gestellt werden

(Text von Bedeutung für den EWR)

DIE EUROPÄISCHE KOMMISSION –

gestützt auf den Vertrag über die Arbeitsweise der Europäischen Union,

gestützt auf die Richtlinie 2009/65/EG des Europäischen Parlaments und des Rates vom 13. Juli 2009 zur Koordinierung der Rechts- und Verwaltungsvorschriften betreffend bestimmte Organismen für gemeinsame Anlagen in Wertpapieren (OGAW) ([1]), insbesondere auf Artikel 75 Absatz 4, Artikel 78 Absatz 7 und Artikel 81 Absatz 2,

in Erwägung nachstehender Gründe:

(1) In der Richtlinie 2009/65/EG werden die Hauptgrundsätze festgelegt, die bei der Zusammenstellung und Übermittlung von wesentlichen Informationen für den Anleger zu befolgen sind. Dazu gehören Anforderungen an das Format und die Aufmachung der Informationen, die Zielsetzungen und Hauptbestandteile der offenzulegenden Informationen, die Frage, wer wem die Informationen zur Verfügung stellen sollte und die bei der Übermittlung zugrunde zu legenden Methoden. Einzelheiten zu Inhalt und Format sollen später im Rahmen von Durchführungsmaßnahmen ausgearbeitet werden, die so klar abgesteckt sein sollten, dass sichergestellt wird, dass die Anleger die für die spezifischen Fondsstrukturen benötigten Informationen auch erhalten.

(2) Die Form einer Verordnung ist insofern gerechtfertigt, als nur sie gewährleisten kann, dass die wesentlichen Informationen für den Anleger in ihrem großen Umfang harmonisiert werden. Ein Dokument mit wesentlichen Informationen für den Anleger wird auch umso zweckmäßiger sein, wenn die daran gerichteten Anforderungen in allen Mitgliedstaaten identisch sind. Allen interessierten Kreisen sollte eine harmonisierte Regelung von Form und Inhalt der Informationsoffenlegung zugute kommen, so dass über die Anlagemöglichkeiten auf dem OGAW-Markt kohärent und auf vergleichbare Art und Weise informiert wird.

(3) In einigen Fällen können die wesentlichen Informationen für den Anleger wirksamer übermittelt werden, wenn dem Anleger das entsprechende Dokument auf einer Website zur Verfügung gestellt oder einem anderen Dokument bei der Übergabe an einen potenziellen Anleger als Anlage beigefügt wird. In diesen Fällen, sollten die Umstände, unter denen das Dokument mit den wesentlichen Informationen für den Anleger übermittelt wird, dessen Tragweite nicht beeinträchtigen oder vermuten lassen, dass es sich dabei um eine Werbung handelt oder dass die beigefügten Werbeunterlagen von gleicher, wenn nicht höherer Bedeutung für den Kleinanleger sind.

---

[1] ABl. L 302 vom 17.11.2009, S. 32.

(4) Es muss unbedingt sichergestellt werden, dass die Informationen zutreffend und logisch aufgebaut sind und die Sprache Kleinanlegern angemessen ist. Zu diesem Zweck sollte die Verordnung gewährleisten, dass das Dokument mit wesentlichen Informationen für den Anleger das Interesse letzterer auch wecken kann und aufgrund seines Formats, seiner Aufmachung und der Qualität sowie der Wesensart der verwendeten Sprache Vergleiche zulässt. Diese Verordnung zielt zudem auf die Gewährleistung der Kohärenz des Formats des besagten Dokuments und insbesondere der Aufmachung identischer Rubriken ab.

(5) Diese Verordnung legt den Inhalt der Informationen über die Anlageziele und die OGAW-Anlagepolitik fest, so dass die Anleger leicht erkennen können, ob ein Fonds ihren Interessen entspricht oder nicht. Deshalb sollte angegeben werden, ob Renditen in Form von Kapitalzuwachs, Zahlung von Erträgen oder einer Kombination beider Faktoren zu erwarten sind. Die Beschreibung der Anlagepolitik sollte dem Anleger verdeutlichen, welche allgemeinen Ziele der OGAW verfolgt und wie sie erreicht werden sollen. Was die Finanzinstrumente betrifft, in die investiert werden soll, so sind nur jene zu nennen, die sich auf die Wertentwicklung des OGAW wesentlich auswirken, nicht aber alle möglichen in Frage kommenden Instrumente.

(6) In dieser Verordnung werden die Vorschriften für die Erläuterung des Risiko- und Ertragsprofils der Anlage im Einzelnen beschrieben. Dazu wird die Verwendung eines synthetischen Indikators zwingend festgelegt, so wie auch der Inhalt der erläuternden Beschreibung des Indikators selbst und der Risiken zu spezifizieren ist, die vom Indikator nicht erfasst werden, sich aber auf das Risiko- und Ertragsprofil des OGAW erheblich auswirken können. Bei der Anwendung der Vorschriften für den synthetischen Indikator sollte die für diesen Indikator von den im Ausschuss der europäischen Wertpapierregulierungsbehörden tätigen zuständigen Behörden entwickelte Berechnungsmethode berücksichtigt werden. Die Verwaltungsgesellschaft sollte auf Einzelfallbasis entscheiden, welche spezifischen Risiken offenzulegen sind, indem sie die jeweiligen Merkmale eines Fonds analysiert und berücksichtigt, dass das Dokument nicht zu viele Informationen enthalten sollte, die von Kleinanlegern nur schwer verstanden werden. Darüber hinaus sollte die erläuternde Beschreibung des Risiko- und Ertragsprofils im Dokument mit den wesentlichen Informationen für den Anleger knapp und präzise sein. Auch sollten Querverweise zum OGAW-Prospekt möglich sein, in dem die Risiken sehr detailliert dargelegt werden.

(7) Sicherzustellen ist auch, dass die Erläuterung der Risiken im Dokument mit wesentlichen Informationen für den Anleger mit den internen Verfahren der Verwaltungsgesellschaft auf dem Gebiet des Risikomanagements kohärent ist, die gemäß der Richtlinie 2010/43/EU der Kommission vom 1. Juli 2010 zur Durchführung der Richtlinie 2009/65/EG des Europäischen Parlaments und des Rates im Hinblick auf organisatorische Anforderungen, Interessenkonflikte, Regelungen für die Geschäftstätigkeiten, Risikomanagement und Inhalt der Vereinbarung zwischen einer Verwahrstelle und einer Verwaltungsgesellschaft festgelegt wurden ([2]). Zur Gewährleistung dieser Kohärenz sollte die permanente Risikomanagementfunktion gegebenenfalls mit der Möglichkeit ausgestattet werden, den Abschnitt „Risiko- und Ertragsprofil" im Dokument mit wesentlichen Informationen für den Anleger zu prüfen und zu kommentieren.

(8) Diese Verordnung spezifiziert das gemeinsame Format für die Darstellung und Erläuterung der Kosten, einschließlich einschlägiger Warnungen, so dass die Anleger an-

2 Siehe Seite 42 dieses Amtsblatts.

gemessen über die von ihnen zu tragenden Kosten und deren Anteil am tatsächlich in den Fonds investierten Kapitalbetrag informiert sind. Bei der Anwendung dieser Vorschriften sollte die für die Kostenkalkulation von den im Ausschuss der europäischen Wertpapierregulierungsbehörden tätigen zuständigen Behörden entwickelte Berechnungsmethode berücksichtigt werden.

(9) Die detaillierten Vorschriften zur Darstellung der Informationen über frühere Wertentwicklungen gründen sich auf die einschlägigen Anforderungen in der Richtlinie 2004/39/EG des Europäischen Parlaments und des Rates vom 21. April 2004 über Märkte für Finanzinstrumente, zur Änderung der Richtlinien 85/611/EWG und 93/6/EWG des Rates und der Richtlinie 2000/12/EG des Europäischen Parlaments und des Rates und zur Aufhebung der Richtlinie 93/22/EWG des Rates ([3]). Diese Verordnung ergänzt die Vorschriften der Richtlinie 2004/39/EG durch die Aufnahme spezifischer Anforderungen für die Harmonisierung der Informationen, die zur Erleichterung von Vergleichen zwischen den verschiedenen Dokumenten mit wesentlichen Informationen für den Anlegererforderlich sind. So sieht die Verordnung insbesondere vor, dass nur die jährlichen Nettorenditen im Format eines Balkendiagramms präsentiert werden dürfen. Bestimmte Aspekte der Präsentation des Balkendiagramms sollten reguliert werden, einschließlich der begrenzten Umstände, unter denen gegebenenfalls auch simulierte Daten verwendet werden dürfen.

(10) Auch wenn anzuerkennen ist, dass Querverweise auf bestimmte Informationen für den Anleger nützlich sein können, ist es von nicht minderer Bedeutung, dass das Dokument mit wesentlichen Informationen für den Anleger sämtliche Informationen enthält, die der Anleger für das Verständnis der grundlegenden Bestandteile eines OGAW benötigt. Wenn Querverweise auf andere Informationsquellen als den Prospekt und die regelmäßigen Berichte vorgenommen werden, sollte klargestellt werden, dass der Prospekt und die regelmäßigen Berichte die primären Quellen zusätzlicher Anlegerinformationen sind und die Querverweise sollten ihre Bedeutung nicht herunterspielen.

(11) Das Dokument mit wesentlichen Informationen für den Anleger sollte so eingehend und oft geprüft und überarbeitet werden, wie es notwendig ist, um sicherzustellen, dass es die Anforderungen an die wesentlichen Informationen für den Anleger im Sinne von Artikel 78 Absatz 2 und Artikel 79 Absatz 1 der Richtlinie 2009/65/EG weiterhin einhält. Zur Demonstration einer guten Praxis sollten die Verwaltungsgesellschaften das Dokument mit wesentlichen Informationen für den Anleger überarbeiten, bevor sie eine Initiative ergreifen, die zu einer großen Zahl neuer Anleger führen könnte, die Anteile am Fonds erwerben.

(12) Form oder Inhalt der wesentlichen Informationen für den Anleger müssen gegebenenfalls an bestimmte Umstände angepasst werden. Folglich passt diese Verordnung die allgemeinen auf alle OGAW anwendbaren Vorschriften so an, dass sie der besonderen Situation spezifischer OGAW-Typen Rechnung tragen. Dazu zählen OGAW mit verschiedenen Teilfonds oder Anteilsklassen, OGAW mit Dachfonds-Strukturen, OGAW mit Master-Feeder-Strukturen und anderweitig strukturierte OGAW, wie z. B. mit geschütztem Kapital oder vergleichbare OGAW.

(13) Was OGAW mit unterschiedlichen Anteilsklassen betrifft, sollte es keine Verpflichtung zur Vorlage eines gesonderten Dokuments mit wesentlichen Informationen für den Anleger pro Anteilsklasse geben, sofern die Interessen der Anleger nicht gefährdet sind. Einzelheiten zweier oder mehrerer Anteilsklassen dürfen nur dann in einem einzigen Doku-

[3] ABl. L 145 vom 30.4.2004, S. 1.

ment zusammengefasst werden, wenn es dadurch nicht zu kompliziert oder lang wird. Alternativ dazu kann eine repräsentative Anteilsklasse ausgewählt werden, wenn eine hinreichende Parallelität zwischen den Klassen gegeben ist, so dass die Informationen über die repräsentative Klasse redlich, eindeutig und nicht irreführend sind. Bei der Bestimmung, ob die Verwendung einer repräsentativen Klasse redlich, eindeutig und nicht irreführend ist, sollten die Merkmale des OGAW, die Wesensart der Unterschiede zwischen den verschiedenen Klassen und das Angebotsspektrum für jeden Anleger bzw. jede Anlegergruppe analysiert werden.

(14) Im Falle eines Dachfonds ist das richtige Gleichgewicht zwischen den Informationen über den OGAW, in den der Anleger investiert, und die zugrunde liegenden Fonds zu wahren. Das Dokument mit wesentlichen Informationen für den Anleger über einen Dachfonds sollte folglich auf der Grundlage erstellt werden, dass der Anleger nicht über die einzelnen Merkmale jedes Basisfonds unterrichtet zu werden wünscht oder braucht, die sich bei einem aktiven Management des OGAW ohnehin regelmäßig verändern dürften. Allerdings sollten die Merkmale der Basisfonds transparent sein, damit das Dokument mit wesentlichen Informationen für den Anleger die Ziele, Anlagepolitik, Risikofaktoren und Kostenstruktur des Dachfonds effizient offenlegen kann.

(15) Bei Master-Feeder-Strukturen sollte sich die Beschreibung des Risiko- und Ertragsprofils des Feeder-OGAW nicht wesentlich vom entsprechenden Abschnitt im Dokument mit wesentlichen Informationen für den Anleger über den Master-OGAW unterscheiden, so dass der Feeder-OGAW gegebenenfalls Informationen aus dem Master-Dokument kopieren kann. Allerdings sind diese Informationen durch einschlägige Erklärungen zu ergänzen und entsprechend anzupassen, wenn vom Feeder-Fonds gehaltene zusätzliche Vermögenswerte das Risikoprofil im Vergleich zum Master-Fonds verändern könnten. Dabei ist auf die diesen zusätzlichen Vermögenswerten inhärenten Risiken einzugehen, wie z. B. bei der Verwendung von Derivaten. Über die Gesamtkosten für die Anlage in den Feeder- und in den Masterfonds sind die Anleger in den Informationen über den Feeder-Fonds zu unterrichten.

(16) Bei strukturierten OGAW wie kapitalgeschützten oder vergleichbaren OGAW sind anstelle von Informationen über Wertentwicklungen in der Vergangenheit prospektive Wertentwicklungsszenarien vorgeschrieben. Letztere umfassen die Berechnung der erwarteten Fondsrendite unter günstigen, negativen oder neutralen Annahmen über die Marktbedingungen. Diese Szenarien sollten so gewählt werden, dass sie das gesamte Spektrum möglicher Ergebnisse im Rahmen der Berechnungsformel abdecken.

(17) Werden die wesentlichen Informationen für den Anleger und der Prospekt auf einem anderen dauerhaften Datenträger als Papier oder auf einer Website zur Verfügung gestellt, sind aus Anlegerschutzgründen zusätzliche Sicherheitsmaßnahmen erforderlich, um zu gewährleisten, dass die Anleger die Informationen in einer ihren Bedürfnissen angepassten Form erhalten, so dass die Integrität der übermittelten Informationen gewahrt bleibt, Änderungen, die ihre Verständlichkeit und Effizienz beeinträchtigen, verhindert sowie Manipulationen oder Modifikationen durch nicht autorisierte Personen ausgeschaltet werden. Diese Verordnung enthält einen Verweis auf Vorschriften über dauerhafte Datenträger, die Gegenstand der Richtlinie 2006/73/EG der Kommission vom 10. August 2006 zur Durchführung der Richtlinie 2004/39/EG des Europäischen Parlaments und des Rates in Bezug auf die organisatorischen Anforderungen an Wertpapierfirmen und die Bedingungen für die Ausübung ihrer Tätigkeit sowie in Bezug auf die Definition bestimmter Begriffe

für die Zwecke der genannten Richtlinie ([4]) sind, um eine Gleichbehandlung der Anleger und gleiche Wettbewerbsbedingungen in den Finanzsektoren zu gewährleisten.

(18) Um den Verwaltungs- und den Investmentgesellschaften eine effiziente und wirksame Anpassung an die neuen Bestimmungen dieser Verordnung zu gestatten, sollte der Tag des Inkrafttretens dieser Verordnung an den Umsetzungstermin für die Richtlinie 2009/65/EG angeglichen werden.

(19) Der durch Beschluss 2009/77/EG der Kommission ([5]) eingesetzte Ausschuss der europäischen Wertpapierregulierungsbehörden wurde in fachlichen Fragen konsultiert.

(20) Die in dieser Verordnung genannten Maßnahmen entsprechen der Stellungnahme des Europäischen Wertpapierausschusses –

HAT FOLGENDE VERORDNUNG ERLASSEN:

KAPITEL I
GEGENSTAND UND ALLGEMEINE GRUNDSÄTZE

Artikel 1
Gegenstand

Mit dieser Verordnung werden die Durchführungsbestimmungen für Artikel 75 Absatz 2, Artikel 78 Absätze 2 bis 5 und Artikel 81 Absatz 1 der Richtlinie 2009/65/EG festgelegt.

Artikel 2
Allgemeine Grundsätze

(1) Die Anforderungen dieser Verordnung gelten für alle Verwaltungsgesellschaften in Bezug auf jeden von ihr verwalteten OGAW.

(2) Diese Verordnung gilt für jede Investmentgesellschaft, die keine gemäß Richtlinie 2009/65/EG zugelassene Verwaltungsgesellschaft bestellt hat.

Artikel 3
Grundsätze für das Dokument mit wesentlichen Anlegerinformationen

(1) In dieser Verordnung werden Form und Inhalt des Dokuments mit wesentlichen Informationen für den Anleger (nachfolgend „das Dokument mit wesentlichen Anlegerinformationen") ausführlich festgelegt. Sofern diese Verordnung es nicht anders vorschreibt, werden keine sonstigen Informationen oder Erklärungen hinzugefügt.

(2) Die wesentlichen Informationen für den Anleger müssen redlich, eindeutig und nicht irreführend sein.

(3) Die wesentlichen Informationen für den Anleger sind derart beizubringen, dass der Anleger sie von anderen Unterlagen unterscheiden kann. Insbesondere sind sie so zu präsentieren oder zu übermitteln, dass der Anleger sie nicht für weniger wichtig als andere Informationen über OGAW sowie seine Risiken und Vorteile hält.

---

[4] ABl. L 241 vom 2.9.2006, S. 26.

[5] ABl. L 25 vom 29.1.2009, S. 18.

KAPITEL II
FORM UND PRÄSENTATION DER WESENTLICHEN ANLEGERINFORMATIONEN

ABSCHNITT 1
Titel des Dokuments, Reihenfolge von Inhalt und Überschriften der Abschnitte

Artikel 4
Titel und Inhalt des Dokuments

(1) Der Inhalt des Dokuments mit wesentlichen Informationen für den Anleger ist in der in den Ziffern 2 bis 13 erläuterten Reihenfolge darzustellen.

(2) Der Titel „Wesentliche Anlegerinformationen" hat klar oben auf der ersten Seite des Dokuments mit wesentlichen Informationen für den Anleger zu erscheinen.

(3) Dem Titel hat eine Erläuterung mit folgendem Wortlaut zu folgen:

„Gegenstand dieses Dokuments sind wesentliche Informationen für den Anleger über diesen Fonds. Es handelt sich nicht um Werbematerial. Diese Informationen sind gesetzlich vorgeschrieben, um Ihnen die Wesensart dieses Fonds und die Risiken einer Anlage in ihn zu erläutern. Wir raten Ihnen zur Lektüre dieses Dokuments, so dass Sie eine fundierte Anlageentscheidung treffen können."

(4) Die Einordnung des OGAW, einschließlich der Anteilsklasse oder eines Teilfonds, ist an sichtbarer Stelle vorzunehmen. Im Falle eines Teilfonds oder einer Anteilsklasse ist die Bezeichnung des OGAW nach der Bezeichnung des Teilfonds oder Anteilsklasse anzugeben. Existiert eine Kennziffer zur Identifizierung des OGAW, des Teilfonds oder der Anteilsklasse, so ist sie Bestandteil der OGAW-Identifizierung.

(5) Der Name der Verwaltungsgesellschaft ist anzugeben.

(6) Darüber hinaus kann in Fällen, in denen die Verwaltungsgesellschaft aus rechtlichen, administrativen oder vertriebsmäßigen Gründen einer Unternehmensgruppe angehört, der Name dieser Gruppe angegeben werden. Eine Unternehmensmarke kann ebenfalls aufgenommen werden, sofern sie den Anleger nicht am Verständnis der wesentlichen Elemente der Anlage hindert oder den Vergleich der Anlageprodukte erschwert.

(7) Der Abschnitt des Dokuments mit wesentlichen Informationen für den Anleger mit dem Titel „Ziele und Anlagepolitik" muss die in Abschnitt 1 von Kapitel III dieser Verordnung genannten Informationen enthalten.

(8) Der Abschnitt des Dokuments mit wesentlichen Informationen für den Anleger mit dem Titel „Risiko- und Ertragsprofil" muss die in Abschnitt 2 von Kapitel III dieser Verordnung genannten Informationen enthalten.

(9) Der Abschnitt des Dokuments mit wesentlichen Informationen für den Anleger mit dem Titel „Kosten" muss die in Abschnitt 3 von Kapitel III dieser Verordnung genannten Informationen enthalten.

(10) Der Abschnitt des Dokuments mit wesentlichen Informationen für den Anleger mit dem Titel „Wertentwicklung in der Vergangenheit" muss die in Abschnitt 4 von Kapitel III dieser Verordnung genannten Informationen enthalten.

(11) Der Abschnitt des Dokuments mit wesentlichen Informationen für den Anleger mit dem Titel „Praktische Informationen" muss die in Abschnitt 5 von Kapitel III dieser Verordnung genannten Informationen enthalten.

(12) Die Zulassung wird mit folgender Erklärung bekannt gegeben:

„Dieser Fonds ist in [Name des Mitgliedstaats] zugelassen und wird durch [Name der zuständigen Behörde] reguliert."

Wenn der OGAW von einer Verwaltungsgesellschaft verwaltet wird, die Rechte gemäß Artikel 16 der Richtlinie 2009/65/EG ausübt, kann eine zusätzliche Erklärung aufgenommen werden:

„[Name der Verwaltungsgesellschaft] ist in [Name des Mitgliedstaats] zugelassen und wird durch [Name der zuständigen Behörde] reguliert."

(13) Die Information über die Veröffentlichung wird mit folgender Erklärung bekannt gegeben:

„Diese wesentlichen Informationen für den Anleger sind zutreffend und entsprechen dem Stand von [Datum der Veröffentlichung]."

ABSCHNITT 2

Sprache, Länge und Präsentation

Artikel 5
Präsentation und Sprache

(1) Ein Dokument mit wesentlichen Informationen für den Anleger wird

a) auf eine Art und Weise präsentiert und aufgemacht, die leicht verständlich ist, wobei die Größe der Buchstaben gut leserlich sein muss;

b) deutlich verfasst und in einer Sprache geschrieben, die dem Anleger das Verständnis der mitgeteilten Informationen erleichtert. Dabei gilt insbesondere:
   i) es ist eine klare, präzise und verständliche Sprache zu verwenden;
   ii) Jargon ist zu vermeiden;
   iii) auf technische Termini ist zu verzichten, wenn stattdessen eine allgemein verständliche Sprache verwendet werden kann;

c) sich auf die wesentlichen Informationen konzentrieren, die der Anleger benötigt.

(2) Wenn Farben verwendet werden, sollten sie die Verständlichkeit der Informationen nicht beeinträchtigen, falls das Dokument mit wesentlichen Informationen für den Anleger in Schwarz und Weiß ausgedruckt bzw. fotokopiert wird.

(3) Wenn das Logo der Unternehmensmarke der Verwaltungsgesellschaft oder der Gruppe, zu der sie gehört, verwendet wird, darf es den Anleger weder ablenken noch den Text verschleiern.

Artikel 6
Länge

Das Dokument mit den wesentlichen Informationen für den Anleger darf ausgedruckt nicht länger als zwei DIN-A4-Seiten sein.

KAPITEL III
INHALT DER VERSCHIEDENEN ABSCHNITTE DES DOKUMENTS MIT WESENTLICHEN ANLEGERINFORMATIONEN

ABSCHNITT 1

Ziele und Anlagepolitik

Artikel 7
Inhalt der Beschreibung

(1) Die Beschreibung im Abschnitt „Ziele und Anlagepolitik" des Dokuments mit wesentlichen Informationen für den Anleger hat die wichtigen Merkmale eines OGAW

abzudecken, über die ein Anleger unterrichtet sein sollte, selbst wenn diese Merkmale kein Bestandteil der Beschreibung der Ziele und Anlagepolitik im Prospekt sind. Dazu zählen:

a) die Hauptkategorien der in Frage kommenden Finanzinstrumente, die Gegenstand der Anlage sein können;
b) die Möglichkeit, dass der Anleger OGAW-Anteile auf Anfrage wieder verkaufen kann; in dieser Erklärung ist auch die Häufigkeit der Rückkaufgeschäfte anzugeben;
c) die Angabe, ob der OGAW ein bestimmtes Ziel in Bezug auf einen branchenspezifischen, geografischen oder anderen Marktsektor bzw. in Bezug auf spezifische Vermögenswertkategorien verfolgt;
d) die Angabe, ob der OGAW eine diskretionäre Anlagewahl gestattet und ob dieser Ansatz eine Bezugnahme auf einen Referenzwert beinhaltet oder impliziert, und wenn ja, welchen;
e) die Angabe, ob Dividendenerträge ausgeschüttet oder erneut angelegt werden.

Wenn im Sinne von Buchstabe d eine Bezugnahme auf einen Referenzwert besteht, ist der Ermessensspielraum bei seiner Nutzung anzugeben. Für den Fall, dass der OGAW ein indexgebundenes Ziel verfolgt, ist dies ebenfalls zu vermerken.

(2) Die Beschreibung in Absatz 1 hat folgende Informationen zu umfassen, solange sie relevant sind:

a) Investiert der OGAW in Schuldtitel, ist anzugeben, ob sie von Unternehmen, Regierungen oder anderen Stellen ausgegeben wurden, sowie gegebenenfalls die Mindestratinganforderungen;
b) handelt es sich beim OGAW um einen strukturierten Fonds, eine Erläuterung sämtlicher Bestandteile in einfachen Worten, die für ein korrektes Verständnis des Ertrags und der für die Bestimmung der Wertentwicklung erwarteten Faktoren erforderlich sind. Dazu gehören gegebenenfalls Verweise auf die detaillierten im Prospekt enthaltenen Informationen über den Algorithmus und seine Funktionsweise;
c) ist die Wahl der Vermögenswerte an bestimmte Kriterien gebunden, eine Erläuterung dieser Kriterien wie „Wachstum", „Wert" oder „hohe Dividenden".
d) werden spezifische Vermögensverwaltungstechniken zugrunde gelegt, wie z. B. „Hedging", „Arbitrage" oder „Leverage", eine Erläuterung der Faktoren mit einfachen Worten, die die OGAW-Wertentwicklung beeinflussen dürften;
e) sollten sich die Portfoliotransaktionskosten aufgrund der vom OGAW gewählten Strategie erheblich auf die Renditen auswirken, eine entsprechende Erklärung, aus der auch hervorgeht, dass die Portfoliotransaktionskosten aus den Vermögenswerten des Fonds zusätzlich zu den in Abschnitt 3 dieses Kapitels genannten Kosten gezahlt werden;
f) sollte entweder im Prospekt oder in anderen Marketingunterlagen ein Mindestzeitraum für das Halten von OGAW-Anteilen empfohlen oder sollte festgestellt werden, dass ein Mindestzeitraum für das Halten von OGAW-Anteilen ein wichtiger Bestandteil der Anlagestrategie ist, eine Erklärung mit folgendem Wortlaut:

„Empfehlung: Dieser Fonds ist unter Umständen für Anleger nicht geeignet, die ihr Geld innerhalb eines Zeitraums von [...] aus dem Fonds wieder zurückziehen wollen."

(3) Die Informationen in Absatz 1 und 2 unterscheiden zwischen den großen Anlagekategorien, so wie sie in Absatz 1 Buchstaben a und c sowie Absatz 2 Buchstabe a dargelegt sind, und dem von der Verwaltungsgesellschaft gewählten Anlageansatz im Sinne von Absatz 1 Buchstabe d und Absatz 2 Buchstaben b, c und d.

(4) Der Abschnitt „Ziele und Anlagepolitik" des Dokuments mit wesentlichen Informationen für den Anleger kann andere Bestandteile als die in Absatz 2 genannten enthalten,

einschließlich einer Beschreibung der OGAW-Anlagestrategie, sofern diese Elemente zur angemessenen Beschreibung der Ziele und Anlagepolitik des OGAW erforderlich sind.

ABSCHNITT 2
Risiko- und Ertragsprofil

Artikel 8
Erläuterung der potenziellen Risiken und Erträge, einschließlich der Verwendung eines Indikators

(1) Der Abschnitt „Risiko- und Ertragsprofil" des Dokuments mit wesentlichen Informationen für den Anleger enthält einen synthetischen Indikator, der wie folgt ergänzt wird:

a) eine erläuternde Beschreibung des Indikators und seine Hauptbeschränkungen;
b) eine erläuternde Beschreibung der Risiken, die für den OGAW wesentlich sind und die vom Indikator nicht angemessen erfasst werden.

(2) Der in Absatz 1 genannte synthetische Indikator umfasst eine Reihe von Kategorien auf einer Punkteskala, wobei jeder OGAW einer dieser Kategorien zuzuordnen ist. Die Darstellung des synthetischen Indikators unterliegt den Anforderungen von Anhang I.

(3) Die Berechnung des in Absatz 1 genannten synthetischen Indikators sowie alle später eventuell erfolgenden Überarbeitungen werden angemessen dokumentiert.

Die Verwaltungsgesellschaften führen über diese Berechnungen mindestens fünf Jahre lang Buch. Bei strukturierten Fonds beträgt dieser Zeitraum fünf Jahre nach ihrer Fälligkeit.

(4) Die in Absatz 1 Buchstabe a genannte erläuternde Beschreibung enthält Folgendes:

a) eine Erklärung dahingehend, dass die zur Berechnung des synthetischen Indikators verwendeten historischen Daten nicht als verlässlicher Hinweis auf das künftige Risikoprofil des OGAW herangezogen werden können;
b) eine Erklärung dahingehend, dass die ausgewiesene Risiko- und Ertragskategorie durchaus Veränderungen unterliegen und sich die Einstufung des OGAW in eine Kategorie im Laufe der Zeit verändern kann;
c) eine Erklärung dahingehend, dass die niedrigste Kategorie nicht mit einer risikofreien Anlage gleich gesetzt werden kann;
d) eine kurze Erläuterung der Gründe für die Einstufung des OGAW in eine bestimmte Kategorie;
e) Einzelheiten zu Wesensart, Dauer und Tragweite einer/eines jeden vom OGAW gebotenen Kapitalgarantie bzw. Kapitalschutzes, einschließlich möglicher Auswirkungen der Rücknahme von Anteilen außerhalb des Garantie- oder Schutzzeitraums.

(5) Die in Absatz 1 Buchstabe b genannte erläuternde Beschreibung umfasst folgende Risikokategorien, sofern sie von wesentlicher Bedeutung sind:

a) das Kreditrisiko, sofern Anlagen in wesentlicher Höhe in Schuldtitel getätigt wurden;
b) das Liquiditätsrisiko, sofern Anlagen in wesentlicher Höhe in Finanzinstrumente getätigt wurden, die ihrer Wesensart zufolge hinreichend liquide sind, unter bestimmten Umständen aber ein relativ niedriges Liquiditätsniveau erreichen können, das sich gegebenenfalls auf das Liquiditätsrisikoniveau des gesamten OGAW auswirkt;
c) das Ausfallrisiko, wenn ein Fonds durch die Garantie eines Dritten unterlegt ist oder aufgrund eines oder mehrerer Kontrakte mit einer Gegenpartei eine Anlageexponierung in wesentlicher Höhe aufläuft;
d) operationelle Risiken und Risiken im Zusammenhang mit der Verwahrung von Vermögenswerten;

e) Auswirkung der Finanztechniken im Sinne von Artikel 50 Absatz 1 Buchstabe g der Richtlinie 2009/65/EG wie Derivatekontrakte auf das OGAW-Risikoprofil, wenn diese Techniken zum Eingehen, Erhöhen oder Vermindern der Exponierung in Bezug auf Basisvermögenswerte verwendet werden.

Artikel 9
Grundsätze für die Ermittlung, Erläuterung und Präsentation von Risiken

Die Ermittlung und Erläuterung der in Artikel 8 Absatz 1 Buchstabe b erwähnten Risiken muss mit dem internen Verfahren zur Ermittlung, Messung und Überwachung von Risiken kohärent sein, das die OGAW-Verwaltungsgesellschaft im Sinne der Richtlinie 2010/43/EU angenommen hat. Verwaltet eine Verwaltungsgesellschaft mehr als einen OGAW, sind die Risiken zu ermitteln und auf kohärente Art und Weise zu erläutern.

ABSCHNITT 3
Kosten

Artikel 10
Präsentation der Kosten

(1) Der Abschnitt „Kosten" des Dokuments mit wesentlichen Informationen für den Anleger enthält eine tabellarische Kostenaufstellung im Sinne von Anhang II.

(2) Die in Absatz 1 genannte Tabelle wird anhand folgender Anforderungen ausgefüllt:

a) Ausgabeauf- und Rücknahmeabschläge entsprechen jeweils dem höchsten Prozentsatz, der vom Kapitalengagement des Anlegers am OGAW in Abzug gebracht werden kann;
b) für alle vom OGAW im Jahresverlauf getragenen Kosten, die unter der Bezeichnung „laufende Kosten" zusammengefasst werden, ist eine einzige auf den Zahlen des Vorjahres basierende Zahl zu nennen. Dabei handelt es sich um sämtliche im Laufe des Jahres angefallenen Kosten und sonstige Zahlungen aus den OGAW-Vermögenswerten während des festgelegten Zeitraums;
c) die Tabelle enthält eine Auflistung und Erläuterung sämtlicher dem OGAW unter bestimmten Bedingungen berechneter Kosten, die Grundlage, auf der die sie berechnet werden, und den Zeitpunkt, zu dem sie berechnet werden.

Artikel 11
Erläuterung der Kosten und Erklärung zu ihrem Stellenwert

(1) Der Abschnitt „Kosten" enthält eine erläuternde Beschreibung jeder in der Tabelle aufgeführten Kostenkategorie, einschließlich der folgenden Informationen:

a) in Bezug auf die Ausgabeauf- und Rücknahmeabschläge:
   i) Es ist deutlich zu machen, dass es sich bei den Kosten stets um die Höchstwerte handelt, da der Anleger in einigen Fällen weniger zahlen kann;
   ii) es ist eine Erklärung dahingehend aufzunehmen, dass der Anleger über die aktuellen Ausgabeauf- und Rücknahmeabschläge von seinem Finanzberater oder der für ihn zuständigen Stelle informiert werden kann;
b) hinsichtlich der „laufenden Kosten" eine Erklärung dahingehend, dass sie sich für das am [Monat/Jahr] endende Jahr auf die Vorjahreswerte stützen und gegebenenfalls von Jahr zu Jahr schwanken können.

(2) Der Abschnitt „Kosten" enthält eine Erklärung zum Stellenwert der Kosten, aus der hervorgeht, dass die vom Anleger getragenen Kosten auf die Funktionsweise des OGAW verwendet werden, einschließlich der Vermarktung und des Vertriebs der OGAW-Anteile, und diese Kosten das potenzielle Anlagewachstum beschränken.

Artikel 12
Zusatzanforderungen

(1) Alle Elemente der Kostenstruktur sind so klar wie möglich darzustellen, so dass sich die Anleger ein Bild vom kombinierten Kosteneffekt machen können.

(2) Sollten sich die Portfoliotransaktionskosten aufgrund der vom OGAW gewählten Strategie erheblich auf die Renditen auswirken, ist dies im Abschnitt „Ziele und Anlagepolitik" gemäß Artikel 7 Absatz 2 Buchstabe e anzugeben.

(3) An die Wertentwicklung des Fonds gebundene Gebühren sind gemäß Artikel 10 Absatz 2 Buchstabe c offen zu legen. Die Höhe dieser während des letzten OGAW-Geschäftsjahres berechneten Gebühr ist als Prozentzahl anzugeben.

Artikel 13
Sonderfälle

(1) Kann ein neuer OGAW den Anforderungen gemäß Artikel 10 Absatz 2 Buchstabe b und Artikel 11 Absatz 1 Buchstabe b nicht nachkommen, werden die laufenden Kosten auf der Grundlage der erwarteten Gesamtkosten geschätzt.

(2) Absatz 1 gilt nicht in den folgenden Fällen:

a) für Fonds, die eine Pauschalgebühr erheben, die stattdessen veranschlagt wird;
b) für Fonds, die eine Ober- oder Höchstgrenze festlegen, die stattdessen veranschlagt wird, sofern sich die Verwaltungsgesellschaft zur Einhaltung der veröffentlichten Zahl und zur Zahlung sämtlicher sonstiger Kosten verpflichtet, die ansonsten die Ober- oder Höchstgrenze übersteigen würden.

Artikel 14
Querverweise

Der Abschnitt „Kosten" enthält gegebenenfalls einen Querverweis auf Teile des OGAW-Prospekts mit detaillierteren Informationen zu den Kosten, einschließlich Informationen zu den an die Wertentwicklung des Fonds gebundenen Gebühren und ihrer Berechnung.

ABSCHNITT 4
Frühere Wertentwicklung

Artikel 15
Darstellung der früheren Wertentwicklung

(1) Die Informationen über die frühere Wertentwicklung des OGAW sind in einem Balkendiagramm zu präsentieren, das die Wertentwicklung des OGAW in den letzten zehn Jahren darstellt.

Das in Unterabsatz 1 genannte Balkendiagramm muss eine leserliche Größe haben, darf aber unter keinen Umständen mehr als eine halbe Seite des Dokuments mit wesentlichen Informationen für den Anleger ausmachen.

(2) OGAW mit einer Wertentwicklung von weniger als fünf vollständigen Kalenderjahren verwenden eine Präsentation, die lediglich die letzten fünf Jahre betrifft.

(3) Für Jahre, für die keinerlei Daten verfügbar sind, enthält das Diagramm eine Blanko-Spalte, in der lediglich das Datum angegeben wird.

(4) Für ein OGAW, für den noch keinerlei Daten über die Wertentwicklung für ein vollständiges Kalenderjahr vorliegen, ist eine Erklärung dahingehend aufzunehmen, dass noch keine ausreichenden Daten vorhanden sind, um den Anlegern nützliche Angaben über die frühere Wertentwicklung zu machen.

(5) Die Aufmachung des Balkendiagramms ist durch Erklärungen an deutlich sichtbarer Stelle zu ergänzen, die

a) vor dem begrenzten Aussagewert des Diagramms im Hinblick auf die künftige Wertentwicklung warnen;
b) kurz angeben, welche Kosten und Gebühren bei der Berechnung der früheren Wertentwicklung mitberücksichtigt oder ausgeschlossen wurden;
c) das Jahr der Existenzgründung des Fonds angeben;
d) die Währung benennen, in der die frühere Wertentwicklung berechnet wurde.

Die Anforderung in Buchstabe b gilt nicht für OGAW, die keine Ausgabeauf- und Rücknahmeabschläge in Rechnung stellen.

(6) Ein Dokument mit wesentlichen Informationen für den Anleger enthält keine Aufzeichnung über die frühere Wertentwicklung, die zum laufenden Kalenderjahr (oder einem Teil davon) ins Verhältnis gesetzt wird.

Artikel 16
Berechnungsmethode für die frühere Wertentwicklung

Die Berechnungen der früheren Wertentwicklung stützen sich auf den Nettoinventarwert des OGAW und gehen davon aus, dass die auszuschüttenden Erträge des Fonds wieder angelegt wurden.

Artikel 17
Auswirkung und Behandlung wesentlicher Änderungen

(1) Tritt eine wesentliche Änderung der Ziele und der Anlagepolitik eines OGAW während des im Balkendiagramm gemäß Artikel 15 genannten Zeitraums ein, ist die Wertentwicklung vor dieser wesentlichen Änderung auch weiterhin auszuweisen.

(2) Der Zeitraum vor der in Absatz 1 genannten wesentlichen Änderung ist im Balkendiagramm anzugeben und mit dem klaren Hinweis zu versehen, dass die Wertentwicklung unter Umständen erzielt wurde, die nicht mehr gültig sind.

Artikel 18
Verwendung eines Referenzwerts parallel zur früheren Wertentwicklung

(1) Nimmt der Abschnitt „Ziele und Anlagepolitik" des Dokuments mit wesentlichen Informationen für den Anleger auf einen Referenzwert Bezug, so wird ein Balken mit der Wertentwicklung dieses Referenzwerts im Diagramm neben jedem Balken mit der früheren Wertentwicklung des OGAW aufgenommen.

(2) Bei OGAW, die über keinerlei Daten für die frühere Wertentwicklung in den geforderten letzten fünf oder zehn Jahren verfügen, ist der Referenzwert für die Jahre, in denen der OGAW nicht existierte, nicht auszuweisen.

Artikel 19
Verwendung „simulierter" Daten für die frühere Wertentwicklung

(1) Ein simulierter Wertentwicklungsbericht für den Zeitraum, in dem noch keine Daten vorlagen, ist nur in den folgenden Fällen und nur dann zulässig, wenn er redlich, eindeutig und nicht irreführend verwendet wird:

a) Eine neue Anteilsklasse eines bereits bestehenden OGAW oder ein Teilfonds können ihre Wertentwicklung in Anlehnung an die Wertentwicklung einer anderen Klasse simulieren, sofern sich die beiden Klassen in Bezug auf ihre Beteiligung an den OGAW-Vermögenswerten nicht wesentlich voneinander unterscheiden;
b) ein Feeder-OGAW kann seine Wertentwicklung in Anlehnung an die Wertentwicklung des Master-OGAW simulieren, sofern eine der folgenden Bedingungen erfüllt ist:
   i) die Strategie und Ziele des Feeder-OGAW gestatten ihm lediglich den Besitz von Vermögenswerten in Form von Anteilen am Master-OGAW und zusätzlichen flüssigen Mitteln;
   ii) die Merkmale des Feeder-OGAW unterscheiden sich nicht wesentlich von denen des Master-OGAW.

(2) In all denjenigen Fällen, in denen die Wertentwicklung im Sinne von Absatz 1 simuliert wurde, ist dies deutlich sichtbar im Balkendiagramm zu vermerken.

(3) Ein OGAW, der seine Rechtsstellung ändert, aber im gleichen Mitgliedstaat verbleibt, behält seinen Wertentwicklungsbericht nur dann, wenn die zuständige Behörde dieses Mitgliedstaats davon ausgeht, dass die Änderung der Rechtsstellung die OGAW-Wertentwicklung vernünftigerweise nicht beeinflussen wird.

(4) Im Falle von Verschmelzungen durch Übernahme wird nur die letzte Wertentwicklung des übernehmenden OGAW im Dokument mit wesentlichen Informationen für den Anleger beibehalten.

ABSCHNITT 5
Praktische informationen und Querverweise

Artikel 20
Inhalt des Abschnitts „Praktische Informationen"

(1) Der Abschnitt „Praktische Informationen" im Dokument mit wesentlichen Informationen für den Anleger enthält die folgenden Informationen, die für Anleger in jedem Mitgliedstaat, in dem der OGAW vertrieben wird, relevant sind:

a) den Namen der Verwahrstelle;
b) den Hinweis darauf, wo und wie weitere Informationen über den OGAW, Kopien seines Prospekts und seines letzten Jahresberichts sowie späterer Halbjahresberichte erhältlich sind, in welcher(n) Sprache(n) sie vorliegen und dass sie kostenlos angefordert werden können;
c) den Hinweis darauf, wo und wie weitere praktische Informationen erhältlich sind, einschließlich der Angabe, wo die aktuellsten Anteilspreise abrufbar sind;
d) eine Erklärung dahingehend, dass die Steuervorschriften im Herkunftsmitgliedstaat des OGAW die persönliche Steuerlage des Anlegers beeinflussen können;
e) die folgende Erklärung:

„[Den Namen der Investmentgesellschaft oder der Verwaltungsgesellschaft einfügen] kann lediglich auf der Grundlage einer in diesem Dokument enthaltenen Erklärung haftbar gemacht werden, die irreführend, unrichtig oder nicht mit den einschlägigen Teilen des OGAW-Prospekts vereinbar ist."

(2) Wird ein Dokument mit wesentlichen Informationen für den Anleger für einen Teilfonds des OGAW erstellt, umfasst der Abschnitt „Praktische Informationen" die in Artikel 25 Absatz 2 genannten Informationen, einschließlich der Rechte der Anleger, zwischen den Teilfonds zu wechseln.

(3) Sofern anwendbar, enthält der Abschnitt „Praktische Informationen" des Dokuments mit den wesentlichen Informationen für den Anleger die Angaben, die gemäß Artikel 26 über verfügbare Anteilsklassen gefordert werden.

Artikel 21
Nutzung der Querverweise auf andere Informationsquellen

(1) Querverweise auf andere Informationsquellen, einschließlich des Prospekts sowie des Jahresberichts oder der Halbjahresberichte, können in das Dokument mit den wesentlichen Informationen für den Anleger aufgenommen werden, sofern sämtliche Informationen, die für das Verständnis der Anleger in Bezug auf die wesentlichen Anlagebestandteile grundlegend sind, bereits Gegenstand des Dokuments selbst sind.

Querverweise auf die Website des OGAW oder der Verwaltungsgesellschaft sind zulässig, einschließlich auf einen Teil einer solchen Website, der den Prospekt und die regelmäßigen Berichte enthält.

(2) Die in Absatz 1 genannten Querverweise lenken den Anleger zum relevanten Abschnitt der entsprechenden Informationsquelle. In einem Dokument mit den wesentlichen Informationen für den Anleger können mehrere verschiedene Querverweise verwendet werden, die allerdings auf ein Minimum zu beschränken sind.

ABSCHNITT 6
Überprüfung und Überarbeitung des Dokuments mit den wesentlichen Informationen für den Anleger

Artikel 22
Überprüfung der wesentlichen Informationen für den Anleger

(1) Eine Management- oder Investmentgesellschaft stellt sicher, dass die wesentlichen Informationen für den Anleger mindestens alle zwölf Monate überprüft werden.

(2) Eine Überprüfung findet vor jeder vorgeschlagenen Änderung des Prospekts, der Vertragsbedingungen des Fonds bzw. der Satzung der Investmentgesellschaft statt, sofern diese Änderung nicht bereits Gegenstand der in Absatz 1 genannten Überprüfung waren.

(3) Eine Überprüfung findet vor oder nach jeder Änderung statt, die als für die im Dokument mit wesentlichen Informationen für den Anleger enthaltenen Angaben grundlegend angesehen wird.

Artikel 23
Veröffentlichung der überarbeiteten Fassung

(1) Geht aus einer in Artikel 22 genannten Überprüfung hervor, dass das Dokument mit wesentlichen Informationen für den Anleger geändert werden muss, ist unverzüglich eine überarbeitete Fassung zur Verfügung zu stellen.

(2) Resultiert eine Änderung aus dem erwarteten Ergebnis einer Entscheidung der Verwaltungsgesellschaft, einschließlich Änderungen des Prospekts, der Vertragsbedingungen des Fonds bzw. der Satzung der Investmentgesellschaft, ist die überarbeitete Fassung des Dokuments mit wesentlichen Informationen für den Anleger vor dem Wirksamwerden der Änderungen zur Verfügung zu stellen.

(3) Ein Dokument mit den wesentlichen Informationen für den Anleger, einschließlich der angemessen überarbeiteten Darstellung der früheren Wertentwicklung des OGAW, ist spätestens 35 Arbeitstage nach dem 31. Dezember jeden Jahres zu veröffentlichen.

Artikel 24
Wesentliche Änderungen der Kostenstruktur

(1) Die Informationen über die Kosten spiegeln jede Änderung der Kostenstruktur auf angemessene Art und Weise wider, die zu einer Anhebung des zulässigen Höchstbetrags einer vom Anleger zu entrichtenden einmaligen Gebühr führt.

(2) Sind die gemäß Artikel 10 Absatz 2 Buchstabe b berechneten „laufenden Kosten" nicht mehr verlässlich, schätzt die Verwaltungsgesellschaft stattdessen eine Zahl, von der sie realistischerweise annimmt, dass sie für den Betrag, der dem OGAW in Zukunft in Rechnung gestellt werden dürfte, indikativ ist.

Diese Änderung der Grundlage wird mit folgender Erklärung bekannt gegeben:
„Bei den an dieser Stelle ausgewiesenen laufenden Kosten handelt es sich um eine Kostenschätzung. [Kurze Erläuterung einfügen, warum ein Schätzwert anstelle einer ex post-Zahl verwendet wird.] Der OGAW-Jahresbericht für jedes Geschäftsjahr enthält Einzelheiten zu den genauen berechneten Kosten."

KAPITEL IV
SPEZIFISCHE OGAW-STRUKTUREN

ABSCHNITT 1
Teilfonds

Artikel 25
Teilfonds

(1) Besteht ein OGAW aus zwei oder mehreren Teilfonds, ist für jeden Teilfonds ein gesondertes Dokument mit wesentlichen Informationen für den Anleger zu erstellen.

(2) Jedes in Absatz 1 genannte Dokument mit wesentlichen Informationen für den Anleger hat im Abschnitt „Praktische Informationen" folgende Angaben zu enthalten:

a) Hinweis darauf, dass das Dokument mit wesentlichen Informationen für den Anleger einen OGAW-Teilfonds beschreibt, und dass der Prospekt und die regelmäßigen Berichte gegebenenfalls für den gesamten OGAW erstellt werden, der am Anfang des Dokuments mit wesentlichen Informationen für den Anleger genannt wird;
b) Angabe, ob die Vermögenswerte und Verbindlichkeiten eines jeden Teilfonds rechtlich voneinander getrennt sind und wie sich dies auf den Anleger auswirken könnte;
c) Angabe, ob der Anleger das Recht hat, seine Anlage in Anteilen eines Teilfonds in Anteile eines anderen Teilfonds umzuwandeln, und wenn ja, wo Informationen über den Anteiltausch erhältlich sind.

(3) Legt die Verwaltungsgesellschaft für den Anleger eine Gebühr für den in Absatz 2 Buchstabe c genannten Anteiltausch fest, die sich von der Standardgebühr für den Kauf

oder Verkauf von Anteilen unterscheidet, ist diese Gebühr gesondert im Abschnitt „Kosten" des Dokuments mit wesentlichen Informationen für den Anleger auszuweisen.

ABSCHNITT 2
Anteilsklassen

Artikel 26
Dokument mit wesentlichen Informationen für den Anleger für Anteilsklassen

(1) Besteht ein OGAW aus mehreren Anteils- oder Aktienklassen, ist für jede dieser Klassen ein gesondertes Dokument mit wesentlichen Informationen für den Anleger zu erstellen.

(2) Die wesentlichen Informationen für den Anleger für zwei oder mehrere Klassen des gleichen OGAW können in einem einzigen Dokument mit wesentlichen Informationen für den Anleger zusammengefasst werden, sofern das sich daraus ergebende Dokument die in Abschnitt 2 von Kapitel II genannten Anforderungen in jeder Hinsicht, einschließlich der Länge des Dokuments, einhält.

(3) Die Verwaltungsgesellschaft kann eine Klasse zur Repräsentation einer oder mehrerer anderer OGAW-Klassen auswählen, sofern diese Wahl für die potenziellen Anleger in den anderen Klassen redlich, eindeutig und nicht irreführend ist. In solchen Fällen muss der Abschnitt „Risiko- und Ertragsprofil" des Dokuments mit wesentlichen Informationen für den Anleger die Erklärung des wesentlichen Risikos enthalten, das auf jede der zu vertretenden Klassen Anwendung findet. Das Dokument mit den wesentlichen Informationen für den Anleger, das für die repräsentative Klasse erstellt wurde, kann den Anlegern in den anderen Klassen übermittelt werden.

(4) Unterschiedliche Klassen werden nicht zu einer repräsentativen Gesamtklasse im Sinne von Absatz 3 zusammengefasst.

(5) Die Verwaltungsgesellschaft führt Buch über die von der repräsentativen Klasse vertretenen anderen Klassen im Sinne von Absatz 3 und die Gründe dieser Wahl.

Artikel 27
Abschnitt „Praktische Informationen"

Erforderlichenfalls wird der Abschnitt „Praktische Informationen" des Dokuments mit wesentlichen Informationen für den Anleger durch den Hinweis ergänzt, welche Klasse als repräsentativ ausgewählt wurde, wobei die im OGAW-Prospekt verwendete Bezeichnung dieser Klasse zu wählen ist.

Ferner ist in diesem Abschnitt anzugeben, wo die Anleger Informationen über die anderen OGAW-Klassen erhalten können, die in ihrem eigenen Mitgliedstaat vertrieben werden.

ABSCHNITT 3
Dachfonds

Artikel 28
Abschnitt „Ziele und Anlagepolitik"

Legt ein OGAW einen erheblichen Teil seiner Vermögenswerte in einen anderen OGAW oder andere Organismen für gemeinsame Anlagen im Sinne von Artikel 50 Absatz 1 Buchstabe e der Richtlinie 2009/65/EG an, enthält die Beschreibung der Ziele und Anlagepolitik dieses OGAW im Dokument mit wesentlichen Informationen für den Anleger eine kurze Erläuterung der Art und Weise, wie die anderen Organismen für gemeinsame Anlagen kontinuierlich auszuwählen sind.

Artikel 29
Risiko- und Ertragsprofil

Die erläuternde Beschreibung der in Artikel 8 Absatz 1 Buchstabe b genannten Risikofaktoren trägt den durch jeden zugrunde liegenden Organismus für gemeinsame Anlagen verursachten Risiken in dem Maße Rechnung, wie diese für den OGAW insgesamt wesentlich sein dürften.

Artikel 30
Abschnitt „Kosten“

Die Beschreibung der Kosten trägt sämtlichen Kosten Rechnung, die dieser OGAW selbst als Anleger in zugrunde liegenden Organismen für gemeinsame Anlagen zu tragen hat. So sind insbesondere alle Ausgabeauf- und Rücknahmeabschläge sowie alle laufenden Kosten, die von den zugrunde liegenden Organismen für gemeinsame Anlagen belastet werden, bei der Berechnung der eigenen laufenden Kosten des OGAW mitzuberücksichtigen.

ABSCHNITT 4
Feeder-OGAW

Artikel 31
Abschnitt „Ziele und Anlagepolitik“

(1) Das Dokument mit wesentlichen Informationen für den Anleger für einen Feeder-OGAW im Sinne von Artikel 58 der Richtlinie 2009/65/EG enthält in der Beschreibung der Ziele und Anlagepolitik Angaben über den Teil der in den Master-OGAW investierten Vermögenswerte des Feeder-OGAW.

(2) Zudem sind die Ziele und die Anlagepolitik des Master-OGAW zu erläutern, erforderlichenfalls durch Aufnahme eines der folgenden Bestandteile:

i) Angabe, dass die Anlagerenditen des Feeder-OGAW denen des Master-OGAW sehr ähnlich sein werden, oder
ii) Erläuterung, wie und warum sich die Anlagerenditen des Feeder-OGAW und des Master-OGAW unterscheiden.

Artikel 32
Abschnitt „Risiko- und Ertragsprofil“

(1) Wenn sich das Risiko- und Ertragsprofil des Feeder-OGAW unter welchem wichtigen Aspekt auch immer von dem des Master-OGAW unterscheidet, sind diese Tatsache und der entsprechende Grund im Abschnitt „Risiko- und Ertragsprofil“ des Dokuments mit den wesentlichen Informationen für den Anleger zu erläutern.

(2) Ebenso sind im Abschnitt „Risiko- und Ertragsprofil“ des Dokuments mit den wesentlichen Informationen für den Anleger jedwedes Liquiditätsrisiko und das Verhältnis

zwischen den Erwerbs- und den Rücknahmevereinbarungen für den Master-OGAW und den Feeder-OGAW zu erläutern.

Artikel 33
Abschnitt „Kosten“

Der Abschnitt „Kosten“ des Dokuments mit wesentlichen Informationen für den Anleger deckt sowohl die Kosten der Anlage in den Feeder-OGAW als auch sämtliche Kosten und Aufwendungen ab, die der Master-OGAW dem Feeder-OGAW unter Umständen berechnet.

Darüber hinaus werden dort die Kosten sowohl des Feeder-OGAW als auch des Master-OGAW im Betrag der laufenden Kosten des Feeder-OGAW zusammengerechnet.

Artikel 34
Abschnitt „Praktische Informationen“

(1) Das Dokument mit wesentlichen Informationen für den Anleger für einen Feeder-OGAW enthält im Abschnitt „Praktische Informationen“ spezifische Angaben zum Feeder-OGAW.

(2) Die in Absatz 1 genannten Informationen umfassen Folgendes:

a) eine Erklärung dahingehend, dass der Prospekt des Master-OGAW, das Dokument mit wesentlichen Informationen für den Anleger sowie die regelmäßigen Berichte und Abschlüsse den Anlegern des Feeder-OGAW auf Anfrage übermittelt werden, auf welche Weise sie erlangt werden können und in welcher(n) Sprache(n) sie vorliegen;
b) Angabe, ob die unter Buchstabe a genannten Unterlagen nur als Kopie in Papierform oder auch auf einem dauerhaften Datenträger vorliegen und ob Gebühren für Unterlagen erhoben werden, die nicht gemäß Artikel 63 Absatz 5 der Richtlinie 2009/65/EG kostenlos zur Verfügung gestellt werden;
c) Angabe, ob der Master-OGAW in einem anderen Mitgliedstaat als der Feeder-OGAW niedergelassen ist und ob dies die steuerliche Behandlung des Feeder-OGAW beeinflusst. Erforderlichenfalls ist eine entsprechende Erklärung abzugeben.

Artikel 35
Frühere Wertentwicklung

(1) Die Darstellung der früheren Wertentwicklung im Dokument mit den wesentlichen Informationen für den Anleger des Feeder-OGAW muss spezifisch auf diesen OGAW ausgerichtet und darf keine Reproduktion der Aufzeichnung der Wertentwicklung des Master-OGAW sein.

(2) Absatz 1 gilt nicht,

a) wenn ein Feeder-OGAW die frühere Wertentwicklung seines Master-OGAW als Referenzwert heranzieht oder
b) wenn der Feeder als Feeder-OGAW zu einem späteren Zeitpunkt lanciert wurde als der Master-OGAW, die Bedingungen von Artikel 19 dieser Verordnung erfüllt sind und für die Jahre vor Bestehen des Feeder eine simulierte Wertentwicklung auf der Grundlage der früheren Wertentwicklung des Master-OGAW vorgenommen wurde; oder
c) wenn der Feeder-OGAW Aufzeichnungen über die frühere Wertentwicklung aus der Zeit vor der Aufnahme seiner Tätigkeit als Feeder besitzt, wobei seine eigenen Auf-

zeichnungen im Balkendiagramm für die entsprechenden Jahre ausgewiesen und wesentliche Änderungen im Sinne von Artikel 17 Absatz 2 dieser Verordnung kenntlich gemacht sind.

ABSCHNITT 5
Strukturierte OGAW

Artikel 36
Wertentwicklungsszenarien

(1) Das Dokument mit wesentlichen Informationen für den Anleger für strukturierte OGAW enthält nicht den Abschnitt „Frühere Wertentwicklung".

Im Sinne dieses Abschnitts versteht man unter „strukturierten OGAW" OGAW, die für die Anleger zu bestimmten vorher festgelegten Terminen nach Algorithmen berechnete Erträge erwirtschaften, die an die Wertentwicklung, Preisänderungen oder sonstige Bedingungen der Finanzvermögenswerte, Indizes oder Referenzportfolios gebunden sind, oder OGAW mit vergleichbaren Merkmalen.

(2) Bei strukturierten OGAW enthält der Abschnitt „Ziele und Anlagepolitik" des Dokuments mit wesentlichen Informationen für den Anleger eine Erläuterung der Funktionsweise der Formel und der Berechnung der Erträge.

(3) Der in Absatz 2 genannten Erläuterung ist eine Illustration von mindestens drei Szenarien der potenziellen OGAW-Wertentwicklung beizufügen. Dabei sind zweckmäßige Szenarien zu wählen, die die Umstände aufzeigen, unter denen mit der Formel eine niedrige, mittlere oder hohe und gegebenenfalls auch eine negative Rendite für den Anleger erwirtschaftet wird.

(4) Die in Absatz 3 genannten Szenarien müssen den Anleger in die Lage versetzen, sämtliche Auswirkungen des der Formel zugrunde liegenden Berechnungsmechanismus in jeder Hinsicht verstehen zu können.

Die Szenarien sind auf redliche, eindeutige und nicht irreführende Art und Weise zu präsentieren und sollten vom durchschnittlichen Kleinanleger verstanden werden können. Insbesondere steigern sie nicht künstlich die Bedeutung der endgültigen Wertentwicklung des OGAW.

(5) Die in Absatz 3 genannten Szenarien stützen sich auf vernünftige und konservative Annahmen über künftige Marktbedingungen und Preisbewegungen.

Setzt die Formel die Anleger jedoch der Möglichkeit erheblicher Verluste aus, wie z. B eine Kapitalgarantie, die nur unter bestimmten Umständen funktioniert, so sind diese Verluste angemessen zu erläutern, selbst wenn die entsprechenden Marktbedingungen nur ein geringes Risiko vermuten lassen.

(6) Den in Absatz 3 genannten Szenarien ist eine Erklärung dahingehend beizufügen, dass sie nur Beispiele sind, die zur Verdeutlichung der Formel aufgenommen wurden, und keine Prognose künftiger Entwicklungen darstellen. Auch ist klar zu machen, dass die dargestellten Szenarien nicht mit gleicher Wahrscheinlichkeit eintreten werden.

Artikel 37
Länge

Das Dokument mit wesentlichen Informationen für den Anleger für strukturierte OGAW darf ausgedruckt nicht länger als drei DIN-A4-Seiten sein.

KAPITEL V
DAUERHAFTE DATENTRÄGER

Artikel 38
Bedingungen für die Vorlage des Dokuments mit wesentlichen Informationen für den Anleger oder eines Prospekts auf einem anderen dauerhaften Datenträger als Papier oder auf einer Website

(1) Für die Zwecke der Richtlinie 2009/65/EG sind für den Fall, dass das Dokument mit wesentlichen Informationen für den Anleger oder der Prospekt den Anlegern auf einem anderen dauerhaften Datenträger als Papier zur Verfügung gestellt werden, die folgenden Bedingungen zu beachten:

a) die Vorlage des Dokuments mit wesentlichen Informationen für den Anleger oder des Prospekts auf einem solchen dauerhaften Datenträger ist den Rahmenbedingungen, unter denen das Geschäft zwischen der Verwaltungsgesellschaft und dem Anleger ausgeführt wird oder werden soll, angemessen; und
b) die Person, der das Dokument mit wesentlichen Informationen für den Anleger oder der Prospekt zur Verfügung zu stellen sind, wird vor die Wahl gestellt, ob sie diese auf Papier oder dem betreffenden anderen dauerhaften Datenträger erhalten möchte, und sie entscheidet sich ausdrücklich für Letzteres.

(2) Für den Fall, dass das Dokument mit wesentlichen Informationen für den Anleger oder der Prospekt den Anlegern auf einer Website zur Verfügung zu stellen und diese Unterlagen nicht persönlich an den Anleger adressiert sind, sind die folgenden Bedingungen zu beachten:

a) die Bereitstellung der betreffenden Informationen über dieses Medium ist den Rahmenbedingungen, unter denen das Geschäft zwischen der Verwaltungsgesellschaft und dem Anleger ausgeführt wird oder werden soll, angemessen;
b) der Anleger muss der Bereitstellung dieser Informationen in dieser Form ausdrücklich zustimmen;
c) die Adresse der Website und die Stelle, an der die Informationen auf dieser Website zu finden sind, müssen dem Anleger auf elektronischem Wege mitgeteilt werden;
d) die Informationen müssen sich auf dem neuesten Stand befinden;
e) die Informationen müssen über diese Website laufend abgefragt werden können und zwar so lange, wie sie für den Anleger nach vernünftigem Ermessen einsehbar sein müssen.

(3) Für die Zwecke dieses Artikels wird die Bereitstellung von Informationen auf elektronischem Wege für die Rahmenbedingungen, unter denen das Geschäft zwischen der Verwaltungsgesellschaft und dem Anleger ausgeführt wird oder werden soll, als angemessen betrachtet, wenn der Anleger nachweislich über einen regelmäßigen Zugang zum Internet verfügt. Dies gilt als nachgewiesen, wenn der Anleger für die Ausführung dieses Geschäfts eine E-Mail-Adresse angegeben hat.

KAPITEL VI
SCHLUSSBESTIMMUNGEN

Artikel 39
Inkrafttreten

(1) Diese Verordnung tritt am zwanzigsten Tag nach ihrer Veröffentlichung im Amtsblatt der Europäischen Union in Kraft.

(2) Diese Verordnung gilt ab dem 1. Juli 2011.

Diese Verordnung ist in allen ihren Teilen verbindlich und gilt unmittelbar in jedem Mitgliedstaat.

Brüssel, den 1. Juli 2010

Für die Kommission

Der Präsident

José Manuel Barroso

ANHANG I
ANFORDERUNGEN AN DIE DARSTELLUNG DES SYNTHETISCHEN INDIKATORS

1. Der synthetische Indikator stuft den Fonds auf der Grundlage seiner Aufzeichnungen über die frühere Volatilität in einer Skala von 1 bis 7 ein.
2. Diese Skala wird als eine Folge von Kategorien dargestellt, die in Gesamtzahlen in aufsteigender Reihenfolge von 1 bis 7 von links nach rechts auszuweisen sind und das Risiko- und Ertragsniveau vom niedrigsten zum höchsten Wert repräsentieren.
3. In der Skala sollte klar gestellt werden, dass niedrige Risiken potenziell zu niedrigeren Erträgen und hohe Risiken potenziell zu höheren Erträgen führen.
4. Die Kategorie, in die ein OGAW fällt, ist klar und deutlich anzugeben.
5. Für eine Unterscheidung der Bestandteile der Skala dürfen keine Farben verwendet werden.

ANHANG II
KOSTENAUFSTELLUNG

Die Kosten sind in einer wie folgt strukturierten Tabelle auszuweisen:

Einmalige Kosten vor und nach der Anlage	
Ausgabeauf- und Rücknahmeabschläge	[] % I
Dabei handelt es sich um den Höchstbetrag, der von Ihrer Anlage [vor der Anlage] [vor der Auszahlung Ihrer Rendite] abgezogen wird.	
Kosten, die vom Fonds im Laufe des Jahres abgezogen werden.	
Laufende Kosten	[] % I
Kosten, die der Fonds unter bestimmten Umständen zu tragen hat	
An die Wertentwicklung des Fonds gebundene Gebühren	[] % pro Jahr einer jeden vom Fonds erwirtschafteten Rendite über dem Referenzwert für diese Gebühren [Bezeichnung des Referenzwerts einfügen]

– Für jede dieser Kostenkategorien ist ein Prozentwert anzugeben.
– Im Falle einer an die Wertentwicklung des Fonds gebundenen Gebühr ist der während des letzten OGAW-Geschäftsjahres berechnete Betrag als Prozentzahl anzugeben.

ANHANG III
DARSTELLUNG DER ANGABEN ÜBER DIE FRÜHEREN WERTENTWICKLUNGEN

Im Balkendiagramm hat die Darstellung der früheren Wertentwicklungen folgenden Kriterien zu genügen:

1. Die Skala auf der Y-Achse des Balkendiagramms ist linear, nicht logarithmisch.
2. Die Skala ist der Breite der Balken anzupassen und hat die Balken nicht so zu komprimieren, dass die Fluktuationen bei den Renditen nur schwer zu unterscheiden sind.
3. Die X-Achse beginnt bei einer Wertentwicklung von 0 %.
4. Jeder Balken wird mit einer Legende versehen, in der die erzielte Rendite in % angegeben wird.
5. Zahlen für frühere Wertentwicklungen werden auf eine Dezimalstelle nach dem Komma aufgerundet.

Verordnung (EU) Nr. 584/2010 der Komission

vom 1. Juli 2010

zur Durchführung der Richtlinie 2009/65/EG des Europäischen Parlaments und des Rates im Hinblick auf Form und Inhalt des Standardmodells für das Anzeigeschreiben und die OGAW-Bescheinigung, die Nutzung elektronischer Kommunikationsmittel durch die zuständigen Behörden für die Anzeige und die Verfahren für Überprüfungen vor Ort und Ermittlungen sowie für den Informationsaustausch zwischen zuständigen Behörden

(Text von Bedeutung für den EWR)

DIE EUROPÄISCHE KOMMISSION –

gestützt auf den Vertrag über die Arbeitsweise der Europäischen Union,

gestützt auf die Richtlinie 2009/65/EG vom 13. Juli 2009 zur Koordinierung der Rechts- und Verwaltungsvorschriften betreffend bestimmte Organismen für gemeinsame Anlagen in Wertpapieren (OGAW) des Europäischen Parlaments und des Rates ([1]), insbesondere auf Artikel 95 Absatz 2 Buchstaben a, b und c, Artikel 101 Absatz 9 und Artikel 105,

in Erwägung nachstehender Gründe:

(1) In der Richtlinie 2009/65/EG werden der Kommission für die Festlegung und Harmonisierung bestimmter Aspekte des neuen Verfahrens für die Anzeige des Vertriebs von OGAW-Anteilen in einem Aufnahmemitgliedstaat Durchführungsbefugnisse übertragen. Eine solche Harmonisierung dürfte den zuständigen Behörden die notwendige Sicherheit im Hinblick darauf verschaffen, wie die neuen Anforderungen funktionieren, und zu einem reibungslosen Funktionieren des neuen Verfahrens beitragen.

(2) Um das Anzeigeverfahren zu erleichtern, sollten Form und Inhalt des Standardmodells für das Anzeigeschreiben, das ein OGAW zu verwenden hat, und Form und Inhalt der Bescheinigung, die die zuständigen Behörden der Mitgliedstaaten verwenden müssen, um zu bestätigen, dass ein OGAW die in der Richtlinie 2009/65/EG genannten Bedingungen erfüllt, festgelegt werden. Die Mitgliedstaaten sollten die Möglichkeit haben, sowohl das Anzeigeschreiben als auch die Bescheinigung elektronisch zu übermitteln.

(3) Angesichts des mit der Richtlinie 2009/65/EG verfolgten Ziels, zu gewährleisten, dass ein OGAW seine Anteile in anderen Mitgliedstaaten über ein Anzeigeverfahren, das den Informationsaustausch zwischen den zuständigen Behörden der Mitgliedstaaten verbessert, vertreiben kann, sollte ein detailliertes Verfahren für die elektronische Übermittlung der Anzeigedatei zwischen zuständigen Behörden festgelegt werden.

(4) Nach der Richtlinie 2009/65/EG müssen die zuständigen Behörden des OGAW-Herkunftsmitgliedstaats die Vollständigkeit der Anzeigedatei überprüfen, bevor sie die vollständige Datei an die zuständigen Behörden des Mitgliedstaats, in dem der OGAW seine Anteile vertreiben will, weiterleiten. Die Richtlinie gibt einem OGAW ferner das Recht, seine Anteile im Aufnahmemitgliedstaat auf den Markt zu bringen, sobald die zuständigen Behörden seines Herkunftsmitgliedstaats den zuständigen Behörden des Mitgliedstaats, in dem er seine Anteile vertreiben will, die vollständige Anzeigedatei übermittelt haben. Um Rechtssicherheit zu gewährleisten, sollte festgelegt werden, wann die Übermittlung der vollständigen Anzeigedatei als vollzogen gilt. Die zuständigen Behörden des OGAW-Herkunftsmitgliedstaats sollten im Rahmen des Verfahrens für die Nutzung elektronischer

---

1 ABl. L 302 vom 17.11.2009, S. 32.

Kommunikationsmittel ferner sicherstellen müssen, dass die Unterlagen vollständig übermittelt sind, bevor sie einen OGAW gemäß Artikel 93 Absatz 3 der Richtlinie 2009/65/EG über die Übermittlung in Kenntnis setzen. Ferner ist es notwendig, Verfahren für den Umgang mit technischen Problemen festzulegen, die bei der Übermittlung der Anzeigedatei zwischen den zuständigen Behörden des OGAW-Herkunfts- und -Aufnahmemitgliedstaats auftreten.

(5) Um die Übermittlung der Anzeigedatei zu vereinfachen und technischen Innovationen sowie der möglichen Entwicklung modernerer elektronischer Kommunikationssysteme Rechnung zu tragen, können die zuständigen Behörden Kooperationsvereinbarungen mit dem Ziel schließen, die elektronische Übermittlung der Anzeigedatei insbesondere im Hinblick auf Systemsicherheit und die Nutzung von Verschlüsselungsmechanismen zu verbessern. Darüber hinaus sollten die zuständigen Behörden die Regelungen für die elektronische Kommunikation innerhalb des Ausschusses der Europäischen Wertpapierregulierungsbehörden koordinieren.

(6) Die Richtlinie 2009/65/EG verpflichtet die Mitgliedstaaten, die zur Erleichterung der Zusammenarbeit notwendigen administrativen und organisatorischen Maßnahmen zu treffen. Eine verbesserte Zusammenarbeit zwischen den zuständigen Behörden ist notwendig, um die Einhaltung der Richtlinie 2009/65/EG durch OGAW und OGAW-Verwaltungsgesellschaften zu gewährleisten und das reibungslose Funktionieren des Binnenmarkts sowie ein hohes Maß an Anlegerschutz sicherzustellen.

(7) Nach der Richtlinie 2009/65/EG können die zuständigen Behörden eines Mitgliedstaats die zuständigen Behörden eines anderen Mitgliedstaats um Zusammenarbeit bei Überwachungstätigkeiten, einer Vor-Ort-Überprüfung oder einer Ermittlung im Hoheitsgebiet dieses anderen Mitgliedstaats ersuchen. Vor allem für Fälle, in denen ein OGAW von einer Verwaltungsgesellschaft mit Sitz in einem anderen Mitgliedstaat verwaltet wird, ist es von grundlegender Bedeutung, Mechanismen für die Zusammenarbeit zwischen den zuständigen Behörden und detaillierte Verfahren für den Fall zu schaffen, dass eine zuständige Behörde in Bezug auf ein Unternehmen oder eine Person mit Sitz in einem anderen Mitgliedstaat eine Ermittlung oder Vor-Ort-Überprüfung durchführen muss.

(8) Eine zuständige Behörde sollte bei Angelegenheiten, die ihrer Aufsicht unterliegen, das Recht haben, andere zuständige Behörden um Zusammenarbeit zu ersuchen. Die um Amtshilfe ersuchte Behörde sollte diesem Ersuchen auch dann nachkommen, wenn die Praktik, um die es in der Ermittlung geht, in ihrem eigenen Zuständigkeitsgebiet nicht als Verstoß angesehen wird. In den in Artikel 101 Absatz 6 der Richtlinie 2009/65/EG genannten Fällen kann die ersuchte Behörde die Amtshilfe verweigern.

(9) Die Richtlinie 2009/65/EG verpflichtet die zuständigen Behörden der Mitgliedstaaten, einander unverzüglich die zur Wahrnehmung ihrer Aufgaben erforderlichen Informationen zu übermitteln. Aus diesem Grund sollten detaillierte Vorschriften für den routinemäßigen Informationsaustausch und den Informationsaustausch ohne vorherige Anfrage festgelegt werden.

(10) Um zu gewährleisten, dass die in der Richtlinie 2009/65/EG und in dieser Verordnung genannten Pflichten ab demselben Datum gelten, sollte diese Verordnung am selben Tag in Kraft treten wie die nationalen Maßnahmen zur Umsetzung der Richtlinie 2009/65/EG.

(11) Der durch Beschluss 2009/77/EG der Kommission (2) eingesetzte Ausschuss der Europäischen Wertpapierregulierungsbehörden wurde in fachlichen Fragen konsultiert.

---

2 ABl. L 25 vom 29.1.2009, S. 18.

(12) Die in dieser Verordnung vorgesehenen Maßnahmen entsprechen der Stellungnahme des Europäischen Wertpapierausschusses –
HAT FOLGENDE VERORDNUNG ERLASSEN:

KAPITEL I
ANZEIGEVERFAHREN

Artikel 1
Form und Inhalt des Anzeigeschreibens

Ein Organismus für gemeinsame Anlagen in Wertpapieren (OGAW) erstellt das in Artikel 93 Absatz 1 der Richtlinie 2009/65/EG genannte Anzeigeschreiben nach dem Muster in Anhang I dieser Verordnung.

Artikel 2
Form und Inhalt der OGAW-Bescheinigung

Die zuständigen Behörden des OGAW-Herkunftsmitgliedstaats erstellen die in Artikel 93 Absatz 3 der Richtlinie 2009/65/EG genannte Bescheinigung, dass der OGAW die in dieser Richtlinie genannten Bedingungen erfüllt, nach dem Muster in Anhang II dieser Verordnung.

Artikel 3
Benennung einer E-Mail-Adresse

(1) Für die Übermittlung der in Artikel 93 Absatz 3 der Richtlinie 2009/65/EG genannten Unterlagen und den Austausch von Informationen im Zusammenhang mit dem in diesem Artikel dargelegten Anzeigeverfahren benennen die zuständigen Behörden eine E-Mail-Adresse.

(2) Die zuständigen Behörden teilen den zuständigen Behörden anderer Mitgliedstaaten die von ihnen benannte E-Mail-Adresse mit und stellen sicher, dass Letztere umgehend über jede Änderung dieser E-Mail-Adresse informiert werden.

(3) Die zuständigen Behörden des OGAW-Herkunftsmitgliedstaats senden die in Artikel 93 Absatz 3 Unterabsatz 2 der Richtlinie 2009/65/EG genannten Unterlagen ausschließlich an die zu diesem Zweck benannte E-Mail-Adresse der zuständigen Behörden des Mitgliedstaats, in dem der OGAW seine Anteile vertreiben will.

(4) Die zuständigen Behörden richten ein Verfahren ein, das gewährleistet, dass die von ihnen für den Empfang von Anzeigen benannte E-Mail-Adresse an jedem Arbeitstag auf Nachrichteneingang hin überprüft wird.

Artikel 4
Übermittlung der Anzeigedatei

(1) Die zuständigen Behörden des OGAW-Herkunftsmitgliedstaats übermitteln den zuständigen Behörden des Mitgliedstaats, in dem der OGAW seine Anteile vertreiben will, die vollständigen, in Artikel 93 Absatz 3 Unterabsätze 1 und 2 der Richtlinie 2009/65/EG genannten Unterlagen per E-Mail.

Jede in Anhang I genannte Anlage zum Anzeigeschreiben wird in der E-Mail aufgeführt und in einem gängigen Format bereitgestellt, das Anzeige und Ausdruck ermöglicht.

(2) Die Übermittlung der vollständigen, in Artikel 93 Absatz 3 Unterabsatz 2 der Richtlinie 2009/65/EG genannten Unterlagen gilt nur dann als nicht erfolgt, wenn

a) eine der zu übermittelnden Unterlagen fehlt, unvollständig ist oder ein von Absatz 1 abweichendes Format hat;
b) die zuständigen Behörden des OGAW-Herkunftsmitgliedstaats nicht die E-Mail-Adresse verwenden, die die zuständigen Behörden des Mitgliedstaats, in dem der OGAW seine Anteile vermarkten will, gemäß Artikel 3 Absatz 1 benannt haben;
c) die Übermittlung der vollständigen Unterlagen durch die zuständigen Behörden des OGAW-Herkunftsmitgliedstaats wegen eines technischen Fehlers in ihrem elektronischen System fehlgeschlagen ist.

(3) Bevor die zuständigen Behörden des OGAW-Herkunftsmitgliedstaats dem OGAW die Übermittlung der vollständigen, in Artikel 93 Absatz 3 der Richtlinie 2009/65/EG genannten Unterlagen bestätigen, stellen sie sicher, dass diese Übermittlung stattgefunden hat.

(4) Wird den zuständigen Behörden des OGAW-Herkunftsmitgliedstaats mitgeteilt oder stellen diese fest, dass die Übermittlung der vollständigen Unterlagen nicht stattgefunden hat, leiten sie umgehend Maßnahmen zu deren Übermittlung ein.

(5) Die zuständigen Behörden können vereinbaren, das Kommunikationsmittel, über das die vollständigen, in Artikel 93 Absatz 3 Unterabsatz 2 der Richtlinie 2009/65/EG genannten Unterlagen übermittelt werden, durch ein moderneres elektronisches Kommunikationsverfahren als E-Mail zu ersetzen oder zusätzliche Verfahren zu schaffen, um die Sicherheit der übermittelten E-Mails zu erhöhen.

Bei allen alternativen Methoden oder verbesserten Verfahren wird sichergestellt, dass die in Kapitel XI der Richtlinie 2009/65/EG gesetzten Anzeigefristen eingehalten und die Möglichkeiten des OGAW, seine Anteile in einem anderen Mitgliedstaat als seinem Herkunftsmitgliedstaat auf den Markt zu bringen, nicht eingeschränkt werden.

Artikel 5
Empfang der Anzeigedatei

(1) Wenn die zuständigen Behörden eines Mitgliedstaats, in dem ein OGAW seine Anteile vermarkten will, die Unterlagen, die ihnen nach Artikel 93 Absatz 3 der Richtlinie 2009/65/EG zu übermitteln sind, erhalten, bestätigen sie den zuständigen Behörden des OGAW-Herkunftsmitgliedstaats so bald wie möglich, spätestens aber fünf Arbeitstage nach Eingang der Unterlagen, ob

a) sie alle Anlagen, die nach Artikel 4 Absatz 1 dieser Verordnung aufzuführen sind, erhalten haben und
b) die Unterlagen, die ihnen übermittelt werden müssen, angezeigt oder ausgedruckt werden können.

Die Bestätigung kann den zuständigen Behörden des OGAW-Herkunftsmitgliedstaats per E-Mail an die nach Artikel 3 Absatz 1 benannte Adresse gesandt werden, sofern die betreffenden zuständigen Behörden für die Eingangsbestätigung keine modernere Übermittlungsmethode vereinbart haben.

(2) Haben die zuständigen Behörden des OGAW-Herkunftsmitgliedstaats von den zuständigen Behörden des Mitgliedstaats, in dem der OGAW seine Anteile vertreiben will, nicht innerhalb der in Absatz 1 gesetzten Fristen eine Bestätigung erhalten, setzen sie sich mit Letzteren in Verbindung und vergewissern sich, dass die Unterlagen vollständig übermittelt wurden.

KAPITEL II
ZUSAMMENARBEIT DER AUFSICHTSBEHÖRDEN

ABSCHNITT 1
Verfahren für Vor-Ort-Überprüfungen und Ermittlungen

Artikel 6
Ersuchen um Amtshilfe bei Vor-Ort-Überprüfungen und Ermittlungen

(1) Eine zuständige Behörde, die im Hoheitsgebiet eines anderen Mitgliedstaats eine Vor-Ort-Überprüfung oder Ermittlung durchführen will („die um Amtshilfe ersuchende Behörde") übermittelt der zuständigen Behörde dieses anderen Mitgliedstaats („der um Amtshilfe ersuchten Behörde") ein schriftliches Ersuchen. Dieses Ersuchen enthält folgende Angaben:

a) die Gründe für das Ersuchen, einschließlich der rechtlichen Bestimmungen, die im Zuständigkeitsgebiet der um Amtshilfe ersuchenden Behörde gelten und auf deren Grundlage das Ersuchen gestellt wird;
b) den Umfang der Vor-Ort-Überprüfung oder Ermittlung;
c) die Schritte, die die um Amtshilfe ersuchende Behörde bereits unternommen hat;
d) alle Schritte, die von der um Amtshilfe ersuchten Behörde einzuleiten sind;
e) die für die Vor-Ort-Überprüfung oder Ermittlung vorgeschlagene Methodik und die Gründe, aus denen die um Amtshilfe ersuchende Behörde diese Methodik gewählt hat.

(2) Das Ersuchen wird mit ausreichendem Vorlauf zur Vor-Ort-Überprüfung oder Ermittlung gestellt.

(3) Ist ein Ersuchen um Amtshilfe bei einer Vor-Ort-Überprüfung oder Ermittlung dringend, kann es per E-Mail übermittelt und im Anschluss daran schriftlich bestätigt werden.

(4) Die um Amtshilfe ersuchte Behörde bestätigt den Eingang des Ersuchens unverzüglich.

(5) Um der um Amtshilfe ersuchten Behörde die erforderliche Hilfestellung zu ermöglichen, stellt die um Amtshilfe ersuchende Behörde Ersterer alle von ihr angeforderten Informationen zur Verfügung.

(6) Die um Amtshilfe ersuchte Behörde übermittelt unverzüglich alle ihr vorliegenden Informationen und Unterlagen, die mit Blick auf die Gründe der Vor-Ort-Überprüfung oder Ermittlung und deren Umfang für die um Amtshilfe ersuchende Behörde relevant oder nützlich sind.

(7) Die um Amtshilfe ersuchte und die um Amtshilfe ersuchende Behörde bewerten anhand der nach den Absätzen 5 oder 6 übermittelten Unterlagen und Informationen erneut die Notwendigkeit der Vor-Ort-Überprüfung und Ermittlung.

(8) Die um Amtshilfe ersuchte Behörde entscheidet, ob sie die Vor-Ort-Überprüfung oder Ermittlung selbst durchführt, der um Amtshilfe ersuchenden Behörde die Durchführung der Vor-Ort-Überprüfung oder Ermittlung bzw. Prüfern oder sonstigen Experten die Durchführung der Vor-Ort-Überprüfung oder Ermittlung gestattet.

(9) Die um Amtshilfe ersuchte und die um Amtshilfe ersuchende Behörde einigen sich über die mit der Aufteilung der Kosten der Vor-Ort-Überprüfung oder Ermittlung zusammenhängenden Fragen.

Artikel 7
Durchführung der Vor-Ort-Überprüfung und Ermittlung durch die um Amtshilfe ersuchte Behörde

(1) Entscheidet die um Amtshilfe ersuchte Behörde, die Vor-Ort-Überprüfung oder Ermittlung selbst durchzuführen, so erfolgt dies nach dem in den nationalen Rechtsvorschriften des Mitgliedstaats, auf dessen Hoheitsgebiet die Vor-Ort-Überprüfung oder Ermittlung durchgeführt werden soll, vorgesehenen Verfahren.

(2) Hat die um Amtshilfe ersuchende Behörde gemäß Artikel 101 Absatz 5 der Richtlinie 2009/65/EG beantragt, dass ihre eigenen Beamten die Beamten der um Amtshilfe ersuchten Behörde, die die Überprüfung oder Ermittlung durchführen, begleiten, so einigen sich die um Amtshilfe ersuchende Behörde und die um Amtshilfe ersuchte Behörde über die praktischen Fragen einer solchen Teilnahme.

Artikel 8
Durchführung der Vor-Ort-Überprüfung und Ermittlung durch die um Amtshilfe ersuchende Behörde

(1) Entscheidet die um Amtshilfe ersuchte Behörde, der um Amtshilfe ersuchenden Behörde die Durchführung der Vor-Ort-Überprüfung oder Ermittlung zu gestatten, so erfolgt diese Vor-Ort-Überprüfung oder Ermittlung nach dem in den nationalen Rechtsvorschriften des Mitgliedstaats, auf dessen Hoheitsgebiet die Vor-Ort-Überprüfung oder Ermittlung durchgeführt werden soll, vorgesehenen Verfahren.

(2) Entscheidet die um Amtshilfe ersuchte Behörde, der um Amtshilfe ersuchenden Behörde die Durchführung der Vor-Ort-Überprüfung oder Ermittlung zu gestatten, so leistet sie die erforderliche Hilfestellung, um diese Vor-Ort-Überprüfung oder Ermittlung zu erleichtern.

(3) Stößt die um Amtshilfe ersuchende Behörde während der Vor-Ort-Überprüfung oder Ermittlung auf wesentliche Informationen, die für die Wahrnehmung der Aufgaben der um Amtshilfe ersuchten Behörde relevant sind, so übermittelt sie der um Amtshilfe ersuchten Behörde unverzüglich diese Informationen.

Artikel 9
Durchführung der Vor-Ort-Überprüfung und Ermittlung durch Wirtschaftsprüfer oder Sachverständige

(1) Entscheidet die um Amtshilfe ersuchte Behörde, Wirtschaftsprüfern oder Sachverständigen die Durchführung der Vor-Ort-Überprüfung oder Ermittlung zu gestatten, so erfolgt diese Vor-Ort-Überprüfung oder Ermittlung nach dem in den nationalen Rechtsvorschriften des Mitgliedstaats, auf dessen Hoheitsgebiet die Vor-Ort-Überprüfung oder Ermittlung durchgeführt werden sollen, vorgesehenen Verfahren.

(2) Entscheidet die um Amtshilfe ersuchte Behörde, Wirtschaftsprüfern oder Sachverständigen die Durchführung der Vor-Ort-Überprüfung oder Ermittlung zu gestatten, so leistet sie die erforderliche Hilfestellung, um diesen Wirtschaftsprüfern oder Sachverständigen die Erfüllung ihrer Aufgaben zu erleichtern.

(3) Schlägt die um Amtshilfe ersuchende Behörde die Bestellung von Wirtschaftsprüfern oder Sachverständigen vor, so übermittelt sie der um Amtshilfe ersuchten Behörde alle relevanten Informationen über Identität und Qualifikationen solcher Wirtschaftsprüfer oder Sachverständiger.

Die um Amtshilfe ersuchte Behörde teilt der um Amtshilfe ersuchenden Behörde unverzüglich mit, ob sie der vorgeschlagenen Bestellung zustimmt.

Lehnt die um Amtshilfe ersuchte Behörde die vorgeschlagene Bestellung ab oder schlägt die um Amtshilfe ersuchende Behörde keine Bestellung von Wirtschaftsprüfern oder Sachverständigen vor, so hat die um Amtshilfe ersuchte Behörde das Recht, Wirtschaftsprüfer oder Sachverständige vorzuschlagen.

(4) Können sich die um Amtshilfe ersuchte Behörde und die um Amtshilfe ersuchende Behörde bei der Bestellung von Wirtschaftsprüfern oder Sachverständigen nicht einigen, so entscheidet die um Amtshilfe ersuchte Behörde, ob sie die Vor-Ort-Überprüfung oder Ermittlung selbst durchführt oder der um Amtshilfe ersuchenden Behörde die Durchführung der Vor-Ort-Überprüfung oder Ermittlung gestattet.

(5) Sofern die um Amtshilfe ersuchte und die um Amtshilfe ersuchende Behörde nichts anderes vereinbaren, trägt die Behörde, die die bestellten Wirtschaftsprüfer oder Sachverständigen vorgeschlagen hat, die entsprechenden Kosten.

(6) Stoßen die Wirtschaftsprüfer oder Sachverständigen bei einer Vor-Ort-Überprüfung oder Ermittlung auf wesentliche Informationen, die für die Wahrnehmung der Aufgaben der um Amtshilfe ersuchten Behörde relevant sind, so übermitteln sie der um Amtshilfe ersuchten Behörde unverzüglich diese Informationen.

Artikel 10
Ersuchen um Amtshilfe bei der Befragung von Personen in anderen Mitgliedstaaten

(1) Hält die um Amtshilfe ersuchende Behörde es für erforderlich, Personen zu befragen, die sich im Hoheitsgebiet eines anderen Mitgliedstaats aufhalten, so unterbreitet sie den zuständigen Behörden dieses Mitgliedstaats ein schriftliches Ersuchen.

(2) Dieses Ersuchen enthält folgende Angaben:

a) die Gründe für das Ersuchen, einschließlich der rechtlichen Bestimmungen, die im Zuständigkeitsgebiet der um Amtshilfe ersuchenden Behörde gelten und auf deren Grundlage das Ersuchen gestellt wird;
b) den Umfang der Befragungen;
c) die Schritte, die die um Amtshilfe ersuchende Behörde bereits unternommen hat;
d) alle Schritte, die von der um Amtshilfe ersuchten Behörde einzuleiten sind;
e) die für die Befragungen vorgeschlagene Methodik und die Gründe, aus denen die um Amtshilfe ersuchende Behörde diese Methodik gewählt hat.

(3) Das Ersuchen wird mit ausreichendem Vorlauf zu den Befragungen gestellt.

(4) Ist ein Ersuchen um Amtshilfe bei der Befragung von Personen, die sich in einem anderen Mitgliedstaaten aufhalten, dringend, kann es per E-Mail übermittelt und anschließend schriftlich bestätigt werden.

(5) Die um Amtshilfe ersuchte Behörde bestätigt den Eingang des Ersuchens unverzüglich.

(6) Um der um Amtshilfe ersuchten Behörde die erforderliche Hilfestellung zu ermöglichen, stellt die um Amtshilfe ersuchende Behörde dieser alle von ihr angeforderten Informationen zur Verfügung.

(7) Die um Amtshilfe ersuchte Behörde übermittelt unverzüglich alle ihr vorliegenden Informationen und Unterlagen, die mit Blick auf die Gründe der Befragungen und deren Umfang für die um Amtshilfe ersuchende Behörde relevant oder nützlich sind.

(8) Die um Amtshilfe ersuchte und die um Amtshilfe ersuchende Behörde bewerten anhand der nach den Absätzen 6 oder 7 übermittelten Unterlagen und Informationen erneut die Notwendigkeit von Befragungen.

(9) Die um Amtshilfe ersuchte Behörde entscheidet, ob sie die Befragungen selbst durchführt oder ob sie der um Amtshilfe ersuchenden Behörde gestattet, die Befragungen durchzuführen.

(10) Die um Amtshilfe ersuchte und die um Amtshilfe ersuchende Behörde einigen sich über die mit der Aufteilung der Kosten für die Durchführung der Befragungen zusammenhängenden Fragen.

(11) Die um Amtshilfe ersuchende Behörde kann an den gemäß Absatz 1 verlangten Befragungen teilnehmen. Die um Amtshilfe ersuchende Behörde kann vor und während der Befragung Fragen unterbreiten, die gestellt werden sollen.

Artikel 11
Besondere Bestimmungen für Überprüfungen vor Ort und Ermittlungen

(1) Die zuständigen Behörden des Herkunftsmitgliedstaats der Verwaltungsgesellschaft und die zuständigen Behörden des OGAW-Herkunftsmitgliedstaats unterrichten sich gegenseitig über alle Vor-Ort-Überprüfungen und Ermittlungen, die im Zusammenhang mit ihrer Aufsicht unterliegenden Verwaltungsgesellschaften oder OGAW vorgenommen werden sollen. Nach Eingang einer solchen Mitteilung kann die benachrichtigte zuständige Behörde die benachrichtigende zuständige Behörde unverzüglich darum ersuchen, im Rahmen der Vor-Ort-Überprüfung oder Ermittlung Fragen einzubeziehen, die unter die Aufsichtsbefugnis der benachrichtigten Behörde fallen.

(2) Die zuständigen Behörden des Herkunftsmitgliedstaats der Verwaltungsgesellschaft können die zuständige Behörde des OGAW-Herkunftsmitgliedstaats bei der Vor-Ort-Überprüfung und Ermittlung im Zusammenhang mit einer OGAW-Verwahrstelle um Amtshilfe ersuchen und erforderlichenfalls dazu auffordern, ihre Aufsichtspflichten in Bezug auf die Verwaltungsgesellschaft zu erfüllen.

(3) Die zuständigen Behörden des OGAW-Herkunftsmitgliedstaats und die zuständigen Behörden des Herkunftsmitgliedstaats der Verwaltungsgesellschaft einigen sich auf die Verfahren für die gegenseitige Mitteilung der Ergebnisse von Vor-Ort-Überprüfungen und Ermittlungen, die im Zusammenhang mit ihrer Aufsicht unterliegenden Verwaltungsgesellschaften und OGAW durchgeführt wurden.

(4) Die zuständigen Behörden des OGAW-Herkunftsmitgliedstaats und die zuständigen Behörden des Herkunftsmitgliedstaats der Verwaltungsgesellschaft einigen sich erforderlichenfalls auf weitere Maßnahmen, die in Bezug auf die Vor-Ort-Überprüfung oder Ermittlung getroffen werden müssen.

ABSCHNITT 2
Informationsaustausch

Artikel 12
Routinemäßiger Informationsaustausch

(1) Die zuständigen Behörden des OGAW-Herkunftsmitgliedstaats unterrichten die zuständigen Behörden der OGAW-Aufnahmemitgliedstaaten und – wenn die OGAW-Verwaltungsgesellschaft in einem anderen Mitgliedstaat als dem OGAW-Herkunftsmitgliedstaat niedergelassen ist – die zuständigen Behörden des Herkunftsmitgliedstaats des Verwaltungsgesellschaft unverzüglich über:

a) jede Entscheidung, einem OGAW die Zulassung zu entziehen;

b) jede Entscheidung, die einem OGAW bezüglich der Aussetzung der Ausgabe, des Rückkaufs oder der Rücknahme seiner Anteile auferlegt wird;
c) jede andere gegen eine OGAW getroffene schwerwiegende Maßnahme.

(2) Ist die Verwaltungsgesellschaft eines OGAW in einem anderen Mitgliedstaat niedergelassen als dem OGAW-Herkunftsmitgliedstaat, so unterrichten die zuständigen Behörden des Herkunftsmitgliedstaats der Verwaltungsgesellschaft die zuständigen Behörden des OGAW-Herkunftsmitgliedstaat unverzüglich, wenn die Fähigkeit einer Verwaltungsgesellschaft, ihre Aufgaben in Bezug auf den OGAW ordnungsgemäß zu erfüllen, erheblich beeinträchtigt ist oder die Verwaltungsgesellschaft die Anforderungen von Kapitel III der Richtlinie 2009/65/EG nicht erfüllt.

(3) Ist die Verwaltungsgesellschaft eines OGAW in einem anderen Mitgliedstaat niedergelassen als dem OGAW-Herkunftsmitgliedstaat, so erleichtern die zuständigen Behörden des OGAW-Herkunftsmitgliedstaats und des Herkunftsmitgliedstaats der Verwaltungsgesellschaft den Austausch von Informationen, die erforderlich sind, ihre Aufgaben gemäß der Richtlinie 2009/65/EG zu erfüllen, einschließlich der Gewährleistung eines angemessenes Informationsflusses. Dies umfasst den Austausch von Informationen, die benötigt werden für:

a) die Verfahren für die Zulassung einer Verwaltungsgesellschaft im Hinblick auf die Ausübung von Tätigkeiten auf dem Hoheitsgebiet eines anderen Mitgliedstaats gemäß den Artikeln 17 und 18 der Richtlinie 2009/65/EG;
b) die Verfahren für die Zulassung eines Verwaltungsgesellschaft im Hinblick auf die Verwaltung eines in einem anderen Mitgliedstaat als dem Herkunftsmitgliedstaat der Verwaltungsgesellschaft niedergelassenen OGAW gemäß Artikel 20 der Richtlinie 2009/65/EG;
c) die laufende Überwachung von Verwaltungsgesellschaften und OGAW.

Artikel 13
Informationsaustausch ohne vorherige Aufforderung

Die zuständigen Behörden übermitteln unverzüglich und ohne vorherige Aufforderung alle relevanten Informationen, die für andere zuständige Behörden in Bezug auf die Erfüllung von in der Richtlinie 2009/65/EG festgelegten Aufgaben von wesentlichem Interesse sein dürften.

KAPITEL III
SCHLUSSBESTIMMUNGEN

Artikel 14
Inkrafttreten

Diese Verordnung tritt am zwanzigsten Tag nach ihrer Veröffentlichung im *Amtsblatt der Europäischen Union* in Kraft.

Sie gilt ab dem 1. Juli 2011.

Diese Verordnung ist in allen ihren Teilen verbindlich und gilt unmittelbar in jedem Mitgliedstaat.

Brüssel, den 1. Juli 2010

Für die Kommission

Der Präsident

José Manuel BARROSO

ANHANG I
ANZEIGESCHREIBEN

(Artikel 1 der Verordnung (EU) Nr. 584/2010 der Kommission vom 1. Juli 2010 zur Durchführung der Richtlinie 2009/65/EG des Europäischen Parlaments und des Rates im Hinblick auf Form und Inhalt des Standardmodells für das Anzeigeschreiben und die OGAW-Bescheinigung, die Nutzung elektronischer Kommunikationsmittel durch die zuständigen Behörden für die Anzeige und die Verfahren für Vor-Ort-Überprüfungen und Ermittlungen sowie für den Informationsaustausch zwischen zuständigen Behörden (ABl. L 176 vom 10.7.2010, S. 16).

MITTEILUNG DER ABSICHT DES VERTRIEBS VON OGAW-ANTEILEN

IN ____________________________
(Aufnahmemitgliedstaat)

TEIL A

Name des OGAW: ____________________________

OGAW-Herkunftsmitgliedstaat: ____________________________

Rechtsform des OGAW (Zutreffendes bitte ankreuzen):

☐ Investmentfonds

☐ „Unit Trust"

☐ Investmentgesellschaft

Hat der OGAW Teilfonds? Ja/Nein

Name des OGAW und/oder des/der Teilfonds, die im Aufnahmemitgliedstaat vertrieben werden sollen	Name der Anteilsklasse(n), die im Aufnahmemitgliedstaat vertrieben werden soll(en) ([1])	Dauer ([2])	Code-Nummern ([3])

([1]) Beabsichtigt der OGAW lediglich den Vertrieb bestimmter Anteilsklassen, sind nur diese Klassen aufzuführen.
([2]) Falls zutreffend.
([3]) Falls zutreffend (z. B. ISIN).

Name der Verwaltungsgesellschaft/selbstverwalteten Investmentgesellschaft:

____

Herkunftsmitgliedstaat der Verwaltungsgesellschaft: ____________________

Adresse und eingetragener Gesellschaftssitz/Wohnsitz, falls nicht mit dem Gesellschaftssitz identisch:

____

____

Angaben zur Website der Verwaltungsgesellschaft: ____________________

Angaben zur Kontaktperson bei der Verwaltungsgesellschaft:

Name/Funktion: ____________________

Telefon: ____________________

E-Mail-Adresse: ____________________

Telefaxnummer: ____________________

Dauer der Gesellschaft, sofern zutreffend: ____________________

Umfang der Tätigkeiten der Verwaltungsgesellschaft im OGAW-Aufnahmemitgliedstaat

____

____

Zusätzliche Informationen über den OGAW (sofern erforderlich)

____

____

____

____

____

Anlagen:

(1) Aktuelle Fassung der Vertragsbedingungen oder Satzung, erforderlichenfalls in einer Übersetzung gemäß Artikel 94 Absatz 1 Buchstabe c der Richtlinie 2009/65/EG.

____

(Titel des Dokuments oder Name der elektronischen Anlage)

(2) Aktuelle Fassung des Prospekts, erforderlichenfalls in einer Übersetzung gemäß Artikel 94 Absatz 1 Buchstabe c der Richtlinie 2009/65/EG.

____

(Titel des Dokuments oder Name der elektronischen Anlage)

(3) Aktuelle Fassung der wesentlichen Informationen für den Anleger, erforderlichenfalls in einer Übersetzung gemäß Artikel 94 Absatz 1 Buchstabe b der Richtlinie 2009/65/EG.

____

(Titel des Dokuments oder Name der elektronischen Anlage)

(4) Der letzte veröffentlichte Jahresbericht und jeglicher auf ihn folgender Halbjahresbericht, erforderlichenfalls in einer Übersetzung gemäß Artikel 94 Absatz 1 Buchstabe c der Richtlinie 2009/65/EG.

____

(Titel des Dokuments oder Name der elektronischen Anlage)

Anmerkung:

Diesem Schreiben müssen die aktuellen Fassungen der geforderten Dokumente beigefügt sein, damit die zuständigen Behörden des OGAW-Herkunftsmitgliedstaats diese weiterleiten können. Dies gilt auch, wenn der betreffenden Behörde bereits Kopien dieser Dokumente übermittelt worden sind. Falls den zuständigen Behörden des OGAW-Aufnahmemitgliedstaats bereits Dokumente übermittelt wurden und diese weiterhin gültig sind, kann im Anzeigeschreiben auf diese Tatsache verwiesen werden.

Angabe, wo in Zukunft aktuelle elektronische Fassungen der Anlagen erhalten werden können:

____

TEIL B

Folgende Informationen werden in Einklang mit den nationalen Rechts- und Verwaltungsvorschriften des OGAW-Aufnahmemitgliedstaats im Hinblick auf den Vertrieb von Anteilen des OGAW in diesem Mitgliedstaat zur Verfügung gestellt.

OGAW entnehmen der Website der zuständigen Behörden jedes Mitgliedstaats, welche Angaben in diesem Abschnitt zu machen sind. Eine Liste mit Adressen relevanter Websites ist verfügbar unter www.cesr.eu.

1. Vorkehrungen für den Vertrieb von OGAW-Anteilen

Anteile des OGAW bzw. von OGAW-Teilfonds werden vertrieben durch:

☐ die OGAW-Verwaltungsgesellschaft

☐ eine andere gemäß der Richtlinie 2009/65/EG zugelassene Verwaltungsgesellschaft

☐ Kreditinstitute

☐ zugelassene Wertpapierfirmen oder Berater

☐ sonstige Einrichtungen

(1) ____________________

(2) ____________________

(3) ____________________

2. Maßnahmen für die Anteilinhaber gemäß Artikel 92 der Richtlinie 2009/65/EG:

Angaben zur Zahlstelle (sofern zutreffend):

Name: ____________________

Rechtsform: ____________________

Sitz: ____________________

Anschrift für den Schriftverkehr (falls abweichend): ____________________

Angaben zu anderen Personen, bei denen die Anleger Informationen einholen und Dokumente erhalten können:

Name: ____________________

Anschrift: ____________________

Modalitäten für die Veröffentlichung der Ausgabe-, Verkaufs-, Rücknahme- oder Auszahlungspreise für OGAW-Anteile:

____

3. Sonstige Informationen, die den zuständigen Behörden des Aufnahmemitgliedstaats gemäß Artikel 91 Absatz 3 der Richtlinie 2009/65/EG zur Verfügung zu stellen sind

Einschließlich (sofern vom OGAW-Aufnahmemitgliedstaat verlangt):

☐ jeglicher zusätzlicher Informationen, die den Anteilinhabern oder ihren Vermittlern zur Verfügung zu stellen sind;

☐ für OGAW, die Ausnahmen von in ihrem Aufnahmemitgliedstaat hinsichtlich der Modalitäten für den Vertrieb des OGAW, eine bestimmte Anteilklasse oder eine bestimmte Anlegerkategorie geltenden Bestimmungen oder Anforderungen in Anspruch nehmen, Einzelheiten der Anwendung solcher Ausnahmen;

____

____

____

____

____

Sofern vom OGAW-Aufnahmemitgliedstaat verlangt, Nachweis der an die zuständigen Behörden des Aufnahmemitgliedstaats zu entrichtenden Zahlungen.

____

TEIL C

Bestätigung durch den OGAW

Wir bestätigen hiermit, dass die diesem Anzeigeschreiben beigefügten Dokumente alle in der Richtlinie 2009/65/EG vorgesehenen relevanten Informationen enthalten. Der Wortlaut jedes Dokuments entspricht dem Wortlaut entsprechender Dokumente, die den zuständigen Behörden des Herkunftsmitgliedstaats bereits unterbreitet wurden, oder ist eine Übersetzung, die den entsprechenden Wortlaut zuverlässig wiedergibt.

(Das Anzeigeschreiben wird von einem Unterzeichnungsberechtigten des OGAW oder einer dritten Person unterzeichnet, die durch ein schriftliches Mandat bevollmächtigt wurde, im Namen des anzeigenden OGAW so zu handeln, dass seine Handlung von den zuständigen Behörden des OGAW-Herkunftsmitgliedstaats im Hinblick auf die Zertifizierung von Dokumenten akzeptiert wird. Der Unterzeichner gibt seinen/ihren vollständigen Namen und Funktion an und stellt sicher, dass die Bestätigung datiert ist.)

ANHANG II
OGAW-BESCHEINIGUNG

(Artikel 2 der Verordnung (EU) Nr. 584/2010 der Kommission vom 1. Juli 2010 zur Durchführung der Richtlinie 2009/65/EG des Europäischen Parlaments und des Rates im Hinblick auf Form und Inhalt des Standardmodells für das Anzeigeschreiben und die OGAW-Bescheinigung, die Nutzung elektronischer Kommunikationsmittel durch die zuständigen Behörden für die Anzeige und die Verfahren für Vor-Ort-Überprüfungen und Ermittlungen sowie für den Informationsaustausch zwischen zuständigen Behörden (ABl. L 176 vom 10.7.2010, S. 16).

______________________________ ist zuständige Behörde in:

(Name der zuständigen Behörde des OGAW-Herkunftsmitgliedstaats)

____

(OGAW-Herkunftsmitgliedstaat)

Addresse: ______________________________

Telefon: ______________________________

E-Mail-Adresse: ______________________________

Faxnummer: ______________________________

und nimmt die in Artikel 97 Absatz 1 der Richtlinie 2009/65/EG vorgesehenen Befugnisse wahr.

Für die Zwecke von Artikel 93 Absatz 3 der Richtlinie 2009/65/EG bestätigt

______________________________, dass

(Name der zuständigen Behörde, wie oben)

____

(Name des OGAW d. h. Name des Investmentfonds, Unit Trust oder der Investmentgesellschaft)

niedergelassen ist in: (Name des Herkunftsmitgliedstaats)

____

gegründet wurde am: (Datum der Genehmigung der Vertragsbedingungen oder der Satzung des OGAW)

____

unter folgende Nummer registriert ist (sofern anwendbar, Registriernummer des OGAW in seinem Herkunftsmitgliedstaat)

____

registriert wurde bei (sofern anwendbar, Name der für das Register zuständigen Behörde)

____

seinen Sitz hat in

____

____

(nur bei Investmentgesellschaften, Adresse der Hauptverwaltung der OGAW)

is: (please tick appropriate one box)

entweder ☐ Investmentfonds/Unit Trust

Liste aller im Herkunftsmitgliedstaat zugelassenen Teilfonds, sofern zutreffend	
Lfd. Nr.	Name
1	
2	
3	
....	

Verwaltungsgesellschaft:

(Name und Adresse der Verwaltungsgesellschaft)

oder ☐ eine Investmentgesellschaft ist:

Liste aller im Herkunftsmitgliedstaat zugelassenen Teilfonds, sofern zutreffend	
Lfd. Nr.	Name
1	
2	
3	
....	

dass der Fonds (Zutreffendes bitte ankreuzen)

entweder ☐ eine Verwaltungsgesellschaft benannt hat

(Name und Adresse der benannten Verwaltungsgesellschaft)

oder ☐ selbstverwaltet ist

und die Bedingungen der Richtlinie 2009/65/EG erfüllt.

(Die Bescheinigung wird von einem Vertreter der zuständigen Behörde des OGAW-Herkunftsmitgliedstaats so unterzeichnet und datiert, dass dies im Hinblick auf die Bescheinigung durch diese Behörde akzeptiert wird. Der Unterzeichner gibt seinen/ihren vollständigen Namen und Funktion an.)

Richtlinie 2010/43/EU der Kommission

vom 1. Juli 2010

zur Durchführung der Richtlinie 2009/65/EG des Europäischen Parlaments und des Rates im Hinblick auf organisatorische Anforderungen, Interessenkonflikte, Wohlverhalten, Risikomanagement und den Inhalt der Vereinbarung zwischen Verwahrstelle und Verwaltungsgesellschaft

(Text von Bedeutung für den EWR)

DIE EUROPÄISCHE KOMMISSION –

gestützt auf den Vertrag über die Arbeitsweise der Europäischen Union,

gestützt auf die Richtlinie 2009/65/EG des Europäischen Parlaments und des Rates vom 13. Juli 2009 zur Koordinierung der Rechts- und Verwaltungsvorschriften betreffend bestimmte Organismen für gemeinsame Anlagen in Wertpapieren (OGAW) ([1]), insbesondere auf Artikel 12 Absatz 3, Artikel 14 Absatz 2, Artikel 23 Absatz 6, Artikel 33 Absatz 6 und Artikel 51 Absatz 4,

in Erwägung nachstehender Gründe:

(1) In den Bereichen organisatorische Anforderungen, Interessenkonflikte und Wohlverhalten sollten Regeln und Terminologie so weit wie möglich an die Standards angepasst werden, die im Finanzdienstleistungsbereich durch die Richtlinie 2004/39/EG des Europäischen Parlaments und des Rates vom 21. April 2004 über Märkte für Finanzinstrumente, zur Änderung der Richtlinien 85/611/EWG und 93/6/EWG des Rates und der Richtlinie 2000/12/EG des Europäischen Parlaments und des Rates und zur Aufhebung der Richtlinie 93/22/EWG des Rates ([2]) und durch die Richtlinie 2006/73/EG der Kommission vom 10. August 2006 zur Durchführung der Richtlinie 2004/39/EG des Europäischen Parlaments und des Rates in Bezug auf die organisatorischen Anforderungen an Wertpapierfirmen und die Bedingungen für die Ausübung ihrer Tätigkeit sowie in Bezug auf die Definition bestimmter Begriffe für die Zwecke der genannten Richtlinie ([3]) gesetzt wurden. Durch eine solche Anpassung, die den Besonderheiten der gemeinsamen Portfolioverwaltung gebührend Rechnung tragen muss, ließen sich nicht nur zwischen den verschiedenen Finanzdienstleistungsbranchen gleiche Standards erreichen, sondern auch bei der Vermögensverwaltung allgemein, wo einige Mitgliedstaaten schon heute bestimmte Anforderungen der Richtlinie 2006/73/EG auf OGAW-Verwaltungsgesellschaften ausgedehnt haben.

(2) Damit die Durchführungsbestimmungen den Besonderheiten der Märkte und Rechtssysteme der einzelnen Mitgliedstaaten Rechnung tragen können, sollten diese Regeln in Form einer Richtlinie erlassen werden. Eine Richtlinie wird auch größtmögliche Kohärenz mit der durch die Richtlinie 2006/73/EG geschaffenen Regelung ermöglichen.

(3) Auch wenn die Grundsätze dieser Richtlinie allgemein für alle Verwaltungsgesellschaften gelten, sind sie doch flexibel genug, um zu gewährleisten, dass bei ihrer Anwendung und deren Kontrolle durch die zuständigen Behörden verhältnismäßig verfahren und der Art, dem Umfang und der Komplexität der Geschäfte einer Verwaltungsgesellschaft, der Vielfalt der in den Anwendungsbereich der Richtlinie 2009/65/EG fallenden Gesell-

---

[1] ABl. L 302 vom 17.11.2009, S. 32.

[2] ABl. L 145 vom 30.4.2004, S. 1.

[3] ABl. L 241 vom 2.9.2006, S. 26.

schaften und dem unterschiedlichen Charakter der einzelnen OGAW, die von einer Verwaltungsgesellschaft verwaltet werden können, Rechnung getragen wird.

(4) Sofern das einzelstaatliche Recht dies zulässt, sollten Verwaltungsgesellschaften einen Teil ihrer Tätigkeiten auf Dritte übertragen können. Die Durchführungsbestimmungen sollten entsprechend gelesen werden. Bei der Entscheidung, ob ein Dritter, dem bestimmte Aufgaben übertragen werden sollen, für die Art der auszuführenden Tätigkeiten als qualifiziert und befähigt angesehen werden kann, sollte eine Verwaltungsgesellschaft mit der gebotenen Sorgfalt verfahren. Der Dritte sollte deshalb in Bezug auf die auszuführende Tätigkeit alle Anforderungen an Organisation und Vermeidung von Interessenkonflikten erfüllen. Daraus folgt auch, dass die Verwaltungsgesellschaft sich vergewissern sollte, dass der Dritte die notwendigen Maßnahmen zur Einhaltung dieser Anforderungen getroffen hat, und dass die Verwaltungsgesellschaft die Einhaltung dieser Anforderungen durch den Dritten wirksam überwachen sollte. Ist der Beauftragte dafür verantwortlich, dass die für die delegierten Tätigkeiten geltenden Bestimmungen eingehalten werden, sollten für die Überwachung der delegierten Tätigkeiten gleichwertige organisatorische Anforderungen und Bestimmungen zur Vermeidung von Interessenkonflikten gelten. Wenn die Verwaltungsgesellschaft die Qualifikation und Fähigkeit mit der gebotenen Sorgfalt prüft, sollte sie dabei berücksichtigen können, dass der Dritte, dem Aufgaben übertragen werden, in vielen Fällen der Richtlinie 2004/39/EG unterliegt.

(5) Um zu vermeiden, dass für Verwaltungsgesellschaften und Investmentgesellschaften, die keine Verwaltungsgesellschaft bestimmt haben, unterschiedliche Standards gelten, sollten Letztere den gleichen Verhaltensregeln und Bestimmungen zu Interessenkonflikten und Risikomanagement unterworfen werden wie Verwaltungsgesellschaften. Aus diesem Grund sollten die Bestimmungen dieser Richtlinie über administrative Verfahren und interne Kontrollmechanismen der vorbildlichen Praxis halber sowohl für Verwaltungsgesellschaften als auch für Investmentgesellschaften, die keine Verwaltungsgesellschaft bestimmt haben, gelten, wobei dem Grundsatz der Verhältnismäßigkeit Rechnung zu tragen ist.

(6) Die Richtlinie 2009/65/EG verpflichtet Verwaltungsgesellschaften zu soliden administrativen Verfahren. Zur Erfüllung dieser Anforderung sollten Verwaltungsgesellschaften eine gut dokumentierte Organisationsstruktur mit klarer Aufgabenverteilung schaffen, bei der ein reibungsloser Informationsfluss zwischen allen Beteiligten gewährleistet ist. Verwaltungsgesellschaften sollten darüber hinaus ausreichende Systeme zur Datensicherung und Gewährleistung der Geschäftsfortführung im Krisenfall schaffen, die es ihnen ermöglichen, auch in Fällen, in denen ihre Tätigkeiten von Dritten ausgeführt werden, ihren Pflichten nachzukommen.

(7) Verwaltungsgesellschaften sollten ferner die zur Erfüllung ihrer Pflichten notwendigen Ressourcen halten, insbesondere um Mitarbeiter mit den erforderlichen Kompetenzen, Kenntnissen und Erfahrungen beschäftigen zu können.

(8) Im Hinblick auf sichere Datenverarbeitungsverfahren und die Dokumentationspflicht für alle OGAW-Transaktionen sollte die Verwaltungsgesellschaft über Vorkehrungen verfügen, die eine zeitnahe und ordnungsgemäße Aufzeichnung aller für OGAW ausgeführten Transaktionen ermöglichen.

(9) Die Rechnungslegung ist einer der zentralen Bereiche der OGAW-Verwaltung. Es ist daher von allergrößter Bedeutung, die Rechnungslegungsverfahren in den Durchführungsbestimmungen näher auszuführen. Der Grundsatz, wonach alle Vermögenswerte und Verbindlichkeiten eines OGAW oder seiner Teilfonds direkt ermittelt werden können, und Konten getrennt geführt werden sollten, sollte in dieser Richtlinie deshalb beibehalten werden. Bestehen darüber hinaus verschiedene, beispielsweise von der Höhe der Verwal-

tungsgebühren abhängige Anteilsklassen, so sollte der Nettoinventarwert der einzelnen Klassen direkt aus dem Rechnungswesen gezogen werden können.

(10) Eine klare Aufgabenverteilung zwischen Geschäftsleitung und Aufsichtsfunktion ist für die Umsetzung der in der Richtlinie 2009/65/EG vorgeschriebenen angemessenen internen Kontrollverfahren von zentraler Bedeutung. Für die Umsetzung der allgemeinen Anlagepolitik, die in der Verordnung (EU) Nr. 583/2010 der Kommission vom 1. Juli 2010 zur Durchführung der Richtlinie 2009/65/EG des Europäischen Parlaments und des Rates im Hinblick auf die wesentlichen Informationen für den Anleger und die Bedingungen, die einzuhalten sind, wenn die wesentlichen Informationen für den Anleger oder der Prospekt auf einem anderen dauerhaften Datenträger als Papier oder auf einer Website zur Verfügung gestellt werden ([4]), dargelegt ist, sollte folglich die Geschäftsleitung zuständig sein. Auch für die Anlagestrategien, die allgemeine Hinweise auf die strategische Anlagenstrukturierung des OGAW liefern, und die für eine angemessene und wirksame Umsetzung der Anlagepolitik erforderlichen Anlagetechniken sollte weiterhin die Geschäftsleitung zuständig sein. Die klare Aufgabenverteilung sollte auch angemessene Kontrollen sicherstellen, die gewährleisten, dass das OGAW-Vermögen gemäß den Vertragsbedingungen oder der Satzung des Fonds und den geltenden gesetzlichen Bestimmungen angelegt wird, und die Risikolimits der einzelnen OGAW eingehalten werden. Die Aufgabenverteilung sollte mit Rolle und Aufgaben der Geschäftsleitung und der Aufsichtsfunktion, wie sie im geltenden nationalen Recht und in den nationalen Corporate-Governance-Kodizes festgelegt sind, in Einklang stehen. Der Geschäftsleitung können mehrere oder alle Mitglieder des Leitungs- oder Verwaltungsorgans angehören.

(11) Um zu gewährleisten, dass Verwaltungsgesellschaften über einen angemessenen Kontrollmechanismus verfügen, sind eine ständige Compliance-Funktion und eine Innenrevisionsfunktion erforderlich. Die Compliance-Funktion sollte so ausgelegt sein, dass jedes Risiko, dass die Verwaltungsgesellschaft ihren Pflichten aus der Richtlinie 2009/65/EG nicht nachkommt, von ihr aufgedeckt werden kann. Die Innenrevisionsfunktion sollte darauf abzielen, die diversen Kontrollverfahren und administrativen Regelungen, die die Verwaltungsgesellschaft geschaffen hat, zu überprüfen und zu bewerten.

(12) Den Verwaltungsgesellschaften sollte bei der Organisation ihres Risikomanagements ein gewisser Spielraum zugestanden werden. In Fällen, in denen eine separate Risikomanagement-Funktion nicht angemessen oder verhältnismäßig ist, sollte die Verwaltungsgesellschaft dennoch nachweisen können, dass spezielle Maßnahmen zum Schutz vor Interessenkonflikten getroffen wurden, die ein unabhängiges Risikomanagement ermöglichen.

(13) Die Richtlinie 2009/65/EG verpflichtet die Verwaltungsgesellschaften, Regeln für persönliche Geschäfte aufzustellen. Gemäß der Richtlinie 2006/73/EG sollten Verwaltungsgesellschaften Mitarbeiter, die sich in einem Interessenkonflikt befinden oder über Insider-Informationen im Sinne der Richtlinie 2003/6/EG des Europäischen Parlaments und des Rates vom 28. Januar 2003 über Insider-Geschäfte und Marktmanipulation (Marktmissbrauch) ([5]) verfügen, an persönlichen Geschäften hindern, die durch einen Missbrauch von Informationen ermöglicht werden, die sie im Rahmen ihrer beruflichen Tätigkeit erlangt haben.

---

[4] Siehe Seite 1 dieses Amtsblatts.
[5] ABl. L 96 vom 12.4.2003, S. 16.

(14) Nach der Richtlinie 2009/65/EG müssen Verwaltungsgesellschaften sicherstellen, dass für jedes Portfoliogeschäft im Zusammenhang mit OGAW Ursprung, Gegenparteien, Art, Abschlusszeitpunkt und -ort rekonstruiert werden können. Zu diesem Zweck müssen Anforderungen an die Aufzeichnung von Portfoliogeschäften und Zeichnungs- und Rücknahmeaufträgen festgelegt werden.

(15) Nach der Richtlinie 2009/65/EG müssen OGAW-Verwaltungsgesellschaften über angemessene Verfahren verfügen, um bei unvermeidlichen Interessenkonflikten eine faire Behandlung der OGAW zu gewährleisten. Verwaltungsgesellschaften sollten deshalb sicherstellen, dass in einem solchen Fall die Geschäftsleitung oder eine andere zuständige interne Stelle unverzüglich informiert wird, damit sie alle zur Gewährleistung einer fairen Behandlung des OGAW und seiner Anteilinhaber notwendigen Entscheidungen treffen kann.

(16) Verwaltungsgesellschaften sollten dazu verpflichtet werden, für die Ausübung der Stimmrechte, die mit den Finanzinstrumenten im Portfolio der von ihnen verwalteten OGAW verbunden sind, eine wirksame und angemessene Strategie festzulegen, anzuwenden und aufrechtzuerhalten, um so zu gewährleisten, dass diese Rechte zum ausschließlichen Nutzen der OGAW ausgeübt werden. Informationen über diese Strategie und ihre Anwendung sollten für die Anleger, u. a. über eine Website frei verfügbar sein. Je nach Fall und Anlagestrategie des OGAW könnte auch die Entscheidung, Stimmrechte nicht auszuüben, unter bestimmten Umständen so gesehen werden, dass dies ausschließlich dem OGAW nutzt. Die Möglichkeit, dass eine Investmentgesellschaft selbst abstimmt oder ihrer Verwaltungsgesellschaft spezielle Anweisungen für die Stimmabgabe erteilt, sollte allerdings nicht ausgeschlossen werden.

(17) Von der Pflicht zur Unterrichtung der Geschäftsleitung oder einer anderen zuständigen internen Stelle der Verwaltungsgesellschaft, damit diese die notwendigen Entscheidungen treffen kann, unberührt bleiben sollte die Pflicht der Verwaltungsgesellschaften und OGAW, beispielsweise in ihren regelmäßigen Berichten Situationen anzuzeigen, in denen die organisatorischen oder administrativen Vorkehrungen für Interessenkonflikte nicht ausgereicht haben, um nach vernünftigem Ermessen zu gewährleisten, dass dem Risiko einer Schädigung von Kundeninteressen vorgebeugt ist. Die Entscheidung der Verwaltungsgesellschaft sollte in diesen Berichten unter Berücksichtigung der internen Grundsätze und Verfahren, die zur Ermittlung, Vorbeugung und Regelung von Interessenkonflikten beschlossen wurden, erläutert und begründet werden, selbst wenn die Entscheidung darin besteht, nichts zu unternehmen.

(18) Die Richtlinie 2009/65/EG verpflichtet Verwaltungsgesellschaften, im besten Interesse der von ihnen verwalteten OGAW und der Integrität des Marktes zu handeln. Bestimmte Praktiken, wie Market Timing und Late Trading, können den Anteilinhabern schaden und die Funktionsmechanismen des Marktes untergraben. Aus diesem Grund sollten Verwaltungsgesellschaften über angemessene Verfahren zur Verhinderung unzulässiger Praktiken verfügen. Darüber hinaus sollten Verwaltungsgesellschaften unter Berücksichtigung der Anlageziele und -politik des OGAW angemessene Verfahren zum Schutz gegen unangemessene Gebühren und Praktiken, wie die übermäßige Verursachung von Geschäftsvorfällen („excessive trading") schaffen.

(19) Verwaltungsgesellschaften sollten auch dann im besten Interesse der OGAW handeln, wenn sie Handelsaufträge im Namen der von ihnen verwalteten OGAW direkt ausführen oder an Dritte weiterleiten. Wenn Verwaltungsgesellschaften Aufträge im Namen des OGAW ausführen, sollten sie unter Berücksichtigung des Kurses, der Kosten, der Geschwindigkeit, der Wahrscheinlichkeit der Ausführung und Abwicklung, des Umfangs

und der Art des Auftrags sowie aller sonstigen, für die Auftragsausführung relevanten Aspekte alle angemessenen Maßnahmen ergreifen, um das bestmögliche Ergebnis für ihre Kunden zu erzielen.

(20) Um zu gewährleisten, dass Verwaltungsgesellschaften den Vorgaben der Richtlinie 2009/65/EG entsprechend ihre Tätigkeit mit der gebotenen Sachkenntnis, Sorgfalt und Gewissenhaftigkeit im besten Interesse der von ihnen verwalteten OGAW ausüben, müssen Vorschriften für die Auftragsbearbeitung festgelegt werden.

(21) Bestimmte Gebühren, Provisionen und nicht in Geldform angebotene Zuwendungen, die möglicherweise an eine oder von einer Verwaltungsgesellschaft gezahlt werden, sollten nicht gestattet sein, da sie sich auf die Einhaltung der in der Richtlinie 2009/65/EG festgelegten Anforderung, wonach die Verwaltungsgesellschaft bei Ausübung ihrer Tätigkeit recht, billig und professionell sowie im besten Interesse der OGAW handeln sollte, auswirken könnten. Aus diesem Grund müssen klare Regeln im Hinblick darauf festgelegt werden, in welchen Fällen die Zahlung von Gebühren, Provisionen und nicht in Geldform angebotenen Zuwendungen nicht als Verstoß gegen diese Grundsätze anzusehen ist.

(22) Ist eine Verwaltungsgesellschaft grenzübergreifend tätig, bringt dies für das Verhältnis zwischen der Verwaltungsgesellschaft und der OGAW-Verwahrstelle neue Herausforderungen mit sich. Um die notwendige Rechtssicherheit zu gewährleisten, sollten in dieser Richtlinie die wichtigsten Punkte der Vereinbarung zwischen einer OGAW-Verwahrstelle und einer Verwaltungsgesellschaft, die ihren Sitz nicht im OGAW-Herkunftsmitgliedstaat hat, festgelegt werden. Damit eine solche Vereinbarung ordnungsgemäß ihren Zweck erfüllen kann, müssen Kollisionsnormen vorgesehen werden, die insofern von den Artikeln 3 und 4 der Verordnung (EG) Nr. 593/2008 des Europäischen Parlaments und des Rates vom 17. Juni 2008 über das auf vertragliche Schuldverhältnisse anzuwendende Recht (Rom I) ([6]) abweichen, als für die Vereinbarung das Recht des OGAW-Herkunftsmitgliedstaats gelten sollte.

(23) Nach der Richtlinie 2009/65/EG müssen Kriterien für die Bewertung der Angemessenheit des Risikomanagement-Prozesses einer Verwaltungsgesellschaft festgelegt werden. Diese Kriterien betreffen insbesondere die Festlegung angemessener und dokumentierter Grundsätze für das Risikomanagement, die von den Verwaltungsgesellschaften einzuhalten sind. Anhand dieser Grundsätze sollten die Verwaltungsgesellschaften bewerten können, mit welchen Risiken die Positionen der von ihnen verwalteten Portfolios verbunden sind und in welchem Umfang diese Einzelrisiken zum Gesamtrisikoprofil des Portfolios beitragen. Die Risikomanagement-Grundsätze sollten gemessen an der Art, dem Umfang und der Komplexität der Geschäfte der Verwaltungsgesellschaft und der von ihr verwalteten OGAW adäquat und verhältnismäßig sein.

(24) Die regelmäßige Bewertung, Überwachung und Überprüfung der Grundsätze für das Risikomanagement durch die Verwaltungsgesellschaft stellt ebenfalls ein Kriterium für die Bewertung der Angemessenheit des Risikomanagement-Prozesses dar. Dazu zählt auch die Prüfung der Wirksamkeit der Maßnahmen, die zur Behebung etwaiger Mängel in der Funktionsweise des Risikomanagement-Prozesses getroffen wurden.

(25) Ein wesentliches Kriterium für die Bewertung der Angemessenheit des Risikomanagement-Prozesses besteht darin, ob die Verwaltungsgesellschaften verhältnismäßige und wirksame Risikomessverfahren anwenden, um die Risiken, denen die von ihnen verwalteten OGAW ausgesetzt sind oder sein könnten, jederzeit messen zu können. Diese

[6] ABl. L 177 vom 4.7.2008, S. 6.

Anforderungen beruhen auf gemeinsamen Praktiken, auf die sich die zuständigen Behörden der Mitgliedstaaten verständigt haben. Sie umfassen sowohl quantitative Messgrößen (für quantifizierbare Risiken) als auch qualitative Methoden. Die zur Berechnung der quantitativen Messgrößen verwendeten elektronischen Datenverarbeitungssysteme und -instrumente sollten miteinander oder mit Front-Office- und Rechnungslegungsanwendungen verknüpft werden. Risikomessverfahren sollten in Zeiten erhöhter Marktturbulenz eine angemessene Risikomessung ermöglichen und überarbeitet werden, wenn dies im Interesse der Anteilinhaber notwendig ist. Sie sollten auch eine angemessene Bewertung der Konzentration der maßgeblichen Risiken auf Portfolio-Ebene und deren Wechselwirkungen untereinander ermöglichen.

(26) Ein funktionierendes Risikomanagement sollte gewährleisten, dass die Verwaltungsgesellschaften die in der Richtlinie 2009/65/EG gesetzten Anlagegrenzen, wie das Gesamtrisiko- und das Kontrahentenrisikolimit, einhalten. Es sollten deshalb Kriterien für die Berechnung des Gesamt- und des Kontrahentenrisikos festgelegt werden.

(27) Bei der Festlegung dieser Kriterien sollte in der Richtlinie klargestellt werden, wie das Gesamtrisiko berechnet werden kann, nämlich u. a. mit Hilfe des Commitment-Ansatzes, des Value-at-risk-Modells oder eines fortgeschrittenen Messansatzes. Auch die Hauptelemente der Methode, nach der die Verwaltungsgesellschaft das Kontrahentenrisiko berechnen sollte, sollten festgelegt werden. Bei der Anwendung dieser Regeln sollte den Bedingungen, unter denen diese Methoden angewandt werden, Rechnung getragen werden, so u. a. den von den zuständigen Behörden im Ausschuss der Europäischen Wertpapierregulierungsbehörden ausgearbeiteten Grundsätzen, die auf die Finanzsicherheiten angewandt werden, um das Kontrahentenrisiko des OGAW zu verringern, sowie für die Verwendung von Hedging- und Nettingvereinbarungen.

(28) Nach der Richtlinie 2009/65/EG müssen Verwaltungsgesellschaften ein Verfahren verwenden, das eine präzise und unabhängige Bewertung des Werts von OTC-Derivaten erlaubt. Für dieses Verfahren werden in dieser Richtlinie deshalb gemäß der Richtlinie 2007/16/EG der Kommission vom 19. März 2007 zur Durchführung der Richtlinie 85/611/EWG des Rates zur Koordinierung der Rechts- und Verwaltungsvorschriften betreffend bestimmte Organismen für gemeinsame Anlagen in Wertpapieren (OGAW) im Hinblick auf die Erläuterung gewisser Definitionen ([7]) detaillierte Vorschriften festgelegt. Der vorbildlichen Praxis halber sollten Verwaltungsgesellschaften diese Anforderungen auf Instrumente anwenden, die OGAW den gleichen Bewertungsrisiken aussetzen wie OTC-Derivate, d. h. Risiken, die mit der fehlenden Liquidität eines Produkts und/oder der Komplexität der Auszahlungsstruktur zusammenhängen. Dementsprechend sollten Verwaltungsgesellschaften Vorkehrungen treffen und Verfahren festlegen, die mit den Anforderungen in Einklang stehen, die in Artikel 44 für die Bewertung weniger liquider oder komplexer Wertpapiere und Geldmarktinstrumente festgelegt sind, bei denen modellgestützte Bewertungsverfahren angewandt werden müssen.

(29) Die Richtlinie 2009/65/EG verpflichtet eine Verwaltungsgesellschaft, den jeweils zuständigen Behörden mitzuteilen, in welche Arten von Derivaten ein OGAW investiert wurde, welche Risiken mit den jeweiligen Basiswerten verbunden sind, welche Anlagegrenzen gelten und welche Methoden zur Messung der mit den Derivategeschäften verbundenen Risiken gewählt wurden. Wie eine Verwaltungsgesellschaft inhaltlich und ver-

---

[7] ABl. L 79 vom 20.3.2007, S. 11.

fahrenstechnisch vorzugehen hat, um dieser Verpflichtung nachzukommen, sollte genau ausgeführt werden.

(30) Der durch Beschluss 2009/77/EG der Kommission ([8]) eingesetzte Ausschuss der europäischen Wertpapierregulierungsbehörden wurde in fachlichen Fragen konsultiert.

(31) Die in dieser Richtlinie vorgesehenen Maßnahmen stehen mit der Stellungnahme des Europäischen Wertpapierausschusses in Einklang –

HAT FOLGENDE RICHTLINIE ERLASSEN:

KAPITEL I
GEGENSTAND, GELTUNGSBEREICH UND BEGRIFFSBESTIMMUNGEN

Artikel 1
Gegenstand

Diese Richtlinie legt Bestimmungen zur Durchführung der Richtlinie 2009/65/EG fest,

1. in denen die in Artikel 12 Absatz 1 Unterabsatz 2 Buchstabe a genannten Verfahren und Vorkehrungen und die in Artikel 12 Absatz 1 Unterabsatz 2 Buchstabe b genannten Strukturen und organisatorischen Anforderungen zur Verringerung von Interessenkonflikten genau ausgeführt werden;
2. in denen zum einen Kriterien für Handeln, das recht und billig ist, und für Handeln mit der gebotenen Sachkenntnis, Sorgfalt und Gewissenhaftigkeit im besten Interesse der OGAW sowie Kriterien für die Bestimmung der Arten von Interessenkonflikten und zum anderen die Prinzipien, die erforderlich sind, um zu gewährleisten, dass die Mittel wirksam eingesetzt werden und die Schritte, die zur Ermittlung, Vorbeugung, Regelung und Offenlegung der in Artikel 14 Absätze 1 und 2 genannten Interessenkonflikte unternommen werden sollten, festgelegt werden;
3. in denen die Einzelheiten, die gemäß Artikel 23 Absatz 5 und Artikel 33 Absatz 5 in den Vereinbarungen zwischen Verwahrstelle und Verwaltungsgesellschaft enthalten sein müssen, genau ausgeführt werden, und
4. in denen der in Artikel 51 Absatz 1 genannte Risikomanagement-Prozess, insbesondere die Kriterien für die Prüfung der Angemessenheit des von der Verwaltungsgesellschaft angewandten Risikomanagement-Prozesses und die Risikomanagement-Grundsätze und -Verfahren sowie die Vorkehrungen, Verfahren und Methoden für Risikomessung und -management in Bezug auf diese Kriterien genau ausgeführt werden.

Artikel 2
Geltungsbereich

(1) Diese Richtlinie gilt für Verwaltungsgesellschaften, die der in Artikel 6 Absatz 2 der Richtlinie 2009/65/EG genannten Tätigkeit der Verwaltung eines Organismus für gemeinsame Anlagen in Wertpapieren (OGAW) nachgehen.

Kapitel V dieser Richtlinie gilt auch für Verwahrstellen, die ihre Aufgaben gemäß den Bestimmungen von Kapitel IV und Kapitel V Abschnitt 3 der Richtlinie 2009/65/EG wahrnehmen.

(2) Die Bestimmungen dieses Kapitels, des Kapitels II Artikel 12 und der Kapitel III, IV und VI gelten mutatis mutandis für Investmentgesellschaften, die keine nach der Richtlinie 2009/65/EG zugelassene Verwaltungsgesellschaft bestimmt haben.

---

[8] ABl. L 25 vom 29.1.2009, S. 18.

In solchen Fällen ist „Verwaltungsgesellschaft" als „Investmentgesellschaft" zu verstehen.

Artikel 3
Begriffsbestimmungen

Für die Zwecke dieser Richtlinie gelten zusätzlich zu den Begriffsbestimmungen der Richtlinie 2009/65/EG folgende Begriffsbestimmungen:

1. „Kunde": jede natürliche oder juristische Person oder jedes andere Unternehmen einschließlich eines OGAW, für die/das eine Verwaltungsgesellschaft eine Dienstleistung der gemeinsamen Portfolioverwaltung oder Dienstleistungen gemäß Artikel 6 Absatz 3 der Richtlinie 2009/65/EG erbringt;
2. „Anteilinhaber": jede natürliche oder juristische Person, die einen oder mehrere Anteile an einem OGAW hält;
3. „Relevante Person": in Bezug auf eine Verwaltungsgesellschaft eine der folgenden Personen:
   a) ein Direktor, ein Gesellschafter oder eine vergleichbare Person oder ein Mitglied der Geschäftsleitung der Verwaltungsgesellschaft,
   b) ein Angestellter der Verwaltungsgesellschaft sowie jede andere natürliche Person, deren Dienste der Verwaltungsgesellschaft zur Verfügung gestellt und von dieser kontrolliert werden und die an der von der Verwaltungsgesellschaft erbrachten gemeinsamen Portfolioverwaltung beteiligt ist,
   c) eine natürliche Person, die im Rahmen einer Vereinbarung zur Übertragung von Aufgaben an Dritte unmittelbar an der Erbringung von Dienstleistungen für die Verwaltungsgesellschaft beteiligt ist, welche der Verwaltungsgesellschaft die gemeinsame Portfolioverwaltung ermöglichen;
4. „Geschäftsleitung": die Person oder Personen, die die Geschäfte einer Verwaltungsgesellschaft gemäß Artikel 7 Absatz 1 Buchstabe b der Richtlinie 2009/65/EG tatsächlich führt/führen;
5. „Leitungs- oder Verwaltungsorgan": das Leitungs- oder Verwaltungsorgan der Verwaltungsgesellschaft;
6. „Aufsichtsfunktion": relevante Person oder Stelle/Stellen, die für die Beaufsichtigung der Geschäftsleitung und für die Bewertung und regelmäßige Überprüfung der Angemessenheit und Wirksamkeit des Risikomanagement-Prozesses und der Grundsätze, Vorkehrungen und Verfahren, die zur Erfüllung der in der Richtlinie 2009/65/EG festgelegten Pflichten eingeführt wurden, zuständig ist bzw. sind;
7. „Kontrahentenrisiko": das Verlustrisiko für den OGAW, das aus der Tatsache resultiert, dass die Gegenpartei eines Geschäfts vor der Schlussabrechnung des mit dem Geschäft verbundenen Cashflows ihren Verpflichtungen möglicherweise nicht nachkommen kann;
8. „Liquiditätsrisiko": das Risiko, dass eine Position im OGAW-Portfolio nicht innerhalb hinreichend kurzer Zeit mit begrenzten Kosten veräußert, liquidiert oder geschlossen werden kann und dass dies die Fähigkeit des OGAW, den Anforderungen des Artikels 84 Absatz 1 der Richtlinie 2009/65/EG allzeit nachzukommen, beeinträchtigt;
9. „Marktrisiko": das Verlustrisiko für den OGAW, das aus Schwankungen beim Marktwert von Positionen im OGAW-Portfolio resultiert, die auf Veränderungen bei Marktvariablen, wie Zinssätzen, Wechselkursen, Aktien- und Rohstoffpreisen, oder bei der Bonität eines Emittenten zurückzuführen sind;

10. „Operationelles Risiko": das Verlustrisiko für den OGAW, das aus unzureichenden internen Prozessen sowie aus menschlichem oder Systemversagen bei der Verwaltungsgesellschaft oder aus externen Ereignissen resultiert und Rechts- und Dokumentationsrisiken sowie Risiken, die aus den für den OGAW betriebenen Handels-, Abrechnungs- und Bewertungsverfahren resultieren, einschließt.

Der in Absatz 1 Nummer 5 definierte Begriff „Leitungs- oder Verwaltungsorgan" schließt bei Verwaltungsgesellschaften mit dualer Struktur, d. h. einem Leitungs- und einem Aufsichtsorgan, das Aufsichtsorgan nicht ein.

KAPITEL II
VERWALTUNGSVERFAHREN UND KONTROLLMECHANISMEN

(Artikel 12 Absatz 1 Buchstabe a und Artikel 14 Absatz 1 Buchstabe c der Richtlinie 2009/65/EG)

ABSCHNITT 1
Allgemeine Grundsätze

Artikel 4
Allgemeine Anforderungen an Verfahren und Organisation

(1) Die Mitgliedstaaten verpflichten die Verwaltungsgesellschaften,

a) Entscheidungsprozesse und eine Organisationsstruktur, bei der Berichtspflichten klar festgelegt und dokumentiert und Funktionen und Aufgaben klar zugewiesen und dokumentiert sind, zu schaffen, umzusetzen und aufrechtzuerhalten;
b) sicherzustellen, dass ihre relevanten Personen über die Verfahren, die für eine ordnungsgemäße Wahrnehmung ihrer Aufgaben einzuhalten sind, im Bilde sind;
c) angemessene interne Kontrollmechanismen, die die Einhaltung von Beschlüssen und Verfahren auf allen Ebenen der Verwaltungsgesellschaft sicherstellen sollen, zu schaffen, umzusetzen und aufrechtzuerhalten;
d) eine reibungslos funktionierende interne Berichterstattung und Weitergabe von Informationen auf allen maßgeblichen Ebenen der Verwaltungsgesellschaft sowie einen reibungslosen Informationsfluss mit allen beteiligten Dritten einzuführen, zu praktizieren und aufrechtzuerhalten;
e) angemessene und systematische Aufzeichnungen über ihre Geschäftstätigkeit und interne Organisation zu führen.

Die Mitgliedstaaten sorgen dafür, dass die Verwaltungsgesellschaften der Art, dem Umfang und der Komplexität ihrer Geschäfte sowie der Art und dem Spektrum der im Zuge dieser Geschäfte erbrachten Dienstleistungen und Tätigkeiten Rechnung tragen.

(2) Die Mitgliedstaaten verpflichten die Verwaltungsgesellschaften, angemessene Systeme und Verfahren zum Schutz von Sicherheit, Integrität und Vertraulichkeit von Daten einzurichten, anzuwenden und aufrechtzuerhalten und dabei der Art dieser Daten Rechnung zu tragen.

(3) Die Mitgliedstaaten verpflichten die Verwaltungsgesellschaften, eine angemessene Notfallplanung festzulegen, umzusetzen und aufrechtzuerhalten, die bei einer Störung ihrer Systeme und Verfahren gewährleisten soll, dass wesentliche Daten und Funktionen erhalten bleiben und Dienstleistungen und Tätigkeiten fortgeführt werden oder – sollte dies nicht

möglich sein – diese Daten und Funktionen bald zurückgewonnen und die Dienstleistungen und Tätigkeiten bald wieder aufgenommen werden.

(4) Die Mitgliedstaaten verpflichten die Verwaltungsgesellschaften zur Festlegung, Umsetzung und Aufrechterhaltung von Rechnungslegungsgrundsätzen und -methoden, die es ihnen ermöglichen, der zuständigen Behörde auf Verlangen rechtzeitig Abschlüsse vorzulegen, die ein den tatsächlichen Verhältnissen entsprechendes Bild ihrer Vermögens- und Finanzlage vermitteln und mit allen geltenden Rechnungslegungsstandards und -vorschriften in Einklang stehen.

(5) Die Mitgliedstaaten verpflichten die Verwaltungsgesellschaften, die Angemessenheit und Wirksamkeit ihrer nach den Absätzen 1 bis 4 geschaffenen Systeme, internen Kontrollmechanismen und Vorkehrungen zu überwachen und regelmäßig zu bewerten und die zur Abstellung etwaiger Mängel erforderlichen Maßnahmen zu ergreifen.

Artikel 5
Ressourcen

(1) Die Mitgliedstaaten verpflichten die Verwaltungsgesellschaften zur Beschäftigung von Mitarbeitern, die über die zur Erfüllung der ihnen zugewiesenen Aufgaben notwendigen Fähigkeiten, Kenntnisse und Erfahrungen verfügen.

(2) Die Mitgliedstaaten sorgen dafür, dass die Verwaltungsgesellschaften die Ressourcen und Fachkenntnisse, die für eine wirksame Überwachung der von Dritten im Rahmen einer Vereinbarung mit der Verwaltungsgesellschaft ausgeführten Tätigkeiten erforderlich sind, halten, was insbesondere für das Management der mit solchen Vereinbarungen verbundenen Risiken gilt.

(3) Die Mitgliedstaaten verpflichten die Verwaltungsgesellschaften sicherzustellen, dass für den Fall, dass relevante Personen mit mehreren Aufgaben betraut sind, diese Personen dadurch weder tatsächlich noch voraussichtlich daran gehindert werden, die betreffenden Aufgaben solide, redlich und professionell zu erfüllen.

(4) Die Mitgliedstaaten sorgen dafür, dass die Verwaltungsgesellschaften für die in den Absätzen 1, 2 und 3 festgelegten Zwecke der Art, dem Umfang und der Komplexität ihrer Geschäfte sowie der Art und dem Spektrum der im Zuge dieser Geschäfte erbrachten Dienstleistungen und Tätigkeiten Rechnung tragen.

ABSCHNITT 2
Verwaltungs- und Rechnungslegungsverfahren

Artikel 6
Bearbeitung von Beschwerden

(1) Die Mitgliedstaaten verpflichten die Verwaltungsgesellschaften, wirksame und transparente Verfahren für die angemessene und prompte Bearbeitung von Anlegerbeschwerden zu schaffen, anzuwenden und aufrechtzuerhalten.

(2) Die Mitgliedstaaten verpflichten die Verwaltungsgesellschaften sicherzustellen, dass alle Beschwerden und alle zu deren Beilegung getroffenen Maßnahmen aufgezeichnet werden.

(3) Anleger müssen kostenfrei Beschwerde einlegen können. Informationen über die in Absatz 1 genannten Verfahren sind den Anlegern kostenfrei zur Verfügung zu stellen.

Artikel 7
Elektronische Datenverarbeitung

(1) Die Mitgliedstaaten verpflichten die Verwaltungsgesellschaften, angemessene Vorkehrungen für geeignete elektronische Systeme zu treffen, um eine zeitnahe und ordnungsgemäße Aufzeichnung jedes Portfoliogeschäfts und jedes Zeichnungs- oder Rücknahmeauftrags und damit die Einhaltung der Artikel 14 und 15 zu ermöglichen.

(2) Die Mitgliedstaaten verpflichten die Verwaltungsgesellschaften, bei der elektronischen Datenverarbeitung ein hohes Maß an Sicherheit zu gewährleisten und gegebenenfalls für die Integrität und vertrauliche Behandlung der aufgezeichneten Daten zu sorgen.

Artikel 8
Rechnungslegungsverfahren

(1) Um den Schutz der Anteilinhaber zu gewährleisten, verpflichten die Mitgliedstaaten die Verwaltungsgesellschaften, die Anwendung der in Artikel 4 Absatz 4 genannten Rechnungslegungsgrundsätze und -methoden sicherzustellen.

Die OGAW-Rechnungslegung ist so ausgelegt, dass alle Vermögenswerte und Verbindlichkeiten des OGAW jederzeit direkt ermittelt werden können.

Hat ein OGAW mehrere Teilfonds, werden für jeden dieser Teilfonds getrennte Konten geführt.

(2) Um eine präzise Berechnung des Nettoinventarwerts jedes einzelnen OGAW anhand der Rechnungslegung zu gewährleisten und sicherzustellen, dass Zeichnungs- und Rücknahmeaufträge zu diesem Nettoinventarwert ordnungsgemäß ausgeführt werden können, verpflichten die Mitgliedstaaten die Verwaltungsgesellschaften, Rechnungslegungsgrundsätze und -methoden festzulegen, anzuwenden und aufrechtzuerhalten, die den Rechnungslegungsvorschriften des OGAW-Herkunftsmitgliedstaats entsprechen.

(3) Die Mitgliedstaaten verpflichten die Verwaltungsgesellschaften, angemessene Verfahren zu schaffen, um eine ordnungsgemäße und präzise Bewertung der Vermögenswerte und Verbindlichkeiten des OGAW in Einklang mit den in Artikel 85 der Richtlinie 2009/65/EG genannten anzuwendenden Regeln zu gewährleisten.

ABSCHNITT 3
Interne Kontrollmechanismen

Artikel 9
Kontrolle durch Geschäftsleitung und Aufsichtsfunktion

(1) Die Mitgliedstaaten verpflichten die Verwaltungsgesellschaften, bei der internen Aufgabenverteilung sicherzustellen, dass die Geschäftsleitung und gegebenenfalls die Aufsichtsfunktion die Verantwortung dafür tragen, dass die Verwaltungsgesellschaft ihren Pflichten aus der Richtlinie 2009/65/EG nachkommt.

(2) Die Verwaltungsgesellschaft stellt sicher, dass ihre Geschäftsleitung

a) die Verantwortung dafür trägt, dass die allgemeine Anlagepolitik, wie sie gegebenenfalls im Prospekt, in den Vertragsbedingungen oder in der Satzung der Investmentgesellschaft festgelegt ist, bei jedem verwalteten OGAW umgesetzt wird;
b) für jeden verwalteten OGAW die Genehmigung der Anlagestrategien überwacht;

c) die Verantwortung dafür trägt, dass die Verwaltungsgesellschaft über die in Artikel 10 genannte dauerhafte und wirksame Compliance-Funktion verfügt, selbst wenn diese Funktion einem Dritten übertragen wurde;
d) dafür sorgt und sich regelmäßig vergewissert, dass die allgemeine Anlagepolitik, die Anlagestrategien und die Risikolimits jedes verwalteten OGAW ordnungsgemäß und wirkungsvoll umgesetzt und eingehalten werden, auch wenn die Risikomanagement-Funktion einem Dritten übertragen wurde;
e) die Angemessenheit der internen Verfahren, nach denen für jeden verwalteten OGAW die Anlageentscheidungen getroffen werden, feststellt und regelmäßig überprüft, um zu gewährleisten, dass solche Entscheidungen mit den genehmigten Anlagestrategien in Einklang stehen;
f) die in Artikel 38 genannten Grundsätze für das Risikomanagement sowie die zur Umsetzung dieser Grundsätze genutzten Vorkehrungen, Verfahren und Methoden billigt und regelmäßig überprüft, was auch die Risikolimits für jeden verwalteten OGAW betrifft.

(3) Die Verwaltungsgesellschaft stellt ebenfalls sicher, dass ihre Geschäftsführung und gegebenenfalls ihre Aufsichtsfunktion

a) die Wirksamkeit der Grundsätze, Vorkehrungen und Verfahren, die zur Erfüllung der in der Richtlinie 2009/65/EG festgelegten Pflichten eingeführt wurden, bewerten und regelmäßig überprüfen;
b) angemessene Maßnahmen ergreifen, um etwaige Mängel zu beseitigen.

(4) Die Mitgliedstaaten verpflichten die Verwaltungsgesellschaften sicherzustellen, dass ihre Geschäftsleitung häufig, mindestens aber einmal jährlich, schriftliche Berichte zu Fragen der Rechtsbefolgung, der Innenrevision und des Risikomanagements erhält, in denen insbesondere angegeben wird, ob zur Beseitigung etwaiger Mängel geeignete Abhilfemaßnahmen getroffen wurden.

(5) Die Mitgliedstaaten verpflichten die Verwaltungsgesellschaften sicherzustellen, dass ihre Geschäftsleitung regelmäßig Berichte über die Umsetzung der in Absatz 2 Buchstaben b bis e genannten Anlagestrategien und internen Verfahren für Anlageentscheidungen erhält.

(6) Die Mitgliedstaaten verpflichten die Verwaltungsgesellschaften sicherzustellen, dass die Aufsichtsfunktion – falls vorhanden – regelmäßig schriftliche Berichte zu den in Absatz 4 genannten Punkten erhält.

Artikel 10
Ständige Compliance-Funktion

(1) Die Mitgliedstaaten sorgen dafür, dass die Verwaltungsgesellschaften angemessene Grundsätze und Verfahren festlegen, anwenden und aufrechterhalten, die darauf ausgelegt sind, jedes Risiko der Nichteinhaltung der in der Richtlinie 2009/65/EG festgelegten Pflichten durch die betreffende Verwaltungsgesellschaft sowie die damit verbundenen Risiken aufzudecken, und dass die Verwaltungsgesellschaften angemessene Maßnahmen und Verfahren schaffen, um dieses Risiko auf ein Minimum zu begrenzen und die zuständigen Behörden in die Lage zu versetzen, ihre Befugnisse im Rahmen dieser Richtlinie wirksam auszuüben.

Die Mitgliedstaaten sorgen dafür, dass die Verwaltungsgesellschaften der Art, dem Umfang und der Komplexität ihrer Geschäfte sowie der Art und dem Spektrum der im Zuge dieser Geschäfte erbrachten Dienstleistungen und Tätigkeiten Rechnung tragen.

(2) Die Mitgliedstaaten schreiben den Verwaltungsgesellschaften die Einrichtung und Aufrechterhaltung einer wirksamen Compliance-Funktion vor, die unabhängig ist und folgende Aufgaben hat:

a) Überwachung und regelmäßige Bewertung der Angemessenheit und Wirksamkeit der gemäß Absatz 1 festgelegten Maßnahmen, Grundsätze und Verfahren, sowie der Schritte, die zur Beseitigung etwaiger Defizite der Verwaltungsgesellschaft bei der Wahrnehmung ihrer Pflichten unternommen wurden;
b) Beratung und Unterstützung der für Dienstleistungen und Tätigkeiten zuständigen relevanten Personen im Hinblick auf die Erfüllung der in der Richtlinie 2009/65/EG für Verwaltungsgesellschaften festgelegten Pflichten.

(3) Damit die in Absatz 2 genannte Compliance-Funktion ihre Aufgaben ordnungsgemäß und unabhängig wahrnehmen kann, stellen die Verwaltungsgesellschaften sicher, dass

a) die Compliance-Funktion über die notwendigen Befugnisse, Ressourcen und Fachkenntnisse verfügt und zu allen für sie relevanten Informationen Zugang hat;
b) ein Compliance-Beauftragter benannt wird, der für die Compliance-Funktion und die Erstellung der Berichte verantwortlich ist, die der Geschäftsleitung regelmäßig, mindestens aber einmal jährlich, zu Fragen der Rechtsbefolgung vorgelegt werden und in denen insbesondere angegeben wird, ob die zur Beseitigung etwaiger Mängel erforderlichen Abhilfemaßnahmen getroffen wurden;
c) relevante Personen, die in diese Funktion eingebunden sind, nicht in die von ihnen überwachten Dienstleistungen oder Tätigkeiten eingebunden sind;
d) das Verfahren, nach dem die Bezüge der in die Compliance-Funktion eingebundenen relevanten Personen bestimmt wird, weder deren Objektivität beeinträchtigt noch dies wahrscheinlich erscheinen lässt.

Kann eine Verwaltungsgesellschaft jedoch nachweisen, dass die in Unterabsatz 1 Buchstabe c oder d genannte Anforderung mit Blick auf die Art, den Umfang und die Komplexität ihrer Geschäfte sowie die Art und das Spektrum ihrer Dienstleistungen und Tätigkeiten unverhältnismäßig ist und dass die Compliance-Funktion dennoch ihre Aufgabe erfüllt, ist sie von dieser Anforderung befreit.

Artikel 11
Ständige Innenrevisionsfunktion

(1) Die Mitgliedstaaten schreiben Verwaltungsgesellschaften – soweit dies angesichts der Art, des Umfangs und der Komplexität ihrer Geschäfte sowie der Art und des Spektrums der im Zuge dieser Geschäfte erbrachten gemeinsamen Portfolioverwaltungsdienste angemessen und verhältnismäßig ist – die Einrichtung und Aufrechterhaltung einer von den übrigen Funktionen und Tätigkeiten der Verwaltungsgesellschaft getrennten, unabhängigen Innenrevisionsfunktion vor.

(2) Die in Absatz 1 genannte Innenrevisionsfunktion hat folgende Aufgaben:

a) Erstellung, Umsetzung und Aufrechterhaltung eines Revisionsprogramms mit dem Ziel, die Angemessenheit und Wirksamkeit der Systeme, internen Kontrollmechanismen und Vorkehrungen der Verwaltungsgesellschaft zu prüfen und zu bewerten;
b) Ausgabe von Empfehlungen auf der Grundlage der Ergebnisse der gemäß Buchstabe a ausgeführten Arbeiten;
c) Überprüfung der Einhaltung der unter Buchstabe b genannten Empfehlungen;
d) Erstellung von Berichten zu Fragen der Innenrevision gemäß Artikel 9 Absatz 4.

Artikel 12
Ständige Risikomanagement-Funktion

(1) Die Mitgliedstaaten verpflichten die Verwaltungsgesellschaften zur Einrichtung und Aufrechterhaltung einer ständigen Risikomanagement-Funktion.

(2) Die in Absatz 1 genannte ständige Risikomanagement-Funktion ist von den operativen Abteilungen hierarchisch und funktionell unabhängig.

Die Mitgliedstaaten können den Verwaltungsgesellschaften allerdings gestatten, von dieser Auflage abzuweichen, wenn dies angesichts der Art, des Umfangs und der Komplexität ihrer Geschäfte und der von ihnen verwalteten OGAW angemessen und verhältnismäßig ist.

Eine Verwaltungsgesellschaft muss nachweisen können, dass angemessene Maßnahmen zum Schutz vor Interessenkonflikten getroffen wurden, um ein unabhängiges Risikomanagement zu ermöglichen, und dass ihr Risikomanagement-Prozess den Anforderungen des Artikels 51 der Richtlinie 2009/65/EG entspricht.

(3) Die ständige Risikomanagement-Funktion hat die Aufgabe,

a) die Risikomanagement-Grundsätze und -Verfahren umzusetzen;
b) für die Einhaltung der OGAW-Risikolimits zu sorgen, worunter auch die gesetzlichen Limits für das Gesamt- und das Kontrahentenrisiko gemäß den Artikeln 41, 42 und 43 fallen;
c) das Leitungs- oder Verwaltungsorgan bei der Ermittlung des Risikoprofils der einzelnen verwalteten OGAW zu beraten;
d) dem Leitungs- oder Verwaltungsorgan und – falls vorhanden – der Aufsichtsfunktion regelmäßig zu folgenden Themen Bericht zu erstatten:
    i) Kohärenz zwischen dem aktuellen Risikostand bei jedem verwalteten OGAW und dem für diesen vereinbarten Risikoprofil;
    ii) Einhaltung der jeweiligen Risikolimits durch die einzelnen verwalteten OGAW;
    iii) Angemessenheit und Wirksamkeit des Risikomanagement-Prozesses, wobei insbesondere angegeben wird, ob bei eventuellen Mängeln angemessene Abhilfemaßnahmen eingeleitet wurden;
e) der Geschäftsleitung regelmäßig über den aktuellen Risikostand bei jedem verwalteten OGAW und jede tatsächliche oder vorhersehbare Überschreitung der für den jeweiligen OGAW geltenden Limits Bericht zu erstatten, um zu gewährleisten, dass umgehend angemessene Maßnahmen eingeleitet werden können;
f) die in Artikel 44 dargelegten Vorkehrungen und Verfahren für die Bewertung von OTC-Derivaten zu überprüfen und gegebenenfalls zu verstärken.

(4) Die ständige Risikomanagement-Funktion verfügt über die notwendige Autorität und über Zugang zu allen relevanten Informationen, die zur Erfüllung der in Absatz 3 genannten Aufgaben erforderlich sind.

Artikel 13
Persönliche Geschäfte

(1) Die Mitgliedstaaten verpflichten die Verwaltungsgesellschaften zur Festlegung, Umsetzung und Aufrechterhaltung angemessener Vorkehrungen, die relevante Personen, deren Tätigkeiten zu einem Interessenkonflikt Anlass geben könnten, oder die aufgrund von Tätigkeiten, die sie für die Verwaltungsgesellschaft ausüben, Zugang zu Insider-Informationen im Sinne von Artikel 1 Absatz 1 der Richtlinie 2003/6/EG oder zu anderen ver-

traulichen Informationen über OGAW oder über die mit oder für OGAW getätigten Geschäfte haben, daran hindern sollen,

a) ein persönliches Geschäft zu tätigen, bei dem zumindest eine der folgenden Bedingungen erfüllt ist:
   i) die Person darf das persönliche Geschäft nach der Richtlinie 2003/6/EG nicht tätigen;
   ii) es geht mit dem Missbrauch oder der vorschriftswidrigen Weitergabe vertraulicher Informationen einher;
   iii) es kollidiert mit einer Pflicht der Verwaltungsgesellschaft aus der Richtlinie 2009/65/EG oder der Richtlinie 2004/39/EG oder wird voraussichtlich damit kollidieren;
b) außerhalb ihres regulären Beschäftigungsverhältnisses oder Dienstleistungsvertrags einer anderen Person ein Geschäft mit Finanzinstrumenten zu empfehlen, das – würde es sich um ein persönliches Geschäft der relevanten Person handeln – unter Buchstabe a oder unter Artikel 25 Absatz 2 Buchstabe a oder b der Richtlinie 2006/73/EG fiele oder einen anderweitigen Missbrauch von Informationen über laufende Aufträge darstellen würde, oder diese Person zu einem solchen Geschäft zu veranlassen;
c) außerhalb ihres regulären Beschäftigungsverhältnisses oder Dienstleistungsvertrags und unbeschadet des Artikels 3 Buchstabe a der Richtlinie 2003/6/EG Informationen oder Meinungen an eine andere Person weiterzugeben, wenn der relevanten Person klar ist oder nach vernünftigem Ermessen klar sein sollte, dass diese Weitergabe die andere Person dazu veranlassen wird oder veranlassen dürfte,
   i) ein Geschäft mit Finanzinstrumenten einzugehen, das – würde es sich um ein persönliches Geschäft der relevanten Person handeln – unter Buchstabe a oder unter Artikel 25 Absatz 2 Buchstabe a oder b der Richtlinie 2006/73/EG fiele oder einen anderweitigen Missbrauch von Informationen über laufende Aufträge darstellen würde;
   ii) einer anderen Person zu einem solchen Geschäft zu raten oder zu verhelfen.

(2) Die in Absatz 1 vorgeschriebenen Vorkehrungen gewährleisten insbesondere, dass

a) jede unter Absatz 1 fallende relevante Person über die Beschränkungen für persönliche Geschäfte und die Maßnahmen, die die Verwaltungsgesellschaft im Hinblick auf persönliche Geschäfte und Informationsweitergabe gemäß Absatz 1 getroffen hat, im Bilde ist;
b) die Verwaltungsgesellschaft umgehend über jedes persönliche Geschäft einer relevanten Person unterrichtet wird, und zwar entweder durch Meldung des Geschäfts oder durch andere Verfahren, die der Verwaltungsgesellschaft die Feststellung solcher Geschäfte ermöglichen;
c) ein bei der Verwaltungsgesellschaft gemeldetes oder von dieser festgestelltes persönliches Geschäft sowie jede Erlaubnis und jedes Verbot im Zusammenhang mit einem solchen Geschäft festgehalten wird.

Werden bestimmte Tätigkeiten von Dritten ausgeführt, stellt die Verwaltungsgesellschaft für die Zwecke von Unterabsatz 1 Buchstabe b sicher, dass das Unternehmen, das die Tätigkeit ausführt, persönliche Geschäfte aller relevanten Personen festhält und der Verwaltungsgesellschaft diese Informationen auf Verlangen unverzüglich vorlegt.

(3) Von den Absätzen 1 und 2 ausgenommen sind:

a) persönliche Geschäfte, die im Rahmen eines Vertrags über die Portfolioverwaltung mit Ermessensspielraum getätigt werden, sofern vor Geschäftsabschluss keine diesbezüglichen Kontakte zwischen dem Portfolioverwalter und der relevanten Person oder der Person, für deren Rechnung das Geschäft getätigt wird, stattfinden;

b) persönliche Geschäfte mit OGAW oder mit Anteilen an Organismen für gemeinsame Anlagen, die nach der Rechtsvorschrift eines Mitgliedstaats, die für deren Anlagen ein gleich hohes Maß an Risikostreuung vorschreibt, der Aufsicht unterliegen, wenn die relevante Person oder jede andere Person, für deren Rechnung die Geschäfte getätigt werden, nicht an der Geschäftsleitung dieses Organismus beteiligt ist.

(4) Für die Zwecke der Absätze 1, 2 und 3 hat der Begriff „persönliches Geschäft" die gleiche Bedeutung wie in Artikel 11 der Richtlinie 2006/73/EG.

Artikel 14
Aufzeichnung von Portfoliogeschäften

(1) Die Mitgliedstaaten verpflichten die Verwaltungsgesellschaften sicherzustellen, dass jedes Portfoliogeschäft im Zusammenhang mit OGAW unverzüglich so aufgezeichnet wird, dass der Auftrag und das ausgeführte Geschäft im Einzelnen rekonstruiert werden können.

(2) Die in Absatz 1 genannte Aufzeichnung enthält:

a) den Namen oder die sonstige Bezeichnung des OGAW und der Person, die für Rechnung des OGAW handelt;
b) die zur Feststellung des betreffenden Instruments notwendigen Einzelheiten;
c) die Menge;
d) die Art des Auftrags oder des Geschäfts;
e) den Preis;
f) bei Aufträgen das Datum und die genaue Uhrzeit der Auftragsübermittlung und den Namen oder die sonstige Bezeichnung der Person, an die der Auftrag übermittelt wurde, bzw. bei Geschäften das Datum und die genaue Uhrzeit der Geschäftsentscheidung und -ausführung;
g) den Namen der Person, die den Auftrag übermittelt oder das Geschäft ausführt;
h) gegebenenfalls die Gründe für den Widerruf eines Auftrags;
i) bei ausgeführten Geschäften die Gegenpartei und den Ausführungsplatz.

Für die Zwecke von Unterabsatz 1 Buchstabe i bezeichnet „Ausführungsplatz" einen geregelten Markt im Sinne von Artikel 4 Nummer 14 der Richtlinie 2004/39/EG, ein multilaterales Handelssystem im Sinne von Artikel 4 Nummer 15 der genannten Richtlinie, einen systematischen Internalisierer im Sinne von Artikel 4 Nummer 7 der genannten Richtlinie oder einen Marktmacher, einen sonstigen Liquiditätsgeber oder eine Einrichtung, die in einem Drittland eine ähnliche Funktion erfüllt.

Artikel 15
Aufzeichnung von Zeichnungs- und Rücknahmeaufträgen

(1) Die Mitgliedstaaten verpflichten die Verwaltungsgesellschaften, angemessene Vorkehrungen zu treffen, um zu gewährleisten, dass die eingegangenen OGAW-Zeichnungs- und -Rücknahmeaufträge unmittelbar nach ihrem Eingang zentral erfasst und aufgezeichnet werden.

(2) Aufgezeichnet werden folgende Angaben:

a) Name des betreffenden OGAW;
b) Person, die den Auftrag erteilt oder übermittelt;
c) Person, die den Auftrag erhält;
d) Datum und Uhrzeit des Auftrags;
e) Zahlungsbedingungen und -mittel;

f) Art des Auftrags;
g) Datum der Auftragsausführung;
h) Zahl der gezeichneten oder zurückgenommenen Anteile;
i) Zeichnungs- oder Rücknahmepreis für jeden Anteil;
j) Gesamtzeichnungs- oder -rücknahmewert der Anteile;
k) Bruttowert des Auftrags einschließlich Zeichnungsgebühren oder Nettobetrag nach Abzug von Rücknahmegebühren.

Artikel 16
Aufzeichnungspflichten

(1) Die Mitgliedstaaten verpflichten die Verwaltungsgesellschaften, die Aufbewahrung der in den Artikeln 14 und 15 genannten Aufzeichnungen für einen Zeitraum von mindestens fünf Jahren sicherzustellen.

Unter außergewöhnlichen Umständen können die zuständigen Behörden jedoch verlangen, dass die Verwaltungsgesellschaften alle oder einige dieser Aufzeichnungen für einen längeren, von der Art des Instruments oder Portfoliogeschäfts abhängigen Zeitraum aufbewahren, wenn dies notwendig ist, um der Behörde die Wahrnehmung ihrer Aufsichtsfunktion gemäß der Richtlinie 2009/65/EG zu ermöglichen.

(2) Ist die Zulassung einer Verwaltungsgesellschaft abgelaufen, können die Mitgliedstaaten oder die zuständigen Behörden von der Verwaltungsgesellschaft verlangen, dass sie die in Absatz 1 genannten Aufzeichnungen bis zum Ende des Fünfjahreszeitraums aufbewahrt.

Überträgt die Verwaltungsgesellschaft die Aufgaben, die sie im Zusammenhang mit dem OGAW hat, auf eine andere Verwaltungsgesellschaft, können die Mitgliedstaaten oder die zuständigen Behörden Vorkehrungen im Hinblick darauf verlangen, dass dieser Gesellschaft die Aufzeichnungen für die vorangegangenen fünf Jahre zur Verfügung gestellt werden.

(3) Die Aufzeichnungen sind auf einem Datenträger aufzubewahren, auf dem sie so gespeichert werden können, dass die zuständige Behörde auch künftig auf sie zugreifen kann und die folgenden Bedingungen erfüllt sind:

a) Die zuständige Behörde muss ohne weiteres auf die Aufzeichnungen zugreifen und jede maßgebliche Stufe der Bearbeitung jedes einzelnen Portfoliogeschäfts rekonstruieren können;
b) jede Korrektur oder sonstige Änderung sowie der Inhalt der Aufzeichnungen vor einer solchen Korrektur oder sonstigen Änderung müssen leicht feststellbar sein;
c) die Aufzeichnungen dürfen nicht anderweitig manipulierbar oder zu verändern sein.

KAPITEL III
INTERESSENKONFLIKTE

(Artikel 12 Absatz 1 Buchstabe b, Artikel 14 Absatz 1 Buchstabe d und Artikel 14 Absatz 2 Buchstabe c der Richtlinie 2009/65/EG)

Artikel 17
Kriterien für die Feststellung von Interessenkonflikten

(1) Die Mitgliedstaaten sorgen dafür, dass die Verwaltungsgesellschaften bei der Feststellung der Arten von Interessenkonflikten, die bei der Dienstleistungserbringung und der

Ausführung von Tätigkeiten auftreten und den Interessen eines OGAW abträglich sein können, zumindest der Frage Rechnung tragen, ob auf die Verwaltungsgesellschaft, eine relevante Person oder eine Person, die direkt oder indirekt durch Kontrolle mit der Verwaltungsgesellschaft verbunden ist, aufgrund der Tatsache, dass sie in der gemeinsamen Portfolioverwaltung oder einem anderen Bereich tätig ist, eine der folgenden Situationen zutrifft:

a) die Verwaltungsgesellschaft oder die betreffende Person werden voraussichtlich einen finanziellen Vorteil erzielen oder einen finanziellen Verlust vermeiden, was zu Lasten des OGAW geht;
b) die Verwaltungsgesellschaft oder die betreffende Person hat am Ergebnis einer für den OGAW oder einen anderen Kunden erbrachten Dienstleistung oder eines für den OGAW oder einen anderen Kunden getätigten Geschäfts ein Interesse, das sich nicht mit dem Interesse des OGAW an diesem Ergebnis deckt;
c) für die Verwaltungsgesellschaft oder die betreffende Person gibt es einen finanziellen oder sonstigen Anreiz, die Interessen eines anderen Kunden oder einer anderen Kundengruppe über die Interessen des OGAW zu stellen;
d) die Verwaltungsgesellschaft oder die betreffende Person führt für den OGAW und für einen oder mehrere andere Kunden, bei denen es sich nicht um OGAW handelt, die gleichen Tätigkeiten aus;
e) die Verwaltungsgesellschaft oder die betreffende Person erhält aktuell oder künftig von einer anderen Person als dem OGAW in Bezug auf Leistungen der gemeinsamen Portfolioverwaltung, die für den OGAW erbracht werden, zusätzlich zu der hierfür üblichen Provision oder Gebühr einen Anreiz in Form von Geld, Gütern oder Dienstleistungen.

(2) Die Mitgliedstaaten schreiben den Verwaltungsgesellschaften vor, bei der Ermittlung der Arten von Interessenkonflikten Folgendes zu berücksichtigen:

a) ihre eigenen Interessen, einschließlich solcher, die aus der Zugehörigkeit der Verwaltungsgesellschaft zu einer Gruppe oder aus der Erbringung von Dienstleistungen und Tätigkeiten resultieren, die Interessen der Kunden und die Verpflichtung der Verwaltungsgesellschaft gegenüber dem OGAW;
b) die Interessen von zwei oder mehreren verwalteten OGAW.

Artikel 18
Grundsätze für den Umgang mit Interessenkonflikten

(1) Die Mitgliedstaaten verpflichten die Verwaltungsgesellschaften, wirksame Grundsätze für den Umgang mit Interessenkonflikten festzulegen, einzuhalten und aufrechtzuerhalten. Diese Grundsätze sind schriftlich festzulegen und müssen der Größe und Organisation der Verwaltungsgesellschaft sowie der Art, dem Umfang und der Komplexität ihrer Geschäfte angemessen sein.

Gehört die Verwaltungsgesellschaft einer Gruppe an, müssen diese Grundsätze darüber hinaus allen Umständen Rechnung tragen, die der Gesellschaft bekannt sind oder sein sollten und die aufgrund der Struktur und der Geschäftstätigkeiten anderer Gruppenmitglieder zu einem Interessenkonflikt Anlass geben könnten.

(2) In den gemäß Absatz 1 festgelegten Grundsätzen für den Umgang mit Interessenkonflikten

a) wird im Hinblick auf die Leistungen der gemeinsamen Portfolioverwaltung, die von oder für die Verwaltungsgesellschaft erbracht werden, festgelegt, unter welchen Umständen ein Interessenkonflikt, der den Interessen des OGAW oder eines oder mehrerer anderer Kunden erheblich schaden könnte, vorliegt oder entstehen könnte;

b) wird festgelegt, welche Verfahren für den Umgang mit diesen Konflikten einzuhalten und welche Maßnahmen zu treffen sind.

Artikel 19
Unabhängigkeit beim Konfliktmanagement

(1) Die Mitgliedstaaten sorgen dafür, dass die in Artikel 18 Absatz 2 Buchstabe b vorgesehenen Verfahren und Maßnahmen so gestaltet sind, dass relevante Personen, die verschiedene Tätigkeiten ausführen, die einen Interessenkonflikt nach sich ziehen, diese Tätigkeiten mit einem Grad an Unabhängigkeit ausführen, der der Größe und dem Betätigungsfeld der Verwaltungsgesellschaft und der Gruppe, der sie angehört, sowie der Erheblichkeit des Risikos, dass die Interessen von Kunden geschädigt werden, angemessen ist.

(2) Die Verfahren und Maßnahmen, die nach Artikel 18 Absatz 2 Buchstabe b einzuhalten bzw. zu treffen sind, schließen – soweit dies zur Gewährleistung des geforderten Grades an Unabhängigkeit der Verwaltungsgesellschaft notwendig und angemessen ist – Folgendes ein:

a) wirksame Verfahren, die den Austausch von Informationen zwischen relevanten Personen, die in der gemeinsamen Portfolioverwaltung tätig sind und deren Tätigkeiten einen Interessenkonflikt nach sich ziehen könnten, verhindern oder kontrollieren, wenn dieser Informationsaustausch den Interessen eines oder mehrerer Kunden schaden könnte;
b) die gesonderte Beaufsichtigung relevanter Personen, zu deren Hauptaufgaben die gemeinsame Portfolioverwaltung für Kunden oder die Erbringung von Dienstleistungen für Kunden oder Anleger gehört, deren Interessen möglicherweise kollidieren oder die in anderer Weise unterschiedliche, möglicherweise kollidierende Interessen vertreten, was auch die Interessen der Verwaltungsgesellschaft einschließt;
c) die Beseitigung jeder direkten Verbindung zwischen der Vergütung relevanter Personen, die sich hauptsächlich mit einer Tätigkeit beschäftigen, und der Vergütung oder den Einnahmen anderer relevanter Personen, die sich hauptsächlich mit einer anderen Tätigkeit beschäftigen, wenn bei diesen Tätigkeiten ein Interessenkonflikt entstehen könnte;
d) Maßnahmen, die jeden ungebührlichen Einfluss auf die Art und Weise, in der eine relevante Person die gemeinsame Portfolioverwaltung ausführt, verhindern oder einschränken;
e) Maßnahmen, die die gleichzeitige oder anschließende Beteiligung einer relevanten Person an einer anderen gemeinsamen Portfolioverwaltung verhindern oder kontrollieren, wenn eine solche Beteiligung einem einwandfreien Konfliktmanagement im Wege stehen könnte.

Sollten eine oder mehrere dieser Maßnahmen und Verfahren in der Praxis nicht das erforderliche Maß an Unabhängigkeit gewährleisten, verpflichten die Mitgliedstaaten die Verwaltungsgesellschaften, die für die genannten Zwecke erforderlichen und angemessenen alternativen oder zusätzlichen Maßnahmen und Verfahren festzulegen.

Artikel 20
Umgang mit Tätigkeiten, die einen schädlichen Interessenkonflikt nach sich ziehen

(1) Die Mitgliedstaaten verpflichten die Verwaltungsgesellschaften, Aufzeichnungen darüber zu führen, bei welchen Arten der von ihnen oder für sie erbrachten gemeinsamen

Portfolioverwaltung ein Interessenkonflikt aufgetreten ist bzw. bei laufender Portfolioverwaltung noch auftreten könnte, bei dem das Risiko, dass die Interessen eines oder mehrerer OGAW oder anderer Kunden Schaden nehmen, erheblich ist, und diese Aufzeichnungen regelmäßig zu aktualisieren.

(2) Die Mitgliedstaaten schreiben vor, dass in Fällen, in denen die organisatorischen oder administrativen Vorkehrungen der Verwaltungsgesellschaft zum Umgang mit Interessenkonflikten nicht ausreichen, um nach vernünftigem Ermessen zu gewährleisten, dass das Risiko einer Schädigung der Interessen des OGAW oder seiner Anteilinhaber ausgeschlossen werden kann, die Geschäftsleitung oder eine andere zuständige interne Stelle der Verwaltungsgesellschaft umgehend informiert wird, damit sie die notwendigen Entscheidungen treffen kann, um zu gewährleisten, dass die Verwaltungsgesellschaft stets im besten Interesse des OGAW und seiner Anteilinhaber handelt.

(3) Die Verwaltungsgesellschaft setzt die Anleger auf einem zweckmäßigen dauerhaften Datenträger über die in Absatz 2 genannten Gegebenheiten in Kenntnis und begründet ihre Entscheidung.

Artikel 21
Strategien für die Ausübung von Stimmrechten

(1) Die Mitgliedstaaten verpflichten die Verwaltungsgesellschaften, wirksame und angemessene Strategien im Hinblick darauf auszuarbeiten, wann und wie die mit den Instrumenten in den verwalteten Portfolios verbundenen Stimmrechte ausgeübt werden sollen, damit dies ausschließlich zum Nutzen des betreffenden OGAW ist.

(2) Die in Absatz 1 genannte Strategie enthält Maßnahmen und Verfahren, die

a) eine Verfolgung der maßgeblichen Corporate Events ermöglichen;
b) sicherstellen, dass die Ausübung von Stimmrechten mit den Anlagezielen und der Anlagepolitik des jeweiligen OGAW in Einklang steht;
c) Interessenkonflikte, die aus der Ausübung von Stimmrechten resultieren, verhindern oder regeln.

(3) Den Anlegern wird eine Kurzbeschreibung der in Absatz 1 genannten Strategien zur Verfügung gestellt.

Nähere Angaben zu den aufgrund dieser Strategien getroffenen Maßnahmen sind den Anteilinhabern auf Verlangen kostenfrei zur Verfügung zu stellen.

KAPITEL IV
WOHLVERHALTENSREGELN

(Artikel 14 Absatz 1 Buchstaben a und b und Artikel 14 Absatz 2 Buchstaben a und b der Richtlinie 2009/65/EG)

ABSCHNITT 1

Allgemeine Grundsätze

Artikel 22
Pflicht, im besten Interesse der OGAW und ihrer Anteilinhaber zu handeln

(1) Die Mitgliedstaaten verpflichten die Verwaltungsgesellschaften, eine faire Behandlung der Inhaber von Anteilen an verwalteten OGAW sicherzustellen.

Verwaltungsgesellschaften stellen die Interessen einer bestimmten Gruppe von Anteilinhabern nicht über die Interessen einer anderen Anteilinhabergruppe.

(2) Die Mitgliedstaaten verpflichten die Verwaltungsgesellschaften, angemessene Grundsätze und Verfahren zur Verhinderung unzulässiger Praktiken anzuwenden, von denen normalerweise eine Beeinträchtigung der Marktstabilität und -integrität zu erwarten wäre.

(3) Unbeschadet etwaiger rechtlicher Anforderungen auf nationaler Ebene verpflichten die Mitgliedstaaten die Verwaltungsgesellschaften sicherzustellen, dass für die von ihnen verwalteten OGAW faire, korrekte und transparente Kalkulationsmodelle und Bewertungssysteme verwendet werden, damit der Pflicht, im besten Interesse der Anteilinhaber zu handeln, Genüge getan ist. Die Verwaltungsgesellschaften müssen nachweisen können, dass die OGAW-Portfolios präzise bewertet wurden.

(4) Die Mitgliedstaaten verpflichten die Verwaltungsgesellschaften, durch ihre Handlungsweise zu verhindern, dass den OGAW und ihren Anteilinhabern überzogene Kosten in Rechnung gestellt werden.

Artikel 23
Sorgfaltspflichten

(1) Die Mitgliedstaaten verpflichten die Verwaltungsgesellschaften, im besten Interesse der OGAW und der Marktintegrität bei der Auswahl und laufenden Überwachung der Anlagen große Sorgfalt walten zu lassen.

(2) Die Mitgliedstaaten verpflichten die Verwaltungsgesellschaften sicherzustellen, dass sie über ausreichendes Wissen und ausreichende Erkenntnisse über die Anlagen, in die die OGAW investiert werden, verfügen.

(3) Die Mitgliedstaaten verpflichten die Verwaltungsgesellschaften, schriftliche Grundsätze und Verfahren zum Thema Sorgfaltspflichten festzulegen und wirksame Vorkehrungen zu treffen, um zu gewährleisten, dass Anlageentscheidungen, die für die OGAW getroffen werden, mit deren Zielen, Anlagestrategie und Risikolimits übereinstimmen.

(4) Die Mitgliedstaaten verpflichten die Verwaltungsgesellschaften, bei der Umsetzung ihrer Risikomanagement-Grundsätze und soweit dies unter Berücksichtigung der Art einer geplanten Anlage angemessen ist, in Bezug auf den Beitrag, den die Anlage zur Zusammensetzung des OGAW-Portfolios, zu dessen Liquidität und zu dessen Risiko- und Ertragsprofil leistet, vor Tätigung der Anlage Prognosen abzugeben und Analysen anzustellen. Die Analysen dürfen sich quantitativ wie qualitativ nur auf verlässliche und aktuelle Daten stützen.

Wenn Verwaltungsgesellschaften mit Dritten Vereinbarungen über die Ausführung von Tätigkeiten im Bereich des Risikomanagements schließen, solche Vereinbarungen verwalten oder beenden, lassen sie dabei die gebotene Sachkenntnis, Sorgfalt und Gewissenhaftigkeit walten. Vor dem Abschluss solcher Vereinbarungen leiten die Verwaltungsgesellschaften die notwendigen Schritte ein, um sich zu vergewissern, dass der Dritte über die erforderlichen Fähigkeiten und Kapazitäten verfügt, um die betreffenden Tätigkeiten zuverlässig, professionell und wirksam auszuführen. Die Verwaltungsgesellschaft legt Methoden für die laufende Bewertung der Leistungen des Dritten fest.

ABSCHNITT 2
Bearbeitung von Zeichnungs- und Rücknahmeaufträgen

Artikel 24
Mitteilungspflichten in Bezug auf die Ausführung von Zeichnungs- und Rücknahmeaufträgen

(1) Die Mitgliedstaaten stellen sicher, dass Verwaltungsgesellschaften einem Anteilinhaber, dessen Zeichnungs- oder Rücknahmeauftrag sie ausgeführt haben, diese Ausführung schnellstmöglich, spätestens jedoch am ersten Geschäftstag nach Auftragsausführung oder – sofern die Verwaltungsgesellschaft die Bestätigung von einem Dritten erhält – spätestens am ersten Geschäftstag nach Eingang der Bestätigung des Dritten auf einem dauerhaften Datenträger bestätigen müssen.

Unterabsatz 1 findet jedoch keine Anwendung, wenn die Bestätigungsmitteilung die gleichen Informationen enthalten würde wie eine Bestätigung, die dem Anteilinhaber von einer anderen Person unverzüglich zuzusenden ist.

(2) Die Mitteilung nach Absatz 1 enthält, sofern anwendbar, folgende Angaben:

a) Name der Verwaltungsgesellschaft;
b) Name oder sonstige Bezeichnung des Anteilinhabers;
c) Datum und Uhrzeit des Auftragseingangs sowie Zahlungsweise;
d) Datum der Ausführung;
e) Name des OGAW;
f) Art des Auftrags (Zeichnung oder Rücknahme);
g) Zahl der betroffenen Anteile;
h) Stückwert, zu dem die Anteile gezeichnet bzw. zurückgenommen wurden;
i) Referenz-Wertstellungsdatum;
j) Bruttoauftragswert einschließlich Zeichnungsgebühren oder Nettobetrag nach Rücknahmegebühren;
k) Summe der in Rechnung gestellten Provisionen und Auslagen sowie auf Wunsch des Anlegers Aufschlüsselung nach Einzelposten.

(3) Bei regelmäßiger Auftragsausführung für einen Anteilinhaber verfahren die Verwaltungsgesellschaften entweder gemäß Absatz 1 oder übermitteln dem Anteilinhaber mindestens alle sechs Monate die in Absatz 2 aufgeführten Informationen über die betreffenden Geschäfte.

(4) Die Verwaltungsgesellschaften übermitteln dem Anteilinhaber auf Wunsch Informationen über den Status seines Auftrags.

ABSCHNITT 3
Bestmögliche Ausführung

Artikel 25
Ausführung von Handelsentscheidungen für die verwalteten OGAW

(1) Die Mitgliedstaaten verpflichten die Verwaltungsgesellschaften, im besten Interesse der von ihnen verwalteten OGAW zu handeln, wenn sie für diese bei der Verwaltung ihrer Portfolios Handelsentscheidungen ausführen.

(2) Für die Zwecke von Absatz 1 stellen die Mitgliedstaaten sicher, dass die Verwaltungsgesellschaften alle angemessenen Maßnahmen ergreifen, um das bestmögliche Ergebnis für den OGAW zu erzielen, wobei sie den Kurs, die Kosten, die Geschwindigkeit

und Wahrscheinlichkeit der Ausführung und Abrechnung, den Umfang und die Art des Auftrags sowie alle sonstigen, für die Auftragsausführung relevanten Aspekte berücksichtigen. Die relative Bedeutung dieser Faktoren wird anhand folgender Kriterien bestimmt:

a) Ziele, Anlagepolitik und spezifische Risiken des OGAW, wie im Prospekt oder gegebenenfalls in den Vertragsbedingungen oder der Satzung des OGAW dargelegt;
b) Merkmale des Auftrags;
c) Merkmale der Finanzinstrumente, die Gegenstand des betreffenden Auftrags sind;
d) Merkmale der Ausführungsplätze, an die der Auftrag weitergeleitet werden kann.

(3) Die Mitgliedstaaten verpflichten die Verwaltungsgesellschaften, wirksame Vorkehrungen für die Einhaltung der in Absatz 2 niedergelegten Verpflichtung zu treffen und umzusetzen. Die Verwaltungsgesellschaften legen insbesondere Grundsätze fest, die ihnen bei OGAW-Aufträgen die Erzielung des bestmöglichen Ergebnisses gemäß Absatz 2 gestatten, und setzen diese um.

Die Verwaltungsgesellschaften holen zu den Grundsätzen für die Auftragsausführung die vorherige Zustimmung der Investmentgesellschaft ein. Die Verwaltungsgesellschaft stellt den Anteilinhabern angemessene Informationen über die gemäß diesem Artikel festgelegten Grundsätze und wesentliche Änderungen daran zur Verfügung.

(4) Die Verwaltungsgesellschaften überwachen die Wirksamkeit ihrer Vorkehrungen und Grundsätze für die Auftragsausführung regelmäßig, um etwaige Mängel aufzudecken und bei Bedarf zu beheben.

Außerdem unterziehen die Verwaltungsgesellschaften ihre Grundsätze für die Auftragsausführung alljährlich einer Überprüfung. Eine Überprüfung findet auch immer dann statt, wenn eine wesentliche Veränderung eintritt, die die Fähigkeit der Verwaltungsgesellschaft beeinträchtigt, für die verwalteten OGAW auch weiterhin das bestmögliche Ergebnis zu erzielen.

(5) Die Verwaltungsgesellschaften können nachweisen, dass sie Aufträge für OGAW gemäß ihren Grundsätzen für die Auftragsausführung ausgeführt haben.

Artikel 26
Weiterleitung von OGAW-Handelsaufträgen an andere Ausführungseinrichtungen

(1) Die Mitgliedstaaten verpflichten die Verwaltungsgesellschaften, im besten Interesse der von ihnen verwalteten OGAW zu handeln, wenn sie bei der Verwaltung ihrer Portfolios Handelsaufträge für die verwalteten OGAW zur Ausführung an andere Einrichtungen weiterleiten.

(2) Die Mitgliedstaaten stellen sicher, dass die Verwaltungsgesellschaften alle angemessenen Maßnahmen ergreifen, um das bestmögliche Ergebnis für den OGAW zu erzielen, wobei sie den Kurs, die Kosten, die Geschwindigkeit und die Wahrscheinlichkeit der Ausführung und Abrechnung, den Umfang und die Art des Auftrags sowie alle sonstigen, für die Auftragsausführung relevanten Aspekte berücksichtigen. Die relative Bedeutung dieser Faktoren wird anhand von Artikel 25 Absatz 2 bestimmt.

Für diese Zwecke legen die Verwaltungsgesellschaften Grundsätze fest, die ihnen die Erfüllung der in Unterabsatz 1 niedergelegten Verpflichtung gestatten, und setzen diese um. In diesen Grundsätzen werden für jede Instrumentengattung die Einrichtungen genannt, bei denen Aufträge platziert werden dürfen. Die Verwaltungsgesellschaft geht nur dann Ausführungsvereinbarungen ein, wenn diese mit den in diesem Artikel niedergelegten Verpflichtungen vereinbar sind. Die Verwaltungsgesellschaften stellen den Anteilinhabern angemessene Informationen über die gemäß diesem Absatz festgelegten Grundsätze und wesentliche Änderungen daran zur Verfügung.

(3) Die Verwaltungsgesellschaften überwachen die Wirksamkeit der gemäß Absatz 2 festgelegten Grundsätze, insbesondere die Qualität der Ausführung durch die in diesen Grundsätzen genannten Einrichtungen regelmäßig und beheben bei Bedarf etwaige Mängel.

Außerdem unterziehen die Verwaltungsgesellschaften ihre Grundsätze alljährlich einer Überprüfung. Eine solche Überprüfung findet auch immer dann statt, wenn eine wesentliche Veränderung eintritt, die die Fähigkeit der Verwaltungsgesellschaft beeinträchtigt, für die verwalteten OGAW auch weiterhin das bestmögliche Ergebnis zu erzielen.

(4) Die Verwaltungsgesellschaften können nachweisen, dass sie Aufträge für OGAW gemäß den nach Absatz 2 festgelegten Grundsätzen platziert haben.

ABSCHNITT 4
Bearbeitung von Aufträgen

Artikel 27
Allgemeine Grundsätze

(1) Die Mitgliedstaaten verpflichten die Verwaltungsgesellschaften, Verfahren und Vorkehrungen festzulegen und umzusetzen, die für die umgehende, redliche und zügige Ausführung der für OGAW getätigten Portfoliogeschäfte sorgen.

Die von den Verwaltungsgesellschaften umgesetzten Verfahren und Vorkehrungen erfüllen folgende Voraussetzungen:

a) Sie gewährleisten, dass für OGAW ausgeführte Aufträge umgehend und korrekt registriert und zugewiesen werden;
b) ansonsten vergleichbare OGAW-Aufträge werden der Reihe nach umgehend ausgeführt, es sei denn, die Merkmale des Auftrags oder die herrschenden Marktbedingungen machen dies unmöglich oder die Interessen des OGAW verlangen etwas anderes.

Finanzinstrumente oder Gelder, die zur Abwicklung der ausgeführten Aufträge eingegangen sind, werden umgehend und korrekt auf dem Konto des betreffenden OGAW verbucht.

(2) Eine Verwaltungsgesellschaft darf Informationen im Zusammenhang mit laufenden OGAW-Aufträgen nicht missbrauchen und trifft alle angemessenen Maßnahmen, um den Missbrauch derartiger Informationen durch ihre relevanten Personen zu verhindern.

Artikel 28
Zusammenlegung und Zuweisung von Handelsaufträgen

(1) Die Mitgliedstaaten untersagen den Verwaltungsgesellschaften, einen OGAW-Auftrag zusammen mit dem Auftrag eines anderen OGAW oder sonstigen Kunden oder zusammen mit einem Auftrag für eigene Rechnung auszuführen, es sei denn, die folgenden Bedingungen sind erfüllt:

a) Es muss unwahrscheinlich sein, dass die Zusammenlegung der Aufträge für einen OGAW oder Kunden, dessen Auftrag mit anderen zusammengelegt wird, insgesamt von Nachteil ist;
b) es müssen Grundsätze für die Auftragszuweisung festgelegt und umgesetzt werden, die die faire Zuweisung zusammengelegter Aufträge präzise genug regeln, auch im Hinblick darauf, wie Auftragsvolumen und -preis die Zuweisungen bestimmen und wie bei Teilausführungen zu verfahren ist.

(2) Die Mitgliedstaaten sorgen dafür, dass eine Verwaltungsgesellschaft, die einen OGAW-Auftrag mit einem oder mehreren anderen OGAW- oder Kundenaufträgen zusammenlegt und den zusammengelegten Auftrag teilweise ausführt, die zugehörigen Geschäfte gemäß ihren Grundsätzen für die Auftragszuweisung zuweist.

(3) Die Mitgliedstaaten sorgen dafür, dass Verwaltungsgesellschaften, die Geschäfte für eigene Rechnung mit einem oder mehreren Aufträgen von OGAW oder sonstigen Kunden zusammengelegt haben, bei der Zuweisung der zugehörigen Geschäfte nicht in einer für den OGAW oder sonstigen Kunden nachteiligen Weise verfahren.

(4) Die Mitgliedstaaten schreiben vor, dass eine Verwaltungsgesellschaft, die einen OGAW- oder sonstigen Kundenauftrag mit einem Geschäft für eigene Rechnung zusammenlegt und den zusammengelegten Auftrag teilweise ausführt, bei der Zuweisung der zugehörigen Geschäfte dem OGAW oder sonstigen Kunden gegenüber ihren Eigengeschäften Vorrang einräumt.

Kann die Verwaltungsgesellschaft gegenüber dem OGAW oder ihrem sonstigen Kunden jedoch schlüssig darlegen, dass sie den Auftrag ohne die Zusammenlegung nicht zu derart günstigen Bedingungen oder überhaupt nicht hätte ausführen können, kann sie das Geschäft für eigene Rechnung in Einklang mit ihren gemäß Absatz 1 Buchstabe b festgelegten Grundsätzen anteilsmäßig zuweisen.

ABSCHNITT 5
Anreize

Artikel 29
Schutz der besten Interessen des OGAW

(1) Die Mitgliedstaaten sorgen dafür, dass Verwaltungsgesellschaften nicht als ehrlich, redlich und professionell im besten Interesse des OGAW handelnd gelten, wenn sie im Zusammenhang mit der Anlageverwaltung für den OGAW eine Gebühr oder Provision zahlen oder erhalten oder wenn sie eine nicht in Geldform angebotene Zuwendung gewähren oder annehmen, es sei denn,

a) es handelt sich um eine Gebühr, eine Provision oder eine nicht in Geldform angebotene Zuwendung, die dem OGAW oder einer in seinem Auftrag handelnden Person gezahlt bzw. vom OGAW oder einer in seinem Auftrag handelnden Person gewährt wird;
b) es handelt sich um eine Gebühr, eine Provision oder eine nicht in Geldform angebotene Zuwendung, die einem Dritten oder einer in seinem Auftrag handelnden Person gezahlt bzw. von einer dieser Personen gewährt wird, sofern die folgenden Voraussetzungen erfüllt sind:
   i) die Existenz, die Art und der Betrag der Gebühr, Provision oder Zuwendung oder – wenn der Betrag nicht feststellbar ist – die Art und Weise der Berechnung dieses Betrages müssen dem OGAW vor Erbringung der betreffenden Dienstleistung in umfassender, zutreffender und verständlicher Weise unmissverständlich offengelegt werden;
   ii) die Zahlung der Gebühr oder der Provision bzw. die Gewährung der nicht in Geldform angebotenen Zuwendung muss den Zweck verfolgen, die Qualität der betreffenden Dienstleistung zu verbessern und darf die Verwaltungsgesellschaft nicht daran hindern, pflichtgemäß im besten Interesse des OGAW zu handeln;
c) es handelt sich um Gebühren, die die Erbringung der betreffenden Dienstleistung ermöglichen oder dafür notwendig sind – einschließlich Verwahrungsgebühren, Abwick-

lungs- und Handelsplatzgebühren, Verwaltungsabgaben oder gesetzliche Gebühren – und die wesensbedingt keine Konflikte mit der Verpflichtung der Verwaltungsgesellschaft hervorrufen können, im besten Interesse des OGAW ehrlich, redlich und professionell zu handeln.

(2) Die Mitgliedstaaten gestatten einer Verwaltungsgesellschaft für die Zwecke von Absatz 1 Buchstabe b Ziffer i, die wesentlichen Bestimmungen der Vereinbarungen über Gebühren, Provisionen und nicht in Geldform angebotene Zuwendungen in zusammengefasster Form offenzulegen, sofern sich die Verwaltungsgesellschaft verpflichtet, auf Wunsch des Anteilinhabers weitere Einzelheiten offenzulegen, und dieser Verpflichtung auch nachkommt.

KAPITEL V
EINZELHEITEN DER STANDARDVEREINBARUNG ZWISCHEN VERWAHRSTELLE UND VERWALTUNGSGESELLSCHAFT

(Artikel 23 Absatz 5 und Artikel 33 Absatz 5 der Richtlinie 2009/65/EG)

Artikel 30
Bestimmungen zu den von den Vereinbarungsparteien einzuhaltenden Verfahren

Die Mitgliedstaaten verpflichten die Verwahrstelle und die Verwaltungsgesellschaft, die in diesem Kapitel nachstehend als „Vereinbarungsparteien“ bezeichnet werden, in die nach Artikel 23 Absatz 5 oder Artikel 33 Absatz 5 der Richtlinie 2009/65/EG vorgesehene schriftliche Vereinbarung zumindest die folgenden Einzelheiten zu den Dienstleistungen und Verfahren aufzunehmen, die von den Vereinbarungsparteien zu erbringen bzw. einzuhalten sind:

a) Beschreibung der Verfahren, die unter anderem bei der Verwahrung für die einzelnen Arten von Vermögenswerten des OGAW, die der Verwahrstelle anvertraut werden, festzulegen sind;
b) Beschreibung der Verfahren, die einzuhalten sind, wenn die Verwaltungsgesellschaft die Geschäftsordnung oder den Prospekt des OGAW ändern will, wobei auch festzulegen ist, wann die Verwahrstelle informiert werden sollte oder die Änderung die vorherige Zustimmung der Verwahrstelle erfordert;
c) Beschreibung der Mittel und Verfahren, mit denen die Verwahrstelle der Verwaltungsgesellschaft alle einschlägigen Informationen übermittelt, die diese zur Erfüllung ihrer Aufgaben benötigt, einschließlich einer Beschreibung der Mittel und Verfahren für die Ausübung etwaiger mit Finanzinstrumenten verbundener Rechte sowie der Mittel und Verfahren, die angewandt werden, damit die Verwaltungsgesellschaft und der OGAW Zugang zu zeitnahen und genauen Informationen über die Konten des OGAW haben;
d) Beschreibung der Mittel und Verfahren, mit denen die Verwahrstelle Zugang zu allen einschlägigen Informationen erhält, die sie zur Erfüllung ihrer Aufgaben benötigt;
e) Beschreibung der Verfahren, mit denen die Verwahrstelle die Möglichkeit hat, Nachforschungen zum Wohlverhalten der Verwaltungsgesellschaft anzustellen und die Qualität der übermittelten Informationen zu bewerten, unter anderem durch Besuche vor Ort;
f) Beschreibung der Verfahren, mit denen die Verwaltungsgesellschaft die Leistung der Verwahrstelle in Bezug auf deren vertragliche Verpflichtungen überprüfen kann.

Artikel 31
Bestimmungen zum Informationsaustausch und den Pflichten in Bezug auf Geheimhaltung und Geldwäsche

(1) Die Mitgliedstaaten verpflichten die Parteien der nach Artikel 23 Absatz 5 oder Artikel 33 Absatz 5 der Richtlinie 2009/65/EG vorgesehenen Vereinbarung, in diese zumindest folgende Bestimmungen zum Informationsaustausch und den Pflichten in Bezug auf Geheimhaltung und Geldwäsche aufzunehmen:

a) Auflistung aller Informationen, die in Bezug auf Zeichnung, Rücknahme, Ausgabe, Annullierung und Rückkauf von Anteilen des OGAW zwischen dem OGAW, seiner Verwaltungsgesellschaft und der Verwahrstelle ausgetauscht werden müssen;
b) für die Vereinbarungsparteien geltende Geheimhaltungspflichten;
c) Informationen über die Aufgaben und Zuständigkeiten der Vereinbarungsparteien hinsichtlich der Pflichten in Bezug auf die Bekämpfung von Geldwäsche und Terrorismusfinanzierung, sofern anwendbar.

(2) Die in Absatz 1 Buchstabe b genannten Pflichten werden so formuliert, dass weder die zuständigen Behörden des Herkunftsmitgliedstaats der Verwaltungsgesellschaft noch die zuständigen Behörden des Herkunftsmitgliedstaats des OGAW daran gehindert werden, sich Zugang zu einschlägigen Dokumenten und Informationen zu verschaffen.

Artikel 32
Bestimmungen zur Beauftragung von Dritten

Beabsichtigen die Verwahrstelle oder die Verwaltungsgesellschaft, Dritte mit der Ausführung ihrer jeweiligen Aufgaben zu beauftragen, so schreiben die Mitgliedstaaten vor, dass die beiden Parteien der nach Artikel 23 Absatz 5 oder Artikel 33 Absatz 5 der Richtlinie 2009/65/EG vorgesehenen Vereinbarung in diese zumindest folgende Einzelheiten aufnehmen:

a) eine Verpflichtung beider Vereinbarungsparteien, regelmäßig Einzelheiten zu etwaigen Dritten zu übermitteln, die die Verwahrstelle oder die Verwaltungsgesellschaft mit der Ausführung ihrer jeweiligen Aufgaben beauftragt haben;
b) eine Verpflichtung, dass auf Antrag einer Partei die jeweils andere Informationen darüber erteilt, nach welchen Kriterien der Dritte ausgewählt wurde und welche Schritte unternommen wurden, um dessen Tätigkeit zu überwachen;
c) eine Erklärung, wonach die in Artikel 24 und Artikel 34 der Richtlinie 2009/65/EG vorgesehene Haftung der Verwahrstelle davon unberührt bleibt, dass sie die von ihr verwahrten Vermögenswerte ganz oder teilweise einem Dritten anvertraut hat.

Artikel 33
Bestimmungen zu etwaigen Änderungen und zur Beendigung der Vereinbarung

Die Mitgliedstaaten verpflichten die Parteien der nach Artikel 23 Absatz 5 oder Artikel 33 Absatz 5 der Richtlinie 2009/65/EG vorgesehenen Vereinbarung, in diese zumindest folgende Einzelheiten zu Änderungen und zur Beendigung der Vereinbarung aufzunehmen:

a) Laufzeit der Vereinbarung;
b) Voraussetzungen, unter denen die Vereinbarung geändert oder beendet werden kann;

c) Voraussetzungen, die notwendig sind, um den Wechsel zu einer anderen Verwahrstelle zu erleichtern, und Verfahren, nach dem die Verwahrstelle der anderen Verwahrstelle in einem solchen Falle alle einschlägigen Informationen übermittelt.

Artikel 34
Anwendbares Recht

Die Mitgliedstaaten verpflichten die Parteien der nach Artikel 23 Absatz 5 oder Artikel 33 Absatz 5 der Richtlinie 2009/65/EG vorgesehenen Vereinbarung festzulegen, dass die Vereinbarung dem Recht des Herkunftsmitgliedstaats der OGAW unterliegt.

Artikel 35
Elektronische Informationsübermittlung

Einigen sich die Parteien der nach Artikel 23 Absatz 5 oder Artikel 33 Absatz 5 der Richtlinie 2009/65/EG vorgesehenen Vereinbarung darauf, die zwischen ihnen ausgetauschten Informationen ganz oder teilweise elektronisch zu übermitteln, so schreiben die Mitgliedstaaten vor, dass die Vereinbarung auch Bestimmungen enthält, die sicherstellen, dass die entsprechenden Informationen aufgezeichnet werden.

Artikel 36
Geltungsbereich der Vereinbarung

Die Mitgliedstaaten können gestatten, dass die nach Artikel 23 Absatz 5 oder Artikel 33 Absatz 5 der Richtlinie 2009/65/EG vorgesehene Vereinbarung für mehr als einen von der Verwaltungsgesellschaft verwalteten OGAW gilt. In diesem Fall werden in der Vereinbarung die in ihren Geltungsbereich fallenden OGAW aufgeführt.

Artikel 37
Leistungsvereinbarung

Die Mitgliedstaaten gestatten den Vereinbarungsparteien, die Einzelheiten der in Artikel 30 Buchstaben c und d genannten Mittel und Verfahren entweder in der nach Artikel 23 Absatz 5 oder Artikel 33 Absatz 5 der Richtlinie 2009/65/EG vorgesehenen Vereinbarung oder in einer gesonderten schriftlichen Vereinbarung zu regeln.

KAPITEL VI
RISIKOMANAGEMENT

(Artikel 51 Absatz 1 der Richtlinie 2009/65/EG)

ABSCHNITT 1
Risikomanagement-Grundsätze und Risikomessung

Artikel 38
Risikomanagement-Grundsätze

(1) Die Mitgliedstaaten verpflichten die Verwaltungsgesellschaften, angemessene und dokumentierte Risikomanagement-Grundsätze festzulegen, umzusetzen und aufrecht-

zuerhalten, in denen die Risiken genannt werden, denen die von ihnen verwalteten OGAW ausgesetzt sind oder sein könnten.

Die Risikomanagement-Grundsätze umfassen die Verfahren, die notwendig sind, damit die Verwaltungsgesellschaft bei jedem von ihr verwalteten OGAW dessen Markt-, Liquiditäts- und Kontrahentenrisiko sowie alle sonstigen Risiken, einschließlich operationeller Risiken, bewerten kann, die für die einzelnen von ihr verwalteten OGAW wesentlich sein könnten.

Die Mitgliedstaaten schreiben vor, dass die Verwaltungsgesellschaften in den Risikomanagement-Grundsätzen zumindest folgende Punkte behandeln:

a) Methoden, Mittel und Vorkehrungen, die ihnen die Erfüllung der in den Artikeln 40 und 41 festgelegten Pflichten ermöglichen;
b) Zuständigkeitsverteilung innerhalb der Verwaltungsgesellschaft in Bezug auf das Risikomanagement.

(2) Die Mitgliedstaaten verpflichten die Verwaltungsgesellschaften sicherzustellen, dass in den in Absatz 1 vorgesehenen Risikomanagement-Grundsätzen Modalitäten, Inhalt und Häufigkeit der in Artikel 12 vorgesehenen Berichterstattung der Risikomanagement-Funktion an das Leitungs- oder Verwaltungsorgan und die Geschäftsleitung sowie gegebenenfalls an die Aufsichtsfunktion festgelegt werden.

(3) Für die Zwecke der Absätze 1 und 2 stellen die Mitgliedstaaten sicher, dass die Verwaltungsgesellschaften der Art, dem Umfang und der Komplexität ihrer Geschäfte und der von ihnen verwalteten OGAW Rechnung tragen.

Artikel 39
Bewertung, Überwachung und Überprüfung der Risikomanagement-Grundsätze

(1) Die Mitgliedstaaten verpflichten die Verwaltungsgesellschaften, Folgendes zu bewerten, zu überwachen und periodisch zu überprüfen:

a) Angemessenheit und Wirksamkeit der Risikomanagement-Grundsätze sowie der in den Artikeln 40 und 41 vorgesehenen Vorkehrungen, Prozesse und Verfahren;
b) Einhaltung der Risikomanagement-Grundsätze sowie der in den Artikeln 40 und 41 vorgesehenen Vorkehrungen, Prozesse und Verfahren durch die Verwaltungsgesellschaft;
c) Angemessenheit und Wirksamkeit der Maßnahmen zur Behebung etwaiger Schwächen in der Leistungsfähigkeit des Risikomanagement-Prozesses.

(2) Die Mitgliedstaaten verpflichten die Verwaltungsgesellschaften, die zuständigen Behörden ihres Herkunftsmitgliedstaats über alle wesentlichen Änderungen am Risikomanagement- Prozess zu unterrichten.

(3) Die Mitgliedstaaten stellen sicher, dass die in Absatz 1 niedergelegten Anforderungen von den zuständigen Behörden des Herkunftsmitgliedstaats der Verwaltungsgesellschaft laufend und somit auch bei Erteilung der Zulassung überprüft werden.

ABSCHNITT 2
Risikomanagement-Prozesse, Kontrahentenrisiko und Emittentenkonzentration

Artikel 40
Messung und Management von Risiken

(1) Die Mitgliedstaaten verpflichten die Verwaltungsgesellschaften, angemessene und wirksame Vorkehrungen, Prozesse und Verfahren einzuführen, um

a) die Risiken, denen die von ihnen verwalteten OGAW ausgesetzt sind oder sein könnten, jederzeit messen und managen zu können;
b) die Einhaltung der Obergrenzen für das Gesamtrisiko und das Kontrahentenrisiko gemäß den Artikeln 41 und 43 sicherzustellen.

Diese Vorkehrungen, Prozesse und Verfahren sind der Art, dem Umfang und der Komplexität der Geschäfte der Verwaltungsgesellschaften und der von ihnen verwalteten OGAW angemessen und entsprechen dem OGAW-Risikoprofil.

(2) Für die Zwecke von Absatz 1 verpflichten die Mitgliedstaaten die Verwaltungsgesellschaften, für jeden von ihnen verwalteten OGAW folgende Maßnahmen zu ergreifen:

a) Einführung der notwendigen Risikomanagement-Vorkehrungen, -Prozesse und -Verfahren, um sicherzustellen, dass die Risiken übernommener Positionen und deren Beitrag zum Gesamtrisikoprofil auf der Grundlage solider und verlässlicher Daten genau gemessen werden und dass die Risikomanagement-Vorkehrungen, -Prozesse und -Verfahren adäquat dokumentiert werden;
b) gegebenenfalls Durchführung periodischer Rückvergleiche (Backtesting) zur Überprüfung der Stichhaltigkeit der Risikomessvorkehrungen, zu denen modellbasierte Prognosen und Schätzungen gehören;
c) gegebenenfalls Durchführung periodischer Stresstests und Szenarioanalysen zur Erfassung der Risiken aus potenziellen Veränderungen der Marktbedingungen, die sich nachteilig auf den OGAW auswirken könnten;
d) Festlegung, Umsetzung und Aufrechterhaltung eines dokumentierten Systems interner Limits für die Maßnahmen, mit denen die einschlägigen Risiken für jeden OGAW gemanagt und kontrolliert werden, wobei allen in Artikel 38 genannten Risiken, die für den OGAW wesentlich sein könnten, Rechnung getragen und die Übereinstimmung mit dem Risikoprofil des OGAW sichergestellt wird;
e) Gewährleistung, dass der jeweilige Risikostand bei jedem OGAW mit dem unter Buchstabe d dargelegten Risikolimit-System in Einklang steht;
f) Festlegung, Umsetzung und Aufrechterhaltung angemessener Verfahren, die im Falle von tatsächlichen oder zu erwartenden Verstößen gegen das Risikolimit-System des OGAW zu zeitnahen Abhilfemaßnahmen im besten Interesse der Anteilinhaber führen.

(3) Die Mitgliedstaaten stellen sicher, dass die Verwaltungsgesellschaften einen angemessenen Risikomanagement-Prozess für Liquiditätsrisiken anwenden, um zu gewährleisten, dass jeder von ihnen verwaltete OGAW jederzeit zur Erfüllung von Artikel 84 Absatz 1 der Richtlinie 2009/65/EG imstande ist.

Gegebenenfalls führen die Verwaltungsgesellschaften Stresstests durch, die die Bewertung des Liquiditätsrisikos des OGAW unter außergewöhnlichen Umständen ermöglichen.

(4) Die Mitgliedstaaten verpflichten die Verwaltungsgesellschaften sicherzustellen, dass das Liquiditätsprofil der OGAW-Anlagen bei jedem von ihnen verwalteten OGAW den in den Vertragsbedingungen oder der Satzung oder dem Prospekt niedergelegten Rücknahmegrundsätzen entspricht.

Artikel 41
Berechnung des Gesamtrisikos

(1) Die Mitgliedstaaten verpflichten die Verwaltungsgesellschaften, das Gesamtrisiko eines verwalteten OGAW im Sinne von Artikel 51 Absatz 3 der Richtlinie 2009/65/EG als eine der folgenden beiden Größen zu berechnen:

a) zusätzliches Risiko und zusätzliche Leverage, die der verwaltete OGAW durch die Nutzung derivativer Finanzinstrumente einschließlich eingebetteter Derivate im Sinne von Artikel 51 Absatz 3 Unterabsatz 4 der Richtlinie 2009/65/EG erzeugt und die den Gesamtbetrag des OGAW-Nettoinventarwerts nicht übersteigen dürfen;
b) Marktrisiko des OGAW-Portfolios.

(2) Die Mitgliedstaaten verpflichten die Verwaltungsgesellschaften, das OGAW-Gesamtrisiko mindestens einmal täglich zu berechnen.

(3) Die Mitgliedstaaten können den Verwaltungsgesellschaften gestatten, das Gesamtrisiko je nach Zweckdienlichkeit nach dem Commitment-Ansatz, dem Value-at-Risk-Modell oder einem fortgeschrittenen Messansatz zu ermitteln. Für die Zwecke dieser Bestimmung bezeichnet der „Value at risk" den bei einem gegebenen Konfidenzniveau über einen bestimmten Zeitraum maximal zu erwartenden Verlust.

Die Mitgliedstaaten verpflichten die Verwaltungsgesellschaften sicherzustellen, dass die zur Messung des Gesamtrisikos gewählte Methode der vom OGAW verfolgten Anlagestrategie sowie der Art und Komplexität der genutzten derivativen Finanzinstrumente und dem Anteil derivativer Finanzinstrumente am OGAW-Portfolio angemessen ist.

(4) Nutzt ein OGAW gemäß Artikel 51 Absatz 2 der Richtlinie 2009/65/EG Techniken und Instrumente einschließlich Rückkaufsvereinbarungen oder Wertpapierverleihgeschäfte, um seine Leverage oder sein Marktrisiko zu erhöhen, verpflichten die Mitgliedstaaten die Verwaltungsgesellschaften, die betreffenden Geschäfte bei der Berechnung des Gesamtrisikos zu berücksichtigen.

Artikel 42
Commitment-Ansatz

(1) Wird das Gesamtrisiko nach dem Commitment-Ansatz berechnet, schreiben die Mitgliedstaaten vor, dass die Verwaltungsgesellschaften diesen Ansatz auf sämtliche Positionen in derivativen Finanzinstrumenten einschließlich eingebetteter Derivate im Sinne von Artikel 51 Absatz 3 Unterabsatz 4 der Richtlinie 2009/65/EG anwenden, und zwar unabhängig davon, ob sie im Zuge der allgemeinen Anlagepolitik des OGAW, zum Zwecke der Risikominderung oder zum Zwecke der effizienten Portfolioverwaltung im Sinne von Artikel 51 Absatz 2 der genannten Richtlinie genutzt werden.

(2) Wird das Gesamtrisiko nach dem Commitment-Ansatz berechnet, schreiben die Mitgliedstaaten vor, dass die Verwaltungsgesellschaften jede Position in derivativen Finanzinstrumenten in den Marktwert einer gleichwertigen Position im Basiswert des betreffenden Derivats umrechnen (Standard-Commitment-Ansatz).

Die Mitgliedstaaten können den Verwaltungsgesellschaften gestatten, andere Berechnungsmethoden anzuwenden, wenn diese dem Standard-Commitment-Ansatz gleichwertig sind.

(3) Die Mitgliedstaaten können gestatten, dass die Verwaltungsgesellschaften bei der Berechnung des Gesamtrisikos Netting- und Hedging-Vereinbarungen berücksichtigen, sofern diese offenkundige und wesentliche Risiken nicht außer Acht lassen und eindeutig zu einer Verringerung des Risikos führen.

(4) Erzeugt die Nutzung derivativer Finanzinstrumente für den OGAW kein zusätzliches Risiko, braucht die zugrunde liegende Risikoposition nicht in die Commitment-Berechnung einbezogen zu werden.

(5) Bei Anwendung des Commitment-Ansatzes brauchen vorübergehende Kreditvereinbarungen, die gemäß Artikel 83 der Richtlinie 2009/65/EG für den OGAW abgeschlossen werden, bei der Berechnung des Gesamtrisikos nicht berücksichtigt zu werden.

Artikel 43
Kontrahentenrisiko und Emittentenkonzentration

(1) Die Mitgliedstaaten verpflichten die Verwaltungsgesellschaften sicherzustellen, dass für das Kontrahentenrisiko aus nicht börsengehandelten derivativen Finanzinstrumenten („OTC-Derivaten") die in Artikel 52 der Richtlinie 2009/65/EG festgelegten Obergrenzen gelten.

(2) Für die Berechnung des Kontrahentenrisikos eines OGAW in Einklang mit den in Artikel 52 Absatz 1 der Richtlinie 2009/65/EG festgelegten Obergrenzen legen die Verwaltungsgesellschaften den positiven Neubewertungswert (Mark-to-Market-Wert) des OTC-Derivatkontrakts mit der betreffenden Gegenpartei zugrunde.

Die Verwaltungsgesellschaften können die Derivatpositionen eines OGAW mit ein und derselben Gegenpartei miteinander verrechnen (Netting), wenn die Verwaltungsgesellschaft die Möglichkeit hat, Nettingvereinbarungen mit der betreffenden Gegenpartei für den OGAW rechtlich durchzusetzen. Das Netting ist nur bei den OTC-Derivaten mit einer Gegenpartei, nicht bei anderen Positionen des OGAW gegenüber dieser Gegenpartei zulässig.

(3) Die Mitgliedstaaten können den Verwaltungsgesellschaften gestatten, das Kontrahentenrisiko eines OGAW aus einem OTC-Derivat durch die Entgegennahme von Sicherheiten zu mindern. Die entgegengenommene Sicherheit muss ausreichend liquide sein, damit sie rasch zu einem Preis veräußert werden kann, der nahe an der vor dem Verkauf festgestellten Bewertung liegt.

(4) Die Mitgliedstaaten verpflichten die Verwaltungsgesellschaften, Sicherheiten bei der Berechnung des Ausfallrisikos im Sinne von Artikel 52 Absatz 1 der Richtlinie 2009/65/EG zu berücksichtigen, wenn die Verwaltungsgesellschaft einer OTC-Gegenpartei für den OGAW eine Sicherheit stellt. Die gestellte Sicherheit darf nur dann auf Nettobasis berücksichtigt werden, wenn die Verwaltungsgesellschaft die Möglichkeit hat, Nettingvereinbarungen mit der betreffenden Gegenpartei für den OGAW rechtlich durchzusetzen.

(5) Die Mitgliedstaaten verpflichten die Verwaltungsgesellschaften, die in Artikel 52 der Richtlinie 2009/65/EG für die Emittentenkonzentration vorgesehenen Obergrenzen auf Basis des zugrunde liegenden Risikos zu berechnen, das nach dem Commitment-Ansatz durch die Nutzung derivativer Finanzinstrumente entsteht.

(6) Im Hinblick auf das Risiko aus Geschäften mit OTC-Derivaten im Sinne von Artikel 52 Absatz 2 der Richtlinie 2009/65/EG verpflichten die Mitgliedstaaten die Verwaltungsgesellschaften, etwaige Kontrahentenrisiken aus OTC-Derivaten in die Berechnung einzubeziehen.

ABSCHNITT 3

Verfahren für die Bewertung der OTC-Derivate

Artikel 44
Verfahren für die Ermittlung des Wertes von OTC-Derivaten

(1) Die Mitgliedstaaten verpflichten die Verwaltungsgesellschaften, sich zu vergewissern, dass den Risiken von OGAW aus OTC-Derivaten ein beizulegender Zeitwert zu-

gewiesen wird, der sich nicht nur auf die Marktnotierungen der Kontrahenten der OTC-Geschäfte stützt und die in Artikel 8 Absatz 4 der Richtlinie 2007/16/EG niedergelegten Kriterien erfüllt.

(2) Für die Zwecke von Absatz 1 werden von den Verwaltungsgesellschaften Vorkehrungen und Verfahren festgelegt, umgesetzt und aufrechterhalten, die eine geeignete, transparente und faire Bewertung der OGAW-Risiken aus OTC-Derivaten sicherstellen.

Die Mitgliedstaaten verpflichten die Verwaltungsgesellschaften sicherzustellen, dass der beizulegende Zeitwert von OTC-Derivaten angemessen, präzise und unabhängig bewertet wird.

Die Bewertungsvorkehrungen und -verfahren sind der Art und Komplexität der betreffenden OTC-Derivate angemessen und stehen in einem angemessenen Verhältnis dazu.

Schließen die Vorkehrungen und Verfahren für die Bewertung von OTC-Derivaten die Durchführung bestimmter Aufgaben durch Dritte ein, müssen die Verwaltungsgesellschaften die in Artikel 5 Absatz 2 und Artikel 23 Absatz 4 Unterabsatz 2 niedergelegten Anforderungen erfüllen.

(3) Für die Zwecke der Absätze 1 und 2 werden der Risikomanagement-Funktion spezielle Pflichten und Zuständigkeiten übertragen.

(4) Die in Absatz 2 genannten Bewertungsvorkehrungen und -verfahren werden adäquat dokumentiert.

ABSCHNITT 4
Übermittlung von Informationen zu Derivaten

Artikel 45
Berichte über Derivate

(1) Die Mitgliedstaaten verpflichten die Verwaltungsgesellschaften, den zuständigen Behörden ihres Herkunftsmitgliedstaats zumindest einmal jährlich Berichte mit Informationen zu übermitteln, die ein den tatsächlichen Verhältnissen entsprechendes Bild der für jeden verwalteten OGAW genutzten Derivate, der zugrunde liegenden Risiken, der Anlagegrenzen und der Methoden vermitteln, die zur Schätzung der mit den Derivatgeschäften verbundenen Risiken angewandt werden.

(2) Die Mitgliedstaaten stellen sicher, dass die zuständigen Behörden des Herkunftsmitgliedstaats der Verwaltungsgesellschaft die regelmäßige Übermittlung und Vollständigkeit der in Absatz 1 vorgesehenen Informationen überprüfen und bei Bedarf eingreifen können.

KAPITEL VII
SCHLUSSBESTIMMUNGEN

Artikel 46
Umsetzung

(1) Die Mitgliedstaaten setzen die erforderlichen Rechts- und Verwaltungsvorschriften in Kraft, um dieser Richtlinie spätestens bis zum 30. Juni 2011 nachzukommen. Sie teilen der Kommission unverzüglich den Wortlaut dieser Rechtsvorschriften mit und fügen eine Tabelle der Entsprechungen zwischen der Richtlinie und diesen innerstaatlichen Rechtsvorschriften bei.

Bei Erlass dieser Vorschriften nehmen die Mitgliedstaaten in den Vorschriften selbst oder durch einen Hinweis bei der amtlichen Veröffentlichung auf diese Richtlinie Bezug. Die Mitgliedstaaten regeln die Einzelheiten der Bezugnahme.

(2) Die Mitgliedstaaten teilen der Kommission den Wortlaut der wichtigsten innerstaatlichen Rechtsvorschriften mit, die sie auf dem unter diese Richtlinie fallenden Gebiet erlassen.

Artikel 47
Inkrafttreten

Diese Richtlinie tritt am zwanzigsten Tag nach ihrer Veröffentlichung im Amtsblatt der Europäischen Union in Kraft.

Artikel 48
Adressaten

Diese Richtlinie ist an die Mitgliedstaaten gerichtet.
Brüssel, den 1. Juli 2010
Für die Kommission
Der Präsident
José Manuel Barroso

Richtlinie 2007/16/EG der Kommission

vom 19. März 2007

zur Durchführung der Richtlinie 85/611/EWG des Rates zur Koordinierung der Rechts- und Verwaltungsvorschriften betreffend bestimmte Organismen für gemeinsame Anlagen in Wertpapieren (OGAW) im Hinblick auf die Erläuterung gewisser Definitionen

(Text von Bedeutung für den EWR)

DIE KOMMISSION DER EUROPÄISCHEN GEMEINSCHAFTEN –

gestützt auf den Vertrag zur Gründung der Europäischen Gemeinschaft,

gestützt auf die Richtlinie 85/611/EWG des Rates vom 20. Dezember 1985 zur Koordinierung der Rechts- und Verwaltungsvorschriften betreffend bestimmte Organismen für gemeinsame Anlagen in Wertpapieren (OGAW) ([1]), insbesondere auf Artikel 53a Buchstabe a,

in Erwägung nachstehender Gründe:

(1) Die Richtlinie 85/611/EWG enthält im Zusammenhang mit den Vermögenswerten, die für die Anlagen von Organismen für gemeinsame Anlagen in Wertpapieren (im Folgenden als „OGAW" bezeichnet) in Frage kommen, verschiedene, teilweise zusammenhängende Definitionen, etwa des Begriffs „Wertpapiere" und des Begriffs „Geldmarktinstrumente".

(2) Seit dem Erlass der Richtlinie 85/611/EWG hat die Vielfalt der an den Finanzmärkten gehandelten Finanzinstrumente beträchtlich zugenommen, was zu Unsicherheit darüber geführt hat, ob bestimmte Arten von Finanzinstrumenten unter die genannten Definitionen fallen. Die Unsicherheit in Bezug auf die Anwendung der Definitionen führt zu einer uneinheitlichen Auslegung der Richtlinie.

(3) Um eine einheitliche Anwendung der Richtlinie 85/611/EWG zu gewährleisten, den Mitgliedstaaten zu einer gemeinsamen Auffassung darüber zu verhelfen, welche Vermögenswerte für OGAW in Frage kommend und sicherzustellen, dass die Definitionen im Einklang mit den Grundprinzipien der Richtlinie 85/611/EWG verstanden werden, die beispielsweise für die Risikostreuung und -begrenzung sowie die Fähigkeit der OGAW zur Auszahlung ihrer Anteile auf Verlangen der Anteilinhaber und zur Berechnung des Nettobestandswerts bei der Ausgabe oder Auszahlung von Anteilen gelten, muss den zuständigen Stellen und Marktteilnehmern diesbezüglich mehr Sicherheit gegeben werden. Dies wird auch zu einer besseren Funktionsweise des Mitteilungsverfahrens für die grenzübergreifende Vermarktung von OGAW beitragen.

(4) Die in dieser Richtlinie enthaltenen Erläuterungen beinhalten an sich keine neuen Auflagen in Bezug auf das Verhalten oder die betrieblichen Abläufe der zuständigen Stellen und Marktteilnehmer. Sie zählen nicht sämtliche Finanzinstrumente und -geschäfte auf, sondern klären grundlegende Kriterien, die Hilfestellung bei der Frage leisten sollen, ob eine bestimmte Art von Finanzinstrument unter die diversen Definitionen fällt.

(5) Ob ein Vermögenswert für einen OGAW in Frage kommt, darf nicht nur daraufhin geprüft werden, ob er unter die in diesem Text erläuterten Definitionen fällt, sondern auch im Hinblick auf die übrigen Anforderungen der Richtlinie 85/611/EWG. Die nationalen

---

[1] ABl. L 375 vom 31.12.1985, S. 3. Richtlinie zuletzt geändert durch die Richtlinie 2005/1/EG des Europäischen Parlaments und des Rates (ABl. L 79 vom 24.3.2005, S. 9).

zuständigen Behörden könnten im Ausschuss der europäischen Wertpapierregulierungsbehörden zusammenarbeiten, um zu einem gemeinsamen Ansatz für die praktische, alltägliche Anwendung dieser Erläuterungen im Rahmen ihrer Aufsichtspflichten, namentlich im Zusammenhang mit anderen Vorgaben der Richtlinie 85/611/EWG, wie den Kontroll- oder Risikomanagementverfahren, zu gelangen und die reibungslose Funktionsweise des Produktpasses zu gewährleisten.

(6) In der Richtlinie 85/611/EWG werden Wertpapiere ausschließlich vom formaljuristischen Standpunkt aus definiert. Dementsprechend schließt die Definition der Wertpapiere ein breites Spektrum von Finanzprodukten mit verschiedenen Merkmalen und unterschiedlicher Liquidität ein. Für alle diese Finanzprodukte sollte die Konsistenz zwischen der Definition der Wertpapiere und den übrigen Bestimmungen der Richtlinie sichergestellt werden.

(7) Geschlossene Fonds werden in der Richtlinie 85/611/EWG nicht ausdrücklich als Anlagegattung, die für OGAW in Frage kommt, genannt. Allerdings werden die Anteile geschlossener Fonds oftmals wie Wertpapiere behandelt, und ihre Zulassung zum Handel an einem geregelten Markt gibt häufig Grund zu einer derartigen Behandlung. Die Marktteilnehmer und zuständigen Stellen müssen daher Klarheit darüber erhalten, ob die Anteile geschlossener Fonds unter die Definition der Wertpapiere fallen. Die nationalen zuständigen Behörden könnten im Ausschuss der europäischen Wertpapierregulierungsbehörden zusammenarbeiten, um zu gemeinsamen Ansätzen für die praktische, alltägliche Anwendung der Kriterien für geschlossene Fonds zu gelangen, insbesondere im Hinblick auf grundlegende Mindeststandards für die Unternehmenskontrolle.

(8) Mehr Rechtssicherheit muss auch in Bezug auf die Einstufung jener Finanzinstrumente als Wertpapiere geschaffen werden, die an die Entwicklung anderer, einschließlich in der Richtlinie 85/611/EWG nicht aufgeführter Vermögenswerte gekoppelt oder durch derartige Vermögenswerte besichert sind. Es sollte klargestellt werden, dass ein Finanzinstrument als Wertpapier mit eingebettetem Derivat einzustufen ist, falls die Kopplung an einen Basiswert oder einen anderen Bestandteil des Finanzinstruments einer Komponente gleichkommt, die als eingebettetes Derivat zu betrachten ist. Folglich sind auf die betreffende Komponente die gemäß der Richtlinie 85/611/EWG für Derivate geltenden Kriterien anzuwenden.

(9) Damit ein Finanzinstrument unter die in der Richtlinie 85/611/EWG enthaltene Definition der Geldmarktinstrumente fällt, sollte es bestimmte Kriterien erfüllen und muss insbesondere üblicherweise auf einem Geldmarkt gehandelt werden, liquide sein und einen jederzeit genau bestimmbaren Wert haben. Es muss sichergestellt werden, dass diese Kriterien einheitlich angewandt werden, wobei gewisse Marktpraktiken zu berücksichtigen sind. Außerdem muss klargestellt werden, dass die Kriterien übereinstimmend mit anderen Grundsätzen der Richtlinie 85/611/EWG zu verstehen sind. Die Definition der Geldmarktinstrumente sollte sich auch auf Finanzinstrumente erstrecken, die nicht an einem geregelten Markt notiert oder gehandelt werden und für die die Richtlinie 85/611/EWG zusätzlich zu den allgemeinen Kriterien für Geldmarktinstrumente weitere Kriterien vorsieht. Aus diesem Grund müssen auch diese Kriterien im Hinblick auf die Anforderungen des Anlegerschutzes und bestimmte Grundsätze der Richtlinie 85/611/EWG, wie die Portfolioliquidität gemäß deren Artikel 37, erläutert werden.

(10) Nach der Richtlinie 85/611/EWG sind abgeleitete Finanzinstrumente (Derivate) als liquide Finanzanlagen zu betrachten, wenn sie die in der Richtlinie niedergelegten Kriterien erfüllen. Es muss sichergestellt werden, dass diese Kriterien einheitlich angewandt werden; außerdem ist klarzustellen, dass die Kriterien übereinstimmend mit anderen Be-

stimmungen der Richtlinie zu verstehen sind. Ferner sollte klargestellt werden, dass Kreditderivate, die diese Kriterien erfüllen, Derivate im Sinne der Richtlinie 85/611/EWG und somit liquiden Finanzanlagen gleichzustellen sind.

(11) Besonders dringender Klärungsbedarf besteht bei Indexderivaten. Derzeit werden vielerlei Finanzindizes als Basiswerte für Derivate herangezogen. Zusammensetzung und Komponentengewichtung dieser Indizes können variieren. In allen Fällen muss sichergestellt sein, dass der OGAW seine Verpflichtungen in Bezug auf die Portfolioliquidität gemäß Artikel 37 der Richtlinie 85/611/EWG und die Berechnung des Nettobestandswerts erfüllen kann und sich die Merkmale des Derivat-Basiswerts nicht negativ auf diese Verpflichtungen auswirken. Es sollte klargestellt werden, dass Derivate auf Finanzindizes, deren Zusammensetzung hinreichend diversifiziert ist, die eine adäquate Bezugsgrundlage für den Markt darstellen, auf den sie sich beziehen, und bei denen eine angemessene Information über die Indexzusammensetzung und -berechnung gewährleistet ist, als Derivate einzustufen sind, welche als liquide Finanzanlagen gelten. Die nationalen zuständigen Behörden könnten im Ausschuss der europäischen Wertpapierregulierungsbehörden zusammenarbeiten, um zu einem gemeinsamen Ansatz für die praktische, alltägliche Anwendung dieser Kriterien bei Indizes zu gelangen, die auf einer in der Richtlinie nicht ausdrücklich genannten Art von Vermögenswerten basieren.

(12) Geldmarktinstrumente, in die ein Derivat eingebettet ist, werden in der Richtlinie 85/611/EWG als Untergruppe von Wertpapieren anerkannt. Die Einbettung einer Derivatkomponente in ein Wertpapier oder Geldmarktinstrument führt nicht dazu, dass das gesamte Finanzinstrument zu einem Finanzderivat wird, das nicht mehr unter die Definition des Wertpapiers oder Geldmarktinstruments fiele. Daher muss geklärt werden, wann ein Finanzderivat als ein in ein anderes Instrument eingebettetes Derivat betrachtet werden kann. Die Einbettung eines Derivats in ein Wertpapier oder Geldmarktinstrument birgt überdies die Gefahr, dass die Vorschriften der Richtlinie 85/611/EWG für Derivate umgangen werden. Aus diesem Grund schreibt die genannte Richtlinie vor, dass die eingebettete Derivatkomponente identifiziert und bei den geltenden Vorschriften berücksichtigt werden muss. Angesichts der Finanzinnovation sind eingebettete Derivatkomponenten nicht immer leicht zu identifizieren. Um hier mehr Sicherheit zu schaffen, sollten Kriterien für die Identifizierung derartiger Komponenten festgelegt werden.

(13) Nach der Richtlinie 85/611/EWG fallen Techniken und Instrumente, die Wertpapiere oder Geldmarktinstrumente zum Gegenstand haben und im Hinblick auf die effiziente Verwaltung der Portfolios verwendet werden, nicht unter die Definition der Wertpapiere und Geldmarktinstrumente. Um die Grenzen dieser Definitionen klarer abzustecken, müssen Kriterien dafür festgelegt werden, welche Geschäfte unter diese Techniken und Instrumente fallen. Außerdem muss daran erinnert werden, dass diese Techniken und Instrumente übereinstimmend mit den übrigen Verpflichtungen eines OGAW, insbesondere bezüglich des Risikoprofils, zu verstehen sind. Das heißt, sie müssen den Vorschriften der Richtlinie 85/611/EWG für das Management und die Streuung von Risiken sowie den Einschränkungen für Leerverkäufe und Kreditaufnahme entsprechen.

(14) Die Richtlinie 85/611/EWG enthält Kriterien für die Definition von OGAW, die Aktien- oder Schuldtitelindizes nachbilden. Bei OGAW, die diese Kriterien erfüllen, gelten flexiblere Regelungen für die zulässige Emittentenkonzentration. Daher müssen ein eindeutiges Verständnis dieser Kriterien entwickelt und ihre einheitliche Anwendung in allen Mitgliedstaaten gewährleistet werden. Dies bedeutet, dass näher erläutert werden muss, wann ein OGAW als indexnachbildender OGAW betrachtet werden kann, um mehr Sicher-

heit in Bezug auf die Voraussetzungen zu schaffen, unter denen die für indexnachbildende OGAW vorgesehene günstigere Behandlung gewährt werden kann.

(15) Zu den fachlichen Aspekten wurde der Ausschuss der europäischen Wertpapierregulierungsbehörden konsultiert.

(16) Die in dieser Richtlinie vorgesehenen Maßnahmen stimmen mit der Stellungnahme des Europäischen Wertpapierausschusses überein –

HAT FOLGENDE RICHTLINIE ERLASSEN:

Artikel 1
Gegenstand

Diese Richtlinie enthält Bestimmungen zur Erläuterung folgender Begriffe, um deren einheitliche Verwendung zu gewährleisten:

1. Wertpapiere im Sinne von Artikel 1 Absatz 8 der Richtlinie 85/611/EWG;
2. Geldmarktinstrumente im Sinne von Artikel 1 Absatz 9 der Richtlinie 85/611/EWG;
3. liquide Finanzanlagen, auf die in der OGAW-Definition in Artikel 1 Absatz 2 der Richtlinie 85/611/EWG Bezug genommen wird, im Hinblick auf abgeleitete Finanzinstrumente;
4. in Artikel 21 Absatz 3 Unterabsatz 4 der Richtlinie 85/611/EWG genannte Wertpapiere und Geldmarktinstrumente, in die ein Derivat eingebettet ist;
5. in Artikel 21 Absatz 2 der Richtlinie 85/611/EWG genannte Techniken und Instrumente zur effizienten Portfolioverwaltung;
6. in Artikel 22a Absatz 1 der Richtlinie 85/611/EWG genannte OGAW, die einen Index nachbilden.

Artikel 2

Artikel 1 Absatz 8 der Richtlinie 85/611/EWG

Wertpapiere

(1) Die Bezugnahme in Artikel 1 Absatz 8 der Richtlinie 85/611/EWG auf Wertpapiere ist als Bezugnahme auf Finanzinstrumente zu verstehen, die folgende Kriterien erfüllen:

a) Der potenzielle Verlust, der dem OGAW durch die Haltung solcher Instrumente entstehen kann, kann den dafür gezahlten Betrag nicht übersteigen;
b) ihre Liquidität beeinträchtigt nicht die Fähigkeit des OGAW zur Einhaltung von Artikel 37 der Richtlinie 85/611/EWG;
c) eine verlässliche Bewertung der Instrumente ist in folgender Form verfügbar:
   i) bei Wertpapieren, die im Sinne von Artikel 19 Absatz 1 Buchstaben a bis d der Richtlinie 85/611/EWG an einem geregelten Markt notiert oder gehandelt werden, in Form von exakten, verlässlichen und gängigen Preisen, die entweder Marktpreise sind oder von einem emittentenunabhängigen Bewertungssystem gestellt werden;
   ii) bei sonstigen Wertpapieren, auf die in Artikel 19 Absatz 2 der Richtlinie 85/611/EWG Bezug genommen wird, in Form einer in regelmäßigen Abständen durchgeführten Bewertung, die aus Informationen des Wertpapieremittenten oder aus einer kompetenten Finanzanalyse abgeleitet wird;

d) angemessene Informationen über diese Finanzinstrumente sind in folgender Form verfügbar:
   i) bei Wertpapieren, die im Sinne von Artikel 19 Absatz 1 Buchstaben a bis d der Richtlinie 85/611/EWG an einem geregelten Markt notiert oder gehandelt werden, in Form von regelmäßigen, exakten und umfassenden Informationen des Marktes über das Wertpapier oder gegebenenfalls das zugehörige Portfolio;
   ii) bei anderen Wertpapieren, auf die in Artikel 19 Absatz 2 der Richtlinie 85/611/EWG Bezug genommen wird, in Form einer regelmäßigen und exakten Information des OGAW über das Wertpapier oder gegebenenfalls das zugehörige Portfolio;
e) sie sind handelbar;
f) ihr Erwerb steht im Einklang mit den Anlagezielen oder der Anlagestrategie oder beidem des OGAW gemäß der Richtlinie 85/611/EWG;
g) ihre Risiken werden durch das Risikomanagement des OGAW in angemessener Weise erfasst.

Für die Zwecke von Unterabsatz 1 Buchstaben b und e wird angenommen, dass an einem geregelten Markt notierte oder gehandelte Finanzinstrumente im Sinne von Artikel 19 Absatz 1 Buchstaben a, b und c der Richtlinie 85/611/EWG die Fähigkeit des OGAW zur Einhaltung von Artikel 37 der genannten Richtlinie nicht beeinträchtigen und handelbar sind, es sei denn, dem OGAW liegen Informationen vor, die zu einer anderen Bestimmung führen.

(2) Wertpapiere, auf die in Artikel 1 Absatz 8 der Richtlinie 85/611/EWG Bezug genommen wird, schließen Folgendes ein:

a) Anteile an geschlossenen Fonds in Form einer Investmentgesellschaft oder eines Investmentfonds, die folgende Kriterien erfüllen:
   i) Sie erfüllen die Kriterien in Absatz 1;
   ii) sie unterliegen einer Unternehmenskontrolle;
   iii) wird die Tätigkeit der Vermögensverwaltung von einem anderen Rechtsträger im Auftrag des geschlossenen Fonds wahrgenommen, so unterliegt dieser Rechtsträger den einzelstaatlichen Vorschriften für den Anlegerschutz;
b) Anteile an geschlossenen Fonds in Vertragsform, die folgende Kriterien erfüllen:
   i) Sie erfüllen die Kriterien in Absatz 1;
   ii) sie unterliegen einer Unternehmenskontrolle, die der Unternehmenskontrolle im Sinne von Buchstabe a Ziffer ii gleichkommt;
   iii) sie werden von einem Rechtsträger verwaltet, der den einzelstaatlichen Vorschriften für den Anlegerschutz unterliegt;
c) Finanzinstrumente, die folgende Kriterien erfüllen:
   i) Sie erfüllen die Kriterien in Absatz 1;
   ii) sie sind durch andere Vermögenswerte besichert oder an die Entwicklung anderer Vermögenswerte gekoppelt, wobei diese Vermögenswerte von den in Artikel 19 Absatz 1 der Richtlinie 85/611/EWG genannten abweichen können.

(3) Ist in ein Finanzinstrument im Sinne von Absatz 2 Buchstabe c eine Derivatkomponente gemäß Artikel 10 der vorliegenden Richtlinie eingebettet, so gelten für diese Komponente die Anforderungen von Artikel 21 der Richtlinie 85/611/EWG.

Artikel 3

Artikel 1 Absatz 9 der Richtlinie 85/611/EWG

Instrumente, die üblicherweise auf dem Geldmarkt gehandelt werden

(1) Die Bezugnahme in Artikel 1 Absatz 9 der Richtlinie 85/611/EWG auf Geldmarktinstrumente ist als Bezugnahme auf die folgenden Arten von Finanzinstrumenten zu verstehen:

a) Finanzinstrumente, die im Sinne von Artikel 19 Absatz 1 Buchstaben a, b und c der Richtlinie 85/611/EWG an einem geregelten Markt notiert oder gehandelt werden;
b) Finanzinstrumente, die nicht notiert werden.

(2) Die Bezugnahme in Artikel 1 Absatz 9 der Richtlinie 85/611/EWG auf Geldmarktinstrumente als Instrumente, die üblicherweise auf dem Geldmarkt gehandelt werden, ist als Bezugnahme auf Finanzinstrumente zu verstehen, die eines der folgenden Kriterien erfüllen:

a) Sie haben bei der Emission eine Laufzeit von bis zu 397 Tagen;
b) sie haben eine Restlaufzeit von bis zu 397 Tagen;
c) ihre Rendite wird regelmäßig, mindestens aber alle 397 Tage entsprechend der Geldmarktsituation angepasst;
d) ihr Risikoprofil einschließlich Kredit- und Zinsrisiko entspricht dem Risikoprofil von Finanzinstrumenten, die eine Laufzeit gemäß Buchstabe a oder Buchstabe b aufweisen oder einer Renditeanpassung gemäß Buchstabe c unterliegen.

Artikel 4

Artikel 1 Absatz 9 der Richtlinie 85/611/EWG

Liquide Instrumente, deren Wert jederzeit genau bestimmt werden kann

(1) Die Bezugnahme in Artikel 1 Absatz 9 der Richtlinie 85/611/EWG auf Geldmarktinstrumente als Instrumente, die liquide sind, ist als Bezugnahme auf Finanzinstrumente zu verstehen, die sich unter Berücksichtigung der Verpflichtung des OGAW, seine Anteile auf Verlangen des Anteilsinhabers zurückzunehmen oder auszuzahlen, innerhalb hinreichend kurzer Zeit mit begrenzten Kosten veräußern lassen.

(2) Die Bezugnahme in Artikel 1 Absatz 9 der Richtlinie 85/611/EWG auf Geldmarktinstrumente als Instrumente, deren Wert jederzeit genau bestimmt werden kann, ist als Bezugnahme auf Finanzinstrumente zu verstehen, für die es exakte und verlässliche Bewertungssysteme gibt, welche folgende Kriterien erfüllen:

a) Sie ermöglichen dem OGAW die Ermittlung eines Nettobestandswerts, der dem Wert entspricht, zu dem das im Portfolio gehaltene Finanzinstrument in einem Geschäft zwischen sachverständigen, vertragswilligen und unabhängigen Geschäftspartnern ausgetauscht werden könnte;
b) sie basieren entweder auf Marktdaten oder Bewertungsmodellen einschließlich Systemen, die auf den fortgeführten Anschaffungskosten beruhen.

(3) Bei Finanzinstrumenten, die im Sinne von Artikel 1 Absatz 9 der Richtlinie 85/611/EWG üblicherweise auf dem Geldmarkt gehandelt werden und gemäß Artikel 19 Absatz 1 Buchstabe a, b oder c der genannten Richtlinie an einem geregelten Markt notiert oder gehandelt werden, gelten die in den Absätzen 1 und 2 des vorliegenden Artikels genannten Kriterien als erfüllt, es sei denn, dem OGAW liegen Informationen vor, die zu einer anderen Bestimmung führen.

Artikel 5

Artikel 19 Absatz 1 Buchstabe h der Richtlinie 85/611/EWG

Instrumente aus Emissionen oder von Emittenten, die bereits Vorschriften über den Einlagen- und Anlegerschutz unterliegen

(1) Die Bezugnahme in Artikel 19 Absatz 1 Buchstabe h der Richtlinie 85/611/EWG auf Geldmarktinstrumente, die nicht auf einem geregelten Markt gehandelt werden und deren Emission oder Emittent bereits Vorschriften über den Einlagen- und den Anlegerschutz unterliegt, ist als Bezugnahme auf Finanzinstrumente zu verstehen, die folgende Kriterien erfüllen:

a) Sie erfüllen eines der Kriterien in Artikel 3 Absatz 2 und sämtliche Kriterien in Artikel 4 Absätze 1 und 2;
b) es liegen angemessene Informationen über sie vor, einschließlich Informationen, die eine angemessene Bewertung der mit der Anlage in solche Instrumente verbundenen Kreditrisiken ermöglichen, wobei die Absätze 2, 3 und 4 des vorliegenden Artikels zu berücksichtigen sind;
c) sie sind frei transferierbar.

(2) Bei Geldmarktinstrumenten, die unter Artikel 19 Absatz 1 Buchstabe h zweiter und vierter Gedankenstrich der Richtlinie 85/611/EWG fallen oder von einer regionalen oder lokalen Körperschaft eines Mitgliedstaats oder von einer internationalen öffentlich-rechtlichen Einrichtung begeben, aber weder von einem Mitgliedstaat noch, sofern dieser ein Bundesstaat ist, einem Gliedstaat der Föderation garantiert werden, umfassen die angemessenen Informationen im Sinne von Absatz 1 Buchstabe b Folgendes:

a) Informationen sowohl über die Emission bzw. das Emissionsprogramm als auch über die rechtliche und finanzielle Situation des Emittenten vor der Emission des Geldmarktinstruments;
b) Aktualisierungen der unter Buchstabe a genannten Informationen in regelmäßigen Abständen und bei signifikanten Begebenheiten;
c) eine Prüfung der unter Buchstabe a genannten Informationen durch entsprechend qualifizierte und von Weisungen des Emittenten unabhängige Dritte;
d) verfügbare und verlässliche Statistiken über die Emission bzw. das Emissionsprogramm.

(3) Bei Geldmarktinstrumenten im Sinne von Artikel 19 Absatz 1 Buchstabe h dritter Gedankenstrich der Richtlinie 85/611/EWG umfassen die angemessenen Informationen im Sinne von Absatz 1 Buchstabe b Folgendes:

a) Informationen über die Emission bzw. das Emissionsprogramm oder über die rechtliche und finanzielle Situation des Emittenten vor der Emission des Geldmarktinstruments;
b) Aktualisierungen der unter Buchstabe a genannten Informationen in regelmäßigen Abständen und bei signifikanten Begebenheiten;
c) verfügbare und verlässliche Statistiken über die Emission bzw. das Emissionsprogramm oder anderer Daten, die eine angemessene Bewertung der mit der Anlage in derartige Instrumente verbundenen Kreditrisiken ermöglichen.

(4) Bei sämtlichen Geldmarktinstrumenten im Sinne von Artikel 19 Absatz 1 Buchstabe h erster Gedankenstrich der Richtlinie 85/611/EWG mit Ausnahme der in Absatz 2 des vorliegenden Artikels genannten Instrumente und von der Europäischen Zentralbank oder einer Zentralbank eines Mitgliedstaats begebenen Instrumente umfassen die angemessenen

Informationen im Sinne von Absatz 1 Buchstabe b Informationen über die Emission bzw. das Emissionsprogramm oder über die rechtliche und finanzielle Situation des Emittenten vor der Emission des Geldmarktinstruments.

Artikel 6

Artikel 19 Absatz 1 Buchstabe h der Richtlinie 85/611/EWG

Institut, das Aufsichtsbestimmungen unterliegt oder einhält, die nach Auffassung der zuständigen Behörden mindestens so streng sind wie die des Gemeinschaftsrechts

Die Bezugnahme in Artikel 19 Absatz 1 Buchstabe h dritter Gedankenstrich der Richtlinie 85/611/EWG auf Institute, die Aufsichtsbestimmungen unterliegen oder einhalten, die nach Auffassung der zuständigen Behörden mindestens so streng sind wie die des Gemeinschaftsrechts, ist als Bezugnahme auf Emittenten zu verstehen, die Aufsichtsbestimmungen unterliegen und einhalten und eines der folgenden Kriterien erfüllen:

1. Sie unterhalten ihren Sitz im Europäischen Wirtschaftsraum;
2. sie unterhalten ihren Sitz in einem zur Zehnergruppe gehörenden OECD-Land;
3. er verfügt mindestens über ein Investment-Grade-Rating;
4. mittels einer eingehenden Analyse des Emittenten kann nachgewiesen werden, dass die für ihn geltenden Aufsichtsbestimmungen mindestens so streng sind wie die des Gemeinschaftsrechts.

Artikel 7

Artikel 19 Absatz 1 Buchstabe h der Richtlinie 85/611/EWG

Wertpapiermäßige Unterlegung von Verbindlichkeiten durch Nutzung einer von einer Bank eingeräumten Kreditlinie

(1) Die Bezugnahme in Artikel 19 Absatz 1 Buchstabe h vierter Gedankenstrich der Richtlinie 85/611/EWG auf die wertpapiermäßige Unterlegung von Verbindlichkeiten ist als Bezugnahme auf Strukturen zu verstehen, die in Unternehmens-, Gesellschafts- oder Vertragsform mit dem Ziel der wertpapiermäßigen Unterlegung von Verbindlichkeiten geschaffen wurden.

(2) Die Bezugnahme in Artikel 19 Absatz 1 Buchstabe h vierter Gedankenstrich der Richtlinie 85/611/EWG auf von Banken eingeräumte Kreditlinien ist als Bezugnahme auf Bankdienste zu verstehen, die durch ein Finanzinstitut gesichert sind, das selbst Artikel 19 Absatz 1 Buchstabe h dritter Gedankenstrich der Richtlinie 85/611/EWG entspricht.

Artikel 8

Artikel 1 Absatz 2 und Artikel 19 Absatz 1 Buchstabe g der Richtlinie 85/611/EWG

Liquide Finanzanlagen in Bezug auf abgeleitete Finanzinstrumente (Derivate)

(1) Die Bezugnahme in Artikel 1 Absatz 2 der Richtlinie 85/611/EWG auf liquide Finanzanlagen in Bezug auf abgeleitete Finanzinstrumente (Derivate) ist als Bezugnahme auf Derivate zu verstehen, die folgende Kriterien erfüllen:

a) Sie beruhen auf einem oder mehreren der folgenden Basiswerte:
   i) den in Artikel 19 Absatz 1 der Richtlinie 85/611/EWG bezeichneten Vermögenswerten einschließlich Finanzinstrumenten, die eines oder mehrere Merkmale dieser Vermögenswerte aufweisen;
   ii) Zinssätzen;
   iii) Wechselkursen oder Währungen;
   iv) Finanzindizes;
b) im Falle von OTC-Derivaten sind die in Artikel 19 Absatz 1 Buchstabe g zweiter und dritter Gedankenstrich der Richtlinie 85/611/EWG genannten Voraussetzungen erfüllt.

(2) Abgeleitete Finanzinstrumente (Derivate), auf die in Artikel 19 Absatz 1 Buchstabe g der Richtlinie 85/611/EWG Bezug genommen wird sind unter anderem Instrumente, die folgende Kriterien erfüllen:

a) Sie ermöglichen die Übertragung des Kreditrisikos eines Vermögenswertes im Sinne von Absatz 1 Buchstabe a des vorliegenden Artikels unabhängig von den sonstigen Risiken, die mit diesem Vermögenswert verbunden sind;
b) sie führen nicht zur Lieferung oder Übertragung, einschließlich in Form von Bargeld, anderer Vermögenswerte als der in Artikel 19 Absätze 1 und 2 der Richtlinie 85/611/EWG genannten;
c) sie erfüllen die in Artikel 19 Absatz 1 Buchstabe g zweiter und dritter Gedankenstrich der Richtlinie 85/611/EWG und in den Absätzen 3 und 4 des vorlegenden Artikels genannten Kriterien für OTC-Derivate;
d) ihre Risiken werden durch das Risikomanagement des OGAW und im Falle einer Informationsasymmetrie zwischen dem OGAW und dem Kontrahenten, die dadurch entsteht, dass der Kontrahent auf nicht öffentliche Informationen über die Unternehmen, deren Vermögenswerte von Kreditderivaten zur wertpapiermäßigen Unterlegung genutzt werden, zugreifen kann, durch die internen Kontrollmechanismen des OGAW in angemessener Weise erfasst.

(3) Für die Zwecke von Artikel 19 Absatz 1 Buchstabe g dritter Gedankenstrich der Richtlinie 85/611/EWG ist unter dem angemessenen Zeitwert der Betrag zu verstehen, zu dem ein Vermögenswert in einem Geschäft zwischen sachverständigen, vertragswilligen und unabhängigen Geschäftspartnern ausgetauscht bzw. eine Verbindlichkeit beglichen werden könnte.

(4) Für die Zwecke von Artikel 19 Absatz 1 Buchstabe g dritter Gedankenstrich der Richtlinie 85/611/EWG ist unter einer zuverlässigen und überprüfbaren Bewertung eine Bewertung durch den OGAW entsprechend dem angemessenen Zeitwert im Sinne von Absatz 3 des vorliegenden Artikels zu verstehen, die sich nicht ausschließlich auf Marktnotierungen des Kontrahenten stützt und folgende Kriterien erfüllt:

a) Grundlage der Bewertung ist entweder ein verlässlicher aktueller Marktwert des Instruments oder, falls dieser nicht verfügbar ist, ein Preismodell, das auf einer anerkannten adäquaten Methodik beruht;
b) die Bewertung wird durch eine der beiden folgenden Stellen überprüft:
   i) einen geeigneten vom Kontrahenten des OTC-Derivats unabhängigen Dritten in ausreichender Häufigkeit und einer durch den OGAW nachprüfbaren Weise;
   ii) einer von der Vermögensverwaltung unabhängigen und entsprechend ausgerüsteten Stelle innerhalb des OGAW.

(5) Die Bezugnahme in Artikel 1 Absatz 2 und Artikel 19 Absatz 1 Buchstabe g der Richtlinie 85/611/EWG auf liquide Finanzanlagen schließt keine Warenderivate ein.

Artikel 9

Artikel 19 Absatz 1 Buchstabe g der Richtlinie 85/611/EWG

Finanzindizes

(1) Die Bezugnahme in Artikel 19 Absatz 1 Buchstabe g der Richtlinie 85/611/EWG auf Finanzindizes ist als Bezugnahme auf Indizes zu verstehen, die folgende Kriterien erfüllen:

a) Sie sind insofern hinreichend diversifiziert, als folgende Kriterien erfüllt sind:
   i) Der Index ist so zusammengesetzt, dass seine Gesamtentwicklung durch Preisbewegungen oder Handelstätigkeiten bei einer einzelnen Komponente nicht über Gebühr beeinflusst wird;
   ii) setzt sich der Index aus den in Artikel 19 Absatz 1 der Richtlinie 85/611/EWG bezeichneten Vermögenswerten zusammen, so ist seine Zusammensetzung mindestens gemäß Artikel 22a der genannten Richtlinie diversifiziert;
   iii) setzt sich der Index aus anderen als den in Artikel 19 Absatz 1 der Richtlinie 85/611/EWG bezeichneten Vermögenswerten zusammen, so ist seine Zusammensetzung in einer Weise diversifiziert, die der in Artikel 22a der genannten Richtlinie vorgeschriebenen Diversifizierung gleichwertig ist;
b) sie stellen insofern eine adäquate Bezugsgrundlage für den Markt dar, auf den sie sich beziehen, als folgende Kriterien erfüllt sind:
   i) Der Index misst die Entwicklung einer repräsentativen Gruppe von Basiswerten in aussagekräftiger und adäquater Weise;
   ii) der Index wird regelmäßig überprüft bzw. seine Zusammensetzung angepasst, damit er die Märkte, auf die er sich bezieht, stets nach öffentlich zugänglichen Kriterien widerspiegelt;
   iii) die Basiswerte sind hinreichend liquide, so dass die Nutzer erforderlichenfalls den Index nachbilden können;
c) sie werden insofern in angemessener Weise veröffentlicht, als folgende Kriterien erfüllt sind:
   i) Ihre Veröffentlichung beruht auf soliden Verfahren für die Erhebung von Preisen und für die Kalkulation und anschließende Veröffentlichung des Indexwerts, einschließlich Preisermittlungsverfahren für die einzelnen Komponenten, falls kein Marktpreis verfügbar ist;
   ii) wesentliche Informationen über Aspekte wie die Methodik zur Indexberechnung und Anpassung der Indexzusammensetzung, Indexveränderungen oder operationelle Schwierigkeiten bei der Bereitstellung zeitnaher oder genauer Informationen werden umfassend und unverzüglich zur Verfügung gestellt.

(2) Erfüllt die Zusammensetzung der von Derivaten zur wertpapiermäßigen Unterlegung genutzten Vermögenswerte gemäß Artikel 19 Absatz 1 der Richtlinie 85/611/EWG, nicht die in Absatz 1 des vorliegenden Artikels genannten Kriterien, so gelten diese Derivate, sofern sie die Kriterien nach Artikel 8 Absatz 1 erfüllen, als Derivate auf eine Kombination aus den in Artikel 8 Absatz 1 Buchstabe a Ziffern i, ii und iii genannten Vermögenswerten.

Artikel 10

Artikel 21 Absatz 3 Unterabsatz 4 der Richtlinie 85/611/EWG

Wertpapiere und Geldmarktinstrumente, in die ein Derivat eingebettet ist

(1) Die Bezugnahme in Artikel 21 Absatz 3 Unterabsatz 4 der Richtlinie 85/611/EWG auf Wertpapiere, in die ein Derivat eingebettet ist, ist als Bezugnahme auf Finanzinstrumente zu verstehen, die die Kriterien in Artikel 2 Absatz 1 der vorliegenden Richtlinie erfüllen und eine Komponente enthalten, die folgende Kriterien erfüllt:

a) Kraft dieser Komponente können einige oder alle Cashflows, die bei dem als Basisvertrag fungierenden Wertpapier andernfalls erforderlich wären, nach einem spezifischen Zinssatz, Finanzinstrumentpreis, Wechselkurs, Preis- oder Kursindex, Kreditrating oder Kreditindex oder einer sonstigen Variablen verändert werden und variieren daher in ähnlicher Weise wie ein eigenständiges Derivat;
b) ihre wirtschaftlichen Merkmale und Risiken sind nicht eng mit den wirtschaftlichen Merkmalen und Risiken des Basisvertrags verbunden;
c) sie hat einen signifikanten Einfluss auf das Risikoprofil und die Preisgestaltung des Wertpapiers.

(2) Geldmarktinstrumente, die eines der Kriterien in Artikel 3 Absatz 2 und alle Kriterien in Artikel 4 Absätze 1 und 2 erfüllen und eine Komponente enthalten, die die Kriterien in Absatz 1 des vorliegenden Artikels erfüllt, gelten als Geldmarktinstrumente, in die ein Derivat eingebettet ist.

(3) Enthält ein Wertpapier bzw. Geldmarktinstrument eine Komponente, die unabhängig von diesem Wertpapier bzw. Geldmarktinstrument vertraglich transferierbar ist, so gilt es nicht als Wertpapier, in das ein Derivat eingebettet ist. Eine derartige Komponente wird vielmehr als eigenes Finanzinstrument betrachtet.

Artikel 11

Artikel 21 Absatz 2 der Richtlinie 85/611/EWG

Techniken und Instrumente zur effizienten Portfolioverwaltung

(1) Die Bezugnahme in Artikel 21 Absatz 2 der Richtlinie 85/611/EWG auf Techniken und Instrumente zur effizienten Portfolioverwaltung ist als Bezugnahme auf Techniken und Instrumente zu verstehen, die folgende Kriterien erfüllen:

a) Sie sind insofern ökonomisch angemessen, als sie kostenwirksam eingesetzt werden;
b) sie werden mit einem oder mehreren der folgenden spezifischen Ziele eingesetzt:
   i) Risikosenkung;
   ii) Kostensenkung;
   iii) Generierung zusätzlichen Kapitals oder Ertrags für den OGAW mit einem Risiko, das dem Risikoprofil des OGAW und den Risikodiversifizierungsvorschriften in Artikel 22 der Richtlinie 85/611/EWG entspricht;
c) ihre Risiken werden durch das Risikomanagement des OGAW in angemessener Weise erfasst.

(2) Techniken und Instrumente, die die Kriterien in Absatz 1 des vorliegenden Artikels erfüllen und Geldmarktinstrumente zum Gegenstand haben, gelten als Techniken und Ins-

trumente im Sinne von Artikel 21 Absatz 2 der Richtlinie 85/611/EWG, die Geldmarktinstrumente zum Gegenstand haben und zur effizienten Portfolioverwaltung verwendet werden.

Artikel 12

Artikel 22a Absatz 1 der Richtlinie 85/611/EWG

OGAW, die einen Index nachbilden

(1) Die Bezugnahme in Artikel 22a Absatz 1 der Richtlinie 85/611/EWG auf die Nachbildung eines Aktien- oder Schuldtitelindex ist als Bezugnahme auf die Nachbildung des Basiswerts des Index einschließlich der Verwendung von Derivaten oder sonstigen Techniken und Instrumenten im Sinne von Artikel 21 Absatz 2 der Richtlinie 85/611/EWG und Artikel 11 der vorliegenden Richtlinie zu verstehen.

(2) Die Bezugnahme in Artikel 22a Absatz 1 erster Gedankenstrich der Richtlinie 85/611/EWG auf einen Index, dessen Zusammensetzung hinreichend diversifiziert ist, ist als Bezugnahme auf einen Index zu verstehen, der die Risikodiversifizierungsvorschriften in Artikel 22a der Richtlinie 85/611/EWG erfüllt.

(3) Die Bezugnahme in Artikel 22a Absatz 1 zweiter Gedankenstrich der Richtlinie 85/611/EWG auf einen Index, der eine adäquate Bezugsgrundlage für den Markt darstellt, auf den er sich bezieht, ist als Bezugnahme auf einen Index zu verstehen, dessen Anbieter eine anerkannte Methodik anwendet, die in aller Regel nicht zum Ausschluss eines größeren Emittenten vom Markt, auf den sich der Index bezieht, führt.

(4) Die Bezugnahme in Artikel 22a Absatz 1 dritter Gedankenstrich der Richtlinie 85/611/EWG auf einen Index, der in angemessener Weise veröffentlicht wird, ist als Bezugnahme auf einen Index zu verstehen, der folgende Kriterien erfüllt:

a) Er ist öffentlich zugänglich;

b) der Indexanbieter ist von dem indexnachbildenden OGAW unabhängig.

Buchstabe b schließt nicht aus, dass Indexanbieter und OGAW zum selben Konzern gehören können, sofern wirksame Regelungen für die Handhabung von Interessenkonflikten vorgesehen sind.

Artikel 13
Umsetzung

(1) Die Mitgliedstaaten setzen die erforderlichen Rechts- und Verwaltungsvorschriften in Kraft, um dieser Richtlinie bis spätestens 23. März 2008 nachzukommen. Sie teilen der Kommission unverzüglich den Wortlaut dieser Rechtsvorschriften mit und fügen eine Tabelle der Entsprechungen zwischen der Richtlinie und diesen innerstaatlichen Rechtsvorschriften bei.

Die Mitgliedstaaten wenden diese Vorschriften ab dem 23. Juli 2008 an.

Bei Erlass dieser Vorschriften nehmen die Mitgliedstaaten in den Vorschriften selbst oder durch einen Hinweis bei der amtlichen Veröffentlichung auf diese Richtlinie Bezug. Die Mitgliedstaaten regeln die Einzelheiten der Bezugnahme.

(2) Die Mitgliedstaaten teilen der Kommission den Wortlaut der wichtigsten innerstaatlichen Rechtsvorschriften mit, die sie auf dem unter diese Richtlinie fallenden Gebiet erlassen.

Artikel 14
Inkrafttreten

Diese Richtlinie tritt am dritten Tag nach ihrer Veröffentlichung im *Amtsblatt der Europäischen Union* in Kraft.

Artikel 15
Adressaten

Diese Richtlinie ist an die Mitgliedstaaten gerichtet.
Brüssel, den 19. März 2007
Für die Kommission
Charlie McCREEVY
Mitglied der Kommission

Richtlinie 2010/44/EU der Kommission

vom 1. Juli 2010

zur Durchführung der Richtlinie 2009/65/EG des Europäischen Parlaments und des Rates in Bezug auf Bestimmungen über Fondsverschmelzungen, Master-Feeder-Strukturen und das Anzeigeverfahren

(Text von Bedeutung für den EWR)

DIE EUROPÄISCHE KOMMISSION –

gestützt auf den Vertrag über die Arbeitsweise der Europäischen Union,

gestützt auf die Richtlinie 2009/65/EG des Europäischen Parlaments und des Rates vom 13. Juli 2009 zur Koordinierung der Rechts- und Verwaltungsvorschriften betreffend bestimmte Organismen für gemeinsame Anlagen in Wertpapieren (OGAW) (Neufassung) ([1]), insbesondere auf Artikel 43 Absatz 5, Artikel 60 Absatz 6 Buchstaben a und c, Artikel 61 Absatz 3, Artikel 62 Absatz 4, Artikel 64 Absatz 4 Buchstabe a und Artikel 95 Absatz 1,

in Erwägung nachstehender Gründe:

(1) Die Informationen, die den Anteilinhabern gemäß Artikel 43 Absatz 1 der Richtlinie 2009/65/EG im Falle einer Verschmelzung zu übermitteln sind, sollten den Bedürfnissen der Anteilinhaber des übertragenden und des übernehmenden OGAW Rechnung tragen und ihnen ein fundiertes Urteil ermöglichen.

(2) Der übertragende und der übernehmende OGAW sollten nicht dazu verpflichtet sein, in das betreffende Informationsdokument andere als die in Artikel 43 Absatz 3 der Richtlinie 2009/65/EG und Artikel 3 bis 5 dieser Richtlinie genannten Informationen aufzunehmen. Es steht dem übertragenden oder dem übernehmenden OGAW jedoch frei, weitere Informationen hinzuzufügen, die im Rahmen der vorgeschlagenen Verschmelzung relevant sind.

(3) Wird das Informationsdokument gemäß Artikel 43 Absatz 1 der Richtlinie 2009/65/EG durch eine Zusammenfassung ergänzt, so sollte dies den OGAW nicht von der Verpflichtung entbinden, das Informationsdokument kurz zu halten und in allgemein verständlicher Sprache abzufassen.

(4) Bei der Bereitstellung der Informationen, die den Anteilinhabern des übernehmenden OGAW gemäß Artikel 43 Absatz 1 der Richtlinie 2009/65/EG zu übermitteln sind, sollte davon ausgegangen werden, dass diese Anteilinhaber mit den Merkmalen des übernehmenden OGAW, mit den Rechten, die sie in Bezug auf den OGAW genießen, und mit der Art seiner Geschäfte bereits weitgehend vertraut sind. Der Schwerpunkt sollte deshalb auf dem Prozess der Verschmelzung und deren möglichen Auswirkungen auf den übernehmenden OGAW liegen.

(5) Die Bereitstellung der in Artikel 43 und 64 der Richtlinie 2009/65/EG genannten Informationen an die Anteilinhaber sollte harmonisiert werden. Die Informationen sollen es den Anteilinhabern ermöglichen, sich ein fundiertes Urteil darüber zu bilden, ob sie im Falle, dass ein OGAW entweder an einer Verschmelzung beteiligt ist, in einen Feeder-OGAW umgewandelt wird oder den Master-OGAW verändert, ihre Anlage aufrechterhalten wollen oder eine Auszahlung verlangen. Die Anteilinhaber sollten über solche größeren Veränderungen beim OGAW unterrichtet werden und in der Lage sein, die Informationen zu lesen. Aus diesem Grund sollten die Informationen auf Papier oder einem anderen dauer-

---

[1] ABl. L 302 vom 17.11.2009, S. 32.

haften Datenträger z. B. per elektronischer Post (E-Mail) persönlich an die Anteilinhaber gerichtet werden. Die Nutzung elektronischer Medien sollte es den OGAW ermöglichen, die Informationen kostengünstig zu liefern. Diese Richtlinie sollte die OGAW nicht dazu verpflichten, ihre Anteilinhaber direkt zu informieren, sondern den besonderen Gegebenheiten bestimmter Mitgliedstaaten Rechnung tragen, in denen OGAW oder ihre Verwaltungsgesellschaften aus rechtlichen oder praktischen Gründen außerstande sind, sich direkt mit Anteilinhabern in Verbindung zu setzen. OGAW sollten die Informationen auch durch Weitergabe an die Verwahrstelle oder an Intermediäre bereitstellen können, sofern gewährleistet ist, dass alle Anteilinhaber die Informationen rechtzeitig erhalten. Diese Richtlinie sollte lediglich die Art und Weise harmonisieren, wie die in Artikel 43 und 64 der Richtlinie 2009/65/EG genannten Informationen für die Anteilinhaber zur Verfügung gestellt werden. Die Mitgliedstaaten können die Bereitstellung anderer Arten von Informationen an die Anteilinhaber mittels innerstaatlicher Bestimmungen regeln.

(6) In der Vereinbarung zwischen Master-OGAW und Feeder-OGAW sollte den spezifischen Bedürfnissen des Feeder-OGAW, der mindestens 85 % seiner Vermögenswerte in den Master-OGAW anlegt und gleichzeitig weiterhin sämtlichen Verpflichtungen an OGAW unterliegt, Rechnung getragen werden. In der Vereinbarung sollte deshalb festgelegt werden, dass der Master-OGAW dem Feeder-OGAW rechtzeitig sämtliche erforderlichen Informationen liefert, damit dieser seinen eigenen Verpflichtungen nachkommen kann. Ferner sollten in der Vereinbarung die sonstigen Rechte und Pflichten beider Parteien festgelegt werden.

(7) Die Mitgliedstaaten sollten nicht verlangen, dass die gemäß Artikel 60 Absatz 1 Unterabsatz 1 abgeschlossene Vereinbarung zwischen Master-OGAW und Feeder-OGAW andere als die in Kapitel VIII der Richtlinie 2009/65/EG und den Artikeln 8 bis 14 dieser Richtlinie genannten Elemente enthält. Wenn Master-OGAW und Feeder-OGAW dies wünschen, kann die Vereinbarung jedoch weitere Elemente umfassen.

(8) Entsprechen die Vereinbarungen zwischen Master-OGAW und Feeder-OGAW den Vereinbarungen mit Anteilinhabern des Master-OGAW, die nicht Feeder-OGAW sind, und sind diese Vereinbarungen im Prospekt des Master-OGAW beschrieben, sollte nicht verlangt werden, dass diese Standardvereinbarungen in der Vereinbarung zwischen Master-OGAW und Feeder-OGAW repliziert werden, sondern sollte im Interesse der Kosteneinsparung und der Verringerung des Verwaltungsaufwands ein Querverweis auf die relevanten Teile des Prospekts des Master-OGAW ausreichen.

(9) Die Vereinbarung zwischen Master-OGAW und Feeder-OGAW sollte angemessene Verfahren für die Bearbeitung von Anfragen und Beschwerden der Anteilinhaber vorsehen, um Korrespondenz erledigen zu können, die statt an den Feeder-OGAW irrtümlich an den Master-OGAW gerichtet wurde oder umgekehrt.

(10) Um Transaktionskosten zu sparen und negative steuerliche Auswirkungen zu vermeiden, können Master-OGAW und Feeder-OGAW sich auf die Übertragung von Sacheinlagen einigen, sofern dies nicht aufgrund des innerstaatliches Rechts verboten oder mit den Vertragsbedingungen oder der Satzung von Master-OGAW oder Feeder-OGAW unvereinbar ist. Die Möglichkeit zur Übertragung von Sacheinlagen auf den Master-OGAW sollte insbesondere Feeder-OGAW, die bereits als OGAW – einschließlich als Feeder-OGAW eines anderen Master-OGAW – tätig sind, helfen, Transaktionskosten zu vermeiden, die sich aus dem Verkauf von Vermögenswerten ergeben, in die sowohl Feeder-OGAW als auch Master-OGAW investiert haben. Der Feeder-OGAW sollte ferner die Möglichkeit haben, auf Wunsch Sacheinlagen vom Master-OGAW zu erhalten, um Transaktionskosten verringern und negative steuerliche Auswirkungen vermeiden zu können. Die Übertragung

von Sacheinlagen auf den Feeder-OGAW sollte nicht nur bei Liquidationen, Verschmelzungen oder Spaltungen des Master-OGAW, sondern auch unter anderen Umständen möglich sein.

(11) Um die erforderliche Flexibilität zu gewährleisten und gleichzeitig im besten Interessen der Anleger zu handeln, sollte ein Feeder-OGAW, der Vermögenswerte durch Übertragung von Sacheinlagen erhalten hat, vorbehaltlich der Zustimmung des Master-OGAW die Möglichkeit haben, einen Teil oder die Gesamtheit dieser Vermögenswerte auf seinen Master-OGAW zu übertragen, oder Vermögenswerte in Barwerte umzuwandeln und diese im Master-OGAW anzulegen.

(12) Aufgrund der besonderen Merkmale der Master-Feeder-Struktur müssen in der Vereinbarung zwischen Master-OGAW und Feeder-OGAW Kollisionsnormen vorgesehen werden, die von den Artikeln 3 und 4 der Verordnung (EG) Nr. 593/2008 des Europäischen Parlaments und des Rates vom 17. Juni 2008 über das auf vertragliche Schuldverhältnisse anzuwendende Recht (Rom I) ([2]) dahingehend abweichen, dass auf die Vereinbarung entweder das Recht des Mitgliedstaats, in dem der Feeder-OGAW niedergelassen ist, oder das Recht des Mitgliedstaats des Master-OGAW anwendbar sein sollte. Die Parteien sollten die Möglichkeit haben, Vor- und Nachteile dieser Entscheidung abzuwägen und dabei zu berücksichtigen, ob der Master-OGAW mehrere Feeder-OGAW hat und ob diese Feeder-OGAW im gleichen oder in mehreren Mitgliedstaaten niedergelassen sind.

(13) Haben die Anteilinhaber des Feeder-OGAW gemäß der Richtlinie 2009/65/EG das Recht, im Falle einer Liquidation, Verschmelzung oder Spaltung des Master-OGAW, eine Auszahlung zu verlangen, sollte der Feeder-OGAW dieses Recht nicht durch eine befristete Aussetzung von Rücknahme oder Auszahlung untergraben, es sei denn, außergewöhnliche Umstände erfordern dies zur Wahrung der Interessen der Anteilinhaber oder die zuständigen Behörden verlangen entsprechende Maßnahmen.

(14) Da eine Verschmelzung oder Spaltung des Master-OGAW innerhalb von 60 Tagen wirksam werden kann, besteht die Gefahr, dass die Frist für Beantragung und Erhalt der Genehmigung der neuen Anlagepläne durch den Feeder-OGAW und die Gewährung des Rechts an die Anteilinhaber des Feeder-OGAW, innerhalb von 30 Tagen die Rücknahme oder Auszahlung ihrer Anteile zu verlangen, sich unter außergewöhnlichen Umständen als zu kurz erweist, als dass der Feeder-OGAW mit Sicherheit sagen könnte, wie viele seiner Anteilinhaber eine Auszahlung verlangen werden. Unter solchen Umständen sollte der Feeder-OGAW im Prinzip dazu verpflichtet sein, vom Master-OGAW eine Auszahlung all seiner Vermögenswerte zu verlangen. Um unnötige Transaktionskosten zu vermeiden, sollte der Feeder-OGAW jedoch über alternative Möglichkeiten verfügen, um unter verringerten Transaktionskosten und unter Vermeidung anderer negativer Auswirkungen sicherzustellen, dass seine Anteilinhaber das Recht, eine Auszahlung zu verlangen, wahrnehmen können. Der Feeder-OGAW sollte insbesondere so rasch wie möglich die Genehmigung beantragen. Zudem sollte der Feeder-OGAW nicht dazu verpflichtet sein, die Auszahlung zu verlangen, wenn seine Anteilinhaber entscheiden, diese Möglichkeit nicht wahrzunehmen. Verlangt der Feeder-OGAW vom Master-OGAW eine Auszahlung, so ist abzuwägen, ob eine Auszahlung in Form von Sacheinlagen die Transaktionskosten verringern und andere negative Auswirkungen vermeiden könnte.

(15) Die Vereinbarung über den Informationsaustausch zwischen den Verwahrstellen des Master-OGAW und des Feeder-OGAW sollte es der Verwahrstelle des Feeder-OGAW

---

[2] ABl. L 177 vom 4.7.2008, S. 6.

ermöglichen, alle relevanten Informationen und Dokumente zu erhalten, die sie benötigt, um ihre Verpflichtungen zu erfüllen. Angesichts der besonderen Merkmale dieser Vereinbarung sollte sie die gleichen, von den Artikeln 3 und 4 der Rom I-Verordnung abweichenden Kollisionsnormen vorsehen wie die Vereinbarung zwischen Master-OGAW und Feeder-OGAW. Die Vereinbarung über den Informationsaustausch sollte jedoch weder die Verwahrstelle des Master-OGAW noch die des Feeder-OGAW zur Erfüllung von Aufgaben verpflichten, die im innerstaatlichen Recht ihres Herkunftsmitgliedstaats verboten oder nicht vorgesehen sind.

(16) Die Mitteilung von Unregelmäßigkeiten, die die Verwahrstelle des Master-OGAW in Ausübung ihrer Aufgaben als Verwahrstelle gemäß dem innerstaatlichen Recht ihres Herkunftsmitgliedstaates feststellt, dient dem Schutz des Feeder-OGAW. Deshalb sollte eine solche Mitteilung nicht verpflichtend sein, wenn die betreffenden Unregelmäßigkeiten keine negativen Auswirkungen auf den Feeder-OGAW haben. Wenn Unregelmäßigkeiten in Bezug auf den Master-OGAW negative Auswirkungen auf den Feeder-OGAW haben, sollte letzterer auch darüber informiert werden, ob und wie die Unregelmäßigkeiten behoben wurden. Die Verwahrstelle des Master-OGAW sollte deshalb die Verwahrstelle des Feeder-OGAW darüber informieren, wie der Master-OGAW die Unregelmäßigkeit behoben hat bzw. wie er sie zu beheben gedenkt. Ist die Verwahrstelle des Feeder-OGAW nicht davon überzeugt, dass die Lösung im Interesse der Anteilinhaber des Feeder-OGAW liegt, sollte sie dem Feeder-OGAW ihren Standpunkt unverzüglich mitteilen.

(17) Die Vereinbarung über den Informationsaustausch zwischen den Wirtschaftsprüfern des Master-OGAW und des Feeder-OGAW sollte es dem Wirtschaftsprüfer des Feeder-OGAW ermöglichen, alle relevanten Informationen und Dokumente zu erhalten, die er benötigt, um seine Verpflichtungen zu erfüllen. Angesichts der besonderen Merkmale dieser Vereinbarung sollte sie die gleichen von den Artikeln 3 und 4 der Rom I-Verordnung abweichenden Kollisionsnormen vorsehen wie die Vereinbarung zwischen Master-OGAW und Feeder-OGAW.

(18) Hinsichtlich des Umfangs der Informationen, die gemäß Artikel 91 Absatz 3 der Richtlinie 2009/65/EG elektronisch zugänglich zu machen sind, sollte im Interesse der Rechtssicherheit festgelegt werden, welche Kategorien von Informationen aufzunehmen sind.

(19) Um ein gemeinsames Konzept für die Art und Weise zu finden, wie die in Artikel 93 Absatz 2 der Richtlinie 2009/65/EG genannten Unterlagen für die zuständigen Behörden des Aufnahmemitgliedstaats des OGAW elektronisch zugänglich gemacht werden, muss jeder OGAW bzw. seine Verwaltungsgesellschaft dazu verpflichtet werden, eine Website zu benennen, auf der die betreffenden Unterlagen in einem allgemein üblichen elektronischen Format zur Verfügung gestellt werden. Ferner ist ein Verfahren festzulegen, wie die zuständigen Behörden des Aufnahmemitgliedstaats des OGAW gemäß Artikel 93 Absatz 7 der genannten Richtlinie auf elektronischem Wege über Änderungen dieser Unterlagen zu unterrichten sind.

(20) Um den OGAW und ihren Verwaltungsgesellschaften eine Anpassung an die neuen Anforderungen für das Verfahren der Informationsübermittlung an die Anteilinhaber in den in den Artikeln 7 und 29 genannten Fällen zu ermöglichen, sollte den Mitgliedstaaten eine längere Frist für die Umsetzung dieser Anforderungen in ihr nationales Rechtssystem eingeräumt werden. Dies ist besonders wichtig, wenn OGAW oder ihre Verwaltungsgesellschaften aus rechtlichen oder praktischen Gründen nicht in der Lage sind, die Anteilinhaber direkt zu informieren. OGAW mit dematerialisierten Inhaberanteilen sollten alle erforderlichen Vorkehrungen treffen können, um sicherzustellen, dass die Anteilinhaber in den in den Artikeln 8 und 32 beschriebenen Fällen die einschlägigen Informationen erhalten.

OGAW mit materialisierten Inhaberanteilen, die eine Verschmelzung, eine Umwandlung in einen Feeder-OGAW oder eine Änderung des Master-OGAW anstreben, sollten die materialisierten Inhaberanteile in registrierte Anteile oder dematerialisierte Inhaberanteile umwandeln können.

(21) Der durch Beschluss 2009/77/EG der Kommission ([3]) eingesetzte Ausschuss der europäischen Wertpapierregulierungsbehörden wurde in fachlichen Fragen konsultiert.

(22) Die in dieser Richtlinie vorgesehenen Maßnahmen stehen in Einklang mit der Stellungnahme des Europäischen Wertpapierausschusses –

HAT FOLGENDE RICHTLINIE ERLASSEN:

KAPITEL I
ALLGEMEINE BESTIMMUNGEN

Artikel 1
Gegenstand

Mit dieser Richtlinie werden die Durchführungsbestimmungen für Artikel 43 Absatz 5, Artikel 60 Absatz 6 Buchstaben a und c, Artikel 61 Absatz 3, Artikel 62 Absatz 4, Artikel 64 Absatz 4 Buchstabe a und Artikel 95 Absatz 1 der Richtlinie 2009/65/EG festgelegt.

Artikel 2
Begriffsbestimmungen

Im Sinne dieser Richtlinie bezeichnet der Ausdruck

1. „Neuordnung des Portfolios“ eine signifikante Änderung der Zusammensetzung des Portfolios eines OGAW;
2. „synthetische Risiko- und Ertragsindikatoren“ synthetische Indikatoren im Sinne von Artikel 8 der Verordnung (EU) Nr. 583/2010 der Kommission vom 1. Juli 2010 zur Durchführung der Richtlinie 2009/65/EG des Europäischen Parlaments und des Rates im Hinblick auf die wesentlichen Informationen für den Anleger und die Bedingungen, die einzuhalten sind, wenn die wesentlichen Informationen für den Anleger oder der Prospekt auf einem anderen dauerhaften Datenträger als Papier oder auf einer Website zur Verfügung gestellt werden ([4]).

KAPITEL II
VERSCHMELZUNGEN VON OGAW

ABSCHNITT 1

Inhalt der Informationen über die Verschmelzung

Artikel 3
Allgemeine Bestimmungen hinsichtlich des Inhalts der Informationen für die Anteilinhaber

(1) Die Mitgliedstaaten verlangen, dass die Informationen, die den Anteilinhabern gemäß Artikel 43 Absatz 1 der Richtlinie 2009/65/EG zur Verfügung gestellt werden müssen,

---

[3] ABl. L 25 vom 29.1.2009, S. 18.

[4] Siehe Seite 1 dieses Amtsblatts.

kurz gehalten und in allgemein verständlicher Sprache abgefasst sind, damit die Anteilinhaber sich ein fundiertes Urteil über die Auswirkungen der vorgeschlagenen Verschmelzung auf ihre Anlage bilden können.

Wird eine grenzüberschreitende Verschmelzung vorgeschlagen, erläutern der übertragende OGAW und der übernehmende OGAW in leicht verständlicher Sprache sämtliche Begriffe und Verfahren in Bezug auf den anderen OGAW, die sich von den im anderen Mitgliedstaat üblichen Begriffen und Verfahren unterscheiden.

(2) Die Informationen für die Anteilinhaber des übertragenden OGAW sind auf Anleger abzustimmen, die von den Merkmalen des übernehmenden OGAW und der Art seiner Tätigkeiten keine Kenntnis haben. Diese werden auf die wesentlichen Informationen für den Anleger des übernehmenden OGAW verwiesen und aufgefordert, diese zu lesen.

(3) Bei den Informationen für die Anteilinhaber des übernehmenden OGAW liegt der Schwerpunkt auf dem Vorgang der Verschmelzung und den potenziellen Auswirkungen auf den übernehmenden OGAW.

Artikel 4
Besondere Bestimmungen hinsichtlich des Inhalts der Informationen für die Anteilinhaber

(1) Die Mitgliedstaaten verlangen, dass die Informationen, die den Anteilinhabern des übertragenden OGAW gemäß Artikel 43 Absatz 3 Buchstabe b der Richtlinie 2009/65/EG zur Verfügung gestellt werden müssen, Folgendes umfassen:

a) Einzelheiten zu Unterschieden hinsichtlich der Rechte von Anteilinhabern des übertragenden OGAW vor und nach Wirksamwerden der vorgeschlagenen Verschmelzung;
b) wenn die wesentlichen Informationen für den Anleger des übertragenden OGAW und des übernehmenden OGAW synthetische Risiko- und Ertragsindikatoren in unterschiedlichen Kategorien aufweisen oder in der begleitenden erläuternden Beschreibung unterschiedliche wesentliche Risiken beschrieben werden, einen Vergleich dieser Unterschiede;
c) einen Vergleich sämtlicher Kosten, Gebühren und Aufwendungen beider OGAW auf der Grundlage der in den jeweiligen wesentlichen Informationen für den Anleger genannten Beträge;
d) wenn der übertragende OGAW eine an die Wertentwicklung gebundene Gebühr erhebt, eine Erläuterung der Erhebung dieser Gebühr bis Wirksamwerden der Verschmelzung;
e) wenn der übernehmende OGAW eine an die Wertentwicklung gebundene Gebühr erhebt, eine Erläuterung der Erhebung dieser Gebühr unter Gewährleistung einer fairen Behandlung der Anteilinhaber, die vorher Anteile des übertragenden OGAW hielten;
f) wenn dem übertragenden oder übernehmenden OGAW oder deren Anteilinhabern gemäß Artikel 46 der Richtlinie 2009/65/EG Kosten im Zusammenhang mit der Vorbereitung und Durchführung der Verschmelzung angelastet werden dürfen, die Einzelheiten der Allokation dieser Kosten;
g) eine Erklärung, ob die Verwaltungs- oder Investmentgesellschaft des übertragenden OGAW beabsichtigt, vor Wirksamwerden der Verschmelzung eine Neuordnung des Portfolios vorzunehmen.

(2) Die Mitgliedstaaten verlangen, dass die Informationen, die den Anteilinhabern des übernehmenden OGAW gemäß Artikel 43 Absatz 3 Buchstabe b der Richtlinie 2009/65/EG zu übermitteln sind, auch eine Erklärung umfassen, in der mitgeteilt wird, ob die Verwaltungs- oder Investmentgesellschaft des übernehmenden OGAW davon ausgeht, dass die

Verschmelzung wesentliche Auswirkungen auf das Portfolio des übernehmenden OGAW hat, und ob sie beabsichtigt, vor oder nach Wirksamwerden der Verschmelzung eine Neuordnung des Portfolios vorzunehmen.

(3) Die Mitgliedstaaten verlangen, dass die Informationen, die gemäß Artikel 43 Absatz 3 Buchstabe c der Richtlinie 2009/65/EG zur Verfügung gestellt werden müssen, Folgendes umfassen:

a) Angaben zum Umgang mit den aufgelaufenen Erträgen des betreffenden OGAW;
b) einen Hinweis darauf, wie der in Artikel 42 Absatz 3 der Richtlinie 2009/65/EG genannte Bericht des unabhängigen Wirtschaftsprüfers oder der Verwahrstelle erhalten werden kann.

(4) Ist im Verschmelzungsplan eine Barzahlung gemäß Artikel 2 Absatz 1 Buchstabe p Ziffern i und ii der Richtlinie 2009/65/EG vorgesehen, verlangen die Mitgliedstaaten, dass die Informationen für die Anteilinhaber des übertragenden OGAW Angaben zur vorgeschlagenen Zahlung enthalten, einschließlich Angaben zu Zeitpunkt und Modalitäten der Barzahlung an die Anteilinhaber des übertragenden OGAW.

(5) Die Mitgliedstaaten verlangen, dass die Informationen, die gemäß Artikel 43 Absatz 3 Buchstabe d der Richtlinie 2009/65/EG zur Verfügung gestellt werden müssen, Folgendes umfassen:

a) sofern gemäß innerstaatlichem Recht für den betreffenden OGAW relevant, das Verfahren für das Ersuchen der Anteilinhaber um Genehmigung der vorgeschlagenen Verschmelzung und Angaben zu den Vorkehrungen, die getroffen werden, um sie über das Ergebnis zu informieren;
b) Einzelheiten jeder geplanten Aussetzung des Anteilehandels mit dem Ziel, eine effiziente Durchführung der Verschmelzung zu ermöglichen;
c) Angabe des Zeitpunkts des Wirksamwerdens der Verschmelzung gemäß Artikel 47 Absatz 1 der Richtlinie 2009/65/EG.

(6) Muss die vorgeschlagene Verschmelzung gemäß den für den betreffenden OGAW geltenden innerstaatlichen Rechtsvorschriften von den Anteilinhabern genehmigt werden, stellen die Mitgliedstaaten sicher, dass die Informationen eine Empfehlung der Verwaltungsgesellschaft bzw. des Leitungs- oder Verwaltungsorgans der Investmentgesellschaft enthalten dürfen.

(7) Die Mitgliedstaaten verlangen, dass die Informationen für die Anteilinhaber des übertragenden OGAW Folgendes umfassen:

a) Angabe des Zeitraums, während dessen die Anteilinhaber im übertragenden OGAW noch Aufträge für die Zeichnung und Auszahlung von Anteilen erteilen können;
b) Angabe des Zeitraums, während dessen Anteilinhaber, die ihre gemäß Artikel 45 Absatz 1 der Richtlinie 2009/65/EG gewährten Rechte nicht innerhalb der einschlägigen Frist wahrnehmen, ihre Rechte als Anteilinhaber des übernehmenden OGAW wahrnehmen können;
c) wenn die vorgeschlagene Verschmelzung gemäß innerstaatlichem Recht von den Anteilinhabern des übertragenden OGAW genehmigt werden muss und der Vorschlag die erforderliche Mehrheit erhält, eine Erklärung, der zufolge Anteilinhaber, die gegen die vorgeschlagene Verschmelzung stimmen oder sich der Stimme enthalten und ihre gemäß Artikel 45 Absatz 1 der Richtlinie 2009/65/EG gewährten Rechte nicht innerhalb der einschlägigen Frist wahrnehmen, Anteilinhaber des übernehmenden OGAW werden.

(8) Wird den Informationsunterlagen eine Zusammenfassung der wichtigsten Punkte der vorgeschlagenen Verschmelzung vorangestellt, muss darin auf die Abschnitte der Informationsunterlagen verwiesen werden, die weitere Informationen enthalten.

Artikel 5
Wesentliche Informationen für den Anleger

(1) Die Mitgliedstaaten sicher, dass den Anteilinhabern des übertragenden OGAW eine aktuelle Fassung der wesentlichen Informationen für den Anleger des übernehmenden OGAW zur Verfügung gestellt wird.

(2) Werden aufgrund der vorgeschlagenen Verschmelzung Änderungen an den wesentlichen Informationen für den Anleger des übernehmenden OGAW vorgenommen, so werden diese Informationen den Anteilinhabern des übernehmenden OGAW übermittelt.

Artikel 6
Neue Anteilinhaber

Zwischen dem Datum der Übermittlung der Informationen gemäß Artikel 43 Absatz 1 der Richtlinie 2009/65/EG an die Anteilinhaber und dem Datum des Wirksamwerdens der Verschmelzung werden die Informationsunterlagen und die aktuellen wesentlichen Informationen für den Anleger des übernehmenden OGAW jeder Person übermittelt, die entweder im übertragenden oder im übernehmenden OGAW Anteile kauft oder zeichnet oder Kopien der Vertragsbedingungen oder der Satzung, des Prospekts oder der wesentlichen Informationen für den Anleger eines der beider OGAW anfordert.

ABSCHNITT 2
Informationsübermittlung

Artikel 7
Verfahren für die Übermittlung der Informationen an die Anteilinhaber

(1) Die Mitgliedstaaten stellen sicher, dass der übertragende und der übernehmende OGAW den Anteilinhabern die gemäß Artikel 43 Absatz 1 der Richtlinie 2009/65/EG zu übermittelnden Informationen auf Papier oder einem anderen dauerhaften Datenträger zur Verfügung stellen.

(2) Sollen die Informationen allen oder bestimmten Anteilinhabern auf einem anderen dauerhaften Datenträger als Papier zur Verfügung gestellt werden, müssen folgende Bedingungen erfüllt sein:

a) Die Bereitstellung der Informationen ist den Rahmenbedingungen angemessen, unter denen die Geschäftstätigkeiten zwischen Anteilinhaber und dem übertragenden bzw. übernehmenden OGAW oder, sofern relevant, der jeweiligen Verwaltungsgesellschaft ausgeführt werden oder werden sollen;
b) der Anteilinhaber, dem die Informationen zur Verfügung zu stellen sind, entscheidet sich bei der Wahl zwischen Informationen auf Papier oder einem anderen dauerhaften Datenträger ausdrücklich für Letzteres.

(3) Für die Zwecke der Absätze 1 und 2 wird die Bereitstellung von Informationen auf elektronischem Wege im Hinblick auf die Rahmenbedingungen, unter denen die Geschäftstätigkeiten zwischen übertragendem und übernehmendem OGAW bzw. deren Verwaltungsgesellschaften und dem Anteilinhaber ausgeführt werden oder werden sollen, als angemessen betrachtet, wenn der Anteilinhaber nachweislich über einen regelmäßigen Zugang zum Internet verfügt. Dies gilt als nachgewiesen, wenn der Anteilinhaber für die Ausführung dieser Geschäfte eine E-Mail-Adresse angegeben hat.

KAPITEL III
MASTER-FEEDER-STRUKTUREN

ABSCHNITT 1
Vereinbarung zwischen Feeder-OGAW und Master-OGAW und interne Regelungen für die Geschäftstätigkeiten

Unterabschnitt 1
Inhalt der Vereinbarung zwischen Feeder-OGAW und Master-OGAW

Artikel 8
Zugang zu Informationen

Die Mitgliedstaaten verlangen, dass die in Artikel 60 Absatz 1 Unterabsatz 1 der Richtlinie 2009/65/EG genannte Vereinbarung zwischen Master-OGAW und Feeder-OGAW in Bezug auf den Zugang zu Informationen folgende Angaben enthält:

a) Wie und wann übermittelt der Master-OGAW dem Feeder-OGAW Kopien seiner Vertragsbedingungen bzw. Satzung, des Prospekts und der wesentlichen Informationen für den Anleger?
b) Wie und wann unterrichtet der Master-OGAW den Feeder-OGAW über die Übertragung von Aufgaben des Investment- und Risikomanagements an Dritte gemäß Artikel 13 der Richtlinie 2009/65/EG?
c) Wie und wann übermittelt der Master-OGAW dem Feeder-OGAW – sofern relevant – interne Betriebsdokumente wie die Beschreibung des Risikomanagement-Verfahrens und die Compliance-Berichte?
d) Welche Angaben zu Verstößen des Master-OGAW gegen Rechtsvorschriften, Vertragsbedingungen oder Satzung und die Vereinbarung zwischen Master-OGAW und Feeder-OGAW meldet der Master-OGAW dem Feeder-OGAW, einschließlich Angaben zu Modalitäten und Zeitpunkt dieser Meldung?
e) Falls der Feeder-OGAW zu Sicherungszwecken in derivative Finanzinstrumente investiert, wie und wann übermittelt der Master-OGAW dem Feeder-OGAW Informationen über seine tatsächliche Risikoexponierung gegenüber derivativen Finanzinstrumenten, damit der Feeder-OGAW sein eigenes Gesamtrisiko gemäß Artikel 58 Absatz 2 Unterabsatz 2 Buchstabe a der Richtlinie 2009/65/EG ermitteln kann?
f) Eine Erklärung, der zufolge der Master-OGAW den Feeder-OGAW über jegliche weitere Vereinbarungen über den Informationsaustausch mit Dritten unterrichtet, und gegebenenfalls wie und wann der Master-OGAW dem Feeder-OGAW diese Vereinbarungen über den Informationsaustausch übermittelt.

Artikel 9
Anlage- und Veräußerungsbasis des Feeder-OGAW

Die Mitgliedstaaten verlangen, dass die in Artikel 60 Absatz 1 Unterabsatz 1 der Richtlinie 2009/65/EG genannte Vereinbarung zwischen Master-OGAW und Feeder-OGAW in Bezug auf die Investitions- und Veräußerungsbasis des Feeder-OGAW folgende Angaben enthält:

a) die Angabe, in welche Anteilklassen des Master-OGAW der Feeder-OGAW investieren kann;
b) Kosten und Aufwendungen, die vom Feeder-OGAW zu tragen sind, sowie Nachlässe oder Rückvergütungen von Gebühren oder Aufwendungen des Master-OGAW;

c) sofern zutreffend, die Modalitäten für jegliche anfängliche oder spätere Übertragung von Sacheinlagen vom Feeder-OGAW auf den Master-OGAW.

Artikel 10
Standardvereinbarungen

Die Mitgliedstaaten verlangen, dass die in Artikel 60 Absatz 1 Unterabsatz 1 der Richtlinie 2009/65/EG genannte Vereinbarung zwischen Master-OGAW und Feeder-OGAW in Bezug auf Standardvereinbarungen Folgendes enthält:

a) Abstimmung der Häufigkeit und des Zeitplans für die Berechnung des Nettoinventarwerts und die Veröffentlichung der Anteilpreise;
b) Abstimmung der Weiterleitung von Aufträgen durch den Feeder-OGAW, gegebenenfalls einschließlich einer Beschreibung der Rolle der für die Weiterleitung zuständigen Personen oder Dritter;
c) sofern relevant, die erforderlichen Vereinbarungen zur Berücksichtigung der Tatsache, dass einer oder beide OGAW auf einem Sekundärmarkt notiert sind oder gehandelt werden;
d) sofern erforderlich, weitere angemessene Maßnahmen, die nötig sind, um die Einhaltung der Anforderungen von Artikel 60 Absatz 2 der Richtlinie 2009/65/EG zu gewährleisten;
e) falls die Anteile von Feeder-OGAW und Master-OGAW auf unterschiedliche Währungen lauten, die Grundlage für die Umrechnung von Aufträgen;
f) Abwicklungszyklen und Zahlungsmodalitäten für Kauf und Zeichnung sowie Rücknahme oder Auszahlung von Anteilen des Master-OGAW, bei entsprechenden Vereinbarungen zwischen den Parteien, einschließlich der Modalitäten für die Erledigung von Auszahlungsaufträgen im Wege der Übertragung von Sacheinlagen vom Master-OGAW auf den Feeder-OGAW, insbesondere in den in Artikel 60 Absätze 4 und 5 der Richtlinie 2009/65/EG genannten Fällen;
g) Verfahren zur Gewährleistung einer angemessenen Bearbeitung von Anfragen und Beschwerden der Anteilinhaber;
h) wenn Vertragsbedingungen oder Satzung und Prospekt des Master-OGAW diesem bestimmte Rechte oder Befugnisse in Bezug auf die Anteilinhaber gewähren und der Master-OGAW beschließt, in Bezug auf den Feeder-OGAW alle oder bestimmte Rechte und Befugnisse nur in beschränktem Maße oder gar nicht wahrzunehmen, eine Beschreibung der einschlägigen Modalitäten.

Artikel 11
Ereignisse mit Auswirkungen auf Handelsvereinbarungen

Die Mitgliedstaaten verlangen, dass die in Artikel 60 Absatz 1 Unterabsatz 1 der Richtlinie 2009/65/EG genannte Vereinbarung zwischen Master-OGAW und Feeder-OGAW in Bezug auf Ereignisse mit Auswirkung auf Handelsvereinbarungen Folgendes enthält:

a) Modalitäten und Zeitplan für die Mitteilung der befristeten Aussetzung und Wiederaufnahme von Rücknahme, Auszahlung, Kauf oder Zeichnung von Anteilen eines OGAW durch den betreffenden OGAW;
b) Vorkehrungen für Meldung und Korrektur von Fehlern bei der Preisfestsetzung im Master-OGAW.

Artikel 12
Standardvereinbarungen für den Prüfbericht

Die Mitgliedstaaten verlangen, dass die in Artikel 60 Absatz 1 Unterabsatz 1 der Richtlinie 2009/65/EG genannte Vereinbarung zwischen Master-OGAW und Feeder-OGAW in Bezug auf Standardvereinbarungen für den Prüfbericht Folgendes enthält:

a) haben Feeder- und Master-OGAW die gleichen Rechnungsjahre, Abstimmung der Erstellung der regelmäßigen Berichte;
b) haben Feeder- und Master-OGAW unterschiedliche Rechnungsjahre, Vorkehrungen für die Übermittlung aller erforderlichen Informationen durch den Master-OGAW an den Feeder-OGAW, damit dieser seine regelmäßigen Berichte rechtzeitig erstellen kann, und um sicherzustellen, dass der Wirtschaftsprüfer des Master-OGAW in der Lage ist, zum Abschlusstermin des Feeder-OGAW einen Ad-hoc-Bericht gemäß Artikel 62 Absatz 2 Unterabsatz 1der Richtlinie 2009/65/EG zu erstellen.

Artikel 13
Änderungen von Dauervereinbarungen

Die Mitgliedstaaten verlangen, dass die in Artikel 60 Absatz 1 Unterabsatz 1 der Richtlinie 2009/65/EG genannte Vereinbarung zwischen Master-OGAW und Feeder-OGAW in Bezug auf Dauervereinbarungen Folgendes enthält:

a) Modalitäten und Zeitplan für die Mitteilung vorgeschlagener und bereits wirksamer Änderungen der Vertragsbedingungen oder der Satzung, des Prospekts und der wesentlichen Informationen für den Anleger durch den Master-OGAW, wenn diese Informationen von den in den Vertragsbedingungen, der Satzung oder dem Prospekt des Master-OGAW festgelegten Standardvereinbarungen für die Unterrichtung der Anteilinhaber abweichen;
b) Modalitäten und Zeitplan für die Mitteilung einer geplanten oder vorgeschlagenen Liquidation, Verschmelzung oder Spaltung durch den Master-OGAW;
c) Modalitäten und Zeitplan für die Mitteilung eines OGAW, dass die Bedingungen für einen Feeder-OGAW bzw. Master-OGAW nicht mehr erfüllt sind oder nicht mehr erfüllt sein werden;
d) Modalitäten und Zeitplan für die Mitteilung der Absicht eines OGAW, seine Verwaltungsgesellschaft, seine Verwahrstelle, seinen Wirtschaftsprüfer oder jegliche Dritte, die mit Aufgaben des Investment- oder Risikomanagements betraut sind, zu ersetzen;
e) Modalitäten und Zeitplan für die Mitteilung anderer Änderungen von Dauervereinbarungen durch den Master-OGAW.

Artikel 14
Wahl des anzuwendenden Rechts

(1) Sind Feeder-OGAW und Master-OGAW im gleichen Mitgliedstaat niedergelassen, stellen die Mitgliedstaaten sicher, dass in der in Artikel 60 Absatz 1 Unterabsatz 1 der Richtlinie 2009/65/EG genannten Vereinbarung zwischen Master-OGAW und Feeder-OGAW das Recht dieses Mitgliedstaats als auf die Vereinbarung anzuwendendes Recht festgelegt wird und beide Parteien die ausschließliche Zuständigkeit der Gerichte dieses Mitgliedstaats anerkennen.

(2) Sind Feeder-OGAW und Master-OGAW in unterschiedlichen Mitgliedstaaten niedergelassen, stellen die Mitgliedstaaten sicher, dass in der in Artikel 60 Absatz 1 Unter-

absatz 1 der Richtlinie 2009/65/EG genannten Vereinbarung zwischen Master-OGAW und Feeder-OGAW als anzuwendendes Recht entweder das Recht des Mitgliedstaats, in dem der Feeder-OGAW niedergelassen ist, oder das Recht des Mitgliedstaats, in dem der Master-OGAW niedergelassen ist, festgelegt wird und dass beide Parteien die ausschließliche Zuständigkeit der Gerichte des Mitgliedstaats anerkennen, dessen Recht sie als für die Vereinbarung anzuwendendes Recht festgelegt haben.

Unterabschnitt 2
Inhalt der internen Regelungen für Geschäftstätigkeiten

Artikel 15
Interessenkonflikte

Die Mitgliedstaaten stellen sicher, dass die in Artikel 60 Absatz 1 Unterabsatz 3 der Richtlinie 2009/65/EG genannten internen Regelungen für Geschäftstätigkeiten angemessene Maßnahmen zur Abschwächung von Interessenkonflikten enthalten, die zwischen Feeder-OGAW und Master-OGAW oder zwischen Feeder-OGAW und anderen Anteilinhabern des Master-OGAW entstehen können, sofern die Maßnahmen, die die Verwaltungsgesellschaft ergreift, um den Anforderungen von Artikel 12 Absatz 1 Buchstabe b und Artikel 14 Absatz 1 Buchstabe d der Richtlinie 2009/65/EG sowie Kapitel III der Richtlinie 2010/43/EG der Kommission vom 1. Juli 2010 zur Durchführung der Richtlinie 2009/65/EG des Europäischen Parlaments und des Rates im Hinblick auf organisatorische Anforderungen, Interessenkonflikte, Geschäftstätigkeiten, Risikomanagement und Inhalt der Vereinbarung zwischen einer Verwahrstelle und einer Verwaltungsgesellschaft ([5]) zu genügen, nicht ausreichen.

Artikel 16
Anlage- und Veräußerungsbasis des Feeder-OGAW

Die Mitgliedstaaten stellen sicher, dass die in Artikel 60 Absatz 1 Unterabsatz 3 der Richtlinie 2009/65/EG genannten internen Regelungen für Geschäftstätigkeiten der Verwaltungsgesellschaft in Bezug auf die Anlage- und Veräußerungsbasis des Feeder-OGAW Folgendes enthalten:

a) die Angabe, in welche Anteilklassen des Master-OGAW der Feeder-OGAW investieren kann;
b) Kosten und Aufwendungen, die vom Feeder-OGAW zu tragen sind, sowie Nachlässe oder Rückvergütungen von Gebühren oder Aufwendungen des Master-OGAW;
c) sofern zutreffend, die Modalitäten für jegliche anfängliche oder spätere Übertragung von Sacheinlagen vom Feeder-OGAW auf den Master-OGAW.

Artikel 17
Standardvereinbarungen

Die Mitgliedstaaten stellen sicher, dass die in Artikel 60 Absatz 1 Unterabsatz 3 der Richtlinie 2009/65/EG genannten internen Regelungen für Geschäftstätigkeiten der Verwaltungsgesellschaft in Bezug auf Standardvereinbarungen Folgendes enthalten:

---

[5] Siehe Seite 42 dieses Amtsblatts.

a) Abstimmung der Häufigkeit und des Zeitplans für die Berechnung des Nettoinventarwerts und die Veröffentlichung der Anteilpreise;
b) Abstimmung der Weiterleitung von Aufträgen durch den Feeder-OGAW, gegebenenfalls einschließlich einer Beschreibung der Rolle der für die Weiterleitung zuständigen Personen oder Dritter;
c) sofern relevant, die erforderlichen Vereinbarungen zur Berücksichtigung der Tatsache, dass einer oder beide OGAW auf einem Sekundärmarkt notiert sind oder gehandelt werden;
d) angemessene Maßnahmen zur Gewährleistung der Einhaltung der Anforderungen von Artikel 60 Absatz 2 der Richtlinie 2009/65/EG;
e) falls die Anteile von Feeder-OGAW und Master-OGAW auf unterschiedliche Währungen lauten, die Grundlage für die Umrechnung von Aufträgen;
f) Abwicklungszyklen und Zahlungsmodalitäten für Kauf und Auszahlung von Anteilen des Master-OGAW, bei entsprechenden Vereinbarungen zwischen den Parteien, einschließlich der Modalitäten für die Erledigung von Auszahlungsaufträgen im Wege der Übertragung von Sacheinlagen vom Master-OGAW auf den Feeder-OGAW, insbesondere in den in Artikel 60 Absätze 4 und 5 der Richtlinie 2009/65/EG genannten Fällen;
g) wenn Vertragsbedingungen oder Satzung und Prospekt des Master-OGAW diesem bestimmte Rechte oder Befugnisse in Bezug auf die Anteilinhaber gewähren und der Master-OGAW beschließt, in Bezug auf den Feeder-OGAW alle oder bestimmte Rechte und Befugnisse nur in beschränktem Maße oder gar nicht wahrzunehmen, eine Beschreibung der einschlägigen Modalitäten.

Artikel 18
Ereignisse mit Auswirkungen auf Handelsvereinbarungen

Die Mitgliedstaaten stellen sicher, dass die in Artikel 60 Absatz 1 Unterabsatz 3 der Richtlinie 2009/65/EG genannten internen Regelungen für Geschäftstätigkeiten der Verwaltungsgesellschaft in Bezug auf Ereignisse mit Auswirkungen auf Handelsvereinbarungen Folgendes enthalten:
a) Modalitäten und Zeitplan für die Mitteilung der befristeten Aussetzung und Wiederaufnahme von Rücknahme, Auszahlung oder Zeichnung von Anteilen eines OGAW durch den betreffenden OGAW;
b) Vorkehrungen für Meldung und Korrektur von Fehlern bei der Preisfestsetzung im Master-OGAW.

Artikel 19
Standardvereinbarungen für den Prüfbericht

Die Mitgliedstaaten stellen sicher, dass die in Artikel 60 Absatz 1 Unterabsatz 3 der Richtlinie 2009/65/EG genannten internen Regelungen für Geschäftstätigkeiten der Verwaltungsgesellschaft in Bezug auf den Prüfbericht Folgendes enthalten:
a) haben Feeder- und Master-OGAW die gleichen Rechnungsjahre, Abstimmung der Erstellung der regelmäßigen Berichte;
b) haben Feeder- und Master-OGAW unterschiedliche Rechnungsjahre, Vereinbarungen für die Übermittlung aller erforderlichen Informationen durch den Master-OGAW an den Feeder-OGAW, damit dieser seine regelmäßigen Berichte rechtzeitig erstellen kann, und um sicherzustellen, dass der Wirtschaftsprüfer des Master-OGAW in der Lage ist,

zum Abschlusstermin des Feeder-OGAW einen Ad-hoc-Bericht gemäß Artikel 62 Absatz 2 Unterabsatz 1der Richtlinie 2009/65/EG zu erstellen.

ABSCHNITT 2
Liquidation, Verschmelzung oder Spaltung des Master-OGAW

Unterabschnitt 1
Verfahren im Falle der Liquidation

Artikel 20
Antrag auf Genehmigung

(1) Die Mitgliedstaaten verlangen vom Feeder-OGAW, spätestens zwei Monate nach Mitteilung der verbindlichen Entscheidung zur Liquidation durch den Master-OGAW seinen zuständigen Behörden folgende Unterlagen zu übermitteln:

a) Wenn der Feeder-OGAW beabsichtigt, gemäß Artikel 60 Absatz 4 Buchstabe a der Richtlinie 2009/65/EG mindestens 85 % seiner Vermögenswerte in Anteile eines anderen Master-OGAW anzulegen:
   i) den Antrag auf Genehmigung dieser Anlage;
   ii) den Antrag auf Genehmigung der vorgeschlagenen Änderungen seiner Vertragsbedingungen oder Satzung;
   iii) die Änderungen des Prospekts und der wesentlichen Informationen für den Anleger gemäß den Artikeln 74 bzw. 82 der Richtlinie 2009/65/EG;
   iv) die anderen gemäß Artikel 59 Absatz 3 der Richtlinie 2009/65/EG erforderlichen Dokumente;
b) wenn der Feeder-OGAW gemäß Artikel 60 Absatz 4 Buchstabe b der Richtlinie 2009/65/EG eine Umwandlung in einen OGAW, der kein Feeder-OGAW ist, beabsichtigt:
   i) den Antrag auf Genehmigung der vorgeschlagenen Änderungen seiner Vertragsbedingungen oder Satzung;
   ii) die Änderungen des Prospekts und der wesentlichen Informationen für den Anleger gemäß den Artikeln 74 bzw. 82 der Richtlinie 2009/65/EG;
c) wenn der Feeder-OGAW eine Liquidation plant, die Mitteilung dieser Absicht.

(2) Wenn der Master-OGAW den Feeder-OGAW mehr als fünf Monate vor dem Beginn der Liquidation über seine verbindliche Entscheidung zur Liquidation informiert hat, übermittelt der Feeder-OGAW abweichend von Absatz 1 seinen zuständigen Behörden seinen Antrag bzw. seine Mitteilung gemäß Absatz 1 Buchstaben a, b oder c spätestens drei Monate vor diesem Datum.

(3) Der Feeder-OGAW unterrichtet seine Anteilinhaber unverzüglich über die beabsichtigte Liquidation.

Artikel 21
Genehmigung

(1) Der Feeder-OGAW wird innerhalb von 15 Arbeitstagen nach Vorlage der vollständigen, in Artikel 20 Absatz 1 Buchstaben a oder b genannten Unterlagen darüber informiert, ob die zuständigen Behörden die erforderlichen Genehmigungen erteilt haben.

(2) Nach Erhalt der Genehmigung der zuständigen Behörden gemäß Absatz 1 unterrichtet der Feeder-OGAW den Master-OGAW entsprechend.

(3) Sobald die zuständigen Behörden die erforderlichen Genehmigungen gemäß Artikel 20 Absatz 1 Buchstabe a dieser Richtlinie erteilt haben, ergreift der Feeder-OGAW alle erforderlichen Maßnahmen, um die Anforderungen von Artikel 64 der Richtlinie 2009/65/EG so rasch wie möglich zu erfüllen.

(4) Wird der Liquidationserlös des Master-OGAW vor dem Datum ausgezahlt, zu dem der Feeder-OGAW damit beginnt, entweder gemäß Artikel 20 Absatz 1 Buchstabe a in andere Master-OGAW zu investieren oder in Einklang mit seinen neuen Anlagezielen und seiner neuer Anlagepolitik gemäß Artikel 20 Absatz 1 Buchstabe b Anlagen zu tätigen, erteilen die zuständigen Behörden des Feeder-OGAW ihre Genehmigung unter folgenden Bedingungen:

a) der Feeder-OGAW erhält
   i) den Liquidationserlös in bar oder
   ii) einen Teil des Erlöses oder den gesamten Erlös in Form einer Übertragung von Sacheinlagen, sofern dies dem Wunsch des Feeder-OGAW entspricht und in der Vereinbarung zwischen Feeder-OGAW und Master-OGAW oder den internen Regelungen für Geschäftstätigkeiten und der verbindlichen Entscheidung zur Liquidation vorgesehen ist;
b) sämtliche gemäß diesem Absatz gehaltenen oder erhaltenen Barmittel können vor dem Datum, zu dem der Feeder-OGAW beginnt, Anlagen in einen anderen Master-OGAW oder in Einklang mit seinen neuen Anlagezielen und seiner neuer Anlagepolitik zu tätigen, ausschließlich zum Zweck eines effizienten Liquiditätsmanagements neu angelegt werden.

Kommt Unterabsatz 1 Buchstabe a Ziffer ii zur Anwendung, kann der Feeder-OGAW jeden Teil der als Sacheinlagen übertragenen Vermögenswerte jederzeit in Barwerte umwandeln.

Unterabschnitt 2
Verfahren im Falle der Verschmelzung oder Spaltung

Artikel 22
Antrag auf Genehmigung

(1) Die Mitgliedstaaten verlangen vom Feeder-OGAW, seinen zuständigen Behörden innerhalb eines Monats nach dem Datum, zu dem der Feeder-OGAW gemäß Artikel 60 Absatz 5 Unterabsatz 2 der Richtlinie 2009/65/EG über die geplante Verschmelzung oder Spaltung unterrichtet wurde, folgende Unterlagen zu unterbreiten:

a) wenn der Feeder-OGAW beabsichtigt, Feeder-OGAW des gleichen Master-OGAW zu bleiben:
   i) den entsprechenden Genehmigungsantrag;
   ii) sofern relevant, den Antrag auf Genehmigung der vorgeschlagenen Änderungen seiner Vertragsbedingungen oder Satzung;
   iii) sofern relevant, die Änderungen des Prospekts und der wesentlichen Informationen für den Anleger gemäß den Artikeln 74 bzw. 82 der Richtlinie 2009/65/EG;
b) wenn der Feeder-OGAW beabsichtigt, Feeder-OGAW eines anderen, aus der vorgeschlagenen Verschmelzung oder Spaltung des Master-OGAW hervorgegangenen Master-OGAW zu werden oder mindestens 85 % seines Vermögens in Anteile eines anderen, nicht aus der vorgeschlagenen Verschmelzung oder Spaltung hervorgegangenen Master-OGAW anzulegen:
   i) den Antrag auf Genehmigung dieser Anlage;

ii) den Antrag auf Genehmigung der vorgeschlagenen Änderungen seiner Vertragsbedingungen oder Satzung;
iii) die Änderungen des Prospekts und der wesentlichen Informationen für den Anleger gemäß den Artikeln 74 bzw. 82 der Richtlinie 2009/65/EG;
iv) die anderen gemäß Artikel 59 Absatz 3 der Richtlinie 2009/65/EG erforderlichen Dokumente;

c) wenn der Feeder-OGAW gemäß Artikel 60 Absatz 4 Buchstabe b der Richtlinie 2009/65/EG eine Umwandlung in einen OGAW, der kein Feeder-OGAW ist, beabsichtigt:
i) den Antrag auf Genehmigung der vorgeschlagenen Änderungen seiner Vertragsbedingungen oder Satzung;
ii) die Änderungen des Prospekts und der wesentlichen Informationen für den Anleger gemäß den Artikeln 74 bzw. 82 der Richtlinie 2009/65/EG;

d) wenn der Feeder-OGAW eine Liquidation plant, die Mitteilung dieser Absicht.

(2) Zum Zweck der Anwendung von Absatz 1 Buchstaben a und b ist Folgendes zu berücksichtigen:

Der Ausdruck „bleibt Feeder-OGAW des Master-OGAW" bezieht sich auf Fälle, in denen
a) der Master-OGAW übernehmender OGAW einer vorgeschlagenen Verschmelzung ist;
b) der Master-OGAW ohne wesentliche Veränderungen einer der aus der vorgeschlagenen Spaltung hervorgehenden OGAW bleibt.

Der Ausdruck „wird Feeder-OGAW eines anderen, aus der vorgeschlagenen Verschmelzung oder Spaltung des Master-OGAW hervorgegangenen Master-OGAW" bezieht sich auf Fälle, in denen
a) der Master-OGAW übertragender OGAW ist und der Feeder-OGAW infolge der Verschmelzung Anteilinhaber des übernehmenden OGAW wird;
b) der Feeder-OGAW Anteilinhaber eines aus einer Spaltung hervorgegangenen OGAW wird, der sich wesentlich vom Master-OGAW unterscheidet.

(3) Wenn der Master-OGAW dem Feeder-OGAW die in Artikel 43 der Richtlinie 2009/65/EG genannten oder vergleichbare Informationen mehr als vier Monate vor dem vorgeschlagenen Datum des Wirksamwerdens der Verschmelzung bzw. Spaltung übermittelt, unterbreitet der Feeder-OGAW seinen zuständigen Behörden abweichend von Absatz 1 seinen Antrag bzw. seine Mitteilung gemäß Absatz 1 Buchstaben a bis d dieses Artikels spätestens drei Monate vor dem vorgeschlagenen Datum des Wirksamwerdens der Verschmelzung bzw. Spaltung des Master-OGAW.

(4) Der Feeder-OGAW unterrichtet seine Anteilinhaber und den Master-OGAW unverzüglich über die beabsichtigte Liquidation.

Artikel 23
Genehmigung

(1) Der Feeder-OGAW wird innerhalb von 15 Arbeitstagen nach Vorlage der vollständigen, in Artikel 22 Absatz 1 Buchstaben a bis c genannten Unterlagen darüber informiert, ob die zuständigen Behörden die erforderlichen Genehmigungen erteilt haben.

(2) Sobald der Feeder-OGAW die Mitteilung erhält, dass die zuständigen Behörden die Genehmigung gemäß Absatz 1 erteilt haben, unterrichtet er den Master-OGAW entsprechend.

(3) Nachdem der Feeder-OGAW darüber informiert wurde, dass die zuständigen Behörden die erforderlichen Genehmigungen gemäß Artikel 22 Absatz 1 Buchstabe b dieser

Richtlinie erteilt haben, ergreift er alle erforderlichen Maßnahmen, um die Anforderungen von Artikel 64 der Richtlinie 2009/65/EG unverzüglich zu erfüllen.

(4) In den in Artikel 22 Absatz 1 Buchstaben b und c dieser Richtlinie beschriebenen Fällen hat der Feeder-OGAW das Recht, gemäß Artikel 60 Absatz 5 Unterabsatz 3 und Artikel 45 Absatz 1 der Richtlinie 2009/65/EG die Rücknahme und Auszahlung seiner Anteile im Master-OGAW zu verlangen, sofern die zuständigen Behörden des Feeder-OGAW bis zum Arbeitstag, der dem letzten Tag, an dem der Feeder-OGAW vor Wirksamwerden der Verschmelzung bzw. Spaltung eine Rücknahme oder Auszahlung seiner Anteile im Master-OGAW verlangen kann, vorausgeht, die gemäß Artikel 22 Absatz 1 dieser Richtlinie erforderlichen Genehmigungen nicht erteilt haben.

Der Feeder-OGAW übt dieses Recht auch aus, um das Recht seiner Anteilinhaber, die Rücknahme oder Auszahlung ihrer Anteile im Feeder-OGAW gemäß Artikel 64 Absatz 1 Buchstabe d der Richtlinie 2009/65/EG zu verlangen, zu wahren.

Vor Wahrnehmung des in Unterabsatz 1 genannten Rechts prüft der Feeder-OGAW mögliche Alternativen, die dazu beitragen können, Transaktionskosten oder andere negative Auswirkungen auf seine Anteilinhaber zu vermeiden oder zu verringern.

(5) Verlangt der Feeder-OGAW die Rücknahme oder Auszahlung seiner Anteile im Master-OGAW, so erhält er:

a) entweder den Erlös aus der Rücknahme oder Auszahlung in bar oder
b) einen Teil oder den gesamten Erlös aus der Rücknahme oder Auszahlung in Form einer Übertragung von Sacheinlagen, sofern dies dem Wunsch des Feeder-OGAW entspricht und in der Vereinbarung zwischen Feeder-OGAW und Master-OGAW vorgesehen ist.

Kommt Unterabsatz 1 Buchstabe b zur Anwendung, kann der Feeder-OGAW jeden Teil der übertragenen Vermögenswerte jederzeit in Barwerte umwandeln.

(6) Die zuständigen Behörden des Feeder-OGAW erteilen die Genehmigung unter der Bedingung, dass sämtliche gehaltene oder gemäß Absatz 5 erhaltene Barmittel vor dem Datum, zu dem der Feeder-OGAW beginnt, Anlagen in den neuen Master-OGAW oder in Einklang mit seinen neuen Investitionszielen und seiner neuer Investitionspolitik zu tätigen, ausschließlich zum Zweck eines effizienten Liquiditätsmanagements neu angelegt werden können.

ABSCHNITT 3
Verwahrstellen und Wirtschaftsprüfer

Unterabschnitt 1
Verwahrstellen

Artikel 24
Inhalt der Vereinbarung über den Informationsaustausch zwischen Verwahrstellen

Die in Artikel 61 Absatz 1 der Richtlinie 2009/65/EG genannte Vereinbarung über den Informationsaustausch zwischen der Verwahrstelle des Master-OGAW und der Verwahrstelle des Feeder-OGAW enthält Folgendes:

a) Beschreibung der Unterlagen und Kategorien von Informationen, die die beiden Verwahrstellen routinemäßig austauschen, und die Angabe, ob diese Informationen oder Unterlagen von einer Verwahrstelle an die andere übermittelt oder auf Anfrage zur Verfügung gestellt werden;
b) Modalitäten und Zeitplanung, einschließlich der Angabe aller Fristen, für die Übermittlung von Informationen durch die Verwahrstelle des Master-OGAW an die Verwahrstelle des Feeder-OGAW;

c) Koordinierung der Beteiligung beider Verwahrstellen unter angemessener Berücksichtigung ihrer im innerstaatlichem Recht vorgesehenen Pflichten hinsichtlich operationeller Fragen, einschließlich
   i) des Verfahrens zur Berechnung des Nettoinventarwerts jedes OGAW und aller angemessenen Maßnahmen zum Schutz vor Market Timing gemäß Artikel 60 Absatz 2 der Richtlinie 2009/65/EG;
   ii) der Bearbeitung von Aufträgen des Feeder-OGAW für Kauf, Zeichnung, Rücknahme oder Auszahlung von Anteilen im Master-OGAW und der Abwicklung dieser Transaktionen unter Berücksichtigung von Vereinbarungen zur Übertragung von Sacheinlagen;
d) Koordinierung der Verfahren zur Erstellung der Jahresabschlüsse;
e) Angabe, welche Verstöße des Master-OGAW gegen Rechtsvorschriften und die Vertragsbedingungen oder die Satzung von der Verwahrstelle des Master-OGAW der Verwahrstelle des Feeder-OGAW mitgeteilt werden, sowie Modalitäten und Zeitpunkt für die Bereitstellung dieser Informationen;
f) Verfahren für die Bearbeitung von Ad-hoc-Ersuchen um Unterstützung zwischen Verwahrstellen;
g) Beschreibung von Eventualereignissen, über die sich die Verwahrstellen auf Ad-hoc-Basis gegenseitig unterrichten sollten, sowie Modalitäten und Zeitpunkt hierfür.

Artikel 25
Wahl des anzuwendenden Rechts

(1) Haben Feeder-OGAW und Master-OGAW eine Vereinbarung gemäß Artikel 60 Absatz 1 der Richtlinie 2009/65/EG geschlossen, stellen die Mitgliedstaaten sicher, dass gemäß der Vereinbarung zwischen den Verwahrstellen des Master-OGAW und des Feeder-OGAW das Recht des Mitgliedstaats, das gemäß Artikel 14 dieser Richtlinie für diese Vereinbarung gilt, auch auf die Vereinbarung über den Informationsaustausch zwischen den beiden Verwahrstellen anzuwenden ist und dass beide Verwahrstellen die ausschließliche Zuständigkeit der Gerichte des betreffenden Mitgliedstaats anerkennen.

(2) Wurde die Vereinbarung zwischen Feeder-OGAW und Master-OGAW gemäß Artikel 60 Absatz 1 Unterabsatz 3 der Richtlinie 2009/65/EG durch interne Regelungen für Geschäftstätigkeiten ersetzt, stellen die Mitgliedstaaten sicher, dass gemäß der Vereinbarung zwischen den Verwahrstellen des Master-OGAW und des Feeder-OGAW auf die Vereinbarung über den Informationsaustausch zwischen den beiden Verwahrstellen entweder das Recht des Mitgliedstaats, in dem der Feeder-OGAW niedergelassen ist, oder – sofern abweichend – das Recht des Mitgliedstaats, in dem der Master-OGAW niedergelassen ist, anzuwenden ist und dass beide Verwahrstellen die ausschließliche Zuständigkeit der Gerichte des Mitgliedstaats anerkennen, dessen Recht auf die Vereinbarung über den Informationsaustausch anzuwenden ist.

Artikel 26
Berichterstattung über Unregelmäßigkeiten durch die Verwahrstelle des Master-OGAW

Die in Artikel 61 Absatz 2 der Richtlinie 2009/65/EG genannten Unregelmäßigkeiten, die die Verwahrstelle des Master-OGAW in Ausübung ihrer Pflichten gemäß innerstaatlichem Recht feststellt und die negative Auswirkungen auf den Feeder-OGAW haben können, umfassen folgende nicht erschöpfende Liste von Ereignissen:

a) Fehler bei der Berechnung des Nettoinventarwerts des Master-OGAW;
b) Fehler bei Transaktionen oder bei der Abwicklung von Kauf und Zeichnung oder von Aufträgen zur Rücknahme oder Auszahlung von Anteilen im Master-OGAW durch den Feeder-OGAW;
c) Fehler bei der Zahlung oder Kapitalisierung von Erträgen aus dem Master-OGAW oder bei der Berechnung der damit zusammenhängenden Quellensteuer;
d) Verstöße gegen die in den Vertragsbedingungen oder der Satzung, dem Prospekt oder den wesentlichen Informationen für den Anleger beschriebenen Anlageziele, -politik oder -strategie des Master-OGAW;
e) Verstöße gegen im innerstaatlichem Recht, in den Vertragsbedingungen oder der Satzung, dem Prospekt oder den wesentlichen Informationen für den Anleger festgelegte Höchstgrenzen für Anlagen und Kreditaufnahme.

Unterabschnitt 2
Wirtschaftsprüfer

Artikel 27
Vereinbarung über den Informationsaustausch zwischen Wirtschaftsprüfern

(1) Die in Artikel 62 Absatz 1 der Richtlinie 2009/65/EG genannte Vereinbarung über den Informationsaustausch zwischen den Wirtschaftsprüfern von Master-OGAW und Feeder-OGAW enthält Folgendes:

a) Beschreibung der Unterlagen und Kategorien von Informationen, die die beiden Wirtschaftsprüfer routinemäßig austauschen;
b) Angabe, ob die unter Buchstabe a genannten Informationen oder Unterlagen von einem Wirtschaftsprüfer an den anderen übermittelt oder auf Anfrage zur Verfügung gestellt werden;
c) Modalitäten und Zeitplanung, einschließlich Angabe aller Fristen, für die Übermittlung von Informationen durch den Wirtschaftsprüfer des Master-OGAW an den Wirtschaftsprüfer des Feeder-OGAW;
d) Koordinierung der Rolle der Wirtschaftsprüfer in den Verfahren zur Erstellung der Jahresabschlüsse der OGAW;
e) Angabe der Unregelmäßigkeiten, die im Prüfbericht des Wirtschaftsprüfers des Master-OGAW für die Zwecke von Artikel 62 Absatz 2 Unterabsatz 2 der Richtlinie 2009/65/EG zu nennen sind;
f) Modalitäten und Zeitplan für die Bearbeitung von Ad-hoc-Ersuchen um Unterstützung zwischen Wirtschaftsprüfern, einschließlich Ersuchen um weitere Informationen über Unregelmäßigkeiten, die im Prüfbericht des Wirtschaftsprüfers des Master-OGAW genannt werden.

(2) Die in Absatz 1 genannte Vereinbarung enthält Bestimmungen für die Erstellung der in Artikel 62 Absatz 2 und Artikel 73 der Richtlinie 2009/65/EG genannten Prüfberichte sowie Modalitäten und Zeitplan für die Übermittlung des Prüfberichts für den Master-OGAW und von dessen Entwürfen an den Wirtschaftsprüfer des Feeder-OGAW.

(3) Haben Feeder- und Master-OGAW unterschiedliche Abschlussstichtage, so werden in der unter Absatz 1 genannten Vereinbarung Modalitäten und Zeitplan für die Erstellung des in Artikel 62 Absatz 2 Unterabsatz 1 der Richtlinie 2009/65/EG geforderten Ad-hoc-

Berichts des Wirtschaftsprüfers des Master-OGAW sowie für dessen Übermittlung, einschließlich Entwürfen, an den Wirtschaftsprüfer des Feeder-OGAW geregelt.

Artikel 28
Wahl des anzuwendenden Rechts

(1) Haben Feeder-OGAW und Master-OGAW eine Vereinbarung gemäß Artikel 60 Absatz 1 der Richtlinie 2009/65/EG geschlossen, stellen die Mitgliedstaaten sicher, dass gemäß der Vereinbarung zwischen den Wirtschaftsprüfern des Master-OGAW und des Feeder-OGAW das Recht des Mitgliedstaats, das gemäß Artikel 14 dieser Richtlinie für diese Vereinbarung gilt, auch auf die Vereinbarung über den Informationsaustausch zwischen den beiden Wirtschaftsprüfern anzuwenden ist und dass beide Wirtschaftsprüfer die ausschließliche Zuständigkeit der Gerichte des betreffenden Mitgliedstaats anerkennen.

(2) Wurde die Vereinbarung zwischen Feeder-OGAW und Master-OGAW gemäß Artikel 60 Absatz 1 Unterabsatz 3 der Richtlinie 2009/65/EG durch interne Regelungen für Geschäftstätigkeiten ersetzt, stellen die Mitgliedstaaten sicher, dass gemäß der Vereinbarung zwischen den Wirtschaftsprüfern des Master-OGAW und des Feeder-OGAW auf die Vereinbarung über den Informationsaustausch zwischen den beiden Wirtschaftsprüfern entweder das Recht des Mitgliedstaats, in dem der Feeder-OGAW niedergelassen ist, oder – sofern abweichend – das Recht des Mitgliedstaats, in dem der Master-OGAW niedergelassen ist, anzuwenden ist und dass beide Wirtschaftsprüfer die ausschließliche Zuständigkeit der Gerichte des Mitgliedstaats anerkennen, dessen Recht auf die Vereinbarung über den Informationsaustausch anzuwenden ist.

ABSCHNITT 4
Verfahren für die Übermittlung von Informationen an die Anteilinhaber

Artikel 29
Verfahren für die Übermittlung von Informationen an die Anteilinhaber

Die Mitgliedstaaten stellen sicher, dass die Bereitstellung der in Artikel 64 Absatz 1 der Richtlinie 2009/65/EG genannten Informationen durch den Feeder-OGAW anhand des in Artikel 7 dieser Richtlinie beschriebenen Verfahrens erfolgt.

KAPITEL IV
ANZEIGEVERFAHREN

Artikel 30
Umfang der von den Mitgliedstaaten gemäß Artikel 91 Absatz 3 der Richtlinie 2009/65/EG bereitzustellenden Informationen

(1) Die Mitgliedstaaten stellen sicher, dass gemäß Artikel 91 Absatz 3 der Richtlinie 2009/65/EG folgende Kategorien von Informationen über die einschlägigen Rechts- und Verwaltungsvorschriften bereitgestellt werden:

a) die Bestimmung des Begriffs „Vermarktung von OGAW-Anteilen“ oder des gleichwertigen rechtlichen Begriffs, der entweder in innerstaatlichen Rechtsvorschriften festgelegt ist oder sich in der allgemeinen Praxis etabliert hat;

b) Anforderungen an Inhalt, Format und Präsentation von Marketing-Anzeigen, einschließlich aller obligatorischer Warnungen und Beschränkungen hinsichtlich der Verwendung bestimmter Wörter oder Sätze;
c) unbeschadet Kapitel IX der Richtlinie 2009/65/EG Einzelheiten aller zusätzlichen Informationen, die den Anlegern bereitgestellt werden müssen;
d) Einzelheiten zu allen Befreiungen von Bestimmungen und Anforderungen an Vermarktungsvereinbarungen, die in dem betreffenden Mitgliedstaat für bestimmte OGAW, bestimmte Anteilsklassen von OGAW oder bestimmte Anlegerkategorien gelten;
e) Anforderungen an die Berichterstattung oder Übermittlung von Informationen an die zuständigen Behörden des betreffenden Mitgliedstaats und das Verfahren für die Übermittlung aktualisierter Fassungen der erforderlichen Unterlagen;
f) Anforderungen hinsichtlich Gebühren oder anderer Summen, die in dem betreffenden Mitgliedstaat entweder bei Beginn der Vermarktung oder danach in regelmäßigen Abständen an die zuständigen Behörden oder eine andere Einrichtung des öffentlichen Rechts zu zahlen sind;
g) Anforderungen in Bezug auf die Möglichkeiten, die den Anteilinhabern gemäß Artikel 92 der Richtlinie 2009/65/EG zur Verfügung stehen müssen;
h) Bedingungen für die Einstellung der Vermarktung von OGAW-Anteilen in dem betreffenden Mitgliedstaat durch einen OGAW, der in einem anderen Mitgliedstaat niedergelassen ist;
i) detaillierte Angaben zum Inhalt der Informationen, die in einem Mitgliedstaat in Teil B des in Artikel 1 der Verordnung (EG) Nr. 584/2010 der Kommission vom 1. Juli 2010 zur Durchführung der Richtlinie 2004/39/EG des Europäischen Parlaments und des Rates in Bezug auf Form und Inhalt von Standardanzeigeschreiben und OGAW-Bescheinigung, die Nutzung elektronischer Kommunikationsmittel durch die zuständigen Behörden für die Anzeige und Verfahren für Überprüfungen und Ermittlungen vor Ort und den Austausch von Informationen zwischen zuständigen Behörden ([6]) genannten Anzeigeschreibens aufgenommen werden müssen;
j) die zu den Zwecken von Artikel 32 mitgeteilte E-Mail-Adresse.

(2) Die Mitgliedstaaten erteilen die in Absatz 1 genannten Informationen in Form einer erläuternden Beschreibung oder einer Kombination aus erläuternder Beschreibung und Verweisen oder Verknüpfungen zu den Quellendokumenten.

Artikel 31
Zugang des Aufnahmemitgliedstaats des OGAW zu Unterlagen

(1) Die Mitgliedstaaten verlangen von den OGAW die Bereitstellung einer elektronischen Kopie jeder in Artikel 93 Absatz 2 der Richtlinie 2009/65/EG genannten Unterlage auf einer Website des OGAW, einer Website der Verwaltungsgesellschaft dieses OGAW oder einer anderen Website, die der OGAW in dem gemäß Artikel 93 Absatz 1 der Richtlinie 2009/65/EG zu übermittelnden Anzeigeschreiben oder jeglichen Aktualisierungen dieses Schreibens angibt. Jede auf einer Website zur Verfügung gestellte Unterlage wird dort in einem allgemein üblichen elektronischen Format eingestellt.

(2) Die Mitgliedstaaten verlangen von den OGAW sicherzustellen, dass der Aufnahmemitgliedstaat des OGAW Zugang zu der in Absatz 1 genannten Website hat.

---

[6] Siehe Seite 16 dieses Amtsblatts.

Artikel 32
Aktualisierung von Unterlagen

(1) Die zuständigen Behörden teilen eine E-Mail-Adresse mit, an die gemäß Artikel 93 Absatz 7 der Richtlinie 2009/65/EG Aktualisierungen und Änderungen der in Artikel 93 Absatz 2 der Richtlinie 2009/65/EG genannten Unterlagen gerichtet werden können.

(2) Die Mitgliedstaaten gestatten es OGAW, Aktualisierungen oder Änderungen der in Artikel 93 Absatz 2 der Richtlinie 2009/65/EG genannten Unterlagen gemäß Artikel 93 Absatz 7 der Richtlinie 2009/65/EG per E-Mail an die in Absatz 1 genannte E-Mail-Adresse zu melden.

In der E-Mail, mit der eine solche Aktualisierung oder Änderung mitgeteilt wird, kann entweder die vorgenommene Aktualisierung oder Änderung beschrieben oder eine neue Fassung der Unterlage als Anlage beigefügt werden.

(3) Die Mitgliedstaaten verlangen, dass der OGAW jede Unterlage, die der in Absatz 2 genannten E-Mail als Anlage beigefügt wird, in einem allgemein üblichen elektronischen Format bereitstellt.

Artikel 33
Entwicklung gemeinsamer Datenverarbeitungssysteme

(1) Zuständige Behörden von Mitgliedstaaten können sich in der Einrichtung moderner elektronischer Datenverarbeitungs- und Zentralspeichersysteme für alle Mitgliedstaaten abstimmen, um den zuständigen Behörden der Aufnahmemitgliedstaaten des OGAW den Zugang zu den in Artikel 93 Absätze 1, 2 und 3 der Richtlinie 2009/65/EG genannten Informationen oder Unterlagen zu den Zwecken von Artikel 93 Absatz 7 der Richtlinie 2009/65/EG zu erleichtern.

(2) Die Abstimmung der Mitgliedstaaten nach Absatz 1 erfolgt im Rahmen des Ausschusses der Europäischen Wertpapierregulierungsbehörden.

KAPITEL V
SCHLUSSBESTIMMUNGEN

Artikel 34
Umsetzung

(1) Die Mitgliedstaaten setzen die erforderlichen Rechts- und Verwaltungsvorschriften in Kraft, um dieser Richtlinie spätestens am 30. Juni 2011 nachzukommen.

Im Hinblick auf die Artikel 7 und 29 setzen sie die Rechts- und Verwaltungsvorschriften in Kraft, die erforderlich sind, um diesen Artikeln spätestens ab dem 31. Dezember 2013 nachzukommen.

Sie teilen der Kommission unverzüglich den Wortlaut dieser Rechtsvorschriften mit und fügen eine Tabelle der Entsprechungen zwischen der Richtlinie und diesen innerstaatlichen Rechtsvorschriften bei.

Bei Erlass dieser Vorschriften nehmen die Mitgliedstaaten in den Vorschriften selbst oder durch einen Hinweis bei der amtlichen Veröffentlichung auf diese Richtlinie Bezug. Die Mitgliedstaaten regeln die Einzelheiten der Bezugnahme.

(2) Die Mitgliedstaaten teilen der Kommission den Wortlaut der wichtigsten innerstaatlichen Rechtsvorschriften mit, die sie auf dem unter diese Richtlinie fallenden Gebiet erlassen.

Artikel 35
Inkrafttreten

Diese Richtlinie tritt am zwanzigsten Tag nach ihrer Veröffentlichung im Amtsblatt der Europäischen Union in Kraft.

Artikel 36
Adressaten

Diese Richtlinie ist an die Mitgliedstaaten gerichtet.
Brüssel, den 1. Juli 2010
Für die Kommission
Der Präsident
José Manuel Barroso

Verordnung (EU) Nr. 1286/2014 des Europäischen Parlaments und des Rates

vom 26. November 2014

über Basisinformationsblätter für verpackte Anlageprodukte für Kleinanleger und Versicherungsanlageprodukte (PRIIP)

(Text von Bedeutung für den EWR)

DAS EUROPÄISCHE PARLAMENT UND DER RAT DER EUROPÄISCHEN UNION –

gestützt auf den Vertrag über die Arbeitsweise der Europäischen Union, insbesondere auf Artikel 114,

auf Vorschlag der Europäischen Kommission,

nach Zuleitung des Entwurfs des Gesetzgebungsakts an die nationalen Parlamente,

nach Stellungnahme der Europäischen Zentralbank ([1]),

nach Stellungnahme des Europäischen Wirtschafts- und Sozialausschusses ([2]),

gemäß dem ordentlichen Gesetzgebungsverfahren,

in Erwägung nachstehender Gründe:

(1) Kleinanlegern wird zunehmend eine breite Palette von verpackten Anlageprodukten für Kleinanleger und Versicherungsanlageprodukten (packaged retail and insurance-based investment products, im Folgenden „PRIIP") angeboten, wenn sie erwägen, eine Anlage zu tätigen. Einige dieser Produkte bieten spezielle Anlagelösungen, die auf die Bedürfnisse von Kleinanlegern zugeschnitten sind, häufig mit einem Versicherungsschutz verbunden sind oder komplex und schwer zu verstehen sein können. Die bestehenden Offenlegungen über diese PRIIP gegenüber Kleinanlegern sind nicht aufeinander abgestimmt und sind Kleinanlegern oft keine Hilfe beim Vergleich der verschiedenen Produkte oder beim Verständnis ihrer jeweiligen Merkmale. Daher haben Kleinanleger häufig Anlagen getätigt, die mit Risiken und Kosten verbunden waren, deren Tragweite sie nicht verstanden haben, und haben zuweilen unvorhergesehene Verluste hinnehmen müssen.

(2) Eine Verbesserung der Transparenz der PRIIP, die Kleinanlegern angeboten werden, ist eine wichtige Maßnahme des Anlegerschutzes und Voraussetzung für die Wiederherstellung des Vertrauens von Kleinanlegern in den Finanzmarkt, insbesondere nach der Finanzkrise. Erste Schritte in diese Richtung wurden bereits auf Unionsebene mit der Entwicklung der Regelung zu den wesentlichen Informationen für den Anleger durch die Richtlinie 2009/65/EG des Europäischen Parlaments und des Rates ([3]) ergriffen.

(3) Das Bestehen unterschiedlicher Vorschriften über PRIIP, je nach dem Wirtschaftszweig, der die PRIIP anbietet, und Unterschiede der nationalen Regulierung in diesem Bereich führen zu ungleichen Wettbewerbsbedingungen für die verschiedenen Produkte und Vertriebskanäle und schaffen zusätzliche Hindernisse, die einem Binnenmarkt für Finanzdienstleistungen und -produkte entgegenstehen. Die Mitgliedstaaten haben bereits abweichende und nicht aufeinander abgestimmte Schritte eingeleitet, um die Unzulänglichkeiten beim Anlegerschutz zu beheben, und es ist wahrscheinlich, dass diese Entwicklung

---

[1] ABl. C 70 vom 9.3.2013, S. 2.

[2] ABl. C 11 vom 15.1.2013, S. 59.

[3] Richtlinie 2009/65/EG des Europäischen Parlaments und des Rates vom 13. Juli 2009 zur Koordinierung der Rechts- und Verwaltungsvorschriften betreffend bestimmte Organismen für gemeinsame Anlagen in Wertpapieren (OGAW) (ABl. L 302 vom 17.11.2009, S. 32).

sich fortsetzt. Uneinheitliche Konzepte bei Offenlegungen im Bezug auf PRIIP hemmen die Entwicklung einheitlicher Wettbewerbsbedingungen für die unterschiedlichen PRIIP-Hersteller und für diejenigen, die zu diesen Produkte beraten oder sie verkaufen, und verzerren somit den Wettbewerb und führen zu unterschiedlichen Niveaus beim Anlegerschutz innerhalb der Union. Solche Unterschiede stellen ein Hemmnis für die Errichtung und das reibungslose Funktionieren des Binnenmarkts dar.

(4) Um Diskrepanzen zu vermeiden, ist es notwendig, auf Unionsebene einheitliche Transparenzregeln aufzustellen, die für alle Teilnehmer des PRIIP-Marktes gelten, und dadurch den Anlegerschutz zu verstärken. Eine Verordnung ist erforderlich, damit ein gemeinsamer Standard für Basisinformationsblätter aufgestellt wird, sodass deren Format und Inhalt vereinheitlicht werden können. Die unmittelbar anwendbaren Vorschriften einer Verordnung sollten sicherstellen, dass all diejenigen, die über PRIIP beraten oder diese verkaufen, einheitlichen Anforderungen in Bezug auf die Bereitstellung des Basisinformationsblatts an Kleinanleger unterliegen. Diese Verordnung berührt nicht die Aufsicht über Werbeunterlagen. Außerdem berührt sie keine Produktinterventionsmaßnahmen, die nicht mit Versicherungsanlageprodukten in Zusammenhang stehen.

(5) Während die Verbesserung von Offenlegungen im Bezug auf PRIIP zur Rückgewinnung des Vertrauens von Kleinanlegern in die Finanzmärkte von wesentlicher Bedeutung ist, sind wirksame geregelte Verkaufsprozesse für diese Produkte gleichsam wichtig. Die vorliegende Verordnung ergänzt die in der Richtlinie 2014/65/EU des Europäischen Parlaments und des Rates ([4]) enthaltenen Maßnahmen im Bereich des Vertriebs. Sie ergänzt außerdem die in der Richtlinie 2002/92/EG des Europäischen Parlaments und des Rates ([5]) enthaltenen Maßnahmen im Bereich des Vertriebs von Versicherungsprodukten.

(6) Diese Verordnung sollte für alle von der Finanzdienstleistungsbranche aufgelegten Produkte gelten, die Kleinanlegern Investitionsmöglichkeiten bieten, unabhängig von ihrer Form oder Konzeption, bei denen der dem Kleinanleger zurückzuzahlende Betrag aufgrund der Abhängigkeit von Referenzwerten oder der Entwicklung eines oder mehrerer Vermögenswerte, die nicht direkt vom Kleinanleger erworben werden, Schwankungen unterliegt. Für die Zwecke dieser Verordnung sollten diese Produkte als „PRIIP" bezeichnet werden, und zu ihnen sollten unter anderem Anlageprodukte wie Investmentfonds, Lebensversicherungspolicen mit einem Anlageelement und strukturierte Produkte und strukturierte Einlagen gehören. Von Zweckgesellschaften ausgegebene Finanzinstrumente, die der Begriffsbestimmung von PRIIP entsprechen, sollten auch in den Anwendungsbereich dieser Verordnung fallen. Bei sämtlichen dieser Produkte werden Anlagen nicht direkt durch den Erwerb oder das Halten von Vermögenswerten selbst getätigt. Stattdessen treten diese Produkte zwischen den Kleinanleger und die Märkte, indem Vermögenswerte verpackt oder ummantelt werden, sodass die Risiken, die Produktmerkmale oder die Kostenstrukturen nicht die gleichen sind wie bei direktem Halten. Durch diese Verpackung ist es Kleinanlegern möglich, Anlagestrategien zu verfolgen, die andernfalls für sie nicht zugänglich oder undurchführbar wären; aber zudem können hier zusätzliche Informationen nötig sein, insbesondere um Vergleiche zwischen verschiedenen Arten der Verpackung von Anlagen zu ermöglichen.

---

4 Richtlinie 2014/65/EU des Europäischen Parlaments und des Rates vom 15. Mai 2014 über Märkte für Finanzinstrumente und zur Änderung der Richtlinien 2002/92/EG und 2011/61/EU (ABl. L 173 vom 12.6.2014, S. 349).

5 Richtlinie 2002/92/EG des Europäischen Parlament und des Rates vom 9. Dezember 2002 über Versicherungsvermittlung (ABl. L 9 vom 15.1.2003, S. 3).

(7) Um sicherzustellen, dass diese Verordnung lediglich für solche PRIIP gilt, sollten daher Versicherungsprodukte, die keine Investitionsmöglichkeiten bieten, und Einlagen, die ausschließlich dem Zinsrisiko unterliegen, von ihrem Anwendungsbereich ausgenommen sein. Im Fall von Lebensversicherungsprodukten bezeichnet der Begriff „Kapital" das Kapital, das auf Wunsch des Kleinanlegers angelegt wird. Darüber hinaus sollten Einlagen oder Zertifikate, die klassische Einlagen repräsentieren, mit Ausnahme strukturierter Einlagen im Sinne des Artikels 4 Absatz 1 Nummer 43 der Richtlinie 2014/65/EU vom Anwendungsbereich dieser Verordnung ausgenommen werden. Vermögenswerte, die direkt gehalten werden, wie Aktien oder Staatsanleihen, sind keine PRIIP und sollten daher vom Anwendungsbereich dieser Verordnung ausgenommen werden. Für institutionelle Anleger konzipierte Investmentfonds sind ebenfalls vom Anwendungsbereich dieser Verordnung ausgenommen, da sie nicht für den Verkauf an Kleinanleger bestimmt sind. Individuelle und betriebliche Altersvorsorgeprodukte, deren nach nationalem Recht anerkannter Zweck in erster Linie darin besteht, dem Anleger im Ruhestand ein Einkommen zu gewähren, sollten angesichts ihrer Besonderheiten und Zielsetzungen vom Anwendungsbereich dieser Verordnung ausgenommen werden, während andere individuelle Versicherungen oder Sparprodukte, die Investitionsmöglichkeiten bieten, unter den Anwendungsbereich dieser Verordnung fallen sollten.

(8) Diese Verordnung berührt nicht das Recht der Mitgliedstaaten, die Bereitstellung von wesentlichen Informationen über Produkte, die nicht in den Anwendungsbereich dieser Verordnung fallen, zu regeln. Im Einklang mit ihrem Verbraucherschutzauftrag nach Artikel 9 der Verordnung (EU) Nr. 1093/2010 des Europäischen Parlaments und des Rates ([6]), Verordnung (EU) Nr. 1094/2010 des Europäischen Parlaments und des Rates ([7]) und der Verordnung (EU) Nr. 1095/2010 des Europäischen Parlaments und des Rates ([8]), sollten die Europäische Aufsichtsbehörde (Europäische Bankenaufsichtsbehörde, im Folgenden „EBA"), die Europäische Aufsichtsbehörde (Europäische Aufsichtsbehörde für das Versicherungswesen und die betriebliche Altersversorgung, im Folgenden „EIOPA") und die Europäische Aufsichtsbehörde (Europäische Wertpapier- und Marktaufsichtsbehörde, im Folgenden „ESMA"), die mit diesen Verordnungen eingerichtet wurden (im Folgenden „Europäische Aufsichtsbehörden") die Produkte, die nicht in den Anwendungsbereich dieser Verordnung fallen, überwachen und gegebenenfalls Leitlinien herausgeben, um etwaigen festgestellten Problemen zu begegnen. Diese Leitlinien sollten bei der Überprüfung der vorliegenden Verordnung, die vier Jahre nach ihrem Inkrafttreten im Hinblick auf die mögliche Ausdehnung des Anwendungsbereichs und die Streichung bestimmter Ausschlüsse vorzunehmen ist, berücksichtigt werden.

---

[6] Verordnung (EU) Nr. 1093/2010 des Europäischen Parlaments und des Rates vom 24. November 2010 zur Errichtung einer Europäischen Aufsichtsbehörde (Europäische Bankenaufsichtsbehörde), zur Änderung des Beschlusses Nr. 716/2009/EG und zur Aufhebung des Beschlusses 2009/78/EG der Kommission (ABl. L 331 vom 15.12.2010, S. 12).

[7] Verordnung (EU) Nr. 1094/2010 des Europäischen Parlaments und des Rates vom 24. November 2010 zur Errichtung einer Europäischen Aufsichtsbehörde (Europäische Aufsichtsbehörde für das Versicherungswesen und die betriebliche Altersversorgung), zur Änderung des Beschlusses Nr. 716/2009/EG und zur Aufhebung des Beschlusses 2009/79/EG der Kommission (ABl. L 331 vom 15.12.2010, S. 48).

[8] Verordnung (EU) Nr. 1095/2010 des Europäischen Parlaments und des Rates vom 24. November 2010 zur Errichtung einer Europäischen Aufsichtsbehörde (Europäische Wertpapier- und Marktaufsichtsbehörde), zur Änderung des Beschlusses Nr. 716/2009/EG und zur Aufhebung des Beschlusses 2009/77/EG der Kommission (ABl. L 331 vom 15.12.2010, S. 84).

(9) Um den Zusammenhang zwischen den von dieser Verordnung begründeten Verpflichtungen und den Verpflichtungen aus anderen Gesetzgebungsakten, nach denen den Anlegern Informationen bereitzustellen sind, unter anderem aus der Richtlinie 2003/71/EG des Europäischen Parlaments und des Rates ([9]) und aus der Richtlinie 2009/138/EG des Europäischen Parlaments und des Rates ([10]), klarzustellen, ist festzulegen, dass diese Gesetzgebungsakte zusätzlich zu dieser Verordnung weiterhin Anwendung finden.

(10) Zur Gewährleistung einer ordnungsgemäßen und wirksamen Überwachung der Einhaltung der Anforderungen dieser Verordnung sollten die Mitgliedstaaten die für diese Überwachung zuständigen Behörden benennen. In vielen Fällen sind die zuständigen Behörden bereits für die Überwachung anderer Verpflichtungen benannt, denen PRIIP-Anbieter, -Verkäufer oder -Berater aufgrund anderer Vorschriften des nationalen Rechts und des Unionsrechts unterworfen sind.

(11) Den zuständigen Behörden sollten auf Anforderung – auch vorab – alle nötigen Informationen zur Verfügung gestellt werden, um ihnen die Prüfung der Inhalte des Basisinformationsblatts sowie der Übereinstimmung mit dieser Verordnung zu ermöglichen und um den Schutz der Kunden und Anleger auf den Finanzmärkten sicherzustellen.

(12) PRIIP-Hersteller – beispielsweise Fondsmanager, Versicherungsunternehmen, Kreditinstitute oder Wertpapierfirmen – sollten das Basisinformationsblatt für von ihnen aufgelegte Anlageprodukte abfassen, da sie das betreffende Produkt am besten kennen. Sie sollten auch für die Richtigkeit des Basisinformationsblatts verantwortlich sein. Das Basisinformationsblatt sollte von dem PRIIP-Hersteller abgefasst werden, bevor das Produkt an Kleinanleger vertrieben werden darf. Wird ein Produkt hingegen nicht an Kleinanleger verkauft, so besteht keine Verpflichtung, ein Basisinformationsblatt abzufassen; und wenn es dem PRIIP-Hersteller aus praktischen Gründen unmöglich ist, das Basisinformationsblatt abzufassen, sollte es möglich sein, dies an andere zu delegieren. Die Verpflichtungen nach dieser Verordnung, die in den Bestimmungen über das Abfassen und die Überarbeitung des Basisinformationsblatts enthalten sind, sollten nur für den PRIIP-Hersteller gelten; sie sollten gelten, solange das PRIIP an Sekundärmärkten gehandelt wird. Mit Blick auf eine weitreichende Verbreitung und Verfügbarkeit der Basisinformationsblätter sollte diese Verordnung vorschreiben, dass der PRIIP-Hersteller Basisinformationsblätter auf seiner Website veröffentlicht.

(13) Um dem Bedarf von Kleinanlegern gerecht zu werden, muss sichergestellt werden, dass die Informationen über PRIIP richtig, redlich und klar sind und diese Kleinanleger nicht in die Irre führen. Daher sollten in dieser Verordnung gemeinsame Standards für die Abfassung des Basisinformationsblatts niedergelegt werden, die sicherstellen, dass es für Kleinanleger verständlich ist. Da es vielen Kleinanlegern schwerfällt, die Fachterminologie des Finanzbereichs zu verstehen, sollte besonders auf das in dem Informationsblatt verwendete Vokabular und den Schreibstil geachtet werden. Auch sollte geregelt werden, in welcher Sprache das Basisinformationsblatt abzufassen ist. Außerdem sollten Kleinanleger

---

[9] Richtlinie 2003/71/EG des Europäischen Parlaments und des Rates vom 4. November 2003 betreffend den Prospekt, der beim öffentlichen Angebot von Wertpapieren oder bei deren Zulassung zum Handel zu veröffentlichen ist, und zur Änderung der Richtlinie 2001/34/EG (ABl. L 345 vom 31.12.2003, S. 64).

[10] Richtlinie 2009/138/EG des Europäischen Parlaments und des Rates vom 25. November 2009 betreffend die Aufnahme und Ausübung der Versicherungs- und der Rückversicherungstätigkeit (Solvabilität II) (ABl. L 335 vom 17.12.2009, S. 1).

in der Lage sein, das Basisinformationsblatt zu verstehen, ohne andere nicht die Vermarktung betreffende Informationen zur Hilfe ziehen zu müssen.

(14) Wenn die Europäischen Aufsichtsbehörden die technischen Standards für den Inhalt des Basisinformationsblatts so ausarbeiten, dass die Anlagestrategien und deren Ziele im Einklang mit dieser Verordnung präzise zum Ausdruck gebracht werden, sollten sie sicherstellen, dass der PRIIP-Hersteller eine klare und verständliche Sprache verwendet, die den Kleinanlegern zugänglich sein sollte, und dass bei der Beschreibung der Art und Weise, wie die Anlageziele erreicht werden, einschließlich der Beschreibung der verwendeten Finanzinstrumente, Fachjargon und Fachterminologie der Finanzbranche, der bzw. die den Kleinanlegern nicht unmittelbar verständlich ist, vermieden werden.

(15) Kleinanleger sollten die für sie notwendigen Informationen erhalten, um eine fundierte Anlageentscheidungen treffen und unterschiedliche PRIIP vergleichen zu können; sind diese Informationen jedoch nicht kurz und prägnant, so besteht die Gefahr, dass sie von den Kleinanlegern nicht genutzt werden. Das Basisinformationsblatt sollte daher nur wesentliche Informationen enthalten, insbesondere in Bezug auf die Art und die Merkmale des Produkts, auch hinsichtlich der Frage, ob ein Kapitalverlust möglich ist, und in Bezug auf die Kosten und das Risikoprofil des Produkts, sowie einschlägige Informationen zur Wertentwicklung und sonstige spezifische Informationen, die für das Verständnis der Merkmale einzelner Produktarten notwendig sein können.

(16) Auf nationaler Ebene werden bereits Rechner für Anlageprodukte entwickelt. Damit diese Rechner jedoch für die Verbraucher ihren vollen Nutzen entfalten können, sollten sie die Kosten und Gebühren, die von den verschiedenen PRIIP-Herstellern berechnet werden, sowie alle weiteren Kosten und Gebühren, die von Vermittlern oder anderen Stellen der Anlagekette berechnet werden und die nicht bereits von den PRIIP-Herstellern einbezogen wurden, erfassen. Die Kommission sollte darüber Bericht erstatten, ob diese Instrumente in jedem Mitgliedstaat online verfügbar sind und ob sie zuverlässige und präzise Berechnungen der Gesamtkosten und -gebühren für alle Produkte, die in den Anwendungsbereich dieser Verordnung fallen, liefern.

(17) Das Basisinformationsblatt sollte in einem Standardformat abgefasst sein, das Kleinanlegern den Vergleich unterschiedlicher PRIIP ermöglicht, da mit Blick auf das Verhalten und die Kompetenzen von Verbrauchern Format, Darstellung und Inhalt der Informationen sorgfältig abgestimmt sein müssen, damit die Informationen so umfassend wie möglich verstanden und genutzt werden. In jedem Informationsblatt sollte für die Punkte und die Überschriften dieser Punkte dieselbe Reihenfolge eingehalten werden. Darüber hinaus sollten die Einzelheiten der Informationen, die das Basisinformationsblatt für die verschiedenen PRIIP enthalten muss, und die Darstellung dieser Informationen durch delegierte Rechtsakte weiter harmonisiert werden, die den vorhandenen und laufenden Untersuchungen des Verbraucherverhaltens, einschließlich der Ergebnisse von Tests, bei denen die Wirksamkeit verschiedener Arten der Darstellung von Informationen bei Verbrauchern geprüft wird, Rechnung tragen. Zudem lassen einige PRIIP dem Kleinanleger die Wahl zwischen mehreren zugrunde liegenden Anlagen, wie z. B. internen Fonds, die von Versicherungsunternehmen gehalten werden. Bei der Gestaltung des Formats sind solche Produkte zu berücksichtigen.

(18) Da einige der Anlageprodukte, die in den Anwendungsbereich dieser Verordnung fallen, nicht einfach sind und für Kleinanleger möglicherweise schwer zu verstehen sind, sollte das Basisinformationsblatt gegebenenfalls einen entsprechenden Warnhinweis für den Kleinanleger enthalten. Ein Produkt sollte insbesondere dann als nicht einfach und als schwer zu verstehen gelten, wenn es in zugrunde liegende Vermögensgegenstände inves-

tiert, in die Kleinanleger normalerweise nicht anlegen, wenn zur Berechnung der endgültigen Anlagerendite mehrere unterschiedliche Verfahren verwendet werden, wodurch sich die Gefahr von Missverständnissen beim Kleinanleger erhöht, oder wenn die Anlagerendite die Verhaltensmuster der Kleinanleger ausnutzt, indem sie beispielsweise eine verlockende Festverzinsung bietet, auf die eine viel höhere bedingte variable Verzinsung folgt, oder eine iterative Formel.

(19) Zunehmend verfolgen Kleinanleger neben dem Anlageziel der finanziellen Erträge auch zusätzliche Zwecke, etwa soziale oder umweltpolitische Ziele. Allerdings sind Informationen über vom PRIIP-Hersteller angestrebte Ergebnisse in den Bereichen Umwelt oder Soziales möglicherweise schwer zu vergleichen, oder sie fehlen ganz. Daher könnten in Finanzanlagen antizipierte nachhaltige ökologische und soziale Entwicklungen sowie die Anwendung der Verordnung (EU) Nr. 346/2013 des Europäischen Parlaments und des Rates ([11]) es ermöglichen, dass diese Aspekte in angemessenerer Weise in das Unionsrecht integriert und durch dieses weiter gefördert werden. Es gibt jedoch weder festgelegte Kriterien noch ein förmliches Verfahren zur objektiven Nachprüfung derartiger sozialer oder ökologischer Kriterien, wie sie bereits im Nahrungsmittelsektor bestehen. Daher ist es wünschenswert, dass die Kommission bei ihrer Überprüfung der vorliegenden Verordnung die Entwicklungen in Bezug auf soziale und ökologische Anlageprodukte und das Ergebnis der Überprüfung der Verordnung (EU) Nr. 346/2013 gründlich betrachtet.

(20) Das Basisinformationsblatt sollte von den Werbematerialien klar zu unterscheiden und getrennt sein.

(21) Damit sichergestellt wird, dass Angaben im Basisinformationsblatt verlässlich sind, sollten PRIIP-Hersteller verpflichtet sein, es auf dem neuesten Stand zu halten. Deshalb sollte die Kommission in technischen Regulierungsstandards detaillierte Regeln über die Bedingungen und die Häufigkeit der Überprüfung der Informationen sowie die Überarbeitung des Basisinformationsblatts festlegen.

(22) Basisinformationsblätter sind der Ausgangspunkt für Anlageentscheidungen von Kleinanlegern. Aus diesem Grund tragen PRIIP-Hersteller eine erhebliche Verantwortung gegenüber Kleinanlegern und müssen dafür Sorge tragen, dass die Basisinformationsblätter nicht irreführend oder fehlerhaft sind oder mit den einschlägigen Teilen der PRIIP-Vertragsunterlagen nicht übereinstimmen. Deshalb ist es wichtig, zu gewährleisten, dass Kleinanlegern ein wirksamer Rechtsbehelf zur Verfügung steht. Außerdem sollte sichergestellt werden, dass alle Kleinanleger in der Union das gleiche Recht haben, für Schäden infolge einer Nichteinhaltung dieser Verordnung Ersatzansprüche geltend zu machen. Deshalb sollten die Vorschriften über die zivilrechtliche Haftung der PRIIP-Hersteller harmonisiert werden. Kleinanleger sollten den PRIIP-Hersteller für einen Verstoß gegen diese Verordnung haftbar machen können, wenn ihnen durch die Verwendung eines Basisinformationsblatts, das mit den der Verantwortung der PRIIP-Hersteller unterliegenden Vorvertrags- oder Vertragsunterlagen nicht übereinstimmte oder irreführend oder fehlerhaft war, ein Schaden entstanden ist.

(23) Aspekte, die die Haftpflicht eines PRIIP-Herstellers betreffen, die von dieser Verordnung nicht erfasst werden, sollten durch das anwendbare nationale Recht geregelt werden. Welches Gericht für die Entscheidung über eine Haftungsklage eines Kleinanlegers

[11] Verordnung (EU) Nr. 346/2013 des Europäischen Parlaments und des Rates vom 17. April 2013 über Europäische Fonds für soziales Unternehmertum (ABl. L 115 vom 25.4.2013, S. 18).

zuständig ist, sollte anhand der einschlägigen Regeln über die internationale Zuständigkeit bestimmt werden.

(24) Mit dieser Verordnung selbst wird weder ein Pass eingeführt, der den grenzüberschreitenden Verkauf oder die grenzüberschreitende Vermarktung von PRIIP an Kleinanleger erlaubt, noch werden mit ihr gegebenenfalls bestehende Pass-Regelungen für den grenzüberschreitenden Verkauf oder zur grenzüberschreitenden Vermarktung geändert. Mit dieser Verordnung wird die im Rahmen solcher bestehender Regelungen geltende Aufteilung der Zuständigkeiten zwischen den betreffenden zuständigen Behörden nicht geändert. Die von den Mitgliedstaaten für die Zwecke dieser Verordnung benannten zuständigen Behörden sollten deshalb mit den Behörden kompatibel sein, die für die Vermarktung von PRIIP – im Rahmen eines gegebenenfalls bestehenden Passes – zuständig sind. Die zuständige Behörde des Mitgliedstaats, in dem das betreffende PRIIP vermarktet wird, sollte für die Überwachung der Vermarktung dieses PRIIP zuständig sein. Die zuständige Behörde des Mitgliedstaats, in dem das Produkt vermarktet wird, sollte stets das Recht haben, die Vermarktung eines PRIIP in ihrem Hoheitsgebiet auszusetzen, wenn diese Verordnung nicht eingehalten wird.

(25) Die Befugnisse der EIOPA und der jeweils zuständigen Behörden sollten ergänzt werden durch einen expliziten Mechanismus zum Verbot oder zur Beschränkung von Vermarktung, Vertrieb und Verkauf von Versicherungsanlageprodukten, bei denen ernsthafte Bedenken hinsichtlich des Anlegerschutzes, des ordnungsgemäßen Funktionierens und der Integrität der Finanzmärkte oder der Stabilität von Teilen des Finanzsystems oder des Finanzsystems als Ganzes bestehen; gleichzeitig sollte die EIOPA mit angemessenen Koordinierungs- und Notfallbefugnissen ausgestattet werden. Diese Befugnisse sollten auch den der ESMA und der EBA im Rahmen der Verordnung (EU) Nr. 600/2014 des Europäischen Parlaments und des Rates ([12]) eingeräumten Befugnissen Rechnung tragen, um sicherzustellen, dass solche Interventionsmechanismen bei allen Anlageprodukten ungeachtet ihrer Rechtsform angewandt werden können. Die Ausübung solcher Befugnisse durch die zuständigen Behörden sowie – in Ausnahmefällen – durch die EIOPA sollte an das Erfordernis der Erfüllung spezifischer Voraussetzungen geknüpft sein. Wenn diese Voraussetzungen erfüllt sind, sollte die zuständige Behörde oder – in Ausnahmefällen – die EIOPA in der Lage sein, ein Verbot oder eine Beschränkung vorsorglich auszusprechen, bevor ein Versicherungsanlageprodukt vermarktet, vertrieben oder an Anleger verkauft wird. Diese Befugnisse sind nicht mit einer Verpflichtung verbunden, eine Produktzulassung durch die zuständige Behörde oder die EIOPA einzuführen oder anzuwenden, und befreien den Hersteller eines Versicherungsanlageprodukts nicht von seiner Verantwortung, alle einschlägigen Anforderungen dieser Verordnung zu erfüllen. Darüber hinaus sollten diese Befugnisse ausschließlich im öffentlichen Interesse ausgeübt werden und keine zivilrechtliche Haftung seitens der zuständigen Behörden nach sich ziehen.

(26) Damit der Kleinanleger in der Lage ist, eine fundierte Anlageentscheidung zu treffen, sollte von Personen, die über PRIIP beraten oder sie verkaufen, verlangt werden, das Basisinformationsblatt rechtzeitig vor Abschluss jeder Transaktion bereitzustellen. Diese Anforderung sollte unabhängig davon gelten, ob oder wie die Transaktion erfolgt. Erfolgt jedoch die Transaktion mittels Fernkommunikation, so kann das Basisinformationsblatt unmittelbar nach Abschluss der Transaktion bereitgestellt werden, sofern es nicht

[12] Verordnung (EU) Nr. 600/2014 des Europäischen Parlaments und des Rates vom 15. Mai 2014 über Märkte für Finanzinstrumente und zur Änderung der Verordnung (EU) Nr. 648/2012 (ABl. L 173 vom 12.6.2014, S. 84).

vor dem Abschluss bereitgestellt werden kann und sofern der Kleinanleger dem zustimmt. Als Personen, die über PRIIP beraten oder sie verkaufen, gelten sowohl Vermittler als auch die PRIIP-Hersteller selbst, wenn die PRIIP-Hersteller über das PRIIP direkt beraten oder es direkt an Kleinanleger verkaufen. Diese Verordnung gilt unbeschadet der Richtlinie 2000/31/EG des Europäischen Parlaments und des Rates ([13]) und der Richtlinie 2002/65/EG des Europäischen Parlaments und des Rates ([14]).

(27) Um der Person, die über das PRIIP berät oder es verkauft, eine gewisse Wahlmöglichkeit hinsichtlich des Mediums einzuräumen, über das das Basisinformationsblatt Kleinanlegern zur Verfügung gestellt wird, sollten einheitliche Regeln festgelegt werden, die auch die Nutzung elektronischer Kommunikationsmittel unter Berücksichtigung der Umstände der Transaktion ermöglichen sollten. Der Kleinanleger sollte jedoch die Möglichkeit haben, es auf Papier zu erhalten. Im Interesse des Verbraucherzugangs zu Informationen sollte das Basisinformationsblatt stets kostenlos zur Verfügung gestellt werden.

(28) Um das Vertrauen von Kleinanlegern in PRIIP und in die Finanzmärkte insgesamt zu gewinnen, sollten Anforderungen an angemessene interne Verfahren aufgestellt werden, durch die gewährleistet wird, dass Kleinanleger bei Beschwerden eine sachdienliche Antwort des PRIIP-Herstellers erhalten.

(29) Da das Basisinformationsblatt für PRIIP von Rechtsträgern oder natürlichen Personen abgefasst werden sollte, die in der Banken-, Versicherungs-, Wertpapier- und Fondsbranche der Finanzmärkte tätig sind, ist es von herausragender Bedeutung, dass zwischen den verschiedenen Behörden, die PRIIP-Hersteller und Personen, die über PRIIP beraten oder sie verkaufen, beaufsichtigen, eine reibungslose Zusammenarbeit besteht, damit sie bei der Anwendung dieser Verordnung ein gemeinsames Konzept verfolgen.

(30) Im Einklang mit der Mitteilung der Kommission vom 8. Dezember 2010„Stärkung der Sanktionsregelungen im Finanzdienstleistungssektor“ und um zu gewährleisten, dass die Anforderungen dieser Verordnung erfüllt werden, ist es wichtig, dass die Mitgliedstaaten Schritte unternehmen, damit bei Verstößen gegen diese Verordnung angemessene verwaltungsrechtliche Sanktionen und Maßnahmen verhängt werden. Um sicherzustellen, dass Sanktionen eine abschreckende Wirkung haben, und um den Anlegerschutz zu stärken, indem Anleger vor PRIIP gewarnt werden, die unter Verstoß gegen diese Verordnung vermarktet werden, sollten Sanktionen und Maßnahmen in der Regel, außer unter bestimmten genau festgelegten Umständen, veröffentlicht werden.

(31) Obwohl es den Mitgliedstaaten freisteht, für dieselben Verstöße sowohl verwaltungsrechtliche als auch strafrechtliche Sanktionen vorzusehen, sollten sie nicht verpflichtet sein, Vorschriften für verwaltungsrechtliche Sanktionen für Verstöße gegen diese Verordnung festzulegen, die dem nationalen Strafrecht unterliegen. Im Einklang mit dem nationalen Recht sind die Mitgliedstaaten nicht verpflichtet, sowohl verwaltungsrechtliche als auch strafrechtliche Sanktionen für denselben Verstoß zu verhängen, sollten dies aber tun können, wenn es das nationale Recht erlaubt. Die Aufrechterhaltung strafrechtlicher anstelle von verwaltungsrechtlichen Sanktionen für Verstöße gegen diese Verordnung sollte

---

[13] Richtlinie 2000/31/EG des Europäischen Parlaments und des Rates vom 8. Juni 2000 über bestimmte rechtliche Aspekte der Dienste der Informationsgesellschaft, insbesondere des elektronischen Geschäftsverkehrs, im Binnenmarkt („Richtlinie über den elektronischen Geschäftsverkehr“) (ABl. L 178 vom 17.7.2000, S. 1).

[14] Richtlinie 2002/65/EG des Europäischen Parlaments und des Rates vom 23. September 2002 über den Fernabsatz von Finanzdienstleistungen an Verbraucher und zur Änderung der Richtlinie 90/619/EWG des Rates und der Richtlinien 97/7/EG und 98/27/EG (ABl. L 271 vom 9.10.2002, S. 16).

jedoch nicht die Möglichkeit der zuständigen Behörden einschränken oder in anderer Weise beeinträchtigen, sich für die Zwecke dieser Verordnung rechtzeitig mit den zuständigen Behörden in anderen Mitgliedstaaten ins Benehmen zu setzen, um mit ihnen zusammenzuarbeiten, Zugang zu ihren Informationen zu erhalten und mit ihnen Informationen auszutauschen, und zwar auch dann, wenn die zuständigen Justizbehörden bereits mit der strafrechtlichen Verfolgung der betreffenden Verstöße befasst wurden.

(32) Um die Ziele dieser Verordnung zu erreichen, sollte der Kommission die Befugnis übertragen werden, gemäß Artikel 290 des Vertrags über die Arbeitsweise der Europäischen Union Rechtsakte hinsichtlich der Festlegung der Einzelheiten der Verfahren zu erlassen, mit denen festgestellt wird, ob ein PRIIP bestimmte ökologische oder soziale Ziele anstrebt, sowie hinsichtlich der Bestimmungen über die Ausübung der Interventionsbefugnis der EIOPA und der zuständigen Behörden. Es ist von besonderer Bedeutung, dass die Kommission im Zuge ihrer Vorbereitungsarbeit angemessene Konsultationen durchführt. Bei der Vorbereitung und Ausarbeitung delegierter Rechtsakte sollte die Kommission gewährleisten, dass die einschlägigen Dokumente dem Europäischen Parlament und dem Rat gleichzeitig, rechtzeitig und auf angemessene Weise übermittelt werden.

(33) Die Kommission sollte von den Europäischen Aufsichtsbehörden im Wege des Gemeinsamen Ausschusses erarbeitete Entwürfe technischer Regulierungsstandards in Bezug auf die Darstellung und den Inhalt der Basisinformationsblätter, das Standardformat der Basisinformationsblätter, die Methodik für die Darstellung von Risiko und Rendite und zur Berechnung der Kosten, die Bedingungen und die Mindesthäufigkeit der Überprüfung der Informationen in den Basisinformationsblättern sowie die Bedingungen für die Bereitstellung des Basisinformationsblatts für Kleinanleger im Einklang mit den Artikeln 10 bis 14 der Verordnung (EU) Nr. 1093/2010, der Verordnung (EU) Nr. 1094/2010 bzw. der Verordnung (EU) Nr. 1095/2010 erlassen. Die Kommission sollte die technischen Tätigkeiten der Europäischen Aufsichtsbehörden durch die Durchführung von Verbrauchertests zur Darstellung des von den Europäischen Aufsichtsbehörden vorgeschlagenen Basisinformationsblatts ergänzen.

(34) Die Richtlinie 95/46/EG des Europäischen Parlaments und des Rates ([15]) regelt die Verarbeitung personenbezogener Daten, die im Zusammenhang mit dieser Verordnung in den Mitgliedstaaten unter der Aufsicht der zuständigen Behörden erfolgt. Die Verordnung (EG) Nr. 45/2001 des Europäischen Parlaments und des Rates ([16]) regelt die Verarbeitung personenbezogener Daten, die gemäß der vorliegenden Verordnung unter der Aufsicht des Europäischen Datenschutzbeauftragten von den Europäischen Aufsichtsbehörden vorgenommen wird. Jede Verarbeitung personenbezogener Daten im Rahmen der vorliegenden Verordnung, wie der Austausch oder die Übermittlung personenbezogener Daten durch die zuständigen Behörden, sollte im Einklang mit der Richtlinie 95/46/EG und der Austausch oder die Übermittlung von Informationen durch die Europäischen Aufsichtsbehörden sollte im Einklang mit der Verordnung (EG) Nr. 45/2001 erfolgen.

(35) Obwohl Organismen für gemeinsame Anlagen in Wertpapieren (im Folgenden „OGAW“) Anlageprodukte im Sinne dieser Verordnung sind, wäre es aufgrund der unlängst

---

[15] Richtlinie 95/46/EG des Europäischen Parlaments und des Rates vom 24. Oktober 1995 zum Schutz natürlicher Personen bei der Verarbeitung personenbezogener Daten und zum freien Datenverkehr (ABl. L 281 vom 23.11.1995, S. 31).

[16] Verordnung (EG) Nr. 45/2001 des Europäischen Parlaments und des Rates vom 18. Dezember 2000 zum Schutz natürlicher Personen bei der Verarbeitung personenbezogener Daten durch die Organe und Einrichtungen der Gemeinschaft und zum freien Datenverkehr (ABl. L 8 vom 12.1.2001, S. 1).

erfolgten Festlegung der Anforderungen an die wesentlichen Informationen für den Anleger im Rahmen der Richtlinie 2009/65/EG angemessen, solchen OGAW einen Übergangszeitraum von fünf Jahren nach Inkrafttreten dieser Verordnung einzuräumen, in denen sie ihr nicht unterlägen. Nach Ablauf des Übergangszeitraums und falls dieser nicht verlängert wird, sollten OGAW dieser Verordnung unterliegen. Dieser Übergangszeitraum sollte auch für Verwaltungsgesellschaften und Investmentgesellschaften sowie Personen gelten, die über Anteile von Fonds, die keine OGAW-Fonds sind, beraten oder diese verkaufen, wenn ein Mitgliedstaat Vorschriften über das Format und den Inhalt des Dokuments mit wesentlichen Informationen für den Anleger gemäß den Artikeln 78 bis 81 der Richtlinie 2009/65/EG auf diese Fonds anwendet.

(36) Eine Überprüfung dieser Verordnung sollte vier Jahre nach ihrem Inkrafttreten durchgeführt werden, um Marktentwicklungen, wie der Entstehung neuer Arten von PRIIP, sowie den Entwicklungen in anderen Bereichen des Unionsrechts und den Erfahrungen der Mitgliedstaaten Rechnung zu tragen. Bei dieser Überprüfung sollten auch die Durchführbarkeit, die Kosten und die möglichen Vorteile der Einführung eines Gütezeichens für soziale und ökologische Anlagen bewertet werden. Darüber hinaus sollte bei der Überprüfung beurteilt werden, ob die eingeführten Maßnahmen das Verständnis des durchschnittlichen Kleinanlegers in Bezug auf PRIIP und die Vergleichbarkeit der PRIIP verbessert haben. Auch sollte dabei geprüft werden, ob der Übergangszeitraum für OGAW oder bestimmte Nicht-OGAW verlängert werden sollte oder ob andere Optionen für die Behandlung solcher Fonds infrage kommen könnten. Darüber hinaus sollte dabei beurteilt werden, ob in Anbetracht der Notwendigkeit eines für den Verbraucherschutz und den Vergleich von Finanzprodukten an der Ausnahme von Produkten vom Anwendungsbereich dieser Verordnung festgehalten werden sollte. Als Teil der Überprüfung sollte die Kommission auch eine Marktstudie durchführen, um festzustellen, ob Online-Recheninstrumente auf dem Markt verfügbar sind, die es dem Kleinanleger gestatten, die Gesamtkosten und -gebühren der PRIIP zu berechnen, und ob diese Instrumente kostenlos zur Verfügung gestellt werden. Auf der Grundlage dieser Überprüfung sollte die Kommission dem Europäischen Parlament und dem Rat einen Bericht sowie gegebenenfalls Vorschläge für Rechtsakte unterbreiten.

(37) In Anbetracht der laufenden Arbeit der EIOPA bezüglich der Anforderungen an die Offenlegung von Produktinformationen für individuelle Altersvorsorgeprodukte und unter Berücksichtigung der Besonderheiten dieser Produkte sollte die Kommission innerhalb von vier Jahren nach Inkrafttreten dieser Verordnung bewerten, ob Altersvorsorgeprodukte, die nach nationalem Recht als Produkte anerkannt sind, deren Zweck in erster Linie darin besteht, dem Anleger im Ruhestand ein Einkommen zu gewähren, und die dem Anleger einen Anspruch auf bestimmte Leistungen einräumen, weiterhin vom Anwendungsbereich dieser Verordnung ausgenommen sein sollten. Bei dieser Bewertung sollte die Kommission prüfen, ob diese Verordnung der beste gesetzgeberische Mechanismus zur Sicherstellung der Offenlegung in Bezug auf Altersvorsorgeprodukte ist oder ob andere Offenlegungsmechanismen besser geeignet wären.

(38) Um den PRIIP-Herstellern und den Personen, die über PRIIP beraten oder sie verkaufen, genügend Zeit einzuräumen, um sich auf die praktische Anwendung der Anforderungen dieser Verordnung einzustellen, sollte sie erst zwei Jahren nach dem Datum ihres Inkrafttretens gelten.

(39) Diese Verordnung steht im Einklang mit den Grundrechten und Grundsätzen, die insbesondere in der Charta der Grundrechte der Europäischen Union verankert sind.

(40) Da die Ziele dieser Verordnung, nämlich die Erhöhung des Schutzes von Kleinanlegern und die Stärkung ihres Vertrauens in PRIIP, auch bei grenzüberschreitendem Verkauf, von den unabhängig voneinander tätigen Mitgliedstaaten nicht ausreichend verwirklicht werden können und nur ein Tätigwerden auf Unionsebene die festgestellten Schwächen beheben kann und wegen der Wirkung der Maßnahmen auf Unionsebene besser zu verwirklichen ist, kann die Union im Einklang mit dem in Artikel 5 des Vertrags über die Europäische Union verankerten Subsidiaritätsprinzip tätig werden. Entsprechend dem in demselben Artikel genannten Grundsatz der Verhältnismäßigkeit geht diese Verordnung nicht über das zur Verwirklichung dieser Ziele erforderliche Maß hinaus.

(41) Der Europäische Datenschutzbeauftragte wurde gemäß Artikel 28 Absatz 2 der Verordnung (EG) Nr. 45/2001 angehört und hat eine Stellungnahme abgegeben ([17]) –

HABEN FOLGENDE VERORDNUNG ERLASSEN:

KAPITEL I
EGENSTAND, ANWENDUNGSBEREICH UND BEGRIFFSBESTIMMUNGEN

Artikel 1

Diese Verordnung legt einheitliche Vorschriften für das Format und den Inhalt des Basisinformationsblatts, das von Herstellern von verpackten Anlageprodukten für Kleinanleger und Versicherungsanlageprodukten (packaged retail and insurance-based investment products – im Folgenden „PRIIP“) abzufassen ist, sowie für die Bereitstellung des Basisinformationsblatts an Kleinanleger fest, um Kleinanlegern zu ermöglichen, die grundlegenden Merkmale und Risiken von PRIIP zu verstehen und zu vergleichen.

Artikel 2

(1) Diese Verordnung gilt für PRIIP-Hersteller und Personen, die über PRIIP beraten oder sie verkaufen.

(2) Diese Verordnung gilt nicht für folgende Produkte:

a) Nichtlebensversicherungsprodukte gemäß Anhang I der Richtlinie 2009/138/EG;
b) Lebensversicherungsverträge, deren vertragliche Leistungen nur im Todesfall oder bei Arbeitsunfähigkeit infolge von Körperverletzung, Krankheit oder Gebrechen zahlbar sind;
c) Einlagen, die keine strukturierten Einlagen im Sinne des Artikels 4 Absatz 1 Nummer 43 der Richtlinie 2014/65/EU sind;
d) in Artikel 1 Absatz 2 Buchstaben b bis g, i und j der Richtlinie 2003/71/EG genannte Wertpapiere;
e) Altersvorsorgeprodukte, die nach nationalem Recht als Produkte anerkannt sind, deren Zweck in erster Linie darin besteht, dem Anleger im Ruhestand ein Einkommen zu gewähren, und die dem Anleger einen Anspruch auf bestimmte Leistungen einräumen;

---

[17] ABl. C 100 vom 6.4.2013, S. 12.

f) amtlich anerkannte betriebliche Altersversorgungssysteme, die in den Anwendungsbereich der Richtlinie 2003/41/EG des Europäischen Parlaments und des Rates ([18]) oder der Richtlinie 2009/138/EG fallen;
g) individuelle Altersvorsorgeprodukte, für die nach nationalem Recht ein finanzieller Beitrag des Arbeitgebers erforderlich ist und die bzw. deren Anbieter weder der Arbeitgeber noch der Beschäftigte selbst wählen kann.

Artikel 3

(1) Fallen PRIIP-Hersteller im Sinne dieser Verordnung auch unter die Richtlinie 2003/71/EG, so gelten sowohl diese Verordnung als auch die Richtlinie 2003/71/EG.

(2) Fallen PRIIP-Hersteller im Sinne dieser Verordnung auch unter die Richtlinie 2009/138/EG, so gelten sowohl diese Verordnung als auch die Richtlinie 2009/138/EG.

Artikel 4

Für die Zwecke dieser Verordnung bezeichnet der Ausdruck

1. „verpacktes Anlageprodukt für Kleinanleger" oder „PRIP" eine Anlage, einschließlich von Zweckgesellschaften im Sinne des Artikels 13 Nummer 26 der Richtlinie 2009/138/EG oder Verbriefungszweckgesellschaften im Sinne des Artikels 4 Absatz 1 Buchstabe an der Richtlinie 2011/61/EU des Europäischen Parlaments und des Rates ([19]) ausgegebener Instrumente, bei der unabhängig von der Rechtsform der Anlage der dem Kleinanleger rückzuzahlende Betrag Schwankungen aufgrund der Abhängigkeit von Referenzwerten oder von der Entwicklung eines oder mehrerer Vermögenswerte, die nicht direkt vom Kleinanleger erworben werden, unterliegt;
2. „Versicherungsanlageprodukt" ein Versicherungsprodukt, das einen Fälligkeitswert oder einen Rückkaufwert bietet, der vollständig oder teilweise direkt oder indirekt Marktschwankungen ausgesetzt ist;
3. „verpacktes Anlageprodukt für Kleinanleger und Versicherungsanlageprodukt" oder „PRIIP" jedes Produkt, das unter eine oder beide der folgenden Begriffsbestimmungen fällt:
   a) ein PRIP;
   b) ein Versicherungsanlageprodukt;
4. „Hersteller von verpackten Anlageprodukten für Kleinanleger und Versicherungsanlageprodukten" oder „PRIIP-Hersteller"
   a) ein Rechtsträger oder eine natürliche Person, der bzw. die PRIIP auflegt;
   b) ein Rechtsträger oder eine natürliche Person, der bzw. die Änderungen an einem bestehenden PRIIP, einschließlich Änderungen seines Risiko- und Renditeprofils oder der Kosten im Zusammenhang mit einer Anlage in das PRIIP, vornimmt;
5. „PRIIP-Verkäufer" eine Person, die einem Kleinanleger einen PRIIP-Vertrag anbietet oder diesen mit ihm abschließt;

---

[18] Richtlinie 2003/41/EG des Europäischen Parlaments und des Rates vom 3. Juni 2003 über die Tätigkeiten und die Beaufsichtigung von Einrichtungen der betrieblichen Altersversorgung (ABl. L 235 vom 23.9.2003, S. 10).

[19] Richtlinie 2011/61/EU des Europäischen Parlaments und des Rates vom 8. Juni 2011 über die Verwalter alternativer Investmentfonds und zur Änderung der Richtlinien 2003/41/EG und 2009/65/EG und der Verordnungen (EG) Nr. 1060/2009 und (EU) Nr. 1095/2010 (ABl. L 174 vom 1.7.2011, S. 1).

6. „Kleinanleger“
   a) einen Kleinanleger im Sinne von Artikel 4 Absatz 1 Nummer 11 der Richtlinie 2014/65/EU;
   b) einen Kunden im Sinne der Richtlinie 2002/92/EG, wenn dieser nicht als professioneller Kunde im Sinne des Artikels 4 Absatz 1 Nummer 10 der Richtlinie 2014/65/EU angesehen werden kann;
7. „dauerhafter Datenträger“ einen dauerhaften Datenträger im Sinne des Artikels 2 Absatz 1 Buchstabe m der Richtlinie 2009/65/EG;
8. „zuständige Behörden“ die nationalen Behörden, die von einem Mitgliedstaat zur Überwachung der Anforderungen dieser Verordnung an PRIIP-Hersteller und Personen, die über PRIIP beraten oder sie verkaufen, benannt werden.

KAPITEL II
ASISINFORMATIONSBLATT

ABSCHNITT I
Abfassung des Basisinformationsblatts

Artikel 5

(1) Bevor Kleinanlegern ein PRIIP angeboten wird, fasst der PRIIP-Hersteller ein Basisinformationsblatt für dieses Produkt im Einklang mit den Anforderungen dieser Verordnung ab und veröffentlicht es auf seiner Website.

(2) Jeder Mitgliedstaat kann für die in diesem Mitgliedstaat vermarkteten PRIIP die Vorabmitteilung des Basisinformationsblatts durch den PRIIP-Hersteller oder die Person, die ein PRIIP verkauft, an die zuständige Behörde vorschreiben.

ABSCHNITT II
Form und Inhalt des Basisinformationsblatts

Artikel 6

(1) Die im Basisinformationsblatt enthaltenen Informationen sind vorvertragliche Informationen. Das Basisinformationsblatt muss präzise, redlich und klar sein und darf nicht irreführend sein. Es enthält die wesentlichen Informationen und stimmt mit etwaigen verbindlichen Vertragsunterlagen, mit den einschlägigen Teilen der Angebotsunterlagen und mit den Geschäftsbedingungen des PRIIP überein.

(2) Das Basisinformationsblatt ist eine eigenständige Unterlage, die von Werbematerialien deutlich zu unterscheiden ist. Es darf keine Querverweise auf Marketingmaterial enthalten. Es kann Querverweise auf andere Unterlagen, gegebenenfalls einschließlich eines Prospekts, enthalten, und zwar nur, wenn sich der Querverweis auf Informationen bezieht, die nach dieser Verordnung in das Basisinformationsblatt aufgenommen werden müssen.

(3) Abweichend von Absatz 2 dieses Artikels enthält das Basisinformationsblatt in dem Fall, in dem ein PRIIP dem Kleinanleger eine solche Palette von Anlageoptionen bietet, dass die Bereitstellung der Informationen in Bezug auf die zugrunde liegenden Anlagemöglichkeiten nach Artikel 8 Absatz 3 in einer einzigen, prägnanten und eigenständigen Unterlage nicht möglich ist, zumindest eine allgemeine Beschreibung der zugrunde liegenden Anlagemöglichkeiten sowie die Angabe, wo und wie detailliertere Dokumentationen

zu vorvertraglichen Informationen in Bezug auf die Anlageprodukte, die die zugrunde liegenden Anlagemöglichkeiten absichern, zu finden ist.

(4) Das Basisinformationsblatt wird als kurze Unterlage abgefasst, die prägnant formuliert ist und ausgedruckt höchstens drei Seiten Papier im A4-Format umfasst, um für Vergleichbarkeit zu sorgen. Das Basisinformationsblatt

a) ist in einer Weise präsentiert und aufgemacht, die leicht verständlich ist, wobei Buchstaben in gut leserlicher Größe verwendet werden;
b) legt den Schwerpunkt auf die wesentlichen Informationen, die Kleinanleger benötigen;
c) ist unmissverständlich und sprachlich sowie stilistisch so formuliert, dass das Verständnis der Informationen erleichtert wird, insbesondere durch eine klare, präzise und verständliche Sprache.

(5) Wenn in dem Basisinformationsblatt Farben verwendet werden, dürfen sie die Verständlichkeit der Informationen nicht beeinträchtigen, falls das Blatt in Schwarz und Weiß ausgedruckt oder fotokopiert wird.

(6) Wird die Unternehmensmarke oder das Logo des PRIIP-Herstellers oder der Gruppe, zu der er gehört, verwendet, darf sie bzw. es den Kleinanleger weder von den in dem Informationsblatt enthaltenen Informationen ablenken noch den Text verschleiern.

Artikel 7

(1) Das Basisinformationsblatt wird in den Amtssprachen oder in einer der Amtssprachen, die in dem Teil des Mitgliedstaats verwendet wird, in dem das PRIIP vertrieben wird, oder in einer weiteren von den zuständigen Behörden dieses Mitgliedstaats akzeptierten Sprache abgefasst; falls es in einer anderen Sprache abgefasst wurde, wird es in eine dieser Sprachen übersetzt.

Die Übersetzung gibt den Inhalt des ursprünglichen Basisinformationsblatts zuverlässig und genau wieder.

(2) Wird der Vertrieb eines PRIIP in einem Mitgliedstaat durch Werbeunterlagen, die in einer oder mehreren Amtssprachen dieses Mitgliedstaats verfasst sind, gefördert, so muss das Basisinformationsblatt mindestens in der (den) entsprechenden Amtssprache(n) verfasst sein.

Artikel 8

(1) Der Titel „Basisinformationsblatt“ steht oben auf der ersten Seite des Basisinformationsblatts.

Die Reihenfolge der Angaben im Basisinformationsblatt richtet sich nach den Absätzen 2 und 3.

(2) Unmittelbar unter dem Titel des Basisinformationsblatts folgt eine Erläuterung mit folgendem Wortlaut:

„Dieses Informationsblatt stellt Ihnen wesentliche Informationen über dieses Anlageprodukt zur Verfügung. Es handelt sich nicht um Werbematerial. Diese Informationen sind gesetzlich vorgeschrieben, um Ihnen dabei zu helfen, die Art, das Risiko, die Kosten sowie die möglichen Gewinne und Verluste dieses Produkts zu verstehen, und Ihnen dabei zu helfen, es mit anderen Produkten zu vergleichen.“

(3) Das Basisinformationsblatt enthält folgende Angaben:

a) am Anfang des Informationsblatts den Namen des PRIIP, die Identität und Kontaktdaten des PRIIP-Herstellers, Angaben über die zuständige Behörde des PRIIP-Herstellers und das Datum des Informationsblatts;
b) gegebenenfalls einen Warnhinweis mit folgendem Wortlaut: „Sie sind im Begriff, ein Produkt zu erwerben, das nicht einfach ist und schwer zu verstehen sein kann.“;
c) in einem Abschnitt mit der Überschrift „Um welche Art von Produkt handelt es sich?“ die Art und die wichtigsten Merkmale des PRIIP, darunter:
   i) die Art des PRIIP;
   ii) seine Ziele und die zu deren Erreichung eingesetzten Mittel, insbesondere, ob die Ziele durch direkte oder indirekte Abhängigkeit von zugrunde liegenden Vermögensgegenständen erreicht werden, einschließlich einer Beschreibung der zugrunde liegenden Instrumente oder Referenzwerte, so auch der Angabe, in welche Märkte das PRIIP investiert, und einschließlich gegebenenfalls bestimmter ökologischer oder sozialer Ziele, die das Produkt anstrebt, sowie die Methode zur Ermittlung der Rendite;
   iii) eine Beschreibung des Kleinanlegertyps, an den das PRIIP vermarktet werden soll, insbesondere was die Fähigkeit, Anlageverluste zu verkraften, und den Anlagehorizont betrifft;
   iv) Einzelheiten zu den Versicherungsleistungen, die das PRIIP gegebenenfalls bietet, einschließlich der Umstände, unter denen diese fällig würden;
   v) die Laufzeit des PRIIP, falls bekannt;
d) in einem Abschnitt mit der Überschrift „Welche Risiken bestehen und was könnte ich im Gegenzug dafür bekommen?“ eine kurze Beschreibung des Risiko-/Renditeprofils, die Folgendes umfasst:
   i) einen Gesamtrisikoindikator, ergänzt durch eine erläuternde Beschreibung dieses Indikators und seiner Hauptbeschränkungen sowie eine erläuternde Beschreibung der Risiken, die für das PRIIP wesentlich sind und die von dem Gesamtrisikoindikator nicht angemessen erfasst werden;
   ii) den möglichen höchsten Verlust an angelegtem Kapital, einschließlich Information darüber,
      – ob der Kleinanleger das gesamte angelegte Kapital verlieren kann,
      – ob der Kleinanleger das Risiko trägt, für zusätzliche finanzielle Zusagen oder Verpflichtungen, einschließlich Eventualverbindlichkeiten, über das in dem PRIIP angelegte Kapital hinaus aufkommen zu müssen, und
      – gegebenenfalls ob das PRIIP einen Kapitalschutz enthält, der vor Marktrisiken schützt, sowie Einzelheiten über dessen Deckungsbereich und Einschränkungen, insbesondere in Bezug darauf, zu welchem Zeitpunkt dies zur Anwendung kommt;
   iii) geeignete Performanceszenarien und die ihnen zugrunde liegenden Annahmen;
   iv) gegebenenfalls Informationen über die Bedingungen für Renditen für Kleinanleger oder über eingebaute Leistungshöchstgrenzen;
   v) eine Erklärung darüber, dass die Steuergesetzgebung des Mitgliedstaats des Kleinanlegers Auswirkungen auf die tatsächliche Auszahlung haben kann;
e) in einem Abschnitt mit der Überschrift „Was geschieht, wenn der [Name des PRIIP-Herstellers] nicht in der Lage ist, die Auszahlung vorzunehmen?“ eine kurze Erläuterung dazu, ob der Verlust durch ein Entschädigungs- oder Sicherungssystem für den Anleger gedeckt ist und, falls ja, durch welches System, welches der Name des Sicherungsgebers ist sowie welche Risiken durch das System gedeckt sind und welche nicht;

f) in einem Abschnitt mit der Überschrift „Welche Kosten entstehen?“ die mit einer Anlage in das PRIIP verbundenen Kosten, einschließlich der dem Kleinanleger entstehenden direkten und indirekten Kosten, einschließlich einmaliger und wiederkehrender Kosten, dargestellt in Form von Gesamtindikatoren dieser Kosten und, um Vergleichbarkeit zu gewährleisten, die aggregierten Gesamtkosten in absoluten und Prozentzahlen, um die kombinierten Auswirkungen der Gesamtkosten auf die Anlage aufzuzeigen.
Das Basisinformationsblatt enthält einen eindeutigen Hinweis darauf, dass Berater, Vertriebsstellen oder jede andere Person, die zu dem PRIIP berät oder es verkauft, detaillierte Informationen zu etwaigen Vertriebskosten vorlegen muss, die nicht bereits in den oben beschriebenen Kosten enthalten sind, sodass der Kleinanleger in der Lage ist, die kumulative Wirkung, die diese aggregierten Kosten auf die Anlagerendite haben, zu verstehen;
g) in einem Abschnitt mit der Überschrift „Wie lange sollte ich die Anlage halten, und kann ich vorzeitig Geld entnehmen?“
   i) gegebenenfalls ob es eine Bedenkzeit oder eine Widerrufsfrist für das PRIIP gibt;
   ii) einen Hinweis auf die empfohlene und gegebenenfalls vorgeschriebene Mindesthaltedauer;
   iii) die Möglichkeit der vorzeitigen Auflösung der Anlage (Desinvestition) sowie der Bedingungen hierfür einschließlich aller anwendbaren Gebühren und Vertragsstrafen unter Berücksichtigung des Risiko- und Renditeprofils des PRIIP und der Marktentwicklung, auf die es abzielt;
   iv) Angaben zu den möglichen Folgen, einschließlich Kosten, der Einlösung des PRIIP vor Ende der Laufzeit oder der empfohlenen Haltedauer, wie etwa den Verlust des Kapitalschutzes oder zusätzliche abhängige Gebühren;
h) in einem Abschnitt mit der Überschrift „Wie kann ich mich beschweren?“ Informationen darüber, wie und bei wem der Kleinanleger eine Beschwerde über das Produkt oder über das Verhalten des PRIIP-Herstellers oder einer Person, die über das Produkt berät oder es verkauft, einlegen kann;
i) in einem Abschnitt mit der Überschrift „Sonstige zweckdienliche Angaben“ einen kurzen Hinweis auf etwaige zusätzliche Informationsunterlagen, die dem Kleinanleger vor und/oder nach Vertragsabschluss vorlegt werden, mit Ausnahme von Werbematerialien.

(4) Der Kommission wird die Befugnis übertragen, gemäß Artikel 30 delegierte Rechtsakte zu erlassen, in denen die Einzelheiten der Verfahren festgelegt werden, mit denen festgestellt wird, ob ein PRIIP bestimmte ökologische oder soziale Ziele anstrebt.

(5) Um die einheitliche Anwendung dieses Artikels zu gewährleisten, arbeiten die Europäischen Aufsichtsbehörden im Wege des Gemeinsamen Ausschusses der Europäischen Aufsichtsbehörden (im Folgenden „Gemeinsamer Ausschuss“) Entwürfe technischer Regulierungsstandards aus, in denen Folgendes festgelegt wird:
a) die Einzelheiten der Darstellung und des Inhalts der in Absatz 3 genannten Informationen,
b) die Methodik für die Darstellung von Risiko und Rendite gemäß Absatz 3 Buchstabe d Ziffern i und iii, und
c) die Methodik zur Berechnung der Kosten, einschließlich der Festlegung der Gesamtindikatoren, gemäß Absatz 3 Buchstabe f.

Bei der Ausarbeitung der Entwürfe technischer Regulierungsstandards tragen die Europäischen Aufsichtsbehörden den verschiedenen Arten von PRIIP, den Unterschieden zwischen ihnen und den Kompetenzen von Kleinanlegern sowie den Merkmalen von PRIIP

Rechnung, um es dem Kleinanleger ermöglichen, zwischen verschiedenen zugrunde liegenden Anlagen oder sonstigen Optionen, die das Produkt bietet, zu wählen, wobei auch zu beachten ist, ob diese Wahl zu unterschiedlichen Zeitpunkten vorgenommen oder später geändert werden kann.

Die Europäischen Aufsichtsbehörden legen der Kommission diese Entwürfe technischer Regulierungsstandards bis zum 31. März 2015 vor.

Der Kommission wird die Befugnis übertragen, die technischen Regulierungsstandards nach Unterabsatz 1 gemäß den Artikeln 10 bis 14 der Verordnung (EU) Nr. 1093/2010, der Verordnung (EU) Nr. 1094/2010 und der Verordnung (EU) Nr. 1095/2010 zu erlassen.

Artikel 9

In Werbematerialien, die spezifische Informationen über ein PRIIP enthalten, dürfen keine Aussagen getroffen werden, die im Widerspruch zu den Informationen des Basisinformationsblatts stehen oder die Bedeutung des Basisinformationsblatts herabstufen. In den Werbematerialien ist darauf hinzuweisen, dass es ein Basisinformationsblatt gibt und wie und wo es erhältlich ist, einschließlich der Angabe der Website des PRIIP- Herstellers.

Artikel 10

(1) Der PRIIP-Hersteller überprüft regelmäßig die in dem Basisinformationsblatt enthaltenen Informationen und überarbeitet das Informationsblatt, wenn sich bei der Überprüfung herausstellt, dass Änderungen erforderlich sind. Die überarbeitete Version wird unverzüglich zur Verfügung gestellt.

(2) Um die einheitliche Anwendung dieses Artikels zu gewährleisten, arbeiten die Europäischen Aufsichtsbehörden im Wege des Gemeinsamen Ausschusses Entwürfe technischer Regulierungsstandards aus, in denen Folgendes festgelegt wird:

a) die Bedingungen der Überprüfung der in dem Basisinformationsblatt enthaltenen Informationen;
b) die Bedingungen, unter denen das Basisinformationsblatt überarbeitet werden muss;
c) die besonderen Bedingungen, unter denen die in dem Basisinformationsblatt enthaltenen Informationen überprüft werden müssen oder das Basisinformationsblatt überarbeitet werden muss, wenn ein PRIIP Kleinanlegern nicht kontinuierlich angeboten wird;
d) die Fälle, in denen Kleinanleger über ein überarbeitetes Basisinformationsblatt für ein von ihnen erworbenes PRIIP unterrichtet werden müssen, sowie die Mittel, mit denen die Kleinanleger zu unterrichten sind.

Die Europäischen Aufsichtsbehörden legen der Kommission diese Entwürfe technischer Regulierungsstandards bis zum 31. Dezember 2015 vor.

Der Kommission wird die Befugnis übertragen, die technischen Regulierungsstandards nach Unterabsatz 1 gemäß den Artikeln 10 bis 14 der Verordnung (EU) Nr. 1093/2010, der Verordnung (EU) Nr. 1094/2010 und der Verordnung (EU) Nr. 1095/2010 zu erlassen.

Artikel 11

(1) Für einen PRIIP-Hersteller entsteht aufgrund des Basisinformationsblatts und dessen Übersetzung alleine noch keine zivilrechtliche Haftung, es sei denn, das Basisinformationsblatt oder die Übersetzung ist irreführend, ungenau oder stimmt nicht mit den einschlä-

gigen Teilen der rechtlich verbindlichen vorvertraglichen und Vertragsunterlagen oder mit den Anforderungen nach Artikel 8 überein.

(2) Weist ein Kleinanleger nach, dass ihm unter den Umständen nach Absatz 1 aufgrund seines Vertrauens auf ein Basisinformationsblatt bei der Tätigung einer Anlage in das PRIIP, für das dieses Basisinformationsblatt erstellt wurde, ein Verlust entstanden ist, so kann er für diesen Verlust gemäß nationalem Recht Schadensersatz von dem PRIIP-Hersteller verlangen.

(3) Begriffe wie „Verlust" oder „Schadensersatz", auf die in Absatz 2Bezug genommen wird, ohne dass diese definiert werden, werden im Einklang mit dem geltenden nationalen Recht gemäß den einschlägigen Bestimmungen des internationalen Privatrechts ausgelegt und angewandt.

(4) Dieser Artikel verbietet keine weiteren zivilrechtlichen Haftungsansprüche im Einklang mit dem nationalen Recht.

(5) Die Verpflichtungen gemäß diesem Artikel dürfen nicht durch Vertragsklauseln eingeschränkt oder aufgehoben werden.

Artikel 12

Wenn das Basisinformationsblatt einen Versicherungsvertrag betrifft, gelten die Verpflichtungen des Versicherungsunternehmens nach dieser Verordnung nur gegenüber dem Versicherungsnehmer des Versicherungsvertrags und nicht gegenüber dem Begünstigten des Versicherungsvertrags.

ABSCHNITT III
Bereitstellung des Basisinformationsblatts

Artikel 13

(1) Eine Person, die über ein PRIIP berät oder es verkauft, stellt den betreffenden Kleinanlegern das Basisinformationsblatt rechtzeitig zur Verfügung, bevor diese Kleinanleger durch einen Vertrag oder ein Angebot im Zusammenhang mit diesem PRIIP gebunden sind.

(2) Eine Person, die über ein PRIIP berät oder es verkauft, kann die Bedingungen von Absatz 1 erfüllen, indem sie das Basisinformationsblatt einer Person vorlegt, die über eine schriftliche Vollmacht verfügt, im Namen des Kleinanlegers Anlageentscheidungen bezüglich gemäß dieser Vollmacht abgeschlossener Transaktionen zu treffen.

(3) Abweichend von Absatz 1 und vorbehaltlich des Artikels 3 Absatz 1 und Absatz 3 Buchstabe a sowie des Artikels 6 der Richtlinie 2002/65/EG kann eine Person, die ein PRIIP verkauft, dem Kleinanleger das Basisinformationsblatt unverzüglich nach Abschluss der Transaktion bereitstellen, sofern alle nachstehenden Bedingungen erfüllt sind:

a) Der Kleinanleger entscheidet sich von sich aus, Verbindung zu der Person, die ein PRIIP verkauft, aufzunehmen und die Transaktion mit Hilfe eines Fernkommunikationsmittels zu tätigen,
b) die Bereitstellung des Basisinformationsblatts gemäß Absatz 1 dieses Artikels ist nicht möglich,
c) die Person, die über das PRIIP berät oder es verkauft, hat den Kleinanleger über den Umstand, dass das Basisinformationsblatt nicht bereitgestellt werden kann, in Kenntnis gesetzt und hat klar zum Ausdruck gebracht, dass der Kleinanleger die Transaktion

verschieben kann, um das Basisinformationsblatt vor dem Abschluss der Transaktion zu erhalten und zu lesen,

d) der Kleinanleger stimmt dem zu, das Basisinformationsblatt unverzüglich nach dem Abschluss der Transaktion zu erhalten, anstatt die Transaktion zu verschieben, um das Dokument vor dem Abschluss zu erhalten.

(4) Werden im Namen eines Kleinanlegers aufeinander folgende Transaktionen im Zusammenhang mit demselben PRIIP gemäß den Anweisungen, die der Kleinanleger an die Person, die das PRIIP verkauft, vor der ersten Transaktion gegeben hat, durchgeführt, so gilt die Verpflichtung nach Absatz 1, ein Basisinformationsblatt zur Verfügung zu stellen, nur für die erste Transaktion sowie für die erste Transaktion nach einer Überarbeitung des Basisinformationsblatts gemäß Artikel 10.

(5) Um die einheitliche Anwendung dieses Artikels zu gewährleisten, arbeiten die Europäischen Aufsichtsbehörden Entwürfe technischer Regulierungsstandards aus, in denen die Bedingungen für die Erfüllung der Verpflichtung zur Bereitstellung des Basisinformationsblatts gemäß Absatz 1 festgelegt werden.

Die Europäischen Aufsichtsbehörden legen der Kommission diese Entwürfe technischer Regulierungsstandards bis zum 31. Dezember 2015 vor.

Der Kommission wird die Befugnis übertragen, die technischen Regulierungsstandards nach Unterabsatz 1 gemäß den Artikeln 10 bis 14 der Verordnung (EU) Nr. 1093/2010, der Verordnung (EU) Nr. 1094/2010 und der Verordnung (EU) Nr. 1095/2010 zu erlassen.

Artikel 14

(1) Die Person, die über ein PRIIP berät oder es verkauft, stellt Kleinanlegern das Basisinformationsblatt kostenlos zur Verfügung.

(2) Die Person, die über ein PRIIP berät oder es verkauft, stellt dem Kleinanleger das Basisinformationsblatt über eines der folgenden Medien zur Verfügung:

a) auf Papier – dies sollte die Standardoption sein, wenn das PRIIP persönlich angeboten wird, es sei denn, der Kleinanleger verlangt eine andere Form der Übermittlung;

b) auf einem anderen dauerhaften Datenträger als Papier, sofern die in Absatz 4 festgelegten Bedingungen erfüllt sind, oder

c) über eine Website, sofern die in Absatz 5 festgelegten Bedingungen erfüllt sind.

(3) Wird das Basisinformationsblatt auf einem anderen dauerhaften Datenträger als Papier oder über eine Website zur Verfügung gestellt, wird den Kleinanlegern auf Nachfrage kostenlos ein Papierexemplar ausgehändigt. Die Kleinanleger werden über ihr Recht informiert, die kostenlose Aushändigung eines Papierexemplars zu verlangen.

(4) Das Basisinformationsblatt kann auf einem anderen dauerhaften Datenträger als Papier zur Verfügung gestellt werden, wenn die folgenden Bedingungen erfüllt sind:

a) Die Verwendung des dauerhaften Datenträgers ist den Rahmenbedingungen, unter denen das Geschäft zwischen der Person, die über das PRIIP berät oder dieses verkauft, und dem Kleinanleger getätigt wird, angemessen und

b) der Kleinanleger konnte nachweislich wählen, ob er die Informationen auf Papier oder auf dem dauerhaften Datenträger erhalten wollte, und hat sich nachweislich für diesen anderen Datenträger entschieden.

(5) Das Basisinformationsblatt kann über eine Website, die der Definition eines dauerhaften Datenträgers nicht entspricht, zur Verfügung gestellt werden, wenn alle nachstehenden Bedingungen erfüllt sind:

a) Die Bereitstellung des Basisinformationsblatts über eine Website ist den Rahmenbedingungen, unter denen das Geschäft zwischen der Person, die über das PRIIP berät oder dieses verkauft, und dem Kleinanleger getätigt wird, angemessen;
b) der Kleinanleger konnte nachweislich wählen, ob er die Informationen auf Papier oder über eine Website erhalten wollte, und hat sich nachweislich für Letzteres entschieden;
c) dem Kleinanleger sind die Adresse der Website und die Stelle, an der das Basisinformationsblatt auf dieser Website einzusehen ist, auf elektronischem Wege oder schriftlich mitgeteilt worden;
d) das Basisinformationsblatt kann über die Website laufend abgefragt, heruntergeladen und auf einem dauerhaften Datenträger gespeichert werden, und zwar so lange, wie es für den Kleinanleger einsehbar sein muss.

Wenn das Basisinformationsblatt gemäß Artikel 10 überarbeitet wurde, werden dem Kleinanleger auf Nachfrage auch vorherige Fassungen zur Verfügung gestellt.

(6) Für die Zwecke der Absätze 4 und 5 wird die Bereitstellung von Informationen auf einem anderen dauerhaften Datenträger als Papier oder über eine Website angesichts der Rahmenbedingungen, unter denen das Geschäft zwischen der Person, die über PRIIP berät oder sie verkauft, und dem Kleinanleger getätigt wird, als angemessen betrachtet, wenn der Kleinanleger nachweislich über einen regelmäßigen Zugang zum Internet verfügt. Dies gilt als nachgewiesen, wenn der Kleinanleger für dieses Geschäft eine E-Mail-Adresse angegeben hat.

KAPITEL III
MARKTÜBERWACHUNG UND PRODUKTINTERVENTIONSBEFUGNISSE

Artikel 15

(1) Gemäß Artikel 9 Absatz 2 der Verordnung (EU) Nr. 1094/2010 überwacht die EIOPA den Markt für Versicherungsanlageprodukte, die in der Union vermarktet, vertrieben oder verkauft werden.

(2) Die zuständigen Behörden überwachen den Markt für Versicherungsanlageprodukte, die in ihrem Mitgliedstaat oder von ihrem Mitgliedstaat aus vermarktet, vertrieben oder verkauft werden.

Artikel 16

(1) Gemäß Artikel 9 Absatz 5 der Verordnung (EU) Nr. 1094/2010 kann die EIOPA, wenn die Bedingungen nach den Absätzen 2 und 3 dieses Artikels erfüllt sind, in der Union vorübergehend Folgendes verbieten oder beschränken:
a) die Vermarktung, den Vertrieb oder den Verkauf von bestimmten Versicherungsanlageprodukten oder Versicherungsanlageprodukten mit bestimmten Merkmalen oder
b) eine Art der Finanztätigkeit oder -praxis eines Versicherungsunternehmens oder Rückversicherungsunternehmen.

Ein Verbot oder eine Beschränkung kann in Fällen oder vorbehaltlich von Ausnahmen zur Anwendung kommen, die von der EIOPA festgelegt werden.

(2) Die EIOPA fasst einen Beschluss gemäß Absatz 1 nur, wenn alle der folgenden Bedingungen erfüllt sind:
a) Mit der vorgeschlagenen Maßnahme wird erheblichen Bedenken hinsichtlich des Anlegerschutzes oder einer Gefahr für das ordnungsgemäße Funktionieren und die

Integrität der Finanzmärkte oder für die Stabilität des Finanzsystems in der Union als Ganzes oder von Teilen dieses Finanzsystems begegnet;

b) die Regulierungsanforderungen nach dem Unionsrecht, die auf das jeweilige Versicherungsanlageprodukt oder die entsprechende Tätigkeit anwendbar sind, werden der Gefahr nicht gerecht;

c) eine oder mehrere zuständige Behörden haben keine Maßnahmen ergriffen, um der Bedrohung zu begegnen, oder die ergriffenen Maßnahmen werden der Gefahr nicht ausreichend gerecht.

Wenn die Voraussetzungen nach Unterabsatz 1 erfüllt sind, kann die EIOPA das Verbot oder die Beschränkung nach Absatz 1 vorsorglich aussprechen, bevor ein Versicherungsanlageprodukt vermarktet oder an Anleger verkauft wird.

(3) Bei der Ergreifung von Maßnahmen im Sinne dieses Artikels sorgt die EIOPA dafür, dass die Maßnahme

a) keine negative Auswirkung auf die Effizienz der Finanzmärkte oder die Anleger hat, die in keinem Verhältnis zu den Vorteilen der Maßnahme steht, und

b) kein Risiko einer Aufsichtsarbitrage schafft.

Haben eine oder mehrere zuständige Behörden eine Maßnahme nach Artikel 17 ergriffen, so kann die EIOPA die in Absatz 1 dieses Artikels genannten Maßnahmen ergreifen, ohne die in Artikel 18 vorgesehene Stellungnahme abzugeben.

(4) Bevor die EIOPA beschließt, Maßnahmen im Sinne dieses Artikels zu ergreifen, unterrichtet sie die zuständigen Behörden über ihr vorgeschlagenes Vorgehen.

(5) Die EIOPA veröffentlicht auf ihrer Website jeden Beschluss, im Sinne dieses Artikels Maßnahmen zu ergreifen. In der Mitteilung werden die Einzelheiten des Verbots oder der Beschränkung dargelegt und ein Zeitpunkt nach der Veröffentlichung der Mitteilung angegeben, ab dem die Maßnahmen wirksam werden. Ein Verbot oder eine Beschränkung gelten erst dann, wenn die Maßnahmen wirksam geworden sind.

(6) Die EIOPA überprüft ein Verbot oder eine Beschränkung gemäß Absatz 1 in geeigneten Zeitabständen, mindestens aber alle drei Monate. Wird das Verbot oder die Beschränkung nach Ablauf dieser dreimonatigen Frist nicht verlängert, so tritt dieses Verbot oder diese Beschränkung automatisch außer Kraft.

(7) Eine gemäß diesem Artikel beschlossene Maßnahme der EIOPA erhält Vorrang vor allen etwaigen früheren Maßnahmen einer zuständigen Behörde.

(8) Die Kommission erlässt delegierte Rechtsakte gemäß Artikel 30, in denen die Kriterien und Faktoren festgelegt werden, die von der EIOPA bei der Bestimmung der Tatsache zu berücksichtigen sind, wann erhebliche Bedenken hinsichtlich des Anlegerschutzes gegeben sind oder eine Gefahr für das ordnungsgemäße Funktionieren und die Integrität der Finanzmärkte oder für die Stabilität des Finanzsystems in der Union als Ganzes oder von Teilen dieses Finanzsystems im Sinne von Absatz 2 Unterabsatz 1 Buchstabe a droht.

Diese Kriterien und Faktoren schließen unter anderem Folgendes ein:

a) den Grad der Komplexität eines Versicherungsanlageprodukts und den Bezug zu der Art von Anlegern, an die es vermarktet und verkauft wird,

b) das Volumen oder den Nominalwert der Versicherungsanlageprodukte,

c) den Innovationsgrad des Versicherungsanlageprodukts, einer entsprechenden Tätigkeit oder Praxis und

d) den Leverage-Effekt eines Produkts oder einer Praxis.

Artikel 17

(1) Eine zuständige Behörde kann in oder aus ihrem Mitgliedstaat Folgendes verbieten oder beschränken:

a) die Vermarktung, den Vertrieb oder den Verkauf von Versicherungsanlageprodukten oder Versicherungsanlageprodukten mit bestimmten Merkmalen oder

b) eine Form der Finanztätigkeit oder -praxis eines Versicherungsunternehmens oder Rückversicherungsunternehmen.

(2) Eine zuständige Behörde kann die in Absatz 1 genannte Maßnahme ergreifen, wenn sie sich ordnungsgemäß vergewissert hat, dass

a) ein Versicherungsanlageprodukt oder eine entsprechende Tätigkeit oder Praxis erhebliche Bedenken für den Anlegerschutz aufwirft oder eine Gefahr für das ordnungsgemäße Funktionieren und die Integrität der Finanzmärkte oder in mindestens einem Mitgliedstaat die Stabilität des Finanzsystems als Ganzes oder von Teilen dieses Finanzsystems darstellt;

b) bestehende regulatorische Anforderungen nach Unionsrecht, die auf das Versicherungsanlageprodukt, die entsprechende Tätigkeit oder Praxis anwendbar sind, den unter Buchstabe a genannten Risiken nicht hinreichend begegnen und das Problem durch eine stärkere Aufsicht oder Durchsetzung der vorhandenen Anforderungen nicht besser gelöst würde;

c) die Maßnahme verhältnismäßig ist, wenn man die Wesensart der ermittelten Risiken, das Kenntnisniveau der betreffenden Anleger oder Marktteilnehmer und die wahrscheinliche Wirkung der Maßnahme auf Anleger und Marktteilnehmer berücksichtigt, die das Versicherungsanlageprodukt eventuell halten und es bzw. die entsprechende Tätigkeit oder Praxis nutzen oder davon profitieren;

d) die zuständige Behörde die zuständigen Behörden anderer Mitgliedstaaten, die von der Maßnahme erheblich betroffen sein können, angemessen angehört hat und

e) sich die Maßnahme nicht diskriminierend auf Dienstleistungen oder Tätigkeiten auswirkt, die von einem anderen Mitgliedstaat aus erbracht werden.

Wenn die Voraussetzungen nach Unterabsatz 1 erfüllt sind, kann die die zuständige Behörde das Verbot oder die Beschränkung nach Absatz 1 vorsorglich aussprechen, bevor ein Versicherungsanlageprodukt vermarktet oder an Anleger verkauft wird. Ein Verbot oder eine Beschränkung kann in Fällen oder vorbehaltlich von Ausnahmen gelten, die von der zuständigen Behörde festgelegt werden.

(3) Die zuständige Behörde spricht keine Verbote oder Beschränkungen im Sinne dieses Artikels aus, es sei denn, sie hat spätestens einen Monat, bevor die Maßnahme wirksam werden soll, allen anderen beteiligten zuständigen Behörden und der EIOPA schriftlich oder auf einem anderen, von den Behörden vereinbarten Weg folgende Einzelheiten übermittelt:

a) das Versicherungsanlageprodukt oder die entsprechende Tätigkeit oder Praxis, auf das bzw. die sich die vorgeschlagene Maßnahme bezieht;

b) den genauen Charakter des vorgeschlagenen Verbots oder der vorgeschlagenen Beschränkung sowie den geplanten Zeitpunkt des Inkrafttretens und

c) die Nachweise, auf die sie ihren Beschluss gestützt hat und die als Grundlage für die Feststellung dienen, dass die Bedingungen von Absatz 2 erfüllt sind.

(4) In Ausnahmefällen, in denen die zuständige Behörde dringende Maßnahmen nach diesem Artikel für erforderlich hält, um Schaden, der aufgrund der Versicherungsanlageprodukte, der entsprechenden Tätigkeit oder Praxis nach Absatz 1 entstehen könnte, abzuwenden, kann die zuständige Behörde frühestens 24 Stunden, nachdem sie alle anderen

zuständigen Behörden und die EIOPA von dem geplanten Inkrafttreten der Maßnahme benachrichtigt hat, vorläufig tätig werden, sofern alle in diesem Artikel festgelegten Kriterien erfüllt sind und außerdem eindeutig nachgewiesen ist, dass auf die konkreten Bedenken oder die konkrete Gefahr bei einer einmonatigen Notifikationsfrist nicht angemessen reagiert werden kann. Die zuständige Behörde darf nicht für mehr als drei Monate vorläufig tätig werden.

(5) Die zuständige Behörde gibt auf ihrer Website jeden Beschluss zur Verhängung eines Verbots oder einer Beschränkung nach Absatz 1 bekannt. Diese Mitteilung erläutert die Einzelheiten des Verbots oder der Beschränkung und nennt einen Zeitpunkt nach der Veröffentlichung der Mitteilung, an dem die Maßnahmen wirksam werden, sowie die Nachweise, aufgrund deren die Erfüllung aller Bedingungen nach Absatz 2 belegt ist. Das Verbot oder die Beschränkung gelten nur für Maßnahmen, die nach der Veröffentlichung der Mitteilung ergriffen wurden.

(6) Die zuständige Behörde widerruft ein Verbot oder eine Beschränkung, wenn die Bedingungen nach Absatz 2 nicht mehr gelten.

(7) Die Kommission erlässt delegierte Rechtsakte gemäß Artikel 30, in denen die Kriterien und Faktoren festgelegt werden, die von den zuständigen Behörden bei der Bestimmung der Tatsache zu berücksichtigen sind, wann erhebliche Bedenken hinsichtlich des Anlegerschutzes gegeben sind oder die ordnungsgemäße Funktionsweise und die Integrität der Finanzmärkte oder in mindestens einem Mitgliedstaat die Stabilität des Finanzsystems im Sinne von Absatz 2 Unterabsatz 1 Buchstabe a gefährdet ist.

Diese Kriterien und Faktoren schließen unter anderem Folgendes ein:

a) den Grad der Komplexität eines Versicherungsanlageprodukts und den Bezug zu der Art von Kunden, an die es vermarktet und verkauft wird,
b) den Innovationsgrad eines Versicherungsanlageprodukts, einer entsprechenden Tätigkeit oder Praxis,
c) den Leverage-Effekt eines Produkts oder einer Praxis,
d) in Bezug auf das ordnungsgemäße Funktionieren und die Integrität der Finanzmärkte das Volumen oder den Nominalwert eines Versicherungsanlageprodukts.

Artikel 18

(1) Bei Maßnahmen der zuständigen Behörden gemäß Artikel 17 spielt die EIOPA die Rolle des Vermittlers und Koordinators. Insbesondere stellt die EIOPA sicher, dass eine von einer zuständigen Behörde ergriffene Maßnahme gerechtfertigt und verhältnismäßig ist und dass die zuständigen Behörden gegebenenfalls einen kohärenten Ansatz wählen.

(2) Nach Erhalt der Mitteilung nach Artikel 17 in Bezug auf eine im Sinne dieses Artikels zu ergreifende Maßnahme gibt die EIOPA eine Stellungnahme ab, in der sie klärt, ob das Verbot oder die Beschränkung gerechtfertigt und verhältnismäßig ist. Hält die EIOPA Maßnahmen anderer zuständiger Behörden für notwendig, um die Risiken zu bewältigen, gibt sie dies in ihrer Stellungnahme an. Die Stellungnahme wird auf der Website der EIOPA veröffentlicht.

(3) Werden von einer zuständigen Behörde Maßnahmen vorgeschlagen oder ergriffen, die der von der EIOPA nach Absatz 2 abgegebenen Stellungnahme zuwiderlaufen, oder wird das Ergreifen von Maßnahmen entgegen einer solchen Stellungnahme von einer zuständigen Behörde abgelehnt, so veröffentlicht die betreffende zuständige Behörde auf ihrer Website umgehend eine Mitteilung, in der sie die Gründe für ihr Vorgehen vollständig darlegt.

KAPITEL IV
BESCHWERDEN, RECHTSBEHELFE, ZUSAMMENARBEIT UND AUFSICHT

Artikel 19

Der PRIIP-Hersteller und die Person, die über PRIIP berät oder sie verkauft, sehen geeignete Verfahren und Vorkehrungen vor, durch die gewährleistet wird, dass

a) Kleinanleger auf wirksame Weise Beschwerde gegen einen PRIIP- Hersteller einreichen können;
b) Kleinanleger, die in Bezug auf das Basisinformationsblatt eine Beschwerde eingereicht haben, zeitig und in angemessener Form eine sachdienliche Antwort erhalten und
c) Kleinanlegern wirksame Rechtsbehelfsverfahren auch im Fall von grenzüberschreitenden Streitigkeiten zur Verfügung stehen, insbesondere für den Fall, dass der PRIIP-Hersteller in einem anderen Mitgliedstaat oder in einem Drittland ansässig ist.

Artikel 20

(1) Für die Zwecke der Anwendung dieser Verordnung arbeiten die zuständigen Behörden untereinander zusammen und übermitteln einander unverzüglich die für die Wahrnehmung ihrer Aufgaben gemäß dieser Verordnung und die Ausübung ihrer Befugnisse relevanten Informationen.

(2) Die zuständigen Behörden werden im Einklang mit dem nationalen Recht mit allen für die Wahrnehmung ihrer Aufgaben gemäß dieser Verordnung erforderlichen Aufsichts- und Ermittlungsbefugnissen ausgestattet.

Artikel 21

(1) Die Mitgliedstaaten wenden die Richtlinie 95/46/EG auf die Verarbeitung personenbezogener Daten in dem jeweiligen Mitgliedstaat nach Maßgabe dieser Verordnung an.

(2) Für die Verarbeitung personenbezogener Daten durch die Europäischen Aufsichtsbehörden gilt die Verordnung (EG) Nr. 45/2001.

KAPITEL V
VERWALTUNGSRECHTLICHE SANKTIONEN UND ANDERE MASSNAHMEN

Artikel 22

(1) Unbeschadet der Aufsichtsbefugnisse der zuständigen Behörden und des Rechts der Mitgliedstaaten, strafrechtliche Sanktionen vorzusehen und zu verhängen, legen die Mitgliedstaaten Vorschriften für angemessene verwaltungsrechtliche Sanktionen und Maßnahmen fest, die bei Verstößen gegen diese Verordnung verhängt werden, und ergreifen die erforderlichen Maßnahmen, um deren Durchsetzung zu gewährleisten. Diese Sanktionen und Maßnahmen müssen wirksam, verhältnismäßig und abschreckend sein.

Die Mitgliedstaaten können beschließen, keine verwaltungsrechtlichen Sanktionen gemäß Unterabsatz 1 für Verstöße vorzusehen, die nach dem nationalen Recht strafrechtlichen Sanktionen unterliegen.

Bis zum 31. Dezember 2016 notifizieren die Mitgliedstaaten der Kommission und dem Gemeinsamen Ausschuss die in Unterabsatz 1 genannten Vorschriften. Sie teilen der Kommission und dem Gemeinsamen Ausschuss unverzüglich jegliche Änderungen dieser Vorschriften mit.

(2) Bei der Ausübung ihrer Befugnisse nach Artikel 24 arbeiten die zuständigen Behörden eng zusammen, um sicherzustellen, dass die verwaltungsrechtlichen Sanktionen und Maßnahmen zu den mit dieser Verordnung angestrebten Ergebnissen führen, und koordinieren ihre Maßnahmen, um bei grenzüberschreitenden Fällen Doppelarbeit und Überschneidungen bei der Anwendung von verwaltungsrechtlichen Sanktionen und Maßnahmen zu vermeiden.

Artikel 23

Die zuständigen Behörden üben ihre Sanktionsbefugnisse gemäß dieser Verordnung und den nationalen Rechtsvorschriften wie folgt aus:

a) unmittelbar,
b) in Zusammenarbeit mit anderen Behörden,
c) unter eigener Zuständigkeit, durch Übertragung von Aufgaben an solche Behörden,
d) durch Antragstellung bei den zuständigen Justizbehörden.

Artikel 24

(1) Dieser Artikel gilt für Verstöße gegen Artikel 5 Absatz 1, die Artikel 6 und 7, Artikel 8 Absätze 1 bis 3, Artikel 9, Artikel 10 Absatz 1, Artikel 13 Absätze 1, 3 und 4 sowie die Artikel 14 und 19.

(2) Die zuständigen Behörden sind befugt, zumindest die folgenden verwaltungsrechtlichen Sanktionen und Maßnahmen nach Maßgabe des nationalen Rechts zu verhängen:

a) Verfügung des Verbots, ein PRIIP zu vermarkten;
b) Verfügung der Aussetzung der Vermarktung eines PRIIP;
c) eine öffentliche Warnung mit Angaben zu der für den Verstoß verantwortlichen Person und der Art des Verstoßes;
d) Verfügung des Verbots, ein Basisinformationsblatt bereitzustellen, das nicht den Anforderungen der Artikel 6, 7, 8 oder 10 genügt, und der Verpflichtung, eine neue Fassung des Basisinformationsblatts zu veröffentlichen;
e) Geldbußen in mindestens folgender Höhe:
   i) im Falle eines Rechtsträgers:
      – bis zu 5 000 000 EUR oder in Mitgliedstaaten, deren Währung nicht der Euro ist, der entsprechende Wert in Landeswährung am 30. Dezember 2014, oder bis zu 3 % des jährlichen Gesamtumsatzes dieses Rechtsträgers gemäß dem letzten verfügbaren vom Leitungsorgan gebilligten Abschluss; oder
      – bis zur zweifachen Höhe der infolge des Verstoßes erzielten Gewinne oder verhinderten Verluste, sofern diese sich beziffern lassen;
   ii) im Falle einer natürlichen Person:
      – bis zu 700 000 EUR oder in Mitgliedstaaten, deren Währung nicht der Euro ist, der entsprechende Wert in Landeswährung am 30. Dezember 2014, oder
      – bis zur zweifachen Höhe der infolge des Verstoßes erzielten Gewinne oder verhinderten Verluste, sofern diese sich beziffern lassen.

Wenn es sich bei dem in Unterabsatz 1 Buchstabe e Ziffer i genannten Rechtsträger um ein Mutterunternehmen oder das Tochterunternehmen eines Mutterunternehmens handelt, das einen konsolidierten Abschluss nach der Richtlinie 2013/34/EU des Europäischen Parlaments und des Rates ([20]) aufzustellen hat, so ist der relevante Gesamtumsatz der jährliche Gesamtumsatz oder die entsprechende Einkunftsart gemäß den relevanten Unionsrecht im Bereich Rechnungslegung, der bzw. die im letzten verfügbaren konsolidierten Abschluss ausgewiesen ist, der vom Leitungsorgan des Mutterunternehmens an der Spitze gebilligt wurde.

(3) Mitgliedstaaten können zusätzliche Sanktionen oder Maßnahmen sowie höhere Geldbußen, als in dieser Verordnung festgelegt, vorsehen.

(4) Falls die zuständigen Behörden eine oder mehrere verwaltungsrechtliche Sanktionen oder Maßnahmen gemäß Absatz 2 verhängt haben, sind die zuständigen Behörden befugt, den betroffenen Kleinanleger direkt über die verwaltungsrechtlichen Sanktionen oder Maßnahmen zu informieren und ihm mitzuteilen, wo Beschwerden einzureichen oder Schadensersatzansprüche anzumelden sind, oder von dem PRIIP-Hersteller oder der Person, die über die PRIIP berät oder sie verkauft, zu verlangen, eine entsprechende Mitteilung und Information an den betroffenen Kleinanleger zu richten.

Artikel 25

Bei der Anwendung der in Artikel 24 Absatz 2 genannten verwaltungsrechtlichen Sanktionen und Maßnahmen berücksichtigen die zuständigen Behörden alle relevanten Umstände, darunter, soweit angemessen,

a) die Schwere und Dauer des Verstoßes;
b) das Maß an Verantwortung der für den Verstoß verantwortlichen Person;
c) die Auswirkungen des Verstoßes auf die Interessen der Kleinanleger;
d) die Kooperationsbereitschaft der für den Verstoß verantwortlichen Person;
e) frühere Verstöße der für den Verstoß verantwortlichen Person;
f) von der für den Verstoß verantwortlichen Person nach dem Verstoß zur Verhinderung erneuter Verstöße gefasste Maßnahmen.

Artikel 26

Gegen Entscheidungen über die Verhängung von Sanktionen und das Ergreifen von Maßnahmen nach dieser Verordnung können Rechtsmittel eingelegt werden.

Artikel 27

(1) Hat die zuständige Behörde verwaltungsrechtliche Sanktionen oder Maßnahmen öffentlich bekannt gegeben, so meldet sie diese verwaltungsrechtlichen Sanktionen oder Maßnahmen gleichzeitig der zuständigen Europäischen Aufsichtsbehörde.

(2) Die zuständige Behörde übermittelt der zuständigen Europäischen Aufsichtsbehörde einmal pro Jahr eine Zusammenfassung von Informationen über alle gemäß Artikel 22 und Artikel 24 Absatz 2 verhängten verwaltungsrechtlichen Sanktionen oder Maßnahmen.

---

[20] Richtlinie 2013/34/EU des Europäischen Parlaments und des Rates vom 26. Juni 2013 über den Jahresabschluss, den konsolidierten Abschluss und damit verbundene Berichte von Unternehmen bestimmter Rechtsformen und zur Änderung der Richtlinie 2006/43/EG des Europäischen Parlaments und des Rates und zur Aufhebung der Richtlinien 78/660/EWG und 83/349/EWG des Rates (ABl. L 182 vom 29.6.2013, S. 19).

(3) Die Europäischen Aufsichtsbehörden veröffentlichen die in diesem Artikel genannten Informationen in ihrem jeweiligen Jahresbericht.

Artikel 28

(1) Die zuständigen Behörden schaffen wirksame Mechanismen, um die Meldung von tatsächlichen oder potenziellen Verstößen gegen diese Verordnung bei ihnen zu ermöglichen.

(2) Die Mechanismen nach Absatz 1 umfassen zumindest Folgendes:

a) spezielle Verfahren für den Empfang der Meldung von tatsächlichen oder möglichen Verstößen und deren Weiterverfolgung;
b) einen angemessenen Schutz für Mitarbeiter, die Verstöße innerhalb ihres Arbeitgebers melden, zumindest vor Vergeltungsmaßnahmen, Diskriminierung und anderen Arten von unfairer Behandlung;
c) den Schutz der Identität sowohl der Person, die die Verstöße anzeigt, als auch der natürlichen Person, die mutmaßlich für einen Verstoß verantwortlich ist, in allen Verfahrensstufen, es sei denn, die Offenlegung der Identität ist nach nationalem Recht vor dem Hintergrund weiterer Ermittlungen oder anschließender Gerichtsverfahren vorgeschrieben.

(3) Die Mitgliedstaaten können vorsehen, dass die zuständigen Behörden nach nationalem Recht zusätzliche Mechanismen schaffen.

(4) Die Mitgliedstaaten können von Arbeitgebern, die Tätigkeiten ausüben, welche im Hinblick auf Finanzdienstleistungen reguliert sind, verlangen, dass sie geeignete Verfahren einrichten, damit ihre Mitarbeiter tatsächliche oder mögliche Verstöße intern über einen spezifischen, unabhängigen und autonomen Kanal melden können.

Artikel 29

(1) Unanfechtbare Entscheidungen, mit denen eine verwaltungsrechtliche Sanktion oder Maßnahme für die in Artikel 24 Absatz 1 genannten Verstöße verhängt wird, werden von den zuständigen Behörden unverzüglich nach Unterrichtung der Person, gegen die die Sanktion oder Maßnahme verhängt wurde, über diese Entscheidung auf ihrer offiziellen Website bekannt gemacht.

Die Bekanntmachung enthält zumindest Angaben:

a) zu Art und Charakter des Verstoßes,
b) zu den verantwortlichen Personen.

Diese Verpflichtung gilt nicht für Entscheidungen, mit denen Maßnahmen mit Ermittlungscharakter verfügt werden.

Ist die zuständige Behörde nach einer einzelfallbezogenen Bewertung zu der Ansicht gelangt, dass die Bekanntmachung der Identität der Rechtsträger oder der Identität oder der personenbezogenen Daten der natürlichen Personen unverhältnismäßig wäre, oder würde eine solche Bekanntmachung die Stabilität der Finanzmärkte oder laufende Ermittlungen gefährden, so verfahren die zuständigen Behörden wie folgt:

a) sie machen die Entscheidung, mit der eine Sanktion oder eine Maßnahme verhängt wird, erst dann bekannt, wenn die Gründe für ihre Nichtbekanntmachung weggefallen sind, oder
b) sie machen die Entscheidung, mit der eine Sanktion oder eine Maßnahme verhängt wird, im Einklang mit dem nationalen Recht auf anonymer Basis bekannt, wenn diese

anonyme Bekanntmachung einen wirksamen Schutz der betreffenden personenbezogenen Daten gewährleistet, oder

c) sie sehen davon ab, die Entscheidung, mit der die Sanktion bzw. Maßnahme verhängt wird, bekannt zu machen, wenn die Möglichkeiten nach den Buchstaben a und b ihrer Ansicht nach nicht ausreichen, um zu gewährleisten, dass
   i) die Stabilität der Finanzmärkte nicht gefährdet wird,
   ii) bei Maßnahmen, die als geringfügig angesehen werden, bei einer Bekanntmachung solcher Entscheidungen die Verhältnismäßigkeit gewahrt ist.

(2) Die zuständigen Behörden teilen den Europäischen Aufsichtsbehörden alle verwaltungsrechtlichen Sanktionen mit, die zwar verhängt, im Einklang mit Absatz 1 Unterabsatz 3 Buchstabe c jedoch nicht bekannt gemacht wurden, sowie alle Rechtsmittel im Zusammenhang mit diesen Sanktionen und die Ergebnisse der Rechtsmittelverfahren.

Wird entschieden, eine Sanktion oder eine Maßnahme in anonymisierter Form bekannt zu machen, so kann die Bekanntmachung der einschlägigen Angaben um einen angemessenen Zeitraum aufgeschoben werden, wenn vorherzusehen ist, dass die Gründe für eine anonymisierte Bekanntmachung im Laufe dieses Zeitraums wegfallen werden.

(3) Sofern das nationale Recht die Veröffentlichung einer Entscheidung, eine Sanktion oder eine Maßnahme zu verhängen, vorschreibt und gegen diese Entscheidung bei den einschlägigen Justiz- oder sonstigen Behörden Rechtsmittel eingelegt werden, so machen die zuständigen Behörden diesen Sachverhalt und alle weiteren Informationen über das Ergebnis des Rechtsmittelverfahrens unverzüglich auf ihrer offiziellen Website bekannt. Ferner wird jede Entscheidung, mit der eine frühere bekannt gemachte Entscheidung über die Verhängung einer Sanktion oder einer Maßnahme für ungültig erklärt wird, ebenfalls bekannt gemacht.

(4) Die zuständigen Behörden stellen sicher, dass jede Bekanntmachung nach diesem Artikel vom Zeitpunkt ihrer Veröffentlichung an mindestens fünf Jahre lang auf ihrer offiziellen Website zugänglich bleibt. Enthält die Bekanntmachung personenbezogene Daten, so bleiben diese nur so lange auf der offiziellen Website der zuständigen Behörde einsehbar, wie dies nach den geltenden Datenschutzbestimmungen erforderlich ist.

KAPITEL VI
SCHLUSSBESTIMMUNGEN

Artikel 30

(1) Die Befugnis zum Erlass delegierter Rechtsakte wird der Kommission unter den in diesem Artikel festgelegten Bedingungen übertragen.

(2) Die Befugnis zum Erlass delegierter Rechtsakte gemäß Artikel 8 Absatz 4, Artikel 16 Absatz 8 und Artikel 17 Absatz 7 wird der Kommission für einen Zeitraum von drei Jahren ab dem 30. Dezember 2014 übertragen. Die Kommission erstellt spätestens neun Monate vor Ablauf des Zeitraums von drei Jahren einen Bericht über die Befugnisübertragung. Die Befugnisübertragung verlängert sich stillschweigend um Zeiträume gleicher Länge, es sei denn, das Europäische Parlament oder der Rat widersprechen einer solchen Verlängerung spätestens drei Monate vor Ablauf des jeweiligen Zeitraums.

(3) Die Befugnisübertragung gemäß Artikel 8 Absatz 4, Artikel 16 Absatz 8 und Artikel 17 Absatz 7 kann vom Europäischen Parlament oder vom Rat jederzeit widerrufen werden. Der Beschluss über den Widerruf beendet die Übertragung der in diesem Beschluss angegebenen Befugnis. Er wird am Tag nach seiner Veröffentlichung im Amtsblatt der

Europäischen Union oder zu einem im Beschluss über den Widerruf angegebenen späteren Zeitpunkt wirksam. Die Gültigkeit von delegierten Rechtsakten, die bereits in Kraft sind, wird von dem Beschluss über den Widerruf nicht berührt.

(4) Sobald die Kommission einen delegierten Rechtsakt erlässt, übermittelt sie ihn gleichzeitig dem Europäischen Parlament und dem Rat.

(5) Ein delegierter Rechtsakt, der gemäß Artikel 8 Absatz 4, Artikel 16 Absatz 8 oder Artikel 17 Absatz 7 erlassen wurde, tritt nur in Kraft, wenn weder das Europäische Parlament noch der Rat innerhalb einer Frist von drei Monaten nach Übermittlung dieses Rechtsakts an das Europäische Parlament und den Rat Einwände erhoben haben oder wenn vor Ablauf dieser Frist das Europäische Parlament und der Rat beide der Kommission mitgeteilt haben, dass sie keine Einwände erheben werden. Auf Initiative des Europäischen Parlaments oder des Rates wird die Frist um drei Monate verlängert.

Artikel 31

Erlässt die Kommission gemäß Artikel 8 Absatz 5, Artikel 10 Absatz 2 oder Artikel 13 Absatz 5 technische Regulierungsstandards, die mit den von den Europäischen Aufsichtsbehörden übermittelten Entwürfen von technischen Regulierungsstandards identisch sind, so beträgt der Zeitraum, innerhalb dessen das Europäische Parlament und der Rat Einwände gegen diese technischen Regulierungsstandards erheben können, abweichend von Artikel 13 Absatz 1 Unterabsatz 2 der Verordnungen (EU) Nr. 1093/2010, (EU) Nr. 1094/2010 und (EU) Nr. 1095/2010 zur Berücksichtigung der Komplexität und des Umfangs der abgedeckten Themen zwei Monate ab Datum der Übermittlung. Auf Initiative des Europäischen Parlaments oder des Rates kann dieser Zeitraum um einen Monat verlängert werden.

Artikel 32

(1) Die in Artikel 2 Absatz 1 Buchstabe b der Richtlinie 2009/65/EG definierten Verwaltungsgesellschaften und die in Artikel 27 jener Richtlinie genannten Investmentgesellschaften sowie Personen, die über die in Artikel 1 Absatz 2 jener Richtlinie genannten OGAW-Anteile beraten oder diese verkaufen, sind bis zum 31. Dezember 2019 von den Verpflichtungen gemäß dieser Verordnung ausgenommen.

(2) Wenn ein Mitgliedstaat Vorschriften bezüglich des Formats und des Inhalts des Basisinformationsblatts gemäß den Artikeln 78 bis 81 der Richtlinie 2009/65/EG auf Fonds anwendet, die keine OGAW-Fonds sind und die Kleinanlegern angeboten werden, so gilt die Ausnahme nach Absatz 1 dieses Artikels für Verwaltungsgesellschaften, Investmentgesellschaften und Personen, die Kleinanleger über Anteile dieser Fonds beraten oder diese an Kleinanleger verkaufen.

Artikel 33

(1) Die Kommission überprüft diese Verordnung spätestens bis zum 31. Dezember 2018. Die Überprüfung wird – auf der Grundlage der von den Europäischen Aufsichtsbehörden erhaltenen Informationen – einen allgemeinen Überblick über das Funktionieren des Warnhinweises beinhalten, wobei sämtliche von den zuständigen Behörden diesbezüglich ausgearbeitete Leitlinien berücksichtigt werden. Die Überprüfung wird ferner einen Überblick über die praktische Anwendung der Bestimmungen dieser Verordnung unter

Berücksichtigung der Entwicklungen auf dem Markt für Kleinanlegerprodukte und die Durchführbarkeit, die Kosten und die möglichen Vorteile der Einführung eines Gütezeichens für soziale und ökologische Anlagen beinhalten. Im Rahmen ihrer Überprüfung führt die Kommission Verbrauchertests und eine Prüfung der nichtgesetzgeberischen Möglichkeiten sowie der Ergebnisse der Überprüfung der Verordnung (EU) Nr. 346/2013 hinsichtlich deren Artikel 27 Absatz 1 Buchstaben c, e und g durch.

In Bezug auf OGAW im Sinne des Artikels 1 Absatz 2 der Richtlinie 2009/65/EG wird bei der Überprüfung geprüft, ob die Übergangsregelungen des Artikels 32 verlängert werden sollten oder ob nach Feststellung eventuell erforderlicher Anpassungen die Vorschriften über die wesentlichen Informationen für den Anleger in der Richtlinie 2009/65/EG durch das Basisinformationsblatt dieser Verordnung ersetzt oder als gleichwertig betrachtet werden könnten. Bei der Überprüfung wird auch eine mögliche Ausweitung des Anwendungsbereichs dieser Verordnung auf sonstige Finanzprodukte in Betracht gezogen, und beurteilt, ob die Ausnahme von Produkten aus dem Anwendungsbereich dieser Verordnung im Hinblick auf solide Normen für den Verbraucherschutz und den Vergleich von Finanzprodukten beibehalten werden sollte. Bei der Überprüfung wird zudem beurteilt, ob gemeinsame Vorschriften dahingehend, dass alle Mitgliedstaaten bei Verstößen gegen diese Verordnung verwaltungsrechtliche Sanktionen vorsehen müssen, eingeführt werden sollten.

(2) Die Kommission beurteilt bis zum 31. Dezember 2018 auf der Grundlage der Arbeit der EIOPA zum Thema Anforderungen an die Offenlegung von Produktinformationen, ob sie einen neuen Rechtsakt zur Gewährleistung angemessener Anforderungen an die Offenlegung von Produktinformationen vorschlägt oder ob sie Altersvorsorgeprodukte nach Artikel 2 Absatz 2 Buchstabe e in den Anwendungsbereich dieser Verordnung aufnimmt.

Bei dieser Beurteilung trägt die Kommission dafür Sorge, dass mit diesen Maßnahmen das Niveau der Offenlegungsstandards in Mitgliedstaaten, die bereits Offenlegungsvorschriften für derartige Altersvorsorgeprodukte haben, nicht verringert wird.

(3) Die Kommission unterbreitet dem Europäischen Parlament und dem Rat nach Anhörung des Gemeinsamen Ausschusses einen Bericht bezüglich der Absätze 1 und 2 sowie gegebenenfalls einen Gesetzgebungsvorschlag.

(4) Die Kommission führt bis zum 31. Dezember 2018 eine Marktstudie durch, um festzustellen, ob Online-Recheninstrumente verfügbar sind, die es dem Kleinanleger gestatten, die Gesamtkosten und -gebühren der PRIIP zu berechnen, und ob sie kostenlos zur Verfügung gestellt werden. Die Kommission erstattet darüber Bericht, ob diese Instrumente zuverlässige und präzise Berechnungen für alle Produkte, die in den Anwendungsbereich dieser Verordnung fallen, liefern.

Falls das Fazit dieser Studie lautet, dass solche Instrumente nicht vorhanden sind oder dass die vorhandenen Instrumente es den Kleinanlegern nicht gestatten, die Gesamtkosten und -gebühren der PRIIP zu berechnen, bewertet die Kommission die Durchführbarkeit der Ausarbeitung durch die Europäischen Aufsichtsbehörden – im Wege des Gemeinsamen Ausschusses – von Entwürfen technischer Regulierungsstandards aus, in denen die für solche Instrumente auf Unionsebene geltenden Spezifikationen festgelegt werden.

Artikel 34

Diese Verordnung tritt am zwanzigsten Tag nach ihrer Veröffentlichung im Amtsblatt der Europäischen Union in Kraft.

Sie gilt ab dem 31. Dezember 2016.

Diese Verordnung ist in allen ihren Teilen verbindlich und gilt unmittelbar in jedem Mitgliedstaat.

Geschehen zu Straßburg am 26. November 2014.

Im Namen des Europäischen Parlaments	*Im Namen des Rates*
Der Präsident	*Der Präsident*
M. SCHULZ	S. GOZI

16.4. ESMA Guidelines zu UCITS

Leitlinien zu börsengehandelten Indexfonds (Exchange-Traded Funds, ETF) und anderen OGAW-Themen

01.08.2014 – ESMA/2014/937DE

I. Geltungsbereich

1. Diese Leitlinien gelten für die gemäß Artikel 97 der OGAW-Richtlinie bezeichneten zuständigen Behörden, OGAW-Verwaltungsgesellschaften und OGAW in Form selbstverwalteter Investmentgesellschaften.

2. Am 18. Dezember 2012 veröffentlichte die ESMA Leitlinien zu börsengehandelten Indexfonds (Exchange-Traded Funds, ETF) und zu anderen OGAW-Themen (ESMA/2012/832, im Folgenden: die ursprünglichen Leitlinien). Die ursprünglichen Leitlinien galten vom 18. Februar 2013 an, d. h. beginnend mit dem Datum ihrer Veröffentlichung (in den verschiedenen Sprachfassungen) auf der Website der EMSA. Die darin enthaltenen Übergangsbestimmungen sind seit dem 18. Februar 2014 nicht mehr wirksam. Anschließend gab die ESMA die vorliegende Fassung der Leitlinien (ESMA/2014/937, im Folgenden: die überarbeiteten Leitlinien) heraus, die geänderte Bestimmungen über die Diversifizierung der Sicherheiten (Punkt 43 e und Punkt 48) enthalten. Die Geltung von Punkt 43 e und Punkt 48 der überarbeiteten Leitlinien beginnt nach Ablauf von zwei Monaten im Anschluss an die Veröffentlichung (in den verschiedenen Sprachfassungen) der überarbeiteten Leitlinien auf der Website der ESMA. Die Übergangsbestimmungen für Punkt 43 e und Punkt 48 sind in den Punkten 70 bzw. 71 festgelegt. Demnach müssen OGAW, die aus der Zeit vor der Veröffentlichung der überarbeiteten Leitlinien stammen, innerhalb von zwölf Monaten an die in den Punkten 43 e und 48 der überarbeiteten Leitlinien niedergelegten Bestimmungen angepasst werden. Nach Ablauf von zwei Monaten im Anschluss an die Veröffentlichung (in den verschiedenen Sprachfassungen) der überarbeiteten Leitlinien auf der Website der ESMA gelten für die Bestimmungen der Punkte 43 e und 48 die in Punkt 7 niedergelegten Berichtspflichten. Um jeden Zweifel auszuschließen, sei festgestellt, dass die Bestimmungen der ursprünglichen Leitlinien, die nicht durch die überarbeiteten Leitlinien geändert wurden, vom 18. Februar 2013 (bzw., im Falle von Übergangsbestimmungen, vom 18. Februar 2014) an weitergelten.

II. Begriffsbestimmungen

3. Sofern nicht anders angegeben, haben die in der OGAW-Richtlinie verwendeten Begriffe in diesen Leitlinien dieselbe Bedeutung. Zusätzlich gelten folgende Begriffsbestimmungen:

Aktiv verwalteter OGAW-ETF	Bei einem aktiv verwalteten OGAW-ETF handelt es sich um einen OGAW-ETF, dessen Manager im Rahmen der angegebenen Anlageziele und -politik nach eigenem Ermessen über die Zusammensetzung des Portfolios entscheidet (im Gegensatz zu einem OGAW-ETF, der einen Index nachbildet, so dass kein vergleichbarer Ermessensspielraum vorliegt). Das Ziel eines aktiv verwalteten OGAW-ETF ist es in der Regel, gegenüber einem Index eine bessere Entwicklung zu erreichen.
Annual Tracking Difference	Die Differenz zwischen der Jahresrendite des indexnachbildenden OGAW und der Jahresrendite des nachgebildeten Indizes.
Eligible-Assets-Richtlinie	Richtlinie 2007/16/EG der Kommission vom 19. März 2007 zur Durchführung der Richtlinie 85/611/EWG des Rates zur Koordinierung der Rechts- und Verwaltungsvorschriften betreffend bestimmte Organismen für gemeinsame Anlagen in Wertpapieren (OGAW) im Hinblick auf die Erläuterung gewisser Definitionen[1]
OGAW-ETF	Bei einem OGAW-ETF handelt es sich um einen OGAW, bei dem mindestens ein Anteil oder eine Anteilsklasse durchgängig während des Handelstages auf mindestens einem regulierten Markt oder innerhalb eines multilateralen Handelssystems gehandelt wird und für den wenigstens ein Market Maker sicherstellt, dass der börsengehandelte Wert der Anteile oder Aktien nicht wesentlich vom Nettoinventarwert und, sofern zutreffend, vom indikativen Nettoinventarwert abweicht.
CESR's Leitlinien zu einer gemeinsamen Definition für europäische Geldmarktfonds	CESR's Guidelines on a common definition of European money market funds (Ref. CESR/10-049)
CESR's Eligible-Assets-Leitlinien	CESR's guidelines concerning eligible assets for investment by UCITS (Ref. CESR/07-044b)
CESR's Leitlinien zur Risikomessung und zur Berechnung des Gesamtrisikos und des Kontrahentenausfallrisikos für OGAW	CESR's Guidelines on Risk Measurement and the Calculation of Global Exposure and Counterparty Risk for UCITS (Ref. CESR/10-788)
Indikativer Nettoinventarwert	Ein Maß für den Innertageswert des Nettoinventarwerts eines OGAW-ETF auf der Grundlage der neuesten Informationen. Beim indikativen Nettoinventarwert handelt es sich nicht um den Wert, zu dem Anleger ihre Anteile oder Aktien auf dem Sekundärmarkt kaufen und verkaufen.
Indexnachbildender OGAW	Ein OGAW, dessen Anlagestrategie auf der Nachbildung der Entwicklung eines oder mehrerer Indizes beruht, z. B. durch synthetische oder physische Nachbildung.

Indexnachbildender gehebelter OGAW	Ein OGAW, dessen Anlagestrategie darauf beruht, dass er über einen Index gehebelt wird (Leveraged Exposure) bzw. dass er einen gehebelten Index (Leveraged Index) nachbildet.
Multilaterales Handelssystem	Ein multilaterales Handelssystem (Multilateral Trading Facility, MTF) gemäß Artikel 14 der Richtlinie 2004/39/EG des Europäischen Parlaments und des Rates vom 21. April 2004 über Märkte für Finanzinstrumente[2]
OGAW-Richtlinie	Richtlinie 2009/65/EG des Europäischen Parlaments und des Rates vom 13. Juli 2009 zur Koordinierung der Rechts- und Verwaltungsvorschriften betreffend bestimmte Organismen für gemeinsame Anlagen in Wertpapieren (OGAW) (Neufassung)
Tracking Error	Die Volatilität der Differenz zwischen der Rendite des indexnachbildenden OGAW und der Rendite des/der nachgebildeten Indizes.

1 ABl. L 79 vom 20.3.2007, S. 11.
2 ABl. L 145 vom 30.4.2004, S. 1.

III. Zweck

4. Das Ziel dieser Leitlinien ist der Schutz der Anleger durch Unterstützung in Bezug auf die Informationen, die im Hinblick auf indexnachbildende OGAW und OGAW-ETF zusammen mit spezifischen Vorgaben übermittelt werden sollten, die von OGAW im Zusammenhang mit Geschäften mit OTC-Derivaten und Techniken für eine effiziente Portfolioverwaltung anzuwenden sind. Außerdem enthalten die Leitlinien Kriterien für Finanzindizes, in die OGAW investieren.

IV. Verpflichtung zur Einhaltung der Leitlinien und Berichtspflichten

Status der Leitlinien

5. Das vorliegende Dokument enthält Leitlinien, die nach Maßgabe von Artikel 16 der ESMA-Verordnung[1] herausgegeben wurden. Im Einklang mit Artikel 16 Absatz 3 der Verordnung unternehmen die zuständigen Behörden und die Finanzmarktteilnehmer alle erforderlichen Anstrengungen, um diesen Leitlinien nachzukommen.

6. Zuständige Behörden, für die diese Leitlinien gelten, sollten diese einhalten, indem sie sie in ihre Aufsichtspraktiken integrieren, und zwar auch dann, wenn bestimmte Leitlinien in erster Linie an Finanzmarktteilnehmer gerichtet sind.

Berichtspflichten

7. Die zuständigen Behörden, für die diese Leitlinien gelten, müssen der ESMA bis spätestens Datum zwei Monate nach dem Datum der Veröffentlichung per E-Mail an [E-Mail-Adresse] mitteilen, ob sie diese Leitlinien einhalten bzw. einzuhalten gedenken,

1 Verordnung (EU) Nr. 1095/2010 des Europäischen Parlaments und des Rates vom 24. November 2010 zur Errichtung einer Europäischen Aufsichtsbehörde (Europäische Wertpapier- und Marktaufsichtsbehörde), zur Änderung des Beschlusses Nr. 716/2009/EG und zur Aufhebung des Beschlusses 2009/77/EG der Kommission.

oder ihr die Gründe für die Nichteinhaltung übermitteln. Eine entsprechende Vorlage für diese Mitteilung ist auf der ESMA-Website verfügbar.

8. Für OGAW-Verwaltungsgesellschaften und OGAW in Form selbstverwalteter Investmentgesellschaften gilt diese Berichtspflicht gegenüber der ESMA bezüglich der Einhaltung der Leitlinien nicht.

V. Indexnachbildende OGAW

9. Der Prospekt eines indexnachbildenden OGAW sollte die nachstehenden Angaben enthalten:

a) eine eindeutige Beschreibung der Indizes einschließlich Informationen zu deren Basiswerten. Um zu vermeiden, dass das Dokument häufig aktualisiert werden muss, können Anleger im Prospekt auf eine Website verwiesen werden, auf der die genaue Zusammensetzung der Indizes veröffentlicht wird;
b) Informationen zur Methode, mit der der Index nachgebildet wird (beispielsweise mit einem vollständigen oder stichprobenbasierten Modell für physische Nachbildung oder mittels synthetischer Nachbildung), sowie zu den Auswirkungen der ausgewählten Methode für Anleger in Bezug auf das Exposure gegenüber dem Basisindex und das Kontrahentenrisiko;
c) Informationen zum prognostizierten Tracking Error unter normalen Marktbedingungen;
d) eine Beschreibung der Faktoren, die sich wahrscheinlich auf die Fähigkeit von indexnachbildenden OGAW auswirken, die Entwicklung der Indizes nachzubilden, z. B. Transaktionskosten, geringe illiquide Vermögenswerte, Wiederanlage von Dividenden usw.

10. Die Informationen gemäß Punkt 9 b) sollten in Form einer Zusammenfassung auch in den Wesentlichen Anlegerinformationen enthalten sein.

11. Aus den Jahres- und Halbjahresberichten indexnachbildender OGAW sollte die Höhe des Tracking Error zum Ende des überprüften Zeitraums hervorgehen. Der Jahresbericht sollte eine Erläuterung zu möglichen Abweichungen zwischen dem prognostizierten und dem tatsächlichen Tracking Error für den maßgeblichen Zeitraum enthalten. Außerdem sollte im Jahresbericht die Annual Tracking Difference zwischen der Entwicklung des OGAW und der Entwicklung des nachgebildeten Indizes mit einer Erläuterung angegeben sein.

VI. Indexnachbildende gehebelte OGAW

12. Für indexnachbildende gehebelte OGAW müssen die Grenzen und Regelungen zum Gesamtrisiko gemäß Artikel 51 Absatz 3 der OGAW-Richtlinie eingehalten werden. Die Berechnung des Gesamtrisikos erfolgt entweder unter Anwendung des Commitment-Ansatzes oder des relativen Value-at-Risk-Ansatzes gemäß den Bestimmungen in den Leitlinien zur Risikomessung und zur Berechnung des Gesamtrisikos und des Kontrahentenausfallrisikos für OGAW. Die Begrenzung des Gesamtrisikos gilt auch für OGAW, die einen gehebelten Index nachbilden.

13. Der Prospekt eines indexnachbildenden gehebelten OGAW sollte die nachstehenden Angaben enthalten:

a) eine Beschreibung der Leverage-Strategie und Informationen über die Art und Weise, wie diese umgesetzt wird (d. h., ob das Leverage dem Indexniveau entspricht oder sich aus der Art des Exposure des OGAW gegenüber dem Index ergibt), über die Leverage-Kosten (sofern relevant) und die mit dieser Strategie verbundenen Risiken;

b) eine Beschreibung jeglicher umgekehrter Hebelwirkungen (Reverse Leverage) (d. h. Short-Exposure);

c) Informationen darüber, inwiefern die Entwicklung des OGAW mittel- bis langfristig erheblich vom Vielfachen der Indexentwicklung abweichen kann.

14. Diese Informationen sollten in Form einer Zusammenfassung auch in den Wesentlichen Anlegerinformationen enthalten sein.

VII. OGAW-ETF – Bezeichnung und bestimmte Angabeverpflichtungen

15. Für einen OGAW-ETF sollte die Bezeichnung „UCITS ETF" verwendet werden, damit er als börsengehandelter Indexfonds erkennbar ist. Diese Bezeichnung ist im Namen, in den Vertragsbedingungen des Fonds oder in der Satzung, im Prospekt, in den Wesentlichen Anlegerinformationen und in Marketingmitteilungen zu verwenden. In allen Amtssprachen der EU sollte die Bezeichnung „UCITS ETF" verwendet werden.

16. Für einen OGAW, bei dem es sich nicht um einen OGAW-ETF (gemäß Begriffsbestimmung in diesen Leitlinien) handelt, sollte weder die Bezeichnung „UCITS ETF" noch die Bezeichnung „ETF" bzw. „Exchange-Traded Fund" (börsengehandelter Indexfonds) verwendet werden.

17. Der Prospekt, die Wesentlichen Anlegerinformationen und Marketingmitteilungen zu einem OGAWETF sollten eindeutige Informationen zur Portfoliotransparenzstrategie sowie Angaben darüber enthalten, wo Informationen über das Portfolio zu finden sind und wo, sofern zutreffend, der indikative Nettoinventarwert veröffentlicht wird.

18. Im Prospekt zu einem OGAW-ETF ist außerdem eindeutig anzugeben, wie und wie häufig der indikative Nettoinventarwert berechnet wird, sofern zutreffend.

VIII. Aktiv verwaltete OGAW-ETF

19. Dem Prospekt, den Wesentlichen Anlegerinformationen und Marketingmitteilungen zu einem aktiv verwalteten OGAW-ETF müssen Anleger entnehmen können, dass es sich um einen aktiv verwalteten Fonds handelt.

20. Aus dem Prospekt, den Wesentlichen Anlegerinformationen und Marketingmitteilungen zu einem aktiv verwalteten OGAW-ETF muss eindeutig hervorgehen, wie die beschriebene Anlagepolitik umgesetzt werden soll. Hierzu sind u. a. ggf. Informationen darüber erforderlich, dass beabsichtigt wird, gegenüber einem Index eine bessere Entwicklung zu erreichen.

IX. Behandlung von Sekundärmarktanlegern von OGAW-ETF

21. Wenn für Anteile eines OGAW-ETF, die auf einem Sekundärmarkt erworben wurden, generell keine Rückgabemöglichkeit gegenüber dem Fonds besteht, müssen der Prospekt und die Marketingmitteilungen zum Fonds die nachstehende Warnung enthalten:

22. „Auf dem Sekundärmarkt erworbene OGAW-ETF-Anteile/-Aktien können nicht direkt an OGAWETF zurückverkauft werden. Anleger müssen Anteile/Aktien auf einem Sekundärmarkt mit der Hilfe eines Intermediärs (z. B. eines Börsenmaklers) kaufen oder verkaufen; diese Hilfe kann gebührenpflichtig sein. Darüber hinaus zahlen Anleger beim

Kauf von Anteilen/Aktien u. U. mehr als den aktuellen Nettoinventarwert und erhalten beim Verkauf weniger als den aktuellen Nettoinventarwert dafür zurück."

23. Wenn der börsengehandelte Wert der Anteile oder Aktien des OGAW-ETF wesentlich vom Nettoinventarwert abweicht, sollte Anlegern, die ihre Anteile oder Aktien (oder, sofern zutreffend, das Recht auf den Erwerb eines Anteils oder einer Aktie, das mit der Emission dieses Anteils oder dieser Aktie gewährt wurde) auf dem Sekundärmarkt erworben haben, die Möglichkeit eingeräumt werden, diese Anteile oder Aktien an den OGAW-ETF direkt zurückzuverkaufen. Dies kann etwa bei Marktstörungen der Fall sein, z. B. wenn es keinen Market Maker gibt. In solchen Fällen sind dem geregelten Markt Informationen darüber zu übermitteln, dass der OGAW-ETF für direkte Rücknahmen auf Ebene des OGAW-ETF offen ist.

24. Der Prospekt zu einem OGAW-ETF sollte Informationen über den Prozess enthalten, den Anleger, die ihre Anteile/Aktien auf dem Sekundärmarkt erworben haben, einhalten müssen, wenn die unter Punkt 23 beschriebenen Umstände eintreten. Außerdem sollte der Prospekt Angaben zu den potenziellen Kosten enthalten; diese sollten nicht unangemessen sein.

X. Techniken für eine effiziente Portfolioverwaltung

25. Im Prospekt zu einem OGAW ist für die Anleger klar verständlich darzulegen, dass die Anwendung der Techniken und Instrumente gemäß Artikel 51 Absatz 2 der OGAW-Richtlinie und Artikel 11 der Eligible-Assets-Richtlinie beabsichtigt wird. Dies sollte eine ausführliche Beschreibung der damit verbundenen Risiken, z. B. das Kontrahentenrisiko und potenzielle Interessenkonflikte, sowie der Auswirkungen auf die Entwicklung des OGAW, einschließen. Diese Techniken und Instrumente sind im besten Interesse des OGAW anzuwenden.

26. Gemäß Artikel 11 der Eligible-Assets-Richtlinie sollten OGAW, die Techniken für eine effiziente Portfolioverwaltung anwenden, dafür sorgen, dass die Risiken, die sich daraus ergeben, durch das Risikomanagement des OGAW in angemessener Weise erfasst werden.

27. Gemäß Punkt 24 der CESR's Eligible-Assets-Leitlinien, dürfen Techniken und Instrumente, die Wertpapiere oder Geldmarktinstrumente zum Gegenstand haben, nicht

a. zu einer Veränderung des erklärten Anlageziels des OGAW führen;
b. mit wesentlichen zusätzlichen Risiken im Vergleich zur ursprünglichen, in den Verkaufsdokumenten beschriebenen Risikostrategie verbunden sein.

28. Der OGAW-Prospekt sollte Angaben zur Strategie für direkte und indirekte operationelle Kosten/Gebühren enthalten, die sich aus den Techniken für eine effiziente Portfolioverwaltung ergeben, und die von den OGAW-Erträgen abziehbar sind. Diese Kosten und Gebühren sollten keine versteckten Erträge enthalten. Der OGAW sollte die Identität der Rechtsträger offenlegen, an die diese direkten und indirekten Kosten und Gebühren gezahlt werden, und angeben, ob es sich bei diesen um zur OGAW-Verwaltungsgesellschaft oder zur Verwahrstelle gehörige Parteien handelt.

29. Alle Erträge, die sich aus den Techniken für eine effiziente Portfolioverwaltung ergeben, abzüglich direkter und indirekter operationeller Kosten, sollten an den OGAW gezahlt werden.

30. Ein OGAW muss sicherstellen, dass alle im Rahmen einer Wertpapierleihe übertragenen Wertpapiere jederzeit zurückübertragen und alle eingegangenen Wertpapierleihevereinbarungen jederzeit beendet werden können.

31. Wenn ein OGAW ein Reverse-Repo-Geschäft vereinbart, sollte er dafür sorgen, dass er jederzeit den vollen Geldbetrag zurückfordern oder das Reverse-Repo-Geschäft entweder in aufgelaufener Gesamthöhe oder zu einem Mark-to-Market-Wert beenden kann. Kann der Geldbetrag jederzeit zu einem Mark-to-Market-Wert zurückgefordert werden, sollte der Mark-to-Market-Wert des Reverse-Repo-Geschäfts zur Berechnung des Nettoinventarwerts des OGAW herangezogen werden.

32. Wenn ein OGAW ein Reverse-Repo-Geschäft vereinbart, sollte er dafür sorgen, dass er jederzeit die dem Repo-Geschäft unterliegenden Wertpapiere zurückfordern oder das vereinbarte Repo-Geschäft beenden kann.

33. Termin-Repo-Geschäfte und Reverse-Repo-Geschäfte bis maximal sieben Tage sollten als Vereinbarungen betrachtet werden, bei denen der OGAW die Vermögenswerte jederzeit zurückfordern kann.

34. OGAW, die Transaktionen für eine effiziente Portfolioverwaltung vornehmen, müssen dies bei der Erarbeitung ihres Risikomanagementprozesses für Liquiditätsrisiken berücksichtigen, um sicherzustellen, dass sie ihren Rücknahmeverpflichtungen jederzeit nachkommen können.

35. Der OGAW-Jahresbericht sollte außerdem ausführliche Angaben zu folgenden Aspekten enthalten:

a) Exposure, das durch Techniken für eine effiziente Portfolioverwaltung erzielt wird;
b) Identität der Gegenpartei(en) bei diesen Techniken für eine effiziente Portfolioverwaltung;
c) Art und Höhe der entgegengenommenen Sicherheiten (Collateral Received), die auf das Kontrahentenrisiko des OGAW anrechenbar sind;
d) Erträge, die sich aus den Techniken für eine effiziente Portfolioverwaltung für den gesamten Berichtszeitraum ergeben, einschließlich der direkten und indirekten operationellen Kosten und angefallenen Gebühren.

XI. Derivate

36. Wenn ein OGAW einen Total Return Swap vereinbart oder in andere Derivate mit ähnlichen Eigenschaften anlegt, müssen die vom OGAW gehaltenen Vermögenswerte den Anlagegrenzen gemäß Artikel 52 bis 56 der OGAW-Richtlinie entsprechen. Wenn ein OGAW beispielsweise einen Unfunded Swap vereinbart, muss das ausgetauschte („swapped out") Anlageportfolio des OGAW den vorstehend genannten Anlagegrenzen entsprechen.

37. Wenn ein OGAW einen Total Return Swap vereinbart oder in andere Derivate mit ähnlichen Eigenschaften anlegt, muss gemäß Artikel 51 Absatz 3 der OGAW-Richtlinie und Artikel 43 Absatz 5 der Richtlinie 2012/43/EU das zugrundeliegende Risiko der Derivate bei der Berechnung der Anlagegrenzen gemäß Artikel 52 der OGAW-Richtlinie berücksichtigt werden.

38. Wenn ein OGAW von Total Return Swaps oder anderen Derivaten mit denselben Eigenschaften Gebrauch macht, sollte der Prospekt Angaben zu nachstehenden Aspekten enthalten:

a) Informationen zur zugrundeliegenden Strategie und Zusammensetzung des Anlageportfolios oder des Indizes;
b) Informationen zur/zu den Gegenpartei(en) der Transaktionen;
c) eine Beschreibung des Kontrahentenrisikos und der Auswirkungen auf die Erträge der Anleger;

d) Umfang, in dem die Gegenpartei Einfluss auf die Zusammensetzung oder Verwaltung des Anlageportfolios des OGAW oder die Basiswerte der Derivate nehmen kann, sowie Angaben darüber, ob die Gegenpartei Geschäften im Zusammenhang mit dem OGAW-Anlageportfolio zustimmen muss;
e) Identifizierung der Gegenpartei als Portfolioverwalter gemäß den Bestimmungen unter Punkt 39.

39. In Fällen, in denen die Gegenpartei Einfluss auf die Zusammensetzung oder Verwaltung des Anlageportfolios des OGAW oder die Basiswerte der Derivate nehmen kann, ist die Vereinbarung zwischen dem OGAW und der Gegenpartei als Auslagerungsvereinbarung in Bezug auf die Portfolioverwaltung zu betrachten und sollte daher den OGAW-Anforderungen in Bezug auf Auslagerungen entsprechen.

40. Der OGAW-Jahresbericht sollte ausführliche Angaben zu folgenden Aspekten enthalten:

a) durch Derivate erzieltes zugrundeliegendes Exposure;
b) Identität der Gegenpartei(en) bei diesen Derivatgeschäften;
c) Art und Höhe der entgegengenommenen Sicherheiten, die auf das Kontrahentenrisiko des OGAW anrechenbar sind.

XII. Sicherheitenverwaltung für Geschäfte mit OTC-Derivaten und Techniken für eine effiziente Portfolioverwaltung[2]

41. Die Risikopositionen, die sich für eine Gegenpartei aus Geschäften mit OTC-Derivaten und Techniken für eine effiziente Portfolioverwaltung ergeben, sind bei der Berechnung der Grenzen für das Kontrahentenrisiko gemäß Artikel 52 der OGAW-Richtlinie zu kombinieren.[3]

42. Alle Vermögenswerte, die ein OGAW im Zusammenhang mit Techniken für eine effiziente Portfolioverwaltung erhält, sind für die Zwecke der vorliegenden Leitlinien als Sicherheit zu betrachten und sollten die Kriterien unter Punkt 43 erfüllen.

43. In Fällen, in denen ein OGAW Geschäfte mit OTC-Derivaten tätigt und Techniken für eine effiziente Portfolioverwaltung anwendet, müssen alle Sicherheiten, die auf das Kontrahentenrisiko anrechenbar sind, stets sämtliche nachstehenden Kriterien erfüllen:

a) Liquidität: Alle entgegengenommenen Sicherheiten, die keine Barmittel sind, sollten hochliquide sein und zu einem transparenten Preis auf einem regulierten Markt oder innerhalb eines multilateralen Handelssystems gehandelt werden, damit sie kurzfristig zu einem Preis veräußert werden können, der nahe an der vor dem Verkauf festgestellten Bewertung liegt. Die entgegengenommenen Sicherheiten sollten außerdem die Bestimmungen von Artikel 56 der OGAW-Richtlinie erfüllen.
b) Bewertung: Entgegengenommene Sicherheiten sollten mindestens börsentäglich bewertet werden. Vermögenswerte, die eine hohe Preisvolatilität aufweisen, sollten nur

---

[2] Durch diese Leitlinien zur Sicherheitenverwaltung wird Feld 26 (Box 26) der bestehenden CESR's Leitlinien zur Risikomessung und zur Berechnung des Gesamtrisikos und des Kontrahentenausfallrisikos für OGAW (Ref. CESR/10-788) in Bezug auf Kriterien geändert, die für entgegengenommene Sicherheiten im Zusammenhang mit Geschäften mit OTC-Derivaten einzuhalten sind.

[3] Durch diese Bestimmung wird Feld 27 (Box 27) der bestehenden CESR's Leitlinien zur Risikomessung und zur Berechnung des Gesamtrisikos und des Kontrahentenausfallrisikos für OGAW in Bezug auf Grenzen für das Ausfallrisiko geändert, das sich aus Geschäften für eine effiziente Portfolioverwaltung ergibt.

als Sicherheit akzeptiert werden, wenn geeignete konservative Bewertungsabschläge (Haircuts) angewandt werden.

c) Bonität des Emittenten: Der Emittent der Sichheiten, die entgegengenommen werden, sollte eine hohe Bonität aufweisen.

d) Korrelation: Die vom OGAW entgegengenommenen Sicherheiten sollten von einem Rechtsträger ausgegeben werden, der von der Gegenpartei unabhängig ist und keine hohe Korrelation mit der Entwicklung der Gegenpartei aufweist.

e) Diversifizierung der Sicherheiten (Anlagekonzentration): Bei den Sicherheiten ist auf eine angemessene Diversifizierung in Bezug auf Länder, Märkte und Emittenten zu achten. Das Kriterium der angemessenen Diversifizierung im Hinblick auf die Emittentenkonzentration wird als erfüllt betrachtet, wenn der OGAW von einer Gegenpartei bei der effizienten Portfolioverwaltung oder bei Geschäften mit OTC-Derivaten einen Sicherheitenkorb (Collateral Basket) erhält, bei dem das maximale Exposure gegenüber einem bestimmten Emittenten 20 % des Nettoinventarwerts entspricht. Wenn ein OGAW unterschiedliche Gegenparteien hat, sollten die verschiedenen Sicherheitenkörbe aggregiert werden, um die 20-%-Grenze für das Exposure gegenüber einem einzelnen Emittenten zu berechnen. Abweichend von diesem Unterpunkt können OGAW vollständig durch verschiedene Wertpapiere und Geldmarktinstrumente besichert werden, die von einem Mitgliedstaat, einer oder mehrerer seiner Gebietskörperschaften, einem Drittstaat oder einer internationalen Einrichtung öffentlich-rechtlichen Charakters, der mindestens ein Mitgliedstaat angehört, begeben oder garantiert werden. Diese OGAW sollten Wertpapiere halten, die im Rahmen von mindestens sechs verschiedenen Emissionen begeben worden sind, wobei die Wertpapiere aus einer einzigen Emission 30 % des Nettoinventarwerts des OGAW nicht überschreiten sollten. Wenn OGAW eine vollständige Besicherung durch von einem Mitgliedstaat begebene oder garantierte Wertpapiere anstreben, sollten sie diesen Umstand in ihrem Prospekt darlegen. Ferner sollten die OGAW im Einzelnen angeben, welcher Mitgliedstaat, welche Gebietskörperschaften oder welche internationalen Einrichtungen öffentlich-rechtlichen Charakters die Wertpapiere, die sie als Sicherheiten für mehr als 20 % ihres Nettoinventarwerts entgegennehmen, begeben oder garantieren.

f) Risiken im Zusammenhang mit der Sicherheitenverwaltung, z. B. operationelle und rechtliche Risiken, sind durch das Risikomanagement zu ermitteln, zu steuern und zu mindern.

g) In Fällen von Rechtsübertragungen sollten die entgegengenommenen Sicherheiten von der Verwahrstelle des OGAW verwahrt werden. Für andere Arten von Sicherheitsvereinbarungen können die Sicherheiten von einem Dritten verwahrt werden, der einer Aufsicht unterliegt und mit dem Sicherheitengeber in keinerlei Verbindung steht.

h) Der OGAW sollte die Möglichkeit haben, entgegengenommene Sicherheiten jederzeit ohne Bezugnahme auf die Gegenpartei oder Genehmigung seitens der Gegenpartei zu verwerten.

i) Entgegengenommene unbare Sicherheiten (Non-cash Collateral) sollten nicht veräußert, neu angelegt oder verpfändet werden.[4]

j) Entgegengenommene Barsicherheiten (Cash Collateral) sollten nur

---

4 Durch diese Leitlinien zur Sicherheitenverwaltung wird Feld 9 (Box 9) der bestehenden CESR‘s Leitlinien zur Risikomessung und zur Berechnung des Gesamtrisikos und des Kontrahentenausfallrisikos für OGAW (Ref. CESR/10-788) in Bezug auf die Bestimmung geändert, dass entgegengenommene unbare Sicherheiten im Zusammenhang mit Geschäften der effizienten Portfolioverwaltung nicht neu angelegt werden dürfen.

- als Sichteinlagen bei Rechtsträgern gemäß Artikel 50 Buchstabe f der OGAW-Richtlinie angelegt werden;
- in Staatsanleihen von hoher Qualität angelegt werden;
- für Reverse-Repo-Geschäfte verwendet werden, vorausgesetzt, es handelt sich um Geschäfte mit Kreditinstituten, die einer Aufsicht unterliegen, und der OGAW kann den vollen aufgelaufenen Geldbetrag jederzeit zurückfordern;
- in Geldmarktfonds mit kurzer Laufzeitstruktur gemäß der Definition in den CESR's Leitlinien zu einer gemeinsamen Definition für europäische Geldmarktfonds angelegt werden.

44. Neu angelegte Barsicherheiten sollten entsprechend den Diversifizierungsvoraussetzungen für unbare Sicherheiten diversifiziert werden.

45. Ein OGAW, der Sicherheiten für mindestens 30 % seiner Vermögenswerte entgegennimmt, sollte über eine angemessene Stressteststrategie verfügen, um sicherzustellen, dass sowohl unter normalen als auch unter außergewöhnlichen Liquiditätsbedingungen regelmäßig Stresstests durchgeführt werden, damit der OGAW das mit der Sicherheit verbundene Liquiditätsrisiko bewerten kann. Die Strategie für Liquiditätsstresstests sollte mindestens Vorgaben zu folgenden Aspekten beinhalten:

a) Konzept für die Stresstest-Szenarioanalyse, einschließlich Kalibrierungs-, Zertifizierungs- und Sensitivitätsanalyse;
b) empirischer Ansatz für die Folgenabschätzung, einschließlich Backtesting von Liquiditätsrisikoschätzungen;
c) Berichtshäufigkeit und Meldegrenzen/Verlusttoleranzschwelle(n);
d) Maßnahmen zur Eindämmung von Verlusten, einschließlich Haircut-Strategie und Gap-Risiko-Schutz.

46. Ein OGAW sollte über eine eindeutige Haircut-Strategie verfügen, die auf alle als Sicherheiten entgegengenommenen Arten von Vermögenswerten abgestimmt ist. Bei der Erarbeitung der Haircut-Strategie sollte ein OGAW die Eigenschaften der Vermögenswerte, z. B. die Kreditwürdigkeit oder die Preisvolatilität, und die Ergebnisse der gemäß Punkt 47 durchgeführten Stresstests berücksichtigen. Diese Strategie ist zu dokumentieren und dient der Rechtfertigung der Anwendung eines bestimmten Bewertungsabschlags (bzw. des Verzichts auf die Anwendung eines Bewertungsabschlags) auf eine bestimmte Art von Vermögenswerten.

47. Der Prospekt sollte auch eindeutige Informationen für Anleger zur Sicherheitenstrategie des OGAW enthalten. Hierzu zählen Angaben zu zulässigen Arten von Sicherheiten, zum erforderlichen Umfang der Besicherung und zur Haircut-Strategie sowie, im Fall von Barsicherheiten, zur Strategie für das erneute Anlegen (einschließlich der damit verbundenen Risiken).

48. Im Zusammenhang mit OTC-Derivaten und Techniken für eine effiziente Portfolioverwaltung sollte der OGAW-Jahresbericht folgende Angaben enthalten:

a. die Identität des Emittenten, wenn die von diesem Emittenten erhaltenen Sicherheiten 20 % des Nettoinventarwerts des OGAW überschreiten; und
b. ob der OGAW vollständig durch Wertpapiere besichert wird, die von einem Mitgliedstaat begeben oder garantiert werden.

XIII. Finanzindizes

49. Wenn ein OGAW die Diversifizierungsgrenzen gemäß Artikel 53 der OGAW-Richtlinie anheben möchte, ist dies zusammen mit einer Beschreibung der außergewöhnlichen Marktbedingungen, die eine solche Anlage rechtfertigen, klar im Prospekt darzulegen.

50. Ein OGAW sollte nicht in einen Finanzindex anlegen, wenn dieser einen einzelnen Bestandteil umfasst, dessen Auswirkungen auf die Gesamtrendite des Indizes die maßgeblichen Diversifizierungsvoraussetzungen überschreiten, d. h. 20 %/35 %. Im Falle eines gehebelten Indizes müssen für die Auswirkungen eines Bestandteils auf die Gesamtrendite des Indizes unter Berücksichtigung des Leverage dieselben Grenzen eingehalten werden.

51. Ein OGAW sollte nicht in Rohstoffindizes anlegen, die sich nicht aus verschiedenen Rohstoffen zusammensetzen. Unterkategorien desselben Rohstoffs (z. B. aus verschiedenen Regionen oder Märkten oder im Rahmen eines industrialisierten Verfahrens aus denselben Primärprodukten erzeugt) sind zur Berechnung der Diversifizierungsgrenzen als derselbe Rohstoff zu betrachten. Kontrakte für Rohöl der Sorten WTI (West Texas Intermediate) oder Brent, Benzin oder Heizöl sind z. B. als Unterkategorien desselben Rohstoffs zu betrachten (d. h. Öl). Unterkategorien eines Rohstoffs sind nicht als derselbe Rohstoff zu betrachten, wenn keine hohe Korrelation besteht. Im Hinblick auf den Korrelationsfaktor besteht zwischen zwei Bestandteilen eines Rohstoffindizes, bei denen es sich um Unterkategorien desselben Rohstoffs handelt, keine hohe Korrelation, wenn 75 % der beobachteten Korrelation unter 0,8 liegen. Zu diesem Zweck sollte die beobachtete Korrelation wie folgt berechnet werden: (i) auf der Grundlage der gleichwertig gewichteten täglichen Erträge der entsprechenden Rohstoffpreise und (ii) auf der Grundlage eines rollierenden Zeitfensters von 250 Tagen über einen Zeitraum von 5 Jahren.[5]

52. Ein OGAW sollte nachweisen können, dass ein Index die Indexkriterien gemäß Artikel 53 der OGAW-Richtlinie und Artikel 9 der Eligible-Assets-Richtlinie erfüllt, u. a. dass der Index eine adäquate Bezugsgrundlage für den Markt darstellt, auf den er sich bezieht. Zu diesem Zweck sollte

a) ein Index über ein einziges klares Ziel verfügen, um eine adäquate Bezugsgrundlage für den Markt darzustellen;
b) die Auswahl der Indexbestandteile und die Grundlage, auf der diese Bestandteile für die Strategie ausgewählt werden, für Anleger und zuständige Behörden klar erkennbar sein;
c) der OGAW in Fällen, in denen die Indexstrategie teilweise auf Cash-Management beruht, nachweisen können, dass sich dies nicht auf die Objektivität der Methode zur Indexberechnung auswirkt.

53. Ein Index ist nicht als adäquate Bezugsgrundlage für einen Markt zu betrachten, wenn er im Auftrag eines Marktteilnehmers oder einer sehr kleinen Anzahl von Marktteilnehmern sowie gemäß den Vorgaben dieser Marktteilnehmer festgelegt und berechnet wurde.

54. Im Zusammenhang mit der Strategie sollte der OGAW-Prospekt Informationen zur Häufigkeit der Anpassung der Indexzusammensetzung und deren Auswirkungen auf die Kosten enthalten.

55. Ein OGAW sollte nicht in einen Finanzindex anlegen, bei dem durch die Anpassungshäufigkeit verhindert wird, dass Anleger den Finanzindex nachbilden können. Indizes, bei denen die Zusammensetzung innertäglich oder täglich angepasst wird, erfüllen dieses Kriterium nicht. Für die Zwecke dieser Leitlinien sind für Finanzindizes (z. B. gehebelte Indizes oder Indizes mit Volatilitätsziel) anhand öffentlich zugänglicher Kriterien vor-

[5] Durch diese Leitlinien werden die bestehenden CESR's Eligible-Assets Leitlinien (Ref. CESR/07-044b) im Hinblick auf Rohstoffindizes geändert. OGAW sollten nicht in Rohstoffindizes anlegen, die die unter Punkt 51 festgelegten Anforderungen nicht erfüllen.

genommene technische Anpassungen nicht als Anpassungen der Indexzusammensetzung im Sinne dieses Punktes zu verstehen.

56. Ein OGAW sollte nicht in Finanzindizes anlegen, bei denen die vollständige Berechnungsmethode, mit der u. a. Anleger den Finanzindex nachbilden können, vom Indexanbieter nicht offengelegt wird. Hierzu zählt die Bereitstellung ausführlicher Informationen über Indexkonstituenten, Indexberechnung (einschließlich der Hebelwirkung innerhalb des Indizes), Methoden zur Anpassung der Indexzusammensetzung, Indexveränderungen und operationelle Schwierigkeiten bei der Bereitstellung zeitnaher oder genauer Informationen. Bei den Berechnungsmethoden sollten keine wichtigen Parameter oder Elemente ausgelassen werden, die Anleger bei der Nachbildung des Finanzindizes berücksichtigen müssen. Diese Informationen sollten Anlegern und potenziellen Anlegern gebührenfrei und einfach zugänglich gemacht werden, z. B. über das Internet. Informationen zur Indexentwicklung sollten den Anlegern gebührenfrei zur Verfügung stehen.

57. Ein OGAW sollte nicht in Finanzindizes anlegen, die keine Informationen über ihre Konstituenten sowie deren jeweilige Gewichtung veröffentlichen. Diese Informationen sollten Anlegern und potenziellen Anlegern gebührenfrei und einfach zugänglich gemacht werden, z. B. über das Internet. Informationen über die Gewichtung können nach jeder Anpassung der Zusammensetzung rückwirkend veröffentlicht werden. Diese Informationen sollten den Zeitraum seit der letzten Anpassung abdecken und alle Ebenen des Indizes umfassen.

58. Ein OGAW sollte nicht in Finanzindizes anlegen, deren Methode für die Auswahl und Anpassung der Zusammensetzung der Bestandteile nicht auf einer Reihe vorab festgelegter Regeln und objektiver Kriterien basiert.

59. Ein OGAW sollte nicht in Finanzindizes anlegen, deren Indexanbieter Zahlungen aus potenziellen Indexbestandteilen zur Aufnahme in den Index akzeptiert.

60. Ein OGAW sollte nicht in Finanzindizes anlegen, deren Methode rückwirkende Änderungen an bereits veröffentlichten Indexwerten gestattet (Backfilling).

61. Der OGAW sollte gebührende Sorgfalt in Bezug auf die Qualität des Indizes walten lassen und dies angemessen dokumentieren. Im Rahmen der gebührenden Sorgfalt ist zu berücksichtigen, ob die Indexmethode eine angemessene Erläuterung zur Gewichtung und Einstufung der Bestandteile auf der Grundlage der Anlagestrategie enthält und ob der Index als adäquate Bezugsgrundlage zu betrachten ist. Unter die gebührende Sorgfalt fallen auch Aspekte in Verbindung mit den Indexbestandteilen. Der OGAW sollte außerdem die Verfügbarkeit von Informationen über den Index bewerten, z. B.:

a. Vorhandensein einer klaren und ausführlichen Beschreibung der Bezugsgrundlage;
b. Vorhandensein einer unabhängigen Prüfung sowie Umfang dieser Prüfung;
c. Häufigkeit der Indexveröffentlichung und potenzielle Auswirkungen auf die Fähigkeit des OGAW zur Berechnung des Nettoinventarwerts.

62. Der OGAW sollte sicherstellen, dass der Finanzindex unabhängig bewertet wird.

XIV. Übergangsbestimmungen

63. Alle ab dem Zeitpunkt der Anwendbarkeit der vorliegenden Leitlinien neu gegründeten OGAW sollten die Leitlinien unmittelbar erfüllen.

64. OGAW, die bereits vor dem Zeitpunkt der Anwendbarkeit der vorliegenden Leitlinien bestanden und in Finanzindizes anlegen, die den Leitlinien nicht entsprechen, sollten ihre Anlagen innerhalb von 12 Monaten ab dem Zeitpunkt der Anwendbarkeit der vorliegenden Leitlinien an die Leitlinien anpassen.

65. Strukturierte OGAW gemäß Artikel 36 der Verordnung (EU) Nr. 583/2010, die bereits vor dem Zeitpunkt der Anwendbarkeit der vorliegenden Leitlinien bestanden, müssen die Leitlinien nicht erfüllen, sofern sie nach dem Zeitpunkt der Anwendbarkeit der Leitlinien keine weiteren Zeichnungen annehmen. Um bestehenden Anlegern jedoch weiterhin die zugrundeliegende Auszahlung bieten zu können, dürfen derartige bestehende OGAW ihre Finanzkontrakte aktiv verwalten.

66. OGAW, die bereits vor dem Zeitpunkt der Anwendbarkeit der vorliegenden Leitlinien bestanden, sollten ihren Sicherheitenbestand innerhalb von 12 Monaten ab dem Zeitpunkt der Anwendbarkeit der Leitlinien an die Leitlinien anpassen. Für alle neuen Anlagen von Barsicherheiten ab dem Zeitpunkt der Anwendbarkeit der vorliegenden Leitlinien sollten die Leitlinien jedoch unmittelbar erfüllt werden.

67. OGAW, die bereits vor dem Zeitpunkt der Anwendbarkeit der vorliegenden Leitlinien bestanden und Vereinbarungen zur Einnahmenaufteilung abgeschlossen haben, sollten innerhalb von 12 Monaten ab dem Zeitpunkt der Anwendbarkeit der Leitlinien die Vorgaben unter Punkt 28 der Leitlinien erfüllen.

68. OGAW-ETF, die bereits vor dem Zeitpunkt der Anwendbarkeit der Leitlinien bestanden, müssen die Leitlinien in Bezug auf die Bezeichnung erst erfüllen, wenn einer der nachstehenden Fälle eintritt (je nachdem, welcher Fall früher eintritt):

a) bei der ersten Gelegenheit nach dem Zeitpunkt der Anwendbarkeit der Leitlinien, zu der der Name des Fonds aus einem anderen Grund geändert wird;
b) zwölf Monate nach dem Zeitpunkt der Anwendbarkeit der Leitlinien.

69. OGAW-ETF, die bereits vor dem Zeitpunkt der Anwendbarkeit der vorliegenden Leitlinien bestanden, sollten die Bestimmungen zur Behandlung von Sekundärmarktanlegern ab dem Zeitpunkt der Anwendbarkeit erfüllen.

70. Die Anforderungen in Bezug auf den Inhalt der Vertragsbedingungen des Fonds oder der Satzung eines bestehenden OGAW, des Prospekts, der Wesentlichen Anlegerinformationen und etwaiger Marketingmitteilungen, die vor dem Zeitpunkt der Anwendbarkeit der vorliegenden Leitlinien veröffentlicht werden, werden erst wirksam, wenn einer der nachstehenden Fälle eintritt (je nachdem, welcher Fall früher eintritt):

a) bei der ersten Gelegenheit nach dem Zeitpunkt der Anwendbarkeit der Leitlinien, zu der diese Informationen veröffentlicht werden, nachdem sie aus einem anderen Grund geändert oder ersetzt wurden;
b) zwölf Monate nach dem Zeitpunkt der Anwendbarkeit der Leitlinien.

71. OGAW, die bereits vor dem Zeitpunkt der Anwendbarkeit der vorliegenden Leitlinien bestanden, müssen die Verwaltungsvorschriften in Bezug auf die Prospekttransparenz zur Diversifizierung der Sicherheiten erst erfüllen, wenn einer der nachstehenden Fälle eintritt (je nachdem, welcher Fall früher eintritt):

a) bei der ersten Gelegenheit nach dem Zeitpunkt der Anwendbarkeit der Leitlinien, zu der dieser Prospekt veröffentlicht wird, nachdem er aus einem anderen Grund geändert oder ersetzt wurde;
b) zwölf Monate nach dem Zeitpunkt der Anwendbarkeit der Leitlinien.

72. Die Anforderungen in Bezug auf die Veröffentlichung von Informationen im Bericht und im Abschluss eines bestehenden OGAW gelten nicht in Bezug auf Rechnungsperioden, die vor dem Zeitpunkt der Anwendbarkeit der Leitlinien endeten.

Leitlinien zur Risikomessung und zur Berechnung des Gesamtrisikos für bestimmte Arten strukturierter OGAW

ESMA/2012/197

I. Geltungsbereich

1. Diese Leitlinien gelten für zuständige Behörden und OGAW-Verwaltungsgesellschaften.

II. Begriffsbestimmungen

2. Für die Zwecke dieser Leitlinien bezeichnet in nachstehender Tabelle der kursiv dargestellte Ausdruck

Zuständige Behörden	die in Artikel 97 der *OGAW-Richtlinie* benannten Behörden
OGAW-Verwaltungsgesellschaft	eine Gesellschaft, deren reguläre Geschäftstätigkeit in der Verwaltung von in der Form eines Investmentfonds oder einer Investmentgesellschaft konstituierten OGAW besteht (gemeinsame Portfolioverwaltung von OGAW)
OGAW-Richtlinie	Richtlinie 2009/65/EG des Europäischen Parlaments und des Rates vom 13. Juli 2009 zur Koordinierung der Rechts- und Verwaltungsvorschriften betreffend bestimmte Organismen für gemeinsame Anlagen in Wertpapieren (OGAW) (Neufassung)
Allgemeine Leitlinien	Leitlinien zur Risikomessung und zur Berechnung des Gesamtrisikos und des Kontrahentenausfallrisikos für OGAW, die vom Ausschuss der europäischen Wertpapierregulierungsbehörden (Ref. CESR/10-788) veröffentlicht wurden
ESMA	die Europäische Wertpapier- und Marktaufsichtsbehörde

III. Zweck

3. Diese Leitlinien ergänzen die Anforderungen an die Berechnung des mit Derivaten verbundenen Gesamtrisikos gemäß Artikel 51 Absatz 3 der OGAW-Richtlinie und Artikel 40 bis 42 der Richtlinie 2010/43/EU der Kommission. Das CESR war der Auffassung, dass diese Bestimmungen durch ausführlichere Leitlinien zur Berechnung des Gesamtrisikos ergänzt werden sollten, um eine Situation zu vermeiden, in der die von einem OGAW angewandte Berechnungsmethode je nach den Vorschriften seines Herkunftsmitgliedstaates erheblich abweichen könnte. Dies hat zur Annahme der Allgemeinen Leitlinien im Juli 2010 geführt.

4. Der Zweck dieser Leitlinien besteht darin, für bestimmte Arten strukturierter OGAW gemäß Beschreibung in Leitlinie 1 eine optionale Regelung für die Berechnung des Gesamtrisikos anhand des Commitment-Ansatzes vorzusehen.

IV. Verpflichtung zur Einhaltung der Leitlinien und Berichtspflicht

Status der Leitlinien

5. Das vorliegende Dokument enthält Leitlinien, die nach Maßgabe von Artikel 16 der ESMAVerordnung[1] herausgegeben wurden. Im Einklang mit Artikel 16 Absatz 3 der Verordnung unternehmen die zuständigen Behörden und die Finanzmarktteilnehmer alle erforderlichen Anstrengungen, um diesen Leitlinien nachzukommen.

6. In diesen Leitlinien wird die Sichtweise der ESMA bezüglich geeigneter Aufsichtspraktiken im Rahmen des Europäischen Finanzaufsichtssystems bzw. der Frage, wie das EU-Recht in einem bestimmten Bereich angewandt werden sollte, dargelegt. Daher erwartet die ESMA von allen zuständigen Behörden und Finanzmarktteilnehmern, für die die Leitlinien gelten, dass sie diese einhalten, soweit nichts anderes bestimmt ist. Zuständige Behörden, für die die Leitlinien gelten, sollten diese einhalten, indem sie diese in ihre Aufsichtspraktiken integrieren, und zwar auch dann, wenn bestimmte im Dokument enthaltene Leitlinien in erster Linie an Finanzmarktteilnehmer gerichtet sind.

Berichtspflichten

7. Die zuständigen Behörden müssen der ESMA spätestens 2 Monate nach dem Datum der Veröffentlichung mitteilen, ob sie diese Leitlinien einhalten bzw. einzuhalten gedenken, oder ihr die Gründe für die Nichteinhaltung übermitteln.

8. Für OGAW-Verwaltungsgesellschaften gilt diese Berichtspflicht bezüglich der Einhaltung der Leitlinien nicht.

V. Leitlinien zur Risikomessung und zur Berechnung des Gesamtrisikos für bestimmte Arten strukturierter OGAW

9. OGAW, die die in Absatz 10 genannten Kriterien in vollem Umfang erfüllen, können das Gesamtrisiko anhand des Commitment-Ansatzes auf die in Absatz 11 beschriebene Art und Weise berechnen.

10. Die Kriterien lauten wie folgt:

a) Der OGAW wird passiv verwaltet und ist derart strukturiert, dass bei Fälligkeit die im Voraus definierte Auszahlung stattfindet. Der OGAW hält jederzeit die Vermögensgegenstände, die erforderlich sind, damit sichergestellt ist, dass diese im Voraus definierte Auszahlung tatsächlich erfolgen kann;

b) der OGAW ist formelbasiert und die im Voraus definierte Auszahlung kann in eine begrenzte Zahl unterschiedlicher Szenarien aufgeteilt werden, die von der Wertentwicklung der zugrunde liegenden Basisinstrumente abhängig sind und den Anlegern verschiedene Auszahlungsvarianten bieten;

c) der Anleger kann während der Laufzeit des OGAW jederzeit nur einem Auszahlungsprofil ausgesetzt sein;

d) bei der Anwendung des Commitment-Ansatzes gemäß Definition in den Allgemeinen Leitlinien zur Berechnung des Gesamtrisikos hinsichtlich der unterschiedlichen Szenarien sind insbesondere die Voraussetzungen der Rubrik 1 der Allgemeinen Leitlinien zu erfüllen;

---

[1] Verordnung (EU) Nr. 1095/2010 des Europäischen Parlaments und des Rates vom 24. November 2010 zur Errichtung einer Europäischen Aufsichtsbehörde (Europäische Wertpapier- und Marktaufsichtsbehörde), zur Änderung des Beschlusses Nr. 716/2009/EG und zur Aufhebung des Beschlusses 2009/77/EG der Kommission.

e) die Laufzeit des OGAW ist auf maximal 9 Jahre begrenzt;
f) der OGAW darf nach der Erstzeichnungsperiode keine weiteren Anteile ausgeben.;
g) der maximale Verlust bei einem Wechsel zwischen Auszahlungsprofilen durch das Portfolio ist auf 100 % des Erstausgabepreises begrenzt; und
h) die Auswirkungen der Wertentwicklung eines einzelnen Basis*instruments* auf das Auszahlungsprofil – im Falle eines Wechsels des Szenarios des OGAW – müssen die Diversifikations-Voraussetzungen der OGAW-Richtlinie auf der Grundlage des anfänglichen Nettoinventarwerts des OGAW erfüllen.

11. Die Berechnungsmethode ist der Commitment-Ansatz gemäß Definition in den Allgemeinen Leitlinien, die jedoch folgendermaßen angepasst wird:
a) Die formelbasierte Anlagestrategie wird für jedes im Voraus definierte Auszahlungsprofil auf unterschiedliche Auszahlungsszenarien aufgeteilt.
b) Die in jedem Szenario enthaltenen Derivate müssen geprüft werden, um festzustellen, ob sie von der Berechnung des Gesamtrisikos gemäß den Bestimmungen in Rubrik 3 oder 4 der Allgemeinen Leitlinien ausgenommen werden.
c) Und schließlich berechnet der OGAW das Gesamtrisiko der verschiedenen Szenarien, um zu überprüfen, ob die 100 %-Grenze des Nettoinventarwerts eingehalten wird.

12. OGAW, die die in Absatz 10 a), 10 b), 10 c) und 10 d) dargelegten Kriterien erfüllen und die vor dem 1. Juli 2011 zugelassen wurden, müssen nicht den Rubriken 1 bis 25 der Allgemeinen Leitlinien entsprechen, sofern sie mit den Vorschriften der zuständigen Behörde ihres Herkunftsmitgliedstaats für die Berechnung des Gesamtrisikos in Einklang stehen.

13. OGAW-Verwaltungsgesellschaften, die nach dem in diesen Leitlinien beschriebenen Ansatz zur Berechnung des Gesamtrisikos vorgehen, sollten sicherstellen, dass der Prospekt
a) die Anlagestrategie, das Risiko und die Auszahlungsvarianten klar darstellt und eine dem Kleinanleger gebräuchliche Sprache verwendet und
b) einen deutlichen Warnhinweis enthält, dass Anleger, die ihre Anteile vor Laufzeitende zurückgeben, nicht von der im Voraus definierten Auszahlung profitieren und erhebliche Verluste erleiden können.

Guidelines on sound remuneration policies under the UCITS Directive

14/10/2016 I ESMA/2016/575

1 Scope

Who?

1. These guidelines apply to management companies as defined under Article 2(1)(b) of the UCITS Directive and competent authorities. They also apply to investment companies that have not designated a management company authorised pursuant to the UCITS Directive.[1]

2. UCITS having designated a management company authorised pursuant to the UCITS Directive are not subject to the remuneration principles established in the UCITS Directive, nor to these guidelines. However, the remuneration principles set out in the Recommendation are relevant to those UCITS, to the extent that they fall within the definition of 'financial undertaking' provided in paragraph 2.1 of the Recommendation. Annex I of these guidelines provides for a correlation table highlighting those principles of the Recommendation which are reflected in the UCITS Directive.

What?

3. These guidelines apply in relation to the remuneration policies and practices for management companies and their *identified staff*. Annex II of these guidelines provides details on which guidelines apply to management companies as a whole and which apply to their *identified staff* only.

When?

4. These guidelines apply from 1 January 2017.

5. Without prejudice to the application of Directive 2014/91/EU by 18 March 2016, the guidance on the rules on variable remuneration provided under Sections 12 (Guidelines on the general requirements on risk alignment) and 13 (Guidelines on the specific requirements on risk alignment) of these guidelines, should first apply for the calculation of payments relating to new awards of variable remuneration to *identified staff* for the first full performance period after 1 January 2017. For example, a management company whose accounting period ends on 31 December should apply the guidance on the rules on variable remuneration provided in these guidelines to the calculation of payments relating to the 2017 accounting period.

2 Definitions

Unless otherwise specified, terms used in the Directive 2009/65/EC of the European Parliament and of the Council of 13 July 2009 on the coordination of laws, regulations and administrative provisions relating to undertakings for collective investment in transferable securities (UCITS) have the same meaning in these guidelines. In addition, the following definitions apply for the purposes of these guidelines:

---

[1] The remuneration principles in Article 14a and 14b of the UCITS Directive apply mutatis mutandis to these investment companies, based on the provisions of Article 30 of the UCITS Directive.

Recommendation	Commission Recommendation 2009/384/EC of 30 April 2009 on remuneration policies in the financial services sector.*
performance fees	a variable fee linked to the "performance of the UCITS". The "performance of the UCITS" includes capital appreciation as well as any income linked to the UCITS's assets (e.g. dividends). It may be assessed with reference to a target 'performance'. A performance fee can be based on elements such as a share of the capital gains or the capital appreciation of the UCITS' net asset value or any portion of the UCITS' net asset value as compared to an appropriate index of securities or other measure of investment performance. *Performance fees* are performance-related payments made directly by the management company or the UCITS itself for the benefit of *identified staff*.
identified staff	categories of staff, including senior management, risk takers, *control functions* and any employee receiving total remuneration that falls into the *remuneration bracket* of senior management and risk takers, whose professional activities have a material impact on the management company's risk profile or the risk profiles of the UCITS that it manages and categories of staff of the entity(ies) to which investment management activities have been delegated by the management company, whose professional activities have a material impact on the risk profiles of the UCITS that the management company manages.
control functions	staff (other than senior management) responsible for risk management, compliance, internal audit and similar functions within a management company (e.g. the CFO to the extent that he/she is responsible for the preparation of the financial statements).
remuneration bracket	the range of the total remuneration of each of the staff members in the senior manager and risk taker categories – from the highest paid to the lowest paid in these categories.
instruments	units or shares of the UCITS managed by the management company, equivalent ownership interests (including – for UCITS issuing only units – unit-linked *instruments*), subject to the legal structure of the UCITS concerned and its fund rules or *instruments* of incorporation, or share-linked *instruments* or equivalent non-cash *instruments* with equally effective incentives as any of the instruments referred to in this definition.
malus	arrangement that permits the management company to prevent the vesting of all or part of the amount of a deferred remuneration award in relation to risk outcomes or performances of the management company as a whole, the business unit, the UCITS and, where possible, the staff member. Malus is a form of ex-post risk adjustment.

clawback	contractual agreement in which the staff member agrees to return ownership of an amount of remuneration to the management company under certain circumstances. This can be applied to both upfront and deferred variable remuneration. When related to risk outcomes, *clawback* is a form of ex-post risk adjustment.
supervisory function	the relevant persons or body or bodies responsible for the supervision of the management company's senior management and for the assessment and periodical review of the adequacy and effectiveness of the risk management process and of the policies, arrangements and procedures put in place to comply with the obligations under the UCITS Directive. For those management companies that, given their size, internal organisation and the nature, scope and complexity of their activities or their legal structure, do not have a separate *supervisory function*, the *supervisory function* should be understood to be the members of the management body.
retention period	period of time during which variable remuneration that has already vested and paid out in the form of *instruments* cannot be sold.
accrual period	period during which the performance of the staff member is assessed and measured for the purposes of determining his or her remuneration.
deferral period	the deferral period is the period during which variable remuneration is withheld following the end of the *accrual period*.
vesting point	an amount of remuneration vests when the staff member receives payment and becomes the legal owner of the remuneration. Once the remuneration vests, no explicit ex-post adjustments can occur apart from *clawback clauses*.

* http://eur-lex.europa.eu/LexUriServ/LexUriServ.do?uri=OJ:L:2009:120:0022:0027:EN:PDF.

3 Purpose

6. The purpose of these guidelines is to ensure common, uniform and consistent application of the provisions on remuneration in Articles 14a and 14b of the UCITS Directive.

4 Compliance and reporting obligations

4.1 Status of the guidelines

7. This document contains guidelines issued under Article 16 of the ESMA Regulation. In accordance with Article 16(3) of the ESMA Regulation competent authorities and financial market participants must make every effort to comply with guidelines and recommendations.

8. Competent authorities to whom the guidelines apply should comply by incorporating them into their supervisory practices, including where particular guidelines within the document are directed primarily at financial market participants.

4.2 Reporting requirements

9. Competent authorities to which these guidelines apply must notify ESMA whether they comply or intend to comply with the guidelines, with reasons for non-compliance, within two months of the date of publication by ESMA. In the absence of a response by this deadline, competent authorities will be considered as non-compliant. A template for notifications is available from the ESMA website.

10. Management companies are not required to report to ESMA whether they comply with these guidelines.

5 Guidelines on which remuneration is covered by these guidelines

11. Solely for the purposes of the guidelines and Article 14b of the UCITS Directive, remuneration consists of one or more of the following:

(i) all forms of payments or benefits paid by the management company,

(ii) any amount paid by the UCITS itself, including any portion of performance fees that are paid directly or indirectly for the benefit of *identified staff*, or

(iii) any transfer of units or shares of the UCITS,

in exchange for professional services rendered by the management company's *identified staff*.

Whenever payments, excluding reimbursements of costs and expenses, are made directly by the UCITS to the management company for the benefit of the relevant categories of staff of the management company, or directly by the UCITS to the relevant categories of staff of the management company, for professional services rendered, which may otherwise result in a circumvention of the relevant remuneration rules, they should be considered remuneration for the purpose of the guidelines and Article 14b of the UCITS Directive.

12. All remuneration can be divided into either fixed remuneration (payments or benefits without consideration of any performance criteria) or variable remuneration (additional payments or benefits depending on performance or, in certain cases, other contractual criteria). Both components of remuneration (fixed and variable) may include monetary payments or benefits (such as cash, shares, options, cancellation of loans to staff members at dismissal, pension contributions) or non (directly) monetary benefits (such as, discounts, fringe benefits or special allowances for car, mobile phone, etc.). Ancillary payments or benefits that are part of a general, non-discretionary, management company-wide policy and pose no incentive effects in terms of risk assumption can be excluded from this definition of remuneration for the purposes of the risk alignment remuneration requirements that are specific to the UCITS Directive.

13. A "retention bonus" is a form of variable remuneration and can only be allowed to the extent that risk alignment provisions are properly applied.

14. Management companies should ensure that variable remuneration is not paid through vehicles or that methods are employed which aim at artificially evading the provisions of the UCITS Directive and these guidelines. The management body of each management company has the primary responsibility for ensuring that the ultimate goal of having sound and prudent remuneration policies and structures is not improperly circumvented. Circumstances and situations that may pose a greater risk under this perspective may be: the conversion of parts of the variable remuneration into benefits that normally pose no incentive effect in respect of risk positions; the outsourcing of professional services to firms that fall outside the scope of the UCITS Directive (unless these firms are subject

to regulatory requirements on remuneration that are equally as effective as those applicable under these guidelines, according to the provisions of paragraph 16); the use of tied agents or other persons not considered "employees" from a legal point of view; transactions between the management companies and third parties in which the risk takers have material interests; the setting up of structures or methods through which remuneration is paid in the form of dividends or similar pay outs and non-monetary material benefits awarded as incentive mechanisms linked to the performance.

15. Consideration should also be given to the position of partnerships and similar structures. Dividends or similar distributions that partners receive as owners of a management company are not covered by these guidelines, unless the material outcome of the payment of such dividends results in a circumvention of the relevant remuneration rules, any intention to circumvent such rules being irrelevant for such purpose.

16. When delegating investment management functions (including risk management) according to Article 13 of the UCITS Directive, where the remuneration rules would otherwise be circumvented, management companies should ensure that:

a) the entities to which investment management activities have been delegated are subject to regulatory requirements on remuneration that are equally as effective as those applicable under these guidelines; or
b) appropriate contractual arrangements are put in place with entities to which investment management activities have been delegated in order to ensure that there is no circumvention of the remuneration rules set out in the present guidelines; these contractual arrangements should cover any payments made to the delegates' *identified staff* as compensation for the performance of investment management activities on behalf of the management company.

17. For the purpose of letter a) under the previous paragraph, an entity can be considered subject to regulatory requirements on remuneration that are equally as effective as those applicable under these guidelines, inter alia, where the following conditions are met:

i) the entity with whom the delegation arrangement is concluded is subject to the remuneration rules under either Directive 2013/36/EU (CRD IV) or Directive 2011/61/EU (AIFMD), and
ii) the staff of the entity who are *identified staff* for the purpose of these guidelines are subject to the CRD IV or AIFMD rules.

6 Guidelines on how to identify the categories of staff covered by these guidelines

18. Management companies should identify the *identified staff*, according to these guidelines and any other guidance or criteria provided by competent authorities. Management companies should be able to demonstrate to competent authorities how they have assessed and selected *identified staff*.

19. The following categories of staff, unless it is demonstrated that they have no material impact on the management company's risk profile or on a UCITS it manages, should be included as the *identified staff*:

- Executive and non-executive members of the management body of the management company, depending on the local legal structure of the management company, such as: directors, the chief executive officer and executive and non-executive partners.
- Senior management
- Control functions

- Staff responsible for heading the investment management, administration, marketing, human resources
- Other risk takers such as: staff members, whose professional activities – either individually or collectively, as members of a group (e.g. a unit or part of a department) – can exert material influence on the management company's risk profile or on a UCITS it manages, including persons capable of entering into contracts/positions and taking decisions that materially affect the risk positions of the management company or of a UCITS it manages. Such staff can include, for instance, sales persons, individual traders and specific trading desks.

  When assessing the materiality of influence on a management company's risk profile or on a UCITS it manages, management companies should define what constitutes materiality within the context of their management companies and the UCITS they manage. Criteria that management companies may follow to check whether they are capturing the correct staff members include an assessment of staff members or a group, whose activities could potentially have a significant impact on the management company's results and/or balance sheet and/or on the performance of the UCITS they manage.

  An analysis of job functions and responsibilities at the management company should be undertaken for a proper assessment of those roles that could materially affect the risk profile of the management company or of the UCITS it manages. There could be cases where a staff member does not earn a high amount of total remuneration but could have a material impact on the risk profile of the management company or of the UCITS it manages given the individual's particular job function or responsibilities.

  Staff members such as administrative or logistical support staff that, given the nature of their job functions, clearly do not have any connection with the risk profile of the management company or the UCITS, should not be considered risk takers. However, such exclusion only applies to support staff whereas, as mentioned in the fourth bullet point in the present paragraph, staff heading the administration should be included as the *identified staff*.

20. Additionally, if they have a material impact on the risk profile of the management company or of the UCITS it manages, other employees/persons, whose total remuneration falls into the remuneration bracket of senior managers and risk takers should be included as the *identified staff*, such as: high-earning staff members who are not already in the above categories and who have a material impact on the risk profile of the management company or of the UCITS it manages. It is likely that in some cases, those staff members whose remuneration is as high as or higher than senior executives and risk takers will be exerting material influence in some way on the risk profile of the management company or of the UCITS it manages. In other management companies, this may not be the case.

21. The examples mentioned in paragraphs 19 and 20 above are not definitive. The greater the assumption that there may be risk-takers in certain business units, the more in-depth the risk analysis must be to assess whether a person is to be considered a material risk-taker or not.

7 Guidelines on proportionality

7.1 Proportionality in general

22. According to the Recommendation, when taking measures to implement remuneration principles Member States should take account of the size, nature and scope of finan-

cial undertakings' activities. In taking measures to comply with the remuneration principles management companies should comply in a way and to the extent that is appropriate to their size, internal organisation and the nature, scope and complexity of their activities. In this way Article 14b of the UCITS Directive and the Recommendation envisage that provisions should operate in a way to enable a management company to take a proportionate approach to compliance with a remuneration principle.

23. Not all management companies should have to give substance to the remuneration requirements in the same way and to the same extent. Proportionality should operate both ways: some management companies will need to apply more sophisticated policies or practices in fulfilling the requirements; other management companies can meet the requirements of the UCITS Directive in a simpler or less burdensome way.

24. It is primarily the responsibility of the management company to assess its own characteristics and to develop and implement remuneration policies and practices which appropriately align the risks faced and provide adequate and effective incentives to its staff. Competent authorities should review the ways management companies actually implement proportionality, taking into account the achievement of regulatory objectives and the need to preserve a level playing field among different management companies and jurisdictions.

7.2 Proportionality with respect to the different characteristics of management companies

25. The different risk profiles and characteristics among management companies justify a proportionate implementation of the remuneration principles. Criteria relevant to the application of proportionality are the size of the management company and of the UCITS it manages, its internal organization and the nature, scope and complexity of its activities.

a) <u>Size:</u> the size criterion can relate to the value of the management company capital and to the value of the assets under management (including any assets acquired through the use of leverage) of the UCITS that the management company manages; liabilities or risks exposure of the management company and of the UCITS that it manages; as well as the number of staff, branches or subsidiaries of a management company. The size of a management company and of the UCITS it manages should not be considered in isolation when applying proportionality. A management company might be considered "small" in terms of number of staff or subsidiaries, but be engaged in a high level of risk taking. A management company should adhere strictly to the remuneration principles where the aggregate set of UCITS that it manages - each of them considered "small" - becomes potentially systemically important (e.g. in terms of total assets under management) or leads to complex investment management activities.
   The general obligation to have sound remuneration policies and practices applies to all management companies, regardless of their size or systemic importance.

b) <u>Internal organization:</u> this can relate to the legal structure of the management company or the UCITS it manages, the complexity of the internal governance structure of the management company, the listing on regulated markets of the management company or the UCITS it manages.
   This criterion should be assessed having regard to the entire organisation of the management company including all the UCITS it manages, meaning that for instance the listing of one UCITS should not by itself be sufficient for considering the management company as having a complex internal organisation.

c) Nature, scope and complexity of the activities: in considering this criterion, the underlying risk profiles of the business activities that are carried out, should be taken into account. Relevant elements can be:
   - the type of authorized activity (collective portfolio management of UCITS only or also the additional services listed in Article 6(3) of the UCITS Directive);
   - the type of investment policies and strategies of the UCITS the management company manages;
   - the national or cross-border nature of the business activities (management company managing and/or marketing UCITS in one or more EU or non-EU jurisdictions); and
   - the additional management of AIFs.

26. In assessing what is proportionate, the focus should be on the combination of all the mentioned criteria (size, internal organization and the nature, scope and complexity of the activities) and, as this is not an exhaustive list, of any other relevant criteria. For instance, a management company's business may well be small-scale but could still include complex risk-profiles because of the nature of its activities or the complexity of the managed UCITS.

7.3 Proportionality with respect of the different categories of staff

27. Proportionality should also operate within a management company for some of the specific requirements. The categories of staff whose professional activities have a material impact on their risk profile should comply with specific requirements which aim to manage the risks their activities entail. The same criteria of size, internal organisation and the nature, scope and complexity of the activities should apply. In addition, the following non-exhaustive elements should be taken into account, where relevant:

- The size of the obligations into which a risk taker may enter on behalf of the management company;
- The size of the group of persons, who have only collectively a material impact on the risk profile of the management company;
- The structure of the remuneration of the staff members (e.g. fixed salary with a variable remuneration vs. profit sharing arrangements), in particular, the following elements:
  - the amount of variable remuneration;
  - the percentage of variable remuneration over the fixed remuneration.

8 Guidelines for management companies being part of a group

28. These guidelines apply in any case to any management company. In particular, there should be no exception to the application to any of the management companies which are subsidiaries of a credit institution of the sector-specific remuneration principles set out in the UCITS Directive and in the present guidelines.

29. It may be the case that in a group context, non-UCITS sectoral prudential rules applying to group entities may lead certain staff of the UCITS management company which is part of that group to be ‚*identified staff*' for the purpose of those sectoral remuneration rules.

9 Guidelines on the application of different sectoral rules

9.1 General guidelines

30. Without prejudice to the guidance in paragraphs 28 and 29 of these guidelines, where some employees or other categories of personnel of management companies perform services subject to different sectoral remuneration principles, they should be remunerated either:

a) based on the activities carried out and on a pro rata basis, to the extent that it is possible to single out an individual activity; or

b) by applying the sectoral remuneration principles which are deemed more effective for achieving the outcomes of discouraging inappropriate risk taking and aligning the interest of the relevant individuals with those of the investors in the funds or other portfolios they manage.

31. The approach under item a) of paragraph 30 means that, for instance, the remuneration of an individual which performs services subject to the UCITS Directive and services subject to CRD IV and/or the AIFMD, should be determined applying the remuneration principles under the UCITS Directive, CRD IV and AIFMD on a pro rata basis based on objective criteria such as the time spent on each service or the assets under management for each service.

32. The approach under item b) of paragraph 30 means that, for instance, where the remuneration of an individual which performs services for various entities (including management companies and/or AIFMs) that are subsidiaries of a parent company that is subject to the CRD IV, is determined – on a voluntary basis – in compliance with all the remuneration principles under the CRD IV for all the services performed by such an individual, this should be deemed to also satisfy the requirements on remuneration under the UCITS Directive and AIFMD. However, where specific CRD requirements – such as those relating to the payment of variable remuneration in *instruments* – conflict with the requirements under the AIFMD or UCITS Directive, the remuneration of the individual concerned should in any event follow the relevant specific sectoral legislation conflicting with the CRD requirements. This means that, for instance, for individuals performing services subject to the AIFMD or UCITS Directive the variable remuneration should always be paid in the AIF *instruments* or UCITS *instruments* (Annex II (1) (m) of AIFMD and Article 14(b)(m) of UCITS V).

33. For the avoidance of doubt, the guidance under paragraphs 30 to 32 above applies to employees or other categories of personnel of management companies (including, for instance, secondees from parent undertakings subject to different sectoral remuneration rules such as CRD IV). Whenever employees or other categories of personnel of other entities perform investment management activities under delegation according to Article 13 of the UCITS Directive, the guidance under paragraphs 16 and 17 above should apply.

34. For management companies engaging in activities covered by the AIFMD (subject to authorisation under the AIFMD), compliance with the sectoral remuneration principles applying firm-wide – based on the relevant sectoral guidelines issued under the AIFMD and UCITS Directive – should be sufficient to consider that at individual level each of the sectoral remuneration principles are complied with. For example, compliance with the requirement under Article 14b(1)(e) of the UCITS Directive – which applies firm-wide – should at the same time satisfy the equivalent requirement under paragraph 1(e) of Annex II of the AIFMD for management companies engaging in activities covered by the AIFMD.

9.2 Specific guidelines on ancillary services

35. For the performance of ancillary services under Article 6(3) of the UCITS Directive or under Article 6(4) of the AIFMD, personnel of a management company or an AIFM should be subject to (i) the remuneration rules under the UCITS Directive or AIFMD, as applicable and (ii) the relevant MiFID rules, including the ESMA Guidelines on remuneration policies and practices (MiFID) (ESMA/2013/606).

10 Guidelines on the financial situation of the management company

36. In order to guarantee ongoing compliance with the requirements of Article 7(1) of the UCITS Directive, management companies should ensure that they maintain a prudent balance between sound financial situation and the award, pay out or vesting of variable remuneration.

37. The management company should ensure that its financial situation will not be adversely affected by:

1) the overall pool of variable remuneration that will be awarded for that year; and
2) the amount of variable remuneration that will be paid or vested in that year.

38. The fact that a management company is or risks becoming unable to maintain a sound financial situation, should be a trigger for, inter alia: a) reducing the variable remuneration pool for that year and b) the application of performance adjustment measures (i.e. malus or *clawback*) in that financial year[2]. Instead of awarding, paying out the variable remuneration or allowing it to vest, the net profit of the management company for that year and potentially for subsequent years should be used to strengthen its financial situation. The management company should not compensate for this at a later date by awarding, paying out or vesting a greater amount of variable remuneration than it otherwise would have done, unless it becomes evident in subsequent years that the management company's financial results justify such actions.

11 Guidelines on governance of remuneration

39. The general requirements on governance of remuneration should apply to the management company as a whole.

11.1 Management body

11.1.1 Design, approval and oversight of the remuneration policy

40. A management company's remuneration policy should encourage the alignment of the risks taken by its staff with those of the UCITS it manages, the investors of such UCITS and the management company itself; in particular, the remuneration policy should duly take into consideration the need to align risks in terms of risk management and exposure to risk.

41. The *supervisory function* should be responsible for approving and maintaining the remuneration policy of the management company, and overseeing its implementation. The remuneration policy should not be controlled by any executive members of the *supervisory function*. The *supervisory function* should also approve any subsequent material exemp-

[2] See also Section XII (Guidelines on the specific

tions or changes to the remuneration policy and carefully consider and monitor their effects. Procedures to determine remuneration should be clear, well-documented and internally transparent. For example, proper documentation should be provided on the decision-making process, the determination of the *identified staff*, the measures used to avoid conflicts of interest, the risk-adjustment mechanisms used etc.

42. In the design and oversight of the management company's remuneration policies, the *supervisory function* should take into account the inputs provided by all competent corporate functions (i.e. risk management, compliance, human resources, strategic planning, etc.). As a result, those functions should be properly involved in the design of the remuneration policy of the management company.

43. Ultimately, the *supervisory function* should ensure that a management company's remuneration policy is consistent with and promotes sound and effective risk management. The remuneration policy should:

- be in line with the business strategy, objectives, values and interests of the management company,
- not encourage excessive risk taking as compared to the investment policy of the UCITS the management company manages, and
- enable the management company to align the interests of the UCITS and their investors with those of the *identified staff* that manages such UCITS, and to achieve and maintain a sound financial situation.

44. The *supervisory function* should ensure that the management company's overall corporate governance principles and structures, as well as their interactions with the remuneration system are considered within the design and implementation of a management company's remuneration policies and practices. The *supervisory function* should ensure that the following elements are taken into account: the clear distinction between operating and control functions, the skills and independence requirements of members of the management body, the role performed by internal committees, including the remuneration committee, the safeguards for preventing conflicts of interests and the internal reporting system and the related parties' transactions rules.

11.1.2 Remuneration of members of the management body and *supervisory function*

45. The remuneration of the members of the management body should be consistent with their powers, tasks, expertise and responsibilities.

46. Where appropriate considering the size of the management company, its internal organisation and the nature, scope and complexity of its activities, the management body should not determine its own remuneration. The *supervisory function* should determine and oversee the remuneration of the members of the management body. To the extent compatible with national law, the *supervisory function* should also specifically approve and oversee the remuneration of senior executives and staff members who receive the highest amounts of total remuneration within the management company.

47. For management companies which have a separate *supervisory function*, in order to properly address conflicts of interests, it may be more appropriate for members of the *supervisory function* to be compensated only with fixed remuneration. When incentive-based mechanisms are in place, they should be strictly tailored to the assigned monitoring and control tasks, reflecting the individual's capabilities and the achieved results. If *instruments* are granted, appropriate measures should be taken, such as *retention periods* until the end of the mandate, in order to preserve the independence of judgment of those

members of the management body. For those management companies that given their size, internal organisation and the nature, scope and complexity of their activities do not have a separate *supervisory function*, the principle according to which members of the *supervisory function* may more appropriately be compensated only with fixed remuneration should apply only to the non-executive members of the management body that perform the tasks of the *supervisory function*.

11.1.3 Shareholders' involvement

48. The approval of a management company's remuneration policy and decisions relating to the remuneration of members of the management body, may be assigned to the meeting of the shareholders of the management company, depending on the management company's characteristics or on the national rules in the jurisdiction in which the management company is established. The shareholders' vote may be either consultative or binding. To this end, shareholders should be provided with adequate information in order that they can make informed decisions.

49. The *supervisory function* remains responsible for the proposals submitted to the meeting of the shareholders of the management company, as well as for the actual implementation and oversight of any changes to the remuneration policies and practices.

11.1.4 Review of the remuneration policy and its implementation

50. The *supervisory function* should ensure that the remuneration policy of the management company and its implementation will be reviewed on an annual basis at a minimum. Such central and independent reviews should assess whether the overall remuneration system:

- operates as intended (in particular, that all agreed plans/programs are being covered; that the remuneration payouts are appropriate, and that the risk profile, long-term objectives and goals of the management company are adequately reflected); and
- is compliant with national and international regulations, principles and standards.

51. The relevant internal control functions (i.e. internal audit, risk management, compliance functions, etc.) as well as other key *supervisory function* committees (i.e. audit, risk, and nominations committees) should be closely involved in reviewing the remuneration system of the management company.

52. Where periodic reviews reveal that the remuneration system does not operate as intended or prescribed, the *supervisory function* should ensure that a timely remedial plan is put in place.

53. The periodic review of the implementation of the remuneration policies and practices may be, partially or totally, externally commissioned when appropriate according to proportionality. Larger and more complex management companies should have sufficient resources to conduct the review internally, though external consultants may complement and support the management company in carrying out such tasks where appropriate. In line with proportionality, smaller and less complex management companies may decide to outsource the entire review. In all cases, the *supervisory function* should remain responsible for the review of remuneration policies and practices and for ensuring that the results of the review are followed up; moreover, the relevant control functions should be closely involved.

11.2 Remuneration committee

11.2.1 Setting up a remuneration committee

54. The setting up of a remuneration committee should be considered, as a matter of good practice, even by those management companies that are not obliged to set up such a committee under Article 14b(4) of the UCITS Directive.

55. In order to identify whether a remuneration committee is expected to be set up, the factors mentioned in Section 7 (Guidelines on proportionality) need to be considered. When assessing whether or not a management company is significant, a management company should consider the cumulative presence of all the three factors (i.e. its size or the size of the UCITS it manages, its internal organisation and the nature, scope and complexity of its activities). A management company which is significant only with respect to one or two of the three above factors should not be required to set up a remuneration committee.

56. Without prejudice to the previous paragraph, specific (non-exhaustive) elements to be taken into account when determining whether or not to establish a remuneration committee are:

- whether the management company is listed or not;
- the legal structure of the management company;
- the number of employees of the management company;
- the management company's assets under management;
- whether the management company is also an AIFM;
- the provision of the services mentioned under Article 6(3) of the UCITS Directive.

57. Taking into account the above principles and having regard to all circumstances, the following are examples of management companies which may not need to establish a remuneration committee:

- management companies for which the value of the portfolios of UCITS that they manage does not exceed EUR 1.25 billion and not having more than 50 employees, including those dedicated to the management of AIFs and the provision of the services mentioned under Article 6(3) of the UCITS Directive;
- management companies which are part of banking, insurance, investment groups or financial conglomerates within which an entity is obliged to set up a remuneration committee which performs its tasks and duties for the whole group, provided that the rules governing such remuneration committee's composition, role and competences are equivalent to the ones set out in these guidelines and the existing remuneration committee takes responsibility for checking the compliance of the management company with the rules set out in these guidelines.

58. It should also be understood, as mentioned above under paragraph 54, that management companies falling within the examples set out above may choose to set up a remuneration committee at their own initiative as a matter of good practice.

59. Management companies that fall outside the above examples should not be automatically required to set up a remuneration committee. For this purpose, management companies that are above the thresholds set out in paragraph 57 should be considered significant in terms of their size or the size of the UCITS they manage; in order to decide whether or not they need to set up a remuneration committee, however, such management companies should still assess whether or not they are significant in terms of their internal organisation and the nature, the scope and the complexity of their activities.

11.2.2 Composition of the remuneration committee

60. In order to operate independently from senior executives, the remuneration committee should comprise members of the *supervisory function* who do not perform executive functions, at least the majority of whom qualify as independent.

61. The chairperson of the remuneration committee should be an independent, non-executive member.

62. An appropriate number of the members of the remuneration committee should have sufficient expertise and professional experience concerning risk management and control activities, namely with regard to the mechanism for aligning the remuneration structure to management companies' risk and capital profiles.

63. The remuneration committee should be encouraged to seek expert advice internally (e.g. from risk management) and externally. The chief executive officer should not take part in the remuneration committee meetings which discuss and decide on his/her remuneration.

11.2.3 Role of the remuneration committee

64. The remuneration committee should:

- be responsible for the preparation of recommendations to the *supervisory function*, regarding the remuneration of the members of the management body as well as of the highest paid staff members in the management company;
- provide its support and advice to the *supervisory function* on the design of the management company's overall remuneration policy;
- have access to advice, internal and external, that is independent of advice provided by or to senior management;
- review the appointment of external remuneration consultants that the *supervisory function*, may decide to engage for advice or support;
- support the *supervisory function* in overseeing the remuneration system's design and operation on behalf of the *supervisory function*;
- devote specific attention to the assessment of the mechanisms adopted to ensure that:
  - the remuneration system properly takes into account all types of risks and liquidity and assets under management levels, and
  - the overall remuneration policy is consistent with the business strategy, objectives, values and interests of the management company and the UCITS it manages and the investors of such UCITS; and
- formally review a number of possible scenarios to test how the remuneration system will react to future external and internal events, and back test it as well.

65. The remuneration committee itself may be in charge of overseeing the central and independent review of the implementation of the remuneration policies and practices.

11.2.4 Process and reporting lines of the remuneration committee

66. The remuneration committee should:

- have unfettered access to all data and information concerning the decision-making process of the *supervisory function*, on the remuneration system's design and implementation;

- have unfettered access to all information and data from risk management and control functions. Such access should not hinder the management company's ordinary activities;
- ensure the proper involvement of the internal control and other competent functions (e.g. human resources and strategic planning). The remuneration committee should collaborate with other board committees whose activities may have an impact on the design and proper functioning of remuneration policy and practices (e.g. risk audit, and nomination committees); and
- provide adequate information to the *supervisory function*, and, where appropriate, to the management company's shareholders' meeting about the activities performed.

11.3 Control functions

11.3.1 Roles of control functions

67. Management companies should ensure that control functions have an active role in the design, ongoing oversight and review of the remuneration policies for other business areas.

68. Working closely with the remuneration committee and the *supervisory function* and management body, the control functions should assist in determining the overall remuneration strategy applicable to the management company, having regard to the promotion of effective risk management.

69. The risk management function should assess how the variable remuneration structure affects the risk profile of the management company. It is good practice for the risk management function to validate and assess risk adjustment data, and to attend a meeting of the remuneration committee for this purpose.

70. The compliance function should analyse how the remuneration structure affects the management company's compliance with legislation, regulations and internal policies.

71. The internal audit function should periodically carry out an independent audit of the design, implementation and effects of the management company's remuneration policies.

11.3.2 Remuneration of control functions

72. The remuneration level of staff in the control functions should allow the management company to employ qualified and experienced personnel in these functions.

73. If staff in control functions receives variable remuneration, it should be based on function-specific objectives and should not be determined solely by the management company-wide performance criteria.

74. The remuneration structure of control functions personnel should not compromise their independence or create conflicts of interest in their advisory role to the remuneration committee, *supervisory function* and/or management body. If remuneration of the control functions includes a component based on management company-wide performance criteria, the risk of conflicts of interest increases and, therefore, should be properly addressed.

75. For management companies which are required to have a remuneration committee, the remuneration of the senior staff responsible for heading the control functions should not be solely left to the *supervisory function*, but should be directly overseen by the remuneration committee. The remuneration of those staff members in compliance and risk management functions must be designed in a way that avoids conflict of interests related to the

business unit they are overseeing and, therefore, should be appraised and determined independently. The remuneration committee should make recommendations to the management body on the remuneration to be paid to the senior officers in the risk management and compliance functions.

76. For management companies which are not required to have a remuneration committee, the remuneration of the senior staff responsible for heading the control functions should be overseen by the *supervisory function*.

77. Conflicts of interest which might arise if other business areas had undue influence over the remuneration of staff within control functions should be adequately managed. The need to avoid undue influence is particularly important where staff members from the control functions are embedded in other business areas. However, the views of other business areas should be sought as an appropriate part of the assessment process.

78. Control functions should not be placed in a position where, for example, approving a transaction, making decisions or giving advice on risk and financial control matters could be directly linked to an increase or decrease in their performance-based remuneration.

12 Guidelines on the general requirements on risk alignment

79. The general requirements on risk alignment should be applied by management companies only to the individual remuneration packages of the *identified staff*, but a voluntary management company-wide application is strongly recommended as indicated in Annex II. Management companies should make an assessment on whether these requirements should be applied to the management company as a whole and, if required, be able to demonstrate to competent authorities why they have applied these requirements to the *identified staff* only.

12.1 The general remuneration policy, including the pension policy

80. The long-term strategy of the management company should include the overall business strategy and quantified risk tolerance levels with a multi-year horizon, as well as other corporate values such as compliance culture, ethics, behaviour towards investors of the UCITS it manages, measures to mitigate conflicts of interest etc. The design of the remuneration systems should be consistent with the risk profiles, rules or *instruments* of incorporation of the UCITS the management company manages and with the objectives set out in the strategies of the management company and the UCITS it manages and changes that could be decided in the strategies must be taken into account. Management companies should, therefore, ensure that their remuneration systems are well designed and implemented. This includes, in particular, a proper balance of variable to fixed remuneration, the measurement of performance as well as the structure and, where appropriate, the risk-adjustment of the variable remuneration. Even a smaller or less sophisticated management company should ensure it makes the best possible attempt to align its remuneration policy with its interests and the interests of the UCITS it manages and their investors.

81. When developing their remuneration policy, management companies should give due consideration to how remuneration contributes to the prevention of excessive risk-taking, the efficiency of the management company and the UCITS it manages and the consistency of the remuneration policy with effective risk management.

82. Managers should consider conservative valuation policies and should not ignore concentration risks and risk factors, such as liquidity risk and concentration risk that could place the UCITS that the management company manages under stress at some point in the

future. There are strong incentives not to follow such obligations if the variable part of the remuneration consists predominantly of *instruments* that are paid out immediately, without any deferral or ex post risk adjustment mechanisms (malus or *clawback*), and/or are based on a formula that links variable remuneration to current year revenues rather than risk-adjusted profit.

83. In order to counterbalance the dangers mentioned, risk management elements should be connected to the remuneration policy. When properly structured and implemented, variable remuneration can be an efficient tool to align the staff's interests with the interests of the UCITS that the management company manages. Having regard to the nature, scale and complexity of a management company, alternative approaches exist for connecting risk management elements to a remuneration policy.

12.2 Discretionary pension benefits

84. Remuneration policy should cover all aspects of remuneration including fixed components, variable components, pension terms and other similar specific benefits. The pension policy (the fixed as well as the variable pension payments) should be aligned with the long term interests of the management company and the UCITS it manages.

85. In case of discretionary pension benefits, as part of the variable remuneration, a staff member should not retire or leave the management company with such benefits vested, with no consideration of the economic situation of the UCITS that the management company manages or risks that have been taken by the staff member in the long term.

86. In order to align this specific kind of pension benefits with the economic situation of the UCITS that the management company manages, discretionary pension benefits, where legally possible according to the relevant pension legislation, should be paid in the form of *instruments*.

87. In the context of a retirement, the discretionary pension benefits vested to the staff member should be subject to a five years *retention period*.

88. Where a staff member leaves the management company before retirement, the discretionary pension benefits should not be vested before a period of five years and should be subject to performance assessment and ex post risk adjustment before pay out.

12.3 Severance pay

89. "Golden parachute" arrangements for staff members who are leaving the management company and which generate large payouts without any performance and risk adjustment should be considered inconsistent with the principle in Article 14b(1)(k) of the UCITS Directive. Any such payments should be related to performance achieved over time and designed in a way that does not reward failure. This should not preclude termination payments in situations such as early termination of the contract due to changes in the strategy of the management company or of the UCITS it manages, or in merger and/or takeover situations.

90. Management companies should set up a framework in which severance pay is determined and approved, in line with the management company's general governance structures for employment. The framework should ensure that there is no reward for failure.

91. Management companies should be able to explain to competent authorities the criteria they use to determine the amount of severance pay. It is good practice to defer any outstanding variable payments or long-term incentive plans and for these to mirror the original deferral schemes.

12.4 Personal hedging

92. Staff could be considered to have hedged away the risk of a downward adjustment in remuneration if the staff member enters into a contract with a third party which requires the third party to make payments directly or indirectly to the staff member that are linked to or commensurate with the amounts by which the staff member's variable remuneration has been reduced. The contract could for instance take the form of an option or any other derivative contract or other form of contract which provides any type of hedging for the staff member's variable remuneration.

93. In order to ensure the effectiveness of risk alignment, staff members should not buy an insurance contract which compensates them in the event of a downward adjustment in remuneration. As a general rule, however, this would not prohibit insurance designed to cover personal payments such as healthcare and mortgage instalments (provided that the mortgage coverage concerns health-related circumstances that would render the staff member unable to work in an equivalent position), although each case should be judged on its merits.

94. The requirement not to use personal hedging strategies or insurance to undermine the risk alignment effects embedded in their remuneration arrangements should apply to deferred and retained variable remuneration. Management companies should maintain effective arrangements to ensure that the staff member complies with this requirement.

13 Guidelines on the specific requirements on risk alignment

95. The specific requirements on risk alignment should be applied by management companies only to the individual remuneration packages of the *identified staff*, but management companies may always consider an management company-wide application (or, at least, a "broader than strictly necessary" application) of all or some of the specific requirements. Annex II indicates the specific requirements for which this voluntary management company-wide application is strongly recommended.

13.1 Fully flexible policy on variable remuneration

96. Having a fully-flexible policy on variable remuneration implies not only that variable remuneration should decrease as a result of negative performance but also, that it can go down to zero in some cases. For its practical implementation, it also implies that the fixed remuneration should be sufficiently high to remunerate the professional services rendered, in line with the level of education, the degree of seniority, the level of expertise and skills required, the constraints and job experience, the relevant business sector and region. Individual levels of fixed remuneration should be indirectly impacted by the basic principle on risk alignment.

13.2 Risk alignment of variable remuneration

13.2.1 Risk alignment process

97. To limit excessive risk taking, variable remuneration should be performance-based and risk adjusted. To achieve this aim, an management company should ensure that incentives to take risks are constrained by incentives to manage risk. A remuneration system should be consistent with effective risk management and governances processes within the management company.

13.2.1.1 Performance and risk measurement process

98. Setting up a remuneration system should start by defining the objectives of the management company, the unit, as well the staff and the investment strategy of the UCITS concerned. These objectives should be derived from the business plan of the management company, if any, and should be in line with the risk appetite of the management company and the investment strategy of the UCITS concerned. The performance criteria, which should be used to assess the staff member's achievement of his/her objectives during the *accrual period*, can be directly derived from these objectives. The right to receive the variable remuneration is earned ("awarded") at the end of the *accrual period* or during the *accrual period*, which should be at least one year, but it may be longer. In some cases different *accrual periods* may overlap. If properly designed, the performance assessment links the remuneration with the achievement of the investment strategy of the UCITS concerned and the business plan, if any, or the objectives of the management company. On the contrary, performance criteria which are badly designed can be an incentive for taking too much risk. When assessing performance, only the effective results should be taken into account. Risk alignment during performance measurement can be achieved by using risk adjusted performance criteria or by adjusting performance measures for risk afterwards. The risk adjustment may differ according to the activity of the staff member and the business line or UCITS concerned.

13.2.1.2 Award process

99. After the *accrual period*, the management company should use a specified award process in order to translate performance assessment into the variable remuneration component for each staff member. This should usually be carried out through so-called "pools" of variable remuneration that are first determined and later on allocated. As not all performance and risk measures are suitable to be applied at the level of the management company, the business unit and the staff member, the management company should identify the risks at each level and ensure that a risk correction adequately captures the magnitude and the duration of the risk at each level. This so-called "ex-ante risk adjustment" should adjust remuneration for potential adverse developments in the future.

13.2.1.3 Payout process

100. In order to align the actual payment of remuneration to the holding period recommended to the investors of the UCITS managed by the management company and their investment risks, the variable remuneration should partly be paid upfront (short-term) and partly deferred (long-term). The short-term component should be paid directly after the award and rewards staff for performance delivered in the *accrual period*. The long-term component should be awarded to staff during and after the deferral period. It should reward staff for the sustainability of the performance in the long term, which is the result of decisions taken in the past. Before paying out the deferred part, a reassessment of the performance and, if necessary, a risk adjustment should be required in order to align variable remuneration to risks and errors in the performance and risk assessments that have appeared since the staff members were awarded their variable remuneration component. This so-called ex post risk adjustment should always be necessary, because at the time remuneration is awarded, the ultimate performance cannot be assessed with certainty.

13.2.2 Common requirements for the risk alignment process

13.2.2.1 Time horizon

101. Management companies, when assessing risk and performance, should take into account both current and future risks that are taken by the staff member, the business unit, the UCITS concerned or the management company as a whole. For this exercise, management companies should examine what the impact of the staff member's activities could be on the UCITS they manage and management company's short and long term success. To be able to do so, the management company should align the horizon of risk and performance measurement with the holding period recommended to the investors of the UCITS managed by the management company and their investment risks. The requirement of a management company to assess the performance of its staff in a multi-year framework appropriate to the holding period recommended to the investors of the UCITS managed by the management company implies the *accrual period* and the payout period for short-term and long-term remuneration covering an appropriate period in total.

102. The right balance between accrual and payout periods should depend on the type of UCITS managed by the management company and on the type of business and activity developed by the staff member. However, the use of multi-year *accrual periods* is more prudent since the assessment of the performance can take into account with certainty more risks that have materialized since the beginning of the *accrual period*.

13.2.2.2 Levels of risk and performance measurement

103. Performance-related remuneration should include parameters linked to the risks and performance of the UCITS concerned and of the business unit of the management company in addition to the risks and performance of the individual activities. Thus, the amount of variable remuneration a staff member is eligible for should be determined by his/her individual performance, the performance of his/her business line or the UCITS concerned and the performance of the management company. The relative importance of each level of the performance criteria should be determined beforehand and adequately balanced to take into account the position or responsibilities held by the staff member.

104. To have the greatest impact on staff behaviour, the variables used to measure risk and performance should be linked as closely as possible to the level of the decisions made by the staff member that is subject to the risk adjustment. Performance criteria should include achievable objectives and measures on which the staff member has some direct influence. For example, for senior executives, management companies may design the remuneration policies to include financial measures based on the performance of all the UCITS managed by the management company or the entire management company, or for performance and risks of units, or decisions that were determined by senior executive strategy. In contrast, variables for the manager of a business unit ideally would be for performance and risk of that unit.

13.2.2.3 Quantitative and qualitative measures

105. The risk alignment process should use a mix of quantitative and qualitative approaches (e.g. measurement of performance or risk; setting of the pool and adjustment to risks).

106. Quantitative measures may have some advantages in terms of transparency if they are pre-defined. They can, therefore, influence the behaviour of staff more directly. However, quantitative measures or criteria are not sufficient to measure all risk or performance or to risk adjust remuneration. To complete the measurement and adjustment of risk or performance, management companies should also rely on qualitative approaches.

13.2.2.4 Judgemental measures

107. Whenever judgement is used for a risk and performance measurement or risk adjustment, there should be:

- a clearly written policy outlining parameters and key considerations on which the judgement will be based;
- clear and complete documentation of the final decision regarding risk and performance measurement or risk adjustment;
- involvement of relevant control functions experts;
- appropriate levels of approval obtained, e.g. of the management body or *supervisory function*, or of the remuneration committee; and
- consideration of the personal incentives of the manager making the judgement, e.g. by using scorecards.

108. For both quantitative and qualitative measures, management companies should be prepared to disclose and reproduce any judgmental elements incorporated into their risk alignment process. Management companies should also provide detailed information to the competent authority if the final outcome after applying judgmental measures is significantly different from the initial outcome using pre-defined measures.

13.2.3 Risk measurement

109. Management companies should take into account all risks, whether on or off balance sheet, differentiating amongst risks affecting the management company, the UCITS it manages, business units and individuals. Risk identification and quantification at the UCITS level can be found in the risk management policy that the management company is required to establish, implement and maintain and which identifies all the relevant risks to which the UCITS they manage are or might be exposed to. Management companies should also determine whether measures they are using for risk adjustment include 'difficult-to-measure' risks, such as reputational and operational risk.

110. In order to take into account all material risks, management companies should use the same risk measurement methods as used in the risk management policy established for the UCITS managed by the management company. Furthermore, management companies should also take into account the risks arising from the additional management of AIFs and from the services provided under Article 6(3) of the UCITS Directive.

111. Taking proportionality into account, the risk management calculations should be transparent and the management companies should be able to demonstrate how the risk calculations can be broken down by UCITS and related to the management company's business units and different types of risk positions throughout the organisation. The quality of methods and models used should influence the extent to which a management company should implement a more sophisticated variable remuneration policy based on performance measurements.

13.2.4 Performance measurement

13.2.4.1 Qualitative/Quantitative measures

112. Management companies should use both quantitative (financial) as well as qualitative (non-financial) criteria for assessing individual performance.

113. The appropriate mix of quantitative and qualitative criteria should depend on the tasks and responsibilities of the staff member. In all cases, the quantitative and qualitative criteria and the balance between them should be specified and clearly documented for each level and category of staff.

114. Quantitative measures should cover a period which is long enough to properly capture the risk of the staff member's actions. Examples of quantitative performance measures used in the asset management sector which fulfil the abovementioned provisions are the internal rate of return (IRR), earnings before interest, taxes, depreciation and amortization (EBITDA), Alpha Ratio, absolute and relative returns, Sharpe Ratio and assets raised.

115. In addition to quantitative performance measures, variable remuneration awards should also be sensitive to the staff's performance with respect to qualitative (non-financial) measures. Examples are the achievement of strategic targets, investor satisfaction, adherence to risk management policy, compliance with internal and external rules, leadership, management, team work, creativity, motivation and cooperation with others business units and with control functions. Such determined qualitative criteria could rely on compliance with risk control measures such as limits and audit results. Negative non-financial performance, in particular unethical or non-compliant behaviour, should override any good financial performance generated by a staff member and should diminish the staff member's variable remuneration.

13.2.4.2 Relative/absolute and internal/external measures

116. Absolute performance measures are measures set by the management company on the basis of its own strategy, which includes the risk profile and risk appetite of the management company and of the UCITS it manages, as further developed down through the chain of business levels. Such measures help to minimize the risk that remuneration is awarded that is not justifiable by the management company's or UCITS' performance. They also tend to create long term incentives. However, it may be difficult to calibrate absolute performance measures, especially for new entrants or for new kinds of financial activities (with difficult-to-measure risks) linked to the management of UCITS.

117. Relative performance measures are measures that compare performance with peers, either 'internal' peers (i.e. within the organization) or 'external' (similar management companies). Relative performance measures are easier to set because the benchmark is readily available. However, such measures pose the risk that variable remuneration that is not supported by long-term success of the business unit or the management company or the UCITS it manages will be paid out anyway. In a period of sector wide positive financial performances, it could lead to 'raising the bid' and/or 'herd' mentality, providing incentives to take on excessive risk. In a downturn economic cycle where most management companies and UCITS may perform poorly, relative measures may nonetheless lead to positive outcomes (and thus to an insufficient contraction of the management company's total variable remuneration) even if absolute performance has deteriorated compared to previous periods.

118. Internal (e.g. profits) and external (e.g. share price) variables come with both advantages and disadvantages that should be balanced carefully. Internal performance measures are able to generate more involvement of the staff members if they can influence the outcome by their own behaviour. This is especially true if the performance measures are fixed at the level of the business unit (rather than on the management company-wide level). Furthermore, it is easier to introduce risk adjustment features for internal measures, because the link with in-house risk management techniques is more readily available. On the other hand, such measures can be manipulated and can create distorted outcomes on a short-term basis. External performance measures are less subject to this danger of manipulation, although attempts to artificially increase the stock price (probably only relevant for top executives) may still occur.

13.3 Award process

13.3.1 Setting and allocation of pools

119. Management companies should adopt a documented policy for the award process and ensure that records of the determination of the overall variable remuneration pool are maintained.

13.3.2 The risk adjustment in the award process

120. In determining remuneration pools or individual awards, management companies should consider the full range of current and potential (unexpected) risks associated with the activities undertaken. Performance measures used in setting the remuneration pool may not fully or adequately capture risks undertaken, thus, ex-ante adjustments should be applied to ensure that the variable remuneration is fully aligned with the risks undertaken. Management companies should establish whether the risk adjustment criteria they are using take into consideration severe risks or stressed conditions.

121. Management companies should determine to what level they are able to risk adjust their variable remuneration calculations quantitatively – whether to the business unit level or further down the line such as to a trading desk level, if any, or even to an individual level. Management companies should determine the level of granularity that is suitable for each level.

13.3.2.1 Quantitative ex ante risk adjustment

122. In order to have a sound and effective remuneration scheme, management companies should use a number of different quantitative measures for their risk adjustment process. Normally, these measures should be based on an overarching risk adjustment framework.

123. When measuring the profitability of the management company and its business units as well as the UCITS it manages, the measurement should be based on net revenue where all direct and indirect costs related to the activity are included. Management companies should not exclude IT costs, research costs, legal fees, marketing costs, and costs for outsourced activities. Management companies should make sure that remuneration pools are not being "back-fitted" to meet remuneration demands.

124. The quantitative ex-ante risk adjustments made by management companies should largely rely on existing measures within the management companies, generally used for other risk management purposes. As a result, the limitations and potential issues related to these measures should also be relevant for the remuneration process. The risk adjustments used should benefit from the experience gained when dealing with these risks in other contexts and should be challenged like any other component of the risk management process.

13.3.2.2 Qualitative measures for ex-ante risk adjustment

125. Qualitative risk elements should be considered by management companies. Qualitative ex-ante adjustments could take place while setting management company-wide and business unit remuneration pools or when determining or allocating individuals' remuneration. Qualitative ex-ante risk adjustments are common at pool and individual levels, contrary to quantitative adjustments which tend to be mostly observed only at the pool level.

126. Management companies make qualitative risk adjustments when allocating/determining individuals' remuneration through assessments that may explicitly include risk and control considerations such as compliance breaches, risk limit breaches and internal control breakdowns (e.g. based on internal audit results).

13.4 Pay-out process

13.4.1 Non-deferred and deferred remuneration

127. Although remuneration is aligned through ex-ante risk adjustments, due to uncertainty, ex-post risk adjustments should be put in place to keep incentives fully aligned. This can only be done if part of the remuneration has been deferred.

128. A deferral schedule is defined by different components: (a) the time horizon of the deferral, (b) the proportion of the variable remuneration that is being deferred, (c) the speed at which the deferred remuneration vests (vesting point), (d) the time span from accrual until the payment of the first deferred amount and (e) the form of the deferred variable remuneration. Management companies can differentiate their deferral schedules by varying these five components. A stricter than necessary application for one component may influence the supervisory scrutiny for another component. In any case, the way in which a management company combines these components should lead to a meaningful deferral schedule, in which the long-term risk alignment incentives are clear.

13.4.1.1 Time horizon and vesting

129. The deferral period always starts at the moment the upfront part of the variable remuneration is paid out and can be coupled either to cash variable remuneration or variable remuneration in *instruments*. It ends when the last variable remuneration has vested. The minimum deferral period is three years. Management companies should set the deferral period which should be calculated on the basis of the holding period recommended to the investors of the UCITS and depending on the potential impact of the staff on the risk profile of the UCITS. The actual deferral period should be further tailored to the responsibilities and tasks performed by the staff and expected fluctuations in the value of the assets of the UCITS, which in many cases will imply longer time horizons.

The management company should consider longer deferral periods for at least members of the management body.

13.4.1.2 Vesting point

130. Pro rata vesting (or payment) means that for a deferral period of, for example, three years one-third of the deferred remuneration vests at the end of each of the years n+1, n+2 and n+3, , where 'n' is the moment at which performance is measured to determine the variable remuneration. Annex III includes a diagram showing an example of a pro rata spreading for a deferral scheme in which 60% of the variable remuneration is deferred (first diagram).

131. In any case, vesting should not take place more frequently than on a yearly basis (e.g. not every six months).

13.4.1.3 Proportion to be deferred

132. The proportion of the variable remuneration that should be deferred ranges from 40 to 60 %, depending on the impact the staff member (or category of staff) can have on the risk profile of the UCITS managed by the management company and the responsibilities and tasks performed, and depending on the amount of variable remuneration. If management companies decide to determine the proportion that is being deferred by a cascade of absolute amounts (rather than percentages of the total variable remuneration - e.g. part between 0 and 100: 100% upfront, part between 100 and 200: 50% upfront and rest is deferred, part above 200: 25% upfront and rest is deferred ...), on an average weighted basis, such management companies should respect the 40 to 60 % threshold.

13.4.1.4 Time span between end of accrual and vesting of deferred amount

133. In order to ensure a proper assessment of the performance outcome and, thus, to undertake a proper ex-post risk adjustment, the first deferred portion should not be paid out too soon after the *accrual period*. For the deferral to be really effective with regard to the staff's incentives, the first amount should not vest sooner than 12 months after the accrual.

13.4.2 Cash vs. *instruments*

13.4.2.1 Types of *instruments*

134. Staff should only be remunerated using *instruments* if it does not trigger interest misalignment or encourage risk-taking which is inconsistent with the risk profiles, rules or *instruments* of incorporation of the relevant UCITS. A misalignment of interests might arise in relation to *identified staff* that are not directly involved in investment management. Rewarding those individuals with *instruments* of UCITS might represent a conflict of interest with their duty to perform independently their functions relating to those UCITS.

135. For management companies managing several UCITS, in order to align the interests of the *identified staff* with those of the relevant UCITS, when possible according to the organisation of the management company and the legal structure of the managed UCITS, the *identified staff* should receive *instruments* related mainly to the UCITS in relation to which they perform their activities, provided that no excessive concentration in the holding

of the *instruments* – facilitating an excessive risk-taking by the *identified staff* – is created. E.g. if one member of the staff of a management company which manages three UCITS (x, y and z) performs his/her activities for UCITS x only, in principle that member of the staff should receive *instruments* related mainly to UCITS x; however, should the application of such principle lead to a situation where the *identified staff* has too strong an interest in the UCITS for which they perform their activities, the management company should consider enlarging the spectrum of *instruments* paid in order to prevent an excessive risk-taking from the *identified staff* in relation to the relevant UCITS.

136. The availability of *instruments* is dependent on the legal structure of the UCITS concerned and their fund rules or *instruments* of incorporation. For UCITS in the legal form of a corporate fund, shares or share-linked *instruments* should be able to align the interests of the investors and staff. Share-linked *instruments* are those whose value is based on a market value appreciation of the stock and that have the share price as a reference point, e.g. stock appreciation rights, types of synthetic shares. Without prejudice to the guidance in paragraphs 135 and 136, where it is appropriate to ensure a better alignment of interest with investors, it may be possible to remunerate the *identified staff* with non-cash *instruments* whose performance is correlated with the performance of the portfolios they manage, provided that these *instruments* feature equally effective incentives as any of the *instruments* referred to in Article 14b(1)(m) of the UCITS Directive.

137. For UCITS which are common funds, *instruments* should consist of units of the UCITS concerned, or equivalent ownership interests; for many of these UCITS, share-linked *instruments* are not an option due to their legal form.

138. Neither dividends nor interest should be paid on *instruments* before vesting.

13.4.2.2 Retention policy

139. A retention policy should be determined by the management company in the remuneration policy. The management company should be able to explain how the retention policy relates to other risk alignment measures in the total remuneration policy and should explain whether and how they differentiate between *instruments* paid upfront and deferred *instruments*.

140. *Retention periods*, as the most important element of the retention policy, should be coupled with the vesting of *instruments*. The *retention period* is independent from the deferral period. This means that, in order to meet the requirement of a minimum *deferral period* of three years, the *retention period* counts for nothing. The *retention period* can last for a shorter or longer period than the *deferral period* applied to the *instruments* that are not paid up front.

141. In the case of upfront *instruments*, *retention periods* are the only mechanism available to emphasize the difference between cash paid upfront and *instruments* awarded upfront in order to align incentives with the longer-term interests of the management company and the UCITS it manages and the investors of such UCITS.

142. In the case of deferred *instruments*, the *retention periods* come after every vested portion (the second diagram in Annex III illustrates these concepts). Competent authorities may determine whether the *retention periods* proposed by the management company are sufficient and appropriate.

143. The minimum *retention period* should be sufficient to align incentives with the longer term interests of the management company, of the UCITS it manages and of their investors. Different factors may tend to suggest that this period could be longer or shorter.

Longer *retention periods* should be applied for staff with the most material impact on the risk profile of the management company and the UCITS it manages.

144. It is possible that a *retention period* lasts for a shorter period than the deferral period applied to the *instruments* that are not paid up front. However, as an example of proportionality, for their most senior staff, large and complex management companies should consider the use of a *retention period* for upfront paid *instruments* that goes beyond the deferral period for the deferred *instruments*.

145. *Instruments* should be valued on the date of the award (at the end of the *accrual period*) of these *instruments*. This value is the basis for the determination of the initial number of *instruments* and for later ex-post adjustments to the number of *instruments*.

146. The upfront payment of *instruments*, even with a minimum *retention period* of, for example, three years, is not equivalent to deferred *instruments*. Deferred *instruments* are subject to an ex-post risk adjustment due to the back-testing of the underlying performance, possibly leading to a reduction in the number of *instruments* that will eventually be paid out (second diagram in Annex III).

13.4.2.3 Minimum portion of *instruments* and their distribution over time

147. The requirement in Article 14b(1)(m) of the UCITS Directive to apply the minimum of 50% (where applicable) to both the portion of the variable remuneration component that is deferred and the portion of the variable remuneration component not deferred means that the 50% minimum threshold for *instruments* should be applied equally to the non-deferred and the deferred part; in other words, management companies should apply the same chosen ratio between *instruments* and cash for their total variable remuneration to both the upfront and deferred part.

Examples:

- Good practice: For a certain category within its *identified staff*, a management company establishes a 50 *instruments* / 50 cash ratio for the variable remuneration, combined with a 60% deferral schedule (that is, 40% is non-deferred variable remuneration). This results in an upfront payment in *instruments* of 20 (i.e. 50% of 40) and 20 in cash. The deferred part consists of 30 in *instruments* and 30 in cash.
- Good practice: For a certain category within its *identified staff*, a management company establishes a 70 *instruments* / 30 cash ratio for the variable remuneration, combined with a 40% deferral schedule (that is, 60% is non-deferred variable remuneration). This results in an upfront payment in *instruments* of 42 (i.e. 70% of 60) and 18 in cash. The deferred part consists of 28 in *instruments* and 12 in cash.
- Poor practice: If for a certain category within its *identified staff*, a management company were to establish a 50 *instruments* / 50 cash ratio for the variable remuneration, combined with a 40 % deferral scheme, the management company cannot decide to pay 50 in cash up front and 10 in *instruments*, leading to a deferred pay out of 40 in *instruments*.
- Poor practice: If for a certain category within its *identified staff*, a management company were to establish a 70 *instruments* / 30 cash ratio for the variable remuneration, combined with a 50% deferral scheme, the management company cannot decide to pay 50 upfront in *instruments* and 0 in cash, leading to a deferred pay out of 20 in *instruments* and 30 in cash.

148. The second diagram in Annex III provides an example of this equal distribution of *instruments* over the non-deferred and deferred parts of remuneration.

149. For the purposes of the requirement to pay at least 50% of variable remuneration in *instruments* unless the management of UCITS accounts for less than 50% of the total portfolio managed by the management company, the 50% threshold should be based on the total net asset value of all the UCITS managed by the management company. For the purposes of the same requirement, the total portfolio managed by the management company should be the portfolios collectively and individually managed by the management company under its authorisation under the UCITS Directive and its authorisation under the AIFMD, if any.

13.4.3 Ex post incorporation of risk for variable remuneration

13.4.3.1 Explicit ex-post risk adjustments

150. An "ex-post risk adjustment" should imply that once an initial variable remuneration component has been awarded to the staff member, and an upfront part has already been paid, the management company is still able to adjust, by way of a reduction, the variable remuneration as time goes by and the outcomes of the staff member's actions materialize.

151. An ex-post risk adjustment is an explicit risk alignment mechanism through which the management company itself adjusts remuneration of the staff member by means of malus or *clawback* clauses (e.g. by lowering cash remuneration or by awarding a lower number of *instruments*). Ex-post risk adjustment should always be performance-related: techniques that are, for example, based on the amount of dividends or the evolution of the share price are not sufficient because the link to the performance of a staff member is not sufficiently direct. Therefore, ex-post risk adjustments are frequently also called "performance adjustments" because they are a response to the actual risk outcomes of the staff member's actions. Performance measures taken at this stage should allow the management company to perform an analysis (similar to back testing) as to whether its initial ex-ante risk adjustment was correct. Management companies should ensure there is a link between the initial performance measurement and the back-testing. Thus, the extent to which an ex-post risk adjustment is needed depends on the quality (accuracy) of the ex-ante risk adjustment.

152. The effect of maluses should not be inflated by paying out artificially high interest (above market rates) on the cash deferred parts to the staff member. Maluses operate by affecting the vesting point and cannot operate after the end of the deferral period. Furthermore, *clawback* can be a method for achieving an ex-post risk adjustment on variable remuneration.

153. Management companies may utilize specific criteria whereby malus (to both the cash portion and the *instruments* portion of deferred remuneration) and *clawbacks* would apply. Such criteria should, for example, include:

a. evidence of misbehaviour or serious error by the staff member (e.g. breach of code of conduct, if any, and other internal rules, especially concerning risks);
b. whether the UCITS and/or the management company and/or the business unit subsequently suffers a significant downturn in its financial performance (specific indicators should be used);
c. whether the UCITS and/or the management company and/or the business unit in which the staff member works suffers a significant failure of risk management;
d. significant changes in the management company's overall financial situation.

154. A *clawback* should typically operate in the case of established fraud or misleading information. Where applicable, management companies should include *clawback* clauses in addition to these cases e.g. for remuneration received in breach of the UCITS Directive and/or these guidelines.

155. Ex-post risk adjustment could be based on both quantitative measures and informed judgment.

156. To have the greatest impact on staff's incentives, the variables should measure outcomes as close as possible to the level of the decisions made by the staff member that is subject to the ex-post explicit adjustment. For example, variables for senior executives probably should be for outcomes for the management company as a whole, or for outcomes of units or decisions that were determined by senior executive strategy. In contrast, variables for the head responsible for a business unit ideally would reflect outcomes of that unit.

13.4.3.2 Implicit adjustments

157. When the variable remuneration takes the form of *instruments*, the final payout to the staff member will depend partly on market prices due to fluctuations during the deferral or *retention period*. This implicit adjustment of remuneration is not related to any explicit decision of the management company, but is inherent to the form that is used for paying out. Under no circumstances should the evolution of the net asset value of the UCITS or, for listed UCITS, the evolution of the share price be considered sufficient as a form of ex-post risk adjustment. There should always be a form of explicit risk adjustment on the initiative of the management company. For non-senior staff in particular, there may be no direct relation between their decisions and the value of the UCITS.

158. A *retention period* on its own can never be sufficient to design an ex-post risk adjustment for *instruments* and should not be a substitute for a longer deferral period.

13.4.3.3 Possibility of upward revisions

159. The market price of *instruments* can go up, so implicitly they are subject to movements in their value in both directions.

160. Under no circumstances should the explicit ex- post risk adjustment (both for cash and *instruments*) lead to an increase of the deferred part.

14 Guidelines on disclosure

14.1 External disclosure

14.1.1 Specific and general requirements on disclosure

161. Management companies should consider the additional disclosure on remuneration required under paragraph (8) of the Recommendation, to the extent that the latter may also be relevant to them. Management companies should have the flexibility to disclose the information mentioned in the Recommendation through an independent remuneration policy statement, a periodic disclosure in the annual report or any other form. In all cases, however, the management company should ensure that the disclosure is clear and easily understandable and accessible.

162. Without prejudice to confidentiality and applicable data protection legislation, management companies should disclose detailed information regarding their remuneration

policies and practices for members of staff whose professional activities have a material impact on the risk profile of the UCITS the management company manages.

163. The Recommendation's remuneration disclosures may be made on a proportionate basis and the overall remuneration proportionality principle will apply to the type and amount of information disclosed. Small or non-complex management companies/UCITS should only be expected to provide some qualitative information and very basic quantitative information where appropriate. In practice, this could mean that such management companies/UCITS are not expected to provide all the information under paragraph (8) of the Recommendation. Management companies should disclose how they have applied proportionality.

164. The disclosure should be published on at least an annual basis and as soon as practicable after the information becomes available.

14.1.2 Policy and practices

165. The disclosure report should set out the decision-making process used to determine the remuneration policy for the individuals to which it applies. This may include the governance procedure relating to the development of the remuneration policy and should include information about the bodies (including their composition and mandate), such as the remuneration committee or external consultants, which played a significant role in the development of the remuneration policy. Management companies should outline the role of all relevant stakeholders involved in the determination of the remuneration policy. Additionally, the disclosure should include a description of the regional scope of the management company's remuneration policy, the types of staff considered as material risk takers and the criteria used to determine such staff.

166. The report should include information on how pay and performance are linked. Such information should include a description of the main performance metrics used for: the management company, top-level business lines, and for individuals (i.e. scorecards). Management companies should disclose information relating to the design and structure of remuneration processes, such as the key features and objectives of the remuneration policy and how the management company ensures that staff members in control functions are remunerated independently of the businesses they oversee. The report should also include a description of the different forms of variable remuneration used (i.e. cash, equity, options, other capital *instruments*, and long-term incentive plans) and should include the rationale for using these different forms and for allocating them to different categories of staff. Additionally, the report should include a discussion of the parameters used to allocate deferred and non-deferred remuneration for different staff categories.

167. Disclosure reports should describe how the management company takes into account current and future risks to which they are exposed when implementing remuneration methodologies and what these risks are. Also, management companies should describe the measures used to take account of these risks and the ways in which these measures affect remuneration. In addition, management companies should disclose the ways in which they seek to adjust remuneration to take account of longer-term performance - as in the management company's policy on deferral, vesting and performance adjustment.

168. The quantitative (financial) as well as qualitative (non-financial) criteria used by management companies for assessing individual performance which are relevant for determining the remuneration policies and practices and are described under Section 13.2.4.1 (Qualitative/Quantitative measures) should also be disclosed in the disclosure reports.

169. The disclosure should be produced and owned by the *management body* that has the ultimate sign-off on remuneration decisions.

14.2 Internal disclosure

170. The remuneration policy of a management company should be accessible to all staff members of that management company. Management companies should ensure that the information regarding the remuneration policy disclosed internally reveals at least the details which are disclosed externally. Therefore, according to the size, internal organisation and the nature, scope and complexity of the activities of the management company, the information provided to staff members might contain some of the elements listed in Section III (Disclosure) of the *Recommendation*. The staff members should know in advance the criteria that will be used to determine their remuneration. The appraisal process should be properly documented and should be transparent to the member of staff concerned. Confidential quantitative aspects of the remuneration of staff members should not be subject to internal disclosure.

Annex I
Correlation table Recommendation/UCITS Directive

	Recommendation	UCITS Directive
1.	Section II, par. 3.1.	Art. 14b(1)(a)
2.	Section II, par. 3.2. and 6.1.	Art. 14b(1)(b)
3.	Section II, par. 6.2.	Art. 14b(1)(c)
4.	Section II, par. 6.5.	Art. 14b(1)(d)
5.	Section II, par. 6.6.	Art. 14b(1)(e)
6.	Section II, par. 5.1. and 5.4.	Art. 14b(1)(g)
7.	Section II, par. 5.2.	Art. 14b(1)(h)
8.	Section II, par. 4.1. and 4.2.	Art. 14b(1)(j)
9.	Section II, par. 4.5.	Art. 14b(1)(k)
10.	Section II, par. 5.3.	Art. 14b(1)(l)
11.	Section II, par. 4.4.	Art. 14b(1)(m)
12.	Section II, par. 4.3.	Art. 14b(1)(n)
13.	Section II, par. 6.4.	Art. 14b(4)

Annex II
Mapping of the remuneration principles included in the UCITS Directive

	UCITS Directive requirements - Article 14b	**Paragraphs of these Guidelines relating to the relevant requirement**	**Scope**
Art. 14b(1)(a)	the remuneration policy is consistent with and promotes sound and effective risk management and does not encourage risk taking which is inconsistent with the risk profiles, rules or *instruments* of incorporation of the UCITS that the management company manages;	80 – 83	Only to the *identified staff*, but management company-wide strongly recommended and management companies, if required, should be able to demonstrate why the applied the requirement to the *identified staff* only
Art. 14b(1)(b)	the remuneration policy is in line with the business strategy, objectives, values and interests of the management company and the UCITS that it manages and of the investors in such UCITS, and includes measures to avoid conflicts of interest;	80 – 83 40 – 53	Paragraphs 80 – 83 → Only to the *identified staff*, but management company-wide strongly recommended and management companies, if required, should be able to demonstrate why the applied the requirement to the *identified staff* only Paragraphs 40 – 53 → management company-wide obligatory
Art. 14b(1)(c)	the remuneration policy is adopted by the management body of the management company in its *supervisory function*, and that body adopts, and reviews at least annually, the general principles of the remuneration policy and is responsible for, and oversees, their implementation; the tasks	40 – 53	Management company-wide obligatory

	referred to in this point shall be undertaken only by members of the management body who do not perform any executive functions in the management company concerned and who have expertise in risk management and remuneration;		
Art. 14b(1)(d)	the implementation of the remuneration policy is, at least annually, subject to central and independent internal review for compliance with policies and procedures for remuneration adopted by the management body in its *supervisory function*;	50 – 53	Management company-wide obligatory
Art. 14b(1)(e)	staff engaged in control functions are compensated in accordance with the achievement of the objectives linked to their functions, independently of the performance of the business areas that they control;	72 – 78	Management company-wide obligatory
Art. 14b(1)(f)	the remuneration of the senior officers in the risk management and compliance functions is directly overseen by the remuneration committee, where such a committee exists;	72 – 78	Management company-wide obligatory
Art. 14b(1)(g)	where remuneration is performance-related, the total amount of remuneration is based on a combination of the assessment as to the performance of the individual and of the business unit or UCITS concerned and as to their risks and of the overall;	103 – 108 112 – 115	Only to the *identified staff*, but management company-wide strongly recommended

	results of the management company when assessing individual performance, taking into account financial and non-financial criteria		
Art. 14b(1)(h)	the assessment of performance is set in a multi-year framework appropriate to the holding period recommended to the investors of the UCITS managed by the	101 – 103 129 – 133	Only to the *identified staff*, but voluntary management company-wide application is always possible management company in order to ensure that the assessment process is based on the longer-term performance of the UCITS and its investment risks and that the actual payment of performance-based components of remuneration is spread over the same period ;
Art. 14b(1)(i)	guaranteed variable remuneration is exceptional, occurs only in the context of hiring new staff and is limited to the first year of engagement;	None	Management company-wide obligatory
Art. 14b(1)(j)	fixed and variable components of total remuneration are appropriately balanced and the fixed component represents a sufficiently high proportion of the total remuneration to allow the operation of a fully flexible policy on variable remuneration components, including the possibility to pay no variable remuneration component;	96	Only to the *identified staff*, but management company-wide strongly recommended

Art. 14b(1)(k)	payments related to the early termination of a contract reflect performance achieved over time and are designed in a way that does not reward failure;	89 – 91	Only to the *identified staff*, but management company-wide strongly recommended and management companies, if required, should be able to demonstrate why the applied the requirement to the *identified staff* only
Art. 14b(1)(l)	the measurement of performance used to calculate variable remuneration components or pools of variable remuneration components includes a comprehensive adjustment mechanism to integrate all relevant types of current and future risks;	109 – 111 119 – 126	Only to the *identified staff*, but management company-wide strongly recommended
Art. 14b(1)(m)	subject to the legal structure of the UCITS and its fund rules or *instruments* of incorporation, a substantial portion, and in any event at least 50 %, of any variable remuneration component consists of units of the UCITS concerned, equivalent ownership interests, or share-linked *instruments* or equivalent non-cash *instruments* with equally effective incentives as any of the *instruments* referred to in this point, unless the management of the UCITS accounts for less than 50 % of the total portfolio managed by the management company, in which case the minimum of 50 % does not apply.	134 – 149	Only to the *identified staff*, but voluntary management company-wide application is always possible

	The *instruments* referred to in this point shall be subject to an appropriate retention policy designed to align incentives with the interests of the management company and the UCITS that it manages and the investors of such UCITS. Member States or their competent authorities may place restrictions on the types and designs of those *instruments* or ban certain *instruments* as appropriate. This point shall be applied to both the portion of the variable remuneration component deferred in line with point (n) and the portion of the variable remuneration component not deferred;		
Art. 14b(1)(n)	a substantial portion, and in any event at least 40 %, of the variable remuneration component, is deferred over a period which is appropriate in view of the holding period recommended to the investors of the UCITS concerned and is correctly aligned with the nature of the risks of the UCITS in question. The period referred to in this point shall be at least three years; remuneration payable under deferral arrangements vests no faster than on a pro-rata basis; in the case of a variable remuneration	127 – 133	Only to the *identified staff*, but voluntary management company-wide application is always possible

	component of a particularly high amount, at least 60 % of the amount shall be deferred;		
Art. 14b(1)(o)	the variable remuneration, including the deferred portion, is paid or vests only if it is sustainable according to the financial situation of the management company as a whole, and justified according to the performance of the business unit, the UCITS and the individual concerned. The total variable remuneration shall generally be considerably contracted where subdued or negative financial performance of the management company or of the UCITS concerned occurs, taking into account both current compensation and reductions in payouts of amounts previously earned, including through malus or *clawback* arrangements;	36 – 38 119 – 126 150 – 160	Only to the *identified staff*, but voluntary management company-wide application is always possible
Art. 14b(1)(p)	the pension policy is in line with the business strategy, objectives, values and long-term interests of the management company and the UCITS that it manages. If the employee leaves the management company before retirement, discretionary pension benefits shall be held by the management company for a period of five years	80 – 88	Only to the *identified staff*, but management company-wide strongly recommended and management companies, if required, should be able to demonstrate why the applied the requirement to the *identified staff* only

	in the form of *instruments* defined in point (m). In the case of an employee reaching retirement, discretionary pension benefits shall be paid to the employee in the form of *instruments* defined in point (m), subject to a five-year *retention period*;		
Art. 14b(1)(q)	staff are required to undertake not to use personal hedging strategies or remuneration- and liability-related insurance to undermine the risk alignment effects embedded in their remuneration arrangements;	92 – 94	Only to the *identified staff*, but management company-wide strongly recommended and management companies, if required, should be able to demonstrate why the applied the requirement to the *identified staff* only
Art. 14b (1)(r)	variable remuneration is not paid through vehicles or methods that facilitate the avoidance of the requirements laid down in this Directive.	14 – 17	Management company-wide obligatory
Art. 14b(2)	In accordance with Article 35 of Regulation (EU) No 1095/2010, ESMA may request information from competent authorities on the remuneration policies and practices referred to in Article 14a of this Directive. ESMA shall, in close cooperation with EBA, include in its guidelines on remuneration policies provisions on how different sectoral remuneration principles, such as those set out in Directive	30 – 35	

	2011/61/EU of the European Parliament and of the Council and in Directive 2013/36/EU of the European Parliament and of the Council, are to be applied where employees or other categories of personnel perform services subject to different sectoral remuneration principles.		
Art. 14b(3)	The principles set out in paragraph 1 shall apply to any benefit of any type paid by the management company, to any amount paid directly by the UCITS itself, including performance fees, and to any transfer of units or shares of the UCITS, made for the benefit of those categories of staff, including senior management, risk takers, control functions and any employee receiving total remuneration that falls into the remuneration bracket of senior management and risk takers, whose professional activities have a material impact on their risk profile or the risk profiles of the UCITS that they manage.	11 – 21	Management company-wide obligatory
Art. 14b(4)	Management companies that are significant in terms of their size or of the size of the UCITS they manage, their internal organisation and the nature, scope and complexity of their activities shall establish a remuneration committee. The	54 – 66	Management company-wide obligatory

	remuneration committee shall be constituted in a way that enables it to exercise competent and independent judgment on remuneration policies and practices and the incentives created for managing risk. The remuneration committee that is, where appropriate, set up in accordance with the ESMA guidelines referred to in Article 14a(4) shall be responsible for the preparation of decisions regarding remuneration, including those which have implications for the risk and risk management of the management company or the UCITS concerned and which are to be taken by the management body in its *supervisory function*. The remuneration committee shall be chaired by a member of the management body who does not perform any executive functions in the management company concerned. The members of the remuneration committee shall be members of the management body who do not perform any executive functions in the management company concerned. If employee representation on the management body is provided for by		

	national law, the remuneration committee shall include one or more employee representatives. When preparing its decisions, the remuneration committee shall take into account the long-term interest of investors and other stakeholders and the public interest.		

Annex III
Schematic overview of some deferral mechanisms

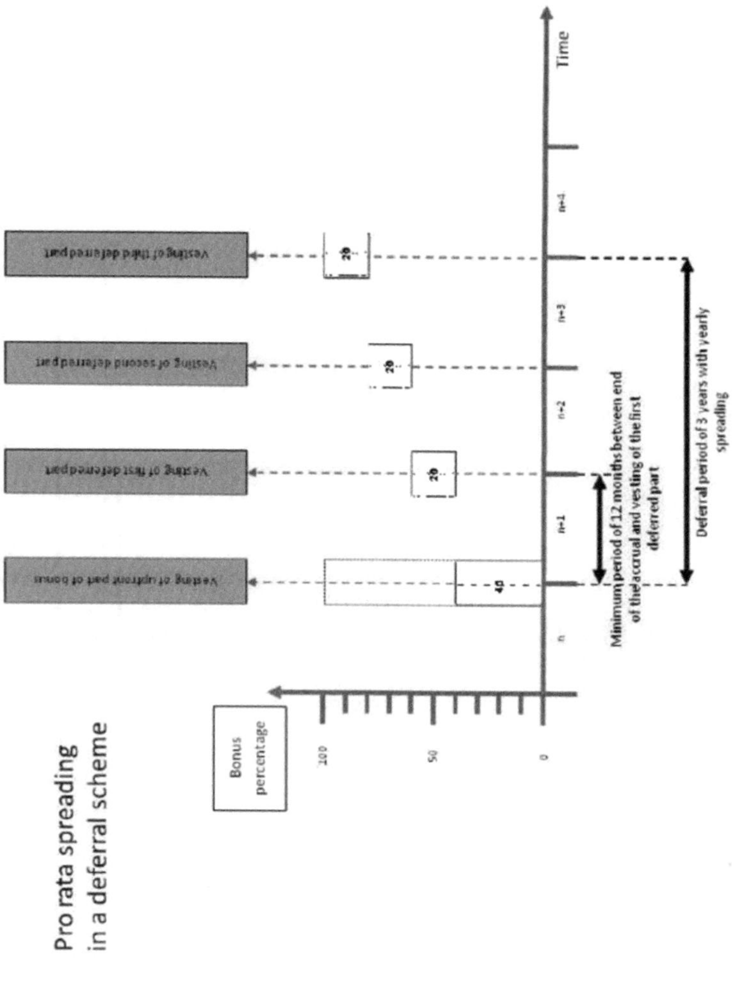

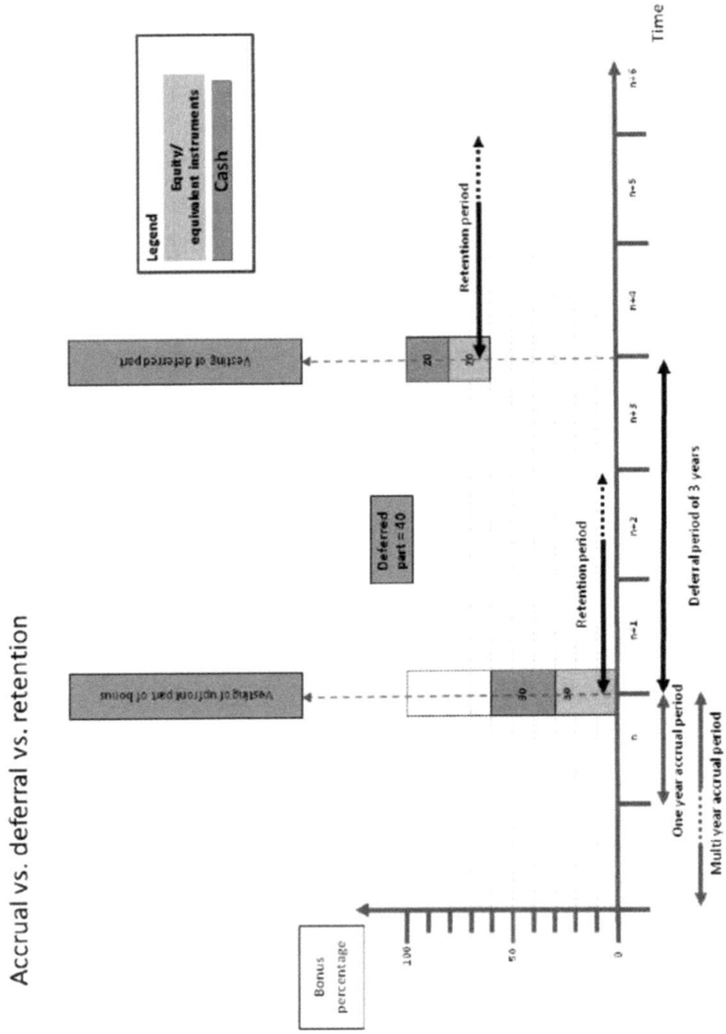

Accrual vs. deferral vs. retention
Legend
Equity/ equivalent instruments
Cash
Bonus percentage
100
50
0
Vesting of upfront part of bonus
30
30
Retention period
Deferred part = 40
Vesting of deferred part
20
20
Retention period
n
n+1
n+2
n+3
n+4
n+5
n+6
Time
One year accrual period
Multi year accrual period
Deferral period of 3 years

16.5. Sonstige Dokumente

Hilfreiche weitere Dokumente zum OGAW-Rahmenwerk finden sich auf der:

Website von ESMA
https://www.esma.europa.eu/
https://www.esma.europa.eu/regulation/fund-management

Website der Europäischen Kommission
http://ec.europa.eu/finance/index_de.htm
http://ec.europa.eu/finance/investment/index_de.htm

Website der Finanzmarktaufsicht (FMA)
https://www.fma.gv.at/
https://www.fma.gv.at/investmentfonds-und-verwaltungsgesellschaften/

17. AIFM-Rahmenwerk

17.1. Richtlinie 2011/61/EU des Europäischen Parlaments und des Rates

vom 8. Juni 2011

über die Verwalter alternativer Investmentfonds und zur Änderung der Richtlinien 2003/41/EG und 2009/65/EG und der Verordnungen (EG) Nr. 1060/2009 und (EU) Nr. 1095/2010

(Text von Bedeutung für den EWR)

DAS EUROPÄISCHE PARLAMENT UND DER RAT DER EUROPÄISCHEN UNION –

gestützt auf den Vertrag über die Arbeitsweise der Europäischen Union, insbesondere auf Artikel 53 Absatz 1,

auf Vorschlag der Europäischen Kommission,

nach Stellungnahme der Europäischen Zentralbank ([1]),

nach Stellungnahme des Europäischen Wirtschafts- und Sozialausschusses ([2]),

gemäß dem ordentlichen Gesetzgebungsverfahren ([3]),

in Erwägung nachstehender Gründe:

(1) Die Verwalter alternativer Investmentfonds (alternative investment funds managers – AIFM) verwalten einen erheblichen Teil aller investierten Vermögenswerte in der Union, sind in beträchtlichem Umfang am Handel auf den Märkten für Finanzinstrumente beteiligt und können die Märkte und Unternehmen, in die sie investieren, erheblich beeinflussen.

(2) Auch wenn die Märkte, auf denen AIFM operieren, zumeist von deren Tätigkeit profitieren, haben die jüngsten Schwierigkeiten auf den Finanzmärkten doch gezeigt, wie die Geschäfte von AIFM auch dazu beitragen können, Risiken über das Finanzsystem zu verbreiten oder zu verstärken. Unkoordinierte nationale Maßnahmen erschweren ein wirksames Management dieser Risiken. Diese Richtlinie zielt daher darauf ab, gemeinsame Anforderungen für die Zulassung von und Aufsicht über AIFM festzulegen, um für die damit zusammenhängenden Risiken und deren Folgen für Anleger und Märkte in der Union ein kohärentes Vorgehen zu gewährleisten.

(3) Die jüngsten Schwierigkeiten auf den Finanzmärkten haben gezeigt, dass viele Anlagestrategien der AIFM für Anleger, andere Marktteilnehmer und Märkte mit einigen oder mehreren bedeutenden Risiken verbunden sein können. Zur Erreichung umfassender gemeinsamer Aufsichtsregelungen muss ein Rahmen geschaffen werden, mit dem diesen Risiken unter Berücksichtigung der Verschiedenartigkeit der Anlagestrategien und -techniken seitens der AIFM entgegengewirkt werden kann. Diese Richtlinie sollte daher für AIFM gelten, die das gesamte Spektrum der nicht unter die Richtlinie 2009/65/EG des Europäischen Parlaments und des Rates vom 13. Juli 2009 zur Koordinierung der Rechts- und Verwaltungsvorschriften betreffend bestimmte Organismen für gemeinsame Anlagen

---

1 ABl. C 272 vom 13.11.2009, S. 1.

2 ABl. C 18 vom 19.1.2011, S. 90.

3 Standpunkt des Europäischen Parlaments vom 11. November 2010 (noch nicht im Amtsblatt veröffentlicht) und Beschluss des Rates vom 27. Mai 2011.

in Wertpapieren (OGAW) ([4]) fallenden Fonds verwalten, wobei es keine Rolle spielt, in welcher rechtlichen oder vertraglichen Form AIFM mit dieser Aufgabe betraut sind. Eine Zulassung im Rahmen dieser Richtlinie sollte AIFM nicht dazu berechtigen, OGAW im Sinne der Richtlinie 2009/65/EG zu verwalten.

(4) Mit dieser Richtlinie soll ein Binnenmarkt der Union für AIFM sowie ein harmonisierter und strikter Regulierungs- und Kontrollrahmen für die Tätigkeiten innerhalb der Union aller AIFM geschaffen werden, einschließlich solcher, die ihren Sitz in einem Mitgliedstaat haben (im Folgenden „EU-AIFM“), und solcher, die ihren Sitz in einem Drittland haben (im Folgenden „Nicht-EU-AIFM“). Da die praktischen Folgen und möglichen Schwierigkeiten, die sich aus einem harmonisierten Regulierungsrahmen und einem Binnenmarkt für Nicht-EU-AIFM, die Management- und/oder Vertriebsaktivitäten innerhalb der Union ausüben und für EU-AIFM, die alternative Investmentfonds (im Folgenden „AIF“) von außerhalb der EU verwalten, ergeben, aufgrund fehlender Erfahrungen auf diesem Gebiet ungewiss und schwer prognostizierbar sind, sollte ein Überprüfungsmechanismus vorgesehen werden. Es ist beabsichtigt, dass nach einer zweijährigen Übergangszeit, nach dem Inkrafttreten eines diesbezüglichen delegierten Rechtsakts der Kommission, ein harmonisiertes Pass-System auf Nicht-EU-AIFM, die Management- und/oder Vertriebsaktivitäten innerhalb der Union ausüben und für EU-AIFM, die Nicht-EU-AIF verwalten, angewendet wird. Es ist beabsichtigt, dass das harmonisierte System während einer weiteren Übergangszeit von drei Jahren vorbehaltlich bestimmter harmonisierter Mindestauflagen neben den nationalen Aufsichtsregimen der Mitgliedstaaten besteht. Es ist beabsichtigt, dass nach dieser dreijährigen Zeitspanne, in der die Aufsichtsregime nebeneinander bestehen, die nationalen Aufsichtsregime mit dem Inkrafttreten eines weiteren delegierten Rechtsakts der Kommission beendet werden.

(5) Vier Jahre nach der endgültigen Umsetzungsfrist für diese Richtlinie sollte die Kommission die Anwendung und den Umfang dieser Richtlinie unter Berücksichtigung ihrer Ziele überprüfen und zu einer Einschätzung kommen, ob der harmonisierte Ansatz der Union zu anhaltenden schweren Störungen des Marktes geführt hat oder nicht und ob diese Richtlinie im Sinne der Grundsätze des Binnenmarkts und gleicher Wettbewerbsbedingungen für alle wirksam funktioniert oder nicht.

(6) Der Geltungsbereich dieser Richtlinie sollte auf Unternehmen begrenzt sein, die die Verwaltung von AIF als regelmäßige Geschäftstätigkeit betreiben und die sich bei einer Anzahl von Anlegern Kapital beschaffen, um dieses Kapital einer bestimmten Anlagepolitik entsprechend zugunsten dieser Anleger zu investieren, wobei es sich bei den AIF um offene oder geschlossene Fonds handeln kann und es keine Rolle spielt, welche Rechtsform sie haben und ob sie börsennotiert sind oder nicht.

(7) Wertpapierfirmen, wie z. B. Family-Office-Vehikel, die das Privatvermögen von Anlegern investieren, ohne Fremdkapital zu beschaffen, sollten nicht als AIF gemäß dieser Richtlinie betrachtet werden.

(8) Die nicht als AIFM im Sinne dieser Richtlinie zu betrachtenden Unternehmen fallen nicht in ihren Geltungsbereich. Daher sollte diese Richtlinie nicht für Holdinggesellschaften, wie sie hier definiert sind, gelten. Manager von privaten Kapitalanlagefonds oder AIFM, die AIF verwalten, deren Anteile zum Handel in einem geregelten Markt zugelassen sind, sollten jedoch nicht von ihrem Anwendungsbereich ausgenommen sein. Diese Richtlinie sollte ferner nicht für die Verwaltung von Pensionsfonds, für Arbeitnehmerbeteili-

---

[4] ABl. L 302 vom 17.11.2009, S. 32.

gungssysteme oder Arbeitnehmersparpläne, supranationale Institutionen, nationale Zentralbanken, nationale, regionale und lokale Regierungen sowie für Körperschaften oder für Institutionen, die Fonds zur Unterstützung der Systeme der sozialen Sicherheit und der Altersversorgung verwalten, noch für Zweckgesellschaften zur Verbriefung von Verbindlichkeiten, für Versicherungsverträge und für Joint Ventures gelten.

(9) Wertpapierfirmen, die gemäß der Richtlinie 2004/39/EG des Europäischen Parlaments und des Rates vom 21. April 2004 über Märkte für Finanzinstrumente ([5]) zugelassen sind und Kreditinstitute, die gemäß der Richtlinie 2006/48/EG des Europäischen Parlaments und des Rates vom 14. Juni 2006 über die Aufnahme und Ausübung der Tätigkeit der Kreditinstitute ([6]) zugelassen sind, sollten nicht dazu verpflichtet werden, sich für die Erbringung von Wertpapierdienstleistungen, wie etwa die individuelle Portfolioverwaltung für AIF, eine Zulassung im Rahmen der vorliegenden Richtlinie zu besorgen. Wertpapierfirmen sollten allerdings Anteile eines AIF nur dann direkt oder indirekt Anlegern in der Union anbieten oder solche Anteile bei diesen platzieren können, soweit die Anteile gemäß dieser Richtlinie vertrieben werden dürfen. Bei der Umsetzung dieser Richtlinie in nationales Recht sollten die Mitgliedstaaten den regulatorischen Zweck dieser Anforderung berücksichtigen und sicherstellen, dass Wertpapierfirmen mit Sitz in einem Drittland, die nach den einschlägigen nationalen Gesetzen Wertpapierdienstleistungen für AIF anbieten können, auch in den Anwendungsbereich dieser Anforderung fallen. Die Erbringung von Wertpapierdienstleistungen durch diese Unternehmen in Bezug auf AIF sollte nie darauf hinauslaufen, dass diese Richtlinie de facto umgangen wird, indem der AIFM in ein Briefkastenunternehmen umgewandelt wird, wobei es keine Rolle spielt, ob der AIFM seinen Sitz in der Union oder in einem Drittland hat.

(10) Diese Richtlinie enthält keine Regelung für AIF. Die Regelung für AIF und ihre Beaufsichtigung sollten daher weiterhin auf nationaler Ebene erfolgen. Es wäre unverhältnismäßig, die Portfoliostruktur oder -zusammensetzung der von AIFM verwalteten AIF auf Unionsebene zu regeln; zudem wäre es angesichts der äußerst unterschiedlichen Arten der von AIFM verwalteten AIF schwierig, zu einer derart umfassenden Harmonisierung zu gelangen. Somit hindert diese Richtlinie die Mitgliedstaaten nicht daran, für AIF mit Sitz in ihrem Hoheitsgebiet nationale Anforderungen festzulegen oder beizubehalten. Die Tatsache, dass ein Mitgliedstaat für AIF mit Sitz in seinem Hoheitsgebiet zusätzliche Anforderungen im Vergleich mit den in anderen Mitgliedstaaten geltenden Anforderungen festlegen kann, sollte AIFM, die gemäß dieser Richtlinie in anderen Mitgliedstaaten zugelassen sind, nicht an der Wahrnehmung ihres Rechts hindern, bestimmte AIF, deren Sitz sich außerhalb des die zusätzlichen Anforderungen vorschreibenden Mitgliedstaats befindet und die diesen zusätzlichen Anforderungen somit nicht unterliegen und sie nicht erfüllen müssen, an professionelle Anleger in der Union zu vertreiben.

(11) Mehrere Bestimmungen dieser Richtlinie verpflichten AIFM, die Einhaltung von Anforderungen sicherzustellen, für die die AIFM bei einigen Fondsstrukturen nicht verantwortlich sind. Ein Beispiel hierfür sind Fondsstrukturen, bei denen der AIF oder ein anderes im Namen des AIF handelndes Unternehmen für die Bestellung der Verwahrstelle zuständig ist. In diesen Fällen hat der AIFM keine letztendliche Kontrolle darüber, ob tatsächlich eine Verwahrstelle bestellt wird, es sei denn, dass der AIF intern verwaltet wird. Da diese Richtlinie keine Regelung für die AIF enthält, kann sie einen AIF nicht verpflich-

[5] ABl. L 145 vom 30.4.2004, S. 1.

[6] ABl. L 177 vom 30.6.2006, S. 1.

ten, eine Verwahrstelle zu bestellen. In den Fällen, in denen ein AIFM nicht sicherstellt, dass der AIF oder ein anderes im Namen des AIF handelndes Unternehmen die geltenden Anforderungen einhält, sollten die zuständigen Behörden es dem AIFM zur Auflage machen, die notwendigen Schritte zu unternehmen, um dem abzuhelfen. Falls die Anforderungen trotz dieser Schritte weiterhin nicht eingehalten werden und sofern es einen EU-AIFM oder einen zugelassenen Nicht-EU-AIFM betrifft, der einen EU-AIF verwaltet, sollte der AIFM als Verwalter des betreffenden AIF zurücktreten. Falls der AIFM nicht zurücktritt, sollten die zuständigen Behörden seines Herkunftsmitgliedstaats verlangen, dass er zurücktritt und der Vertrieb des betroffenen AIF in der Union sollte nicht länger gestattet sein. Dasselbe Verbot sollte für zugelassene Nicht-EU-AIFM gelten, die in der Union Nicht-EU-AIF vertreiben.

(12) Sofern nicht ausdrücklich etwas anderes festgelegt ist, sind, wo diese Richtlinie sich auf die Interessen der Anleger eines AIF bezieht, die Interessen der Anleger in ihrer spezifischen Eigenschaft als Anleger des AIF und nicht ihre individuellen Interessen gemeint.

(13) Unter Berücksichtigung der vorgesehenen Ausnahmen und Beschränkungen sollte diese Richtlinie für alle EU-AIFM, die EU-AIF oder Nicht-EU-AIF verwalten, ungeachtet dessen, ob sie in der Union vertrieben werden oder nicht, für Nicht-EU-AIFM, die EU-AIF verwalten, ungeachtet dessen, ob sie in der Union vertrieben werden oder nicht, und für Nicht-EU-AIFM, die EU-AIF oder Nicht-EU-AIF in der Union vertreiben, gelten.

(14) In dieser Richtlinie werden die Anforderungen dafür festgelegt, wie AIFM unter ihrer Verantwortung stehende AIF zu verwalten haben. Für Nicht-EU-AIFM ist dies auf die Verwaltung von EU-AIF und anderen AIF beschränkt, deren Anteile auch an professionelle Anleger in der Union vertrieben werden.

(15) Die Zulassung von EU-AIFM gemäß dieser Richtlinie umfasst die Verwaltung von EU-AIF mit Sitz im Herkunftsmitgliedstaat des AIFM. Unbeschadet weiterer Meldeanforderungen beinhaltet dies auch den Vertrieb von EU-AIF, die von dem EU-AIFM verwaltet werden, an professionelle Anleger in der Union und die Verwaltung von EU-AIF mit Sitz in einem anderen Mitgliedstaat als dem Herkunftsmitgliedstaat des AIFM. In dieser Richtlinie sind auch die Bedingungen festgelegt, unter denen zugelassene EU-AIFM berechtigt sind, Nicht-EU-AIF an professionelle Anleger in der Union zu vertreiben, und die Bedingungen, unter denen Nicht-EU-AIFM eine Zulassung erhalten können, EU-AIF zu verwalten und/oder AIF an professionelle Anleger in der Union mit einem Pass zu vertreiben. Während eines als Übergang gedachten Zeitraums sollten Mitgliedstaaten es auch EU-AIFM gestatten können, Nicht-EU-AIF nur auf ihrem Hoheitsgebiet zu vertreiben und/oder es Nicht-EU-AIFM gestatten können, EU-AIF zu verwalten und/oder AIF nur auf ihrem Hoheitsgebiet an professionelle Anleger zu vertreiben; dies wird durch nationale Gesetze geregelt, sofern bestimmte Mindestvoraussetzungen nach Maßgabe dieser Richtlinie eingehalten werden.

(16) Diese Richtlinie sollte nicht für AIFM gelten, sofern sie AIF verwalten, deren einzige Anleger die AIFM selbst oder ihre Muttergesellschaften, ihre Tochtergesellschaften oder andere Tochtergesellschaften ihrer Muttergesellschaft sind, und wenn diese Anleger nicht selbst AIF sind.

(17) Diese Richtlinie sieht ferner ein reduziertes Aufsichtsregime für AIFM vor, bei denen das Vermögen der verwalteten AIF zusammengenommen 100 Mio. EUR nicht übersteigt, und für AIFM, bei denen das Vermögen der verwalteten AIF zusammengenommen 500 Mio. EUR nicht übersteigt, die nur nicht hebelfinanzierte AIF verwalten und die ihren Anlegern für einen Zeitraum von fünf Jahren keine Rückgaberechte einräumen. Wenngleich

die Tätigkeiten dieser AIFM sich einzeln nicht erheblich auf die Finanzstabilität auswirken dürften, besteht die Möglichkeit, dass ein Zusammenwirken ihrer Aktivitäten Systemrisiken nach sich zieht. Daher sollten diese AIFM in ihrem Herkunftsmitgliedstaat nicht der vollen Zulassungspflicht unterliegen, sondern registrierungspflichtig sein und unter anderem ihren zuständigen Behörden einschlägige Informationen bezüglich der wichtigsten Instrumente, mit denen sie handeln, und zu den größten Risiken und Konzentrationen der von ihnen verwalteten AIF liefern. Allerdings sollten diese kleineren AIFM den dieser Richtlinie unterworfenen AIFM gleichgestellt werden dürfen, um die im Rahmen dieser Richtlinie eingeräumten Rechte in Anspruch nehmen zu können, wenn sie das in dieser Richtlinie vorgesehene Opt-in-Verfahren anwenden. Diese Ausnahme sollte es den Mitgliedstaaten nicht verwehren, AIFM, die dieses Opt-in-Verfahren nicht wählen, strengeren Anforderungen zu unterwerfen.

(18) Kein EU-AIFM sollte EU-AIF verwalten und/oder an professionelle Anleger in der Union vertreiben dürfen, sofern er nicht gemäß dieser Richtlinie zugelassen wurde. Ein gemäß dieser Richtlinie zugelassener AIFM sollte die Voraussetzungen für eine Zulassung, die in dieser Richtlinie festgelegt sind, jederzeit einhalten.

(19) Sobald diese Richtlinie es zulässt, sollte ein Nicht-EU-AIFM, der beabsichtigt, EU-AIF zu verwalten und/oder AIF in der Union mit einem Pass zu vertreiben, oder ein EU-AIFM, der beabsichtigt, Nicht-EU-AIF in der Union mit einem Pass zu vertreiben, ebenfalls gemäß dieser Richtlinie zugelassen werden. Zumindest während eines Übergangszeitraums sollte ein Mitgliedstaat auch erlauben können, dass Nicht-EU-AIFM in diesem Mitgliedstaat AIF vertreiben und es einem EU-AIFM gestatten können, Nicht-EU-AIF in diesem Mitgliedstaat zu vertreiben, soweit die in dieser Richtlinie festgelegten Mindestauflagen erfüllt werden.

(20) Je nach ihrer Rechtsform sollte AIF die Möglichkeit offenstehen, entweder extern oder intern verwaltet zu werden. AIF sollten dann als intern verwaltet gelten, wenn die Verwaltungsaufgaben vom Leitungsgremium oder einer anderen internen Ressource des AIF ausgeführt werden. Gestattet die Rechtsform des AIF eine interne Verwaltung und entscheidet das Leitungsgremium des AIF, dass kein externer AIFM bestellt wird, ist der AIF gleichzeitig ein AIFM, und der AIF sollte daher allen Anforderungen für AIFM gemäß dieser Richtlinie entsprechen und als solcher zugelassen werden. Ein AIFM, der ein intern verwalteter AIF ist, sollte jedoch nicht als externer Verwalter anderer AIF zugelassen werden. Ein AIF sollte als extern verwaltet gelten, wenn eine externe juristische Person vom oder für den AIF zum Verwalter bestellt worden ist, die durch diese Bestellung für die Verwaltung des AIF verantwortlich ist. Ist ein externer AIFM bestellt worden, um einen bestimmten AIF zu verwalten, sollte nicht davon ausgegangen werden, dass dieser AIFM die Wertpapierdienstleistung der Portfolioverwaltung gemäß der Begriffsbestimmung in Artikel 4 Absatz 1 Nummer 9 der Richtlinie 2004/39/EG erbringt, sondern vielmehr die gemeinsame Portfolioverwaltung gemäß dieser Richtlinie.

(21) Die Verwaltung von AIF sollte mindestens die Erbringung von Dienstleistungen zur Anlageverwaltung beinhalten. Ein einzelner AIFM, der gemäß dieser Richtlinie bestellt werden soll, sollte keinesfalls ermächtigt werden, die Portfolioverwaltung bereitzustellen, wenn er nicht auch das Risikomanagement anbietet; dasselbe gilt im umgekehrten Fall. Vorbehaltlich der in dieser Richtlinie festgelegten Bedingungen sollte ein zugelassener AIFM jedoch nicht daran gehindert werden, auch die Tätigkeiten der Verwaltung und des Vertriebs von AIF oder Tätigkeiten im Zusammenhang mit den Vermögenswerten des AIF auszuüben. Ein externer AIFM sollte nicht daran gehindert werden, auch die Dienstleistung der individuellen Verwaltung einzelner Anlageportfolios im Rahmen eines Mandats der

Anleger nach dessen Ermessen und auf Einzelkundenbasis zu erbringen, einschließlich Portfolios, die im Eigentum von Pensionsfonds und Einrichtungen der betrieblichen Altersversorgung, die unter die Richtlinie 2003/41/EG des Europäischen Parlaments und des Rates vom 3. Juni 2003 über die Tätigkeiten und die Beaufsichtigung von Einrichtungen der betrieblichen Altersversorgung fallen ([7]), stehen, oder die Nebendienstleistung der Anlageberatung, Verwahrung und technischen Verwaltung in Bezug auf die Anteile an Organismen für gemeinsame Anlagen sowie die Entgegennahme und Weiterleitung von Aufträgen zu erbringen. Aufgrund einer Zulassung gemäß der Richtlinie 2009/65/EG sollte einem externen AIFM die Verwaltung von OGAW gestattet sein.

(22) Es muss gewährleistet werden, dass die Führung eines AIFM soliden Kontrollen unterliegt. Leitung und Organisation eines AIFM sollten darauf ausgerichtet sein, Interessenkonflikte so gering wie möglich zu halten. Durch nationale Rechtsvorschriften geschaffene Systeme und Kontrollen für die Registrierung der im oder für ein AIFM arbeitenden Personen sollten von den organisatorischen Anforderungen dieser Richtlinie unberührt bleiben.

(23) Um sicherzustellen, dass AIFM ihre Verwaltungsdienste für AIF kontinuierlich und regelmäßig erbringen und um die potenziellen Risiken von AIFM im Rahmen ihrer Berufshaftpflicht hinsichtlich all ihrer Tätigkeiten abzudecken, einschließlich der Verwaltung von AIF im Rahmen einer Aufgabenübertragung, ist es notwendig, die Anwendung von Mindesteigenkapitalanforderungen vorzusehen. AIFM sollte es freigestellt sein, potenzielle Risiken im Rahmen ihrer Berufshaftpflicht durch zusätzliche eigene Finanzmittel oder durch eine angemessene Berufshaftpflichtversicherung abzudecken.

(24) Um den potenziell schädlichen Auswirkungen schlecht gestalteter Vergütungsstrukturen auf ein solides Risikomanagement und auf die Kontrolle des risikobereiten Verhaltens von Einzelpersonen entgegenzuwirken, sollten die AIFM ausdrücklich dazu verpflichtet werden, für diejenigen Kategorien von Mitarbeitern, deren berufliche Tätigkeit sich wesentlich auf die Risikoprofile der von ihnen verwalteten AIF auswirkt, eine Vergütungspolitik und -praxis festzulegen und anzuwenden, die mit einem soliden und wirksamen Risikomanagement in Einklang steht. Zu diesen Mitarbeiterkategorien sollten mindestens die Geschäftsleitung, Risikoträger und Mitarbeiter mit Kontrollfunktionen sowie alle Mitarbeiter gehören, die eine Gesamtvergütung erhalten, aufgrund derer sie sich in derselben Einkommensstufe befinden wie die Geschäftsleitung und Risikoträger.

(25) In den Grundsätzen für die Vergütungspolitik sollte anerkannt werden, dass die AIFM diese Grundsätze je nach ihrer Größe und der Größe der von ihnen verwalteten AIF, ihrer internen Organisation und der Art, des Umfangs und der Komplexität ihrer Geschäftstätigkeiten in verschiedener Weise anwenden können.

(26) Die in der Empfehlung 2009/384/EG der Kommission vom 30. April 2009 zur Vergütungspolitik im Finanzdienstleistungssektor ([8]) festgelegten Grundsätze für eine solide Vergütungspolitik stimmen mit den in dieser Richtlinie festgelegten Grundsätzen überein und ergänzen diese.

(27) Um bei der Beurteilung der Vergütungspolitik und -praxis für größere Konvergenz zwischen den Aufsichtsbehörden zu sorgen, sollte die Europäische Aufsichtsbehörde (Europäische Wertpapier- und Marktaufsichtsbehörde), die mit der Verordnung (EU) Nr. 1095/2010 des Europäischen Parlaments und des Rates ([9]) errichtet wurde (ESMA),

---

[7] ABl. L 235 vom 23.9.2003, S. 10.
[8] ABl. L 120 vom 15.5.2009, S. 22.
[9] ABl. L 331 vom 15.12.2010, S. 84.

Leitlinien für solide Vergütungspolitiken im AIFM-Sektor gewährleisten. Die Europäische Aufsichtsbehörde (Europäische Bankenaufsichtsbehörde), die mit der Verordnung (EU) Nr. 1093/2010 des Europäischen Parlaments und des Rates ([10]) errichtet wurde, sollte ihr bei der Ausarbeitung dieser Leitlinien helfen.

(28) Die Bestimmungen bezüglich der Vergütung sollten von der vollständigen Wahrnehmung der durch die Verträge garantierten Grundrechte, insbesondere von den Bestimmungen des Artikels 153 Absatz 5 AEUV, den allgemeinen Grundsätzen des nationalen Vertrags- und Arbeitsrechts, geltenden Rechtsnormen in Bezug auf die Rechte von Anteilseignern und der Beteiligung und den allgemeinen Zuständigkeiten der Verwaltungs- und Aufsichtsorgane der betroffenen Institution sowie gegebenenfalls von der Befugnis der Sozialpartner, Tarifverträge im Einklang mit nationalen Rechtsvorschriften und Gepflogenheiten abzuschließen und durchzusetzen, unberührt bleiben.

(29) Eine verlässliche und objektive Anlagebewertung ist für den Schutz der Anlegerinteressen von entscheidender Bedeutung. AIFM greifen zur Bewertung des Anlagevermögens auf unterschiedliche Methoden und Systeme zurück, je nachdem, in welche Vermögenswerte und Märkte sie vorwiegend investieren. Diesen Unterschieden sollte Rechnung getragen, gleichzeitig aber in jedem Fall vorgeschrieben werden, dass die AIFM Bewertungsverfahren anwenden, die zu einer ordnungsgemäßen Bewertung der Vermögenswerte der AIF führen. Das Verfahren für die Bewertung von Vermögenswerten und die Berechnung des Nettoinventarwerts sollte von der Portfolioverwaltung und der Vergütungspolitik des AIFM funktional unabhängig sein, und andere Maßnahmen sollten sicherstellen, dass Interessenkonflikte und ein unzulässiger Einfluss auf die Beschäftigten verhindert werden. Unter gewissen Bedingungen sollten AIFM eine externe Bewertungsstelle zur Wahrnehmung der Bewertungsfunktion beauftragen können.

(30) Unter strengen Einschränkungen und Auflagen, einschließlich des Vorhandenseins objektiver Gründe, sollte ein AIFM die Ausführung einiger seiner Funktionen im Rahmen dieser Richtlinie an Dritte zur Ausführung in seinem Namen übertragen können, um damit die Effizienz der Ausübung seiner Geschäftstätigkeit zu erhöhen. Unter denselben Bedingungen sollte auch eine Unterbeauftragung gestattet sein. Für die ordnungsgemäße Ausführung der übertragenen Funktionen und die Einhaltung dieser Richtlinie sollten AIFM jedoch jederzeit verantwortlich bleiben.

(31) Die strengen Einschränkungen und Auflagen in Bezug auf die Übertragung von Aufgaben durch die AIFM sollten für die Übertragung des Portfolio- und Risikomanagements gemäß Anhang I gelten. Die Übertragung von Hilfsaufgaben, wie etwa vom AIFM als Teil seiner Leitungsaufgaben ausgeführte Verwaltungs- oder technische Funktionen, sollten nicht den in dieser Richtlinie festgelegten spezifischen Einschränkungen und Auflagen unterliegen.

(32) Die jüngsten Entwicklungen haben deutlich gemacht, dass Vermögensverwahrung und -verwaltungsfunktionen strikt voneinander getrennt und die Vermögenswerte der Anleger von denen des Verwalters getrennt werden müssen. Auch wenn die AIFM AIF mit verschiedenen Geschäftsmodellen und Vereinbarungen unter anderem für die Vermögensverwahrung verwalten, ist es von wesentlicher Bedeutung, dass eine vom AIFM getrennte Verwahrstelle bestellt wird, welche die Verwahrfunktionen für die AIF ausüben soll.

(33) Die Bestimmungen dieser Richtlinie in Bezug auf die Bestellung und die Aufgaben einer Verwahrstelle sollten für alle von einem AIFM gemäß dieser Richtlinie verwalteten

---

[10] ABl. L 331 vom 15.12.2010, S. 12.

AIF und somit für alle AIF-Geschäftsmodelle gelten. Sie sollten jedoch an die Besonderheiten verschiedener Geschäftsmodelle angepasst werden. Bei einigen Geschäftsmodellen sind bestimmte Verwahraufgaben wichtiger als bei anderen, was von der Art der Vermögenswerte, in die die AIF investieren, und den mit diesen Vermögenswerten verbundenen Aufgaben abhängt.

(34) Für AIF, bei denen innerhalb von fünf Jahren nach Tätigung der ersten Anlagen keine Rücknahmerechte ausgeübt werden können, und die im Einklang mit ihrer Hauptanlagestrategie in der Regel nicht in Vermögenswerte investieren, die gemäß dieser Richtlinie im Depot verwahrt werden müssen, oder in der Regel in Emittenten oder nicht börsennotierte Unternehmen investieren, um gemäß dieser Richtlinie möglicherweise die Kontrolle über solche Unternehmen erlangen zu können, wie zum Beispiel Private-Equity-Fonds, Risikokapital-Fonds und Immobilienfonds, sollten Mitgliedstaaten es zulassen können, dass ein Notar, Rechtsanwalt, eine Registrierstelle oder eine andere Stelle beauftragt wird, die Funktionen einer Verwahrstelle wahrzunehmen. In solchen Fällen sollten die Verwahrfunktionen im Rahmen der beruflichen oder geschäftlichen Tätigkeit wahrgenommen werden, für die die ernannte Stelle einer gesetzlich anerkannten zwingenden Registrierung hinsichtlich ihres Berufs oder Rechts- und Verwaltungsvorschriften oder berufsständischen Regeln unterliegt und ausreichend finanzielle und berufliche Garantien bieten kann, damit sie die relevanten Verwahrfunktionen ordnungsgemäß ausführen und die mit diesen Funktionen einhergehenden Verpflichtungen erfüllen kann. Dies berücksichtigt die gegenwärtigen Praktiken bei bestimmten Arten von geschlossenen Fonds. Bei allen anderen AIF sollte die Verwahrstelle hingegen angesichts der Bedeutung der Verwahrfunktion ein Kreditinstitut, eine Wertpapierfirma oder eine andere gemäß der Richtlinie 2009/65/EG zugelassene Einrichtung sein. Nur bei Nicht-EU-AIF sollte die Verwahrstelle auch ein Kreditinstitut oder eine ähnlich wie die in diesem Erwägungsgrund genannten Einrichtungen geartete Einrichtung sein, sofern sie einer wirksamen aufsichtlichen Regulierung und Aufsicht unterliegt, die Unionsrecht entspricht und wirksam durchgesetzt wird.

(35) Die Verwahrstelle sollte ihren Sitz oder eine Filiale in demselben Land wie der AIF haben. Ein Nicht-EU-AIF sollte eine Verwahrstelle nur dann mit Sitz in dem jeweiligen Drittland haben können, wenn bestimmte zusätzliche Bedingungen erfüllt werden. Auf der Grundlage von in delegierten Rechtsakten festgelegten Kriterien sollte die Kommission ermächtigt werden, Durchführungsmaßnahmen anzunehmen, die besagen, dass die aufsichtliche Regulierung und Aufsicht in einem Drittland dem Unionsrecht entspricht und wirksam durchgesetzt wird. Ferner soll das in Artikel 19 der Verordnung (EU) Nr. 1095/2010 festgelegte Schlichtungsverfahren angewendet werden, wenn sich zuständige Behörden nicht auf die korrekte Anwendung der anderen zusätzlichen Bedingungen einigen können. Alternativ sollte die Verwahrstelle bei Nicht-EU-AIF ihren Sitz auch im Herkunftsmitgliedstaat oder im Referenzmitgliedstaat des AIFM, das die AIF verwaltet, haben können.

(36) Die Kommission wird aufgefordert, die Möglichkeiten zu prüfen, einen geeigneten horizontalen Gesetzgebungsvorschlag vorzulegen, in dem die Zuständigkeiten und Pflichten von Verwahrstellen sowie das Recht einer Verwahrstelle in einem Mitgliedstaat, ihre Leistungen in einem anderen Mitgliedstaat anzubieten, geregelt werden.

(37) Die Verwahrstelle sollte für die ordentliche Überwachung der Cashflows der AIF verantwortlich sein und sollte insbesondere sicherstellen, dass das Geld der Anleger und die Barmittel des AIF oder gegebenenfalls des AIFM, das für den AIF tätig ist, ordnungsgemäß auf Konten verbucht wird, die im Namen des AIF bzw. des für ihn tätigen AIFM oder der für ihn tätigen Verwahrstelle eröffnet wurden. Die Verwahrstelle sollte auch für

die Verwahrung der Vermögenswerte des AIF, darunter die Verwahrung von Finanzinstrumenten, die auf einem in den Büchern der Verwahrstelle geführten Konto für Finanzinstrumente verbucht werden können, und aller Finanzinstrumente, die in physischer Form der Verwahrstelle übergeben werden können, und für die Überprüfung der Eigentumsverhältnisse für alle anderen Vermögenswerte des AIF oder des für den AIF tätigen AIFM verantwortlich sein. Bei der Sicherstellung der Verbuchung der Gelder der Anleger auf Geldkonten sollte die Verwahrstelle die Grundsätze berücksichtigen, die in Artikel 16 der Richtlinie 2006/73/EG der Kommission vom 10. August 2006 zur Durchführung der Richtlinie 2004/39/EG des Europäischen Parlaments und des Rates in Bezug auf die organisatorischen Anforderungen an Wertpapierfirmen und die Bedingungen für die Ausübung ihrer Tätigkeit sowie in Bezug auf die Definition bestimmter Begriffe für die Zwecke der genannten Richtlinie ([11]) festgelegt sind.

(38) Eine Verwahrstelle sollte ihre Tätigkeit ehrlich, redlich, professionell, unabhängig und im Interesse der AIF oder der Anleger der AIF ausüben.

(39) Die Verwahrstelle sollte die Verwahrung von Vermögenswerten einem Dritten übertragen können, der diese Funktion seinerseits weiter übertragen können sollte. Allerdings sollten die Übertragung von Aufgaben als auch die Unterbeauftragung objektiv gerechtfertigt sein und strengen Anforderungen in Bezug auf die Eignung des Dritten, dem diese Funktion übertragen wird, und in Bezug auf die gebotene Sachkenntnis, Sorgfalt und Gewissenhaftigkeit, welche die Verwahrstelle bei der Auswahl, Bestellung und Überprüfung dieses Dritten walten lassen sollte, unterliegen.

(40) Ein Dritter, dem die Verwahrung von Vermögenswerten übertragen wurde, sollte ein gemeinsames gesondertes Konto für mehrere AIF, ein sogenanntes „Omnibus-Konto" oder „Sammelkonto", unterhalten können.

(41) Die Beauftragung des Betreibers eines Wertpapierliefer- und -abrechnungssystems, wie es für die Zwecke der Richtlinie 98/26/EG des Europäschen Parlaments und des Rates vom 19. Mai 1998 über die Wirksamkeit von Abrechnungen in Zahlungs- sowie Wertpapierliefer- und -abrechnungssystemen ([12]) vorgesehen ist, mit der Verwahrung von Vermögenswerten, oder die Beauftragung außereuropäischer Wertpapierliefer- und -abrechnungssysteme mit der Bereitstellung ähnlicher Dienstleistungen sollte nicht als Übertragung von Verwahrfunktionen betrachtet werden.

(42) Die strengen Einschränkungen und Auflagen, denen die Übertragung von Aufgaben durch die Verwahrstelle unterliegt, sollte für die Übertragung ihrer spezifischen Funktionen als Verwahrstelle, d. h. die Überwachung des Cashflows, die Verwahrung von Vermögenswerten und die Aufsichtsfunktionen, gelten. Die Übertragung von Hilfsaufgaben, die mit den Verwahraufgaben zusammenhängen, wie etwa von der Verwahrstelle als Teil ihrer Verwahraufgaben ausgeführte Verwaltungsfunktionen oder technische Funktionen, unterliegt nicht den in dieser Richtlinie festgelegten spezifischen Einschränkungen und Auflagen.

(43) Die Richtlinie berücksichtigt auch die Tatsache, dass viele AIF und insbesondere Hedgefonds gegenwärtig die Dienste eines Primebrokers in Anspruch nehmen. Mit dieser Richtlinie wird sichergestellt, dass AIF weiterhin die Dienste von Primebrokern in Anspruch nehmen können. Ein Primebroker sollte jedoch nur dann als Verwahrstelle bestellt werden, wenn eine funktionale und hierarchische Trennung der Ausführung seiner Ver-

[11] ABl. L 241 vom 2.9.2006, S. 26.
[12] ABl. L 166 vom 11.6.1998, S. 45.

wahraufgaben von seinen Aufgaben als Primebroker gegeben ist und die potenziellen Interessenkonflikte ordnungsgemäß ermittelt, gesteuert und den Anlegern des AIF gegenüber offengelegt werden, da Primebroker als Gegenparteien von AIF auftreten und daher nicht gleichzeitig in vollem Umfang die Interessen des AIF wahrnehmen können, wie es einer Verwahrstelle obliegt. Verwahrstellen sollten Verwahraufgaben an einen oder mehrere Primebroker beziehungsweise an Dritte übertragen können. Abgesehen von den übertragenen Verwahraufgaben sollten Primebroker auch Primebroker-Dienste an AIF anbieten dürfen. Diese Primebroker-Dienste sollten nicht Teil der Vereinbarungen zur Aufgabenübertragung sein.

(44) Die Verwahrstelle sollte für die Verluste des AIFM, des AIF und der Anleger haften. In dieser Richtlinie wird zwischen einem Verlust von Finanzinstrumenten während der Verwahrung und anderen Verlusten unterschieden. Im Fall von Verlusten, die nicht Finanzinstrumente während der Verwahrung betreffen, sollte die Verwahrstelle haften, wenn Vorsatz oder Fahrlässigkeit vorliegt. Wenn die Verwahrstelle Vermögenswerte verwahrt und diese Vermögenswerte abhanden kommen, so sollte die Verwahrstelle haften, es sei denn, sie kann beweisen, dass der Verlust auf äußere Umstände außerhalb ihrer vernünftigen Kontrolle zurückzuführen ist, deren Konsequenzen trotz aller angemessenen Anstrengungen nicht hätten vermieden werden können. Eine Verwahrstelle sollte sich in diesem Zusammenhang beispielsweise nicht auf gewisse interne Gegebenheiten, wie etwa eine betrügerische Handlung eines Mitarbeiters, berufen können, um sich von der Haftung zu befreien.

(45) Wenn die Verwahrstelle Verwahraufgaben an einen Dritten überträgt und die von diesem verwahrten Finanzinstrumente abhanden kommen, so sollte die Verwahrstelle haften. Falls es jedoch der Verwahrstelle gemäß einem schriftlichen Vertrag zwischen der Verwahrstelle und dem AIF oder gegebenenfalls dem für den AIF tätigen AIFM, in dem diese Übertragung objektiv gerechtfertigt wird, ausdrücklich gestattet ist, sich vorbehaltlich einer vertraglichen Vereinbarung zur Haftungsübertragung an diesen Dritten von der Haftung zu befreien, und falls der Dritte für den Verlust auf der Grundlage eines Vertrags zwischen der Verwahrstelle und dem Dritten haftbar gemacht werden kann, sollte die Verwahrstelle sich von der Haftung befreien können, wenn sie beweisen kann, dass sie die gebotene Sachkenntnis, Sorgfalt und Gewissenhaftigkeit hat walten lassen und dass die spezifischen Anforderungen an eine Übertragung von Aufgaben erfüllt worden sind. Durch das Erfordernis einer vertraglichen Haftungsübertragung an einen Dritten sollen mit dieser Richtlinie externe Effekte mit solch einem Vertrag verbunden werden, wodurch der Dritte dem AIF oder gegebenenfalls den Anlegern des AIF gegenüber unmittelbar für den Verlust von Finanzinstrumenten während der Verwahrung haftet.

(46) Wenn ferner laut den Rechtsvorschriften eines Drittlands vorgeschrieben ist, dass bestimmte Finanzinstrumente von einer ortsansässigen Einrichtung verwahrt werden und es keine ortsansässigen Einrichtungen gibt, die allen Anforderungen an eine Übertragung der Aufgabe der Verwahrung genügen, sollte die Verwahrstelle sich von der Haftung befreien können, sofern Folgendes gegeben ist: die Vertragsbedingungen oder die Satzung des betreffenden AIF erlauben ausdrücklich solch eine Haftungsbefreiung; die Anleger wurden in gebührender Weise über diese Haftungsbefreiung und die Umstände, die diese Haftungsbefreiung rechtfertigen, unterrichtet, bevor sie ihre Anlage getätigt haben; der AIF oder der für den AIF tätige AIFM hat die Verwahrstelle angewiesen, die Verwahrung dieser Finanzinstrumente an eine ortsansässige Einrichtung zu übertragen; es besteht ein schriftlicher Vertrag zwischen der Verwahrstelle und dem AIF oder gegebenenfalls dem für den AIF tätigen AIFM, in dem solch eine Haftungsbefreiung ausdrücklich gestattet ist; und es

besteht ein schriftlicher Vertrag zwischen der Verwahrstelle und dem Dritten, in dem die Haftung der Verwahrstelle ausdrücklich an den Dritten übertragen wird und der es dem AIF oder gegebenenfalls dem für den AIF tätigen AIFM ermöglicht, seinen Anspruch aus dem Verlust von Finanzinstrumenten gegenüber dem Dritten geltend zu machen, oder der es der Verwahrstelle ermöglicht, solch einen Anspruch für sie geltend zu machen.

(47) Diese Richtlinie sollte künftigen Gesetzgebungsmaßnahmen hinsichtlich der Verwahrstelle in der Richtlinie 2009/65/EG nicht vorgreifen, da OGAW und AIF sich sowohl in Bezug auf die von ihnen verfolgten Anlagestrategien als auch in der Art des Anlegers, für den sie bestimmt sind, unterscheiden.

(48) Ein AIFM sollte im Einklang mit den Bestimmungen dieser Richtlinie für jeden von ihm verwalteten EU-AIF und für jeden von ihm in der Union vertriebenen AIF für jedes Geschäftsjahr spätestens sechs Monate nach Ende des Geschäftsjahrs einen Jahresbericht vorlegen. Diese Frist von sechs Monaten sollte das Recht der Mitgliedstaaten, eine kürzere Frist vorzuschreiben, unberührt lassen.

(49) Da es einem AIFM möglich ist, Hebelfinanzierungen einzusetzen und unter bestimmten Umständen zur Entstehung von Systemrisiken oder zu Marktstörungen beizutragen, sollten AIFM, die Hebelfinanzierungen einsetzen, speziellen Anforderungen unterworfen werden. Die zur Aufdeckung, Verfolgung und Eindämmung dieser Risiken erforderlichen Informationen werden in der Union bislang nicht einheitlich gesammelt und so zwischen den Mitgliedstaaten ausgetauscht, dass potenzielle Gefahrenquellen für die Stabilität der Finanzmärkte in der Union ermittelt werden könnten. Um dieser Situation abzuhelfen, sollten für AIFM, die auf Ebene der AIF in beträchtlichem Umfang Hebelfinanzierungen einsetzen, spezielle Anforderungen gelten. Solche AIFM sollten verpflichtet werden, Angaben zum Gesamtbetrag der eingesetzten Hebelfinanzierungen, zu den Hebelfinanzierungen, die durch Kreditaufnahme oder Wertpapierleihe begründet wurden, und zu den Hebelfinanzierungen, die durch Positionen in Derivaten begründet wurden, sowie zu der erneuten Verwendung von Vermögenswerten und den Hauptquellen der in ihren AIF eingesetzten Hebelfinanzierungen zu machen. Die von den zuständigen Behörden gesammelten Angaben sollten mit anderen Behörden in der Union, mit ESMA und dem Europäischen Ausschuss für Systemrisiken (ESRB), der durch die Verordnung (EU) Nr. 1092/2010 des Europäischen Parlaments und des Rates vom 24. November 2010 über die Finanzaufsicht der Europäischen Union auf Makroebene und zur Errichtung eines Europäischen Ausschusses für Systemrisiken ([13]) errichtet wurde, ausgetauscht werden, damit die Auswirkungen der Hebelfinanzierungen bei den von AIFM verwalteten AIF auf das Finanzsystem in der Union leichter gemeinsam analysiert und gemeinsame Maßnahmen getroffen werden können. Falls von einem oder mehreren von einem AIFM verwalteten AIF ein erhebliches Gegenparteirisiko für ein Kreditinstitut oder ein sonstiges systemrelevantes Institut in anderen Mitgliedstaaten ausgehen könnte, so sollten diese Angaben auch mit den zuständigen Behörden ausgetauscht werden.

(50) Um eine angemessene Bewertung der Risiken vornehmen zu können, die von den Hebelfinanzierungen eines AIFM in Bezug auf die von ihm verwalteten AIF ausgehen, sollte der AIFM zeigen, dass die Begrenzung des Umfangs von Hebelfinanzierungen bei jedem von ihm verwalteten AIF angemessen ist und dass er diese Begrenzung stets einhält. In den Fällen, in denen die Stabilität und die Integrität des Finanzsystems bedroht sein könnte, sollten die zuständigen Behörden des Herkunftsmitgliedstaats des AIFM Beschrän-

---

[13] ABl. L 331 vom 15.12.2010, S. 1.

kungen hinsichtlich des Umfangs der Hebelfinanzierung, die ein AIFM bei von ihm verwalteten AIF einsetzen kann, vornehmen können. Die ESMA und der ESRB sollten über entsprechende Schritte in Kenntnis gesetzt werden.

(51) Es erscheint auch notwendig, dass die ESMA unter Berücksichtigung der Stellungnahme des ESRB festlegen kann, dass die von einem AIFM oder einer Gruppe von AIFM eingesetzte Hebelfinanzierung ein erhebliches Risiko für die Stabilität und Integrität des Finanzsystems darstellt, und eine Empfehlung für die zuständigen Behörden aussprechen kann, welche Gegenmaßnahmen ergriffen werden müssen.

(52) Es muss sichergestellt werden, dass die zuständigen Behörden des Herkunftsmitgliedstaats des AIFM, die Unternehmen, über die die von einem AIFM verwalteten AIF Kontrolle ausüben und die Beschäftigten dieser Unternehmen über die Informationen verfügen, die erforderlich sind, damit die Unternehmen beurteilen können, wie sich diese Kontrolle auf ihre Situation auswirkt.

(53) Wenn AIFM AIF verwalten, die Kontrolle über einen Emittenten ausüben, dessen Anteile zum Handel auf einem geregelten Markt zugelassen sind, sollten entsprechende Informationen grundsätzlich gemäß der Richtlinie 2004/25/EG des Europäischen Parlaments und des Rates vom 21. April 2004 betreffend Übernahmeangebote ([14]) und der Richtlinie 2004/109/EG des Europäischen Parlaments und des Rates vom 15. Dezember 2004 zur Harmonisierung der Transparenzanforderungen in Bezug auf Informationen über Emittenten, deren Wertpapiere zum Handel auf einem geregelten Markt zugelassen sind ([15]), offengelegt werden. Zu diesem Zweck sollten AIFM, deren AIF Kontrolle über ein nicht börsennotiertes Unternehmen ausüben, spezifischen Anforderungen unterliegen. Um in Bezug auf das kontrollierte Unternehmen Transparenz zu gewährleisten, sollten die Transparenz-, Offenlegungs- und Berichtspflichten verstärkt werden. Ferner sollten die Jahresberichte des betreffenden AIF durch Informationen zum kontrollierten Unternehmen ergänzt werden, oder diese zusätzlichen Informationen sollten im Jahresbericht des kontrollierten Unternehmens enthalten sein. Diese Informationen sollten dann den Arbeitnehmervertretern bzw., wenn es keine gibt, den Arbeitnehmern selbst und den Anlegern des betreffenden AIF zugänglich gemacht werden.

(54) Diese spezifischen Informationspflichten gegenüber den Arbeitnehmern von bestimmten Unternehmen gelten für den Fall, dass AIF im Einklang mit dieser Richtlinie die Kontrolle über diese Unternehmen übernommen haben. Der AIFM hat jedoch in den meisten Fällen keine Kontrolle über die AIF, es sei denn, er ist ein intern verwalteter AIF. Ferner bestehen gemäß den allgemeinen Grundsätzen des Unternehmensrechts keine direkten Beziehung zwischen den Anteilseignern und den Arbeitnehmervertretern, bzw., wenn es keine gibt, den Arbeitnehmern selbst. Aus diesen Gründen können dem Anteilseigner oder seinem Verwalter, d. h. dem AIF und dem AIFM, gemäß dieser Richtlinie keine unmittelbaren Informationspflichten gegenüber den Arbeitnehmervertretern, bzw. wenn es keine gibt, den Arbeitnehmern selbst, auferlegt werden. Was die Informationspflichten gegenüber den Arbeitnehmervertretern, bzw., wenn es keine gibt, den Arbeitnehmern selbst, betrifft, so sollte die Richtlinie eine Handlungspflicht für den betreffenden AIFM enthalten, nach bestem Bestreben dafür zu sorgen, dass der Vorstand des betreffenden Unternehmens die einschlägigen Informationen den Arbeitnehmervertretern, bzw., wenn es keine gibt, den Arbeitnehmern selbst, zugänglich macht.

---

[14] ABl. L 142 vom 30.4.2004, S. 12.
[15] ABl. L 390 vom 31.12.2004, S. 38.

(55) Die Kommission wird ersucht, die Notwendigkeit und die Möglichkeiten zu prüfen, die Informations- und Offenlegungspflichten abzuändern, die im Falle der Kontrolle über nicht börsennotierte Unternehmen oder Emittenten gemäß dieser Richtlinie allgemein und unabhängig von der Art des Anlegers gelten.

(56) Verwaltet ein AIFM einen oder mehrere AIF, die die Kontrolle über ein nicht börsennotiertes Unternehmen erlangen, so sollte der AIFM den zuständigen Behörden seines Herkunftsmitgliedstaats gegenüber Angaben zur Finanzierung des Erwerbs der zur Ausübung der Kontrolle notwendigen Anteile vorlegen. Diese Verpflichtung zur Vorlage von Angaben über die Finanzierung sollte auch dann gelten, wenn ein AIFM ein AIF verwaltet, der die Kontrolle über einen Anteilsemittenten erlangt, der zum Handel auf einem geregelten Markt zugelassen ist.

(57) Verwaltet ein AIFM einen oder mehrere AIF, die die Kontrolle über ein nicht börsennotiertes Unternehmen oder über einen Emittenten erlangen, so sollte der AIFM für einen Zeitraum von 24 Monaten nach der Erlangung der Kontrolle durch die AIF über das Unternehmen gemäß dieser Richtlinie erstens die Streuung, die Kapitalherabsetzung, die Rücknahme und/oder den Erwerb eigener Anteile durch das Unternehmen weder fördern noch unterstützen oder dies anweisen dürfen; zweitens, soweit der AIFM bevollmächtigt ist, in den Sitzungen der Leitungsgremien des Unternehmens für die AIF abzustimmen, nicht für eine Streuung, Kapitalherabsetzung, die Rücknahme und/oder den Erwerb eigener Anteile durch das Unternehmen gemäß dieser Richtlinie stimmen; und drittens in jedem Fall sich nach bestem Bestreben dafür einsetzen, dass eine Streuung, Kapitalherabsetzung, eine Rücknahme und/oder der Erwerb eigener Anteile durch das Unternehmen gemäß dieser Richtlinie verhindert wird. Bei der Umsetzung dieser Richtlinie in nationales Recht sollten die Mitgliedstaaten den regulatorischen Zweck der Bestimmungen in Kapitel V, Abschnitt 2 dieser Richtlinie berücksichtigen und dabei in gebührendem Maße auf die Notwendigkeit gleicher Wettbewerbsbedingungen für EU-AIF und Nicht-EU-AIF achten, wenn es darum geht, die Kontrolle über Unternehmen mit Sitz in der Union zu erlangen.

(58) Die Informations- und Offenlegungspflichten und die spezifischen Schutzmechanismen gegen das Zerschlagen eines Unternehmens im Falle der Erlangung der Kontrolle über ein nicht börsennotiertes Unternehmen oder einen Emittenten sollten einer allgemeinen Ausnahmeregelung unterliegen, die für die Kontrolle über kleine und mittlere Unternehmen und über Zweckgesellschaften für den Erwerb, den Besitz und die Verwaltung von Immobilien gilt. Des Weiteren zielen diese Anforderungen nicht darauf ab, Informationen über die Eigentumsverhältnisse zu veröffentlichen, die AIFM zum Nachteil gegenüber möglichen Wettbewerbern wie etwa Staatsfonds oder Wettbewerbern, die das Zielunternehmen möglicherweise aus dem Markt drängen wollen, indem sie diese Informationen zu ihrem Vorteil verwenden, gereichen würden. Daher sollten die Informations- und Veröffentlichungspflichten gemäß den in der Richtlinie 2002/14/EG des Europäischen Parlaments und des Rates vom 11. März 2002 zur Festlegung eines allgemeinen Rahmens für die Unterrichtung und Anhörung der Arbeitnehmer in der Europäischen Gemeinschaft ([16]) aufgeführten Bedingungen und Beschränkungen hinsichtlich vertraulicher Informationen, und unbeschadet der Richtlinien 2004/25/EG und 2004/109/EG gelten. Dies bedeutet, dass Mitgliedstaaten vorschreiben sollten, dass die Arbeitnehmervertreter und Personen, die diese unterstützen, im Rahmen der durch nationale Rechtsvorschriften festgelegten Beschränkungen und Bedingungen nicht befugt sind, Informationen an Arbeitnehmer und

[16] ABl. L 80 vom 23.3.2002, S. 29.

Dritte weiterzuleiten, die die legitimen Interessen des Unternehmens betreffen und die ihnen ausdrücklich als vertrauliche Informationen zur Verfügung gestellt wurden. Mitgliedstaaten sollten Arbeitnehmern und Personen, die diese unterstützen, die Befugnis erteilen können, vertrauliche Informationen an Arbeitnehmer und Dritte, die einer Vertraulichkeitsverpflichtung unterliegen, weiterzuleiten. Die Mitgliedstaaten sollten vorschreiben, dass die betreffenden AIFM die Übermittlung von Informationen durch den Vorstand an die Arbeitnehmervertreter, bzw., wenn es keine gibt, die Arbeitnehmer selbst, nicht verlangen, wenn die Informationen nach objektiven Kriterien dazu geeignet wären, die Funktionsfähigkeit des betreffenden Unternehmens erheblich zu schädigen oder sich nachteilig auf dieses auszuwirken. Die Informations- und Offenlegungspflichten und die spezifischen Schutzmechanismen gegen das Zerschlagen von Unternehmen sollten ferner unbeschadet von möglicherweise von den Mitgliedstaaten erlassenen strengeren Vorschriften gelten.

(59) In dieser Richtlinie sind auch die Bedingungen festgelegt, unter denen EU-AIFM berechtigt sind, Anteile eines EU-AIF an professionelle Anleger in der Union zu vertreiben. Dieser Vertrieb durch EU-AIFM sollte nur dann gestattet sein, wenn der AIFM diese Richtlinie einhält und wenn der Vertrieb mit einem Pass erfolgt; der Vertrieb durch AIFM von AIF, die unter den in dieser Richtlinie genannten Schwellenwerten liegen, bleibt davon unberührt. Mitgliedstaaten sollten den Vertrieb von unter diesen Schwellenwerten liegenden AIF durch AIFM gemäß den nationalen Bestimmungen gestatten können.

(60) Anteile eines AIF sollten nur dann an einem geregelten Markt in der Union notiert oder von Dritten, die für den AIFM in einem bestimmten Mitgliedstaat tätig sind, angeboten bzw. platziert werden dürfen, wenn der AIFM, der die AIF verwaltet, selbst Anteile des AIF in diesem Mitgliedstaat vertreiben darf. Darüber hinaus können andere nationale Rechtsvorschriften oder Rechtsvorschriften der Union, wie etwa die Richtlinie 2003/71/EG des Europäischen Parlaments und des Rates vom 4. November 2003 betreffend den Prospekt, der beim öffentlichen Angebot von Wertpapieren oder bei deren Zulassung zum Handel zu veröffentlichen ist ([17]) oder die Richtlinie 2004/39/EG, ebenfalls den Vertrieb von AIF an Anleger in der Union regeln.

(61) Viele EU-AIFM verwalten derzeit Nicht-EU-AIF. Es ist angemessen, zugelassenen EU-AIFM die Verwaltung von Nicht-EU-AIF ohne deren Vertrieb auf dem Gebiet der Union zu gestatten, ohne dabei die strengen Anforderungen an die Verwahrung und die Anforderungen bezüglich des Jahresberichts nach dieser Richtlinie auf sie anzuwenden, da diese Anforderungen zum Schutz von Anlegern der Union aufgenommen wurden.

(62) Nach dem Inkrafttreten eines delegierten Rechtsakts, der diesbezüglich durch die Kommission nach Berücksichtigung der Empfehlung durch die ESMA im Prinzip zwei Jahre nach Ablauf der endgültigen Frist für die Umsetzung der vorliegenden Richtlinie erlassen wird, sollte es zugelassenen EU-AIFM, die beabsichtigen, Nicht-EU-AIF an professionelle Anleger in ihrem Herkunftsmitgliedstaat und/oder anderen Mitgliedstaaten zu vertreiben, gestattet sein, dies mit einem Pass zu tun, sofern sie diese Richtlinie einhalten. Dieses Recht sollte Meldeverfahren und Bedingungen im Hinblick auf das Drittland des Nicht-EU-AIF unterliegen.

(63) Während einer Übergangsphase, die, unter Berücksichtigung der Empfehlung der ESMA, im Prinzip mit einem delegierten Rechtsakt drei Jahre nach der Einrichtung des Passes für Nicht-EU-AIFM beendet wird, sollten auch EU-AIFM, die beabsichtigen, Nicht-EU-AIF auf dem Hoheitsgebiet bestimmter Mitgliedstaaten ohne Pass zu vertreiben, die

---

[17] ABl. L 345 vom 31.12.2003, S. 64.

Zulassung hierfür von den betreffenden Mitgliedstaaten erhalten, sofern sie diese Richtlinie mit Ausnahme der Bestimmungen zu den Verwahrstellen einhalten. Solche EU-AIFM sollten jedoch sicherstellen, dass eine oder mehrere Stellen damit betraut werden, die Pflichten der Verwahrstelle wahrzunehmen. Zudem sollten zum Zwecke der Überwachung der Systemrisiken im Einklang mit internationalen Standards angemessene Vereinbarungen über die Zusammenarbeit zwischen den zuständigen Behörden des Herkunftsmitgliedstaats des AIFM und den Aufsichtsbehörden des Drittlands, in dem der Nicht-EU-AIF seinen Sitz hat, geschlossen werden, so dass ein wirksamer Informationsaustausch gewährleistet ist, der es den zuständigen Behörden des Herkunftsmitgliedstaats des AIFM ermöglicht, ihre Aufgaben nach dieser Richtlinie zu erfüllen. Die Vereinbarungen über die Zusammenarbeit sollten nicht als Hemmnis zur Erschwerung des Vertriebs von Nicht-EU-AIF in einem Mitgliedstaat genutzt werden. Darüber hinaus sollte das Drittland, in dem der Nicht-EU-AIF seinen Sitz hat, nicht auf der von der Arbeitsgruppe „Finanzielle Maßnahmen gegen Geldwäsche und Terrorismusfinanzierung“ aufgestellten Liste der nicht kooperativen Länder und Gebiete stehen.

(64) Nach dem Inkrafttreten eines delegierten Rechtsakts, der diesbezüglich durch die Kommission erlassen wird, was nach Berücksichtigung der Empfehlung durch die ESMA im Prinzip zwei Jahre nach Ablauf der Frist für die Umsetzung der vorliegenden Richtlinie erfolgen sollte, sollte ein grundlegendes Prinzip dieser Richtlinie darin bestehen, dass ein Nicht-EU-AIFM vorbehaltlich der Einhaltung dieser Richtlinie in den Genuss der Rechte nach dieser Richtlinie, wie etwa Anteile an AIF mit Pass in der gesamten Union zu vertreiben, kommt. Damit sollten gleiche Rahmenbedingungen für EU-AIFM und Nicht-EU-AIFM gewährleistet werden. Mit dieser Richtlinie wird daher eine Zulassung für Nicht-EU-AIFM geschaffen, die nach dem Inkrafttreten des diesbezüglich von der Kommission erlassenen delegierten Rechtsakts zur Anwendung kommt. Um die Einhaltung dieser Richtlinie sicherzustellen, sollten die zuständigen Behörden der Mitgliedstaaten die Einhaltung dieser Richtlinie durchsetzen. Die zuständigen Aufsichtsbehörden für diese Nicht-EU-AIFM sollten die zuständigen Behörden des in dieser Richtlinie bestimmten Referenzmitgliedstaats sein.

(65) Hat ein Nicht-EU-AIFM daher die Absicht, EU-AIF zu verwalten und/oder AIF in der Union mit einem Pass zu vertreiben, sollte er auch verpflichtet sein, diese Richtlinie einzuhalten, so dass er den gleichen Verpflichtungen unterliegt wie EU-AIFM. In besonderen Ausnahmefällen sollte der Nicht-EU-AIFM, wenn die Einhaltung einer Bestimmung dieser Richtlinie mit der Einhaltung der Rechtsvorschriften, denen der Nicht-EU-AIFM oder der in der Union vertriebene Nicht-EU-AIF unterliegt, nicht vereinbar ist, in dem erforderlichen Umfang von der Einhaltung der einschlägigen Bestimmung dieser Richtlinie befreit werden können, wenn er Folgendes belegen kann: es ist nicht möglich, die Einhaltung einer Bestimmung dieser Richtlinie mit der Einhaltung einer zwingenden Rechtsvorschrift, der der Nicht-EU-AIFM oder der in der Union vertriebene Nicht-EU-AIF unterliegt, zu vereinen; die Rechtsvorschriften, denen der Nicht-EU-AIFM oder der Nicht-EU-AIF unterliegt, enthalten eine gleichwertige Bestimmung mit dem gleichen regulatorischen Zweck und dem gleichen Schutzniveau für die Anleger des betreffenden AIF; und der Nicht-EU-AIFM oder der Nicht-EU-AIF hält diese gleichwertige Bestimmung ein.

(66) Ferner sollte ein Nicht-EU-AIFM, der beabsichtigt, EU-AIF und/oder AIF in der Union mit einem Pass zu vertreiben, verpflichtet sein, ein bestimmtes Zulassungsverfahren einzuhalten, und bestimmte Anforderungen im Hinblick auf das Drittland des Nicht-EU-AIFM und gegebenenfalls das Drittland des Nicht-EU-AIF sollten erfüllt werden.

(67) Die ESMA sollte Empfehlungen zur Bestimmung des Referenzmitgliedstaats und gegebenenfalls zur Befreiung von der Vereinbarkeit mit einer gleichwertigen Bestimmung abgeben. Es sollten besondere Anforderungen an den Informationsaustausch zwischen den zuständigen Behörden des Referenzmitgliedstaats und den zuständigen Behörden des Aufnahmemitgliedstaats des AIFM gelten. Ferner sollte das in Artikel 19 der Verordnung (EU) Nr. 1095/2010 dargelegte Schlichtungsverfahren zur Anwendung kommen, und zwar bei Uneinigkeit zwischen den zuständigen Behörden der Mitgliedstaaten über die Bestimmung des Referenzmitgliedstaats, über die Befreiung im Fall der Unvereinbarkeit zwischen der Einhaltung dieser Richtlinie und der Einhaltung gleichwertiger Bestimmungen eines Drittlands und über die Bewertung der Einhaltung der besonderen Anforderungen im Hinblick auf das Drittland des Nicht-EU-AIFM und gegebenenfalls das Drittland des Nicht-EU-AIF.

(68) Die ESMA sollte die Aufsichtstätigkeit der zuständigen Behörden in Bezug auf die Zulassung und die Überwachung von Nicht-EU-AIFM jährlich einer Untersuchung in Form einer gegenseitigen Bewertung unterziehen, um die Kohärenz der Ergebnisse der Aufsichtstätigkeit gemäß Artikel 30 der Verordnung (EU) Nr. 1095/2010 weiter zu erhöhen.

(69) Während einer Übergangsphase, die, unter Berücksichtigung der Empfehlung der ESMA, im Prinzip mit einem delegierten Rechtsakt drei Jahre nach der Einrichtung des Passes für Nicht-EU-AIFM beendet wird, sollte auch ein Nicht-EU-AIFM, der beabsichtigt, AIF nur in bestimmten Mitgliedstaaten ohne einen solchen Pass zu vertreiben, die Zulassung hierzu von den betreffenden Mitgliedstaaten erhalten, sofern bestimmte Mindestanforderungen eingehalten sind. Diese Nicht-EU-AIFM sollten zumindest ähnlichen Vorschriften unterliegen, wie sie für EU-AIFM, die EU-AIF verwalten, in Bezug auf Offenlegungspflichten gegenüber Anlegern gelten. Um die Überwachung von Systemrisiken zu erleichtern, sollten diese Nicht-EU-AIFM auch Berichtspflichten gegenüber den zuständigen Behörden des Mitgliedstaats, in dem die AIF vertrieben werden, unterliegen. Solche AIFM sollten daher die in dieser Richtlinie angeführten Transparenzanforderungen sowie die Verpflichtungen für AIFM, die AIF verwalten, die die Kontrolle über nicht börsennotierte Unternehmen und Emittenten erwerben, einhalten. Ferner sollten angemessene und in Übereinstimmung mit den internationalen Standards stehende Vereinbarungen über die Zusammenarbeit zum Zwecke der Überwachung der Systemrisiken zwischen den zuständigen Behörden der Mitgliedstaaten, in dem die AIF vertrieben werden, gegebenenfalls den für die betreffenden EU-AIF zuständigen Behörden und den Aufsichtsbehörden des Drittlands, in dem der Nicht-EU-AIFM seinen Sitz hat, und gegebenenfalls den Aufsichtsbehörden des Drittlands, in dem der Nicht-EU-AIF seinen Sitz hat, geschlossen werden, um einen wirksamen Informationsaustausch zu gewährleisten, der es den zuständigen Behörden der betreffenden Mitgliedstaaten ermöglicht, ihre Aufgaben gemäß dieser Richtlinie zu erfüllen. Die Vereinbarungen über die Zusammenarbeit sollten nicht als Hemmnis eingesetzt werden, um den Vertrieb von Drittlandfonds in einem Mitgliedstaat zu erschweren. Schließlich sollte das Drittland, in dem der Nicht-EU-AIFM oder gegebenenfalls der Nicht-EU-AIF seinen Sitz hat, nicht auf der von der Arbeitsgruppe „Finanzielle Maßnahmen gegen Geldwäsche und Terrorismusfinanzierung" aufgestellten Liste der nicht kooperativen Länder und Gebiete stehen.

(70) Diese Richtlinie sollte keine Auswirkungen auf die gegenwärtige Situation haben, wonach ein professioneller Anleger mit Sitz in der Union unabhängig vom Sitz des AIFM und/oder des AIF auf eigene Initiative in AIF investieren kann.

(71) Die Mitgliedstaaten sollten den Vertrieb aller oder bestimmter Arten der von AIFM verwalteten AIF an Kleinanleger in ihrem Hoheitsgebiet gestatten können. Gestattet ein Mitgliedstaat den Vertrieb bestimmter Arten von AIF, so sollte der Mitgliedstaat eine Ein-

zelfallbewertung vornehmen, um festzustellen, ob ein bestimmter AIF als ein AIF betrachtet werden sollte, der an Kleinanleger in seinem Hoheitsgebiet vertrieben werden darf. Unbeschadet der Anwendung anderer Rechtsinstrumente der Union sollten die Mitgliedstaaten in diesen Fällen als Voraussetzung für den Vertrieb an Kleinanleger die AIF und AIFM strengeren Anforderungen unterwerfen können als AIF, die an professionelle Anleger in ihrem Hoheitsgebiet vertrieben werden, wobei es keine Rolle spielt, ob der Vertrieb solcher AIF auf nationaler Ebene oder grenzüberschreitend erfolgt. Gestattet ein Mitgliedstaat den Vertrieb von AIF an Kleinanleger in seinem Hoheitsgebiet, sollte diese Möglichkeit den AIFM, die die AIF verwalten, unabhängig davon offenstehen, in welchem Mitgliedstaat sie ihren Sitz haben; ferner sollten die Mitgliedstaaten grenzüberschreitend vertriebene EU-AIF mit Sitz in einem anderen Mitgliedstaat keinen strengeren oder zusätzlichen Anforderungen unterwerfen als im Inland vertriebene AIF. Zudem sollten die AIFM, die gemäß der Richtlinie 2004/39/EG zugelassenen Wertpapierfirmen und die gemäß der Richtlinie 2006/48/EG zugelassenen Kreditinstitute, welche Wertpapierdienstleistungen für Kleinanleger erbringen, bei der Beurteilung der Frage, ob ein bestimmter AIF für einen einzelnen Kleinanleger geeignet oder angemessen ist oder ob es sich um ein komplexes oder ein nicht komplexes Finanzinstrument handelt, jeglichen zusätzlichen Anforderungen Rechnung tragen.

(72) Die Befugnisse und Pflichten der für die Umsetzung dieser Richtlinie zuständigen Behörden müssen klargestellt und die Mechanismen, die zur Gewährleistung einer wirksamen grenzübergreifenden aufsichtsrechtlichen Zusammenarbeit benötigt werden, gestärkt werden. Unter bestimmten Umständen sollten die zuständigen Behörden der Aufnahmemitgliedstaaten eines AIFM unmittelbar tätig werden können, um die Einhaltung von Bestimmungen, für die sie zuständig sind, zu überwachen. Im Hinblick auf andere Bestimmungen sollte es den zuständigen Behörden der Aufnahmemitgliedstaaten unter bestimmten Umständen gestattet sein, Maßnahmen der zuständigen Behörden des Herkunftsmitgliedstaats zu fordern und selbst tätig zu werden, wenn keine derartigen Maßnahmen ergriffen werden.

(73) In dieser Richtlinie sind ferner eine allgemeine Koordinierungsfunktion der ESMA und die Möglichkeit verbindlicher Schlichtungsverfahren unter Vorsitz der ESMA zur Streitbeilegung zwischen zuständigen Behörden vorgesehen.

(74) Die ESMA sollte Entwürfe technischer Regulierungsstandards zum Inhalt der Vereinbarungen über die Zusammenarbeit, die vom Herkunftsmitgliedstaat oder vom Referenzmitgliedstaat des AIFM und den betreffenden Aufsichtsbehörden des Drittlands geschlossen werden müssen, sowie zu den Verfahren für den Informationsaustausch ausarbeiten. Mithilfe der Entwürfe technischer Regulierungsstandards sollte sichergestellt werden, dass nach diesen Vereinbarungen über die Zusammenarbeit alle erforderlichen Informationen bereitgestellt werden, um es den zuständigen Behörden des Herkunftsmitgliedstaats und des Aufnahmemitgliedstaats zu ermöglichen, ihre Aufsichts- und Ermittlungsbefugnisse gemäß dieser Richtlinie wahrzunehmen. Die ESMA sollte in ihrer Funktion auch die Aushandlung und den Abschluss der Vereinbarungen über die Zusammenarbeit erleichtern. So sollte die ESMA diese Funktion zum Beispiel dazu nutzen dürfen, ein standardisiertes Format für derartige Vereinbarungen über die Zusammenarbeit zur Verfügung zu stellen.

(75) Die Mitgliedstaaten sollten für den Fall, dass gegen die Vorschriften dieser Richtlinie verstoßen wird, Sanktionen vorsehen und deren Anwendung sicherstellen. Die Sanktionen sollten wirksam, verhältnismäßig und abschreckend sein.

(76) Diese Richtlinie steht im Einklang mit den Grundrechten und Grundsätzen, die insbesondere im AEUV und in der Charta der Grundrechte der Europäischen Union (Charta) anerkannt werden, insbesondere mit dem in Artikel 16 AEUV und in Artikel 8 der Charta anerkannten Recht auf den Schutz personenbezogener Daten. Jeder Austausch und jede Übermittlung von Informationen durch die zuständigen Behörden sollte nach den Vorschriften für die Übermittlung personenbezogener Daten erfolgen, die in der Richtlinie 95/46/EG des Europäischen Parlaments und des Rates vom 24. Oktober 1995 zum Schutz natürlicher Personen bei der Verarbeitung personenbezogener Daten und zum freien Datenverkehr ([18]) festgelegt sind. Jeder Austausch und jede Übermittlung von Informationen durch die ESMA sollte nach den Vorschriften für die Übermittlung personenbezogener Daten erfolgen, die in der Verordnung (EG) Nr. 45/2001 des Europäischen Parlaments und des Rates vom 18. Dezember 2000 zum Schutz natürlicher Personen bei der Verarbeitung personenbezogener Daten durch die Organe und Einrichtungen der Gemeinschaft und zum freien Datenverkehr ([19]) geregelt ist, die in vollem Umfang auf die für die Zwecke dieser Richtlinie vorgesehene Verarbeitung personenbezogener Daten angewandt werden sollte.

(77) Zur Gewährleistung einheitlicher Bedingungen für die Durchführung dieser Richtlinie sollten der Kommission Durchführungsbefugnisse übertragen werden. Diese Befugnisse sollten im Einklang mit der Verordnung (EU) Nr. 182/2011 des Europäischen Parlaments und des Rates vom 16. Februar 2011 zur Festlegung der allgemeinen Regeln und Grundsätze, nach denen die Mitgliedstaaten die Wahrnehmung der Durchführungsbefugnisse durch die Kommission kontrollieren ([20]), ausgeübt werden.

(78) Der Kommission sollte die Befugnis übertragen werden, gemäß Artikel 290 AEUV delegierte Rechtsakte zu erlassen, wenn dies in dieser Richtlinie ausdrücklich vorgesehen ist. Insbesondere sollte der Kommission die Befugnis übertragen werden, delegierte Rechtsakte zu erlassen, um die Methoden der Hebelfinanzierung, wie in dieser Richtlinie definiert, festzulegen, einschließlich jeglicher Finanz- und/oder Rechtsstrukturen, bei denen Dritte beteiligt sind, die von dem betreffenden AIF kontrolliert werden, wenn es sich bei diesen Strukturen um solche handelt, die eigens dafür geschaffen wurden, um direkte oder indirekte Hebelfinanzierungen auf der Ebene des AIF zu schaffen. Insbesondere bei Private-Equity- und Risikokapital-Fonds bedeutet dies, dass nicht vorgesehen ist, dass eine Hebelfinanzierung, die auf der Ebene einer Portfoliogesellschaft besteht, in solche Finanz- oder Rechtsstrukturen einbezogen wird.

(79) Delegierte Rechtsakte sollten auch erlassen werden, um festzulegen, wie die Schwellenwerte für das weniger strenge Regelwerk berechnet werden und wie diejenigen AIFM zu behandeln sind, deren verwaltete Vermögenswerte – einschließlich der unter Einsatz von Hebelfinanzierungen erworbenen Vermögenswerte – innerhalb eines Kalenderjahres gelegentlich den betreffenden Schwellenwert überschreiten und/oder unterschreiten; und um die Pflicht zur Registrierung der unter die Schwellenwerte fallenden AIFM und zur Vorlage von Informationen, um Systemrisiken wirksam überwachen zu können sowie die Pflicht solcher AIFM, den betreffenden zuständigen Behörden mitzuteilen, wenn sie die Voraussetzungen für die Anwendung des weniger strengen Regelwerks nicht mehr erfüllen, festzulegen.

(80) Delegierte Rechtsakte sollten auch erlassen werden, um die Methoden der Hebelfinanierung, einschließlich jeglicher Finanz- und/oder Rechtsstrukturen mit Beteiligung

---

18 ABl. L 281 vom 23.11.1995, S. 31.

19 ABl. L 8 vom 12.1.2001, S. 1.

20 ABl. L 55 vom 28.2.2011, S. 13.

Dritter, die von dem betreffenden AIF kontrolliert werden, und die Berechnung der Hebelfinanzierung zu klären; um die Risiken, die durch die zusätzlichen Eigenmittel oder die Berufshaftpflichtversicherung gedeckt werden müssen, die Kriterien für die Bestimmung der Angemessenheit der zusätzlichen Eigenmittel oder der Deckung durch die Berufshaftpflichtversicherung sowie die Vorgehensweise bei der Bestimmung fortlaufender Anpassungen der zusätzlichen Eigenmittel oder der Deckung durch die Berufshaftpflichtversicherung festzulegen. Delegierte Rechtsakte sollten außerdem erlassen werden, um die Kriterien festzulegen, anhand derer die zuständigen Behörden bewerten, ob AIFM ihren Pflichten in Bezug auf die Geschäftsführung und ihrer Pflicht, im bestmöglichen Interesse der AIF oder der Anleger der von ihnen verwalteten AIF sowie der Integrität des Marktes zu handeln, nachkommen; damit sie über die für ihre ordnungsgemäße Geschäftstätigkeit erforderlichen Mittel und Verfahren verfügen und diese wirksam einsetzen; damit sie alle angemessenen Maßnahmen zur Vermeidung von Interessenkonflikten und, wo solche Interessenkonflikte nicht vermieden werden können, zur Ermittlung, Steuerung, Beobachtung und gegebenenfalls Offenlegung dieser Interessenkonflikte treffen, um zu vermeiden, dass sich diese nachteilig auf die Interessen der AIF und ihrer Anleger auswirken, und um sicherzustellen, dass den von ihnen verwalteten AIF eine faire Behandlung zukommt; damit sie alle auf ihre Geschäftstätigkeit anwendbaren regulatorischen Anforderungen erfüllen, um das bestmögliche Interesse der AIF oder der Anleger der von ihnen verwalteten AIF und die Integrität des Marktes zu fördern; und um alle Anleger der AIF fair zu behandeln.

(81) Delegierte Rechtsakte sollten auch erlassen werden, um die Art der von den AIFM zu ermittelnden Interessenkonflikte und die Schritte festzulegen, die hinsichtlich der Strukturen sowie der organisatorischen und verwaltungstechnischen Verfahren nach vernünftigem Ermessen von ihnen erwartet werden können, um Interessenkonflikte zu ermitteln, zu vermeiden, zu steuern, zu beobachten und offenzulegen. Delegierte Rechtsakte sollten auch erlassen werden, um die anzuwendenden Risikomanagementfunktionen, die angemessenen zeitlichen Abstände zwischen den Überprüfungen des Risikomanagementsystems, die Art, wie das Risikomanagement funktional und hierarchisch von den operativen Einheiten einschließlich des Portfoliomanagements zu trennen ist, die besonderen Schutzvorkehrungen gegen Interessenkonflikte und die von den AIFM anzuwendenden Anforderungen an das Risikomanagement festzulegen. Delegierte Rechtsakte sollten ferner erlassen werden, um zu präzisieren, welche Liquiditätsmanagementsysteme und -verfahren AIFM anwenden sollten, und um die Ausrichtung von Anlagestrategie, Liquiditätsprofil und Rücknahmegrundsätzen aneinander festzulegen. Delegierte Rechtsakte sollten auch erlassen werden, um die Anforderungen, die die Originatoren, die Sponsoren oder die ursprünglichen Kreditgeber von Verbriefungsinstrumenten erfüllen müssen, damit ein AIFM in derartige, nach dem 1. Januar 2011 emittierte Instrumente investieren darf.

(82) Delegierte Rechtsakte sollten ebenfalls erlassen werden, um die Anforderungen festzulegen, die AIFM erfüllen müssen, wenn sie in derartige Verbriefungsinstrumente investieren; um Verfahren für eine ordnungsgemäße Verwaltung und Buchhaltung, Kontroll- und Sicherheitsvorkehrungen in Bezug auf die elektronische Datenverarbeitung sowie angemessene interne Kontrollverfahren festzulegen; um die Verfahren für eine ordnungsgemäße Bewertung der Vermögenswerte und die Berechnung des Nettoinventarwerts pro Anteil des AIF, die beruflichen Gewährleistungen, die die externe Bewertungsstelle bieten können muss, und die angemessene Häufigkeit für die Durchführung von Bewertungen offener AIF festzulegen.

(83) Darüber hinaus sollten delegierte Rechtsakte erlassen werden, um festzulegen, unter welchen Bedingungen die Übertragung von Funktionen der AIFM genehmigt werden

sollte und unter welchen Bedingungen der AIFM seine Funktionen in einem Umfang übertragen hat, der ihn zu einer Briefkastenfirma macht, und deshalb nicht mehr als Verwalter des AIF betrachtet werden kann; um, in Bezug auf Verwahrstellen, die Kriterien festzulegen, anhand derer bewertet wird, ob die Anforderungen an eine wirksame Regulierung und Aufsicht in den Drittländern, in denen die Verwahrstellen ihren Sitz haben, den einschlägigen Bestimmungen des Unionsrechts entsprechen und wirksam durchgesetzt werden, um festzulegen, welche Einzelheiten in die Standardvereinbarung aufzunehmen sind, um die Voraussetzungen für die Ausübung der Tätigkeit als Verwahrstelle, einschließlich der Arten von Finanzinstrumenten, die unter die Verwahrpflichten der Verwahrstelle fallen sollten, die Bedingungen, unter denen die Verwahrstelle ihre Verwahraufgaben über bei einer zentralen Verwahrstelle registrierte Finanzinstrumente ausüben darf, und die Bedingungen, unter denen die Verwahrstelle in nominativer Form emittierte und beim Emittenten oder einer Registrierstelle registrierte Finanzinstrumente verwahren sollte, die Sorgfaltspflichten der Verwahrstellen, die Pflicht zur getrennten Verwahrung, die Bedingungen und Umstände, unter denen verwahrte Finanzinstrumente als abhanden gekommen angesehen werden sollten, festzulegen, ferner, um festzulegen, was unter äußeren Ereignissen, die nach vernünftigem Ermessen nicht kontrolliert werden können und deren Konsequenzen trotz aller angemessenen Anstrengungen nicht hätten vermieden werden können, zu verstehen ist, sowie um die Bedingungen und Umstände, unter denen ein objektiver Grund für die Aufnahme einer vertraglichen Bestimmung über eine Haftungsbefreiung vorliegt, festzulegen. Mit dem Erlass delegierter Rechtsakte sollten ferner Form und Inhalt des Jahresberichts, den AIFM für jeden von ihnen verwalteten AIF zur Verfügung stellen müssen, und die Offenlegungspflichten von AIFM gegenüber Anlegern bzw. die Berichtserfordernisse gegenüber den zuständigen Behörden sowie deren Häufigkeit festgelegt werden.

(84) Mit dem Erlass delegierter Rechtsakte sollte auch festgelegt werden, ab wann davon auszugehen ist, dass Hebelfinanzierungen in erheblichem Umfang eingesetzt werden, und um die Grundsätze festzulegen, die von den zuständigen Behörden bei der Prüfung zugrunde gelegt werden sollten, ob eine Beschränkung des Umfangs der Hebelfinanzierungen, die ein AIFM einsetzen kann, auferlegt werden sollte. Delegierte Rechtsakte sollten darüber hinaus erlassen werden, um Vereinbarungen über die Zusammenarbeit im Hinblick auf Nicht-EU-AIFM und/oder Nicht-EU-AIF festzulegen, um so einen einheitlichen Rahmen zur Erleichterung des Abschlusses dieser Vereinbarungen über die Zusammenarbeit mit Drittländern zu schaffen. Mit dem Erlass delegierter Rechtsakte sollte ferner der Inhalt des Informationsaustauschs über AIFM zwischen den zuständigen Behörden und die Übermittlung bestimmter Informationen an die ESMA festgelegt werden.

(85) Entsprechend der diesbezüglichen Empfehlung der ESMA und nach den in dieser Richtlinie angeführten Kriterien sollte ein delegierter Rechtsakt auch erlassen werden, um den Pass auf den Vertrieb von Nicht-EU-AIF in der Union durch EU-AIFM und auf die Verwaltung und/oder den Vertrieb von AIF in der Union durch Nicht-EU-AIFM auszuweiten, während ein weiterer delegierter Rechtsakt erlassen werden sollte, um die Anwendung nationaler Bestimmungen über Privatplatzierungen in dieser Hinsicht zu beenden.

(86) Das Europäische Parlament und der Rat sollten gegen einen delegierten Rechtsakt binnen drei Monaten nach der Übermittlung Einwände erheben können. Bei schwerwiegenden Bedenken sollte diese Frist auf Betreiben des Europäischen Parlaments oder des Rates um drei Monate verlängert werden können. Das Europäische Parlament und der Rat sollten die anderen Organe auch informieren können, wenn sie nicht die Absicht haben, Einwände zu erheben. Diese frühzeitige Billigung delegierter Rechtsakte ist insbesondere dann von Bedeutung, wenn Fristen einzuhalten sind, zum Beispiel, um Mitgliedstaaten zu

gestatten, delegierte Rechtsakte innerhalb der in dieser Richtlinie angegebenen Umsetzungsfrist, soweit einschlägig, umzusetzen.

(87) In der Erklärung zu Artikel 290 des Vertrags über die Arbeitsweise der Europäischen Union, die im Anhang zur Schlussakte der Regierungskonferenz, die den Vertrag von Lissabon angenommen hat, enthalten ist, nahm die Konferenz die Absicht der Kommission zur Kenntnis, bei der Ausarbeitung ihrer Entwürfe für delegierte Rechtsakte im Bereich der Finanzdienstleistungen nach ihrer üblichen Vorgehensweise von den Mitgliedstaaten benannte Experten zu konsultieren.

(88) Zwei Jahre nach Ablauf der endgültigen Frist für die Umsetzung dieser Richtlinie sollte die ESMA eine Stellungnahme zum Funktionieren des zu diesem Zeitpunkt in Kraft getretenen Passes und zum Funktionieren der nationalen Bestimmungen über Privatplatzierungen abgeben. Ebenso sollte sie eine Empfehlung in Bezug auf die Ausdehnung des Passes auf den Vertrieb von Nicht-EU-AIF in der Union durch EU-AIFM sowie auf die Verwaltung und/oder den Vertrieb von AIF in der Union durch Nicht-EU-AIFM abgeben. Binnen drei Monaten nach Eingang dieser Empfehlung und dieser Stellungnahme der ESMA sollte die Kommission unter Berücksichtigung der angeführten Kriterien sowie der Ziele dieser Richtlinie, unter anderem hinsichtlich des Binnenmarkts, des Anlegerschutzes und der wirksamen Überwachung der Systemrisiken einen delegierten Rechtsakt erlassen, und darin das Datum angeben, an dem die in dieser Richtlinie vorgesehenen Regelungen zur Ausdehnung des Passes in allen Mitgliedstaaten gelten sollten.

(89) Bei ihrem Gipfeltreffen im April 2009 in London haben die Staats- und Regierungschefs der G20 vereinbart, dass Hedgefonds oder deren Manager eingetragen und verpflichtet sein sollten, sachdienliche Informationen gegenüber Aufsichts- und Regulierungsbehörden laufend offenzulegen. Sie sollten der Aufsicht unterliegen, damit gewährleistet ist, dass sie über ein angemessenes Risikomanagement verfügen. Im Juni 2010 haben die Staats- und Regierungschefs der G20 in Toronto ihr Engagement erneuert und sich auch verpflichtet, die Umsetzung harter Maßnahmen zur Verbesserung der Transparenz und der Aufsicht über Hedgefonds in einer international kohärenten und nichtdiskriminierenden Art und Weise zu beschleunigen. Zur Unterstützung der Ziele der G20 hat die Internationale Organisation der Wertpapieraufsichtskommissionen im Juni 2009 hochrangige Prinzipien für die Aufsicht über Hedgefonds herausgegeben, um die Entwicklung einer international kohärenten Regulierung auf diesem Gebiet zu steuern. Am 16. September 2010 einigte sich der Europäische Rat darauf, dass Europa seine Interessen und Werte im Kontext der Auswärtigen Beziehungen der Union konsequenter und in einem Geist der Gegenseitigkeit und des gegenseitigen Nutzens vertreten muss und Maßnahmen ergreifen muss, um unter anderem einen erweiterten Marktzugang für europäische Unternehmen zu gewährleisten und die Zusammenarbeit im Regulierungsbereich mit den wichtigsten Handelspartnern zu vertiefen. Die Kommission wird bestrebt sein, dafür zu sorgen, dass diese Verpflichtungen von den internationalen Partnern der Union in vergleichbarer Weise umgesetzt werden.

(90) Drei Jahre nach dem Inkrafttreten eines delegierten Rechtsakts, durch den der Pass auf alle AIFM zur Anwendung kommt, sollte die ESMA eine Stellungnahme zum Funktionieren des zu diesem Zeitpunkt in Kraft getretenen Passes und zum Funktionieren der nationalen Bestimmungen über Privatplatzierungen abgeben. Sie sollte auch eine Empfehlung über die Beendigung dieser nationalen Bestimmungen vorlegen. Binnen drei Monaten nach Eingang der Empfehlung und der Stellungnahme der ESMA sollte die Kommission unter Berücksichtigung der angeführten Kriterien sowie der Ziele dieser Richtlinie, unter anderem hinsichtlich des Binnenmarkts, des Anlegerschutzes und der wirksamen Über-

wachung der Systemrisiken einen delegierten Rechtsakt erlassen, und darin das Datum angeben, an dem die in dieser Richtlinie vorgesehenen nationalen Bestimmungen in allen Mitgliedstaaten beendet werden sollten.

(91) Vier Jahre nach der Umsetzung dieser Richtlinie sollte die Kommission auf der Grundlage einer öffentlichen Konsultation und im Lichte der Beratungen mit den zuständigen Behörden eine Überprüfung der Anwendung und des Geltungsbereichs dieser Richtlinie einleiten. Bei dieser Überprüfung sollten die Erfahrungen bei der Anwendung der Richtlinie und ihre Auswirkungen auf Anleger, AIF oder AIFM, in der Union und in Drittländern, untersucht werden. Ferner sollte untersucht werden, inwieweit die Ziele dieser Richtlinie erreicht worden sind; gegebenenfalls sollten geeignete Änderungen vorgeschlagen werden. Diese Untersuchung sollte einen allgemeinen Überblick über die Funktionsweise der in dieser Richtlinie enthaltenen Bestimmungen und über die bei deren Anwendung gemachten Erfahrungen beinhalten. Die Kommission sollte im Rahmen ihrer Überprüfung die Funktionen der ESMA und der zuständigen Unionsbehörden bei der Gewährleistung einer wirksamen Aufsicht über alle auf Unionsmärkten tätigen AIFM im Zusammenhang mit dieser Richtlinie untersuchen, was unter anderem – gemäß der Verordnung (EU) Nr. 1095/2010 – die Übertragung weiterer Aufsichtszuständigkeiten an die ESMA im Bereich der Zulassung und Überwachung von Nicht-EU-AIFM einschließt. In diesem Zusammenhang sollte die Kommission die Kosten und Nutzen der Übertragung derartiger Aufgaben an die ESMA bewerten.

(92) Der Zweck dieser Richtlinie ist die Schaffung eines Rahmens, durch den die Bewältigung der potenziellen Risiken ermöglicht wird, die sich aus der Tätigkeit der AIFM ergeben können, sowie die Gewährleistung der wirksamen Überwachung dieser Risiken durch die zuständigen Behörden in der Union. Es ist erforderlich, einen strengen Regulierungs- und Aufsichtsrahmen einzurichten, der keine Lücken in der Finanzregulierung lässt. In dieser Hinsicht wird auf die bestehenden Sorgfaltspflichten verwiesen, die nach den einschlägigen Bestimmungen für professionelle Anleger gelten. Die Kommission ist aufgefordert, die einschlägigen Bestimmungen in Bezug auf professionelle Anleger zu überprüfen, um über die Notwendigkeit strengerer Anforderungen für die Sorgfaltsprüfung (Due-Diligence-Verfahren) zu befinden, die von professionellen Anlegern der Union eingehalten werden müssen, die aus eigener Initiative in Finanzprodukte von außerhalb der EU, wie beispielsweise Nicht-EU-AIF, investieren.

(93) Am Ende ihrer Überprüfung sollte die Kommission dem Europäischen Parlament und dem Rat einen Bericht vorlegen, der gegebenenfalls Änderungsvorschläge enthält, in denen die mit dieser Richtlinie verfolgten Ziele sowie die potenziellen Auswirkungen auf die Anleger, die AIF oder die AIFM in der Union und in Drittländern berücksichtigt werden.

(94) Da das Ziel dieser Richtlinie, nämlich die Gewährleistung eines hohen Anlegerschutzes durch Festlegung eines gemeinsamen Rahmens für die Zulassung von und Aufsicht über AIFM, auf Ebene der Mitgliedstaaten nicht ausreichend erreicht werden kann – wie die Unzulänglichkeiten bei den bestehenden nationalen Rechtsvorschriften und der bestehenden nationalen Aufsicht über diese Akteure zeigen – und daher besser auf Ebene der Union zu erreichen ist, kann die Union im Einklang mit dem in Artikel 5 des Vertrags über die Europäische Union niedergelegten Subsidiaritätsprinzip tätig werden. Entsprechend dem in demselben Artikel genannten Verhältnismäßigkeitsprinzip geht diese Richtlinie nicht über das für die Erreichung dieses Ziels erforderliche Maß hinaus.

(95) Die Richtlinien 2003/41/EG und 2009/65/EG, die Verordnung (EG) Nr. 1060/2009 des Europäischen Parlaments und des Rates vom 16. September 2009 über Ratingagentu-

ren ([21]) und die Verordnung (EU) Nr. 1095/2010 sollten daher entsprechend geändert werden –

HABEN FOLGENDE RICHTLINIE ERLASSEN:

KAPITEL I
ALLGEMEINE VORSCHRIFTEN

Artikel 1
Gegenstand

In dieser Richtlinie werden Vorschriften für die Zulassung, die laufende Tätigkeit und die Transparenz der Verwalter alternativer Investmentfonds (alternative investment fund managers – AIFM) festgelegt, die alternative Investmentfonds (AIF) in der Union verwalten und/oder vertreiben.

Artikel 2
Geltungsbereich

(1) Vorbehaltlich des Absatzes 3 dieses Artikels und vorbehaltlich des Artikels 3 gilt diese Richtlinie für

a) EU-AIFM, die einen oder mehrere AIF verwalten, wobei es keine Rolle spielt, ob es sich bei solchen AIF um EU-AIF oder Nicht-EU-AIF handelt,
b) Nicht-EU-AIFM, die einen oder mehrere EU-AIF verwalten, und
c) Nicht-EU-AIFM, die einen oder mehrere AIF in der Union vertreiben, unabhängig davon, ob es sich bei solchen AIF um EU-AIF oder Nicht-EU-AIF handelt.

(2) Für die Zwecke des Absatzes 1 ist es ohne Bedeutung,

a) ob es sich bei dem AIF um einen offenen oder geschlossenen Fonds handelt,
b) ob der AIF in der Vertragsform, der Form des Trust, der Satzungsform oder irgendeiner anderen Rechtsform errichtet ist,
c) welche Rechtsstruktur der AIF hat.

(3) Diese Richtlinie gilt nicht für

a) Holdinggesellschaften,
b) Einrichtungen der betrieblichen Altersversorgung, die unter die Richtlinie 2003/41/EG fallen, gegebenenfalls einschließlich der in Artikel 2 Absatz 1 der genannten Richtlinie aufgeführten zugelassenen Stellen, die für die Verwaltung solcher Einrichtungen verantwortlich und in ihrem Namen tätig sind, oder der nach Artikel 19 Absatz 1 der genannten Richtlinie bestellten Vermögensverwalter, sofern sie nicht AIF verwalten,
c) supranationale Institutionen, wie die Europäische Zentralbank, die Europäische Investitionsbank, den Europäischen Investitionsfonds, die Europäischen Entwicklungsfinanzierungsinstitute und bilateralen Entwicklungsbanken, die Weltbank, den Internationalen Währungsfonds und sonstige supranationale Einrichtungen und ähnliche internationale Organisationen, falls solche Einrichtungen bzw. Organisationen AIF verwalten, und sofern diese AIF im öffentlichen Interesse handeln,
d) nationale Zentralbanken,
e) staatliche Stellen und Gebietskörperschaften oder andere Einrichtungen, die Fonds zur Unterstützung von Sozialversicherungs- und Pensionssystemen verwalten,

---

[21] ABl. L 302 vom 17.11.2009, S. 1.

f) Arbeitnehmerbeteiligungssysteme oder Arbeitnehmersparpläne,
g) Verbriefungszweckgesellschaften.

(4) Die Mitgliedstaaten ergreifen die erforderlichen Maßnahmen, um sicherzustellen, dass die in Absatz 1 genannten AIFM diese Richtlinie jederzeit einhalten.

Artikel 3
Ausnahmen

(1) Diese Richtlinie gilt nicht für AIFM, soweit sie einen oder mehrere AIF verwalten, deren einzige Anleger der AIFM oder die Muttergesellschaften oder die Tochtergesellschaften des AIFM oder andere Tochtergesellschaften jener Muttergesellschaften sind, sofern keiner dieser Anleger selbst ein AIF ist.

(2) Unbeschadet der Anwendung des Artikels 46 gelten für die folgenden AIFM nur die Absätze 3 und 4 dieses Artikels:

a) AIFM, die entweder direkt oder indirekt über eine Gesellschaft, mit der der AIFM über eine gemeinsame Geschäftsführung, ein gemeinsames Kontrollverhältnis oder durch eine wesentliche direkte oder indirekte Beteiligung verbunden ist, die Portfolios von AIF verwalten, deren verwaltete Vermögenswerte – einschließlich der durch Einsatz von Hebelfinanzierungen erworbenen Vermögenswerte – insgesamt nicht über einen Schwellenwert von 100 Mio. EUR hinausgehen, oder
b) AIFM, die entweder direkt oder indirekt über eine Gesellschaft, mit der sie über eine gemeinsame Geschäftsführung, ein gemeinsames Kontrollverhältnis oder durch eine wesentliche direkte oder indirekte Beteiligung verbunden sind, die Portfolios von AIF verwalten, deren verwaltete Vermögenswerte insgesamt nicht über einen Schwellenwert von 500 Mio. EUR hinausgehen, wenn die Portfolios dieser AIF aus nicht hebelfinanzierten AIF bestehen, die für einen Zeitraum von fünf Jahren nach der Tätigung der ersten Anlage in jeden dieser AIF keine Rücknahmerechte ausüben dürfen.

(3) Die Mitgliedstaaten stellen sicher, dass die in Absatz 2 genannten AIFM zumindest

a) einer Registrierung bei den zuständigen Behörden ihres Herkunftsmitgliedstaats unterliegen,
b) sich und die von ihnen verwalteten AIF zum Zeitpunkt ihrer Registrierung gegenüber den zuständigen Behörden ihres Herkunftsmitgliedstaats ausweisen,
c) den zuständigen Behörden ihres Herkunftsmitgliedstaats zum Zeitpunkt ihrer Registrierung Informationen zu den Anlagestrategien der von ihnen verwalteten AIF vorlegen,
d) die zuständigen Behörden ihres Herkunftsmitgliedstaats regelmäßig über die wichtigsten Instrumente, mit denen sie handeln, und über die größten Risiken und Konzentration der von ihnen verwalteten AIF unterrichten, um den zuständigen Behörden eine effektive Überwachung der Systemrisiken zu ermöglichen, und
e) den zuständigen Behörden ihres Herkunftsmitgliedstaats gegebenenfalls mitteilen, dass sie die in Absatz 2 genannten Voraussetzungen nicht mehr einhalten.

Dieser Absatz und Absatz 2 gelten vorbehaltlich strengerer Regelungen der Mitgliedstaaten in Bezug auf die in Absatz 2 genannten AIFM.

Die Mitgliedstaaten ergreifen die erforderlichen Maßnahmen, um sicherzustellen, dass der betroffene AIFM binnen 30 Kalendertagen eine Zulassung nach den in dieser Richtlinie dargelegten Verfahren beantragt, wenn die in Absatz 2 genannten Voraussetzungen nicht mehr eingehalten sind.

(4) Die in Absatz 2 genannten AIFM kommen nicht in den Genuss der mit dieser Richtlinie eingeräumten Rechte, es sei denn, sie beschließen, sich dieser Richtlinie zu unterwer-

fen. Unterwerfen AIFM sich dieser Richtlinie, so findet diese Richtlinie in ihrer Gesamtheit Anwendung.

(5) Die Kommission erlässt Durchführungsrechtsakte zur genauen Festlegung der Verfahren, die auf AIFM, die beschließen, sich gemäß Absatz 4 dieser Richtlinie zu unterwerfen, anzuwenden sind. Diese Durchführungsrechtsakte sind nach dem in Artikel 59 Absatz 2 genannten Prüfverfahren zu erlassen.

(6) Die Kommission erlässt gemäß Artikel 56 und nach Maßgabe der Bedingungen der Artikel 57 und 58 delegierte Rechtsakte, mit denen Folgendes festgelegt wird:

a) die Berechnung der in Absatz 2 genannten Schwellenwerte und die Behandlung von AIFM, die AIF verwalten, deren verwaltete Vermögenswerte – einschließlich der unter Einsatz von Hebelfinanzierungen erworbenen Vermögenswerte – innerhalb eines Kalenderjahres gelegentlich den betreffenden Schwellenwert überschreiten und/oder unterschreiten,
b) die Pflicht zur Registrierung und zur Vorlage von Informationen, um eine effektive Überwachung der Systemrisiken gemäß Absatz 3 zu ermöglichen, und
c) die Mitteilungspflicht gegenüber den zuständigen Behörden nach Absatz 3.

Artikel 4
Definitionen

(1) Für die Zwecke dieser Richtlinie gelten folgende Begriffsbestimmungen:

a) „AIF" ist jeder Organismus für gemeinsame Anlagen einschließlich seiner Teilfonds, der
   i) von einer Anzahl von Anlegern Kapital einsammelt, um es gemäß einer festgelegten Anlagestrategie zum Nutzen dieser Anleger zu investieren, und
   ii) keine Genehmigung gemäß Artikel 5 der Richtlinie 2009/65/EG benötigt.
b) „AIFM" ist jede juristische Person, deren reguläre Geschäftstätigkeit darin besteht, einen oder mehrere AIF zu verwalten.
c) „Zweigniederlassung" in Bezug auf einen AIFM ist eine Betriebsstelle, die einen rechtlich unselbstständigen Teil eines AIFM bildet und die die Dienstleistungen erbringt, für die dem AIFM eine Zulassung erteilt wurde; alle Betriebsstellen eines AIFM mit satzungsmäßigem Sitz in einem anderen Mitgliedstaat oder einem Drittland, die sich in ein und demselben Mitgliedstaat befinden, gelten als eine einzige Zweigniederlassung.
d) „Carried interest" ist ein Anteil an den Gewinnen des AIF, die ein AIFM als Vergütung für die Verwaltung des AIF erhält, hiervon sind sämtliche Anteile an den Gewinnen des AIF ausgeschlossen, die der AIFM als Rendite für Anlagen des AIFM in den AIF bezieht.
e) „Enge Verbindungen" ist eine Situation, in der zwei oder mehrere natürliche oder juristische Personen verbunden sind durch
   i) Beteiligung, d. h. das direkte Halten oder das Halten im Wege der Kontrolle von mindestens 20 % der Stimmrechte oder des Kapitals an einem Unternehmen;
   ii) Kontrolle, d. h. das Verhältnis zwischen einem Mutterunternehmen und einem Tochterunternehmen gemäß Artikel 1 der Siebten Richtlinie 83/349/EWG des Rates vom 13. Juni 1983 über den konsolidierten Abschluss ([22]) oder ein ähnliches Verhältnis zwischen einer natürlichen oder juristischen Person und einem Unternehmen; für

[22] ABl. L 193 vom 18.7.1983, S. 1.

die Zwecke dieses Buchstabens wird ein Tochterunternehmen eines Tochterunternehmens auch als Tochterunternehmen des Mutterunternehmens angesehen.

Eine Situation, in der zwei oder mehr natürliche oder juristische Personen durch ein Kontrollverhältnis mit ein und derselben Person dauerhaft verbunden sind, gilt auch als „enge Verbindung“ zwischen diesen Personen.

f) „Zuständige Behörden“ sind die nationalen Behörden der Mitgliedstaaten, die aufgrund von Rechts- oder Verwaltungsvorschriften zur Beaufsichtigung von AIFM befugt sind.

g) „Zuständige Behörden“ in Bezug auf eine Verwahrstelle sind
   i) die zuständigen Behörden im Sinne des Artikels 4 Nummer 4 der Richtlinie 2006/48/EG, wenn die Verwahrstelle ein nach jener Richtlinie zugelassenes Kreditinstitut ist;
   ii) die zuständigen Behörden im Sinne des Artikels 4 Absatz 1 Nummer 22 der Richtlinie 2004/39/EG, wenn die Verwahrstelle eine nach jener Richtlinie zugelassene Wertpapierfirma ist;
   iii) die nationalen Behörden des Herkunftsmitgliedstaats der Verwahrstelle, die aufgrund von Rechts- oder Verwaltungsvorschriften zur Beaufsichtigung von Kategorien von Einrichtungen im Sinne von Artikel 21 Absatz 3 Unterabsatz 1 Buchstabe c dieser Richtlinie befugt sind, wenn die Verwahrstelle zu einer in jener Vorschrift genannten Kategorie von Einrichtungen gehört;
   iv) die nationalen Behörden des Mitgliedstaats, in dem ein Unternehmen im Sinne von Artikel 21 Absatz 3 Unterabsatz 3 dieser Richtlinie seinen satzungsmäßigen Sitz hat, wenn die Verwahrstelle ein in jener Vorschrift genanntes Unternehmen ist, und die aufgrund von Rechts- oder Verwaltungsvorschriften zur Beaufsichtigung eines solchen Unternehmens befugt sind, oder die amtliche Stelle, die für die Registrierung oder Beaufsichtigung eines solchen Unternehmens gemäß den für dieses geltenden berufsständischen Regeln zuständig ist;
   v) die betreffenden nationalen Behörden des Drittlands, in dem die Verwahrstelle ihren satzungsmäßigen Sitz hat, wenn die Verwahrstelle gemäß Artikel 21 Absatz 5 Buchstabe b dieser Richtlinie als Verwahrstelle für einen Nicht-EU-AIF benannt wird und nicht unter die Ziffern i bis iv dieses Buchstabens fällt.

h) „Zuständige Behörden des EU-AIF“ sind die nationalen Behörden eines Mitgliedstaats, die aufgrund von Rechts- oder Verwaltungsvorschriften zur Beaufsichtigung von AIF befugt sind.

i) „Kontrolle“ ist die Kontrolle im Sinne des Artikels 1 der Richtlinie 83/349/EWG.

j) „Mit Sitz in“ bezeichnet
   i) bei AIFM: „mit satzungsmäßigem Sitz in“;
   ii) bei AIF: „zugelassen oder registriert in“; oder, falls der AIF nicht zugelassen oder registriert ist: „mit satzungsmäßigem Sitz in“;
   iii) bei Verwahrstellen: „mit satzungsmäßigem Sitz oder Zweigniederlassung in“;
   iv) bei gesetzlichen Vertretern, die juristische Personen sind: „mit satzungsmäßigem Sitz oder Zweigniederlassung in“;
   v) bei gesetzlichen Vertretern, die natürliche Personen sind: „mit Wohnsitz in“.

k) „EU-AIF“ bezeichnet
   i) einen AIF, der nach einschlägigem nationalen Recht in einem Mitgliedstaat zugelassen oder registriert ist, oder
   ii) einen AIF, der nicht in einem Mitgliedstaat zugelassen oder registriert ist, dessen satzungsmäßiger Sitz und/ oder Hauptverwaltung sich jedoch in einem Mitgliedstaat befindet.

l) „EU-AIFM" bezeichnet einen AIFM mit satzungsmäßigem Sitz in einem Mitgliedstaat.
m) „Feeder-AIF" bezeichnet einen AIF, der
   i) mindestens 85 % seiner Vermögenswerte in Anteilen eines anderen AIF („Master-AIF") anlegt, oder
   ii) mindestens 85 % seiner Vermögenswerte in mehr als einem Master-AIF anlegt, wenn diese Master-AIF identische Anlagestrategien verfolgen, oder
   iii) anderweitig ein Engagement von mindestens 85 % seiner Vermögenswerte in solch einem Master-AIF hat.
n) „Finanzinstrument" ist eines der in Anhang I Abschnitt C der Richtlinie 2004/39/EG genannten Instrumente.
o) „Holdinggesellschaft" ist eine Gesellschaft, die an einem oder mehreren anderen Unternehmen eine Beteiligung hält, deren Geschäftsgegenstand darin besteht, durch ihre Tochterunternehmen oder verbundenen Unternehmen oder Beteiligungen eine Geschäftsstrategie oder -strategien zur Förderung deren langfristigen Werts zu verfolgen, und bei der es sich um eine Gesellschaft handelt, die entweder
   i) auf eigene Rechnung tätig ist und deren Anteile zum Handel auf einem geregelten Markt in der Union zugelassen sind, oder
   ii) die ausweislich ihres Jahresberichts oder anderer amtlicher Unterlagen nicht mit dem Hauptzweck gegründet wurde, ihren Anlegern durch Veräußerung ihrer Tochterunternehmen oder verbundenen Unternehmen eine Rendite zu verschaffen.
p) „Herkunftsmitgliedstaat des AIF" ist:
   i) der Mitgliedstaat, in dem der AIF nach den geltenden nationalen Rechtsvorschriften zugelassen oder registriert ist, oder im Falle mehrfacher Zulassungen oder Registrierungen der Mitgliedstaat, in dem der AIF zum ersten Mal zugelassen oder registriert wurde, oder
   ii) wenn der AIF in keinem Mitgliedstaat zugelassen oder registriert ist, der Mitgliedstaat, in dem der AIF seinen Sitz und/oder seine Hauptverwaltung hat;
q) „Herkunftsmitgliedstaat des AIFM" ist der Mitgliedstaat, in dem der AIFM seinen satzungsmäßigen Sitz hat; im Falle von Nicht-EU-AIFM ist bei allen Bezugnahmen in dieser Richtlinie auf den „Herkunftsmitgliedstaat des AIFM" immer der „Referenzmitgliedstaat" gemeint, wie in Kapitel VII vorgesehen.
r) „Aufnahmemitgliedstaat des AIFM" ist:
   i) ein Mitgliedstaat außer dem Herkunftsmitgliedstaat, in dem ein EU-AIFM EU-AIF verwaltet;
   ii) ein Mitgliedstaat außer dem Herkunftsmitgliedstaat, in dem ein EU-AIFM Anteile eines EU-AIF vertreibt;
   iii) ein Mitgliedstaat außer dem Herkunftsmitgliedstaat, in dem ein EU-AIFM Anteile eines Nicht-EU-AIF vertreibt;
   iv) ein Mitgliedstaat außer dem Referenzmitgliedstaat, in dem ein Nicht-EU-AIFM EU-AIF verwaltet;
   v) ein Mitgliedstaat außer dem Referenzmitgliedstaat, in dem ein Nicht-EU-AIFM Anteile eines EU-AIF vertreibt, oder
   vi) ein Mitgliedstaat außer dem Referenzmitgliedstaat, in dem ein Nicht-EU-AIFM Anteile eines Nicht-EU-AIF vertreibt.
s) „Anfangskapital" bezeichnet Mittel im Sinne von Artikel 57 Absatz 1 Buchstaben a und b der Richtlinie 2006/48/EG.
t) „Emittent" ist jeder Emittent im Sinne von Artikel 2 Absatz 1 Buchstabe d der Richtlinie 2004/109/EG, der seinen satzungsmäßigen Sitz in der Union hat, und dessen Wert-

papiere im Sinne von Artikel 4 Absatz 1 Nummer 14 der Richtlinie 2004/39/EG zum Handel auf einem geregelten Markt zugelassen sind.

u) „Gesetzlicher Vertreter" ist jede natürliche Person mit Wohnsitz in der Union oder jede juristische Person mit Sitz in der Union, die von einem Nicht-EU-AIFM ausdrücklich dazu ernannt worden ist, im Namen dieses Nicht-EU-AIFM gegenüber Behörden, Kunden, Einrichtungen und Gegenparteien des Nicht-EU-AIFM in der Union hinsichtlich der Verpflichtungen des Nicht-EU-AIFM nach dieser Richtlinie zu handeln.

v) „Hebelfinanzierung" ist jede Methode, mit der ein AIFM das Risiko eines von ihm verwalteten AIF durch Kreditaufnahme, Wertpapierleihe, in Derivate eingebettete Hebelfinanzierungen oder auf andere Weise erhöht.

w) „Verwaltung von AIF" bedeutet, dass mindestens die in Anhang I Nummer 1 Buchstaben a oder b genannten Anlageverwaltungsfunktionen für einen oder mehrere AIF erbracht werden.

x) „Vertrieb" ist das direkte oder indirekte, auf Initiative des AIFM oder in dessen Auftrag erfolgende Anbieten oder Platzieren von Anteilen an einem vom AIFM verwalteten AIF an Anleger oder bei Anlegern mit Wohnsitz oder Sitz in der Union.

y) „Master-AIF" ist jeder AIF, in den ein anderer AIF investiert oder Risiken an ihm gemäß Buchstabe m übernommen hat.

z) „Referenzmitgliedstaat" ist der gemäß Artikel 37 Absatz 4 festgelegte Mitgliedstaat.

aa) „Nicht-EU-AIF" ist ein AIF, der kein EU-AIF ist.

ab) „Nicht-EU-AIFM" ist ein AIFM, der kein EU-AIFM ist.

ac) „Nicht börsennotiertes Unternehmen" ist ein Unternehmen, das seinen satzungsmäßigen Sitz in der Union hat und dessen Anteile im Sinne von Artikel 4 Absatz 1 Nummer 14 der Richtlinie 2004/39/EG nicht zum Handel auf einem regulierten Markt zugelassen sind.

ad) „Eigenmittel" sind Eigenmittel gemäß Artikel 56 bis 67 der Richtlinie 2006/48/EG.

ae) „Mutterunternehmen" ist ein Mutterunternehmen im Sinne der Artikel 1 und 2 der Richtlinie 83/349/EWG.

af) „Primebroker" ist ein Kreditinstitut, eine regulierte Wertpapierfirma oder eine andere Einheit, die einer Regulierungsaufsicht und ständigen Überwachung unterliegt und professionellen Anlegern Dienstleistungen anbietet, in erster Linie, um als Gegenpartei Geschäfte mit Finanzinstrumenten zu finanzieren oder durchzuführen, und die möglicherweise auch andere Dienstleistungen wie Clearing und Abwicklung von Geschäften, Verwahrungsdienstleistungen, Wertpapierleihe und individuell angepasste Technologien und Einrichtungen zur betrieblichen Unterstützung anbietet.

ag) „Professioneller Anleger" ist jeder Anleger, der im Sinne von Anhang II der Richtlinie 2004/39/EG als ein professioneller Kunde angesehen wird oder auf Antrag als ein professioneller Kunde behandelt werden kann.

ah) „Qualifizierte Beteiligung" ist das direkte oder indirekte Halten von mindestens 10 % des Kapitals oder der Stimmrechte eines AIFM nach den Artikeln 9 und 10 der Richtlinie 2004/109/EG, unter Berücksichtigung der Bedingungen für das Zusammenrechnen der Beteiligungen nach Artikel 12 Absätze 4 und 5 der genannten Richtlinie oder die Möglichkeit zur Ausübung eines maßgeblichen Einflusses auf die Geschäftsführung des AIFM, an dem diese Beteiligung gehalten wird.

ai) „Arbeitnehmervertreter" sind Vertreter der Arbeitnehmer im Sinne von Artikel 2 Buchstabe e der Richtlinie 2002/14/EG.

aj) „Kleinanleger" ist ein Anleger, bei dem es sich nicht um einen professionellen Anleger handelt.

ak) „Tochterunternehmen“ ist ein Tochterunternehmen gemäß der Definition in Artikel 1 und 2 der Richtlinie 83/349/EWG.

al) „Aufsichtsbehörden“ in Bezug auf Nicht-EU-AIF sind die nationalen Behörden eines Drittlands, die aufgrund von Rechts- oder Verwaltungsvorschriften zur Beaufsichtigung von AIF befugt sind.

am) „Aufsichtsbehörden“ in Bezug auf Nicht-EU-AIFM sind die nationalen Behörden eines Drittlands, die aufgrund von Rechts- oder Verwaltungsvorschriften zur Beaufsichtigung von AIFM befugt sind.

an) „Verbriefungszweckgesellschaften“ sind Gesellschaften, deren einziger Zweck darin besteht, eine oder mehrere Verbriefungen im Sinne von Artikel 1 Absatz 2 der Verordnung (EG) Nr. 24/2009 der Europäischen Zentralbank vom 19. Dezember 2008 über die Statistik über die Aktiva und Passiva von finanziellen Mantelkapitalgesellschaften, die Verbriefungsgeschäfte betreiben ([23]), und weitere zur Erfüllung dieses Zwecks geeignete Tätigkeiten durchzuführen.

ao) „OGAW“ sind Organismen für gemeinsame Anlagen in Wertpapieren, die gemäß Artikel 5 der Richtlinie 2009/65/EG zugelassen sind.

(2) Für die Zwecke von Absatz 1 Buchstabe ad dieses Artikels finden die Artikel 13 bis 16 der Richtlinie 2006/49/EG des Europäischen Parlaments und des Rates vom 14. Juni 2006 über die angemessene Eigenkapitalausstattung von Wertpapierfirmen und Kreditinstituten ([24]) entsprechend Anwendung.

(3) Die Kommission erlässt gemäß Artikel 56 und nach Maßgabe der Bedingungen der Artikel 57 und 58 delegierte Rechtsakte mit Vorschriften:

a) zur Festlegung der Methoden für Hebelfinanzierungen im Sinne des Absatzes 1 Buchstabe v, einschließlich jeglicher Finanz- und/oder Rechtsstrukturen, an denen Dritte beteiligt sind, die von dem betreffenden AIF kontrolliert werden, und

b) dazu, wie Hebelfinanzierungen zu berechnen sind.

(4) Die Europäische Finanzaufsichtsbehörde (Europäische Wertpapieraufsichtsbehörde) (ESMA) erarbeitet Entwürfe für technische Regulierungsstandards, um die Arten von AIFM, soweit dies für die Anwendung dieser Richtlinie und zur Sicherstellung einheitlicher Bedingungen für die Anwendung dieser Richtlinie relevant ist, zu bestimmen.

Der Kommission wird die Befugnis übertragen, die in Unterabsatz 1 genannten technischen Regulierungsstandards gemäß den Artikeln 10 bis 14 der Verordnung (EU) Nr. 1095/2010 zu erlassen.

Artikel 5
Bestimmung des AIFM

(1) Die Mitgliedstaaten gewährleisten, dass für jeden AIF, der im Geltungsbereich dieser Richtlinie verwaltet wird, ein einziger AIFM zuständig ist, der für die Einhaltung dieser Richtlinie verantwortlich ist. Der AIFM ist entweder

a) ein externer Verwalter, der die vom AIF oder im Namen des AIF bestellte juristische Person ist und aufgrund dieser Bestellung für die Verwaltung des AIF verantwortlich ist (externer AIFM), oder

---

[23] ABl. L 15 vom 20.1.2009, S. 1.

[24] ABl. L 177 vom 30.6.2006, S. 201.

b) der AIF selbst, wenn die Rechtsform des AIF eine interne Verwaltung zulässt und das Leitungsgremium des AIF entscheidet, keinen externen AIFM zu bestellen; in diesem Fall wird der AIF als AIFM zugelassen.

(2) In den Fällen, in denen ein externer AIFM nicht in der Lage ist, die Einhaltung der Anforderungen dieser Richtlinie sicherzustellen, für die der AIF oder eine andere in seinem Namen handelnde Stelle verantwortlich ist, unterrichtet der AIFM unverzüglich die zuständigen Behörden seines Herkunftsmitgliedstaats und, sofern anwendbar, die zuständigen Behörden des betreffenden EU-AIF. Die zuständigen Behörden des Herkunftsmitgliedstaats des AIFM machen es dem AIFM zur Auflage, die notwendigen Schritte zu unternehmen, um dem abzuhelfen.

(3) Falls die Anforderungen trotz der in Absatz 2 genannten Schritte weiterhin nicht eingehalten werden, sollten die zuständigen Behörden des Herkunftsmitgliedstaats des AIFM verlangen, dass er als AIFM des betreffenden AIF zurücktritt, sofern es sich um einen EU-AIFM oder einen EU-AIF handelt. In diesem Fall darf der AIF nicht mehr in der Union vertrieben werden. Falls es einen Nicht-EU-AIFM betrifft, der einen Nicht-EU-AIF verwaltet, darf der AIF nicht weiter in der Union vertrieben werden. Die zuständigen Behörden des Herkunftsmitgliedstaats des AIFM setzen unverzüglich die zuständigen Behörden der Aufnahmemitgliedstaaten des AIFM in Kenntnis.

KAPITEL II
ZULASSUNG VON AIFM

Artikel 6
Bedingungen für die Aufnahme der Tätigkeit als AIFM

(1) Die Mitgliedstaaten schreiben vor, dass AIFM nur dann AIF verwalten dürfen, wenn sie gemäß dieser Richtlinie zugelassen wurden.

Gemäß dieser Richtlinie zugelassene AIFM müssen die in dieser Richtlinie festgelegten Voraussetzungen für eine Zulassung jederzeit einhalten.

(2) Die Mitgliedstaaten schreiben vor, dass ein externer AIFM keine anderen Tätigkeiten ausüben darf als die in Anhang I dieser Richtlinie genannten Tätigkeiten und die zusätzliche Verwaltung von OGAW vorbehaltlich einer Genehmigung nach Richtlinie 2009/65/EG.

(3) Die Mitgliedstaaten schreiben vor, dass ein intern verwalteter AIF keine andere Tätigkeit ausüben darf als die interne Verwaltung dieses AIF gemäß Anhang I.

(4) Abweichend von Absatz 2 können die Mitgliedstaaten einem externen AIFM die Zulassung zur Erbringung der folgenden Dienstleistungen erteilen:

a) Individuelle Verwaltung einzelner Portfolios, einschließlich solcher, die von Pensionsfonds und Einrichtungen der betrieblichen Altersversorgung gehalten werden, gemäß Artikel 19 Absatz 1 der Richtlinie 2003/41/EG und im Einklang mit von den Anlegern erteilten Einzelmandaten mit Ermessenspielraum,
b) als Nebendienstleistungen:
   i) Anlageberatung,
   ii) Verwahrung und Verwaltung im Zusammenhang mit Anteilen an Organismen für gemeinsame Anlagen.
   iii) Annahme und Übermittlung von Aufträgen, die Finanzinstrumente zum Gegenstand haben.

(5) AIFM dürfen nach dieser Richtlinie nicht zugelassen werden, um

a) ausschließlich die in Absatz 4 genannten Dienstleistungen zu erbringen,
b) die unter Absatz 4 Buchstabe b genannten Nebendienstleistungen zu erbringen, ohne auch für die Erbringung der Dienstleistungen gemäß Absatz 4 Buchstabe a zugelassen zu sein,
c) ausschließlich die in Anhang I Nummer 2 genannten Tätigkeiten zu erbringen, oder
d) die in Anhang I Nummer 1 Buchstabe a genannten Dienstleistungen zu erbringen, ohne auch die in Anhang I Nummer 1 Buchstabe b genannten zu erbringen; dasselbe gilt im umgekehrten Fall.

(6) Für die Erbringung der in Absatz 4 dieses Artikels genannten Dienstleistungen durch AIFM gelten Artikel 2 Absatz 2 und Artikel 12, 13 und 19 der Richtlinie 2004/39/EG.

(7) Die Mitgliedstaaten schreiben vor, dass die AIFM den zuständigen Behörden ihres Herkunftsmitgliedstaats die erforderlichen Angaben vorlegen, damit sie die Einhaltung der in dieser Richtlinie genannten Voraussetzungen zu jeder Zeit überwachen können.

(8) Wertpapierfirmen, die nach der Richtlinie 2004/39/EG zugelassen sind und Kreditinstitute, die nach der Richtlinie 2006/48/EG zugelassen sind, sind nicht dazu verpflichtet, für die Erbringung von Wertpapierdienstleistungen, wie etwa der individuellen Portfolioverwaltung für AIF, eine Zulassung nach dieser Richtlinie zu erhalten. Wertpapierfirmen dürfen Anteile an AIF allerdings nur dann direkt oder indirekt Anlegern in der Union anbieten oder bei diesen platzieren, wenn die Anteile gemäß dieser Richtlinie vertrieben werden können.

Artikel 7
Antrag auf Zulassung

(1) Die Mitgliedstaaten schreiben vor, dass AIFM bei den zuständigen Behörden ihres Herkunftsmitgliedstaats eine Zulassung beantragen.

(2) Die Mitgliedstaaten schreiben vor, dass ein AIFM, der eine Zulassung beantragt, den zuständigen Behörden seines Herkunftsmitgliedstaats Folgendes betreffend diesen AIFM vorlegt:

a) Auskünfte über die Personen, die die Geschäfte des AIFM tatsächlich führen;
b) Auskünfte über die Identität aller Anteilseigner oder Mitglieder des AIFM, die eine qualifizierte Beteiligung an ihm halten, unabhängig davon, ob diese Beteiligung direkt oder indirekt ist oder es sich um natürliche oder juristische Personen handelt, sowie die Höhe dieser Beteiligungen,
c) einen Geschäftsplan, der neben der Organisationsstruktur des AIFM auch Angaben darüber enthält, wie der AIFM seinen Pflichten nach den Kapiteln II, III, IV und gegebenenfalls den Kapiteln V, VI, VII und VIII nachkommen will,
d) Angaben über die Vergütungspolitik und -praxis gemäß Artikel 13,
e) Angaben über Vereinbarungen, die zur Übertragung und Weiterübertragung von Funktionen im Sinne von Artikel 20 an Dritte getroffen wurden.

(3) Die Mitgliedstaaten schreiben vor, dass ein AIFM, der eine Zulassung beantragt, den zuständigen Behörden seines Herkunftsmitgliedstaats außerdem Folgendes zu den AIF, die er zu verwalten beabsichtigt, vorlegt:

a) Angaben zu den Anlagestrategien, einschließlich der Arten der Zielfonds, falls es sich bei dem AIF um einen Dachfonds handelt, und der Grundsätze, die der AIFM im Zusammenhang mit dem Einsatz von Hebelfinanzierungen anwendet sowie der Risikoprofile und sonstiger Eigenschaften der AIF, die er verwaltet oder zu verwalten beabsichtigt, einschließlich Angaben zu den Mitgliedstaaten oder Drittländer, in denen sich der Sitz solcher AIF befindet oder voraussichtlich befinden wird,

b) Angaben zum Sitz des Master-AIF, falls es sich bei dem AIF um einen Feeder-AIF handelt,

c) die Vertragsbedingungen oder Satzungen aller AIF, die der AIFM zu verwalten beabsichtigt,

d) Angaben zu den Vereinbarungen zur Bestellung der Verwahrstelle gemäß Artikel 21 für jeden AIF, den der AIFM zu verwalten beabsichtigt,

e) alle in Artikel 23 Absatz 1 genannten weiteren Informationen für jeden AIF, den der AIFM verwaltet oder zu verwalten beabsichtigt.

(4) Beantragt eine Verwaltungsgesellschaft, die gemäß Richtlinie 2009/65/EG zugelassen ist (im Folgenden „OGAW-Verwaltungsgesellschaft"), eine Zulassung als AIFM nach dieser Richtlinie, so schreiben die zuständigen Behörden der OGAW-Verwaltungsgesellschaft nicht vor, dass sie Angaben bzw. Unterlagen vorlegen muss, die sie bereits bei der Beantragung der Zulassung nach Richtlinie 2009/65/EG vorgelegt hat, sofern diese Angaben bzw. Unterlagen nach wie vor auf dem neuesten Stand sind.

(5) Die zuständigen Behörden unterrichten die ESMA vierteljährlich über die nach diesem Kapitel erteilten Zulassungen und Rücknahmen von Zulassungen.

Die ESMA führt ein öffentliches Zentralregister, aus dem jeder nach dieser Richtlinie zugelassene AIFM, eine Liste der in der Union von solchen AIFM verwalteten und/oder vertriebenen AIF und die für jeden solchen AIFM zuständige Behörde hervorgeht. Das Register wird in elektronischer Form zugänglich gemacht.

(6) Um eine konsequente Harmonisierung dieses Artikels zu gewährleisten, kann die ESMA Entwürfe für technische Regulierungsstandards ausarbeiten, um die den zuständigen Behörden in einem Zulassungsantrag eines AIFM vorzulegenden Angaben, einschließlich des Geschäftsplans, zu präzisieren.

Der Kommission wird die Befugnis übertragen, die in Unterabsatz 1 genannten technischen Regulierungsstandards gemäß Artikel 10 bis 14 der Verordnung (EU) Nr. 1095/2010 zu erlassen.

(7) Um einheitliche Bedingungen für die Anwendung dieses Artikels zu gewährleisten, kann die ESMA Entwürfe für technische Durchführungsstandards ausarbeiten, um Standardformulare, Mustertexte und Verfahren für die Vorlage von Angaben im Sinn von Absatz 6 Unterabsatz 1 festzulegen.

Der Kommission wird die Befugnis übertragen, die in Unterabsatz 1 genannten technischen Durchführungsstandards gemäß Artikel 15 der Verordnung (EU) Nr. 1095/2010 zu erlassen.

Artikel 8
Zulassungsvoraussetzungen

(1) Die zuständigen Behörden des Herkunftsmitgliedstaats des AIFM erteilen keine Zulassung bevor nicht folgende Voraussetzungen erfüllt sind:

a) Sie sind davon überzeugt, dass der AIFM zur Einhaltung der in dieser Richtlinie festgelegten Bedingungen in der Lage ist.

b) Der AIFM verfügt über ausreichendes Anfangskapital und Eigenmittel gemäß Artikel 9.

c) Die Personen, die die Geschäfte der AIFM tatsächlich führen, sind ausreichend zuverlässig und verfügen auch in Bezug auf die Anlagestrategien der vom AIFM verwalteten AIF über ausreichende Erfahrung; die Namen dieser Personen sowie aller ihrer Nachfolger werden den zuständigen Behörden des Herkunftsmitgliedstaats des AIFM unverzüglich mitgeteilt; über die Geschäftsführung des AIFM bestimmen mindestens zwei Personen, die die genannten Bedingungen erfüllen.

d) Die Anteilseigner oder Mitglieder des AIFM, die eine qualifizierte Beteiligung an ihm halten, verfügen über die entsprechende Eignung, wobei der Notwendigkeit, die solide und umsichtige Verwaltung des AIFM zu gewährleisten, Rechnung zu tragen ist, und

e) die Hauptverwaltung und der Sitz des AIFM befinden sich in ein und demselben Mitgliedstaat.

Die Zulassung gilt in allen Mitgliedstaaten.

(2) Bevor den folgenden AIFM die Zulassung erteilt wird, sind die betreffenden zuständigen Behörden der anderen betroffenen Mitgliedstaaten zu konsultieren:

a) eine Tochtergesellschaft eines anderen AIFM, einer „OGAW-Verwaltungsgesellschaft", einer Wertpapierfirma, eines Kreditinstituts oder einer Versicherungsgesellschaft, die/das in einem anderen Mitgliedstaat zugelassen ist,

b) ein Tochterunternehmen des Mutterunternehmens eines anderen AIFM, einer OGAW-Verwaltungsgesellschaft, einer Wertpapierfirma, eines Kreditinstituts oder einer Versicherungsgesellschaft, die/das in einem anderen Mitgliedstaat zugelassen ist, und

c) eine Gesellschaft, die von denselben natürlichen oder juristischen Personen kontrolliert wird wie die, die einen anderen AIFM, eine OGAW-Verwaltungsgesellschaft, eine Wertpapierfirma, ein Kreditinstitut oder eine Versicherungsgesellschaft, die/das in einem anderen Mitgliedstaat zugelassen ist, kontrollieren.

(3) Die zuständigen Behörden des Herkunftsmitgliedstaats des AIFM verweigern die Zulassung, wenn die wirksame Wahrnehmung ihrer Aufsichtsfunktionen durch einen der folgenden Umstände verhindert wird:

a) enge Verbindungen zwischen dem AIFM und anderen natürlichen oder juristischen Personen;

b) die Rechts- und Verwaltungsvorschriften eines Drittlands, denen natürliche oder juristische Personen unterliegen, mit denen der AIFM eng verbunden ist;

c) Schwierigkeiten bei der Durchsetzung dieser Rechts- und Verwaltungsvorschriften.

(4) Die zuständigen Behörden des Herkunftsmitgliedstaats des AIFM können den Umfang der Zulassung beschränken, was insbesondere für die Anlagestrategien der AIF, zu deren Verwaltung der AIFM berechtigt ist, gilt.

(5) Die zuständigen Behörden des Herkunftsmitgliedstaats des AIFM teilen dem Antragsteller binnen drei Monaten nach Einreichung eines vollständigen Antrags schriftlich mit, ob die Zulassung erteilt ist. Die zuständigen Behörden können diesen Zeitraum um bis zu drei zusätzliche Monate verlängern, wenn sie dies aufgrund der besonderen Umstände des Einzelfalls und nach einer entsprechenden Benachrichtigung des AIFM für notwendig erachten.

Für die Zwecke dieses Absatzes gilt ein Antrag als vollständig, wenn der AIFM mindestens die in Artikel 7 Absatz 2 Buchstaben a bis d und Artikel 7 Absatz 3 Buchstaben a und b genannten Angaben vorgelegt hat.

AIFM können mit der Verwaltung von AIF mit den gemäß Artikel 7 Absatz 3 Buchstabe a in dem Antrag beschriebenen Anlagestrategien in deren Herkunftsmitgliedstaat beginnen, sobald die Zulassung erteilt ist, frühestens jedoch einen Monat nachdem sie etwaige fehlende, in Artikel 7 Absatz 2 Buchstabe e und Artikel 7 Absatz 3 Buchstaben c, d und e genannte Angaben, nachgereicht haben.

(6) Um eine kohärente Harmonisierung dieses Artikels zu gewährleisten, kann die ESMA Entwürfe technischer Regulierungsstandards ausarbeiten, um Folgendes festzulegen:

a) die auf AIFM nach Absatz 3 anwendbaren Anforderungen,
b) die auf in Absatz 1 Buchstabe d genannten Anteilseigner und Mitglieder mit qualifizierten Beteiligungen anwendbaren Anforderungen,
c) auf die Umstände, die die zuständige Behörde bei der wirksamen Erfüllung ihrer Aufsichtsaufgaben behindern könnten.

Der Kommission wird die Befugnis erteilt, die in Unterabsatz 1 genannten technischen Regulierungsstandards gemäß Artikel 10 bis 14 der Verordnung (EU) Nr. 1095/2010 anzunehmen.

Artikel 9
Anfangskapital und Eigenmittel

(1) Die Mitgliedstaaten schreiben vor, dass ein AIFM, der ein intern verwalteter AIF ist, über ein Anfangskapital von mindestens 300 000 EUR verfügt.

(2) Ein AIFM, der zum externen Verwalter von AIF bestellt wird, verfügt über ein Anfangskapital von mindestens 125 000 EUR.

(3) Übersteigt der Wert der von dem AIFM verwalteten AIF-Portfolios 250 Mio. EUR, bringt der AIFM zusätzliche Eigenmittel ein; diese zusätzlichen Eigenmittel entsprechen 0,02 % des Betrags, um den der Wert der Portfolios des AIFM 250 Mio. EUR übersteigt; die erforderliche Gesamtsumme aus Anfangskapital und zusätzlichem Betrag übersteigt jedoch nicht 10 Mio. EUR.

(4) Für die Zwecke des Absatzes 3 gelten die vom AIFM verwalteten AIF, einschließlich AIF, für die der AIFM gemäß Artikel 20 Funktionen an Dritte übertragen hat, jedoch mit Ausnahme von AIF-Portfolios, die der AIFM im Auftrag Dritter verwaltet, als die Portfolios des AIFM.

(5) Ungeachtet des Absatzes 3 verfügen AIFM stets über Eigenmittel in Höhe von mindestens dem in Artikel 21 der Richtlinie 2006/49/EG geforderten Betrag.

(6) Die Mitgliedstaaten können von der Bereitstellung von bis zu 50 % der in Absatz 3 genannten zusätzlichen Eigenmittel durch AIFM absehen, wenn diese über eine Garantie in derselben Höhe verfügen, die von einem Kreditinstitut oder einem Versicherungsunternehmen gestellt wird, das seinen Sitz in einem Mitgliedstaat hat, oder in einem Drittland, sofern es dort Aufsichtsbestimmungen unterliegt, die nach Auffassung der zuständigen Behörden mit dem Unionsrecht gleichwertig sind.

(7) Um die potenziellen Berufshaftungsrisiken aus den Geschäftstätigkeiten, denen die AIFM nach dieser Richtlinie nachgehen können, abzudecken, verfügen sowohl intern verwaltete AIF als auch externe AIFM über

a) zusätzliche Eigenmittel, um potenzielle Haftungsrisiken aus beruflicher Fahrlässigkeit angemessen abzudecken, oder
b) eine Berufshaftpflichtversicherung für die sich aus beruflicher Fahrlässigkeit ergebenden Haftung, die den abgedeckten Risiken entspricht.

(8) Eigenmittel, einschließlich der zusätzlichen Eigenmittel gemäß Absatz 7 Buchstabe a, werden in flüssige Vermögenswerte oder Vermögenswerte investiert, die kurzfristig unmittelbar in Bargeld umgewandelt werden können und keine spekulativen Positionen enthalten.

(9) Die Kommission erlässt gemäß Artikel 56 und nach Maßgabe der Bedingungen der Artikel 57 und 58 delegierte Rechtsakte, mit denen in Bezug auf Absatz 7 dieses Artikels Folgendes festgelegt wird:

a) die Risiken, die durch die zusätzlichen Eigenmittel oder die Berufshaftpflichtversicherung gedeckt werden müssen,
b) die Voraussetzungen für die Bestimmung der Angemessenheit der zusätzlichen Eigenmittel oder der Deckung durch die Berufshaftpflichtversicherung und
c) die Vorgehensweise bei der Bestimmung fortlaufender Anpassungen der Eigenmittel oder der Deckung durch die Berufshaftpflichtversicherung.

(10) Mit Ausnahme der Absätze 7 und 8 und der nach Absatz 9 erlassenen delegierten Rechtsakte gilt dieser Artikel nicht für AIFM, die zugleich auch OGAW-Verwaltungsgesellschaften sind.

Artikel 10
Änderungen des Umfangs der Zulassung

(1) Die Mitgliedstaaten schreiben vor, dass AIFM den zuständigen Behörden ihres Herkunftsmitgliedstaats alle wesentlichen Änderungen der Voraussetzungen für die Erstzulassung vor deren Anwendung mitteilen; dies gilt insbesondere für wesentliche Änderungen der gemäß Artikel 7 vorgelegten Angaben.

(2) Beschließen die zuständigen Behörden des Herkunftsmitgliedstaats, Beschränkungen vorzuschreiben oder diese Änderungen abzulehnen, so setzen sie den AIFM innerhalb eines Monats nach Erhalt der Mitteilung davon in Kenntnis. Die zuständigen Behörden können diesen Zeitraum um bis zu einen Monat verlängern, wenn sie dies aufgrund der besonderen Umstände des Einzelfalls und nach einer entsprechenden Benachrichtigung des AIFM für notwendig erachten. Werden die Änderungen innerhalb des vorgesehenen Beurteilungszeitraums nicht von den zuständigen Behörden abgelehnt, so werden sie vorgenommen.

Artikel 11
Entzug der Zulassung

Die zuständigen Behörden des Herkunftsmitgliedstaats des AIFM können die einem AIFM erteilte Zulassung entziehen, wenn dieser AIFM

a) von der Zulassung nicht binnen zwölf Monaten Gebrauch macht, ausdrücklich auf sie verzichtet oder die in dieser Richtlinie genannten Tätigkeiten in den vorangegangenen sechs Monaten nicht ausgeübt hat, es sei denn, der betreffende Mitgliedstaat sieht in diesen Fällen das Erlöschen der Zulassung vor;
b) die Zulassung aufgrund falscher Angaben oder auf andere rechtswidrige Weise erhalten hat;
c) die Voraussetzungen, unter denen die Zulassung erteilt wurde, nicht mehr einhält;
d) die Richtlinie 2006/49/EG nicht mehr erfüllt, wenn seine Zulassung sich auch auf die Dienstleistung der Portfolioverwaltung mit Ermessensspielraum gemäß Artikel 6 Absatz 4 Buchstabe a dieser Richtlinie erstreckt;
e) in schwerwiegender Weise oder systematisch gegen die nach dieser Richtlinie erlassenen Bestimmungen verstoßen hat oder
f) einen der Fälle erfüllt, in denen das nationale Recht bezüglich Angelegenheiten, die außerhalb des Anwendungsbereichs dieser Richtlinie liegen, den Entzug vorsieht.

KAPITEL III
BEDINGUNGEN FÜR DIE AUSÜBUNG DER TÄTIGKEIT DER AIFM

ABSCHNITT 1
Allgemeine Anforderungen

Artikel 12
Allgemeine Grundsätze

(1) Die Mitgliedstaaten stellen sicher, dass AIFM stets:

a) ihrer Tätigkeit ehrlich, mit der gebotenen Sachkenntnis, Sorgfalt und Gewissenhaftigkeit und redlich nachgehen;
b) im besten Interesse der von ihnen verwalteten AIF oder der Anleger dieser AIF und der Integrität des Marktes handeln;
c) über die für eine ordnungsgemäße Ausübung ihrer Geschäftstätigkeit erforderlichen Mittel und Verfahren verfügen und diese wirksam einsetzen;
d) alle angemessenen Maßnahmen zur Vermeidung von Interessenkonflikten und, wo diese nicht vermieden werden können, zur Ermittlung, Beilegung, Beobachtung und gegebenenfalls Offenlegung dieser Interessenkonflikte treffen, um zu vermeiden, dass sich diese nachteilig auf die Interessen der AIF und ihrer Anleger auswirken, und um sicherzustellen, dass den von ihnen verwalteten AIF eine faire Behandlung zukommt;
e) alle auf die Ausübung ihrer Geschäftstätigkeit anwendbaren regulatorischen Anforderungen erfüllen, um das beste Interesse der von ihnen verwalteten AIF oder der Anleger dieser AIF und die Integrität des Marktes zu fördern;
f) alle Anleger der AIF fair behandeln.

Kein Anleger in einen AIF darf eine Vorzugsbehandlung erhalten, es sei denn, eine solche Vorzugsbehandlung ist in den Vertragsbedingungen oder in der Satzung des entsprechenden AIF vorgesehen.

(2) Ein AIFM, dessen Zulassung sich auch auf die Portfolioverwaltung mit Ermessensspielraum gemäß Artikel 6 Absatz 4 Buchstabe a erstreckt,

a) darf das Portfolio des Kunden weder ganz noch teilweise in Anteilen der von ihm verwalteten AIF anlegen, es sei denn, er hat zuvor eine allgemeine Zustimmung des Kunden erhalten;
b) unterliegt in Bezug auf die Dienstleistungen gemäß Artikel 6 Absatz 4 den Vorschriften der Richtlinie 97/9/EG des Europäischen Parlaments und des Rates vom 3. März 1997 über Systeme für die Entschädigung der Anleger ([25]).

(3) Die Kommission erlässt gemäß Artikel 56 und nach Maßgabe der Bedingungen der Artikel 57 und 58 delegierte Rechtsakte zur Festlegung der Kriterien, nach welchen die betreffenden zuständigen Behörden zu beurteilen haben, ob AIFM ihren in Absatz 1 genannten Pflichten nachkommen.

Artikel 13
Vergütung

(1) Die Mitgliedstaaten verpflichten die AIFM dazu, für alle Kategorien von Mitarbeitern einschließlich der Führungskräfte, Risikoträger, und Mitarbeiter mit Kontrollfunktionen und aller Mitarbeiter, die eine Gesamtvergütung erhalten, aufgrund derer sie sich in

---

[25] ABl. L 84 vom 26.3.1997, S. 22.

derselben Einkommensstufe befinden wie die Führungskräfte und Risikoträger, deren berufliche Tätigkeit sich wesentlich auf die Risikoprofile der AIFM oder auf die Risikoprofile der von ihnen verwalteten AIF auswirkt, eine Vergütungspolitik und -praxis festzulegen, die mit einem soliden und wirksamen Risikomanagement vereinbar und diesem förderlich ist und nicht zur Übernahme von Risiken ermutigen, die nicht mit dem Risikoprofil, den Vertragsbedingungen oder der Satzung der von ihnen verwalteten AIF vereinbar sind.

Die AIFM legen die Vergütungspolitik und -praxis gemäß Anhang II fest.

(2) Die ESMA stellt sicher, dass Leitlinien für eine solide Vergütungspolitik existieren, die Anhang II entsprechen. In den Leitlinien werden die in der Empfehlung 2009/384/EG enthaltenen Grundsätze für eine solide Vergütungspolitik, die Größe der AIFM und die Größe der von ihnen verwalteten AIF, ihre interne Organisation und die Art, der Umfang und die Komplexität ihrer Geschäftstätigkeiten berücksichtigt. Die ESMA arbeitet eng mit der Europäischen Finanzaufsichtsbehörde (Europäische Bankaufsichtsbehörde) (EBA) zusammen.

Artikel 14
Interessenkonflikte

(1) Die Mitgliedstaaten verpflichten die AIFM, alle angemessenen Maßnahmen zu treffen, um Interessenkonflikte zu ermitteln, die im Zusammenhang mit der Verwaltung von AIF zwischen

a) dem AIFM sowie seinen Führungskräften, Mitarbeitern oder jeder anderen Person, die über ein Kontrollverhältnis direkt oder indirekt mit dem AIFM verbunden ist, und dem von ihm verwalteten AIF oder den Anlegern dieses AIF,
b) dem AIF oder den Anlegern dieses AIF und einem anderen AIF oder den Anlegern jenes AIF,
c) dem AIF oder den Anlegern dieses AIF und einem anderen Kunden des AIFM,
d) dem AIF oder den Anlegern dieses AIF und einem von dem AIFM verwalteten OGAW oder den Anlegern dieses OGAW oder
e) zwei Kunden des AIFM

auftreten.

AIFM müssen wirksame organisatorische und administrative Vorkehrungen zur Ergreifung aller angemessen Maßnahmen zur Ermittlung, Vorbeugung, Beilegung und Beobachtung von Interessenkonflikten treffen und beibehalten, um zu verhindern, dass diese den Interessen der AIF und ihrer Anleger schaden. Innerhalb ihrer eigenen Betriebsabläufe trennen AIFM Aufgaben und Verantwortungsbereiche, die als miteinander unvereinbar angesehen werden könnten oder potenziell systematische Interessenkonflikte hervorrufen könnten. AIFM prüfen, ob die Bedingungen der Ausübung ihrer Tätigkeit wesentliche andere Interessenkonflikte nach sich ziehen könnten und legen diese den Anlegern der AIF gegenüber offen.

(2) Reichen die von den AIFM zur Ermittlung, Vorbeugung, Beilegung und Beobachtung von Interessenkonflikten getroffenen organisatorischen Vorkehrungen nicht aus, um nach vernünftigem Ermessen zu gewährleisten, dass das Risiko einer Beeinträchtigung von Anlegerinteressen vermieden wird, so setzt der AIFM die Anleger – bevor er in ihrem Auftrag Geschäfte tätigt – unmissverständlich über die allgemeine Art bzw. die Quellen der Interessenkonflikte in Kenntnis und entwickelt angemessene Strategien und Verfahren.

(3) Wenn AIFM für einen AIF die Dienste eines Primebroker in Anspruch nehmen, müssen die Bedingungen in einem schriftlichen Vertrag vereinbart werden. Insbesondere

muss die Möglichkeit einer Übertragung und Wiederverwendung von Vermögenswerten des AIF in diesem Vertrag vereinbart werden und den Vertragsbedingungen oder der Satzung des AIF entsprechen. In dem Vertrag muss festgelegt werden, dass die Verwahrstelle von dem Vertrag in Kenntnis gesetzt wird.

Bei der Auswahl und Benennung der Primebroker, mit denen ein Vertrag geschlossen wird, gehen die AIFM mit der gebotenen Sachkenntnis, Sorgfalt und Gewissenhaftigkeit vor.

(4) Die Kommission erlässt gemäß Artikel 56 und nach Maßgabe der Bedingungen der Artikel 57 und 58 delegierte Rechtsakte, mit denen Folgendes festgelegt wird:

a) die in Absatz 1 genannten Arten von Interessenkonflikten,
b) die angemessenen Maßnahmen, die hinsichtlich der Strukturen und der organisatorischen und administrativen Verfahren von einem AIFM erwartet werden, um Interessenkonflikte zu ermitteln, ihnen vorzubeugen, sie zu steuern, zu beobachten bzw. offenzulegen.

Artikel 15
Risikomanagement

(1) Die AIFM trennen die Funktionen des Risikomanagements funktional und hierarchisch von den operativen Abteilungen, auch von den Funktionen des Portfoliomanagements.

Die funktionelle und hierarchische Trennung der Funktionen des Risikomanagements in Übereinstimmung mit Unterabsatz 1 wird von den zuständigen Behörden des Herkunftsmitgliedstaats des AIFM in Übereinstimmung mit dem Verhältnismäßigkeitsprinzip überwacht, in dem Sinn, dass der AIFM in jedem Fall in der Lage sein muss nachzuweisen, dass besondere Schutzvorkehrungen gegen Interessenkonflikte eine unabhängige Ausübung von Risikomanagementmaßnahmen ermöglichen und dass das Risikomanagement den Anforderungen dieses Artikels genügt und durchgehend wirksam ist.

(2) Damit alle Risiken, die für die einzelnen AIF-Anlagestrategien wesentlich sind und denen jeder AIF unterliegt oder unterliegen kann, hinreichend festgestellt, bewertet, gesteuert und überwacht werden, setzen die AIFM angemessene Risikomanagement-Systeme ein.

Die AIFM überprüfen die Riskomanagement-Systeme in angemessenen zeitlichen Abständen, mindestens jedoch einmal jährlich, und passen sie erforderlichenfalls an.

(3) AIFM unterliegen zumindest folgenden Verpflichtungen:

a) sie führen eine der Anlagestrategie, den Zielen und dem Risikoprofil des AIF angemessene, dokumentierte und regelmäßig aktualisierte Sorgfaltsprüfung (Due Diligence process) durch, wenn sie für Rechnung des AIF Anlagen tätigen;
b) sie gewährleisten, dass die mit den einzelnen Anlagepositionen des AIF verbundenen Risiken samt ihrer Auswirkungen auf das Gesamtportfolio des AIF laufend – unter anderem auch durch die Nutzung angemessener Stresstests – ordnungsgemäß bewertet, eingeschätzt, gesteuert und überwacht werden können;
c) sie gewährleisten, dass die Risikoprofile der AIF der Größe, der Portfoliostruktur und den Anlagestrategien und -zielen, wie sie in den Vertragsbedingungen oder der Satzung, dem Prospekt und den Emissionsunterlagen des AIF festgelegt sind, entsprechen.

(4) Die AIFM legen ein Höchstmaß an Hebelfinanzierungen fest, das sie für jeden der von ihnen verwalteten AIF einsetzen können, ebenso wie den Umfang des Rechts der Wiederverwendung von Sicherheiten oder sonstigen Garantien, die im Rahmen der Vereinbarung über die Hebelfinanzierung gewährt werden könnten, wobei sie Folgendes berücksichtigen:

a) die Art des AIF,
b) die Anlagestrategie des AIF,
c) die Herkunft der Hebelfinanzierung des AIF,
d) jede andere Verbindung oder relevante Beziehung zu anderen Finanzdienstleistungsinstituten, die potenziell ein Systemrisiko darstellen,
e) die Notwendigkeit, das Risiko gegenüber jeder einzelnen Gegenpartei zu begrenzen,
f) das Ausmaß, bis zu dem die Hebelfinanzierung abgesichert ist,
g) das Verhältnis von Aktiva und Passiva,
h) Umfang, Wesen und Ausmaß der Geschäftstätigkeiten des AIFM auf den betreffenden Märkten.

(5) Die Kommission erlässt gemäß Artikel 56 und nach Maßgabe der Bedingungen der Artikel 57 und 58 delegierte Rechtsakte, mit denen Folgendes festgelegt wird:
a) die Risikomanagementsysteme, die die AIFM in Abhängigkeit von den für Rechnung der von ihnen verwalteten AIF eingegangenen Risiken zu betreiben haben,
b) die angemessenen zeitlichen Abstände zwischen den Überprüfungen des Risikomanagementsystems,
c) die Art und Weise, in der die funktionale und hierarchische Trennung zwischen der Risikomanagementfunktion und den operativen Abteilungen, einschließlich der Portfoliomanagementfunktion, zu erfolgen hat,
d) die besonderen Schutzvorkehrungen gegen Interessenkonflikte gemäß Absatz 1 Unterabsatz 2,
e) die Anforderungen nach Absatz 3.

Artikel 16
Liquiditätsmanagement

(1) Die AIFM verfügen für jeden von ihnen verwalteten AIF, bei dem es nicht um einen AIF des geschlossenen nicht hebelfinanzierten Typs handelt, über ein angemessenes Liquiditätsmanagementsystem und legen Verfahren fest, die es ihnen ermöglichen, die Liquiditätsrisiken des AIF zu überwachen und zu gewährleisten, dass sich das Liquiditätsprofil der Anlagen des AIF mit seinen zugrunde liegenden Verbindlichkeiten deckt.

Die AIFM führen regelmäßig Stresstests durch, unter Zugrundelegung von sowohl normalen als auch außergewöhnlichen Liquiditätsbedingungen, mit denen sie die Liquiditätsrisiken der AIF bewerten und die Liquiditätsrisiken der AIF entsprechend überwachen können.

(2) Die AIFM gewährleisten, dass die Anlagestrategie, das Liquiditätsprofil und die Rücknahmegrundsätze eines jeden von ihnen verwalteten AIF schlüssig ineinander greifen.

(3) Die Kommission erlässt gemäß Artikel 56 und nach Maßgabe der Bedingungen der Artikel 57 und 58 delegierte Rechtsakte, mit denen Folgendes festgelegt wird:
a) die Liquiditätsmanagementsystemen und –verfahren und
b) den Gleichklang von Anlagestrategie, Liquiditätsprofil und Rücknahmegrundsätzen nach Absatz 2.

Artikel 17
Anlagen in Verbriefungspositionen

Um sektorübergreifende Kohärenz zu gewährleisten und Divergenzen zwischen den Interessen von Firmen, die Kredite in handelbare Wertpapiere umwandeln, und Originatoren im Sinne von Artikel 4 Absatz 41 der Richtlinie 2006/48/EG, und den Interessen von AIFM, die für Rechnung von AIF in diese Wertpapiere oder andere Finanzinstrumente investieren, zu beseitigen, erlässt die Kommission gemäß Artikel 56 und nach Maßgabe der Bedingungen der Artikel 57 und 58 delegierte Rechtsakte zu Folgendem:

a) den Anforderungen, die ein Originator, ein Sponsor oder ein ursprünglicher Kreditgeber erfüllen muss, damit ein AIFM im Namen von AIF in Wertpapiere oder andere Finanzinstrumente dieses Typs, die nach dem 1. Januar 2011 emittiert werden, investieren darf, einschließlich der Anforderungen, die gewährleisten, dass der Originator, der Sponsor oder der ursprüngliche Kreditgeber einen materiellen Nettoanteil von mindestens fünf Prozent behält,
b) den qualitativen Anforderungen, die AIFM, die im Namen eines oder mehrerer AIF in diese Wertpapiere oder andere Finanzinstrumente investieren, erfüllen müssen.

ABSCHNITT 2
Organisatorische Anforderungen

Artikel 18
Allgemeine Grundsätze

(1) Die Mitgliedstaaten legen fest, dass die AIFM für die ordnungsgemäße Verwaltung der AIF jederzeit angemessene und geeignete personelle und technische Ressourcen einsetzen.

Insbesondere schreiben die zuständigen Behörden des Herkunftsmitgliedstaats des AIFM – auch unter Berücksichtigung der Art der von dem AIFM verwalteten AIF – vor, dass der betreffende AIFM über eine ordnungsgemäße Verwaltung und Buchhaltung, Kontroll- und Sicherheitsvorkehrungen in Bezug auf die elektronische Datenverarbeitung sowie angemessene interne Kontrollverfahren, zu denen insbesondere Regeln für persönliche Geschäfte ihrer Mitarbeiter und für das Halten oder Verwalten von Anlagen zum Zwecke der Anlage auf dem eigenen Konto gehören, verfügt, durch die zumindest gewährleistet wird, dass jedes die AIF betreffende Geschäft nach Herkunft, Vertragsparteien, Art, Abschlusszeitpunkt und -ort rekonstruiert werden kann und dass die Vermögenswerte der vom AIFM verwalteten AIF gemäß den Vertragsbedingungen oder Satzungen der AIF und gemäß den geltenden rechtlichen Bestimmungen angelegt werden.

(2) Die Kommission erlässt gemäß Artikel 56 und nach Maßgabe der Bedingungen der Artikel 57 und 58 delegierte Rechtsakte, mit denen die Verfahren und Regelungen gemäß Absatz 1 festgelegt werden.

Artikel 19
Bewertung

(1) Die AIFM stellen sicher, dass für jeden von ihnen verwalteten AIF geeignete und kohärente Verfahren festgelegt werden, so dass eine ordnungsgemäße und unabhängige Bewertung der Vermögenswerte des AIF gemäß diesem Artikel, den anzuwendenden nationalen Rechtsvorschriften und den Vertragsbedingungen oder der Satzung der AIF vorgenommen werden kann.

(2) Die für die Bewertung der Vermögenswerte und die Berechnung des Nettoinventarwerts je Anteil der AIF geltenden Vorschriften sind in dem Land, in dem der AIF seinen Sitz hat, gesetzlich oder in den Vertragsbedingungen oder der Satzung der AIF geregelt.

(3) Die AIFM stellen auch sicher, dass die Berechnung und Offenlegung des Nettoinventarwertes je Anteil des AIF gegenüber den Anlegern gemäß diesem Artikel, den anzuwendenden nationalen Rechtsvorschriften und den Vertragsbedingungen oder der Satzung des AIF erfolgt.

Durch die angewendeten Bewertungsverfahren wird sichergestellt, dass die Bewertung der Vermögenswerte und die Berechnung des Nettoinventarwerts je Anteil mindestens einmal jährlich erfolgt.

Handelt es sich um einen offenen AIF, sind solche Bewertungen und Berechnungen in einem zeitlichen Abstand durchzuführen, der den von dem AIF gehaltenen Vermögenswerten und seiner Ausgabe- und Rücknahmehäufigkeit angemessen ist.

Handelt es sich um einen geschlossenen AIF, sind solche Bewertungen und Berechnungen auch durchzuführen, wenn das Kapital des entsprechenden AIF erhöht oder herabgesetzt wird.

Die Anleger werden über die Bewertungen und Berechnungen entsprechend den diesbezüglichen Vertragsbedingungen oder der Satzung des AIF informiert.

(4) Die AIFM gewährleisten, dass die Bewertung von einer der folgenden Stellen durchgeführt wird:

a) einem externernen Bewerter, der eine natürliche oder juristische Person unabhängig vom AIF, dem AIFM und anderen Personen mit engen Verbindungen zum AIF oder zum AIFM ist, oder
b) dem AIFM selbst, vorausgesetzt die Bewertungsaufgabe ist von der Portfolioverwaltung und der Vergütungspolitik funktional unabhängig, und die Vergütungspolitik und andere Maßnahmen stellen sicher, dass Interessenkonflikte gemindert und ein unzulässiger Einfluss auf die Mitarbeiter verhindert werden.

Die für einen AIF bestellte Verwahrstelle wird nicht als externer Bewerter dieses AIF bestellt, außer wenn eine funktionale und hierarchische Trennung der Ausführung ihrer Verwahrfunktionen von ihren Aufgaben als externer Bewerter vorliegt und die potenziellen Interessenkonflikte ordnungsgemäß ermittelt, gesteuert, beobachtet und den Anlegern des AIF gegenüber offengelegt werden.

(5) Wird eine externer Bewerter für die Bewertung herangezogen, so weist der AIFM nach, dass:

a) der externe Bewerter einer gesetzlich anerkannten obligatorischen berufsmäßigen Registrierung oder Rechts- und Verwaltungsvorschriften oder berufsständischen Regeln unterliegt;
b) der externe Bewerter ausreichende berufliche Garantien vorweisen kann, um wirksam die entsprechende Bewertungsfunktion gemäß den Absätzen 1, 2 und 3 ausüben zu können, und
c) die Bestellung des externen Bewerters den Anforderungen von Artikel 20 Absatz 1 und 2 und den gemäß Artikel 20 Absatz 7 erlassenen delegierten Rechtsakten entspricht.

(6) Der bestellte externe Bewerter darf die Bewertungsfunktion nicht an einen Dritten delegieren.

(7) Die AIFM teilen die Bestellung eines externen Bewerters den zuständigen Behörden ihres Herkunftsmitgliedstaats mit; diese können für den Fall, dass die Voraussetzungen nach Absatz 5 nicht erfüllt sind, die Bestellung eines anderen externen Bewerters verlangen.

(8) Die Bewertung hat unparteiisch und mit der gebotenen Sachkenntnis, Sorgfalt und Gewissenhaftigkeit zu erfolgen.

(9) Wird die Bewertung nicht von einem externen Bewerter vorgenommen, so können die zuständigen Behörden des Herkunftsmitgliedstaats des AIFM von diesem verlangen,

dass seine Bewertungsverfahren und/oder Bewertungen von einem externen Bewerter oder gegebenenfalls durch einen Rechnungsprüfer überprüft werden.

(10) Die AIFM sind für die ordnungsgemäße Bewertung der Vermögenswerte der AIF, für die Berechnung des Nettoinventarwerts und die Bekanntgabe dieses Nettoinventarwerts verantwortlich. Die Haftung des AIFM gegenüber dem AIF und seinen Anlegern darf deshalb nicht durch die Tatsache berührt werden, dass der AIFM einen externen Bewerter bestellt hat.

Ungeachtet des Unterabsatzes 1 und unabhängig von anderslautenden vertraglichen Regelungen haftet der externe Bewerter gegenüber dem AIFM für jegliche Verluste des AIFM, die sich auf fahrlässige oder vorsätzliche Nichterfüllung der Aufgaben durch den externen Bewerter zurückführen lassen.

(11) Die Kommission erlässt gemäß Artikel 56 und nach Maßgabe der Bedingungen der Artikel 57 und 58 delegierte Rechtsakte, mit denen Folgendes festgelegt wird:

a) die Kriterien für die Verfahren für die ordnungsgemäße Bewertung der Vermögenswerte und die Berechnung des Nettoinventarwerts pro Anteil;
b) die beruflichen Garantien, die der externe Bewerter bieten muss, um die Bewertungsfunktion wirksam wahrnehmen zu können;
c) die Bewertungshäufigkeit durch offene AIF, die den von ihnen gehaltenen Vermögenswerten und ihren Ausgabe- und Rücknahmegrundsätzen angemessen ist.

ABSCHNITT 3
Übertragung von Funktionen der AIFM

Artikel 20
Übertragung

(1) AIFM, die Dritten Aufgaben zur Ausübung in ihrem Namen übertragen wollen, melden dies der zuständigen Behörde ihres Herkunftsmitgliedstaats, bevor die Vereinbarung zur Übertragung in Kraft tritt. Die folgenden Bedingungen sind zu erfüllen:

a) der AIFM muss in der Lage sein, seine gesamte Struktur zur Übertragung von Aufgaben mit objektiven Gründen zu rechtfertigen;
b) der Beauftragte muss über ausreichende Ressourcen für die Ausführung der jeweiligen Aufgaben verfügen und die Personen, die die Geschäfte des Dritten tatsächlich führen, müssen gut beleumdet sein und über ausreichende Erfahrung verfügen;
c) bezieht sich die Übertragung auf das Portfoliomanagement oder das Risikomanagement, so darf sie nur an Unternehmen erfolgen, die für die Zwecke der Vermögensverwaltung zugelassen oder registriert sind und einer Aufsicht unterliegen, oder, wenn diese Bedingung nicht eingehalten werden kann, nur nach vorheriger Genehmigung durch die zuständigen Behörden des Herkunftsmitgliedstaats des AIFM;
d) bezieht sich die Übertragung auf das Portfoliomanagement oder das Risikomanagement und ist sie an ein Unternehmen aus einem Drittland erfolgt, so ist ergänzend zu den Anforderungen nach Buchstabe c sicherzustellen, dass die zuständigen Behörden des Herkunftsmitgliedstaats des AIFM und die für das Unternehmen zuständige Aufsichtsbehörde zusammenarbeiten;
e) die Übertragung darf die Wirksamkeit der Beaufsichtigung der AIFM nicht beeinträchtigen; insbesondere darf sie weder den AIFM daran hindern, im Interesse seiner Anleger zu handeln, noch verhindern, dass der AIF im Interesse der Anleger verwaltet wird;

f) der AIFM muss nachweisen können, dass der betreffende Beauftragte über die erforderliche Qualifikation verfügt und in der Lage ist, die betreffenden Funktionen wahrzunehmen, dass er sorgfältig ausgewählt wurde und dass der AIFM in der Lage ist, jederzeit die übertragenen Aufgaben wirksam zu überwachen, jederzeit weitere Anweisungen an den Beauftragten zu erteilen und die Übertragung mit sofortiger Wirkung zurückzunehmen, wenn dies im Interesse der Anleger ist.

Der AIFM überprüft fortwährend die von Beauftragten erbrachten Dienstleistungen.

(2) Keine Übertragung hinsichtlich des Portfoliomanagements oder des Risikomanagements erfolgt an:

a) die Verwahrstelle oder einen Beauftragten der Verwahrstelle, oder
b) ein anderes Unternehmen, dessen Interessen mit denen des AIFM oder der Anleger des AIF im Konflikt stehen könnten, außer wenn ein solches Unternehmen eine funktionale und hierarchische Trennung der Ausführung seiner Aufgaben bei der Portfolio-Verwaltung oder dem Risikomanagement von seinen anderen potenziell dazu im Interessenkonflikt stehenden Aufgaben vorgenommen hat und die potenziellen Interessenkonflikte ordnungsgemäß ermittelt, gesteuert, beobachtet und den Anlegern des AIF gegenüber offengelegt werden.

(3) Die Haftung des AIFM gegenüber dem AIF und seinen Anlegern wird nicht durch die Tatsache berührt, dass der AIFM eigene Funktionen an Dritte übertragen hat, oder durch eine weitere Unterbeauftragung; ferner darf der AIFM seine Funktionen nicht in einem Umfang übertragen, der darauf hinausläuft, dass er nicht länger als Verwalter des AIF angesehen werden kann und er zu einem bloßen Briefkastenunternehmen wird.

(4) Dritte dürfen jede der ihnen übertragenen Funktionen weiterübertragen, sofern die folgenden Bedingungen eingehalten werden:

a) der AIFM hat vorher der Unterbeauftragung zugestimmt;
b) der AIFM hat die zuständigen Behörden seines Herkunftsmitgliedstaats in Kenntnis gesetzt, bevor die Vereinbarung über die Unterbeauftragung in Kraft tritt;
c) die in Absatz 1 festgelegten Bedingungen mit dem Verständnis, dass alle Bezugnahmen auf den „Beauftragten" als Bezugnahme auf den „Unterbeauftragten" zu verstehen sind.

(5) Es erfolgt keine Unterbeauftragung hinsichtlich des Portfoliomanagements oder des Risikomanagements an:

a) die Verwahrstelle oder einen Beauftragten der Verwahrstelle, oder
b) ein anderes Unternehmen, dessen Interessen mit denen des AIFM oder der Anleger des AIF kollidieren könnten, außer wenn es eine funktionale und hierarchische Trennung der Ausführung seiner Aufgaben bei der Portfolioverwaltung oder dem Risikomanagement von seinen anderen potenziell dazu im Interessenkonflikt stehenden Aufgaben vorgenommen hat und die potenziellen Interessenkonflikte ordnungsgemäß ermittelt, gesteuert, beobachtet und den Anlegern des AIF gegenüber offengelegt werden.

Der entsprechende Beauftragte überprüft fortwährend die von Unterbeauftragten erbrachten Dienstleistungen.

(6) Wenn der Unterbeauftragte irgendwelche an ihn übertragenen Funktionen weiterüberträgt, gelten die Bedingungen gemäß Absatz 4 entsprechend.

(7) Die Kommission erlässt gemäß Artikel 56 und nach Maßgabe der Bedingungen der Artikel 57 und 58 delegierte Rechtsakte, mit denen Folgendes festgelegt wird:

a) die Bedingungen zur Erfüllung der Anforderungen nach Absatz 1, 2, 4 und 5;
b) die Umstände, unter denen angenommen wird, dass der AIFM im Sinne von Absatz 3 seine Funktionen in einem Umfang übertragen hat, der ihn zu einer Briefkastenfirma werden lässt und er somit nicht länger als Verwalter des AIF angesehen werden kann.

ABSCHNITT 4
Verwahrstelle

Artikel 21
Verwahrstelle

(1) Für jeden von ihm verwalteten AIF stellt der AIFM sicher, dass im Einklang mit diesem Artikel eine einzige Verwahrstelle bestellt wird.

(2) Die Bestellung der Verwahrstelle wird in einem Vertrag schriftlich vereinbart. Der Vertrag regelt unter anderem den Informationsaustausch, der für erforderlich erachtet wird, damit die Verwahrstelle gemäß dieser Richtlinie und gemäß den anderen einschlägigen Rechts- und Verwaltungsvorschriften ihren Aufgaben für den AIF, für den sie als Verwahrstelle bestellt wurde, nachkommen kann.

(3) Die Verwahrstelle ist:

a) ein Kreditinstitut mit Sitz in der Union, das gemäß der Richtlinie 2006/48/EG zugelassen ist;

b) eine Wertpapierfirma mit satzungsmäßigem Sitz in der Union, für die die Eigenkapitalanforderungen gemäß Artikel 20 Absatz 1 der Richtlinie 2006/49/EG gelten, einschließlich der Kapitalanforderungen für operationelle Risiken, und die gemäß der Richtlinie 2004/39/EG zugelassen ist, und die auch die Nebendienstleistungen wie Verwahrung und Verwaltung von Finanzinstrumenten für Rechnung von Kunden gemäß Anhang I Abschnitt B Nummer 1 der Richtlinie 2004/39/EG erbringt; solche Wertpapierfirmen müssen in jedem Fall über Eigenmittel verfügen, die den in Artikel 9 der Richtlinie 2006/49/EG genannten Betrag des Anfangskapitals nicht unterschreiten; oder

c) eine andere Kategorie von Einrichtungen, die einer Beaufsichtigung und ständigen Überwachung unterliegen und die am 21. Juli 2011 unter eine der von den Mitgliedstaaten gemäß Artikel 23 Absatz 3 der Richtlinie 2009/65/EG festgelegten Kategorien von Einrichtungen fallen, aus denen eine Verwahrstellen gewählt werden kann.

Nur bei Nicht-EU-AIF und unbeschadet des Absatzes 5 Buchstabe b kann die Verwahrstelle auch ein Kreditinstitut oder ein ähnlich wie die in Buchstabe a und b des von Unterabsatz 1 dieses Absatzes genannten Unternehmen geartetes Unternehmen sein, sofern die Bedingungen des Absatzes 6 Buchstabe b eingehalten sind.

Zusätzlich können die Mitgliedstaaten zulassen, dass für AIF, bei denen innerhalb von fünf Jahren nach Tätigung der ersten Anlagen keine Rücknahmerechte ausgeübt werden können, und die im Einklang mit ihrer Hauptanlagestrategie in der Regel nicht in Vermögenswerte investieren, die gemäß Absatz 8 Buchstabe a verwahrt werden müssen, oder in der Regel in Emittenten oder nicht börsennotierte Unternehmen investieren, um gemäß Artikel 26 möglicherweise die Kontrolle über solche Unternehmen zu erlangen, die Verwahrstelle eine Stelle sein kann, die Aufgaben einer Verwahrstelle im Rahmen ihrer beruflichen oder geschäftlichen Tätigkeit wahrnimmt, für die diese Stelle einer gesetzlich anerkannten obligatorischen berufsmäßigen Registrierung oder Rechts- und Verwaltungsvorschriften oder berufsständischen Regeln unterliegt, die ausreichend finanzielle und berufliche Garantien bieten können, um es ihr zu ermöglichen, die relevanten Aufgaben einer Verwahrstelle wirksam auszuführen und die mit diesen Funktionen einhergehenden Verpflichtungen zu erfüllen.

(4) Zur Vermeidung von Interessenkonflikten zwischen der Verwahrstelle, dem AIFM und/oder dem AIF und/oder seinen Anlegern

a) darf ein AIFM nicht die Aufgabe einer Verwahrstelle wahrnehmen;

b) darf ein Primebroker, der als Geschäftspartner eines AIF auftritt, nicht die Aufgaben einer Verwahrstelle dieses AIF wahrnehmen, außer wenn eine funktionale und hierarchische Trennung der Ausführung seiner Verwahrfunktionen von seinen Aufgaben als Primebroker vorliegt und die potenziellen Interessenkonflikte ordnungsgemäß ermittelt, gesteuert, beobachtet und den Anlegern des AIF offengelegt werden. Es ist gemäß Absatz 11 zulässig, dass die Verwahrstelle einem solchen Primebroker ihre Verwahraufgaben überträgt, wenn die entsprechenden Bedingungen eingehalten sind.

(5) Die Verwahrstelle hat ihren Sitz an einem der folgenden Orte:

a) Bei EU-AIF im Herkunftsmitgliedstaat des AIF;
b) bei Nicht-EU-AIF in dem Drittland, in dem sich der Sitz des AIF befindet, oder in dem Herkunftsmitgliedstaat des AIFM, der den AIF verwaltet, oder in dem Referenzmitgliedstaat des AIFM, der den AIF verwaltet.

(6) Unbeschadet der Anforderungen von Absatz 3 unterliegt die Bestellung einer Verwahrstelle mit Sitz in einem Drittland immer folgenden Bedingungen:

a) die zuständigen Behörden des Mitgliedstaats, in dem die Anteile des Nicht-EU-AIF gehandelt werden sollen, und, falls es sich um unterschiedliche Behörden handelt, die Behörden des Herkunftsmitgliedstaats des AIFM, haben Vereinbarungen über die Zusammenarbeit und den Informationsaustausch mit den zuständigen Behörden der Verwahrstelle unterzeichnet;
b) die Verwahrstelle unterliegt einer wirksamen aufsichtlichen Regulierung, einschließlich Mindesteigenkapitalanforderungen, und Aufsicht, die den Rechtsvorschriften der Union entsprechen und die wirksam durchgesetzt werden;
c) das Drittland, in dem die Verwahrstelle ihren Sitz hat, steht nicht auf der Liste der nicht kooperativen Länder und Gebiete, die von der Arbeitsgruppe „Finanzielle Maßnahmen gegen Geldwäsche und Terrorismusfinanzierung" aufgestellt wurde;
d) die Mitgliedstaaten, in denen die Anteile des Nicht-EU-AIF vertrieben werden sollen, und, soweit verschieden, der Herkunftsmitgliedstaat des AIFM, haben mit dem Drittland, in dem die Verwahrstelle ihren Sitz hat, eine Vereinbarung unterzeichnet, die den Standards des Artikels 26 des OECD-Musterabkommens zur Vermeidung der Doppelbesteuerung von Einkommen und Vermögen vollständig entspricht und einen wirksamen Informationsaustausch in Steuerangelegenheiten, einschließlich multilateraler Steuerabkommen, gewährleistet;
e) die Verwahrstelle haftet vertraglich gegenüber dem AIF oder gegenüber den Anlegern des AIF, in Übereinstimmung mit den Absätzen 12 und 13, und erklärt sich ausdrücklich zur Einhaltung von Absatz 11 bereit.

Ist eine zuständige Behörde eines anderen Mitgliedstaats nicht mit der Bewertung der Anwendung von Unterabsatz 1 Buchstaben a, c oder e durch die zuständigen Behörden des Herkunftsmitgliedstaats des AIFM einverstanden, so können die betreffenden zuständigen Behörden die Angelegenheit der ESMA zur Kenntnis bringen, die gemäß der ihr durch Artikel 19 der Verordnung (EU) Nr. 1095/2010 übertragenen Befugnisse tätig werden kann.

Auf der Grundlage der in Absatz 17 Buchstabe b festgelegten Kriterien erlässt die Kommission Durchführungsrechtsakte, die festlegen, dass die aufsichtliche Regulierung und Aufsicht in einem Drittland den einschlägigen Bestimmungen der Union entsprechen und wirksam durchgesetzt werden. Diese Durchführungsrechtsakte werden gemäß dem in Artikel 59 Absatz 2 genannten Prüfverfahren erlassen.

(7) Die Verwahrstelle stellt allgemein sicher, dass die Cashflows der AIF ordnungsgemäß überwacht werden und gewährleistet insbesondere, dass sämtliche Zahlungen von Anlegern oder im Namen von Anlegern bei der Zeichnung von Anteilen eines AIF geleistet

wurden und dass die gesamten Geldmittel des AIF auf einem Geldkonto verbucht wurden, das für Rechnung des AIF, im Namen des AIFM, der für Rechnung des AIF tätig ist, oder im Namen der Verwahrstelle, die für Rechnung des AIF tätig ist, bei einer Stelle gemäß Artikel 18 Absatz 1 Buchstaben a, b und c der Richtlinie 2006/73/EG oder bei einer Stelle der gleichen Art in dem entsprechenden Markt, in dem Geldkonten verlangt werden, eröffnet wurde, so lange eine solche Stelle einer wirksamen aufsichtlichen Regulierung und Aufsicht unterliegt, die den Rechtsvorschriften der Union entsprechen und wirksam durchgesetzt werden, gemäß den Grundsätzen nach Artikel 16 der Richtlinie 2006/73/EG.

Falls Geldkonten im Namen der Verwahrstelle, die für Rechnung des AIF handelt, eröffnet werden, werden keine Geldmittel der in Unterabsatz 1 genannten Stelle und keine Geldmittel der Verwahrstelle selbst auf solchen Konten verbucht.

(8) Die Vermögenswerte des AIF oder des für Rechnung des AIF handelnden AIFM, werden der Verwahrstelle folgendermaßen zur Aufbewahrung anvertraut:

a) für Finanzinstrumente, die in Verwahrung genommen werden können, gilt:
   i) die Verwahrstelle verwahrt sämtliche Finanzinstrumente, die im Depot auf einem Konto für Finanzinstrumente verbucht werden können, und sämtliche Finanzinstrumente, die der Verwahrstelle physisch übergeben werden können;
   ii) zu diesem Zweck stellt die Verwahrstelle sicher, dass all jene Finanzinstrumente, die im Depot auf einem Konto für Finanzinstrumente verbucht werden können, gemäß den in Artikel 16 der Richtlinie 2006/73/EG festgelegten Grundsätzen in den Büchern der Verwahrstelle auf gesonderten Konten registriert werden, die im Namen des AIF bzw. des für ihn tätigen AIFM eröffnet wurde, so dass die Finanzinstrumente jederzeit gemäß geltendem Recht eindeutig als im Eigentum des AIF befindliche Instrumente identifiziert werden können;
b) für sonstige Vermögenswerte gilt:
   i) die Verwahrstelle prüft das Eigentum des AIF oder des für Rechnung des AIF tätigen AIFM an solchen Vermögenswerten und führt Aufzeichnungen derjenigen Vermögenswerte, bei denen sie sich vergewissert hat, dass der AIF oder der für Rechnung des AIF tätige AIFM an diesen Vermögenswerten das Eigentum hat;
   ii) die Beurteilung, ob der AIF oder der für Rechnung des AIF tätige AIFM Eigentümer ist, beruht auf Informationen oder Unterlagen, die vom AIF oder vom AIFM vorgelegt werden und, soweit verfügbar, auf externen Nachweisen;
   iii) die Verwahrstelle hält ihre Aufzeichnungen auf dem neuesten Stand.

(9) Ergänzend zu den in Absatz 7 und 8 genannten Aufgaben stellt die Verwahrstelle sicher, dass

a) der Verkauf, die Ausgabe, die Rücknahme, die Auszahlung und die Aufhebung von Anteilen des AIF gemäß den geltenden nationalen Rechtsvorschriften und den Vertragsbedingungen oder der Satzung des AIF erfolgen;
b) die Berechnung des Wertes der Anteile des AIF nach den geltenden nationalen Rechtsvorschriften, den Vertragsbedingungen oder der Satzung des AIF und den in Artikel 19 festgelegten Verfahren erfolgt;
c) die Weisungen des AIFM ausgeführt werden, es sei denn, diese verstoßen gegen geltende nationale Rechtsvorschriften oder die Vertragsbedingungen oder die Satzung des AIF;
d) bei Transaktionen mit Vermögenswerten des AIF der Gegenwert innerhalb der üblichen Fristen an den AIF überwiesen wird;
e) die Erträge des AIF gemäß den geltenden nationalen Rechtsvorschriften und den Vertragsbedingungen oder der Satzung des AIF verwendet werden.

(10) Der AIFM und die Verwahrstelle handeln im Rahmen ihrer jeweiligen Aufgaben ehrlich, redlich, professionell, unabhängig und im Interesse des AIF und seiner Anleger.

Eine Verwahrstelle darf keine Aufgaben in Bezug auf den AIF oder den für Rechnung des AIF tätigen AIFM wahrnehmen, die Interessenkonflikte zwischen dem AIF, den Anlegern des AIF, dem AIFM und ihr selbst schaffen könnten, außer wenn eine funktionale und hierarchische Trennung der Ausführung ihrer Aufgaben als Verwahrstelle von ihren potenziell dazu in Konflikt stehenden Aufgaben vorgenommen wurde und die potenziellen Interessenkonflikte ordnungsgemäß ermittelt, gesteuert, beobachtet und den Anlegern des AIF gegenüber offengelegt werden.

Die in Absatz 8 genannten Vermögenswerte dürfen nicht ohne vorherige Zustimmung des AIF oder des für Rechnung des AIF tätigen AIFM von der Verwahrstelle wiederverwendet werden.

(11) Die Verwahrstelle darf ihre in diesem Artikel festgeschriebenen Funktionen nicht auf Dritte übertragen, hiervon ausgenommen sind die in Absatz 8 genannten Aufgaben.

Die Verwahrstelle kann die in Absatz 8 genannten Funktionen unter den folgenden Bedingungen auf Dritte übertragen:

a) die Aufgaben werden nicht in der Absicht übertragen, die Vorschriften der vorliegenden Richtlinie zu umgehen;
b) die Verwahrstelle kann belegen, dass es einen objektiven Grund für die Übertragung gibt;
c) Die Verwahrstelle ist bei der Auswahl und Bestellung eines Dritten, dem sie Teile ihrer Aufgaben übertragen möchte, mit der gebotenen Sachkenntnis, Sorgfalt und Gewissenhaftigkeit vorgegangen und geht weiterhin bei der laufenden Kontrolle und regelmäßigen Überprüfung von Dritten, denen sie Teile ihrer Aufgaben übertragen hat, und von Vereinbarungen des Dritten hinsichtlich der ihm übertragenen Aufgaben mit der gebotenen Sachkenntnis, Sorgfalt und Gewissenhaftigkeit vor, und
d) Die Verwahrstelle gewährleistet, dass der Dritte jederzeit bei der Ausführung der ihm übertragenen Aufgaben die folgenden Bedingungen einhält:
   i) der Dritte verfügt über eine Organisationsstruktur und die Fachkenntnisse, die für die Art und die Komplexität der Vermögenswerte des AIF oder des für dessen Rechnung handelnden AIFM, die ihm anvertraut wurden, angemessen und geeignet sind;
   ii) bezogen auf die Verwahraufgaben gemäß Absatz 8 Buchstabe a unterliegt der Dritte einer wirksamen aufsichtlichen Regulierung, einschließlich Mindesteigenkapitalanforderungen, und Aufsicht in der betreffenden rechtlichen Zuständigkeit und der Dritte unterliegt ferner einer regelmäßigen externen Rechnungsprüfung, durch die gewährleistet wird, dass sich die Finanzinstrumente in seinem Besitz befinden;
   iii) der Dritte trennt die Vermögenswerte der Kunden der Verwahrstelle von seinen eigenen Vermögenswerten und von den Vermögenswerten der Verwahrstelle in einer solchen Weise, dass sie zu jeder Zeit eindeutig als Eigentum von Kunden einer bestimmten Verwahrstelle identifiziert werden können;
   iv) der Dritte darf die Vermögenswerte nicht ohne vorherige Zustimmung des AIF oder des für Rechnung des AIF tätigen AIFM und eine vorherige Mitteilung an die Verwahrstelle verwenden und
   v) der Dritte hält sich an die allgemeinen Verpflichtungen und Verbote gemäß den Absätzen 8 und 10.

Unbeschadet des Unterabsatzes 2 Buchstabe d Ziffer ii, wenn laut den Rechtsvorschriften eines Drittlands vorgeschrieben ist, dass bestimmte Finanzinstrumente von einer ortsansässigen Einrichtung verwahrt werden müssen und es keine ortsansässigen Einrichtungen gibt, die den Anforderungen für eine Beauftragung gemäß Buchstabe d Ziffer ii genügen, darf die Verwahrstelle ihre Funktionen an eine solche ortsansässige Einrichtung nur insoweit übertragen, wie es von dem Recht des Drittlandes gefordert wird und nur solange es keine ortsansässigen Einrichtungen gibt, die die Anforderungen für eine Beauftragung erfüllen, vorbehaltlich der folgenden Anforderungen:

a) die Anleger des jeweiligen AIF müssen vor Tätigung ihrer Anlage ordnungsgemäß unterrichtet werden, dass eine solche Beauftragung aufgrund rechtlicher Zwänge im Recht des Drittlandes erforderlich ist, und sie müssen über die Umstände unterrichtet werden, die die Übertragung rechtfertigen; und
b) der AIF oder der für Rechnung des AIF tätige AIFM müssen die Verwahrstelle anweisen, die Verwahrung dieser Finanzinstrumente an eine solche ortsansässige Einrichtung zu übertragen.

Der Dritte kann seinerseits diese Funktionen unter den gleichen Bedingungen weiter übertragen. In diesem Fall gilt Absatz 13 entsprechend für die jeweils Beteiligten.

Die Erbringung von Dienstleistungen gemäß der Richtlinie 98/26/EG durch Wertpapierliefer- und Abrechnungssysteme, wie es für die Zwecke jener Richtlinie vorgesehen ist, oder die Erbringung ähnlicher Dienstleistungen durch Wertpapierliefer- und Abrechnungssysteme von Drittländern wird für Zwecke dieses Absatzes nicht als Beauftragung mit Verwahrfunktionen betrachtet.

(12) Die Verwahrstelle haftet gegenüber dem AIF oder gegenüber den Anlegern des AIF für das Abhandenkommen durch die Verwahrstelle oder durch einen Dritten, dem die Verwahrung von Finanzinstrumenten, die gemäß Absatz 8 Buchstabe a verwahrt wurden, übertragen wurde.

Im Falle eines solchen Abhandenkommens eines verwahrten Finanzinstruments hat die Verwahrstelle dem AIF oder dem für Rechnung des AIF handelnden AIFM unverzüglich ein Finanzinstrument gleicher Art zurückzugeben oder einen entsprechenden Betrag zu erstatten. Die Verwahrstelle haftet nicht, wenn sie nachweisen kann, dass das Abhandenkommen auf höhere Gewalt zurückzuführen ist, deren Konsequenzen trotz aller angemessenen Gegenmaßnahmen unabwendbar waren.

Die Verwahrstelle haftet auch gegenüber dem AIF oder den Anlegern des AIF für sämtliche sonstigen Verluste, die diese infolge einer von der Verwahrstelle fahrlässig oder vorsätzlich verursachten Nichterfüllung ihrer Verpflichtungen aus dieser Richtlinie erleiden.

(13) Die Haftung der Verwahrstelle bleibt von einer etwaigen Übertragung gemäß Absatz 11 unberührt.

Unbeschadet des Unterabsatzes 1 dieses Absatzes kann sich die Verwahrstelle bei Verlust von Finanzinstrumenten, die von einem Dritten gemäß Absatz 11 verwahrt wurden, von der Haftung befreien, wenn sie nachweisen kann, dass:

a) alle Bedingungen für die Übertragung ihrer Verwahraufgaben gemäß Absatz 11 Unterabsatz 2 eingehalten sind;
b) ein schriftlicher Vertrag zwischen der Verwahrstelle und dem Dritten die Haftung der Verwahrstelle ausdrücklich auf diesen Dritten überträgt und es dem AIF oder dem für Rechnung des AIF tätigen AIFM ermöglicht, seinen Anspruch wegen des Abhandenkommens von Finanzinstrumenten gegenüber dem Dritten geltend zu machen, oder die Verwahrstelle solch einen Anspruch für sie geltend machen darf, und
c) ein schriftlicher Vertrag zwischen der Verwahrstelle und dem AIF oder dem für Rechnung des AIF handelnden AIFM ausdrücklich eine Befreiung der Verwahrstelle von der Haftung gestattet und einen objektiven Grund für die vertragliche Vereinbarung einer solchen Befreiung angibt.

(14) Wenn ferner laut den Rechtsvorschriften eines Drittlands vorgeschrieben ist, dass bestimmte Finanzinstrumente von einer ortsansässigen Einrichtung verwahrt werden müssen und es keine ortsansässigen Einrichtungen gibt, die den Anforderungen für eine Beauftragung gemäß Absatz 11 Buchstabe d Ziffer ii genügen, kann die Verwahrstelle sich von der Haftung befreien, sofern die folgenden Bedingungen eingehalten sind:

a) die Vertragsbedingungen oder die Satzung des betreffenden AIF erlauben ausdrücklich eine solche Befreiung unter den in diesem Absatz genannten Voraussetzungen;
b) die Anleger der entsprechenden AIF wurden vor Tätigung ihrer Anlage ordnungsgemäß über diese Haftungsbefreiung und die Umstände, die diese Haftungsbefreiung rechtfertigen, unterrichtet;
c) der AIF oder der für Rechnung des AIF tätige AIFM haben die Verwahrstelle angewiesen, die Verwahrung dieser Finanzinstrumente an eine ortsansässige Einrichtung zu übertragen;
d) es gibt einen schriftlichen Vertrag zwischen der Verwahrstelle und dem AIF oder dem für Rechnung des AIF tätigen AIFM, in dem solch eine Haftungsbefreiung ausdrücklich gestattet ist; und
e) es gibt einen schriftlichen Vertrag zwischen der Verwahrstelle und dem Dritten, in dem die Haftung der Verwahrstelle ausdrücklich auf den Dritten übertragen wird und es dem AIF oder dem für Rechnung des AIF tätigen AIFM ermöglicht, seinen Anspruch wegen des Abhandenkommens von Finanzinstrumenten gegenüber dem Dritten geltend zu machen, oder die Verwahrstelle solch einen Anspruch für sie geltend machen darf.

(15) Haftungsansprüche der AIF-Anleger können in Abhängigkeit von der Art der Rechtsbeziehungen zwischen der Verwahrstelle, dem AIFM und den Anlegern unmittelbar oder mittelbar durch den AIFM geltend gemacht werden.

(16) Die Verwahrstelle stellt ihren zuständigen Behörden auf Anfrage alle Informationen zur Verfügung, die sie im Rahmen der Erfüllung ihrer Aufgaben erhalten hat und die die zuständigen Behörden des AIF oder des AIFM benötigen könnten. Unterscheiden sich die zuständigen Behörden des AIF oder des AIFM von denen der Verwahrstelle, stellen die zuständigen Behörden der Verwahrstelle den zuständigen Behörden des AIF und des AIFM die erhaltenen Informationen unverzüglich zur Verfügung.

(17) Die Kommission erlässt gemäß Artikel 56 und nach Maßgabe der Bedingungen der Artikel 57 und 58 delegierte Rechtsakte, mit denen Folgendes festgelegt wird:

a) welche Einzelheiten in den in Absatz 2 genannten schriftlichen Vertrag aufzunehmen sind;
b) die allgemeinen Kriterien zur Bewertung, ob die Anforderungen an die aufsichtliche Regulierung und Aufsicht in Drittländern gemäß Absatz 6 Buchstabe b den Rechtsvorschriften der Union entsprechen und wirksam durchgesetzt werden;
c) die Bedingungen für die Ausübung der Aufgaben einer Verwahrstelle gemäß den Absätzen 7, 8 und 9, einschließlich:
   i) der Art der Finanzinstrumente, die nach Absatz 8 Buchstabe a von der Verwahrstelle verwahrt werden sollen,
   ii) der Bedingungen, unter denen die Verwahrstelle ihre Verwahraufgaben über bei einem Zentralverwahrer registrierte Finanzinstrumente ausüben kann, und
   iii) der Bedingungen, unter denen die Verwahrstelle in nominativer Form emittierte und beim Emittenten oder einer Registrierstelle registrierte Finanzinstrumente gemäß Absatz 8 Buchstabe b zu verwahren hat;
d) die Sorgfaltspflichten von Verwahrstellen gemäß Absatz 11 Buchstabe c;
e) die Trennungspflicht gemäß Absatz 11 Buchstabe d Ziffer iii;

f) die Bedingungen und Umstände, unter denen verwahrte Finanzinstrumente als abhanden gekommen anzusehen sind;
g) was unter höherer Gewalt, deren Konsequenzen trotz aller angemessenen Gegenmaßnahmen gemäß Absatz 12 unabwendbar gewesen wären, zu verstehen ist;
h) die Bedingungen und Umstände, unter denen ein objektiver Grund für die vertragliche Vereinbarung einer Haftungsbefreiung gemäß Absatz 13 vorliegt.

KAPITEL IV
TRANSPARENZANFORDERUNGEN

Artikel 22
Jahresbericht

(1) Ein AIFM legt für jeden vom ihm verwalteten EU-AIF und für jeden von ihm in der Union vertriebenen AIF für jedes Geschäftsjahr spätestens sechs Monate nach Ende des Geschäftsjahrs einen Jahresbericht vor. Dieser Jahresbericht wird den Anlegern auf Anfrage vorgelegt. Der Jahresbericht wird den zuständigen Behörden des Herkunftsmitgliedstaats des AIFM und gegebenenfalls dem Herkunftsmitgliedstaat des AIF zur Verfügung gestellt.

Ist der AIF nach der Richtlinie 2004/109/EG verpflichtet, Jahresfinanzberichte zu veröffentlichen, so sind Anlegern auf Antrag lediglich die Angaben nach Absatz 2 zusätzlich vorzulegen; die Übermittlung kann gesondert oder in Form einer Ergänzung zum Jahresfinanzbericht erfolgen. Im letzteren Fall ist der Jahresfinanzbericht spätestens vier Monate nach Ende des Geschäftsjahrs zu veröffentlichen.

(2) Der Jahresbericht muss mindestens Folgendes enthalten:
a) eine Bilanz oder eine Vermögensübersicht;
b) eine Aufstellung der Erträge und Aufwendungen des Geschäftsjahres;
c) einen Bericht über die Tätigkeiten im abgelaufenen Geschäftsjahr;
d) jede wesentliche Änderung der in Artikel 23 aufgeführten Informationen während des Geschäftsjahrs, auf das sich der Bericht bezieht;
e) die Gesamtsumme der im abgelaufenen Geschäftsjahr gezahlten Vergütungen, gegliedert in feste und variable vom AIFM an seine Mitarbeiter gezahlte Vergütungen, die Zahl der Begünstigten und gegebenenfalls die vom AIF gezahlten Carried Interests;
f) die Gesamtsumme der gezahlten Vergütungen, aufgegliedert nach Führungskräften und Mitarbeitern des AIFM, deren Tätigkeit sich wesentlich auf das Risikoprofil des AIF auswirkt.

(3) Die im Jahresbericht enthaltenen Zahlenangaben werden gemäß den Rechnungslegungsstandards des Herkunftsmitgliedstaats des AIF oder gemäß den Rechnungslegungsstandards des Drittlandes, in dem der AIF seinen Sitz hat, und gemäß den in den Vertragsbedingungen oder der Satzung des AIF festgelegten Rechnungslegungsvorschriften erstellt.

Die im Jahresbericht enthaltenen Zahlenangaben werden von einer oder mehreren Personen geprüft, die gemäß der Richtlinie 2006/43/EG des Europäischen Parlaments und des Rates vom 17. Mai 2006 über Abschlussprüfungen von Jahresabschlüssen und konsolidierten Abschlüssen ([26]) gesetzlich zur Abschlussprüfung zugelassen sind. Der Bericht des Rechnungsprüfers einschließlich etwaiger Vorbehalte ist in jedem Jahresbericht vollständig wiederzugeben.

---

[26] ABl. L 157 vom 9.6.2006, S. 87.

Abweichend von Unterabsatz 2 können die Mitgliedstaaten es denjenigen AIFM, die Nicht-EU-AIF verwalten, gestatten, die Jahresberichte dieser AIF einer Prüfung zu unterziehen, die den internationalen Rechnungslegungsstandards entspricht, die in dem Land gelten, in dem der AIF seinen satzungsmäßigen Sitz hat.

(4) Die Kommission erlässt gemäß Artikel 56 und nach Maßgabe der Bedingungen der Artikel 57 und 58 delegierte Rechtsakte mit Vorschriften zur Festlegung von Inhalt und Form des Jahresberichts. Diese Vorschriften sind der Art des AIF anzupassen, für den sie gelten.

Artikel 23
Informationspflichten gegenüber Anlegern

(1) AIFM stellen Anlegern der AIF, bevor diese eine Anlage in einen AIF tätigen, für jeden von ihnen verwalteten EU-AIF sowie für jeden von ihnen in der Union vertriebenen AIF folgende Informationen gemäß den Vertragsbedingungen oder der Satzung des AIF sowie alle wesentlichen Änderungen dieser Informationen zur Verfügung:

a) eine Beschreibung der Anlagestrategie und der Ziele des AIF, Angaben über den Sitz eines eventuellen Master-AIF und über den Sitz der Zielfonds, wenn es sich bei dem AIF um einen Dachfonds handelt, eine Beschreibung der Art der Vermögenswerte, in die der AIF investieren darf, der Techniken, die er einsetzen darf und aller damit verbundenen Risiken, etwaiger Anlagebeschränkungen, der Umstände, unter denen der AIF Hebelfinanzierungen einsetzen kann, Art und Herkunft der zulässigen Hebelfinanzierung und damit verbundener Risiken, sonstiger Beschränkungen für den Einsatz von Hebelfinanzierungen und Vereinbarungen über Sicherheiten und über die Wiederverwendung von Vermögenswerten, sowie des maximalen Umfangs der Hebelfinanzierung, die die AIFM für Rechnung des AIF einsetzen dürfen;

b) eine Beschreibung der Verfahren, nach denen der AIF seine Anlagestrategie oder seine Anlagepolitik oder beides ändern kann;

c) eine Beschreibung der wichtigsten rechtlichen Auswirkungen der für die Tätigung der Anlage eingegangenen Vertragsbeziehung, einschließlich Informationen über die zuständigen Gerichte, das anwendbare Recht und das Vorhandensein oder Nichtvorhandensein von Rechtsinstrumenten, die die Anerkennung und Vollstreckung von Urteilen in dem Gebiet vorsehen, in dem der AIF seinen Sitz hat;

d) die Identität des AIFM, der Verwahrstelle des AIF, des Rechnungsprüfers oder sonstiger Dienstleistungsanbieter sowie eine Erläuterung ihrer Pflichten und der Rechte der Anleger;

e) eine Beschreibung, in welcher Weise der AIFM den Anforderungen des Artikels 9 Absatz 7 gerecht wird;

f) eine Beschreibung sämtlicher vom AIFM übertragener Verwaltungsfunktionen gemäß Anhang I sowie sämtlicher von der Verwahrstelle übertragener Verwahrungsfunktionen, Bezeichnung des Beauftragten sowie sämtlicher Interessenkonflikte, die sich aus der Aufgabenübertragung ergeben könnten;

g) eine Beschreibung des Bewertungsverfahrens des AIF und der Kalkulationsmethoden für die Bewertung von Vermögenswerten, einschließlich der Verfahren für die Bewertung schwer zu bewertender Vermögenswerte gemäß Artikel 19;

h) eine Beschreibung des Liquiditätsrisikomanagements des AIF, einschließlich der Rücknahmerechte unter normalen und außergewöhnlichen Umständen, und der bestehenden Rücknahmevereinbarungen mit den Anlegern;

i) eine Beschreibung sämtlicher Entgelte, Gebühren und sonstiger Kosten unter Angabe der jeweiligen Höchstbeträge, die von den Anlegern mittel- oder unmittelbar getragen werden;
j) eine Beschreibung der Art und Weise, wie der AIFM eine faire Behandlung der Anleger gewährleistet, sowie, wann immer ein Anleger eine Vorzugsbehandlung oder einen Anspruch auf eine solche Behandlung erhält, eine Erläuterung dieser Behandlung, der Art der Anleger, die eine solche Vorzugsbehandlung erhalten, sowie gegebenenfalls der rechtlichen oder wirtschaftlichen Verbindungen zwischen diesen Anlegern und dem AIF oder dem AIFM;
k) den letzten Jahresbericht nach Artikel 22;
l) die Verfahren und Bedingungen für die Ausgabe und den Verkauf von Anteilen;
m) den jüngsten Nettoinventarwert des AIF oder den jüngsten Marktpreis der Anteile des AIF nach Artikel 19;
n) sofern verfügbar, die bisherige Wertentwicklung des AIF;
o) die Identität des Primebrokers und eine Beschreibung jeder wesentlichen Vereinbarung zwischen dem AIF und seinen Primebrokern und der Art und Weise, in der diesbezügliche Interessenkonflikte beigelegt werden, sowie die Bestimmung im Vertrag mit der Verwahrstelle über die Möglichkeit einer Übertragung und einer Wiederverwendung von Vermögenswerten des AIF und Angaben über jede eventuell bestehende Haftungsübertragung auf den Primebroker;
p) eine Beschreibung, in welcher Weise und zu welchem Zeitpunkt die gemäß den Absätzen 4 und 5 erforderlichen Informationen offengelegt werden.

(2) Der AIFM unterrichtet die Anleger, bevor diese ihre Anlage in den AIF tätigen, über eventuelle Vereinbarungen, die die Verwahrstelle getroffen hat, um sich vertraglich von der Haftung gemäß Artikel 21 Absatz 13 freizustellen. Der AIFM informiert die Anleger ebenfalls unverzüglich über alle Änderungen, die sich in Bezug auf die Haftung der Verwahrstelle ergeben.

(3) Ist der AIF gemäß der Richtlinie 2003/71/EG oder gemäß den nationalen Rechtsvorschriften verpflichtet, einen Prospekt zu veröffentlichen, sind in Ergänzung zu den im Prospekt enthaltenen Angaben lediglich die Angaben gemäß den Absätzen 1 und 2 gesondert oder als ergänzende Angaben im Prospekt offenzulegen.

(4) Für jeden von ihnen verwalteten EU-AIF sowie für jeden von ihnen in der Union vertriebenen AIF unterrichten die AIFM die Anleger regelmäßig über Folgendes:
a) den prozentualen Anteil an den Vermögenswerten des AIF, die schwer zu liquidieren sind und für die deshalb besondere Regelungen gelten;
b) jegliche neuen Regelungen zur Steuerung der Liquidität des AIF;
c) das aktuelle Risikoprofil des AIF und die vom AIFM zur Steuerung dieser Risiken eingesetzten Risikomanagement-Systeme.

(5) AIFM, die hebelfinanzierte EU-AIF verwalten oder hebelfinanzierte AIF in der Union vertreiben, legen für jeden dieser AIF regelmäßig Folgendes offen:
a) alle Änderungen zum maximalen Umfang, in dem der AIFM für Rechnung des AIF Hebelfinanzierungen einsetzen kann, sowie etwaige Rechte zur Wiederverwendung von Sicherheiten oder sonstige Garantien, die im Rahmen der Hebelfinanzierung gewährt wurden;
b) die Gesamthöhe der Hebelfinanzierung des betreffenden AIF.

(6) Die Kommission erlässt mittels delegierter Rechtsakte gemäß Artikel 56 und nach Maßgabe der Bedingungen der Artikel 57 und 58 Vorschriften zur Festlegung der in den Absätzen 4 und 5 genannten Offenlegungspflichten von AIFM, einschließlich der Häufig-

keit der in Absatz 5 vorgesehenen Offenlegung. Diese Vorschriften sind je nach Art des AIFM anzupassen.

Artikel 24
Informationspflichten gegenüber den zuständigen Behörden

(1) Der AIFM unterrichtet die zuständigen Behörden seines Herkunftsmitgliedstaats regelmäßig über die wichtigsten Märkte und Instrumente, auf bzw. mit denen er für Rechnung des von ihm verwalteten AIF handelt.

Er legt Informationen zu den wichtigsten Instrumenten, mit denen er handelt, zu den Märkten, in denen er Mitglied ist oder am Handel aktiv teilnimmt, sowie zu den größten Risiken und Konzentrationen jedes von ihm verwalteten AIF vor.

(2) Der AIFM legt den zuständigen Behörden seines Herkunftsmitgliedstaats für jeden von ihm verwalteten EU-AIF und für jeden von ihm in der Union vertriebenen AIF Folgendes vor:

a) den prozentualen Anteil an den Vermögenswerten des AIF, die schwer zu liquidieren sind und für die deshalb besondere Regelungen gelten;
b) jegliche neuen Regelungen zur Steuerung der Liquidität des AIF;
c) das gegenwärtige Risikoprofil des AIF und die vom AIFM zur Steuerung des Marktrisikos, des Liquiditätsrisikos, des Risikos des Ausfalls der Gegenpartei sowie sonstiger Risiken, einschließlich des operativen Risikos, eingesetzten Risikosteuerungssysteme;
d) Angaben zu den wichtigsten Kategorien von Vermögenswerten, in die der AIF investiert hat und
e) die Ergebnisse der nach Artikel 15 Absatz 3 Buchstabe b und Artikel 16 Absatz 1 Unterabsatz 2 durchgeführten Stresstests.

(3) Der AIFM legt den zuständigen Behörden seines Herkunftsmitgliedstaats auf Verlangen die folgenden Unterlagen vor:

a) einen Jahresbericht über jeden vom AIFM verwalteten EU-AIF und über jeden von ihm in der Union vertriebenen AIF für jedes Geschäftsjahr gemäß Artikel 22 Absatz 1;
b) zum Ende jedes Quartals eine detaillierte Aufstellung sämtlicher vom AIFM verwalteten AIF.

(4) Ein AIFM, der AIF verwaltet, die in beträchtlichem Umfang Hebelfinanzierungen einsetzen, stellt den zuständigen Behörden seines Herkunftsmitgliedstaats Angaben zum Gesamtumfang der eingesetzten Hebelfinanzierungen für jeden der von ihm verwalteten AIF, eine Aufschlüsselung nach Hebelfinanzierungen, die durch Kreditaufnahme oder Wertpapierleihe begründet wurden, und solchen, die in Derivate eingebettet sind, sowie Angaben zu dem Umfang, in dem die Vermögenswerte der AIF im Rahmen von Hebelfinanzierungen wiederverwendet wurden, zur Verfügung.

Diese Angaben umfassen für jeden der vom AIFM verwalteten AIF Angaben zur Identität der fünf größten Kreditgeber bzw. Wertpapierverleiher sowie zur jeweiligen Höhe der aus diesen Quellen für jeden der genannten AIF erhaltenen Hebelfinanzierung.

Für Nicht-EU-AIFM sind die Berichtspflichten gemäß diesem Absatz auf die von ihnen verwalteten EU-AIF und die von ihnen in der Union vertriebenen Nicht-EU-AIF beschränkt.

(5) Sofern dies für die wirksame Überwachung von Systemrisiken erforderlich ist, können die zuständigen Behörden des Herkunftsmitgliedstaats regelmäßig oder spontan ergänzende Informationen zu den in diesem Artikel festgelegten Informationen anfordern. Die zuständigen Behörden informieren die ESMA über den zusätzlichen Informationsbedarf.

Bei Vorliegen außergewöhnlicher Umstände und soweit zur Sicherung der Stabilität und Integrität des Finanzsystems oder zur Förderung eines langfristigen nachhaltigen Wachstums erforderlich, kann die ESMA die zuständigen Behörden des Herkunftsmitgliedstaats ersuchen, zusätzliche Berichtspflichten aufzuerlegen.

(6) Die Kommission erlässt gemäß Artikel 56 und nach Maßgabe der Bedingungen der Artikel 57 und 58 delegierte Rechtsakte zu Folgendem:

a) wann davon auszugehen ist, dass für die Zwecke des Absatzes 4 in beträchtlichem Umfang Hebelfinanzierungen eingesetzt werden und
b) zu den in diesem Artikel vorgesehenen Berichts- und Informationspflichten.

In diesen Vorschriften ist der Notwendigkeit der Vermeidung eines übermäßigen Verwaltungsaufwands für die zuständigen Behörden Rechnung zu tragen.

KAPITEL V
AIFM, DIE BESTIMMTE ARTEN VON AIF VERWALTEN

ABSCHNITT 1
AIFM, die hebelfinanzierte AIF verwalten

Artikel 25
Nutzung der Informationen durch die zuständigen Behörden, aufsichtsbehördliche Zusammenarbeit und Beschränkungen der Hebelfinanzierung

(1) Die Mitgliedstaaten stellen sicher, dass die zuständigen Behörden des Herkunftsmitgliedstaats des AIFM die gemäß Artikel 24 zu erhebenden Informationen nutzen, um festzustellen, inwieweit die Nutzung von Hebelfinanzierungen zur Entstehung von Systemrisiken im Finanzsystem, des Risikos von Marktstörungen oder zu Risiken für das langfristige Wirtschaftswachstum beiträgt.

(2) Die zuständigen Behörden des Herkunftsmitgliedstaats des AIFM stellen sicher, dass sämtliche Informationen zu den ihrer Aufsicht unterliegenden AIFM, die gemäß Artikel 24 erhoben wurden, sowie die gemäß Artikel 7 erhobenen Informationen den zuständigen Behörden anderer entsprechender Mitgliedstaaten, der ESMA und dem ESRB nach den in Artikel 50 zur Zusammenarbeit bei der Aufsicht vorgesehenen Verfahren zur Verfügung gestellt werden. Ferner informieren sie unverzüglich nach diesen Verfahren sowie bilateral die zuständigen Behörden der direkt betroffenen anderen Mitgliedstaaten, falls von einem ihrer Aufsicht unterliegenden AIFM oder einem von diesem AIFM verwalteten AIF ein erhebliches Gegenparteirisiko für ein Kreditinstitut oder sonstige systemrelevante Institute in anderen Mitgliedstaaten ausgehen könnte.

(3) Der AIFM hat zu zeigen, dass die von ihm angesetzte Begrenzung des Umfangs von Hebelfinanzierungen bei jedem von ihm verwalteten AIF angemessen ist und dass er diese Begrenzung stets einhält. Die zuständigen Behörden bewerten die Risiken, die aus der Nutzung von Hebelfinanzierungen durch einen AIFM bei einem von ihm verwalteten AIF erwachsen könnten, und, wenn dies zur Gewährleistung der Stabilität und Integrität des Finanzsystems als nötig erachtet wird, beschränken die zuständigen Behörden des Herkunftsmitgliedstaats des AIFM nach Unterrichtung der ESMA, des ESRB und der zuständigen Behörden des entsprechenden AIF den Umfang der Hebelfinanzierung, die ein AIFM einsetzen darf, oder verhängen sonstige Beschränkungen der AIF-Verwaltung bezüglich der von ihm verwalteten AIF, so dass das Ausmaß begrenzt wird, in dem die Nutzung von Hebelfinanzierungen zur Entstehung von Systemrisiken im Finanzsystem oder des Risikos von Marktstörungen beiträgt. Über die in Artikel 50 festgelegten Verfahren informieren die zu-

ständigen Behörden des Herkunftsmitgliedstaats des AIFM die ESMA, den ESRB und die zuständigen Behörden des AIF ordnungsgemäß über die diesbezüglich eingeleiteten Schritte.

(4) Die Mitteilung gemäß Absatz 3 erfolgt spätestens zehn Arbeitstage vor dem geplanten Wirksamwerden oder der Erneuerung der vorgeschlagenen Maßnahme. Die Mitteilung enthält Einzelheiten der vorgeschlagenen Maßnahme, deren Gründe und den Zeitpunkt, zu dem sie wirksam werden soll. Unter besonderen Umständen können die zuständigen Behörden des Herkunftsmitgliedstaats des AIFM verfügen, dass die vorgeschlagene Maßnahme innerhalb des in Satz 1 genannten Zeitraums wirksam wird.

(5) Die ESMA übernimmt eine Förder- und Koordinierungsrolle und versucht vor allem sicherzustellen, dass die zuständigen Behörden in Bezug auf Maßnahmen, die von den zuständigen Behörden gemäß Absatz 3 vorgeschlagen werden, eine einheitliche Herangehensweise verfolgen.

(6) Nachdem die ESMA die Mitteilung gemäß Absatz 3 erhalten hat, spricht sie gegenüber den zuständigen Behörden des Herkunftsmitgliedstaats des AIFM hinsichtlich der vorgeschlagenen oder getroffenen Maßnahme eine Empfehlung aus. Diese Empfehlung kann sich insbesondere darauf beziehen, ob die Bedingungen für das Ergreifen von Maßnahmen eingehalten sind, ob die Maßnahmen angemessen sind und wie lange sie andauern.

(7) Auf der Grundlage der gemäß Absatz 2 erhaltenen Informationen und unter Berücksichtigung von Stellungnahmen des ESRB kann die ESMA feststellen, dass die von einem AIFM oder einer Gruppe von AIFM eingesetzte Hebelfinanzierung ein grundlegendes Risiko für die Stabilität und Integrität des Finanzsystems darstellt, und kann die zuständigen Behörden beraten, indem sie die Gegenmaßnahmen nennt, die ergriffen werden müssen, einschließlich der Festsetzung einer Beschränkung des Umfangs von Hebelfinanzierungen, die dieser AIFM oder diese Gruppe von AIFM einsetzen darf. Die ESMA informiert unverzüglich die entsprechenden zuständigen Behörden, den ESRB und die Kommission von solchen Feststellungen.

(8) Wenn eine zuständige Behörde vorschlägt, Maßnahmen zu ergreifen, die im Widerspruch zu der Empfehlung der ESMA gemäß Absatz 6 oder 7 stehen, setzt sie die ESMA davon unter Angabe ihrer Gründe in Kenntnis. Die ESMA kann die Tatsache veröffentlichen, dass eine zuständige Behörde ihrer Empfehlung nicht folgt oder nicht zu folgen beabsichtigt. Die ESMA kann ferner von Fall zu Fall beschließen, die von der zuständigen Behörde angegebenen Gründe für das Nichtbefolgen der Empfehlung zu veröffentlichen. Die entsprechenden zuständigen Behörden werden im Voraus über eine solche Veröffentlichung informiert.

(9) Die Kommission erlässt gemäß Artikel 56 und nach Maßgabe der Bedingungen der Artikel 57 und 58 delegierte Rechtsakte, in denen prinzipiell festgelegt wird, unter welchen Bedingungen die zuständigen Behörden die Bestimmungen des Absatzes 3 anwenden, wobei den unterschiedlichen Strategien von AIF, dem unterschiedlichen Marktumfeld der AIF und möglichen prozyklischen Folgen der Anwendung der Bestimmungen Rechnung zu tragen ist.

ABSCHNITT 2
Pflichten von AIFM, die AIF verwalten, die die Kontrolle über nicht börsennotierte Unternehmen und Emittenten erlangen

Artikel 26
Geltungsbereich

(1) Dieser Abschnitt gilt für:

a) AIFM, die einen oder mehrere AIF verwalten, die entweder allein oder gemeinsam aufgrund einer Vereinbarung, die die Erlangung von Kontrolle zum Ziel hat, gemäß Absatz 5 die Kontrolle über ein nicht börsennotiertes Unternehmen erlangen;
b) AIFM, die mit einem oder mehreren anderen AIFM aufgrund einer Vereinbarung zusammenarbeiten, gemäß der die von diesen AIFM gemeinsam verwalteten AIF gemäß Absatz 5 die Kontrolle über ein nicht börsennotiertes Unternehmen erlangen.

(2) Dieser Abschnitt gilt nicht für den Fall, dass es sich bei den nicht börsennotierten Unternehmen
a) um kleine und mittlere Unternehmen im Sinne von Artikel 2 Absatz 1 des Anhangs der Empfehlung 2003/361/EG der Kommission vom 6. Mai 2003 betreffend die Definition der Kleinstunternehmen sowie der kleinen und mittleren Unternehmen ([27]), oder
b) um Zweckgesellschaften für den Erwerb, den Besitz oder die Verwaltung von Immobilien handelt.

(3) Unbeschadet der Absätze 1 und 2 des vorliegenden Artikels gilt Artikel 27 Absatz 1 auch für AIFM, die AIF verwalten, die eine Minderheitsbeteiligung an einem nicht börsennotierten Unternehmen erlangen.

(4) Artikel 28 Absätze 1, 2 und 3 und Artikel 30 gelten auch für AIFM, die AIF verwalten, die die Kontrolle in Bezug auf Emittenten erlangen. Für die Zwecke dieser Artikel gelten die Absätze 1 und 2 des vorliegenden Artikels entsprechend.

(5) Für die Zwecke dieses Abschnitts bedeutet Kontrolle im Falle nicht börsennotierter Unternehmen über 50 % der Stimmrechte dieser Unternehmen.

Bei der Berechnung des Anteils an den Stimmrechten, die von dem entsprechenden AIF gehalten werden, werden zusätzlich zu von dem betreffenden AIF direkt gehaltenen Stimmrechten auch die folgenden Stimmrechte berücksichtigt, wobei die Kontrolle gemäß Unterabsatz 1 festgestellt wird:
a) von Unternehmen, die von dem AIF kontrolliert werden, und
b) von natürlichen oder juristischen Personen, die in ihrem eigenen Namen, aber im Auftrag des AIF oder eines von dem AIF kontrollierten Unternehmens handeln.

Der Anteil der Stimmrechte wird ausgehend von der Gesamtzahl der mit Stimmrechten versehenen Anteile berechnet, auch wenn die Ausübung dieser Stimmrechte ausgesetzt ist.

Unbeschadet des Artikels 4 Absatz 1 Buchstabe i wird Kontrolle in Bezug auf Emittenten für die Zwecke des Artikels 28 Absatz 1, 2 und 3 und des Artikels 30 gemäß Artikel 5 Absatz 3 der Richtlinie 2004/25/EG definiert.

(6) Dieser Abschnitt gilt vorbehaltlich der Bedingungen und Beschränkungen, die in Artikel 6 der Richtlinie 2002/14/EG festgelegt sind.

(7) Dieser Abschnitt gilt unbeschadet jeglicher von den Mitgliedstaaten erlassener strengerer Vorschriften über den Erwerb von Beteiligungen an Emittenten und nicht börsennotierten Unternehmen in ihrem Hoheitsgebiet.

Artikel 27
Mitteilung über den Erwerb bedeutender Beteiligungen und die Erlangung der Kontrolle über nicht börsennotierte Unternehmen

(1) Die Mitgliedstaaten schreiben vor, dass beim Erwerb, Verkauf oder Halten von Anteilen an einem nicht börsennotierten Unternehmen durch einen AIF der AIFM, der

[27] ABl. L 124 vom 20.5.2003, S. 36.

diesen AIF verwaltet, die zuständigen Behörden seines Herkunftsmitgliedstaats von dem Anteil an den Stimmrechten des nicht börsennotierten Unternehmens, die von dem AIF gehalten werden, immer dann in Kenntnis setzt, wenn dieser Anteil die Schwellenwerte von 10 %, 20 %, 30 %, 50 % und 75 % erreicht, überschreitet oder unterschreitet.

(2) Die Mitgliedstaaten schreiben vor, dass, wenn ein AIF allein oder gemeinsam die Kontrolle über ein nicht börsennotiertes Unternehmen gemäß Artikel 26 Absatz 1 in Verbindung mit Absatz 5 des genannten Artikels erlangt, der AIFM, der den betreffenden AIF verwaltet, Folgendes in Bezug auf den Kontrollerwerb durch den AIF mitteilt:

a) das nicht börsennotierte Unternehmen;
b) die Anteilseigner, deren Identität und Adresse dem AIFM vorliegen oder ihm von dem nicht börsennotierten Unternehmen oder über ein Register, zu dem der AIFM Zugang hat bzw. erhalten kann, zur Verfügung gestellt werden können, und
c) die zuständigen Behörden des Herkunftsmitgliedstaats des AIFM.

(3) Die gemäß Absatz 2 erforderliche Mitteilung enthält die folgenden zusätzlichen Angaben:

a) die sich hinsichtlich der Stimmrechte ergebende Situation;
b) die Bedingungen, unter denen die Kontrolle erlangt wurde, einschließlich Nennung der einzelnen beteiligten Anteilseigner, der zur Stimmabgabe in ihrem Namen ermächtigten natürlichen oder juristischen Personen und gegebenenfalls der Beteiligungskette, über die die Stimmrechte tatsächlich gehalten werden;
c) das Datum, an dem die Kontrolle erlangt wurde.

(4) In seiner Mitteilung an das nicht börsenorientierte Unternehmen ersucht der AIFM den Vorstand des Unternehmens, die Arbeitnehmervertreter oder, falls es keine solchen Vertreter gibt, die Arbeitnehmer selbst ohne unnötige Verzögerung von der Erlangung der Kontrolle durch den von dem AIFM verwalteten AIF und von den Informationen gemäß Absatz 3 in Kenntnis zu setzen. Der AIFM bemüht sich nach besten Kräften sicherzustellen, dass die Arbeitnehmervertreter oder, falls es keine solchen Vertreter gibt, die Arbeitnehmer selbst ordnungsgemäß vom Vorstand gemäß diesem Artikel informiert werden.

(5) Die Mitteilungen gemäß den Absätzen 1, 2 und 3 werden so rasch wie möglich, aber nicht später als zehn Arbeitstage nach dem Tag, an dem der AIF die entsprechende Schwelle erreicht bzw. über- oder unterschritten oder die Kontrolle über das nicht börsenorientierte Unternehmen erlangt hat, gemacht.

Artikel 28
Offenlegungspflicht bei Erlangung der Kontrolle

(1) Die Mitgliedstaaten schreiben vor, dass, wenn ein AIF allein oder gemeinsam die Kontrolle über ein nicht börsennotiertes Unternehmen oder einen Emittenten gemäß Artikel 26 Absatz 1 in Verbindung mit Absatz 5 des genannten Artikels erlangt, der AIFM, der den betreffenden AIF verwaltet, die Informationen gemäß Absatz 2 dieses Artikels

a) dem betreffenden Unternehmen;
b) den Anteilseignern des Unternehmens, deren Identität und Adresse dem AIFM vorliegen oder ihm von dem Unternehmen oder über ein Register, zu dem der AIFM Zugang hat oder erhalten kann, zur Verfügung gestellt werden können, und
c) den zuständigen Behörden des Herkunftsmitgliedstaats des AIFM vorlegt.

Die Mitgliedstaaten können vorschreiben, dass die in Absatz 2 festgelegten Informationen auch den für das nicht börsennotierte Unternehmen zuständigen nationalen Behörden vorgelegt werden, die die Mitgliedstaaten für diesen Zweck benennen können.

(2) Der AIFM legt die folgenden Informationen vor:

a) die Namen der AIFM, die entweder allein oder im Rahmen einer Vereinbarung mit anderen AIFM die AIF verwalten, die die Kontrolle erlangt haben;
b) die Grundsätze zur Vermeidung und Steuerung von Interessenkonflikten, insbesondere zwischen dem AIFM, dem AIF und dem Unternehmen, einschließlich Informationen zu den besonderen Sicherheitsmaßnahmen, die getroffen wurden, um sicherzustellen, dass Vereinbarungen zwischen dem AIFM und/oder den AIF und dem Unternehmen wie zwischen voneinander unabhängigen Geschäftspartnern geschlossen werden, und
c) die externe und interne Kommunikationspolitik in Bezug auf das Unternehmen, insbesondere gegenüber den Arbeitnehmern.

(3) In seiner Mitteilung an das Unternehmen gemäß Absatz 1 Buchstabe a ersucht der AIFM den Vorstand des Unternehmens, die Arbeitnehmervertreter oder, falls es keine solchen Vertreter gibt, die Arbeitnehmer selbst ohne unnötige Verzögerung von den Informationen gemäß Absatz 1 in Kenntnis zu setzen. Der AIFM bemüht sich nach besten Kräften sicherzustellen, dass die Arbeitnehmervertreter oder, falls es keine solchen Vertreter gibt, die Arbeitnehmer selbst ordnungsgemäß vom Vorstand gemäß diesem Artikel informiert werden.

(4) Die Mitgliedstaaten schreiben vor, dass, wenn ein AIF allein oder gemeinsam die Kontrolle über ein nicht börsennotiertes Unternehmen gemäß Artikel 26 Absatz 1 in Verbindung mit Absatz 5 des genannten Artikels erlangt, der AIFM, der den betreffenden AIF verwaltet, die Absichten des AIF hinsichtlich der zukünftigen Geschäftsentwicklung des nicht börsennotierten Unternehmens und die voraussichtlichen Auswirkungen auf die Beschäftigung, einschließlich wesentlicher Änderungen der Arbeitsbedingungen, gegenüber folgenden Personen offenlegt oder sicherstellt, dass der AIF diese Absichten diesen Personen gegenüber offenlegt:

a) dem nicht börsennotierten Unternehmen, und
b) den Anteilseignern des nicht börsennotierten Unternehmens, deren Identität und Adresse dem AIFM vorliegen oder ihm von dem nicht börsennotierten Unternehmen oder einem Register, zu dem der AIFM Zugang hat bzw. erhalten kann, zur Verfügung gestellt werden können.

Darüber hinaus ersucht der AIFM, der den betreffenden AIF verwaltet, den Vorstand des nicht börsennotierten Unternehmens, die in Unterabsatz 1 festgelegten Informationen den Arbeitnehmervertretern oder, falls es keine solchen Vertreter gibt, den Arbeitnehmern des nicht börsennotierten Unternehmens selbst zur Verfügung stellt, und bemüht sich nach besten Kräften, dies sicherzustellen.

(5) Die Mitgliedstaaten schreiben vor, dass, sobald ein AIF die Kontrolle über ein nicht börsennotiertes Unternehmen gemäß Artikel 26 Absatz 1 in Verbindung mit Absatz 5 des genannten Artikels erlangt, der AIFM, der den betreffenden AIF verwaltet, den zuständigen Behörden seines Herkunftsmitgliedstaats und den Anlegern des AIF Angaben zur Finanzierung des Erwerbs vorlegt.

Artikel 29
Besondere Bestimmungen hinsichtlich des Jahresberichts von AIF, die die Kontrolle über nicht börsennotierte Unternehmen ausüben

(1) Die Mitgliedstaaten schreiben vor, dass, wenn ein AIF allein oder gemeinsam die Kontrolle über ein nicht börsennotiertes Unternehmen gemäß Artikel 26 Absatz 1 in Verbindung mit Absatz 5 des genannten Artikels erlangt, der AIFM, der den betreffenden AIF verwaltet, entweder

a) darum ersucht und sich nach besten Kräften bemüht sicherzustellen, dass der Jahresbericht des nicht börsennotierten Unternehmens innerhalb der Frist, die in den einschlägigen nationalen Rechtsvorschriften für die Erstellung eines solchen Jahresberichts vorgesehen ist, gemäß Absatz 2 erstellt und vom Vorstand des Unternehmens allen Arbeitnehmervertretern oder, falls es keine solchen Vertreter gibt, den Arbeitnehmern selbst zur Verfügung gestellt wird, oder
b) für jeden betreffenden AIF in den gemäß Artikel 22 vorgesehenen Jahresbericht zusätzlich die in Absatz 2 genannten Informationen über das betreffende nicht börsennotierte Unternehmen aufnimmt.

(2) Die zusätzlichen Informationen, die gemäß Absatz 1 in den Jahresbericht des Unternehmens oder des AIF aufgenommen werden müssen, müssen zumindest einen Bericht über die Lage am Ende des von dem Jahresbericht abgedeckten Zeitraums enthalten, in dem der Geschäftsverlauf der Gesellschaft so dargestellt wird, dass ein den tatsächlichen Verhältnissen entsprechendes Bild entsteht. Der Bericht soll außerdem Angaben zu Folgendem enthalten:
a) Ereignisse von besonderer Bedeutung, die nach Abschluss des Geschäftsjahres eingetreten sind,
b) die voraussichtliche Entwicklung des Unternehmens und
c) die in Artikel 22 Absatz 2 der Richtlinie 77/91/EWG des Rates ([28]) bezeichneten Angaben über den Erwerb eigener Aktien.

(3) Der AIFM, der den betreffenden AIF verwaltet, hat entweder
a) darum zu ersuchen und sich nach besten Kräften zu bemühen, sicherzustellen, dass der Vorstand des nicht börsennotierten Unternehmens die in Absatz 1 Buchstabe b genannten Informationen über das betreffende Unternehmen den Arbeitnehmervertretern des betreffenden Unternehmens oder, falls es keine solchen Vertreter gibt, den Arbeitnehmern selbst innerhalb der in Artikel 22 Absatz 1 genannten Frist zur Verfügung stellt, oder
b) den Anlegern des AIF die Informationen gemäß Absatz 1 Buchstabe a, soweit bereits verfügbar, innerhalb der in Artikel 22 Absatz 1 genannten Frist und in jedem Fall spätestens bis zu dem Datum, zu dem der Jahresbericht des nicht börsennotierten Unternehmens gemäß den einschlägigen nationalen Rechtsvorschriften erstellt wird, zur Verfügung zu stellen.

Artikel 30
Das Zerschlagen von Unternehmen

(1) Die Mitgliedstaaten schreiben vor, dass, wenn ein AIF allein oder gemeinsam die Kontrolle über ein nicht börsennotiertes Unternehmen oder einen Emittenten gemäß Artikel 26 Absatz 1 in Verbindung mit Absatz 5 des genannten Artikels erlangt, der AIFM, der den betreffenden AIF verwaltet, innerhalb eines Zeitraums von 24 Monaten nach dem Erlangen der Kontrolle über das Unternehmen durch den AIF
a) Vertrieb, Kapitalherabsetzungen, Rücknahme von Anteilen und/oder Ankauf eigener Anteile durch das Unternehmen gemäß Absatz 2 weder gestatten, noch ermöglichen, unterstützen oder anordnen darf;
b) sofern der AIFM befugt ist, in den Versammlungen der Leitungsgremien des Unternehmens im Namen des AIF abzustimmen, nicht für Vertrieb, Kapitalherabsetzungen,

[28] ABl. L 26 vom 31.1.1977, S. 1.

Rücknahme von Anteilen und/oder Ankauf eigener Anteile durch das Unternehmen gemäß Absatz 2 stimmt und

c) sich in jedem Falle nach besten Kräften bemüht, Vertrieb, Kapitalherabsetzungen, Rücknahme von Anteilen und/oder Ankauf eigener Anteile durch das Unternehmen gemäß Absatz 2 zu verhindern.

(2) Die Auflagen, die den AIFM gemäß Absatz 1 auferlegt werden, erstrecken sich auf Folgendes:

a) Ausschüttungen an die Anteilseigner, die vorgenommen werden, wenn das im Jahresabschluss des Unternehmens ausgewiesene Nettoaktivvermögen bei Abschluss des letzten Geschäftsjahres den Betrag des gezeichneten Kapitals zuzüglich der Rücklagen, deren Ausschüttung das Recht oder die Satzung nicht gestattet, unterschreitet oder durch eine solche Ausschüttung unterschreiten würde, wobei der Betrag des gezeichneten Kapitals um den Betrag des noch nicht eingeforderten Teils des gezeichneten Kapitals vermindert wird, falls Letzterer nicht auf der Aktivseite der Bilanz ausgewiesen ist;

b) Ausschüttungen an die Aktionäre, deren Betrag den Betrag des Ergebnisses des letzten abgeschlossenen Geschäftsjahres, zuzüglich des Gewinnvortrags und der Entnahmen aus hierfür verfügbaren Rücklagen, jedoch vermindert um die Verluste aus früheren Geschäftsjahren sowie um die Beträge, die nach Gesetz oder Satzung in Rücklagen eingestellt worden sind, überschreiten würde;

c) in dem Umfang, in dem der Ankauf eigener Anteile gestattet ist, Ankäufe durch das Unternehmen, einschließlich Anteilen, die bereits früher vom Unternehmen erworben und von ihm gehalten wurden, und Anteilen, die von einer Person erworben werden, die in ihrem eigenen Namen, aber im Auftrag des Unternehmens handelt, die zur Folge hätten, dass das Nettoaktivvermögen unter die unter Buchstabe a genannte Schwelle gesenkt würde.

(3) Für die Zwecke des Absatzes 2 gilt Folgendes:

a) der in Absatz 2 Buchstabe a und b verwendete Begriff „Ausschüttung" bezieht sich insbesondere auf die Zahlung von Dividenden und Zinsen im Zusammenhang mit Anteilen;

b) die Bestimmungen für Kapitalherabsetzungen erstrecken sich nicht auf Herabsetzungen des gezeichneten Kapitals, deren Zweck im Ausgleich von erlittenen Verlusten oder in der Aufnahme von Geldern in eine nicht ausschüttbare Rücklage besteht, unter der Voraussetzung, dass die Höhe einer solchen Rücklage nach dieser Maßnahme 10 % des herabgesetzten gezeichneten Kapitals nicht überschreitet, und

c) die Einschränkung gemäß Absatz 2 Buchstabe c richtet sich nach Artikel 20 Absatz 1 Buchstabe b bis h der Richtlinie 77/91/EWG.

KAPITEL VI
RECHT DER EU-AIFM AUF VERTRIEB UND VERWALTUNG VON EU-AIF IN DER UNION

Artikel 31
Vertrieb von Anteilen von EU-AIF im Herkunftsmitgliedstaat des AIFM

(1) Die Mitgliedstaaten stellen sicher, dass ein zugelassener EU-AIFM Anteile von allen EU-AIF, die er verwaltet, an professionelle Anleger im Herkunftsmitgliedstaat des AIFM vertreiben kann, sobald die in diesem Artikel festgelegten Bedingungen eingehalten sind.

Handelt es sich bei dem EU-AIF um einen Feeder-AIF, so gilt das Vertriebsrecht nach Unterabsatz 1 nur dann, wenn der Master-AIF ebenfalls ein EU-AIF ist, der von einem zugelassenen EU-AIFM verwaltet wird.

(2) Der AIFM legt den zuständigen Behörden seines Herkunftsmitgliedstaats ein Anzeigeschreiben für jeden EU-AIF, den er zu vertreiben beabsichtigt, vor.

Das Anzeigeschreiben umfasst die Dokumentation und die Angaben gemäß Anhang III.

(3) Innerhalb von 20 Arbeitstagen nach Eingang der vollständigen Anzeigeunterlagen nach Absatz 2 teilen die zuständigen Behörden des Herkunftsmitgliedstaats des AIFM dem AIFM mit, ob er mit dem Vertrieb des im Anzeigeschreiben nach Absatz 2 genannten AIF beginnen kann. Die zuständigen Behörden des Herkunftsmitgliedstaats des AIFM können den Vertrieb des AIF nur untersagen, wenn die Verwaltung des AIF durch den AIFM gegen diese Richtlinie verstößt bzw. verstoßen wird oder der AIFM gegen diese Richtlinie verstößt bzw. verstoßen wird. Im Falle einer positiven Entscheidung kann der AIFM ab dem Datum der diesbezüglichen Mitteilung der zuständigen Behörden in seinem Herkunftsmitgliedstaat mit dem Vertrieb des AIF beginnen.

Falls es sich um unterschiedliche Behörden handelt, teilen die zuständigen Behörden des Herkunftsmitgliedstaats des AIFM zudem den für den AIF zuständigen Behörden mit, dass der AIFM mit dem Vertrieb von Anteilen des AIF beginnen kann.

(4) Bei einer wesentlichen Änderung der nach Absatz 2 übermittelten Angaben teilt der AIFM den zuständigen Behörden seines Herkunftsmitgliedstaats diese Änderung bei vom AIFM geplanten Änderungen mindestens einen Monat vor Durchführung der Änderung oder unverzüglich nach Eintreten einer ungeplanten Änderung schriftlich mit.

Sollte die geplante Änderung dazu führen, dass die Verwaltung des AIF durch den AIFM oder der AIFM im Allgemeinen nunmehr gegen diese Richtlinie verstößt, teilen die zuständigen Behörden dem AIFM unverzüglich mit, dass er die Änderung nicht durchführen darf.

Wenn eine geplante Änderung ungeachtet der Unterabsätze 1 und 2 durchgeführt wird oder wenn eine durch einen unvorhersehbaren Umstand ausgelöste Änderung dazu führt, dass die Verwaltung des AIF durch den AIFM oder der AIFM im Allgemeinen nunmehr gegen diese Richtlinie verstößt, ergreifen die zuständigen Behörden des Herkunftsmitgliedstaats des AIFM alle gebotenen Maßnahmen gemäß Artikel 46, einschließlich, falls erforderlich, der ausdrücklichen Untersagung des Vertriebs des AIF.

(5) Um einheitliche Bedingungen für die Anwendung dieses Artikels zu gewährleisten, kann die ESMA Entwürfe für technische Durchführungsstandards ausarbeiten, um Folgendes zu präzisieren:

a) Form und Inhalt eines Musters für das Anzeigeschreiben nach Absatz 2 und
b) die Form der schriftlichen Mitteilung nach Absatz 4.

Die Kommission wird ermächtigt, die in Unterabsatz 1 genannten technischen Durchführungsstandards nach Artikel 15 der Verordnung (EU) Nr. 1095/2010 zu erlassen.

(6) Unbeschadet des Artikels 43 Absatz 1 schreiben die Mitgliedstaaten vor, dass die von den AIFM verwalteten und vertriebenen AIF nur an professionelle Anleger vertrieben werden dürfen.

Artikel 32
Vertrieb von Anteilen von EU-AIF in anderen Mitgliedstaaten als dem Herkunftsmitgliedstaat des AIFM

(1) Die Mitgliedstaaten stellen sicher, dass ein zugelassener EU-AIFM Anteile eines von ihm verwalteten EU-AIF an professionelle Anleger in anderen Mitgliedstaaten als dem

Herkunftsmitgliedstaat des AIFM vertreiben kann, sobald die in diesem Artikel festgelegten Bedingungen eingehalten sind.

Handelt es sich bei dem EU-AIF um einen Feeder-AIF, so gilt das Vertriebsrecht nach Unterabsatz 1 nur dann, wenn der Master-AIF ebenfalls ein EU-AIF ist und von einem zugelassenen EU-AIFM verwaltet wird.

(2) Der AIFM übermittelt den zuständigen Behörden seines Herkunftsmitgliedstaats ein Anzeigeschreiben für jeden EU-AIF, den er zu vertreiben beabsichtigt.

Dieses Anzeigeschreiben umfasst die Dokumentation und die Angaben gemäß Anhang IV.

(3) Die zuständigen Behörden des Herkunftsmitgliedstaats des AIFM übermitteln spätestens 20 Arbeitstage nach dem Eingang der vollständigen Anzeigeunterlagen nach Absatz 2 die vollständigen Anzeigeunterlagen an die zuständigen Behörden der Mitgliedstaaten, in denen der AIF vertrieben werden soll. Eine solche Übermittlung findet nur dann statt, wenn die Verwaltung des AIF durch den AIFM dieser Richtlinie entspricht und weiterhin entsprechen wird und wenn der AIFM im Allgemeinen sich an diese Richtlinie hält.

Die zuständigen Behörden des Herkunftsmitgliedstaats des AIFM fügen eine Bescheinigung über die Zulassung des betreffenden AIFM zur Verwaltung von AIF mit einer bestimmten Anlagestrategie bei.

(4) Die zuständigen Behörden des Herkunftsmitgliedstaats des AIFM unterrichten den AIFM unverzüglich über den Versand der Anzeigeunterlagen. Der AIFM kann ab dem Datum dieser Meldung mit dem Vertrieb des AIF im Aufnahmemitgliedstaat des AIFM beginnen.

Falls es sich um unterschiedliche Behörden handelt, teilen die zuständigen Behörden des Herkunftsmitgliedstaats des AIFM zudem den für den AIF zuständigen Behörden mit, dass der AIFM mit dem Vertrieb von Anteilen des AIF im Aufnahmemitgliedstaat des AIFM beginnen kann.

(5) Die Vorkehrungen nach Anhang IV Buchstabe h unterliegen den Rechtsvorschriften und der Aufsicht des Aufnahmemitgliedstaats des AIFM.

(6) Die Mitgliedstaaten stellen sicher, dass das in Absatz 2 genannte Anzeigeschreiben des AIFM und die in Absatz 3 genannte Bescheinigung in einer in der internationalen Finanzwelt gebräuchlichen Sprache bereitgestellt werden.

Die Mitgliedstaaten stellen sicher, dass ihre zuständigen Behörden die elektronische Übermittlung und Archivierung der in Absatz 3 genannten Unterlagen akzeptieren.

(7) Bei einer wesentlichen Änderung der nach Absatz 2 übermittelten Angaben teilt der AIFM den zuständigen Behörden seines Herkunftsmitgliedstaats diese Änderung bei vom AIFM geplanten Änderungen mindestens einen Monat vor Durchführung der Änderung, oder, nach einer ungeplanten Änderung, unverzüglich nach Eintreten der Änderung schriftlich mit.

Sollte die geplante Änderung dazu führen, dass die Verwaltung des AIF durch den AIFM oder der AIFM im Allgemeinen nunmehr gegen diese Richtlinie verstößt, teilen die zuständigen Behörden dem AIFM unverzüglich mit, dass er die Änderung nicht durchführen darf.

Wird eine geplante Änderung ungeachtet der Unterabsätze 1 und 2 durchgeführt, oder führt eine durch einen unvorhersehbaren Umstand ausgelöste Änderung dazu, dass die Verwaltung des AIF durch den AIFM oder der AIFM im Allgemeinen nunmehr gegen diese Richtlinie verstoßen würde, so ergreifen die zuständigen Behörden des Herkunftsmitgliedstaats des AIFM alle gebotenen Maßnahmen gemäß Artikel 46, einschließlich, falls erforderlich, der ausdrücklichen Untersagung des Vertriebs des AIF.

Sind die Änderungen zulässig, weil sie sich nicht auf die Vereinbarkeit der Verwaltung des AIF durch den AIFM mit dieser Richtlinie oder auf die Einhaltung dieser Richtlinie durch den AIFM im Allgemeinen auswirken, so unterrichten die zuständigen Behörden des Herkunftsmitgliedstaats des AIFM unverzüglich die zuständigen Behörden des Aufnahmemitgliedstaats des AIFM über diese Änderungen.

(8) Um einheitliche Bedingungen für die Anwendung dieses Artikels zu gewährleisten, kann die ESMA Entwürfe für technische Durchführungsstandards ausarbeiten, um Folgendes zu präzisieren:

a) Form und Inhalt eines Musters für das Anzeigeschreiben nach Absatz 2,
b) Form und Inhalt eines Musters für die Bescheinigung nach Absatz 3,
c) die Form der Übermittlung nach Absatz 3 und
d) die Form der schriftlichen Mitteilung nach Absatz 7.

Die Kommission wird ermächtigt, die in Unterabsatz 1 genannten technischen Durchführungsstandards nach Artikel 15 der Verordnung (EU) Nr. 1095/2010 zu erlassen.

(9) Unbeschadet des Artikels 43 Absatz 1 schreiben die Mitgliedstaaten vor, dass die von den AIFM verwalteten und vertriebenen AIF nur an professionelle Anleger vertrieben werden dürfen.

Artikel 33
Bedingungen für die Verwaltung von EU-AIF mit Sitz in anderen Mitgliedstaaten

(1) Die Mitgliedstaaten stellen sicher, dass ein zugelassener EU-AIFM EU-AIF mit Sitz in einem anderen Mitgliedstaat entweder direkt oder indirekt über eine Zweigniederlassung verwalten kann, sofern der AIFM für die Verwaltung dieser Art von AIF zugelassen ist.

(2) Ein AIFM, der erstmals beabsichtigt, EU-AIF mit Sitz in einem anderen Mitgliedstaat zu verwalten, übermittelt den zuständigen Behörden seines Herkunftsmitgliedstaats folgende Angaben:

a) den Mitgliedstaat, in dem er AIF direkt oder über eine Zweigniederlassung zu verwalten beabsichtigt,
b) einen Geschäftsplan, aus dem insbesondere hervorgeht, welche Dienstleistungen er zu erbringen und welche AIF er zu verwalten beabsichtigt.

(3) Beabsichtigt der AIFM die Errichtung einer Zweigniederlassung, so muss er zusätzlich zu den Angaben nach Absatz 2 folgende Informationen vorlegen:

a) organisatorischer Aufbau der Zweigniederlassung,
b) Anschrift, unter der im Herkunftsmitgliedstaat des AIF Unterlagen angefordert werden können,
c) Namen und Kontaktangaben der Geschäftsführer der Zweigniederlassung.

(4) Die zuständigen Behörden des Herkunftsmitgliedstaats des AIFM übermitteln binnen eines Monats nach dem Eingang der vollständigen Unterlagen nach Absatz 2 bzw. binnen zwei Monaten nach dem Eingang der vollständigen Unterlagen nach Absatz 3 die vollständigen Unterlagen an die zuständigen Behörden des Aufnahmemitgliedstaats des AIFM. Eine solche Weiterleitung findet nur dann statt, wenn die Verwaltung des AIF durch den AIFM dieser Richtlinie entspricht und weiterhin entsprechen wird und wenn der AIFM im Allgemeinen sich an diese Richtlinie hält.

Die zuständigen Behörden des Herkunftsmitgliedstaats des AIFM fügen eine Bescheinigung über die Zulassung des betreffenden AIFM bei.

Die zuständigen Behörden des Herkunftsmitgliedstaats des AIFM unterrichten den AIFM unverzüglich über den Versand der Unterlagen.

Nach Eingang der Versandmeldung kann der AIFM mit der Erbringung der Dienstleistungen im seinem Aufnahmemitgliedstaat beginnen.

(5) Der Aufnahmemitgliedstaat des AIFM erlegt den betreffenden AIFM in den von dieser Richtlinie erfassten Bereichen keine zusätzlichen Anforderungen auf.

(6) Bei einer Änderung der nach Absatz 2 und gegebenenfalls nach Absatz 3 übermittelten Angaben setzt der AIFM die zuständigen Behörden seines Herkunftsmitgliedstaats mindestens einen Monat vor Durchführung geplanter Änderungen von diesen Änderungen schriftlich in Kenntnis, oder, im Falle von ungeplanten Änderungen, unmittelbar nach dem Eintritt der Änderung.

Sollte die geplante Änderung dazu führen, dass die Verwaltung des AIF durch den AIFM oder der AIFM im Allgemeinen nunmehr gegen diese Richtlinie verstößt, teilen die zuständigen Behörden des Herkunftsmitgliedstaats des AIFM dem AIFM unverzüglich mit, dass er die Änderung nicht durchführen darf.

Wird eine geplante Änderung ungeachtet der Unterabsätze 1 und 2 durchgeführt oder würde eine durch einen unvorhersehbaren Umstand ausgelöste Änderung dazu führen, dass die Verwaltung des AIF durch den AIFM oder der AIFM im Allgemeinen nunmehr gegen diese Richtlinie verstößt, ergreifen die zuständigen Behörden des Herkunftsmitgliedstaats des AIFM alle gebotenen Maßnahmen gemäß Artikel 46.

Wenn die Änderungen zulässig sind, weil sie sich nicht auf die Vereinbarkeit der Verwaltung des AIF durch den AIFM mit dieser Richtlinie oder auf die Einhaltung dieser Richtlinie durch den AIFM im Allgemeinen auswirken, unterrichten die zuständigen Behörden des Herkunftsmitgliedstaats des AIFM unverzüglich die zuständigen Behörden des Aufnahmemitgliedstaats des AIFM über diese Änderungen.

(7) Um eine konsequente Harmonisierung dieses Artikels zu gewährleisten, kann die ESMA Entwürfe für technische Regulierungsstandards zur Präzisierung der Angaben ausarbeiten, die gemäß den Absätzen 2 und 3 vorzulegen sind.

Die Kommission wird ermächtigt, die in Unterabsatz 1 genannten technischen Regulierungsstandards gemäß den Artikeln 10 bis 14 der Verordnung (EU) Nr. 1095/2010 zu erlassen.

(8) Um einheitliche Bedingungen für die Anwendung dieses Artikels zu gewährleisten, kann die ESMA Entwürfe von technischen Durchführungsstandards ausarbeiten, um Standardformulare, Mustertexte und Verfahren für die Übermittlung von Angaben gemäß den Absätzen 2 und 3 festzulegen.

Die Kommission wird ermächtigt, die in Unterabsatz 1 genannten technischen Durchführungsstandards nach Artikel 15 der Verordnung (EU) Nr. 1095/2010 zu erlassen.

KAPITEL VII
SPEZIFISCHE VORSCHRIFTEN IN BEZUG AUF DRITTLÄNDER

Artikel 34
Bedingungen für EU-AIFM, die Nicht-EU-AIF verwalten, die in den Mitgliedstaaten nicht vertrieben werden

(1) Die Mitgliedstaaten stellen sicher, dass ein zugelassener EU-AIFM Nicht-EU-AIF verwalten kann, die nicht in der Europäischen Union vertrieben werden, wenn

a) der AIFM alle in dieser Richtlinie für diese AIF festgelegten Anforderungen mit Ausnahme der Anforderungen in den Artikeln 21 und 22 erfüllt, und

b) geeignete Vereinbarungen über die Zusammenarbeit zwischen den zuständigen Behörden des Herkunftsmitgliedstaats des AIFM und den Aufsichtsbehörden des Drittlands bestehen, in dem der Nicht-EU-AIF seinen Sitz hat, damit zumindest ein effizienter Informationsaustausch gewährleistet ist, der den zuständigen Behörden des Herkunftsmitgliedstaats des AIFM ermöglicht, ihre Aufgaben gemäß dieser Richtlinie wahrzunehmen.

(2) Die Kommission erlässt gemäß Artikel 56 und nach Maßgabe der Bedingungen der Artikel 57 und 58 delegierte Rechtsakte zu den in Absatz 1 genannten Vereinbarungen über Zusammenarbeit, um so einen einheitlichen Rahmen zur Erleichterung des Abschlusses derartiger Vereinbarungen mit Drittländern zu schaffen.

(3) Zur Gewährleistung der einheitlichen Anwendung dieses Artikels erstellt die ESMA Leitlinien, in denen die Bedingungen für die Anwendung der von der Kommission erlassenen Vorschriften für die in Absatz 1 genannten Vereinbarungen über Zusammenarbeit festgelegt werden.

Artikel 35
Bedingungen für den Vertrieb eines von einem EU-AIFM verwalteten Nicht-EU-AIF mit einem Pass in der Union

(1) Die Mitgliedstaaten stellen sicher, dass ein zugelassener EU-AIFM Anteile der von ihm verwalteten Nicht-EU-AIF und von EU-Feeder-AIF, die nicht die Anforderungen gemäß Artikel 31 Absatz 1 Unterabsatz 2 erfüllen, an professionelle Anleger in der Europäischen Union vertreiben kann, sobald die in diesem Artikel festgelegten Bedingungen eingehalten sind.

(2) Die AIFM müssen alle in dieser Richtlinie festgelegten Anforderungen mit Ausnahme derer in Kapitel VI erfüllen. Darüber hinaus müssen die folgenden Bedingungen eingehalten werden:

a) es müssen geeignete Vereinbarungen über die Zusammenarbeit zwischen den zuständigen Behörden des Herkunftsmitgliedstaats des AIFM und den Aufsichtsbehörden des Drittlands bestehen, in dem der Nicht-EU-AIF seinen Sitz hat, damit unter Berücksichtigung von Artikel 50 Absatz 4 zumindest ein effizienter Informationsaustausch gewährleistet ist, der den zuständigen Behörden ermöglicht, ihre Aufgaben gemäß dieser Richtlinie wahrzunehmen;
b) das Drittland, in dem der Nicht-EU-AIF seinen Sitz hat, steht nicht auf der Liste der nicht kooperativen Länder und Gebiete, die von der Arbeitsgruppe „Finanzielle Maßnahmen gegen Geldwäsche und Terrorismusfinanzierung" aufgestellt wurde;
c) das Drittland, in dem der Nicht-EU-AIF seinen Sitz hat, hat mit dem Herkunftsmitgliedstaat des zugelassenen AIFM sowie mit jedem anderen Mitgliedstaat, in dem die Anteile des Nicht-EU-AIF vertrieben werden sollen, eine Vereinbarung unterzeichnet, die den Normen gemäß Artikel 26 des OECD-Musterabkommens zur Vermeidung der Doppelbesteuerung von Einkommen und Vermögen vollständig entspricht und einen wirksamen Informationsaustausch in Steuerangelegenheiten, gegebenenfalls einschließlich multilateraler Abkommen über die Besteuerung, gewährleistet.

Ist eine zuständige Behörde eines anderen Mitgliedstaats nicht mit der Beurteilung der Anwendung von Unterabsatz 1 Buchstabe a und b durch die zuständigen Behörden des Herkunftsmitgliedstaats des AIFM einverstanden, so können die betreffenden zuständigen Behörden die Angelegenheit der ESMA zur Kenntnis bringen, die im Rahmen der ihr durch Artikel 19 der Verordnung (EU) Nr. 1095/2010 übertragenen Befugnisse tätig werden kann.

(3) Beabsichtigt ein AIFM, Anteile von Nicht-EU-AIF in seinem Herkunftsmitgliedstaat zu vertreiben, so übermittelt er den zuständigen Behörden seines Herkunftsmitgliedstaats für jeden Nicht-EU-AIF, den er zu vertreiben beabsichtigt, ein Anzeigeschreiben.

Dieses Anzeigeschreiben umfasst die Dokumentation und die Angaben gemäß Anhang III.

(4) Spätestens 20 Arbeitstage nach Eingang des vollständigen Anzeigeschreibens nach Absatz 3 teilen die zuständigen Behörden des Herkunftsmitgliedstaats des AIFM dem AIFM mit, ob er in dem betreffenden Hoheitsgebiet mit dem Vertrieb des im Anzeigeschreiben nach Absatz 3 genannten AIF beginnen kann. Die zuständigen Behörden des Herkunftsmitgliedstaats des AIFM können den Vertrieb des AIF nur untersagen, wenn die Verwaltung des AIF durch den AIFM oder der AIFM im Allgemeinen gegen diese Richtlinie verstößt. Im Falle einer positiven Entscheidung kann der AIFM ab dem Datum der diesbezüglichen Mitteilung der zuständigen Behörden in seinem Herkunftsmitgliedstaat mit dem Vertrieb des AIF beginnen.

Die zuständigen Behörden des Herkunftsmitgliedstaats des AIFM teilen zudem der ESMA mit, dass der AIFM mit dem Vertrieb von Anteilen des AIF im Herkunftsmitgliedstaat des AIFM beginnen kann.

(5) Beabsichtigt ein AIFM, Anteile von Nicht-EU-AIF über seinen Herkunftsmitgliedstaat hinaus auch in einem anderen Mitgliedstaaten zu vertreiben, so legt er den zuständigen Behörden seines Herkunftsmitgliedstaats für jeden Nicht-EU-AIF, den er zu vertreiben beabsichtigt, ein Anzeigeschreiben vor.

Das Anzeigeschreiben umfasst die Dokumentation und die Angaben gemäß Anhang IV.

(6) Die zuständigen Behörden des Herkunftsmitgliedstaats des AIFM übermitteln spätestens 20 Arbeitstage nach dem Eingang der vollständigen Anzeigeunterlagen nach Absatz 5 die vollständigen Anzeigeunterlagen an die zuständigen Behörden des Mitgliedstaats, in dem der AIF vertrieben werden soll. Eine solche Weiterleitung findet nur dann statt, wenn die Verwaltung des AIF durch den AIFM dieser Richtlinie entspricht und weiterhin entsprechen wird und wenn der AIFM im Allgemeinen sich an diese Richtlinie hält.

Die zuständigen Behörden des Herkunftsmitgliedstaats des AIFM fügen eine Bescheinigung über die Zulassung des betreffenden AIFM zur Verwaltung von AIF mit der betreffenden Anlagestrategie bei.

(7) Die zuständigen Behörden des Herkunftsmitgliedstaats des AIFM unterrichten den AIFM unverzüglich über den Versand der Anzeigeunterlagen. Der AIFM kann ab dem Datum dieser Unterrichtung durch die zuständigen Behörden mit dem Vertrieb des AIF in den betreffenden Aufnahmemitgliedstaaten des AIFM beginnen.

Die zuständigen Behörden des Herkunftsmitgliedstaats des AIFM teilen zudem der ESMA mit, dass der AIFM mit dem Vertrieb von Anteilen des AIF in den Aufnahmemitgliedstaaten des AIFM beginnen kann.

(8) Die Vorkehrungen nach Anhang IV Buchstabe h unterliegen den Rechtsvorschriften und der Aufsicht der Aufnahmemitgliedstaaten des AIFM.

(9) Die Mitgliedstaaten stellen sicher, dass das in Absatz 5 genannte Anzeigeschreiben des AIFM und die in Absatz 6 genannte Bescheinigung in einer in der internationalen Finanzwelt gebräuchlichen Sprache bereitgestellt werden.

Die Mitgliedstaaten stellen sicher, dass ihre zuständigen Behörden die elektronische Übermittlung und Archivierung der in Absatz 6 genannten Unterlagen akzeptieren.

(10) Im Falle einer wesentlichen Änderung der nach Absatz 3 oder Absatz 5 mitgeteilten Angaben teilt der AIFM diese Änderung den zuständigen Behörden seines Herkunftsmitgliedstaats bei vom AIFM geplanten Änderungen mindestens einen Monat vor Durch-

führung der Änderung, oder, bei ungeplanten Änderungen, unverzüglich nach Eintreten der ungeplanten Änderung schriftlich mit.

Sollte die geplante Änderung dazu führen, dass die Verwaltung des AIF durch den AIFM oder der AIFM im Allgemeinen nunmehr gegen diese Richtlinie verstößt, teilen die zuständigen Behörden des Herkunftsmitgliedstaats des AIFM dem AIFM unverzüglich mit, dass er die Änderung nicht durchführen darf.

Wird eine geplante Änderung ungeachtet der Unterabsätze 1 und 2 durchgeführt oder führt eine durch einen ungeplanten Umstand ausgelöste Änderung dazu, dass die Verwaltung des AIF durch den AIFM oder der AIFM im Allgemeinen nunmehr gegen diese Richtlinie verstoßen würde, so ergreifen die zuständigen Behörden des Herkunftsmitgliedstaats des AIFM alle gebotenen Maßnahmen gemäß Artikel 46, einschließlich, falls erforderlich, der ausdrücklichen Untersagung des Vertriebs des AIF.

Wenn die Änderungen zulässig sind, weil sie sich nicht auf die Vereinbarkeit der Verwaltung des AIF durch den AIFM mit dieser Richtlinie oder auf die Einhaltung dieser Richtlinie durch den AIFM im Allgemeinen auswirken, unterrichten die zuständigen Behörden des Herkunftsmitgliedstaats des AIFM unverzüglich die ESMA, soweit die Änderungen die Beendigung des Vertriebs von bestimmten AIF oder zusätzlichen vertriebenen AIF betreffen, und gegebenenfalls die zuständigen Behörden der Aufnahmemitgliedstaaten des AIFM von diesen Änderungen.

(11) Die Kommission erlässt gemäß Artikel 56 und nach Maßgabe der Bedingungen der Artikel 57 und 58 delegierte Rechtsakte zu den in Absatz 2 Buchstabe a genannten Vereinbarungen über Zusammenarbeit, um so einen einheitlichen Rahmen zur Erleichterung des Abschlusses derartiger Vereinbarungen mit Drittländern zu schaffen.

(12) Zur Gewährleistung der einheitlichen Anwendung dieses Artikels kann die ESMA Leitlinien erlassen, in denen die Bedingungen für die Anwendung der von der Kommission erlassenen Vorschriften für die in Absatz 2 Buchstabe a genannten Vereinbarungen über Zusammenarbeit festgelegt werden.

(13) Die ESMA erstellt Entwürfe für technische Regulierungsstandards, in denen der Mindestinhalt der in Absatz 2 Buchstabe a genannten Vereinbarungen über Zusammenarbeit festgelegt wird, wodurch gewährleistet wird, dass die zuständigen Behörden des Herkunftsmitgliedstaats und des Aufnahmemitgliedstaats genügend Informationen erhalten, um ihre Aufsichts- und Ermittlungsbefugnisse gemäß dieser Richtlinie wahrzunehmen.

Die Kommission wird ermächtigt, die in Unterabsatz 1 genannten technischen Regulierungsstandards nach den Artikeln 10 bis 14 der Verordnung (EU) Nr. 1095/2010 zu erlassen.

(14) Um eine konsequente Harmonisierung dieses Artikels zu gewährleisten, erstellt die ESMA Entwürfe für technische Regulierungsstandards, in denen die Verfahren für die Koordinierung und den Informationsaustausch zwischen der zuständigen Behörde des Herkunftsmitgliedstaats und den zuständigen Behörden der Aufnahmemitgliedstaaten des AIFM festgelegt werden.

Die Kommission wird ermächtigt, die in Unterabsatz 1 genannten technischen Regulierungsstandards gemäß Artikel 10 bis 14 der Verordnung (EU) Nr. 1095/2010 zu erlassen.

(15) Lehnt eine zuständige Behörde einen Antrag auf Informationsaustausch gemäß den Bestimmungen der in Absatz 14 erwähnten technischen Regulierungsstandards ab, können die zuständigen Behörden die Angelegenheit an die ESMA verweisen, die im Rahmen der ihr durch Artikel 19 der Verordnung (EU) Nr. 1095/2010 übertragenen Befugnisse tätig werden kann.

(16) Um einheitliche Bedingungen für die Anwendung dieses Artikels zu gewährleisten, kann die ESMA Entwürfe für technische Durchführungsstandards ausarbeiten, um Folgendes zu präzisieren:

a) Form und Inhalt eines Musters für das Anzeigeschreiben nach Absatz 3,
b) Form und Inhalt eines Musters für das Anzeigeschreiben nach Absatz 5,
c) Form und Inhalt eines Musters für die Bescheinigung nach Absatz 6,
d) die Form der Übermittlung nach Absatz 6,
e) die Form der schriftlichen Mitteilung nach Absatz 10.

Die Kommission wird ermächtigt, die in Unterabsatz 1 genannten technischen Durchführungsstandards nach Artikel 15 der Verordnung (EU) Nr. 1095/2010 zu verabschieden.

(17) Unbeschadet des Artikels 43 Absatz 1 schreiben die Mitgliedstaaten vor, dass die von dem AIFM verwalteten und vertriebenen AIF nur an professionelle Anleger vertrieben werden dürfen.

Artikel 36
Bedingungen für den ohne Pass erfolgenden Vertrieb von durch EU-AIFM verwalteten Nicht-EU-AIF in Mitgliedstaaten

(1) Unbeschadet des Artikels 35 können die Mitgliedstaaten einem zugelassenen EU-AIFM den ausschließlich in ihrem Gebiet erfolgenden Vertrieb von Anteilen an einem von ihm verwalteten Nicht-EU-AIF sowie von EU-Feeder-AIF, die nicht die Anforderungen gemäß Artikel 31 Absatz 1 Unterabsatz 2 erfüllen, an professionelle Anleger gestatten, sofern folgende Voraussetzungen eingehalten sind:

a) Der AIFM erfüllt alle in dieser Richtlinie festgelegten Anforderungen mit Ausnahme derer in Artikel 21. Dieser AIFM stellt jedoch sicher, dass eine oder mehrere Stellen benannt werden, die die Aufgaben nach Artikel 21 Absätze 7, 8 und 9 wahrnehmen. Der AIFM selbst nimmt diese Aufgaben nicht wahr. Der AIFM informiert seine Aufsichtsbehörden darüber, welche Stellen für die Wahrnehmung der Aufgaben nach Artikel 21 Absätze 7, 8 und 9 zuständig sind.
b) Es bestehen geeignete, der Überwachung der Systemrisiken dienende und im Einklang mit den internationalen Standards stehende Vereinbarungen über die Zusammenarbeit zwischen den zuständigen Behörden des Herkunftsmitgliedstaats des AIFM und den Aufsichtsbehörden des Drittlands, in dem der Nicht-EU-AIF seinen Sitz hat, sodass ein effizienter Informationsaustausch gewährleistet ist, der es den zuständigen Behörden des Herkunftsmitgliedstaats des AIFM ermöglicht, ihre in dieser Richtlinie festgelegten Aufgaben zu erfüllen.
c) Das Drittland, in dem der Nicht-EU-AIF seinen Sitz hat, steht nicht auf der Liste der nicht kooperativen Länder und Gebiete, die von der Arbeitsgruppe „Finanzielle Maßnahmen gegen Geldwäsche und Terrorismusfinanzierung" aufgestellt wurde.

(2) Soweit es um den Vertrieb von Anteilen von Nicht-EU-AIF an Anleger in ihrem Hoheitsgebiet geht, dürfen die Mitgliedstaaten AIFM für die Zwecke dieses Artikels strengeren Regelungen unterwerfen.

(3) Die Kommission erlässt gemäß Artikel 56 und nach Maßgabe der Bedingungen der Artikel 57 und 58 delegierte Rechtsakte zu den in Absatz 1 genannten Vereinbarungen über Zusammenarbeit, um so einen einheitlichen Rahmen zur Erleichterung des Abschlusses derartiger Vereinbarungen mit Drittländern zu schaffen.

(4) Zur Gewährleistung der einheitlichen Anwendung dieses Artikels erstellt die ESMA Leitlinien, in denen die Bedingungen für die Anwendung der von der Kommission erlas-

senen Vorschriften für die in Absatz 1 genannten Vereinbarungen über Zusammenarbeit festgelegt werden.

Artikel 37
Zulassung von Nicht-EU-AIFM, die beabsichtigen, EU-AIF zu verwalten und/oder durch sie verwaltete AIF gemäß Artikel 39 oder 40 in der Union zu vertreiben

(1) Die Mitgliedstaaten schreiben vor, dass Nicht-EU-AIFM, die beabsichtigen, EU-AIF zu verwalten und/oder von ihnen verwaltete AIF gemäß Artikel 39 oder 40 in der Union zu vertreiben, gemäß diesem Artikel eine vorherige Genehmigung der zuständigen Behörden ihres Referenzmitgliedstaats einholen müssen.

(2) Ein Nicht-EU-AIFM, der beabsichtigt, eine vorherige Genehmigung gemäß Absatz 1 einzuholen, ist verpflichtet, diese Richtlinie einzuhalten, mit Ausnahme des Kapitels VI. Wenn und soweit die Einhaltung einer Bestimmung dieser Richtlinie mit der Einhaltung der Rechtsvorschriften unvereinbar ist, denen der Nicht-EU-AIFM und/oder der in der Union vertriebene Nicht-EU-AIF unterliegt, besteht für den AIFM keine Verpflichtung, sich an diese Richtlinie zu halten, wenn er belegen kann, dass

a) es nicht möglich ist, die Einhaltung dieser Richtlinie mit der Einhaltung einer verpflichtenden Rechtsvorschrift, der der Nicht-EU-AIFM und/oder der in der Union vertriebene Nicht-EU-AIF unterliegt, miteinander zu verbinden;
b) die Rechtsvorschriften, denen der Nicht-EU-AIFM und/oder der Nicht-EU-AIF unterliegt, eine gleichwertige Bestimmung mit dem gleichen Regelungszweck und dem gleichen Schutzniveau für die Anleger des betreffenden AIF enthalten;
c) der Nicht-EU-AIFM und/oder der Nicht-EU-AIF die in Buchstabe b genannte gleichwertige Bestimmung erfüllt.

(3) Ein Nicht-EU-AIFM, der beabsichtigt, eine vorherige Genehmigung gemäß Absatz 1 einzuholen, muss über einen gesetzlichen Vertreter mit Sitz in seinem Referenzmitgliedstaat verfügen. Der gesetzliche Vertreter ist die Kontaktstelle für den AIFM in der Union, und sämtliche Korrespondenz zwischen den zuständigen Behörden und dem AIFM und zwischen den EU-Anlegern des betreffenden AIF und dem AIFM gemäß dieser Richtlinie erfolgt über diesen gesetzlichen Vertreter. Der gesetzliche Vertreter nimmt gemeinsam mit dem AIFM die Compliance-Funktion in Bezug auf die von dem AIFM gemäß dieser Richtlinie ausgeführten Verwaltungs- und Vertriebstätigkeiten wahr.

(4) Der Referenzmitgliedstaat eines Nicht-EU-AIFM wird wie folgt bestimmt:

a) Wenn der Nicht-EU-AIFM beabsichtigt, lediglich einen EU-AIF oder mehrere EU-AIF mit Sitz in demselben Mitgliedstaat zu verwalten, und nicht beabsichtigt, gemäß Artikel 39 oder 40 einen AIF in der Union zu vertreiben, ist der Herkunftsmitgliedstaat des bzw. der AIF als der Referenzmitgliedstaat zu betrachten, und die zuständigen Behörden dieses Mitgliedstaats sind für das Zulassungsverfahren des AIFM und die Aufsicht über ihn zuständig.
b) Wenn der Nicht-EU-AIFM beabsichtigt, mehrere EU-AIF mit Sitz in verschiedenen Mitgliedstaaten zu verwalten, und nicht beabsichtigt, gemäß Artikel 39 oder 40 einen AIF in der Union zu vertreiben, ist der Referenzmitgliedstaat entweder
   i) der Mitgliedstaat, in dem die meisten der betreffenden AIF ihren Sitz haben, oder
   ii) der Mitgliedstaat, in dem die umfangreichsten Vermögenswerte verwaltet werden.
c) Wenn der Nicht-EU-AIFM beabsichtigt, lediglich einen EU-AIF in lediglich einem Mitgliedstaat zu vertreiben, wird der Referenzmitgliedstaat wie folgt bestimmt:

i) falls der AIF in einem Mitgliedstaat zugelassen oder registriert ist, ist Referenzmitgliedstaat der Herkunftsmitgliedstaat des AIF oder der Mitgliedstaat, in dem der AIFM den AIF zu vertreiben beabsichtigt;
ii) falls der AIF nicht in einem Mitgliedstaat zugelassen oder registriert ist, ist Referenzmitgliedstaat der Mitgliedstaat, in dem der AIFM den AIF zu vertreiben beabsichtigt.

d) Wenn der Nicht-EU-AIFM beabsichtigt, lediglich einen Nicht-EU-AIF in lediglich einem Mitgliedstaat zu vertreiben, ist dieser Mitgliedstaat der Referenzmitgliedstaat.
e) Wenn der Nicht-EU-AIFM beabsichtigt, lediglich einen EU-AIF in verschiedenen Mitgliedstaaten zu vertreiben, wird der Referenzmitgliedstaat wie folgt bestimmt:
   i) falls der AIF in einem Mitgliedstaat zugelassen oder registriert ist, ist der Referenzmitgliedstaat der Herkunftsmitgliedstaat des AIF oder einer der Mitgliedstaaten, in denen der AIFM einen leistungsfähigen Vertrieb aufzubauen beabsichtigt, oder
   ii) falls der AIF nicht in einem Mitgliedstaat zugelassen oder registriert ist, ist der Referenzmitgliedstaat einer der Mitgliedstaaten, in denen der AIFM einen leistungsfähigen Vertrieb aufzubauen beabsichtigt.
f) Wenn der Nicht-EU-AIFM beabsichtigt, lediglich einen Nicht-EU-AIF in verschiedenen Mitgliedstaaten zu vertreiben, ist der Referenzmitgliedstaat einer dieser Mitgliedstaaten.
g) Wenn der Nicht-EU-AIFM beabsichtigt, mehrere EU-AIF in der Union zu vertreiben, wird der Referenzmitgliedstaat wie folgt bestimmt:
   i) falls die betreffenden AIF sämtlich in demselben Mitgliedstaat registriert oder zugelassen sind, ist der Referenzmitgliedstaat der Herkunftsmitgliedstaat der AIF oder der Mitgliedstaat, in dem der AIFM einen leistungsfähigen Vertrieb der meisten der betreffenden AIF aufzubauen beabsichtigt;
   ii) falls die betreffenden AIF nicht sämtlich in demselben Mitgliedstaat registriert oder zugelassen sind, ist der Referenzmitgliedstaat der Mitgliedstaat, in dem der AIFM einen leistungsfähigen Vertrieb der meisten der betreffenden AIF aufzubauen beabsichtigt;
h) wenn der Nicht-EU-AIFM beabsichtigt, mehrere EU- und Nicht-EU-AIF oder mehrere Nicht-EU-AIF in der Union zu vertreiben, ist der Referenzmitgliedstaat der Mitgliedstaat, in dem der AIFM einen leistungsfähigen Vertrieb der meisten der betreffenden AIF aufzubauen beabsichtigt.

Entsprechend den Kriterien gemäß Unterabsatz 1 Buchstabe b, Buchstabe c Ziffer i, Buchstabe e, Buchstabe f und Buchstabe g Ziffer i kann es mehr als einen Referenzmitgliedstaat geben. In solchen Fällen schreiben die Mitgliedstaaten vor, dass der Nicht-EU-AIFM, der beabsichtigt, EU-AIF zu verwalten, ohne sie zu vertreiben, und/oder von ihm verwaltete AIF gemäß Artikel 39 oder 40 in der Union zu vertreiben, bei den zuständigen Behörden aller Mitgliedstaaten, die gemäß den in den genannten Buchstaben festgelegten Kriterien mögliche Referenzmitgliedstaaten sind, beantragt, sich untereinander über die Festlegung seines Referenzmitgliedstaats zu einigen. Die betreffenden zuständigen Behörden entscheiden innerhalb eines Monats nach Eingang eines solchen Antrags gemeinsam über den Referenzmitgliedstaat für den Nicht-EU-AIFM. Die zuständigen Behörden des Mitgliedstaats, der als Referenzmitgliedstaat festgelegt wird, setzen den Nicht-EU-AIFM unverzüglich von dieser Festlegung in Kenntnis. Wenn der Nicht-EU-AIFM nicht innerhalb von sieben Tagen nach Erlass der Entscheidung ordnungsgemäß über die Entscheidung der zuständigen Behörden informiert wird oder die betreffenden zuständigen Behörden innerhalb der Monatsfrist keine Entscheidung getroffen haben, kann der Nicht-EU-AIFM selbst seinen Referenzmitgliedstaat gemäß den in diesem Absatz aufgeführten Kriterien festlegen.

Der AIFM muss in der Lage sein, seine Absicht zu belegen, in einem spezifischen Mitgliedstaat einen leistungsfähigen Vertrieb aufzubauen, indem er gegenüber den zuständigen Behörden des von ihm angegebenen Mitgliedstaats seine Vertriebsstrategie offenlegt.

(5) Die Mitgliedstaaten schreiben vor, dass ein Nicht-EU-AIFM, der beabsichtigt, EU-AIF zu verwalten, ohne sie zu vertreiben, und/oder von ihm verwaltete AIF gemäß Artikel 39 oder 40 in der Union zu vertreiben, seinem Referenzmitgliedstaat einen Antrag auf Zulassung vorlegt.

Nach Eingang eines Antrags auf Zulassung beurteilen die zuständigen Behörden, ob die Entscheidung des AIFM hinsichtlich seines Referenzmitgliedstaats die Kriterien gemäß Absatz 4 einhält. Wenn die zuständigen Behörden der Ansicht sind, dass dies nicht der Fall ist, lehnen sie den Antrag des Nicht-EU-AIFM auf Zulassung unter Angabe der Gründe für die Ablehnung ab. Wenn die zuständigen Behörden der Auffassung sind, dass die Kriterien gemäß Absatz 4 eingehalten worden sind, setzen sie die ESMA von diesem Umstand in Kenntnis und ersuchen sie, eine Empfehlung zu ihrer Beurteilung auszusprechen. In ihrer Mitteilung an die ESMA legen die zuständigen Behörden der ESMA die Begründung des AIFM für seine Beurteilung hinsichtlich des Referenzmitgliedstaats und Informationen über die Vertriebsstrategie des AIFM vor.

Innerhalb eines Monats nach Eingang der Mitteilung gemäß Unterabsatz 2 spricht die ESMA eine an die betreffenden zuständigen Behörden gerichtete Empfehlung zu deren Beurteilung bezüglich des Referenzmitgliedstaats gemäß den in Absatz 4 genannten Kriterien aus. Die ESMA kann nur dann eine negative Beurteilung aussprechen, wenn sie der Ansicht ist, dass die Kriterien nach Absatz 4 nicht eingehalten wurden.

Die Frist nach Artikel 8 Absatz 5 wird während der Beratungen der ESMA gemäß diesem Absatz ausgesetzt.

Wenn die zuständigen Behörden entgegen der Empfehlung der ESMA gemäß Unterabsatz 3 vorschlagen, die Zulassung zu erteilen, setzen sie die ESMA davon unter Angabe ihrer Gründe in Kenntnis. Die ESMA veröffentlicht die Tatsache, dass die zuständigen Behörden ihrer Empfehlung nicht folgen oder nicht zu folgen beabsichtigen. Die ESMA kann ferner von Fall zu Fall beschließen, die von den zuständigen Behörden angegebenen Gründe für das Nichtbefolgen der Empfehlung zu veröffentlichen. Die zuständigen Behörden werden im Voraus über eine solche Veröffentlichung informiert.

Wenn die zuständigen Behörden entgegen der Empfehlung der ESMA gemäß Unterabsatz 3 vorschlagen, die Zulassung zu erteilen, und der AIFM beabsichtigt, Anteile von durch ihn verwalteten AIF in anderen Mitgliedstaaten als dem Referenzmitgliedstaat zu vertreiben, setzen die zuständigen Behörden des Referenzmitgliedstaats davon auch die zuständigen Behörden der betreffenden Mitgliedstaaten unter Angabe ihrer Gründe in Kenntnis. Gegebenfalls setzen die zuständigen Behörden des Referenzmitgliedstaats davon auch die zuständigen Behörden der Herkunftsmitgliedstaaten der von dem AIFM verwalteten AIF unter Angabe ihrer Gründe in Kenntnis.

(6) Wenn eine zuständige Behörde eines Mitgliedstaats nicht mit der Entscheidung des AIFM hinsichtlich seines Referenzmitgliedstaats einverstanden ist, können die betreffenden zuständigen Behörden die Angelegenheit der ESMA zur Kenntnis bringen, die im Rahmen der ihr durch Artikel 19 der Verordnung (EU) Nr. 1095/2010 übertragenen Befugnisse tätig werden kann.

(7) Unbeschadet des Absatzes 8 kann die Zulassung erst dann erteilt werden, wenn die folgenden zusätzlichen Bedingungen eingehalten sind:

a) der Referenzmitgliedstaat wird von dem AIFM gemäß den Kriterien nach Absatz 4 angegeben und durch die Offenlegung der Vertriebsstrategie bestätigt und das Verfahren gemäß Absatz 5 wurde von den betreffenden zuständigen Behörden durchgeführt;
b) der AIFM hat einen gesetzlichen Vertreter mit Sitz in dem Referenzmitgliedstaat ernannt;
c) der gesetzliche Vertreter ist, zusammen mit dem AIFM, die Kontaktperson des Nicht-EU-AIFM für die Anleger der betreffenden AIF, für die ESMA und für die zuständigen Behörden im Hinblick auf die Tätigkeiten, für die der AIFM in der Union zugelassen ist, und er ist zumindest hinreichend ausgestattet, um die Compliance-Funktion gemäß dieser Richtlinie wahrnehmen zu können;
d) es bestehen geeignete Vereinbarungen über die Zusammenarbeit zwischen den zuständigen Behörden des Referenzmitgliedstaats, den zuständigen Behörden des Herkunftsmitgliedstaats der betreffenden EU-AIF und den Aufsichtsbehörden des Drittlands, in dem der Nicht-EU-AIFM seinen Sitz hat, damit zumindest ein effizienter Informationsaustausch gewährleistet ist, der den zuständigen Behörden ermöglicht, ihre Aufgaben gemäß dieser Richtlinie wahrzunehmen;
e) das Drittland, in dem der Nicht-EU-AIFM seinen Sitz hat, steht nicht auf der Liste der nicht kooperativen Länder und Gebiete, die von der Arbeitsgruppe „Finanzielle Maßnahmen gegen Geldwäsche und Terrorismusfinanzierung" aufgestellt wurde;
f) das Drittland, in dem der Nicht-EU-AIFM seinen Sitz hat, hat mit dem Referenzmitgliedstaat eine Vereinbarung unterzeichnet, die den Standards gemäß Artikel 26 des OECD-Musterabkommens zur Vermeidung der Doppelbesteuerung von Einkommen und Vermögen vollständig entspricht und einen wirksamen Informationsaustausch in Steuerangelegenheiten, gegebenenfalls einschließlich multilateraler Abkommen über die Besteuerung, gewährleistet;
g) die auf AIFM anwendbaren Rechts- und Verwaltungsvorschriften eines Drittlands oder die Beschränkungen der Aufsichts- und Ermittlungsbefugnisse der Aufsichtsbehörden dieses Drittlands hindern die zuständigen Behörden nicht an der effektiven Wahrnehmung ihrer Aufsichtsfunktionen gemäß dieser Richtlinie.

Wenn eine zuständige Behörde eines anderen Mitgliedstaats nicht mit der Bewertung der Anwendung der Buchstaben a bis e und g dieses Absatzes durch die zuständigen Behörden des Referenzmitgliedstaats des AIFM einverstanden ist, können die betreffenden zuständigen Behörden die Angelegenheit der ESMA zur Kenntnis bringen, die im Rahmen der ihr durch Artikel 19 der Verordnung (EU) Nr. 1095/2010 übertragenen Befugnisse tätig werden kann.

Wenn eine für einen EU-AIF zuständige Behörde die gemäß Unterabsatz 1 Buchstabe d geforderten Vereinbarungen über Zusammenarbeit nicht innerhalb eines angemessenen Zeitraums abschließt, können die zuständigen Behörden des Referenzmitgliedstaats die Angelegenheit der ESMA zur Kenntnis bringen, die im Rahmen der ihr durch Artikel 19 der Verordnung (EU) Nr. 1095/2010 übertragenen Befugnisse tätig werden kann.

(8) Die Zulassung wird im Einklang mit Kapitel II erteilt, das vorbehaltlich folgender Kriterien entsprechend gilt:

a) die Angaben gemäß Artikel 7 Absatz 2 werden durch Folgendes ergänzt:
   i) eine Begründung des AIFM für die von ihm vorgenommene Beurteilung bezüglich des Referenzmitgliedstaats gemäß den Kriterien nach Absatz 4 sowie Angaben zur Vertriebsstrategie;
   ii) eine Liste der Bestimmungen dieser Richtlinie, deren Einhaltung dem AIFM unmöglich ist, da ihre Einhaltung durch den AIFM gemäß Absatz 2 nicht mit der

Einhaltung einer zwingenden Rechtsvorschrift, der der Nicht-EU-AIFM oder der in der Union vertriebene Nicht-EU-AIF unterliegt, vereinbar ist;

iii) schriftliche Belege auf der Grundlage der von der ESMA ausgearbeiteten technischen Regulierungsstandards, dass die betreffenden Rechtsvorschriften des Drittlands eine Vorschrift enthalten, die den Vorschriften, die nicht eingehalten werden können, gleichwertig ist, denselben regulatorischen Zweck verfolgt und den Anlegern der betreffenden AIF dasselbe Maß an Schutz bietet, und dass der AIFM sich an diese gleichwertige Vorschrift hält; diese schriftlichen Belege werden durch ein Rechtsgutachten zum Bestehen der betreffenden inkompatiblen zwingenden Vorschrift im Recht des Drittlands untermauert, das auch eine Beschreibung des Regulierungszwecks und der Merkmale des Anlegerschutzes enthält, die mit der Vorschrift angestrebt werden, und

iv) Name des gesetzlichen Vertreters des AIFM und der Ort, an dem er seinen Sitz hat;

b) die Angaben gemäß Artikel 7 Absatz 3 können auf die EU-AIF, die der AIFM zu verwalten beabsichtigt, und auf die von dem AIFM verwalteten AIF, die er mit einem Pass in der Union zu vertreiben beabsichtigt, beschränkt werden;

c) Artikel 8 Absatz 1 Buchstabe a gilt unbeschadet des Absatzes 2 des vorliegenden Artikels;

d) Artikel 8 Absatz 1 Buchstabe e findet keine Anwendung;

e) Artikel 8 Absatz 5 Unterabsatz 2 ist mit der folgenden Ergänzung zu lesen: „die in Artikel 37 Absatz 8 Buchstabe a genannten Angaben".

Wenn eine zuständige Behörde eines anderen Mitgliedstaats nicht mit der von den zuständigen Behörden des Referenzmitgliedstaats des AIFM erteilten Zulassung einverstanden ist, können die betreffenden zuständigen Behörden die Angelegenheit der ESMA zur Kenntnis bringen, die im Rahmen der ihr durch Artikel 19 der Verordnung (EU) Nr. 1095/2010 übertragenen Befugnisse tätig werden kann.

(9) Sind die zuständigen Behörden des Referenzmitgliedstaats der Auffassung, dass der AIFM gemäß Absatz 2 von der Einhaltung bestimmter Vorschriften dieser Richtlinie befreit werden kann, so setzen sie die ESMA hiervon unverzüglich in Kenntnis. Sie untermauern diese Beurteilung mit den von dem AIFM gemäß Absatz 8 Buchstabe a Ziffern ii und iii vorgelegten Angaben.

Innerhalb eines Monats nach Eingang der Mitteilung nach Unterabsatz 1 spricht die ESMA eine an die zuständigen Behörden gerichtete Empfehlung hinsichtlich der Anwendung der Ausnahme von der Einhaltung der Richtlinie aufgrund der Unvereinbarkeit gemäß Absatz 2 aus. In der Empfehlung kann insbesondere darauf eingegangen werden, ob auf der Grundlage der vom AIFM gemäß Absatz 8 Buchstabe a Ziffern ii und iii vorgelegten Angaben sowie der technischen Regulierungsstandards zur Äquivalenz davon ausgegangen werden kann, dass die Voraussetzungen für eine solche Befreiung eingehalten sind. Die ESMA ist bemüht, eine gemeinsame europäische Aufsichtskultur und kohärente Aufsichtspraktiken zu schaffen und bei den zuständigen Behörden eine kohärente Herangehensweise hinsichtlich der Anwendung dieses Absatzes zu gewährleisten.

Die Frist nach Artikel 8 Absatz 5 wird während der Überprüfung durch die ESMA gemäß diesem Absatz ausgesetzt.

Wenn die zuständigen Behörden des Referenzmitgliedstaats entgegen der Empfehlung der ESMA gemäß Unterabsatz 2 vorschlagen, die Zulassung zu erteilen, setzen sie die ESMA davon unter Angabe ihrer Gründe in Kenntnis. Die ESMA veröffentlicht die Tatsache, dass die zuständigen Behörden ihrer Empfehlung nicht folgen oder nicht zu folgen beabsichtigen. Die ESMA kann ferner von Fall zu Fall beschließen, die von den zuständigen Behörden angegebenen Gründe für das Nichtbefolgen der Empfehlung zu veröffentlichen. Die entsprechenden zuständigen Behörden werden im Voraus über eine solche Veröffentlichung informiert.

Wenn die zuständigen Behörden entgegen der Empfehlung der ESMA gemäß Unterabsatz 2 vorschlagen, die Zulassung zu erteilen, und der AIFM beabsichtigt, Anteile von durch ihn verwalteten AIF in anderen Mitgliedstaaten als dem Referenzmitgliedstaat zu vertreiben, setzen die zuständigen Behörden des Referenzmitgliedstaats davon auch die zuständigen Behörden der betreffenden Mitgliedstaaten unter Angabe ihrer Gründe in Kenntnis.

Wenn eine zuständige Behörde eines anderen Mitgliedstaats nicht mit der Bewertung der Anwendung des vorliegenden Absatzes durch die zuständigen Behörden des Referenzmitgliedstaats des AIFM einverstanden ist, können die betreffenden zuständigen Behörden die Angelegenheit der ESMA zur Kenntnis bringen, die im Rahmen der ihr durch Artikel 19 der Verordnung (EU) Nr. 1095/2010 übertragenen Befugnisse tätig werden kann.

(10) Die zuständigen Behörden des Referenzmitgliedstaats unterrichten die ESMA unverzüglich über das Ergebnis des Erstzulassungsprozesses, über Änderungen bei der Zulassung des AIFM und über einen Entzug der Zulassung.

Die zuständigen Behörden unterrichten die ESMA von den Zulassungsanträgen, die sie abgelehnt haben, und legen dabei Angaben zu den AIFM, die eine Zulassung beantragt haben, sowie die Gründe für die Ablehnung vor. Die ESMA führt ein zentrales Verzeichnis dieser Angaben, welches den zuständigen Behörden auf Anfrage zur Verfügung gestellt wird. Die zuständigen Behörden behandeln diese Informationen vertraulich.

(11) Die weitere Geschäftsentwicklung des AIFM in der Union hat keine Auswirkungen auf die Bestimmung des Referenzmitgliedstaats. Wenn der AIFM jedoch innerhalb von zwei Jahren nach seiner Erstzulassung seine Vertriebsstrategie ändert und wenn diese Änderung, falls die geänderte Vertriebsstrategie die ursprüngliche Vertriebsstrategie gewesen wäre, die Festlegung des Referenzmitgliedstaats beeinflusst hätte, setzt der AIFM die zuständigen Behörden des ursprünglichen Referenzmitgliedstaats von dieser Änderung vor ihrer Durchführung in Kenntnis und gibt seinen Referenzmitgliedstaat gemäß den Kriterien nach Absatz 4 und entsprechend der neuen Strategie an. Der AIFM begründet seine Beurteilung, indem er seine neue Vertriebsstrategie seinem ursprünglichen Referenzmitgliedstaat gegenüber offenlegt. Zugleich legt der AIFM Angaben zu seinem gesetzlichen Vertreter, einschließlich zu dessen Name und dem Ort vor, an dem er seinen Sitz hat. Der gesetzliche Vertreter muss seinen Sitz in dem neuen Referenzmitgliedstaat haben.

Der ursprüngliche Referenzmitgliedstaat beurteilt, ob die Festlegung durch den AIFM gemäß Unterabsatz 1 korrekt ist, und setzt die ESMA von dieser Beurteilung in Kenntnis. Die ESMA gibt zu der von den zuständigen Behörden vorgenommenen Beurteilung eine Empfehlung ab. In ihrer Meldung an die ESMA legen die zuständigen Behörden die Begründung des AIFM für seine Beurteilung hinsichtlich des Referenzmitgliedstaats und Informationen über die neue Vertriebsstrategie des AIFM vor.

Innerhalb eines Monats nach Eingang der Meldung gemäß Unterabsatz 2 spricht die ESMA eine Empfehlung zu der Beurteilung der entsprechenden zuständigen Behörden aus. Die ESMA kann nur dann eine negative Beurteilung aussprechen, wenn sie der Ansicht ist, dass die Kriterien nach Absatz 4 nicht eingehalten wurden.

Nachdem die zuständigen Behörden des ursprünglichen Referenzmitgliedstaats die Empfehlung der ESMA gemäß Unterabsatz 3 erhalten haben, setzen sie den Nicht-EU-AIFM, dessen ursprünglichen gesetzlichen Vertreter und die ESMA von ihrer Entscheidung in Kenntnis.

Sind die zuständigen Behörden des ursprünglichen Referenzmitgliedstaats mit der von dem AIFM vorgenommenen Beurteilung einverstanden, so setzen sie auch die zuständigen Behörden des neuen Referenzmitgliedstaats von der Änderung in Kenntnis. Der ursprüngliche Referenzmitgliedstaat übermittelt dem neuen Referenzmitgliedstaat unverzüglich eine Abschrift der Zulassungs- und Aufsichtsunterlagen des AIFM. Von dem Zeitpunkt der Übermittlung der Zulassungs- und Aufsichtsunterlagen an sind die zuständigen Behörden des neuen Referenzmitgliedstaats für Zulassung und Aufsicht des AIFM zuständig.

Wenn die abschließende Beurteilung der zuständigen Behörden im Widerspruch zu den Empfehlungen der ESMA gemäß Unterabsatz 3 steht, gilt Folgendes:

a) die zuständigen Behörden setzen die ESMA davon unter Angabe ihrer Gründe in Kenntnis. Die ESMA veröffentlicht die Tatsache, dass die zuständigen Behörden ihrer Empfehlung nicht folgen oder nicht zu folgen beabsichtigen. Die ESMA kann ferner von Fall zu Fall beschließen, die von den zuständigen Behörden angegebenen Gründe für das Nichtbefolgen der Empfehlung zu veröffentlichen. Die entsprechenden zuständigen Behörden werden im Voraus über eine solche Veröffentlichung informiert;

b) wenn der AIFM Anteile von durch ihn verwalteten AIF in anderen Mitgliedstaaten als dem ursprünglichen Referenzmitgliedstaat vertreibt, setzen die zuständigen Behörden des ursprünglichen Referenzmitgliedstaats davon auch die zuständigen Behörden dieser anderen Mitgliedstaaten unter Angabe ihrer Gründe in Kenntnis. Gegebenenfalls setzen die zuständigen Behörden des Referenzmitgliedstaats davon auch die zuständigen Behörden der Herkunftsmitgliedstaaten der von dem AIFM verwalteten AIF unter Angabe ihrer Gründe in Kenntnis.

(12) Erweist sich anhand des tatsächlichen Verlaufs der Geschäftsentwicklung des AIFM in der Union innerhalb von zwei Jahren nach seiner Zulassung, dass der von dem AIFM zum Zeitpunkt seiner Zulassung vorgelegte Vertriebsstrategie nicht gefolgt worden ist, der AIFM diesbezüglich falsche Angaben gemacht hat oder der AIFM sich bei der Änderung seiner Vertriebsstrategie nicht an Absatz 11 gehalten hat, so fordern die zuständigen Behörden des ursprünglichen Referenzmitgliedstaats den AIFM auf, den Referenzmitgliedstaat gemäß seiner tatsächlichen Vertriebsstrategie anzugeben. Das Verfahren nach Absatz 11 ist entsprechend anzuwenden. Kommt der AIFM der Aufforderung der zuständigen Behörden nicht nach, so entziehen sie ihm die Zulassung.

Ändert der AIFM seine Vertriebsstrategie nach Ablauf der in Absatz 11 genannten Zeitspanne und will er seinen Referenzmitgliedstaat entsprechend seiner neuen Vertriebsstrategie ändern, so kann er bei den zuständigen Behörden des ursprünglichen Referenzmitgliedstaats einen Antrag auf Änderung seines Referenzmitgliedstaats stellen. Das Verfahren nach Absatz 11 ist entsprechend anzuwenden.

Ist eine zuständige Behörde eines Mitgliedstaats nicht mit der Beurteilung hinsichtlich der Festlegung des Referenzmitgliedstaats nach Absatz 11 oder nach dem vorliegenden Absatz einverstanden, so können die betreffenden zuständigen Behörden die Angelegenheit der ESMA zur Kenntnis bringen, die im Rahmen der ihr durch Artikel 19 der Verordnung (EU) Nr. 1095/2010 übertragenen Befugnisse tätig werden kann.

(13) Alle zwischen den zuständigen Behörden des Referenzmitgliedstaats des AIFM und dem AIFM auftretenden Streitigkeiten werden nach dem Recht des Referenzmitgliedstaats beigelegt und unterliegen dessen Gerichtsbarkeit.

Alle zwischen dem AIFM oder dem AIF und EU-Anlegern des jeweiligen AIF auftretenden Streitigkeiten werden nach dem Recht eines Mitgliedstaats beigelegt und unterliegen dessen Gerichtsbarkeit.

(14) Die Kommission erlässt Durchführungsrechtsakte zur Festlegung des Verfahrens, das die als Referenzmitgliedstaaten in Frage kommenden Mitgliedstaaten anzuwenden haben, wenn sie gemäß Absatz 4 Unterabsatz 2 bestimmen, welcher von diesen Mitgliedstaaten der Referenzmitgliedstaat wird. Diese Durchführungsrechtsakte werden gemäß dem Artikel 59 Absatz 2 genannten Prüfverfahren erlassen.

(15) Die Kommission erlässt gemäß Artikel 56 und nach Maßgabe der Bedingungen der Artikel 57 und 58 delegierte Rechtsakte zu den in Absatz 7 Buchstabe d genannten Vereinbarungen über Zusammenarbeit, um so einen einheitlichen Rahmen zur Erleichterung des Abschlusses derartiger Vereinbarungen mit Drittländern zu schaffen.

(16) Zur Gewährleistung der einheitlichen Anwendung dieses Artikels kann die ESMA Leitlinien erlassen, in denen die Bedingungen für die Anwendung der von der Kommission erlassenen Vorschriften für die in Absatz 7 Buchstabe d genannten Vereinbarungen über Zusammenarbeit festgelegt werden.

(17) Die ESMA erstellt Entwürfe für technische Regulierungsstandards, in denen der Mindestinhalt der in Absatz 7 Buchstabe d genannten Vereinbarungen über Zusammenarbeit festgelegt wird, um zu gewährleisten, dass die zuständigen Behörden des Referenzmitgliedstaats und des Aufnahmemitgliedstaats ausreichende Informationen erhalten, um ihre Aufsichts- und Ermittlungsbefugnisse gemäß dieser Richtlinie wahrnehmen können.

Die Kommission wird ermächtigt, die in Unterabsatz 1 genannten technischen Regulierungsstandards nach den Artikeln 10 bis 14 der Verordnung (EU) Nr. 1095/2010 zu verabschieden.

(18) Um eine konsequente Harmonisierung dieses Artikels zu gewährleisten, erstellt die ESMA Entwürfe für technische Regulierungsstandards, in denen die Verfahren für die Koordinierung und den Informationsaustausch zwischen der zuständigen Behörde des Referenzmitgliedstaats und den zuständigen Behörden der Aufnahmemitgliedstaaten des AIFM festgelegt werden.

Die Kommission wird ermächtigt, die in Unterabsatz 1 genannten technischen Regulierungsstandards gemäß Artikel 10 bis 14 der Verordnung (EU) Nr. 1095/2010 zu verabschieden.

(19) Lehnt eine zuständige Behörde einen Antrag auf Informationsaustausch gemäß den in Absatz 17 erwähnten technischen Regulierungsstandards ab, können die zuständigen Behörden die Angelegenheit an die ESMA verweisen, die im Rahmen der ihr durch Artikel 19 der Verordnung (EU) Nr. 1095/2010 übertragenen Befugnisse tätig werden kann.

(20) Gemäß Artikel 29 der Verordnung (EU) Nr. 1095/2010 fördert die ESMA einen effizienten bilateralen und multilateralen Informationsaustausch zwischen den zuständigen Behörden des Referenzmitgliedstaats des Nicht-EU-AIFM und den zuständigen Behörden der Aufnahmemitgliedstaaten des betreffenden AIFM, wobei sie den nach den einschlägigen Unionsvorschriften geltenden Geheimhaltungs- und Datenschutzbestimmungen in vollem Umfang Rechnung trägt.

(21) Gemäß Artikel 31 der Verordnung (EU) Nr. 1095/2010 übt die ESMA eine allgemeine Koordinierungsfunktion zwischen der zuständigen Behörde des Referenzmitgliedstaats des Nicht-EU-AIFM und den zuständigen Behörden der Aufnahmemitgliedstaaten des betreffenden AIFM aus. Die ESMA kann insbesondere

a) den Informationsaustausch zwischen den betreffenden zuständigen Behörden erleichtern;
b) den Umfang der Informationen festlegen, die die zuständige Behörde des Referenzmitgliedstaats den zuständigen Behörden der betreffenden Aufnahmemitgliedstaaten zur Verfügung zu stellen hat;

c) im Falle von Entwicklungen, die das Funktionieren der Finanzmärkte gefährden könnten, alle geeigneten Maßnahmen treffen, um die Koordinierung der Maßnahmen, die von der zuständigen Behörde des Referenzmitgliedstaats und den zuständigen Behörden des Aufnahmemitgliedstaats in Bezug auf Nicht-EU-AIFM ergriffen werden, zu erleichtern.

(22) Um einheitliche Bedingungen für die Anwendung dieses Artikels zu gewährleisten, kann die ESMA Entwürfe für technische Durchführungsstandards ausarbeiten, um Form und Inhalt des in Absatz 12 Unterabsatz 2 genannten Antrags festzulegen.

Die Kommission wird ermächtigt, die in Unterabsatz 1 genannten technischen Durchführungsstandards nach Artikel 15 der Verordnung (EU) Nr. 1095/2010 zu verabschieden.

(23) Um eine einheitliche Anwendung dieses Artikels zu gewährleisten, arbeitet die ESMA Entwürfe für technische Regulierungsstandards für Folgendes aus:

a) die Art und Weise, in der ein AIFM die in dieser Richtlinie festgelegten Anforderungen zu erfüllen hat, unter Berücksichtigung dessen, dass der AIFM seinen Sitz in einem Drittland hat und insbesondere unter Berücksichtigung der Übermittlung der gemäß Artikel 22 bis 24 geforderten Informationen;
b) unter welchen Bedingungen angenommen wird, dass die Rechtsvorschriften, denen ein Nicht-EU-AIFM oder ein Nicht-EU-AIF unterliegt, eine gleichwertige Bestimmung mit demselben regulatorischen Zweck und dem gleichen Schutzniveau für die betreffenden Anleger enthalten.

Die Kommission wird ermächtigt, die in Unterabsatz 1 genannten technischen Regulierungsstandards nach den Artikeln 10 bis 14 der Verordnung (EU) Nr. 1095/2010 zu verabschieden.

Artikel 38
Vergleichende Analyse der Zulassung von und der Aufsicht über Nicht-EU-AIFM

(1) Die ESMA unterzieht die Aufsichtstätigkeit der zuständigen Behörden in Bezug auf die Zulassung und die Überwachung von Nicht-EU-AIFM gemäß den Artikeln 37, 39, 40 und 41 jährlich einer vergleichenden Analyse, um die Kohärenz der Aufsichtstätigkeit gemäß Artikel 30 der Verordnung (EU) Nr. 1095/2010 weiter zu erhöhen.

(2) Bis zum 22. Juli 2013 arbeitet die ESMA Methoden aus, die eine objektive Beurteilung und einen Vergleich der bewerteten Behörden ermöglichen.

(3) Die vergleichende Analyse erstreckt sich insbesondere auf die Beurteilung von Folgendem:

a) der Grad der Konvergenz in den Aufsichtpraktiken, der bei der Zulassung von und Aufsicht über Nicht-EU-AIFM erreicht worden ist;
b) das Ausmaß, in dem die Aufsichtpraxis die in dieser Richtlinie festgelegten Ziele erreicht;
c) die Wirksamkeit und der Grad der Konvergenz, die bei der Durchsetzung dieser Richtlinie und ihrer Durchführungsbestimmungen sowie der von der ESMA gemäß dieser Richtlinie ausgearbeiteten technischen Regulierungs- und Durchführungsstandards erreicht wurden, einschließlich administrativer Maßnahmen und Sanktionen, die bei Nichteinhaltung dieser Richtlinie gegen Nicht-EU-AIFM verhängt wurden.

(4) Auf der Grundlage der Ergebnisse der vergleichenden Analyse kann die ESMA gemäß Artikel 16 der Verordnung (EU) Nr. 1095/2010 Leitlinien und Empfehlungen herausgeben, um einheitliche, effiziente und wirksame Praktiken für die Aufsicht über Nicht-EU-AIFM zu schaffen.

(5) Die zuständigen Behörden unternehmen alle erforderlichen Anstrengungen, um diesen Leitlinien und Empfehlungen nachzukommen.

(6) Binnen zwei Monaten nach der Herausgabe einer Leitlinie oder Empfehlung bestätigt jede zuständige Behörde, ob sie dieser Leitlinie oder Empfehlung nachkommt oder nachzukommen beabsichtigt. Wenn eine zuständige Behörde der Leitlinie oder Empfehlung nicht nachkommt oder nachzukommen beabsichtigt, teilt sie dies der ESMA unter Angabe der Gründe mit.

(7) Die ESMA veröffentlicht die Tatsache, dass eine zuständige Behörde dieser Leitlinie oder Empfehlung nicht nachkommt oder nachzukommen beabsichtigt. Die ESMA kann ferner von Fall zu Fall beschließen, die von der zuständigen Behörde angegebenen Gründe dafür, dieser Leitlinie oder Empfehlung nicht nachzukommen, zu veröffentlichen. Die zuständige Behörde wird im Voraus über eine solche Veröffentlichung informiert.

(8) In dem Bericht gemäß Artikel 43 Absatz 5 der Verordnung (EU) Nr. 1095/2010 teilt die ESMA dem Europäischen Parlament, dem Rat und der Kommission mit, welche Leitlinien und Empfehlungen gemäß diesem Artikel herausgegeben wurden und welche zuständigen Behörden diesen nicht nachgekommen sind, wobei auch erläutert wird, wie die ESMA sicherzustellen gedenkt, dass diese zuständigen Behörden die Empfehlungen und Leitlinien in Zukunft einhalten.

(9) Die Kommission berücksichtigt diese Berichte gebührend bei ihrer Überprüfung dieser Richtlinie gemäß Artikel 69 und bei jeder nachfolgenden Bewertung, die sie vornimmt.

(10) Die ESMA macht die im Zuge dieser vergleichenden Analysen ermittelten bewährten Verfahren öffentlich bekannt. Ferner können alle anderen Ergebnisse der vergleichenden Analysen öffentlich bekannt gemacht werden, vorbehaltlich der Zustimmung der zuständigen Behörde, die der vergleichenden Analyse unterzogen wurde.

Artikel 39
Bedingungen für den in der Union mit einem Pass erfolgenden Vertrieb von EU-AIF, die von Nicht-EU-AIFM verwaltet werden

(1) Die Mitgliedstaaten stellen sicher, dass ein ordnungsgemäß zugelassener Nicht-EU-AIFM Anteile eines EU-AIF, den er verwaltet, an professionelle Anleger in der Union mit einem Pass vertreiben kann, sobald die in diesem Artikel festgelegten Bedingungen eingehalten sind.

(2) Beabsichtigt der AIFM, die Anteile des EU-AIF in seinem Referenzmitgliedstaat zu vertreiben, so legt er den zuständigen Behörden seines Referenzmitgliedstaats für jeden EU-AIF, den er zu vertreiben beabsichtigt, ein Anzeigeschreiben vor.

Das Anzeigeschreiben umfasst die Dokumentation und die Angaben gemäß Anhang III.

(3) Spätestens 20 Arbeitstage nach Eingang des vollständigen Anzeigeschreibens nach Absatz 2 teilen die zuständigen Behörden des Referenzmitgliedstaats des AIFM dem AIFM mit, ob er im Hoheitsgebiet des Referenzmitgliedstaats mit dem Vertrieb des im Anzeigeschreiben nach Absatz 2 genannten AIF beginnen kann. Die zuständigen Behörden des Referenzmitgliedstaats des AIFM können den Vertrieb des AIF nur untersagen, wenn die Verwaltung des AIF durch den AIFM oder der AIFM im Allgemeinen gegen diese Richtlinie verstößt. Im Falle einer positiven Entscheidung kann der AIFM ab dem Datum der diesbezüglichen Mitteilung der zuständigen Behörden in seinem Referenzmitgliedstaat mit dem Vertrieb des AIF beginnen.

Die zuständigen Behörden des Referenzmitgliedstaats des AIFM teilen zudem der ESMA und den für den AIF zuständigen Behörden mit, dass der AIFM in seinem Referenzmitgliedstaat mit dem Vertrieb von Anteilen des AIF beginnen kann.

(4) Beabsichtigt der AIFM, Anteile des EU-AIF über seinen Referenzmitgliedstaat hinaus auch in anderen Mitgliedstaaten zu vertreiben, so legt er den zuständigen Behörden seines Referenzmitgliedstaats für jeden EU-AIF, den er zu vertreiben beabsichtigt, ein Anzeigeschreiben vor.

Das Anzeigeschreiben umfasst die Dokumentation und die Angaben gemäß Anhang IV.

(5) Spätestens 20 Arbeitstage nach dem Eingang der vollständigen Anzeigeunterlagen nach Absatz 4 leiten die zuständigen Behörden des Referenzmitgliedstaats dieses an die zuständigen Behörden der Mitgliedstaaten weiter, in denen die Anteile des AIF vertrieben werden sollen. Eine solche Weiterleitung findet nur dann statt, wenn die Verwaltung des AIF durch den AIFM dieser Richtlinie entspricht und weiterhin entsprechen wird und wenn der AIFM im Allgemeinen sich an diese Richtlinie hält.

Die zuständigen Behörden des Referenzmitgliedstaats des AIFM fügen eine Bescheinigung über die Zulassung des betreffenden AIFM zur Verwaltung von AIF mit einer bestimmten Anlagestrategie bei.

(6) Die zuständigen Behörden des Referenzmitgliedstaats des AIFM unterrichten den AIFM unverzüglich über die Weiterleitung der Anzeigeunterlagen. Der AIFM kann ab dem Datum dieser Unterrichtung mit dem Vertrieb des AIF in dem betreffenden Aufnahmemitgliedstaat beginnen.

Die zuständigen Behörden des Referenzmitgliedstaats des AIFM teilen zudem der ESMA und den für den AIF zuständigen Behörden mit, dass der AIFM in seinen Aufnahmemitgliedstaaten mit dem Vertrieb von Anteilen des AIF beginnen kann.

(7) Die Vorkehrungen nach Anhang IV Buchstabe h unterliegen den Rechtsvorschriften und der Aufsicht der Aufnahmemitgliedstaaten des AIFM.

(8) Die Mitgliedstaaten stellen sicher, dass das in Absatz 4 genannte Anzeigeschreiben des AIFM und die in Absatz 5 genannte Bescheinigung in einer in der internationalen Finanzwelt gebräuchlichen Sprache bereitgestellt werden.

Die Mitgliedstaaten stellen sicher, dass ihre zuständigen Behörden die elektronische Übermittlung und Archivierung der in Absatz 6 genannten Unterlagen akzeptieren.

(9) Im Falle einer wesentlichen Änderung der nach Absatz 2 und/oder Absatz 4 übermittelten Angaben teilt der AIFM diese Änderung den zuständigen Behörden seines Referenzmitgliedstaats bei vom AIFM geplanten Änderungen mindestens einen Monat vor Durchführung der Änderung, oder, bei ungeplanten Änderungen, unverzüglich nach Eintreten der Änderung schriftlich mit.

Sollte die geplante Änderung dazu führen, dass die Verwaltung des AIF durch den AIFM oder der AIFM im Allgemeinen nunmehr gegen diese Richtlinie verstößt, teilen die zuständigen Behörden des Referenzmitgliedstaats des AIFM dem AIFM unverzüglich mit, dass er die Änderung nicht durchführen darf.

Wird eine geplante Änderung ungeachtet der Unterabsätze 1 und 2 durchgeführt oder führt eine durch einen ungeplanten Umstand ausgelöste Änderung dazu, dass die Verwaltung des AIF durch den AIFM oder der AIFM im Allgemeinen nunmehr gegen diese Richtlinie verstößt, so ergreifen die zuständigen Behörden des Referenzmitgliedstaats des AIFM alle gebotenen Maßnahmen gemäß Artikel 46, einschließlich, falls erforderlich, der ausdrücklichen Untersagung des Vertriebs des AIF.

Sind die Änderungen zulässig, weil sie sich nicht auf die Vereinbarkeit der Verwaltung des AIF durch den AIFM mit dieser Richtlinie oder auf die Einhaltung dieser Richtlinie durch den AIFM im Allgemeinen auswirken, so unterrichten die zuständigen Behörden des Referenzmitgliedstaats unverzüglich die ESMA, soweit die Änderungen die Beendigung des Vertriebs von bestimmten AIF oder zusätzlichen vertriebenen AIF betreffen, und gegebenenfalls die zuständigen Behörden der Aufnahmemitgliedstaaten von diesen Änderungen.

(10) Um einheitliche Bedingungen für die Anwendung dieses Artikels zu gewährleisten, kann die ESMA Entwürfe für technische Durchführungsstandards ausarbeiten, um Folgendes zu präzisieren:

a) Form und Inhalt eines Musters für das Anzeigeschreiben nach Absatz 2 und 4,
b) Form und Inhalt eines Musters für die Bescheinigung nach Absatz 5,
c) die Form der Übermittlung nach Absatz 5 und
d) die Form der schriftlichen Mitteilung nach Absatz 9.

Die Kommission wird ermächtigt, die in Unterabsatz 1 genannten technischen Durchführungsstandards nach Artikel 15 der Verordnung (EU) Nr. 1095/2010 zu erlassen.

(11) Unbeschadet des Artikels 43 Absatz 1 schreiben die Mitgliedstaaten vor, dass die von dem AIFM verwalteten und vertriebenen AIF nur an professionelle Anleger vertrieben werden dürfen.

Artikel 40
Bedingungen für den in der Union mit einem Pass erfolgenden Vertrieb von Nicht-EU-AIF, die von einem Nicht-EU-AIFM verwaltet werden

(1) Die Mitgliedstaaten stellen sicher, dass ein ordnungsgemäß zugelassener Nicht-EU-AIFM Anteile eines Nicht-EU-AIF, den er verwaltet, an professionelle Anleger in der Union mit einem Pass vertreiben kann, sobald die in diesem Artikel festgelegten Bedingungen eingehalten sind.

(2) Zusätzlich zu den in dieser Richtlinie festgelegten Anforderungen an EU-AIFM müssen Nicht-EU-AIFM folgende Bedingungen einhalten:

a) es bestehen geeignete Vereinbarungen über die Zusammenarbeit zwischen den zuständigen Behörden des Referenzmitgliedstaats und der Aufsichtsbehörde des Drittlands, in dem der Nicht-EU-AIF seinen Sitz hat, damit zumindest ein effizienter Informationsaustausch gewährleistet ist, der den zuständigen Behörden ermöglicht, ihre Aufgaben gemäß dieser Richtlinie wahrzunehmen;
b) das Drittland, in dem der Nicht-EU-AIF seinen Sitz hat, steht nicht auf der Liste der nicht kooperativen Länder und Gebiete, die von der Arbeitsgruppe „Finanzielle Maßnahmen gegen Geldwäsche und Terrorismusfinanzierung“ aufgestellt wurde;
c) das Drittland, in dem der Nicht-EU-AIF seinen Sitz hat, hat mit dem Referenzmitgliedstaat sowie mit jedem anderen Mitgliedstaat, in dem die Anteile des Nicht-EU-EIF vertrieben werden sollen, eine Vereinbarung unterzeichnet, die den Standards des Artikels 26 des OECD-Musterabkommens zur Vermeidung der Doppelbesteuerung von Einkommen und Vermögen vollständig entspricht und einen wirksamen Informationsaustausch in Steuerangelegenheiten, gegebenenfalls einschließlich multilateraler Abkommen über die Besteuerung, gewährleistet.

Wenn eine zuständige Behörde eines anderen Mitgliedstaats nicht mit der Bewertung der Anwendung von Unterabsatz 1 Buchstaben a und b durch die zuständigen Behörden des Referenzmitgliedstaats des AIFM einverstanden ist, können die betreffenden zuständigen Behörden die Angelegenheit der ESMA zur Kenntnis bringen, die im Rahmen der ihr durch Artikel 19 der Verordnung (EU) Nr. 1095/2010 übertragenen Befugnisse tätig werden kann.

(3) Der AIFM legt den zuständigen Behörden seines Referenzmitgliedstaats eine Meldung für jeden Nicht-EU-AIF, den er in seinem Referenzmitgliedstaat zu vertreiben beabsichtigt, vor.

Die Meldung umfasst die Dokumentation und die Angaben gemäß Anhang III.

(4) Spätestens 20 Arbeitstage nach Eingang des vollständigen Anzeigeschreibens nach Absatz 3 teilen die zuständigen Behörden des Referenzmitgliedstaats des AIFM dem AIFM mit, ob er im Hoheitsgebiet des Referenzmitgliedstaats mit dem Vertrieb des im Anzeigeschreiben nach Absatz 3 genannten AIF beginnen kann. Die zuständigen Behörden des Referenzmitgliedstaats des AIFM können den Vertrieb des AIF nur untersagen, wenn die Verwaltung des AIF durch den AIFM oder der AIFM im Allgemeinen gegen diese Richtlinie verstößt. Im Falle einer positiven Entscheidung kann der AIFM ab dem Datum der diesbezüglichen Mitteilung der zuständigen Behörden in seinem Referenzmitgliedstaat mit dem Vertrieb des AIF beginnen.

Die zuständigen Behörden des Referenzmitgliedstaats des AIFM teilen zudem der ESMA mit, dass der AIFM im Referenzmitgliedstaat mit dem Vertrieb von Anteilen des AIF beginnen kann.

(5) Beabsichtigt der AIFM, die Anteile eines Nicht-EU-AIF über seinen Referenzmitgliedstaat hinaus auch in anderen Mitgliedstaaten zu vertreiben, so legt er den zuständigen Behörden seines Referenzmitgliedstaats für jeden Nicht-EU-AIF, den er zu vertreiben beabsichtigt, eine Meldung vor.

Die Meldung umfasst die Dokumentation und die Angaben gemäß Anhang IV.

(6) Spätestens 20 Arbeitstage nach dem Eingang der vollständigen Anzeigeunterlagen nach Absatz 5 leiten die zuständigen Behörden des Referenzmitgliedstaats dieses an die zuständigen Behörden der Mitgliedstaaten weiter, in denen die Anteile des AIF vertrieben werden sollen. Eine solche Weiterleitung findet nur dann statt, wenn die Verwaltung des AIF durch den AIFM dieser Richtlinie entspricht und weiterhin entsprechen wird und wenn der AIFM im Allgemeinen sich an diese Richtlinie hält.

Die zuständigen Behörden des Referenzmitgliedstaats des AIFM fügen eine Bescheinigung über die Zulassung des betreffenden AIFM zur Verwaltung von AIF mit einer bestimmten Anlagestrategie bei.

(7) Die zuständigen Behörden des Referenzmitgliedstaats des AIFM unterrichten den AIFM unverzüglich über die Weiterleitung der Anzeigeunterlagen. Der AIFM kann ab dem Datum dieser Unterrichtung mit dem Vertrieb des AIF in den betreffenden Aufnahmemitgliedstaaten des AIFM beginnen.

Die zuständigen Behörden des Referenzmitgliedstaats des AIFM teilen zudem der ESMA mit, dass der AIFM in den Aufnahmemitgliedstaaten des AIFM mit dem Vertrieb von Anteilen des AIF beginnen kann.

(8) Die Vorkehrungen nach Anhang IV Buchstabe h unterliegen den Rechtsvorschriften und der Aufsicht der Aufnahmemitgliedstaaten des AIFM, soweit dies andere Mitgliedstaaten sind als der Referenzmitgliedstaat.

(9) Die Mitgliedstaaten stellen sicher, dass das in Absatz 5 genannte Anzeigeschreiben des AIFM und die in Absatz 6 genannte Bescheinigung in einer in der internationalen Finanzwelt gebräuchlichen Sprache bereitgestellt werden.

Die Mitgliedstaaten stellen sicher, dass ihre zuständigen Behörden die elektronische Übermittlung und Archivierung der in Absatz 6 genannten Unterlagen akzeptieren.

(10) Im Falle einer wesentlichen Änderung der nach Absatz 3 oder Absatz 5 übermittelten Angaben teilt der AIFM diese Änderung den zuständigen Behörden seines Referenzmitgliedstaats bei vom AIFM geplanten Änderungen mindestens einen Monat vor Durch-

führung der Änderung, oder, bei ungeplanten Änderungen, unverzüglich nach Eintreten der Änderung schriftlich mit.

Sollte die geplante Änderung dazu führen, dass die Verwaltung des AIF durch den AIFM oder der AIFM im Allgemeinen nunmehr gegen diese Richtlinie verstößt, teilen die zuständigen Behörden des Referenzmitgliedstaats des AIFM dem AIFM unverzüglich mit, dass er die Änderung nicht durchführen darf.

Wird eine geplante Änderung ungeachtet der Unterabsätze 1 und 2 durchgeführt oder führt eine durch einen ungeplanten Umstand ausgelöste Änderung dazu, dass die Verwaltung des AIF durch den AIFM oder der AIFM im Allgemeinen nunmehr gegen diese Richtlinie verstößt, so ergreifen die zuständigen Behörden des Referenzmitgliedstaats des AIFM alle gebotenen Maßnahmen gemäß Artikel 46, einschließlich, falls erforderlich, der ausdrücklichen Untersagung des Vertriebs des AIF.

Wenn die Änderungen zulässig sind, weil sie sich nicht auf die Vereinbarkeit der Verwaltung des AIF durch den AIFM mit dieser Richtlinie oder auf die Einhaltung dieser Richtlinie durch den AIFM im Allgemeinen auswirken, unterrichten die zuständigen Behörden des Referenzmitgliedstaats unverzüglich die ESMA, soweit die Änderungen die Beendigung des Vertriebs von bestimmten AIF oder zusätzlichen vertriebenen AIF betreffen, und gegebenenfalls die zuständigen Behörden der Aufnahmemitgliedstaaten von diesen Änderungen.

(11) Die Kommission erlässt gemäß Artikel 56 und nach Maßgabe der Bedingungen der Artikel 57 und 58 delegierte Rechtsakte zu den in Absatz 2 Buchstabe a genannten Vereinbarungen über Zusammenarbeit, um so einen einheitlichen Rahmen zur Erleichterung des Abschlusses derartiger Vereinbarungen mit Drittländern zu schaffen.

(12) Zur Gewährleistung der einheitlichen Anwendung dieses Artikels kann die ESMA Leitlinien erlassen, in denen die Bedingungen für die Anwendung der von der Kommission erlassenen Vorschriften für die in Absatz 2 Buchstabe a genannten Vereinbarungen über Zusammenarbeit festgelegt werden.

(13) Die ESMA erstellt Entwürfe für technische Regulierungsstandards, in denen der Mindestinhalt der in Absatz 2 Buchstabe a genannten Vereinbarungen über Zusammenarbeit festgelegt wird, um zu gewährleisten, dass die zuständigen Behörden des Referenzmitgliedstaats und der Aufnahmemitgliedstaaten ausreichende Informationen erhalten, um ihre Aufsichts- und Ermittlungsbefugnisse gemäß dieser Richtlinie wahrnehmen können.

Die Kommission wird ermächtigt, die in Unterabsatz 1 genannten technischen Regulierungsstandards gemäß Artikel 10 bis 14 der Verordnung (EU) Nr. 1095/2010 zu erlassen.

(14) Um eine konsequente Harmonisierung dieses Artikels zu gewährleisten, erstellt die ESMA Entwürfe für technische Regulierungsstandards, in denen die Verfahren für die Koordinierung und den Informationsaustausch zwischen der zuständigen Behörde des Referenzmitgliedstaats und den zuständigen Behörden der Aufnahmemitgliedstaaten des AIFM festgelegt werden.

Die Kommission wird ermächtigt, die in Unterabsatz 1 genannten technischen Regulierungsstandards gemäß Artikel 10 bis 14 der Verordnung (EU) Nr. 1095/2010 zu erlassen.

(15) Lehnt eine zuständige Behörde einen Antrag auf Informationsaustausch gemäß den in Absatz 14 erwähnten technischen Regulierungsstandards ab, können die zuständigen Behörden die Angelegenheit an die ESMA verweisen, die im Rahmen der ihr durch Artikel 19 der Verordnung (EU) Nr. 1095/2010 übertragenen Befugnisse tätig werden kann.

(16) Um einheitliche Bedingungen für die Anwendung dieses Artikels zu gewährleisten, kann die ESMA Entwürfe für technische Durchführungsstandards ausarbeiten, um Folgendes zu präzisieren:

a) Form und Inhalt eines Musters für das Anzeigeschreiben nach Absatz 3 und 5,
b) Form und Inhalt eines Musters für die Bescheinigung nach Absatz 6,
c) die Form der Übermittlung nach Absatz 6 und
d) die Form der schriftlichen Mitteilung nach Absatz 10.

Die Kommission wird ermächtigt, die in Unterabsatz 1 genannten technischen Durchführungsstandards nach Artikel 15 der Verordnung (EU) Nr. 1095/2010 zu erlassen.

(17) Unbeschadet des Artikels 43 Absatz 1 schreiben die Mitgliedstaaten vor, dass die von dem AIFM verwalteten und vertriebenen AIF nur an professionelle Anleger vertrieben werden dürfen.

Artikel 41
Bedingungen für die Verwaltung von in einem anderen als dem Referenzmitgliedstaat ansässigen AIF durch Nicht-EU-AIFM

(1) Die Mitgliedstaaten stellen sicher, dass ein zugelassener Nicht-EU-AIFM EU-AIF mit Sitz in einem anderen Mitgliedstaat als seinem Referenzmitgliedstaat entweder direkt oder indirekt über eine Zweigniederlassung verwalten kann, sofern der AIFM für die Verwaltung dieser Art von AIF zugelassen ist.

(2) Jeder Nicht-EU-AIFM, der zum ersten Mal beabsichtigt, EU-AIF mit Sitz in einem anderen Mitgliedstaat als seinem Referenzmitgliedstaat zu verwalten, hat den zuständigen Behörden seines Referenzmitgliedstaats Folgendes mitzuteilen:

a) den Mitgliedstaat, in dem er AIF direkt oder über eine Zweigniederlassung zu verwalten beabsichtigt;
b) einen Geschäftsplan, aus dem insbesondere hervorgeht, welche Dienstleistungen er zu erbringen und welche AIF er zu verwalten beabsichtigt.

(3) Beabsichtigt der Nicht-EU-AIFM die Errichtung einer Zweigniederlassung, so muss er zusätzlich zu den Angaben nach Absatz 2 Folgendes angeben:

a) den organisatorischen Aufbau der Zweigniederlassung,
b) die Anschrift, unter der im Herkunftsmitgliedstaat des AIF Unterlagen angefordert werden können,
c) die Namen und Kontaktangaben der Geschäftsführer der Zweigniederlassung.

(4) Die zuständigen Behörden des Referenzmitgliedstaats übermitteln binnen eines Monats nach dem Eingang der vollständigen Unterlagen nach Absatz 2 bzw. binnen zwei Monaten nach dem Eingang der vollständigen Unterlagen nach Absatz 3 die gesamten Unterlagen an die zuständigen Behörden der Aufnahmemitgliedstaaten des AIFM. Eine solche Weiterleitung findet nur dann statt, wenn die Verwaltung des AIF durch den AIFM dieser Richtlinie entspricht und weiterhin entsprechen wird und wenn der AIFM im Allgemeinen sich an diese Richtlinie hält.

Die zuständigen Behörden des Referenzmitgliedstaats fügen eine Bescheinigung über die Zulassung des betreffenden AIFM bei.

Die zuständigen Behörden des Referenzmitgliedstaats unterrichten den AIFM unverzüglich über die Übermittlung. Nach Eingang der Übermittlungsmeldung kann der AIFM mit der Erbringung der Dienstleistungen in den Aufnahmemitgliedstaaten des AIFM beginnen.

Die zuständigen Behörden des Referenzmitgliedstaats teilen zudem der ESMA mit, dass der AIFM in den Aufnahmemitgliedstaaten des AIFM mit der Verwaltung des AIF beginnen kann.

(5) Die Aufnahmemitgliedstaaten des AIFM erlegen den betreffenden AIFM in den von dieser Richtlinie erfassten Bereichen keine zusätzlichen Anforderungen auf.

(6) Im Falle einer Änderung der nach Absatz 2 oder gegebenenfalls nach Absatz 3 übermittelten Angaben teilt der AIFM diese Änderung den zuständigen Behörden seines Referenzmitgliedstaats bei vom AIFM geplanten Änderungen mindestens einen Monat vor Durchführung der Änderung, oder, bei ungeplanten Änderungen, unverzüglich nach Eintreten der Änderung schriftlich mit.

Sollte die geplante Änderung dazu führen, dass die Verwaltung des AIF durch den AIFM oder der AIFM im Allgemeinen nunmehr gegen diese Richtlinie verstößt, teilen die zuständigen Behörden des Referenzmitgliedstaats dem AIFM unverzüglich mit, dass er die Änderung nicht durchführen darf.

Wird eine geplante Änderung ungeachtet der Unterabsätze 1 und 2 durchgeführt oder führt eine durch einen ungeplanten Umstand ausgelöste Änderung dazu, dass die Verwaltung des AIF durch den AIFM oder der AIFM im Allgemeinen nunmehr gegen diese Richtlinie verstößt, so ergreifen die zuständigen Behörden des Referenzmitgliedstaats alle gebotenen Maßnahmen gemäß Artikel 46, und sie untersagen, falls erforderlich, ausdrücklich den Vertrieb des AIF.

Wenn die Änderungen zulässig sind, weil sie sich nicht auf die Vereinbarkeit der Verwaltung des AIF durch den AIFM mit dieser Richtlinie oder auf die Einhaltung dieser Richtlinie durch den AIFM im Allgemeinen auswirken, unterrichten die zuständigen Behörden des Referenzmitgliedstaats unverzüglich die zuständigen Behörden der Aufnahmemitgliedstaaten des AIFM von diesen Änderungen.

(7) Um eine kohärente Harmonisierung dieses Artikels zu gewährleisten, kann die ESMA Entwürfe für technische Regulierungsstandards zur Präzisierung der Angaben ausarbeiten, die gemäß den Absätzen 2 und 3 vorzulegen sind.

Die Kommission wird ermächtigt, die in Unterabsatz 1 genannten technischen Regulierungsstandards gemäß Artikel 10 bis 14 der Verordnung (EU) Nr. 1095/2010 zu erlassen.

(8) Um einheitliche Bedingungen für die Anwendung dieses Artikels zu gewährleisten, kann die ESMA Entwürfe von technischen Durchführungsstandards ausarbeiten, um Standardformulare, Mustertexte und Verfahren für die Übermittlung von Angaben gemäß den Absätzen 2 und 3 festzulegen.

Die Kommission wird ermächtigt, die in Unterabsatz 1 genannten technischen Durchführungsstandards gemäß Artikel 15 der Verordnung (EU) Nr. 1095/2010 zu erlassen.

Artikel 42
Bedingungen für den ohne Pass in Mitgliedstaaten erfolgenden Vertrieb von AIF, die von Nicht-EU-AIFM verwaltet werden

(1) Unbeschadet der Artikel 37, 39 und 40 können die Mitgliedstaaten Nicht-EU-AIFM gestatten, Anteile der von ihnen verwalteten AIF an professionelle Anleger ausschließlich in ihrem Hoheitsgebiet zu vertreiben, sofern mindestens folgende Voraussetzungen eingehalten sind:

a) Der Nicht-EU-AIFM hält im Hinblick auf jeden gemäß diesem Artikel von ihm vertriebenen AIF die Artikel 22, 23 und 24 sowie, wenn ein von ihm gemäß diesem Artikel vertriebener AIF in den Anwendungsbereich von Artikel 26 Absatz 1 fällt, die Artikel 26 bis 30 ein. Als zuständige Behörden und als AIF-Anleger im Sinne dieser Artikel gelten die Behörden und Anleger der Mitgliedstaaten, in denen der Vertrieb der AIF erfolgt.
b) Es bestehen geeignete, der Überwachung der Systemrisiken dienende und im Einklang mit den internationalen Standards stehende Vereinbarungen über die Zusammenarbeit

zwischen den zuständigen Behörden der Mitgliedstaaten, in denen die AIF vertrieben werden, und, soweit anwendbar, den zuständigen Behörden der betreffenden EU-AIF und den Aufsichtsbehörden des Drittlands, in dem der Nicht-EU-AIFM seinen Sitz hat, und, soweit anwendbar, den Aufsichtsbehörden des Drittlands, in dem der Nicht-EU-AIF seinen Sitz hat, so dass ein wirksamer Informationsaustausch gewährleistet ist, der es den zuständigen Behörden der betreffenden Mitgliedstaaten ermöglicht, ihre in dieser Richtlinie festgelegten Aufgaben zu erfüllen.

c) Das Drittland, in dem der Nicht-EU-AIFM oder der Nicht-EU-AIF seinen Sitz hat, steht nicht auf der Liste der nicht kooperativen Länder und Gebiete, die von der Arbeitsgruppe „Finanzielle Maßnahmen gegen Geldwäsche und Terrorismusfinanzierung" aufgestellt wurde.

Wenn eine für einen EU-AIF zuständige Behörde die gemäß Unterabsatz 1 Buchstabe b geforderte Vereinbarung über Zusammenarbeit nicht innerhalb eines angemessenen Zeitraums abschließt, können die zuständigen Behörden des Mitgliedstaats, in dem der AIF vertrieben werden soll, die Angelegenheit der ESMA zur Kenntnis bringen, die im Rahmen der ihr durch Artikel 19 der Verordnung (EU) Nr. 1095/2010 übertragenen Befugnisse tätig werden kann.

(2) Soweit es um den Vertrieb von AIF-Anteilen an Anleger in ihrem Hoheitsgebiet geht, dürfen die Mitgliedstaaten Nicht-EU-AIFM für die Zwecke dieses Artikels strengeren Regelungen unterwerfen.

(3) Die Kommission erlässt gemäß Artikel 56 und nach Maßgabe der Bedingungen der Artikel 57 und 58 delegierte Rechtsakte zu den in Absatz 1 genannten Vereinbarungen über Zusammenarbeit, um so einen einheitlichen Rahmen zur Erleichterung des Abschlusses derartiger Vereinbarungen über Zusammenarbeit mit Drittländern zu schaffen.

(4) Zur Gewährleistung der einheitlichen Anwendung dieses Artikels erstellt die ESMA Leitlinien, in denen die Bedingungen für die Anwendung der von der Kommission erlassenen Vorschriften für die in Absatz 1 genannten Vereinbarungen über Zusammenarbeit festgelegt werden.

KAPITEL VIII
VERTRIEB AN KLEINANLEGER

Artikel 43
Vertrieb von AIF durch AIFM an Kleinanleger

(1) Unbeschadet anderer Rechtsakte der Union können die Mitgliedstaaten AIFM gestatten, in ihrem Hoheitsgebiet Anteile an von ihnen gemäß dieser Richtlinie verwalteten AIF an Kleinanleger zu vertreiben, wobei es keine Rolle spielt, ob der Vertrieb der AIF auf nationaler Ebene oder grenzübergreifend erfolgt und ob es sich um einen EU-AIF oder einen Nicht-EU-AIF handelt.

Die Mitgliedstaaten können in solchen Fällen den AIFM oder AIF Auflagen unterwerfen, die strenger sind als jene, die für AIF gelten, die in ihrem Hoheitsgebiet gemäß dieser Richtlinie an professionelle Anleger vertrieben werden. Allerdings können die Mitgliedstaaten strengere oder zusätzliche Auflagen im Vergleich zu auf nationaler Ebene vertriebenen AIF nicht für EU-AIF vorsehen, die ihren Sitz in einem anderen Mitgliedstaat haben und grenzübergreifend vertrieben werden.

(2) Die Mitgliedstaaten, die in ihrem Hoheitsgebiet den Vertrieb von AIF an Kleinanleger gestatten, teilen der Kommission und der ESMA bis zum 22. Juli 2014 Folgendes mit:

a) die Arten von AIF, die AIFM in ihrem Hoheitsgebiet an Kleinanleger vertreiben dürfen,
b) vom Mitgliedstaat gegebenenfalls zusätzlich vorgesehene Auflagen für den Vertrieb von AIF an Kleinanleger.

Die Mitgliedstaaten unterrichten die Kommission und die ESMA ferner über jede Unterabsatz 1 betreffende Änderung.

KAPITEL IX
ZUSTÄNDIGE BEHÖRDEN

ABSCHNITT 1
Benennung, Befugnisse und Rechtsbehelfe

Artikel 44
Benennung der zuständigen Behörden

Die Mitgliedstaaten benennen die zuständigen Behörden, die für die Wahrnehmung der Aufgaben aufgrund dieser Richtlinie zuständig sind.

Sie setzen die ESMA und die Kommission unter Angabe etwaiger Aufgabenteilungen davon in Kenntnis.

Die zuständigen Behörden sind öffentliche Einrichtungen.

Die Mitgliedstaaten schreiben vor, dass ihre zuständigen Behörden durch geeignete Methoden überwachen, dass AIFM ihren Verpflichtungen gemäß dieser Richtlinie gegebenenfalls auf der Grundlage der von der ESMA entwickelten Leitlinien nachkommen.

Artikel 45
Aufgaben der zuständigen Behörden in den Mitgliedstaaten

(1) Die Aufsicht über einen AIFM obliegt den zuständigen Behörden des Herkunftsmitgliedstaats des AIFM, unabhängig davon, ob der AIFM AIF in einem anderen Mitgliedstaat verwaltet und/oder vertreibt; die Bestimmungen dieser Richtlinie, die den zuständigen Behörden des Aufnahmemitgliedstaats des AIFM die Zuständigkeit für die Aufsicht übertragen, bleiben hiervon unberührt.

(2) Die Überwachung der Einhaltung der Artikel 12 und 14 durch einen AIFM obliegt den zuständigen Behörden des Aufnahmemitgliedstaats des AIFM, wenn der AIFM AIF über eine Zweigniederlassung in diesem Mitgliedstaat verwaltet und/oder vertreibt.

(3) Die zuständigen Behörden des Aufnahmemitgliedstaats des AIFM können von einem AIFM, der in seinem Hoheitsgebiet AIF verwaltet oder vertreibt – unabhängig davon, ob dies über eine Zweigniederlassung erfolgt –, die Vorlage von Informationen verlangen, die erforderlich sind, um zu beaufsichtigen, dass die maßgeblichen Bestimmungen, für die diese zuständigen Behörden verantwortlich sind, durch den AIFM eingehalten werden.

Diese Anforderungen dürfen nicht strenger sein als die Anforderungen, die der Aufnahmemitgliedstaat des AIFM den AIFM auferlegt, für die er hinsichtlich der Überwachung der Einhaltung derselben Bestimmungen der Herkunftsmitgliedstaat ist.

(4) Stellen die zuständigen Behörden des Aufnahmemitgliedstaats des AIFM fest, dass ein AIFM, der in seinem Hoheitsgebiet AIF verwaltet und/oder vertreibt – unabhängig davon, ob dies über eine Zweigniederlassung erfolgt –, gegen eine der Bestimmungen, hinsichtlich derer sie für die Überwachung der Einhaltung zuständig sind, verstößt, so fordern diese Behörden den betreffenden AIFM auf, den Verstoß zu beenden und unterrichten die zuständigen Behörden des Herkunftsmitgliedstaats entsprechend.

(5) Lehnt es der betreffende AIFM ab, den zuständigen Behörden seines Aufnahmemitgliedstaats die in deren Zuständigkeit fallenden Informationen zukommen zu lassen oder unternimmt er nicht die erforderlichen Schritte, um den Verstoß gemäß Absatz 4 zu beenden, so setzen die zuständigen Behörden seines Aufnahmemitgliedstaats die zuständigen Behörden seines Herkunftsmitgliedstaats hiervon in Kenntnis. Die zuständigen Behörden des Herkunftsmitgliedstaats des AIFM

a) treffen unverzüglich alle geeigneten Maßnahmen, um sicherzustellen, dass der betreffende AIFM die von den zuständigen Behörden seines Aufnahmemitgliedstaats gemäß Absatz 3 geforderten Informationen vorlegt oder den Verstoß gemäß Absatz 4 beendet,
b) ersuchen die betreffenden Aufsichtsbehörden in Drittländern unverzüglich um Erteilung der erforderlichen Informationen.

Die Art der Maßnahmen gemäß Buchstabe a ist den zuständigen Behörden des Aufnahmemitgliedstaats des AIFM mitzuteilen.

(6) Weigert sich der AIFM trotz der gemäß Absatz 5 von den zuständigen Behörden seines Herkunftsmitgliedstaats getroffenen Maßnahmen oder weil sich solche Maßnahmen als unzureichend erweisen oder in dem fraglichen Mitgliedstaat nicht verfügbar sind, weiterhin, die von den zuständigen Behörden seines Aufnahmemitgliedstaats gemäß Absatz 3 geforderten Informationen vorzulegen, oder verstößt er weiterhin gegen die in Absatz 4 genannten Rechts- und Verwaltungsvorschriften seines Aufnahmemitgliedstaats, so können die zuständigen Behörden des Aufnahmemitgliedstaats des AIFM nach Unterrichtung der zuständigen Behörden des Herkunftsmitgliedstaats des AIFM geeignete Maßnahmen einschließlich der Maßnahmen der Artikel 46 und 48 ergreifen, um weitere Verstöße zu verhindern oder zu ahnden; soweit erforderlich, können sie diesem AIFM auch neue Geschäfte in seinem Aufnahmemitgliedstaat untersagen. Handelt es sich bei der im Aufnahmemitgliedstaat des AIFM durchgeführten Aufgabe um die Verwaltung von AIF, so kann der Aufnahmemitgliedstaat verlangen, dass der AIFM die Verwaltung dieser AIF einstellt.

(7) Haben die zuständigen Behörden des Aufnahmemitgliedstaats eines AIFM klare und nachweisbare Gründe für die Annahme, dass der AIFM gegen die Verpflichtungen verstößt, die ihm aus Vorschriften erwachsen, hinsichtlich derer sie nicht für die Überwachung der Einhaltung zuständig sind, so teilen sie ihre Erkenntnisse den zuständigen Behörden des Herkunftsmitgliedstaats des AIFM mit, die geeignete Maßnahmen ergreifen und erforderlichenfalls von den entsprechenden Aufsichtsbehörden in Drittländern zusätzliche Informationen anfordern.

(8) Verhält sich der AIFM trotz der von den zuständigen Behörden seines Herkunftsmitgliedstaats getroffenen Maßnahmen oder weil sich solche Maßnahmen als unzureichend erweisen oder der Herkunftsmitgliedstaat des AIFM nicht rechtzeitig handelt, weiterhin auf eine Art und Weise, die den Interessen der Anleger des betreffenden AIF, der Finanzstabilität oder der Integrität des Marktes im Aufnahmemitgliedstaat des AIFM eindeutig abträglich ist, so können die zuständigen Behörden des Aufnahmemitgliedstaats des AIFM nach Unterrichtung der zuständigen Behörden des Herkunftsmitgliedstaats des AIFM alle erforderlichen Maßnahmen ergreifen, um die Anleger des betreffenden AIF, die Finanzstabilität und die Integrität des Marktes im Aufnahmemitgliedstaat zu schützen; sie haben auch die Möglichkeit, dem betreffenden AIFM den weiteren Vertrieb von Anteilen des betreffenden AIF im Aufnahmemitgliedstaat zu untersagen.

(9) Das Verfahren nach Absatz 7 und 8 kommt ferner zur Anwendung, wenn die zuständigen Behörden des Aufnahmemitgliedstaats klare und belegbare Einwände gegen die Zulassung eines Nicht-EU-AIFM durch den Referenzmitgliedstaat haben.

(10) Besteht zwischen den betreffenden zuständigen Behörden keine Einigkeit in Bezug auf eine von einer zuständigen Behörde nach den Absätzen 4 bis 9 getroffene Maßnahme, so können sie die Angelegenheit der ESMA zur Kenntnis bringen, die im Rahmen der ihr durch Artikel 19 der Verordnung (EU) Nr. 1095/2010 übertragenen Befugnisse tätig werden kann.

(11) Die ESMA erleichtert gegebenenfalls die Aushandlung und den Abschluss der Vereinbarungen über Zusammenarbeit, die gemäß dieser Richtlinie zwischen den zuständigen Behörden der Mitgliedstaaten und den Aufsichtsbehörden von Drittländern geschlossen werden müssen.

Artikel 46
Befugnisse der zuständigen Behörden

(1) Die zuständigen Behörden sind mit allen für die Wahrnehmung ihrer Aufgaben notwendigen Überwachungs- und Ermittlungsbefugnissen auszustatten. Diese Befugnisse werden wie folgt ausgeübt:

a) unmittelbar,
b) in Zusammenarbeit mit anderen Behörden,
c) unter Verantwortung der zuständigen Behörden durch Stellen, an die Aufgaben delegiert wurden,
d) durch Antrag bei den zuständigen Justizbehörden.

(2) Die zuständigen Behörden sind befugt,

a) Unterlagen aller Art einzusehen und eine Kopie von ihnen zu erhalten,
b) von jeder mit den Tätigkeiten des AIFM oder des AIF in Verbindung stehenden Person Auskünfte zu verlangen und gegebenenfalls eine Person zum Zwecke der Informationserlangung vorzuladen und zu vernehmen,
c) angekündigte und unangekündigte Ermittlungen vor Ort durchzuführen,
d) bereits existierende Aufzeichnungen von Telefongesprächen und Datenübermittlungen anzufordern,
e) vorzuschreiben, dass Praktiken, die gegen die nach dieser Richtlinie erlassenen Vorschriften verstoßen, unterlassen werden,
f) das Einfrieren oder die Beschlagnahme von Vermögenswerten zu verlangen,
g) ein vorübergehendes Verbot der Ausübung der Berufstätigkeit zu verlangen,
h) von zugelassenen AIFM, Verwahrstellen oder Wirtschaftsprüfern Auskünfte zu verlangen,
i) jegliche Art von Maßnahmen zu ergreifen, um sicherzustellen, dass AIFM oder Verwahrstellen sich weiterhin an die auf sie anwendbaren Anforderungen dieser Richtlinie halten,
j) im Interesse der Anteilinhaber oder der Öffentlichkeit die Aussetzung der Ausgabe, Rücknahme oder Auszahlung von Anteilen zu verlangen,
k) die einem AIFM oder einer Verwahrstelle erteilte Zulassung zu entziehen,
l) Angelegenheiten den Strafverfolgungsbehörden zu übermitteln,
m) Überprüfungen oder Ermittlungen durch Wirtschaftsprüfer oder Sachverständige vornehmen zu lassen.

(3) Gelangt die zuständige Behörde des Referenzmitgliedstaats zu der Auffassung, dass ein zugelassener Nicht-EU-AIFM seinen Pflichten gemäß dieser Richtlinie nicht nachkommt, so setzt sie die ESMA hiervon so bald wie möglich und unter vollständiger Angabe der Gründe in Kenntnis.

(4) Die Mitgliedstaaten stellen sicher, dass die zuständigen Behörden die notwendigen Befugnisse haben, alle erforderlichen Maßnahmen zu treffen, um das ordnungsgemäße

Funktionieren der Märkte in den Fällen zu gewährleisten, in denen die Tätigkeit eines oder mehrerer AIF am Markt für ein Finanzinstrument das ordnungsgemäße Funktionieren des Marktes gefährden könnte.

Artikel 47
Befugnisse und Zuständigkeiten der ESMA

(1) Die ESMA kann Leitlinien für die zuständigen Behörden der Mitgliedstaaten bezüglich der Wahrnehmung ihrer Zulassungsbefugnisse und ihrer Informationspflichten gemäß dieser Richtlinie festlegen und diese Leitlinien regelmäßig überprüfen.

Die ESMA hat ferner die erforderlichen Befugnisse – einschließlich der unter Artikel 48 Absatz 3 aufgeführten Befugnisse –, um die ihr durch diese Richtlinie übertragenen Aufgaben zu erfüllen.

(2) Alle Personen, die bei der ESMA, bei den zuständigen Behörden oder bei einer sonstigen Person, an die die ESMA Aufgaben übertragen hat, tätig sind oder tätig waren, einschließlich der von der ESMA beauftragten Prüfer und Sachverständigen, sind zur Wahrung des Berufsgeheimnisses verpflichtet. Die unter das Berufsgeheimnis fallenden Informationen werden keiner anderen Person oder Behörde gegenüber offengelegt, es sei denn, die Offenlegung ist für ein Gerichtsverfahren erforderlich.

(3) Alle zwischen der ESMA, den zuständigen Behörden, der EBA, der mit Verordnung (EU) Nr. 1094/2010 des Europäischen Parlaments und des Rates ([29]) errichteten Europäischen Aufsichtsbehörde (Europäische Aufsichtsbehörde für das Versicherungswesen und die betriebliche Altersversorgung) und dem ESRB im Rahmen dieser Richtlinie ausgetauschten Informationen sind als vertraulich zu betrachten, es sei denn, die ESMA oder die betreffende zuständige Behörde oder andere Behörde oder Stelle erklärt zum Zeitpunkt der Mitteilung, dass diese Informationen offengelegt werden können oder die Offenlegung ist für ein Gerichtsverfahren erforderlich.

(4) Sind alle Voraussetzungen des Absatzes 5 eingehalten, so kann die ESMA gemäß Artikel 9 der Verordnung (EU) Nr. 1095/2010 die zuständige(n) Behörde(n) auffordern, erforderlichenfalls eine der folgenden Maßnahmen zu ergreifen:

a) Untersagung des Vertriebs von Anteilen von AIF in der Union, die von Nicht-EU-AIFM verwaltet werden, oder von Anteilen von Nicht-EU-AIF, die ohne die gemäß Artikel 37 erforderliche Zulassung oder ohne das gemäß Artikel 35, 39 und 40 erforderliche Anzeigeschreiben oder ohne eine entsprechende Erlaubnis der betreffenden Mitgliedstaaten gemäß Artikel 42 von EU-AIFM verwaltet werden;
b) Verhängung von Beschränkungen für Nicht-EU-AIFM in Bezug auf die Verwaltung eines AIF im Falle einer übermäßigen Konzentration von Risiken in einem bestimmten Markt auf grenzübergreifender Grundlage;
c) Verhängung von Beschränkungen für Nicht-EU-AIFM in Bezug auf die Verwaltung eines AIF, wenn deren Tätigkeiten ein Kreditinstitut oder andere systemisch relevante Einrichtungen einem erheblichen Gegenparteirisiko aussetzen könnten.

(5) Die ESMA kann vorbehaltlich der Anforderungen von Absatz 6 eine Entscheidung nach Absatz 4 treffen, wenn die beiden folgenden Voraussetzungen erfüllt sind:

a) es besteht die erhebliche Gefahr, die von den Aktivitäten der AIFM ausgeht oder von diesen verschärft wurde, dass die ordnungsgemäße Funktionsweise und die Integrität

---

[29] ABl. L 331 vom 15.12.2010, S. 48.

des Finanzmarkts oder die Stabilität des gesamten oder eines Teils des Finanzsystems in der Union beeinträchtigt werden und es zu grenzübergreifenden Auswirkungen kommt, und

b) die jeweils zuständige Behörde oder zuständigen Behörden hat/haben keine Maßnahmen ergriffen, um der Gefahr zu begegnen, bzw. die ergriffenen Maßnahmen reichen nicht aus, um der Gefahr zu begegnen.

(6) Die von der zuständigen Behörde oder den zuständigen Behörden nach Absatz 4 ergriffenen Maßnahmen müssen folgende Voraussetzungen erfüllen:

a) sie müssen der Gefahr für die ordnungsgemäße Funktionsweise und die Integrität des Finanzmarkts oder die Stabilität des gesamten oder eines Teils des Finanzsystems in der Union wirksam begegnen oder die Fähigkeit der zuständigen Behörden, die Gefahr zu überwachen, erheblich verbessern;
b) sie dürfen nicht das Risiko der Aufsichtsarbitrage in sich bergen;
c) sie dürfen keine negativen Auswirkungen auf die Wirksamkeit der Finanzmärkte, einschließlich der Verringerung der Liquidität in diesen Märkten, haben oder in einer Weise zu Unsicherheit für Marktteilnehmer führen, die in keinem Verhältnis zu den Vorteilen der Maßnahmen steht.

(7) Bevor die ESMA die zuständige Behörde auffordert, eine Maßnahme nach Absatz 4 zu ergreifen oder zu verlängern, berät sie sich gegebenenfalls mit dem ESRB und anderen relevanten Einrichtungen.

(8) Die ESMA setzt die zuständigen Behörden des Referenzmitgliedstaats des Nicht-EU-AIFM und die zuständigen Behörden des Aufnahmemitgliedstaats des betreffenden Nicht-EU-AIFM von dem Beschluss in Kenntnis, die zuständige Behörde oder die zuständigen Behörden aufzufordern, eine Maßnahme nach Absatz 4 zu verhängen oder zu verlängern. Die Mitteilung muss mindestens folgende Angaben enthalten:

a) der AIFM und die Aktivitäten, auf die sich die Maßnahmen beziehen, sowie deren Dauer;
b) die Gründe, weshalb die ESMA der Auffassung ist, dass die Maßnahmen gemäß den in diesem Artikel aufgeführten Bedingungen und Anforderungen verhängt werden müssen, einschließlich entsprechender Nachweise.

(9) Die ESMA unterzieht ihre Maßnahmen gemäß Absatz 4 in angemessenen Abständen, jedoch in jedem Fall mindestens alle drei Monate, einer Überprüfung. Maßnahmen, die nach dem Dreimonatszeitraum nicht verlängert werden, erlöschen automatisch. Die Absätze 5 bis 8 finden auf die Verlängerung von Maßnahmen Anwendung.

(10) Die zuständigen Behörden des Referenzmitgliedstaats des betreffenden Nicht-EU-AIFM können die ESMA auffordern, ihren Beschluss zu überprüfen. Dabei kommt das in Artikel 44 Absatz 1 Unterabsatz 2 der Verordnung (EU) Nr. 1095/2010 vorgesehene Verfahren zur Anwendung.

Artikel 48
Verwaltungssanktionen

(1) Die Mitgliedstaaten legen Regeln für Maßnahmen und Sanktionen fest, die bei Verstößen gegen die nach dieser Richtlinie erlassenen nationalen Bestimmungen anwendbar sind, und ergreifen alle erforderlichen Maßnahmen, um sicherzustellen, dass diese Regeln durchgesetzt werden. Unbeschadet der Verfahren für den Entzug der Zulassung oder des Rechts der Mitgliedstaaten, strafrechtliche Sanktionen zu verhängen, sorgen die Mitgliedstaaten entsprechend ihrem nationalen Recht dafür, dass bei Verstößen gegen die ge-

mäß dieser Richtlinie erlassenen Vorschriften gegen die verantwortlichen Personen geeignete Verwaltungsmaßnahmen ergriffen oder im Verwaltungsverfahren zu erlassende Sanktionen verhängt werden können. Die Mitgliedstaaten gewährleisten, dass diese Maßnahmen wirksam, verhältnismäßig und abschreckend sind.

(2) Die Mitgliedstaaten sehen vor, dass die zuständigen Behörden jede Maßnahme oder Sanktion, die bei einem Verstoß gegen die nach dieser Richtlinie erlassenen Vorschriften verhängt wird, öffentlich bekannt machen können, sofern eine solche Bekanntgabe die Stabilität der Finanzmärkte nicht ernstlich gefährdet, die Interessen der Anleger nicht beeinträchtigt oder den Beteiligten keinen unverhältnismäßig hohen Schaden zufügt.

(3) Die ESMA erstellt jährlich einen Bericht über die Verwaltungsmaßnahmen und Sanktionen, die in den einzelnen Mitgliedstaaten bei Verstößen gegen die zur Umsetzung dieser Richtlinie erlassenen Bestimmungen zur Anwendung kamen. Die zuständigen Behörden stellen der ESMA die hierfür erforderlichen Informationen zur Verfügung.

Artikel 49
Recht auf Einlegung eines Rechtsmittels

(1) Die zuständigen Behörden geben für jede Entscheidung, mit der die Zulassung von AIFM zur Verwaltung und/oder zum Vertrieb von AIF abgelehnt oder zurückgenommen wird, oder für jede negative Entscheidung, die in Anwendung der gemäß dieser Richtlinie erlassenen Maßregeln getroffen worden ist, die Gründe schriftlich an und teilen diese den Antragstellern mit.

(2) Die Mitgliedstaaten sehen vor, dass jede Entscheidung, die im Rahmen der nach dieser Richtlinie erlassenen Rechts- oder Verwaltungsvorschriften getroffen wird, ordnungsgemäß begründet wird und dass diesbezüglich die Gerichte angerufen werden können.

Dieses Recht auf Anrufung der Gerichte besteht auch, wenn über einen Antrag auf Zulassung, der alle erforderlichen Angaben enthält, innerhalb von sechs Monaten nach Einreichung des Antrags nicht entschieden wurde.

ABSCHNITT 2
Zusammenarbeit der verschiedenen zuständigen Behörden

Artikel 50
Verpflichtung zur Zusammenarbeit

(1) Die zuständigen Behörden der Mitgliedstaaten arbeiten untereinander und mit der ESMA und dem ESRB zusammen, wann immer dies zur Wahrnehmung ihrer in dieser Richtlinie festgelegten Aufgaben oder der ihnen durch diese Richtlinie oder durch nationale Rechtsvorschriften übertragenen Befugnisse erforderlich ist.

(2) Die Mitgliedstaaten erleichtern die in diesem Abschnitt vorgesehene Zusammenarbeit.

(3) Die zuständigen Behörden machen zum Zwecke der Zusammenarbeit von ihren Befugnissen Gebrauch, auch wenn die Verhaltensweise, die Gegenstand der Ermittlung ist, keinen Verstoß gegen eine in ihrem eigenen Mitgliedstaat geltende Vorschrift darstellt.

(4) Die zuständigen Behörden der Mitgliedstaaten übermitteln einander und der ESMA unverzüglich die zur Wahrnehmung ihrer Aufgaben im Rahmen dieser Richtlinie erforderlichen Informationen.

Die zuständigen Behörden des Herkunftsmitgliedstaats übermitteln den Aufnahmemitgliedstaaten des betreffenden AIFM eine Abschrift der von ihnen gemäß Artikel 35, 37 und/oder 40 geschlossenen Vereinbarungen über Zusammenarbeit. Die zuständigen Behörden des Herkunftsmitgliedstaats leiten die Informationen, die sie gemäß den mit Aufsichtsbehörden von Drittländern geschlossenen Vereinbarungen über Zusammenarbeit oder gegebenenfalls nach Maßgabe des Artikels 45 Absatz 6 oder 7 von Aufsichtsbehörden von Drittländern in Bezug auf einen AIFM erhalten haben, gemäß den Verfahren in Bezug auf die anwendbaren technischen Regulierungsstandards gemäß Artikel 35 Absatz 14, Artikel 37 Absatz 17 oder Artikel 40 Absatz 14 an die zuständigen Behörden des Aufnahmemitgliedstaats des betreffenden AIFM weiter.

Ist eine zuständige Behörde eines Aufnahmemitgliedstaats der Auffassung, dass der Inhalt der gemäß Artikel 35, 37 und/oder 40 vom Herkunftsmitgliedstaat des betreffenden AIFM geschlossenen Vereinbarung über die Zusammenarbeit nicht mit dem übereinstimmt, was nach den anwendbaren technischen Regulierungsstandards erforderlich ist, können die betreffenden zuständigen Behörden die Angelegenheit der ESMA zur Kenntnis bringen, die im Rahmen der ihr durch Artikel 19 der Verordnung (EU) Nr. 1095/2010 übertragenen Befugnisse tätig werden kann.

(5) Haben die zuständigen Behörden eines Mitgliedstaats eindeutige und nachweisbare Gründe zu der Vermutung, dass ein nicht ihrer Aufsicht unterliegender AIFM gegen diese Richtlinie verstößt oder verstoßen hat, so teilen sie dies der ESMA und den zuständigen Behörden des Herkunfts- und Aufnahmemitgliedstaats des betreffenden AIFM so genau wie möglich mit. Die Behörden, die diese Informationen empfangen, ergreifen geeignete Maßnahmen, unterrichten die ESMA und die zuständigen Behörden, von denen sie informiert wurden, über den Ausgang dieser Maßnahmen und so weit wie möglich über wesentliche zwischenzeitlich eingetretene Entwicklungen. Die Befugnisse der zuständigen Behörde, die die Information vorgelegt hat, werden durch diesen Absatz nicht berührt.

(6) Um eine einheitliche Anwendung der Bestimmungen dieser Richtlinie in Bezug auf den Informationsaustausch zu gewährleisten, kann die ESMA Entwürfe für technische Durchführungsstandards entwickeln, um die Modalitäten hinsichtlich der Verfahren des Informationsaustauschs zwischen den zuständigen Behörden untereinander sowie zwischen den zuständigen Behörden und der ESMA festzulegen.

Die Kommission wird ermächtigt, die in Unterabsatz 1 genannten technischen Durchführungsstandards nach Artikel 15 der Verordnung (EU) Nr. 1095/2010 zu erlassen.

Artikel 51
Übermittlung und Speicherung personenbezogener Daten

(1) Bei der Übermittlung personenbezogener Daten zwischen zuständigen Behörden wenden die zuständigen Behörden die Richtlinie 95/46/EG an. Bei der Übermittlung personenbezogener Daten durch die ESMA an die zuständigen Behörden eines Mitgliedstaats oder eines Drittlands hält die ESMA die Verordnung (EG) Nr. 45/2001 ein.

(2) Die Daten werden für einen Zeitraum von höchstens fünf Jahren gespeichert.

Artikel 52
Offenlegung von Informationen gegenüber Drittländern

(1) Die zuständige Behörde eines Mitgliedstaats kann einem Drittland Daten und Datenauswertungen im Einzelfall übermitteln, soweit die Voraussetzungen des Artikels 25

oder des Artikels 26 der Richtlinie 95/46/EG erfüllt sind und die zuständige Behörde des Mitgliedstaats sich vergewissert hat, dass die Übermittlung für die Zwecke dieser Richtlinie erforderlich ist. Das Drittland darf die Daten nicht ohne ausdrückliche schriftliche Zustimmung der zuständigen Behörde des Mitgliedstaats an andere Drittländer weitergeben.

(2) Die zuständige Behörde eines Mitgliedstaats darf die von einer zuständigen Behörde eines anderen Mitgliedstaats erhaltenen Informationen nur dann gegenüber einer Aufsichtsbehörde eines Drittlands offenlegen, wenn sie die ausdrückliche Zustimmung der zuständigen Behörde erhalten hat, die die Informationen übermittelt hat, und, gegebenenfalls, wenn die Informationen lediglich zu dem Zweck offengelegt werden, für den die zuständige Behörde ihre Zustimmung gegeben hat.

Artikel 53
Austausch von Informationen in Bezug auf potenzielle Systemauswirkungen von AIFM-Geschäften

(1) Die gemäß der Richtlinie für die Zulassung und/oder Beaufsichtigung von AIFM zuständigen Behörden der Mitgliedstaaten übermitteln den zuständigen Behörden anderer Mitgliedstaaten Informationen, soweit dies für die Überwachung von und die Reaktion auf potenzielle Auswirkungen der Geschäfte einzelner oder aller AIFM auf die Stabilität systemrelevanter Finanzinstitute und das ordnungsgemäße Funktionieren der Märkte, auf denen AIFM tätig sind, wesentlich ist. Die ESMA und der ESRB werden ebenfalls unterrichtet und leiten diese Informationen an die zuständigen Behörden der anderen Mitgliedstaaten weiter.

(2) Nach Maßgabe des Artikels 35 der Verordnung (EU) Nr. 1095/2010 übermitteln die für die AIFM zuständigen Behörden der ESMA und dem ESRB zusammengefasste Informationen über die Geschäfte von AIFM, für die sie verantwortlich sind.

(3) Die Kommission erlässt gemäß Artikel 56 und nach Maßgabe der Bedingungen der Artikel 57 und 58 delegierte Rechtsakte, mit denen der Inhalt der gemäß Absatz 1 auszutauschenden Informationen festgelegt wird.

(4) Die Kommission erlässt Durchführungsrechtsakte zur Festlegung der Modalitäten und der Häufigkeit des Informationsaustauschs gemäß Absatz 1. Diese Durchführungsrechtsakte werden gemäß dem in Artikel 59 Absatz 2 genannten Prüfverfahren erlassen.

Artikel 54
Zusammenarbeit bei der Aufsicht

(1) Die zuständigen Behörden eines Mitgliedstaats können bei der Ausübung der ihnen durch diese Richtlinie übertragenen Befugnisse die zuständigen Behörden eines anderen Mitgliedstaats um Zusammenarbeit bei der Aufsicht oder einer Überprüfung vor Ort oder einer Ermittlung im Gebiet dieses anderen Mitgliedstaats ersuchen.

Erhalten die zuständigen Behörden ein Ersuchen um eine Überprüfung vor Ort oder eine Ermittlung, so führen sie eine der folgenden Maßnahmen durch:

a) sie nehmen die Überprüfung oder Ermittlung selbst vor,
b) sie gestattet der ersuchenden Behörde die Durchführung der Überprüfung oder Ermittlung,

c) sie gestattet Rechnungsprüfern oder Sachverständigen die Durchführung der Überprüfung oder Ermittlung.

(2) In dem Fall gemäß Absatz 1 Buchstabe a kann die zuständige Behörde des um Zusammenarbeit ersuchenden Mitgliedstaats beantragen, dass Mitglieder ihres Personals das Personal, das die Überprüfung oder Ermittlung durchführt, unterstützen. Die Überprüfung oder Ermittlung unterliegt jedoch der Gesamtkontrolle des Mitgliedstaats, in dessen Hoheitsgebiet sie stattfindet.

In dem Fall gemäß Absatz 1 Buchstabe b kann die zuständige Behörde des Mitgliedstaats, in dessen Hoheitsgebiet die Überprüfung oder Ermittlung durchgeführt wird, beantragen, dass Mitglieder ihres Personals das Personal, das die Überprüfung oder Ermittlung durchführt, unterstützen.

(3) Die zuständigen Behörden können ein Ersuchen um einen Informationsaustausch oder um Zusammenarbeit bei einer Ermittlung oder einer Überprüfung vor Ort nur in folgenden Fällen ablehnen:

a) die Ermittlung, die Überprüfung vor Ort oder der Informationsaustausch könnte die Souveränität, Sicherheit oder öffentliche Ordnung des ersuchten Staates beeinträchtigen,
b) aufgrund derselben Handlungen und gegen dieselben Personen ist bereits ein Verfahren vor einem Gericht des ersuchten Mitgliedstaats anhängig,
c) im ersuchten Mitgliedstaat ist gegen dieselben Personen und aufgrund derselben Handlungen bereits ein rechtskräftiges Urteil ergangen.

Die zuständigen Behörden unterrichten die ersuchenden zuständigen Behörden über jede nach Unterabsatz 1 getroffene Entscheidung unter Angabe der Gründe.

(4) Um eine einheitliche Anwendung dieses Artikels zu gewährleisten, kann die ESMA Entwürfe für technische Durchführungsstandards ausarbeiten, um gemeinsame Verfahren für die Zusammenarbeit der zuständigen Behörden bei Überprüfungen vor Ort und Ermittlungen festzulegen.

Die Kommission wird ermächtigt, die in Unterabsatz 1 genannten technischen Durchführungsstandards nach Artikel 15 der Verordnung (EU) Nr. 1095/2010 zu erlassen.

Artikel 55
Streitbeilegung

Bei Uneinigkeit zwischen den zuständigen Behörden der Mitgliedstaaten über eine Bewertung, Maßnahme oder Unterlassung einer der zuständigen Behörden in einem Bereich, in dem diese Richtlinie eine Zusammenarbeit oder Koordinierung der zuständigen Behörden aus mehr als einem Mitgliedstaat vorschreibt, können die zuständigen Behörden die Angelegenheit an die ESMA verweisen, die im Rahmen der ihr durch Artikel 19 der Verordnung (EU) Nr. 1095/2010 übertragenen Befugnisse tätig werden kann.

KAPITEL X
ÜBERGANGS- UND SCHLUSSBESTIMMUNGEN

Artikel 56
Ausübung der Befugnisübertragung

(1) Die Befugnis zum Erlass der in Artikel 3, 4, 9, 12, 14 bis 25, 34 bis 37, 40, 42, 53, 67 und 68 genannten delegierten Rechtsakte wird der Kommission für einen Zeitraum von

vier Jahren ab dem 21. Juli 2011 übertragen. Die Kommission legt spätestens sechs Monate vor Ablauf des Zeitraums von vier Jahren einen Bericht über die übertragenen Befugnisse vor. Die Befugnisübertragung verlängert sich automatisch um Zeiträume gleicher Länge, es sei denn das Europäische Parlament oder der Rat widerrufen sie gemäß Artikel 57.

(2) Sobald die Kommission einen delegierten Rechtsakt erlässt, übermittelt sie ihn gleichzeitig dem Europäischen Parlament und dem Rat.

(3) Die der Kommission übertragene Befugnis zum Erlass delegierter Rechtsakte unterliegt den in den Artikeln 57 und 58 genannten Bedingungen.

Artikel 57
Widerruf der Befugnisübertragung

(1) Die Befugnisübertragungen gemäß den Artikeln 3, 4, 9, 12, 14 bis 25, 34 bis 37, 40, 42, 53, 67 und 68 können vom Europäischen Parlament oder vom Rat jederzeit widerrufen werden.

(2) Das Organ, das ein internes Verfahren eingeleitet hat, um zu beschließen, ob die Befugnisübertragung widerrufen werden soll, bemüht sich, das andere Organ und die Kommission innerhalb einer angemessenen Frist vor der endgültigen Beschlussfassung zu unterrichten, unter Nennung der übertragenen Befugnis, die widerrufen werden könnte, sowie der etwaigen Gründe für einen Widerruf.

(3) Der Beschluss über den Widerruf beendet die Übertragung der in diesem Beschluss angegebenen Befugnis. Er wird sofort oder zu einem darin angegebenen späteren Zeitpunkt wirksam. Die Gültigkeit von delegierten Rechtsakten, die bereits in Kraft sind, wird davon nicht berührt. Der Beschluss wird im Amtsblatt der Europäischen Union veröffentlicht

Artikel 58
Einwände gegen delegierte Rechtsakte

(1) Das Europäische Parlament und der Rat können gegen einen delegierten Rechtsakt innerhalb einer Frist von drei Monaten ab dem Datum der Übermittlung Einwände erheben. Auf Initiative des Europäischen Parlaments oder des Rates wird diese Frist um drei Monate verlängert.

(2) Haben bei Ablauf der in Absatz 1 genannten Frist weder das Europäische Parlament noch der Rat Einwände gegen den delegierten Rechtsakt erhoben, so wird dieser im Amtsblatt der Europäischen Union veröffentlicht und tritt zu dem darin genannten Zeitpunkt in Kraft.

Der delegierte Rechtsakt kann vor Ablauf dieser Frist im Amtsblatt der Europäischen Union veröffentlicht werden und in Kraft treten, wenn auf einen begründeten Antrag der Kommission hin das Europäische Parlament und der Rat der Kommission mitgeteilt haben, dass sie nicht die Absicht haben, Einwände zu erheben.

(3) Erheben das Europäische Parlament oder der Rat innerhalb der in Absatz 1 genannten Frist Einwände gegen den delegierten Rechtsakt, so tritt dieser nicht in Kraft. Gemäß Artikel 296 des Vertrags über die Arbeitsweise der Europäischen Union gibt das Organ, das Einwände erhebt, die Gründe für seine Einwände gegen den delegierten Rechtsakt an.

Artikel 59
Durchführungsmaßnahmen

(1) Die Kommission wird von dem durch den Beschluss 2001/528/EG der Kommission ([30]) eingesetzten Europäischen Wertpapierausschuss unterstützt. Dieser Ausschuss ist ein Ausschuss im Sinne der Verordnung (EU) Nr. 182/2011.

(2) Wird auf diesen Absatz Bezug genommen, so gilt Artikel 5 der Verordnung (EU) Nr. 182/2011.

Artikel 60
Offenlegung von Ausnahmeregelungen

Macht ein Mitgliedstaat von einer Ausnahmeregelung oder Option nach den Artikeln 6, 9, 21, 22, 28, 43 und Artikel 61 Absatz 5 dieser Richtlinie Gebrauch, so setzt er die Kommission hiervon sowie von allen nachfolgenden Änderungen in Kenntnis. Die Kommission macht die Informationen auf einer Website oder auf eine sonstige leicht zugängliche Weise öffentlich zugänglich.

Artikel 61
Übergangsbestimmung

(1) AIFM, die vor dem 22. Juli 2013 Tätigkeiten nach dieser Richtlinie ausüben, ergreifen alle erforderlichen Maßnahmen, um dem aufgrund dieser Richtlinie erlassenen nationalen Recht nachzukommen und stellen binnen eines Jahres nach Ablauf dieser Frist einen Antrag auf Zulassung.

(2) Die Artikel 31, 32 und 33 dieser Richtlinie gelten nicht für den Vertrieb von Anteilen an AIF, die Gegenstand eines laufenden öffentlichen Angebots mittels eines Prospekts sind, der gemäß der Richtlinie 2003/71/EG vor dem 22. Juli 2013 erstellt und veröffentlicht wurde, solange dieser Prospekt Gültigkeit hat.

(3) Sofern AIFM vor dem 22. Juli 2013 AIF des geschlossenen Typs verwalten, die nach dem 22. Juli 2013 keine zusätzlichen Anlagen tätigen, können sie jedoch weiterhin solche AIF verwalten, ohne eine Zulassung gemäß dieser Richtlinie zu haben.

(4) Sofern AIFM geschlossene AIF verwalten, deren Zeichnungsfrist für Anleger vor Inkrafttreten dieser Richtlinie ablief und die für einen Zeitraum aufgelegt wurden, der spätestens drei Jahre nach dem 22. Juli 2013 abläuft, können sie jedoch weiterhin solche AIF verwalten, ohne – mit Ausnahme von Artikel 22 und gegebenenfalls der Artikel 26 bis 30 – die Bestimmungen dieser Richtlinie einhalten oder eine Zulassung gemäß dieser Richtlinie beantragen zu müssen.

(5) Die zuständigen Behörden des Herkunftsmitgliedstaats eines AIF oder – falls es keine Regelung für den AIF gibt – die zuständigen Behörden des Herkunftsmitgliedstaats eines AIFM können gestatten, dass Einrichtungen nach Artikel 21 Absatz 3 Buchstabe a mit Sitz in einem anderen Mitgliedstaat während eines Zeitraums bis zum 22. Juli 2017 zu Verwahrstellen ernannt werden. Dies gilt unbeschadet der vollen Anwendung von Artikel 21, mit Ausnahme von dessen Absatz 5 Buchstabe a über den Ort, an dem die Verwahrstelle ihren Sitz hat.

---

[30] ABl. L 191 vom 13.7.2001, S. 45.

Artikel 62
Änderung der Richtlinie 2003/41/EG

Die Richtlinie 2003/41/EG wird wie folgt geändert:

1. Artikel 2 Absatz 2 Buchstabe b erhält folgende Fassung:

„b) Einrichtungen, die unter die Richtlinien 73/239/EWG (*), 85/611/EWG (**), 93/22/EWG (***), 2000/12/EG (****), 2002/83/EG (*****) und 2011/61/EU (******) fallen;

(*) Erste Richtlinie 73/239/EWG des Rates vom 24. Juli 1973 zur Koordinierung der Rechts- und Verwaltungsvorschriften betreffend die Aufnahme und Ausübung der Tätigkeit der Direktversicherung (mit Ausnahme der Lebensversicherung) (ABl. L 228 vom 16.8.1973, S. 3).

(**) Richtlinie 85/611/EWG des Rates vom 20. Dezember 1985 zur Koordinierung der Rechts- und Verwaltungsvorschriften betreffend bestimmte Organismen für gemeinsame Anlagen in Wertpapieren (OGAW) (ABl. L 375 vom 31.12.1985, S. 3).

(***) Richtlinie 93/22/EWG des Rates vom 10. Mai 1993 über Wertpapierdienstleistungen (ABl. L 141 vom 11.6.1993, S. 27).

(****) Richtlinie 2000/12/EG des Europäischen Parlaments und des Rates vom 20. März 2000 über die Aufnahme und Ausübung der Tätigkeit der Kreditinstitute (ABl. L 126 vom 26.5.2000, S. 1).

(*****) Richtlinie 2002/83/EG des Europäischen Parlaments und des Rates vom 5. November 2002 über Lebensversicherungen (ABl. L 345 vom 19.12.2002, S. 1).

(******) Richtlinie 2011/61/EU des Europäischen Parlaments und des Rates vom 8. Juni 2011 über die Verwalter alternativer Investmentfonds (ABl. L 174 vom 1.7.2011, S. 1).“

2. Artikel 19 Absatz 1 erhält folgende Fassung:

„(1) Die Mitgliedstaaten hindern die Einrichtungen nicht daran, für die Verwaltung des Anlageportfolios einen Vermögensverwalter zu bestellen, der in einem anderen Mitgliedstaat niedergelassen und gemäß den Richtlinien 85/611/EWG, 93/22/EWG, 2000/12/EG, 2002/83/EG und 2011/61/EU zur Ausübung dieser Tätigkeit ordnungsgemäß zugelassen ist; dasselbe gilt auch für die in Artikel 2 Absatz 1 der vorliegenden Richtlinie genannten Vermögensverwalter.“

Artikel 63
Änderung der Richtlinie 2009/65/EG

Die Richtlinie 2009/65/EG wird wie folgt geändert:

1. Es wird folgender Artikel eingefügt:

„Artikel 50a

Um sektorübergreifende Kohärenz zu gewährleisten und Divergenzen zwischen den Interessen von Firmen, die Kredite in handelbare Wertpapiere und andere Finanzinstrumente ‚umverpacken‘ (Originatoren), und den Interessen von OGAW, die in diese Wertpapiere oder Finanzinstrumente investieren, zu beseitigen, erlässt die Kommission delegierte Rechtsakte gemäß Artikel 112 mit Bestimmungen zu Folgendem:

a) den Anforderungen, die ein Originator erfüllen muss, damit ein OGAW in Wertpapiere oder andere Finanzinstrumente dieses Typs, die nach dem 1. Januar 2011 emittiert werden, investieren darf, einschließlich der Anforderungen, die gewährleisten, dass der Originator einen materiellen Nettoanteil von mindestens 5 % behält,

b) den qualitativen Anforderungen, die OGAW, die in diese Wertpapiere oder andere Finanzinstrumente investieren, erfüllen müssen.“

2. Artikel 112 Absatz 2 erhält folgende Fassung:

„(2) Die Befugnis zum Erlass der in den Artikeln 12, 14, 23, 33, 43, 51, 60, 61, 62, 64, 75, 78, 81, 95 und 111 genannten delegierten Rechtsakte wird der Kommission für einen Zeitraum von vier Jahren ab dem 4. Januar 2011 übertragen. Die Befugnis zum Erlass der in Artikel 50a genannten delegierten Rechtsakte wird der Kommission für einen Zeitraum von vier Jahren ab dem 21. Juli 2011 übertragen. Die Kommission erstellt spätestens sechs Monate vor Ablauf des Vierjahreszeitraums einen Bericht über die übertragenen Befugnisse. Die Befugnisübertragung verlängert sich automatisch um Zeiträume gleicher Länge, es sei denn, das Europäische Parlament oder der Rat widerrufen die Übertragung gemäß Artikel 112a."

3. Artikel 112a Absatz 1 erhält folgende Fassung:

„(1) Die Befugnisübertragung nach den Artikeln 12, 14, 23, 33, 43, 50a, 51, 60, 61, 62, 64, 75, 78, 81, 95 und 111 kann vom Europäischen Parlament oder vom Rat jederzeit widerrufen werden."

Artikel 64
Änderung der Verordnung (EG) Nr. 1060/2009

In Verordnung (EG) Nr. 1060/2009 erhält Artikel 4 Absatz 1 Unterabsatz 1 folgende Fassung:

„(1) Kreditinstitute im Sinne der Richtlinie 2006/48/EG, Wertpapierfirmen im Sinne der Richtlinie 2004/39/EG, Versicherungsunternehmen im Anwendungsbereich der Ersten Richtlinie 73/239/EWG des Rates vom 24. Juli 1973 zur Koordinierung der Rechts- und Verwaltungsvorschriften betreffend die Aufnahme und Ausübung der Tätigkeit der Direktversicherung (*), Versicherungsunternehmen im Sinne der Richtlinie 2002/83/EG des Europäischen Parlaments und des Rates vom 5. November 2002 über Lebensversicherungen (**), Rückversicherungsunternehmen im Sinne der Richtlinie 2005/68/EG des Europäischen Parlaments und des Rates vom 16. November 2005 über die Rückversicherung (***), Organismen für gemeinsame Anlagen in Wertpapieren (OGAW) im Sinne der Richtlinie 2009/65/EG des Europäischen Parlaments und des Rates vom 13. Juli 2009 zur Koordinierung der Rechts- und Verwaltungsvorschriften betreffend bestimmte Organismen für gemeinsame Anlagen in Wertpapieren (OGAW) (****), Einrichtungen der betrieblichen Altersversorgung im Sinne der Richtlinie 2003/41/EG und alternative Investmentfonds im Sinne der Richtlinie 2011/61/EU des Europäischen Parlaments und des Rates vom 8. Juni 2011 über die Verwalter alternativer Investmentfonds (*****) dürfen für aufsichtsrechtliche Zwecke nur Ratings von Ratingagenturen verwenden, die ihren Sitz in der Union haben und gemäß dieser Verordnung registriert sind.

(*) ABl. L 228 vom 16.8.1973, S. 3.
(**) ABl. L 345 vom 19.12.2002, S. 1.
(***) ABl. L 323 vom 9.12.2005, S. 1.
(****) ABl. L 302 vom 17.11.2009, S. 32.
(*****) ABl. L 174 vom 1.7.2011, S. 1."

Artikel 65
Änderung der Verordnung (EU) Nr. 1095/2010

In Artikel 1 Absatz 2 der Verordnung (EU) Nr. 1095/2010 werden die Worte „jeder künftige Gesetzgebungsakt auf dem Gebiet der Verwalter von alternativen Investmentfonds

(AIFM)“ ersetzt durch die Worte „Richtlinie 2011/61/EU des Europäischen Parlaments und des Rates vom 8. Juni 2011 über die Verwalter alternativer Investmentfonds (*)

(*) ABl. L 174 vom 1.7.2011, S. 1.“

Artikel 66
Umsetzung

(1) Bis zum 22. Juli 2013 erlassen und veröffentlichen die Mitgliedstaaten die erforderlichen Rechts- und Verwaltungsvorschriften, um dieser Richtlinie nachzukommen. Sie teilen der Kommission unverzüglich den Wortlaut dieser Vorschriften mit und fügen eine Tabelle mit den Entsprechungen zwischen der Richtlinie und diesen innerstaatlichen Vorschriften bei.

(2) Die Mitgliedstaaten wenden die Rechts- und Verwaltungsvorschriften gemäß Absatz 1 ab dem 22. Juli 2013 an.

(3) Unbeschadet des Absatzes 2 wenden die Mitgliedstaaten die Rechts- und Verwaltungsvorschriften, die erforderlich sind, um den Artikeln 35 sowie 37 bis 41 nachzukommen, gemäß dem von der Kommission nach Artikel 65 Absatz 6 erlassenen delegierten Rechtsakt und von dem darin festgelegten Zeitpunkt an.

(4) Die Mitgliedstaaten gewährleisten, dass die Rechts- und Verwaltungsvorschriften, die von ihnen erlassen wurden, um den Artikeln 36 und 42 nachzukommen, gemäß dem von der Kommission nach Artikel 68 Absatz 6 erlassenen delegierten Rechtsakt und zu dem darin festgelegten Zeitpunkt außer Kraft treten.

(5) Wenn die Mitgliedstaaten die in Absatz 1 genannten Vorschriften erlassen, nehmen sie in diesen Vorschriften selbst oder durch einen Hinweis bei der amtlichen Veröffentlichung auf diese Richtlinie Bezug.

(6) Die Mitgliedstaaten teilen der Kommission den Wortlaut der wichtigsten innerstaatlichen Rechtsvorschriften mit, die sie auf dem unter diese Richtlinie fallenden Gebiet erlassen.

Artikel 67
Delegierter Rechtsakt zur Anwendung der Artikel 35 sowie 37 bis 41

(1) Bis zum 22. Juli 2015 legt die ESMA dem Europäischen Parlament, dem Rat und der Kommission Folgendes vor:

a) eine Stellungnahme über die Funktionsweise des Passes für EU-AIFM, die gemäß den Artikeln 32 und 33 EU-AIF verwalten und/oder vertreiben, sowie über die Funktionsweise des Vertriebs von Nicht-EU-AIF durch EU-AIFM in den Mitgliedstaaten und die Verwaltung und/oder den Vertrieb von AIF durch Nicht-EU-AIFM in den Mitgliedstaaten gemäß den anwendbaren nationalen Regelungen, wie sie in den Artikeln 36 und 42 aufgeführt sind, und

b) eine Empfehlung zur Anwendung des Passes auf den Vertrieb von Nicht-EU-AIF durch EU-AIFM in den Mitgliedstaaten und zur Verwaltung und/oder zum Vertrieb von AIF durch Nicht-EU-AIFM in den Mitgliedstaaten gemäß den Bestimmungen der Artikel 35 sowie 37 bis 41.

(2) Die ESMA stützt ihre Stellungnahme und Empfehlung zur Anwendung des Passes auf den Vertrieb von Nicht-EU-AIF durch EU-AIFM in den Mitgliedstaaten und zur Ver-

waltung und/ oder zum Vertrieb von AIF durch Nicht-EU-AIFM in den Mitgliedstaaten unter anderem auf Folgendes:

a) in Bezug auf die Funktionsweise des Passes für EU-AIFM, die EU-AIF verwalten und/ oder vertreiben:
   i) die Verwendung des Passes;
   ii) Probleme in folgenden Bereichen:
      – effektive Zusammenarbeit zwischen den zuständigen Behörden,
      – Effektivität des Anzeigesystems,
      – Anlegerschutz,
      – Schlichtung durch die ESMA, einschließlich der Anzahl der Fälle und der Wirksamkeit der Schlichtung;
   iii) Wirksamkeit der Beschaffung und Bereitstellung von Informationen im Zusammenhang mit der Überwachung von systemischen Risiken durch die zuständigen nationalen Behörden, die ESA (ESMA) und den ESRB;

b) in Bezug auf die Funktionsweise des Vertriebs von Nicht-EU-AIF durch EU-AIFM in den Mitgliedstaaten und die Verwaltung und/oder den Vertrieb von AIF durch Nicht-EU-AIFM in den Mitgliedstaaten gemäß den anwendbaren nationalen Regelungen:
   i) Einhaltung aller in dieser Richtlinie festgelegten Anforderungen mit Ausnahme derer in Artikel 21 durch EU-AIFM;
   ii) Einhaltung der Artikel 22, 23 und 24 in Bezug auf jeden vom AIFM vertriebenen AIF, und gegebenenfalls der Artikel 26 bis 30, durch Nicht-EU-AIFM;
   iii) Bestehen und Wirksamkeit von internationalen Standards entsprechenden und der Überwachung von Systemrisiken dienenden Vereinbarungen über Zusammenarbeit zwischen den zuständigen Behörden des Mitgliedstaats, in dem die AIF vertrieben werden, soweit anwendbar, den zuständigen Behörden des Herkunftsmitgliedstaats des EU-AIF und den Aufsichtsbehörden des Drittlands, in dem der Nicht-EU-AIFM seinen Sitz hat, und, soweit anwendbar, den Aufsichtsbehörden des Drittlands, in dem der Nicht-EU-AIF seinen Sitz hat;
   iv) eventuell aufgetretene Anlegerschutzfragen;
   v) alle Merkmale eines Regulierungs- und Aufsichtsrahmens eines Drittlandes, die die zuständigen Behörden daran hindern könnten, ihre Aufsichtsfunktionen gemäß dieser Richtlinie effektiv wahrzunehmen;

c) in Bezug auf die Funktionsweise der beiden Systeme: potenzielle Marktstörungen und Wettbewerbsverzerrungen (gleiche Wettbewerbsbedingungen) oder sämtliche allgemeinen oder speziellen Schwierigkeiten, mit denen EU-AIFM konfrontiert sind, wenn sie sich in einem Drittland niederlassen oder von ihnen verwaltete AIF in einem Drittland vertreiben.

(3) Nach dem Inkrafttreten der gemäß dieser Richtlinie erforderlichen nationalen Rechts- und Verwaltungsvorschriften und bis zur Vorlage der in Absatz 1 Buchstabe a erwähnten Stellungnahme der ESMA stellen die zuständigen Behörden der Mitgliedstaaten der ESMA zu diesem Zweck vierteljährlich Informationen über die AIFM zur Verfügung, die ihrer Aufsicht unterliegende AIF gemäß der in dieser Richtlinie vorgesehenen Pass-Regelung oder gemäß ihren nationalen Regelungen verwalten und/oder vertreiben. Ferner stellen sie der ESMA die für eine Bewertung der in Absatz 2 genannten Punkte erforderlichen Informationen zur Verfügung.

(4) Ist die ESMA der Auffassung, dass in Bezug auf Anlegerschutz, Marktstörung, Wettbewerb und Überwachung der Systemrisiken keine erheblichen Hindernisse vorliegen, die die Anwendung des Passes auf den Vertrieb von Nicht-EU-AIF durch EU-AIFM in den

Mitgliedstaaten und die Verwaltung und/oder den Vertrieb von AIF durch Nicht-EU-AIFM in den Mitgliedstaaten gemäß den Bestimmungen der Artikel 35 sowie 37 bis 41 behindern könnten, so gibt sie diesbezüglich eine positive Empfehlung ab.

(5) Die Kommission erlässt gemäß Artikel 56 und nach Maßgabe der Bedingungen der Artikel 57 und 58 delegierte Rechtsakte, mit denen der Inhalt der gemäß Absatz 2 bereitzustellenden Informationen festgelegt wird.

(6) Die Kommission erlässt binnen drei Monaten nach Eingang der positiven Empfehlung und einer Stellungnahme der ESMA, und unter Berücksichtigung der in Absatz 2 aufgeführten Kriterien sowie der Ziele dieser Richtlinie, wie etwa des Binnenmarkts, des Anlegerschutzes und der wirksamen Überwachung der Systemrisiken, gemäß Artikel 56 und nach Maßgabe der Bedingungen der Artikel 57 und 58, und unter Angabe des Zeitpunkts, ab dem die Bestimmungen der Artikel 35 sowie 37 bis 41 in allen Mitgliedstaaten umgesetzt werden, einen delegierten Rechtsakt.

Werden gegen den in Unterabsatz 1 erwähnten delegierten Rechtsakt gemäß Artikel 58 Einwände erhoben, so erlässt die Kommission den delegierten Rechtsakt, gemäß dem die Artikel 35 sowie 37 bis 41 in allen Mitgliedstaaten umgesetzt werden, gemäß Artikel 56 und nach Maßgabe der Bedingungen der Artikel 57 und 58 zu einem späteren ihr geeignet erscheinenden Zeitpunkt erneut. Sie berücksichtigt dabei die in Absatz 2 aufgeführten Kriterien sowie die Ziele dieser Richtlinie, wie etwa den Binnenmarkt, den Anlegerschutz und die wirksame Überwachung der Systemrisiken.

(7) Hat die ESMA innerhalb der in Absatz 1 genannten Frist keine Empfehlung abgegeben, so wird sie von der Kommission aufgefordert, die Empfehlung innerhalb einer neuen Frist abzugeben.

Artikel 68
Delegierter Rechtsakt zur Außerkraftsetzung der Artikel 36 und 42

(1) Drei Jahre nach dem Inkrafttreten des in Artikels 67 Absatz 6 genannten delegierten Rechtsakts, gemäß dem die Bestimmungen der Artikel 35 sowie 37 bis 41 in allen Mitgliedstaaten umgesetzt wurden, legt die ESMA dem Europäischen Parlament, dem Rat und der Kommission Folgendes vor:

a) eine Stellungnahme über die Funktionsweise des Passes für EU-AIFM, die gemäß Artikel 35 Nicht-EU-AIF in der Union vertreiben, und für Nicht-EU-AIFM, die gemäß den Artikeln 37 bis 41 AIF in der Union verwalten und/oder vertreiben, sowie über die Funktionsweise des Vertriebs von Nicht-EU-AIF durch EU-AIFM in den Mitgliedstaaten und die Verwaltung und/oder den Vertrieb von AIF durch Nicht-EU-AIFM in den Mitgliedstaaten gemäß den anwendbaren nationalen Regelungen, wie sie in den Artikeln 36 und 42 aufgeführt sind, und
b) eine Empfehlung zur Außerkraftsetzung der in den Artikeln 36 und 42 vorgesehenen nationalen Regelungen, die gemäß den Bestimmungen der Artikel 35 sowie 37 bis 41 parallel zum Pass bestehen.

(2) Die ESMA stützt ihre Stellungnahme und Empfehlung zur Außerkraftsetzung der in Artikel 36 und 42 vorgesehenen nationalen Regelungen unter anderem auf Folgendes:

a) in Bezug auf die Funktionsweise des Passes für EU-AIFM, die Nicht-EU-AIF in der Union verwalten, und des Passes für Nicht-EU-AIFM, die AIF in der Union verwalten und/oder vertreiben,
   i) die Verwendung des Passes;
   ii) Probleme in folgenden Bereichen:

- effektive Zusammenarbeit zwischen den zuständigen Behörden,
- Effektivität des Meldesystems,
- Angabe des Referenzmitgliedstaats,
- die auf AIFM anwendbaren Rechts- und Verwaltungsvorschriften eines Drittlandes oder die Beschränkungen der Aufsichts- und Ermittlungsbefugnisse der Aufsichtsbehörden des Drittlandes hindern die zuständigen Behörden an der effektiven Wahrnehmung ihrer Aufsichtsfunktionen,
- Anlegerschutz,
- Zugang von Anlegern in der Union,

Auswirkungen auf Entwicklungsländer,
- Schlichtung durch die ESMA, einschließlich der Anzahl der Fälle und der Wirksamkeit der Schlichtung;

iii) Aushandlung, Abschluss, Bestehen und Wirksamkeit der erforderlichen Vereinbarungen über Zusammenarbeit;

iv) Wirksamkeit der Beschaffung und Bereitstellung von Informationen im Zusammenhang mit der Überwachung von systemischen Risiken durch die zuständigen nationalen Behörden, die ESMA und den ESRB;

v) Ergebnisse des Verfahrens der vergleichenden Analyse nach Artikel 38;

b) in Bezug auf die Funktionsweise des Vertriebs von Nicht-EU-AIF durch EU-AIFM in den Mitgliedstaaten und die Verwaltung und/oder den Vertrieb von AIF durch Nicht-EU-AIFM in den Mitgliedstaaten gemäß den anwendbaren nationalen Regelungen:

i) Einhaltung aller in dieser Richtlinie festgelegten Anforderungen mit Ausnahme derer in Artikel 21 durch EU-AIFM;

ii) Einhaltung der Artikel 22, 23 und 24 in Bezug auf jeden vom AIFM vertriebenen AIF, und gegebenenfalls der Artikel 26 bis 30, durch Nicht-EU-AIFM;

iii) Bestehen und Wirksamkeit von internationalen Standards entsprechenden und der Überwachung von Systemrisiken dienenden Vereinbarungen über Zusammenarbeit zwischen den zuständigen Behörden des Mitgliedstaats, in dem die AIF vertrieben werden, soweit anwendbar, den zuständigen Behörden des Herkunftsmitgliedstaats des betreffenden EU-AIF und den Aufsichtsbehörden des Drittlands, in dem der Nicht-EU-AIFM seinen Sitz hat, und, soweit anwendbar, den Aufsichtsbehörden des Drittlands, in dem der Nicht-EU-AIF seinen Sitz hat;

iv) eventuell aufgetretene Anlegerschutzfragen;

v) alle Merkmale eines Regulierungs- und Aufsichtsrahmens eines Drittlandes, die die zuständigen Behörden der Union daran hindern könnten, ihre Aufsichtsfunktionen gemäß dieser Richtlinie effektiv wahrzunehmen;

c) in Bezug auf die Funktionsweise der beiden Systeme: potenzielle Marktunterbrechungen und Wettbewerbsverzerrungen (gleiche Wettbewerbsbedingungen) und mögliche negative Auswirkungen auf den Zugang der Anleger oder Anlagen in oder zugunsten von Entwicklungsländern;

d) eine quantitative Bewertung, in der die Anzahl der Drittländer und -hoheitsgebiete aufgeführt werden, in denen AIFM ihren Sitz haben, die entweder gemäß der in Artikel 40 vorgesehenen Passregelung oder gemäß den in Artikel 42 vorgesehenen nationalen Regelungen AIF in einem Mitgliedstaat vertreiben.

(3) Nach dem Inkrafttreten des in Artikel 67 Absatz 6 erwähnten delegierten Rechtsakts und bis zur Vorlage der in Absatz 1 Buchstabe a dieses Artikels erwähnten ESMA-Stellungnahme stellen die zuständigen Behörden der ESMA zu diesem Zweck vierteljährlich Informationen über die AIFM zur Verfügung, die ihrer Aufsicht unterliegende AIF gemäß

der in dieser Richtlinie vorgesehenen Passregelung oder gemäß ihren nationalen Regelungen verwalten und/oder vertreiben.

(4) Ist die ESMA der Auffassung, dass in Bezug auf Anlegerschutz, Marktunterbrechung, Wettbewerb und Überwachung der Systemrisiken keine erheblichen Hindernisse vorliegen, die der Außerkraftsetzung der nationalen Regelungen gemäß den Artikeln 36 und 42 und der weiteren Anwendung des Passes auf den Vertrieb von Nicht-EU-AIF durch EU-AIFM in der Union und der Verwaltung und/oder dem Vertrieb von AIF durch Nicht-EU-AIFM in der Union gemäß den Bestimmungen der Artikel 35 sowie 37 bis 41 als einziger möglicher Regelung für solche Tätigkeiten der betreffenden AIFM in der Union entgegenstehen, so gibt sie diesbezüglich eine positive Empfehlung ab.

(5) Die Kommission erlässt gemäß Artikel 56 und nach Maßgabe der Bedingungen der Artikel 57 und 58 delegierte Rechtsakte, mit denen der Inhalt der gemäß Absatz 2 bereitzustellenden Informationen festgelegt wird.

(6) Die Kommission erlässt binnen drei Monaten nach Eingang der positiven Empfehlung und einer Stellungnahme der ESMA und unter Berücksichtigung der in Absatz 2 aufgeführten Kriterien sowie der Ziele dieser Richtlinie, wie etwa des Binnenmarkts, des Anlegerschutzes und der wirksamen Überwachung der Systemrisiken, gemäß Artikel 56 und nach Maßgabe der Bedingungen der Artikel 57 und 58 und unter Angabe des Zeitpunkts, bis zu dem die in Artikel 36 und 42 vorgesehenen nationalen Regelungen außer Kraft gesetzt sein müssen und die in den Artikeln 35 sowie 37 bis 41 vorgesehene Passregelung in allen Mitgliedstaaten zur einzigen verbindlichen Regelung werden muss, einen delegierten Rechtsakt.

Werden gegen den in Unterabsatz 1 erwähnten delegierten Rechtsakt gemäß Artikel 58 Einwände erhoben, so erlässt die Kommission den delegierten Rechtsakt, gemäß dem die in den Artikeln 36 und 42 vorgesehenen nationalen Regelungen außer Kraft gesetzt und das in den Artikeln 35 sowie 37 bis 41 vorgesehene Passsystem in allen Mitgliedstaaten zur einzigen verbindlichen Regelung werden soll, zu einem späteren ihr geeignet erscheinenden Zeitpunkt erneut nach Artikel 56 und nach Maßgabe der Bedingungen der Artikel 57 und 58. Sie berücksichtigt dabei die in Absatz 2 aufgeführten Kriterien sowie die Ziele dieser Richtlinie, wie etwa den Binnenmarkt, den Anlegerschutz und die wirksame Überwachung der Systemrisiken.

(7) Hat die ESMA innerhalb der in Absatz 1 genannten Frist keine Empfehlung abgegeben, so wird sie von der Kommission aufgefordert, die Empfehlung innerhalb einer neuen Frist abzugeben.

Artikel 69
Überprüfung

(1) Bis zum 22. Juli 2017 leitet die Kommission auf der Grundlage einer öffentlichen Konsultation und im Lichte der Beratungen mit den zuständigen Behörden eine Überprüfung der Anwendung und des Geltungsbereichs dieser Richtlinie ein. Bei dieser Überprüfung werden die Erfahrungen mit der Anwendung der Richtlinie sowie die Auswirkungen der Richtlinie auf Anleger, AIF oder AIFM, in der Union und in Drittländern, untersucht. Ferner wird untersucht, inwieweit die Ziele der Richtlinie erreicht worden sind. Die Kommission schlägt gegebenenfalls geeignete Änderungen vor. Die Überprüfung beinhaltet einen allgemeinen Überblick über die Funktionsweise der Bestimmungen dieser Richtlinie und über die bei deren Anwendung gemachten Erfahrungen, einschließlich:

a) Vertrieb von Nicht-EU-AIF durch EU-AIFM in den Mitgliedstaaten gemäß nationalen Regelungen;
b) Vertrieb von AIF durch Nicht-EU-AIFM in den Mitgliedstaaten gemäß nationalen Regelungen;
c) Verwaltung und Vertrieb von AIF in der Union durch nach dieser Richtlinie zugelassene AIFM im Rahmen der in dieser Richtlinie vorgesehenen Passregelungen;
d) Vertrieb von AIF in der Union durch oder im Namen von Personen oder Subjekten, die keine AIFM sind;
e) Anlagen in AIF durch oder im Namen von professionellen Anlegern aus der EU;
f) Auswirkungen der in Artikel 21 enthaltenen Bestimmungen über Verwahrstellen auf den Verwahrstellenmarkt in der Europäischen Union;
g) Auswirkungen der Transparenz- und Meldepflichten nach den Artikeln 22 bis 24, 28 und 29 auf die Bewertung der Systemrisiken;
h) potenzielle negative Auswirkungen auf Kleinanleger;
i) Auswirkungen dieser Richtlinie auf die Verwaltung und Rentabilität von Private-Equity- und Wagniskapitalfonds;
j) Auswirkungen dieser Richtlinie auf den Zugang der Anleger in der Union;
k) Auswirkungen dieser Richtlinie auf Anlagen in oder zugunsten von Entwicklungsländern;
l) Auswirkungen dieser Richtlinie auf den in den Artikeln 26 bis 30 dieser Richtlinie vorgesehenen Schutz von nicht börsennotierten Unternehmen oder Emittenten sowie auf die Gleichheit der Wettbewerbsbedingungen zwischen AIF und anderen Anlegern nach Erlangung einer Mehrheitsbeteiligung oder eines beherrschenden Einflusses an einem solchen nicht börsennotierten Unternehmen oder Emittenten.

Bei der Überprüfung des Vertriebs und/oder der Verwaltung von in Unterabsatz 1 Buchstaben a, b und c genannten AIF untersucht die Kommission, ob es angezeigt ist, in diesem Bereich weitere Aufsichtszuständigkeiten auf die ESMA zu übertragen.

(2) Für Zwecke der Überprüfung gemäß Absatz 1 stellen die Mitgliedstaaten der Kommission jährlich Informationen über AIFM zur Verfügung, die ihrer Aufsicht unterliegende AIF entweder gemäß der in dieser Richtlinie vorgesehenen Passregelung oder gemäß ihren nationalen Regelungen verwalten und/oder vertreiben. Sie geben dabei den Zeitpunkt an, an dem die Passregelung in ihrem Hoheitsgebiet umgesetzt oder gegebenenfalls angewendet wurde.

Die ESMA stellt der Kommission Informationen über alle Nicht-EU-AIFM zur Verfügung, die eine Zulassung gemäß Artikel 37 besitzen oder beantragt haben.

Die Informationen gemäß den Unterabsätzen 1 und 2 umfassen Folgendes:

a) Angaben zum Sitz der betreffenden AIFM,
b) gegebenenfalls Angabe der EU-AIF, die von den betreffenden AIFM verwaltet und/oder vertrieben werden,
c) gegebenenfalls Angabe der Nicht-EU-AIF, die von EU-AIFM verwaltet, aber nicht in der Union vertrieben werden,
d) gegebenenfalls Angabe der in der Union vertriebenen Nicht-EU-AIF,
e) Angaben zu der anwendbaren Regelung, ob national oder auf Unionsebene, in deren Rahmen die betreffenden AIFM ihre Tätigkeiten ausüben, und
f) sonstige Informationen, die wichtig sind, um zu verstehen, wie die Verwaltung und der Vertrieb von AIF durch AIFM in der Union in der Praxis funktioniert.

(3) Bei der Überprüfung nach Absatz 1 werden die Entwicklungen auf internationaler Ebene und Gespräche mit Drittländern und internationalen Organisationen gebührend berücksichtigt.

(4) Nach Abschluss der Überprüfung legt die Kommission dem Europäischen Parlament und dem Rat unverzüglich einen Bericht vor. Falls erforderlich, unterbreitet sie Vorschläge, einschließlich solcher zu Änderungen dieser Richtlinie; sie berücksichtigt dabei die Ziele dieser Richtlinie und ihre Auswirkungen auf den Anlegerschutz, Marktstörungen und den Wettbewerb, die Überwachung der Systemrisiken sowie potenzielle Auswirkungen auf Anleger, AIF oder AIFM in der Union und in Drittländern.

Artikel 70
Inkrafttreten

Diese Richtlinie tritt am zwanzigsten Tag nach ihrer Veröffentlichung im Amtsblatt der Europäischen Union in Kraft.

Artikel 71
Adressaten

Diese Richtlinie ist an die Mitgliedstaaten gerichtet.
Geschehen zu Straßburg am 8. Juni 2011.
Im Namen des Europäischen Parlaments
Der Präsident
J. BUZEK
Im Namen des Rates
Die Präsidentin
GYŐRI E.

ANHANG I

1. Anlageverwaltungsfunktionen, die ein AIFM bei der Verwaltung eines AIF mindestens übernehmen muss:
   a) Portfolioverwaltung,
   b) Risikomanagement.
2. Andere Aufgaben, die ein AIFM im Rahmen der kollektiven Verwaltung eines AIF zusätzlich ausüben kann:
   a) administrative Tätigkeiten:
      i) rechtliche Dienstleistungen sowie Dienstleistungen der Fondsbuchhaltung und Rechnungslegung,
      ii) Kundenanfragen,
      iii) Bewertung und Preisfestsetzung, einschließlich Steuererklärungen,
      iv) Überwachung der Einhaltung der Rechtsvorschriften,
      v) Führung eines Anlegerregisters,
      vi) Gewinnausschüttung,
      vii) Ausgabe und Rücknahme von Anteilen,
      viii) Kontraktabrechnungen, einschließlich Versand der Zertifikate,
      ix) Führung von Aufzeichnungen;

b) Vertrieb;

c) Tätigkeiten im Zusammenhang mit den Vermögenswerten des AIF, worunter Dienstleistungen, die zur Erfüllung der treuhänderischen Pflichten des AIFM erforderlich sind, das Facility Management, die Immobilienverwaltung, die Beratung von Unternehmen über die Kapitalstruktur, die industrielle Strategie und damit verbundene Fragen, Beratungs- und Dienstleistungen im Zusammenhang mit Fusionen und dem Erwerb von Unternehmen und weitere Dienstleistungen in Verbindung mit der Verwaltung der AIF und der Unternehmen und anderer Vermögenswerte, in die die AIF investiert haben, fallen.

ANHANG II
VERGÜTUNGSPOLITIK

1. Bei der Festlegung und Anwendung der gesamten Vergütungspolitik einschließlich der Gehälter und freiwilligen Altersversorgungsleistungen für jene Mitarbeiterkategorien, einschließlich Geschäftsleitung, Risikoträger und Mitarbeiter mit Kontrollfunktionen und aller Mitarbeiter, die eine Gesamtvergütung erhalten, aufgrund derer sie sich in derselben Einkommensstufe befinden wie Mitglieder der Geschäftsleistung und Risikoträger, deren Tätigkeit sich wesentlich auf die Risikoprofile der AIFM oder von ihnen verwalteter AIF auswirkt, wenden AIFM die nachstehend genannten Grundsätze nach Maßgabe ihrer Größe, ihrer internen Organisation und der Art, dem Umfang und der Komplexität ihrer Geschäfte an:
   a) Die Vergütungspolitik ist mit einem soliden und wirksamen Risikomanagement vereinbar und diesem förderlich und ermutigt nicht zur Übernahme von Risiken, die unvereinbar sind mit den Risikoprofilen, Vertragsbedingungen oder Satzungen der von ihnen verwalteten AIF;
   b) Vergütungspolitik steht mit Geschäftsstrategie, Zielen, Werten und Interessen des AIFM und der von ihm verwalteten AIF oder der Anleger solcher AIF in Einklang und umfasst auch Maßnahmen zur Vermeidung von Interessenkonflikten;
   c) das Leitungsorgan des AIFM legt in seiner Aufsichtsfunktion die allgemeinen Grundsätze der Vergütungspolitik fest, überprüft sie regelmäßig und ist für ihre Umsetzung verantwortlich;
   d) mindestens einmal jährlich wird im Rahmen einer zentralen und unabhängigen internen Überprüfung festgestellt, ob die Vergütungspolitik gemäß den vom Leitungsorgan in seiner Aufsichtsfunktion festgelegten Vergütungsvorschriften und -verfahren umgesetzt wurde;
   e) die Mitarbeiter, die Kontrollfunktionen innehaben, werden entsprechend der Erreichung der mit ihren Aufgaben verbundenen Ziele entlohnt, und zwar unabhängig von den Leistungen in den von ihnen kontrollierten Geschäftsbereichen;
   f) die Vergütung höherer Führungskräfte in den Bereichen Risikomanagement und Compliance-Aufgaben wird vom Vergütungsausschuss unmittelbar überprüft;
   g) bei erfolgsabhängiger Vergütung liegt der Vergütung insgesamt eine Bewertung sowohl der Leistung des betreffenden Mitarbeiters und seiner Abteilung bzw. des betreffenden AIF als auch des Gesamtergebnisses des AIFM zugrunde, und bei der Bewertung der individuellen Leistung werden finanzielle wie auch nicht finanzielle Kriterien berücksichtigt;
   h) um zu gewährleisten, dass die Beurteilung auf die längerfristige Leistung abstellt und die tatsächliche Auszahlung erfolgsabhängiger Vergütungskomponenten über einen Zeitraum verteilt ist, der der Rücknahmepolitik der von ihm verwalteten AIF

und ihren Anlagerisiken Rechnung trägt, sollte die Leistungsbeurteilung in einem mehrjährigen Rahmen erfolgen, der dem Lebenszyklus der vom AIFM verwalteten AIF entspricht;

i) eine garantierte variable Vergütung kann nur in Ausnahmefällen im Zusammenhang mit der Einstellung neuer Mitarbeiter gezahlt werden und ist auf das erste Jahr beschränkt;

j) bei der Gesamtvergütung stehen feste und variable Bestandteile in einem angemessenen Verhältnis und der Anteil der festen Komponente an der Gesamtvergütung ist genügend hoch, dass eine flexible Politik bezüglich der variablen Komponente uneingeschränkt möglich ist und auch ganz auf die Zahlung einer variablen Komponente verzichtet werden kann;

k) Zahlungen im Zusammenhang mit der vorzeitigen Beendigung eines Vertrags spiegeln die im Laufe der Zeit erzielten Ergebnisse wider und sind so gestaltet, dass sie Versagen nicht belohnen;

l) die Erfolgsmessung, anhand derer variable Vergütungskomponenten oder Pools von variablen Vergütungskomponenten berechnet werden, schließt einen umfassenden Berichtigungsmechanismus für alle einschlägigen Arten von laufenden und künftigen Risiken ein;

m) je nach der rechtlichen Struktur des AIF und seiner Vertragsbedingungen oder seiner Satzung muss ein erheblicher Anteil der variablen Vergütungskomponente, und in jedem Fall mindestens 50 %, aus Anteilen des betreffenden AIF oder gleichwertigen Beteiligungen oder mit Anteilen verknüpften Instrumenten oder gleichwertigen unbaren Instrumenten bestehen; der Mindestwert von 50 % kommt jedoch nicht zur Anwendung, wenn weniger als 50 % des vom AIFM verwalteten Gesamtportfolios auf AIF entfallen.
Für die Instrumente nach diesem Buchstaben gilt eine geeignete Rückstellungspolitik, die darauf abstellt, die Anreize an den Interessen des AIFM und der von diesem verwalteten AIF sowie an den Interessen der Anleger der AIF auszurichten. Die Mitgliedstaaten bzw. die zuständigen nationalen Behörden können Einschränkungen betreffend die Arten und Formen dieser Instrumente beschließen oder, sofern dies angemessen ist, bestimmte Instrumente verbieten. Diese Bestimmung ist sowohl auf den Anteil der variablen Vergütungskomponente anzuwenden, die gemäß Buchstabe n zurückgestellt wird, als auch auf den Anteil der nicht zurückgestellten variablen Vergütungskomponente;

n) ein wesentlicher Anteil der variablen Vergütungskomponente, und in jedem Fall mindestens 40 %, wird über einen Zeitraum zurückgestellt, der angesichts des Lebenszyklus und der Rücknahmegrundsätze des betreffenden AIF angemessen ist und ordnungsgemäß auf die Art der Risiken dieses AIF ausgerichtet ist.
Der Zeitraum nach diesem Buchstaben sollte mindestens drei bis fünf Jahre betragen, es sei denn der Lebenszyklus des betreffenden AIF ist kürzer. Die im Rahmen von Regelungen zur Zurückstellung der Vergütungszahlung zu zahlende Vergütung wird nicht rascher als auf anteiliger Grundlage erworben. Macht die variable Komponente einen besonders hohen Betrag aus, so wird die Auszahlung von mindestens 60 % des Betrags zurückgestellt;

o) die variable Vergütung, einschließlich des zurückgestellten Anteils, wird nur dann ausgezahlt oder erworben, wenn sie angesichts der Finanzlage des AIFM insgesamt tragbar ist und nach der Leistung der betreffenden Geschäftsabteilung, des AIF und der betreffenden Person gerechtfertigt ist.

Eine schwache oder negative finanzielle Leistung des AIFM oder der betreffenden AIF führt in der Regel zu einer erheblichen Schrumpfung der gesamten variablen Vergütung, wobei sowohl laufende Kompensationen als auch Verringerungen bei Auszahlungen von zuvor erwirtschafteten Beträgen, auch durch Malus- oder Rückforderungsvereinbarungen, berücksichtigt werden;

p) die Altersversorgungsregelungen stehen mit Geschäftsstrategie, Zielen, Werten und langfristigen Interessen des AIFM und der von diesem verwalteten AIF in Einklang. Verlässt der Mitarbeiter den AIFM vor Eintritt in den Ruhestand, sollten freiwillige Altersversorgungsleistungen vom AIFM fünf Jahre lang in Form der unter Buchstabe m festgelegten Instrumente zurückbehalten werden. Tritt ein Mitarbeiter in den Ruhestand, sollten die freiwilligen Altersversorgungsleistungen dem Mitarbeiter in Form der unter Buchstabe m festgelegten Instrumente nach einer Wartezeit von fünf Jahren ausgezahlt werden;

q) von den Mitarbeitern wird verlangt, dass sie sich verpflichten, auf keine persönlichen Hedging-Strategien oder vergütungs- und haftungsbezogene Versicherungen zurückzugreifen, um die in ihren Vergütungsregelungen verankerte Ausrichtung am Risikoverhalten zu unterlaufen;

r) die variable Vergütung wird nicht in Form von Instrumenten oder Verfahren gezahlt, die eine Umgehung der Anforderungen dieser Richtlinie erleichtern.

2. Die in Absatz 1 genannten Grundsätze gelten für alle Arten von Vergütungen, die von AIFM gezahlt werden, für jeden direkt von dem AIF selbst gezahlten Betrag, einschließlich carried interests, und für jede Übertragung von Anteilen des AIF, die zugunsten derjenigen Mitarbeiterkategorien, einschließlich der Geschäftsleitung, Risikokäufer, Mitarbeiter mit Kontrollfunktionen und aller Mitarbeiter, die eine Gesamtvergütung erhalten, aufgrund derer sie sich in derselben Einkommensstufe befinden wie Mitglieder der Geschäftsleistung und Risikokäufer, vorgenommen werden, deren berufliche Tätigkeit sich wesentlich auf ihr Risikoprofil oder auf die Risikoprofile der von ihnen verwalteten AIF auswirkt.

3. AIFM, die aufgrund ihrer Größe oder der Größe der von ihnen verwalteten AIF, ihrer internen Organisation und der Art, des Umfangs und der Komplexität ihrer Geschäfte von erheblicher Bedeutung sind, richten einen Vergütungsausschuss ein. Der Vergütungsausschuss ist auf eine Weise zu errichten, die es ihm ermöglicht, kompetent und unabhängig über die Vergütungsregelungen und -praxis sowie die für das Management der Risiken geschaffenen Anreize zu urteilen.

   Der Vergütungsausschuss ist für die Ausarbeitung von Entscheidungen über die Vergütung zuständig, einschließlich derjenigen mit Auswirkungen auf das Risiko und das Risikomanagement des AIFM oder der betreffenden AIF; diese Entscheidungen sind vom Leitungsorgan in seiner Aufsichtsfunktion zu fassen. Den Vorsitz im Vergütungsausschuss führt ein Mitglied des Leitungsorgans, das in dem betreffenden AIFM keine Führungsaufgaben wahrnimmt. Die Mitglieder des Vergütungsausschusses sind Mitglieder des Leitungsorgans, die in dem betreffenden AIFM keine Führungsaufgaben wahrnehmen.

ANHANG III
UNTERLAGEN UND ANGABEN, DIE IM FALLE EINES BEABSICHTIGTEN VERTRIEBS IM HERKUNFTSMITGLIEDSTAAT DES AIFM BEIZUBRINGEN BZW. ZU MACHEN SIND

a) Ein Anzeigeschreiben einschließlich eines Geschäftsplans, der Angaben zu den AIF, die der AIFM zu vertreiben beabsichtigt, sowie zu deren Sitz enthält;
b) die Vertragsbedingungen oder die Satzung des AIF;
c) Name der Verwahrstelle des AIF;
d) eine Beschreibung des AIF bzw. alle für die Anleger verfügbaren Informationen über den AIF;
e) Angaben zum Sitz des Master-AIF, falls es sich bei dem AIF um einen Feeder-AIF handelt;
f) alle in Artikel 23 Absatz 1 genannten weiteren Informationen für jeden AIF, den der AIFM zu vertreiben beabsichtigt;
g) sofern zutreffend Angaben zu den Vorkehrungen, die getroffen wurden, um zu verhindern, dass Anteile des AIF an Kleinanleger vertrieben werden, auch falls ein AIFM für die Erbringung von Wertpapierdienstleistungen für den AIF auf unabhängige Unternehmen zurückgreift.

ANHANG IV
UNTERLAGEN UND ANGABEN, DIE IM FALLE EINES BEABSICHTIGTEN VERTRIEBS IN ANDEREN MITGLIEDSTAATEN ALS DEM HERKUNFTS-MITGLIEDSTAAT DES AIFM BEIZUBRINGEN BZW. ZU MACHEN SIND

a) Ein Anzeigeschreiben einschließlich eines Geschäftsplans, der Angaben zu den AIF, die der AIFM zu vertreiben beabsichtigt, sowie zu deren Sitz enthält;
b) die Vertragsbedingungen oder die Satzung des AIF;
c) Name der Verwahrstelle des AIF;
d) eine Beschreibung des AIF bzw. alle für die Anleger verfügbaren Informationen über den AIF;
e) Angaben zum Sitz des Master-AIF, falls es sich bei dem AIF um einen Feeder-AIF handelt;
f) alle in Artikel 23 Absatz 1 genannten weiteren Informationen für jeden AIF, den der AIFM zu vertreiben beabsichtigt;
g) die Angabe des Mitgliedstaats, in dem Anteile des AIF an professionelle Anleger vertrieben werden sollen;
h) Angaben zu den Vorkehrungen für den Vertrieb des AIF und, sofern zutreffend, Angaben zu den Vorkehrungen, die getroffen wurden, um zu verhindern, dass Anteile des AIF an Kleinanleger vertrieben werden, auch falls ein AIFM für die Erbringung von Wertpapierdienstleistungen für den AIF auf unabhängige Unternehmen zurückgreift.

17.2. Durchführungsrechtsakte zur AIFMD

Delegierte Verordnung (EU) Nr. 231/2013 der Kommission

vom 19. Dezember 2012

zur Ergänzung der Richtlinie 2011/61/EU des Europäischen Parlaments und des Rates im Hinblick auf Ausnahmen, die Bedingungen für die Ausübung der Tätigkeit, Verwahrstellen, Hebelfinanzierung, Transparenz und Beaufsichtigung

(Text von Bedeutung für den EWR)

DIE EUROPÄISCHE KOMMISSION –

gestützt auf den Vertrag über die Arbeitsweise der Europäischen Union,

gestützt auf die Richtlinie 2011/61/EU des Europäischen Parlaments und des Rates vom 8. Juni 2011 über die Verwalter alternativer Investmentfonds und zur Änderung der Richtlinien 2003/41/EG und 2009/65/EG und der Verordnungen (EG) Nr. 1060/2009 und (EU) Nr. 1095/2010 ([1]), insbesondere auf Artikel 3 Absatz 6, Artikel 4 Absatz 3, Artikel 9 Absatz 9, Artikel 12 Absatz 3, Artikel 14 Absatz 4, Artikel 15 Absatz 5, Artikel 16 Absatz 3, Artikel 17, Artikel 18 Absatz 2, Artikel 19 Absatz 11, Artikel 20 Absatz 7, Artikel 21 Absatz 17, Artikel 22 Absatz 4, Artikel 23 Absatz 6, Artikel 24 Absatz 6, Artikel 25 Absatz 9, Artikel 34 Absatz 2, Artikel 35 Absatz 11, Artikel 36 Absatz 3, Artikel 37 Absatz 15, Artikel 40 Absatz 11, Artikel 42 Absatz 3 and Artikel 53 Absatz 3,

nach Stellungnahme der Europäischen Zentralbank,

in Erwägung nachstehender Gründe:

(1) Die Richtlinie 2011/61/EU überträgt der Kommission die Befugnis, delegierte Rechtsakte zu erlassen, in denen insbesondere Vorschriften für die Berechnung des Schwellenwerts und für Hebelfinanzierungen, die Bedingungen für die Tätigkeit der Verwalter alternativer Investmentfonds (nachstehend „AIFM“) einschließlich Risiko- und Liquiditätsmanagement, Bewertung und Übertragung von Aufgaben, detaillierte Anforderungen in Bezug auf die Aufgaben und Pflichten der Verwahrstellen alternativer Investmentfonds (nachstehend „AIF“) sowie Vorschriften zur Transparenz und spezifische Anforderungen in Bezug auf Drittländer festgelegt werden. Es ist wichtig, dass alle diese ergänzenden Vorschriften ab demselben Zeitpunkt gelten wie die Richtlinie 2011/61/EU, damit die neuen Anforderungen für AIFM effektiv angewandt werden können. Die in dieser Verordnung enthaltenen Bestimmungen sind eng miteinander verwoben, da sie die Zulassung, laufende Tätigkeit und Transparenz von AIFM, die in der Union AIF verwalten und gegebenenfalls vermarkten, und somit untrennbar zusammenhängende inhärente Aspekte der Aufnahme und Ausübung der Vermögensverwaltungstätigkeit regeln. Um zwischen diesen Bestimmungen, die gleichzeitig in Kraft treten sollten, Kohärenz zu gewährleisten und den Personen, die den entsprechenden Verpflichtungen unterliegen, einschließlich unionsgebietsfremden Anlegern, einen umfassenden Überblick über diese Bestimmungen und einen kompakten Zugang dazu zu erleichtern, ist es wünschenswert, dass sämtliche nach der Richtlinie 2011/61/EU erforderlichen delegierten Rechtsakte in einer einzigen Verordnung zusammengefasst werden.

(2) Es ist wichtig sicherzustellen, dass die Ziele der Richtlinie 2011/61/EU in allen Mitgliedstaaten gleich verwirklicht werden, um die Integrität des Binnenmarkts zu fördern

---

[1] ABl. L 174 vom 1.7.2011, S. 1.

und seinen Teilnehmern, einschließlich institutionellen Anlegern, zuständigen Behörden und anderen Beteiligten, Rechtssicherheit zu verschaffen, indem eine Verordnung erlassen wird. Die Form einer Verordnung gewährleistet einen kohärenten Rahmen für alle Marktakteure und bietet die bestmögliche Garantie für gleiche Ausgangsbedingungen, einheitliche Wettbewerbsbedingungen und den gemeinsamen angemessenen Standard beim Anlegerschutz. Außerdem gewährleistet sie für die Tätigkeit von AIFM die direkte Anwendbarkeit detaillierter einheitlicher Vorschriften, die aufgrund ihrer Art direkt anwendbar sind und daher keiner weiteren Umsetzung auf nationaler Ebene bedürfen. Durch Rückgriff auf eine Verordnung lässt sich außerdem eine verspätete Anwendung der Richtlinie 2011/61/EU in den Mitgliedstaaten vermeiden.

(3) Da in der delegierten Verordnung die Aufgaben und Zuständigkeiten des „Leitungsgremiums" und der „Geschäftsleitung" festgelegt werden, ist es wichtig, die Bedeutung dieser Begriffe zu klären, insbesondere die Tatsache, dass sich ein Leitungsgremium aus Mitgliedern der Geschäftsleitung zusammensetzen kann. Da mit dieser Verordnung außerdem der Begriff „Aufsichtsfunktion" eingeführt wird, sollte bei der Bestimmung des Begriffs „Leitungsgremium" außerdem klargestellt werden, dass dieses Gremium Geschäftsführungsfunktion beinhaltet, falls Aufsichts- und Geschäftsführungsfunktionen nach nationalem Gesellschaftsrecht voneinander getrennt sind. Die Richtlinie 2011/61/EU schreibt vor, dass AIFM den zuständigen Behörden bestimmte Informationen zu übermitteln haben, unter anderem den prozentualen Anteil an den Vermögenswerten des AIF, die schwer zu liquidieren sind und für die deshalb besondere Regelungen gelten. In dieser Verordnung wird die Bedeutung des Begriffs „besondere Regelungen" geklärt, damit AIFM genau wissen, welche Informationen sie den zuständigen Behörden übermitteln sollten.

(4) Die Richtlinie 2011/61/EU sieht eine erleichterte Regelung für AIFM vor, die Portfolios von AIF verwalten, deren verwaltete Vermögenswerte insgesamt nicht über die maßgeblichen Schwellenwerte hinausgehen. Es muss klar festgelegt werden, wie der Gesamtwert der verwalteten Vermögenswerte berechnet werden sollte. In diesem Zusammenhang ist es unerlässlich, zu definieren, welche Schritte durchgeführt werden müssen, um den Gesamtwert der Vermögenswerte zu berechnen, eindeutig festzulegen, welche Vermögenswerte nicht in die Berechnung einbezogen werden, zu präzisieren, wie mittels Einsatz von Hebelfinanzierung erworbene Vermögenswerte bewertet werden sollten, und Vorschriften für den Umgang mit Überkreuzbeteiligungen zwischen den von einem AIFM verwalteten AIF festzulegen.

(5) Der Gesamtwert der verwalteten Vermögenswerte muss mindestens jährlich und anhand aktueller Informationen berechnet werden. Der Wert der Vermögenswerte sollte daher in den zwölf Monaten vor dem Zeitpunkt der Berechnung des Gesamtwerts der verwalteten Vermögenswerte und möglichst nahe an diesem Zeitpunkt bestimmt werden.

(6) Um sicherzustellen, dass ein AIFM die in der Richtlinie 2011/61/EU vorgesehene erleichterte Regelung weiterhin in Anspruch nehmen kann, sollte er ein Verfahren einrichten, das es ermöglicht, den Gesamtwert der verwalteten Vermögenswerte laufend zu beobachten. Bei der Beurteilung der Wahrscheinlichkeit einer Überschreitung des Schwellenwerts oder der Notwendigkeit einer zusätzlichen Berechnung kann der AIFM die Arten der verwalteten AIF und die verschiedenen Vermögenswertgattungen, in die investiert wurde, berücksichtigen.

(7) Erfüllt ein AIFM die in Bezug auf die Schwellenwerte geltenden Bedingungen nicht mehr, sollte er die für ihn zuständige Behörde unterrichten und innerhalb von 30 Kalendertagen eine Zulassung beantragen. Werden die Schwellenwerte innerhalb eines gegebenen Kalenderjahres jedoch nur gelegentlich über- oder unterschritten und werden diese Zustän-

de als vorübergehend angesehen, sollte der AIFM nicht verpflichtet sein, eine Zulassung zu beantragen. In diesen Fällen sollte der AIFM die zuständige Behörde über die Schwellenwertüberschreitung unterrichten und erläutern, warum er diese als vorübergehend ansieht. Ein mehr als drei Monate andauernder Zustand kann nicht als vorübergehend angesehen werden. Bei der Beurteilung der Wahrscheinlichkeit, dass ein Zustand vorübergehend ist, sollte der AIFM antizipierte Zeichnungen und Rücknahmen oder, falls anwendbar, Kapitalabrufe und Ausschüttungen berücksichtigen. Antizipierte Marktbewegungen sollte der AIFM nicht in diese Beurteilung einbeziehen.

(8) Die Daten, die AIFM zur Berechnung des Gesamtwerts der verwalteten Vermögenswerte heranziehen, müssen nicht für die Öffentlichkeit oder die Anleger verfügbar sein. Allerdings müssen die zuständigen Behörden nachprüfen können, dass der AIFM den Gesamtwert der verwalteten Vermögenswerte richtig berechnet und überwacht, einschließlich der Beurteilung der Fälle, in denen der Gesamtwert der verwalteten Vermögenswerte den maßgeblichen Schwellenwert vorübergehend überschreitet, und sollten daher auf Verlangen Zugang zu diesen Daten erhalten.

(9) Es ist wichtig, dass AIFM, die die Bestimmungen der in der Richtlinie 2011/61/EU vorgesehenen erleichterten Regelung in Anspruch nehmen, die zuständigen Behörden zum Zeitpunkt der Registrierung mit aktuellen Informationen versorgen. Möglicherweise verfügen nicht alle Arten von AIFM über Emissionsunterlagen, die die jüngsten Entwicklungen in Bezug auf die von ihnen verwalteten AIF widerspiegeln, und möglicherweise ist es für derartige AIFM praktischer, die geforderten Informationen in einem separaten Dokument niederzulegen, in dem die Anlagestrategie des Fonds dargelegt wird. Dies könnte bei Private-Equity- oder Risikokapital-Fonds der Fall sein, die sich ihre Gelder oftmals im Wege von Verhandlungen mit potenziellen Anlegern beschaffen.

(10) Ein AIF, der ausschließlich Kapitalanteile an börsennotierten Unternehmen hält, sollte nicht als hebelfinanziert angesehen werden, solange die Kapitalanteile nicht kreditfinanziert werden. Erwirbt derselbe AIF Optionen auf einen Aktienindex, sollte er als hebelfinanziert angesehen werden, da sich das Risiko, das dem AIF aus einer gegebenen Anlage erwächst, damit erhöht.

(11) Um eine einheitliche Anwendung der für AIFM bestehenden Pflicht zur Vermittlung eines objektiven Überblicks über die eingesetzte Hebelfinanzierung sicherzustellen, müssen zwei Methoden für die Berechnung der Hebelfinanzierung vorgesehen werden. Marktstudien zeigen, dass sich die besten Ergebnisse durch Kombination des so genannten „Bruttoansatzes“ mit dem so genannten „Commitment-Ansatz“ erzielen lassen.

(12) Um angemessene Informationen für die Überwachung systemischer Risiken zu erhalten und sich ein umfassendes Bild von der Nutzung der Hebelfinanzierung durch den AIFM zu verschaffen, sollten zuständige Behörden und Anleger mit Informationen über das Risiko eines AIF sowohl nach dem Bruttoansatz als auch nach dem Commitment-Ansatz versorgt werden und sollten daher alle AIFM ihr Risiko nach dem Brutto- und nach dem Commitment-Ansatz berechnen. Der Bruttoansatz gibt Aufschluss über das Gesamtrisiko des AIF, während der Commitment-Ansatz Einblick in die vom Verwalter eingesetzten Hedging- und Netting-Techniken gewährt; aus diesem Grund sind die beiden Ansätze in Verbindung miteinander zu betrachten. So kann insbesondere aufschlussreich sein, bis zu welchem Grade das nach dem Bruttoansatz und das nach dem Commitment-Ansatz ermittelte Gesamtrisiko voneinander abweichen. Falls nötig, um sicherzustellen, dass jeder Anstieg des Risikos eines AIF angemessen abgebildet wird, kann die Kommission zusätzliche delegierte Rechtsakte über eine weitere und fakultative Methode zur Berechnung der Hebelfinanzierung erlassen.

(13) Bei der Berechnung des Risikos sollten zunächst alle Positionen des AIF einbezogen werden, einschließlich Short- und Long-Positionen in Vermögenswerten und Verbindlichkeiten, aufgenommene Kredite, Derivate und sonstige risikoerhöhende Methoden, bei denen die aus Vermögenswerten und Verbindlichkeiten erwachsenden Risiken und Erträge beim AIF liegen, sowie alle sonstigen Positionen, die den Nettoinventarwert ausmachen.

(14) Vom AIF geschlossene Kreditvereinbarungen sollten unberücksichtigt bleiben, wenn sie vorübergehend geartet sind, sich auf Investitionszusagen der Anleger beziehen und durch diese Investitionszusagen in voller Höhe gedeckt sind. Revolvierende Kreditfazilitäten sollten nicht als vorübergehend geartet angesehen werden.

(15) Zusätzlich zur Berechnung des Risikos nach dem Bruttoansatz sollten alle AIFM das Risiko nach dem Commitment-Ansatz berechnen. Gemäß dem Commitment-Ansatz sollten derivative Finanzinstrumente in äquivalente Basiswert-Positionen umgerechnet werden. Investiert ein AIF allerdings in bestimmte Derivate, um das Marktrisiko anderer Vermögenswerte, in denen der AIF engagiert ist, auszugleichen, sollten diese Derivate unter bestimmten Bedingungen nicht in entsprechende Basiswert-Positionen umgerechnet werden, da die Risiken der beiden Anlagen einander aufwiegen. Dies dürfte beispielsweise der Fall sein, wenn ein AIF-Portfolio in einen bestimmten Index investiert und ein Derivat hält, mit dem die Entwicklung dieses Index gegen die Entwicklung eines anderen Index getauscht wird, was dem Halten einer Risikoposition in diesem zweiten Index im Portfolio gleichkommt, so dass der Nettoinventarwert des AIF somit nicht von der Entwicklung des ersten Index abhängt.

(16) Wenn das Risiko nach dem Commitment-Ansatz berechnet wird, beinhalten Derivate, die die in dieser Verordnung festgelegten Kriterien erfüllen, kein zusätzliches Risiko. Investiert der AIF also in Index-Futures und hält er eine dem gesamten Basismarktwert der Futures entsprechende Geldposition, käme dies einer direkten Anlage in Indexaktien gleich, so dass der Index-Future bei der Berechnung des Risikos des AIF nicht berücksichtigt werden sollte.

(17) Wenn das Risiko nach dem Commitment-Ansatz berechnet wird, sollte AIFM die Berücksichtigung von Hedging- und Netting-Vereinbarungen gestattet sein, sofern diese die beim Commitment-Ansatz geltenden Kriterien erfüllen.

(18) Die Anforderung, dass sich Netting-Vereinbarungen auf denselben Basiswert beziehen müssen, sollte streng ausgelegt werden, so dass Vermögenswerte, die der AIFM als gleichwertig oder hoch korreliert ansieht, wie etwa verschiedene Aktiengattungen oder Anleihen ein und desselben Emittenten, für die Zwecke von Nettingvereinbarungen nicht als identisch angesehen werden sollten. Die Definition von Nettingvereinbarungen soll sicherstellen, dass nur solche Geschäfte berücksichtigt werden, die die mit anderen Geschäften verbundenen Risiken ausgleichen, so dass kein wesentliches Restrisiko verbleibt. Kombinationen von Geschäften, mit denen ein noch so geringer Ertrag erzielt werden soll, indem manche Risiken verringert, andere Risiken aber behalten werden, sollten ebenso wenig als Netting-Vereinbarungen angesehen werden wie Arbitrage-Anlagestrategien, die darauf abzielen, durch Ausnutzung von Preisdifferenzen zwischen Derivaten, die denselben Basiswert, aber unterschiedlichen Laufzeiten aufweisen, einen Ertrag zu erzielen.

(19) Eine Portfolioverwaltungspraktik, die darauf abzielt, das Durationsrisiko zu verringern, indem eine Anlage in eine langläufige Anleihe mit einem Zinsswap kombiniert wird, oder die darauf abzielt, die Duration eines AIF-Anleiheportfolios zu verkürzen, indem eine Short-Position in Anleihe-Futures eingegangen wird, die für das Zinsrisiko des Portfolios repräsentativ sind (Duration-Hedging), sollte als Hedging-Vereinbarung angesehen werden, wenn sie die für das Hedging geltenden Kriterien erfüllt.

(20) Eine Portfolioverwaltungspraktik, die darauf abzielt, die mit einer Anlage in ein gut diversifiziertes Aktienportfolio verbundenen signifikanten Risiken auszugleichen, indem eine Short-Position in einem Aktienindex-Future eingegangen wird, wobei die Zusammensetzung des Aktienportfolios der Zusammensetzung des Aktienindex sehr nahekommt und zwischen seinem Ertrag und dem des Aktienindex eine hohe Korrelation besteht und wobei die Short-Position in dem Aktienindex-Future eine unbestreitbare Verringerung des mit dem Aktienportfolio verbundenen allgemeinen Marktrisikos ermöglicht und das spezifische Risiko nicht signifikant ist, wie etwa ein Beta-Hedging eines gut diversifizierten Aktienportfolios, bei dem das spezifische Risiko als nicht signifikant angesehen wird, sollte als Portfolioverwaltungspraktik, die die Hedging-Kriterien erfüllt, angesehen werden.

(21) Eine Portfolioverwaltungspraktik, die darauf abzielt, das mit einer Anlage in eine festverzinsliche Anleihe verbundene Risiko auszugleichen, indem eine Long-Position in einem Credit Default Swap mit einem Zinsswap kombiniert wird, bei dem der feste Zinssatz gegen einen Zinssatz getauscht wird, der einem angemessenen Geldmarkt-Referenzzinssatz zuzüglich einer Marge entspricht, sollte als Hedging-Vereinbarung angesehen werden, bei der alle Hedging-Kriterien des Commitment-Ansatzes grundsätzlich erfüllt sind.

(22) Eine Portfolioverwaltungspraktik, die darauf abzielt, das Risiko einer gegebenen Aktie auszugleichen, indem über einen Derivatkontrakt auf eine andere, mit der erstgenannten stark korrelierende Aktie eine Short-Position eingegangen wird, sollte nicht als Portfolioverwaltungspraktik, die die Hedging-Kriterien erfüllt, angesehen werden. Auch wenn eine solche Strategie darauf beruht, Gegenpositionen in ein und derselben Vermögenswert-Gattung einzugehen, werden damit doch nicht die mit der Anlage in eine bestimmte Aktie verbundenen spezifischen Risiken abgesichert. Daher sollte sie nicht als Hedging-Vereinbarung angesehen werden, die den für den Commitment-Ansatz festgelegten Kriterien entspricht.

(23) Eine Portfolioverwaltungspraktik, die darauf abzielt, das Alpha eines Aktienkorbs (der eine begrenzte Zahl von Aktien umfasst) zu halten, indem die Anlage in diesen Aktienkorb mit einer betabereinigten Short-Position in einem Aktienindex-Future kombiniert wird, sollte nicht als Portfolioverwaltungspraktik, die die Hedging-Kriterien erfüllt, angesehen werden. Eine solche Strategie zielt nicht darauf ab, die mit der Anlage in diesen Aktienkorb verbundenen signifikanten Risiken auszugleichen, sondern das Beta (Marktrisiko) dieser Anlage auszugleichen und das Alpha zu halten. Die Alpha-Komponente des Aktienkorbs kann die Beta-Komponente überwiegen und insofern zu Verlusten auf der Ebene des AIF führen. Aus diesem Grund sollte diese Strategie nicht als Hedging-Vereinbarung angesehen werden.

(24) Eine Fusionsarbitrage-Strategie ist eine Strategie, bei der eine Short-Position in einer Aktie mit einer Long-Position in einer anderen Aktie kombiniert wird. Eine solche Strategie zielt darauf ab, das Beta (Marktrisiko) der Positionen abzusichern und einen Ertrag aus der relativen Entwicklung der beiden Aktien zu erzielen. Auch hier kann die Alpha-Komponente des Aktienkorbs die Beta-Komponente überwiegen und insofern zu Verlusten auf der Ebene des AIF führen. Diese Strategie sollte nicht als Hedging-Vereinbarung angesehen werden, die den für den Commitment-Ansatz festgelegten Kriterien entspricht.

(25) Eine Strategie, die darauf abzielt, eine Long-Position in einer Aktie oder Anleihe mit erworbener Kreditabsicherung für denselben Emittenten abzusichern, bezieht sich auf zwei verschiedene Vermögenswertgattungen und sollte daher nicht als Hedging-Vereinbarung angesehen werden.

(26) Werden Methoden eingesetzt, die das Risiko eines AIF erhöhen, sollte der AIFM allgemeine Grundsätze einhalten und beispielsweise Geschäfte nicht nur nach formaljuris-

tischen Kriterien, sondern nach ihrem wirtschaftlichen Gehalt beurteilen. Insbesondere bei Repogeschäften sollte der AIFM berücksichtigen, ob die Risiken und Erträge aus den betreffenden Vermögenswerten weitergegeben werden oder beim AIF verbleiben. Der AIFM sollte außerdem bei Derivaten oder sonstigen vertraglichen Vereinbarungen seinen Blick nach dem Look-Through-Ansatz auf die Basiswerte richten, um festzustellen, welche künftigen Verpflichtungen dem AIF aus diesen Geschäften erwachsen könnten.

(27) Da der Commitment-Ansatz dazu führt, dass Zinssätze mit unterschiedlichen Laufzeiten als unterschiedliche Basiswerte angesehen werden, können AIF, die im Einklang mit ihrer Hauptanlagestrategie hauptsächlich in Zinsderivate investieren, spezifische Duration-Netting-Regelungen anwenden, um der Korrelation zwischen den Laufzeitsegmenten der Zinsstrukturkurve Rechnung zu tragen. Wenn ein AIF seine Anlagepolitik und sein Risikoprofil darlegt, sollte er imstande sein, die Höhe des Zinsrisikos anzugeben und folglich seine Zielduration zu bestimmen. Bei seinen Anlageentscheidungen sollte der AIF die zuvor festgelegte Zielduration berücksichtigen. Weicht die Portfolioduration von der Zielduration ab, sollte die Strategie nicht als Duration-Netting-Vereinbarung angesehen werden, die den für den Commitment-Ansatz festgelegten Kriterien entspricht.

(28) Die Duration-Netting-Vorschriften gestatten die Aufrechnung von Long-Positionen gegen Short-Positionen, deren Basiswerte unterschiedliche Zinssätze sind. Als Schwellenwerte für die Laufzeitspektren dienen Laufzeiten von zwei Jahren, sieben Jahre und 15 Jahren. Innerhalb eines jeden Laufzeitspektrums sollte das Netting von Positionen zulässig sein.

(29) Zwischen zwei verschiedenen Laufzeitspektren sollte das Netting von Positionen teilweise zulässig sein. Auf die gegeneinander aufgerechneten Positionen müssen Abschläge angewandt werden, um nur ein partielles Netting zu ermöglichen. Diese Abschläge sollten als Prozentsätze ausgedrückt werden, die auf den durchschnittlichen Korrelationen zwischen den zweijährigen, fünfjährigen, zehnjährigen und 30-jährigen Laufzeitspektren der Zinsstrukturkurve beruhen. Je größer die Differenz zwischen den Laufzeiten der Positionen, desto stärker muss ihr Netting mit einem Abschlag belegt werden, und daher müssen die Prozentsätze ansteigen.

(30) Positionen, deren modifizierte Duration erheblich länger ist als die modifizierte Duration des Gesamtportfolios, entsprechen nicht der Anlagestrategie des AIF und ein vollständiges Matching dieser Positionen sollte nicht zulässig sein. Folglich sollte es nicht zulässig sein, eine 18-monatige Short-Position (im Laufzeitspektrum 1) mit einer 10-jährigen Long-Position (im Laufzeitspektrum 3) zusammenzuführen, wenn die Zielduration des AIF rund 2 Jahre beträgt.

(31) Bei der Berechnung des Risikos können AIF zunächst die Hedging-Vereinbarungen ermitteln. Die unter diese Vereinbarungen fallenden Derivate werden dann aus der Berechnung des Gesamtrisikos ausgenommen. AIF sollten bei Hedging-Vereinbarungen genaue Berechnungen anstellen. Bei der Hedging-Berechnung sollten AIF keine Duration-Netting-Regeln anwenden. Die Duration-Netting-Regeln können angewandt werden, um die verbleibenden Zinsderivate in entsprechende Basiswert-Positionen umzurechnen.

(32) Nach der Richtlinie 2011/61/EU hat ein AIFM sicherzustellen, dass die potenziellen Berufshaftungsrisiken aus seinen Geschäftstätigkeiten entweder durch zusätzliche Eigenmittel oder durch eine Berufshaftpflichtversicherung angemessen abgedeckt sind. Eine einheitliche Anwendung dieser Bestimmung setzt ein gemeinsames Verständnis der abzudeckenden potenziellen Berufshaftungsrisiken voraus. In der allgemeinen Spezifikation der Risiken, die aus beruflicher Fahrlässigkeit eines AIFM erwachsen, sollten die Merkmale der relevanten Risikoereignisse festgelegt und der Umfang der potenziellen

Berufshaftung genannt werden, unter Einschluss von Schäden oder Verlusten, die von Personen verursacht werden, welche direkt Tätigkeiten ausüben, für die der AIFM gesetzlich haftet, etwa von Vorständen, Führungskräften oder Mitarbeitern des AIFM, sowie Personen, auf die der AIFM im Rahmen einer Vereinbarung Aufgaben übertragen hat. Entsprechend den Bestimmungen der Richtlinie 2011/61/EU sollte die Haftung des AIFM durch eine Übertragung von Aufgaben auf Dritte oder eine weitere Unterbeauftragung nicht berührt werden und sollte der AIFM für eine angemessene Deckung der Berufsrisiken im Zusammenhang mit solchen Dritten, für die er gesetzlich haftet, sorgen.

(33) Um ein gemeinsames Verständnis der allgemeinen Spezifikation sicherzustellen, sollte eine Liste mit Beispielen als Richtschnur für die Ermittlung potenzieller Berufshaftungsrisikoereignisse dienen. Diese Liste sollte ein breites Spektrum von Ereignissen enthalten, die durch Fahrlässigkeit, Fehler oder Auslassungen verursacht werden, etwa den Verlust von Dokumentennachweisen für das Eigentumsrecht an Anlagen, Fehldarstellungen oder den Verstoß gegen die diversen Pflichten und Aufgaben des AIFM. Auch das Versäumnis, betrügerisches Verhalten innerhalb der Organisation des AIFM durch angemessene interne Kontrollsysteme zu verhindern, sollte darin aufgeführt sein. Ein Schaden, der daraus entsteht, dass eine Anlage nicht mit der gebotenen Sorgfalt geprüft wurde und sich nachher als betrügerisch herausstellt, würde unter die Berufshaftpflicht des AIFM fallen und sollte angemessen gedeckt sein. Verluste, die daraus entstehen, dass eine Anlage aufgrund widriger Marktbedingungen an Wert verloren hat, sollten allerdings nicht gedeckt sein. Die Liste sollte auch unsachgemäß durchgeführte Bewertungen beinhalten, das heißt Bewertungsversäumnisse unter Verstoß gegen Artikel 19 der Richtlinie 2011/61/EU und die entsprechenden delegierten Rechtsakte.

(34) Entsprechend ihren Risikomanagement-Verpflichtungen sollten AIFM über angemessene qualitative interne Kontrollmechanismen verfügen, um operationelle Ausfälle, einschließlich Berufshaftungsrisiken, zu vermeiden oder abzuschwächen. Daher sollte ein AIFM im Rahmen seiner Risikomanagement-Politik über angemessene Grundsätze und Verfahren für die Handhabung des operationellen Risikos verfügen, die der Art, dem Umfang und der Komplexität seiner Geschäfte angemessen sind. Solche Grundsätze und Verfahren sollten in jedem Fall den Aufbau einer internen Verlustdatenbank ermöglichen, die zur Bewertung des operationellen Risikoprofils dient.

(35) Um sicherzustellen, dass potenzielle Berufshaftungsrisiken durch zusätzliche Eigenmittel und Berufshaftpflichtversicherung angemessen gedeckt sind, sollten zur Bestimmung der angemessenen Deckungshöhe quantitative Mindestrichtwerte festgelegt werden. Diese quantitativen Richtwerte sollten vom AIFM als spezifischer Prozentsatz des Werts der verwalteten AIF-Portfolios festgelegt werden, der als Summe des absoluten Werts aller Vermögenswerte sämtlicher verwalteter AIF berechnet wird, unabhängig davon, ob sie durch Einsatz von Hebelfinanzierung oder mit Anlegergeldern erworben werden. Derivate sollten in diesem Zusammenhang zum Marktpreis bewertet werden, da sie zu diesem Preis ersetzt werden könnten. Da die Deckung durch eine Berufshaftpflichtversicherung naturgemäß unsicherer ist als die Deckung durch zusätzliche Eigenmittel, sollten für die beiden zur Deckung des Berufshaftungsrisikos eingesetzten Instrumente unterschiedliche Prozentsätze gelten.

(36) Um sicherzustellen, dass Verluste aus versicherten Ereignissen durch die Berufshaftpflichtversicherung effektiv gedeckt werden, sollte diese Versicherung bei einem für die Berufshaftpflichtversicherung zugelassenen Versicherungsunternehmen abgeschlossen werden. Dies schließt EU-Versicherungsunternehmen und Nicht-EU-Versicherungsunter-

nehmen ein, sofern sie solche Versicherungsleistungen nach Unionsrecht oder nach nationalem Recht erbringen dürfen.

(37) Um bei der Gestaltung einer angemessenen Berufshaftpflichtversicherung eine gewisse Flexibilität zu ermöglichen, sollte es dem AIFM und dem Versicherungsunternehmen möglich sein, eine Klausel zu vereinbaren, wonach der AIFM bei einem etwaigen Verlust einen festgelegten Betrag als ersten Verlustanteil selbst übernimmt (festgelegter Selbstbehalt). Wird ein solcher festgelegter Selbstbehalt vereinbart, sollte der AIFM Eigenmittel vorhalten, die dem vom AIFM zu übernehmenden festgelegten Verlustbetrag entsprechen. Diese Eigenmittel sollten zusätzlich zum Anfangskapital des AIFM und zusätzlich zu den Eigenmitteln vorgehalten werden, die der AIFM gemäß Artikel 9 Absatz 3 der Richtlinie 2011/61/EU einzubringen hat.

(38) Grundsätzlich sollte die Angemessenheit der Deckung durch zusätzliche Eigenmittel oder Berufshaftpflichtversicherung mindestens einmal jährlich überprüft werden. Allerdings sollte der AIFM Verfahren eingerichtet haben, die eine laufende Überwachung des Gesamtwerts der verwalteten AIF-Portfolios und laufende Anpassungen der Deckungshöhe von Berufshaftungsrisiken sicherstellen, falls signifikante Inkongruenzen festgestellt werden. Außerdem kann die zuständige Behörde des Herkunftsmitgliedstaats eines AIFM unter Berücksichtigung des Risikoprofils des AIFM, seiner Verlusthistorie und der Angemessenheit seiner zusätzlichen Eigenmittel oder seiner Berufshaftpflichtversicherung die Mindestanforderung für zusätzliche Eigenmittel senken oder anheben.

(39) Die Richtlinie 2011/61/EU schreibt vor, dass AIFM im besten Interesse der AIF, der Anleger der AIF und der Integrität des Marktes handeln müssen. AIFM sollten daher angemessene Grundsätze und Verfahren anwenden, die es ihnen ermöglichen, unzulässige Praktiken wie Market Timing oder Late Trading zu verhindern. Market Timer nutzen überholte oder veraltete Preise für Portfoliopapiere, die sich auf die Berechnung des Nettoinventarwerts (NAV) des AIF auswirken, aus oder führen innerhalb weniger Tage Ankauf und Rücknahme von AIF-Anteilen durch und nutzen so die vom AIF angewandte NAV-Berechnungsweise aus. Beim Late Trading werden Kauf- oder Rücknahmeaufträge über AIF-Anteile nach einem festgelegten Handelsschluss erteilt, aber noch zu dem vor Handelsschluss geltenden Preis abgewickelt. Diese beiden unzulässigen Praktiken schaden den Interessen langfristiger Anleger, da sie deren Rendite verwässern und sich nachteilig auf die Renditen des AIF auswirken, indem sie die Transaktionskosten erhöhen und die Portfolioverwaltung stören. AIFM sollten auch angemessene Verfahren einrichten, um sicherzustellen, dass der AIF effizient verwaltet wird, und sollten so handeln, dass dem AIF und seinen Anlegern keine überzogenen Kosten in Rechnung gestellt werden.

(40) Entsprechend dem für OGAW-Verwalter geltenden Ansatz sollten AIFM bei der Auswahl und Überwachung der Anlagen große Sorgfalt walten lassen. Sie sollten in Bezug auf die Vermögenswerte, in die AIF investiert werden, über angemessene fachliche Kompetenz und Kenntnisse verfügen. Um zu gewährleisten, dass Anlageentscheidungen in Übereinstimmung mit der Anlagestrategie und, sofern anwendbar, den Risikolimits der verwalteten AIF umgesetzt werden, sollten AIFM schriftliche Grundsätze und Verfahren für die Sorgfaltspflichten festlegen und umsetzen. Diese Grundsätze und Verfahren sollten regelmäßig überprüft und aktualisiert werden. Wenn AIFM in bestimmte Arten von Vermögenswerten mit langer Duration oder in weniger liquide Vermögenswerte wie Immobilien oder Anteile an Personengesellschaften investieren, sollten die Sorgfaltspflichten auch in der Verhandlungsphase gelten. Die von einem AIFM vor einem Vertragsschluss durchgeführten Tätigkeiten sollten gut dokumentiert werden, damit nachgewiesen werden kann, dass sie mit dem Wirtschafts- und Finanzplan und daher mit der Duration des AIF in Ein-

klang stehen. AIFM sollten die einschlägigen Sitzungsberichte, die Vorbereitungsunterlagen und die wirtschaftliche und finanzielle Analyse, die zur Bewertung der Durchführbarkeit des Projekts und der vertraglichen Verpflichtung angestellt wurde, aufbewahren.

(41) Die Anforderung, dass AIFM bei ihrer Tätigkeit die gebotene Sachkenntnis, Sorgfalt und Gewissenhaftigkeit walten lassen müssen, sollte auch gelten, wenn der AIFM einen Primebroker oder eine Gegenpartei bestellt. Der AIFM sollte nur solche Primebroker und Gegenparteien wählen und bestellen, die einer laufenden Beaufsichtigung unterliegen, finanziell gesund sind und über die nötige Organisationsstruktur verfügen, die den für den AIFM oder den AIF zu erbringenden Dienstleistungen angemessen ist. Um sicherzustellen, dass die Anlegerinteressen angemessen geschützt werden, ist es wichtig klarzustellen, dass eines der Kriterien für die Bewertung der finanziellen Gesundheit darin besteht, ob die Primebroker oder Gegenparteien der einschlägigen aufsichtlichen Regulierung, einschließlich angemessener Eigenkapitalanforderungen, und einer wirksamen Beaufsichtigung unterliegen.

(42) In Einklang mit der Richtlinie 2011/61/EU, wonach AIFM ihrer Tätigkeit ehrlich, redlich und mit der gebotenen Sachkenntnis nachzugehen haben, sollten Personen, die die Geschäfte des AIFM tatsächlich führen, dem Leitungsgremium oder – im Falle von Unternehmen, die kein Leitungsgremium haben – der Geschäftsleitung angehören, über ausreichende Kenntnisse, Kompetenzen und Erfahrungen verfügen, um ihre Ausgaben ausführen und insbesondere die Risiken verstehen zu können, die mit der Tätigkeit des AIFM verbunden sind. In Einklang mit dem Grünbuch der Kommission über Corporate Governance in Finanzinstituten ([2]) sollten Personen, die die Geschäfte des AIFM tatsächlich leiten, der Wahrnehmung ihrer Aufgaben beim AIFM auch genug Zeit widmen und aufrichtig, integer und unvoreingenommen handeln, unter anderem um die Entscheidungen der Geschäftsleitung effektiv beurteilen und in Frage stellen zu können.

(43) Um sicherzustellen, dass die einschlägigen Tätigkeiten ordnungsgemäß durchgeführt werden, sollten AIFM Mitarbeiter beschäftigen, die über die nötigen Kompetenzen, Kenntnisse und Erfahrungen verfügen, die zur Erfüllung der ihnen zugewiesenen Aufgaben erforderlich sind.

(44) AIFM, die die Dienstleistung der individuellen Portfolioverwaltung erbringen, müssen Bestimmungen zu Anreizzahlungen einhalten, die in der Richtlinie 2006/73/EG der Kommission vom 10. August 2006 zur Durchführung der Richtlinie 2004/39/EG des Europäischen Parlaments und des Rates in Bezug auf die organisatorischen Anforderungen an Wertpapierfirmen und die Bedingungen für die Ausübung ihrer Tätigkeit sowie in Bezug auf die Definition bestimmter Begriffe für die Zwecke der genannten Richtlinie ([3]) festgelegt sind. Aus Gründen der Kohärenz sollten diese Grundsätze auch für AIFM gelten, die die Dienstleistung der gemeinsamen Portfolioverwaltung und den Vertrieb erbringen. Die Existenz, Art und Höhe der Gebühr, Provision oder Zuwendung oder – wenn die Höhe nicht feststellbar ist – die Art und Weise der Berechnung der Höhe sollten im Jahresbericht des AIFM offengelegt werden.

(45) Anleger in AIF sollten vergleichbaren Schutz genießen wie Kunden von AIFM, für die AIFM die Dienstleistung der individuellen Portfolioverwaltung erbringen, da sie in einem solchen Falle die Vorschriften zur bestmöglichen Ausführung einzuhalten haben, die in der Richtlinie 2004/39/EG des Europäischen Parlaments und des Rates vom 21. April

---

[2] KOM(2010) 284.

[3] ABl. L 241 vom 2.9.2006, S. 26.

2004 über Märkte für Finanzinstrumente, zur Änderung der Richtlinien 85/611/EWG und 93/6/EWG des Rates und der Richtlinie 2000/12/EG des Europäischen Parlaments und des Rates und zur Aufhebung der Richtlinie 93/22/EWG ([4]) des Rates sowie der Richtlinie 2006/73/EG niedergelegt sind. Allerdings sollten die Unterschiede zwischen den verschiedenen Arten von Vermögenswerten, in die AIF investiert werden, berücksichtigt werden, da die bestmögliche Ausführung beispielsweise nicht relevant ist, wenn der AIFM in Immobilien oder Anteile an Personengesellschaften investiert und die Anlage nach ausgiebigen Verhandlungen über die Modalitäten der Vereinbarung getätigt wird. Stehen keine unterschiedlichen Ausführungsplätze zur Wahl, sollte der AIFM gegenüber den zuständigen Behörden und Rechnungsprüfern nachweisen können, dass keine unterschiedlichen Ausführungsplätze zur Wahl stehen.

(46) Aus Gründen der Kohärenz mit den für die Verwalter von OGAW geltenden Anforderungen sollten die Vorschriften für die Bearbeitung von Aufträgen und die Zusammenlegung und Zuweisung von Handelsaufträgen für AIFM gelten, wenn diese die gemeinsame Portfolioverwaltung erbringen. Allerdings sollten derartige Vorschriften nicht gelten, wenn die Anlage in Vermögenswerte nach ausgiebigen Verhandlungen über die Modalitäten der Vereinbarung getätigt wird, etwa bei Anlagen in Immobilien, Anteile an Personengesellschaften oder nicht börsennotierte Unternehmen, da in solchen Fällen kein Auftrag ausgeführt wird.

(47) Es ist wichtig, die Situationen festzulegen, in denen ein Interessenkonflikt auftreten könnte, insbesondere wenn die Aussicht auf einen finanziellen Vorteil oder die Vermeidung eines finanziellen Verlusts besteht, oder wenn finanzielle oder sonstige Anreize gesetzt werden, um das Verhalten des AIFM so zu steuern, dass er bestimmte Interessen auf Kosten der Interessen anderer Parteien, wie eines anderen AIF, seiner Kunden, Unternehmen für gemeinsame Anlagen in Wertpapiere (OGAW) oder anderer Kunden des AIFM, begünstigt.

(48) In den vom AIFM festgelegten Grundsätzen für den Umgang mit Interessenkonflikten sollten Situationen genannt werden, in denen die vom AIFM betriebenen Tätigkeiten Interessenkonflikte begründen könnten, von denen potenzielle Risiken oder auch keine potenziellen Risiken hinsichtlich einer Schädigung der Interessen des AIF oder der Interessen seiner Anleger ausgehen könnten. Um solche Situationen zu ermitteln, sollte der AIFM nicht nur die Tätigkeit der gemeinsamen Portfolioverwaltung berücksichtigen, sondern auch alle anderen Tätigkeiten, für die er zugelassen ist, einschließlich der Tätigkeiten seiner Beauftragten, Unterbeauftragten, externen Bewerter oder Gegenparteien.

(49) In Einklang mit dem in der Richtlinie 2009/65/EG des Europäischen Parlaments und des Rates vom 13. Juli 2009 zur Koordinierung der Rechts- und Verwaltungsvorschriften betreffend bestimmte Organismen für gemeinsame Anlagen in Wertpapieren (OGAW) ([5]) für OGAW-Verwaltungsgesellschaften und in der Richtlinie 2004/39/EG für Wertpapierfirmen erwogenen Ansatz sollten AIFM Verfahren und Maßnahmen einführen, um sicherzustellen, dass die mit den verschiedenen, möglicherweise Interessenkonflikte beinhaltenden Geschäftstätigkeiten betrauten relevanten Personen diese Tätigkeiten auf einer unabhängigen Ebene ausführen, die der Größe und den Tätigkeiten des AIFM angemessen ist.

[4] ABl. L 145 vom 30.4.2004, S. 1.
[5] ABl. L 302 vom 17.11.2009, S. 32.

(50) Es ist unerlässlich, einen allgemeinen Rahmen vorzusehen, nach dem Interessenkonflikte, falls sie auftreten, gehandhabt und offengelegt werden sollten. In den vom AIFM festzulegenden Grundsätzen für den Umgang mit Interessenkonflikten sollte detailliert geregelt werden, welche Schritte und Verfahren in solchen Fällen zu befolgen sind.

(51) Zu den zentralen Komponenten eines Risikomanagement-Systems gehört eine ständige Risikomanagement-Funktion. Im Sinne der Kohärenz sollten deren Aufgaben und Zuständigkeiten ähnlich geartet sein wie jene, die die Richtlinie 2010/43/EU der Kommission vom 1. Juli 2010 zur Durchführung der Richtlinie 2009/65/EG des Europäischen Parlaments und des Rates im Hinblick auf organisatorische Anforderungen, Interessenkonflikte, Wohlverhalten, Risikomanagement und den Inhalt der Vereinbarung zwischen Verwahrstelle und Verwaltungsgesellschaft ([6]) für die ständige Risikomanagement-Funktion von OGAW-Verwaltungsgesellschaften vorsieht. Vorrangige Aufgabe dieser Funktion sollte die Gestaltung der Risikopolitik des AIF, die Risiko-Überwachung und die Risiko-Messung sein, um sicherzustellen, dass das Risikoniveau laufend dem Risikoprofil des AIF entspricht. Die ständige Risikomanagement-Funktion sollte die nötige Autorität, Zugang zu allen relevanten Informationen und regelmäßig Kontakt mit der Geschäftsleitung und dem Leitungsgremium des AIFM haben, um diese auf den neuesten Stand zu bringen, damit sie erforderlichenfalls umgehend Abhilfemaßnahmen einleiten können.

(52) Eine weitere Säule des Risikomanagement-Systems sind die Risikomanagement-Grundsätze. Diese Grundsätze sollten angemessen dokumentiert sein und insbesondere Aufschluss geben über die zur Messung und Steuerung von Risiken eingesetzten Maßnahmen und Verfahren, die Schutzvorkehrungen zur Sicherung einer unabhängigen Tätigkeit der Risikomanagement-Funktion, die für die Steuerung von Risiken eingesetzten Techniken sowie die Einzelheiten der Zuständigkeitsverteilung innerhalb des AIFM für Risikomanagement- und operationelle Verfahren. Um die Wirksamkeit der Risikomanagement-Grundsätze zu gewährleisten, sollten diese mindestens jährlich von der Geschäftsleitung überprüft werden.

(53) Wie durch die Richtlinie 2011/61/EU vorgeschrieben, sollte die Risikomanagement-Funktion von den operativen Einheiten funktional und hierarchisch getrennt sein. Daher sollte klargestellt werden, dass eine solche Trennung bis hin zum Leitungsgremium des AIFM sichergestellt werden sollte und dass die Angehörigen der Risikomanagement-Funktion keine kollidierenden Aufgaben wahrnehmen oder einer für kollidierende Aufgaben zuständigen Person unterstehen sollten.

(54) Es ist unerlässlich, die Schutzvorkehrungen festzulegen, die der AIFM in jedem Fall zu treffen hat, um die unabhängige Tätigkeit der Risikomanagement-Funktion und insbesondere sicherzustellen, dass die Personen, die die Risikomanagement-Funktion wahrnehmen, nicht mit kollidierenden Aufgaben betraut werden und Entscheidungen aufgrund von Daten treffen, die sie angemessen bewerten können, und dass der Entscheidungsprozess überprüfbar ist.

(55) Auch wenn die Richtlinie 2011/61/EU keine Anlagebeschränkungen für AIF vorsieht, ist ein wirksames Management der vom einzelnen AIF übernommenen Risiken nur möglich, wenn von den AIFM im Voraus Risikolimits festgelegt wurden. Die Risikolimits sollten dem Risikoprofil des AIF entsprechen und gegenüber den Anlegern gemäß der Richtlinie 2011/61/EU offengelegt werden.

---

[6] ABl. L 176 vom 10.7.2010, S. 42.

(56) Aus Gründen der Kohärenz bauen die Anforderungen für die Ermittlung, Messung und Überwachung von Risiken auf vergleichbaren Bestimmungen der Richtlinie 2010/43/EU auf. AIFM sollten der möglichen Anfälligkeit ihrer Risikomessungstechniken und -modelle angemessen Rechnung tragen, indem sie Stresstests, Rückvergleiche (Backtests) und Szenarioanalysen durchführen. Ergeben Stresstests und Szenarioanalysen eine besondere Anfälligkeit für bestimmte Umstände, sollten AIFM umgehend Schritte und Abhilfemaßnahmen einleiten.

(57) Gemäß der Richtlinie 2011/61/EU hat die Kommission die Liquiditätsmanagementsysteme und Verfahren festzulegen, die es dem AIFM ermöglichen, das Liquiditätsrisiko des AIF zu überwachen, es sei denn, es handelt sich um einen AIF des geschlossenen nicht hebelfinanzierten Typs, und zu gewährleisten, dass sich das Liquiditätsprofil der Anlagen des AIF mit dessen zugrunde liegenden Verbindlichkeiten deckt. Folglich ist es wichtig, dass grundlegende allgemeine Anforderungen für alle AIFM festgelegt werden, deren Anwendung an Größe, Struktur und Art der vom betreffenden AIFM verwalteten AIF angepasst werden sollte.

(58) AIFM sollten gegenüber ihren zuständigen Behörden nachweisen können, dass angemessene und wirksame Grundsätze und Verfahren für das Liquiditätsmanagement vorhanden sind. Dabei ist die Beschaffenheit des AIF gebührend zu berücksichtigen, einschließlich der Art der Basiswerte und der Höhe des für den AIF bestehenden Liquiditätsrisikos, des Umfangs und der Komplexität des AIF und der Komplexität des Prozesses der Vermögenswertliquidierung oder -veräußerung.

(59) Liquiditätsmanagementsysteme und -verfahren können AIFM die Möglichkeit geben, die für die Handhabung illiquider Vermögenswerte und damit verbundener Bewertungsprobleme nötigen Instrumente und Regelungen zum Einsatz zu bringen, um Rücknahmeforderungen nachzukommen. Diese Instrumente und Regelungen können, sofern nach nationalem Recht zulässig, Rücknahmebeschränkungen („Gates“), Teilrücknahmen, temporäre Kreditaufnahmen, Kündigungsfristen und Pools aus liquiden Vermögenswerten beinhalten. „Side Pockets“ sowie andere Mechanismen, bei denen bestimmte Vermögenswerte des AIF ähnlichen Vereinbarungen zwischen AIF und dessen Anlegern unterliegen, sollten als „besondere Regelungen“ gelten, da sie sich auf die spezifischen Rücknahmerechte der Anleger in AIF auswirken. Die Aussetzung eines AIF sollte nicht als besondere Regelung angesehen werden, da sie für sämtliche Vermögenswerte des AIF und sämtliche Anleger des AIF gilt. Der Gebrauch von Instrumenten und besonderen Regelungen für das Liquiditätsmanagement sollte von konkreten Umständen abhängig gemacht werden und je nach Art, Umfang und Anlagestrategie des AIF variieren.

(60) Die Anforderung, das Liquiditätsmanagement der zugrunde liegenden Organismen für gemeinsame Anlagen, in die AIF investieren, zu überwachen, und die Anforderungen, Instrumente und Regelungen für die Handhabung des Liquiditätsrisikos einzuführen und Interessenkonflikte zwischen Anlegern zu ermitteln, zu handhaben und zu überwachen, sollten nicht für AIFM gelten, die geschlossene AIF verwalten, und zwar unabhängig davon, ob diese als hebelfinanziert angesehen werden. Die Befreiung von diesen rücknahmebezogenen Anforderungen an das Liquiditätsmanagement sollte die Unterschiede in den allgemeinen Rücknahmebedingungen für die Anleger eines geschlossenen AIF im Vergleich zu einem offenen AIF widerspiegeln.

(61) Der Einsatz von Mindestlimits für die Liquidität bzw. Illiquidität des AIF könnte für bestimmte Arten von AIFM ein wirksames Überwachungsinstrument darstellen. Die Überschreitung eines Limits kann unter Umständen für sich genommen kein Einschreiten des AIFM erfordern, da dies von den Fakten und Umständen sowie den Toleranzen abhängt,

die vom AIFM festgelegt wurden. In der Praxis könnten Limits also eingesetzt werden, um die durchschnittliche tägliche Rücknahme im Vergleich zur tagesbezogenen Fondsliquidität im selben Zeitraum zu überwachen. Diese könnte auch zur Überwachung der Anlegerkonzentration zwecks Untermauerung von Stresstestszenarios verwendet werden. Diese Limits könnten je nach Umständen Auslöser für eine weitere Überwachung oder die Einleitung von Abhilfemaßnahmen sein.

(62) Die Stresstests sollten gegebenenfalls mangelnde Liquidität der Vermögenswerte sowie atypische Rücknahmeforderungen simulieren. Jüngste und künftig erwartete Zeichnungen und Rücknahmen sollten zusammen mit den Auswirkungen des antizipierten Abschneidens des AIF im Vergleich zu Fonds mit gleicher Tätigkeit berücksichtigt werden. Der AIFM sollte analysieren, wie viel Zeit in den simulierten Stressszenarien benötigt wird, um die Rücknahmeforderungen zu erfüllen. Der AIFM sollte auch Stresstests zu Marktfaktoren wie Devisenkursveränderungen durchführen, die sich wesentlich auf das Kreditprofil des AIFM oder des AIF und aufgrund von Besicherungsanforderungen auswirken könnten. Bei seinem Ansatz für Stresstests oder Szenarioanalysen sollte der AIFM den Bewertungssensitivitäten unter Stressbedingungen Rechnung tragen.

(63) Die Frequenz, mit der Stresstests durchgeführt werden sollten, sollte von der Beschaffenheit des AIF, der Anlagestrategie, dem Liquiditätsprofil, der Art der Anleger und den Rücknahmegrundsätzen des AIF abhängen. Allerdings wird erwartet, dass diese Tests mindestens jährlich durchgeführt werden. Lassen Stresstests auf ein signifikant höheres Liquiditätsrisiko schließen als erwartet, sollte der AIFM im besten Interesse aller AIF-Anleger handeln und dabei das Liquiditätsprofil der Vermögenswerte des AIF, der Höhe der Rücknahmeforderungen und gegebenenfalls der Angemessenheit der Grundsätze und Verfahren für das Liquiditätsmanagement Rechnung tragen.

(64) Gemäß der Richtlinie 2011/61/EU hat die Kommission festzulegen, wie Anlagestrategie, Liquiditätsprofil und Rücknahmegrundsätze aneinander auszurichten sind. Die Kohärenz zwischen diesen drei Komponenten ist sichergestellt, wenn Anleger ihre Anlagen gemäß den Rücknahmegrundsätzen des AIF, in denen die Bedingungen für die Rücknahme sowohl unter normalen als auch unter außergewöhnlichen Umständen festgelegt sein sollten, und in einer Weise zurücknehmen können, die mit der fairen Behandlung der Anleger in Einklang steht.

(65) Die Richtlinie 2011/61/EU schreibt sektorübergreifende Kohärenz und die Beseitigung von Divergenzen zwischen den Interessen von Firmen, die Kredite in handelbare Wertpapiere umwandeln, und AIFM vor, die für AIF in diese Wertpapiere oder andere Finanzinstrumente investieren. Um dieses Ziel zu erreichen, wurden die einschlägigen Bestimmungen der Richtlinie 2006/48/EG des Europäischen Parlaments und des Rates vom 14. Juni 2006 über die Aufnahme und Ausübung der Tätigkeit der Kreditinstitute ([7]) berücksichtigt, die die zu erfüllenden quantitativen und qualitativen Anforderungen für Anleger, die dem Kreditrisiko einer Verbriefung ausgesetzt sind, Originatoren und Sponsoren festlegen. Da mit dieser Verordnung und den einschlägigen Bestimmungen der Richtlinie 2006/48/EG dasselbe Ziel einer Angleichung der Interessen des Originators oder Sponsors und der Interessen der Anleger verfolgt wird, ist es unerlässlich, dass in beiden Rechtsakten übereinstimmende Terminologie verwendet wird, und daher werden die in der Richtlinie 2006/48/EG niedergelegten Begriffsbestimmungen zugrunde gelegt. Da der Ausschuss der Europäischen Bankaufsichtsbehörden, der Vorläufer der Europäischen Bankaufsichtsbe-

[7] ABl. L 177 vom 30.6.2006, S. 1.

hörde, detaillierte Leitlinien zur Auslegung der einschlägigen Bestimmungen der Richtlinie 2006/48/EG ([8]) aufgestellt hat, kann sektorübergreifende Kohärenz nur erreicht werden, wenn die vorliegenden Bestimmungen zur Interessenangleichung zwischen Originatoren, Sponsoren und AIFM im Lichte dieser Leitlinien ausgelegt werden.

(66) Es ist wichtig, dass Geschäfte, die Kredite in handelbare Wertpapiere umwandeln, nicht so strukturiert werden, dass die Anwendung der für Anlagen in Verbriefungspositionen geltenden Anforderungen vermieden wird. Folglich sollte die Bezugnahme auf eine Anlage in handelbare Wertpapiere oder andere Finanzinstrumente, die auf neu gebündelten und verbrieften Krediten basieren, nicht als rechtsgültige und verbindliche Übertragung des Eigentumstitels an diesen Instrumenten streng ausgelegt werden, sondern als eine im materiell-ökonomischen Sinne getätigte Anlage, so dass jegliche andere Form der synthetischen Anlage durch die besonderen Anforderungen abgedeckt und geregelt wird. Um Missverständnisse auszuschließen und den Sprachgebrauch an die in der Bankengesetzgebung verwendeten Begriffe anzupassen, sollte statt der Formulierung „Anlagen in handelbare Wertpapiere oder andere Finanzinstrumente, die auf neu gebündelten und verbrieften Krediten basieren“ die Formulierung „Übernahme des Kreditrisikos einer Verbriefungsposition“ gewählt werden.

(67) Die von Instituten, die als Originatoren, Sponsoren oder ursprüngliche Kreditgeber von Verbriefungsinstrumenten auftreten, zu erfüllenden Anforderungen werden diesen unmittelbar durch die Richtlinie 2006/48/EG auferlegt. Daher ist es wichtig, die entsprechenden Pflichten eines AIFM festzulegen, der Risiken aus Verbriefungspositionen übernimmt. Der AIFM sollte Risiken aus Verbriefungspositionen folglich nur übernehmen, wenn der Originator, Sponsor oder ursprüngliche Kreditnehmer dem AIFM ausdrücklich mitgeteilt hat, dass er einen signifikanten Anteil am Basiswert behält, d. h. die so genannte Selbstbehaltanforderung erfüllt. Außerdem sollte der AIFM sicherstellen, dass die diversen qualitativen Anforderungen, die die Richtlinie 2006/48/EG für Sponsor und Originator beinhaltet, erfüllt werden. Darüber hinaus sollte der AIFM selbst die qualitativen Anforderungen erfüllen, damit er über ein umfassendes und gründliches Verständnis der Verbriefungsposition und des ihr zugrunde liegenden Risikos verfügt. Um dies zu erreichen, sollten AIFM ihre Anlageentscheidung erst nach einer gründlichen Sorgfältigkeitsprüfung treffen, die ihnen angemessene Informationen und Kenntnisse über die betreffenden Verbriefungen verschaffen sollte.

(68) Es gibt Umstände, unter denen Unternehmen unter die Definition des Originators oder Sponsors fallen oder die Rolle des ursprünglichen Kreditgebers ausfüllen; allerdings kann auch ein anderes Unternehmen, das weder der Definition des Sponsors oder Originators entspricht noch die Rolle des ursprünglichen Kreditgebers ausfüllt – dessen Interessen sich jedoch in optimalem Gleichklang mit den Interessen der Anleger befinden – die Selbstbehaltanforderung zu erfüllen suchen. Aus Gründen der Rechtssicherheit sollte ein solches anderes Unternehmen nicht zur Erfüllung der Selbstbehaltanforderung verpflichtet sein, wenn die Selbstbehaltanforderung vom Originator, Sponsor oder ursprünglichen Kreditgeber erfüllt wird.

(69) Bei Verstoß gegen die Selbstbehaltanforderung oder die qualitativen Anforderungen sollte der AIFM die Einleitung von Abhilfemaßnahmen, wie etwa Hedging, Veräußerung oder Verringerung der Risikoposition, oder das Herantreten an die gegen die Selbst-

[8] Committee of European Banking Supervisors, Guidelines to Article 122a of the Capital Requirements Directive of 31 December 2010, http://www.eba.europa.eu/cebs/media/Publications/Standards%20and%20Guidelines/2010/Application%20of%20Art. %20122a%20of%20the%20CRD/Guidelines.pdf

behaltsanforderung verstoßende Partei zwecks Wiederherstellung der Einhaltung erwägen. Derartige Abhilfemaßnahmen sollten stets im Interesse der Anleger sein und keinerlei direkte Verpflichtung beinhalten, die Vermögenswerte unmittelbar nach Bekanntwerden des Verstoßes zu veräußern, so dass „Notverkäufe" verhindert werden. Der AIFM sollte den Verstoß berücksichtigen, wenn er abermals eine Anlage in ein weiteres Geschäft erwägt, an dem die gegen die Anforderung verstoßende Partei beteiligt ist.

(70) Um die Anforderungen der Richtlinie 2011/61/EU einzuhalten, interne Verfahren und organisatorische Vorkehrungen festzulegen, die von jedem AIFM angewandt werden sollten, sollten AIFM verpflichtet sein, eine gut dokumentierte Organisationsstruktur einzurichten, die eine klare Zuständigkeitsverteilung vorsieht, Kontrollmechanismen festlegt und einen reibungslosen Informationsfluss zwischen allen Beteiligten gewährleistet. AIFM sollten darüber hinaus Systeme zur Datensicherung und Gewährleistung der Geschäftsfortführung einrichten. Bei der Einrichtung dieser Verfahren und Strukturen sollten AIFM dem Grundsatz der Verhältnismäßigkeit Rechnung tragen, wonach Verfahren, Mechanismen und Organisationsstruktur so kalibriert werden können, dass sie Art, Umfang und Komplexität der Geschäfte des AIFM sowie Art und Bandbreite der im Rahmen dieses Geschäfts durchgeführten Tätigkeiten entsprechen.

(71) Die Offenlegungspflichten gegenüber den Anlegern sind für den Anlegerschutz von überragender Bedeutung, daher sollten AIFM angemessene Grundsätze und Verfahren umsetzen, um sicherzustellen, dass die für den einzelnen AIF geltenden Rücknahmebedingungen gegenüber den Anlegern mit hinreichender Ausführlichkeit und deutlich erkennbar offengelegt werden, bevor diese investieren und wenn wesentliche Änderungen erfolgen. Dies könnte die Bekanntgabe von Kündigungsfristen in Bezug auf Rücknahmen, Einzelheiten zu Bindungsfristen, eine Angabe der Umstände, unter denen die normalen Rücknahmemechanismen möglicherweise nicht gelten oder ausgesetzt werden können, und Einzelheiten zu Maßnahmen beinhalten, die vom Leitungsgremium erwogen werden könnten, wie etwa Gates oder die Bildung von Side Pockets, da sich diese auf die spezifischen Rücknahmerechte der Anleger eines bestimmten AIF auswirken.

(72) Um sicherzustellen, dass die einschlägigen Tätigkeiten ordnungsgemäß durchgeführt werden, sollten AIFM insbesondere geeignete elektronische Systeme nutzen, um die Aufzeichnungsanforderungen in Bezug auf Portfoliogeschäfte oder Zeichnungs- und Rücknahmeaufträge zu erfüllen, sowie Rechnungslegungsgrundsätze und -methoden festlegen, umsetzen und aufrechterhalten, die sicherstellen, dass die Berechnung des Nettoinventarwerts gemäß den Vorgaben der Richtlinie 2011/61/EU und dieser Verordnung durchgeführt wird.

(73) Um Kohärenz mit den gemäß der Richtlinie 2009/65/EG für OGAW-Verwalter geltenden Anforderungen sicherzustellen, sollte das Leitungsgremium, die Geschäftsleitung oder, falls relevant, die Aufsichtsfunktion des AIFM mit ähnlich gearteten Aufgaben betraut werden, für die entsprechende Zuständigkeiten verteilt werden sollten. Allerdings sollte diese Zuständigkeitsverteilung mit Rolle und Zuständigkeiten des Leistungsgremiums, der Geschäftsleitung und der Aufsichtsfunktion, wie sie im geltenden nationalen Recht festgelegt sind, in Einklang stehen. Der Geschäftsleitung können einige oder alle Mitglieder des Leitungsgremiums angehören.

(74) Die Anforderung, eine ständige und wirksame Compliance-Funktion einzurichten, sollte vom AIFM unabhängig von Umfang und Komplexität seiner Geschäfte allzeit erfüllt werden. Allerdings sollten die Einzelheiten der technischen und personellen Organisation der Compliance-Funktion so kalibriert werden, dass sie Art, Umfang und Komplexität der Geschäfte des AIFM sowie Art und Bandbreite seiner Dienstleistungen und Tätigkeiten

entsprechen. Der AIFM sollte nicht verpflichtet sein, eine unabhängige Compliance-Stelle einzurichten, wenn eine solche Anforderung angesichts der Größe des AIFM oder der Art, des Umfangs oder der Komplexität seiner Geschäfte unverhältnismäßig wäre.

(75) Bewertungsstandards sind je nach Rechtsraum und Vermögenswertgattung unterschiedlich. Diese Verordnung sollte die gemeinsamen allgemeinen Vorschriften ergänzen und für AIFM Richtwerte im Hinblick auf die Festlegung und Umsetzung angemessener und kohärenter Grundsätze und Verfahren für die ordnungsgemäße und unabhängige Bewertung der Vermögenswerte von AIF festlegen. In den Grundsätzen und Verfahren sollten die Pflichten, Aufgaben und Zuständigkeiten sämtlicher an der Bewertung beteiligter Parteien einschließlich externer Bewerter beschrieben werden.

(76) Der Wert von Vermögenswerten lässt sich auf verschiedene Weise bestimmen, zum Beispiel durch Bezugnahme auf die an einem aktiven Markt zu beobachtenden Preise oder durch Schätzung anhand anderer Bewertungsmethoden gemäß nationalem Recht, den Vertragsbedingungen des AIF oder dessen Satzung. Da der Wert einzelner Vermögenswerte und Verbindlichkeiten nach unterschiedlichen Methoden bestimmt und unterschiedlichen Quellen entnommen werden kann, sollte der AIF die von ihm angewandten Bewertungsmethoden festlegen und beschreiben.

(77) Wird für die Bewertung von Vermögenswerten ein Modell herangezogen, sollten die Bewertungsverfahren und -grundsätze Aufschluss über die wichtigsten Grundzüge des Modells geben. Vor seinem Einsatz sollte das Modell einem Validierungsprozess unterzogen werden, der von einer internen oder externen, am Aufbau des Modells nicht beteiligten Person durchgeführt wird. Eine Person sollte für die Durchführung eines Validierungsprozesses in Bezug auf das zur Bewertung von Vermögenswerten verwendete Modell als qualifiziert gelten, wenn sie über adäquate Kompetenz und Erfahrung im Bereich der Bewertung von Vermögenswerten unter Verwendung derartiger Modelle verfügt; eine solche Person könnte ein Rechnungsprüfer sein.

(78) Da AIF in einem dynamischen Umfeld tätig sind, in dem sich Anlagestrategien mit der Zeit ändern können, sollten die Bewertungsgrundsätze und -verfahren mindestens jährlich und in jedem Fall überprüft werden, bevor sich AIF mit einer neuen Anlagestrategie oder neuen Vermögenswertarten engagieren. Jede Veränderung bei den Bewertungsgrundsätzen und -verfahren, einschließlich der Bewertungsmethoden, sollte nach einem zuvor festgelegten Schema ablaufen.

(79) Der AIFM hat sicherzustellen, dass die einzelnen Vermögenswerte eines AIF in Einklang mit den Bewertungsgrundsätzen und -verfahren ordnungsgemäß bewertet wurden. Bei manchen Vermögenswerten, insbesondere komplexen und illiquiden Finanzinstrumenten, ist das Risiko einer unangemessenen Bewertung höher. Für derartige Fälle sollte der AIFM ausreichende Kontrollen einrichten, um sicherzustellen, dass dem Wert der Vermögenswerte des AIF ein angemessener Grad an Objektivität beigemessen werden kann.

(80) Die Berechnung des Nettoinventarwerts je Anteil unterliegt nationalem Recht und gegebenenfalls den Vertragsbedingungen oder der Satzung des Fonds. Diese Verordnung regelt lediglich den Ablauf der Berechnung, nicht die Berechnungsmethode. Der AIF kann die Berechnung des Nettoinventarwerts je Anteil im Rahmen der Verwaltungsaufgaben, die er für den AIF wahrnimmt, selbst durchführen. Alternativ kann ein Dritter mit der Wahrnehmung der Verwaltung, einschließlich der Berechnung des Nettoinventarwerts, beauftragt werden. Ein Dritter, der die Berechnung des Nettoinventarwerts für einen AIF durchführt, sollte für die Zwecke der Richtlinie 2011/61/EU nicht als externer Bewerter angesehen werden, solange er keine Bewertungen für einzelne Vermögenswerte, einschließlich Bewertungen, die eine subjektive Beurteilung erfordern, abgibt, sondern beim Bewertungs-

prozess Werte einsetzt, die vom AIFM, aus Preisquellen oder von einem externen Bewerter stammen.

(81) Es gibt Bewertungsverfahren, die täglich durchgeführt werden können, wie die Bewertung von Finanzinstrumenten, doch es gibt auch Bewertungsverfahren, die nicht mit derselben Frequenz durchgeführt werden können, wie sich Emissionen, Zeichnungen, Rücknahmen und Aufhebungen ereignen, beispielsweise die Bewertung von Immobilien. Die Frequenz der Bewertung der von einem offenen Fonds gehaltenen Vermögenswerte sollte der Unterschiedlichkeit der Bewertungsverfahren für die vom AIF gehaltenen Vermögenswertarten Rechnung tragen.

(82) Die strengen Anforderungen und Einschränkungen, die einzuhalten sind, wenn ein AIFM Aufgaben zur Ausübung übertragen will, sind in der Richtlinie 2011/61/EU dargelegt. Der AIFM bleibt für die ordnungsgemäße Ausführung der übertragenen Aufgaben und deren Konformität mit der Richtlinie 2011/61/EU und deren Durchführungsmaßnahmen allzeit in vollem Umfang verantwortlich. Der AIFM sollte daher sicherstellen, dass der Beauftragte die Qualitätsstandards erfüllt und anwendet, die vom AIFM selbst angewandt würden. Falls dies nötig ist, um sicherzustellen, dass die übertragenen Aufgaben gemäß einem gleichbleibend hohen Standard erfüllt werden, muss der AIMF die Möglichkeit haben, die Übertragung zu beendigen, und die Vereinbarung zur Übertragung von Aufgaben sollte dem AIFM daher flexible Kündigungsrechte einräumen. Die Einschränkungen und Anforderungen für die Übertragung von Aufgaben sollten für die in Anhang I der Richtlinie 2011/61/EU dargelegten Verwaltungsfunktionen gelten, wohingegen unterstützende Aufgaben wie administrative oder technische Funktionen, die bei den Verwaltungsaufgaben eine Hilfe darstellen, etwa logistische Unterstützung in Form von Reinigungsdiensten, Catering und Beschaffung von Dienstleistungen oder Gütern des Grundbedarfs nicht als Übertragung der Aufgaben des AIFM gelten sollten. Andere Beispiele für technische oder administrative Funktionen sind der Kauf handelsüblicher Standard-Software und die Inanspruchnahme von Software-Anbietern für Hilfe beim Betrieb handelsüblicher Systeme oder die Inanspruchnahme personeller Unterstützung durch Zeitarbeitskräfte oder die Durchführung der Lohn- und Gehaltsabrechnung.

(83) Um einen hohen Anlegerschutz zu gewährleisten, sollte zusätzlich zur Erhöhung der Effizienz der Tätigkeit des AIFM die Aufgabenübertragung zur Gänze auf objektiven Gründen beruhen. Bei der Bewertung dieser Gründe sollten die zuständigen Behörden die Struktur der Aufgabenübertragung und deren Auswirkungen auf die Struktur des AIFM sowie die Interaktion der übertragenen Tätigkeiten mit den beim AIFM verbleibenden Tätigkeiten bedenken.

(84) Um zu bewerten, ob die Person, die die Geschäfte des Beauftragten tatsächlich führt, ausreichend gut beleumdet ist, sollte das Geschäftsgebaren der Person ebenso nachgeprüft werden wie das Vorliegen früherer Finanzvergehen dieser Person. Bei der Bewertung, ob die Anforderung eines ausreichend guten Leumunds erfüllt ist, sollte auch jede andere relevante Information über die persönlichen Qualitäten berücksichtigt werden, die das Geschäftsgebaren der Person beeinträchtigen könnte, wie etwa Zweifel an ihrer Ehrlichkeit und Integrität.

(85) Nach der Richtlinie 2009/65/EG zugelassene Investmentgesellschaften gelten nicht als Unternehmen, die für die Zwecke der Vermögensverwaltung zugelassen oder eingetragen sind und einer Aufsicht unterliegen, da sie gemäß der genannten Richtlinie keine anderen Tätigkeiten als die gemeinsame Portfolioverwaltung ausüben dürfen. Gleichermaßen sollte auch ein intern verwalteter AIF nicht als ein solches Unternehmen angesehen werden, da er keine anderen Tätigkeiten ausüben sollte als die interne Verwaltung des AIF.

(86) Bezieht sich die Übertragung von Aufgaben auf die Portfolioverwaltung oder das Risikomanagement, die das Kerngeschäft des AIFM bilden und daher in Bezug auf den Anlegerschutz und das Systemrisiko von hoher Relevanz sind, sollten zusätzlich zu den Anforderungen des Artikels 20 Absatz 1 Buchstabe c der Richtlinie 2011/61/EU die zuständige Behörde des Herkunftsmitgliedstaats des AIFM und die Aufsichtsbehörde des Drittlandunternehmens eine Kooperationsvereinbarung geschlossen haben, die auf einem schriftlichen Vertrag beruht. Die Vereinbarung sollte vor der Übertragung bestehen. Die Einzelheiten dieser Vereinbarung sollten internationalen Standards Rechnung tragen.

(87) Die schriftlichen Vereinbarungen sollten den zuständigen Behörden das Recht übertragen, Ermittlungen vor Ort durchzuführen, einschließlich in Fällen, in denen sie die Drittland-Aufsichtsbehörde des Unternehmens, auf das Aufgaben übertragen wurden, um Durchführung von Ermittlungen von Ort ersuchen, und in Fällen, in denen sie die Drittland-Aufsichtsbehörde um Erlaubnis ersucht, die Ermittlungen selbst durchzuführen oder Mitarbeiter der Drittland-Aufsichtsbehörden zu begleiten, um sie bei der Durchführung von Ermittlungen vor Ort zu unterstützen.

(88) Auf der Grundlage der in der Richtlinie 2011/61/EU niedergelegten Pflichten sollten AIFM stets im besten Interesse der AIF oder der Anleger der von ihnen verwalteten AIF handeln. Folglich sollte die Übertragung von Aufgaben nur zulässig sein, wenn sie den AIFM nicht daran hindert, im besten Interesse der Anleger zu handeln und den AIF im besten Interesse der Anleger zu verwalten.

(89) Um beim Anlegerschutz einen hohen Standard zu wahren, müssen bei jeder Übertragung von Aufgaben mögliche Interessenkonflikte berücksichtigt werden. Verschiedene Kriterien sollten Bezugspunkte für die Ermittlung von Situationen setzen, die einen wesentlichen Interessenkonflikt zur Folge hätten. Diese Kriterien sollten als nicht erschöpfend angesehen und so verstanden werden, dass nicht wesentliche Interessenkonflikte für die Zwecke der Richtlinie 2011/61/EU ebenfalls relevant sind. Somit sollte die Wahrnehmung der Compliance- oder Innenrevisionsfunktion als eine mit Aufgaben der Portfolioverwaltung kollidierende Aufgabe angesehen werden, während Market-Making- oder Übernahmetätigkeiten als Aufgaben verstanden werden sollten, die mit Portfolioverwaltung oder Risikomanagement kollidieren. Diese Pflicht berührt nicht die nach Artikel 15 der Richtlinie 2011/61/EU bestehende Pflicht, die Aufgaben der Portfolioverwaltung und des Risikomanagements funktional und hierarchisch voneinander zu trennen.

(90) Die für die Beauftragung mit der Durchführung von Aufgaben für den AIFM geltenden Anforderungen sollten bei der Weitergabe von Aufgaben durch den Beauftragten und für alle weiteren Unterbeauftragungen entsprechend gelten.

(91) Um sicherzustellen, dass der AIFM in jedem Fall Anlageverwaltungsfunktionen wahrnimmt, sollte der AIFM Aufgaben nicht in einem Maße abgeben, dass er im Wesentlichen nicht mehr als Verwalter des AIF angesehen kann und zu einer Briefkastenfirma wird. Der AIFM sollte allzeit ausreichende Ressourcen für die effiziente Überwachung der übertragenen Aufgaben vorhalten. Der AIFM muss selbst Anlageverwaltungsfunktionen wahrnehmen, über die notwendigen Fachkenntnisse und Ressourcen verfügen, die Entscheidungsgewalt in Angelegenheiten, die in die Zuständigkeit der Geschäftsleitung fallen, behalten und Geschäftsleitungsfunktionen ausüben, was die Umsetzung der allgemeinen Anlagepolitik und der Anlagestrategien einschließen könnte.

(92) Die Bewertung einer Struktur zur Übertragung von Funktionen ist ein komplexes Unterfangen, das auf eine Reihe von Kriterien gestützt werden muss, damit sich die zuständigen Behörden ein Urteil bilden können. Die Kombination ist notwendig, um der Vielfalt der Fondsstrukturen und Anlagestrategien in der Union Rechnung zu tragen. Die ESMA

kann Leitlinien ausarbeiten, um eine unionsweit konsistente Bewertung von Strukturen zur Übertragung von Funktionen sicherzustellen.

(93) Die Kommission überwacht, wie die Kriterien angewandt werden, und deren Auswirkung auf die Märkte. Die Kommission überprüft die Situation nach zwei Jahren und trifft, falls sich dies als notwendig erweisen sollte, angemessene Maßnahmen, um näher festzulegen, unter welchen Bedingungen davon ausgegangen wird, dass ein AIFM Aufgaben in einem Maße abgegeben hat, dass er zu einer Briefkastenfirma wird und nicht mehr als Verwalter des AIF angesehen werden kann.

(94) Die Richtlinie 2011/61/EU enthält ausführliche Anforderungen für die Verwahrstelle eines AIF, um einen hohen Anlegerschutzstandard sicherzustellen. Die jeweiligen konkreten Rechte und Pflichten der Verwahrstellen, des AIFM und gegebenenfalls des AIF und Dritter sollten daher eindeutig festgelegt werden. Der schriftliche Vertrag sollte alle Einzelheiten regeln, die für die angemessene Verwahrung sämtlicher Vermögenswerte des AIF durch die Verwahrstelle oder einen Dritten, auf den Verwahraufgaben gemäß der Richtlinie 2011/61/EU übertragen werden, und für die ordnungsgemäße Wahrnehmung der Aufsichts- und Kontrollfunktionen durch die Verwahrstelle notwendig sind. Damit die Verwahrstelle das Verwahrrisiko bewerten und überwachen kann, sollte der Vertrag ausreichende Einzelheiten zu den Vermögenswertkategorien enthalten, in die der AIF investieren darf, und die geografischen Regionen nennen, in denen der AIF Anlagen vorzunehmen beabsichtigt. Der Vertrag sollte auch Einzelheiten zu einem Eskalationsverfahren enthalten. So sollte die Verwahrstelle den AIFM auf jegliches materielle Risiko, das beim Abwicklungssystem eines bestimmten Marktes ermittelt wird, aufmerksam machen. Was die Vertragskündigung angeht, sollte zum Ausdruck gebracht werden, dass die Verwahrstelle den Vertrag in letzter Konsequenz kündigen kann, wenn sie nicht davon überzeugt ist, dass die Vermögenswerte angemessenen Schutz genießen. Auch sollte die Gefahr des Moral Hazard unterbunden werden, bei der der AIFM Anlageentscheidungen unabhängig vom Verwahrrisiko treffen würde, da die Verwahrstelle in den meisten Fällen haftbar wäre. Um einen hohen Anlegerschutzstandard zu wahren, sollten die detaillierten Anforderungen für die Überwachung von Dritten für die gesamte Verwahrkette gelten.

(95) Eine in einem Drittland ansässige Verwahrstelle sollte der öffentlichen aufsichtlichen Regulierung und der Beaufsichtigung durch eine Aufsichtsbehörde unterliegen, die zur laufenden Überwachung, Durchführung von Ermittlungen und Verhängung von Sanktionen befugt ist. Sind mehrere Aufsichtsbehörden an der Beaufsichtigung der Verwahrstelle beteiligt, sollte eine Aufsichtsbehörde für die Zwecke der Richtlinie 2011/61/EU sowie aller gemäß der Richtlinie erlassenen delegierten Rechtakte und Durchführungsmaßnahmen als Kontaktstelle auftreten.

(96) Die Bewertung des Drittlandrechts gemäß Artikel 21 Absatz 6 letzter Unterabsatz der Richtlinie 2011/61/EU sollte von der Europäischen Kommission vorgenommen werden, indem die für die Verwahrstellen in dem Drittland geltenden Zulassungskriterien und Bedingungen für die laufende Geschäftsausübung mit den entsprechenden Anforderungen verglichen werden, die nach Unionsrecht für Kreditinstitute beziehungsweise für Wertpapierfirmen in Bezug auf die Zulassung zum Geschäft der Verwahrstellen und die Wahrnehmung von Verwahrfunktionen gelten, um festzustellen, ob die örtlichen Kriterien dieselbe Wirkung haben wie die nach Unionsrecht geltenden. Eine Verwahrstelle, die in einem Drittland in einer anderen Kategorie beaufsichtigt wird und zugelassen ist als ein Kreditinstitut oder eine Wertpapierfirma, kann von der Europäischen Kommission daraufhin bewertet werden, ob die einschlägigen Bestimmungen des Drittlandrechts dieselbe Wirkung haben wie die Bestimmungen des Unionsrechts für Kreditinstitute bzw. Wertpapierfirmen.

(97) Damit die Verwahrstelle unter allen Umständen einen klaren Überblick über die ein- und ausgehenden Barmittelströme des AIF hat, sollte der AIFM sicherstellen, dass die Verwahrstelle unverzüglich genaue Informationen über sämtliche Barmittelströme erhält, auch von etwaigen Dritten, bei denen ein Geldkonto des AIF eröffnet wird.

(98) Damit die Barmittelströme des AIF ordnungsgemäß überwacht werden, besteht die Verpflichtung der Verwahrstelle darin, sicherzustellen, dass Verfahren für die angemessene Überwachung der Barmittelströme des AIF eingerichtet und effektiv umgesetzt werden und dass diese Verfahren regelmäßig überprüft werden. Insbesondere sollte die Verwahrstelle das Abgleichverfahren einsehen, um sich davon zu überzeugen, dass das Verfahren für den AIF geeignet ist und in Abständen durchgeführt wird, die der Art, Größe und Komplexität des AIF angemessen sind. Beispielsweise sollte bei einem solchen Verfahren jeder einzelne in den Bankkontoauszügen aufgeführte Barmittelstrom mit den in den Büchern des AIF aufgeführten Barmittelströmen verglichen werden. Wird wie bei den meisten offenen AIF ein täglicher Abgleich durchgeführt, sollte auch die Verwahrstelle den Abgleich täglich durchführen. Die Verwahrstelle sollte insbesondere die beim Abgleichverfahren zutage tretenden Diskrepanzen und die ergriffenen Abhilfemaßnahmen überwachen, um den AIFM unverzüglich über jede Abweichung zu unterrichten, die nicht behoben wurde, und eine umfassende Überprüfung des Abgleichverfahrens durchzuführen. Eine solche Überprüfung sollte mindestens einmal jährlich durchgeführt werden. Die Verwahrstelle sollte auch signifikante Barmittelströme zeitnah ermitteln, insbesondere solche, die mit den Geschäften des AIF unvereinbar sein könnten, etwa Veränderungen bei Positionen in den Vermögenswerten des AIF oder bei Zeichnungen und Rücknahmen, und sollte regelmäßig Geldkontoauszüge erhalten und die Übereinstimmung ihrer eigenen Barposition-Aufzeichnungen mit jenen des AIFM überprüfen. Die Verwahrstelle sollte ihre Aufzeichnungen gemäß Artikel 21 Absatz 8 Buchstabe b der Richtlinie 2011/61/EU auf dem neuesten Stand halten.

(99) Die Verwahrstelle hat sicherzustellen, dass sämtliche Zahlungen von Anlegern oder im Namen von Anlegern bei der Zeichnung von Anteilen eines AIF geleistet und gemäß der Richtlinie 2011/61/EU auf einem oder mehreren Geldkonten verbucht wurden. Der AIFM sollte daher sicherstellen, dass die Verwahrstelle mit den relevanten Informationen versorgt wird, die sie benötigt, um den Eingang der Zahlungen von Anlegern ordnungsgemäß zu überwachen. Der AIFM hat sicherzustellen, dass der Verwahrstelle diese Informationen unverzüglich zukommen, wenn der Dritte einen Auftrag zur Rücknahme oder Ausgabe von Anteilen eines AIF erhält. Die Informationen sollten daher bei Geschäftsschluss von dem für die Zeichnung und Rücknahme der Anteile eines AIF zuständigen Unternehmen an die Verwahrstelle übermittelt werden, um jeglichen Missbrauch von Anlegerzahlungen zu vermeiden.

(100) Je nach Art der zu verwahrenden Vermögenswerte sind Vermögenswerte entweder in Verwahrung zu nehmen, wie Finanzinstrumente, die im Depot auf einem Konto verbucht oder der Verwahrstelle gemäß der Richtlinie 2011/61/EU physisch übergeben werden können, oder der Pflicht zur Überprüfung der Eigentumsverhältnisse und der Aufzeichnungspflicht zu unterwerfen. Die Verwahrstelle sollte alle Finanzinstrumente des AIF oder des für ihn handelnden AIFM verwahren, die direkt oder indirekt im Namen der Verwahrstelle oder eines Dritten, dem Verwahrfunktionen übertragen werden, im Depot auf einem Konto verbucht oder gehalten werden könnten, insbesondere auf der Ebene der zentralen Verwahrstelle. Darüber hinaus sollten jene Finanzinstrumente verwahrt werden, die nur beim Emittenten selbst oder bei dessen Beauftragtem im Namen der Verwahrstelle oder eines Dritten, auf den Verwahrfunktionen übertragen werden, direkt registriert werden. Finanzinstrumente,

die nach geltendem nationalem Recht beim Emittenten oder seinem Beauftragten ausschließlich auf den Namen des AIF registriert sind, wie Anlagen von privaten Beteiligungsfonds oder Risikokapitalfonds in nicht börsennotierte Unternehmen, sollten nicht verwahrt werden. Alle Finanzinstrumente, die der Verwahrstelle physisch übergeben werden könnten, sollten verwahrt werden. Sofern die Voraussetzungen, unter denen Finanzinstrumente verwahrt werden sollten, erfüllt sind, sind auch Finanzinstrumente, die einem Dritten als Sicherheit gestellt werden oder von einem Dritten zugunsten des AIF bereitgestellt werden, von der Verwahrstelle selbst oder von einem Dritten, auf den Verwahrfunktionen übertragen werden, zu verwahren, solange sie Eigentum des AIF oder des für den AIF handelnden AIFM sind. Auch bleiben Finanzinstrumente, die Eigentum des AIF oder des für den AIF handelnden AIFM sind und zu deren Wiederverwendung durch die Verwahrstelle der AIF oder der für den AIF handelnde AIFM seine Zustimmung erteilt hat, in Verwahrung, solange das Recht auf Wiederverwendung noch nicht ausgeübt wurde.

(101) Finanzinstrumente, die verwahrt werden, sollten jederzeit mit gebührender Sorgfalt behandelt und geschützt werden. Um sicherzustellen, dass das Verwahrrisiko im Rahmen der Sorgfaltspflicht korrekt bewertet wird, sollte die Verwahrstelle insbesondere wissen, welche Dritte die Verwahrkette bilden, sicherstellen, dass die Sorgfalts- und Trennungspflichten über die gesamte Verwahrkette bestehen bleiben, sicherstellen, dass sie über angemessene Zugangsrechte in Bezug auf die Bücher und Aufzeichnungen Dritter, auf die Verwahrfunktionen übertragen wurden, verfügt, die Einhaltung dieser Anforderungen gewährleisten, alle diese Pflichten dokumentieren und die entsprechende Dokumentation dem AIFM zur Verfügung stellen und zur Kenntnis bringen.

(102) Um zu vermeiden, dass die Vorschriften der Richtlinie 2011/61/EU umgangen werden, sollte die Verwahrstelle ihren Verwahrpflichten bei Werten nachkommen, die Finanz- sowie gegebenenfalls Rechtsstrukturen zugrunde liegen, die direkt oder indirekt vom AIF oder von dem für ihn handelnden AIFM kontrolliert werden. Diese Bestimmung zur Durchschau („Look-Through"-Bestimmung) sollte nicht für Dachfonds oder Master-Feeder-Fonds gelten, wenn diese über eine Verwahrstelle verfügen, die die Vermögenswerte des Fonds angemessen verwahrt.

(103) Die Verwahrstelle sollte allzeit einen umfassenden Überblick über alle Vermögenswerte besitzen, bei denen es sich nicht um in Verwahrung genommene Finanzinstrumente handelt. Bei diesen Vermögenswerten müssten nach der Richtlinie 2011/61/EU die Eigentumsverhältnisse überprüft und Aufzeichnungen geführt werden. Beispiele hierfür sind physische Vermögenswerte, die nach der Richtlinie 2011/61/EU nicht als Finanzinstrumente anzusehen sind, oder der Verwahrstelle nicht physisch übergeben werden können, Finanzkontrakte wie Derivate, Bareinlagen oder Beteiligungen an Privatunternehmen und Anteile an Personengesellschaften.

(104) Um eine ausreichend hohe Gewissheit darüber zu erlangen, dass der AIF oder der für ihn handelnde AIFM tatsächlich Eigentümer der Vermögenswerte ist, sollte die Verwahrstelle sicherstellen, dass sie alle Informationen bekommt, die sie für notwendig hält, um sich zu vergewissern, dass der AIF oder der für ihn handelnde AIFM die Eigentumsrechte an dem betreffenden Vermögenswert hält. Dabei könnte es sich um die Kopie eines amtlichen Eigentumsnachweises handeln, der belegt, dass der AIF oder der für ihn handelnde AIFM Eigentümer des Vermögenswerts ist, oder einen von der Verwahrstelle als angemessen betrachteten sonstigen förmlichen und verlässlichen Nachweis. Falls notwendig, sollte die Verwahrstelle vom AIF oder AIFM oder gegebenenfalls von einem Dritten zusätzliche Nachweise verlangen.

(105) Die Verwahrstelle sollte über alle Vermögenswerte einen Nachweis führen, bei denen sie sich der Eigentümerschaft des AIF vergewissert hat. Sie kann ein Verfahren für die Entgegennahme von Informationen Dritter einrichten, das auch für AIF mit geringem Transaktionsvolumen oder gegebenenfalls für Transaktionen, die vor der Abwicklung beglichen werden, Verfahren ermöglicht, die gewährleisten, dass die Vermögenswerte nicht ohne Unterrichtung der Verwahrstelle oder des Dritten, dem Verwahrfunktionen anvertraut wurden, übertragen werden können. Die Anforderung, wonach für jede Transaktion eines Dritten auf den entsprechenden schriftlichen Nachweis zugegriffen werden können muss, könnte für AIF mit häufigeren Transaktionen, wie Anlagen in börsennotierte Derivate, angemessen sein.

(106) Um die Verwahrstelle in die Lage zu versetzen, ihren Pflichten nachzukommen, sollten die in Artikel 21 Absatz 9 der Richtlinie 2011/61/EU vorgesehenen Aufgaben und insbesondere die von der Verwahrstelle nachträglich vorzunehmenden Kontrollen klargestellt werden. Solche Aufgaben sollten die Verwahrstelle nicht daran hindern, Vorabüberprüfungen durchzuführen, wenn sie dies für angemessen hält und der AIFM sein Einverständnis erteilt hat. Damit die Verwahrstelle ihren Pflichten nachkommen kann, sollte sie für den Umgang mit Unregelmäßigkeiten ihr eigenes Eskalationsverfahren schaffen. Dieses Verfahren sollte sicherstellen, dass die zuständigen Behörden über alle wesentlichen Verstöße in Kenntnis gesetzt werden. Von den in dieser Verordnung niedergelegten Aufsichtspflichten der Verwahrstelle gegenüber Dritten unberührt bleiben die Pflichten, die dem AIFM nach der Richtlinie 2011/61/EU obliegen.

(107) Die Verwahrstelle sollte überprüfen, ob die Zahl der ausgegebenen Anteile den Zeichnungserlösen entspricht. Um sicherzustellen, dass die von den Anlegern bei der Zeichnung geleisteten Zahlungen auch eingegangen sind, sollte die Verwahrstelle ferner für einen weiteren Abgleich zwischen Zeichnungsordern und Zeichnungserlösen sorgen. Der gleiche Abgleich sollte in Bezug auf Rücknahmeorder vorgenommen werden. Darüber hinaus sollte die Verwahrstelle sich vergewissern, dass die Zahl der Anteile auf den AIF-Konten mit der Zahl der ausstehenden Anteile im AIF-Register übereinstimmt. Die Verwahrstelle sollte unter Berücksichtigung der Zeichnungs- und Rückgabehäufigkeit ihre Verfahren entsprechend anpassen.

(108) Die Verwahrstelle sollte alle notwendigen Schritte einleiten, um sicherzustellen, dass angemessene Bewertungsgrundsätze und -verfahren für die AIF-Vermögenswerte wirkungsvoll umgesetzt werden, und zu diesem Zweck Stichprobenprüfungen vornehmen oder vergleichen, ob die Veränderung der Nettoinventarwert-Berechnung im Zeitverlauf mit der Veränderung bei einer Benchmark übereinstimmt. Bei der Einrichtung ihrer Verfahren sollte die Verwahrstelle genaue Kenntnis der Bewertungsmethoden haben, anhand deren der AIFM oder der externe Bewerter die AIF-Vermögenswerte bewertet. Die Häufigkeit solcher Prüfungen sollte der Häufigkeit der AIF-Vermögensbewertung entsprechen.

(109) Kraft ihrer Aufsichtspflicht im Rahmen der Richtlinie 2011/61/EU sollte die Verwahrstelle ein Verfahren schaffen, mit dem nachträglich überprüft wird, ob der AIF die geltenden Rechts- und Verwaltungsvorschriften sowie seine Vertragsbedingungen und Satzung eingehalten hat. Dabei sollte beispielsweise überprüft werden, ob die Anlagen des AIF mit den in seinen Vertragsbedingungen und Emissionsunterlagen dargelegten Anlagestrategien in Einklang stehen, und sollte gewährleistet werden, dass der AIF nicht gegen etwaige für ihn geltende Anlagebeschränkungen verstößt. Die Verwahrstelle sollte die Transaktionen des AIF überwachen und jeder ungewöhnlichen Transaktion nachgehen. Bei einem Verstoß gegen die in den geltenden nationalen Rechts- und Verwaltungsvorschriften und in den Vertragsbedingungen und der Satzung des AIF festgelegten Obergrenzen oder

Beschränkungen sollte die Verwahrstelle beispielsweise vom AIFM die Weisung erhalten, die gegen diese Obergrenzen oder Beschränkungen verstoßende Transaktion auf seine eigenen Kosten rückgängig zu machen. Diese Verordnung hindert die Verwahrstelle nicht daran, vorab tätig zu werden, wenn sie dies für angemessen hält und der AIFM sein Einverständnis erteilt hat.

(110) Die Verwahrstelle sollte sicherstellen, dass die Erträge gemäß der Richtlinie 2011/61/EU präzise berechnet werden. Um dies zu erreichen, muss die Verwahrstelle eine angemessene Ertragsausschüttung sicherstellen und bei Feststellung eines Fehlers dafür sorgen, dass der AIFM angemessene Abhilfemaßnahmen einleitet. Sobald die Verwahrstelle dies sichergestellt hat, sollte sie die Vollständigkeit und Korrektheit der Ertragsausschüttung und insbesondere der Dividendenzahlungen überprüfen.

(111) Wenn für sonstige Vermögenswerte Verwahrfunktionen gemäß der Richtlinie 2011/61/EU übertragen werden, wird diese Übertragung in den meisten Fällen administrative Aufgaben betreffen. In Fällen, in denen die Verwahrstelle Aufzeichnungsfunktionen überträgt, müsste sie deshalb ein angemessenes und dokumentiertes Verfahren einführen und anwenden, das gewährleistet, dass der mit diesen Funktionen Beauftragte allzeit die Anforderungen des Artikels 21 Absatz 11 Buchstabe d der Richtlinie 2011/61/EU erfüllt. Um für die Vermögenswerte einen ausreichend hohen Schutz zu gewährleisten, müssen bestimmte Grundsätze festgelegt werden, die auf die Übertragung von Verwahrfunktionen angewandt werden sollten. Für die Übertragung von Verwahraufgaben sollten einige zentrale Grundsätze festgelegt werden, die während des gesamten Übertragungsprozesses wirksam angewandt werden müssen. Diese Grundsätze sollten nicht als erschöpfend angesehen werden, d. h. weder so verstanden werden, dass sie im Detail festlegen, wie die Verwahrstelle die gebotene Sachkenntnis, Sorgfalt und Gewissenhaftigkeit walten lassen muss, noch so, dass sie alle Schritte darlegen, die eine Verwahrstelle in Bezug auf diese Grundsätze selbst einleiten sollte. Die Pflicht zur laufenden Überwachung des Dritten, dem Verwahrfunktionen übertragen wurden, sollte darin bestehen zu überprüfen, ob dieser Dritte alle übertragenen Funktionen ordnungsgemäß wahrnimmt und den mit ihm geschlossenen Vertrag erfüllt. Der Dritte sollte ehrlich, in gutem Glauben und im besten Interesse des AIF und seiner Anleger handeln, die Regulierungs- und Aufsichtsanforderungen erfüllen und die Sorgfalt, Gewissenhaftigkeit und Sachkenntnis walten lassen, die von einem äußerst umsichtigen Akteur dieses Gewerbes unter vergleichbaren Umständen normalerweise erwartet wird. Die Verwahrstelle sollte u. a. die während des Auswahl- und Bestellungsverfahrens bewerteten Elemente überprüfen und diese zur Marktentwicklung in Beziehung setzen. Die Form der regelmäßigen Überprüfung sollte den Umständen Rechnung tragen, damit die Verwahrstelle die Risiken, die mit der Entscheidung, dem Dritten Vermögenswerte anzuvertrauen, verbunden sind, angemessen bewerten kann. Die Häufigkeit der Überprüfung sollte angepasst werden, damit sie stets den Marktbedingungen und den damit verbundenen Risiken entspricht. Damit die Verwahrstelle wirkungsvoll auf eine mögliche Insolvenz des Dritten reagieren kann, sollte sie Notfallpläne erstellen und in diesem Zusammenhang u. a. alternativer Strategien ausarbeiten und gegebenenfalls alternative Anbieter auswählen. Zwar können solche Maßnahmen das Verwahrrisiko der Verwahrstelle mindern, ändern aber nichts an der Verpflichtung zur Rückgabe der Finanzinstrumente oder zur Zahlung des entsprechenden Betrags bei Abhandenkommen, welche davon abhängt, ob die Anforderungen des Artikels 21 Absatz 12 der Richtlinie 2011/61/EU erfüllt sind.

(112) Bei der Übertragung von Verwahrfunktionen sollte die Verwahrstelle sicherstellen, dass die Anforderungen des Artikels 21 Absatz 11 Buchstabe d Ziffer iii der Richtlinie 2011/61/EU erfüllt und die Vermögenswerte ihrer AIF-Kunden ordnungsgemäß voneinan-

der getrennt sind. Diese Verpflichtung dürfte insbesondere gewährleisten, dass für den Fall einer Insolvenz des Dritten, dem Verwahrfunktionen übertragen wurden, keine Vermögenswerte des AIF abhanden kommen. Um dieses Risiko in Ländern, deren Insolvenzrecht die Auswirkungen einer solchen Trennung nicht anerkennt, auf ein Mindestmaß zu beschränken, sollte die Verwahrstelle weitere Schritte einleiten. Die Verwahrstelle könnte dem AIF und dem für ihn handelnden AIFM die entsprechenden Angaben offenlegen, damit derartige Aspekte des Verwahrrisikos bei der Anlageentscheidung ordnungsgemäß berücksichtigt werden, oder die in den jeweiligen Rechtskreisen möglichen Maßnahmen ergreifen, um die Vermögenswerte nach lokalem Recht so insolvenzfest wie möglich zu machen. Darüber hinaus könnte die Verwahrstelle vorübergehende Fehlbeträge bei Kundenvermögenswerten untersagen, Puffer verwenden oder Regelungen einführen, die es verbieten, den Soll-Saldo eines Kunden mit dem Kredit-Saldo eines anderen auszugleichen. Zwar können solche Maßnahmen das Verwahrrisiko einer Verwahrstelle bei der Übertragung von Verwahraufgaben mindern, ändern aber nichts an der Verpflichtung zur Rückgabe der Finanzinstrumente oder zur Zahlung des entsprechenden Betrags bei Abhandenkommen, welche davon abhängt, ob die Anforderungen der Richtlinie 2011/61/EU erfüllt sind.

(113) Für die Verwahrstelle tritt die in Artikel 21 Absatz 12 Unterabsatz 2 der Richtlinie 2011/61/EU vorgesehene Haftung ein, wenn ein von der Verwahrstelle selbst oder einem Dritten, dem die Verwahrung übertragen wurde, in Verwahrung genommenes Finanzinstrument abhanden kommt und die Verwahrstelle nicht nachweisen kann, dass dieses Abhandenkommen auf äußere Umstände zurückzuführen ist, die sich einer angemessenen Kontrolle entziehen und deren Konsequenzen trotz aller angemessenen Anstrengungen unabwendbar waren. Ein solches Abhandenkommen sollte von einem Anlageverlust unterschieden werden, der den Anlegern aufgrund einer durch eine Anlageentscheidung bedingten Wertminderung bei Vermögenswerten entsteht.

(114) Damit ein Abhandenkommen festgestellt werden kann, muss dies endgültig sein und darf keine Aussicht auf Rückgewinnung des Vermögenswerts bestehen. Fälle, in denen ein Finanzinstrument nur vorübergehend nicht verfügbar oder eingefroren ist, sollten deshalb nicht als Abhandenkommen im Sinne von Artikel 21 Absatz 12 der Richtlinie 2011/61/EU gelten. Doch gibt es drei Fälle, in denen ein Abhandenkommen als endgültig betrachtet werden sollte: wenn das Finanzinstrument nicht mehr existiert oder niemals existiert hat; wenn das Finanzinstrument existiert, der AIF die diesbezüglichen Eigentumsrechte aber endgültig verloren hat; und wenn der AIF zwar das Eigentumsrecht besitzt, eine dauerhafte Eigentumsübertragung oder Einräumung beschränkter Eigentumsrechte an dem Finanzinstrument aber nicht möglich ist.

(115) Ein Finanzinstrument wird beispielsweise dann als nicht mehr existent angesehen, wenn es nach einem nicht berichtigungsfähigen Buchungsfehler verschwunden ist oder niemals existiert hat, weil die Eigentümerschaft des AIF aufgrund gefälschter Unterlagen registriert wurde. Fälle, in denen das Abhandenkommen von Finanzinstrumenten auf betrügerisches Verhalten zurückzuführen ist, sollten als Abhandenkommen betrachtet werden.

(116) Ein Abhandenkommen kann nicht festgestellt werden, wenn das Finanzinstrument ersetzt oder in ein anderes Finanzinstrument umgewandelt wurde, was beispielsweise dann der Fall ist, wenn bei einer Unternehmensumstrukturierung Anteile gelöscht und durch neu ausgegebene Anteile ersetzt werden. Hat der AIF oder der für ihn handelnde AIFM das Eigentum an einem Finanzinstrument rechtmäßig auf einen Dritten übertragen, sollte nicht davon ausgegangen werden, dass er sein Eigentumsrecht auf Dauer eingebüßt hat. Wird bei Vermögenswerten zwischen rechtlichem Eigentum und „beneficial ownership" unterschie-

den, sollte sich die Definition von Abhandenkommen auf den Verlust des „beneficial ownership right" beziehen.

(117) Der Haftung gemäß Artikel 21 Absatz 12 der Richtlinie 2011/61/EU enthoben ist die Verwahrstelle nur bei äußeren Umständen, die sich einer angemessenen Kontrolle entziehen und deren Konsequenzen trotz aller angemessenen Anstrengungen unabwendbar waren. Für eine Haftungsbefreiung sollte die Verwahrstelle nachweisen, dass all diese Bedingungen erfüllt sind.

(118) Zuerst sollte bestimmt werden, ob es sich bei den Umständen, die zu dem Abhandenkommen geführt haben, um äußere Umstände gehandelt hat. Die Haftung der Verwahrstelle sollte von einer Übertragung unberührt bleiben, womit Umstände dann als äußere Umstände zu betrachten wären, wenn sie nicht auf eine Handlung oder Unterlassung der Verwahrstelle oder des Dritten, dem die Verwahrung der in Verwahrung genommenen Finanzinstrumente übertragen wurde, zurückzuführen sind. Danach sollte bewertet werden, ob sich der Umstand einer angemessenen Kontrolle entzieht; zu diesem Zweck wird bestätigt, dass eine umsichtige Verwahrstelle nichts nach billigem Ermessen von ihr zu Erwartendes hätte unternehmen können, um das Eintreten dieses Umstands abzuwenden. In diesem Zusammenhang können sowohl Naturereignisse als auch Handlungen öffentlicher Organe als äußere Umstände, die sich einer angemessenen Kontrolle entziehen, betrachtet werden. Damit ist für den Fall, dass das Recht des Landes, in dem die Instrumente verwahrt werden, bei Insolvenz eines Dritten, dem die Verwahrung übertragen wurde, die Auswirkungen einer angemessenen Trennung nicht anerkennt, dieses Recht als äußerer Umstand, der sich einer angemessenen Kontrolle entzieht, zu betrachten. Demgegenüber kann ein Abhandenkommen, das auf die Nichteinhaltung der in Artikel 21 Absatz 11 Buchstabe d Ziffer iii der Richtlinie 2011/61/EU festgelegten Pflicht zur Trennung der Vermögenswerte oder darauf zurückzuführen ist, dass die Tätigkeit des Dritten insolvenzbedingt unterbrochen ist, keinem äußeren Umstand, der sich einer angemessenen Kontrolle entzieht, zugeschrieben werden.

(119) Zu guter Letzt sollte die Verwahrstelle nachweisen, dass das Abhandenkommen selbst bei allen angemessenen Gegenmaßnahmen nicht hätte verhindert werden können. In diesem Zusammenhang sollte die Verwahrstelle den AIFM unterrichten und den Umständen entsprechende, angemessene Maßnahmen treffen. So sollte die Verwahrstelle beispielsweise in Fällen, in denen sie die Veräußerung der Finanzinstrumente für die einzig angemessene Maßnahme hält, gebührend den AIFM unterrichten, der die Verwahrstelle seinerseits schriftlich anweisen muss, ob die Finanzinstrumente weiter gehalten oder veräußert werden sollen. Jede Weisung an die Verwahrstelle, die Vermögenswerte weiter zu halten, sollte den Anlegern des AIF umgehend mitgeteilt werden. Der AIFM oder der AIF sollten die Empfehlungen der Verwahrstelle gebührend berücksichtigen. Befürchtet die Verwahrstelle trotz wiederholter Warnungen nach wie vor, dass für den Schutz der Finanzinstrumente der Standard nicht hoch genug ist, sollte sie je nach Umständen weitere Maßnahmen, wie die Kündigung des Vertrags, in Betracht ziehen, sofern dem AIF eine Frist eingeräumt wird, um im Einklang mit dem nationalen Recht eine andere Verwahrstelle zu suchen.

(120) Um den gleichen Anlegerschutzstandard zu gewährleisten, sollten auch für den Beauftragten, dem eine Verwahrstelle vertraglich ihre Haftung übertragen hat, die gleichen Erwägungen gelten. Für eine Haftungsbefreiung nach Artikel 21 Absatz 12 der Richtlinie 2011/61/EU sollte der Beauftragte deshalb nachweisen, dass er die gleichen Bedingungen kumulativ erfüllt.

(121) Einer Verwahrstelle ist es unter bestimmten Umständen gestattet, sich selbst von der Haftung für das Abhandenkommen von Finanzinstrumenten zu befreien, die von einem

Dritten, dem die Verwahrung übertragen wurde, in Verwahrung gehalten wurden. Eine solche Haftungsbefreiung ist nur zulässig, wenn ein objektiver, sowohl von der Verwahrstelle als auch dem AIF oder dem für ihn handelnden AIFM akzeptierter Grund für die vertragliche Festlegung einer solchen Befreiung vorliegt. Für jede Haftungsbefreiung sollte ein objektiver Grund festgelegt werden, wobei den konkreten Umständen, unter denen die Verwahrung übertragen wurde, Rechnung zu tragen ist.

(122) Bei der Erwägung eines objektiven Grundes sollte der richtige Mittelweg gefunden werden, um zu gewährleisten, dass die vertragliche Befreiung bei Bedarf wirksam in Anspruch werden kann, und dass ausreichende Schutzvorkehrungen getroffen wurden, um jeglichen Missbrauch der vertraglichen Haftungsbefreiung durch die Verwahrstelle zu verhindern. Die vertragliche Haftungsbefreiung sollte keinesfalls dazu genutzt werden, die der Verwahrstelle nach der Richtlinie 2011/61/EU obliegenden Haftungspflichten zu umgehen. Die Verwahrstelle sollte nachweisen, dass sie durch besondere Umstände zur Übertragung von Verwahraufgaben auf einen Dritten gezwungen wurde. Die vertragliche Festlegung einer Befreiung sollte stets im besten Interesse des AIF oder seiner Anleger liegen, und der AIF oder der für ihn handelnde AIFM sollten klar zum Ausdruck bringen, dass sie in diesem besten Interesse handeln. Die Fallbeispiele sollten Situationen aufführen, in denen davon ausgegangen werden kann, dass eine Verwahrstelle keine andere Wahl hatte, als die Verwahrung auf Dritte zu übertragen.

(123) Um die Tätigkeiten von AIFM und die von diesen ausgehenden Risiken angemessen und einheitlich zu überwachen, benötigen die zuständigen Behörden angemessene Informationen in ausreichender Menge. Auch weil sich die Tätigkeiten von AIFM über Grenzen hinweg und auf die Finanzmärkte auswirken könnten, sollten die zuständigen Behörden AIFM und AIF eingehend überwachen, um angemessene Maßnahmen zur Verhinderung der Akkumulierung von Systemrisiken zu ergreifen. Die erhöhte Transparenz und Kohärenz, die durch die in den Durchführungsmaßnahmen enthaltenen Bestimmungen zur Meldung und Offenlegung relevanter Informationen erreicht wird, sollte es den zuständigen Behörden ermöglichen, Risiken an den Finanzmärkten aufzudecken und darauf zu reagieren.

(124) Um die ihren Bedürfnissen und ihrer Risikobereitschaft entsprechenden Anlageentscheidungen treffen zu können, benötigen die Anleger Mindestinformationen über einzelne AIFM und AIF sowie über deren Struktur. Diese Informationen sollten klar, zuverlässig, ohne Weiteres verständlich und klar dargestellt sein, wobei ihr Nutzen sich erhöht, wenn sie von AIFM zu AIFM und AIF zu AIF sowie von einem Zeitraum zum nächsten vergleichbar sind. Ein AIFM sollte vor der Veröffentlichung von Anlegerinformationen nichts unternehmen, was dem objektiven Verständnis und dem praktischen Nutzen dieser Informationen abträglich sein könnte, wie Bilanzkosmetik.

(125) Es sollte ein Rahmen geschaffen werden, der für die jährlichen Berichtspflichten Mindeststandards festlegt, die u. a. die zentralen Elemente und eine nicht erschöpfende Liste von Posten enthalten. Die in Artikel 22 Absatz 2 Buchstabe d der Richtlinie 2011/61/EU genannten wesentlichen Änderungen, die bei diesen Informationen eingetreten sind, sollten im Jahresbericht im Rahmen des Abschlusses offengelegt werden. Zusätzlich zu der nicht erschöpfenden Liste der Basisposten können zusätzliche Posten, Rubriken und Zwischensummen aufgenommen werden, wenn deren Darstellung für das Verständnis der Gesamtfinanz- oder -ertragslage eines AIF von Bedeutung ist. Posten unterschiedlicher Art oder Funktion könnten aggregiert werden, wenn sie für sich genommen nicht von wesentlicher Relevanz sind. Diese Posten könnten unter einer Rubrik „Sonstiges" aggregiert werden, wie unter „sonstige Vermögenswerte" oder „sonstige Verbindlichkeiten". Posten, die

auf einen bestimmten AIF in keiner Weise anwendbar sind, müssen nicht dargestellt werden. Unabhängig davon, nach welchen Rechnungslegungsstandards gemäß der Richtlinie 2011/61/EU verfahren wird, sollten alle Vermögensgegenstände mindestens einmal pro Jahr bewertet werden. Die Bilanz oder die Vermögensübersicht im Rahmen der Richtlinie 2011/61/EU sollte u. a. Zahlungsmittel und Zahlungsmitteläquivalente enthalten. Für die Berechnung des Risikos eines AIF sollten Zahlungsmitteläquivalente somit als außerordentlich liquide Anlagen betrachtet werden.

(126) In Bezug auf Form und Inhalt des Berichts über die Tätigkeiten im abgelaufenen Geschäftsjahr: Dieser Bericht, der nach der Richtlinie 2011/61/EU Teil des Jahresberichts sein muss, sollte einen fairen und ausgewogenen Überblick über die Tätigkeiten des AIF vermitteln und eine Beschreibung seiner Hauptrisiken und -anlagen oder wirtschaftlicher Unwägbarkeiten, denen er sich gegenüber sieht, enthalten. Dabei sollten keine für den AIF und seine Anleger abträglichen Informationen über Eigentumsverhältnisse veröffentlicht werden. Würde die Veröffentlichung bestimmter Informationen über Eigentumsverhältnisse dies bewirken, könnten diese deshalb soweit aggregiert werden, dass nachteilige Auswirkungen vermieden werden und müssten z. B. keinen Aufschluss über das Abschneiden oder die Statistiken einer einzelnen Portfoliogesellschaft oder Anlage geben, wenn dies der Veröffentlichung von Informationen über Eigentumsverhältnisse des AIF gleichkäme. Wenn diese Informationen normalerweise mit den Abschlüssen vorgelegt werden, sollten sie Teil des Managementberichts sein.

(127) In Bezug auf Form und Inhalt der Angaben zur Vergütung: Wird die Vergütung auf Ebene des AIFM offengelegt, sollten diese Angaben ergänzt und die Gesamtvergütung für den betreffenden AIF aufgeschlüsselt oder diesem zugewiesen werden. Erreicht werden könnte dies durch Veröffentlichung der in feste und variable Bestandteile aufgesplitteten Gesamtdaten zur AIFM-Vergütung, durch eine Erklärung, dass diese Daten sich auf den gesamten AIFM und nicht auf den AIF beziehen, durch Angabe der Zahl der vom AIFM verwalteten AIF und OGAW und des von diesen AIF und OGAW verwalteten Gesamtvermögens samt einem Überblick über die Vergütungspolitik und einem Hinweis darauf, wo die Anleger die Vergütungspolitik des AIFM auf Anfrage in voller Länge erhalten können. Weitere Einzelheiten können durch Angabe der Gesamthöhe der variablen Vergütung geliefert werden, die der AIF von Fall zu Fall durch Zahlung von Anlageerfolgsprämien oder Carried Interests bereitstellt. Damit die Anleger die geschaffenen Anreize bewerten können, könnte es für AIFM zweckmäßig sein, zusätzlich zur Offenlegung der Vergütung Informationen zu den finanziellen und nichtfinanziellen Kriterien der Vergütungsgrundsätze und -praktiken für maßgebliche Mitarbeiterkategorien zu liefern.

(128) Gibt der AIF Anteile aus, sollten etwaige Vermögenswertübertragungen auf Side Pockets zum Zeitpunkt der Übertragung berechnet werden, wobei die Zahl der bei der Vermögenswertübertragung zugewiesenen Anteile, multipliziert mit dem Preis pro Anteil, zugrunde gelegt wird. Die Bewertungsbasis sollte in jedem Fall klar angegeben werden und die Daten enthalten, anhand deren die Bewertung vorgenommen wurde.

(129) Für die Zwecke des Liquiditätsmanagements sollten AIFM für die von ihnen verwalteten AIF Kreditvereinbarungen schließen dürfen. Diese können eine kurze Laufzeit oder längeren Bestand haben. In letztgenanntem Fall dürfte es sich eher um eine spezielle Regelung für das Management illiquider Vermögenswerte handeln.

(130) Dem Grundsatz der Differenzierung entsprechend und in Anerkennung der Verschiedenheit der einzelnen AIF-Arten sollten die Informationen, die ein AIFM den Anlegern vorlegen muss, sich nach der Art des jeweiligen AIF richten und von anderen Faktoren, wie der Anlagestrategie und der Portfoliozusammensetzung, abhängen.

(131) Nach der Richtlinie 2011/61/EU müssen AIFM der zuständigen Behörde ihres Herkunftsmitgliedstaates für jeden von ihnen verwalteten EU-AIF und für jeden von ihnen in der EU vertriebenen AIF regelmäßig bestimmte Angaben vorlegen. Aus diesem Grund müssen die Informationspflichten und die Häufigkeit der Informationsübermittlung, die vom Wert der Vermögensgegenstände im Portfolio der von einem bestimmten AIFM verwalteten AIF abhängen, genauer bestimmt werden. Für die Informationsübermittlung sollten Formblätter festgelegt werden, die der AIFM für die von ihm verwalteten AIF ausfüllen sollte. Vermarktet ein als AIFM zugelassenes Unternehmen AIF, die von anderen AIFM verwaltet werden, handelt es nicht als Verwalter dieser AIF, sondern als Intermediär wie jede andere unter die Richtlinie 2004/39/EG fallende Wertpapierfirma. Deshalb sollte es für diese AIF keine Informationen übermitteln müssen, denn dies würde die Informationspflichten verdoppeln oder vervielfachen. Gelten sollte die Informationspflicht allerdings für Nicht-EU-AIFM, die in der Union vermarktete AIF verwalten.

(132) Die in dieser Verordnung festgelegte Schwelle löst nur die in Artikel 24 Absatz 4 der Richtlinie 2011/61/EU vorgesehenen Informationspflichten aus. Bei einem AIF, dessen nach der Commitment-Methode berechnete Verschuldungsquote unter dem dreifachen Wert seines Nettoinventarwerts liegt, würde nicht davon ausgegangen, dass er in beträchtlichem Umfang von Hebelfinanzierung Gebrauch macht. Doch können die zuständigen Behörden zusätzliche Informationen verlangen, wenn dies für eine wirksame Überwachung von Systemrisiken erforderlich ist. Die Festlegung einer Schwelle für die Bereitstellung von Informationen stellt ebenfalls sicher, dass Informationen über die Entstehung von Systemrisiken unionsweit einheitlich erhoben werden, und verschafft AIFM Sicherheit.

(133) Die Aufsichtsbefugnisse, über die eine zuständige Behörde kraft Artikel 25 Absatz 3 der Richtlinie 2011/61/EU verfügt, werden innerhalb des neuen Aufsichtssystems wahrgenommen und sind Teil der laufenden Aufsichtsprozesse und Systemrisikobewertungen, denen die zuständigen Behörden und die europäischen Aufsichtsbehörden AIF mit Blick auf die Stabilität und Integrität des Finanzsystems unterziehen. Die zuständigen Behörden sollten die Informationen, die sie erhalten, angemessen nutzen und die von einem AIFM eingesetzte Hebelfinanzierung begrenzen oder andere Beschränkungen für die Verwaltung des AIF verhängen, wenn sie dies zur Gewährleistung der Stabilität und Integrität des Finanzsystems für notwendig halten. Die Bewertung des Systemrisikos dürfte je nach wirtschaftlichem Umfeld unterschiedlich sein, wobei jeder AIFM in Bezug auf die von ihm verwalteten AIF potenziell systemrelevant sein kann. Eine grundlegende Anforderung besteht deshalb darin, dass die zuständigen Behörden alle für eine angemessene Bewertung solcher Situationen notwendigen Informationen erhalten, um die Entstehung von Systemrisiken zu vermeiden. Diese Informationen sollten die zuständigen Behörden dann gründlich bewerten und angemessene Maßnahmen einleiten.

(134) Um EU-AIFM die Möglichkeit zur Verwaltung und Vermarktung von Nicht-EU-AIF und Nicht-EU-AIFM die Möglichkeit zur Verwaltung und Vermarktung von EU-AIF in der Union zu geben, schreibt die Richtlinie 2011/61/EU den Abschluss angemessener Kooperationsvereinbarungen mit den zuständigen Aufsichtsbehörden des Drittlands vor, in dem der Nicht-EU-AIF und/oder der Nicht-EU-AIFM ihren Sitz haben. Solche Kooperationsvereinbarungen sollten zumindest einen wirksamen Informationsaustausch sicherstellen, der den zuständigen EU-Behörden die Wahrnehmung ihrer Aufgaben gemäß der Richtlinie 2011/61/EU ermöglicht.

(135) Kooperationsvereinbarungen sollten es den zuständigen Behörden ermöglichen, in Bezug auf Drittlandsunternehmen ihren Aufsichts- und Durchführungspflichten nachzukommen. Kooperationsvereinbarungen sollten deshalb für den Zugang zu Informationen,

die Durchführung von Ermittlungen vor Ort und die von den Drittlandsbehörden bereitzustellende Unterstützung einen klaren konkreten Rahmen stecken. Die Kooperationsvereinbarungen sollten sicherstellen, dass die erhaltenen Informationen an andere betroffene zuständige Behörden sowie an die ESMA und den ESRB weitergeleitet werden dürfen.

(136) Um zuständigen Behörden, AIFM und Verwahrstellen die Möglichkeit zu geben, sich an die neuen Anforderungen dieser Verordnung anzupassen, damit diese wirksam und effektiv angewandt werden können, sollte der Geltungsbeginn dieser Verordnung mit dem Umsetzungstermin für die Richtlinie 2011/61/EU identisch sein –

HAT FOLGENDE VERORDNUNG ERLASSEN:

KAPITEL I
BEGRIFFSBESTIMMUNGEN

Artikel 1
Begriffsbestimmungen

Zusätzlich zu den Begriffsbestimmungen des Artikels 2 der Richtlinie 2011/61/EU gelten für die Zwecke dieser Verordnung folgende Begriffsbestimmungen:

1. „Investitionszusage" ist die vertragliche Zusage eines Anlegers, dem alternativen Investmentfond (AIF) auf Verlangen des AIFM einen vereinbarten Anlagebetrag zur Verfügung zu stellen.
2. „Relevante Person" ist im Zusammenhang mit einem AIFM eine der folgenden Personen:
   a) ein Direktor, ein Gesellschafter oder eine vergleichbare Person oder ein Mitglied der Geschäftsleitung des AIFM,
   b) ein Angestellter des AIFM oder jede andere natürliche Person, deren Dienste dem AIFM zur Verfügung gestellt und von diesem kontrolliert werden und die an den vom AIFM erbrachten gemeinsamen Portfolioverwaltungsdiensten beteiligt ist,
   c) eine natürliche oder juristische Person, die im Rahmen einer Vereinbarung zur Übertragung von Aufgaben an Dritte unmittelbar an der Erbringung von Dienstleistungen für den AIFM beteiligt ist, welche dem AIFM die gemeinsame Portfolioverwaltung ermöglichen.
3. „Geschäftsleitung" die Person oder Personen, die die Geschäfte eines AIFM gemäß Artikel 8 Absatz 1 Buchstabe c der Richtlinie 2011/61/EU tatsächlich führt/führen sowie gegebenenfalls das geschäftsführende Mitglied oder die geschäftsführenden Mitglieder des Leitungsgremiums.
4. „Leitungsgremium" ist das Gremium, das bei einem AIFM die ultimative Entscheidungsbefugnis besitzt und die Aufsichts- und Führungsfunktion bzw. bei Trennung der beiden Funktionen die Führungsfunktion wahrnimmt.
5. „Besondere Regelung" eine Regelung, die sich unmittelbar aus der Illiquidität der Vermögenswerte eines AIF ergibt, sich auf die speziellen Rückgaberechte der Anleger bei einer bestimmten Art von AIF-Anteilen auswirkt und die maßgeschneidert oder von der Regelung der allgemeinen Rückgaberechte der Anleger abgetrennt ist.

KAPITEL II
ALLGEMEINE BESTIMMUNGEN

ABSCHNITT 1
Berechnung der verwalteten Vermögenswerte

(Artikel 3 Absatz 2 der Richtlinie 2011/61/EU)

Artikel 2
Berechnung des Gesamtwerts der verwalteten Vermögenswerte

(1) Um für die in Artikel 3 Absatz 2 der Richtlinie 2011/61/EU vorgesehene Ausnahmeregelung in Frage zu kommen, muss ein AIFM

a) alle AIF, für die er als externer AIFM bestellt ist, oder den AIF, dessen AIFM er ist, wenn die Rechtsform des AIF interne Verwaltung gemäß Artikel 5 der Richtlinie 2011/61/EU zulässt, ermitteln;
b) für jeden verwalteten AIF die Portfoliowerte feststellen und anhand der in den Rechtsvorschriften des AIF-Sitzlandes sowie gegebenenfalls in der Satzung des AIF festgelegten Bewertungsregeln den Wert der verwalteten Vermögenswerte (auch der durch Hebelfinanzierung erworbenen) bestimmen;
c) die auf diese Weise ermittelten Werte aller AIF aggregieren und den daraus resultierenden Gesamtwert der verwalteten Vermögenswerte mit der in Artikel 3 Absatz 2 der Richtlinie 2011/61/EU festgelegten maßgeblichen Schwelle vergleichen.

(2) Für die Zwecke des Absatzes 1 werden Organismen für gemeinsame Anlagen in Wertpapieren (OGAW), für die der AIFM im Rahmen der Richtlinie 2009/65/EG als Verwaltungsgesellschaft benannt ist, nicht in die Berechnung einbezogen.

Für die Zwecke des Absatzes 1 werden die von dem AIFM verwalteten AIF, für die der AIFM gemäß Artikel 20 der Richtlinie 2011/61/EU Aufgaben übertragen hat, in die Berechnung einbezogen. Von der Berechnung ausgenommen werden allerdings die Portfolios von AIF, die im Rahmen einer Übertragung vom AIFM verwaltet werden.

(3) Für die Berechnung des Gesamtwerts der verwalteten Vermögenswerte wird jede Derivateposition, einschließlich aller in Wertpapiere eingebetteten Derivate nach den in Artikel 10 festgelegten Umrechnungsmethoden in eine äquivalente Basiswert-Position umgerechnet. Der absolute Wert dieser äquivalenten Position fließt dann in die Berechnung des Gesamtwerts der verwalteten Vermögenswerte ein.

(4) Wenn ein AIF in andere AIF investiert, die von demselben extern bestellten AIFM verwaltet werden, kann diese Anlage von der Berechnung der von dem AIFM verwalteten Vermögenswerte ausgenommen werden.

(5) Wenn ein Teilfonds eines intern oder extern verwalteten AIF in einen anderen Teilfonds dieses AIF investiert, kann diese Anlage von der Berechnung der von dem AIFM verwalteten Vermögenswerte ausgenommen werden.

(6) Der Gesamtwert der verwalteten Vermögenswerte wird gemäß den Absätzen 1 bis 4 mindestens einmal jährlich und anhand der neuesten für die Vermögenswerte verfügbaren Werte berechnet. Die neuesten für die Vermögenswerte verfügbaren Werte werden für jeden AIF in den zwölf Monaten, die der Berechnung der Schwelle gemäß dem ersten Satz dieses Absatzes vorangehen, ermittelt. Der AIFM bestimmt einen Termin für die Berechnung der Schwelle und hält diesen konsequent ein. Jede nachträgliche Änderung des gewählten Termins muss gegenüber der zuständigen Behörde gerechtfertigt werden. Bei der Wahl des

Termins für die Berechnung der Schwelle trägt der AIFM der Dauer und Häufigkeit der Bewertung der verwalteten Vermögenswerte Rechnung.

Artikel 3
Laufende Überwachung der verwalteten Vermögenswerte

Für eine laufende Überwachung des Gesamtwerts der verwalteten Vermögenswerte richten die AIFM Verfahren ein, setzen diese um und wenden sie an. Die Überwachung soll einen aktuellen Überblick über die verwalteten Vermögenswerte verschaffen und für jeden AIF die Beobachtung der Zeichnungen und Rücknahmen sowie gegebenenfalls der Kapitalabrufe, Kapitalausschüttungen und des Werts der Anlageobjekte ermöglichen.

Um die Notwendigkeit einer häufigeren Berechnung des Gesamtwerts der verwalteten Vermögenswerte zu bewerten, sind die Nähe dieses Gesamtwerts zu der in Artikel 3 Absatz 2 der Richtlinie 2011/61/EU festgelegten Schwelle und die erwarteten Zeichnungen und Rücknahmen zu berücksichtigen.

Artikel 4
Gelegentliche Überschreitung der Schwelle

(1) Wenn der Gesamtwert der verwalteten Vermögenswerte die maßgebliche Schwelle überschreitet, bewertet der AIFM die Situation um festzustellen, ob sie vorübergehend ist.

(2) Überschreitet der Gesamtwert der verwalteten Vermögenswerte die maßgebliche Schwelle und hält der AIFM die Situation nicht für vorübergehend, teilt er dies der zuständigen Behörde umgehend mit und beantragt innerhalb von 30 Kalendertagen eine Zulassung gemäß Artikel 7 der Richtlinie 2011/61/EU.

(3) Überschreitet der Gesamtwert der verwalteten Vermögenswerte die maßgebliche Schwelle und hält der AIFM die Situation für vorübergehend, teilt er dies der zuständigen Behörde umgehend mit. Diese Mitteilung hat Belege für die Einschätzung des AIFM zu enthalten, dass die Situation vorübergehend ist, sowie eine Situationsbeschreibung und eine Erläuterung der Gründe, aus denen die Situation als vorübergehend betrachtet wird.

(4) Eine Situation wird nicht als vorübergehend betrachtet, wenn sie voraussichtlich länger als drei Monate andauert.

(5) Drei Monate nach dem Datum, an dem der Gesamtwert der verwalteten Vermögenswerte die maßgebliche Schwelle überschreitet, berechnet der AIFM den Gesamtwert der verwalteten Vermögenswerte neu, um zu belegen, dass dieser unterhalb der maßgeblichen Schwelle liegt, oder um der zuständigen Behörde gegenüber nachzuweisen, dass die Ursachen für die Überschreitung der Schwelle behoben sind und er keinen Antrag auf Zulassung stellen muss.

Artikel 5
Mit der Registrierung vorzulegende Informationen

(1) Als Teil der in Artikel 3 Absatz 3 Buchstabe b der Richtlinie 2011/61/EU festgelegten Anforderung teilen AIFM den zuständigen Behörden den nach dem Verfahren des Artikels 2 errechneten Gesamtwert der verwalteten Vermögenswerte mit.

(2) Als Teil der in Artikel 3 Absatz 3 Buchstabe c der Richtlinie 2011/61/EU festgelegten Anforderung legen AIFM für jeden AIF die Emissionsunterlage, einen maßgeblichen Auszug aus der Emissionsunterlage oder eine allgemeine Beschreibung der Anlagestrategie

vor. Der maßgebliche Auszug aus der Emissionsunterlage und die Beschreibung der Anlagestrategie enthalten mindestens die folgenden Angaben:

a) die wichtigsten Vermögenswertkategorien, in die der AIF investieren darf,
b) alle industriellen, geografischen oder sonstigen Marktsektoren oder speziellen Vermögenswertgattungen, die im Mittelpunkt der Anlagestrategie stehen,
c) eine Beschreibung der Grundsätze, die der AIF in Bezug auf Kreditaufnahme und Hebelfinanzierung anwendet.

(3) Die Angaben, die der AIFM gemäß Artikel 3 Absatz 3 Buchstabe d der Richtlinie 2011/61/EU zu liefern hat, sind in Artikel 110 Absatz 1 dieser Verordnung aufgeführt. Sie werden mit Hilfe des in Anhang IV festgelegten Formblatts übermittelt.

(4) Die nach Artikel 3 Absatz 3 Buchstabe d der Richtlinie 2011/61/EU gesammelten Informationen tauschen die zuständigen Behörden der Union untereinander aus und leiten sie an die Europäische Wertpapier- und Marktaufsichtsbehörde (ESMA) und an den Europäischen Ausschuss für Systemrisiken (ESRB) weiter, wenn dies zur Erfüllung ihrer Aufgaben notwendig ist.

(5) Die für die Registrierung vorgeschriebenen Informationen werden jährlich aktualisiert und übermittelt. Aus Gründen, die mit der Befugniswahrnehmung im Rahmen von Artikel 46 der Richtlinie 2011/61/EU zusammenhängen, können die zuständigen Behörden einen AIFM dazu verpflichten, die in Artikel 3 der Richtlinie 2011/61/EU genannten Angaben häufiger vorzulegen.

ABSCHNITT 2
Berechnung von Hebelfinanzierungen

(Artikel 4 Absatz 3 der Richtlinie 2011/61/EU)

Artikel 6
Allgemeine Bestimmungen zur Berechnung von Hebelfinanzierungen

(1) Die Hebelkraft eines AIF bezeichnet das Verhältnis zwischen dem Risiko eines AIF und seinem Nettoinventarwert.

(2) Das Risiko der verwalteten AIF berechnen die AIFM nach der in Artikel 7 dargelegten Brutto-Methode und der in Artikel 8 dargelegten Commitment-Methode.

Um zu entscheiden, ob die in Unterabsatz 1 genannten Methoden für alle Arten von AIF ausreichend und angemessen sind, oder ob für die Berechnung der Hebelfinanzierung eine zusätzliche optionale Methode entwickelt werden sollte, überprüft die Kommission die in Unterabsatz 1 genannten Methoden bis zum 21. Juli 2015 unter Berücksichtigung der Marktentwicklungen.

(3) Risiken, die in Finanz- oder Rechtsstrukturen enthalten sind, an denen Dritte beteiligt sind, werden in die Risikoberechnung einbezogen, wenn die genannten Strukturen eigens dafür geschaffen wurden, das Risiko auf Ebene des AIF direkt oder indirekt zu erhöhen. Bei AIF, deren Anlagestrategie im Wesentlichen darin besteht, die Kontrolle über nicht börsennotierte Unternehmen oder Emittenten zu erlangen, werden Risiken, die auf Ebene dieser nicht börsennotierten Unternehmen und Emittenten bestehen, vom AIFM nicht in die Berechnung der Hebelfinanzierung einbezogen, wenn der AIF oder der für ihn handelnde AIFM für potenzielle Verluste, die über seine Investition in das betreffende Unternehmen oder den betreffenden Emittenten hinausgehen, nicht aufkommen muss.

(4) Kreditvereinbarungen lassen die AIFM unberücksichtigt, wenn sie vorübergehend sind und in vollem Umfang durch vertragliche Investitionszusagen von Anlegern für den AIF abgedeckt werden.

(5) Ein AIFM verfügt über angemessen dokumentierte Verfahren, um das Risiko jedes von ihm verwalteten AIF nach der Brutto- und der Commitment-Methode zu berechnen. Die Berechnung erfolgt im Zeitverlauf kohärent.

Artikel 7
Berechnung des Risikos eines AIF anhand der Brutto-Methode

Das nach der Brutto-Methode berechnete Risiko eines AIF ist die Summe der absoluten Werte aller Positionen, die gemäß Artikel 19 der Richtlinie 2011/61/EU und allen nach dieser Richtlinie erlassenen delegierten Rechtsakte bewertet werden.

Zur Berechung des Risikos eines AIF nach der Brutto-Methode verfährt ein AIFM wie folgt:

a) Den Wert aller Barmittel und Barmitteläquivalente, bei denen es sich um hochliquide, auf die Basiswährung des AIF lautende Finanzinvestitionen handelt, die jederzeit in festgelegte Barbeträge umgewandelt werden können, nur unwesentlichen Wertschwankungsrisiken unterliegen und deren Rendite nicht über die einer erstklassigen Staatsanleihe mit dreimonatiger Laufzeit hinausgeht, nimmt er von der Berechnung aus;
b) Derivate rechnet er anhand der in Artikel 10 und in Anhang I Nummern 4 bis 9 und Nummer 14 dargelegten Umrechnungsmethoden in die äquivalente Basiswert-Position um;
c) Barkredite, die Barmittel- oder Barmitteläquivalente im Sinne von Buchstabe a bleiben und bei denen die zahlbaren Beträge bekannt sind, nimmt er von der Berechnung aus;
d) das aus der Reinvestition von Barkrediten resultierende Risiko bezieht er in die Berechnung ein, wobei dieses Risiko gemäß Anhang I Nummern 1 und 2 ausgedrückt wird als der Marktwert der getätigten Investition oder der Gesamtbetrag des Barkredits, je nachdem, welcher von beiden Werten der höhere ist;
e) Positionen in Pensionsgeschäften oder umgekehrten Pensionsgeschäften und Wertpapierleihgeschäften oder anderen Vereinbarungen bezieht er gemäß Anhang I Nummer 3 und Nummern 10 bis 13 in die Berechnung ein.

Artikel 8
Berechnung des Risikos eines AIF anhand der Commitment-Methode

(1) Das nach der Commitment-Methode berechnete Risiko eines AIF ist vorbehaltlich der in den Absätzen 2 bis 9 genannten Kriterien die Summe der absoluten Werte aller Positionen, die gemäß Artikel 19 der Richtlinie 2011/61/EU und den dazugehörigen delegierten Rechtsakten bewertet werden.

(2) Zur Berechung des Risikos eines AIF nach der Commitment-Methode verfährt ein AIFM wie folgt:

a) Alle Derivatepositionen rechnet er anhand der in Artikel 10 und in Anhang II Nummern 4 bis 9 und Nummer 14 dargelegten Umrechnungsmethoden in eine äquivalente Basiswert-Position um;
b) er wendet Netting- und Hedging-Vereinbarungen an;

c) wenn sich das Risiko des AIF nach in Anhang I Nummern 1 und 2 durch die Reinvestition von Krediten erhöht, berechnet er das durch diese Reinvestition entstandene Risiko;
d) andere Vereinbarungen bezieht er gemäß Anhang I Nummer 3 und Nummern 10 bis 13 in die Berechnung ein.

(3) Für die Berechnung des Risikos eines AIF nach der Commitment-Methode gilt Folgendes:
a) Unter Netting-Vereinbarungen fallen Kombinationen von Geschäften mit Derivaten oder Wertpapierpositionen, die sich auf den gleichen Basiswert beziehen, wobei im Falle von Derivaten der Fälligkeitstermin des Derivats keine Rolle spielt, wenn diese Geschäfte mit Derivaten oder Wertpapierpositionen mit dem alleinigen Ziel der Risikoeliminierung bei Positionen geschlossen wurden, die über die anderen Derivate oder Wertpapierpositionen eingegangen wurden;
b) unter Hedging-Vereinbarungen fallen Kombinationen von Geschäften mit Derivaten oder Wertpapierpositionen, die sich nicht zwangsläufig auf den gleichen Basiswert beziehen, wenn diese Geschäfte mit Derivaten oder Wertpapierpositionen mit dem alleinigen Ziel des Risikoausgleichs bei Positionen geschlossen wurden, die über die anderen Derivate oder Wertpapierpositionen eingegangen wurden.

(4) Abweichend von Absatz 2 wird ein Derivat nicht in eine äquivalente Basiswert-Position umgerechnet, wenn es alle folgenden Merkmale aufweist:
a) Es tauscht den Ertrag finanzieller Vermögenswerte im AIF-Portfolio gegen den Ertrag anderer finanzieller Referenzvermögenswerte;
b) es gleicht die Risiken der getauschten Vermögenswerte im AIF-Portfolio vollständig aus, so dass der Ertrag des AIF nicht vom Ertrag der getauschten Vermögenswerte abhängt;
c) es enthält im Vergleich zum unmittelbaren Halten des finanziellen Referenzvermögenswerts weder zusätzliche optionale Merkmale noch Klauseln über eine Hebelfinanzierung noch andere zusätzliche Risiken.

(5) Abweichend von Absatz 2 wird ein Derivat bei der Risikoberechnung nach der Commitment-Methode nicht in eine äquivalente Basiswert-Position umgerechnet, wenn es die beiden folgenden Voraussetzungen erfüllt:
a) Das Derivat aus einem finanziellen Vermögenswert wird vom AIF in Kombination mit Barmitteln gehalten, die in Barmitteläquivalente im Sinne von Artikel 7 Buchstabe a investiert werden, wobei dieses kombinierte Halten einer Long-Position in dem betreffenden finanziellen Vermögenswert entspricht;
b) das Derivat generiert keine zusätzliche Risikoposition, keine zusätzliche Hebelfinanzierung und kein zusätzliches Risiko.

(6) Hedging-Vereinbarungen werden bei der Berechnung des Risikos eines AIF nur berücksichtigt, wenn sie alle folgenden Voraussetzungen erfüllen:
a) Mit den an dem Absicherungsverhältnis beteiligten Positionen sollen keine Erträge erzielt werden und allgemeine und besondere Risiken werden ausgeglichen;
b) auf Ebene des AIF sinkt das Marktrisiko nachprüfbar;
c) soweit vorhanden, werden die mit Derivaten verbundenen allgemeinen und besonderen Risiken ausgeglichen;
d) die Hedging-Vereinbarungen beziehen sich auf ein und dieselbe Vermögenswertgattung;
e) sie sind auch bei angespannten Marktbedingungen wirksam.

(7) Vorbehaltlich des Absatzes 6 werden Derivate, die zur Absicherung von Fremdwährungsrisiken eingesetzt werden und keine zusätzlichen Risikopositionen, keine zusätzliche

Hebelfinanzierung und keine sonstigen Risiken mit sich bringen, nicht in die Berechnung einbezogen.

(8) AIFM rechnen folgende Positionen gegeneinander auf:

a) Derivate mit gleichem Basiswert, auch wenn diese zu unterschiedlichen Terminen fällig werden;
b) Derivate, denen die in Anhang I Abschnitt C Nummern 1 bis 3 der Richtlinie 2004/39/EG genannten übertragbaren Wertpapiere, Geldmarktinstrumente oder Anteile an einem Organismus für gemeinsame Anlagen in Wertpapieren zugrunde liegen, werden gegen die zugrunde liegenden Vermögenswerte aufgerechnet.

(9) AIFM, die AIF verwalten, die im Einklang mit ihrer Hauptanlagestrategie hauptsächlich in Zinsderivate investieren, machen gemäß Artikel 11 von spezifischen Duration-Netting-Regelungen Gebrauch, um der Korrelation zwischen den Laufzeitsegmenten der Zinsstrukturkurve Rechnung zu tragen.

Artikel 9
Methoden zur Erhöhung des Risikos eines AIF

Bei der Berechnung des Risikos wenden die AIFM die in Anhang I dargelegten Methoden auf die dort angegebenen Fälle an.

Artikel 10
Umrechnungsmethoden für Derivate

AIFM wenden die in Anhang II dargelegten Umrechnungsmethoden auf die dort genanten Derivate an.

Artikel 11
Duration-Netting-Regelungen

(1) Duration-Netting-Regelungen werden von AIFM angewandt, wenn sie das Risiko eines AIF gemäß Artikel 8 Absatz 9 berechnen.

(2) Duration-Netting-Regelungen werden nicht angewandt, wenn sie eine Fehldarstellung des AIF-Risikoprofils zur Folge hätten. AIFM, die von solchen Netting-Regelungen Gebrauch machen, beziehen in ihre Zinsstrategie keine anderen Risikofaktoren ein, wie beispielsweise Volatilität. Zinsarbitrage-Strategien finden deshalb auf solche Netting-Regelungen keine Anwendung.

(3) Die Verwendung solcher Duration-Netting-Regelungen führt nicht dazu, dass durch Anlagen in Kurzfrist-Positionen die Hebelfinanzierung eine ungerechtfertigte Höhe erreicht. Kurzfristige Zinsderivate stellen für einen AIF mit mittlerer Laufzeit, der die Duration-Netting-Regelungen anwendet, nicht die Hauptertragsquelle dar.

(4) Zinsderivate werden gemäß Anhang III in eine äquivalente Basisposition umgerechnet und einem Netting unterzogen.

(5) AIF, die von den Duration-Netting-Regelungen Gebrauch machen, können nach wie vor den die Hedging-Regelung nutzen. Duration-Netting-Regelungen können ausschließlich auf die nicht unter die Hedging-Regelung fallenden Zinsderivate angewandt werden.

ABSCHNITT 3
Zusätzliche Eigenmittel und Berufshaftpflichtversicherung

(Artikel 9 Absatz 7 und Artikel 15 der Richtlinie 2011/61/EU)

Artikel 12
Berufshaftungsrisiken

(1) Bei den nach Artikel 9 Absatz 7 der Richtlinie 2011/61/EU abzudeckenden Berufshaftungsrisiken handelt es sich um das Risiko eines Verlusts oder Schadens, der durch die Fahrlässigkeit einer relevanten Person bei der Ausübung von Tätigkeiten, für die der AIFM rechtlich verantwortlich ist, verursacht wird.

(2) Die in Absatz 1 definierten Berufshaftungsrisiken umfassen u. a.

a) das Risiko des Verlusts von Dokumentennachweisen für das Eigentumsrecht des AIF an Vermögenswerten;
b) das Risiko von Fehldarstellungen oder irreführenden Aussagen gegenüber dem AIF oder seinen Anlegern;
c) das Risiko von Handlungen, Fehlern oder Auslassungen, aufgrund deren gegen Folgendes verstoßen wird:
   i) gesetzliche Pflichten und Verwaltungsvorgaben;
   ii) die Pflicht, dem AIF und seinen Anlegern gegenüber Sachkenntnis und Sorgfalt walten zu lassen;
   iii) treuhänderische Pflichten;
   iv) Pflicht zur vertraulichen Behandlung;
   v) die Vertragsbedingungen oder die Satzung des AIF;
   vi) die Bedingungen, zu denen der AIFM vom AIF bestellt wurde;
d) das Risiko, dass keine angemessenen Verfahren zur Prävention unredlicher, betrügerischer oder böswilliger Handlungen geschaffen, umgesetzt und beibehalten werden;
e) das Risiko einer nicht vorschriftsmäßigen Bewertung von Vermögenswerten oder Berechnung von Anteilspreisen;
f) das Risiko von Verlusten, die durch eine Betriebsunterbrechung, durch Systemausfälle oder durch einen Ausfall der Transaktionsverarbeitung oder des Prozessmanagements verursacht werden.

(3) Berufshaftungsrisiken sind allzeit entweder durch zusätzliche, gemäß Artikel 14 bestimmte Eigenmittel in ausreichender Höhe oder durch einen ausreichenden, gemäß Artikel 15 bestimmten Berufshaftpflichtversicherungsschutz zu decken.

Artikel 13
Qualitative Anforderungen im Zusammenhang mit Berufshaftpflichtrisiken

(1) Um die operationellen Risiken, einschließlich Berufshaftungsrisiken, denen der AIFM ausgesetzt ist oder nach billigem Ermessen ausgesetzt sein könnte, angemessen zu ermitteln, zu messen, zu steuern und zu überwachen, wendet ein AIFM wirksame interne Grundsätze und Verfahren zur Steuerung des operationellen Risikos an. Die mit der Steuerung des operationellen Risikos zusammenhängenden Tätigkeiten werden im Rahmen der Risikomanagement-Grundsätze unabhängig ausgeführt.

(2) Ein AIFM richtet eine historische Verlustdatenbank ein, in der sämtliche Fälle von operationellem Versagen sowie alle erlittenen Verluste und eingetretenen Schäden erfasst

werden. Diese Datenbank erfasst alle in Artikel 12 Absatz 2 genannten, eingetretenen Berufshaftungsrisiken, ist aber nicht auf diese beschränkt.

(3) Der AIFM macht innerhalb des Risikomanagement-Rahmens von seinen internen historischen Verlustdaten sowie – wo angemessen – von externen Daten, Szenarioanalysen und Faktoren, die das Unternehmensumfeld und die internen Kontrollsysteme widerspiegeln, Gebrauch.

(4) Operationelle Risiken und erlittene Verluste werden laufend überwacht und sind Gegenstand einer regelmäßigen internen Berichterstattung.

(5) Die Grundsätze und Verfahren des AIFM zur Steuerung des operationellen Risikos werden genau dokumentiert. Ein AIFM hat Vorkehrungen getroffen, um die Einhaltung seiner Grundsätze für die Steuerung des operationellen Risikos sowie wirksame Maßnahmen für den Umgang mit der Nichteinhaltung dieser Grundsätze zu gewährleisten. Ein AIFM verfügt über Verfahren, die die Einleitung angemessener Korrektivmaßnahmen ermöglichen.

(6) Die Grundsätze und Verfahren zur Steuerung des operationellen Risikos und die Messsysteme werden regelmäßig, mindestens aber einmal jährlich, überprüft

(7) Ein AIFM verfügt stets über finanzielle Mittel, die dem für ihn ermittelten Risikoprofil angemessen sind.

Artikel 14
Zusätzliche Eigenmittel

(1) Dieser Artikel gilt für AIFM, die sich dafür entscheiden, Berufshaftungsrisiken durch zusätzliche Eigenmittel abzudecken.

(2) Zur Deckung von Berufshaftungsrisiken, die auf berufliche Fahrlässigkeit zurückzuführen sind, hält der AIFM zusätzliche Eigenmittel von mindestens 0,01 % des Werts der Portfolios der von ihm verwalteten AIF vor.

Der Wert der Portfolios der verwalteten AIF ist die Summe der absoluten Werte aller Vermögenswerte aller vom AIFM verwalteten AIF, einschließlich solcher, die mit Hilfe von Hebelfinanzierungen erworben wurden, wobei Derivate zu ihrem Marktwert bewertet werden.

(3) Am Ende jedes Geschäftsjahres wird das in Absatz 2 vorgeschriebene zusätzliche Eigenkapital neu berechnet und der Betrag der zusätzlichen Eigenmittel entsprechend angepasst.

Zur laufenden Überwachung des nach Absatz 2 Unterabsatz 2 berechneten Werts der Portfolios der von ihm verwalteten AIF richtet der AIFM Verfahren ein, setzt sie um und wendet sie an. Sollten die Portfolios der verwalteten AIF vor der in Unterabsatz 1 erwähnten jährlichen Neuberechnung einen erheblichen Wertzuwachs verzeichnen, berechnet der AIFM die erforderlichen zusätzlichen Eigenmittel umgehend neu und passt die zusätzlichen Eigenmittel entsprechend an.

(4) Die zuständige Behörde des Herkunftsmitgliedstaats des AIFM kann dem AIFM nur dann gestatten, weniger zusätzliche Eigenmittel vorzuhalten als in Absatz 2 verlangt, wenn sie sich anhand der in einem Beobachtungszeitraum von mindestens drei Jahren vor der Bewertung erfassten historischen Verlustdaten des AIFM davon überzeugt hat, dass die von diesem vorgehaltenen zusätzlichen Eigenmittel für eine angemessene Deckung seiner Berufshaftpflichtrisiken ausreichen. Bei einer autorisierten Unterschreitung des vorgeschriebenen Werts müssen die zusätzlichen Eigenmittel mindestens 0,008 % des Werts der Portfolios der vom AIFM verwalteten AIF betragen.

(5) Ist die zuständige Behörde des Herkunftsmitgliedstaats des AIFM nicht davon überzeugt, dass die von diesem vorgehaltenen zusätzlichen Eigenmittel für eine angemessene Deckung seiner Berufshaftpflichtrisiken ausreichen, kann sie den AIFM auffordern, seine zusätzlichen Eigenmittel über den in Absatz 2 vorgeschrieben Betrag hinaus aufzustocken. Die zuständige Behörde begründet, warum sie die zusätzlichen Eigenmittel des AIFM für unzureichend hält.

Artikel 15
Berufshaftpflichtversicherung

(1) Dieser Artikel gilt für AIFM, die sich dafür entscheiden, Berufshaftungsrisiken durch eine Berufshaftpflichtversicherung abzudecken.

(2) Der AIFM schließt und verfügt allzeit über eine Berufshaftpflichtversicherung,

a) deren Anfangslaufzeit mindestens ein Jahr beträgt;
b) deren Kündigungsfrist mindestens 90 Tage beträgt;
c) die die in Artikel 12 Absätze 1 und 2 definierten Berufshaftungsrisiken abdeckt;
d) die bei einem EU- oder Drittlandsunternehmen geschlossen wurde, das nach dem Unions- oder dem nationalen Recht für die Berufshaftpflichtversicherung zugelassen ist;
e) die von einem Drittunternehmen gestellt wird.

Jede vereinbarte, festgelegte Überschreitung ist in vollem Umfang durch Eigenmittel gedeckt, die zusätzlich zu den in Artikel 9 Absätze 1 und 3 der Richtlinie 2011/61/EU vorgeschriebenen Eigenmitteln vorzuhalten sind.

(3) Der Versicherungsschutz für eine Einzelforderung entspricht mindestens 0.7 % des nach Artikel 14 Absatz 2 Unterabsatz 2 berechneten Werts der Portfolios der von dem AIFM verwalteten AIF.

(4) Der Versicherungsschutz für sämtliche Forderungen eines Jahres entspricht mindestens 0,9 % des nach Artikel 14 Absatz 2 Unterabsatz 2 berechneten Werts der Portfolios der von dem AIFM verwalteten AIF.

(5) Der AIFM überprüft die Berufshaftpflichtversicherungspolice und deren Übereinstimmung mit den in diesem Artikel festgelegten Anforderungen mindestens einmal jährlich sowie bei jeder Änderung, die sich auf die Übereinstimmung der Police mit den Anforderungen dieses Artikels auswirkt.

KAPITEL III
BEDINGUNGEN FÜR DIE AUSÜBUNG DER TÄTIGKEIT VON AIFM

ABSCHNITT 1
Allgemeine Grundsätze

(Artikel 12 Absatz 1 der Richtlinie 2011/61/EU)

Artikel 16
Allgemeine Pflichten der zuständigen Behörden

Wenn die zuständigen Behörden bewerten, ob der AIFM Artikel 12 Absatz 1 der Richtlinie 2011/61/EU einhält, legen sie zumindest die im vorliegenden Abschnitt festgelegten Kriterien zugrunde.

Artikel 17
Pflicht, im besten Interesse des AIF oder der Anleger des AIF und der Integrität des Marktes zu handeln

(1) Die AIFM wenden Grundsätze und Verfahren zur Verhinderung unzulässiger Praktiken an, einschließlich solcher, von denen nach billigem Ermessen eine Beeinträchtigung der Marktstabilität und -integrität zu erwarten wäre.

(2) Die AIFM stellen sicher, dass den von ihnen verwalteten AIF oder den Anlegern dieser AIF keine überzogenen Kosten in Rechnung gestellt werden.

Artikel 18
Gebotene Sorgfalt

(1) Die AIFM lassen bei der Auswahl und laufenden Überwachung der Anlagen große Sorgfalt walten.

(2) Die AIFM gewährleisten, dass sie hinsichtlich der Vermögenswerte, in die der AIF investiert, über ausreichende Kenntnisse und ausreichendes Verständnis verfügen.

(3) Die AIFM legen in Bezug auf Sorgfaltspflichten schriftliche Grundsätze und Verfahren fest, setzen diese um und wenden sie an und treffen wirksame Vorkehrungen, um zu gewährleisten, dass Anlageentscheidungen, die für die AIF getroffen werden, mit deren Zielen, Anlagestrategie und gegebenenfalls Risikolimits übereinstimmen.

(4) Die in Absatz 3 genannten Grundsätze und Verfahren in Bezug auf Sorgfaltspflichten werden regelmäßig überprüft und aktualisiert.

Artikel 19
Gebotene Sorgfalt bei Anlagen in eingeschränkt liquide Vermögenswerte

(1) Wenn AIFM in eingeschränkt liquide Vermögenswerte investieren und dieser Anlage eine Verhandlungsphase vorangeht, halten sie zusätzlich zu den in Artikel 18 festgelegten Anforderungen in Bezug auf die Verhandlungsphase die folgenden Anforderungen ein:

a) Sie stellen einen mit der Laufzeit des AIF und den Marktbedingungen in Einklang stehenden Geschäftsplan auf und aktualisieren diesen regelmäßig;
b) sie suchen nach möglichen, mit dem unter Buchstabe a genannten Geschäftsplan in Einklang stehende Transaktionen und wählen diese aus;
c) sie bewerten die ausgewählten Transaktionen unter Berücksichtigung eventuell vorhandener Gelegenheiten und damit insgesamt verbundener Risiken, aller relevanten rechtlichen, steuerlichen, finanziellen oder sonstigen den Wert beeinflussenden Faktoren, Human- und Materialressourcen und Strategien, einschließlich Ausstiegsstrategien;
d) bevor sie die Ausführung der Transaktionen veranlassen, prüfen sie diese mit der gebotenen Sorgfalt;
e) sie überwachen die Wertentwicklung des AIF unter Berücksichtigung des unter Buchstabe a genannten Geschäftsplans.

(2) Die Aufzeichnungen für die gemäß Absatz 1 ausgeführten Tätigkeiten bewahren die AIFM mindestens fünf Jahre lang auf.

Artikel 20
Gebotene Sorgfalt bei der Auswahl und Bestellung von Gegenparteien und Primebrokern

(1) Bei der Auswahl und Bestellung von Gegenparteien und Primebrokern verfahren die AIFM sowohl vor Abschluss einer Vereinbarung als auch im Anschluss daran stets mit der gebotenen Sachkenntnis, Sorgfalt und Gewissenhaftigkeit, wobei sie dem gesamten Spektrum und der Qualität der angebotenen Dienste Rechnung tragen.

(2) Bei der Auswahl von Primebrokern oder Gegenparteien eines AIFM oder AIF bei einem OTC-Derivatgeschäft, einem Wertpapierleih- oder einem Wertpapierpensionsgeschäft stellen die AIFM sicher, dass diese Primebroker und Gegenparteien alle folgenden Bedingungen erfüllen:

a) Sie unterliegen der laufenden Aufsicht einer öffentlichen Stelle;
b) sie sind finanziell solide;
c) sie verfügen über die Organisationsstruktur und die Ressourcen, die sie für die für den AIFM oder AIF zu erbringenden Leistungen benötigen.

(3) Bei der Bewertung der in Absatz 2 Buchstabe b erwähnten finanziellen Solidität berücksichtigt der AIFM, ob der Primebroker oder die Gegenpartei aufsichtsrechtlichen Vorschriften, wie ausreichenden Eigenkapitalanforderungen, und einer wirksamen Aufsicht unterliegen.

(4) Die Liste der ausgewählten Primebroker wird von der Geschäftsleitung des AIFM genehmigt. In Ausnahmefällen können auch nicht auf der Liste geführte Primebroker bestellt werden, wenn sie die in Absatz 2 festgelegten Anforderungen erfüllen und die Geschäftsleitung ihrer Bestellung zustimmt. Der AIFM muss eine solche Wahl begründen und nachweisen können, dass er bei der Auswahl und Überwachung der nicht auf der Liste geführten Primebroker mit der gebotenen Sorgfalt vorgegangen ist.

Artikel 21
Ehrlichkeit, Redlichkeit und gebotene Sachkenntnis

Um festzustellen, ob ein AIFM seinen Tätigkeiten ehrlich, redlich und mit der gebotenen Sachkenntnis nachgeht, bewerten die zuständigen Behörden zumindest, ob die folgenden Bedingungen erfüllt sind:

a) Das Leitungsgremium des AIFM verfügt kollektiv über die Kenntnisse, Kompetenzen und Erfahrungen, die für das Verständnis der Tätigkeiten des AIFM erforderlich sind, was insbesondere für die mit diesen Tätigkeiten verbundenen Hauptrisiken und die Vermögenswerte, in die der AIF investiert, gilt;
b) die Mitglieder des Leitungsgremiums widmen der ordnungsgemäßen Wahrnehmung ihrer Aufgaben beim AIFM genügend Zeit;
c) jedes Mitglied des Leitungsgremiums handelt aufrichtig, integer und unvoreingenommen;
d) der AIFM wendet für die Einführung der Mitglieder des Leitungsgremiums in ihr Amt und deren Schulung ausreichende Ressourcen auf.

Artikel 22
Ressourcen

(1) AIFM beschäftigen eine ausreichende Zahl von Mitarbeiterinnen und Mitarbeitern, die über die Kompetenzen, Kenntnisse und Erfahrungen verfügen, die zur Erfüllung der ihnen zugewiesenen Pflichten erforderlich sind.

(2) Für die Zwecke des Absatzes 1 tragen AIFM der Art, dem Umfang und der Komplexität ihrer Geschäfte sowie der Art und dem Spektrum der im Zuge dieser Geschäfte erbrachten Dienstleistungen und Tätigkeiten Rechnung.

Artikel 23
Faire Behandlung der AIF-Anleger

(1) Der AIFM sorgt dafür, dass seine in Artikel 57 erwähnten Entscheidungsprozesse und organisatorischen Strukturen eine faire Behandlung der Anleger gewährleisten.

(2) Sollte ein AIFM einem oder mehreren Anlegern eine Vorzugsbehandlung gewähren, bringt dies für die anderen Anleger insgesamt keine wesentliche Benachteiligung mit sich.

Artikel 24
Anreize

(1) AIFM können nicht als ehrlich, redlich und im besten Interesse der von ihnen verwalteten AIF oder deren Anlegern handelnd betrachtet werden, wenn sie bei der Wahrnehmung der in Anhang I der Richtlinie 2011/61/EU genannten Funktionen für ausgeführte Tätigkeiten eine Gebühr oder Provision zahlen oder erhalten oder eine nicht in Geldform angebotene Zuwendung gewähren oder erhalten, es sei denn, es handelt sich um:

a) eine Gebühr, eine Provision oder eine nicht in Geldform angebotene Zuwendung, die dem AIF oder einer für ihn handelnden Person gezahlt bzw. vom AIF oder einer für ihn handelnden Person gewährt wird;
b) eine Gebühr, eine Provision oder eine nicht in Geldform angebotene Zuwendung, die einem Dritten oder einer für ihn handelnden Person gezahlt bzw. von einer dieser Personen gewährt wird, wenn der AIF nachweisen kann, dass die folgenden Bedingungen erfüllt sind:
   i) die Existenz, die Art und der Betrag der Gebühr, Provision oder Zuwendung oder – wenn der Betrag nicht feststellbar ist – die Art und Weise seiner Berechnung werden den AIF-Anlegern vor Erbringung der betreffenden Dienstleistung in umfassender, zutreffender und verständlicher Weise unmissverständlich offengelegt;
   ii) die Zahlung der Gebühr oder Provision bzw. die Gewährung der nicht in Geldform angebotenen Zuwendung sind darauf ausgelegt, die Qualität der betreffenden Dienstleistung zu verbessern und den AIFM nicht daran zu hindern, pflichtgemäß im besten Interesse des von ihm verwalteten AIF oder dessen Anlegern zu handeln;
c) sachgerechte Gebühren, die die Erbringung der betreffenden Dienstleistung ermöglichen oder dafür notwendig sind – einschließlich Verwahrungsgebühren, Abwicklungs- und Handelsplatzgebühren, Verwaltungsabgaben oder gesetzliche Gebühren – und die wesensbedingt keine Konflikte mit der Verpflichtung des AIFM hervorrufen, ehrlich, redlich und im besten Interesse des von ihm verwalteten AIF oder dessen Anlegern zu handeln.

(2) Eine Offenlegung der wesentlichen Bestimmungen der Vereinbarungen über die Gebühr, die Provision oder die nicht in Geldform angebotene Zuwendung in zusammengefasster Form wird für die Zwecke von Absatz 1 Buchstabe b Ziffer i als ausreichend angesehen, sofern sich der AIFM verpflichtet, auf Wunsch des Anlegers des von ihm ver-

walteten Fonds weitere Einzelheiten offenzulegen, und dieser Verpflichtung auch nachkommt.

Artikel 25
Wirkungsvoller Einsatz von Ressourcen und Verfahren – Bearbeitung von Aufträgen

(1) Die AIFM legen Verfahren und Regelungen fest, die für die umgehende, faire und zügige Ausführung von Aufträgen für den AIF sorgen, setzen diese um und wenden sie an.

(2) Die in Absatz 1 genannten Verfahren und Regelungen müssen die folgenden Anforderungen erfüllen:

a) Sie stellen sicher, dass für AIF ausgeführte Aufträge umgehend und korrekt registriert und zugewiesen werden;

b) sie stellen sicher, dass ansonsten vergleichbare AIF-Aufträge der Reihe nach umgehend ausgeführt werden, es sei denn, die Merkmale des Auftrags oder die herrschenden Marktbedingungen machen dies unmöglich oder die Interessen des AIF oder seiner Anleger verlangen etwas anderes.

(3) Die Finanzinstrumente, Geldbeträge oder sonstigen Vermögenswerte, die im Zuge der Abrechnung der ausgeführten Aufträge entgegengenommen werden, werden umgehend und korrekt auf dem Konto des betreffenden OGAW eingeliefert oder verbucht.

(4) AIFM dürfen Informationen im Zusammenhang mit anstehenden AIF-Aufträgen nicht missbrauchen und treffen alle angemessenen Maßnahmen, um den Missbrauch derartiger Informationen durch ihre relevanten Personen zu verhindern.

Artikel 26
Mitteilungspflichten in Bezug auf die Ausführung von Zeichnungs- und Rücknahmeaufträgen

(1) Hat ein AIFM einen Zeichnungs- oder – falls relevant – einen Rücknahmeauftrag eines Anlegers ausgeführt, stellt er diesem unverzüglich auf einem dauerhaften Datenträger alle wesentlichen Informationen zur Ausführung dieses Auftrags oder – sollte dies der Fall sein – zur Annahme des Zeichnungsangebots zur Verfügung.

(2) Absatz 1 findet keine Anwendung, wenn ein Dritter dem Anleger eine Bestätigung über die Ausführung des Auftrags vorlegen muss und diese Bestätigung die wesentlichen Informationen enthält.

Die AIFM stellen sicher, dass dieser Dritte seinen Pflichten nachkommt.

(3) Die in den Absätzen 1 und 2 genannten wesentlichen Informationen umfassen Folgendes:

a) Angabe des AIFM;

b) Angabe des Anlegers;

c) Datum und Uhrzeit des Auftragseingangs;

d) Datum der Ausführung;

e) Angabe des AIF;

f) Bruttoauftragswert einschließlich Zeichnungsgebühren oder Nettobetrag nach Abzug von Rücknahmegebühren.

(4) AIFM legen dem Anleger auf Wunsch Informationen über den Stand des Auftrags oder der Annahme des Zeichnungsangebots oder gegebenenfalls beides vor.

Artikel 27
Ausführung von Handelsentscheidungen für den verwalteten AIF

(1) Wenn AIFM im Rahmen der Portfolioverwaltung Handelsentscheidungen für den verwalteten AIF ausführen, handeln sie im besten Interesse der AIF oder der Anleger der von ihnen verwalteten AIF.

(2) Bei jedem Kauf oder Verkauf von Finanzinstrumenten oder anderen Vermögenswerten, bei denen die bestmögliche Ausführung von Bedeutung ist, trifft ein AIFM für die Zwecke des Absatzes 1 alle angemessenen Maßnahmen, um für die von ihm verwalteten AIF oder deren Anleger das bestmögliche Ergebnis zu erzielen, wobei er dem Kurs, den Kosten, der Geschwindigkeit, der Wahrscheinlichkeit der Ausführung und Abrechnung, dem Umfang und der Art des Auftrags sowie allen sonstigen, für die Auftragsausführung relevanten Aspekten Rechnung trägt. Die relative Bedeutung dieser Faktoren wird anhand folgender Kriterien bestimmt:

a) Ziele, Anlagepolitik und spezifische Risiken des AIF, wie in den Vertragsbedingungen oder der Satzung des AIF, dem Prospekt oder den AIF-Emissionsunterlagen dargelegt;
b) Merkmale des Auftrags;
c) Merkmale der Finanzinstrumente oder sonstigen Vermögenswerte, die Gegenstand des betreffenden Auftrags sind;
d) Merkmale der Ausführungsplätze, an die der Auftrag weitergeleitet werden kann.

(3) Um den in den Absätzen 1 und 2 genannten Verpflichtungen nachzukommen, schaffen die AIFM wirksame Regelungen und setzen diese um. AIFM legen insbesondere schriftliche Grundsätze für die Auftragsausführung fest, die den AIF und deren Anlegern bei AIF-Aufträgen die Erzielung des bestmöglichen Ergebnisses gemäß Absatz 2 gestatten, und setzen diese um.

(4) Die AIFM überwachen die Wirksamkeit ihrer Regelungen und Grundsätze für die Auftragsausführung regelmäßig, um etwaige Mängel aufzudecken und bei Bedarf zu beheben.

(5) Die AIFM überprüfen ihre Grundsätze für die Auftragsausführung jährlich. Eine Überprüfung findet auch immer dann statt, wenn eine wesentliche Veränderung eintritt, die die Fähigkeit des AIFM beeinträchtigt, für die verwalteten AIF auch weiterhin das bestmögliche Ergebnis zu erzielen.

(6) Die AIFM können nachweisen, dass sie Aufträge für den AIF gemäß ihren Grundsätzen für die Auftragsausführung ausgeführt haben.

(7) Wenn nicht zwischen verschiedenen Ausführungsplätzen gewählt werden kann, finden die Absätze 2 bis 5 keine Anwendung. Allerdings müssen die AIFM nachweisen können, dass keine Wahl zwischen verschiedenen Ausführungsplätzen besteht.

Artikel 28
Platzierung von AIF-Handelsaufträgen bei anderen Ausführungseinrichtungen

(1) Bei jedem Kauf oder Verkauf von Finanzinstrumenten oder anderen Vermögenswerten, bei denen die bestmögliche Ausführung von Bedeutung ist, handelt der AIFM, wenn er im Rahmen der Portfolioverwaltung Handelsaufträge für die verwalteten AIF bei anderen Ausführungseinrichtungen platziert, im besten Interesse der von ihm verwalteten AIF oder der Anleger dieser AIF.

(2) Die AIFM treffen alle angemessenen Maßnahmen, um das bestmögliche Ergebnis für den AIF oder dessen Anleger zu erzielen, wobei sie dem Kurs, den Kosten, der Ge-

schwindigkeit, der Wahrscheinlichkeit der Ausführung und Abrechnung, dem Umfang und der Art des Auftrags sowie allen sonstigen, für die Auftragsausführung relevanten Aspekten Rechnung tragen. Die relative Bedeutung dieser Faktoren wird anhand der in Artikel 27 Absatz 2 festgelegten Kriterien bestimmt.

Die AIFM legen Grundsätze fest, die ihnen die Erfüllung der in Unterabsatz 1 genannten Verpflichtung gestatten, setzen diese um wenden sie an. In diesen Grundsätzen werden für jede Instrumentengattung die Einrichtungen genannt, bei denen Aufträge platziert werden dürfen. Der AIFM geht nur dann Ausführungsvereinbarungen ein, wenn diese mit den in diesem Artikel niedergelegten Verpflichtungen vereinbar sind. Der AIFM stellt den Anlegern der von ihm verwalteten AIF angemessene Informationen über die gemäß diesem Absatz festgelegten Grundsätze und wesentliche Änderungen daran zur Verfügung.

(3) Die AIFM überwachen die Wirksamkeit der gemäß Absatz 2 festgelegten Grundsätze, insbesondere die Qualität der Ausführung durch die in diesen Grundsätzen genannten Einrichtungen, regelmäßig und beheben bei Bedarf etwaige Mängel.

Außerdem unterziehen die AIFM ihre Grundsätze alljährlich einer Überprüfung. Eine solche Überprüfung findet auch immer dann statt, wenn eine wesentliche Veränderung eintritt, die die Fähigkeit des AIFM beeinträchtigt, für die verwalteten AIF auch weiterhin das bestmögliche Ergebnis zu erzielen.

(4) Die AIFM können nachweisen, dass sie Aufträge für den AIF gemäß den nach Absatz 2 festgelegten Grundsätzen platziert haben.

(5) Wenn nicht zwischen verschiedenen Ausführungsplätzen gewählt werden kann, finden die Absätze 2 bis 5 keine Anwendung. Allerdings müssen die AIFM nachweisen können, dass keine Wahl zwischen verschiedenen Ausführungsplätzen besteht.

Artikel 29
Zusammenlegung und Zuweisung von Handelsaufträgen

(1) Die AIFM können einen AIF-Auftrag nur dann zusammen mit dem Auftrag eines anderen AIF, eines OGAW oder eines Kunden oder mit einem bei Anlage ihrer Eigenmittel veranlassten Auftrag ausführen, wenn

a) nach billigem Ermessen zu erwarten ist, dass die Zusammenlegung der Aufträge für keinen der AIF, OGAW oder Kunden, deren Auftrag mit anderen zusammengelegt werden soll, insgesamt von Nachteil ist;
b) Grundsätze für die Auftragszuweisung festgelegt sind und umgesetzt werden, die die faire Zuweisung zusammengelegter Aufträge präzise genug regeln, auch im Hinblick darauf, wie Auftragsvolumen und -preis die Zuweisungen bestimmen und wie bei Teilausführungen zu verfahren ist.

(2) Legt ein AIFM einen AIF-Auftrag mit einem oder mehreren Aufträgen anderer AIF, OGAW oder Kunden zusammen und führt den zusammengelegten Auftrag teilweise aus, so weist er die zugehörigen Geschäfte gemäß seinen Grundsätzen für die Auftragszuweisung zu.

(3) Legt ein AIFM Geschäfte für eigene Rechnung mit einem oder mehreren AIF-, OGAW- oder Kundenaufträgen zusammen, so weist er die zugehörigen Geschäfte nicht in einer Weise zu, die für den AIF, den OGAW oder einen Kunden von Nachteil ist.

(4) Legt ein AIFM den Auftrag eines AIF, eines OGAW oder eines sonstigen Kunden mit einem Geschäft für eigene Rechnung zusammen und führt den zusammengelegten Auftrag teilweise aus, so räumt er bei der Zuweisung der zugehörigen Geschäfte dem AIF, dem OGAW oder den Kunden gegenüber seinen Eigengeschäften Vorrang ein.

Kann der AIFM dem AIF oder Kunden gegenüber jedoch schlüssig darlegen, dass er den Auftrag ohne die Zusammenlegung nicht zu derart günstigen Bedingungen oder überhaupt nicht hätte ausführen können, kann er das Geschäft für eigene Rechnung in Einklang mit seinen gemäß Absatz 1 Buchstabe b festgelegten Grundsätzen anteilsmäßig zuweisen.

ABSCHNITT 2
Interessenkonflikte

(Artikel 14 der Richtlinie 2011/61/EU)

Artikel 30
Arten von Interessenkonflikten

Zur Ermittlung der Arten von Interessenkonflikten, die bei der Verwaltung eines AIF auftreten, berücksichtigen AIFM insbesondere, ob der AIFM, eine relevante Person oder eine direkt oder indirekt über ein Kontrollverhältnis mit dem AIFM verbundene Person

a) voraussichtlich einen finanziellen Vorteil erzielt oder einen finanziellen Verlust vermeidet, was zu Lasten des AIF oder seiner Anleger geht;
b) am Ergebnis einer für den AIF oder seine Anleger oder einen Kunden erbrachten Dienstleistung oder Tätigkeit oder eines für den AIF oder einen Kunden getätigten Geschäfts ein Interesse hat, das sich nicht mit dem Interesse des AIF an diesem Ergebnis deckt;
c) einen finanziellen oder sonstigen Anreiz hat,
   – die Interessen eines OGAW, eines Kunden oder einer Gruppe von Kunden oder eines anderen AIF über die Interessen des AIF zu stellen;
   – die Interessen eines Anlegers über die Interessen eines anderen Anlegers oder einer Gruppe von Anlegern desselben AIF zu stellen;
d) für den AIF und für einen anderen AIF, einen OGAW oder Kunden dieselben Leistungen erbringt;
e) aktuell oder künftig von einer anderen Person als dem AIF oder seinen Anlegern in Bezug auf Leistungen der gemeinsamen Portfolioverwaltung, die für den AIF erbracht werden, zusätzlich zu der hierfür üblichen Provision oder Gebühr einen Anreiz in Form von Geld, Gütern oder Dienstleistungen erhält.

Artikel 31
Grundsätze für den Umgang mit Interessenkonflikten

(1) Der AIFM legt wirksame Grundsätze für den Umgang mit Interessenkonflikten fest, setzt sie um und wendet sie an. Diese Grundsätze sind schriftlich festzulegen und müssen der Größe und Organisation des AIFM sowie der Art, dem Umfang und der Komplexität seiner Geschäfte angemessen sein.

Gehört der AIFM einer Gruppe an, müssen diese Grundsätze darüber hinaus allen Umständen Rechnung tragen, die dem AIFM bekannt sind oder sein sollten und die aufgrund der Struktur und der Geschäftstätigkeiten anderer Gruppenmitglieder zu einem Interessenkonflikt Anlass geben könnten.

(2) In den gemäß Absatz 1 festgelegten Grundsätzen für den Umgang mit Interessenkonflikten wird

a) im Hinblick auf die Leistungen, die vom oder im Auftrag des AIFM erbracht werden, einschließlich der Tätigkeiten seiner Beauftragten, Unterbeauftragten, externen Bewerter oder Gegenparteien, festgelegt, unter welchen Umständen ein Interessenkonflikt, der den Interessen des AIF oder seiner Anleger erheblich schaden könnte, vorliegt oder entstehen könnte;
b) festgelegt, welche Verfahren für die Prävention, Steuerung und Überwachung dieser Konflikte einzuhalten und welche Maßnahmen zu treffen sind.

Artikel 32
Interessenkonflikte im Zusammenhang mit der Rücknahme von Anlagen

Im Einklang mit seinen Verpflichtungen gemäß Artikel 14 Absatz 1 der Richtlinie 2011/61/EU ermittelt, steuert und überwacht ein AIFM, der einen offenen AIF verwaltet, Interessenkonflikte, die zwischen Anlegern, die ihre Anlagen zurücknehmen wollen, und Anlegern, die ihre Anlagen im AIF aufrechterhalten wollen, auftreten, sowie Konflikte im Zusammenhang mit der Zielsetzung des AIFM, in illiquide Vermögenswerte zu investieren, und den Rücknahmegrundsätzen des AIF.

Artikel 33
Verfahren und Maßnahmen zur Prävention und Steuerung von Interessenkonflikten

(1) Die zur Prävention und Steuerung von Interessenkonflikten festgelegten Verfahren und Maßnahmen sollen dafür sorgen, dass relevante Personen, die verschiedene Geschäftstätigkeiten ausführen, die das Risiko eines Interessenkonflikts nach sich ziehen, diese Tätigkeiten mit einem Grad an Unabhängigkeit ausführen, der der Größe und dem Betätigungsfeld des AIFM und der Gruppe, der er angehört, sowie der Erheblichkeit des Risikos, dass die Interessen des AIF oder seiner Anleger geschädigt werden, angemessen ist.

(2) Sofern es für den AIFM zur Gewährleistung des geforderten Grads an Unabhängigkeit erforderlich und angemessen ist, schließen die nach Artikel 31 Absatz 2 Buchstabe b einzuhaltenden bzw. zu treffenden Verfahren und Maßnahmen Folgendes ein:
a) wirksame Verfahren, die den Austausch von Informationen zwischen relevanten Personen, die in der gemeinsamen Portfolioverwaltung tätig sind oder deren Tätigkeiten gemäß Artikel 6 Absätze 2 und 4 der Richtlinie 2011/61/EU einen Interessenkonflikt nach sich ziehen könnten, verhindern oder kontrollieren, wenn dieser Informationsaustausch den Interessen eines oder mehrerer AIF oder deren Anlegern schaden könnte;
b) die gesonderte Beaufsichtigung relevanter Personen, zu deren Hauptaufgaben die gemeinsame Portfolioverwaltung für Kunden oder die Erbringung von Dienstleistungen für Kunden oder Anleger gehört, deren Interessen möglicherweise kollidieren oder die in anderer Weise unterschiedliche, möglicherweise kollidierende Interessen vertreten, was auch die Interessen des AIFM einschließt;
c) die Beseitigung jeder direkten Verbindung zwischen der Vergütung relevanter Personen, die sich hauptsächlich mit einer Tätigkeit beschäftigen, und der Vergütung oder den Einnahmen anderer relevanter Personen, die sich hauptsächlich mit einer anderen Tätigkeit beschäftigen, wenn bei diesen Tätigkeiten ein Interessenkonflikt entstehen könnte;
d) Maßnahmen, die jeden ungebührlichen Einfluss auf die Art und Weise, in der eine relevante Person die gemeinsame Portfolioverwaltung ausführt, verhindern oder einschränken;

e) Maßnahmen, die die gleichzeitige oder anschließende Beteiligung einer relevanten Person an einer anderen gemeinsamen Portfolioverwaltung oder anderen Tätigkeiten gemäß Artikel 6 Absätze 2 und 4 der Richtlinie 2011/61/EU verhindern oder kontrollieren, wenn eine solche Beteiligung einer einwandfreien Steuerung von Interessenkonflikten im Wege stehen könnte.

Sollte die Annahme oder die Anwendung einer oder mehrerer dieser Maßnahmen und Verfahren nicht den erforderlichen Grad an Unabhängigkeit gewährleisten, legt der AIFM die für die genannten Zwecke erforderlichen und angemessenen alternativen oder zusätzlichen Maßnahmen und Verfahren fest.

Artikel 34
Steuerung von Interessenkonflikten

In Fällen, in denen die organisatorischen oder administrativen Vorkehrungen des AIFM nicht ausreichen, um nach vernünftigem Ermessen zu gewährleisten, dass das Risiko einer Schädigung der Interessen des AIF oder seiner Anleger ausgeschlossen werden kann, wird die Geschäftsleitung oder eine andere zuständige interne Stelle des AIFM umgehend informiert, damit sie die notwendigen Entscheidungen oder Maßnahmen treffen kann, um zu gewährleisten, dass der AIFM stets im besten Interesse des AIF oder seiner Anleger handelt.

Artikel 35
Überwachung von Interessenkonflikten

(1) Der AIFM führt Aufzeichnungen darüber, bei welchen Arten der vom AIFM oder in seinem Auftrag erbrachten Tätigkeiten ein Interessenkonflikt aufgetreten ist bzw. bei laufender Tätigkeit noch auftreten könnte, bei dem das Risiko, dass die Interessen eines oder mehrerer AIF oder seiner Anleger Schaden nehmen, erheblich ist, und aktualisiert diese Aufzeichnungen regelmäßig.

(2) Die Geschäftsleitung erhält regelmäßig, mindestens aber einmal jährlich, schriftliche Berichte über die in Absatz 1 erläuterten Tätigkeiten.

Artikel 36
Offenlegung von Interessenkonflikten

(1) Die den Anlegern gemäß Artikel 14 Absätze 1 und 2 der Richtlinie 2011/61/EU offenzulegenden Informationen werden den Anlegern auf einem dauerhaften Datenträger oder auf einer Website zur Verfügung gestellt.

(2) Werden die in Absatz 1 vorgesehenen Informationen auf einer Website zur Verfügung gestellt und nicht persönlich an den Anleger adressiert, sind folgende Bedingungen zu erfüllen:

a) Der Anleger wurde über die Adresse der Website und die Stelle, an der die Informationen auf dieser Website zu finden sind, informiert und hat der Bereitstellung der Informationen in dieser Form zugestimmt;
b) die Informationen müssen sich auf dem neuesten Stand befinden;
c) die Informationen müssen über diese Website laufend abgefragt werden können, und zwar so lange, wie sie für den Anleger nach vernünftigem Ermessen einsehbar sein müssen.

Artikel 37
Strategien für die Ausübung von Stimmrechten

(1) Ein AIFM arbeitet wirksame und angemessene Strategien im Hinblick darauf aus, wann und wie die Stimmrechte in den Portfolios der von ihm verwalteten AIF ausgeübt werden sollen, damit dies ausschließlich zum Nutzen des betreffenden AIF und seiner Anleger ist.

(2) Die in Absatz 1 vorgesehene Strategie enthält Maßnahmen und Verfahren, die

a) eine Verfolgung maßgeblicher Kapitalmaßnahmen ermöglichen;
b) sicherstellen, dass die Ausübung von Stimmrechten mit den Anlagezielen und der Anlagepolitik des jeweiligen AIF in Einklang steht;
c) Interessenkonflikte, die aus der Ausübung von Stimmrechten resultieren, verhindern oder regeln.

(3) Den Anlegern wird auf Wunsch eine zusammenfassende Beschreibung der Strategien und der Einzelheiten zu den auf der Grundlage dieser Strategien ergriffenen Maßnahmen zur Verfügung gestellt.

ABSCHNITT 3
Risikomanagement

(Artikel 15 der Richtlinie 2011/61/EU)

Artikel 38
Risikomanagement-Systeme

Für die Zwecke dieses Abschnitts sind unter Risikomanagement-Systemen Systeme zu verstehen, die aus relevanten Elementen der Organisationsstruktur des AIFM bestehen und in deren Rahmen einer ständigen Risikomanagement-Funktion eine zentrale Rolle zukommt, und die die im Zusammenhang mit der Steuerung der Anlagestrategie sämtlicher AIF relevanten Strategien und Verfahren, Vorkehrungen, Prozesse sowie mit der Risikomessung und dem Risikomanagement verbundene Verfahren umfassen, die der AIFM bei allen von ihm verwalteten AIF verwendet.

Artikel 39
Ständige Risikomanagement-Funktion

(1) Ein AIFM ist zur Einrichtung und Aufrechterhaltung einer ständigen Risikomanagement-Funktion gehalten, die

a) wirksame Grundsätze und Verfahren für das Risikomanagement umsetzt, um alle Risiken, die für die jeweilige Anlagestrategie eines jeden AIF wesentlich sind und denen jeder AIF unterliegt oder unterliegen kann, zu ermitteln, messen, steuern und zu überwachen;
b) gewährleistet, dass das gemäß Artikel 23 Absatz 4 Buchstabe c der Richtlinie 2011/61/EU gegenüber den Anlegern offengelegte Risikoprofil des AIF im Einklang mit den gemäß Artikel 44 dieser Verordnung festgelegten Risikolimits steht;
c) die Einhaltung der im Einklang mit Artikel 44 festgelegten Risikolimits überwacht und das Leitungsgremium des AIFM sowie gegebenenfalls die Aufsichtsfunktion des AIFM – falls vorhanden – rechtzeitig unterrichtet, wenn das Risikoprofil des AIF ihrer Auf-

fassung nach nicht mit diesen Limits im Einklang steht oder ein wesentliches Risiko besteht, dass das Risikoprofil künftig nicht im Einklang mit den Limits stehen könnte;

d) dem Leitungsgremium des AIFM und gegebenenfalls der Aufsichtsfunktion des AIFM – falls vorhanden – regelmäßig in Abständen, die der Art, dem Umfang und der Komplexität des AIF oder der Geschäfte des AIFM entsprechen, Aktualisierungen zu folgenden Aspekten bereitstellt:
   i) Kohärenz zwischen den im Einklang mit Artikel 44 festgelegten Risikolimits und dem gemäß Artikel 23 Absatz 4 Buchstabe c der Richtlinie 2011/61/EU den Anlegern offengelegten Risikoprofil des AIF und die Einhaltung der Risikolimits;
   ii) Angemessenheit und Wirksamkeit des Risikomanagement-Prozesses, wobei insbesondere angegeben wird, ob bei tatsächlichen oder zu erwartenden Mängeln angemessene Abhilfemaßnahmen eingeleitet wurden oder werden;

e) der Geschäftsleitung regelmäßig über den aktuellen Risikostand bei jedem verwalteten AIF und jede tatsächliche oder vorhersehbare Überschreitung der im Einklang mit Artikel 44 festgelegten Risikolimits Bericht erstattet, um zu gewährleisten, dass umgehend angemessene Maßnahmen eingeleitet werden können.

(2) Die Risikomanagement-Funktion verfügt über die notwendigen Befugnisse und über Zugang zu allen relevanten Informationen, die zur Erfüllung der in Absatz 1 vorgesehenen Aufgaben erforderlich sind.

Artikel 40
Grundsätze für das Risikomanagement

(1) Ein AIFM sorgt für die Festlegung, Umsetzung und Aufrechterhaltung angemessener und dokumentierter Grundsätze für das Risikomanagement, in denen die Risiken genannt werden, denen die von ihm verwalteten AIF ausgesetzt sind oder sein könnten.

(2) Die Grundsätze für das Risikomanagement umfassen die Verfahren, die notwendig sind, damit der AIFM bei jedem von ihm verwalteten AIF dessen Markt-, Liquiditäts- und Gegenparteirisiko sowie alle sonstigen relevanten Risiken, einschließlich operationeller Risiken, bewerten kann, die für die einzelnen von ihm verwalteten AIF wesentlich sein könnten.

(3) Der AIFM muss mindestens folgende Elemente in den Grundsätzen für das Risikomanagement behandeln:

a) die Verfahren, Instrumente und Vorkehrungen, die eine Einhaltung von Artikel 45 ermöglichen;

b) die Verfahren, Instrumente und Vorkehrungen, die ermöglichen, dass Liquiditätsrisiken des AIF unter normalen und außergewöhnlichen Liquiditätsbedingungen bewertet und überwacht werden können, einschließlich durch die Verwendung regelmäßig durchgeführter Stresstests gemäß Artikel 48;

c) die Zuständigkeitsverteilung innerhalb des AIFM in Bezug auf das Risikomanagement;

d) die im Einklang mit Artikel 44 dieser Verordnung festgelegten Risikolimits und eine Begründung, wie diese an dem nach Artikel 23 Absatz 4 der Richtlinie 2011/61/EU den Anlegern offengelegten Risikoprofil des AIF ausgerichtet werden;

e) die Modalitäten, Inhalte, die Häufigkeit und Adressaten der in Artikel 39 vorgesehenen Berichterstattung der Risikomanagement-Funktion.

(4) Die Grundsätze für das Risikomanagement umfassen eine Beschreibung der in Artikel 43 vorgesehenen Schutzvorkehrungen, insbesondere:

a) die Art potenzieller Interessenkonflikte;
b) die bestehenden Abhilfemaßnahmen;
c) die Gründe, weshalb diese Maßnahmen normalerweise für eine unabhängige Ausübung der Risikomanagement-Funktion sorgen dürften;
d) wie der AIFM sicherstellen will, dass die Schutzvorkehrungen stets wirksam sind.

(5) Die Grundsätze für das Risikomanagement gemäß Absatz 1 entsprechen der Art, dem Umfang und der Komplexität der Geschäfte des AIFM und des von ihm verwalteten AIF.

Artikel 41
Bewertung, Überwachung und Überprüfung der Risikomanagement-Systeme

(1) AIFM bewerten, überwachen und überprüfen regelmäßig, mindestens aber einmal jährlich, folgende Aspekte:
a) die Angemessenheit und Wirksamkeit der Grundsätze für das Risikomanagement sowie der in Artikel 45 vorgesehenen Vorkehrungen, Prozesse und Verfahren;
b) die Einhaltung der Grundsätze für das Risikomanagement sowie der in Artikel 45 vorgesehenen Vorkehrungen, Prozesse und Verfahren durch den AIFM;
c) die Angemessenheit und Wirksamkeit der Maßnahmen zur Behebung etwaiger Mängel in der Funktionsweise des Risikomanagement-Prozesses;
d) die Ausübung der Risikomanagement-Funktion;
e) die Angemessenheit und Wirksamkeit der Maßnahmen zur Sicherstellung der funktionalen und hierarchischen Trennung der Risikomanagement-Funktion gemäß Artikel 41.

Über die in Unterabsatz 1 vorgesehene Häufigkeit der regelmäßigen Überprüfung entscheidet die Geschäftsleitung im Einklang mit den Verhältnismäßigkeitsprinzipien unter Berücksichtigung der Art, des Umfangs und der Komplexität der Geschäfte des AIFM und des von ihm verwalteten AIF.

(2) Abgesehen von der in Absatz 1 vorgesehenen regelmäßigen Überprüfung wird das Risikomanagement-System überprüft, wenn
a) wesentliche Änderungen an den Grundsätzen für das Risikomanagement sowie den in Artikel 45 vorgesehenen Vorkehrungen, Prozessen und Verfahren vorgenommen werden;
b) interne oder externe Ereignisse darauf hinweisen, dass eine zusätzliche Überprüfung notwendig ist;
c) wesentliche Änderungen an der Anlagestrategie und den Zielen eines von dem AIFM verwalteten AIF vorgenommen werden.

(3) Der AIFM aktualisiert die Risikomanagement-Systeme auf der Grundlage der Ergebnisse der in den Absätzen 1 und 2 vorgesehenen Überprüfung.

(4) Der AIFM unterrichtet die zuständige Behörde seines Herkunftsmitgliedstaats über wesentliche Änderungen an den Grundsätzen für das Risikomanagement und den in Artikel 45 vorgesehenen Vorkehrungen, Prozessen und Verfahren.

Artikel 42
Funktionale und hierarchische Trennung der Risikomanagement-Funktion

(1) Die Risikomanagement-Funktion wird nur dann als funktional und hierarchisch getrennt von den operativen Einheiten, einschließlich der Funktion Portfolioverwaltung, betrachtet, wenn die folgenden Bedingungen sämtlich erfüllt sind:

a) Personen, die mit der Ausübung der Risikomanagement-Funktion betraut sind, unterstehen nicht Personen, die für die Tätigkeiten der operativen Einheiten, einschließlich der Funktion Portfolioverwaltung, des AIFM verantwortlich zeichnen;
b) Personen, die mit der Ausübung der Risikomanagement-Funktion betraut sind, üben keine Tätigkeiten innerhalb der operativen Einheiten, einschließlich der Funktion Portfolioverwaltung, aus;
c) Personen, die mit der Ausübung der Risikomanagement-Funktion betraut sind, werden entsprechend der Erreichung der mit dieser Funktion verbundenen Ziele entlohnt, und zwar unabhängig von den Tätigkeiten der operativen Einheiten, einschließlich der Funktion Portfolioverwaltung;
d) die Vergütung höherer Führungskräfte in der Risikomanagement-Funktion wird unmittelbar vom Vergütungsausschuss überprüft, sofern ein solcher Ausschuss eingerichtet wurde.

(2) Die funktionale und hierarchische Trennung der Risikomanagement-Funktion gemäß Absatz 1 wird durch die gesamte hierarchische Struktur des AIFM, bis zum Leitungsgremium, sichergestellt. Sie wird vom Leitungsgremium und von der Aufsichtsfunktion des AIFM – falls vorhanden – überprüft.

(3) Die zuständigen Behörden des Herkunftsmitgliedstaats des AIFM überprüfen, in welcher Form der AIFM die Absätze 1 und 2 auf der Grundlage der in Artikel 15 Absatz 1 Unterabsatz 2 der Richtlinie 2011/61/EU festgelegten Kriterien angewandt hat.

Artikel 43
Schutzvorkehrungen gegen Interessenkonflikte

(1) Die Schutzvorkehrungen gegen Interessenkonflikte gemäß Artikel 15 Absatz 1 der Richtlinie 2011/61/EU gewährleisten mindestens, dass
a) Entscheidungen der Risikomanagement-Funktion auf zuverlässigen Daten basieren, die einem angemessenen Maß an Überwachung durch die Risikomanagement-Funktion unterliegen;
b) die Vergütung der mit der Ausübung der Risikomanagement-Funktion betrauten Personen die Erreichung der mit der Risikomanagement-Funktion verbundenen Ziele widerspiegelt, und zwar unabhängig von den Leistungen der Geschäftsbereiche, in denen sie tätig sind;
c) die Risikomanagement-Funktion einer angemessenen unabhängigen Überprüfung unterzogen wird, um zu gewährleisten, dass die Entscheidungsfindung unabhängig verläuft;
d) die Risikomanagement-Funktion im Leitungsgremium oder in der Aufsichtsfunktion – falls vorhanden – mindestens mit denselben Befugnissen wie die Funktion Portfolioverwaltung vertreten ist;
e) kollidierende Aufgaben ordnungsgemäß voneinander getrennt werden.

(2) In Fällen, in denen dies unter Berücksichtigung der Art, des Umfangs und der Komplexität des AIFM verhältnismäßig ist, gewährleisten die Schutzvorkehrungen nach Absatz 1 außerdem, dass
a) die Ausübung der Risikomanagement-Funktion regelmäßig von der Innenrevisionsfunktion oder, falls eine solche nicht eingerichtet wurde, vom Leitungsgremium beauftragten externen Dritten überprüft wird;

b) der Risikoausschuss – falls vorhanden – über angemessene Mittel verfügt und seine nicht unabhängigen Mitglieder keinen unzulässigen Einfluss auf die Ausübung der Risikomanagement-Funktion haben.

(3) Das Leitungsgremium des AIFM und die Aufsichtsfunktion – falls vorhanden – richten Schutzvorkehrungen gegen Interessenkonflikte gemäß den Absätzen 1 und 2 ein, überprüfen regelmäßig deren Wirksamkeit und ergreifen zeitnah Abhilfemaßnahmen, um etwaige Mängel zu beseitigen.

Artikel 44
Risikolimits

(1) Ein AIFM richtet für jeden von ihm verwalteten AIF unter Berücksichtigung aller einschlägigen Risiken quantitative oder qualitative Risikolimits oder beides ein und setzt diese um. Werden lediglich qualitative Limits festgelegt, so muss der AIFM diesen Ansatz vor der zuständigen Behörde rechtfertigen können.

(2) Die qualitativen und quantitativen Risikolimits für jeden AIF decken mindestens folgende Risiken ab:
a) Marktrisiken;
b) Kreditrisiken;
c) Liquiditätsrisiken;
d) Gegenparteirisiken;
e) operationelle Risiken.

(3) Bei der Festlegung der Risikolimits berücksichtigt der AIFM die Strategien und Vermögenswerte im Hinblick auf jeden von ihm verwalteten AIF sowie die auf diese AIF anwendbaren nationalen Vorschriften. Die Risikolimits werden an dem den Anlegern im Einklang mit Artikel 23 Absatz 4 Buchstabe c der Richtlinie 2011/61/EU offengelegten Risikoprofil des AIF ausgerichtet und vom Leitungsgremium genehmigt.

Artikel 45
Risikomessung und -management

(1) AIFM nehmen angemessene und wirksame Vorkehrungen, Prozesse und Verfahren an, um
a) die Risiken, denen die von ihnen verwalteten AIF ausgesetzt sind oder sein könnten, jederzeit ermitteln, messen, steuern und überwachen zu können;
b) die Einhaltung der in Einklang mit Artikel 44 festgelegten Risikolimits zu gewährleisten.

(2) Die Vorkehrungen, Prozesse und Verfahren nach Absatz 1 sind angesichts der Art, des Umfangs und der Komplexität des Geschäfts des AIFM und sämtlicher von ihm verwalteten AIF verhältnismäßig und stehen im Einklang mit dem den Anlegern gemäß Artikel 23 Absatz 4 Buchstabe c der Richtlinie 2011/61/EU offengelegten Risikoprofil.

(3) Für die Zwecke von Absatz 1 ergreift der AIFM für alle von ihm verwalteten AIF die folgenden Maßnahmen:
a) Einführung der notwendigen Risikomessvorkehrungen, -prozesse und -verfahren, um sicherzustellen, dass die Risiken übernommener Positionen und deren Beitrag zum Gesamtrisikoprofil auf der Grundlage solider und verlässlicher Daten genau gemessen werden und dass die Risikomessvorkehrungen, -prozesse und -verfahren adäquat dokumentiert werden;

b) Durchführung periodischer Rückvergleiche (Backtesting) zur Überprüfung der Stichhaltigkeit der Risikomessvorkehrungen, zu denen modellbasierte Prognosen und Schätzungen gehören;
c) Durchführung periodischer Stresstests und Szenarioanalysen zur Erfassung der Risiken aus potenziellen Veränderungen der Marktbedingungen, die sich nachteilig auf den AIF auswirken könnten;
d) Gewährleistung, dass der jeweilige Risikostand mit den gemäß Artikel 44 festgelegten Risikolimits in Einklang steht;
e) Festlegung, Umsetzung und Aufrechterhaltung angemessener Verfahren, die im Falle von tatsächlichen oder zu erwartenden Verstößen gegen die Risikolimits des AIF zu zeitnahen Abhilfemaßnahmen im besten Interesse der Anleger führen;
f) Gewährleistung, dass im Einklang mit den in Artikel 46 vorgesehenen Anforderungen angemessene Systeme und Verfahren für das Liquiditätsmanagement für jeden AIF vorhanden sind.

ABSCHNITT 4
Liquiditätsmanagement

(Artikel 16 der Richtlinie 2011/61/EU)

Artikel 46
Liquiditätsmanagementsystem und -verfahren

AIFM müssen den zuständigen Behörden ihres Herkunftsmitgliedstaats gegenüber nachweisen können, dass ein angemessenes Liquiditätsmanagementsystem und wirksame Verfahren gemäß Artikel 16 Absatz 1 der Richtlinie 2011/61/EU bestehen und diese der Anlagestrategie, dem Liquiditätsprofil und den Rücknahmegrundsätzen eines jeden AIF Rechnung tragen.

Artikel 47
Liquiditätsrisikoüberwachung und -steuerung

(1) Das Liquiditätsmanagementsystem und die Verfahren gemäß Artikel 46 stellen mindestens sicher, dass
a) der AIFM in Bezug auf den AIF eine den zugrunde liegenden Verbindlichkeiten angemessene Liquiditätshöhe beibehält, die auf einer Bewertung der relativen Liquidität der Vermögenswerte des AIF am Markt basiert und der für die Liquidierung erforderlichen Zeit und dem Preis oder Wert, zu dem die Vermögenswerte liquidiert werden können, sowie deren Sensitivität hinsichtlich anderer Marktrisiken oder Faktoren Rechnung trägt;
b) der AIFM das Liquiditätsprofil des Vermögenswertportfolios des AIF im Hinblick auf den marginalen Beitrag einzelner Vermögenswerte, die wesentliche Auswirkungen auf die Liquidität haben könnten, und die wesentlichen Verbindlichkeiten und Verpflichtungen, auch Eventualverbindlichkeiten und -verpflichtungen, die der AIF bezüglich seiner zugrunde liegenden Verbindlichkeiten eingegangen sein könnte, überwacht. Für diese Zwecke berücksichtigt der AIFM das Profil der Anlegerbasis des AIF, darunter die Art der Anleger, den relativen Umfang der Anlagen und die Rücknahmebedingungen, die für diese Anlagen gelten;

c) der AIFM bei Anlagen des AIF in andere Organismen für gemeinsame Anlagen den von den Vermögensverwaltern dieser anderen Organismen für gemeinsame Anlagen verfolgten Ansatz beim Liquiditätsmanagement überwacht, einschließlich durch die Durchführung regelmäßiger Prüfungen, um Änderungen der Rücknahmebestimmungen für die zugrunde liegenden Organismen für gemeinsame Anlagen, in die der AIF investiert, zu überwachen. Vorbehaltlich des Artikels 16 Absatz 1 der Richtlinie 2011/61/EU findet diese Verpflichtung keine Anwendung, wenn die anderen Organismen für gemeinsame Anlagen, in die der AIF investiert, aktiv auf einem geregelten Markt im Sinne von Artikel 4 Absatz 1 Nummer 14 der Richtlinie 2004/39/EG oder einem gleichwertigen Markt eines Drittlands gehandelt werden;
d) der AIFM angemessene Liquiditätsmessvorkehrungen und -verfahren umsetzt und aufrechterhält, um die quantitativen und qualitativen Risiken von Positionen und beabsichtigten Investitionen zu bewerten, die wesentliche Auswirkungen auf das Liquiditätsprofil des Vermögenswertportfolios des AIF haben, damit deren Auswirkungen auf das Gesamtliquiditätsprofil angemessen gemessen werden können. Die eingesetzten Verfahren sorgen dafür, dass der AIFM über angemessene Kenntnisse und Erfahrungen in Bezug auf die Liquidität der Vermögenswerte verfügt, in die der AIF investiert hat oder zu investieren beabsichtigt, einschließlich gegebenenfalls in Bezug auf das Handelsvolumen und die Preissensitivität und je nach Fall auf die Spreads einzelner Vermögenswerte unter normalen und außergewöhnlichen Liquiditätsbedingungen;
e) der AIFM die für die Steuerung des Liquiditätsrisikos jedes von ihm verwalteten AIF erforderlichen Instrumente und Vorkehrungen, auch besondere Vorkehrungen, berücksichtigt und umsetzt. Der AIFM ermittelt die Umstände, unter denen diese Instrumente und Vorkehrungen sowohl unter normalen als auch unter außergewöhnlichen Umständen eingesetzt werden können und berücksichtigt dabei die faire Behandlung aller AIF-Anleger in Bezug auf jeden von ihm verwalteten AIF. Der AIFM darf derartige Instrumente und Vorkehrungen nur unter diesen Umständen einsetzen und falls im Einklang mit Artikel 108 angemessene Offenlegungen vorgenommen wurden.

(2) AIFM dokumentieren ihre Grundsätze und Verfahren für das Liquiditätsmanagement gemäß Absatz 1, überprüfen sie mindestens einmal jährlich und aktualisieren sie bei Änderungen oder neuen Vorkehrungen.

(3) AIFM berücksichtigen in ihrem Liquiditätsmanagementsystem und den betreffenden Verfahren im Sinne von Absatz 1 angemessene Eskalationsmaßnahmen, um zu erwartende oder tatsächliche Liquiditätsengpässe oder andere Notsituationen des AIF zu bewältigen.

(4) Verwaltet der AIFM einen AIF, bei dem es sich um einen mit zu geringem Fremdkapital ausgestatteten AIF des geschlossenen Typs handelt, so findet Absatz 1 Buchstabe e keine Anwendung.

Artikel 48
Liquiditätsmanagement-Limits und -Stresstests

(1) AIFM setzen gegebenenfalls unter Berücksichtigung der Art, des Umfangs und der Komplexität jedes von ihnen verwalteten AIF im Einklang mit den zugrunde liegenden Verbindlichkeiten und den Rücknahmegrundsätzen sowie den in Artikel 44 vorgesehenen Anforderungen im Zusammenhang mit den quantitativen und qualitativen Risikolimits adäquate Limits für die Liquidität oder Illiquidität des AIF um und erhalten diese aufrecht.

AIFM überwachen die Einhaltung dieser Limits und legen das erforderliche (oder notwendige) Verfahren bei einer Überschreitung oder möglichen Überschreitung der Limits fest. Bei der Festlegung des angemessenen Vorgehens berücksichtigen AIFM die Adäquatheit der Grundsätze und Verfahren für das Liquiditätsmanagement, die Angemessenheit des Liquiditätsprofils der Vermögenswerte des AIF und die Auswirkung von Rücknahmeforderungen in atypischer Höhe.

(2) AIFM führen unter Zugrundelegung von sowohl normalen als auch außergewöhnlichen Liquiditätsbedingungen regelmäßig Stresstests durch, mit denen sie die Liquiditätsrisiken jedes von ihnen verwalteten AIF bewerten können. Die Stresstests

a) werden auf der Grundlage zuverlässiger und aktueller quantitativer oder, falls dies nicht angemessen ist, qualitativer Informationen durchgeführt;
b) simulieren gegebenenfalls mangelnde Liquidität der Vermögenswerte im AIF sowie atypische Rücknahmeforderungen;
c) decken Marktrisiken und deren Auswirkungen, einschließlich auf Nachschussforderungen, Besicherungsanforderungen oder Kreditlinien, ab;
d) tragen Bewertungssensitivitäten unter Stressbedingungen Rechnung;
e) werden unter Berücksichtigung der Anlagestrategie, des Liquiditätsprofils, der Anlegerart und der Rücknahmegrundsätze des AIF in einer der Art des AIF angemessenen Häufigkeit mindestens einmal jährlich durchgeführt.

(3) AIFM handeln im Hinblick auf das Ergebnis von Stresstests im besten Interesse der Anleger.

Artikel 49
Kohärenz von Anlagestrategie, Liquiditätsprofil und Rücknahmegrundsätzen

(1) Für die Zwecke von Artikel 16 Absatz 2 der Richtlinie 2011/61/EU werden die Anlagestrategie, das Liquiditätsprofil und die Rücknahmegrundsätze aller von einem AIFM verwalteten AIF als kohärent angesehen, wenn die Anleger die Möglichkeit haben, ihre Anlagen in einer der fairen Behandlung aller AIF-Anleger entsprechenden Art und im Einklang mit den Rücknahmegrundsätzen des AIF und seinen Verpflichtungen zurückzunehmen.

(2) Bei der Bewertung der Kohärenz von Anlagestrategie, Liquiditätsprofil und Rücknahmegrundsätzen berücksichtigt der AIFM außerdem die Auswirkungen, die Rücknahmen auf die zugrunde liegenden Preise oder Spreads der einzelnen Vermögenswerte des AIF haben könnten.

ABSCHNITT 5
Anlagen in Verbriefungspositionen

(Artikel 17 der Richtlinie 2011/61/EU)

Artikel 50
Begriffsbestimmungen

Für die Zwecke dieses Abschnitts bezeichnet der Ausdruck

a) „Verbriefung" Verbriefung im Sinne von Artikel 4 Nummer 36 der Richtlinie 2006/48/EG;
b) „Verbriefungsposition" eine Verbriefungsposition im Sinne von Artikel 4 Nummer 40 der Richtlinie 2006/48/EG;

c) „Sponsor“ einen Sponsor im Sinne von Artikel 4 Nummer 42 der Richtlinie 2006/48/EG;
d) „Tranche“ eine Tranche im Sinne von Artikel 4 Nummer 39 der Richtlinie 2006/48/EG.

Artikel 51
Vorschriften über den Selbstbehalt

(1) AIFM übernehmen das Kreditrisiko einer Verbriefung im Auftrag eines oder mehrerer der von ihnen verwalteten AIF nur dann, wenn der Originator, Sponsor oder ursprüngliche Kreditnehmer dem AIFM ausdrücklich mitgeteilt hat, dass er kontinuierlich einen materiellen Nettoanteil behält, der in jedem Fall mindestens 5 % beträgt.

Lediglich folgende Fälle gelten als Halten eines materiellen Nettoanteils von mindestens 5 %:
a) das Halten eines Anteils von mindestens 5 % des Nominalwerts einer jeden an die Anleger verkauften oder übertragenen Tranche;
b) bei Verbriefungen von revolvierenden Forderungen das Halten eines Originator-Anteils von mindestens 5 % des Nominalwerts der verbrieften Forderungen;
c) das Halten eines Anteils von nach dem Zufallsprinzip ausgewählten Forderungen, der mindestens 5 % des Nominalwerts der verbrieften Forderungen entspricht, wenn diese Forderungen ansonsten verbrieft worden wären, sofern die Zahl der potenziell verbrieften Forderungen bei der Origination mindestens 100 beträgt;
d) das Halten der Erstverlusttranche und erforderlichenfalls weiterer Tranchen, die das gleiche oder ein höheres Risikoprofil aufweisen und nicht früher fällig werden als die an die Anleger verkauften oder übertragenen Tranchen, so dass der insgesamt gehaltene Anteil mindestens 5 % des Nominalwerts der verbrieften Forderungen entspricht;
e) das Halten einer Erstverlust-Risikoposition von mindestens 5 % einer jeden verbrieften Forderung bei der Verbriefung.

Der materielle Nettoanteil wird bei der Origination berechnet und ist kontinuierlich aufrechtzuerhalten. Der materielle Nettoanteil, einschließlich einbehaltener Positionen, Zinsen oder Forderungen, wird nicht für die Kreditrisikominderung, für Verkaufspositionen oder sonstige Absicherungen berücksichtigt und nicht veräußert. Der materielle Nettoanteil wird durch den Nominalwert der außerbilanziellen Posten bestimmt.

Die Vorschriften über den Selbstbehalt dürfen bei einer Verbriefung nicht mehrfach zur Anwendung gebracht werden.

(2) Absatz 1 findet keine Anwendung, wenn es sich bei den verbrieften Forderungen um Forderungen oder Eventualforderungen handelt, die gegenüber den in Artikel 122a Absatz 3 Unterabsatz 1 der Richtlinie 2006/48/EG aufgeführten Einrichtungen bestehen oder von diesen umfassend, bedingungslos und unwiderruflich garantiert werden, und findet keine Anwendung auf die in Artikel 122a Absatz 3 Unterabsatz 2 der Richtlinie 2006/48/EG aufgeführten Transaktionen.

Artikel 52
Qualitative Anforderungen an Sponsoren und Originatoren

Bevor ein AIFM das Kreditrisiko einer Verbriefung im Auftrag eines oder mehrerer AIF übernimmt, stellt er sicher, dass der Sponsor und der Originator
a) sich bei der Kreditvergabe auf solide und klar definierte Kriterien stützen und für eine klare Regelung des Verfahrens für die Genehmigung, Änderung, Verlängerung und

Refinanzierung von Krediten in Bezug auf zu verbriefende Forderungen sorgen, wie es auch auf die von ihnen gehaltenen Forderungen angewandt wird;

b) über wirksame Systeme für die laufende Verwaltung und Überwachung ihrer kreditrisikobehafteten Portfolios und Forderungen verfügen, einschließlich zur Erkennung und Verwaltung von Problemkrediten sowie zur Vornahme adäquater Wertberichtigungen und Rückstellungen, und diese einsetzen;

c) jedes Kreditportfolio auf der Grundlage des Zielmarktes und der allgemeinen Kreditstrategie angemessen diversifizieren;

d) über schriftliche Grundsätze in Bezug auf Kreditrisiken verfügen, in denen auch ihre Risikotoleranzschwellen und Rückstellungsgrundsätze erläutert werden und beschrieben wird, wie diese Risiken gemessen, überwacht und kontrolliert werden;

e) problemlos Zugang zu allen wesentlichen einschlägigen Daten zur Kreditqualität und Wertentwicklung der einzelnen zugrunde liegenden Forderungen, zu den Cashflows und zu den Sicherheiten, mit denen eine Verbriefungsposition unterlegt ist, und zu Informationen gewähren, die notwendig sind, um umfassende und fundierte Stresstests in Bezug auf die Cashflows und Besicherungswerte, die hinter den zugrunde liegenden Forderungen stehen, durchführen zu können. Zu diesem Zweck werden die wesentlichen einschlägigen Daten zum Zeitpunkt der Verbriefung oder, wenn die Art der Verbriefung dies erfordert, zu einem späteren Zeitpunkt bestimmt.

f) problemlos Zugang zu allen anderen einschlägigen Daten gewähren, die der AIFM benötigt, um die in Artikel 53 festgelegten Anforderungen zu erfüllen;

g) die Höhe des von ihnen gehaltenen Nettoanteils im Sinne von Artikel 51 sowie jegliche Aspekte, die das kontinuierliche Halten des gemäß jenem Artikel mindestens erforderlichen Nettoanteils offenlegen.

Artikel 53
Qualitative Anforderungen an AIFM mit Risiken aus Verbriefungen

(1) AIFM sind – bevor sie das Kreditrisiko einer Verbriefung im Auftrag einer oder mehrerer AIF übernehmen und gegebenenfalls anschließend – in der Lage, den zuständigen Behörden gegenüber nachzuweisen, dass sie hinsichtlich jeder einzelnen Verbriefungsposition über umfassende und gründliche Kenntnis verfügen und bezüglich des Risikoprofils der einschlägigen Investitionen des AIF in verbriefte Positionen förmliche Grundsätze und Verfahren umgesetzt haben, um Folgendes zu analysieren und zu erfassen:

a) nach Artikel 51 offengelegte Informationen der Originatoren oder Sponsoren zur Spezifizierung des Nettoanteils, den sie kontinuierlich an der Verbriefung behalten;

b) Risikomerkmale der einzelnen Verbriefungspositionen;

c) Risikomerkmale der Forderungen, die der Verbriefungsposition zugrunde liegen;

d) Ruf und erlittene Verluste bei früheren Verbriefungen der Originatoren oder Sponsoren in den betreffenden Forderungsklassen, die der Verbriefungsposition zugrunde liegen;

e) Erklärungen und Offenlegungen der Originatoren oder Sponsoren oder ihrer Beauftragten oder Berater über die gebotene Sorgfalt, die sie im Hinblick auf die verbrieften Forderungen und gegebenenfalls im Hinblick auf die Besicherungsqualität der verbrieften Forderungen walten lassen;

f) gegebenenfalls Methoden und Konzepte, nach denen die Besicherung der verbrieften Forderungen bewertet wird, sowie Vorschriften, die der Originator oder Sponsor zur Gewährleistung der Unabhängigkeit des Bewerters vorgesehen hat;

g) alle strukturellen Merkmale der Verbriefung, die wesentlichen Einfluss auf die Entwicklung der Verbriefungsposition des Instituts haben können, wie etwa vertragliche Wasserfall-Strukturen und damit verbundene Auslöserquoten („Trigger"), Bonitätsverbesserungen, Liquiditätsverbesserungen, Marktwert-Trigger und geschäftsspezifische Definitionen des Ausfalls.

(2) Hat ein AIFM im Auftrag eines oder mehrerer AIF einen wesentlichen Wert des Kreditrisikos einer Verbriefung übernommen, so führt er regelmäßig Stresstests durch, die derartigen Verbriefungspositionen im Einklang mit Artikel 15 Absatz 3 Buchstabe b der Richtlinie 2011/61/EU angemessen sind. Der Stresstest ist der Art, dem Umfang und der Komplexität des mit den Verbriefungspositionen verbundenen Risikos angemessen.

AIFM legen im Einklang mit den in Artikel 15 der Richtlinie 2011/61/EU enthaltenen Grundsätzen formale Überwachungsverfahren fest, die dem Risikoprofil des betreffenden AIF in Verbindung mit dem Kreditrisiko einer Verbriefungsposition angemessen sind, um kontinuierlich und zeitnah Wertentwicklungsinformationen über die derartigen Verbriefungspositionen zugrunde liegenden Forderungen zu überwachen. Derartige Informationen umfassen (falls sie für diese spezifische Art der Verbriefung relevant sind und nicht auf die genauer beschriebenen Arten von Informationen beschränkt sind) die Art der Forderung, den Prozentsatz der Kredite, die mehr als 30, 60 und 90 Tage überfällig sind, Ausfallquoten, die Quote der vorzeitigen Rückzahlungen, unter Zwangsvollstreckung stehende Kredite, die Art der Sicherheit und Belegung, die Frequenzverteilung von Kreditpunktebewertungen und anderen Bonitätsbewertungen für die zugrunde liegenden Forderungen, die sektorale und geografische Diversifizierung und die Frequenzverteilung der Beleihungsquoten mit Bandbreiten, die eine angemessene Sensitivitätsanalyse erleichtern. Sind die zugrunde liegenden Forderungen selbst Verbriefungspositionen, so verfügen die AIFM nicht nur hinsichtlich der zugrunde liegenden Verbriefungstranchen über die in diesem Unterabsatz erläuterten Informationen, z. B. den Namen des Emittenten und dessen Bonität, sondern auch hinsichtlich der Merkmale und der Entwicklung der den Verbriefungstranchen zugrunde liegenden Pools.

AIFM wenden dieselben Analysestandards auf Beteiligungen oder Übernahmen von Verbriefungsemissionen an, die von Dritten erworben wurden.

(3) Für die Zwecke eines angemessenen Risiko- und Liquiditätsmanagements ermitteln, messen, überwachen, steuern und kontrollieren AIFM, die im Auftrag eines oder mehrerer AIF ein Kreditrisiko einer Verbriefung übernehmen, die Risiken, die aufgrund von Inkongruenzen von Vermögenswerten und Verbindlichkeiten des betreffenden AIF entstehen können, sowie das im Zusammenhang mit diesen Instrumenten entstehende Konzentrationsrisiko oder Anlagerisiko und erstatten darüber Bericht. Der AIFM gewährleistet, dass die Risikoprofile derartiger Verbriefungspositionen der Größe, der allgemeinen Portfoliostruktur und den Anlagestrategien und -zielen des betreffenden AIF, wie sie in den Vertragsbedingungen oder der Satzung, dem Prospekt und den Emissionsunterlagen des AIF festgelegt sind, entsprechen.

(4) AIFM gewährleisten im Einklang mit den in Artikel 18 der Richtlinie 2011/61/EU festgelegten Anforderungen eine angemessene interne Berichterstattung an die Geschäftsleitung, damit die Geschäftsleitung über wesentliche Übernahmen von Verbriefungsengagements in vollem Umfang informiert ist und die daraus entstehenden Risiken angemessen gesteuert werden.

(5) AIFM stellen in den im Einklang mit den Artikeln 22, 23 und 24 der Richtlinie 2011/61/EU zu übermittelnden Berichten und Offenlegungen angemessene Informationen

über das eingegangene Kreditrisiko einer Verbriefung und ihre Risikomanagement-Verfahren in diesem Bereich zur Verfügung.

Artikel 54
Korrektivmaßnahmen

(1) Stellen AIFM nach der Übernahme eines Kreditrisikos einer Verbriefung fest, dass die Festlegung und Offenlegung bezüglich des Selbstbehalts nicht die in dieser Verordnung enthaltenen Anforderungen erfüllt, so ergreifen sie Korrektivmaßnahmen, die im besten Interesse der Anleger des betreffenden AIF sind.

(2) Falls der gehaltene Anteil zu einem Zeitpunkt nach der Übernahme des Risikos unter 5 % fällt und dies nicht auf den natürlichen Zahlungsmechanismus der Transaktion zurückzuführen ist, ergreifen AIFM Korrektivmaßnahmen, die im besten Interesse der Anleger des betreffenden AIF sind.

Artikel 55
Besitzstandsklausel

Die Artikel 51 bis 54 finden in Verbindung mit neuen Verbriefungen, die ab dem 1. Januar 2011 emittiert wurden, Anwendung. Nach dem 31. Dezember 2014 gelten die Artikel 51 bis 54 für bestehende Verbriefungen, bei denen zugrunde liegende Forderungen nach diesem Datum neu hinzukommen oder andere ersetzen.

Artikel 56
Auslegung

Da keine spezifische Auslegung der ESMA oder des Gemeinsamen Ausschusses der Europäischen Aufsichtsbehörden vorliegt, werden die Bestimmungen dieses Abschnitts im Einklang mit den betreffenden Bestimmungen der Richtlinie 2006/48/EG und den vom Ausschuss der Europäischen Bankaufsichtsbehörden veröffentlichten Leitlinien zu Artikel 122a der Eigenkapitalrichtlinie vom 31. Dezember 2010 ([9]) und ihren Änderungen ausgelegt.

ABSCHNITT 6
Organisatorische Anforderungen – allgemeine Grundsätze

(Artikel 12 und 18 der Richtlinie 2011/61/EU)

Artikel 57
Allgemeine Anforderungen

(1) AIFM sind gehalten,

a) Entscheidungsprozesse und eine Organisationsstruktur, bei der Berichtspflichten klar festgelegt und dokumentiert und Funktionen und Aufgaben klar zugewiesen und dokumentiert sind, zu schaffen, umzusetzen und aufrechtzuerhalten;

---

9 Ausschuss der Europäischen Bankaufsichtsbehörden, Leitlinien zu Artikel 122a der Eigenkapitalrichtlinie vom 31. Dezember 2010, http://www.eba.europa.eu/cebs/media/Publications/Standards%20and%20Guidelines/2010/Application%20of%20Art. %20122a%20of%20the%20CRD/Guidelines.pdf

b) sicherzustellen, dass alle relevanten Personen die Verfahren, die für eine ordnungsgemäße Erfüllung ihrer Aufgaben einzuhalten sind, kennen;
c) angemessene interne Kontrollmechanismen, die die Einhaltung von Beschlüssen und Verfahren auf allen Ebenen des AIFM sicherstellen, zu schaffen, umzusetzen und aufrechtzuerhalten;
d) eine wirksame interne Berichterstattung und Weitergabe von Informationen auf allen maßgeblichen Ebenen des AIFM sowie einen wirksamen Informationsfluss mit allen beteiligten Dritten zu schaffen, umzusetzen und aufrechtzuerhalten;
e) angemessene und systematische Aufzeichnungen über ihre Geschäftstätigkeit und interne Organisation zu führen.

AIFM tragen der Art, dem Umfang und der Komplexität ihrer Geschäfte sowie der Art und dem Spektrum der im Zuge dieser Geschäfte erbrachten Dienstleistungen und Tätigkeiten Rechnung.

(2) AIFM richten Systeme und Verfahren ein, die die Sicherheit, die Integrität und die Vertraulichkeit der Informationen gewährleisten, wobei der Art der besagten Informationen Rechnung zu tragen ist, setzen diese um und erhalten sie aufrecht.

(3) AIFM sorgen für die Festlegung, Umsetzung und Aufrechterhaltung einer angemessenen Notfallplanung, die bei einer Störung ihrer Systeme und Verfahren gewährleisten soll, dass wesentliche Daten und Funktionen erhalten bleiben und Dienstleistungen und Tätigkeiten fortgeführt werden oder – sollte dies nicht möglich sein – diese Daten und Funktionen bald zurückgewonnen und die Dienstleistungen und Tätigkeiten bald wieder aufgenommen werden.

(4) AIFM sorgen für die Festlegung, Umsetzung und Aufrechterhaltung von Rechnungslegungsgrundsätzen und -verfahren und Bewertungsregeln, die es ihnen ermöglichen, der zuständigen Behörde auf Verlangen rechtzeitig Abschlüsse vorzulegen, die ein den tatsächlichen Verhältnissen entsprechendes Bild ihrer Vermögens- und Finanzlage vermitteln und mit allen geltenden Rechnungslegungsstandards und -vorschriften in Einklang stehen.

(5) AIFM setzen angemessene Grundsätze und Verfahren um, um sicherzustellen, dass die für den AIF geltenden Rücknahmebestimmungen gegenüber den Anlegern mit hinreichender Ausführlichkeit offengelegt werden, bevor diese in den AIF investieren sowie wenn wesentliche Änderungen vorgenommen werden.

(6) AIFM überwachen und bewerten regelmäßig die Angemessenheit und Wirksamkeit ihrer nach den Absätzen 1 bis 5 geschaffenen Systeme, internen Kontrollmechanismen und Vorkehrungen und ergreifen die zur Abstellung etwaiger Mängel erforderlichen Maßnahmen.

Artikel 58
Elektronische Datenverarbeitung

(1) AIFM treffen angemessene und ausreichende Vorkehrungen für geeignete elektronische Systeme, um eine zeitnahe und ordnungsgemäße Aufzeichnung jedes Portfoliogeschäfts und jedes Zeichnungsauftrags oder gegebenenfalls Rücknahmeauftrags zu ermöglichen.

(2) AIFM gewährleisten bei der elektronischen Datenverarbeitung ein hohes Maß an Sicherheit und sorgen gegebenenfalls für die Integrität und vertrauliche Behandlung der aufgezeichneten Daten.

Artikel 59
Rechnungslegungsverfahren

(1) AIFM wenden Rechnungslegungsgrundsätze und -verfahren im Sinne von Artikel 57 Absatz 4 an, um den Anlegerschutz zu gewährleisten. Die Rechnungslegung ist so ausgelegt, dass alle Vermögenswerte und Verbindlichkeiten des AIF jederzeit direkt ermittelt werden können. Hat ein AIF mehrere Teilfonds, werden für jeden dieser Teilfonds getrennte Konten geführt.

(2) AIFM sorgen für die Festlegung, Umsetzung und Aufrechterhaltung von Rechnungslegungs- und Bewertungsgrundsätzen, um sicherzustellen, dass der Nettoinventarwert jedes AIF auf der Grundlage der geltenden Rechnungslegungsstandards und -vorschriften genau berechnet wird.

Artikel 60
Kontrolle durch das Leitungsgremium, die Geschäftsleitung und die Aufsichtsfunktion

(1) Bei der internen Aufgabenverteilung stellen AIFM sicher, dass das Leitungsgremium, die Geschäftsleitung oder die Aufsichtsfunktion – falls vorhanden – die Verantwortung dafür tragen, dass der AIFM seine Pflichten aus der Richtlinie 2011/61/EU erfüllt.

(2) Ein AIFM stellt sicher, dass die Geschäftsleitung

a) die Verantwortung dafür trägt, dass die allgemeine Anlagepolitik, wie sie gegebenenfalls in den Vertragsbedingungen, der Satzung, dem Prospekt oder in den Emissionsunterlagen festgelegt ist, bei jedem verwalteten AIF umgesetzt wird;
b) für jeden verwalteten AIF die Genehmigung der Anlagestrategien überwacht;
c) die Verantwortung dafür trägt, dass die Bewertungsgrundsätze und -verfahren im Einklang mit Artikel 19 der Richtlinie 2011/61/EU festgelegt und umgesetzt werden;
d) die Verantwortung dafür trägt, dass der AIFM über eine dauerhafte und wirksame Compliance-Funktion verfügt, selbst wenn diese Funktion von einem Dritten ausgeübt wird;
e) dafür sorgt und sich regelmäßig vergewissert, dass die allgemeine Anlagepolitik, die Anlagestrategien und die Risikolimits jedes verwalteten AIF ordnungsgemäß und wirkungsvoll umgesetzt und eingehalten werden, selbst wenn die Risikomanagement-Funktion von einem Dritten ausgeübt wird;
f) die Angemessenheit der internen Verfahren, nach denen für jeden verwalteten AIF die Anlageentscheidungen getroffen werden, feststellt und regelmäßig überprüft, um zu gewährleisten, dass solche Entscheidungen mit den genehmigten Anlagestrategien in Einklang stehen;
g) die Grundsätze für das Risikomanagement sowie die zur Umsetzung dieser Grundsätze genutzten Vorkehrungen, Verfahren und Methoden billigt und regelmäßig überprüft, was auch die Risikolimits für jeden verwalteten AIF betrifft;
h) die Verantwortung für die Festlegung und Anwendung einer Vergütungspolitik im Einklang mit Anhang II der Richtlinie 2011/61/EU trägt.

(3) Ein AIFM stellt außerdem sicher, dass die Geschäftsleitung und das Leitungsgremium oder die Aufsichtsfunktion – falls vorhanden –

a) die Wirksamkeit der Grundsätze, Vorkehrungen und Verfahren, die zur Erfüllung der in der Richtlinie 2011/61/EU festgelegten Pflichten eingeführt wurden, bewerten und regelmäßig überprüfen;
b) angemessene Maßnahmen ergreifen, um etwaige Mängel zu beseitigen.

(4) Ein AIFM stellt sicher, dass seine Geschäftsleitung häufig, mindestens aber einmal jährlich, schriftliche Berichte zu Fragen der Rechtsbefolgung, der Innenrevision und des Risikomanagements erhält, in denen insbesondere angegeben wird, ob zur Beseitigung etwaiger Mängel geeignete Abhilfemaßnahmen getroffen wurden.

(5) Ein AIFM gewährleistet, dass seine Geschäftsleitung regelmäßig Berichte über die Umsetzung der in Absatz 2 Buchstaben b bis e genannten Anlagestrategien und internen Verfahren für Anlageentscheidungen erhält.

(6) Ein AIFM stellt sicher, dass das Leitungsgremium oder die Aufsichtsfunktion – falls vorhanden – regelmäßig schriftliche Berichte zu den in Absatz 4 genannten Aspekten erhält.

Artikel 61
Ständige Compliance-Funktion

(1) AIFM legen angemessene Grundsätze und Verfahren fest, die darauf ausgelegt sind, jedes Risiko einer etwaigen Missachtung der in der Richtlinie 2011/61/EU festgelegten Pflichten durch den betreffenden AIFM sowie die damit verbundenen Risiken aufzudecken, setzen diese um und erhalten sie aufrecht, und führen angemessene Maßnahmen und Verfahren ein, um dieses Risiko auf ein Mindestmaß zu beschränken und die zuständigen Behörden in die Lage zu versetzen, ihre Befugnisse im Rahmen dieser Richtlinie wirksam auszuüben.

Die AIFM tragen der Art, dem Umfang und der Komplexität ihrer Geschäfte sowie der Art und dem Spektrum der im Zuge dieser Geschäfte erbrachten Dienstleistungen und Tätigkeiten Rechnung.

(2) Ein AIFM richtet eine permanente und wirksame unabhängig arbeitende Compliance-Funktion ein, erhält diese aufrecht und betraut sie mit folgenden Aufgaben:

a) Überwachung und regelmäßige Bewertung der Angemessenheit und Wirksamkeit der gemäß Absatz 1 festgelegten Maßnahmen, Grundsätze und Verfahren, sowie der Schritte, die zur Beseitigung etwaiger Defizite des AIFM bei der Einhaltung seiner Verpflichtungen unternommen wurden;
b) Beratung der für Dienstleistungen und Tätigkeiten zuständigen relevanten Personen und deren Unterstützung im Hinblick auf die Erfüllung der in der Richtlinie 2011/61/EU für AIFM festgelegten Pflichten.

(3) Damit die Compliance-Funktion gemäß Absatz 2 ihre Aufgaben ordnungsgemäß und unabhängig wahrnehmen kann, stellt der AIFM sicher, dass

a) die Compliance-Funktion über die notwendigen Befugnisse, Ressourcen und Fachkenntnisse verfügt und Zugang zu allen einschlägigen Informationen hat;
b) ein Compliance-Beauftragter benannt wird, der für die Compliance-Funktion und die Erstellung der Berichte verantwortlich ist, die der Geschäftsleitung regelmäßig, mindestens aber einmal jährlich, zu Fragen der Rechtsbefolgung vorgelegt werden und in denen insbesondere angegeben wird, ob die zur Beseitigung etwaiger Mängel erforderlichen Abhilfemaßnahmen getroffen wurden;
c) Personen, die in die Compliance-Funktion eingebunden sind, nicht in die von ihnen überwachten Dienstleistungen oder Tätigkeiten eingebunden sind;
d) das Verfahren, nach dem die Bezüge eines Compliance-Beauftragten und anderer in die Compliance-Funktion eingebundenen Personen bestimmt werden, weder deren Objektivität beeinträchtigt noch dies wahrscheinlich erscheinen lässt.

Kann der AIFM jedoch nachweisen, dass die in Unterabsatz 1 Buchstabe c oder d vorgesehene Anforderung mit Blick auf die Art, den Umfang und die Komplexität seiner Geschäfte sowie die Art und das Spektrum seiner Dienstleistungen und Tätigkeiten unverhältnismäßig ist und dass die Compliance-Funktion dennoch ihre Aufgabe erfüllt, ist er von dieser Anforderung befreit.

Artikel 62
Ständige Innenrevisionsfunktion

(1) AIFM richten – soweit dies angesichts der Art, des Umfangs und der Komplexität ihrer Geschäfte sowie der Art und des Spektrums der im Zuge dieser Geschäfte erbrachten gemeinsamen Portfolioverwaltungsdienste angemessen und verhältnismäßig ist – eine von den übrigen Funktionen und Tätigkeiten des AIFM getrennte, unabhängige Innenrevisionsfunktion ein und erhalten diese aufrecht.

(2) Die Innenrevisionsfunktion nach Absatz 1 hat folgende Aufgaben:

a) Erstellung, Umsetzung und Aufrechterhaltung eines Revisionsprogramms mit dem Ziel, die Angemessenheit und Wirksamkeit der Systeme, internen Kontrollmechanismen und Vorkehrungen des AIFM zu prüfen und zu bewerten;
b) Ausgabe von Empfehlungen auf der Grundlage der Ergebnisse der gemäß Buchstabe a ausgeführten Arbeiten;
c) Überprüfung der Einhaltung der Empfehlungen im Sinne von Buchstabe b;
d) Berichterstattung zu Fragen der Innenrevision.

Artikel 63
Persönliche Geschäfte

(1) Ein AIFM sorgt für die Festlegung, Umsetzung und Aufrecherhaltung angemessener Vorkehrungen im Hinblick auf relevante Personen, deren Tätigkeiten zu einem Interessenkonflikt Anlass geben könnten, oder die Zugang zu Insider-Informationen im Sinne von Artikel 1 Absatz 1 der Richtlinie 2003/6/EG des Europäischen Parlaments und des Rates vom 28. Januar 2003 über Insider-Geschäfte und Marktmanipulation (Marktmissbrauch) ([10]) oder zu anderen vertraulichen Informationen über einen AIF oder über die mit oder für einen AIF getätigten Geschäfte haben, und diese relevanten Personen daran hindern sollen,

a) ein persönliches Geschäft mit Finanzinstrumenten oder anderen Vermögenswerten einzugehen, die eine der folgenden Voraussetzungen erfüllen:
   i) das Geschäft fällt unter Artikel 2 Absatz 1 der Richtlinie 2003/6/EG;
   ii) das Geschäft geht mit dem Missbrauch oder der vorschriftswidrigen Weitergabe vertraulicher Informationen einher;
   iii) das Geschäft kollidiert mit einer Pflicht, die dem AIFM aus der Richtlinie 2011/61/EU erwächst, oder könnte damit kollidieren;
b) außerhalb ihres regulären Beschäftigungsverhältnisses oder Dienstleistungsvertrags eine andere Person hinsichtlich der Tätigung eines persönlichen Geschäfts im Sinne von Buchstabe a Ziffern i) und ii) zu beraten oder sie dazu zu veranlassen oder sie im Hinblick auf die Tätigung eines persönlichen Geschäfts, das einen anderweitigen Missbrauch von Informationen über laufende Aufträge darstellen würde, zu beraten oder zu einem solchen Geschäft zu veranlassen;
c) außerhalb ihres regulären Beschäftigungsverhältnisses oder Dienstleistungsvertrags und unbeschadet des Artikels 3 Buchstabe a der Richtlinie 2003/6/EG Informationen oder

---

[10] ABl. L 96 vom 12.4.2003, S. 16.

Meinungen an eine andere Person weiterzugeben, wenn der relevanten Person klar ist oder nach vernünftigem Ermessen klar sein sollte, dass diese Weitergabe die andere Person dazu veranlassen wird oder veranlassen dürfte,

i) ein persönliches Geschäft im Sinne von Buchstabe a Ziffern i) und ii) im Hinblick auf Finanzinstrumente oder andere Vermögenswerte einzugehen oder ein persönliches Geschäft einzugehen, das einen anderweitigen Missbrauch von Informationen über laufende Aufträge darstellen würde;

ii) eine weitere Person hinsichtlich der Tätigung eines derartigen persönlichen Geschäfts zu beraten oder sie dazu zu veranlassen.

(2) Die in Absatz 1 beschriebenen Vorkehrungen gewährleisten insbesondere, dass

a) jede relevante Person die Beschränkungen bei persönlichen Geschäften gemäß Absatz 1 und die Maßnahmen, die der AIFM im Hinblick auf persönliche Geschäfte und Informationsweitergabe gemäß Absatz 1 getroffen hat, kennt;

b) der AIFM unverzüglich über jedes persönliche Geschäft einer solchen relevanten Person in Sinne von Absatz 1 unterrichtet wird, und zwar entweder durch Meldung des Geschäfts oder durch andere Verfahren, die dem AIFM die Feststellung solcher Geschäfte ermöglichen;

c) ein bei dem AIFM gemeldetes oder von diesem festgestelltes persönliches Geschäft sowie jede Erlaubnis und jedes Verbot im Zusammenhang mit einem solchen Geschäft festgehalten wird.

Werden bestimmte Tätigkeiten des AIFM von Dritten ausgeführt, stellt der AIFM für die Zwecke von Unterabsatz 1 Buchstabe b sicher, dass das Unternehmen, das die Tätigkeit ausführt, persönliche Geschäfte aller relevanten Personen im Sinne von Absatz 1 festhält und dem AIFM diese Informationen auf Verlangen unverzüglich vorlegt.

(3) Von den Absätzen 1 und 2 ausgenommen sind

a) persönliche Geschäfte, die im Rahmen eines Vertrags über die Portfolioverwaltung mit Ermessensspielraum getätigt werden, sofern vor Geschäftsabschluss keine diesbezüglichen Kontakte zwischen dem Portfolioverwalter und der relevanten Person oder der Person, für deren Rechnung das Geschäft getätigt wird, stattfinden;

b) persönliche Geschäfte mit OGAW oder AIF, die nach der Rechtsvorschrift eines Mitgliedstaats, die für deren Anlagen ein gleich hohes Maß an Risikostreuung vorschreibt, der Aufsicht unterliegen, wenn die relevante Person oder jede andere Person, für deren Rechnung die Geschäfte getätigt werden, nicht an der Geschäftsleitung dieses Organismus beteiligt ist.

(4) Für die Zwecke von Absatz 1 umfasst ein persönliches Geschäft auch ein Geschäft mit Finanzinstrumenten oder anderen Vermögenswerten im Auftrag von oder für Rechnung

a) einer relevanten Person;

b) einer Person, mit der die relevante Person familiäre oder enge Verbindungen unterhält;

c) einer Person, deren Verhältnis zur relevanten Person so beschaffen ist, dass Letztere ein direktes oder indirektes wesentliches Interesse am Ausgang des Geschäfts hat, wobei das Interesse nicht auf eine Gebühr oder Provision für die Abwicklung des Geschäfts abzielen darf.

Artikel 64
Aufzeichnung von Portfoliogeschäften

(1) AIFM sorgen dafür, dass jedes Portfoliogeschäft im Zusammenhang mit von ihnen verwalteten AIF unverzüglich so aufgezeichnet wird, dass der Auftrag und das ausgeführte Geschäft oder die Vereinbarung im Einzelnen rekonstruiert werden können.

(2) Hinsichtlich der auf einem Ausführungsplatz stattfindenden Portfoliogeschäfte enthält die Aufzeichnung im Sinne von Absatz 1 folgende Angaben:
a) den Namen oder die sonstige Bezeichnung des AIF und der Person, die für Rechnung des AIF handelt;
b) den Vermögenswert;
c) gegebenenfalls die Menge;
d) die Art des Auftrags oder des Geschäfts;
e) den Preis;
f) bei Aufträgen das Datum und die genaue Uhrzeit der Auftragsübermittlung und den Namen oder die sonstige Bezeichnung der Person, an die der Auftrag übermittelt wurde, bzw. bei Geschäften das Datum und die genaue Uhrzeit der Geschäftsentscheidung und -ausführung;
g) gegebenenfalls den Namen der Person, die den Auftrag übermittelt oder das Geschäft ausführt;
h) gegebenenfalls die Gründe für den Widerruf eines Auftrags;
i) bei ausgeführten Geschäften die Gegenpartei und den Ausführungsplatz.

(3) Hinsichtlich der außerhalb eines Ausführungsplatzes stattfindenden Portfoliogeschäfte des AIF enthält die Aufzeichnung im Sinne von Absatz 1 folgende Angaben:
a) den Namen oder die sonstige Bezeichnung des AIF;
b) die Rechts- und sonstige Dokumentation, die die Grundlage des Portfoliogeschäfts darstellt, einschließlich insbesondere die Vereinbarung in ihrer ausgeführten Form;
c) den Preis.

(4) Für die Zwecke der Absätze 2 und 3 umfasst ein Ausführungsplatz einen systematischen Internalisierer im Sinne von Artikel 4 Absatz 1 Nummer 7 der Richtlinie 2004/39/EG, einen geregelten Markt im Sinne von Artikel 4 Absatz 1 Nummer 14 der genannten Richtlinie, ein multilaterales Handelssystem im Sinne von Artikel 4 Absatz 1 Nummer 15 der genannten Richtlinie, einen Market-maker im Sinne von Artikel 4 Absatz 1 Nummer 8 der genannten Richtlinie oder einen sonstigen Liquiditätsgeber oder eine Einrichtung, die in einem Drittland eine ähnliche Funktion erfüllt.

Artikel 65
Aufzeichnung von Zeichnungs- und Rücknahmeaufträgen

(1) AIFM ergreifen alle angemessenen Maßnahmen, um sicherzustellen, dass die Zeichnungs- und gegebenenfalls Rücknahmeaufträge des AIF unverzüglich nach Eingang eines solchen Auftrags aufgezeichnet werden.

(2) Eine solche Aufzeichnung umfasst folgende Angaben:
a) Name des betreffenden AIF;
b) Person, die den Auftrag erteilt oder übermittelt;
c) Person, die den Auftrag erhält;
d) Datum und Uhrzeit des Auftrags;
e) Zahlungsbedingungen und -mittel;
f) Art des Auftrags;
g) Datum der Auftragsausführung;
h) Anzahl der gezeichneten oder zurückgenommenen Anteile oder Beteiligungen oder gleichwertigen Beträge;
i) Zeichnungs- oder gegebenenfalls Rücknahmepreis für jeden Anteil oder jede Beteiligung oder gegebenenfalls den Betrag des gebundenen und bezahlten Kapitals;

j) Gesamtzeichnungs- oder -rücknahmewert der Anteile oder Beteiligungen;
k) Bruttowert des Auftrags einschließlich Zeichnungsgebühren oder Nettobetrag nach Abzug von Rücknahmegebühren.

Die unter den Buchstaben i, j und k aufgeführten Angaben werden aufgezeichnet, sobald sie vorliegen.

Artikel 66
Aufzeichnungspflichten

(1) AIFM stellen sicher, dass alle in den Artikeln 64 und 65 aufgeführten erforderlichen Aufzeichnungen für einen Zeitraum von mindestens fünf Jahren aufbewahrt werden.

Die zuständigen Behörden können von AIFM jedoch verlangen, die Aufbewahrung aller oder einiger dieser Aufzeichnungen für einen längeren, von der Art des Vermögenswerts oder Portfoliogeschäfts abhängigen Zeitraum sicherzustellen, wenn dies notwendig ist, um der Behörde die Wahrnehmung ihrer Aufsichtsfunktion gemäß der Richtlinie 2011/61/EU zu ermöglichen.

(2) Ist die Zulassung eines AIFM abgelaufen, sind die Aufzeichnungen zumindest für die verbleibende Zeit des in Absatz 1 genannten Fünfjahreszeitraums aufzubewahren. Die zuständigen Behörden können einen längeren Zeitraum für die Aufbewahrung verlangen.

Überträgt der AIFM seine Aufgaben im Zusammenhang mit dem AIF auf einen anderen AIFM, stellt er sicher, dass der AIFM Zugang zu den Aufzeichnungen gemäß Absatz 1 hat.

(3) Die Aufzeichnungen sind auf einem Datenträger aufzubewahren, auf dem sie so gespeichert werden können, dass die zuständigen Behörden auch künftig auf sie zugreifen können und die folgenden Bedingungen erfüllt sind:

a) Die zuständigen Behörden müssen ohne Weiteres auf die Aufzeichnungen zugreifen und jede maßgebliche Stufe der Bearbeitung jedes einzelnen Portfoliogeschäfts rekonstruieren können;
b) jede Korrektur oder sonstige Änderung sowie der Inhalt der Aufzeichnungen vor einer solchen Korrektur oder sonstigen Änderung müssen leicht feststellbar sein;
c) es ist keine sonstige Manipulation oder Änderung möglich.

ABSCHNITT 7
Bewertung

(Artikel 19 der Richtlinie 2011/61/EU)

Artikel 67
Grundsätze und Verfahren für die Bewertung von Vermögenswerten des AIF

(1) AIFM legen für jeden von ihnen verwalteten AIF schriftliche Grundsätze und Verfahren fest, die einen soliden, transparenten, umfassenden und angemessen dokumentierten Bewertungsprozess gewährleisten, setzen diese um und überprüfen sie. Die Bewertungsgrundsätze und -verfahren decken alle wesentlichen Aspekte des Bewertungsprozesses, der Bewertungsverfahren und der Kontrollen im Hinblick auf den betreffenden AIF ab.

Unbeschadet der in den nationalen Vorschriften und den Vertragsbedingungen und der Satzung des AIF enthaltenen Bestimmungen stellt der AIFM die Anwendung fairer, angemessener und transparenter Bewertungsmethoden auf die von ihm verwalteten AIF sicher. In den Bewertungsgrundsätzen werden die Bewertungsmethoden, die für jede Art von

Vermögenswert verwendet werden, in die der AIF im Einklang mit den geltenden nationalen Vorschriften, den Vertragsbedingungen und der Satzung des AIF investieren darf, ermittelt und im Rahmen der Verfahren für die Bewertung umgesetzt. Bevor der AIFM zum ersten Mal in eine bestimmte Art von Vermögenswert investiert, müssen eine oder verschiedene angemessene Bewertungsmethoden für diese spezifische Art von Vermögenswert ermittelt worden sein.

In den Grundsätzen und Verfahren bezüglich der Bewertungsmethoden werden Inputs, Modelle und die Auswahlkriterien für die Preisfindung und Quellen für Marktdaten behandelt. Sie müssen sicherstellen, dass die Preise – soweit dies möglich und angemessen ist – aus unabhängigen Quellen stammen. Der Auswahlprozess einer bestimmten Methode umfasst eine Bewertung der zur Verfügung stehenden einschlägigen Methoden unter Berücksichtigung ihrer Sensitivität bei Änderungen von Variablen und der Art und Weise, wie spezifische Strategien den relativen Wert der Vermögenswerte im Portfolio bestimmen.

(2) In den Bewertungsgrundsätzen sind die Pflichten, Aufgaben und Zuständigkeiten aller in den Bewertungsprozess eingebundenen Parteien, einschließlich der Geschäftsleitung des AIFM, beschrieben. Die Verfahren spiegeln die in den Bewertungsgrundsätzen festgelegten Organisationsstrukturen wider.

In den Bewertungsgrundsätzen und -verfahren wird mindestens Folgendes behandelt:

a) Zuständigkeit und Unabhängigkeit des Personals, das effektiv die Bewertung der Vermögenswerte vornimmt;
b) die spezifischen Anlagestrategien des AIF und die Vermögenswerte, in die der AIF investieren könnte;
c) Kontrollen über die Auswahl von Inputs, Quellen und Methoden für die Bewertung;
d) Eskalationsmaßnahmen zur Beseitigung von Differenzen hinsichtlich des Werts von Vermögenswerten;
e) Bewertung von Anpassungen, die mit dem Umfang und der Liquidität von Positionen oder gegebenenfalls mit Änderungen der Marktbedingungen im Zusammenhang stehen;
f) angemessener Zeitpunkt für den Stichtag für Bewertungszwecke;
g) angemessene Häufigkeit für die Bewertung von Vermögenswerten.

(3) Wird ein externer Bewerter ernannt, so ist in den Bewertungsgrundsätzen und -verfahren ein Verfahren für den Informationsaustausch zwischen dem AIFM und dem externen Bewerter festzulegen, um sicherzustellen, dass alle für die Bewertung erforderlichen Informationen bereitgestellt werden.

Die Bewertungsgrundsätze und -verfahren gewährleisten, dass der AIFM im Hinblick auf Dritte, die mit der Erbringung von Bewertungsdienstleistungen betraut wurden, in der Anfangsphase sowie regelmäßig seinen Sorgfaltspflichten nachkommt.

(4) Nimmt der AIFM die Bewertung selbst vor, so enthalten die Grundsätze eine Beschreibung der Schutzvorkehrungen für die funktional unabhängige Durchführung der Bewertungsaufgabe im Einklang mit Artikel 19 Absatz 4 Buchstabe b der Richtlinie 2011/61/EU. Derartige Schutzvorkehrungen umfassen Maßnahmen, die jeden ungebührlichen Einfluss auf die Art und Weise, in der eine relevante Person Bewertungsaufgaben ausführt, verhindern oder einschränken.

Artikel 68
Verwendung von Modellen zur Bewertung von Vermögenswerten

(1) Wird ein Modell zur Bewertung der Vermögenswerte eines AIF verwendet, so werden das Modell und seine Hauptmerkmale in den Bewertungsgrundsätzen und -verfahren

erläutert und begründet. Die Gründe für die Wahl des Modells, die zugrunde liegenden Daten, die im Rahmen des Modells verwendeten Annahmen und die Gründe für deren Verwendung sowie die Grenzen der modellbasierten Bewertung werden angemessen dokumentiert.

(2) Die Bewertungsgrundsätze und -verfahren stellen sicher, dass ein Modell vor seiner Verwendung von einer Person mit hinreichender Fachkenntnis, die nicht an der Entwicklung des Modells beteiligt war, bewertet wird. Das Bewertungsverfahren wird angemessen dokumentiert.

(3) Das Modell bedarf der vorherigen Genehmigung durch die Geschäftsleitung des AIFM. Wird das Modell von einem AIFM eingesetzt, der die Bewertungsfunktion selbst ausübt, erfolgt die Genehmigung durch die Geschäftsleitung unbeschadet des Rechts der zuständigen Behörde, im Einklang mit Artikel 19 Absatz 9 der Richtlinie 2011/61/EU zu verlangen, dass das Modell von einem externen Bewerter oder Rechnungsprüfer überprüft wird.

Artikel 69
Kohärente Anwendung der Bewertungsgrundsätze und -verfahren

(1) Ein AIFM gewährleistet, dass die Bewertungsgrundsätze und -verfahren und die vorgesehenen Bewertungsmethoden kohärent angewandt werden.

(2) Die Bewertungsgrundsätze und -verfahren und die vorgesehenen Methoden werden auf sämtliche Vermögenswerte eines AIF unter Berücksichtigung der Anlagestrategie, der Art des Vermögenswerts und gegebenenfalls der Existenz verschiedener externer Bewerter angewandt.

(3) Ist keine Aktualisierung erforderlich, so werden die Grundsätze und Verfahren kohärent im Zeitverlauf angewandt, und die Quellen und Regeln für die Bewertung bleiben im Zeitverlauf kohärent.

(4) Die Bewertungsverfahren und die vorgesehenen Bewertungsmethoden werden auf alle von einem AIFM verwalteten AIF unter Berücksichtigung der Anlagestrategien, der Art der von den AIF gehaltenen Vermögenswerte und gegebenenfalls der Existenz verschiedener externer Bewerter angewandt.

Artikel 70
Regelmäßige Überprüfung der Bewertungsgrundsätze und -verfahren

(1) In den Bewertungsgrundsätzen ist eine regelmäßige Überprüfung der Grundsätze und Verfahren, einschließlich der Bewertungsmethoden, vorgesehen. Die Überprüfung wird mindestens jährlich sowie bevor der AIF eine neue Anlagestrategie verfolgt oder in eine neue Art von Vermögenswert investiert, die nicht von den geltenden Grundsätzen der Bewertung abgedeckt wird, durchgeführt.

(2) In den Bewertungsgrundsätzen und -verfahren wird dargelegt, wie eine Änderung an den Bewertungsgrundsätzen, einschließlich an einer Methode, vorgenommen werden kann und unter welchen Umständen dies angemessen wäre. Empfehlungen für Änderungen an den Grundsätzen und Verfahren werden der Geschäftsleitung vorgelegt, die jegliche Änderungen prüft und annimmt.

(3) Die in Artikel 38 vorgesehene Risikomanagement-Funktion überprüft die für die Bewertung der Vermögenswerte angenommenen Grundsätze und Verfahren und bietet gegebenenfalls angemessene Unterstützung.

Artikel 71
Überprüfung des Werts der einzelnen Vermögenswerte

(1) Ein AIFM gewährleistet, dass alle von einem AIF gehaltenen Vermögenswerte fair und angemessen bewertet werden. Der AIFM dokumentiert, aufgeschlüsselt nach der Art des Vermögenswerts, wie die Angemessenheit und Fairness des Werts der einzelnen Vermögenswerte bewertet wird. Der AIFM kann jederzeit nachweisen, dass die Portfolios der von ihm verwalteten AIF ordnungsgemäß bewertet werden.

(2) In den Bewertungsgrundsätzen und -verfahren wird ein Überprüfungsverfahren für den Wert der einzelnen Vermögenswerte festgelegt, bei denen ein wesentliches Risiko einer nicht angemessenen Bewertung besteht, z. B. in folgenden Fällen:

a) Die Bewertung basiert auf Preisen, die von lediglich einer einzigen Gegenpartei oder einem Broker stammen;
b) die Bewertung basiert auf einer Handelsplattform illiquide gewordenen Vermögenswerten;
c) die Bewertung wird von Parteien beeinflusst, die mit dem AIFM verbunden sind;
d) die Bewertung wird von anderen Einrichtungen beeinflusst, die ein finanzielles Interesse an der Entwicklung des AIF haben könnten;
e) die Bewertung basiert auf Preisen einer Gegenpartei, die Originator eines Instruments ist, insbesondere falls der Originator auch die Position des AIF in dem Instrument finanziert;
f) die Bewertung wird von einer oder mehreren Einzelpersonen innerhalb des AIFM beeinflusst.

(3) In den Bewertungsgrundsätzen und -verfahren wird das Überprüfungsverfahren beschrieben, einschließlich hinreichender und angemessener Prüfungen und Kontrollen in Bezug auf die Plausibilität des Werts der einzelnen Vermögenswerte. Die Plausibilität wird danach beurteilt, ob ein angemessenes Maß an Objektivität vorliegt. Derartige Prüfungen und Kontrollen umfassen mindestens Folgendes:

a) Überprüfung der Werte durch einen Vergleich mit von der Gegenpartei stammenden Preisen im Zeitverlauf;
b) Validierung von Werten durch Vergleich der erzielten Preise mit den jüngsten Buchwerten;
c) Berücksichtigung des Leumunds, der Kohärenz und der Qualität der Quelle der Bewertung;
d) Vergleich mit von Dritten generierten Werten;
e) Untersuchung und Dokumentation von Ausnahmen;
f) Hervorhebung und Untersuchung von ungewöhnlich erscheinenden Differenzen oder von Differenzen, die je nach der für die betreffende Art von Vermögenswert festgelegten Bewertungsbenchmark variieren;
g) Tests in Bezug auf veraltete Preise und implizierte Parameter;
h) Vergleich mit den Preisen verbundener Vermögenswerte oder deren Absicherungen;
i) Überprüfung der in der modellbasierten Preisfindung verwendeten Inputs, insbesondere derjenigen, in Bezug auf die der anhand des Modells ermittelte Preis eine erhebliche Sensitivität aufweist.

(4) Die Bewertungsgrundsätze und -verfahren umfassen angemessene Eskalationsmaßnahmen, um Differenzen oder andere Schwierigkeiten bei der Bewertung von Vermögenswerten zu beseitigen.

Artikel 72
Berechnung des Nettoinventarwerts je Anteil

(1) Ein AIFM gewährleistet, dass bei allen von ihm verwalteten AIF der Nettoinventarwert je Anteil bei jeder Ausgabe oder Zeichnung oder Rücknahme oder Annullierung von Anteilen berechnet wird, mindestens aber einmal jährlich.

(2) Ein AIFM gewährleistet, dass die Verfahren und die Methode für die Berechnung des Nettoinventarwerts je Anteil vollständig dokumentiert werden. Die Verfahren und Methoden für die Berechnung und ihre Anwendung werden regelmäßig vom AIFM geprüft und die Dokumentation wird gegebenenfalls angepasst.

(3) Ein AIFM gewährleistet, dass für den Fall einer nicht korrekten Berechnung des Nettoinventarwerts Abhilfemaßnahmen existieren.

(4) Ein AIFM gewährleistet, dass die Anzahl der ausgegebenen Anteile regelmäßig überprüft wird, und zwar mindestens ebenso häufig, wie der Preis des Anteils berechnet wird.

Artikel 73
Berufliche Garantien

(1) Externe Bewerter legen auf Verlangen berufliche Garantien vor, um nachzuweisen, dass sie in der Lage sind, die Bewertungsfunktion auszuüben. Die von externen Bewertern vorzulegenden beruflichen Garantien bedürfen der Schriftform.

(2) Die beruflichen Garantien enthalten Belege für die Qualifikation des externen Bewerters und für dessen Fähigkeit, ordnungsgemäße und unabhängige Bewertungen vorzunehmen, einschließlich Belege, die mindestens Folgendes bestätigen:

a) ausreichende Personal- und technische Ressourcen;
b) adäquate Verfahren zur Wahrung einer ordnungsgemäßen und unabhängigen Bewertung;
c) adäquates Wissen und Verständnis in Bezug auf die Anlagestrategie des AIF und die Vermögenswerte, mit deren Bewertung der externe Bewerter betraut ist;
d) ausreichend guter Leumund und ausreichende Erfahrung bei der Bewertung.

(3) Ist der externe Bewerter zur obligatorischen berufsmäßigen Registrierung bei der zuständigen Behörde oder einer anderen Stelle in dem Staat, in dem er seinen Sitz hat, verpflichtet, so enthält die berufliche Garantie die Bezeichnung dieser Behörde oder Stelle sowie die einschlägigen Kontaktangaben. Die berufliche Garantie enthält klare Angaben zu den Rechts- und Verwaltungsvorschriften oder berufsständischen Regeln, denen der externe Bewerter unterliegt.

Artikel 74
Häufigkeit der Bewertung von Vermögenswerten offener AIF

(1) Die Bewertung der von offenen AIF gehaltenen Finanzinstrumente erfolgt jedes Mal, wenn der Nettoinventarwert je Anteil gemäß Artikel 72 Absatz 1 berechnet wird.

(2) Die Bewertung anderer Vermögenswerte, die von offenen AIF gehalten werden, erfolgt mindestens jährlich sowie jedes Mal, wenn Belege vorliegen, dass die zuletzt vorgenommene Bewertung nicht mehr fair und oder ordnungsgemäß ist.

ABSCHNITT 8
Übertragung von Funktionen des AIFM

(Artikel 20 Absätze 1, 2, 4 und 5 der Richtlinie 2011/61/EU)

Artikel 75
Allgemeine Grundsätze

Bei der Übertragung von einer oder mehrer ihrer Funktionen sind von den AIFM insbesondere folgende Grundsätze zu beachten:

a) Die Struktur der Aufgabenübertragung schließt eine Umgehung der Verantwortung oder der Haftung des AIFM aus;

b) die Übertragung führt nicht dazu, dass sich die Pflichten des AIFM gegenüber dem AIF und seinen Anlegern ändern;

c) die Bedingungen, die der AIFM erfüllen muss, um gemäß der Richtlinie 2011/61/EU zugelassen zu werden und Tätigkeiten auszuüben, dürfen nicht unterlaufen werden;

d) die Vereinbarung zur Übertragung von Aufgaben beruht auf einer schriftlichen Vereinbarung zwischen dem AIFM und dem Beauftragten;

e) der AIFM stellt sicher, dass der Beauftragte die ihm übertragenen Funktionen wirkungsvoll und unter Einhaltung der geltenden Rechts- und Verwaltungsvorschriften ausführt, und schafft Methoden und Verfahren für eine laufende Überprüfung der vom Beauftragten erbrachten Dienstleistungen. Der AIFM leitet angemessene Schritte ein, falls sich zeigt, dass der Beauftragte seine Aufgaben nicht wirkungsvoll und unter Einhaltung der geltenden Rechts- und Verwaltungsvorschriften ausführen kann;

f) der AIFM überwacht die übertragenen Aufgaben wirkungsvoll und steuert die mit der Übertragung verbundenen Risiken. Der AIFM verfügt zu diesem Zweck jederzeit über die für die Überwachung der übertragenen Funktionen erforderlichen Fachkenntnisse und Ressourcen. Der AIFM lässt sich in der Vereinbarung Rechte auf Information, Ermittlung, Zulassung und Zugang sowie Anweisungs- und Überwachungsrechte gegenüber dem Beauftragten zusichern. Der AIFM stellt ferner sicher, dass der Beauftragte die Ausführung der übertragenen Funktionen ordnungsgemäß überwacht und die mit der Übertragung verbundenen Risiken angemessen steuert;

g) der AIFM stellt sicher, dass die Kontinuität und Qualität der übertragenen Funktionen oder der übertragenen Aufgabe der Ausübung von Funktionen auch im Falle der Beendigung der Übertragung gewährleistet sind, indem er entweder die übertragenen Funktionen oder die übertragene Aufgabe der Ausübung von Funktionen einem anderen Dritten überträgt oder sie selbst ausübt;

h) die jeweiligen Rechte und Pflichten des AIFM und des Beauftragten werden in der Vereinbarung eindeutig zugeteilt und festgelegt. Der AIFM lässt sich insbesondere seine Anweisungs- und Kündigungsrechte, seine Informationsrechte und seine Ermittlungs- und Zugangsrechte in Bezug auf Bücher und Geschäftsräume vertraglich zusichern. In der Vereinbarung wird festgelegt, dass eine Unterbeauftragung nur mit Zustimmung des AIFM erfolgen kann;

i) in Bezug auf die Portfolioverwaltung erfolgt die Übertragung im Einklang mit der Anlagepolitik des AIF. Der Beauftragte wird vom AIFM angewiesen, wie die Anlagepolitik umzusetzen ist, und der AIFM überwacht kontinuierlich die Befolgung dieser Anweisungen durch den Beauftragten;

j) der AIFM stellt sicher, dass der Beauftragte ihm jegliche Entwicklung offenlegt, die sich wesentlich auf die Fähigkeit des Beauftragten, die übertragenen Funktionen wirkungsvoll und unter Einhaltung der geltenden Rechts- und Verwaltungsvorschriften auszuführen, auswirken kann;

k) der AIFM stellt sicher, dass der Beauftragte alle vertraulichen Informationen über den AIFM, den von der Übertragung betroffenen AIF und die Anleger dieses AIF schützt;

l) der AIFM stellt sicher, dass der Beauftragte unter Berücksichtigung der Art der übertragenen Funktionen einen Notfallplan festlegt, umsetzt und kontinuierlich einhält, der bei einem Systemausfall die Speicherung der Daten gewährleistet und regelmäßige Tests der Backup-Systeme vorsieht.

Artikel 76
Objektive Gründe für die Übertragung

(1) Der AIFM legt den zuständigen Behörden eine detaillierte Beschreibung, Erläuterung und Nachweise der objektiven Gründe für die Übertragung vor. Bei der Prüfung, ob die gesamte Struktur zur Übertragung von Funktionen durch objektive Gründe im Sinne von Artikel 20 Absatz 1 Buchstabe a der Richtlinie 2011/61/EU gerechtfertigt ist, sind folgende Kriterien zu berücksichtigen:

a) Optimierung von Geschäftsfunktionen- und -verfahren;

b) Kosteneinsparungen;

c) Fachkenntnisse des Beauftragten im Bereich der Verwaltung oder auf bestimmten Märkten oder mit bestimmten Anlagen;

d) Zugang des Beauftragten zu den globalen Handelsmöglichkeiten.

(2) Der AIFM liefert auf Verlangen der zuständigen Behörden weitere Erläuterungen und Dokumente, die belegen, dass die gesamte Struktur zur Übertragung von Funktionen durch objektive Gründe gerechtfertigt ist.

Artikel 77
Merkmale des Beauftragten

(1) Der Beauftragte muss ausreichende Ressourcen vorhalten, Mitarbeiter mit Kompetenzen, Kenntnissen und Fähigkeiten, die zur ordnungsgemäßen Erfüllung der ihnen zugewiesenen Aufgaben erforderlich sind, in ausreichender Stärke beschäftigen und über eine für die Ausführung der übertragenen Aufgaben geeignete Organisationsstruktur verfügen.

(2) Personen, die die vom AIFM übertragenen Tätigkeiten tatsächlich ausführen, verfügen über ausreichende Erfahrung, angemessene theoretische Kenntnisse und geeignete praktische Erfahrungen in der Ausübung der betreffenden Ausgaben. Ihre berufliche Ausbildung und die Art der von ihnen in der Vergangenheit ausgeübten Funktionen sind der Art der geführten Geschäfte angemessen.

(3) Personen, die die Geschäfte des Beauftragten tatsächlich führen, gelten nicht als ausreichend gut beleumdet, wenn sie in Fragen, die sowohl für ihr Leumundszeugnis als auch die ordnungsgemäße Ausführung der übertragenen Aufgaben relevant sind, negativ bewertet wurden oder wenn andere relevante Informationen vorliegen, die sich negativ auf ihren Leumund auswirken. Als negative Bewertung gelten unter anderem strafbare Handlungen sowie gerichtliche Verfahren oder Verwaltungssanktionen mit Bezug auf die Ausführung der übertragenen Aufgaben. Besondere Aufmerksamkeit gilt Finanzvergehen, u. a. Verstößen gegen Verpflichtungen zur Verhinderung von Geldwäsche, Unredlichkeit, Betrug oder Finanzkriminalität, Konkurs oder Insolvenz. Andere relevante Informationen sind

beispielsweise solche, die darauf schließen lassen, dass eine Person nicht vertrauenswürdig oder ehrlich ist.

Unterliegt der Beauftragte im Hinblick auf seine beruflichen Dienstleistungen Regulierungsvorschriften der Union, so gelten die in Unterabsatz 1 genannten Faktoren als gegeben, wenn die zuständige Aufsichtsbehörde das Kriterium des „guten Leumunds“ im Rahmen des Zulassungsverfahrens geprüft hat und solange keine gegenteilige Nachweise vorliegen.

Artikel 78
Übertragung der Portfolioverwaltung oder des Risikomanagements

(1) Dieser Artikel gilt, wenn sich die Übertragung auf die Portfolioverwaltung oder das Risikomanagement bezieht.

(2) Bei folgenden Stellen wird davon ausgegangen, dass sie gemäß Artikel 20 Absatz 1 Buchstabe c der Richtlinie 2011/61/EU für die Zwecke der Vermögensverwaltung zugelassen oder registriert sind und einer Aufsicht unterliegen:

a) gemäß der Richtlinie 2009/65/EG zugelassene Verwaltungsgesellschaften;
b) gemäß der Richtlinie 2004/39/EG für die Portfolioverwaltung zugelassene Wertpapierfirmen;
c) gemäß der Richtlinie 2006/48/EG zugelassene Kreditinstitute, die gemäß der Richtlinie 2004/39/EG für die Portfolioverwaltung zugelassen sind;
d) externe AIFM, die gemäß der Richtlinie 2011/61/EU zugelassen sind;
e) Stellen eines Drittlands, die für die Zwecke der Vermögensverwaltung zugelassen oder registriert sind und in den betreffenden Ländern von einer zuständigen Behörde wirksam beaufsichtigt werden.

(3) Erfolgt die Übertragung an ein Drittlandsunternehmen, sind gemäß Artikel 20 Absatz 1 Buchstabe d der Richtlinie 2011/61/EU folgende Bedingungen zu erfüllen:

a) Es besteht eine schriftliche Vereinbarung zwischen den zuständigen Behörden des Herkunftsmitgliedstaats des AIFM und den Aufsichtsbehörden des Unternehmen, an das die Übertragung erfolgt;
b) die unter Buchstabe a genannte Vereinbarung ermöglicht den zuständigen Behörden im Hinblick auf das Unternehmen, an das die Übertragung erfolgt:
   i) auf Verlangen alle relevanten Informationen zu erhalten, die sie zur Ausführung ihrer Aufsichtsaufgaben gemäß der Richtlinie 2011/61/EU benötigen;
   ii) Zugang zu im Drittland vorhandenen Unterlagen zu erhalten, die für die Wahrnehmung ihrer Aufsichtspflichten relevant sind;
   iii) in den Geschäftsräumen des Unternehmens, an das Funktionen übertragen wurden, Ermittlungen vor Ort durchzuführen. Die praktischen Verfahren für Ermittlungen vor Ort werden in der schriftlichen Vereinbarung konkretisiert;
   iv) für die Zwecke der Ermittlung über augenscheinliche Verstöße gegen die Anforderungen der Richtlinie 2011/61/EU und ihrer Durchführungsmaßnahmen von der Aufsichtsbehörde des Drittlands so zeitnah wie möglich Informationen zu erhalten;
   v) im Falle eines Verstoßes gegen die Anforderungen der Richtlinie 2011/61/EU und ihrer Durchführungsmaßnahmen sowie einschlägiger einzelstaatlicher Rechtsvorschriften im Einklang mit den für die Aufsichtsbehörde des Drittlands und die zuständigen EU-Behörden geltenden nationalen und internationalen Bestimmungen die Durchsetzung in Zusammenarbeit anzugehen.

Artikel 79
Wirksame Beaufsichtigung

Eine Übertragung wird als Beeinträchtigung der wirksamen Beaufsichtigung des AIFM betrachtet, wenn

a) der AIFM, seine Abschlussprüfer und die zuständigen Behörden keinen tatsächlichen Zugang zu den mit den übertragenen Funktionen zusammenhängenden Daten und zu den Geschäftsräumen des Beauftragten haben oder die zuständigen Behörden nicht in der Lage sind, von diesen Zugangsrechten Gebrauch zu machen;
b) der Beauftragte im Zusammenhang mit den übertragenen Funktionen nicht mit den zuständigen Behörden des AIFM zusammenarbeitet;
c) der AIFM den zuständigen Behörden auf deren Verlangen nicht alle Informationen zur Verfügung stellt, die diese benötigen, um zu überwachen, ob bei der Ausübung der übertragenen Funktionen die Anforderungen der Richtlinie 2011/61/EU und ihrer Durchführungsmaßnahmen eingehalten werden.

Artikel 80
Interessenkonflikte

(1) Die Frage, ob eine Übertragung im Konflikt mit den Interessen des AIFM oder der Anleger des AIF im Sinne von Artikel 20 Absatz 2 Buchstabe b der Richtlinie 2011/61/EU steht, wird anhand mindestens folgender Kriterien bewertet:

a) wenn der AIFM und der Beauftragte ein und derselben Gruppe angehören oder in einer sonstigen Vertragsbeziehung stehen, der Umfang, in dem der Beauftragte den AIFM kontrolliert oder sein Handeln beeinflussen kann;
b) wenn der Beauftragte und ein Anleger des betreffenden AIF ein und derselben Gruppe angehören oder in einer sonstigen Vertragsbeziehung stehen, der Umfang, in dem dieser Anleger den Beauftragten kontrolliert oder sein Handeln beeinflussen kann;
c) die Wahrscheinlichkeit, dass der Beauftragte zu Lasten des AIF oder der Anleger des AIF einen finanziellen Vorteil erzielt oder einen finanziellen Verlust vermeidet;
d) die Wahrscheinlichkeit, dass der Beauftragte ein Interesse am Ergebnis einer für den AIFM oder den AIF erbrachten Dienstleistung oder eines für den AIFM oder den AIF getätigten Geschäfts hat;
e) die Wahrscheinlichkeit, dass für den Beauftragten ein finanzieller oder sonstiger Anreiz besteht, die Interessen eines anderen Kunden über die Interessen des AIF oder der Anleger des AIF zu stellen;
f) die Wahrscheinlichkeit, dass der Beauftragte aktuell oder künftig von einer anderen Person als dem AIFM in Bezug auf Leistungen der gemeinsamen Portfolioverwaltung, die für den AIFM und den von ihm verwalteten AIF erbracht werden, zusätzlich zu der hierfür üblichen Provision oder Gebühr einen Anreiz in Form von Geld, Gütern oder Dienstleistungen erhält.

(2) Eine funktionale und hierarchische Trennung der Funktionen der Portfolioverwaltung oder des Risikomanagements von anderen dazu potenziell im Interessenkonflikt stehenden Aufgaben gilt nur dann als gegeben, wenn folgende Bedingungen erfüllt sind:

a) Personen mit Aufgaben der Portfolioverwaltung nehmen keine anderen potenziell dazu im Interessenkonflikt stehenden Aufgaben wie z. B. Kontrollaufgaben wahr;
b) Personen mit Aufgaben des Risikomanagements nehmen keine anderen potenziell dazu im Interessenkonflikt stehenden Aufgaben wie z. B. operative Aufgaben wahr;

c) Personen, die Funktionen des Risikomanagements wahrnehmen, unterstehen nicht Personen mit operativen Aufgaben;
d) die Trennung ist über die gesamte hierarchische Struktur des Beauftragten einschließlich des Leitungsgremiums zu gewährleisten und wird vom Leitungsgremium sowie – sofern vorhanden – durch die Aufsichtsfunktion des Beauftragten überwacht.

(3) Potenzielle Interessenkonflikte gelten nur dann als ordnungsgemäß ermittelt, gesteuert, beobachtet und gegenüber den Anlegern des AIF offengelegt, wenn
a) der AIFM sicherstellt, dass der Beauftragte alle angemessenen Maßnahmen zur Ermittlung, Steuerung und Beobachtung potenzieller Interessenkonflikte zwischen ihm und dem AIFM, dem AIF oder den Anlegern des AIF trifft. Der AIFM stellt sicher, dass der Beauftragte die in den Artikeln 31 bis 34 geforderten Verfahren geschaffen hat;
b) der AIFM sicherstellt, dass der Beauftragte potenzielle Interessenkonflikte sowie die zur Steuerung solcher Interessenkonflikte zu schaffenden Verfahren und Maßnahmen dem AIFM gegenüber offenlegt, der diese gemäß Artikel 36 gegenüber dem AIF und den Anlegern des AIF offenlegt.

Artikel 81
Zustimmung zur Unterbeauftragung und Mitteilung der Unterbeauftragung

(1) Eine Unterbeauftragung wird wirksam, wenn der AIFM seine Zustimmung schriftlich bezeugt.

Eine allgemeine vorherige Zustimmung des AIFM wird nicht als Zustimmung im Sinne von Artikel 20 Absatz 4 Buchstabe a der Richtlinie 2011/61/EU betrachtet.

(2) Gemäß Artikel 20 Absatz 4 Buchstabe b der Richtlinie 2011/61/EU enthält die Mitteilung Angaben zum Beauftragten, den Namen der zuständigen Behörde, bei der der Unterbeauftragte zugelassen oder registriert ist, Angaben zu den übertragenen Funktionen und den von der Unterbeauftragung betroffenen AIF, eine Kopie der schriftlichen Zustimmung des AIFM und das geplante Datum des Wirksamwerdens der Unterbeauftragung.

Artikel 82
Briefkastenfirmen und nicht mehr als Verwalter eines AIF zu betrachtende AIFM

(1) Ein AIFM wird zur Briefkastenfirma und nicht mehr als Verwalter des AIF angesehen, wenn zumindest eine der folgenden Situationen eintritt:
a) Der AIFM verfügt nicht mehr über die Fachkenntnisse und Ressourcen, die für eine wirksame Überwachung der übertragenen Aufgaben und die Steuerung der mit der Übertragung verbundenen Risiken erforderlich sind;
b) der AIFM hat in zentralen Angelegenheiten, die in die Zuständigkeit der Geschäftsleitung fallen, keine Entscheidungsgewalt mehr oder ist – insbesondere im Zusammenhang mit der Umsetzung der allgemeinen Anlagepolitik und der Anlagestrategien – nicht mehr befugt, Geschäftsleitungsfunktionen auszuüben;
c) der AIFM verliert seine vertraglichen Rechte auf Einsichtnahme, Ermittlung, seine Zugangsrechte oder das Recht auf Erteilung von Anweisungen an seine Beauftragten oder die Wahrnehmung dieser Rechte ist in der Praxis nicht mehr möglich;
d) der AIFM überträgt Funktionen der Anlageverwaltung in einem Umfang, der die Wahrnehmung solcher Funktionen durch den AIFM selbst deutlich überschreitet. Bei der Ermittlung des Übertragungsumfangs bewerten die zuständigen Behörden die gesamte

Übertragungsstruktur, wobei sie neben den im Rahmen der Übertragung verwalteten Vermögenswerten auch folgenden qualitativen Aspekten Rechnung tragen:

i) den Arten von Vermögenswerten, in die der AIF oder der für ihn handelnde AIFM investiert hat, und der Bedeutung der im Rahmen der Übertragung verwalteten Vermögenswerte für das Risiko- und Renditeprofil des AIF;
ii) der Bedeutung der im Rahmen der Übertragung verwalteten Vermögenswerte für den Erfolg der Anlagestrategie des AIF;
iii) der geografischen und sektoralen Verteilung der Anlagen des AIF;
iv) dem Risikoprofil des AIF;
v) der Art der Anlagestrategien des AIF oder des für ihn handelnden AIFM;
vi) der Arten der übertragenen Aufgaben im Vergleich zu den verbleibenden Aufgaben; und
vii) die Konfiguration der Beauftragten und deren Unterbeauftragten, ihres geografischen Tätigkeitsbereichs und ihrer Unternehmensstruktur, wozu auch zählt, ob die Aufgaben einem Unternehmen übertragen wurden, das der gleichen Unternehmensgruppe angehört wie der AIFM.

(2) Die Kommission überwacht die Anwendung dieses Artikels im Lichte der Marktentwicklungen. Die Kommission überprüft die Situation nach zwei Jahren und trifft, falls notwendig, angemessene Maßnahmen, um näher festzulegen, unter welchen Bedingungen davon ausgegangen wird, dass der AIFM Aufgaben in einem Maße abgegeben hat, dass er zu einer Briefkastenfirma wird und nicht mehr als Verwalter des AIF angesehen werden kann.

(3) Die ESMA kann Leitlinien herausgeben, um eine unionsweit konsistente Bewertung von Strukturen zur Übertragung von Funktionen sicherzustellen.

KAPITEL IV
VERWAHRSTELLE

ABSCHNITT 1
Einzelheiten des schriftlichen Vertrags

(Artikel 21 Absatz 2 der Richtlinie 2011/61/EU)

Artikel 83
Einzelheiten des Vertrags

(1) Zur Bestellung der Verwahrstelle gemäß Artikel 21 Absatz 2 der Richtlinie 2011/61/EU wird zwischen der Verwahrstelle einerseits und dem AIFM sowie gegebenenfalls dem AIF andererseits ein Vertrag geschlossen, der zumindest folgende Elemente enthält:

a) eine Beschreibung der von der Verwahrstelle zu erbringenden Dienstleistungen und der anzuwendenden Verfahren für jede Art von Vermögenswerten, in die der AIF investieren kann und die der Verwahrstelle anvertraut werden;
b) eine Beschreibung der Art und Weise, wie die Verwahr- und Aufsichtsfunktionen je nach Art der Vermögenswerte und der geografischen Regionen, in denen der AIF zu investieren beabsichtigt, auszuüben sind. Diese Beschreibung umfasst im Hinblick auf die Verwahraufgaben Länderlisten und Verfahren für die Aufnahme sowie gegebenenfalls der Streichung von Ländern in diese bzw. aus dieser Liste. Dies muss mit den in

den Vertragsbedingungen, der Satzung und den Emissionsunterlagen des AIF gemachten Angaben zu den Vermögenswerten, in die der AIF investieren darf, übereinstimmen;

c) eine Erklärung, dass die Haftung der Verwahrstelle von einer etwaigen Übertragung ihrer Verwahrfunktionen unberührt bleibt, es sei denn, sie hat sich gemäß Artikel 21 Absatz 13 oder 14 der Richtlinie 2011/61/EU von der Haftung befreit;

d) Laufzeit und Bedingungen für Änderungen und die Kündigung des Vertrags einschließlich einer Beschreibung der Situationen, die zur Kündigung des Vertrags führen können, und der Einzelheiten des Kündigungsverfahrens sowie gegebenenfalls der Verfahren zur Übermittlung der relevanten Informationen durch die Verwahrstelle an ihre Nachfolgerin;

e) die gemäß einschlägigen Rechts- und Verwaltungsvorschriften für die Vertragsparteien geltenden Geheimhaltungspflichten. Diese Pflichten dürfen den Zugang der zuständigen Behörden zu relevanten Unterlagen und Informationen nicht beeinträchtigen;

f) die Mittel und Verfahren, mit denen die Verwahrstelle dem AIFM oder dem AIF alle einschlägigen Informationen übermittelt, die dieser zur Erfüllung seiner Aufgaben, einschließlich der Ausübung etwaiger mit Vermögenswerten verbundener Rechte, benötigt, sowie die Mittel und Verfahren, die dem AIFM und dem AIF den Zugang zu zeitnahen und genauen Informationen über die Konten des AIF ermöglichen;

g) die Mittel und Verfahren, mit denen der AIFM oder der AIF alle einschlägigen Informationen übermittelt oder sicherstellt, dass die Verwahrstelle Zugang zu allen Informationen hat, die sie zur Erfüllung ihrer Aufgaben benötigt, einschließlich der Verfahren, durch die sichergestellt wird, dass die Verwahrstelle Informationen von anderen, durch den AIF oder den AIFM bestellten Parteien erhält;

h) die Angabe, ob eine Verwahrstelle oder ein Dritter, der gemäß Artikel 21 Absatz 11 der Richtlinie 2011/61/EU mit Verwahrfunktionen betraut wird, die ihnen anvertrauten Vermögenswerte wiederverwenden dürfen, und, falls ja, welchen Bedingungen eine solche Wiederverwendung unterliegt;

i) die Verfahren für die Prüfung etwaiger Änderungen der Vertragsbedingungen, der Satzung oder der Emissionsunterlagen des AIF mit Angabe der Fälle, in denen die Verwahrstelle unterrichtet oder die vorherige Zustimmung des Verwahrstelle eingeholt werden muss, ehe eine Änderung vorgenommen werden darf;

j) eine Auflistung aller Informationen, die in Bezug auf Verkauf, Zeichnung, Auszahlung, Ausgabe, Löschung und Rücknahme von Anteilen des AIF zwischen dem AIF, dem AIFM, einem für den AIF oder den AIFM handelnden Dritten einerseits und der Verwahrstelle andererseits ausgetauscht werden müssen;

k) eine Auflistung aller Informationen, die in Bezug auf die Wahrnehmung der Aufsichts- und Kontrollfunktionen durch die Verwahrstelle zwischen dem AIF, dem AIFM, einem für den AIF oder den AIFM handelnden Dritten sowie der Verwahrstelle ausgetauscht werden müssen;

l) beabsichtigen die Vertragsparteien die Bestellung von Dritten, um diesen einen Teil ihrer Pflichten zu übertragen, eine Verpflichtung, regelmäßig Einzelheiten zu jedem bestellten Dritten sowie auf Verlangen zu den Kriterien für die Auswahl des Dritten und die Schritte, die zur Überwachung der Tätigkeiten des ausgewählten Dritten geplant sind, mitzuteilen;

m) Informationen über die Aufgaben und Zuständigkeiten der Vertragsparteien bezüglich der Pflichten zur Bekämpfung von Geldwäsche und Terrorismusfinanzierung;

n) Informationen über alle Geldkonten, die im Namen des AIF oder des für ihn handelnden AIFM eröffnet wurden, und die Verfahren, durch die die Unterrichtung der Verwahrstelle über jedes neue Konto, das im Namen des AIF oder des für ihn handelnden AIFM eröffnet wird, gewährleistet wird;

o) Einzelheiten zu den Eskalationsverfahren der Verwahrstelle, einschließlich der Angabe der Personen beim AIF und gegebenenfalls beim AIFM, die von der Verwahrstelle bei Einleitung eines solchen Verfahrens zu kontaktieren sind;

p) eine Verpflichtung der Verwahrstelle, den AIFM zu unterrichten, wenn sie Kenntnis davon erhält, dass die Trennung der Vermögenswerte nicht oder nicht mehr in ausreichendem Maße gegeben ist, um im Falle der Insolvenz eines Dritten, dem gemäß Artikel 21 Absatz 11 der Richtlinie 2011/61/EU in einer bestimmten Rechtsordnung Verwahrfunktionen übertragen wurden, Schutz zu gewährleisten;

q) eine Beschreibung der Verfahren, mit denen die Verwahrstelle im Rahmen der Ausübung ihrer Pflichten die Möglichkeit hat, Nachforschungen zum Wohlverhalten des AIFM und/oder des AIF anzustellen und die Qualität der übermittelten Informationen zu bewerten, unter anderem durch Zugang zu den Büchern des AIF und/oder des AIFM oder durch Besuche vor Ort;

r) eine Beschreibung der Verfahren, mit denen der AIFM und/ oder der AIF die Leistung der Verwahrstelle in Bezug auf deren vertragliche Verpflichtungen überprüfen kann.

(2) Die Einzelheiten der unter den Buchstaben a bis r beschriebenen Mittel und Verfahren werden im Vertrag zur Bestellung der Verwahrstelle oder in nachfolgenden Änderungen des Vertrags festgelegt.

(3) Der Vertrag zur Bestellung der Verwahrstelle oder die nachfolgende Änderung des Vertrags gemäß Absatz 2 erfolgen in schriftlicher Form.

(4) Die Parteien können sich darauf einigen, die zwischen ihnen ausgetauschten Informationen ganz oder teilweise elektronisch zu übermitteln, sofern eine ordnungsgemäße Aufzeichnung dieser Informationen gewährleistet ist.

(5) Vorbehaltlich anders lautender Vorgaben des einzelstaatlichen Rechts besteht keine Verpflichtung, für jeden AIF eine eigene schriftliche Vereinbarung zu schließen; der AIFM und die Verwahrstelle können in einer Rahmenvereinbarung alle vom betreffenden AIFM verwalteten AIF auflisten, für die die Vereinbarung gilt.

(6) Die einzelstaatlichen Rechtsvorschriften, die für den Vertrag zur Bestellung der Verwahrstelle und jede nachfolgende Vereinbarung gelten, sind anzugeben.

ABSCHNITT 2
Allgemeine Kriterien zur Bewertung der aufsichtlichen Regulierung und Aufsicht von Verwahrstellen in Drittländern

(Artikel 21 Absatz 6 Buchstabe b der Richtlinie 2011/61/EU)

Artikel 84
Kriterien zur Bewertung der aufsichtlichen Regulierung und Aufsicht einer Verwahrstelle in einem Drittland

Für die Zwecke von Artikel 21 Absatz 6 Buchstabe b der Richtlinie 2011/61/EU werden die Wirksamkeit der aufsichtlichen Regulierung und Aufsicht einer Verwahrstelle in einem Drittland sowie die Frage, ob diese die gleiche Wirkung haben wie die Rechtsvorschriften der Union und wirksam durchgesetzt werden, anhand folgender Kriterien bewertet:

a) Die Verwahrstelle unterliegt einer Zulassungspflicht und einer laufenden Überwachung durch eine zuständige Behörde, die mit ausreichenden Ressourcen zur Erfüllung ihrer Aufgaben ausgestattet ist;
b) im Recht des Drittlands sind Kriterien für die Zulassung als Verwahrstelle festgelegt, die die gleiche Wirkung haben wie die Kriterien für die Zulassung zum Geschäft von Kreditinstituten oder Wertpapierfirmen in der Union;
c) die Kapitalanforderungen an die Verwahrstelle im Drittland haben die gleiche Wirkung wie die in der Union geltenden Anforderungen, je nachdem, ob die Verwahrstelle ein Unternehmen gleicher Art wie ein Kreditinstitut oder eine Wertpapierfirma ist;
d) die für eine Verwahrstelle in einem Drittland geltenden Bedingungen für die Geschäftsausübung haben je nach Art der Verwahrstelle die gleiche Wirkung wie die Bedingungen für Kreditinstitute oder Wertpapierfirmen in der Union;
e) die im Recht des Drittlands festgelegten Anforderungen an die Erfüllung der Aufgaben als AIF-Verwahrstelle haben die gleiche Wirkung wie die Anforderungen nach Artikel 21 Absatz 7 bis 15 der Richtlinie 2011/61/EU und ihrer Durchführungsmaßnahmen sowie die in einschlägigen einzelstaatlichen Rechtsvorschriften festgelegten Anforderungen;
f) das Recht des Drittlands sieht die Anwendung ausreichend abschreckender Durchsetzungsmaßnahmen im Fall eines Verstoßes der Verwahrstelle gegen die unter den Buchstaben a bis e genannten Anforderungen und Bedingungen vor.

ABSCHNITT 3
Verwahrfunktionen, Sorgfaltspflichten und Pflicht zur getrennten Verwahrung

(Artikel 21 Absätze 7-9 und Artikel 21 Absatz 11 Buchstabe c und Buchstabe d Ziffer iii der Richtlinie 2011/61/EU)

Artikel 85
Bargeldüberwachung – allgemeine Anforderungen

(1) Wird bei einer in Artikel 21 Absatz 7 der Richtlinie 2011/61/EU genannten Stelle ein Geldkonto im Namen des AIF, des für ihn handelnden AIFM oder der für ihn handelnden Verwahrstelle eröffnet oder beibehalten, so stellt der AIFM sicher, dass die Verwahrstelle bei Beginn der Wahrnehmung ihrer Pflichten und danach kontinuierlich alle relevanten Informationen erhält, die sie zur Erfüllung ihrer Verpflichtungen benötigt.

(2) Damit die Verwahrstelle Zugang zu allen Informationen über die Geldkonten des AIF und einen klaren Überblick über dessen Cashflows hat, erhält die Verwahrstelle zumindest:
a) bei ihrer Bestellung Informationen über alle bestehenden Geldkonten, die im Namen des AIF oder des für ihn handelnden AIFM eröffnet wurden;
b) Informationen über jede Eröffnung eines neuen Geldkontos durch den AIF oder den für ihn handelnden AIFM;
c) Informationen über sämtliche bei Dritten eröffneten Geldkonten, die von diesen Dritten direkt übermittelt werden.

Artikel 86
Überwachung der Cashflows des AIF

Die Verwahrstelle gewährleistet eine wirksame und ordnungsgemäße Überwachung der Cashflows des AIF und muss zumindest

a) sicherstellen, dass die gesamten Geldmittel des AIF auf Konten verbucht werden, die bei einer der in Artikel 18 Absatz 1 Buchstaben a, b und c der Richtlinie 2006/73/EG genannten Stellen auf dem entsprechenden Markt, wo für die Geschäftstätigkeiten des AIF Geldkonten verlangt werden, eröffnet wurden, und solche Stellen einer aufsichtlichen Regulierung und Aufsicht unterliegen, die die gleiche Wirkung wie die Rechtsvorschriften der Union haben, wirksam durchgesetzt werden und den Grundsätzen nach Artikel 16 der Richtlinie 2006/73/EG entsprechen;

b) über wirksame und angemessene Verfahren zum Abgleich aller Cashflows verfügen und diesen Abgleich täglich oder bei geringer Häufigkeit der Bargeldbewegungen bei deren Eintreten vornehmen;

c) über geeignete Verfahren verfügen, um bei Ende des Geschäftstags signifikante Cashflows zu ermitteln, insbesondere solche, die mit den Geschäften des AIF unvereinbar sein könnten;

d) in regelmäßigen Abständen die Eignung dieser Verfahren überprüfen, das Abgleichsverfahren zu diesem Zweck zumindest einmal jährlich einer vollständigen Überprüfung unterziehen und sicherstellen, dass das Abgleichsverfahren die im Namen des AIF, des für ihn handelnden AIFM oder der für ihn handelnden Verwahrstelle eröffneten Konten erfasst;

e) kontinuierlich die Ergebnisse des Abgleichs und von Maßnahmen, die infolge der Feststellung jeglicher bei den Abgleichverfahren zutage tretenden Diskrepanzen ergriffen werden, überwachen und bei jeder Abweichung, die nicht unverzüglich behoben wurde, den AIFM und, wenn die Situation nicht geklärt und gegebenenfalls korrigiert werden kann, die zuständigen Behörden unterrichten;

f) die Übereinstimmung ihrer eigenen Barposition-Aufzeichnungen mit denen des AIFM überprüfen. Der AIFM stellt sicher, dass der Verwahrstelle alle Anweisungen und Informationen im Zusammenhang mit bei einem Dritten eröffneten Geldkonten übermittelt werden, damit die Verwahrstelle ihr eigenes Abgleichsverfahren durchführen kann.

Artikel 87
Pflichten im Zusammenhang mit Zeichnungen

Der AIFM stellt sicher, dass die Verwahrstelle bei Ende jedes Geschäftstags Informationen über Zahlungen erhält, die von Anlegern oder im Namen von Anlegern bei der Zeichnung von Anteilen eines AIF geleistet wurden, wenn der AIFM, der AIF oder eine für ihn handelnde Partei wie z. B. ein Transfer-Agent solche Zahlungen oder einen Auftrag vom Anleger erhält. Der AIFM stellt sicher, dass die Verwahrstelle sämtliche anderen relevanten Informationen erhält, die sie benötigt, um sicherzustellen, dass die Zahlungen gemäß den Bestimmungen von Artikel 21 Absatz 7 der Richtlinie 2011/61/EU auf Geldkonten verbucht werden, die im Namen des AIF oder des für ihn handelnden AIFM oder im Namen der Verwahrstelle eröffnet wurden.

Artikel 88
Zu verwahrende Finanzinstrumente

(1) Finanzinstrumente des AIF oder des für ihn handelnden AIFM, die der Verwahrstelle nicht in physischer Form übergeben werden können, unterliegen den Verwahrpflichten der Verwahrstelle, wenn alle nachstehenden Anforderungen erfüllt sind:

a) Es handelt sich um Wertpapiere, einschließlich Wertpapieren, in die in Artikel 51 Absatz 3 letzter Unterabsatz der Richtlinie 2009/65/EG und Artikel 10 der Richtlinie 2007/16/EG der Kommission ([11]) genannte Derivate eingebettet sind, sowie Geldmarktinstrumenten und Anteilen an Organismen für gemeinsame Anlagen;
b) sie können direkt oder indirekt im Namen der Verwahrstelle auf einem Konto verbucht oder gehalten werden.

(2) Finanzinstrumente, die nach geltendem nationalem Recht beim Emittenten oder seinem Beauftragten (z. B. Register- oder Übertragungsstelle) ausschließlich direkt auf den Namen des AIF registriert sind, werden nicht verwahrt.

(3) Finanzinstrumente des AIF oder des für ihn handelnden AIFM, die der Verwahrstelle in physischer Form übergeben werden können, unterliegen in jedem Fall den Verwahrpflichten der Verwahrstelle.

Artikel 89
Verwahrpflichten im Zusammenhang mit verwahrten Vermögenswerten

(1) Um im Hinblick auf zu verwahrende Finanzinstrumente die in Artikel 21 Absatz 8 Buchstabe a der Richtlinie 2011/61/EU genannten Anforderungen zu erfüllen, stellt die Verwahrstelle zumindest sicher, dass

a) die Finanzinstrumente gemäß Artikel 21 Absatz 8 Buchstabe a Ziffer ii der Richtlinie 2011/61/EU ordnungsgemäß registriert werden;
b) Aufzeichnungen und Konten so geführt werden, dass diese stets korrekt sind und insbesondere mit den für AIF gehaltenen Finanzinstrumenten und Geldern in Einklang stehen;
c) regelmäßige Abgleiche zwischen den internen Konten und Aufzeichnungen der Verwahrstelle und den Konten und Aufzeichnungen von Dritten, denen gemäß Artikel 21 Absatz 11 der Richtlinie 2011/61/EU Verwahrfunktionen übertragen wurden, durchgeführt werden;
d) im Zusammenhang mit verwahrten Finanzinstrumenten gebührende Sorgfalt angewandt wird, um einen hohen Anlegerschutzstandard zu wahren;
e) über die gesamte Verwahrkette hinweg alle relevanten Verwahrrisiken bewertet und überwacht werden und der AIFM über jedes festgestellte wesentliche Risiko unterrichtet wird;
f) geeignete organisatorische Vorkehrungen getroffen werden, um das Risiko, dass die Finanzinstrumente oder damit verbundene Rechte aufgrund von Betrug, schlechter Verwaltung, unzureichender Registrierung oder Fahrlässigkeit verloren gehen oder geschmälert werden, so gering wie möglich zu halten;
g) das Eigentumsrecht des AIF oder des für ihn handelnden AIFM an den Vermögenswerten nachgeprüft wird.

---

[11] ABl. L 79 vom 20.3.2007, S. 11.

(2) Eine Verwahrstelle, die ihre Verwahrfunktionen gemäß Artikel 21 Absatz 11 der Richtlinie 2011/61/EU an einen Dritten übertragen hat, unterliegt weiterhin den Anforderungen nach Absatz 1 Buchstaben b bis e. Sie stellt zudem sicher, dass der Dritte die Anforderungen nach Absatz 1 Buchstaben b bis g und die Trennungspflicht nach Artikel 99 erfüllt.

(3) Die in den Absätzen 1 und 2 genannten Verwahrpflichten der Verwahrstelle gelten nach dem Look-Through-Ansatz für Vermögenswerte, in die vom AIF oder von dem für ihn handelnden AIFM direkt oder indirekt kontrollierte Finanz- und gegebenenfalls Rechtsstrukturen investieren.

Die Anforderung nach Unterabsatz 1 gilt nicht für Dachfonds oder Master-Feeder-Strukturen, wenn die Zielfonds über eine Verwahrstelle verfügen, die die Vermögenswerte dieser Fonds verwahrt.

Artikel 90
Verwahrpflichten im Zusammenhang mit der Überprüfung der Eigentumsverhältnisse und der Aufzeichnungspflicht

(1) Der AIFM übermittelt der Verwahrstelle bei Beginn der Wahrnehmung ihrer Pflichten und danach kontinuierlich alle relevanten Informationen, die sie zur Erfüllung ihrer Verpflichtungen nach Artikel 21 Absatz 8 Buchstabe b der Richtlinie 2011/61/EU benötigt, und stellt sicher, dass die Verwahrstelle alle relevanten Informationen von Dritten erhält.

(2) Um die in Artikel 21 Absatz 8 Buchstabe b der Richtlinie 2011/61/EU genannten Anforderungen zu erfüllen, muss die Verwahrstelle zumindest

a) sofortigen Zugang zu allen relevanten Informationen haben, die sie benötigt, um ihrer Pflicht zur Überprüfung der Eigentumsverhältnisse und der Aufzeichnungspflicht nachkommen zu können, einschließlich relevanter Informationen, die der Verwahrstelle von Dritten vorzulegen sind;
b) über ausreichende und zuverlässige Informationen verfügen, um Gewissheit darüber zu erlangen, dass der AIF oder der für ihn handelnde AIFM Eigentümer der Vermögenswerte ist;
c) Aufzeichnungen der Vermögenswerte führen, bei denen sie sich vergewissert hat, dass der AIF oder der für ihn handelnde AIFM das Eigentum an diesen Vermögenswerten hat. Um dieser Verpflichtung nachzukommen, muss die Verwahrstelle
   i) in ihren Aufzeichnungen im Namen des AIF Vermögenswerte, bei denen sie sich vergewissert hat, dass der AIF oder der für ihn handelnde AIFM das Eigentum hat, mit Angabe des jeweiligen Nominalwerts verbuchen;
   ii) jederzeit ein umfassendes und aktuelles Verzeichnis der Vermögenswerte des AIF mit Angabe des jeweiligen Nominalwerts vorlegen können.

Für die Zwecke von Absatz 2 Buchstabe c Ziffer ii stellt die Verwahrstelle sicher, dass Verfahren vorhanden sind, die gewährleisten, dass verbuchte Vermögenswerte nicht zugewiesen, übertragen, ausgetauscht oder übergeben werden können, ohne dass die Verwahrstelle oder ihr Beauftragter über solche Transaktionen informiert wurde, und hat die Verwahrstelle sofortigen Zugang zum schriftlichen Nachweis jeder Transaktion und Position des betreffenden Dritten. Der AIFM stellt sicher, dass die betreffenden Dritten der Verwahrstelle bei jedem Verkauf oder Erwerb von Vermögenswerten oder bei Tätigkeiten von Unternehmen, die zur Ausgabe von Finanzinstrumenten führen, mindestens aber einmal jährlich, unverzüglich die entsprechenden Zertifikate oder anderen schriftlichen Nachweise vorlegen.

(3) Die Verwahrstelle stellt in jedem Fall sicher, dass der AIFM geeignete Verfahren hat und anwendet, um festzustellen, ob Vermögenswerte, die der vom ihm verwaltete AIF erwirbt, ordnungsgemäß im Namen des AIF oder des für ihn handelnden AIFM verbucht werden, und um die Übereinstimmung der Positionen in den Aufzeichnungen des AIFM und den Vermögenswerten, bei denen die Verwahrstelle sich von der Eigentümerschaft des AIF oder des für ihn handelnden AIFM vergewissert hat, überprüfen zu können. Der AIFM stellt sicher, dass der Verwahrstelle im Zusammenhang mit den Vermögenswerten des AIF alle Anweisungen und relevanten Informationen übermittelt werden, damit die Verwahrstelle ihr eigenes Prüf- oder Abgleichsverfahren durchführen kann.

(4) Die Verwahrstelle schafft für den Fall, dass Abweichungen festgestellt werden, ein Eskalationsverfahren, das unter anderem die Unterrichtung des AIFM und – falls die Situation nicht geklärt und gegebenenfalls korrigiert werden kann – der zuständigen Behörden vorsieht, und wendet dieses Verfahren an.

(5) Die in den Absätzen 1 bis 4 genannten Verwahrpflichten der Verwahrstelle gelten nach dem Look-Through-Ansatz für Vermögenswerte, die von Finanz- und gegebenenfalls Rechtsstrukturen gehalten werden, die vom AIF oder von dem für ihn handelnden AIFM für die Zwecke der Anlage in die entsprechenden Vermögenswerte geschaffen und vom AIF oder von dem für ihn handelnden AIFM direkt oder indirekt kontrolliert werden.

Die Anforderung nach Unterabsatz 1 gilt nicht für Dachfonds oder Master-Feeder-Strukturen, wenn die Zielfonds über eine Verwahrstelle verfügen, die bezüglich der Vermögenswerte dieser Fonds die Eigentumsverhältnisse überprüft und Aufzeichnungsfunktionen wahrnimmt.

Artikel 91
Berichtspflichten von Primebrokern

(1) Wird ein Primebroker bestellt, stellt der AIFM sicher, dass ab dem Datum der Bestellung eine Vereinbarung gilt, der zufolge der Primebroker der Verwahrstelle insbesondere eine Erklärung auf einem dauerhaften Datenträger zur Verfügung stellt, die folgende Informationen enthält:

a) bei Ende jedes Geschäftstages den Wert der in Absatz 3 aufgelisteten Elemente;
b) Einzelheiten zu jeglichen anderen Fakten, die erforderlich sind, um sicherzustellen, dass die Verwahrstelle des AIF über aktuelle und exakte Informationen über den Wert der Vermögenswerte verfügt, deren Verwahrung gemäß Artikel 21 Absatz 11 der Richtlinie 2011/61/EU übertragen wurden.

(2) Die in Absatz 1 genannte Erklärung wird der Verwahrstelle des AIF spätestens bei Geschäftsschluss des auf den betreffenden Geschäftstag folgenden Tages übermittelt.

(3) Die in Absatz 1 Buchstabe a genannten Elemente umfassen:

a) den Gesamtwert der vom Primebroker für den AIF gehaltenen Vermögenswerte, wenn gemäß Artikel 21 Absatz 11 der Richtlinie 2011/61/EU Verwahrfunktionen übertragen werden; den Wert von:
   i) Bardarlehen an den AIF und aufgelaufenen Zinsen;
   ii) Wertpapieren, die der AIF im Rahmen offener Short-Positionen, die für den AIF eingegangen wurden, geliefert werden müssen;
   iii) Verrechnungsbeträgen, die der AIF im Rahmen von Futures-Kontrakten zahlen muss;
   iv) vom Primebroker im Zusammenhang mit für den AIF eingegangenen Short-Positionen gehaltenen Barerträgen aus Leerverkäufen;

v) vom Primebroker im Zusammenhang mit für den AIF eingegangenen offenen Futures-Kontrakten gehaltenen Bareinschüssen. Diese Verpflichtung ergänzt die Verpflichtungen nach den Artikeln 87 und 88;
vi) Glattstellungsforderungen aus im Namen des AIF getätigten außerbörslichen Transaktionen nach aktuellem Marktwert (Mark-to-Market-Wert);
vii) den gesamten besicherten Verbindlichkeiten des AIF gegenüber dem Primebroker und
viii) allen sonstigen Vermögenswerten bezüglich des AIF;

b) den Wert sonstiger in Artikel 21 Absatz 8 Buchstabe b der Richtlinie 2011/61/EU genannter Vermögenswerte, die der Primebroker als Sicherheit für im Rahmen einer Primebroker-Vereinbarung getätigte besicherte Transaktionen hält;
c) den Wert von Vermögenswerten, bei denen der Primebroker im Hinblick auf die Vermögenswerte des AIF ein Nutzungsrecht ausgeübt hat;
d) eine Liste aller Institute, bei denen der Primebroker gemäß Artikel 21 Absatz 7 der Richtlinie 2011/61/EU Geldmittel des AIF auf einem in Namen des AIF oder des für ihn handelnden AIFM eröffneten Konto hält oder halten kann.

Artikel 92
Aufsichtspflichten – allgemeine Anforderungen

(1) Die Verwahrstelle bewertet bei ihrer Bestellung die Risiken im Zusammenhang mit Art, Umfang und Komplexität der Strategie des AIF und der Organisation des AIFM, um Aufsichtsverfahren zu entwickeln, die dem AIF und den Vermögenswerten, in die er investiert, angemessen sind und anschließend umgesetzt und angewandt werden. Diese Verfahren werden regelmäßig aktualisiert.

(2) Die Verwahrstelle nimmt in Ausübung ihrer Aufsichtspflicht nach Artikel 21 Absatz 9 der Richtlinie 2011/61/EU nachträgliche Kontrollen und Überprüfungen von Prozessen und Verfahren vor, für die der AIFM, der AIF oder bestellte Dritte zuständig sind. Die Verwahrstelle stellt unter allen Umständen sicher, dass ein angemessenes Überprüf- und Abgleichverfahren vorhanden ist, das umgesetzt, angewandt und häufig überprüft wird. Der AIFM stellt sicher, dass der Verwahrstelle alle Anweisungen bezüglich der Vermögenswerte und Tätigkeiten des AIF übermittelt werden, damit die Verwahrstelle ihr eigenes Prüf- oder Abgleichsverfahren durchführen kann.

(3) Die Verwahrstelle schafft für den Fall, dass sie bei der Wahrnehmung ihrer Aufsichtspflichten mögliche Unregelmäßigkeiten feststellt, ein eindeutiges und umfassendes Eskalationsverfahren, dessen Einzelheiten sie den zuständigen Behörden des AIFM auf Verlangen mitteilt.

(4) Der AIFM übermittelt der Verwahrstelle bei Beginn der Wahrnehmung ihrer Pflichten und danach kontinuierlich alle relevanten Informationen, die sie zur Erfüllung ihrer Verpflichtungen nach Artikel 21 Absatz 9 der Richtlinie 2011/61/EU benötigt, einschließlich Informationen, die der Verwahrstelle von Dritten vorzulegen sind. Der AIFM stellt insbesondere sicher, dass die Verwahrstelle Zugang zu den Büchern hat und in seinen eigenen Geschäftsräumen und den Geschäftsräumen der vom AIF oder dem AIFM bestellten Dienstleister wie Verwaltern oder externen Bewertern Besuche vor Ort abstatten kann und/oder Berichte und Erklärungen anerkannter externer Zertifizierungen durch qualifizierte unabhängige Prüfer oder andere Sachverständige prüfen lassen kann, um Angemessenheit und Relevanz der vorhandenen Verfahren sicherzustellen.

Artikel 93
Pflichten bezüglich Zeichnung und Rücknahme

Um die in Artikel 21 Absatz 9 Buchstabe a der Richtlinie 2011/61/EU genannten Vorgaben einzuhalten, erfüllt die Verwahrstelle folgende Anforderungen:

1. Die Verwahrstelle stellt sicher, dass der AIF, der AIFM oder die benannte Stelle geeignete und kohärente Verfahren schafft, umsetzt und anwendet, um
   i) die Zeichnungsaufträge mit den Zeichnungserlösen und die Zahl der ausgegebenen Anteile mit den vom AIF erhaltenen Zeichnungserlösen abzugleichen;
   ii) die Rücknahmeaufträge mit den ausbezahlten Rücknahmebeträgen und die Zahl der aufgehobenen Anteile mit den vom AIF ausbezahlten Rücknahmebeträgen abzugleichen;
   iii) die Eignung des Abgleichverfahrens regelmäßig zu überprüfen.

   Die Verwahrstelle prüft für die Zwecke der Ziffern i, ii und iii regelmäßig die Übereinstimmung zwischen der Gesamtzahl der Anteile in den Büchern des AIF und der Gesamtzahl ausstehender Anteile im AIF-Register.
2. Die Verwahrstelle gewährleistet und prüft regelmäßig, ob die Verfahren für Verkauf, Ausgabe, Rücknahme, Auszahlung und Löschung von Anteilen des AIF gemäß den geltenden nationalen Rechtsvorschriften und den Vertragsbedingungen oder der Satzung des AIF erfolgen und ob diese Verfahren wirksam angewandt werden.
3. Die Häufigkeit der Prüfungen der Verwahrstelle ist auf die Häufigkeit der Zeichnungen und Auszahlungen abgestimmt.

Artikel 94
Pflichten im Zusammenhang mit der Bewertung von Anteilen

(1) Um den in Artikel 21 Absatz 9 Buchstabe b der Richtlinie 2011/61/EU genannten Anforderungen nachzukommen, erfüllt die Verwahrstelle folgende Aufgaben:

a) Sie prüft kontinuierlich, ob geeignete und kohärente Verfahren geschaffen und angewandt werden, um die Vermögenswerte des AIF gemäß Artikel 19 der Richtlinie 2011/61/EU, ihren Durchführungsmaßnahmen sowie den Vertragsbedingungen und der Satzung des AIF zu bewerten; und
b) sie stellt sicher, dass die Bewertungsgrundsätze und -verfahren wirksam umgesetzt und regelmäßig überprüft werden.

(2) Die Verfahren der Verwahrstelle werden in zeitlichen Abständen durchgeführt, die auf die in Artikel 19 der Richtlinie 2011/61/EU und ihren Durchführungsmaßnahmen für den AIF festgelegte Bewertungshäufigkeit abgestimmt sind.

(3) Gelangt eine Verwahrstelle zur Auffassung, dass die Berechnung des Werts der Anteile des AIF nicht im Einklang mit den geltenden Rechtsvorschriften oder den Vertragsbedingungen des AIF oder Artikel 19 der Richtlinie 2011/61/EU erfolgt ist, unterrichtet sie den AIFM und/oder den AIF entsprechend und stellt sicher, dass zeitnah und im besten Interesse der Anleger des AIF Abhilfemaßnahmen ergriffen werden.

(4) Wird ein externer Bewerter bestellt, überprüft die Verwahrstelle, ob die Bestellung des externen Bewerters den Bestimmungen von Artikel 19 der Richtlinie 2011/61/EU und ihren Durchführungsmaßnahmen entspricht.

Artikel 95
Pflichten hinsichtlich der Ausführung von Anweisungen des AIFM

Um den in Artikel 21 Absatz 9 Buchstabe c der Richtlinie 2011/61/EU genannten Anforderungen nachzukommen, erfüllt die Verwahrstelle folgende Aufgaben:

a) Sie schafft geeignete Verfahren und wendet diese an, um zu prüfen, ob AIF und AIFM die geltenden Rechts- und Verwaltungsvorschriften sowie Vertragsbedingungen und Satzung des AIF einhalten. Die Verwahrstelle wird insbesondere überwachen, ob der AIF die in seinen Emissionsunterlagen festgelegten Anlagebeschränkungen und Beschränkungen von Hebelfinanzierungen einhält. Diese Verfahren müssen der Art, dem Umfang und der Komplexität des AIF angemessen sein;
b) sie schafft ein Eskalationsverfahren und wendet dieses an, wenn der AIF gegen eine der unter Buchstabe a genannten Beschränkungen verstößt.

Artikel 96
Pflichten hinsichtlich der zeitnahen Abwicklung von Transaktionen

(1) Zur Einhaltung der Anforderungen von Artikel 21 Absatz 9 Buchstabe d der Richtlinie 2011/61/EU schafft die Verwahrstelle ein Verfahren, das es ihr ermöglicht festzustellen, ob bei Transaktionen mit Vermögenswerten des AIF oder des für ihn handelnden AIFM dem AIF der Gegenwert innerhalb der üblichen Fristen überwiesen wurde, und falls nicht, den AIFM entsprechend zu unterrichten und, sofern möglich, die Rückgabe der Finanzinstrumente durch die Gegenpartei zu verlangen, falls der Situation nicht abgeholfen wird.

(2) Erfolgen Transaktionen nicht auf einem geregelten Markt, werden die üblichen Fristen unter Berücksichtigung der besonderen Bedingungen der Transaktionen (OTC-Derivatkontrakts oder Anlagen in Immobilienwerte oder Beteiligungen an Privatunternehmen) bewertet.

Artikel 97
Pflichten hinsichtlich der Ertragsausschüttung des AIF

(1) Um den in Artikel 21 Absatz 9 Buchstabe e der Richtlinie 2011/61/EU genannten Anforderungen nachzukommen, erfüll die Verwahrstelle folgende Aufgaben:

a) Sie stellt sicher, dass die Berechnung des durch den AIFM mitgeteilten Nettoertrags gemäß den Vertragsbedingungen bzw. der Satzung des AIF und den geltenden nationalen Rechtsvorschriften erfolgt ist;
b) sie stellt sicher, dass geeignete Maßnahmen getroffen werden, falls die Rechnungsprüfer des AIF Vorbehalte hinsichtlich der Jahresabschlüsse äußern. Der AIF oder der für ihn handelnde AIFM stellen der Verwahrstelle sämtliche Informationen über Vorbehalte hinsichtlich der Abschlüsse zur Verfügung; und
c) sie überprüft nach Erklärung durch den AIFM die Vollständigkeit und Korrektheit der Dividendenzahlungen sowie gegebenenfalls der Carried Interests.

(2) Gelangt eine Verwahrstelle zur Auffassung, dass die Berechnung des Ertrags nicht im Einklang mit den geltenden Rechtsvorschriften oder den Vertragsbedingungen oder der Satzung des AIF erfolgt ist, unterrichtet sie den AIFM und/oder den AIF entsprechend und stellt sicher, dass zeitnah und im besten Interesse der Anleger des AIF Abhilfemaßnahmen ergriffen werden.

Artikel 98
Sorgfaltspflichten

(1) Um die Anforderungen von Artikel 21 Absatz 11 Buchstabe c der Richtlinie 2011/61/EU zu erfüllen, schafft die Verwahrstelle ein ordnungsgemäß dokumentiertes Verfahren zur Einhaltung der Sorgfaltspflichten bei der Auswahl und laufenden Kontrolle des Beauftragten und wendet dieses Verfahren an. Das Verfahren wird regelmäßig, mindestens aber einmal jährlich, geprüft und die Einzelheiten werden den zuständigen Behörden auf Verlangen mitgeteilt.

(2) Bei der Auswahl und Bestellung eines Dritten, dem gemäß Artikel 21 Absatz 11 der Richtlinie 2011/61/EU Verwahrfunktionen übertragen werden, geht die Verwahrstelle mit der gebotenen Sachkenntnis, Sorgfalt und Gewissenhaftigkeit vor, um sicherzustellen, dass hinsichtlich Finanzinstrumenten, die diesem Dritten anvertraut werden, ein geeigneter Schutzstandard gegeben ist. Die Verwahrstelle erfüllt mindestens folgende Aufgaben:

a) Sie bewertet den regulatorischen und rechtlichen Rahmen unter Berücksichtigung von Länderrisiko, Verwahrrisiko und Durchsetzbarkeit der Verträge des Dritten. Diese Bewertung muss die Verwahrstelle in die Lage versetzen, die potenziellen Auswirkungen einer Insolvenz des Dritten auf die Vermögenswerte und Rechte des AIF zu bestimmen. Kommt die Verwahrstelle zur Erkenntnis, dass aufgrund der Rechtsvorschriften des Landes, in dem der Dritte sich befindet, die Trennung der Vermögenswerte nicht ausreicht, um im Insolvenzfall Schutz zu bieten, so unterrichtet sie den AIFM umgehend darüber;
b) sie bewertet, ob die Praktiken, Verfahren und internen Kontrollen des Dritten geeignet sind, um für die Finanzinstrumente des AIF oder des für ihn handelnden AIFM einen hohen Sorgfalts- und Schutzstandard zu gewährleisten;
c) sie bewertet, ob Finanzstärke und Leumund des Dritten den übertragenen Aufgaben angemessen sind. Diese Bewertung beruht auf Informationen, die vom potenziellen Dritten vorgelegt werden und, soweit verfügbar, anderen Daten und Informationen;
d) sie stellt sicher, dass der Dritte über die operationellen und technischen Fähigkeiten verfügt, um die übertragenen Verwahraufgaben unter Gewährleistung eines zufriedenstellenden Schutz- und Sicherheitsniveaus wahrzunehmen.

(3) Die Verwahrstelle geht bei der regelmäßigen Überprüfung und laufenden Kontrolle des Dritten mit der gebotenen Sachkenntnis, Sorgfalt und Gewissenhaftigkeit vor, um sicherzustellen, dass der Dritte weiterhin die in Absatz 1 genannten Kriterien und die in Artikel 21 Absatz 11 Buchstabe d der Richtlinie 2011/61/EU aufgeführten Bedingungen erfüllt. Die Verwahrstelle erfüllt zu diesem Zweck mindestens folgende Aufgaben:

a) Sie überwacht die Leistung des Dritten und die Einhaltung der Standards der Verwahrstelle;
b) sie stellt sicher, dass der Dritte bei der Wahrnehmung seiner Verwahraufgaben bezüglich Sorgfalt, Vorsicht und Gewissenhaftigkeit einen hohen Standard erfüllt und insbesondere eine wirksame Trennung der Finanzinstrumente gemäß den Anforderungen von Artikel 99 gewährleistet;
c) sie überprüft die Verwahrrisiken, die sich aus der Entscheidung, die Vermögenswerte dem Dritten anzuvertrauen, ergeben, und unterrichtet den AIF oder AIFM unverzüglich über jegliche Änderung bezüglich dieser Risiken. Diese Bewertung beruht auf Informationen, die vom Dritten vorgelegt werden und, soweit verfügbar, anderen Daten und Informationen. Bei unruhigen Märkten oder Feststellung eines Risikos werden Häufigkeit und Umfang der Überprüfungen erhöht. Kommt die Verwahrstelle zur Erkenntnis,

dass aufgrund der Rechtsvorschriften des Landes, in dem der Dritte sich befindet, die Trennung der Vermögenswerte nicht mehr ausreicht, um im Insolvenzfall Schutz zu bieten, so unterrichtet sie den AIFM umgehend darüber.

(4) Wenn der Dritte an ihn übertragene Funktionen weiter überträgt, gelten die Bedingungen und Kriterien der Absätze 1, 2 und 3 entsprechend.

(5) Die Verwahrstelle überwacht die Einhaltung von Artikel 21 Absatz 4 der Richtlinie 2011/61/EU.

(6) Die Verwahrstelle legt Notfallpläne für jeden Markt fest, auf dem sie gemäß Artikel 21 Absatz 11 der Richtlinie 2011/61/EU einen Dritten mit der Wahrnehmung von Verwahraufgaben bestellt. In diesem Notfallplan wird die Identität eines etwaigen alternativen Diensteanbieters mitgeteilt.

(7) Erfüllt der Beauftragte die Anforderungen nicht mehr, so ergreift die Verwahrstelle im besten Interesse des AIF und seiner Anleger Maßnahmen, einschließlich einer Vertragskündigung.

Artikel 99
Trennungspflicht

(1) Wurden Verwahrfunktionen vollständig oder teilweise einem Dritten übertragen, stellt die Verwahrstelle sicher, dass der Dritte, der gemäß Artikel 21 Absatz 11 der Richtlinie 2011/61/EU mit Verwahrfunktionen betraut wird, gemäß der in Artikel 21 Absatz 11 Buchstabe d Ziffer iii der Richtlinie 2011/61/EU festgelegten Trennpflicht handelt, indem sie prüft, ob dieser Dritte:

a) Aufzeichnungen und Konten führt, die es ihm ermöglichen, jederzeit und unverzüglich Vermögenswerte von Kunden des AIF der Verwahrstelle von seinen eigenen Vermögenswerten, Vermögenswerten seiner anderen Kunden, von der Verwahrstelle für eigene Rechnung gehaltenen Vermögenswerten und für Kunden der Verwahrstelle, die nicht AIF sind, gehaltenen Vermögenswerten zu unterscheiden;

b) Aufzeichnungen und Konten so führt, dass diese stets korrekt sind und insbesondere mit den für Kunden der Verwahrstelle gehaltenen Vermögenswerten in Einklang stehen;

c) regelmäßige Abgleiche zwischen seinen internen Konten und Aufzeichnungen und den Konten und Aufzeichnungen eines Unterbeauftragten, dem er gemäß Artikel 21 Absatz 11 Unterabsatz 3 der Richtlinie 2011/61/EU Verwahrfunktionen übertragen hat, vornimmt;

d) angemessene organisatorische Vorkehrungen trifft, um das Risiko, dass die Finanzinstrumente oder damit verbundene Rechte aufgrund von Missbrauch der Finanzinstrumente, Betrug, schlechter Verwaltung, unzureichender Aufzeichnungen oder Fahrlässigkeit verloren gehen oder geschmälert werden, so gering wie möglich zu halten;

e) ist der Dritte eine der in Artikel 18 Absatz 1 Buchstaben a, b und c der Richtlinie 2006/73/EC genannten Stellen und unterliegt einer wirksamen aufsichtlichen Regulierung und Aufsicht, die Unionsrecht entspricht und wirksam durchgesetzt wird, ergreift die Verwahrstelle die erforderlichen Schritte, um gemäß Artikel 21 Absatz 7 der Richtlinie 2011/61/EU sicherzustellen, dass die Geldmittel des AIF auf einem Konto bzw. mehreren Konten gehalten werden.

(2) Hat eine Verwahrstelle ihre Verwahrfunktionen gemäß Artikel 21 Absatz 11 der Richtlinie 2011/61/EU an einen Dritten übertragen, so stellt sie durch Überprüfung der Einhaltung der Trennpflichten durch den Dritten sicher, dass die Finanzinstrumente ihrer Kunden vor den Auswirkungen einer Insolvenz des betreffenden Dritten geschützt sind.

Falls nach geltendem Recht und insbesondere dem Eigentums- und Insolvenzrecht die Anforderungen nach Absatz 1 nicht ausreichen, um dieses Ziel zu erreichen, prüft die Verwahrstelle, welche ergänzenden Vorkehrungen zu treffen sind, um das Verlustrisiko zu minimieren und einen angemessenen Schutzstandard aufrecht zu erhalten.

(3) Die Absätze 1 und 2 gelten entsprechend, wenn der Dritte, der gemäß Artikel 21 Absatz 11 der Richtlinie 2011/61/EU mit Verwahrfunktionen betraut wurde, beschließt, seine Verwahrfunktionen gemäß Artikel 21 Absatz 11 Unterabsatz 3 der Richtlinie 2011/61/EU vollständig oder teilweise einem anderen Dritten zu übertragen.

ABSCHNITT 4
Abhandenkommen von Finanzinstrumenten, Haftungsbefreiung und objektive Gründe

(Artikel 21 Absätze 12 und 13 der Richtlinie 2011/61/EU)

Artikel 100
Abhandenkommen eines verwahrten Finanzinstruments

(1) Ein verwahrtes Finanzinstrument gilt im Sinne von Artikel 21 Absatz 12 der Richtlinie 2011/61/EU als abhandengekommen, wenn in Bezug auf ein von der Verwahrstelle oder einem Dritten, dem die Verwahrung der verwahrten Finanzinstrumente übertragen wurde, verwahrtes Finanzinstrument eine der nachstehenden Bedingungen erfüllt ist:

a) Ein erklärtes Eigentumsrecht des AIF ist nachweislich ungültig, da es entweder nicht mehr existiert oder niemals existiert hat;
b) der AIF hat das Eigentumsrecht an dem Finanzinstrument endgültig eingebüßt;
c) der AIF ist endgültig außerstande, mittelbar oder unmittelbar über das Finanzinstrument zu verfügen.

(2) Der AIFM stellt das Abhandenkommen eines Finanzinstruments in einem dokumentierten Verfahren fest, das den zuständigen Behörden ohne Weiteres zugänglich ist. Ist ein Abhandenkommen festgestellt, wird er den Anlegern umgehend auf einem dauerhaften Datenträger zur Kenntnis gebracht.

(3) Ein verwahrtes Finanzinstrument gilt nicht im Sinne von Artikel 21 Absatz 12 der Richtlinie 2011/61/EU als abhandengekommen, wenn der AIF das Eigentumsrecht an einem bestimmten Instrument endgültig eingebüßt hat, dieses Instrument jedoch durch ein anderes Finanzinstrument oder andere Finanzinstrumente ersetzt oder in ein solches oder solche umgewandelt wird.

(4) Bei Insolvenz des Dritten, dem die Verwahrung der verwahrten Finanzinstrumente übertragen wurde, stellt der AIFM das Abhandenkommen eines verwahrten Finanzinstruments fest, sobald eine der in Absatz 1 genannten Bedingungen mit Sicherheit erfüllt ist.

Ob eine der in Absatz 1 genannten Bedingungen erfüllt ist, steht spätestens bei Abschluss des Insolvenzverfahrens fest. Der AIFM und die Verwahrstelle verfolgen das Insolvenzverfahren aufmerksam, um festzustellen, ob alle oder einige der Finanzinstrumente, deren Verwahrung dem Dritten übertragen wurde, tatsächlich abhandengekommen sind.

(5) Das Abhandenkommen eines verwahrten Finanzinstruments wird unabhängig davon festgestellt, ob die in Absatz 1 genannten Bedingungen auf Betrug, Fahrlässigkeit oder anderes vorsätzliches oder nichtvorsätzliches Verhalten zurückzuführen sind.

Artikel 101
Haftungsbefreiung nach Artikel 21 Absatz 12 der Richtlinie 2011/61/EU

(1) Eine Verwahrstelle haftet gemäß Artikel 21 Absatz 12 Unterabsatz 2 der Richtlinie 2011/61/EU nicht, wenn sie nachweisen kann, dass alle nachstehenden Bedingungen erfüllt sind:

a) Die zu dem Abhandenkommen führenden Umstände sind nicht auf eine Handlung oder Unterlassung der Verwahrstelle oder eines Dritten, dem die Verwahrung der verwahrten Finanzinstrumente gemäß Artikel 21 Absatz 8 Buchstabe a der Richtlinie 2011/61/EU übertragen wurde, zurückzuführen;

b) die Verwahrstelle hätte die zu dem Abhandenkommen führenden Umstände nach billigem Ermessen nicht abwenden können, obwohl sie alle branchenüblichen Schutzvorkehrungen, die einer mit gebotener Sorgfalt tätigen Verwahrstelle obliegen, getroffen hat;

c) die Verwahrstelle hätte das Abhandenkommen nicht abwenden können, obwohl sie ihren Sorgfaltspflichten rigoros und umfassend nachgekommen ist.

Diese Bedingung gilt als erfüllt, wenn die Verwahrstelle sichergestellt hat, dass die Verwahrstelle und der Dritte, dem die Verwahrung der verwahrten Finanzinstrumente gemäß Artikel 21 Absatz 8 Buchstabe a der Richtlinie 2011/61/EU übertragen wurde, alle nachstehenden Maßnahmen getroffen haben:

i) Einrichtung, Umsetzung, Anwendung und Aufrechterhaltung von geeigneten und der Art und Komplexität der Vermögenswerte des AIF angemessenen Strukturen und Verfahren sowie den entsprechenden Fachkenntnissen, um äußere Umstände, die zu dem Abhandenkommen eines verwahrten Finanzinstruments führen können, frühzeitig zu erkennen und fortlaufend zu überwachen;

ii) fortlaufende Bewertung, ob einer der gemäß Ziffer i erkannten Umstände ein signifikantes Risiko für das Abhandenkommen eines verwahrten Finanzinstruments darstellt;

iii) Unterrichtung des AIFM über erkannte signifikante Risiken und etwaige Einführung geeigneter Maßnahmen, um das Abhandenkommen verwahrter Finanzinstrumente abzuwenden oder zu begrenzen, wenn tatsächliche oder potenzielle äußere Umstände erkannt wurden, die als signifikantes Risiko für das Abhandenkommen eines verwahrten Finanzinstruments angesehen werden.

(2) Die in Absatz 1 Buchstaben a und b genannten Bedingungen gelten als erfüllt im Falle von

a) Naturereignissen, die sich der Kontrolle oder dem Einfluss des Menschen entziehen;

b) neuen Gesetzen, Verordnungen oder Beschlüssen, die durch die Regierung oder Einrichtungen der Regierung einschließlich der Gerichte angenommen werden und sich auf die verwahrten Finanzinstrumente auswirken;

c) Krieg, Unruhen oder anderen bedeutenden Umwälzungen.

(3) Die in Absatz 1 Buchstaben a und b genannten Bedingungen gelten nicht als erfüllt im Falle von Buchungsfehlern, operativem Versagen, Betrug, Nichteinhalten der Trennungspflicht seitens der Verwahrstelle oder eines Dritten, dem die Verwahrung der verwahrten Finanzinstrumente gemäß Artikel 21 Absatz 8 Buchstabe a der Richtlinie 2011/61/EU übertragen wurde.

(4) Dieser Artikel gilt entsprechend für den Beauftragten, wenn die Verwahrstelle gemäß Artikel 21 Absätze 13 und 14 der Richtlinie 2011/61/EU vertraglich ihre Haftung übertragen hat.

Artikel 102
Objektive Gründe für die vertragliche Vereinbarung einer Haftungsbefreiung seitens der Verwahrstelle

(1) Die objektiven Gründe für die vertragliche Vereinbarung einer Haftungsbefreiung gemäß Artikel 21 Absatz 13 der Richtlinie 2011/61/EU müssen
a) sich auf die genauen und konkreten Umstände einer bestimmten Tätigkeit beschränken;
b) mit den Grundsätzen und Entscheidungen der Verwahrstelle vereinbar sein.

(2) Die objektiven Gründe werden jedes Mal festgestellt, wenn sich die Verwahrstelle von der Haftung befreien will.

(3) Es wird davon ausgegangen, dass die Verwahrstelle objektive Gründe für die vertragliche Vereinbarung einer Haftungsbefreiung gemäß Artikel 21 Absatz 13 der Richtlinie 2011/61/EU hat, wenn sie nachweisen kann, dass sie keine andere Wahl hatte, als ihre Verwahraufgaben einem Dritten zu übertragen. Dies ist insbesondere der Fall, wenn
a) die Rechtsvorschriften eines Drittlands vorschreiben, dass bestimmte Finanzinstrumente von einer lokalen Einrichtung verwahrt werden, und es lokale Einrichtungen gibt, die den Kriterien für eine Beauftragung gemäß Artikel 21 Absatz 11 der Richtlinie 2011/61/EU genügen oder
b) der AIFM darauf besteht, Anlagen in einem besonderen Rechtsraum zu belassen, obwohl die Verwahrstelle vor dem damit verbundenen erhöhten Risiko gewarnt hat.

KAPITEL V
TRANSPARENZANFORDERUNGEN, HEBELFINANZIERUNG, VORSCHRIFTEN IN BEZUG AUF DRITTLÄNDER UND AUSTAUSCH VON INFORMATIONEN ÜBER DIE POTENZIELLEN AUSWIRKUNGEN DER AIFM-TÄTIGKEIT

ABSCHNITT 1
Jahresbericht, Informationspflichten gegenüber den Anlegern und Informationspflichten gegenüber den zuständigen Behörden

(Artikel 22 Absatz 2 Buchstaben a bis e, Artikel 23 Absatz 4 und Artikel 24 Absatz 1 der Richtlinie 2011/61/EU)

Artikel 103
Grundsätze für den Jahresbericht

Alle im Jahresbericht enthaltenen Informationen einschließlich der in diesem Abschnitt genannten Informationen werden in einer Form dargestellt, die relevante, zuverlässige, vergleichbare und klare Informationen bietet. Der Jahresbericht enthält die von den Anlegern in Bezug auf besondere AIF-Strukturen benötigten Informationen.

Artikel 104
Inhalt und Form der Bilanz oder der Vermögens- und Verbindlichkeitenübersicht und der Aufstellung der Erträge und Aufwendungen

(1) Die Bilanz oder die Vermögens- und Verbindlichkeitenübersicht gemäß Artikel 22 Absatz 2 Buchstabe a der Richtlinie 2011/61/EU enthält zumindest folgende Elemente und zugrunde liegende Einzelposten:

a) „Vermögenswerte“: in der Verfügungsmacht des AIF stehende Ressourcen, die ein Ergebnis von Ereignissen der Vergangenheit darstellen und von denen erwartet wird, dass dem AIF aus ihnen künftiger wirtschaftlicher Nutzen zufließt. Vermögenswerte werden in folgende Einzelposten unterteilt:
   i) „Anlagen“, darunter u. a. Schuldverschreibungen, Eigenkapitaltitel, Immobilien und Finanzderivate;
   ii) „Barmittel und Barmitteläquivalente“, darunter u. a. verfügbare Barmittel, Sichteinlagen und infrage kommende kurzfristige liquide Anlagen;
   iii) „Forderungen“, darunter u. a. Forderungen in Bezug auf Dividenden und Zinsen, verkaufte Anlagen, fällige Beträge von Brokern und „Vorauszahlungen“, darunter u. a. Beträge im Zusammenhang mit Aufwendungen des AIF, die im Voraus bezahlt wurden;
b) „Verbindlichkeiten“: gegenwärtige Verpflichtungen des AIF, die aus Ereignissen der Vergangenheit entstehen und von deren Erfüllung ein Abfluss von Ressourcen mit wirtschaftlichem Nutzen aus dem AIF zu erwarten ist. Verbindlichkeiten werden in folgende Einzelposten unterteilt:
   i) „zahlbare Beträge“, darunter u. a. zahlbare Beträge in Bezug auf den Erwerb von Anlagen oder die Rücknahme von Anteilen des AIF, an Broker zahlbare Beträge und „Aufwandsabgrenzungen“, darunter u. a. Verbindlichkeiten in Bezug auf Entgelte für Verwaltung und Beratung, Erfolgsprämien, Zinsen und andere im Rahmen der Tätigkeit des AIF anfallende Aufwendungen;
   ii) „Kredite“, darunter u. a. an Banken und Gegenparteien zahlbare Beträge;
   iii) „sonstige Verbindlichkeiten“, darunter u. a. bei Rückgabe geliehener Wertpapiere an Gegenparteien zahlbare Beträge in Bezug auf Sicherheiten, passivische Abgrenzungsposten und zahlbare Dividenden und Ausschüttungen;
c) „Nettoinventar“: Residualanspruch an den Vermögenswerten des AIF nach Abzug aller dazugehörigen Verbindlichkeiten.

(2) Die Aufstellung der Erträge und Aufwendungen enthält zumindest folgende Elemente und zugrunde liegende Einzelposten:

a) „Erträge“: jede Zunahme des wirtschaftlichen Nutzens in der Bilanzierungsperiode in Form von Zuflüssen oder Erhöhungen von Vermögenswerten oder einer Abnahme von Verbindlichkeiten, die zu einer Erhöhung des Nettoinventars führen, welche nicht auf eine Einlage der Anleger zurückzuführen ist. Erträge werden in folgende Einzelposten unterteilt:
   i) „Anlageerträge“: Anlageerträge können wie folgt unterteilt werden:
      – „Dividendenerträge“ in Bezug auf Dividenden aus Kapitalbeteiligungen, auf die der AIF Anspruch hat;
      – „Zinserträge“ in Bezug auf Zinsen aus Schuldverschreibungen und Barmittelanlagen, auf die der AIF Anspruch hat;
      – „Mieterträge“ in Bezug auf Mieterträge aus Immobilienanlagen, auf die der AIF Anspruch hat;
   ii) „realisierte Anlagegewinne“: Gewinne aus der Veräußerung von Kapitalanlagen;
   iii) „nichtrealisierte Anlagegewinne“: Gewinne aus der Neubewertung von Kapitalanlagen;
   iv) „sonstige Erträge“, darunter u. a. Erträge aus Entgelten für geliehene Wertpapiere und verschiedenen Quellen.
b) „Aufwendungen“: jede Abnahme des wirtschaftlichen Nutzens in der Bilanzierungsperiode in Form von Abflüssen oder Verminderungen von Vermögenswerten oder einer

Erhöhung von Verbindlichkeiten, die zu einer Abnahme des Nettoinventars führen, welche nicht auf Ausschüttungen an Anleger zurückzuführen ist. Aufwendungen werden in folgende Einzelposten unterteilt:

- „Entgelte für Anlageberatung oder Anlageverwaltung“: vertraglich festgelegte Vergütungen für den Berater oder den AIFM;
- „sonstige Aufwendungen“, darunter u. a. Verwaltungsentgelte, Vergütungen, Verwahrentgelte und Zinsen. Ihrer Beschaffenheit nach wesentliche Einzelposten werden getrennt ausgewiesen;
- „realisierte Anlageverluste“: Verluste aus der Veräußerung von Kapitalanlagen;
- „nichtrealisierte Anlageverluste“: Verluste aus der Neubewertung von Kapitalanlagen;

c) „Nettoertrag oder Nettoaufwand“: positiver oder negativer Saldo von Erträgen gegenüber Aufwendungen.

(3) Gliederung, Nomenklatur und Terminologie der Einzelposten entsprechen den für den AIF geltenden Rechnungslegungsstandards oder den von ihm angenommenen Regeln und stehen mit den am Ort der Niederlassung des AIF geltenden Rechtsvorschriften im Einklang. Um die Einhaltung des vorstehend Genannten zu gewährleisten, können Einzelposten geändert oder erweitert werden.

(4) Zusätzliche Einzelposten, Zwischenüberschriften und Zwischensummen werden angegeben, wenn dies für das Verständnis der finanziellen Position eines AIF in der Bilanz oder der Vermögens- und Verbindlichkeitenübersicht oder für das Verständnis der Wertentwicklung eines AIF im Hinblick auf Format und Inhalt der Aufstellung der Erträge und Aufwendungen erforderlich ist. Soweit dies notwendig ist, werden zusätzliche Informationen in die Anmerkungen zu den Abschlüssen aufgenommen. Die Anmerkungen dienen der Beschreibung oder Aufgliederung der in der Übersicht genannten Posten sowie der Information über nicht ansatzfähige Posten.

(5) Jede wesentliche Gruppe gleichartiger Posten wird gesondert dargestellt. Wesentliche Einzelposten werden ausgewiesen. Die Wesentlichkeit richtet sich nach den Vorschriften des übernommenen Rechnungslegungssystems.

(6) Die Darstellung und Einteilung der Posten in der Bilanz oder der Vermögens- und Verbindlichkeitenübersicht wird von einer Berichts- oder Bilanzierungsperiode zur nächsten beibehalten, sofern nicht eine andere Darstellung und Einteilung offensichtlich angemessener wäre, wenn etwa ein Wechsel der Anlagestrategie zu einem anderen Handelsmuster führt oder ein Rechnungslegungsstandard eine Änderung der Darstellung vorschreibt.

(7) Was den Inhalt und die Form der Aufstellung der Erträge und Aufwendungen gemäß Anhang IV anbetrifft, werden alle Ertrags- und Aufwandsposten einer bestimmten Periode in der Aufstellung der Erträge und Aufwendungen angesetzt, sofern ein von dem AIF übernommener Rechnungslegungsstandard nichts anderes vorschreibt.

Artikel 105
Bericht über die Tätigkeiten im abgelaufenen Geschäftsjahr

(1) Der Bericht über die Tätigkeiten im abgelaufenen Geschäftsjahr enthält zumindest

a) eine Übersicht über die Anlagegeschäfte während des Jahres oder des Berichtszeitraums und eine Übersicht über das Portfolio des AIF am Ende des Jahres oder des Berichtszeitraums;

b) eine Übersicht über die Wertentwicklung des AIF während des Jahres oder des Berichtszeitraums;
c) nachstehend definierte wesentliche Änderungen der in Artikel 23 der Richtlinie 2011/61/EU genannten Informationen, die in den Abschlüssen nicht bereits enthalten sind.

(2) Der Bericht stellt die Tätigkeiten und die Wertentwicklung des AIF fair und ausgewogen dar und beschreibt die Hauptanlagerisiken und wirtschaftlichen Unsicherheiten, die für den AIF bestehen.

(3) Soweit für das Verständnis der Anlagegeschäfte oder der Wertentwicklung des AIF erforderlich, enthält die Analyse finanzielle und nichtfinanzielle Leistungsindikatoren, die für den AIF relevant sind. Die im Bericht enthaltenen Informationen stehen mit den am Ort der Niederlassung des AIF geltenden nationalen Vorschriften im Einklang.

(4) Die im Bericht über die Tätigkeiten im abgelaufenen Geschäftsjahr enthaltenen Informationen sind Teil des Berichts der Direktoren oder Anlagemanager, da dieser normalerweise zusammen mit den Abschlüssen des AIF vorgelegt wird.

Artikel 106
Wesentliche Änderungen

(1) Jede Änderung von Informationen gilt im Sinne von Artikel 22 Absatz 2 Buchstabe d der Richtlinie 2011/61/EU als wesentlich, wenn ein rationaler Anleger, dem diese Informationen bekannt werden, seine Anlage in dem AIF mit hoher Wahrscheinlichkeit überdenken würde, auch weil sich diese Informationen auf die Fähigkeit des Anlegers, seine Rechte bezüglich seiner Anlage wahrzunehmen, auswirken oder die Interessen eines oder mehrerer Anleger(s) des AIF in sonstiger Weise beeinträchtigen könnten.

(2) Um Artikel 22 Absatz 2 Buchstabe d der Richtlinie 2011/61/EU zu genügen, bewerten AIFM Änderungen der in Artikel 23 der Richtlinie 2011/61/EU genannten Informationen im abgelaufenen Geschäftsjahr gemäß Absatz 1 dieses Artikels.

(3) Die Informationen werden gemäß den Rechnungslegungsstandards und den vom AIF übernommenen Rechnungslegungsvorschriften zusammen mit einer Beschreibung potenzieller oder erwarteter Auswirkungen auf den AIF und/oder Anleger des AIF offengelegt. Genügt die Beachtung spezifischer Anforderungen der Rechnungslegungsstandards und -vorschriften möglicherweise nicht, um Anleger in die Lage zu versetzen, die Auswirkungen der Änderungen zu verstehen, werden zusätzliche Informationen offengelegt.

(4) Wenn die Informationen, die gemäß Absatz 1 offenzulegen sind, nicht unter die für einen AIF geltenden Rechnungslegungsstandards oder dessen Rechnungslegungsvorschriften fallen, wird eine Beschreibung der wesentlichen Änderung mit potenziellen oder erwarteten Auswirkungen auf den AIF und/ oder die Anleger des AIF vorgelegt.

Artikel 107
Offenlegung der Vergütung

(1) Werden nach Artikel 22 Absatz 2 Buchstabe e der Richtlinie 2011/61/EU vorgeschriebene Informationen offengelegt, ist anzugeben, ob sich die Gesamtvergütung auf Folgendes bezieht oder nicht:
a) die Gesamtvergütung aller Mitarbeiter des AIFM unter Angabe der Zahl der Begünstigten;

b) die Gesamtvergütung der voll oder teilweise an den Tätigkeiten des AIF beteiligten Mitarbeiter des AIFM unter Angabe der Zahl der Begünstigten;
c) den auf den AIF entfallenden Anteil an der Gesamtvergütung der Mitarbeiter des AIFM unter Angabe der Zahl der Begünstigten.

(2) Soweit relevant, werden in der Gesamtvergütung für das abgelaufene Geschäftsjahr auch die vom AIF gezahlten Carried Interests aufgeführt.

(3) Werden Informationen auf Ebene des AIFM offengelegt, wird für jeden AIF eine Zuweisung oder Aufschlüsselung vorgelegt, sofern diese Informationen vorhanden oder ohne Weiteres zu erhalten sind. Dabei wird auch angegeben, wie die Zuweisung oder Aufschlüsselung erfolgt ist.

(4) Die AIFM legen allgemeine Informationen zu den finanziellen und nichtfinanziellen Kriterien der Vergütungsgrundsätze und -praktiken für maßgebliche Mitarbeiterkategorien vor, damit die Anleger die geschaffenen Anreize bewerten können. Gemäß den in Anhang II der Richtlinie 2011/61/EU dargelegten Grundsätzen legen AIFM zumindest die Informationen offen, die für ein Verständnis des Risikoprofils des AIF und der von ihm zur Verhütung und Regelung von Interessenkonflikten getroffenen Maßnahmen erforderlich sind.

Artikel 108
Regelmäßige Informationspflichten gegenüber den Anlegern

(1) Die in Artikel 23 Absatz 4 der Richtlinie 2011/61/EU genannten Informationen werden klar und verständlich dargestellt.

(2) Legt der AIFM gemäß Artikel 23 Absatz 4 Buchstabe a der Richtlinie 2011/61/EU Informationen zum prozentualen Anteil der Vermögenswerte des AIF, die schwer zu liquidieren sind und für die deshalb besondere Regelungen gelten, vor, so

a) gibt er einen Überblick über alle bestehenden besonderen Regelungen, auch darüber, ob sie sich auf Side Pockets, Gates oder ähnliche Regelungen beziehen, über die Bewertungsmethoden für Vermögenswerte, für die solche Regelungen gelten, sowie darüber, wie Verwaltungsentgelte und Erfolgsprämien auf diese Vermögenswerte angewendet werden;
b) legt er diese Informationen im Rahmen der regelmäßigen Informationspflichten des AIF gegenüber den Anlegern gemäß den Vertragsbedingungen des AIF oder dessen Satzung oder zeitgleich mit dem Prospekt und den Emissionsunterlagen und – zumindest – zeitgleich mit dem Jahresbericht gemäß Artikel 22 Absatz 1 der Richtlinie 2011/61/EU vor.

Der prozentuale Anteil der Vermögenswerte des AIF, für die besondere Regelungen gemäß Artikel 1 Absatz 5 gelten, wird berechnet, indem der Nettowert der Vermögenswerte, für die besondere Regelungen gelten, durch den Nettoinventarwert des AIF geteilt wird.

(3) Bezüglich jeder neuen Regelung zur Steuerung der Liquidität des AIF gemäß Artikel 23 Absatz 4 Buchstabe b der Richtlinie 2011/61/EU

a) unterrichten die AIFM für jeden von ihnen verwalteten AIF, bei dem es sich nicht um einen AIF des geschlossenen nicht hebelfinanzierten Typs handelt, die Anleger, wenn sie im Sinne von Artikel 106 Absatz 1 wesentliche Änderungen am Liquiditätsmanagementsystem und den Verfahren gemäß Artikel 16 Absatz 1 der Richtlinie 2011/61/EU vornehmen;

b) unterrichten die AIFM die Anleger umgehend, wenn sie Gates, Side Pockets oder ähnliche besondere Regelungen aktivieren oder die Aussetzung von Rücknahmen beschließen;
c) geben sie einen Überblick über Änderungen an liquiditätsbezogenen Regelungen, unabhängig davon, ob es sich um besondere Regelungen handelt oder nicht. Soweit relevant, werden auch die Bedingungen, unter denen die Rücknahme erlaubt ist, und die Umstände, unter denen das Management nach eigenem Ermessen handelt, angegeben. Auch werden alle Abstimmungs- oder sonstigen Beschränkungen, die geltend gemacht werden können, Bindungsfristen oder jede Bestimmung in Bezug auf „first in line" oder „pro-rating" bei Gates oder Aussetzungen angegeben.

(4) Bei der Unterrichtung über das Risikoprofil des AIF gemäß Artikel 23 Absatz 4 Buchstabe c der Richtlinie 2011/61/EU wird dargelegt,
a) mit welchen Maßnahmen die Sensitivität des AIF-Portfolios gegenüber den Hauptrisiken, denen der AIF ausgesetzt ist oder sein könnte, bewertet wird;
b) ob die vom AIFM festgelegten Risikolimits überschritten wurden oder ein Überschreiten wahrscheinlich ist und – falls die Risikolimits überschritten wurden – unter welchen Umständen dies geschah und welche Abhilfemaßnahmen getroffen wurden.

Die Informationen werden im Rahmen der regelmäßigen Informationspflichten des AIF gegenüber den Anlegern gemäß den Vertragsbedingungen des AIF oder dessen Satzung oder zeitgleich mit dem Prospekt und den Emissionsunterlagen und – zumindest – zeitgleich mit dem Jahresbericht gemäß Artikel 22 Absatz 1 der Richtlinie 2011/61/EU vorgelegt.

(5) Bei der Unterrichtung über die vom AIFM gemäß Artikel 23 Absatz 4 der Richtlinie 2011/61/EU eingesetzten Risikomanagement-Systeme werden die Grundzüge der Risikomanagement-Systeme dargelegt, die der AIFM zur Steuerung der Risiken einsetzt, denen jeder von ihm verwaltete AIF ausgesetzt ist oder sein kann. Im Falle einer Änderung beinhaltet die Unterrichtung Informationen zu dieser Änderung und den erwarteten Auswirkungen auf den AIF und seine Anleger.

Die Informationen werden im Rahmen der regelmäßigen Informationspflichten des AIF gegenüber den Anlegern gemäß den Vertragsbedingungen des AIF oder dessen Satzung oder zeitgleich mit dem Prospekt und den Emissionsunterlagen und – zumindest – zeitgleich mit dem Jahresbericht gemäß Artikel 22 Absatz 1 der Richtlinie 2011/61/EU vorgelegt.

Artikel 109
Reguläre Informationspflichten gegenüber den Anlegern

(1) Die in Artikel 23 Absatz 5 der Richtlinie 2011/61/EU genannten Informationen werden klar und verständlich dargestellt.

(2) Informationen über Änderungen des Umfangs der nach der Brutto- und der Commitment-Methode berechneten maximalen Hebelung und über etwaige Rechte zur Wiederverwendung von Sicherheiten oder sonstigen Garantien im Rahmen der Hebelfinanzierung werden umgehend vorgelegt und beinhalten:
a) die ursprüngliche und die geänderte nach den Artikeln 7 und 8 berechnete maximale Hebelung, wobei die Hebelung als Quotient des betreffenden Engagements und des Nettoinventarwerts des AIF berechnet wird;
b) die Art der Rechte zur Wiederverwendung von Sicherheiten;
c) die Art der gewährten Garantien;

d) nähere Angaben zu Änderungen in Bezug auf Dienstleistungsanbieter im Zusammenhang mit einem der vorstehend genannten Punkte.

(3) Informationen über die Gesamthöhe der vom AIF eingesetzten und nach der Brutto- und der Commitment-Methode berechneten Hebelfinanzierung werden im Rahmen der regelmäßigen Informationspflichten des AIF gegenüber den Anlegern gemäß den Vertragsbedingungen des AIF oder dessen Satzung oder zeitgleich mit dem Prospekt und den Emissionsunterlagen und zumindest zeitgleich mit dem Jahresbericht gemäß Artikel 22 Absatz 1 der Richtlinie 2011/61/EU vorgelegt.

Artikel 110
Informationspflichten gegenüber den zuständigen Behörden

(1) Um Artikel 24 Absatz 1 und Artikel 3 Absatz 3 Buchstabe d der Richtlinie 2011/61/EU zu genügen, legt ein AIFM bei der Unterrichtung der zuständigen Behörden folgende Informationen vor:

a) die wichtigsten Instrumente, mit denen er handelt, darunter eine Aufschlüsselung von Finanzinstrumenten und anderen Vermögenswerten, die Anlagestrategien der AIF und ihr geografischer und sektoraler Anlageschwerpunkt;
b) die Märkte, in denen er Mitglied ist oder am Handel aktiv teilnimmt;
c) die Diversifizierung des Portfolios des AIF, darunter u. a. dessen größte Engagements und Konzentrationen.

Die Informationen werden möglichst rasch und spätestens einen Monat nach Ablauf des in Absatz 3 genannten Zeitraums vorgelegt. Ist der AIF ein Dachfonds, kann dieser Zeitraum um 15 Tage verlängert werden.

(2) Die AIFM legen den zuständigen Behörden ihres Herkunftsmitgliedstaats für jeden von ihnen verwalteten EU-AIF und für jeden von ihnen in der Union vertriebenen AIF folgende Informationen gemäß Artikel 24 Absatz 2 der Richtlinie 2011/61/EU vor:

a) den prozentualen Anteil an den Vermögenswerten des AIF, die schwer zu liquidieren sind und für die deshalb besondere Regelungen gemäß Artikel 1 Absatz 5 dieser Verordnung gelten, wie in Artikel 23 Absatz 4 Buchstabe a der Richtlinie 2011/61/EU angegeben;
b) jegliche neuen Regelungen zur Steuerung der Liquidität des AIF;
c) die Risikomanagement-Systeme, die der AIFM zur Steuerung des Marktrisikos, des Liquiditätsrisikos, des Gegenparteirisikos sowie sonstiger Risiken einschließlich des operativen Risikos einsetzt;
d) das gegenwärtige Risikoprofil des AIF, darunter
   i) das Marktrisikoprofil der Anlagen des AIF einschließlich der unter normalen Marktbedingungen erwarteten Rendite und Volatilität des AIF;
   ii) das Liquiditätsprofil der Anlagen des AIF einschließlich des Liquiditätsprofils der Vermögenswerte des AIF, des Profils der Rücknahmebedingungen und der Bedingungen der Finanzierung des AIF durch Gegenparteien;
e) Angaben zu den wichtigsten Kategorien von Vermögenswerten, in die der AIF investiert hat, einschließlich des entsprechenden Marktwerts von Short- und Longpositionen, des Umsatzes und der Wertentwicklung in der Berichtsperiode;
f) die Ergebnisse der regelmäßig nach Artikel 15 Absatz 3 Buchstabe b und Artikel 16 Absatz 1 Unterabsatz 2 der Richtlinie 2011/61/EU unter normalen und außergewöhnlichen Umständen durchgeführten Stresstests.

(3) Die in Absatz 1 und Absatz 2 erwähnten Informationen werden wie folgt vorgelegt:

a) von AIFM, die AIF-Portfolios verwalten, deren nach Artikel 2 berechnete verwaltete Vermögenswerte insgesamt über den Schwellenwert von entweder 100 Mio. EUR oder 500 Mio. EUR gemäß Artikel 3 Absatz 2 Buchstabe a bzw. Buchstabe b der Richtlinie 2011/61/EU, nicht aber über 1 Mrd. EUR hinausgehen, halbjährlich für jeden von ihnen verwalteten EU-AIF und für jeden von ihnen in der Union vertriebenen AIF;
b) von AIFM, die AIF-Portfolios verwalten, deren nach Artikel 2 berechnete verwaltete Vermögenswerte insgesamt über 1 Mrd. EUR hinausgehen, vierteljährlich für jeden von ihnen verwalteten EU-AIF und für jeden von ihnen in der Union vertriebenen AIF;
c) von AIFM, für die die in Buchstabe a genannten Vorschriften gelten, vierteljährlich für jeden AIF, dessen verwaltete Vermögenswerte einschließlich etwaiger unter Einsatz von Hebelfinanzierungen erworbener Vermögenswerte insgesamt über 500 Mio. EUR hinausgehen;
d) von AIFM jährlich für jeden von ihnen verwalteten nicht hebelfinanzierten AIF, der gemäß seiner Hauptanlagestrategie in nicht börsennotierte Unternehmen und Emittenten investiert, um die Kontrolle über sie zu erlangen.

(4) Abweichend von Absatz 3 kann es die zuständige Behörde des Herkunftsmitgliedstaats des AIFM für die Ausübung ihrer Funktion für zweckdienlich oder erforderlich erachten, eine häufigere Unterrichtung über alle oder einen Teil der Informationen vorzuschreiben.

(5) Die AIFM, die einen oder mehrere AIF verwalten, die nach ihrer Bewertung in beträchtlichem Umfang Hebelfinanzierungen im Sinne von Artikel 111 dieser Verordnung einsetzen, übermitteln die nach Artikel 24 Absatz 4 der Richtlinie 2011/61/EU vorgeschriebenen Informationen zeitgleich mit den nach Absatz 2 dieser Artikels vorgeschriebenen Informationen.

(6) Die AIFM übermitteln die in den Absätzen 1, 2 und 5 genannten Informationen mit Hilfe des in Anhang IV festgelegten Formblatts.

(7) Nach Artikel 42 Absatz 1 Buchstabe a der Richtlinie 2011/61/EU gilt für Nicht-EU-AIF jede Bezugnahme auf die zuständigen Behörden des Herkunftsmitgliedstaats als Bezugnahme auf die zuständige Behörde des Referenzmitgliedstaats.

Artikel 111
Einsatz von Hebelfinanzierungen in beträchtlichem Umfang

(1) Für die Zwecke von Artikel 24 Absatz 4 der Richtlinie 2011/61/EU ist davon auszugehen, dass Hebelfinanzierungen in beträchtlichem Umfang eingesetzt werden, wenn das nach der Commitment-Methode gemäß Artikel 8 dieser Verordnung berechnete Engagement eines AIF seinen Nettoinventarwert dreifach übersteigt.

(2) Sind die in Absatz 1 dieses Artikels genannten Bedingungen erfüllt, übermitteln die AIFM die in Artikel 24 Absatz 4 der Richtlinie 2011/61/EU genannten Informationen den zuständigen Behörden ihrer Herkunftsmitgliedstaaten gemäß den in Artikel 110 Absatz 3 dieser Verordnung genannten Grundsätzen.

ABSCHNITT 2
AIFM, die hebelfinanzierte AIF verwalten

(Artikel 25 Absatz 3 der Richtlinie 2011/61/EU)

Artikel 112
Beschränkungen für die Verwaltung von AIF

(1) Die Grundsätze dieses Artikels gelten für die Festlegung der Umstände, unter denen die zuständigen Behörden ihre Befugnis ausüben, den AIFM Limits oder Beschränkungen für Hebelfinanzierungen vorzuschreiben.

(2) Bewertet die zuständige Behörde Informationen, die sie gemäß Artikel 7 Absatz 3, Artikel 15 Absatz 4 oder Artikel 24, Absatz 4 oder Artikel 24 Absatz 5 erhalten hat, so berücksichtigt sie, inwieweit der Einsatz von Hebelfinanzierungen durch einen AIFM oder dessen Interaktion mit einer Gruppe von AIFM oder anderen Finanzinstituten zur Entstehung von Systemrisiken im Finanzsystem oder des Risikos von Marktstörungen beitragen können.

(3) Die zuständigen Behörden berücksichtigen in ihrer Bewertung zumindest die folgenden Aspekte:

a) die Umstände, unter denen das Engagement eines oder mehrerer AIF einschließlich des Engagements aus Finanzierungs- und Anlagepositionen, das der AIFM auf eigene Rechnung oder für die AIF eingegangen ist, ein erhebliches Markt-, Liquiditäts- oder Gegenparteirisiko für ein Finanzinstitut darstellen könnte;

b) die Umstände, unter denen die Tätigkeiten eines AIFM oder seine Interaktion beispielsweise mit einer Gruppe von AIFM oder anderen Finanzinstituten, insbesondere im Hinblick auf die Arten der Vermögenswerte, in die der AIF investiert, und die über den Einsatz von Hebelfinanzierungen vom AIFM angewendeten Techniken, zu einer spiralförmigen Abwärtsbewegung der Preise von Finanzinstrumenten oder sonstigen Vermögenswerten beitragen oder beitragen könnten, die die Lebensfähigkeit dieser Finanzinstrumente oder sonstigen Vermögenswerte gefährdet bzw. gefährden würde;

c) Kriterien wie die Art des AIF, die Anlagestrategie des AIFM für die betreffenden AIF, die Marktbedingungen, unter denen der AIFM und der AIF tätig sind, sowie wahrscheinliche prozyklische Wirkungen, die eintreten könnten, wenn die zuständigen Behörden dem betreffenden AIFM Limits oder andere Beschränkungen für den Einsatz von Hebelfinanzierungen vorschreiben;

d) Kriterien wie die Größe eines oder mehrerer AIF und die entsprechenden Auswirkungen in einem bestimmten Marktsektor, Risikokonzentrationen in bestimmten Märkten, in denen ein oder mehrere AIF investieren, etwaige Ansteckungsrisiken für andere Märkte durch einen Markt, in dem Risiken festgestellt wurden, Liquiditätsprobleme in bestimmten Märkten zu einem bestimmten Zeitpunkt, das Ausmaß des mit einem Missverhältnis zwischen Vermögenswerten und Verbindlichkeiten verbundenen Risikos in einer bestimmten AIFM-Anlagestrategie oder irreguläre Preisbewegungen bei Vermögenswerten, in die ein AIF investieren könnte.

ABSCHNITT 3
Besondere Vorschriften in Bezug auf Drittländer

(Artikel 34 Absatz 1, Artikel 35 Absatz 2, Artikel 36 Absatz 1, Artikel 37 Absatz 7 Buchstabe d, Artikel 40 Absatz 2 Buchstabe a und Artikel 42 Absatz 1 der Richtlinie 2011/61/EU)

Artikel 113
Allgemeine Anforderungen

(1) Vereinbarungen über Zusammenarbeit decken alle in Kapitel VII der Richtlinie 2011/61/EU genannten Situationen und Akteure unter Berücksichtigung des Niederlassungsortes des AIFM, des Niederlassungsortes des AIF und der Tätigkeit des AIFM ab.

(2) Vereinbarungen über Zusammenarbeit werden schriftlich ausgefertigt.

(3) Vereinbarungen über Zusammenarbeit legen den besonderen Rahmen für die Konsultation, Kooperation und den Informationsaustausch für Aufsichts- und Durchsetzungszwecke zwischen den zuständigen Behörden der EU und Drittland-Aufsichtsbehörden fest.

(4) Vereinbarungen über Zusammenarbeit enthalten eine besondere Bestimmung, die die Übermittlung von Informationen, die eine zuständige Behörde der Union von einer Aufsichtsbehörde eines Drittlands erhalten hat, an andere zuständige Behörden der Union, die ESMA und den ESRB im Einklang mit der Richtlinie 2011/61/EU regelt.

Artikel 114
Mechanismen, Instrumente und Verfahren

(1) Vereinbarungen über Zusammenarbeit legen die Mechanismen, Instrumente und Verfahren fest, die gewährleisten, dass den zuständigen Behörden der Union alle zur Wahrnehmung ihrer Aufgaben erforderlichen Informationen zugänglich sind.

(2) Vereinbarungen über Zusammenarbeit legen die Mechanismen, Instrumente und Verfahren fest, die die Durchführung von Ermittlungen vor Ort gewährleisten, wenn diese zur Wahrnehmung der Aufgaben der zuständigen Behörde der Union gemäß der Richtlinie 2011/61/EU erforderlich sind. Ermittlungen vor Ort werden unmittelbar von der zuständigen Behörde der Union oder von der zuständigen Behörde des Drittlands mit Hilfe der zuständigen Behörde der Union durchgeführt.

(3) Vereinbarungen über Zusammenarbeit legen die Mechanismen, Instrumente und Verfahren fest, die gewährleisten, dass die zuständige Behörde des Drittlands im Einklang mit den für diese Behörde geltenden nationalen und internationalen Rechtsvorschriften die zuständigen Behörden der Union unterstützt, wenn die Rechtsvorschriften der Union und die nationalen Durchführungsvorschriften, die von einer in dem Drittland niedergelassenen Einrichtung verletzt wurden, durchgesetzt werden müssen.

Artikel 115
Datenschutz

Durch Vereinbarungen über Zusammenarbeit wird sichergestellt, dass die Übermittlung von Daten und Datenauswertungen an Drittländer stets im Einklang mit Artikel 52 der Richtlinie 2011/61/EU steht.

ABSCHNITT 4
Austausch von Informationen über die potenziellen Systemauswirkungen der AIFM-Tätigkeit

Artikel 116
Austausch von Informationen über potenzielle Systemauswirkungen der AIFM-Tätigkeit

Für die Zwecke von Artikel 53 der Richtlinie 2011/61/EU tauschen die gemäß dieser Richtlinie für die Zulassung oder Beaufsichtigung von AIFM zuständigen Behörden der Mitgliedstaaten mit den zuständigen Behörden anderer Mitgliedstaaten, der ESMA und dem ESRB zumindest Folgendes aus:

a) die gemäß Artikel 110 erhaltenen Informationen, soweit diese für die Überwachung von und die Reaktion auf potenzielle Auswirkungen der Geschäfte einzelner oder mehrerer AIFM auf die Stabilität systemrelevanter Finanzinstitute und das ordnungsgemäße Funktionieren der Märkte, auf denen AIFM tätig sind, von Bedeutung sein können;
b) die von Drittland-Behörden erhaltenen Informationen, soweit diese für die Überwachung von Systemrisiken erforderlich sind;
c) die Auswertung der unter den Buchstaben a und b genannten Informationen und die Bewertung von Situationen, in denen davon auszugehen ist, dass die Tätigkeit eines oder mehrerer AIFM oder eines von ihnen verwalteten oder mehrerer von ihnen verwalteter AIF zur Entstehung von Systemrisiken, des Risikos von Marktstörungen oder zu Risiken für das langfristige Wirtschaftswachstum beiträgt;
d) die getroffenen Maßnahmen, wenn die Tätigkeit eines oder mehrerer beaufsichtigter AIFM oder eines von ihnen verwalteten oder mehrerer von ihnen verwalteter AIF ein Systemrisiko darstellt oder das ordnungsgemäße Funktionieren der Märkte, auf denen sie tätig sind, gefährdet.

KAPITEL VI
SCHLUSSBESTIMMUNGEN

Artikel 117
Inkrafttreten

Diese Verordnung tritt am zwanzigsten Tag nach ihrer Veröffentlichung im *Amtsblatt der Europäischen Union* in Kraft.

Sie gilt ab dem 22. Juli 2013.

Diese Verordnung ist in allen ihren Teilen verbindlich und gilt unmittelbar in jedem Mitgliedstaat.

Brüssel, den 19. Dezember 2012

Für die Kommission

Der Präsident

José Manuel BARROSO

ANHANG I

Methoden zur Erhöhung des Risikos eines AIF

1. Unbesicherte Barkredite: Werden aufgenommene Kredite angelegt, so erhöhen diese das Risiko des AIF in der Regel um den Gesamtbetrag dieser Kredite. Deshalb ent-

spricht das Risiko stets mindestens der Höhe des Kredits, kann aber höher liegen, wenn die Höhe der mit dem Kredit getätigten Investition den Betrag des aufgenommenen Kredits übersteigt. Um doppelte Erfassungen zu vermeiden, werden Barkredite, die zur Finanzierung des Risikos dienen, nicht angerechnet. Werden die Barkredite nicht investiert, sondern bleiben Barmittel- oder Barmitteläquivalente im Sinne von Artikel 7 Buchstabe a, so erhöhen sie nicht das Risiko des AIF.

2. Besicherte Barkredite: Besicherte Barkredite sind unbesicherten Barkrediten vergleichbar; das Darlehen kann jedoch durch einen Pool von Vermögenswerten oder einen einzigen Vermögenswert besichert sein. Werden die Barkredite nicht angelegt, sondern bleiben Barmittel- oder Barmitteläquivalente im Sinne von Artikel 7 Buchstabe a, so erhöhen sie das Risiko des AIF nicht.
3. Wandeldarlehen: Wandeldarlehen sind gekaufte Schuldtitel, die der Inhaber oder der Emittent unter bestimmten Voraussetzungen in einen anderen Vermögenswert umwandeln kann. Das Risiko des AIF ist der Marktwert der Darlehen.
4. Zinsswaps Bei einem Zinsswap wird die Vereinbarung getroffen, Zinsströme auf einen nominellen Kapitalbetrag während der Laufzeit der Vereinbarung zu bestimmten Zeitpunkten (Zahlungsfristen) auszutauschen. Die Zahlungsverpflichtungen der einzelnen Parteien werden durch Anwendung unterschiedlicher Zinssätze auf die nominellen Risiken berechnet.
5. Finanzielle Differenzgeschäfte: Ein finanzielles Differenzgeschäft (contract for differences, CFD) ist eine Vereinbarung zwischen zwei Parteien – dem Anleger und dem CFD-Anbieter – über die Zahlung der Preisdifferenz eines Basiswerts. Je nachdem, wie der Preis sich entwickelt, zahlt eine Partei der anderen die Differenz zwischen dem zum Zeitpunkt des Abschlusses des Kontrakts vereinbarten und dem am Erfüllungstag aktuellen Preis. Das Risiko ist der Marktwert des Basiswerts. Wetten auf Finanztitel-Spreads werden genauso behandelt.
6. Finanzterminkontrakte: Ein Finanzterminkontrakt ist eine Vereinbarung über den Kauf oder Verkauf einer festgelegten Menge von Wertpapieren, Devisen, Rohstoffen, Indizes oder anderen Vermögenswerten an einem bestimmten in der Zukunft liegenden Zeitpunkt zu einem im Voraus festgelegten Preis. Das Risiko bestimmt sich durch das Basiswertäquivalent unter Zugrundelegung des Marktwerts des Basiswerts.
7. Total-Return-Swaps: Ein Total-Return-Swap ist eine Vereinbarung, in der eine Partei (Sicherungsnehmer) den Gesamtertrag aus einem Referenzaktivum auf die andere Partei (Sicherungsgeber) überträgt, wobei in den Gesamtertrag die Erträge aus Zinsen und Gebühren, Gewinne oder Verluste aufgrund von Marktbewegungen und Kreditverluste fließen. Das Risiko bestimmt sich durch das Basiswertäquivalent unter Zugrundelegung des Marktwerts des Referenzaktivums.
8. Außerbörsliche Finanztermingeschäfte: Ein außerbörsliches Finanztermingeschäft ist eine maßgeschneiderte, bilaterale Vereinbarung über den Austausch von Vermögenswerten oder Barmittelströmen an einem bestimmten in der Zukunft liegenden Fälligkeitsdatum zu einem am Datum des Geschäftsabschlusses festgelegten Preis. Eine Partei des außerbörslichen Finanztermingeschäfts ist der Käufer (long), der sich bereit erklärt, den Terminpreis am Fälligkeitsdatum zu zahlen; die andere Partei ist der Verkäufer (short), der sich bereit erklärt, den Terminpreis zu akzeptieren. Der Abschluss eines außerbörslichen Finanztermingeschäfts erfordert in der Regel nicht die Zahlung einer Gebühr. Das Risiko des AIF ist der Marktwert des äquivalenten Basiswerts. Dieser kann durch den Nominalwert des Kontrakts ersetzt werden, wenn dies zu einer konservativeren Ermittlung führt.

9. Optionen: Eine Option ist eine Vereinbarung, die dem Käufer gegen Zahlung einer Gebühr (Prämie) das Recht verleiht, – nicht aber die Pflicht auferlegt, – am Ende der Laufzeit (Verfallstag) oder während der gesamten Kontraktlaufzeit einen Basiswert in einer bestimmten Menge zu einem vereinbarten Preis (Bezugs- oder Ausübungspreis) zu kaufen oder zu verkaufen. Eine Call-Option ist eine Kaufoption, eine Put-Option eine Verkaufsoption. Die Risikogrenzen des Fonds sind auf der einen Seite ein potenziell unbegrenztes Risiko und auf der anderen ein auf die gezahlte Prämie oder den Marktwert der Option begrenztes Risiko, je nachdem, welcher von beiden Werten der höhere ist. Zwischen diesen beiden Grenzen wird das Risiko als mit dem Delta adjustiertes Basiswertäquivalent bestimmt (das Options-Delta misst die Sensitivität des Optionspreises in Bezug auf die Preisänderung des Basiswerts). Die gleiche Vorgehensweise ist auf derivative Komponenten (z. B. bei strukturierten Produkten) anzuwenden. Dabei ist eine Aufschlüsselung nach den derivativen Komponenten vorzunehmen und angemessen zu erfassen, welche Wirkung die einzelnen Risikoschichten haben.
10. Pensionsgeschäfte: Ein Pensionsgeschäft wird in der Regel getätigt, wenn ein AIF Wertpapiere an eine Reverse-Repo-Gegenpartei „verkauft" und sich bereit erklärt, diese zu einem in der Zukunft liegenden Zeitpunkt zu einem vereinbarten Preis zurückzukaufen. Um die Finanzierungskosten dieser Transaktion zu decken, wird der AIF die Barerträge (Barsicherheiten) neu anlegen, um einen Ertrag zu erzielen, der die Finanzierungskosten übertrifft. Aufgrund dieser Wiederanlage von „Barsicherheiten" entsteht dem AIF ein zusätzliches Marktrisiko, das auf das Gesamtrisiko angerechnet werden muss. Die wirtschaftlichen Risiken und Erträge der „verkauften" Wertpapiere bleiben beim AIF. Eine Repo-Transaktion generiert beinahe immer eine Hebelwirkung, da die Barsicherheiten neu angelegt werden. Werden bei der Transaktion andere als Barsicherheiten übergeben und werden diese Sicherheiten im Rahmen einer anderen Repo oder eines Effektenkredits verwendet, muss der volle Marktwert dieser Sicherheiten auf das Gesamtrisiko angerechnet werden. Das Risiko des AIF erhöht sich um den neu angelegten Anteil der Barsicherheiten.
11. Umgekehrte Pensionsgeschäfte: Bei dieser Transaktion „kauft" ein AIF Wertpapiere von einer Repo-Gegenpartei und erklärt sich bereit, diese zu einem in der Zukunft liegenden Zeitpunkt zu einem vereinbarten Preis zurückzuverkaufen. AIF nutzen diese Transaktionen in der Regel, um eine geldmarktähnliche Rendite mit niedrigem Risiko zu erzielen, wobei die „gekauften" Wertpapiere als Sicherheit dienen. Deshalb entsteht weder ein Gesamtrisiko noch übernimmt der AIF die Risiken und Erträge aus den „gekauften" Wertpapieren, d. h. es erwächst kein zusätzliches Marktrisiko. Die „gekauften" Wertpapiere können jedoch, wie oben beschrieben, im Rahmen einer Repo oder eines Wertpapierdarlehens weiterverwendet werden; in diesem Fall ist der volle Marktwert der Wertpapiere auf das Gesamtrisiko anzurechnen. Die wirtschaftlichen Risiken und Erträge der gekauften Wertpapiere bleiben bei der Gegenpartei und erhöhen deshalb nicht das Risiko des AIF.
12. Wertpapierdarlehensvergabe: Bei einer Wertpapierdarlehensvergabe verleiht ein AIF ein Wertpapier für eine vereinbarte Gebühr an eine Gegenpartei (Wertpapierentleiher), die das Wertpapier in der Regel entleiht, um einer Lieferverpflichtung aus einem Leerverkauf nachzukommen. Der Wertpapierentleiher gibt dem AIF entweder Barsicherheiten oder andere als Barsicherheiten. Ein Gesamtrisiko entsteht nur bei einer Wiederanlage von Barsicherheiten in andere als die in Artikel 7 Buchstabe a definierten Instrumente. Werden die anderen als Barsicherheiten im Rahmen eines Repo oder einer anderen Wertpapierdarlehensvergabe verwendet, ist, wie oben beschrieben, der volle

Marktwert der Wertpapiere auf das Gesamtrisiko anzurechnen. Ein Risiko entsteht im Umfang der Wiederanlage der Barsicherheiten.

13. Wertpapierdarlehensaufnahme: Bei der Wertpapierdarlehensaufnahme erhält ein AIF für eine vereinbarte Gebühr ein Wertpapier von einer Gegenpartei (Wertpapierleiher). Der AIF verkauft dieses Wertpapier auf dem Markt und geht damit eine Short-Position ein. Je nach Umfang der Wiederanlage des Barertrags aus diesem Verkauf erhöht sich auch das Risiko des AIF. Das Risiko ist der Marktwert der leer verkauften Wertpapiere; ein zusätzliches Risiko entsteht im Umfang der Wiederanlage der Barmittel.
14. Credit Default Swaps: Bei einem Credit Default Swap (CDS) handelt es sich um ein Kreditderivat, das dem Käufer im Falle eines Ausfalls des Referenzschuldners oder bei Eintritt eines Kreditereignisses Schutz (in der Regel einen vollständigen Ausgleich) bietet. Der CDS-Verkäufer erhält dafür vom Käufer eine laufend zu entrichtende Prämie („Spread"). Für den Sicherungsgeber ist das Risiko der höhere Betrag des Marktwerts des Basis-Referenzaktivums und des Nominalwerts des Credit Default Swaps. Für den Sicherungsnehmer ist das Risiko der Marktwert des Basis-Referenzaktivums.

ANHANG II

Anrechnungsmethoden für Derivate

1. Für die nachstehende, nicht erschöpfende Liste der Grundformen von Derivaten werden folgende Anrechnungsmethoden angewandt:
   a) Börsengehandelte Finanzterminkontrakte (Futures):
      - Anleihen-Future: Anzahl der Kontrakte * Kontraktgröße * Marktwert der günstigsten lieferbaren Referenzanleihe
      - Zins-Future: Anzahl der Kontrakte * Kontraktgröße
      - Währungs-Future: Anzahl der Kontrakte * Kontraktgröße
      - Aktien-Future: Anzahl der Kontrakte * Kontraktgröße * Marktpreis der zugrunde liegenden Aktie
      - Index-Future: Anzahl der Kontrakte * Kontraktgröße * Indexstand

   b) Optionen (Käufer-/Verkäuferposition; Verkaufs- und Kaufoptionen)
      - Anleihen-Option: Anzahl der Kontrakte * Kontraktwert * Marktwert des zugrunde liegenden Anleihe * Delta
      - Aktien-Option: Anzahl der Kontrakte * Kontraktwert * Marktwert der zugrunde liegenden Aktie * Delta
      - Zins-Option: Kontraktwert * Delta
      - Währungs-Option: Kontraktwert der Währungsseite(n) * Delta
      - Index-Option: Anzahl der Kontrakte * Kontraktwert * Indexstand * Delta
      - Optionen auf Futures: Anzahl der Kontrakte * Kontraktwert * Marktwert des Basiswerts * Delta
      - Swaptions: Anrechnungsbetrag des Swaps * Delta
      - Optionsscheine und Bezugsrechte: Anzahl der Aktien/Anleihen * Marktwert des Basiswerts * Delta

   c) Swaps
      - Zinsswaps: Kontraktwert
      - Währungsswaps: Nominalwert der Währungsseite(n)
      - Zins-Währungsswaps: Nominalwert der Währungsseite(n)
      - Total-Return-Swap: Marktwert des zugrunde liegenden Basiswerts

- Komplexer Total Return Swap: Summe der Marktwerte beider Vertragsseiten
- Credit Default Swaps, die sich auf einen einzelnen Basiswert beziehen (Single Name Credit Default Swaps):
  Verkäufer/Sicherungsgeber – der höhere Betrag des Marktwerts des zugrunde liegenden Basiswerts und des Nominalwerts des Credit Default Swaps
  Käufer/Sicherungsnehmer – Marktwert des zugrunde liegenden Basiswerts
- Finanzielle Differenzgeschäfte: Anzahl der Aktien/Anleihen * Marktwert des zugrunde liegenden Basiswerts

d) Außerbörsliche Finanztermingeschäfte (Forwards)
  - Währungstermingeschäfte: Nominalwert der Währungsseite(n)
  - Zinstermingeschäfte: Nominalwert

e) Gehebelte Risikoposition in Indizes mit eingebetteter Hebelwirkung
  Bei Derivaten, die eine gehebelte Investition gegenüber einem Index erzielen, oder Indizes, die eine Hebelwirkung aufweisen, sind hierfür ebenfalls die Anrechnungsbeträge der entsprechenden Vermögensgegenstände zu ermitteln und in die Berechnung mit einzubeziehen.

2. Für die nachstehende, nicht erschöpfende Liste von Finanzinstrumenten mit derivativer Komponente werden folgende Anrechnungsmethoden angewandt:
   - Wandelanleihen: Anzahl der zugrunde liegenden Basiswerte * Marktwert der zugrunde liegenden Basiswerte * Delta
   - Credit-Linked Notes: Marktwert des zugrunde liegenden Basiswerts
   - Teileingezahlte Wertpapiere: Anzahl der Aktien/Anleihen * Marktwert der zugrunde liegenden Basiswerte
   - Optionsscheine und Bezugsrechte: Anzahl der Aktien/Anleihen * Marktwert des Basiswerts * Delta
3. Beispielliste für komplexe Derivate mit Angabe der verwendeten Commitment-Methode:
   - Varianz-Swaps: Varianz-Swaps sind Finanzterminkontrakte, die sich auf die realisierte Varianz (Volatilität im Quadrat) eines Basiswerts beziehen und insbesondere den Handel der zukünftigen realisierten (oder historischen) Volatilität gegen die aktuelle implizite Volatilität ermöglichen. Gemäß der Marktpraxis werden der Bezugspreis und der Varianz-Nominalwert durch die Volatilität bestimmt. Der Varianz-Nominalwert bestimmt sich wie folgt:

     $$\text{Varianz-Nominalwert} = \frac{\text{Vega-Nominalwert}}{2 \text{ x Bezugspreis}}$$

     Beim Vega-Nominalwert handelt es sich um ein theoretisches Maß des Gewinns oder Verlusts aus der Änderung der Volatilität um ein Prozent.
     Da die realisierte Volatilität nicht kleiner Null werden kann, hat die Käufer (Long-) Position eines solchen Swaps einen maximal möglichen Verlust. Die Verkäufer (Short-)Position hingegen ist einem unlimitierten Verlust ausgesetzt, es sei denn, in dem Kontrakt ist eine Kappungsgrenze spezifiziert.
     Anrechnungsmethode für einen bestimmten Kontrakt zum Zeitpunkt t:
     Varianz-Nominalwert * (aktueller) Varianz t (ohne Volatilitätskappungsgrenze)
     Varianz-Nominalwert * min [(aktueller) Varianz t Volatilitätskappungsgrenze 2] (mit Volatilitätskappungsgrenze)
     wobei sich die aktuelle Varianz jeweils als Funktion der quadrierten realisierten und impliziten Volatilität bestimmt:

$$\text{(aktuelle) Varianz}_t = \frac{t}{T} \times \text{realisierte Volatilität } (0,t)^2 + \frac{T-t}{T} \times \text{implizite Volatilität } (t,T)^2$$

- Volatilitäts-Swaps
  Analog zum Varianz-Swap sind bei Volatilitätsswaps folgende Anrechnungsformeln anzuwenden:
- Vega-Nominalwert * (aktueller) Volatilität $_t$ (ohne Volatilitätskappungsgrenze)
- Vega-Nominalwert * min [(aktueller) Volatilität $_t$; Volatilitätskappungsgrenze] (mit Volatilitätskappungsgrenze)
  wobei sich die (aktuelle) Volatilität t jeweils als der realisierten und impliziten Volatilität bestimmt.

4. Schwellenoptionen
   Anzahl der Kontrakte * Kontraktgröße * Marktwert des zugrunde liegenden Basiswerts * Delta.

ANHANG III

Duration-Netting-Regelungen

1. Ein Zinsderivat ist nach der folgenden Methode in das entsprechende Basiswertäquivalent umzurechnen:
   Das Basiswertäquivalent errechnet sich aus der Duration des Zinsderivats dividiert durch die Zielduration des AIF multipliziert mit dem Marktwert des zugrunde liegenden Basiswerts:

$$Basiswertäquivalent = \frac{Duration\ Zinsderivat}{Zielduration} x\ Umrechnungswert\ Derivat$$

   Dabei gilt:
   - *Duration Zinsderivat* ist die Duration (Sensitivität des Marktwertes des Derivats gegenüber Zinsänderungen) des Zinsderivats;
   - *Zielduration* ergibt sich aus der Anlagestrategie, den Positionen und dem erwarteten Risikoniveau zu jeder Zeit und wird ansonsten normalisiert. Sie steht auch im Einklang mit der Duration des Portfolios unter regulären Marktbedingungen;
   - *Umrechnungswert Derivat* ist der gemäß Anhang II umgerechnete Wert der Derivateposition.
2. Die nach Absatz 1 berechneten äquivalenten Basispositionen werden wie folgt verrechnet:
   a) Jedes Zinsderivat ist entsprechend der restlichen Zinsbindungsfristen der zugrunde liegenden Basiswerte den folgenden Laufzeitbändern zuzuordnen:
      Laufzeitbänder
      1. 0–2 Jahre
      2. 2–7 Jahre
      3. 7–15 Jahre
      4. > 15 Jahre.
   b) Für jedes Laufzeitband werden die entsprechenden Basiswertäquivalente der Positionen mit gegenläufigen Zinsbindungsrichtungen verrechnet. Die sich betragsmäßig entsprechende Summe der gegenläufigen Positionen ist die ausgeglichene Bandposition für dieses Laufzeitband.
   c) Angefangen bei dem ersten Laufzeitband wird die ausgeglichene Bandposition zweier angrenzender Bänder berechnet als die sich betragsmäßig entsprechenden

Summen der verbleibenden Unterschiedsbeträge mit gegenläufigen Zinsbindungsrichtungen aus Laufzeitband (i) und Laufzeitband (i + 1).

d) Angefangen bei dem ersten Laufzeitband, wird die ausgeglichene Position zweier nicht angrenzender Bänder, die nur durch ein Laufzeitband getrennt sind, berechnet als die sich betragsmäßig entsprechenden Summen der verbleibenden Unterschiedsbeträge mit gegenläufigen Zinsbindungsrichtungen aus Laufzeitband (i) und Laufzeitband (i + 2).

e) Die ausgeglichene Position soll zwischen den verbleibenden nicht ausgeglichenen Positionen mit gegenläufigen Zinsbindungsrichtungen der beiden entferntesten Laufzeitbänder errechnet werden.

3. Das Risiko des AIF ist die Summe der Beträge der
   - mit 0 % gewichteten Summe der ausgeglichenen Bandpositionen;
   - mit 40 % gewichteten Summe der ausgeglichenen Positionen zweier angrenzender Bänder;
   - mit 75 % gewichteten Summe der ausgeglichenen Positionen zweier nicht angrenzender Bänder;
   - mit 100 % gewichteten ausgeglichenen Position der beiden entferntesten Laufzeitbänder und der
   - mit 100 % gewichteten verbleibenden offenen Positionen.

ANHANG IV

Formblatt für die Berichterstattung: AIFM

(Artikel 3 Absatz 3 Buchstabe d und Artikel 24 der Richtlinie 2011/61/EU)

Angaben zum AIFM

(Artikel 3 Absatz 3 Buchstabe d und Artikel 24 Absatz 1 der Richtlinie 2011/61/EU)

		Wichtigster Markt/wichtigstes Instrument	Zweitwichtigster Markt/zweitwichtigstes Instrument	Drittwichtigster Markt/drittwichtigstes Instrument	Viertwichtigster Markt/viertwichtigstes Instrument	Fünftwichtigster Markt/fünftwichtigstes Instrument
1	**Wichtigste Märkte des Handels für Rechnung der vom AIFM verwalteten AIF**					
2	**Wichtigste Instrumente des Handels für Rechnung der vom AIFM verwalteten AIF**					
3	**Verwaltete Vermögenswerte aller verwalteten AIF, berechnet gemäß Artikel 2**	**In der Basiswährung (wenn für alle AIF gleich)**			**In EUR**	
	Bitte Angabe von offizieller Bezeichnung, Ort und Rechtsordnung der Märkte					

Detaillierte Liste aller vom AIFM verwalteten AIF

auf Verlangen zum Ende jedes Quartals vorzulegen

(Artikel 24 Absatz 3 der Richtlinie 2011/61/EU)

Name des AIF	Identifikationscode der Fonds						Auflegedatum	AIF-Typ (Hedgefonds, Private Equity-Fonds, Immobilienfonds, Dachfonds, Sonstige (*))	NAV	EU-AIF: Ja/Nein

(*) Unter „Sonstige" bitte Angabe der Strategie, die den AIF-Typ am besten beschreibt.

Geldwerte sind in der Basiswährung des AIF anzugeben.

Formblatt für die Berichterstattung: AIF

(Artikel 3 Absatz 3 Buchstabe d und Artikel 24 der Richtlinie 2011/61/EU)

Angaben zum AIF

(Artikel 3 Absatz 3 Buchstabe d und Artikel 24 Absatz 1 der Richtlinie 2011/61/EU)

	Datentyp		Gemeldete Daten	
	Identität des AIF			
1	**Name des AIF**		EU-AIF: Ja/Nein	
2	**Fondsmanager** *(Firmenname und Standardcode, sofern verfügbar)*		EU-AIFM: Ja/Nein	
3	**Identifikationscodes der Fonds**, falls zutreffend			
4	**Auflegedatum des AIF**			
5	**Sitz des AIF**			
6	**Identität des/der Primebroker des AIF** *(Firmenname und Standardcode, sofern verfügbar)*			
7	**Basiswährung des AIF nach ISO 4217 und verwaltete Vermögenswerte, berechnet gemäß Artikel 2**		Währung	Gesamtwert des verwalteten Vermögens
8	**Rechtsordnungen der drei wichtigsten Finanzierungsquellen** (ohne von Anlegern gekaufte AIF-Anteile)			
9	**Vorherrschender AIF-Typ** *(bitte einen Typ auswählen)*		Hedgefonds Private Equity-Fonds Immobilienfonds Dachfonds Sonstige Keine	
10	**Aufschlüsselung der Anlagestrategien** *(Aufschlüsselung der AIF-Anlagestrategien nach dem in Frage 1 genannten vorherrschenden AIF-Typ. Zur Beantwortung dieser Frage, siehe Erläuterungen.)*			

Datentyp	Gemeldete Daten	
	Angabe der Strategie, die die AIF-Strategie am besten beschreibt	Anteil am NAV (%)
a) Hedgefondstrategien *(Diese Frage ist zu beantworten, wenn unter Frage 1 als vorherrschender AIF-Typ „Hedgefonds“ angegeben wurde)*		
Angabe der Hedgefondsstrategien, die die AIF-Strategien am besten beschreiben Equity: Long Bias Equity: Long/Short Equity: Marktneutral Equity: Short Bias Relative Value: Fixed Income Arbitrage Relative Value: Wandelanleihen-Arbitrage Relative Value: Volatilitätsarbitrage Event Driven: Krisensituationen/Restrukturierungen Event Driven: Risikoarbitrage (Risk Arbitrage/Merger Arbitrage) Event Driven: Equity — Special-Situations-Strategie Kredit (long/short) Asset Based Lending Makro Managed Futures/CTA: Fundamental Managed Futures/CTA: Quantitative Multi-Strategy-Hedgefonds sonstige Hedgefondsstrategien		
b) Private-Equity-Strategien *(Diese Frage ist zu beantworten, wenn unter Frage 1 als vorherrschender AIF-Typ „Private Equity-Fonds“ angegeben wurde)*		
Angabe der Private-Equity-Strategien, die die AIF-Strategien am besten beschreiben Wagniskapital Growth Capital Mezzanine-Kapital Multi-Strategy-Private-Equity sonstige Private-Equity-Strategien		

Datentyp	Gemeldete Daten	
c) **Immobilienstrategien** *(Diese Frage ist zu beantworten, wenn unter Frage 1 als vorherrschender AIF-Typ „Immobilienfonds" angegeben wurde)*		
Angabe der Immobilienstrategien, die die AIF-Strategien am besten beschreiben Wohnimmobilien Gewerbeimmobilien Industrieimmobilien Multi-Strategy-Immobilienfonds sonstige Immobilienstrategien		
d) **Dachfondsstrategien** *(Diese Frage ist zu beantworten, wenn unter Frage 1 als vorherrschender AIF-Typ „Dachfonds" angegeben wurde)*		
Angabe der „Dachfondsstrategie", die die AIF-Strategien am besten beschreibt Dach-Hedgefonds Dach-Private-Equity-Fonds sonstige Dachfonds		
e) **Sonstige Strategien** *(Diese Frage ist zu beantworten, wenn unter Frage 1 als vorherrschender AIF-Typ „Sonstige" angegeben wurde)*		
Angabe der „sonstigen" Strategie, die die AIF-Strategien am besten beschreibt Rohstoff-Fonds Equity-Fonds Fixed Income-Fonds Infrastrukturfonds sonstige Fonds		

	Datentyp			Gemeldete Daten
	Wichtigste Risiken und stärkste Konzentration			
11	**Wichtigste Instrumente, mit denen der AIF handelt**			
		Art/Code des Instruments	Wert (berechnet nach Artikel 3 AIFM-Richtlinie)	Long-/Short-Position
	Wichtigstes Instrument			
	Zweitwichtigstes Instrument			
	Drittwichtigstes Instrument			
	Viertwichtigstes Instrument			
	Fünftwichtigstes Instrument			
12	**Geografischer Schwerpunkt**			
	Geografische Aufschlüsselung der vom AIF gehaltenen Investitionen als prozentualer Anteil am gesamten Nettobestandswert (NAV) des AIF		*% des NAV*	
	Afrika			
	Asien und pazifischer Raum (außer Mittlerer Osten)			
	Europa (EWR)			
	Europa (nicht EWR)			
	Mittlerer Osten			
	Nordamerika			
	Südamerika			
	Supranational/mehrere Regionen			

Datentyp							Gemeldete Daten
13	**10 wichtigste Risiken des AIF zum Berichtsdatum** (höchster absoluter Wert):						
		Art der Vermögenswerte/ Verbindlichkeiten	Name/Beschreibung der Vermögenswerte/Verbindlichkeiten	Wert (berechnet nach Artikel 3)	% am Bruttomarktwert	Long-/Short-Position	Gegenpartei (sofern relevant)
	1.						
	2.						
	3.						
	4.						
	5.						
	6.						
	7.						
	8.						
	9.						
	10.						
14	**5 wichtigste Portfoliokonzentrationen:**						
		Art der Vermögenswerte/Verbindlichkeiten	Name/Beschreibung des Markts	Höhe des aggregierten Risikos (berechnet nach Artikel 3)	% am Bruttomarktwert	Long-/Short-Position	Gegenpartei (sofern relevant)
	1.						
	2.						
	3.						
	4.						
	5.						

	Datentyp	Gemeldete Daten	
15	**Typische Geschäfts-/Positionsgröße** *(Diese Frage ist zu beantworten, wenn unter Frage 1 als vorherrschender AIF-Typ „Private Equity-Fonds" angegeben wurde)*	*(bitte eine Angabe)* Sehr klein Klein Unteres mittleres Marktsegment Oberes mittleres Marktsegment Large Cap Mega Cap	
16	**Wichtigste Märkte, auf denen der AIF handelt**		
	Angabe von Name und Kennnummer (z. B. MIC-Code), sofern verfügbar, des Markts mit dem höchsten Risiko		
	Angabe von Name und Kennnummer (z. B. MIC-Code), sofern verfügbar, des Markts mit dem zweithöchsten Risiko		
	Angabe von Name und Kennnummer (z. B. MIC-Code), sofern verfügbar, des Markts mit dem dritthöchsten Risiko		
17	**Anlegerkonzentration**		
	Angabe des ungefähren Prozentsatzes des AIF-Kapitals im wirtschaftlichen Eigentum der fünf wirtschaftlichen Eigentümer mit der höchsten Kapitalbeteiligung am AIF (als Prozentsatz der ausstehenden AIF-Anteile; **Look-Through auf wirtschaftliche Eigentümer, sofern bekannt/möglich**)		
	Aufschlüsselung der Anlegerkonzentration nach Anlegerstatus (Schätzwert, falls keine exakten Informationen verfügbar):	%	
	— Professionelle Kunden (im Sinne der Richtlinie 2004/39/EG (MiFID): — Kleinanleger:		

Geldwerte sind in der Basiswährung des AIF anzugeben.

Den zuständigen Behörden vorzulegende Angaben zum AIF

(Artikel 24 Absatz 2 der Richtlinie 2011/61/EU)

	Datentyp		Gemeldete Daten	
	Identität des AIF			
1	**Name des AIF**		EU-AIF: Ja/Nein	
2	**Fondsmanager**		EU-AIFM: Ja/Nein	
1	Name des AIF			
2	Fondsmanager			
3	Identifikationscodes der Fonds, falls zutreffend			
4	Auflegedatum des AIF			
5	Basiswährung des AIF **nach ISO 4217 und verwaltete Vermögenswerte, berechnet gemäß Artikel 2**		Währung	Gesamtwert des verwalteten Vermögens
6	Identität des/der Primebroker des AIF			
7	Rechtsordnungen der drei wichtigsten Finanzierungsquellen			
	Gehandelte Instrumente und Einzelrisiken			
8	**Gehandelte Einzelrisiken und wichtigste Vermögenskategorien, in die der AIF investiert ist (zum Berichtsdatum):**			
	a) **Wertpapiere**		*Kaufseite (Long Value)*	*Verkaufseite (Short Value)*
	Kassenmittel und Kassenmitteläquivalente			
	davon:	*Einlagenzertifikate*		
		Commercial Papers		
		sonstige Einlagen		
		sonstige Kassenmittel und Kassenmitteläquivalente (ausschl. Staatspapieren)		
	Börsennotierte Aktien			
	davon:	*Emission von Finanzinstituten*		
		sonstige börsennotierte Aktien		
	Nicht börsennotierte Aktien			
	Nicht von Finanzinstituten ausgegebene Unternehmensanleihen			
	davon:	*mit Investment-Grade-Rating*		

	Datentyp		Gemeldete Daten	
		ohne Investment-Grade-Rating		
	Von Finanzinstituten ausgegebene Unternehmensanleihen			
	davon:	*mit Investment-Grade-Rating*		
		ohne Investment-Grade-Rating		
	Staatsanleihen			
	davon:	*EU-Bonds mit Laufzeit von bis zu einem Jahr*		
		EU-Bonds mit Laufzeit von mehr als einem Jahr		
		Nicht G10-Bonds mit Laufzeit von bis zu einem Jahr		
		Nicht G10-Bonds mit Laufzeit von mehr als einem Jahr		
	Nicht von Finanzinstituten ausgegebene Wandelanleihen			
	davon:	*mit Investment-Grade-Rating*		
		ohne Investment-Grade-Rating		
	Von Finanzinstituten ausgegebene Wandelanleihen			
	davon:	*mit Investment-Grade-Rating*		
		ohne Investment-Grade-Rating		

	Datentyp		Gemeldete Daten	
	Darlehen			
	davon:	*gehebelte Darlehen*		
		sonstige Darlehen		
	Strukturierte/verbriefte Produkte			
	davon:	*ABS*		
		RMBS		
		CMBS		
		MBS von Agenturen		
		ABCP		
		CDO/CLO		
		Strukturierte Zertifikate		
		ETP		
		sonstige		
	b) Derivate		*Kaufseite (Long Value)*	*Verkaufseite (Short Value)*
	Equity-Derivate			
	davon:	*verbunden mit Finanzinstituten*		
		sonstige Equity-Derivate		

	Datentyp		Gemeldete Daten	
	Fixed Income-Derivate			
	CDS			
	davon:	*Einzeladressen-CDS von Finanzinstituten*		
		Einzeladressen-CDS von staatlichen Emittenten		
		Einzeladressen-CDS von sonstigen Emittenten		
		Index-CDS		
		Exotisch (einschließlich Credit Default Tranche)		
			Bruttowert	
	Devisengeschäfte (zu Investmentzwecken)			
	Zinsderivate			
			Kaufseite (Long Value)	*Verkaufseite (Short Value)*
	Rohstoff-Derivate			
	davon:	*Energie*		
		davon:		
		— Rohöl		
		— Erdgas		
		— Strom		
		Edelmetalle		
		davon: Gold		
		sonstige Rohstoffe		
		davon:		
		— Industriemetalle		
		— Viehbestand		

	Datentyp		Gemeldete Daten	
		— landwirtschaftliche Produkte		
	Sonstige Derivate			
	c) **Physische (reale/materielle) Anlagen**		*Kaufseite (Long Value)*	
	Physisch: Immobilien			
	davon:	*Wohnimmobilien*		
		Gewerbeimmobilien		
	Physisch: Rohstoffe			
	Physisch: Holz			
	Physisch: Kunst und Sammlerobjekte			
	Physisch: Transportmittel			
	Physisch: sonstige			
	d) **Organismen für gemeinsame Anlagen**		*Kaufseite (Long Value)*	
	Anlagen in durch den AIFM geführte/verwaltete OGA			
	davon:	*Geldmarktfonds- und Cash-Management-OGA*		
		ETF		
		sonstige OGA		
	Anlagen in nicht durch den AIFM geführte/verwaltete OGA			
	davon:	*Geldmarktfonds- und Cash-Management-OGA*		
		ETF		

	Datentyp		Gemeldete Daten	
		sonstige OGA		
	e) Anlagen in andere Vermögensklassen		*Kaufseite (Long Value)*	*Verkaufseite (Short Value)*
	Sonstige insgesamt			
9	**Umsatz in den einzelnen Vermögensklassen während der Berichtsmonate**			
	a) Wertpapiere		*Marktwert*	
	Kassenmittel und Kassenmitteläquivalente			
	Börsennotierte Aktien			
	Nicht börsennotierte Aktien			
	Nicht von Finanzinstituten ausgegebene Unternehmensanleihen			
	davon:	*mit Investment-Grade-Rating*		
		ohne Investment-Grade-Rating		
	Von Finanzinstituten ausgegebene Unternehmensanleihen			
	Staatsanleihen			
	davon:	*Staatsanleihen von EU-Mitgliedstaaten*		
		Staatsanleihen von Drittländern		
	Wandelanleihen			
	Darlehen			
	Strukturierte/verbriefte Produkte			

Datentyp		Gemeldete Daten	
b) Derivate		*Nominalwert*	*Marktwert*
Equity-Derivate			
Fixed Income-Derivate			
CDS			
Devisengeschäfte (zu Investmentzwecken)			
Zinsderivate			
Rohstoff-Derivate			
Sonstige Derivate			
c) Physische (reale/materielle) Anlagen		*Marktwert*	
Physisch: Rohstoffe			
Physisch: Immobilien			
Physisch: Holz			
Physisch: Kunst und Sammlerobjekte			
Physisch: Transportmittel			
Physisch: Sonstige			
d) Organismen für gemeinsame Anlagen			
e) Andere Vermögensklassen			
Währung der Risiken			

	Datentyp		Gemeldete Daten	
10	**Gesamtwert von Long- und Shortpositionen (vor Kurssicherung) in folgenden Währungen:**		*Kaufseite (Long Value)*	*Verkaufseite (Short Value)*
	Anwendung und Durchsetzung			
	CAD			
	CHF			
	EUR			
	GBP			
	HKD			
	JPY			
	USD			
	Sonstige			
11	**Typische Geschäfts-/Positionsgröße** (Diese Frage ist zu beantworten, wenn oben als vorherrschender AIF-Typ „Private Equity-Fonds" angegeben wurde)		*(bitte eine Angabe)* Sehr klein (< 5 Mio. EUR) Klein (5 Mio. EUR bis < 25 Mio. EUR) Unteres/mittleres Marktsegment (25 Mio. EUR bis < 150 Mio. EUR) Oberes mittleres Marktsegment (150 Mio. EUR bis 500 Mio. EUR) Large Cap (500 Mio. EUR bis 1 Mrd. EUR) Mega Cap (1 Mrd. EUR und mehr)	

	Datentyp		Gemeldete Daten	
12	**Beherrschender Einfluss (siehe Artikel 1 der Richtlinie 83/349/EWG des Rates (ABl. L 193 vom 18.7.1983, S. 1)** *(Diese Frage ist zu beantworten, wenn oben als vorherrschender AIF-Typ „Private Equity-Fonds" angegeben wurde; verlangt werden Angaben zu jedem Unternehmen, auf das der AIF einen beherrschenden Einfluss im Sinne von Artikel 1 der Richtlinie 83/349/EWG ausübt) (falls nicht zutreffend, frei lassen)*	*Name*	*% der Stimmrechte*	*Art der Transaktion*
	Risikoprofil des AIF			
	1. Marktrisiko			
13	**Erwartete jährliche Anlagerendite/interner Zinsfuß (IRR) unter normalen Marktbedingungen (in %)**			
	NET Equity Delta			
	NET DV01:			
	NET CS01:			
	2. Gegenpartei			
14	**Handels- und Clearingmechanismen**			
	a) Geschätzter %-Anteil (Marktwert) des Wertpapierhandels: *(frei lassen, falls keine Wertpapiere gehandelt werden)*		%	
	Geregelte Börsen			
	OTC			
	b) Geschätzter %-Anteil (Handelsvolumen) des Derivatehandels: *(frei lassen, falls keine Derivate gehandelt werden)*		%	
	Geregelte Börsen			
	OTC			

	Datentyp		Gemeldete Daten	
	c) Geschätzter %-Anteil (Handelsvolumen) geclearter Derivat-Transaktionen: *(frei lassen, falls keine Derivate gehandelt werden)*		%	
	Über eine zentrale Gegenpartei (CCP)			
	Bilateral			
	d) Geschätzter %-Anteil (Marktwert) geclearter Pensionsgeschäfte: *(frei lassen, falls keine Pensionsgeschäfte getätigt werden)*		%	
	Über eine zentrale Gegenpartei (CCP)			
	Bilateral			
	Triparty			
15	**Wert von Sicherheiten und sonstiger Arten der Kreditunterlegung, die der AIF bei sämtlichen Gegenparteien hinterlegt hat**			
	a) Wert von Sicherheiten in Form von Kassenmitteln und Kassenmitteläquivalenten			
	b) Wert von Sicherheiten in Form sonstiger Wertpapiere (außer Kassenmitteln und Kassenmitteläquivalenten)			
	c) Wert der hinterlegten sonstigen Sicherheiten und anderer Arten der Kreditunterlegung (einschl. Nennwert von Kreditbriefen und ähnlichen durch Dritte geleisteten Kreditsicherheiten)			
16	**Welcher prozentuale Anteil am Wert der bei Gegenparteien hinterlegten Sicherheiten und anderen Arten der Kreditunterlegung wurde von Gegenparteien weiterverpfändet?**			
17	**Die fünf wichtigsten Gegenpartei-Risiken (außer CCP)**			
	a) Angabe der fünf wichtigsten Gegenparteien, bei denen der AIF das höchste Gegenpartei-Nettokreditrisiko (Mark-to-Market) trägt, gemessen als % am Nettobestandswert (NAV) des AIF		*Name*	*Gesamtrisiko*
	Gegenpartei 1			

	Datentyp		Gemeldete Daten	
	Gegenpartei 2			
	Gegenpartei 3			
	Gegenpartei 4			
	Gegenpartei 5			
	a) Angabe der fünf wichtigsten Gegenparteien mit dem höchsten Gegenpartei-Nettokreditrisiko (Mark-to-Market) beim AIF, gemessen als Prozentsatz am NAV des AIF		*Name*	*Gesamtrisiko*
	Gegenpartei 1			
	Gegenpartei 2			
	Gegenpartei 3			
	Gegenpartei 4			
	Gegenpartei 5			
18	**Direkt-Clearing über zentrale Gegenparteien (CCP)**			
	a) Hat der AIF im Berichtszeitraum Transaktionen direkt über eine CCP clearen lassen?		Ja Nein (falls nein, können Sie direkt zu Frage 21 gehen)	
	b) Bei „Ja" unter 18(a), Angabe der drei im Hinblick auf das Nettokreditrisiko wichtigsten zentralen Gegenparteien (CCP)		*Name*	*Gehaltener Wert*
	CCP 1 *(frei lassen, falls nicht zutreffend)*			
	CCP 2 *(frei lassen, falls nicht zutreffend)*			
	CCP 3 *(frei lassen, falls nicht zutreffend)*			
	3. Liquiditätsprofil			
	Portfolio-Liquiditätsprofil			

	Datentyp						Gemeldete Daten	
19	**Anleger-Liquiditätsprofil** Anteil des Portfolios, der innerhalb folgender Fristen liquide gemacht werden kann:							
	1 Tag oder weniger	2-7 Tage	8-30 Tage	31-90 Tage	91-180 Tage	181-365 Tage	mehr als 365 Tage	
20	**Wert unbelasteter Barmittel**							
	Anleger-Liquiditätsprofil							
21	**Anleger-Liquiditätsprofil** Anteil des innerhalb folgender Fristen rückzahlbaren Anlegerkapitals (in % des NAV des AIF)							
	1 Tag oder weniger	2-7 Tage	8-30 Tage	31-90 Tage	91-180 Tage	181-365 Tage	mehr als 365 Tage	
22	**Rückzahlungen an die Anleger**							
	a) Gewährt der AIF Anlegern Kündigungs-/Rückzahlungsrechte im normalen Verlauf?						Ja	Nein
	b) Welche Häufigkeit haben Rückzahlungen an Anleger (bei mehreren Anteilklassen Angabe der wichtigsten Anteilklasse des NAV)?						*(bitte eine Angabe)* Täglich Wöchentlich Vierzehntäglich Monatlich Vierteljährlich Halbjährlich Jährlich Sonstige Nicht zutreffend	
	c) Welche Meldefrist gilt für Rückzahlungen nach Anlegerklasse (in Tagen)? *(bei mehreren Klassen oder Anteilen Angabe der Meldefrist nach Vermögenswert)*							

	Datentyp		Gemeldete Daten	
	d) **„Lock-Up-Frist" der Anleger in Tagen (bei mehreren Klassen oder Anteilen Angabe der Meldefrist nach Vermögenswert)**			
23	**Besondere Regelungen und Vorzugsbehandlung**			
	a) **Prozentualer Anteil am AIF-NAV, für den zum Berichtsdatum folgende besondere Regelungen gelten:**		*% am NAV*	
	Abspaltung illiquider Anlagen („Side pockets")			
	Rücknahmebeschränkungen („Gates")			
	Aussetzung des Anteilehandels			
	Sonstige Regelungen für die Verwaltung schwer zu liquidierbaren Vermögens *(bitte spezifizieren)*		[Typ]	[%]
	b) **Angabe des prozentualen Anteils am NAV von AIF-Vermögenswerten, die schwer zu liquidieren sind und für die deshalb besondere Regelungen gelten, gemäß Artikel 23(4)(a) der AIFM-Richtlinie, einschließlich der unter 25 a) aufgeführten Vermögenswerte?**			
	Besondere Regelungen in % am NAV			
	c) **Erhalten Anleger eine Vorzugsbehandlung oder Anspruch auf eine solche Behandlung (z. B. aufgrund einer Zusatzvereinbarung) und bestehen deshalb gemäß Artikel 23(1)(j) der AIFM-Richtlinie Informationspflichten gegenüber den Anlegern des AIF?**		(ja/nein)	
	d) **Falls „Ja" unter Buchstabe c, Angabe der Vorzugsbehandlungen:**			
	Unterschiedliche Informierung/Berichterstattung an Anleger			
	Unterschiedliche Liquiditätsanforderungen an die verschiedenen Anleger			
	Unterschiedliche Gebührenbestimmungen für Anleger			
	Sonstige Vorzugsbehandlungen			

	Datentyp						Gemeldete Daten	
24	**Aufschlüsselung der Eigentumsrechte an den AIF-Anteilen nach Anlegergruppe (in % am NAV des AIF-Vermögens; Look-Through auf die wirtschaftlichen Eigentümer, sofern bekannt und möglich)**							
25	**Finanzierungsliquidität**							
	a) Aggregierte Angaben zu aufgenommenen Krediten und dem AIF verfügbaren Kassenmittel (einschließlich genutzter und ungenutzter, widerruflicher und unwiderruflicher Kreditlinien sowie jeglicher befristeter Finanzierungen)							
	b) Aufteilung des unter a) genannten Betrags auf die nachstehend genannten Zeiträume, basierend auf dem längsten Zeitraum, während dem der Gläubiger vertraglich zur Bereitstellung der Finanzierung verpflichtet ist:							
	1 Tag oder weniger	2-7 Tage	8-30 Tage	31-90 Tage	91-180 Tage	181-365 Tage	mehr als 365 Tage	
	4. Kredit- und Forderungsrisiko							
26	**Wert von Barmittel- oder Wertpapierkrediten nach:**							
	unbesicherten Barkrediten:							
	besicherten Barkrediten — über Primebroker:							
	besicherten Barkrediten — über (Reverse-) Repo:							
	besicherten Barkrediten — über Sonstige:							
27	**Wert in Finanzinstrumente eingebetteter Kredite**							
	Börsengehandelte Derivate: Bruttorisiko nach Margenausgleich							
	OTC-Derivate: Bruttorisiko nach Margenausgleich							

	Datentyp		Gemeldete Daten	
28	**Wert der für Short-Positionen geliehenen Wertpapiere:**			
29	**Bruttorisiko durch den AIF kontrollierter Finanz- und gegebenenfalls Rechtsstrukturen im Sinne des Erwägungsgrunds 78 der AIFM-Richtlinie**			
	Finanz- und gegebenenfalls Rechtsstruktur			
	Finanz- und gegebenenfalls Rechtsstruktur			
	Finanz- und gegebenenfalls Rechtsstruktur			
	…			
30	**Hebelfinanzierungen des AIF**			
	a) Berechnet nach der Brutto-Methode			
	a) Berechnet nach der Commitment-Methode			
	5. Operationelle und sonstige Risiken			
31	**Gesamtzahl offener Positionen**			
32	**Historisches Risikoprofil**			
	a) Bruttoanlagerenditen oder -IRR des AIF im Berichtszeitraum (in %, ohne Abzug von Verwaltungsentgelten und Erfolgsprämien)			
	1. Monat des Berichtszeitraums			
	2. Monat des Berichtszeitraums			
	…			
	…			
	Letzter Monat des Berichtszeitraums			
	b) Nettoanlagerenditen oder -IRR des AIF im Berichtszeitraum (in %, nach Abzug von Verwaltungsentgelten und Erfolgsprämien)			
	1. Monat des Berichtszeitraums			

Datentyp	Gemeldete Daten
2. Monat des Berichtszeitraums	
…	
…	
Letzter Monat des Berichtszeitraums	
c) Veränderungen der Nettoanlagerendite des AIF im Berichtszeitraum (in % unter Berücksichtigung von Zeichnungen und Rücknahmen)	
1. Monat des Berichtszeitraums	
2. Monat des Berichtszeitraums	
…	
…	
Letzter Monat des Berichtszeitraums	
d) Zeichnungen im Berichtszeitraum	
1. Monat des Berichtszeitraums	
2. Monat des Berichtszeitraums	
…	
…	
Letzter Monat des Berichtszeitraums	
e) Rücknahmen im Berichtszeitraum	
1. Monat des Berichtszeitraums	
2. Monat des Berichtszeitraums	
…	
…	
Letzter Monat des Berichtszeitraums	

Geldwerte sind in der Basiswährung des AIF anzugeben.

Ergebnisse von Stresstests

b) Angabe der **Ergebnisse** der nach **Artikel 15 Absatz 3** Buchstabe b der Richtlinie 2011/61/EU durchgeführten **Stresstests** [*die mit den einzelnen Anlagepositionen des AIF verbundenen Risiken samt ihrer Auswirkungen auf das Gesamtportfolio des AIF können- unter anderem auch durch die Nutzung angemessener Stresstestverfahren — laufend ordnungsgemäß bewertet, eingeschätzt, gesteuert und überwacht werden;*] *(freier Text)*

Geldwerte sind in der Basiswährung des AIF anzugeben.

Angabe der **Ergebnisse** der **nach Artikel 16 Absatz 1 Unterabsatz 2** der Richtlinie 2011/61/EU durchgeführten **Stresstests.** [*Die AIFM führen, unter Zugrundelegung von sowohl normalen als auch außergewöhnlichen Liquiditätsbedingungen, regelmäßig Stresstests durch, mit denen sie die Liquiditätsrisiken der AIF bewerten und die Liquiditätsrisiken der AIF entsprechend überwachen können.*] *(freier Text)*

Geldwerte sind in der Basiswährung des AIF anzugeben.

Angaben zum AIF, die den zuständigen Behörden zur Verfügung zu stellen sind

(Artikel 24 Absatz 4 der Richtlinie 2011/61/EU)

	Datentyp	Gemeldete Daten	
1	**Welcher prozentuale Anteil an den Sicherheiten und anderen Arten der Kreditunterlegung, die der Bericht erstattende AIF bei Gegenparteien hinterlegt hat, wurde von Gegenparteien weiterverpfändet?**		
	Kredit- und Forderungsrisiko		
2	**Wert von Barmittel- oder Wertpapierkrediten nach:**		
	unbesicherten Barkrediten:		
	besicherten Barkrediten — über Primebroker:		
	besicherten Barkrediten — über (Reverse-)Repo:		
	besicherten Barkrediten — über Sonstige:		
3	**Wert in Finanzinstrumente eingebetteter Kredite**		
	Börsengehandelte Derivate: Bruttorisiko nach Margenausgleich		

	Datentyp	Gemeldete Daten	
	OTC-Derivate: Bruttorisiko nach Margenausgleich		
4	**Fünf größte Kreditgeber bzw. Wertpapierverleiher (Short-Positionen):**		
	Größter:		
	Zweitgrößter:		
	Drittgrößter:		
	Viertgrößter:		
	Fünftgrößter:		
5	**Wert der für Short-Positionen geliehenen Wertpapiere:**		
6	**Bruttorisiko durch den AIF kontrollierter Finanz- und gegebenenfalls Rechtsstrukturen im Sinne des Erwägungsgrunds 78 der AIFM-Richtlinie**		
	Finanz- und gegebenenfalls Rechtsstruktur		
	Finanz- und gegebenenfalls Rechtsstruktur		
	Finanz- und gegebenenfalls Rechtsstruktur		
	…		
7	**Hebelfinanzierungen des AIF:**		
	a) Brutto-Methode		
	b) Commitment-Methode		

Geldwerte sind in der Basiswährung des AIF anzugeben.

Commission Implementing Regulation (EU) No 447/2013

of 15 May 2013

establishing the procedure for AIFMs which choose to opt in under Directive 2011/61/EU of the European Parliament and of the Council

THE EUROPEAN COMMISSION,

Having regard to the Treaty on the Functioning of the European Union,

Having regard to Directive 2011/61/EU of the European Parliament and of the Council of 8 June 2011 on Alternative Investment Fund Managers and amending Directives 2003/41/EC and 2009/65/EC and Regulations (EC) No 1060/2009 and (EU) No 1095/2010 ([1]), and in particular Article 3(5) thereof,

Whereas:

(1) Pursuant to Article 3(4) of Directive 2011/61/EU, alternative investment fund managers (AIFMs) that meet the conditions provided for in Article 3(2) of that Directive may choose to opt in under it in order to benefit from the rights granted. By opting in, an AIFM becomes subject to the application of Directive 2011/61/EU in its entirety.

(2) Directive 2011/61/EU provides for a procedure for authorisation of AIFMs. The documents and information to be provided under that procedure offer necessary details as to the requesting AIFM and therefore the same documents and procedure should be used in the case of opting in. There are no specific reasons peculiar to opting in that would justify the use of a different procedure than the one applicable to AIFMs with assets under management above the thresholds provided for in Article 3(2) of Directive 2011/61/EU. Consequently, AIFMs choosing to opt in under Directive 2011/61/EU should follow the same procedure as that established for AIFMs that are obliged to seek authorisation under Directive 2011/61/EU.

(3) AIFMs having the right to opt in are AIFMs which had been previously either registered in accordance with Article 3(3) of Directive 2011/61/EU or authorised as management companies of undertakings for collective investment in transferable securities in accordance with Directive 2009/65/EC of the European Parliament and of the Council of 13 July 2009 on the coordination of laws, regulations and administrative provisions relating to undertakings for collective investment in transferable securities (UCITS) ([2]). It is appropriate to avoid double reporting and to account for the documents and information already submitted by AIFMs to the competent authorities under the registration and authorisation procedures, provided that those documents and information are up to date.

(4) Competent authorities should examine the request to opt in and grant authorisation to that effect under the same conditions and following the same procedure as in the case of AIFMs with assets under management above the relevant thresholds provided in Article 3(2) of Directive 2011/61/EU.

(5) It is important to clarify the relationship between the procedure for those AIFMs which choose to opt in and the revocation of an authorisation granted to AIFMs under Directive 2011/61/EU. An AIFM granted authorisation under Directive 2011/61/EU whose assets under management subsequently fall below the thresholds set out in Article 3(2) of Directive 2011/61/EU remains authorised and subject to the application of that Directive in its entirety as long as the authorisation is not revoked. The revocation of the authorisa-

---

[1] OJ L 174, 1.7.2011, p. 1.

[2] OJ L 302, 17.11.2009, p. 32.

tion should not be automatically triggered by a fall of the assets under management of an authorised AIFM below the relevant threshold, but only at the request of the AIFM. Consequently it should not be possible for an AIFM to request to opt in as long as it holds an authorization under Directive 2011/61/EU, whereas an AIFM whose authorisation has been revoked upon its request should still be able to seek to opt in again under Directive 2011/61/EU.

(6) Directive 2011/61/EU obliges Member States to apply the laws, regulations and administrative provisions which transpose that Directive from 22 July 2013. The application of this Regulation is therefore also deferred to the same date.

(7) The measures provided for in this Regulation are in accordance with the opinion of the European Securities Committee,

HAS ADOPTED THIS REGULATION:

Article 1
Procedure and conditions for opt in

1. An alternative investment fund manager (AIFM) that meets the conditions provided for in Article 3(2) of Directive 2011/61/EU and chooses to opt in under that Directive shall submit an application for authorisation to the competent authority of its home Member State.

The application shall follow the same procedure provided for in paragraphs 1 to 5 of Article 7 of Directive 2011/61/EU and in the measures adopted in implementation thereof.

2. The competent authority of the home Member State may exempt an AIFM referred to in paragraph 1 from submitting all information and documents required under Article 7 of that Directive, provided that the exempted information or documents have been already submitted to the competent authority for registration purposes in accordance with Article 3(3) of that Directive or as part of the authorisation procedure pursuant to Article 5 of Directive 2009/65/EC and provided that such information and documents are still up to date, which is confirmed in writing by the AIFM.

3. The competent authority of the home Member State shall grant an authorisation following the same procedure as provided for in paragraphs 1 to 5 of Article 8 of Directive 2011/61/EU.

Article 2
Entry into force and application

This Regulation shall enter into force on the twentieth day following that of its publication in the Official Journal of the European Union.

This Regulation shall apply from 22 July 2013.

This Regulation shall be binding in its entirety and directly applicable in all Member States.

Done at Brussels, 15 May 2013.

For the Commission

The President

José Manuel BARROSO

Commission Implementing Regulation (EU) No 448/2013

of 15 May 2013

establishing a procedure for determining the Member State of reference of a non-EU AIFM pursuant to Directive 2011/61/EU of the European Parliament and of the Council

THE EUROPEAN COMMISSION,

Having regard to the Treaty on the Functioning of the European Union,

Having regard to Directive 2011/61/EU of the European Parliament and of the Council of 8 June 2011 on Alternative Investment Fund Managers and amending Directives 2003/41/EC and 2009/65/EC and Regulations (EC) No 1060/2009 and (EU) No 1095/2010 ([1]), and in particular Article 37(14) thereof,

Whereas:

(1) In the situations referred to in point (b), point (c)(i), points (e) and (f) and point (g)(i) of Article 37(4) of Directive 2011/61/EU, more than one Member State could be considered as a possible Member State of reference of a non-EU manager of alternative investment funds (AIFMs) intending to manage EU alternative investment funds (AIFs) and, as the case may be, or market AIFs managed by it in the Union. In those cases the non-EU AIFM has to submit a request to the competent authorities of those Member States to determine its Member State of reference. The request should be accompanied by all the relevant information and documentation necessary for determining the Member State of reference for this AIFM. A joint decision should be adopted by the competent authorities concerned to determine the Member State of reference. A procedure to be followed by the relevant competent authorities when determining the Member State of reference needs to be established. Whilst the appointment of the Member State of reference is the joint responsibility of the competent authorities of the Member States concerned, the European Securities and Markets Authority (ESMA) established by Regulation (EU) No 1095/2010 of the European Parliament and of the Council ([2]) should ensure that all possible Member States of reference are duly involved in such decision- making and should assist in reaching an agreement.

(2) The procedure for determining the Member State of reference is different from the procedure for applying for a passport under Directive 2011/61/EU. Once the Member State of reference has been determined the non-EU AIFM concerned has to apply for authorisation to the competent authority of that Member State, following the same procedure and subject to the same conditions as applicable to AIFMs under Articles 7 and 8 of Directive 2011/61/EU.

(3) Directive 2011/61/EU obliges Member States to apply the laws, regulations and administrative provisions which transpose that Directive from 22 July 2013. Without prejudice to the delegated act required in Article 67(6) of Directive 2011/61/EU, the application of this Regulation is therefore also deferred to the same date.

(4) The measures provided for in this Regulation are in accordance with the opinion of the European Securities Committee,

HAS ADOPTED THIS REGULATION:

---

1 OJ L 174, 1.7.2011, p. 1.

2 OJ L 331, 15.12.2010, p. 84.

Article 1
Procedure for determining the Member State of reference from among several possible Member States of reference

1. Where a non-EU alternative investment fund manager (AIFM) intending to manage EU alternative investment funds (AIFs) without marketing them or intending to market AIFs managed by it in the Union submits a request to determine its Member State of reference pursuant to the second subparagraph of Article 37(4) of Directive 2011/61/EU, that request shall be in writing and shall be addressed to each of the competent authorities of the Member States that are possible Member States of reference. The request shall list all the possible Member States of reference.

2. The request by the non-EU AIFM shall include the information and documentation necessary for determining the Member State of reference.

3. In the situation referred to in Article 37(4)(b) of Directive 2011/61/EU, such information and documentation shall include:

(a) indication of the Member States where the AIFs managed by the non-EU AIFM are established;

(b) indication of the Member States where assets are managed by the non-EU AIFM;

(c) the amounts of assets under management of the non-EU AIFM in the different Member States.

4. In the situation referred to in point (c)(i) of Article 37(4) of Directive 2011/61/EU, such information and documentation shall include:

(a) indication of the Member State where the AIF managed by the non-EU AIFM is established;

(b) indication of the Member States where the non-EU AIFM intends to market the AIF.

5. In the situations referred to in point (e) and point (g)(i) of Article 37(4) of Directive 2011/61/EU, such information and documentation shall include:

(a) indication of the Member States where AIFs managed by a non-EU AIFM are established;

(b) a description of the marketing strategy capable of proving the intention of the non-EU AIFM to market a certain AIF or several AIFs in a particular Member State or in several Member States, and to develop effective marketing in particular Member States, indicating at least:

   (i) the Member States where the distributors (and the AIFM in case of self-distribution) are going to promote units or shares of AIFs, which are managed by the AIFM, including the expected share, in terms of assets under management, in the overall promotion in the Union;

   (ii) an estimate of the expected number of investors targeted having their domicile in the Member States where the AIFM intends to market its AIFs;

   (iii) the official languages of Member States into which the offering and promotional documents have been or are to be translated;

   (iv) the distribution of marketing activities across the Member States where the AIFM intends to market its AIFs taking into account in particular the prominence and frequency of advertisements and road shows.

6. In the situation referred to in Article 37(4)(f) of Directive 2011/61/EU, such information and documentation shall include information stipulated in paragraph 5(b) of this Article.

7. The competent authorities addressed by a non-EU AIFM as competent authorities of possible Member States of reference shall immediately upon receipt of the request referred to in paragraph 1 of this Article, and no later than three business days following the receipt of the request, contact each other and the European Securities and Markets Authority (ESMA) in order to decide whether any other competent authorities in the Union are potentially involved pursuant to Article 37(4) of Directive 2011/61/EU.

Upon ESMA's request, the competent authorities shall immediately provide ESMA with the complete request made by the non-EU AIFM.

8. Where it is decided that other competent authorities in the Union could be involved, ESMA shall immediately inform them and ensure that the complete request made by the non-EU AIFM is transmitted to them.

9. Each competent authority involved in the procedure and ESMA may request from the non-EU AIFM relevant additional information and documentation necessary for determining the Member State of reference.

Such request of additional information or documentation shall be in writing, shall include reasons and shall be simultaneously communicated to all other competent authorities concerned and to ESMA.

Once the requesting competent authority or ESMA receives the additional information or documentation, the requesting authority shall transmit that information or documentation immediately to all other authorities concerned and ESMA, as the case may be.

10. Within one week from the receipt of the request referred to in paragraph 1 by the competent authorities addressed by the AIFM or, where applicable, by any other competent authorities in the Union pursuant to paragraph 8, all competent authorities concerned shall submit an opinion to each other and to ESMA with regard to the determination of the appropriate Member State of reference.

11. Subsequently, all competent authorities shall jointly determine the Member State of reference. The determination shall be made at the latest one month after the receipt of the request by the competent authorities identified by the non-EU AIFM or, where applicable, by the other competent authorities in the Union pursuant to paragraph 8.

Where additional information is requested, the time limit referred to in the first subparagraph shall be extended to include the period between the request for additional information and documentation referred to in paragraph 9 and the receipt of such information or documentation.

12. ESMA shall assist the relevant competent authorities and, where necessary, facilitate the determination of the Member State of reference pursuant to Article 31 of Regulation (EU) No 1095/2010.

13. The competent authority of the Member State that is determined as the Member State of reference shall inform in writing and without undue delay the non-EU AIFM about that determination.

14. In the event that the requesting non-EU AIFM is not informed in writing within seven days of the determination or the relevant competent authorities have not determined the Member State of reference within the time limit referred to in the first subparagraph of paragraph 11 of this Article, the requesting non-EU AIFM may choose itself its Member State of reference in accordance with the criteria set out in the second subparagraph of Article 37(4) of Directive 2011/61/EU.

The non-EU AIFM shall immediately inform in writing all the competent authorities originally addressed and ESMA about its choice of the Member State of reference.

15. Where the Member State of reference chosen by the non-EU AIFM and the Member State of reference determined by the competent authorities, are different, the competent authorities concerned shall inform the non-EU AIFM about the determination as soon as possible, but no later than two business days after being informed about the choice of the AIFM according to paragraph 14. In this case, the determination shall prevail.

Article 2
Entry into force

This Regulation shall enter into force on the twentieth day following that of its publication in the *Official Journal of the European Union*.

This Regulation shall apply from 22 July 2013.

This Regulation shall be binding in its entirety and directly applicable in all Member States.

Done at Brussels, 15 May 2013.

For the Commission
The President
José Manuel BARROSO

Delegierte Verordnung (EU) 2015/514 der Kommission

vom 18. Dezember 2014

über die nach Artikel 67 Absatz 3 der Richtlinie 2011/61/EU des Europäischen Parlaments und des Rates von den zuständigen Behörden an die Europäische Wertpapier- und Marktaufsichtsbehörde zu übermittelnden Informationen

(Text von Bedeutung für den EWR)

DIE EUROPÄISCHE KOMMISSION –

gestützt auf den Vertrag über die Arbeitsweise der Europäischen Union,

gestützt auf die Richtlinie 2011/61/EU des Europäischen Parlaments und des Rates vom 8. Juni 2011 über die Verwalter alternativer Investmentfonds und zur Änderung der Richtlinien 2003/41/EG und 2009/65/EG und der Verordnungen (EG) Nr. 1060/2009 und (EU) Nr. 1095/2010 ([1]), insbesondere auf Artikel 67 Absatz 5,

in Erwägung nachstehender Gründe:

(1) Es muss inhaltlich festgelegt werden, welche Informationen die zuständigen Behörden der Mitgliedstaaten der Europäischen Wertpapier- und Marktaufsichtsbehörde (ESMA) nach Artikel 67 Absatz 3 der Richtlinie 2011/61/EU vierteljährlich zur Verfügung stellen müssen, um sie in die Lage zu versetzen, die Funktionsweise des Passes für in der EU ansässige Verwalter alternativer Investmentfonds (EU-AIFM), die in der Union alternative Investmentfonds mit Sitz in der EU (EU-AIF) verwalten oder vertreiben, die für AIF und ihre Verwalter geltenden Bedingungen für die Ausübung ihrer Tätigkeit und die potenziellen Auswirkungen einer Ausweitung des Passes zu bewerten.

(2) Es ist wichtig zu gewährleisten, dass die von den zuständigen Behörden bereitgestellten Informationen stichhaltig sind und eine fundierte Bewertung stützen können. Alle zuständigen Behörden sollten daher Informationen bereitstellen, die unionsweit eine einheitliche Bewertung erlauben. Dabei sollten sie sich die Möglichkeit vorbehalten, etwaige ergänzende Informationen bereitzustellen, die sie möglicherweise für die Bewertung der allgemeinen Funktionsweise des EU-Passes, der nationalen Vorschriften für Privatplatzierungen sowie etwaiger Auswirkungen einer Ausweitung des Passes auf Verwalter und Fonds aus Drittländern für sinnvoll halten. Um sicherzustellen, dass einheitliche Berichtspflichten direkt für alle zuständigen Behörden gelten, müssen in einer Verordnung Vorschriften über die der ESMA bereitzustellenden Informationen festgelegt werden.

(3) Für die Beurteilung der Verwendung des EU-Passes ist es wichtig, quantitative Daten über AIFM und AIF, die die in den Artikeln 32 und 33 der Richtlinie 2011/61/EU vorgesehenen Pässe nutzen, Informationen über die bei grenzüberschreitenden Tätigkeiten zuständigen Gerichtsbarkeiten sowie Informationen über die Art der grenzüberschreitenden Tätigkeiten zu sammeln.

(4) Die wirksame Zusammenarbeit zwischen den zuständigen Behörden ist ein wichtiger Aspekt für die allgemeine Funktionsweise des EU-Passes. Zur Beurteilung der Wirksamkeit werden Informationen über die Zusammenarbeit zwischen den zuständigen Behörden bei der Wahrnehmung ihrer Aufgaben nach den Artikeln 45 und 50 der Richtlinie 2011/61/EU benötigt. Dies beinhaltet eine Auswertung der Fälle, in denen verschiedene Zuständigkeiten zum Tragen kamen, der ergriffenen Maßnahmen sowie der Wirksamkeit

---

[1] ABl. L 174 vom 1.7.2011, S. 1.

der Zusammenarbeit hinsichtlich der zeitlichen Planung, der Zweckmäßigkeit und der Ausgestaltung.

(5) Der EU-Pass basiert auf dem Anzeigesystem in den Artikeln 32 und 33 der Richtlinie 2011/61/EU. Die zuständigen Behörden sollten daher Informationen über die Funktionsweise dieses Systems bereitstellen, vor allem in Bezug auf die zeitliche Planung, den reibungslosen Ablauf, die Qualität der angezeigten Informationen und etwaige Differenzen, die sich aus ihrer Anwendung ergeben.

(6) Um eine objektive Beurteilung zu ermöglichen, sollten die zuständigen Behörden aufgefordert werden, Informationen über die Funktionsweise des Passes auch aus Sicht der Anleger bereitzustellen, vor allem im Hinblick auf die Auswirkungen auf den Anlegerschutz. Die zuständigen Behörden sollten ferner Informationen bereitstellen über Beschwerden von Anlegern über AIFM oder AIF mit Sitz in anderen Mitgliedstaaten als demjenigen, in dem der Anleger seinen Wohnsitz hat, über Anfragen von Anlegern in Bezug auf die Aufteilung der Zuständigkeiten zwischen den zuständigen Behörden verschiedener Mitgliedstaaten sowie über alle angesprochenen Aspekte der Vertriebsmodalitäten.

(7) Bei der Bewertung der Funktionsweise des Passes muss der Rolle der ESMA bei der Beilegung von zwischen zuständigen Behörden entstehenden Differenzen in Bezug auf die grenzüberschreitende Verwaltung oder den grenzüberschreitenden Vertrieb in angemessener Weise Rechnung getragen werden. Die zuständigen Behörden sollten deshalb ihre Ansichten über den Nutzen, die zeitliche Planung, die Qualität oder andere Aspekte der Mitwirkung der ESMA übermitteln.

(8) Bei der Bewertung der Funktionsweise der derzeitigen nationalen Regelungen, die es Nicht-EU-AIFM und Nicht-EU-AIF erlauben, in einzelnen Mitgliedstaaten tätig zu werden, müssen die Einzelheiten der von den einzelnen Mitgliedstaaten eingeführten Rechtsrahmen sowie deren Besonderheiten und Unterschiede im Vergleich zu den für EU-AIFM und EU-AIF geltenden Vorschriften vollumfänglich bekannt sein. Ferner ist es wichtig, quantitative Informationen über die Anzahl der in den Mitgliedstaaten vertriebenen Nicht-EU-AIF und über die Anzahl der Nicht-EU-AIFM, die in den Mitgliedstaaten AIF verwalten oder vertreiben, zu erheben. Diese Information sollten auch Daten über die Durchsetzungs- und Kontrollmaßnahmen sowie über die auf Anfrage von Nicht-EU-Aufsichtsbehörden erhaltenen ergänzenden Informationen beinhalten.

(9) Die zuständigen Behörden sollten Informationen über etwaige Kooperationsvereinbarungen mit Aufsichtsbehörden von Drittländern übermitteln, die der ESMA im Zuge ihrer Mitwirkung an der Aushandlung multilateraler Absichtserklärungen noch nicht bekannt sind. Für die Bewertung der Durchführung der Kooperationsvereinbarungen ist es wichtig, Informationen über die Wirksamkeit solcher Vereinbarungen zusammenzutragen, z. B. quantitative und qualitative Angaben über die Wahrnehmung der verschiedenen in diesen Vereinbarungen vorgesehenen Befugnisse. Dazu zählen Auskunftsverlangen, Besuche vor Ort und der Austausch von Informationen. Die Wirksamkeit der Zusammenarbeit sollte im Hinblick auf ihre Relevanz, Ausführlichkeit, zeitliche Planung und Vollständigkeit der erhaltenen Unterstützung bewertet werden.

(10) Die zuständigen Behörden sollten Informationen über etwaige Merkmale von Drittland-Regelungen übermitteln, die de facto oder de jure Einschränkungen oder Schwierigkeiten hinsichtlich der Ausübung von Kontrollfunktionen durch die zuständige Behörde eines Mitgliedstaats oder hinsichtlich der direkten Übermittlung von Informationen durch Nicht-EU-Einrichtungen bewirken. Außerdem sollten Informationen über Beschwerden von Anlegern und über Maßnahmen, die die zuständigen Behörden aufgrund dieser Beschwerden getroffen haben, erhoben werden.

(11) Die Bewertung der Wechselwirkungen zwischen den beiden Systemen für Verwaltung und Vertrieb von AIF sollte auf Nachweisen beruhen, die der Gesamtsituation im Binnenmarkt Rechnung tragen, sowie auf kurz- und langfristigen Bewertungen der Entwicklung des Marktes, die auch mögliche Marktstörungen oder Wettbewerbsverzerrungen einschließen. Die Bewertungen sollten auf der Grundlage von Nachweisen bezüglich der Frage vorgenommen werden, ob gleiche Ausgangsbedingungen für die Mitgliedstaaten und die einzelnen Drittländern bestehen, z. B. hinsichtlich des Verwaltungsaufwands, der Wettbewerbsbedingungen oder der aufsichtsrechtlichen Kontrolle. Die zuständigen Behörden sollten konkrete Informationen zu allgemeinen und spezifischen Aspekten bezüglich einzelner Drittländer übermitteln und die entsprechenden Quellen angeben.

(12) Bei der Übermittlung von Informationen über mögliche Marktstörungen und Wettbewerbsverzerrungen sollten die zuständigen Behörden alle Organismen für gemeinsame Anlagen und ihre Verwalter berücksichtigen. Es ist wichtig zu prüfen, ob und in welchem Umfang EU-AIF und Organismen für gemeinsame Anlagen in Wertpapieren (OGAW) im Sinne der Richtlinie 2009/65/EG des Europäischen Parlaments und des Rates ([2]) sowie ihre Verwalter möglicherweise von der Einführung des Drittland-Passes betroffen sind. Dies ist besonders wichtig angesichts der Tatsache, dass die Definition des Begriffs „Nicht-EU-AIFM" der Richtlinie 2011/61/EU alle Organismen für gemeinsame Anlagen mit Sitz in Drittländern abdeckt, einschließlich solcher, die unter die Richtlinie 2009/65/EG fallen würden, wenn sie in einem Mitgliedstaat niedergelassen wären. Im Hinblick auf eine Einschätzung der allgemeinen Auswirkungen auf den Markt müssen zudem die potenziellen Auswirkungen auf andere im Bereich der Vermögensverwaltung tätige Intermediäre wie Verwahrstellen oder Dienstleistungsanbieter ermittelt werden –

HAT FOLGENDE VERORDNUNG ERLASSEN:

Artikel 1

Die zuständigen Behörden übermitteln der Europäischen Wertpapier- und Marktaufsichtsbehörde (ESMA) nach Artikel 67 Absatz 3 der Richtlinie 2011/61/EU die folgenden Informationen:

a) die in den Artikeln 2 bis 7 genannten Informationen über die Funktionsweise des EU-Passes für in der EU ansässige Verwalter alternativer Investmentfonds (AIFM), die alternative Investmentfonds (AIF) mit Sitz in der EU verwalten und/oder vertreiben;
b) die in den Artikeln 8 bis 13 genannten Informationen über die Funktionsweise des Vertriebs von Nicht-EU-AIF durch EU-AIFM in den Mitgliedstaaten und über die Verwaltung und/oder den Vertrieb von AIF durch Nicht-EU-AIFM in den Mitgliedstaaten nach den anwendbaren nationalen Regelungen;
c) die in Artikel 14 genannten Informationen über die Auswirkungen der Funktionsweise der in den Buchstaben a und b dieses Absatzes genannten Systeme.

Artikel 2

In Bezug auf die Verwendung des Passes übermitteln die zuständigen Behörden folgende Informationen:

---

[2] Richtlinie 2009/65/EG des Europäischen Parlaments und des Rates vom 13. Juli 2009 zur Koordinierung der Rechts- und Verwaltungsvorschriften betreffend bestimmte Organismen für gemeinsame Anlagen in Wertpapieren (OGAW) (ABl. L 302 vom 17.11.2009, S. 32).

a) Anzahl der nach Artikel 7 der Richtlinie 2011/61/EG genehmigten EU-AIFM;
b) Anzahl der EU-AIFM, die Anteile von EU-AIF nach Artikel 32 der Richtlinie 2011/61/EU vertreiben, Anzahl der EU-AIF und der Teilfonds von AIF, die nach Artikel 32 der Richtlinie 2011/61/EU vertrieben werden, sowie eine Aufschlüsselung nach Herkunfts- und Aufnahmemitgliedstaat;
c) Anzahl der EU-AIFM, die EU-AIF nach Artikel 33 der Richtlinie 2011/61/EU verwalten, Anzahl der EU-AIF, die nach Artikel 33 der Richtlinie 2011/61/EU verwaltet werden, sowie eine Aufschlüsselung nach Herkunfts- und Aufnahmemitgliedstaat;
d) Anzahl der EU-AIFM, die EU-AIF mit Sitz in einem anderen Mitgliedstaat nach Artikel 33 der Richtlinie 2011/61/EU über eine Zweigniederlassung verwalten, und Anzahl der EU-AIFM, die EU-AIF mit Sitz in einem anderen Mitgliedstaat nach Artikel 33 der Richtlinie 2011/61/EU direkt verwalten.

Artikel 3

In Bezug auf Probleme, die im Bereich der wirksamen Zusammenarbeit der zuständigen Behörden aufgetreten sind, stellen die zuständigen Behörden die folgenden Informationen bereit:

a) Anzahl der Fälle, in denen eine zuständige Behörde der zuständigen Behörde des Herkunftsmitgliedstaats eines AIFM eine Situation im Sinne des Artikels 45 Absatz 5 der Richtlinie 2011/61/EU angezeigt hat (unter Angabe der Art der Situation);
b) Anzahl der Fälle, in denen eine zuständige Behörde nach Erhalt einer Anzeige im Sinne des Artikels 45 Absatz 5 der Richtlinie 2011/61/EU von der zuständigen Behörde des Aufnahmemitgliedstaats die Maßnahmen in Artikel 45 Absatz 5 der genannten Richtlinie getroffen hat (unter Angabe der Art der getroffenen Maßnahmen);
c) Anzahl der Fälle, in denen eine zuständige Behörde nach Anzeige einer Situation im Sinne des Artikels 45 Absatz 5 der Richtlinie 2011/61/EU bei der zuständigen Behörde des Herkunftsmitgliedstaats eines AIFM die in Artikel 45 Absatz 6 der genannten Richtlinie dargelegten Maßnahmen getroffen hat (unter Angabe der Art der getroffenen Maßnahmen);
d) Anzahl der Fälle, in denen eine zuständige Behörde der zuständigen Behörde des Herkunftsmitgliedstaats eines AIFM eine Situation im Sinne des Artikels 45 Absatz 7 der Richtlinie 2011/61/EU angezeigt hat (unter Angabe der Art der Situation);
e) Anzahl der Fälle, in denen eine zuständige Behörde nach Erhalt einer Anzeige im Sinne des Artikels 45 Absatz 7 der Richtlinie 2011/61/EU von der zuständigen Behörde des Aufnahmemitgliedstaats Maßnahmen im Einklang mit Artikel 45 Absatz 7 der genannten Richtlinie getroffen hat (unter Angabe der Art der getroffenen Maßnahmen);
f) Anzahl der Fälle, in denen eine zuständige Behörde nach Anzeige einer Situation im Sinne des Artikels 45 Absatz 7 der Richtlinie 2011/61/EU bei der zuständigen Behörde des Herkunftsmitgliedstaats eines AIFM die in Artikel 45 Absatz 8 der genannten Richtlinie genannten Maßnahmen getroffen hat (unter Angabe der Art der getroffenen Maßnahmen);
g) Anzahl der gesandten und der erhaltenen Anzeigen nach Artikel 50 Absatz 5 der Richtlinie 2011/61/EU (unter Angabe der infolge der Anzeige getroffenen Maßnahmen);
h) hinsichtlich der von der zuständigen Behörde ausgehenden Ersuchen um Unterstützung:
   - Anzahl und Art der Ersuchen,
   - Anzahl der abgelehnten Anträge und die Gründe für die Ablehnung,

- Grad der Zufriedenheit mit der erhaltenen Unterstützung und aufgetretene Schwierigkeiten,
- durchschnittliche Dauer bis zum Erhalt einer Antwort;

i) hinsichtlich der Ersuchen um Unterstützung, die die zuständige Behörde von zuständigen Behörden in anderen Mitgliedstaaten erhalten hat:
   - Anzahl und Art der Ersuchen,
   - Anzahl der abgelehnten Anträge und die Gründe für die Ablehnung,
   - durchschnittliche Dauer bis zur Beantwortung;

j) Anzahl der Vor-Ort-Überprüfungen oder Ermittlungen, die die zuständige Behörde in einem anderen Mitgliedstaat nach Artikel 54 Absatz 1 der Richtlinie 2011/61/EU durchgeführt hat, und Anzahl der Ersuchen um Vor-Ort-Überprüfungen oder Ermittlungen in einem anderen Mitgliedstaat, die abgelehnt wurden.

Artikel 4

Bezüglich etwaiger Probleme in Verbindung mit der Effektivität des in den Artikeln 32 und 33 der Richtlinie 2011/61/EU vorgesehenen Anzeigesystems stellen die zuständigen Behörden die folgenden Informationen zur Verfügung:

a) durchschnittliche Dauer vom Eingang der vollständigen Anzeigeunterlagen eines AIFM bis zu dem Zeitpunkt, an dem die zuständige Behörde, die diese Unterlagen entgegennimmt, die zuständige Behörde des Aufnahmemitgliedstaats davon unterrichtet;
b) durchschnittliche Dauer bis zur Unterrichtung des AIFM durch die zuständige Behörde seines Herkunftsmitgliedstaats, dass er grenzübergreifend tätig werden kann, berechnet ab dem Tag der Zustellung der Anzeigeunterlagen an die zuständige Behörde des Aufnahmemitgliedstaats;
c) Anzahl der Ersuchen der zuständigen Behörde des Aufnahmemitgliedstaats um Klarstellung in Verbindung mit der Anzeige;
d) Anzahl der Differenzen zwischen den zuständigen Behörden des Herkunfts- und des Aufnahmemitgliedstaats in Verbindung mit dem Anzeigeverfahren.

Artikel 5

In Verbindung mit Fragen des Anlegerschutzes bei AIF, die von einem anderen Mitgliedstaat aus vertrieben oder verwaltet werden, sowie bei AIF, die nach Artikel 43 der Richtlinie 2011/61/EU vertrieben werden, stellen die zuständigen Behörden die folgenden Informationen zur Verfügung:

a) Anzahl und Art der Beschwerden von Anlegern bei der zuständigen Behörde in Bezug auf AIF, die von einem AIFM mit Sitz in einem anderen Mitgliedstaat vertrieben oder verwaltet werden, die Beschwerdegründe und Angaben dazu, wie auf die Beschwerden reagiert wurde;
b) Nachweise dafür, dass bei den Anlegern keine ausreichende Klarheit darüber besteht, wie sich die aufsichtsrechtlichen Kontrollaufgaben auf die zuständigen Behörden im Herkunfts- und Aufnahmemitgliedstaat verteilen;
c) alle Fragen, die sich auf die praktische Umsetzung der Vorkehrungen des AIFM für den Vertrieb von AIF beziehen sowie auf Vorkehrungen, mit denen im Einklang mit Anhang IV Buchstabe h der Richtlinie 2011/61/EU vermieden werden soll, dass Anteile des AIF an Kleinanleger vertrieben werden.

Artikel 6

Bezüglich der Schlichtung durch die ESMA stellen die zuständigen Behörden Informationen darüber zur Verfügung, wie zufrieden die Parteien bei Fragen, die das Funktionieren des Passes für EU-AIFM, die EU-AIF verwalten und/oder vertreiben, betrafen, mit der Schlichtung durch die ESMA waren.

Artikel 7

Bezüglich der Wirksamkeit der Erhebung und Bereitstellung von Informationen im Zusammenhang mit der Überwachung systemischer Risiken durch die zuständigen nationalen Behörden stellen die zuständigen Behörden die folgenden Informationen zur Verfügung:

a) Anzahl der Fälle, in denen in Verbindung mit der Überwachung systemischer Risiken bei der zuständigen Behörde Informationen einer anderen zuständigen Behörde eingegangen sind, wobei wie folgt zu differenzieren ist:
   - fortlaufende Informationen im Einklang mit dem ersten Satz von Artikel 25 Absatz 2 der Richtlinie 2011/61/EU,
   - bilateral übermittelte Informationen zu wichtigen Quellen für Risiken der Gegenpartei im Einklang mit dem zweiten Satz von Artikel 25 Absatz 2 der Richtlinie 2011/61/EU,
   - bilateraler Austausch punktueller Informationen im Einklang mit Artikel 53 der Richtlinie 2011/61/EU;

b) Anzahl der Fälle, in denen die zuständige Behörde in Verbindung mit der Überwachung systemischer Risiken Informationen mit einer anderen zuständigen Behörde ausgetauscht hat, wobei wie folgt zu differenzieren ist:
   - regelmäßiger Informationsaustausch im Einklang mit Artikel 25 der Richtlinie 2011/61/EU,
   - bilateraler Austausch punktueller Informationen im Einklang mit Artikel 53 der Richtlinie 2011/61/EU.

Artikel 8

Bezüglich des im Einklang mit Artikel 36 Absatz 1 der Richtlinie 2011/61/EU erfolgenden Vertriebs von Nicht-EU-AIF durch EU-AIFM stellen die zuständigen Behörden die folgenden Informationen zur Verfügung:

a) die Rechtsgrundlage, die einen solchen Vertrieb erlaubt, einschließlich einer Beschreibung der geltenden spezifischen Bedingungen;

b) die Anzahl der EU-AIFM, die von der zuständigen Behörde im Einklang mit Artikel 36 der Richtlinie 2011/61/EU eine Zulassung für den Vertrieb von Nicht-EU-AIF in dem Hoheitsgebiet dieser zuständigen Behörde erhalten haben, sowie die Anzahl der vertriebenen Nicht-EU-AIF;

c) die Anzahl der Auskunftsersuchen, die die zuständige Behörde in Verbindung mit dem Vertrieb von Nicht-EU-AIF an EU-AIFM gerichtet hat;

d) Durchsetzungs- oder Kontrollmaßnahmen oder Sanktionen, die die zuständige Behörde gegenüber EU-AIFM in Verbindung mit dem Vertrieb von Nicht-EU-AIF ergriffen hat.

Artikel 9

Bezüglich des im Einklang mit Artikel 42 Absatz 1 der Richtlinie 2011/61/EU erfolgenden Vertriebs von AIF durch Nicht-EU-AIFM stellen die zuständigen Behörden die folgenden Informationen zur Verfügung:

a) die Rechtsgrundlage, die einen solchen Vertrieb erlaubt, einschließlich einer Beschreibung der geltenden spezifischen Bedingungen;
b) die Anzahl der Nicht-EU-AIFM, die im Hoheitsgebiet der zuständigen Behörde im Einklang mit Artikel 42 der Richtlinie 2011/61/EU AIF vertreiben, sowie die Anzahl der vertriebenen AIF;
c) die Anzahl der Auskunftsersuchen, die die zuständige Behörde im Einklang mit Artikel 42 Absatz 1 der Richtlinie 2011/61/EU in Verbindung mit dem Vertrieb von AIF an Nicht-EU-AIFM gerichtet hat;
d) Durchsetzungs- oder Kontrollmaßnahmen oder Sanktionen, die die zuständige Behörde gegenüber Nicht-EU-AIFM in Verbindung mit den in den Artikeln 22, 23, 24 sowie 26 bis 30 der Richtlinie 2011/61/EU niedergelegten Bedingungen ergriffen hat.

Artikel 10

Bezüglich der im Einklang mit den nationalen Regelungen erfolgenden Verwaltung von EU-AIF durch Nicht-EU-AIFM stellen die zuständigen Behörden die folgenden Informationen zur Verfügung:

a) die Rechtsgrundlage, die eine solche Verwaltung erlaubt, einschließlich einer Beschreibung der geltenden spezifischen Bedingungen;
b) die Anzahl der Nicht-EU-AIFM, die im Hoheitsgebiet der zuständigen Behörde AIF verwalten, sowie die Anzahl der verwalteten EU-AIF;
c) die Anzahl der Auskunftsersuchen, die die zuständige Behörde in Verbindung mit der Verwaltung von EU-AIF an Nicht-EU-AIFM gerichtet hat.

Artikel 11

Bezüglich des Bestehens und der Wirksamkeit von Kooperationsvereinbarungen zwischen der zuständigen Behörde eines Mitgliedstaats und der Aufsichtsbehörde eines Nicht-EU-Mitgliedstaats, die der Überwachung von Systemrisiken dienen, stellen die zuständigen Behörden die folgenden Informationen zur Verfügung:

a) bilaterale Kooperationsvereinbarungen zwischen der zuständigen Behörde und den Aufsichtsbehörden in Drittländern, die zusätzlich zu den unter der Ägide der ESMA mit den betreffenden Drittländern ausgehandelten und vereinbarten Vereinbarungen bestehen;
b) bezüglich der im Einklang mit den Kooperationsvereinbarungen erfolgten Auskunfts- und Amtshilfeersuchen der zuständigen Behörde bei den Behörden eines Drittlandes:
   - Anzahl und Art der Ersuchen,
   - Anzahl der abgelehnten Ersuchen und Ablehnungsgründe,
   - Grad der Zufriedenheit mit der gewährten Amtshilfe einschließlich etwaiger Schwierigkeiten,
   - durchschnittliche Zeit bis zum Erhalt einer Antwort;
c) Anzahl der Besuche vor Ort, die im Einklang mit den Kooperationsvereinbarungen von der Aufsichtsbehörde eines Drittlandes auf Ansuchen der zuständigen Behörde in deren

Auftrag vorgenommen wurden, sowie Anzahl der Ersuchen auf Durchführung von Besuchen vor Ort, die abgelehnt wurden;

d) Anzahl der Fälle, in denen die Aufsichtsbehörde eines Drittlandes im Einklang mit den Kooperationsvereinbarungen unaufgefordert Informationen übermittelt hat:
   - jegliche Vorkommnisse, die sich nachteilig auf ein beaufsichtigtes Unternehmen auswirken könnten,
   - Durchsetzungs- oder aufsichtsrechtliche Kontrollmaßnahmen oder Sanktionen, einschließlich Widerruf, Aussetzung oder Änderung der relevanten Lizenzen oder Registrierung, die Nicht-EU-AIFM, die AIF im Hoheitsgebiet der zuständigen Behörde vertreiben oder verwalten, betreffen oder mit diesen in Verbindung stehen;

e) Anzahl der Fälle, in denen die zuständige Behörde im Einklang mit den Kooperationsvereinbarungen Informationen, die sie von Aufsichtsbehörden von Drittländern zwecks Überwachung systemischer Risiken erhalten hat, an andere zuständige Behörden weitergeleitet hat.

Artikel 12

Bezüglich des Anlegerschutzes in Verbindung mit dem Vertrieb und der Verwaltung nach den einschlägigen nationalen Regelungen stellen die zuständigen Behörden die folgenden Informationen zur Verfügung:

a) Anzahl und Art der Beschwerden, die von Anlegern an die zuständige Behörde gerichtet wurden und die sich auf AIF beziehen, die im Hoheitsgebiet dieser zuständigen Behörde im Einklang mit den nationalen Regelungen vertrieben werden;

b) von der zuständigen Behörde veranlasste Durchsetzungs- oder aufsichtsrechtliche Kontrollmaßnahmen oder Sanktionen, einschließlich Widerruf, Aussetzung oder Änderung der relevanten Lizenzen oder Registrierung, die Nicht-EU-AIFM, die AIF im Hoheitsgebiet dieser zuständigen Behörde vertreiben oder verwalten, oder Nicht-EU-AIF, die im Hoheitsgebiet dieser zuständigen Behörde von EU-AIFM vertrieben werden, betreffen oder mit diesen in Verbindung stehen.

Artikel 13

Bezüglich der Merkmale eines Regulierungs- und Aufsichtsrahmens eines Drittlandes, die die zuständigen Behörden daran hindern könnten, ihre Aufsichtsfunktionen effektiv wahrzunehmen, stellen die zuständigen Behörden die folgenden Informationen zur Verfügung:

a) Schwierigkeiten oder Hindernisse bei der Anwendung des Regulierungs- und Aufsichtsrahmens, auf die die zuständige Behörde bei der Wahrnehmung ihrer Aufsichtsfunktionen in Bezug auf Nicht-EU-AIFM oder Nicht-EU-AIF gestoßen ist;

b) Schwierigkeiten bei der direkten Einholung von Informationen bei Nicht-EU-AIFM.

Artikel 14

Bezüglich der Wirkung der in Artikel 1 Buchstaben a und b genannten Funktionsweise der Systeme stellen die zuständigen Behörden die folgenden Informationen zur Verfügung:

a) Nachweise, aus denen hervorgeht, dass AIFM mit bisherigem Sitz im Hoheitsgebiet dieser zuständigen Behörde ihren Standort in ein Drittland verlegt haben, unter Angabe der aggregierten Zahlen zur Anzahl der AIF und der Vermögenswerte, die in den einzelnen Drittländern verwaltet werden, und zu den Gründen für die Standortverlagerung;

b) detaillierte Angaben zu etwaigen ausgewiesenen oder zu erwartenden Marktstörungen oder Wettbewerbsverzerrungen zwischen Organismen für gemeinsame Anlagen mit Sitz in der EU oder einem Drittland sowie zwischen EU- und Nicht-EU-Verwaltern von Organismen für gemeinsame Anlagen;

c) Nachweise, aus denen hervorgeht, dass in ihrem Hoheitsgebiet zugelassene EU-Verwalter von Organismen für gemeinsame Anlagen auf Schwierigkeiten oder Einschränkungen bei der Niederlassung oder beim Vertrieb der von ihnen in einem Drittland vertriebenen Organismen für gemeinsame Anlagen gestoßen sind (unter Angabe des betreffenden Drittlands);

d) Nachweise zu bestehenden Schwierigkeiten oder Einschränkungen in Drittländern, die in ihrem Hoheitsgebiet zugelassene EU-Manager von Organismen für gemeinsame Anlagen von einer Niederlassung oder vom Vertrieb abhalten (unter Angabe des betreffenden Drittlands);

e) Informationen zu anderen allgemeinen oder spezifischen Schwierigkeiten, auf die EU-Verwalter von Organismen für gemeinsame Anlagen bei ihrer Niederlassung oder dem Vertrieb der von ihnen in Drittländern verwalteten Organismen für gemeinsame Anlagen gestoßen sind (unter Angabe des betreffenden Drittlands).

Artikel 15

Diese Verordnung tritt am 20. Tag nach ihrer Veröffentlichung im Amtsblatt der Europäischen Union in Kraft.

Diese Verordnung ist in allen ihren Teilen verbindlich und gilt unmittelbar in jedem Mitgliedstaat.

Brüssel, den 18. Dezember 2014
Für die Kommission
Der Präsident
Jean-Claude JUNCKER

17.3. ESMA Guidelines zu AIFMD

Guidelines on sound remuneration policies under the AIFMD

14/10/2016 – ESMA/2016/579

1 Scope

Who?
What?

1. These guidelines amend the Guidelines on sound remuneration policies under the AIFMD (ESMA/2013/232) ('AIFMD Remuneration Guidelines') and have the same scope of application.

When?

2. These guidelines apply from 1 January 2017.

2 Guidelines for AIFMs being part of a group

3. Paragraph 33 of the AIFMD Remuneration Guidelines is amended so that Section VIII of such guidelines reads as follows:
   VIII. Guidelines for AIFMs being part of a group
   32. These guidelines apply in any case to any AIFM. In particular, there should be no exception to the application to any of the AIFMs which are subsidiaries of a credit institution of the sector-specific remuneration principles set out in the AIFMD and in the present guidelines.
   33. It may be the case that in a group context, non-AIFM sectoral prudential rules applying to group entities may lead certain staff of the AIFM which is part of that group to be ‚identified staff' for the purpose of those sectoral remuneration rules.

Leitlinien zu Schlüsselbegriffen der Richtlinie über die Verwalter alternativer Investmentfonds (AIFMD)

Berichtigte Fassung vom 30.01.2014 der am 13.08.2013 veröffentlichten Leitlinien zu Schlüsselbegriffen der Richtlinie über die Verwalter alternativer Investmentfonds (ESMA/2013/611)

I. Anwendungsbereich

Wer?

1. Diese Leitlinien gelten für Verwalter alternativer Investmentfonds (Alternative Investment Fund Managers, AIFM) und für zuständige Behörden.

Was?

2. Diese Leitlinien gelten in Bezug auf Artikel 4 Absatz 1 Buchstabe a der Richtlinie über die Verwalter alternativer Investmentfonds (Alternative Investment Fund Managers Directive, AIFMD).

Wann?

3. Diese Leitlinien gelten nach dem 2. Monat nach dem Datum der Veröffentlichung durch die ESMA.

II. Begriffsbestimmungen

Sofern nicht anders angegeben, haben die in der Richtlinie 2011/61/EU des Europäischen Parlaments und des Rates vom 8. Juni 2011 über die Verwalter alternativer Investmentfonds und zur Änderung der Richtlinien 2003/41/EG und 2009/65/EG und der Verordnungen (EG) Nr. 1060/2009 und (EU) Nr. 1095/2010[1] (AIFMD) sowie die in der Delegierten Verordnung (EU) Nr. 231/2013 der Kommission vom 19. Dezember 2012 zur Ergänzung der Richtlinie 2011/61/EU des Europäischen Parlaments und des Rates im Hinblick auf Ausnahmen, die Bedingungen für die Ausübung der Tätigkeit, Verwahrstellen, Hebelfinanzierung, Transparenz und Beaufsichtigung[2] verwendeten Begriffe in diesen Leitlinien dieselbe Bedeutung. Für die Zwecke dieser Leitlinien bezeichnet der Begriff:

Allgemein-kommerzieller oder -industrieller Zweck	den Zweck der Verfolgung einer Geschäftsstrategie, die sich u. a. durch Merkmale auszeichnet wie die überwiegende Ausübung i) einer kommerziellen Tätigkeit einschließlich Kauf, Verkauf und/oder Austausch von Waren oder Gütern und/oder Verkehr mit nicht-finanziellen Dienstleistungen oder ii) einer industriellen Tätigkeit einschließlich der Produktion von Waren oder der Errichtung von Immobilien oder iii) einer Kombination daraus.

1 http://eur-lex.europa.eu/LexUriServ/LexUriServ.do?uri=OJ:L:2011:174:0001:0073:DE:PDF.

2 http://eur-lex.europa.eu/LexUriServ/LexUriServ.do?uri=OJ:L:2013:083:0001:0095:DE:PDF.

Gemeinschaftsrendite	die erzielte Rendite aus der Risikobündelung infolge des Erwerbs, Besitzes oder Verkaufs von Anlagevermögen – einschließlich von Tätigkeiten zur Optimierung bzw. Steigerung des Wertes dieser Vermögenswerte –, unabhängig davon, ob dabei für die Anleger unterschiedliche Renditen erzielt werden, wie beispielsweise im Rahmen einer maßgeschneiderten Dividendenpolitik.
laufende Ermessens bzw. Kontrollbefugnis	eine Form einer unmittelbaren und kontinuierlichen Entscheidungsgewalt – unabhängig davon, ob sie ausgeübt wird oder nicht – über operative Fragen in Bezug auf die tägliche Verwaltung der Vermögenswerte des Organismus, die wesentlich weiter reicht als die normale Ausübung von Entscheidungs- oder Kontrollbefugnissen in Form der Abstimmung bei Aktionärsversammlungen über Fragen wie Fusionen oder Abwicklung, die Wahl von Anteilseignervertretern, die Ernennung von Vorstandsmitgliedern oder Abschlussprüfern oder die Feststellung des Jahresabschlusses.
bereits bestehende Gruppe	eine Gruppe von Familienmitgliedern, unabhängig von der Art der rechtlichen Struktur, die von ihnen möglicherweise eingerichtet wird, um in einen Organismus zu investieren, sofern die alleinigen Endbegünstigten einer solchen rechtlichen Struktur Familienmitglieder sind und diese Gruppe vor der Gründung des Organismus bereits bestanden hat. Dadurch sollen jedoch Familienmitglieder nicht davon abgehalten werden, sich der Gruppe nach der Gründung des Organismus anzuschließen. Zum Zweck dieser Begriffsbestimmung bezeichnet der Begriff „Familienmitglieder" den Ehepartner einer Person, die Person, die mit der Person in einer eheähnlichen Gemeinschaft, in einem gemeinsamen Haushalt und auf einer stabilen und dauerhaften Grundlage lebt, die Verwandten in gerader Linie, die Geschwister, Onkel, Tanten, Cousins oder Cousinen der betreffenden Person und die Angehörigen einer Person.

III. Zweck

4. Der Zweck dieser Leitlinien besteht darin, eine gemeinsame, einheitliche und durchgängige Anwendung der Begriffe zu gewährleisten, die die Definition von „AIF" in Artikel 4 Absatz 1 Buchstabe a der AIFMD umfasst, indem jeder dieser Begriffe näher erläutert wird. Dabei sollte der Wechselwirkung zwischen den einzelnen Begriffen der Definition eines AIF gebührend Rechnung getragen werden, und ein Organismus sollte nur dann als ein AIF betrachtet werden, wenn alle in der Definition von „AIF" gemäß Artikel 4 Absatz 1 Buchstabe a der AIFMD enthaltenen Bestandteile auch tatsächlich vorhanden sind. So sollten beispielsweise Organismen, die von einer Anzahl von Anlegern Kapital beschaffen, wobei diese Kapitalbeschaffung allerdings nicht im Hinblick auf die Anlage dieses Kapitals gemäß einer festgelegten Anlagestrategie erfolgt, für die Zwecke der AIFMD nicht als AIF angesehen werden.

5. Die zuständigen Behörden und Marktteilnehmer sollten jedoch nicht davon ausgehen, dass das Nichtvorhandensein eines oder aller dieser Merkmale im Zusammenhang mit den

einzelnen Begriffen in der Definition von „AIF“ in Artikel 4 Absatz 1 Buchstabe a der AIFMD (d. h. „Organismus für gemeinsame Anlagen“, „Kapitalbeschaffung“, „Anzahl von Anlegern“ und „festgelegte Anlagestrategie“) gemäß den Ausführungen in diesen Leitlinien einen schlüssigen Nachweis dafür darstellt, dass ein Organismus nicht unter den betreffenden Begriff fällt. Die zuständigen Behörden und Marktteilnehmer sollten einen Organismus dann als ein „AIF“ ansehen, wenn anderweitig nachgewiesen werden kann, dass alle Begriffe in der Definition gemäß Artikel 4 Absatz 1 Buchstabe a der AIFMD vorhanden sind. Um jeden Zweifel auszuschließen, werden in diesen Leitlinien die Merkmale, die mit hoher Wahrscheinlichkeit bewirken, dass ein Organismus als ein AIF angesehen wird, veranschaulicht und detailliert erläutert, was allerdings keinerlei Änderung der Bestimmungen der AIFMD mit sich bringt.

6. Die weiteren Einzelheiten in diesen Leitlinien sollten nur für die Zwecke der AIFMD von Belang sein und sind nicht dazu bestimmt, die Bedeutung ähnlicher Begriffe, die in anderen europäischen Rechtsvorschriften einschließlich der Richtlinie 2009/65/EG und der Richtlinie 2010/73/EU verwendet werden, zu beeinflussen.

IV. Compliance- und Mitteilungspflichten

Status der Leitlinien

7. Das vorliegende Dokument enthält Leitlinien, die gemäß Artikel 16 der ESMA-Verordnung[3] herausgegeben wurden. Gemäß Artikel 16 Absatz 3 der Verordnung unternehmen die zuständigen Behörden und die Finanzmarktteilnehmer alle erforderlichen Anstrengungen, um diesen Leitlinien und Empfehlungen nachzukommen.

8. Die zuständigen Behörden, für die diese Leitlinien bestimmt sind, sollten diese umsetzen, indem sie sie in ihre Aufsichtspraxis übernehmen, selbst wenn bestimmte Vorgaben des Dokuments primär an Finanzmarktteilnehmer gerichtet sind.

Mitteilungspflichten

9. Die zuständigen Behörden, auf die diese Leitlinien Anwendung finden, müssen der ESMA innerhalb von zwei Monaten nach dem Datum der Veröffentlichung durch die ESMA mitteilen, ob sie diesen Leitlinien nachkommen bzw. nachzukommen beabsichtigen bzw. deren Nichteinhaltung begründen. Geht innerhalb dieser Frist keine Mitteilung ein, wird davon ausgegangen, dass die zuständigen Behörden den Leitlinien nicht nachkommen. Ein Formular für Mitteilungen ist auf der ESMA-Website verfügbar.

10. AIFM sind nicht verpflichtet mitzuteilen, ob sie diesen Leitlinien nachkommen.

V. Leitlinien zur Behandlung von Teilfonds eines Organismus

11. Wenn ein Teilfonds eines Organismus sämtliche Bestandteile der Definition des Begriffs „AIF“ in Artikel 4 Absatz 1 Buchstabe a der AIFMD (d. h. „Organismus für gemeinsame Anlagen“, „Kapitalbeschaffung“, „Anzahl von Anlegern“ und „festgelegte Anlagestrategie“) aufweist, sollte dies ausreichend sein, um zu bestimmen, dass es sich bei dem Organismus als Ganzes um ein „AIF“ im Sinne von Artikel 4 Absatz 1 Buchstabe a der AIFMD handelt.

---

[3] 3 Verordnung (EU) Nr. 1095/2010 des Europäischen Parlaments und des Rates vom 24. November 2010 zur Errichtung einer Europäischen Aufsichtsbehörde (Europäische Wertpapier- und Marktaufsichtsbehörde), zur Änderung des Beschlusses Nr. 716/2009/EG und zur Aufhebung des Beschlusses 2009/77/EG der Kommission.

VI. Leitlinien zu „Organismen für gemeinsame Anlagen“

12. Wenn ein Organismus alle nachstehend aufgeführten Merkmale aufweist, sollte daraus nachweislich hervorgehen, dass der Organismus ein Organismus für gemeinsame Anlagen im Sinne von Artikel 4 Absatz 1 Buchstabe a der AIFMD ist. Dabei handelt es sich um folgende Merkmale:
(a) Der Organismus verfolgt keinen *allgemein-kommerziellen oder -industriellen Zweck*;
(b) der Organismus bündelt das bei seinen Anlegern zum Zweck der Anlage beschaffte Kapital im Hinblick auf die Erzielung einer Gemeinschaftsrendite für diese Anleger; und
(c) die Anteilseigner des Organismus besitzen – als Gruppe – keine *laufende Ermessens- bzw. Kontrollbefugnis*. Die Tatsache, dass einem oder mehreren, jedoch nicht allen vorstehend genannten Anteilseignern eine *laufende Ermessens- bzw. Kontrollbefugnis* gewährt wurde, sollte nicht als Nachweis dafür herangezogen werden, dass es sich bei dem Organismus nicht um einen Organismus für gemeinsame Anlagen handelt.

VII. Leitlinien zur „Kapitalbeschaffung“

13. Die Geschäftstätigkeit, die darin besteht, dass ein Organismus oder eine Person oder eine Einrichtung, die in seinem Namen handelt (normalerweise der AIFM), direkte oder indirekte Schritte unternimmt, um die Kapitalübertragung bzw. Kapitalbindung durch einen oder mehrere Anleger auf bzw. an den Organismus zu veranlassen mit dem Ziel, dieses Kapital gemäß einer festgelegten Anlagestrategie zu investieren, sollte der Tätigkeit der Kapitalbeschaffung im Sinne von Artikel 4 Absatz 1 Buchstaben a und i der AIFMD entsprechen.

14. Zum Zweck des vorstehenden Absatzes sollte es unerheblich sein, ob
(a) die Tätigkeit nur ein einziges Mal, mehrfach oder ständig stattfindet;
(b) die Kapitalübertragung bzw. Kapitalbindung in Form von Bar- oder Sacheinlagen erfolgt.

15. Wird Kapital von einem Mitglied *einer bereits bestehenden Gruppe* in einen Organismus investiert und wurde dieser Organismus ausschließlich zur Anlage des Privatvermögens dieses Mitglieds gegründet, so fällt dies unbeschadet des Absatzes 16 nicht unter den Begriff der Kapitalbeschaffung.

16. Die Tatsache, dass ein Mitglied einer bereits bestehenden Gruppe neben Anlegern investiert, die nicht Mitglied einer bereits bestehenden Gruppe sind, sollte nicht dazu führen, dass das Kriterium der Kapitalbeschaffung nicht erfüllt ist. Wann immer solche Umstände eintreten, sollten alle Anleger in den vollen Genuss der mit der AIFMD verknüpften Rechte gelangen.

VIII. Leitlinien zur „Anzahl der Anleger“

17. Ein Organismus, der durch das nationale Recht, dem er unterliegt, die Vertragsbedingungen oder Satzung oder durch andere rechtsverbindliche Regelungen oder Bestimmungen nicht von der Kapitalbeschaffung bei mehr als einem Anleger abgehalten wird, sollte als ein Organsimus angesehen werden, der Kapital bei einer Anzahl von Anlegern gemäß Artikel 4 Absatz 1 Buchstaben a und i der AIFMD beschafft. Dies sollte auch dann der Fall sein, wenn tatsächlich nur ein Anleger vorhanden ist.

18. Ein Organismus, der durch das nationale Recht, dem er unterliegt, die Vertragsbedingungen oder Satzung oder durch andere rechtsverbindliche Regelungen oder Bestim-

mungen von der Kapitalbeschaffung bei mehr als einem Anleger abgehalten wird, sollte als ein Organismus angesehen werden, der Kapital bei einer Anzahl von Anlegern gemäß Artikel 4 Absatz 1 Buchstaben a und i der AIFMD beschafft, wenn der alleinige Anleger

(a) Kapital anlegt, das er bei mehr als einer natürlichen oder juristischen Person im Hinblick auf die Anlage zugunsten dieser Personen beschafft hat; und
(b) aus einer Einrichtung oder Struktur besteht, die insgesamt mehr als einen Anleger im Sinne der AIFMD hat.

19. Beispiele für Einrichtungen oder Strukturen im Sinne von Absatz 18 sind u. a. Master-/Feeder-Strukturen, bei denen ein einziger Feeder-Fonds in einen Master-Organismus investiert, ferner Dachfonds, bei denen der Dachfonds der alleinige Anleger in dem entsprechenden Organismus ist, oder auch Einrichtungen, bei denen der alleinige Anleger als Bevollmächtigter für mehr als einen Anleger auftritt und deren Interessen zu administrativen Zwecken bündelt.

IX. Leitlinien zur „festgelegten Anlagestrategie"

20. Ein Organismus, der eine Strategie in Bezug darauf verfolgt, wie das im Organismus gebündelte Kapital im Hinblick auf die Erzielung einer *Gemeinschaftsrendite* für die Anleger, bei denen das Kapital beschafft wurde, verwaltet werden soll, sollte als ein Organismus mit einer festgelegten Anlagestrategie im Sinne von Artikel 4 Absatz 1 Buchstaben a und i der AIFMD angesehen werden. Bei den Faktoren, die einzeln oder kumulativ auf das Vorhandensein einer solchen Strategie hinweisen könnten, handelt es sich um Folgende:

(a) Die Anlagestrategie ist bestimmt und festgelegt, spätestens zu dem Zeitpunkt, wenn die Verpflichtungen der Anleger gegenüber dem Organismus für sie verbindlich werden;
(b) die Anlagestrategie wird in einem Dokument dargelegt, das Bestandteil der Vertragsbedingungen bzw. der Satzung des Organismus ist bzw. auf das darin Bezug genommen wird;
(c) der Organismus bzw. die juristische Person, die den Organismus verwaltet, unterliegt gegenüber den Anlegern einer (wie auch immer entstandenen) von ihnen rechtlich durchsetzbaren Verpflichtung, sich nach der Anlagestrategie zu richten, einschließlich aller daran vorgenommenen Änderungen;
(d) die Anlagestrategie umfasst auch Anlagerichtlinien mit Verweis auf alle oder einzelne der nachstehend genannten Kriterien:
    (i) Anlage in bestimmten Kategorien von Vermögenswerten bzw. gemäß Einschränkungen bezüglich der Anlageaufteilung;
    (ii) Verfolgung bestimmter Strategien;
    (iii) Anlage in bestimmten geografischen Gebieten;
    (iv) Einhaltung von Einschränkungen bezüglich von Hebelfinanzierungen;
    (v) Einhaltung von Mindesthaltezeiten; oder
    (vi) Einhaltung von anderen Einschränkungen zur Risikostreuung.

21. In Absatz 20 Buchstabe d sollten Leitlinien für die Verwaltung eines Organismus, in denen andere als die in der Geschäftsstrategie eines Organismus mit einem *allgemein-kommerziellen oder -industriellen Zweck* niedergelegten Anlagekriterien festgelegt werden, als „Anlagerichtlinien" angesehen werden.

22. Die Tatsache, dass Anlageentscheidungen ausschließlich der juristischen Person überlassen bleiben, die einen Organismus verwaltet, sollte nicht dazu genutzt werden, die Bestimmungen der AIFMD zu umgehen.

Guidelines on reporting obligations under Articles 3(3)(d) and 24(1), (2) and (4) of the AIFMD

8.08.2014 – ESMA/2014/869EN

I. Scope

Who?

1. These guidelines apply to competent authorities.

What?

2. These guidelines apply in relation to Article 3(3)(d) and Article 24(1), (2) and (4) of Directive 2011/61/EU (the AIFMD) and Article 110 of Regulation 231/2013 (the Regulation) implementing the AIFMD.

When?

3. These guidelines apply from 2 months after publication of translations.

II. Definitions

Interim Entity Identifier	The interim code used to identify counterparties defined in Article 3 of Commission Regulation 1247/2012.
Legal Entity Identifier	The identifier referred to in the Financial Stability Board's (FSB) recommendations on "A Global Legal Entity Identifier for Financial Markets".
Acquisition Capital	Capital provided to operating companies intended for growth via acquisitions. This capital is normally provided for a specific, identified acquisition target.
Buyouts	The practice whereby a private equity firm typically acquires a majority stake (if not 100%) in an operating company and retains a control position.
Consolidation	The practice whereby private equity firms acquire multiple companies to consolidate into a larger entity.
Corporate Divestitures	Investment in a non-core division of a larger corporate entity. In this case, the corporation is spinning off a division to a private equity firm.
ESOP	Employee Stock Ownership Plans are mechanisms to transfer corporate ownership to its employees in whole or in part. Private equity firms sometimes contribute equity capital to finance this ownership transfer.
Growth Capital	The equity investment by a private equity firm specifically to facilitate specific growth initiatives.

Recapitalisation	A strategic change in a company's capital structure usually involving a partial transfer of ownership. A recapitalization often occurs when an owner wishes to cash out of a partial interest in the business (the proverbial "take some chips off the table"). In this case, a private equity firm would provide the equity to pay the owner in exchange for a percentage of ownership.
Shareholder Liquidity	Similar to a recapitalisation, in that it involves a strategic change in capital structure, but usually with a different intent. With this strategy, a private equity firm provides the company with enough equity to completely "cash out" an owner, typically for family succession planning purposes.
Turnarounds	Private equity firms may provide equity with the intent of turning a distressed or special situation company into a financially stable company. Often, distressed or special situation companies are in default (i.e. bankruptcy) or close to it.
Value of Instruments	Unless otherwise specified, this means valuation of instruments in accordance with Articles 2 and 10 of the Regulation.
Aggregated Value	Means the aggregated value of instruments without netting.
Net Asset Value	The net value of the assets of the AIF (as opposed to the Net Asset Value per unit or share of the AIF).
Net Equity Delta	The portfolio's sensitivity to movements in equity prices.
CS 01	The portfolio's sensitivity to a change in credit spreads.
DV 01	The portfolio's sensitivity to a change in the yield curve.

III. Purpose

4. The purpose of these guidelines is to ensure common, uniform and consistent application of the reporting obligations to national competent authorities (NCAs) stemming from Articles 3(3)(d) and 24(1), (2) and (4) of the AIFMD and Article 110 of the Regulation. These guidelines achieve this goal by providing clarifications on the information that alternative investment fund managers (AIFMs) must report to NCAs, the timing of such reporting together with the procedures to be followed when AIFMs move from one reporting obligation to another.

IV. Compliance and reporting obligations

Status of the guidelines

5. This document contains guidelines issued under Article 16 of the ESMA Regulation[1]. In accordance with Article 16(3) of the ESMA Regulation competent authorities must make every effort to comply with the guidelines.

---

[1] Regulation (EU) No 1095/2010 of the European Parliament and of the Council of 24 November 2010 establishing a European Supervisory Authority (European Securities and Markets Authority), amending Decision No 716/2009/EC and repealing Commission Decision 2009/77/EC.

6. Competent authorities to whom the guidelines apply should comply by incorporating them into their supervisory practices.

Reporting requirements

7. Competent authorities to which these guidelines apply must notify ESMA whether they comply or intend to comply with the guidelines, with reasons for non-compliance, within two months of the date of publication of these guidelines by ESMA. In the absence of a response by this deadline, competent authorities will be considered as non-compliant. A template for notifications is available from the ESMA website.

V. Reporting periods

8. The reporting periods are aligned with the Trans-European Automated Realtime gross settlement Express Transfer (TARGET) calendar and reporting periods end on the last business day of March, June, September and December of each year. This means that AIFMs subject to yearly reporting obligations will report once a year as of the last business day of December. AIFMs subject to half-yearly reporting obligations will report twice a year as of the last business day of June and December and AIFMs reporting on a quarterly basis as of the last business day of March, June, September and December.

9. If the last business day of a reporting period in a jurisdiction of a reporting AIFM is a bank holiday and no data is available for that date, the AIFM should use information from the immediately previous business day, but the reporting date should remain the last business day of the reporting period according to the TARGET calendar.

VI. Transitional arrangements (Article 61 of the AIFMD)

10. In order to determine the nature and timing of their reporting obligations for the period starting 22 July 2013, existing AIFMs should take into account: i) the transitional provisions of Article 61(1) of the AIFMD; ii) the European Commission's interpretation of Article 61(1) as set out in its Q&A[2]; and iii) their authorisation status. When existing AIFMs become subject to the reporting obligations, they should report the information required under Article 24 of the AIFMD in accordance with the procedure set out under paragraph 12 below. After the first cycle of reporting to NCAs, existing AIFMs should report according to the reporting frequency specified in paragraph 8 of the guidelines above.

VII. Procedure for first reporting

11. There may be cases in which AIFMs do not have any information to report on AIFs, such as where there is a delay between the authorisation or registration being granted to a new AIFM and the actual start of activity or between the creation of an AIF and the first investments. In such a scenario, AIFMs should still provide a report to their NCAs by indicating that no information is available by using a specific field.

12. AIFMs should start reporting as from the first day of the following quarter after they have information to report until the end of the first reporting period. For example, an AIFM subject to half-yearly reporting obligations that has information to report as from 15 February would start reporting information as from 1 April to 30 June.

---

[2] http://ec.europa.eu/yqol/index.cfm?fuseaction=legislation.s

13. AIFMs should report information under Articles 3 and 24 to their national competent authorities only once per reporting period covering all the reporting period. For example, AIFMs subject to half-yearly reporting obligations should only provide one report to their NCAs for each half-year period.

VIII. Procedures when the AIFM of an AIF changes or an AIF is liquidated

– Change of AIFM

14. When the AIFM of an AIF changes between two reporting dates, the former AIFM should not report any information under Articles 3(3)(d) or 24 to its NCA at the end of the reporting period. Rather, the information under Articles 3(3)(d) or 24 should be reported by the new AIFM at the end of the reporting period covering the whole period based on information provided by the former AIFM. The same procedure should be followed when an AIFM is merged into another AIFM and no longer exists.

– Liquidated or merged AIF

15. AIFMs should provide the last report of the AIF to their NCA immediately after the AIF has been liquidated or merged.

16. Liquidation processes may vary according to the type of AIFs managed and the jurisdiction of the AIF. Depending on the situations, the last report might not contain any information (where all the positions of the AIF have been unwound), or be limited to information on the turnover, or else the report might be complete. Indeed, in some cases, an AIF that enters into a liquidation procedure (administrative procedure) is no longer managed by the AIFM and the liquidation is instead carried out by a liquidator. In that case, the AIFM should provide a report to its NCAs for the AIF before the liquidator takes over the responsibility for the liquidation of the AIF.

IX. Procedures when AIFMs are subject to new reporting obligations

17. Tables 8, 9 and 10 in Annex IV set out all the different possible changes in reporting frequency and provide clarification on the scope of the information to be provided. These procedures are based on the assumption that when an AIFM is granted its authorisation under the AIFMD, all the procedures necessary to comply with the new reporting obligations are in place. When AIFMs report for the first time after a shift in a reporting frequency, they should indicate the change to their NCAs by using a specific field.

18. When AIFMs report for the first time after a change in reporting frequency and the report covers several reporting periods (see examples below), AIFMs should send only one report and not one report per reporting period.

<u>Examples:</u>

– Table 8 – Case 1 - From registered AIFM to authorised AIFM with quarterly reporting obligations:

19. When a registered AIFM is granted authorisation and immediately becomes subject to quarterly reporting obligations, the new reporting should start as of the end of the first full quarter covering the entire period since the last reporting to its NCA under the registration requirements of Article 3(3)(d). However, if the AIFM is granted authorisation during the last quarter of the year, the AIFM should report according to the frequency applicable to the AIFM before the authorisation (i.e. yearly reporting). Authorised AIFMs should report the information required under Article 24 of the AIFMD.

20. For example, if the AIFM is granted authorisation in Q1, it should not report at the end of Q1 but at the end of Q2 for the period covering Q1-Q2; thereafter the AIFM should report in Q3 and in Q4. If the authorisation is granted in Q2, the AIFM should report at the end of Q3 for the period covering Q1-Q3, following which the AIFM should report in Q4. If the authorisation is granted in Q3, the AIFM should report at the end of Q4 covering the period Q1-Q4. Finally, if it obtains authorisation in Q4, the AIFM should report at the end of Q4 for the period Q1-Q4.

– Table 8 – Case 9 - From authorised AIFM with quarterly reporting obligations to authorised AIFM with half-yearly reporting obligations

21. If the change occurs during Q1, the AIFM should report at the end of H1 for the period covering Q1-Q2, following which the AIFM should report at the end of H2 for the subsequent quarters Q3 and Q4. If the change occurs in Q2, the AIFM should report at the end of H1 only for Q2, following which it should report at the end of H2 for the period covering Q3-Q4. If the change takes place in Q3, the AIFM should report at the end of H2 for the period covering Q3-Q4. Finally, if the change is in Q4, the AIFM should report at the end of H2 only for Q4.

– Table 8 – Case 10 - From authorised AIFM with quarterly reporting obligation to registered AIFM

22. When an AIFM shifts from being an authorised AIFM with quarterly reporting obligations to a registered AIFM with annual reporting obligations, the AIFM should report at the end of the year for the full period since the last round of reporting to its NCA. The AIFM should report only the information required under Article 3(3)(d).

– Table 8 – Case 17 - From authorised AIFM with half-yearly reporting obligation to authorised AIFM with quarterly reporting obligations

23. Unlike the situation above, the scope of the information to be reported in this case is exactly the same and only the frequency of the calculation differs (from half yearly to quarterly).

24. If the change occurs in Q1, the AIFM should report at the end of Q2 for the period covering Q1-Q2, following which the AIFM should report in Q3 and Q4. If the change occurs in Q2, the AIFM should report at the end of H1 covering Q1-Q2 following which it should report in Q3 and Q4. If the change takes place in Q3, the AIFM should report at the end of H2 covering Q3-Q4. Finally, if the change occurs in Q4, the AIFM should report at the end of H2 for Q3-Q4.

– Table 8 – Case 35 - From authorised AIFM with only unleveraged AIFs investing in non-listed companies and issuers in order to acquire control to authorised AIFM with quarterly reporting obligations

25. If the change occurs in Q1, the AIFM should report at the end of H1 for the period covering Q1-Q2, following which the AIFM should report at the end of Q3 and Q4. If the change occurs in Q2, the AIFM should report at the end of Q3 for the period covering Q1-Q3. If the change takes place in Q3, the AIFM should report at the end of Q4 for the period covering Q1-Q4. Finally, if the change is in Q4, the AIFM should report at the end of Q4 covering Q1-Q4.

– Table 8 - Case 3 - From registered AIFM to authorised AIFM with annual reporting obligations

26. Some registered AIFMs may decide to opt in under the AIFMD in order to benefit from the passport. This means that the frequency of reporting would not change (i.e. annual reporting) but that the scope of the information would be different because these AIFMs would become subject to the reporting obligations of Article 24.

27. Therefore, when AIFMs change from being registered AIFMs to authorised AIFMs subject to an annual reporting obligation, AIFMs should report at the end year information requested by Article 24 covering the full period since the last round of reporting to their NCA.

– Table 9 – Case 1116 - From unleveraged EU AIF investing in non-listed companies and issuers in order to acquire control managed by an AIFM investing only in non-listed companies and issuers in order to acquire control to unleveraged EU AIF with AuM above the AIF threshold not investing in non-listed companies and issuers in order to acquire control managed by an authorised AIFM with half yearly reporting obligation

28. The scope of the information to be reported in this case is exactly the same and only the frequency of the calculation differs (from yearly to quarterly).

29. If the change occurs in Q1, the AIFM should report that AIF at the end of H1 for the period covering Q1-Q2, following which the AIFM should report that AIF at the end of Q3 and Q4. If the change occurs in Q2, the AIFM should report at the end of Q3 for the period covering Q1-Q3. If the change takes place in Q3, the AIFM should report that AIF at the end of Q4 for the period covering Q1-Q4. Finally, if the change is in Q4, the AIFM should report that AIF at the end of Q4 covering Q1-Q4.

– Table 9 – Code 200 - From unleveraged non-EU AIF with AuM below the threshold marketed in the Union and not investing in non-listed companies and issuers in order to acquire control managed by an authorised "optin" AIFM to unleveraged EU AIF with AuM below the AIF threshold marketed in the Union and not investing in non-listed companies and issuers in order to acquire control managed by an authorised AIFM with half yearly reporting obligation

30. The scope of the information to be reported in this case is exactly the same and only the frequency of the calculation differs (from yearly to half yearly).

31. If the change occurs in Q1, the AIFM should report for that AIF at the end of H1 for the period covering Q1-Q2 and in H2 for the period covering Q3-Q4. If the change occurs in Q2, the AIFM should report at the end of H2 for the period covering H1-H2. If the change occurs in Q3, the AIFM should report for that AIF at the end of H2 for the period covering H1-H2. Finally, if the change occurs in Q4, the AIFM should report for that AIF according to the frequency applicable to the AIFM before the authorisation (annual reporting).

– Table 9 – Case 1180 - From unleveraged non-EU AIF not marketed in the union not investing in non-listed companies and issuers in order to acquire control managed by an authorised AIFM with quarterly reporting obligations to leveraged non-EU AIF marketed in the Union managed by an authorised AIFM with quarterly reporting obligation

32. When the AIF they manage become leveraged AIF marketed in the Union, AIFMs should also report information requested by Article 24(2) and 24(4). The reporting frequency remains quarterly.

X. Reporting of specific types of AIF

– Feeder AIFs

33. AIFMs should treat feeder AIFs of the same master fund individually. They should not aggregate all the information on feeder AIFs of the same master(s) in a single report. AIFMs should not aggregate masterfeeder structures in a single report (i.e. one report gathering all the information on feeder AIFs and their master AIF(s)).

34. When reporting information on feeder AIFs, AIFMs should identify the master AIF in which each feeder invests but should not look through the master AIF(s) to its(their) holdings. If applicable, AIFMs should also report detailed information on investments that are made at feeder AIF level, such as investments in financial derivative instruments.

– *Funds of funds*

35. When reporting information on funds of funds, AIFMs should not look through the holdings of the underlying funds in which the AIF invests.

– *Umbrella AIFs*

36. If an AIF takes the form of an umbrella AIF with several compartments or subfunds, AIF-specific information should be reported at the level of the compartments or subfunds.

XI. AIFM data reporting under Article 3(3)(d) and 24(1)

Identification of the AIFM

37. For the name of the AIFM, AIFMs should use the legal name of the AIFM. AIFMs should also provide the following codes:

- The national identification code (code used by the NCAs of home Member States or the NCAs of the Member State of reference or the NCAs of the Member States where the AIFM markets its AIFs under Article 42 of the Directive); and
- The LEI or, if not available, the IEI or, if not available, the Bank Identifier Code (BIC).

38. If the national identification code changes, AIFMs should always (for the first reporting following the change of the national code and any subsequent reporting) indicate the former national identification code together with the current national code.

39. Finally, AIFMs should indicate the jurisdiction in which they are established.

Principal markets and instruments in which it trades on behalf of the AIFs it manages

– *Principal markets:*

40. AIFMs should group their instruments by market where the trades took place. Markets should be understood as trading venues where AIFMs trade. The ranking of the top 5 markets should be based on the aggregated value of the instruments composing each market. The value of the instruments should be calculated as of the last business day of the reporting period. Where possible, AIFMs should identify the market by reporting the relevant MIC.

41. Instruments that are not traded on a specific market should be grouped together under a specific 'market type' code XXX. These instruments include, for instance, collective investment undertakings.

42. OTC transactions should be grouped under the specific 'market type' code OTC. If an AIFM invests via an OTC transaction in an instrument that is also listed on a market, the 'market type' should be OTC.

43. In addition to the identification of the markets, AIFMs should report the corresponding aggregated value.

44. If AIFMs trade on fewer than five markets, NOT should be entered in the column 'market type' for the ranks for which there is no value.

Examples:

Example 1a:

	Market type	Market code	Aggregated Value
Most important Market	MIC	XEUR (EUREX)	65,450,000
Second most important market	MIC	XBRU (EURONEXT)	25,230,000
Third most important market	NOT		
Fourth most important market	NOT		
Fifth most important market	NOT		

45. The above example means that the 2 markets in which the AIFM trades on behalf of the AIFs it manages are EUREX for an aggregated value of €65,450,000 and EURONEXT for an aggregated value of € 25,230,000. It also means that the AIFM trades only on two markets because the third, fourth and fifth aggregated values are NOT.

Example 1b:

	Market type	Market code	Aggregated Value
Most important Market	XXX		452,000,000
Second most important market	NOT		
Third most important market	NOT		
Fourth most important market	NOT		
Fifth most important market	NOT		

46. Example 1b corresponds to a situation where the AIFM only trades assets for which no market exists for an aggregated value of €452,000,000. For example, this could be an AIFM managing private equity funds or real estate funds.

Example 1c:

	Market type	Market code	Aggregated Value
Most important Market	XXX		452,000,000
Second most important market	MIC	XEUR (EUREX)	42,800,000
Third most important market	MIC	XNAS (NASDAQ)	22,782,456
Fourth most important market	MIC	XBRU (EURONEXT)	11,478,685

Fifth most important market	NOT		

47. Example 1c corresponds to a situation where the AIFM trades mostly off market for an aggregated value of €452,000,000 but also trades for smaller proportions on EUREX (€42,800,000), NASDAQ (€22,782,456) and EURONEXT (€11,478,685).

– Principal instruments

48. AIFMs should group their instruments according to the subasset types category displayed in Annex II of the guidelines- Table 1 (i.e. highest level of detail available – for example certificates of deposits, ABS, single name financial CDS etc.) and then report the top five subasset types. The ranking should be based on the aggregated value of the instruments composing each subasset type. The value of the instruments should be calculated as of the last business day of the reporting period.

49. In addition to the identification of principal instruments, AIFMs should also report the corresponding aggregated value.

Example

	Subasset type code	Subasset type label	Aggregated Value
Most important instrument	SEQ_LEQ_OTHR	Other listed equities	248,478,000
Second most important instrument	DER_FIX_FIXI	Fixed income derivatives	145,786,532
Third most important instrument	PHY_TIM_PTIM	Timber	14,473,914
Fourth most important instrument	CIU_NAM_OTHR	CIU operated/ managed by the AIFM/Other CIU	7,214,939
Fifth most important instrument	NTA_NTA_NOTA	N/A	

50. The example above corresponds to an AIFM that only invests in Other Listed Equities, Fixed Income Derivatives, Timber and other CIUs operated/managed by the AIFM.

Values of assets under management for all AIFs managed

51. AIFMs should report the value of assets under management for all AIFs managed using the method set out in Articles 2 and 10 of the Regulation. AIFMs should always indicate the value in Euro. In order to convert the total value of assets under management for all AIFs managed into Euro, AIFMs should use the conversion rate provided by the European Central Bank (ECB). If there is no ECB conversion rate, AIFMs should indicate the conversion rate used. Only when all AIFs of the AIFM are denominated in one single base currency that is not the Euro should this value be complemented by the value in the base currency of the AIFs. This information should be reported as of the last business day of the reporting period.

XII. AIF data reporting under Articles 3(3)(d) and 24(1)

Identification of the AIF

52. For the name of the AIF, AIFMs should use the legal name of the AIF. In the case of umbrella funds, the names of the umbrella and the subfunds should be reported.

53. For the AIF identification code, AIFMs should provide:

- the national identification code (code used by the NCAs of home Member States for the identification of AIFs or the NCAs of the Member State of reference or the NCAs of the Member States where the AIFM markets its AIFs under Article 42 of the Directive). If available, AIFMs should also provide the ISIN codes and other international codes the AIF may have. For AIFs with multiple share classes, AIFMs should report all the codes of all the share classes (ISIN codes and other international codes).
- the LEI code of the AIF or the IEI of the AIF.

54. If the national identification code changes, AIFMs should always (for the first reporting following the change of the national code and any subsequent reporting) indicate the former national identification code together with the current national code.

55. The inception date of the AIF is defined as the date the AIF started business.

56. For EU AIFs, the domicile of the AIF should be understood as the home Member State of the AIF as defined in Article 4(1)(p) of the AIFMD. For non-EU AIFs, the domicile of the AIF should be the country where the AIF is authorised or registered or where it has its registered office.

57. For each prime broker of the AIF, the legal name of the entity should be reported and, when available, the LEI code or the IEI or, if not available, the BIC.

58. For the base currency of the AIF, only one currency should be reported. This means that AIFs with several share classes denominated in different currencies should have only one base currency. This base currency is the currency to be used for reporting the information. AIFMs should report the principal base currency using the ISO 4217.

59. For the total assets under management of the AIF, AIFMs should report the value in the base currency of the AIF. AIFMs should also indicate the exchange rate between the base currency of the AIF and the Euro using the ECB conversion rate if relevant. This information should also be supplemented by the Net Asset Value (NAV) of the AIF. Both values should be given as of the last business day of the reporting period.

60. For the jurisdiction of the three main funding sources, AIFMs should identify the country of the counterparty of the liability. For example, if the funding source takes the form of a loan, in that case the jurisdiction should be the jurisdiction of the lender.

61. For the predominant AIF type, AIFMs should select only one AIF type from the following list:

- Hedge Fund;
- Private Equity Fund;
- Real Estate Fund;
- Fund of funds;
- Other; and
- None

62. The predominant AIF type should be based on the NAV of the AIF. AIFMs should select "None" as predominant AIF type where the investment strategy of the AIF does not permit a predominant AIF type to be identified.

Breakdown of investment strategies

63. After the predominant AIF type, AIFMs should provide information on the breakdown of investment strategies using the list of strategies provided in the reporting template (see strategy categories of Annex II of the guidelines – Table 3). Predominant AIF types are mutually exclusive, except when AIFMs select 'None'. Therefore, AIFMs should not allocate the strategies across the different group of strategies (hedge fund strategy, private equity strategy, real estate, fund of fund and other strategy). For instance, if an AIFM reports 'Hedge Fund' as a predominant AIF type, the investment strategies can only be those in the list of strategies corresponding to Hedge Funds.

64. If an AIFM reports 'None' as predominant AIF type, the investment strategies should be allocated across the different categories of AIF types.

65. AIFMs should first select one primary strategy of the AIF. This primary strategy should be the strategy that best describes the reporting fund's strategies. Primary strategy funds are likely to be consistently and predominantly focused on one strategy even though they may invest in other strategies. Multistrategy funds are likely to be diversified across multiple strategies on a regular basis, with this diversification being an explicit part of the investment strategy. When AIFMs select "other" as the strategy that best describes the reporting fund's strategies, they should provide a short explanation of the strategy.

66. For Hedge Fund, Private Equity, Real Estate, Fund of funds and Other Strategies, AIFMs should also report the percentage of NAV represented by all strategies of the AIF. The strategies listed are mutually exclusive (i.e. AIFMs should not report the same assets under multiple strategies) and the sum of the percentages should equal 100%. When reporting the breakdown by percentage of NAV, AIFMs should not indicate any share in NAV for multistrategy but instead for the other strategies listed.

67. Money market AIFs should be classified in the investment strategy "fixed income".

– Hedge fund strategies

Example 3a:

	Strategy that best describes the AIF's strategy	**Share in NAV (%)**
Equity: Long Bias		
Equity: Long/Short		50%
Equity: Market neutral		
Equity: Short Bias		
Relative Value: Fixed Income Arbitrage		
Relative Value: Convertible Bond Arbitrage		
Relative Value: Volatility Arbitrage		
Event Driven: Distressed/Restructuring		
Event Driven: Risk Arbitrage/Merger Arbitrage		
Event Driven: Equity Special Situations		
Credit Long/Short		

Credit Asset Based Lending		
Macro		50%
Managed Futures/CTA: Fundamental		
Managed Futures/CTA: Quantitative		
Multistrategy hedge fund	X	
Other hedge fund strategy		

68. The example above corresponds to a Hedge Fund AIF that has a multistrategy involving ½ Macro and ½ Equity Long/Short. The AIFM should select "Multistrategy hedge fund" as "the strategy that best describe the AIF's strategy" and then report 50% of NAV under "Equity Long / Short" and 50% under "Macro".

Example 3b:

	Strategy that best describes the AIF's strategy	Share in NAV (%)
Equity: Long Bias		
Equity: Long/Short	X	70%
Equity: Market neutral		
Equity: Short Bias		
Relative Value: Fixed Income Arbitrage		
Relative Value: Convertible Bond Arbitrage		
Relative Value: Volatility Arbitrage		
Event Driven: Distressed/Restructuring		
Event Driven: Risk Arbitrage/Merger Arbitrage		
Event Driven: Equity Special Situations		
Credit Long/Short		20%
Credit Asset Based Lending		
Macro		
Managed Futures/CTA: Fundamental		
Managed Futures/CTA: Quantitative		10%
Multistrategy hedge fund		
Other hedge fund strategy		

69. The example above corresponds to a Hedge Fund AIF whose strategy is best described as Equity Long/Short for 70% of the NAV. It also means that 20% and 10% of the NAV of the AIF is respectively invested in Credit Long/Short Strategies and Managed Futures/CTA: Quantitative.

– *Private equity strategies*

Example 3c:

	Strategy that best describes the AIF's strategy	Share in NAV (%)
Venture Capital	X	100%
Growth Capital		
Mezzanine Capital		
Multistrategy private equity fund		
Other private equity fund strategy		

70. The example above corresponds to a Private Equity AIF whose only strategy is Venture Capital.

Example 3d:

	Strategy that best describes the AIF's strategy	Share in NAV (%)
Venture Capital		50%
Growth Capital		
Mezzanine Capital		50%
Multistrategy private equity fund	X	
Other private equity fund strategy		

71. The example above corresponds to a Private Equity AIF that has a multistrategy involving ½ Venture Capital and ½ Mezzanine Capital.

– *Real estate strategies*

Example 3e:

	Strategy that best describes the AIF's strategy	Share in NAV (%)
Residential real estate		
Commercial real estate	X	100%
Industrial real estate		
Multistrategy real estate fund		
Other real estate strategy		

72. The example above corresponds to a Real Estate AIF that only invests in Commercial Real Estate strategies.

Example 3f:

	Strategy that best describes the AIF's strategy	Share in NAV (%)
Residential real estate		30%
Commercial real estate		30%
Industrial real estate		40%
Multistrategy real estate fund	X	
Other real estate strategy		

73. The example above corresponds to a Real Estate AIF that has a multistrategy involving 40% Industrial Real Estate, 30% Commercial Real Estate and 30% Residential Real Estate.

– Fund of funds strategies

Example 3g:

	Strategy that best describes the AIF's strategy	Share in NAV (%)
Fund of hedge funds		
Fund of private equity	X	100%
Other fund of funds		

74. The example above corresponds to a Fund of funds AIF that only invests in Private Equity AIFs.

– Other Strategy

Example 3h:

	Strategy that best describes the AIF's strategy	Share in NAV (%)
Commodity fund		20%
Equity fund		10%
Fixed income fund	X	70%
Infrastructure fund		
Other fund		

75. The example above corresponds to an AIF whose strategy is best described as Fixed Income Fund strategy for 70% of the NAV. It also shows that 20% and 10% of the NAV of the AIF is allocated to Commodity funds and Equity funds.

Example 3i:

	Strategy that best describes the AIF's strategy	**Share in NAV (%)**
Commodity fund		10%
Equity fund		10%
Fixed income fund	X	30%
Infrastructure fund		
Other fund		

	Strategy that best describes the AIF's strategy	**Share in NAV (%)**
Equity: Long Bias		
Equity: Long/Short		15%
Equity: Market neutral		5%
Equity: Short Bias		
Relative Value: Fixed Income Arbitrage		
Relative Value: Convertible Bond Arbitrage		
Relative Value: Volatility Arbitrage		
Event Driven: Distressed/Restructuring		
Event Driven: Risk Arbitrage/Merger Arbitrage		
Event Driven: Equity Special Situations		
Credit Long/Short		
Credit Asset Based Lending		
Macro	X	30%
Managed Futures/CTA: Fundamental		
Managed Futures/CTA: Quantitative		
Multistrategy hedge fund		
Other hedge fund strategy		

76. The example above corresponds to an AIF whose predominant AIF type is 'None' with 50% of the NAV allocated to 'Hedge Fund' strategies and 50% allocated to 'Other' strategies.

Principal exposures and most important concentration

– Main instruments in which the AIF is trading

77. This information should be provided for each AIF, or each compartment or subfund in the case of an umbrella AIF. AIFMs should identify the 5 most important individual instruments of an AIF. The ranking should be based on the value of individual instruments. The values of the instruments should be calculated as of the last business day of the reporting period.

78. For each position, the AIFM should identify the subasset type using the highest level of detail available in the typology of assets listed in Annex II of the guidelines – Table 1 . AIFMs should also report the instrument code and, when available, the ISIN code and the AII code for derivatives. If AIFMs trade in assets that do not have any specific instrument code, such as timber or vineyards, they should report NONE for the "instrument code type" and give details on the assets in the column "instrument name".

79. AIFMs should also report the value of each position together with its type (long or short).

80. If an AIF has a very concentrated portfolio of investments and the AIFM reports fewer than five instruments, the AIFM should enter "NTA_NTA_NOTA" for the relevant ranks.

Example:

	Subasset type code	**Instrument name**	**Instrument code type**	**Instrument code (ISIN or AII)**	**Value**	**Long/ short position**
Most important instrument	SEQ_ LEQ_IFIN (Listed equity issued by financial institution)	BANK XYZ	ISIN	FRXXXXXXX XXX	10,000,000	Long
2nd most important instrument	SEC_ LEQ_ OTHR (Other Listed Equity)	XYZ SA	ISIN	FRXXXXXXX XXX	3,500,000	Short
3rd most important instrument	Vineyard		NONE			

81. The example above corresponds to an AIF for which the main individual positions are a long position in XYZ Bank shares to the value of € 10,000,000 and a short position in shares of XYZ SA to the value of €3,500,000.

– Geographical focus

82. When reporting information on the geographical focus, AIFMs should look at the domicile of the investments made. The geographical regions are mutually exclusive and the sum of the percentages should equal 100%. The information should be reported as of the last business day of the reporting period.

83. Investments that do not have a predominant geographical focus should be included in the category "supranational/multiple regions". AIFMs may allocate investments in underlying collective investment schemes to a specific region if they have sufficient information on the portfolio of the collective investment scheme; if not, they should be allocated to the category supranational/multiple regions. For financial derivative instruments (OTC and listed derivatives), the domicile should be the domicile of the underlying assets of the financial derivative instrument. For cash-like bank deposits, the domicile should be based on the currency in which the deposit is denominated. For instance, the domicile of a cash deposit in Euro in a US bank should be Europe. The same approach should apply to cash borrowing (i.e. the domicile should be based on the currency of the cash borrowed and not on the domicile of the lender). AIFMs should refer to Annex III of the guidelines for the details on the geographical areas.

– 10 principal exposures of the AIF at the reporting date

84. Under this section of the reporting template, AIFMs should indicate the 10 principal exposures by subasset type and by type of position (long or short). AIFMs should group their instruments according to the subasset type categories displayed in Annex II of the guidelines – Table 1 of the document (i.e. to the highest level of detail available, such as certificates of deposit, ABS, single name financial CDS etc.) and then report the top 10 principal exposures. The ranking should be based on the aggregated value of the instruments composing each subasset type. The value of the instruments should be calculated as of the last business day of the reporting period, and AIFMs should not net the positions between instruments that are part of the same subasset type.

85. For the first column, AIFMs should indicate the Macro Asset type using the first level of detail available in the typology of assets listed in Annex II of the guidelines – Table 1 (i.e. securities, derivatives etc.).

86. For the second column, AIFMs should indicate the subasset type using the highest level of detail available in the typology of assets listed in Annex II of the guidelines – Table 1 (i.e. certificates of deposits or other equity derivatives etc.).

87. Then, AIFMs should indicate the aggregated value of the subasset type as well as its percentage in terms of total value of assets under management of the AIF.

88. If AIFMs are aware of the counterparty to OTC transactions they should report its identity and its identification codes such as the LEI or the IEI. In this case, CCPs should not be considered as a counterparty. AIFMs should not indicate a counterparty if there is more than one counterparty for one subasset type.

Example:

	Macro Asset type code	Sub-asset type code	Aggregated Value	% of the total value of assets under management of the AIF	Long/ short position	Counter-party (where relevant)
1	SEC (Securities)	SEC_CSH_ CODP (Certificates of deposit)	120,000,000	4%	Long	
2	DER (Derivatives)	DER_CDS_ INDX (Index CDS)	100,000,00	3.3%	Long	
3	DER (Derivatives)	DER_FEX_ INVT (Foreign exchange for investment purposes)	85,000,000	2.83%	Short	
4	CIU (CIS)	CIU_OAM_ AETF (Investment in CIU operated/managed by the AIFM-ETF)	84,500,000	2.82%	Long	
5	DER (Derivatives)	DER_EQD_ OTHD (Other equity derivatives)	60,000,000	2%	Long	XYZ Bank
6	SEC (Securities)	SEC_CSH_ CODP (Certificates of deposit)	45,000,000	1.5%	Short	
7	DER (Derivatives)	DER_EQD_ OTHD (Other equity derivatives)	32,000,000	1.1%	Short	
8	NTA	NTA_NTA_ NOTA				
9	NTA	NTA_NTA_ NOTA				
10	NTA	NTA_NTA_ NOTA				

89. The example above illustrates that AIFMs may report similar information under different lines. For instance, both lines 1 and 6 provide for exposures to the same macro asset type (securities) and the same subasset type (certificates of deposit) but the difference is that under line 1 it is a long position whereas under line 6 it is a short position.

90. For the last column, the counterparty should be reported when all the instruments reported in a row have the same counterparty. For instance, in the example above, line 5 means that the fifth most important exposure of the AIFM is represented by equity derivatives that all have the same counterparty (e.g. XYZ Bank). Counterparties that are part of the same group should be treated as a single counter-party. Conversely, if not all the instruments have the same counterparty, the relevant cell should be empty as shown in line 7.

– 5 most important portfolio concentrations

91. Under this section of the reporting template, AIFMs must report the five most important portfolio concentrations by asset type, market where the trade occurred and position (long or short). The ranking should be based on the aggregated value of each instrument composing each asset type. The value of the instruments should be calculated as of the last business day of the reporting period and AIFMs should not net the positions between instruments that are part of the same asset type.

92. For the first column, AIFMs should identify the asset type using the second level of detail in the typology of assets listed in Annex II of the guidelines – Table 1 . For the third column, AIFMs should report the MIC of the market. They should then report the aggregated value of each group of asset type.

93. Finally, AIFMs should indicate whether the exposure of each group of asset type reported is a short or long position.

94. When a category of investment is not traded on a market, AIFMs should report "XXX" for 'market type'. These instruments include for instance collective investment undertakings.

95. OTC instruments should also be grouped under the specific code OTC for 'market type'. If an AIFM invests via an OTC transaction in an instrument that is also listed on a market, the 'market type' should be OTC.

Examples:

Example 1a:

	Asset type code	Market type	Market code	Aggregated value	% of the total value of assets under management of the AIF	Long/ short position	Counterparty (where relevant)
1	DER_ EQD (Equity derivatives)	MIC	XNYS (NYSE)	120,000,000	3%	Long	N/A

2	SEC_ LEQ (Listed equities)	MIC	XPAR (Euronext Paris)	98,000,000	2.45%	Long	N/A
3	DER_ EQD (Equity derivati-ves)	OTC		72,000,000	1.8%	Short	XYZ Bank
4	CIU_ OAM (CIU managed by the AIFM)	XXX		21,000,000	0.5%	Long	N/A
5	Etc.						

96. The example above illustrates that the most important concentration of the AIF is made up of long positions in equity derivatives on NYSE for an aggregated value of € 120,000,000. It also means that the third most important concentration of the AIF is made up of short positions in OTC equity derivatives with XYZ Bank as counterparty for an aggregated value of € 72,000,000.

Example 1b:

	Asset type code	**Market type**	**Market code**	**Aggregated value**	**% of the total value of assets under ma-nage-ment of the AIF**	**Long/ short position**	**Coun-terparty (where relevant)**
1	DER_ EQD (Equity derivati-ves)	MIC	XNYS (NYSE)	330,000,000	4%	Long	N/A
2	DER_ EQD (Equity derivati-ves)	MIC	XNYS (NYSE)	150,000,000	2%	Short	N/A

3	DER_ EQD (Equity derivatives)	OTC	75,000,000	1%	Short	N/A	
4	CIU_ OAM (CIU managed by the AIFM)	XXX	25,000,000	0.33%	Long	N/A	
5	Etc.						

97. The example above illustrates that the two most important concentrations of the AIF are made up of long positions in equity derivatives on NYSE for an aggregated value of €330,000,000 and of short positions in the same types of asset on NYSE for an aggregated value of €150,000,000. It also means that the third most important concentration of the AIF is made up of short positions in OTC equity derivatives for an aggregated value of €75,000,000 for which the counterparties are not all the same.

– Typical deal/position size for "private equity" AIFs

98. To report this information, AIFMs should select only one deal/position size. AIFMs should complete this question only if they have selected as a predominant AIF type "private equity fund". AIFMs should select the deal/position size in which the AIF typically invests (see position size categories of Annex II of the guidelines – Table 4):

– Very small	< €5m
– Small	(€5m to < €25m)
– Lower/mid-market	(€25m to < €150m)
– Upper mid-market	(€150m to < €500m)
– Large cap	(€500m to < €1bn)
– Mega cap	(€1bn and greater).

– Principal markets in which the AIF trades

99. For this information, AIFMs should take the same approach as for the information at the level of the AIFM (see section XI.II above) but apply it to AIFs.

– Investor concentration

100. For AIFs with several unit or share classes, AIFMs should consider the percentage of these units or shares in relation to the NAV of the AIF in order to be able to aggregate the five beneficial owners that have the largest equity interests in the AIF. Investors that are part of the same group should be considered as a single investor.

101.When reporting the investor concentration between retail investors and professional clients, the total should equal 100%.

XIII. AIF data reporting under Article 24(2)

Instruments traded and individual exposures

102. For this section of the reporting template, AIFMs should report the information in the base currency of the AIF. AIFMs should report values to the highest level of detail

available. The table below provides information on the exact meaning of each category of asset.

Cash and cash equivalents	Include exposures to cash and cash-equivalent asset classes, such as certificates of deposit, banker's acceptances and similar instruments held for investment purposes that do not provide a return greater than a 3-month high credit quality government bond.
Listed equities	Include all physical exposure by the AIF to equities listed or traded on a regulated market. Do not include in this category exposures obtained synthetically or through derivatives (instead include these under the 'equity derivatives' category).
Unlisted equities	Include all physical exposure to unlisted equities. Unlisted equities are those that are not listed or traded on a regulated market. Do not include in this category exposures obtained synthetically or through derivatives (instead include these under the 'equity derivatives' category).
Corporate bonds	Include all physical exposure to all corporate bonds held by the AIF. Do not include in this category exposures obtained synthetically or through derivatives (instead include these under the 'fixed income derivatives' category).
Sovereign bonds	Include the exposure to all sovereign bonds held by the AIF. For the purposes of this question, a sovereign bond is a bond issued by a national government (including central governments, government agencies, other governments and central banks) denominated in a local or foreign currency. Also include any supranational bonds in the category of non-G10 sovereign bonds. Include EU supranational bonds in the category "EU bonds" for individual exposures and "EU Member State bonds" for the turnover.
Non-EU G10 sovereign bonds	Include the exposure to all non-EU G10 sovereign bonds.
Municipal bonds	Include all the exposure to municipal bonds that are not guaranteed by national governments.
Convertible bonds	Include the exposure to all convertible notes or debentures (not yet converted into shares or cash) held by the AIF.
Leveraged loans	Include the notional value of all leveraged loans held by the AIF. In practice, such loans generally form part of the financing structure of an LBO and may be of higher credit risk.
	Do not include any positions held via LCDS (these should be recorded in the CDS category).
Other loans	Include the notional value of all other loans, including bilateral or syndicated loans, factoring or forfeiting finance and invoice discounting.

	Do not include any positions held via LCDS (these should be recorded in the CDS category).
Structured/securities products - ABS	Include the notional value of any investments held by the AIF in structured products in asset-backed securities including (but not limited to) auto loans, credit card loans, consumer loans, student loans, equipment loans, CDOs (cash flow and synthetic) and whole business securitisations. Do not include any positions held in MBS, RMBS, CMBS and CDS (these should be recorded in the MBS, RMBS, CMBS and CDS categories).
Structured/securities products – MBS/ RMBS/CMBS	Include the notional value of all investments by the AIF in mortgage-backed securities, residential mortgage-backed securities and commercial mortgage-backed securities. Do not include any position held via CDS (these should be included in the CDS category).
Structured/securities products - ABCP	Include the notional value of all investments by the AIF in asset-backed commercial paper, including (but not limited to) Structured Investment Vehicles, Single-Seller Conduits and Multi-Seller Conduit programs. Do not include any position held via CDS (these should be included in the CDS category).
Structured/securities products – CDO/ CLOs	Include the notional value of all investments by the AIF in collateralised debt obligations (cash flow and synthetic) or collateralised loan obligations. Do not include any position held via CDS (these should be included in the CDS category).
Structured/securities products - Other	Include the notional value of all investments by the AIF in other forms of structured investment which are not covered by another category. Do not include any position held via CDS (these should be included in the CDS category).
Equity derivatives	Include the value of all exposure by the AIF to equities held synthetically or through derivatives. Measure exposure as the total notional value of futures and delta-adjusted notional value of options. Include equity index futures as well as single stock derivatives. Dividend swaps and options should also be included in this category.
Fixed income derivatives	Include the value of all exposure by the AIF to fixed income held synthetically or through derivatives (total notional value for futures) but do not include any positions held via CDS (these should be recorded in the CDS category).

Credit default derivatives – Single name CDS	Include the notional value of CDS referencing a single entity. The long value should be the notional value of protection written or sold, and the short value should be the notional value of protection bought. Include any single name LCDS in this calculation. Provide a breakdown between single name credit protection on sovereign, financial sector and other entities.
Credit default derivatives – Index CDS	Include the notional value of CDS referencing a standardised basket of credit entities, for example the CDX and iTraxx indices. Include indices referencing leveraged loans (such as the iTraxx LevX Senior Index). The long value should be the notional of protection written or sold, and the short value should be the notional value of protection bought.
Credit default derivatives – Exotic (including credit default tranche) CDS	Include the notional value of CDS referencing bespoke baskets or tranches of CDOs, CLOs and other structured vehicles. The long value should be the notional value of protection written or sold, and the short value should be the notional value of protection bought.
Commodity derivatives – Crude oil	Include the value of all exposure by the AIF to crude oil, whether held synthetically or through derivatives (regardless of whether the derivatives are physically or cash settled). Include the total notional value of futures, delta-adjusted notional value of options. Other types of oil or energy product (aside from natural gas) such as ethanol, heating oil, propane and gasoline should be included in the "Other Commodities" category.
Commodity derivatives – Natural gas	Include the value of all exposure by the AIF to natural gas, whether held synthetically or through derivatives (regardless of whether the derivatives are physically or cash settled). Include the total notional value of futures, delta-adjusted notional value of options. Other types of oil or energy product (aside from natural gas) such as ethanol, heating oil, propane and gasoline should be included in the "Other Commodities" category.
Commodity derivatives – Gold	Include the value of all exposure by the AIF to gold, whether held synthetically or through derivatives (regardless of whether the derivatives are physically or cash settled). Include the total notional value of futures, delta-adjusted notional value of options.
Commodity derivatives – Power	Include the value of all exposure by the AIF to power (all regions), whether held synthetically or through derivatives (regardless of whether the derivatives are physically or cash settled). Include the total notional value of futures, delta-adjusted notional value of options.

Commodity derivatives – Other commodities	Include the value of all exposure by the AIF to other commodities (which are not covered by the above categories), whether held synthetically or through derivatives (regardless of whether the derivatives are physically or cash settled). Include the total notional value of futures, delta-adjusted notional value of options.
Foreign exchange	Give the total gross notional value of the AIF's outstanding contracts. Only one currency side of every transaction should be counted. Only include foreign exchange for investment purposes (i.e. not that done for currency hedging of different share classes).
Interest rate derivatives	Include the total gross notional value of the AIF's outstanding interest rate derivative contracts. Include the total notional value of futures and delta-adjusted notional value of options.
Other derivatives	Give the total gross notional value of the AIF's outstanding contracts regarding all exotic derivatives (for example weather or emission derivatives); include volatility, variance and correlation derivatives.
Real estate/tangible assets	For real estate include the value of real estate held physically. Do not include real estate exposures held through equity securities of companies, such as listed equity securities (or their related derivatives) or equity holdings of unlisted Real Estate Investment Trusts, unless the real estate company for which the equity security is held was created for the express purpose of holding the real estate investment for the AIF, and the principal assets and purpose of the company is to invest in that real estate and the AIF has the controlling interest in that company (otherwise include the exposure under "listed equities" or "unlisted equities" as deemed appropriate). Real estate refers to land, as well as any physical property or other features of the land that may be considered immovable including houses, buildings, landscaping, fencing etc. Include any mineral rights to any geophysical aspects of the real estate occurring thereon. Report the value for the real estate investment reported in the AIF's most recent financial accounts or, if this is not available, at fair value. AIFMs do not need to obtain a new estimate of the value of physical real estate for the purpose of the reporting.
Commodities	For commodities include the value of commodities held in physical or raw form. Do not include commodity exposures currently held via derivatives even if they are expected to be physically settled in the future. Include commodity exposures that were originally obtained via derivatives, providing settlement has occurred and the commodities are currently held in physical or raw form.

Investments in funds	For money market funds and investments in AIFs for cash management purposes include all investments by the fund in money market funds and cash management funds. Separate into those managed by the management company and those managed by external unrelated management companies. For other AIFs include all investments by the AIF in other AIFs (not including money market or cash management) including (but not limited to) hedge funds, private equity funds and retail funds (i.e. mutual funds and/or UCITS). Separate into those managed by the AIFM and those managed by external unrelated AIFMs.
Investment in other asset classes	When reporting information on individual exposures, AIFMs should include non-EU G10 sovereign bonds.

– Individual exposures in which it is trading and the main categories of asset in which the AIF invested as of the reporting date

103. AIFMs should report the information only at the subasset type level (see subasset type category in Annex II of the guidelines – Table 1) and should report long and short values and, where relevant, gross value. Values should be calculated according to Articles 2 and 10 of the Regulation.

– Value of turnover in each asset class over the reporting months

104. AIFMs should report the information only at the subasset type level (see subasset type category in Annex II of the guidelines – Table 2). The value of the turnover in the reporting period should be the sum of the absolute values of buys and sells that occur during the reporting period. For example, an AIF that has bought assets for €15,000,000 and sold assets for €10,000,000 over the reporting period would report a turnover of €25,000,000.

105. For derivatives, notional values should be calculated in accordance with Article 10 of the Regulation. For the purpose of this information, packages such as call-spreads, put spreads, straddles, strangles, butterfly, collar and synthetic forward may be treated as a single position (rather than as a long position and a short position).

– Currency exposure

106. For the exposure by currency group, the long and short values should be given at the level of the AIF and denominated in the base currency of the AIF. For exposure in currencies that are not listed in the reporting template, AIFMs should indicate the currency code.

– Dominant influence (see Article 1 of Directive 83/349/EEC)

107. This paragraph should be filled in only if the predominant AIF type selected is "private equity fund". AIFMs should indicate the legal name and, if available, the LEI or the IEI of the companies in which the AIF has a dominant influence (as defined in Article 1 of Directive 83/349/EEC) together with the percentage of voting rights and the type of transaction. If the LEI and the IEI are not available, AIFMs should provide the BIC code (if available).

108. For the type of transaction, AIFMs should choose one type from the following list (see transaction types in Annex II of the guidelines – Table 5):

- Acquisition capital;
- Buyouts;

- Consolidations (industry roll-ups)
- Corporate Divestitures;
- Employee Stock Ownership Plans;
- Growth Capital;
- Recapitalisation
- Shareholder Liquidity;
- Turnarounds; and
- Others.

109. When AIFMs report "Others" for the type of transaction, they should explain the nature of the transaction.

Risk profile of the AIF

– Market risk profile

110.Under this section, AIFMs should report the following measures of risk:

- The Net DV01 in three buckets defined by maturity of the security <5yrs, 5-15yrs and >15yrs[3];
- The CS 01[4] in three buckets defined by maturity of the security <5yrs, 5-15yrs and >15yrs;
- The Net Equity Delta;

111. AIFMs should always use the same methodology. When AIFMs report a "0" value for any measures of risk they should explain the reasons for this value.

– Counterparty risk profile

- Trading and clearing mechanisms

112.When reporting information on derivative transactions cleared pursuant to the obligations under the European Market Infrastructure Regulation (EMIR), AIFMs should not take into account listed derivatives.

113.When reporting details on repo trades, AIFMs should also include information on reverse repo transactions.

- Value of collateral

114.AIFMs should include all collateral posted to the counterparties, including as collateral assets sold and pledged in connection with repos and collateral posted under an arrangement pursuant to which the secured party has borrowed the securities. Repos and reverse repos with the same counterparty may be netted to the extent that they are secured by the same type of collateral. AIFMs should use the markto-market value of the collateral. Information should be given as of the last business day of the reporting period.

- Re-hypothecation rate

115.The percentage expressed should be the ratio between the total markto-market value of all collateral re-hypothecated by the counterparty and the markto-market value of all the collateral posted by the AIF over the reporting period. When the contract between the AIFM and the counterparty does not allow the counterparty to re-hypothecate collateral for a given AIF, AIFMs should indicate "No".

- Top five counterparties

116.AIFMs should report any type of exposure to a counterparty net of any collateral posted to reduce the counterparty risk. Counterparty risk should be understood as market risk and therefore includes inter alia counterparties issuing bonds or shares or underlyings

[3] As per ISDA definition

[4] As per ISDA definition

to financial derivative instruments as well as counterparties to financial derivative instruments. AIFMs should report the name, the BIC and the LEI or the IEI of the counterparty as well as the exposure expressed as a percentage of NAV. When counterparties are part of the same group they should be aggregated at the group level and not treated as separate entities.

- Direct clearing through central clearing counterparties

117. This question should be understood as covering AIFMs that have an account with clearing members. AIFMs should report the name, the LEI or the IEI and the BIC of the 3 CCPs for which the AIF has the greatest net credit exposures.

– Liquidity profile

- Portfolio liquidity profile

118. AIFMs should report the percentage of the fund's portfolio that is capable of being liquidated within each of the liquidity periods specified. Each investment should be assigned to one period only and such assignment should be based on the shortest period during which such a position could reasonably be liquidated at or near its carrying value. The total should equal 100%.

119. If individual positions are important contingent parts of the same trade, AIFMs should group all of these positions under the liquidity period of the least liquid part. For example, in a convertible bond arbitrage trade, the liquidity of the short position should be the same as the convertible bond.

- Investor liquidity profile

120. AIFMs should divide the NAV of the AIF among the periods indicated depending on the shortest period within which the invested funds could be withdrawn or investors could receive redemption payments, as applicable. AIFMs should assume that they would impose gates where they have the power to do so but that they would not suspend withdrawals/redemptions and that there are no redemption fees. The total should equal 100%.

- Investor redemptions

121. AIFMs should choose between the following values for the investor redemption frequency (see the investor redemption frequencies in Annex II of the guidelines – Table 6):

- Daily
- Weekly
- Fortnightly
- Monthly
- Quarterly
- Half-yearly
- Yearly
- Other
- NONE

122. AIFMs would indicate NONE if, for instance, the AIF does not offer investors the opportunity to redeem. According to the Regulation, if an AIF is comprised of several share classes with different redemption frequencies, only information on the largest share class should be reported.

- Breakdown of ownership

123. To report this information, AIFMs should use the typology of investors below (see investor categories in Annex II of the guidelines – Table 7). The information should be expressed as a percentage of the NAV of the AIF.

- Non-financial corporations;
- Banks;

- Insurance corporations;
- Other financial institutions;
- Pension plans / funds;
- General government;
- Other collective investment undertakings (e.g. fund of funds or master);
- Households
- Unknown; and
- None.
- Borrowing and exposure risk
- Value of borrowings

124. Collateralised borrowings should be classified according to the legal agreement governing the borrowing.

125.Borrowings embedded in financial instruments should represent the total gross notional exposure in relation to such instruments, less all margins. According to the reporting template, derivatives traded on exchanges and OTC should be separated.

126. The values should be reported in the base currency of the AIF.

- Leverage of the AIF

127.For the calculation of the leverage under the Gross and the Commitment methods, AIFMs should report values expressed as a percentage of the NAV.

– Operational and other risk aspects

128. For the total number of open positions, AIFMs should calculate at the position level (and not the issuer level) as this question has an operational focus. The calculation should be done as of the last business day of the reporting period.

129. For gross investment returns, AIFMs should report the gross return for each month of the reporting period. The same approach should be taken for net investment returns. For AIFs with multiple share classes, the gross and net returns should be provided at the level of the AIF and not for each share class.

130. For the change in NAV, AIFMs should report the change in NAV for each month of the reporting period. This calculation should be net of fees and include the impact of subscriptions and redemptions.

131.For AIFs with private equity as a predominant AIF type, the number of subscriptions should be based on the actual amount paid by investors for each month of the reporting period and not the promised capital.

XIV. Information under Article 24(4)

132. For the five largest sources of borrowed cash or securities (short positions), AIFMs should report the name, the LEI or IEI and, if neither is available, the BIC of the entity as well as the corresponding amount in the base currency of the AIF.

Annex I of the guidelines: Reporting obligation diagrams

1. Authorised AIFMs

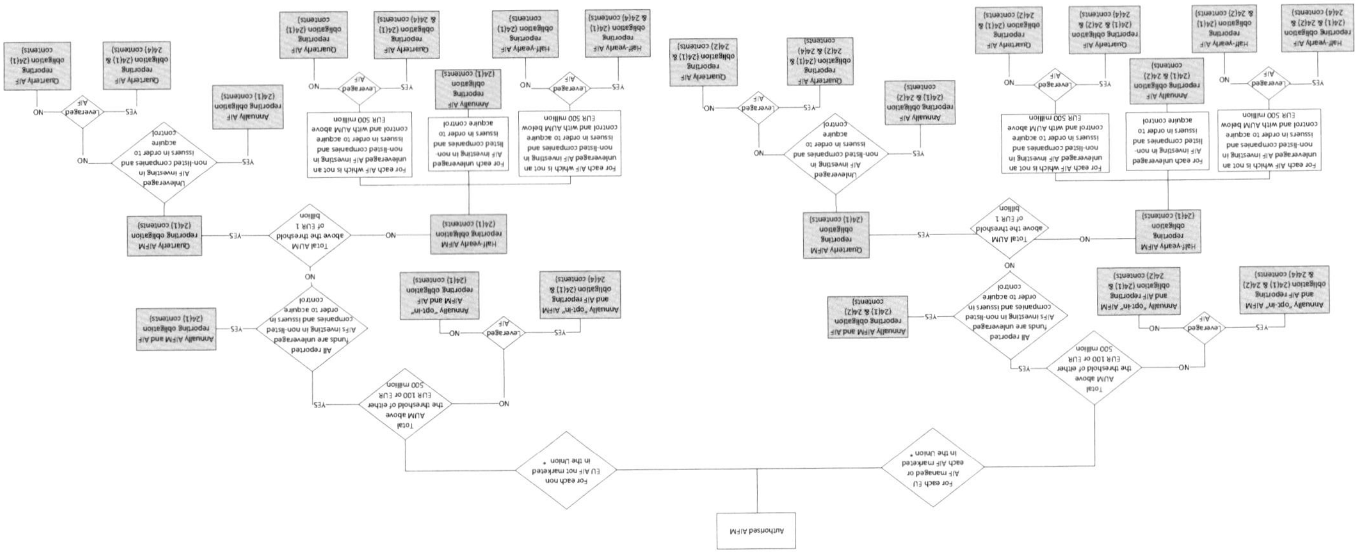

* The reporting obligation diagram for authorised AIFMs should be read together with ESMA's opinion on collection of information under the AIFMD (ESMA/2013/1340) and, in particular, ESMA's view on the provision of information on non-EU master AIFs not marketed in the Union.

2. Non-EU AIFMs under Private Placement Regime

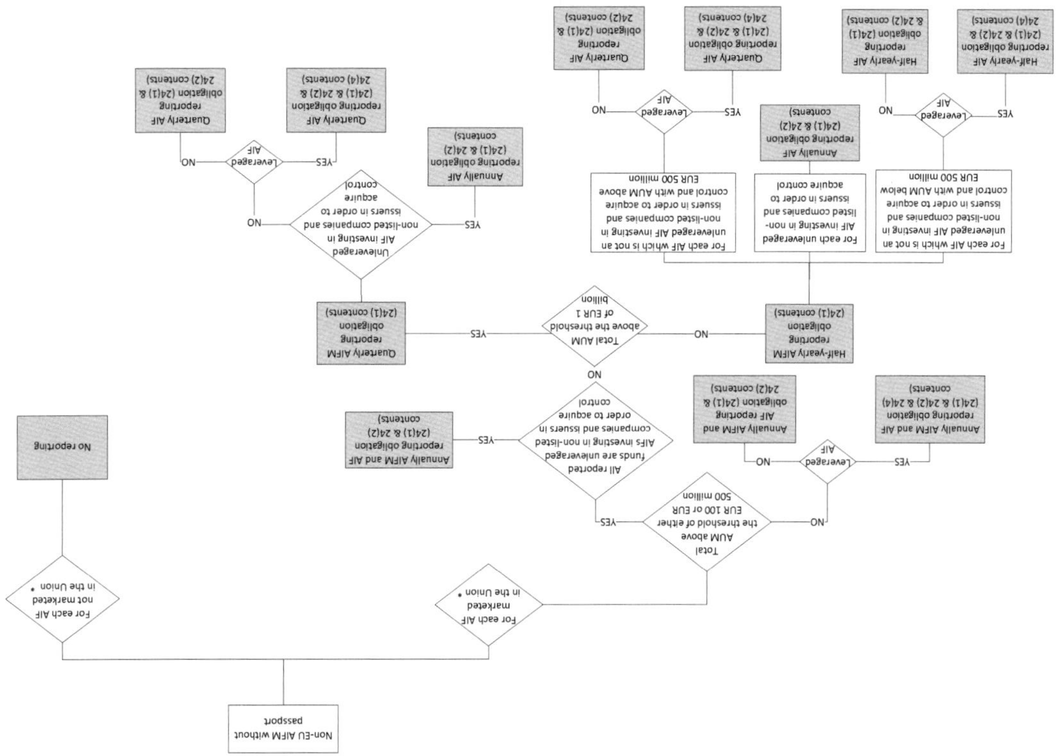

* The reporting obligation diagram for non-EU AIFMs marketing AIFs in the Union should be read together with ESMA's opinion on collection of information under the AIFMD (ESMA/2013/1340) and, in particular, ESMA's view on the provision of information on non-EU master AIFs not marketed in the Union.

3. Registered AIFM

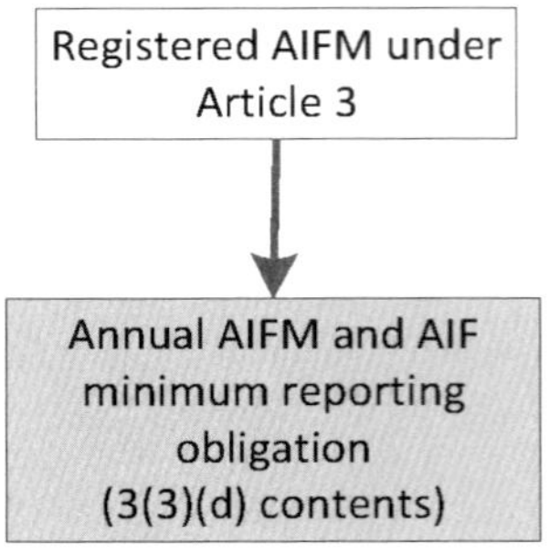

Annex II of the guidelines: Tables of enumerated reporting fields' values

Table 1 - Asset type typology for all exposures reporting (excluding turnover):

Macro asset type		Asset type		Sub-asset type	
Code	Label	Code	Label	Code	Label
SEC	Securities	SEC_CSH	Cash and cash equivalent	SEC_CSH_CODP	Certificates of deposit
SEC	Securities	SEC_CSH	Cash and cash equivalent	SEC_CSH_COMP	Commercial papers
SEC	Securities	SEC_CSH	Cash and cash equivalent	SEC_CSH_OTHD	Other deposits
SEC	Securities	SEC_CSH	Cash and cash equivalent	SEC_CSH_OTHC	Other cash and cash equivalents (excluding government securities)
SEC	Securities	SEC_LEQ	Listed equities	SEC_LEQ_IFIN	Listed equities issued by finan cial institutions
SEC	Securities	SEC_LEQ	Listed equities	SEC_LEQ_OTHR	Other listed equity
SEC	Securities	SEC_UEQ	Unlisted equities	SEC_UEQ_UEQY	Unlisted equities
SEC	Securities	SEC_CBN	Corporate bonds not issued by financial institutions	SEC_CBN_INVG	Corporate bonds not issued by financial institutions-Investment grade
SEC	Securities	SEC_CBN	Corporate bonds not issued by financial institutions	SEC_CBN_NIVG	Corporate bonds not issued by financial institutions-Non- investment grade
SEC	Securities	SEC_CBI	Corporate bonds issued by financial institutions	SEC_CBI_INVG	Corporate bonds issued by financial institutions- Investment grade

SEC	Securities	SEC_CBI	Corporate bonds issued by financial institutions	SEC_CBI_NIVG	Corporate bonds issued by financial institutions-Non-investment grade
SEC	Securities	SEC_SBD	Sovereign bonds	SEC_SBD_EUBY	EU bonds with a 0-1 year term to maturity
SEC	Securities	SEC_SBD	Sovereign bonds	SEC_SBD_EUBM	EU bonds with a 1+ year term to maturity
SEC	Securities	SEC_SBD	Sovereign bonds	SEC_SBD_NOGY	Non-G10 bonds with a 0-1 year term to maturity
SEC	Securities	SEC_SBD	Sovereign bonds	SEC_SBD_NOGM	Non-G10 bonds with a 1+ year term to maturity
SEC	Securities	SEC_SBD	Sovereign bonds	SEC_SBD_EUGY	G10 non EU bonds with a 0-1 year term to maturity
SEC	Securities	SEC_SBD	Sovereign bonds	SEC_SBD_EUGM	G10 non EU bonds with a 1+ year term to maturity
SEC	Securities	SEC_MBN	Municipal bonds	SEC_MBN_MNPL	Municipal bonds
SEC	Securities	SEC_CBN	Convertible bonds not issued by financial institutions	SEC_CBN_INVG	Convertible bonds not issued by financial institutions-Investment grade
SEC	Securities	SEC_CBN	Convertible bonds not issued by financial institutions	SEC_CBN_NIVG	Convertible bonds not issued by financial institutions – non-investment grade
SEC	Securities	SEC_CBI	Convertible bonds issued by financial institutions	SEC_CBI_INVG	Convertible bonds issued by financial institutions – investment grade

SEC	Securities	SEC_CBI	Convertible bonds issued by financial institutions	SEC_CBI_NIVG	Convertible bonds issued by financial insti- tutions – non-investment grade
SEC	Securities	SEC_LON	Loans	SEC_LON_LEVL	Leveraged loans
SEC	Securities	SEC_LON	Loans	SEC_LON_OTHL	Other loans
SEC	Securities	SEC_SSP	Struc- tured/ securitised products	SEC_SSP_SABS	ABS
SEC	Securities	SEC_SSP	Structured/ securitised products	SEC_SSP_RMBS	RMBS
SEC	Securities	SEC_SSP	Structured/ securitised products	SEC_SSP_CMBS	CMBS
SEC	Securities	SEC_SSP	Structured/ securitised products	SEC_SSP_AMBS	Agency MBS
SEC	Securities	SEC_SSP	Structured/ securitised products	SEC_SSP_ABCP	ABCP
SEC	Securities	SEC_SSP	Structured/ securitised products	SEC_SSP_CDOC	CDO/CLO
SEC	Securities	SEC_SSP	Structured/ securitised products	SEC_SSP_STRC	Structured certi- ficates
SEC	Securities	SEC_SSP	Structured/ securitised products	SEC_SSP_SETP	ETP
SEC	Securities	SEC_SSP	Structured/ securitised products	SEC_SSP_OTHS	Other Structu- red/securitised products
DER	Deri- vatives	DER_EQD	Equity derivatives	DER_EQD_FINI	Equity derivati- ves related to financial insti- tutions
DER	Deri- vatives	DER_EQD	Equity derivatives	DER_EQD_OTHD	Other equity derivatives

DER	Deri- vatives	DER_FID	Fixed income derivatives	DER_FID_FIXI	Fixed income derivatives
DER	Deri- vatives	DER_CDS	CDS	DER_CDS_SNFI	Single name financial CDS
DER	Deri- vatives	DER_CDS	CDS	DER_CDS_SNSO	Single name sovereign CDS
DER	Deri- vatives	DER_CDS	CDS	DER_CDS_SNOT	Single name other CDS
DER	Deri- vatives	DER_CDS	CDS	DER_CDS_INDX	Index CDS
DER	Deri- vatives	DER_CDS	CDS	DER_CDS_EXOT	Exotic (incl. credit default tranche)
DER	Deri- vatives	DER_CDS	CDS	DER_CDS_OTHR	Other CDS
DER	Deri- vatives	DER_FEX	Foreign exchange	DER_FEX_INVT	Foreign exchange (for investment pur- poses)
DER	Deri- vatives	DER_FEX	Foreign exchange	DER_FEX_HEDG	Foreign exchange (for hedging pur- poses)
DER	Deri- vatives	DER_IRD	Interest rate derivatives	DER_IRD_INTR	Interest rate derivatives
DER	Deri- vatives	DER_CTY	Commodity derivatives	DER_CTY_ECOL	Energy/Crude oil
DER	Deri- vatives	DER_CTY	Commodity derivatives	DER_CTY_ENNG	Energy/Natural gas
DER	Deri- vatives	DER_CTY	Commodity derivatives	DER_CTY_ENPW	Energy/Power
DER	Deri- vatives	DER_CTY	Commodity derivatives	DER_CTY_ENOT	Energy/Other
DER	Deri- vatives	DER_CTY	Commodity derivatives	DER_CTY_PMGD	Precious metals/ Gold
DER	Deri- vatives	DER_CTY	Commodity derivatives	DER_CTY_PMOT	Precious metals/ Other
DER	Deri- vatives	DER_CTY	Commodity derivatives	DER_CTY_OTIM	Other commo- dities/Industrial metals

DER	Derivatives	DER_CTY	Commodity derivatives	DER_CTY_OTLS	Other commodities/Livestock
DER	Derivatives	DER_CTY	Commodity derivatives	DER_CTY_OTAP	Other commodities/Agricultural products
DER	Derivatives	DER_CTY	Commodity derivatives	DER_CTY_OTHR	Other commodities/Other
DER	Derivatives	DER_OTH	Other derivatives	DER_OTH_OTHR	Other derivatives
PHY	Physical (Real / Tangible Assets)	PHY_RES	Physical: real estate	PHY_RES_RESL	Residential real estate
PHY	Physical (Real / Tangible Assets)	PHY_RES	Physical: real estate	PHY_RES_COML	Commercial real estate
PHY	Physical (Real / Tangible Assets)	PHY_RES	Physical: real estate	PHY_RES_OTHR	Other real estate
PHY	Physical (Real / Tangible Assets)	PHY_CTY	Physical: Commodities	PHY_CTY_PCTY	Physical: Commodities
PHY	Physical (Real / Tangible Assets)	PHY_TIM	Physical: Timber	PHY_TIM_PTIM	Physical: Timber
PHY	Physical (Real / Tangible Assets)	PHY_ART	Physical: Art and collectables	PHY_ART_PART	Physical: Art and collectables
PHY	Physical (Real / Tangible Assets)	PHY_TPT	Physical: Transportation assets	PHY_TPT_PTPT	Physical: Transportation assets
PHY	Physical (Real / Tangible Assets)	PHY_OTH	Physical: Other	PHY_OTH_OTHR	Physical: Other

CIU	Collective Investment Undertakings	CIU_OAM	Investment in CIU operated/managed by the AIFM	CIU_OAM_MMFC	Investment in CIU operated/managed by the AIFM-Money Market Funds and cash management CIU
CIU	Collective Investment Undertakings	CIU_OAM	Investment in CIU operated/managed by the AIFM	CIU_OAM_AETF	Investment in CIU operated/managed by the AIFM-ETF
CIU	Collective Investment Undertakings	CIU_OAM	Investment in CIU operated/managed by the AIFM	CIU_OAM_OTHR	Investment in CIU operated/managed by the AIFM-Other CIU
CIU	Collective Investment Undertakings	CIU_NAM	Investment in CIU not operated/managed by the AIFM	CIU_NAM_MMFC	Investment in CIU not operated/managed by the AIFM-Money Market Funds and cash management CIU
CIU	Collective Investment Undertakings	CIU_NAM	Investment in CIU not operated/managed by the AIFM	CIU_NAM_AETF	Investment in CIU not operated/managed by the AIFM-ETF
CIU	Collective Investment Undertakings	CIU_NAM	Investment in CIU not operated/managed by the AIFM	CIU_NAM_OTHR	Investment in CIU not operated/managed by the AIFM-Other CIU
OTH	Investments in other asset classes	OTH_OTH	Total Other	OTH_OTH_OTHR	Total Other
NTA	N/A	NTA_NTA	N/A	NTA_NTA_NOTA	N/A

Table 2 - Asset type typology for turnover reporting:

Asset macro type		Asset type		Asset sub type	
Code	Label	Code	Label	Code	Label
SEC	Securities	SEC_CSH	Cash and cash equivalent	SEC_CSH_CSH	Cash and cash equivalent
SEC	Securities	SEC_LEQ	Listed equities	SEC_LEQ_LEQ	Listed equities
SEC	Securities	SEC_UEQ	Unlisted equities	SEC_UEQ_UEQ	Unlisted equities
SEC	Securities	SEC_CBN	Corporate bonds not issued by financial institutions	SEC_CBN_IVG	Corporate bonds not issued by financial institutions-Investment grade
SEC	Securities	SEC_CBN	Corporate bonds not issued by financial institutions	SEC_CBN_NIG	Corporate bonds not issued by financial institutions-Non- investment grade
SEC	Securities	SEC_UEQ	Unlisted equities	SEC_UEQ_UEQ	Unlisted equities
SEC	Securities	SEC_SBD	Sovereign bonds	SEC_SBD_EUB	EU Member State bonds
SEC	Securities	SEC_SBD	Sovereign bonds	SEC_SBD_NEU	Non EU Member State bonds
SEC	Securities	SEC_MUN	Municipal bonds	SEC_MUN_MUN	Municipal bonds
SEC	Securities	SEC_CBD	Convertible bonds	SEC_CBD_CBD	Convertible bonds
SEC	Securities	SEC_LON	Loans	SEC_LON_LON	Loans
SEC	Securities	SEC_SSP	Structured/ securitised products	SEC_SSP_SSP	Structured/securitised products
DER	Derivatives	DER_EQD	Equity derivatives	DER_EQD_EQD	Equity derivatives
DER	Derivatives	DER_FID	Fixed income derivatives	DER_FID_FID	Fixed income derivatives

DER	Derivatives	DER_CDS	CDS	DER_CDS_CDS	CDS
DER	Derivatives	DER_FEX	Foreign exchange	DER_FEX_INV	Foreign exchange (for investment purposes)
DER	Derivatives	DER_FEX	Foreign exchange	DER_FEX_HED	Foreign exchange (for hedging purposes)
DER	Derivatives	DER_IRD	Interest rate derivatives	DER_IRD_IRD	Interest rate derivatives
DER	Derivatives	DER_CTY	Commodity derivatives	DER_CTY_CTY	Commodity derivatives
DER	Derivatives	DER_OTH	Other derivatives	DER_OTH_OTH	Other derivatives
PHY	Physical (Real / Tangible Assets)	PHY_RES	Physical: Real estate	PHY_RES_RES	Physical: Real estate
PHY	Physical (Real / Tangible Assets)	PHY_CTY	Physical: Commodities	PHY_CTY_CTY	Physical: Commodities
PHY	Physical (Real / Tangible Assets)	PHY_TIM	Physical: Timber	PHY_TIM_TIM	Physical: Timber
PHY	Physical (Real / Tangible Assets)	PHY_ART	Physical: Art and collectables	PHY_ART_ART	Physical: Art and collectables
PHY	Physical (Real / Tangible Assets)	PHY_TPT	Physical: Transportation assets	PHY_TPT_TPT	Physical: Transportation assets
PHY	Physical (Real / Tangible Assets)	PHY_OTH	Physical: Other	PHY_OTH_OTH	Physical: Other

CIU	Collective Investment Undertakings	CIU_CIU	Collective Investment Undertakings	CIU_CIU_CIU	Collective Investment Undertakings
OTH	Investments in other asset classes	OTH_OTH	Total Other	OTH_OTH_OTH	Total Other

Table 3 – AIF strategies:

AIF type code	AIF type label	AIF strategy code	AIF strategy label
HFND	Hedge fund strategies	EQTY_LGBS	Equity: Long Bias
HFND	Hedge fund strategies	EQTY_LGST	Equity: Long/Short
HFND	Hedge fund strategies	EQTY_MTNL	Equity: Market neutral
HFND	Hedge fund strategies	EQTY_STBS	Equity: Short Bias
HFND	Hedge fund strategies	RELV_FXIA	Relative Value: Fixed Income Arbitrage
HFND	Hedge fund strategies	RELV_CBAR	Relative Value: Convertible Bond Arbitrage
HFND	Hedge fund strategies	RELV_VLAR	Relative Value: Volatility Arbitrage
HFND	Hedge fund strategies	EVDR_DSRS	Event Driven: Distressed/ Restructuring
HFND	Hedge fund strategies	EVDR_RAMA	Event Driven: Risk Arbitrage/ Merger Arbitrage
HFND	Hedge fund strategies	EVDR_EYSS	Event Driven: Equity Special Situations
HFND	Hedge fund strategies	CRED_LGST	Credit Long/Short
HFND	Hedge fund strategies	CRED_ABLG	Credit Asset Based Lending
HFND	Hedge fund strategies	MACR_MACR	Macro
HFND	Hedge fund strategies	MANF_CTAF	Managed Futures/CTA: Fundamental
HFND	Hedge fund strategies	MANF_CTAQ	Managed Futures/CTA: Quantitative
HFND	Hedge fund strategies	MULT_HFND	Multi-strategy hedge fund

HFND	Hedge fund strategies	OTHR_HFND	Other hedge fund strategy
PEQF	Private equity strategies	VENT_CAPL	Venture Capital
PEQF	Private equity strategies	GRTH_CAPL	Growth Capital
PEQF	Private equity strategies	MZNE_CAPL	Mezzanine Capital
PEQF	Private equity strategies	MULT_ PEQF	Multi-strategy private equity fund
PEQF	Private equity strategies	OTHR_ PEQF	Other private equity fund strategy
REST	Real estate strategies	RESL_REST	Residential real estate
REST	Real estate strategies	COML_REST	Commercial real estate
REST	Real estate strategies	INDL_REST	Industrial real estate
REST	Real estate strategies	MULT_REST	Multi-strategy real estate fund
REST	Real estate strategies	OTHR_REST	Other real estate strategy
FOFS	Fund of fund strategies	FOFS_FHFS	Fund of hedge funds
FOFS	Fund of fund strategies	FOFS_PRIV	Fund of private equity
FOFS	Fund of fund strategies	OTHR_FOFS	Other fund of funds
OTHR	Other Strategy	OTHR_COMF	Commodity fund
OTHR	Other Strategy	OTHR_EQYF	Equity fund
OTHR	Other Strategy	OTHR_FXIF	Fixed income fund
OTHR	Other Strategy	OTHR_INFF	Infrastructure fund
OTHR	Other Strategy	OTHR_OTHF	Other fund

Table 4 – Position sizes:

Code	**Label**
V_SMALL	Very Small
SMALL	Small
LOW_MID_MKT	Lower mid -market
UP_MID_MKT	Upper mid -market
L_CAP	Large cap
M_CAP	Mega cap

Table 5 – Transaction types:

Code	Label
ACAP	Acquisition capital
BOUT	Buyouts
CONS	Consolidations (industry roll-ups)
CDIV	Corporate Divestitures
ESOP	Employee Stock Ownership Plans
GCAP	Growth Capital
RCAP	Recapitalisation
SLIQ	Shareholder Liquidity
TURN	Turnarounds
OTHR	Other transaction type

Table 6 – Redemption frequency:

Code	Label
D	Daily
W	Weekly
F	Fortnightly
M	Monthly
Q	Quarterly
S	Semi Annual
A	Annual
O	Other
N	None

Table 7–- Investor groups:

Code	Label
BANK	Banks (incl. central banks)
OCIU	Other collective investment undertakings (investment funds incl. money market funds)
OFIN	Other financial institutions
Code	Label
INSC	Insurance corporations
PFND	Pension funds

SMGE	General government
HHLD	Households
EFCO	Non-profit institutions serving households
UNKN	Unknown type of investors
NONE	No investors

Tables 8, 9 and 10 – Change in the AIFM reporting obligation:

Tables 8 and 9 should be read together with ESMA's opinion on collection of information under the AIFMD (ESMA/2013/1340) and, in particular, ESMA's view on the provision of information on non-EU master AIFs not marketed in the Union.

Due to the size of the document, this part of the annex is available separately on the ESMA website: http://www.esma.europa.eu/content/Tables-8-9-10-Annex-2-ESMA-guidelines-AIFMD-reporting-obligation-revised

Annex III of the guidelines: Table of geographical areas (Based on Eurostat Balance of Payment geographical zones)

Table 1 – Geographical area contents

CODE	LABEL	CONTENTS
E4	Africa	E5 + E6
E5	North Africa	DZ + EG + LY + MA + TN
E6	Other African countries	AO + BF + BI + BJ + BW + CD + CF + CG + CI + CM + CV + DJ + ER + ET + GA + GH + GM + GN + GQ + GW + IO + KE + KM + LR + LS + MG + ML + MR + MU + MW + MZ + NA + NE + NG + RW + SC + SD + SH + SL + SN + SO + SS + ST + SZ + TD + TG + TZ + UG + ZA + ZM + ZW (from 2011)
F6 + F7	Asia Pacific (other than Middle East)	F6 + F7
F6	Other Asian countries	AF + BD + BN + BT + CN + HK + ID + IN + JP + KG + KH + KP + KR + KZ + LA + LK + MM + MN + MO + MV + MY + NP + PH + PK + SG + TH + TJ + TL + TM + TW + UZ + VN
F7	Oceania and Polar regions	AU + FJ + FM + KI + MH + MP + NC + NR + NZ + PF + PG + PN + PW + SB + TO + TV + VU + WF + WS + F8 + F9 + G1 + G2
F8	Australian Oceania	CC + CX + HM + NF
F9	American Oceania	AS + GU + UM
G1	New Zealand Oceania	CK + NU + TK
G2	Polar regions	AQ + BV + GS + TF
F3	Middle East	IL + IR + F4 + F5
F4	Gulf Arabian Countries	AE + BH + IQ + KW + OM + QA + SA + YE
F5	Other Near and Middle East Countries	AM + AZ + GE + JO + LB + PS + SY
V3 + A5-1	Europe (EEA)	V3 + A5-1
V3	EU-28	BE + LU + DK + DE + GR + ES + FR + IE + IT + NL + AT + PT + FI + SE + GB + CY + CZ + EE + HU + LT + LV + MT + PL + SI + SK + BG + RO + HR + 4A + 4F + 4S (from 2013)

A5-1	EEA	IS + LI + NO
E2 + A5-2	Europe (Other than EEA)	E2 + A5-2
E2	Other European countries	AD + AL + BA + BY + FO + GG + GI + IM + JE + MD + MK + RU + SM + TR + UA + VA + ME + RS (from 2013)
A5-2	EFTA (excluding EEA)	CH
E8	North America	CA + GL + US
E9 + F1	South America	E9 + F1
E9	Central American countries	AG + AI + AW + BB + BM + BS + BQ + BZ + CR + CU + CW + DM + DO + GD + GT + HN + HT + JM + KN + KY + LC + MS + MX + NI + PA + SV + SX + TC + TT + VC + VG + VI (from 2011)
F1	South American countries	AR + BO + BR + CL + CO + EC + FK + GY + PE + PY + SR + UY + VE
	Supra National / Multiple Region	

Table 2 – Geographical zones description

V3 + A5-1	Europe (EEA) – (31 countries)			
	V3	EU-28 – (28 countries + 3 entities)		
		16	Euro Area (from 2012 onwards - 17 countries + 2 entities) -	
			BE	Belgium
			LU	Luxembourg
			DE	Germany
			EE	Estonia
			GR	Greece
			ES	Spain
			FR	France
			IE	Ireland
			IT	Italy
			CY	Cyprus
			MT	Malta
			NL	Netherlands

			AT	Austria
			PT	Portugal
			SI	Slovenia
			SK	Slovakia
			FI	Finland
			4F	European Central Bank (ECB)
			4S	European Stability Mechanism (ESM)
		K7	EU28 Member States not belonging to Euro Area (from 2013 - 11 countries + 1 entity)	
			DK	Denmark
			SE	Sweden
			GB	United Kingdom
			BG	Bulgaria
			CZ	Czech Republic
			HR	Croatia
			HU	Hungary
			LT	Lithuania
			LV	Latvia
			PL	Poland
			RO	Romania
			4A	European Union Institutions (excluding ECB and ESM)
		A5-1	EEA - (3 countries)	
			IS	Iceland
			LI	Liechtenstein
			NO	Norway
E2 + A5-2	EUROPE (Other than EEA) – (20 countries)			
		E2	Other European countries (19 countries)	
			AD	Andorra
			AL	Albania
			BA	Bosnia and Herzegovina

			BY	Belarus
			FO	Faroe Islands
			GG	Guernsey
			GI	Gibraltar
			IM	Isle of Man
			JE	Jersey
			MD	Moldova
			ME	Montenegro
			MK	Macedonia, the Former Yugoslav Republic of
			RS	Serbia
			RU	Russian Federation
			SM	San Marino
			TR	Turkey
			UA	Ukraine
			VA	Holy See (Vatican City State)
		A5-2	EFTA - Excluding EEA – (1 country)	
			CH	Switzerland
E4	AFRICA (56 countries)			
	E5	North Africa (5 countries)		
			DZ	Algeria
			EG	Egypt
			LY	Libya
			MA	Morocco
			TN	Tunisia
	E6	Other African countries (51 countries)		
			AO	Angola
			BF	Burkina Faso
			BI	Burundi
			BJ	Benin
			BW	Botswana
			CD	Congo, the Democratic Republic of the

			CF	Central African Republic
			CG	Congo
			CI	Côte d'Ivoire
			CM	Cameroon
			CV	Cape Verde
			DJ	Djibouti
			ER	Eritrea
			ET	Ethiopia
			GA	Gabon
			GH	Ghana
			GM	Gambia
			GN	Guinea
			GQ	Equatorial Guinea
			GW	Guinea-Bissau
			IO	British Indian Ocean Territory
			KE	Kenya
			KM	Comoros
			LR	Liberia
			LS	Lesotho
			MG	Madagascar
			ML	Mali
			MR	Mauritania
			MU	Mauritius
			MW	Malawi
			MZ	Mozambique
			NA	Namibia
			NE	Niger
			NG	Nigeria
			RW	Rwanda
			SC	Seychelles
			SD	Sudan
			SH	St Helena, Ascension and Tristan da Cunha
			SL	Sierra Leone

			SN	Senegal
			SO	Somalia
			ST	Sao Tome and Principe
			SS	South Sudan
			SZ	Swaziland
			TD	Chad
			TG	Togo
			TZ	Tanzania
			UG	Uganda
			ZA	South Africa
			ZM	Zambia
			ZW	Zimbabwe
E8	North America (3 countries)			
			CA	Canada
			GL	Greenland
			US	United States
E9 + F1	South America (45 countries)			
		E9	Central American countries (32 countries)	
			AG	Antigua and Barbuda
			AI	Anguilla
			AW	Aruba
			BB	Barbados
			BM	Bermuda
			BQ	Bonaire, Sint Eustatius and Saba
			BS	Bahamas
			BZ	Belize
			CR	Costa Rica
			CU	Cuba
			CW	Curaçao
			DM	Dominica
			DO	Dominican Republic
			GD	Grenada
			GT	Guatemala

			HN	Honduras
			HT	Haiti
			JM	Jamaica
			KN	St Kitts and Nevis
			KY	Cayman Islands
			LC	Saint Lucia
			MS	Montserrat
			MX	Mexico
			NI	Nicaragua
			PA	Panama
			SV	El Salvador
			SX	Sint Maarten
			TC	Turks and Caicos Islands
			TT	Trinidad and Tobago
			VC	St Vincent and the Grenadines
			VG	Virgin Islands, British
			VI	Virgin Islands, U.S.
		F1	South American countries (13 countries)	
			AR	Argentina
			BO	Bolivia
			BR	Brazil
			CL	Chile
			CO	Colombia
			EC	Ecuador
			FK	Falkland Islands
			GY	Guyana
			PE	Peru
			PY	Paraguay
			SR	Suriname
			UY	Uruguay
			VE	Venezuela

F3	MIDDLE EAST (17 countries)			
		F3	Near and Middle East countries (17 countries)	
			IL	Israel
			IR	Iran
		F4	Gulf Arabian countries (8 countries)	
			AE	United Arab Emirates
			BH	Bahrain
			IQ	Iraq
			KW	Kuwait
			OM	Oman
			QA	Qatar
			SA	Saudi Arabia
			YE	Yemen
		F5	Other Near and Middle East countries (7 countries)	
			AM	Armenia
			AZ	Azerbaijan
			GE	Georgia
			JO	Jordan
			LB	Lebanon
			PS	Palestinian Territory
			SY	Syria
F6 + F7	ASIA PACIFIC (other than Middle East) - (65 countries)			
		F6	Other Asian countries (32 countries)	
			AF	Afghanistan
			BD	Bangladesh
			BN	Brunei Darussalam
			BT	Bhutan
			CN	China
			HK	Hong Kong
			ID	Indonesia
			IN	India

			JP	Japan
			KG	Kyrgyzstan
			KH	Cambodia
			KP	North Korea
			KR	South Korea
			KZ	Kazakhstan
			LA	Laos
			LK	Sri Lanka
			MM	Burma/Myanmar
			MN	Mongolia
			MO	Macao
			MV	Maldives
			MY	Malaysia
			NP	Nepal
			PH	Philippines
			PK	Pakistan
			SG	Singapore
			TH	Thailand
			TJ	Tajikistan
			TL	Timor-Leste
			TM	Turkmenistan
			TW	Taiwan
			UZ	Uzbekistan
			VN	Viet Nam
		F7	OCEANIA AND POLAR REGIONS (33 countries)	
			AU	Australia
			FJ	Fiji
			FM	Micronesia, Federated States of
			KI	Kiribati
			MH	Marshall Islands
			MP	Northern Mariana Islands
			NC	New Caledonia
			NR	Nauru

			NZ	New Zealand
			PF	French Polynesia
			PG	Papua New Guinea
			PN	Pitcairn
			PW	Palau
			SB	Solomon Islands
			TO	Tonga
			TV	Tuvalu
			VU	Vanuatu
			WF	Wallis and Futuna
			WS	Samoa
		F8	Australian Oceania (4 countries)	
			CC	Cocos (Keeling) Islands
			CX	Christmas Island
			HM	Heard Island and McDonald Islands
			NF	Norfolk Island
		F9	American Oceania (3 countries)	
			AS	American Samoa
			GU	Guam
			UM	US Minor Outlying Islands
		G1	New Zealand Oceania (3 countries)	
			CK	Cook Islands
			NU	Niue
			TK	Tokelau
		G2	Polar regions (4 countries)	
			AQ	Antarctica
			BV	Bouvet Island
			GS	South Georgia and the South Sandwich Islands
			TF	French Southern and Antarctic Lands

Table 3 – Contents of country codes (Inclusions and exclusions of certain territories in country codes)

Country code	Country	ISO code	Contents
EUROPE			
DE	Germany	DE	Germany
			Including Helgoland
			Excluding Büsingen and Büttenhardter Höfe (customs free zones belonging to the customs territory of Switzerland)
DK	Denmark	DK	Denmark
			Excluding Faroe Islands (FO) and Greenland (GL)
ES	Spain	ES	Spain
			Including Balearic Islands, Ceuta and Melilla and Canary Islands
			Excluding Andorra (AD)
FI	Finland	FI AX	Finland
			Including Åland Islands (AX)
FR	France	FR FX MC GF MQ GP RE YT BL MF PM	France
			France, metropolitan
			Principality of Monaco
			Including Overseas Departments:
			French Guyana
			Martinique
			Guadeloupe (Grande Terre, Basse Terre, Marie Galante, Les Saintes, Iles de la Petite Terre and Désirade)
			Réunion
			Mayotte
			Including Territorial collectivities:
			Saint Barthélémy
			Saint Martin
			Saint Pierre et Miquelon

			Excluding Overseas Territories (French Polynesia (PF), New Caledonia and dependencies (NC) , Wallis and Futuna Islands (WF), French Southern and Antarctic Lands (TF))
IT	Italy	IT	Italy
			Excluding San Marino (SM) and the Holy See (VA)
NL	Netherlands	NL	Netherlands
			Excluding Aruba (AW), Bonaire, Sint Eustatius and Saba (BQ), Curaçao (CW) and Sint Maarten (SX)
NO	Norway	NO	Norway
			Including Svalbard and Jan Mayen (SJ)
PT	Portugal	PT	Portugal
			Including Açores and Madeira
			Excluding Macau (MO)
GB	United Kingdom	GB	United Kingdom of Great Britain and Northern Ireland
			Excluding Channel Islands - Guernsey (GG), Jersey (JE); Gibraltar (GI), the Isle of Man (IM), Anguilla (AI), Bermuda (BM), Montserrat (MS), the British Virgin Islands (VG), the Turks and Caicos Islands (TC), the Cayman Islands (KY), Falkland Islands (FK), British Indian Ocean Territory (IO), St Helena, Acension and Tristan da Cunha (SH), Pitcairn (PN) and South Georgia and the South Sandwich Islands (GS)
AFRICA			
MA	Morocco	MA	Morocco
			Including Occidental Sahara (EH)
AO	Angola	AO	Angola
			Including Cabinda
IO	British Indian Ocean Territory	IO	British Indian Ocean Territory Including Chagos Archipelago
KM	Comoros	KM	Comoros
			Including Anjouan, Grande Comore, Mohéli

MU	Mauritius	MU	Mauritius
			Including Rodrigues Island, Agalega Islands and Cargados Carajos Shoals (St Brandon Islands)
SC	Seychelles	SC	Seychelles
			Including Alphonse, Bijoutier, St François Islands, St Pierre Islet, Cosmoledo Islands, Amirantes, Providence, Aldabra, Farquhar and Desroches, Mahé, Silhouette, Praslin (including La Digue), Frégate, Mamelles and Récifs, Bird and Denis, Plate and Coëtivy
SH	St Helena, Ascension and Tristan da Cunha	SH	St Helena, Ascension and Tristan da Cunha
			Including St Helena Island, Ascension Island, Tristan da Cunha Archipelago (Gough, Inaccessible, Nightingale and Stoltenholl Islands)
TZ	Tanzania	TZ	Tanzania
			Including Tanganyika, Zanzibar Island and Pemba
AMERICA			
US	United States	US	United States
			Including Puerto Rico (PR) and Navassa
GD	Grenada	GD	Grenada
			Including Southern Grenadines Islands
HN	Honduras	HN	Honduras
			Including Swan Islands
NI	Nicaragua	NI	Nicaragua
			Including Corn Islands
PA	Panama	PA	Panama
			Including former Canal zone
VC	St Vincent and the Grenadines	VC	St Vincent and the Grenadines Including Northern Grenadines Islands
EC	Ecuador	EC	Ecuador
			Including Galapagos Islands

ASIA PACIFIC			
AE	United Arab Emirates	AE	United Arab Emirates
			Including Abu Dhabi, Dubai, Sharjah, Ajman, Umm al Qaiwain, Ras al Khaimah and Fujairah
OM	Oman	OM	Oman
			Including Kuria Muria Islands
YE	Yemen	YE	Yemen
			Including North Yemen and South Yemen, Perim, Kamaran, Socotra and associated Islands
IN	India	IN	India
			Including Amindivi Island, Laccadive Island, Minicoy Island, Andaman Islands, Nicobar Islands and Sikkim
MY	Malaysia	MY	Malaysia
			Including Peninsular Malaysia and Eastern Malaysia (Sabah, Sarawak and Labuan)
TL	Timor-Leste	TL	Timor-Leste
			Including the exclave of Oecussi
TW	Taiwan	TW	Taiwan
			Including separate customs territory of Taiwan, Penghu, Kinmen and Matsu
FM	Micronesia, Federated States of	FM	Micronesia, Federated States of
			Including Caroline Islands (except Palau), Yap, Chuuk, Pohnpei, Kosrae
MP	Northern Mariana Islands	MP	Northern Mariana Islands
			Including Mariana Islands except Guam
NC	New Caledonia	NC	New Caledonia
			Including Loyalty Islands (Maré, Lifou and Ouvéa)
NZ	New Zealand	NZ	New Zealand
			Including Antipodes Islands, Auckland Islands, Bounty Islands, Campbell Island, Kermadec Islands, Chatham Islands and Snares Islands. Excluding Ross Dependency (Antartica)

PF	French Polynesia	PF	French Polynesia
			Including Marquesas Islands, Society Islands (including Tahiti), Tuamotu Islands, Gambier Islands and Austral Islands. Also Clipperton Island.
PG	Papua New Guinea	PG	Papua New Guinea
			Including Bismarck Archipelago, Louisiade Archipelago, Admiralty Islands, Northern Solomon Islands (Bougainville, Buka, Green), d'Entrecasteaux Islands, Lavongai, Trobriand Islands, New Britain, New Ireland, Woodlark and associated Islands
PN	Pitcairn	PN	Pitcairn
			Including Henderson, Ducie and Oeno Islands
SB	Solomon Islands	SB	Solomon Islands
			Including Southern Solomon Islands, primarily Guadalcanal, Malaita, San Cristobal, Santa Isabel, Choiseul
WF	Wallis and Futuna	WF	Wallis and Futuna
			Including Alofi Island
UM	US Minor Outlying Islands	UM	US Minor Outlying Islands
			Including Baker, Howland, and Jarvis Islands, Johnston Atoll, Kingman Reef, Midway Islands, Palmyra Atoll and Wake Island
TF	French Southern and Antarctic Lands	TF	French Southern and Antarctic Lands
			Including Kerguélen, Amsterdam and Saint Paul Islands, Crozet Archipelago, Adélie Land and the Scattered Islands

Guidelines on asset segregation under the AIFMD

1 December 2014 – ESMA/2014/1326

Responding to this paper

ESMA invites comments on all matters in this paper and in particular on the specific questions summarised in Annex 1. Comments are most helpful if they:

1. respond to the question stated;
2. indicate the specific question to which the comment relates;
3. contain a clear rationale; and
4. describe any alternatives ESMA should consider.

ESMA will consider all comments received by **30 January 2015**.

All contributions should be submitted using the reply form, and uploaded on www.esma.europa.eu under the heading 'Your input - Consultations'.

Publication of responses

All contributions received will be published following the close of the consultation, unless you request otherwise. Please clearly and prominently indicate in your submission any part you do not wish to be publically disclosed. A standard confidentiality statement in an email message will not be treated as a request for non-disclosure. A confidential response may be requested from us in accordance with ESMA's rules on access to documents. We may consult you if we receive such a request. Any decision we make not to disclose the response is reviewable by ESMA's Board of Appeal and the European Ombudsman.

Data protection

Information on data protection can be found at www.esma.europa.eu under the heading Legal Notice.

Who should read this paper

This document will be of interest to (i) depositaries of alternative investment funds and their delegates (including prime brokers and collateral managers) and their trade associations, (ii) alternative investment funds managers and their trade associations, as well as (iii) institutional and retail investors investing into such funds and their associations.

1 Executive Summary

Reasons for publication

With a view to ensuring a common, uniform and consistent application of the rules on depositaries under the AIFMD and its implementing measures, ESMA has decided to develop guidelines on the AIFMD asset segregation requirements. In this consultation paper, ESMA is seeking feedback from external stakeholders on its proposal for those guidelines.

Contents

This consultation paper sets out ESMA's proposals for possible guidelines regarding the asset segregation requirements in case of delegation of safe-keeping duties by the appointed depositary of an AIF. Section 2 explains the background to ESMA proposals. Section 3 describes the rules on asset segregation set out under the AIFMD Level 1 and 2. Section 4 sets out our proposal on the guidance on the asset segregation requirements in case of delegation of safe-keeping duties. This proposal is spelled out in two different possible options on which ESMA is seeking feedback from respondents to this consultation. Annex I provides for the summary of questions while Annex II includes the cost-benefit analysis. Annex III contains the full text of the draft guidelines.

Next Steps

ESMA will consider the feedback it receives to this consultation with a view to finalising the guidelines and publishing a final report in Q2 2015.

2 Background

1. Directive 2011/61/EU (AIFMD) puts in place a comprehensive framework for the regulation of alternative investment fund managers within Europe. The extensive requirements with which AIFMs must comply are designed to ensure that AIFs can be managed and sold on a cross-border basis.

2. Since the adoption of the AIFMD, ESMA has produced a range of material relating to the application of the Directive (including technical advice to the European Commission, guidelines, regulatory technical standards and Q&As).

3. In particular, on 11 November 2011 ESMA delivered its technical advice to the European Commission relating, inter alia, to the depositary rules under the AIFMD.[1] Based on this advice, the European Commission adopted the Commission Delegated Regulation (EU) No 231/2013 of 19 December 2012 supplementing Directive 2011/61/EU of the European Parliament and of the Council with regard to exemptions, general operating conditions, depositaries, leverage, transparency and supervision (Level 2 Regulation).

4. In order to promote common supervisory approaches and practices in the application of the AIFMD and its implementing measures, ESMA further developed a Q&A under Article 29(2) of the ESMA Regulation[2] on the application of the AIFMD.[3] This Q&A clarifies some of the depositary provisions under the AIFMD regime, including matters such as the depositary's cash monitoring duties, the delegation of tasks by the depositary and the scope of the custody duties.

5. Additional clarifications on the depositary provisions are included in the European Commission Q&A on AIFMD.[4]

6. The depositary provisions – and, in particular, those on asset segregation – are a key aspect of the AIFMD framework and are aimed at improving investor protection. ESMA sees merit in further fostering convergence among supervisors across Europe on these pro-

---

1 ESMA's technical advice to the European Commission on possible implementing measures of the Alternative Investment Fund Managers Directive (ESMA/2011/379), available at http://www.esma.europa.eu/system/files/2011_379.pdf.

2 Regulation (EU) No 10

3 The latest version of the Q&A at the time of publication of this report is dated 30 September 2014 and available at http://www.esma.europa.eu/system/files/2014-1194_qa_on_aifmd.pdf.

4 http://ec.europa.eu/yqol/index.cfm?fuseaction=legislation.show&lid=9.

visions. Therefore, with a view to ensuring a common, uniform and consistent application of the rules on depositaries under the AIFMD and its implementing measures, ESMA has decided to consult on a proposal for guidelines on the AIFMD asset segregation requirements.

7. While the guidelines are of most immediate relevance to depositaries of AIFs (and their delegates), and the AIFMD (both the Level 1 Directive and the Level 2 Regulation) clearly sets out rules for the depositary to comply with, the depositary is not necessarily subject to authorisation under the AIFMD. Taking into account that it is the AIFM which is ultimately responsible for the compliance with the AIFMD rules (see recital 11 of the Level 1 Directive), ESMA considers it appropriate to apply the proposed guidelines to AIFMs, depositaries of AIFs and competent authorities.

3 AIFMD rules on asset segregation

8. The AIFMD requires AIFMs to ensure that, for each AIF they manage, a single depositary is appointed in accordance with the provisions of Article 21 of the Directive. Article 21(8) of the AIFMD provides that

The assets of the AIF or the AIFM acting on behalf of the AIF shall be entrusted to the depositary for safe-keeping, as follows:

(a) for financial instruments that can be held in custody:

(i) the depositary shall hold in custody all financial instruments that can be registered in a financial instruments account opened in the depositary's books and all financial instruments that can be physically delivered to the depositary;

(ii) for that purpose, the depositary shall ensure that all those financial instruments that can be registered in a financial instruments account opened in the depositary's books are registered in the depositary's books within segregated accounts in accordance with the principles set out in Article 16 of Directive 2006/73/EC, opened in the name of the AIF or the AIFM acting on behalf of the AIF, so that they can be clearly identified as belonging to the AIF in accordance with the applicable law at all times;

(b) for other assets:

(i) the depositary shall verify the ownership of the AIF or the AIFM acting on behalf of the AIF of such assets and shall maintain a record of those assets for which it is satisfied that the AIF or the AIFM acting on behalf of the AIF holds the ownership of such assets;

(ii) the assessment whether the AIF or the AIFM acting on behalf of the AIF holds the ownership shall be based on information or documents provided by the AIF or the AIFM and, where available, on external evidence;

(iii) the depositary shall keep its record up-to-date.

9. According to Article 21(11), second sub-paragraph of the AIFMD,

The depositary may delegate to third parties the functions referred to in paragraph 8 subject to the following conditions:

[...]

(d) the depositary ensures that the third party meets the following conditions at all times during the performance of the tasks delegated to it:

[...]

(iii) the third party segregates the assets of the depositary's clients from its own assets and from the assets of the depositary in such a way that they can at any time be clearly identified as belonging to clients of a particular depositary; [...]

10. Recital 40 of the AIFMD provides for the following in case of delegation of the safe-keeping duties to a third party:

A third party to whom the safe-keeping of assets is delegated should be able to maintain a common segregated account for multiple AIFs, a so-called 'omnibus account'.

11. Article 21(17) of the AIFMD mandated the Commission to adopt, by means of delegated acts, measures specifying, inter alia, the segregation obligation pursuant to point (d) (iii) of paragraph 11 of Article 21.

12. Article 99(1) of the Level 2 Regulation sets out the relevant rules specifying the segregation obligation and states that

Where safekeeping functions have been delegated wholly or partly to a third party, a depositary shall ensure that the third party, to whom safe-keeping functions are delegated pursuant to Article 21(11) of Directive 2011/61/EU, acts in accordance with the segregation obligation laid down in point (iii) of Article 21(11)(d) of Directive 2011/61/EU by verifying that the third party:

(a) keeps such records and accounts as are necessary to enable it at any time and without delay to distinguish assets of the depositary's AIF clients from its own assets, assets of its other clients, assets held by the depositary for its own account and assets held for clients of the depositary which are not AIFs; [...]

4 Asset segregation in case of delegation of safe-keeping duties

13. According to Article 21(8)(a)(ii) of the AIFMD, when the depositary does not delegate the safe-keeping of those financial instruments that can be registered in a financial instruments account opened in the depositary's books to a third party, the segregation requirements set out in Article 16 of Directive 2006/73/EC apply at the level of the depositary.

14. When the safe-keeping duties are delegated to a third party, the asset segregation requirements under Article 21(11)(d) of the AIFMD and Article 99(1)(a) of the Level 2 Regulation apply at the level of the third party. As regards the segregation of assets in case of further delegation, Level 1 imposes the same requirements. Questions have arisen in relation to the practical application of the required segregation at the level of the delegated third party (or sub-delegate).

15. ESMA considers that the segregation requirement under Article 99(1)(a) of the Level 2 Regulation implies that the third party has to distinguish assets of AIF clients from (1) its own assets, (2) the assets of any other client of the third party, (3) the assets belonging to the depositary itself as well as (4) the assets belonging to clients of the depositary which are not AIFs.

16. This means that the account where the AIF's assets are to be kept at the level of the delegated third party can only comprise assets of the AIF for which the safe-keeping has been delegated to the third party and assets of other AIFs. Non-AIF assets cannot be included in such an account.

17. This is confirmed by the provisions of recital 40 of the AIFMD which recognises that the delegated third party can hold an account for multiple AIFs.

18. However, questions have arisen as to whether the assets which can be held in such an account are only those coming from the same delegating depositary or, alternatively,

whether the omnibus account can hold assets for AIF clients coming from different delegating depositaries.

19. Two alternative options are foreseen in the prosed guidelines on this point.

20. Under the first option, the account on which the AIF's assets are to be kept by the delegated third party may only comprise assets of the AIF and assets of other AIFs of the same delegating depositary. Assets of AIFs of other depositaries would be considered as assets of the third party's "other clients" for the purpose of Article 99(1)(a) of the Level 2 Regulation.

21. The chart below illustrates the level of segregation described under this first option.

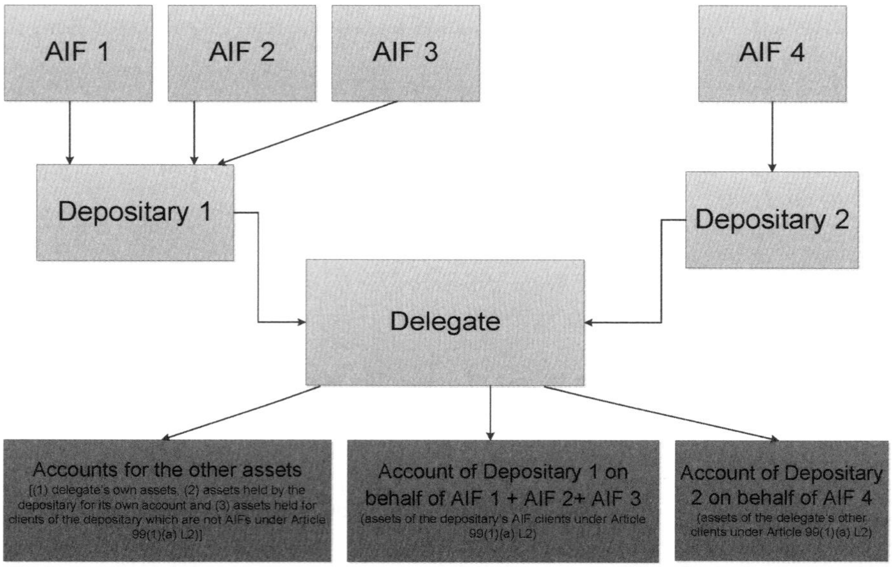

22. Under the <u>second option</u>, a delegated third party holding assets for multiple depositary clients would not be required to have separate accounts for the AIF assets of each of the delegating depositaries.

23. The chart below illustrates the level of segregation described under this second option.

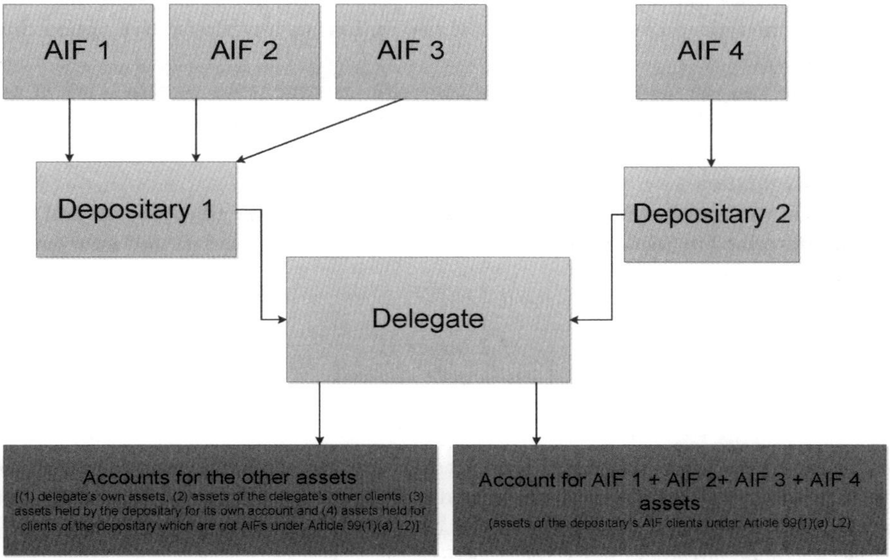

24. It should be noted that the charts above only reflect the AIFMD requirements and are without prejudice to any additional segregation requirements stemming from any other European or national legislation.

Q1: Which of the two identified options do you prefer?

Q2: Would you suggest any alternative option which is compatible with the AIFMD and its implementing measures? If yes, please provide details.

Q3: Do you have knowledge of the impact that each of the two options identified would have on your business in terms of restructuring of existing delegation arrangements in Europe and third countries? Please quantify the one-off and ongoing costs as well as the type of costs for each of the two options or any alternative option that you may prefer.

Q4: Do you see merit in foreseeing a specific treatment for certain types of arrangement (e.g. collateral management arrangements)? If yes, please specify how your proposal would ensure compliance with the relevant requirements of the AIFMD and Level 2 Regulation.

5 Annexes

5.1 Annex I

Summary of questions

Q1: Which of the two identified options do you prefer?

Q2: Would you suggest any alternative option which is compatible with the AIFMD and its implementing measures? If yes, please provide details.

Q3: Do you have knowledge of the impact that each of the two options identified would have on your business in terms of restructuring of existing delegation arrangements in Europe and third countries? Please quantify the one-off and ongoing costs as well as the type of costs for each of the two options or any alternative option that you may prefer.

Q4: Do you see merit in foreseeing a specific treatment for certain types of arrangement (e.g. collateral management arrangements)? If yes, please specify how your proposal would ensure compliance with the relevant requirements of the AIFMD and Level 2 Regulation.

Q5: Do you agree with ESMA's approach to discarding the third, fourth and fifth options described in Section 5 of the CBA? if not please provide data and information that support your view.

5.2 Annex II
Cost-benefit analysis

1. Introduction

1. The AIFMD and its implementing measures set out a comprehensive framework for the regulation of alternative investment fund managers within Europe. In particular, this framework consists of a harmonised set of rules regulating the provision of depositary services to alternative investment funds (AIFs).

2. One of the key elements of the depositary rules relates to the requirement to entrust the assets of the AIF or the AIFM acting on behalf of the AIF to a depositary for safe-keeping, according to the provisions of Article 21(8) of the AIFMD.[5] The safe-keeping functions may be delegated by the depositary to third parties provided that certain specific conditions are met. One of these conditions is that the depositary shall ensure the third party segregates the assets of the depositary's clients from its own assets and from the as-

[5] Article 21(8) of the AIFMD provides that *"The assets of the AIF or the AIFM acting on behalf of the AIF shall be entrusted to the depositary for safe-keeping, as follows:*
(a) for financial instruments that can be held in custody:
(i) the depositary shall hold in custody all financial instruments that can be registered in a financial instruments account opened in the depositary's books and all financial instruments that can be physically delivered to the depositary;
(ii) for that purpose, the depositary shall ensure that all those financial instruments that can be registered in a financial instruments account opened in the depositary's books are registered in the depositary's books within segregated accounts in accordance with the principles set out in Article 16 of Directive 2006/73/EC, opened in the name of the AIF or the AIFM acting on behalf of the AIF, so that they can be clearly identified as belonging to the AIF in accordance with the applicable law at all times;
(b) for other assets:
(i) the depositary shall verify the ownership of the AIF or the AIFM acting on behalf of the AIF of such assets and shall maintain a record of those assets for which it is satisfied that the AIF or the AIFM acting on behalf of the AIF holds the ownership of such assets;
(ii) the assessment whether the AIF or the AIFM acting on behalf of the AIF holds the ownership shall be based on information or documents provided by the AIF or the AIFM and, where available, on external evidence;
(iii) the depositary shall keep its record up-to-date".

sets of the depositary in such a way that they can at any time be clearly identified as belonging to clients of a particular depositary.[6]

3. This segregation obligation was further specified by the Commission's Level 2 Regulation which requires the depositary who delegates the safe-keeping functions to a third party to verify that the third party "keeps such records and accounts as are necessary to enable it at any time and without delay to distinguish assets of the depositary's AIF clients from its own assets, assets of its other clients, assets held by the depositary for its own account and assets held for clients of the depositary which are not AIFs" (Article 99(1)(a) of the Level 2 Regulation).

4. Given the central role of asset segregation rules in ensuring a proper application of the depositary regime – which is aimed at improving investor protection – ESMA sees merit in developing guidelines under Article 16 of Regulation (EU) No 1095/2010 to ensure that these rules are commonly, uniformly and consistently applied across Europe by the relevant competent authorities and market participants. This will avoid the establishment of an unlevel playing field by the different positions taken at national level on the application of these rules.

5. In preparing this consultation paper, ESMA consulted with the Consultative Working Group (CWG) of ESMA's Investment Management Standing Committee (IMSC) on the various possible approaches on asset segregation under the AIFMD. The input provided by the CWG was useful for the purpose of this cost-benefit analysis (CBA) as it allowed, inter alia, views to be gathered on the various approaches that may be envisaged when applying the relevant AIFMD provisions.

6. This CBA was done internally by ESMA and is qualitative in nature. ESMA does not have comprehensive data on the level of segregation put in place by delegates of depositaries of AIFs, nor on the precise level of costs that would be incurred should the guidelines provided by ESMA differ from the current practice put in place in the various European and non-European jurisdictions where the safe-keeping of AIFs' assets may be delegated. However, ad hoc questions have been introduced in the main body of the consultation paper in order to elicit market participants' input on the quantitative impact of the proposals. Should relevant data be received through the consultation process, ESMA will take it into account when finalising its guidelines and will include it in the cost-benefit analysis accompanying the final report.

2. Problem identification

7. The issues covered in the present consultation paper were already analysed by the European Commission when carrying out its impact assessment on the delegated acts on the depositary rules. Therefore, there is no need to provide for any additional problem identification in the present CBA.

8. In particular, Annex 7 of the Impact Assessment accompanying the Level 2 Regulation[7] provided for the following on the delegated acts to be adopted to specify the segregation obligation pursuant to point (d)(iii) of paragraph 11 of Article 21:

Issue 15 – The segregation obligation

Article 21, paragraph 10; implementing powers, Article 21, paragraph 15:

6 Article 21(11)(d)(iii) of the AIFMD.

7 SWD(2012) 386 final, available at http://ec.europa.eu/internal_market/investment/docs/20121219-directive/ia_en.pdf.

The depositary may only delegate to third parties provided that, among others, the depositary has ensured that the third party segregates the assets of the depositary's clients from its own assets and from the assets of the depositary in such a way that they can at any time be clearly identified as belonging to clients of a given depositary and that it complies with this requirement on an ongoing basis. The third party may, in turn, sub-delegate those functions subject to the same requirements.

Delegated acts should specify this segregation obligation.

Assessment of IA need

Similar rules exist already in MiFID. As there is no obvious reason to deviate substantially from those, there is also no need for a detailed IA. As regards the segregation of assets in case of further delegation, Level 1 imposes the same requirements. In such a case, the delegate of the third party would therefore need to segregate the assets of the third party's clients from its own assets and from the assets of the third party in such a way that they can at any time be clearly identified as belonging to clients of a particular third party.

This provides for a clear rule without any obvious substantive alternative option. While one could consider either to impose stronger obligation (e.g. to require individual segregation of assets of depositary's clients) or to impose less strict obligation (e.g. assets would not need to be identified as belonging to clients of a particular third party) but such options would not be consistent with Level 1 that only allows further delegation under the same conditions.

3. Policy objective

9. The AIFMD asset segregation rules are intended to protect the interest of the AIF investors by ensuring that the assets of the AIF are not exposed to events (such as bankruptcy) which may affect the third party to whom the safekeeping of its assets may be delegated by the depositary or any other third party (e.g. other clients of the delegated third party). These rules should be applied consistently across Europe.

4. Baseline scenario

10. The AIFMD and the Level 2 Regulation set out detailed rules on asset segregation requirements whenever the safe-keeping of the AIF assets is delegated to a third party.

11. The practical application of these rules ultimately depends on the interpretation of Article 21(11)(d)(iii) of the AIFMD and the related implementing measures (Article 99(1)(a) of the Level 2 Regulation).

12. The baseline scenario is, therefore, not to produce any further guidance on the interpretation and proper application of these rules. This would leave discretion to AIFMs, depositaries, delegated third parties and national competent authorities to determine the level of segregation required by the relevant rules. This could clearly lead to a lack of harmonisation in the application of the provisions of the AIFMD on a very important investor protection issue.

13. Indeed, uncertainty on the level of segregation required under the above-mentioned AIFMD rules could lead to a situation where some national competent authorities would apply a stricter approach than others, leading to greater uncertainty for investors of AIFs in the different Member States who would not know to what extent the assets of the AIFs in which they invest are protected. For instance, a third party delegate of a depositary could be considered as failing to meet the above-mentioned requirements in one Member State

whereas the same third party would be considered to meet these requirements in another Member State. This would be particularly problematic in the context of the EU passport under the AIFMD.

5. Technical options

14. The following options were identified and analysed by ESMA to address the policy objective referred to above and provide guidance on the application of the rules under Article 21(11)(d)(iii) of the AIFMD and Article 99(1)(a) of the Level 2 Regulation.

15. In identifying the options set out below and choosing the preferred ones, ESMA was guided by the relevant AIFMD and Level 2 Regulation rules and the fact that the proposed guidelines are intended to ensure a consistent interpretation and application of these rules only, without imposing any additional requirements beyond what is already foreseen in the relevant legislative texts.

Policy Objective	The AIFMD asset segregation rules are intended to protect the interest of the AIF's investors by ensuring that the assets of the AIF are not exposed to events (such as bankruptcy) which may affect the third party to whom the safekeeping of its assets may be delegated by the depositary or any other third party (e.g. other clients of the delegated third party). These rules should be applied consistently across Europe.
Option 1	AIF and non-AIF assets should not be mixed in the same account and there should be separate accounts for AIF assets of each depositary when a delegate is holding assets for multiple depositary clients.
Option 2	The separation of AIF and non-AIF assets should be required, but it would be possible to combine AIF assets of multiple depositaries into a single account at sub-custodian level.
Option 3	AIF and non-AIF assets could be commingled in the account on which the AIF's assets are to be kept at the level of the delegate. However, the delegate could not commingle in this account assets coming from different depositaries.
Option 4	AIF and non-AIF assets could be commingled in the account on which the AIF's assets are to be kept at the level of the delegate. The delegate could commingle in this account assets coming from different depositary clients.
Option 5	AIF assets should be segregated on an AIF-by-AIF basis at the level of the delegate.
Preferred Options	ESMA decided to consult on options 1 and 2 and discarded options 3, 4 and 5. ESMA felt that options 3 and 4 were sub-optimal as they would have provided a clearly lower level of investor protection given that they would have allowed a higher level of commingling of the assets of AIFs which might frustrate the recovery of assets in the event of a bankruptcy of a depositary or sub-depositary.

	Option 5 was discarded, as the marginal benefit of the additional level of segregation (compared to Options 1 and 2) in terms of an expeditious return of assets in the event of the bankruptcy of a depositary or sub-depositary does not seem likely to exceed the marginal cost of this level of segregation. Furthermore, options 3-5 do not seem to be compatible with the provisions of the AIFMD and its implementing measures (the latter judgement having been based, inter alia, on the provisions of the Impact Assessment accompanying the Level 2 Regulation[8]).

Q5: Do you agree with ESMA's approach to discarding the third, fourth and fifth options described in Section 5 of the CBA? If not please provide data and information that support your view.

6. Assessment of the impact of the various options

Option 1	Qualitative description
Benefits	This option provides for a high standard in terms of investor protection as it ensures the strictest level of segregation by prohibiting assets other than AIFs assets coming from the same depositary to be commingled. This would limit the exposure of the AIF investors to the risk of the bankruptcy of third parties (such as other depositaries or non-AIF entities). This risk seems to be relevant to stakeholders as some of the answers to the Commission consultation on hedge funds evidenced the following: "[...] *some respondents insist that the assets of the fund should be segregated from those of the prime broker. If not, the interests of the former are exposed to the risk of the bankruptcy of the latter"*.[9] More recently, the risks linked to the commingling of funds' assets with other assets were also highlighted by IOSCO as follows: " *26. There is a risk that CIS assets in the custodian's care can become co-mingled with (i) assets of the responsible entity; (ii) assets of the custodian; or (iii) the assets of other clients of the custodian (unless CIS assets are held in a permissible „omnibus account"). There is also a risk that CIS assets may be misused by the custodian (e.g. to settle the liabilities of another client).* *27. The consequences of these risks could result in the ownership of the assets being called into question in the event of misuse or insolvency of the custodian, which may create difficulties differentiating ownership of the assets"*.[10]

8 See the text quoted under paragraph 8 above.

9 See Annex VIII to the Impact Assessment accompanying the AIFMD proposal, SEC(2009) 576, available at http://eur-lex.europa.eu/legal-content/EN/TXT/PDF/?uri=CELEX:52009SC0576&from=EN.

10 Consultation Report on Principles regarding the Custody of Collective Investment Schemes' Assets (CR07/2014), October 2014, available at http://www.iosco.org/library/pubdocs/pdf/IOSCOPD454.pdf.

Costs to regulator: *- One-off* *- Ongoing*	The one-off and ongoing costs to the regulator should be limited (or non-existent) to the extent that this option provides clarifications on the existing provisions of the AIFMD and Level 2 Regulation and do not impose additional obligations on firms whose compliance has to be supervised. Some limited one-off costs might be incurred in case the relevant regulator followed a different interpretation of the relevant legislative provisions and would have to adapt its supervisory practices to the interpretation set out under this option.
Compliance costs *- One-off* *- Ongoing*	The one-off and ongoing impact on firms in terms of costs should be limited (or non-existent) if the relevant firms/national supervisor have followed an interpretation of the relevant European legislative provisions which is already in line with this option. Indeed, in such a case the relevant segregation requirement should have already been implemented following the expiry of the AIFMD transposition and transitional periods. Moreover, the level of segregation required under this option is similar to the one already existing under MiFID, as recognised by the Commission in its Impact Assessment accompanying the Level 2 Regulation.[11] For firms that have followed a different interpretation of the relevant provisions of the AIFMD and Level 2 Regulation this option may require the implementation of a much higher degree of segregation of accounts at the sub-custodian level and the related costs (e.g. for the opening and keeping of additional accounts) may be substantial (in particular if non-AIF assets were being commingled with AIF assets or if AIF assets from different depositaries were being commingled in the same account).

Option 2	**Qualitative description**
Benefits	This option provides for a significant level of investor protection as it prohibits a delegate from commingling the AIF and non-AIF assets in the same account. This would help avoid any risk of cross-contamination of the AIF assets in case an event affects the non-AIF assets (e.g. AIF assets would not risk being frozen in case the non-AIF assets fall under an insolvency proceeding). However, the AIF assets would be exposed to the events affecting the assets delegated by other depositaries which could be held in the same account. In this regard, this option ensures a level of investor protection which is lower than under option 1.
Costs to regulator: *- One-off* *- Ongoing*	These should be equivalent to those set out above under option 1.

11 See the text quoted under paragraph 8 above.

Compliance costs *- One-off* *- Ongoing*	These should be similar to those set out above under option 1. The only difference should be that for firms that have followed a different interpretation of the relevant provisions of the AIFMD and Level 2 Regulation this option may require the implementation of a higher degree of segregation of accounts at the sub-custodian level (but such segregation is less than that envisaged under option 1). Therefore, while the related costs (e.g. for the opening and keeping of additional accounts) may still be substantial (in particular if non-AIF assets were commingled with AIF assets), they should be less significant than the ones that could be faced under option 1.

Option 3	**Qualitative description**
Benefits	This option provides for a lower level of investor protection as it allows a delegate to commingle the AIF and non-AIF assets in the same account. However, the prohibition on commingling in the same account assets coming from different depositary clients would still help avoid any risk of cross-contamination of the AIF assets in case an event affects the other depositary clients (e.g. AIF assets would not risk being frozen in case the other depositaries go bankrupt). In this regard, this option ensures a level of investor protection which is lower than under option 1 and also appears lower than under option 2.
Costs to regulator: *- One-off* *- Ongoing*	These should be equivalent to those set out above under option 1. Compliance costs - One-off - Ongoing These should be similar to those set out above under option 1. The only difference should be that for firms that have followed a different interpretation of the relevant provisions of the AIFMD and Level 2 Regulation this option may require the implementation of a higher degree of segregation of accounts at the sub-custodian level (but such segregation is less than that envisaged under option 1). Therefore, while the related costs may still be substantial (in particular if AIF assets from different depositaries were commingled in the same account), they should be less significant than the ones that could be faced under option 1.

Option 4	**Qualitative description**
Benefits	This option provides for the lowest level of investor protection as it allows a delegate to commingle both (i) AIF and non-AIF assets and (ii) assets coming from different depositary clients in the same account whilst keeping these assets separate from the assets of the depositary It would have the benefit of requiring no structural changes to those firms which currently do not provide for any segregation at the level of the delegate.

Costs to regulator: *- One-off* *- Ongoing*	These should be equivalent to those set out above under option 1.
Compliance costs *- One-off* *- Ongoing*	There should be no compliance costs linked to this option. Indeed, firms currently implementing any sort of asset segregation in the accounts held at the delegate level would be permitted to continue such segregation. Firms not following any kind of segregation at the delegate level would be allowed to continue doing so.

Option 5	**Qualitative description**
Benefits	This option provides for the highest level of investor protection as it requires segregation AIF-by-AIF at the level of the delegate.
Costs to regulator: *- One-off* *- Ongoing*	The costs to regulators, both one-off and ongoing, may be significant to the extent that this option would require supervision of a stricter approach to segregation that is not in line with the general interpretation of the AIFMD Level 1 and 2 requirements at present (in particular given the reference to 'omnibus accounts' in recital 40 of the Level 1).
Compliance costs *- One-off* *- Ongoing*	Compliance costs for firms may be significant to the extent that this approach would require a much higher degree of segregation of accounts at the sub-custodian level than is currently in place.

5.3 Annex III
Draft guidelines

1 Scope

Who?

1. These guidelines apply to AIFMs, depositaries of AIFs and competent authorities.

What?

2. These guidelines apply in relation to Article 21(11)(d) of Directive 2011/61/EU and Article 99(1)(a) of Commission Delegated Regulation (EU) No 231/2013.

When?

3. These guidelines apply from two months after the date of publication by ESMA.

2 Definitions

4. Terms used in the Directive 2011/61/EU of the European Parliament and of the Council of 8 June 2011 on Alternative Investment Fund Managers and amending Directives 2003/41/EC and 2009/65/EC and Regulations (EC) No 1060/2009 and (EU) No 1095/2010[12] (AIFMD) and in the Commission Delegated Regulation (EU) No 231/2013 of 19 December 2012 supplementing Directive 2011/61/EU of the European Parliament and of the

[12] OJ L 174, 1.7.2011, p. 1.

Council with regard to exemptions, general operating conditions, depositaries, leverage, transparency and supervision[13], have the same meaning in these guidelines.

3 Purpose

5. The purpose of these guidelines is to ensure common, uniform and consistent application of the provisions in Article 21(11)(d) of Directive 2011/61/EU and Article 99(1)(a) of Commission Delegated Regulation (EU) No 231/2013. In particular, they provide guidance on the segregation requirements foreseen therein.

4 Compliance and reporting obligations

4.1 Status of the guidelines

6. This document contains guidelines issued under Article 16 of the ESMA Regulation. In accordance with Article 16(3) of the ESMA Regulation competent authorities and financial market participants must make every effort to comply with guidelines and recommendations.

7. Competent authorities to whom the guidelines apply should comply by incorporating them into their supervisory practices, including where particular guidelines within the document are directed primarily at financial market participants.

4.2 Reporting requirements

8. Competent authorities to which these guidelines apply must notify ESMA whether they comply or intend to comply with the guidelines, with reasons for non-compliance, within two months of the date of publication by ESMA. In the absence of a response by this deadline, competent authorities will be considered as non-compliant. A template for notifications is available from the ESMA website.

9. AIFMs and depositaries of AIFs are not required to report to ESMA whether they comply with these guidelines.

5 Guidelines on asset segregation under the AIFMD

OPTION 1

10. When safe-keeping duties are delegated to a third party (including a prime broker or a collateral manager), the account on which the AIF's assets are to be kept at the level of the delegated third party (or sub-delegate) should only comprise assets of the AIF and assets of other AIFs of the same depositary.

11. Non-AIF assets should not be included in the account on which the AIFs assets are kept at the level of the delegated third party (or sub-delegate). Assets of other AIFs of other depositaries equally should be held in a separate account.

12. The chart below illustrates the level of segregation described above. It should be noted that the chart only reflects the requirements of the AIFMD and Level 2 Regulation and is without prejudice to any additional segregation requirement stemming from any other European or national legislation.

[13] OJ L 83, 22.3.2013, p.1.

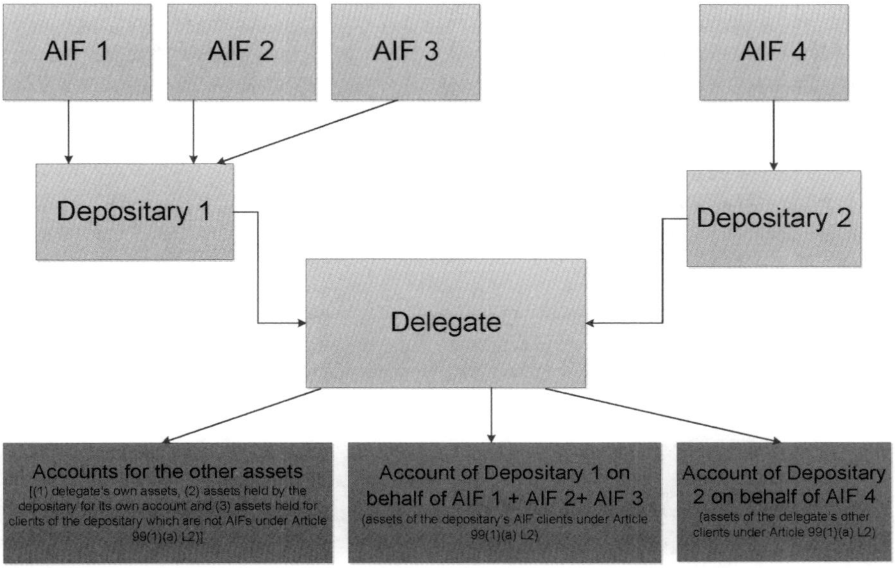

OPTION 2

10. When safe-keeping duties are delegated to a delegate (including a prime broker or a collateral manager), the account on which the AIF's assets are to be kept at the level of the delegated third party (or sub-delegate) should only comprise assets of the AIF and assets of other AIFs.

11. Non-AIF assets should not be included in the account on which the AIFs assets are kept at the level of the delegated third party (or sub-delegate). However, the account on which the AIFs assets are kept may include assets from AIFs of different depositaries.

12. The chart below illustrates the level of segregation described above. It should be noted that the chart only reflects the requirements of the AIFMD and Level 2 Regulation and is without prejudice to any additional segregation requirement stemming from any other European or national legislation.

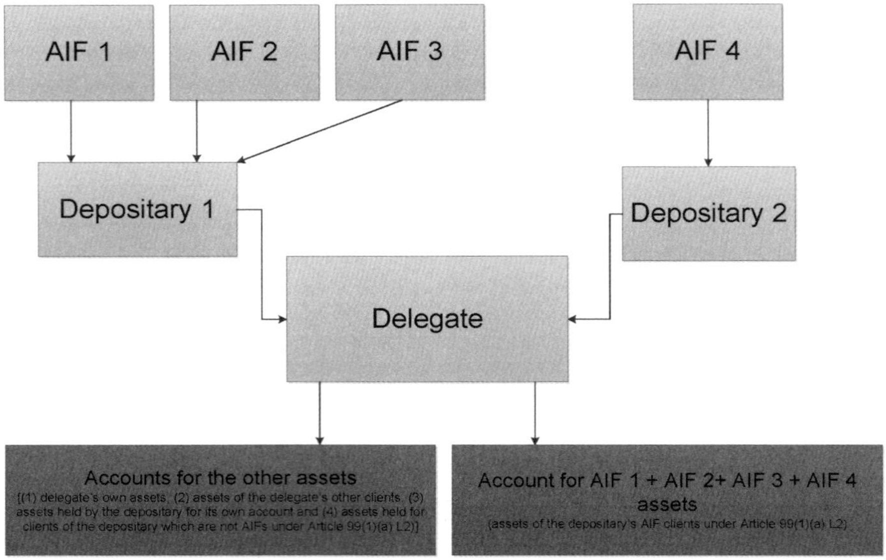
AIF 1
AIF 2
AIF 3
AIF 4
Depositary 1
Depositary 2
Delegate
Accounts for the other assets
[(1) delegate's own assets, (2) assets of the delegate's other clients, (3) assets held by the depositary for its own account and (4) assets held for clients of the depositary which are not AIFs under Article 99(1)(a) L2)]
Account for AIF 1 + AIF 2+ AIF 3 + AIF 4 assets
(assets of the depositary's AIF clients under Article 99(1)(a) L2)

17.4. Sonstige Dokumente

Hilfreiche weitere Dokumente zum AIFM-Rahmenwerk finden sich auf der:

Website von ESMA
https://www.esma.europa.eu/
https://www.esma.europa.eu/regulation/fund-management

Website der Europäischen Kommission
http://ec.europa.eu/finance/index_de.htm
http://ec.europa.eu/finance/investment/index_de.htm

Website der Finanzmarktaufsicht
https://www.fma.gv.at/
https://www.fma.gv.at/investmentfonds-und-verwaltungsgesellschaften/

18. ELTIF

18.1. Verordnung (EU) 2015/760 des Europäischen Parlaments und des Rates

vom 29. April 2015

über europäische langfristige Investmentfonds

(Text von Bedeutung für den EWR)

DAS EUROPÄISCHE PARLAMENT UND DER RAT DER EUROPÄISCHEN UNION –

gestützt auf den Vertrag über die Arbeitsweise der Europäischen Union, insbesondere auf Artikel 114,

auf Vorschlag der Europäischen Kommission,

nach Zuleitung des Entwurfs des Gesetzgebungsakts an die nationalen Parlamente,

nach Stellungnahme des Europäischen Wirtschafts- und Sozialausschusses ([1]),

nach Stellungnahme des Ausschusses der Regionen ([2]),

gemäß dem ordentlichen Gesetzgebungsverfahren ([3]),

in Erwägung nachstehender Gründe:

(1) Langfristige Finanzierungsmittel sind als Instrument unentbehrlich, um die europäische Wirtschaft im Einklang mit der Strategie Europa 2020 und dem Ziel hoher Beschäftigung und Wettbewerbsfähigkeit auf einen Pfad intelligenten, nachhaltigen, und integrativen Wachstums zu führen und die Wirtschaft von morgen so zu gestalten, dass sie für Systemrisiken weniger anfällig und widerstandsfähiger ist. Europäische langfristige Investmentfonds (im Folgenden „ELTIF“) stellen Finanzierungsmittel dauerhafter Natur für verschiedenste Infrastrukturprojekte, nicht börsennotierte Unternehmen oder börsennotierte kleine und mittlere Unternehmen (im Folgenden „KMU“) bereit, welche Eigenkapitalinstrumente oder Schuldtitel auflegen, für die es keinen leicht zu identifizierenden Abnehmer gibt. Indem ELTIF Finanzierungsmittel für solche Projekte bereitstellen, tragen sie zur Finanzierung der Realwirtschaft der Union und zur Umsetzung ihrer Politik bei.

(2) Auf der Nachfrageseite können ELTIF Rentenverwaltern, Versicherungsunternehmen, Stiftungen, Gemeinden und anderen Unternehmen mit regelmäßigen und wiederkehrenden Verpflichtungen, die an langfristigen Erträgen im Rahmen regulierter Strukturen interessiert sind, einen stetigen Einnahmenstrom verschaffen. ELTIF weisen zwar eine geringere Liquidität auf als Anlagen in übertragbare Wertpapiere, aber sie können Einzelanlegern, die auf den mit ELTIF erzielbaren regelmäßigen Cashflow angewiesen sind, einen stetigen Einnahmenstrom bieten. Für Anleger, die keinen stetigen Einkommensstrom erhalten, können ELTIF langfristig auch gute Wertsteigerungsmöglichkeiten eröffnen.

(3) Für Projekte wie zum Beispiel in den Bereichen Verkehrsinfrastruktur, nachhaltige Energieerzeugung oder -verteilung, soziale Infrastruktur (Wohnungsbau oder Krankenhäuser), der Einführung neuer ressourcen- und energieschonenderer Technologien und Systeme oder auch Weiterentwicklung von KMU sind Finanzierungsmittel mitunter knapp. Wie

---

[1] ABl. C 67 vom 6.3.2014, S. 71.

[2] ABl. C 126 vom 26.4.2014, S. 8.

[3] Standpunkt des Europäischen Parlaments vom 10. März 2015 (noch nicht im Amtsblatt veröffentlicht) und Beschluss des Rates vom 20. April 2015.

die Finanzkrise gezeigt hat, könnte es Finanzierungslücken schließen helfen, wenn das Finanzierungsangebot der Banken durch eine breitere Palette von Finanzierungsquellen ergänzt würde, die die Kapitalmärkte besser mobilisieren. ELTIF können hierbei eine zentrale Rolle spielen und Kapital mobilisieren, indem sie Anleger aus Drittländern anziehen.

(4) Der Schwerpunkt dieser Verordnung liegt auf der Förderung langfristiger europäischer Investitionen in die Realwirtschaft. Langfristige Investitionen in Projekte, Unternehmen und Infrastruktur in Drittländern können ebenfalls zur Kapitalausstattung von ELTIF beitragen und dadurch der europäischen Wirtschaft Nutzen bringen. Daher sollten solche Investitionen nicht verhindert werden.

(5) Ohne eine Verordnung über Vorschriften für ELTIF könnten auf nationaler Ebene unterschiedliche Maßnahmen erlassen werden, die durch Unterschiede bei den Anlegerschutzmaßnahmen Wettbewerbsverzerrungen verursachen könnten. Durch unterschiedliche nationale Anforderungen im Hinblick auf Portfoliozusammensetzung, Diversifizierung und zulässige Vermögenswerte, insbesondere in Bezug auf Anlagen in Rohstoffe, entstehen Hindernisse für den grenzüberschreitenden Vertrieb von Investmentfonds, die sich auf nicht börsennotierte Unternehmen und Sachwerte konzentrieren, da die Anleger die verschiedenen Anlageangebote nicht ohne Weiteres miteinander vergleichen können. Unterschiedliche nationale Anforderungen führen auch zu einem unterschiedlich hohen Anlegerschutz. Auch unterschiedliche nationale Anforderungen, die die Anlagetechniken betreffen, etwa für die zulässige Höhe der Kreditaufnahme, den Einsatz von Finanzderivaten, Leerverkäufe oder Wertpapierfinanzierungsgeschäfte haben Diskrepanzen im Anlegerschutz zur Folge. Hinzu kommt, dass unterschiedliche nationale Anforderungen für die Rücknahme oder Haltedauer ein Hindernis für den grenzüberschreitenden Vertrieb von Fonds darstellen, die in nicht börsennotierte Vermögenswerte investieren. Indem sie die Rechtsunsicherheit vergrößern, können diese Unterschiede das Vertrauen von Anlegern, die eine Investition in einen solchen Fonds erwägen, untergraben und deren Auswahl zwischen verschiedenen langfristigen Anlagemöglichkeiten effektiv einschränken. Folglich ist die geeignete Rechtsgrundlage für diese Verordnung Artikel 114 des Vertrags über die Arbeitsweise der Europäischen Union gemäß seiner Auslegung in der ständigen Rechtsprechung des Gerichtshofs der Europäischen Union.

(6) Einheitliche Vorschriften sind notwendig, um sicherzustellen, dass ELTIF ein unionsweit kohärentes und stabiles Produktprofil aufweisen. Speziell um das reibungslose Funktionieren des Binnenmarkts und einen hohen Anlegerschutz zu gewährleisten, müssen einheitliche Vorschriften für die Tätigkeit von ELTIF festgelegt werden, insbesondere für die Zusammensetzung ihres Portfolios und die Anlageinstrumente, die sie nutzen dürfen, um sich in langfristigen Vermögenswerten wie Eigenkapitalinstrumenten oder Schuldtiteln börsennotierter KMU und nicht börsennotierter Unternehmen und Sachwerten zu engagieren. Ebenso sind einheitliche Vorschriften für das Portfolio von ELTIF erforderlich, um sicherzustellen, dass ELTIF, die bestrebt sind, einen regelmäßigen Ertrag zu generieren, ein diversifiziertes Portfolio mit Anlagevermögenswerten halten, die geeignet sind, einen regelmäßigen Cashflow aufrechtzuerhalten. ELTIF sind ein erster Schritt hin zur Schaffung eines integrierten Binnenmarkts für die Beschaffung von Kapital, das in langfristige Investitionen in die europäische Wirtschaft geleitet werden kann. Das reibungslose Funktionieren des Binnenmarkts für langfristige Investitionen erfordert, dass die Kommission ihre Beurteilung potenzieller Hindernisse fortsetzt, die der grenzüberschreitenden Beschaffung von langfristigem Kapital entgegenstehen können, auch der Hindernisse, die sich aus der steuerlichen Behandlung solcher Investitionen ergeben.

(7) Es ist von wesentlicher Bedeutung sicherzustellen, dass die Vorschriften über die Tätigkeit von ELTIF, insbesondere in Bezug auf die Zusammensetzung ihres Portfolios und die Anlageinstrumente, die sie nutzen dürfen, auf die Verwalter von ELTIF unmittelbar anwendbar sind, und daher ist es erforderlich, diese neuen Vorschriften als Verordnung zu erlassen. Indem das Entstehen unterschiedlicher nationaler Anforderungen verhindert wird, stellt dies auch einheitliche Bedingungen für die Verwendung der Bezeichnung „ELTIF" sicher. Die Verwalter von ELTIF sollten sich unionsweit an dieselben Vorschriften halten, um das Anlegervertrauen in ELTIF zu stärken und die Vertrauenswürdigkeit der Bezeichnung „ELTIF" nachhaltig sicherzustellen. Durch den Erlass einheitlicher Vorschriften wird zugleich die Komplexität der für ELTIF geltenden Anforderungen verringert. Einheitliche Vorschriften verringern überdies die Kosten der Verwalter für die Befolgung unterschiedlicher nationaler Anforderungen für Fonds, die in börsennotierte und nicht börsennotierte Unternehmen und vergleichbare Kategorien von Sachwerten investieren. Dies gilt besonders für Verwalter von ELTIF, die sich grenzüberschreitend Kapital beschaffen wollen. Der Erlass einheitlicher Vorschriften trägt außerdem dazu bei, Wettbewerbsverzerrungen zu beseitigen.

(8) Die neuen Vorschriften über ELTIF stehen in enger Beziehung zur Richtlinie 2011/61/EU des Europäischen Parlaments und des Rates ([4]), da diese den rechtlichen Rahmen für die Verwaltung und den Vertrieb alternativer Investmentfonds (im Folgenden „AIF") in der Union bildet. ELTIF sind definitionsgemäß EU-AIF, die von nach der Richtlinie 2011/61/EU zugelassenen Verwaltern alternativer Investmentfonds (im Folgenden „AIFM") verwaltet werden.

(9) Während die Richtlinie 2011/61/EU auch ein abgestuftes Drittlandsregime für Nicht-EU-AIFM und Nicht-EU-AIF vorsieht, haben die neuen ELTIF-Vorschriften einen engeren Anwendungsbereich, der die europäische Dimension des neuen langfristigen Anlageprodukts betont. Daher sollten nur EU-AIF im Sinne der Richtlinie 2011/61/EU, die von einem nach der Richtlinie 2011/61/EU zugelassenen EU-AIFM verwaltet werden, ELTIF werden können.

(10) Die neuen Vorschriften über ELTIF sollten auf dem bestehenden Regulierungsrahmen aufbauen, der durch die Richtlinie 2011/61/EU und die zu ihrer Umsetzung erlassenen Durchführungsbestimmungen geschaffen wurde. Aus diesem Grund sollten die Produktvorschriften für ELTIF zusätzlich zu den Vorschriften des bestehenden Unionsrechts gelten. Insbesondere sollten für ELTIF die in der Richtlinie 2011/61/EU festgelegten Verwaltungs- und Vertriebsvorschriften gelten. Die in der Richtlinie 2011/61/EU festgelegten Vorschriften zur grenzüberschreitenden Erbringung von Dienstleistungen und zur Niederlassungsfreiheit sollten für die grenzüberschreitenden Tätigkeiten von ELTIF ebenfalls entsprechend gelten. Sie sollten durch spezifische Vertriebsvorschriften für den unionsweiten grenzüberschreitenden Vertrieb von ELTIF an Kleinanleger und professionelle Anleger ergänzt werden.

(11) Für alle EU-AIF, die einen Vertrieb als ELTIF anstreben, sollten einheitliche Vorschriften gelten. EU-AIF, die keinen Vertrieb als ELTIF anstreben, sollten an diese Vorschriften nicht gebunden sein, was zugleich den Verzicht auf die entsprechenden Vorteile bedeutet. Organismen für gemeinsame Anlagen in Wertpapieren (im Folgenden „OGAW") und Nicht-EU-AIF sollten nicht für einen Vertrieb als ELTIF infrage kommen.

---

[4] Richtlinie 2011/61/EU des Europäischen Parlaments und des Rates vom 8. Juni 2011 über die Verwalter alternativer Investmentfonds und zur Änderung der Richtlinien 2003/41/EG und 2009/65/EG und der Verordnungen (EG) Nr. 1060/2009 und (EU) Nr. 1095/2010 (ABl. L 174 vom 1.7.2011, S. 1).

(12) Um die Befolgung der harmonisierten Vorschriften über die Tätigkeit von ELTIF sicherzustellen, muss vorgeschrieben werden, dass ELTIF von den zuständigen Behörden zugelassen werden. Die in der Richtlinie 2011/61/EU vorgesehenen harmonisierten Verfahren für die Zulassung und Beaufsichtigung von AIFM sollten daher um ein spezielles Zulassungsverfahren für ELTIF ergänzt werden. Es sollten Verfahren eingerichtet werden, die sicherstellen, dass ELTIF nur von EU-AIFM verwaltet werden dürfen, die nach der Richtlinie 2011/61/EU zugelassen wurden und zur Verwaltung eines ELTIF in der Lage sind. Es sollten alle geeigneten Schritte unternommen werden, um sicherzustellen, dass ein ELTIF in der Lage sein wird, die für die Tätigkeit dieser Fonds geltenden harmonisierten Vorschriften einzuhalten. Wenn der ELTIF intern verwaltet wird und kein externer AIFM bestellt wird, sollte ein spezifisches Zulassungsverfahren gelten.

(13) Da EU-AIF verschiedene Rechtsformen annehmen können, die ihnen nicht unbedingt Rechtspersönlichkeit verleihen, sollten Handlungsauflagen für den ELTIF im Falle von ELTIF, die als EU-AIF ohne eigene Rechtspersönlichkeit und somit ohne eigene Handlungsmöglichkeit gegründet werden, als Handlungsauflagen für den Verwalter des ELTIF verstanden werden.

(14) Um sicherzustellen, dass ELTIF auf langfristige Anlagen abstellen und zur Finanzierung eines nachhaltigen Wirtschaftswachstums in der Union beitragen, sollten die Vorschriften über das Portfolio von ELTIF die klare Identifizierung der für Anlagen eines ELTIF zulässigen Vermögenswertkategorien und der Zulässigkeitsbedingungen verlangen. Ein ELTIF sollte mindestens 70 % seines Kapitals in zulässige Anlagevermögenswerte investieren. Um für die Integrität von ELTIF zu sorgen, ist es außerdem wünschenswert, dass einem ELTIF bestimmte Finanztransaktionen untersagt werden, die seine Anlagestrategie und seine Anlageziele gefährden könnten, indem sie Risiken anderer Art schaffen, als sie bei einem auf langfristige Anlagen abstellenden Fonds gemeinhin zu erwarten sind. Um einen klaren Fokus auf langfristige Anlagen sicherzustellen, wie es für Kleinanleger, die mit weniger konventionellen Anlagestrategien nicht vertraut sind, von Nutzen sein könnte, sollte es einem ELTIF außer zur Absicherung der mit seinen eigenen Anlagen verbundenen Risiken nicht gestattet sein, in Finanzderivate zu investieren. Angesichts der Liquidität von Rohstoffen und der Finanzderivate, durch die ein indirektes Engagement in Rohstoffen entsteht, erfordern Anlagen in Rohstoffen keine langfristige Verpflichtung des Anlegers und sollten daher von den zulässigen Anlagevermögenswerten ausgenommen werden. Diese Überlegung gilt nicht für Anlagen in Infrastruktur oder Unternehmen, die in Bezug zu Rohstoffen stehen oder deren Wertentwicklung indirekt mit der Wertentwicklung von Rohstoffen zusammenhängt, wie etwa Landwirtschaftsbetriebe im Falle von Agrarrohstoffen oder Kraftwerke im Falle von Energierohstoffen.

(15) Langfristige Anlagen sind breit definiert. Zulässige Anlagevermögenswerte sind in aller Regel illiquide, verlangen eine Verpflichtung für einen bestimmten Zeitraum und weisen ein langfristiges wirtschaftliches Profil auf. Die zulässigen Anlagevermögenswerte sind nicht übertragbare Wertpapiere und haben daher keinen Zugang zur Liquidität der Sekundärmärkte. Sie erfordern häufig die Festlegung auf eine feste Laufzeit, was ihre Marktfähigkeit einschränkt. Da börsennotierte KMU Probleme mit Liquidität und dem Zugang zum Sekundärmarkt haben können, sollten sie ebenfalls als qualifizierte Portfoliounternehmen angesehen werden. Aufgrund der hohen Kapitalbindungen und der langen Zeit, bis Renditen anfallen, ist der Wirtschaftszyklus der Investitionen, auf die ELTIF abstellen, im Wesentlichen langfristig.

(16) Ein ELTIF sollte in andere Vermögenswerte als die zulässigen Anlagevermögenswerte investieren dürfen, soweit dies für ein effizientes Cashflow-Management erforderlich

ist, jedoch nur, solange dies mit der langfristigen Anlagestrategie des ELTIF im Einklang steht.

(17) Unter zulässigen Anlagevermögenswerten sollten auch Beteiligungen zu verstehen sein, wie Eigenkapitalinstrumente oder eigenkapitalähnliche Instrumente, Schuldtitel qualifizierter Portfoliounternehmen und Kredite an diese. Ebenfalls eingeschlossen sein sollten Beteiligungen an anderen Fonds, die sich auf Vermögenswerte wie Investitionen in nicht börsennotierte Unternehmen konzentrieren, die Eigenkapitalinstrumente oder Schuldtitel auflegen, für die es nicht immer einen leicht zu identifizierenden Abnehmer gibt. Direkte Beteiligungen an Sachwerten sollten, sofern sie nicht verbrieft sind, ebenfalls eine zulässige Vermögenswertkategorie bilden, sofern sie regelmäßig oder unregelmäßig einen berechenbaren Cashflow in dem Sinne erzeugen, dass sie auf der Grundlage einer Discounted-Cashflow-Methode modelliert und bewertet werden können. Diese Vermögenswerte können beispielsweise soziale Infrastruktur umfassen, die eine berechenbare Rendite abwirft, wie Infrastruktur für Energie, Verkehr und Kommunikation sowie Bildung, Gesundheit, Sozialleistungen oder Industrieanlagen. Vermögenswerte wie zum Beispiel Kunstwerke, Manuskripte, Weinvorräte oder Schmuck sollten dagegen nicht zulässig sein, da sie normalerweise keinen berechenbaren Cashflow erzeugen.

(18) Zulässige Anlagevermögenswerte sollten Sachwerte mit einem Wert von mehr als 10 000 000 EUR, die wirtschaftliche und soziale Vorteile schaffen, umfassen. Zu solchen Vermögenswerten zählen Infrastruktur, geistiges Eigentum, Schiffe, Anlagen, Maschinen, Flugzeuge oder Schienenfahrzeuge und Immobilien. Anlagen in gewerbliche Immobilien oder Wohngebäude sollten in dem Umfang zulässig sein, in dem sie dem Zweck dienen, zum intelligenten, nachhaltigen und integrativen Wachstum oder zur Energie-, Regional- und Kohäsionspolitik der Union beizutragen. Anlagen in solche Immobilien sollten eindeutig dokumentiert werden, um die langfristige Bindung der Investition in solche Immobilien aufzuzeigen. Durch diese Verordnung sollen keine spekulativen Anlagen gefördert werden.

(19) Die Größenordnung von Infrastrukturprojekten erfordert, dass hohe Kapitalsummen für lange Zeit angelegt bleiben. Zu solchen Infrastrukturprojekten zählen öffentliche Gebäudeinfrastruktur wie Schulen, Krankenhäuser oder Justizvollzugsanstalten, soziale Infrastruktur wie Sozialwohnungen, Verkehrsinfrastruktur wie Straßen, Personenverkehrssysteme oder Flughäfen, Energieinfrastruktur wie Energienetze, Projekte zur Anpassung an den Klimawandel oder zur Abschwächung der Folgen des Klimawandels, Kraftwerke oder Pipelines, Wasserwirtschaftsinfrastruktur wie Wasserversorgungs-, Abwasser- oder Bewässerungssysteme, Kommunikationsinfrastruktur wie Netze und Abfallwirtschaftsinfrastruktur wie Recycling- oder Abfallsammelsysteme.

(20) Unter eigenkapitalähnlichen Instrumenten sollte auch eine Art von Finanzinstrument zu verstehen sein, das aus Eigenkapital und Fremdkapital zusammengesetzt ist, bei dem die Rendite des Instruments an den Gewinn oder Verlust des qualifizierten Portfoliounternehmens gebunden ist und bei dem die Rückzahlung des Instruments im Falle der Zahlungsunfähigkeit nicht vollständig gesichert ist. Diese Instrumente umfassen eine Vielzahl von Finanzinstrumenten wie zum Beispiel nachgeordnete Darlehen, stille Beteiligungen, Beteiligungsdarlehen, Genussrechte, Wandelschuldverschreibungen und Optionsanleihen.

(21) In Anbetracht der gängigen Geschäftspraxis sollte ein ELTIF bestehende Anteile an einem qualifizierten Portfoliounternehmen von bestehenden Anteilseignern dieses Unternehmens erwerben dürfen. Zudem sollten damit so viele Möglichkeiten der Mittelbeschaffung wie möglich offenstehen, Investitionen in andere ELTIF, in Europäische Risikokapitalfonds (im Folgenden „EuVECA"), die in der Verordnung (EU) Nr. 345/2013 des

Europäischen Parlaments und des Rates ([5]) geregelt sind, und in Europäische Fonds für soziales Unternehmertum (im Folgenden „EuSEF“), die in der Verordnung (EU) Nr. 346/2013 des Europäischen Parlaments und des Rates ([6]) geregelt sind, gestattet sein. Um eine Verwässerung der Investitionen in qualifizierte Portfoliounternehmen zu verhindern, sollten ELTIF Investitionen in andere ELTIF, in EuVECA und in EuSEF nur dann tätigen dürfen, wenn diese selbst höchstens 10 % ihres Kapitals in andere ELTIF investiert haben.

(22) Um bei Infrastrukturprojekten die Beiträge verschiedener Anleger, einschließlich öffentlicher Investitionen, zusammenzuführen und zu organisieren, kann die Einschaltung eines Finanzunternehmens erforderlich sein. Deshalb sollte es ELTIF gestattet sein, Investitionen in zulässige Anlagevermögenswerte über ein Finanzunternehmen zu tätigen, solange sich diese Finanzunternehmen der Finanzierung langfristiger Projekte sowie dem Wachstum von KMU widmen.

(23) Für nicht börsennotierte Unternehmen können sich der Zugang zu den Kapitalmärkten und die Finanzierung von Weiterentwicklung und Expansion schwierig gestalten. Die Mittelbeschaffung erfolgt typischerweise im Wege der privaten Finanzierung über Eigenkapitalbeteiligungen oder Darlehen. Da es sich bei diesen Instrumenten naturgemäß um langfristige Anlagen handelt, wird hierfür geduldiges Kapital benötigt, das ELTIF bieten können. Darüber hinaus können börsennotierte KMU bei der Suche nach langfristiger Finanzierung oft auf erhebliche Hindernisse treffen, und ELTIF können wertvolle alternative Finanzierungsquellen zur Verfügung stellen.

(24) Zu den langfristigen Vermögenswertkategorien im Sinne dieser Verordnung sollten daher nicht börsennotierte Unternehmen gehören, die Eigenkapitalinstrumente oder Schuldtitel auflegen, für die es möglicherweise keinen leicht zu identifizierenden Abnehmer gibt, sowie börsennotierte Unternehmen mit einer Kapitalausstattung von bis zu 500 000 000 EUR.

(25) Ist der Verwalter eines ELTIF an einem Portfoliounternehmen beteiligt, besteht die Gefahr, dass er seine eigenen Interessen über die Interessen der ELTIF-Anleger stellt. Um einen derartigen Interessenkonflikt zu vermeiden und eine solide Unternehmensführung zu gewährleisten, sollte ein ELTIF nur in Vermögenswerte investieren, die in keiner Verbindung zum Verwalter des ELTIF stehen, es sei denn, der ELTIF investiert in Anteile an anderen ELTIF, EuVECA oder EuSEF, die vom Verwalter des ELTIF verwaltet werden.

(26) Um den Verwaltern von ELTIF bei den Anlagen ihrer Fonds eine gewisse Flexibilität einzuräumen, sollte der Handel mit anderen Vermögenswerten als den langfristigen Anlagen bis zu einer Obergrenze von höchstens 30 % des Kapitals des ELTIF gestattet sein.

(27) Um die Risikoübernahme durch ELTIF zu begrenzen, muss das Kontrahentenrisiko verringert werden, indem für das ELTIF-Portfolio klare Diversifizierungsanforderungen festgelegt werden. Alle außerbörslich gehandelten Derivate (im Folgenden „OTC-Derivate“) sollten unter die Verordnung (EU) Nr. 648/2012 des Europäischen Parlaments und des Rates ([7]) fallen.

---

[5] Verordnung (EU) Nr. 345/2013 des Europäischen Parlaments und des Rates vom 17. April 2013 über Europäische Risikokapitalfonds (ABl. L 115 vom 25.4.2013, S. 1).

[6] Verordnung (EU) Nr. 346/2013 des Europäischen Parlaments und des Rates vom 17. April 2013 über Europäische Fonds für soziales Unternehmertum (ABl. L 115 vom 25.4.2013, S. 18).

[7] Verordnung (EU) Nr. 648/2012 des Europäischen Parlaments und des Rates vom 4. Juli 2012 über OTC-Derivate, zentrale Gegenparteien und Transaktionsregister (ABl. L 201 vom 27.7.2012, S. 1).

(28) Um zu verhindern, dass ein investierender ELTIF maßgeblichen Einfluss auf die Geschäftsleitung eines anderen ELTIF oder eines Emittenten ausübt, muss die übermäßige Konzentration eines ELTIF auf ein und dieselbe Anlage vermieden werden.

(29) Um Verwaltern von ELTIF während der Laufzeit des Fonds eine weitere Kapitalbeschaffung zu ermöglichen, sollte es ihnen gestattet sein, bis zu 30 % des Wertes des Kapitals des ELTIF an Barkrediten aufzunehmen. Dies sollte dazu dienen, den Anlegern eine Zusatzrendite zu verschaffen. Um die Gefahr von Währungsinkongruenzen auszuschalten, sollte der ELTIF Kredite nur in der Währung aufnehmen, in der der Verwalter des ELTIF den Vermögenswert zu erwerben erwartet. Um Bedenken in Bezug auf Schattenbanktätigkeiten zu begegnen, sollten die durch den ELTIF aufgenommenen Barmittel nicht dazu verwendet werden, Kredite an qualifizierte Portfoliounternehmen zu vergeben.

(30) Aufgrund der Langfristigkeit und Illiquidität der Anlagen eines ELTIF sollte dem Verwalter des ELTIF genügend Zeit eingeräumt werden, die Anlagegrenzen anzuwenden. Die für die Umsetzung dieser Grenzen eingeräumte Frist sollte den besonderen Eigenschaften und Merkmalen der Anlagen Rechnung tragen, jedoch nicht über fünf Jahre nach Zulassung des ELTIF oder nach Verstreichen der Hälfte der Laufzeit des ELTIF, je nachdem, was früher eintritt, hinausgehen.

(31) Aufgrund ihres Portfolioprofils und ihres Schwerpunkts auf langfristigen Vermögenswertkategorien sind ELTIF dafür konzipiert, private Ersparnisse in die europäische Wirtschaft zu leiten. ELTIF sind auch als Anlageinstrument konzipiert, durch das die Europäische-Investitionsbank-Gruppe (im Folgenden „EIB-Gruppe“) ihre Finanzierung für europäische Infrastruktur oder KMU lenken kann. Kraft dieser Verordnung sind ELTIF als ein Anlageinstrument in Form eines Pools strukturiert, die dem Schwerpunkt der EIB-Gruppe entsprechen, zu einer ausgewogenen und kontinuierlichen Entwicklung eines Binnenmarkts für langfristige Investitionen, die im Interesse der Union liegen, beizutragen. Angesichts ihres Schwerpunkts bei langfristigen Vermögenswertkategorien können ELTIF die ihnen zugewiesene Rolle als vorrangige Instrumente für die Verwirklichung der in der Mitteilung der Kommission vom 26. November 2014 dargelegten Investitionsoffensive für Europa erfüllen.

(32) Die Kommission sollte ihre Verfahren für alle Anträge von ELTIF auf Finanzierung durch die EIB priorisieren und optimieren. Die Kommission sollte daher das Verfahren für die Erstellung von Gutachten oder Beiträgen zur Gewährung von Anträgen auf Finanzierung von der EIB, die von ELTIF eingereicht werden, optimieren.

(33) Zudem haben die Mitgliedstaaten und die regionalen und lokalen Behörden möglicherweise Interesse daran, potenzielle Anleger und die Öffentlichkeit auf ELTIF aufmerksam zu machen.

(34) Auch wenn ein ELTIF vor Ablauf der Laufzeit des ELTIF nicht verpflichtet ist, Rückgaberechte einzuräumen, sollte einen ELTIF nichts daran hindern, die Zulassung seiner Anteile zu einem geregelten Markt oder zu einem multilateralen Handelssystem anzustreben und den Anlegern auf diese Weise die Möglichkeit zu geben, ihre Anteile vor Ablauf der Laufzeit des ELTIF zu veräußern. Durch die Vertragsbedingungen oder die Satzung des ELTIF sollte weder verhindert werden, dass Anteile zum Handel an einem geregelten Markt oder in einem multilateralen Handelssystem zugelassen werden, noch sollte verhindert werden, dass Anleger ihre Anteile unbeschränkt auf Dritte übertragen, die diese Anteile erwerben wollen. Dadurch sollen Sekundärmärkte als wichtiger Handelsplatz für den An- und Verkauf von Anteilen an ELTIF durch Kleinanleger gefördert werden.

(35) Zwar mag der einzelne Anleger durchaus daran interessiert sein, in einen ELTIF zu investieren, doch kann ein ELTIF seinen Anlegern aufgrund der Illiquidität der meisten

Investitionen in langfristige Projekte doch keine regelmäßigen Rücknahmen bieten. Die Festlegung des einzelnen Anlegers auf eine Investition in solche Vermögenswerte gilt naturgemäß für die gesamte Laufzeit der Anlage. Folglich sollten ELTIF grundsätzlich so strukturiert sein, dass sie vor Ablauf der Laufzeit des ELTIF keine regelmäßigen Rücknahmen anbieten.

(36) Um Anreize für Anleger zu bieten, insbesondere für Kleinanleger, die möglicherweise nicht bereit sind, ihr Kapital für einen langen Zeitraum festzulegen, sollte ein ELTIF seinen Anlegern unter bestimmten Bedingungen ein Recht auf frühzeitige Rückgabe einräumen können. Der Verwalter des ELTIF sollte daher über den Ermessensspielraum verfügen, entsprechend der Anlagestrategie des ELTIF zu entscheiden, ob ELTIF mit oder ohne Rückgaberechte aufgelegt werden. Wenn es eine Rückgaberegelung gibt, sollten diese Rückgaberegelung und die wichtigsten Elemente der darin vorgesehenen Rechte in den Vertragsbedingungen oder in der Satzung des ELTIF eindeutig definiert und offengelegt werden.

(37) Damit die Anleger ihre Anteile bei Laufzeitende des ELTIF tatsächlich einlösen können, sollte der Verwalter des ELTIF rechtzeitig mit der Veräußerung des Portfolios der Vermögenswerte des ELTIF beginnen, um sicherzustellen, dass der Wert ordnungsgemäß realisiert wird. Bei der Festlegung des Zeitplans für eine geordnete Veräußerung sollte der Verwalter des ELTIF die verschiedenen Laufzeitprofile der Anlagen und die Länge der Zeit berücksichtigen, die benötigt wird, um einen Käufer für die Vermögenswerte zu finden, in die der ELTIF angelegt ist. Da die Einhaltung der Anlagegrenzen in dieser Auflösungsphase nicht praktikabel ist, sollten diese ab Beginn der Auflösungsphase nicht mehr anwendbar sein.

(38) Um den Zugang von Kleinanlegern zu ELTIF zu erweitern, kann ein OGAW in dem Maße in von einem ELTIF ausgegebene Anteile investieren, in dem die Anteile an ELTIF gemäß der Richtlinie 2009/65/EG des Europäischen Parlaments und des Rates ([8]) zulässig sind.

(39) Wenn ein ELTIF einen seiner Vermögenswerte veräußert hat, insbesondere bei einer Anlage in Infrastruktur, sollte eine anteilige Kapitalherabsetzung möglich sein.

(40) Die nicht börsennotierten Vermögenswerte, in die ein ELTIF angelegt ist, können während der Laufzeit des Fonds eine Notierung an einem geregelten Markt erlangen. In diesem Fall würden die Vermögenswerte nicht mehr der in dieser Verordnung vorgesehenen Anforderung entsprechen, nicht börsennotiert zu sein. Um dem Verwalter des ELTIF die geordnete Veräußerung derartiger Vermögenswerte zu ermöglichen, die nicht länger zulässig wären, sollten die Vermögenswerte für weitere bis zu drei Jahre auf die für die zulässigen Anlagevermögenswerte geltende Grenze von 70 % angerechnet werden können.

(41) Angesichts der besonderen Merkmale von ELTIF und ihres sowohl Kleinanleger als auch professionelle Anleger umfassenden Zielpublikums ist es wichtig, dass verlässliche Transparenzanforderungen eingeführt werden, die dafür sorgen, dass sich potenzielle Anleger ein fundiertes Urteil bilden können und sich der mit der Anlage verbundenen Risiken vollumfänglich bewusst sind. Zusätzlich zur Einhaltung der Transparenzanforderungen der Richtlinie 2011/61/EU sollten ELTIF einen Prospekt veröffentlichen, der auch alle Informationen enthalten sollte, welche nach der Richtlinie 2003/71/EG des Europäischen Par-

---

[8] Richtlinie 2009/65/EG des Europäischen Parlaments und des Rates vom 13. Juli 2009 zur Koordinierung der Rechts- und Verwaltungsvorschriften betreffend bestimmte Organismen für gemeinsame Anlagen in Wertpapieren (OGAW) (ABl. L 302 vom 17.11.2009, S. 32).

laments und des Rates ([9]) und der Verordnung (EG) Nr. 809/2004 der Kommission ([10]) von Organismen für gemeinsame Anlagen des geschlossenen Typs zu veröffentlichen sind. Beim Vertrieb eines ELTIF an Kleinanleger sollte die Veröffentlichung eines Basisinformationsblatts gemäß der Verordnung (EU) Nr. 1286/2014 des Europäischen Parlaments und des Rates ([11]) vorgeschrieben sein. Außerdem sollte in allen Vertriebsunterlagen ausdrücklich auf das Risikoprofil des ELTIF hingewiesen werden.

(42) ELTIF sind möglicherweise attraktiv für Anleger wie beispielsweise Gemeinden, Kirchen, gemeinnützige Vereinigungen und Stiftungen, die die Möglichkeit haben sollten, zu beantragen, als professionelle Anleger behandelt zu werden, wenn sie die Bedingungen von Anhang II Abschnitt II der Richtlinie 2014/65/EU des Europäischen Parlaments und des Rates ([12]) erfüllen.

(43) Da ELTIF unionsweit nicht nur auf professionelle Anleger, sondern auch auf Kleinanleger ausgerichtet sind, müssen die bereits in der Richtlinie 2011/61/EU festgelegten Vertriebsanforderungen durch bestimmte zusätzliche Anforderungen ergänzt werden, um einen angemessenen Anlegerschutz sicherzustellen. Daher sollten für die Durchführung von Zeichnungen, Zahlungen an die Anteilseigner, Anteilsrückkäufen oder -rücknahmen und für die Bereitstellung der Informationen, zu denen der ELTIF und die Verwalter des ELTIF verpflichtet sind, Einrichtungen geschaffen werden. Um sicherzustellen, dass Kleinanleger gegenüber professionellen Anlegern nicht benachteiligt werden, sollten außerdem gewisse Sicherheitsvorkehrungen getroffen werden, wenn ELTIF an Kleinanleger vertrieben werden. Wenn der Vertrieb oder die Platzierung von ELTIF an Kleinanleger über einen Vertreiber erfolgt, sollte dieser Vertreiber den einschlägigen Anforderungen der Richtlinie 2014/65/EU und der Verordnung (EU) Nr. 600/2014 des Europäischen Parlaments und des Rates ([13]) entsprechen.

(44) Der Verwalter des ELTIF oder der Vertreiber sollte alle notwendigen Informationen über die Kenntnisse und die Erfahrung, die finanzielle Lage, die Risikobereitschaft, die Anlageziele und den Anlagehorizont des Kleinanlegers einholen, um zu beurteilen, ob der ELTIF für den Vertrieb an diesen Kleinanleger geeignet ist, wobei unter anderem die Laufzeit und die beabsichtigte Anlagestrategie des ELTIF berücksichtigt werden muss. Wenn die Laufzeit eines ELTIF, der Kleinanlegern angeboten oder bei ihnen platziert wird, zehn Jahre übersteigt, sollte der Verwalter des ELTIF oder der Vertreiber unmissverständlich und

9 Richtlinie 2003/71/EG des Europäischen Parlaments und des Rates vom 4. November 2003 betreffend den Prospekt, der beim öffentlichen Angebot von Wertpapieren oder bei deren Zulassung zum Handel zu veröffentlichen ist, und zur Änderung der Richtlinie 2001/34/EG (ABl. L 345 vom 31.12.2003, S. 64).

10 Verordnung (EG) Nr. 809/2004 der Kommission vom 29. April 2004 zur Umsetzung der Richtlinie 2003/71/EG des Europäischen Parlaments und des Rates betreffend die in Prospekten enthaltenen Informationen sowie das Format, die Aufnahme von Informationen mittels Verweis und die Veröffentlichung solcher Prospekte und die Verbreitung von Werbung (ABl. L 149 vom 30.4.2004, S. 1).

11 Verordnung (EU) Nr. 1286/2014 des Europäischen Parlaments und des Rates vom 26. November 2014 über Basisinformationsblätter für verpackte Anlageprodukte für Kleinanleger und Versicherungsanlageprodukte (PRIIP) (ABl. L 352 vom 9.12.2014, S. 1).

12 Richtlinie 2014/65/EU des Europäischen Parlaments und des Rates vom 15. Mai 2014 über Märkte für Finanzinstrumente sowie zur Änderung der Richtlinien 2002/92/EG und 2011/61/EU (ABl. L 173 vom 12.6.2014, S. 349).

13 Verordnung (EU) Nr. 600/2014 des Europäischen Parlaments und des Rates vom 15. Mai 2014 über Märkte für Finanzinstrumente und zur Änderung der Verordnung (EU) Nr. 648/2012 (ABl. L 173 vom 12.6.2014, S. 84).

in schriftlicher Form darauf hinweisen, dass sich dieses Produkt möglicherweise nicht für Kleinanleger eignet, die nicht in der Lage sind, eine solch langfristige und illiquide Verpflichtung einzugehen.

(45) Beim Vertrieb eines ELTIF an Kleinanleger sollte die Verwahrstelle des ELTIF den Bestimmungen der Richtlinie 2009/65/EG in Bezug auf die Einrichtungen, die als Verwahrstellen auftreten dürfen, die Unmöglichkeit des Haftungsausschlusses und die Wiederverwendung von Vermögenswerten entsprechen.

(46) Mit dem Ziel, den Schutz von Kleinanlegern zu stärken, ist in dieser Verordnung außerdem vorgesehen, dass im Fall von Kleinanlegern, deren Portfolio aus Bareinlagen und Finanzinstrumenten, ausgenommen als Sicherheit hinterlegte Finanzinstrumente, 500 000 EUR nicht übersteigt, der Verwalter des ELTIF oder ein Vertreiber, nachdem er einen Eignungstest durchgeführt und angemessene Anlageberatung erbracht hat, dafür sorgen sollte, dass der Kleinanleger insgesamt nicht mehr als 10 % seines Portfolios in ELTIF anlegt und der anfänglich in einem oder mehreren ELTIF angelegte Betrag mindestens 10 000 EUR beträgt.

(47) Im Interesse von mehr Flexibilität kann unter außergewöhnlichen, in den Vertragsbedingungen oder der Satzung eines ELTIF festgelegten Umständen, die Laufzeit des ELTIF verlängert oder verkürzt werden, wenn beispielsweise ein Projekt später oder früher als erwartet abgeschlossen wird, um der langfristigen Investitionsstrategie des ELTIF Rechnung zu tragen.

(48) Die für den ELTIF zuständige Behörde sollte kontinuierlich überprüfen, ob der ELTIF diese Verordnung erfüllt. Da die zuständigen Behörden bereits aufgrund der Richtlinie 2011/61/EU über umfassende Befugnisse verfügen, ist es notwendig, dass diese Befugnisse in Bezug auf diese Verordnung ausgeweitet werden.

(49) Die die durch die Verordnung (EU) Nr. 1095/2010 des Europäischen Parlaments und des Rates ([14]) gegründete Europäische Aufsichtsbehörde (Europäische Wertpapier- und Marktaufsichtsbehörde) (im Folgenden „ESMA") sollte alle im Rahmen der Richtlinie 2011/61/EU übertragenen Befugnisse auch in Bezug auf diese Verordnung ausüben können und mit allen zu diesem Zweck erforderlichen Ressourcen, insbesondere Personalressourcen, ausgestattet werden.

(50) Die ESMA sollte eine zentrale Rolle bei der Anwendung der Vorschriften über ELTIF spielen, indem sie die kohärente Anwendung der Unionsvorschriften durch die zuständigen einzelstaatlichen Behörden sicherstellt. Da die ESMA über hochspezialisiertes Fachwissen im Bereich Wertpapiere und Wertpapiermärkte verfügt, ist es sinnvoll und angemessen, sie mit der Ausarbeitung von Entwürfen für technische Regulierungsstandards, die keine politischen Entscheidungen erfordern, und deren Übermittlung an die Kommission zu beauftragen. Diese technischen Regulierungsstandards sollten die Umstände betreffen, unter denen die Nutzung von Finanzderivaten einzig und allein der Absicherung gegen Risiken dient, die mit den Investitionen verbunden sind, die Umstände unter denen die Laufzeit eines ELTIF lang genug ist, um die Laufzeit jedes einzelnen seiner Vermögenswerte abzudecken, die Merkmale des Zeitplans für die geordnete Veräußerung der Vermögenswerte des ELTIF, die Begriffsbestimmungen und Berechnungsmethoden für vom Anleger zu tragende Kosten, die Darstellung der Kosteninformationen sowie die Ei-

[14] Verordnung (EU) Nr. 1095/2010 des Europäischen Parlaments und des Rates vom 24. November 2010 zur Errichtung einer Europäischen Aufsichtsbehörde (Europäische Wertpapier- und Marktaufsichtsbehörde), zur Änderung des Beschlusses Nr. 716/2009/EG und zur Aufhebung des Beschlusses 2009/77/EG der Kommission (ABl. L 331 vom 15.12.2010, S. 84).

genschaften der Einrichtungen, die ELTIF in jedem Mitgliedstaat, in dem sie Anteile vertreiben wollen, zu erschaffen haben.

(51) Die Richtlinie 95/46/EG des Europäischen Parlaments und des Rates ([15]) und die Verordnung (EG) Nr. 45/2001 des Europäischen Parlaments und des Rates ([16]) sollten auf den Austausch, die Übermittlung und die Verarbeitung personenbezogener Daten für die Zwecke dieser Verordnung uneingeschränkt Anwendung finden.

(52) Da die Ziele dieser Verordnung, nämlich die Schaffung unionsweit einheitlicher Anforderungen für die Anlagen und die Tätigkeit von ELTIF bei umfassender Berücksichtigung der Notwendigkeit, einen Ausgleich zwischen der Sicherheit und Verlässlichkeit von ELTIF und dem effizienten Funktionieren des Marktes für langfristige Finanzierungen sowie den Kosten für die einzelnen Interessenträger zu schaffen, von den Mitgliedstaaten nicht ausreichend verwirklicht werden können, sondern wegen ihres Umfangs und ihrer Wirkungen auf Unionsebene besser zu verwirklichen sind, kann die Union im Einklang mit dem in Artikel 5 des Vertrags über die Europäische Union verankerten Subsidiaritätsprinzip tätig werden. Entsprechend dem in demselben Artikel genannten Grundsatz der Verhältnismäßigkeit geht diese Verordnung nicht über das für die Verwirklichung dieser Ziele erforderliche Maß hinaus.

(53) Diese Verordnung steht im Einklang mit den Grundrechten und Grundsätzen, die insbesondere mit der Charta der Grundrechte der Europäischen Union anerkannt wurden, vor allem mit dem Verbraucherschutz, der unternehmerischen Freiheit, dem Recht auf Rechtsbehelfe und ein faires Verfahren, dem Schutz personenbezogener Daten und dem Zugang zu Dienstleistungen von allgemeinem wirtschaftlichen Interesse. Diese Verordnung ist unter Wahrung dieser Rechte und Grundsätze anzuwenden –

HABEN FOLGENDE VERORDNUNG ERLASSEN:

KAPITEL I
ALLGEMEINE BESTIMMUNGEN

Artikel 1
Gegenstand und Ziel

(1) Diese Verordnung legt einheitliche Vorschriften für die Zulassung, die Anlagepolitik und die Bedingungen für die Tätigkeit von alternativen Investmentfonds mit Sitz in der Union (im Folgenden „EU-AIF“) oder EU-AIF-Teilfonds fest, die in der Union als europäische langfristige Investmentfonds (im Folgenden „ELTIF“) vertrieben werden.

(2) Ziel dieser Verordnung ist es, im Einklang mit dem Unionsziel eines intelligenten, nachhaltigen und integrativen Wachstums Kapital zu beschaffen und langfristigen europäischen Investitionen in der Realwirtschaft zuzuführen.

(3) Die Mitgliedstaaten sehen in dem unter diese Verordnung fallenden Bereich keine weiteren Anforderungen vor.

---

15 Richtlinie 95/46/EG des Europäischen Parlaments und des Rates vom 24. Oktober 1995 zum Schutz natürlicher Personen bei der Verarbeitung personenbezogener Daten und zum freien Datenverkehr (ABl. L 281 vom 23.11.1995, S. 31).

16 Verordnung (EG) Nr. 45/2001 des Europäischen Parlaments und des Rates vom 18. Dezember 2000 zum Schutz natürlicher Personen bei der Verarbeitung personenbezogener Daten durch die Organe und Einrichtungen der Gemeinschaft und zum freien Datenverkehr (ABl. L 8 vom 12.1.2001, S. 1).

Artikel 2
Begriffsbestimmungen

Für die Zwecke dieser Verordnung bezeichnet der Ausdruck

1. „Kapital" das aggregierte eingebrachte Kapital und das noch nicht eingeforderte zugesagte Kapital, berechnet auf der Grundlage der Beträge, die nach Abzug sämtlicher direkt oder indirekt von den Anlegern getragenen Gebühren, Kosten und Aufwendungen für Anlagen zur Verfügung stehen;
2. „professioneller Anleger" einen Anleger, der als professioneller Kunde betrachtet wird oder auf Antrag als professioneller Kunde gemäß Anhang II der Richtlinie 2014/65/EU behandelt werden kann;
3. „Kleinanleger" einen Anleger, der kein professioneller Anleger ist;
4. „Eigenkapital" die Beteiligung an einem qualifizierten Portfoliounternehmen in Form von Anteilen oder anderen für seine Anleger begebenen Formen der Beteiligung am Kapital des qualifizierten Portfoliounternehmens;
5. „eigenkapitalähnliches Instrument" jede Art von Finanzinstrument, bei dem die Rendite sich nach dem Gewinn oder Verlust des qualifizierten Portfoliounternehmens bemisst und bei dem die Rückzahlung des Instruments bei einer Zahlungsunfähigkeit nicht vollständig gesichert ist;
6. „Sachwert" einen Vermögenswert, der aufgrund seiner Beschaffenheit und seiner Eigenschaften einen Wert hat und eine Rendite abwerfen kann; diese Begriffsbestimmung umfasst Infrastruktur und andere Vermögenswerte, die einen wirtschaftlichen oder sozialen Nutzen wie Bildung, Beratung, Forschung und Entwicklung ermöglichen; gewerbliche Immobilien oder Wohngebäude zählen nur dann zu den Sachwerten, wenn sie ein wesentliches oder sekundäres Element eines langfristigen Investitionsprojekts sind, das zu dem Unionsziel eines intelligenten, nachhaltigen und integrativen Wachstums beiträgt;
7. „Finanzunternehmen" eines der folgenden Unternehmen:
   a) ein Kreditinstitut im Sinne von Artikel 4 Absatz 1 Nummer 1 der Verordnung (EU) Nr. 575/2013 des Europäischen Parlaments und des Rates ([17]);
   b) eine Wertpapierfirma im Sinne von Artikel 4 Absatz 1 Nummer 1 der Richtlinie 2014/65/EU;
   c) ein Versicherungsunternehmen im Sinne von Artikel 13 Nummer 1 der Richtlinie 2009/138/EG des Europäischen Parlaments und des Rates ([18]);
   d) eine Finanzholdinggesellschaft im Sinne von Artikel 4 Absatz 1 Nummer 20 der Verordnung (EU) Nr. 575/2013;
   e) eine gemischte Finanzholdinggesellschaft im Sinne von Artikel 4 Absatz 1 Nummer 22 der Verordnung (EU) Nr. 575/2013;
   f) eine Verwaltungsgesellschaft im Sinne von Artikel 2 Absatz 1 Buchstabe b der Richtlinie 2009/65/EG,
   g) ein AIFM im Sinne von Artikel 4 Absatz 1 Buchstabe b der Richtlinie 2011/61/EU.

[17] Verordnung (EU) Nr. 575/2013 des Europäischen Parlaments und des Rates vom 26. Juni 2013 über Aufsichtsanforderungen an Kreditinstitute und Wertpapierfirmen und zur Änderung der Verordnung (EU) Nr. 648/2012 (ABl. L 176 vom 27.6.2013, S. 1).

[18] Richtlinie 2009/138/EG des Europäischen Parlaments und des Rates vom 25. November 2009 betreffend die Aufnahme und Ausübung der Versicherungs- und der Rückversicherungstätigkeit (Solvabilität II) (ABl. L 335 vom 17.12.2009, S. 1).

8. „EU-AIF“ einen EU-AIF im Sinne von Artikel 4 Absatz 1 Buchstabe k der Richtlinie 2011/61/EU;
9. „EU-AIFM“ einen EU-AIFM im Sinne von Artikel 4 Absatz 1 Buchstabe l der Richtlinie 2011/61/EU;
10. „für den ELTIF zuständige Behörde“ die zuständige Behörde des EU-AIF im Sinne von Artikel 4 Absatz l Buchstabe h der Richtlinie 2011/61/EU;
11. „Herkunftsmitgliedstaat des ELTIF“ den Mitgliedstaat, in dem der ELTIF zugelassen wird;
12. „Verwalter des ELTIF“ den zugelassenen EU-AIFM, der für die Verwaltung eines ELTIF oder des intern verwalteten ELTIF, wenn die Rechtsform des ELTIF eine interne Verwaltung zulässt und kein externer AIFM ernannt wurde, bestellt wurde;
13. „für den Verwalter des ELTIF zuständige Behörde“ die zuständige Behörde des Herkunftsmitgliedstaats des AIFM im Sinne von Artikel 4 Absatz 1 Buchstabe q der Richtlinie 2011/61/EU;
14. „Wertpapierverleihgeschäfte“ und „Wertpapierleihgeschäfte“ Geschäfte, durch die eine Gegenpartei Wertpapiere in Verbindung mit der Verpflichtung überträgt, dass die die Papiere entleihende Partei zu einem späteren Zeitpunkt oder auf Ersuchen der übertragenden Partei gleichwertige Papiere zurückgibt, wobei es sich für die übertragende Gegenpartei um ein Wertpapierverleihgeschäft und für die die Übertragung empfangende Gegenpartei um ein Wertpapierleihgeschäft handelt;
15. „Pensionsgeschäft“ ein Pensionsgeschäft im Sinne von Artikel 4 Absatz 1 Nummer 83 der Verordnung (EU) Nr. 575/2013;
16. „Finanzinstrument“ eines der in Anhang I Abschnitt C der Richtlinie 2014/65/EU genannten Finanzinstrumente;
17. „Leerverkäufe“ eine Tätigkeit im Sinne von Artikel 2 Absatz 1 Buchstabe b der Verordnung (EU) Nr. 236/2012 des Europäischen Parlaments und des Rates ([19]);
18. „geregelter Markt“ einen geregelten Markt im Sinne von Artikel 4 Absatz 1 Nummer 21 der Richtlinie 2014/65/EU;
19. „multilaterales Handelssystem“ ein multilaterales Handelssystem im Sinne von Artikel 4 Absatz 1 Nummer 22 der Richtlinie 2014/65/EU.

Artikel 3
Zulassung und öffentliches Zentralregister

(1) Ein ELTIF darf nur dann in der Union vertrieben werden, wenn er gemäß dieser Verordnung zugelassen wurde. Die Zulassung als ELTIF gilt in allen Mitgliedstaaten.

(2) Die Zulassung als ELTIF kann nur von EU-AIF beantragt und nur diesen erteilt werden.

(3) Die für die ELTIF zuständigen Behörden unterrichten die ESMA vierteljährlich über die Zulassungen, die gemäß dieser Verordnung erteilt oder entzogen werden.

Die ESMA führt ein öffentliches Zentralregister, in dem jeder nach dieser Verordnung zugelassene ELTIF, der Verwalter des ELTIF und die für den ELTIF zuständige Behörde erfasst sind. Das Register wird in elektronischer Form zugänglich gemacht.

[19] Verordnung (EU) Nr. 236/2012 des Europäischen Parlaments und des Rates vom 14. März 2012 über Leerverkäufe und bestimmte Aspekte von Credit Default Swaps (ABl. L 86 vom 24.3.2012, S. 1).

Artikel 4
Bezeichnung und Verbot der Umwandlung

(1) Die Bezeichnung „ELTIF“ oder „europäischer langfristiger Investmentfonds“ in Bezug auf einen Organismus für gemeinsame Anlagen oder die von ihm aufgelegten Anteile darf nur verwendet werden, wenn der Organismus für gemeinsame Anlagen gemäß dieser Verordnung zugelassen wurde.

(2) ELTIF dürfen sich nicht in einen dieser Verordnung nicht unterliegenden Organismus für gemeinsame Anlagen umwandeln.

Artikel 5
Antrag auf Zulassung als ELTIF

(1) Ein Antrag auf Zulassung als ELTIF ist bei der für den ELTIF zuständigen Behörde zu stellen.

Der Antrag auf Zulassung als ELTIF umfasst Folgendes:

a) die Vertragsbedingungen oder Satzung des Fonds;
b) Angaben zur Identität des vorgeschlagenen Verwalters des ELTIF sowie zu seinen gegenwärtigen und früheren Erfahrungen und bisherigen Tätigkeiten im Bereich der Fondsverwaltung;
c) Angaben zur Identität der Verwahrstelle;
d) Beschreibung der Informationen, die den Anlegern zur Verfügung gestellt werden sollen, einschließlich einer Beschreibung der Regelungen für die Behandlung der Beschwerden von Kleinanlegern.

Die für den ELTIF zuständige Behörde kann Klarstellungen und Informationen bezüglich der gemäß Unterabsatz 2 bereitgestellten Unterlagen und Informationen verlangen.

(2) Nur ein gemäß der Richtlinie 2011/61/EU zugelassener EU-AIFM darf bei der für den ELTIF zuständigen Behörde die Genehmigung zur Verwaltung eines ELTIF beantragen, für den gemäß Absatz 1 ein Antrag auf Zulassung gestellt wurde. Wenn die für den ELTIF zuständige Behörde gleichzeitig die für den EU-AIFM zuständige Behörde ist, ist in einem solchen Antrag auf Genehmigung auf die für die Zulassung gemäß der Richtlinie 2011/61/EU eingereichten Unterlagen zu verweisen.

Ein Antrag auf Genehmigung zur Verwaltung eines ELTIF umfasst Folgendes:

a) die schriftliche Vereinbarung mit der Verwahrstelle;
b) Angaben zu Übertragungsvereinbarungen betreffend das Portfolio- und Risikomanagement und die Verwaltung in Bezug auf den ELTIF;
c) Informationen über die Anlagestrategien, das Risikoprofil und andere Merkmale der AIF, für deren Verwaltung der EU-AIFM zugelassen ist.

Die für den ELTIF zuständige Behörde kann von der für den EU-AIFM zuständigen Behörde in Bezug auf die in Unterabsatz 2 genannten Unterlagen Klarstellungen und Informationen oder eine Bescheinigung darüber verlangen, ob der ELTIF in den Geltungsbereich der Zulassung fällt, die dem EU-AIFM für die Verwaltung von AIF erteilt wurde. Die für den EU-AIFM zuständige Behörde antwortet innerhalb von zehn Arbeitstagen nach Erhalt des Ersuchens der für den ELTIF zuständigen Behörde.

(3) Antragsteller werden innerhalb von zwei Monaten nach Einreichung eines vollständigen Antrags darüber informiert, ob die Zulassung als ELTIF einschließlich der Genehmigung für den EU-AIFM zur Verwaltung des ELTIF erteilt wurde.

(4) Nachträgliche Änderungen an den in den Absätzen 1 und 2 genannten Unterlagen werden der für den ELTIF zuständigen Behörde umgehend angezeigt.

(5) Abweichend von den Absätzen 1 und 2 beantragt ein EU-AIF, dessen Rechtsform eine interne Verwaltung erlaubt und dessen Leitungsgremium nicht beschließt, einen externen AIFM zu bestellen, gleichzeitig die Zulassung als ELTIF nach dieser Verordnung und als AIFM nach der Richtlinie 2011/61/EU.

Unbeschadet des Artikels 7 der Richtlinie 2011/61/EU umfasst der Antrag auf Zulassung als intern verwalteter ELTIF Folgendes:
a) die Vertragsbedingungen oder Satzung des Fonds;
b) eine Beschreibung der Informationen, die den Anlegern zur Verfügung gestellt werden sollen, einschließlich einer Beschreibung der Regelungen für die Behandlung der Beschwerden von Kleinanlegern.

Abweichend von Absatz 3 wird ein intern verwalteter EU-AIF innerhalb von drei Monaten nach Einreichung eines vollständigen Antrags darüber informiert, ob die Zulassung als ELTIF erteilt wurde.

Artikel 6
Voraussetzungen für die Zulassung als ELTIF

(1) Ein EU-AIF wird nur dann als ELTIF zugelassen, wenn die für ihn zuständige Behörde
a) sich davon überzeugt hat, dass der EU-AIF alle Anforderungen dieser Verordnung erfüllen kann;
b) den Antrag eines nach der Richtlinie 2011/61/EU zugelassenen EU-AIFM auf Verwaltung des ELTIF, die Vertragsbedingungen oder die Satzung des Fonds und die Wahl der Verwahrstelle genehmigt hat.

(2) Wenn ein EU-AIF einen Antrag gemäß Artikel 5 Absatz 5 dieser Verordnung stellt, lässt die zuständige Behörde den EU-AIF nur zu, wenn sie sich davon überzeugt hat, dass der EU-AIF den Anforderungen dieser Verordnung und der Richtlinie 2011/61/EU bezüglich der Zulassung eines EU-AIFM entspricht.

(3) Die für den ELTIF zuständige Behörde kann den Antrag eines EU-AIFM auf Verwaltung eines ELTIF nur ablehnen, wenn der EU-AIFM:
a) nicht dieser Verordnung entspricht;
b) nicht der Richtlinie 2011/61/EU entspricht;
c) nicht von der für ihn zuständigen Behörde zur Verwaltung von AIF zugelassen wurde, die Anlagestrategien jener Art verfolgen, die unter diese Verordnung fallen; oder
d) nicht die in Artikel 5 Absatz 2 genannten Unterlagen oder die darin geforderten Klarstellungen und Informationen übermittelt hat.

Bevor ein Antrag abgelehnt wird, hört die für den ELTIF zuständige Behörde die für den EU-AIFM zuständige Behörde an.

(4) Die für den ELTIF zuständige Behörde erteilt die Zulassung als ELTIF nicht an einen EU-AIF, der einen Antrag auf Zulassung gestellt hat, wenn dieser seine Anteile aus rechtlichen Gründen nicht in seinem Herkunftsmitgliedstaat vertreiben darf.

(5) Die für den ELTIF zuständige Behörde teilt dem EU-AIF den Grund für die Ablehnung der Zulassung als ein ELTIF mit.

(6) Ein Antrag, der unter diesem Kapitel abgelehnt wurde, darf nicht bei den zuständigen Behörden anderer Mitgliedstaaten erneut eingereicht werden.

(7) Die Zulassung als ein ELTIF wird weder an die Auflage geknüpft, dass der ELTIF von einem im Herkunftsmitgliedstaat des ELTIF zugelassenen EU-AIFM verwaltet wird, noch daran, dass der EU-AIFM im Herkunftsmitgliedstaat des ELTIF Tätigkeiten ausübt oder überträgt.

Artikel 7
Anwendbare Vorschriften und Haftung

(1) Ein ELTIF erfüllt jederzeit die Bestimmungen der vorliegenden Verordnung.

(2) Ein ELTIF und der Verwalter des ELTIF befolgen jederzeit die Richtlinie 2011/61/EU.

(3) Der Verwalter des ELTIF ist dafür verantwortlich, die Befolgung dieser Verordnung sicherzustellen, und haftet auch gemäß der Richtlinie 2011/61/EU für Verstöße gegen diese Verordnung. Der Verwalter des ELTIF haftet zudem für Schäden und Verluste, die durch die Nichteinhaltung dieser Verordnung entstehen.

KAPITEL II
VERPFLICHTUNGEN IN BEZUG AUF DIE ANLAGEPOLITIK VON ELTIF

ABSCHNITT 1
Allgemeine Vorschriften und zulässige Vermögenswerte

Artikel 8
Teilfonds

Umfasst ein ELTIF mehr als einen Teilfonds, so wird für die Zwecke dieses Kapitels jeder Teilfonds als eigener ELTIF angesehen.

Artikel 9
Zulässige Anlagen

(1) Im Einklang mit den in Artikel 1 Absatz 2 angegebenen Zielen investiert ein ELTIF ausschließlich in die nachstehend genannten Vermögenswertkategorien, und zwar ausschließlich unter den in dieser Verordnung festgelegten Bedingungen:

a) zulässige Anlagevermögenswerte;
b) die in Artikel 50 Absatz 1 der Richtlinie 2009/65/EG genannten Vermögenswerte.

(2) Ein ELTIF tätigt keines der folgenden Geschäfte:

a) Leerverkäufe von Vermögenswerten;
b) direktes oder indirektes Engagement in Rohstoffen, einschließlich über Finanzderivate, Rohstoffe repräsentierende Zertifikate, auf Rohstoffen beruhende Indizes oder sonstige Mittel oder Instrumente, die ein solches Engagement ergäben;
c) Wertpapierverleih- oder Wertpapierleihgeschäfte, Pensionsgeschäfte oder andere Geschäfte, die vergleichbare wirtschaftliche Auswirkungen haben und ähnliche Risiken darstellen, wenn davon mehr als 10 % der Vermögenswerte des ELTIF betroffen sind;
d) Einsatz von Finanzderivaten außer in Fällen, in denen der Gebrauch solcher Instrumente einzig und allein der Absicherung der mit anderen Anlagen des ELTIF verbundenen Risiken dient.

(3) Um für die einheitliche Anwendung dieses Artikels zu sorgen, arbeitet die ESMA nach Durchführung einer öffentlichen Anhörung Entwürfe technischer Regulierungsstandards aus, in denen Kriterien festgelegt werden, anhand deren festgestellt werden kann, wann die Nutzung von Finanzderivaten einzig und allein der Absicherung gegen Risiken dient, die mit den Investitionen im Sinne von Absatz 2 Buchstabe d verbunden sind.

Die ESMA legt diese Entwürfe technischer Regulierungsstandards bis zum 9. September 2015 der Kommission vor.

Der Kommission wird die Befugnis übertragen, die in Unterabsatz 1 genannten technischen Regulierungsstandards gemäß den Artikeln 10 bis 14 der Verordnung (EU) Nr. 1095/2010 zu erlassen.

Artikel 10
Zulässige Anlagevermögenswerte

Ein in Artikel 9 Absatz 1 Buchstabe a genannter Vermögenswert ist als Anlage eines ELTIF nur zulässig, wenn er unter eine der folgenden Kategorien fällt:

a) Eigenkapital- oder eigenkapitalähnliche Instrumente, die
   i) von einem qualifizierten Portfoliounternehmen begeben werden und die der ELTIF vom qualifizierten Portfoliounternehmen oder von einem Dritten über den Sekundärmarkt erwirbt;
   ii) von einem qualifizierten Portfoliounternehmen im Austausch für ein Eigenkapitalinstrument oder eigenkapitalähnliches Instrument begeben werden, das der ELTIF zuvor vom qualifizierten Portfoliounternehmen oder von einem Dritten über den Sekundärmarkt erworben hat;
   iii) von einem Unternehmen, dessen in Mehrheitsbesitz befindliche Tochtergesellschaft das qualifizierte Portfoliounternehmen ist, im Austausch für ein Eigenkapitalinstrument oder eigenkapitalähnliches Instrument begeben werden, das der ELTIF gemäß den Ziffern i oder ii vom qualifizierten Portfoliounternehmen oder von einem Dritten über den Sekundärmarkt erworben hat;

b) von einem qualifizierten Portfoliounternehmen begebene Schuldtitel;

c) vom ELTIF an ein qualifiziertes Portfoliounternehmen gewährte Kredite mit einer Laufzeit, die die Laufzeit des ELTIF nicht übersteigt;

d) Anteile eines oder mehrerer anderer ELTIF, EuVECA und EuSEF, sofern diese ELTIF, EuVECA und EuSEF nicht selbst mehr als 10 % ihres Kapitals in ELTIF investiert haben;

e) direkte Beteiligungen oder indirekte Beteiligungen über qualifizierte Portfoliounternehmen an einzelnen Sachwerten im Wert von mindestens 10 000 000 EUR oder dem Äquivalent in der Währung, in der die Ausgabe getätigt wird, zu dem zum Zeitpunkt der Ausgabe geltenden Kurs.

Artikel 11
Qualifiziertes Portfoliounternehmen

(1) Ein in Artikel 10 genanntes qualifiziertes Portfoliounternehmen ist ein Portfoliounternehmen, bei dem es sich nicht um einen Organismus für gemeinsame Anlagen handelt und das die nachstehend genannten Anforderungen erfüllt:

a) es ist kein Finanzunternehmen;

b) es ist ein Unternehmen, das:

i) nicht zum Handel an einem geregelten Markt oder in einem multilateralen Handelssystem zugelassen ist; oder
ii) zum Handel an einem regulierten Markt oder in einem multilateralen Handelssystem zugelassen ist und gleichzeitig eine Marktkapitalisierung von höchstens 500 000 000 EUR hat;

c) es hat seine Niederlassung in einem Mitgliedstaat oder einem Drittland, sofern das Drittland
i) von der Arbeitsgruppe „Bekämpfung der Geldwäsche und der Terrorismusfinanzierung" nicht als nicht kooperatives Hochrisikoland eingestuft wird;
ii) mit dem Herkunftsmitgliedstaat des Verwalters des ELTIF sowie mit jedem anderen Mitgliedstaat, in dem die Anteile des ELTIF vertrieben werden sollen, eine Vereinbarung unterzeichnet hat, die sicherstellen soll, dass das Drittland den in Artikel 26 des OECD-Musterabkommens zur Vermeidung der Doppelbesteuerung von Einkommen und Vermögen festgelegten Standards in vollem Umfang entspricht und für einen wirksamen Informationsaustausch in Steuerangelegenheiten sorgt, einschließlich multilateraler Steuerabkommen.

(2) Abweichend von Absatz 1 Buchstabe a dieses Artikels kann ein qualifiziertes Portfoliounternehmen ein Finanzunternehmen sein, das ausschließlich die in Absatz 1 dieses Artikels genannten qualifizierten Portfoliounternehmen oder die in Artikel 10 Buchstabe e genannten Sachwerte finanziert.

Artikel 12
Interessenkonflikt

Ein ELTIF investiert nicht in zulässige Anlagevermögenswerte, an denen der Verwalter des ELTIF eine direkte oder indirekte Beteiligung hält oder übernimmt, es sei denn, diese Beteiligung geht nicht über das Halten von Anteilen der von ihm verwalteten ELTIF, EuSEF oder EuVECA hinaus.

ABSCHNITT 2
Bestimmungen zur Anlagepolitik

Artikel 13
Portfoliozusammensetzung und Diversifizierung

(1) Ein ELTIF investiert mindestens 70 % seines Kapitals in zulässige Anlagevermögenswerte.

(2) Ein ELTIF investiert höchstens

a) 10 % seines Kapitals in Instrumente, die von ein und demselben qualifizierten Portfoliounternehmen begeben werden, oder Kredite, die ein und demselben qualifizierten Portfoliounternehmen gewährt wurden;
b) 10 % seines Kapitals direkt oder indirekt in einen einzigen Sachwert;
c) 10 % seines Kapitals in Anteile eines einzigen ELTIF, EuVECA oder EuSEF;
d) 5 % seines Kapitals in die in Artikel 9 Absatz 1 Buchstabe b genannten Vermögenswerte, wenn diese Vermögenswerte von einer einzigen Stelle begeben wurden.

(3) Der Wert der in einem ELTIF-Portfolio enthaltenen Anteile an ELTIF, EuVECA und EuSEF darf zusammengenommen nicht über 20 % des Werts des Kapitals des ELTIF hinausgehen.

(4) Das Engagement eines ELTIF gegenüber einer Gegenpartei darf bei Geschäften mit OTC-Derivaten, Pensionsgeschäften oder umgekehrten Pensionsgeschäften zusammengenommen nicht mehr als 5 % des Wertes des Kapitals des ELTIF ausmachen.

(5) Abweichend von Absatz 2 Buchstaben a und b kann ein ELTIF die dort genannte Obergrenze von 10 % auf 20 % anheben, sofern der Wert seiner Vermögenswerte in qualifizierte Portfoliounternehmen und einzelne Sachwerte, in die er mehr als 10 % seines Kapitals investiert, nicht über 40 % des Werts des Kapitals des ELTIF hinausgeht.

(6) Abweichend von Absatz 2 Buchstabe d kann ein ELTIF die darin genannte Obergrenze von 5 % auf 25 % anheben, wenn die Schuldverschreibungen von einem Kreditinstitut mit Sitz in einem Mitgliedstaat begeben werden, das aufgrund gesetzlicher Vorschriften zum Schutz der Inhaber von Schuldverschreibungen einer besonderen öffentlichen Aufsicht unterliegt. Insbesondere werden die Erträge aus der Emission dieser Schuldverschreibungen gemäß den gesetzlichen Vorschriften in Vermögenswerten angelegt, die während der gesamten Laufzeit der Schuldverschreibungen die sich daraus ergebenden Verbindlichkeiten ausreichend decken und vorrangig für die bei der Zahlungsunfähigkeit des Emittenten fällig werdende Rückzahlung des Kapitals und die Zahlung der Zinsen bestimmt sind.

(7) Gesellschaften, die zur Erstellung des konsolidierten Abschlusses im Sinne der Richtlinie 2013/34/EU des Europäischen Parlaments und des Rates ([20]) oder nach anerkannten internationalen Rechnungslegungsvorschriften in die Unternehmensgruppe einbezogen werden, werden für die Berechnung der in den Absätzen 1 bis 6 genannten Obergrenzen als ein einziges Portfoliounternehmen oder eine einzige Stelle angesehen.

Artikel 14
Berichtigung von Anlagepositionen

Wenn bei einem ELTIF gegen die Diversifizierungsanforderungen nach Artikel 13 Absätze 2 bis 6 verstoßen wird und der Verstoß außerhalb der Kontrolle des Verwalters des ELTIF liegt, ergreift der Verwalter des ELTIF innerhalb eines angemessenen Zeitraums die notwendigen Maßnahmen zur Berichtigung von Anlagepositionen, wobei er die Interessen der Anleger des ELTIF angemessen berücksichtigt.

Artikel 15
Konzentration

(1) Ein ELTIF darf nicht mehr als 25 % der Anteile eines einzigen ELTIF, EuVECA oder EuSEF erwerben.

(2) Die in Artikel 56 Absatz 2 der Richtlinie 2009/65/EG festgelegten Obergrenzen gelten für Anlagen in die in Artikel 9 Absatz 1 Buchstabe b dieser Verordnung genannten Vermögenswerte.

---

[20] Richtlinie 2013/34/EU des Europäischen Parlaments und des Rates vom 26. Juni 2013 über den Jahresabschluss, den konsolidierten Abschluss und damit verbundene Berichte von Unternehmen bestimmter Rechtsformen und zur Änderung der Richtlinie 2006/43/EG des Europäischen Parlaments und des Rates und zur Aufhebung der Richtlinien 78/660/EWG und 83/349/EWG des Rates (ABl. L 182 vom 29.6.2013, S. 19).

Artikel 16
Barkreditaufnahme

(1) Ein ELTIF kann einen Barkredit aufnehmen, sofern diese Kreditaufnahme sämtliche nachstehend genannten Voraussetzungen erfüllt:

a) sie geht nicht über 30 % des Wertes des Kapitals des ELTIF hinaus;
b) sie dient der Investition in zulässige Anlagevermögenswerte, ausgenommen Kredite im Sinne von Artikel 10 Buchstabe c, vorausgesetzt, dass der Bestand des ELTIF an Barmitteln und Barmitteläquivalenten nicht ausreicht, um die betreffende Investition zu tätigen;
c) sie lautet auf die gleiche Währung wie die Vermögenswerte, die mit den aufgenommenen Barmitteln erworben werden sollen;
d) die Kreditlaufzeit ist nicht länger als die Laufzeit des ELTIF;
e) sie belastet Vermögenswerte, die nicht mehr als 30 % des Wertes des Kapitals des ELTIF ausmachen.

(2) Der Verwalter des ELTIF gibt im Prospekt des ELTIF an, ob er beabsichtigt, als Teil seiner Anlagestrategie Barkredite aufzunehmen oder nicht.

Artikel 17
Anwendung der Vorschriften zu Portfoliozusammensetzung und Diversifizierung

(1) Die in Artikel 13 Absatz 1 festgelegte Anlagegrenze

a) gilt ab dem in den Vertragsbedingungen oder der Satzung des ELTIF genannten Datum;
b) gilt nicht mehr, sobald der ELTIF mit der Veräußerung der Vermögenswerte beginnt, um die Anteile seiner Anleger nach Ende der Laufzeit des ELTIF zurücknehmen zu können;
c) wird bei einer zusätzlichen Kapitalaufnahme des ELTIF oder einer Verringerung seines vorhandenen Kapitals vorübergehend ausgesetzt, solange diese Aussetzung nicht länger als zwölf Monate dauert.

Das unter Unterabsatz 1 Buchstabe a genannte Datum berücksichtigt die Eigenschaften und Merkmale der Vermögenswerte, in die der ELTIF investieren wird, und liegt entweder nicht später als fünf Jahre nach Zulassung des ELTIF oder nach Verstreichen der Hälfte der Laufzeit des ELTIF im Einklang mit Artikel 18 Absatz 3, je nachdem, was früher eintritt. Unter außergewöhnlichen Umständen kann die für den ELTIF zuständige Behörde eine höchstens einjährige Verlängerung dieser Frist genehmigen, wenn ein ausreichend begründeter Anlageplan vorgelegt wird.

(2) Hat der ELTIF in einen langfristigen Vermögenswert investiert, der von einem qualifizierten Portfoliounternehmen begeben wird, das die Anforderungen von Artikel 11 Absatz 1 Buchstabe b nicht mehr erfüllt, kann der langfristige Vermögenswert ab dem Zeitpunkt, zu dem das qualifizierte Portfoliounternehmen die Anforderungen von Artikel 11 Absatz 1 Buchstabe b nicht mehr erfüllt, noch höchstens drei Jahre lang in die Berechnung der in Artikel 13 Absatz 1 genannten Investitionsgrenze einbezogen werden.

KAPITEL III
RÜCKNAHME VON, HANDEL MIT UND AUSGABE VON ANTEILEN AN EINEM ELTIF SOWIE ERTRAGSAUSSCHÜTTUNG UND KAPITAL-RÜCKZAHLUNG

Artikel 18
Rücknahmegrundsätze und Laufzeit von ELTIF

(1) Die Anleger eines ELTIF können die Rücknahme ihrer Anteile nicht vor Ende der Laufzeit des ELTIF beantragen. Anteilsrücknahmen sind ab dem auf das Laufzeitende des ELTIF folgenden Tag möglich.

In den Vertragsbedingungen oder der Satzung des ELTIF wird eindeutig ein konkretes Datum für das Ende der Laufzeit des ELTIF angegeben, und es kann das Recht auf eine einstweilige Verlängerung der Laufzeit des ELTIF – einschließlich der Bedingungen für die Wahrnehmung eines solchen Rechts – angegeben werden.

In den Vertragsbedingungen oder der Satzung des ELTIF und in den Bekanntmachungen für Anleger werden die Verfahren für die Rücknahme von Anteilen und die Veräußerung von Vermögenswerten festgelegt, und es wird unmissverständlich darauf hingewiesen, dass die Anteilsrücknahme am Tag nach dem Ende der Laufzeit des ELTIF beginnt.

(2) Abweichend von Absatz 1 kann in den Vertragsbedingungen oder der Satzung des ELTIF die Möglichkeit von Rücknahmen vor Ende der Laufzeit des ELTIF vorgesehen werden, sofern sämtliche folgenden Bedingungen erfüllt sind:

a) Rücknahmen werden nicht vor dem in Artikel 17 Absatz 1 Buchstabe a angegebenen Datum gewährt.

b) Zum Zeitpunkt der Zulassung und während der gesamten Laufzeit des ELTIF kann der Verwalter des ELTIF den zuständigen Behörden nachweisen, dass es ein angemessenes Liquiditätsmanagementsystem und wirksame Verfahren für die Überwachung der Liquiditätsrisiken des ELTIF gibt, die mit der langfristigen Anlagestrategie des ELTIF und der geplanten Rücknahmeregelung vereinbar sind.

c) Der Verwalter des ELTIF legt eine definierte Rücknahmeregelung dar, in der klar angegeben ist, in welchen Zeiträumen die Anleger Rücknahmen beantragen können.

d) Durch die Rücknahmeregelung des ELTIF wird sichergestellt, dass die Gesamtmenge aller Rücknahmen innerhalb eines bestimmten Zeitraums auf einen Prozentsatz der Vermögenswerte des ELTIF im Sinne von Artikel 9 Absatz 1 Buchstabe b begrenzt ist. Dieser Prozentsatz wird an die vom Verwalter des ELTIF mitgeteilte Liquiditätsmanagement- und Anlagestrategie angepasst.

e) Durch die Rücknahmeregelung des ELTIF wird sichergestellt, dass Anleger fair behandelt werden und Rücknahmen anteilig gewährt werden, wenn die Anzahl der Anträge auf Rücknahme innerhalb eines bestimmten Zeitraums den unter Buchstabe d dieses Absatzes genannten Prozentsatz überschreiten.

(3) Die Laufzeit eines ELTIF ist der Langfristigkeit des ELTIF angemessen und ist lang genug, um die Laufzeit eines jeden seiner Vermögenswerte abzudecken, der anhand des Illiquiditätsprofils und der wirtschaftlichen Laufzeit des Vermögenswerts bewertet wird, und um die Erreichung des erklärten ELTIF-Anlageziels zu ermöglichen.

(4) Die Anleger können die Liquidation eines ELTIF beantragen, wenn ihren gemäß der Rücknahmeregelung des ELTIF vorgebrachten Rücknahmeforderungen nicht innerhalb eines Jahres nach dem Datum der Antragstellung entsprochen wurde.

(5) Die Anleger haben stets die Option einer Barrückzahlung.

(6) Eine Rückzahlung in Sachwerten aus den Vermögenswerten eines ELTIF ist nur möglich, wenn sämtliche der folgenden Voraussetzungen erfüllt sind:

a) In den Vertragsbedingungen oder der Satzung des ELTIF ist diese Möglichkeit vorgesehen, vorausgesetzt, dass alle Anleger fair behandelt werden;
b) der Anleger bittet schriftlich um Rückzahlung in Form eines Anteils an den Vermögenswerten des ELTIF;
c) die Übertragung dieser Vermögenswerte wird durch keinerlei spezielle Vorschrift eingeschränkt.

(7) Die ESMA erstellt Entwürfe technischer Regulierungsstandards, in denen festgelegt wird, unter welchen Umständen die Laufzeit eines ELTIF als lang genug erachtet wird, um die Laufzeit jedes einzelnen Vermögenswerts des ELTIF gemäß Absatz 3 abzudecken.

Die ESMA legt diese Entwürfe technischer Regulierungsstandards bis zum 9. September 2015 der Kommission vor.

Der Kommission wird die Befugnis übertragen, die in Unterabsatz 1 genannten technischen Regulierungsstandards gemäß den Artikeln 10 bis 14 der Verordnung (EU) Nr. 1095/2010 zu erlassen.

Artikel 19
Sekundärmarkt

(1) Weder die Vertragsbedingungen noch die Satzung eines ELTIF verhindern die Zulassung von Anteilen an ELTIF zum Handel an einem geregelten Markt oder in einem multilateralen Handelssystem.

(2) Weder die Vertragsbedingungen noch die Satzung eines ELTIF hindern die Anleger daran, ihre Anteile ungehindert auf Dritte zu übertragen, außer auf den Verwalter des ELTIF.

(3) Ein ELTIF veröffentlicht in seinen regelmäßigen Berichten den Marktwert seiner börsennotierten Anteile sowie den Nettoinventarwert pro Anteil.

(4) Bei einer wesentlichen Änderung des Wertes eines Vermögenswerts unterrichtet der Verwalter des ELTIF die Anleger in seinen regelmäßigen Berichten darüber.

Artikel 20
Ausgabe neuer Anteile

(1) Ein ELTIF kann gemäß seinen Vertragsbedingungen oder seiner Satzung neue Anteile ausgeben.

(2) Ein ELTIF gibt neue Anteile nur dann unter dem Nettoinventarwert aus, wenn diese den vorhandenen Anlegern des ELTIF zuvor zu diesem Preis angeboten wurden.

Artikel 21
Veräußerung der ELTIF-Vermögenswerte

(1) Um die Anteile seiner Anleger nach Ende der Laufzeit zurücknehmen zu können, legt ein ELTIF einen nach Vermögenswerten aufgeschlüsselten Zeitplan für die geordnete Veräußerung dieser Vermögenswerte fest und unterrichtet die für den ELTIF zuständige Behörde spätestens ein Jahr vor dem Zeitpunkt des Endes der Laufzeit des ELTIF darüber.

(2) Der in Absatz 1 genannte Zeitplan enthält:

a) eine Einschätzung des potenziellen Käufermarkts;

b) eine Einschätzung und einen Vergleich der potenziellen Verkaufspreise;
c) eine Bewertung der zu veräußernden Vermögenswerte;
d) einen Zeitrahmen für den Veräußerungsplan.

(3) Die ESMA erstellt Entwürfe technischer Regulierungsstandards, in denen die Kriterien, die bei der in Absatz 2 Buchstabe a genannten Einschätzung und der in Absatz 2 Buchstabe c genannten Bewertung zugrunde zu legen sind, festgelegt werden.

Die ESMA legt diese Entwürfe technischer Regulierungsstandards bis zum 9. September 2015 der Kommission vor.

Der Kommission wird die Befugnis übertragen, die in Unterabsatz 1 genannten technischen Regulierungsstandards gemäß den Artikeln 10 bis 14 der Verordnung (EU) Nr. 1095/2010 zu erlassen.

Artikel 22
Ertragsausschüttung und Kapitalrückzahlung

(1) Ein ELTIF kann die durch die Vermögenswerte in seinem Portfolio generierten Erträge regelmäßig an seine Anleger ausschütten. Diese Erträge setzen sich zusammen aus:
a) Erträgen, die die Vermögenswerte regelmäßig generieren;
b) der nach der Veräußerung eines Vermögenswertes erzielten Wertsteigerung.

(2) Erträge, die der ELTIF für künftige Engagements benötigt, werden nicht ausgeschüttet.

(3) Ein ELTIF kann sein Kapital nach der Veräußerung eines Vermögenswerts vor Ende der Laufzeit des ELTIF anteilig herabsetzen, sofern eine solche Veräußerung vom Verwalter des ELTIF bei gebührender Beurteilung als im Interesse der Anleger angesehen wird.

(4) Die Vertragsbedingungen oder die Satzung eines ELTIF geben an, nach welchen Grundsätzen er während der Laufzeit Ausschüttungen vornehmen wird.

KAPITEL IV
TRANSPARENZANFORDERUNGEN

Artikel 23
Transparenz

(1) Ohne vorherige Veröffentlichung eines Prospekts werden in der Union keine Anteile eines ELTIF vertrieben.

Ohne vorherige Veröffentlichung eines Basisinformationsblatts gemäß der Verordnung (EU) Nr. 1286/2014 werden die Anteile eines ELTIF in der Union nicht an Kleinanleger vertrieben.

(2) Der Prospekt enthält sämtliche Angaben, die erforderlich sind, damit sich die Anleger über die ihnen vorgeschlagene Anlage und vor allem über die damit verbundenen Risiken ein fundiertes Urteil bilden können.

(3) Der Prospekt enthält zumindest Folgendes:
a) eine Erklärung darüber, inwieweit die Anlageziele des ELTIF und dessen Strategie zur Verwirklichung dieser Ziele eine Einstufung des Fonds als langfristigen Fonds rechtfertigen;
b) die Angaben, die Organismen für gemeinsame Anlagen des geschlossenen Typs nach der Richtlinie 2003/71/EG und der Verordnung (EG) Nr. 809/2004 liefern müssen;

c) die Angaben, die den Anlegern gemäß Artikel 23 der Richtlinie 2011/61/EU geliefert werden müssen, sofern sie nicht bereits durch Buchstabe b dieses Absatzes abgedeckt sind;
d) eine unübersehbare Angabe der Vermögenswertkategorien, in die der ELTIF investieren darf;
e) eine unübersehbare Angabe der Rechtsräume, in denen der ELTIF investieren darf;
f) alle sonstigen Angaben, die die zuständigen Behörden für die Zwecke des Absatzes 2 für relevant halten.

(4) Der Prospekt und alle anderen etwaigen Vertriebsunterlagen unterrichten die Anleger unübersehbar über die Illiquidität des ELTIF.

Der Prospekt und alle anderen etwaigen Vertriebsunterlagen:

a) unterrichten die Anleger unmissverständlich über die Langfristigkeit der Anlagen des ELTIF;
b) unterrichten die Anleger unmissverständlich über das Ende der Laufzeit des ELTIF sowie über die Möglichkeit, die Laufzeit des ELTIF zu verlängern, falls vorgesehen, und die dafür geltenden Bedingungen;
c) geben unmissverständlich an, ob der ELTIF an Kleinanleger vertrieben werden soll;
d) geben unmissverständlich Aufschluss über die Rechte der Anleger, ihre Anlagen gemäß Artikel 18 und den in den Vertragsbedingungen oder der Satzung des ELTIF festgelegten Bestimmungen zurückzunehmen;
e) geben unmissverständlich Aufschluss über Häufigkeit und Zeitpunkte etwaiger Ertragsausschüttungen an die Anleger während der Laufzeit des ELTIF;
f) raten den Anlegern unmissverständlich, nur einen kleinen Teil ihres Gesamtanlageportfolios in einen ELTIF zu investieren;
g) beschreiben unmissverständlich die Absicherungspolitik des ELTIF, einschließlich einer unübersehbaren Angabe, dass derivative Finanzinstrumente nur zur Absicherung der den anderen Anlagen des ELTIF innewohnenden Risiken verwendet werden dürfen, und einer Angabe der möglichen Auswirkungen eines Einsatzes von derivativen Finanzinstrumenten auf das Risikoprofil des ELTIF;
h) unterrichten die Anleger unmissverständlich über die mit Investitionen in Sachwerte, einschließlich Infrastruktur, verbundenen Risiken;
i) unterrichten die Anleger regelmäßig unmissverständlich, mindestens einmal jährlich, darüber, in welchen Rechtsräumen der ELTIF investiert hat.

(5) Zusätzlich zu den nach Artikel 22 der Richtlinie 2011/61/EU erforderlichen Informationen enthält der Jahresbericht eines ELTIF Folgendes:

a) eine Kapitalflussrechnung;
b) Informationen über Beteiligungen an Instrumenten, in die Haushaltsmittel der Union eingeflossen sind;
c) Informationen über den Wert der einzelnen qualifizierten Portfoliounternehmen und den Wert anderer Vermögenswerte, in die der ELTIF investiert hat, einschließlich des Wertes der verwendeten Finanzderivate;
d) Informationen über die Rechtsräume, in denen die Vermögenswerte des ELTIF belegen sind.

(6) Wenn ein Kleinanleger dies wünscht, stellt der Verwalter des ELTIF zudem zusätzliche Informationen über die Anlagegrenzen des Risikomanagements des ELTIF, die diesbezüglichen Risikomanagementmethoden und die aktuellen Entwicklungen bei den bedeutendstem Risiken und Renditen der Vermögenswertkategorien bereit.

Artikel 24
Zusätzliche Anforderungen an den Prospekt

(1) Ein ELTIF übermittelt seinen Prospekt und dessen Änderungen sowie seinen Jahresbericht den für den ELTIF zuständigen Behörden. Ein ELTIF stellt diese Unterlagen auf Anfrage der für den Verwalter des ELTIF zuständigen Behörde zur Verfügung. Der ELTIF stellt diese Unterlagen innerhalb des von diesen zuständigen Behörden angegebenen Zeitraums zur Verfügung.

(2) Die Vertragsbedingungen oder die Satzung eines ELTIF sind Bestandteil des Prospekts und sind ihm beigefügt.

Die in Unterabsatz 1 genannten Unterlagen müssen dem Prospekt jedoch nicht beigefügt werden, wenn der Anleger davon unterrichtet wird, dass er diese Dokumente auf Anfrage erhalten oder erfahren kann, an welcher Stelle er sie in den einzelnen Mitgliedstaaten, in denen die Anteile vertrieben werden, einsehen kann.

(3) Im Prospekt wird angegeben, auf welche Weise der Jahresbericht Anlegern zur Verfügung gestellt wird. Er sieht vor, dass eine Papierfassung des Jahresberichts Kleinanlegern auf Anfrage kostenlos zur Verfügung gestellt wird.

(4) Der Prospekt und der zuletzt veröffentlichte Jahresbericht werden Anlegern auf Anfrage und kostenlos zur Verfügung gestellt.

Der Prospekt kann auf einem dauerhaften Datenträger oder über eine Website zur Verfügung gestellt werden. Eine Papierfassung wird Kleinanlegern auf Anfrage kostenlos zur Verfügung gestellt.

(5) Die Angaben von wesentlicher Bedeutung im Prospekt werden auf dem neuesten Stand gehalten.

Artikel 25
Angabe der Kosten

(1) Der Prospekt unterrichtet die Anleger unübersehbar über die Höhe der einzelnen direkt oder indirekt von ihnen zu tragenden Kosten. Die unterschiedlichen Kosten sind in folgende Rubriken untergegliedert:

a) Kosten für die Errichtung des ELTIF;
b) Kosten im Zusammenhang mit dem Erwerb von Vermögenswerten;
c) Verwaltungskosten und von der Wertentwicklung abhängige Kosten;
d) Vertriebskosten;
e) sonstige Kosten, einschließlich Verwaltungs- Regulierungs-, Verwahrungs- sowie durch professionelle Dienste und Wirtschaftsprüfung verursachte Kosten.

(2) Der Prospekt gibt Aufschluss darüber, in welchem Verhältnis Kosten und Kapital des ELTIF insgesamt zueinander stehen.

(3) Die ESMA erstellt Entwürfe technischer Regulierungsstandards, in denen die einheitlichen Definitionen, die Berechnungsmethoden und die Darstellungsweise der in Absatz 1 genannten Kosten sowie das in Absatz 2 genannte Gesamtverhältnis festgelegt werden.

Bei der Erstellung dieser Entwürfe technischer Regulierungsstandards trägt die ESMA den in Artikel 8 Absatz 5 Buchstaben a und c der Verordnung (EU) Nr. 1286/2014 genannten technischen Regulierungsstandards Rechnung.

Die ESMA legt diese Entwürfe technischer Regulierungsstandards der Kommission bis zum 9. September 2015 vor.

Der Kommission wird die Befugnis übertragen, die in Unterabsatz 1 genannten technischen Regulierungsstandards gemäß den Artikeln 10 bis 14 der Verordnung (EU) Nr. 1095/2010 zu erlassen.

KAPITEL V
VERTRIEB VON ANTEILEN AN ELTIF

Artikel 26
Den Anlegern zur Verfügung stehende Einrichtungen

(1) Der Verwalter eines ELTIF, dessen Anteile an Kleinanleger vertrieben werden sollen, stellt in jedem Mitgliedstaat, in dem er derartige Anteile vertreiben will, Einrichtungen zur Verfügung, über die Anteile gezeichnet, Zahlungen an die Anteilseigner geleistet, Anteile zurückgekauft oder zurückgenommen und die Angaben, zu denen der ELTIF und der Verwalter des ELTIF verpflichtet sind, bereitgestellt werden können.

(2) Die ESMA erstellt Entwürfe technischer Regulierungsstandards, in denen Arten und Merkmale dieser in Absatz 1 genannten Einrichtungen, deren technische Infrastruktur und der Inhalt ihrer Aufgaben in Bezug auf die Kleinanleger festgelegt werden.

Die ESMA legt diese Entwürfe technischer Regulierungsstandards bis zum 9. September 2015 der Kommission vor.

Der Kommission wird die Befugnis übertragen, die in Unterabsatz 1 genannten technischen Regulierungsstandards gemäß den Artikeln 10 bis 14 der Verordnung (EU) Nr. 1095/2010 zu erlassen.

Artikel 27
Internes Bewertungsverfahren für ELTIF, die an Kleinanleger vertrieben werden

(1) Der Verwalter eines ELTIF, dessen Anteile an Kleinanleger vertrieben werden sollen, richtet ein spezifisches internes Verfahren für die Beurteilung dieses ELTIF ein und wendet es an, bevor der ELTIF an Kleinanleger vertrieben wird.

(2) Als Teil des in Absatz 1 genannten internen Verfahrens beurteilt der Verwalter des ELTIF, ob sich der ELTIF für den Vertrieb an Kleinanleger eignet, wobei mindestens Folgendes berücksichtigt wird:

a) die Laufzeit des ELTIF und
b) die beabsichtigte Anlagestrategie des ELTIF.

(3) Der Verwalter des ELTIF stellt Vertreibern alle geeigneten Informationen über einen ELTIF, der an Kleinanleger vertrieben wird, zur Verfügung, einschließlich aller Informationen über seine Laufzeit und die Anlagestrategie sowie über das interne Bewertungsverfahren und die Rechtsräume, in die der ELTIF investieren darf.

Artikel 28
Spezifische Anforderungen in Bezug auf den Vertrieb von ELTIF an Kleinanleger

(1) Wenn Anteile an einem ELTIF direkt einem Kleinanleger angeboten oder bei ihm platziert werden, holt der Verwalter des ELTIF die folgenden Informationen ein:

a) die Kenntnisse und Erfahrung des Kleinanlegers in Bezug auf für den ELTIF relevante Investitionen,
b) die finanzielle Lage des Kleinanlegers einschließlich seiner Fähigkeit, Verluste zu tragen,

c) die Anlageziele des Kleinanlegers einschließlich seines Anlagehorizonts.

Auf Grundlage der in Unterabsatz 1 erhaltenen Informationen empfiehlt der Verwalter des ELTIF den ELTIF nur, wenn er für den jeweiligen Kleinanleger geeignet ist.

(2) Wenn die Laufzeit eines ELTIF, der Kleinanlegern angeboten oder bei ihnen platziert wird, zehn Jahre übersteigt, warnt der Verwalter des ELTIF oder der Vertreiber unmissverständlich und in schriftlicher Form davor, dass sich das ELTIF-Produkt möglicherweise nicht für Kleinanleger eignet, die eine solch langfristige und illiquide Verpflichtung nicht eingehen können.

Artikel 29
Spezifische Bestimmungen über die Verwahrstelle eines ELTIF, der an Kleinanleger vertrieben wird

(1) Abweichend von Artikel 21 Absatz 3 der Richtlinie 2011/61/EU handelt es sich bei der Verwahrstelle eines ELTIF, der an Kleinanleger vertrieben wird, um eine Stelle in der von Artikel 23 Absatz 2 der Richtlinie 2009/65/EG genannten Art.

(2) Abweichend von Artikel 21 Absatz 13 Unterabsatz 2 und Artikel 21 Absatz 14 der Richtlinie 2011/61/EU hat die Verwahrstelle eines ELTIF, der an Kleinanleger vertrieben wird, nicht die Möglichkeit, sich im Falle eines Verlustes von Finanzinstrumenten, deren Verwahrung einem Dritten übertragen wurde, von einer Haftung zu befreien.

(3) Die Haftung der Verwahrstelle gemäß Artikel 21 Absatz 12 der Richtlinie 2011/61/EU wird nicht durch eine Vereinbarung ausgeschlossen oder begrenzt, wenn der ELTIF an Kleinanleger vertrieben wird.

(4) Eine Absatz 3 widersprechende Vereinbarung ist nichtig.

(5) Die von der Verwahrstelle eines ELTIF verwahrten Vermögenswerte werden von der Verwahrstelle oder einem Dritten, dem die Verwahrfunktion übertragen wurde, nicht für eigene Rechnung wiederverwendet. Als Wiederverwendung gelten alle Transaktionen im Zusammenhang mit verwahrten Vermögenswerten, beispielweise Übertragung, Verpfändung, Verkauf und Beleihung.

Die von der Verwahrstelle eines ELTIF verwahrten Vermögenswerte dürfen nur wiederverwendet werden, wenn:

a) die Wiederverwendung der Vermögenswerte für Rechnung des ELTIF erfolgt,
b) die Verwahrstelle den Weisungen des im Namen des ELTIF handelnden Verwalters des ELTIF Folge leistet,
c) die Wiederverwendung dem ELTIF zugutekommt und im Interesse der Anteilinhaber liegt und
d) die Transaktion durch liquide Sicherheiten hoher Qualität gedeckt ist, die der ELTIF aufgrund einer Vereinbarung über eine Vollrechtsübertragung erhalten hat.

Der Marktwert der in Unterabsatz 2 Buchstabe d genannten Sicherheiten ist jederzeit mindestens so hoch wie der Marktwert der wiederverwendeten Vermögenswerte zuzüglich eines Zuschlags.

Artikel 30
Zusätzliche Anforderungen für den Vertrieb von ELTIF an Kleinanleger

(1) Anteile eines ELTIF können an Kleinanleger vertrieben werden, wenn Kleinanleger eine geeignete Anlageberatung durch den Verwalter des ELTIF oder den Vertreiber erhalten.

(2) Ein Verwalter eines ELTIF kann Anteile des ELTIF nur in dem Fall direkt Kleinanlegern anbieten oder bei ihnen platzieren, wenn dieser Verwalter befugt ist, die in Artikel 6 Absatz 4 Buchstabe a und Buchstabe b Ziffer i der Richtlinie 2011/61/EU genannten Dienstleistungen zu erbringen und wenn dieser Verwalter den in Artikel 28 Absatz 1 dieser Verordnung genannten Eignungstest vorgenommen hat.

(3) Wenn das Finanzinstrument-Portfolio eines potenziellen Kleinanlegers 500 000 EUR nicht übersteigt, vergewissert sich der Verwalter des ELTIF oder ein Vertreiber nach der Vornahme des in Artikel 28 Absatz 1 genannten Eignungstests und geeigneter Anlageberatung auf der Grundlage der von dem potenziellen Kleinanleger bereitgestellten Informationen, dass der potenzielle Kleinanleger insgesamt nicht mehr als 10 % seines Finanzinstrument-Portfolios in ELTIF investiert und der anfänglich in einen oder mehrere ELTIF investierte Betrag mindestens 10 000 EUR beträgt.

Der potenzielle Kleinanleger ist dafür verantwortlich, dem Verwalter des ELTIF oder dem Vertreiber korrekte Informationen über das in Unterabsatz 1 genannte Finanzinstrument-Portfolio sowie Investitionen des potenziellen Kleinanlegers in ELTIF zu geben.

Ein Finanzinstrument-Portfolio im Sinne dieses Absatzes umfasst Bareinlagen und Finanzinstrumente, ausgenommen als Sicherheit hinterlegte Finanzinstrumente.

(4) Die Vertragsbedingungen oder die Satzung eines ELTIF, der an Kleinanleger vertrieben wird, sehen für alle Anleger Gleichbehandlung vor und schließen eine Vorzugsbehandlung oder spezielle wirtschaftliche Vorteile für einzelne Anleger oder Anlegergruppen aus.

(5) Die Rechtsform eines ELTIF, der an Kleinanleger vertrieben wird, bringt keine weitere Haftung für den Anleger mit sich und erfordert keine zusätzlichen Verpflichtungen im Namen eines Anlegers, abgesehen vom ursprünglichen Kapitaleinsatz.

(6) Kleinanleger können ihre Zeichnung während der Zeichnungsfrist und mindestens zwei Wochen nach Zeichnung der Anteile des ELTIF stornieren und erhalten ihr Geld ohne Abzüge zurück.

(7) Der Verwalter eines ELTIF, der an Kleinanleger vertrieben wird, legt geeignete Verfahren und Regelungen für die Behandlung von Beschwerden von Kleinanlegern fest, die es Kleinanlegern ermöglichen, Beschwerden in der Amtssprache oder einer der Amtssprachen ihres Mitgliedstaats einzureichen.

Artikel 31
Vertrieb von Anteilen von ELTIF

(1) Nach Übermittlung eines Anzeigeschreibens gemäß Artikel 31 der Richtlinie 2011/61/EU kann der Verwalter eines ELTIF die Anteile dieses ELTIF in seinem Herkunftsmitgliedstaat an professionelle Anleger und Kleinanleger vertreiben.

(2) Nach Übermittlung eines Anzeigeschreibens gemäß Artikel 32 der Richtlinie 2011/61/EU kann ein Verwalter eines ELTIF die Anteile dieses ELTIF in anderen Mitgliedstaaten als seinem Herkunftsmitgliedstaat an professionelle Anleger und Kleinanleger vertreiben.

(3) Der Verwalter eines ELTIF teilt den für ihn zuständigen Behörden für jeden von ihm verwalteten ELTIF mit, ob er den ELTIF an Kleinanleger vertreiben will.

(4) Zusätzlich zu der in den Artikeln 31 und 32 der Richtlinie 2011/61/EU verlangten Unterlagen und Informationen stellt der Verwalter des ELTIF den für ihn zuständigen Behörden Folgendes zur Verfügung:

a) den Prospekt des ELTIF;

b) für den Fall, dass der ELTIF an Kleinanleger vertrieben wird, das Basisinformationsblatt; und
c) Angaben zu den in Artikel 26 genannten Einrichtungen.

(5) Die Zuständigkeiten und Befugnisse von zuständigen Behörden gemäß den Artikeln 31 und 32 der Richtlinie 2011/61/EU beziehen sich auch auf den Vertrieb von ELTIF an Kleinanleger und erstrecken sich auch auf die in dieser Verordnung festgelegten zusätzlichen Anforderungen.

(6) Zusätzlich zu ihren Befugnissen gemäß Artikel 31 Absatz 3 Unterabsatz 1 der Richtlinie 2011/61/EU untersagt die zuständige Behörde des Herkunftsmitgliedstaats des Verwalters des ELTIF auch den Vertrieb eines ELTIF, wenn der Verwalter des ELTIF gegen diese Verordnung verstößt bzw. verstoßen wird.

(7) Zusätzlich zu ihren Befugnissen gemäß Artikel 32 Absatz 3 Unterabsatz 1 der Richtlinie 2011/61/EU verweigert die zuständige Behörde des Herkunftsmitgliedstaats des Verwalters des ELTIF für den Fall, dass der Verwalter des ELTIF gegen diese Verordnung verstößt, auch die Übermittlung der vollständigen Anzeigeunterlagen an die zuständigen Behörden des Mitgliedstaats, in dem der ELTIF vertrieben werden soll.

KAPITEL VI
AUFSICHT

Artikel 32
Beaufsichtigung durch die zuständigen Behörden

(1) Die Einhaltung dieser Verordnung wird von den zuständigen Behörden laufend überwacht.

(2) Die für den ELTIF zuständige Behörde ist dafür verantwortlich, die Einhaltung der in den Kapiteln II, III und IV niedergelegten Vorschriften zu überwachen.

(3) Die für den ELTIF zuständige Behörde ist dafür verantwortlich, die Einhaltung der in den Vertragsbedingungen oder in der Satzung des ELTIF angeführten Verpflichtungen und der im Prospekt angeführten Verpflichtungen zu überwachen, die mit dieser Verordnung übereinstimmen müssen.

(4) Die für den Verwalter des ELTIF zuständige Behörde ist dafür verantwortlich, die Angemessenheit der Regelungen und der Organisation des Verwalters des ELTIF zu überwachen, damit der Verwalter des ELTIF in der Lage ist, die Verpflichtungen und Vorschriften bezüglich der Beschaffenheit und Funktionsweise aller von ihm verwalteten ELTIF einzuhalten.

Die für den Verwalter des ELTIF zuständige Behörde ist dafür verantwortlich, die Einhaltung dieser Verordnung durch den Verwalter des ELTIF zu überwachen.

(5) Die zuständigen Behörden überwachen die in ihrem Hoheitsgebiet niedergelassenen oder vertriebenen Organismen für gemeinsame Anlagen, um sicherzustellen, dass sie die Bezeichnung „ELTIF“ nur führen und den Eindruck, ein ELTIF zu sein, nur erwecken, wenn sie unter dieser Verordnung zugelassen sind und dieser Verordnung entsprechen.

Artikel 33
Befugnisse der zuständigen Behörden

(1) Die zuständigen Behörden erhalten alle Aufsichts- und Ermittlungsbefugnisse, die notwendig sind, um ihre Aufgaben gemäß dieser Verordnung zu erfüllen.

(2) Die Befugnisse, die den zuständigen Behörden gemäß der Richtlinie 2011/61/EU übertragen wurden, auch in Bezug auf Sanktionen, werden auch in Bezug auf diese Verordnung ausgeübt.

(3) Die für den ELTIF zuständige Behörde untersagt die Verwendung der Bezeichnung „ELTIF" oder „europäischer langfristiger Investmentfonds", wenn der Verwalter des ELTIF dieser Verordnung nicht mehr entspricht.

Artikel 34
Befugnisse und Zuständigkeiten der ESMA

(1) Die ESMA erhält die notwendigen Befugnisse, um die Aufgaben, die ihr mit dieser Verordnung übertragen werden, zu erfüllen.

(2) Die Befugnisse der ESMA gemäß der Richtlinie 2011/61/EU werden auch in Bezug auf diese Verordnung und im Einklang mit der Verordnung (EG) Nr. 45/2001 ausgeübt.

(3) Für die Zwecke der Verordnung (EU) Nr. 1095/2010 gehört die vorliegende Verordnung zu den in Artikel 1 Absatz 2 der Verordnung (EU) Nr. 1095/2010 genannten weiteren verbindlichen Rechtsakten der Union, die der ESMA Aufgaben übertragen.

Artikel 35
Zusammenarbeit zwischen den zuständigen Behörden

(1) Sofern nicht identisch, arbeiten die für den ELTIF zuständige Behörde und die für den Verwalter des ELTIF zuständige Behörde zusammen und tauschen Informationen aus, um ihre Aufgaben im Rahmen dieser Verordnung zu erfüllen.

(2) Die zuständigen Behörden arbeiten im Einklang mit der Richtlinie 2011/61/EU zusammen.

(3) Die zuständigen Behörden und die ESMA arbeiten zusammen, um ihre jeweiligen Aufgaben im Rahmen dieser Verordnung im Einklang mit der Verordnung (EU) Nr. 1095/2010 zu erfüllen.

(4) Die zuständigen Behörden und die ESMA tauschen sämtliche Informationen und Unterlagen aus, die notwendig sind, um ihre jeweiligen Aufgaben im Rahmen dieser Verordnung im Einklang mit der Verordnung (EU) Nr. 1095/2010 zu erfüllen, insbesondere um Verstöße gegen diese Verordnung festzustellen und abzustellen.

KAPITEL VII
SCHLUSSBESTIMMUNGEN

Artikel 36
Bearbeitung von Anträgen durch die Kommission

Die Kommission priorisiert und optimiert ihre Verfahren für alle Anträge von ELTIF auf Finanzierung durch die EIB. Die Kommission optimiert das Verfahren für die Erstellung von Gutachten oder Beiträgen zur Gewährung von Anträgen auf Finanzierung von der EIB, die von ELTIF eingereicht werden.

Artikel 37
Überprüfung

(1) Die Kommission leitet spätestens am 9. Juni 2019 eine Überprüfung der Anwendung dieser Verordnung ein. Hierbei wird insbesondere Folgendes untersucht:

a) die Auswirkung von Artikel 18;
b) die Auswirkung der Bestimmung in Artikel 13 Absatz 1, wonach mindestens 70 % des Vermögens in zulässige Anlagevermögenswerte investiert werden müssen, auf die Vermögenswertdiversifizierung;
c) der Umfang, in dem ELTIF in der Union vertrieben werden, einschließlich der Frage, ob die unter Artikel 3 Absatz 2 der Richtlinie 2011/61/EU fallenden AIFM am Vertrieb von ELTIF interessiert sein könnten;
d) der Umfang, in dem die Liste zulässiger Vermögenswerte und Investitionen sowie die Diversifizierungsvorschriften, die Zusammensetzung des Portfolios und die Obergrenzen für die Aufnahme von Barkrediten aktualisiert werden sollten.

(2) Nach der Überprüfung nach Absatz 1 dieses Artikels und nach Anhörung der ESMA unterbreitet die Kommission dem Europäischen Parlament und dem Rat einen Bericht, in dem der Beitrag dieser Verordnung und der ELTIF zur Vollendung der Kapitalmarktunion und zur Verwirklichung der in Artikel 1 Absatz 2 angegebenen Ziele beurteilt wird. Der Bericht wird erforderlichenfalls zusammen mit einem Gesetzgebungsvorschlag vorgelegt.

Artikel 38
Inkrafttreten

Diese Verordnung tritt am zwanzigsten Tag nach ihrer Veröffentlichung im *Amtsblatt der Europäischen Union* in Kraft.

Sie gilt ab dem 9. Dezember 2015.

Diese Verordnung ist in allen ihren Teilen verbindlich und gilt unmittelbar in jedem Mitgliedstaat.

Geschehen zu Straßburg am 29. April 2015.

Im Namen des Europäischen Parlaments
Der Präsident
M. SCHULZ
Im Namen des Rates
Die Präsidentin
Z. KALIŅA-LUKAŠEVICA

19. EuSEF

19.1. Verordnung (EU) Nr. 346/2013 des Europäischen Parlaments und des Rates

vom 17. April 2013

über Europäische Fonds für soziales Unternehmertum

(Text von Bedeutung für den EWR)

DAS EUROPÄISCHE PARLAMENT UND DER RAT DER EUROPÄISCHEN UNION –

gestützt auf den Vertrag über die Arbeitsweise der Europäischen Union, insbesondere auf Artikel 114,
auf Vorschlag der Europäischen Kommission,
nach Zuleitung des Entwurfs des Gesetzgebungsakts an die nationalen Parlamente,
nach Stellungnahme der Europäischen Zentralbank ([1]),
nach Stellungnahme des Europäischen Wirtschafts- und Sozialausschusses ([2]),
gemäß dem ordentlichen Gesetzgebungsverfahren ([3]),
in Erwägung nachstehender Gründe:

(1) Anleger interessieren sich bei ihren Investitionen in zunehmenden Maße auch für soziale Ziele, ohne sich ausschließlich am finanziellen Ertrag zu orientieren, so dass in der Union ein Markt für Sozialinvestitionen entstanden ist, von dem auch auf Sozialunternehmen ausgerichtete Investmentfonds einen Teil ausmachen. Diese Fonds finanzieren Sozialunternehmen, die durch innovative Lösungen für soziale Probleme den sozialen Wandel vorantreiben, beispielsweise indem sie dazu beitragen, die sozialen Folgen der Finanzkrise zu bewältigen, und indem sie einen wertvollen Beitrag zur Erreichung der Ziele der Strategie „Europa 2020" leisten, die in der Mitteilung der Kommission vom 3. März 2010 mit dem Titel „Europa 2020: Eine Strategie für intelligentes, nachhaltiges und integratives Wachstum" aufgestellt wurde.

(2) Diese Verordnung ist Teil der Initiative für soziales Unternehmertum, die von der Kommission in ihrer Mitteilung vom 25. Oktober 2011 mit dem Titel „Initiative für soziales Unternehmertum – Schaffung eines ‚Ökosystems' zur Förderung der Sozialunternehmen als Schlüsselakteure der Sozialwirtschaft und der sozialen Innovation" geschaffen wurde.

(3) Es ist erforderlich, gemeinsame Rahmenbedingungen für die Verwendung der Bezeichnung „EuSEF" für qualifizierte Fonds für soziales Unternehmertum zu schaffen, indem insbesondere die Zusammensetzung des Portfolios von Fonds, die diese Bezeichnung führen, geeignete Anlageobjekte, zulässige Anlageinstrumente und die Kategorien von Anlegern, die in sie investieren können, in unionsweit geltenden einheitlichen Vorschriften geregelt werden. Ohne einen solchen gemeinsamen Rahmen besteht die Gefahr, dass die Mitgliedstaaten auf nationaler Ebene abweichende Maßnahmen treffen, die direkte negative Auswirkungen auf das ordnungsgemäße Funktionieren des Binnenmarkts haben und

---

1 ABl. C 175 vom 19.6.2012, S.
2 ABl. C 229 vom 31.7.2012, S. 55.
3 Standpunkt des Europäischen Parlaments vom 12. März 2013 (noch nicht im Amtsblatt veröffentlicht) und Beschluss des Rates vom 21. März 2013.

diesbezüglich Hindernisse schaffen können, da Fonds, die unionsweit tätig sein wollen, in unterschiedlichen Mitgliedstaaten unterschiedlichen Regeln unterliegen würden. Zudem könnten abweichende Qualitätsanforderungen an die Zusammensetzung des Portfolios, die Anlageobjekte und die in Frage kommenden Anleger zu einem unterschiedlichen Grad an Anlegerschutz und zu Verwirrung hinsichtlich der Möglichkeiten für Investitionen im Zusammenhang mit qualifizierten Fonds für soziales Unternehmertum führen. Die Anleger sollten auch das Angebot verschiedener qualifizierter Fonds für soziales Unternehmertum vergleichen können. Es ist erforderlich, signifikante Hindernisse für eine grenzüberschreitende Mittelbeschaffung von qualifizierten Fonds für soziales Unternehmertum zu beseitigen, Wettbewerbsverzerrungen zwischen diesen Fonds zu vermeiden und der künftigen Entstehung etwaiger weiterer Handelshemmnisse und signifikanter Wettbewerbsverzerrungen vorzubeugen. Folglich ist die geeignete Rechtsgrundlage für diese Verordnung Artikel 114 des Vertrags über die Arbeitsweise der Europäischen Union (AEUV) gemäß dessen Auslegung in der ständigen Rechtsprechung des Gerichtshofs der Europäischen Union.

(4) Es ist erforderlich, eine Verordnung zu erlassen, die einheitliche Regeln für qualifizierte Fonds für soziales Unternehmertum schafft und deren Verwaltern, die in der Union unter Verwendung der Bezeichnung „EuSEF“ Kapital beschaffen wollen, in allen Mitgliedstaaten geltende entsprechende Verpflichtungen auferlegt. Diese Verpflichtungen sollten sicherstellen, dass Anleger, die in solche Fonds investieren wollen, das nötige Vertrauen haben können. Diese Verordnung sollte nicht für bestehende nationale Regelungen gelten, die Investitionen in Sozialunternehmen ermöglichen und nicht die Bezeichnung „EuSEF“ verwenden.

(5) Die Festlegung von Qualitätsanforderungen bezüglich der Verwendung der Bezeichnung „EuSEF“ in Form einer Verordnung stellt sicher, dass diese Anforderungen für die Verwalter von Organismen für gemeinsame Anlagen, die unter Verwendung dieser Bezeichnung Kapital beschaffen, direkt anwendbar sind. Dies führt ferner zu einheitlichen Bedingungen für die Verwendung der Bezeichnung, da abweichende nationale Anforderungen infolge der Umsetzung einer Richtlinie vermieden werden. Verwalter von Organismen für gemeinsame Anlagen, die diese Bezeichnung verwenden, sollten in der gesamten Union den gleichen Vorschriften unterliegen, womit auch das Vertrauen von Anlegern gestärkt wird. Diese Verordnung verringert die Komplexität der Regulierung und die Befolgungskosten der Verwalter, die häufig unterschiedliche nationale Vorschriften für solche Fonds erfüllen müssen, insbesondere wenn sie grenzüberschreitend Kapital beschaffen wollen. Sie trägt außerdem dazu bei, Wettbewerbsverzerrungen zu beseitigen.

(6) Ein qualifizierter Fonds für soziales Unternehmertum sollte von einem intern oder extern bestellten Verwalter verwaltet werden können. Wird ein qualifizierter Fonds für soziales Unternehmertum intern verwaltet, fungiert der Fonds gleichzeitig als Verwalter und sollte demnach alle einschlägigen Anforderungen an Verwalter aufgrund dieser Verordnung erfüllen und gemäß dieser Verordnung registriert sein. Ein intern verwalteter qualifizierter Fonds für soziales Unternehmertum sollte aber nicht als externer Verwalter anderer Organismen für gemeinsame Anlagen oder von Organismen für gemeinsame Anlagen in Wertpapieren (OGAW) tätig werden dürfen.

(7) Um klarzustellen, in welchem Verhältnis diese Verordnung zu den anderen Vorschriften über Organismen für gemeinsame Anlagen und ihre Verwalter steht, ist es erforderlich festzulegen, dass diese Verordnung nur für die Verwalter von anderen Organismen für gemeinsame Anlagen als OGAW im Sinne der Richtlinie 2009/65/EG des Europäischen Parlaments und des Rates vom 13. Juli 2009 zur Koordinierung der Rechts- und Verwaltungsvorschriften betreffend bestimmte Organismen für gemeinsame Anlagen in Wert-

papieren (OGAW) ([4]) gelten soll, die in der Union niedergelassen und gemäß der Richtlinie 2011/61/EU des Europäischen Parlaments und des Rates vom 8. Juni 2011 über die Verwalter alternativer Investmentfonds ([5]) bei der zuständigen Behörde ihres Herkunftsmitgliedstaats registriert sind, sofern diese Verwalter Portfolios qualifizierter Fonds für soziales Unternehmertum verwalten. Externe Verwalter von qualifizierten Fonds für soziales Unternehmertum, die gemäß dieser Verordnung registriert sind, sollten jedoch, vorbehaltlich einer Zulassung gemäß der Richtlinie 2009/65/EG, auch OGAW verwalten dürfen.

(8) Ferner gilt diese Verordnung nur für Verwalter derjenigen Organismen für gemeinsame Anlagen, deren verwaltete Vermögenswerte insgesamt nicht über den in Artikel 3 Absatz 2 Buchstabe b der Richtlinie 2011/61/EU genannten Schwellenwert hinausgehen. Die Berechnung des Schwellenwerts für die Zwecke dieser Verordnung ist dieselbe wie für den in Artikel 3 Absatz 2 Buchstabe b der Richtlinie 2011/61/EU genannten Schwellenwert.

(9) Allerdings sollten Verwalter, die gemäß dieser Verordnung registriert sind und deren von ihnen verwaltete Vermögenswerte insgesamt später den in Artikel 3 Absatz 2 Buchstabe b der Richtlinie 2011/61/EU genannten Schwellenwert überschreiten und die daher in Einklang mit Artikel 6 der genannten Richtlinie eine Zulassung der zuständigen Behörden ihres Herkunftsmitgliedstaats benötigen, die Bezeichnung „EuSEF" beim Vertrieb von qualifizierten Fonds für soziales Unternehmertum in der Union weiterhin verwenden können, wenn sie die in dieser Richtlinie niedergelegten Anforderungen erfüllen und bestimmten Anforderungen für die Verwendung der Bezeichnung „EuSEF", die in dieser Verordnung im Einzelnen festgelegt sind, in Bezug auf den qualifizierten Fonds für soziales Unternehmertum weiterhin jederzeit entsprechen. Dies gilt sowohl für bestehende qualifizierte Fonds für soziales Unternehmertum als auch für qualifizierte Fonds für soziales Unternehmertum, die nach Überschreiten des Schwellenwerts errichtet werden.

(10) Für Verwalter von Organismen für gemeinsame Anlagen, die nicht beabsichtigen, die Bezeichnung „EuSEF" zu verwenden, gilt diese Verordnung nicht. In diesen Fällen sollten die bestehenden nationalen Vorschriften und die allgemeinen Vorschriften der Union weiterhin gelten.

(11) Diese Verordnung sollte einheitliche Regeln für qualifizierte Fonds für soziales Unternehmertum festlegen, insbesondere im Hinblick auf die qualifizierten Portfoliounternehmen, in die qualifizierte Fonds für soziales Unternehmertum investieren dürfen, und die zulässigen Anlageinstrumente. Dies ist erforderlich, damit eine eindeutige Abgrenzung zwischen qualifizierten Fonds für soziales Unternehmertum und alternativen Investmentfonds mit anderen, weniger stark spezialisierten Anlagestrategien, z. B. Übernahmen, vorgenommen werden kann, die durch diese Verordnung nicht gefördert werden sollen.

(12) Um das erforderliche Maß an Klarheit und Sicherheit zu gewährleisten, sollten in dieser Verordnung ferner einheitliche Kriterien zur Ermittlung von Sozialunternehmen als qualifizierte Portfoliounternehmen aufgestellt werden. Sozialunternehmen sollten als Akteure der Sozialwirtschaft definiert werden, deren Hauptziel eher im Erreichen einer sozialen Wirkung als in der Erzielung eines Gewinns für ihre Eigentümer oder Anteilseigner besteht. Ihre Tätigkeit umfasst die Bereitstellung von Gütern und Dienstleistungen für den Markt und ihre Überschüsse werden in erster Linie für soziale Ziele verwendet. Ihre Verwaltung unterliegt der Rechenschaftspflicht und erfolgt auf transparente Art und Weise,

---

[4] ABl. L 302 vom 17.11.2009, S. 32.
[5] ABl. L 174 vom 1.7.2011, S. 1.

wobei insbesondere auch die Mitarbeiter, die Verbraucher sowie die Interessenträger, die von ihrer unternehmerischen Tätigkeit betroffen sind, eingebunden werden.

(13) Da Sozialunternehmen sich in erster Linie dem Ziel positiver sozialer Wirkungen verschrieben haben und die Gewinnmaximierung nur eine untergeordnete Rolle spielt, sollten dieser Verordnung zufolge nur qualifizierte Portfoliounternehmen unterstützt werden, die schwerpunktmäßig auf die Erzielung einer messbaren, positiven sozialen Wirkung ausgerichtet sind. Zu den messbaren, positiven sozialen Wirkungen zählt etwa die Erbringung von Dienstleistungen für Immigranten, die ansonsten ausgegrenzt werden, oder die Wiedereingliederung randständiger Gruppen in den Arbeitsmarkt durch die Bereitstellung von Arbeitsplätzen, Ausbildung oder anderer Unterstützung. Sozialunternehmen setzen ihre Gewinne zur Erreichung ihres primären sozialen Ziels ein und werden in verantwortungsbewusster und transparenter Weise verwaltet. Soweit in Ausnahmefällen ein qualifiziertes Portfoliounternehmen Gewinne an seine Anteilseigner und Eigentümer ausschütten will, sollte es im Voraus Verfahren und Regeln für eine solche Ausschüttung festgelegt haben. Die Gewinnausschüttung sollte diesen Regeln zufolge das primäre soziale Ziel des qualifizierten Portfoliounternehmens nicht untergraben dürfen.

(14) Zu den Sozialunternehmen zählt eine große Bandbreite von Unternehmen, die verschiedene Rechtsformen haben können und für schutzbedürftige, marginalisierte, benachteiligte oder ausgegrenzte Personen Sozialdienstleistungen oder Güter bereitstellen. Solche Dienstleistungen umfassen die Vermittlung von Wohnraum, den Zugang zu Gesundheitsdienstleistungen, die Betreuung von älteren oder behinderten Personen, die Kinderbetreuung, den Zugang zu Beschäftigung und Ausbildung und das Pflegemanagement. Zu den Sozialunternehmen gehören auch Unternehmen, bei denen in der Produktion von Gütern oder der Erbringung von Dienstleistungen ein soziales Ziel verfolgt wird, ohne dass die Tätigkeit selbst sozial ausgerichtete Güter und Dienstleistungen umfassen muss. Solche Tätigkeiten sind beispielsweise die soziale und berufliche Eingliederung durch den Zugang zur Beschäftigung für Personen, die insbesondere aufgrund ihrer geringen Qualifikation oder aufgrund von sozialen oder beruflichen Problemen, die zu Ausgrenzung und Marginalisierung führen, benachteiligt sind. Hierbei kann es sich auch um gesellschaftlich sinnvollen Umweltschutz handeln, etwa Maßnahmen zur Bekämpfung der Luftverschmutzung, Recycling und erneuerbare Energiequellen.

(15) Im Einklang mit dem Ziel, die von dieser Verordnung erfassten Organismen für gemeinsame Anlagen genau zu bestimmen und schwerpunktmäßig die Kapitalbeschaffung für Sozialunternehmen sicherzustellen, sollten Fonds, die mindestens 70 % ihres aggregierten eingebrachten Kapitals und noch nicht eingeforderten zugesagten Kapitals für Investitionen in solche Unternehmen aufwenden wollen, als qualifizierte Fonds für soziales Unternehmertum gelten. Qualifizierte Fonds für soziales Unternehmertum sollten höchstens 30 % ihres aggregierten eingebrachten Kapitals und noch nicht eingeforderten zugesagten Kapitals für Investitionen in andere Vermögenswerte als qualifizierte Anlagen einsetzen dürfen. Dies bedeutet, dass die 30-Prozent-Schwelle jederzeit die Obergrenze für andere als qualifizierte Anlagen darstellt, während die 70-Prozent-Schwelle qualifizierten Anlagen vorbehalten bleiben sollte, und zwar über die gesamte Laufzeit des qualifizierten Fonds für soziales Unternehmertum. Die genannten Schwellenwerte sollten auf der Grundlage der Beträge berechnet werden, die nach Abzug aller einschlägigen Kosten sowie der Kassenbestände und vergleichbarer liquider Mittel für Anlagen zur Verfügung stehen. In dieser Verordnung sollten die zur Berechnung der genannten Schwellenwerte für Investitionen erforderlichen Einzelheiten festgelegt werden.

(16) Mit dieser Verordnung soll das Wachstum von Sozialunternehmen in der Union gestärkt werden. Durch Investitionen in qualifizierte Portfoliounternehmen, die in Drittländern niedergelassen sind, kann den qualifizierten Fonds für soziales Unternehmertum mehr Kapital verschafft werden, wovon wiederum die Sozialunternehmen in der Union profitieren können. Mit dieser Verordnung sollten jedoch auf keinen Fall Investitionen begünstigt werden, die in Portfoliounternehmen getätigt werden, welche in Drittländern niedergelassen sind, in denen es an angemessenen Vorkehrungen für die Zusammenarbeit zwischen den zuständigen Behörden des Herkunftsmitgliedstaats des Verwalters eines qualifizierten Fonds für soziales Unternehmertum und jedem anderen Mitgliedstaat, in dem die Anteile des qualifizierten Fonds für soziales Unternehmertum vertrieben werden sollen, fehlt, oder in denen kein effektiver Informationsaustausch in Steuerangelegenheiten stattfindet.

(17) Ein qualifizierter Fonds für soziales Unternehmertum sollte zunächst in der Union niedergelassen sein, um zur Verwendung der mit dieser Verordnung geschaffenen Bezeichnung „EuSEF" befugt zu sein. Die Kommission sollte innerhalb von zwei Jahren nach dem Geltungsbeginn dieser Verordnung die Beschränkung der Verwendung der Bezeichnung „EuSEF" auf in der Union niedergelassene Fonds überprüfen und dabei den Erfahrungen Rechnung tragen, die bei der Anwendung der Empfehlung der Kommission für Maßnahmen, durch die Drittländer zur Anwendung von Mindeststandards für verantwortungsvolles staatliches Handeln im Steuerbereich veranlasst werden sollen, gemacht wurden.

(18) Verwalter eines Fonds für soziales Unternehmertum sollten während der Laufzeit eines Fonds zusätzliche Kapitalzusagen beschaffen dürfen. Solche zusätzlichen Kapitalzusagen während der Laufzeit des qualifizierten Fonds für soziales Unternehmertum sollten berücksichtigt werden, wenn die nächsten Investitionen in andere als qualifizierte Vermögenswerte in Erwägung gezogen werden. Zusätzliche Kapitalzusagen sollten im Einklang mit den in den Anlagebedingungen oder der Satzung des qualifizierten Fonds für soziales Unternehmertum niedergelegten Kriterien und Bedingungen zulässig sein.

(19) Angesichts des besonderen Finanzierungsbedarfs von Sozialunternehmen muss Klarheit hinsichtlich der Arten von Instrumenten geschaffen werden, die ein qualifizierter Fonds für soziales Unternehmertum für solche Finanzierungen einsetzen sollte. Deshalb werden in dieser Verordnung einheitliche Regeln für die geeigneten Instrumente festgelegt, die ein qualifizierter Fonds für soziales Unternehmertum bei seinen Investitionen nutzen darf, einschließlich Eigenkapital sowie eigenkapitalähnliche Instrumente, Schuldtitel, wie etwa Schuldscheine und Einlagenzertifikate, Investitionen in andere qualifizierte Fonds für soziales Unternehmertum, besicherte und nicht besicherte Darlehen und Zuschüsse. Um eine Verwässerung der Investitionen in qualifizierte Portfoliounternehmen zu verhindern, sollten qualifizierte Fonds für soziales Unternehmertum Investitionen in andere qualifizierte Fonds für soziales Unternehmertum nur dann tätigen dürfen, wenn diese anderen qualifizierten Fonds für soziales Unternehmertum selbst höchstens 10 % ihres aggregierten eingebrachten Kapitals und noch nicht eingeforderten zugesagten Kapitals in andere qualifizierte Fonds für soziales Unternehmertum investiert haben.

(20) Das Kerngeschäft von qualifizierten Fonds für soziales Unternehmertum besteht darin, Sozialunternehmen mittels Primärinvestitionen Finanzmittel bereitzustellen. Qualifizierte Fonds für soziales Unternehmertum sollten sich weder an systemisch wichtigen Banktätigkeiten außerhalb des üblichen aufsichtsrechtlichen Rahmens (sogenanntes „Schattenbankwesen") beteiligen noch typische Private-Equity-Strategien, wie fremdfinanzierte Übernahmen, verfolgen.

(21) Um ihr Anlagenportfolio ausreichend flexibel zu halten, sollten qualifizierte Fonds für soziales Unternehmertum in Vermögenswerte investieren können, die keine qualifizier-

ten Anlagen sind, solange der Umfang dieser anderen Investitionen nicht die 30-Prozent-Schwelle für nicht qualifizierte Anlagen überschreitet. Kassenbestände und vergleichbare liquide Mittel sollten bei der Berechnung dieser Schwelle nicht berücksichtigt werden, da Kassenbestände und vergleichbare liquide Mittel nicht als Anlagen zu betrachten sind. Qualifizierte Fonds für soziales Unternehmertum sollten in einer Weise investieren, die mit ihrer ethisch begründeten Anlagestrategie in Einklang steht; sie sollten beispielsweise keine Investitionen tätigen, mit denen die Rüstungsindustrie finanziert wird, bei denen die Gefahr besteht, dass gegen Menschenrechte verstoßen wird, oder in deren Folge Elektronikschrott entsorgt werden muss.

(22) Um sicherzustellen, dass die Bezeichnung „EuSEF" für Anleger in der gesamten Union zuverlässig und leicht erkennbar ist, sollten nur Verwalter eines qualifizierten Fonds für soziales Unternehmertum, die die in dieser Verordnung festgelegten einheitlichen Qualitätskriterien erfüllen, beim unionsweiten Vertrieb von qualifizierten Fonds für soziales Unternehmertum die Bezeichnung „EuSEF" verwenden dürfen.

(23) Um sicherzustellen, dass qualifizierte Fonds für soziales Unternehmertum ein eigenes, erkennbares Profil haben, das ihrem Ziel angemessen ist, sollten einheitliche Regeln für die Zusammensetzung des Portfolios und die Anlagetechniken, die solche Fonds anwenden dürfen, bestehen.

(24) Um sicherzustellen, dass qualifizierte Fonds für soziales Unternehmertum nicht zum Entstehen von Systemrisiken beitragen und sich bei ihren Investitionstätigkeiten auf die Unterstützung qualifizierter Portfoliounternehmen konzentrieren, sollten Hebelfinanzierungen auf der Ebene der Fonds nicht erlaubt sein. Die Verwalter eines qualifizierten Fonds für soziales Unternehmertum sollten auf der Ebene des qualifizierten Fonds für soziales Unternehmertum nur dann Darlehen aufnehmen, Schuldtitel begeben oder Garantien stellen dürfen, wenn diese Darlehen, Schuldtitel oder Garantien durch noch nicht eingeforderte Zusagen gedeckt sind und dadurch das Risiko des Fonds nicht über die Höhe seines zugesagten Kapitals hinaus erhöhen. Barvorschüsse von Anlegern eines qualifizierten Fonds für soziales Unternehmertum, die durch Kapitalzusagen dieser Anleger vollständig gedeckt sind, erhöhen das Risiko des qualifizierten Fonds für soziales Unternehmertum nicht und sollten deshalb zulässig sein. Damit der Fonds außergewöhnlichen Liquiditätsbedarf decken kann, der zwischen der Einforderung zugesagten Kapitals von Anlegern und dem tatsächlichen Eingang des Kapitals auf seinen Konten entstehen kann, sollte zusätzlich eine kurzfristige Kreditaufnahme erlaubt sein, sofern der Betrag einer solchen Kreditaufnahme das noch nicht eingeforderte zugesagte Kapital des Fonds nicht übersteigt.

(25) Um sicherzustellen, dass sich der Vertrieb von qualifizierten Fonds für soziales Unternehmertum nur an Anleger richtet, deren Erfahrung, Wissen und Sachkenntnis sie befähigen, eigene Anlageentscheidungen zu treffen und die Risiken dieser Fonds angemessen einzuschätzen, und um das Vertrauen der Anleger in qualifizierte Fonds für soziales Unternehmertum zu wahren, sollten bestimmte Schutzvorkehrungen getroffen werden. Deshalb sollte sich der Vertrieb von qualifizierten Fonds für soziales Unternehmertum nur an Anleger richten, die nach der Richtlinie 2004/39/EG des Europäischen Parlaments und des Rates vom 21. April 2004 über Märkte für Finanzinstrumente ([6]) entweder professionelle Kunden sind oder als professionelle Kunden behandelt werden können. Um jedoch über eine ausreichend breite Anlegerbasis für Investitionen in qualifizierte Fonds für soziales Unternehmertum zu verfügen, sollten auch bestimmte andere Anleger, einschließlich

[6] ABl. L 145 vom 30.4.2004, S. 1.

vermögender Privatpersonen, Zugang zu diesen Fonds haben. Hinsichtlich dieser anderen Anleger sollten besondere Schutzvorkehrungen getroffen werden, die gewährleisten, dass qualifizierte Fonds für soziales Unternehmertum ausschließlich an Anleger vertrieben werden, deren Profil solchen Investitionen angemessen ist. Diese Schutzvorkehrungen schließen einen Vertrieb über Sparpläne aus. Darüber hinaus sollten Investitionen durch Geschäftsführer, Vorstände oder Mitarbeiter, die in die Verwaltung eines Verwalters eines qualifizierten Fonds für soziales Unternehmertum eingebunden sind, möglich sein, wenn sie in den von ihnen verwalteten qualifizierten Fonds für soziales Unternehmertum investieren, da dieser Personenkreis sachkundig genug ist, um sich an solchen Investitionen zu beteiligen.

(26) Um sicherzustellen, dass nur Verwalter eines qualifizierten Fonds für soziales Unternehmertum, die hinsichtlich ihres Verhaltens auf dem Markt einheitliche Qualitätskriterien erfüllen, die Bezeichnung „EuSEF“ führen, sollten Regeln für die Geschäftstätigkeit und das Verhältnis dieser Verwalter zu ihren Anlegern bestehen. Aus dem gleichen Grund sollten einheitliche Bedingungen dafür festgelegt werden, wie diese Verwalter mit Interessenkonflikten umzugehen haben. Diese Regeln und Bedingungen sollten den Verwalter ferner dazu verpflichten, die erforderlichen organisatorischen und verwaltungsmäßigen Vorkehrungen zu treffen, um einen angemessenen Umgang mit Interessenkonflikten zu gewährleisten.

(27) Beabsichtigt ein Verwalter eines qualifizierten Fonds für soziales Unternehmertum, Funktionen einem Dritten zu übertragen, sollte dies nicht die Haftung des Verwalters gegenüber dem qualifizierten Fonds für soziales Unternehmertum und dessen Anlegern berühren. Außerdem sollte der Verwalter eines qualifizierten Fonds für soziales Unternehmertum Funktionen nicht in einem Umfang übertragen, dass er im Grunde genommen nicht mehr als Verwalter eines qualifizierten Fonds für soziales Unternehmertum, sondern nur noch als Briefkastenunternehmen angesehen werden kann. Der Verwalter eines qualifizierten Fonds für soziales Unternehmertum sollte jederzeit für die ordnungsgemäße Ausübung der übertragenen Funktionen und die Einhaltung dieser Verordnung verantwortlich bleiben. Die Übertragung von Funktionen sollte die wirksame Beaufsichtigung des Verwalters eines qualifizierten Fonds für soziales Unternehmertum nicht aushöhlen; insbesondere sollte sie weder den Verwalter daran hindern, im Interesse seiner Anleger zu handeln, noch verhindern, dass der Fonds im Interesse seiner Anleger verwaltet wird.

(28) Ein Kernmerkmal von auf Sozialunternehmen ausgerichteten Investmentfonds, das sie von anderen Investmentfonds unterscheidet, ist die Erzielung positiver sozialer Wirkungen zusätzlich zur Generierung von finanziellem Gewinn für die Anleger. Diese Verordnung sollte deshalb von Verwaltern eines qualifizierten Fonds für soziales Unternehmertum verlangen, Verfahren zur Messung der positiven sozialen Wirkungen, die durch die Investition in qualifizierte Portfoliounternehmen erreicht werden sollen, zu schaffen.

(29) Von Fonds, die darauf ausgerichtet sind, soziale Ergebnisse oder Wirkungen herbeizuführen, werden gegenwärtig üblicherweise Informationen darüber, inwieweit Sozialunternehmen die von ihnen angestrebten Ergebnisse oder Wirkungen erreichen, bewertet und zusammengeführt. Es gibt eine ganze Reihe unterschiedlicher Arten von sozialen Ergebnissen oder Wirkungen, die von einem Sozialunternehmen angestrebt werden können. Dadurch entwickelten sich verschiedene Methoden, mit denen die sozialen Ergebnisse oder Wirkungen festgestellt und gemessen werden können. So kann beispielsweise eine Firma, die Benachteiligte einstellen möchte, die Zahl der Personen angeben, die eingestellt wurden und die anderenfalls keine Anstellung gefunden hätten, und ein Unternehmen, das die Wiedereingliederung entlassener Strafhäftlinge verbessern will, kann seine Leistung an der

Rückfallhäufigkeit messen. Die Fonds sind den Sozialunternehmen bei der Ausarbeitung und Bereitstellung von Informationen über ihre Ziele und Erfolge behilflich und sammeln diese Informationen für Anleger. Informationen über soziale Ergebnisse und Wirkungen sind zwar für die Anleger überaus wichtig, dennoch ist es schwierig, Vergleiche zwischen verschiedenen Sozialunternehmen und unterschiedlichen Fonds anzustellen, und zwar wegen der Unterschiede bei den sozialen Ergebnissen oder Wirkungen, die angestrebt werden, und wegen der Vielfalt der Konzepte. Um bei diesen Informationen langfristig für größtmögliche Kohärenz und Vergleichbarkeit sowie für möglichst effiziente Verfahren zur Einholung dieser Informationen zu sorgen, sollten in diesem Bereich delegierte Rechtsakte ausgearbeitet werden. Diese delegierten Rechtsakte sollten auch den Aufsichtsbehörden, den qualifizierten Fonds für soziales Unternehmertum und den Sozialunternehmen mehr Klarheit verschaffen.

(30) Um die Integrität der Bezeichnung „EuSEF" zu schützen, sollten Qualitätskriterien hinsichtlich der Organisation von Verwaltern eines qualifizierten Fonds für soziales Unternehmertum aufgestellt werden. Deshalb sollten einheitliche, verhältnismäßige Anforderungen in Bezug auf das Erfordernis der Aufrechterhaltung angemessener technischer und personeller Ressourcen festgelegt werden.

(31) Damit die qualifizierten Fonds für soziales Unternehmertum ordnungsgemäß verwaltet werden und ihre Verwalter in der Lage sind, die aus ihren Tätigkeiten entstehenden potenziellen Risiken abzudecken, sollten einheitliche, verhältnismäßige Anforderungen festgelegt werden, denen zufolge Verwalter eines qualifizierten Fonds für soziales Unternehmertum ausreichende Eigenmittel vorhalten müssen. Diese Eigenmittel sollten so bemessen sein, dass dadurch die Fortführung und die ordnungsgemäße Verwaltung des qualifizierten Fonds für soziales Unternehmertum sichergestellt sind.

(32) Aus Gründen des Anlegerschutzes ist sicherzustellen, dass die Vermögenswerte von qualifizierten Fonds für soziales Unternehmertum ordnungsgemäß bewertet werden. Deshalb sollten die Anlagebedingungen oder die Satzung der qualifizierten Fonds für soziales Unternehmertum Bestimmungen über die Bewertung der Vermögenswerte enthalten. Dies sollte die Integrität und Transparenz der Bewertung gewährleisten.

(33) Um sicherzustellen, dass Verwalter eines qualifizierten Fonds für soziales Unternehmertum, die die Bezeichnung „EuSEF" verwenden, in ausreichendem Umfang Rechenschaft über ihre Tätigkeiten ablegen, sollten einheitliche Regeln für die Jahresberichte festgelegt werden.

(34) Obwohl in dieser Verordnung Schutzbestimmungen enthalten sind, mit denen eine ordnungsgemäße Verwendung der Fonds sichergestellt wird, sollten die Aufsichtsbehörden unbedingt darauf achten, dass diese Schutzbestimmungen eingehalten werden.

(35) Um in den Augen der Anleger die Integrität der Bezeichnung „EuSEF" zu gewährleisten, ist es erforderlich, dass die Verwendung dieser Bezeichnung Verwaltern eines Fonds für soziales Unternehmertum vorbehalten bleibt, die hinsichtlich ihrer Anlagestrategie und ihrer Anlageobjekte vollständige Transparenz bieten. Deshalb sollten einheitliche Regeln für Offenlegungspflichten festgelegt werden, die Verwalter im Verhältnis zu ihren Anlegern zu erfüllen haben. Diese Regeln sollten sich auf die für Investitionen in Sozialunternehmen typischen Elemente beziehen, so dass eine größere Kohärenz und eine bessere Vergleichbarkeit dieser Informationen erreicht werden können. Dazu gehören auch Angaben zu den Kriterien und Verfahren, die für die Auswahl bestimmter qualifizierter Portfoliounternehmen als Anlageobjekte herangezogen werden. Ferner gehören dazu Informationen über die mit der Anlagestrategie angestrebten positiven sozialen Wirkungen sowie über deren Überwachung und Bewertung. Um das erforderliche Vertrauen der Anleger in solche Investi-

tionen zu gewährleisten, gehören dazu außerdem Informationen über die Vermögenswerte des qualifizierten Fonds für soziales Unternehmertum, die nicht in qualifizierte Portfoliounternehmen investiert werden, und über die einschlägigen Auswahlmethoden.

(36) Um eine wirksame Überwachung der in dieser Verordnung festgelegten einheitlichen Anforderungen sicherzustellen, sollte die zuständige Behörde des Herkunftsmitgliedstaats die Einhaltung dieser Anforderungen durch den Verwalter eines qualifizierten Fonds für soziales Unternehmertum überwachen. Zu diesem Zweck sollten Verwalter, die beabsichtigen, ihre Fonds unter der Bezeichnung „EuSEF“ zu vertreiben, der zuständigen Behörde ihres Herkunftsmitgliedstaats diese Absicht mitteilen. Die zuständige Behörde sollte einen Verwalter registrieren, wenn alle erforderlichen Informationen vorliegen und angemessene Vorkehrungen zur Einhaltung der Anforderungen dieser Verordnung getroffen wurden. Diese Registrierung sollte in der gesamten Union gelten.

(37) Damit qualifizierte Fonds für soziales Unternehmertum auf effiziente Art und Weise leichter grenzüberschreitend vermarktet werden können, sollte der Verwalter so schnell wie möglich registriert werden.

(38) Um eine wirksame Überwachung der Einhaltung der in dieser Verordnung festgelegten einheitlichen Kriterien sicherzustellen, sollten Bestimmungen über die Modalitäten für die Aktualisierung der an die zuständige Behörde des Herkunftsmitgliedstaats übermittelten Informationen festgelegt werden.

(39) Im Interesse einer wirksamen Überwachung der in dieser Verordnung niedergelegten Anforderungen sollte ferner ein Verfahren für grenzüberschreitende Mitteilungen zwischen den zuständigen Aufsichtsbehörden festgelegt werden, das bei der Registrierung des Verwalters eines qualifizierten Fonds für soziales Unternehmertum in seinem Herkunftsmitgliedstaat in Gang gesetzt wird.

(40) Um in der gesamten Union transparente Bedingungen für den Vertrieb von qualifizierten Fonds für soziales Unternehmertum aufrechtzuerhalten, sollte die Europäische Aufsichtsbehörde (Europäische Wertpapier- und Marktaufsichtsbehörde) („ESMA“), die mit der Verordnung (EU) Nr. 1095/2010 des Europäischen Parlaments und des Rates ([7]) eingesetzt wurde, mit der Führung einer zentralen Datenbank betraut werden, in der alle gemäß dieser Verordnung registrierten Verwalter eines qualifizierten Fonds für soziales Unternehmertum und die von ihnen verwalteten qualifizierten Fonds für soziales Unternehmertum aufgelistet sind.

(41) Hat die zuständige Behörde des Aufnahmemitgliedstaats klare und nachweisbare Gründe für die Annahme, dass der Verwalter eines qualifizierten Fonds für soziales Unternehmertum in ihrem Hoheitsgebiet gegen diese Verordnung verstößt, sollte sie die zuständige Behörde des Herkunftsmitgliedstaats unverzüglich davon in Kenntnis setzen, die daraufhin geeignete Maßnahmen ergreifen sollte.

(42) Die zuständige Behörde des Aufnahmemitgliedstaats sollte, wenn der Verwalter eines qualifizierten Fonds für soziales Unternehmertum – trotz der Maßnahmen, die die zuständige Behörde des Herkunftsmitgliedstaats ergriffen hat, oder weil die zuständige Behörde des Herkunftsmitgliedstaats innerhalb einer zumutbaren Frist nichts unternommen hat – weiterhin auf eine Art und Weise verfährt, die eindeutig gegen diese Verordnung verstößt, nachdem sie die zuständigen Behörden des Herkunftsmitgliedstaats informiert hat, alle geeigneten Maßnahmen zum Schutz der Anleger treffen können, einschließlich der Möglichkeit, den betreffenden Verwalter an der weiteren Vermarktung seiner qualifizierten

---

[7] ABl. L 331 vom 15.12.2010, S. 84.

Fonds für soziales Unternehmertum im Hoheitsgebiet des Aufnahmemitgliedstaats zu hindern.

(43) Um eine wirksame Überwachung der festgelegten einheitlichen Kriterien sicherzustellen, enthält diese Verordnung eine Liste der Aufsichtsbefugnisse, mit denen die zuständigen Behörden ausgestattet sein müssen.

(44) Um eine ordnungsgemäße Durchsetzung sicherzustellen, enthält diese Verordnung Verwaltungssanktionen und andere Maßnahmen für Verstöße gegen ihre zentralen Bestimmungen, nämlich die Vorschriften über die Zusammensetzung des Portfolios, über Schutzvorkehrungen hinsichtlich der Identität in Frage kommender Anleger und über die Verwendung der Bezeichnung „EuSEF" ausschließlich durch Verwalter eines qualifizierten Fonds für soziales Unternehmertum, die gemäß dieser Verordnung registriert sind. Ein Verstoß gegen diese zentralen Bestimmungen sollte gegebenenfalls ein Verbot der Verwendung dieser Bezeichnung und die Streichung des betroffenen Verwalters aus dem Register nach sich ziehen.

(45) Aufsichtsrelevante Informationen sollten zwischen den zuständigen Behörden des Herkunfts- und des Aufnahmemitgliedstaats und der ESMA ausgetauscht werden.

(46) Eine wirksame regulatorische Zusammenarbeit zwischen den Stellen, die mit der Überwachung der Einhaltung der in dieser Verordnung festgelegten einheitlichen Kriterien betraut sind, setzt voraus, dass alle einschlägigen nationalen Behörden und die ESMA das Berufsgeheimnis sorgfältig wahren.

(47) Der Beitrag von qualifizierten Fonds für soziales Unternehmertum zum Wachstum eines europäischen Markts für soziale Investitionen wird davon abhängen, ob die Bezeichnung „EuSEF" von Verwaltern eines qualifizierten Fonds für soziales Unternehmertum angenommen wird, bei den Anlegern auf Akzeptanz trifft und sich in der gesamten Union ein starkes Ökosystem für Sozialunternehmen entwickelt, das diese Unternehmen dabei unterstützt, sich der bereitgestellten Finanzierungsoptionen zu bedienen. Hierzu sollten alle Interessenträger, einschließlich der Marktteilnehmer, der zuständigen Behörden der Mitgliedstaaten, der Kommission und anderer einschlägiger Stellen in der Union, sich darum bemühen, dass die Möglichkeiten, die durch diese Verordnung geboten werden, breiten Kreisen zur Kenntnis gebracht werden.

(48) Zur Präzisierung der in dieser Verordnung enthaltenen Anforderungen sollte der Kommission die Befugnis zum Erlass von Rechtsakten gemäß Artikel 290 AEUV übertragen werden, in denen die Waren und Dienstleistungen oder die Methoden zur Produktion von Waren und Dienstleistungen, mit denen die sozialen Ziele verwirklicht werden, und die Umstände, unter denen Gewinne an die Eigentümer und Anleger ausgeschüttet werden können, die Arten von Interessenkonflikten, die Verwalter eines qualifizierten Fonds für soziales Unternehmertum vermeiden müssen, und die diesbezüglich erforderlichen Schritte, die Einzelheiten der Verfahren zur Messung der sozialen Wirkungen, die die qualifizierten Portfoliounternehmen erreichen sollen, sowie der Inhalt und die Verfahren zur Bereitstellung der Informationen für die Anleger im Einzelnen festgelegt werden. Es ist von besonderer Bedeutung, dass die Kommission im Zuge ihrer Vorbereitungsarbeit angemessene Konsultationen, auch auf der Ebene von Sachverständigen, durchführt und dabei Selbstregulierungsinitiativen und Verhaltensregeln berücksichtigt. An den Konsultationen, die die Kommission im Zuge ihrer Vorbereitungsarbeit für delegierte Rechtsakte über die Einzelheiten der Verfahren zur Messung der von den qualifizierten Portfoliounternehmen herbeizuführenden sozialen Wirkungen durchführt, sollten die einschlägigen Interessenträger und die ESMA beteiligt werden. Bei der Vorbereitung und Ausarbeitung delegierter Rechtsakte sollte die Kommission gewährleisten, dass die einschlägigen Dokumente dem

Europäischen Parlament und dem Rat gleichzeitig, rechtzeitig und auf angemessene Weise übermittelt werden.

(49) Technische Standards für Finanzdienstleistungen sollten eine kohärente Harmonisierung und ein hohes Maß an Beaufsichtigung in der gesamten Union gewährleisten. Da die ESMA über hochspezialisierte Fachkräfte verfügt, wäre es sinnvoll und angemessen, sie mit der Erstellung von Entwürfen für technische Durchführungsstandards, die keine politischen Entscheidungen erfordern, und deren Übermittlung an die Kommission zu beauftragen.

(50) Der Kommission sollte die Befugnis übertragen werden, technische Durchführungsstandards mittels Durchführungsrechtsakten gemäß Artikel 291 AEUV und gemäß Artikel 15 der Verordnung (EU) Nr. 1095/2010 zu erlassen. Die ESMA sollte mit der Ausarbeitung technischer Durchführungsstandards für das Format der in dieser Verordnung beschriebenen Mitteilung beauftragt werden.

(51) Innerhalb von vier Jahren nach dem Geltungsbeginn dieser Verordnung sollte die Kommission eine Überprüfung dieser Verordnung vornehmen, um die Entwicklung des Markts für qualifizierte Fonds für soziales Unternehmertum in der gesamten Union zu bewerten. Die Überprüfung sollte einen allgemeinen Überblick über die Funktionsweise der Vorschriften dieser Verordnung und die bei deren Anwendung gemachten Erfahrungen umfassen. Auf der Grundlage dieser Überprüfung sollte die Kommission dem Europäischen Parlament und dem Rat einen Bericht unterbreiten, dem gegebenenfalls Gesetzgebungsvorschläge beigefügt sind.

(52) Außerdem sollte die Kommission innerhalb von vier Jahren nach dem Geltungsbeginn dieser Verordnung eine Überprüfung der Wechselwirkungen zwischen dieser Verordnung und anderen Vorschriften über Organismen für gemeinsame Anlagen und ihre Verwalter, insbesondere den Vorschriften der Richtlinie 2011/61/EU, in die Wege leiten. Diese Überprüfung sollte sich insbesondere auf den Anwendungsbereich dieser Verordnung erstrecken und bewerten, ob eine Ausdehnung des Anwendungsbereichs dahin gehend erforderlich ist, dass auch Verwalter größerer alternativer Investmentfonds die Bezeichnung „EuSEF" verwenden können. Auf der Grundlage dieser Überprüfung sollte die Kommission dem Europäischen Parlament und dem Rat einen Bericht unterbreiten, dem gegebenenfalls Gesetzgebungsvorschläge beigefügt sind.

(53) Bei dieser Überprüfung sollte die Kommission auch bewerten, ob es Hindernisse gibt, die der Akzeptanz der Fonds durch die Anleger im Wege stehen, und sich unter anderem mit der Frage befassen, welche Auswirkungen andere aufsichtsrechtliche Vorschriften möglicherweise auf institutionelle Anleger haben könnten. Außerdem sollte die Kommission Daten sammeln, um bewerten zu können, inwieweit die Schaffung der Bezeichnung „EuSEF" zu anderen Programmen der Union, wie etwa Horizont 2020, beiträgt, mit denen ebenfalls Innovationen in der Union unterstützt werden sollen.

(54) Die Kommission sollte im Zusammenhang mit der Untersuchung der steuerlichen Hindernisse für die in ihrer Mitteilung vom 7. Dezember 2011 mit dem Titel „Aktionsplan zur Verbesserung des Finanzierungszugangs für KMU" vorgesehenen grenzüberschreitenden Investitionen in Risikokapital und im Zusammenhang mit ihrer Überprüfung dieser Verordnung auch die Durchführung einer entsprechenden Untersuchung möglicher steuerlicher Hindernisse für Fonds für soziales Unternehmertum erwägen und mögliche steuerliche Anreize zur Förderung des sozialen Unternehmertums in der Union bewerten.

(55) Die ESMA sollte ihren Personal- und Mittelbedarf, der sich aus der Wahrnehmung der ihr aufgrund dieser Verordnung übertragenen Aufgaben und Befugnisse ergibt, be-

urteilen und dem Europäischen Parlament, dem Rat und der Kommission einen Bericht unterbreiten.

(56) Diese Verordnung steht im Einklang mit den Grundrechten und Grundsätzen, die insbesondere mit der Charta der Grundrechte der Europäischen Union anerkannt wurden, einschließlich des Rechts der Achtung des Privat- und Familienlebens (Artikel 7) und des Rechts der unternehmerischen Freiheit (Artikel 16).

(57) Die Verarbeitung personenbezogener Daten, die in den Mitgliedstaaten im Zusammenhang mit dieser Verordnung und unter der Aufsicht der zuständigen Behörden der Mitgliedstaaten, insbesondere der von den Mitgliedstaaten benannten unabhängigen öffentlichen Stellen erfolgt, unterliegt der Richtlinie 95/46/EG des Europäischen Parlaments und des Rates vom 24. Oktober 1995 zum Schutz natürlicher Personen bei der Verarbeitung personenbezogener Daten und zum freien Datenverkehr ([8]). Die Verarbeitung personenbezogener Daten, die im Rahmen dieser Verordnung und unter der Aufsicht des Europäischen Datenschutzbeauftragten bei der ESMA erfolgt, unterliegt der Verordnung (EG) Nr. 45/2001 des Europäischen Parlaments und des Rates vom 18. Dezember 2000 zum Schutz natürlicher Personen bei der Verarbeitung personenbezogener Daten durch die Organe und Einrichtungen der Gemeinschaft und zum freien Datenverkehr ([9]).

(58) Da das Ziel dieser Verordnung, nämlich die Schaffung eines Binnenmarkts für qualifizierte Fonds für soziales Unternehmertum durch Festlegung der Rahmenbedingungen für die Registrierung der Verwalter solcher Fonds, um dadurch den Vertrieb von qualifizierten Fonds für soziales Unternehmertum in der gesamten Union zu erleichtern, auf der Ebene der Mitgliedstaaten nicht ausreichend verwirklicht werden kann und daher wegen seines Umfangs und seiner Wirkungen besser auf Unionsebene zu verwirklichen ist, kann die Union im Einklang mit dem in Artikel 5 des Vertrags über die Europäische Union niedergelegten Subsidiaritätsprinzip tätig werden. Entsprechend dem in demselben Artikel genannten Verhältnismäßigkeitsprinzip geht diese Verordnung nicht über das für die Erreichung dieses Ziels erforderliche Maß hinaus –

HABEN FOLGENDE VERORDNUNG ERLASSEN:

KAPITEL I
GEGENSTAND, ANWENDUNGSBEREICH UND BEGRIFFSBESTIMMUNGEN

Artikel 1

In dieser Verordnung werden einheitliche Anforderungen an und Bedingungen für die Verwalter von Organismen für gemeinsame Anlagen festgelegt, die für den Vertrieb von qualifizierten Fonds für soziales Unternehmertum in der Union die Bezeichnung „EuSEF" verwenden wollen, wodurch ein Beitrag zum reibungslosen Funktionieren des Binnenmarkts geleistet wird.

Diese Verordnung enthält ferner einheitliche Regeln für den Vertrieb von qualifizierten Fonds für soziales Unternehmertum an in Frage kommende Anleger in der Union, für die Zusammensetzung des Portfolios von qualifizierten Fonds für soziales Unternehmertum, für die von den qualifizierten Fonds für soziales Unternehmertum zu verwendenden geeigneten Anlageinstrumente und Anlagetechniken sowie für Organisation, Verhaltensweise

[8] ABl. L 281 vom 23.11.1995, S. 31.
[9] ABl. L 8 vom 12.1.2001, S. 1.

und Transparenz der Verwalter eines qualifizierten Fonds für soziales Unternehmertum, die qualifizierte Fonds für soziales Unternehmertum in der Union vertreiben.

Artikel 2

(1) Diese Verordnung gilt für Verwalter von Organismen für gemeinsame Anlagen im Sinne des Artikels 3 Absatz 1 Buchstabe a, welche die folgenden Bedingungen erfüllen:

a) ihre verwalteten Vermögenswerte gehen insgesamt nicht über den in Artikel 3 Absatz 2 Buchstabe b der Richtlinie 2011/61/EU genannten Schwellenwert hinaus,
b) sie sind in der Union niedergelassen,
c) sie unterliegen gemäß Artikel 3 Absatz 3 Buchstabe a der Richtlinie 2011/61/EU einer Registrierung bei den zuständigen Behörden ihres Herkunftsmitgliedstaats, und
d) sie verwalten Portfolios von qualifizierten Fonds für soziales Unternehmertum.

(2) Verwalter eines qualifizierten Fonds für soziales Unternehmertum, die gemäß Artikel 15 registriert sind und deren von ihnen verwaltete Vermögenswerte insgesamt später den in Artikel 3 Absatz 2 Buchstabe b der Richtlinie 2011/61/EU genannten Schwellenwert überschreiten und die daher der Zulassung gemäß Artikel 6 der genannten Richtlinie unterliegen, können jedoch weiterhin die Bezeichnung „EuSEF“ für den Vertrieb von qualifizierten Fonds für soziales Unternehmertum in der Union verwenden, sofern sie in Bezug auf die von ihnen verwalteten qualifizierten Fonds für soziales Unternehmertum jederzeit

a) die in der Richtlinie 2011/61/EU niedergelegten Anforderungen einhalten und
b) die Artikel 3, 5 und 10, Artikel 13 Absatz 2 und Artikel 14 Absatz 1 Buchstaben d, e und f dieser Verordnung weiterhin einhalten.

(3) Sofern Verwalter eines qualifizierten Fonds für soziales Unternehmertum externe Verwalter sind und sie gemäß Artikel 15 registriert sind, können sie zusätzlich Organismen für gemeinsame Anlagen in Wertpapieren (OGAW) verwalten, die einer Zulassung gemäß der Richtlinie 2009/65/EG unterliegen.

Artikel 3

(1) Für die Zwecke dieser Verordnung bezeichnet der Ausdruck

a) „Organismus für gemeinsame Anlagen“ einen alternativen Investmentfonds (AIF) im Sinne des Artikels 4 Absatz 1 Buchstabe a der Richtlinie 2011/61/EU;
b) „qualifizierter Fonds für soziales Unternehmertum“ einen Organismus für gemeinsame Anlagen, der
   i) beabsichtigt, innerhalb der in seinen Anlagebedingungen oder seiner Satzung festgelegten Frist mindestens 70 % seines aggregierten eingebrachten Kapitals und noch nicht eingeforderten zugesagten Kapitals, berechnet auf der Grundlage der Beträge, die nach Abzug aller einschlägigen Kosten sowie der Kassenbestände und vergleichbarer liquider Mittel für Anlagen zur Verfügung stehen, in Vermögenswerte zu investieren, die qualifizierte Anlagen sind;
   ii) nicht mehr als 30 % seines aggregierten eingebrachten Kapitals und noch nicht eingeforderten zugesagten Kapitals, berechnet auf der Grundlage der Beträge, die nach Abzug aller einschlägigen Kosten sowie der Kassenbestände und vergleichbarer liquider Mittel für Anlagen zur Verfügung stehen, für den Erwerb von anderen Vermögenswerten als qualifizierten Anlagen einsetzt;
   iii) im Hoheitsgebiet eines Mitgliedstaats niedergelassen ist;

c) „Verwalter eines qualifizierten Fonds für soziales Unternehmertum" eine juristische Person, deren regelmäßig ausgeübte wirtschaftliche Tätigkeit darin besteht, mindestens einen qualifizierten Fonds für soziales Unternehmertum zu verwalten;
d) „qualifiziertes Portfoliounternehmen" ein Unternehmen, das
   i) zum Zeitpunkt einer Investition des qualifizierten Fonds für soziales Unternehmertum nicht für den Handel an einem geregelten Markt oder in einem multilateralen Handelssystem (MTF) im Sinne des Artikels 4 Absatz 1 Nummern 14 und 15 der Richtlinie 2004/39/EG zugelassen ist;
   ii) die Erzielung messbarer, positiver sozialer Wirkungen im Einklang mit seinem Gesellschaftsvertrag oder seiner Satzung als sein vorrangiges Ziel sieht, wobei das Unternehmen
      – schutzbedürftigen, marginalisierten, benachteiligten oder ausgegrenzten Personen Dienstleistungen oder Güter bereitstellt,
      – bei der Produktion von Gütern oder der Erbringung von Dienstleistungen ein soziales Ziel verfolgt oder
      – ausschließlich Sozialunternehmen im Sinne der ersten beiden Gedankenstriche Finanzmittel gewährt;
   iii) seine Gewinne im Einklang mit seinem Gesellschaftsvertrag oder seiner Satzung und den darin im Voraus festgelegten Verfahren und Regeln für eine etwaige Gewinnausschüttung an Anteilseigner und Eigentümer vor allem zum Erreichen seines vorrangigen sozialen Ziels einsetzt, damit sichergestellt ist, dass eine solche Gewinnausschüttung nicht seinem vorrangigen Ziel zuwiderläuft;
   iv) in verantwortungsbewusster und transparenter Weise verwaltet wird, insbesondere durch Einbindung von Arbeitnehmern, Kunden und anderen von seiner Unternehmenstätigkeit Betroffenen;
   v) im Hoheitsgebiet eines Mitgliedstaats oder in einem Drittland niedergelassen ist, sofern das Drittland
      – nicht auf der Liste der nicht kooperativen Länder und Gebiete steht, die von der Arbeitsgruppe „Finanzielle Maßnahmen gegen Geldwäsche und Terrorismusfinanzierung" aufgestellt wurde,
      – mit dem Herkunftsmitgliedstaat des Verwalters eines qualifizierten Fonds für soziales Unternehmertum sowie mit jedem anderen Mitgliedstaat, in dem die Anteile des qualifizierten Fonds für soziales Unternehmertum vertrieben werden sollen, eine Vereinbarung unterzeichnet hat, damit sichergestellt werden kann, dass das Drittland den Standards des Artikels 26 des OECD-Musterabkommens zur Vermeidung der Doppelbesteuerung von Einkommen und Vermögen vollständig entspricht und einen wirksamen Informationsaustausch in Steuerangelegenheiten, einschließlich multilateraler Steuerabkommen, gewährleistet;
e) „qualifizierte Anlagen" eines der folgenden Instrumente:
   i) Eigenkapital- oder eigenkapitalähnliche Instrumente, die
      – von einem qualifizierten Portfoliounternehmen begeben werden und die der qualifizierte Fonds für soziales Unternehmertum direkt vom qualifizierten Portfoliounternehmen erwirbt,
      – von einem qualifizierten Portfoliounternehmen im Austausch für vom qualifizierten Portfoliounternehmen begebene Dividendenwerte begeben werden, oder
      – von einem Unternehmen begeben werden, von dem das qualifizierte Portfoliounternehmen eine in Mehrheitsbesitz befindliche Tochtergesellschaft ist, und die der qualifizierte Fonds für soziales Unternehmertum im Austausch für

ein vom qualifizierten Portfoliounternehmen begebenes Eigenkapitalinstrument erwirbt;

ii) von einem qualifizierten Portfoliounternehmen begebene verbriefte und nicht verbriefte Schuldtitel;

iii) Anteile von einem oder mehreren anderen qualifizierten Fonds für soziales Unternehmertum, sofern diese qualifizierten Fonds für soziales Unternehmertum selbst höchstens 10 % ihres aggregierten eingebrachten Kapitals und noch nicht eingeforderten zugesagten Kapitals in qualifizierte Fonds für soziales Unternehmertum investiert haben;

iv) besicherte oder unbesicherte Darlehen, die einem qualifizierten Portfoliounternehmen von dem qualifizierten Fonds für soziales Unternehmertum gewährt werden;

v) jede andere Art der Beteiligung an einem qualifizierten Portfoliounternehmen;

f) „einschlägige Kosten" Gebühren, Abgaben und Aufwendungen, die direkt oder indirekt von den Anlegern getragen werden und die zwischen dem Verwalter eines qualifizierten Fonds für soziales Unternehmertum und den Anlegern dieses Fonds vereinbart werden;

g) „Eigenkapital" die Beteiligung an einem Unternehmen in Form von Anteilen oder anderen für seine Anleger begebenen Formen der Beteiligung am Kapital des qualifizierten Portfoliounternehmens;

h) „eigenkapitalähnliche Mittel" jede Art von Finanzinstrument, das aus Eigenkapital und Fremdkapital zusammengesetzt ist und bei dem die Rendite sich nach dem Gewinn oder Verlust des qualifizierten Portfoliounternehmens bemisst und bei dem die Rückzahlung des Instruments im Fall der Zahlungsunfähigkeit nicht vollständig gesichert ist;

i) „Vertrieb" das direkte oder indirekte, auf Initiative des Verwalters eines qualifizierten Fonds für soziales Unternehmertum oder in dessen Auftrag erfolgende Anbieten oder Platzieren von Anteilen an einem vom ihm verwalteten qualifizierten Fonds für soziales Unternehmertum an Anleger oder bei Anlegern mit Wohnsitz oder satzungsmäßigen Sitz in der Union;

j) „zugesagtes Kapital" jede Verpflichtung eines Anlegers zum Erwerb einer Beteiligung am qualifizierten Fonds für soziales Unternehmertum oder zur Einbringung einer Kapitaleinlage in den Fonds innerhalb der in den Anlagebedingungen oder der Satzung des Fonds festgelegten Frist;

k) „Herkunftsmitgliedstaat" den Mitgliedstaat, in dem der Verwalter eines qualifizierten Fonds für soziales Unternehmertum niedergelassen ist und gemäß Artikel 3 Absatz 3 Buchstabe a der Richtlinie 2011/61/EU einer Registrierung bei den zuständigen Behörden unterliegt;

l) „Aufnahmemitgliedstaat" den Mitgliedstaat, der nicht Herkunftsmitgliedstaat ist und in dem der Verwalter eines qualifizierten Fonds für soziales Unternehmertum qualifizierte Fonds für soziales Unternehmertum gemäß dieser Verordnung vertreibt;

m) „zuständige Behörde" die nationale Behörde, die vom Herkunftsmitgliedstaat aufgrund von Rechtsvorschriften benannt und mit der Registrierung von Verwaltern von Organismen für gemeinsame Anlagen, die in den Anwendungsbereich dieser Verordnung fallen, beauftragt ist.

Hinsichtlich Unterabsatz 1 Buchstabe c wird der qualifizierte Fonds für soziales Unternehmertum selbst als Verwalter eines qualifizierten Fonds für soziales Unternehmertum gemäß Artikel 15 registriert, wenn die Rechtsform des qualifizierten Fonds für soziales Unternehmertum eine interne Verwaltung zulässt und das Leitungsgremium des Fonds keinen externen Verwalter bestellt. Ein qualifizierter Fonds für soziales Unternehmertum, der als interner Verwalter eines qualifizierten Fonds für soziales Unternehmertum registriert ist, darf nicht als externer Verwalter eines qualifizierten Fonds für soziales Unternehmertum anderer Organismen für gemeinsame Anlagen registriert werden.

(2) Der Kommission wird die Befugnis übertragen, gemäß Artikel 26 delegierte Rechtsakte zu erlassen, in denen die Arten von Dienstleistungen oder Gütern und die Methoden der Produktion von Gütern bzw. Erbringung von Dienstleistungen mit sozialer Komponente nach Absatz 1 Buchstabe d Ziffer ii dieses Artikels unter Berücksichtigung der unterschiedlichen Arten von qualifizierten Portfoliounternehmen und der Umstände, unter denen Gewinne an Eigentümer und Anleger ausgeschüttet werden können, im Einzelnen festgelegt werden.

KAPITEL II
BEDINGUNGEN FÜR DIE VERWENDUNG DER BEZEICHNUNG „EuSEF"

Artikel 4

Verwalter eines qualifizierten Fonds für soziales Unternehmertum, die die Anforderungen dieses Kapitels erfüllen, dürfen beim Vertrieb von qualifizierten Fonds für soziales Unternehmertum in der Union die Bezeichnung „EuSEF" verwenden.

Artikel 5

(1) Verwalter eines qualifizierten Fonds für soziales Unternehmertum sorgen dafür, dass beim Erwerb von anderen Vermögenswerten als qualifizierten Anlagen höchstens 30 % des aggregierten eingebrachten Kapitals und noch nicht eingeforderten zugesagten Kapitals des qualifizierten Fonds für soziales Unternehmertum für den Erwerb solcher Vermögenswerte eingesetzt werden. Die 30-Prozent-Schwelle wird anhand der Beträge berechnet, die nach Abzug aller einschlägigen Kosten für Anlagen zur Verfügung stehen. Kassenbestände und vergleichbare liquide Mittel werden bei der Berechnung dieses Schwellenwerts nicht berücksichtigt, da Kassenbestände und vergleichbare liquide Mittel nicht als Anlagen zu betrachten sind.

(2) Verwalter eines qualifizierten Fonds für soziales Unternehmertum wenden auf der Ebene des qualifizierten Fonds für soziales Unternehmertum keine Methode an, durch die sich das Risiko des Fonds durch Kreditaufnahme, Wertpapierleihe, Engagements in Derivatepositionen oder auf andere Weise über die Höhe seines zugesagten Kapitals hinaus erhöht.

(3) Verwalter eines qualifizierten Fonds für soziales Unternehmertum nehmen auf der Ebene des qualifizierten Fonds für soziales Unternehmertum nur dann Darlehen auf, begeben Schuldtitel oder stellen Garantien, wenn diese Darlehen, Schuldtitel oder Garantien durch nicht eingeforderte Zusagen gedeckt sind.

Artikel 6

(1) Verwalter eines qualifizierten Fonds für soziales Unternehmertum vertreiben die Anteile der qualifizierten Fonds für soziales Unternehmertum ausschließlich an Anleger, die als professionelle Kunden gemäß Anhang II Abschnitt I der Richtlinie 2004/39/EG betrachtet werden oder gemäß Anhang II Abschnitt II der Richtlinie 2004/39/EG auf Antrag als professionelle Kunden behandelt werden können, oder an andere Anleger, sofern diese

a) sich verpflichten, mindestens 100 000 EUR zu investieren und

b) schriftlich in einem vom Vertrag über die Investitionsverpflichtung getrennten Dokument angeben, dass sie sich der Risiken im Zusammenhang mit der beabsichtigten Verpflichtung bewusst sind.

(2) Absatz 1 gilt nicht für Investitionen durch Geschäftsführer, Vorstände oder Mitarbeiter, die in die Verwaltung eines Verwalters eines qualifizierten Fonds für soziales Unternehmertum eingebunden sind, wenn sie in den von ihnen verwalteten qualifizierten Fonds für soziales Unternehmertum investieren.

Artikel 7

Verwalter eines qualifizierten Fonds für soziales Unternehmertum müssen bezüglich der von ihnen verwalteten qualifizierten Fonds für soziales Unternehmertum

a) ihrer Tätigkeit ehrlich, redlich sowie mit der gebotenen Sachkenntnis, Sorgfalt und Gewissenhaftigkeit nachgehen;
b) geeignete Strategien und Verfahren zur Verhinderung unzulässiger Praktiken anwenden, bei denen vernünftigerweise davon ausgegangen werden kann, dass sie den Interessen der Anleger und der qualifizierten Portfoliounternehmen schaden;
c) ihre Geschäftstätigkeit so ausüben, dass sie die positiven sozialen Wirkungen der qualifizierten Portfoliounternehmen, in die sie investiert haben, fördern und dem besten Interesse der von ihnen verwalteten qualifizierten Fonds für soziales Unternehmertum, der Anleger dieser Fonds und der Integrität des Marktes dienlich sind;
d) bei der Auswahl und der laufenden Überwachung der Investitionen in qualifizierte Portfoliounternehmen und der positiven sozialen Wirkungen dieser Unternehmen ein hohes Maß an Sorgfalt walten lassen;
e) in qualifizierte Portfoliounternehmen investieren, die sie in angemessenem Maße kennen und verstehen;
f) ihre Anleger fair behandeln;
g) dafür sorgen, dass kein Anleger eine Vorzugsbehandlung erhält, es sei denn, eine solche Vorzugsbehandlung ist in den Anlagebedingungen oder der Satzung des qualifizierten Fonds für soziales Unternehmertum vorgesehen.

Artikel 8

(1) Die Haftung des Verwalters eines qualifizierten Fonds für soziales Unternehmertum gegenüber dem qualifizierten Fonds für soziales Unternehmertum oder dessen Anlegern wird nicht durch die Tatsache berührt, dass der Verwalter Funktionen an Dritte übertragen hat. Der Verwalter überträgt seine Funktionen nicht in einem Umfang, der darauf hinausläuft, dass er im Grunde genommen nicht mehr als Verwalter eines qualifizierten Fonds für soziales Unternehmertum, sondern nur noch als Briefkastenunternehmen angesehen werden kann.

(2) Die Übertragung von Funktionen gemäß Absatz 1 darf die wirksame Beaufsichtigung des Verwalters eines qualifizierten Fonds für soziales Unternehmertum nicht untergraben und weder den Verwalter eines qualifizierten Fonds für soziales Unternehmertum daran hindern, im besten Interesse seiner Anleger zu handeln, noch verhindern, dass der qualifizierte Fonds für soziales Unternehmertum im besten Interesse seiner Anleger verwaltet wird.

Artikel 9

(1) Verwalter eines qualifizierten Fonds für soziales Unternehmertum ermitteln und vermeiden Interessenkonflikte, gewährleisten, wo diese nicht vermieden werden können, eine Steuerung und Beobachtung von Interessenkonflikten und legen gemäß Absatz 4 solche Interessenkonflikte unverzüglich offen, um nachteilige Auswirkungen auf die Interessen der qualifizierten Fonds für soziales Unternehmertum und ihrer Anleger und eine unfaire Behandlung der von ihnen verwalteten qualifizierten Fonds für soziales Unternehmertum zu vermeiden.

(2) Verwalter eines qualifizierten Fonds für soziales Unternehmertum ermitteln insbesondere Interessenkonflikte, die entstehen können zwischen

a) Verwaltern eines qualifizierten Fonds für soziales Unternehmertum, Personen, die die Geschäfte des Verwalters eines qualifizierten Fonds für soziales Unternehmertum tatsächlich führen, Mitarbeitern oder jeder anderen Person, die den Verwalter eines qualifizierten Fonds für soziales Unternehmertum direkt oder indirekt kontrolliert oder direkt oder indirekt von diesem kontrolliert wird, und dem vom Verwalter eines qualifizierten Fonds für soziales Unternehmertum verwalteten qualifizierten Fonds für soziales Unternehmertum oder dessen Anlegern;
b) einem qualifizierten Fonds für soziales Unternehmertum oder dessen Anlegern und einem anderen qualifizierten Fonds für soziales Unternehmertum, der von demselben Verwalter verwaltet wird, oder dessen Anlegern;
c) dem qualifizierten Fonds für soziales Unternehmertum oder dessen Anlegern und einem Organismus für gemeinsame Anlagen oder OGAW, der von demselben Verwalter verwaltet wird, oder dessen Anlegern.

(3) Um den Anforderungen der Absätze 1 und 2 nachzukommen, erhalten Verwalter eines qualifizierten Fonds für soziales Unternehmertum wirksame organisatorische und verwaltungsmäßige Vorkehrungen aufrecht und wenden diese Vorkehrungen an.

(4) Die in Absatz 1 genannte Offenlegung von Interessenkonflikten erfolgt, wenn die vom Verwalter eines qualifizierten Fonds für soziales Unternehmertum zur Ermittlung, Vorbeugung, Steuerung und Beobachtung von Interessenkonflikten getroffenen organisatorischen Vorkehrungen nicht ausreichen, um nach vernünftigem Ermessen zu gewährleisten, dass das Risiko einer Beeinträchtigung von Anlegerinteressen vermieden wird. Die Verwalter eines qualifizierten Fonds für soziales Unternehmertum unterrichten die Anleger, bevor sie in deren Auftrag Geschäfte tätigen, unmissverständlich über die allgemeine Art oder die Quellen von Interessenkonflikten.

(5) Der Kommission wird die Befugnis übertragen, gemäß Artikel 26 delegierte Rechtsakte zu erlassen, in denen Folgendes im Einzelnen festgelegt wird:

a) die in Absatz 2 dieses Artikels genannten Arten von Interessenkonflikten;
b) die Maßnahmen, die Verwalter eines qualifizierten Fonds für soziales Unternehmertum hinsichtlich der Strukturen und der organisatorischen und administrativen Verfahren zu ergreifen haben, um Interessenkonflikte zu ermitteln, ihnen vorzubeugen, sie zu steuern, zu beobachten bzw. offenzulegen.

Artikel 10

(1) Verwalter eines qualifizierten Fonds für soziales Unternehmertum wenden bei jedem von ihnen verwalteten qualifizierten Fonds für soziales Unternehmertum Verfahren an, um zu messen, inwieweit die qualifizierten Portfoliounternehmen, in die der qualifizierte Fonds

für soziales Unternehmertum investiert, die positiven sozialen Wirkungen, zu denen diese sich verpflichtet haben, erreichen. Die Verwalter tragen dafür Sorge, dass diese Verfahren klar und transparent sind und Indikatoren umfassen, die in Abhängigkeit des sozialen Ziels und der Art des qualifizierten Portfoliounternehmens einen oder mehrere der folgenden Bereiche umfassen können:

a) Beschäftigung und Arbeitsmärkte;
b) Standards und Rechte im Zusammenhang mit der Arbeitsplatzqualität;
c) soziale Eingliederung und Schutz bestimmter Gruppen;
d) Gleichbehandlung, Chancengleichheit und Nichtdiskriminierung;
e) öffentliche Gesundheit und Sicherheit;
f) Zugang zu Sozialschutz-, Gesundheits- und Bildungssystemen und Auswirkungen auf diese Systeme.

(2) Der Kommission wird die Befugnis übertragen, gemäß Artikel 26 delegierte Rechtsakte zu erlassen, in denen die Einzelheiten der in Absatz 1 genannten Verfahren in Bezug auf unterschiedliche qualifizierte Portfoliounternehmen festgelegt werden.

Artikel 11

(1) Verwalter eines qualifizierten Fonds für soziales Unternehmertum verfügen jederzeit über ausreichende Eigenmittel und setzen jederzeit angemessene und geeignete personelle und technische Ressourcen ein, um eine ordnungsgemäße Verwaltung der von ihnen verwalteten qualifizierten Fonds für soziales Unternehmertum zu ermöglichen.

(2) Verwalter eines qualifizierten Fonds für soziales Unternehmertum sorgen dafür, dass sie jederzeit nachweisen können, dass sie über ausreichende Eigenmittel verfügen, um die Kontinuität des Geschäftsbetriebs zu gewährleisten, und dass sie gemäß Artikel 14 die Gründe dafür offenlegen können, warum diese Mittel ausreichend sind.

Artikel 12

(1) Die Regeln für die Bewertung der Vermögenswerte werden in den Anlagebedingungen oder der Satzung des qualifizierten Fonds für soziales Unternehmertum niedergelegt und gewährleisten ein zuverlässiges und transparentes Bewertungsverfahren.

(2) Durch die angewandten Bewertungsverfahren wird sichergestellt, dass die Vermögenswerte ordnungsgemäß bewertet werden und dass die Berechnung des Vermögenswerts mindestens einmal jährlich erfolgt.

(3) Damit die Bewertung qualifizierter Portfoliounternehmen einheitlich erfolgt, arbeitet die ESMA Leitlinien mit gemeinsamen Grundsätzen für die Behandlung von Investitionen in derartige Unternehmen aus und berücksichtigt dabei deren vorrangiges Ziel, eine messbare, positive soziale Wirkung zu erreichen und ihren Gewinn vor allem dazu einzusetzen, diese Wirkung zu erreichen.

Artikel 13

(1) Verwalter eines qualifizierten Fonds für soziales Unternehmertum legen der zuständigen Behörde des Herkunftsmitgliedstaats für jeden von ihnen verwalteten qualifizierten Fonds für soziales Unternehmertum spätestens sechs Monate nach Ende des Geschäftsjahres einen Jahresbericht vor. In diesem Bericht werden die Zusammensetzung des Portfolios des qualifizierten Fonds für soziales Unternehmertum und die Tätigkeiten des Vorjahres

beschrieben. Zudem werden in diesem Bericht die Gewinne des qualifizierten Fonds für soziales Unternehmertum am Ende seiner Laufzeit und gegebenenfalls die während seiner Laufzeit ausgeschütteten Gewinne offengelegt. Der Bericht enthält die geprüften Jahresabschlüsse des qualifizierten Fonds für soziales Unternehmertum. Der Jahresbericht wird im Einklang mit den bestehenden Berichterstattungsstandards und gemäß den zwischen dem Verwalter eines qualifizierten Fonds für soziales Unternehmertum und den Anlegern vereinbarten Bedingungen erstellt. Verwalter eines qualifizierten Fonds für soziales Unternehmertum legen den Anlegern den Jahresbericht auf Anfrage vor. Die Verwalter eines qualifizierten Fonds für soziales Unternehmertum und die Anleger können sich untereinander auf die Offenlegung ergänzender Informationen einigen.

(2) Der Jahresbericht umfasst mindestens Folgendes:

a) gegebenenfalls Angaben zu den insgesamt erreichten sozialen Ergebnissen der Anlagestrategie und der Methode zur Messung dieser Ergebnisse;
b) eine Erklärung über jede Veräußerung im Zusammenhang mit qualifizierten Portfoliounternehmen;
c) eine Angabe, ob es im Zusammenhang mit den anderen Vermögenswerten des qualifizierten Fonds für soziales Unternehmertum, die nicht in qualifizierte Portfoliounternehmen investiert sind, auf der Grundlage der in Artikel 14 Absatz 1 Buchstabe f genannten Kriterien zu Veräußerungen gekommen ist;
d) eine Zusammenfassung der Tätigkeiten des Verwalters eines qualifizierten Fonds für soziales Unternehmertum im Zusammenhang mit den in Artikel 14 Absatz 1 Buchstabe l genannten qualifizierten Portfoliounternehmen;
e) Informationen über Art und Zweck der Anlagen, die keine qualifizierten Anlagen gemäß Artikel 5 Absatz 1 sind.

(3) Eine Rechnungsprüfung des qualifizierten Fonds für soziales Unternehmertum findet mindestens einmal jährlich statt. Mit der Prüfung wird bestätigt, dass das Geld und die Vermögenswerte im Namen des qualifizierten Fonds für soziales Unternehmertum gehalten werden und dass der Verwalter des qualifizierten Fonds für soziales Unternehmertum eine angemessene Buchführung und angemessene Prüfungen bezüglich der Verwendung eines Mandats oder der Kontrolle über das Geld und die Vermögenswerte des qualifizierten Fonds für soziales Unternehmertum und von dessen Anlegern eingerichtet und durchgeführt hat.

(4) Ist der Verwalter eines qualifizierten Fonds für soziales Unternehmertum gemäß Artikel 4 der Richtlinie 2004/109/EG des Europäischen Parlaments und des Rates vom 15. Dezember 2004 zur Harmonisierung der Transparenzanforderungen in Bezug auf Informationen über Emittenten, deren Wertpapiere zum Handel auf einem geregelten Markt zugelassen sind ([10]) zur Veröffentlichung eines Jahresfinanzberichts über den qualifizierten Fonds für soziales Unternehmertum verpflichtet, so können die in den Absätzen 1 und 2 genannten Informationen getrennt oder als Ergänzung zum Jahresfinanzbericht vorgelegt werden.

Artikel 14

(1) Verwalter eines qualifizierten Fonds für soziales Unternehmertum unterrichten ihre Anleger in Bezug auf die von ihnen verwalteten qualifizierten Fonds für soziales Unter-

---

[10] ABl. L 390 vom 31.12.2004, S. 38.

nehmertum vor deren Anlageentscheidung in klarer und verständlicher Weise über Folgendes:

a) die Identität des Verwalters sowie jeglicher anderer Dienstleistungsanbieter, die im Auftrag des Verwalters Verwaltungsaufgaben übernehmen, und eine Beschreibung ihrer Aufgaben;
b) die Höhe der Eigenmittel, über die der Verwalter verfügt, sowie eine genaue Aussage darüber, warum dieser Betrag nach Ansicht des Verwalters ausreicht, um die angemessenen personellen und technischen Ressourcen aufrechtzuerhalten, die für die ordnungsgemäße Verwaltung seiner qualifizierten Fonds für soziales Unternehmertum erforderlich sind;
c) eine Beschreibung der Anlagestrategie und der Anlageziele des qualifizierten Fonds für soziales Unternehmertum, einschließlich
   i) der Arten qualifizierter Portfoliounternehmen, in die er zu investieren beabsichtigt;
   ii) anderer qualifizierter Fonds für soziales Unternehmertum, in die er zu investieren beabsichtigt;
   iii) der Arten qualifizierter Portfoliounternehmen, in die ein anderer qualifizierter Fonds für soziales Unternehmertum gemäß Ziffer ii zu investieren beabsichtigt;
   iv) der nicht qualifizierten Anlagen, die er zu tätigen beabsichtigt;
   v) der Anlagetechniken, die er zu verwenden beabsichtigt und
   vi) etwaiger Anlagebeschränkungen;
d) die durch die Anlagestrategie des qualifizierten Fonds für soziales Unternehmertum angestrebten positiven sozialen Wirkungen, einschließlich realistischer Projektionen solcher Wirkungen, sofern relevant, und Angaben zu einschlägigen Leistungen der Vergangenheit;
e) die Methoden zur Messung der sozialen Wirkungen;
f) eine Beschreibung anderer Vermögenswerte als qualifizierte Portfoliounternehmen sowie der Verfahren und Kriterien für die Auswahl dieser Vermögenswerte, außer Kassenbeständen und vergleichbarer liquider Mittel;
g) eine Beschreibung des Risikoprofils des qualifizierten Fonds für soziales Unternehmertum und jeglicher Risiken im Zusammenhang mit Vermögenswerten, in die der Fonds investieren kann, oder den zulässigen Anlagetechniken;
h) eine Beschreibung des Bewertungsverfahrens des qualifizierten Fonds für soziales Unternehmertum und der Kalkulationsmethoden für die Bewertung von Vermögenswerten, einschließlich der Verfahren für die Bewertung qualifizierter Portfoliounternehmen;
i) eine Beschreibung der Methode zur Festlegung der Vergütung des Verwalters eines qualifizierten Fonds für soziales Unternehmertum;
j) eine Beschreibung sämtlicher einschlägigen Kosten unter Angabe der jeweiligen Höchstbeträge;
k) sofern verfügbar, die bisherige Wertentwicklung des qualifizierten Fonds für soziales Unternehmertum;
l) die Wirtschaftsdienstleistungen und andere unterstützende Dienstleistungen, die der Verwalter eines qualifizierten Fonds für soziales Unternehmertum selbst erbringt oder von Dritten erbringen lässt, um die Entwicklung, das Wachstum oder in anderweitiger Hinsicht die laufenden Tätigkeiten der qualifizierten Portfoliounternehmen, in die der qualifizierte Fonds für soziales Unternehmertum investiert, zu fördern, oder, wenn solche Dienste oder Leistungen nicht erbracht werden, eine Erklärung hierzu;
m) eine Beschreibung der Verfahren, nach denen der qualifizierte Fonds für soziales Unternehmertum seine Anlagestrategie, seine Anlagepolitik oder beide ändern kann.

(2) Die in Absatz 1 genannten Angaben haben redlich, eindeutig und nicht irreführend zu sein. Sie werden regelmäßig aktualisiert und gegebenenfalls überprüft.

(3) Ist der Verwalter eines qualifizierten Fonds für soziales Unternehmertum gemäß der Richtlinie 2003/71/EG des Europäischen Parlaments und des Rates vom 4. November 2003 betreffend den Prospekt, der beim öffentlichen Angebot von Wertpapieren oder bei deren Zulassung zum Handel zu veröffentlichen ist ([11]), oder gemäß für den qualifizierten Fonds für soziales Unternehmertum geltenden nationalen Rechtsvorschriften zur Veröffentlichung eines Prospekts verpflichtet, so können die in Absatz 1 genannten Informationen getrennt oder als Teil des Prospekts veröffentlicht werden.

(4) Der Kommission wird die Befugnis übertragen, gemäß Artikel 26 delegierte Rechtsakte zu erlassen, in denen Folgendes im Einzelnen festgelegt wird:

a) der Inhalt der in Absatz 1 Buchstaben c bis f und l genannten Informationen;
b) Möglichkeiten einer einheitlichen Präsentation der in Absatz 1 Buchstaben c bis f und l genannten Informationen mit dem Ziel einer möglichst guten Vergleichbarkeit.

KAPITEL III
AUFSICHT UND VERWALTUNGSZUSAMMENARBEIT

Artikel 15

(1) Verwalter eines qualifizierten Fonds für soziales Unternehmertum, die für den Vertrieb ihrer qualifizierten Fonds für soziales Unternehmertum die Bezeichnung „EuSEF" verwenden wollen, unterrichten die zuständige Behörde ihres Herkunftsmitgliedstaats über ihre Absicht und legen folgende Informationen vor:

a) die Identität der Personen, die die Geschäfte zur Verwaltung der qualifizierten Fonds für soziales Unternehmertum tatsächlich führen;
b) die Identität der qualifizierten Fonds für soziales Unternehmertum, deren Anteile vertrieben werden sollen, und ihre Anlagestrategien;
c) Angaben zu den Vorkehrungen, die zur Einhaltung der Anforderungen von Kapitel II getroffen wurden;
d) eine Liste der Mitgliedstaaten, in denen der Verwalter eines qualifizierten Fonds für soziales Unternehmertum die einzelnen qualifizierten Fonds für soziales Unternehmertum zu vertreiben beabsichtigt;
e) eine Liste der Mitgliedstaaten, in denen der Verwalter eines qualifizierten Fonds für soziales Unternehmertum qualifizierte Fonds für soziales Unternehmertum errichtet hat oder zu errichten beabsichtigt.

(2) Die zuständige Behörde des Herkunftsmitgliedstaats nimmt die Registrierung des Verwalters eines Fonds für soziales Unternehmertum nur vor, wenn die folgenden Bedingungen erfüllt sind:

a) die Personen, die die Geschäfte zur Verwaltung eines qualifizierten Fonds für soziales Unternehmertum tatsächlich führen, sind ausreichend gut beleumdet und verfügen über ausreichende Erfahrung auch in Bezug auf die vom Verwalter eines qualifizierten Fonds für soziales Unternehmertum verfolgten Anlagestrategien;
b) die geforderten Informationen nach Absatz 1 sind vollständig;
c) die gemäß Absatz 1 Buchstabe c mitgeteilten Vorkehrungen sind geeignet, die Anforderungen von Kapitel II zu erfüllen;

---

[11] ABl. L 345 vom 31.12.2003, S. 64.

d) aus der gemäß Absatz 1 Buchstabe e übermittelten Liste geht hervor, dass sämtliche qualifizierten Fonds für soziales Unternehmertum gemäß Artikel 3 Absatz 1 Buchstabe b Ziffer iii dieser Verordnung niedergelassen sind.

(3) Die Registrierung nach diesem Artikel gilt für das gesamte Gebiet der Union und verleiht Verwaltern eines qualifizierten Fonds für soziales Unternehmertum das Recht, qualifizierte Fonds für soziales Unternehmertum in der gesamten Union unter der Bezeichnung „EuSEF“ zu vertreiben.

Artikel 16

Verwalter eines qualifizierten Fonds für soziales Unternehmertum unterrichten die zuständige Behörde des Herkunftsmitgliedstaats, wenn sie beabsichtigen,

a) einen neuen qualifizierten Fonds für soziales Unternehmertum oder

b) einen bestehenden qualifizierten Fonds für soziales Unternehmertum in einem Mitgliedstaat, der nicht in der in Artikel 15 Absatz 1 Buchstabe d genannten Liste aufgeführt ist, zu vertreiben.

Artikel 17

(1) Unmittelbar nach Registrierung des Verwalters eines qualifizierten Fonds für soziales Unternehmertum, der Hinzufügung eines neuen qualifizierten Fonds für soziales Unternehmertum, der Hinzufügung eines neuen Sitzes für die Niederlassung eines qualifizierten Fonds für soziales Unternehmertum oder der Hinzufügung eines neuen Mitgliedstaats, in dem der Verwalter eines qualifizierten Fonds für soziales Unternehmertum den Vertrieb von qualifizierten Fonds für soziales Unternehmertum beabsichtigt, setzt die zuständige Behörde des Herkunftsmitgliedstaats die gemäß Artikel 15 Absatz 1 Buchstabe d angegebenen Mitgliedstaaten und die ESMA hiervon in Kenntnis.

(2) Die gemäß Artikel 15 Absatz 1 Buchstabe d angegebenen Aufnahmemitgliedstaaten erlegen gemäß Artikel 15 registrierten Verwaltern eines qualifizierten Fonds für soziales Unternehmertum hinsichtlich des Vertriebs ihrer qualifizierten Fonds für soziales Unternehmertum keine Anforderungen oder Verwaltungsverfahren auf und verlangen auch keine vorherige Genehmigung des Vertriebs.

(3) Um eine einheitliche Anwendung dieses Artikels zu gewährleisten, arbeitet die ESMA Entwürfe für technische Durchführungsstandards zur Festlegung des Formats der Mitteilung nach diesem Artikel aus.

(4) Die ESMA legt diese Entwürfe technischer Durchführungsstandards der Kommission bis zum vom 16. Februar 2014 vor.

(5) Der Kommission wird die Befugnis übertragen, die in Absatz 3 genannten technischen Durchführungsstandards nach dem in Artikel 15 der Verordnung (EU) Nr. 1095/2010 festgelegten Verfahren zu erlassen.

Artikel 18

Die ESMA führt eine zentrale, im Internet öffentlich zugängliche Datenbank, in der alle gemäß Artikel 15 registrierten Verwalter eines qualifizierten Fonds für soziales Unternehmertum und die von ihnen vertriebenen qualifizierten Fonds für soziales Unternehmertum sowie die Länder, in denen diese Fonds vertrieben werden, aufgelistet sind.

Artikel 19

(1) Die zuständige Behörde des Herkunftsmitgliedstaats überwacht die Einhaltung der in dieser Verordnung festgelegten Anforderungen.

(2) Bestehen klare und nachweisbare Gründe, die die zuständige Behörde des Aufnahmemitgliedstaats zu der Annahme führen, dass der Verwalter eines qualifizierten Fonds für soziales Unternehmertum in ihrem Hoheitsgebiet gegen diese Verordnung verstößt, so setzt diese die zuständige Behörde des Herkunftsmitgliedstaats unverzüglich davon in Kenntnis. Die zuständige Behörde des Herkunftsmitgliedstaats ergreift daraufhin angemessene Maßnahmen.

(3) Verstößt der Verwalter eines qualifizierten Fonds für soziales Unternehmertum trotz der von der zuständigen Behörde des Herkunftsmitgliedstaats ergriffenen Maßnahmen oder infolge nicht rechtzeitig durch die zuständige Behörde des Herkunftsmitgliedstaats getroffener Maßnahmen weiterhin auf offensichtliche Weise gegen diese Verordnung, so kann die zuständige Behörde des Aufnahmemitgliedstaats nach Unterrichtung der zuständigen Behörde des Herkunftsmitgliedstaats alle angemessenen Maßnahmen ergreifen, die zum Schutz der Anleger erforderlich sind, einschließlich der Untersagung des weiteren Vertriebs seiner qualifizierten Fonds für soziales Unternehmertum durch den Verwalter eines qualifizierten Fonds für soziales Unternehmertum im Hoheitsgebiet des Aufnahmemitgliedstaats.

Artikel 20

Die zuständigen Behörden werden im Einklang mit dem nationalen Recht mit allen für die Wahrnehmung ihrer Aufgaben erforderlichen Aufsichts- und Ermittlungsbefugnissen ausgestattet. Sie erhalten insbesondere die Befugnis,

a) Zugang zu Unterlagen aller Art zu fordern und Kopien von ihnen zu erhalten oder anzufertigen;
b) vom Verwalter eines qualifizierten Fonds für soziales Unternehmertum unverzügliche Auskünfte zu verlangen;
c) von jeder mit den Tätigkeiten des Verwalters eines qualifizierten Fonds für soziales Unternehmertum oder des qualifizierten Fonds für soziales Unternehmertum in Verbindung stehenden Person Auskünfte zu verlangen;
d) angekündigte und unangekündigte Ermittlungen vor Ort durchzuführen;
e) geeignete Maßnahmen zu ergreifen, um sicherzustellen, dass ein Verwalter eines qualifizierten Fonds für soziales Unternehmertum diese Verordnung weiterhin einhält;
f) eine Anweisung zu erteilen, um sicherzustellen, dass ein Verwalter eines qualifizierten Fonds für soziales Unternehmertum diese Verordnung einhält und jegliches Verhalten, das einen Verstoß gegen diese Verordnung darstellen könnte, einstellt.

Artikel 21

(1) Die Mitgliedstaaten legen Vorschriften für Verwaltungssanktionen und andere Maßnahmen fest, die bei Verstößen gegen die Bestimmungen dieser Verordnung verhängt werden, und ergreifen die erforderlichen Maßnahmen, um deren Durchsetzung zu gewährleisten. Die Verwaltungssanktionen und anderen Maßnahmen müssen wirksam, verhältnismäßig und abschreckend sein.

(2) Die Mitgliedstaaten teilen der Kommission und der ESMA die in Absatz 1 genannten Vorschriften bis zum 16. Mai 2015 mit. Sie melden der Kommission und der ESMA unverzüglich spätere Änderungen dieser Vorschriften.

Artikel 22

(1) Die zuständige Behörde des Herkunftsmitgliedstaats ergreift unter Achtung des Grundsatzes der Verhältnismäßigkeit die in Absatz 2 genannten geeigneten Maßnahmen, wenn ein Verwalter eines qualifizierten Fonds für soziales Unternehmertum

a) es unter Verstoß gegen Artikel 5 versäumt, den Anforderungen an die Zusammensetzung des Portfolios nachzukommen;
b) unter Verstoß gegen Artikel 6 Anteile eines qualifizierten Fonds für soziales Unternehmertum an nicht in Frage kommende Anleger vertreibt;
c) die Bezeichnung „EuSEF“ verwendet, ohne gemäß Artikel 15 registriert zu sein;
d) die Bezeichnung „EuSEF“ für den Vertrieb von Fonds verwendet, die nicht gemäß Artikel 3 Absatz 1 Buchstabe b Ziffer iii niedergelassen sind;
e) eine Registrierung unter Verstoß gegen Artikel 15 aufgrund falscher Erklärungen oder auf sonstige rechtswidrige Weise erlangt hat;
f) seiner Tätigkeit unter Verstoß gegen Artikel 7 Buchstabe a nicht ehrlich, redlich oder mit der gebotenen Sachkenntnis, Sorgfalt oder Gewissenhaftigkeit nachgeht;
g) unter Verstoß gegen Artikel 7 Buchstabe b keine geeigneten Strategien und Verfahren zur Verhinderung unzulässiger Praktiken anwendet;
h) wiederholt den in Artikel 13 niedergelegten Anforderungen in Bezug auf den Jahresbericht nicht nachkommt;
i) wiederholt der in Artikel 14 niedergelegten Verpflichtung zur Information der Anleger nicht nachkommt.

(2) In den unter Absatz 1 beschriebenen Fällen erlässt die zuständige Behörde des Herkunftsmitgliedstaats gegebenenfalls

a) Maßnahmen, mit denen dafür gesorgt wird, dass der betroffene Verwalter eines qualifizierten Fonds für soziales Unternehmertum die Artikel 5 und 6, Artikel 7 Buchstaben a und b sowie die Artikel 13, 14 und 15 einhält;
b) ein Verbot zur Verwendung der Bezeichnung „EuSEF“ und streicht den Verwalter eines qualifizierten Fonds für soziales Unternehmertum aus dem Register.

(3) Die zuständige Behörde des Herkunftsmitgliedstaats unterrichtet die zuständigen Behörden der gemäß Artikel 15 Absatz 1 Buchstabe d angegebenen Aufnahmemitgliedstaaten und die ESMA unverzüglich über die in Absatz 2 Buchstabe b genannte Streichung des Verwalters eines qualifizierten Fonds für soziales Unternehmertum aus dem Register.

(4) Das Recht zum Vertrieb eines oder mehrerer qualifizierter Fonds für soziales Unternehmertum unter der Bezeichnung „EuSEF“ in der Union erlischt mit sofortiger Wirkung ab dem Zeitpunkt der in Absatz 2 Buchstabe b genannten Entscheidung der zuständigen Behörde.

Artikel 23

(1) Zur Wahrnehmung ihrer jeweiligen Aufgaben im Rahmen dieser Verordnung arbeiten die zuständigen Behörden und die ESMA gemäß der Verordnung (EU) Nr. 1095/2010 zusammen.

(2) Die zuständigen Behörden und die ESMA tauschen alle Informationen und Unterlagen aus, die erforderlich sind, um ihre jeweiligen Aufgaben im Rahmen dieser Verord-

nung im Einklang mit der Verordnung (EU) Nr. 1095/2010 wahrzunehmen, insbesondere um Verstöße gegen diese Verordnung festzustellen und diesen abzuhelfen.

Artikel 24

(1) Alle Personen, die für die zuständigen Behörden oder die ESMA tätig sind oder tätig waren, sowie die von den zuständigen Behörden oder der ESMA beauftragten Wirtschaftsprüfer und Sachverständigen unterliegen dem Berufsgeheimnis. Vertrauliche Informationen, die diese Personen in Ausübung ihrer Aufgaben erhalten, dürfen – vorbehaltlich Fällen, die unter das Strafrecht fallen, und in dieser Verordnung vorgesehener Verfahren – an keine Person oder Behörde weitergegeben werden, es sei denn, in zusammengefasster oder aggregierter Form, so dass die einzelnen Verwalter eines qualifizierten Fonds für soziales Unternehmertum und qualifizierten Fonds für soziales Unternehmertum nicht zu erkennen sind.

(2) Die zuständigen Behörden der Mitgliedstaaten und die ESMA werden nicht am Informationsaustausch gemäß dieser Verordnung oder anderen für Verwalter eines qualifizierten Fonds für soziales Unternehmertum und qualifizierte Fonds für soziales Unternehmertum geltenden Rechtsvorschriften der Union gehindert.

(3) Erhalten die zuständigen Behörden oder die ESMA vertrauliche Informationen gemäß Absatz 2, so dürfen diese Informationen ausschließlich in Wahrnehmung ihrer Aufgaben und für die Zwecke von Verwaltungs- oder Gerichtsverfahren verwendet werden.

Artikel 25

Im Falle einer Uneinigkeit zwischen den zuständigen Behörden der Mitgliedstaaten über eine Bewertung, Maßnahme oder Unterlassung einer zuständigen Behörde in Bereichen, in denen nach dieser Verordnung eine Zusammenarbeit oder Koordinierung der zuständigen Behörden verschiedener Mitgliedstaaten erforderlich ist, können die zuständigen Behörden die ESMA mit der Angelegenheit befassen; diese kann nach Maßgabe der ihr durch Artikel 19 der Verordnung (EU) Nr. 1095/2010 übertragenen Befugnisse tätig werden, soweit die Uneinigkeit nicht Artikel 3 Absatz 1 Buchstabe b Ziffer i oder Artikel 3 Absatz 1 Buchstabe d Ziffer i dieser Verordnung betrifft.

KAPITEL IV
ÜBERGANGS- UND SCHLUSSBESTIMMUNGEN

Artikel 26

(1) Die Befugnis zum Erlass delegierter Rechtsakte wird der Kommission unter den in diesem Artikel festgelegten Bedingungen übertragen.

(2) Die Befugnis zum Erlass delegierter Rechtsakte gemäß Artikel 3 Absatz 2, Artikel 9 Absatz 5, Artikel 10 Absatz 2 und Artikel 14 Absatz 4 wird der Kommission für einen Zeitraum von vier Jahren ab dem 15. Mai 2013 übertragen. Die Kommission erstellt spätestens neun Monate vor Ablauf des Zeitraums von vier Jahren einen Bericht über die Befugnisübertragung. Die Befugnisübertragung verlängert sich stillschweigend um Zeiträume gleicher Länge, es sei denn, das Europäische Parlament oder der Rat widersprechen einer solchen Verlängerung spätestens drei Monate vor Ablauf des jeweiligen Zeitraums.

(3) Die Befugnisübertragung gemäß Artikel 3 Absatz 2, Artikel 9 Absatz 5, Artikel 10 Absatz 2 und Artikel 14 Absatz 4 kann vom Europäischen Parlament oder vom Rat jederzeit

widerrufen werden. Der Beschluss über den Widerruf beendet die Übertragung der in diesem Beschluss angegebenen Befugnis. Er wird am Tag nach seiner Veröffentlichung im Amtsblatt der Europäischen Union oder zu einem im Beschluss über den Widerruf angegebenen späteren Zeitpunkt wirksam. Die Gültigkeit von delegierten Rechtsakten, die bereits in Kraft sind, wird von dem Beschluss über den Widerruf nicht berührt.

(4) Sobald die Kommission einen delegierten Rechtsakt erlässt, übermittelt sie ihn gleichzeitig dem Europäischen Parlament und dem Rat.

(5) Ein delegierter Rechtsakt, der gemäß Artikel 3 Absatz 2, Artikel 9 Absatz 5, Artikel 10 Absatz 2 oder Artikel 14 Absatz 4 erlassen wurde, tritt nur in Kraft, wenn weder das Europäische Parlament noch der Rat innerhalb einer Frist von drei Monaten nach Übermittlung dieses Rechtsakts an das Europäische Parlament und den Rat Einwände erhoben haben oder wenn vor Ablauf dieser Frist das Europäische Parlament und der Rat beide der Kommission mitgeteilt haben, dass sie keine Einwände erheben werden. Auf Initiative des Europäischen Parlaments oder des Rates wird diese Frist um drei Monate verlängert.

Artikel 27

(1) Die Kommission überprüft diese Verordnung gemäß Absatz 2. Die Überprüfung beinhaltet einen allgemeinen Überblick über die Funktionsweise der Bestimmungen dieser Verordnung und über die bei deren Anwendung gemachten Erfahrungen, einschließlich folgender Aspekte:

a) der Umfang der Verwendung der Bezeichnung „EuSEF“ durch Verwalter eines qualifizierten Fonds für soziales Unternehmertum in verschiedenen Mitgliedstaaten, auf nationaler Ebene und grenzüberschreitend;
b) die geografische und sektorspezifische Verteilung der von qualifizierten Fonds für soziales Unternehmertum getätigten Anlagen;
c) die Bewertung der Angemessenheit der Informationsanforderungen gemäß Artikel 14 und insbesondere der Frage, ob diese Anforderungen ausreichen, um den Anlegern zu ermöglichen, eine fundierte Anlageentscheidung zu treffen;
d) die Verwendung der verschiedenen qualifizierten Anlagen durch qualifizierte Fonds für soziales Unternehmertum und die Bewertung der Frage, welche Auswirkungen dies auf die Entwicklung von Sozialunternehmen in der Union gehabt hat;
e) die Bewertung der Frage, ob die Einführung eines europäischen Gütesiegels für „Sozialunternehmen“ angemessen ist;
f) die Möglichkeit, in Drittländern niedergelassenen Fonds für soziales Unternehmertum die Verwendung der Bezeichnung „EuSEF“ zu gestatten, wobei die Erfahrungen aus der Anwendung der Empfehlung der Kommission für Maßnahmen, durch die Drittländer zur Anwendung von Mindeststandards für verantwortungsvolles Handeln im Steuerbereich veranlasst werden sollen, zu berücksichtigen sind;
g) die Anwendung der Kriterien für die Ermittlung qualifizierter Portfoliounternehmen in der Praxis, deren Auswirkungen auf die Entwicklung von Sozialunternehmen in der Union und deren positive soziale Wirkungen;
h) eine Bewertung der von den Verwaltern eines qualifizierten Fonds für soziales Unternehmertum eingeführten Verfahren zur Messung der in Artikel 10 genannten positiven sozialen Wirkungen der qualifizierten Portfoliounternehmen und eine Bewertung der Frage, ob es möglich ist, harmonisierte Standards einzuführen, mit denen sich die sozialen Wirkungen auf der Ebene der Union in Einklang mit der Sozialpolitik der Union messen lassen;

i) die Möglichkeit, den Vertrieb von qualifizierten Fonds für soziales Unternehmertum auf Kleinanleger auszuweiten;
j) die Bewertung der Frage, ob qualifizierte Fonds für soziales Unternehmertum als Vermögenswerte im Sinne der Richtlinie 2009/65/EG gelten sollten;
k) die Bewertung der Frage, ob diese Verordnung durch ein Verwahrstellensystem ergänzt werden sollte;
l) eine Prüfung möglicher steuerlicher Hindernisse für Fonds für soziales Unternehmertum und eine Bewertung möglicher Steueranreize, um das soziale Unternehmertum in der Union zu fördern;
m) eine Auswertung möglicher Hindernisse für Investitionen in Fonds, die die Bezeichnung „EuSEF" verwenden, einschließlich der Auswirkungen anderer aufsichtsrechtlicher Vorschriften der Union auf institutionelle Anleger.

(2) Die Überprüfung gemäß Absatz 1 wird vorgenommen:
a) bis zum 22. Juli 2017 hinsichtlich der Buchstaben a bis e und g bis m sowie
b) bis zum 22. Juli 2015 hinsichtlich Buchstabe f.

(3) Die Kommission unterbreitet dem Europäischen Parlament und dem Rat nach der Überprüfung gemäß Absatz 1 und nach Anhörung der ESMA einen Bericht, dem gegebenenfalls ein Gesetzgebungsvorschlag beigefügt ist.

Artikel 28

(1) Die Kommission leitet bis zum 22. Juli 2017 eine Überprüfung der Wechselwirkungen zwischen dieser Verordnung und anderen Vorschriften über Organismen für gemeinsame Anlagen und ihre Verwalter, insbesondere den Vorschriften der Richtlinie 2011/61/EU, ein. Diese Überprüfung befasst sich mit dem Anwendungsbereich dieser Verordnung. Im Rahmen dieser Überprüfung werden Daten gesammelt, mit denen bewertet werden kann, ob der Anwendungsbereich dahin gehend auszudehnen ist, dass Verwalter von Fonds für soziales Unternehmertum, deren verwaltete Vermögenswerte insgesamt über den in Artikel 2 Absatz 1 genannten Schwellenwert hinausgehen, Verwalter eines qualifizierten Fonds für soziales Unternehmertum entsprechend dieser Verordnung werden können.

(2) Die Kommission unterbreitet dem Europäischen Parlament und dem Rat nach der Überprüfung gemäß Absatz 1 und nach Anhörung der ESMA einen Bericht, dem gegebenenfalls ein Gesetzgebungsvorschlag beigefügt ist.

Artikel 29

Diese Verordnung tritt am zwanzigsten Tag nach ihrer Veröffentlichung im *Amtsblatt der Europäischen Union* in Kraft.

Sie gilt ab dem 22. Juli 2013, mit Ausnahme von Artikel 3 Absatz 2, Artikel 9 Absatz 5, Artikel 10 Absatz 2 und Artikel 14 Absatz 4, die ab dem 15. Mai 2013 gelten.

Diese Verordnung ist in allen ihren Teilen verbindlich und gilt unmittelbar in jedem Mitgliedstaat.

Geschehen zu Straßburg am 17. April 2013.

Im Namen des Europäischen Parlaments
Der Präsident
M. SCHULZ

Im Namen des Rates
Die Präsidentin
L. CREIGHTON

19.2. Durchführungsverordnung (EU) Nr. 594/2014 der Kommission

vom 3. Juni 2014

zur Festlegung technischer Durchführungsstandards für das Format der Notifizierung nach Artikel 17 Absatz 1 der Verordnung (EU) Nr. 346/2013 des Europäischen Parlaments und des Rates über Europäische Fonds für soziales Unternehmertum

(Text von Bedeutung für den EWR)

DIE EUROPÄISCHE KOMMISSION –

gestützt auf den Vertrag über die Arbeitsweise der Europäischen Union,

gestützt auf die Verordnung (EU) Nr. 346/2013 des Europäischen Parlaments und des Rates vom 17. April 2013 über Europäische Fonds für soziales Unternehmertum ([1]), insbesondere auf Artikel 17 Absatz 5,

in Erwägung nachstehender Gründe:

(1) Artikel 17 Absatz 1 der Verordnung (EU) Nr. 346/2013 schreibt vor, dass die zuständige Behörde des Herkunftsmitgliedstaats eines Europäischen Fonds für soziales Unternehmertum (EuSEF) die Aufnahmemitgliedstaaten sowie die Europäische Wertpapier- und Marktaufsichtsbehörde (ESMA) von Ereignissen in Kenntnis setzt, die den Pass der Verwalter qualifizierter Fonds für soziales Unternehmertum betreffen. Artikel 22 Absatz 3 der genannten Verordnung schreibt auch vor, dass die zuständige Behörde des Herkunftsmitgliedstaats die zuständigen Behörden der Aufnahmemitgliedstaaten über die Streichung eines EuSEF-Verwalters aus dem Register unterrichtet.

(2) Da von der ESMA für diese Notifizierung noch kein spezielles IT-Werkzeug entwickelt wurde, ist die Nutzung von E-Mail für diese Art der Notifizierung zwischen den zuständigen Behörden und der ESMA als Format am besten geeignet. Darum sollte die ESMA ein Verzeichnis der maßgeblichen E-Mail-Adressen erstellen und allen zuständigen Behörden zur Kenntnis bringen.

(3) Diese Verordnung stützt sich auf den Entwurf technischer Durchführungsstandards, der der Kommission von der ESMA vorgelegt wurde.

(4) Da Anwendungsbereich und Auswirkungen des Notifizierungsformats begrenzt sind und das festgelegte Formular lediglich von den zuständigen Behörden genutzt werden soll, hat die ESMA keine öffentlichen Konsultationen zur Einführung dieses Notifizierungsformats durchgeführt. Die ESMA hat die Stellungnahme der nach Artikel 37 der Verordnung (EU) Nr. 1095/2010 des Europäischen Parlaments und des Rates ([2]) eingesetzten ESMA-Interessengruppe „Wertpapiere und Wertpapiermärkte" eingeholt —

HAT FOLGENDE VERORDNUNG ERLASSEN:

---

1 ABl. L 115 vom 25.4.2013, S. 18.

2 Verordnung (EU) Nr. 1095/2010 des Europäischen Parlaments und des Rates vom 24. November 2010 zur Errichtung einer Europäischen Aufsichtsbehörde (Europäische Wertpapier- und Marktaufsichtsbehörde) (ABl. L 331 vom 15.12.2010, S. 84).

Artikel 1
Gegenstand

Mit dieser Verordnung wird das Format für die Notifizierung aufsichtsrelevanter Informationen über die in Artikel 17 Absatz 1 und Artikel 22 Absatz 3 der Verordnung (EU) Nr. 346/2013 genannten Ereignisse zwischen den zuständigen Behörden und der ESMA festgelegt.

Artikel 2
Format der Notifizierung

Die zuständige Behörde des Herkunftsmitgliedstaats eines Europäischen Fonds für soziales Unternehmertum notifiziert den zuständigen Behörden der Aufnahmemitgliedstaaten und der ESMA die in Artikel 17 Absatz 1 und Artikel 22 Absatz 3 der Verordnung (EU) Nr. 346/2013 genannten Ereignisse per E-Mail und füllt hierzu das im Anhang dieser Verordnung enthaltene Formular aus.

Artikel 3
Verzeichnis der E-Mail-Adressen

Jede zuständige Behörde übermittelt der ESMA die für die Notifizierung aufsichtsrelevanter Informationen maßgebliche E-Mail-Adresse.

Die ESMA bringt das Verzeichnis der maßgeblichen E-Mail-Adressen, das auch die maßgebliche E-Mail-Adresse der ESMA enthält, allen zuständigen Behörden zur Kenntnis.

Artikel 4
Inkrafttreten

Diese Verordnung tritt am dritten Tag nach ihrer Veröffentlichung im *Amtsblatt der Europäischen Union* in Kraft.

Diese Verordnung ist in allen ihren Teilen verbindlich und gilt unmittelbar in jedem Mitgliedstaat.

Brüssel, den 3. Juni 2014

Für die Kommission

Der Präsident

José Manuel BARROSO

ANHANG

Notifizierung der Registrierung des Verwalters eines Europäischen Fonds für soziales Unternehmertum (EuSEF) oder Aktualisierung bereits notifizierter Informationen

Notifizierung der Registrierung eines EuSEF-Verwalters durch *(Name der Behörde)* oder Aktualisierung bereits notifizierter Informationen

(Name der Behörde des Herkunftsmitgliedstaats) notifiziert, dass

(Name des EuSEF-Verwalters)

mit folgenden Kontaktdaten *(registrierte Anschrift des Verwalters)*

von *[Name der Behörde]* gemäß Artikel 15 Absatz 2 der Verordnung (EU) Nr. 346/2013 für die Verwaltung der in der nachstehenden Tabelle aufgeführten Fonds registriert wurde. Der Verwalter beabsichtigt, den EuSEF in den in der nachstehenden Tabelle aufgeführten Mitgliedstaaten zu vertreiben.

Name des EuSEF	Sitz	Aufnahmemitgliedstaaten

Hinweise

Bitte geben Sie an, ob Ihre Notifizierung Änderungen an bereits notifizierten Informationen zum Gegenstand hat: Ja ☐ Nein ☐

Wenn ja, geben Sie bitte an, um welche Art von Änderung es sich handelt:

☐ Hinzufügung eines neuen EuSEF

☐ Hinzufügung eines neuen Sitzes für die Niederlassung eines EuSEF

☐ Hinzufügung eines neuen Mitgliedstaats, in dem der Verwalter den EuSEF zu vertreiben beabsichtigt

☐ Streichung von EuSEF-Verwaltern aus dem nationalen Register gemäß Artikel 22 Absatz 2 Buchstabe b EuSEF-Verordnung ([1]).

([1]) In diesem Falle ersetzen Sie bitte den auf die Anschrift des Verwalters folgenden Text durch folgenden Wortlaut: „Gemäß Artikel 22 Absatz 2 Buchstabe b EuSEF-Verordnung aus dem nationalen Register der EuSEF-Verwalter gestrichen".

20. EuVECA

20.1. Verordnung (EU) Nr. 345/2013 des Europäischen Parlaments und des Rates

vom 17. April 2013

über Europäische Risikokapitalfonds

(Text von Bedeutung für den EWR)

DAS EUROPÄISCHE PARLAMENT UND DER RAT DER EUROPÄISCHEN UNION –

gestützt auf den Vertrag über die Arbeitsweise der Europäischen Union, insbesondere auf Artikel 114,

auf Vorschlag der Europäischen Kommission,

nach Zuleitung des Entwurfs des Gesetzgebungsakts an die nationalen Parlamente,

nach Stellungnahme der Europäischen Zentralbank ([1]),

nach Stellungnahme des Europäischen Wirtschafts- und Sozialausschusses ([2]),

gemäß dem ordentlichen Gesetzgebungsverfahren ([3]),

in Erwägung nachstehender Gründe:

(1) Risikokapital finanziert Unternehmen, die in der Regel sehr klein sind, in der Anfangsphase ihres Unternehmensdaseins stehen und ein starkes Wachstums- und Expansionspotenzial aufweisen. Zudem bieten Risikokapitalfonds Unternehmen wertvolles Know-how und Kenntnisse, Geschäftskontakte, Markenwert und strategische Beratung. Durch die Finanzierung und Beratung dieser Unternehmen stimulieren Risikokapitalfonds das Wirtschaftswachstum, tragen zur Schaffung von Arbeitsplätzen und zur Kapitalbeschaffung bei, fördern die Entstehung und Entwicklung innovativer Unternehmen, steigern deren Investitionen in Forschung und Entwicklung und fördern Unternehmertum, Innovation und Wettbewerbsfähigkeit entsprechend den Zielen der Strategie Europa 2020, die in der Mitteilung der Kommission vom 3. März 2010 mit dem Titel „Europa 2020: Eine Strategie für intelligentes, nachhaltiges und integratives Wachstum" (Europa 2020) aufgestellt wurde, und als Reaktion auf die langfristigen Herausforderungen der Mitgliedstaaten, wie beispielsweise diejenigen, die in dem Bericht des Europäischen Systems für strategische und politische Analysen vom März 2012 mit dem Titel „Global Trends 2030 – Citizens in an interconnected and polycentric world" genannt werden.

(2) Es ist erforderlich, gemeinsame Rahmenbedingungen für die Verwendung der Bezeichnung „EuVECA" für qualifizierte Risikokapitalfonds zu schaffen, indem insbesondere die Zusammensetzung des Portfolios von Fonds, die diese Bezeichnung führen, geeignete Anlageobjekte, zulässige Anlageinstrumente und die Kategorien von Anlegern, die in sie investieren können, in unionsweit geltenden einheitlichen Vorschriften geregelt werden. Ohne einen solchen gemeinsamen Rahmen besteht die Gefahr, dass die Mitgliedstaaten auf nationaler Ebene abweichende Maßnahmen treffen, die direkte negative Auswirkungen auf das ordnungsgemäße Funktionieren des Binnenmarkts haben und diesbezüglich Hindernisse schaffen können, da Risikokapitalfonds, die unionsweit tätig sein wollen, in unter-

---

[1] ABl. C 175 vom 19.6.2012, S. 11.

[2] ABl. C 191 vom 29.6.2012, S. 72.

[3] Standpunkt des Europäischen Parlaments vom 12. März 2013 (noch nicht im Amtsblatt veröffentlicht) und Beschluss des Rates vom 21. März 2013.

schiedlichen Mitgliedstaaten unterschiedlichen Regeln unterliegen würden. Zudem könnten abweichende Qualitätsanforderungen an die Zusammensetzung des Portfolios, die Anlageobjekte und die in Frage kommenden Anleger zu einem unterschiedlichen Grad an Anlegerschutz und zu Verwirrung hinsichtlich der Möglichkeiten für Investitionen im Zusammenhang mit qualifizierten Risikokapitalfonds führen. Die Anleger sollten auch das Angebot verschiedener qualifizierter Risikokapitalfonds vergleichen können. Es ist erforderlich, signifikante Hindernisse für eine grenzüberschreitende Mittelbeschaffung von qualifizierten Risikokapitalfonds zu beseitigen, Wettbewerbsverzerrungen zwischen diesen Fonds zu vermeiden und der künftigen Entstehung etwaiger weiterer Handelshemmnisse und signifikanter Wettbewerbsverzerrungen vorzubeugen. Folglich ist die geeignete Rechtsgrundlage für diese Verordnung Artikel 114 des Vertrags über die Arbeitsweise der Europäischen Union (AEUV) gemäß dessen Auslegung in der ständigen Rechtsprechung des Gerichtshofs der Europäischen Union.

(3) Es ist erforderlich, eine Verordnung zu erlassen, die einheitliche Regeln für qualifizierte Risikokapitalfonds schafft und deren Verwaltern, die in der Union unter Verwendung der Bezeichnung „EuVECA“ Kapital beschaffen wollen, in allen Mitgliedstaaten geltende entsprechende Verpflichtungen auferlegt. Diese Verpflichtungen sollten sicherstellen, dass Anleger, die in Risikokapitalfonds investieren wollen, das nötige Vertrauen haben können.

(4) Die Festlegung von Qualitätsanforderungen bezüglich der Verwendung der Bezeichnung „EuVECA“ in Form einer Verordnung stellt sicher, dass diese Anforderungen für Verwalter von Organismen für gemeinsame Anlagen, die unter Verwendung dieser Bezeichnung Kapital beschaffen, direkt anwendbar sind. Dies führt ferner zu einheitlichen Bedingungen für die Verwendung der Bezeichnung, da abweichende nationale Anforderungen infolge der Umsetzung einer Richtlinie vermieden werden. Verwalter von Organismen für gemeinsame Anlagen, die diese Bezeichnung verwenden, sollten in der gesamten Union den gleichen Vorschriften unterliegen, wodurch auch das Vertrauen von Anlegern gestärkt wird. Diese Verordnung verringert die Komplexität der Regulierung und die Befolgungskosten der Verwalter, die häufig unterschiedliche nationale Vorschriften für Risikokapitalfonds erfüllen müssen, insbesondere wenn sie grenzüberschreitend Kapital beschaffen wollen. Sie trägt außerdem dazu bei, Wettbewerbsverzerrungen zu beseitigen.

(5) Wie in der Mitteilung der Kommission vom 7. Dezember 2011 mit dem Titel „Aktionsplan zur Verbesserung des Finanzierungszugangs für KMU“ erwähnt, sollte die Kommission 2012 ihre Untersuchung über die steuerlichen Hindernisse für grenzüberschreitende Risikokapitalanlagen abschließen, um 2013 Lösungen vorzustellen, die diese Hindernisse beseitigen, gleichzeitig aber Steuerumgehung und Steuerhinterziehung verhindern sollen.

(6) Ein qualifizierter Risikokapitalfonds sollte von einem intern oder extern bestellten Verwalter verwaltet werden können. Wird ein qualifizierter Risikokapitalfonds intern verwaltet, fungiert der Fonds gleichzeitig als Verwalter und sollte demnach alle einschlägigen Anforderungen an Verwalter aufgrund dieser Verordnung erfüllen und gemäß dieser Verordnung registriert sein. Ein intern verwalteter qualifizierter Risikokapitalfonds sollte aber nicht als externer Verwalter anderer Organismen für gemeinsame Anlagen oder von Organismen für gemeinsame Anlagen in Wertpapieren (OGAW) tätig werden dürfen.

(7) Um klarzustellen, in welchem Verhältnis diese Verordnung zu den anderen Vorschriften über Organismen für gemeinsame Anlagen und ihre Verwalter steht, ist es erforderlich festzulegen, dass diese Verordnung nur für die Verwalter von anderen Organismen für gemeinsame Anlagen als OGAW im Sinne der Richtlinie 2009/65/EG des Europäischen

Parlaments und des Rates vom 13. Juli 2009 zur Koordinierung der Rechts- und Verwaltungsvorschriften betreffend bestimmte Organismen für gemeinsame Anlagen in Wertpapieren (OGAW) ([4]) gelten soll, die in der Union niedergelassen und gemäß der Richtlinie 2011/61/EU des Europäischen Parlaments und des Rates vom 8. Juni 2011 über die Verwalter alternativer Investmentfonds ([5]) bei der zuständigen Behörde ihres Herkunftsmitgliedstaats registriert sind, sofern diese Verwalter Portfolios qualifizierter Risikokapitalfonds verwalten. Externe Verwalter von qualifizierten Risikokapitalfonds, die gemäß dieser Verordnung registriert sind, sollten jedoch, vorbehaltlich einer Zulassung gemäß der Richtlinie 2009/65/EG, auch OGAW verwalten dürfen.

(8) Ferner gilt diese Verordnung nur für Verwalter derjenigen Organismen für gemeinsame Anlagen, deren verwaltete Vermögenswerte insgesamt nicht über den in Artikel 3 Absatz 2 Buchstabe b der Richtlinie 2011/61/EU genannten Schwellenwert hinausgehen. Die Berechnung des Schwellenwerts für die Zwecke dieser Verordnung ist dieselbe wie für den in Artikel 3 Absatz 2 Buchstabe b der Richtlinie 2011/61/EU genannten Schwellenwert.

(9) Allerdings sollten Risikokapitalfondsverwalter, die gemäß dieser Verordnung registriert sind und deren von ihnen verwaltete Vermögenswerte insgesamt später den in Artikel 3 Absatz 2 Buchstabe b der Richtlinie 2011/61/EU genannten Schwellenwert überschreiten und die daher im Einklang mit Artikel 6 der genannten Richtlinie eine Zulassung der zuständigen Behörden ihres Herkunftsmitgliedstaats benötigen, die Bezeichnung „EuVECA" beim Vertrieb von qualifizierten Risikokapitalfonds in der Union weiterhin verwenden können, wenn sie die in dieser Richtlinie niedergelegten Anforderungen erfüllen und bestimmten Anforderungen für die Verwendung der Bezeichnung „EuVECA", die in dieser Verordnung im Einzelnen festgelegt sind, in Bezug auf die qualifizierten Risikokapitalfonds weiterhin jederzeit entsprechen. Dies gilt sowohl für bestehende qualifizierte Risikokapitalfonds als auch für qualifizierte Risikokapitalfonds, die nach Überschreiten des Schwellenwerts errichtet werden.

(10) Für Verwalter von Organismen für gemeinsame Anlagen, die nicht beabsichtigen, die Bezeichnung „EuVECA" zu verwenden, sollte diese Verordnung nicht gelten. In diesen Fällen sollten die bestehenden nationalen Vorschriften und die allgemeinen Vorschriften der Union weiterhin gelten.

(11) Diese Verordnung sollte einheitliche Regeln für qualifizierte Risikokapitalfonds festlegen, insbesondere im Hinblick auf die qualifizierten Portfoliounternehmen, in die qualifizierte Risikokapitalfonds investieren dürfen, und die zulässigen Anlageinstrumente. Dies ist erforderlich, damit eine eindeutige Abgrenzung zwischen qualifizierten Risikokapitalfonds und alternativen Investmentfonds mit anderen, weniger stark spezialisierten Anlagestrategien, z. B. Übernahmen oder spekulative Investitionen in Immobilien, vorgenommen werden kann, die durch diese Verordnung nicht gefördert werden sollen.

(12) Im Einklang mit dem Ziel, die von dieser Verordnung erfassten Organismen für gemeinsame Anlagen genau zu bestimmen und schwerpunktmäßig die Kapitalbeschaffung für kleine Unternehmen in der Anfangsphase ihres Unternehmensdaseins sicherzustellen, sollten Fonds, die mindestens 70 % ihres aggregierten eingebrachten Kapitals und noch nicht eingeforderten zugesagten Kapitals für Investitionen in solche Unternehmen aufwenden wollen, als qualifizierte Risikokapitalfonds gelten. Qualifizierte Risikokapitalfonds sollten höchstens 30 % ihres aggregierten eingebrachten Kapitals und noch nicht eingefor-

[4] ABl. L 302 vom 17.11.2009, S. 32.
[5] ABl. L 174 vom 1.7.2011, S. 1.

derten zugesagten Kapitals für Investitionen in andere Vermögenswerte als qualifizierte Anlagen einsetzen dürfen. Dies bedeutet, dass die 30-Prozent-Schwelle jederzeit die Obergrenze für andere als qualifizierte Anlagen darstellt, während die 70-Prozent-Schwelle qualifizierten Anlagen vorbehalten bleiben sollte, und zwar über die gesamte Laufzeit des qualifizierten Risikokapitalfonds. Die genannten Schwellenwerte sollten auf der Grundlage der Beträge berechnet werden, die nach Abzug aller einschlägigen Kosten sowie der Kassenbestände und vergleichbarer liquider Mittel für Anlagen zur Verfügung stehen. In dieser Verordnung sollten die zur Berechnung der genannten Schwellenwerte erforderlichen Einzelheiten festgelegt werden.

(13) Mit dieser Verordnung sollen Wachstum und Innovationen von kleinen und mittleren Unternehmen (KMU) in der Union gestärkt werden. Durch Investitionen in qualifizierte Portfoliounternehmen, die in Drittländern niedergelassen sind, kann den qualifizierten Risikokapitalfonds mehr Kapital verschafft werden, wovon wiederum die KMU in der Union profitieren könnten. Mit dieser Verordnung sollten jedoch auf keinen Fall Investitionen begünstigt werden, die in Portfoliounternehmen getätigt werden, welche in Drittländern niedergelassen sind, in denen es an angemessenen Vorkehrungen für die Zusammenarbeit zwischen den zuständigen Behörden des Herkunftsmitgliedstaats des Verwalters eines qualifizierten Risikofondskapitals und jedem anderen Mitgliedstaat, in dem die Anteile des qualifizierten Risikokapitalfonds vertrieben werden sollen, fehlt oder in denen kein wirksamer Informationsaustausch in Steuerangelegenheiten stattfindet.

(14) Ein qualifizierter Risikokapitalfonds sollte zunächst in der Union niedergelassen sein, um zur Verwendung der mit dieser Verordnung geschaffenen Bezeichnung „EuVECA" befugt zu sein. Die Kommission sollte innerhalb von zwei Jahren nach dem Geltungsbeginn dieser Verordnung die Beschränkung der Verwendung der Bezeichnung „EuVECA" auf in der Union niedergelassene Fonds überprüfen und dabei den Erfahrungen Rechnung tragen, die bei der Anwendung der Empfehlung der Kommission für Maßnahmen, durch die Drittländer zur Anwendung von Mindeststandards für verantwortungsvolles staatliches Handeln im Steuerwesen veranlasst werden sollen, gemacht wurden.

(15) Verwalter eines Risikokapitalfonds sollten während der Laufzeit eines Fonds zusätzliche Kapitalzusagen beschaffen dürfen. Solche zusätzlichen Kapitalzusagen während der Laufzeit des qualifizierten Risikokapitalfonds sollten berücksichtigt werden, wenn die nächsten Investitionen in andere als qualifizierte Vermögenswerte in Erwägung gezogen werden. Zusätzliche Kapitalzusagen sollten im Einklang mit den in den Anlagebedingungen oder der Satzung des qualifizierten Risikokapitalfonds niedergelegten Kriterien und Bedingungen zulässig sein.

(16) Bei den qualifizierten Anlagen sollte es sich um Eigenkapital- oder eigenkapitalähnliche Instrumente handeln. Eigenkapitalähnliche Instrumente umfassen eine Art von Finanzinstrument, das aus Eigenkapital und Fremdkapital zusammengesetzt ist und bei dem die Rendite des Instruments an den Gewinn oder Verlust des qualifizierten Portfoliounternehmens gebunden ist und bei dem die Rückzahlung des Instruments im Falle der Zahlungsunfähigkeit nicht vollständig gesichert ist. Diese Instrumente umfassen eine Vielzahl von Finanzinstrumenten wie zum Beispiel nachgeordnete Darlehen, stille Beteiligungen, Beteiligungsdarlehen, Genussrechte, Wandelschuldverschreibungen und Optionsanleihen. Besicherte und unbesicherte Darlehen, wie zum Beispiel Überbrückungsfinanzierungen, die vom qualifizierten Risikokapitalfonds einem qualifizierten Portfoliounternehmen gewährt werden, an dem der qualifizierte Risikokapitalfonds bereits qualifizierte Anlagen hält, sollten als mögliche Ergänzung – jedoch nicht als Ersatz – für Eigenkapital- und eigenkapitalähnliche Instrumente möglich sein, sofern höchstens 30 % des aggregierten ein-

gebrachten Kapitals und noch nicht eingeforderten zugesagten Kapitals des qualifizierten Risikokapitalfonds für diese Darlehen verwendet werden. Um dem üblichen Geschäftsgebaren auf dem Risikokapitalmarkt Rechnung zu tragen, sollte ein qualifizierter Risikokapitalfonds zudem bestehende Anteile an einem qualifizierten Portfoliounternehmen von bestehenden Anteilseignern dieses Unternehmens erwerben dürfen. Damit so viele Möglichkeiten der Mittelbeschaffung wie möglich offenstehen, sollten ferner Investitionen in andere qualifizierte Risikokapitalfonds gestattet sein. Um eine Verwässerung der Investitionen in qualifizierte Portfoliounternehmen zu verhindern, sollten qualifizierte Risikokapitalfonds Investitionen in andere qualifizierte Risikokapitalfonds nur dann tätigen dürfen, wenn diese qualifizierten Risikokapitalfonds selbst höchstens 10 % ihres aggregierten eingebrachten Kapitals und noch nicht eingeforderten zugesagten Kapitals in andere qualifizierte Risikokapitalfonds investiert haben.

(17) Das Kerngeschäft von qualifizierten Risikokapitalfonds besteht darin, KMU mittels Primärinvestitionen Finanzmittel bereitzustellen. Risikokapitalfonds sollten sich weder an systemisch wichtigen Banktätigkeiten außerhalb des üblichen aufsichtsrechtlichen Rahmens (sogenanntes „Schattenbankwesen“) beteiligen noch typische Private-Equity-Strategien, wie fremdfinanzierte Übernahmen, verfolgen.

(18) Gemäß Europa 2020 ist das Ziel dieser Verordnung, Risikokapitalinvestitionen in innovative KMU zu fördern, die in der Realwirtschaft verankert sind. Kreditinstitute, Wertpapierfirmen, Versicherungsunternehmen, Finanzholdinggesellschaften sowie gemischte Unternehmen sollten daher nicht unter die Definition von qualifizierten Portfoliounternehmen gemäß dieser Verordnung fallen.

(19) Um einen wirksamen Mechanismus zu schaffen, der zwischen qualifizierten Risikokapitalfonds im Sinne dieser Verordnung und der breiteren Kategorie der alternativen Investmentfonds, die in Wertpapieren auf dem Sekundärmarkt handeln, unterscheidet, müssen Regeln aufgestellt werden, damit qualifizierte Risikokapitalfonds hauptsächlich in direkt begebene Instrumente investieren.

(20) Um Verwaltern eines qualifizierten Risikokapitalfonds hinsichtlich der Anlagepolitik und des Liquiditätsmanagements ihres qualifizierten Risikokapitalfonds ein gewisses Maß an Flexibilität zu bieten, sollte Handel, zum Beispiel mit Anteilen oder Beteiligungen an nicht qualifizierten Portfoliounternehmen oder dem Kauf nicht qualifizierter Anlagen, bis zu einer Obergrenze von 30 % des aggregierten eingebrachten Kapitals und noch nicht eingeforderten Kapitals erlaubt werden.

(21) Um sicherzustellen, dass die Bezeichnung „EuVECA“ für Anleger in der gesamten Union zuverlässig und leicht erkennbar ist, sollten nur Verwalter eines qualifizierten Risikokapitalfonds, die die in dieser Verordnung festgelegten einheitlichen Qualitätskriterien erfüllen, beim unionsweiten Vertrieb von qualifizierten Risikokapitalfonds die Bezeichnung „EuVECA“ verwenden dürfen.

(22) Um sicherzustellen, dass qualifizierte Risikokapitalfonds ein eigenes, erkennbares Profil haben, das ihrem Ziel angemessen ist, sollten einheitliche Regeln für die Zusammensetzung des Portfolios und die Anlagetechniken, die solche Fonds anwenden dürfen, bestehen.

(23) Um sicherzustellen, dass qualifizierte Risikokapitalfonds nicht zum Entstehen von Systemrisiken beitragen und sich bei ihren Investitionstätigkeiten auf die Unterstützung qualifizierter Portfoliounternehmen konzentrieren, sollten Hebelfinanzierungen auf Ebene der Fonds nicht erlaubt sein. Die Verwalter eines qualifizierten Risikokapitalfonds sollten auf der Ebene des qualifizierten Risikokapitalfonds nur dann Darlehen aufnehmen, Schuldtitel begeben oder Garantien stellen dürfen, wenn diese Darlehen, Schuldtitel oder Garan-

tien durch noch nicht eingeforderte Zusagen gedeckt sind und dadurch das Risiko des Fonds nicht über die Höhe seines zugesagten Kapitals hinaus erhöhen. Barvorschüsse von Anlegern eines qualifizierten Risikokapitalfonds, die durch Kapitalzusagen dieser Anleger vollständig gedeckt sind, erhöhen nicht das Risiko des qualifizierten Risikokapitalfonds und sollten daher zulässig sein. Damit der Fonds außergewöhnlichen Liquiditätsbedarf decken kann, der zwischen der Einforderung zugesagten Kapitals von Anlegern und dem tatsächlichen Eingang des Kapitals auf seinen Konten entstehen kann, sollte zusätzlich eine kurzfristige Kreditaufnahme erlaubt sein, sofern der Betrag einer solchen Kreditaufnahme das noch nicht eingeforderte zugesagte Kapital des Fonds nicht übersteigt.

(24) Um sicherzustellen, dass sich der Vertrieb von qualifizierter Risikokapitalfonds nur an Anleger richtet, deren Erfahrung, Wissen und Sachkenntnis sie befähigen, eigene Anlageentscheidungen zu treffen und die Risiken dieser Fonds angemessen einzuschätzen, und um das Vertrauen der Anleger in qualifizierte Risikokapitalfonds zu wahren, sollten bestimmte Schutzvorkehrungen getroffen werden. Deshalb sollte sich der Vertrieb von qualifizierten Risikokapitalfonds nur an Anleger richten, die nach der Richtlinie 2004/39/EG des Europäischen Parlaments und des Rates vom 21. April 2004 über Märkte für Finanzinstrumente ([6]) entweder professionelle Kunden sind oder als professionelle Kunden behandelt werden können. Um jedoch über eine ausreichend breite Anlegerbasis für Investitionen in qualifizierte Risikokapitalfonds zu verfügen, sollten auch bestimmte andere Anleger, einschließlich vermögender Privatpersonen, Zugang zu qualifizierten Risikokapitalfonds haben. Allerdings sollten hinsichtlich dieser anderen Anleger besondere Schutzvorkehrungen getroffen werden, die gewährleisten, dass qualifizierte Risikokapitalfonds ausschließlich an Anleger vertrieben werden, deren Profil solchen Investitionen angemessen ist. Diese Schutzvorkehrungen schließen einen Vertrieb über Sparpläne aus. Darüber hinaus sollten Investitionen durch Geschäftsführer, Vorstände oder Mitarbeiter, die in die Verwaltung eines Verwalters eines qualifizierten Risikokapitalfonds eingebunden sind, möglich sein, wenn sie in den von ihnen verwalteten qualifizierten Risikokapitalfonds investieren, da dieser Personenkreis sachkundig genug ist, um sich an Risikokapitalinvestitionen zu beteiligen.

(25) Um sicherzustellen, dass nur Verwalter eines qualifizierten Risikokapitalfonds, die hinsichtlich ihres Verhaltens auf dem Markt einheitliche Qualitätskriterien erfüllen, die Bezeichnung „EuVECA“ führen, sollten Regeln für die Geschäftstätigkeit und das Verhältnis dieser Verwalter zu ihren Anlegern bestehen. Aus dem gleichen Grund sollten einheitliche Bedingungen dafür festgelegt werden, wie diese Verwalter mit Interessenkonflikten umzugehen haben. Diese Regeln und Bedingungen sollten den Verwalter ferner dazu verpflichten, die erforderlichen organisatorischen und verwaltungsmäßigen Vorkehrungen zu treffen, um einen angemessenen Umgang mit Interessenkonflikten zu gewährleisten.

(26) Beabsichtigt ein Verwalter eines qualifizierten Risikokapitalfonds, Funktionen einem Dritten zu übertragen, so sollte dies nicht die Haftung des Verwalters gegenüber dem Risikokapitalfonds und dessen Anlegern berühren. Außerdem sollte der Verwalter Funktionen nicht in einem Umfang übertragen, dass er im Grunde genommen nicht mehr als Verwalter eines qualifizierten Risikokapitalfonds, sondern nur noch als Briefkastenunternehmen angesehen werden kann. Der Verwalter sollte jederzeit für die ordnungsgemäße Ausübung der übertragenen Funktionen und die Einhaltung dieser Verordnung verantwortlich bleiben. Die Übertragung von Funktionen sollte die wirksame Beaufsichtigung des

[6] ABl. L 145 vom 30.4.2004, S. 1.

Verwalters nicht aushöhlen; insbesondere sollte sie weder den Verwalter daran hindern, im Interesse seiner Anleger zu handeln, noch verhindern, dass der Fonds im Interesse seiner Anleger verwaltet wird.

(27) Um die Integrität der Bezeichnung „EuVECA" zu schützen, sollten Qualitätskriterien hinsichtlich der Organisation von Verwaltern eines qualifizierten Risikokapitalfonds aufgestellt werden. Deshalb sollten einheitliche, verhältnismäßige Anforderungen in Bezug auf das Erfordernis der Aufrechterhaltung angemessener technischer und personeller Ressourcen festgelegt werden.

(28) Damit die qualifizierten Risikokapitalfonds ordnungsgemäß verwaltet werden und ihre Verwalter in der Lage sind, die aus ihren Tätigkeiten entstehenden potenziellen Risiken abzudecken, sollten einheitliche, verhältnismäßige Anforderungen festgelegt werden, denen zufolge Verwalter eines qualifizierten Risikokapitalfonds ausreichende Eigenmittel vorhalten müssen. Diese Eigenmittel sollten so bemessen sein, dass dadurch die Fortführung und die ordnungsgemäße Verwaltung des qualifizierten Risikokapitalfonds sichergestellt sind.

(29) Aus Gründen des Anlegerschutzes ist sicherzustellen, dass die Vermögenswerte von qualifizierten Risikokapitalfonds ordnungsgemäß bewertet werden. Deshalb sollten die Anlagebedingungen oder die Satzung der qualifizierten Risikokapitalfonds Bestimmungen über die Bewertung der Vermögenswerte enthalten. Dies sollte die Integrität und Transparenz der Bewertung gewährleisten.

(30) Um sicherzustellen, dass Verwalter eines qualifizierten Risikokapitalfonds, die die Bezeichnung „EuVECA" verwenden, in ausreichendem Umfang Rechenschaft über ihre Tätigkeiten ablegen, sollten einheitliche Regeln für die Jahresberichte festgelegt werden.

(31) Um in den Augen der Anleger die Integrität der Bezeichnung „EuVECA" zu gewährleisten, ist es erforderlich, dass die Verwendung dieser Bezeichnung Verwaltern eines qualifizierten Risikokapitalfonds vorbehalten bleibt, die hinsichtlich ihrer Anlagestrategie und ihrer Anlageobjekte vollständige Transparenz bieten. Deshalb sollten einheitliche Regeln für Offenlegungspflichten festgelegt werden, die diese Verwalter im Verhältnis zu ihren Anlegern zu erfüllen haben. Dazu gehören insbesondere vorvertragliche Offenlegungspflichten in Bezug auf Anlagestrategie und Anlageziele des qualifizierten Risikokapitalfonds, die eingesetzten Anlageinstrumente, Angaben zu Kosten und Gebühren sowie das Risiko- und Ertragsprofil der von dem qualifizierten Fonds angebotenen Anlagen. Um ein hohes Maß an Transparenz zu erreichen, sollten diese Offenlegungspflichten auch Angaben darüber umfassen, wie die Vergütung des Verwalters eines qualifizierten Risikokapitalfonds berechnet wird.

(32) Um eine wirksame Überwachung der in dieser Verordnung festgelegten einheitlichen Anforderungen sicherzustellen, sollte die zuständige Behörde des Herkunftsmitgliedstaats die Einhaltung dieser Anforderungen durch den Verwalter eines qualifizierten Risikokapitalfonds überwachen. Zu diesem Zweck sollten Verwalter, die beabsichtigen, ihre qualifizierten Fonds unter der Bezeichnung „EuVECA" zu vertreiben, der zuständigen Behörde ihres Herkunftsmitgliedstaats diese Absicht mitteilen. Die zuständige Behörde sollte einen Verwalter registrieren, wenn alle erforderlichen Informationen vorliegen und angemessene Vorkehrungen zur Einhaltung der Anforderungen dieser Verordnung getroffen wurden. Diese Registrierung sollte in der gesamten Union gelten.

(33) Damit qualifizierte Risikokapitalfonds auf effiziente Art und Weise leichter grenzüberschreitend vermarktet werden können, sollte der Verwalter so schnell wie möglich registriert werden.

(34) Obwohl in dieser Verordnung Schutzbestimmungen enthalten sind, mit denen eine ordnungsgemäße Verwendung der Fonds sichergestellt wird, sollten die Aufsichtsbehörden unbedingt darauf achten, dass diese Schutzbestimmungen eingehalten werden.

(35) Um eine wirksame Überwachung der Einhaltung der in dieser Verordnung festgelegten einheitlichen Kriterien sicherzustellen, sollten Bestimmungen über die Modalitäten für die Aktualisierung der an die zuständige Behörde des Herkunftsmitgliedstaats übermittelten Informationen festgelegt werden.

(36) Im Interesse einer wirksamen Überwachung der in dieser Verordnung niedergelegten Anforderungen sollte ferner ein Verfahren für grenzüberschreitende Mitteilungen zwischen den zuständigen Aufsichtsbehörden festgelegt werden, das bei der Registrierung des Verwalters eines qualifizierten Risikokapitalfonds in seinem Herkunftsmitgliedstaat in Gang gesetzt wird.

(37) Um in der gesamten Union transparente Bedingungen für den Vertrieb von qualifizierten Risikokapitalfonds aufrechtzuerhalten, sollte die Europäische Aufsichtsbehörde (Europäische Wertpapier- und Marktaufsichtsbehörde) („ESMA"), die durch die Verordnung (EU) Nr. 1095/2010 des Europäischen Parlaments und des Rates ([7]) eingesetzt wurde, mit der Führung einer zentralen Datenbank betraut werden, in der alle gemäß dieser Verordnung registrierten Verwalter eines qualifizierten Risikokapitalfonds und die von ihnen verwalteten qualifizierten Risikokapitalfonds aufgelistet sind.

(38) Hat die zuständige Behörde des Aufnahmemitgliedstaats klare und nachweisbare Gründe für die Annahme, dass der Verwalter eines qualifizierten Risikokapitalfonds in ihrem Hoheitsgebiet gegen diese Verordnung verstößt, sollte sie die zuständige Behörde des Herkunftsmitgliedstaats unverzüglich davon in Kenntnis setzen, die daraufhin geeignete Maßnahmen ergreifen sollte.

(39) Die zuständige Behörde des Aufnahmemitgliedstaats sollte, wenn der Verwalter eines qualifizierten Risikokapitalfonds – trotz der Maßnahmen, die die zuständige Behörde des Herkunftsmitgliedstaats ergriffen hat oder weil die zuständige Behörde des Herkunftsmitgliedstaats innerhalb einer zumutbaren Frist nichts unternommen hat – weiterhin auf eine Art und Weise verfährt, die eindeutig gegen diese Verordnung verstößt, nachdem sie die zuständigen Behörden des Herkunftsmitgliedstaats informiert hat, alle geeigneten Maßnahmen zum Schutz der Anleger treffen können, einschließlich der Möglichkeit, den betreffenden Verwalter an der weiteren Vermarktung seiner Risikokapitalfonds im Hoheitsgebiet des Aufnahmemitgliedstaats zu hindern.

(40) Um eine wirksame Überwachung der in dieser Verordnung festgelegten einheitlichen Kriterien sicherzustellen, enthält diese Verordnung eine Liste der Aufsichtsbefugnisse, mit denen die zuständigen Behörden ausgestattet sein müssen.

(41) Um eine ordnungsgemäße Durchsetzung sicherzustellen, enthält diese Verordnung Verwaltungssanktionen und andere Maßnahmen für Verstöße gegen zentrale Bestimmungen dieser Verordnung, nämlich die Vorschriften über die Zusammensetzung des Portfolios, über Schutzvorkehrungen hinsichtlich der Identität in Frage kommender Anleger und über die Verwendung der Bezeichnung „EuVECA" ausschließlich durch Verwalter eines qualifizierten Risikokapitalfonds, die gemäß dieser Verordnung registriert sind. Ein Verstoß gegen diese zentralen Bestimmungen sollte gegebenenfalls ein Verbot der Verwendung dieser Bezeichnung und die Streichung des betroffenen Verwalters aus dem Register nach sich ziehen.

---

[7] ABl. L 331 vom 15.12.2010, S. 84.

(42) Aufsichtsrelevante Informationen sollten zwischen den zuständigen Behörden des Herkunfts- und des Aufnahmemitgliedstaats und der ESMA ausgetauscht werden.

(43) Eine wirksame regulatorische Zusammenarbeit zwischen den Stellen, die mit der Überwachung der Einhaltung der in dieser Verordnung festgelegten einheitlichen Kriterien betraut sind, setzt voraus, dass alle einschlägigen nationalen Behörden und die ESMA das Berufsgeheimnis sorgfältig wahren.

(44) Zur Präzisierung der in dieser Verordnung enthaltenen Anforderungen sollte der Kommission die Befugnis zum Erlass von Rechtsakten gemäß Artikel 290 AEUV bezüglich der Arten von Interessenkonflikten, die Verwalter eines qualifizierten Risikokapitalfonds vermeiden müssen, und der diesbezüglich zu treffenden Maßnahmen übertragen werden. Es ist von besonderer Bedeutung, dass die Kommission im Zuge ihrer Vorbereitungsarbeit angemessene Konsultationen, auch auf der Ebene von Sachverständigen, durchführt. Bei der Vorbereitung und Ausarbeitung delegierter Rechtsakte sollte die Kommission gewährleisten, dass die einschlägigen Dokumente dem Europäischen Parlament und dem Rat gleichzeitig, rechtzeitig und auf angemessene Weise übermittelt werden.

(45) Technische Standards für Finanzdienstleistungen sollten eine kohärente Harmonisierung und ein hohes Maß an Beaufsichtigung in der gesamten Union gewährleisten. Da die ESMA über hochspezialisierte Fachkräfte verfügt, wäre es sinnvoll und angemessen, sie mit der Erstellung von Entwürfen für technische Durchführungsstandards, die keine politischen Entscheidungen erfordern, und deren Übermittlung an die Kommission zu beauftragen.

(46) Der Kommission sollte die Befugnis übertragen werden, technische Durchführungsstandards mittels Durchführungsrechtsakten gemäß Artikel 291 AEUV und gemäß Artikel 15 der Verordnung (EU) Nr. 1095/2010 zu erlassen. Die ESMA sollte mit der Ausarbeitung technischer Durchführungsstandards für das Format der in dieser Verordnung beschriebenen Mitteilung beauftragt werden.

(47) Innerhalb von vier Jahren nach dem Geltungsbeginn dieser Verordnung sollte die Kommission eine Überprüfung dieser Verordnung vornehmen, um die Entwicklung des Markts für Risikokapital zu bewerten. Die Überprüfung sollte einen allgemeinen Überblick über die Funktionsweise der Vorschriften dieser Verordnung und die bei deren Anwendung gemachten Erfahrungen umfassen. Auf der Grundlage dieser Überprüfung sollte die Kommission dem Europäischen Parlament und dem Rat einen Bericht unterbreiten, dem gegebenenfalls Gesetzgebungsvorschläge beigefügt sind.

(48) Außerdem sollte die Kommission innerhalb von vier Jahren nach dem Geltungsbeginn dieser Verordnung eine Überprüfung der Wechselwirkungen zwischen dieser Verordnung und anderen Vorschriften über Organismen für gemeinsame Anlagen und ihre Verwalter, insbesondere den Vorschriften der Richtlinie 2011/61/EU, in die Wege leiten. Diese Überprüfung sollte sich insbesondere auf den Anwendungsbereich dieser Verordnung erstrecken und bewerten, ob eine Ausdehnung des Anwendungsbereichs dahin gehend erforderlich ist, dass auch Verwalter größerer alternativer Investmentfonds die Bezeichnung „EuVECA" verwenden können. Auf der Grundlage dieser Überprüfung sollte die Kommission dem Europäischen Parlament und dem Rat einen Bericht unterbreiten, dem gegebenenfalls Gesetzgebungsvorschläge beigefügt sind.

(49) Bei dieser Überprüfung sollte die Kommission auch bewerten, ob es Hindernisse gibt, die der Akzeptanz der Fonds durch die Anleger im Wege stehen, und sich unter anderem mit der Frage befassen, welche Auswirkungen andere aufsichtsrechtliche Vorschriften möglicherweise auf institutionelle Anleger haben könnten. Außerdem sollte die Kommission Daten sammeln, um bewerten zu können, inwieweit die Schaffung der Bezeichnung

„EuVECA" zu anderen Programmen der Union, wie etwa Horizont 2020, beiträgt, mit denen ebenfalls Innovationen in der Union unterstützt werden sollen.

(50) Angesichts der Mitteilung der Kommission vom 6. Oktober 2010 mit dem Titel „Leitinitiative der Strategie Europa 2020 – Innovationsunion" und der Mitteilung der Kommission vom 7. Dezember 2011 mit dem Titel „Aktionsplan zur Verbesserung des Finanzierungszugangs für KMU" ist es wichtig, die Wirksamkeit der öffentlichen Programme in der gesamten Union, die der Unterstützung des Risikokapitalmarkts dienen, und die Koordinierung und gegenseitige Kohärenz zwischen den verschiedenen Maßnahmen der Union zur Förderung von Innovationen, einschließlich der Maßnahmen in den Bereichen Wettbewerb und Forschung, sicherzustellen. Bei den Maßnahmen der Union in den Bereichen Innovation und Wachstum stehen die umweltfreundlichen Technologien im Mittelpunkt, da die Union sich zum Ziel gesetzt hat, beim intelligenten und nachhaltigen Wachstum und bei der Energie- und Ressourceneffizienz, einschließlich in Bezug auf die finanzielle Förderung von KMU, weltweiter Vorreiter zu sein. Bei der Überprüfung dieser Verordnung sollte die Kommission deren Auswirkungen in Bezug auf die Fortschritte zur Verwirklichung dieses Ziels bewerten.

(51) Die ESMA sollte ihren Personal- und Mittelbedarf, der sich aus der Wahrnehmung der ihr gemäß dieser Verordnung übertragenen Aufgaben und Befugnisse ergibt, beurteilen und dem Europäischen Parlament, dem Rat und der Kommission einen Bericht unterbreiten.

(52) Der Europäische Investmentfonds (EIF) investiert unter anderem in Risikokapitalfonds in der gesamten Union. Aufgrund der in dieser Verordnung vorgesehenen Maßnahmen, mit denen eine leichtere Ermittlung von Risikokapitalfonds mit festgelegten gemeinsamen Merkmalen ermöglicht wird, sollte es dem EIF leichter fallen, Risikokapitalfonds gemäß dieser Verordnung als mögliche Anlageobjekte zu ermitteln. Der EIF sollte daher angehalten werden, in qualifizierte Risikokapitalfonds zu investieren.

(53) Diese Verordnung steht im Einklang mit den Grundrechten und Grundsätzen, die insbesondere mit der Charta der Grundrechte der Europäischen Union anerkannt wurden, einschließlich des Rechts der Achtung des Privat- und Familienlebens (Artikel 7) und des Rechts der unternehmerischen Freiheit (Artikel 16).

(54) Die Verarbeitung personenbezogener Daten, die in den Mitgliedstaaten im Zusammenhang mit dieser Verordnung und unter der Aufsicht der zuständigen Behörden der Mitgliedstaaten, insbesondere der von den Mitgliedstaaten benannten unabhängigen öffentlichen Stellen erfolgt, unterliegt der Richtlinie 95/46/EG des Europäischen Parlaments und des Rates vom 24. Oktober 1995 zum Schutz natürlicher Personen bei der Verarbeitung personenbezogener Daten und zum freien Datenverkehr ([8]). Die Verarbeitung personenbezogener Daten, die im Rahmen dieser Verordnung und unter der Aufsicht des Europäischen Datenschutzbeauftragten bei der ESMA erfolgt, unterliegt der Verordnung (EG) Nr. 45/2001 des Europäischen Parlaments und des Rates vom 18. Dezember 2000 zum Schutz natürlicher Personen bei der Verarbeitung personenbezogener Daten durch die Organe und Einrichtungen der Gemeinschaft und zum freien Datenverkehr ([9]).

(55) Diese Verordnung sollte die Anwendung der Vorschriften für staatliche Beihilfen auf qualifizierte Risikokapitalfonds nicht berühren.

---

[8] ABl. L 281 vom 23.11.1995, S. 31.

[9] ABl. L 8 vom 12.1.2001, S. 1.

(56) Da die Ziele dieser Verordnung, nämlich einheitliche Anforderungen für den Vertrieb von qualifizierten Risikokapitalfonds sicherzustellen und ein einfaches Registrierungssystem für Verwalter eines qualifizierten Risikokapitalfonds einzurichten, um dadurch den Vertrieb von qualifizierten Risikokapitalfonds in der gesamten Union zu erleichtern, wobei gleichzeitig dem Erfordernis eines Gleichgewichts zwischen Sicherheit und Zuverlässigkeit im Zusammenhang mit der Verwendung der Bezeichnung „EuVECA" einerseits und dem effizienten Funktionieren des Markts für Risikokapital und den Kosten für die verschiedenen Beteiligten dieses Markts andererseits uneingeschränkt Rechnung zu tragen ist, auf der Ebene der Mitgliedstaaten nicht ausreichend verwirklicht werden können und daher wegen ihres Umfangs und ihrer Wirkungen besser auf Unionsebene zu verwirklichen sind, kann die Union im Einklang mit dem in Artikel 5 des Vertrags über die Europäische Union niedergelegten Subsidiaritätsprinzip tätig werden. Entsprechend dem in demselben Artikel genannten Verhältnismäßigkeitsprinzip geht diese Verordnung nicht über das für die Erreichung dieser Ziele erforderliche Maß hinaus –

HABEN FOLGENDE VERORDNUNG ERLASSEN:

KAPITEL I
GEGENSTAND, ANWENDUNGSBEREICH UND BEGRIFFSBESTIMMUNGEN

Artikel 1

In dieser Verordnung werden einheitliche Anforderungen an und Bedingungen für die Verwalter von Organismen für gemeinsame Anlagen festgelegt, die für den Vertrieb von qualifizierten Risikokapitalfonds in der Union die Bezeichnung „EuVECA" verwenden wollen, wodurch ein Beitrag zum reibungslosen Funktionieren des Binnenmarkts geleistet wird.

Die Verordnung enthält ferner einheitliche Regeln für den Vertrieb von qualifizierten Risikokapitalfonds an in Frage kommende Anleger in der Union, für die Zusammensetzung des Portfolios von qualifizierten Risikokapitalfonds, für die von den qualifizierten Risikokapitalfonds zu verwendenden geeigneten Anlageinstrumente und Anlagetechniken sowie für Organisation, Verhaltensweise und Transparenz der Verwalter, die qualifizierte Risikokapitalfonds in der Union vertreiben.

Artikel 2

(1) Diese Verordnung gilt für Verwalter von Organismen für gemeinsame Anlagen im Sinne des Artikels 3 Buchstabe a, welche die folgenden Bedingungen erfüllen:

a) ihre verwalteten Vermögenswerte gehen insgesamt nicht über den in Artikel 3 Absatz 2 Buchstabe b der Richtlinie 2011/61/EU genannten Schwellenwert hinaus,
b) sie sind in der Union niedergelassen,
c) sie unterliegen gemäß Artikel 3 Absatz 3 Buchstabe a der Richtlinie 2011/61/EU einer Registrierung bei den zuständigen Behörden ihres Herkunftsmitgliedstaats und
d) sie verwalten Portfolios von qualifizierten Risikokapitalfonds.

(2) Verwalter eines qualifizierten Risikokapitalfonds, die gemäß Artikel 14 registriert sind und deren von ihnen verwaltete Vermögenswerte insgesamt später den in Artikel 3 Absatz 2 Buchstabe b der Richtlinie 2011/61/EU genannten Schwellenwert überschreiten und die daher der Zulassung gemäß Artikel 6 der genannten Richtlinie unterliegen, können weiterhin die Bezeichnung „EuVECA" für den Vertrieb von qualifizierten Risikokapital-

fonds in der Union verwenden, sofern sie in Bezug auf die von ihnen verwalteten qualifizierten Risikokapitalfonds jederzeit

a) die in der Richtlinie 2011/61/EU niedergelegten Anforderungen einhalten und
b) die Artikel 3 und 5 sowie Artikel 13 Absatz 1 Buchstaben c und i dieser Verordnung weiterhin einhalten.

(3) Sofern Verwalter eines qualifizierten Risikokapitalfonds externe Verwalter sind und sie gemäß Artikel 14 registriert sind, können sie zusätzlich Organismen für gemeinsame Anlagen in Wertpapieren (OGAW) verwalten, die der Zulassung gemäß der Richtlinie 2009/65/EG unterliegen.

Artikel 3

Für die Zwecke dieser Verordnung bezeichnet der Ausdruck

a) „Organismus für gemeinsame Anlagen" einen alternativen Investmentfonds (AIF) im Sinne des Artikels 4 Absatz 1 Buchstabe a der Richtlinie 2011/61/EU;
b) „qualifizierter Risikokapitalfonds" einen Organismus für gemeinsame Anlagen, der
   i) beabsichtigt, innerhalb der in seinen Anlagebedingungen oder seiner Satzung festgelegten Frist mindestens 70 % seines aggregierten eingebrachten Kapitals und noch nicht eingeforderten zugesagten Kapitals, berechnet auf der Grundlage der Beträge, die nach Abzug aller einschlägigen Kosten sowie der Kassenbestände und vergleichbarer liquider Mittel für Anlagen zur Verfügung stehen, in Vermögenswerte zu investieren, die qualifizierte Anlagen sind;
   ii) nicht mehr als 30 % seines aggregierten eingebrachten Kapitals und noch nicht eingeforderten zugesagten Kapitals, berechnet auf der Grundlage der Beträge, die nach Abzug aller einschlägigen Kosten sowie der Kassenbestände und vergleichbarer liquider Mittel für Anlagen zur Verfügung stehen, für den Erwerb von anderen Vermögenswerten als qualifizierten Anlagen einsetzt;
   iii) im Hoheitsgebiet eines Mitgliedstaates niedergelassen ist;
c) „Verwalter eines qualifizierten Risikokapitalfonds" eine juristische Person, deren regelmäßig ausgeübte wirtschaftliche Tätigkeit darin besteht, mindestens einen qualifizierten Risikokapitalfonds zu verwalten;
d) „qualifiziertes Portfoliounternehmen" ein Unternehmen, das
   i) zum Zeitpunkt einer Investition des qualifizierten Risikokapitalfonds
      – nicht für den Handel an einem geregelten Markt oder in einem multilateralen Handelssystem (MTF) im Sinne des Artikels 4 Absatz 1 Nummern 14 und 15 der Richtlinie 2004/39/EG zugelassen ist,
      – weniger als 250 Personen beschäftigt und
      – einen Jahresumsatz von höchstens 50 Mio. EUR oder eine Jahresbilanzsumme von höchstens 43 Mio. EUR hat;
   ii) nicht selbst ein Organismus für gemeinsame Anlagen ist;
   iii) nicht unter eine oder mehrere der folgenden Gesellschaftsformen fällt:
      – Kreditinstitut im Sinne des Artikels 4 Nummer 1 der Richtlinie 2006/48/EG des Europäischen Parlaments und des Rates vom 14. Juni 2006 über die Aufnahme und Ausübung der Tätigkeit der Kreditinstitute ([10]),

[10] ABl. L 177 vom 30.6.2006, S. 1.

- Wertpapierfirma im Sinne des Artikels 4 Absatz 1 Nummer 1 der Richtlinie 2004/39/EG,
- Versicherungsunternehmen im Sinne des Artikels 13 Nummer 1 der Richtlinie 2009/138/EG des Europäischen Parlaments und des Rates vom 25. November 2009 betreffend die Aufnahme und Ausübung der Versicherungs- und der Rückversicherungstätigkeit (Solvabilität II) ([11]),
- Finanzholdinggesellschaft im Sinne des Artikels 4 Nummer 19 der Richtlinie 2006/48/EG oder
- gemischtes Unternehmen im Sinne des Artikels 4 Nummer 20 der Richtlinie 2006/48/EG;

iv) im Hoheitsgebiet eines Mitgliedstaats oder in einem Drittland niedergelassen ist, sofern das Drittland
- nicht auf der Liste der nicht-kooperativen Länder und Gebiete steht, die von der Arbeitsgruppe „Finanzielle Maßnahmen gegen Geldwäsche und Terrorismusfinanzierung“ aufgestellt wurde,
- mit dem Herkunftsmitgliedstaat des Verwalters eines qualifizierten Risikokapitalfonds sowie mit jedem anderen Mitgliedstaat, in dem die Anteile des qualifizierten Risikokapitalfonds vertrieben werden sollen, eine Vereinbarung unterzeichnet hat, damit sichergestellt werden kann, dass das Drittland den Standards des Artikels 26 des OECD-Musterabkommens zur Vermeidung der Doppelbesteuerung von Einkommen und Vermögen vollständig entspricht und einen wirksamen Informationsaustausch in Steuerangelegenheiten, einschließlich multilateraler Steuerabkommen, gewährleistet;

e) „qualifizierte Anlagen“ eines der folgenden Instrumente:

i) Eigenkapital- oder eigenkapitalähnliche Instrumente, die
- von einem qualifizierten Portfoliounternehmen begeben werden und die der qualifizierte Risikokapitalfonds direkt vom qualifizierten Portfoliounternehmen erwirbt,
- von einem qualifizierten Portfoliounternehmen im Austausch für vom qualifizierten Portfoliounternehmen begebene Dividendenwerte begeben werden oder
- von einem Unternehmen begeben werden, von dem das qualifizierte Portfoliounternehmen eine in Mehrheitsbesitz befindliche Tochtergesellschaft ist, und die der qualifizierte Risikokapitalfonds im Austausch für ein vom qualifizierten Portfoliounternehmen begebenes Eigenkapitalinstrument erwirbt;

ii) besicherte und unbesicherte Darlehen, die von dem qualifizierten Risikokapitalfonds einem qualifizierten Portfoliounternehmen gewährt werden, an dem der qualifizierte Risikokapitalfonds bereits qualifizierte Anlagen hält, sofern höchstens 30 % des aggregierten eingebrachten Kapitals und noch nicht eingeforderten zugesagten Kapitals des qualifizierten Risikokapitalfonds für diese Darlehen verwendet werden;

iii) Anteile an einem qualifizierten Portfoliounternehmen, die von bestehenden Anteilseignern dieses Unternehmens erworben werden;

iv) Anteile von einem oder mehreren anderen qualifizierten Risikokapitalfonds, sofern diese qualifizierten Risikokapitalfonds selbst höchstens 10 % ihres aggregierten

11 ABl. L 335 vom 17.12.2009, S. 1.

eingebrachten Kapitals und noch nicht eingeforderten zugesagten Kapitals in qualifizierte Risikokapitalfonds investiert haben;

f) „einschlägige Kosten" Gebühren, Abgaben und Aufwendungen, die direkt oder indirekt von den Anlegern getragen werden und die zwischen dem Verwalter eines qualifizierten Risikokapitalfonds und den Anlegern dieses Fonds vereinbart werden;

g) „Eigenkapital" die Beteiligung an einem Unternehmen in Form von Anteilen oder anderen für seine Anleger begebenen Formen der Beteiligung am Kapital des qualifizierten Portfoliounternehmens;

h) „eigenkapitalähnliche Mittel" jede Art von Finanzinstrument, das aus Eigenkapital und Fremdkapital zusammengesetzt ist und bei dem die Rendite sich nach dem Gewinn oder Verlust des qualifizierten Portfoliounternehmens bemisst und bei dem die Rückzahlung des Instruments im Fall der Zahlungsunfähigkeit nicht vollständig gesichert ist;

i) „Vertrieb" das direkte oder indirekte, auf Initiative des Verwalters eines qualifizierten Risikokapitalfonds oder in dessen Auftrag erfolgende Anbieten oder Platzieren von Anteilen eines vom ihm verwalteten qualifizierten Risikokapitalfonds an Anleger oder bei Anlegern mit Wohnsitz oder satzungsmäßigem Sitz in der Union;

j) „zugesagtes Kapital" jede Verpflichtung eines Anlegers zum Erwerb einer Beteiligung am qualifizierten Risikokapitalfonds oder zur Einbringung einer Kapitaleinlage in den Fonds innerhalb der in den Anlagebedingungen oder der Satzung des Fonds festgelegten Frist;

k) „Herkunftsmitgliedstaat" den Mitgliedstaat, in dem der Verwalter eines qualifizierten Risikokapitalfonds niedergelassen ist und gemäß Artikel 3 Absatz 3 Buchstabe a der Richtlinie 2011/61/EU einer Registrierung bei den zuständigen Behörden unterliegt;

l) „Aufnahmemitgliedstaat" den Mitgliedstaat, der nicht Herkunftsmitgliedstaat ist und in dem der Verwalter eines qualifizierten Risikokapitalfonds qualifizierte Risikokapitalfonds gemäß dieser Verordnung vertreibt;

m) „zuständige Behörde" die nationale Behörde, die vom Herkunftsmitgliedstaat aufgrund von Rechtsvorschriften benannt und mit der Registrierung von Verwaltern von Organismen für gemeinsame Anlagen, die in den Anwendungsbereich dieser Verordnung fallen, beauftragt ist.

Hinsichtlich Unterabsatz 1 Buchstabe c wird der qualifizierte Risikokapitalfonds selbst als Verwalter eines qualifizierten Risikokapitalfonds gemäß Artikel 14 registriert, wenn die Rechtsform des qualifizierten Risikokapitalfonds eine interne Verwaltung zulässt und das Leitungsgremium des Fonds keinen externen Verwalter bestellt. Ein qualifizierter Risikokapitalfonds, der als interner Verwalter eines qualifizierten Risikokapitalfonds registriert ist, darf nicht als externer Verwalter eines qualifizierten Risikokapitalfonds anderer Organismen für gemeinsame Anlagen registriert werden.

KAPITEL II
BEDINGUNGEN FÜR DIE VERWENDUNG DER BEZEICHNUNG „EuVECA"

Artikel 4

Verwalter eines qualifizierten Risikokapitalfonds, die die Anforderungen dieses Kapitels erfüllen, dürfen beim Vertrieb von qualifizierten Risikokapitalfonds in der Union die Bezeichnung „EuVECA" verwenden.

Artikel 5

(1) Verwalter eines qualifizierten Risikokapitalfonds sorgen dafür, dass beim Erwerb von anderen Vermögenswerten als qualifizierten Anlagen höchstens 30 % des aggregierten eingebrachten Kapitals und noch nicht eingeforderten zugesagten Kapitals des Fonds für den Erwerb solcher Vermögenswerte eingesetzt werden. Die 30-Prozent-Schwelle wird anhand der Beträge berechnet, die nach Abzug aller einschlägigen Kosten für Anlagen zur Verfügung stehen. Kassenbestände und vergleichbare liquide Mittel werden bei der Berechnung dieses Schwellenwerts nicht berücksichtigt, da Kassenbestände und vergleichbare liquide Mittel nicht als Anlagen zu betrachten sind.

(2) Verwalter eines qualifizierten Risikokapitalfonds wenden auf der Ebene des qualifizierten Risikokapitalfonds keine Methode an, durch die sich das Risiko des Fonds durch Kreditaufnahme, Wertpapierleihe, Engagements in Derivatepositionen oder auf andere Weise über die Höhe seines zugesagten Kapitals hinaus erhöht.

(3) Verwalter eines qualifizierten Risikokapitalfonds nehmen auf der Ebene des qualifizierten Risikokapitalfonds nur dann Darlehen auf, begeben Schuldtitel oder stellen Garantien, wenn diese Darlehen, Schuldtitel oder Garantien durch nicht eingeforderte Zusagen gedeckt sind.

Artikel 6

(1) Verwalter eines qualifizierten Risikokapitalfonds vertreiben die Anteile der qualifizierten Risikokapitalfonds ausschließlich an Anleger, die als professionelle Kunden gemäß Anhang II Abschnitt I der Richtlinie 2004/39/EG betrachtet werden oder gemäß Anhang II Abschnitt II der Richtlinie 2004/39/EG auf Antrag als professionelle Kunden behandelt werden können, oder an andere Anleger, sofern diese

a) sich verpflichten, mindestens 100 000 EUR zu investieren und
b) schriftlich in einem vom Vertrag über die Investitionsverpflichtung getrennten Dokument angeben, dass sie sich der Risiken im Zusammenhang mit der beabsichtigten Verpflichtung oder Investition bewusst sind.

(2) Absatz 1 gilt nicht für Investitionen durch Geschäftsführer, Vorstände oder Mitarbeiter, die in die Verwaltung eines Verwalters eines qualifizierten Risikokapitalfonds eingebunden sind, wenn sie in den von ihnen verwalteten qualifizierten Risikokapitalfonds investieren.

Artikel 7

Verwalter eines qualifizierten Risikokapitalfonds müssen bezüglich der von ihnen verwalteten qualifizierten Risikokapitalfonds

a) ihrer Tätigkeit ehrlich, redlich sowie mit der gebotenen Sachkenntnis, Sorgfalt und Gewissenhaftigkeit nachgehen;
b) geeignete Strategien und Verfahren zur Verhinderung unzulässiger Praktiken anwenden, bei denen vernünftigerweise davon ausgegangen werden kann, dass sie den Interessen der Anleger und der qualifizierten Portfoliounternehmen schaden;
c) ihre Geschäftstätigkeit so ausüben, dass sie dem besten Interesse der von ihnen verwalteten qualifizierten Risikokapitalfonds, der Anleger dieser Fonds und der Integrität des Marktes dienlich sind;

d) bei der Auswahl und der laufenden Überwachung der Investitionen in qualifizierte Portfoliounternehmen ein hohes Maß an Sorgfalt walten lassen;
e) in qualifizierte Portfoliounternehmen investieren, die sie in angemessenem Maße kennen und verstehen;
f) ihre Anleger fair behandeln;
g) dafür sorgen, dass kein Anleger eine Vorzugsbehandlung erhält, es sei denn, eine solche Vorzugsbehandlung ist in den Anlagebedingungen oder der Satzung des qualifizierten Risikokapitalfonds vorgesehen.

Artikel 8

(1) Die Haftung des Verwalters eines qualifizierten Risikokapitalfonds gegenüber dem qualifizierten Risikokapitalfonds oder dessen Anlegern wird nicht durch die Tatsache berührt, dass der Verwalter Funktionen an Dritte übertragen hat. Der Verwalter überträgt seine Funktionen nicht in einem Umfang, der darauf hinausläuft, dass er im Grunde genommen nicht mehr als Verwalter eines qualifizierten Risikokapitalfonds, sondern nur noch als Briefkastenunternehmen angesehen werden kann.

(2) Die Übertragung von Funktionen gemäß Absatz 1 darf die wirksame Beaufsichtigung des Verwalters eines qualifizierten Risikokapitalfonds nicht untergraben und weder den Verwalter eines qualifizierten Risikokapitalfonds daran hindern, im besten Interesse seiner Anleger zu handeln, noch verhindern, dass der qualifizierte Risikokapitalfonds im besten Interesse seiner Anleger verwaltet wird.

Artikel 9

(1) Verwalter eines qualifizierten Risikokapitalfonds ermitteln und vermeiden Interessenkonflikte, gewährleisten, wo diese nicht vermieden werden können, eine Steuerung und Beobachtung von Interessenkonflikten und legen gemäß Absatz 4 solche Interessenkonflikte unverzüglich offen, um nachteilige Auswirkungen auf die Interessen der qualifizierten Risikokapitalfonds und ihrer Anleger und eine unfaire Behandlung der von ihnen verwalteten qualifizierten Risikokapitalfonds zu vermeiden.

(2) Verwalter eines qualifizierten Risikokapitalfonds ermitteln insbesondere Interessenkonflikte, die entstehen können zwischen

a) Verwaltern eines qualifizierten Risikokapitalfonds, Personen, die die Geschäfte des Verwalters eines qualifizierten Risikokapitalfonds tatsächlich führen, Mitarbeitern oder jeder anderen Person, die den Verwalter eines qualifizierten Risikokapitalfonds direkt oder indirekt kontrolliert oder direkt oder indirekt von diesem kontrolliert wird, und dem vom Verwalter eines qualifizierten Risikokapitalfonds verwalteten qualifizierten Risikokapitalfonds oder seinen Anlegern;
b) dem qualifizierten Risikokapitalfonds oder dessen Anlegern und einem anderen qualifizierten Risikokapitalfonds, der von demselben Verwalter verwaltet wird, oder dessen Anlegern;
c) dem qualifizierten Risikokapitalfonds oder dessen Anlegern und einem Organismus für gemeinsame Anlagen oder OGAW, der von demselben Verwalter verwaltet wird, oder dessen Anlegern.

(3) Um den Anforderungen der Absätze 1 und 2 nachzukommen, erhalten Verwalter eines qualifizierten Risikokapitalfonds wirksame organisatorische und verwaltungsmäßige Vorkehrungen aufrecht, und wenden diese Vorkehrungen an.

(4) Die in Absatz 1 genannte Offenlegung von Interessenkonflikten erfolgt, wenn die vom Verwalter eines qualifizierten Risikokapitalfonds zur Ermittlung, Vorbeugung, Steuerung und Beobachtung von Interessenkonflikten getroffenen organisatorischen Vorkehrungen nicht ausreichen, um nach vernünftigem Ermessen zu gewährleisten, dass das Risiko einer Beeinträchtigung von Anlegerinteressen vermieden wird. Die Verwalter eines qualifizierten Risikokapitalfonds unterrichten die Anleger, bevor sie in deren Auftrag Geschäfte tätigen, unmissverständlich über die allgemeine Art oder die Quellen von Interessenkonflikten.

(5) Der Kommission wird die Befugnis übertragen, gemäß Artikel 25 delegierte Rechtsakte zu erlassen, in denen Folgendes im Einzelnen festgelegt wird:

a) die in Absatz 2 dieses Artikels genannten Arten von Interessenkonflikten;
b) die Maßnahmen, die Verwalter eines qualifizierten Risikokapitalfonds hinsichtlich der Strukturen und der organisatorischen und administrativen Verfahren zu ergreifen haben, um Interessenkonflikte zu ermitteln, ihnen vorzubeugen, sie zu steuern, zu beobachten bzw. offenzulegen.

Artikel 10

(1) Verwalter eines qualifizierten Risikokapitalfonds verfügen jederzeit über ausreichende Eigenmittel und setzen jederzeit angemessene und geeignete personelle und technische Ressourcen ein, um eine ordnungsgemäße Verwaltung der von ihnen verwalteten qualifizierten Risikokapitalfonds zu ermöglichen.

(2) Verwalter eines qualifizierten Risikokapitalfonds sorgen dafür, dass sie jederzeit nachweisen können, dass sie über ausreichende Eigenmittel verfügen, um die Kontinuität des Geschäftsbetriebs zu gewährleisten, und dass sie gemäß Artikel 13 die Gründe dafür offenlegen können, warum diese Mittel ausreichend sind.

Artikel 11

(1) Die Regeln für die Bewertung der Vermögenswerte werden in den Anlagebedingungen oder der Satzung des qualifizierten Risikokapitalfonds niedergelegt und gewährleisten ein zuverlässiges und transparentes Bewertungsverfahren.

(2) Durch die angewandten Bewertungsverfahren wird sichergestellt, dass die Vermögenswerte ordnungsgemäß bewertet werden und die Berechnung des Vermögenswerts mindestens einmal jährlich erfolgt.

Artikel 12

(1) Verwalter eines qualifizierten Risikokapitalfonds legen der zuständigen Behörde des Herkunftsmitgliedstaats für jeden von ihnen verwalteten qualifizierten Risikokapitalfonds spätestens sechs Monate nach Ende des Geschäftsjahres einen Jahresbericht vor. In diesem Bericht werden die Zusammensetzung des Portfolios des qualifizierten Risikokapitalfonds und die Tätigkeiten des Vorjahres beschrieben. Zudem werden in diesem Bericht die Gewinne des qualifizierten Risikokapitalfonds am Ende seiner Laufzeit und gegebenenfalls die während seiner Laufzeit ausgeschütteten Gewinne offengelegt. Der Bericht enthält die geprüften Jahresabschlüsse des qualifizierten Risikokapitalfonds.

Der Jahresbericht wird im Einklang mit den bestehenden Berichterstattungsstandards und gemäß den zwischen dem Verwalter eines qualifizierten Risikokapitalfonds und den

Anlegern vereinbarten Bedingungen erstellt. Verwalter eines qualifizierten Risikokapitalfonds legen den Anlegern den Jahresbericht auf Anfrage vor. Die Verwalter eines qualifizierten Risikokapitalfonds und die Anleger können sich untereinander auf die Offenlegung ergänzender Informationen einigen.

(2) Eine Rechnungsprüfung des qualifizierten Risikokapitalfonds findet mindestens einmal jährlich statt. Mit der Prüfung wird bestätigt, dass das Geld und die Vermögenswerte im Namen des qualifizierten Risikokapitalfonds gehalten werden und dass der Verwalter des qualifizierten Risikokapitalfonds eine angemessene Buchführung und angemessene Prüfungen bezüglich der Verwendung eines Mandats oder der Kontrolle über das Geld und die Vermögenswerte des qualifizierten Risikokapitalfonds und von dessen Anlegern eingerichtet und durchgeführt hat.

(3) Ist der Verwalter eines qualifizierten Risikokapitalfonds gemäß Artikel 4 der Richtlinie 2004/109/EG des Europäischen Parlaments und des Rates vom 15. Dezember 2004 zur Harmonisierung der Transparenzanforderungen in Bezug auf Informationen über Emittenten, deren Wertpapiere zum Handel auf einem geregelten Markt zugelassen sind ([12]), zur Veröffentlichung eines Jahresfinanzberichts über den qualifizierten Risikokapitalfonds verpflichtet, so können die in Absatz 1 dieses Artikels genannten Informationen getrennt oder als Ergänzung zum Jahresfinanzbericht vorgelegt werden.

Artikel 13

(1) Verwalter eines qualifizierten Risikokapitalfonds unterrichten ihre Anleger in Bezug auf die von ihnen verwalteten qualifizierten Risikokapitalfonds vor deren Anlageentscheidung in klarer und verständlicher Weise über Folgendes:

a) die Identität des Verwalters sowie jeglicher anderer Dienstleistungsanbieter, die im Auftrag des Verwalters Verwaltungsaufgaben für den qualifizierten Risikokapitalfonds übernehmen, und eine Beschreibung ihrer Aufgaben;
b) die Höhe der Eigenmittel, über die der Verwalter verfügt, sowie eine genaue Aussage darüber, warum dieser Betrag nach Ansicht des Verwalters ausreicht, um die angemessenen personellen und technischen Ressourcen aufrechtzuerhalten, die für die ordnungsgemäße Verwaltung seiner qualifizierten Risikokapitalfonds erforderlich sind;
c) eine Beschreibung der Anlagestrategie und der Anlageziele des qualifizierten Risikokapitalfonds, einschließlich
   i) der Arten qualifizierter Portfoliounternehmen, in die er zu investieren beabsichtigt,
   ii) anderer qualifizierter Risikokapitalfonds, in die er zu investieren beabsichtigt,
   iii) der Arten qualifizierter Portfoliounternehmen, in die ein anderer qualifizierter Risikokapitalfonds gemäß Ziffer ii zu investieren beabsichtigt,
   iv) der nicht-qualifizierten Anlagen, die er zu tätigen beabsichtigt,
   v) der Anlagetechniken, die er anzuwenden beabsichtigt,
   vi) etwaiger Anlagebeschränkungen;
d) eine Beschreibung des Risikoprofils des qualifizierten Risikokapitalfonds und jeglicher Risiken im Zusammenhang mit Vermögenswerten, in die der Fonds investieren kann, oder den zulässigen Anlagetechniken;

---

[12] ABl. L 390 vom 31.12.2004, S. 38.

e) eine Beschreibung des Bewertungsverfahrens des qualifizierten Risikokapitalfonds und der Kalkulationsmethoden für die Bewertung von Vermögenswerten, einschließlich der Verfahren für die Bewertung qualifizierter Portfoliounternehmen;
f) eine Beschreibung der Methode zur Festlegung der Vergütung des Verwalters eines qualifizierten Risikokapitalfonds;
g) eine Beschreibung sämtlicher einschlägigen Kosten unter Angabe der jeweiligen Höchstbeträge;
h) sofern verfügbar, die bisherige Wertentwicklung des qualifizierten Risikokapitalfonds;
i) die Wirtschaftsdienstleistungen und andere unterstützende Dienstleistungen, die der Verwalter eines qualifizierten Risikokapitalfonds selbst erbringt oder von Dritten erbringen lässt, um die Entwicklung, das Wachstum oder in anderweitiger Hinsicht die laufenden Tätigkeiten der qualifizierten Portfoliounternehmen, in die der qualifizierte Risikokapitalfonds investiert, zu fördern, oder, wenn solche Dienste oder Leistungen nicht erbracht werden, eine Erklärung hierzu;
j) eine Beschreibung der Verfahren, nach denen der qualifizierte Risikokapitalfonds seine Anlagestrategie, seine Anlagepolitik oder beide ändern kann.

(2) Die in Absatz 1 genannten Angaben haben redlich, eindeutig und nicht irreführend zu sein. Sie werden regelmäßig aktualisiert und gegebenenfalls überprüft.

(3) Ist der qualifizierte Risikokapitalfonds gemäß der Richtlinie 2003/71/EG des Europäischen Parlaments und des Rates vom 4. November 2003 betreffend den Prospekt, der beim öffentlichen Angebot von Wertpapieren oder bei deren Zulassung zum Handel zu veröffentlichen ist ([13]), oder gemäß für den qualifizierten Risikokapitalfonds geltenden nationalen Rechtsvorschriften zur Veröffentlichung eines Prospekts verpflichtet, so können die in Absatz 1 genannten Informationen getrennt oder als Teil des Prospekts veröffentlicht werden.

KAPITEL III
AUFSICHT UND VERWALTUNGSZUSAMMENARBEIT

Artikel 14

(1) Verwalter eines qualifizierten Risikokapitalfonds, die für den Vertrieb ihrer qualifizierten Risikokapitalfonds die Bezeichnung „EuVECA“ verwenden wollen, unterrichten die zuständige Behörde ihres Herkunftsmitgliedstaats über ihre Absicht und legen folgende Informationen vor:
a) die Identität der Personen, die die Geschäfte zur Verwaltung der qualifizierten Risikokapitalfonds tatsächlich führen;
b) die Identität der qualifizierten Risikokapitalfonds, deren Anteile vertrieben werden sollen, und ihre Anlagestrategien;
c) Angaben zu den Vorkehrungen, die zur Einhaltung der Anforderungen von Kapitel II getroffen wurden;
d) eine Liste der Mitgliedstaaten, in denen der Verwalter eines qualifizierten Risikokapitalfonds die einzelnen qualifizierten Risikokapitalfonds zu vertreiben beabsichtigt;
e) eine Liste der Mitgliedstaaten, in denen der Verwalter eines qualifizierten Risikokapitalfonds qualifizierte Risikokapitalfonds errichtet hat oder zu errichten beabsichtigt.

---

[13] ABl. L 345 vom 31.12.2003, S. 64.

(2) Die zuständige Behörde des Herkunftsmitgliedstaats nimmt die Registrierung des Verwalters eines qualifizierten Risikokapitalfonds nur vor, wenn die folgenden Bedingungen erfüllt sind:

a) die Personen, die die Geschäfte zur Verwaltung eines qualifizierten Risikokapitalfonds tatsächlich führen, sind ausreichend gut beleumdet und verfügen über ausreichende Erfahrung auch in Bezug auf die vom Verwalter eines qualifizierten Risikokapitalfonds verfolgten Anlagestrategien;
b) die nach Absatz 1 vorgeschriebenen Informationen sind vollständig;
c) die gemäß Absatz 1 Buchstabe c mitgeteilten Vorkehrungen sind geeignet, die Anforderungen von Kapitel II zu erfüllen;
d) aus der gemäß Absatz 1 Buchstabe e übermittelten Liste geht hervor, dass sämtliche qualifizierten Risikokapitalfonds gemäß Artikel 3 Buchstabe b Ziffer iii niedergelassen sind.

(3) Die Registrierung nach diesem Artikel gilt für das gesamte Gebiet der Union und verleiht Verwaltern eines qualifizierten Risikokapitalfonds das Recht, qualifizierte Risikokapitalfonds in der gesamten Union unter der Bezeichnung „EuVECA" zu vertreiben.

Artikel 15

Verwalter eines qualifizierten Risikokapitalfonds unterrichten die zuständige Behörde des Herkunftsmitgliedstaats, wenn sie beabsichtigen,

a) einen neuen qualifizierten Risikokapitalfonds oder
b) einen bestehenden qualifizierten Risikokapitalfonds in einem Mitgliedstaat, der nicht in der in Artikel 14 Absatz 1 Buchstabe d genannten Liste aufgeführt ist, zu vertreiben.

Artikel 16

(1) Unmittelbar nach Registrierung des Verwalters eines qualifizierten Risikokapitalfonds, der Hinzufügung eines neuen qualifizierten Risikokapitalfonds, der Hinzufügung eines neuen Sitzes für die Niederlassung eines qualifizierten Risikokapitalfonds oder der Hinzufügung eines neuen Mitgliedstaats, in dem der Verwalter eines qualifizierten Risikokapitalfonds den Vertrieb von qualifizierten Risikokapitalfonds beabsichtigt, setzt die zuständige Behörde des Herkunftsmitgliedstaats die gemäß Artikel 14 Absatz 1 Buchstabe d angegebenen Mitgliedstaaten und die ESMA hiervon in Kenntnis.

(2) Die gemäß Artikel 14 Absatz 1 Buchstabe d angegebenen Aufnahmemitgliedstaaten erlegen gemäß Artikel 14 registrierten Verwaltern eines qualifizierten Risikokapitalfonds hinsichtlich des Vertriebs ihrer qualifizierten Risikokapitalfonds keine Anforderungen oder Verwaltungsverfahren auf und verlangen auch keine vorherige Genehmigung des Vertriebs.

(3) Um eine einheitliche Anwendung dieses Artikels zu gewährleisten, arbeitet die ESMA Entwürfe für technische Durchführungsstandards zur Festlegung des Formats der Mitteilung nach diesem Artikel aus.

(4) Die ESMA legt diese Entwürfe technischer Durchführungsstandards der Kommission bis zum 16. Februar 2014 vor.

(5) Der Kommission wird die Befugnis übertragen, die in Absatz 3 genannten technischen Durchführungsstandards nach dem in Artikel 15 der Verordnung (EU) Nr. 1095/2010 festgelegten Verfahren zu erlassen.

Artikel 17

Die ESMA führt eine zentrale, im Internet öffentlich zugängliche Datenbank, in der alle gemäß Artikel 14 registrierten Verwalter eines qualifizierten Risikokapitalfonds und die von ihnen vertriebenen qualifizierten Risikokapitalfonds sowie die Länder, in denen diese Fonds vertrieben werden, aufgelistet sind.

Artikel 18

(1) Die zuständige Behörde des Herkunftsmitgliedstaats überwacht die Einhaltung der in dieser Verordnung festgelegten Anforderungen.

(2) Bestehen klare und nachweisbare Gründe, die die zuständige Behörde des Aufnahmemitgliedstaats zu der Annahme führen, dass der Verwalter eines qualifizierten Risikokapitalfonds in ihrem Hoheitsgebiet gegen diese Verordnung verstößt, so setzt diese die zuständige Behörde des Herkunftsmitgliedstaats unverzüglich davon in Kenntnis. Die zuständige Behörde des Herkunftsmitgliedstaats ergreift daraufhin angemessene Maßnahmen.

(3) Verstößt der Verwalter eines qualifizierten Risikokapitalfonds trotz der von der zuständigen Behörde des Herkunftsmitgliedstaats ergriffenen Maßnahmen oder infolge nicht rechtzeitig durch die zuständige Behörde des Herkunftsmitgliedstaats getroffener Maßnahmen weiterhin auf offensichtliche Weise gegen diese Verordnung, so kann die zuständige Behörde des Aufnahmemitgliedstaats nach Unterrichtung der zuständigen Behörde des Herkunftsmitgliedstaats alle angemessenen Maßnahmen ergreifen, die zum Schutz der Anleger erforderlich sind, einschließlich der Untersagung des weiteren Vertriebs seiner qualifizierten Risikokapitalfonds durch den Verwalter eines qualifizierten Risikokapitalfonds im Hoheitsgebiet des Aufnahmemitgliedstaats.

Artikel 19

Die zuständigen Behörden werden im Einklang mit dem nationalen Recht mit allen für die Wahrnehmung ihrer Aufgaben erforderlichen Aufsichts- und Ermittlungsbefugnissen ausgestattet. Sie erhalten insbesondere die Befugnis,

a) Zugang zu Unterlagen aller Art zu fordern und Kopien von ihnen zu erhalten oder anzufertigen;
b) vom Verwalter eines qualifizierten Risikokapitalfonds unverzügliche Auskünfte zu verlangen;
c) von jeder mit den Tätigkeiten des Verwalters eines qualifizierten Risikokapitalfonds oder des qualifizierten Risikokapitalfonds in Verbindung stehenden Person Auskünfte zu verlangen;
d) angekündigte und unangekündigte Ermittlungen vor Ort durchzuführen;
e) geeignete Maßnahmen zu ergreifen, um sicherzustellen, dass ein Verwalter eines qualifizierten Risikokapitalfonds diese Verordnung weiterhin einhält;
f) eine Anweisung zu erteilen, um sicherzustellen, dass ein Verwalter eines qualifizierten Risikokapitalfonds diese Verordnung einhält und jegliches Verhalten, das einen Verstoß gegen diese Verordnung darstellen könnte, einstellt.

Artikel 20

(1) Die Mitgliedstaaten legen Vorschriften für Verwaltungssanktionen und andere Maßnahmen fest, die bei Verstößen gegen die Bestimmungen dieser Verordnung verhängt wer-

den, und ergreifen die erforderlichen Maßnahmen, um deren Durchsetzung zu gewährleisten. Die Verwaltungssanktionen und anderen Maßnahmen müssen wirksam, verhältnismäßig und abschreckend sein.

(2) Die Mitgliedstaaten teilen der Kommission und der ESMA die in Absatz 1 genannten Vorschriften bis zum 16. Mai 2015 mit. Sie melden der Kommission und der ESMA unverzüglich spätere Änderungen dieser Vorschriften.

Artikel 21

(1) Die zuständige Behörde des Herkunftsmitgliedstaats ergreift unter Achtung des Grundsatzes der Verhältnismäßigkeit die in Absatz 2 genannten geeigneten Maßnahmen, wenn ein Verwalter eines qualifizierten Risikokapitalfonds

a) es unter Verstoß gegen Artikel 5 versäumt, den Anforderungen an die Zusammensetzung des Portfolios nachzukommen;
b) unter Verstoß gegen Artikel 6 Anteile eines qualifizierten Risikokapitalfonds an nicht in Frage kommende Anleger vertreibt;
c) die Bezeichnung „EuVECA" verwendet, ohne gemäß Artikel 14 registriert zu sein;
d) die Bezeichnung „EuVECA" für den Vertrieb von Fonds verwendet, die nicht gemäß Artikel 3 Buchstabe b Ziffer iii niedergelassen sind;
e) eine Registrierung unter Verstoß gegen Artikel 14 aufgrund falscher Erklärungen oder auf sonstige rechtswidrige Weise erlangt hat;
f) seiner Tätigkeit unter Verstoß gegen Artikel 7 Buchstabe a nicht ehrlich, redlich oder mit der gebotenen Sachkenntnis, Sorgfalt oder Gewissenhaftigkeit nachgeht;
g) unter Verstoß gegen Artikel 7 Buchstabe b keine geeigneten Strategien und Verfahren zur Verhinderung unzulässiger Praktiken anwendet;
h) wiederholt den in Artikel 12 niedergelegten Anforderungen in Bezug auf den Jahresbericht nicht nachkommt;
i) wiederholt der in Artikel 13 niedergelegten Verpflichtung zur Information der Anleger nicht nachkommt.

(2) In den unter Absatz 1 beschriebenen Fällen erlässt die zuständige Behörde des Herkunftsmitgliedstaats gegebenenfalls

a) Maßnahmen, mit denen dafür gesorgt wird, dass der betroffene Verwalter eines qualifizierten Risikokapitalfonds die Artikel 5 und 6, Artikel 7 Buchstaben a und b sowie die Artikel 12, 13 und 14 einhält;
b) ein Verbot zur Verwendung der Bezeichnung „EuVECA" und streicht den Verwalter eines qualifizierten Risikokapitalfonds aus dem Register.

(3) Die zuständige Behörde des Herkunftsmitgliedstaats unterrichtet die zuständigen Behörden der gemäß Artikel 14 Absatz 1 Buchstabe d angegebenen Aufnahmemitgliedstaaten und die ESMA unverzüglich über die in Absatz 2 Buchstabe b genannte Streichung des Verwalters eines qualifizierten Risikokapitalfonds aus dem Register.

(4) Das Recht zum Vertrieb eines oder mehrerer qualifizierter Risikokapitalfonds unter der Bezeichnung „EuVECA" in der Union erlischt mit sofortiger Wirkung ab dem Zeitpunkt der in Absatz 2 Buchstabe b genannten Entscheidung der zuständigen Behörde.

Artikel 22

(1) Zur Wahrnehmung ihrer jeweiligen Aufgaben im Rahmen dieser Verordnung arbeiten die zuständigen Behörden und die ESMA gemäß der Verordnung (EU) Nr. 1095/2010 zusammen.

(2) Die zuständigen Behörden und die ESMA tauschen alle Informationen und Unterlagen aus, die erforderlich sind, um ihre jeweiligen Aufgaben im Rahmen dieser Verordnung im Einklang mit der Verordnung (EU) Nr. 1095/2010 wahrzunehmen, insbesondere um Verstöße gegen diese Verordnung festzustellen und diesen abzuhelfen.

Artikel 23

(1) Alle Personen, die für die zuständigen Behörden oder die ESMA tätig sind oder tätig waren, sowie die von den zuständigen Behörden oder der ESMA beauftragten Wirtschaftsprüfer und Sachverständigen unterliegen dem Berufsgeheimnis. Vertrauliche Informationen, die diese Personen in Ausübung ihrer Aufgaben erhalten, dürfen – vorbehaltlich der Fälle, die unter das Strafrecht fallen, und in dieser Verordnung vorgesehener Verfahren – an keine Person oder Behörde weitergegeben werden, es sei denn, in zusammengefasster oder aggregierter Form, so dass die einzelnen Verwalter eines qualifizierten Risikokapitalfonds und qualifizierten Risikokapitalfonds nicht zu erkennen sind.

(2) Die zuständigen Behörden der Mitgliedstaaten und die ESMA werden nicht am Informationsaustausch gemäß dieser Verordnung oder anderen für Verwalter eines qualifizierten Risikokapitalfonds und qualifizierte Risikokapitalfonds geltenden Rechtsvorschriften der Union gehindert.

(3) Erhalten die zuständigen Behörden oder die ESMA vertrauliche Informationen gemäß Absatz 2, so dürfen diese Informationen ausschließlich in Wahrnehmung ihrer Aufgaben und für die Zwecke von Verwaltungs- oder Gerichtsverfahren verwendet werden.

Artikel 24

Im Falle einer Uneinigkeit zwischen den zuständigen Behörden der Mitgliedstaaten über eine Bewertung, Maßnahme oder eine Unterlassung einer zuständigen Behörde in Bereichen, in denen nach dieser Verordnung eine Zusammenarbeit oder Koordinierung der zuständigen Behörden verschiedener Mitgliedstaaten erforderlich ist, können die zuständigen Behörden die ESMA mit der Angelegenheit befassen; diese kann nach Maßgabe der ihr durch Artikel 19 der Verordnung (EU) Nr. 1095/2010 übertragenen Befugnisse tätig werden, soweit die Uneinigkeit nicht Artikel 3 Buchstabe b Ziffer iii oder Artikel 3 Buchstabe d Ziffer iv dieser Verordnung betrifft.

KAPITEL IV
ÜBERGANGS- UND SCHLUSSBESTIMMUNGEN

Artikel 25

(1) Die Befugnis zum Erlass delegierter Rechtsakte wird der Kommission unter den in diesem Artikel festgelegten Bedingungen übertragen.

(2) Die Befugnis zum Erlass delegierter Rechtsakte gemäß Artikel 9 Absatz 5 wird der Kommission für einen Zeitraum von vier Jahren ab dem 15. Mai 2013 übertragen. Die Kommission erstellt spätestens neun Monate vor Ablauf des Zeitraums von vier Jahren einen Bericht über die Befugnisübertragung. Die Befugnisübertragung verlängert sich stillschweigend um Zeiträume gleicher Länge, es sei denn, das Europäische Parlament oder der Rat widersprechen einer solchen Verlängerung spätestens drei Monate vor Ablauf des jeweiligen Zeitraums.

(3) Die Befugnisübertragung gemäß Artikel 9 Absatz 5 kann vom Europäischen Parlament oder vom Rat jederzeit widerrufen werden. Der Beschluss über den Widerruf beendet die Übertragung der in diesem Beschluss angegebenen Befugnis. Er wird am Tag nach seiner Veröffentlichung im Amtsblatt der Europäischen Union oder zu einem im Beschluss über den Widerruf angegebenen späteren Zeitpunkt wirksam. Die Gültigkeit von delegierten Rechtsakten, die bereits in Kraft sind, wird von dem Beschluss über den Widerruf nicht berührt.

(4) Sobald die Kommission einen delegierten Rechtsakt erlässt, übermittelt sie ihn gleichzeitig dem Europäischen Parlament und dem Rat.

(5) Ein delegierter Rechtsakt, der gemäß Artikel 9 Absatz 5 erlassen wurde, tritt nur in Kraft, wenn weder das Europäische Parlament noch der Rat innerhalb einer Frist von drei Monaten nach Übermittlung dieses Rechtsakts an das Europäische Parlament und den Rat Einwände erhoben haben oder wenn vor Ablauf dieser Frist das Europäische Parlament und der Rat beide der Kommission mitgeteilt haben, dass sie keine Einwände erheben werden. Auf Initiative des Europäischen Parlaments oder des Rates wird diese Frist um drei Monate verlängert.

Artikel 26

(1) Die Kommission überprüft diese Verordnung gemäß Absatz 2. Die Überprüfung beinhaltet einen allgemeinen Überblick über die Funktionsweise der Bestimmungen dieser Verordnung und über die bei deren Anwendung gemachten Erfahrungen, einschließlich folgender Aspekte:

a) der Umfang der Verwendung der Bezeichnung „EuVECA“ durch Verwalter eines qualifizierten Risikokapitalfonds in verschiedenen Mitgliedstaaten, auf nationaler Ebene und grenzüberschreitend;
b) die geografische und sektorspezifische Verteilung der durch qualifizierte Risikokapitalfonds getätigten Anlagen;
c) die Bewertung der Angemessenheit der Informationsanforderungen gemäß Artikel 13 und insbesondere der Frage, ob diese Anforderungen ausreichen, um den Anlegern zu ermöglichen, eine fundierte Anlageentscheidung zu treffen;
d) die Verwendung der verschiedenen qualifizierten Anlagen durch Verwalter eines qualifizierten Risikokapitalfonds und insbesondere die Bewertung der Frage, ob die qualifizierten Anlagen in dieser Verordnung angepasst werden müssen;
e) die Möglichkeit, den Vertrieb qualifizierter Risikokapitalfonds auf Kleinanleger auszuweiten;
f) die Wirksamkeit, Verhältnismäßigkeit und Anwendung von Verwaltungssanktionen und anderer Maßnahmen der Mitgliedstaaten im Einklang mit dieser Verordnung;
g) die Auswirkungen dieser Verordnung auf den Risikokapitalmarkt;
h) die Möglichkeit, in Drittländern niedergelassenen Risikokapitalfonds die Verwendung der Bezeichnung „EuVECA“ zu gestatten, wobei die Erfahrungen aus der Anwendung der Empfehlung der Kommission für Maßnahmen, durch die Drittländer zur Anwendung von Mindeststandards für verantwortungsvolles Handeln im Steuerbereich veranlasst werden sollen, zu berücksichtigen sind;
i) die Bewertung der Frage, ob diese Verordnung durch ein Verwahrstellensystem ergänzt werden sollte;

j) eine Auswertung möglicher Hindernisse für Investitionen in Fonds, die die Bezeichnung „EuVECA“ verwenden, einschließlich der Auswirkungen anderer aufsichtsrechtlicher Vorschriften der Union auf institutionelle Anleger.

(2) Die Überprüfung gemäß Absatz 1 wird vorgenommen:

a) bis zum 22. Juli 2017 hinsichtlich der Buchstaben a bis g, i und j und
b) bis zum 22. Juli 2015 hinsichtlich Buchstabe h.

(3) Die Kommission unterbreitet dem Europäischen Parlament und dem Rat nach der Überprüfung gemäß Absatz 1 und nach Anhörung der ESMA einen Bericht, dem gegebenenfalls ein Gesetzgebungsvorschlag beigefügt ist.

Artikel 27

(1) Die Kommission leitet bis zum 22. Juli 2017 eine Überprüfung der Wechselwirkungen zwischen dieser Verordnung und anderen Vorschriften über Organismen für gemeinsame Anlagen und ihre Verwalter, insbesondere den Vorschriften der Richtlinie 2011/61/EU, ein. Diese Überprüfung befasst sich mit dem Anwendungsbereich dieser Verordnung. Im Rahmen dieser Überprüfung werden Daten gesammelt, mit denen bewertet werden kann, ob der Anwendungsbereich dahingehend auszudehnen ist, dass Verwalter von Risikokapitalfonds, deren verwaltete Vermögenswerte insgesamt über den in Artikel 2 Absatz 1 genannten Schwellenwert hinausgehen, Verwalter eines qualifizierten Risikokapitalfonds entsprechend dieser Verordnung werden können.

(2) Die Kommission unterbreitet dem Europäischen Parlament und dem Rat nach der Überprüfung gemäß Absatz 1 und nach Anhörung der ESMA einen Bericht, dem gegebenenfalls ein Gesetzgebungsvorschlag beigefügt ist.

Artikel 28

Diese Verordnung tritt am zwanzigsten Tag nach ihrer Veröffentlichung im *Amtsblatt der Europäischen Union* in Kraft.

Sie gilt ab dem 22. Juli 2013, mit Ausnahme von Artikel 9 Absatz 5, der ab dem 15. Mai 2013 gilt.

Diese Verordnung ist in allen ihren Teilen verbindlich und gilt unmittelbar in jedem Mitgliedstaat.

Geschehen zu Straßburg am 17. April 2013.

Im Namen des Europäischen Parlaments
Der Präsident
M. SCHULZ
Im Namen des Rates
Die Präsidentin
L. CREIGHTON

20.2. Durchführungsverordnung (EU) Nr. 593/2014 der Kommission

vom 3. Juni 2014

zur Festlegung technischer Durchführungsstandards für das Format der Notifizierung nach Artikel 16 Absatz 1 der Verordnung (EU) Nr. 345/2013 des Europäischen Parlaments und des Rates über Europäische Risikokapitalfonds

(Text von Bedeutung für den EWR)

DIE EUROPÄISCHE KOMMISSION –

gestützt auf den Vertrag über die Arbeitsweise der Europäischen Union,

gestützt auf die Verordnung (EU) Nr. 345/2013 des Europäischen Parlaments und des Rates vom 17. April 2013 über Europäische Risikokapitalfonds ([1]), insbesondere auf Artikel 16 Absatz 5,

in Erwägung nachstehender Gründe:

(1) Artikel 16 Absatz 1 der Verordnung (EU) Nr. 345/2013 schreibt vor, dass die zuständige Behörde des Herkunftsmitgliedstaats eines Europäischen Risikokapitalfonds (EuVECA) die zuständigen Behörden der Aufnahmemitgliedstaaten sowie die Europäische Wertpapier- und Marktaufsichtsbehörde (ESMA) von Ereignissen in Kenntnis setzt, die den Pass der Verwalter qualifizierter Risikokapitalfonds betreffen. Artikel 21 Absatz 3 der Verordnung (EU) Nr. 345/2013 schreibt auch vor, dass die zuständige Behörde des Herkunftsmitgliedstaats die zuständigen Behörden der Aufnahmemitgliedstaaten über die Streichung eines EuVECA-Verwalters aus dem Register unterrichtet.

(2) Da von der ESMA für diese Notifizierung noch kein spezielles IT-Werkzeug entwickelt wurde, ist die Nutzung von E-Mail für diese Art der Notifizierung zwischen den zuständigen Behörden und der ESMA als Format am besten geeignet. Darum sollte die ESMA ein Verzeichnis der maßgeblichen E-Mail-Adressen erstellen und allen zuständigen Behörden zur Kenntnis bringen.

(3) Diese Verordnung stützt sich auf den Entwurf technischer Durchführungsstandards, der der Kommission von der ESMA vorgelegt wurde.

(4) Da Anwendungsbereich und Auswirkungen des Notifizierungsformats begrenzt sind und das festgelegte Formular lediglich von den zuständigen Behörden genutzt werden soll, hat die ESMA keine öffentlichen Konsultationen zur Einführung dieses Notifizierungsformats durchgeführt. Die ESMA hat die Stellungnahme der nach Artikel 37 der Verordnung (EU) Nr. 1095/2010 des Europäischen Parlaments und des Rates ([2]) eingesetzten ESMA-Interessengruppe „Wertpapiere und Wertpapiermärkte" eingeholt –

HAT FOLGENDE VERORDNUNG ERLASSEN:

---

[1] ABl. L 115 vom 25.4.2013, S. 1.

[2] Verordnung (EU) Nr. 1095/2010 des Europäischen Parlaments und des Rates vom 24. November 2010 zur Errichtung einer Europäischen Aufsichtsbehörde (Europäische Wertpapier- und Marktaufsichtsbehörde) (ABl. L 331 vom 15.12.2010, S. 84).

Artikel 1
Gegenstand

Mit dieser Verordnung wird das Format für die Notifizierung aufsichtsrelevanter Informationen über die in Artikel 16 Absatz 1 und Artikel 21 Absatz 3 der Verordnung (EU) Nr. 345/2013 genannten Ereignisse zwischen den zuständigen Behörden und der ESMA festgelegt.

Artikel 2
Format der Notifizierung

Die zuständige Behörde des Herkunftsmitgliedstaats eines Europäischen Risikokapitalfonds notifiziert den zuständigen Behörden der Aufnahmemitgliedstaaten und der ESMA die in Artikel 16 Absatz 1 und Artikel 21 Absatz 3 der Verordnung (EU) Nr. 345/2013 genannten Ereignisse per E-Mail und füllt hierzu das im Anhang dieser Verordnung enthaltene Formular aus.

Artikel 3
Verzeichnis der E-Mail-Adressen

Jede zuständige Behörde übermittelt der ESMA die maßgebliche E-Mail-Adresse aufsichtsrelevanter Informationen für die Notifizierung.

Die ESMA bringt das Verzeichnis der maßgeblichen E-Mail-Adressen, das auch die maßgebliche E-Mail-Adresse der ESMA enthält, allen zuständigen Behörden zur Kenntnis.

Artikel 4
Inkrafttreten

Diese Verordnung tritt am dritten Tag nach ihrer Veröffentlichung im *Amtsblatt der Europäischen Union* in Kraft.

Diese Verordnung ist in allen ihren Teilen verbindlich und gilt unmittelbar in jedem Mitgliedstaat.

Brüssel, den 3. Juni 2014

Für die Kommission

Der Präsident

José Manuel BARROSO

ANHANG

Notifizierung der Registrierung des Verwalters eines Europäischen Risikokapitalfonds (EuVECA) oder Aktualisierung bereits notifizierter Informationen

Notifizierung der Registrierung eines EuVECA-Verwalters durch (*Name der Behörde*) oder Aktualisierung bereits notifizierter Informationen

(*Name der Behörde des Herkunftsmitgliedstaats*) notifiziert, dass

(*Name des EuVECA-Verwalters*)

mit folgenden Kontaktdaten (*registrierte Anschrift des Verwalters*)

von (*Name der Behörde*) gemäß Artikel 14 Absatz 2 der Verordnung (EU) Nr. 345/2013 für die Verwaltung der in der nachstehenden Tabelle aufgeführten Fonds registriert wurde. Der Verwalter beabsichtigt, den EuVECA in den in der nachstehenden Tabelle aufgeführten Mitgliedstaaten zu vertreiben.

Name des EuVECA	Sitz	Aufnahmemitgliedstaaten

Hinweise

Bitte geben Sie an, ob Ihre Notifizierung Änderungen an bereits notifizierten Informationen zum Gegenstand hat: Ja ☐ Nein ☐

Wenn ja, geben Sie bitte an, um welche Art von Änderung es sich handelt:

☐ Hinzufügung eines neuen EuVECA

☐ Hinzufügung eines neuen Sitzes für die Niederlassung eines EuVECA

☐ Hinzufügung eines neuen Mitgliedstaats, in dem der Verwalter den EuVECA zu vertreiben beabsichtigt

☐ Streichung von EuVECA-Verwaltern aus dem nationalen Register gemäß Artikel 21 Absatz 2 Buchstabe b EuVECA-Verordnung ([1]).

([1]) In diesem Falle ersetzen Sie bitte den auf die Anschrift des Verwalters folgenden Text durch folgenden Wortlaut: „Gemäß Artikel 21 Absatz 2 Buchstabe b EuVECA-Verordnung aus dem nationalen Register der EuVECA-Verwalter gestrichen".